ISBN 978-0-364-41710-2
PIBN 11278187

1 MONTH OF
FREE
READING

at
www.ForgottenBooks.com

By purchasing this book you are eligible for one month membership to ForgottenBooks.com, giving you unlimited access to our entire collection of over 1,000,000 titles via our web site and mobile apps.

To claim your free month visit:
www.forgottenbooks.com/free1278187

English
Français
Deutsche
Italiano
Español
Português

www.forgottenbooks.com

Mythology Photography **Fiction**
Fishing Christianity **Art** Cooking
Essays Buddhism Freemasonry
Medicine **Biology** Music **Ancient
Egypt** Evolution Carpentry Physics
Dance Geology **Mathematics** Fitness
Shakespeare **Folklore** Yoga Marketing
Confidence Immortality Biographies
Poetry **Psychology** Witchcraft
Electronics Chemistry History **Law**
Accounting **Philosophy** Anthropology
Alchemy Drama Quantum Mechanics
Atheism Sexual Health **Ancient History**
Entrepreneurship Languages Sport
Paleontology Needlework Islam
Metaphysics Investment Archaeology
Parenting Statistics Criminology
Motivational

Deutsche
Roman-Zeitung.

~~~~~~~~

Vierzehnter Jahrgang. 1877.

Zweiter Band.

(Jeder Nachdruck aus dem Inhalt dieser Zeitung wird strafrechtlich verfolgt werden.)

Berlin, 1877.

Verlag von Otto Janke.

Inhalt des zweiten Bandes.

Deutsche Roman-Zeitung.

No. 13. Erscheint achttäglich zum Preise von 3½ ℳ vierteljährlich. Alle Buchhandlungen und Postanstalten nehmen dafür Bestellungen an. Durch alle Buchhandlungen auch in Monatsheften zu beziehen. Der Jahrgang läuft von October zu October. **1877.**

Die junge Frau

Roman

von

Hans Wachenhusen.

Erstes Capitel.

Onkel Durchlaucht.

Ob ich das Recht habe, zu erzählen? Andere haben das Recht auf Schonung, die Mutter namentlich. Das Kindesherz wirft Bedenken auf gegen die Berechtigung des Sohnes, diese eigenartige Frauen-Natur zu zeichnen wie sie war. Und dieses Herz wird mir wohl oft in die Feder greifen, mir zurufen: schone sie, denn sie war es, die Dir das Leben gab!

Ich wage nicht den Einwand, ob es einer Mutter Recht, dieses Geschenk nach Laune wieder zu zerstören; ich will, während ich schreibe, überhaupt nur von einer Mutter erzählen und doch wird das Gefühl mich stets zurückhalten, sie zu verurtheilen.

Wir sind zumeist nur das Resultat des Wollens und Thuns, des Irrens und Fehlens derer, die uns leiten so lange wir fremder Führung bedürfen. Sie starben ohne sich Rechenschaft zu geben über das, was sie Schlimmes geübt, ohne dies vielleicht zu wollen, und wir büßen was sie wohl in böser Absicht nach dem Maße ihrer eigenen Schwächen an und in uns gethan.

Wie Viele von uns sind bei bester, edelster Veranlagung frühzeitig auf Wege geleitet, die ihre eigene Natur sie nimmer hätte suchen lassen, die sie aber fortwandeln ohne Bedürfniß zur Umkehr, weil sie ihnen gewohnte geworden sind. Sie werden die Angeklagten, die Verurtheilten, nicht Jene, die ihre ersten verhängnißvollen Schritte geleitet.

Es ist im Menschen mehr angewöhntes, anerzogenes Fehlen und Vergehen, als freie Wahl oder natürlicher Trieb ihn thun heißen; ja es ist vielleicht nicht kühn zu behaupten, daß an den meisten Vergehen nur das Temperament und die Erziehung Schuld sind. Was dazwischen liegt ist menschliche Schwäche. Selbst an vererbender Sünde ist wohl die Gewohnheit, der Eindruck, den das Kind im Elternhause empfängt, am meisten Schuld. Die Kinderseele empfängt so leicht, und schlechte Instinkte vererben sich durch Anblick fremder Thaten.

Meine Geburt bewahrte mich vor den letzteren; ich wollte nur andeuten, welche moralische Gewalt das Thun der Eltern auf die Kinder übt, wie diese rücksichtslos über das Wohl derselben zu schalten sucht, wie sie an der eigen gewählten Lebensrichtung der Kinder zu zerren sich bemüht, oft unversöhnlich in deren Leben selbst Das zu stören sucht, was die Vorsehung gut zu heißen scheint, und sich zu vergeben im Stande ist, daß dem eignen Willen oder Gutbefinden kein Genüge geschehen.

Ich will hier mit dem Haupt unsrer Familie beginnen, mit Onkel Durchlaucht, dem Fürsten Leopold von Bartenstein.

Er war der Bruder meiner Mutter, der Freiherrin von Amstetten, ein verstockter Junggeselle, auf den mit dem Majorat der Fürstentitel der anderen Linie übergegangen war, als sein älterer Bruder frühzeitig gestorben.

Ich kannte in meiner ersten Jugend die Verhältnisse der Bartenstein'schen Familie sehr wenig, obgleich sie mich so nahe angingen, und was ich in dieser Richtung kannte, betraf immer den Fürsten Leopold. Der Vater sprach mir oft von ihnen, die Mutter nicht davon zu sprechen liebte, so weit dieselben nicht sie persönlich angingen.

Onkel Durchlaucht besuchte während meiner Kindheit uns alljährlich einmal auf unserm Schloße Niederborn, und das war immer ein Ereigniß für uns und die ganze ländliche Nachbarschaft, denn der Onkel wußte sich mit ganz besonderem, hocharistokratischem Glanz zu umgeben, obgleich er immer nur von einem Diener begleitet erschien.

Mit welcher Ehrfurcht schaute auch ich damals zu ihm auf! Er war mir ein Wesen ganz hoher Art; er hatte etwas Sublimes in seinem Benehmen, das meiner Einfalt imponirte. Ich wußte nicht, daß damals seine ganze Lebensaufgabe in ebenso sublimen Zerstreuungen bestand. Um ihn wenigstens flüchtig zu skizziren muß ich etwas vorgreifen, d. h. erzählen, wie ich ihn später erst kennen lernte.

Das Vermögen des Fürsten war enorm; es gestattete

ihm jeden kostspieligsten Genuß, ja er berechnete den Werth eines solchen gern nach der Summe, die er ihn kostete. Er hatte viel gelesen, las fortwährend viel, aber schnell, nur oberflächlich; er war als fashionabler Lebemann mit der ganzen deutschen, österreichischen und französischen hohen Aristokratie eng befreundet, reiste viel und genoß Alles, was er eben theuer bezahlen konnte.

In seiner Jugend hatte er mehrere Jahre hindurch in der österreichischen Kavalerie gedient; ich erfuhr auch das erst, als ich einmal seine Uniform und das Portrait eines österreichischen Husaren sah, das „Durchlaucht in seiner Jugend vorstellte", wie mir sein Leibdiener sagte. Die Aehnlichkeit hätte ich sonst schwerlich herausgefunden.

Onkel Durchlaucht war ein hoch und schlank gewachsener Mann, von feinem Knochenbau, behendem, fast flüchtigem, an's Weibische streifendem Wesen. Ich erinnere mich, wie er mit fünfzig Jahren so leicht wie ein Westwind durch seine Salons über die weichen Teppiche säuselte, wie seine Hand Alles nur zu überfliegen schien, als fürchte sie sich, etwas anzurühren, wenn sie nicht in Glacé's steckte, und sein Diener verkaufte für eigne Rechnung immer ganze Kisten voll dänischer Handschuhe, in welchen er zur Conservirung seiner Hände zu schlafen gewohnt war.

In seinen Wohnzimmern herrschte stets ein leichter Veilchenduft; das war sein Lieblingsparfum; wie ich auch erst später erfuhr, weil ihn dieser Duft an eine der schönsten Episoden seines Lebens erinnern sollte, an das zarte Verhältniß, in welchem er zu einer jungen Dame des zweiten napoleonischen Hofes gestanden. In seinem Schlafsalon standen ganze Etagere von Parfümerien und kosmetischen Flacons. Er verbrachte Stunden an seiner Toilette und kein Anderer als sein vertrauter Diener hatte ihn je gesehen ehe er aus derselben hervorgegangen.

Füße und Hände waren an Durchlaucht von Mignon-Form, sein Kopf war klein, etwas spitz, sein Gesicht mußte in der Jugend von weiblicher Milde und Weichheit gewesen sein. Die austerfarbenen, bei Affecten in's gelbgrüne schillernden Augen hatten etwas überaus Freundliches und verstanden zu blicken; um seine schmale · leichtgeflügelte Nase zitterte ein studirter verbindlicher Zug. Seine schmalen Lippen lächelten stets, denn er hielt sich Alles fern, was dieselben darin hätte stören können. Ein kleiner Henri quatre, sorgfältig braun gefärbt, decorirte das freundliche, durch künstliche Mittel stets frisch gehaltene Gesicht und ein ebenso künstlicher kleiner brauer Scalp war von seinem Friseur so geschickt unter das schwache natürliche Haar geschoben, daß nur der Eingeweihte von der Maskirung seines Scheitels wußte.

Onkel Durchlaucht liebte die Farben in seiner Kleidung; er vergaß, daß dieselben nur für die Jugend sind, oder borgte sich die letztere von ihnen. An seinem gilet en coeur brillirten stets drei große Diamanten.

So war Onkel Durchlaucht mit fünfzig und einigen Jahren — ein Lebemann, von dem man noch immer allerlei verliebte Abenteuer erzählte. Er wies diese Erzählungen auch nicht zurück; er lächelte wenn er sie hörte, und ging dann mit seinem leisen, nervösen Organ zu etwas Anderem über, als sei es nicht der Mühe werth, von dergleichen Bagatellen zu reden.

Onkel Durchlaucht sprach nämlich immer nur mit halber Falset-Stimme, um seine Lunge zu sparen, wie er jedes Echauffement haßte. Aber man verstand ihn,

denn seine Miene war beredt. Seinesgleichen überhäufte er gern mit Artigkeiten, ebenso liebte er es, huldvoll zu erscheinen gegen die unter ihm liegenden Staffeln der Gesellschaft. Er war Sonne und mußte also von oben lächeln. Durch den Ausdruck von Huld, selbst wo sie nicht begehrt ward, glaubte er am besten seine gesellschaftliche Höhe zu bezeichnen und diese Huld war ihm eine philanthropische Studie.

Es versteht sich von selbst, daß ein Mann wie Durchlaucht am Hofe eine gern gesehene Person war.

Für meine Mutter gab es keine wichtigere Epoche im Jahr, als wenn Durchlaucht uns auf eine Woche in Niederborn zu besuchen geruhte. Es war offenbar nur Pietät für die Schwester, wenn er kam. Er sparte sich diese Tage vom Jahr ab, um sich bei uns entsetzlich zu langweilen, aber er war zu sehr Mann der Façon, als daß ihm Jemand die Langeweile angemerkt hätte.

Er fand bei uns auch Alles superb, originell, mindestens interessant, selbst wenn die Knechte und Viehmägde ihm mit ihren Mistgabeln den Dung auf die Lackschuhe warfen und sich über den gezierten Herrn lustig machten, der von der Landwirthschaft nicht einmal den dunkelsten Begriff hatte. Die Jagd liebte er nicht mehr, weil sie ihn nöthigte, seine zierlichen Füße in thrangeschmierte Stiefel zu stecken und seine Hände dem Wetter preiszugeben.

Er bewohnte bei solcher Gelegenheit die besten Salons unseres leider sehr baufälligen Schlosses, die vor seiner Ankunft gestäubt und gepußt wurden, denn er haßte jedes Staubbörnchen. Er zog sich rücksichtsvoll in diese Gemächer zurück wenn er gähnen wollte. Sonst plauderte er gern mit meiner Mutter, weniger gern mit dem Vater, mit dem er sich nicht recht verstehen konnte. Mich ließ er auf seine Zimmer kommen und unterhielt sich spielend mit mir, denn er war Kinderfreund. Er streichelte auch meiner Schwester wohl das Haar, freilich immer mit einem wehmüthigen Lächeln; ich werde sagen, warum.

Mich hatte er am liebsten. Es war ja auch von ihm bestimmt und gesetzlich gerechtfertigt, daß ich der Erbe seines Vermögens und seines Titels werden solle, und prüfend schaute er mich oft lange an, wenn er mich allein in seinem Zimmer hatte. Ich verstand das damals noch nicht. Meine Mutter behauptete immer in seiner Gegenwart, ich sei ganz sein Ebenbild, und er lächelte huldvoll dazu.

Ich weiß nicht, wie weit ihn dies Examen befriedigte, wenn er mich mit so eigenthümlicher Miene anschaute. Meine Schwester rief, wenn wir allein waren:

„Du, Kurt, sein Ebenbild? Thu mir das nicht an! Ich könnte Dich nicht mehr sehen, wenn Du dem so geziert würdest, wie Onkel Durchlaucht, der mir gar nicht wie ein Mann erscheint!"

Zweites Capitel.
Die Mutter.

Ich muß jetzt von den Eltern und meiner Schwester sprechen.

Die Mutter war die stolzeste Frau; ihrer Natur war der Stolz eine Incarnation geworden. Innerlich trug sie eine mit den vorschreitenden Jahren steigende

Unzufriedenheit herum, daß sie, eine geborene Bartenstein, nur die Freiherrin von Amstetten geworden. Das fürstliche Vermögen war auf den einzigen Sohn übergegangen und auf sie nur eine freilich sehr achtbare Dotation gekommen.

Sie hatte den Freiherrn von Amstetten aus Neigung geheirathet, einen der schönsten Offiziere der Residenz. Dieser hatte schon einige Jahre nach der Vermählung die Uniform ausgezogen und war — gegen die Neigung der Gattin — auf das ihm vom Vater hinterlassene Gut gezogen.

Ich erinnere mich wohl, wie ich als Kind meine schöne Mutter angestaunt, wenn ich diese in großer Toilette erblickte. So auch hing ihr Portrait noch in einem der Säle, wo sie unter den altmodischen Ahnen eine eigenthümliche Rolle spielte. Sie mußte als Mädchen eine höchst ätherische, zarte Erscheinung gewesen sein. Hedwig, meine Schwester, war offenbar im Gesicht ihr verjüngtes Bild. Aber es lag etwas Scharfes, Theilnahmloses, Egoistisches in der Mutter Zügen, das in ihrer Jugend allerdings nicht so hervorgetreten sein mochte.

Ihr graues Auge war kalt; es suchte bei jeder Begegnung die Mängel der Andern, und selbst wenn es nicht fand, hatte es stets den unverstellten Ausdruck der Minderschätzung, den ein oft verächtlicher Zug um die Nase noch erhöhte. Ohne diese vornehme Kälte wäre ihr Gesicht noch in ihrem Alter schön gewesen. Sie fand dies aristokratisch.

Ihre weibliche Mittelgröße nicht übersteigende Gestalt trug sich gern gerade, aufrecht; der Stolz, das fürstliche Selbstbewußtsein dämpfte in ihr jede sympathische Regung, und so war auch ihr Gemüth erkaltet wie ihre Miene.

Ich weiß nicht, ob sie uns beide Kinder wirklich liebte. Sie hatte nicht die Gabe, dies zu äußern, und wenn sie uns einmal liebkoste, wenn ihr stets bleiches unzufriedenes Antlitz sich einmal zu einer leichten Röthe erwärmte, war's wie das Alpenröschen, das über dem kalten Schnee knospet.

Die Mutter trug sich immer in Grau, als wolle sie damit andeuten, daß sie den Freuden des Lebens entsagt. Sie deutete dadurch vielleicht unbewußt an, daß sie dies ungern gethan, denn sie soll als Mädchen in der Residenz sehr umworben gewesen sein. Patience war ihre Lieblingsbeschäftigung, die ihr täglich ganze Stunden ausfüllte. Sie las auch viel; ihre Unterhaltung war geistvoll, scharf pointirt, aber sie hielt wenige Personen der Nachbarschaft für würdig einer solchen.

Gegen unsre Leute war sie streng, zurückhaltend, unnachsichtlich. Nur Die, welche ihr die größte Unterthänigkeit zeigten, durften sich einer freundlichen Behandlung rühmen, und das waren nie die besten.

Die Mutter war gerade das Gegenstück ihres Bruders. Er war immer Huld; sie konnte höchstens nur Gnade sein, und selbst das war ihr unbequem. Sie gehörte zu den Naturen, die nicht geliebt sein wollten.

Es war dies wenig geeignet, uns gute Leute zu erhalten, und deshalb fortwährender Wechsel. Alles nannte sie stolz, hochmüthig. Ein Glück war's für den Vater, daß sie sich um die Oekonomie wenig bekümmerte, und der letztere hatte es zu beklagen, wenn ihn einmal die Geschäfte tagelang fern von dem Gute gehalten, denn

er fand bei seiner Rückkehr Alles in Harnisch. Seine besten Leute verlangten ihren Abschied, und er mußte sie gehen lassen um der Mutter willen, die es rücksichtslos so wollte.

Der Vater war Oekonom geworden, weil das seinen Neigungen zusagte, aber er hatte kein Glück. Wie gesund und kräftig er, eine hohe, imponirende Gestalt, erscheinen mochte, es zehrte ein Uebel an ihm, das die Mutter nie mit empfunden, nicht einmal gewürdigt, und er mochte ihr deshalb die zunehmende Bedenklichkeit seines Brustleidens verschweigen, weil er keine Theilnahme voraussetzte.

Er gab nach und nach die Jagd auf, sein größtes und einziges Vergnügen. Er schaffte die theuren Reitpferde ab, weil ihm das Reiten Schmerzen verursachte, und wir Kinder wußten kaum, daß er leide, weil im Hause nicht davon gesprochen wurde.

Man wird sehen, warum ich für ihn Partei nehmen muß, wie weh es mir thut, wenn ich der Mutter Unrecht gebe, wenn ich sie schildre wie sie war, denn ihrem Einfluß dankten wir Alles, Gutes und Schlimmes. Der Vater war zu weich, zu nachgiebig und seine mit den Jahren zunehmende Kränklichkeit zwang ihn, die Ruhe zu lieben.

Es war wohl nie, — wenigstens seit lange nicht mehr — ein warmes, theilnehmendes Verhältniß zwischen meinen Eltern. Die Mutter schien kein Bedürfniß dafür zu haben. Der Vater verschloß sich also in sich selbst und hatte seine Freude nur an uns, wenn er vom Feld in's Schloß zurückkehrte. Selbst seine persönliche Betheiligung an der Oekonomie war ja der Mutter stets ein Dorn im Auge. Sie, die Schwester der Fürstin Bartenstein, konnte ihren Gatten nicht in den ordinären schmutzigen Stiefeln sehen und wenn Onkel Durchlaucht uns besuchte, sparte sie nicht ihre satyrischen Bemerkungen über die bäuerlichen Gewohnheiten des Gatten.

Trotzdem stand der Onkel mit dem Vater auf dem freundschaftlichsten Fuß. Onkel Durchlaucht sah den Vater gern so wirthschaftlich, weil die Mutter ihn mehrmals um größere Summen gebeten hatte, wenn der Vater von schlechten Ernten, Brandunglück, Wildschäden oder sonstigen Widerwärtigkeiten betroffen und in Verlegenheit gerathen war. Der Onkel war hier viele andre freigebige Leute; er gab wohl gern aus freien Stücken, wenn er aber gebeten wurde, dann war's ihm lästig.

Es fehlte wohl oft bei uns an Geld, aber uns wußten wir Kinder davon. Und hätt' ich's gewußt, wie hätt' ich damals die Bedeutung des Umstandes würdigen können, daß mein Vater mit dem Gute das seinigen auch die auf demselben haftenden, ganz bedeutenden Schulden übernommen, die er niemals überwinden konnte!

Onkel Durchlaucht hätte da wohl helfen können mit seinem enormen Vermögen; aber meine Mutter wollte ihn nicht erfahren lassen, daß seine stolze Schwester eine so zweifelhafte Partie eingegangen war. Höchstens schrieb sie ihm, wenn die Noth am größten, von „vorübergehenden kleinen Verlegenheiten."

Uebrigens drängten die Gläubiger meines Vaters nicht; sie nahmen nur hohe Zinsen für Prolongationen. Sie kündigten immer wieder, um noch höhere Prozente zu erpressen. Sorge um ihre Kapitalien hatten sie nicht, denn sie wußten, daß ich Onkel Durchlauchts Erbe sein werde, und das gewährte ihnen Sicherheit genug für die Zukunft.

Drittes Capitel.

Das Hausherzchen.

Jetzt von meiner Schwester Hedwig.

Sie war das liebevollste, hingebendste, selbstloseste Geschöpf der Welt; sie war schön, wenn auch ihr Antlitz stets eine kränkliche Blässe trug, aber sie war — verwachsen!

Ein unglücklicher Fall aus den Armen ihrer Amme hatte schon ganz früh eine Verkrümmung des Rückgrats angebahnt und was auch in ihren ersten Lebensjahren gethan wurde, — die Mutter war rastlos bemüht, das Uebel im Keim zu beseitigen, um in der Tochter ihr Ebenbild voll und schön aufblühen zu sehen, — es blieb Alles vergebens. Mit Hedwigs Wachsen zeigte sich die Nutzlosigkeit aller orthopädischen Hülfsmittel.

Hedwig kehrte nach mehrjährigem Aufenthalt in verschiedenen hochgerühmten Anstalten ungeheilt zurück und die Streck-Maschiene, die sie mitbrachte, die sorgfältigste Beobachtung der vorgeschriebenen Maßregeln hemmten das Uebel nicht.

Vielleicht, ja wahrscheinlich war das von großem Einfluß auf die Gemüthsstimmung der Mutter.

Es ist der Stolz jeder Mutter, sich in ihrer Tochter verjüngt, die eigne Jugend erinnernd in dem Antlitz des Kindes zu sehen, in dem Kinde noch einmal wieder in ihre Jugend zurück und mit ihm vorwärts zu leben.

Die meinige war, wie ich sagte, sehr schön und stolz auf ihre Schönheit gewesen. Beklagte sie schon die Isolirung, entbehrte sie das Residenzleben auf dem Gute, welch einen Ersatz hätte ihr dafür die Schönheit der Tochter gewähren können. Und Hedwig war ja schön! Ohne diesen organischen Fehler, bei richtigem Ebenmaß der Glieder hätte Hedwig bewundernswerth werden müssen.

Sie hatte die großen blauen Augen des Vaters, feurig und innig, und sie blickten so treu, so herzig! Der Schnitt ihres Gesichts, Stirn, Nase und Mund waren von der Mutter, aber das Alles war viel weicher, wohlwollender, lieblicher in ihrem Gesicht. Sogar die leicht angedeuteten blauen Adern der Schläfe hatte sie von der Mutter, die zierliche Hand, die kleinen Füße.

Hedwig konnte sehr heiter sein, schalkhaft; satyrisch war sie vorzugsweise gern. Sie hatte viel und Gutes gelesen während sie auf dem Streckbett gelegen; sie hatte früh ein inneres Leben geführt, während ihre Gespielinnen ihren kindlichen Zerstreuungen nachgingen, und das gab ihrem Charakter frühzeitig Reise, Vertiefung und Verständniß. Sie konnte in Erstaunen setzen wenn sie von Dingen sprach, an die sonst der Verstand eines Kindes nicht reicht, und sie sprach das immer abschiedlos, bescheiden. Sie legte kein Gewicht auf ihr Urtheil und doch war dasselbe überraschend, treffend.

Doch auf Hedwigs Antlitz lag, wenn ihr reger Geist ruhig, der Ausdruck tiefer Melancholie, jener Schmerzenszug, den das Bewußtsein stiefmütterlicher Ausstattung von Seiten der Natur nothwendig erzeugt.

Sie war gern allein, liebte es wenigstens nicht, von Fremden gesehen zu sein. Wenn sie Jemandem begegnete, las man auf ihrem Gesicht stets: ja, schau mich nur an, ich will gar nicht von Dir bemitleidet sein! — Sie fühlte ihr Unglück, aber sie trug es mit der Entsagung einer Heiligen.

Dabei beherrschte sie die Ueberzeugung, daß sie nicht lange leben werde. Sie war körperlich schwach, vielleicht in Folge all der Gewalt, die man frühzeitig ihrem Organismus angethan, um ihn in normale Formen zurück zu zwingen. Sie war stets bleich; um ihre Lippen zitterte immer der melancholisch-moquante kleine Zug, der dem Gesicht einen so durchgeistigten Ausdruck verlieh.

Hedwig war ein kleines Original. Ihr schweres hellbraunes Haar, das an den Wurzeln sich lichter abtönte, trug sie stets à la Victoria in dichten Flechten um den Scheitel gewunden; man sah sie nie anders als in chocoladenfarbenem Kleid, nur Sonntags liebte sie hellgrün, als wollte sie sich damit den Mai ihres Lebens vergegenwärtigen, den ihr das Schicksal versagt.

Man kannte und liebte sie drunten im Dorf und bei unsern Leuten war sie verehrt. Sie war überall, in den Ställen und Scheunen, in den Gärten und auf den Feldern; bei der Ernte war Hedwig eine Hauptperson, doch von Kirchweihen und dergleichen hielt sie sich streng zurück. Sie überraschte oft die Holzschläger im Walde, wenn sie faullenzten, die Mäher auf den Kornfeldern, die Mägde wenn sie im Heu mit den Buben Tollheiten trieben; aber nie kam ein böses Wort über ihre Lippen. Selbst an dunklen Sommer-Abenden stieß man oft unerwartet auf Hedwig, wenn sie im Schloßgarten, im Park unter den Hollunder- und Schlehengebüschen am Wegrain ganz allein da saß und wohl leise ein Liedchen vor sich hinsang.

In ihren Kinderjahren war Pluto, der Neufundländer, ihr treuer Begleiter gewesen. Seit der, am Hornwurm erkrankt, todt geschossen worden, strich sie allein umher. Die Leute, die sie immer so einsam sitzen sahen, namentlich wenn sie in ihrem hellgrünen Kleide mit der dünnen Stimme ihr Liedchen summend am Wege saß, hatten ihr den Spitznamen Heimchen gegeben, und den hat ihr keiner wieder abgenommen.

Selbst ich nannte sie oft als Knabe scherzweise so und sie nahm's auch nicht übel, als sie hörte, daß alle Welt sie so heiße.

„Ich weiß ja, daß man Jedem gern was anhängt, der . . .“

Sie wollte sagen: der einen Schaden hat. Sie lächelte melancholisch vor sich hin.

Hier ein Charakterzug meiner Schwester: Mit fünfzehn Jahren — ihrem Verstande nach zählte sie schon zwanzig — hatte sie sich aus ihren Ersparnissen eine kleine Hausapotheke und einige populär-medizinische Bücher, den „Hausarzt“, den „gesunden und kranken Menschen“ und Andere angeschafft. Diese Hausapotheke war in einem Kabinet neben ihrem Schlafzimmer in einem alten Bücherschrank etablirt und da standen alle die Flaschen, Büchsen und Schachteln mit lateinischen Aufschriften, die sie wie ein Apotheker herzählte.

„Man kann nicht immer warten bis der Arzt aus der Stadt kommt,“ sagte sie. „Die ganze Kunst der Medizin, soll die wirklich erfolgreich sein, besteht im Vorbeugen, im Heilen des Uebels so lange es ein Keim ist.“

Sobald also einer im Dorfe krank war, erschien Hedwig mit ihren Medicamenten unter dem Arm. Sie fühlte den Puls der Patienten mit gelehrter, sinnender Miene, ließ sich die Zunge zeigen und wandte immer eins der drei medizinischen Heroica an. Sie hatte auch Erfolge damit, weil bei den Landleuten die Unvernunft in materiellen Genüssen der Hauptgrund aller Krankheiten ist. Später schaffte sie sich sogar Schröpfköpfe an; sie zupfte Charpie, machte Verbände und Alles geschah in ihrer stillen, klugen Weise, ohne Aufhebens, ohne Geräusch.

Die Arbeiter, die Bauern, die Knechte und Mägde sahen deshalb in ihr ein Wunder der Gelehrsamkeit und ich nannte sie „Herr Medizinalrath," wenn sie gelegentlich mit ihrer Kunst auch mir zu Leibe gehen wollte.

Sich nützlich machen war die Aufgabe ihres verfehlten Lebens und denen wohlwollen, deren Mitleid sie fürchtete, ihr Beruf. Im Hause selbst hieß sie auch wohl ihres stillen, sinnigen Wirkens halber das Haushexelchen.

Viertes Capitel.
Der Abschied.

Mit achtzehn Jahren mußte ich zum Oheim in die Residenz, um, durch einen Hauslehrer von umfassendem Wissen so weit vorbereitet, noch einige Jahre die hohe Schule zu besuchen.

Mein Vater, der beste, edelste Charakter der Welt, der um die Seinen nicht zu beunruhigen, in der Stille ohne Klage das Fortschreiten seines Leidens beobachtete, er umarmte mich mit Thränen. Während der letzten Wochen hatte er täglich einige Stunden dazu verwendet, um mir Verhaltungsmaßregeln, gute Lehren auf den Weg zu geben. Er war bis zum letzten Moment gefaßt, da aber sah ich, was es ihn kostete, mich von sich zu lassen.

Seine Selbstbeherrschung hatte uns das in ihm zunehmende Uebel stets verheimlicht. Er selbst wußte wohl zu berechnen, wie lange seine Frist hienieden noch frei. Ich ahnte natürlich nichts davon.

„Ich werde Dich sehr vermissen, mein Sohn," sagte er mit weicher Stimme, als die Stunde geschlagen, „aber Du wirst fortab mehr Andern und der Welt gehören, als mir. Hüte Dein Herz und übe Deinen Verstand."

Der Abschied von der Mutter war kühl und förmlich. Sie gab sich die Miene, als entlasse sie mich bereits aus ihrer Gewalt in die des Oheims, und die Stunde, welche ich ihr am Tage des Abschieds hatte widmen müssen, füllte sie damit aus, mir eine Anschauung von dem Leben der Residenz zu geben und mir die Kreise zu schildern, in welchen sie einst eine so beneidete Rolle gespielt.

Sie wiederholte oft: „wenn Du Diesen und Jenen oder Diese und Jene siehst," — wie das so der Mutter Weise ist. Die Zeit von damals stand ihr noch so frisch im Gedächtniß, daß sie den Raum nicht maß, der dazwischen lag.

Beim Abschied küßte sie mich auf die Stirn.

Inniger, herzlicher und schmerzlicher war die Trennung von Hedwig. Es war mir, als müßte die Aermste jetzt schutzlos sein, als könne sich ihrer Niemand so annehmen wie ich. Mir ward es kalt um's Herz, als ich mir dachte, daß die Mutter hinfort ebenso gefühllos gegen

die arme Verwachsene sein werde wie bisher, denn ich hatte in den letzten Jahren wohl bemerkt, wie die Mutter so kalt gegen sie sein konnte, als sie einsah, daß die stolzen Hoffnungen, die sie auf die Tochter gesetzt, gescheitert seien. Ich sah voraus, daß Hedwig Niemand haben werde, gegen den sie sich so aussprechen könne wie gegen mich.

Hedwig sprang noch auf den Tritt, als ich schon in unsrer Chaise saß, um zur Station zu fahren, und gab mir noch einen letzten Kuß. Des Vaters Augen waren thränenfeucht, die Mutter stand fröstelnd, in den Shawl gehüllt, auf der Hausschwelle und nickte mir ernst den letzten Abschiedsgruß.

Es war Anfang October, der Herbst früh hereingebrochen und recht schaurig rauschte der Wind in der hohen Pappel-Allee der Chaussee, die sich schnurgerade wie ein weißes Lineal vor mir hinzog als ich das Parkthor hinter mir hatte.

Mir war's recht, recht traurig um's Herz. Ich weinte, als ich so allein im Wagen saß; ich dachte aber hauptsächlich nur an den Vater und Hedwig und wie das nun wohl Alles ohne mich zu Hause gehen werde. Hält man sich in dem Alter doch für so unentbehrlich, daß man sich kaum vorstellen kann, wie die Zurückbleibenden, für die ja immer der Schmerz ist, ohne uns werden auskommen können!

Dazu kam, daß ich ja zu Onkel Durchlaucht ging, als dessen Erbe in Titel und Vermögen ich in der Residenz debütiren sollte. Ich trat ihm fortab näher, den Eltern somit ferner. Unter seiner Aufsicht sollte ich meine Erziehung vollenden, wenn es auch nicht verabredet war, daß ich in Allem nur seinen Wünschen zu folgen habe. In seinem Hause sollt' ich nicht wohnen. Das hatte der Onkel ausdrücklich als unzweckmäßig bezeichnet. Seine Garçon-Wirthschaft war hierfür nicht geeignet.

Der Wind blies über die kahlen Felder, die Blätter der Pappeln zitterten und rauschten so ängstlich über mir. Die Saatkrähen saßen in ganzen Schaaren, sich in den Kronen der Bäume schaukelnd; dürres Blattwerk jagte durch das offene Wagenfenster herein. Auf den Aeckern waren des Vaters Leute beschäftigt, die Dickwurz auf die Leiterwagen zu laden. Sie grüßten mich freundlich. Die Dorfjugend sammelte sich lustig um eine große Haufen brennenden Kartoffelkrauts, dessen Qualm der Wind durch die Pappeln jagte.

Man vergißt solche Tage niemals; sie sind zu wichtige Epochen in unserm Jugendleben. Der erste noch so unsichere Schritt in die Welt hinaus, der uns von Allem los löst, mag er noch so kurz sein, aller Wandel und Wechsel, die uns noch beschieden sein mögen, verwischen nicht die Erinnerung an ihn.

Des Onkels Diener sollte mich auf der Station empfangen; der Vater hatte einer wichtigen Angelegenheit wegen mich nicht so weit begleiten können; er wußte mich ja in gutem Schutz.

In dem Bahnhof des kleinen Städtchens wartete der Diener, den mein Oheim schon oft bei uns gewesen. Godefroi hieß er, von Hause aus Gottfried; aber Onkel Durchlaucht liebte die französische Sitte einmal und der alte Diener hatte aus öfterer Anwesenheit in Paris gelernt, diesem Namen Ehre zu machen.

Er war sein Original von Natur, ein original

originalisé, trug seidene Strümpfe bis zum Knie, schwarze Sammethosen, eine desgleichen Weste, an der ein langes Breloque hing, einen schwarzen Frack mit breiten Bedienten-Schößen, gelben Knöpfen mit der Chiffre und der Fürstenkrone und eine untadelhaft weiße Kravatte.

Auf dem breiten, wohlgenährten, röthlichen und bartlosen Gesicht Godefroi's lag stets eine verbindlich süße Unterthänigkeit, seine kleinen umschwollenen Pupillen blinzelten immer mit augendienerischer Anmuth; um seine dicken Lippen lächelte es stets entweder mit schmeichelnder Devotion oder herablassend gegen Diejenigen, auf die er von oben herabsehen oder die er wohl protegiren konnte. Sein weißes dünnes Haar war wie ein Notenblatt über den niedrigen breiten und glänzenden Schädel gekämmt; an der ganzen, großen und ziemlich corpulenten Gestalt war keine eckige Bewegung, Alles höchster Lakaien-Schliff, die Vollendung der Bedientenschule. Selbst seine großen Plattfüße hatten etwas Gleitendes, Schiebendes, als bewegten sie sich schlittschuhlaufend fortwährend auf dem schlüpfrigen Parquet, und sein biegsamer Rücken maß stets genau die Winkel ab, welche die Scala zwischen Gehorsam und Unterthänigkeit einschloß.

Godefroi stand auf dem Perron, den schwarzen Frack der Kühle wegen bis oben zugeknöpft, in weißen Handschuhen, den Hut in der Hand, und verbeugte sich mit wohlwollender und dennoch servilster Miene, als er an meinen Wagen trat. Er hatte mit richtigem Tact etwas väterlich Zärtliches in seine Reverenz gelegt und bemerkte mit süßlichem Befremden, daß der „gnädige Vater" mich nicht begleitet habe.

„Godefroi, er hat wichtige Geschäfte gerade heute, wo der Onkel mich erwartet, ich bin ja gut aufgehoben in Ihrem Schutz," antwortete ich traurig lächelnd, denn mir that das Herz so weh.

Es war mir, als müßte ich bei diesem Mann insinuiren, was mir früher nie eingefallen wäre, meinem ganzen Wesen widerstrebt haben würde. Aber er stand ja da als mein Begleiter in eine neue Welt, die er besser kannte als ich, dem er mit seiner Glätte wie ein Meister in mir noch ungewohnten Formen erschien. Godefroi galt bei Onkel Durchlaucht Alles; ein Mann wie er mußte diesem unentbehrlich sein, der Oheim hätte unter Tausenden einen solchen suchen müssen. Godefroi wußte das und machte sich noch unentbehrlicher; das Bewußtsein machte ihn sicher; es führte ihn zu keiner Ueberhebung, weil eben der Bediente seine innerste Natur war. Der Onkel erkannte es, und das machte ihn auch dem Diener unentbehrlich. Beide gehörten zu einander.

Godefroi war unterwegs die Aufmerksamkeit selbst gegen mich. Auf jeder Station erschien er an meinem Wagenfenster, um nach Befehlen zu fragen. Gewiß, dieser Natur war das Dienen ein Bedürfniß!

Am späten Abend erreichten wir die Residenz — für mich eine ganz neue Welt. Obwohl nur eine Stadt mittler Größe, hatt' ich doch nie eine solche Menge von Häusern beisammen gesehen und das Schattenhafte der steinernen Klumpen, die von Dachgebälk durchschnittene dunkle Nachthimmel darüber, die flackernden Gaslaternen und die Menschen, die unter ihnen auf dem weißen Steinteppich, dem Trottoir, hin und her huschten, machten einen mir imponirenden Eindruck.

Godefroi sagte mir erst hier, daß er mich nicht gleich zu Durchlaucht, sondern in die Familie bringen solle, unter deren Obhut ich sein werde. Bei all seiner Höflichkeit handelte und sprach er nach formeller Instruction.

Wir fuhren in einem Fiaker durch die Gassen, die immer stiller und dunkler wurden. Vor einem ziemlich bescheidenen Hause hielten wir. Godefroi zog an der Schelle. Eine Magd öffnete dienstfertig und rief, mich erblickend: „Ah, gewiß der junge Herr Baron!"

Eine alte Dame, hoch, mager und kerzengrade, mit freundlichem Lächeln auf dem schmalen gelben Gesicht, dessen Falten von der Nasenwurzel zu beiden Seiten des Kinns wie in spitze Dreieck hinab liefen, erschien am Fuß der Treppe, um mich willkommen zu heißen. Oben empfing mich auch „der Herr Professor," ein Mann von etwa sechzig Jahren mit ernstem, pedantischem Antlitz, von schmächtiger gekrümmter Gestalt, wohl einen Schuh kleiner als seine Gattin. Die blaue Brille von der Nase nehmend, zeigte er mir ein von der Arbeit müdes Auge und hieß mich herzlich willkommen.

Es war Professor Wildbruff, ein geborner Sachse, dessen Erziehung mich der Oheim übergeben, ein Mann, der nur Eleven der höchsten Stände in sein Haus nahm.

Godefroi, nachdem er peinlich die Unterbringung meiner Effecten in dem großen, mir bestimmten Zimmer überwacht, trennte sich von mir mit der Meldung, er habe Ordre, mich morgen Vormittag zu Sr. Durchlaucht zu führen.

Ich stand allein in dem großen, nur von einer dünnen Kerze matt erhellten Gemach. Mir war's recht öde im Herzen, dabei so traumhaft, zitternd und unruhig von der Reise. Es war auch so still im Haus. Das Zimmer mußte auf den Garten hinaus gehen, denn ich hörte vor dem Fenster, wie der Wind die trocknen Herbstblätter eines schon halb kahlen Baumes zusammenschlug und gegen die Scheiben warf.

Die Frau Professorin ließ mir nicht lange Zeit. Sie erschien, um mich zum Nachtmahl zu holen, mit dem man auf mich gewartet.

Ich hatte keinen Appetit, folgte ihr aber in das hübsche Speisezimmer. Wir saßen unsrer Drei um den Tisch. Der Professor gab mir gleich einen Abriß seiner Haus- und Studien-Ordnung, Alles mit liebenswürdigem Benehmen, in merkbar sächsischem Dialect und kathedermäßigem, aber gewinnendem Ton. Die Professorin bedauerte, daß ich nicht heute schon meinen Kameraden, den jungen Grafen Tarnow, kennen lerne, der seit einem Jahr im Hause. Er sei in die Oper gegangen und verspäte sich gern ein wenig des Abends.

Ich konnte in meiner neuen Situation bis nach Mitternacht nicht einschlafen und das noch weniger, als ich ein Poltern auf der Treppe und, dann neben mir in Zimmer derbe Schritte und eine Stimme hörte, die ziemlich laut einige Opern-Arien summte. Das mußte Tarnow sein, ein junger Oesterreicher, wie mir der Professor gesagt — ein junger Mann von großer Distinction, hatte er hinzu gefügt.

Mir wollt's in der Nacht erscheinen, als benehme sich dieser Tarnow mit großer Ungenirtheit im Hause; wenigstens mochte ihm die nächtliche Ruhe der Andern sehr gleichgültig sein.

Fünftes Capitel.

Graf Tarnow.

Gegen meine Gewohnheit erwachte ich am Morgen sehr spät. Die kalte gelbe Octobersonne fiel bereits schräg in mein Zimmer; ein scharfer Wind warf polternd die aus ihren Schalen geplatzten Kastanien des vor meinem Fenster stehenden Baumes gegen die Scheiben.

Ich sollte heut morgen zu Onkel Durchlaucht abgeholt werden. Eilig machte ich also meine Toilette nach einem flüchtigen Blick im Zimmer umher, das ganz comfortabel ausgestattet war.

Ein entschlossenes Klopfen an die Thür erschreckte mich in meiner Beschäftigung. Ich sah einen hoch und schmächtig aufgeschossenen jungen Mann in grauer Joppe, das schwarze Haar auf dem Scheitel getheilt und sorgfältig gekräut, sehr degagirt, aber mit cavalierer Haltung unaufgefordert hereintreten. Mit einer gewissen Vertraulichkeit schaute er mich an, während er auf mich zuschritt.

Sein dunkles Auge blickte freundlich aus dem von Natur etwas braunem Gesicht; ein mit knabenhafter Eitelkeit gepflegtes kaum erkennbares Bärtchen färbte die Oberlippe seines sinnlich geformten Mundes; an einer anspruchsvollen Uhrkette trug er zwei große Medaillons.

„Graf Tarnow!" führte er sich mit leichter, nachlässiger Verbeugung ein. „Ich hörte, daß mein neuer Nachbar schon erwacht, und konnte mir das Vergnügen nicht versagen, ihm zuerst aufzuwarten!"

Das war mein Kamerad also! Er war einen halben Schuh größer als ich, war hübsch, obgleich sein Gesicht mit der leichtgestutzten Nase für mich etwas Soubrettenhaftes hatte. Er schien voll Lebensmuth, sogar Uebermuth, das sagte jeder Zug, jede Bewegung an ihm.

Uebrigens waren wir Beide gleich schlank und kräftig gewachsen und man konnte uns dem Aeußeren nach wohl für etwa zwanzig Jahre alt halten.

Mir war's lieber, daß er zuerst gekommen. Ich begrüßte ihn ebenso vertraulich, wenn auch weniger cavalierement, und Tarnow warf sich in einen Sessel. Wir plauderten. Tarnow freute sich, einen so angenehmen Kameraden erhalten zu haben, denn es sei verdammt langweilig hier im Hause. Er entwarf mir gleich ein Programm unsrer hinfortigen Kameradschaft, das mir, der ich eben vom Dorf kam, allerdings etwas überraschend in seiner Reichhaltigkeit und wenig verständlich war.

„Um den Professor kümmre ich mich nicht!" setzte er hinzu, eine Cigarrette aus seinem Etui nehmend. „Sie erlauben doch; oder rauchen Sie nicht?"

„Noch nicht!" antwortete ich verlegen lächelnd.

„Wird sich Alles geben! . . . Rathe Ihnen nur Laserine; habe die besten Quellen!"

Ich acceptirte dies dankbar.

„Ich schätze Sie doch in meinem Alter — achtzehn Jahr!" fuhr Tarnow fort.

Auch das gab ich zu.

„Ein Mann von Welt muß in dem Alter seine Cigarre rauchen!" Tarnow qualmte dicke Wolken vor sich hin und zog mit Bravour den Rauch durch die Nase, als wolle er mir gleich Unterricht geben, wie man das mache.

„Sie heißen Kurt von Amstetten, nicht wahr? . . . Mein Name ist Alfred von Tarnow, und da wir einmal Kameraden und hoffentlich recht gute sein werden, nennen wir uns Du!"

Tarnow reichte mir die Hand. Er hatte offenbar Gefallen an mir gefunden, wenn ich ihm auch wohl noch etwas unweltmännisch erschien. Jedenfalls war's ihm lieb, eine ihm zusagende Gesellschaft im Hause zu haben. Ich schlug ein.

Man klopfte wieder an die Thür. Gottfroi trat mit dem verbindlichsten Lächeln auf seinem Schmalzgesicht herein.

„Durchlaucht lassen bitten," meldete er an der Thür mit näselndem Ton, dann einen taxirenden, aber bescheidenen Blick auf meine Gesellschaft werfend.

„Ah, der Fürst Bartenstein! Dein Onkel!" rief Tarnow. „Ich will Dich nicht stören. Wir sehen uns heute Mittag bei Tische! Nachmittag führe ich Dich in den Tattersaal, auf die Promenade, in's Theater . . . ein reizendes Ballet," setzte er leiser, sich ja mir beugend, hinzu. „Ich schwärme namentlich für die Eine! Sie hat eine Spitze, einen Ballon! . ."

Tarnow schnalzte mit der Zunge. Er reichte mir dann mit einverständnißsüßer Miene die sein gepflegte Hand, deren Nägel die Laserine wie weiße Krallen umschlossen, und ging, ohne in aristokratischen Tact Gottfroi eines Blickes zu würdigen.

Der Letztere war so sehr Diener, daß er das Selbstbewußtsein des jungen Cavaliers ganz in der Ordnung fand. Wartend stand er da, während ich noch meine Toilette beendete und inzwischen mir meine Gedanken über Tarnow machte.

Jedenfalls hatte ich einen Kameraden, einen Umgang, der mir das Heimweh überwinden helfen konnte. Ich brauchte ihm ja nur so weit zu folgen als ich es selbst für angemessen hielt.

Sechstes Capitel.

Beim Professor.

Der Oheim wohnte vor der Stadt in den Anlagen. Wie mir Gottfroi schon unterwegs erzählt, hatte der erstere seit er am Reiseleben nicht mehr so viel Behagen fand, das alte Stammhaus, in welchem auch meine Mutter aufgewachsen, verlassen. Er hatte sich um der gesunden Luft willen ein reizendes Palais in den Anlagen nach seinem eignen Geschmack erbauen lassen und dieß mit königlichem Luxus ausgestattet.

Als wir die Anlagen erreichten, erblickte ich inmitten eines noch üppig grünen Rasen-Rondels ein prachtvolles Sommerschlößchen, vor dessen mit Vergoldung überladenem Eisengitter eine offne Equipage hielt.

Gottfroi steuerte auf dasselbe zu. Der Kutscher nickte ihm schon aus der Ferne. Bewundernd schaute ich das in reichstem Renaissance-Styl erbaute Schlößchen an. Die schönsten Blumen-Gruppen, blühende Canna und Geranien, prachtvolle Orangen und Granatbäume, Dracänen vom kräftigsten Palmenwuchs, umgeben von Rosenbosquets, deren Blüthen schon am Nachtfrost trauerten, sorgfältig gepflegte Guirlanden von Schlingrosen, parallel laufend mit den Schwingungen des Bronce-Gitters, endlich zwei riesige Agaven auf beiden Seiten der Freitreppe und des stolzen, wappengezierten Gitterthors — das Alles, untermischt von großblättrigen Paulownen bildete die Gartenpartie der Front.

Links führte eine Säulen-Galerie zu einem zierlichen Pavillon; durch die Galerie fiel der Blick auf den Marstall, auf die Gewächshäuser und einen andern im Hintergrund isolirt von Garten-Partien umgeben stehenden Pavillon.

O, der Onkel mußte unermeßlich reich sein! Ich fühlte mich erdrückt, verwirrt von Bewunderung. Bei uns ging Alles zwar auch sehr aristokratisch zu, denn die Mutter überwachte den Ton, aber von Opulenz, selbst nur Sorglosigkeit war namentlich während der letzten Jahre keine Rede mehr gewesen.

Der Kutscher schaute mich vom' Bock prüfend und tarirend an. Ich kam mir so unbedeutend vor und bennoch wußte ich, und der Kutscher mußte es auch wissen, daß ich dereinst der Erbe all dieses Glanzes sein sollte. Das Alles war für mich geschaffen und es fand mich so klein!

Erst als das Gitterthor hinter uns zufiel, der Kies des Ganges zwischen den Rabatten unter meinen Füßen knisterte und Godefroi ehrerbietig am Fuß der Freitreppe stehen blieb, um mich vorantreten zu lassen, fühlte ich mich zum nothwendigsten Bewußtsein meiner Stellung aufgerufen. Ich sagte mir zwar selbst, daß mir noch sehr viel fehle, ehe ich das Gleichgewicht lerne, mich auf der Höhe dieses Glanzes zu bewegen, aber ich gab mir doch die nothwendige äußere Haltung, die der Dienerschaft gegenüber so unerläßlich war.

Zwei Lalaien empfingen uns in dem mit kostbarer Mosaik, einer Nachahmung der Alexanderschlacht, ausgelegten Vestibul. Sie traten mit ehrerbietiger Neugier auf den Gesichtern zur Seite, hinter ihnen aber schaute ein halbes Dutzend weißer, meist nackter Marmorstatuen aus den rothbraunen Nischen herab, mir ziemlich alle erinnerlich aus der Mythologie: Cirene mit dem Plutolinde, der wachende Traum, der gefangene Cupido und andere vollendet schöne klassische Copien.

Wir traten von hier in einen reich mit Frescen verzierten Gang, dann in ein Treppenhaus mit gleichen Malereien, die mir Alle vor den Augen zusammenschwammen, denn das Herbstlicht fiel blendend von der Höhe der einen Rosette auf uns herab.

Kein Laut verrieth auf den weichen Läufer der Treppe unsre Schritte. Eine hohe Flügelthür öffnete sich uns oben ohne daß ich die Hand gesehen, die sie aufthat. Godefroi ließ mich in einen Empfangssalon treten, dessen Wände von hell buntem Marmor im Glanz mit dem Parket wetteiferten.

Ich stand allein. Ich staunte die Oelgemälde an, die in den Marmor eingelassen, die Decke, deren Malerei mit ihren überlebensgroßen Figuren, irgend eine olympische Gruppe, mich erdrückte.

Der Oheim hätte den Empfang seines Neffen wohl vertraulicher, familiärer machen können! Oder wollte er seinem Erben gleich den ganzen Glanz seines Hauses zeigen, ihn in aller Form in sein dereinstiges Eigenthum einführen?

Godefroi erschien in einer der hohen Thüren wieder und lud mich durch einen respectvollen Wink ein.

Ich glitt über das Parket, trat in einen andern

Salon, dessen Wände und Möbel perlgrauer Damast bedeckte, dann wieder in einen andern in blauer Farbe, noch in einen andern von zarter Rehfarbe, endlich in ein großes Gemach, dessen Licht durch dunkle Brocat-Vorhänge und Portieren gedämpft wurde.

Es war ein Bibliothek- oder Arbeitszimmer der luxuriösesten Ausstattung. Schwere antik geschnitzte Schränke hielten anspruchsvoll gebundene Bücher, allerlei massive Gestelle derselben Schnitzerei trugen große Mappen; Hermen im feinsten Marmor standen auf dunklen Postamenten in den Ecken, ein riesiger Arbeitstisch, ebenso geschnitzt, hatte die Mitte auf weichem braunem Teppich, und über denselben fort blickte ich in ein hell decorirtes großes Gemach.

Kaum hatte ich Zeit, einen Blick umher auf die kleinen und größeren Oelbilder, Vasen und Statuetten zu werfen, welche zwischen den Schränken und über den Thüren die Wände bedeckten, auf die antiken Schalen von Werth, als in die mir gegenüberliegende Thür des Gemachs eine schlanke Gestalt trat in brauner, mit gelber Seide besetzter Sammet-Jaquette, ein weißes Seidentuch zur Schleife um den Hals gebunden, ein Pinze-Nez auf der Nase.

Es war mein Oheim.

„Sei mir von Herzen willkommen, Kurt!“ rief er um den Arbeitstisch herum auf mich zuschreitend, mir die Hand reichend und mich etwas ceremoniel auf die Stirn küssend. „Du mußt mir's schon zu Gute halten, daß ich Dich nicht selbst abholte; ich fühlte mich nach einer Soirée im königlichen Schloß etwas indisponirt! Du bringst mir gewiß Grüße von zu Hause! . . Ah, ein Brief! Ich danke Dir! . . . Wie gesagt, sei willkommen!“

Damit nahm er mich bei der Hand und führte mich in das andere Gemach, neben welchem ein von goldner Fürstenkrone überragter Vorhang das Schlafgemach des Oheims verhüllte.

Es herrschte ein weicher, fast weiblicher Geschmack in diesem Zimmer. Die Mauern waren mit matt sahnegelber Seide bekleidet; vor jedem Fenster stand in Miniatur die Statuette einer Göttin in halber Lebensgröße auf Marmor-Sockel; Wouwermanns und Meissoniers zierten die Wände, viel andre reizende, leichte, graziöse Compositionen, von deren Beziehung zu dem Character des Hausherrn ich mir natürlich noch nichts vorstellte. In meinen Augen gaben sie dem Gemach, das sein Licht von zwei Seiten empfing, etwas überaus Lebendiges, Wohliges und Anmuthendes.

Wie fühlt man sich aber so unsicher und unbedeutend, so lange man nicht den Schlüssel des gesellschaftlich'n Formenlebens in Händen hat! Man glaubt sich in den wohlwollendsten Menschen Feinden gegenüber, welche die Kriegskunst des Lebens verstehen; man fürchtet ihre Kritik und wird noch unbedeutender und linkischer.

War der Oheim bei uns daheim zum Besuch, so konnt' ich immer ganz vertraulich zu ihm sein. Hier war er mir fremd; er war mir ein ganz Andrer; ich sah ihn in einer ganz neuen Fassung, die zu ihm gehörte, ihn ergänzte, ihn gewissermaßen machte.

Bei uns auf dem Lande, wenn er uns besuchte, war er immer nur der wohlwollende, schlichte Freund und Protector gewesen.

Auf dem Gute hatte ich ihn auch sich für Dinge interessiren sehen, deren ich mich selbst fast schämte. Selbst wenn Hedwig, die schon frühzeitig landwirthschaftlichen Sinn entwickelte und in Garten- und Blumenzucht wie ein Buch sprechen konnte, wenn sie ihn durch ihre kleinen so bescheidenen Anpflanzungen führte, hatte er mit Theilnahme zugehört. Er hatte sich von ihr sogar in die Kuhställe führen lassen — er, ein Mann, der im königlichen Luxus zu Hause, dessen feine, sublimirte Instincte einer hier aus jeder Decoration, aus seiner Haltung, seiner Miene, seinem Lächeln entgegen schauten, während der überall herrschende Veilchenduft, leicht und kaum wahrnehmbar, von seinen zarten Nerven sprach.

Verwirrt, scheinbar aufmerksam und doch kaum hörend, saß ich ihm gegenüber. Er betrachtete mich wohlwollend, er fragte nach Allen daheim und ich fand erst langsam das alte anschmiegende Zutrauen zu ihm wieder. Er sagte mir, er habe die ausgezeichnetste Pension in der Stadt für mich ausgesucht; er forderte mich auf, sehr fleißig zu sein, er werde sich oft nach mir umschauen; so bald ich einen Wunsch hege, solle ich ihn aufsuchen, Godefroi solle den Befehl erhalten, mich jederzeit vorzulassen. Mein Taschengeld werde ich regelmäßig vom Professor Wilsdruff erhalten, alle meine Bedürfnisse werde sein Rendant bezahlen, ich möge nicht verschwenderisch sein, aber mir nichts versagen, was meinem Alter gebühre. Wilsdruff werde dann mein bester Rathgeber sein. Später, wenn ich reifer geworden, wolle er mit mir über die Pläne sprechen, die er hinsichts meiner Zukunft entworfen.

Nach einer halben Stunde entließ er mich. Die Dienerschaft des Hauses machte mir servil neugierige, tiefe Verbeugungen. Godefroi begleitete mich an den noch immer vor dem Gitter haltenden Wagen, bat mich einzusteigen, und gab dem Kutscher Ordre, mich nach der Wendelsgasse zu fahren.

Aus dem Fenster seines nach der Straße gehenden Zimmers schaute Alfred von Tarnow, als ich in des Oheims offner glänzender Equipage vorfuhr. Ich kannte ihn noch nicht genugsam um mich ihm zu imponiren; indeß er nahm kaum Notiz davon. Auf der Treppe begegnete ich dem Professor, die mich sehr freundlich anlächelte. Neben ihr stand ein junges Mädchen von etwa zwanzig Jahren, mager zum Erbarmen, hoch aufgeschossen, einer Sonnenblume ähnlich, denn ihren Kopf umgab leuchtend gelbes Haar, und wie die dunkle Saamenscheibe des Helianthus schauten aus ihrem Gesicht zwei fast schwarze, von gleichfarbigen Brauen überwölbte große, fast runde Augen.

Ich achtete dieses seltsamen Geschöpfs kaum, und doch frappirte mich diese sonderbare Laune der Natur. Ich sah nur, daß sie ein braunes Kleid trug, daß an der flachen Brust eine Elfenbein-Brosche, so groß wie ein Hühnerei, hing, und begegnete ihren großen Augen nur so im Fluge.

„Gelt, Du bist Fräulein Philippine auf der Treppe begegnet!“ fragte Tarnow, als er mir seine Thür geöffnet und mich gebeten, ihm gleich eine Gegen-Visite zu machen. „Der Professor wird sie Dir natürlich erst heute bei Tische vorstellen, denn sie ist ,sein Bestes,‘ wie er sagt. Uebrigens schau sie nicht allzu sehr an, denn er fürchtet für das unerfahrene Herz dieser Beauté.“

Ich war noch immer etwas zerstreut. Es war mir unterwegs gewesen, als werde ich hier doch nimmer die alte Vertraulichkeit für den Onkel wiederfinden. Er war im Grunde wenn auch liebevoll, doch gar zu ceremoniel gegen mich gewesen. Ich wollte auch zum ersten Mal eine Aehnlichkeit in dem Wesen der Mutter und der Oheims, der Geschwister, finden. Ueber dem seinigen lag ein Firniß und überglänzte dasselbe mit blanker Gesellschaftsfarbe, mit immer verbindlichem Lächeln; die Mutter hingegen gab sich wie sie war und die Einsamkeit des Landlebens hatte ihren stolzen Charakter noch mehr durch tältet.

Mein Urtheil war damals noch sehr unreif; ich fühlte eben nur; der Verstand wagte sich noch nicht an ein solches. Aber Hedwig, so dacht' ich nach diesem ersten Besuch, könnte mit ihrer Alltäglichkeit doch Recht haben. „Onkel Durchlaucht,“ sagte sie, „möcht' ich einmal sehen wenn er Zahnschmerzen hat; da lächelt er gewiß auch, und das kann ich nicht verstehen!“

Es waren noch Herbstferien. Tarnow und ich hatten also freie Zeit. Letzterer nahm mich gleich für den Nachmittag in Beschlag. Er entwarf einen Plan, nach welchem wir uns amüsiren wollten. Er nannte und schilderte mir seine Freunde. Seine Abende, sagte er, seien meist dem Theater gewidmet; nach demselben treffe er sich mit einigen Freunden, die er schon auf meine Ankunft vorbereitet, in einem Restaurant.

Tarnow erschien trotz seiner achtzehn Jahre so geschlossen, so früh fertig in seinem Wesen, daß ich ihm eine mit Ueberraschung gemischte Bewunderung nicht versagen konnte. Er kannte vom Leben schon die intimsten und innersten Beziehungen und Zusammenhänge; sein Urtheil war zwar noch grün, aber nicht ohne Witz; er besaß die Schlagfertigkeit des Geistes, des Wortes, durch die er, wie ich bald sah, auch seine Freunde dominirte. Er wußte schon was er wollte und mir schien, man hatte ihn aus einem Wiener Institut hierher verfolgt, um diesem frühzeitigen Wollen einen Zügel anzulegen. Er aber war auch mit kleinerem Spielraum zufrieden, und obgleich er behauptete, er sei sehr wählerisch in seinem Umgang, hatte er der Freunde eine Menge, namentlich unter den Cadetten und den jüngeren Offizieren.

„Raffe, lieber Kurt,“ sagte er mit dem Bemühen, die spärlichen Härchen auf seiner Oberlippe zwischen die langen Nägel seiner Finger zu fassen, „Raffe trägt immer ihr Cachet an der Stirne; sie ist das sicherste Merkmal, und die erkenne ich auch an Dir, obgleich Du erst den Kraulunter abstreifen mußt!“

Tarnow, ich fühlte es, war ein junger Mensch, der Andern gefährlich werden konnte, wenn er schlecht genug war, sie mißbrauchen zu wollen, und daß er allzu viel Gewissen besaß, vermuthete ich nicht. Sein abgeschlossenes, fertiges Wesen wirkte auf Andre bestimmend. Später erst sah ich: widersprachen sie ihm, so schwieg er mit der Ueberzeugung, daß man ihm dennoch folgen werde.

Ich fühlte das Bedürfniß, einen Spaziergang durch die Stadt zu machen. Tarnow erbot sich, mich zu führen. Er stand auf, trat an's Fenster, um nach dem Wetter zu sehen. Ich bemerkte, wie er sich plötzlich verbeugte und entdeckte am Fenster gegenüber ein Mädchengesicht, das sich aber hastig, bei seinem oder meinem Erscheinen in's Zimmer zurückzog.

Ein flüchtiger Blick überzeugte mich von der Schönheit dieses Gesichts. Das Mädchen konnte kaum sechszehn Jahre zählen. Es war stark brünett; üppiges dunkles Haar fiel in dicken Locken um die weiße Schläfe zwei große dunkle Augen gaben dem Kindesgesicht das Gepräge moderner Frühreise.

Ich stand einige Schritte hinter Tarnow im Schatten des Zimmers und überrascht folgte mein Auge dem im Dunkel hinter den blendenden Glasscheiben drüben verschwindenden Kinde. Ich hatte nicht gesehen, ob Tarnow's Gruß erwidert ward; das Mädchen war zu schnell wieder zurückgetreten.

„Meine reizende Nachbarin," sagte er mit strahlendem Gesicht, sich zu mir wendend. „Sie ist ein Engel! Du solltest sie sehen! Schlank gewachsen wie ein Elf, Hände und Füße zum Entzücken, und welche Grazie! Augen wie die da giebt's in der Welt nicht wieder und das Feuer, das sie ausströmen, Kurt, das zündet wie ein Blitz!"

„Du kennst sie näher?" fragte ich betroffen, fast erschreckt.

Tarnow schaute mich groß an und zuckte darauf mitleidig die Achsel.

„Näher?" wiederholte er. „Sie kommt ja noch in keine Gesellschaft! Sie ist drüben in dem Mädchen-Institut und wird nur mit den anderen Backfischen ausgeführt, immer in Rotten, militärisch geschlossen, damit kein Wolf in die niedliche Heerde einbräche. . . . Es ist indiscret, Dir von ihr zu sprechen," setzte er, sich in Geheimniß hüllend, hinzu. „Ich kann Dir nur sagen, daß sie jeden Mittag auf einige Minuten drüben am Fenster erscheint."

Tarnow stellte sich, als dürfe er nicht mehr sagen.

„Aber Du denkst jetzt schon an Heirathen? Du bist doch zu jung!, rief ich kleinmüthig.

„Zu jung? Lieutenant von Ebendorff, einer meiner besten Freunde, hat sich erst kürzlich im Alter von zwanzig Jahren mit einer bildschönen Engländerin vermählt. Ich könnte Dir noch andere Beispiele nennen! . . . Aber was weißt Du vom Heirathen! Ich hab' mir geschworen, ich will ihr näher kommen und sollte ich die Pension drüben stürmen."

„Wenn es Dir recht ist, so laß uns unsere Promenade antreten," sagte ich kleinlaut und er folgte mir zerstreut.

Siebentes Capitel.
Der Pony.

Das war mein Entrée beim Oheim, bei dem Professor Wilsdruff.

Ich lernte mit Begierde; Tarnow seinerseits betrachtete den Unterricht nur als langweilige Beschäftigung. Seine außerordentliche Fassungsgabe, ein erstaunliches Gedächtniß halfen ihm dennoch weiter. Er arbeitete zu Hause gar nicht, hielt das für einen Unsinn, da er kein Gelehrter zu werden brauchte. Ich schloß mich an diejenigen der neuen Freunde näher an, die mir zusagten, und Tarnow, der in Allem wirklichen Tact besaß, wie sehr er auch den Libertin zu spielen suchte, blieb mit mir in der besten Kameradschaft.

Hedwig schrieb mir während der ersten Wochen fast täglich. Der Vater war tief verstimmt und seine Kränklichkeit fesselte ihn oft an's Zimmer; die Mutter war zugänglicher geworden; sie sprach meist von mir, von dem Glanz meiner Zukunft. Sie war stolz auf mich. Aus Hedwigs Zeilen ging mir aber hervor, daß die Arme sich noch mehr als sonst vernachlässigt fühle. Die selbstlose Seele klagte nicht darüber; sie trug ihr Martyrium und war besorgt der Mutter klarere Stimmung zu erhalten. Durch alle ihre Briefe ging ein wehmüthiger Zug.

Der Oheim kam wöchentlich einmal, sich nach mir umzuschauen; ich ging oft zu ihm, fand ihn freilich seltener daheim, und in solchen Fällen, machte es mir Vergnügen, alle die prachtvollen Säle zu durchwandern.

Stundenlang saß ich in des Oheims Ahnensaal, dem Maler zuschauend, der die ganze Reihe von alten Porträts retouchirte. Die Zeit hatte ganze Löcher in die ehrwürdigen Herrschaften gefressen, aus denen wie grobes Spinngewebe die morsche Leinewand unter der abgebröckelten Farbe heraus gähnte.

Der Oheim hatte alle die ehrwürdigen Gesichter der Malteser und seltsam aufgeputzten Matronen aus dem Stammhaus herüber schaffen lassen; dieser Saal selbst war im Gegensatz zu dem modernen Geschmack der übrigen schwer und massiv gehalten; einige alte an den plumpen Tafelwerk aufgestellte Rüstungen completirten die achthundertjährige Geschichte; ein Stammbaum gab Rechenschaft über Wurzel, Stamm und Zweige, ein großer Foliant auf massivem roh geschnitzten Wappentisch enthielt die Chronik der Geschlechter und erzählte auf Pergamentblättern in vergilbten, barocken Schriftzügen das Leben und die Thaten derer von Bartenstein.

Mich überfiel es heiß, wenn ich das noch leere Blatt anschaute, das hinter dem des Oheims von mir bereinst erzählen sollte.

Aber ich begann mich doch heimisch in dem glänzenden Gebäude zu fühlen. Sicherer durchschritt ich schon die Säle, ich, dereinstiger Herr über all' diesen Luxus, dem ich doch gewachsen sein mußte, sobald der Oheim nicht mehr war und die Würde gebieterisch an mich herantrat. Die Dienerschaft selbst verwöhnte mich durch ihre Ehrerbietigkeit, die sie offenbar schon zeitig bei mir zu Gnaden bringen sollte, und das gab mir Haltung.

Hier im Hause des Oheims, Angesichts aller seiner Hauptschätze, war auch meine Neigung für die Malerei wieder erwacht, in der ich zu Hause weniger Fortschritte hatte machen können als sie, meiner Meinung nach, mein Talent verdiente. Mit des Oheims Zustimmung gab mir der Künstler, dessen Pflege er seine Schätze anvertraut, ein Meister in der Historie, den nöthigen Unterricht und schon im Frühjahr glaubte ich mich so weit, daß ich es unternahm, Fräulein Philippine zu porträtiren.

Sie saß mir mit himmlischer Geduld; sie fand sich mit fast übergroßer Pünktlichkeit zu den Sitzungen ein und war noch wie an den Stuhl gebannt, wenn ich ermüdet die Palette hinlegte.

Tarnow durfte zu einer der letzten Sitzungen kommen und das Bild sehen. Er war tactvoll genug, in des Mädchens Gegenwart nur einige „Hm! Hm!" zu äußern. Als Philippine fort war sagte er:

„Du, Kurt, Dein Talent in Ehren! Es kann ja immerhin noch was aus Dir werden; ich maße mir auch kein Urtheil an, denn ich verstehe nichts von der Malerei, noch weniger von Frauenzimmer-Porträts. Hättest Du ein Pferd, einen Vorstehhund, einen Hasen gemalt, ich würde mich für competent halten. Wünschest Du aber meine offene Meinung: das Gesicht da mit seinen großen runden und dabei so schläfrigen sehnsuchts-vollen Augen, mit denen Fräulein Pinchen Dich bei den Sitzungen so melancholisch angeschaut, es sieht aus wie eine Schleiereule."

Tarnow hatte Recht, ich selbst sah es ein. Fräu-lein Philippine war ja in ihrer Magerkeit so wesenlos, daß man eigentlich nur ihr nur zwei Augen sich im Hause bewegen sah. Und über diese Augen machte Tarnow stets seine Glossen.

„Dieses einfältige Ding," sagte er, „nimmt sich heraus, mich in meinem Thun beobachten zu wollen, weil sie ein paar Leuchtkugeln im Gesicht hat, die durch ein Brett sehen können. Ich möchte wohl wissen, wie sie es macht, um schlafen zu können, denn ihre Augen-lider sind so kurz, daß sie ja gar nicht zuklappen kann."

Den Eindruck machten wirklich Philippinens Augen, und wenn sie denselben einen schmachtenden Ausdruck geben wollte, sahen sie aus wie ein paar halb geschlossene kleine Schachteln, und so hatte ich ihre Augen auch gemalt.

Aber die Familie war entzückt von dem Bild und steckte es in einen großen goldenen Rahmen. Philippine hielt mich für einen großen Künstler und ich schämte mich so oft ich das Bild sah.

Meine liebsten Stunden waren noch die, wo ich in des Oheims Wohngemächern vor all' den schönen Genre-Stücken sitzen konnte, in denen er Meisterwerke besaß; ebenso stark war in andern Sälen die romantische Schule vertreten, namentlich die französische. Auch seine Mappe durfte ich durchschauen und sie enthielt Treffliches bis zurück in die ersten Anfänge der schwarzen Kunst.

Er sprach mir hinsichts meiner Neigung nur den Wunsch aus, mich von derselben nicht ganz hinreißen zu lassen; über einen passabeln Dilettantismus hinaus werde ich es doch nicht bringen und im Uebrigen solle die Kunst nicht meine Lebensaufgabe werden. . .

So war also das Frühjahr gekommen. Ich dachte wohl oft an die Heimath, der Oheim wünschte aber nicht, daß ich vor Jahresfrist einen Besuch daheim mache.

Hedwig schrieb mir, daß Alles leidlich gehe und daß der Vater seine Schmerzen durch Morphium-Injec-tionen zu betäuben seit Kurzem die Gewohnheit habe. Auch gegen seine Schlaflosigkeit habe der Arzt ein neu erfundenes wirksames Mittel verordnet. Die Mutter, schrieb sie, sei mittheilsamer geworden. Die kürzlich ge-storbene Großtante habe ein beträchtliches Vermögen hinterlassen; Onkel Durchlaucht habe auf seinen Antheil zu unsern Gunsten verzichtet; die Auszahlung werde aber wohl noch gute Wege haben, da es erst gerichtlich ent-schieden werden müsse, ob zwei in Ungarn vorhandene entfernte Vettern der Mutter miterechtigt seien. .

Beanspruchte mich die Malerei schon mehr als es dem Unterricht gut war, so vernachlässigte Tarnow den-

selben fast gänzlich. Als Majorats-Erbe glaubte er keine Pflicht zu haben, all' das Zeug zu lernen. In anderthalb Jahren sollte er auf seines Vaters Güter kommen, und dafür könnte er genug.

Er trieb dafür allerlei Sport. Die Pferde und die Jagd waren seine Beschäftigung und zum Verdruß des Professors hielt er sich einen zottigen Jagdhund, der in der Küche täglich Aergerniß verursachte und namentlich Philippinens Abscheu war.

Ich hatte zum Winter ein nach der Straße be-legenes Zimmer erhalten, dasselbe, das Tarnow bewohnt, der jetzt ein anderes neben mir inne hatte. Der Oheim hatte es gewünscht, daß mir das nach hinten gelegene als Schlafzimmer diene, und Raum war ja genug in des Professors Hause.

Ich sah also unsre interessante, kleine Nachbarin fast täglich, wenn auch nur flüchtig. Auch die übrigen Pensionärinnen erschienen, gewiß gegen den Willen der Vorsteherin, zuweilen, wenn sie unbeobachtet waren, mit ihren frischen Gesichtern am Fenster.

Tarnow hatte mir lange nicht mehr von seinem reizenden vis à vis gesprochen, vielleicht weil es auch das meinige geworden. Jäh und willenskräftig, wenig-stens muthig hatte er sie nicht aus den Augen gelassen. Als ich einmal mit Tarnow auf der Promenade den Pensionärinnen begegnete, die, ihrer zwanzig etwa, von zwei Lehrerinnen ausgeführt wurden, erkannte ich unter den paarweise Gehenden an der Spitze unsre Nachbarin, Arm in Arm mit einer Freundin gleichen Alters. Sie waren die beiden größten der niedlichen Colonne.

Tarnow that, als sehe er sie nicht. Dennoch sah und fixirte er das Mädchen. Dieses erröthete und schaute fort, da sie sich auch von mir beobachtet sah. Ich ge-stehe, das Mädchen war wirklich reizend, von jener erst halb bewußten, noch fast kindlichen Grazie, die meist noch etwas Linkisches hat. Und dennoch muß es weib-liche Wesen geben, denen die Grazie so angeboren, daß sie sich schon in der Wiege mit Anmuth in ihre Windel drapiren.

Zu diesen mußte auch das Mädchen gehören. Es war, ein Kind noch, denn es konnte kaum mehr als sechszehn Jahre zählen, von schlanktem, zierlichstem Wuchs; es setzte die niedlichen Füße mit Keckheit auf das Pflaster, hatte die gestreckte Haltung, die nach voll-endeter Entwickelung zu imponiren verspricht, und trug das Köpfchen mit dem vollen Bewußtsein, daß Jeder sie anschauen müsse.

Nach den strengen Regeln der Schönheit wäre sie freilich nur hübsch gewesen, denn dieser Begriff hat keine Gesetze. Aber alle diese Regeln zusammen hätten nicht den pikanten Effect dieses Gesichts bewirkt. Ihr Haar war dunkelbraun, in die Saftfarbe der Kastanien hinein schimmernd; es fiel ihr voll und schwer in na-türlichem Gelock über den Nacken, und die Last schien ihr ein Stolz zu sein. Ihre Stirn war keck und frei; zwei lang geschnittene Brauen, sich zu den Schläfen senkend, ließen den großen braunen Augen vollen Spiel-raum; ihr Näschen war leicht gestutzt, ohne soubretten-haft zu wirken, um den frischen Mund spielte mit noch naivem Troß ein Kinderlächeln.

In Frühlingskleidern, lachend und plaudernd mar-schirte die kleine Colonne an uns vorrüber. Der Schalk

lachte aus den grellen heitern Kindesaugen, die muth-
willige Jugendlust, dem Frühlingsdrange gleich, der sie
umknospete. Der erste kräftige Sonnenschein hatte schon
seit mehreren Tagen die Knospen der Kastanien geschwellt,
in den herrlichen Baumgruppen der Anlagen raschelten
zwischen dem lichten Frühlingsgrün der Zweige der
Specht und die Meise, pickend und an den Aesten trom-
melnd; der Buchfink schmetterte seine kurze Melodie, die
Drossel sang zum ersten Male wieder mit vollem Brust-
ton und hunderte von Spatzen erzählten sich geräusch-
voll in den Zweigen, daß jetzt die lustige Zeit gekommen,
wo man in den Gärten die ersten zarten Keime der
Erbsen und des Salat abfressen könne.

Im hellen Bronze-Grün glänzte der von der neuen
Sonne beleuchtete Wald auf den die Stadt umziehenden
Höhen, tausendstimmig den Lenz begrüßend; ganze Schaaren
von Zugvögeln segelten über ihn hin durch die blaue
Luft, und um uns her bewegte sich in Frühlings-Toiletten
die lustwandelnde Gesellschaft der Stadt. Die Kinder
spielten in den breiten Steigen der Anlagen mit lustig
jubelnden Stimmen, die Springbrunnen, aus ihrer Er-
starrung wieder befreit, sandten ihre Strahlen in die
Luft, daß die flüchtigen Diamanten weit aufspritzten. —
Es war ein wonnevoller Tag der Erlösung, der Wieder-
auferstehung, an dem Jeder seinen Theil haben wollte.
Kein Wunder, wenn der Lenz, ihr Bruder, auch die
jugendliche Mädchen-Schaar zum Uebermuth trieb. Arm
in Arm, lachend und plaudernd zog sie daher. Plötzlich
aber stob Alles vor unsern Augen aus einander, als wir
in kurzer Entfernung an ihr vorüberschritten. Mit durch-
dringendem Gekreisch und angstvoll erhobenen Armen
retteten sich die Einen der Mädchen, in die Anlagen, die
Andern flogen in die Straße hinein.

Niemand wußte im ersten Moment, was geschehen,
ich wenigstens hatte keine Ahnung davon; ich sah nur
den aus einander stiebenden Mädchenschwarm. Tarnows
scharfes Auge hatte inzwischen schnell die Situation erschaut; er verschwand von meiner Seite, während ich verwirrt zurück trat.

Jetzt entdeckte ich sie, unsre Nachbarin, die an der
Spitze des Zuges geschritten. Rathlos, losgelöst von den
Uebrigen, stürzte sie in die Mitte der Straße. Ich sah
Tarnow bereits dort stehen, festen Auges, die Hand aus-
gestreckt, eine Parade-Stellung annehmend, den Hut mit
der andern Hand fest auf den Scheitel drückend, als erwarte er einen Angriff.

Wilder Hufschlag drang die Straße herab. Ein
Schecken-Pony, von einem Knaben geritten, war durch
das Reitenspiel der Kinder scheu geworden; er hatte den
kleinen Reiter abgeworfen und schlug das Pflaster, daß
die Funken stoben.

Und gerade in dem Moment, wo das wild gemachte
Thier, am starkknochigen Geländer, heran jagte — ich
stieß einen Angstlaut aus — stürzte sich die kleine
Nachbarin mit fliegendem Haar, blind, besinnungslos
gerade in die Gasse hinein, gerade in die Linie! . . .

Mit einem Sprung zur Seite stand auch Tarnow
in derselben. Sein linker Arm bemächtigte sich des
Mädchens in dem Moment, wo das Thier herantobte,
sein rechter fing den fliegenden Zügel auf . . . Einen
Moment taumelte er vor dem wüthenden Anprall, aber
seine Hände hielten den Zügel, hielten die schöne Last.

Er stand wieder fest. Er stieß dem zitternden Thier, als
er es zum Stehen gebracht und es Miene machte, wieder
davon zu gehen, die Faust unter das Gebiß, daß es sich
hoch aufbäumte. Dabei verlor er den Zügel. Das Thier
fiel auf seine Füße zurück, broch aus, jagte auf die Anlagen zu, verfing sich in den niedrigen Drahtseilen der
Beete und stürzte zusammen.

Ich war regungslos wie eine Bildsäule gewesen.
Tarnows Geistesgegenwart hatte mir hohe Bewunderung
eingeflößt; sie versöhnte mich mit All Dem, was ich
Tadelnswerthes an ihm erfahren. Und jetzt sah ich,
wie eine der Lehrerinen aus dem Gebüsch der Anlagen sich
herauswagte, zu der Gruppe eilte, das Mädchen aus
seinen Armen nahm, ihm ihren Dank stammelte, und die
Zitternde, Schwankende fort zu den Uebrigen führte,
die sich eben wieder sammelten, da Andre sich des scheuen
Thiers bemächtigt und es fortführten.

Als sei nichts geschehen, lüftete Tarnow mit abge-
messener Artigkeit den Hut vor der Lehrerin und schaute
den beiden Damen lächelnd nach bis sie unter den Uebrigen
verschwunden. Dann zog er den zerrissenen Handschuh
ab, warf ihn fort, umwand die durch den Zügel wund
gerissene Hand mit seinem Taschentuch und suchte mich,
der ich eben wieder zu ihm trat.

„Komm!“ sagte er, ohne die geringste Aufregung
zu verrathen, und mich auf die Promenade fortziehend.
Ich folgte ihm schweigend. Trotz seiner Ruhe sah ich
doch, daß er den Vorfall in sich verarbeitete. Ich selbst
konnte denselben nicht so schnell verwinden; es that mir
leid um das Mädchen, denn es lag nicht in Tarnows
Charakter, das Geschehene unbenutzt zu lassen.

„Es geht doch nichts über ein schönes Weib!“
sagte er nach einer Weile emphatisch, halb für sich, während sein Auge blitzte. „Ich sage Dir, Kurt, es war
ein wunderbarer Moment, als mir dieses graziöse Geschöpf
im Arm lag! Wie das Herz eines gefangenen Vogels
klopfte das ihrige gegen meine Brust! Schade, daß die
einfältige Lehrerin so viel Eile hatte! Ein capitaler Einfall dieses Pony!“ . . .

Tarnow rief das mit von Einbildung gesättigter
Ironie. Ich hatte trotz all meiner Bestürzung wohl
gewahrt, wie er nachdem die Gefahr vorüber, das Mädchen
im Arm haltend, einen sinnlichen Blick auf das bleiche
Antlitz geworfen, wie unwillkommen ihm das Hinzutreten
der Lehrerin war, wie aber das Cavaliergefühl ihn zwang,
gute Miene zu machen und ihr das Mädchen mit kalter
Höflichkeit zu überliefern.

Und diese aus angeborner raffinirter Selbstbeherrschung
resultirende Glätte in seinem Wesen hatte mir schon öfter
eine Doppelnatur in ihm verrathen. Er konnte ritterlich
sein, das hatte er eben gezeigt; er war es vorzugsweise gern
wenn Andre es sahen; im Gegensatz von Damen bildete
sich in und an ihm aber ein zuweilen unmännlich zartes
Bemühen heraus, das wohl aus seiner Sucht entsprang,
um jeden Preis zu gefallen.

Ebenso wußte ich, daß es ihm nicht darauf ankam,
Anderer Vorzüge in deren Abwesenheit zu verkleinern,
nur um sich selbst ins beste Licht zu bringen. Das
Schlimmste war dabei: er hatte Glück bei den Damen,
und darin suchte er die Berechtigung, immer als der
Einzige erscheinen zu wollen. Daß er das heutige
Abenteuer ausbeuten werde, unterlag für mich also keinem

Zweifel, und deßhalb war ich besorgt um das arme Mädchen. —

Achtes Capitel.
Die Nachtwache.

Eine heftige Erkältung warf mich einige Tage danach aufs Lager. Ich war recht schlimm daran. Heiße Phantasien schäumten mir im Gehirn und der Arzt verlangte eine unausgesetzte, aufmerksame Pflege.

Die Professorin übernahm dieselbe in mütterlicher Sorgfalt. Tarnow zeigte sich recht herzlos. Er kam nur zweimal; er machte seine Glossen, warum denn Fräulein Philippine sich nicht um mich kümmre, und ging. Nachts hörte ich ihn sehr rücksichtslos gegen meinen Zustand die Treppe herauf und in sein Zimmer poltern, pfeifen und singen. Sein Abenteuer mit dem hübschen jungen Mädchen spielte natürlich auch zuweilen in meinen Phantasien mit. Ich sah ihn jeden Moment in seiner egoistischen Weise verfolgen und das fühlte zu den allersten Phantasmagorien. Konnte das Mädchen so jung wie es war, wirklich fähig sein? .. Das beschäftigte mich.

Die Professorin sprach mir oft von der innigen Theilnahme, die Philippine an meinem Zustand nehme; wie sie nichts sehnlicher wünsche, als Tag und Nacht an meinem Lager zu wachen; aber die Schicklichkeit untersage das. Man ist als Kranker wenig dankbar für erwiesene Theilnahme, desto mehr aber geneigt, den allerkleinsten Mangel einer solchen schwer anzurechnen. Ich schwieg zu den Versicherungen der würdigen Dame. Philippinens Aufmerksamkeit würde mir lästig gewesen sein und Tarnow noch mehr Gelegenheit zu schnöden Bemerkungen gegeben haben.

Inzwischen gab das Fieber mir wenigstens nachts Ruhe. Man ließ mich allein. Auch die Magd, die neben meinem Zimmer hatte wachen müssen, war wieder in ihre Mansarde gebettet. So erwachte ich einmal lange nach Mitternacht aus schwerem Traum. Ich war erhitzt; der Pulse galoppirten mir heftig. Ich schaute zur Decke, gegen welche die unruhige Nachtlampe ein müdes Flackerlicht warf. Ich reckte die Arme und streifte dabei einen fremden Gegenstand auf meinem Kissen.

Ich hörte leise Athemzüge. Ich lauschte erschreckt. Noch einmal dasselbe Geräusch, und dicht an meinem Ohr. Zusammenfahrend richtete ich mich auf, stützte den Arm auf das Kissen und starrte hin. Eine weiße Gestalt saß auf dem niedern Sessel neben meinem Bett. Der Schlaf hatte sie überwältigt, ihr Arm hatte sich auf das Ende meines Kissens gelegt und auf demselben lag ihr strohgelbes Haupt, nachlässig im Nacken zusammengeheftet, der andre Arm auf die Hüfte herabhängend, die Hand in den Falten des weißen Nachtgewandes verschwindend.

„Phi ....!“ Das Wort erstarb mir auf meinen vor Überraschung zitternden Lippen. Ich erkannte Philippinens gelbes Haar, um deßwillen Tarnow sie gern die Bernsteinhexe nannte, die eckige Stirn, die von einem Netz blauer Adern überzogene Schläfe, die breiten über die großen, runden Globen herabgesunkenen Augenlider mit den langen Wimpern.

Sie athmete schwer in der unbequemen Stellung; ihre Brust war gedrückt; ihr Mund halb geöffnet; ein Lächeln lag um ihre Lippen, ein recht jungfräuliches seliges Lächeln, das ich nie auf diesem sonst so ernsten tadelsüchtigen Antlitz gesehen.

Sie war schöner im Schlummer; es mochte an ihren großen, glotzenden Augen liegen, daß sie sonst eher abstieß als anzog. Vielleicht hatte die schlummernde Bewußtlosigkeit aus ihrer Seele eine gewisse Weltfeindlichkeit entfernt, welche diese sonst immer mit Unzufriedenheit und Scheelsucht erfüllte . . . Aber was führte sie hieher? . . . . Das Blut stieg mir glühend ins Antlitz. Jetzt ward mir auch eine Erinnerung klar. Schon vor einigen Nächten war es mir gewesen, als habe ich eine weiße Gestalt durch das Zimmer schweben und verschwinden gesehen. Philippine wachte des Nachts an meinem Bette, sie löste die Mutter zu einer Zeit ab, wo sie nicht Gefahr lief, gegen die „Schicklichkeit“ zu verstoßen, d. h. der Welt Ursach zum Gerede zu geben, deren böse Zunge sie selbst doch am besten kannte.

Mir war das peinlich. War's ein Opfer der Pflicht, ich verlangte es nicht. War's mehr, so holte ich noch weniger Dank dafür. Wäre Philippine schöner gewesen, ich hätte den Athem angehalten, um das Bild nicht zu stören, um sie lange, ungestört zu betrachten, denn mich regte dies so auf, daß jeder Gedanke an Schlummer verschwunden war. In die ärgste Verlegenheit würde es mich gebracht haben, wenn sie erwacht wäre. Und sie! Sie mit ihrer Prüderie! . . . Vielleicht wußte die Mutter gar nichts davon, daß sie nur meinetwillen dem Schlummer entsagte! . . Heimlich wenn sie Niemand vermißte! . . . Das Blut stieg mir immer siedender ins Gesicht. Ich hatte ihr nie Aufforderung zu solchem Opfer gegeben. Ich entrüstete mich sogar über dasselbe. Die viel berufene Schicklichkeit hätte sie selbst mit der Mutter Wissen abhalten sollen nachts an dem Lager eines jungen Mannes zu verweilen. Sie, die niemals Schonung für das Treiben Andrer hatte! . . . Ein Mädchen, so prüde und splitterlichtend wie sie nachts allein am Bette eines jungen Mannes und auf meinem Kissen eingeschlummert . . . Ich wollte nicht sehen; es stieg in mir allmälig eine wirkliche Entrüstung auf, die nur dadurch gemildert wurde, daß ich mir vorstellte, das Mädchen müsse durch wiederholte Nachtwachen so ermattet sein. Aber immerhin fand ich keine Entschuldigung.

Eine Viertelstunde war so verstrichen. Mit ängstlichem Seitenblick fürchtete ich ihr Erwachen. Da flackerte plötzlich zischend das kleine Licht der Nachtlampe auf und warf knisternde Funken auf ihr Haar. Es brodelte und lärmte in der Lampe. In der Angst, sie werde dadurch geweckt, streckte ich mich leise auf das Kissen zurück. Aber ihr Athem strich tactmäßig und warm über meine Wange. Rathlos starrte ich wieder zur Decke.

Wenn sie nur erwachte! Wenn sie ging! . . . Jetzt endlich fühlte ich eine schnelle Bewegung auf dem Kissen. Mir klopfte das Herz. Ich schloß die Augen. Ein langer Seufzer aus gepreßter Brust, dann hörte ich den Stuhl sich bewegen und der Druck auf dem Kissen gab nach.

Philippine mußte erwacht sein. Ich öffnete unmerkbar das Auge, während ich mit langen Athemzügen Schlummer heuchelte. Ich sah Philippine aufgerichtet am Bette stehen, sah, wie sie an das Kopfende zurücktretend sich mit der Hand über die Stirn fuhr, dann verschwand sie. Ich schloß beide Augen, lauschend auf das geringste Geräusch. Was hätt' ich drum gegeben, hätte ich die Thür sich bewegen gehört!

Minuten verstrichen. Das Mädchen war noch nicht fort; ich fühlte ihre Nähe, glaubte ihr Gewand an das Bett streifen zu hören. Lange und regelmäßige Athemzüge sollten sie über meinen Zustand beruhigen, sie zum Gehen auffordern; und noch immer hörte ich nichts, was hierauf hätte deuten können.

Da plötzlich ward es warm, sogar heiß über meiner Stirn. Ich fühlte einen fremden Athem auf meinen Lidern, etwas Heißes auf meiner Stirn. Ich zuckte zusammen, aber ich wagte nicht die Augen zu öffnen. Mir war's nun, als fühle ich jetzt einen Luftzug, ein schnelles Schleifen durch das Zimmer, dann ein leises Knarren des Thürschlosses. Noch lauschte ich, dann hoch aufathmend richtete ich mich im Bett auf. Erhitzt, aber erlöst starrte ich in's Zimmer, zur Thür. Ich war allein. Auf der Stirn brannte es mir wie eine glühende Kohle; ich rieb sie heftig und unwillig ... Die tugendsame Philippine! ...

Am Morgen zeitig kam die Professorin, um sich im Namen der Ihrigen nach mir zu erkundigen. Sie klagte, daß auch Philippine sich unwohl fühle, die an heftigem Kopfschmerz leidend das Bette noch nicht verlassen.

Sie wollte nicht sagen oder sie wußte nicht, daß dies die Folge ihrer Nachtwache, einer Theilnahme, die sie an einem Unbaulbaren verschwendete. — Der Oheim besuchte mich heute, sandte mir seinen Arzt. Tarnow kam am Nachmittage und sagte mir, die arme Philippine sei so bleich und leidend!

Ich genas, aber langsam ... Der Frühling schritt vor und die schönsten Tage mußte ich versäumen! Ich sah vom Fenster meines Schlafzimmers dem Spiel der Vögel in den Zweigen der Kastanien zu; ich beobachtete, wie sich die Blätter nach einem warmen Regen entfalteten; ich sah Alles wachsen und gedeihen; ich vergaß eines Morgens sogar meine Schmerzen und jauchzte, als Alles im saftigsten Grün vor mir stand.

Von diesem Fenster blickte ich in gerader Linie vor mir durch die Lücke eines Baumes, die durch das Herabschlagen eines Astes entstanden, in eine Epheu-Laube, deren Spalierwerk stark verwittert, und deren Latten, zum Theil zerbrochen, nur durch die Ranken noch zusammen gehalten wurden.

Niemand benutzte sie. Es ließ sich überhaupt selten jemand in diesem von den alten Bäumen bestandenen Hofe sehen. Früher mußte er ein Garten gewesen sein, daran erinnerten noch einige graue, zerbröckelte Sandsteinvasen, aus denen dichter Unkraut heranswucherte. Durch den Schatten der heranwachsenden Bäume war die Vegetation sammt dem Rasen erstorben, nur hier und da wuchsen einzelne Wurzelschößlinge aus dem Boden. Nesseln und Wolfsmilch, rauhes Bromber-Geranke, Wurmfarren und Weiderich benutzten einzelne nackte Stellen zu kleinen verwilderten Colonien, die sich ungestört fortpflanzten.

Es war überhaupt ein recht melancholischer Anblick, dieser Hof, der nur durch eine niedre morsche Holzwand nach der hinteren öden Gasse geschützt wurde. Die Thür des Zaunes hing nur angelehnt in den rostigen Angeln und niemand kümmerte sich um sie.

Am Mittag hatte ich eine erste kleine Promenade im Hofe unter den Kastanien gemacht und damit zum ersten Mal diese wüste, verlassene Stätte betreten. Morgen wollte ich Tarnow, der sich seit einigen Tagen mir nicht mehr gezeigt, zu einer Spazierfahrt einladen.

Neuntes Capitel.

A. v. M.

Ich saß am Abend wieder am Fenster des Schlafgemachs. Der Vollmond schien silberhell auf die Blätter, sie mit grünem Glanz übergießend. Auf dem Boden spielten die Mondlichter; eine Fledermaus klapperte zuweilen, an dem Mauerwerk entlang flatternd, an mein Fenster. Die Stätte erschien mir romantisch öde wie ein verlassener und verfallener Klosterhof.

Hedwig hatte mir heute einen Brief gesandt, der mich trübe gestimmt. Die Mutter war wieder in schlechter Laune, weil die Erbschaftssache nicht vorwärts rückte, und des Vaters Zustand sollte wenigstens sich nicht gebessert haben. Das Licht that nach dem Lesen meinen Augen weh; ich löschte es und setzte mich träumerisch wieder an das Fenster.

Im ganzen Hause war tiefe Stille und doch hatte es oben vom Katharinenthurm erst neun Uhr geschlagen. Des Professors Familie war, wie ich schon am Mittag hörte, der Einladung zu einer Thee-Gesellschaft gefolgt. Ich war allein im Hause.

Eben wollte ich daran, mein Lager zu suchen, als ich jenseits der Kastanienbäume einen beweglichen, langen Schatten sah, der über den der Aeste hinausragte, sich aber schnell wieder versteckte. Noch einmal sah ich ihn; ich glaubte den Schatten eines menschlichen Kopfes zu unterscheiden.

So ward ich aufmerksam und versteckte mich hinter der Gardine. Das Herz pochte mir, ich wußte nicht warum. Für Diebe war da unten nichts zu holen; die Magd betrat den Hof niemals, am wenigsten Abends; ich hätte die große Hofthür knarren gehört, wenn Jemand hinaus getreten wäre. Jetzt glaubte ich, unter dem Schatten eine Gestalt zu erkennen; eine andre trat aus der alten Epheulaube und diese gehörte Tarnow. Der andre Schatten unter den Bäumen huschte vor meinen Augen davon. Ich unterschied ganz deutlich, wie er mit Tarnow in der Laube verschwand. Die Schnelligkeit und Leichtigkeit der Bewegung, die Kleidung hatten mich ein junges Mädchen erkennen lassen.

Sollte Philippine? .. Unmöglich! Sie und er, der sie immer trotz ihrer großen, so müde blickenden Augen einen Ausbund von Häßlichkeit genannt! — Sie! fiel's mir plötzlich heiß auf die Seele ... Sollt' es möglich sein, daß dieses Mädchen, das Kind vornehmer Eltern ... Undenkbar! ... Tarnow hatte mir aus verschiedenen kleinen leichtfertigen Liaisons, mit denen er sich die Zeit, namentlich die langweiligen Abende vertrieb, kein Geheimniß gemacht.

Sicher hatte er die Abwesenheit der Wilsdruff'schen Familie, mein Unwohlsein sich zu Nutze gemacht und die verödete Laube zu einem verliebten Stündchen gewählt. Es lohnte also kaum der Mühe, ihn indiscreter Weise zu beobachten.

Secundenlang blieb Alles still. Ich nahm mir vor, nicht weiter Acht zu geben. Als ich Tritte auf der breiten knarrenden Treppe vernahm, zündete ich endlich Licht an, um Tarnow zu warnen, und versteckte mich hinter dem dunklen Vorhang.

Mein Signal schien wirklich bemerkt zu sein. Ich sah die flinke Gestalt, das Gesicht in die dunkle Kapuze einer Mantille versteckt, aus der Laube schlüpfen und hastig nach der Gartenthür verschwinden. Gleich darauf trat auch Tarnow heraus. Er blickte zu meinem Fenster herauf, sah mich aber nicht und verschwand in derselben Richtung.

Um Mitternacht kehrte er erst heim. Ich sah ihn natürlich nicht mehr. Er schien sehr ruhig; er sang, summte oder pfiff nicht, wie das seine Gewohnheit beim Nachhausekommen, und suchte bald sein Lager.

Tarnow sollte garnicht wissen, daß ich ihn beobachtet; er würde dies als sehr taktlos bezeichnet, im Uebrigen aber sich nichts daraus gemacht haben. Nur die Gelegenheit, in mir wieder einmal den Dorfjunker zu hofmeistern, hätt' er nicht unbenutzt gelassen.

Am nächsten Mittag begegnete ich Fräulein Philippine im Hausgange. Ich sah sie drauf an; aber sie konnt' es nicht gewesen sein. Das war auch ihre Gestalt nicht. Uebrigens wäre ich auch zu arg gewesen. Jener Kuß, den ich ihr auf die Stirn gedrückt, und dann ein Rendezvous mit Tarnow. . . Unmöglich!

Sie schien mir übrigens absichtlich zu begegnen und hielt mir aus der Ferne ein weißes Tuch entgegen.

„Ihr Taschentuch, Herr von Aunstetten!" rief sie sonderbar lächelnd, und dabei war sie eigentlich doch ganz hübsch zu nennen, denn ihre Augen verloren dann das Schleierhafte und ihre Zähne waren weiß und gut gereiht.

Mechanisch streckte ich die Hand danach aus, betrachtete aber mißtrauisch das überaus feine Gewebe.

„Es muß das Ihrige sein; es ist v. A. gezeichnet;" fuhr sie fort, und mit einer schnippischer Miene setzte sie hinzu: „Man hätt' es fast für das einer Dame halten können! Ich fand es in der alten Laube, in der Sie gestern Mittag gesessen."

Ich war roth geworden. Jetzt als ich das Ding in der Hand hielt, ward ich bleich. Das Tuch hatte einen leichten Parfum, der mich fremdartig anwehte. Ich suchte das Zeichen.

„Sie können Recht haben, Fräulein Philippine," stammelte ich in steigender Verlegenheit. „Es . . . es gehört eigentlich meiner Schwester. . . Ich danke Ihnen."

„Ich hab's mir schon gedacht!" Damit verneigte sie sich kurz und knapp und verließ mich schnell, denn die Mutter tauchte im Gange auf.

Wie frech man lügen kann, hat man selbst ein gutes Gewissen! Aber war sie nicht noch unbefangen, mir nach jener nächtlichen Scene so entgegen zu treten? . . . Trotzdem war ich froh, das Mädchen los zu sein; sie würde meine Verlegenheit, die hinterdrein erst losbrach, doch erkannt haben, wenn ihr dieselbe überhaupt entgangen war.

Und mehr als Verlegenheit war's! Dies Taschentuch gehörte der Unbekannten von gestern Abend. Dieses Tuch war M. v. A. gezeichnet!

„An Minona," so hatt' ich neulich auf Tarnow's Tisch den Anfang eines unvollendeten Gedichts gelesen,

das ihm viel Schweiß gekostet haben mußte, denn die vier Zeilen waren wohl zehnmal ausgestrichen und in trivialster Weise geändert, nicht gebessert, worden, ohne daß er mit dem Vers zu Stande gekommen wäre. Sie lauteten etwa:

> Ich sah Dich, Minona,
> Der Frauen Krone,
> Du Engelsbild,
> So schön, so mild . . .

Das hatte er mühselig nach vielen Streichungen fertig gebracht und mit Hülfe von Geibels und Heines Gedichten, die, von Fräulein Philippine geborgt, daneben auf dem Tisch lagen. Gewiß, zum Dichter war Tarnow nicht geboren, und ich wünschte in seinem Interesse, daß der Angebeteten diese Verse nicht zu Gesicht gekommen sein möchten.

Aber wie dem auch war! dieses Zeichen in dem Tuch hieß Minona von Artenberg! Sie hatte ihm gestern das Rendezvous gegeben. Sie hatte leichtfertiger Weise, als sie vor dem Lichtschein meines Zimmers entfloh, das Taschentuch in der Laube verloren und nur der Zufall, daß mein Familien-Name denselben Anfangsbuchstaben trug, rettete sie vor Philippine, welche, wie gesagt, die Namen aller Zöglinge in der Pension drüben kannte. Ja, wer konnte wissen, ob sie nicht trotzdem Verdacht hegte.

Mir stand der Verstand still, als ich in meinem Zimmer war und das seine Battistgewebe betrachtete, das zum Glück keine Stickerei zeigte und also unbestritten sich als Eigenthum eines Weibes deklarirte. Es mußte die Nacht auf dem feuchten Boden gelegen haben, das Gewebe so fein, daß es mit der Hand umschließen konnte. Es gehörte viel guter Wille dazu, das Tuch für das eines Herrn zu halten.

Aber das war nicht die Hauptsache! Dieses Mädchen — ein Kind noch trotz seiner frühzeitigen körperlichen Entwickelung, denn seine Büste rundete sich schon und seine Füße traten so bewußt und selbstständig — dieses Mädchen hatte sich entschließen können! . . .

Freilich hatte Tarnow bei ihr Anspruch auf einigen Dank, aber durfte, konnte dieser so weit gehen? O, diese Mädchen-Pensionen! Ich lernte hier ein Pröbchen aus ihnen kennen! Wie Recht hatte Philippine, wenn sie in tugendhafter Entrüstung über das freie Benehmen so manches der jungen Mädchen da drüben sich beklagte, die doch alle von guten Eltern; wenn sie empört darüber war, wie indecente Blicke diese Mädchen auf der Promenade hinter dem Rücken ihrer Lehrerinnen den ihnen begegnenden Herren zuwarfen oder wie provocirend sie die Blicke dieser auffingen. Hätte Philippine gesehen was ich gesehen!

Die eigenartige Schönheit des Mädchens, die doch später noch viel ausgesprochener werden mußte, hatte auch ich jedesmal bewundert, aber das ich es nur gestehe, sie hatte mich dennoch kalt gelassen, ja es war mir zuweilen, als verbiete mir mein Gefühl, dieses Mädchen schön zu finden, als bilde ich mir eine Opposition gegen den Geschmack Aller, die sie bewunderten und in ihr eine Specialität als Schönheit prophezeiten. Vielleicht war Tarnow Schuld an dieser meiner

Abneigung; vielleicht war's eine Idiosynkrasie, vielleicht ein Vorurtheil, das Tarnow durch seine ersten Worte über sie in mir geweckt — genug, ich fühlte eine Abneigung.

Zehntes Capitel.

Don Juan.

Am Mittag beim Dessert der Familientafel fragte mich Philippine, ihre großen runden Augen mit ungewöhnlich grellem Ausdruck auf mich richtend, ob meine Schwester nicht Hedwig heiße.

Zerstreut und unüberlegt bejahte ich das. Wie hätt' ich auch anders antworten sollen; ich dachte an keine Falle.

Sie fragte, ob ich also denn noch eine Schwester habe. Zum Glück richtete der Professor eine andere Frage an mich, da ihm jene unberufen erschien, und ich fand einen Ausweg, indem ich ihm antwortete.

Philippine schien sehr pikirt. Tarnow saß gleichgültig da und schnitt Mäuschen aus Apfelkernen. Was wußte er von der Bedeutung jener Frage! Wie schien's aber, als streife des Mädchens Auge ihn nicht ohne Absicht.

Das verhängnißvolle Taschentuch versteckte ich am Nachmittag unter meinen andern Sachen. Als ich mit Tarnow meine beabsichtigte Spazierfahrt unternahm, war er sehr gut aufgelegt und machte seine gewohnten Glossen über die arme Philippine, die nun einmal sein Stichblatt war.

Er meinte immer, die stecke ihre Spürnase in Alles. Hätte er geahnt, in was sie dieselbe durch Zufall gesteckt!

Die schöne Minona erschien den ganzen Tag hindurch nicht am Fenster. Ich muß noch erwähnen, daß Tarnow unterwegs, als ich absichtlich die Rede auf sie brachte, die Behauptung aussprach, das Mädchen — so komme es ihm vor, warf er gleichgültig hin — interessire sich mehr für mich als für ihn.

Tarnow war sehr eitel auf seine Person; diese Aeußerung und ihre Absicht war mir deshalb so unverständlich. Ich erwiderte ihm, es gebe für diese Vermuthung wohl nicht den geringsten Anhaltspunkt. Uebrigens finde ich das Mädchen gar nicht so arg schön wie Andere sie rühmten.

Das verletzte ihn. Aber er verbiß eine Antwort und brach das Gespräch ab. Es mochte noch ein andrer Gedanke dazu gekommen sein, den ihn beruhigte. Er verrieth sich aus Klugheit diesmal nicht, wie er denn wohl aus demselben Motiv lange nicht von ihr gesprochen. Tarnow pflegte nämlich die Schwäche zu verlangen, daß Jeder eine Dame, für die er sich interessirte, für ebenso schön halten müsse wie er.

Er verrieth sich nicht, aber um so klarer errieth ich ihn. Tarnow hatte bereits eine Routine und Sicherheit in seiner jugendlichen Libertinage, um die ich ihn nicht beneidete. Er gehörte zu den Naturen, deren Egoismus nichts heilig. Von einer wirklichen Gefühlswärme hielt ich nie etwas ich bin bemerkt und verhaßt war's ihm namentlich, wenn der Professor ihm zumuthete, an seinen häuslichen Cirkeln Theil zu nehmen. Er behauptete immer, unter Weibern werde man selbst zum

Weib; er meinte damit nur die alten und häßlichen, denn er suchte die Frauen immer. Den Professor in seinem stillen gelehrten Wissen verglich er kaum mit einem Uhrwerk, weil man sein Ticktack nicht einmal höre.

Vierzehn Tage später fiel das Pfingstfest, das mir daheim im Jahr immer die höchste Freude gewesen. Tarnow war in der Vorwoche sehr unruhig und selten zu Hause.

Philippine, die Alles wissende, erzählte mit neugierigem Interesse, es sei drüben in die Pension eine Menge großer Cartons getragen worden. Fräulein Minona von Artenberg werde dieselbe verlassen und zu ihrer Familie zurückkehren. Es sei wohl auch hohe Zeit, setzte sie hinzu, denn das Mädchen sei bald siebzehn Jahr alt und wachse den Lehrerinnen über den Kopf. Die Vorsteherin selbst habe geäußert, bei dem eigenthümlichen Charakter dieses Mädchens und der Sensation, welche ihre Erscheinung mache, sei ihr Scheiden aus der Pension nothwendig geworden. Sie könne zwar noch Vieles lernen, aber die Außenwelt beschäftige sie schon zu sehr und sie trage dadurch einen Ungeist unter die Andern, welcher der natürlichen inneren Entwickelung derselben nachtheilig werden müsse.

Philippine sprach das in nur scheinbar wohlmeinendem Ton, aber doch durchscheinender Bosheit. Tarnow hörte es schweigend, vor sich nieder blickend an. Es kostete ihn sichtbar weniger Ueberwindung als ich vermuthete; er lächelte sogar spöttisch, wie er sich früher als wir von der Tafel erhob.

Ich konnte auch jetzt noch nicht klug daraus werden: war es bei jenem Rendezvous geblieben? Tarnow war zu versteckt in seinem Treiben, als daß er sich leicht verrathen hätte. Innerlich aber empfand ich, wenn auch nicht Schadenfreude, doch Genugthuung, als ich hörte, daß das Mädchen fortgehe.

Am nächsten Tage, gegen Mittag des ersten Pfingsttages fuhr eine Equipage vor die Pension drüben. Zu meiner Ueberraschung erkannte ich die des Oheims!

Eine ältere Dame stieg heraus und trat in die Thür. Der Kutscher blickte an mir herauf und grüßte mich respectvoll. Die Dame war leicht in einen kurzen Zobelpelz gehüllt, um sich gegen das kühle Lüftchen des Pfingsttages zu schützen, und ließ denselben im offenen Wagen zurück.

Der Kutscher bewegte die Pferde in der Straße und ich blieb erwartungsvoll am Fenster oben in der Nähe desselben. Ich war vom Oheim noch in keine Gesellschaft gezogen worden und kannte also die Kreise nicht, zu denen er in Beziehung stand. Sicher hielt zu jetzt oben auch Fräulein Philippine an einem ihrer Fenster; sie wußte jedenfalls, wer die Dame war, aber ich mußte meine Neugierde bändigen und lief horchend im Zimmer umher.

Endlich nach einer halben Stunde erschien die Dame wieder. Sie war begleitet von der Vorsteherin des Instituts und neben ihr stand — Minona im kokettesten Rosa-Seidenkleide mit weißen Rüschen und Rosetten und zierlichen Plissé-Volants, ein Sammet-Jäckchen über die Taille, ein graziöses mit Maßlieben und Röschen garnirtes Hütchen über dem Haar, das in dicken Locken über den

Sammet herab fiel. Ihre Hand trug ein großes Bouquet, das ihr indeß nur läftig zu fein fchien.

Ihre Stimmung hatte die Farbe ihrer Kleidung; ihr Antlitz ftrahlte freudig, ihr Auge ruhte mit Ungebuld auf der Mutter, die der Vorfteherin mit vornehmartiger Miene die Hand drückte. Dann reichte auch fie derfelben das in weißen Glacés fteckende Händchen mit einer anmuthigen aber haftigen Verneigung, als fei fie froh, ihrer Obhut zu entkommen.

Die Mutter beftieg den Wagen; Minona folgte ihr. Bei diefer Gelegenheit gönnte fie unferm Haufe einen einigen flüchtigen Blick und diefer traf mein Fenfter, nicht das Tarnows. Ich fah fie hoch erröthen. Im nächften Moment faß fie neben der Mutter und der Wagen flog davon.

Am Nachmittage war ich in des Oheims Haufe. Der Kutfcher hatte den Oheim zur Promenade hinaus gefahren. Ich mußte mir alfo Geduld geben. Der Oheim hatte mich am zweiten Pfingfttag zum Diner laden laffen und bei der Gelegenheit mußte ich erfahren, was ich wiffen wollte.

Tarnow war an dem Tage ein wenig erregt, fonft aber nichts an ihm zu bemerken. Auch er hatte Einladungen zum Feft.

Beim Oheim war ein kleines Herren-Diner. Zum erften Male hatte er mich hinzugezogen. Er ftellte mich den Herren, lauter hochgeborenen oder hochgeftellten älteren Perfönlichkeiten, vor; ich war indeß froh, als das Diner vorüber. Während die Herren im Rauchzimmer den Kaffee einnahmen, fchlich ich in die Stallungen. Der Kutfcher war eben beim Anfchirren; ich erfuhr von ihm nur, daß ihm geftern Morgen Godefroi die Ordre überbracht, die Baronin von Artenberg aus ihrem Hotel abzuholen und fich ihr zur Verfügung zu halten. Ich habe die Damen noch zu einigen Familien, dann in's Hotel zurückgebracht. Der Fürft habe ihnen heut Morgen feine Vifite gemacht und für morgen früh habe er, der Kutfcher, den Befehl, fie zum Bahnhof zu fahren.

Ich hätt's erwarten können, daß Fräulein Philippine bei der erften Gelegenheit die Rede auf das Mädchen bringen werde, denn fie liebte das Hofmeiftern. Sie ahnte nicht, welch eine Waffe ich gegen fie in der Hand hatte, die zu gebrauchen freilich das Zartgefühl mich abhielt.

Einige Tage fpäter traf ich fie allein. Sie faß in dem Unterhaltungszimmer und las die eben eingetroffenen Modeblätter.

Tarnow, der dem armen Mädchen immer gern etwas am Zeuge flickte, hatte während der letzten Zeit öfter feine Bemerkungen darüber gemacht, daß fie mit jedem Tage bleichfüchtiger werde. Und das fiel mir heute mehr als fonft auf, als ich fie in einem Lichte fitzen fah, das ihre Gefichtsfarbe dem Elfenbein ähnlich machte.

Vielleicht hatt' ich das nicht beobachtet, weil ich blöber Weife feit jener Nacht immer vermieden, fie anzufehen. Ich, offenbar der fchüchterne Gegenftand ihrer ftillen Neigung, fühlte mich, ungefchickt genug, fchuldig, die Sympathie eines Wefens zu befitzen, dem ich Gleiches nicht zurückgeben konnte, und fie mochte ihren ftillen Aerger darüber haben, daß ich mich ihr gegenüber fo ftockfichig benahm.

Ich war nicht darauf vorbereitet, fie in dem Zimmer zu finden. Als ich eintrat, faß fie, das Bein über das Knie gefchlagen, das ganz tadellofe Füßchen von der blauen Robe entblößt und vorgeftreckt, im Seffel, über ein Journal gebeugt.

Beim Oeffnen der Thüre fchaute fie nachläffig auf. Mich erkennend legte fie überrafcht die Hand auf die Bruft – diefe flache Bruft, die doch ebenfo tief war wie die der Andern! Ihre Elfenbeinfarbe ging in die des Marmors über, der fich dann plötzlich mit leichtem Roth überzog.

„Sie find es, Herr von Amftetten!" preßte fie heraus, fich ftellend, als fühle fie fich nur in ihrer legeren Haltung überrafcht, und fich im Seffel zurecht fetzend. Dann beugte fie fich wieder über das Journal, fuhr mit der Hand über die Stirn, um ihr Erröthen zu verfteden, und ftützte das Kinn in die Hand.

„Ich ftöre Sie!" Damit wollt' ich zurücktreten.

„O, keineswegs! Im Gegentheil! Wie können Sie glauben!" Philippine's großer Augenball traf mich vorwurfsvoll. Meine Befcheidenheit gab ihr die Sicherheit zurück. Ich fah, wie fie die fchmale Oberlippe zwifchen die Zähne preßte. „Ich bitte, fetzen Sie fich! Es ift mir recht willkommen, mit Ihnen zu plaudern!" fetzte fie, auf einen Seffel deutend, hinzu.

Ich fah, wie fie über eine kleine Bosheit fann, errieth fogar, daß ihre Worte nur die Einleitung zu derfelben fein follten.

„Ich lefe hier die neuften Modenjournale! . . . Unglaublich, zu welchen Verfchrobenheiten die Sucht nach Luxus und Verfchwendung treibt! Nichts Schönes, nichts Edles wehe! Verzerrung anftatt des Styls, des Gefchmacks! Jede neue Saifon bringt neue Ungeheuerlichkeiten, nach denen Alles rafcht, weil es die Tyrannin der Frauen, die Mode, will!"

Obgleich an ihrem eckigen Körper, der flachen Büfte, die Tarnow immer eine Gänfebruft nannte, und den harten, fpitzen Schultern die Kunft jeder Modiftin zu Schanden geworden wäre, fprach fie doch von der Mode wie ein Journal und kritifirte die Koftüme der Damen immer fehr fcharf, oft fogar mit unerbittlichem Spott.

„Sehen Sie hier, Herr Baron," rief fie, auf ein Modekupfer zeigend, mit affectirter Uebafchung. „Das ift diefelbe Robe, die das junge Fräulein von Artenberg am erften Feftiage trug, als fie zu unfer Aller Leidwefen die Penfion verließ!"

Sie betonte das Letztere; fie blickte mich dabei recht fonderbar an und ich war einfältig genug, nicht zu erröthen.

„Ich verftehe mich auf dergleichen nicht, Fräulein Philippine," antwortete ich kleinlaut. Beiläufig fei nämlich bemerkt, daß fie von mir fo angeredet fein wollte, während Tarnow nur Fräulein Wilsdruff fagen durfte.

„Aber Sie haben fie doch ficher gefehen als fie abfuhr! Ein fo wichtiges und fogar trauriges Ereigniß läßt man fich doch nicht entgehen!"

„Ich achtete nur darauf, weil ich die Equipage meines Oheims vorfahren fah," antwortete ich, gleichgültig auf das Blatt fchauend, auf welchem ich wirklich genau in Schnitt und Farbe diefelbe Mode erblickte.

„Man könnte diefe hübfche Mädchengeftalt da wirklich für Fräulein Minona halten," fuhr fie fort, ihre runden Augen auf das Bild fenkend. „Das Haar müßte nur ein wenig dunkler und mehr gelockt sein. Fanden Sie ihr Haar nicht auch köstlich?"

„Ich hatte keine Gelegenheit so genau darauf Acht zu geben!"

Mir ward diese Art zu fragen lästig; ich wandte mich ab und zeigte Lust zu gehen.

Philippine ihrerseits schien über meine Antwort ein wenig entrüstet. Sie blickte auf und durchbohrte mich strafend mit den Augen.

„Wie Sie sprechen, Herr von Amstetten!" rief sie erregt. „Sie thun, als wüßten Sie ganz allein nicht, daß die Vorsteherin des Instituts die Mutter des Mädchens nur Ihretwegen ersucht hat, Fräulein Minona schon zu Pfingsten, anstatt um Martini aus der Pension zu nehmen."

Das war mir zu stark! Ich ward gluthroth im Gesicht vor Verlegenheit und Aufwallung. Sprachlos starrte ich sie an.

„Mei . . . netwegen?" fragte ich mit Nachdruck, beide Hände in die Hüften stemmend, während mir das Herz in die Kehle stieg.

„Nun, mein Gott, ja! Das Mädchen scheint sehr heißblütiger Natur zu sein! Uebrigens war sie ja alt genug, und ich glaube auch, die Vorsteherin wird der Mutter den wahren Grund aus Rücksicht gar nicht angegeben haben."

„Den wahren Grund?" wiederholte ich mit wachsendem Erstaunen, ja mit Entrüstung. „Und wenn ich fragen darf: welchen Schein für diesen Grund hätte man für diese Unwahrheit? Sie sehen, ich bin starr vor Ueberraschung, wenn ich Sie recht verstanden!"

War's Eifersucht, was das Mädchen getrieben hatte, mir dies zu sagen, oder Standalsucht? Ich mußte fast das erstere annehmen, denn sie hatte von Anfang an eine Sucht, mich zu protegiren, die Tarnow Anlaß zu häufigen Glossen gab. Jedenfalls war ich schwer empört. Ich warf mich vor einen Sessel nieder und kreuzte verdrossen die Arme auf der Brust. Dieses Mädchen, das ich hätte moralisch vernichten können, wagte es . . . Philippine in ihrer Erregtheit schien mich für einen argen Heuchler zu halten; sie beobachtete heimlich meine Verstellungskunst und knitterte fieberhaft mit den Blättern in den Händen.

„Mein Gott, wenn Sie unschuldig sind . . ." Sie sah, wie entrüstet ich war und fürchtete sich vor einem Ausbruch.

„Unschuldig!" rief ich aus, wild über diese Aeußerung, mit vor Zorn glühendem Gesicht. Mir schoß nämlich der Gedanke durch den Kopf, daß möglicherweise Tarnow mich gemißbraucht, wenn wirklich dieses Gerücht irgend welchen Grund hatte. „Ich will vor Ihnen in die Erde sinken, wenn ich dieses Mädchen mehr und anders gesehen habe als jede Andre!"

Philippine schien noch immer nicht glauben zu wollen. Ich mußte ein Heuchler sein; denn grundlos konnte dieses Gerücht nicht sein, das offenbar in der Nachbarschaft zirkuliren mochte.

„Hm, das wäre doch aber . . ." Sie fand keine Worte für Zweifel oder Glauben, wie sie sich zu dem letzteren überhaupt entschließen konnte. Sie schüttelte den Kopf. „Etwas Wahres muß aber doch daran sein!" sprach sie vor sich hin.

„Ich sage Ihnen, ich halte das Ganze für eine boshafte Nachrede jetzt, da das Mädchen fort ist und sich nicht vertheidigen kann!" rief ich aus.

„Sie wollen Sie nur in Schutz nehmen, Herr von Amstetten, und das ist ja so erklärlich," fuhr sie fort. „Fräulein Minona hat ganz offen und ungenirt gegen ihre Kameradinnen von Ihnen geschwärmt."

Die Sache ward immer bunter.

„Von mir geschwärmt!" Mein Gesicht glühte wieder, die Pulse in den Schläfen hämmerten so stark, daß ich nicht denken konnte. „Ich bestreite das," rief ich verwirrt, denn es summte mir in den Ohren. Ich wußte selbst kaum, was ich sagte. Dann plötzlich, mich meiner kindischen Haltung schämend: „Aber sollte wirklich von ihr etwas der Art gesprochen sein, wozu ich wahrlich keine Veranlassung gegeben, so mußte man das für Geschwätz eines unreifen Mädchens halten! Das ganze Gerede kann nur von den Klatschzungen der Nachbarschaft erfunden sein; es ist eine Lüge, eine gemeine Lüge, der Sie, Fräulein Willsdruff, am wenigsten hätten den Weg ebnen sollen!"

Fräulein Wilsdruff! Das hielt Philippine für eine Kriegserklärung. Sie richtete sich auf; ich sah, sie war bleich vor Erregung; ihre Hände flogen in ihrem Schooß.

„Und wenn nun Fräulein Wilsdruff grade die triftigsten Ursachen hätte, diese Lüge für Wahrheit zu halten, und wenn sie trotzdem geschwiegen hätte, anstatt die Wahrheit den Weg zu ebnen, nur um Sie und das Mädchen zu schonen!"

Sie hatte sich, empört über meine Verstocktheit, erhoben; sie verachtete mich offenbar um derselben willen. Ihre schmalen Lippen zitterten; sie vermochte nicht herauszubringen, was ihrem entrüsteten Herzen entströmte.

„Haben Sie mich wirklich für so einfältig gehalten, Herr von Amstetten!" bebte ihre Stimme vor mir. „Meinten Sie, ich habe damals wirklich jenes Taschentuch für das Ihrige gehalten, das mich ein Zufall in der Epheu-Laube finden ließ? . . . Ich danke Ihnen dafür, daß Sie einen so geringen Begriff von meinem Verstande haben! . . . Ich war gewiß discret. Von mir hat Niemand etwas erfahren, aber ich kann den Andern nicht den Mund verschließen . . . Warum waren Sie so unvorsichtig! . . ."

Die Stimme schwieg. Ich war wiederum so verwirrt, fast zerschmettert, daß ich nicht aufzuschauen wagte. Ich wußte nicht, was vor mir passirte. Ich sah nur die Modejournale in der Luft herumfliegen, hörte resolute Schritte, dann das Zuschlagen einer Thür. Philippine war hinaus gegangen und ließ mich bestürzt. Die Modeblätter lagen vor mir am Boden, darunter das Minona's rosafarbener Robe. Ganz verdutzt stand ich da. Ich schlug mir endlich vor die Stirn, warf mich in den Sessel, sprang wieder auf, lachte mich selber aus und fuhr mit den Armen umher.

„Daraus soll doch ein Andrer klug werden!" rief ich laut auflachend, an's Fenster tretend, von welchem man den Hof, die Kastanien und eine Ecke der Laube überblicken konnte. „Dieser Tarnow hat das Glück und mir werden die Folgen davon aufgebürdet; mir, der ich . . . Aber zum Teufel, wie ist das Mädchen dazu gekommen, von mir zu schwärmen, wenn sie ihm doch ein Rendezvous gab! ... Es ist wahr, ich erinnere mich, daß sie mich zuweilen von drüben mit einem Blick anschaute, der mindestens sehr frei war, ich wollte sogar bemerken, daß sie leicht erröthete, wenn ich ihr begegnete. Aber ich hielt das für ein böses Gewissen; sie konnte vermuthen, daß ich in Tarnow's Geheimniß eingeweiht sei. Ich meinte auch immer, diese Blicke gelten ihm ... Aber dabei steht doch das Factum fest, daß sie ihm jenes Rendezvous in der Laube gegeben!" ...

Ich wußte keinen Rath. Die Sache war mir so unerklärlich, daß all mein Kopfzerbrechen umsonst. Und das Lustigste an der ganzen Geschichte war: ich galt in der Nachbarschaft für einen Don Juan, und das dankte ich Tarnow, seinem verschlossenen Wesen, seinen geheimen Umtrieben, in die er mich wie hineinblicken ließ und die bei dieser Gelegenheit zu meiner Rechtfertigung aufzudecken, an Philippine zu verrathen mir nicht ehrenhaft erschien.

Indeß, die Zeit machte auch dies vergessen. Ich benahm mich von da ab gegen Philippine mit mehr bewußter Zurückhaltung, und das schien ihr zu imponiren, sie von meinem guten Gewissen zu überzeugen. Mein fester Vorsatz war es: wenn sie mir noch einmal zu nahe käme, sollte sie auch von mir hören, was sich für junge Mädchen nicht schicke, zumal wenn sie sich zur Richterin über Andre aufwerfe. — Indeß sie kam nicht dazu. Philippine hielt Frieden.

Von dem Fräulein von Artenberg erfuhr ich nur gelegentlich, daß sie die Tochter eines vermögenden Gutsbesitzers in geringer Entfernung von der Residenz sei. Ihr Vater sollte durch einen Sturz vom Pferde sein Ende gefunden haben.

Ich hatte in der Malerei wieder Zerstreuung gesucht, machte unter meines Lehrers Führung gute Fortschritte und vermied Tarnow, der zum Frühjahr zu seinen Eltern zurückkehren sollte, wo es anging ohne ihn zu verletzen.

Es war überhaupt seit jener Zeit ein etwas kühleres Verhältniß zwischen uns eingetreten. Wir sahen, sprachen uns, ohne uns gegenseitig zu einander hingezogen zu fühlen.

Elftes Capitel.
Das Mausoleum.

Der Herbst kam. Ich sollte die Meinigen endlich auf einige Zeit besuchen. Der Oheim war im Sommer und gegen den Herbst oft für Wochenlang aufs Land gereist, jedoch nicht zu uns. Nur sein Intendant wußte, wo er sich aufhielt. Als er wiederkehrte, wollt's mir erscheinen, als sei eine Veränderung in ihm vorgegangen. Er war lebhafter als in der letzten Zeit, denn ich hatte ihn zu meiner Ueberraschung oft still und nachdenkend gefunden, was sonst gegen sein Naturel. Er betheiligte sich jetzt wieder und mit einer gewissen Ueberstürzung an allen Zerstreuungen. Er war immer Lebemann gewesen; er liebte den Salon-Sport, jetzt aber plötzlich wieder mehr als ich anfangs beobachtet, und zeigte mir dies mehr als früher, wo er mehr den Vater gegen mich herausgekehrt. Die Soiréen und Bälle sollten beginnen; er war täglich im Frack, mit Decorationen behängt, und seine sonst zuweilen etwas erschlafften Züge glänzten

immer von Lebenslust. Die Theater waren wieder geöffnet; man sah ihn jeden Abend in seiner Loge und immer wollt: man ihn in den übrigen Logen den jüngeren Damen der Aristocratie den Hof machen sehen.

„Ich war während des letzten Jahres ein wenig fatiguirt, lieber Kurt," sagte er mir eines Tages. „Der Aufenthalt in der frischen ländlichen Natur hat mich um zwanzig Jahre verjüngt; ich fühle mich kräftiger als je."

Ich wagte nicht zu fragen, warum er in diesem Sommer nicht die Mutter besucht und mich mitgenommen, wie ich gehofft. Er hatte ja die herrliche Berg- und Waldluft bei uns immer gerühmt.

Inzwischen bestimmte er den Tag, an welchem ich nach Hause reisen solle, und gab in meiner Gegenwart die Anordnungen, sein Hotel für häufigen und zahlreichen Empfang in Stand zu setzen.

Am Tage vor meiner Abreise ließ er mich um die anberaumte Stunde lange auf sich warten. Ich saß in seinem großen Arbeitszimmer, durchschaute alle Mappen zum hundertsten Male, blätterte in den auf dem Tische liegenden Albums und Büchern und er kam noch immer nicht.

Aus langer Weile öffnete ich die Portiere und trat schüchtern in sein Allerheiligstes, in das mit Aquarellen, Oelbildchen und Statuetten decorirte gelbe Eckzimmer, an das sein Schlafgemach stieß.

Zum ersten Mal befand ich mich in diesem interessanten Zimmer allein, freilich nicht ohne die Besorgniß hier ertappt zu werden, wo der Oheim sonst Niemandem Eintritt gestattete und nur Godefroi sein discretes Wirken hatte.

Alles hatte für mich doppelten Reiz und mit Andacht stand ich vor jedem einzelnen Gegenstand, vor all den originellen, werthvollen Bildchen, vor den Nippes, dem Bric-à-brac, den er auf seinen Reisen zusammen gelesen und mit wirklich künstlerischem Sinn auf den Etagéren geordnet. Es war zuviel Interessantes; ich konnt' es also nur oberflächlich betrachten. Uebrigens herrschte in all den Bildchen und Statuetten der frivole Zug des Junggesellen vor; Alles hatte nur dazuhängen und dazustehen, um in den verschiedensten Situationen die Schönheit der Frauen zu feiern.

Endlich stand ich vor der Portiere seines luxuriösen, im Style Ludwigs XV. decorirten Schlafgemachs.

Was ich sah, machte einen sybaritischen Eindruck auf mich, der entzückend für meine jugendliche Phantasie. Die Wände waren in Rahmen, mit hellblauer, weißgestirnter Seide ausgeschlagen, denn der Stern gehörte zu unserm Wappen; zwischen diesen hingen auf buntem Marmor Bilder in halber Größe, in mehr oder minder kostbaren Rahmen — Frauenbilder, auf Elfenbein gemalt, mir fremde Gesichter, aber alle jung, schön, und verführerisch schön; eine Galerie von Reizen, die der Künstler selbst mit wollüstigem Behagen wieder gegeben haben mußte. Der Einklang in all diesen Bildern ließ mich vermuthen, daß sie Alle übereinstimmend in der Form nach andern Bildern hergestellt worden.

An dem mittleren Marmorpfeiler sah ich das Porträt eines jungen Mannes im Salon-Costüm. Ein Comthurkreuz hing an seinem Halse, ein Stern zierte die linke Brust. Das Gesicht hatte etwas jugendlich Herausforderndes und dennoch Weichliches, fast Weibisches; es machte nervös beim Anschauen, so absichtlich waren

die Züge für den Maler aus ihrer natürlichen Ruhe
herauszuzwingen, so absichtlich, um den Eindruck hervorzubringen. Die Wirkung des Bildes war deßhalb
eine forcirte, unnatürliche, berechnete und deßhalb ver-
fehlte. Die alte ritterliche Devise:

„Mon âme à Dieu, ma vie au Roi,
Mon cœur aux dames, l'honneur pour moi"

stand unter dem Bilde mit des Oheims Hand geschrieben,
und er war es, er in seiner Blüthezeit, chevaleresk wie
die Legende, das Prototyp des modernen Chevalier.

Hier lebte er in der Umgebung seiner liebsten Erinnerungen, „son cœur aux Dames," und die Frauenbilder, die ihn umgaben, verriethen in ihren Zügen meist
einen so unverkennbaren Adel, daß er stolz auf diese
Galerie sein konnte. Sie gefielen mir Alle, nur er nicht;
sie waren Alle schön und waren es sicher gewesen; auch
er mußte allerdings ein schöner, wenigstens hübscher
Mann gewesen sein, aber es lag die äußerste Unnatur in
dieser Pose, die sein zweites Wesen war.

Es war dies Cabinet offenbar des Oheims Allerheiligstes, des Lebens-Museum oder vielleicht Mausoleum
des Junggesellen, der nachdem er die Wohlthat des
Familienlebens versäumt, sich mit der Erinnerung an
Das zu täuschen oder schadlos zu halten sucht, was
ihn dies hatte verscherzen lassen.

Hier erst lernte ich des Oheims Vergangenheit verstehen. Ich bekenne, sie wehte mich recht moschusduftig
an, und doch verstand sie mein jugendlich unbefangenes
Gemüth nur halb. Das Uebrige ergänzte mir was
ich später Gelegenheit hatte, hier und da über sein früheres
galantes Landsknechts- und Troubadour-Leben aufzufangen.

Den größten Raum in dem Cabinet nahm das
breite Bett von Amaranth-Holz ein. Wahrlich ein antiques
Meisterstück, mit herrlichem Schnitzwerk, kostbaren Bronze-
Einlagen, originellen Elfenbein-Schnörkeln und Windun-
gen der Bettwände und Füße — Alles eigenthümlich!
Selbst der schwere Vorhang zeigte in seinem Muster denselben barocken Geschmack.

Zu Häupten des Bettes, halb von dem breiten
Shawl des Vorhanges verborgen, hing ein Kästchen,
ähnlich einem kleinen Heiligen-Schrein, von schwarzem,
wohl kostbarem Holz, aber sonst ganz unscheinbar.

Neugierig öffnete ich die kleine Thür desselben und
das Bild eines jungen Mannes, eines Studenten mit
Band und Cerevis-Kappe, schaute mir entgegen — ein
recht lebensfrohes, übermüthiges Gesicht, dem das Käpp-
chen verwegen auf dem dunklen Lockenhaar saß.

Das Bild hatte kein Interesse für mich. Ich betrachtete es gedankenlos. Vom Vater hatte ich einmal
gehört, daß der Oheim ehe er in die Oesterreichische
Armee getreten, einige Semester die Universität in Heidelberg besucht. Dies Bild mochte also das eines seiner
Commilitonen sein. Warum es in dem sonderbaren
kleinen Schrein hing, darüber machte ich mir keine Gedanken. Ich that es vorsichtig an seinen Platz zurück,
denn ein andres Bild hatte inzwischen schon meine Aufmerksamkeit erregt, das stand recht anspruchsvoll
auf Korallenfüßen auf dem mit Gold und Perlmutter
eingelegten Nacht-Tisch vor dem Bett, eine farbige Photographie in Goldrahmen, die nicht ohne Bedeutung sein
konnte.

Ich beugte mich über den Tisch, und prallte zurück.

Dies Mädchenbild, ich kannte es! Noch einmal beugte
ich mich hinab. Ich ergriff den Rahmen fiebernd mit
beiden Händen und hielt ihn vor mich.

Es war das Bild Minona's von Artenberg, künstlerisch in den schönsten Farben ausgeführt! Ach und
so schön!

Ich rieb mir die Augen; ich schaute noch einmal
und noch einmal darauf. Aber es blieb dasselbe unverkennbare Gesicht Minona's, nur ausgesprochener in den
Zügen, bewußter in der Haltung, mannhafter im Ausdruck, körperlich mehr entwickelt, stolz, hoch, graziös
bewußt, eine Salondame — dieselbe die ich in kurzen
Kleidern vor so wenig Monden noch auf der Schwelle
der Mädchenzeit gesehen!

Da hielt ich das Bild eines Wesens in der Hand,
zu dem mich die Klatschsucht der Welt in eine Beziehung
gebracht, von welcher sie vielleicht heute noch nichts
ahnte!

Ich war zu betroffen, um zu ahnen, daß wie im
ganzen Leben die Erklärung auf der andern Seite stehe.

Als ich zufällig, wenigstens absichtslos das Bild
wandte, las ich in flüchtiger, aber ausgeschriebener Frauen-
hand: „Ihrem verehrten Vormund Minona von Artenberg."

Wie einfach doch erklärte sich diese Beziehung zu
meinem Oheim. Des Mädchens Vater sollte ja erst vor
einigen Jahren gestorben sein! Der Oheim mochte diese
Vormundschaft seit Kurzem übernommen haben. Deßhalb
auch jene Artigkeit, das Mädchen in seiner Equipage abholen zu lassen!

Einfach, ja! Und dennoch: Dieser bevorzugte Platz
des Bildes auf des Oheims Nachttoilette! Diese zarte,
noch nicht erschlossene Knospe unter den Friedhofsrosen,
die längst verwelt sein mochten und mich so grabesduf-
tend anmutheten. Bald ein Menschenalter mochte zwischen
ihnen liegen; jene waren verblüht und des Oheims Herz
war noch so frisch, oder es suchte sich an dieser Knospe
zu verjüngen! Freilich, sie war ja sein Mündel! Welches
Recht hätte ich, der Neffe, sie um diesen Ehrenplatz zu
beneiden!

Ich saß kaum zerstreut und erregt wieder in dem
Bibliothekzimmer und hatte mich scheinbar in ein Buch
vertieft, als säße ich schon seit einer Stunde so da (denn
Godefroi strich wieder durch den anstoßenden Salon) als
der Oheim zurückkehrte.

Er war wie immer von väterlicher Freundlichkeit
gegen mich und sprach sein Bedauern aus, daß der
Beginn der Saison, seine Pflicht, der demnächst zu er-
öffnenden Session des Landtags beizuwohnen, endlich alle
die Ansprüche, welche die Gesellschaft zu Anfang einer
Saison an ihn stelle, es ihm unmöglich machten, mich
zu den Eltern zu begleiten wie dies seine Absicht gewesen. Er müsse für dieses Jahr auf seinen sonst so
regelmäßigen Besuch verzichten.

„Apropos," fügte er hinzu, „Dein Kamerad der
Graf Tarnow ist wirklich ein angenehmer junger Mann;
er verspricht ein vortrefflicher Cavalier zu werden, nach
seinen Anlagen zu urtheilen. Er wurde mir neulich in
einer Gesellschaft vorgestellt."

Davon hatte mir Tarnow nichts gesagt. Ich hatte
aber oft genug schon Gelegenheit gehabt, zu bemerken,
daß er nur mittheilte was er für ganz indifferent,
wenigstens für neutral hielt. Er log nicht, aber er

verschwieg; er hatte immer seine Heimlichkeiten. Uebrigens fand ich dies Begegnen erklärlich. Tarnow hatte sich bereits in die Gesellschaft einführen lassen und reussirte in derselben durch seine brillanten Eigenschaften, während er mir seit dem Frühjahr wie ein kalter Egoist erschien, der er wirklich war.

Der Oheim verabschiedete mich, nachdem er mit mir recht kühl über einige Familien-Angelegenheiten gesprochen und mich überreichlich mit Reisegeld versehen. Er ließ durch die Mutter sagen, er werde ihr nächstens schriftlich seine Ideen über meine nächste Zukunft mittheilen.

Tarnow war schon vor einer Woche zu seinen Eltern verreist und sollte erst zu Neujahr wieder kommen.

Es mochte also recht still in des Professors Hause werden.

Zwölftes Capitel.
Die neue Nachbarschaft.

Mit welchem Jubel sprang mir Hedwig auf dem Perron des kleinen Bahnhofs an die Brust, als ich nach schlafloser Nacht am frühen Herbstmorgen eintraf. Ich hatte schon bei der Anfahrt unsere alte Chaise bemerkt und ahnte, daß wenigstens Einer der Meinigen mich empfangen werde.

Hedwig, die liebe, gute Seele, schien überglücklich in dem Gedanken, mich wieder zu haben.

Ich fragte nach dem Vater und der Mutter. Ueber Hedwigs Antlitz legte sich ein Wölkchen.

„Die Mutter hat viel Aerger gehabt," antwortete sie, „das heißt: nur in Wirthschaftssachen, und der Vater ist recht hinfällig geworden. Es will nimmer besser mit ihm werden und doch klagt er niemals."

„Aber Du, Hedwig, Du bist die Alte geblieben!" lachte ich sie herzlich an, ihr die Hand drückend.

„Ach ja!" antwortete sie halb komisch mit einem Seufzer. „Ich bin wohl leider die Alte geblieben und werde es immer mehr."

Das arme Mädchen erschien mir jetzt unter einem ganz andern Licht. Früher sah ich nur sie und allenfalls die keineswegs sehr anmuthigen Töchter einiger Gutsnachbarn. Seit ich an den Anblick der graziösen Mädchengestalten in der Residenz mit all ihrem Luxus und ihrem Bemühen schön zu sein gewohnt war, empfand auch ich, was der armen Schwester fehlte.

Ein einziger unglücklicher Zufall, die Unachtsamkeit der Wärterin hatte sie um ihre ganze Lebensfreude gebracht, zu der sie die Natur mit so hoher Berechtigung ausgestattet. Jenes Weib lebte noch als Arbeiterfrau im Dorf, und es konnte Hedwig sehen ohne sich Vorwürfe zu machen!

Ein andrer Kutscher saß auf dem Bock. Auf meine Frage antwortete mir Hedwig.

„Die Mutter hat unsern alten Heinrich fortgeschickt. Du weißt ja, wie reizbar sie zuweilen ist, und er wollt' sich's nicht mehr gefallen lassen, von ihr so oft ausgezankt zu werden."

Mit wie andern Gefühlen sah ich vor mir die Pappel-Allee mit ihren hohen, spitzen, beweglichen Pyramiden. Ich war wieder daheim und mit dem selbstständigen Bewußtsein eines jungen Mannes, der schon die Welt zu kennen glaubt. In jenem Alter giebt uns ja nur ein Blick in dieselbe schon einen so hohen Begriff von unsrer Zugehörigkeit in dieser complicirten Maschine!

Die Pappeln rauschten mir ihr Willkommen entgegen. Die Saatkrähen saßen wieder, sich auf den Zweigen schaukelnd, in den Spitzen, die Staare flogen mit ihren Guttural-Lauten über uns dahin. Die Wiesen und Brachen waren mit leichter Silberdecke vom Nachtthau überzogen und wie ein Schleier wogte der Nebel auf demselben.

Naßkalt legte sich der Morgenwind mir auf die Wangen, den Körper mit leichtem Schauer überröthelnd. Der Reif hatte das Blattwerk in den Bauergärten, die zu beiden Seiten der Allee lagen, gelb, grau und schwarz gefärbt; selbst die Weingärten auf den Abhängen des Höhenzugs, der die Thalmulde unsres Gutes begrenzte, waren vom Herbst mit unreinen Farben getüncht während die Traube erst der Ernte entgegen reifte.

Mir pochte das Herz, als ich die alte vom Wetter geschwärzte Frontspitze unsres Schlosses über die Bäume des Parkes heraustragen sah. Nie hatte ich sie mit diesen Augen betrachtet.

„Es wird jetzt wieder recht melancholisch bei uns seit der Nachtfrost die Blätter zerfrißt und meine armen Blumen so traurig die Köpfe senken," sprach Hedwig halb vor sich hin, als mir eben eine Schaar von Spatzen ihren Gruß aus dem alten Lärchenbaum entgegen, der die Einfahrt zu unsrem Park beschattete, und unser Flug Tauben über dem alten Pavillon des letztern aufstieg. „Wir haben vorgestern die letzten Baum-Pfirsiche abgenommen; das Spätobst sitzt noch, und an dem Wein, Kurt, wirst Du Deine Freude haben, denn es giebt ein gutes Jahr. Schade nur, daß der Vater unsre Crescenz schon im Frühjahr verkauft hat und uns nur die geringeren unteren Lagen bleiben. Ich hätte Dir wohl gewünscht, daß Du im Sommer bei uns gewesen wärest, denn so hübsch aber der doch in der Stadt nicht sein wie hier auf dem Lande, das sagte ja auch der Oheim immer! Aber ich bin doppelt froh, daß wir Dich jetzt haben, wo es umher so traurig wird. Ich hab's mir in meinem Zimmer schon recht behaglich gemacht; die Kohlen brennen den ganzen Tag im Kamin und so schöne Lectüre hab' ich mir angeschafft, auf die ich mich recht freue!"

So plauderte das gute Wesen fort. Sie erschien mir bleicher, als ich sie aufmerksamer betrachtete. Jetzt, da sie das Blüthenalter des Mädchens erreicht, die kurze, flüchtige, aber so stolze Epoche, die des Frauenlebens höchster und wonnigster Inhalt, jetzt mochte ihr das Martyrium oft fühlbarer werden als in der Zeit der Kindheit, wo sie wohl weniger ernst darüber nachgedacht. Jetzt mochte sie doppelt empfinden, daß ihr die Freude an der Welt, d. h. an sich selbst, und mehr noch: die Freude der Welt an ihr versagt sei, denn der Spiegel konnte ihr bestätigen, daß sie schöner geworden — aber auch ernst, sehr ernst! Ein Glück für sie, daß sie nicht inmitten der Gesellschaft lebte, daß sie diese nicht in den Städten sah, daß sie ein einsames Dasein führte, in welchem ihr tägliche Demüthigungen in Berührung mit der Welt erspart wurden. Aber sie fühlte trotzdem; eine andre Welt, ihre Lectüre, wenn diese den Reizen der Frauen lobsang, erinnerte sie genugsam an ihr Gebrechen, und ihr bleiches Gesicht, die stille Trauer, die auf demselben lag, sogar der wehmüthige Klang ihrer Stimme verrieth das.

„Weißt Du, Kurt . . . ich glaube, ich habe vergessen Dir davon zu schreiben," begann sie, in die Wagenecke gelauert und fröstelnd den dicken Shawl um sich ziehend, während wir durch den Park fuhren, dessen auf dem Boden faulendes Blattwerk und herabgefallenes trockenes Gezweig und Leseholz eine größere Verwahrlosung als sonst zeigte, „wir haben seit letztem Neujahr eine Nachbarschaft, die Du noch nicht kennst. Das Gut Hochborn drüben wurde doch, wie Du Dich erinnerst, vor einigen Jahren von einem Herrn aus Brasilien angekauft, der es so lange verwalten ließ bis er selbst komme — er machte ja einen fabelhaft billigen Gelegenheitskauf, den sich der Vater leider entgehen lassen mußte. — Das Gut ist jetzt bewohnt. Die Brasilianer sind da. Eigentlich sind's ehrliche Teutsche, aber wir nennen sie einmal so wie die ganze Umgegend."

„Nun, und was ist's mit ihnen?" fragte ich ohne Interesse.

„Ei, im Grunde eben weiter nichts als daß sie da sind! Ich spreche Dir nur davon, weil Du sie auch sehen wirst."

„Seit Ihr mit ihnen bekannt geworden?"

„Allerdings! Herr von Neuenfeld machte uns mit seiner Tochter einen Besuch. Die Mutter nahm sie auch ganz freundlich auf, denn sie war dazumal gerade sehr gut gestimmt; aber ein recht nachbarliches Verhältniß ist zwischen uns nicht zu Stande gekommen."

„Und weshalb nicht?"

„Ach, Du weißt ja, wie die Mutter ist, Kurt! . . . Wir haben gehört, daß Neuenfeld, der aus ganz armer, obscurer Familie und ich weiß nicht von wem geadelt worden ist, als junger Mann sich an der schleswig-holsteinschen Revolution betheiligt, darauf seine Frau im Stiche lassend, nach Amerika gegangen und reich geworden ist."

„Hm, darin find' ich nichts! Das kommt oft vor!"

„Die Mutter sagt aber, die Leute seien für uns nicht standesgemäß, das sei Hecken-Adel! Das Schlimmste ist aber, daß auch Neuenfeld sich mit ihr nicht benehmen kann. Er ist so geradehin und nennt Alles so derb beim rechten Namen, daß die Mutter sich vor seinen Ausdrücken fürchtet, während sie doch eine Dame ist, deren Nerven man schonen sollte. Er soll auch einmal sich einen Ausdruck über sie selbst erlaubt haben; er nannte sie einen Hochmuthsteufel und Du kannst Dir denken, daß seit der Zeit das hinterbracht worden . . ."

Wir verließen eben den Park und fuhren durch das alte graue Sandstein-Portal in den Hof. Ich schaute mit befriedigter Sehnsucht zu dem väterlichen Schlosse auf, von dem mir jede Linie, jede verwitterte Decoration noch im Gedächtniß geblieben, namentlich die Lücken in der Mauerverkleidung, von der die Speise an einzelnen Stellen abgebröckelt. Ich sah die Fenster noch so perlmutterfarbig schillernd wie einst und blickte zu den beiden, das Schild haltenden Sandstein-Greifen über dem Fries hinauf, von denen der eine seit ich denken konnte durch ein Elementar-Ereigniß den Kopf verloren hatte.

Auch im Hofe war Alles beim Alten, sogar die Wassertümpel an den Stellen, wo das Pflaster eingesunken, in denen die Enten umher wateten; ferner die

morschen, bald baufälligen Oekonomie-Gebäude und Stallungen, die den Hof umgebende Mauer, auf welcher der Hauslauch wuchs, mit ihren großen Rissen, in die sich Brombeeren und Wegebreit eingenistet. Alles war das Alte und machte auf mich einen trübseligen Eindruck.

Im Portal stand ein Mann in einer grauen Joppe. Er streckte mir die Arme entgegen; er rief meinen Namen und trat die Stufen herab. An der Stimme erkannte ich den Vater.

Aber zu meinem Schrecken sah ich die Wandlung, die in und an ihm vorgegangen! Der sonst so kräftige, breitschultrige Mann stand gebückt da, seine Wangen waren eingesunken, seine Augen lagen tief in den Höhlen; und doch lächelten sie so glücklich. Sein kurz geschnittener Vollbart war grau, fast weiß. Und dazu hatte ein einziges Jahr genügen können!

„Mein Sohn! Hab' ich Dich endlich einmal wieder!" rief er mit dem Herzen in der Stimme, mich stürmisch umarmend, und dann schaute er mir mit seinen treuen Augen so recht innig in die meinigen, so glücklich in seinem unverkennbaren inneren Weh, daß ich, von Trauer überwältigt, das Antlitz an seiner Brust barg. Ich hatte ihn ja so nicht wieder zu finden geglaubt! Niemand hatte mir geschrieben; vor meiner Erinnerung hatte er immer so dagestanden wie ich ihn verlassen!

Hedwig errieth was in mir vorging. Sie stand neben uns und blickte mit ihren verständigen Augen so trübselig zu uns auf.

„Die Mutter! . . . Wo ist sie?" rief ich jetzt, in dem weiten Hausflur umherschauend, in dem Alles noch beim Alten war: die gußeiserne Bank, die bestaubte große Laterne, die zerplatzten oder ausgeschliffenen Fließen und die Hirschgeweihe, die von Spinngeweben in eine dichte, vom Staub grau gefärbte Gaze gehüllt waren, und ganz hinten im Fond über der Thür des Dienerzimmers der hölzerne Mohrenkopf mit den weißen Glotzaugen und den dicken mit Zinnober bemalten Lippen.

„Sie erwartet Dich droben!" Des Vaters Ton klang unmuthig, wenigstens unzufrieden. „Es ist für sie noch ein wenig früh," setzte er entschuldigend hinzu. „Und Du, Aermster, hast die ganze Nacht im Coupé zugebracht!"

Hedwig stand bereits vor uns auf den untersten Stufen der breiten Stiege. Sie ließ uns vortreten und folgte uns, in ihren Shawl gehüllt, still, in sich gekehrt, kaum hörbar. Wie sie so da saß, heimelte sie mich so erinnerungswarm an. Diese Treppe war als Kind immer ihr Lieblingsaufenthalt gewesen. Mit einem Buch oder einer Schreibtafel in der Hand hatte sie stundenlang auf einer Stufe gesessen und gleichgültig Alle an sich vorübersteigen lassen, zum Aerger der Mutter, die sie durchaus unschicklich erklärte, freilich ohne Erfolg. Denn Hedwig war eigensinnig, wohl ohne Widerspruch, aber zäh in ihrem stillen Wollen, zumal sie wußte, daß es niemandem zur Last ward.

Die Mama empfing mich auf der Schwelle ihres Wohnzimmers. Es war aber mehr der Stolz, als die innige, glückselige Liebe der Mutter was aus ihren Augen leuchtete als sie mich betrachtete.

„Du bist groß und schön geworden, Kurt!" Das war der Ausdruck ihrer Empfindung beim Wiedersehen ihres Sohnes. Indeß ich kannte ja ihr Wesen. Sie besaß nicht die Gabe der Aeußerung und was ihr davon die Natur gegeben, das hatte innerer Mißmuth verkümmern lassen. Das Leben in ihr mochte ein ganz andres sein, als sie es zeigte, denn wenn sie nicht erregt war, konnte niemand errathen, was in ihr vorging, und in ihren Affecten übertrieb eine angeborne Reizbarkeit die Explosion derselben. Was sie Gutes oder Edles empfand, hatte an ihr kein äußeres Gepräge, keinen Laut; was aber ihr leidenschaftliches Temperament verarbeitete, das schaffte sich in stürmischer Weise Luft.

Ich machte ihr ein gleiches Compliment, denn sie sah in demselben Grade wohl aus, wie der Vater elend. Sie nahm das lächelnd hin und schien es gern zu hören.

„Trotz all dem Verdruß!" antwortete sie, mich zum Sopha führend, wo sie mich noch einmal schweigend, aber mit Stolz betrachtete.

Der Vater und Hedwig sahen, daß sie mit mir allein sein wollte; es war die Gewohnheit seiner Nachgiebigkeit, ihr in Allem, namentlich in Gefühlssachen, die Vorhand zu lassen. Der Vater zog sich, ein dringendes Geschäft vorschützend, zurück; Hedwig suchte mißmuthig ihr Zimmer. Sie wäre so gern bei uns geblieben, ich sah's ihrem verstimmten Gesicht an.

Und jetzt begann die Mutter zu fragen. Meine Briefe seien nie erschöpfend genug gewesen, sie hätten ihr kein genügendes Bild von meinem Leben während des ganzen Zeitraumes gegeben. Auch über den Oheim hätte ich zu wenig geschrieben. Er habe ihr den Sohn genommen, sie habe aber dafür erwarten dürfen, daß sie über das Schicksal desselben regelmäßig unterhalten werde, damit er geistig wenigstens ihr verbleibe. Es sei auch nicht schön von ihrem Bruder gewesen, daß er sie in diesem Jahre so ganz vernachlässigt, wo sie seines persönlichen Beistandes in mancherlei Unannehmlichkeiten so sehr bedurft habe.

Ich erzählte ihr vom Oheim, von mir. Danach schilderte sie mir den Verdruß, der bei des Vaters zunehmender Kränklichkeit auf sie gefallen, die sich jetzt um Vieles kümmern müsse, was ihrer eigentlich nicht würdig. Und die Hauptrolle spielte darin der neue Nachbar, „dieser Neuenfeld," ein Parvenu, der einst als junger Abenteurer, erst einige Jahre verheirathet, Weib und Kind daheim gelassen, sich für die deutsch-brasilianische Legion habe anwerben lassen, in Brasilien durch den scheußlichsten Sklavenhandel reich geworden, und nun auf die Idee gekommen sein müsse, sich hier anzulaufen, um seine Brutalitäten an der Nachbarschaft auszulassen.

„Amstetten ist viel zu schwach, zu nachgiebig für einen solchen Thierbändiger, der zum Lohn für seinen Menschenhandel noch oben ein von Gott weiß wem in den Adelstand erhoben ist," fuhr die Mutter fort, um mich gleich in Alles einzuweihen, und mit von innerm Groll nervös erregter Stimme. „Dieser Mensch schaltet, als wäre er noch unter seinen Schwarzen, und der Vater läßt sich Alles gefallen, läßt sich sogar auf freundschaftliche Unterhaltungen ein und rühmt die Umsicht, Erfahrung und Energie dieses Hinterwäldlers! Den ganzen Fohlenbach hat er uns fast abgelenkt, um eine Sägemühle zu treiben, und der Vater sagt, wir hätten ja trotzdem des Wassers genug und für den Winter sei dem Bach dieser Ueberlaß ganz gesund, so brauche er nicht auf die Schleusen zu achten. Wenn sein Vieh ausbricht und uns Alles abweidet, so sieht das der Vater ruhig mit an und die Benutzung unsres Feldwegs hat er ihm auch sogleich gestattet, als er nur ein gut Wort an ihn richtete ... Aber ich mache der Sache ein Ende," schloß sie ihre Klage mit innerster Genugthuung. „Drei Prozesse habe ich ihm schon vorbereitet, die er alle drei mit einem Male haben soll, wenn ich nur erst den Vater dazu bringe, sie dem Advocaten zu übergeben! Ich bin gewiß sehr verträglich, aber Alles muß seine Grenzen haben."

Die Mutter schwieg, sie nagte an ihrem Taschentuch, den Arm auf die Lehne des Sopha gestützt, und versenkte sich in ihren Groll. Ich wußte, daß man sie in solchen Momenten nicht stören dürfe, denn die Dissonanz ihrer Nerven mußte langsam ausklingen.

„Und dann kommt noch Eins hinzu, was uns zwingt, jede Gemeinschaft mit diesem Neuenfeld zu vermeiden. Er soll in seinem Hause einen Wahnsinnigen beherbergen, den er mit von Brasilien herüber gebracht — gar keinen Anverwandten — und den er mit der größten Aufmerksamkeit behandelt, einen Menschen etwa in seinem Alter. Wer kann wissen, was für eine Bewandtniß es zwischen diesen Beiden hat! Wäre dieser Neuenfeld reinen Herzens, er würde ihn nicht so absichtlich verstecken, damit er nichts ausplaudre; er würde ihn in eine Heilanstalt geben, die er hier ja ganz in der Nähe haben könnte. Aber er versteckt ihn aus Furcht. Vielleicht haben die Beiden in Brasilien, das ja weit von hier ist, irgend eine ruchlose That zusammen verübt. Der Eine hat wahrscheinlich aus Gewissensbissen den Verstand verloren, Herr Neuenfeld aber mit seiner von Grobheit strotzenden Seelenruhe sieht das nicht an ... Mir ist schon Angst, wenn ich Hedwig an Neuenfelds Grenze herumschweifen sehe. Der Verrückte könnte ihr begegnen! Mich schaudert bei dem Gedanken an eine solche Nachbarschaft, deren Vorleben so mysteriös."

Die Mutter hatte sich erhoben, um ihrer Aufregung Luft zu geben. Auch ich wollte aufstehen, denn ich sehnte mich, auch mit dem Vater und Hedwig zu plaudern, die sicher drunten auf mich warteten in dem Wohnzimmer des Vaters, wo wir sonst so gemüthlich gesessen.

„Bleib, Kurt! Ich habe Dir noch viel zu sagen!" rief sie erregt. „Mein Gott, Du bist ja der Einzige, an dem ich dereinst meine Stütze finden werde! Hedwig ist gar nicht zu rechnen; sobald ich nicht Acht habe, steckt sie mit dem rothbraunen Mädchen, dieser kleinen Indianerin drüben, die sich Fräulein von Neuenfeld, ja sogar „gnädiges Fräulein" von dem dummen Bauernvolk nennen läßt, im Wald oder auf unserm Vorwerk zusammen und läßt sich von ihr eine Menge von albernem, fremdartigem Zeug vorreden, das wohl in die brasilianischen Urwälder paßt, aber nicht hierher. Du wirst mir deshalb helfen, Kurt, während Deiner Anwesenheit hier Alles einmal wieder auf den rechten Fleck zu bringen, denn Du wirst Dich überzeugen, daß das unmöglich hier so fort gehen kann."

Ich durchschaute allerdings, wie die Sachen zu Hause standen. Die Mutter mit ihrem reizbaren Temperament hatte das Vaters krankhaftes Phlegma, seine Herzensgüte, sein Bestreben, mit Aller Welt in Frieden zu leben nicht mehr gutheißen wollen, als sein Uebel ihn häufig von seinem Posten rief. Sie, die oft durch das Summen einer Mücke in ihrem Zimmer außer sich gerathen konnte, deren Gemüthsart aus den geringsten Anlässen unüberwindliche Antipathien schöpfte und in deren Befriedigung dann eine Bedingung ihrer Ruhe suchte, sie mußte sich hülflos, isolirt erscheinen durch die Friedfertigkeit und Nachgiebigkeit des Vaters, der Tochter, die, wie ich gewohnt war, der Mutter Schwäche in der schonendsten Weise begegneten oder ihr aus dem Wege zu gehen suchten.

Meine Freude, daheim zu sein, ward durch der Mutter ersten Empfang sehr herabgestimmt. Mir war's einen Moment, als sei ich nie von Hause fortgewesen, so geläufig war mir was ich eben sah und hörte. Ich wagte es trotzdem heute zum ersten Male, ihrer Stimmung entgegen zu treten, diese vorsichtig und unbemerkt brechen zu wollen.

„Du siehst mich ermüdet, Mama," sagte ich, mich gegen ihren Willen erhebend. „Laß alle diese Dinge bis morgen! Wir werden ja darüber sprechen sobald ich.".

Die Mutter schaute mich überrascht, strafend an. Es lag ihr eine Zurechtweisung auf der Zunge; sie unterdrückte dieselbe.

„Wie Du willst!" antwortete sie unmuthig, an's Fenster tretend. Sie schwieg, sichtbar grollend, gereizt, aber einsehend, daß ich ermüdet sein könne.

„Der Vater und Hedwig werden mich erwarten," sagte ich leise und schonend. „Ich selbst sehne mich danach . . ."

„Du wirst sie vermuthlich unten in des Vaters Zimmer finden. Ich will Dich nicht länger belästigen . . . Apropos, hat Dir der Fürst (sie betonte das Wort) seine Zeile an mich mitgegeben?"

Sie wandte sich wieder zu mir, noch sehr aigrirt. Mir that das weh im Herzen. Gleich der erste Schritt ins Vaterhaus zurück überzeugte mich, daß nichts hier besser geworden. Daß die äußeren Umstände nicht günstiger, hatte ich schon gewahrt und verstanden; waren diese nur die Folge der inneren Unbehaglichkeit.

„Der Oheim wird schreiben. Er will Dir zugleich seine Pläne hinsichts meiner nächsten Zukunft mittheilen," antwortete ich, zugleich des Oheims Auftrag ausrichtend.

„Es freut mich, daß er so sehr für Dich besorgt ist, Kurt." Der Mutter Antlitz lichtete sich wieder . . . „Jetzt geh zum Vater!"

Sie reichte mir die Hand. Ich küßte dieselbe und eilte hinab.

„So ist die Mama immer!" empfing mich Hedwig schmollend. „Erst immer Dir grollen, dann mit uns wird mir!"

Ich sah den Vater in freudig gehobener Stimmung. Eine Stunde lang mußte ich erzählen. Er fragte viel und Hedwig in ihrer Altklugheit noch mehr. Endlich blickte er nach der Uhr und schaute zum Fenster hinaus in den Hof, den nach dem herbstgrauen Nebelmorgen die schönste Sonne bestrahlte.

„Ich muß zu einer Conferenz mit unserm neuen Nachbarn," sagte er, während die Schwester auf seinen Wink den Paletot holte. „Wir haben zu dergleichen ein für allemal unser Vorwerk als einen neutralen Boden gewählt . . . Ja so, Du weißt vielleicht noch nicht von unsrer neuen Nachbarschaft."

„Doch! Die Mutter hat mir schon erzählt!"

„Ah! Nun, da wird sie Dir wohl nicht von der gnädigsten Seite präsentirt sein!" Der Vater lachte vor

sich hin. „Dieser Herr von Neuenfeld ist einer der achtbarsten, ehrenhaftesten Männer, bewußt, positiv, unermüdlich; ich habe kaum mir in meinen Gedanken einen Mann von so eiserner Grundsätzen und so erstaunlicher Thatkraft vorstellen können."

„Die Mutter nannte ihn einen Sklavenzüchter und Thierbändiger," sagte ich scherzend.

„Ja, die Beiden werden sich wohl schwerlich jemals verständigen! Neuenfeld macht der Höflichkeit nur die allerknappsten Conzessionen. Was er will, denkt und spricht er mit Geradheit; was er hat, darauf setzt er den Fuß, und was er weiß, dankt er seinen aus rastlosem Fleiß gewonnenen Erfahrungen. Es handelt sich heute zwischen uns um eine Waldnase, auf der ich ihm abtreten soll. Sie beschattet ihm einen neu angerodeten Weinberg. Er hat mich gebeten, ihm die paar Quadratruthen Waldsaum abzutreten, und bietet einen Preis dafür, den ich zu fordern mich geschämt haben würde."

„Er ist wohl sehr reich, Vater?" fragte ich.

„Er muß es wohl sein! Er hat in Brasilien, in Sao Paulo großen Grundbesitz mit Goldwäschereien besessen, die er, wie man hört, an eine Gesellschaft englischer Capitalisten verkaufte. Seine Frau ist ihm auf der Ueberfahrt hieher gestorben; er hat deshalb das schon vor Jahren gekaufte schöne Nachbargut erst jetzt angetreten."

„Die Mutter nannte ihn auch einen Freischärler."

„Wohl nicht mit Unrecht! Er macht kein Hehl daraus, daß er aus armer Familie, daß er sich als junger Mann an den schleswig-holsteinschen Freischaaren betheiligte und sich dann mit tausend Kameraden für die deutsch-brasilianische Legion anwerben ließ. Du siehst aber, er hat es zu etwas gebracht. Uebrigens reitet er jetzt wieder sein altes Steckenpferd und die Nachrichten aus Schleswig-Holstein interessiren ihn in höchstem Grade."

Ich muß hier einschalten, daß wir damals 1864 schrieben und eben der Krieg gegen Dänemark begonnen war.

Dreizehntes Capitel.
Schlimme Zeit.

Der Vater ging. Hedwig begann jetzt ihre Fragen, und die waren lang, endlos. Dann führte sie mich auf den Hof, in die Gärten, in den Park und auf die Felder. Sie war eine große Landwirthin geworden und sprach über Alles wie ein Buch. In ihren hohen Schnürstiefeln stieg sie tapfer über den aufgeweichten Acker, den schweren Lettenboden und die Dunghaufen hinweg. Die Leute hatten auch Respect vor der kleinen Person, denn sie grüßten sie höflich und standen ihr bereitwillig Rede.

„Aber unser Vorwerk mußt Du sehen, Kurt," rief sie mit leuchtenden Augen. „Hier geht wohl nicht Alles wie es soll und der Vater könnte mehr aus dem Boden gewinnen, wenn es ihm nicht oft an Geld fehlte und die Hypotheken nicht zu drückend wären. Drüben im Vorwerk aber geht Alles nach dem Schnürchen. Dahin hat er den alten Velten gesetzt, denn weißt Du . . . es ist zwar traurig, darüber zu sprechen, aber mir vertraut der Vater Alles an . . . Es könnte ja sein . . . Man könnte ja nicht in die Zukunft blicken . . . daß der Vater das Gut wegen der Schuldenlast nicht zu halten vermöchte! Für Dich ist gesorgt, aber der

Oheim, Gott erhalte ihn, kann ja auch noch lange leben und wer kann also wissen, wann Du Dein Vermögen in die Hand bekommst. Deßhalb hat der Vater das Vorwerk mir verschrieben aus meinem mütterlichen Erbtheil, das ja auch im Gute steckt; das soll mir meine Zukunft sichern und so bin ich denn die Besitzerin des kleinen Anwesens geworden und der alte Vetter spricht in Allem, was noth ist, zuerst mit mir."

So wenig tröstend die Hoffnungen auch waren, ich mußte lächeln über Hedwigs geschäftlichen Ernst.

"Der Verkauf der Waldecke," fuhr sie fort, "kommt dem Vater auch sehr gelegen. Er hatte eben wieder viel Sorgen um Geld, denn mit der Ernte ist's auch nur so, so gewesen ... Es ist eigentlich Unrecht, daß der Oheim sich so wenig um unsere Verlegenheiten kümmert! Er brauchte ja dafür nur das Gut auf Dich als seinen Erben übertragen zu lassen. Aber er weiß wohl, daß der Stolz der Mutter das nicht zugeben würde, denn sie könnt es nimmer ertragen, wenn sie sich sagen müßte, das Gut gehöre nicht ihr, sondern ihrem Sohn..."

Wir standen eben auf der Höhe eines Weingeländes, dessen Trauben, vom Herbstnebel und Sonne erzeitigt, wie gelbe Wachsperlen aus dem Laub hervorschimmerten.

"Das war auch ein Uebel, daß wir die schöne, so reiche Weinernte auf dem Stock verkaufen mußten," sagte Hedwig, an deren Stiefelchen die gelbe Lehmerde klumpenweise hing, mit einem traurigen Blick auf das von Zuckersaft strotzende Gewächs. "Schau nur die schöne Orleans. Es giebt ein gutes Weinjahr und wir haben nichts davon! Der Vater hat sich nur die unteren Lagen reservirt und die werden wohl kaum ein paar Stück geben... Na, das ist einmal nicht zu ändern, Kurt! Wenn meine Weingärten, die drüben am Leiestein angerebt, erst so weit sind, — und es werden doch wohl so ein dreißig Morgen Berg sein, die schon längst mit Wein hätten bepflanzt werden müssen, so soll mir niemand die Erescenz abkaufen! Der Vater sieht immer zu schwarz und die Sorgen nehmen ihm gleich den Muth der Hoffnung... deßhalb handelt er oft schneller als gut sein mag... Da schau mal da drüben hinüber, was Neuenfeld Alles treibt!" rief das jenseitige Thal und darüber hinweg auf die Höhe deutend, auf welcher sich ein stattliches, von zwei Thürmen flankirtes Herrschaftshaus, von ganz neuen Oekonomiegebäuden umgeben, erhob. Das hat er Alles in Zeit von einem Jahr fertig geschafft! Das Haus ist ganz neu geworden; Du erinnerst Dich ja des alten; und da auf den Abhängen die kleine Meierei, die niedlichen Winzerhäuschen und da unten am Fohlenbach die Sägemühle... Das hat er Alles geschaffen. Auf Geld kommt's ihm nicht an, denn das muß er im Ueberfluß haben. Er fragt nie: was kostet das? sondern er sagt: ich will das! Und Alles was er will, muß gehen wie geschmiert. Dabei hat er eine Weise mit den Leuten umzugehen, die ihm keiner nachmacht. Leute, die ganz untauglich von uns weglaufen, werden bei ihm die besten Arbeiter und pariren ihm auf einen Blick.

"Ah guten Morgen!" unterbrach sie sich plötzlich, das Taschentuch hebend und zu dem Hause hinüber winkend. "Da steht meine Freundin Lucia! Sie winkt uns mit dem Tuch! Und da hinter ihr steht das

schwarze Krokodil, die alte Tia, ihre Vorsehung, die sie mit aus Brasilien hierher gebracht haben!"

Ich vermochte im Sonnenschein ein heiteres Mädchengesicht zu unterscheiden, auch die Schwarze, die mit einem dunkelrothen Tuch, turbanartig um den Kopf geschlungen, hinter dem Mädchen stand.

"Du wirst Lucia kennen lernen," plauderte Hedwig, den schmalen Weinbergsweg mit mir wieder zurücksteigend, als das Mädchen im Fenster verschwunden war.

"Sie ist ein süßes Geschöpf, und so gar kein Falsch in ihr ... Schade, Kurt, daß Du noch so jung bist und sie fast noch ein Kind ist; Ihr Beide müßtet Euch heirathen!" plauderte die Allklugheit halb vor sich hin.

Ich lachte hell auf.

"Nun, mein Gott, es ist nur so ein Gedanke von mir, aber er ist gar nicht dumm!" sprach sie in tiefstem, fast komischem Ernst. "Freilich, Du wirst Fürst und Durchlaucht, und da wird natürlich der Oheim später eine standesgemäße Partie für Dich wählen oder Du selbst wirst es thun. Die Mutter spricht oft davon. Sie sieht Dich schon mit einer stolzen schönen Frau zur Seite, vielleicht gar aus königlichem Geschlecht, und wenn Du dann mit Deiner Fürstin in des Oheim's prächtigem neuem Palais residirst, das Du in Deinem Briefe so schön beschrieben, werden wir Alle hier Dir wohl gehr gering vorkommen."

Ich konnte wieder ein Lachen nicht unterdrücken, denn Hedwig sprach das so drollig naiv; aber durch ihre Worte mutheten mich der Mutter stolze Hoffnungen und Gedanken an, die in Hedwig's Seele Boden gefunden, wenigstens so weit sie mich, den Bruder, betrafen.

"Als ich Lucia neulich auf den Wunsch der Mama erzählen mußte, mein Bruder sei ein Fürst, wollte sie das gar nicht begreifen und fragte, warum ich denn keine Prinzessin sei... Ach," setzte Hedwig hinzu, "die Mutter wird nur glücklich sein, wenn sie erst sagen kann: Mein Sohn, Se. Durchlaucht der Fürst! ... Du weißt ja, sie ist so!"

Wir waren wieder in's Thal hinab gegangen. Ich wünschte den Park zu sehen und namentlich den alten steinernen Pavillon, von dessen Zinne man die ganze Gegend überschauen konnte. Er war immer mein Liebling gewesen.

"Laß uns lieber morgen in den Pavillon gehen," sagte Hedwig ablenkend. "Du wirst keine Freude mehr daran haben. Alles zerfällt darin und die Ratten haben ihren Tanzplatz in den schönen Zimmern, in denen wir sonst spielten. Der Vater sagt, er habe kein Geld für Reparaturen, die sehr kostspielig seien."

Schon an den Oeconomie-Gebäuden sah ich, als wir den Hof wieder betraten, daß der Vater Ursach haben mußte, dergleichen Ausgaben zu scheuen. Es war Alles recht hinfällig geworden in dem einen Jahr. Es war die Zeit gekommen, wo plötzlich Alles nicht mehr halten will und wo auf Verabredung zusammenbricht. Das sind schlimme Zeiten für den Landmann!

Hätt' ich des Oheims Geld, ich wollte schon helfen, dacht ich beim Anblick dieses Verfalls. Aber was nutzte das Denken! Der Oheim baute sich glänzende Palais und kümmerte sich wenig um das was hier vorging, denn für die Landwirthschaft fehlte ihm der Sinn.

Uebrigens sagte mir Hedwig am Nachmittage, sie habe die Mutter schon gebeten, doch einmal zum Oheim zu reisen und ihm unsere Lage vorzustellen, aber sie

habe das strafend zurückgewiesen und ihr verboten, noch einmal von einer so abgeschmackten Idee zu sprechen. Wenn erst der Bruder ihren Sohn in aller Rechtsform adoptire, wolle sie ihm kein Bettelkind übergeben.

(Fortsetzung folgt.)

Liebe auf dem See.

Eine Geschichte aus dem Volke.

Erzählt von

P. K. Rosegger.

Erstes Capitel.
Das Fest der Fischer.

Ein weiter Landsee. In der Ferne ein blauender Gebirgszug. Ein weiches Nachlüftchen haucht hin über die große Fläche auf welcher von einem Mittagswinde noch weiße Schaumkämme plätschernd ziehen. Noch kräuselt und rieselt das Wasser, und hin und hin bläst das Lüftchen lebendige Bilder auf den zitternden Grund bis es endlich im Entschlummern die ganze Fläche glättet und segt zur regungslosen Spiegeltafel.

Und als die Sonne sich den fernen Bergen nähert, ist der Tanzboden gefegt und bereitet.

Der Tanzboden, der Tummelplatz froher Schiffer.

Morgen ist das Fest des heiligen Petrus. Der Apostelfürst war ein armer Fischer gewesen zu Galiläa, und so hatte ihn das Schiffer- und Fischervolk dieses Sees zu seinem Schirmpatron erkoren. Alljährlich am Festabende des Schirmpatrones wird ein Fest gefeiert auf dem See — ein Seemannsfest, wunderlich und eigenartig. Die Kirche mit dem Festaltare gleitet auf dem Wasser; das Wirthshaus mit seinen begnadeten Fässern und Pfannen gleitet auf dem Wasser; der Tanzsaal mit den lustsprudelnden Musikanten gleitet auf dem Wasser der weiten See.

Und das ungezählte Volk der Landratten mag sich versammeln an den Ufern, mag das Schauspiel mit Augen verfolgen, bis sich der bunte schaukelnde Lustplatz verliert draußen auf der glitzernden Schneide. Aber an dem Feste theilnehmen dürfen sie nicht, die trägen Bewohner der trockenen Erde, oder es werben in den Tiefen die Wassergeister lebendig und schleudern das Gemisch zurück an das steinige Ufer, oder ziehen es hinab in's Kristallgrab, wo der gebrochene halb erkrankte Dämmerschein des Tages die Versunkenen umwebt.

Die Schiffe und Kähne schaukeln am Ufer; die weißrothen Segel wellen im Abendlüftchen, verlangend nach fröhlicher Fahrt. Menschen in bunten Seemannskleidern oder völlig entblößt — schöne, markige Gestalten — bewegen sich, wie schwebend, wiegend und gleitend auf den Fahrzeugen, oder sie sind emsig noch am Ufer bestrebt, die Bedürfnisse der Freude und Festlust zu ordnen und flott zu machen.

Ein klingendes Horn sendet zuerst seine Tonwellen hinaus über die Fläche; diesem folgen andere Musiktöne und Jauchzen und Liederschall. — Seemannsweisen schweben stets auf ätherischen Schiffen, sie poltern nicht keck auf

dem Erdboden, wie das Trotzlied des Landmanns; sie schießen nicht auf, gleich einer Rakete, wie der Juchschrei des Aelplers — Seemannsweisen gehen im Bogen wie ein Blutquell aus dem Herzen und zittern hin und wallen hin, halb Lust, halb Wehmuth — fast wie ein Gebet.

So war's und so klang's auf den schaukelnden Brettern; das Landvolk drängte sich immer näher an die Uferhänge und mancher Junge hatte nicht übel Lust, auf einen Kahn zu springen, irrte ihn nicht das Wassergischten, mit welchem ihn die Matrosen zurückscheuchten.

Auf dem Decke des größten Schiffes war ein Zelt aufgerichtet, außen roth von der Abendgluth, innen bestrahlt von Kerzenglanz. Mitten in solchen Flammen stand Sankt Petrus, und zu seiner Verehrung schallten Gesänge.

Ein Weib sprang auf das Deck und entfachte ein langes, feuerrothes Band, das wie ein heller Strahl hinauswehte weit über den Rand des Schiffes.

„Hi ho!" riefen Einige, „das Band fliegt gegen den Wind, was soll das bedeuten?"

„Woran ihr glaubt, das wird es bedeuten," antwortete das Weib, eine alte häßliche Fischerin.

„Kündet ihr guten Abend, Afra?" fragte einer der Männer.

„Still ist der See — still ist die Seele. Ein einzig mal flattert das Fähnlein, gegen den Wind — ein einzigmal regt die Seele Begier entgegen der ewigen Ordnung . . Da ändert sich die Fahrt gegen der Menschen Hoffen und Absicht."

So im erkünstelten Tone der Sibylle redete das Weib, das sie die Mutter Afra hießen. Darauf lachte ein brauner Matrose und rief: „Derart wahrsagen kann Jede, dazu braucht sie nicht erst eine Hexe zu sein."

„Der alten Hexe glaube ich schon lange nichts mehr, aber vor den jungen hab ich Respekt!" rief ein Anderer und spannte ein Tau an, „wem Oba einen schönen Abend verheißt, der mag sich freuen, und stürmt gleich die ganze Windrose an einander."

Oba, die Tochter der alten Fischerin, saß auf einer breiten Holzbrücke, die auf dem Wasser schaukelte und nur mit einem Weidenband am Uferpfahl befestigt war. Sie lehnte am Block und hatte das Haupt nach rückwärts gebeugt, als schliefe sie. Aber unter ihren schwarzen, halb gesunkenen Brauen lauerten Augensterne, so dunkel und glänzend, wie Tollkirschen. Tollkirschen, die schon so manchen Burschen toll gemacht hatten. —

War das Mädchen denn just aus dem Wasser empor-getaucht, daß sich die Kleider so weich um die schönen üppigen Glieder schmiegten? Und die losen, tiefbraunen Haarsträhne gingen nieder über den Rand der Brücke, als könnten sie sich nicht satt trinken an der lauen Fluth.

Oda blieb ruhen und erhob sich nicht, als mehrere Burschen und Mädchen johlend auf die Brücke sprangen; und sie blieb schlummern als ein junger Matrose sie mit einem Rispenhalm an der Wange kitzelte; aber als er sich zuletzt niederbeugte zu ihren glühenden Lippen, zwischen welchen ein klein wenig die schneeweißen Zähn-chen schimmerten, da sprang sie plötzlich auf wie wild, packte den Burschen bebend an der Brust, riß ihn an sich — und stieß ihn von dannen, daß er schier über den Rand gestolpert wäre.

Dann war sie wieder die Kalte. Und da nun die Musikanten auf das Floß sprangen, da das junge Volk zu reigen begann, da sie selbst zum Tanz begehrt wurde, that sie als sehe und höre sie nichts.

Plötzlich aber, als all die festlichen Fahrzeuge flott wurden, erfaßte Oda eine Axt, hieb das Weidenband ab und die breite Brücke glitt vom Ufer. In demselben Augenblicke sprang aus der Zusehermenge ein Mann her-vor und setzte in einem mächtigen Bogen vom Ufer auf das abgleitende Floß. Die Brücke wogte von seinem Sprunge — und da stand er mitten drauf — ein junger schlanker Mann, dem die Kraft und die Kühn-heit aus den Augen leuchtete.

Der Tanz auf dem Floß war unterbrochen, die Schiffer stutzten. Wer drängt sich da herein in den ge-schlossenen Kreis des Fischerfestes? Schon die Urväter haben den Peterstag gefeiert auf diesem See, und nie hat sich ein Fremder herein gedrängt. Wer wagt es heute? Das wird Schlimmes bringen. Wer dann ist es, der hier die Grenze zwischen Land- und Seevolk so trotzig über-springt?

Ihr Unwille aber wurde nicht laut. Sie flüsterten nur, denn der Eindringling war der Besitzer des reichen weitbekannten Edelreisgutes, das nur wenige Stunden vom See entfernt lag und bis seine Felder, Wiesen und Wälder bis zu diesen Ufern her erstreckte. Die Kleider des jungen Mannes waren in guter Form der Landestracht. Den Hut schief in der Stirne, so blickte er nun fragebegehrend um sich.

Da trat ein alter Matrose vor ihn: „Herr, wir achten Euch gut, aber wir müssen das Floß wieder wenden, daß Ihr an's Ufer steigen mögt."

„Ich steige nicht an's Ufer," antwortete der Ein-dringling.

„Wir bitten! Wir führen heute keinen Fremden über den See, es ist das Fest der Fischer."

„Dem Edelreis ist noch kein Thor und Weg ver-sperrt worden," entgegnete der junge Mann.

„So wird's heute das erste Mal sein."

„Die Bäume, aus welchen diese Brücke gezimmert ist, sind auf meinem Grund gewachsen," sagte der Groß-bauer.

„Und wenn der König selber kommt, so müssen wir ihn heute zurückweisen," rief der Seemann, „es ist ein alter Brauch, daß am Petersfeste nur Fischer theil-nehmen."

„Wohlan, so will ich jetzt den Edelreis abstreifen und ein Fischer sein, wie ihr."

„So wirst auch was fangen!"

„Mädchen, reiche mir Dein Netz," sagte der Edel-reis herrisch.

Oda löste das Netz; der Mann faßte die Stange und senkte sie. Das Wasser rieselte durch das Geflechte, und nach zwei Minuten wälzten sich zwei schimmernde Alben auf dem glatten Boden der schaukelnden Brücke.

Ambros, der stolze Grundbesitzer war nun Fischer und auf dem Holzfloße daheim. Dieses glitt abseits von den anderen Fahrzeugen, sich selbst überlassen mit seinen sorglosen Tänzern auf der Wässerfläche langsam dahin.

Und als es dämmerte über dem weiten See, als mälig die goldnen Berge der Abendwolken verloschen und nur von dem schwimmenden Altarzelle her die Lichter strahlten, schloß Ambros das herrliche Fischer-mädchen Oda in seine Arme und tanzte mit ihr den Festreigen. Mit diesem Wesen einmal zu reigen, das war seine Absicht gewesen. Und wenn ein Edelreis eine Forelle liebt, so wird er zum Spiele leicht selbst für eine ganze Sommernacht ein Fischer.

Und nun sprangen sie in Lust und Uebermuth und der Grund wiegte, schwankte unter ihren Füßen ein leben-diger Tanzboden auf weiten Wassern.

Gar bald war's bekannt auf allen Fahrzeugen: Der Edelreis ein Fischer geworden! Und die alte Afra rief: „Hi ho, Bübchen, laß Dich's nicht gereuen. Petrus ist ein Menschenfischer gewesen; er hat die ganze Nacht gefischt und nichts gefangen!"

Wer kümmert sich um das Geschwätz der Alten! Ambros jauchzte; ein lustig Tänzchen mit dem Mädchen war sein Sinn gewesen. Ja, das allerletzte hätte es sein sollen, und nun war er in Freudenrausch umstrickt und er wartete nur auf den Augenblick, da ihn seine schöne Tänzerin würde hinabziehen auf den Seegrund . . .

Aber Oda war keine Nixe; Oda war die schlaue Tochter einer schlauen Mutter.

Mitten in der Nacht und mitten auf dem See hielten die Schiffe und Kähne und Brücken und kamen zusammen zum Gelage. Bunte Papierlaternen spiegelten sich in den Wellen und die Nachtluft löschte die Kerzen des heiligen Petrus aus. Vergessen war der fromme Anlaß des Festes; die Schiffe wogten im Wasser und die Herzen in Lust.

Das Gezelt Sanct Petrus allein war einsam, oder vielmehr — dürfte man ein neues Wort mitfahren lassen — zweisam.

„Oda," lispelte Ambros, „ich, der Edelreis habe keinem Weibe sonst mein Herz noch vergeben. Wahr-haftig nicht. Bin ich von dem Land auf's Wasser ge-gangen, Dir zu Lieb', so gehst Du ja wohl mit mir vom Wasser auf's Land. Der Edelreis steht auf festem Boden, schaukelt nicht und kann nicht untergehen. Bleibst Du hier; wie lang, da zerreißen die Raubfische das Netz und Du bist ein verlassen Mädchen. Dann kommt kein Freier mehr. Und wenn Du Dich auch waschest Tag und Nacht im See, das Blaß geht nicht mehr von Deinen Wangen, der Gram nicht mehr von Deinem Herzen. Zieh' mit in mein Heim, Du liebes, Du schönes Kind . . ."

Oda weinte.

Was verschwendete er so viel der Worte, wo ein einziges genug gewesen wäre, sie, die ja schon lange mit heimlicher Leidenschaft dem jungen Manne ergeben war, ganz gefangen zu nehmen. Sie war sonst nicht die naive, sie war die berechnende Jungfrau; heute und jetzt auf einmal verlor sie ganz den Faden.

Die Nachtluft strich schärfer; da sank der Vorhang des Zeltes nieder ... Doch hastig über das finstere Deck heran holperte die alte Afra; sie schwang ein Branntweinglas in der zitternden Hand: „Hi ho! Sanct Peter, mit mir will Niemand scherzen, tanzen und herzen, ich bin ihnen zu alt. Du bist noch ein Stück älter als ich — leicht wirst Du die Fischerin Afra nicht verschmähen."

Das betrunkene Weib wollte den Vorhang heben, da schlüpften zwei Gestalten aus dem Zelte und eilten hüpfend über die aneinandergeschlossenen Fahrzeuge dahin und verloren sich im Gewirre des Festes.

Die Alte starrte drein und murmelte: „Ist das der reiche Mann gewesen? Der neue Fischer? ist ihm das Fischlein entschlüpft oder hat er's gefangen? Hat er's gefangen, so wird's wachsen, wird größer werden als das Netz, wird größer werden als der See, wird größer werden als das Edelreisgut ... Kann Dich verschlingen, Ambros! Oh, das ist ein gefährlich Ding!"

Die Schiffe schwankten, die Schiffer schwankten und das Fest der Fischer verrann und verklang in der Sommernacht.

Zweites Capitel.
Einen Molch gefangen.

Als über diese Nacht einige Tage verflossen waren, saß unter den Weiden des Ufers Oda und fischte.

Es strich kein Lüftchen, aber die Blätter des Strauches wiegten so eigen, als Oda fischte. Die Thiere des Wassers schlüpften in das Netz und schlüpften wieder heraus — die Fischerin vergaß oft das Emporziehen.

Sie ist jetzt nicht mehr daheim auf dem Wasser, sie sitzt am Ufer. Sitzt sie vielleicht schon auf ihrem eigenen Grund und Boden? Edelreis, das ist ein schöner Name; Ambros ist edel und reif für das häusliche Glück. Und der goldene Reif am Finger — ist er nicht der wahre Edelreis? — Sie wird ihn bald tragen. Dann mag sie Frau und Königin sein. Hoch auf dem Berge steht der Hof und tief unten zu ihren Füßen, am festen Wall des Gestades kriecht das Bettelvolk der Fischer.

So sann sie.

Dann hob sie die Stange, und siehe, im Netze wand und dehnte sich ein großer, gelbgefleckter Molch. Erschrocken ließ sie dieses Thier wieder in's Wasser gleiten, erhob sich dann und ging in die Hütte ihrer Mutter.

Die Hütte stand auf einer Halbinsel, überwuchert von Schilf und Weiden. Der Sonnenblick sickerte nur wie durch einen dichten, grünen Schleier in die armselige Wohnung.

Mutter Afra kauerte auf einer Lehmbank und starrte auf die Sonnenpünktchen, die wie Goldkörner auf dem schwarzen Erdboden lagen.

„Was macht meine Mutter?" fragte das Mädchen.

„Deine Mutter zählt ihr Geld," antwortete die Alte grinsend. „Lug', unser Silber ist der Mond, unser Gold ist die Sonne. Arme Leute heißen sie uns. Aber geh her, Du reicher Edelreis, magst mir meine Gold- und Silbermünzen wechseln? — Du nennst mich kindisch, Leib aus meinem Leib, daß ich an die Himmelssterne halte und an die Wassertropfen. Gott wird eins nicht von den Wassertropfen, das ist gewiß, und was die Gestirne reif machen auf dieser Welt, das verzehren andere Leute. — Will ich," fuhr sie, in sich hineinmurmelnd fort, „will ich, die mühselige Fischerin nach meiner alten Gewohnheit mich bisweilen satt essen, so mach ich den Leuten was vor. Karten- und Cratelspiel werden für übel gehalten, aber sie sind auch für was gut. Und will ich meine Freude haben, so lehre ich mich nicht nach den Leuten — so zähle ich mein Gold bei Tag und mein Silber bei Nacht. Geizhälse machen es so, und Geizhälse sind die glücklichsten Leut' auf der Welt. Dann denk ich dabei: Mein Silber und Gold ist ein großer Schatz, können Kind und Kindeskind davon leben, denn Dein, mein Kind, sind Sonne, Mond und Sterne — und das ist mein Testament."

Oda lachte über solche Worte. Sie, die zukünftige Herrin des Edelreisgutes konnte sich wohl lustig machen über solch Vermächtniß der Armen.

„Was bist Du nur heimgekommen jetzt mitten am Tag?" fragte die Alte, „der Herrgott brennt das Licht umsonst, wenn die Leut' nicht arbeiten wollen."

„Das Netz ist zerrissen," log Oda, „auch ist's viel zu heiß, es beißen die Fische nicht an. Da draußen habe ich einen Menschen gesehen, der hielt sein Netz eine Stunde lang in den See, und als er es herauszog, war nichts darin, als ein großmächtiger Molch."

„Uh, Kreuz Gottes, ein Molch!" fuhr die Alte auf. „Ein gelb gefleckter Molch. Der Mensch hat mich noch gefragt, was das bedeutet. — Ich hab's ihm nicht mögen sagen."

„Weil Du es nicht gewußt haben wirst," versetzte die Alte, „hat der Mensch einen Molch gefangen, so bedeutet das Hochzeit — Hochzeit vor der Thür. — Für einen Sechser hättest ihm das wohl sagen mögen."

Das Mädchen that einen freudigen Ruf; nun war es sicher. Nun hatte auch das Wasser ja gesagt zu ihrem Einzug in das Edelreishaus.

„Ich möchte Dir gern was von den Leuten' allfort eine lustige Mär erzählen," sagte die Alte und wackelte unstet auf ihrem Bänklein hin und her, „sonst aber ist ein Molch ein arges Ding, und Du, meine Tochter, hüte Dich vor so einem Thier, es sagt eine böse Zukunft voraus. Wie ist's bei mir gewesen? Ich war auf gutem Wege; eine vornehme Frau hätte ich werden können. Auf der Wiese bin ich gesessen und hab' Herzenslieb' und Vergißmeinnicht geflochten für den Liebsten. Kriecht mir zur selbigen Stunde ein eiskalter, gelbgefleckter Molch über das Bein, und schau, mein Kind, und schau? eh' noch der Mond voll wird, hat mich Dein Vater verlassen. Heut noch bin ich das elende Weib."

Die Alte hatte sich aufgerichtet und war wieder zusammengeknickt.

Oda war wieder hinausgetreten unter die hohen Weiden. — Die Schilfrohre gingen empor bis zu ihrem wogenden Busen. In ihr war's wie ein Krampf. Plötzlich rief sie erregt der Hütte zu: „Mutter, alle Leut' verlachen Dich, daß Du so abergläubisch bist. Ich selber lach', ha, ha, ha!"

Da kroch die alte Afra aus der Hütte; ihre knochigen Hände grub sie in die wirren, grauenden Haare, ihre Augen funkelten, wie die einer Eule.

„Was ist das, mein Kind?" fragte sie, „da haben sie einmal Einen aufgeknüpft, der hat just so gelacht, wie Du."

Da lachte Oda noch lauter. Nicht weit davon qualten Frösche.

Eine Wolke zog vor die Sonne, da konnte Afra die Goldkörner auf dem Boden nicht mehr zählen — sie waren verschwunden.

„Das ist ein böses Spiel auf dieser Welt," murmelte die Alte, „zu eigen haben thut Keiner was; wer kein Bettler ist, der ist ein Dieb."

Dann ging sie hin zu anderen Fischerhütten und war auf der Lauer.

Drittes Capitel.

Die Braut.

Im Edelreishofe waren sehr gute Zeiten.

Der Hirtenjunge befand sich unter der Botmäßigkeit des Stallknechts recht wohl, denn der Stallknecht schlief den ganzen Tag. Der Weidbursche lag im Schatten unter der Linde und hatte die Zipfelmütze über das Gesicht gezogen, damit ihm die Mücken nicht ungebührlich wurden. Der Oberknecht naschte mit dem Zeigefinger aus dem Rahmtopf der Kuhmagd. Und die Kuhmagd wehrte ihm nicht, sondern sagte: „Willst auch einen Kuchen dazubeißen, Bub, so lauf' ich eilends zu der Köchin."

Die Köchin ließ es gehen, wie's am lustigsten ging; sollte nun doch ihre Herrschaft bald vorüber sein.

Die Felder und Wiesen ließen sie liegen, wie es dem lieben Gott gefällig war; und der liebe Gott ließ die Felder und Wiesen machen, was sie wollten. Da verdarb das reife Korn und das üppige Heu.

Die Spatzen auf den Dächern fragten sich einander, wo in aller Welt nur der Hausherr stecke!

Ein Gimpel antwortete, der Hausherr wäre gegangen, sich eine Hausfrau zu suchen.

Das wäre gut, meinten die Spatzen; Vater und Mutter seien verstorben, da müsse nun ein anderes Zauberkrönlein im Hause sein, daß Glück und Wohlstand nicht möchten schwinden. So ein Zauberkrönlein sei eine brave Hausfrau.

Der Gimpel pfiff auf diese schöne Weisheit so vor sich hin und schüttelte mitunter seinen großen Kopf.

„Meinst Du was, Gimpel?" fragten die Spatzen.

Der Gimpel pfiff wieder und flog davon. Er schien auf das bräutliche Unternehmen des jungen Edelreif gerade keine großen Dinge zu setzen.

Ambros zog völlig planlos in den Weiten umher. Er empfand es heiß: sein Hof bedürfe einer Hausfrau, er eines Weibes.

Weiber genug unter dem blauen Himmel. Jeder Wegmacher wußte dem Wandernden eine passende.

„Nichts für Ungut, aber Die oder Die wär' die Rechte für das Edelreishaus — eine Wirthin, wie im Lande keine mehr wächst. Oder Die — ja, Die wäre noch besser: sauber, reich, sparsam und in der Gutheit ein Engel. Die hat die Schuhe im Kasten und geht barfuß. Und wenn so Eine barfuß geht, so ist sie sparsam — ist eins, und nicht hoffärtig — ist zwei, und hat gewiß anständige Waden — ist drei. Ja, die ist unserm Herrgott seine Beste. Ich, wär ich der Edelreishofer, nach der thät ich greifen mit Händen und Füßen!"

Gut gemeint war's, doch Ambros ging weiter. Und wenn er am heißen Tage im Waldschatten lag und es zwitscherte die Drossel und es wisperte die Grille, und es trabbelten Ameisen und Käfer zu ihm heran, ei, da wußte ihm jedes Thierchen zu sagen, das süßeste Weib auf Erden sei die junge Fischerin.

Da raffte er sich auf und dachte, auf kühlem Moose im finstern Wald sei es gefährlich zu ruhen, er gehe lieber hinaus auf die lichte Au.

Aber der junge Edelreif saß auf der grünen Au mitten unter den weißen und blauen Blumen, da tauchte ein anderes Frauenbild in seiner Seele auf.

Und eine Geschichte mit ihm. — Vor einem Jahre war es, oben auf der hohen Wiese. Ambros — damals noch ein kindlich übermüthiger Junge, schritt oder hüpfte in der Schwüle des Hochsommers von den Almweiden nieder dem Hofe zu. Im Walde war es düster, oben vor die Sonne schob sich schweres Gewölk. Ein Rauschen zog durch das Gestäume und die Wipfel duckten sich ächzend vor dem Sturme — und die trotzigsten brachen. Eiskalte Tropfen sausten dem Burschen in's Gesicht. Plötzlich wogt vor ihm eine blendende Feuersäule, sein Athemhauch ist erstarrt, bis ein schmetternder Knall den wilden Augenblick löst. — Als hierauf Ambros hinauskam auf die Hochwiese, kniete dort im Wettersturm ein blau gekleidetes Mädchen vor einem sterbenden Mann.

„Kommt zu Hilfe!" rief das Mädchen, „vor meinen Augen hat ihn der Blitz erschlagen!"

Ein sterbendes Greisenhaupt hielt sie in ihrem Arm; mit nassem Grase labte sie seine Stirne.

Das Mädchen war die Tochter eines Bürgers aus dem nahen Flecken. Sie war in einer Gesellschaft von Weibern auf Erdbeeren ausgegangen; das nahende Gewitter trieb sie heimwärts. Ein alter Bettelmann haftete mühsam vor ihnen her — da war plötzlich der Blitzstrahl. Alle Anderen flohen entsetzt davon. nur sie, Kunigunde, sah es: der alte Mann sank lautlos zu Boden mitten auf der Wiese; ehe noch der Donnerschlag verhallt war, beugte sie sich nieder zu dem Sterbenden.

Hoch schlug der Greis die Augen auf zu ihr dem lieblichen Engel, der ihm beistand in der Todesstunde; noch flüsterte er die Worte: „Fischerdirn'! Afra!" — dann war seine Seele erloschen.

So hatte der Edelreif-Sohn Kunigunde gesehen und nun stand in stillen Feierstunden das ernste, mildheilige Mädchen vor seinen Augen. Und wenn der Jüngling am Morgen und in lauschiger Abendzeit zu seinem Schutzengel betete, wie er es gewohnt war seit Kindestagen, so war Kunigunde vor seiner andächtigen Seele. Er hatte das Mädchen später mehrmals bei den Schulkindern als Unterweiserin und im Garten ihres Vaters gesehen. Aber er hatte nie mehr ein Wort zu Kunigunden geredet, er hatte nur im Gedanken zu ihr gebetet, wie zu einer Verklärten.

Jene Stunde des Gewitters auf der Hochwiese blieb

ihm mit all ihren Einzelnheiten im Gedächtniß. So gedachte er auch oft der letzten Worte, die der sterbende Bettler gesprochen hatte. Und eines Tages ging der Edelreif hinab zum See und forschte nach einer Fischerin, die Afra heiße. Er fand die Alte in ihrer schlechten Hütte; er erzählte ihr, wie ein sterbender Greis oben auf dem Berge ihren Namen genannt habe.

„Das glaube ich wohl," sagte die alte Fischerin, als sie sich näher erkundigt hatte, „das ist ja vor Zeit mein Liebster gewesen. Aber mich däucht, nicht die Lieb' hat in der Sterbstunde meinen Namen genannt, sondern das böse Gewissen. Er ist reich gewesen und ist arm geworden. Er ist gut gewesen und ist schlecht geworden. Na, meinetweg soll ihn kein Feuer brennen. Oda, willst einmal die Fromme sein, so bete drei Vaterunser für Deinen Vater."

Das ging ein Mädchen an, welches im Schilfe saß und an einem Netze flocht. Der junge Edelreif hat einen Blick hin in das Schilf geworfen . . .

So war das erste Begegnen mit Oda gewesen. — Seither war nun das Jahr verflossen. Verflossen mitsammt dem Fischerfeste. — Und als Ambros auszog, um zu freien strich er schier pfadlos durch die Gegend. Da war ein Tag, als das Gerücht entstand in der Gegend: Die liebhold Kunigunde wird Edelreifhoferin.

So wie sich einst der Wettersturm erhoben hatte auf der Hochwiese, so erhob sich dieses Gerücht. Und so plötzlich wie jener Blitzstrahl leuchtete es auf in dem jungen Manne: Ja, die Kunigunde! — für den Schönen, stolzen Edelreifhof giebt es sonst keine. Diese engelhafte Frau führt er ein in das ehrwürdige Haus, in welchem seine Väter und Urväter gewohnt seit alten Zeiten.

Ambros kam sich selbst höher und edler vor bei diesem Gedanken. Ueber Oda und das Fischerfest zog er die Hülse: Pah, mein toller Strich, die Jugend muß austoben. 'S ist vorbei.

Freilich zückten sich nun auch die zweischneidigen Schwerter, Lästerzungen genannt, welche die Neider führen. Von der Stunde an, da Kunigunde als Zukünftige des Edelreif bezeichnet wurde, war das Mädchen nicht mehr so gut, so marienhaft und schön, und anderseits wieder war es Schade um das Kind, daß es das Spielzeug dieses herrischen und lockeren Großbauers werden sollte. Derlei Gerede reizte den trotzigen Sinn des jungen Edelreif, und eines Tages ging Ambros hin und warb um Kunigunden.

Das Mädchen schlug das Auge erröthend zu Boden und zitterte. Es war nicht erschrocken vor dem Blitzstrahl, aber es war erschrocken vor dem Freierswort des schönsten und vornehmsten Mannes in der Gegend.

Sie bat um Bedenkzeit. Sie verschloß sich in ihr Stübchen und weinte. Und sie betete, daß sie erfüllt würden die herrlichen Tage an der Seite dieses Mannes, die sie sich so oft im Stillen geträumt hatte.

Aber wenn sie nun durch den Flecken ging und an ihm vorüberschritt, so blickte sie zur Erde und hörte die Erwiderung seines Grußes nicht. Und wenn sie mit Genossinnen auf Spaziergängen am Edelreifhofe vorbeikam, so hatte sie nur Augen für die Steine am Boden und nicht für das schöne prächtige Gebäude, das zwischen vier alten Linden mit seinen lichten Wänden freundlich in die Landschaft hinauslachte.

Dem zottigen Kettenhund war's zuerst klar gewesen, was da kommen sollte; er hatte schon lange schier die Kette zerrissen, wenn Kunigunde vorbeischritt, er wollte seiner künftigen Herrin so gerne an die Brust springen und mit seiner zarten Zunge ihre blühenden Lippen berühren.

Der Oberknecht merkte wohl dieses Begehren des Thieres und sagte einmal: „So ein Narr wär' ein Anderer auch!" und wischte sich dabei den Mund.

Die Kälte des Mädchens stimmte die Zuversicht des jungen Großbauers herab, spornte hingegen die Ungeduld an. Ehe noch die Bedenkzeit aus war, sprang er über den Zaun in Kunigundens Garten und eilte über die prangenden Beete hin zu den Füßen des Mädchens. Er wiederholte entschieden seine Frage. Da gab Kunigunde erröthend zur Antwort: „Ambros, jetzt haben Sie mir meine schönsten Blumen zertreten."

So mild und innig als dieses Geständniß, war noch kein Wort gesprochen worden im Blumengarten. Und so süß und liebgetreu war noch kein Kuß gegeben worden, als er nun im Uebermaße des Entzückens von den Lippen der Jungfrau floß.

Ambros ging seinem Gehöfte zu und sann nach, wie das zweierlei wäre: Das störrige, wilde Fischermädchen, und dieses milde, sich vertrauensinnig hingebende Kind, das, einen Engel des Himmels, erst der Manneskuß in Fleisch und Blut verwandelt hatte.

Viertes Capitel.
„Ob er mich liebt von Herzen?"

Als auch in die schlechte Fischerhütte die Kunde von Ambros und Kunigundens Brautschaft gedrungen war, da lächerte die alte Afra. Oda trat hinaus an das Ufer, wo es am steilsten war. Dort stand sie still und sagte zu sich: „All' meiner Tag' reut es mich, daß ich das Schwimmen hab' gelernt. Jetzt steh' ich da, und wenn ich mich kopfüber hineinstürz', so ring' ich mich in der Todesangst wieder heraus . . ."

„Hi ho!" rief die Alte herüber, „spring nur hinein und schwimme durch den See bis auf den jüngsten Tag, 's ist umsonst — 's ist ganz umsonst — das lustige Fischerfest wäscht Dir kein Regen mehr ab."

Hierauf verkroch sie sich in ihre Hütte und murmelte Flüche gegen den alten Bettler, der oben auf dem Berg im Versterben noch durch den Ausruf des Namens ihrer Tochter dem Verführer zugesandt habe, als wäre es nicht genug gewesen, was ihr der Alten, einst selber von jenem Menschen widerfahren.

Sollte es denn wahr sein, daß aus der Schuld der Eltern auch den schuldlosen Kindern Verderben leime? — Das wäre eine verfluchte Welt.

Und könnte es denn möglich sein, daß eben jene in Reue, vielleicht in Liebe ausgestoßenen Worte die Ursache zu weiterem Jammer und Elend werden sollten? — Das wäre eine dreimal verfluchte Welt.

Nun ja, der Edelreif war durch den sterbenden Bettler auf die Fischerin aufmerksam geworden — hatte zu gleicher Zeit die Braut und — die Andere gefunden.

Menschen wähnen, sie wären die Spieler . . . .

nein, sie sind die Kartenblätter eines oft tückischen Schicksals. —

Oda ruderte auf einem Kahn hinaus über den See und senkte das Netz in's Wasser.

Und Kunigunde senkte ihr Herz in's Meer der Hoffnung. Wie hoch die Wellen gingen! — Aber nicht rein war der Himmel. Ihr war ahnungsvoll. In der bräutlichen Seele war Bangniß. — Die Kerzen am Traualtar waren der Leuchtthurm, der Edelreifhof war das Gestade. Es war so nahe, es war so fern. Kunigunde wußte sich nicht zu helfen in ihrer Furcht, in ihrer Hoffnung, in ihrer Liebessehnsucht. Da ging sie eines Tages heimlich zur Fischerhütte der alten Afra.

Die alte Afra lächelte, als das Mädchen eintrat.

„Bräutliche Jungfrau," sagte sie, „setze Dich auf dieses Kissen von Erden; — die arme Fischerin kann Dir einen besseren Platz nicht weisen. Du wirst Sammt und Seide gewohnt sein."

„Sammt und Seide verstehe ich nicht," antwortete das Mädchen mit Hast, „ich wünsche mir kein Gut der Welt. — Ihr seid die Frau, die von Gott die Gnade hat, das zu sagen, was Andere nicht wissen. Zu Euch kommen die Glücklichen und die Unglücklichen im Vertrauen — und Euch will ich's gestehen: Ambros, der Edelreif, ist mein Leben und mein Sterben!"

Die alte Afra hatte dieses Mädchen, welches die Ursache an dem Unglücke ihres Kindes war, oft schon mit grausem Hasse heimlich verflucht. Nun stand es vor ihr, eine Rath- und Hilfesuchende.

„Soll ich Dir die Karten schlagen?" fragte die Alte lauernd.

„Sonst brauche ich gar nichts zu wissen," rief Kunigunde, „nur das, ob er mich lieb hat von Herzen."

„Hi ho! Das ist leicht zu erfragen," schnärfelte Afra, langte in einen schwarzen Topf und zog ein Kartenbüschel hervor. Die Karten waren arg abgegriffen; das Mädchen schauerte, als es die geheimnißvollen Blätter erblickte.

„Ich bitt' Euch, Frau, haltet ein," hauchte sie, „ich werde es nicht ertragen können. Auf meinem Herzen liegt ein schwerer Stein."

„Das hat mir auch mein Kind geklagt, gestern in der Abendstunde," zischelte das alte Weib und mischte die Karten.

Und nach einer Weile murmelte Afra: „Gott laß sie zu mir geschickt, daß ich ihr die Wahrheit sage. Aber meine Worte kommen aus einem welken, zahnlosen Mund, da wird sie mir nicht glauben, denn die seiner mit der Lüge strömen von frischen, blühenden Lippen . . . Wohlan, will sie meinem Munde nicht trauen, so soll sie sehen mit ihren eigenen, lebendigen Augen." Mit dem Zeigefinger wies sie auf ein Blatt und rief: „Herz-As mitten durchstochen!"

„Jesus Maria!" schrie Kunigunde und sprang auf.

„Nein, das ist eine Andere," murmelte die Alte und legte ein zweites Blatt auf: „Herz-Bub!"

Das Mädchen horchte mit Angst.

„Ist's was Böses?" hauchte es und sein Athem wollte stocken.

Die Alte schlug noch mehrere Karten heraus, dann schüttelte sie den Kopf: „Hi ho, was ist denn das für ein Spiel? Heut kann man ja nichts erfahren! — Ei

sich, da liegt's. — Jungfrau, komm' morgen, komm übermorgen, da werd' ich Dir's sagen. — Hall! Ein' versprich: Verrath' unser Beginnen nicht an fremde Ohren — sonst ist es Dein Verderben."

Aufgeregt verließ Kunigunde die Hütte. — Ihr Schicksal lag nicht so frei oben auf den Spielkarten, wie das anderer Menschen. Ihr Schicksal lag tiefer, was Wunder, daß es ihr selber so grauenhaft geheimnißvoll vorkam! Und die Alte mag — kann es nicht enthüllen —

Doch glaubte sie nun noch fester an die Wahrsagerin, die ehrlich ist und nichts behaupten will, ohne darin vorher vollständige Gewißheit zu haben.

O wäre dem unerfahrenen Mädchen nur ein einziger Seherblick gegeben gewesen, wenigstens jener Seherblick, den Andere Instinct nennen, sie hätte die Hütte der Alten nicht mehr betreten.

Ihrer Liebe Stern war so glühend und funkelnd, daß er die jungen Augen des Mädchens für alles Andere blendete.

Fünftes Capitel.
Die Alte wirft das Netz aus.

Am nächsten Tage als Oda von ihrer Arbeit in die Hütte zurück gekehrt war, lächelte die Alte süßlich und sagte: „Du, meine Tochter, fischest auf dem Wasser und ich auf dem Lande. Hast Du schon gehört, daß man mit guten Netzen auch Haifische fängt! Nicht die schöne Braut, den schöne Bräutigam ist meine bei mir gewesen. Das Fischerfest ist schon zwei Monate vorbei, da hat er darauf vergessen. Reicher Leut' Gedächtniß hat die Schwindsucht, das weißt ja. In neun Tagen will er Hochzeit halten. Da hat der Edelreif recht, hab' ich gesagt. — Darauf hat er gemeint, auch ich dächt' nicht mehr an Vergangenes und ist zutraulich geworden. Ich habe ihm wahrsagen müssen. Meinst Oda, was hat er sich wahrsagen wollen?"

„Warum er zu Dir gegangen ist," antwortete die junge Fischerin.

„Meinst, was habe ich ihm gedeutet?" fragte die Alte wieder. „Schau — der Eichelkönig ist gefallen auf den Herzsiebner; so habe ich zu Fleiß gesagt. Viel Glück, Edelreif! eine Freudennacht außer dem Hause. — Hat anfangs gethan, als hätt' er's nicht verstanden. Bald hat er mich gefragt, ob ich für morgen eine Fahrgelegenheit wüßt' über den See; er hätte drüben bei Verwandten Geschäfte. — Ist leicht geholfen, sag' ich, meine Tochter fährt den Edelreif gegen ein gut Fahrgeld gern über den See. — Zur Abendzeit müßtest sein, meint er. — Warum zur Abendzeit? — Ja, des Tags ist vor dem Hochzeitsfeste heillos viel zu thun. — Du fragst, denk' ich. Und meine Tochter ist ein guter Matrose, sag' ich, der fährt auch zur Nachtzeit."

„Mutter!" schrie Oda, „in der Nacht mit ihm allein auf dem See?"

„O Du heuchlerische Dirn!" rief die Alte.

„Allein mit ihm in der Nacht!" schrie Oda, „das straf Dich Gott!"

„Du Närrchen!" lachte Afra, „meinst die arme alte Fischerin verkuppelt ihr Kind? — Oda, in der dritten Höll' unten ist kein Feuer so heiß, daß ein treulos Mutterherz genugsam kann brennen. Disteln und Dornen will ich streuen auf den Pfad Deines Verführers. Und sein Weg zum Altar soll gehen über glühenden Sand, und in sein Ehbett will ich legen giftige Schlangen. — Merk auf, meine Tochter: während Du den Edelreis über den See führst und er seine Arme schlingen will um Deinen Leib, ruhest Du hier in dieser Hütte, und träumst wenn's Dich freut, vom Fischerfest, von des Edelreis Hochzeit oder von was Besserem."

„Mutter," sagte Oda und starrte sie an, „Du bist närrisch geworden."

„O Du überlaute Kreatur, Deine Mutter ist heute gescheidter, als gestern."

Sie ging und brütete über ihren Plan, bis er reif war.

Sechstes Capitel.
Gefangen.

Und darauf schlich wieder Kunigunde durch das Schilfrohr, um in Angst und Hoffen das Orakel in der Fischerhütte neuerdings zu befragen.

Es war Abend.

Ueber dem dunkeln, wollenlosen Himmel zuckte zuweilen ein matter Schein. Im Schilfe rauschte es; zwei glühende Augen richteten sich nach Kunigunde. Das waren Oda's Augen. Eine wilde Leidenschaft leuchtete in ihnen.

In der Hütte lauerte die Alte und schürte einen Gluthaufen. Ihr sonst blasses knochiges Gesicht, fast dreieckig wie das Antlitz einer Katze, war bei dem Scheine dunkelroth gefärbt. Als Kunigunde eintrat, stieg aus der Glut ein blaues Flämmchen hervor. Afra deutete auf dasselbe und flüsterte: „Hi ho, Jungfrau, Du nahst zur guten Stunde. Siehst Du, so brennt die Lieb' in seinem Herzen!"

Das Flämmchen aber zuckte wirr hin und her.

Die Alte erhob sich und öffnete einen klappernden Fensterschuber, daß der Rauch hinausziehen konnte.

„Der Rauch steigt gegen Himmel," sagte sie dann. „Das ist auch ein gutes Zeichen.

Wohl, dachte sich das Mädchen hüstelnd, aber der Rauch erstickt mir den Athem.

Da faßte Afra mit ihren kalten Fingern des Mädchens zitternde Hand und fragte: „Hast Du Muth, Deinem Bräutigam in's Herz zu schauen?"

Kunigunde senkte das Haupt, schwieg einige Augenblicke und hauchte dann: „ja."

„Die Männerherzen — mein Täubchen — sind mit sieben Siegeln verschlossen. Aber die Lieb' des Weibes ist stark, wie der Tod. Die Lieb' des Weibes sprengt die Pforten der Hölle und sprengt die Thore des Himmels. Der Mann ist der Herr dieser Erde, aber das Weib besiegt den Mann durch die Lieb'."

So sagte die Alte.

Kunigunde legte ihre Hand auf den unsteten Busen.

„Kannst Du rudern?" fragte plötzlich das Fischerweib. „Antworte, es gehört zur Sache.

„Ich habe mich wohl darin geübt auf unserem Weiher," sagte das Mädchen.

„Gut, gut!" versetzte die Alte, „und jetzt mach' die Ohren auf. — Morgen, wenn es Abend wird, fährt Dein Bräutigam über den See. Du wirst allein mit ihm sein und den Kahn leiten."

Kunigunde that einen Schrei.

„Hi ho, Närrchen, wer nicht spielt, der kann nicht gewinnen. Morgen ist die heilige Bartholomäusnacht, da hat jedes Mädchen den Blick frei in's Herz des Liebsten."

„Ach," sagte Kunigunde, „es ist eine Sünde, an seiner Treue zu zweifeln."

„An der Treue zu zweifeln ist keine Sünde, aber dieselbe zu brechen, ist eine," gab Afra zur Antwort.

„Die Treue zu prüfen ist eine Tugend. Du wirst morgen bei Deinem Bräutigam sein, und Du wirst es sehen, wie es im Innersten mit ihm beschaffen ist."

„Eher will ich sterben, als vor unserem Trauungstage so mit ihm auf dem See zu sein."

„Dir oder ihm, wem traust denn nicht?" versetzte die Alte boshaft.

„Dem See!" rief die Braut.

„Mein Wort darauf, daß Dir nichts geschieht!" versicherte die Alte. „Was? mein Wort gilt nichts? Weswegen kamst Du denn, als nur mein Wort zu hören?"

„O Gott, mit ihm jetzt allein auf dem Wasser! Wie könnte ich vor meinem Vater bestehen?"

„Gut, der Vater, das ist schon ein Schritt weiter," grinste die Alte, „hast Du nicht eine Muhme unten im Seewald?"

„Lieber Himmel, die liegt krank schon ein ganzes Jahr lang.

„Diese wirst morgen besuchen. Heißt das, so sagst Du dem Vater, wenn Du von Heim fortgehst. Der Postwagen fährt am See entlang. Es ist leicht einzuleiten, daß Du einsteigst und mein Dach ist Dir eine Zuflucht. Hast Du Vertrauen zu mir, so will ich Dich leiten. Hast Du keins, so geh', und laß den Bräutigam mit einem Andern über den See fahren, laß einen Andern in sein Herz schauen."

„Wie könnt' Ihr das Alles so sagen, Frau?"

„Der Edelreis hat bei mir einen Nachen bestellt und einen Begleiter. Sollte der See nicht ruhig sein, so reden wir morgen Weiteres."

„Die heilige Maria mög' mich nicht verlassen!" jammerte das Mädchen. „Was sollt' er sich von mir denken?"

„Happs! sind wir schon beim zweiten Schritt," kicherte die Alte. „Schau, Kind, wenn die Alten nicht thäten denken für die Jungen, wohin mit der Welt! — Los' auf! — Du begleitest ihn über den See giebst Dich aber nicht zu erkennen. Meine Tochter borgt Dir ihre Schifferkleider. Dein Redwerk laß' daheim, meine Tochter macht's auch so, wenn sie führt. Die stumme Fischerdirn! Hast sie nicht schon so schelten gehört?"

„Nein," versetzte Kunigunde, „wie könnt' ich ihr die Schmach anthun, daß es dann heißt, sie wäre allein mit einem Mann über den See gefahren."

„Du Närrchen, so heißt's jeden Tag. Das ist ihr Erwerb. Bist Du blöde, so denke ich, wird sie wohl auch morgen ihr Amt erfüllen."

Das war gut berechnet.

Kunigunde ließ ihre Hände von der Brust sinken und sagte: „Macht mit mir, was ihr wollt. Ich weiß nichts, ich versteh' nichts, ich bin hilflos. Ich weiß nicht, wie ich jetzt bin und wie ich jetzt heimkommen soll. Ich lauf' herum in der Welt, wie verrückt und verhext." Und sie faltete die Hände: „Heilige Mutter Gottes, verlaß mich nicht!"

Die Glut hauchte einen hellen Schein über ihre Gestalt. Die Alte lauerte.

„Wirst dabei sein?“ war ihre Frage.

„Alles, wenn ich nur überzeugt werde, daß er mich lieb hat.“

Das arme liebeskranke Mädchen irrte und wankte dem Städtchen zu.

Zahllose Sternschnuppen glitten hin über das Himmelszelt und verschwanden, wie sie entstanden. Und zahllose Sterne leuchteten in stiller, ewiger Beständigkeit.

Ob da oben glüht ein Stern so heiß, wie die Liebesglut eines hoffenden Weibes? —

(Fortsetzung folgt.)

Feuilleton der Deutschen Roman-Zeitung.

Eckenberg, der starke Mann.

IV.

Plümite, indem er in seiner Theatergeschichte vom Jahre 1742 und dem hier anwesenden Eckenberg und Hilverding spricht, sagt: „Bis kurz vor diesem Zeitalter hatte sich, auch in Berlin, die besondere und für den um diese Zeit schon verfeinerten Geschmack entehrende Art der Ankündigungen erhalten, welche zu Pferde und mittelst einer Trommel geschahen. Meistentheils mußte die lustige Person zu Pferde, wo nicht in völliger Kleidung, doch unter einer Kappe mit Schellen und während der Ankündigung, die nach dreimaligem Trommelwirbel erfolgte, mit einer Brille auf der Nase erscheinen, statt des Zaums den Schweif des Pferdes in die Hand nehmen, schnarren, lispeln, oder durch die Nase reden, demnächst an öffentlichen Plätzen oder Hauptecken ein gemaltes Bild aushängen, auf welches all das Wunderbare des zu gebenden Stückes mit lebhaften Farben aufgetragen war, hauptsächlich aber auch die Ankündigungszettel mit Unsinn und Rodomontaden heften, weil sonst gleich ein merklicher Schade bei der Einnahme stattfand. Der Monolog, von Späßen begleitet, lautete nach einem Komödienzettel jener Zeit:

„Mit gnädigster Bewilligung einer hohen Obrigkeit wird heute in dem Theater von der priviligirten pp. Gesellschaft deutscher Schauspieler aufgeführt werden eine mit lächerlichen Scenen, ausgesuchter Lustbarkeit, lustigen Arien und Verkleidungen wohl versehene, dabei aber mit ganz neuen Maschinen und Decorationen artig eingerichtete, auch mit verschiedenen Flugwerken ausgezierte, und mit Scherz, Lustbarkeit und Moral vermischte, durch und durch auf lustige Personen eingerichtete, gewiß sehenswürdige große Maschinskomödie, unter dem Titel: „Hanswurst's Reise in die Hölle und wieder zurück, wobei dieser arme, von den Teufeln oftmals erschreckte, verzauberte, von seinem Herrn aber geprügelte, dumme und mit Colombinen, einer verschmitzten Kammerjungfer ehelich verlobte Diener in folgenden Verkleidungen erscheinen wird: 1. als Reisender, 2. als Cavalier, 3. als Pavian, 4. als Schornsteinfeger, 5. als Husar, 6. als Zigeunerin, 7. als Croat, 8. als Barbier, 9. als Dr. 10. als Tanzbär, 11. als affectirte Dame, 12. als Läufer, 13. als Kuplerin, 14. als Nachtwächter, 15. als Mann ohne Kopf, und 16. als ein von den Teufeln geholter Bräutigam. Dabei werden allezeit lustige Arien gesungen werden. Wir können übrigens versichern, daß die heutige Maschinskomödie die Krone aller Maschinskomödien ist!“

Am Abend waren die Plätze vollgepfropft! Bravo!! Bravo!! jauchzte ein gnädiges Publicum! — —

Während des November spielte Eckenberg in Halle. Dies würde uns nun weiter nicht interessiren, läge nicht vom 11. des vorigen Monats eine Anfrage des Departements an den König,

unterzeichnet Körner, Klerit, Happe und Boden, — vor: ob nicht, trotzdem Eckenberg ein Generalprivilegium hätte, um überall zu spielen, laut Verordnung von 1728 das Komödienspiel in Halle inhibirt werden könne? — Wahrscheinlich haben die frommen Hallenser Seelen, deren Haß gegen das Theater wir später begegnen werden, gegen Eckenberg's Aufführungen intriguirt. Der König schrieb eigenhändig an den Rand der Departements. Anfrage: „er mag comoedie Spielen so viel er Wil, muß Sich aber reversiren, nicht außer Landes unter gehdt zu Schleppen.“ — Letztere Flostel hatte sich Eckenberg gemerkt, um sie seiner Zeit zu verwerthen.

Als die Komödiantentruppen Hilverdings und Eckenbergs im Jahre 1742 in Berlin Vorstellungen gaben, bemühte sich noch eine dritte Gesellschaft, in der Residenz Boden zu gewinnen.

Wir lassen das Gesuch derselben folgen:

„Allergn. K. u. Herr!

„Ich erkühne mich, Ew. K. M. mit der tiefsten Unterthänigkeit um die Erlaubniß zu bitten, mich einige Zeit mit denen regelmäßigen Schau-Spielen, welche unter Dero Aufsicht aufgeführt werden, in Dero Residenz-Stadt Berlin zeigen zu dürfen.“ — „Meine Neigung zu den schönen Wissenschaften trieb mich an, seit einigen Jahren die eifrigste Müh. anzuwenden, eine deutsche Schaubühne zu Stande zu bringen, welche der französischen in allen Stücken ähnlich wäre. Vor allen Dingen suche ich dabei durch meine und meiner Gesellschaft Aufführung das Vorurtheil aus dem Wege zu räumen, nach welchem man sich bisher in Deutschland von den Comedianten sehr schlechte Begriffe gemacht. Nichts würde mir angenehmer seyn, als wenn ich in meinem Vaterlande erfahren könnte, ob meine redliche Bemühung den Beyfall der Vernünftigen verdienet.

Berlin b. 7 Julius   Johann Friedrich
     1742.   Schönemann.“

Die mündliche Resolution des Königs, welche der vortragende Rath gleich an den Rand dieses Briefes schrieb, war folgende:

„Gut! — Aber es muß nur einer das privilegium bekommen, überall in den Koenigl. Landen zu spielen. — 11. Juli 1742.“

In Folge dieser Resolution langte Schönemann in Berlin an, zahlte vorschriftsmäßig laut vorliegender Quittung vom 3. September 42, „Daniels“ unterzeichnet, 9 Thaler an die Königliche Rekrutenkasse und fragte bei den Vätern der Stadt an, ob er in Berlin spielen könne. Der Magistrat von Berlin erholte sich am 6. September beim Könige Resolution: ob die auf dem Rathhause befindliche Eckenbergische Bude abzubrechen und dem Komödianten Schönemann auf Hamburg erlaubt sein sollte, eine neue Bude „zu Haltung seiner Komedien“ auf dem Rathhause aufzuschlagen. Der Magistrat sei der Meinung, daß des von Eckenberg Bude abgebrochen, „und die Materialien davon insgesammt so lange bis Magistrat des Rückstandes halber von Eckenberg befriedigt worden, in gerichtlichen Gewahrsam gebracht werden." Inzwischen protestirten am 3. und 4. September gegen Schönemann's Anwesenheit Eckenberg und sein Bruder. Am 6. September, demselben Tage der Anfrage des Magistrats, befiehlt der König aber, daß Eckenberg's Bude abgebrochen und Schönemann der Bau einer neuen verstattet werde! Eckenberg beruhigt sich dabei nicht! Am 28. September wendet er sich wieder an den König und bittet: „umb Verordnung an den Magistrat ihm sein Theatrum wiederum einzuräumen und den sich eindringenden frembden Comödianten Nahmens Schönemann die Schau-Spiele sofort zu untersagen zu dem Ende er ein Haus auf der Friedrichstadt erbauen müßen, welches ihm die 18,000 Thaler zu stehn gekommen." — Am Anfang waren es 15, dann 16, nun sind es 18,000 Thaler!! —

Der König verfügt vom 4. October:

„Schönemann bleibt und Eckenberg kann, wenn er will, auch spielen!" —

Eckenberg quälirt am 17. October abermals unter Anführung der bereits vorgebrachten Gründe und verschmäht es nicht, zu sagen: „daß Schönemann mit gar Nichts angesessen ist, wohl aber zu präsumiren wäre, daß er mit den in hiesigen Königl. Residenzien und Landen acquirirten Summen Geldes sich wiederumb außer Landes begeben werde." Hier wendet also Eckenberg hinterlistig genug denselben Grund an, welchen der König am 11. November 1741 gegen ihn geltend gemacht hatte. Hierauf erwiderte Friedrich II.: „Es verbleibt bei dem vom 4. ergangenen Bescheide!" — Dies ist der letzte Kampf Eckenbergs, bevor er Berlin, das Feld seiner langjährigen Thätigkeit, verläßt und er führte ihn, wie wir sehen, mit allen Mitteln, selbst mit den Waffen der Lüge und Verläumdung. Nichts, was er aushat, wollte indeß verfangen, er mußte endlich den ungleichen Kampf aufgeben. Er verließ noch im Jahre 42 Berlin und wir wissen von ihm nur durch einen Brief seiner Tochter Sophia von Eckenberg an den König de dato 24. April 1748, in welchem sie ihres Vaters Privilegium für sich und Rademin, ihren Mann, erbittet „dieser mein Vater ist nun vor einigen Wochen in Luxemburg, also er mit seiner Gesellschaft agiret, verstorben."

Dieses Schreiben widerlegt die vielfach ungenauen Mittheilungen alter Chronisten über Eckenberg's Tod, welcher, nach Einem derselben 1750, nach Andern 1754, 1768 ꝛc. im Lager bei Luxemburg erfolgt sein soll.

Das Reich des Mikado.

IV.

Die andere Hälfte seines Buches widmet Griffis dem socialen Leben und den Sitten der Japanesen. Von besonderem Interesse ist die Beschreibung seines beinahe einjährigen Aufenthalts als Vorsteher einer Lehranstalt in Fukui, Provinz Echizen, dem eigentlichen Herzen Japans, wo niemals bisher ein Ausländer gesehen worden war, und er selbst, während des weitaus größten Theils seiner Anwesenheit die einzige Weiße blieb. Wir erinnern daran, daß Griffis nach Einladung des Prinzen von Echizen nach Japan ging, um dort „eine Schule nach amerikanischem Muster" zu gründen. Die Arrangements waren bald nach seiner Ankunft in Tokio getroffen, und ein doppelter Contract in englischer und chinesischer Sprache aufgesetzt. Er verpflichtete sich darin drei Jahre lang Chemie und Physik zu lehren — unter der ausdrücklichen Bedingung, keinerlei Handelsgeschäfte mit den japanesischen Kaufleuten einzugehen — während ihm die Behörden ein Gehalt und den Bau eines Hauses in europäischem Style zusicherten. Auch verpflichteten sie sich im Todesfalle seine Leiche

den Vereinigten Staaten auszuliefern, oder falls er krank werden sollte, ihn zu dem amerikanischen Consul überzuführen. Die religiöse Frage war in dem Contract mit keinem Worte berührt, doch war er an Sonntagen von jeder Verpflichtung entbunden, und hatte die absolute Freiheit zu sprechen, zu lehren und zu handeln wie in seinem eigenen Hause. — Die Reise nahm elf Tage in Anspruch, zunächst zwei Tage auf einem englischen Dampfer nach Hiogo, dann in einem Steamer unter einem Yankee-Kapitain nach Osaka; weiter auf einem Boote, welches auf dem Yodoflusse nach dem Biwa-See geht; — über den Biwasee wiederum in einem kleinen Dampfer und schließlich über Land in einem norimono, das heißt Sänfte, nach Fukui, freilich mußte er sich auf diesen letzten Theil seiner Reise sehr oft der Tüchtigkeit seiner Beine anvertrauen. Die Reisegesellschaft bestand aus acht Personen, unter welchen der unvermeidliche Dolmetscher. Für dies wichtige Amt war ursprünglich eine in Amerika schon seit längerer Zeit bekannte Persönlichkeit, Namens Tommy, ausersehen, und die Behörden von Echizen hatten diesem ein Jahrgehalt von 1000 Pfund bewilligt, genau so viel, als ein Mitglied des Cabinets in Washington bezieht; aber Tommy, ein wohlbeleibter Mann mittleren Alters, wollte nichts davon wissen, und zog dem öden Leben in einem vergrabenen Winkel der Provinz die Genüsse und Freuden der Hauptstadt vor. Für Griffis war es ein Glück, daß es so kam, denn statt Tommys wurde Iwabuchi engagirt, ein junger Mann von zwanzig Jahren, „mit breiter, hoher Stirn, üppigem Haarwuchs, nach europäischer Mode verschnitten, zarter Gestalt, einem von Geist durchleuchteten Antlitz, zierlich wie eine Dame, das wahre Bild eines japanesischen Gelehrten. Länger als ein Jahr," fährt Griffis fort, „war er mir unentbehrlich, bis ich der Sprache ziemlich mächtig war, und von Anfang bis zu Ende waren wir Freunde und blieben es."

Als die Landreise begann, zählte die Gesellschaft mit Einschluß der Gepäckträger 54 Personen, gewiß ein respectable Escorte für einen Schulmeister! In einer Stadt zwölf engl. Meilen von Fukui, wo man übernachten wollte, wurde Griffis von einer Anzahl Officiere des Prinzen empfangen und mit Speisen bewillkommt, am andern Morgen wurden zwölf reichgeschirrte Rosse vorgeführt und er ritt mit seinem Zuge gegen Abend in vollstem Staate in der Hauptstadt ein. Ueber die Bevölkerungszahl von Fukui gibt Griffis nichts Näheres an, doch dürfte dieselbe nach andern Quellen wohl über 50,000 Einwohner betragen. Es ist keineswegs eine imposante Stadt. „Bei unserer Annäherung," sagt unser Autor, „sah ich weder Thürme, noch goldene Fahnen, keine großartigen Facaden oder auffallende Gebäude, sondern nur eine dunkle weit ausgedehnte Masse niedriger Häuser, Tempel, Bambusbüsche und Haine." Als er das Haus erreichte, welches ihn bis zur Fertigstellung seines eigenen als Interimswohnung angewiesen war, wurde er von mehreren Offizieren bewillkommt, die ihre glänzendsten Seidenkleider, ihre schönsten Schwerter und Sandalen, und ihren besten Kopfschmuck ihm zu Ehren angelegt hatten, und ihn mit tiefen Bücklingen und ebenso herzlichem als ungeschlachtem und grotesken Händeschütteln empfingen. Bei seinem Eintritt bemerkte er die umfassendsten Vorbereitungen für seine Bequemlichkeit; da waren Glasscheiben in den Fenstern, ein Ofen, dessen Inschrift seine Herkunft aus Peekskill am Hudson verrieth, eine bequeme Bettstelle, ein Secretair, Stühle und eine Menge andren Hausraths. Seine Miene mochte einiges Erstaunen über diesen Comfort ausdrücken, denn einer der Offiziere beeilte sich in gebrochenem Englisch zu sagen: „Amerika gewesen. Ich kennen das. Euch gefallen." Von diesem Moment ab war dieser Offizier — Namens Sasaki, d. i. Baum der Hilfe, Griffis' rechte Hand.

Das Haus war ein großes, altes Gebäude von solider Construction, bei 100' Tiefe 60' breit, einen Stock hoch und mit zwölf großen Zimmern und langen, hellen Corridoren — im Hintergrunde befanden sich noch eine Menge Räumlichkeiten für die Dienerschaft. Auch daran schlossen sich zehn Acker Landes mit einem schönen Garten, hohen, alten Bäumen und einem vernachlässigten Fischteich. Der vollständige Haushalt bestand aus Mr. Griffis und seinem Dolmetscher, einem Beamten, der eigens angestellt war, um auf ihre Bedürfnisse zu achten und noch einen Assistenten und einen Schreiber zu seiner Disposition hatte, vier strammen Schwertträgern, welche ihn bei seinen Ausgängen beschützen sollten, von ihm aber bald als überflüssig erkannt wurden, einem Portier am Haupteingange, und acht weiteren Männern als Wächtern der vier übrigen Thore. Die Anzahl der übrigen Dienerschaft sind wir nicht im Stande aufzuzählen. Griffis erwähnt einige hervorragende Individuen, darunter Sahei, „Erster Diener und Factotum;" dessen Weib und Kind, und Goji, einen dicken und etwas dummen Burschen, dessen Hauptvergnügen darin bestand, Sahei's Kind zu warten und die Hunde zu ärgern. Doch durfte er auch mitunter bei Tische aufwarten und verfank stets in tiefes Staunen ob der merkwürdigen Manier, mit welcher der weiße Mann sein „Futter" zu sich nahm. — Im Uebrigen war das ganze große Haus angefüllt mit einer Unmenge niederer, dienender Volks, Weibern, Kindern, Säuglingen und Hunden.

Am Tage nach seiner Ankunft hatte Griffis eine offizielle Audienz bei dem Prinzen und seinen Räthen. Der Prinz beschenkte ihn mit einem eigenhändigen Willkommensschreiben und seiner photographischen Visitenkarte und nahm sich zum Diner nieder. „Nun erfolgte eine lebhafte Conversation, welche Zwiebuchs zwei Zungen eine volle Stunde stark in Bewegung setzte. Die kalte Etikette löste sich allmälig in guten Humor auf, und der gute Humor in Scherze und Possen. Wir machten gegenseitig die Entdeckung, daß wir vortrefflich zu einander paßten. Erziehung und Bildung überbrücken die Kluft, welche Rassen und Religionsbekenntnisse trennt, ungemein leicht. Ich fühlte mich in der Gesellschaft dieser liebenswürdigen und gebildeten Männer vollkommen wie zu Hause und die Dinnerstunde ging schnell und angenehm vorüber." Der Brief des Prinzen ist ein Muster von Würde und Höflichkeit. Er lautet:

„Ich beglückwünsche Sie, daß der Präsident Ihres Landes sich wohl befindet. Ich bin hoch erfreut und Ihnen sehr verpflichtet, daß Sie so pünktlich aus so weiter Entfernung über Meere und Berge hierhergekommen sind, um die Jugend von Fukui zu unterrichten. In allem, was mit diesem Ihrem Unterricht zusammenhängt, werden meine Beamten Ihren Rath einholen. Da Fukui ein abgelegener Ort ist, dürften Ihnen mancherlei Unbequemlichkeiten erwachsen. Ich bitte Sie, Ihre etwaigen Wünsche ohne Umstände auszusprechen.

            Matsubaira, Fukui Han-Chiji."

„Dieser Brief," sagt Griffis, „gab mir den Schlüssel zu meinem Empfange in Fukui. Während des ganzen Jahres meines Aufenthaltes wurde ich mit unzähligen Freundlichkeiten überhäuft. Von dem Fürsten und seinen Beamten, bis zu den Studenten, Bürgern und Kindern, welche mich bald kennen lernten und mit Lächeln, Verbeugungen und dem Rufe „Guten Morgen, Lehrer" begrüßten, habe ich nichts als Achtung, Rücksicht, Sympathie und Güte erfahren. Ich brauchte weder einen Revolver noch eine Eskorte. Ich gewann die Herzen des Volkes und die Erinnerung an Fukui gehört zu den schönsten, die ich besitze." Sein besonderer Liebling war der Sohn des Prinzen, ein niedlicher munterer Knabe von vier Jahren, mit lustigen, schwarzen Augen, zarter, dunkler, gesundheitsstrahlender Farbe, rosigen Wangen

und geschorenem Haar, abgesehen von einem kleinen, rundlichen Fleckchen, von dem ein kleiner Zopf herabhing. Im Gürtel trug er ein kurzes Schwert mit goldenem Griff, während ein Knabe von 13 Jahren als sein Schwertträger fungirte, und ein größeres Schwert, ein Zeichen der Würde des jungen Prinzen, führte. In Fukui residirte auch der Vater von Kutufabo, einem der früheren Schüler des Autors in Neu-Braunschweig, Neu-Jersey, welcher dort gestorben und begraben war. Mr. Griffis hatte die traurige Pflicht, dem Vater einen goldenen Schlüssel zu überbringen, welchen sich der Sohn als ehrenden Lohn für Auszeichnung unter seinen Mitschülern von der Schule erworben hatte.

Mr. Griffis war erstaunt, die Schule in Fukui so besucht und blühend zu finden. Es waren dort mehr als 800 Studirende aller Fächer, von denen einige vor zwei oder drei Jahren von eingebornen, in Nagasaki unterrichteten Lehrern etwas Englisch gelernt hatten. Die Autoritäten, welche einen Lehrer der Chemie und Physik berufen hatten, wußten noch freilich blutwenig von diesen Wissenschaften, waren aber dennoch bereit, den nöthigen Apparat anzuschaffen. Einige der Schüler hatten bereits auf ihre Haarknoten verzichtet, und trugen ihr Haar nach europäischem Schnitt, das charakteristische Zeichen der Reformfreunde, und es ist bezeichnend, daß auch der Mikado seit einiger Zeit europäische Haartracht und Kleidung angenommen hat. — Doch die meisten Schüler hielten noch an ihren nationalen Haarknoten und Zöpfen fest. Als ihr amerikanischer Lehrer sie zum ersten Mal schaarenweise mit nackten Rücken, Armen und Füßen, und mit ihren wunderlichen Schwertern im Gürtel aus der Schule laufen sah, fragte er sich innerlich: „Ist es möglich, diese jungen Wilden zu vernünftigen Jüngern der Wissenschaft zu erziehen? Doch," sagte er, „bald fand ich, daß ich selbst manches von ihnen lernen konnte in Selbstbewußtsein und Würde des Charakters, Fleiß, Muth und gentlemännischem Betragen, in Kühnheit und Ritterlichkeit, Wahrheitsliebe und Ehrenhaftigkeit, und an guten Sitten standen sie mir, soweit ich es beobachten konnte, nicht nach." Einige Monate vergingen in Ruhe, bis plötzlich erstaunliche Nachrichten aus der Hauptstadt kamen. Es war nämlich die kaiserliche Proclamation erlassen worden, laut welcher das erbliche Einkommen der Adligen auf den zehnten Theil verringert werden und der Ueberschuß in die Staatskasse abgeführt, sämmtliches öffentliche Eigenthum der Provinzen der kaiserlichen Verwaltung unterstellt, und alle überflüssigen Beamten abgeschafft werden sollten. Die beibehaltenen Beamten wurden direct von Tolio abhängig gemacht. So wurde die Zahl der Beamten in Fukui mit einem Schlage von 500 auf 70 reduzirt. Statt vierzehn Schuldirectoren gab es nur noch vier. Die vier Leibwächter und die acht Thorhüter des Mr. Griffis wurden allesammt abgesetzt — was diesen nicht wenig Vergnügen machte. „Japans größter Fluch," so schrieb er in sein Journal, „war seit Jahrhunderten der Ueberfluß an Beamten und faullenzenden Reisessern. Jetzt ist es aus mit diesen, es lebe Neu-Japan!" Sein neues Haus war in den letzten Tagen des September fertiggestellt worden, und nachdem es drei Tage dem Publikum offen gestanden hatte, während welcher Zeit es ungefähr 20,000 Personen besucht worden war, ergriff er Besitz davon.

Matsudaira, der letzte Daimio von Echizen, das feudale Haupt des Fukuistammes, mußte nun ein einfacher Edelmann werden, und nach Tolio übersiedeln, und der öffentliche Abschied von seinem ehemaligen Volk, besser seinen Unterthanen, vollzog sich am 1. October. Es wurde eine kurze Adresse verlesen, in welcher die Gründe auseinandergesetzt waren, die den Mikado zu seiner Handlungsweise bestimmt hätten. Zum Schlusse ermahnte der Daimio alle seine Anhänger, ihre Treue und Liebe auf den Mikado zu übertragen, sagte ihnen ein feierliches Lebewohl, und brach am nächsten Tage unter dem Jammern des Volkes nach Tokio auf. Diese Vorgänge hatten in den Verhältnissen Fukui's große Veränderungen zur Folge. Die besten Lehrer der Schule erhielten staatliche Anstellungen in Tokio, und die besten Schüler mußten wegen Mangels an Mitteln den Unterricht verlassen. Mr. Griffis wurde in eine Stellung nach der Hauptstadt berufen und nahm diese auch an, obgleich er von den Behörden in Fukui gedrängt wurde, dortzubleiben. Einen Tag vor seiner Abreise, am 21. Januar 1872, war sein Haus gedrängt voll von Leuten, die ihm Lebewohl sagen wollten und nach der Sitte des Landes zum Theil sehr kostbare Geschenke überbrachten, die Griffis freilich erwidern mußte. Ein starker Schneesturm hatte vor Kurzem gewühlt und der Schnee lag acht Fuß hoch auf der Landstraße, nichtsdestoweniger begleitete ihn ein großer Theil seiner Schüler mehrere Meilen Weges. Zur rechten Zeit erreichte Griffis Tokio, wo er noch drei Jahre blieb, und während dieser Zeit zahlreiche Excursionen in die Umgegend machte.

Im Schlußcapitel seines Werkes reflectirt Griffis über die Zukunft Japans und wir führen unten seine hauptsächlichen Erwägungen und Bedenken an, selbstverständlich, ohne ihr durchweg zu den unsrigen zu machen. Griffis sagt:

„Kann ein asiatischer Despotismus, der auf dem Heidenthum basirt und auf einer Fiction aufgebaut ist, sich aus sich selbst regeneriren? Kann Japan auf dem begonnenen Wege fortschreiten? Werden die jetzt begonnenen Reformen vollendet werden und Dauer haben? Kann sich eine Nation die Früchte 1er christlichen Civilisation aneignen ohne deren Wurzel? Ich kann nicht anders sagen, als daß, falls nicht die aufgeklärten Ideen der modernen Welt über Regierung, Gesetzgebung, Gesellschaft und die Rechte des Individuums in weit größerer Ausdehnung angenommen werden als bisher und wenn nicht eine weit höhere geistige Kraft Shinto und Buddhismus ersetzt, schwerlich etwas anderes gewonnen wird, als eine glänzende, äußerliche, rein materielle Civilisation und mit dieser alle fremden Laster, was zur Folge haben wird, daß Dai Nippon unter dem Einfluß der siegreichen, aggressiven Völker des Abendlandes untergeht, wie die der Vernichtung preisgegebenen Ureinwohner Amerikas. Doch eine neue Sonne geht auf über Japan. Bis 1870 gab es noch nicht zehn eingeborene protestantische Christen im Reiche, dagegen 1876 schon 10 Kirchen mit einer Seelenzahl von 800. Langsam aber unwiderstehlich erobert das Christenthum die Nation. Und so hoffe ich, daß Japan in nicht allzuferner Zeit den ihm gebührenden Rang unter den ersten Völkern der Welt einnehmen und daß dem Vorwärtsschreiten der Civilisation, welche der Sonne folgt, das Sonnenland die Nationen Asiens leiten wird, welche jetzt wieder auf die Bühne der Weltgeschichte erscheinen."

Literatur, Kunst und Theater.

Deutsche Geschichte von 1815—1870. Von Luise Büchner. Leipzig. Theodor Thomas. Dies Buch verdankt seine Entstehung einer Reihe von Vorträgen, welche die Verfasserin im Alice-Lyceum zu Darmstadt vor einem Publikum von Damen gehalten hat, und wendet sich direct an die Frauenwelt und Jugend Deutschlands. Die Verfasserin verwahrt sich dagegen, ein gelehrtes Werk geschrieben zu haben zu wollen, und thut recht daran. Man wird ihr gern zugestehen, daß sie das historische Material geschickt und zweckentsprechend gruppirt in lebhafter und anregender Darstellung verarbeitet hat. Wenn nun ihr Werk seinem ganzen Wesen nach keine Geschichte ist, sondern eher eine fortlaufende Reihe Skizzen historischen Inhalts, so liegt sein Hauptvorzug darin, daß es mit seinem warmen und frischen Ton, der mehr zum Gefühl als zum Verstande spricht, den jugendlichen Lesern Interesse erwecken wird für die Geschichte selbst. In diesem Sinne ist es der Jugend zu empfehlen. Zu den besten Partien gehört die Schilderung der achtundvierziger Bewegung, deren idealem Gehalte die Verfasserin ganze und volle Rechnung trägt, während sich bei der Darstellung der neuesten politischen Entwickelung Deutschlands eine gewisse Unklarheit und Unentschiedenheit nicht verkennen läßt.

Das Buch der Katzen. Von Gustav Michel. Herm. Weißbach in Weimar. Es giebt leider immer noch verblendete Menschen, welche die Katzen hassen, die liebenswürdigsten und graziösesten aller Thiere, die Thiere der Freya, der Göttin der Schönheit und Anmuth. An diese verstockten Verächter des Katzengeschlechts wendet sich dies Katzenbuch mit Wort und Bild, und es steht zu erwarten, daß der Verfasser zahlreiche Proselyten gewinnen wird für die Verehrung seiner Lieblinge. Die humoristische Seite des Buches ist freilich die schwächere, hierin ist noch immer Hoffmanns Kater Murr das unerreichte Vorbild, dagegen ist das positive Material, betreffend die „historischen und socialen Verhältnisse" der Katzen, ihre „gesellschaftliche Stellung" zu allen Zeiten und bei den verschiedenen Völkern sehr interessant und sorgfältig, und anscheinend erschöpfend behandelt. Katzenfreunden im speciellen und dann allen denen, die sich für die culturgeschichtliche Seite der Sache interessiren, wird das Buch willkommen sein.

Höher als die Kirche. Eine Erzählung aus alter Zeit von Wilhelmine v. Hillern. Berlin. Gebrüder Paetel. Der kunstvoll geschnitzte Altar im Münster zu Breisach, dessen äußerste umgebogene Spitze noch einen Fuß längs der Wölbung hinläuft, hat die anmuthige kleine Erzählung hervorgerufen. Ob die Sage über die Entstehung des eigenthümlichen Kunstwerks, an welche die Verfasserin anzuknüpfen vorgiebt, wirklich besteht, oder ob das Bauwerk ihre dichterische Phantasie befruchtet, der Leser wird gleiche Freude an der sinnig poetischen Einkleidung empfinden und die sauberen Genrebildchen mittelalterlichen Lebens mit Vergnügen an sich vorüberziehen sehen. Der zierliche Einband macht das Büchlein zu einem Festgabe besonders geeignet. — Mit gleicher Zierlichkeit und mit einem Titelbilde von Paul Meyerheim hat die Verlagshandlung die Novelle Theodor Storm's: „Aquis submersa" ausgestattet. Es ist eine Künstlernovelle etwas düsteren Inhalts aus dem siebenzehnten Jahrhundert, die unglückliche Herzensgeschichte eines Malers, der ein Edelfräulein liebt. Der Künstler läßt uns die vergilbten Tagebuchblätter des Malers lesen, auf den er durch ein Votivbild in einer alten Kirche am Seestrande aufmerksam geworden. Die rohen Sitten des Adels jener neuen Zeit, über deren wilde Fluthen sich die Liebe nur erhebt, um schließlich in ihnen zu versinken, sind ebenso wahr wie poetisch geschildert. Die Novelle gemahnt an ein Bild der alten niederländischen Schule. — Schließlich sei noch erwähnt, daß Gebrüder Pätel den 7. und 8. Halbband des Romans: „Daniel Deronda" von George Eliot, in der deutschen Uebersetzung ausgegeben haben, so daß damit dieser Roman, wie wir in No. 7 der „Romanzeitung" bereits ausführlich besprochen haben, beendet.

Axel. Romanze von Esaias Tegnér. Deutsch von Dr. Max Vogel. Leipzig. Schmidt & Günther. Dem Uebersetzer wurde ein Kriegserlebniß des Jahres 1870 Veranlassung, die schöne Romanze von Axel dem Schweden und seiner russischen Braut neu in's Deutsche zu übertragen. Die Uebersetzung ist recht gewandt und lebendig. Das Gedicht ist auf gutem Papier splendid gedruckt, so daß sich das Büchelchen wohl zu einem Christgeschenk eignet.

H. C. Andersen's ausgewählte Märchen, neu übersetzt und mit Anmerkungen versehen von Emil J. Jonas. Illustrirt von Röhling, Gamborg und A. Berlin. Julius Imme. Es ist überflüssig, auf den Werth von Andersen's Märchen hinzuweisen, deren Phantasiereichthum und schlichte Vortragsweise immer noch unerreicht dastehen. Jedes neue Bemühen sie unserer Kinderwelt zugänglich zu machen, muß daher mit Freuden begrüßt werden, und so verdient diese mit zahlreichen hübschen Illustrationen ausgestattete Sammlung, in der sich die reizendsten der bereits bekannten Märchen und einige bisher noch nicht in's Deutsche übersetzte befinden, die wärmste Empfehlung für Knaben und Mädchen. Die Uebertragung giebt die Gemüthsinnigkeit und kindliche Lauterkeit des Schöpfers dieser Märchenpoesie ungeschwächt wieder, und sind ihr erläuternde Anmerkungen über geographische Namen und spezifisch dänische Gebräuche beigefügt, welche namentlich der jugendlichen Lesewelt zu statten kommen werden.

Goethe's Faust. Erster Theil. Illustrirt in 50 Cartons von Alexander Liezen-Mayer und mit Ornamenten von R. Seitz. Erste Lieferung. München. Ströfer und Kirchner. Die ewigen Gestalten von Göthe's tiefsinniger Dichtung uns abermals im Bilde vorzuführen, durfte einen so bedeutenden Künstler wie Liezen-Mayer wohl reizen, nachdem Kaulbach gezeigt, wie Herrliches die Kunst aus dem Born der Dichtung zu schöpfen vermöge. Die vorliegende erste Lieferung eröffnet ein neues Prachtwerk in großartigem Maßstabe. Der erste Eindruck, den wir von diesem Werke erhalten, ist einzig in seiner Art. Wie die Dichtung sich auf dem Boden des Mittelalters bewegt, so scheint auch das Werk selbst aus den Pressen jener Zeit hervorgegangen zu sein, freilich in einer technischen Vollendung, die erst unseren Tagen zu erreichen möglich war. Der Charakter der Typen, die Anwendung der rothen Farbe bei den Titeln, der Styl der Titelbilder in Holzschnitt und der Holzschnitt-Ornamente, selbst das Format der Blätter geben dem Buche ein Gepräge, als sei es ein Foliant aus Faust's eigner Bibliothek. Wir fühlen uns auf historisch realem Boden, dem der phantastische Spuk der Dichtung, wie wir ihn in stylvoller Umrahmung in Medaillons, Titel- und Schlußbildern dargestellt sehen, vollkommen entspricht. Historisch realistisch ist dann auch die Auffassung des Künstlers in den beiden großen Bildern der ersten Lieferung: Gretchen am Spinnrocken, und der Spaziergang am Ostersonntag. Von dem Vorwurfe, daß unsere heutigen Historienbilder nur Kostümbilder seien, wird Liezen-Mayer nicht getroffen. Die beiden vorzüglich in Kupfer- und Stahlstich ausgeführten großen Illustrationen athmen den ganzen Geist der Dichtung. Man könnte höchstens rügen, daß die Kleidung Gretchens für ein armes Bürgermädchen an einem Wochentage zu kostbar sei. Ihre nachdenkliche Haltung, ihr Sinnen verlorene Auge drücken vortrefflich den Zustand ihres Herzens aus. Und sie merkt nicht, wie die schöne Katze neben ihr mit erhobener Pfote nach dem Vögelchen im Käfig, der wohl im Sonnenschein am Fenster hängt, begehrlich aufschaut! Eine heitere Festtagsstimmung ruht auf dem Spaziergange. Die einzelnen Figuren und Gruppen sind sehr charakteristisch aufgefaßt. Im Gegensatz zu andern Darstellungen dieser Scene hat Liezen-Mayer dieselbe aber in directe Beziehung zur Handlung der Dichtung gesetzt und er hat nach unserer Ansicht daran recht gethan. Die Beziehung ist nur leise, tritt aber in ihrem durch die kupplerische Alte vertretenen dämonischen Charakter im Contrast zu den im Vordergrunde spielenden Kindern deutlich genug hervor. Wir dürfen wohl nicht zweifeln, daß die folgenden Lieferungen sowohl in Bezug auf Conception der Bilder und Vignetten, wie auf Aufführung derselben in Kupfer-, Stahl- und Holzstich der vor-

liegenden durchaus ebenbürtig sein werden. Diese erste Lieferung aber berechtigt uns, das Prachtwerk allen Freunden der Kunst warm zu empfehlen, wie wir denn überzeugt sind, daß sich dasselbe als ein köstliches Weihnachtsgeschenk aller Orten Freunde erwerben werde.

Deutsche Jugend. Illustrirte Monatshefte für Knaben und Mädchen. Herausgegeben von Julius Lohmeyer. Unter künstlerischer Leitung von Oscar Pletsch. Leipzig. Alfons Dürr. Eltern, welche für ihre Kleinen eine geeignete Lectüre suchen, können wir diese illustrirten Monatshefte aus bester Ueberzeugung empfehlen. In ihren bis jetzt erschienenen acht Bänden bildet die „Deutsche Jugend" eine so reichhaltige, in Prosa, Poesie und Bildern so gediegene und schöne Bibliothek, wie sie schwerlich die Jugendliteratur eines andern Volkes aufzuweisen hat. Zu dem auf das Weihnachtsfest Bezug nehmenden Decemberheft haben Schriftsteller und Dichter wie Werner, Hahn, Wilh. Osterwald, Emanuel Geibel, W. Lang, Jul. Sturm, J. Trojan, Fr. Güll, Löwicke und Felix Dahn hübsche Beiträge, Wilh. Camphausen, Gustav Spangenberg, Schuster und Heubner, Paul Thumann und F. Flinther die entsprechenden saubern Illustrationen geliefert.

Humoristisch-satirischer Volks-Kalender des Kladderadatsch für 1877. Berlin. A. Hofmann und Campe. Ihr naht euch wieder, komische Gestalten! Wer dankte euch nicht schon eine heitere Stunde, und so bedarf es nicht der Versicherung erst, daß ihr auch diesmal herzlich willkommen seid. Jugendfrisch sprudelt der Humor des Gelehrten des Kladderadatsch, den Herren Dohm, Trojan, Stettenheim, Scholz, und Andern aus Feder und Stift, mögen sie auch die Sprache des Ballets verdolmetschen, oder tiefsinnige Betrachtungen über Scherben alter Weißbierkrüge anstellen und dieselben als höchst merkwürdige Antiquität der berliner Museumsverwaltung zum Ankauf empfehlen; mögen sie sich in der Naturgeschichte der Glatze ersehen, für die Wiedereinführung des Stabreims plädiren, Schiller's Dramen alliteriren und seine Glocke corrigiren, oder den norddeutschen Sand-, Strand-, Wald- und Bergwirthen schätzbare Winke über noch etwa auf Rechnung zu stellende Dinge geben, Büchmann und die Classiker illustriren und die Gründung des Gnadenorts Marpingen besingen. Lesen heißt lachen!

Koch- und Wirthschaftsbuch mit dreifachem Speisezettel für große, mittlere und einfache Haushaltungen auf alle Tage des Jahres nebst zuverlässigen, selbstgeprüften Koch- und Wirthschaftsrecepten. Von Christiane Steinbrecher. Berlin. Liebel'sche Buchhandlung. Da dürfte sicherlich Hausfrauen genug geben, denen dieses Buch eine höchst willkommene Weihnachtsgabe sein wird. Löst es doch die täglich sorgenvoll sich erneuernde Frage: „Was werde ich morgen kochen?" Die Hausfrau braucht nur nach ihrem Geschmack und ihrer Wirthschaftsgröße einen von den drei Speisezetteln, die das Buch für jeden Tag aufstellt, zu wählen und fällt ein Festtag ein, so weiß es auch dafür Rath. Außerdem giebt in jedem Monat eine Belehrung über das, was Garten, Markt, Speißkammer und Keller von der Hausfrau beanspruchen. Daran schließen sich dann eine Menge Koch- und Wirthschaftsrecepte, so wie Anleitungen zum Einkochen der Speisen in luftdichte Büchsen, Erhaltung der Vorräthe, Behandlung der Wäsche, Einkauf von Leinwand, Anwendung der Salicylsäure u. s. w.

Die Originalcartons von Werner's zu dem an der Siegesschule in Berlin angebrachten Mosaikgemälde sind, vorbehaltlich des staatlichen Eigenthumsrechts, dem Museum der bildenden Künste in Breslau überwiesen worden.

Entdeckung eines Raphael's. In New-Orleans ist neulich eine Anzahl von Fragmenten bemalter Leinwand entdeckt worden, die nach ihrer Zusammensetzung das „Abendmahl des Herrn" mit Raphael's Monogramm darstellen. Das Gemälde wurde etwa im Jahre 1519 gemalt und verschwand in 1527 aus Rom. (?)

Peter Tordenskjold, dem Seehelden, ist an seinem Geburtstage in Drontheim ein Denkmal gesetzt worden. Er war am 28. October 1691 geboren und starb am 12. November 1720 in Hannover.

„Neuer Frühling" (Die Bäder von Lucca) Komödie in 4 Akten mit freier Benutzung einiger Gestalten aus Heine's „Reisebildern" von A. Reis, hat bei seiner ersten Aufführung im berliner Residenz-Theater gründlich Fiasco gemacht.

Theodor de Banville hat nach der „Achilleis" des Papirius Statius ein Drama in Versen geschrieben, das unter dem Titel: „Deidamia", historisches Schauspiel in 3 Akten, im pariser Odeon in Scene ging. Die Kritik lobt die edle poetische Sprache des Werks, das einen schönen Erfolg errang. Es behandelt das Leben des Achilles auf der Insel Scyros, wo ihn die Göttin Thetis versteckte, seine Vermählung mit Deidamia, seine Entdeckung durch Odysseus und seine Abreise nach Troja. Zwei Scenen sollen besonders reizend sein: diejenige, in der Thetis, während Achilles in Gedanken an die eben zum ersten Male erschaute Deidamia versunken ist, den Gürtel seiner Tunica löst, so daß deren Falten bis auf seine Füße herabfallen, seine Locken von dem sie fesselnden Bande befreit, ihren Mantel um seine Schultern legt und ihn mit ihrem eigenen Geschmeide schmückt. Die zweite ist diejenige, in der die Gespielinnen die Achilles seine männlichen Bewegungen bei dem Anblick der Waffen nachahmen, die Odysseus, um ihn unter den Mädchen zu erkennen, zum Geschenk bringt, die Eine einen Bogen, die Andere einen Wurfspeer ergreift und Alle auf den Untergang Trojas trinken.

Todtenschau. Karl Pohlke, Professor der darstellenden Geometrie und Perspective an der königl. Bau- und Kunstakademie in Berlin, starb daselbst am 27. November. — P. Irenäus Koller, Provinzial der Kapuciner in Deutschland, 1813 zu Mühlberg in Tirol geboren, starb in Sterzing, wohin er sich seit den Maigesetzen aus Münster in Westphalen zurückgezogen. — Paul v. Tiefenhausen, talentvoller Landschafts- und Marinemaler, in den deutschen Ostseeprovinzen Rußlands geboren, starb am 25. November in München. — Josef Colonna, italienischer Senator und Director der Bank zu Neapel, starb daselbst am 22. November. — Geheimrath Eduard Iwanowitsch Eichwald, Professor und Akademiker, bedeutender russischer Gelehrter, bekannt durch seine Forschungen auf dem Gebiet der Zoologie, Mineralogie, Geographie und Paläontologie, starb kürzlich in Petersburg. — Dr. jur. Philipp Hößling, Rath am obersten Gerichtshof Baierns, ausgezeichneter Jurist, 1811 in Würzburg geboren, starb in München am 23. November. — Nicolara, griechischer Mönch, berühmt durch seine Thätigkeit in dem griechischen Unabhängigkeitskriege während dessen er Kanoris auf allen seinen Zügen begleitete und in der Meerenge von Chios das türkische Admiralschiff in die Luft sprengte, starb kürzlich. — Henry Phillips, der einst berühmte englische Baritonist, starb kürzlich in London, 75 Jahre alt. — Miß Maria Roffetti, als Schriftstellerin und namentlich durch ihre gründliche Kenntniß des „Dante" ausgezeichnet, starb am 21. November in London, 50 Jahre alt. — John Dickinson, ein in England durch Schriften über Indien sehr bekannter Schriftsteller, starb in London am 22. November. — Edward Horsman, hervorragender englischer Staatsmann, nachher anderer Lord Schatzmeister, Mitglied des geheimen Staatsraths und Minister von Irland, 1807 geboren, starb am 30. November in Biarritz. — Dr. Karl Ernst von Baer, wirkl. Geheimrath, der berühmte Nestor der Naturforscher, starb am 28. November in Dorpat, 84 Jahre alt. — Henri Cros, Professor der Philosophie und Geschichte, Verfasser einer „Theorie vom Menschen", starb in Paris am 2. December. — Geheim. Oberjustizrath Wentzel, Director im preußischen Justizministerium, starb in Berlin am 2. Dezember, 51 Jahre alt. — Scalaberni, Theater-Unternehmer, aus Bologna gebürtig, der zuerst das Wagniß unternahm, Wagner's Opern in Italien einzuführen, starb Ende November in Florenz. — Bernhard Giseke, Director der Realschule in Schwerin, durch seine „Homerischen Forschungen", auch als Dichter eines Epos „Ahasverus" bekannt, starb am 29. November in Schwerin, 53 Jahre alt. — Hofrath Köchly, Professor in Heidelberg, der den Erbprinzen Bernhard von Meiningen auf seiner Studienreise durch Griechenland begleitet hatte, starb auf dem Heimwege in Triest am 3. December. — Herzog von Montebello, Sohn des Ministers des Kaiserreichs und Enkel des Marschalls Lannes, starb Anfang December in Pau, 41 Jahre alt.

Mannichfaltiges.

Einiges über Charles Sealsfield. Mit Joseph Postl, der am 25. November in Salzburg begraben wurde, ist wohl für immer ein Theil des Geheimnisses eingesargt worden, das die Flucht seines Bruders, des berühmten Romanschriftstellers Charles Sealsfield, umgiebt. Joseph Postl lebte gleichzeitig mit seinem Bruder Karl, dem Secretär des Kreuzherren-Ordens mit dem rothen Stern, eine Zeitlang in Prag, um an einem dortigen Gymnasium zu studiren. Als Joseph einst dem Bruder einen Besuch im Kreuzherrenstifte abstattete, richtete dieser an ihn plötzlich die Frage: „Nun, was gedenkst Du zu werden?" Joseph Postl erwiederte nach einigem Zögern, daß er wohl auch gern Geistlicher werden möchte. Kaum waren diese Worte gesprochen, als sein Bruder ihn heftig beim Arme ergriff und die Worte herausstieß: „Ehe ich das zuließe, könnte ich Alles gegen Dich thun"; dann, ruhiger werdend, sagte er hinzu: „Du weißt freilich nicht, welch' schwere Aufgaben der Priester auf sich nimmt" und schloß mit den Worten: „Ich hoffe, daß ein ähnlicher Gedanken für immer aus Deinem Kopfe zu verbannen." Es war dies gegen Ende April des Jahres 1823. Eines Abends theilte Karl Postl seinem Bruder mit, daß er nach Karlsbad reisen werde, um dort die Cur zu gebrauchen; „was weiter folgt, kann ich Dir nicht sagen — ich weiß es selbst noch nicht bestimmt", setzte er bei. Am andern Morgen fand sich Joseph bei seinem Bruder ein, eben als dieser mit den letzten Vorkehrungen zur Reise beschäftigt war. Im Hofe stand bereits der bepackte Wagen des Ordens, in welchem der Reisebegleiter schon Platz genommen hatte. Der abreisende Bruder umarmte Joseph mehrmals und Beide nahmen unter Thränen Abschied von einander. Als der Wagen fortgerollt war, eilte Joseph Postl, den kürzeren Weg einschlagend, aus die Brücke, in deren Hälfte ihn der Wagen einholte. Karl Postl neigte sich aus dem Wagenfenster heraus und mit der Hand seinem Bruder zuwinkend, rief ihm nochmals Lebewohl zu. Es sollte der letzte Gruß aus seinem Munde sein; er sollte den Bruder nie mehr sehen. Wir übergehen hier die weiteren Details über die Flucht Karl Postl's, nur so viel sei bemerkt, daß, als Joseph Postl, nachdem das Testament seines Bruders bekannt geworden war, nach Solothurn abreiste, dort die frappante Aehnlichkeit der beiden Brüder auffiel. Die Gruft hat sich nun über dem wackeren Manne, der seinen Bruder abgöttisch verehrte, geschlossen. Mit dem Dahin scheiden Joseph Postl's hat das Sealsfield-Denkmal-Comité in Znaim eine feste Stütze verloren.

Nachricht von der Franklin-Expedition. Dem „East Aberdeenshire Observer" zufolge hat Capitän Salmon vom Wallfischfänger „Jan Magan" aus Peterhead im Cumberland-Golf einen Eskimo Namens Tipon getroffen, der versicherte, es sei von einem weiter nördlich wohnenden Stamme vor vielen Jahren ein Weißer Namens Crozier mit fünf Begleitern erschlagen worden, weil sie ihre Waffen und Munition nicht abgeben wollten. Crozier war der zweite Befehlshaber der Franklin'schen Nordpolerpedition, und der Häuptling des betreffenden Stammes soll noch am Leben sein.

Der vermißte Ballon, welcher in Paris während der Belagerung mit einem gewissen Price aufstieg und seitdem verschollen war, soll an der Küste von Island aufgefunden worden sein. Dort wurden die Ueberbleibsel eines Ballons gefunden und in der dazu gehörigen Gondel einige menschliche Gebeine und ein lederner Reisesack, der mit Papieren gefüllt war. Die letzteren waren jedoch durch die Nässe so beschädigt, daß sie nicht entziffert werden konnten.

Die Freiheit der Wissenschaft in Frankreich. In wie hohem Grade die freie Forschung unter dem Pantoffel der französischen Geistlichkeit steht, beweist folgender Vorfall: Ein gewisser Carrelot hatte ein höchst interessantes Experiment mit zwei Birnbäumchen gemacht, deren eines er mit den Wurzeln nach oben auf das andere pfropfte. Das Bäumchen wuchs und trug zwei Früchte, ging aber später durch einen Zufall zu Grunde. Der Professor Carrière zieht in der von ihm redigirten Zeitschrift aus diesem Experiment einige Schlüsse bezüglich des sogenannten auf- und absteigenden Saftes, wagt aber, wie er brieflich versichert, die Frage nicht ex cathedra zu behandeln, weil er dabei Grundsätze erörtern müsse, denen zu widersprechen in Frankreich augenblicklich nicht erlaubt sei!

Ein kostbarer Fund Schliemann's in Mykenä. Aus Argos vom 24. d. wird der „Times" telegraphisch gemeldet: „In dem großen Kreise von parallelen Platten unter den alten Grabsteinen, die von Pausanias auf Grund der Tradition als die Gräber des Atreus, Agamemnon, der Kassandra, des Eurymedon und deren Gefährten betrachtet wurden, hat Dr. Schliemann ungemein große Grabstätten entdeckt, welche Schmuck enthalten. Er fand gestern in einer Grababtheilung menschliche Gebeine von Männern und Frauen, Geschirr, Schmuck von reinem alten Golde im Gewichte von fünf Kilogramm (fast neun Wiener Pfund), zwei Scepter mit Krystallknöpfen und Gegenstände in getriebener Arbeit von Silber und Bronce. Es ist unmöglich, die reiche Mannichfaltigkeit des Schatzes zu beschreiben. — Nach einer jüngsten Depesche an die „Times" fand Dr. Schliemann bei dem Oeffnen des letzten Grabes drei Brustharnisch, eine Maske und ein Schwertgehenke, alles von Gold. Ferner fand Schliemann den Körper eines Mannes, wunderbar erhalten, besonders das Gesicht. Der Kopf war rund, die Augen groß, der Mund enthielt 32 schöne Zähne. Schwer ist es, die Ueberbleibsel zu conserviren. Weiter wurden gefunden: 15 broncene Schwerter mit großen goldenen Griffen, eine Masse großer goldener Knäufe, glänzend gravirt, schmückten die Scheibe; 2 große goldene Becher, irdene Waaren, ein geschnitzter Holzlöffel u. A.

Ein alter Weinkeller. Ein Weinstubenwirth in der Rue Saint-Médéric in Versailles, Herr Lelong, erzählt im „Bulletin français", befand sich kürzlich in seinem Keller, als ihm plötzlich der Boden unter den Füßen wich und er etwa vier Meter tief in eine Art von Brunnen fiel, von dessen Existenz er bis dahin keine Ahnung hatte. Auf seine Hülferufe lief man mit Stricken und Lichtern herbei. Lelong, der sich, schwer verletzt, wie er war, nicht rühren konnte, blickte um sich und sah zu seinem Erstaunen in einem weiten Keller eine Reihe methodisch geordneter Weinfässer. Seine Gesellen zapften dieselben an und entdeckten, daß sie mit den besten französischen und spanischen Weinen gefüllt waren. Wie sich nachträglich herausstellte, gehörte dieser Keller zu einem Pavillon, dem sogenannten Rendezvous d'Amour, welchen sich Ludwig XV. in dem berüchtigten Hirschpark angelegt hatte. Man glaubt nicht, daß die Republik das Eigenthum dieses Weines reclamiren wird.

Ende der Stierkämpfe. Ein madrider Telegramm der „Times" meldet, der Marquis von San Carlos werde demnächst im spanischen Congresse einen Gesetzentwurf für die Abschaffung von Stierkämpfen einbringen.

Mit dem neuen Klöppel der Kölner Kaiserglocke scheint man allgemach zufrieden zu sein. Ueber ein Probeläuten, das am 28. stattfand, berichtet die „Köln. Ztg.": Der Klöppel schlug diesmal im Großen und Ganzen regelmäßig an. Ab und zu berührte derselbe wohl den Schallring nur an der östlichen oder auch an der westlichen Seite, jedoch nach fünf bis sechs Schlägen stellte sich dann sofort wieder, und zwar für längere Dauer, der regelmäßige Anschlag ein. Nach unserem unmaßgeblichen Dafürhalten wurden diese kleinen Störungen durch das oder minder starke Anziehen der Läutseile hervorgerufen, auf welches die Enge des Raumes, der den betreffenden Männern zugewiesen ist, seinen Einfluß ausüben muß. Der Ton der Glocke entwickelte sich beim Läuten schön rund und voll; ein ganz mäßiges Zischen und Schnarren, welches denjenigen, die in der Nähe der Glocke standen, noch vernehmbar war, und das wohl zum Theil von dem resonnirenden Holzwerke, in welchem die Glocke hängt, herrühren mochte, war dem Ohre sofort nicht mehr hörbar, sobald man aus dem Thurme auf die Straße trat. Dort vernahm man nur den vollen, tiefen, wohlklingenden Baßton.

Kampf in einem Eisenbahn-Coupé. „Daily News" berichtet über folgenden Vorfall, welcher sich in dem zwischen Liverpool und Chester um halb 11 Uhr Vormittags verkehrenden Expresszuge zutrug: In einem der Coupés dieses Zuges befanden sich drei Personen, Herr Ellis, ein Lithograph, ein Mann Namens Thomas Holmes und dessen Vater, Beide Feldarbeiter, und, wie man wohl bemerken konnte, Beide angetrunken. Kurz nachdem der Zug die Station Runcorn verließ, sprang der jüngere Holmes auf, zog ein Messer aus der Tasche und versuchte Herrn Ellis die Kehle abzuschneiden. Ellis, welcher dachte, es sei auf einen Raubanfall abgesehen, gab dem Angreifer seine Börse, welche dieser aber nahm, sondern ihn gleichfalls zugleich versuchte, aus dem Waggonfenster hinauszuschleudern. Während des Kampfes erhielt Ellis mehrere Stiche in Hals und Gesicht. Endlich mischte sich auch der ältere Holmes in den Streit und beide Männer versuchten nun, den offenbar irrsinnig gewordenen jungen Holmes zu überwältigen, jedoch vergeblich. Der junge Mann schickte sich nun an, aus dem Waggonfenster zu springen, doch hatte auch zulange, nachdem er noch Herrn Ellis den Daumen der rechten Hand fast völlig abgebissen hatte. In dieser Augenblicke hielt der Zug und der junge Holmes konnte festgenommen werden. Herrn Ellis wurde sogleich ärztliche Hülfe zu Theil. In der eingeleiteten Untersuchung wurde festgestellt, daß der jüngere Holmes am letzten Sonntag sein Weib begrub und seit dieser Zeit ununterbrochen betrunken war. Er und sein Vater wollten eigentlich gar nicht mit diesem Zuge fahren, sondern bestiegen denselben nur in Folge eines Irrthums.

Ueber den Gattenmord vom Stilfser Joch wird aus London vom 30. November berichtet: „Der des Mordes angeklagte Henri de Tourville ward gestern wieder vor Gericht gebracht. Eine Zeugin sagte aus, sie habe von der Frau des Angeklagten einen Brief bekommen, in dem es heiße: „Ich werde niemals einen Selbstmord begehen; wenn Sie von meinem Tode hören, so wissen Sie, daß ich getödtet worden bin." Es ward ferner nachgewiesen, daß Tourville durch den Tod seiner Frau etwa 38,000 Pfd. St. empfangen haben würde. Die Verhandlungen wurden vertagt, werden aber bald beendigt sein.

Der Kriwitz. So heißt der Nordostwind, der, aus den Steppen Sibiriens kommend, stoßweise mit fürchterlichem Ungestüm, oft bei 20—25° Kälte mit oder ohne Schnee über Rußland hinweht und sich bis an den Balkan fortsetzt. Selbst der schneelose Kriwitz bedroht alles animalische Leben mit dem Tode. Menschen, welche auf der Landstraße von demselben überrascht werden, müssen so schnell als möglich ein schützendes Obdach aufsuchen. Die frommsten Pferde verweigern es hartnäckig gegen den Kriwitz zu laufen, weil der Instinct ihnen sagt, daß sie demselben zum Opfer fallen würden. Noch viel schlimmer ist es wenn der Kriwitz Schnee mit sich bringt. In wenigen Stunden hat er alsdann das ganze Bild einer Landschaft total verändert. Kein Weg ist mehr zu erkennen, kein Fluß, kein Baum. Jede Vertiefung wird ausgefüllt und zusammengetriebene Schneeberge von 10—15 Fuß Höhe machen das Weiterkommen zu Fuß, zu Pferde oder zu Schlitten zur Unmöglichkeit. Dabei wirbeln die Schneeflocken von allen Seiten, bis man jede Orientirung verloren hat. Jeden Winter unterbricht der schreckliche Kriwitz zu öfteren Malen, mitunter auf 12—15 Tage hintereinander, jede Postverbindung, weil selbst die Schlittenbeförderung unmöglich wird. Im Krimkriege gingen viele russische Bataillone durch den Schneesturm zu Grunde, ohne daß auch nur ein Mann dem schrecklichen Tode entronnen wäre.

Auf der Ausstellung in Philadelphia ist ein Hut von Herrn Juan Daste aus Monte Christo in Peru ausgestellt, der durch den angeschriebenen Preis $300 allgemeine Aufmerksamkeit erregt. Als sich ein Korrespondent nach der Ursache dieses hohen Preises erkundigte, erhielt er Folgendes zur Antwort: Der Hut ist aus Palmblättern, die von dem sogenannten Zipijape genommen werden, so fein geflochten, daß man vermittelst eines Vergrößerungsglases 103 Stiche in der Länge eines Zolles zählen kann. Die Palmblätter werden gepflückt, ehe sie zusammenrunzeln. Nachdem die Rippen und andere rauhe Theile weggebracht sind, werden die Blätter in Bündel gebunden, zuerst in kochendes und dann in kaltes Wasser gebracht. Wenn sie dann im Schatten gebleicht sind, werden die Hüte von eingeborenen Indianern geflochten. Für einen von der Sorte des ausgestellten Hutes ist jedoch dieser Prozeß noch zu rauh. Zur Benetzung des Strohes wird es dem Nebel ausgesetzt. Das Flechten wird dann in einem dunklen dumpfen Zimmer vollbracht. Um einen einzigen solchen Hut zu verfertigen, arbeitet eine Frau oft vier Monate, jeden Tag sechs Stunden. Ist ein solcher Hut fertig, so trägt er sich immer unverändert, wenn kein hartes Stroh hineingeflochten ist, und mag leichterdings seinen Träger noch lange überleben.

Consum von Nähnadeln. Die alte, obwohl zwecklose Frage: „Wo kommen alle Nähnadeln hin?" drängt sich einem unwillkürlich wieder auf, wenn man in einem amerikanischen Blatte liest, daß in den Verein. Staaten jetzt acht Nähnadelfabriken existiren, die täglich 47 Millionen Nadeln fabriciren. Außerdem werden täglich 25 Millionen importirt. Da dieselben verkauft werden, kann man mit Gewißheit annehmen, daß 72 Millionen Nadeln täglich verloren gehen, oder 50,000 jede Minute.

Verantw. Herausgeber: Otto Janke in Berlin. Redacteur des Feuilletons: Robert Schweichel in Berlin. — Verlag von Otto Janke in Berlin. Druck der Berliner Buchdrucker-Actien-Gesellschaft. — Setzerinnen-Schule des Lette-Vereins.

Deutsche Roman-Zeitung.

N⁰. 14. Erscheint achttäglich zum Preise von 3½ ℳ vierteljährlich. Alle Buchhandlungen und Postanstalten nehmen dafür Bestellungen an. Durch alle Buchhandlungen auch in Monatsheften zu beziehen. 1877.

Der Jahrgang läuft von October zu October.

Die junge Frau.

Roman

von

Hans Wachenhusen.

(Fortsetzung.)

Vierzehntes Capitel.

Lucia.

Die Schwester ruhte nicht, ich mußte mit ihr zu Neuenfeld.

Ein regelmäßiger Umgang ward zwischen unseren Familien nicht unterhalten; die Mutter war schon entrüstet, daß der Vater und Hedwig mit „diesen Leuten" zusammen kamen, von denen in ihrer Gegenwart nicht gesprochen werden durfte.

Selbst als am Tage nach meiner Ankunft der Vater das Geschäft wegen der Wald-Ecke abgeschlossen, fragte er:

„Wie bist Du mit dem Grobian fertig geworden?"

„Vortrefflich, wie immer!" antwortete der Vater. „Neuenfeld selbst meinte, er würde in Südamerika für fünfzig Stämme Mahagoni kaum so viel bezahlt haben, wie für eben so viel Buchen, aber der Platz sei ihm das werth."

„Lächerliche Prahlerei!" murmelte die Mutter vor sich hin. „Er wird sein Geld, dieses Sündengeld, das er durch Seelenhandel erworben und an dem der Schweiß, das Blut der armen Schwarzen klebt, hier schon an den Mann bringen."

Der Vater antwortete nicht.

Am dritten Vormittag war ich mit Hedwig auf dem Wege zu Neuenfeld's. Schon aus der Cultur der Felder errieth ich den Mann. Alles war in normalem Zustande und aus Allem sprach der rationelle Landwirth, der mit vollen Händen säet, um mit vollen Armen zu ernten. Sein Boden war leichter als der unsrige, aber dieser Mann trug ihm zu, was ihm fehlte.

Wo sonst eine holperige, elend unterhaltene Straße zu dem Herrenhause hinaufführte, war jetzt glatte, solide Chaussee. Baumpflanzungen garnirten dieselbe. Ein hohes Eisengitter bildete den Eingang der sauber mit Hausroth getünchten Umfassungsmauer, über welche neue Wirthschaftsgebäude hervorragten.

Auch das alte Herrenhaus war fast von Grund auf neu geworden, anspruchslos in seiner Decoration, aber geschmackvoll. Die Thürme bildeten einen Ausguck über die ganze romantische Gegend. Ein Bowlinggreen mit schönen Rosengruppen, deren letzte Blüthen vom Frost geknickt herabhingen, umschloß das Bassin einer Fontäne. Die Fenster waren sämmtlich mit neuen Jalousien versehen und auf dem neuen Schieferdach, über der Frontspitze, tanzte an einer Eisenstange ein wilder rother Mann mit einer Wetterfahne in der Hand.

Zwei mächtige ulmer Doggen kamen aus den beiden der Freitreppe gegenüberstehenden Hundehäuschen uns lärmend entgegengesprungen, begrüßten wedelnd die Schwester, als sie diese erkannten, umknurrten jedoch mich mißtrauisch, bis eine helle Mädchenstimme von der mit Lorbeerbäumen und vergilbten Granaten besetzten Treppe herab die Bestien schellend anrief und diese gehorsam zum Hause zurücksprangen.

„Da siehst Du, Hedchen! Die Hunde kennen Dich kaum mehr, so selten kommst Du!" rief die Glockenstimme von oben.

Eine graziöse Mädchengestalt in dunklem, leicht aufgeschürztem schwarzem Seidenkleide, das uns Untenstehenden unbefangen zwei zierliche Füßchen zeigte, stand auf der Treppe. Das herbstliche Morgenlicht breitete einen dunkelgoldigen Schimmer über das rothbraune Haar, das lockig im Winde flatterte, und unsere nordische Luft hatte noch zu thun, um zu bleichen was des Kindes Sonnenheimath an dem von Natur zarten Teint gethan. Ohne Hedwig's Antwort abzuwarten sprang sie in kindlicher Freude die Treppe herab, eilte auf die Schwester zu, reichte ihr die Hand und schüttelte sie, während ihr dunkel umrahmtes Auge sie herzlich anlächelte.

„Mein Bruder Kurt," stellte mich Hedwig vor, und jetzt erst würdigte sie auch mich des Anschauens. Sie blickte mich groß und unbefangen an. Die sonnige Farbe ihres Gesichts nahm einen merkbar wärmeren Ton 'an. Sie erwiderte meine stumme Verbeugung ebenso stumm mit fast kindlichem Knix.

„Hedwig hat schon so viel von Ihnen erzählt, daß mir ist, als kenne ich Sie schon lange," gab sie mir auf die gewöhnliche Phrase zurück. „Uebrigens leben wir hier so ländlich einfach, daß Sie es schon ebenso sein müssen, wenn Sie mit uns auskommen wollen. Der Vater ist auch kein Freund von Umständen."

Die Stimme des Kindes hatte eine auffallende Tiefe, in der untersten Lage sogar etwas Rauhes und dennoch klang sie vom Herzen und zum Herzen. In und über dem Wesen des Mädchens lag etwas Ungewöhnliches und in diesem wieder ein kunstloses Sichgeben, das im ersten Moment befremdend wirkte, dann aber den Reiz einer nur ihr eigenthümlichen, nur sie kleidenden halb wilden und dennoch lieblichen Grazie übte.

War sie frei in ihrem Benehmen, so schaute daraus noch der Muthwille des Kindes hervor, das in großem, weitem Rahmen gelebt, dessen Kinderstube die freie Natur gewesen, das keine Scheu vor der Berührung mit Fremden kennt; und wiederum: sprach ich zu ihr, so horchte sie mit einer Bescheidenheit, einer Theilnahme, die eine tiefer Empfänglichkeit des Gemüths zeigte. Sie wechselte oft die Farbe ohne innerlich bewußte Ursache; das Blut war so lebendig in diesem jungen Geschöpf, daß der zu ihr Sprechende in Verlegenheit kommen konnte, wenn er in sich oder in seinen Worten nach der Ursache suchte, während sie ihre Unbefangenheit behielt. Sie wußte offenbar selbst nichts von diesem Farbenspiel, das ihrer Erscheinung eine so reizende Frische verlieh.

„Ich heiße Lucia," sagte sie gleich nach der ersten Unterhaltung, ihren Arm in den Hedwigs legend, „und wenn Sie mit mir und namentlich den Vater gut Freund sein wollen, müssen Sie mich schon so nennen. Ich bin ja noch ein Kind!"

Sie blickte mich dabei mit ihren großen gelbbraunen, von den Brauen und dem Schatten der Lider eigenthümlich umdunkelten Augen freimüthig an, zeigte lächelnd ihre weißen Zähne und legte die Hand auf den Kopf der großen Dogge, die sich an sie schmiegte.

„Das da oben, das schwarze Gesicht mit dem grauen Kraushaar," zeigte sie die Treppe hinan, als wir uns zum Hause wandten, „das ist meine Tia; ohne die kann ich nicht sein! Sie ist eigentlich ganz vornehm Ricarda getauft worden, aber ich glaube, sie weiß es kaum selbst... Ist der Papa drinnen, Tia? rief sie der großen Schwarzen zu, die eben mit ihrem turbanartigen rothen Kopftuch in der Thür erschien.

Die Alte nickte während sie mich befremdet, fast unwirsch musterte, und verschwand dann wieder ins Haus.

„Der Vater sitzt gewiß bei seinem Rechnungswesen, das ihm stets den Kopf so heiß macht," plauderte Lucia harmlos weiter. „Wenn er sich sprechen lassen will, wird er schon kommen." Damit lud sie uns ins Haus und schleppte scherzend Hedwig die Treppe hinan. Ich trat in eine Flucht von Zimmern, deren Einrichtung ihrem Luxus in einer auffallenden Gediegenheit aller Gegenstände suchte.

Nur hier und dort erinnerte eins derselben, eine Decoration, ein zum Comfort gehörendes Möbel, ein Gefäß, ein Geflecht, ein Teppich an seine südamerikanische Heimath. Das Fremdartige, nicht hierher Gehörige schien

absichtlich vermieden. Hedwig flüsterte mir zu, in der oberen Etage sei Alles echt brasilianisch; bis auf Lucia's Lieblinge, die Uistitis, die kleineren Seiden-Aeffchen, die aber krank seien, an Drüsengeschwulst litten und wohl schwerlich auch diesen zweiten Winter noch überleben würden.

Lucia, die uns zum Sitzen eingeladen, war inzwischen durch mehrere Portieren geeilt; ich sah ihr nach, unwillkürlich gefesselt durch dies originelle Wesen; ich hörte sie in einem entfernten Zimmer rufen:

„Papa, bist Du zu sprechen? Hedwig hat uns ihren Bruder mitgebracht!"

„So unterhalte ihn einige Minuten! Ich komme gleich!" vernahm ich eine kräftige Baßstimme aus den anstoßenden Zimmern. Gleichzeitig sah ich das wie von einer hellen, eigenthümlich wirkenden Goldbronze überglänzte Antlitz des Mädchens, so recht in's Herbstlicht tretend, von der Sonne voll bestrahlt, in der Portiere wieder erscheinen. Es lag der zarte Hauch des Pfirsich auf ihren Wangen; ihre Lippen waren frisch wie die Waldbeeren; eine seltsam melancholische Umrahmung bildete der Schatten ihrer Brauen, der langen Wimpern, eigenthümlich zusammenwirkend mit dem feurigen Kastanienbraun der muthwillig um die Schläfe hangenden Locken.

Der Schelm lachte eben aus diesen Augen, zwei Grübchen in die dunklen Wangen bohrend. Die ganze, erst in der Entwickelung begriffene Mädchengestalt hatte etwas urwüchsiges, elastisch kräftiges, und doch war jede der Bewegungen unbewußte Grazie.

Sie lächelte uns kindlich froh an, während ihre Hand ein auf ihrer Schulter sitzendes reizendes Aeffchen mit lang herabhängenden hellen Ohren liebkoste, das ich von dem Rahmen der Portiere an den Damast herabklettern und auf ihren Nacken springen sah.

„Bist Du wieder unfolgsam, Pepe!" rief sie, das Thierchen auf die Hand nehmend und streichelnd. „Hab' ich Dir nicht gesagt, daß es Herbst geworden, daß Du nicht mehr im ganzen Hause umher klettern, Dich nicht erkälten sollst wie die andern?"

Sie schritt lächelnd auf mich zu. Das Aeffchen schnitt mir eine Grimasse und erhob ein durchdringendes Geschrei.

„Der hier ist trotz all seiner Unart mein Liebling," sagte sie. „Er schläft nachts in einem Käfig über mir und hat darin sein eigenes wattirtes Lager. Wenn ich mich schlafen lege, macht er sich sein Bettchen zurecht; dann streckt er noch einmal das Köpfchen heraus, als wollt' er mir zurufen: Gute Nacht, Lucia! . . . Ich hatte ihrer sechs mitgebracht. Drei sind schon im vorigen Winter gestorben und ich fürchte für den beginnenden. Des Vaters Treibhaus ist noch nicht fertig; der Tia gehorchen sie nicht, die Thierchen; sie kratzen sie immer wenn sie ihnen was befiehlt. Sperre ich sie ein, so trauern sie, und so ist es mir unmöglich, sie vor lauter Lustzug zu hüten. Ich hätt' sie doch lieber in ihrer Heimath lassen sollen!"

Eben trat eine kräftige, breitschultrige Männergestalt in die Portiere von uns gegenüber. Es war Neuenfeld, ein Mann etwa anfangs der Fünfziger. Er trug einen dunklen Jagdrock, seine Füße steckten in hohen, bis zum Knie reichenden Stiefeln. Sein Gesicht war stark gebräunt, von Wetter und Klima gezeichnet; von der hohen Stirn war das Haar bereits zurück getreten, das kurz geschnitten noch voll den Scheitel deckte; unter den tief liegenden flaschengrünen Augen hatte die Sonnengluth ein paar dunkle Ringe oder Wulste gezeichnet; seine vollen Wangen waren fast kupferbraun, sein Vollbart erst leicht mit Grau gemischt. Die ganze Gestalt war das Urbild der Kraft und Gesundheit.

Er legte die Hand über die Augen, da die Sonne über dem Teppich in's Zimmer schien, und blickte wohlwollend auf unsere Gruppe. Mich erkennend schritt er herein, reichte mir die stark gebräunte derbe Hand, während er Hedwig einen freundlichen Gruß zunickte.

„Seien Sie mir willkommen, Herr von Amstetten," sagte er mit seiner vollen, tiefklingenden Baßstimme. „Ich habe Ihren Besuch schon erwartet . . . „Sonderbar," fuhr er bieder fort, mich treuherzig anschauend. „Gerade so hab' ich Sie mir vorgestellt, wenn Ihre Schwester uns von Ihnen sprach! . . . Muß ich Sie schon Durchlaucht nennen, so sagen Sie's mir; ich bin kein Mann von vielen Façons, gebe aber Jedem das Seine."

Ich erröthete verlegen und lehnte diese Titulation ab, da ich zu einer solchen nicht berechtigt sei.

„Nun, ich fragte nur der Vorsicht halber," sagte er phlegmatisch lächelnd, nicht ohne einen ironischen Anflug, und ich verstand, daß er mit dieser „Vorsicht" nur auf den Stolz der Mutter hindeuten wollte. „Ich wiederhole Ihnen, betrachten Sie sich bei mir wie zu Hause. Ich schätze in Ihrem Papa einen so vortrefflichen Nachbarn und sehe in dem Sohn dieselben schönen Eigenschaften voraus. Uebrigens bin ich nur ein schlichter Landmann, dem Sie bei näherer Bekanntschaft manche Ecke verzeihen müssen, um die man mit einiger Nachsicht leicht herumkommt."

Neuenfeld lud uns zum Frühstück. Er nahm keine Ablehnung an. Ich dürfe ihn nicht stören in seinem Bedürfniß nach demselben, aber ebensowenig ihm seinen Appetit rauben und schon davon essen. Hedwig wollte auch gern bei Lucia bleiben; sie flüsterte mir zu, die Mutter werde ja so wie so darüber ungehalten sein, daß wir hier gewesen, und sicher habe schon sie uns über die Höhe schreiten gesehen.

Ich fügte mich in Neuenfelds Wunsch und als wir an der Tafel saßen, gewahrte ich erst seine Formenlosigkeit. Ihm war jede überflüssige Artigkeit eine Last, er sprach freundlich und was er sprach, war ehrlich gemeint, bestimmt und zeugte von Welt- und Geschäftskenntniß. Er kannte namentlich die Natur in ihren tiefsten Geheimnissen und das beschäftigte ihn geräuschlos, schweigsam.

Bei Tische saß das Seidenäffchen auf Lucia's Schulter. Sie fütterte es mit Dessert.

„So klein das Thierchen ist, ein so großer Raubmörder ist es. Ich vergleiche es immer mit unserm Eichhörnchen. Im Frühjahre waren alle drei nicht im Stande zu halten. Sie kletterten auf die Dächer, auf die Bäume, um den Sperlingsmüttern und den Finken ihre Jungen zu nehmen und ihnen das Gehirn auszufressen. Sie führten ganze Kämpfe mit den Vögeln und einmal wär's dem Bösewicht da beinahe recht schlecht ergangen, denn ein Falke sah ihn, stieß auf den Baum nieder, packte ihn und nahm ihn mit in die Luft. Zum Glück kam aber der Vater von der Jagd. Er sah meinen Liebling, hörte ihn schreien, während der Falk ihn an

dem langen Schweif davon trug. Er legte das Gewehr an die Backe, die Federn flogen umher und mein guter Pepe fiel unversehrt mit dem todten Falken in die Brombeeren. Seitdem kann er vom Fenster aus seinen Sperber in der Luft sehen, ohne durch sein Geschrei das ganze Haus zusammen zu rufen . . . Gelt, Pepe, so war's?" rief sie lachend dem kleinen Thier zu, das zu errathen schien, von was die Rede, und neugierig zugehört hatte.

Neuenfeld führte mich nach dem Frühstück durch seine Zimmer, durch seine Oekonomie-Gebäude und noch im Bau begriffenen Warmhäuser; er zeigte mir seine Pferde, seine Kühe und Schafe, seine Maschinen, seine Zwergobst-Pflanzungen und Baumschulen . . . Wie anders das Alles als bei uns! Hier Wohlhabenheit, musterhafte Ordnung; bei uns . . . Verfall und Mangel am Nothdürftigsten!

Ich beneidete Neuenfelds. Ich konnte mich in meines Vaters Stimmung hinein denken, wenn er all das sah und mit seinem Anwesen verglich, das, der Mittel zu jeglicher Amelioration, selbst zur Erhaltung des Status entbehrend, bei kümmerlichen Ernten dahin siechte, aus dem der Mangel, die Verlegenheit überall hervorgähnte.

Neuenfeld entließ mich in väterlich freundlicher Weise und bat, recht oft zu kommen. Lucia begleitete uns mit ihren Doggen über die Höfe bis zu unsern Grenzmarken. Sie war auch auf diesem Wege dasselbe herzige, muntere Kind und interessant war es, die beiden Mädchen plaudern zu hören! Lucia, umschwebt von dem Duft ihres kindlichen Liebreizes, naiv und doch von einem Freimuth, einer Frische der Gedanken, die mich in die reine Mädchenseele blicken ließ — Hedwig mit der Frühreise ihres durch die Außenwelt nicht keimten Verstandes, ihrer Altklugheit, die gern, aber ohne Eigensucht das junge Wissen in's Licht stellte.

Es war mir, als müßte ich täglich drüben bei Neuenfelds sein, und als ich unsern Hof betrat, schnürte mir etwas die Brust. Es ward mir so öde drüben! — Hier bei uns wohnte weder Friede noch Zufriedenheit; die Nothdurft schaute überall so bang heraus und als ich mein Zimmer betrat, dessen Möbel-Bezüge sich so verschossen, dessen Tapeten sich in großen Beuten von den Ecken gelöst, von dessen Decke der Stuck herabbröckelte. ward's mir recht kleinlaut ums Muthe. Das war gewiß nur Ironie gewesen, als Neuenfeld mich fragte, ob er mich Durchlaucht nennen müsse!

Die Mutter hatte uns über die Höhe kommen gesehen, aber sie sagte nichts. Sie hatte an dem Morgen günstige Nachrichten über den Verlauf ihres Erbschafts-Prozesses erhalten und das Ende desselben war ihre Lebenshoffnung. Sie plante täglich auf den Zeitpunkt hinaus, der nach so langer Entbehrung wieder einmal in die Residenz führen sollte, sobald sie die Mittel dazu besaß.

Fünfzehntes Capitel.
Hedwigs Gedanken.

Hedwig saß am nächsten Morgen bei mir im Zimmer, um den Kaffee mit mir einzunehmen. Sie hatte sich an den Kamin gesetzt und schürte die Flamme, die

prasselnd und rauchend an dem feuchten Holz fraß.
Der Octoberwind fuhr über die Rauchfänge und drückte
den Qualm herab, der zuweilen in kleinen schwarzen
Säulen über die Kamindecke aufstieg.

„Mit jedem neuen Herbst erinnere ich den Vater,
daß er die Windfänge auf dem Dach machen lasse, die
alle schief und krumm herabhangen, aber er fürchtet die
Ausgabe," sprach sie vor sich hin, während sie in dem
alten schon stark verschlissenen gelben Lehnstuhl lauerte.
„Es wird uns hier wohl noch Alles über dem Kopf
zusammen fallen! . . . Was die Neuenfelds glücklich
sind! Ich beneide gewiß Niemanden, aber etwas besser
könnt es uns doch auch ergehen! . . . Nicht wahr, die
Lucia ist ein recht liebes, herziges Mädchen! Du brauchst
Dir nichts darauf einzubilden, wenn sie so oft roth wurde
als sie mit Dir sprach; das ist so ihre Natur! Daß Du
ihr übrigens gefallen hast, sah ich ihr an, denn wen sie
nicht leiden mag, mit dem ist sie immer sehr kurz an-
gebunden . . . Schade, daß sie nicht zu uns kommen
will! Sie sagt, die Mutter möge sie nicht und deshalb
schicke sich's nicht . . . Was das noch werden soll!"

Hedwig blickte still traurig vor sich hin in die
knisternden Flammen; ihr Fuß bewegte sich dabei ungeduldig auf dem Schemel.

Ich war auch zerstreut.

„Was denn?" sagte ich, die Stirn aus der Hand
hebend.

„Nun, ich muß doch an Alles denken! Die
Mutter meinte neulich auch schon, es sei Zeit, daß der
Oheim Dich in aller Förmlichkeit zu seinem Erben ein-
setze. Das würde auch des Vaters Kredit bedeutend
unter die Arme greifen. Die Leute fragen uns so oft!"

Ich schwieg. Ich hatte darüber noch nicht gedacht.
Der Oheim behandelte mich ja wie seinen Erben; zu
was die Form?

„Möchte wenigstens die Erbschaft der Mutter endlich
ausgeschüttet werden," fuhr sie fort. „Das wird auch
in die Länge gezogen, weil die Advokaten da draußen
wahrscheinlich gespickt sein wollen, von den hiesigen gar
nicht zu reden, und der Vater braucht sein Geld für
andere Dinge . . . Weißt Du, Kurt . . . Du mußt
es ja wissen, weil Du dereinst doch unser Schutz und
unsere Stütze sein wirst . . . so lieb ich Neuenfeld habe,
ich geniere mich immer, ihm in's Gesicht zu sehen."

„Warum denn?" fragte ich aufhorchend.

„Nun weil . . . weil es mir so vorkommt, als
habe er dem Vater Geld geborgt!"

„Aber er hat ihm ja das Stück Wald dafür verkauft!"

„Hm, hm!" Hedwig stocherte wieder in der Flamme.
„Die Mutter dürfte kein Sterbenswort davon erfahren,
wenn es so wäre," fuhr sie vor einem aufzuschauern.
„Die würde außer sich sein. Der Vater ist so besorgt;
er kargt sich's heimlich ab, nur um mein kleines Antver...
von Schulden frei zu machen."

Des Vaters alter Diener trat herein, um mir zu
melden, es sei ein Bote von Fräulein von Neuenfeld an
mich da.

Ich erröthete bis zur Stirn und sprang auf.
Hedwig sah mich mit ihren klugen Augen heimlich an.

„Von Fräulein von Neuenfeld? . . . An mich?"
rief ich überrascht und zerstreut.

In dem Augenblick polterte, den Strick nach sich
schleifend, eine etwa fünf Monate alte ulmer Dogge herein,
ein Junges der beiden prächtigen Thiere, das ich gestern
in den Stallungen so bewundert hatte, sprang auf
Hedwigs Schooß und leckte ihr das Gesicht.

„Aber Troll, was bist Du so garstig!" rief Hedwig,
die plumpen Tatzen der Dogge abwehrend.

Neuenfelds Diener trat ein, um Entschuldigung
bittend; der Hund habe ihm die Leine aus der Hand
gerissen. Das gnädige Fräulein sende mir den Troll als
Präsent, da er mir so sehr gefallen, meldete er.

Meine Verlegenheit wuchs. Ich stotterte einige
Dankworte. Das Thier selbst rettete mich, indem es
an mir aufsprang und mir die Pfoten auf die Brust legte.

Als der Diener gegangen mit dem Bescheid, ich
werde dem Fräulein selbst meinen Dank bringen, starrte
Hedwig mit großen Augen mich wieder an.

„Kurt," sagte sie, „Du mußt einen großen Stein
bei ihr im Brett haben! Sie hat ihre Thiere sehr lieb
und das da, das kleine Ungeheuer, namentlich, denn sie
spielt täglich mit ihm, weil es so lustig und so schön
getigert ist. Auf die Artigkeit kannst Du Dir was einbilden!"

Hedwigs mit so prophetischer Bedeutsamkeit gemachte
Aeußerung mehrte nur meine Verlegenheit. Sie übertrieb
immer gern in Gefühlssachen, denn was ihr von außen
ersagt war, das cultivirte sie innerlich desto fleißiger.
Sie machte sich auch gern eine Schergabe an, die ihrer
sorglichen Altklugheit ganz gut stand. Sie besaß übrigens
die richtige Frauennatur, die immer zu Combinationen
geneigt ist.

„Wir dürfen der Mutter gar nicht sagen, daß der
Hund von Neuenfelds ist," fuhr sie in andrem Ton fort,
ihrem Gedankengang eine neutrale Wendung gebend.
„Sie würde dem Thiere gewiß nicht gut sein."

*   *   *

Am Nachmittag war ich auf dem Wege nach Hochborn. Der schönste Octoberhimmel mit seinem weißen
hellen Licht, wolkenlos, nur radienförmig von milch-
farbenen Streifen überzogen, lag wie eine blasse Erinnerung an den geschiedenen Sommer über den Höhen,
den Wäldern und Rebgeländen; tiefer und schärfer zeichneten
sich die Schatten in den Thälern, jedoch auch mit herbst-
lichem Grau, durchmischt von den fahlen Tönen der ab-
sterbenden Vegetation.

Die fernher über die Thalschluchten und Schlangen-
linien der Hügel herüber schauenden Kuppen traten plastisch
näher in der herbstlichen Durchsichtigkeit der Luft, einige
kleine zerraufte Wolken lagerten sich um ihre zackigen
Wände; auch auf der Thalsohle zeichnete sich Alles
schärfer seit der Frost der Nächte das früh scheidende
Laub an den Zweigen gelockert und herabgeschüttelt. Wie
eine topographische Karte lag das ganze Thal zu meinen
Füßen als ich die Höhe, die Marscheide unserer Besitzung,
erreichte.

Zum ersten Mal konnt' ich ungestört wieder einen
Blick auf das traute Heim werfen, das der Schauplatz
meiner Knabenlust gewesen. Was wußt' ich damals von
dem, was des Vaters heimlicher Kummer und der Mutter
Kränkung! Was kannte ich von des ersteren Sorgen und
der letzteren zunehmender Mißstimmung!

Jetzt war's mir, als müßte ich in dem Hinscheiden der Natur einen melancholischen Zusammenhang mit den inneren Zuständen unserer Familie erblicken. Aber ich riß mich los von dieser Vorstellung; es mußte ja besser werden! Auch dieses Vergehen in der Natur war ja nur die Quelle neuen Segens!

Wie lustig und luftig schaute mich der Wald von seiner Höhe an! Die Weißbuche und die Birke streckten ihre Kronen in die blaue Luft, die Eichen hielten ihre vielgezackten Aeste erst mit leichtem Braun gefärbt und unvergänglich blickte das dunkle Grün der Nadelholzung, die sich in's Thal hinabzog. Und da drunten die Wiesen waren noch so saftig, ihre gelben Blümchen trotzten dem Nachtfrost, in den Gärten waren einzelne Bäume, deren Laub schon den Boden deckte, noch mit üppiger Frucht belastet und strotzend stand in den Gärten noch das grüne Wintergemüse, während hier und da ein vorsorglicher Bauer schon den Boden umbrach.

Wie feines Seidengespinnst lag das Mariengarn in langen Fäden über die Weinstöcke ausgespannt, durch die ich die Höhe wieder hinab schritt; die Wespen schwirrten diebisch über die schon golden gefärbten Beeren; ein Dachs, der lecker die ganzen Trauben herabgerissen, schlich behende durch die Hecke; ein Fuchspaar, das naschend zwischen den Weinblättern raschelte, jagte aufgescheucht über das den Weingarten bis zur Ernde sperrende Dorngezweig, ein Volk von Wildenten zog lärmend, vom Strom kommend, über die Höhen dahin.

So thalwärts spähend sah ich den Feldweg einen Schecken-Pony daher trotten. Ich erkannte Lucia, die, von dem breiten Strohhut beschattet, auf ihrem Damensattel saß und das Thier querfeldein zum Hauptwege trieb. Sie mußte mich schon gesehen haben. Der Pony setzte in scharfen Trab an und hielt etwa zehn Schritte von mir, als ich eben den Hut ziehend an der Mündung des Ackerweges stehen blieb, um sie zu begrüßen.

„Um Gottes Willen, wie kommen Sie zu dem Thier, Fräulein Lucia!" rief ich ihr zu, denselben scheckigen Pony an der Blässe erkennend, den ich in der Residenz hatte durchgesehen, und selbst recht einfällig erröthend, denn er erinnerte mich an Minona von Artenberg und jene Scene mit Tarnow. „Der Pony scheut sehr leicht; er hat schon einmal ein Unglück angerichtet."

„Der?" rief das Mädchen lachend, während es mich mit ihrem reizenden, von der Herbstluft kolorirten Gesicht übermüthig anschaute. „Der parirt mir auf den Wink! Ich habe schon viel schlimmere geritten! . . . Vorwärts, Scheck! Zeig' dem Herrn einmal, wie fromm Du bist!"

Damit gab sie dem Thier die Gerte und dieses über den schmalen Graben setzend, gehorchte auch auf der Straße dem leisesten Druck des Zügels.

„Der Vater hat mir den herrlichen Schecken kürzlich aus der Residenz mitgebracht; er ist lammfromm, wenn er nur weiß, daß er geführt wird! . . . Aber das ist lieb, daß Sie uns nicht vergessen," setzte sie hinzu, im Schritt neben mir reitend und so hart am Grabenrand, daß ich ihre rechte Seite nicht gewinnen konnte und also das im Bügel stehende zierliche Füßchen bewundern mußte.

„Ich komme, um Ihnen meinen Dank zu sagen, Fräulein Lucia! Sie haben mir eine so angenehme Ueberraschung bereitet!"

„Ah," lachte sie, „das müssen Sie dem Vater sagen! Er meinte gestern, es seien ihm der Hunde zu viel auf dem Hof, er wolle den Troll verschenken, so leid es ihm thue . . . Dann, sagt' ich, soll ihn niemand anders haben als Herr von Amstetten, der sich so in ihn verliebt hat, und da sagte der Vater: „gut, so schick' ihn ihm, wenn's Dir so recht ist!"

Ich saß wohl ein, daß ich mir weniger auf diese Artigkeit „einbilden" könne, als Hedwig geweissagt hatte.

„Der Vater ist heute auf's Amtsgericht beschieden," fuhr Lucia fort. „Sie müssen also einen Gast sein; ich werde Sie zu unterhalten suchen, so gut ich es verstehe. Vor dem Abend dürfen Sie nicht fort, denn Sie müssen den Vater erwarten."

Lucia lächelte mich dabei so schelmisch zuversichtlich an, als unterliege es keinem Zweifel, daß mir dies sehr willkommen sein müßte, und ich — ich weiß nicht, warum mir das Herz so pochte bei dem Gedanken, mit dem Mädchen allein zu sein. Jedenfalls war ich weniger arglos als sie und das brachte meinen Dank für diese Einladung etwas plump hervor.

Das Mädchen war sich des Eindrucks, den sie auf einen jungen Mann machte, offenbar nicht bewußt oder noch fern von jedem jungfräulichen Mißtrauen, das schon instinctives Verständniß voraussehen läßt. Das Kind sprach noch von ihren Lippen, aus ihren Augen, aus dem Herzen, während die heißere Zone der Knospe zu entwickeln, daß der nächste Maientag sie zur Blüthe aufschließen mußte.

Ich mit meinem Herzklopfen kam mir recht sündig vor, als ich dankend ihrem harmlosen Blick begegnete.

„Sehen Sie, da steckt auch die Tia schon ihre Nasenspitze zum Fenster hinaus," rief sie mit der Gerte zum Hause hinauf deutend. „Das ist mein schwarzer Gensdarm, der mich nie aus den Augen läßt. Die ganze Welt hier ist ihr ein großes böhmisches Dorf, aber Sie sollten nur hören, wie klug sie spricht! Dabei versteht sie nur Portugiesisch und wenn ich Deutsch zu ihr rede, sträuben sich ihre krausen grauen Haare . . . Aber wir wollen uns doch amüsiren, Herr Kurt," setzte sie selbstwillig hinzu. „Ich zeige Ihnen heut alle unsre mitgebrachten Sachen, von denen der Vater sich nicht trennen konnte, als wir unsre Fazenda verließen. Es war eine halbe Schiffsladung voll. Und die arme Mutter, die leider ihre Heimath nicht wiedersehen sollte, nach der sie so viel Sehnsucht trug, wollte auch gern Alles mitnehmen, was sie lieb hatte . . . Da sind auch meine beiden Tiger schon!" rief sie, sich von den trüben Gedanken an die Mutter losreißend. „Die Beiden können den kleinen Troll noch nicht vergessen und suchen ihn in allen Winkeln."

Die Hunde kamen uns aus dem Hofe entgegen. Lucia reichte mir die Hand, um aus dem Sattel zu springen, und ungeführt schlug der Pony den Weg zum Stall ein.

Die Tia empfing mich mit großen mißtrauischen Augen. Lucia rief ihr einige Worte in portugiesischer Sprache zu, führte mich in die Zimmer und begann hier, mir auseinander zu setzen, wie wir uns bis zur Rückehr des Vaters die Zeit vertreiben wollten. „Wie Schade, daß Sie Hedwig nicht mitgebracht haben!" setzte sie hinzu.

Dies Programm war wirklich ein naives, aber sie war so froh darüber, daß sie in ihrer Lebhaftigkeit oft die Farbe wechselte, und nicht schöner war's, als wenn das junge, so lebendige Blut das noch von der Sonne ihrer Heimath angehauchte Antlitz höher färbte.

„Kommen Sie, Kurt," sagte sie endlich vertraulich, meine Hand ergreifend. „Wir gehen nach oben! Wenn ich dort bin, ist's mir immer, als wär' ich noch daheim; d. h. was ich daheim nenne, denn eigentlich bin ich doch auch in Deutschland geboren. Ich spreche portugiesisch zu den Möbeln, zu meinen alten Lieblingen; ich zanke im Geist unsre Schwarzen aus wie sonst, wenn sie betrunken waren, ich lege mich in die Hängematte und wedle mir die Muskitos fort, gehe dann zum Krämer unsrer Fazenda und mache allerlei Einkäufe an Bändern, Zwirn, Nadeln und was sonst von Nöthen .... Aber kommen Sie, Sie sollen einmal sehen, wie wir daheim eingerichtet waren."

In ihrer kindlichen Weise stieg sie mir die Treppe voran und ich bewunderte die weiche Elasticität dieses eigenthümlichen Wesens, in dem Alles überquellendes, sprudelndes Leben. Mit freudeleuchtendem Auge führte sie mich oben durch die mit Esparto belegten Corridore. Ein fremdartiger Geruch von Hölzern, Früchten, getrockneten Vegetabilien drang mir entgegen, während ich dem schönen Kinde folgte, das vor mir gehend um einige Zoll zu wachsen schien.

Mich bei der Hand fassend, führte sie mich durch die Zimmer, in deren Ausschmückung selbst ich Unerfahrener auf den ersten Blick die einer wohlhabenden südamerikanischen Ansiedlung erkannte. Lucia zeigte und erklärte mir Alles, führte mich von einem Gegenstand zum andern. Ihre Wangen glühten in heiligem Interesse für Alles, in ihren Augen schwamm zuweilen ein kleines Naß, wenn sie vor einem ihrer Lieblinge stand. Dann aber schüttelte sie die braunen Locken in den Nacken. „Ich bin recht dumm!" sagte sie unter Thränen lächelnd. „Es ist ja hier viel schöner und dies hier ist ja doch meine eigentliche Heimath! ... Es überkommt mich auch nur so, weil die arme Mutter ...."

Sie überwand was sie zu erregte; sie sprang zu einem andern Gegenstand, fand eine frische Laune wieder und warf sich endlich vor meinen Augen in die im Salon ausgespannte Hängematte. Lächelnd streckte sie mich au während sie in fast ahnungslos züchtiger Weise zwischen den elastischen Maschen das Gewand um die schlanken Glieder drapirte, den Palmfächer ergriff, sich damit in grotesker Damen-Manier Kühlung zu fächeln und sich schaukelnd mir erklärte, was für ein unschätzbares Ding so eine Matte sei.

Aber ruhelos sprang sie mit derselben Unbefangenheit wieder heraus. Ihr Haar war dabei aus den Banden gefallen; mit kindlicher Vertraulichkeit wandte sie mir den Rücken und nahm meine ungewohnten Hände in Anspruch, die glänzenden Locken wieder aufbinden zu helfen.

„Ihre Hand zittert, als wären Sie krank!" sagte sie lächelnd über die Schulter blickend.

Ich erschrak über diese Bemerkung. „Es ist nur die Furcht vor meiner Ungeschicklichkeit!" sagte ich, herzhaft die ganze Lockenwucht beherzt mit beiden Händen packend und in die ihrigen legend.

Ich sah, die Seele dieses Mädchens war noch unberührt; kein ungesunder Hauch konnte bis jetzt sie angeweht haben. Die Vertraulichkeit, mit welcher sie sich

unter vier Augen mir gegenüber gab, die Offenheit und Freudigkeit, mit welcher sie zu mir sprach, überzeugten von der vollen Unschuld ihres Herzens.

Selbst wenn das Blut ihr so plötzlich in die Wangen stieg und sie, den jähen Wechsel fühlend, sich in einiger Verlegenheit zeigte, kehrte sie in dieselbe Unbefangenheit zurück, sie plauderte erklärend, sie erzählte mir so beredt, so hingerissen von ihren Erinnerungen, daß ich begeistert zuhörte.

So vergingen mehrere Stunden. Wir saßen beisammen, sie erzählend, ich lauschend, meine Augen an den gesprächigen rothen Lippen hangend, und wir Beide bemerkten nicht, daß die Sonne bereits sich stark auf die Höhe hinab neigte — daß Lucia's Vater auf die Schwelle des sogenannten „brasilianischen Salons" getreten war und mit gekreuzten Armen uns lächelnd anschaute.

„Nicht wahr? Sie ist ein närrisches Ding, Herr von Amstetten! ... Sie ist nicht glücklicher, als wenn sie ihre Herrlichkeiten zeigen kann!" Damit trat er herein und reichte mir die Hand. „Die Tia," setzte er hinzu, „hat mir schon gesagt, daß Sie hier seien ...."

Die Nacht sank schon herab, als mich Neuenfeld verließ und mich wieder auf den Heimweg begab. Mir war's recht glücklich traumhaft um Herz und Sinne. Dieses eigenartige Kind hatte mir Unerfahrenem einen Blick in ein Frauenleben geöffnet, das nur ihr selbst, nicht Andren gehören konnte, denn wie verschieden war es von dem der armen Hedwig, von dem der trocknen Philippine und sicher auch von dem Minona's von Artenberg! Aber gerade dieses Einzige, diese treuherzige Offenheit, diese vertrauensvolle Unbefangenheit gegen mich, der die Kinderschuhe seit lange ausgezogen, der sich bereits als einen Zögling der Welt betrachtete, der dieses von der Natur so verführerisch ausgestattete Geschöpf mit den Augen des ersten Erwachens anschauen mußte, — diese selten bestrickende Mädchennatur mußte meine junge Phantasie in Flammen setzen.

Als ich nach Hause kam, saß Hedwig in meinem Zimmer, die Kaminflamme unterhaltend, damit ich ein warmes Gemach finde.

„Du bist recht lange geblieben, Kurt," sagte sie nach einem prüfenden Blick auf mich, wieder in das Feuer schauend.

Zerstreut blieb ich ihr die Antwort schuldig.

„Neuenfeld war wohl nicht zu Hause als Du kamst; ich sah ihn auf seinem schweren Fuchs über die Schneise reiten," fuhr sie ebenso eintönig fort.

„Wie viel Du in einem Athem fragst, Hedwig!" antwortete ich ungeduldig. „Ich fühle mich nicht ganz wohl."

„War Lucia vielleicht nicht freundlich gegen Dich, da Du so verstimmt scheinst?" fragte sie, ohne auf meine Ausflucht zu hören.

Ich erröthete heftig und trat in das kalte Nebenzimmer, mich umzukleiden, blieb aber lauschend an der Thür, weil ich Hedwigs Gewohnheit im Selbstgespräch kannte.

Sie stocherte heftig im Feuer, daß die Flammen aufzischten und knisterten.

„Du wirst Dich drüben noch mehr erkälten!" rief sie mir nach. „Ich hab' das schon gestern kommen gesehen," sprach sie darauf leise vor sich hin. „Armer

Kurt, Du wirst aber doch eine Prinzessin heirathen müssen!"

Sonderbar, daß die Schwester, jetzt im achtzehnten Jahr und wohl fern dem Gedanken an eignes Herzensglück, doch so gern und geflissentlich mit dem der Andren sich beschäftigte. Ich vermuthete eben nur, daß sie das Echo der Mutter sein müsse, denn was sie in dieser Richtung sprach, war ganz in deren Sinn. Das Befremdende daran war nur, daß ich Aeußerungen dieser Art schon jetzt hören mußte, wo mir selbst dergleichen bei meiner Jugend noch so weit ins Feld lag . . .

Des Oheims verheißener Brief an die Mutter war an diesem Abend eingetroffen. Als die Mutter mich rufen ließ, um mir den Inhalt des Schreibens mitzutheilen, saß sie beim Patience. Mit stolzer Befriedigung in ihrer Miene reichte sie mir den Brief. Der Oheim bestimmte, daß ich im nächsten Frühjahr in die österreichische Armee treten solle.

Ich war auf nichts weniger vorbereitet als gerade auf dies; ich hatte auch für nichts weniger Sinn als für diese Carriere. Selbst des Oheims Hinzufügen, er werde mir durch seinen Einfluß den Eintritt in ein Elite-Regiment der Kavallerie öffnen, reizte mich nicht. Indeß, ich nahm des Oheims Willen hin wie eine Bestimmung, die nicht abzuwenden. Es war ja meine höchste, mir von Kindesbeinen eingeprägte Aufgabe, mich des Oheims Liebe würdig zu zeigen.

Die Mutter fühlte große Zufriedenheit; ganz in die Fußtapfen des Oheims zu treten war nach ihrer Ansicht die schönste Bahn, welche sein väterlich Wohlwollen mir vorzeichnen konnte.

Sechzehntes Capitel.
Graf Tarnow.

Anderthalb Jahre waren verstrichen. Ich stand in der Nähe von Wien in einem Kavallerie-Regiment, wohl keiner der schlechtesten jungen Offiziere, aber ohne militärischen Beruf oder Ehrgeiz, in welchen beiden Mängeln ich von manchen Kameraden freilich unterstützt wurde.

Es war damals unter uns von wirklichem soldatischem Fleiß und geistigem Streben wenig die Rede, und das sollte sehr bald seine Strafe finden. Wir amüsirten uns, suchten unsere Uniform zur Geltung zu bringen und thaten nothdürftig unsere Schuldigkeit. Die Theater, die Caféhäuser und der Sport waren uns mehr als der Dienst.

Ich für meine Person war der Ansicht, daß ich überhaupt nur der gesellschaftlichen Stellung wegen für einige Jahre im Regiment verbleiben solle; wozu also Anlagen in mir entwickeln, von deren nicht Vorhandensein ich überzeugt war.

Unsere Ausflüge nach Wien beschäftigten uns am meisten. Alle dienstfreien Stunden, noch lieber die Nächte verbrachten die Kameraden in Wien und Tagesurlaub wurde ebenfalls selten versagt. So trat ich eines Abends in das Café Daum, wo ich meine Kameraden suchte. Eine Hand legte sich gleich im vorderen Zimmer auf meine Schulter. Ich wandte mich zurück — Tarnow stand neben mir.

„Ich weiß längst, daß Du im Regiment X. stehst," sagte er, mir die Hand schüttelnd. „Hätte Dir auch

meinen Besuch gemacht, da ich, von unsern Gütern kommend, einige Wochen in Wien zu bleiben gedenke. Ist's Dir recht, so verbringen wir den Abend mit einander."

Meine Freude über dies Wiedersehen war eben keine ausschweifende, denn ich hatte mir hinterdrein so allerlei Gedanken über Tarnows wirklichen Charakter gemacht und aus Mancherlei geschlossen, daß er eine durchaus unaufrichtige Natur, daß er meine Unerfahrenheit namentlich anfangs oft für sich ausgebeutet und mich überall in die Bresche schiebend, durch meine Person gedeckt, seinen versteckten Interessen nachgegangen war. Man lernt so oft seine Freunde erst wirklich kennen, wenn sie fort sind.

Tarnow war ein schöner Mann geworden. Das Landleben hatte ihn gekräftigt, ihm eine Frische und Straffheit gegeben, die für ihn einnahmen. Sein Erscheinen war das eines vollendeten jungen Kavaliers.

Er erzählte, daß er die nothwendigsten landwirthschaftlichen Kenntnisse unter Leitung des „Directors" seines Vaters gesammelt und jetzt, nachdem er damit fertig, seine Jugend genießen wolle.

Für das Gelingen dieses Planes trug er allerdings alle Bedingungen in sich, und wie es schien, hatte er die Absicht, in seinen Zerstreuungen jetzt da wieder anzuknüpfen, wo er durch seine Versetzung aus dem Wiener Institut in die kleine Residenz hatte abbrechen müssen. Und diese Anknüpfungspunkte fehlten ihm jetzt nicht.

Ich machte gute Miene. Wir schlenderten über den Graben, wir plauderten von heute und ehemals. Tarnow sprach wie ein Wiener Kind, denn Alles war ihm hier bekannt, geläufig. Er kannte sogar die Namen der Damen, die uns begegneten, tauschte mit Vorübergehenden Blicke flüchtigen Wiedererkennens, reichte Diesem und Jenem die Hand als altem Bekannten, ließ aber seinen Arm nicht aus dem meinigen, während ich für diese Bevorzugung keinen besonderen Dank verspürte.

Die Welt war damals im Frühjahr 1866, schon ein wenig aufgeregt. Deutschland machte Miene, sich in zwei feindliche Lager zu theilen; die buntscheckigen Schlagbäume der deutschen Fürsten entsetzt die Arme über dem Kopf zusammen, und wir in der Armee waren der kaltblütigen Ueberzeugung, daß anmaßende Preußen werde von uns erdrückt und auf seinen Uranfang, auf das Markgrafen-, mindestens auf das Kurfürstenthum Brandenburg zurückgeworfen werden.

Wir waren so siegesselig, daß sich kaum einer meiner Kameraden um einen wirklich ernstlichen Krieg Kummer machte. Die Heißblütigen brannten vor Begier, der preußischen Selbstüberhebung das Garaus zu machen.

Waren unsere Chefs so siegesgewiß, sie, die doch den inneren Zustand unserer Armee und ihre tactische Befähigung einem Staate gegenüber kennen mußten, dessen Truppen und Waffen in Schleswig an ihrer Seite gekämpft hatten, wie sollten wir jungen Offiziere es nicht sein!

Niemand überlegte, daß abgesehen von einer unzureichenden Ausrüstung der Armee, Oesterreich abermals sehr vertrauensvoll einen Kampf gegen eine überlegene Waffe eingehen wollte. In Italien hatte sieben Jahre vorher ein unfähiger Marschall die Truppen gegen die Hinterlader der Franzosen geführt, deren Tugenden, so hoch gerühmt als die Inauguration einer ganz neuen

Kriegs-Aera, von Oesterreich bemitleidet worden. Und brach jetzt der Krieg mit Preußen aus, so kämpften wir wieder gegen eine neue Waffe, von deren Leistungen unser Generalstab in Schleswig einen sehr geringen Begriff gefaßt haben wollte.

Ich war damals zu jung, zu unerfahren, zu sorglos, auch zu wenig Soldat von Beruf, als daß ich mich mehr als meine Kameraden um diese kritische Frage hätte kümmern sollen. Daß wir siegen würden, verstand sich ganz von selbst.

Tarnow sprach wegwerfend von Preußen, das er haßte. Seine politischen Ansichten waren noch grün genug, und er äußerte sie mit einer Zuversicht, als verstehe das Niemand besser als er. Ich wußte, daß die meinigen nicht reifer, und brach das Thema ab.

Wie Tarnow mir bald darauf in einem der Pavillons am Graben gegenüber saß, und während wir die Gruppen betrachteten, die sich sehr aufgeregt um ein Extrablatt sammelten, kam mir die Zeit unsres früheren Beisammenlebens mit ihren wichtigsten Momenten in's Gedächtniß zurück. Unter diesen war einer, dessen Aufklärung mir immer noch von Interesse, weil er mir in unserer Pension bis zum letzten Tage nachgetragen worden und namentlich noch zu öfteren Erörterungen mit Philippine geführt hatte.

Meine unverschuldete Don-Juan-Rolle drückte mich noch immer, weil ich der Meinung war, mich recht einfältig dabei benommen zu haben. Ich war überzeugt, daß ich Tarnows Dupe gewesen.

„Eine Frage, lieber Tarnow," sagte ich, während er seine Cigarrette anzündete. „Du mußt sie mir im Namen unsrer alten Freundschaft ehrlich beantworten. Wie standest Du damals zu dem Fräulein von Artenberg?"

Tarnow schaute mich, mit den Augen blinzelnd, an, schaute dann in's Weite und trommelte mit der Hand auf den eisernen Tisch.

„Wie kommst Du gerade darauf?" fragte er langsam, tonlos, den Indifferenten spielend.

„Weil ich — was ich Dir aus Zartgefühl verschwieg — damals Zeuge eines Rendezvous in der alten Epheu-Laube des Professors war, das seine Folgen haben sollte."

„Du?" fragte Tarnow laut lächelnd, mit Bravour. „Folgen für Dich etwa?"

„Weil Fräulein Philippine am nächsten Tage ein Taschentuch fand, das sie für das meinige ansehen sich die Miene gab, da es v. A. gezeichnet war."

„So, so!" Tarnows Miene blieb dieselbe; er trommelte weiter und streckte die Beine vor sich hin.

„Weil — was ich Dir ebenfalls verschwieg, was ich ruhig ertrug, um Dich nicht zu compromittiren — die Sache in der Nachbarschaft ruchbar geworden und ich anstatt Deiner in dieses Rendezvous verwickelt wurde."

„Du!" Tarnow lachte auf und zwar recht boshaft. „Jetzt wird auch mir Manches klar, obgleich ich die Geschichte lange vergessen," setzte er wegwerfend, halb verächtlich hinzu.

„So bitte ich, mir zu sagen, was Dir klar geworden. Mir ist die Geschichte dunkel geblieben."

„Sie ist sehr einfach!" Tarnow betrachtete nach aller eitler Gewohnheit seine trotz aller Landwirthschaft noch ebenso sorgfältig gepflegten Nägel. „Nimm's mir nicht übel, aber Du warst damals noch zu unbefangen und ich deutete das verzeihlicher Weise aus. Dergleichen war in unserm damaligen Alter wohl erlaubt."

Ich schaute Tarnow betroffen in's Gesicht. Er fing den Blick gleichgültig auf, verlor auch seine Ruhe nicht. Sich aufrichtend legte er beide Arme auf den Tisch und antwortete vor sich hinschauend:

„Das Mädchen wollte, offen gesprochen, durchaus nichts von mir wissen, wahrscheinlich weil sie bemerkte, daß ich einer ihrer Kameradinnen, einer niedlichen Blondine, Aufmerksamkeiten schenkte." Tarnow strich sich selbstgefällig den Schnurrbart. „So oft ich seitdem am Fenster erschien, trat sie zurück. Als Du kamst, erschien sie regelmäßig und noch mehr als Du das Vorderzimmer neben mir bezogst. Hollah, dacht' ich, Du sollst bestraft werden! Du sollst doch in die Arme rennen; ich kenne einen Köder! Ich schrieb also in Deinem Namen an sie; ich beschwor sie in den glühendsten Ausdrücken, mir ein Rendezvous in der Laube zu gewähren, da ich ihr Wichtiges zu sagen habe, und — richtig, sie kam!"

Ich war vor Erschrecken keines Wortes fähig. Tarnows Handlungsweise, so schamlos eingestanden, erschien mir niedrig, schurkisch. Er berief sich zu seiner Entschuldigung auf unsre Jugend!

Während ich ihn sprachlos anschaute, drehte er sich gleichgültig eine Cigarette. Da fiel mir noch Eins auf die Seele und das gab mir Worte.

„Tarnow!" rief ich bleich und außer mir. „Du hast es gewagt, jene miserablen Verse, die ich auf Deinem Tische liegen sah . . .?"

„O nein!" lächelte er vor sich hin. „Die erschienen mir selbst zu stümperhaft. Die erschienen mir selbst zu stümperhaft. Ich schrieb ihr in Prosa, wie gesagt in Deinem Namen, liebeglühend, überschwänglich, so ganz der Pension angemessen."

Ich zitterte nun vor Entrüstung; er fuhr phlegmatisch, mit Seelenruhe fort:

„Ich hatte sie erwartet, Deinen Hut aufgesetzt und hielt mich im Schatten der Bäume verborgen. Eine Antwort hatt' ich nicht erhalten, auch nicht begehrt. Ich zweifelte nicht an dem Erfolg. Ihn sah ich kommen, vermummt in die Laube schleichen. Ich eilte ihr nach. Dort standen wir uns einige Secunden schweigend gegenüber, keiner von uns fand ein Wort. Als sie endlich die Kapuze zurückschob und in dem Halbdunkel zu mir aufschaute, stieß sie einen Angstlaut aus, sprang hinaus und war verschwunden, bevor ich sie festhalten konnte . . . Da hast Du die ganze Geschichte. Sie schmeckt so ganz nach der Pension!"

Trotz meiner Aufwallung erstickte ich das Wort, das dieser Bubenstreich verdient hatte.

„So warst Du es auch, der aus Rache das Gerücht verbreitete . . .?" rief ich aus.

„Vielleicht ist mir scherzweise dergleichen einmal entschlüpft. Ich dachte übrigens bald darauf gar nicht mehr daran, denn ich hatte andre Dinge im Kopf."

Tarnow nahm die Sache bis zu Ende so cavaliermäßig wie er sie zu erzählen begonnen. Ihm war die ein Spaß, nichts weiter, während sie mir schwer durch's Gehirn ging.

„Décidement, lieber Freund, Du warst sehr harmlos!" sagte er, überdrüssig abbrechend, sich erhebend und nach der Uhr sehend. „Ist's Dir recht, so schlendern wir zur Oper, um dort den Abend zu verbringen; ich habe Billets in der Tasche. Danach speisen wir zusammen."

Er sagte das mit sichtbar ironischer Miene.

So große Lust ich hatte, ihm meine Freundschaft in kurzen Worten zu kündigen ich hielt es für tactlos, jetzt nachdem die Sache verjährt, noch den Entrüsteten weiter zu spielen. Schweigend begleitete ich ihn. Am nächsten Morgen mußte ich in die Garnison zurück und konnte ihn von da ab aus dem Wege gehen, denn bei all seinem eleganten Schliff war er ein gewissenloser Mensch.

Dem Mädchen verzieh ich gern den bewiesenen Leichtsinn, weil ich ja schließlich Partei für sie nehmen mußte. Was sie Unverzeihliches gethan, mochte eine kleine Pensions-Verirrung gewesen sein, die wohl nicht einzig dastand. Darüber hätte man Fräulein Philippine hören müssen.

Im Punkte meiner Harmlosigkeit mußt' ich wiederum Tarnow Recht geben, und das beschämte mich jetzt noch vor ihm, ohne daß ich ihm deshalb sein bubenhaftes Betragen verziehen hätte.

Siebzehntes Capitel.

In der Loge.

Unterwegs meinte ich eine gewisse Schadenfreude auf Tarnows Gesicht zu lesen. Er blickte so pfiffig und verschlagen vor sich hin. Vielleicht war's indeß nur das einmal in mir gewerkte Mißtrauen, das diese Beobachtung machte.

Die Oper sollte eben beginnen, das Haus war schon glänzend besetzt als wir in unsere Loge traten. Man gab Wagners Rienzi.

Noch immer ein wenig präoccupirt durch Tarnows Enthüllung blickte ich anfangs zerstreut auf die Bühne; ich hörte zu ohne Empfänglichkeit, ohne Genuß und Urtheil. Ich ließ den Blick ebenso gedankenlos über die mit den glänzendsten Toiletten gefüllten Logen gleiten, gewahrte einige meiner Regiments-Kameraden in einer derselben, wechselte einen flüchtigen Gruß mit ihnen und war wohl einer der zerstreutesten Zuhörer. Tarnow seinerseits schien ein wenig unruhig und sprach gar nicht. Sein Opernglas war in steter Bewegung nach allen Punkten gerichtet, an welchen ihn eine blendende, decolletirte Büste, irgend ein schönes Gesicht oder eine auffallende Toilette interessirte. Und doch schien er etwas zu suchen.

Der Act ging zu Ende, ohne daß wir ein Wort mit einander gewechselt hatten. Das grandiose, betäubende Orchester machte auch jede Mittheilung unmöglich. Die Unruhe im Hause begann; man verließ die Logen, besuchte einander. Die Thüren klappten auf und zu und ein kalter Zug strich aus den Corridoren in die Logen.

Ich saß wie festgebannt, dann aber hatte ich gerade uns gegenüber zwei Damen in die bis dahin leer gewesene Loge treten gesehen. Mein Gesicht glühte; ich fühlte das Blut heiß in demselben. Mir war's auch, als beobachte Tarnow mich. Ich starrte unverwandt hinüber.

Jene beiden Damen — ich erkannte sie sofort! Es war Minona von Artenberg, jetzt eine voll aufgeblühte Schönheit, die sie zu werden versprochen hatte, in grau schillernder, reich mit roth garnirter Seidenrobe, die weiße Büste im Einklang mit der Mode tief ausgeschnitten, die Taille voll und dennoch schlank, zum Umspannen sich auf den Hüften abhebend, einen Granatblüthenzweig aus dem dunklen Haar herabhangend, ein Bouquet und den Fächer in den weißen bis zum Ellenbogen die schönen Arme neidisch verhüllenden Handschuhen. Brillanten blitzten als Ohrgehänge auf die Schulter herab, eine gleiche Brosche leuchtete in Strahlen auf der jugendlichen unruhigen Brust.

Sie trat der Mutter voran ein und die Loge ward der Zielpunkt aller Operngläser. Sie wußte es und mit siegbewußter Anmuth nahm sie ihren Platz an der Brüstung.

„Kurt!" hörte ich leise neben mir, während ein Ellbogen den meinigen anstieß.

Ich wandte mich nicht zu Tarnow; ich schaute in das Parquet hinab; ich wollte nicht mit ihm reden.

„Du hast sie schon gesehen?" fuhr er lächelnd fort, als mein Blick wider meinen Willen dennoch sein Antlitz streifte. „Bist Du etwa unzufrieden, daß ich Dir diese angenehme Ueberraschung bereitete?"

Ich hörte mit Erschrecken. Er also hatte mir diese . . . .! Ich blickte ihn verlegen an.

„Sei nur nicht so sonderbar!" fuhr er satyrisch lächelnd fort. „Sie wohnt mit mir in einem Hotel, Ich hörte heute morgen, wie ihre Zofe den Commissionär beauftragte, zwei Logenplätze für die Oper zu laufen. Ohne zu ahnen, daß ich Dir begegnen werde, aber überzeugt, einen Bekannten zu treffen, beauftragte ich den Commissionär mir zwei Plätze ihr gegenüber zu nehmen. Du siehst, wie schön ich das eingerichtet — nur aus alter Freundschaft für sie, denn ich konnte wie gesagt nicht wissen, daß ich heute einen so hohen Genuß bereiten werde. Du siehst aber, wie uneigennützig ich bin und wie falsch Du mich beurtheiltest!"

Ich wußte nichts zu antworten und war froh, als der Act wieder begann. Für dieses Mädchen da drüben hatte ich, wie schon eingestanden, nie das Geringste gefühlt, wie jeder Andere ihr die Bewunderung ihrer Reize nicht versagen können. Jetzt war sie schöner, unendlich schöner; es war, wie ich schüchtern durch das Glas beobachten konnte, in ihren unregelmäßigen Zügen doch ein Zusammenhang, eine Schönheitswirkung, die ich habe das Leben schon früher angedeutet, keine Regelmäßigkeit der Züge erreicht hätte. Sie blendete wie eine Sonne, und sie rechtfertigte den Effect in der Nähe. Sie war auch heute der Stern der ganzen Gesellschaft, in der es nicht an lieblichen Gesichtern fehlte.

Tarnow beobachtete sie oft sogar zudringlich durch sein Glas und hatte keine Acht mehr auf die Oper. Es schien seine Absicht von ihr bemerkt zu werden; sie jedoch schien ihn nicht, erkannte ihn nicht oder wollte ihn nicht erkennen. Ich blickte nur dann und wann hinüber; ich fürchtete mich, von ihr erkannt zu werden. Gewiß, ich war noch heute sehr harmlos!

„Kurt, schon wieder was Neues!" stieß Tarnow mich während eines das Haus erschütternden Trompetengeschmetters an. „Schau hinüber! Erkennst Du den Herrn nicht?" fragte er, als das Orchester ruhiger ward.

Ich folgte absichtslos seinem Wink. Ich blickte hinüber. — Mein Oheim trat in jene Loge, beugte sich über die Damen, sprach mit seinem gewohnten Lächeln zu ihnen, richtete sich dann wieder auf und ließ seinen Blick über das gefüllte Haus schweifen. Ohne die geringste Ursach ihn zu vermeiden, im Gegentheil innerlich froh, ihn in Wien zu wissen, war ich doch in Verlegenheit, und gerade sein mir überraschendes Auftreten in jener Loge war's, was mir diese bereitete. Aber was war denn selbst hieran Befremdendes? Er war der Vormund dieses Mädchens; er war den Damen hier begegnet; er hatte mit ihnen wie jeder Andre die Oper besucht.

„Kurt, woher kennt er denn die Damen?" fragte Tarnow, sich zu mir beugend.

Ich mußte mich erst sammeln, wollte ihn auch ungern zum Zeugen meiner Zerstreutheit machen.

„Er ist ihr Vormund," antwortete ich vor mich niederblickend, nur um seine Neugier zu befriedigen.

„Ihr Vormund! Ah so! . . . Wird dem alten Courmacher gewiß nicht sehr unangenehm sein!"

Als ich aufblickte, sah ich des Oheims Glas fest auf mich gerichtet. Er ließ dasselbe sinken und grüßte mich freundlich mit der Hand. Ich erwiderte den Gruß. Dabei erkannte mich Fräulein von Artenberg. Unsre Blicke begegneten sich und ich einfältiger Mensch ward glühend roth im Gesicht.

Ich hörte und sah nichts von dem Act. Als er zu Ende, sah ich den Oheim mir winken. Ich hatte mich erhoben, um dieses Winkes mich gewärtig zu halten. Er trat aus seiner Loge, ich aus der meinigen, während Tarnow mir nachschaute.

Im Corridor vor seiner Loge empfing mich der Oheim, den ich in elegantestem demi-Habillé sah. Er drückte mir herzlich und mit dem stets bereiten Lächeln die Hand und sagte mir, er sei in Geschäften nach Wien gekommen, habe mich auch morgen früh telegraphisch aus meiner Garnison herüber bestellen wollen, um mich wenigstens für einige Stunden zu sprechen.

„Ich muß Dich übrigens meiner Gesellschaft, die ich zufällig im Hotel hier traf, vorstellen. Es ist die Baronin von Artenberg aus unsrer Nachbarschaft mit ihrer Tochter, meinem Mündel."

Der Oheim folgte einer Convenienz, indem er mich, den frisch gebackenen Lieutenant, vorstellen wollte. Er führte mich während des Zwischenacts in die Loge und präsentirte mich den Damen als seinen Neffen.

Eine ganz verzwickte Situation, in der ich mich befand! Minona begrüßte mich mit dem anmuthigsten, freundlichsten Lächeln, ganz der Etiquette angemessen, ohne ein Zeichen der leisesten Verlegenheit — Meisterin ihrer selbst, wenn sie eine Ahnung von dem Gerücht hatte, das über uns Beide einst courfirt, und noch mehr, wenn Tarnow die Wahrheit gesprochen, was zu bezweifeln ich keinen Grund hatte.

Und ich stand ihr gegenüber; ich mußte ihr galante Worte sprechen. Drüben hatte sicher Tarnow sein Glas schadenfroh auf uns gerichtet, und der Zwischenact war so lang, so endlos lang.

Nie ist ein junger Kavallerie-Lieutenant, der eben erst den Cadetten hinter sich hat, in einer peinlicheren gesellschaftlichen Lage, nie so verwirrt, obgleich gedeckt durch sein gutes Gewissen, unter dem Feuer solcher Augen gewesen! Es hämmerte mir in den Schläfen während ich sprach, und ich wußte nicht, was ich sprach, während ihr Auge groß und lächelnd mit bezaubernder Lieblichkeit auf mich gerichtet war.

Die Situation war eine ganz verzwickte. Ich war nicht in sie verliebt; selbst wie ich sie jetzt wiedersah, von einem Reiz umflossen, der Jeden hinreißen mußte, war's nur die Wirkung dieses Reizes auf mein Auge. Wäre ich im Stande gewesen, klar zu denken, ich würde mir gesagt haben: und wenn alle Welt sich ihr zu Füßen würfe, ich gehörte nicht dazu, denn meine alte Abneigung gegen ihre Schönheit war wieder erwacht. Was mich so total confus machte, war der Gedanke, daß man uns Beide . . . Und da saß sie und blickte so hell, so unbewußt! Es mußte dennoch Alles erlogen gewesen sein und Tarnow hatte heute gelogen!

Meine Verwirrung hatte aber auch noch andere Gründe. Draußen an der geöffneten Logenthür stand, während ich mit den Damen sprach, der Oheim im Gespräch mit einem Herrn, an dessen Stimme ich meinen Obersten erkannte, des Oheims alten Regiments-Kameraden. Ich hatte am Abend wieder in der Garnison sein sollen, wollte aber nach unserer Gewohnheit erst den Frühzug nehmen. Der Oberst sah mich also, wenn er mich nicht schon früher in der Loge drüben gesehen; er wußte, daß ich meinen Urlaub überschritten.

Fräulein von Artenberg hätte blind sein müssen — und mit so schönen Augen! — wenn sie meine Verwirrung nicht erkannt. Ich sah sie ein einziges Mal während unserer Unterhaltung erröthen; selbst im Innern sprach sie so ruhig und hatte auch für die aus den Logen belorgnettirenden Cavaliere zuweilen einen flüchtigen tadbaren Blick. Die Mutter warf mir zuweilen ein paar Worte in unsere Unterhaltung.

Mir war's wie Sphärenmusik, als ich das Orchester seinen üblichen Stimmungs-Charivari beginnen hörte, als die Clarinette, das Fagott, die Geigen ihr Gewirr erhoben und sogar die Posaunisten probirten, ob das Blech noch ganz sei. Das Publikum drängte sich wieder auf seine Plätze. Ich athmete hoch auf, als ich nach einer artigen Verbeugung gegen Minona und ihre Mutter in die kühlere Luft des Corridors hinaustrat. Was ich in Abschied gesprochen, hatten Beide sicher vor den Quinquilaren des Orchesters nicht verstehen können, und das tröstete mich.

Der Oheim versprach, mich im nächsten Zwischenact noch zu sehen. Mein Oberst that, - als bemerke er meine dienstwidrige Anwesenheit nicht; vielleicht sollt's aber ein warnender Wink für mich sein, als er dem Oheim, ihm die Hand zum Abschied reichend, sagte, er erwarte morgen Vormittag den Commandirenden in seiner Garnison und müsse noch vor Schluß der Oper den Nachtzug benutzen.

Ich eilte zu Tarnow hinüber und raunte diesem in's Ohr, ich müsse fort, da der Oberst im Hause. Er reichte mir phlegmatisch, etwas kühl seine Hand, während ich ihm versprach ihn in den nächsten Tagen in seinem Hotel aufzusuchen.

Erst draußen in der frischen Abendluft ward's mir leichter, freier um Herz und Kopf. Der Oheim hatte mir sein Hotel genannt. Es war dasselbe, in welchem

Tarnow und die beiden Damen abgestiegen. Ich warf mich in einen Fiaker, fuhr zum Hotel und gab für den Oheim meine Karte ab. Einige mit Blei geschriebene Worte unterrichteten ihn warum ich so eilig fort müsse.

Im Wartezimmer des Bahnhofs kam ich erst zu einiger Sammlung. Was war's denn Großes gewesen, was mich so in Wallung gebracht? Zuerst war ich Tarnow begegnet und der hatte mir erzählt. Es war ein boshafter Knabenstreich gewesen, was er sich damals gegen dieses Mädchen und gegen mich erlaubt, nicht werth, jetzt noch so großes Gewicht darauf zu legen. Dann hatte ich Minona von Artenberg in der Loge gesehen, dann bei ihnen meinen Oheim. Dann endlich hatte ich Beide gesprochen und das Mädchen hatte mir eine Seelenruhe gezeigt, die all das Zeug, das mir im Gedächtniß schwebte und mir von Tarnow gesagt worden, Lügen strafte. Nur als ich mich von ihr verabschiedete, so erinnerte ich mich jetzt, hatte sie mich mit einem Blick entlassen, den ein eitler Mann zu seinen Gunsten hätte deuten können.

Es kostet mich Ueberwindung hier einzufügen, daß man mich immer den schönsten Offizier des Regimentes nannte; aber das galt wohl nur der Frische und Jugendkraft meiner Erscheinung, meiner Jugend überhaupt. Ich war der jüngste der Offiziere und wohl der blühendste, denn meine Kameraden liebten es, allen Lastern durch die Arme zu laufen, von denen jedes ihnen seine Marke anheftete.

Dem Oheim schien nicht daran zu liegen, mich wieder bei sich in Wien zu sehen. Er besuchte mich am andern Tage in meiner Garnison, deutete mir nur leise an, daß seine Anwesenheit einen halb diplomatischen, die gegenwärtige politische Complication betreffenden Charakter habe, und ich sah ihn nicht wieder.

Achtzehntes Capitel.
Der Krieg.

Die Ereignisse überrumpelten uns. Mein Regiment war eins der ersten, die Marschordre erhielten. Kaum waren wir in Böhmen eingerückt, als auch die Preußen in großen Colonnen einmarschirten und uns die Kriegserklärung überbrachten. Ich selbst ward commandirt, einen preußischen Rittmeister, der dieselbe abzugeben hatte, mit verbundenen Augen zu dem kommandirenden General zu führen, und ungehindert wälzten sich gleichzeitig die preußischen Massen durch die Wälder nach Oesterreich herein.

Der letzte Brief, den ich beim Abmarsch erhielt, als ich schon den Fuß im Bügel hatte, war von meinem Oheim. Er sprach mit Enthusiasmus von dem nicht mehr abzuwendenden Kriege, von dem Sieg, den Gott dem guten, allein Recht verleihen werde, und erwartete von mir, ich werde mit Hingebung und Todesmuth die Waffe führen, die auch er einst mit Stolz getragen.

Andere Briefe, die wenige Tage später abgegangen, geriethen in den Wirrwarr des Krieges. Das machte mir's möglich, mit leichtem Herzen in denselben zu ziehen. Ich ahnte nicht, wie lange ich ohne Nachricht von den Meinigen bleiben sollte und was diese enthielten.

Wir Husaren und die Feldjäger kamen gleich während der ersten Tage bei einer Recognoscirung gegen das Dorf Hühnerwasser in's Gefecht. Auf der Wald-Chaussee vorgehend, wurden wir mit einem Hagel von Kugeln aus dem Dickicht überschüttet. Mein Pferd stürzte schwer getroffen unter mir zusammen. Ich glaubte mich unversehrt und versuchte, eins der reiterlos gewordenen Thiere einzufangen, aber ein Schuß in den Arm entwand mir die Waffe und mein Fuß hatte beim Sturz eine Quetschung erhalten. Das Blut rieselte mir heiß über die Hand. Ich schleppte mich während des Kampfes in den Graben und als die Unsrigen schnell auf das Defilé von Weißstein zurückgingen, war ich in den Händen des Feindes.

Den Doppelschmerz überwindend, ließ ich mich stumpfsinnig forttragen. Man verband mich sorglam, mich und einige funfzig Kameraden. Noch war ja nicht Noth an ärztlichen Kräften, unter der später Tausende rettungslos verbluten sollten, denn Menschenkraft reichte ja unmöglich für alle die unglücklichen Opfer aus, welche von zerfleischenden Maschinen reihenweise dahin geschmettert worden.

Sind doch unsere Kriege seitdem gegenseitige Vernichtungsacte geworden, für die man vergeblich den humanen Vorwand sucht, es handle sich ja nur darum, so viele wie möglich kampfunfähig zu machen, um ihnen danach all die Barmherzigkeit angedeihen zu lassen, für deren, der Größe des Elends entsprechende Uebung man vergebens nach Mitteln sucht — nach gleich wirksamen Mitteln, da doch die Barmherzigkeit nicht mit Maschinen geübt werden kann! Man sehe die Opfer des Kampfes auf dem frischen, blutgetränkten Schlachtfeld! Ein Drittel von ihnen verendet durch Schuld unzureichender Hülfe, und dahinzu gesellen sich als vernichtende Genossen die Elemente: Hitze, Eis und Schnee, die dem Verwundeten das Auge brechen! . . .

Mehre Wochen waren mir im Lazareth vergangen — ich zählte jeden einzelnen Tag. Meine Wunde hatte sich allmälig geschlossen; man sprach von meinem demnächstigen Transport. Die Nachrichten, welche mir vom Kriegsterrain gebracht wurden, die Zeitungen, die man mir zu lesen gab, stimmten mich nicht freudig. Es kamen immer mehr Verwundete; sie kamen sogar in Massen; der Ersten wurden kaum noch beachtet, denn man hatte keine Zeit mehr für uns.

Die Meinigen hatte ich von meinem Schicksal benachrichtigt. Ein Brief von Hedwig hatte sich durch verschiedene Lazarethe an der Grenze verirrt und kam verspätet in meine Hände. Er trug einen Trauerrand!

Mit zitternden Händen öffnete ich das Couvert — Hedwig schrieb von dem seligen Vater in rührenden Ausdrücken. Sie schilderte mir den Wirrwarr, der auf dem Gute herrsche, von den traurigen Geldverhältnissen, die sich nach dem Tode als unvergeßliche erklärt; von dem Tiefsinn der Mutter, die tagelang kein Wort spreche und selbst jetzt, wo Neuenfeld's Theilnahme so dankenswerth, dieselbe kalt und schroff zurückweise.

Ich war fast besinnungslos. Mein Auge schwamm in Thränen. Ich vermochte kaum den Brief zu Ende zu lesen.

Hedwig schrieb auch, daß der Oheim die Mutter gebeten, ihm schriftlich mitzutheilen, ob und wie er ihr in dieser Lage behülflich sein könne, da ein Unwohlsein ihn hindere, selbst zu kommen; aber sie habe auch ihm sehr kühl und ausweichend geantwortet. Schließlich beschwor sie mich, nach Hause zu kommen, sobald mein Zustand dies erlaube; sie wolle mich besser pflegen als es kalte, theilnahmlose Menschen in dem wüsten, unseligen Kriege vermöchten, der ganz Deutschland in's Unglück stürze und sie sogar abhalte, Neuenfeld's zu besuchen, da Lucia's Vater für Preußen schwärme und daraus gegen Niemand ein Hehl mache — zum Aerger der ganzen Nachbarschaft. Selbst ihr alter Velten, der doch gewiß ein verträglicher, friedsamer Mann sei und Neuenfeld stets verehrt habe, selbst er habe seinen stillen Aerger über ihn. Auch sie, fügte Hedwig hinzu, habe zuweilen ihren Verdruß an Lucia. Die lache nämlich, wenn von Politik die Rede, der sich doch jetzt niemand verschließen könne, und erklärte, sie verstehe von dem scheußlichen Hader nichts. Das aber sei herzlos gegen mich, der ich doch um denselben geblutet ...

Mein armer Vater todt! Die Nachricht traf mich wie ein betäubender Schlag. Der Brief, der mir seinen Tod gemeldet, mußte gleich nach meinem Ausmarsch eingetroffen sein und hatte mich nicht erreicht.

Ich mußte heimwärts! Aber wie! Ich war Gefangener. Man zeigte mir große Theilnahme, als man von meinem Schicksal sprach; man versicherte mich, ich werde auf Ehrenwort, nicht wieder die Waffen ergreifen zu wollen, frei gegeben werden. Aber wieder verging darüber eine Woche und mehr, während welcher ich Tag und Nacht keine Ruhe fand.

Die Preußen standen vor Wien! Das war der Ausgang unserer stolzen Träume! ... An demselben Tage, an welchem der Befehl kam, mich auf Ehrenwort frei zu geben, traf auch die Nachricht von der Waffenruhe ein.

Durch den Oheim, der mir in einem Briefe das herzlichste Mitgefühl für mein unglückliches Doppelschicksal aussprach, war ich reich mit Geld versehen. Ich eilte nach Hause, um von dort mein Abschiedsgesuch einzureichen, da mir schon die Lazarethärzte gesagt, es bedürfe dieses Ehrenwort's gar nicht, da ich vielleicht in langer Zeit nicht wieder im Stande sein werde, die Waffe zu führen.

Mein Weg führte mich über die Residenz, wo ich zu rasten und mich dem Oheim zu präsentiren beabsichtigte. Aber wie viel Trauer herrschte in der einst so heitern, geselligen Stadt! Wo war das harmlose, lustige Treiben von ehedem! Ich fand auch den Oheim sehr trübe gestimmt. Was er mit solcher Zuversicht erhofft, war zu Schanden geworden. Bleich und gemüthsleidend kam er mir in seinem Arbeitszimmer entgegen, in das mich Godesfroi mit allen Zeichen der Bewunderung führte, da ich den Arm noch in der Binde trug. Dieselbe Theilnahme war mir übrigens schon im Fiaker auf dem Wege zu Theil geworden. In Ermangelung anderer Kleidung trug ich noch die Husaren-Uniform. Begeisterte Zurufe begleiteten mich in den Straßen der süddeutschen Residenz, deren Truppen noch im Felde standen.

„Mein armer Kurt ... Armes Oesterreich!" Das waren die einzigen Worte, die der Oheim hervorbrachte, als er mit in das von Schmerzen abgezehrte Antlitz blickte. „Selbst Gottes ewige Gerechtigkeit verdammt wohl oft den Sterblichen zum Irren und Fehlen und das

Letztere hat unsere heißesten Wünsche und Hoffnungen zu Schanden gemacht! Wir müssen uns beugen unter das, was jetzt unabwendbar."

Er führte mich in sein Wohnzimmer; er sprach mit mir über meine häuslichen Verhältnisse; ich wagte, ihm eine Andeutung von dem zu machen, was mir Hedwig geschrieben.

„Deine Mutter hat mir nichts von solchen Verhältnissen gemeldet," antwortete er ausweichend. „Du wirst mir schreiben, wenn Du daheim bist ... Nicht wahr, Du gehst zur Mutter?"

Ich sagte ihm von meinem Wunsch, den Abschied zu begehren, da ich vor der Hand zum Dienst nicht tauglich.

„Es ist besser, einen längeren Urlaub zu nehmen!" Seine Stimme hatte etwas Trockenes. „Die Umstände werden ja später bestimmt! Du wirst doch heute mit mir speisen? Ich bin zwar sehr indisponirt ..."

„Es scheint mir gerathen, den nächsten Zug zu benutzen, um daheim zu sein, lieber Onkel, wo man meiner gewiß bedarf."

„Wie Du willst, Kurt! ... Also Du wirst mir schreiben! ... Apropos, Du wirst Geld gebrauchen; die Gefangenschaft pflegt trotz aller Gastfreundschaft unserer Herren Feinde, eine kostspielige zu sein."

Der Oheim händigte mir einige Hundertgulden-Noten ein. Ich schied von ihm mit dem Gefühl, als sei er sehr kühl gegen mich gewesen, schob dies aber auf seine politische Mißstimmung und sein Unwohlsein. Das Unglück Oesterreichs, an dem er mit ganzer Seele hing, mußte ihn natürlich tief schmerzlich berühren. Ich maß das an der Stimmung ab, die in der ganzen Bevölkerung herrschte.

Ein paar Besuche in der Stadt waren mir noch bis zum Abgange des Zuges vergönnt. Einer derselben galt Wilsdruff's, an deren Hause mein Weg zum Bahnhof vorüberführte. Ich war von der Familie in aller Freundschaft geschieden; ich schuldete ihr diese Aufmerksamkeit. Philippine kam mir mit vor Ueberraschung hochgefärbtem Antlitz entgegen. Die Hand, die sie mir reichte, bebte fühlbar, ihr großes Auge schwamm in glänzender Feuchtigkeit während sie mich anschaute.

„Sie Aermster," rief sie mit weicher Stimme ihre Hand in der meinigen lassend. „Wir nahmen recht innigen Antheil an Ihrem Schicksal als wir hörten ..."

Philippine mochte nun meinen, daß es sich nicht wohl schicke, einem jungen Husaren die Hand, so vertraulich zu überlassen. Sie zog beschämt die mageren Finger aus der meinigen, und führte mich in das Unterhaltungszimmer. Sie war allein im Hause, die Eltern seien in's Bad gereist, sagte sie mit Trauer in Ton und Miene, und diese Alleinsein machte sie unsicher.

„Mein armer Vater," klagte sie," er ist durch seine angestrengten Studien so an seiner Gesundheit geschädigt, daß die Aerzte für ihn fürchteten. Er mußte in's Bad. Konnte ihn ohne die Mutter reisen. Zöglinge haben wir ja nicht mehr im Hause, und so bin ich denn ganz allein zurückgeblieben. In so unruhiger Zeit ist das doppelt empfindlich. Ich wollte, die Eltern wären schon zurück!"

Mir lehrte die Zeit meines Aufenthalts in dieser

Familie so recht klar in's Gedächtniß. Jeder kleinste Gegenstand im Zimmer befand sich noch auf seinem alten Platz und die Kastanienbäume streckten ihre Zweige bis an das Fenster.

„Fräulein Philippine," rief ich, ihre Fragen hinsichtlich des Krieges unterbrechend, „Ihnen gegenüber bin ich mir noch eine kleine Ehrenrettung schuldig und zugleich die einer gewissen jungen Dame da drüben ... Sie erinnern sich eines gewissen Vorfalls ..."

Philippine horchte gespannt auf.

„Sie schienen damals meine Vertheidigung wenig glaubwürdig zu finden. Inzwischen bin ich dem jungen Grafen Tarnow in Wien begegnet. Er gestand mir dort, daß jenes Gerücht nur von ihm ausgesprengt worden, weil er thörichterweise Ursache zu haben glaubte, auf mich eifersüchtig zu sein."

„Soo?" antwortete das Mädchen gedehnt mit einer Miene, als wolle sie aus Artigkeit mir Glauben schenken.

„Fräulein von Artenberg," fuhr ich fort, „ist wie Sie ja wissen, inzwischen die Mündel meines Oheims geworden; ich begegnete ihr in Wien."

Ueber Philippinens Antlitz strich das moquante Lächeln, das ich an ihr kannte.

„Ich dachte mir wohl so etwas," sprach sie langsam halb vor sich. „Ich sah sie mehrmals auf der Promenade in der Equipage des Fürsten, der sich eines so holden Schützlings natürlich sehr herzlich annimmt. Fräulein von Artenberg ist wirklich sehr schön geworden; sie muß den Winter mit ihrer Mutter hier verlebt haben; man hörte öfter von ihr sprechen. Natürlich, für sie wär's auf dem Lande wohl zu langweilig gewesen!"

Des Mädchens Ton gefiel mir nicht mehr. Ich erhob mich und jetzt erst entdeckte sie den schwarzen Flor an meinem Arm.

„Großer Gott, verzeihen Sie, meine Zerstreutheit, Herr von Amstätten," rief sie erschreckt. „Wir lasen von dem schweren Verlust, der Ihre Familie getroffen; ich war zu überrascht durch Ihr plötzliches Erscheinen ..."

Ich machte dem Besuch ein Ende, drückte ihr die Hand und entfernte mich. Philippine war einige Jahre älter geworden und ihre Hoffnung auf einen Heirathsantrag irgend woher, der damals immer in Aussicht stehen sollte (wenigstens ließ man darüber zuweilen ein Wort fallen) hatte sich nicht bestätigt, inzwischen eine andre Aussicht sich auch wohl nicht geöffnet. Sie war also boshaft gegen die Welt geworden, weil Niemand sie heirathen wollte. Die altjungfräuliche Gallsucht hatte sich ihres Gemüths bemächtigt, das sonst zuweilen ganz wohlwollend sein konnte. Auge und Gesicht hatten bei ihr auch schon die gelbsüchtige Farbe angenommen und um ihren Mund lag ein Zug von menschenfeindlicher Bitterkeit. Unsre alte Freundschaft hatte mich sicher nicht davor gerettet, ihr als ein Scheusal zu erscheinen wie alle jungen Männer, gegen die schon in der Zeit ihrer kümmerlichen Blüthe eine ahnungsvolle Bosheit erfüllte.

Neunzehntes Capitel.

Die Erscheinung.

Daheim war's gerade so still wie ich hatte erwarten können. Die Mutter und Hedwig in Trauerkleidern; Beide schwiegsam in tiefem grambvollem Ernst. Selbst Hedwig hatte ihre Redseligkeit verloren; sie sah kränklich aus; es fraß der armen Schwester etwas am Herzen und das war neben dem Schmerz um den Dahingeschiedenen, an dem sie mit so inniger Liebe gehangen, der Kummer um den trostlosen Zustand, in welchem er trotz seinem besten Wollen Alles zurückgelassen.

Es ging gegen Mitte August. Starke Regengüsse, mit glühender Sonne wechselnd, hatten auf die Vegetation nicht den günstigsten Einfluß geübt. Das Unkraut überwucherte die Felder; die Halme waren hoch und kräftig aufgeschossen, die Aehren leicht und mager. Der alte Velten, ein zuverlässiger Mann, mehr Bauer als denkender Oekonom, war mit der Ernte wenig zufrieden. „Wenn sich der Durchlauchtigste Fürst nur ein wenig um den Kram kümmern wollte!" war sein Refrain, wenn es überall am Besten fehlte.

Als Hedwig sich am ersten Tage, gegen Abend, an meinem Arm hängte, wußt' ich, daß sie mit mir über unsre Verhältnisse plaudern wollte. Sie war so bleich, es lag ein so banger Zug um ihren Mund.

„Wenn Ihr mich nicht auch unter der Erde wissen wollt, so laßt Euch nicht mit dem Freibeuter, dem Neuenfeld ein," hatte die Mutter uns nachgerufen, als sie uns Haus verlassen sah.

„Wie steht es zwischen Euch und unsern Nachbarn?" fragte ich die Schwester im Park. Hedwig seufzte.

„Neuenfeld hat in bester Absicht die Mutter schwer verletzt," sagte sie, „als er auf die Nachricht von des Vaters Hinscheiden kam, um ihr seine guten Dienste anzubieten. Hätt' er nur eine andre Form dafür gewählt, aber er ist immer so gerade aus. Er erbot sich sogar, unser ganzes Anwesen hier zu ordnen, auch mit Geld zu helfen, wenn es von Nöthen sei, und das hat die Mutter gekränkt, beleidigt. Sie wandte ihm in ihrer tiefsten Trauer den Rücken und ließ ihn ohne Antwort stehen. Seitdem hab ich auch Lucia nur selten und flüchtig gesehen. Uebrigens" ein Schatten des Unmuths verdüsterte ihr Gesicht, „giebt es auch noch andre Dinge, die mich zwingen, Lucia fern zu bleiben. Wir sprachen schon einmal davon. Neuenfeld hätte auch der Mutter nicht in so plumper Weise von Geld sprechen sollen. Sie verläßt sich auf die Erbschaft, denn die Ansprüche ihrer Vettern in Oesterreich sind zurückgewiesen; aber die Sache zieht sich trotzdem in die Länge und so viel ich höre hat der Vater auf diese Erbschaft Gelder geborgt. Wie ich vermuthe, soll das Gut in unfren, der Kinder Gunsten verwaltet werden und da werden wir dann von fremden Menschen abhängen."

Ich wußte, woran ich war. Und dennoch mußte ich Neuenfeld sprechen, der des Vaters Verhältnisse sicher kannte, mit seinem practischen scharfen Blick unsre Situation gewiß am besten beurtheilte.

Am nächsten Morgen, — die Mutter sollte stets bis zum Mittag schlafen, da sie Nachts keine Ruhe fand — war ich auf dem Wege nach Hochborn.

Neuenfeld war auf dem Felde; ich sah, wie er, eine urkräftige Gestalt, die beiden Zügel der Pferde eines schwer beladenen Erntewagens ergriffen und den Wagen so aus einer tiefen Ackerfurche herauszog, in welche ihn die Unvorsichtigkeit der Knechte gefahren.

Seinen breiten Strohhut in der Hand, sich den Schweiß von dem tiefbraunen Gesicht trocknend, empfing er mich, schon aus der Ferne den Arm mir entgegenstreckend.

„Grüß Gott, Herr von Amstätten!" rief er mit freudig biederem Gesicht. „Ich hab's mir doch gedacht, daß Sie noch ein Gedächtniß für Ihre alten Freunde haben würden!"

Dabei nahm er derb meinen Arm, legte ihn in den seinigen und führte mich über die Stoppelfelder auf die zum Hause ansteigende Chaussee. „Sie sind schlimm dran gewesen!" fuhr er treuherzig fort. „Sie haben als einer der Ersten dran glauben müssen! O, ich kenne das! War auch schon verwundet, als wir damals in Schleswig für nichts und wieder nichts unsre Haut zu Markte trugen, und später noch einmal, als wir den Uruguay überschritten in der Schlacht von Monte Caseros gegen den Bluthund, den Rosas. Ich habe den herzlichsten Antheil an Ihrem Schicksal genommen und bin auch meiner Ueberzeugung nach für das halb'd gewesen, so wär's mir doch lieber gewesen, sie hätten mir einen Andren vom Pferde geschossen als meinen jungen Freund. Damit Sie's wissen, Herr von Amstetten" unterbrach er seine Gedanken, „wir Beide dürfen so lange die Wasser so hoch gehen nie von Politik sprechen; es ist einmal meine Meinung, daß mit der faulen Wirthschaft in Deutschland aufgeräumt werden muß. Lassen Sie mir das; sobald Sie älter geworden, wird sich Alles anders gestaltet haben, und dann macht sich das Uebrige von selbst . . . Aber jetzt kommen Sie! Lucia soll uns ein gutes Frühstück vorsetzen und — nicht wahr, Sie bleiben jetzt vorläufig bei uns? — wir Beide wenigstens wollen gute Nachbarn sein, denn mit den Weibern ist doch nichts aufzustellen."

Auf der Schwelle des Empfangsaales trat uns eine Mädchengestalt entgegen, schlank und dennoch von runden Conturen. Ein Gewand von dunklem Wollenstoff umschloß sie züchtig bis zum Halse; das rothbraune Haar, eigensinnig gelockt, die Stirn muthwillig umspielend, nur durch ein schwarzes Band nachlässig und dennoch graziös aufgeheftet — es war Lucia! Ich erkannte sie an dem lebhaften Blick der großen schönen Augen, an der eigenthümlichen hellen Bronce-Färbung ihres Teints, der, wie sie auf der Schwelle dastand, in dunkleren Blutton überging.

Schweigend, regungslos ließ sie uns herankommen, bald den Vater, bald mich anschauend, ohne Verlegenheit, mit der Offenheit und dem Freimuth, den sie aus ihrer Kinderzeit mit herüber genommen, der ihr eigenstes, unnachahmliches Naturel.

„Erkennst Du unsren jungen Nachbarn, Luz?" fragte Neuenfeld lachend und auf mich deutend.

Lucia's Blick fiel auf den Arm, den ich noch in der Binde trug. Ihr hochgeröthetes Antlitz entfärbte sich in jähem Wechsel.

„Herr von Amstetten," sagte sie im natürlichsten Ton des Mitgefühls.

„Schau ihn Dir nur an, Luz! So sieht man aus, wenn man aus dem Kriege kommt!" fuhr Neuenfeld fort. „Das aushalten müssen und kann uns erzählen!"

Lucia, die uns einen Schritt entgegen getreten, hob die Hand, ließ sie aber wieder sinken. Sie war ja das Kind nicht mehr!

„Seien Sie uns herzlich willkommen, Herr von Amstetten," sagte sie mit ihrer vollen, aber klangvollen Stimme. „Es bedarf wohl nicht der Versicherung, daß wir den innigsten Antheil genommen . . ."

„Nein, Luz, das brauchst Du nicht erst zu versichern," rief Neuenfeld komisch derb. „Rede nicht viel

und laß doch ein Couvert mehr auftragen! Herr von Amstetten wird unser frugales Frühstück theilen; er wird ja durch die Feld- und Lazarethkost nicht verwöhnt sein; wir brauchen also keine Umstände zu machen."

Mit einer freundlichen Verneigung wandte sich Lucia von uns und schritt durch den Salon. Mir war's unmöglich, den Blick so schnell von ihr zu lassen. Ich sah die graziöse, in ihren Bewegungen dennoch so energische Gestalt über das Esparto-Geflecht hinschweben, das bei Neuenfeld im Sommer den Teppich vertrat.

Welch eine Wandlung die so kurze Spanne Zeit einiger Jahre an einem Mädchen zu üben vermag! So steht man am Sonnenaufgang vor einer Knospe, auf der noch der frische Thau des ahnungslosen Morgens liegt, und blickt am Mittag in den Kelch der herrlichsten Blüthe!

„Sie wundern sich, daß das Mädchen so groß geworden, sagte Neuenfeld. „Ja, als Kinder mißt man sie jedes Jahr, um zu sehen, ob sie hübsch zunehmen, und merkt nicht, daß sie Einem plötzlich bis unter die Augen gewachsen! . . . Aber kommen Sie! Lucia hat schon auf mich gewartet mit dem Frühstück. Sie sollen uns viel erzählen."

Mir war's ganz eigenthümlich traumselig zu Muthe, als ich mich von ihm fortziehen ließ, und so vergaß ich, weshalb ich eigentlich gekommen. Ich hatte das Mädchen wohl nicht vergessen, aber doch seltener an sie gedacht. Selbst in diesen Momenten der Erinnerung hatte sie nur wie ein originelles Kind mir vor gestanden, das auf dem bunten Markt meines an oberflächlicher Zerstreuungen reichen Garnisonlebens keine Rolle spielen konnte. Auch Hedwigs Briefe hatten lange nicht mehr von ihr gesprochen.

Bei diesem Wiedersehen traf es mich wie ein Vorwurf. Wie war's möglich gewesen, ein Mädchen wie dieses nicht in der Erinnerung zu behalten! Es wollte mich dünken, als habe ich ein Stück Leben versäumt, und Hedwig, die oft Seiten lang von mir ganz gleichgültigen Dingen geschrieben, hatte nie mehr eine Zeile für ihre Freundin gehabt!

In Lucia's Wesen schien nur in sofern eine Veränderung vorgegangen zu sein, als sie schöner geworden. Jede ihrer Bewegungen, ihre Stimme, ihr Auge erinnerten mich an die Eigenthümlichkeiten des Kindes, die sich zu äußeren Tugenden, unvergleichlichen Vorzügen entwickelt.

Wachte auch sichtbar der Schutzengel der Jungfrau über die naiven Freimuth des Kindes jetzt, so war die Mädchenseele doch noch ebenso offen anmuthend. Lucia blickte ohne von der Macht dieser Anmuth zu ahnen, ihre rothen Lippen lächelten unschuldsvoll und zwanglos und wenn sie in Ruhe, halb geöffnet, den Saum der weißen Zähne zeigten, lag noch ein Kindheit letzter Schelmentraum auf diesem lieblichen Antlitz. Dabei hatte ihr ganzes Wesen die Frische und Ursprünglichkeit des Kindes behalten und die Empfänglichkeit des lebhaften Geistes äußerte sich in den Grenzen angeborner Grazie.

Neuenfeld sah mich zuweilen verwirrt werden wenn Lucia bei Tische meiner Erzählung so theilnehmend zuhörte. Er mischte sich dann in's Gespräch, um sie aus ihrem Versinken in's Anhören wach zu rufen. Er fürchtete offenbar nichts für das Mädchen einem jungen Mann gegenüber, aber er besorgte, wie es mir vorkam, daß ihre Theilnahme von mir mißverstanden werden könne, und das litt sein gerades Wesen nicht.

Mit keinem Worte ward meiner Familienverhältnisse erwähnt und ich durfte in des Mädchens Gegenwart nicht von Dem sprechen, was ich von ihm hatte hören wollen. Lucia brachte nur einmal das Gespräch auf meine Schwester, die jetzt so von Wirthschaftssorgen überhäuft zu sein scheine, daß sie für ihre Nachbarn keine Zeit mehr erübrigen könne.

Gegen Ende des Frühstücks, mitten im Plaudern mit diesen beiden ehrlichen Seelen, ward meine Aufmerksamkeit durch eine Erscheinung in Anspruch genommen, die wie Gespensterspuk am hellen Mittag auf mich wirkte.

Ich saß Lucia gegenüber, mir zur Linken an der andern Tischbreite saß Neuenfeld, der eben vor sich niederblickend einen Pfirsich brach. Die Thür zu dem geräumigen Wohnzimmer stand geöffnet, so daß ich gerade in den bis zur Erde reichenden Spiegel desselben schaute.

In dieser Thür stand nun, hinter Lucia auftauchend, plötzlich eine abschreckend hagere, lange Männergestalt in grauem Anzug, die auf der Binsenmatte jenes Zimmers unhörbar dorthin getreten sein mußte. Regungslos, geisterhaft unbeweglich stand sie da und schaute mit blöden, hervor gequollenen, weit geöffneten Augen gerade auf mich.

Das Antlitz dieses Menschen war gelblich bleich wie Wachs, tiefe Runzeln durchzogen es wie Brüche im Pergament, das graue Haar hing struppig um eine schmale hohe Stirn, die durch einen röthlichen vertikalen Streif in zwei Hälften getheilt war. Wie eine Maske erschien dies Gesicht und dennoch bewegten sich grollend die großen Augen. Die Arme hingen schlaff herab und verriethen kaum an dieser schattenhaften Gestalt das Leben, das diese dorthin bewegt.

Und doppelt noch mußt' ich diese lange graue Gestalt sehen, denn hinter ihr zeigte sie mir der Spiegel noch einmal, mich überzeugend, daß ich keiner Sinnestäuschung unterliege.

Wie auf eine Geister-Erscheinung starrte ich über Lucia hinweg. Mein Gesicht mußte meine Bestürzung verrathen. Lucia schaute mich an. Auch Neuenfeld ward aufmerksam.

„Was ist Ihnen?“ fragte er besorgt, mich anschauend.

„Sie sind unwohl, Herr von Amstetten!“ rief Lucia sich halb erhebend.

„Es ist nichts, nur eine Wallung zum Gehirn,“ stammelte ich, mit der Hand zur Stirn fahrend, denn eben war die Gestalt wieder ganz so geräuschlos, so schattenhaft verschwunden, wie sie dahin getreten.

Während ich mir verwirrt die Stirn rieb, war Lucia aufgesprungen und in jenes Zimmer geeilt. Erschreckt, besorgt für sie, starrte ich ihr nach.

„Leiden Sie zuweilen an solchen Anfällen?“ fragte Neuenfeld theilnehmend.

Ich mußte erst vollends zu mir kommen.

„Doch nicht!“ entschuldigte ich mich. „Es ist wohl eine Folge . . .“ Was sollte ich antworten!

„Der Lazareth-Lust!“ ergänzte Neuenfeld. „Kann's mir denken! Das steckt Einem immer noch lange in den Gliedern.“

Lucia kehrte eben mit einem Crystal-Flacon nervenstärkender Essenz zurück und reichte es mir. Ich schaute das Mädchen an; ihr Antlitz war ruhig. Nur die Besorgniß um mich hatte es ein wenig geröthet. Sollte ihr jene Erscheinung nicht mehr begegnet sein?

„Die Luft wird Ihnen wohl thun, Herr von Amstetten,“ sagte Neuenfeld sich erhebend. „Sie scheinen noch am Lazarethfieber zu leiden! Kommen Sie; ich lasse Ihnen meine beiden prächtigen Goldfüchse im Hofe vorfahren, die ich erst vor einigen Tagen erhalten; die werden Sie interessiren,“ setzte er mit eigenthümlichem Lächeln hinzu.

Während Lucia mich noch immer mit Theilnahme und, nicht ohne Erregung beobachtete, dann noch ihrem Strohhut suchte, um uns zu folgen, führte mich Neuenfeld hinaus. In der That wirkte die Kühle des Hofes vortheilhaft auf mich und während Neuenfeld die Ordre gab, die Pferde vorzuführen, konnt' ich zu einiger Fassung kommen.

Es war nicht jene Erscheinung an sich gewesen, die mich so consternirt. Der Mutter Aeußerung über den unheimlichen Gast, den Neuenfeld in seinem Hause verstecke, war mir in's Gedächtniß getreten, eine Aeußerung, die ich schon längst vergessen hatte.

Zwischen Hedwig und mir war aus Rücksicht für unsre liebenswürdigen Nachbarn damals nie davon die Rede gewesen; die Zeit war darüber vergangen. Jetzt mußte ich durch den Unheimlichen selbst daran erinnert werden, denn er war es ohne Frage gewesen, den ich gesehen. Er war nicht hinweg zu philosophiren; er war da und die kränkenden Vermuthungen, welche die Mutter an das Gerücht von seiner Existenz geknüpft, traten natürlich mit ihm in meiner Seele auf.

Diese Erscheinung war offenbar die eines Blödsinnigen, sein Gesicht war abschreckend; aber jener vertikale rothe Streif auf seiner Stirn, es war offenbar eine tiefe Narbe und gerade dies flößte mir ein Schaudern ein, als ich an die Vision zurück dachte.

Neuenfeld verheimlichte diesen Gast; das war zweifellos — warum aber machte er aus ihm ein Geheimniß, und gab dadurch den Leuten Veranlassung zum Reden?

Lucia trat jetzt, das Hütchen auf ihr glänzendes Lockenhaar, das ihr ungefesselt über den Nacken hing, in den Hof. Ein mißtrauischer Blick auf sie ward mir fast zum Vorwurf. Lucia mußte natürlich von diesem Gast wissen, aber dieses offne, unschuldvolle Gesicht, mit dem sie mir in den Hof zu mir trat, konnte unmöglich die Maske eines fluchwürdigen Geheimnisses sein, selbst wenn es das ihres eignen Vaters war. Mich wandelte trotzdem ein Grauen vor diesem Hause an.

Ich blieb verstimmt, wie ich mich auch bemühte, eine heitere Miene zu zeigen, und erst als ich mich verabschieden wollte, gelang mir dies. Lucia selbst hatte das Verdienst davon. Sie war nicht mehr von jener kindlichen Unbefangenheit, die sie ehedem gezeigt, aber sie legte in ihr Benehmen gegen mich eine halb schüchterne, jungfräuliche Zutraulichkeit, die mir so wohlthat und über mein Mißtrauen siegen mußte. In Allem ließ sie die Erinnerung an unser früheres harmloses Zusammensein so herzenswarm herausklingen, und als ich schied, reichte sie mir lächelnd die Hand und trug mir die herzlichsten Grüße an Hedwig auf.

(Fortsetzung folgt.)

Liebe auf dem See.

Eine Geschichte aus dem Volke.

Erzählt von

P. K. Rosegger.

(Fortsetzung und Schluß.)

Siebentes Capitel.

Sie naht dem See.

Es war ein milder, reiner Frühherbsttag. Die Glocken der Kirchthürme klangen in Nah und Fern, und die Leute eilten den Gotteshäusern zu. Sankt Bartholomä hat viele Verehrer; man traut ihm mehr zu, als manch anderen Heiligen. Die Liebenden und die Hassenden opfern ihm besondere Gaben.

Kunigunde fuhr zu ihrer Muhme.

Sie werde des nächsten Tages wieder zurückkehren, hatte sie zu den Ihren gesagt.

Sie fuhr den See entlang. Auf der kaum bewegten Wassertafel zog manches Kettchen und mancher sich dehnende Ring, wie eben der Lufthauch spielte oder das nach Mücken jagende Fischlein.

„Das waren schon die Brautringe" meinte der Postknecht lächelnd.

Später erhob sich ein Wind und die Bäume, die am Ufer standen neigten ihre Wipfel gegen Westen.

„Schau," sagte der Postknecht, „Bartholomä geht mit Sturm über den See. Es kehrt das Wetter um. Die Bäume verbergen sich gegen das Gebirge."

Wenn an einem Herbstmorgen die Wipfel sich gegen Sonnenaufgang neigen, so heißt das: Sonne, Dir sei Lob und Dank, daß Du uns einen heiteren Tag willst verehren! — Beugen die Bäume aber ihr Haupt gegen die westlichen Berge, so ist das ein Zeichen der Furcht und Demuth vor den Mächten des Sturmes, der über kurz von dort losbrechen wird.

Solche Bedeutung hat in der Gegend des weiten Sees der Morgenwind.

„Es wird ja Er bei mir sein, dachte Kunigunde — an Weiteres dachte sie nicht. Es war ein gewaltiges Wogen in ihrem Herzen und ein wildes Glühen in ihrem Haupte. Was auch hatte sie von außen zu fürchten, wenn der mächtigste Gewittersturm in ihr selber tobte! Ganz und gar war sie beherrscht von Leidenschaft. Ein einzig Mal flüsterte ihr der Engel zu: Kehre um, Dein Herz ist rein, Du sollst nicht verderben!

Doch ein Anderes rief ihr laut: Im Herzensgrunde Deines Bräutigams liegt Deine künftige Welt — Du mußt sie erforschen.

Und die Eifersucht schrie mit krächzender Stimme: Willst Du's nicht thun, so thut's eine Andere!

— Noch vor Kurzem war Kunigunde das harmlose, unschuldsvolle Kind gewesen; fromm, liebhold- marienhaft hatten sie die Leute geheißen. So würdevoll war ihr Wesen daß es Keiner gewagt hätte, sie auch nur mit leisem Blicke zu beleidigen. Da, plötzlich war der Funke an ihr Herz geschlagen und eine Gewalt war lebendig, von der sie bisher kaum eine Ahnung gehabt

— die sie nicht gelernt hatte zu bezähmen. Im Gedanken des baldigen Einsseins mit dem Geliebten überließ sie sich ganz der erwachten Macht. Ihr junges Herz, das wie ein Lämmlein weidete auf der grünen Au, hatte seinen Hirten; da brachen aus dem Walde zwei Raubthiere hervor: die Leidenschaft und der Aberglaube — und verzehrten das Opfer . . .

Als der Postwagen an die Stelle kam, wo die Landzunge mit den dichten Weidengebüsche hinausging in den See, ließ Kunigunde halten. — Sie habe sich's plötzlich anders überlegt, sie fahre nicht nach Seewald. Sie sei durch die Fahrt etwas unwohl, besuche eine Schulfreundin, die hier herum wohne und wolle dann wieder zurückkehren in den Flecken.

Der Postknecht brummte über so ein zimperlich Weibsbild, das schon in den Brautständen kränkle, sagte ihr aber doch, weil er die künftige Edelreifferan vor sich sah, einen artigen Gruß und fuhr davon.

Kunigunde stand auf der einsamen Au und sah dem Wagen nach, der über dem rauhen Schultweg hinweghölperte und endlich hinter den Büschen verschwand.

Sie kam sich vor, wie hilflos ausgesetzt auf einer wüsten Insel im Weltmeere und das Schiff ziehe davon und kehre nimmermehr zurück.

Aber Ambros! sie wird ihn hier finden an diesem Abende! Der Gedanke ermunterte sie wieder. Sie ging, sich zwischen den hohen Schilfe fortwindend, der Fischerhütte zu.

Die alte Afra hatte sie schon erwartet — mit dämonischer Lust das Opfer erwartet, an welchem sie sich selbst und ihre Tochter rächen wollte. Dieses Mädchen hatte die Sterbstunde gesegnet jenem Manne, den sie viel tausendmal verflucht. Dieses Mädchen stiehlt ihrem Kinde das Liebesglück.

Als Kunigunde nun zagend herannahte, eilte ihr die Alte mit Hast entgegen und führte sie bald an das Ufer hin.

Dort hieß sie das Mädchen in einen Kahn steigen und unterwies es im Rudern. Draußen strichen Möven über das glitzernde Wasser und schossen bisweilen nieder auf ein Fischlein.

Die fernen Berge waren im Dufte des sonnigen Tages kaum sichtbar. Der Wind hatte sich ganz gelegt und Afra sagte: „Eine gute Fahrt wird's sein. Und ist es Noth, so führt auch der Edelreif das Ruder." Dann belehrte sie, wie Kunigunde wohlvermummt in Oda's Kleidung auf der ganzen Fahrt kein lautes Wort sprechen solle; wie Ambros dann einschlummern werde und wie sich ihr hierauf ein Gesicht darthun müsse, welches das ganze Innere des Bräutigams ohne Hehl und Hinterhalt offenbaren sollte. Am jenseitigen Ufer noch vor der Morgenstunde könne sie sich entweder entdecken oder allein zurückrudern, oder den Kahn der Aufsicht eines Schiffers anvertrauen und zu Lande heimkehren.

Kunigunde hörte die letzten Worte kaum. Mit Argwohn und Zuversicht zugleich dachte sie an die ihr bevorstehende Offenbarung.

Und die Alte murmelte: „Das geht noch besser, als ich hab gedacht. Die Lieb hat sie zum Narren gemacht vom Kopf bis zum Fuß. — Schier thuts einem leid um das Wesen." — Sie starrte auf das steinige Ufer, an welches die Wellen lind anschlugen. Eine Regung des Mitleides fühlte sie. Aber sie dachte an Oda das blasse betrogene Mädchen, das arme Fischerkind, nur gut genug zum Spiele — dann hingeworfen zum Spotte, zum Abscheu. Und eine Andere an ihre Stelle gesetzt, die kein Recht mehr hat an die bereits verpfändete Liebe.

Wohlan, nun konnte sie Rache üben, für zwei verlorene Leben — für ihr Kind, für sich selber. Und das war süß, so süß, daß es Ersatz bot für all das Elend und den Schmerz.

Wenn aber der Edelreif nicht kommen sollte? nein, von diesem Manne war es kaum zu denken, daß er sich die letzte Gelegenheit entgehen ließe. Wenn er aber und vielleicht erst auf dem See die ganze Falle durchschaute? Was wäre dadurch für die Fischerin denn verloren? der eine letzte Weg, der Braut seine geplante Untreue zu verrathen blieb ihr immer offen.

Freilich sollte die Vergeltung herrlicher sein.

Der Tag verging. Kunigunde schwebte in Angst und Erwartung.

Gegen Abend steckte die Alte das Mädchen in die farblosen Kleider ihrer Tochter. „Schöner bist Du Deinen," grinste sie, „aber es mag sich zutragen, daß auch der Fischerkittel seinen Reiz hat. Dieses Tuch lege um das Haupt, schlage es sein über das Gesicht; so macht es auch meine Tochter gern, wenn die Nachtluft geht. — Sei sein stark und halte Dich ruhig, daß er Dich nicht erkennt; es ist zu Deinem und zu seinem Guten, das mußt Du bedenken. Hab' Muth, Täubchen, die Nacht wird dunkel sein."

Achtes Capitel.

Das Schifflein zieht davon.

Die Nacht wird dunkel sein. — So dachte sich auch Ambros, als er in der Dämmerung der Hütte im Schilfe weilte. Er konnte keine Ahnung davon haben, wie seine nächtliche Seefahrt in der Fischerhütte gedeutet, noch viel weniger davon, was gegen ihn für ein arges Netz gewoben wurde. — Wohl, ein wenig leichtsinnig war er gewesen. Er hatte Manchem, was zwischen ihm und Oda vorgefallen, zu geringe Bedeutung beigelegt, als daß er heute noch an Folgen davon denken konnte. Ihm war's eine Jugendländelei gewesen, ihr doch auch? — Was weiter?

Ambros hatte vor, bei Verwandten jenseits des Sees seiner Braut eine Ueberraschung für den Hochzeitsmorgen zu bestellen — einen glatten vornehmen Schrank aus Nußbaumholz, den er mit dem allerfeinsten Linnen zu füllen gedachte — wie solche ja die Wonne echter Hausfrauen sind. Deshalb hielt er Kunigunden die Fahrt über das Wasser geheim und deshalb war's ihm lieb, daß dieselbe zur Nachtzeit geschehen konnte.

Still, freudig an die zu schaffende Ueberraschung denkend, wand sich der junge Mann durch das Schilfgras. Der Himmel war nicht trüb und nicht heiter, er hatte einen Schleier. Ein Paar der hellsten Sterne nur guckten durch.

Es war finster als Ambros in die Fischerhütte trat.

„Alles bereit!" flüsterte ihm die Alte vielsagend zu.

Der Edelreif hatte ein Goldstück als Fahrlohn hervorgezogen und suchte damit ihrer Hand beizukommen. Asra jedoch versteckte die Hände unter den Fetzen und so ging sie ihm voraus gegen den See hinab.

Der Kahn, noch an's Ufer gebunden, schwankte. In demselben lauerte die junge Schifferin.

— Also doch mit ihr — der heißblütigen Fischerdirne über das Wasser! dachte der Edelreif. Absicht oder Zufall? —

Der Abendhauch war mild und lau. Das Wasser rieselte lauschig an den Ufern.

Ambros sprang mit einem Juchschrei in das Fahrzeug. Die junge Fischerin hielt das Ruder krampfhaft in der einen Hand; die andere Hand legte sie auf die eisenbeschlagene Kante des Schiffschnabels. Das kalte Metall that ihr wohl, ihr war fieberig heiß.

„In drei Stunden mögt ihr drüben sein," sagte die Alte, „gute Fahrt!"

Das Mädchen stemmte das Ruder gegen das Ufer — da glitt das Schiffchen ab. —

Oda — die echte Oda — lauerte hinter einem Busch und preßte die geballten Fäuste an die Brust. — Da zogen sie hin auf wiegenden Wellen, er und Oda das schöne Fischermädchen. Nein, nicht Oda, ihre Puppe, ihr bloßer Name nur. Ihr Name wird hier geschändet, und sie selbst ist verdrängt von seiner Brust durch eine Andere.

„Kennst Du die Pein, die ich leide?" rief Oda ihrer Mutter zu. „Kein Mensch auf der Welt hat sie so noch ausgestanden: Die Eine hat Ihn, die Andere hat die Sünde! — Mutter, Du hast meinen Namen verschachert."

Die Alte horchte auf, als verstände sie ihre Tochter nicht.

„An Deinem Namen ist nichts mehr zu verderben," murmelte sie hierauf langsam, „Du hast ihn selbst wohlfeil gegeben; der Liebe hast ihn geopfert, wie ich, wie Andere, sondern der Hoffahrt. Es sind Dir Freier gekommen aus unserem Stande, aber ein Fischer ist Dir viel zu schlecht, der Edelreifhof liegt Dir just noch hoch genug. Willst leugnen? Ich weiß einen Zeugen! Sankt Peter hat's gesehen! Du schlechte Kreatur hast seinen Fasttag verschärft! Und mich willst anklagen?"

„Und ich klage Dich an!" rief Oda bebend, „mein Vater ist auch keiner gewesen von Deinem Stand, und kann's der heilig bezeugen, so kann es Paul, daß ich auf der Welt bin!"

Da hob Dir die Alte schier gespensterhaft empor: „So fährst Du mich heut an! So will ich Menschenglück schlachte mit eigenen Händen, um Dich, mein Kind, zu rächen! — Schau hinaus! Die Nacht hat sie schon eingehüllt, den Ruderschlag kannst noch hören. Mit dem listigen, lustigen Teufel fahren sie davon — mit der brennenden Hölle kehren sie zurück und bei dem Hochzeitreigen tanzen die bösen Geister. — hi ho! Glück auf die Reise!"

Die Alte torkelte vom Ufer zurück; sie verkroch sich in ihre Hütte. Oda lauerte in wirren Gedanken an der Strandung und die Wellen fächelten heran zu ihren brennenden Füßen.

Das Wasser rieselte und plätscherte leise. Erzählte es, was auf dem einsamen Schifflein war draußen in den Weiten des See's?

Neuntes Capitel.
Die Schleier fallen.

Das einsame Schifflein in den Weiten den See's zog langsam dahin. Sein Ruderschlag war, wie das gedrückte Athemholen eines Schwerträumenden.

Der Edelreif saß anfangs still auf seinem Bänklein. Bei dem lauen Hauch der Nacht, bei dem lauschigen Flüstern des Wassers wurde sein junges Blut allmälig wärmer, sein Herzschlag lebendiger. — Heute hatte er die Trauringe bestellt beim Goldschmied. In wenigen Tagen wird er den Reifen an der Hand fühlen, als Sinnbild des ewigen unlöslichen Bundes. Dann ist er geschritten über die Brücke und hinter ihm ist eine blühende Welt voll süßer Lust und bunten Lebens untergegangen. Was hatte er am Verlobungstage Kunigunden doch nur versprochen? Er hatte versprochen, daß er ihr ewige Treue schwören werde am Altare; von einer Treue vor der Trauung war die Rede nicht gewesen. — Und Oda ist eine wilde Blume im Morgenthau, denn erst die Sonn bald welkend verblassen wird, kommen die Hummeln, bald saftlos entblättert hinsinken wird auf den Sand . . .

Was geschürzt ist, muß gelöst werden . . .

So sann der junge Edelreif als die Wasser rieselten in nächtlicher Ruhe.

Er hatte lange unverwandt gegen das Ufer geblickt. Und als dort die Büsche und Bäume in der Dunkelheit verschwommen waren, als nur mehr eitel Wassergrund zitterte ringsum, da wendete er sich. — Er blickte die Schifferin an, er lächelte still. — Das ist wieder die Stolze, die sich jedes Wort, das sie sprechen soll, in Voraus mit einem Kuß bezahlen läßt.

Es ging ein warmer, fast schwüler Hauch, aber das Fischermädchen zog sein Uebertuch enger um sich und ruderte emsiger.

"Das ist eine schöne Nacht, da trinkt man warmes Leben ein," sagte Ambros endlich.

Das Mädchen schlug das Ruder tiefer in die Wellen. Sie hätte es am liebsten fahren lassen, hätte mit beiden Armen den Geliebten umfangen und hell gerufen: Ja, Ambros, eine schöne Nacht! — Aber sie mußte die weichen Wellen peitschen, daß sie den Kahn schaukelten, daß sie den Bräutigam einwiegten in den Schlummer. Denn nur wenn er schläft, soll sie schauen in den Grund seines Herzens. — Wenn er aber wachend bliebe, wie konnte sie ihn täuschen, wie konnte sie vor ihm bestehen? Nein, falsch sein muß sie heute, um seine Treue zu prüfen. Nur einen einzigen Händedruck wollte sie ihm geben in dem ihr Herz überströmen konnte.

Aber Gott! ihm — der sie nicht kannte — kam der Händedruck ja nicht von ihr, der Braut, sondern von der Fischerin . . . Dieser Gedanke gab ihr Kraft; sie riß das Ruder an sich; einen Fußtritt that sie gegen den jungen Mann.

"Laß die Stange und ruhe," sagte Ambros.

Das Mädchen schien das Wort nicht zu hören.

Ein mattes Leuchten flog über den sternenlosen Himmel; Ambros bemerkte es kaum, die Schifferin aber zuckte zusammen vor diesem Schein. Konnte er doch bald heller flammen und zum Verräther werden. — Und wenn ein Gewitter ausbrach? Sie die Unkundige hatte es übernommen, ihn über den See zu führen, sie war verantwortlich für sein Leben.

Er dachte nicht an eine mögliche Gefahr.

— Oda, wir sind allein," sagte Ambros. Er sagte es fast zitternd, es war ihm unstet in der Brust, im Haupte — ihm war schier, als wolle das Fahrzeug versinken mit ihm, mit ihr in unendliche Tiefen, als sei er mit dem Mädchen ganz allein mitten in einer untergehenden Welt.

Die Schifferin war bei dem obigen Worte leise zusammengeknickt — fast als wäre ein Blitzstrahl hingefahren nah' über ihrem Haupte.

Und Ambros dachte auch an den Blitz: wenn er jetzt niederzuckte, und sie vor mir getroffen zusammenstürzte, ob ich wohl so starr wäre, wie Kunigunde auf der Hochwiese? — Ach Kunigunde ist so groß, so stark — so still und rein, wie eine herbstliche Mondnacht — sie ist wie eine Braut Gottes. — Aber des Menschen Glück reist nur an Sonnenglut . . .

Die Schifferin schlug nun wie trampfig in's Wasser, aber das Fahrzeug kam nicht weiter, es wendete sich um sich selbst, es ging in Kreise wie ein Taumelnder. Die Schifferin hatte das Lenken verlernt.

"Laß' doch jetzt die Plage," sagte Ambros, "setze Dich hierher und raste!"

Da ließ das Mädchen die Ruderstange los; es sanken ihr die Hände.

Jetzt war es fast ganz still auf dem See und die Nacht brütete in ihrer tiefsten Finsterniß.

"Mädchen," flüsterte Ambros ihr näher rückend, "Du hast bei dem Fischen das Sprechen verlernt, aber Du hast mir doch das Hören und Erhören noch bewahrt?" — Er wußte kaum mehr, was er sagte.

Kunigunde legte ihre fiebernde Hand nun auf die kalte Eisenkante des Kahnes; sie wollte die scharfe Ecke einbohren in ihr Fleisch, daß es davonbrause, das wilde, wüthende Blut ihres Herzens. — Sah sie so das Innere ihres Bräutigams? Weh', ihre Ahnung!

"Siehe, wie das Schifflein sanft uns schaukelt," hauchte Ambros, der stets in linden Worten zu sprechen wußte, wenn es galt, freundliche Huld zu gewinnen. "Liebchen fühle die weichen Wellenarme und sie schweigenden Vorhänge der Nacht, die von allem Reibe der Welt uns trennen. — Du königlich reiche Fischerin, welch ein reizendes Brautgemach hast Du zu eigen! — Du weisest mich heute zurück — ?"

"Deine Braut!" stieß das Mädchen tonlos hervor.

"Oda," sagte er, "Du weißt es, der Mensch ist nicht Herr seiner Verhältnisse, die Ehe ist Bestimmung, da kann man nicht wählen. — Ich achte meine Braut,

ich liebe sie auch, doch verlange nicht, daß ich sie so
heiß, wie ich Dich . . . Du zitterst Mädchen! ach, komm
zur Brust herauf, sei Du jetzt meine Braut!"

„Ich bin Oda!" kreischte sie.

„Eben das weiß ich ja, mein süßes Kind!" flüsterte
Ambros, und wie er sein Haupt gegen das Mädchen
neigte, erhob sich dieses rasch — hoch über ihn —
stürzte sich nieder und schlug ihr Haupt mit wilder Gewalt in die eiserne Kante. —

Der Schrei war bald verklungen in dem Toben der
Nacht und der Wässer. Ambros hatte in demselben
Kunigundens Stimme erkannt; hintastete er nach der zu-
sammengebrochenen Gestalt. Diese lag da, still und
regungslos — und ein Strom ergoß sich über ihr
Gesicht. — Schlägt das Wasser herein? Ein heller
Schein zuckte über den See, da sah Ambros das blut-
bedeckte Antlitz seiner Braut.

Sie athmete, sie hauchte noch ein Wort — er verstand es nimmer. Das Flüstern des Wassers hatte ihm
ihr letztes Wort geraubt.

Bald athmete sie nicht mehr. Und Ambros, der
junge, schöne, reiche Mann, kniete im Blute vor der
Leiche seiner Verlobten.

Da verging ihm alles Denken. Er schlug sich hart
auf die Stirne, daß er erwache aus solch schwerem
Traum.

„Nein — aus Schuld und selbstgeschaffener Qual
ist kein Erwachen. — Ambros fühlte das Blut rieseln,
das ihn so heiß hatte geliebt. Er fühlte das Wesen
mälig erkalten und erstarren. Und wenn er's nicht
glauben wollte und nicht fassen konnte, so flammte die
Röthe eines Blitzes und zeigte, wer da lag und was geschehen war.

Laut und wild verfluchte er sich selbst und so oft
ein Blitzstrahl zuckte hob er die Hände: „Auf mich fahr
nieder!" — Das Gebet, in welchem blutbefleckte Hände
sich falten, findet nicht Erhörung. Da dachte er an
den Flammentod des alten Mannes auf der Hochwiese;
dem war die Sünde vergeben; in den Armen eines
Engels konnte er verscheiden. Dieser Engel lag nun
vor Ambros Füßen und er, der arme, bräutliche Wittwer
ist auf des Lebens Schifflein ohne Schutz und Trost —
verworfen und verloren.

„O, wer hat mir's angethan?" rief Ambros plötzlich aus. „Oda, bist Du die Schlange? Ist's das alte
Weib? — Bist Du es selbst Kunigunde! — O, siehe,
ich habe Dich geliebt, o siehe, ich küße, trinke Dein
Blut — ach! Thränen sind es. Du hast geweint. —
Ich trockne sie, Du wirst wieder glücklich sein, o süße
Braut! — Scherze nicht, steh' auf! Laß' dem Teufel
kein Haar, er treibt leicht sein Spiel. Ich seh's ja
wohl, Du machst es gut — ich lach' über den Spaß;
laß genug sein! Das Blut wasch' ab . . . Was? tobt!
und rothe Ströme auf dem See? Ueber Blut geht das
Schiff? — O, verblindet, löscht aus, ihr schrecklichen
Höllenflammen! . . ."

So raste er in wildester Qual. Dann wurde er
stumm. Seine Seele war gebrochen. Stumpf, wie in
halbem Schlummer saß er neben der Leiche und der
Kahn stand still und bewegte sich kaum. Kein Lüftchen
strich, im Gewölke leckte häufiger der Widerschein ferner
Blitze.

Ambros richtete den Leichnam auf und gab ihm
eine lehnende Stellung. Er legte seine Hand auf die
tiefe Wunde an der Schläfe. Dann hub er an zu
weinen.

Ein kalter Lufthauch wehte plötzlich, der Kahn hub
an ein wenig zu schaukeln.

Ein dumpfes Donnerrollen war vernehmbar; es
war nicht zu bestimmen, von welcher Seite es kam, in
welcher Richtung das Gebirge lag. Der Kahn schwankte
planlos auf hohem Wasser.

Ambros hielt der Leiche rechte Hand in der seinen.
Einmal hatte er nach der scharfen Eisenkante getastet
und gemurmelt: „Dich wird auch der Rost verzehren
vor der Zeit. Blut ist ein arges Ding!"

Plötzlich riß in den pechschwarzen Himmel eine
brennende Spalte, die alle Wolkenmassen und Tropfen
des Sees entzündete. Die Wellen wurden ungestümer,
das Fahrzeug schwankte nach allen Seiten, Wasser gischte
empor an den Wänden, bespritzte eine heiße Stirne und
eine kalte. Da brach es los. Eiskalter Regen strömte,
vermischt mit Schloßen, der Sturm brauste drein und
das Schifflein glitt in weitem Bogen auf und nieder.

Es sei in Verzweiflung, in Wahnsinn, in Stumpf-
sinn — sein Leben hatte der Mensch nicht vergessen.
Ambros langte nach dem Ruder. Er kämpfte mit Macht
gegen den Sturm; aber was sind gegen elementare Gewalten zwei ringende Menschenarme? Der Kahn wurde
gestoßen und geworfen — Blitz um Blitzstrahl flammte
und ungeheuerlich war das Tosen und Grollen weit in
der Runde.

*

Zur selben Stunde lag der Edelreishof wohl geborgen unter seinen Linden.

Alle Bewohner desselben ruhten in ihren Betten
und horchten halb furchtsam, halb mit Behagen auf das
Unwetter, das draußen wülthete. Der „Herr" war nicht
daheim. Der hat sich irgend wo anders ein trautes
Nest bestellt, der weiß für sich schon zu sorgen. — Wer
hätte ahnen mögen, daß der junge Besitzer des großen
Hofes in dieser Nacht von Allem verlassen auf dem
weiten See rang mit den Elementen! — Nur der älteste
Mensch im Edelreishof, ein Mütterlein von achtzig
Jahren, konnte gar nicht schlafen und Ruhe finden; sie
stand auf, zündete eine Kerze an und betete. — Wenn
man, so hatte sie gedacht, um Mitternacht nicht schlafen
kann, so soll man immer beten, denn die Welt ist weit
und es können zur selben Stunde Menschen in Bedrängniß sein zu Wasser und zu Lande. —

Im Flecken wachte Kunigunden's Mutter. Sie
verhüllte die Fenster dicht gegen die grellen Blitze und
dachte bei sich, ob unten im Seewald, wo Kunigunde
weilte und dessen Muhme, wohl auch eine so wüste Nacht sei.

Unheimlicher war es in der Hütte der alten Fischerin
Fast der Boden bebte vor dem Branden des Sees, und
die bereits erlöschenden Funken des Herdes wurden wieder
aufgefacht vor dem brausenden Sturme und sie stoben
auseinander und gar der alten Afra in das wirre grau-
ende Haar.

„Hoi!" rief diese kreischend aus, „was haben denn
die Teufel heut mit meinem Haar?"

Oda hatte auf ihrem Lager dem Tosen zugehört, nun aber erhob sie sich und warf einen Mantel um ihre Glieder.

„Wo willst mir hin, mein Kind!" rief die Alte, „hörst nicht? das Himmelreich ist niedergebrochen!"

„Du kannst ruhig sein, Mutter!" entgegnete Oda erregt, weißt es nicht, daß draußen auf dem See zwei Menschen sind?"

„Närrchen, die sind Dir lang' schon drüben; die haben in Oberberg ein besseres Dach, als wir alle beide. Schau, wie da die Tropfen herabgucken und zucken. Wir haben naß bei Tag und Nacht, in jungen und in alten Tagen; wir sind arme Fischersleut' — verlassen unser lebelang."

Oda eilte hinab zum Ufer. Im Scheine der Blitze spähte sie hinaus auf den See; dieser wogte, wallte und gischtete und die strömenden Nebel wälzten über ihn hin.

Oda rief laut den Namen Ambros und sank händeringend auf einen Stein. Einen scharfen Splitter hatte sie sich in den Fuß gestoßen; sie achtete nicht darauf, dieser Schmerz rieselte fast wohlthätig gegen die Angst in ihrer Seele.

Lange saß sie auf dem Stein und betete im Herzen zu Sanct Peter, dem Patrone der Schiffer.

Und als nach und nach die Blitze seltener, die Donner dumpfer, die Wogen ruhiger wurden, schöpfte sie am Strande einen Nachen aus, ankerte ihn los und fuhr hinaus auf den See. Anfangs wollten sie die Wellen zurückwerfen; aber sie arbeitete mit fast übermenschlicher Kraft. Erst als das Wasser eine andere Strömung nahm glitt ihr Fahrzeug rasch dahin.

Zehntes Capitel.

Ein dreifaches Grab.

So hatte sich's zugetragen in dieser Nacht.

Als die Morgenfrühe kam und im Osten die langen lichten Streifen tagten über den verschwommenen Rande des hinabziehenden Gewitters — trieb Oda noch in Kreuz und Quer auf dem See. Sie steuerte jedem Schattenpunkte, jedem Baumstrunke zu, der vom Lande hereingetragen umher schwamm. Aber von dem Kahne, den sie suchte, war nichts zu entdecken.

Ein alter Korbflechter fuhr im Morgengrauen gegen eine Landzunge hinaus um Weiden zu schneiden. Er sah den Kahn der Fischerin, er hörte ihr Wort: sie suche ihr Liebsten. — Eine Weile blickte er dem kleinen, unstäten Fahrzeuge nach.

Und Oda starrte hoffend und verzweifelnd über die weiten Wasser. Dort, zwischen zwei Nebeln erhob sich klar und scharf das Gebirge; dorthin mußten sie ihre Richtung genommen haben. Auch über den See zogen immer noch Nebelgestalten, da oben schon der Himmel blaute und auf den Berghäuptern die Sonne lag.

Plötzlich, als sich wieder einer der Dunstschleier löste, schwamm ganz in der Nähe Oda's der Kahn, den sie suchte. Keine Gestalt ragte in ihm auf; sich selbst überlassen wiegte er sich auf der Fluth.

Mit aller Kraft ruderte die Fischerin dem Fahrzeuge zu. Da sah sie darin zwei Menschen liegen, regungslos und mit Blut begossen.

„Ambros!" schrie sie mit gellender Stimme. Da richtete sich eine der Gestalten im Kahne halb empor, starrte mit wirrem Auge um sich und verdeckte sein Gesicht mit beiden Händen.

Einen wilden Blick that er nach der Fischerin, die mit zerrissenen Locken, umgischtet von Wasserschaum wie ein Dämon hastig ihm nahte — dann stürzte er sich in die Fluthen.

Oda rang mit ihm in den Wellen, er schlug ihr die Faust in's Gesicht und riß sich von ihr los. Wieder erfaßte sie seinen Arm; er klammerte seine Finger um ihren Hals; so rangen sie lange — sie um das Leben, er um den Tod. Allmälig sanken sie unter. Die Wellen schlugen hin über ihre Köpfe — ein Wehschrei hallte über den morgentlichen Wassern.

Der alte Korbflechter hatte den Kampf gesehen, hatte eilig sein Boot herbeigelenkt, hatte mit seinem Eisenhaken die Untergehenden erfaßt und sie emporgezogen in sein Fahrzeug.

— — Als die letzten Nebel vergangen waren auf dem See, als darüber das endlose Himmelsauge blaute mit seinem funkelnden Sonnenstern, da glitten zwei Kähne auf der weiten, glatten Fläche. Der eine war leer und wurde bald aufgefangen. — Der andere Kahn schwamm noch einen Tag und eine Nacht auf dem See; endlich glitt er in der Nähe des Ortschaft Seewald dem Ufer zu, weisend eine Jungfrau mit der Todeswunde auf der Stirne.

Fast zur selben Stunde war's, als im Dorfe Oberberg die Glocken klangen. Oda war schon einige Stunden nach dem Todeskampfe auf dem See verschieden. Ambros, der Edelreif, lebte noch einen Tag und legte das Bekenntniß ab von seiner Schuld und williger Sühne.

Auf wilden Wogen der Liebe giebt es schlimme Fahrten; Ambros starb nicht schuldiger, als hundert Andere leben.

Auf dem Kirchhofe zu Seewald wurde er bestattet — ihm zur Rechten Kunigunde, ihm zur Linken das Fischermädchen.

Die alte Afra lauert heute noch am Strande des Sees. Sie sieht das Flunkern und Zittern des Wassers; den Ungrund sieht sie nicht, der — wie die Liebe — Herzen in Seligkeit wiegen, und Herzen verschlingen kann. —

Ende.

Die Moselnixe.

Erzählung

von

Philipp Galen.

(Fortsetzung aus Nr. 12.)

Als die Berncastler Herren Alles in Augenschein genommen, öffnete Lucas, der seinem Herrn auf Schritt und Tritt folgte, die Spiegelthür und nun trat man in ein einfacheres und doch höchst elegant sich darstellendes Gemach, in dem alle Möbel aus antik geschnitztem Eichenholz bestanden, die Sessel und Sophas mit braunen weichen Lederpolstern überzogen waren und an den Wänden Frucht- und Jagdstücke hingen, die die Bestimmung desselben schon durch die dargestellten Gegenstände andeuteten.

„Dies ist unser Speisezimmer," erklärte der Wirth, „aber wir benutzen es nur, wenn die Witterung uns den Aufenthalt auf dem Oberdeck nicht gestattet, denn oben ist es in der Regel viel luftiger und frischer und man genießt bei der Tafel zugleich den Anblick der Ufer und das Treiben der Menschen, an denen man sich auf der Fahrt vorüberbewegt."

Als auch dieses einladende Zimmer genügend betrachtet, öffnete Lucas das dritte und letzte Gemach der hinteren Cajüte und man trat in einen Raum ein, den man auf der Stelle als das Schlafcabinet des beiden Freunde erkannte. In die Schiffswände waren zwei prachtvolle Betten und Toilettentische eingelassen, auf denen die Utensilien aus japanischem Porzellan bestanden und alles zum Ankleiden nothwendige Material im Ueberfluß enthalten war; hinter einem breiten Spiegel zeigten sich Kleiderschränke, und hinter verschiedenen, ebenfalls beweglichen Gemälden die schöne weibliche Portraits aus der griechischen Mythologie darstellten, andere zum täglichen Gebrauch nothwendige Gegenstände. Die Vorhänge der Betten und Fenster bestanden aus grünem Seidendamast, und hier fast noch mehr als in den beiden anderen Räumen erhielt man den Eindruck, daß die Schiffseigenthümer sehr reiche Leute sein müßten, was auf die einfachen Männer aus Berncastel eine sichtbare Wirkung übte, da sie eine so kostbare Einrichtung noch nie vor Augen gehabt hatten.

„Jetzt sind wir an das Ende unserer Schiffswohnung gelangt," erläuterte Herr Philipp, „und nun betreten wir die Cabinen unserer Diener und der das Schiff leitenden Matrosen. Folgen Sie mir gefälligst."

Lucas öffnete die hinterste Thür und man trat nun in den freien Raum hinaus, der den Mast und das zum Segeln nothwendige Material enthielt. Als man diesen durchschritten, wurde eine Thür zu einer kleinen Cabine geöffnet, die ganz nach Schifferweise eingerichtet war und die etwas enge Wohnung der beiden Herren enthielt. Auf beiden Seiten erhoben sich je zwei Lagerstellen übereinander und in die Schiffswände dazwischen waren die nöthigen Schränke für Kleider und sonstige Bedürfnisse eingelassen. Alles aber verrieth eine seltene Sauberkeit und selbst hier waren auf dem Boden braune Teppiche von Cokusnußfasern ausgebreitet, die jeden Schritt unhörbar machten.

Aus dieser engen Behausung gelangte man in die nicht viel größere Küche und fand den weißgekleideten Koch nebst einem Gehülfen darin thätig, um den Gästen das leckere Mahl anzurichten. Höflich begrüßte der Beherrscher dieses mit Düsten aller Art erfüllten Raumes die Herren, indem er seine blendend weiße Mütze abnahm und dienstergeben auf seinen Herrn schaute, der ihm einen freundlichen Gruß zunickte und im Vorübergehen leise zu ihm die Worte sprach:

„In zehn Minuten, Heinz. Wir sind gleich fertig!"

Der Rector von Cues blickte sich in dieser ihm etwas gleichgültigen Räumlichkeit nur oberflächlich um, nicht so sein Begleiter aus den Heiligen drei Königen, der sein Auge an dem ringsumher aufgestellten Geräth mit wahrer Wirthsfreude labte. Denn Alles, was er sah, strahlte von Eleganz und Reinlichkeit und die blank geputzten Casserolen, Töpfe und sonstigen Geschirre lächelten ihn so behäbig an, daß sein rundes Vollmondsgesicht den ganzen Glanz widerstrahlte, den es hier vor sich ausgebreitet sah.

„Kommen Sie weiter," mahnte Herr Philipp, „jetzt erreichen wir den letzten geschlossenen Raum, die Cabine für unsere Matrosen, die, wenn sie hier auch etwas eng wohnen, doch recht gern einmal das Leben auf dem Salzwasser mit dem auf einem Binnenstrom vertauscht haben."

Man trat darin und sah die innere Einrichtung fast ebenso wie in der Cabine der Diener, nur daß der Raum im Ganzen bei Weitem größer war. Man zählte acht Betten, von denen vier oberhalb der unteren angebracht und die sämmtlich mit roth und weißgewürfeltem Linnen überzogen und mit rothen wollenen Decken belegt waren. Auch dies Gemach stand im Augenblick leer, denn die Mannschaft befand sich auf dem oberen Vorderdeck, mit dem Anfertigen von Netzen beschäftigt, und nur der Steuermann, wie man nachher sah, hatte sich in das kleine Boot gesetzt, wo er, seine kurze holländische Pfeife rauchend, sich die Zeit mit Angeln vertrieb.

„Jetzt haben Sie Alles gesehen, was ich Ihnen zeigen kann," nahm der junge Wirth wieder das Wort. „Die unteren Schiffsräume zu besuchen, können wir uns ersparen und so wollen wir uns auf unser Hauptdeck zurückbegeben, um endlich an unser Frühstück zu gehen. Bitte, kommen Sie!"

Kopfschüttelnd, noch auf Dies und Jenes einen hastigen Blick werfend, Alles bestaunend und doch sich auf das verheißene Mahl unendlich freuend, folgte Peter Gassen schweigend dem Rufe, aber auch der Rector war ganz stumm geworden. Mit seinen Gedanken über das Geschehene vollauf beschäftigt, trat er dem voranschreitenden Schiffsherrn nach, der mit stillem Behagen sehr wohl den günstigen Eindruck bemerkte, den seine Gäste von der Einrichtung der fabelhaften Moselnixe empfangen hatten.

„So," sagte der Erstere, „jetzt gieb das Glockenzeichen, Lucas, daß man anrichten kann, und unterdessen, meine Herren, blicken Sie sich etwas um und untersuchen Sie, ob wir hier nicht einen ganz hübschen Ankerplatz gewählt haben."

Und in der That, was man hier, durch die Lücken der so reichlich aufgestellten Gewächse hindurchblickend, von der umliegenden Gegend sah, war wohl dazu angethan, ein die Natur liebendes Gemüth mit Behagen und Freude zu füllen. Stromaufwärts zur Rechten sah man den mächtigen Brauneberg am Horizont auftauchen, dessen breiter Rücken von oben bis unten mit dichten grünen Rebenpflanzungen bedeckt war. Davor lagen die romantischen Oertchen Noviand und Maring, zwischen denen sich der kleine Lieserfluß anmuthig in die ihn willig aufnehmende Mosel hineinschlängelte. Stromabwärts tauchte das ebenfalls weinreiche Lieser auf und weiterhin sah man den Cueser Thurm sich erheben, während auf der weiten ebenen Strecke die hier einen großen Bogen beschreibenden Mosel Ortschaften, Häuser und grüne Fluren mit einander abwechselten, aus denen die smaragdgrüne junge Saat und die reichen Obstgärten mit ihrem üppigen Blätterschmuck anmuthig hervortraten. Am jenseitigen Ufer dagegen sah man aufwärts am Flusse den Thurm und die Häuser von Mülheim sich in den Wellen spiegeln und dann Weinberg auf Weinberg folgen, bis in weiterer Ferne stromabwärts die grauen Ruinen der Landshut sichtbar wurden, über denen sich der Burgtorf mit seinen gewaltigen Laubwaldungen erhob, an dessen Fuß, nur an einzelnen, am Horizont auftauchenden weißen Mauern erkenntlich, sich die Stadt Berncastel mit ihren Weinbergen anschloß. Ueber Allem aber wölbte sich der klarste Himmel mit seinem entzückenden Azurblau und die Sonne strahlte so gütig über Berg, Thal und den ruhig dahinströmenden Fluß, daß man mit Wonne auf das weinreiche Ganze schauen konnte, das hier so bequem und überschaulich dem bewundernden Auge geboten wurde.

Herr Philipp führte den Rector und Jan van der Straaten den Wirth der Heiligen drei Könige zu Tisch, und sobald sie saßen, traten außer Lucas, der allein seinem Herrn aufwartete, noch drei andere Diener heran, so daß also jeder Speisende seinen eigenen hinter sich hatte. Waren die Gäste nun aber schon über das bisher Geschehene verwundert gewesen, so sollte der Eine von ihnen durch das nun aufgetischte Mahl beinahe bezaubert werden, denn Peter Gaffen ging hier ein ganz anderes Licht über die Kochkunst und die Bedienung bei Tisch auf, obwohl er doch gewiß bei sich zu Hause an schmackhaftes Essen und pünktliche Bedienung gewöhnt war.

„Ach," sagte er wiederholt im Stillen zu sich, „die Leute hier in der Moselnixe — o, sie heißt mit vollem Recht so — verstehen es noch besser als meine Köchin aus Düsseldorf, die ich so theuer bezahlen muß, wie nur ein vornehmer und reicher Herr seinen Koch bezahlt. Ach, was die luxuriöse Welt doch jetzt zu Wasser und zu Lande leistet! Man ist beinahe zu alt geworden, um mit ihren Leistungen und Erfordernissen gleichen Schritt zu halten. Aber bei meinen Heiligen drei Königen, besser kann man an keiner fürstlichen Tafel

speisen und ich wünschte, mein Traudchen bekäme nur eine blasse Idee davon. Bah!"

Indessen wollen wir uns nicht länger als nöthig ist, bei diesem Frühstück aufhalten und nur erwähnen, daß die Weine, obwohl kein Berncastler Doctor zum Vorschein kam, den vorgeführten Speisen entsprachen, denn der edle Pisporter Auslese folgte der köstliche ächte Josephshöfer, und den Schluß machte der hochfeine Zeltinger Schloßberger, dessen Wohlgeschmack und Feuer dem guten Wirth aus Berncastel fast die Zunge gelöst hätte, wenn er nicht zu bemerken geglaubt, daß, je weiter das Mahl vorschritt, der ältere junge Holländer immer ernster, stiller und bedächtiger wurde, was der Rector unwillkürlich nachahmte, indem er mit bescheidenster Genügsamkeit von allem Schönen nur Weniges genoß und seinem Begleiter darin von ganzem Herzen den Löwenantheil überließ. Ja, Peter Gaffen suchte seine durch das lange Fasten am Morgen gesunkenen Kräfte genügend zu stärken, und er bewies auch heute, daß er nicht allein das ihm von Gott gegebene Gut zu würdigen verstehe, sondern daß er von der gütigen Natur auch mit Organen begabt sei, die vollauf im Stande waren, das zu füllreich Gebotene zu bewältigen. Im Ganzen schmeckte es Allen vortrefflich; der größte Reiz aber schien bei den Gästen in der Neuheit der Sache und darin zu liegen, daß man so gemüthlich auf dem räthselhaften Schiffe saß und mitten in der heiteren Gottesnatur zu speisen und zu trinken Gelegenheit hatte, wie sie nur selten einem Reisenden geboten wird, namentlich wenn man die Liebenswürdigkeit der beiden Wirthe dabei in Anschlag brachte, die mit unnachahmlicher Aufmerksamkeit und Herzlichkeit ihre Gäste zum Genuß von Speise und Trank aufmunterten, wobei jede Ruhmredigkeit weitablag als ob sie als reiche Holländer den bescheidenen Deutschen hätten zeigen wollen, was ihre Heimath in Bereitung von leiblichen Genüssen leisten könne.

Bei Tische zeigte sich, wie auch sonst Jan, van der Straaten als der redseligste und unterhaltendste, während sein Freund nur Weniges und meist mit dem Rector sprach, und zwar über Dinge, die dem Geistlichen zunächst am Herzen lagen. seinen zu schönen Beruf betrafen und sich auf die innere und äußere Gestaltung des Hospitals bezogen, dessen oberster Verwalter er ja war. Peter Gaffen dagegen unterhielt sich lebhaft mit dem heiteren Jan, und der Stoff, den Beide verhandelten, betraf zumeist den edlen Stoff, den sie der Reihe nach aus weißen, grünen und rothen Römern tranken, und darin war Peter Gaffen Meister, wie kein Anderer, und seine kernigen Kraftausdrücke und die musikalischen Eigenschaften, die er den verschiedenen Weinsorten beilegte, ließen die Anwesenden oft in ein heiteres Gelächter ausbrechen, was ja die Würze eines jeden guten Mahles ist und Wirthen wie den Gästen stets als Zeichen allgemeiner Befriedigung gilt.

Kurz vor zwölf Uhr aber war man endlich mit dem solennen Frühstück zu Ende gekommen und Herr Philipp war es, der das Zeichen zum Aufhub der Tafel gab. Man wechselte einige freundliche Worte und wandelte dann unter dem Sonnenzelt und zwischen den Blumen auf und nieder, während die rührigen Diener wie im Fluge die Tafel abräumten, die Tische auseinander zogen und wieder an ihre gewöhnlichen Plätze stellten.

Als sie aber nach einigen Minuten damit zu Stande gekommen und sich wieder entfernt hatten, gab der ältere Holländer seinem Freunde einen Wink und dieser verstand ihn sogleich.

So ließ er denn durch Lucas holländischen Liqueur und hochfeine Cigarren bringen, aber nur der Rector und Jan zündeten sich eine davon an, da Peter Gassen kein Raucher war und Herr Philipp wohl die sonst so beliebte Cigarre ablehnte, weil er sich bereits ganz anderen und ernsteren Gedanken hingegeben hatte. In der That war der junge Mann, besonders in der letzten Viertelstunde, mit jeder Minute schweigsamer und bedächtiger geworden, und man merkte ihm an, daß er jetzt Willens sei, an das ernste Geschäft zu gehen, zu dem er die beiden Herren aus Berncastel zu sich eingeladen hatte. Als man nun im behaglichen Hin- und Hergehen begriffen war, blieb er plötzlich stehen und sagte mit einer Miene, die eine nicht geringe Bewegung seines Innern verrieth:

„Meine Herren! Jetzt haben wir den ersten Theil unseres heutigen Beisammenseins vollendet und gehen zum zweiten über, da wir Sie ja nicht allein gebeten haben, unsere Gäste bei Tische zu sein, sondern auch mit uns eine wichtige Berathung zu pflegen. Nun denn, so wollen wir keine Minute länger damit zögern, denn ich brenne vor Verlangen, mich endlich einer Last zu befreien, die schon lange schwer auf meinem Herzen liegt. Herr Rector, darf ich Sie bitten, mir nach dem unteren Zimmer zu folgen? Mein Freund wird dafür Herrn Gassen hier oben unterhalten und ihm seine Bitte vortragen, da dieselbe einen ganz anderen Gegenstand betrifft als der ist, über den ich mit Ihnen zu verhandeln habe. So folgen Sie mir denn gefälligst, ich bitte noch einmal darum.“

Der Rector, der den Redenden, während er sprach, fest angesehen und ihm mit großer Aufmerksamkeit zugehört, verbeugte sich zustimmend, und so schritten die beiden Männer wieder die kleine Treppe hinab und waren bald in dem reizenden Wohnzimmer der Cajüte verschwunden, dessen Thüren sich unmittelbar hinter ihnen fest schlossen. Jan aber, der Straaten dagegen lud Peter Gassen ein, sich neben ihn auf eine bequeme Bank zu setzen und indem er ruhig seine sein duftende Cigarre fortrauchte, sagte er mit heiterem Antlitz zu dem Wirth, der nach dem vortrefflichen Mahl ganz vergnügt geworden war, jetzt aber wiederum mit großer Begierde lauschte, was sich ihm nun endlich offenbaren würde:

„Mein lieber Herr Gassen! Die Unterhaltung, die wir Beide jetzt zu führen haben, wird ungleich leichter und kürzer sein als die, welche mein Freund mit dem Herrn Rector so eben beginnt. Denn ich beabsichtige nicht, Ihnen einen so ernsten Vortrag zu halten, wie Philipp es bei Jenem thut, da Sie ja nachher während Ihrer Heimfahrt genügend Zeit haben werden, von Ihrem Begleiter zu erfahren, was zu vernehmen hat, zu welcher Mittheilung derselbe ausdrücklich von meinem Freunde autorifirt werden wird.

„Mit einem Wort,“ fuhr er nach einer kurzen Pause fort, während sein Zuhörer sich mäuschenstill verhielt und nur mit seinen blauen Augen erwartungsvoll auf der Miene des Sprechenden ruhte, „ich habe für jetzt nur eine kleine Bitte an Sie zu richten, die bald gesprochen und deren Erfüllung mir hoffentlich eben so bald von Ihnen zugesagt werden wird, da ich Sie ja

als einen jederzeit gefälligen Mann kennen gelernt habe. Mein Freund und ich haben nämlich Gründe, die Sie nachher ausführlicher erfahren werden, uns in der Gegend von Berncastel noch eine Weile aufzuhalten und wir werden uns sogar noch heute am späteren Abend in unmittelbarer Nähe Ihrer Stadt vor Anker legen, da wir heute Morgen nur aus dem einzigen Grunde hierher gegangen sind, um Ihren Besuch zu erwarten, der dort unten dicht vor Berncastel eine bei Weitem größere Aufmerksamkeit erregt haben würde als hier, und eben diese uns störende Aufmerksamkeit und Neugierde Ihrer lieben Mitbürger wollten wir womöglich vermeiden. Gestern früh legten wir uns absichtlich in Ihrem Hafen vor Anker, um gerade Sie auf uns aufmerksam zu machen, in der Hoffnung, daß Sie mit Ihrem uns wohlbekannten Scharfblick die Bewohner der Yacht errathen und durch deren Anwesenheit auf unsere heutige Einladung vorbereitet würden. Das ist ja nun auch, wie wir vorher von Ihnen gehört, eingetroffen und unsre kleine wohlüberlegte List hat uns den schönsten Erfolg gebracht.

„So gehe ich denn also zu einer Bitte über, die ich gerade an Sie richte, weil Sie uns der geeignetste Mann erscheinen, dieselbe zu erfüllen. Wir haben im Ganzen fünfzehn Personen an Bord und da Sie bedürfen wir, so lange wir hier kreuzen und unsere bedeutungsvolle Aufgabe zu lösen versuchen, einer reichlichen Beköstigung an frischem Fleisch, Brod, Gemüse, Bier und Wein, und überhaupt alles Dessen, was zur Ernährung unserer an ein kräftiges Essen gewöhnten Leute gehört. Da richte ich nun ganz offenherzig an Sie die Frage: würden Sie wohl die Güte haben, uns Ihren Rath zu ertheilen, wie dergleichen Bedürfnisse hier in einem uns ganz fremden Lande am besten zu beschaffen seien?“

Peter Gassen hatte dem Wort die Ohren schärfer gespitzt und wir müssen es offen bekennen, er hatte eigentlich etwas ganz Anderes und eine ihm über die Anwesenheit der Yacht einen klareren Aufschluß gebende Mittheilung erwartet. Jetzt aber, da er diese ihm sehr einfache und leicht zu beantwortende Frage vernahm, die ja nur etwas so sehr Gewöhnliches und Alltägliches betraf, holte er erleichtert Athem, räusperte sich und sagte mit seinem gutmüthigen Lächeln:

„O mein Herr, wenn Sie weiter nichts von mir wollen, so ist das allerdings sehr leicht und bald abgemacht. Ihre Bitte berührt ja durchweg mein Fach als Wirth eines so großen Hotels und ich bin ganz gewiß derjenige Mann in Berncastel, der Ihnen mit den verlangten Bedürfnissen am besten dienen kann. Treten Sie aber, wie Sie sagen, ganz in die Nähe von Berncastel kommen, so ist die Sache ja noch viel leichter auszuführen. Senden Sie mir nur jeden Abend durch Ihren Koch oder irgend einen anderen zuverlässigen Boten eine Liste bei Dem, was Sie am nächsten Tage gebrauchen, und am Morgen können Sie dann Ihr Boot an die Fährstelle senden und das von mir Beschaffte in wenigen Minuten an Bord nehmen. Nur möchte ich rathen, daß Ihr Bote jeden Abend zu einer bestimmten Zeit in mein Haus kommt, damit er mich selbst daheim findet und mit mir reden kann, und sodann lassen Sie Ihr Boot schon Morgens um fünf Uhr landen damit die Neugierde der lieben Berncastler nicht von Neuem aufgestachelt wird, was mir persönlich gerade etwas lästig werden

könnte, da meine Gaststube sonst von Fragern nicht leer
würde, wie es schon gestern geschehen ist, wo sie noch
nicht einmal wußten, daß ich mit Ihnen in irgend einer
Verbindung stehe."

„Haha!" lachte Jan van der Straaten heiter auf,
„nichts leichter als das, sage auch ich. Gut, den Boten
mit der Liste sollen Sie jeden Abend um sechs Uhr haben
und das Boot soll Morgens Punkt Fünf an der bezeichneten Landestelle sein. Das ist also abgemacht.
Aber was sagen Sie dazu, wenn ich Sie noch frage, ob
ich auch schon morgen auf ein paar Dutzend Flaschen
von Ihrem besten Wein rechnen darf, die ich mit meinem
Freunde in angenehmer Erinnerung an Ihr gastliches
Haus und an Ihre freundliche Aufnahme zu leeren gedenke?"

„Oho, Sie meinen den Doctor, nicht wahr? Nun,
ich dachte mir wohl, daß Sie Etwas davon auch in die
Moselnixe einhissen möchten, und ich stehe nicht an,
Ihnen zu erklären, daß so viel Dutzend Flaschen, wie
Sie Beide vertilgen können, jeden Augenblick für Sie
bereit liegen sollen, und zwar so herrlich verpackt, daß
Sie damit bis nach Amerika segeln könnten."

„Nun, so weit werden wir in unserer kleinen Jacht
nicht gehen, lieber Herr," erwiderte Jan van der Straaten
lächelnd, „aber wer weiß, ob wir nicht bald noch andere
Gäste auf der Nixe zu erwarten haben und für die
möchte ich unbedingt das Beste bewahren, was Sie in
Ihrem Keller besitzen."

„Kein Wort mehr davon, die Sache ist abgethan!"
rief Peter Gaffen fröhlich aus. „Kann ich Ihnen sonst
noch mit Etwas dienen?"

Der junge Holländer dachte einen Augenblick nach,
dann lachte er herzlich auf und sagte mit der scherz-
haftesten Miene: „O ja! Würde ich Sie sehr belästigen,
wenn ich Sie bäte, mit mir zur Besiegelung unseres
neusten Uebereinkommens noch eine Flasche vom edelsten
Moselsaft zu leeren, denn unser kurzes Geschäft ist hiermit zu Ende und wir werden wohl noch eine Stunde zu
warten haben, bis die anderen Herren da unten mit dem
ihrigen fertig sind."

Peter Gaffen spitzte die Lippen auf eine sehr charakteristische Weise und versetzte nach kurzem Besinnen:

„Ob Sie mich damit sehr belästigen würden, fragen
Sie? O, Herr van der Straaten, das ist eine sehr überflüssige Frage, nehmen Sie mir es nicht übel. Wann
wäre ich, Peter Gaffen, der Wirth der Heiligen drei
Könige, je belästigt worden, wenn man mir eine Flasche
edlen Rebensaftes zu trinken angeboten hätte! Zwar habe
ich das Menschenmögliche vorher schon geleistet, aber
sehen Sie — in meinem stattlichen Leib ist noch Raum
genug für das Uebermenschliche, und so zögern Sie seinen
Augenblick, mir den Genuß zu verschaffen, auf ein gutes
Gelingen Ihres mir leider noch unbekannten Vorhabens
hier in diesem schwebenden Blumengarten mit Ihnen
anzustoßen."

Jan van der Straaten nickte ihm beifällig zu, rief
Lucas herbei und gab ihm einen Auftrag. Bald darauf
wurde eine in dreifaches rothes Seidenpapier gewickelte
Flasche und zwei feine weiße Gläser gebracht und auf
einen Tisch gestellt, vor dem die beiden Männer bereits
Platz genommen hatten.

Peter Gaffen befühlte die so sorgsam behütete Flasche

rasch von oben bis unten, etwa wie ein Arzt einen
Kranken den Puls fühlt, und sagte dann mit einem
scharfen Aufblick in das Gesicht des ihn lächelnd betrachtenden Holländers:

„Schade, Herr van der Straaten, sie kommt aus
einem zu warmen Bett und hat wohl meine, aber nicht
die Temperatur, die ein edler Moselaner von Gottes
und Rechtswegen haben muß. Gebieten Sie über kein
Eis in Ihrem Nixenreich?"

Lucas, der noch in der Nähe stand und nur auf
den Augenblick wartete, wo ihm die Flasche zu entkorken
befohlen werden würde, sprang flugs davon und in wenigen
Minuten stand ein silberner Eiskühler, ganz mit zer-
schlagenem Eise gefüllt, auf dem Tisch.

„So," rief der Gast und ergriff die Flasche schon
mit kundiger Hand, um sie von ihrer Hülle zu befreien,
haftig einen Blick auf ihr Etikett zu werfen und sie dann
in das kalte Element einzuwühlen, „so, jetzt gedulden
wir uns nur noch ein Weilchen, und bald wird der
richtige Moment gekommen sein, auch Ihren besten
Scharzhofberger zu probiren."

Bald darauf saßen die beiden Männer vor der geöffneten Flasche und der Wirth der Heiligen drei Könige
gab sein qualificirtes Gutachten dahin ab, daß dieser
Wein zwar eigentlich kein vollblütiger Moselaner und
noch weniger ein gelehrter heilkräftiger Doctor, immerhin aber ein vortrefflicher Tropfen sei, wie er nur in
der besten Gesellschaft und zum besten Zweck getrunken
werden sollte.

Während Sie nun aber auf das Gelingen des noch
unbekannten Vorhabens wiederholt die Gläser aneinander
klingen lassen, wollen wir uns in die Cajüte begeben,
um wenigstens zum Theil dem Vortrage beizuwohnen,
der von Seiten des Holländers dem guten Rector gehalten wurde.

Der Erstere war seinem Gaste mit ruhigem Schritt
in das reizende Wohngemach vorangetreten und hatte
ihm dann einen der bequemsten Sessel dargeboten, worauf er sich auf einem ähnlichen ihm gegenüber niederließ. Sein schönes edles Gesicht, das die letzte halbe
Stunde schon so ernst geblickt, nahm dabei einen seltsam
feierlichen Ausdruck an, so daß dem Rector, als ob er
bereits fühle, daß er etwas Bedeutsames hören würde,
die Cigarre ausging und er mit von Augenblick zu Augenblick sich steigernder Aufmerksamkeit den Worten lauschte,
die der wackere junge Mann anfangs mit sichtbarer Befangenheit sprach, die aber bald einer männlichen Entschlossenheit wich, je mehr er die Wirkung seiner Rede
auf den Geistlichen im steten Wachsen begriffen sah.

„Mein lieber Herr Rector!" begann er mit sanfter
Stimme zu sprechen, wundern Sie sich nicht allzu sehr,
daß ich so seltsam mit Ihnen verfahre, aber ich befinde
mich in einer eigenthümlichen Lage und meine Verlegenheit ist nicht gering, wie ich mich aus derselben befreien und das mir vorgesteckte Ziel erreichen soll. Die
Sache, welche ich hier auszuführen habe, ist sehr ernst
und bedeutsam, wenn sie Ihnen auch anfangs in einem
anderen Lichte erscheinen sollte, da wir sie mit einem
freundschaftlichen Mahle eingeleitet haben.

„Zuerst nun muß ich Ihnen erklären, warum ich
Sie zum Mitwisser und Berather einer geheimnißvollen
Familientragödie zu machen gedenke, gerade Sie, der als

katholischer Priester doch mir, dem reformirten Nieder-
länder, ferner als jeder Andere zu stehen scheint. Allein
da muß ich Ihnen sagen, daß ich auf den zufälligen
Unterschied der Confessionen gar kein besonderes Gewicht
lege und daß mir ein wackerer edler Mann, mag er sich
zu einer Religion bekennen, zu welcher er will, immer
gleich achtungswerth und würdig erscheint, wenn er die
Gebote Gottes und somit auch seine Pflichten gegen die
ihn umgebende Menschheit erfüllt. Sie aber insbesondere
haben mir gleich vom ersten Augenblick an, wo ich Sie
in jener Nacht auf dem Hundsrück traf und sah, ein
großes Vertrauen eingeflößt, ja ich habe schon am Tage
darauf, nachdem Sie sich mir so gastlich erwiesen, eine
bestimmte und mich selbst erhebende Zuneigung zu Ihnen
gefaßt, die mir vielleicht unbegreiflich wäre, wenn nicht
der Ausdruck warmer Herzlichkeit auf Ihren Mienen,
und der mich sympathisch berührende Klang Ihrer Stimme,
mit einem Wort, Ihre ganze Erscheinung eine genügende
Erklärung dafür böte. So habe ich denn, der ich von
meiner frühesten Jugend an der über uns waltenden Vorsehung stets einen großen, mächtigen Einfluß auf unsere
Erlebnisse und Handlungen eingeräumt, geglaubt, daß
diese Vorsehung selbst in jener Nacht zur Erleichterung
meiner schwierigen Lage mir in den Weg geführt hat,
und daraus ist nach längerer Ueberlegung allmälig die
feste Zuversicht in mir entstanden, daß Sie mir helfen
könnten und würden, um das Ziel zu erreichen, welches
das Schicksal mir hier vor Augen gestellt. Erlauben
Sie mir also nun, daß ich mich Ihnen rückhaltlos eröffne und Sie in das traurige Verhältniß blicken lasse,
das mich hierhergeführt?"

Der Rector, der mit würdevoller Aufmerksamkeit
diesem Eingange der Rede des jungen Holländers gelauscht,
neigte auf die liebenswürdigste Weise sein edles Haupt
und sagte dann mit seiner sanften, immer zum Herzen
der Menschen dringenden Stimme:

„Ich glaube Sie zu verstehen, mein junger Freund,
und wenigstens weiß ich das Vertrauen zu schätzen, welches
Sie in mich zu setzen mir die Ehre erweisen. Auch
begreife ich Ihr Wohlwollen gegen mich und ich gestehe Ihnen
offen, daß auch Ihre Erscheinung und Ihr ganzes Wesen
höchst wohlthätig auf mich einwirkt haben. Was nun
aber die Verschiedenheit unseres religiösen Standpunktes
anbelangt, so kommt derselbe bei redlichen Männern, die
etwas Gutes zu vollbringen geneigt sind, ja nie in Betracht, ein jeder Brave dient Gott und erfüllt seine Gebote gegen ihn, die Menschen und sich auf seine eigene
Weise, und so reden Sie frei von der Seele weg und
seien Sie überzeugt, daß Alles, was Sie mir sagen und
anvertrauen werden, einen lauten Widerhall in meinem,
dem Menschenwohle geweihten Herzen finden wird."

„Wohl, so habe ich es mir auch gedacht," fuhr
der junge Mann mit sichtbarer Erleichterung fort, „und
so will ich meine Enthüllungen damit beginnen, daß ich
Ihnen meinen wahren Namen und Stand nenne, damit
Sie endlich wissen, wer ich in mir vor sich haben.
Ich heiße Philipp van der Myers und bin der
Chef eines Großhauses in Rotterdam, das seine Handels-
beziehungen über alle Länder und Meere erstreckt. Han
van der Straaten aber, mein bester und wahrhaft edler
Freund, ist seit einigen Monaten mein Compagnon in
diesem Geschäft, seit unserer Jugend durch mannigfache

Schicksalsbande mit mir verbunden und steht mir auch
hier als wackerer Freund zur Seite, ohne dessen Beistand
ich wahrscheinlich noch nicht in der Lage wäre, Ihnen
dieses jetzt auf diesem kleinen Schiff erzählen zu können."

„Wie?" rief der Rector erstaunt, da der junge
Mann einen Augenblick schwieg und ihn voller Erwartung
forschend ansah, „van der Myers heißen Sie? Ah,
dann sind Sie am Ende gar mit dem alten Herrn auf
dem Nußhof verwandt, den wir den alten Holländer
nennen, ohne daß wir, außer in seinem Namen, irgend
einen sicheren Anhalt in Betreff seines Herkommens
hatten, und nach dem Sie mich schon mehrmals gefragt
haben?"

Ueber Philipp van der Myers Gesicht flog ein leichter
Schimmer freudiger Röthe und er sagte, lächelnd mit dem
Kopfe nickend, sogleich: „Ja wohl, Herr Rector, ich bin sogar
sehr nahe mit diesem alten Herrn verwandt, denn er war der
jüngere Bruder meines Vaters, der erst vor Kurzem gestorben
ist; und obgleich die beiden Brüder, nur von väterlicher Seite
Brüder, also Halbbrüder waren, so ist das doch für meinen
Vater und mich nie von der geringsten Bedeutung gewesen
und wir Beide haben ihn trotz seiner Abneigung gegen uns
stets so hoch gehalten und so lieb gehabt, als ob er von
väterlicher und mütterlicher Seite her der Bruder meines
Vaters gewesen wäre. Und nun erlauben Sie mir, daß
ich Ihnen die Geschichte des armen Mannes erzähle,
den man hier den alten Holländer nennt, und aus dieser
Geschichte wird sich klar ergeben, zu welchem Zweck ich
hierhergekommen und Ihren Rath und Ihre Hülfe in
Anspruch zu nehmen genöthigt bin."

Und nun erzählte er ihm ausführlich eine im Allgemeinen zwar ganz einfache, aber für die einzelnen Betheiligten doch verhängnißvolle Familiengeschichte, die
wir hier noch nicht wiederholen wollen, da wir sie
bald aus einem anderen Munde erfahren werden. Diese
Erzählung nahm fast eine Stunde Zeit weg, und daß
sie den Rector sehr interessant erschien, bezeugte nur zu gut
sein allmälig sich mehr und mehr röthendes Gesicht
und der Ausdruck seiner Miene, die in der That durch
ihre Erregung eine große und innige Theilnahme seines
Herzens verrieth. Als der Erzähler aber mit seinem
Vortrage zu Ende gekommen war, athmete sein Zuhörer
tief auf, seine Augen hefteten sich auf den Boden
und er schien lange und ernstlich über das eben Vernommene nachzudenken.

„Ja," sagte er endlich, „jetzt sehe ich deutlich ein,
wie ernst und schwierig Ihre Lage diesem alten Herrn
gegenüber ist, und zugleich sind mir auch alle Räthsel
über den seltsamen Mann gelöst, den ich von ganzem
Herzen bedaure und dem ich gerne eine Hülfe angedeihen lassen möchte, wenn es nur irgend in meiner
Macht läge, was jedoch, so weit ich es von meinem
Standpunkt aus beurtheilen kann, durchaus nicht der
Fall ist.

„O vielleicht doch," erwiderte Philipp van der
Myers mit einem hoffnungsvollen Lächeln, „wenn Sie
mir nur einigermaßen rathen und sagen wollen, ob der
Plan, den wir bei ihm verfolgen und den ich Ihnen sogleich enthüllen will, auch ihren Beifall hat. So viel
erkennen Sie wenigstens, daß ich in der besten Absicht
mit meinem Freunde hierhergekommen bin, und auch das
sehen Sie gewiß ein, daß mein guter Oheim noch nicht

das Geringste von meiner Anwesenheit erfahren, noch weniger mich sehen darf, denn er würde mich auf der Stelle wiedererkennen, da Sie ja nun wissen, daß ich ihn vor anderthalb Jahren in London aufsuchte, wohin ich absichtlich gereist war, um mit ihm in Verbindung zu treten, nachdem wir zufällig und nach Aufwendung vieler Mühe erfahren, daß er mit seiner Tochter eine Reise dahin unternommen, um gewisse Geldverhältnisse in Betreff seiner Niederlassung in der Capstadt endgültig zu ordnen. Ja dahin ging ich und ohne alle Ahnung, was mir in London begegnen würde, trat ich durch Vermittelung einiger Freunde mit ihm in Verkehr, und es gelang mir, ohne daß er es vor der Hand wußte wer ich war, seine Freundschaft zu gewinnen, nach der ich natürlich mit großem Eifer strebte. Wir kamen allmälig häufiger und zuletzt alle Tage zusammen und so lernte ich auch seine reizende Tochter kennen und lieben, obgleich wir nur kurze Zeit unsere Bekanntschaft pflegen konnten. Denn, sobald ich, in dem Glauben, das Vertrauen des seltsamen Mannes vollständig erworben zu haben, mit meinem wahren Namen und in der Eigenschaft eines so nahen Verwandten vor ihn trat, geschah das von mir am wenigsten Erwartete und Gewünschte: seine mir bisher bewiesene Freundschaft schlug in bittern Groll gegen mich um; er trug die verhängnißvolle und ungerechte Feindschaft, die er so viele Jahre gegen meinen Vater, auf mich, den an seinem Leiden gewiß Unschuldigen, über und entzog sich durch schleunige Abreise von London allen meinen fernern Bemühungen, ihn von seinem Irrthum in Bezug auf die Handlungsweise meines Vaters zu überzeugen. Nun aber, Herr Rector, haben sich unsere Verhältnisse mit einem Mal durch Gottes Rathschluß ganz anders gestaltet. Mein Vater, um den ich diesen Trauerflor noch am Arm trage, ist unerwartet und plötzlich gestorben und ich bin sein rechtmäßiger Erbe und Nachfolger, also auch der Chef des großen Wollhandlungshauses geworden. Wie ich aber einmal bin, denke und handle, kann ich diese Erbschaft nicht mit gutem Gewissen antreten, bevor ich den unseligen Streit der beiden Brüder nicht endlich geschlichtet habe, bevor ich Jakob van der Myers nicht von seinem Irrthum und der Unschuld meines eigenen Vaters überzeugt und ihm schließlich das ihm von Gottes und Rechtswegen ihm zustehende Erbtheil, das er vor langen Jahren durch den unbeugsamen Willen und Eigensinn seines Vaters eingebüßt, zugestellt habe, wobei ich freilich nicht leugnen will, daß die Liebe zu seiner Tochter Sarah einen bedeutenden Einfluß auf meine jetzige Handlungsweise geübt und meinen Entschluß, den Versuch ihn mit seiner Familie auszusöhnen, noch einmal ernstlich zu wagen, zu einer raschen und entschiedenen That befeuert hat."

„Die Frage ist jetzt nur die," fuhr der Erzähler mit lebhafterer Bewegung fort, da er den Rector sinnend und anscheinend in großer Vollkommenheit vor sich niederblicken sah, „was soll ich thun? Und diese Frage lege ich an Ihr menschlich fühlendes Herz, da Sie ja gewiß ein Menschenkenner sind und wahrscheinlich schon oft Leuten gegenüber gestanden haben, die sich in ähnlicher schwieriger Lebenslage befanden. Mein Oheim ist zwar, nach Allem, was wir von ihm wissen, ein herzensguter, stiller und in vielen Beziehungen sogar sanfter Mann,

aber in seinem stählernen Charakter waltet der alte hartnäckige, entschiedene, überzeugungstreue Holländer vor, der nie von einem einmal gefaßten Vorsatz abweicht und sich durch keine Ueberredung von dem einmal in's Auge gefaßten Ziele abbringen läßt. Auch mag das in so früher Jugend ihm widerfahrene Unrecht auf ihn eingewirkt und ihn zäh, unnachgiebig und starr gemacht haben, seine Vorurtheile mögen sein richtiges Urtheil gefangen halten und sein Herz vor weicheren Regungen verschließen; allein ich will es doch noch einmal ernstlich versuchen, ob die Thür dieses seines Herzens nicht zu öffnen und seine richtige Ueberzeugung von dem wahren Sachverhalt nicht zu wecken ist, und so geht nun meine Bitte an Sie dahin, mir zu rathen, was ich in dem vorliegenden Fall thue und ob ich, wie ich selbst am liebsten möchte, frank und frei mit offenem Visir vor ihn hintreten, wogegen sich aber mein Freund Jan entschieden ausgesprochen hat, oder ob ich auf sanftere Weise mich zuerst seiner Empfindungen bemächtigen und so allmälig und langsam mir seine Achtung und Liebe erwerben soll. Also wozu rathen Sie?"

Der Rector, dessen Gesichtsfarbe immer röther und dessen Miene immer befangener geworden war, schaute lange sinnend vor sich nieder, endlich aber schlug er sein Auge mit einem Anflug feierlicher Erhebung wieder zu dem jungen Mann auf und sagte mit seiner warmen Herzensstimme:

„Ich muß gestehen, mein junger Freund, daß der Rath, den Sie in dieser Angelegenheit von mir begehren, mich sehr in Verlegenheit setzt. Wollte ich meiner ersten Eingebung folgen, so würde ich sagen: ja, gehen Sie zu ihm und reden Sie ein männliches und zugleich sanftes Wort mit ihm; allein bei näherer Betrachtung der unglücklichen Sachlage sage ich mir wieder, daß ein solcher Schritt, so würdig und edel er mir erscheint, doch vielleicht weniger sicher und rasch zu einem erwünschten Ziele führen dürfte, als der zuletzt von Ihnen angedeutete. Einen Starrsinn, wie er uns hier in dem schwer geprüften Jakob van der Myers vorliegt, der so lange Jahre in seinem Geiste gewuchert und in seinen Vorstellungen von den ihn umgebenden Verhältnissen so fest eingewurzelt ist, bricht man nicht so leicht. Er glaubt eben, in seinem unantastbaren Recht zu sein, und — ehrlich gestanden — nach meiner Meinung ist er es auch zum großen Theil, denn er muß während der langen Jahre der Isolirung von seiner Familie und der Trennung von der europäischen Welt furchtbar gelitten haben, und wenn er nun einen heftigen Groll gegen Diejenigen hegt, die er für seine Widersacher und die Besitzer Dessen hält, was er einst von Gottes und Rechts wegen als sein Eigenthum beanspruchen konnte, so kann man ihm, dem Enterbten und zugleich tief Gemüthigten, das im Grunde nicht verdenken. Schonung wenigstens muß man ihm in jedem Falle und in der mildesten Form angedeihen lassen, denn hat er doch durch sein so viele Jahre hindurch still getragenes Leid redlich verdient. So viel nur will ich Ihnen in diesem Augenblicke sagen, mein junger Freund; um Ihnen aber einen durchgreifenden und richtig zum Ziele führenden Rath zu geben, fühle ich mich viel zu schwach, noch viel weniger aber ich zu einer thatkräftigeren Hülfe geeignet. So viel ich überhaupt sehe, hilft der Mensch hier nichts, hier muß vielmehr Gott allein helfen, und wenn Er nicht des starren Mannes Herz zur Milde und Nachgiebigkeit ſtimmt, ſo ſehe ich ringsum, wohin ich auch blicken mag, keine, nein, gar keine radicale Hülfe. So ſuchen Sie denn, was Sie mit Ihrem wackeren Freunde ausführlich berathen haben und wozu auch ich beſcheidentlich rathen möchte, zunächſt, wie Sie ſagen, auf die Empfindungen des armen Mannes zu wirken und allmälig und ſanft ſein Herz milder zu ſtimmen, und haben Sie dieſes erreicht, ſo iſt ſchon ein wichtiger Schritt gethan und das Letzte, ja das Letzte — ich weiß freilich nicht wie? — wird dann vielleicht Gott thun, der ja ſchon ſo Manchem in noch größerer Noth geholfen hat."

„Nun," erwiderte Philipp van der Myers, beifällig mit dem Kopfe nickend, „das iſt allerdings ſchon ein Rath, der mich in meinen weiteren Unternehmungen ſtützt und mir Hoffnung einflößt, daß dieſelben gelingen werden, und weiter wollte ich ja auch vor der Hand von Ihnen nichts. Und ſo wollen wir denn unverweilt zu dem Verſuche ſchreiten, den ich in Gemeinſchaft mit meinem Freunde nach langer Ueberlegung für den beſten gehalten habe, um zum vorgeſteckten Ziele zu gelangen. Glücklicher Weiſe ſteht uns bei dieſem Beginnen ein Mittel zu Gebote, welches in der That und unter den beſonderen obwaltenden Umſtänden ein ſtarkes iſt, und von dem wir uns, da es eben auf die Empfindung eines Menſchen berechnet iſt, eine große Wirkung verſprechen. Ich weiß nämlich beſtimmt, daß mein armer, jetzt in der Fremde lebender Oheim eine namenloſe große Sehnſucht nach ſeiner Heimat hegt, wenn er ſich darüber auch nur ſelten gegen ſeine Angehörigen, in der letzten Zeit aber doch gegen ſeine Nichte Johanna ausgeſprochen hat, die wir ihm ſo geſchickt in die Hände geſpielt haben, einmal um ihn allmälig auf mein abermaliges Erſcheinen vorzubereiten, und dann, um durch ſie alles das über den Oheim zu erfahren, was uns bisher verborgen geblieben war, da er ſich ja vollſtändig von ſeiner Familie losgelöſt hatte und, ohne uns eine Spur ſeiner Exiſtenz zu hinterlaſſen, in die Fremde gezogen war. Von jener Sehnſucht nach ſeiner Heimath nun, ſo berichtete Johanna wiederholt ihrem Bräutigam, wird der arme Mann heimlich faſt verzehrt und am lauteſten und verſtändlichſten ſpricht er ſie Abends in ſeiner Muſik aus, der er, wie wir Alle durch unſere Verwandte erfahren, von Kindesbeinen an mit wahrer Leidenſchaft ergeben geweſen iſt. Aber damit Sie nun auch wiſſen, auf welche Weiſe wir dieſe Sehnſucht nach ſeiner Heimath zu einer alles verzehrenden Flamme anzufachen gedenken, um damit die lange verſchloſſene Pforte ſeines Herzens zu öffnen und ſchließlich ſiegreich darin einzuziehen, ſo will ich Ihnen auch in Kürze den Plan enthüllen, den wir uns entworfen haben und an deſſen Ausführung wir nun unverweilt gehen wollen." —

Und nun theilte er dem Rector mit, was wir demnächſt in der ferneren Entwickelung unſerer Erzählung mit eigenen Augen vorgehen ſehen werden.

Als er auch damit fertig war, blickte der Rector betrachtiger als vorher auf und nickte beifällig mit dem Kopf dazu. „Ja," ſagte er, „dem ſtimme ich mit ganzem Herzen bei; das iſt ein guter Plan und er führt auf einem ſanften Wege an das Ziel. Das heißt, er kann dahin führen und es kann auf dieſe Weiſe gelingen,

das ſtarre Herz des einſamen Mannes zu erweichen: ob es gelingen wird, weiß Gott allein, und wenn meine Gebete zu ihm irgend im Stande ſind, Ihnen Gewährung Ihrer Wünſche zu erſtehen, ſo will ich ſie aus tiefſtem Herzensgrunde zu ihm emporſenden, und damit glaube ich Ihnen meinen beſten Rath zur Erfüllung Ihrer Wünſche ausgeſprochen zu haben."

„Ich danke Ihnen herzlich," erwiderte der junge Mann, dem wackeren Geiſtlichen warm die Hand drückend, „und ſo ſind wir denn mit unſerer Unterhaltung zu Ende gekommen und können uns wieder zu den anderen Herren begeben. Nur das Eine ſagen Sie mir noch: darf ich darauf rechnen, daß Sie mich noch öfter auf meinem Schiffe beſuchen, wenn wir uns erſt an die Stelle begeben haben, die ich Ihnen vorher angedeutet?"

„Ja, darauf dürfen Sie beſtimmt rechnen," erwiderte der Rector; „ich verſpreche es Ihnen, Sie ſo oft zu beſuchen, wie Sie es verlangen werden und ſo oft dieſer Beſuch Ihnen erſprießlich erſcheinen ſollte."

„So danke ich Ihnen noch einmal von ganzem Herzen. Und nun kommen Sie, die Zeit iſt raſch verlaufen und ich ſehe eben, daß der Wagen Ihres Begleiters ſchon dort drüben am Ufer hält."

Die beiden Männer traten mit erhitzten Geſichtern aus der Cajüte und vor die Augen der ſchon lange auf ſie wartenden Freunde.

„Unſer Wagen iſt da, Herr Rector," empfing ihn Peter Gaſſen, der, nicht ohne Verwunderung die innere Erregung auf dem Antlitz des Geiſtlichen bemerkte. „Müſſen wir ihn noch lange auf uns warten laſſen oder ſind Sie geneigt, bald mit mir aufzubrechen?"

„Ich bin jeden Augenblick zur Abfahrt bereit, mein Lieber," erwiderte der Rector und nickte Jan van der Straaten, der ihn ſcharf in's Auge gefaßt hatte, vertraulich und verſtändlich zu. „Wir ſind vollkommen fertig mit unſerer Unterhaltung und meine Pflichten rufen mich ernſtlich wieder nach Hauſe."

„So wollen wir Sie nicht länger aufhalten," ſagte Philipp van der Myers und reichte erſt dem Rector und dann Peter Gaſſen die Hand. „Nehmen Sie Beide noch einmal meinen herzlichſten Dank entgegen und das Uebrige — nun, das überlaſſen wir Gott."

„Ja," entgegnete der Geiſtliche, „das überlaſſen wir ihm, und ich ſehe eben, daß da legt ja ſchon das Boot an die Treppe an."

Jan, der da ſah, daß die Herren unverweilt ihre Rückfahrt beginnen wollten, hatte das dieſelben erwartende Boot ſchon herbeibeordert. Er reichte ihnen nun auch die Hand und geleitete erſt den Rector und dann den Begleiter deſſelben hinein. Als Beide feſt auf ihren kleinen Bänken ſaßen, rief er den Ruderern in holländiſcher Sprache zu:

„Vorwärts und bringt die Herren geſund hinüber!" Dann begrüßte man ſich noch einmal mit Schwenken der Hüte und gleich darauf flog das leichte Boot wie ein Pfeil über den glatten Spiegel der Moſel, um die Bewohner Berncaſtels in wenigen Minuten wieder an das feſte Land zu bringen.

Drittes Capitel.
Der Moselnixe Morgengruß.

Als Peter Gaffen neben dem Rector im rasch dahinrollenden Wagen saß und nun erwartete, daß derselbe sogleich zu sprechen beginnen und ihm die von dem jungen Holländer vernommene Geschichte mittheilen würde, hatte er sich sehr getäuscht, und ganz verwundert blickte er auf den würdigen Mann hin, den er zum ersten Mal nicht recht begreifen konnte, da er eine Haltung und Miene an ihm bemerkte, wie dieselbe sie ihm noch nie gezeigt. Er, der sonst immer so lebhaft gewesen, hier rechts und dort links geblickt, bald über Dies, bald über Jenes seine Meinung geäußert, saß jetzt ganz in sich versunken da, starrte wie bewußtlos in's Leere hin und verharrte dabei in einem so hartnäckigen Schweigen, daß Peter Gaffen, der vor Neugierde brannte, endlich noch dichter an seine Seite rückte und dreist die Frage aussprach:

„Herr Rector, was ist Ihnen denn? Sie sehen nicht nur ganz merkwürdig echauffirt aus, sondern Sie scheinen mir auch sehr ernstlich über irgend Etwas nachzudenken. Hören Sie also mit Ihrem Grübeln auf und lassen Sie mich endlich erfahren, was der Herr Holländer gesagt, der Ihnen doch gewiß was ganze Geheimniß enthüllt hat, auf das wir schon so lange neugierig und gespannt gewesen sind."

Der Rector, bei diesen Worten wie aus einem Traume erwachend, sah den Sprechenden groß an. „Ja so," sagte er nach einigem Besinnen, „verzeihen Sie, aber ich war in der That etwas in Gedanken versunken. Was wollen Sie denn eigentlich wissen?

Peter Gaffen erstaunte immer mehr über dies seltsame Gebahren des sonst so klar zu durchschauenden Mannes. „Was ich wissen will?" fragte er kleinlaut, „nun, was Ihnen der junge Holländer erzählt hat und was sich ohne Zweifel auf das Verhältniß zwischen ihm und dem alten Holländer bezieht."

Jetzt nahm des Rectors Miene einen Ausdruck der Verwunderung an und er versetzte mit einiger Lebhaftigkeit: „Wie denn? Hat Herr van den Straaten Ihnen denn nicht erzählt, was für eine Bewandtniß es mit dem alten Holländer hat?"

„Kein Wort," erwiderte der Wirth, aus einem Staunen in's andere fallend. „Zwischen uns hat es sich bloß um eine tägliche Verproviantirung des Schiffes gehandelt und daß er mir jeden Abend einen Boten mit der Liste des Erforderlichen, und jeden Morgen um fünf Uhr das Boot schicken wolle, um den von mir gekauften Proviant einzuschiffen. Dagegen hat mir der Herr gesagt, daß Sie autorisirt wären, mir Alles mitzutheilen, was Sie von dem andern Herrn gehört."

„Ah ja, das ist richtig, mein Lieber," erwiderte der Geistliche kopfschüttelnd, „und ich werde das auch gewissenhaft erfüllen, allein jetzt und hier" — und er deutete dabei mit der Hand auf den dicht vor ihnen sitzenden Kutscher — „und in meiner heutigen, nicht zu Mittheilungen geneigten Stimmung ist mir das gar nicht möglich. Kommen Sie lieber heute Abend, wenn Sie Ihren Boten abgefertigt haben, ein Stündchen zu mir in's Hospital. Dann sollen Sie Alles erfahren, was ich weiß, und wir wollen in ungestörter Ruhe ein Mehreres darüber reden."

Peter Gaffen, in der Befriedigung seiner Neugierde so unerwartet abermals getäuscht, pfiff leise vor sich hin und man sah ihm an, daß diese Vertröstung auf den Abend ihm nicht ganz recht war; dennoch hatte er zu viel Respect vor dem Geistlichen, um dessen so bestimmt ausgesprochenem Willen entgegenzutreten, und so fügte er sich als bescheidener Mann in das ihm aufgedrungene Schweigen und gab sich nun auch seinen eigenen Gedanken hin, die sich über die Maßen lebhaft mit allem dem beschäftigten, was er an diesem ihm wunderbar vorkommenden Tage erlebt.

So saßen die beiden Männer in ungewöhnlich schweigsamer Stimmung auf dem ganzen Wege neben einander, während sie auf der Hinfahrt doch so redselig gewesen waren, und nur einmal noch wechselten sie einige Worte und zwar erst dicht vor der Stadt, als sie eben am Nußhof vorüber gekommen waren. Als der Wagen nämlich vor dem Gitter desselben angelangt, beugte sich der Rector weit vor, um in den niedlichen Blumengarten hineinzusehen, und da der Zufall es wollte, daß der Besitzer mit seinen Damen gerade dicht am Gitter stand und auf die Mosel hinausschaute, so zog der Rector mit einer Ehrerbietung den Hut und grüßte mit einem so freundlichen Gesicht, wie er es hier wohl noch nie gethan, daß seinen Begleiter abermals in die größte Verwunderung setzte.

„Nun," sagte er, „Sie grüßen den alten Herrn heute ja mit einer ganz auffälligen Achtsamkeit. Haben Sie denn so Bedeutsames von ihm gehört, was Sie für ihn so eingenommen hat?"

„Ach ja," seufzte der Geistliche auf, „und was ich von ihm gehört, hat mir eine große Achtung vor dem eisenfesten Charakter und ein tiefes Mitleid mit den Schicksalen dieses Mannes eingeflößt. Er ist ein Unglücklicher, lieber Gaffen, wie mir noch keiner in meinem Leben vorgekommen, und denen dürfen wir ja wohl unsere Sympathie entgegentragen. Nicht wahr? — Doch still, da find wir ja an der Stadt. Lassen Sie den Wagen vor der Fähre halten. Sie will eben abgehen und ich habe Eile, nach Hause zu kommen. Also ich sehe Sie heute noch?"

Peter Gaffen nickte mit einer sehr energischen Kopfbewegung. „So sicher wie Drei mal Drei Neun ist, Herr Rector," sagte er; „ich bleibe ganz gewiß nicht aus, es müßte denn die Mosel sich in einen glühenden Strom verwandeln, der mich nicht hinüberließe."

Stärker konnte der gute Mann sein brennendes Verlangen, das ihm noch Verborgene zu erfahren, nicht ausdrücken und der Geistliche lächelte zum ersten Mal wieder heiter dabei auf. Als nun aber der Wagen hielt, drückte er dem Wirthe seinen Dank aus, gab ihm die Hand und begab sich schleunigst auf die Fähre, die in wenigen Minuten ihren kurzen Weg antrat. —

Als Peter Gaffen mit seinem Landauer in den winkligen Hof der Heiligen drei Könige einfuhr, kam ihm wie gewöhnlich seine Tochter entgegengesprungen und begrüßte ihn in alter herzlicher Weise.

„Guten Abend, Vater," sagte sie, während er langsam ausstieg und schon in's Haus schritt, ohne fast auf seine Tochter zu achten. „Nun, Du bist ja sehr lange ausgeblieben. Hast Du Dich amüsirt?"

„O ja, sehr!" antwortete der Alte einsylbig, aber sonst sprach er kein Wort.

Jetzt merkte Traudchen, daß wohl nicht Alles in Richtigkeit sein müsse, denn von einem so lange dauernden Frühstück pflegte der dadurch meist gut gelaunte Vater selten in solcher Stimmung zurückzukehren. Allein sie wußte auch aus alter Erfahrung, daß eine solche Einsylbigkeit bei dem im Ganzen gegen sie mittheilsamen Mann nicht lange anhalten würde und so hielt sie sich weislich still und beobachtete ihn nur in allem seinem Thun und Treiben, was ihr allerdings etwas seltsam vorkam. Denn nicht allein blieb er in seinen Besuchskleidern, die er sonst immer gleich abzulegen pflegte, sondern er bekümmerte sich auch sehr wenig um sein eigenes Geschäft, dasselbe durchaus der Sorgfalt seiner Kinder überlassend. Sodann ging er unruhig im ganzen Hause hin und her, treppauf und ab, und überall, wo er ging und stand, pfiff er leise vor sich hin, was bei ihm stets eine innere gemüthliche Aufregung, wenn nicht gar einen kleinen im Ausbrechen begriffenen Sturm andeutete.

Da aber unterdeß die Zeit herangekommen war, wo er gern seinen ersten Abendschoppen trank, denn mittlerweile war es schon längst fünf Uhr geworden, so brachte Traudchen ihm unaufgefordert einen aus dem kühlen Keller herauf; als sie ihn aber vor dem gerade auf einem Stuhle sitzenden Vater hinstellte, sah er sie kopfschüttelnd und mit ernstem Gesicht an, sagte jedoch ziemlich mild und fast weich:

„Ich will keinen Wein, Traudchen, ich habe heute genug und zwar recht guten getrunken. Gieb mir lieber einen Krug Apollinarisbrunnen und dann bekümmere Dich weiter nicht um mich. Ich erwarte um sechs Uhr einen Boten von dem Herrn, bei dem ich gewesen bin, und dann muß ich noch zum Rector hinüber. Abends spät aber, wenn noch Zeit dazu da ist und ich nicht zu müde bin, sollst Du mehr erfahren, als Du erwartest. Jetzt aber laß mich in Ruhe."

Traudchen holte still das verlangte Wasser und goß dem sichtbar verstimmten Vater ein Glas davon ein, der das kühlende und immer so lustig perlende Getränk mit großem Behagen zu sich nahm. Dann aber bekümmerte sie sich in der That nicht mehr um ihn, sondern ging ihren mannichfachen Geschäften in der Haushaltung nach. —

Punkt sechs Uhr, und die Stadtuhr hatte ihre dumpf hallenden Schläge noch nicht ausgesummt, trat schon der heute zum ersten Mal erwartete Bote von der Moselnixe in die Heiligen Drei Könige ein und es war diesmal Lucas selber, der von Mühlheim her mit einem Wagen nach der Stadt gefahren war, um die für den nächsten Tag nothwendig werdenden Nahrungsmittel für die zahlreiche Mannschaft des Schiffes zu bestellen. Er brachte einen freundlichen Gruß von seinem Herrn und berichtete, daß am nächsten Morgen Punkt fünf Uhr das kleine Boot am Fährufer anlegen würde, um die auf der mitgebrachten Liste verzeichneten Dinge an Bord zu holen.

Peter Gassen warf nur einen raschen Blick auf das ihm dargereichte Papier, das eine ziemliche Anzahl der verschiedenartigsten Lebensbedürfnisse enthielt. Dann nickte er dem Boten gravitätisch zu, sagte, daß Alles besorgt werden würde und verließ mit diesem zugleich wieder das Haus.

Als sie noch eine Weile beieinander vor der Thür stehen blieben, fragte der Wirth: „Kehren Sie wieder nach Mülheim zurück?"

„Nein, mein Herr, ich erwarte meinen Herrn an einer andern Stelle und werde mir bis dahin einmal Ihre Stadt und deren Umgebung betrachten. Leben Sie wohl!"

„Der Mann sieht sehr manierlich für einen Diener aus," brummte Peter Gassen vor sich hin, als Lucas fortgegangen war, „und spricht ein ganz gutes Deutsch, und doch ist er ein vollblütiger Holländer, was man ihm an der Nase ansieht. Na, ein guter Herr muß auch gute Diener haben und daß der sie hat, wundert mich gar nicht."

Mit diesen Worten schlug er den Weg in die Stadt ein, um bei seinem Fleischer, seinem Bäcker, und verschiedenen anderen Kaufleuten vorzusprechen und die ihm zugekommenen Aufträge schleunigst auszuführen. Als er aber mit allen nach Wunsch in einer halben Stunde fertig geworden war, wandte er sich wieder zur Mosel zurück, um mit der Fähre überzusetzen und endlich vom Rector zu erfahren, was dieser ihm versprochen und wonach er von Stunde zu Stunde mehr mit wahrhaft brennendem Eifer verlangte.

Zwei Stunden später kam er wieder zum Hospital zurück, aber so rasch er vorher sein Haus verlassen hatte, so langsam trat er jetzt in dasselbe ein, und diesmal, das sah Traudchen auf den ersten Blick, befand er sich in einer ganz anderen Stimmung als vorher, obgleich er sich auch jetzt noch sehr still verhielt und fast mit Niemandem ein Wort sprach. Auch sein Gesichtsausdruck war ein ganz anderer geworden. Die Spannung, die Erwartung, die Neugierde, die Erwartung, die ihn vorher geplagt, waren vollständig daraus verschwunden und dafür lag ein weicher, fast wehmüthiger Zug um seine Augen, um seinen Mund, und das ganze Gesicht blickte mit einem Ernst umher, wie man ihn selten an dem stattlichen Manne wahrgenommen.

Nachdem er sich zuerst in sein Zimmer begeben und statt der Sonntagskleider die alltäglichen angelegt, stieg er in die Wirthschaftsräume des Hinterhauses hinab und erkundigte sich, ob der Fleischer und verschiedene Kaufleute die von ihm gemachten Bestellungen ausgeführt hätten.

„Ja wohl," sagte seine Tochter, die ihn eben hier aufgefunden hatte, „es ist viel Fleisch, Geflügel, Butter und Allerlei, auch ein Faß Bier vom Brauer geschickt. Aber was sollen wir denn damit, Vater? Wir sind ja mit Allem reichlich versorgt und das Bier — wer soll denn das bei uns trinken, wo jeder sein gehöriges Maaß Wein erhält?"

Jetzt sah der Vater die Tochter mit einem langen freundlichen Blick an und zum ersten Mal lächelte er wieder an diesem Abend.

„Traudchen," sagte er leise, so daß es nur die in der Wirthschaftsstube hantirenden Mägde hören konnte, „wundere Dich darüber nicht, denn es giebt noch viel mehr Dinge in der Welt, die der Verwunderung werth sind. Sieh, alle diese Sachen sind nicht für uns, sondern — für einen Anderen bestimmt, und sie werden morgen früh um fünf Uhr und so jeden Tag, bis auf Weiteres, abgeholt werden. Laß also Alles hübsch ordent-

lich in den kühlen Keller legen. Und nun komm!"
Und während sie nun nach der Gaststube neben einander
die Treppe hinaufgingen, fuhr der Vater also zu reden
fort:

„Sieh, Traudchen, ich wollte Dir eigentlich heute
Abend erzählen, wo ich gewesen bin, was ich gesehen
und gehört habe, aber, Kind, ich kann es wahrhaftig
noch nicht, denn ich muß erst eine Nacht ausschlafen
und mir Alles im Geiste zurecht legen. Morgen jedoch
sollst Du es ganz gewiß erfahren, wenn wir zusammen
den Kaffee trinken und ungestört sind, und heute will
ich Dir nur so viel sagen: ich habe Alles in Allem
einen recht heißen und wundersamen Tag verlebt. Aber
so angenehm und erfreulich Manches war, was ich genoß,
so möchte ich doch nicht alle Tage meines Lebens so verbringen, auch wenn ich umsonst so lecker speisen und so
gut trinken könnte, wie es mir heute zu Theil geworden
ist. Nein, nein, es hat mir auch Manches sehr wehe
gethan und thut mir sogar noch weh. — Aber noch Eins,
Kind. Wenn Du einmal wieder den alten Holländer da
draußen, auf dem Nußhof, Du weißt, oder seiner schönen
Tochter begegnest, dann mache den Leuten einen recht
tiefen Knix, denn — sie verdienen es, und nun genug!" —

Am nächsten Morgen um fünf Uhr aber war Peter
Gassen schon wieder auf den Beinen und geschäftlich gekleidet. Als er nur einen Blick in die Gaststube geworfen, die
schon am späten Abend vorher gereinigt war, konnte er
seiner Begierde nicht widerstehen, sich mit eignen
Augen zu überzeugen, ob das verheißene Boot pünktlich
sein würde. So ging er denn, während noch kein Mensch
im Freien auf der Straße und am Flusse sichtbar war,
nach der Mosel hinab, und siehe da, eben legte das
schmucke Boot an. Es war in sich drei Matrosen befanden,
die er schon am Tage vorher an Bord der Moselnixe
gesehen zu haben sich erinnerte. Sie erkannten auch ihn
gleich wieder, und einer der Drei, der ziemlich gut Deutsch
sprach, bat ihn, ihnen den Weg nach den Heiligen drei
Königen zu zeigen.

„Kommt," erwiderte er mit würdevoller Miene,
„Ihr habt Euch gerade an den rechten Mann gewandt
und ich bin selber der Wirth, den Ihr sucht. Eure
Sachen sind vorhanden und Ihr könnt sie auf der Stelle
in Empfang nehmen."

Und so schritt er mit ihnen nach seinem Hause
zurück und in wenigen Minuten waren alle für die Moselnixe bestimmten Gegenstände in das Boot geschafft, eine
mit dem besten Berncastler Doctorwein gefüllte Kiste mit
eingerechnet, die der Küper noch am späten Abend hatte
packen müssen. Kaum aber war Alles in dem Boot ver-
staut, so stiegen auch die Matrosen ein, griffen zu ihren
Riemen und in kurzer Zeit strich das Boot, von keinem
Neugierigen belästigt, stromaufwärts dahin, um wieder
zu seinem Schiff zu gelangen, dessen Koch es schon voller
Sehnsucht erwartete.

Was nun aber die Moselnixe selbst betrifft, so lag
sie an diesem Morgen nicht mehr an ihrem gestrigen
Ankerplatz, sondern war schon weit von demselben entfernt und der Stadt Berncastel viel näher gerückt. Denn
als am Abend vorher die Dämmerung hereingesunken
war und während die beiden holländischen Freunde auf
dem linken Ufer zu Fuß nach Berncastel gewandert
waren, wozu sie wohl aus inneren und äußeren Gründen

eine besondere Neigung verspüren mochten, lichtete das
Schiff seine Anker und ließ sich langsam vom Strome
der Stadt zu treiben. Als es aber vor dem Nußhof angekommen war, brachten es die geschickten Matrosen
wiederum zwischen zwei große, in den Strom hinein-
ragende Kribben, die an einer unbewohnten Stelle des
linken Ufers unmittelbar vor dem Leinpfade und dem
Hause des alten Holländers gerade gegenüber lagen. Hier
warf man abermals Anker aus und befestigte zur größeren
Sicherheit das Schiff außerdem mit Tauen an den in
die Kribben eingelassenen Ringen, so daß es nun so geschützt wie im schönsten Hafen lag und auf diese Weise
endlich an den Ort gelangt war, von dem aus die beschlossenen und gegen den Nußhof gerichteten Unternehmungen ohne Zögern beginnen konnten.

*

In welcher Spannung und unruhigen Erwartung
der Dinge, die da kommen sollten, die beiden Mädchen
im Nußhof die zwei letzten Tage verlebt hatten, davon
hatte der alte Holländer, wie man ihn ja mit Recht
nannte, und der sein friedfertiges Stillleben auch an
diesen beiden Tagen ohne jegliche Störung fortgesetzt,
nicht die mindeste Ahnung. Vom frühen Morgen bis
zum späten Abend des ersten Tages hatten Sarah und
ihre Cousine fast mit der schärfsten Achtsamkeit im
Auge behalten und jedes darauf hinfahrende oder ge-
zogene Schiff mit hoffnungsvollem Herzklopfen in Betracht
gezogen. Johanna vor Allem wußte ja, daß die Moselnixe kam, was sie ihr selbst brachte und auch dem guten
Oheim bringen sollte, aber all ihr Hoffen war an diesem
ersten und dann fast ganz zu Ende gegangenen zweiten
Tage vergeblich gewesen, denn weder hatten sie das ersehnte Schiff während seiner in der Nacht durch Zugpferde
bewerkstelligten Fahrt stromaufwärts nach Mülheim bemerkt, noch hatten sie überhaupt erfahren, daß es einen
ganzen Tag im Winterhafen zu Berncastel vor Anker
gelegen, da Niemand aus der Stadt den Nußhof an
diesen beiden Tagen betreten hatte und die darauf wohnenden Dienstleute in ihrer Abgeschlossenheit von aller
Welt mit keinem anderen Menschen in Verkehr getreten
waren.

Wie sehr aber auch Sarah vor dem nun unaus-
bleiblich Kommenden zagen mochte, da sie ja von allem
Vorgehenden durch Johanna genau unterrichtet war, so
überwog doch bei dieser die Freude die von Zeit zu Zeit
sich bemerklich machende Sorge bei Weitem, denn auch
das wußte sie, daß nun, sobald erst das Schiff seine ihm im
Voraus bestimmte Stellung dem Nußhof gegenüber eingenommen, Jan van der Straaten jede Gelegenheit wahrnehmen würde, sich ihr persönlich zu nahen, um das,
was er ihr bisher nur durch längere oder kürzere Briefe
gemeldet, endlich durch mündliche Mittheilung zu erklären
und somit die Pein, in der Sarah noch immer schwebte,
durch seine ermuthigende Gegenwart zu vermindern.

So suchte sie denn auch bei schüchterne und zagende
Sarah mit ihrem Muthe zu erfüllen und sie sparte
gewiß keine Ueberredungskunst, um ihren Zweck bei derselben zu erreichen; endlich war es ihr auch gelungen,
das unruhig schlagende Herz des lieben Mädchens zu
besänftigen und mit neuer Hoffnung zu erfüllen, wobei

sie nicht müde wurde, ihr die Unternehmungskraft, das Geschick und den festen Willen ihres Geliebten, so wie des Freundes desselben, mit den glänzendsten Farben zu schildern. So bemühten sich beide im Laufe dieser beiden schweren Tage nur, dem Vater in den Stunden ihres Zusammenseins mit ihm liebreich und freundlich entgegenzukommen, um ihn für den verhängnißvollen Augenblick, dem er unbewußt entgegen ging, weich und empfänglich zu stimmen, und auch das gelang ihrer Liebenswürdigkeit und ihrem Schmeicheln, denn selten hatte man Jakob van der Myers so wohlgemuth und zufrieden wie gerade in den letzten beiden Tagen gefunden.

Da aber geschah endlich das längst Erwartete und doch Gefürchtete, und der Augenblick seines Eintreffens sollte die ganze Spannung und Unruhe der beiden Mädchen mit einem Schlage von Neuem hervorrufen. Johanna, die die Ankunft der Moselnixe schon am vorigen Tage mit ziemlicher Sicherheit erwartet und vorhergesagt, konnte freilich nicht wissen, daß die beiden jungen Männer sich noch in verschiedenen Richtungen des Beistandes zweier anderer Männer zu versichern suchten, aber nun erwartete sie an dem zuletzt von uns geschilderten Tage das Schiff ganz bestimmt, und diesmal sollte sie sich in der That nicht wieder getäuscht haben, obgleich die Ankunft der Moselnixe zu einer Stunde erfolgte, in der sie kaum noch darauf gerechnet hatte. Den ganzen Tag war sie fast nicht aus dem Garten gekommen, und selbst wenn sie, wie zum Beispiel beim Mittagstisch, im Zimmer bleiben mußte, hatte sie sich doch stets so gesetzt oder gestellt, daß sie den Fluß mit ihren scharfen Augen beobachten konnte. Allein auch bis zum Abendessen dieses Tages, das man im Freien eingenommen, da es ein überaus heißer und windstiller Tag gewesen, hatte sie nichts bemerkt, was sie beruhigte und befriedigte, und erst kurz vor Einbruch der Nacht, nachdem sie nur eine Stunde lang im Zimmer ihrer musikalischen Pflicht gegen den Hausherrn genügt, und als sie schon, von Sarah begleitet, ihr Balkonzimmer aufgesucht, während der Onkel noch bei heruntergelassenen Fenstervorhängen an seinem Schreibtisch beschäftigt war, sollte der Augenblick gekommen sein, den sie so lange mit der größten Sehnsucht erwartet hatte.

Beide Mädchen hatten eben das obere Zimmer erreicht und waren auf den kleinen Balkon hinausgetreten, um noch einmal und zum letzten Mal an diesem Tage die weithin überschaubare Mosel mit ihren Augen abzusuchen, als Johanna plötzlich in ihrer Rede abbrach und wie gebannt nach der Stelle des Flusses hinblickte, die dem Hause, welches sie bewohnte, gerade gegenüber lag. Es war eine wunderbar schöne und warme Sommernacht und kein Lüftchen regte sich in der ganzen Natur. Weit, so weit das Auge reichte, waren am blauen Himmel die prachtvoll funkelnden Sterne ausgestreut, und das dämmernde Licht, welches sie und das hinter den Bergen stehende Mond spendeten, war hinreichend, um auch ferner liegende Gegenstände ziemlich deutlich unterscheiden zu können.

Da, wie gesagt, stockten Johanna die Worte, die sie eben sprach; wie in eine Bildsäule verwandelt, blieb sie unbeweglich auf dem Balkon stehen und deutete mit der erhobenen Hand sprachlos auf die Mosel hin.

„Was ist? fragte Sarah angstvoll und schmiegte sich fester an die plötzlich so still gewordene Cousine an.

Da stieß diese einen tiefen und langen Seufzer aus,

ihre Brust hob sich hoch und sie sagte mit leiser, zitternder Stimme:

„Sarah, sie sind da! Da — da liegt das Schiff, ich sehe es ganz klar, obgleich es das verabredete Zeichen, die grüne Laterne am Flaggentopp, noch nicht trägt."

Sarah folgte mit ihren scharfen Augen der deutenden Hand und da sah auch sie das Schiff drüben vor Anker liegen, das mit seiner lichtbraunen Farbe sich merklich von dem dahinterliegenden dunkelgrünen und tiefer beschatteten Lande abhob. In demselben Augenblick aber, als sie es sah, sahen beide Mädchen noch etwas Anderes, eben das verabredete Signal, denn rasch hob sich am Mast die grüne Laterne empor und gleich darauf fiel ihr heller Schein über den Fluß, sich wie die Sterne am Himmel darin spiegelnd.

„Sie sind es!" jauchzte Johanna noch einmal auf, „aber nun komm in mein Zimmer, damit Dein Vater unsere Stimme nicht hört und auf das Schiff aufmerksam gemacht wird. Ich möchte nicht, daß es ihm heute noch sieht, obgleich er ja keine Ahnung davon haben kann, was die grüne Laterne darauf bedeutet, da ja oft genug andere Schiffe im Strome vor Anker liegen und eine solche tragen. Nein, mit meinem Willen soll er es heute noch nicht sehen und erst morgen wollen wir früh aufstehen und zu ihm in den Garten gehen, um zu beobachten, welche Wirkung es auf ihn übt, wenn sein Blick zum ersten Mal darauf fällt."

Ohne zu antworten, das Herz übervoll und mächtig in der Brust schlagen fühlend, folgte Sarah der sie geleitenden Cousine und nun holte diese ein gutes Fernrohr hervor, schraubte den Nachtspiegel ein und schaute anhaltend hindurch, um wo möglich jede sich bewegende Kleinigkeit auf der Moselnixe wahrzunehmen. Indessen konnte sie nichts und Niemanden darauf erkennen; die Entfernung denn die Mosel war hier ohne das dazwischen liegende Land allein über vierhundert Fuß breit, war doch zu groß, und nur dann und wann bemerkte sie, wie einen hin und her schwebenden Schatten, eine menschliche Figur sich auf dem vorderen Oberdeck bewegen, da die beiden Freunde, die sich längst wieder auf dem Schiffe eingefunden, auf dem hinteren Deck wohlgeschützt standen und, wie die Mädchen im Nußhof, mit ihren guten Nachtgläsern nach dem Lande und dem einsam gelegenen Hause schauten.

„Siehst Du Etwas?" fragte Sarah mit beklommenem Athem, da Johanna das Glas nach ihrer Ansicht unverantwortlich lange vor den Augen behielt.

„Nein, ich sehe nichts Besonderes," lautete die Antwort nach einer Weile, und das Glas vom Auge absetzend, reichte Johanna es Sarah hin. „Da, nimm Du es und betrachte Dir nun auch das reizende kleine Ding, welches die theuersten Menschen in seinem Innern birgt und wir Beide auf Gottes weiter Erde besitzen."

Sarah nahm das Glas mit bebender Hand und hielt es vor das Auge, aber ihre innere Bewegung und Unruhe waren zu groß, sie sah noch viel weniger als Johanna und konnte kaum irgend einen Punkt des Schiffes festhalten, da sie sogar das Ganze immer wieder bald verlor, denn ihre Hand zitterte stark. Endlich setzte auch sie es ab, legte es auf einen Tisch und sank auf einen Stuhl, die Hände im Schooß zusammenfallend und den schönen dunklen Kopf auf die Brust neigend.

„Johanna warf einen halb freudigen, halb bedauernden Blick auf die so schweigend und erschüttert Dastehende, denn ihr gutes Herz, obgleich es insgeheim frohlockte, empfand doch die Angst und Sorge mit, die ihre Cousine verzehrten. Dann kniete sie vor ihr nieder, umfaßte sie innig und legte ihren Kopf sanft an die hochathmende Brust des armen Mädchens, im Augenblick nicht wissend, wie sie den sichtbaren Gefühlssturm im Herzen desselben beschwören solle.

„Sarah," flüsterte sie endlich mit leisem Schmeichelton. „senke deinen Kopf nicht so tief, sondern erhebe ihn lieber und ermanne Dich. Unsere Freunde sind ja da, sind endlich gekommen, und nun werden wir bald das gute Ende des herben Anfangs sehen."

„O mein armer Vater!" seufzte Sarah aus tiefstem Herzen auf.

„Dein armer Vater, sagst Du? Preise ihn vielmehr glücklich, Mädchen, daß er bald von seinem Erdenjammer erlöst und wieder ein freier, frischer und fröhlicher, von den Seinen geliebter und geschätzter Mann wird, wie er, wenigstens nach seinem Dafürhalten, so lange nicht gewesen ist. Ja, preise ihn glücklich, denn nun können wir schon die Stunden berechnen, in denen Jan wiederkommen und das große Erlösungswerk an ihm beginnen wird."

„Ach ja, ich glaube ja wohl," fuhr Sarah schon etwas gefaßter fort. „aber bedenkst Du auch wohl die Aufregung, in die er versetzt werden wird, wenn Jan zu ihm tritt und sein schweres Werk an ihm beginnt?"

„Wenn mit der Aufregung, wie Du sie fürchtest, eine Freude verbunden ist, wie ich sie im Hintergrunde auflauchen sehe, liebe Sarah, dann braucht man sie wahrhaftig nicht zu fürchten. Verlaß Dich darauf, ich kann es Dir nicht oft genug wiederholen, die beiden Männer werden Mittel bei ihm anwenden, die ihn weniger niederdrücken als erheben, und er selbst wird bald seine Freude über ihr Erscheinen äußern."

„Wollte Gott, daß Du Recht hast," schluchzte Sarah, von ihren Gefühlen übermannt, auf, brach in Thränen aus und fiel der Freundin um den Hals. Diese küßte

sie innig und wiederholt und sagte dann mit ihrer sanftesten Stimme:

„Sarah, soll ich die Nacht bei Dir zubringen, um Dich zu trösten, zu ermuntern? Sprich nur ein Wort und ich gehe gleich mit Dir hinab."

Da stand Sarah vom Stuhle auf, richtete ihre prachtvolle Gestalt fast majestätisch in die Höhe und schaute die Freundin mit ihren flammenden Augen durchdringend an, wobei sie so schön aussah, wie diese sie noch nie gesehen. „Nein, Johanna," sagte sie mit edlem Stolz, „Du sollst nicht von mir sagen können, daß ich verzage, wenn Gottes Allmacht mit seiner Hülfe so nahe ist. Sieh, jetzt habe ich den ersten Schreck überwunden, und der Muth und die Hoffnung, die in Deinem Kopf und in Deinem Herzen wohnen, sind auch in die meinigen übergegangen. Nein, bleibe ruhig in Deinem Bett und ich werde mich in das meine legen. Was möchte mein Vater morgen denken, wenn er erführe, daß Du mir diese Nacht Gesellschaft geleistet. Ich bin jetzt gefaßt und, glaube mir, ich werde es morgen noch mehr sein, denn nun, da der Kampf wirklich beginnt, vor dessen erstem Ausbruch ich nur zagte, dazu ich nicht mehr und Du wirst mich zu Allem entschlossen an Deiner Seite finden, wenn es gilt, meinem guten Vater beizustehen und ihm zu dem so lange verlorenen Lebensglück wieder zu verhelfen."

Johanna sah Sarah mit einem triumphirenden Blick innerer Befriedigung an. „So," sagte sie innig, „so sehe ich Dich gern und so habe ich Dich gewollt. Nun mag kommen was will, nun sind wir zu Allem gerüstet und jetzt wollen wir schlafen gehen, um einen Tag zu erwarten, wie wir hoffentlich noch keinen schöneren in unserm Leben gesehen haben."

Sie umfaßte sie noch einmal, drückte sie fest an sich und küßte ihre süßen Lippen. Dann trennten sie sich und Sarah glitt leise die Treppe hinab, um ihren Vater nicht zu stören, der, wie sie von einer wachenden Magd erfuhr, noch immer im Zimmer bei seiner Arbeit saß.

＊ ＊ ＊

(Fortsetzung folgt.)

Feuilleton der Deutschen Roman-Zeitung.

Friedrichs des Großen politische Beziehungen mit dem Türkenreiche.

Eine historische Skizze.

I.

Als zu Stambul Mahmud I. (1730–54) mit dem Schwerte Osmans umgürtet wurde, schien im Türkenreiche eine neue und bessere Aera einzutreten. Er selbst besaß Geist und Würde, die Kultur, welche er schuf, näherte ihn der europäischen Gemeinschaft und in seinem Heere erstanden neuerdings gute Führer. Was der Halbmond von seinem Nimbus verloren, das wuchs ihm an Einsicht wieder zu, und wenn sich in Europa Parteiungen und Sondergelüste zeigten, von denen das politische Gleichgewicht bedroht wurde, so war es nicht mehr undenkbar, daß auch das

ottomanische Reich in die der Ausgleichung dienende Operation mit hineingezogen werden könnte.

Solche Erwägungen sind wohl auch dem preußischen Kronprinzen Friedrich, während seiner rheinsberger Studienzeit, nicht fern geblieben, und wenn er in seinem Anti-Machiavell (Cap. 26) aussprach: „Europens Ruhe gründet sich vorzüglich auf die Erhaltung jenes weislich eingeführten Gleichgewichtes, wodurch die überwiegende Macht einer Monarchie in den vereinigten Kräften einiger anderen Fürsten ein Gegengewicht findet", – so läßt sich glauben, daß er hierbei schon an die den jungen preußischen Staat niederdrückende Suprematie Oesterreichs, an ihr weiterhin zu leistenden Widerstand und die zur Unterstützung des letzteren geeigneten politischen Verbindungen gedacht haben mag.

In dem russisch-türkischen und österreichisch-türkischen Kriege, welcher von 1736—39 geführt wurde, siegte Rußland fast unaufhörlich, Oesterreich aber empfand es bitter, daß sein Prinz Eugen gestorben war und es ohne ihn jetzt in herben Nachtheil kam. Der Friede von Belgrad, welchen Oesterreich 1739 eingehen mußte, verkürzte dessen Terrain und erweiterte dasjenige des Halbmondes, und da auch der bald darauf zwischen Rußland und der Türkei geschlossene Friede von Ajow Letzterer keinen Schaden that, so genoß sie in der darauf folgenden langen Friedenszeit eines seit lange nicht gehabten Ansehens. König Friedrich Wilhelm I. blieb bei diesen angedeuteten Kämpfen ganz unbetheiligt; daß der österreichische Mißerfolg in denselben die Politik seines Nachfolgers unterstützen würde, konnte von ihm geahnt, vielleicht sogar aus den Umständen gefolgert werden.

Friedrich II. bestieg 1740 den Thron Preußens in einer für dieses schwierigen Lage. Der Staat war von übermächtigen Nachbarn umringt und durch seine unregelmäßige Gestalt preisgegeben; das weise und vorsichtige Benehmen des verstorbenen Königs hatte man für Schwäche ausgelegt, und eine wachsende Rücksichtslosigkeit gegen Preußen belehrte den neuen Monarchen, daß er dem Vaterlande eine Genugthuung schuldig sei. Im speziellen Hinblick auf Oesterreich impulsirten ihn noch ganz besondere Thatsachen. Der große Kurfürst war 1673 von Oesterreich, den Franzosen gegenüber, im Stich gelassen und in Folge dessen eines Theiles seiner westphälischen Länder verlustig geworden; als Oesterreich 1679 seinen Frieden zu Nimwegen auch separat schloß, kam er um die Früchte seines Sieges von Fehrbellin und that den Ausspruch: „Aus unserer Asche wird ein Rächer erstehen!" Außerdem hatte der Kaiser die 1673 durch das Aussterben der Herzöge von Liegnitz, Brieg und Wohlau erledigten schlesischen Länder, welche nach der Erbverbrüderung von 1537 an Brandenburg fallen sollten, diesem entzogen und auch den dafür cedirten Schwiebuser Kreis 1694 von Kurfürst Friedrich III. zurückempfangen. Wenn Letzterer die preußische Königskrone bekam, so kostete das dem Kaiser nichts und rentirte sich ihm doch reichlich. Brandenburg hatte in den Türkenkriegen des vorigen Jahrhunderts sein Blut für Oesterreich vergossen und verzichtete jetzt auf alle ihm von dorther noch zustehenden Summen; es that im spanischen Erbfolgekriege zwölf Jahre lang das Beste und wurde zum Dank dafür so übel behandelt, daß selbst der loyale König Friedrich Wilhelm I., auf seinen Nachfolger deutend, ausrufen konnte: „Da steht Einer, der wird mich rächen!" Jetzt stieg Friedrich II. auf den Thron und übernahm die Vermächtnisse seiner Väter. Preußen war an seinem Recht und Besitzthume geschädigt, sein darauf bezüglicher Vorbehalt schon ehedem gemacht und die Remedur nur durch unabweisliche Rücksichten verzögert worden. Die Nothwendigkeit derselben leitete sich nicht minder aus den Consequenzen der Sache als aus dieser selbst ab; je länger man den Austrag verschob, desto mehr mußten diese Ansprüche verbleichen. Der junge Monarch hatte wohl schon in Rheinsberg Alles erwogen; er fühlte sich stark genug, ein Recht durchzusetzen, welches dasjenige seines Landes und seines Volkes war. Sein im Anti-Machiavell gethaner Ausspruch: „Alle Kriege, durch welche die ungerechten Besitznehmer zurückgetrieben, die gesetzmäßigen Rechte erhalten werden sollen x., vertragen sich mit der Gerechtigkeit x." kam hier in Anwendung, und wenn seine patriotische Pflichttreue ihn sagen ließ: „Das Beste des Staates ist Regel für den Fürsten" (Voerinnerung zur „Histoire dem on temps"), so war es im Großen und Ganzen nur dieses Axiom, welches ihn jetzt bestimmte.

Die speciellen Ursachen seines 1740 unternommenen Krieges gegen Oesterreich hat Friedrich literarisch dargelegt und hieran

knüpft sich eine Rundschau derjenigen Staatenverhältnisse, welche zu dieser Zeit sein Vorhaben begünstigten. „Oesterreichs Finanzen sind in Unordnung, sein Kriegsheer ist durch den Mißerfolg gegen die Türken beeinträchtigt. Der jungen Maria Theresia fehlt es an Erfahrung, aus der Eifersucht zwischen England und Frankreich folgt, daß man Eines oder das Andere für sich haben wird. In Rußland ist 1740 der minderjährige Iwan III., Friedrichs Verwandter, auf die Kaiserin Anna gefolgt und man kann annehmen, daß es in dieser Phase mit sich selbst beschäftigt und in Betreff der österreichischen Verwickelung zurückhaltend sein wird x." Trotzdem blieb es unverkannt, daß Oesterreich schon durch den Umfang und Reichthum seiner Staaten ein beträchtliches Uebergewicht haben und hierin noch durch England, Holland und die meisten Reichsfürsten unterstützt werden würde; es galt also jetzt das Schwerste und Gefahrvollste, was sich denken ließ, zu unternehmen.

Der König ging über seinen Rubicon, die nächsten Erfolge waren günstig und setzten die Welt in Erstaunen; aber das hob die Besorgnisse in Betreff des Ferneren nicht und diese steigerten sich sogar, als Iwan III. schon 1741 gestürzt wurde und Elisabeth, die Tochter Peters des Großen, auf den russischen Thron stieg. Durch diese Staatsveränderung changirte Rußland bezüglich des preußisch-österreichischen Zwiespaltes aus der sichersten in eine schwankende Neutralität hinüber, denn die Kaiserin Elisabeth mußte dem berliner Hofe, schon wegen seiner Beziehungen mit dem gestürzten Iwan und der Partei desselben, abgeneigt sein. Wenn sonach eine wesentliche Voraussetzung, unter welcher der Krieg gegen Oesterreich unternommen war, hinfällig wurde, und es auch dem Könige nicht blos auf die Fortführung des ersteren und die Zurücknahme Schlesiens, sondern auf Consolidirung dieses Besitzthums und ein nachhaltiges Zurückdrängen der österreichischen Suprematie ankam, so brauchte er hierzu noch einer besonderen Beihülfe.

Diese zu gewähren, schien das Türkenreich, so wie es jetzt an sich und mit Europa stand, geeignet zu sein. Geographische Lage, nationaler Gegensatz und historische Consequenz machten es zugleich dem Oesterreicher und Russen bedrohlich; der Erfolg, welchen es gegen ersteren noch unlängst gehabt, wirkte vielleicht impulsirend; mit seinem jetzigen intelligenteren Regime ließ sich unterhandeln, und die Annahme, daß es zu einer die preußische Politik unterstützenden Haltung bestimmt werden könnte, hatte mehr für sich als gegen sich.

Das war wohl die ursprüngliche Idee, mit welcher ein osmanisches Bündniß schon seit 1741 von Friedrich angestrebt wurde; als weiterhin sein Partner, der Kurfürst Carl Albert von Bayern, im Kampfe mit Oesterreich unterlag, der zweite schlesische Krieg der preußische Besitz Schlesiens neuerdings in Frage kam und endlich 1747 sich Oesterreich und Rußland zusammenschlossen, — da ist jenes auf stete Schwierigkeiten stoßende Vorhaben durch eine wachsende Nothwendigkeit von Zug zu Zug immer wieder erneut worden. Friedrichs commissarischer Geschäftsträger für diese Angelegenheit war damals der zugleich als dänischer Generalconsul fungirende Kaufmann Hübsch und Leipzig; als der österreichische Erbfolgekrieg 1748 beendet war, suchten auch die in Konstantinopel befindlichen Vertreter Frankreichs und Schwedens ein preußisch-türkisches Bündniß anzubahnen, — aber vergeblich. Daß die Pforte nicht überhaupt gegen Verbindungen mit christlichen Mächten eingenommen war, beweisen die früheren Einverständnisse zwischen ihr und Frankreich genugsam; sie mochte aber die Kräfte und Aussichten Friedrichs, trotz der ihm gezollten Bewunderung, für zu gering anschlagen, um auf diese Sicherheit hin in eine neue Verwickelung mit Oesterreich, die dann auch unbedingt eine solche mit Rußland nach sich ziehen würde, einzugehen. Der Hauptgrund dieser türkischen Zurückhaltungspolitik lag gewiß dar'n, daß es in Konstantinopel gegenwärtig weder einen Sultan noch einen Vezier von großem Unternehmungsgeiste gab. Mahmud I. zählte immerhin zu den hervorragenden Großherren, aber mehr im kultivirenden als kriegerischen Sinne, und was seine Staatsmänner betrifft, so mag sich die preußische Politik ihnen zu sehr mit rationellen Argumenten und allzu wenig mit den für sie passenderen der Schmeichelei und Bestechung genähert haben. So mißlangen diese Versuche in geraumer Dauer; ein in seinem Wollen minder beharrlicher und für das Vaterland nicht so hingebender Regent würde nach jener Richtung hin allen Bemühungen entsagt haben. Friedrich seinerseits ließ diese Operation nur mehrjährig ruhen, bis diesseit ein neues Sturmwetter herausstieg und jenseits, im Türkenreiche, sich die Situation immer einigermaßen veränderte.

Nach dem Aachner Frieden (1748) blieben die feindlich aufgeregten Kräfte dennoch unruhig, und je mehr ihre innere Bewegung neuerdings wuchs, in desto höherem Grade kamen auch wieder politische Combinationen und kriegerische Losbrüche in Aussicht. Oesterreich verschmerzte Schlesien nicht, und die Kaiserin Maria Theresia wurde durch ihren Minister Kaunitz zu der Vorstellung gebracht, daß man Schlesien leicht zurückerobern, ja sogar den gefährlichen Friedrich politisch vernichten könne. Wenn man geeignete Verbindungen fand, heimlich webte und überraschend losschlug, so mußte es gelingen; alle Staatsverhältnisse wurden für dieses Programm benutzt, alle Privatleidenschaften ihm dienstbar gemacht. Die Kaiserin von Rußland war, aus bekannter Ursache, dem Könige von Preußen nicht geneigt; seine nicht günstigen Aeußerungen über ihren Privatcharakter verfeindeten sie ihm in solchem Maße, daß dies ihr anfänglich auch sprödes Verhalten gegen Oesterreich überwand, und sich nun zwei Staatskolosse gegen ein nur kleines Reich heimlich schon fest verbündeten. Frankreich war vom österreichischen Erbfolgekriege her mit Preußen verbündet und blieb äußerlich bis 1756 dessen Partner; das schloß aber eine Unterminirung der französischen Sympathien für Preußen nicht aus. Friedrich verhehlte seine Geringschätzung der Marquise von Pompadour nicht und erbitterte sie dadurch; die Kaiserin Maria Theresia aber behandelte jene allmächtige Favoritin huldvoll und gewann damit ihren Beistand. Sachsen, noch vom Dresdener Frieden her erzürnt, hing an Oesterreich; Schweden hoffte eine nur im Bunde gegen Preußen vielleicht durchsetzbare Gebietserweiterung in Pommern, von England ließ sich, so lange mit Frankreich nur nichts entschieden gebrochen war, nichts erwarten. Friedrichs Augen waren so scharf, als daß sie die große europäische Coalition, welche sich gegen ihn bildete, oder auch hinter dem sie noch verdeckenden Schleier erschaut hätten; sein Programm wurde gemacht und die Vorkehrungen für dasselbe gingen mit einer Geräuschlosigkeit in's Werk, wie sie nur ein Monarch ohne Günstlinge und Rathgeber, ein wahrhaft unabhängiger Selbstherrscher ermöglichen kann.

Friedrichs Umschau nach politischen Verbindungen stand dabei in erster Reihe. Er schüttelt das schlaffe und zweideutige Frankreich ab, um sich an England zu schließen. Oesterreich und Frankreich werden Bundesgenossen, Rußland, Sachsen und Schweden stehen dicht hinter ihnen; Friedrich wird nicht bloß, wie der jüdische Hirtenknabe, einen Riesen, sondern fünf solche gegen sich haben. Wer greift in solchem Drangsal unter seine Arme? In Deutschland hat er nur wenig und kleine Genossen; England wird mit dem Gallier die Hände um zu ihun haben; Oesterreich, Sachsen, Rußland und Schweden bilden gegen das alleinige Preußen nach aller menschlichen Voraussicht eine erdrückende Uebermacht. So muß er seine Blicke nochmals auf Konstantinopel richten.

Friedrich schwebte mit seiner Philosophie über den Dingen und war zugleich ein Genie der Praxis, welches sich stets an das Zweckdienliche hielt. Dabei besaß er den Patriotismus voller Selbstverleugnung, wurde von seinen Zu- und Abneigungen nie bemeistert und unterschied haarscharf zwischen dem absoluten Werthe und der relativen Brauchbarkeit einer Person oder Sache, eines Prinzipes oder einer Nation. Sein geistiges Naturell zieht ihn zu Frankreich und doch bekämpft er es auf's Aeußerste; das Türkenthum widerstrebt allen Gedanken und Empfindungen Friedrichs und dennoch sucht er es anzuwerben, — beides, weil nach Lage der politischen Combinationen seine Regentenpflicht es so fordert und es in besonderen Lagen auch besonderer Mittel braucht.

Mahmud I. war 1754 gestorben und durch Osman III. (1754—57) ersetzt worden. Letzterer galt kaum für den Schatten eines Herrschers, und wenn Friedrich ihn dennoch zu seinem Regierungsantritt beglückwünschen ließ, so geschah es vorerst nur, um die Beziehungen mit dem Halbmonde nicht verkühlen zu lassen. Zu dieser Mission wurde wiederum ein dem Handelsstande gehöriger Agent verwendet und man erinnert sich dabei des von Friedrich gethanen Ausspruchs (Anti-Machiavell Cap. 26): „Die Unterhandlungen werden nicht immer durch beglaubigte Minister getrieben; oft schickt man Leute ohne einen öffentlichen Charakter, welche um so freiere Vorschläge thun können, als sie dadurch der Person ihres Herrn desto weniger vergeben." Die Wahl fiel auf den aus Frankenstein in Schlesien gebürtigen Kaufmann Gottfried Fabian Haude, welcher vormals Handlungsdiener bei dem schon genannten Kaufmann Hübsch, dann Kanzlist des österreichischen Internuntius zu Konstantinopel gewesen und sonach dort orientirt war. Derselbe erhielt vom Könige den Namen und das Wappen des ausgestorbenen Geschlechtes v. Rexin und leitete fortan die Unterhandlungen Preußens mit der ottomanischen Pforte äußerst umsichtig. Er traf am 19. März 1755 in Konstantinopel ein und wurde mit den neuen Anträgen, für welche er Gelegenheit fand, nicht abgewiesen, aber auf günstigere Zeiten vertröstet. Das gegenwärtige Hinderniß beruhte in der Schwäche des Großherrn und in den conträren Einflüssen Oesterreichs und Rußlands; der Halbmond wollte laviren, und Preußen öffnete, von den Umständen gedrängt, seinen Janustempel, ehe im Oriente jenes den Zweck erreicht war.

Friedrich hielt die Beweise einer ihn bedrohenden Völkermachination in Händen; mit diesem ungeheuren Kriegsgrunde rückte er 1756 in Sachsen ein und überraschte die noch nicht schlagfertigen Gegner. Der kurze Feldzug von 1756 war für Preußen siegreich, aber nach Lage und so schwere Wetter zusammen. Oesterreich bot alle Kräfte auf und das deutsche Reich unterstützte es; Rußland trat frei hervor und erschien mit großer Streitmacht; Frankreichs und Schwedens Absichten wurden blank, und der König von Preußen sah sich wie in jenem italienischen Kerker, dessen eiserne Wände täglich näher zusammenrückten.

In dieser Lage thaten Friedrichs Genie, Heldenmuth und Glück das Aeußerste, aber es war voraussichtlich, daß er den Anstrengungen eines ganzen Kontinentes nicht dauerhaft widerstehen würde. Das Glück entzog sich jeder Voraussicht, die Tragweite des Genies allen Berechnungen; die Gegnerschaft wuchs wie ein Haupt um das andere; der eigene Spielraum verengte, die eigene Lebenskraft verminderte sich. So griff man, mit dem Triebe der Selbsterhaltung, nach allem sich irgend darbietenden Hülfsmitteln und kam auch auf das nur verlegte türkische Project zurück.

Für dieses zeigten sich jetzt bessere Aspecten. Osman III. starb im October 1757 und an seine Stelle trat Mustapha III. (1757—73), dessen Aufklärungstrieb sich schon vorher dadurch zu erkennen gab, daß er den in die türkische Sprache übersetzten Anti-Machiavell studirte. Von ihm sagte Friedrich in seiner „Geschichte des siebenjährigen Krieges (1. Th. Cap. VII)": „daß er kühneren Geistes war, als seine Vorgänger und dieser ihm vorausgehende Ruf die preußischen Unterhandlungen mit der Pforte sogleich wieder belebte". Hierzu kam auch ein neuer Großwesier, welcher Friedrichs volle Aufmerksamkeit verdiente. Dies war Raghib-Mohamed Pascha, welcher, geringen Herkommens, doch schnell hohe Aemter erreichte, in verschiedenen Statthalterschaften ein großes Verwaltungstalent bewies und 1747 durch die Mameluken entfremdete Aegypten der Pforte neuerdings unterwarf. Er wurde nachmals Reis-Efendi und widerstrebte den preußischen Anträgen; jetzt als oberster Staatslenker und nach den preußischen Erfolgen von Lowositz, Prag, Roßbach und Leuthen, gewann er für diese Sache einen neuen Standpunkt.

Raghib war, nach türkischer Weise, ein politisches Genie und wurde von Friedrich sogleich erkannt. Ein solcher Sultan und ein solcher Besier, das waren zwei außerordentliche Haltpunkte, auf welche sich eine neue Hoffnung begründen ließ. Herr v. Rexin wurde neuerdings nach Constantinopel entsandt und ihm begleitete jetzt der Capitain von Barenne, Friedrichs Flügeladjutant; das Terrain schien günstig und ihre Wünsche würden sich vielleicht schon jetzt erfüllt haben, wenn nicht die Gesandten Frankreichs, Oesterreichs und Rußlands das preußische Vorhaben hintertrieben hätten. Welche Intriguen und Bestechungen sind da in's Werk gesetzt worden, durch welche Ueberredungskünste hat man im Großherrn einzuschüchtern und den Besier zu blenden gesucht! — Vier Jahre lang strengte man sich noch an, ehe über diese Contremine hinwegzuschreiten war.

Der König brauchte Hülfe und erhielt sie nicht; als sie endlich an seinen Horizont trat, wurde ihm in anderer Weise geholfen. Hätte die Pforte ihm offen widerstrebt, ja selbst sich feindlich, doch charaktervoll gegen ihn verhalten, so würde sie ihn zwar sehr benachtheiligt, jedoch immerhin seine Achtung erworben haben; — aber dieses Schwanken und Hinhalten, Hangen und Bangen, Wollen und Nichtwollen, welches sie hier wirklich zeigte, — das gab der schon ursprünglich nicht günstigen Meinung, welche Friedrich von den Moslems hegte, eine um so größere Festigkeit. Er sagte über sie in politischer Beziehung in Einleitung seiner „Histoire de mon temps": „Die türkische Nation hat von Natur Verstand, aber Unwissenheit macht sie dumm. Sie ist tapfer ohne Kunstregeln; sie versteht nicht den Polizei; ihre Staatskunst ist noch erbärmlicher. Der Grundsatz des Fatalismus, an den die Türken glauben, macht, daß sie die Ursache aller ihrer Unfälle auf Gott schieben und ihre Fehler nie verbessern. Die Macht dieses Kaiserthums kommt von seiner großen Ausdehnung, doch würde es nicht mehr bestehen, wenn nicht die Eifersucht der europäischen Fürsten es erhielte." Gegenwärtig, nach allen üblen Erfahrungen, sprach der König, sich auf die politische Unzugänglichkeit der Türken beziehend, in seiner „Histoire de la guerre de sept ans" (am Schluß von Cap. VII) aus: „Dieser Fehler entsteht hauptsächlich aus ihrer großen Unwissenheit in Bezug auf europäische Staatsverhältnisse, aus der Zeitheit jener Völker und diesem Fehler ihrer Staatsverwaltung. Alles, was auf Krieg und Frieden Bezug nimmt, der Entscheidung des Mufti zu unterwerfen, ohne dessen Fetwa es unmöglich ist, die ottomanischen Truppen in Bewegung zu setzen."

Romeo und Julia nach der Wiedereröffnung der englischen Bühne.

Die Herrschaft Cromwells und der Puritaner in England hatte allen weltlichen Lustbarkeiten ein Ende gemacht. Erst mit der Wiederaufrichtung des Königthums kehrten Tanz und Spiel und alle Freuden zurück, denen man sich im lustigen Altengland von je her so gern hingegeben hatte. That das Volk, dem Beispiele des Hofes folgend, dabei des Guten etwas zu viel, so hatte es wenigstens die Entschuldigung der langen Entbehrung für sich, die der König und seine Umgebung für sich mit vollem Rechte nicht geltend machen konnten, denn man hatte auch in der Verbannung nicht gedarbt.

Ebenso selbstverständlich wie es gewesen war, daß das Theater eins der ersten Institute gewesen, das dem starren, strengen Puritanern zum Opfer fallen mußte, ebenso selbstverständlich war es auch, daß unter Karl II. eine der ersten Stätten des Vergnügens, die man wiederherstellte, das Theater war. London hatte bald wieder zwei Schauspielergesellschaften, die des Königs und die des Herzogs von York, aufzuweisen und die letztere, die ihre Bühne in Lincoln's Field aufgeschlagen hatte, ließ es sich angelegen sein, dem Publikum wieder die Werke des einst gefeierten Dichters einer Elisabeth und eines Jakobs I., die Dramen Shakespeare's, vorzuführen.

Es zeigte sich indeß bald, daß sich nicht unmittelbar da wieder anknüpfen ließ, wo der Faden abgerissen war. Die Shakespear'schen Stücke wollten in ihrer ursprünglichen Gestalt nicht überall munden und man glaubte sich veranlaßt, die verändernde Hand daran zu legen, die man im guten Glauben auch für eine verbessernde hielt. Namentlich war es „Romeo und Julia", welches auf die empfindsamen Zuschauer und Zuschauerinnen einen so peinlichen Eindruck hervorbrachte, daß der Unternehmer in Rücksicht auf ihre Nerven und seine Kasse sich verpflichtet glaubte, eine rettende That üben zu lassen. Das Stück erhielt durch einen geschickten Bearbeiter ein „gutes" Ende. Romeo trinkt nicht den Giftbecher, Julia ersticht sich nicht, sondern beide heirathen sich, werden glücklich und der Zuschauer verläßt die Vorstellung aufathmend mit der Beruhigung, welche die Kinder nach dem Schlusse eines glücklich lösenden Märchens mit den Worten ausdrücken: „Wenn sie nicht gestorben sind, so leben sie heute noch."

Das Publicum ist jedoch ein vielköpfiges, nie zu befriedigendes Ungeheuer, während das eine Auge lachen will, will das andere weinen! Diesem Stoßseufzer mußte im Jahre 1661 der Theaterunternehmer aus Lincoln's Field in London ebenso tief und schmerzlich zum Himmel emporsenden, wie heutzutage einer aus den Blumen-, Schumanns- oder Lindenstraße in Berlin. Nicht alle Theaterbesucher waren mit dem guten Ende zufrieden, es gab Menschen, die hartherzig genug waren, Julia und Romeo sterben sehen zu wollen, und der Director der Schauspieler des Herzogs half sich auf eine Weise, um die ihn seine heutigen Collegen, denen ein so bequemes Auskunftsmittel nicht gestattet ist, gewiß von ganzem Herzen beneiden. Um allen Ansprüchen zu genügen, wurde das Stück abwechselnd, einen Abend als Trauerspiel und einen Abend als Komödie, aufgeführt. Das Liebespaar, das heute nur im Tode Vereinigung finden konnte, wurde morgen in aller Form vermählt. So fand jeder Geschmack seine Rechnung und wer die Abwechselung liebte, konnte auch einmal über das tragische Ende Romeo's und Julia's weinen und ein anderes Mal über ihr Glück und das des Grafen Paris freuen, denn diesem war nicht so großmüthig das Leben geschenkt, sondern auch zum Ersatz für Julia eine andere Gemahlin beschieden.

Mit und ohne Verbesserung scheint sich aber das Stück nicht lange auf der Bühne gehalten zu haben, es wäre sonst unmöglich gewesen, daß Otway kaum zwanzig Jahre später, im Jahre 1680, durch dieselbe inzwischen nach Dorset Garden übergesiedelte Gesellschaft hätte eine Tragödie zur Aufführung bringen laſſen können, die doch eine gar zu große Familienähnlichkeit mit jener berühmten Liebesdichtung trägt. Wohl giebt der Verfaſſer zu, daß er dabei ſtark aus Shakespeare geſchöpft habe, bezeichnet jedoch nicht, welches Werk ſeines großen Vorgängers ihm als Quelle gedient, und Cajus Marius, der Held des gleichnamigen Stückes, iſt auch wirklich ſein unbeſtrittenes Eigenthum. Dagegen ſind Marius junior, Cajus Marius Sohn, und Lavinia, die Tochter des Metellus, die der Vater an Sulla verheirathen will, Niemand anders als Shakespeare's Romeo und Julia.

Otway hat das Liebespaar aus dem mittelalterlichen Verona nach dem antiken Rom verſetzt. Bruder Lorenzo iſt in einen Prieſter des Hymen verwandelt, Mercutio heißt Sulpitius u. ſ. w. Daß dabei mancherlei Seltſamkeiten mit unterlaufen, iſt natürlich, ſo iſt z. B. für die letzten Scenen der Begräbnißplatz beibehalten, was ſich im alten Rom eigenthümlich genug ausnimmt. Die Schönheit der Sprache, welche einem Schriftſteller eigen war, der „das gerettete Venedig" zu ſchaffen vermochte, verleugnet ſich jedoch auch hier nicht und verſchaffte der Tragödie großen Beifall und eine ziemlich lange Dauer. Ja noch mehr, Otway's Einfluß blieb fühlbar, nachdem Cajus Marius verſchwunden und Romeo und Julia wieder in die alten Rechte eingeſetzt war.

Dies geſchah im Jahre 1711 im Haymarket-Theater, nachdem das Stück beinahe achtzig Jahre geruht hatte und ſo gut wie vergeſſen war. Hatte nun ſeiner Zeit Otway ein ſehr ſtarkes Anlehen bei Shakespeare gemacht, ſo mußten Otway und Shakespeare es ſich gefallen laſſen, daß der neue Bearbeiter von Romeo und Julia von Erſterem wiederum etwas für den Zuletzt annektirte.

Shakespeare läßt bekanntlich Romeo ſterben, ehe Julia aus ihrem todesähnlichen Schlafe erwacht, bei Otway iſt Marius junior dagegen glücklicher. Er lebt noch lange genug, um ein Zwiegeſpräch mit der Geliebten zu halten und von ihr Abſchied zu nehmen. Der gefühlvolle Theophilus Gibbs, der die Tragödie für das Haymarket-Theater einzurichten hatte, konnte ſich dieſe Scene nicht entgehen laſſen. Er pfropfte ſie dem urſprünglichen Texte auf, und das fremde Reis hatte vom Standpunkte des theatraliſchen Effektes aus ſo viel für ſich, daß es bis in die neueſte Zeit hindurch gepflegt und erſt, wahrſcheinlich mit ſchwerem Herzen, den Anforderungen der ſtrengen Shakespearekritik zum Opfer gebracht iſt. Auch Garrick behielt die Unterredung der beiden Liebenden bei und legte Romeo unter Anderm den Ausſpruch in den Mund: „Väter haben Kieſelherzen". Noch heute mag auf mancher engliſchen Provinzialbühne Romeo und Julia mit dieſem Schluſſe in Scene gehen und nicht unwahrſcheinlich iſt es, daß ein biederer Landbewohner, der den Shakespeare nie geleſen und einer Aufführung in London beiwohnt, die Auslaſſung des „Väter haben Kieſelherzen" als eine ſehr willkürliche Verunſtaltung des großen Dichters rügt.

Jenny Hirſch.

Literatur, Kunſt und Theater.

Abbé Tigrane. Ein clericaler Streber. Von Ferdinand Fabre. Autoriſirte deutſche Ausgabe. Cöln und Leipzig. Eduard Heinrich Mayer. Man hat wohl mitunter die Frage aufgeworfen, ob es möglich ſei, einen intereſſanten Roman zu ſchreiben, in dem die Beziehungen der beiden Geſchlechter auseinander in Liebe und Haß keine Rolle ſpielen? Ferdinand Fabre, der ſoeben mit ungewöhnlichem Glanze an dem Himmel der franzöſiſchen Literatur emporſteigender Stern, hat ſich das Problem nicht geſtellt, allein ſein „Abbé Tigrane" löſt es bejahend. Der einzigen Dame, welche

in dem Roman auftritt, iſt eine durchaus nebenſächliche Stellung angewieſen und dennoch wird man das Buch mit einer von Blatt zu Blatte wachſenden Spannung leſen. Um was es ſich handelt, mag der Verfaſſer ſelbſt mit einer Stelle aus ſeiner Vorrede beantworten: „Der Abbé Tigrane ſoll kein Angriff gegen die katholiſche Kirche ſein; er iſt ein Gemälde, das viel eher in nachſichtiger als in ſchonungsloſer Weiſe Leidenſchaften ſchildert, die ein ehrlicher Beobachter ſich verpflichtet fühlte, der Regierung vor Augen zu führen. — Das Schauſpiel eines Prieſters, der ſich vor der bürgerlichen Gewalt erniedrigt, um die Mitra zu erlangen und nachdem er ſie erlangt hat, ſich gegen eben dieſe Staatsgewalt mit lecker Feindſeligkeit, ja ſogar mit Gehäſſigkeit auflehnt, gereicht der Religion ebenſo wenig zur Ehre, wie dem Staate. In Frankreich ſehen wir durch das Concordat von 1801 dieſes betrübende Schauſpiel bei jeder Erledigung eines biſchöflichen Stuhles ſich wiederholen." Dieſes Schauſpiel nun führt uns der Verfaſſer mit einer Kenntniß der Geiſtlichkeit vor, daß man zu dem Glauben verführt wird, ein „hinkender Teufel" habe ihm die Dächer der Klöſter, Seminare und kirchlichen Paläſte abgehoben. Er läßt uns in die geheimſten Herzensfalten der Weltgeiſtlichen und Mönche bliken; in dieſes G. wühl von Neid, Haß, Charakterſchwäche und Feigheit, von wilder Leidenſchaft und unbezähmbarem Ehrgeiz, aber wiederum auch von unerſchütterlicher Treue, edelſter Begeiſterung und Aufopferung, deren Stätten die religiöſen Häuſer ſind. Er zeichnet ſcharf, aber nie chargirt; jeder Charakter iſt voll individuellen Lebens, und ein Meiſterſtück der Charakterſchilderung der Abbé Tigrane ſelbſt, der, von einem wahrhaft dämoniſchen Ehrgeiz beſeſſen, mit der animaliſchen Lebenskraft der Gebirgsbauern und dem heißen Blute des Spaniers, die Dreſſur des Geiſtlichen mit eine ungewöhnliche Gelehrſamkeit verbindet. Wann wir von ihm Abſchied nehmen, trägt er den Kardinalshut, allein ſein Ehrgeiz iſt noch keineswegs geſtillt, und bedarf nur einer Andeutung der Möglichkeit, daß er zum Nachfolger Pius IX. gewählt werden könnte, um die Flammen des Ehrgeizes ſo gewaltig und roth in dem Greiſe auflodern zu laſſen, wie einſt in dem Abbé. Abgeſehen von der hohen künſtleriſchen Meiſterſchaft, mit der Ferdinand Fabre das Gemälde der geiſtlichen Welt entworfen und bis in das kleinſte Detail durchgeführt hat, wird man das Buch auch in Deutſchland ſchon deshalb mit ungewöhnlichem Intereſſe leſen, weil es uns die Gegner, mit denen die Staatsgewalt ringt, von allen Seiten, in ihrer Stärke und Schwäche ſo genau wie kein anderes kennt lehrt und ſomit auf den Punkt hinweiſt, wo das Meſſer angeſetzt werden muß, um einen Organismus zu zerſtören, der wie die Waſſerpeſt den Strom des Lebens zu erſticken droht. Der beſonderen Beachtung des Leſers möchten wir ſchließlich noch die Auslaſſungen des Kardinals Maſſei über die Politik des heiligen Stuhls empfehlen. Die Maske fällt und nur der Blinden ſehen nicht.

Malka. Erzählung aus dem wendiſchen Spreewalde von Ellen Lucia (B. Weyergang). Leipzig. E. A. Koch. Der Faden der romantiſchen Erzählung wird von der Verfaſſerin benutzt, um die Sitten und Gebräuche der Wenden, von denen Zſſol in ſeinem neueſten Fabelbuche ſo weltem weiß, daß ſie mit Ungeduld den Augenblick zum Abwerfen des „preußiſchen Joches" erwarten, an uns vorüberzuführen. Taufe und Begräbniß, das Oſter-, Ernte- und Weihnachtsfeſt, die Spinnſtuben-Abende und Hochzeitsgebräuche werden ſehr ausführlich und anſchaulich geſchildert und dazwiſchen manche alte wendiſche Sage und manch wendiſches Volkslied eingeflochten. Dieſe Schilderungen verleihen der Erzählung einen um ſo größeren Werth, als ſie von den Sitten und Gebräuchen vieles überliefert, was heute bereits bei din Spreewäldern ſelbſt in Vergeſſenheit gerathen iſt.

Ein Familiendrama. Von Levin Schücking. Berlin. Albert Goldschmidt. Daß Levin Schücking ein vortrefflicher Erzähler ist, wer wüßte es nicht? Als ein solcher erweist er sich auch in diesem „Familiendrama", in dem mancherlei romantische Motive sehr geschickt verwendet sind. Eingedenk des Göthe'schen Worts, daß es schwerer sei, die Welt zu überzeugen, als durch Ueberredung zu lenken, weiß er uns selbst da zu überreden, wo wir gegen eine Führung protestiren möchten. Ein solcher Protest regt sich gegen das Verfahren des jungen Arztes an der Leiche der vergifteten Schwester seiner Braut. Daß er mit dem gräßlichsten Verdachte schnell fertig ist, wie die Jugend mit dem Wort, möchte sich nur äußerst schwer rechtfertigen lassen. Selbst der jüngste Arzt würde an seiner Stelle wenigstens noch den nächsten Schritt gethan haben, um sich von dem Grund oder Ungrund seines Verdachtes etwas besser zu überzeugen. Freilich wäre dann auch der Roman mit seiner ersten Hälfte zu Ende und das wäre um so mehr schade, als die zweite Hälfte eigentlich die interessantere ist.

Die Präsidentin. Kriminalgeschichte von J. D. H. Temme. Leipzig. Dürr'sche Buchhandlung. Wenn es eine Hauptregel der Kunst ist, durch die einfachsten Mittel die größte Wirkung zu erzielen, so hat Temme diesmal dagegen gesehlt. Das Verbrechen wird mit einem allzugroßartigen Apparat in Scene gesetzt, mit einem Apparat, der den wirklichen Motiven der That nicht entspricht. Das Interesse wird absichtlich auf solche Bahnen gelenkt und sind wir orientirt, dann gewährt schließlich die Auflösung, in sofern sie die Heldin des Romans, die junge Schloßherrin betrifft, keine volle Befriedigung.

Die Ernährung des Menschen von Johannes Ranke, Professor an der Universität München. Mit einem Portrait Liebigs. München. R. Oldenburg. Die wichtige Frage der Ernährung wird von dem Verfasser wissenschaftlich, doch allgemein verständlich und anziehend nach allen Seiten hin erörtert. Nachdem er den Stoff- und Kraftwechsel in den lebenden Organismen behandelt hat; schreitet er, durch eine Darstellung von Liebigs Ernährungstheorie und deren neueste Fassung, zur Untersuchung der Nahrungsmittel des Menschen. Er schildert die Ernährungsversuche, welche mit einzelnen Stoffen angestellt worden sind, bespricht die Volksernährung u. s. w. Den Schluß bildet ein Beitrag zur Geschichte unserer Nahrungsmittel. Das Werk bildet den 19. Band der naturwissenschaftlichen Volksbibliothek „Die Naturkräfte".

Die Erde und die Erscheinungen ihrer Oberfläche in ihrer Beziehung zur Geschichte derselben und zum Leben ihrer Bewohner. Eine physische Erdbeschreibung nach E. Reclus von Dr. Otto Ule. Mit 30 Buntdruckkarten, sonstigen Beilagen und 300 Text-Illustrationen. Leipzig. Paul Frohberg. Es sind hievon die Lieferungen 29–31 erschienen und damit ist das Werk abgeschlossen. Es ist dasselbe keineswegs eine Uebersetzung des französischen. Dr. Ule, dem die Wissenschaft und das lernbegierigen Laien so manche werthvolle naturwissenschaftliche Arbeit verdanken, hatte längst die Absicht, wie er selbst berichtet, eine physische Erdbeschreibung zu schaffen, die zugleich eine Naturlehre und Naturgeschichte der Erde sein sollte, als er das Werk von Elisée Reclus kennen lernte. „Ich fand hier ein Weil", sagt er, „dessen Verfasser nicht allein zu den geistvollsten Männern seiner Nation gehört, sondern auch eine so umfassende Kenntniß der einschlägigen Literatur, der heimischen wie der ausländischen besitzt, wie man sie bei französischen Gelehrten nicht oft antrifft." Aber er fand noch mehr, einen Mann nämlich, dem das trockene Bücherstudium nicht genügt, der vielmehr aus dem eigensten Innern, aus dem reichen Schatz auf jahrelangen Reisen unmittelbar aus der Natur selbst ge-

wonnener Anschauungen und Ideen zu schaffen weiß. Dr. Ule hat nun, wie gesagt, dieses vortreffliche Werk dem deutschen Leser nicht durch eine einfache Uebersetzung zugänglich zu machen gesucht. Er hat es mit deutschem Geiste durchdrungen, zu dem großen Schatze des Wissens und der Anschauung des französischen Gelehrten sein eignes Wissen, seine eigenen Erfahrungen hinzugefügt, die vorhandenen Lücken ausgefüllt, die irrthümlichen Ansichten berichtigt und vor Allem durch Berücksichtigung heimischer Naturverhältnisse den Inhalt des Werks für den deutschen Leser anziehend und genußreich gemacht. Leider war es Dr. Ule nicht bestimmt, das Werk im Drucke vollendet zu sehen. Er ward bekanntlich am 7. August d. J. bei einer Feuersbrunst in Halle ein Opfer seiner Nächstenliebe. Dieses größte und beste seiner Bücher wird sein Gedächtniß lebendig erhalten in seinem Volke.

Ein königlicher Uebersetzer. Dem londoner „Athenäum" wird aus Lissabon geschrieben, daß der König von Portugal, Dom Luis I., mit einer Uebersetzung von Shakespeare's „Hamlet" beschäftigt sei. Die Uebersetzung ist durchweg in Prosa.

Bonaventura Genelli's Cartons der „Entführung der Europa durch Zeus" sind von der Nationalgalerie in Berlin angelauft und in dem Längssaale des Hauptgeschosses aufgestellt.

Das Denkmal des verstorbenen Herzogs Karl von Braunschweig, welches Genf als dessen Erbe ihm zu setzen verpflichtet ist, soll in dem Jardin des Alpes zu stehen kommen. Der Erblasser hatte die Bedingung gestellt, daß dem Monument die berühmten Grabmäler der Staliger in Verona als Muster dienen sollten. Die Testamentsvollstrecker haben nun das Grabdenkmal des Podesta Cane III. (1262–1309) zum Vorbilde gewählt. Dieses von Boninio di Campilione ausgeführte Meisterwerk erhebt sich in vier Absätzen und ist von der Reiterstatue des Podesta gekrönt. Die Kosten des zu errichtenden Denkmals werden Genf auf 114,000 Frcs. zu stehen kommen. Die Statue des Herzogs ist dem berühmten pariser Bildhauer Cain übertragen.

Die ersten Früchte assyrischer Forschungen des Herrn Rassam in dem Orient (als Nachfolger des verstorbenen George Smith) sind bereits in England eingetroffen. Dieselben umfassen, dem „Manchester Guardian" zufolge, zwei bronzene Platten, welche die Figuren von Tributträgern an einen assyrischen König, wahrscheinlich Schalmaneser, darstellen. Eine derselben von ca. 12 Zoll Länge und 4 Zoll Breite zeigt die Figuren von etwa 13 Männern, Tyrianer und Sidonier, wie sie in der Keilschrift-Legende der Platte genannt sind, aber fast sicher Juden darstellen, beladen mit Weinschläuchen, Körben mit Früchten und Blumen, während zwei derselben in der Mitte Tablets tragen, auf welchen Klumpen von Edelmetall liegen. Die andere Platte zeigt etwa 21 Figuren, die in Paaren marschiren, während jedes Paar eine Ceder des Libanon stützt.

Professor Döpler in Berlin ist von der Direction des wiener Hofoperntheaters aufgefordert worden, wie für die bayreuther Nibelungen-Aufführungen, so auch für die Aufführung der „Walküre" in Wien die Zeichnungen zu den Kostümen zu entwerfen und die Gewänder und Waffen unter seiner eigenen Leitung, erstere in Wien, letztere in Berlin ausführen zu lassen. Professor Döpler hat den ehrenvollen Antrag angenommen.

„Moritz von Sachsen", ein neues historisches Drama von Ernst Wichert, hat bei seiner Aufführung in Königsberg nur wenig angesprochen.

„Froment junior und Risler senior" von Belot dramatisirt, hat in der deutschen Uebertragung bei der ersten Aufführung im wiener Burgtheater nur theilweisen Anklang gefunden.

Die niederländische Genossenschaft „für den allgemeinen Nutzen" hat einen Preis für eine populäre Abhandlung von nicht mehr als zehn Bogen in Octavformat mit besonderer Rücksicht auf niederländische Gesetze und Zustände ausgeschrieben über die Frage: „Welches ist für die öffentlichen Corporationen, Staat, Gemeinde, Kirche, für Wohlthätigkeits-Stiftungen und für die persönliche Mildthätigkeit die vorzüglichste Art der Armenpflege?" Sie kann in deutscher, holländischer, französischer oder englischer Sprache abgefaßt sein, und ist bis spätestens 1. August 1877 dem Generalsecretär P. M. G. van Hees zu Amsterdam einzusenden. Die Preisschrift bleibt Eigenthum der Genossenschaft.

Todtenschau. Hermann Götz, Tondichter, Componist der Oper: „Der Widerspenstigen Zähmung", starb am 2. December zu Hottingen in der Schweiz, 36 Jahre alt. — Michael Reher, vortrefflicher Architecturmaler, Mitglied der königlichen Akademie in München, wo er am 31. Mai 1818 geboren wurde, starb dort Anfang December. — Graf Degenfeld-Schonburg, k. öster. Geheimrath und Feldzeugmeister, unter dem Ministerium Schmerling Kriegsminister, starb am 5. December in Altmünster, 78 Jahre alt. — Professor Dr. C. H. Bindseil, Universitätsbibliothekar in Halle, geachteter Gelehrter, am 22. Mai 1803 in Wernigerode geboren, starb am 26. November in Halle. — Julie Hisson, bis vor Kurzem Sängerin an der großen Oper in Paris, starb dort am 26. November, 27 Jahre alt. — Kime, der beliebte Komiker des pariser Théâtre Français, mit seinem wahren Namen van Blonde geheißen, aus Hazebrück bei Dünkirchen stammend, starb in Paris am 28. November, 50 Jahre alt. — Giulio Uberti, italienischer Epiker und Lyriker, starb Ende November in Mailand durch Selbstmord, 70 Jahre alt. — Whiteside, Lord Oberrichter der irländischen Abtheilung des k. Gerichtshofes zu London, der 1843 O'Connell vertheidigte, starb in Brighton am 25. November, 70 Jahre alt. — Friedrich Skobel, Professor an der Jagellonischen Universität, und Mitglied der Akademie in Krakau, starb dort am 26. November. — Dr. Alex. Joh. Vollmer, bedeutender Germanist, dessen Hauptwerk die kritische Textbearbeitung der „Gudrun", seit sechs Jahren erblindet, starb am 5. December in München, 73 Jahre alt. — Dr. August Braß, früher Chefredacteur der 1848 gegründeten „Norddeutschen Allgem. Zeitung", starb am 8. December auf seinem Landgut Wochnsee bei Storkow, 59 Jahre alt. — Anton Walewski, Professor an der Universität Krakau, einer der hervorragendsten polnischen Geschichtsschreiber, starb dort am 1. December, 72 Jahre alt. — Anton Hansch, tüchtiger Landschaftsmaler, in Wien geboren, starb am 8. December in Salzburg, 61 Jahre alt. — Professor Dr. August Wißhel, der den besten Führer und Wegweiser durch den Thüringer Wald geschrieben, starb am 9. December in Eisenach. — Arno Hempel, Regisseur und Secretär am bremer Stadttheater, Verfasser mancher humoristischen Artikel, starb am 2. December in Bremen. — Dr. Edward Kattner, lange Zeit hindurch Mitarbeiter der „Vossischen Zeitung", zuletzt Redacteur der „Oberschlesischen Grenzzeitung", starb am 10. December, 59 Jahre alt, im Kloster der Barmherzigen Brüder in Breslau. — Meister, Regisseur des Hoftheaters in Dresden, starb daselbst am 11. December. — Horschelt, Hofballetmeister, der schon dem wiener Congreß vorgetanzt hat, ein Freund Theodor Körners, starb am 9. December in München, 83 Jahre alt.

Mannichfaltiges.

Das Haus des Dichters Corneille in Paris wird gegenwärtig abgebrochen, um Raum für die Avenue de l'Opéra zu schaffen, welche das große Opernhaus mit dem Théâtre français und dem Platze des Palais Royal verbinden soll. Die Butte St. Roche, welche zu diesem Zwecke zerstört wird, lag vor 200 Jahren, als sie nicht nur von Corneille, sondern auch von Molière, dem Maler Mignard und dem Componisten Lully bewohnt wurde, noch in der Vorstadt von Paris; jetzt befindet sie sich in dem Mittelpunkte der Stadt. Bei der gegenwärtigen Gelegenheit ist die Streitfrage über die Armuth Corneille's zwischen Eduard Fournier und Sardou wieder erwacht, welcher behauptet, daß Corneille reich gewesen sei und daß die Geschichte, er habe auf einem seiner Spaziergänge seine Schuhe in der Bude eines Flickschusters ausbessern lassen müssen, ein Märchen sei. Ein Brief von einem der Zeitgenossen Corneille's, der in dem „Précis Analitique des Travaux de l'Académie de Rouen" veröffentlicht worden, ist indessen nicht weniger überzeugend als das pathetische Schreiben, welches Corneille selbst an den Minister Colbert richtete und worin er mit Würde aber Bereßhaftigkeit von seiner Bedürftigkeit spricht. Dieser Brief ist von J. Taschereau in seiner „Historie de Corneille" abgedruckt. Als der Dichter im Sterben lag, brachte ihm Boileau als ein Geschenk von Louis XIV. vierzehn Louisdor, welche zu spät kamen, um seine Armuth zu lindern.

Ueber ein Damenduell, welches am 6. December in dem berliner Thiergarten vor sich gegangen sein soll, berichten die Blätter der Hauptstadt: In einem Theile des Parks wurden am letzten Mittwoch um 6 Uhr früh von einem Passanten, einem in jener Gegend wohnhaften Rentier, zwei fast gleichzeitig abgefeuerte Schüsse gehört, worauf er in das Dickicht ging, um sich nach dem Anlasse umzusehen. Hier kam ihm ein junger Bursche, der auf einen Bau in Arbeit ging, entgegen und erzählte ihm auf Befragen: er sei soeben der unbemerkte Zeuge eines Duells zwischen zwei Damen gewesen, dem noch vier andere Damen als Secundanten und ein Mann, vielleicht der Arzt, beigewohnt hätten. Nachdem beide Duellanten auf ein durch Händeklatschen gegebenes Zeichen ihre Pistolen abgeschossen, ohne, wie es schien, einander ein Leid gethan zu haben, hätte sich die ganze Gesellschaft entfernt, in der Richtung auf die in der Nähe des Zoologischen Gartens bereitstehenden Wagen, welche in scharfem Trabe davonjagten. Der Rentier ließ früh von dem Burschen nach dem angeblichen Kampfplatz führen und fand dort ein Paar Frauenhandschuhe, die auf eine ungewöhnlich kleine Hand schließen lassen. Nach blutigen Spuren suchte er vergebens.

Der Theaterbrand in Brooklyn. Einer Depesche der „Times" vom 8. December zufolge sind bei dem Brande, der während einer Vorstellung der „Zwei Waisen" auf der Bühne ausbrach, 370 Menschen ums Leben gekommen. Die Untersuchung über den Ursprung des Feuers zeigt, daß die Feuerschutz-Utensilien auf der Bühne höchst mangelhaft waren und daß das Feuer bald übermältigt werden können, wenn nur gehörige Vorsichtsmaßregeln getroffen worden wären. Einige Zeugen behaupten, daß, soweit ihre Kenntniß reicht, weder Wasser noch Schläuche vorhanden waren. Man glaubt, daß alle Personen, die sich auf den Galerien befanden, umgekommen sind, weil die Treppen einstürzten und jeden Ausgang versperrten. — Ein Telegramm der „Daily News" vom 7. December meldet: Heute Morgens begann die Untersuchung durch den amtlichen Leichenbeschauer und dieselbe wird mehrere Tage dauern. Es ist wahrscheinlich, daß die Untersuchung mehrere gerichtliche Verfolgungen herbeiführen wird. In den beiden Leichenhallen ereignen sich furchtbar ergreifende Scenen. Tausende von Menschen stehen aneinandergereiht vor den Thüren und warten voll Verzweiflung auf den Einlaß, um vermißte Verwandte unter den Leichen aufzusuchen. In den Sälen drängen sich so viele Männer,

Frauen und Kinder, als der Raum nur fassen kann, beugen sich über die Leichen und suchen die Ihrigen unter den Todten ausfindig zu machen. Mehr als die Hälfte der Leichen ist so entstellt durch die Verbrennung, daß ein Unterscheiden und Erkennen nicht möglich ist und in mehreren Fällen machen verschiedene Familien einander dieselbe Leiche streitig. Von einer Familie, die beim Theaterbesuch ihre Wohnung ganz leer gelassen hatte, sind alle Mitglieder umgekommen. Ein Mann wird vermißt, der acht unversorgte Kinder hilflos zurückläßt. Einer Wärterin waren zwei Kinder ins Theater mitgegeben worden, sie hatte dieselben beim Ausbruch des Feuers fest in ihre Arme geschlossen und alle drei verbrannten zu Kohle. Sowohl die Stadtbehörde von Brooklyn wie die Direction des Theaters treffen Anstalten zur Unterstützung und Versorgung hilfloser Angehöriger der Verunglückten. Am 7. wurden 79 unerkannte und nicht reklamirte Opfer der Katastrophe auf öffentliche Kosten in Newyork beerdigt. Der Leichenzug war ein sehr langer und während des Begräbnisses ruhten fast sämmtliche Geschäfte.

Wie in Paris die Trüffeln wachsen. Ueber den Umfang und die Art und Weise, in welcher in Paris die "Trüffel-Fabrikation" betrieben wird, finden sich in einem dortigen Blatt folgende Mittheilungen: Die Methode, nach welcher die Trüffel "fabricirt" wird, ist je nach dem Stadttheil, in dem letztere verspeist wird, verschieden. In den entlegenen Vierteln befindet sich dieser Industriezweig noch in seiner Kindheit, und die merkwürdigsten Producte desselben werden hier, wenn sie auch gerade keine besondere Anerkennung erzielen, doch widerspruchslos verzehrt. Höchstens möchte man sich am andern Tage zu einer Beschwerde veranlaßt fühlen, aber man würde nicht, sie laut werden zu lassen. In diesen Vierteln gilt eben alles, was schwarz ist und in die Wurst gestopft wird, als Trüffel. Hat doch dort ein Wurstfabrikant Trüffeln sogar aus schwarzem Tuch, und noch dazu aus was für welchem! gemacht, denn natürlich hat er sich dazu nicht gerade neues Tuch gekauft. Die wirklichen reellen Trüffelfabrikanten sind indessen doch gewissenhafter, sie stellen den "kostbaren Pilz", wie ihn die Feinschmecker auch dort nennen, aus extremen Kartoffeln her. Letztere werden dazu besonders der Kälte ausgesetzt, die ihnen mit der Zeit eine bläuliche Färbung verleiht, welche nachträgliches künstliches Schwarz-Färben überflüssig macht. Wenn dies geschehen, werden die präparirten Kartoffeln in zu diesem Zwecke mit großer Sorgfalt besonders zubereiteter Erde gewälzt, in der Weise, wie ein Conditor die Mandeln mit Zucker bedeckt, um daraus gebrannte Mandeln herzustellen. Viele biedere Leute verspeisen dies Fabrikat mit großem Behagen. Nähert man sich indeß der Vorstadt St. Antoine, dann nimmt die Trüffelfabrikation schon eine verfeinerte Manier an. Die Pastinakwurzel verdrängt hier die Kartoffel. Man schneidet dieselbe sorgfältig in die gehörige Form, die Gestalt ist mit eine Hauptsache, und dann, wenn das Aeußere so ziemlich die Farbe einer Trüffel hat, handelt es sich nur noch darum, die richtige Färbung zu geben, was in verschiedener Weise geschieht, aber von jedem Fabrikanten als sein Geheimniß betrachtet wird. Genug ist es, daß die ganze Poissonniere die Trüffeln bunt durcheinander aus Kartoffeln, Pastinak, Pataten und ähnlichen Wurzelgewächsen hergestellt werden. — Im eigentlichen Paris selbst hört dieser grobe Schwindel allerdings auf, nichtsdestoweniger aber schlüpft doch auch hier oft genug eine weiße piemontesische Trüffel, dem Zweck entsprechend gewürzt, als eine echte Perigord-Trüffel durch. Jedenfalls ist so viel gewiß, daß in Paris so viel Trüffeln verzehrt werden, als ganz Frankreich erzeugt. Wo diejenigen nun herkommen, die die Provinz oder das Ausland consumirt, das mag man sich selbst enträthseln.

Schliemann und das "Grab des Agamemnon". Schliemann glaubt nun wirklich, auf der Altropolis von Mykenä das Grab des Agamemnon gefunden zu haben und will sogar in dem daselbst entdeckten Skelett jenes des "Königs der Könige" erkennen. Auch die übrigen Gräber hält er für jene des Atreus, der Cassandra und der Gefährten des Agamemnon, die Pausanias erwähnt. Näheres hierüber, sowie über die neuesten Funde in Olympia enthält folgender Brief der "Nat. Ztg." aus Athen vom 5. Decbr. "Gestern telegraphirte Dr. Demetriades von Olympia an Herrn Curtcatiades, es möchte eine Statue der Minerva in Lebensgröße, von edler Kunst, vollständig erhalten, daselbst gefunden worden. Viel glücklicher ist nun Schliemann. Am 13./25. November telegraphirte Stamatakis, es möchte ein Mitglied der archäologischen Gesellschaft dahin geschickt werden, das Gefundene sei ein unschätzbarer archäologischer Schatz. Es sei auch nöthig, daß eine Abtheilung Soldaten unter Führung eines tüchtigen Officiers in Mykenä stationirt werde. Darauf hin reiste sogleich Herr Professor S. Phintikles mit einem Aufseher hin, um auch bald Zeuge neuer Funde zu werden. Alles soll in kürzester Zeit nach Athen geschafft werden. Die Telegramme Schliemann's lauten folgendermaßen: "Argos, 2. December. In demselben Grabe, in dem die in meinen früheren Telegrammen angeführten Schätze gefunden wurden, fand ich gestern noch eine Leiche, bedeckt mit einer schweren goldenen Maske und einem sehr großen goldenen Brustschmuck. Auf beiden Seiten desselben befanden sich Schwerter und ein kleines Schwert, deren Handhaben alle mit Gold bekleidet waren, und als Reste der verschwundenen Schwertscheiden eine unendliche Reihe goldener Knöpfe mit Verzierungen. Ueberdies fand ich noch ein chirurgisches Werkzeug von Gold bei einer großen goldenen Wehrgehenk. Am Schädel sind noch die 32 Zähne an ihrer Stelle, so daß ich hoffe, die obere Hälfte der Leiche wohlbehalten nach Athen schaffen zu können. Auch fand ich viereckige Hölzer mit Basreliefs, die Löwen und Hunde darstellen, ein goldenes Gefäß und sechs eherne Kessel. In dem letzten Grabe waren drei Leichen, von denen eine ohne Schmuck gefunden wurde. Ich habe nach Nauplia telegraphirt, damit ein Maler hierher komme und die Leiche male, von der sich in meinem letzten Telegramme gesprochen habe. Sie gleicht in hohem Grade dem Bilde, das meine Phantasie sich längst von dem weitgebietenden Agamemnon ausgemalt hat. Einige Tage vorher richtete Schliemann an den König ein Telegramm, worin er demselben die großen Funde anzeige. Er sagt darin: "Diese Schätze allein genügen, um ein großes Museum zu füllen, das prächtigste auf der Erde sein und in allen folgenden Jahrhunderten Myriaden von Fremden aus allen Ländern nach Griechenland ziehen werden." Dann fährt er fort: "Da ich aus reiner Liebe für die Wissenschaft arbeite, so will ich keinen Anspruch auf diesen Schatz machen und überlasse ihn mit Enthusiasmus an Griechenland."

Burmesische Artillerie-Schießversuche. Der König von Burmah hat 24 Kanonen auf seinen Erdwerken und Brustwehren aufgepflanzt. Es sind dies wirkliche Kanonen, nicht mit den 200—300 hölzernen Spielzeugen dieses Namens zu verwechseln, und auf diese ist Se. Maj. vom goldenen Fuß besonders stolz. Vor Kurzem amüsirte er (der König) sich, indem er aus der Krupp'schen Kanone einige Schüsse im Irrawaddy-Strom abfeuerte. Einige dieser Schüsse aber waren auch auf andere Ziele gerichtet und machten dem Herrn der sieben Regenschirme großes Vergnügen. So schlug einer der Schüsse in ein mit Reis beladenes Schiff, so daß sich dasselbe mit Wasser füllte und unterfank, wobei auch der Capitän seinen Tod fand. Der König war entzückt, denn er hatte die Kanone gerichtet. Kurz darauf wurde ein Versuch mit Bomben auf weitere Entfernungen gemacht. Die Zielscheibe war jetzt ein Dorf auf der entgegengesetzten Seite des Irrawaddy-Stromes. Ganz Rabalay zog aus, um das Resultat zu beobachten. Nach einigen Fehlschüssen nahm man wahr, daß das Dorf in Flammen stand. Die Einwohner rannten wie wahnsinnig und in so tragikomischer Weise umher, daß der König wieder „herzlich zu lachen" hatte. Als hierauf die Menge von dem andern Ufer her sich Sr. liebenswürdigen Majestät nähern wollte, richtete er plötzlich eine Kugel- und Kartätschen-Salve auf die Zuschauer, — die Menge zerstob in Nu — 20 Personen abgerechnet — darunter Frauen und Kinder, die toll auf dem Plaße blieben. Die Krupp'sche Kanone hat völlig „den Erwartungen des Königs entsprochen." Der nächste Verbrecher wird durch ihren Mund hinweggeblasen werden. Se. Majestät ist nun überzeugt, allen Erfordernissen eines europäischen Krieges entsprechen zu können.

Der Fuchs und der Aberglaube. Im Fuchse erblickte der frühere Volksaberglaube den verkappten Teufel oder eine alte heidnische Gottheit. Wie sich noch jetzt lebende Greise z. B. in Oberösterreich erinnern, scheute sich daher das Volk, den Fuchs bei seinem rechten Namen zu nennen, weil man fürchtete und nähme dies übel, käme dann in Haus und Hof und bestrafe den unvorsichtigen Sprecher, indem er ihm die Hühner raube. In Oberösterreich trug der Fuchs die Namen: Holzhansl, Hansl, Prechtl, Laufab, Rennab u. s. w. Um sich mit dem Fuchs auf guten Fuß zu stellen, fütterte man ihn förmlich indem man ihm z. B. Kopf und Eingeweide einer Henne auf einen Plaß im Wald legte. Eine Bäuerin in Hofkirchen ging von Zeit zu Zeit mit einem „Hafn", worin Futter für den Fuchs war, in den Wald, um es an einem passenden Plaße niederzulegen, wobei sie einen Spruch hersagte. Wenn man unterwegs zufällig dem Fuchs in die Nähe kam, pflegte man ihn anzureden, am häufigsten mit dem Namen „Hansl;" man glaubte, daß der Fuchs sich hierdurch geschmeichelt fühle. Doch suchte sich das abergläubische Volk auch noch durch andere Mittel vor dem blutdürstigen Feinde zu schützen. Man gab den jungen Hühnchen, das erste Mal in's Freie getrieben wurden, eine Fuchsleber zu fressen oder stupfte ihnen an Faschingssonntage vor Sonnenaufgang Flügel und Schweif; beides sollte den Fuchs vom Rauben abhalten. Ein Mittel, in welchem die Bekämpfung des Teufels, den man im Fuchse vermuthete, noch mehr hervortritt, war, daß man den Hühnern Hafer zu fressen gab, der mit dem Blute eines während der Charfreitagsprozession gestochenen schwarzen Lammes besprengt worden war. Hatte der Fuchs troß aller Vorkehrungen eine Henne geraubt, so sagte man: „G'seg'n Gott, G'seg'n Gott!" Man glaubte, daß er davon ein Grausen bekäme und fortan ausbliebe. *

Weibliche Aerzte. Berlin besißt gegenwärtig zwei weibliche Aerzte für Frauen und Kinder: Dr. Franziska Tiburtius, Friedrichstraße 203, und Dr. Emilie Lehmus, Krausnickstraße 18, beide haben in Zürich studirt und das Examen glänzend bestanden. Zur Bereicherung ihrer Erfahrung hielten sie sich in einer Frauenklinik in Dresden auf, wo man sie bald zu Assistenzärzten ernannte. Wir wollen nicht verfehlen, die Aufmerksamkeit unserer Leserinnen darauf hinzuweisen, da vielleicht das Wirken dieser Frauen segensreich werden kann.

Die Frage weiblicher Schönheit wird um so verwickelter, je mehr man sie studirt. Es kommt eben Alles auf den Saß hinaus, daß die Schönheit ganz und gar Geschmackssache und der Geschmack sehr verschieden ist. Man urtheile selbst. In Europa bewundert man die weißen Zähne, in Japan aber müssen die schönen Zähne gelb und in Indien roth sein. Eine blühende Gesichtsfarbe ist gewiß beneidenswerth, aber die Frauen in Grönland streichen sich das Gesicht blau oder grün an und die Russinnen würden sich für häßlich halten, wenn sie sich nicht kalkweiß schminkten. Welches ist die schönste Form der Nase? Man kann nur mit Achselzucken darauf antworten. In Persien ist es die gebogene Nase, in Hayti die eingedrückte Nase und die Mamas pflegen dort ihren Neugeborenen die Nasen zu zerquetschen. In Rußland bewundert man die Stulpnasen. Wir Deutschen lieben die schlanken Gestalten, die Türken ziehen das Embonpoint vor; wir schäßen das zarte Oval des Gesichts, in der Türkei liebt man die runden Gesichter. Bei uns gilt eine hohe gewölbte Stirn als ein Zeichen von Geist; in Griechenland ist die niedrige Stirn ein Hauptmerkmal der Schönheit. Im civilisirten Europa preist man die blonden, braunen und schwarzen Haare, je nach ihrem besonderen Verdienst; auf den Marianen-Inseln bevorzugt man die weißen Haare. Die Perser hassen rothes Haar und die Türken vergöttern es. Einen kleinen Mund aber schäßen sie Alle, auch die das größte Maul haben.

Das Vermögen einiger berühmten Sängerinnen schäßt eine amerikanische Zeitung wie folgt: Adeline Patti ist eine hübsche Anzahl Millionen schwer. Luise Kellog besißt 200,000 Dollars und ist noch jung; die Lucca gewinnt monatlich Tausende von Dollars; sie zerrinnen aber unter ihren Fingern wie schmelzender Schnee. Die Murska ist reich, aber sorgt nicht für die Zukunft; die Nillson ist sehr reich, die Tießens auch und vorsorgend und großmüthig dazu. Die Albani ist auf dem Wege zum Reichthum und gilt bereits jeßt als sehr wohlhabend. Madame Pasca hat sich ein großes Vermögen erjungen; dasselbe ist ihr aber beim Bankerott ihres Bankiers, der Herren Baymüller und Comp. in Wien, verloren gegangen. Die Piccolomini gewann 50 Tausend Pfund Sterling in sechs Jahren, heirathete dann einen Marquis und zog sich vom Theater zurück.

Eine neue Erfindung. Ein Deutscher, Namens Jacob Eckardt, aus Missouri, hat eine Vorrichtung erfunden, welche bei Dampfschiffen an die Stelle der Schaufelräder und der Schrauben treten soll. Sie besteht aus vollen Eisenplatten, welche von durch Dampf getriebenen Zugstangen in Bewegung gesetzt werden. Diese Platten, die man füglich mit Flossen vergleichen kann, werden in horizontaler Richtung aus dem Schiffsrumpf herausgeschoben und ziehen jede durch Druck auf das Wasser das Schiff in Bewegung. Eckardt hat ein Boot gebaut, in welchem die Vorrichtung mit Menschenkraft in Bewegung gesetzt wird, und damit auf dem Potamac bei Washington eine Versuchsfahrt gemacht, die sehr günstig ausgefallen ist.

Verantw. Herausgeber: Otto Janke in Berlin. — Redacteur des Feuilletons: Robert Schweichel in Berlin. — Verlag von Otto Janke in Berlin. Druck der Berliner Buchdruckerei-Actien-Gesellschaft. — Seßerinnen-Schule des Lette-Vereins.

Deutsche Roman-Zeitung.

No. 515. Erscheint achttäglich zum Preise von 3½ ℳ vierteljährlich. Alle Buchhandlungen und Postanstalten nehmen dafür Bestellungen an. Durch alle Buchhandlungen auch in Monatsheften zu beziehen. Der Jahrgang läuft von October zu October. **1877.**

Die junge Frau.

Roman

von

Hans Wachenhusen.

(Fortsetzung.)

Zwanzigstes Capitel.

Die dunkle Stelle.

Es war eine bewunderungswerthe Selbstlosigkeit, die in Neuenfeld und seiner Tochter kein Bedürfniß aufkommen ließ, das abweisende, stolze Benehmen der Mutter zu vergelten. Seit des Vaters Tode mochte sie ihnen dies um so rückhaltsloser gezeigt haben, und doch sprach aus Beiden noch das ungeschmälerte Interesse für uns, ein Interesse, das mich fast versuchte, geheime Absichten hinter demselben zu fürchten.

Ich traf Hedwig auf dem Heimwege im Park. Ein Buch im Schooße saß sie in ihrer schwarzen Kleidung am Eingang einer kleinen, halb verfallenen Grotte, ihrem Lieblingsplatz, an welchem sie gern dem Rieseln des Baches lauschte, der sich in dünnen Silberfäden aus dem Gestein heraus drängte und über die glatt geschliffenen Basalt-Bruchsteine sich im Buschwerk verlief.

Ihre Unthätigkeit erinnerte mich, daß es Sonntag sei, denn in der Woche erlaubte sich Hedwig gerade um diese Jahreszeit keine Muße, weil ihr wachsam Auge überall nothwendig war.

„Wie fandest Du Neuenfelds, lieber Kurt!“ fragte sie, müde aufschauend und in meinen Mienen suchend.

„Freundlich und liebenswürdig wie immer.“

„Ach ja, das sind sie!“ Hedwig schaute wieder vor sich hin und folgte sinnend dem Rieseln des Wassers. „Und wie fanden sie Dich?“ setzte sie mit demselben apathisch forschenden Blick ihres verständigen Auges hinzu.

„Lucia scheint ein wenig verletzt zu sein, da Du sie ganz vernachlässigst.“

„Ja, sie hat wohl Recht,“ seufzte sie. „Es liegt auch weniger an mir! Du weißt es ja, Kurt. Es ist aber noch etwas hinzugekommen, wovon ich nicht gern spreche. Ich wollt' es Dir schon andeuten, Du erinnerst Dich, aber ich . . . .“

Hedwig schloß das Buch und legte beide Hände darauf. Eben so verschlossen wie dies schaute sie vor sich.

„Darf ich dies nicht wissen, Hedwig?“

„O doch, obgleich es zu nichts nützen wird! Es ist vielleicht recht einfältig von mir, aber ich kann's nicht ändern, es ist einmal mein Gefühl.“

„Hat Lucia Dir etwas gethan?“

„O, wie kannst Du so fragen! Sie ist das beste Herz der Welt! . . .“ Hedwig lag etwas auf der Zunge; sie zauderte es mir zu sagen. Ich setzte mich neben sie und legte den Arm um ihre Schulter.

„Kurt,“ kam es endlich heraus, „was hältst Du eigentlich von Neuenfeld? Glaubst Du, daß er zu etwas Schlechtem fähig oder fähig gewesen sei? Es kann ja in dem Leben jedes Menschen etwas vorgekommen sein, für das er nicht gekonnt . . .“

„Ich verstehe Dich nicht!“

Trotz der Ruhe meiner Antwort legte es sich mir doch wieder schwer auf's Herz. Ich glaubte, Hedwigs Gedanken zu begegnen.

„Du kannst es ja am Ende wissen,“ fuhr sie hoch aufathmend fort. „Der Mutter dürf' ich nichts davon sagen, denn das wäre Wasser auf ihre Mühle, und gerade der Gedanke, ob sie nicht schließlich doch Recht hat, macht mir Unruhe. Sie ist sehr fein in Gefühlssachen, wenn sie auch ihre Empfindung immer gleich über Alles walten läßt . . . Du erinnerst Dich doch . . . Du erzähltest es mir ja selbst als Du damals uns an der Residenz besuchtest . . . Die Mutter hat Dir von dem Wahnsinnigen gesagt, der in Neuenfelds Hause . .“

Ich schaute die Schwester betroffen an.

„Ja, ja, sie sagte mir davon!“ unterbrach ich sie so lebhaft, daß Hedwig mich ebenfalls anschaute.

„Das Unglück wollte,“ fuhr sie fort, „daß ich ihm begegnen mußte, Abends auf dem Heimwege von Hochborn, drüben am Ausgang unsres Parks. Es raschelte neben mir in den dürren Blättern, denn es war im Frühjahr. Ich erschrak, dann meinte ich, es sei ein Eichhörnchen, eine Eidechse. Ich schaute hin und sah . . . Hu! . . .“

Hedwig fühlte sich so von Schauder geschüttelt, daß sie die Hände über die Augen legte.

„Was sahst Du, Hedwig? Einen langen, dürren Mann in grauer Kleidung, mit einem graugelben Gesicht wie Pergament, hervorgequollenen, stieren Augen und einer tiefen rothen Narbe über der Stirn . . . Nicht wahr, Hedwig?"

„Kurt, Du hast ihn gesehen?" rief sie hastig.

Hedwig war aufgesprungen und stand vor mir.

„Ja! . . . Und Du? . . . Was geschah, als er Dir begegnete?" fragte ich, ihr die größte Ruhe zeigend.

„O nichts! Er trat unbedeckten Hauptes aus dem Gebüsch heraus; er strich an mir vorbei, so dicht wie ich hier vor Dir stehe, sah mich mit seinen starren Augen an, bog um den alten Lerchenbaum in den Weg nach Hochborn und verschwand während ich mit vor Schreck gelähmten Gliedern dastand und mich nicht von der Stelle bewegen konnte. Seitdem hab' ich's nicht gewagt, allein wieder nach Hochborn zu gehen, und peinlich ist's mir, wenn Lucia mich fragt, warum ich nicht komme, denn ich kann ihr doch unmöglich sagen . . . Aber Du! Wo sahst Du ihn? Und was denkst Du Dir von diesem sonderbaren Geheimniß, denn ein Geheimniß steckt ohne Zweifel dahinter und ich erschrecke, wenn ich mir vorstelle, daß der Mutter Argwohn . . . So sprich doch, Kurt! Du kennst die Welt, Du mußt besser als ich beurtheilen können . . ."

„Was mir selbst ein Geheimniß ist!" unterbrach ich sie. Ich hatte jetzt erzählt was ich auch ich gesehen.

„Er kann ein Verwandter von ihnen sein," setzte ich zur Beruhigung Hedwig hinzu. „Sie wollen ihn nicht von sich geben, ihn fremden Händen anvertrauen und das ist ja so begreiflich. Immer aber bleibt mir Eins dabei unheimlich: diese tiefe Narbe auf der Stirn! . . . Aber auch das ließe sich erklären, denn Neuenfeld hat ohne Zweifel in seiner Jugend in abenteuerlichen Verhältnissen gelebt, in Ländern wie Brasilien geht es wohl nicht ohne gewaltthätige Acte ab; er sagte mir, er sei mehrmals verwundet worden. Nur begreife ich diese Geheimnißthuerei nicht!"

„Du kannst glauben, Kurt, es steckt was dahinter, was nicht bekannt werden soll!" Hedwig hatte sich wieder auf die Bank niedergelassen und schmiegte sich furchtsam an mich. „Ich habe gewiß die besten Gesinnungen für Neuenfelds; ich schätze sie als ehrenwerthe, biedere Menschen, aber in Neuenfelds Leben muß eine düstre Stelle sein, wenn er auch noch so grad und ehrlich drein schaut. Ich kann mich dieses Gedankens nicht erwehren, kann's nicht über mich gewinnen, Lucia wieder zu besuchen, denn ich fürchte mich!"

„So werden wir nächstens zusammen zu ihnen gehen, Hedwig!"

Sie schüttelte abweisend den Kopf. Ich bot ihr den Arm, denn ich sah, daß sie noch immer unter dem Einfluß der Furcht stand, und führte sie durch den Park in's Schloß zurück.

Einundzwanzigstes Capitel.
Der Mutter Pläne.

Am Abend ließ mich die Mutter auf ihr Zimmer bescheiden. Sie saß mit der Zeitung in der Hand auf dem Sopha, denn sie verfolgte eifrig die Politik. Vor ihr lagen die Patience-Karten und Briefschaften, auf ihrem Schreibtisch mehrere geschlossene und adressirte Couverts.

Ihr Antlitz schien weniger streng als sonst. Die schwarze Wittwentracht gab ihren scharfen Zügen etwas Milderes, der Schmerz, den sie wirklich um den uns so theuren Dahingeschiedenen fühlen mußte, hatte ihr Antlitz gebleicht und ihm ein versöhnendes oder versöhntes Gepräge gegeben.

Ich mußte mich ihr gegenüber setzen. Sie begann damit, es sei nothwendig, mir endlich einen Ueberblick der Verhältnisse zu geben, wie sie der Vater zurückgelassen, da sie meiner in manchen Angelegenheiten, namentlich in der Berührung mit den Gerichten und Geschäftsleuten bedürfen werde.

Diese Verhältnisse, wie sie mir dieselben darlegte, waren allerdings nicht erfreulicher Natur. Das Gut war über und über belastet, nur Hedwigs kleines Anwesen war von Schulden ziemlich befreit. Sie sprach davon, daß es ihr vielleicht beschieden sein werde, das letztere als ihren Wittwensitz zu benutzen und ihre Zuflucht zu dem Eigenthum ihrer Tochter zu nehmen. Es werde das zwar eine schwere Demüthigung sein, doch lasse sich selbst dieses kleine Anwesen nur retten, wenn man sich entschließe, sich den Sequester des Hauptgutes von Seiten der Gläubiger gefallen zu lassen, wie unser Advokat proponire. Was für sie das Empfindlichste, fügte sie hinzu, sei die Entdeckung, daß „dieser Neuenfeld" unter den Hauptgläubigern figurire. Er habe dem Vater, wie sich herausgestellt, nicht nur bedeutende Summen geliehen, sondern mit seinem Gelde fällige andere Hypotheken abgelöst. Es sei kein Zweifel, daß er irgend etwas mit seiner Zudringlichkeit im Schilde führe, daß es seine Absicht, das Gut an sich zu reißen, daß er mit dem seinigen zu verschmelzen, und das werde sie zu verhüten suchen. Dieser Freibeuter solle seinen Willen nicht haben; lieber untergehen!

Die Mutter entwickelte mir nun danach ihre Pläne für den Moment, wo ihre Erbschaft ausgeschüttet werde, die sie vor den Angriffen der Gläubiger rechtzeitig zu sichern gewußt habe, da sie ja doch zu unbedeutend gegenüber dieser Schuldenlast.

So bestimmt kehrte ich in mein Zimmer zurück. Was mir die Mutter eröffnet, war trostlos genug, und dann: was sollt' ich von Neuenfeld halten? Die kluge Hedwig hatte schon früher herausgehorcht, daß er dem Vater Geld geborgt; war's wirklich seine Absicht, uns vom Hofe zu jagen? War ich noch unerfahren genug, in seinem freundlichen, wohlwollenden Benehmen den Pferdefuß nicht zu entdecken?

Die Mutter hatte mir gesagt, daß er auch dem Landoberschultheißen seine Forderungen an das Gut abgekauft. Der Mann hatte mich als Kind lieb gehabt; er konnte mir sagen, was er von Neuenfeld halte.

Der Gedanke beruhigte mich in dieser Richtung; was aber zentnerschwer und mit bitterem Vorwurf auf meinem Herzen lag, war die Entdeckung, die ich um Mitternacht machte, als ich, durch die tollsten Hallucinationen vom Lager gescheucht, mich in's offene Fenster gelegt und auf das schlummernde Dorf hinabblickte, die Entdeckung, daß ich mich stundenlang nur mit Lucia beschäftigt.

Wie sie mir beim Abschiede die Hand gereicht,

hatt' es mir bis zum Herzen gezuckt; wie sie mich dabei so lieb und gut angeschaut, stand sie immerfort vor mir. Meine Gedanken kehrten zurück bis zu jenem Tage, wo sie, allein mit mir in ihres Vaters Hause, mir alle Curiositäten gezeigt; ich sah sie, wie sie sich in kindlicher Ausgelassenheit in die Hängematte warf und mir von ihrer brasilianischen Häuslichkeit erzählte. Und in diese Erzählung blickte jetzt der Wahnsinnige mit der rothen Stirn-Narbe.

Ich fand keine Ruh die ganze Nacht hindurch, nicht einmal am Morgen als die Sonne durch's Fenster hereinschaute. Ich liebte dieses originelle, schöne Mädchen; ich durfte aus der unverstellten Herzlichkeit, mit der sie mich behandelte, schließen, daß sie mich nicht ungern sah, — aber eine Warnung von ihr stieg glühendheiß mit allen Gedanken an sie aus meinem Herzen heraus.

In aller Frühe kleidete ich mich an; ich legte mit hastigen Schritten eine halbe Meile zurück, um den Schultheißen zu finden, der mich freudig empfing und mein Kommen wie einen Beweis aller Anhänglichkeit betrachtete.

Er ließ mir ein Frühstück auftragen und ich aß, ohne davon zu wissen. Er meinte, ich sehe bleich aus, aber das komme wohl von den Schmerzen, die ich erlitten. Ja, die Preußen! Wer hätte das denken können! Neuenfeld, meinte er, sei der einzige gewesen, der das vorausgesagt, und damit habe er sich manchen Feind gemacht.

Wohl kam's von den Schmerzen! Erst als er aber selbst das Gespräch auf Neuenfeld's brachte, wagte ich zu fragen.

„Er muß so viel Geld haben, daß er sein Gut mit Goldstücken belegen kann," sagte der Schultheiß von Neuenfeld. „Die Leute reden viel dummes Zeug über sein Vermögen, er hätt' es durch Sklavenhandel und sonst Gott und den Menschen nimmer gefälliges Thun erworben; aber," setzte er hinzu, „sie hängen ja Jedem gern was Böses an, wenn er mehr hat als sie. Das Aergerlichste ist, daß ihn die tollen Zungen am Ende noch mit den Behörden in's Gemenge bringen werden, denn sie schämen sich nicht, ihm nachzusagen, er habe einmal Einen drüben in Brasilien mit der Axt in den Kopf geschlagen, der sei aber wieder zu sich gekommen; Neuenfeld habe ihn danach bei sich versteckt, ihn sogar mit nach Europa herüber genommen, damit er nicht gegen ihn zeugen könne, obgleich der Unglückliche den Verstand verloren ... Ich habe von Dem nie eine Spur in Neuenfeld's Hause gesehen, aber die Schandmäuler wollen ihn gesehen haben."

Ich wagte nicht, zu bestätigen, was ich selbst gesehen; ich stimmte ihm sogar bei; aber mit ängstlichem Herzklopfen.

„Die Mutter hegt die Befürchtung, daß er auf unser Gut speculire," sagte ich kleinlaut.

„Hm! Das hat mir auch wohl so geschienen! Es war ihm gar so sehr darum zu thun, meine Hypothek zu haben, und da ich gerade Geld zum Bau gebrauchte, hab' ich sie ihm cedirt. Das ist eben Geschäftssache und darauf versteht er sich," setzte der Schultheiß hinzu. „Im Uebrigen ist er ein wackerer, werkthätiger Mann, obgleich er durch seine Freundschaft für Preußen sich nicht beliebt gemacht hat. Ihr Vater

selig, Herr von Aufstetten, hat ihn ja auch gern gehabt, war ihm aber geschäftlich wohl nicht gewachsen."

Ich hatte Ursache genug, das Letztere zu fürchten. Bedrückten Herzens trat ich den Rückweg an, nachdem der Schultheiß mich gebeten, nur zu ihm zu kommen, wenn er mit Rath und That mir zur Seite stehen könne. Die eine Ueberzeugung nahm ich mit mir, daß der Mutter Argwohn nicht so unbegründet, wie ich hatte glauben wollen. Neuenfeld verfolgte geheime Pläne in Bezug auf uns. Aber wußte Lucia darum und war sie nicht noch zu unerfahren, um dergleichen zu wissen, oder zu durchschauen? Ich fürchtete den Vater und liebte die Tochter! Die Mutter aber haßte ihn bereits und gab es nicht vielleicht Ursachen, Gründe, die das auch mir zur Pflicht machten? Selbst Hedwig, ich glaubte das herausfühlen zu müssen, war mit all ihrer Herzensgüte schon mißtrauisch gegen die Nachbarn geworden, und das zeugt gegen dieselben, denn sie wollte sonst Allen wohl.

Auch die Mutter ihrerseits brütete Pläne; ich sah es. Sie schloß sich stundenlang ein, war schweigsam und wenn ihr namentlich in Bezug auf unsere Nachbarschaft ein Wort entfiel, begleitete sie es mit satirischem Lächeln.

Wenige Tage darauf, während welcher ich auf den Feldern umher streifte immer in der Hoffnung, Lucia zu sehen, ihr vielleicht zu begegnen, traf ein Brief vom Oheim an mich ein.

Er schrieb, ich habe während meiner vollständigen Wiederherstellung Zeit, mich meiner Lieblingsneigung, der Malerei, hinzugeben, ich solle aber meine Stellung in der Armee nicht aus den Augen lassen, denn die Letztere werde vollständig reorganisirt. Er wies mir meinen Jahresgehalt bei einem Banquier der benachbarten Stadt an und sandte mir eine reizende Staffelei mit einer kleinen goldenen Krone darauf — keiner Fürstenkrone, wie die Mutter mit Mißfallen bemerkte.

Zweiundzwanzigstes Capitel.
Zwischen den Rebstöcken.

Der Spätherbst war da. Die Nebel hingen Tag und Nacht über den Wäldern, diese mit dicken Fäden oder auch mit ganzem Leichentuch überziehend. Sie lagen über den Weinbergen, die Wingertshäuschen versteckend, und nur am Nachmittage gelang es der Sonne zuweilen, ihre Strahlen durch den feuchten Dunst zu schicken und ihr blasses Herbstlicht über das Thal zu werfen.

Ich befand mich in einem Wechselzustand von Qual und Wonne. In unsren pecuniären Verhältnissen herrschte zwar Ebbe, aber keine eigentliche Noth, denn es gab meine ganze Revenue vom Oheim gern dahin.

In Hochborn war ich nur selten gewesen, denn Neuenfeld zeigte mir eine weniger freundliche Miene; er war kälter gegen mich. Dagegen hatte ich Lucia oft gesehen. Ihr selbst schien es ein Bedürfniß, mir zu begegnen, wenn ich meine Promenaden in den Wald machte, durch den sie die Grenze sich zog.

Auch sie war ernster geworden, aber lieblicher, anmuthiger noch in ihrem ruhigeren Wesen. Es war eine stille Weihe über dem Mädchen; ihr Auge war tiefer, inniger geworden; es lag wenigstens eine Gefühlstiefe in demselben, die sich mit dem Sonnenschein der reinsten Mädchenfreude verklärte, wenn sie lächelte, und das that sie gern, weil ihr Temperament sie dazu trieb. Aber es war, wie gesagt, etwas still Sinniges über diesem Wesen, das mich zuweilen an Hedwig erinnerte — an Hedwig, von der ich gar nicht argwöhnte, daß sie meine Promenaden belauschte, die ich namentlich mit Palette und Farbenkasten nach einer hochgelegenen Lichtung des Waldes richtete, von der man das ganze poetische Thal überschaute.

Lucia richtete ihre Ausflüge zuweilen dorthin und sah meiner künstlerischen Thätigkeit sinnend zu. Sie lächelte froh, als ich ihr eines Tages eine kleine Oelskizze überreichte, auf welcher sie sich selbst erkannte, wie sie als Kind auf dem Schecken-Ponny saß. Sie dankte mir mit glühend rothem Gesicht.

Es war für den Tag darauf die gemeinderäthlich annoncirte Weinlese ausgestellt. Wir hatten auf unsren Bergen wenig zu suchen, da ja unsere Ernte wieder im Voraus verkauft war. Neuenfeld dagegen hatte ein kleines Fest für seine Leute veranstaltet und Hedwig und mir eine Einladung gesandt.

Hedwig schien durch diese in Verlegenheit gesetzt. Tactvoll sah sie aber ein, daß wir sie annehmen mußten. Die Mutter durfte freilich nichts davon erfahren. Am besten also war's, einen Ausflug zu andren Nachbarn vorzuschützen.

Dichter Nebel lag auch an diesem Tage über Berg und Thal. Hedwig hüllte sich fröstelnd in ihren Mantel, als wir den Hof verließen. Wir sprachen wenig zusammen, als wir die Höhe hinan stiegen, wieder thalwärts durch die Aecker schritten, dann durch die unteren Gärten Hochborns Gemarkung erreichten und die Weinbergswege einschlugen.

Das Herrenhaus von Hochborn war durch den nassen Wust nicht zu sehen; der Lettenboden war aufgeweicht und glipfrig. Schwer hing das Naß auf dem graugelben vom Wetter schon zerfranzten Weinlaub, triefend senkten sich die Trauben zum Boden; man sah den Nebel in den Stöcken hängen und in den verdrießlichen Farben der Vergängniß hing welk und verschrumpft die Edelfäule, die Freude des Winzers.

Wir tappten die dampfende Höhe hinan; wir hörten nur die Stimmen der Wingertsleute, die in großen Gruppen, gebückt zwischen den Reben in langen Gliedern mit den Bottichen vor sich die Lese besorgten. Wellen von Nebel hoben und senkten sich um uns, Alles verhüllend; wir folgten der Richtung, aus welcher die Stimmen zu uns drangen.

Lucia trat plötzlich aus dem Nebel vor uns, das Antlitz frisch und hoch geröthet, das Kleid unbefangen aufgeschürzt, die Brust im Kreuz mit einem Shawl umwickelt, durchsichtige Thau-Perlen auf dem Lockenhaar, das ungenirt über den Shawl herab hing. Freudig leuchteten ihre Augen, als sie uns die Arme grüßend entgegen streckte.

Sie war uns entgegen gegangen, als wir durch den aufgeweichten, schweren Boden bergan leuchten und reichte uns zum Willkommen die Hand. Ihr Vater, sagte sie, stehe drunten bei dem Faß, in welches die Träger ihre Legel ausschütteten, während der Verwalter die Füllung derselben überwachte und ihre Zahl notirte. In dem

feuchten Dunst erkannten wir nur undeutlich die verschwimmenden Umrisse seiner Gestalt.

Ich verstand nicht, was Hedwig veranlaßte, als sie kaum einige Worte mit Lucia gewechselt, den Shawl fester um den Hals ziehend, uns zu verlassen und durch den schmalen Steig zu Neuenfeld hinab zu eilen. Ich wollte dasselbe thun, glaubte aber in Lucia's frischem Gesicht die stumme Aufforderung zu lesen, ich möge bleiben.

Lucia's Miene ließ mich glauben, sie habe etwas Besonderes auf dem Herzen. Ich blieb an ihrer Seite. Sie schaute Hedwig nach, bis diese wie ein Schatten in dem Nebel zerfloß. Mir war's beruhigend, daß Hedwig nicht bei uns geblieben. Sie war schon unterwegs so sonderbar gewesen.

Lucia blickte über die Lesenden und pflückte eine Traube.

„Die Ernte bleibt hinter unsren Erwartungen zurück,“ sagte sie zerstreut, mein Auge vermeidend. „Der Wein hat zu wenig Kochzeit gehabt und die Rebel kommen zu spät. Der Rießling hat nicht Zucker genug und die Edelfäule ist zu früh eingetreten bei der Ungleichheit der Trauben.“

Ebenso zerstreut war ich ihr gefolgt, wie sie mir voran durch die Rebstöcke dahinschritt; mein Blick hing an der jugendlichen, elastischen Gestalt, die sich so natürlich, ohne Zwang vor mir bewegte.

Es schien mir, als führe sie mich absichtlich aus der Nähe des Lesevolks, obgleich die Leute uns schwerlich sehen konnten.

So erreichten wir die Höhe, den Andren ebenso unsichtbar in dem Dunst wie sie uns. Lucia sprach kein Wort zu mir. Vor einem Wingertshäuschen endlich blieb sie stehen, holte Athem und strich an einem Rasenstück den schweren Lettenboden vom Fuß.

Jetzt erst, wie sie vor mir stand, blickte sie mich an. Ihr Antlitz war noch höher geröthet vom Bergsteigen; ihr Athem war kurz. In ihren Locken hing der Nebel feucht und schwer, sie auf die Schulter herabdrückend.

„Wir sind ganz von den Andren abgekommen,“ sagte sie ein wenig beklommen, sich zerstreut stellend und auf das dunstige Grau hinab blickend, das unter uns chaotisch durch einander wogte. „Aber es ist gut so; ich hatte Ihnen etwas zu sagen, ehe Sie den Vater begrüßen.“

Gespannt schaute ich sie an; sie begegnete mir offen. „Wenn Sie meinen Vater heut ein wenig verstimmt finden, halten Sie es ihm zu Gute!“ fuhr sie fort. „Ich will Ihnen auch die Ursache nicht verschweigen und Sie werden mir nicht zürnen, wenn ich so aufrichtig bin.“

„Sprechen Sie, Lucia! Sie machen mich besorgt!“ Sie trat mir näher; sie wich vor mir zurück.

„O, es ist nicht von so großer Bedeutung! Diese Ursache ist Ihre Mutter, Kurt, daß ich's kurz heraus sage!“

Mich durchbebte es, als sie mich so vertraulich anredete. Meine Wangen glühten; sie schlug, dies bemerkend und vielleicht über dies Wort erschreckend, das Auge zu Boden und nestelte verlegen an ihrem Shawl.

„Meine Mutter?“ Ich erschrak, denn ich durfte in der That nichts Gutes erwarten.

„Ja! Sie hat dem Vater heute Mittag einige Prozesse einhändigen lassen, ich weiß nicht, um was, aber sie ärgern den Vater, denn er haßt alle Prozesse. Als er dem Gerichtsboten unterschrieben, warf er die Papiere zornig auf den Tisch. Ich sah's ihm an, er wollte nicht von mir gefragt sein."

Beschämt stand ich da. Ich fand kein Wort zur Entschuldigung der Mutter, die in ihrem Haß gegen Reuenfeld, wie ich sah, keine Ruhe gefunden, bis sie ihre lange gehegte Absicht ausgeführt. Ich that dem Mädchen offenbar leid, wie ich da stand.

„Ich durft's Ihnen nicht verschweigen," fuhr sie in mildem Ton fort. „Sie und Hedwig mußten den Grund von des Vaters Mißstimmung wissen. Er überträgt dieselbe nie auf Diejenigen, die er gern hat, und zu diesen gehören Sie Beide; aber er wird vielleicht seinen Unmuth nicht ganz beherrschen können, denn die Verstellung wird ihm immer schwer."

„Ich hatte keine Ahnung davon, Lucia!" sagte ich verdrossen, aber mit innerem Vorwurf, denn ich hatte immer gefürchtet, was sie mir heute mittheilte.

„Und üben Sie denn gar keinen Einfluß auf die Mutter? Sie haßt meinen Vater, sein gerades, ungekünsteltes Wesen, das ihm im langen Umgang mit rohen Naturen, die er zu beherrschen hatte, nothwendig eigen geworden, und doch hat er's nicht an seinem guten Willen fehlen lassen . . ."

Lucia verschwieg tactvoll, was ihr auf der Zunge lag. Ich hatte nichts als beschämt ein stummes Kopfschütteln. Auch sie stand jetzt schweigend vor mir.

„Wir wollen gehen!" sagte sie endlich halblaut, sich in den Nebel wendend. „Ich mußte Ihnen ja sagen, was vorgefallen!"

„Lucia," rief ich, sie zurückhaltend und ihre Hand erfassend, die sie mir willenlos überließ, als Zeichen, daß auch sie mir nicht zürne. „Was Sie mir sagten, schmerzt mich tief, ja tiefer noch, weil ich fürchten muß, daß es mir Ihre Freundschaft entziehen könnte."

Eine Pause trat ein. Lucia blickte unmuthig über meine Rede vor sich hin. Sie ließ mir vergessen ihre Hand. Ich wagte einen leisen Druck als Aufforderung, mir zu antworten. Sie warf, vor sich schauend, die Lippe auf.

„Meine Freundschaft!" murmelte sie, das Wort belonend und mitleidig die Achsel zuckend. „Was ist Ihnen meine Freundschaft!"

Ich erschrak über ihr sonderbares Benehmen.

„Alles — Alles, Lucia!" rief ich mit Wärme, ihre Hand pressend und an mich ziehend.

Sie zeigte jetzt eine Erregung, die ich nicht zu deuten wagte. Sie war befangen, verlegen, ein sichtbarer Unmuth bewirkte wieder dasselbe jähe Farbenspiel; die Blässe trat an die Stelle der Gluth. Ihre Hand lag noch in der meinigen; ich fühlte ein leichtes Zucken derselben. Sich aus ihrer Zerstreuung wiederfindend, wollte sie mir die Hand hastig entziehen; ich umschlang sie mit beiden Händen.

„Lucia!" rief ich aus. „Ich nannte es Freundschaft! Aber es ist mehr, viel mehr, ein bangem, zagendem Herzen heimlich geworben oder werben möchte! Es ist mehr als ich zu sprechen den Muth habe! Der Mutter nicht zu entschuldigendes Beginnen zwingt mich zu sprechen."

„Mehr!" flüsterte sie leise, ohne aufzuschauen, ohne mir die Hand streitig zu machen, und ihre Lippen bebten fort als sie schwieg; ihre Hand zitterte heiß in der meinigen. Auch ihr Antlitz bedeckte sich wieder mit glühender Röthe.

Sie mußte ahnen, wissen, was dies „Mehr" bedeutete, und sie litt dieses Geständniß. Hingerissen durch den Anblick des seltenen Mädchens, durchströmt von der Wärme ihrer Hand, wagte ich es, den Arm um sie zu legen, und sie stand mit gesenktem Auge regungslos da. Sie sprach auch erst, als ich sie an mich gezogen, als ich einen langen, heißen Kuß auf ihre Lippen gedrückt und sie mit seligem Auge in meinem Arm zu mir aufschaute.

Wir wußten Beide nicht was wir thaten, aber was eben geschah, war ein gewaltsames Losringen unsrer Herzen aus Banden, gegen die sie so lange schon gekämpft.

„Mehr, Kurt," flüsterte sie, „mehr als ich für Dich fühle, vermagst Du nicht zu fordern!"

Sie barg das erglühte Antlitz an meiner Schulter, dann als ich dasselbe leidenschaftlich zu mir erhob, schaute sie in der holdesten Verwirrung und mit leuchtendem Auge auf.

„Ich weiß nicht," sagte sie sanft und mit dem Herzen in der Stimme, „ich habe immer an Dich denken müssen so lange ich Dich kenne, aber ich schien Dir so gleichgültig, als Du das erste Mal wieder kamst! Du bliebst Tage, fast Wochen aus, und wenn ich damals zu Hedwig von Dir sprach, begann sie immer unaufgefordert mir zu erzählen, Du würdest eine Fürstin, eine Prinzessin heirathen, das sei einmal so bestimmt, das könne gar nicht anders sein . . . Ich wußte nicht, warum sie mir das immer sagte, aber es that mir jedesmal recht weh. Sie machte mir selbst einen Vorwurf daraus, aber ändern konnt' ich nichts, es ist meine Natur!"

Offenbar hatte die kluge Hedwig schon früher und während meiner langen Abwesenheit in das Herz Lucia's geblickt und ihr, um in ihrer Sehergabe, auf die sie sich immer etwas zu Gute that, ein Unglück zu verhüten, vorbeugend dergleichen müßiges Zeug geschwätzt; mir aber hatte sie bei meiner stets unerwarteten Wiederkehr, wahrscheinlich aus demselben Grunde, das sorgsam verschwiegen.

Was Hedwig trotzdem nicht zu hindern vermocht, war geschehen. Lucia lag überglücklich in meinen Armen; sie plauderte so heiter, so seelenvoll. Dann aber fuhr sie plötzlich auf, sie legte sich losmachend beide Hände über die Augen; ein Zucken durchbebte ihren Körper.

Ich suchte ihre Hände fortzuziehen; ihr Benehmen machte mir Angst. Was gab es, daß sie so plötzlich . . . Alte, düstre, mißtrauensvolle Vorstellungen bäumten sich in mir auf; ich suchte ahnungsvoll Geheimnisse zu errathen.

„Was ist Dir! . . . Sprich!" Ich preßte heiß und inbrünstig ihre Hände. Mißtrauisch gegen mein Schicksal argwöhnte ich, es wolle mir auch dieses Glück zerstören. „Lucia!" rief ich beschwörend, ihre Hände haltend.

Und jetzt hob sie die Augen wieder. Es lag ein düstrer Glanz darin. Trotz und Empörung gegen einen Gedanken, der sie so plötzlich überfallen inmitten ihrer Herzensfreude.

„Du verheimlichst mir etwas! Du bist nicht aufrichtig!" mahnte ich. „Du schuldest mir von diesem Augenblick dein ganzes Herz, und Du verheimlichst ..."

Sie senkte die Stirn wieder.

„Nichts, was Du nicht wüßtest, Kurt!" sprach sie traurig. „Aber es ist etwas zwischen uns ..."

Mir pochte es wie ein Hammer in der Brust.

„Lucia! ... Sprich, ich beschwöre Dich!"

Ich fühlte ihre Hände in den meinigen kalt werden. Ich starrte verzweifelt in den Nebel, um zu errathen, was in ihr vorgehen könne.

„Deine Mutter!" flüsterte sie endlich.

Ich lachte laut auf, denn auch mich erfüllte plötzlich die Bitterkeit. Ich sah voraus, daß ich einen schweren Kampf zu bestehen haben werde, aber das sollte mein Glück nicht hindern.

„Sei unbesorgt! Sie soll uns nicht wehren!" rief ich, sie wieder an mich pressend. „Sorge nicht um Dinge, die nur mich angehen!"

Es gelang mir, sie zu beruhigen. Sie selbst gab den beunruhigenden Gedanken auf; sie fürchtete sich, meine Mutter vor mir anzuklagen um der Mißachtung willen, welche diese ihrer Familie zeigte.

„Laß uns zu den Uebrigen zurückkehren!" rief sie, die feuchten Locken über die Schulter zurückstreichend während sie mich so warm und herzig anschaute. „Weißt Du, Kurt, der Vater darf auch nur langsam auf das vorbereitet werden, was ... eben zwischen uns geschehen," plauderte sie erröthend über sich selbst und das von uns Beiden nicht vorhergesehene Ereigniß. „Er wird nicht gegen uns sein, denn er hat Dich gern; o, ich weiß es; aber gerade jetzt dürfen wir ihm nichts sagen, wo ... Du weißt ja, was ich Dir vorhin mittheilte, weshalb ich Dich eigentlich doch nur allein sprechen wollte, ohne zu ahnen, was das für Folgen haben würde!"

Sie lächelte über ihre eigne naive Rede. Halb verwirrt, wenigstens verlegen zog sie mich den schmalen Weg über die Weinberge fort, auf welchen der Nebel unser Verschwinden den Andren verheimlichte, und so standen wir denn plötzlich vor den Lesenden, die sich wie dunkle, verschwimmende Schatten vor uns abzeichneten.

Auch Hedwigs kleine Gestalt tauchte eben in dem Nebel vor uns auf. Wir stutzten überrascht, erschrekt. Sie betrachtete uns mißtrauisch; ich glaubte etwas wie eine Anklage in ihrem Antlitz zu lesen. Sie wandte sich ab und warf nur heimliche Seitenblicke auf uns, als wolle sie in unsren Mienen lesen. Der Alles umhüllende Dunst machte es uns leicht, ihr recht unbefangen zu erscheinen.

Neuenfeld war in der That am Abend etwas zurückhaltender gegen uns, bemühte sich aber sichtbar, uns die gewohnte Freundlichkeit zu zeigen. Lucia war desto heiterer. Alles lebte in dem herrlichen Mädchen; es lag in ihr, über ihr ein Freudenschimmer, der bezauberte. Sie hatte Momente, in welchen ich ihr das Kind wieder erkennen wollte; die Naivetät ihres Gemüthes war noch ebenso frisch; aber jetzt mehr gezügelt durch jungfräuliche Zurückhaltung.

Schweigend schritt Hedwig am Abend auf dem Heimwege neben mir her. Die Mutter war zur Stadt gefahren und sollte erst am späten Abend zurückkehren.

Sie sollte nichts von unsrem Besuch bei Neuenfeld wissen. Erst als wir den Park erreicht hatten, sagte ich Hedwig von den Prozessen, von denen Lucia mir mitgetheilt.

„Sonderbar, daß sie Dir und nicht mir davon gesprochen," sagte sie trocken vor sich hin.

Meine Nacht war schlaflos vor Aufregung. Wie gesagt, ich fürchtete mich vor dem Vater wie vor einem Manne, den ein unheimliches Mysterium umgab, in dessen Vorleben ich ein blutiges Geheimniß suchte und vor dessen Wesen, mochte es sich noch so ehrlich und bieder geben, mich ein gewisses Grauen umschlich. Ich fürchtete mich vor ihm und liebte seine Tochter mit der Gluth eines jungen empfänglichen Gemüths.

Während dieser Nacht nahm ich mir vor, Lucia dieses Geheimniß zu entreißen. Sie mußte mir beichten und wenn es wirklich so war wie das Gerücht behauptete ... Ein Schauder überrieselte mich. Ich liebte ja die Tochter, die Hehlerin eines Verbrechens!

Dreiundzwanzigstes Capitel.

Die Deutsche Legion.

Fortab trieb es mich täglich sehnsuchtsvoll in der Gemarkung von Hochborn umher. Es durfte kein Abend anbrechen ohne daß ich während des Tages Lucia gesehen oder an einem von uns verabredeten Ort ein zärtliches Billet von ihr gefunden.

„Warum dies Alles, und warum kommst Du nicht in unser Haus?" fragte Lucia wohl vorwurfsvoll. „Der Vater, Du weißt es, hat Dich gern, wenn auch Deine Mutter durch ihre Anfeindungen ihm Verdruß bereitet. Er ist zu edelmüthig, zu gerad, als daß er das auf ihre Kinder übertrüge."

Ich konnte nicht anders, sie zwang mich. Ich mußte endlich heraus mit der Sprache. Dieser Vorwurf gab mir die beste Gelegenheit, ihr endlich zu sagen, daß eine heimliche Furcht vor ihrem Hause mich befange. Schonend erzählte ich ihr jetzt von dem umgehenden Gerücht, verschwieg ihr aber, was für schwer gravirende Vermuthungen das Volk hinsichts ihres Vaters an dasselbe knüpfe.

Lucia erschrak sichtbar und ich erschrak über sie. Dann lächelte sie, den Kopf schüttelnd, traurig vor sich hin.

„Es sollte mich eigentlich nicht Wunder nehmen, daß man davon weiß, denn er ist zuweilen so schwer zu hüten," sagte sie ohne aufzuschauen und zerstreut halb für sich. „Wir haben recht viel Sorge dadurch!"

„Nun so sprich, Lucia!" rief ich ungeduldig. „Da siehst, welche Qual mir dieses Gerede der Leute bereitet!"

„Also deshalb kommst Du so selten zu uns? ... Deshalb? Gestehe mir offen!" Es lag Bitterkeit in ihren Worten, in ihren Zügen.

„Deshalb! Begreifst Du denn nicht, was ich bei solchen Gerüchten empfinden muß?"

„Freilich, Kurt! Freilich! Obgleich ich Dich wohl für vorurtheilsfreier gehalten habe!" Lucia senkte das Antlitz.

„So mach' diesem Vorurtheil ein Ende und sprich!"

Lucia schüttelte wieder den Kopf. Dabei blickte sie mir so sonderbar, so forschend ins Gesicht. Sie legte den Arm in den meinigen und schmiegte sich an mich.

„Und Du bist am Ende im Stande auch auf Deine Lucia . . .?"

Sie schaute schelmisch, fast spöttisch und überlegen zu mir auf. Ihre Miene beschämte mich fast, denn es lag Mitleid für mich darin.

„Ich habe nicht die Erlaubniß, Kurt, Dir zu erzählen," fuhr sie fort, „aber ich bin überzeugt, der Vater wird es gern thun, wenn man ihm nur die passende Gelegenheit dazu giebt. Ich will ihm sagen, was man schwatzt, und das wird ihn sicher veranlassen . . . Aber Eins mußt Du versprechen."

Sie begleitete diese Clausel mit unverständlicher Miene.

„Du darfst den Vater nicht nach dem Namen des . . . Unglücklichen fragen," setzte sie hinzu, und mit einer gewissen Feierlichkeit.

„Was gilt mir der Name!"

„Gut! So komm übermorgen, Kurt!" Sie schmiegte sich enger an mich und drückte so recht innig meinen Arm. „Es ist des Vaters achtundfünfzigster Geburtstag. Er wird's Dir hoch aufnehmen, wenn Du ihm einen freundlichen Glückwunsch bringst, und ich weiß: an dem Tage wird er Dir erzählen, wenn ich ihm vorher schon sage, daß es nothwendig ist, das Geschwätz der Leute zur Ruhe zu bringen, wenn es so ist, wie Du sagst!"

Wir trennten uns. Ich kehrte beruhigter nach Hause zurück, denn war Lucia auch erschrocken als ich das Thema anschlug, sie war heiter und nicht mehr an die Sache denkend von mir geschieden.

Ich sah sie am nächsten Tage nicht. Die Mutter schien sich in einem geheimen Triumph zu wiegen; ihre Stimme hatte etwas Siegreiches; sie war sogar gesprächiger, preßte oft in geheimer Freude die Lippen zusammen und maß stürmisch das Zimmer. Dahingegen war Hedwig stiller geworden und oft blickte sie mich heimlich und bedenklich, zuweilen sogar strafend und vorwurfsvoll an. Sie wußte sicher mehr von meiner Beziehung zu Lucia, als sie sich den Schein gab. Es war recht unheimlich im Hause. Jeder von uns war mit Besonderem in sich beschäftigt.

Die Mutter ging offenbar mit entschieden feindseligen Plänen gegen Neuenfeld um und Hedwig mußte ich in den Verdacht der Mitwissenschaft nehmen. Hedwig war versteckt, wenigstens nicht aufrichtig gegen mich. Das alte geschwisterliche Vertrauen war nicht mehr in ihr. Wußte, ahnte sie von meiner Liebe, so war auch sie gegen dieses Gefühl eingenommen, und daß sie der Mutter mittheilend gegen sie gewesen, bewies mir, daß es sich um etwas handle, von dem diese den Triumph schon im Voraus genoß.

Was hatte ihr Neuenfeld gethan? Wußte sie, daß er mit Absichten auf unser Eigenthum umging, warum sagte sie mir nicht, was sie erfahren? Lucias Liebe erschien mir wie eine sichere Wehr gegen dergleichen, denn Neuenfeld war ein so zärtlicher Vater.

In der That gelang es mir, wenigstens eine Ahnung von der Mutter Machinationen zu bekommen, von denen jene Prozesse nur ein Symptom waren. Am Morgen als sie mit Hedwig allein beim Frühstück saß und mich nicht in dem anstoßenden Gemach vermuthete, in welchem ich unter des seligen Vaters Papieren suchte, erhaschte ich einige ihrer Aeußerungen.

„Er weiß nicht, daß er es mit mir zu thun hat," hörte ich sie zu Hedwig sagen. „Wer mit solcher Brutalität auftritt, muß wenigstens selbst unverwundbar sein, und er soll wenigstens etwas an mir erleben! Die ganze Nachbarschaft soll ihn wie einen Aussätzigen vermeiden, sobald ich den gegen ihn offen auftrete. Ich will ihm die Maske vom Gesicht reißen, ihm beweisen, daß das Meer nicht groß genug ist, um zwischen seinem Verbrechen und seinem Richter zu sein, und giebt es wirklich kein Urtheil des Gesetzes hier über ihn, so soll ihn die Welt verurtheilen . . . Ich habe die nöthigen Schritte gethan und sobald ich den gewünschten Anhaltspunkt habe, ist er in den Augen dieser Welt verloren!"

Die Mutter erhob sich und ging stürmisch im Zimmer auf und ab. Hedwig schwieg. Ich hörte sie seufzen. Die Arme wagte nicht, ein begütigendes Wort zu sprechen, während mir die Angst in's Gehirn stieg. Nur Lucia's Versprechen konnte mich einigermaßen beruhigen.

„Was hat die Mutter gegen Neuenfeld vor?" fragte ich Hedwig am Vormittage. „Du weißt gewiß, was sie im Schilde führt!"

Hedwig blickte mich ängstlich und mißtrauisch an. „Ich?" rief sie befremdet. „Wie kommst Du dazu, mich zu fragen?"

Sie machte sich etwas zu schaffen und verbarg mir ihre Befangenheit. Sie wagte nicht, aufrichtig zu sein.

Unter dem Vorwand, den Landschultheißen zu besuchen — denn ich wollte die Mutter nicht kränken und auch Hedwig brauchte nichts zu wissen — schlug ich am zweiten Nachmittage den Weg nach Hochborn ein. Lucia, am Fenster der Bel-Etage stehend, hatte schon sehnsüchtig nach mir ausgesehen. Sie empfing mich an der Seite des Vaters mit einem dankbar freudigen Blick.

Neuenfeld war heute besonders gut aufgelegt. Es war Niemand außer mir bei ihnen. Er hatte Gratulations-Depeschen aus Amerika, aus England, aus mehreren Gegenden Deutschlands erhalten. Seine Leute hatten heute Feiertag. „An dem Tage, wo ich raste, sollen sie auch nicht arbeiten" war Neuenfelds Grundsatz. Er nahm es sehr hoch, daß ich mich an seinem Geburtstag bekümmert; er ahnte nicht, wer mir dies soufflirt, und Lucia hatte ihre stille Freude darüber.

Ich mußte zum Diner bleiben, das zu fünf Uhr angerichtet war. Neuenfeld war bei demselben gesprächig; er erzählte mit großer Lebendigkeit aus seinem Leben, aus den Unglücks- und Glücks-Etappen, die er durchgemacht. Zum Schluß des Diners, als Lucia ihm die Cigarren brachte, stellte sie sich hinter seinen Stuhl, legte die Hand unter sein Kinn und sagte schmeichelnd, während sie mir einen Blick des Einverständnisses zuwarf:

„Väterchen, Du hast mir ja versprochen, Herrn von Amstetten die Geschichte unsres unglücklichen Gastes zu erzählen. Darf ich Dich daran erinnern?"

„Ja so!" rief Neuenfeld, während ich gespannt seine Miene beobachtete, traurig lächelnd sich mit der Hand über den Scheitel fahrend. „Ich habe mir gar nicht vorgestellt, daß die Unvernunft und Bosheit der Leute daraus Vortheil schöpfen könnten. Aber . . . bitte, Herr von Amstetten, meine Luz ist den Qualm ja gewöhnt," rief er mir ermunternd auf die Cigarren deutend zu . . . „Es mag wohl gut sein, wenn unser

Nachbar die Verhältnisse kennt, die ich fremden Leuten nicht gern auf die Nase hänge."

„Ich gestehe Ihnen heute, Herr von Neuenfeld," begegnete ich ihm in dem Thema „daß das Unwohlsein, welches mich befiel, als ich nach meiner Rückkehr die Ehre habe, Ihr Gast zu sein, eben durch die mir räthselhafte Erscheinung einer fast gespenstischen Gestalt herbeigeführt wurde, die dort an jener Stelle, gerade vor dem Spiegel mir gegenüber trat. Ich dürfte also einigermaßen berechtigt sein . . ."

Neuenfelds Miene schien verdrossen; auch Lucia zürnte offenbar über meinen Mangel an Aufrichtigkeit gegen sie, der ich bis jetzt geschwiegen.

„So! Sie sahen ihn! Hätten Sie mir gleich gesagt, ich würde Ihnen die Sache sofort erklärt haben! Es ist immer besser, Allem gleich auf den Grund zu gehen."

Lucia blickte schmollend vor sich. Neuenfeld blies seinen Cigarrenrauch in die Luft hinaus. Ich selbst machte mir einen Vorwurf daraus, Lucia nicht früher eingestanden zu haben, was ich gesehen.

Sie hatte Recht, wenn sie mit mir unzufrieden war, und auch Neuenfeld sah ich es an, daß er mir mein Schweigen nicht hoch anrechnete. Er nahm erklärlicher Weise an, daß auch ich mich von dem Geschwätze der Leute haben anstecken lassen, von dem er früher nicht gehört oder dessen Wirkung auf die Masse er unterschätzt haben mochte.

Es trat ein Schweigen ein, das mir vorwurfsvoll und peinlich war. Lucia blickte nicht auf und ich wagte nicht zu sprechen.

*   *   *

„Dieser Unglückliche," begann Neuenfeld endlich die Ellenbogen auf den Tisch stützend und sich in den Stuhl zurück lehnend, „er ist ein psychologisches Räthsel, an dem sich die besten Aerzte in Amerika schon umsonst versucht haben, und jetzt wär's wohl zu spät, für ihn noch Hülfe zu suchen . . . Doch," unterbrach er sich, die Serviette auf den Tisch legend, „ich muß sehr weit zurück ausholen! Sie, Herr von Amstetten haben uns Ihre Kriegserlebnisse neulich so interessant erzählt, vielleicht schenken Sie mir für die meinigen, die freilich weit hinter mir liegen, einige Aufmerksamkeit, denn sie gehören zur Sache."

Neuenfeld erzählte, während er seine Packnatella rauchte und den duftigen Kaffee schlürfte.

„Im Kampfe von Monte Caseros, jener entscheidenden Schlacht, welche den Dictator Rosas stürzte, ward ich schwer verwundet, wie ich Ihnen schon gesagt. Die deutsche Legion, von Brasilien aus den Resten der Schleswig-Holsteiner geworben, denen sich in Amerika mancherlei abenteuerliche Elemente anschlossen, unsre Legion schlug sich in jenem Treffen wie die Löwen. Wir hielten treue Kameradschaft mit den südamerikanischen Kameraden, obgleich jenes cynisches, rohes Wesen uns oft verdroß. Es waren unter uns Söhne der achtbarsten Familien, die der Thatendrang, der Durst nach Abenteuern und die traurigen politischen Verhältnisse jener Epoche über das Meer geführt. Den Wenigsten hatte sich gleich die Möglichkeit eines Lebenserwerbs geboten und sie nahmen also Dienste in unsrer Legion, wie wenig verlockend unser Loos durch Klima und die socialen Zustände jenes Landes auch war.

„Neben mir focht also in jener Entscheidungsschlacht ein Süddeutscher, ein wilder Bursche, der zu Hause nicht gut gethan, sein Vermögen verpraßt und enorme Schulden gemacht, denn er war aus vornehmem Hause. Wir hatten ihn Alle gern; sein schneidiges Wesen gefiel uns, obgleich jeder vor seinem Jähzorn auf der Hut sein mußte. Er war eben ein daheim verzärteltes Muttersöhnchen, in welchem sich alle die Unarten des Knaben zum moralischen Verderben des Mannes ausgebildet hatten. Aber er hatte Schneid, wie man zu sagen pflegt, und in den jammervollsten Lagen, in denen wir uns durch diesen Krieg schleppten, schaute doch stets der Aristocrat aus Allem was er that.

„In jener Schlacht traf mich eine Kugel. Unsre Glieder waren durch einen wüthenden Vorstoß in Unordnung gerathen, er aber hatte sich fest an meiner Seite gehalten. Als er mich umsinken sah, stieß er einen Fluch aus und sprang auf mich zu. Unsre Compagnie ward inzwischen ganz in Feinde gesprengt; er packte mich entschlossen um die Hüften, um mich aus dem Kampf zu schleppen, denn die Banden des Rosas hatten die Gewohnheit, jeden Verwundeten, den sie im Kampf auf ihrem Wege fanden, mit dem Bajonett zu durchbohren, um ihm den Garaus zu machen.

„Trotz schnellem und starkem Blutverlust blieb ich bei Besinnung. Ich überließ mich kraftlos meinem Kameraden. Kaum aber hatte dieser mich aus der in Unordnung gebrachten Gefechtslinie getragen, als er von einem auf ihn zu sprengenden Reiter einen Säbelhieb über die Stirn erhielt, so daß er mit mir zusammenbrach.

„Wir hatten inzwischen Succurs erhalten. Das Gefecht ward wieder hergestellt, der Feind zurückgedrängt. Dem durch seinen Sieg erschütternen Ende des Kriegs verdankten wir Beide die Pflege in einer vor dem Feinde gesicherten Fazenda. Ich genas und knüpfte dort Verbindungen, welche die Grundlage meines späteren Wohlstands werden sollten. Auch die klaffende Stirnwunde meines Kameraden ward geheilt, nicht aber war unter derselben unrettbar verletzt war, das höchste, edelste Organ des Menschen, das Gehirn.

„Der Unglückliche lebte fort, aber er war geistig todt; ihm fehlte das Bewußtsein von sich selbst und der Welt, die ihn umgab; er sah sich und sie mit der Gabe des Augenlichts, jede sinnliche Wahrnehmung und die Verknüpfung derselben mit einem inneren geistigen Leben war ihm verloren gegangen. Das Letztere war todt. Er lebte nur fort wie das niedrigste Wesen der Schöpfung, ohne Gedanken, ohne Vorstellung, ohne Gedächtniß, nur dem tiefsten thierischen Instincte folgend. Er sprach anfangs, aber nichts was auf einen Gedanken schließen ließ; er sprach weniger und weniger in demselben Grade, in welchem der letzte Rest eines ich möchte sagen mechanischen Gedächtnisses ihm schwand, wie ein Echo, das langsam immer weiter vertönt, bis endlich mit dem letzten Schimmer von Erinnerung, von Gedächtnißkraft auch das letzte Wort verstang. Er hatte keinen Willen, keinen Wunsch, kein Bedürfniß, keine Regung oder Meinung, soweit dieselbe aus geistigem Vermögen dringt, und so versank er in den trostlosen Zustand, in welchem er jetzt dahin vegetirt. Er hört was man zu ihm spricht, aber ihm fehlt die Möglichkeit, dem Gehörten einen Zusammenhang oder Bedeutung zu geben, denn es ist ihm nur ein Schall, und sobald seinen physischen Bedürfnissen genügt wird, ist er keiner Aeußerung fähig. Selbst wenn er geht, weiß er nicht, wohin er will; seine Füße tragen ihn fort in dem natürlichen Bedürfniß der Bewegung und wird er nicht gehütet, so läuft er ins Wasser, ins Feuer, ohne eine Vorstellung der Gefahr.

„Gott erwies mir die Gnade, mich durch ihn erretten zu lassen, denn Keiner der übrigen Verwundeten ward noch am Leben gefunden, als der Feind zurück gedrängt war. Alle lagen sie mit durchstochener Brust auf dem Schlachtfeld. Mir lachte das Glück als ich genesen. Ich ließ mein Weib, mein Kind mir nachkommen, denn ich hatte sie bei meinem Vater in Deutschland gelassen. Ich schäme mich nicht einzugestehen, daß der Schiffbruch, den ich, jung verheirathet, durch Unerfahrenheit in Deutschland erlitten, mich auf jene abenteuerliche Bahn geworfen, auf der mich die Hoffnung stärkte, die Theuren hinüber zu holen, sobald mir das Glück nur irgendwie günstig. Sie kamen, sie gediehen unter meinem Schutz; ich suchte meiner Gattin zu vergelten, was sie durch meine Unbedachtsamkeit Jahre hindurch gelitten.

„Auch dem armen Kameraden, dem ich mein Leben dankte, vergalt ich was er an mir gethan. Ich ließ ihn nicht von mir; ich pflegte ihn, mein Weib nahm sich seiner wie eine Schwester an und immer noch hofften wir, es werde der geistige Funke in ihm noch einmal aufblühen. Oft auch war's, als zeige sich an und in ihm die Wiederkehr einer Erinnerung; zweimal auch stürzte meine selige Frau zu mir, um mir zu melden, sie habe ihn ein Wort sagen gehört. Aber es war nur die Täuschung des Schalls; er wußte von nichts.

„Die bedeutendsten Aerzte suchte ich mit ihm auf, als meine Verhältnisse mit jedem Jahr sich besserten, aber Alle schüttelten sie den Kopf; einstimmig erklärten sie, nur durch ununterbrochene Ruhe, durch beständige Vorführung von Gegenständen, an die sein Leben geknüpft gewesen oder die seinen früheren Neigungen zugesagt, sei vielleicht die geistige Lebe in ihm wieder zu beleben; aber was wir auch versucht, es ist fruchtlos geblieben, und so sind bald fünfzehn Jahre verstrichen und jede Hoffnung auf eine Wiederherstellung ist mir geschwunden. Wer ich bin, wer wir Alle sind, er weiß es nicht; nur die Gewohnheit seines Auges, uns zu sehen, unser Bemühen, ihm die sorgsamste Pflege zu geben, macht ihn uns gefügig. Er lebt ohne Leben, Allen, die ihn drüben gesehen, ein Räthsel. Er ist gesund, und wenn er leidet, müssen wir an seinen natürlichen Aeußerungen errathen, was ihm fehlt ... Vor Kurzem las ich, wenn man den Tauben das Gehirn ausgenommen, lebten sie danach weiter. Ich dachte dabei an meinen armen Freund, obgleich auch dieser Vergleich hinkt, denn materiell ist, wie die Aerzte sagen, dieses Central-Organ der Nerven vorhanden, wenn auch wohl geschmälert; die Beschädigung desselben muß aber eine zerstörende gewesen sein.

„Sie kennen jetzt unsren unglücklichen Gast, Herr von Amstetten," schloß Neuenfeld seine Erzählung, „und Sie begreifen die Pietät, mit der meine Tochter und ich ihm begegnen."

Lucia hatte inzwischen, über eine leichte Handarbeit gebeugt, uns gegenüber gesessen. Ich saß, wie sie jetzt mit eigenthümlich sinnendem Ausdruck in Augen und Miene zu mir aufschaute, dann aber schnell wieder vor sich hin blickte.

„Ich bin nicht besser als jeder Andre," sprach inzwischen Neuenfeld halb vor sich hin, „aber Dankbarkeit gegen Diejenigen, die mir Gutes gethan, ist mein oberstes Gesetz, und diese ist im Stande, die höchsten Proben zu bestehen."

Verdrossen, vor sich hinstarrend ließ er den Kopf in die Hand sinken, seine Umgebung vergessend, die Stirn in tiefe Falten gelegt. Dann sich seines Gastes erinnernd, schaute er wieder auf. Er begegnete der Tochter mahnendem Blick.

„Na, es muß schon Jeder sein Päckchen Sorgen mit sich herum tragen, damit es ihm nicht allzu wohl ergehe!" rief er, sich wieder stimmend. „Ich hatt' es mir so schön gedacht, hier in Deutschland wenn auch nicht als Faullenzer zu leben, denn das ertrüg' ich keine acht Tage, so doch eine behäbige Thätigkeit zu genießen; ich muß aber mit in den Kauf nehmen, was nicht davon zu trennen ist."

Neuenfeld schüttelte sich ab was ihn drückte; er ward wieder heiterer und Lucia horchte mit dem alten Behagen als er wieder auf sein Lieblingsthema, die Landwirthschaft zurückkehrte.

Mir war's, als sei ich selber von einem Verbrechen frei gesprochen worden. Der unheimliche Gast des Hauses war mir nach Neuenfelds Erzählungen im Gegenstand des Mitleids geworden. Die Wolke, die sich zu Zeiten so finster zwischen Lucia und mich gedrängt, war zerstreut. Auf dem Heimwege faßte ich den Entschluß, Neuenfeld solle um meine Liebe wissen, auch die Mutter ... Bei dem Gedanken thürmte sich wieder eine neue Wolke vor mir auf, eine Wetterwolke, vor der mir bangte, denn diese Eröffnung mußte ein Donnerschlag für die Mutter werden.

Vierundzwanzigstes Capitel.
Er und Minona.

Leider traf sie, und mich mit ihr ein andrer Schlag.

Am nächsten Vormittag als der Landbriefbote eben unser Schloß verlassen, kam Hedwig in mein Zimmer gestürzt. Sie war bleich, verstört, athemlos, aus ihren Augen sprach die tiefste Bestürzung.

„Kurt," stammelte sie, in der Thür stehen bleibend und sich an dem Rahmen stützend, „Du sollst eilig zur Mutter kommen!"

„Was ist geschehen?" rief ich auffahrend und Hedwig anstarrend.

„Du wirst hören!" hauchte sie. „Eine Nachricht vom Oheim!"

„Vom Oheim? Er ist doch nicht todt?" entfuhr es mir in meiner Verwirrung.

„O nein! Im Gegentheil!" Hedwig lachte bitter. „Er ist nicht im Geringsten todt," setzte sie ebenso verwirrt hinzu.

Ich folgte ihr. Die Mutter lag auf ihrem Ruhebett. Als sie mich eintreten hörte, nahm sie ohne sich aufzurichten, einen auf Armeslänge von ihr liegenden Brief vom Tisch und reichte ihn mir über ihren Kopf hinweg.

„Da lies! Eine Neuigkeit von Deinem Oheim!" hörte ich sie mit zischendem Athem und beißendem Ton sagen.

Ich ergriff mit bebender Hand das Papier. Hedwig, die mir gefolgt, blieb lautlos hinter mir stehen. Sie wagte nicht vorzutreten. Das Papier entsank meiner Hand.

„Fürst Leopold von Bartenstein,
Minona von Artenberg.
Verlobte."

Das hatte ich auf dem mit einer goldnen Fürstenkrone gezierten Blatt gelesen . . . . Der Oheim verlobt mit Minona von Artenberg, seinem Mündel!

Im Fluge der Erinnerung durchlebte ich, wie ich dastand, drei Momente: Ich sah Minona vor der Pension in die Equipage des Oheims steigen — ich sah ihr Portrait auf der Toilette desselben stehen — ich sah sie mit ihm in der Loge der Oper.

Meine Unerfahrenheit hatte sich den Zusammenhang und die Tragweite dieser Momente nie vorgestellt; der Gedanke einer Vermählung des Oheims hatte mir stets unerreichbar fern gelegen.

„Du wirst ihm in unser Aller Namen unsre Glückwünsche schreiben," hörte ich die schneidende Stimme der Mutter.

Ich antwortete nicht, ich hörte Hedwig schwer hinter mir athmen.

„Minona von Artenberg!" fuhr die Mutter in demselben Ton fort. „Wie seltsam das zusammentrifft! Sie muß die Tochter meiner Jugendfreundin sein! Es ist herrlich, daß wir jetzt in so nahe Verwandtschaft treten! . . Ist Dir das Fräulein nicht in der Residenz vorgekommen, armer Kurt?" fragte sie mit vernichtender Ironie.

Ich hatte noch immer keine Antwort. Die Mutter sprach zu empört, zu boshaft gereizt; ich fürchtete, sie noch mehr zu erregen.

„Mit Deinem Fürstentitel ist es nun aus, armer Sohn!" fuhr sie fort. „Wenn Dein Oheim Familie bekommt, wie voraus zu setzen . . ."

Sie lächelte satyrisch vor sich hin und blieb in ihrer Lage. „Deßhalb fand er auch keine Zeit mehr, uns zu besuchen! O, wie sich das begreifen läßt! Mein Bruder Leopold auf seine alten Tage noch im Minnedienst verloren, zu den Füßen eines Mädchens, das nach meiner Berechnung kaum aus der Pension entlassen sein kann! . . . Wahrscheinlich fand er die frische Luft und Kräftigung seiner Gesundheit auf der Artenberg'schen Besitzung, die so da herum in der Nähe der Residenz liegen muß. Was man doch Alles erlebt! Mit sechsundfünfzig Jahren, und das Fräulein kann doch höchstens Hedwigs Alter haben, denn ihre Mutter ist einige Jahre jünger als ich, wie ich mich erinnere . . Aber Fürstin Bartenstein, das schmeichelt!"

Ich war an's Fenster getreten und sah auf den Park hinaus, dessen Aeste sich so kahl und hoffnungslos in die Luft streckten. Einen Seufzer unterdrückend, die Lippen zusammenpressend lauschte ich ängstlich in der wiedereintretenden Stille.

„Kurt! Mein Sohn, denn Du gehörst mir ja jetzt wieder!" hörte ich nochmals die Mutter. „Da liegt

auch ein Brief von dem Oheim an Dich auf dem Tisch. Es wird wohl Salbe für den Schmerz darin sein . . . Lies Du! Ich kann mir denken, mit wie zärtlichen Ausdrücken sein immer so wohlwollendes Oheimsherz zu Dir spricht, nachdem er Dich in trügerische Hoffnungen gewiegt . . . Lies doch das angenehme Schreiben!"

Ich ließ eine Pause verstreichen. Mein Selbstgefühl verlangte von mir, der Mutter mich in größter Fassung oder gar Gleichgültigkeit zu zeigen, denn mir erschien es unwürdig, auf ihren Ton einzugehen. Als ich zum Tisch schritt, sah ich Hedwig auf dem Sessel zusammengekauert, bleich, die Hände still, entsagend im Schooß gefaltet. Sie überschaute bereits die ganze Tragweite dieses Ereignisses.

Den Brief mit fester Hand nehmend trat ich zum Fenster zurück und wandte Beiden den Rücken, um nicht beobachtet zu sein. Ich war in der That sehr gefaßt, fühlte das Geschehene weniger als die Mutter und Hedwig; Beider Stimmung aber war mir störend.

Der Oheim schrieb in einfachen Worten. Er sprach nichts von den Umständen, die ihn zu diesem späten Entschluß vermochte. Er verdoppelte mein Jahresgehalt und bat mich, sobald es meine Wiederherstellung gestatte, in mein Regiment zurückzutreten, dessen Oberst sich schon mehrmals schriftlich und theilnehmend nach mir erkundigt.

Mit gleichgültiger Miene reichte ich der Mutter den Brief.

Sie wehrte spöttisch mit der Hand ab.

„Der Oheim hat mein Jahrgehalt verdoppelt," sagte ich mit ruhigster Stimme, den Brief auf den Tisch legend.

„Wie gnädig! . . . Schreibt er nichts von seinem Glück?"

„Nichts! Nur die Anzeige in wenigen Zeilen."

„Und Du wirst dieses Gnadengeld annehmen, Kurt?"

„Er wünscht, daß ich in mein Regiment zurücktrete, und das würde ohne dieses Geld unmöglich sein."

„Ich glaube nicht, daß der Oheim noch ferner über meinen Sohn zu verfügen hat! Es ist unter allen Umständen unverantwortlich, einen jungen Mann mit Vorspiegelungen zu täuschen und ihn dann mit einem Schlage seine ganze Zukunft zu zertrümmern! Ein Schwächling wie er hätte es nie wagen sollen, Pflichten zu übernehmen, denen er nicht gewachsen war! . . . Was wirst Du ihm antworten?"

„Daß ich ihm für die Gnade danke!" Und mich bewußt aufrichtend fügte ich hinzu: „Wenn Alles nach meinen Wünschen geht, werde ich seine Anzeige mit der meiner eigenen Verlobung erwidern."

Die Mutter schaute mich bleich, mit weit geöffneten Augen an. Ich sah eine ihrer leichten Nervenzuckungen auf ihrem Antlitz spielen. Sie richtete sich halb auf, immer mich anstarrend.

„Deiner eigenen . . . Verlobung?" rief sie aus und ihre Lippen blieben geöffnet.

„Ja, Mutter! So hoffe ich!"

„Und mit wem, wenn ich fragen darf?"

Hedwig hatte sich geräuschlos erhoben. Sie war hinter das Ruhebett der Mutter getreten und beschwor mich mit ängstlich bittender Miene um Vorsicht.

Das schnitt mir die Rede ab; ich sah die Nothwendigkeit dieser Mahnung ein, denn ich sah die Vorboten einer argen Nerven-Erschütterung.

„Du wirst es nächstens erfahren, Mutter," sagte ich, mich zur Thür wendend.

„Aber nur mit meiner Einwilligung, wenn ich bitten darf!" rief sie mir nach, mit vor Aufregung erstickender Stimme.

„So hoffe ich, Mutter! Seit heute aus der Vormundschaft des Oheims entlassen, wünsche ich nicht in eine andere zu treten ... Ich bedarf der frischen Luft, Mutter," fuhr ich fort, schon mit dem Schloß der Thür in der Hand. „Du gestattest, mich zu entfernen."

Sie schwieg und warf sich todesbleich zurück.

Ich trat hinaus, ich suchte den Park. Es war eine moralische Umwälzung in mir vorgegangen, die sehr natürlich. Die Mutter hatte längst ihre Autorität über mich an den Oheim abgegeben; dieser gab sie zurück und zu der eben erlittenen Demüthigung wünschte ich nicht auch die noch zu erleben, mich von einer Hand in die andere liefern zu lassen.

* * *

Eine halbe Stunde darauf fand mich Hedwig, noch aufgeregt und zitternd — denn sie, die Aermste, hatte der Mutter Zornesausbrüche mit anhören müssen — in dem alten Pavillon, einem verwahrlosten Anhängsel des Schlosses, von dessen Wänden die Tapeten bereits herabhingen, das mir schon in Kinderzeit ein Lieblingsplatz gewesen und jetzt mühselig hergestellt, mir als Atelier diente.

„Um Gotteswillen, Kurt, was hast Du gethan!" rief sie, mit gefalteten Händen zu mir auf den alten vom Rost zerfressenen eisernen Söller tretend, auf dem ich trotz der kalten Herbstluft mich niedergelassen. „Warum konntest Du die Mutter in solchem Moment nicht schonen! Jetzt hat sie wieder ihre nervösen Zuckungen, und daran bist Du Schuld!"

Es giebt Momente vollkommener Empfindungslosigkeit, in denen Alles an uns abprallt, Zustände, in welchen wir die elementarsten Regungen verleugnen. Was mir geschehen, das konnt ich verschmerzen, aber wie es mir beigebracht worden, mit den spöttischen Glossen der eigenen Mutter, schonungslos, herzlos, das empörte mich. Hätt' ich mehr Menschenkenntniß besessen, ich hätte des Oheims Absichten längst errathen können, und die Ueberzeugung, daß er mich absichtlich in Unkenntniß erhalten, verletzte mich tief.

„Hat denn die Mutter mich geschont?" fragte ich verbissen. „Des Oheims Anzeige würde mich ganz kalt gelassen haben; ihre Aeußerungen aber gingen mir wie schneidender Stahl in's Herz!"

„Du kennst sie doch, weißt, wie reizbar sie ist, Kurt! Mir war das nichts Ueberraschendes, was Du ihr sagtest; ich hab's kommen gesehen, aber ich hätte in die Erde sinken mögen, als ich Dich im Begriff sah, ihr zu sagen, daß Du ..."

„Daß ich keine Prinzessin mehr zu heirathen brauche, wie Ihr das unter einander abgekartet!" rief ich höhnisch.

„Daß Du und Lucia ... Kurt," fuhr sie schmeichelnd in ihrer Angst fort. „Weiß denn Neuenfeld ... Und hast Du überlegt? Weißt denn Du was Du thust!"

„Ich will nicht überlegen! ... Was kümmert übrigens Dich, Hedwig, wenn Du denn doch spionirt hast, Dich, die Du so lange schon gegen mich bist! ... Die Mutter sowohl wie Neuenfeld werden es zeitig genug erfahren; mach' Du Dir keine Sorge!"

„O, die Mutter ahnt schon so was!" rief Hedwig mit ihrer bleichen, sorgenschweren Miene. „Sie sagt, sie werde sich die Haare ausraufen, wenn ihre Besorgniß wahr sei; sie werde es nimmer zugeben!"

„Hedwig, laß mir meine Ruhe!" rief ich auffahrend und sie, die sich bittend an mich gedrängt, mit dem Arm zurückschiebend. „Ich bin mein eigener Herr seit heute! Ich will nicht mehr der Spielball fremden Willens, fremder Launen, fremder Herzlosigkeit sein! Ich will auch des Oheims Gnadengeld nicht; ich kann mein Brot mit meinem Bißchen Kunst allenfalls verdienen, denn in das Regiment kann ich, arm wie ich bin, nicht mehr zurücktreten; meine Kameraden würden mich verspotten, wenn sie erfahren, daß meine Fürstenwürde davon geschwommen! Laß mich also mit mir allein! Sorge Du hinfort für die Mutter, die Neuenfelds „Bauern-Adel" verspottet, während doch wir selbst nur armseliger Bettel-Adel sind, der Andern erbarmenswerth erscheinen muß, wenn sie hören, daß auch diese letzte Aussicht uns verschwunden ist! ... Gieb nur Acht, wie sie jetzt über uns herstürzen werden, wenn sie hören, daß der Oheim sich noch vermählt, und da wird der Mutter Stolz wohl am unrechten Platz sein!"

Hedwigs Brust hob sich unter einem schweren Seufzer; sie rang in ihrer Beklemmung nach Athem, aber sie, die trotz ihrer Kümmerniß doch immer noch Hoffnung sehen wollte, fand diese auch jetzt, als sie sie in meiner Bitterkeit auf das Unvermeidliche hinwies.

„O, Herr Neuenfeld soll das Gut sicher nicht bekommen, er soll sich in seinen Plänen geirrt haben!" rief sie, ganz im Sinne der Mutter und wahrscheinlich in deren Worten. „Der Advokat der Mutter als sie gestern in der Stadt war, eine ganz andere Idee vorgeschlagen. Neuenfeld, der im Stillen eine Hypothek nach der andern an sich gebracht, soll sich in seiner Klugheit verrechnet haben!"

Mit Befremden hörte ich Hedwig in einer Weise sprechen, die mir seit gestern entschieden gehässig erschien.

„Was hat er Dir gethan, daß Du so sprichst?" fuhr ich auf.

„O, mir nichts! Aber glaub' nur nicht, daß er seine Einwilligung giebt, so lieb er sein Kind hat, oder vielmehr eben deshalb! Lucia schwärmte schon von Dir seit sie Dich kennen gelernt; der Alte lachte immer dazu, wenn er so was hörte, aber er lachte so pfiffig, so heimtückisch, das sich hüten, seine Tochter einem armen jungen Mann zu geben, wie Du doch jetzt bist! So lange Du Aussicht auf den Fürstentitel hattest, mochte das was Andres sein."

Hedwig gab mir meine Ausfälle zurück, wie das so Geschwisterweise ist, denn als ich in meiner Bitterkeit über mich selbst sprach, hatte ich auch sie mit verletzt. Sie verließ den Söller, ich hörte sie die steile Wendeltreppe hinabsteigen.

Sie mußte mehr wissen als ich hatte vermuthen können, denn sie hatte der Mutter Abneigung gegen

Neuenfelds immer getrotzt, und jetzt sprach sie in ihrem Sinne. Hatte Neuenfeld wirklich Absicht auf unser leider so mit Schulden überbürdetes Eigenthum, so war seine Freundlichkeit gegen mich schändliche Heuchelei. Ich mußte Lucia davon sagen; sie sollte unverzüglich erfahren, daß meine ganze Zukunft, in die ich so sorglos hineingelebt, zertrümmert, daß ich nichts mehr sei als ein armer dienstunfähiger Kavallerie-Lieutenant, nichts mehr habe, wenn, wie mir es das Ehrgefühl vorschrieb, ich die Revenue des Oheims zurückweise, sein Gnadengeld, das er mir als Ersatz für ein verlorenes Leben bot!

Der Vorwurf, daß ich, dem man stets von seiner Fürstenkrone geredet, ohne jedes Berufsstreben aufgewachsen, daß ich mich ganz der Illusion überlassen, der Erbe einer der glänzendsten Existenzen zu werden, also dem Studium nur so viel geistige Mühe zu schulden, als die Welt, die Gesellschaft eben von einer solchen verlangte — der Vorwurf nagte schmerzend an mir. Das Bewußtsein war mir ein tief beschämendes. Auch die Mutter hatte öffentlich stets mit zu viel Ostentation von meiner hohen gesellschaftlichen Anwartschaft gesprochen, an die sie selbst, wie sie wohl zuweilen absichtslos verrieth, die stolzesten Hoffnungen zu einem freudigen Alter knüpfte, die ihr in der Gegenwart ein Trost, eine Wehr gegen mancherlei pecuniäre Bedrängniß war. Sie also traf der Schlag am heftigsten und sie, in welcher der Fürst durch seine Wohlthaten sich, wie das immer geschieht, eine strenge, unnachsichtliche Beurtheilerin aller seiner die Familie angehenden Handlungen geschaffen, sie sah jetzt in dieser eine schreiende Beleidigung, die ihren Stolz zur Empörung aufrief.

Darum der Spott, den sie an mir ausließ, der ich doch am schwersten betroffen wurde. Der Oheim konnte, selbst vermählt, ohne Nachkommenschaft sterben und was er mir vorenthielt, fiel dann mit einem großen Theil seines Vermögens dennoch auf mich; aber die Sache blieb trotzdem unverzeihlich. Was in der Mutter schon längst sich in herber Kritik aller Handlungen des Fürsten ausgelassen, mußte jetzt, ich sah es voraus, zum Haß gegen den eigenen Bruder wachsen, von dem sie sich, ihre Familie tödtlich beleidigt sah.

Fünfundzwanzigstes Capitel.
Lucia's Botschaft.

Mit tausend Gewalten zog es mich an dem Unglückstage zu Lucia, und ich ging dennoch nicht nach Hochborn. Was Hedwig über Neuenfeld gesprochen, das mußte in meinem nur durch die Mutter nicht zu beruhigende Aufregung als durch die Thatsache selbst bestimmten Gemüth wie ein heißer, brennender Tropfen erst verzischen und verdampfen. Hedwig ging den ganzen Tag händeringend im Schloß umher; am Abend saß sie still, in sich gekehrt, erschöpft von innerer Bewegung in ihre Schmollecke. Ich streifte umher und vermied Neuenfelds Gemarkung.

Am andern Vormittag war ich in Hochborn. Lucia sollte erfahren, daß ich ein Nichts, ein armer, nur noch des Mitleids werther Mensch geworden, den man selbst um die Wahl eines Berufs betrogen hatte. Sie empfing mich allein. Kein Wort des Vorwurfs für mein Ausbleiben, und dennoch las ich ihn in ihren Augen. Erst

als das Wölkchen der wohl berechtigten Unzufriedenheit zerstreut war, fragte sie, warum ich gestern nicht gekommen; sie habe mich so sehnsüchtig erwartet. Sie war bleicher als sonst; sie brauchte mir nicht zu gestehen, daß die Nacht ihr ohne Schlummer vergangen.

Als ich ihr von der Mutter Unwohlsein und der Ursache erzählte, lächelte sie und legte mir zärtlich ihre Hände auf die Schulter, mich schelmisch anblickend.

„Kurt, das wußten wir lange, daß Dein Oheim sich vermählen werde!" sagte sie ruhig. „Der Vater sprach mir schon vor einigen Wochen davon. Die beiden schönen Fuchspferde brachten uns die Nachricht davon. Du hast sie nicht erkannt; sie haben ja Deinem Oheim gehört."

„Meinem Oheim?" Ich ward glühend roth im Gesicht bis zur Stirn. Ich erinnerte mich, daß ich allerdings die Thiere früher gesehen, aber nicht erkannt. Es waren noch dieselben, mit welchen Minona von Artenberg von der Pension abgeholt wurde, nur älter jetzt und nicht mehr so feurig.

„Du wunderst Dich, Kurt?" fuhr sie lächelnd fort. „Der Fürst verkaufte die schönen Pferde durch einen Agenten an den Vater, weil er sich vermählen wolle und seine Braut nur die Rappen liebe. Es machte dem Vater heimlichen Spaß, daß Du sie nicht wieder erkanntest!"

Mich beschämte das ein wenig in meiner Eitelkeit. Neuenfeld schien wirklich die Geheimnißkrämerei zu lieben.

„Kurt," fuhr sie fort, ihre Stirn an meine Brust lehnend, „ich bin wirklich froh, daß dies so gekommen ist! So lange Dir der Fürstentitel drohte, sagt' ich mir stets: denk' nicht an ihn! und Hedwig ließ es mir auch immer durchblicken, daß du unerreichbar seiest. Als mir der Vater aber noch vor Deiner Rückkehr hierher, wo man Dich erwartete, von der bevorstehenden Vermählung des Fürsten sagte, da rief er mir: jetzt kann er Dich lieben, und jetzt, nicht wahr, Kurt, jetzt bist Du mein, für immer, für ewig!" .

„Und Dein Vater?" fragte ich.

„O, er warte nur auf einen günstigen Augenblick, wo er gut gestimmt ist! Der Vater sagt nicht nein! O, ich kenn' ihn zu gut, und Dich kennt er, besser als Du selbst!"

„Lucia, ich habe ernste Dinge mit Dir zu sprechen." Ich führte sie zu ihrem Platz am Fenster zurück und setzte mich ihr gegenüber. Hier erzählte ich ihr, was ich von ihres Vaters seltsamem Verfahren gegen uns gehört, das offenbar, wenn auch nicht direct feindlich sei, doch nicht auf ehrliche Absichten gegen uns schließen lasse.

Lucia ward ernst, verstimmt, sinnend.

„Kurt," rief sie verlegen vor sich hin und weiter sinnend, „davon verstehe ich wirklich nichts! Ob es mit Eurem Besitzthum schlecht steht, darum hab' ich mich nie gekümmert, aber so weit mein Verstand hierfür ausreicht, meine ich doch, es müsse Euch lieber sein, wenn mein Vater Eurer Gläubiger ist! Der thut Dir sicher nichts zu Leide und auch Hedwig gewiß nicht! Gegen Den brauchst Du doch nicht mißtrauisch zu sein!"

„Und wenn er mich zurückweist wie einen Menschen, der nichts besitzt, der mir eine Ehrenpflicht, die Jahres-Revenue abzulehnen, aber so weit mein Verstand hierfür ausreicht, die mir der Oheim gleichsam als Schmerzensgeld ausgesetzt?"

„Der nichts besitzt!" Lucia schien dies nicht ganz

zu fassen ... „Brauchst Du denn etwas zu besitzen?" fragte sie mich treuherzig. „Wenn wir uns heirathen, dann ziehen wir zuerst auf eine Zeitlang in die Stadt; ich möchte ja auch einmal etwas Andres sehen als immer die Berge und Wälder hier, wie lieb ich sie habe, denn ich werde mich immer nach ihnen sehnen; ich kenne ja von Deutschland nichts als unsre Felder und Wälder hier! Und dann giebt uns der Vater so viel Geld mit, wie wir irgend gebrauchen können. Wenn wir aber hier sind, so haben wir Alles und mehr als wir ausgeben können. Wozu also müßtest Du etwas besitzen, was uns doch zum Ueberfluß wäre! ... Aber Deine Mutter, Kurt!" unterbrach sie sich besorgt. „Was wird Deine Mutter sagen, die uns stets den Rücken wendet und das schon that als Dein Vater noch am Leben war! Vor der, Kurt, ist mir wirklich recht bange! Sie ist so abstoßend, und wenn ich ihr wirklich einmal zufällig begegnete, hat sie mich nie eines Blickes gewürdigt."

In dieser treuherzigen Seele war kein Falsch. Lucia blickte mich dabei so verschüchtert an, daß ich Beschämung fühlte. Neuenfeld's Füchse kamen eben den Weg herauf; er war frühzeitig zur Stadt gefahren. Wir zeigten ihm die unbefangenste Miene und er schien kein Arg in unserem Beisammensein zu finden, obgleich ich bemerken konnte, daß Lucia's Antlitz höher gefärbt blieb, da auch ihrer Natur die Verstellung eine schwere Aufgabe war. Trotzdem schien's mir, als streife er mich nach seiner Begrüßung mit einem fragenden Blick.

Ich wußte nicht, daß er schon von seinem Anwalt beim Kreisgericht kam, dem er die nöthigen Instructionen in den bewußten Prozessen gegeben. Jedenfalls war's eine große Selbstbeherrschung, denn solche Derjenigen eine freundliche Miene zu zeigen, die ihm ihren Haß durch die kleinlichsten Querelen an den Tag legte.

„Sie bleiben doch heute unser Gast bei Tische?" fragte er mich.

Eh' ich antworten konnte, fiel Lucia ein:

„Ich habe Herrn von Amsleiten schon eingeladen, doch entschuldigte er sich mit dringenden Angelegenheiten."

Lucia wandte sich ab, um nicht ihre Verlegenheit zu zeigen. Welche Gründe konnte sie haben, mich fortzuschicken?

Ich erfuhr es noch am späten Abend. Lucia sandte mir in der Dunkelheit noch einen Boten. Mit zitternder Hast, von einem bangen Vorgefühl getrieben, riß ich das Couvert auf. Lucia schrieb nur ein paar Zeilen, schnell und flüchtig hingeworfen:

„Ich begrüße Dich als meinen Verlobten! Der Vater hat Ja gesagt und wünscht Dich noch heute Abend zu sehen."

Wie ein Schwindel packte es mich. Ich stand am Tisch, das Licht beleuchtete glänzend das kleine Papier. Der Bote stand wartend an der Schwelle, es kostete mich die größte Mühe, ihm meinen Zustand zu verbergen.

Ich sah nicht, wie noch eine andre Gestalt in die halb geöffnete Thür getreten, doch hört' ich es hinter mir rauschen. Ich wandte mich schnell. Ohne die Mutter zu bemerken, rief ich dem Boten zu, ich werde sofort erscheinen, und dieser ging.

Die Mutter war inzwischen neben mich getreten.

Ihr Antlitz war fast kreidig, ihr Auge ruhte auf dem Papier, als wisse sie, was es enthalten müsse.

„Eine Botschaft von da drüben," hörte ich ihre Stimme scharf und schneidend. Das „drüben" sprach sie mit Verachtung.

Schweigend, aber ebenfalls bleich, reichte ich ihr das Papier. Das Licht bestrahlte zwei weiße, gespannte Gesichter.

„Vortrefflich! Schade nur, daß daraus nichts werden kann!"

Die Mutter kniff die Lippen zusammen. Sie gönnte mir keinen Blick. Mit fliegenden Händen zerriß sie das Blatt, streute die Stücke auf den Tisch und wandte sich dann zur Thür, über die Schwelle in den dunkeln Corridor hinaus rauschend, ohne die Thür hinter sich zu schließen.

Ich lauschte einige Secunden.

„Darauf konnte ich vorbereitet sein!" lächelte ich bitter vor mich hin und griff nach dem Hut. Auf der Schwelle horchte ich nochmals zaudernd; ich wollte die Mutter nicht verletzen, indem ich ihr auf meinem Wege begegnete.

Ein Gesicht zeichnete sich durch die offene Thür von dem Schatten des Corridor ab. Ich sah Hedwig schräg der Thür gegenüber an die Wand gelehnt. Auch sie lauschte gewiß auf der Mutter schnelles Fortgehen. Sie, der stille Hausgeist, mußte ja überall sein.

„Kurt, was war das wieder!" hörte ich sie aus dem Halbdunkel furchtsam flüstern, während ihr bleiches Antlitz von einem schrägen Lichtstreif beleuchtet ward. Sie wagte offenbar nicht in mein Zimmer zu treten aus Besorgniß, die Mutter könne es aus der Ferne gewahren und sie im Complot mit mir glauben.

„Nichts von Bedeutung, Hedchen, und doch von so hoher Wichtigkeit für mich!" rief ich, zu ihr hinaustretend und ihre Hand suchend, die sie mir fast und zitternd überließ. „Ich habe mich heute mit Lucia von Neuenfeld verlobt. Sie sendet mir eben ihres Vaters Einwilligung ... Ich bin glücklich, unendlich glücklich, Schwester!"

In meinem Taumel legte ich den Arm über ihre Schulter und küßte sie auf die Stirn.

„Großer Gott, wirklich!" hauchte sie vor sich hin. „Kurt, das kann nicht gut sein! ... und die Mutter ...?"

„Sie wird sich fügen müssen! ... Adieu, Hedchen; vor Mitternacht werd ich kaum zurückkehren und morgen siehst Du mich als den glücklichsten Menschen wieder, denn ein schöneres, ein besseres Wesen als Lucia giebt's auf der Welt nicht!"

Ich rannte, von mir selbst kaum wissend, davon, unbekümmert um Hedwig, die mir beschwörend, händeringend und im Corridor verhallender Stimme nachrief, ich möge umkehren.

Zwei Tage später sandte ich dem Oheim als Antwort auf seinen Brief die Anzeige meiner Verlobung, denn Neuenfeld, als ich den Abend glühendroth vor freudigster Erregung eintrat, hatte, ohne ein Wort zu sagen, mir die Arme ausgebreitet, mich auf Mund und Stirn geküßt, mich dann in die Arme Lucia's geführt.

Als wir am Abend das frohste Nachtmahl, das Verlobungsmahl beendet, erhob sich Neuenfeld und setzte aus seinem Arbeitszimmer mit einem Päckchen Papiere zurück.

„Da, mein Sohn, nimm!" sagte er zu mir mit Biederherzigkeit, mir die Hand auf die Schulter legend „Warum ich eigentlich das Zeug Alles von Juden und Christen zusammengekauft, weiß ich selber nicht — es sind die bedeutendsten Hypotheken Eures Gutes. Anfangs kauft' ich nur einige, weil die Besitzer drohten, sie an einen Blutsauger zu cediren. Um Deines seligen Vaters willen kauft' ich sie, denn die Papiere sind gut. Danach kamen mir die Andern auch an den Hals; einer nach dem Andern von den Besitzern kam und bot mir Hypotheken an. Ich dachte mir: so viel werth ist das Gut; zu riskiren hast Du nicht viel, jedenfalls aber rettest Du die braven Kinder Deiner Freundin davor, daß ihnen ihr Heimwesen über den Kopf weg verkauft wird. Ich muß Dir übrigens bemerken, daß jetzt im Grundbuch Lucia als Besitzerin aller dieser Hypotheken eingetragen ist, die ungefähr die Hälfte der ganzen Last betragen, und die andere Hälfte wird Euch nicht drücken. Was nun Eure Hochzeit betrifft, so müßt Ihr damit ein ganzes Jahr warten, denn Ihr seid mir Beide zu jung und ich habe bis dahin wegen aller meiner Arbeiten keine Zeit, Euch zu beaufsichtigen."

Sechsundzwanzigstes Capitel.
Der Chevalier de San João.

Seliger als ich ist nie ein Menschenkind gewesen. Ich war im Besitz des schönsten Mädchens, im Bewußtsein, daß die Mutter, daß Hedwig vor der entsetzlichen Katastrophe geschützt seien, vor der ich heimlich gezittert ohne Hedwig zu sagen, was mir der Sachwalt der Mutter anvertraut. Ich konnte mit den Meinigen sorglos, ohne Furcht vor dem Moment, von Haus und Hof gejagt zu werden, mein Haupt niederlegen, mein Auge am Morgen öffnen, um in den irdischen Himmel, in die Arme meiner Lucia zu eilen. Gleichgültig war mir der Zorn der Mutter. Mochte sie mit Verachtung auf Neuenfeld's Handlungsweise blicken; das sah ich voraus. Ich konnte jetzt auch ihr die Nachricht der Rettung aus einer Lage bringen, die zu erkennen ihr Blick scharf genug gewesen, der sie aber in ihrem Haß so stolz die Stirn geboten, zur Verzweiflung selbst ihres Anwalts, der vergebens mit vernünftigen Rathschlägen in sie zu bringen gesucht, ohne ihre echt weibliche Zähigkeit zur Annahme eines einzigen zu bewegen, selbst als der Sachwalt ihr den Abgrund zeigte, an ihrem Rande sie mit ihren Kindern stehe, vor der schon mehrmals beantragten, von Neuenfeld immer wieder verhinderten Subhastation. Vor der Gefahr das Auge schließend, hatte sie Neuenfeld's vom geschäftlichen Standpunkt sehr unzweideutige Handlungsweise im Ankauf der ausgebotenen Hypotheken immer verhöhnt, als gerichtliche Andringen der Gläubiger aber für jüdischen Heißhunger nach ihrem Eigenthum erklärt, ja selbst ich, als ich ihr damals den schüchternen Vorschlag gemacht, ihretwillen wolle ich die Revenue von Seiten des Oheims annehmen, ich hatte die bittersten Vorwürfe hinnehmen müssen.

•   •   •

Als ich am Abend spät von Hochborn zurückkehrte, schien Alles im Schlosse zu schlafen, nur Troll, mein zottiger Freund, wachte noch im Hofe und sprang mir freudig entgegen. Ich liebkoste ihn. Er war ja das erste Zeichen von Lucia's kindlicher, noch unbewußter Neigung für mich gewesen.

Am Morgen nach einer mir in frohster Aufregung, unter tausend lichten Glücksbildern verstrichenen Nacht, ließ Hedwig gegen ihre Gewohnheit sich nicht in meinem Zimmer sehen. Sonst kam sie so regelmäßig sobald sie meine Tritte hörte.

Ich suchte sie in ihrem Zimmer auf; sie sollte in's Feld gegangen sein. Ich fragte nach der Mutter — sie hütete das Bett noch gegen Mittag und wollte von Niemand gestört sein.

Ich speiste allein auf meinem Zimmer. Als ich am Nachmittag durch den Park schritt, um nach Hochborn zu gehn, stieß ich auf Hedwig, die mich kalt und stumpf anschaute.

„Hedwig, Du hast also keinen Glückwunsch für mich?" fragte ich, ihr den Weg vertretend.

Sie blickte fort. Fröstelnd zog sie die Mantille um sich.

„Wie soll ich ein Glück in Dem sehen, was mir wie ein Quell unsäglichen Leides erscheinen muß," antwortete sie in nervösem Ton, noch immer abgewendet. „Du weißt, wie ich über Neuenfeld's denke, und ich vermag nicht, Deine Schwäche zu entschuldigen. Die Mutter erklärt, sie werde Himmel und Erde in Bewegung setzen, um jede Gemeinschaft ihres Hauses mit dem eines Mannes zu vereiteln, der ... Du begreifst, daß ich Dir gegenüber das Wort unterdrücke, da Du diesem Manne so nahe getreten."

In Hedwig's Antlitz malte sich ein Schauder. Sie hüllte sich tiefer in den Shawl und wandte bleich. Ich sah wohl, daß dies sonst so liebevolle, wohlwollende Mädchen vollständig und sogar feindlich gegen Neuenfeld's umgestimmt worden, und nothwendig traf dies auch mich.

„Willst Du mich anhören, Hedwig?" Ich legte ihr lächelnd den Arm und siegeswitz die Hand auf die Schulter.

Sie blickte mitleidsvoll zu mir auf, aber nur flüchtig. Sie hielt mich für ein beklagenswerthes Opfer meines Herzens.

„Wie Du fragst! ... Schwerlich wirst Du mir aber etwas Neues sagen können!" Ihre Stimme klang leidend.

Wir schritten durch den Park, durch das schon in Menge herabgefallene buntfarbige und feuchte Laub. Ermüdet legte sie sich endlich mit den Ellenbogen auf den von grünem Moos bewachsenen Sandstein-Sockel einer herabgefallenen Diana, die in Bruchstücken am Boden liegend hülfesuchend den Arm aus dem Laubwerk herausstreckte ... Ich setzte mich ihr gegenüber auf die Steinplatte der Bank und begann ihr in kurzen Umrissen zu erzählen was Neuenfeld mir hinsichts seines Vorlebens mitgetheilt.

„Ich begreife, daß er sich im schönsten Licht geschildert," unterbrach sie mich. „Die Mutter wird wohl Recht haben, wenn sie sagt, er fühle sich unsicher bei all Dem, was hier über ihn ruchbar geworden; er habe das erklärliche Bedürfniß, sich an eine so angesehene Familie wie die unsrige durch verwandschaftliche Bande anzuschließen, nachdem er unverschämt genug gewesen — es ist nicht mein Ausdruck, sondern der der Mutter —

unser Eigenthum durch den elendesten Hypothekenschacher an sich bringen zu wollen."

Hedwig krümmte verächtlich die Oberlippe. Die Mutter mußte dem guten Kinde arg zugesetzt haben. Sie fühlte sich beleidigt, als ich dies Lächeln mitleidig erwiderte.

„Weißt Du denn, Hedchen, wer der Besitzer aller der Hypotheken ist, die Neuenfeld an sich gebracht, um unser Eigenthum vor einem gerichtlichen Zwangsverkauf zu retten, der uns ohne seine Intervention schon lange obdachlos gemacht haben würde. Weißt Du, wem wir es danken, daß wir fortab sorgenlos unser Haupt hinlegen können, ohne auch ferner die Gerichtsboten all' wöchentlich im Schlosse zu sehen, daß wir fortab vertrauensvoll säen, freudig ernten können, ohne unser Geld in den unersättlichen Rachen der Wucherer zu werfen? Lucia ist die Besitzerin, und da Lucia in einem Jahre meine Frau wird, so bin ich der Mitbesitzer . . . Genügt Dir das, um Dir von Neuenfeld's Handlungsweise eine andre Meinung zu geben?"

„Ich fürchte, lieber Kurt, auch dahinter, wenn es so ist, steckt noch eine Ueberraschung für uns. Du bist gegen ihn eben so leichtgläubig wie es der selige Vater war . . . Und dann noch Eins: glaubst Du, die Mutter werde erfreut sein, wenn Du ihr sagst, Du seist der Besitzer unseres Gutes, Du durch die Gnade des Herrn Neuenfeld! Und wenn sie fortab unser Korn in die Mühle schickt anstatt es den Wucherern zu geben, meinst Du, es werde ihr beruhigend sein, zu wissen, daß sie das Brod ihres Sohnes esse?"

Hedwig war so ganz und gar von der Mutter Ideen eingenommen, es war der letztern so sehr gelungen, sie von Lucia zu entfernen, daß sie von nicht zu überzeugen war. Alles was sie zugestand, war endlich, nachdem ich Worte genug verschwendet:

„Nun gut, Kurt: wenn Du glücklich zu werden hoffst. Du bist der Aeltere, Du mußt wissen, was Du thust!"

Erst am dritten Tage gelang es mir die Mutter zu sprechen. Ich war in der Stadt, bei unserm Anwalt gewesen, der die Nachricht von meiner Verlobung freudig hinaufnahm und ausrief: „Herr von Amstetten, das nimmt mir eine Last von den Schultern! Ich, ein Freund Ihres seligen Vaters, hätte, bei Gott, keinen Ausweg aus diesem Labyrinth von Schulden gefunden und die Hartnäckigkeit, mit welcher Ihre Frau Mama an vorgefaßten Ansichten hält, vereitelte mir jede Möglichkeit eines Gelingens!"

Er hatte auch an die Mutter geschrieben, ihr Glück zu dieser Wendung der Dinge gewünscht, sie aber hatte den Brief verächtlich bei Seite geworfen.

Meine Unterredung mit der letzteren war kurz, die Mutter war schroff und eisig kalt gegen mich. Sie betrachtete, „abgesehen selbst von dem schlechten Ruf dieses Neuenfeld," wie sie sich ausdrückte, diese Verbindung als „blamabel." Es sei unter der Würde meines alten makellosen Namens, mich mit diesem wilden brasilianischen Parvenü einzulassen.

„Conrad Helmuth Neuenfeld, Chevalier de San João da Beira, so las ich seinen Namen kürzlich im Amtsblatt," rief sie mit beißendem Spott aus. „Es ist lächerlich! Chevalier vom schwarzen Menschenfleisch, von den blutigen Axt sollt' er sich nennen! Thu was Du willst, wenn Deinem Stolz eine solche Verbindung genügt, aber glaube nicht, daß ich eine Minute länger auf einem Grund und Boden bleibe, von welchem mich das brasilianische Fräulein de San João da Beira verjagen kann, sobald sie die Lust dazu ansieht, auf dem ich vielleicht sogar den Besuchen dieses angenehmen geheimnißvollen Gastes ausgesetzt bin! Ich bedarf nur der Abwickelung verschiedener Angelegenheiten, die meine Gegenwart erfordern, dann lasse ich hier die nöthigen Vollmachten zurück und da die bevorstehende Auszahlung der Erbschaft mich ganz unabhängig macht von den Einnahmen des Gutes, oder richtiger von der Gnade meines Sohnes, so gehe ich in die Residenz, wohin es mich schon so lange zieht, und Hedwig mag mich begleiten . . . Du kennst jetzt meinen Willen," schloß sie in scharfem Ton, während ihr Antlitz sich in strenge Falten legte. „Du wirst mir willkommen sein, wenn Du mich in der Residenz besuchst, wo Du ja auch Deinem Oheim eine dankbare Aufwartung machen kannst, aber wenn ich bitten darf, komm ohne das brasilianische Fräulein, selbst wenn sie schon Baronin von Amstetten, geborne von San João da Beira geworden sein sollte."

Ich ging mit blutendem Herzen, die Hand küssend, die sie mir mit einem Blick des unerbittlichsten Grolls überließ. Mit ihr war keine Versöhnung möglich, von ihr war keine Concession zu erreichen! Hedwig, die sie besser kannte wie sie während der letzten Jahre geworden, hatt' es mir voraus gesagt und hinzugefügt, wie es auch sei, ich müsse der Mutter mehr gehorchen als ihrem Herzen.

Siebenundzwanzigstes Capitel.
Hedwigs Abschied.

Als der Winter kam, der erste Schnee sich an einem trüben windstillen Morgen in leichten Flocken auf die nackten, schwarzen, von Feuchtigkeit triefenden Zweige der Bäume im Schloßhof niederließ, stand die alte Chaise vor dem Portal, welche die Mutter und Hedwig zur Station bringen sollte.

Schon am Abend war ein Wagen, beladen mit Koffern, Kisten und Schachteln dahin abgegangen. Die Mutter wollte das Schloß verlassen. Mir hatte sie kein Wort von dieser Abreise gesagt, überhaupt jede Vertraulichkeit zwischen uns unmöglich gemacht. Ich sah's aus Allem, es handelte sich um eine lange Abwesenheit. Am Abend war sie sehr aufgeregt und gesprächig gewesen und doch wurde nichts von dem geredet, was diese Trennung verursacht. Alle die alten, stolzen Erinnerungen an die Residenz, den Schauplatz ihrer jugendlichen Triumphe, waren wieder in ihr aufgelebt. Nur während der ersten Jahre ihrer Ehe war es ihr vergönnt gewesen, die Residenz mehrmals auf Wochen wieder zu sehen, bald zwanzig Jahre waren verstrichen, während welcher sie, innerlich erkaltend, ja verstimmt und mit sich und der Welt hadernd, an der Erinnerung gezehrt; jetzt aber stand Alles wieder lebhaft, plastisch, leuchtend vor ihr; alle ihre alten Freundinnen sah sie schon im Geiste wieder; sie war erwacht wie aus dem Grabe der Einsamkeit, der Abgeschlossenheit und jetzt erst schien sie inne zu werden, daß es ein Grab gewesen, in welchem sie gelebt. Ihr

Auge, das stets so verdeckt und müde geblickt, wenn ihre Nerven-Affectionen sie abgespannt, es glänzte, schillerte in einem mir bis dahin unbekannten Leben; die Falten ihres Gesichtes spielten, ihre Haltung war elastischer, ihre Bewegungen waren animirt; es schien, als seien plötzlich die Wolken zerrissen, die so lange über diesem in Mißmuth und Unzufriedenheit gedämmerten Frauenleben geschwebt.

Anders war's mit Hedwig und um diese that's mir leid. Wie vielen Prüfungen ging sie entgegen! Wo jedes andere junge Mädchen hoffnungsfroh und triumphsüchtig ihren ersten Erfolgen entgegen fliegen konnte, da stand ihr dieselbe Vereinsamung, dieselbe Verlassenheit bevor, nur fühlbarer, weil sie inmitten des bunten und eitlen Treibens zum Alleinsein verurtheilt sein mußte, wenn sie es nicht vorzog, auf Kosten ihres Stolzes dem Genuß, der Freude der Andern zuzuschauen und Mitleid zu ernten, ohne doch derselben mit gesellschaftlicher Berechtigung theilhaftig werden zu können.

Ob sie dies ahnte? Ihr eigener Wunsch war's nicht, mit der Mutter zu gehen, denn sie empfand jedenfalls die Unsicherheit ihrer hinfortigen Stellung, selbst abgesehen von der Gesellschaft. Hier war sie die unentbehrliche Gefährtin der Mutter, draußen in der Welt fand diese andere Unterhaltung; das mußte ihr schon die Lebhaftigkeit sagen, mit welcher ihr die Mutter von all den Persönlichkeiten sprach, die sie wieder zu sehen erwartete.

Ohne es gegen mich einzugestehen hatte sich Hedwig auch überzeugt, wie unrecht sie Lucia gethan, deren frisches, zutrauliches und natürliches Wesen in der Schwester wieder die alten Sympathien geweckt, als ich sie gezwungen, noch einmal wieder nach Hochborn zu begleiten. Und jetzt that's ihr innerlich wohl leid, jetzt erst sah sie ein, wie viel Freundschaft sie bei Lucia versäumt.

Sie war traurig gestimmt an jenem Abend, wo die Mutter in so froher Aufregung sich im Geiste schon wieder inmitten ihrer Freundinnen sah. Vollkommen schöpfte sie oft Athem und ihr Auge zeigte eine flackernde Unruhe. Sie hatte am Nachmittag von Lucia drüben heimlich Abschied genommen und diese hatte ihr als Andenken ein kostbares Armband von brasilianischem Gold, mit kostbaren Steinen aufgedrungen, das sie in der tiefsten Tiefe ihres Koffers versteckte, damit die Mutter es nicht sehe . . .

Es war noch Nacht als Hedwig schon das Lager verlassen.

„Ach wie gern blieb ich hier, Kurt!" hörte ich ihre matte, gepreßte Stimme mit kurzem Athem neben mir als ich vom Fenster des Salons in das draußen herrschende Halbdunkel des frühen Wintermorgens, auf die unten haltende Chaise hinab und in das Getümmel der Schneeflocken hinaus blickte. „Und wenn ich der Zerstreuungen da draußen viel zu viel haben sollte, wenn auch nicht genießen werde, da wird's hier bei Euch wohl recht still und gemüthlich zugehen. Ach ja!" hauchte sie vor sich hin, die Hand auf das geängstigte Herz drückend.

Ich legte den Arm über ihre Schultern.

„Du mußt ja doch auch einmal die Welt sehen, Hedchen," tröstete ich sie lächelnd. „Meine Welt ist nun vorläufig einmal hier und ich entbehre die da draußen nicht. Wenn Ihr lange fortbleibt, besuchen wir Dich; Lucia hat schon davon gesprochen."

Ich hörte, wie dem armen Wesen so ängstlich das Herz klopfte, ich sah, wie bange sich ihre Züge spannten.

„Ach, Kurt!" flüsterte sie. „Wie werde ich mich freuen, wenn Ihr kommt, wenn ich Euch Beide so neben einander wiedersehe, falls die Mutter, die ein paar Jahre fortbleiben will, mir nicht erlaubt, wenigstens zu Deiner Hochzeit zu kommen . . . Jetzt, Kurt, will ich's Dir eingestehen, damit Du mir keinen Groll nachträgst! Ich habe Lucia doch sehr, sehr lieb und ich glaube, Du wirst mit ihr recht glücklich sein! . . . Nicht wahr, Du schreibst mir zuweilen, damit ich weiß, wie es Euch hier geht, und Du sorgst für meine Blumen, um die ich recht trauern werde, wenn die Frühlingssonne wieder scheint und ich in der staubigen Stadt zwischen den engen vier Mauern sitzen muß!"

„Alle Deine Lieblinge übernimmt Lucia in Pflege, sie werden also gut aufgehoben sein, Du weißt es! Mach Dir also deshalb keinen Kummer, Hedchen!"

Der Mutter Stimme rief Hedwig von meiner Seite. Es dämmerte draußen. Ich sah, es war Alles bereit, der Augenblick gekommen.

„Adieu . . . Leb wohl, recht, recht wohl! . . . Wir sehen uns unten noch, aber da kann ich Dir nicht so Adieu sagen, wie ich möchte! Laß mich Dich noch einmal ansehen, Kurt, damit ich mir Deine lieben Züge noch einpräge!"

Das gute Mädchen hatte meine beiden Hände erfaßt; mit in Thränen schwimmenden Augen schaute sie mir so recht herzensweh in's Gesicht; ich war überzeugt, sie hielt sich vor Thränen nicht. Als ich mich zu ihr beugte und sie küßte, umschlang sie mich krampfhaft schluchzend. „Zürne mir nicht, daß ich in der letzten Zeit wohl zuweilen recht garstig gegen Dich gewesen," sprach sie mit unterbrochener zuckender Stimme. „Es war ja nicht so gemeint und ich hatte ja doch immer nur Dich, Du guter Kurt!"

Und sich losreißend, das Taschentuch vor die Augen, herzbrüchig und mit schwankenden Gliedern eilte sie zum Salon hinaus.

Beim Abschied unten an der Thür thaute noch einmal das Mutterherz auf. Sie schloß mich in ihre Arme; ich glaube, ihr Auge war feucht. Sie riß sich los, stürzte zum Wagen und warf sich in den Fond desselben, das Taschentuch vor das Gesicht haltend.

Hedwig preßte mir heiß und fieberhaft die Hand. Dann sprang sie der Mutter nach. Die Letztere hatte es mir ausdrücklich untersagt, sie zur Station zu begleiten, und trauernd, mit wahrhaftem Schmerz sah ich die alte Chaise über das schlechte Pflaster des Hofes holpern und verschwinden. Nur Hedwig schaute noch einmal zum Wagenfenster heraus, sie winkte noch einmal mit dem Tuch, dann nahm sie der Park auf.

Mir war's doch recht einsam, als ich meine Tritte durch den breiten halbdunkeln Corridor des alten und düsteren Schlosses schallen hörte, dessen Renovation zum Frühjahr meine Aufgabe sein sollte.

Zum ersten Male ließ ich mir den Braunen satteln, den mir Neuenfeld geschenkt, um nach Hochborn hinüber zu reiten, zu dem meine Besuche aus Rücksicht gegen die Mutter immer zu Fuße gemacht, um ihrer reizbaren Natur ein überflüssig Aergerniß zu ersparen.

(Fortsetzung folgt.)

Die Moselnixe.

Erzählung

von

Philipp Galen.

(Fortsetzung.)

Die kurze Sommernacht war rasch verstrichen und
ein herrlicher klarer Morgen darauf gefolgt. Nur die
Hitze war schon in frühster Stunde auffallend drückend
und kein Tropfen Thau auf die danach schmachtenden
Gräser und Blumen gefallen.

Wie er es alle Tage that, trat Jacob van der
Myers auch an diesem Morgen um sechs Uhr die Treppe
herab und ging in den Garten, um seine Lieblinge zu
begrüßen, aber seine Augen flogen bald nach dem Himmel
empor, da ihm zuerst die ungewöhnliche Hitze aufgefallen war.

„Na,“ sagte er zu sich, nachdem er ringsum den Horizont betrachtet, „das ist ja schon sehr heiß, und daß kein
Thau gefallen, behagt mir gar nicht. Es wird gewiß
bald ein Gewitter geben und wir können es gebrauchen;
auch die Weinstöcke bedürfen des erfrischenden Regens,
da ihre Blüthezeit glücklich vorüber ist.“

Gedankenvoll und immer noch von Zeit zu Zeit
den Himmel musternd, an dem bis jetzt kein Wölkchen
zu sehen, schritt er den breiten Mittelweg des Gartens
hinab, bis er an das Gitter an der Landstraße kam
und nun erst seine Augen auf den ruhig vorüberrollenden
Strom fallen ließ. Aber da schaute er plötzlich verwundert auf, denn in diesem Augenblick hatte auch er
zum ersten Mal das friedlich vor Anker liegende Schiff
am jenseitigen Ufer erfaßt.

„Was ist das?“ sagte er, stillstehend und scharf
über die Mosel hinüberschauend. „Das ist kein gewöhnliches Moselschiff, und woher ist es so plötzlich gekommen? Ah, es wird die Nacht benutzt haben und ist
stromabwärts gesegelt, denn sein Bug sieht nach Coblenz
hin. Wahrscheinlich kommt es von Trier. — Aber wie,“
fragte er sich weiter, nachdem er sein mit den verschiedenen
Schiffsbauten vertrautes Auge eine Weile darauf hatte
ruhen lassen, „ist denn das ein Last- oder überhaupt
ein Handel treibendes Schiff? Nein, das ist es gewiß
nicht. Und wie denn? Es trägt ja ein breites Gaffel-
segel an seinem kurzen Mast, gerade — ha! — wie eine
holländische Jacht, und sieht aus — sieht aus wie ein
herrschaftliches Kanalboot in — ja, in Rotterdam!“

Und er faßte sich an mit einem Mal tropfende
Stirn, als wolle er die dahinter aufsteigenden regellosen
Gedanken ordnen und sich aus dem wachen Traume, in
den er so plötzlich verfallen, in die greifbare Wirklichkeit zurückversetzen. Aber seine Augen, sich mehr und
mehr erweiternd, starrten unaufhörlich nach dem jenseitigen Ufer und dem niedlichen Schiffe hinüber, das
ihm, je länger er darauf hinblickte, immer reizender und
verlockender erschien.

Mit bebender Hand faßte er endlich in seine Tasche
und zog den Gartenpfortenschlüssel hervor, den er stets
bei sich trug. Rasch hatte er die Thür geöffnet, ließ

sie, was er sonst nie that, hinter sich weit offen stehen
und trat, über die Landstraße fortschreitend, auf den
grünen Hang, der an das Moselufer hinabführte, um
das so plötzlich vor seine Augen gezauberte Schiff aus
möglichster Nähe zu betrachten.

Als er aber wieder eine Weile darauf hingeschaut,
wandte er sich, einem schnellen Entschlusse folgend, nach
dem Hause um, lief in sein Zimmer und holte sein
Fernglas heraus, das er, schon während des Ganges nach
der Mosel zurück, auseinander zog, um es für sein Auge
passend zurechtzustellen. Und so stand er jetzt und schaute
durch das Glas nach dem Schiffe hinüber, um jeden
einzelnen Gegenstand an seinem Bord, auf seinen Galerien,
seinen Decken zu studiren.

„O,“ sprach er dann mit leise bebender Stimme,
„das ist augenscheinlich mit seinen neuen gestreiften
Sonnenzelten, an deren Stengen ich deutlich die zierlichen
Quasten wahrnehme, ein herrschaftliches Schiff, indessen
was mag es hier zu suchen haben? Ei sieh da, auf dem
oberen Hinterdeck liegt ja ein förmlicher Garten mit
Blumen und edlen Gewächsen, und ich erkenne sogar
eine blühende Granate, Myrthen und einen Orangen-
baum, an dem goldgelbe Früchte hängen. Aber merkwürdig, — kein Mensch ist an Bord zu sehen — und
doch, ja, da gehen einige sehr zierlich gekleidete Matrosen
hin und her — und wie? Was machen sie denn da?
Aha, sie ziehen eine Flagge auf, wie mir scheint.“

Er hatte ganz recht gesehen. An Bord, von wo
aus man schon am frühen Morgen den Rußhof so scharf
beobachtete, wie jetzt von diesem aus das Schiff, machte
sich im etwas tief liegenden Segelraum zwischen den
beiden Cajüten einige Bewegung bemerkbar und man war
in der That beschäftigt, als ersten Gruß der Moselnixe,
eine längst zur Hand gelegte Flagge aufzuziehen.

Der alte Herr am Lande, dessen Inneres schon jetzt,
er wußte selbst nicht warum, tief bewegt war, schaute
unausgesetzt nach dem auf dem Schiffe sich zutragenden
Manöver hin und er bemerkte jedes Einzelne und verstand auch Alles, was vorging, sehr richtig. Plötzlich
aber zuckte er wie in jähem Schreck zusammen, ließ das
Glas vom Auge sinken und blickte sich nach seinem Hause
und der dasselbe umgebenden Nachbarschaft um, ohne jedoch zu finden, was er daselbst zu suchen schien.

„Was ist das?“ sprach er in abgerissenen
Sätzen und mit kurzem Athem weiter. „Sie ziehen ja
die Flagge bald auf, bald nieder, als grüßten sie Jemand.
Wen grüßen sie denn hier? Es ist ja Niemand da als
ich — und mich — mich können sie doch nicht grüßen.
— Aber halt,“ fuhr er nach einer Weile fort, „da —
ziehen sie sie ganz empor und da — da schwebt sie am
Flaggentopp und der leise Morgenwind auf dem Fluß
bläst sie schon ein wenig auf. Doch — was sehe ich?

II. 13

Roth — Weiß — Blau in breiten horizontalen Streifen — o mein Gott, das ist ja die holländische Flagge — und sie grüßt? Wen denn, wen? frage ich."

In der That, der leichte Wind, der Morgens gewöhnlich über dem Strome und daselbst weit stärker als am Lande wehte, faßte das schwere Tuch der offenbar ganz neuen Flagge und blähte es langsam auf. Die Falten entrollten sich zwar schwerfällig, aber die drei Farben erkannte man deutlich, selbst mit bloßen Augen.

Jacob van der Myers, der sein Glas schon längst wieder vor das Auge gehalten hatte, ließ es abermals sinken und starrte, jetzt schon mächtig erschüttert, auf den ihm unerklärlichen Vorgang hin. "Gott, mein Gott," wiederholten seine Lippen, was ihm im innersten Herzen erklang, "ja, wie Du willst, ich — beuge mich. Es sind wirklich und wahrhaftig Holländer, die mir so nahe liegen, aber was sie hier wollen, das — begreife ich nicht."

In diesem Augenblick hörte er hinter sich sanfte Stimmen erschallen und rasch drehte er sich um, den bereits erkannten Mädchen bis in den Garten entgegen zu gehen.

Langsam und mit höchst bedächtigen Schritten, als hielte eine unbewußt über ihnen waltende Macht ihre Füße zurück, kamen sie näher heran, die ihrerseits auch schon lange von Johanna's Balkonfenster aus das Schiff mit klopfenden Herzen betrachtet hatten. Sarah sah merkwürdig bleich aus, aber mit ihrer inneren Erhebung hatte sie Wort gehalten, ihr Herz war gefaßt, obgleich es noch immer heftig schlug und sie gab sich die größte Mühe, dem nichts ahnenden Vater so unbefangen wie möglich entgegenzugehen. Johanna dagegen zeigte heute ein ungewöhnlich geröthetes Gesicht und kaum konnte sie ihre Aufregung so weit bemeistern, daß sie den Antheil, den sie an allem Vorgehenden nahm, nicht durch eine stürmische und auffallende Lebhaftigkeit verrieth. Aber da kam ihr ihr leicht bewegliches Blut zu Hülfe und, ihre Erregung in ein heiteres Gewand kleidend, trat sie, wie zum Scherze geneigt, an den ihr nahe kommenden Onkel heran, der in seiner eigenen Erregung und nicht das geringste Arg gegen die Mädchen hegend, weder die Blässe der Einen, noch die glühenden Wangen der Anderen bemerkte.

"Guten Morgen, lieber Onkel," sagte ihm Johanna zuerst und küßte ihn auf die Wange, aber dann machte sie Sarah Platz die mit herzlicher und kaum gemäßigter Innigkeit an den Vater eilte, ihn mit ihren Armen umschlang und ihn lebhafter denn gewöhnlich küßte, worauf er jedoch eben so wenig wie auf ihr Aussehn achtete. Denn kaum war diese erste Begrüßung vorüber, so faßte er beider Mädchen Hände und zog sie nach dem Gitter hin, das noch immer offen stand, und trat sogar mit ihnen an das Ufer hinaus, und alles dies mit einer Hast, daß Beide auf der Stelle die erste bedeutsame Wirkung der Erscheinung der Moselnixe auf ihn bemerkten.

"Kommt einmal her," sagte er eilig, "und da seht! Was ist das, Johanna? Sieh es Dir an, Du mußt es genauer und besser kennen als Sarah, nicht wahr?"

Johanna erschrak, denn sie verstand ihn im ersten Augenblick nicht ganz und erröthete so heftig dabei, daß es gut war, daß Jakob van der Myers seine Blicke jetzt nur auf das Schiff gerichtet hielt.

"Kennen soll ich es?" fragte sie fast tonlos. "Wie meinst Du das?"

"Ach so, versteh mich recht," fuhr er fort. "Ich meine, Du mußt die Art dieser Schiffe kennen und auch die Flagge, die es trägt."

"Ja so," erwiederte Johanna gedehnt, indem sie das Schiff schärfer in Augenschein nahm und sich allmälig von ihrem ersten Schreck erholte, "ja, ja, nun verstehe ich, und es sieht gerade so aus wie eine holländische Kanalyacht und die Farben der Flagge — ja, die Farben — sind sie nicht roth, weiß und blau?"

"Nun natürlich sind sie das, siehst Du es nicht, die Du doch sonst Augen wie ein Falke hast? Also was ist das für ein Schiff?"

"Jedenfalls ein holländisches!" brachte Johanna mit Mühe hervor, "und zwar gerade so eins, wie wir sie oft auf unseren Kanälen bei Lustfahrten von reichen Leuten gebrauchen sehen."

"Aha, siehst Du. Nun, das meine ich auch. Aber eine andere Frage ist die: was hat dies Schiff zu bedeuten? Wie kommt es hierher und zu welchem Zweck? Denn daß es kein gewöhnliches Frachtschiff ist, um an der Mosel Geschäfte zu treiben und Güter herauf und hinunter zu bringen, das läßt sich doch wohl auf den ersten Blick an seiner ganzen äußeren Eleganz erkennen."

"Ja, das weiß ich nicht," erwiederte Johanna unbestimmt und etwas zaghaft, und drückte dabei Sarah's Arm, die sich neben sie gestellt, fest an sich, gleichsam um dadurch ihre eigene innere Aufregung zu dämpfen, und zugleich, um Sarah zur Standhaftigkeit zu ermahnen.

Jacob van der Myers schüttelte den Kopf. "Und merkwürdig, sehr merkwürdig ist es," fuhr er fort, "daß es eben, wie ich hier an das Ufer trete, die Flagge aufzog und mehrere Male auf und nieder holte, gerade so, als ob es mich grüßen wolle."

"O, das ist doch wohl nur ein Zufall," entgegnete Johanna, nun schon beherzter werdend. "Möglich ist es aber auch, daß die Schiffer Dich gesehen und Dir wirklich einen Gruß haben zukommen lassen wollen."

"Aber wie kämen sie dazu, Kind? Erkläre mir das, da Du doch ein so kluges Mädchen bist."

"Was ist da viel zu erklären?" versetzte Johanna, nun ganz beherzt und wieder zu ihrer gewöhnlichen Munterkeit zurückkehrend. "Es kann ja auch sein, daß dies ein wirkliches holländisches Lustschiff ist, das sich ein reicher Mann hat bauen lassen, um bequem die herrliche Mosel zu befahren, und da ist er auch hierhergekommen und sieht sich Eure schöne Gegend und die malerischen Ruine der Landshut an."

"Das ist möglich!" sagte der alte Herr gedehnt. "Ja, so wird es wohl sein, Du hast Recht. Und wenn es so ist, dann brauchen wir uns wahrhaftig nicht weiter darum zu bekümmern oder noch weniger uns die Köpfe darüber zu zerbrechen. So, nun habe ich das Ding lange genug angeschaut und — und — Ihr könnt uns endlich das Frühstück besorgen."

Beide Mädchen sprangen leichtfüßig davon, von Herzen froh, daß diese erste und schon lange gefürchtete Scene überstanden und so glücklich abgelaufen war. Als sie aber bald darauf wieder in den Garten traten, den Tisch unter dem Nußbaum deckten und dann eine Magd den Kaffee brachte, sahen sie den Vater sehr still und nachdenklich schon am Tische sitzen und von Zeit zu Zeit immer wieder einen Blick nach dem räthselhaften Schiffe werfen. Auch genoß er sein Frühstück in vollkommenem Schweigen, sah keins von den Mädchen mehr an, und als diese ebenfalls schwiegen und sich anzublicken vermieden, stand er plötzlich auf und sagte:

„Hm! Es ist ein sehr heißer Morgen und oben auf den Bergen wird die Gluth noch stärker sein. Aber ich will doch hinaus und sehen, was meine Weinstöcke machen. Sie können jetzt Regen gebrauchen. Guten Morgen, Kinder!"

Keiner war froher, da er ging, als diese, denn nun konnten sie sich wieder ungestört ihren Betrachtungen hingeben und ihr immer noch übervolles Herz vor einander ausschütten und sich Muth für das Kommende einsprechen. Der Vater dagegen stieg langsam den steilen Berg hinter dem Hause hinan, doch wie man wohl hätte bemerken können, betrachtete er heute nicht mit der gewöhnlichen Aufmerksamkeit seine Weinstöcke, vielmehr blieb er auf jedem Absatz längere Zeit stehen, wandte sein Gesicht der Mosel zu und blickte nach dem still vor Anker liegenden Schiffe hinüber, als ob er es nicht genug betrachten könne und ihm eine innere Stimme zuflüstere, daß es auch für ihn irgend etwas Bedeutsames an seinem Bord beherberge. Auch gab er einmal seinen Gedanken darüber Ausdruck, indem er wieder stillstand, nach dem Ufer drüben schaute und sagte:

„Es mag Alles gut und richtig sein, ja, aber der Flaggengruß, der Flaggengruß, was hatte wohl der zu bedeuten? Wem galt er? Mir oder einem Anderen? — Mir? O nein, wie sollte er! O, so wird er wohl Anderen gegolten haben, die ich freilich nicht gesehen, und so will ich mich denn nicht länger mehr mit irgend einem Gedanken dabei aufhalten. Was nützte es auch! Aber ein holländisches Schiff, eine holländische Flagge, o wie die auf mich gewirkt und mein altes Herz von Neuem in Flammen gesetzt haben! Ja, ja, ja, ich hänge noch immer sehr, sehr, mit tausend Banden an Holland und doch, doch ist es mir für immer verloren. Ach!"

Tief aufseufzend schritt er langsam den ganzen Berg hinan und sogar bis zur seitwärts liegenden Ruine klomm er hinüber, um sich auch in den Schatten des alten, mit Epheu bewachsenen Gemäuers niederzulassen und das gleichmäßig ruhig liegende Schiff, das ihm mit jedem Augenblick reizender und verlockender erschien und seine Empfindungen wirr durch einander warf, von der Höhe aus zu betrachten.

Und so blieb das Schiff den ganzen Tag in seinem sicheren Hafen liegen und nichts geschah, was irgend ein neues Licht auf den Zweck seines Daseins und seine Bewohner hätte fallen lassen können. Warum das so war, das wußte von allen im Nußhof Wohnenden Johanna allein, aber sie ließ sich nichts mehr darüber merken, verharrte den ganzen Tag, wie der Onkel und die Consine, im tiefsten Schweigen und zeigte nur Jedem, der ihr in den Weg trat oder den sie irgend einen kleinen Dienst leisten konnte, das freundlichste Gesicht. Im Stillen aber sehnte sie sich unendlich, daß die Stunden des Tages schneller verfließen möchten, denn sie wußte ja, daß der nächste Hauptangriff auf das Herz des bereits genugend aufgeregten Onkels auf den beginnenden Abend verlegt war.

Allein auch dieser aus verschiedenen Ursachen Allen gleich peinliche Tag verging endlich und der Abend kam allmälig heran, auf seinen leisen Schwingen sein Dämmerlicht und seine friedliche Stille herantragend.

Es war die Zeit des Abendessens gekommen und da es noch immer sehr warm und windstill und nichts von einem Gewitter zu bemerken war, so hatte man den Tisch unter dem Nußbaum dazu gewählt. Man wollte sich eben daran niederlassen, die Flasche Wein stand schon an ihrer Stelle vor dem Hausherrn, da geschah endlich, was Johanna längst vorausgesehen und mit heimlicher Sehnsucht erwartet, und zwar war es diesmal der Onkel, der den neuen Vorgang zuerst bemerkte, da er nur zu häufig das Auge auf das Schiff gerichtet hielt, obgleich er in den letzten Stunden kein Wort mehr darüber gesprochen hatte. Bei dem ersten Blick aber, der ihn belehrte, daß etwas Neues auf dem Schiffe sich begab, hatte er seinen Platz unter dem Nußbaum verlassen und war, von Sarah und Johanna gefolgt, wieder an das Gitter getreten, um nach der Mosel zu sehen, die vom Licht des heraufdämmernden Abends noch hell genug beleuchtet war, um jeden Vorgang auf ihr deutlich erkennen zu lassen.

Mit dem Glockenschlage halb neun Uhr nämlich, und das war gerade der Moment, als Jakob und Myers darauf aufmerksam wurde, kam von der Backbordseite des Schiffes, die dem jenseitigen Ufer zugekehrt lag, das kleine Boot hervor und man erkannte deutlich, daß es von zwei Männern langsam über den Strom gerudert wurde. Und merkwürdig genug für den haarscharfen Beobachter am Lande, nahm es jenen Cours gerade auf den Nußhof zu und als es ihm nahegekommen, sah man an ihm in seinem Fahrwasser bisweilen aufspritzenden Wellen, daß es ein langes Tau hinter sich herzog.

Endlich war es dicht an's Ufer gelangt und fuhr zwischen die beiden tief in den Strom hineinragenden und ziemlich weit auseinanderstehenden Kribben hinein, die unmittelbar vor dem Nußhof lagen und gewissermaßen die seitlichen Gränzen desselben auch im Flusse bezeichneten. Mit ruhigen, aber kräftigen Riemenzügen steuerten die beiden Matrosen auf die vom Hause zur Linken gelegene Kribbe zu und fuhren eine Strecke in den Zwischenraum hinein, bis sie endlich, nach ihrer Meinung weit genug vorgerückt, das Boot anhielten und landeten, worauf ein Mann es verließ, um auf die Kribbe zu steigen. Und jetzt sah man, daß er das mitgebrachte Tau durch den großen eisernen Ring zog, der auf dem Steindamm in einen festen Block eingeschmiedet war, und gleich darauf machte die Moselnixe eine Bewegung mit ihrem Spiegel, indem sie sich dem diesseitigen Ufer zulehrte, jedenfalls dem Zuge folgend, den mehrere Männer an Bord dadurch ausübten, daß sie das Tau an sich zogen und so auch mit dem großen Schiffe der Stelle zustrebten, wo das kleine Bot bereits lag.

Jakob van der Myers hatte diesem Vorhaben lange Zeit mit der gespanntesten Aufmerksamkeit zugesehen und bald begriffen, um was es sich hier handelte.

„Was ist das?" sagte er laut zu den beiden mit hochklopfenden Herzen neben ihm stehenden Mädchen. „Seht Ihr es wohl?"

„Ja, ich sehe es, was thun sie?" fragte Sarah beklommen.

„Oho," erwiederte der Vater, „ich begreife es wohl, und wie hübsch und flink sie das machen! Das sind geübte und wohlgeschulte Schiffer, und Aehnliches kann man auf allen großen Strömen sehen, die so heftig wie der Rhein und die Mosel rollen. Sie warfen das große Schiff herüber und da sie keinen Wurfanker auswerfen können, weil der Strom hier zu stark und das Strombett zu felsig und steinig ist, so bedienen sie sich des Ringes auf unserer Kribbe als eines solchen und — sieht es doch an — das Schiff kommt, vom Strome gedrängt, ganz von selbst herüber, da das Tau es ja nicht abwärts schwimmen läßt. — Aber mein Gott," fuhr der alte Herr wieder in größerer Erregung fort, „warum thun sie denn das? Sie wollen sich doch am Ende nicht gerade vor unserm Nußhof vor Anker legen und die Nacht über hier zubringen?"

„Dürfen sie das nicht?" fragte Johanna mit heimlichem Frohlocken. „Ich dächte doch, Onkel, das Wasser ist ja Jedermanns Eigenthum und sie verletzen Niemandes Hausrecht damit. Oder gehört vielleicht Dir das Wasser zwischen den vor dem Nußhof liegenden Kribben?"

„Mir? Nein Kind, mir gehört es nicht und ich bekümmere mich überhaupt nicht darum, wer hier anlegt, was ja jeder nach seinem Belieben thun kann. Der Ring an den Kribben ist ja gerade für dergleichen angebracht. Aber seltsam, höchst seltsam ist es doch. Und wahrhaftig, da sind sie —"

Sein Athem stockte, als er dies sprach, und mit hochklopfender Brust und auf jeden einzelnen Vorgang achtenden Augen schaute er auf das neue Schauspiel hin.

Das Schiff war allmälig dem, von den Männern an Bord immer kräftig angezogenen Taue gefolgt, und bald fuhr es zwischen die Kribben ein. Sein Spiegel lag schon ganz in dem ruhigen Wasserbecken, etwa zwölf Schritte vom Ufer entfernt, wo die Wassertiefe für seinen flachen Kiel noch genügend war, nur sein Bug sah nach dem Strom; aber schon waren mehrere Matrosen dahin geeilt und ließen ihn mit langen Halenstangen herum und bald lag auch er ruhig innerhalb der Kribben, die Anker rasselten vorn und hinten nieder und die beiden Männer in dem kleinen Boote befestigten außerdem noch ein vom Buge herabgeworfenes Tau an einen zweiten Ring an der nächsten Kribbe, was Alles mit einer Schnelligkeit und Geschicklichkeit geschah, daß man wohl merkte, wie geübt die Schiffer an Bord in solcherlei Vorkehrungen waren.

So lag die Moselnixe denn mit ihrer Steuerbordseite längs dem Ufer so still und friedlich vor dem Nußhof, wie sie noch kurz vorher am jenseitigen Lande gelegen, und die drei sie so genau beobachtenden Menschen im Garten schauten mit ungetheilter Aufmerksamkeit und hochklopfenden Herzen darauf hin. Da, plötzlich, als das Schiff kaum vor Anker lag, erhellten sich alle seine Fenster, und die grüne Signallaterne flog wieder am Maste empor, nachdem die Flagge vom Topp eingezogen war. Auch am Buge und am Spiegel wurden zwei helle Weißlichter aufgehißt, um Jedermann auf dem Strome und am Lande damit ein Zeichen zu geben, daß hier ein Schiff vor Anker liege.

Alles an Bord aber blieb still, kein Mensch regte sich mehr darauf, sobald die Schiffer ihre Arbeit verrichtet hatten und in das Innere des Schiffes zurückgekehrt waren.

Jakob van der Myers stand noch immer kopfschüttelnd am Gitter und starrte sprachlos auf das Fahrzeug hin, das ihm immer schöner und reizender erschien, je mehr er die Eleganz seines Baues und die Regelmäßigkeit aller seiner Bewegungen erkannt hatte. Endlich aber zupfte ihn Johanna am Arm und mit ihrer süßesten Stimme bat sie ihn, in den Garten zurückzukehren, wo die Windlichter in ihren Gläsern schon auf dem Tische brannten und das Mahl aufgetragen war.

Wie aus einem tiefen Traum erwachend, löste sich der alte Herr endlich von dem seltenen Anblick los, und gleichsam mit innerem Widerstreben folgte er langsam den beiden Mädchen, die ihn unter die Arme gefaßt hatten und nach dem Tische im Garten führten.

„Trink ein Glas Wein, ich habe den besten heraufgeholt," sagte Johanna leise, „das wird Dich wieder erheitern, lieber Onkel."

Er sah die Redende groß an. „Erheitern, sagst Du?" fragte er. „Glaubst Du etwa, daß ich traurig bin? O nein, Kind, ich bin nur erstaunt, verwundert, über das, was ich gesehen, und begierig, zu wissen, was es zu bedeuten hat. Aber Du hast Recht, gieb den Wein her, mir klebt die Zunge am Gaumen und — weißt Du was? Laß lieber gleich noch eine Flasche bringen, wir wollen die Flagge dort, wenngleich sie sie eingezogen haben, nach unserer Art begrüßen, denn — mag es sein wie es will — ich bin und bleibe ein Holländer und so sage ich: „Gott segne mein Vaterland!"

Johanna sprang selbst nach dem Hause, eilfertiger denn je; als sie aber nach einer Weile wiederkam, trug sie außer der Flasche noch etwas Anderes unter dem linken Arm, was viel schwerer war.

„Was hast Du denn da?" fragte der alte Herr, und doch sah er schon, was Johanna aus dem Hause geholt.

„Ich habe Dein Horn mitgebracht," erwiderte sie lächelnd. „Wenn Du denn doch Deine und meine Flagge mit einem Glase Deines besten Weines begrüßen willst, so sollst Du es nachher auch mit Deinem Horne thun. Das wird die Bewohner des Schiffes erfreuen, denn wie Du, bläst doch kein Mensch mehr auf der Welt."

Der alte Herr nickte lächelnd, aber es war ein sehr wehmüthiges Lächeln, und dann trank er sein erstes Glas schnell aus, nachdem er es an denen der Mädchen hatte erklingen lassen, ein Klang, der von aufmerksamen Ohren in der Moselnixe vernommen wurde, denn dort an geeigneten und den Augen der Landbewohner unzugänglichen Plätzen standen zwei wachsame Männer, die mit ihren Nachtgläsern so scharf nach jedem Vorgange am Lande spähten, wie die Bewohner desselben vorher nach den Vorgängen auf dem Schiffe gespäht.

Viertes Capitel.

Der Moselnixe Abendgruß.

Ein Abend, so schön und verführerisch, so zum Genuß aller Güter des Lebens verlockend, wie er es nur an den gesegneten Ufern des deutschen Rheines und der Mosel sein kann, war heute über das Berncastler Thal hereingesunken. Wonnig warm war die Luft, kein Blatt an den Bäumen bewegte sich bei der herrschenden Windstille und friedliche Ruhe lag auf den schlummernden Bergen, dem stillen Thal und dem geräuschlos dahin rieselnden Fluß. Von der untergegangenen Sonne war der Himmel im Westen noch goldig und purpurn gefärbt und der Widerstrahl davon hauchte über die höchsten Weinberge der rechten Stromseite noch einen sanften rosigen Schimmer, der schön wie Märchenduft auf den altersgrauen Ruinen der kurfürstlichen Landeshut ruhte. Die Ufer gegenüber hüllten sich allmälig schon mehr und mehr in ihren bläulichen Abendschleier ein; zur Linken beschrieb die Mosel ihren gewaltigen Bogen nach Lieser hinüber, zur Rechten aber spiegelten sich die weißen Mauern des Hospitals mit seiner kleinen Kirche in dem dunkelgrün schimmernden Fluß, und weiter hinab sah man nur noch, wie am Horizont verschwimmende Wolkendünste, die weißen Häuser von Graach und dem Josephshof aufstauden. Dann und wann ließ sich von drüben, von links und rechts die durch die Ferne melodisch gedämpfte Stimme eines singenden Schiffers vernehmen. Bisweilen auch ruderte ein Nachen über den rieselnden Strom und von Zeit zu Zeit hörte man das Rasseln der Ketten der hinüber und herüber fliegenden Fähre, die selbst in später Abendstunde noch ihre Schuldigkeit that.

Allmälig wurde es dunkler und dunkler auf dem Lande wie auf dem Wasser, bis endlich der langsam über die Berge heraufsteigende Mond mit seinem bläulichen Dämmerlicht Beides übergoß. Die Stille ringsum wurde erkenntlicher, das Schweigen feierlicher. Je dunkler es aber wurde, um so heller hoben sich die erleuchteten Cajütenfenster der Moselnixe von ihrer Umgebung ab, Alles jedoch blieb still an Bord, wie es vorher gewesen, und kein Mensch, selbst kein wachehaltender Matrose mehr war darauf zu sehen, als ob sie alle im inneren Raum zu irgend einem Zweck versammelt wären.

Im Garten unter den Nußbäumen hatte man eben das Nachtmahl beendet und das letzte Glas auf das Gedeihen der guten alten Heimat da drüben am Ausgang des Rheins geleert. In gehobener Stimmung, das Herz mit milder und weicher Rührung erfüllt, war Jakob van der Myers von seinem Platze aufgestanden und, von seiner Tochter und Johanna unter die Arme gefaßt, wieder nach dem Gitter hingetreten, wo sie nun in der geöffneten Thür standen und mit Gedanken und Empfindungen, die bei allen Dreien schwer zu schildern, aber wohl nachzufühlen sein möchten, auf das Schiff hinüberblickten, das den alten Herrn heute, nicht beängstigend und beklemmend, wie man wohl befürchtet, sondern überaus innig und wohlthuend an seine unvergeßliche, über Alles geliebte Heimat erinnert hatte.

Da, als sie im tiefsten Schweigen und nur mit rege pochenden Herzen auf das Schiff schauten, wurden sie plötzlich alle Drei auf das Tiefste ergriffen und erschüttert, denn nachdem drei Raketen, eine rothe, eine weiße und eine blaue, mit zischendem Geräusch in die Luft geflogen waren, ließ sich etwas ganz Neues, Unerwartetes, unsäglich Schönes, ja Berauschendes vernehmen.

Vom oberen Hinterdeck des Schiffes her, welches durch das Tag und Nacht darüber ausgespannte Sonnenzelt tief beschattet und durch keine künstliche Beleuchtung wie die darunter gelegene Cajüte erhellt war, ließ sich plötzlich die Stimme eines Instrumentes vernehmen, die, als sie anhob, ganz leise und fast zitternd erklang. Allmälig aber schwoll sie zu einem festeren und volleren Ton an und alsbald erkannten die musikalisch gebildeten Ohren der Zuhörer am Lande, daß es ein Violoncell war, und zwar, wie man von Augenblick zu Augenblick sich mehr überzeugte, von einer Meisterhand gespielt, wie man es selten nur vernimmt. Mochte nun der stille Abend, die feierliche Stimmung der Zuhörer oder die entzückende Umgebung des geheimnißvollen Schiffes dazu beitragen, genug, die Wirkung davon war eine ungemein ergreifende, ja fast bezaubernde. Das Musikstück, welches der Virtuos hören ließ, schien anfangs nur eine freie Phantasie zu sein und aus dem sanften Adagio gingen seine Töne allmälig in eine lebhaftere, rauschendere Weise über, so daß sie mächtig anschwollen und schon jetzt das schlafende Echo des Berge weckten. Mit einem Male aber schlug diese Weise, die keine besondere Melodie verrathen, in eine solche und bestimmtere um, und als der Spieler eine Weile seine Kunstfertigkeit in kühnen Bogenstrichen gezeigt, mischte sich plötzlich eine ebenso meisterhaft gehandhabte Geige mit ihrer schrilleren, aber ungemein zart organisirten Stimme ein, nahm einst fort jene eben begonnene Melodie fort, in die endlich auch eine Clarinette einfiel, deren weiche, voll an das Herz schmiegende Laute gewissermaßen die Singstimme bei dem improvisirten Concert übernommen hatten.

Athemlos standen und lauschten die drei Zuhörer am Gitter, denn eine solche Musik hatten wenigstens Jakob van der Myers und seine Tochter lange oder vielleicht noch nie vernommen. Des Ersteren Hände hatten sich vor der Brust gefaltet und sein Kopf sich den ihn umschwirrenden und berauschenden Klängen zugeneigt. Sarah, dicht neben dem Vater stehend, hatte ihren Kopf an seine Schulter gepreßt, während ihr Arm seinen Leib umfaßte, was der entzückte und leidenschaftlich der Musik ergebene Mann gar nicht zu bemerken schien. Johanna dagegen stand hoch aufgerichtet mit weit geöffneten Augen da und starrte auf das so Schönes vollbringende Schiff hin, und dabei wogte ihr Busen und ihr Herz schlug ungestüm den wonnigen Tönen entgegen, da sie ja wohl wußte, wer die Spieler waren und was sie, die so fein geübten und geschulten Männer, zu leisten vermochten.

Da aber trat plötzlich eine kurze Pause ein, doch war sie zu kurz, als daß Jakob van der Myers in seiner Aufregung ein Wort hätte äußern können; auch fingen gleich darauf die drei Instrumente noch einmal ihr Werk an und diesmal war es ein Musikstück, ganz darauf berechnet, die schon gegen aufgewühlten Empfindungen in des alten Zuhörers Brust zu noch höheren Wellen zu treiben. Für ihn, den geborenen Holländer, war es ein Leichtes, zu erkennen, denn es war ein nationales Lied, welches jedes Kind in Holland kennt, und das in seinen weichen getragenen Tönen wie in seiner Melodie das heimathliche Gefühl jedes Landsmanns ergreift.

Wohl zehn Minuten dauerte das vorgetragene Musikstück und man hätte ihm gern noch länger zugehört; als es aber endete, ließ sich die darauf folgende, jetzt noch viel tiefer erscheinende Stille in der ganzen Natur die eben ausgeklungenen Tonwellen noch bedeutsamer in den Gemüthern der Hörer nachhallten. Die Wirkung, welche die Spieler mit dem Vortrag dieses nationalen Liedes beabsichtigt hatten, war vollständig erreicht und eine unglaublich tief eingreifende. Jakob van der Myers fühlte sein ganzes inneres Leben und Sein von Grund aus aufgewühlt, er stand fast erstarrt und unbeweglich da und konnte kein Wort von sich geben, denn eine unaussprechlich weiche Rührung hatte seine Seele erfaßt, als ob alle Empfindungen, alle Erlebnisse seiner Kindheit, seiner Jugend und seines späteren Mannesalters von Neuem in ihm wach und lebendig geworden wären.

Er hatte dabei schon lange beide Hände vor das Gesicht geschlagen und eine mächtige Gefühlswoge hob seine Brust auf und nieder. Um seine Bewegung den beiden Mädchen zu verbergen, wollte er etwas bei Seite treten, aber Sarah wie Johanna hielten ihn jetzt Beide umfaßt und fesselten ihn an die Stelle, auf der er stand. So hob er denn nur nach einer Weile den Kopf in die Höhe, ließ die Hände niedersinken und sah erst seine Tochter, dann Johanna fragend und zweifelnd von der Seite an.

„Was war das?" flüsterte er. „O, es war schön und ergreifend, Ihr Mädchen. Wer, ja, wer hat solche Stimmen zu seiner Verfügung und wer ist dieser wunderbare Hollander, der mich so zu erschüttern weiß? Denn ein Holländer ist es gewiß, das will ich beschwören, dieses letzte Lied — ja, es kann nur aus der Seele eines Landsmannes dringen."

„Onkel, lieber Onkel," sagte nun Johanna mit ihrem weichsten Schmeichelton, „es kommt ja auch von der Moselnixe her, die da vor uns liegt."

„Moselnixe?" fragte der Alte verwundert. „Heißt das schöne Schiff so? Woher weißt Du das?"

„Mir sagte es vorher der Küper," erwiderte Johanna gefaßt, „als ich mir die zweite Flasche Wein von ihm geben ließ. Er hat das Schiff, als es noch heller war, aus der Nähe gesehen, und da hat er den Namen gelesen, der in goldenen Lettern auf dem Spiegel des Schiffes angebracht ist."

„Moselnixe, ah!" wiederholte der Onkel träumerisch. „Ja, das ist ein passender Name für ein solches Schiff, und seine Musik war auch eine nixenhafte, eine wahre Lurleymusik."

„Horch!" unterbrach ihn Sarah. „Sie fangen ein neues Musikstück an."

Alle Drei lauschten sogleich wieder mit angehaltenem Athem, und in der That, die drei unsichtbaren Musiker ließen jetzt ein köstliches Trio hören, das Jakob van der Myers ganz unbekannt war, denn es stammte von einem Meister in der Heimath, der zur Zeit, als er in Holland gelebt, noch nicht seine jetzt weltbekannte Stimme hatte erschallen lassen. Als aber auch dieses Trio, von dem nur ein Adagio und ein Allegro vorgetragen wurden, zu Ende und eine tiefe Stille eingetreten war, raffte Jakob van der Myers sich aus seinen Träumereien auf, denn jetzt endlich hatte ihn der Enthusiasmus für seine geliebte Kunst erfaßt und fast elektrisirt.

„Das ist ja köstlich, Kinder," sagte er wie berauscht. „Aber mein Gott, was sind das für Menschen? Das sind ja Künstler ersten Ranges, wie ich sie noch nie gehört."

„O," nahm nun Johanna das Wort, „wenn auch nicht, lieber Onkel, so spielen sie doch sehr wacker, und der stille Abend, das träumerisch dahinfließende Wasser, die himmlische Nachtluft und zuletzt Dein eigenes empfindungsreiches Herz und Dein musikalischer Geist, alles das hat wohl dazu beigetragen, daß ihr Vortrag eine solche Wirkung auf Dich übt. — Aber weißt Du was?" fügte sie, ihn schmeichlerisch umfassend hinzu. „Du könntest ihnen beweisen, daß Du auch ein Meister in dieser Kunst bist, und da liegt ja Dein Horn. Du solltest den unsichtbaren Spielern antworten und ihnen zeigen, daß es auch noch andere Virtuosen und wirksame Instrumente auf der Welt giebt."

„Ich — ihnen antworten?" fragte Jakob van der Myers noch etwas zaghaft, und doch klang schon ein Ton aus seiner Stimme heraus, der eine innere Lust verrieth, dem Wunsche Johanna's zu willfahren. „Ich weiß ja nicht, wer sie sind und was sie von mir wollen?"

„Wer sie sind?" fuhr Johanna, schon ihren Sieg fühlend fort, „o, das ist ganz einerlei, und was sie von Dir wollen? Nun, sich selbst und dann Jedermann, der sie zufällig hört, unterhalten. Sie haben eben Freude an der Musik, wie andere Menschen auch. Also rasch, entschließe Dich. Gieb mir den Schlüssel, ich hole Dir Dein Horn."

Da blickte der alte Herr, von seiner musikalischen Leidenschaft ergriffen, zustimmend auf und nickte dem lieben Mädchen mit stillem, rasch vorüberschwebendem Lächeln zu. „Ja," sagte er, „gieb mir das Horn, meinen treuen Begleiter auf allen Meeren der Erde. Da hast Du den Schlüssel."

Wie beschwingt flog Johanna nach dem Gartentisch, auf dem der Instrumentenkasten stand, und mit bebender Hand schloß sie ihn auf, hob das kostbare Horn vorsichtig heraus und trug es dem Onkel hin. Dieser erfaßte es mit festem Griff, warf einen liebevollen Blick darauf und dann nahm er die richtige Stellung ein, sein Gesicht und somit das an den Mund erhobene Horn der Mosel und dem Schiffe zulehnend.

Mit glockenreinem Ansatz, schon dadurch seine Meisterschaft bekundend, denn nun war plötzlich alle Erregung und Beklemmung von ihm gewichen und er fühlte seinen Athem so ruhig wie den eines Kindes gehen, ja, mit glockenreinem Ansatz und langsam anschwellender Kraft blies er die ersten langgezogenen Töne hervor, eine Art Begrüßung hören lassend, wie sie der Hirt auf hoher Alp in die dämmernden Thäler hinabsendet. Als er aber erst seine Fähigkeiten gleichsam geprüft, seiner Kunstfertigkeit sich wieder bewußt geworden und den ganzen Umfang des Instrumentes vom tiefsten bis zum höchsten Ton dargethan, schmetterte er eine Art Reveille in die Luft, die ungemein ermunternd und belebend klang. Als er aber nach der nöthigen Pause hatte eintreten lassen, während Alles ringsum in lautlosem Schweigen verharrte, sprang er mit abermals glockenreinem Einsatz auf die Melodie über, die er vorher von der Clarinette gehört, und als er auch sie in künstlicher Verschlingung wiederholt, schloß er seinen Vortrag mit dem wunderbar ergreifenden, gleichsam aufjauchzenden Jubelruf, den Oberons Zauberhorn ertönen läßt, wenn er seine Anwesenheit und mächtige Hülfe seinen Freunden und Schützlingen verkündet.

Die Wirkung dieser verschiedenartigsten und immer mit gleicher Virtuosität hervorgebrachten Töne aber war eine gewaltige und sie überbot die der anderen Instrumente noch bei Weitem. Sie waren weich, warm und doch voll und markig und weckten den Widerhall der Berge in ungleich höherem Maaße, als ob diese schon mehr an solche Töne gewöhnt und sie lieber zu beantworten geneigt wären.

Da war der erste Gruß des wunderbaren Horns zu Ende und Jakob van der Myers setzte es, tief aufathmend, von seinen Lippen ab, mit allen Sinnen in die Ferne lauschend, um das weithin schallende Echo mit selbstgefühltem Triumphe nachklingen und allmälig verschwimmen zu hören. Dann blickte er starr nach dem Schiffe hinüber, als ob er die Wirkung seines Instrumentes auch dort erkennen wolle und auf eine hörbare Antwort warte.

Diese Antwort blieb auch nicht lange aus; alle drei Instrumente fielen plötzlich zuerst in einen stürmischen Tusch ein, der als ihr vollkommener Applaus gedeutet werden konnte, und setzten dann wieder in ein rauschendes Allegro ein, eine Art Potpourri beginnend, das deutlich genug verschiedene liebliche Weisen des deutschen Altmeisters Mozart erklingen ließ und einen jubelnden Nachsatz hatte, der auf Oberons Aufforderung zu antworten schien, um endlich mit Carl Maria von Webers reizvollem Schlummerliede aus dem unvergeßlichen Freischütz zu schließen, das ja so recht dazu angethan ist, des Menschen Herz zu bewegen, zu ergreifen und in das Meer einer unbeschreiblichen Wonne zu tauchen.

Als aber auch dieser jubelnde Gesang, so konnte man das harmonische Ineinanderwirken der drei Instrumente wohl nennen, vorüber war, da hatte Jakob van der Myers alle seine früheren Beklemmungen vergessen und der musikalische Geist allein ihn ergriffen und auf die einmal betretene Bahn kühnlich fortgerissen. Mit einer haftigen Bewegung setzte er das Horn noch einmal an die Lippen und mit einer wahren Begeisterung hauchte er die nächsten Töne heraus. Webers Schlummerlied, sein Lieblingsstück, wiederholend, so daß sie innig und warm, feierlich und berauschend weit über Land und Wasser drangen und Allen, die sie hörten, das Herz lauter und voller schlagen machten.

Zuletzt aber und nach einer kurzen Pause ging er wie zum Schluß des Ganzen zu seinem Bravourstück über. In abgestoßenen, klar, bestimmt und goldrein dahin dringenden Tonwellen ließ er die holländische Reitertretraite vernehmen, deren langgezogene, in angemessenen Pausen sich folgende Schlußsätze eine wunderbare Wirkung in der stillen Sommernacht hervorbrachten, gleichsam zum Schlummer einluden und gewiß auch die Zuhörer auf dem Schiffe mächtig ergriffen. Denn diesmal antworteten sie ihm nicht mehr, sie mochten fühlen oder wollten fühlen lassen, daß der Sieg auf der Seite des alten Virtuosen geblieben sei, und daß sie mit ihren Instrumenten keine ähnliche Wirkung hervorbringen oder sie gar noch übertreffen könnten. Plötzlich, nach längerer Pause, in der die drei Personen am Lande athemlos dastanden und in die sie umgebende Stille hineinlauschten, stieg wieder eine rothe, dann eine weiße und zuletzt eine blaue Rakete in die dämmerige Nachtluft empor, und als der letzte Knall der letzten an den Bergen sich ge-

brochen und ihr Zischen verloscht war, trat wiederum eine tiefe Stille ein, die allen Betheiligten zu verkünden schien, daß nun der eingebrochenen Nacht ihr Recht wiederfahren, und daß sie nun Alle zur Ruhe gehen müßten.

„Es ist aus,“ sagte Jakob van der Myers leise, wie zu sich selbst; „wir haben Alle unsere Schuldigkeit gethan und können miteinander zufrieden sein.“ Dabei wandte er sich zu den beiden Mädchen um, die, mit unaussprechlichen Gefühlen im Herzen, bald auf das Schiff, bald auf den Vater schauten, sich ohne Worte sagend, daß derselbe Recht habe, daß das abendliche Unternehmen ein wohlgelungenes sei und daß alle Betheiligten hüben und drüben damit zufrieden sein könnten.

Da aber war es Sarah zuerst, die sich dem sichtbar beglückten Vater in die Arme warf, ihn fest umschlang und dann leidenschaftlich küßte. Er küßte sie wieder, lächelte sie glückselig an und reichte dann Johanna die Hand, die ihr kleines geheimes Werk wohl als gelungen betrachten konnte.

„Nun, lieber Onkel,“ sagte sie, „war das nicht schön? Habe ich Dir Dein Horn zur unrechten Zeit geholt?“

„Nein,“ erwiderte der alte Mann, indem er beide Mädchen umfaßte und mit ihnen nach dem Hause zurückkehrte, „das hast Du nicht und ich danke Dir, daß Du mir so rechtzeitig zu Hülfe gekommen bist. Das war ein schöner, ein seltner Abend, meine Lieben, und er hat mir einen lange nicht gehabten Genuß bereitet. Aber ach Du lieber Gott, was habe ich nicht dabei gedacht und empfunden! O, wenn Ihr das fassen und begreifen könntet! Ja, ja, ich habe einmal wieder so recht aus Herzens Grunde gefühlt, daß ich doch noch ein Vaterland auf Erden habe, welches ich bisher nur noch im Himmel suchte, daß ich es liebe, wie ich es immer geliebt, und daß es recht — recht traurig ist, daß ich es doch verloren habe.“

„Das mußt Du nicht sagen,“ tröstete Johanna mit ihrer lieblichen Stimme und schmiegte sich jetzt auch innig an den alten Mann an. „Das Vaterland ist nie einem fühlenden Herzen verloren, denn es stirbt ihm nicht. Während alle Menschen mit der Zeit dem Tode verfallen, ist es ewig, ewig fort, dem Lebenden aber bleibt die Heimath immer dieselbe, die sie vor und zieht ihn — wenigstens in Gedanken — immer von Neuem in ihre zauberischen Gefilde wie in ein unvermeidliches Schicksal hinein.“

„In Gedanken, ja, Johanna, da hast Du Recht, aber die Wirklichkeit — die ist und bleibt mir wenigstens verloren. Doch nun kein Wort mehr darüber und jetzt, Kinder, laßt uns zur Ruhe gehen.“

Er küßte beide Mädchen lange und herzlich. Dann trennten sie sich. Sarah und Johanna, die noch nicht von einander scheiden konnten, ließen erst den Vater, dessen gehobene, wehmuthsvolle Stimmung sie in ihren jugendlichen Seelen doch wohl nicht ganz begriffen, sein Zimmer aufsuchen, dann, sich fest bei den Händen haltend, stiegen sie rasch die Treppe zu Johanna's Balkonzimmer hinauf, um noch einmal ihren vollen Herzen einen Augenblick Luft zu machen und sich auf den kommenden Tag vorzubereiten, der ja, wie Beide wußten, für Jakob van der Myers und Sarahs künftiges Geschick der entscheidende sein mußte.

Als die Thür sich hinter den beiden Freundinnen geschlossen hatte und die schon auf dem Tisch im Zimmer brennende Lampe ihr helles Licht auf ihre Gesichter fallen ließ, sahen sie sich, halb verwundert und entzückt, halb beklommen eine Weile an, dann fielen sie sich in die Arme und brachen, von ihren Gefühlen übermannt, in einen heftigen Thränenstrom aus.

Erst nach geraumer Zeit faßte sich Johanna zuerst wieder und ihre Augen trocknend und Sarah mit einem glückseligen Lächeln in das wunderbar schöne Gesicht schauend, sagte sie leise und aus tiefster Seele aufseufzend:

„Das waren Thränen, Sarah, die uns die Aufregung ausgepreßt, in der wir uns den ganzen Tag befunden haben, aber mit einer Freude gemischt, die wir jetzt empfinden dürfen. Ja, theures Kind, es ist gelungen, was wir erdacht und nun zum Theil schon ausgeführt, mir sagt es mein Herz. Philipp und Jan haben die lange Nacht in Deines Vaters Herzen besiegt und morgen werden sie das Schlachtfeld bei hellem Tage beschauen und sich mit uns über ihren Triumph freuen können. Auch auf mich selbst hat diese ätherische Nachtmusik unbeschreiblich eingewirkt und ich habe mir alle Mühe geben müssen, um nicht laut aufzuschreien: Onkel, es ist ja Dein Neffe, der Dir den Nachtgruß aus der Heimath bringt; komm, eile zu ihm und laß ihn an Deinem Herzen ruhen, denn er ist ganz andrer Mann, als Du ihn Dir bisher vorgestellt hast!"

„Es ist gut, daß Du das nicht gethan," erwiderte Sarah, indem sie sich wieder auf ein kleines Sopha setzte, „ich wäre vor Schreck in die Erde gesunken. Denn obgleich diese göttliche Musik auf meinen Vater überwältigend eingewirkt und ihn sehr und milde gestimmt hat, so ist sein alter Groll doch noch lange nicht bezwungen. Seinen Irrthum hat ihm ja noch Niemand klar gemacht, und bevor das nicht geschehen, wird die letzte Schranke zwischen ihm und seiner Familie nicht gefallen sein."

„Sei ruhig," erwiderte Johanna mit größter Sicherheit, „dieser Groll wird wahrscheinlich morgen schon bezwungen werden, und wenn Dein Vater seinen Irrthum auch dann noch nicht einsehen lernt, so wird man ihn schon auf andere Weise belehren, denn ich weiß ja, was die beiden Männer vorhaben und wie sie Deinen Vater ganz zu gewinnen im Stande sind. — Nun laß uns nur noch rasch überlegen, wie wir Jan morgen früh empfangen, denn daß er Punkt neun Uhr kommt, ist gewiß. So haben wir es schon lange vorher mündlich und brieflich verabredet, für den Fall, daß die Musik auf Deinen Vater ihre Wirkung übe, und daß sie das gethan, hat er ja klar genug in seiner Antwort mit dem Horn ausgesprochen, und Philipp und Jan haben sie gewiß verstanden. Also — er kommt und ich muß ihn zuerst sprechen, Sarah. Ich bezwinge meine Sehnsucht, ihn an mein Herz zu drücken, nicht länger und bitte Dich also, mich mit ihm die ersten zehn Minuten allein zu lassen. Willst Du das?"

Sarah schaute erröthend vor sich nieder und dachte vielleicht, wie gern auch sie einen theuren Freund bald begrüßen möchte, dann blickte sie lächelnd auf und sagte:

„Natürlich will ich das. Kannst Du daran zweifeln? Aber wenn nun mein Vater um die genannte Stunde hier ist, dann kannst Du ja Deinen Jan allein sprechen?"

„Ich muß, Sarah, und Dein Vater darf nicht anwesend sein. Wir müssen Alles aufbieten, daß er morgen bei Zeiten seinen Weg in die Berge antritt und nicht eher wiederkehrt, als bis wir ihn rufen lassen. Dann haben wir Jan für uns so lange allein —"

„Für uns?" unterbrach Sarah, mit einiger Verwunderung zu ihr aufblickend, die eifrig Redende.

„Natürlich, für Dich kommt er ja auch und Du wirst ihn endlich persönlich kennen lernen, meinen theuren Jan. Er sehnt sich schon lange danach und dann — dann bringt er Dir ja auch Grüße —"

„Johanna!" rief Sarah emporfahrend aus, „ist das wahr?"

„Zweifelst Du? Ich leinen Augenblick. Doch das siehst Du ja selbst ein und fragst nur, um die gern gehörte Bestätigung von mir noch einmal zu hören. Doch genug davon. Wo soll ich Jan empfangen, um mit ihm ungestört und allein zu sein?"

Sarah dachte einen Augenblick nach, dann sagte sie langsam: „Empfange ihn in meinem Zimmer, und während Ihr mit einander sprecht, bleibe ich vor der Hausthür auf der Treppe, damit ich Euch Nachricht geben kann, wenn der Vater ungerufen zurückkommen sollte. Und wenn Ihr Euch — ausgesprochen habt, dann rufe mich in Gottes Namen, und kommt dann der Vater, dann entfernen wir uns und lassen ihn mit Jan allein. Ist Dir das so recht?"

„Vollkommen, Du kleine, liebe Moselnixe! O wie herrlich wirst Du aussehen, wenn Du als die Gebieterin dieses Schiffes stolz auf dem Rücken der Mosel dahinfährst —"

„Still!" unterbrach sie Sarah und hielt ihr mit ihrer weißen Hand den redseligen Mund zu. „So weit sind wir noch lange nicht. Es sieht mir noch ein schwerer Tag bevor und ich fühle eine entsetzliche Bangigkeit im Herzen, als ob noch nicht Alles vorüber und zum Guten gewendet wäre. Den ganzen Tag ist mir unendlich beklommen zu Muthe gewesen."

„Das ist nur zu natürlich," erwiderte Johanna, die für Alles einen Trost wußte, „unsere Lage war ja eine ganz ungewöhnliche und schwierige. Ueberdies war der heutige Tag so heiß und schwül, daß Dein Vater mehrmals von einem nahenden Gewitter sprach. Es ist nicht gekommen, aber die Schwüle ist geblieben und das soll ja weich organisirte Menschen immer bange und ängstlich stimmen. Doch nun sind wir also fertig mit unseren Vorbereitungen, nicht wahr?"

„Ich hoffe es," versetzte Sarah und stand schon auf, um ein auf dem Tische stehendes Licht anzuzünden. „Jetzt aber, da es schon tiefe Nacht ist, wollen wir zu schlafen versuchen, denn so ganz überzeugt bin ich nicht, daß ich bald in Schlummer sinken werde."

„Glaubst Du, daß ich gleich einschlafen werde oder kann? Kind, wie wenig kennst Du mich! Erst will ich mich noch einmal nach der Moselnixe umsehen, ihr im Stillen eine gute Nacht sagen und dann, wenn ich mich niedergelegt, mich auf morgen freuen."

„Ja, Du, aber ich? Ach, ich weiß nicht, wie es kommt, ich kann mich noch nicht freuen."

„Still, still," unterbrach sie Johanna und drückte der Redenden Mund mit ihren Lippen zu, „die Freude kommt ganz von selbst, wenn — Er erst sichtbar wird. Und nun gute Nacht, mein Herz. Schlaf wohl!"

Sarah küßte die Cousine noch einmal und dann schlüpfte sie wieder leise die Treppe hinunter, um sich wenigstens zur Ruhe zu legen, denn der Schlaf sollte in der That auch bei ihr etwas lange auf sich warten lassen, wie bei allen Uebrigen im Hause. —

    Am unruhigsten von Allen aber, obgleich er wahrhaftig nicht so viele Ursache dazu hatte, wie die lieben Mädchen, war Jakob van der Myers, und eine Nacht, wie die heutige, hatte er lange nicht in seinem vielbewegten Leben durchzumachen gehabt. Er hatte sich zwar bald zu Bette begeben, aber der Schlaf hielt sich fern von ihm, denn wunderbare, ihm selbst ganz unverständliche Empfindungen wogten in seinem Herzen auf und ab und rüttelten ihn immer wieder munter, wenn er dem Schlummer verfallen zu sein glaubte. Diese Musik, die er heute Abend vernommen, hatte ihm, dem musikalischen Enthusiasten, alle Freuden des Himmels erschlossen, aber auch alles Weh von Neuem wachgerufen, das schon so lange sein einsames Herz bedrückte, ein Herz, das er selbst erkaltet nannte und das doch noch heute so warm und voll schlug, wie in seiner verheißungsvollen Jugend. Ja, die Erinnerung an seine früheste Kindheit, an sein Vaterhaus, an seine über Alles geliebte Mutter, war durch die gehörten Heimathsklänge wieder in ihm geweckt und er war wieder der junge Jakob van der Myers geworden, der einst so glücklich gewesen, dem das Leben so viel versprochen und ach! so wenig gehalten hatte. Und wer waren diese Menschen, die diese Erinnerung in ihm erweckt? Was führte sie her, was für einen Zweck verfolgten sie? Das Alles ging ihm wie ein sich auf- und abtreibendes Räderwerk im Kopfe herum und er konnte keine, gar keine Antwort auf die sich immer wiederholenden Fragen finden.

    Endlich aber glaubte er müde zu werden und so legte er sich schon zum Einschlafen zurecht. Da schrak er mit einem Male wieder heftig zusammen, fuhr in die Höhe und sah sich mit fast verstörtem Blick im Zimmer um.

    „Was war das?" fragte er sich. „Welcher Geist oder Dämon schickt mir mit einem Male diese Gestalt, diesen Mann vor mein Seelenauge?"

    Welche Gestalt, welcher Mann war ihm denn wohl so plötzlich in den Sinn gekommen? O, es war gewiß nur ein sehr unschuldiger Mann und eine sehr angenehme Gestalt obendrein, die ihm doch niemals etwas zu Leide gethan; und doch, als sie jetzt, wie aus der Luft hervorgezaubert, vor sein inneres Auge trat, hatte sie ihn jäh aus seiner Ruhe aufgeschreckt. Es war kein Anderer als Jan van der Straaten, der gute Jan, der durch irgend eine Ideenverbindung vor sein geistiges Auge getreten war, Jan, den er beim ersten Augenblick mit fast zweifelloser Sicherheit für einen Holländer gehalten und über dessen eigenartiges Einwirken auf ihn er schon mehrmals im Stillen nachgedacht.

    „Wie," sagte er sich jetzt, „wenn dieser Mann wirklich ein Holländer ist, was ich glaube, und dieses Schiff ein holländisches, was ich ja weiß, ist es dann nicht möglich, daß sie Beide mit einander in irgend einer Verbindung stehen?"

    Bald sagte er sich Ja, bald wieder Nein und er konnte zu keinem bestimmten Resultate darüber gelangen. Jan konnte ja, was er vorgegeben, wirklich ein reisender Weinhändler und ein die schöne Natur liebender Mann sein, das vertrug sich ja Beides zusammen, aber daß er mit diesem Schiff, mit diesen musikalisch so fein gebildeten Künstlern im Zusammenhange stehen sollte, nein, dieser Schluß kam ihm zuletzt doch zu gewagt vor und so verwarf er ihn.

    „Nein, nein," sagte er, „wenn er wirklich mit dieser Nixe etwas zu thun hätte, warum wäre er denn zuerst unter einer anderen und so natürlichen Gestalt zu mir gekommen? Nein, das glaube ich nicht, und doch — nun, wir wollen sehen — wollen sehen — ah! Da kommt der Schlaf — endlich! Gute Nacht, Sarah — gute Nacht, Johanna, — gute Nacht, Heimath — ich — vergesse Dich nicht!"

    Und süß, wie es nur ein innerlich gequälter und sich selbst quälender Mensch kann, den endlich der Schlummer von seinen Gedanken erlöst, schlief er ein, doch nicht lange schlief er fest, denn bald hatten ihn die dämonischen Traumgötter erfaßt und schaukelten sich in seinem erregten Gehirn hin und her, und Moselnixe — Rakete — roth, weiß und blau — Flaggen — Violoncell, Clarinette und Geigen — Holland — Rotterdam — Alles wirbelte bunt in ihm durcheinander, bis er endlich, als der Morgen schon im Osten graute, wieder die Augen aufschlug und sich in seinem erst von der Dämmerung heimgesuchten Zimmer umschaute, um sich zu überzeugen, wo er sich befinde, denn in seinem letzten Traume war er weit von seinem jetzigen Aufenthaltsort entfernt gewesen. Furchtbar rollende, haushohe Wogen hatte er auf schwankendem Schiff durchmessen; auf herrlichen tropischen Inseln, in Palmenwäldern, unter Bananen und Datteln war sein Fuß gewandelt, und zuletzt — ach! zuletzt hatte er im Traume eine kleine Hütte besucht und in dieser Hütte hatte ihm ein glühendes schwarzes Auge entgegengeleuchtet, ein süßer Mund seinen Namen gerufen, und — als er jetzt die Augen aufschlug, stand dieses schöne Weib wie leibhaftig vor ihm, wiewohl in einer anderen, noch viel schöneren, weit geistigeren Gestalt, und diese Gestalt trug die Züge und den Namen Sarahs, und er sah im Geiste nicht mehr jenes herrliche Weib in der Capstadt, sondern sein Kind, sein geliebtes Kind. Und gleichsam als ob er es auch in ihrer lebensvollen Gestalt begrüßen wolle, sagte er laut: „Sarah! Guten Morgen!"

    Allein Sarah war noch nicht bei ihm, sie schlief noch süß in der Hoffnung und Erwartung eines glücklichen Tages. Doch ach! ob dieses Glück ihr heute schon beschieden war? Wir wissen es nicht, aber wir glauben es kaum, denn so rasch schreitet dasselbe nicht an uns heran, obwohl es auf einer rasch rollenden Kugel seinen Weg vollenden soll. Allein diese Kugel rollt eben so oft auch rückwärts wie vorwärts und hält oft sogar lange Zeit an, und wir können schon froh und zufrieden sein, wenn sie sich und nur im langsamen Schritt nähert, falls nur die Hoffnung uns nicht verläßt, daß wir das von ihr getragene Glück einst ganz an unsere Seite fesseln werden.

Fünftes Capitel.
Der Besuch eines Landsmanns.

Als Jakob van der Myers sich von seinem Lager erhoben und angekleidet hatte, trat er an das Fenster und zog den Vorhang davor in die Höhe, um zuerst einen Blick auf die Mosel hinauszuwerfen und sich zu vergewissern, ob das räthselhafte Schiff noch vor seiner Gartenthür ankere, also eine Wahrheit sei, oder ob es nicht gar, wie er sich schon mehrmals vorgestellt, nur ein seiner Einbildung entsprungenes Traumbild gewesen sei. Noch glaubte und hoffte er das Erstere, allein zu seiner nicht geringen Verwunderung sprach diesmal im ersten Augenblick nichts dafür. Das Schiff lag nicht mehr zwischen den beiden Kribben, wo es am Abend vorher gelegen, und erst nach längerem Hinblick auf die mit leichten Dünsten verhangene Mosel nahm er es wieder am jenseitigen Ufer und auf derselben Stelle wahr, wo es geankert, ehe es vor seinem Hause angekommen war. Wahrscheinlich hatte es mit Tagesanbruch diese abermalige Ortsveränderung vollbracht, allein aus dem Grunde geschehen, damit die jungen Männer, die es bewohnten, um so leichter der mit Sicherheit vorausgesetzten Beobachtung seinerseits sich entziehen und einer freieren Bewegung am jenseitigen Ufer hingeben könnten.

Als der alte Herr es aber nun ganz ruhig und friedfertig wie zuvor am jenseitigen Ufer liegen sah, athmete er tief auf und ein Strahl innerer Freude flog über sein bleiches Gesicht, das deutlicher denn je die Spuren einer halb durchwachten und mit Sorge aller Art erfüllten Nacht an sich trug.

„Es ist also kein Traum gewesen," sagte er zu sich, „und das freut mich sehr. Nun, sie kommen heute Abend vielleicht wieder herüber und wir können noch einmal den schönen Wettstreit ausführen, der gestern Abend mich so beseligt hat. Und nun will ich in den Garten gehen und sehen, was für Wetter wir eigentlich zu erwarten haben, denn es sieht mir noch immer nicht ganz geheuer in den höheren mit Dunst erfüllten Lüften aus."

Mit diesen Worten stimmte auch der Erfolg seiner Untersuchung überein, die er alsbald im Freien anstellte, denn als er im Garten bis an das Gitter zur Landstraße hinabgeschritten war, fand er, daß nirgends eine Spur von Thau zu bemerken und daß die Luft noch eben so schwül wie am gestrigen Tage war. Drüben über den Bergen wie auf einem Theil des Flusses hingen sogar dunstige, sehr bedenkliche Nebelstreifen, die sich weder heben noch senken zu wollen schienen, und obgleich die Sonne schon lange aufgegangen war, leuchtete ihr Strahl doch nicht so goldklar wie sonst herab, als ob ihm die Atmosphäre zu dicht wäre und er sie nicht ungehindert durchbringen könnte.

Als Jakob van der Myers sich genügend rings umgeschaut und nur einen flüchtigen Blick auf seine so üppig blühenden schönen Rosen geworfen, sagte er, auf dem mittleren Wege langsam hin und hergehend, zu sich:

„Ich weiß nicht, wie mir zu Muthe ist und selten nur habe ich mich so beklommen wie heute gefühlt.

Der Himmel ist zwar überall klar, wie alle früheren Tage, und doch scheint mir ein Gewitter in der Luft zu liegen, das uns immer näher und näher rückt. Ja, ich fühle es in allen Gliedern, und o, wie dumpf und schwer schlägt mir das Herz dabei! Doch — daran ist vielleicht der gestrige Abend und diese Nacht schuld, denn so schön jener war, diese ist gerade keine erfreuliche und wohlthuende für mich gewesen."

„Wo bleiben nur meine Kinder," fuhr er nach einer Weile fort, nachdem er wiederholt nach der Uhr gesehen, die schon auf halb Sieben zeigte. „Ah, sie werden auch länger als gewöhnlich geschlafen haben, und das ist sehr natürlich, da wir erst so spät in's Bett gekommen sind. Ach ja, ich gönne ihnen den Schlaf! Was kann der Mensch Besseres haben, wenn er sich den Tag über abgesorgt und abgequält hat!"

Er seufzte tief auf und nachdem er noch einen raschen Blick nach der Moselnixe hinübergeworfen und sie so ruhig wie vorher vor Anker hatte liegen sehen, roch er an verschiedenen Rosen, schnitt hie und da ein welkes Blatt ab und gab sich so seiner alle Tage wiederkehrenden Morgenbeschäftigung hin.

Bald darauf erschien Sarah zuerst und begrüßte schon von der Treppe her den Vater mit herzlichem Zuruf. Sogleich eilte er auf sie zu, schloß sie an sein Herz und küßte sie innig. Dann aber wandte er sich nach der Mosel hin, deutete mit der Hand nach dem jenseitigen Ufer und sagte:

„Unser schönes Schiff hat uns verlassen, Sarah; sieh, es liegt wieder dort drüben."

„Es kommt vielleicht am Abend wieder," entgegnete sie mit einiger Verlegenheit und wollte eben einige Worte hinzufügen, als glücklicher Weise Johanna zu ihnen trat und dem Gespräch sogleich eine andere Wendung gab. Sie erschien heute noch viel munterer und lebhafter als sonst und, wie es selbst den Vater bedünken wollte, betrieb sie das Decken des Frühstückstisches unter dem Nußbaum mit großer Eile, was denn auch bald geschehen war, worauf sich Alle um den Tisch setzten, ohne viel zu sprechen, wozu namentlich der Hausherr nicht besonders aufgelegt schien.

In der That war er wieder still und nachdenklich geworden; aber seltsam, die Mädchen, von ihrer früheren Gewohnheit ganz abweichend, achteten diesmal sehr wenig darauf, denn Beide waren, seitdem sie in den Garten getreten, nur von einem einzigen Gedanken erfüllt, und das war der, wie sie den Vater bewegen könnten, recht früh in die Berge zu gehen und sie im Hause allein zu lassen. Während Johanna aber noch im Stillen überlegte, wie sie ihn am leichtesten dazu veranlassen könnte, kam er selbst ihr zu Hülfe, indem er sagte:

„Ich will mich heute nicht lange mehr hier aufhalten, Kinder. Ich muß steigen und mir eine tüchtige Bewegung machen. Nachdem ich sehr wenig und unruhig geschlafen, liegt es mir wie Blei in den Gliedern, und des häßliche Gefühl kann ich nur los werden, wenn ich mein Blut etwas in Wallung bringe."

„Daran thust Du auch recht," stimmte ihm Johanna rasch bei. „Das Bergsteigen ist ein prächtiges Mittel gegen die Ueberbleibsel einer schlechten Nacht und ich habe das schon oft an mir selbst empfunden. Vielleicht komme ich Dir bald nachgestiegen. Aber sprich, lieber Onkel, wohin wendest Du Dich, damit ich Dich finden kann, und wirst Du länger als gewöhnlich ausbleiben?"

„Warum?" fragte der alte Herr mit mattem Lächeln und nur auf die letzte Frage eingehend. „Willst Du mich gern recht lange los sein?"

Johanna erröthete leicht. „Ach nein," versetzte sie etwas hastig, „das ist nicht der Grund, lieber Onkel, Du sollst Dich nur nicht so erhitzen, meine ich, da es noch immer sehr heiß ist."

„Oho!" erwiderte er, indem er sich schon zum Gehen anschickte. „Das befürchte gar nicht. Wann hätte ich mich je in diesem nordischen Lande übermäßig erhitzt? Meine Haut ist durch den langen Aufenthalt in heißeren Klimaten ausgedörrt, Du siehst es ja an meinen pergamentenen Händen und meinem gelben Gesicht. Und hier geht die Hitze immer bald wieder vorüber. Da war es anders da drüben, dort dauerte sie fast das ganze Jahr hindurch. Ach ja! — Doch nun, guten Morgen, Kinder, hütet das Haus, wie sonst."

Damit schritt er langsam vom Hause fort, nachdem er noch einmal einen letzten Blick nach der Moselnixe hinübergeworfen, die ihm, wunderbar genug, gar sehr am Herzen zu liegen schien.

Mit froheren und doch lebhafter als sonst schlagenden Herzen hatten Sarah und Johanna den Vater nie das Haus verlassen sehen als heute, und es fiel ihnen wie eine schwere Last von der Seele, als er hinter der Kelterei und zwischen den ersten Rebenstöcken verschwunden war und sie bald darauf seinen eisenbeschlagenen Stock auf die Steine im Wege stoßen hörten.

Nur wenige Minuten noch hielten sie sich jetzt im Garten auf, dann, Arm in Arm geschlungen, sprangen sie die Treppe hinauf und erst auf dem Flur trennten sie sich, um, eine Jede in ihr Zimmer gehend, sich zu dem nun bald zu erhoffenden Zusammentreffen mit dem erwarteten Besuch so schön wie möglich zu schmücken, wobei sie aber doch, auf Sarahs Rath, alles Auffallende zu vermeiden suchen wollten, damit der Vater bei seiner Rückkehr nicht irgend einen Verdacht schöpfe, wenn er sie in ungewöhnlicher Tracht sähe. Sarah war zuerst damit zu Stande gekommen, und nun stieg sie, das Herz laut in ihrer Brust pochen fühlend, nach Johanna's Zimmer empor, um dort die letzte Stunde vor Jans Ankunft zuzubringen.

Daß Johanna aber bei ihrem Putz sich heute etwas mehr Zeit ließ, fand Sarah sehr natürlich, und mit lächelndem Gesicht stellte sie sich neben die vor einem Spiegel stehenden und in reizendem Sommerkleide erscheinenden Freundin auf und betrachtete neidlos ihre glühenden Wangen, auf denen sich schon jetzt die Freude und Sehnsucht ihres Herzens abspiegelten.

Endlich jedoch war auch Johanna fertig geworden und laizend trat sie nun vor Sarah hin, sie mit einiger Verwunderung betrachtend, denn so schön wie heute hatte sie dieselbe noch nie gesehen und gerade ihr etwas bleiches Gesicht ließ um so mehr den Glanz ihrer bunten Augen, die Pracht ihres ebenholzschwarzen Haares und die Röthe ihrer granatfarbigen Lippen hervortreten, die der sanften Schönheit der Südländerin einen so hohen Reiz verliehen.

Johanna mochte sich keine Anspielung mehr auf Philipp van der Myers erlauben, auch dachte sie jetzt wohl nur zumeist an Jan, aber daß sie eben so neidlos auf die viel höhere Schönheit ihrer Cousine blickte und im Stillen den Wunsch hegte, daß Philipp sie so, wie sie in diesem Augenblick aussah, recht bald sehen möge, dürfen wir nicht verschweigen, wenn wir ihrem edlen Herzen Gerechtigkeit widerfahren lassen wollen.

Es war eben acht Uhr vorbei, als diese letzte Scene in Johanna's Zimmer sich abspielte, und nachdem Letztere auf ihre Uhr geblickt, sagte sie, so ruhig sie konnte:

„Wir haben noch Zeit genug, Sarah, aber sag', ist Dein Zimmer unten in Ordnung?"

„Wie Du es nur wünschen kannst," erwiderte Sarah leicht erröthend. „Doch nun hole Dein Glas hervor, wir wollen jetzt nach der Moselnixe hinüberspähen und zu entdecken suchen, was sich da an Bord ereignet. Ich habe zu dem Behufe auch schon das meinige mitgebracht. Sieh, da ist es."

Sie zog das kleine Glas aus der Tasche, nahm es aus dem Etui und schraubte es auseinander. Johanna hatte eilig dasselbe mit dem ihrigen gethan und nun standen Beide am Fenster, dicht neben einander, und blickten mit adlerscharfen Augen nach dem Schiffe hinüber.

„Siehst Du etwas?" fragte Johanna nach einer Weile.

„Nein, nichts, gar nichts. Nur einige Matrosen gehen auf dem vorderen Deck geschäftig hin und her."

„Das sehe ich auch, aber ich sehe noch etwas Anderes. Sieh doch, das eine Fenster der hinteren Cajüte, das zunächst am Spiegel gelegene, hat zum ersten Mal seinen Vorhang zurückgeschlagen und es ist sogar geöffnet. Ha, ja, da steht ein Mann mit einem Fernrohr und schaut scharf zu uns herüber, wie wir zu ihm. Aber o weh, sein Gesicht kann ich nicht sehen, er steht zu tief im Hintergrunde der Cajüte, und nur seinen Arm, seine Hand mit dem Fernrohr kann ich erreichen. Aus dieser Vorsicht aber schließe ich, daß es — Philipp ist."

Bei Nennung dieses Namens begann Sarah so heftig zu zittern, daß sie das Glas von den Augen sinken lassen mußte. Auch sprechen konnte sie nicht, so sehr waren ihre Gefühle erregt. Johanna dagegen fuhr noch länger fort, ihre kleinen Beobachtungen zu machen und mitzutheilen, die aber nichts Wesentliches mehr betrafen, bis zuletzt auch ihre Augen und Arme erlahmten und sie das Glas sinken ließ.

„Man wird ganz blind bei dem langen Hinüberstarren," sagte sie, „und ich habe es eine Weile satt. Komm, wir wollen uns auf unsere eigenen guten Augen allein verlassen und wir können uns dabei setzen. So, da hast Du einen Stuhl und nun nimm Platz."

Es war Zeit, daß Sarah sich setzte, denn das Zittern und Beben hatte endlich ihre Füße ergriffen, und so saß sie jetzt, ihren Kopf an den Johanna's gelehnt, lange Zeit stumm da, wie im Traum über den im Sonnenlichte glitzernden Strom hinblickend und eigentlich so gut wie nichts vor sich gewahrend.

Doch nicht allzu lange mehr sollte die vor Erwartung und Sehnsucht fast athemlose Braut Jan van der Straaten auf dessen Erscheinen warten, denn es war auch diesmal pünktlich wie immer. Es mochte etwa fünfzehn Minuten vor Neun sein, da sah man das kleine Moselnixenboot um den Schiffsspiegel herumrudern, und

Johanna, die wieder aufgesprungen war, hatte mit ihren Falkenaugen sehr bald erkannt, daß drei Männer darin saßen, von denen zwei vorn im Buge ruderten, der dritte aber unthätig in der Mitte auf einer Querbank saß.

Auf den ersten Blick hatte sie diesen Mann erkannt, denn er trug auch heute seinen grauen Reiseanzug und den hellgrauen Filzhut, den er hier stets getragen, und im Zimmer umherhüpfend und vor Freude laut in die Hände klatschend, rief sie:

„Sarah, es ist mein Jan. Er kommt, er kommt, und in zehn Minuten werde ich ihn an meinem Herzen halten.“

Sarahs Wange war bei diesem Ausruf bleich wie weißes Wachs geworden und das Herz schien ihr dabei still zu stehen. Mit einer Spannung ohne Gleichen und nicht mehr auf die fast taumelnde Freude Johanna's achtend, stand sie am Fenster, sich fest mit den Händen auf das Brett desselben stützend, und starrte, selber sprachlos und bewegungslos, auf jede Bewegung der Ruder des kleinen Bootes hin.

Dasselbe näherte sich rasch dem diesseitigen Ufer und als es die nächste zur Linken liegende Kribbe erreicht, legte es daran an und heraus sprang mit gelenkigen Gliedern Jan van der Straaten, um so rasch wie möglich darüber weg und an's Land zu eilen, während das Boot ohne Aufenthalt wieder abstieß und die Richtung nach der Moselnixe nahm.

Jetzt standen beide Mädchen wieder dicht neben einander am Fenster, Schulter an Schulter gedrückt, als ob Jede des Beistandes der Andern bedürfte, und einen Augenblick später gellte der Pforte Glockenton durch das Haus, deren Zug Jan mit fester Hand in Bewegung gesetzt.

Zwei Minuten darauf kam Lene, die Stubenmagd, die Außentreppe herunter, ging rasch durch den Garten, öffnete die Gitterthür und sprach mit dem Einlaß Begehrenden, den sie ja schon kannte und deßhalb ohne Weiteres in das Haus zu treten nöthigte.

„Der Herr ist aber nicht da,“ sagte sie, indem sie mit Jan die Außentreppe erstieg, „und Sie werden ein Weilchen auf ihn warten müssen.“

„Gern,“ erwiderte er. „Kann ich vielleicht unterdessen Fräulein von der Hooghe sprechen?“

„O, die ist oben in ihrem Zimmer,“ entgegnete die Magd, „und ich werde sie gleich benachrichtigen.“

Eben wollte sie die dahin führende Treppe ersteigen, als Johanna, von ihrer Ungeduld fortgerissen, schon mit möglichst ruhigen Schritten auf derselben herunterkam. Das Mädchen richtete ihre Bestellung aus und erhielt den Befehl, den Fremden in Sarahs Zimmer zu führen. Kaum aber hatte sich Lene wieder entfernt, nachdem sie den Auftrag ausgerichtet, so öffnete Johanna mit hastiger Hand die Thür desselben und nun standen die beiden Liebenden, die sich so lange nicht gesehen, endlich wieder einander gegenüber und schauten sich eine Secunde lang mit unbeschreiblicher und sprachloser Freude an. Dann aber öffneten Beide die Arme, eilten auf einander zu und lagen bald Brust an Brust.

„Johanna,“ sagte da Jan in seiner Heimathsprache, nachdem er die ersten lebhaftesten Küsse von ihren Lippen getrunken, „mein wackeres, kluges, liebes Mädchen, da

bin ich! O, was hast Du Dich brav gehalten und wie viel Gutes hast Du für uns Alle gewirkt!“

„Nicht doch, Jan, nicht doch,“ erwiderte sie, ihn immer wieder küssend. „Doch komm, laß mich Dich erst mit voller Herzenswonne betrachten, bevor wir — von unseren Geschäften reden, ich habe Dich ja so lange nicht gesehen. O, und wie gesund und munter Du aus Deinen freundlichen Augen siehst!“ — Und wieder betrachtete sie ihn mit innigen Blicken, dann fiel sie ihm von Neuem um den Hals und bedeckte seinen Mund, seine Augen, sein ganzes Gesicht mit endlosen Küssen.

Der gute Jan ließ sich das von Herzen gern eine Weile gefallen, aber auch er erwies seiner Geliebten alle mögliche Zärtlichkeit. Endlich jedoch setzten sie sich auf das Sopha, die Hände fest in einander verschlungen, und schüttelten sich in flüchtiger Weise ihre übervollen Herzen aus. Nachdem sie aber ihren Empfindungen hinreichend Ausdruck gegeben, wurde Johanna wieder etwas ernst und sagte:

„Jan, es ist möglich, daß wir nicht viel Zeit für uns übrig haben. Der Onkel kann jeden Augenblick zurückkehren, obgleich er in der Regel erst um zehn Uhr von den Bergen kommt. Ach, heute wird der arme Mann ein Frühstück finden, der thut mir eigentlich recht leid. Greife ihn nur nicht zu sehr an und nun sage mir rasch, was Ihr weiter thun wollt.“

„Nein,“ erwiderte Jan, „das Dir zu sagen, ist nicht nöthig, damit wollen wir die uns so knapp zugemessene Zeit nicht verbringen und es wird sich ja nun Alles bald von selbst finden. Erzähle mir lieber zuerst, wie es hier steht und ob unser gestriges Abendconcert bewirkt hat, was wir damit bewirken wollten. Meiner Ansicht nach aber steht Alles gut, nicht wahr?“

„Vortrefflich sogar,“ erwiderte Johanna schnell. „Der gute Onkel hat sich ganz so betragen, wie wir es erwartet. Er ist bis auf den Grund seines Herzens bewegt gewesen und der Moselnixe schenkt er jetzt mehr Blicke als uns. Dabei ist er von größerer Sehnsucht denn je nach der Heimath erfüllt und Du wirst keine große Mühe haben, ihn zu gewinnen, wenn Du es klug und besonnen anfängst.“

Jan blickte etwas ernst vor sich nieder und nickte. „Ja,“ sagte er, „das will ich allerdings, aber etwas schwierig wird die Sache doch sein, das verhehle ich mir gar nicht, und ohne große Aufregung auf beiden Seiten wird es nicht abgehn. Doch das habe ich vorher gewußt und mich deßhalb gut vorbereitet. Zunächst bringe ich Dir einen herzlichen Gruß von Philipp.“

„Ah, Philipp!“ unterbrach ihn Johanna. „Wie geht es ihm und vor allen Dingen, wie erträgt er die lange Zögerung?“

„Nun, wie es mit Dem steht, kannst Du Dir wohl vorstellen. Er ist ja der Haupttheilnehmer bei dem ganzen Vorgange, und sein Verlangen, Deine Cousine wiederzusehen, läßt sich kaum beschreiben. Darum beeilt er auch Alles so sehr und es hat mir die größte Mühe geben müssen, ihn in dem ruhigen Geleise zu erhalten, welches wir uns von Anfang an vorgezeichnet. Vor allen Dingen aber bin ich selbst begierig, endlich einmal Deine Cousine zu sehen.“

„O, sie ist eben so begierig, Dich kennen zu lernen, Jan, und das soll sogleich geschehen. Nur gedulde Dich noch einen Augenblick. Wird Deine Unterhaltung mit dem Onkel lange dauern?"

Jan wiegte den Kopf bedenklich hin und her. „Das hängt ja zumeist von ihm selber ab, theure Johanna. Sie kann Stunden dauern, wer kann es wissen? Ich habe etwas Viel mit ihm abzumachen."

„O, dann wäre es doch wohl gut, ich ließe ihn rufen. Er könnte sonst zu lange ausbleiben."

„Ja, thu das, doch nicht eher sende nach ihm, als bis ich Sarah gesprochen habe. Philipp würde untröstlich sein, wenn ich ihm nicht erzählen könnte, wie sein Herzblatt aussieht, und ihr Vater dürfte heute nicht geneigt sein, mich ihr vorzustellen. Also beeile Dich. Rufe sie dabei und dann begieb Dich selbst auf den Wachtposten, damit uns der alte Herr nicht überrascht."

Johanna nickte beifällig und nachdem sie ihm erst noch rasch einige Küsse gegeben, verließ sie das Zimmer, trat aber alsbald mit Sarah an der Hand wieder herein und stellte sie dem Freunde als ihre Cousine und Jan dieser als ihren Bräutigam vor, nicht ohne Verwunderung und Freude auf die Miene hinblickend, die Jan annahm, als er Sarah, die Vielbesprochene, nun zum ersten Mal in seinem Leben unmittelbar vor sich sah.

Johanna hatte das Zimmer wieder verlassen und sich auf die Außentreppe des Hauses begeben, und die beiden jungen Menschen im Zimmer standen sich nun ganz allein gegenüber und schauten sich eine Weile sprachlos und mit seltsamen Blicken an.

Von Beiden aber war Jan ohne Zweifel zumeist in Erstaunen versetzt und seine freundlichen Augen nahmen eine Art verwunderungsvoller Starrheit an, als er sie auf der schönen Tochter Jakob van der Myers ruhen ließ. Denn so schön er sie sich auch nach Philipps und Johanna's Beschreibung vorgestellt, er fand sie noch viel schöner und liebreizender, namentlich jetzt, da sie wie beschämt vor ihm stand und offenbar der in ihrem Herzen wogenden Gefühle nicht sogleich Herr werden konnte. Nein, eine solche nymphenhafte, in allen ihren Theilen harmonisch gebildete Gestalt, einen solchen eigenthümlichen Reiz der Züge, solche Pracht des Haares, solchen Schmelz der strahlenden Augen hatte er nie vor sich gehabt, und jetzt begriff er nicht allein die Sehnsucht seines Freundes, dies herrliche Kind einer südlichen Natur wiederzusehen, sondern auch die auf's Höchste gesteigerte Triebkraft, mit der er das ganze Versöhnungswerk mit seinem Schein in's Werk gesetzt. Aber da mußte er doch endlich sprechen und indem er sich Sarah näherte und ihr seine Hand hinreichte, sagte er mit einem viel ruhigeren und sanfteren Ton, als er ihn gewöhnlich hören ließ:

„Fräulein van der Myers, ich hoffe, Sie hier nicht als ganz Fremder zu begrüßen. Sie wissen zu viel von mir und ich weiß zu viel von Ihnen, als daß wir uns gleichgültig gegenüber stehen könnten. Mich hat, wie Sie wissen, ein ernster und bedeutsamer Zweck hierhergeführt und mit Gottes Hülfe wird es mir und uns Allen hoffentlich gelingen, ihn zu erreichen. Also für jetzt kein Wort mehr darüber. Was ich Ihnen aber zunächst sagen will und muß, ist Folgendes: Ich komme so eben von der Moselnixe, auf der mein Freund Philipp van der Myers voll brennender Sehnsucht des Augenblicks harrt, der Sie in seine Nähe führt. Also bringe

ich Ihnen einen recht warmen und herzlichen Gruß von diesem Freunde und spreche in seinem Namen die Hoffnung aus, daß Sie noch von denselben Empfindungen beseelt sein mögen, die Sie ihm vor anderthalb Jahren in London errathen, ja fast nur errathen ließen, denn Ihre damalige Bekanntschaft war leider nur eine sehr kurze. Darf ich ihm also nachher einen Gruß auch von Ihnen und damit eine gute Kunde bringen, daß Sie ihn nicht vergessen haben?"

Sarahs anfangs bleiches Gesicht hatte, während Jan diese Worte sprach, eine dunkle Purpurfarbe überzogen, die aber schnell wieder einer um so größeren Blässe wich. Eigentlich war sie kaum im Stande, zu reden, so pochte ihr das Herz; indessen nahm sie sich zusammen und erwiderte mit ihrer glockenreinen Stimme, indem sie dabei zu Boden schaute und sanft lächelnd bejahend nickte:

„Ich danke Ihnen, Herr van der Straaten, für diesen Ihren Gruß, und bitte, denselben auf das Herzlichste zu erwidern. Nein, ich habe Herrn van der Myers nicht vergessen und bin ihm oft im Stillen für das dankbar gewesen, was er schon in London meinem armen Vater Gutes thun wollte und was ihm nur durch unsere übereilte Abreise mißlang. Aber ach, Herr van der Straaten, ich verhehle es Ihnen nicht, daß das Werk, welches zu vollbringen Sie mit ihm hierhergekommen sind, auch jetzt noch kein Leichtes sein wird, und ich — ich bange sogar recht sehr um den Erfolg."

„Wir nicht, Fräulein van der Myers," erwiderte Jan rasch und mit einem ermuthigenden Aufblick nach den schönen, ihn so freundlich musternden Augen. „Johanna hat uns zu mächtig vorgearbeitet und uns stehen noch viele andere Hülfsmittel zu Gebote, über die ich mich jetzt nicht weiter auslassen will und die uns das beste Ende versprechen. Die Hauptsache ist in meinen Augen nur, ob Sie, Sie selbst uns bei Ihrem Vater dadurch unterstützen werden, daß Sie ihm — Ihre Neigung zu Philipp van der Myers offenbaren, wenn dieselbe zur Sprache kommen sollte. Und nun sagen Sie mir ehrlich: ist die Erinnerung an Philipp in Ihrem Herzen eine solche, daß es darauf eine süße Hoffnung für die Zukunft bauen kann?"

Sarah sank wie aus Erschöpfung auf den nächsten Stuhl, legte ihre rechte Hand auf das fast krampfhaft klopfende Herz und sagte dann mit fester Stimme, die einen bestimmten Entschluß ihrer Seele verrieth:

„Ja, Herr van der Straaten; aber jetzt bitte ich Sie — lassen Sie unsere Unterhaltung über diesen Punkt zu Ende sein. Ich selbst stehe bei dem Unternehmen, welches Sie hier auszuführen gedenken, nicht in erster Linie, sondern allein mein armer Vater, an den ich mit allen Fasern meines Lebens durch innige Liebe gebunden bin. Beruhigen Sie mich in Bezug auf ihn und Sie werden mich schon mit diesem Ihrem ersten Besuch glücklich gemacht haben."

In diesem Augenblick steckte Johanna ihr munteres Gesicht durch die Spalte der rasch geöffneten Thür und rief in's Zimmer hinein:

„Bereit Euch ein wenig. Ich habe einen Boten nach dem Weinberg hinauf gesandt und er kann möglicher Weise den Onkel schon getroffen haben."

Sie war wieder verschwunden und Sarah, die

kaum gehört, was sie gesprochen, hielt ihren Blick fest auf Jan gespannt und in ihrer Miene sprach sich noch einmal die Bitte aus, die sie eben hatte hören lassen.

„Wenn es sich hier nur darum handelt," fuhr Jan mit seinem alten heiteren und gewinnenden Lächeln fort, „Sie durch die Versicherung glücklich zu machen, daß Ihrem Vater nichts Bitteres widerfahre, so glaube ich Ihnen versprechen zu können, daß Sie es bald im vollkommensten Maaße sein werden. Ja, in Betreff Ihres Vaters kann ich Sie unbedingt beruhigen. Ihm soll von mir ganz gewiß nichts Unangenehmes geschehen, vielmehr wird das, was ich ihm sagen werde, nur die Aufforderung enthalten, mir verschiedene Einzelnheiten seines Schicksals zu vertrauen, also ihn selbst mehr sprechen zu lassen, als ich sprechen werde. Natürlich weiß ich ja Alles, was er mir sagen kann, im Voraus, aber ich darf im ersten Augenblick meine Mitwissenschaft nicht verrathen, und so wollen wir sehen, ob ich ein so geschickter Unterhändler bei ihm bin, wie Johanna es vor mir bei Ihnen Beiden war. Also beruhigen Sie Sie ganz und gar. Sie haben für Ihren guten Vater nicht das Mindeste zu befürchten. Doch — da ist Johanna schon wieder. Was willst Du?" wandte er sich mit liebevollem Blick an diese.

„Schnell," sagte Johanna in Hast, „komm heraus, Jan, und setze Dich auf die Treppe vor'm Hause. Der Bote hat den Onkel bald gefunden, ist eben zurückgekehrt und sagt, daß er schon auf dem Rückwege sei. Ich gehe ihm entgegen und melde Dich an. Du aber, Sarah, entferne Dich. Geh' auf mein Zimmer und erwarte mich, ich komme Dir sogleich nach."

Jan flüchtig eine Kußhand zuwerfend, war sie wieder davon gesprungen, und dieser trat nun auf Sarah zu und reichte ihr noch einmal die Hand. „Gehen Sie," sagte er, „ich werde meine Schuldigkeit thun und bald werden Sie von Ihrem Vater selbst erfahren, daß Sie ganz ruhig sein können. Leben Sie wohl! Auf baldiges Wiedersehen — auf der Moselnixe!"

Mit leicht geröthetem Gesicht verließ er das Gemach und Sarah wankte halb bewußtlos die Treppe hinauf. Unterdessen aber war Johanna, wie eine Else davonhüpfend, schon in den Garten und dem kommenden Onkel entgegengeeilt, denn nun, da sie Alles im besten Fluß und inmitten der Handlung begriffen sah, war, wie immer bei starken Naturen, alle ihre Energie und Thatkraft in ihr ganzes Wesen zurückgekehrt, und sie ging den kommenden Ereignissen so muthig entgegen, wie der eben so starke und willenskräftige Jan es selber nur thun konnte.

Da, hinter der Kellerei, trat Jakob van der Myers eben von der letzten Stufe des nächsten Weinbergs herunter und sobald er die flüchtig daherkommende Johanna gewahrte, stand er still, schaute in ihr hochgeröthetes Gesicht und sagte ruhig:

„Nun, was giebt es denn? Warum habt Ihr mich so eilig rufen lassen?"

„Verzeih, lieber Onkel," erwiderte Johanna im ruhigsten Ton, „daß ich Dich in Deiner Morgenbetrachtung stören ließ, aber — es ist Besuch gekommen."

„Besuch? Wer denn?" fragte der alte Herr etwas betroffen, indem er auf der Stelle wie angewurzelt stehen blieb.

„Es ist derselbe Herr, der Dich schon neulich zweimal besucht hat und er wünscht sehr lebhaft, Dich recht bald zu sprechen."

„Wie?" rief der alte Herr und eine dunkle Blutwelle überströmte einen Augenblick sein bleiches Gesicht und sein Auge flog nach der Mosel hinüber, als käme wieder jene seltsame Ideenverbindung in sein Gedächtniß, die ihn schon in der Nacht so lebhaft beschäftigt hatte. „Herr van der Straaten ist da? Was will denn der schon wieder?"

„Ich weiß es nicht, bester Onkel. Er kam, als wir uns gerade angekleidet, und ich wollte ihn eben in Dein Zimmer führen, als der Bote meldete, daß er Dich gefunden und daß Du schon auf dem Wege hierher seiest."

„Also habt Ihr ihn gesehen und gesprochen?" fragte Herr van der Myers, noch immer sichtbar betreten.

„Ja, wir haben ihn gesprochen. Jetzt komm, er wartet ganz bescheiden vor der Thür."

Der alte Herr schüttelte bedenklich den Kopf, schritt aber an Johanna's Seite nach dem Wohnhause, und gleich darauf stand er vor Jan van der Straaten, der sich mit ruhigem Anstande und überaus höflich vor ihm verbeugte.

Der alte Herr erwiderte diese Verbeugung schweigend, warf aber noch vor der Thür einen scharf forschenden Blick auf den jungen Mann, und dann, auf die Thür deutend, sagte er nur:

„Darf ich bitten, näherzutreten? Ich folge Ihnen."

Da standen denn die beiden Männer abermals in demselben Zimmer sich gegenüber, indem sie sich schon zweimal unterhalten, und während Jan den alten Herrn mit möglichst ruhiger Miene betrachtete, deutete dieser auf einen Stuhl und schüttelte immer wieder leise den Kopf, als könne er sich noch gar nicht in diesen so rasch wiederholten und gerade zu dieser frühen Zeit erscheinenden Besuch finden oder als sei eine Art Mißtrauen in ihm erwacht, das gleichwohl mit einer sehr wahrnehmbaren inneren Aufregung verbunden war.

Als sie aber nun Beide saßen, denn auch Jakob van der Myers hatte seinen alten Platz auf dem Drehstuhl wieder eingenommen, begann Jan die Unterhaltung, indem er sagte:

„Herr van der Myers, ich bitte zuerst um Entschuldigung, daß ich Sie nochmals in Ihrer Ruhe störe und Ihre Zeit sogar diesmal etwas länger in Anspruch zu nehmen gedenke, als die beiden letzten Male. Damit Sie aber nicht glauben, ich komme schon wieder in ähnlichen Geschäften, wie neulich, so erwähne ich gleich, daß ich heute nicht als reisender Weinhändler, der Ihnen Ihre so liebgewordenen Vorräthe abkaufen will, noch viel weniger als Miether Ihres leerstehenden Hauses vor Sie hintrete, das gestern vor Ihrer Thür lag. Vielmehr möchte ich mich Ihnen lieber in meiner jetzigen wahren Gestalt vorstellen, und zwar — als Bewohner jenes Schiffes, Moselnixe genannt, das gestern vor Ihrer Thür lag, und ich komme nun, um Ihnen meinen und eines Freundes herzlichen Dank auszusprechen, daß Sie so freundlich waren, unsere Abendmusik, die gewissermaßen

ein Ihnen dargebrachtes Ständchen sein sollte, so wohlwollend aufzunehmen und sie sogar mit der Ihrigen zu
beantworten, welche letztere uns ein noch nie genossenes
Vergnügen gewährt und uns Bewunderung für Ihr uns
bisher verborgenes Talent abgenöthigt hat.“

Hiermit war denn freilich dem mit allen Sinnen
lauschenden alten Herrn Viel in wenigen Worten gesagt,
und es schien dem ihn aufmerksam beobachtenden Jan,
als ob er sich von dem ersten Eindruck, den sie auf ihn
machten, nicht so bald erholen könne. In der That,
er war wie aus den Wolken gefallen oder als hätte ihn
die eben erfahrene Neuigkeit zu Boden geschmettert, denn
es war ja nun jene schon zweimal in ihm aufgetauchte
Idee, daß Jan van der Straaten der bisher unbekannte
musikalische Bewohner jenes Schiffes sei, in greifbarer
Wirklichkeit vor ihn hingetreten.

„Wie,“ sagte er, kurz und rasch aufathmend, nachdem er sich von seiner ersten Bestürzung erholt, „Sie
— Sie sind der Bewohner jenes Schiffes, der sogenannten
Moselnixe, die gestern Abend die schöne Musik hören
ließ? Ah — das ist mir neu, oder nein“ — und er
faßte sich dabei an die vor innerer Bewegung bleich gewordene Stirn — „es ist mir ganz neu, denn —
denn — doch verzeihen Sie,“ unterbrach er sich, „Sie
haben mich gleich mit dem Anfang Ihrer Rede etwas
außer Fassung gebracht. Ja! — Also diese Musik,“
fuhr er nach kurzer Pause fort, „und bei Gott, sie
war sehr schön und Sie sind vortreffliche Musiker —
diese Musik haben Sie gemacht? O! Welches Instrument spielten Sie denn, wenn ich fragen darf, denn
ich habe ja drei verschiedene gehört.“

„Ich spielte die Geige,“ erwiderte Jan sehr ruhig,
„ein Freund, der mit mir reist, das Cello, und ein
Diener, der ein gelernter Musikus ist, die Clarinette.“

„Ah — so! Nun, da habe ich wohl bedeutende
Künstler vor mir?“ fragte Jakob van der Myers ganz
bescheiden und sah den jungen Mann mit weit geöffneten
Augen an.

„O nein,“ erwiderte Jan nicht minder bescheiden,
„Künstler im eigentlichen Sinne des Worts sind wir
nicht, nur erträgliche Dilettanten, aber allerdings wohl geschult und gut eingespielt, denn wir lieben es, unsere Liebhaberei eben so in der Fremde auf Reisen fortzusetzen,
wie wir sie — in der Heimath pflegen.“

„In der Heimath!“ wiederholte Jakob van der
Myers mit einer Weichheit in der Stimme, wie er sie
bis jetzt noch nicht hatte hören lassen. „O, wie dies
Wort aus Ihrem Munde mir so eigenthümlich klingt,
denn Sie betonen es ja so seltsam. Ach!“ — Aber da
richtete er sich mit einem Mal in seiner ganzen Höhe
auf, sah den darüber verwunderten Jan mit durchdringenden Blicken an und fuhr dann sogleich mit fast
klingender Herzlichkeit fort, die, ihm selber unbewußt,
aus dem Klange seiner Stimme und dem Ausdruck seiner
Miene strömte, „O, mein Herr! Sie sagten mir ja
vorher, daß Sie sich mir heute in Ihrer wahren Gestalt
zeigen wollten. Sie haben damit einen guten Anfang
gemacht, nun sehen Sie denselben auch fort. So sagen
Sie mir denn, wo ist denn eigentlich Ihre Heimath?
Denn sehen Sie — ich habe mir schon genug darüber
den Kopf zerbrochen — und wenn Sie auch nicht begreifen können, warum das so ist, so ist es doch in der

That so: ich höre aus Ihren Worten viel mehr heraus,
als Sie vielleicht damit ausdrücken wollen. Mit einem
Wort! Alles, was ich an Ihnen sehe und von Ihnen
höre, Ihre Erscheinung, der Accent Ihrer Sprache, Ihr
ganzes Wesen, endlich Ihr Schiff, dessen Takelage und
Flagge, und zuletzt Ihre — Ihre Musik, wenigstens
die Wahl einiger Ihrer Musikstücke, erinnert mich nur
zu sehr an mein eigenes Vaterland — an Holland.
Sind Sie etwa wirklich ein Holländer, wie ich schon
vom ersten Augenblick an muthmaßte?“

Jan erröthete stark, aber sogleich faßte er sich und
auf dem so günstig begonnenen Pfade weiter vorschreitend,
sagte er:

„Herr van der Myers, was soll das Geheimniß
zwischen uns? Und so, da Sie als ehrlicher Mann mich
geradezu fragen, ob ich ein Holländer bin, antworte ich
eben so ehrlich: Ja, ich bin es!“

Diese letzten einfachen und mit der offenherzigsten
Miene gesprochenen Worte erschütterten den alten Mann
mehr, als Jan es vermuthet hatte. Zuerst bedeckte er
sich mit beiden Händen das Gesicht, dann stand er plötzlich von seinem Stuhle auf und trat einen Augenblick
an's Fenster, seinem Besuch in dieser Stellung den
Rücken zukehrend, gleichsam als wolle er ihn nicht den
Zeugen seiner inneren Bewegung werden lassen.

„Ich dachte es, ich dachte es!“ hörte ihn Jan leise
aufstöhnen. „Halte aus, mein Herz, halte aus, Du hast
ja schon Schlimmeres ertragen!“

Dann drehte er sich wieder um, setzte sich langsam
und wie halb gebrochen auf seinen Stuhl und sagte mit
einem Ton der Stimme, die einen noch viel weicheren,
fast wehmüthigen Klang hatte:

„Bitte, mein Herr, reden Sie offenherzig und ganz
ohne Rückhalt weiter, denn wie mich dünkt, müssen Sie
mir noch viel mehr zu verkünden haben. Und wenn dadurch die Schranke zwischen uns auch noch viel größer
wird, die ja, so wie sie für ewig meinen Sinn von Holland
abgewandt habe, und obgleich es mir unendlich wehe
thut, davon zu reden, so sagen Sie mir doch, da wir
einmal so weit gekommen sind: welche Stadt in Holland
ist Ihre Heimath?“

Jan that einen tiefen Athemzug und nahm allen
seinen Muth zusammen, denn das nächste Wort fast
allein schon mußte von entscheidender Bedeutung für
den Verlauf der stattfindenden Unterredung und den Erfolg seines Unternehmens sein. So sagte er denn mit einem
unbeschreiblichen Ausdruck von Milde und Festigkeit zugleich:

„Ich lebe in Rotterdam!“

Jakob van der Myers zuckte zusammen, als ob
ihn ein Pfeil mitten in's Herz getroffen hätte, und Jan
hatte, wie er bald sah, Recht gehabt: dies einzige Wort
öffnete die Pforte des morschen Herzens des alten Mannes,
denn daß dasselbe namenlos tief ergriffen war, klang
aus seinen folgenden Worten unverkennbar heraus:

„O weh!“ sagte er seufzend und mehr zu sich selbst
als zu Jan sprechend. „Rotterdam ist auch meine Vaterstadt. Und von ihr, o mein Gott, schreibt sich mein
ganzes Unheil und Elend her.“

Es entstand eine kurze Pause und Jan überlegte
rasch, wie er fortfahren sollte, um so schnell wie möglich
zu dem ihm schon näher gerückten Ziele zu gelangen.
Endlich hielt er es für das Beste, auf die zuletzt ge-

hörten Worte keine Rücksicht zu nehmen und so sagte er mit sehr natürlich erscheinender Verwunderung in seiner Miene:

„Wie? Sie sind aus Rotterdam gebürtig?"

„Ja, mein Herr," fuhr nun der alte Holländer mit zunehmender Selbstbeherrschung fort, da er seinen Entschluß gefaßt zu haben schien, „und wenn Sie zur guten Gesellschaft in Rotterdam gehören, wie ich aus Ihrer ganzen Erscheinung schließe, so kann Ihnen der Name meiner Familie daselbst nicht unbekannt geblieben sein."

„Ah, aus dieser Patricierfamilie in Rotterdam stammen Sie her!" fragte Jan mit höflicher Verneigung. „Das wußte ich freilich nicht, denn es giebt auch im Haag und in Amsterdam eine dieses Namens. Ja wohl kenne ich die van der Myers in Rotterdam und wer sollte sie nicht kennen? Diese Ihre Familie ist eine der edelsten in der Stadt und hat einen guten Ruf, über weite Meere und Länder hinaus."

Jakob van der Myers senkte das graue Haupt auf die Brust. „O ja," flüsterte er fast nur, „aber trotzdem sie so edel ist und sich eines so guten Rufes erfreut, hat sie nicht edel an mir gehandelt und meinen guten Ruf für nichts geachtet."

„Wie, Herr van der Myers, was sprechen Sie da?" fragte Jan wieder mit sehr natürlich an Vorschein kommender Verwunderung. „Das kann ich mir nicht denken. Wer hätte je Uebles von dieser Familie gesprochen oder ihr den Vorwurf machen können, daß sie übel an einem Menschen gehandelt?"

„Ich, ich, mein Herr!" sagte Jakob van der Myers sehr laut und fast streng, indem er wieder von seinem Stuhle aufsprang, sich vor den Redenden hinstellte und in seiner ganzen Höhe aufrichtete. „Ja, wenn noch Niemand so gesprochen hat, so bin ich der Erste, der es thut, und ich habe das vollste Recht dazu."

„Aber wie denn?" fuhr Jan mit der größten Ruhe, wiewohl überaus freundlich fort, „Sie machen mich äußerst gespannt. Ich kenne die Verhältnisse und die lebenden Mitglieder dieser Familie sehr genau, und nie etwas Aehnliches von ihnen gehört, wie sie es mir so eben sagen."

„O ja, das glaube ich wohl, mein Herr, Sie mögen von den lebenden Mitgliedern derselben Recht haben, aber das, was mich betrifft und was mir die todten angethan, wissen Sie nicht und können Sie auch gar nicht wissen, denn es geschah vor vielen, vielen Jahren, als Sie noch ein Kind oder höchstens ein Knabe waren. Es sind nämlich achtzehn Jahre her, daß diese Familie an mir sehr Uebles und nicht gerade Edles that, und in achtzehn Jahren erlischt Vieles in dem Gedächtniß der Menschen und verblutet sich Vieles, nur nicht mein Schmerz, der jeden Tag neu geboren wird, bis er mir das Herz zerreißen und zerstören muß."

„Aber ich bitte Sie," fuhr Jan mit der sanftesten Stimme fort, die ihm zu Gebote stand, „ich verstehe Sie immer noch nicht. O, klären Sie mich doch darüber auf. Ich habe alle Verhältnisse des Hauses van der Myers und jedes einzelne Glied der Familie gekannt. Der alte Herr, der bis vor wenigen Monaten als Chef in dem Weltgeschäft fungirte, ist freilich todt — "

„O ja," unterbrach ihn Jakob van der Myers, da Jan eine künstliche Pause eintreten ließ, „ich weiß es, von — von meiner Nichte Johanna van der Hooghe, die seit acht Wochen bei mir zum Besuch ist — sie hat mir den Unglücksfall erzählt."

„Nun wohl, dann wird sie Ihnen auch erzählt haben, ein wie braver Mann Justus van der Myers war, der seinen Namen, der Gerechte, mit vollem Recht führte, und in welchem hohen Ansehen er in der ganzen Stadt bei hohen und niedrigen Personen stand."

„O ja, das mag sein, aber dennoch hat er übel, sehr übel und keineswegs gerecht gegen mich gehandelt."

„Nun," lenkte Jan mit absichtlicher Nachgiebigkeit ein, um dem alten Herren nicht in Allem zu widersprechen, „er war allerdings, eben so wie sein Vater, ein etwas starrer und eisenköpfiger, an dem Vergangenen hängender Mann, der sich in die so rasch fortgeschrittene Gegenwart nicht immer finden konnte, wie es ja unter den Holländern alten Schlages so viele seines Gleichen giebt, aber jedenfalls war er in seinen Neigungen, Ansichten und Handlungen, mögen Sie von ihm sagen, was Sie wollen, ein edler, gerechter und wackerer Mann."

„O ja, ja, ja," brauste Jakob van der Myers fast auf, „ich lasse ihm ja alle die von Ihnen ihm zugeschriebenen Eigenschaften, und im Allgemeinen mag er auch die gute Nachrede verdienen, die Sie ihm so eben halten. Nur für mich hatte er diese guten Eigenschaften nicht, denn er und sein Vater, und dieser zumeist, haben übel und nicht gerecht, nicht wacker an mir gehandelt — Sie mögen sagen, was Sie wollen!" wiederholte er eben von Jan gesprochenen Worte mit einer an Ironie grenzenden Schärfe und Bitterkeit.

Jan's Augen vergrößerten sich und schienen Funken zu sprühen, als ob des alten Herrn Urtheil über einen Dahingeschiedenen ihn persönlich verletze. Auch er richtete sich nun auf, stellte sich dicht vor Jenen hin und fuhr dann, indem er sich fast gewaltsam zu einem sanfteren Verfahren zwang, fort:

„Was haben die Beiden Ihnen denn gethan, Herr van der Myers? Bitte, sagen Sie mir es doch, schenken Sie mir darin Ihr Vertrauen. Sie glauben nicht, wie sehr mich das zugleich interessirt und bewegt. Vielleicht bin ich dann im Stande, Ihnen eine Aufklärung über die Handlungsweise der beiden Männer, wenigstens des jüngeren, Justus, zu verschaffen, wonach Sie Ihre Ansicht über ihn berichtigen könnten."

(Fortsetzung folgt.)

Feuilleton der Deutschen Roman-Zeitung.

Friedrichs des Großen politische Beziehungen mit dem Türkenreiche.

Eine historische Skizze.

II.

Das Jahr 1758 brachte, im Verhältniß mit der Pforte, keine Aenderung und Friedrich sagte: „Daß den fortgesetzten Bestrebungen Rexin's jetzt auch noch der großbritannische Minister Porter entgegengearbeitet habe, der Sultan in Staatsangelegenheiten unerfahren und, im Hinblick auf einen Krieg mit Oesterreich, um die eigene Existenz besorgt gewesen sei. So viel man auch an die Erreichung seines Zweckes wandte, die Franzosen und Oesterreicher wirkten mit Verschwendung für das Gegentheil und der Türke stand sich besser dabei, für große Belohnungen still zu sitzen, als für kleinere in Unternehmungen einzugehen."

Der König blieb auf seine eigenen Kräfte beschränkt und schaupfelte sich dennoch; die Unterhandlungen mit der Türkei wurden mehr im Sinne desjenigen, der nichts versäumen will, als mit bestimmten Hoffnungen fortgesetzt. Das unglückliche Jahr 1759 verschlimmerte Friedrichs Kriegslage bedeutend, 1760 sah sich sein Stern wieder so günstig, daß er am 22. Juni 1760 an den General Fouqué, welcher bei Landshut stand, von Radeburg aus schreiben konnte: „Weil Ich jetzt so gute Nachrichten aus der Türkei bekomme, die Mir zu einer puissanten Assistance Hoffnung geben, Ich auch Mich flattire, daß die Version der Türken im Monat Julius ihren Effect haben wird, so müssen wir nur auf die Sicherheit der Hauptsachen denken rc." Der diese Voraussetzungen bestätigten sich nicht, denn die türkische Politik brauchte mehr Zeit als irgend glaubwürdig war, und Fouqué erlag schon am Tage nach Ausfertigung jenes Schreibens dem weit überlegenen Laudon bei Landshut und kam in Gefangenschaft. Der König siegte demnächst zwar bei Liegnitz und Torgau, aber doch gewann er das nördliche Hälfte Sachsens zurück und das Gefühl seiner Beengung in den sächsischen Winterquartieren wurde ihm so groß, daß er am 16. November 1760 an den Marquis d'Argens schrieb: „Wenden Sie auf einen Vers der Semiramis an: ,Beneidet man uns fern, so seufzen wir zur Stelle.'"

Der Beistand des Halbmonds fehlte noch immer, aber Friedrichs Hoffnungen waren dennoch im Hauptpunkte begründet gewesen, denn diese ganze Angelegenheit hatte eine für ihn günstige Schwenkung gemacht. Die Motive derselben ließen sich leicht erkennen. Der langsame politische Verstand der Moslems begriff endlich die Situation und ihre Phantasie illustrirte dieselbe. „Wenn dieser König von Preußen nun schon fünf Jahre lang einmal diesen," einmal jenen Riesen niederwerfen und trotz der Unfälle von 1756 doch aufrecht bleiben kann, so ist er doch über alle Begriffe lebensfähig und die Vorsehung unterstützt ihn wunderbar." — Der Glaube mischte sich in die Politik: „Man kann nicht schlecht dabei fahren, mit einem solchen Günstlinge des Himmels in Verbindung tritt!" Nächstdem sieht man, daß Rußlands Krieg gegen Preußen nicht auf einem politischen Antagonismus, sondern nur auf Elisabeths persönlicher Eingenommenheit gegen Friedrich beruht. Alle Welt wußte, daß diese schon über ihr fünfzigstes Lebensjahr hinausgeschrittene Kaiserin kränklich und ihr präsumtiver Nachfolger, der Großfürst Peter, Friedrichs eifrigster Verehrer war; daß eine einzige Stunde

das Czarenreich sogar zum Bundesgenossen Friedrichs machen und ihm, der gegen drei Großmächte siegreich war, alsdann ein bedeutendes Uebergewicht geben könne, also. — Solche Erwägungen griffen durch, die preußische Unterhandlung mit der Pforte bekam Festigkeit und Herr v. Rexin, welcher vom Großvezier in öffentlicher Audienz empfangen wurde, konnte endlich am 2. April 1761 einen Freundschaftsvertrag Preußens mit der Pforte unterzeichnen (Hist. de la guerre de sept ans cap. XIII am Schluß), welcher beiden Theilen die Freiheit vorbehielt, diese Vereinigung noch enger zu knüpfen und sie in ein Schutzbündniß zu verwandeln. Rexin trat demnächst als außerordentlicher preußischer Gesandter in Konstantinopel auf; er war immer zu einem vorläufigen Resultate gelangt und wenn dieser jetzige Vertrag auch noch nicht viel Wesentliches enthielt, so verursachte er doch den Höfen von Wien und Petersburg einige Unruhe, zumal als mehr dahinter gesucht wurde, als wirklich vorhanden war.

Im Feldzuge von 1761 erschien das Mißverhältniß zwischen den materiellen Kräften Friedrichs und denjenigen seiner Gegner schon so groß, wenn nicht bald Hülfe kam, sein Anfang vom Ende zu erwarten war. Seine Verluste an Menschen und Material konnten nicht mehr verhältnißmäßig ersetzt werden. Georg II. von England war gestorben, Pitt um seinen Einfluß gekommen; der Kriegseifer Englands erkaltete und seine Subsidien stockten. Dresden und Glatz lagen in den Händen der Oesterreicher, der König war auf eine nur abwehrende Operation beschränkt und konnte es schließlich nicht verhindern, daß Laudon und Butturlin sich vereinigten und ihn im bunzelwitzer Lager einschlossen. Nur durch die Rivalität dieser Bundesgenossen befreit, verlor er dennoch am 1. October Schweidnitz, entging gegen Ende November 1761 dem woisewitzer Verrathe nur durch wunderbare Fügung und hatte im December die Uebergabe Kolbergs an die Russen zu beklagen. Welch' eine Fülle von Unheil! welch' ein patriotischer Schmerz zitterte durch seine dieses einstürmende Verhängniß betreffenden Aeußerungen und was für einen Heroismus seiner Stimmung kennzeichnen dieselben dennoch. — Das spricht sich in seiner Elegie: „Cato von Utica's letztes Wort" und in seinen aus dieser Zeit stammenden Briefen an d'Argens, auch namentlich in seiner an diesen philosophischen Freund gerichteten Epistel vom 8. November 1761 sehr eindrucksvoll aus.

Wie stand aber die Angelegenheit mit der Türkei und welches Gegengewicht legte sie, jetzt, wo so viel davon abhing, den Bedrängnissen Friedrichs gegenüber in die Wagschale? Zwischen dem Provisorium und der wirklichen Alliance, der Politik und dem kriegerischen Vorgehen lag dort noch eine weite Kluft. Der schon ältliche Großvezier, welchem die Führung des Heeres oblag, war kein Krieger und scheute dieses über seine Kräfte hinausgehende Unternehmen; er arbeitete mit dem Mufti zusammen denjenigen Mitgliedern des Divans entgegen, welche den Bruch mit Oesterreich verlangten, die durch den belgrader Frieden bedingte siebenundzwanzigjährige Waffenruhe, welche noch nicht abgelaufen, zu brechen. Hatte der Halbmond schon bis hierher, da wo es auf die Befriedigung seiner Lüste und Leidenschaften ankam, solche Bedenken gehegt und wollte er sie fernerweitig hegen? — Dennoch zog die Pforte Streitkräfte zusammen; es concentrirte sich in der Gegend von Belgrad ein türkisches Heer von 110,000 Mann und bildete längs der österreichischen Grenze einen Cordon, ohne aber zu Feindseligkeiten überzugehen. Der König sagt hierüber in seiner Geschichte des siebenjährigen Krieges (Cap. XV): „Das war viel für die Pforte, aber wenig für Preußen, welches wesentlichen Beistand nöthig hatte und da man in Europa auf keine andere Macht hoffen konnte, so wurden in Konstantinopel neuerdings alle möglichen Mittel versucht, um thätige Entschlüsse zu bewirken." Vorläufig effectuirte das noch nicht und weiterhin war es nicht mehr nöthig.

Während aller dieser Drangsale und Unterhandlungen begab sich aber etwas Anderes, was einerseits Hoffnungen weckte, andrerseits mit alten Erinnerungen zusammenhing, — ein buntaussehendes und fast romanhaftes Intermezzo. Wenig Tage nach dem herben Verluste von Schweidnitz nämlich, also in den ersten Octobertagen von 1761, erschien vor Friedrich in dessen Lager bei Strehlen eine Gesandtschaft vom Kerim-Geray, dem gegenwärtigen Khan der krimschen Tartaren, um dem Könige ein Bündniß mit ersterem anzubieten, gegen Subsidiengelder, über die man sich einigen würde, ein Hülfscorps von 16,000 Mann anzubieten. Dieses Ereigniß war eben nicht ohne Vorgänge. Auch der Ruhm des großen Kurfürsten schon war in den Orient gedrungen und der damalige Tartaren-Khan Murad-Geray hatte 1679 auf ähnliche Weise die Freundschaft Friedrich Wilhelms gesucht; 71 Jahre später aber, also 1750, kam ein tartarischer Aga, Namens Mustapha, den schon Kerim-Geray abschickte, zur Anknüpfung engerer Beziehungen nach Berlin und überreichte dort in feierlicher Audienz seine Beglaubigung. Wie der König dieses Begehren auffaßte, das geht aus seiner damals an den General v. Bredow gerichteten Epistel: „Sur la reputation" hervor, in welcher er den lächerlichen Eindruck schildert, den das Aussehen und Benehmen des tartarischen Gesandten auf die Hofleute gemacht habe, und dann in Bezug auf diese Spötter ausspricht: „Wohl nicht einer von ihnen mußte, daß dieses barbarische Volk, obgleich seine Kleider von den unsrigen verschieden sind, China erobert und die Perser unterworfen hat." In Folge dessen gab Friedrich seinem Gesandten in Konstantinopel damals auf, die Gesinnungen des Tartarenkhans näher zu erforschen und Rexin schickte für diesen Zweck einen Herrn von Boscamp, den Sohn eines holländischen Capitäns, nach Baktschiseray.

An diese Bewandtnisse knüpfte sich das gegenwärtige Factum und es scheint geeignet in Bezug darauf anzuführen, was vom Könige selbst in seiner „Geschichte des siebenjährigen Krieges" (Cap. XV) darüber gesagt wurde. Es heißt dort: „Der Gesandte war der Bartputzer seines Herrn. So sonderbar dies den Ceremoniellen und Einseitigen erscheinen mag, so ist doch dergleichen im Oriente, wo nur diejenigen, die der Person am nächsten kommen, die Angesehensten sind, sehr gebräuchlich. Das Beglaubigungsschreiben des Barbiers zeigte sich nur in anderer Weise lächerlich als der deutsche Kanzleistyl; der Gegenstand dieser Gesandtschaft war, dem Könige ein Bündniß ꝛc. anzubieten. Diese Anerbietung war in jetziger Lage willkommen und man nahm sie nicht nur an sondern beschenkte den Barbier für sich und seinen Herrn reichlich und ließ ihn dann auf seiner Rücktour durch den Lieutenant von Goltz begleiten, welcher den Vollzug der getroffenen Verabredung beschleunigen und das tartarische Hülfscorps nach Ungarn führen sollte.

Der Geschäftsträger Boscamp zu Baktschiseray erhielt im Zusammenhange hiermit den Auftrag, den Khan auch zu einem Einfall in Rußland zu bewegen, denn der König speculirte sehr richtig, daß dies das geeignetste Mittel sein werde, auch die stets zaudernde Pforte in den Krieg hineinzuziehen. Wenn dies gelang, so wurde Pommern von den Russen befreit und auch der Kurmark verschwand dann ihre stete Bedrohung von Nordosten her; was aber das nach Ungarn bestimmte tartarische Corps be-

trifft, so war es voraussichtlich, daß die selbigen beigegebenen preußischen Truppen dem Könige viel weniger Abbruch thun würden, als diese Diversion den Streitkräften der Kaiserin Maria Theresia.

Während des Winters von 1761 zu 1762 kam ein neuer Abgeordneter des Tartarenkhans in Breslau an, bestätigte alle vorherigen Versprechungen seines Herrn und offerirte sogar für das Frühjahr 40,000 Mann, deren Unternehmungen ganz nach Friedrichs Wünschen eingerichtet werden sollten, und es war dabei charakteristisch, diesen Orientalen seine Politik ganz handelsgemäß treiben zu sehen. Der König sagt darüber: „Der tartarische Fürst hatte für das, was er that, ganz ordentlich die Preise angegeben. Soviel mußte man ihm für eine günstige Antwort zahlen, soviel für die Aeußerung einiger feindlichen Absichten, soviel für das Zusammenziehen seiner Truppen und soviel für einen Brief, den man ihn an den Großherrn zu schreiben veranlaßte. Der Unterschied zwischen dem Geiste des Eigennutzes bei den Morgenländern und bei den anderen Nationen besteht nach meiner Meinung nur darin: daß jene sich ohne Erröthen dieser Leidenschaft überlassen, die europäischen Völker aber sich wenigstens so stellen, als empfänden sie einige Scham darüber."

Alles was hier, nach dem Oriente hin und vom Oriente her, im Schwunge war, blieb dennoch eine bloße Theorie; es hätte, um in die Praxis überzugehen, doch noch einige Zeit gebraucht und ehe diese ablief, veränderte sich in einiger Zauberschlag die ganze politische Situation. Goltz und der tartarische Gesandte reisten im December 1761 von Breslau ab und gelangten erst gegen Ende Januar 1762 nach Baktschiseray; schon am 5. Januar 1762 aber starb die Kaiserin Elisabeth und noch ehe dieses Factum äußerlich wirken konnte, schuf es nach allen Seiten hin so tiefgreifende moralische Eindrücke, daß sich schon hierdurch eine Wandelung zu vollziehen begann. Peter III., welcher jetzt den russischen Thron bestieg, sistirte schon im März den Krieg gegen Preußen und am 5. Mai trat er durch den petersburger Frieden an Friedrichs Seite. Alle Gefangenen kehrten aus Rußland zurück, Pommern und Preußen wurden frei und der König konnte sich ihrer Kräfte und Mittel neuerdings bedienen, Schweden verließ den Kriegsschauplatz ꝛc. — und als sich bei der Abdankung und dem Tode Peters III. berührende zweite Staatsveränderung Rußlands vollzog, hatte Friedrich schon seine Kräfte derart verstärkt, die Oesterreicher bei Burkersdorf geschlagen und überhaupt einen Zustand erneuter Sicherung und Schlagfertigkeit erreicht. Da Katharina II. von fernerer Kriegsführung gegen Preußen abstand, der König Schweidnitz zurückgewann und der Prinz Heinrich in Sachsen siegreich blieb, auch den Herzog Ferdinand von Braunschweig Niedersachsen gut gegen die Franzosen vertheidigte und diese dann auch selbst des Krieges überdrüssig wurden, so war Oesterreich auf sich selbst beschränkt und konnte keinen Erfolg mehr absehen. Daß auch die an der unteren Donau versammelte türkische Streitmacht zu den Argumenten gehörte, welche den wiener Hof friedlich stimmten, kann nicht bezweifelt werden, die Türkei hat also doch wenigstens demonstrativ zur Beendigung dieses Krieges mit beigetragen. Das Verhängniß hatte die großen politischen Spannungen gelöst, die Völker waren müde und Windstille und Gleichgewicht ergaben sich bei den Friedensschlüssen von Hubertusburg und Paris 1763 von selbst, um zeitweise die Strebungen friedlicher Kultur an die Spitze zu stellen und dann, wie es einmal das Gesetz der Menschheit ist, doch wieder durch Sturm und Drang abgelöst zu werden. Wenn der große König am Schluß seiner „Geschichte des siebenjährigen Krieges" sagt: „Möge der Himmel es so lenken, daß ein unveränderliches und blühendes Glück

Preußens die Fürsten, welche es fernerhin beherrschen werden, vor den Trübsalen bewahre, welche es in diesen Zeiten erlitten hat, damit sie nie gezwungen werden, zu den traurigen Hülfsmitteln ihre Zuflucht zu nehmen, deren man sich hier bedienen mußte, um den Staat gegen diejenigen eroberungssüchtigen Fürsten Europa's zu schützen, welche das Haus Brandenburg und den preußischen Namen vertilgen wollten," — so ist dies ein tiefbedeutsamer Spruch, welcher Gedanken anregt und Aufschlüsse giebt, das Vaterland segnet und jenes Martyrium anbetet, welches die eisernen und außerordentlichen Mittel, deren er sich zur Rettung des Vaterlandes bedienen mußte, ihm verursachen. Zu diesen gehörte wohl auch seine Annäherung an die Pforte und es ist augenfällig genug, daß diese nur durch Friedrichs politischen Nothstand verursacht und in außerordentlicher Lage ein außerordentliches Mittel war, dessen man sich wie eines Gegengiftes bedienen wollte. Die Erfahrungen, welche der König mit Stambul machte, waren, wie man gesehen hat, im Ganzen ungünstig; ein eigentlicher Beistand des Halbmondes ist ihm nach langwieriger Mühe und vielen Opfern dennoch nicht zu Theil geworden und wenn nach der russischen Staatsveränderung von 1762 jenes Türkenheer an der unteren Donau den Frieden mit Oesterreich beschleunigte, so würde es doch ohne erstere den schließlichen Ruin Friedrichs nicht aufgehalten haben.

Dennoch war diese zweiundzwanzigjährige Wechselwirkung Preußens mit dem Türkenreiche (1741—1763) auch fruchtbar und lehrreich. Man lernte die ganze Eigenthümlichkeit jenes Orientes im Occident näher kennen und bereicherte damit Handel und Wissenschaft; man cultivirte die Moslems immer schon einigermaßen und milderte dadurch ihre schroffe Stellung mit den christlichen Völkern; man erwarb ihre Bewunderung und schuf der würdige dieser eine geistige Macht, durch den Islam viel mehr imponirte, als es die österreichischen Waffen je vermocht hatten. Auch war es genugthuend, daß man, trotz bergehoher Schwierigkeiten, doch endlich zum Ziele kam; wenn sich auch kriegerisch kein Nutzen mehr daraus ziehen ließ, — jene hatte doch einen Stein ausgehöhlt, es war neben dem erstaunlichsten Kriegserfolge, den es je gegeben hat, auch ein politischer Einzelnerfolg, welcher einzig in der Geschichte dasteht, erreicht worden, — dort und hier wurde das unmöglich Scheinende möglich gemacht. Endlich — man gab den Europäern eine große Lection: sie sollen als christliche Staatenfamilie gleichgewichtig zusammenhalten, sonst fordern sie den Orientalismus heraus und geben ihm die Haltpunkte ferneter Ausschreitungen; wenn aber eines ihrer Mitglieder von der ganzen Genossenschaft verlassen und bekämpft wird, was bleibt ihm denn da übrig als seine Hülfe außerhalb der Familie zu suchen?! Für das Gute, was daraus entspringt, muß ihm gedankt, das Bedenkliche einer solchen Auskunft nicht dem, der sich ihrer in solchen Umständen bediente, sondern seinen Bedrängern nach dem Verhältnisse der Ungerechtigkeit, mit welcher viel geschah, zur Last gelegt werden.

Hochzeitsgebräuche im Grödener-Thale.

Bei der Station Waidbruck der Brennerbahn, ungefähr halbwegs zwischen Bozen und Brixen, öffnet sich ein etwa sechs Stunden langes Thal, in welchem sich mancherlei Eigenthümlichkeiten des Volksgeistes urgemüthlich bewahrt haben. Es ist das Grödener-Thal, in der Sprache der Bewohner, den Ladinischen, Gherdeina genannt. Der Außenwelt ist der Name Gröden etwa von den Jahrmärkten bekannt. Die Grödener Kinderspielwaaren, wie jene Städte und Dörfer, Schäfereien, Jagden 2c., welche

in bunten Farben und plumper Schnitzerei ein Kinderherzchen zu erfreuen pflegen, stammen aus dem Grödener-Thal. Ueber 5000 Centner solcher höchst vergänglicher Spielzeuge gehen in alle Welt. In St. Ulrich, dem Hauptorte des Thales, sind die großen Niederlagen für den Export all' dieser kindlichen Augenweide. Kinder sind es auch, die schon vom zartesten Alter an mit der Holzschnitzerei beschäftigt werden. Leider ist der Baum, der das meiste Material liefert, die Zirbelkiefer, sehr im Abnehmen.

Das Grödener-Thal, eine prächtige Dolomitlandschaft, ist reich an Naturschönheiten, theils in großartigen Felspartien, theils namentlich durch den erhabenen Thalschluß mit dem Langkofel.

Wer sich aber für die Sitten und Gebräuche des Volkes interessirt, trifft hier, im italienischen Tirol, an der Grenze germanischer und romanischer Eigenart, des Originellen gar viel. Wir theilen hier die Hochzeitsgebräuche des Grödener-Thales mit.

Wenn Zwei sich zum heiligen Ehestande entschlossen haben, so gehen sie zuerst nach Bozen, um verschiedene Geschenke für sich und die Hochzeitsgenossen einzukaufen. Unter erstern darf ein Amulet für den Bräutigam nicht fehlen, um denselben vor Untreue und allem Unglück zu bewahren. Bald darauf erfolgt an einem Sonntag der Handschlag, d. h. die feierliche Verlobung, der die zwei Väter und die nächsten Verwandten als Zeugen beiwohnen.

Im Hause der Braut werden bei dieser Gelegenheit Strauben (Strübli, Fanedes) gebacken, von denen auch Nachbarn und Verwandte bekommen. Beim ersten Aufgebot, das am nächsten Sonntag erfolgt, dürfen die Brautleute nicht gegenwärtig sein, sondern müssen entweder zu Hause bleiben oder in ein anderes Dorf sich begeben, und dann sie erst Abends heimkehren. Beim zweiten Aufgebot erscheinen Beide im vollen Staate. Der Bräutigam trägt den langen Festrock, einen schönen Blumenstrauß auf dem Hut und einen an der rechten Seite, unter dem linken Arm aber hängt das Amulet an einem farbigen Bande, das sich über die rechte Schulter zieht. Er wird von seinem Bruder oder einem andern Verwandten begleitet. Die Braut ist nach aller Volkstracht gekleidet, die aus einem breitkrämpigen grünen Hute und scharlachrothen Corset mit schwarzem oder grünem Oberkleide besteht und dem zur Hochzeiten getragen wird. An der Seite der Braut geht die Kranzeljungfer, gleichfalls in der Volkstracht. Gehören die Brautleute nicht derselben Gemeinde an, so muß der Bräutigam an den Tagen des Aufgebotes in dem Wohnorte der Braut beim Nachmittagsgottesdienste erscheinen und sie nach demselben in's Wirthshaus führen und nach Hause begleiten. Acht Tage vor der Hochzeit beginnen die Einladungen zu derselben. Die Brautleute gehen zuerst zu den Nachbarn, dann zu den Gevattersleuten, endlich zu den Verwandten. Nachdem sie den bei dieser Gelegenheit üblichen Spruch hergesagt haben, werden verschiedene Speisen, Kaffee zum Schluß, aufgetischt. Die Braut muß den Geladenen ein Geschenk für das Hochzeitsmahl, weshalb selbes für die Hochzeitsgäste kostenfrei ist. Jedem Begegnenden müssen die Brautleute die Hände reichen und ihn wenigstens auf Besuch einladen. Am Tage vor der Hochzeit bringt die Kranzeljungfer dem Bräutigam das Hochzeitshemd, worin eine kleine Puppe genäht ist. Sie wird mit Böllerschüssen empfangen.

Endlich kommt der Hochzeitstag. Da erfordert vor Allem das Ankleiden der Braut eine besondere Aufmerksamkeit, weshalb stets eine kundige Person hierbei zu Rathe gezogen werden muß. Der Anzug der Braut besteht nun außer dem schon Erwähnten noch in Folgendem: Um die Stirne erhält sie ein breites schwarzes Sammetband, um die Lenden aber einen großen ledernen Riemen mit vielen Zierrathen aus Zinn oder Kupfer und versilbert, woran zur linken Seite ein Messerbesteck über das seidene Fürtuch herunterhängt. An beiden Seiten des Kleides flattern rothe und grüne Bänder, die genau geordnet sein müssen. Kein Bändchen, keine Farbe darf verwechselt werden; jedes Stück hat seinen bestimmten Platz. Die Braut muß sich allen Anordnungen aufs Genaueste fügen. Sie muß nun einen langsamen, majestätischen Gang annehmen, ganz bemühlig einhergehen, darf nicht viel sprechen und lachen, was überhaupt während des ganzen Brautstandes zu beachten ist. Unterdeß erscheinen die Geladenen in Volltracht. Die Jungfrauen tragen grüne, die Weiber schwarze Hüte. Endlich kommt der Brautvater, der nächste Nachbar des Bräutigams, und begehrt unter vielen Ceremonien von den Eltern die Braut. Diese küßt ihnen die Hand und geht weinend ab. Alle folgen. Unter dem Geläute der großen Glocke, unter Böllerknall und Musik zieht man in die Kirche. Jedes der Brautleute ist von seinem Zeugen begleitet. Während der Trauung müssen Beide recht nahe an einander stehen, damit der Teufel zwischen ihnen keinen Platz finde. Nach der Messe wird geweihter Wein (St. Johannessegen) getrunken. Die Kranzeljungfer giebt dann die in einem mit Bändern gezierten Körbchen befindlichen Geschenke für den Priester und Messner ab. Dann bindet sie einen Kranz dem geladenen Priester, der die Braut aus der Kirche begleitet, um den rechten Arm. Jetzt geht der Zug in's Wirthshaus, wo sogleich der erste Tanz beginnt, den die Kranzeljungfer mit dem Begleiter des Bräutigams macht. Hierauf ist das Mahl. Inzwischen erscheinen Masken und theilen allerlei komische Geschenke aus. Die Braut erhält eine Wiege, die Geschwister der Brautleute eine Ziege ohne Hörner. Am Ende des Mahles werden große Krapfen aufgetragen, die nie fehlen dürfen. Nun kommen Besuche von der Tanz beginnt. Spät Abends ist der Brauttanz, wobei die Braut mit jedem Hochzeitsgaste tanzen muß. „Vor Mitternacht gehen die Brautleute nach Hause, begleitet von Musik, die eine ganz eigene Melodie spielt.

Am andern Tage ist große Schlittenfahrt oder ein Schmaus im Wirthshause. Gewöhnlich gehen dann die Brautleute zu den Eltern der Braut, um die Kleidertruhe und die Ausfertigung abzuholen. Diese besteht in einem schönen Kleiderkasten und andern Möbeln, sowie in einem ganz aufgerichteten Bett. Auf dem Rückwege versperren Bettler mit Stangen und Seilen den Weg, und der Durchzug muß durch ein Geldgeschenk erkauft werden. Am nächsten Sonntag erscheint das junge Weib noch in Vollstracht in der Kirche, und im Wirthshaus wird von den Hochzeitsgästen der letzte Abschied mit Anwünschung alles Glückes und Segens gefeiert.

(Alpenpost.)

Literatur, Kunst und Theater.

Erstarrte Herzen. Roman von Karl Verkow. Leipzig. Dürr'sche Buchhandlung. Der Roman spielt im südlichen Ungarn zur Zeit des Aufstandes im Jahre 1848 und der darauf folgenden Reaction. Auf diesem düster bewegten Hintergrunde der öffentlichen Zustände geht eine nicht minder bewegte, von diesen Zuständen beeinflußte und getragene Handlung vor sich. Wir sehen zwei Adelsfamilien von dem Sturm der Zeit erfaßt und in das Schicksal des Landes verflochten, während ihre innere Welt von persönlichen Leidenschaften durchwühlt wird. Beide Gewalten, das feindlichen und innerlichen, führen zu tragischen Conflicten, die hier den Keim des Todes, dort ein neues Lebensglück in sich tragen. Diese Conflicte würden uns mit größerer Gewalt ergreifen als es der Fall ist, wenn der Verfasser seine Charaktere psychologisch mehr vertieft hätte. Sie sind correct in der Zeichnung und mit Ausnahme des übermenschlichen Opfers der Heldin, findet sich kein Zug, der gegen die Lebenswahrheit verstieße, allein die Umrisse sind hart, die Gestalten bleiben flach. Es fehlt ihnen an Modellirung und an jenem warmen Lebenshauch, der die Sympathie in der Brust des Lesers erweckt.

Im Umkreis von vier Meilen. Novelle von Adelheid von Rothenburg. Halle. Julius Fricke. Die Verfasserin entfaltet ein anmuthiges Talent in der Schilderung traulicher Familienscenen. Die Häuslichkeit des mit zwölf Jungen gesegneten biedern pommerschen Landedelmannes ist ein liebenswürdiges, mit Gemüth und Laune entworfenes Gemälde. Auch die umwohnenden Gutsfamilien sind meist trefflich charakterisirt. Leider tritt im Verlauf der Erzählung die religiöse Tendenz derselben so aufdringlich in den Vordergrund und zerstört das rein menschliche Behagen, welches die Lectüre anfangs bei dem Leser erregt. Selbst die Wahrscheinlichkeit wird der Tendenz geopfert und so müssen wir gegen den Schluß verschiedene Dinge, wie z. B. die Bekehrung des Hauslehrers, in den Kauf nehmen, die ebenso gegen die Kunst wie gegen die Natur verstoßen.

Verleumdung. Criminalgeschichte von C. B. v. Dedenroth. Berlin. B. Brigl. Der Verfasser hat das Interesse des Lesers an dieser Criminalgeschichte einigermaßen dadurch beeinträchtigt, daß er den wahren Schuldigen und seine Motive zu früh verräth. Der wirkliche Schuldige und die Verleumdaten entschädigen durch ihre Charaktere nicht für den vorzeitigen Blick hinter die Coulissen.

Der Kampf um's Dasein am Himmel. Versuch einer Philosophie der Astronomie von Dr. Karl Freiherr du Prel. Zweite umgestaltete und vermehrte Auflage. Berlin. Denike's Verlag. Wir haben dieses Werk, welches die Theorie Darwin's von der organischen Entwickelung auf die anorganischen Himmelskörper in höchst geistvoller Weise anwendet, bereits bei seinem Erscheinen in erster Auflage (1875) eingehend besprochen. Hierauf Bezug nehmend, sei die zweite Auflage, welche die frühere bedeutend ergänzt, angelegentlich Allen empfohlen, die eine großartige und einheitliche Auffassung der gesammten Naturerscheinungen sich zu eigen machen wollen. Das Buch giebt die naturwissenschaftliche und philosophische Quintessenz aus der Astronomie nach dem gegenwärtigen Stande unserer Kenntnisse und zwar in einer überaus klaren, allgemein verständlichen Ausdrucksweise.

Ein interessantes Manuscript Luther's. Schon seit mehr als zweihundert Jahren befindet sich auf der königl. Bibliothek Dresdens das eigenhändige lateinische Manuscript Martin Luther's von den ersten Vorlesungen, welche derselbe 1513 bis 1516 den Augustinern in Wittenberg über die Psalmen gehalten hat. Aber erst der jetzige zweite Bibliothek-Secretär, Dr. Schnorr v. Carolsfeld, ein Sohn des berühmten Malers, machte die interessante Entdeckung, daß der Text dieser Handschrift noch unbekannt war, und daraufhin übernahm der als emeritirte Pfarrer in Dresden lebende bekannte Luther-Forscher Joh. Karl Seidemann die Abschrift des zwar zierlich geschriebenen, aber wegen vieler Abkürzungen schwer zu lesenden Manuscripts. Mit Unterstützung des Cultusministeriums und der Generaldirection der königl. Sammlungen ist nun diese längst vermißte Arbeit Luther's in zwei starken Bänden (R. v. Zahn's Verlag in Dresden) zum Druck gelangt. Als einziges literarisches Zeugniß aus Luther's frühester Zeit ist das Werk um so beachtenswerther, als es zwar einen katholischen, ja rein mönchischen Standpunkt einnimmt, in einzelnen Punkten der Auffassung jedoch auch schon den späteren Reformator ahnen läßt.

Das Antiquariat der Bielefeld'schen Hofbuchhandlung in Karlsruhe hat ein Verzeichniß von Schriften über die Revolutionen des 18. und 19. Jahrhunderts ausgegeben, daß noch dadurch ein besonderes Interesse erhält, daß eine große Zahl dieser Schriften aus der Bibliothek Georg Herwegh's herrührt.

Rudolf Genée hat in der Landesbibliothek zu Kassel einen bis jetzt unbekannt gebliebenen Druck von einem der hervorragendsten Stücke Christofer Marlow's: „König Eduard der Zweite" aufgefunden. Dieser aus dem Jahre 1594 stammende Druck ist um vier Jahre älter als der bisher für die erste Ausgabe gehaltene und in England befindliche Druck des Stückes.

Dem Mathematiker Gauß soll ein Denkmal errichtet werden. Es hat sich zu diesem Zwecke in Braunschweig ein Comité gebildet, dessen Ehrenpräsident, Geheimrath Dr. Trieps, einen Aufruf um Beiträge veröffentlicht hat. Man hofft, schon am 30. April 1877 den Grundstein legen zu können.

Die Statue Sir Robert Peel's wurde am 10. Dezember am Londoner Parlaments-Square enthüllt.

Ein Denkmal Mirabeau's wurde in der Stadt Aix bei Marseille enthüllt. Die Initiative zu dieser Huldigung war schon unter dem Kaiserreich ergriffen worden, was nicht hindert, daß die reactionären und namentlich die clericalen Blätter aus diesem Anlaß wieder über die Verworfenheit der Zeit klagen.

Ein interessantes Portrait. Im „Hôtel Drouot" zu Paris gelangte jüngst der Nachlaß des wenig bekannten Malers de Cailleux, der unter Ludwig Philipp Director der Museen war, unter den Hammer. Das interessanteste Stück der nicht sehr wichtigsten Kunstsammlung war ein Porträt von André Chenier, das sein Freund und Mitgefangener im Gefängniß Saint-Lazare kurz vor seiner Hinrichtung gemalt hatte und welches überhaupt das einzige ist, das man von dem Dichter kennt. Die Erben verlangen für das Bild, dessen künstlerischer Werth weit hinter dem historischen zurücksteht, 25,000 Francs und es hat sich dafür noch kein Liebhaber gefunden.

Marino Faliero. Trauerspiel in 5 Aufzügen von Heinrich Kruse. Es mag schwer sein, einen „Marino Faliero" zu schreiben, ohne sich an die gleichnamige Tragödie Lord Byron's anzulehnen und von ihr zu entlehnen. Die Kritik kann sich dem Vergleich mit ihr bei Beurtheilung des Trauerspiels von Heinrich Kruse, welches am 21. Dezember zum ersten Male auf der Königlichen Bühne Berlins aufgeführt wurde, um so weniger enthalten, als der deutsche Dichter den englischen eigentlich nur zu corrigiren versucht und umschrieben hat. Diese Correcturen sind leider nicht sehr glücklich ausgefallen. Lord Byron's Doge erscheint frei von jeder Eifersucht und selbst die Spottverse des jungen Steno auf sein eheliches Verhältniß vermögen ihm nicht den geringsten Verdacht gegen die Treue seiner jungen Gattin einzuflößen. Ohne jedes Zuthun von seiner Seite an die Spitze des Staats berufen, nachdem er sich als Heerführer und Diplomat in gleicher Weise ausgezeichnet hat, hält er von Anfang an die Beschränkung seiner Regierungsgewalt durch den Adel für das Gesammtwohl des Staates der unbegrenzten Willkür des schweifellosen Adels gegenüber für höchst bedenklich. Aus diesem Grunde und nicht aus persönlichem Ehrgeize sinnt es auf Erweiterung seiner Macht, und dieser Gedanke wird zur That, und er verbindet sich mit der verschworenen Bürgerschaft (im Umsturz der Verfassung), als der Rath der Vierzig Steno für die lästige Beleidigung, die dieser seiner Ehre zugefügt, mit einer kaum nennenswerthen Strafe belegt. Er vergißt von dem Steno und dessen Beleidigung über die größere, die ihm und seiner Würde der Rath zugefügt hat. Daß er noch persönliche Motiven hat, was ihm vorher nur zum Wohle des Ganzen nothwendig schien, ist seine Schuld, an der er zu Grunde geht. Steno selbst erscheint nur einmal auf der Scene, als Mitglied der Giunta, die über den Rebellen zu urtheilen hat, und bezwungen von der Größe des Mannes und dem Seelenadel der Fürstin bittet er beide um Entschuldigung der Beleidigung, die er ihnen in seinem Jugendübermuth zugefügt hat.

Heinrich Kruse hat seinem Steno einen ungleich größeren Spielraum gewährt und eröffnet das Stück mit einer historisch unmöglichen und jedes Zartgefühl empörenden Scene. Steno und Faliero erscheinen persönlich vor den Gerichtsschranken der Vierzig; der Doge klagt persönlich und Steno, der sich im vollen Sinn des Wortes wie ein Gassenbube beträgt, verantwortet sich. Es wird nun von dem greisen Oberhaupt des Staates und diesem frechen Burschen das schmutzigste Wäsche gewaschen und der Name der Dogaressa in den Koth getreten. Der Doge erscheint würdelos als ein Hitzkopf und lächerlich als eifersüchtiger Greis, der junge Leute mißhandelt, weil sie der Schönheit seiner Gemahlin ein wenig huldigen. Auch bei Byron hören wir, daß Steno von dem Dogen aus einer Gesellschaft fortgewiesen worden sei, aber weil er sich unanständig gegen die Ehrendamen der Herzogin betragen hatte. Den Dogen Kruse's können wir höchstens als alten schwachen Mann bemitleiden. Ehrfurcht flößt er uns nicht ein und noch weniger Bewunderung, die wir Byron's Faliero selbst da nicht versagen können, wo er irrt. Lediglich aus Wuth über die gelinde Strafe Steno's wird Kruse's Doge zum Verschwörer und Rebellen und wenn er hinterher etwas von Staatswohl fallen läßt, so geschieht es, um seinen verbrecherischen Plan zu beschönigen. Er ist eifersüchtig, und zwar mit anscheinend gutem Grunde, aber wir begreifen den Zweck nicht. Etwa um die Motive zu verstärken, die ihn zur Empörung treiben? Aber hat der Dichter nicht, daß Häufung der Motive in der Kunst schwächend statt kräftigend wirkt? Oder hat er diese Saite nur angeschlagen, um Gelegenheit zu der Scene zu finden, in der die Herzogin ihrem Gemahl die Geschichte ihrer Liebe zu ihm erzählt? Diese Scene ist wirklich überaus reizend und die einzige glückliche Abweichung von Byron. Aber ist es möglich, selbst durch das lieblichste Geplauder einer schönen, jungen Frau Thatsachen aus der Welt zu schaffen? Schwerlich! Wir wissen aus dem Munde der alten Hoffräulein Nerina, daß Steno die Herzogin in einem dunklen Corridor geküßt habe. Qualvoller Zweifel an der Treue der Herzogin ist die Dominante des Dogen nach der Gerichtsscene; jetzt erfährt er von Nerina die Kußgeschichte. Bei seiner maßlosen Leidenschaftlichkeit müssen wir das Aeußerste für die Herzogin fürchten. Aber dieser Mann, der auf verletzter Ehre den Staat umstürzen will, hat den Muth, sie nach dieser Geschichte zu fragen. Ihr Geplauder drängt dieselbe in den Hintergrund. Erst will er Rache an dem Adel nehmen und dann — ja dann wird es fürchterlich werden. Aber als die Revolution geschehen ist, erfährt er, was der Zuschauer auch bereits erfahren hat, daß der Kuß auf einem Mißverständniß beruht und man nur zur Reue über seine Empörung das peinliche Gefühl zu gesellen, seiner Gattin bei sich Unrecht gethan zu haben. Das ist alles. Heinrich Kruse hat Byron doch so eingehend studirt, daß ihm manch herrlicher Gedanke desselben im Gedächtniß haften geblieben ist, warum hat er nicht die Gründe beherzigt, die jener im Vorwort zum „Marino Faliero" über die Bedenklichkeit des Eifersuchtsmotives in dem Charakter des Dogen anführt?

Wir müssen indessen noch einen Moment bei der von Kruse erfundenen Kußgeschichte verweilen, mit der es folgende Bewandniß hat. Steno hat in dem dunklen Corridor die Herzogin mit deren Hoffräulein Asta, die er liebt, verwechselt. Seinen Irrthum erkennend, hatte er die Herzogin flehentlich um Verzeihung gebeten und diese auch erhalten. Dieses Ereigniß liegt vor dem Stücke, welches, nach dem Beispiele Byron's, die Handlung in kaum 24 Stunden zusammenpreßt. Bei dem ersten Aufgange des Vorhangs hat man eben die Verse Steno's gefunden, in denen der Doge als Hahnrei verspottet wird. Auf solche Weise die Güte einer Frau zu vergelten, von der Steno überdies durch Asta wissen mußte, daß auf ihrer Jugend auch nicht der kleinste Makel ruhe, ist denn doch eine bodenlose Gemeinheit. Und für einen solchen Charakter verlangt der Dichter unser Interesse! Nun begreifen wir freilich sein pöbelhaft freches Benehmen gegen den Dogen vor Gericht, und eben nicht von der feinsten Sorte ist sein Verhalten und sein Witz in den Scenen mit der alten Närrin Nerina und mit Asta, die eine junge Gans ist, Scenen im Styl der Posse, welche von dem Dichter eingeschoben sind, um Steno bis zum fünften Akt über Wasser zu halten. Daß er in diesem als Mitglied des Richtercollegiums dem Dogen das Leben zu retten sucht, indem er an dessen glorreichen Sieg über die Ungarn bei Zara erinnert, mag mit seiner früheren moralischen Schlechtigkeit einigermaßen aussöhnen. Volle Wirkung könnte diese Vertheidigungsrede nur thun, wenn sie mehr aus dem Innern herauskäme und weniger auf äußeren theatralischen Effekt berechnet wäre. Aus einem andern Grunde bleibt die prophezeiende Verwünschung Benedigs matt, mit der Faliero zum Tode geht. Da seine Empörung aus persönlicher Rachsucht entsprungen ist, so bestreiten wir ihm das Recht zu dieser Verwünschung, abgesehen davon, daß es mit solchen Prophezeiungen post festum stets etwas Mißliches ist. Heute würde aus diesem letzteren Grunde vielleicht auch der wahrhaft großartige Fluch von Byron's Marino Faliero, insofern er prophetisch ist, von der Bühne herab nicht mehr die volle Wirkung thun; allein er hätte sie zu Byron's Zeiten und noch lange nachher gethan. Denn zunächst ging die Republik thatsächlich an denselben Schwächen und Fehlern der Adelsherrschaft zu Grunde, welche diesen Dogen zur Empörung treiben. Die persönliche Beleidigung, die er erhalten, war nur der Funken, der das geladene Geschoß losbrennt, und nichts anderes war die französische Revolution, welche dieser Adelsrepublik später den Garaus machte. Dann aber dürfen wir nicht übersehen, daß Byron's Tragödie eine glühende Freiheitsliebe athmet. Der Haß gegen den Hochmuth und die Bedrückung des Volks durch die Adelsherrschaft bildet bei ihm den mächtigen glühenden Kern der Tragödie, und als er seinen „Marino Faliero" schrieb, litt Venedig unter Oesterreich, wie einst unter dem Despotismus seines eigenen Adels. Was er den Dogen als prophetischen Fluch aussprechen läßt, war greifbare Gegenwart und es hat schwerlich bis zum Jahre 1866 ein Venetianer gegeben, der den berühmten Fluch anders als gegen Oesterreich gerichtet aufgefaßt hat. Das Ausmalen des elenden Zustandes, zu dem Venedig thatsächlich herabgesunken war, mußte ein Sporn mehr sein, das Joch der Fremdherrschaft abzuwerfen. Heinrich Kruse's Trauerspiel stellte das Publikum nicht ganz zufrieden. Vielleicht macht man jetzt den Versuch, Byron's historische Tragödie auf die Bühne zu bringen. Für das Publikum würde es die zwiefache Heirath von Hamlets Mutter in umgekehrter Reihenfolge sein.

„Nero", Tragödie in 5 Akten von Martin Greif, wurde im wiener Stadttheater am 11. December zum ersten Male aufgeführt und fand eine freundliche Aufnahme. Der Dichter wurde wiederholt gerufen. Das Stück ist reich an poetischen Schönheiten.

Wilhelm Schröder's Schauspiel „Studenten und Lützower" wurde am 11. December im Alten Stadttheater zu Leipzig von Corpsstudenten zur Aufführung gebracht und von dem Publicum mit solchem Beifall aufgenommen, daß am 14. eine Wiederholung stattfinden mußte.

Die Staatskunst der Frauen, ein neues Lustspiel von Felix Dahn, wurde bei seiner Aufführung im Stadttheater zu Königsberg mit Beifall aufgenommen.

Göthe's „Jery und Bätely" wurde kürzlich in Hannover mit vielem Beifall zur Aufführung gebracht. Die Musik rührt von Frau Ingeborg v. Bronsart, der Gemahlin des dortigen Theater-Intendanten, her.

Der neue Vertrag des Herrn Niemann mit der königl. Oper in Berlin ist vom Kaiser sanctionirt worden. Diesem Vertrage zufolge bleibt Herr Niemann in den nächsten fünf Jahren während fünf Monate der Wintersaison Mitglied der berliner Oper. Der neue Vertrag alterirt das Pensionsverhältniß Niemann's in keiner Weise. — Frau v. Voggenhuber wurde unter den bisherigen Bedingungen lebenslänglich für die berliner Oper engagirt.

Todtenschau. von Brauchitsch, Ober-Justizrath und Appellationsgerichtspräsident in Stettin, starb dort am 11. December. — Hugo Harrer, hochbegabter Architekturmaler, von dem auf der jüngsten großen Kunstausstellung Berlins zwei prächtige Gemälde sich befanden: der Bogen der Octavia auf dem alten Fischmarkt in Rom und das Marcellus-Theater daselbst, 1837 in Hirschberg geboren, starb am 7. December in Rom. — Adolf Bürger, Genremaler, als Darsteller von Volksscenen aus dem wendischen Leben des Spreewaldes in weitesten Kreisen bekannt, 1833 in Warschau geboren, starb am 13. December in Berlin. — David Forbes, ausgezeichneter englischer Geologe und Chemiker, Bruder des gleichfalls verstorbenen bekannten Professor Edward Forbes, starb am 10. December in London, 48 Jahre alt. — Wilhelm von Frantl, kaiserlicher Rath und erster Warbein im weiter k. k. Hauptmünzamte, außer seinem Berufe als Montanistiker, tüchtiger Entomologe, starb am 13. December in Wien. — Oberst Dupressoir, der Commandant des französischen Garde-Kürassier-Regiments, das 1870 den berühmten Angriff bei Rezonville machte, starb Anfangs December in Nancy. — Louis A. Lucas, englischer Afrikareisender, starb an Bord des Dampfers Massana auf der Fahrt nach Suez. — August Siemers, Componist und Pianist, starb in Dresden am 30. November, 58 Jahre alt. — Graf Anton Reinhold Wrangel, schwedischer Diplomat, gewesener Ministerresident bei den Hansestädten und Mecklenburg, starb am 2. December auf seinem Gute Tolarp in Jönköping, 76 Jahre alt. — Heinrich Büttgen, Hofschauspieler in München, starb daselbst am 12. December, 55 Jahre alt. — Dr. Prosch, Regierungsrath, Reichstagsabgeordneter, starb am 19. December in Schwerin. — Luise Hensel, bekannt durch ihre religiösen Lieder, am 30. März 1798 zu Linum in der Mark Brandenburg geboren, 1818 zum Katholicismus übergetreten, starb am 17. December zu Paderborn. — Graf Joseph Thurn und Taxis, Erblandpostmeister in Tirol, starb in Schwaz. — Dr. Campbell, Rector der Universität Aberdeen, starb am 12. December in Old Aberdeen. — Dr. Gustav Dinter, einer der Führer der Fortschrittspartei in Königsberg, starb dort am 13. December. — Dr. Johann Karl Knaut, Obergerichtsrath in Hamburg, eine Autorität in Handelsgerichtssachen, starb daselbst am 8. December, 76 Jahre alt. — Dr. Karl Panse, Herausgeber der Zeitung „Deutschland", starb in Weimar am 11. December. — Karl Szathmary, ungarischer Publizist und volkswirthschaftlicher Schriftsteller, starb am 9. December in Bereghszaj, 52 Jahre alt. — Karl Christoph Freiherr von Waldenfels, k. bairischer Appellationsgerichtspräsident a. D., starb am 12. December in Baireuth, 79 Jahre alt.

Mannichfaltiges.

Der Conferenzsaal in Konstantinopel wird von einem Correspondenten der „K. Z." wie folgt beschrieben: Im rechten Flügel des russischen Botschaftspalastes zu Pera ist der Conferenzsaal hergerichtet. Es ist ein kleiner einfacher Salon mit fünf Fenstern. Um einen mittelgroßen Tisch herum gruppiren sich sehr gründüberzogene Plüschstühle; an den Wänden vorbei laufen Sophas und Sessel von gleicher Farbe; die der Tischdecke dagegen ist nicht grün, sondern rothbraun; sie bedeutet einen völligen Bruch mit aller diplomatischen Sitte und giebt den hergebrachten „Verhandlungen am grünen Tische" ihren Todesstoß. Auf einem Seitentische liegen Federn, Tinte, Papier und Couverts in allen Größen; in dem Marmorkamine flackert ein behagliches Feuer; ein Spiegel darüber strahlt das Bild der den Bosporus einfassenden Berge zurück; und aus dem Rahmen des Oelgemäldes an der Südwand schaut der Kaiser Alexander. Die Aussicht von dem Fenster ist bezaubernd; sie umfaßt den Bosporus und das Goldene Horn, die Moschee von Scutari und die Aja Sofia, den Seraskierthurm und den Thurm von Galata. Europa und Asien.

Die Bevölkerungsabnahme in Frankreich hat Léonce de Lavergne veranlaßt, sich in der Akademie am 3. November über diesen Gegenstand zu verbreiten. Er sucht die Hauptursache in den zahlreichen Kriegen, welche zur Zeit des ersten Kaiserreiches allein zwei Millionen Menschenleben hingerafft haben, während der darauf folgende Friede gebrechlich und nicht sehr fruchtbar gewesen sei. Die Juliregierung mit ihren Feldzügen in Afrika, das zweite Kaiserreich und dessen Kriegsführung bis in die jüngste Zeit hätten die Blüthe der männlichen Bevölkerung theils weggerafft, theils wenigstens für lange Zeit der Volkswirthschaft entzogen, während die wachsende Last der Steuern zur langsamen Zunahme der Bevölkerungsziffer noch das ihre zugefügt habe. In der Normandie finde stetige Entvölkerung statt, weil das Weideland in derselben sich widernatürlich ausgedehnt habe, so daß das Vieh dort die Menschen verdränge, und ein Schäfer mit seiner Heerde schließlich den Raum ausfülle, welchen sonst mehrere Bauernfamilien einnahmen. Frankreich, das jetzt nächst Spanien das am dünnsten bevölkerte Land Europa's ist, könne dieser bedrohlichen Thatsache nur dann ein Ziel setzen, wenn man nicht nur der Abnahme der Geburten, sondern auch der steigenden Zunahme der Sterbefälle, besonders von kleinen Kindern, zu steuern suche. Die Geburten müßten mindestens um 10 pCt. zunehmen, die Sterbefälle um ebensoviel, um 85,000 Seelen jährlich, sich verringern. Als bestes Mittel empfiehlt er Frieden, ein milderes Militärgesetz, Herabsetzung der drückendsten Steuern, Förderung des Landbaues, Verbesserung der öffentlichen Gesundheitspflege, namentlich in Bezug auf die Neugeborenen und kleinen Kinder, sowie eine Reform in der Behandlung der auf die öffentliche Mildthätigkeit angewiesenen Säuglinge.

Aufklärung im 19. Jahrhundert. In einem württembergischen Dorfe gingen einem Bauern mehrere Stücke Vieh rasch hintereinander zu Grunde. Der arme Mann war sogleich überzeugt, daß sein Vieh „verhext" sei. Sei es nun, daß er es nicht wagte, sich an den Ortsgeistlichen zu wenden, wie dies sonst zu geschehen pflegt, oder daß er demselben die Kraft nicht zutraute, die ganz besonders mächtige Hexe zu „bannen", — kurz, er wandte ein Mittel an, dessen Ursprung wir im tiefsten Mittelalter zu suchen haben. Er ging in seiner Noth zu dem Waffenmeister, erzählte ihm den Sachverhalt und bat um Hülfe. Derselbe sagte diese bereitwilligst, das heißt gegen 30 M. Honorar, zu und beschloß, das Radikalmittel der Verbrennung gegen die Hexe anzuwenden. Nachts um 11 Uhr schichtete er und sein Sohn im Beisein des Bauern einen mächtigen Kreis von Holz auf und, nachdem der Bauer die Weisung bekommen, sich in angemessener Entfernung zu halten, um die Ceremonie nicht zu stören, begann der Hokuspokus. Nach einigen kräftigen Sprüchen rief der Zauberer dem Bauern zu, jetzt sei die Hexe „gebannt", und zündete den Holzstoß an, worauf der Sohn des sauberen Hexenmeisters in einem Gebüsche nebenan erbärmlich schreien mußte, zur Ohrenweide des rachsüchtigen Bauern. Dieser ward dadurch vollständig überzeugt und zahlte in seiner Herzensfreude die bedungenen 30 M. mit Vergnügen. Doch sollte damit die Sache noch nicht vorbei sein. Mehrere Leute sahen das mächtige Feuer, und man brachte die Geschichte schließlich zur Anzeige, worauf die beiden Hexenmeister nebst seinem Sohne wegen Betrugs eine ansehnliche Strafe erhielten.

Alterthümer in Indien. Aus Madras wird die Entdeckung interessanter Alterthümer gemeldet, die angeblich der voraffyrischen Periode angehören. Versteinerte menschliche Leichen, ungeheuere Urnen, in welchen die Leichen der Eingeborenen vor der Zeit der Brahminen verbrannt wurden, merkwürdige irdene Gefäße und mannichfache Arten von Ackergeräthen sind ausgegraben worden. Mehrere der Basen oder Urnen sind über einen Fuß hoch und reich geschmückt. Die Entdeckungen haben viel Interesse hervorgerufen und die Regierung von Madras hat beschlossen, die Unternehmer der Ausgrabungsarbeiten pecuniär zu unterstützen.

Costume-Studien. Aus Konstantinopel wird vom Anfang December einem deutschen Blatte geschrieben: „Vor einigen Tagen spielte sich auf der von Galata über das Goldene Horn nach Stambul führenden Brücke eine drollige Scene ab. Ein allgemein bekannter Advocat aus Pera, von zwei starken Hamalen gefolgt, die je eine große Kiste schleppten, wandelte um die Mittagszeit gravitätisch über die Brücke und unterwarf die Gewänder der zahlreich dort aufgepflanzten Bettler einer eingehenden Revision. Hatte er einen gefunden, dessen äußere Umhüllung an Anspruchslosigkeit, malerischen Rissen und Löchern nichts zu wünschen übrig ließ, so gab er seinen Hamalen ein Zeichen, diese verbargen die Gruppe durch Ausbreitung eines großen Leintuchs vor den Blicken der Neugierigen und innerhalb dieses Zeltes wurde nun der glückliche Besitzer des phantastisch-schmutzigen Bettlerkleides entäußert und durch Ueberreichung eines neuen Prunkgewandes erfreut, deren die eine Kiste einen Exemplare enthielt. Das abgelegte Bettlercostüme ward nunde — nicht etwa in's Goldene Horn versenkt, sondern in die andere Kiste gelegt. Als die Kiste mit den neuen Gewändern leer und die andere dagegen von den zehn schmutzigsten Bettlercostümen gefüllt war, die man in Konstantinopel nur aufzutreiben im Stande ist, wandelte der Jünger des Themis, von einer gewaltigen Menschenmenge begleitet, würdevoll nach Hause. „Aber was fällt Ihnen denn ein, Mr. T.? Wollen Sie sämmtliche Nachsen hier kleiden?" fragte man Abends im Club den Advocaten. Der aber lächelte höhnisch und sprach: „Nichts weniger als das. Ein mir befreundeter Maler in Paris hat mich mehrmals dringend um Uebersendung einiger schmutziger Bettlercostüme, um Studien daran zu machen. Ich hielt die Sache für einen Scherz und kümmerte mich nicht weiter darum. Jetzt wird der Mann böse und da blieb mir nichts Anderes übrig, als seinem Wunsche zu willfahren. Heute habe ich die zehn Kleider in der großen Kiste an ihn abgesendet. Möge er gute Studien daran machen, wenn die Einwohner der Gewänder nicht etwa auf der Reise, aus Mangel an der gewohnten Fleischnahrung, die Kleider verlassen und die Kiste leer ankommt!"

In die Reihe der höchsten Bauwerke der Erde (Nr. 11) ist, wie uns mitgetheilt wird, noch der Petri-Thurm in Rostock zu fehen. Er ift 132 Meter hoch, mithin zwischen St. Martin zu Landshut (132,5 M.) und den Dom zu Freiburg im Breisgau (125 M.) zu ftellen.

Der Mord am Stilfser Joche. Henri de Tourville, der der Ermordung feiner Gattin am Stilfser Joche angeklagte Rechtsgelehrte, wurde am 6. December zum leptenmale dem Polizei-richter in Bow-Street, London, vorgeführt. Sarah Clapinson, die ehemalige Zofe der verftorbenen Madame de Tourville, wurde als Entlaftungszeugin verhört. Zeugin erklärte, fie glaube nicht, daß der Angeklagte feine Frau getödtet habe. John Rogers Jennings, ein londoner Advocat, der im Auguft d. J. das Stilfser Joch befucht hatte, erklärte, daß an der Stelle, wo Madame de Tourville ihr Leben verloren, die Straße durchaus nicht abfchüffig fei und Raum für zwei nebeneinanderfahrende Wagen gewähre. Nach feiner Anficht konnte die Verftorbene nach ihrem Sturze unmöglich den Abhang hinuntergerollt fein. Nach der Vernehmung einiger anderer Zeugen verfügte der Polizei-richter die Auslieferung des Angeklagten an die öfterreichifchen Gerichte.

Holtei im Klofter. Wie dem „Neuen Wiener Tageblatt" aus Breslau gefchrieben wird, fühlte fich der achtzigjährige Karl v. Holtei, der Patriarch unter den deutfchen Schriftftellern, in letzter Zeit körperlich fo herabgekommen, daß er fein altes, lieb-gewordenes Afyl im Hotel zu den „drei Bergen" verlaffen und im Klofter der barmherzigen Brüder um Aufnahme bitten mußte. Die Herren Patres waren fo menfchenfreundlich, dem müden, hinfälligen Greife feine Bitte — natürlich gegen angemeffene Be-zahlung für feine eigene Seite — zu erfüllen, und räumten ihm ein Zimmer ein, wo er, umgeben von milder Pflege, feine Tage in Ruhe befchließen kann.

Empfindungen eines Skalpirten. Ein Reporter der Newyorker „Poft", M. Stephenfon, welcher vor wenigen Monaten von Sioux-Indianern ffalpirt worden ift, fchildert feine Em-pfindungen bei und feit dem Vorgang folgendermaßen: Von dem Moment, wo ich gefangen wurde, bis zu dem, wo ich das Bewußtfein verlor, find höchftens zwei Minuten verfloffen, die doch wurden fie mir zu einer Ewigkeit. Ich fühlte, wie das Laffo fich um meinen Körper fchwang, fiel vom Pferd und faft in demfelben Augenblick fühlte ich zwei Knien auf meiner Bruft und die zwei feurigen Augen einer Rothhaut auf mich gerichtet. Der Indianer ergriff feinen Tomahawk, um mir den Schädel zu fpalten, doch plötzlich inne-haltend und fich überlegend, daß es wohl angenehmer fein müffe, mich lebend zu fkalpiren, legte er den Tomahawk neben fich aufs Gras. In diefem Augenblick wollte ich fchreien, mich zu erheben, zu vertheidigen fuchen — aber ich war wie gelähmt! Im Zeit-raum eines Augenblicks fah ich vor meinen Augen fein Meffer blitzen, fühlte ich etwas wie einen feurigen Ring um meinen Kopf, dann war mir es, als ob man eine Schale aus heißem Eifen mir direct auf die Hirnfchale legte, und während der Indianer fich entfernte wurde ich ohnmächtig. Bald hatten mich

Unionstruppen aufgefunden und fo fchwebte ich einen Monat lang im Hofpital zwifchen Leben und Tod. Während diefer Zeit brannte mir der Kopf, als wenn ich eine brennende Weingeift-lampe im Gehirn hätte. Die Kopfhaut ift unterdeffen wieder gewachfen, freilich kein Haar darauf und mit rothen Flecken ver-fehen. Diefe Haut ift äußerft empfindlich, namentlich fühle ich Stiche unter derfelben bei Witterungsveränderungen. Hinzuzu-fügen ift noch, daß die „Poft" Herrn Stephenfon eine Ent-fchädigung von 20,000 Dollars gegeben hat.

Einige hiftorifch intereffante Entdeckungen find kürzlich zu London in der Kirche St. Peters ad vincula, die innerhalb der Räume des „Tower" liegt, bei Gelegenheit von Ausbefferungen gemacht worden. Es war bekannt, daß die für Staatsverbrechen Hingerichteten innerhalb der Einfaffung jener Capelle beigefetzt worden waren. Mit Hülfe von Chroniken und Regiftern ift man nun dahin gelangt, einige der Ueberrefte genau zu beftimmen. Im Mittelpunkt der Capelle fand man den Körper einer Frau von wenigftens fiebzig Jahren und überzeugte fich, daß diefes der Leichnam der Gräfin Salisbury, der letzten aus dem Haufe der Plantagenets, fein müffe, die auf Befehl König Heinrichs VII. hingerichtet ward. Nicht weit von diefer Stelle fand man den Körper eines Mannes von großem Wuchs und Umfang, den man für Robert Dudley, Herzog von Northumberland und Vater der Lady Jane Grey, hält. Zweifel an der Richtigkeit diefer Anficht erregte der Umftand, daß zugleich mit dem Körper das Haupt gefunden ward, und fiehe da! Die Archive wiefen bei weiterem Nachforfchen die Thatfache auf, daß gerade Dudley's Haupt nicht auf London Bridge öffentlich ausgeftellt worden war. Dicht unter dem Altar endlich wurden die Gebeine einer Frau von ausnehmend zartem Baue, die man Anna Boleyn, entdeckt. Noch ift die Arbeit der Commiffion nicht beendet, und fo ift Ausficht, daß auch nicht nur Lady Jane Grey, fondern alle, die in dem Gewölbe von St. Peter ad vincula beigefetzt wurden, identifi-cirt werden können. Einftweilen find die gefundenen Leichname in Bleifärge gethan und mit vorläufiger Bezeichnung verfehen worden.

Eine neue Flugmafchine. In Chatham wurden jüngft einige Verfuche mit einer neuen Flugmafchine gemacht, welche die Erfindung des Ingenieur-Capitäns M. T. Sale ift. Sie hat den Zweck, bei Erforfchung der Pofition eines feindlichen Lagers zur Nachtzeit in Anwendung gebracht zu werden. Die Mafchine befteht aus einem leichten Rahmenwerk, bedeckt mit lofer Lein-wand, die mit Luft gefüllt wird und fo die Mafchine fchwebend erhält. Wenn diefelbe einen gewiffen Höhepunkt erreicht hat, wird ein mit Feuerkugeln gefüllter Fallfchirm hinausgehißt, der beim Erreichen der Mafchine explodirt und die Feuerkugeln von fich wirft, wodurch das umliegende Terrain auf eine bedeutende Entfernung hin beleuchtet wird und auf diefe Weife eine Armee bloßgeftellt würde. Die bisherigen Verfuche find fo weit be-friedigend ausgefallen.

Leranw. Herausgeber: Otto Janke in Berlin. – Redacteur des Feuilletons: Robert Schweichel in Berlin. – Verlag von Otto Janke in Berlin.
Druck der Berliner Buchdruckerei-Actien-Gefellfchaft. – Correfpinnen-Schule des Lette-Vereins.

Deutsche Roman-Zeitung.

N͞o. 16. Erscheint achttäglich zum Preise von 3⅓ ℳ vierteljährlich. Alle Buchhandlungen und Postanstalten nehmen dafür Bestellungen an. Durch alle Buchhandlungen auch in Monatsheften zu beziehen. Der Jahrgang läuft von October zu October. **1877.**

Die junge Frau.

Roman

von

Hans Wachenhusen.

(Fortsetzung.)

Achtundzwanzigstes Capitel.

Die öffentliche Meinung.

Der Winter verstrich mir; ich ahnte seine Dauer nicht einmal. Die Tage folgten einander, ich sah sie nicht kommen, nicht schwinden, selbst die Ruhepunkte meines Glücks füllten die Gedanken an dasselbe aus.

Neuenfeld griff mit fester, practischer Hand auch in die Oekonomie unseres Gutes ein. Alles ging in einem neuen Geleise, während ich, der ich den Sinn für die Oekonomie erst in mir wecken sollte, kaum die Zeit fand, meiner Staffelei einige Stunden zu widmen.

Lucia war von hinreißender Liebenswürdigkeit; sie war voll der naivsten, übermüthigsten Einfälle; sie liebte mich mit Hingebung und nur zuweilen trübte ein Schatten thörichter Eifersucht mein Glück, wenn der Sohn von Neuenfelds Nachbarn, eines Oekonomie-Raths, ein flotter, junger Mann, der in der Residenz als Offizier stand und auf Urlaub zu Hause war, sich heraus nahm, meiner Braut mehr den Hof zu machen als mir gut dünkte oder die strenge Etikette es erlaubte.

Lucia lachte mich aus, wenn sie mich dabei finster dreinschauen sah, namentlich wenn jener junge Mann ohne mein Beisein von Neuenfelds empfangen worden. Indeß Herr von Hainberg kehrte in seine Garnison zurück und Niemand dachte mehr an ihn.

Hedwig hatte alle vier Wochen pünktlich geschrieben. Die Sehnsucht nach ihrer früheren stillen Existenz sprach sich in jedem Briefe deutlicher aus.

„Die Mutter strahlt von Zufriedenheit," schrieb Hedwig. „Sie bewegt sich mitten im Strudel der Gesellschaft; sie fühlt so jung; sähest Du, wie sie so splendid, so brillant in geistreicher Unterhaltung, wie in dem Frauhafen-Geklatsch, durch das sie selbst die vornehmsten Damen hier überraschen! Ich habe die Mutter nie so gekannt und eine ihrer alten Freundinnen hat wohl Recht, als sie sagte, es sei ein Verbrechen gegen die Gesellschaft, daß sie sich dieser so lange entzogen. Ich

glaube nicht, daß die Mutter jemals wieder in unserer ländlichen Einsamkeit sich zurecht finden kann; sie wird nicht noch einmal so ganz sich selbst verleugnen können wie sie es nach ihrer eigenen Aeußerung so lange gethan."

In einem andern Briefe schrieb Hedwig:

„Die Mutter hat eine neue Acquisition gemacht. Sie hat eine Gesellschaftsdame engagirt, ein Mädchen von origineller Häßlichkeit, wenn ich sie wirklich als häßlich bezeichnen darf. Sie hat Augen, nicht unschön, aber wie ein Uhu, ist flach wie ein Brett, mager zum Brennen, lang und hoch aufgeschossen. Aber ich sollte nicht so herzlos über sie schreiben, ich am wenigsten habe ja das Recht dazu! Sie ist eine Waise; ihre Eltern sind kurz nach einander gestorben. Uebrigens — das fällt mir eben ein — Du mußt sie ja kennen, denn sie ist die Tochter desselben Professor Wilsdruff, bei dem Du hier in Pension gewesen."

Philippine die Gesellschafterin meiner Mutter! Seltsamer, trauriger Schicksalswechsel für das arme Mädchen.

Auch vom Oheim schrieb Hedwig zuweilen. Die Mutter hatte ihrem Bruder bei ihrer Ankunft nur einen Convenienz-Besuch gemacht und er denselben mit seiner schönen jungen Frau erwidert. Dabei war's geblieben. Sie sahen sich nur in der Gesellschaft und begegneten sich sehr gemessen, denn die Mutter konnte ihm sein Benehmen gegen ihren Sohn nicht verzeihen, während er in dieser Hinsicht keine Scrupel zu fühlen schien.

Von der jungen Fürstin schrieb Hedwig mit Bewunderung ihrer eigenthümlichen, keiner andern zu vergleichenden Schönheit; aber, aber! — und das war der Mutter eine unendliche Genugthuung — sie ließ sich furchtbar den Hof machen! Es geschieht ihm recht! sollte die Mutter jedesmal rufen, wenn sie aus einer Gesellschaft nach Hause kam und erzählte, denn Hedwig, so las ich zwischen den Zeilen, mußte stets zu Hause bleiben, weil mit ihr kein Staat zu machen war, und diese schien zu fühlen, daß es so am besten sei.

Im Neuenfeldschen Hause ging inzwischen Alles seinen

regelmäßigen Weg. Er selbst war unermüdlich, um so mehr als er sah, daß in mir wenig Anlage zur Land-wirthschaft. Wie sollte ich diese auch entwickeln, da Neuenfeld Alles that, mir nichts zu thun übrig ließ! Er war den ganzen Tag auf den Feldern, in den Ställen und Scheunen und kümmerte sich den Tag hindurch kaum um uns Beide.

Während meiner täglichen Anwesenheit in Hochborn hatte ich Gelegenheit zu beobachten, daß die schwarze Tia die Pflegerin des unglücklichen Gastes, von dem zwischen uns nie die Rede war. Lucia selbst hatte mir gleich zu Anfang gesagt, der Vater wünsche nicht, daß von ihm gesprochen werde; es könne mir ja ohnehin nicht mehr über ihn gesagt werden als er mir mit-getheilt.

Alle bemühten sich ersichtlich, mich vor jeder Be-rührung mit ihm zu hüten. Ich gestehe, daß mir die Besorgniß, die hierin waltete, anfangs wohl auffällig erschien. Ich gehörte ja gewissermaßen schon zur Familie, hatte also ein Recht, auch die kleinen Sorgen derselben zu theilen.

Lucia selbst aber zitterte, wenn der Blödsinnige ein-mal der Aufmerksamkeit der Schwarzen entwischt war; ich sehe sie noch, wie erstarrt sie mich anschaute, als mir der Unglückliche im Frühling eines Abends und zwar in recht unangenehmer Weise aufstieß. Ich stand nach Sonnenuntergang im Garten, beschäftigt mit dem Ausbinden der Spalierbäumchen. Es dunkelte bereits in den Gebüschen um das Rondel herum, das Lucia mit ihrem Lieblingszwergobst bepflanzt hatte.

Plötzlich vernahm ich zwischen den jungen Ebreschen ein Geräusch, eine lange graue Gestalt mit struppig hangendem Haar hob sich aus den Spirden-Gebüsch vor mir, hinter dem sie verborgen gewesen sein mußte, und legte mir, der ich betroffen dastand, beide Hände auf die Schulter, mich mit den aus ihren Höhlen getretenen Augen anstarrend, grinsend und einige unartikulirte Laute ausstoßend.

Mich durchfröstelte es, nicht aus Furcht; es war nervenerschütternd, sich von diesen Augen angestarrt, von diesen mit langen Nägeln gleich Krallen überwachsenen Fingern berührt zu sehen. Dieses Grinsen hatte etwas Entsetzenerregendes.

Er grub seine Nägel in meine Kleidung; ich fühlte sie wie die Fänge eines Raubvogels; unfähig aber in meinem Mitleid, etwas gegen ihn zu unternehmen, blieb ich regungslos stehen. Diese Hände glitten dann auch alsbald von meinen Schultern herab. Eingeschüchtert durch meinen verweisenden Blick wandte er sich von mir und schritt gerades Weges über die Rabatten hinweg zum Ausgang des Gartens.

Inzwischen war Lucia in der Thür des kleinen Pavillons erschienen. Sie mußte gesehen haben, wie der Unglückliche vor mir stand; sie war bereits einige Schritte herbeigeeilt, ihr Mund hatte sich schon geöffnet, um ihn anzurufen, als sie sah, wie er von mir ließ und sich entfernte.

Lucia, als sie zu mir trat, berührte den Vorfall mit keinem Worte, aber sie war ihrer selbst nicht so sehr Herrin, daß sie ihr Erschrecken hätte verbergen können, und ich schwieg meinerseits aus Zartgefühl.

Seitdem sah ich den Unglücklichen noch einmal in der Entfernung, konnte mich aber eines heimlichen Grauens bei seinem Anblick nicht erwehren. Endlich ward er nicht mehr sichtbar und ich dachte nicht mehr an ihn.

Erst später einmal, aber auch nur ein einziges Mal, als er mir durch die Neugier Andrer, die von ihm ge-hört, wieder ins Gedächtniß gerufen wurde, ward's mir plötzlich klar, was mich eigentlich damals an seinem Gesicht so erschreckt, und daß, sagte ich mir jetzt erst, mußte das Erkennen gewisser Gesichtszüge sein, die mir so bekannt erschienen.

Die Karrikatur existirte nicht, wenn nicht selbst die Fratze die Aehnlichkeit mit dem schönsten, regelmäßigsten Gesicht bedingte. Und in diesem von Blödsinn entstellten Antlitz wollt' ich eine Verwandtschaft mit mir bekannten Zügen finden. Aber wem diese gehörten, das fand ich nicht, und ich vergaß die Frage als eine überflüssige.

Wenige Tage später sollt' ich auf's peinlichste an der Mutter von mir längst vergessene Drohung er-innert werden.

Ungeachtet all des Guten, all der Wohlthaten, die Neuenfeld den Bedürftigen der Umgegend erwies, der Geschenke, welche er dem Gemeinderath der kleinen Kreis-stadt für die Armen zu machen pflegte, oder vielleicht gerade weil er im Wohlthun keine Grenzen kannte, mußte die Vornirtheit einer aus ungebildeten Hand-werkern bestehenden städtischen Repräsentation Neuenfeld den unangenehmsten Auftritt bereiten.

Die Mutter war während der letzten acht Tage vor ihrer Abreise häufig zur Stadt gefahren und erst am Abend zurückgekehrt. Sie in ihrem unversöhnlichen Haß, den meine Beziehung zu Lucia nur noch unver-söhnlicher gemacht, hatte uns nicht verlassen können, ohne diesem Gefühl eine heimlich lange vorbereitete Genug-thuung zu bereiten.

Sie hatte es nicht verschmäht, über den unheim-lichen Gast, den Neuenfeld „bei sich verstrickt halte," wie sie sich stets auszudrücken gepflegt, in den Kreisen der von ihr sonst so verachteten Kleinbürgerei zu erzählen und die unverantwortlichsten Gerüchte, alle gegen Neuen-felds Person und Ehrenhaftigkeit gerichtet, zu verbreiten.

Ihre Phantasie hatte ein ganz abgeschmacktes, aber die beschränkten Gemüther schwer beunruhigendes Mährchen ersonnen, das, wie sie betheuerte, durch von Brasilien hergelangte Briefe bestätigt sei. Neuenfeld, so lautete es, ein durch den Sclavenhandel verhärtetes schwarzes Gemüth, das jetzt durch Wohlthun alles aufbiete, um dem Himmel mit seinen Schandthaten zu versöhnen, Neuenfeld habe diesen Unglücklichen, einen Freund und benachbarten Colonisten, hingerissen durch seine Rohheit, eifersüchtig auf ihn seiner Gattin wegen, mit der Axt niedergeschlagen, dann aus Furcht vor der Strafe eiligst all sein Eigenthum verkauft und den Unglücklichen, der gegen seine Erwartung wieder genesen, mit sich auf's Schiff geschleppt, um vor jeder Anlage sicher zu sein. Neuenfelds Gattin sei — wie er dies ja selbst zugebe — auf der Seereise gestorben, ohne Zweifel aus Gram und Herzeleid, den Unglücklichen aber halte er auch hier sorg-fältig bewacht und versteckt, immer zitternd vor der Mög-lichkeit, daß diesem der Verstand zurückkehren und er auch hier als Ankläger gegen ihn auftreten könne . . . Und einen solchen Mann, einen Seelenverkäufer, einen Mörder, dulde und ehre man in seiner Mitte hier, ja sie, die unglückliche Mutter, müsse es erleben, daß ihr eigner Sohn sich in die Netze seines Kindes habe locken lassen, aus denen ihn zu befreien sie vergeblich Alles aufgeboten bis sie in ihrem Bemühen erlahmt es vorziehen müsse, ihr Schloß für immer zu verlassen.

Neuenfeld, der lange in dem Städtchen nichts zu thun gehabt, hatte keine Ahnung von der Entrüstung, dem Abscheu, welche dieses Gerücht, von Haus zu Haus schleichend, gegen ihn erregt. Es gab wohl Leute, die seine Partei nahmen, die Mehrzahl glaubte aber diese Mordgeschichte, weil es interessanter war, weil Neuenfeld ein enorm reicher Mann, der durch den schnödesten Menschenhandel Schätze gesammelt; ja man war überzeugt, daß selbst alle die Almosen, die er spendete, keinen Segen bringen könnten, da sie aus solcher Quelle kamen.

Die Folge davon war, daß sich eines Morgens eine Deputation von Glaubenden und Zweifelnden, Mitgliedern des Gemeinderathes, begleitet von dem Physikus, nach Hochborn hinaus begab, um Neuenfeld selbst ins Gebet zu nehmen. Er sollte gestehen, was Wahres an diesem „aus Brasilien hierher gedrungenen" Gerüchte sei. Konnte er sich nicht rein waschen, so sollte er aufgefordert werden, die Gegend von seiner Person zu befreien; war er unschuldig, so sollte ihm die höchste Genugthuung werden.

Ich befand mich gerade in Hochborn. Neuenfeld saß am Fenster an seinem Schreibtisch, als er die auswärts Männern bestehende Deputation ihre beiden Wagen vor dem Hofgitter verlassen und feierlich paarweise heraufsteigen sah.

Neuenfeld hatte sich erhoben; er schaute, die Hand über dem Auge, auf den sonderbaren Zug hinab.

Viel Dienerschaft liebte er nicht. Er schritt selbst durch die Säle zum Ausgang und empfing die Herren, von denen ihm nur einige als Handwerker bekannt, die für ihn beschäftigt waren. Ich stand in einiger Entfernung erwartend in der Fensternische. Lucia war in der oberen Etage.

Mit Befremden sah Neuenfeld's hohe Gestalt im Vorzimmer auf die Männer, auf die ehrbaren Gesichter, in denen er ein trotziges Bewußtsein las, das sich vor Befangenheit nicht an den Mann bringen konnte.

Es vergingen Secunden, während welcher sie, heimliche Blicke wechselnd, sich aufstellten, die Unerschrockensten in den Vordergrund schiebend, ohne die Courage, zu Neuenfeld aufzuschauen, der sie, die Hände in die Hüften stemmend, mit wachsendem Erstaunen maß.

Eine städtische Deputation war's, das sagte ihm das Auftreten der Männer; aber was wollten sie mit diesen verlegenen Gesichtern, diesem linkischen genirten Bewegungen, diesem Zurückhalten mit Dem, was sie hierher führte? Eine leichte Röthe eigner Verlegenheit stieg in sein Antlitz; er war eben im Begriff, selbst das Wort zu ergreifen, als ihm einer der Deputation, ein Mann mit grauem Haar und ehrwürdigem Gesicht, durch ein Räuspern unterbrach und vortrat.

Neuenfeld, als er sah, daß man Miene mache, zum Zweck zu kommen, wies einladend auf die um den Sophatisch stehenden Stühle und ließ dabei den Blick über jeden Einzelnen schweifen.

Der Worthabende lehnte das schweigend ab; er wandte sich gegen Neuenfeld mit achtungsvoller Feierlichkeit und unsicher in der Stimme begann er ihn um Ent-

schuldigung für sein und seiner Collegen Erscheinen zu bitten und zu annonciren, er sei mit diesen gekommen als Gesandter der öffentlichen Meinung oder besser der Bürgerschaft, um ihm eine Allen sehr peinliche Angelegenheit vorzutragen, die ihre Erledigung finden müsse.

In Neuenfelds Antlitz änderte sich kein Zug. Es kam ihm aber doch vor, als stehe er in seinem eignen Hause wie ein Angeklagter da, und das Kreuzen seiner Arme auf der Brust verrieth die Fassung, mit welcher er zu hören sich bereitete.

Und jetzt nach einer Vorrede, in welche der Sprecher den Ausdruck all der Hochachtung legte, welche die Bürgerschaft einem so verdienstvollen Herrn entgegen getragen, begann er schonend, in künstlich gesetzten, wohl vorher einstudirten Worten Neuenfeld vorzutragen, wie zu Aller schmerzlichem Erstaunen sich ein Gerücht über sein Vorleben verbreitet — Niemand wisse, wie es entstanden, woher es gekommen — ein Gerücht, dessen Wahrheit oder Unwahrheit zu ergründen eine Anzahl der mit dem allgemeinen Vertrauen geehrten Männer sich selbst auf den Weg gemacht habe.

Kein Wort kam über Neuenfelds fest geschlossene Lippen; kein Zug seines Gesichts verrieth Bewegung. Nur die Arme preßte er fester auf die Brust und sein Auge überschaute stolz, bewußt die Männer, deren Mienen ihm deutlich genug sagten, wie fatal ihnen selbst ihre übernommene Aufgabe war.

Ich, von allen unbemerkt, drückte mich tiefer in die Fensternische, hinter die Vorhänge. Eine Ahnung stieg in mir auf und machte mich erzittern. Mit mehr Entrüstung als sie jedenfalls Neuenfeld selbst in seiner überlegenen Ruhe empfinden konnte, hörte ich mit an, wie der Sprecher immer schonend, das Peinliche selbst mit jeder Secunde mehr fühlend, auf die Sache kam; ich sah, wie der Mann bald erröthete, bald erbleichte, als er genöthigt war, eine Anklage auszusprechen, mit welcher das Gerücht einen so vornehmen Mann zu verfolgen wage; wie er sich quälte, mit seinen Worten zu Ende zu kommen, und ihm eine Centnerlast vom Herzen gefallen war, als er seine Rede schließen konnte.

Ich schaute auf Neuenfeld, der mir sein Profil bot. Ich sah es kaum merkbar in demselben zucken während der eingetretenen Pause. Ich sah, er sammelte sich, er kämpfte den Unmuth nieder. Heiß fiel mir dabei der Gedanke auf's Herz, daß Neuenfeld vielleicht, ja wahrscheinlich die Quelle errathe, aus welcher dies empörende Gerücht geflossen, und das mochte seinen Verdruß noch steigern. Erst als ich seine Stimme vernahm, fest, kräftig, ohne das leiseste Beben, erst da faßte auch ich mich und verscheuchte den Kleinmuth, das Gefühl einer schuldlosen Theilhaftigkeit an der Mutter Rache, über die so erhaben dastand. Ich lauschte ihm mit Bewunderung. Auch die Blicke der Kleinbürger, die so muthig ausgezogen waren, um sich zu Richtern über ihn aufzuwerfen, sie waren so schüchtern zu der majestätischen Gestalt aufgerichtet, deren Auge eben finster sinnend, am Boden haftete, als wolle er diesen Männern, deren ganze Welt mit all ihren Vorurtheilen und Fraubasereien zwischen dem sumpfigen Stadtgraben ihres Marktfleckens lag, die Verachtung bergen, welche seine große, menschenfreundliche, in hartem Kampf geprüfte Seele für sie empfand.

Ich sah's, ein Ekel machte seine Lippe zucken, machte die Falten zwischen den Augen und Schläfen schärfer und tiefer. Dann aber hob er schnell, fertig mit seinem Entschluß, die Stirn. Ein mitleidiges Lächeln flog über die Dastehenden; er legte die Hände auf dem Rücken zusammen und trat ihnen einen Schritt näher.

„Meine Herren," sprach er laut, aus voller Brust, während diese sich hob, mit seine Gäste erdrückender Würde, „ich bin Ihnen dankbar für die Mühe, die Sie sich um mich bereitet. Weile ich auch schon lange genug in Ihrer Nähe, um erwarten zu dürfen, daß man in mir den Mann von festen Grundsätzen und sicherer That erkannt, so begreife ich doch (hier ersparte er ihnen nicht den Ausdruck der Ironie) daß der enge Horizont Ihres ehrenwerthen Berufes nicht an die Bahnen streift, welche mich das Leben geführt, daß das durch bösen Willen angeregte Mißtrauen für eine übelwollende Phantasie auf diesen Bahnen Spielraum zu jeder Abgeschmacktheit findet. Ich bin kein Mann von überflüssigen Façons und wenn ich die schwere Beleidigung, die in diesen Gerüchten liegt, so ruhig hinnehme, so geschieht es, weil ich hier in meinem Vaterlande mit aller Welt in Frieden leben möchte. Hören Sie also meine Antwort ohne alle Umschweife. Man hat, sagen Sie mir, den Unglücklichen gesehen, den ich bei mir verstecke, ihn gesehen mit einer schweren Stirnwunde, dem sprechenden Beweis, einer gegen ihn verübten Gewaltthat. Die öffentliche Meinung, sagen Sie, erblickt in mir den Thäter, weil ich den Unglücklichen mit hierher über's Meer geführt, ihn in meinem Hause verborgen halte. Sie in ihrem engen Kreise wissen nicht, was für Wunden das Leben da draußen Demjenigen schlägt, der ihm seine Stirn, seine Brust bietet; Sie sehen Gewaltacte in Thatsachen, die im großen Rahmen der Welt das Leben eines Menschen lautlos vernichten, wie das Insect unter unsren Sohlen. Sehen Sie hier" — Neuenfeld öffnete das Hemd auf seiner Brust und zeigte den Betroffenen eine tiefe vernarbte Schußwunde — „diese Kugel suchte ein Herz; die Hand der Vorsehung lenkte sie von ihm ab! Wen ich dieser That anklagen dürfe, ich hab' es nie gewußt! Die Kugel traf mich in derselben Stunde, ja Minute, in welcher mein neben mir kämpfender Kamerad von einem feindlichen Reiter zusammen gehauen wurde, als er mich aus dem Kampfe trug. Erzählen Sie beruhigend Ihren Auftraggebern Folgendes, was zur öffentlichen Kenntniß zu bringen mich nur Ihre heutige Mission veranlassen kann!"

Und Neuenfeld theilte ihnen im kürzesten Umriß, nur gezwungen mit, was er mir erzählt.

Schweigend, bewundernd hörten ihn die Kleinbürger an. Sie, die über dieses Mannes Vorleben nur die confusesten Begriffe gehabt, fühlten sich beschämt; sie erschienen sich so unbedeutend dieser im Ringen und Kämpfen gefeiten heroischen Natur gegenüber. Als Neuenfeld schwieg und mit Mühe die Versuchung überwand, seinen Anklägern den Rücken zu kehren und sie dastehen zu lassen, trat der Sprecher auf ihn zu und reichte ihm die Hand.

Neuenfeld versagte ihm die seinige anfangs, er wollte sich von ihm wenden. Beschwichtigend trat ich jetzt aus meinem Versteck zu ihm und legte ihm die Hand auf den Arm. Er verstand mich. Ich sah's, wie ihm der Unmuth, der Ekel vor seiner Gesellschaft das Blut in die Stirn getrieben. Er zeigte mir, welche Gewalt er über sich selbst besaß.

„Und jetzt, meine Herren," wandte er sich wieder zu ihnen, „bitte ich Sie, meine Gäste zu sein und ein frugales Frühstück nicht zu verschmähen! ... Kurt," wandte er sich zu mir, „übernimm Du die Sorge! Rufe Lucia! Laß den Wein herauftragen, ich will mit den Herren da die ganze Erinnerung an unsre Unterhaltung hinweg spülen! Später zeige ich auch dem Herrn Physicus meinen unglücklichen Freund, zu dessen Heilung ich vergeblich die Kunst seiner Collegen jenseits und diesseits des Oceans aufgeboten ... Laß Cigarren kommen, Kurt! ... Ich bitte meine Herren, Sie sind meine Gäste!"

Neuenfeld in seiner practischen Weise halte, seinen eignen Groll erstickend, der Sache schnell die harmlose Seite abgewonnen und half der Deputation über die Verlegenheit, die Beschämung hinweg, in welche sie sich namens der Frau Basen der kleinen Stadt versetzt.

Die Gäste gewannen ihre Unbefangenheit wieder, nachdem Neuenfeld bis zur Herstellung des Frühstücks sie auf seinem Besitzthum umhergeführt.

Lucia spielte bei dem Mahl die Wirthin in ihrer liebenswürdig heiteren Weise, denn sie hatte noch keine Ahnung von dem Zweck, der die Gesellschaft hierher geführt, und vermuthete in ihrer Anwesenheit nur geschäftliche Interessen, die den Vater oft mit Fremden zusammen führten.

Auch die Repräsentanten der Bürgerschaft wurden alsbald gemüthlich. Niemand sprach mehr von der heißen Angelegenheit. Neuenfeld unterhielt sie in seiner oft derben, ungeschminkten Weise; er ward sogar sehr aufgeräumt und trieb unbemerkt seinen übermüthigen Scherz mit den Biedermännern.

Auf seinen heimlichen Wink mußte ich nach und nach die schwersten Weine aus dem stets reich bordeten Keller herauf beordern. Er mit seiner unverwüstlichen Natur trank seinen Gästen wacker zu und diese, die ihm jede Reparation schuldig zu sein glaubten, trauten ihm nach und verloren unter der Wirkung des Weins Zoll für Zoll von ihrer gemeinderäthlichen Würde. Am Nachmittag verabschiedete sich von ihm eine schwer berauschte Gesellschaft, die taumelnd die ihrer am Hofgitter harrenden Wagen suchte, und schnarchend erreichten die Abgesandten der öffentlichen Meinung das Weichbild ihrer Würde.

Schweigend, nicht ohne einen Zug von Schadenfreude, schaute ihnen Neuenfeld nach. Er sprach mit mir kein Wort über diesen Zwischenfall, dessen Urheberin er doch längst errathen.

Lucia zerbrach sich den Kopf, um zu errathen, was die Männer eigentlich gewollt haben mochten.

„Der Vater ist so verstimmt," sagte sie, als wir Beide am Fenster standen, ihm nachschauend, wie er über den Hof schritt, um seinen Wirthschaftsangelegenheiten nachzugehen, in welchen er so unerwartet gestört worden. Sie schmiegte sich an mich, die kleine Neugier, um durch mich zu erfahren was ihr der Vater nicht hatte sagen wollen. „Du mußt nicht glauben," fuhr sie fort, „daß das nur eine müßige Frage ist! Was den Vater verstimmt, geht auch mich an!"

Ich mußt's ihr verschweigen um der Mutter willen. Es wäre mir unmöglich gewesen, ihr die Wahrheit zu sagen. Zudem war ich selbst zu erbittert, als daß ich die Sache mit Ruhe hätte besprechen können. Ich sprach ihr deshalb von Geschäftssachen ihres Vaters, in die er sich nie gern hinein blicken lasse.

Als Reuenfeld gegen Abend in's Haus zurückkehrte, war der letzte Schatten von Unmuth von seiner Stirn verflogen. Mir drückte er, als ich Hochkorn verließ, mit doppelter Herzlichkeit die Hand, um mir schweigend zu versichern, daß er mir nicht anrechne was die Mutter ihm so schwer Verletzendes angethan . . .

Die Zeit verstrich uns. Unser Schloß ging inzwischen wie ein Phönix aus der Staub- und Wetterkruste hervor, die es seit Menschengedenken verunstaltete. Auf den Feldern herrschte die größte Thätigkeit auf den Hängen erhielt der ausgesogene Lettenboden der Weingelände neue Nahrung; Alles war, Dank Reuenfelds Unermüdlichkeit, wieder in blühendem Zustand und mein Credit unerschöpflich.

Acht Tage vor meiner Vermählung schrieb ich der Mutter, von deren Hand ich nie eine Zeile erhielt, der mir aber Hedwig stets Grüße bestellt, vielleicht ohne ausdrücklichen Auftrag. Ich lud sie zu diesem Fest ein. Hedwig antwortete mir, die Mutter bedaure, sie sei leidend und könne also auch die Tochter nicht entbehren; Hedwig selbst aber sandte uns ihre heißesten Glückwünsche.

Lucia hatte im Stillen gehofft, diese Gelegenheit werde der Mutter Groll wenigstens scheinbar versöhnen. Sie war verstimmt, als ihr Hedwigs Brief brachte. Dann warf auch sie stolz die Oberlippe auf.

„Gott ist mein Zeuge," sagte sie, „daß ich ihr nie etwas zu Leide gethan und ihr selbst. Das abnimmt möchte, was ich ihr nicht zugefügt, wenn sie uns nur Hedwig geschickt hätte!"

Ich hatt's nicht anders erwartet.

Wenige Tage darauf war ich Lucia's Gatte und führte sie in das — immer durch Reuenfelds Sorge — auf's glänzendste eingerichtete Schloß.

Zweiter Band.

Erstes Capitel.

Der Blödsinnige.

„Kümmert Euch nicht um's Daheim!" schrieb Reuenfeld während wir, unser Glück in unmäßigen Zügen genießend, Süditaliens paradiesische Gegenden durchschwärmten. „Seid froh und bleibt draußen so lange es Euch gefällt. Ihr wißt, mir kann's der Arbeit nicht zu viel werden und Ihr mit Eurem Getändel würdet mir hier nur im Wege stehen. Braucht Ihr Geld — schönt es nicht: Ihr wißt, woher Ihr es zu nehmen habt. Ich sehne mich, hier mit Allem fertig zu werden, denn ich habe große Pläne für anderweitige Thätigkeit. Ich sehe wohl ein, daß es nicht der Mann bin, die Hände in den Schooß zu legen, sobald hier Alles in der Reihe. Ich stehe auf der Höhe meiner Kraft und Gott wird mir hoffentlich noch ein langes Leben vergönnen, für dessen Ausfüllung ich sorgen muß. In Deutschland ist noch viel zu thun und da will ich mit Hand anlegen; ich weiß auch bereits, wo, und lege mir vorläufig Alles im Geiste zurecht. Was Euch Beide betrifft, Ihr seid noch zu jung; Ihr könnt vorläufig nichts besseres thun als Euch die Welt ansehen, bis Ihr Euer Glück gewöhnt seid und nach ernstvoll Bedingungen für Eure beiderseitige Wohlfahrt sucht. Habt Ihr Sehnsucht nach dem Alten; er wird Euch mit offenen Armen empfangen. Bis dahin seid glücklich!"

Wir folgten seinem Rath. Wir schwärmten von einem Land in's andere, genossen Alles, was die Welt uns bot, und ward Lucia wohl zuweilen vom Heimweh nach dem Vater angefochten, ich machte sie's vergessen.

Ein ganzes Jahr und darüber blieben wir draußen. Ich hatte vollauf zu thun, denn ich benützte die Zeit, um in allen Museen die Kunstwerke zu studiren; ich übte dabei mein eigen bischen Talent, saß stundenlang in den Bildergalerien, um Studien zu machen, meine Mappe zu füllen und Lucia begleitete mich ohne zu ermüden. Sie fand den Gedanken schön, daß ich daheim meine freie Zeit, und eine andere gab's ja vorläufig für mich nicht, mit der Malerei ausfüllen wolle, und wie wenig sie von der Kunst verstand, sie hatte Sinn für dieselbe wie für alles Schöne.

Lucia's Erscheinung erregte Sensation, wohin wir kamen. Sie wußte es und lächelte anspruchslos darüber. Für den Gatten einer schönen Frau ist das zuweilen lästig. Die Bewunderung findet er wohl in der Ordnung, aber die Zudringlichkeit ist verdrießlich, und auf der Reise ist sie nicht immer ganz abzuwehren.

Lucia's Weltanschauung war so harmlos wie ihr Gemüth. Es erging ihr wie vielen schönen jungen Frauen: so lange sie Mädchen sind, scheucht sie eigene Vorsicht die Begehrenden zurück, wenn auch die Bewunderung derselben keine undankbare Stätte in ihnen findet. Sobald sie verheirathet, glauben sich sich durch den Gatten geschützt genug und sehen in der Bewunderung selbst des ihnen Lästigen einen schuldigen Tribut, dessen verletzende Form ihnen unter dem Schutz des Gatten nichts Gefahrvolles hat.

Lucia nahm es anerkennend hin, wenn ich in diesem Punkt zuweilen über ihre Harmlosigkeit klagte. Ich glaube, das kommt in jeder Ehe vor.

„Kurt," sagte sie dann, „Du hast ganz Recht! Aber wie soll ich's anstellen! Ich störe mir selbst allen Genuß, wenn ich von jedem Lassen Notiz nehmen wollte, der mich angafft. Stehe ich zum Beispiel vor einem Bilde und bewundre es, und stellt sich dann Einer dahin, um mich anzuschauen, so muß ich gehen und komme um meine Freude. Betrachte ich eine schöne Gegend und es stellt sich Einer hin, um mich zu belorgnettiren, so muß ich der Gegend und ihm den Rücken wenden und bin wieder um einen Genuß betrogen. So bleibt mir also nichts übrig, als immer auf der Flucht zu sein! .. Aber Du hast Recht, Kurt," setzte sie lachend hinzu, „Du bist ja meine Welt und was brauch' ich denn mehr als Dich!"

Sie umarmte und küßte mich und damit war's denn abgethan.

Das Erscheinen jeder schönen Frau ist provozirend; sie gehört mit ihrer äußeren Schönheit der Welt, und dem Gatten bleibt so zu sagen nur das geistige Eigenthum. Lucia that Alles, um mir zu gefallen. Sie war heiter, ausgelassen, wenn wir unter uns waren, denn der

Frohsinn war ihr angeboren, sie nahm oft muthwillig
um meine Rathschläge zu parodiren, eine groteske Haltung
an, wenn sie sah, daß sie Aufsehen erregte; sie vermied
die Bildergalerien, wohin ihr regelmäßiges Erscheinen
mit mir jedesmal eine Anzahl von Gaffern zu rufen
pflegte. Sie lebte nur für mich, und sahen wir in Städten
wo wir länger verweilten, Freunde um uns, wie man
sie auf der Reise gewinnt, so war sie als Wirthin bezaubernd in ihrer Sorgsamkeit und von wirklich hinreißender Laune.

Ein Jahr hatte uns genügt, die Welt zu sehen.
Neuenfeld's Briefe hatten nach und nach doch seine Sehnsucht nach der Tochter zwischen den Zeilen hindurch-
schimmern lassen, und Lucia selbst fühlte das Bedürfniß,
ihn wieder zu sehen.

„Es ist undankbar von uns,“ sagte sie, „den armen
Papa so allein zu lassen! Er hat ja doch nichts mehr
vom Leben als uns Beide und gieb Acht, überlassen wir
ihn sich selbst, so bürdet er sich ein Uebermaß von Geschäften auf die Schultern.“

Wir wandten uns von Paris heimwärts und Lucia's
Freude auf das Wiedersehen verrieth mir unterwegs,
daß sie nur meinetwillen die eigene Sehnsucht unterdrückt.

Von Hedwig hatte ich nur anfangs einige Zeilen
erhalten. Die Mutter befand sich wohl; sie hatte sich
in der Residenz zum Mittelpunkt der aristokratischen
Damenkreise zu machen gewußt; sie gab Soiréen, besuchte die Theater und Concerte und Hedwig hatte in
ihrem Briefe nur einmal die schüchterne Andeutung
gewagt, die Erbschaft der Mutter werde bei so luxu-
riösem Leben wohl bald aufgezehrt werden, doch mache
sie sich daraus keinen Kummer. Der Mutter Alles,
ihre Vertraute, schrieb sie, sei Philippine geworden, mit
der sie sich ganz vortrefflich verstehe … Das war mir
überraschend. Ich hatte immer geglaubt, das verwaiste
Mädchen werde mit der Mutter Launen eine traurige
Existenz haben!

Neuenfeld schluchzte vor Freude, als er sein Kind
wieder in die Arme schloß.

„Ich danke Dir, mein Sohn, daß Du meine Lucia
so glücklich gemacht!“ rief er, auch mich mit derselben
Liebe umschließend.

Was er uns auch von seinem Wohlsein geschrieben,
er war in dem Jahre älter geworden.

„Schaut mich nur nicht so an!“ rief er lachend.
„Mein Haar und Bart sind allerdings grauer geworden,
aber das kommt nur von dem vielen Kopfzerbrechen!
Seht Euch nur erst draußen um, und Ihr werdet finden,
was ich in dem Jahr geschafft. Das kostet Kräfte,
wenn man Alles selbst thun muß! Und Du, Kurt,
wirst Dich auch auf Deinem Eigenthum überzeugen, was
ich geleistet. Du wirst es kaum wiedererkennen! Es
ist drüben im Schloß Alles zu Eurem Empfang bereit.
Die Leute haben Ehrenpforten und Guirlanden errichtet;
der Dorfschulmeister hat sein Gedächtniß acht Tage lang
mit einer Rede zermartert, die er Dir halten will, aber
Ihr werdet vorläufig bei mir hier wohnen, denn ich
will Euch auch einmal bei mir haben; nachher könnt
Ihr in das Schloß ziehen.“

Ich fand Alles in überraschend blühendem Zustande. Es war Frühsommer, die Felder standen im

üppigsten Wuchs und wo auf unsrem Gut sonst das
Unkraut gewuchert, wo die Brache über die nöthige
Dauer verwahrlost liegen geblieben, wo die Aecker er-
schöpft in ihrer Kraft, da war gelichtet, gedüngt, ge-
pflügt, gesäet. In den Gärten war das Fruchtholz der
Bäume von überwucherndem Gezweig befreit; die Beete,
mathematisch getheilt, waren besamt und standen im
Flor; die Oekonomiegebäude waren restaurirt, oder wo
das nicht mehr lohnte, niedergerissen und neu aufgebaut.
In den Stallungen, auf den Waiden stand das kräftigste
Zug- und Zuchtvieh und zu meiner Ueberraschung trat
ich in einen kleinen Marstall, in welchem zwei braune
Mecklenburger mir entgegenwieherten und mein Reitpferd,
auch Neuenfeld's Geschenk, fröhlich seine Nüstern auf-
blies, als es mich erkannte.

Prächtig sah es in allen Gemächern des Schlosses
aus. Ueberall schaute mir Neuenfeld's Geist und Geschmack entgegen und namentlich mein Arbeitszimmer
und Lucia's Gemächer waren mit Verschwendung ausgestattet. Nur mit unsren alten Familienbildern, mit
den zwischen den blind gewordenen Rahmen auf der
morschen Leinewand zerplatzenden Ahnen, hatte er kurzen
Prozeß gemacht. Sie, der Mutter Stolz, hatte er in
den feuchten, nach hinten hinaus liegenden, unbenutzten
Gartensalon transportiren lassen und da hingen sie
jetzt mit grollenden Mienen verwahrlost durcheinander.
Für dergleichen „Gerümpel“ hatte Neuenfeld keinen Sinn.

Eins rührte mich beim Wiederbetreten dieser Stätte,
die mir durch manchen Kummer und so viel Freude so
theuer war — der alte Velten, Neuenfeld's ausführende
Hand auf dem Gute, vertraute mir mit geheimnißvoller
Miene, im Frühjahr, vor kaum vier Wochen, sei Hedwig
plötzlich eines Abends zu seiner Ueberraschung im Schloß
erschienen.

Sie habe so viel Sehnsucht gehabt, ihre Heimath
einmal wieder zu sehen, und das Grab ihres Vaters zu
besuchen, habe sie dem alten Velten gesagt, und die
Mutter habe ihr diesen Ausflug hierher gestattet. Aber,
sonderbar genug, bei seiner Seligkeit hatte der Alte ihr
versprechen müssen, Neuenfeld nicht zu verrathen, daß sie
da sei; sie wolle von Niemand gesehen sein, nur vierundzwanzig Stunden verweilen, um die alten trauten
Plätze einmal wieder aufzusuchen, und dann zur Mutter
zurückzukehren.

„Aber schaun's, Herr Baron,“ sagte Velten mit
Kopfschütteln, „das gnä' Fräulen mag sich doch wohl
nit so ganz mehr daheim gefühlt haben, weil Alles hier
so anderst geworden! Es war ihr nit mehr so um's
Herz wie sonst; es litt sie auch nimmer so wie damals an
den Plätzchen, wo sie zu sitzen gepflegt. Dann ging sie
zum Vorwerk, um ihr kleines Anwesen in Augenschein
zu nehmen. Dort blieb sie die Nacht und am andern
Morgen zeitig kam sie, um wieder Abschied zu nehmen.
Sie war recht traurig, das arme gnä' Fräulen, als
ich sie zur Station fahren ließ.“

Ich konnt's mir schon denken, daß Hedwig hier,
wo Alles nach Neuenfeld's Sinn und Anordnung umgestaltet, ihr altes Heim nicht wieder gefunden; daß sie
aber Diesem ihren Besuch verheimlicht, überzeugte mich
von der Gewalt, welche die Mutter über sie übte! Wie
lange war's doch her, daß ihre Briefe an mich ganz
ausblieben.

Lucia und ich wir bezogen alsbald das Schloß. Ich richtete mir in demselben ein herrliches Atelier ein und während Neuenfeld die Verwaltung beider Güter, die dereinst verschmolzen werden sollten, in seiner kräftigen Hand behielt, fand ich reiche Beschäftigung in der Ausbeutung meiner künstlerischen Reisestudien; ja ich fand ein wirkliches geistiges Genüge an meinen Fortschritten, mochten sie immerhin nur die eines Dilettanten sein. Ich lud auch meinen Lehrer aus der Residenz zu mir ein, und er kam, um mich auf den rechten Weg zu führen, um mir das richtige Verständniß dessen zu geben, was ich da so fleißig aus den Galerien heimgetragen. Ich fühlte mich wohl vor meiner Staffelei und Lucia schaute mir oft Stunden lang zu, mir mit ihrem scharfen weiblichen Instinct ihre Ideen über meine Leistungen sagend.

Wir hatten auch aus der Nachbarschaft einen freilich nur bescheidenen Ansprüchen genügenden geselligen Kreis um uns gesammelt, den Neuenfeld durch seine Erzählungen, Lucia durch ihren Frohsinn zu beleben verstanden. Die Tage flogen uns dahin; wir fühlten uns glücklich und auf das Eine, das uns zur Vollendung unsres Glückes noch fehlte, auf das Eine durften wir ja noch hoffen.

Neuenfeld war wieder frischer geworden seit er uns um sich hatte. Er brummte wohl oft, daß ihm immer noch ein Enkelchen fehle, aber er sah mit inniger Freude auf unser Glück.

Wie treuherzig der Charakter dieses Mannes, davon zeugte mir sein freudig leuchtendes Auge, als er eines Tages zu uns trat und uns meldete, die Tia sei am Morgen zu ihm gestürzt, der Unglückliche — so nannte man den Blödsinnigen nur — habe bei ihrem Eintritt in seinem Zimmer gesessen, die Stirn in beiden Händen, dann habe er sie auf geschaut, sie lange starr angeblickt, was ganz gegen seine Gewohnheit, und zusammenhängende Worte zu ihr gesprochen, die sie leider nicht verstanden. Dann sei er aufgesprungen, zu ihr geschritten, habe ihr beide Hände auf die Schulter gelegt, sie fragend angestarrt, wieder die Lippen bewegt, aber ohne etwas hervorzubringen, und dann habe er beide Hände vor's Gesicht gelegt, sich abgewandt, sich auf das Bette geworfen und ein lautes Schluchzen ausgestoßen. Erstaunt über diese seltsame Wandlung, die doch ein erstes Zeichen des Wiedererwachens innerer Empfindung, sei die Tia zu ihm, zu Neuenfeld, gelaufen.

Als er zu ihm hinausgegangen, habe er ihn noch auf dem Bette hingestreckt gefunden, der Unglückliche habe sich bei seinem Eintritt aufgerichtet, die Hand über die gerötheten Augen gehalten, ihn angestarrt und ihm sei's gewesen, als habe er seinen Namen geflüstert. Damit sei aber plötzlich das scheinbar in dem Armen aufgegangene geistige Licht wieder erloschen; er sei wieder in seinen Blödsinn zurückgesunken.

Neuenfeld's Hoffnungen bestätigten sich trotz allen von ihm mit dem Unglücklichen angestellten Experimenten nicht. Auf meinen Rath zog er einen Arzt aus der Residenz herzu, der den Blödsinnigen in Behandlung nahm, aber freilich auch ohne Hoffnung, wie Neuenfeld zu seiner Enttäuschung bald selbst einsah.

Rührend war's die Freude mit anzusehen, welche die Hoffnung in Neuenfeld erregte; seine Niedergeschlagenheit als er derselben wieder entsagte. Und doch waren kaum einige Wochen danach vergangen, als ich ihn mit dem Unglücklichen am Arm fast täglich über die Felder gehen sah, was sonst nicht seine Gewohnheit. Ich beobachtete wie er zu ihm sprach, ohne daß der Blödsinnige dafür zeigte, wie er auf dem Wege ausruhend neben ihm saß, und der Unglückliche von all seinem Bemühen so wenig, oder gar keinen Eindruck zu nehmen schien.

Ich fragte oft nach ihm. Neuenfeld vermied die Antwort oder zuckte mit der Achsel.

Inzwischen waren uns fast zwei Jahre verflossen. Mein Briefwechsel mit Hedwig war durch ihre Schuld längst eingeschlafen; sie fühlte entweder selbst, daß seit meiner Verheirathung das enge geschwisterliche Band zwischen uns gelockert, oder die Mutter, die mir diese Verbindung noch immer nicht vergeben, übte ihren Einfluß.

Auch von der Letzteren hörte ich nur, wenn sie durch ihren früheren Sachwalter, und immer nur durch diesen, von den Erträgnissen unseres Gutes nicht unbedeutende Summen erhob.

Hedwigs Voraussicht, daß der Mutter Erbschaft nicht lange mehr ausreichen werde, hatte sich also bestätigt. Die Mutter betrachtete das Gut noch immer wie ihr ausschließliches Eigenthum, obgleich Neuenfeld durch Ankauf auch des Restes der Hypotheken das Gut schuldenfrei gemacht hatte in der Weise, daß Lucia die Besitzerin aller dieser Obligationen geworden.

Darum kümmerte sich die Mutter nicht, ich glaube, sie hatte das noch nicht einmal einer Frage für werth gehalten. Neuenfelds Banquier hatte die Ordre, ihr ohne Rücksicht auf die Erträgnisse des Gutes jede Summe zu zahlen, die sie begehre, und sie hatte keine Ahnung, daß ihr diese auf Neuenfelds Verfügung ausgezahlt wurde.

Ich selbst wachte peinlich darüber, daß keine materielle Sorge an die Mutter herantrete. Ich beobachtete sorgfältig ihre Namenstage und sandte ihr meine Präsente; es ward mir aber nicht einmal durch Hedwig eine Bestätigung des Empfanges. Ich hörte nur dann und wann durch Bekannte aus der Residenz, daß Beide wohlauf seien.

Lucia verlor nie ein Wort über dieses unfreundliche Benehmen. Sie war es, die selbst an den Namens- und Neujahrstagen die Geschenke für die Mutter und für Hedwig einkaufte, die an Hedwig ihre Grüße einlegte, aber nie kam eine Aeußerung des Befremdens über ihre Lippen, wenn Alles mit nichtachtendem Schweigen hingenommen wurde.

Auch Neuenfeld, der das Alles wußte, zeigte sich keineswegs verletzt. Er war in seiner Unempfänglichkeit gegen diese Nichtachtung so weit gegangen, mich um das Porträt der Mutter zu bitten, das, sie in ihrer Jugend darstellend, in einem Salons hing, er wolle ihm in seinem Hause einen Ehrenplatz geben.

Er ließ das Bild nach Hochborn hinüber transportiren. Als ich es dort nirgendwo aufgehängt sah, fragte ich Lucia. Sie sagte mir, der Vater habe es gut aufgehoben, weiter wisse sie nichts.

Zweites Capitel.

In die Residenz!

So war ich fast drei Jahre mit Lucia glücklich vermählt — glücklich, obgleich uns noch immer der

Engel fehlte, den auch Lucia's Vater so gern auf seinen Knien geschaukelt hätte.

Wieder hatte ein Krieg Deutschland aus seiner Ruhe aufgerüttelt; die Armeen zogen gen Westen, Alles in hochherziger Verbrüderung, die Wunde vergessend, die vor wenigen Jahren der Bürgerkrieg geschlagen.

Lucia zitterte, daß auch ich, meine Pflicht erkennen, mit fortziehen werde. Neuenfeld erklärte mir: „Thu, was Deine Schuldigkeit!" Insgeheim hatte er aber bereits den Arzt herbeigerufen, und was dieser mir erklärte, hatte mir schon seit Jahren mit mir verabschiedeter Kavallerie-Säbel gesagt, als ich diesen hervorholte, um eine kräftige Quarten in die Luft zu schlagen. Es war eine Lähmung in meinem Arm zurück geblieben, die ich in ruhigem Zustande freilich nicht empfand.

Mein Weib triumphirte heimlich und mein mahnendes Pflichtgefühl beruhigte sich, als der Siegeslauf die Unsrigen in wenigen Wochen in das Herz Frankreichs geführt.

„Es ist keine Noth am Mann," sagte Neuenfeld, „und für den Etappendienst ist reichlich gesorgt. Du würdest im Felde nur im Wege stehen, während ich Dich hier werde gebrauchen können."

In der That hatte Neuenfeld während dieser Jahre neben der Verwaltung der Güter wieder seine industrielle Thätigkeit begonnen; seine Hand war in allen Unternehmungen und diese hatten seinen schon enormen Reichthum noch vergrößert. Was er unternahm war sicherer Gewinn, und er war rastlos thätig, durchgrübelte und durchrechnete oft sogar die Nacht.

„Kurt," trat er eines Morgens zu mir in mein Atelier, „leg das Zeug bei Seite" — er meinte Palette und Malstock — „ich habe eine wichtige Mission für Dich."

Ich schaute ihn befremdet an, denn er pflegte mich geschäftlich nie zu belästigen. Er zog sich einen Stuhl heran, warf das Frauen-Costüm, das ich malerisch in Falten auf demselben drapirt, bei Seite, denn ich war beschäftigt, Lucia in Lebensgröße zu malen, wozu sie mir noch immer nicht hatte still halten wollen, und setzte sich mir gegenüber.

„Das kannst Du Dir hernach Alles wieder zurecht legen," sagte er mit geschäftsernster Stirn. „Höre mich an!"

„Ich höre, Papa!" Langsam legte ich die Palette fort.

„Ich habe ein großes Geschäft auf Händen, so gut wie abgeschlossen. Absichtlich wollt' ich Euch neulich nicht den Zweck meiner Reise sagen ehe Alles perfect, und das ist jetzt der Fall. Der Herbst ist vor der Thür; Dir und Lucia wird es eine angenehme Zerstreuung sein, wieder einmal ein paar Monate draußen unter den Leuten zu sein, denn Ihr werdet hier stumpf. Ihr sollt in die Residenz gehen, wo ich für meine Angelegenheiten eines zuverlässigen Repräsentanten bedarf."

„Du machst mich erstaunt, Papa!"

„Du hattest ja längst schon die Absicht, wieder einmal die Zerstreuung zu suchen; auch Lucia kann sie nicht schaden, denn allein wird sie Dich nicht gehen lassen. Also höre! Ich habe eine Herrschaft, wenige Stunden von der Residenz entfernt, gekauft. Sie ist verwildert und vernachlässigt durch langen Familienhader und endlich einem der Erben zugesprochen, der nichts Eiligeres zu thun hatte, als Geld daraus zu machen und sie zu ver-

laufen. Ich habe sie übernommen. Zum Unglück aber tritt da ein neuer Agnat auf, der den Verkauf anficht. Mir ist die Besitzung das Dreifache, ja das Zehnfache werth, weil sie Erzlager enthält, die noch Niemand ausgebeutet, und ich verstehe mich einmal darauf. Ich habe der Kürze willen, weil ich die Prozesse hasse, dem Mann eine nicht unbedeutende Abfindungssumme bieten lassen. Die Advolaten haben ihn aufgehetzt, als er schon zugreifen wollte. Ich habe jetzt meinen eignen Plan, dazu brauche ich aber Jemanden in der Stadt, auf den ich mich verlassen kann."

„Aber, Papa," werde ich denn genug davon verstehen?"

„Ist unnöthig! Du wirst nur auszuführen haben, was ich Dir auftrage."

„Und Du meinst, daß dies genügen wird?"

„So meine ich! In acht Tagen müßt Ihr Beide reisefertig sein! Ich gehe selbst zu Lucia, um ihr zu sagen."

Er verließ mich in der schnellen Werkthätigkeit, die ich an ihm gewohnt, und ich lief gedankenschwer im Zimmer auf und ab.

In die Residenz! Mir wär's schon recht gewesen; es war in der That mein Plan gewesen, mit Lucia einige Monate des langen Winters in einer großen Stadt zu verleben, aber gerade in dieser!

Ich begegnete dort der Mutter und Hedwig, dem Oheim; ich konnte nicht umhin, mit ihnen in engeren geselligen Verkehr zu treten, und wie war dies möglich bei der Mutter Abneigung gegen Lucia! Ihre nervöse Disposition, ihre Rücksichtslosigkeit konnte peinliche Begegnungen herbeiführen und schon der Gedanke an eine Verletzung Lucia's jagte mir das Blut zur Stirn.

Mit dem Oheim konnte ich mich unter gesellschaftlichen Formen benehmen, denn es war ja nichts zwischen uns. Was ich durch ihn verloren, war mir überreichlich durch das Glück ersetzt; das mir von ihm damals ausgesetzte Jahresgehalt hatte ich in einem höflichen, wenn auch kalten Briefe abgelehnt, ohne ihn zu verletzen. Wir konnten uns also wiedersehen, ich ihn ohne Groll, er mich ohne Vorwurf. Ja im Grunde fand ich eine gewisse Genugthuung in dem Gedanken, ihn fühlen zu lassen, wie wenig ich seiner väterlichen Fürsorge bedurft.

Aber die Mutter! die geringste Demüthigung, die meiner Gattin von ihr widerfuhr — und die ersparte sie ihr sicher nicht — mußte es zum offnen Bruch zwischen ihr und mir bringen, und davor graute mir; die Pietät für die Mutter gebot mir, selbst ihre Schwächen zu achten, und unfaßbar war mir die Vorstellung eines Eclats in der Gesellschaft.

Und die Mutter, das gute Wesen! Ich konnte mir keine Idee machen von ihrer gegenwärtigen Existenz. Daß sie sich wohl und heimisch fühle, sie mit ihrem körperlichen Gebrechen inmitten einer Welt, die sie bloßes bei jeder Berührung fühlen lassen mußte, war mir undenkbar, und dennoch war ihr die Mutter so fest attachirt geblieben, daß sie für mich nichts mehr hatte, weniger noch als nichts für Lucia, der sie doch Unrecht gethan zu haben schien beim Abschied ringeständen.

Lucia kam, während ich noch aufgeregt die Sache überlegte und auf einen Ausweg sann. Zu meiner Ueberraschung strahlte ihr liebes Gesicht vor Freude.

„Kurt, das ist eine kostbare Idee von deinem Vater!" rief sie, sich mir in die Arme werfend. „Wie ich mich freue! Du weißt, ich wollte schon lange einmal diese Stadt sehen, in der Du erzogen, von der Du mir damals so oft erzähltest! . . . Aber Du — Du bist verstimmt! Macht's denn Dir nicht auch Freude, Deine Mutter einmal wieder zu sehen, und die gute Hedwig, nach der ich mich schon so lange gesehnt?"

Ich wagte nicht, Lucia anzublicken; ich fühlte mich beschämt durch die Selbstlosigkeit dieses Wesens, die doch die äußerste Probe bestand. Ich wußte, daß sie die Minderachtung von Seiten der Mutter seit dem ersten unfreundlichen Begegnen wohl empfunden, noch immer tief empfand, daß der Undank, mit welchem Hedwig ihre Freundschaft lohnte, sie innerlich verletzend berührte, und dieses edle Herz hatte einen Groll gegen Beide!

Ich war nicht im Stande, mich zu einer solchen Selbstverleugnung aufzuschwingen; sie hätte mich verdrießen müssen, hätt' ich nicht gewußt, wie stolz und unabhängig von alltäglichen Gefühlen Neuenfeld sowohl wie Lucia nach andrer Richtung waren.

„Du freust Dich wirklich über des Vaters Idee?" fragte ich.

„Unendlich, Kurt! Und um so mehr, als ich weiß, wie gern Du Dich einmal wieder inmitten der großen Welt bewegen möchtest! Wir bleiben möglichst den ganzen Winter in der Stadt; der Vater geht auch dort recht oft, und zum Frühjahr, wenn Alles hier wieder grün, kehren wir zurück . . . O, ich habe Alles soeben schon mit dem Papa besprochen."

Sie rief das mit freudeleuchtendem Auge. Sie hängte sich an mich; sie tanzte mit mir im Zimmer umher; sie verjagte mit ihrer Freude meine Skrupel bis auf den letzten Schatten, und ich selbst mußte mir endlich sagen, daß ich wohl zu schwarz gesehen, daß sich mit tactvollem, behutsamem Auftreten in der Residenz meine Befürchtung werde vermeiden lassen. Ja, sie mit ihrer herzlichen Weise brachte mich zu der Einsicht, daß in diesem Plane des Vaters nur eine Verwirklichung meiner eignen Wünsche liege, welche nur die Bedenken hinsichts der Mutter stets in mir zurückgedrängt.

Lucia war überglücklich, als sie auch mich zufrieden sah.

„Das Bild da," rief sie, „ist ja fast beendet! Das bißchen Farbe, das noch an dem Costüm fehlt, kannst Du darauf malen, wenn wir wieder heim kehren, und Du wirst auch wieder heiterer werden, Kurt, denn Du hast mir in der letzten Zeit immer recht bleich und müde ausgesehen und mußt eine Luftveränderung haben."

„Ich mußte lachen; sie war so herzig naiv, wie sie mir diese Nothwendigkeit klar machte. Ich erschien mir kleinmüthig; der weltmännische Gesichtspunkt war mir während des langen Landaufenthalts verloren gegangen.

Es kamen jetzt acht Tage der Unruhe. Die Vorbereitungen zur Reise beschäftigten Lucia und Neuenfeld brauchte fast täglich einige Stunden, um mich ganz in die Details meiner Aufgabe einzuweihen, deren Hauptsache allerdings in den Händen seines Anwalts in der Residenz lag, so daß mir meine Person geschäftlich fast überflüssig erschien. Mir war's dabei erstaunlich, mit welcher Leichtigkeit Neuenfeld die großartigen Ideen behandelte, welche er an diese Herrschaft knüpfte, wie er

auf dem Situationsplan sich Alles schon zurecht gelegt, die erzhaltigen Lagerstätten bezeichnet; wie er mit den Aufbereitungs- und Hüttenprozeß entwarf, mir die projectirten Einbaue aus einander setzte, wie er die kolossalen Grundarbeiten als eine Kleinigkeit behandelte, die Mächtigkeit der Läger taxirte, die Plätze für die zu errichtenden Gebäude bezeichnete und wie er das Alles mit einer Klarheit im Kopf hatte, als ständen diese Gebäude schon da und als sei der Bergbau in voller Arbeit.

Dieser Mann war von einem Schaffensdrang, der ihn hätte vernichten müssen, wäre sein Geist, sein Scharfsinn nicht noch mächtiger gewesen, so mächtig, daß er das Glück zwang, ihm seine Hand zu leihen. War doch was Andre sein „Glück" nannten, nichts andres, als eben sein organisatorisches Genie. Neuenfeld, seit er mit der Cultur unsrer Güter zu Ende, begann nur dieselbe industrielle Thätigkeit wieder, die ihn in Südamerika zu so hohen Zielen geführt.

„Ich werde sehr bald bei Euch sein," sagte er vor unsrem Abschied. „Aber ich werde eben immer nur kommen und gehen können. Wie eine Sternschnuppe werde ich Euch zuweilen in's Haus fallen und ebenso verschwinden. Ich habe hier jetzt doch keine Ruhe so lange ich dieses Project nicht ins Werk gesetzt, und deshalb ist's mir lieber, Euch in der Stadt als hier zu wissen. Also vorwärts, und amüsirt Euch so gut Ihr könnt!"

Es ist entschieden ein Unglück, einen so unermüdlichen, immer gebärenden, Alles selbst bewältigenden Geist über uns nicht sicht zu haben. Ich hätte wohl gern in unsre Geschäfte mit eingegriffen, aber Alles was von Wichtigkeit, that er selbst und spielend; für das Untergeordnete hatte er seine Leute. Ich erschien mir immer wie das in der Luft schwebende Rad einer Maschine, das nicht in die Zähne der andren eingreift, nicht zur Mitwirkung kommen kann, und so schien er auch in dieser wichtigen Sache mich eben nur in der Nachbarschaft jenes Besitzthum's scheinbar beschäftigen zu wollen, um uns in seiner Thätigkeit auf jenem Schauplatz nahe zu haben.

Wir verließen also an einem Morgen eines schönen Herbsttages, begleitet von Neuenfeld, das Schloß. Lucia war in der Laune eines muthwilligen Kindes. Der Abschied vom Vater auf dem Bahnhofe ward ihr nicht schwer, da er uns schon in den nächsten Wochen zu sehen versprach. Neuenfeld selbst war sehr aufgeräumt und winkte uns lächelnd noch als der Zug mit uns dahin brauste.

Kein Schatten jenes ersten Bedenkens, das mich gegen diese Reise eingenommen, war in mir übrig geblieben. Ich hatte mir unser ganzes Auftreten im Geiste zurecht gelegt. Die Mutter und Hedwig sollten durch mein Erscheinen überrascht werden und nach ihrem Empfang wollte ich mein Verhalten regeln.

So saß ich meiner Lucia im Coupé gegenüber. Kein Fremder störte uns im Austausch unsrer Gedanken. Aus ihren Augen leuchtete die hellste Zufriedenheit während sie auf die herbstlichen Felder hinaus blickte, wo denn die Lerche, mit voller lobsingender Kehle dem Sommer ihre Abschiedslieder singend, kerzengrade in die kühle Morgenluft aufstieg.

Drittes Capitel.
Das Châlet.

Neuenfelds rastloser Geist, stets Großes planend, vergaß auch das Kleinste nie. Durch seinen Sachwalt hatte er für uns bereits ein kleines, elegant garnirtes Häuschen in denselben Anlagen gemiethet, in welchen ich mit Tarnow meine Promenaden zu machen pflegte. Auch unsere Pferde waren uns bereits voran gereist, unser Diener und der Kutscher empfingen uns am Bahnhofe. Wie anders war's doch heute gegen damals, wo ich zum ersten Mal, gerade wie heute, durch die matt beleuchteten Straßen dieser Stadt fuhr an der Seite des mich väterlich beschützenden Godefroi!

Es schien mir, als seien die Jahre wie Tage an mir vorübergegangen. Ich erkannte die Häuser, die Giebel, las dieselben Schilder an den Häusern — und da kamen wir an dem Willsdruffchen vorüber. Wer heute wohl drinnen wohnen mochte? ...

Lucia saß schweigend, doch lebhaft interessirte sie die Physiognomie der Stadt, neben mir.

Wir hielten am Eingange eines reizenden Tusculum, eines im Châlet-Styl erbauten Landhauses, das durch seine Lage unmittelbar an der inneren Stadt, von einem Gärtchen umgeben, vorzugsweise zum Winteraufenthalt geeignet. Der Diener sprang herab, öffnete eine niedre eiserne Thür und über den mit bunten Thonplatten belegten Weg betraten wir eine zierliche, mit Statuetten geschmückte offene Halle, deren Vordach von freilich schon vergilbtem Rankengewächs beschattet ward. Weiche Läufer führten uns in den Corridor und Lucia schlug freudig überrascht die Hände zusammen, als sie die niedlichen, wohnlichen Räume, mit schönen stahlblanken Kaminen, luxuriösen Möbeln und zierlichen Lüstern ausgestattet, mit leichtem, elastischem Fuß betrat.

In den Kaminen glühte das Feuer, denn der Abend war kühl; die Lüstres brannte, der Thee dampfte bereits auf dem Tisch des Wohngemachs und ein Blick auf das nach der hinteren Gartenseite gelegene Speisezimmer zeigte uns eine gedeckte Tafel.

„Herr von Neuenfeld hat für Alles sorgen lassen," meldete mir unser Diener. „Auch der Weinkeller ist in Ordnung, eine, wie es scheint, ganz perfecte Köchin wartet unten in der Souterrain-Küche auf den Befehl, das Abendmahl serviren zu lassen; es fehlt nichts im ganzen Hause."

Lucia's Kammerjungfer, die eiligst in Neugier das Haus revidirt hatte, um ihrer Herrin von einem reizenden Boudoir zu erzählen, von dem Badezimmer, der Küche, in der Alles „zum Spiegeln" blank sei.

„Der gute Papa!" rief Lucia gerührt, mit mir die eleganten Räume durchschreitend. „Wir Beide, Kurt, laufen so sorglos in die Welt hinein und er, dessen Kopf so voll von wichtigen Dingen, hat inzwischen heimlich für Alles Rath gewußt! Er behandelt uns wirklich wie Kinder, die man selbst draußen nicht aus den Augen lassen darf!"

Lucia verließ mich um der Kammerjungfer ihre Befehle zu ertheilen.

Mir war's eigenthümlich zu Muthe, als ich mich abgespannt in dem kleinen Salon auf das Sopha niederließ. Ich fühlte mich heimisch in dieser Stadt und doch fremd. Ich sah mich, wie ich kaum dem Knabenalter entwachsen, draußen auf der Promenade schritt, wenn ich zum Oheim ging; alle Momente von damals traten so lebhaft, so grell in meinem Gedächtniß zurück; selbst Philippine, wie sie mich mit ihren kugelrunden Schleieraugen strafend anschaute, wenn ich zur Mahlzeit über das „academische Viertel" hinaus mich hatte erwarten lassen. Ich sah mich beim Oheim sitzen, hörte, wie er mit seiner Falset-Stimme mir salbungsvoll lehrreiche Worte sprach. Ich sah mich am Fenster meines Zimmers stehen und die niedlichen Pensionärinnen in ganzen Reihen drüben aus oder einschreiten; ich sah Minona von Artenberg, wie sie mit dem Blumenstrauß in der Hand in ihrem Rosa-Kleide an der Equipage des Oheims stand ...

Da beugte sich Lucia über mich, die unhörbar über den weichen Teppich hereingeschwebt; ihre Lippen berührten mein Haar, meine Stirn, ihre Hand legte sich über meinen Nacken.

„Gelt, Du bist doch recht froh, daß Du einmal wieder hier bist?" fragte sie, mich auf die Stirn küssend.

„Ich will nicht hoffen, daß Du damals hier Eroberungen gemacht, die mir jetzt gefährlich werden könnten?"

Ich lachte. „In der That, ich hatte mich eben so recht in das Damals zurück versetzt," antwortete ich, ihre Hand in die meinige nehmend.

„Weißt Du, Kurt —" sie setzte sich neben mich — „ich bin recht neugierig, Deine junge Tante zu sehen. Sie soll schön sein, wie Du selbst mir sagtest. Wie werde ich sie nur nennen müssen? ... Tante? das wird sie am Ende übel nehmen, denn sie kann doch kaum älter sein als ich, und Durchlaucht — das sieht wieder aus, als wolle ich sie nicht als Tante anerkennen."

„Beruhige Dich!" tröstete ich sie. „Ich denke, wir werden den Oheim nicht öfter belästigen, als es die Convenienz bedingt! Ich fürchte nur, daß er in seiner unverwüstlichen Artigkeit uns mit seiner Huld erdrücken und uns in der gesellschaftlichen Unabhängigkeit beeinträchtigen wird, die ich mit hier gern bewahren möchte."

Der Diener rief uns zum Souper. Lucia legte in glücklich zufriedener Stimmung ihren Arm in den meinen und flüsterte mir zu:

„Ich glaube, Kurt, wir werden hier recht froh sein können! Es weht mich hier Alles so heimisch an, vielleicht weil Du hier heimisch bist! Aber nicht wahr, Du darfst hier um der Andern willen Deine arme Luzi nicht vernachlässigen?"

Viertes Capitel.
Die Hausfeindin.

Um Mittag hielt ich vor einem durch äußere Decoration recht anspruchsvollen, modernen Hause der Hauptstraße in der Nähe des königlichen Schlosses. Hier sollte die Mutter wohnen, der ich in kindlichem Gehorsam sofort meinen Besuch zugedacht.

Ein Diener in schwarzer Kleidung empfing mich in der Bel-Etage. Die Baronin sei zu Hause, aber nicht allein, sagte er mir. Er nahm meine Karte mit dem Erwarten, der Bescheid werde mir genügen, um ein andermal wieder zu kommen, warf dann, als ich blieb, einen Blick auf dieselbe, corrigirte sich mit einem höflichen

Jüngling, führte mich in ein kleines, echt damenhaft ausgestattetes Empfangzimmer und ließ mich allein.

Mir war's eigenthümlich um's Herz, während ich wartend dastand, die auf einer Etagère stehenden Nippsachen anstarrte und dann das Auge über die mit chinesischen Bronze-Drachen übersäete blaue Sammet-Tapete gleiten ließ. Mein Blut cirkulirte schneller als sonst, indeß kehrten meine Pulse zu ihrem gewöhnlichen Tempo zurück je länger ich wartete.

Ich hörte undeutlich aus einem entfernten Zimmer zwei Damenstimmen. Unwillkommen war's mir, die Mutter nicht allein zu finden; eine Zeugin unsres Wiedersehens war mir lästig. Ich hoffte, die Mutter werde zartfühlend genug sein, dieselbe zu verabschieden.

Der Diener kehrte endlich wieder. Er öffnete die Thür zu einem größeren Gesellschaftszimmer, trat zur Seite, führte mich durch dasselbe und öffnete eine andere Thür zu einem Boudoir, dessen Wände und Vorhänge von purpurnem Brocat. Auf einer Causeuse grade der Thür gegenüber saßen plaudernd zwei alte Damen, von denen die Eine meine Karte im Schooße hielt.

Es war die Mutter, die ohne auf das Oeffnen der Thür zu achten, eben das Antlitz der andern Dame zugewendet, ihre Rede fortsetzte.

Ein Blick auf sie führte mich vollständig in die Situation. Der Mutter Antlitz war frischer als ich es je gesehen; es hatte nichts Matronenhaftes, es strahlte von Gesundheit, von Wohlbehagen, und verschmähte das vielleicht die Hülfe der Toilettenmittel nicht, so konnte doch nur innere Zufriedenheit die scharfen Falten so ganz geglättet haben, welche ihrem Antlitz sonst jene Strenge ergaben. Selbst ihr Haar, das bei ihrem Abschiede schon stark zu ergrauen begann, es glänzte unter der nur durch ihre Umrisse angedeuteten Haube, das perlgraue seidene Hauskleid entbehrte in seinem Schnitt und seiner Garnitur einiger Koketterie durchaus nicht.

Sie sprach während meines Eintretens sehr animirt zu der neben ihr sitzenden Freundin, sie begleitete ihre Rede mit einem Lächeln, das ihren Zügen jenes Geistvolle zurückgab, das ihr im langen Vergrämen verloren gegangen. Sie machte, wie sie dasaß, den Eindruck einer älteren Dame von Welt.

Während das Auge ihrer Freundin, eines echt aristokratischen aber mopsartigen eckigen und bissigen Gesichts, schon fragend auf mir ruhte, wandte auch die Mutter das ihrige eine Uebereilung zur Thür.

„Ah, Du bist es, Kurt!" rief sie, mich mit kaum mehr, als demselben Wohlwollen anlächelnd, das ältere Damen jungen Männern zu spenden gewohnt. „Sei mir herzlich willkommen, mein Sohn!"

Sie streckte mir, ohne sich zu erheben, die zierlich gepflegte weiße Hand entgegen, die ich, zu ihr tretend, respectvoll an die Lippen führte.

„Mein Sohn, Kurt, liebe Gräfin," stellte sie mich der Dame vor. „Gräfin Walmenrod!" präsentirte sie mir diese, die, den Kopf neigend, das breite Kinn über die Schleife des Hutbandes vorschob, mich mit ihrem ernsten knurrigen Gesicht musterte und sich ein herablassendes Lächeln abzwang, der Leutseligkeit einer dänischen Dogge ähnlich. An eine solche nämlich erinnerte dieses Gesicht unwillkürlich, wie es, die breite Kinn- und Backenpartie durch das Hutband vorgeschnürt, mich mit den großen menschenfeindlichen Glotzaugen anschaute.

Der Diener hatte, den Familien-Zusammenhang seiner Herrin mit mir aus der Karte errathend, einen Sessel zur Seite der Causeuse gerückt, ehe er sich entfernte. Die Mutter deutete mit ihrem freundlichsten Lächeln auf denselben. Ich folgte diesem Wink, unmuthig bemerkend, daß die Dame keine Miene machte, zu gehen.

„Es ist recht lieb, daß Du Dich Deiner Mutter einmal erinnerst," fuhr sie fort. „Ich finde, Du hast Dich außerordentlich vortheilhaft entwickelt, bist ein schöner Mann geworden . . . Apropos, Du bist doch allein hier?"

„Mit meiner Frau, gnädige Mama!" antwortete ich schnell und betonend. „Wir trafen erst gestern Abend ein. Sie fühlt sich ein wenig angegriffen durch unsere Reise," setzte ich entschuldigend hinzu.

Die Mutter zog die Lippen zusammen. Die Krähenfüße, die dabei an ihren Mundwinkeln sichtbar wurden, die kannte ich! Sie sagten mir, woran ich war.

„So, so!" rief sie, mir ein sauersüßes Lächeln zeigend. Ein einziger schnell verzuckender Blitz in dem Auge, mit dem sie mich streifte, überzeugte mich, daß Zeit und Nachdenken in diesem Punkt nichts in ihr geändert. Ich wagte es, diesen Blick ebenso stumm, um Beobachtung der Apparenzen bittend, zu erwidern, fand aber keine Gnade.

„Ihr gedenkt, längere Zeit hier zu verweilen?" fragte sie, wie zerstreut die noch in ihrer Hand liegende Karte betrachtend.

„Vielleicht den Winter hindurch!"

„Ei, das ist ja vortrefflich!" rief sie lächelnd, und sich zu ihrer Freundin wandelnd: „Unsere Salons werden um eine Beauté reicher werden!"

Sie begleitete das mit feinem, spöttischem Lächeln.

„Hast Du Deinen Oheim schon gesehen?" wandte sie sich zu mir zurück.

„Nein, ich gedenke ihn erst dieser Tage aufzusuchen."

„Du würdest ihn auch stören! Er ist mit seiner schönen Gattin, wie ich höre, kürzlich erst aus dem Seebade zurückgekehrt, wo er nach längerem Leiden" — wieder der feine Spott-Ton — „Kräftigung seiner Gesundheit gesucht und hoffentlich gefunden . . . der arme Leopold! Nicht wahr, liebe Gräfin, er bedurfte dieser Erholung?" richtete sie sich wieder an die Freundin mit satyrischem Lächeln.

Mich fröstelte es im Herzen; ich übersah die ganze Tragweite dieses Empfanges und wünschte meine hundert Meilen davon zu sein. Offenbar hatte die Mutter sich verletzt gefühlt dadurch, daß ich sie nicht früher aufgesucht; sie sah in mir einen undankbaren Sohn, den sie seit ihrem Scheiden doch nicht einer einzigen Zeile gewürdigt, während ich und Lucia uns in Aufmerksamkeiten erschöpft hatten. Und doch gab der Gedanke, es komme vielleicht nur darauf an, sie zu der Einsicht zu bringen, daß wir keine Schuld an dieser Entfremdung, mir tröstliche Hoffnung, ihre Verstimmung gegen mich wenigstens zu überwinden. Durch Verdoppelung unserer Aufmerksamkeit mochte es uns gelingen, sie zu versöhnen, und dazu gab es hier zu nah eine Bundesgenossin, an der ich nicht verzweifeln wollte.

Müde dieser gespannten Situation rückte ich auf dem Stuhl, fortwährend von mir gehefteten Glotzaugen der Gräfin brannten mir wie ein Senfpflaster auf der Haut.

„Darf ich Hedwig nicht sehen?" fragte ich, den Druck von meiner Haltung abschüttelnd und mich erhebend.

„Sie wird entzückt sein," Kurt, Dich wieder zu sehen," rief die Mutter ihren sarkastischen Ton aufgebend, wohl in dem Gefühl, mich durch diesen Empfang verletzt zu haben. „Ich sah sie heut morgen noch nicht, die Langschläferin! Sie kränkelt mir jetzt so oft und klagt über Nervenschwäche . . . Sie verzeihen, liebe Gräfin" . . .

Die Mutter griff nach dem über der Causeuse hängenden Schellenzug und immer peinlicher ward mir, daß die Freundin auch jetzt noch keine Miene machte, sich zu entfernen.

„Ich denke, es ist am besten, Kurt, Du suchst Hedwig drüben in ihrem Zimmer auf!" fuhr die Mutter fort. „Es ist zwischen der Gräfin und mir noch eine wichtige Angelegenheit zu besprechen."

Philippine Wilsdruff betrat auf der Mutter Ruf die Schwelle. Sie war erschrocken durch meinen Anblick, schien beschämt, von mir in einer so abhängigen Stellung gefunden zu werden, ward glühend roth und wieder bleich, und ohne meinen Gruß zu erwidern, stand sie da, die Lider über die großen ruhigen Augen senkend, aber so anders als sie es früher zu thun pflegte, und der Mutter Befehl erwartend.

„Meine Liebe, führen Sie doch meinen Sohn zu der Baronesse, die hoffentlich schon in der Verfassung sein wird, ihren Bruder zu empfangen."

Philippine hob die Augen beschämt auffordernd zu mir und trat zurück, um mir auf der Schwelle Raum zu geben. Mit einer kurzen Verbeugung wandte ich mich von den beiden Damen. Ein Stein fiel mir vom Herzen, ich schöpfte tief Athem, als ich, von Philippine verlassen, die ohne mir ein Wort zu gönnen, in eine andere Thür gesprungen war, bestand und das Zimmer musterte, in welchem jeder Gegenstand an mein Schwesterchen erinnerte.

Da hingen an den Wänden ein paar sehr unvollkommene Oelstizzen von mir: Hedwigs Brustbild, leidlich getroffen, aber in Licht und Schatten verfehlt; eine Abbildung unseres Schlosses, wie es früher war mit den kopflosen Greifen im Schilde und der abgebröckelten Tünche. Da hing eine Photographie des seligen Vaters, von Immortellen umkränzt, einige Aquarellen, auf die Hedwig viel Werth legte, und meine Kreidezeichnung des armen „Troll," der während meiner Hochzeitsreise von einem unvorsichtigen Nachbarn auf seinen Streifereien durch den Wald, wo er Füchse jagte, erschossen worden.

Auch Hedwigs Lieblingsbücher standen auf einer Etagère, ihre Dichter in Goldschnitt, einige Album, und endlich alle die bunten Kleinigleiten auf dem Nähtisch erinnerten mich lebhaft an der Schwester stille Thätigkeit.

Während ich mir all Das anschaute, ging hastig eine Thür auf. Ich wandte mich und — Hedwig flog mir in die Arme, so stürmisch, so überglücklich, daß ich erschrak. Sie legte das Gesicht an meine Brust; sie schluchzte vor Freude; dann schaute sie auf, die lieben, treuen Augen in Thränen schwimmend. Sie fand kein Wort vor Seligkeit; sie preßte ihre Lippen so fest auf die meinigen, als ich mich ebenso wortlos zu ihr beugte; dann endlich, als sie die Thränen entfernt, flüsterte sie:

„Ach, daß ich Dich endlich einmal wiedersehe, Kurt! Ich kann mich ja noch nicht in den Gedanken hinein finden, daß Du es bist, Du wirklich, mein theurer einziger Kurt!"

Der Schwester jahrelanges Schweigen, ihr seltsames Benehmen, unser Schloß gerade aufzusuchen, als sie uns fern wußte, Beides hatte mich längst auch an ihr verzweifeln lassen. Hedwigs Freude aber war das unwillkürliche, jähe Aufjubeln eines gewaltsam in Bann gehaltenen Herzens, der Aufschrei einer plötzlich befreiten Seele beim Anblick eines Erlösers. Ich sah's, wie ihre lange in stillem Ernst erstarrten Züge sich aus dem Bann los machten, in den sie ein fremder Wille gelegt, wie es krampfartig, schmerzend in ihnen zuckte, wie das Eis brach, das sie so alt und so grämlich gemacht.

Aber ihr Jubel, der Ausdruck desselben that auch mir weh im Herzen, denn ihre Freude lag wie glühender Sonnenschein auf diesem Eis. Der wehmüthige Zug um ihre Augen, eine Folge langgewohnter Entsagung, der Stempel innerer Vergrämung auf dem feinen und zarten Gesicht, eine Falte, die sich wie ein Zeichen heimtückischen Zurückhaltens um ihren Mundwinkel gelegt, und endlich die krankhafte Blässe dieses Gesichtes und einige leicht angedeutete Fallen selbst auf der Stirn eines noch so jungen Geschöpfes — alles Das harmonirte so unglücklich mit ihrem Jubel, daß mein eigen Herz sich ängstlich zusammen zog. Ich fühlte einen Stich durch dasselbe; mir selbst ward's feucht im Auge, als ich auf die Schwester niederschaute, als ich sah, wie das ihrige, sonst so hell, sich aus dem Dämmern heimlichen Grams heraustringend, in stolzer Freude, in innigster Zufriedenheit mich musterte.

Sie war nicht schöner geworden o nein! — und wozu hätte das genützt! Sie war bereits im Verblühen! Die zarten fast elfenhaft feinen Züge, ihre bleiche Haut, unter der an den Schläfen das blaue Geäder sich so ideal abzeichnete, ihre sonst so klare Stirn — Alles schickte sich bereits an zu erschlaffen. Der Schmelz der ersten Jugendfrische war verschwunden; ihr Gesicht hatte den blinden Glanz der Schlangenhaut. Und was schlimmer noch: der Entwickelung ihres Körpers hatte die Verkrüppelung hartnäckig den hemmenden Willen entgegen gesetzt. Der einst so schöne, edle Kopf steckte zwischen den Schultern. So total verwachsen dem Bruder entgegen zu treten war für sie gewiß eine tiefe Demüthigung.

Vergessen in mich selbst, versunken in den rührenden Moment dieses Wiederfindens, mochte eine Miene ihr verrathen was sie ja gewohnheitsmäßig auf jedem fremden Antlitz suchte, den Ausdruck des Mitleids."

Sie schlug das Auge nieder. Ich sah's ihr an, in dem Moment wo sie mir sagen wollte: wie groß, wie kräftig Du geworden bist, las sie in meinen Augen, auf meinen Lippen die Klage: arme Schwester, so wardst Du um Deine Jugend betrogen!

Secunden waren uns im Schweigen verflossen, und keins von uns hatte Worte finden können. Jetzt erst beugte ich mich wieder zu ihr hinab; ich preßte sie an mich, ich küßte sie, und sie umschlang mich mit Inbrunst, als wolle sie, angstvoll den Bruder wieder zu verlieren, mich nicht von sich lassen.

„Ist . . . . Lucia mit Dir?" flüsterte sie endlich mir zu, als fürchte sie sich vor ihrer eigenen Frage, als solle niemand sie hören; und wie ich über sie hinschaute, sah ich, daß in der That das Kleid Philippinens, die uns in der andren Thür lauschend zugeschaut, im Rahmen derselben verschwand.

Ich weiß nicht, wie und warum mir in dem Augenblick das Gefühl kam, als habe ich in diesem Mädchen eine Feindin im Hause der eignen Mutter. Nie hatte ich ihr etwas zu Leide gethan. Tarnow war oft hochmüthig gegen sie gewesen; er pflegte sie wie ein unbedeutendes Frauenzimmer zu behandeln, während ich ihr stets mit großer Artigkeit entgegen gekommen war. Vielleicht war's gerade dies gewesen, was ihr ein Recht gab, anfangs heimlich mit mir zu hadern, und dann mir geradezu feindselig zu werden.

Vielleicht auch konnte sie's mir nicht vergeben, daß das Schicksal sie gezwungen, diese St.llung bei meiner Mutter anzunehmen! Gott weiß, wie schuldlos ich daran war! Aber unbedeutende Naturen suchen eine Stärke darin, Andre zu hassen, mit denen sie in irgend eine Beziehung gerathen sind, wenn sich ihnen nur die geringste Veranlassung bietet. Es ist ihnen das eine Genugthuung für ihre Nichtigkeit.

Hedwigs Frage: „ist Lucia mit Dir?" geschah offenbar so leise und bange, weil sie Schwester Philippinens Nähe vermuthete. Diese äbte also entweder im Auftrage oder aus eignem Antriebe ein Wächteramt über sie.

Deshalb blickte ich unwillig auf und Philippine hatte kaum noch Zeit in der Thür zu verschwinden.

„Meine Frau ist mit mir, Hedwig," antwortete ich absichtlich laut. „Freust Du Dich etwa nicht, sie einmal wieder zu sehen? Sie hat so oft von Dir gesprochen."

„Gewiß, Kurt!" Hedwig war noch aufgeregt; sie mußte erst überwinden, was dieses unverhoffte Wiedersehen in ihr stilles Dasein geschleudert.

Ich setzte mich auf ein gesticktes Tabouret; Hedwig nahm mir gegenüber auf der Causeuse Platz.

„Ich hätte Fräulein Wilsdruff gern begrüßt," sagte ich laut und zur Thür gewendet. „Aber sie hat uns verlassen und scheint kein Bedürfniß danach zu fühlen."

Jetzt hörte ich, wie die Thür ganz leise ins Schloß gedrückt wurde.

„Hedchen!" Ich ergriff die Hand der Schwester. „Wir sind jetzt ungestört. Lucia und ich werden längere Zeit hier verweilen, wir werden uns also oft, täglich sehen können, wenn Du willst, und Du wirst uns stets willkommen sein! Mich drückt aber Eins, was ich gern heute schon von Dir erfahren möchte: warum hast auch Du uns so ganz vergessen? Die Mutter scheint erzürnt darüber, und sie hat mir nicht sehr früher hier begrüßt, obgleich sie mir lange und deutlich genug zu verstehen gegeben, daß ihr dies sehr gleichgültig. Es wird mir vielleicht gelingen, sie zu überzeugen, daß das Unrecht auf ihrer Seite; wo nicht, so gebe ich zu, ich sei im Unrecht, nur um sie zu versöhnen. Aber Du, Hedwig, was haben mir Dir gethan?"

Sie blickte vor sich und zupfte zerstreut an einer Rosette ihres Hauskleides. Sie war sehr besangen durch diese Frage; sie sie wohl hatte erwarten können, und erleichterte sich durch einen Seufzer.

„Es wäre darüber wohl viel zu sagen," antwortete sie immer noch leise, aus Furcht gehört zu werden. „Du solltest aber doch wissen, Kurt, wie die Mutter ist."

„Das weiß ich, Hedchen! Aber daß Du so bist, war mir eben so befremdend. „Wenn ich glücklich bin, war das nicht eine Aufforderung Dich meines Glücks zu freuen?"

„O gewiß, Kurt!" rief sie schnell und mich so treu und ehrlich anblickend, während ihre Hand sich auf die meinige legte. „Ich muß aber einmal bei der Mutter sein und deshalb hätte ich Euer Glück doch nur stören können. Uebrigens hab' ich dennoch immer gehört, wie es Euch geht. Die Nachbarstochter von unsrem Vorwerk ist hieher verheirathet; die bekommt regelmäßig Briefe von daheim und darin ist immer viel von Euch die Rede. Ich besuche sie oft, um von Euch zu hören."

„Dadurch hörte ich aber nichts von Dir, Hedchen!"

„Lieber Gott, wie solls mir denn gehen!" rief sie achselzuckend mit dem ihr gewohnten Ausdruck stillen Leidens. „Ich bin eben nur in der Welt mit der Aufgabe, Niemandem im Wege zu stehen!"-

„Deshalb also vermiedest Du auch uns und besuchtest Dein Heimwesen als Du wußtest, daß wir nicht dort! War das recht von Dir?"

Hedwig erschrak, sie ward bleicher und verlegner.

„So hat Velten dennoch geschwätzt!" sprach sie vor sich.

„Sag' offen: Die Mutter wünschte es so?"

„Nun ja! Sie hielt es für unpassend, wenn ich Euch besuche."

„Und fühltest Du denn seitdem keine Sehnsucht, einmal wieder in unsrem Schloß, auf Deinem kleinen Antwesen zu sein, Dir das hübsche Schweizerhäuschen anzusehen, das ich Dir dort habe erbauen und so traulich einrichten lassen?"

Hedwig schien durch diese Nachricht überrascht und gerührt. Dann schüttelte sie traurig den Kopf.

„Ihr habt Alles so anders gemacht, daß ich mich nicht mehr heimlich finden könnte! Ich wollte ja damals auch nur das Grab unsres unvergeßlichen Vaters besuchen!"

Ich sah wohl, das Hedwig durch meine Fragen eher scheuer als zuthunlicher gegen mich wurde, daß die Wiederherstellung des alten Vertrauens, das ich um Lucia's Willen zur erwünscht hielt, sehr schwierig sein werde. Hedwig schien es sogar willkommen zu sein, als sie hörte, wie im Salon nebenan der Besuch der Mutter sich unter einem Austausch von geräuschvollen Höflichkeiten entfernte.

Sie zuckte zusammen.

„Die Mutter!" flüsterte sie leise gleichsam als Warnung, und erhob sich.

Die Aermste, ich sah es, war durch der Mutter launenhaftes Wesen so eingeschüchtert, daß es ihr unerlaubt erschien, mit dem eignen Bruder in so vertraulichem Gespräch gefunden zu werden. Ich schlug also ein neutrales Thema an und sprach ihr von meiner Wohnung, von den Geschäften, die mich hieher geführt, um ja, wenn die Mutter inzwischen eintrete, nicht den Schein zu haben, als sei ich gekommen, um hier lästig zu fallen und mit Hedwig Geheimnisse auszutauschen.

Die Mutter erschien wirklich; ihr Blick auf Hedwig schien errathen zu wollen, wie weit dieselbe mir mitgetheilt haben könne. Ich nahm die unbefangenste Miene eines Sohnes an, der sich zu Hause fühlt, wie unbequem mir auch diese so natürliche Rolle war. Ich trat ihr lächelnd entgegen, erfreut, sie ohne Göne sprechen zu können, und that, als sei zwischen uns nie das einträchtlichste Verhältniß gestört worden. Sie ihrerseits, noch zerstreut durch die eben beendete Unterhaltung mit der Gräfin, fand ebenfalls erst jetzt Muße, sich den inzwischen zum Mann gereiften Sohn anzuschauen. Es glitt so etwas wie Zufriedenheit oder gar Stolz über ihr Antlitz, dann aber verwischte das Zucken eines nervösen Unbehagens diesen Eindruck. Ich las auf ihrer Stirn den Gedanken: mit diesem Sohn könnt' ich in der Gesellschaft Furore machen; aber... er ist nicht allein gekommen! Und der Gedanke durchkreuzte das stolze Muttergefühl, dem sie flüchtig wohl Raum hätte geben können.

Unsre Unterhaltung, wie wir da in Hedwigs Zimmerchen beisammen saßen, kam Keinem von uns Allen von Herzen. Die Mutter glaubte mich über ihre Lebensgewohnheit in der Residenz „au fait" setzen zu müssen und diese schien sich mit großer Regelmäßigkeit um das Empfangen und Abstatten von Besuchen, um Soiréen, Theater und Conzerte zu drehen und in jeweiligen Einladungen bei Hofe zu gipfeln, deffen Damen sie ihre Freundinnen nannte. Von Hedwigs Betheiligung daran war nicht die Rede; Hedwig existirte hier offenbar nicht für die Gesellschaft. Sie vermied auch jede Andeutung, mich in ihre Kreise einführen zu wollen, auch jede Berührung meiner Häuslichkeit, jede Frage nach derselben. Lucia's ward nicht erwähnt und ich suchte verletzt endlich meinen Stolz darin, hierzu keine Veranlassung zu geben.

„Aber jetzt entschuldige mich, lieber Kurt," unterbrach die Mutter sich unruhig, nachdem sie mir einen Einblick in ihre Lebensweise, einen Ueberblick der Gesellschaft gegeben, in der sie sich bewegte, „Man würde

selbst Deine unerwartete Ankunft mir nicht als genügendes Hinderniß anrechnen, wenn ich bei der Malinse für die armen Verwundeten fehlte, in der meine Person unentbehrlich. Du wirst mir stets willkommen sein, wenn Dir Deine zahlreichen Bekanntschaften von früher her" — sie betonte das, ich wußte nicht, in welcher Absicht — „für Deine Mutter einige Muße lassen... Hedwig, sage Fräulein Philippine, man soll in meinem Ankleidezimmer erwarten... Und jetzt adieu, lieber Kurt, auf baldiges Wiedersehen!"

Sie reichte, mich entlassend, dem Sohn mit wohlwollender Matronen-Miene die Hand zum Kuß, winkte mir lächelnd einen Gruß und verschwand hinter Hedwig, die gehorsam mir die Hand scheu zum Abschied reichend, dem erhaltenen Befehl zu folgen eilte.

Ich stand verabschiedet da und schaute ihr nach. Daß es der Schwester gestattet wurde, zu mir zurückzukehren, war nicht zu vermuthen; dafür gab es Vorwände genug. Trotzdem wartete ich einige Minuten am Fenster stehend und schaute meinem Kutscher zu, der unten in der Straße die Pferde bewegte.

Niemand kam. Ich drehte mich seufzend auf dem Absatz herum und verließ die Wohnung auf demselben Wege, den ich gekommen, höflichst begleitet von dem Diener im schwarzen Frack, der mich mit neugierigen Augen musterte, als interessire es ihn, zu erforschen, in wie naher oder ferner Verwandtschaft ich zu seiner Herrin stehe. Schon der Blick dieses Menschen, wie verzeihlich er bei einem Diener war, er beschämte mich in meiner Würde als Sohn des Hauses, den man erst kühl verabschiedet, so bestehen und dann seines Weges gehen ließ...

(Fortsetzung folgt.)

Die Moselnixe.

Erzählung
von
Philipp Galen.
(Fortsetzung.)

Jakob van der Myers kehrte zu seinem Stuhle zurück, als fühle er das Bedürfniß, sich zu setzen. Sein Zustand war sichtlich ein ungemein gepreßter und seine Brust wogte von den sie erfüllenden peinlichen Empfindungen auf und nieder. Offenbar schwankte er, ob er der Bitte Jan's nachgeben solle oder nicht, aber seine Sehnsucht, vielleicht auch ein so stark gefühltes Bedürfniß, seinen Schmerz einmal vor einem Menschen auszusprechen, überwand seine Scheu allmälig mehr und mehr und so sagte er nach kurzem Besinnen und indem er sich über seine Freimüthigkeit selbst zu wundern schien:

„Nun, Herr van der Straalen, ich weiß nicht, was es ist, was mir in Ihrer Gegenwart das Schloß vom Munde nimmt, welches so lange davor gelegen, noch woher es kommt, daß ich mich geneigt fühle, Ihnen so schnell ein so großes Vertrauen zu schenken. Allein — ich wiederhole es — Ihre Melodien gestern Abend haben

eine unglaubliche Gewalt auf mich ausgeübt" — und hier fing er plötzlich, als könne er nicht anders, holländisch zu sprechen an was nun auch Jan fernerhin that — und mir das Herz in seiner ganzen Tiefe aufgewühlt. Ja, als ich jene heimathliche Weise hörte, die mir meine gute Mutter so oft vorgesungen hat, als ich noch ein Kind war, und die ich Ihnen auf meinem Horn wiederholte, da sah ich im Geiste Holland vor mir, mein theures Vaterland, wie ich es als junger Mensch verließ, und alle Freuden und Träume meiner Jugend, mein Vaterhaus, die Gespielen meiner Kindheit, Alles, Alles, was mir unvergeßlich und namenlos theuer ist, lebte mit einem Male vor meinem geistigen Auge wieder auf und ich blickte in meine Vergangenheit wie in einen glänzenden Spiegel hinein, der, ach! allmälig sehr blind und matt geworden ist. Das ist es, ja, das, was mich gestern so weich gemacht und mich jetzt fast wider meinen

Willen gezwungen hat, Ihnen mein Vertrauen zu schenken."

Als er jetzt einen Augenblick schwieg, gab Jan auf die liebenswürdigste Weise seine Theilnahme zu erkennen und sein hübsches Gesicht nahm, selbst in den Augen des alten Herrn, einen überaus gewinnenden Ausdruck an, so daß dieser, als ein ganz Anderer erscheinend, plötzlich wieder aufsprang, die Hand des jungen Mannes ergriff und ihn auf sein Sopha führte, wo er sich gleich darauf mit seltener Lebhaftigkeit neben ihn setzte.

„Kommen Sie," sagte er fast treuherzig, „setzen Sie sich hierher mit mir und hören Sie an, was ich Ihnen zu erzählen habe, und wenn ich damit zu Ende bin, dann sollen Sie mir sagen, ob Philipp, der Vater, und Justus der van der Myers, sein Sohn, die edlen Männer, wie Sie sie vorher nannten, auch edel an mir gehandelt haben, denn ach, mein Herr! aussprechen muß ich es doch einmal — ich kannte ja Beide genau, viel genauer als Sie, da der Eine von Beiden — mein Vater, und der Andere — mein Bruder war."

„Wie?" rief Jan mit sehr natürlich zu Tage kommendem Erstaunen, „in so nahem Verwandtschaftsgrade standen Sie mit dem Hause van der Myers?"

„Ja, mein Herr, und da Sie mit diesem Hause bekannt und vertraut sind, wie Sie sagen, so werde ich Vieles nur kurz zu erwähnen brauchen, da es Ihnen ja wohl in die Erinnerung zurückkehren muß, wenn Sie einmal davon gehört, und wer in Rotterdam hätte nicht von unsrem traurigen Zwist Kenntniß genommen? Nur das Eine sagen Sie mir zuvor: haben Sie denn in jenem Hause, in jener Familie nie etwas von dem verbannten oder — geradezu gesagt — dem enterbten jüngeren Bruder des Justus, dem Jakob gehört?"

Jan that, als ob er ernstlich darüber nachsänne. „Ja," sagte er endlich, sich an die Stirn fassend, „mir ist, als hätte ich vor vielen Jahren so Manches darüber flüstern gehört —"

„O, flüstern! Aber ja, von mir — denn ich bin ja dieser Jacob van der Myers — hat man nur geflüstert, ich war ja nicht werth, daß man offen von mir sprach und laut seine Theilnahme an mir verrieth. Und was war mein Vergehen? O mein Gott, daß ich allein meinem Herzen folgte, daß ich, der reiche Großhändlersohn, der nur für den Erwerbe geboren, erzogen war, dem Erwerbe den Rücken lehrte, daß ich, mit einem Wort, einem Kinde, meiner Tochter Sarah, das Leben gab, einer Tochter, die so rein, so unschuldig an meinem Elend ist, wie nur die Sterne am Himmel es sein können, und also auch in den Augen meines steinharten Vaters schuldig erscheinen müssen. O ja, und diese Tochter sollen Sie auch noch sehen, um sich zu überzeugen, daß ich von ihr die Wahrheit spreche, wenn ich sie brav, das verkörperte der Unschuld nenne."

„Ich habe sie schon vorher gesehen," fiel Jan beifällig nickend ein, der durch das ihm geschenkte Vertrauen von Neuem aufzuleben schien, „und ich habe sie schön, ja, Herr van der Myers, wunderbar schön gefunden."

„O, schön! Ja, ja, schön!" rief Jakob van der Myers, die jetzt flammenden Augen zum Himmel aufschlagend, „aber was gilt dem eingefleischten, verknöcherten Kaufmann die Schönheit des Weibes, überhaupt alle Schönheit der ganzen Welt? Das Geld, nur das Geld allein ist ihm schön und begehrenswerth — und da ich auch etwas Anderes schön und begehrenswerth fand und es mir zu Eigen machte — eben dafür — wurde ich bestraft. Doch nun, da wir einmal so weit gekommen sind, hören Sie meine kurze und traurige Geschichte, damit Sie über mich, meinen Vater und meinen Bruder endgültig urtheilen können und diese Geschichte dürfte für manchen jungen Mann, der allein seinem Herzen zu folgen, ein Mensch zu sein und Sitte, Herkommen, Familientradition und kaufmännischer Nabobsthum dafür in den Wind zu schlagen in sich den Willen, die Kühnheit und die Kraft besitzt, sehr lehrreich und beherzigenswerth sein."

Sechstes Capitel.
Die Geschichte des alten Holländers.

Jan van der Straaten, der sich auf die Anhörung dieser ihm längst bekannten Geschichte, deren Vortrag dem alten Herrn jedoch in seiner augenblicklichen Stimmung ein Act moralischer Nothwendigkeit und ein unabweisliches Bedürfniß geworden war, schon lange gefaßt gemacht hatte, setzte sich in bequemster Weise auf die weichen Sopha zurück und wandte sein Gesicht mit gespannter Aufmerksamkeit dem Erzähler zu, der jetzt fast vor Eifer sprühte, ihm einen Blick in sein Leben thun zu lassen und sich damit selbst einmal die übervolle Brust freizusprechen. Und so hob er denn an und erzählte Folgendes:

„Mein Vater, Philipp van der Myers, war, wie Sie gewiß wissen, einer der reichsten Kaufleute in Rotterdam und trieb einen Großhandel, der sich fast über alle Länder der Erde, zumeist aber auf die Colonien erstreckte, die im Laufe der Zeiten den Holländern unterworfen worden waren. Er war ein sehr erfahrener, geschäftskundiger und unternehmender Mann, der nur, in meinen Augen wenigstens, den einzigen Fehler besaß, daß er alle Gedanken seines Kopfes, alle Gefühle seines Herzens dem Geschäft unterordnete, dessen Ausdehnung und Entwickelung sein alleiniges Lebensziel war und blieb. In seinem Comptoir wie in seinem Privathause herrschte er wie ein absoluter Monarch mit einer nicht selten zum Vorschein kommenden tyrannischen Beimischung, die ihn von seinen Untergebenen mehr fürchten als lieben ließ, und sogar bei seinen Kindern die Verehrung und Liebe in Schranken hielt, die sie ihm so gern mit ganzem Herzen entgegengetragen und durch alle ihre Bestrebungen und Handlungen bewiesen hätten. So also beherrschte er auch seine Familie mehr, als er sie erzog und leitete, und sein Wille, den er stets mit eiserner Consequenz durchzuführen verstand, trat wie ein unumstößliches Machtgebot auf, dem Jeder ohne Murren sich unterwerfen und fügen mußte, mochten seine Einsicht, seine Wünsche, seine natürlichen Anlagen sich dagegen aufbäumen, so viel sie wollten.

„Er war in erster Ehe mit einer edlen Frau verheirathet, die aus einem ebenfalls sehr reichen Großhandlungshause stammte und ihm die seinen schon vorhandenen Gütern noch viele andere zubrachte. Ob diese Ehe bei dem Naturell meines Vaters eine glückliche gewesen, weiß ich nicht, auch dauerte sie nicht lange, denn die Frau starb bald, nachdem sie einem Sohn das Leben gegeben, eben jenem Justus, der, wie Sie wissen, erst vor wenigen Monaten gestorben ist. Justus ist also nur mein Halbbruder gewesen, obgleich dies in den ersten Jahren meines Lebens nie zur Sprache und noch weniger zur Erscheinung kam, aber doch will es mich bedünken, als ob mein Vater jenen erstgeborenen Sohn im Stillen mehr als mich begünstigt hätte, wofür ich erst in späterer Zeit stärkere Beweise erhalten sollte, denn wie hätte er sonst so starr, so rücksichtslos, so unväterlich gegen mich handeln können, wie es so nachher gethan?

„Ungefähr zwei Jahre nach dem Tode seiner ersten Frau verheirathete er sich noch einmal mit Sarah van der Hooghe, einer ungemein sanften, liebevollen, doch wenig bemittelten Frau, und aus dieser Ehe stamme ich als einziger Sohn. Allein auch meine Mutter starb leider schon in meiner Jugend, als ich eben das achtzehnte Lebensjahr erreicht hatte und gerade von Holland abwesend war, da ich zu der Zeit als Handelsbeflissener in einem englischen Großhause in London conditionirte.

„Die Erziehung meines Bruders wie die meinige, die meist von denselben Lehrern geleitet wurde, war dem Vermögen und Verhältnissen unseres Vaters entsprechend, in jeder Beziehung eine gute und in mancher sogar eine glänzende, obgleich derselbe jedem zur Schau getragenen Luxus abgeneigt und in seinen persönlichen Bedürfnissen sogar ein ungemein einfach und sparsam lebender Mann war. Als wir, noch sehr jung, unsere Schulstudien beendet und von unseren Lehrmeistern die besten Zeugnisse erhalten hatten, wurden wir Beide, wie es nicht anders zu erwarten, zum Kaufmannsstande bestimmt und herkömmlich, wie es damals üblich, in fremde Geschäfte gebracht. Mein Bruder Justus kam zuerst nach Amsterdam, ich nach London in ein großes Handlungshaus, später aber, nachdem wir im Verlauf von etwa drei Jahren einen guten Grund in unseren Leistungen und Kenntnissen gelegt und wiederum gute Zeugnisse von unseren Principalen erhalten, wechselten wir, um unsern kaufmännischen Gesichtskreis zu erweitern, unsere Stellen, mein Bruder kam nach London und ich nach Amsterdam, und wiederum nach einigen Jahren wurden wir Beide fast zu gleicher Zeit in das heimathliche Haus zurückberufen, um in das Geschäft unseres Vaters einzutreten und demselben unsere Kräfte und Talente zu weihen.

„Ich kann nicht anders sagen, das Verhältniß zwischen uns Brüdern war das beste von der Welt und wir trösteten uns oft gegenseitig, wenn wir mitunter die Entdeckung machten, daß unser Vater weniger als Vater, denn als Chef eines Großhauses und als strenger Meister unsere Kräfte übermäßig anspannte, uns nur wenige Erholung gönnte und mehr von unserem guten Willen und unserer Arbeitskraft verlangte, als irgend ein anderer Untergebener zu leisten vermochte. Indessen waren wir Beide gleich kräftig, willig und zu jeder uns aufgetragenen Arbeit geneigt, und unsere Lage wäre eine ganz erträgliche gewesen, wenn uns nicht der unbeugsame Starrsinn, die eiskalte Gemüthsart und die allzu energische Triebkraft unsers Vaters manches Kümmerniß bereitet hätte. Dennoch ertrugen wir auch dies mit kindlich pietätvollem Sinn und jugendlicher Hingebung, und daß wir nicht ohne Erfolg thätig gewesen, bezeugte uns nicht allein der Beifall unsers strengen Vaters, sondern auch die Art und Weise, wie er unserer Thätigkeit schon in sehr jungen Jahren einen großen Geschäfts-

kreis übertrug. Mir sogar wurde, als ich erst vierundzwanzig Jahre zählte, eine bedeutsame Aufgabe gestellt und daß mein Vater mich derselben gewachsen hielt, erweckte meinen inneren Trieb zu erneuter Anstrengung und stachelte meinen Ehrgeiz zu einer Höhe an, daß ich mir endlich selbst zu leisten zumuthete, was er, im Vertrauen auf meine Kraft, meinen jungen Schultern aufgebürdet hatte.

„Nachdem er nämlich meinen Bruder und mich eine Zeit lang in seinem Comptoir unter seiner unmittelbaren Aufsicht hatte arbeiten lassen und durch lange Unterredungen sich von unseren Ansichten und Beurtheilungen der Sachlage verschiedenartigster Verhältnisse unterrichtet hatte, trat er eines Tages mit seiner Absicht in Bezug auf uns heraus und wies uns in klaren Worten das neue Feld unserer Bestimmung an. Und hier zeigte sich zum ersten Mal eine uns Allen sehr auffällige Bevorzugung meines Bruders, indem er mir, dem Jüngeren von uns Beiden, eine bei Weitem schwierigere und gefährlichere Aufgabe, meinem Bruder Justus dagegen eine viel leichtere und angenehmere übertrug. Denn während dieser in unserem Geschäft zu Rotterdam bleiben, darin in gewohnter Art fortwirken und höchstens alljährlich einige Reisen nach England, Spanien und Rußland machen sollte, wurde mir der Auftrag zu Theil, mich in die ostindischen Colonien zu begeben und dort die oberste Leitung unserer Angelegenheiten in die Hände zu nehmen.

„Ich erschrak auf das Aeußerste, aber ich erhob dennoch keinen Widerspruch, weil ich vorher wußte, daß derselbe bei dem eisernen Charakter und der absolutistischen Handlungsweise meines Vaters doch ein vergeblicher gewesen wäre. Im Gegentheil, ich nahm das mir Gebotene anscheinend mit geduldiger Ergebung hin und bereitete mich mit allen Kräften vor, den mir gewordenen Auftrag zur Zufriedenheit meines Vaters auszuführen.

„Zwischen dem Ausspruch desselben und meiner Abreise nach Ostindien lagen nur wenige Wochen und diese wurden mit den nöthigen Ausrüstungen meiner Reisebedürfnisse ausgefüllt. Daneben fanden viele Conferenzen zwischen meinem Vater, seinem ersten Gehülfen und mir statt und mir wurde darin Alles klar vor Augen gelegt, was ich in den Colonien vorfinden und daselbst zu vollbringen haben würde. Endlich aber waren die Zurüstungen zu Ende gediehen, ich hatte meine Ordres empfangen und schied nun beim Abschied von Allem, was mir lieb und theuer war, bestieg eins der besten Schiffe meines Vaters, um an meinem Bestimmungsort abzugehen und — schied von meiner Heimat, um sie — bis auf diesen Tag — nicht wiederzusehen."

Der Erzähler senkte sein Haupt mit einem tiefen Seufzer auf die Brust und schwieg eine Weile, als finde er sich im Stillen mit dem unbegreiflichen Walten des über ihn verhängten Schicksals ab, dann aber sammelte er sich wieder und fuhr mit ruhiger Würde in seiner Erzählung fort, während Jan van der Straaten sein Interesse an der Art und Weise des Erzählers jeden Augenblick wachsen fühlte.

„Ich kam glücklich in Java an und trat, wie Sie sich denken können, in eine mir ganz neue Welt. Das Land, die Natur, die mich umgebenden Menschen, ihre

Sitten und Gewohnheiten, Alles war mir fremd und ich gebrauchte einige Zeit, um mich in den Wechsel aller meiner Verhältnisse zu finden, von dessen Größe und Umfang sich ein Europäer, der nie den alten Continent verlassen hat, keine Vorstellung machen kann. Dennoch fand ich mich ziemlich rasch in das auf mich einstürmende fremde Element und es gelang mir, auch mich selbst in dem mich umgebenden Wirrwarr wiederzufinden. Ich fand einige sehr tüchtige Arbeiter in dem javanesischen Geschäft meines Vaters vor und sie halfen mir redlich, die ersten Schwierigkeiten meines Amtes zu überwinden. Als ich mich aber erst eingearbeitet, entdeckte ich, daß die mir übertragene Aufgabe eigentlich nicht allzu schwer für mich sei und ich strebte mit aller Lust vorwärts, zumal mir bald die Erfolge klar wurden, die ich erzielt. Mit einem Wort, es gelang mir, vortreffliche Geschäfte zu machen, daß mir Entgegenstrebende zu besiegen und unserm europäischen Markt ganz neue Hülfsquellen zu eröffnen. So erwarb ich denn große Reichthümer für meinen Vater, für unser Geschäft, denn an mich persönlich dachte ich nie dabei, da ich ja meines Vaters Sohn war und ein Theil seines Vermögens mir später hin von selbst zufallen mußte. Außerdem war ich in meinem Einkommen so gut gestellt, daß ich davon noch sparen konnte, zumal ich in meinem ganzen Leben kein Verschwender gewesen, und so fühlte ich mich mit der mir bestimmten Gehalt vollkommen zufrieden. Mein Vater war es ebenfalls mit mir und seine Briefe bestätigten mir das. Auch mein Bruder ließ mir bisweilen einige wohlwollende und ermunternde Zeilen zukommen und ermahnte mich zum geduldigen Ausharren. Er werde schon dafür sorgen, schrieb er, daß ich nicht allzu lange von der Heimath fern bleibe, und bei unserm Vater und Chef in jeder Beziehung zu meinen Gunsten zu wirken suchen. Ach ja, schrieb er mir, aber was die Versprechungen der Menschen, selbst eines Bruders, bedeuten, darüber sollte ich mit der Zeit genügenden Aufschluß erhalten.

„Doch weiter, mein Herr," unterbrach sich der Erzähler wieder, „ich ich will Sie nicht lange von meinem Leben und Treiben in Java unterhalten und Sie lieber rasch an den Ort führen, der mir für mein ganzes ferneres Leben so verhängnißvoll werden sollte.

„Auf Java blieb ich fünf Jahre und fühlte mich daselbst, namentlich in der letzten Zeit, leiblich glücklich, zumal ich alle meine Geschäftsunternehmungen glücken und gedeihen sah. Freilich empfand ich oft Sehnsucht nach meiner Heimath, denn ich hing an meinem lieben Holland mit einer Herzlichkeit sonder Gleichen, allein ich bezwang sie, indem ich mir sagte, die Pflicht fessele mich an die Colonien und meine Arbeit daselbst sei Arbeit für mein Haus, für meinen Vater, meinen Bruder, also auch für mich. Gegen das Ende des fünften Jahres meines dortigen Aufenthaltes indessen wurde meine Sehnsucht nach Europa stärker und ich sprach meinem Vater den Wunsch aus, bald dahin zurückzukehren, wenn es auch nur zum Besuch auf kurze Zeit sein sollte. Allein er wollte von dieser meiner Rückkehr, selbst von einem kurzen Besuche nichts hören, schützte die Wichtigkeit der mir zu Theil gewordenen Aufgabe vor und spornte meinen Ehrgeiz und meine Arbeitskraft durch einige freundliche Worte und eine

Zulage zu meinem Gehalt zu immer lebhafterer Entwickelung an. Als ich aber noch einmal um die Erlaubniß, ihn besuchen zu dürfen bat, vertröstete er mich mit etwas strengeren Worten auf die Zukunft und empfahl mir in sehr bündiger Weise, mich an die ersten Gesetze seines Hauses zu erinnern, die den Gehorsam und die Unterordnung unter die Wünsche seines Chefs von Jedem als heiligste Pflicht forderten. Ich sei sein Sohn, schrieb er, stehe als solcher über allen übrigen seiner Mitarbeiter, und so müsse ich auch allen Uebrigen in der Befolgung seiner Befehle ein Vorbild und Muster sein.

„Genug, mein Wunsch ward nicht erfüllt und ich blieb bis zum Ende des fünften Jahres in Ostindien. Da erhielt ich eines Tages ganz unerwartet mit einem unserer Schiffe einen Brief, der mich in das höchste Erstaunen versetzte. Mein Vater schrieb mir, was er selten that, eigenhändig, da sogar seine Privatcorrespondenz von einem ihm sehr ergebenen alten Secretair geführt wurde, er werde mir in zwei Monaten einen älteren Commis als Stellvertreter schicken, dem ich alle meine Geschäfte zu übergeben hätte, denn es sei durchaus nothwendig, daß ich mich selbst nach der Capstadt begäbe, um die in unseren dortigen Unternehmungen eingetretenen Störungen auszugleichen und das in's Stocken gerathene Geschäft wieder in das rechte Geleise zu bringen.

„Dieser Brief versetzte mich, wie schon gesagt, in die höchste Aufregung, denn ich wußte schon lange, wie schlecht unsere Angelegenheiten im südlichen Afrika standen. Wir hatten dort seit langer Zeit große Besitzungen, von denen aus ein bedeutender Handel, namentlich mit Wolle und Wein getrieben wurde, aber durch die Besitzergreifung des Caps und der umliegenden Landstrecke durch die Engländer waren unsere Geschäfte von Jahr zu Jahr rückwärts gegangen, und ich war also dazu auserlesen, unser altes Ansehen unter den Eingeborenen wieder herzustellen und den geschädigten Handel wieder zur Blüthe zu bringen.

„Wie schwer diese neue Aufgabe unter den obwaltenden Umständen war, verhehlte ich mir keinen Augenblick, allein auch jetzt dachte ich an keinen Widerspruch und ergab mich unbedingt in das über mich verhängte Geschick.

„Nach zwei Monaten schon langte der verheißene Stellvertreter an und ich übergab ihm unverweilt alle meine bisher geführten Geschäfte, die er in bester Ordnung fand, wie er mir denn überhaupt unseres Chefs höchste Zufriedenheit mit meinen Leistungen und meiner Arbeitskraft aussprach. Darum auch und weil mein Vater so großes Vertrauen in mich setzte, daß ich selbst die viel schwierigeren Verhältnisse am Cap überwinden werde, sagte mir mein Stellvertreter, schicke man mich dahin, und dort, fügte derselbe mit einem heiteren Lächeln hinzu, sind Sie ja Europa, nach dem Sie ein so großes Verlangen tragen, schon um Vieles näher gerückt.

„Dieser letzte Trost, so unsicher er war, erhob mich am meisten und ich rüstete mich mit leichterem Herzen zur Abreise, als ich kurz vorher noch gedacht. Und so verließ ich Java, um etwa sechs Wochen später in der Capstadt einzutreffen, die ich schon auf meiner

Reise nach Ostindien einmal flüchtig berührt und die mir im Ganzen wegen ihres gesegneten Klimas sehr wohl gefallen hatte.

„Indessen fand ich in der Capstadt und auf unseren weitläufigen Besitzungen. alle Verhältnisse viel schwieriger und verwickelter, als ich mir vorgestellt und ich mußte, da mir auch hier Alles neu, wieder ganz von vorn anfangen und abermals mit mir fremden Menschen verkehren und arbeiten lernen. Hier in der Capstadt lag Alles ganz anders als in Java. In Java hatte ich Alles fertig, klar, geordnet gefunden und ich brauchte nur meinen Kopf und meine Hände zu rühren, um Nutzen zu stiften und Vortheil zu ziehen. In der Capstadt dagegen erschien mir Alles getrübt, verworren und unheimlich. Die Engländer hatten uns ungeheuren Abbruch gethan und waren zu ihrem eigenen Vortheil, den sie überall so gut wahrzunehmen verstehen, überaus thätig gewesen, natürlich auf unsere Kosten, was mir gleich in den ersten Tagen einleuchtete, als ich von den anwesenden Sachwaltern die Führung der Geschäfte in meine Hand genommen hatte.

„Dennoch gelang es mir nach und nach, auch hier allmälig wieder Ordnung zu schaffen und den Engländern den Rang abzulaufen, worin mir namentlich der Umstand half, daß die Eingeborenen bei Weitem mehr uns als den neuen Herren des Landes zugethan waren, was sich schon allein daraus ergab, daß sie fast nur die holländische Sprache gebrauchten, gegen die englische aber den größten Widerwillen zeigten und überhaupt den hochmüthigen Briten sich auf alle Weise abhold erwiesen.

„Ich könnte Ihnen hier einen reicheren Aufschluß über diesen wichtigen Punkt geben und durch thatsächliche und unmöglich zu verkennende Beweise darthun, daß die Engländer überall, wo sie als Herren einkehren, das eingeborene Volk systematisch gegen sich aufzubringen wissen, anstatt klüglicher Weise das Gegentheil zu thun. Sie verstehen eben nicht zu colonisiren, wie die Holländer es verstehen, wie Letztere ja wohl am schlagendsten in China und Japan bewiesen haben. Jedoch will ich mich hierüber nicht weiter auslassen, vielmehr zu meinen persönlichen Verhältnissen übergehen, die Ihnen bald interessanter erscheinen werden.

„Nur so viel will ich noch mittheilen, daß ich im Verlauf von sechs Jahren unser Geschäft auf dem Cap wieder in der alten Blüthe sah, daß unsere Erndten vortrefflich, unsere Ausfuhr sehr beträchtlich und somit unser Gewinnst ein ganz bedeutender war, was mein Vater wiederholt anerkannte, obgleich er nie ein Wort von meiner Rückkehr sprach, vielmehr mich immer von Neuem zum geduldigsten Ausharren und fleißigster Arbeit ermahnte. Somit hatte ich in sechs Jahren des Ersprießlichen viel geschafft und dazu hatte namentlich mein gutes Verhältniß zu den Eingeborenen beigetragen, die ich, die Kaffern und Hottentotten abgerechnet, ungemein bildsam, fleißig und wacker fand, insbesondere die Malaien *), unter denen sogar Einige waren, die die

*) Der Capitain zur See in der Kaiserlich deutschen Marine (jetzt Contre-Admiral) Reinhold Werner sagt in seinen vortrefflichen Reisebriefen über China, Japan und Siam, die eben so geistreich wie interessant geschrieben sind und von gründlichen Studien jener fremden Länder wie von treuer Beobachtung

nach näherer Bekanntschaft herzlich lieb gewann und die mich eben so wieder liebten, weil sie nie den strengen und herzenskalten Gebieter und Geldmenschen, sondern nur den wohlwollenden Menschenfreund und den sie in allem Guten unterweisenden Kaufmann in mir erkannt hatten. Ja, ich liebte viele dieser, zu liebenswürdigen Menschen veredelten Malaien, und ich hatte wohl Grund dazu, sie zu lieben, wie Sie gleich hören werden."

Hier schwieg der Erzähler abermals und gab verschiedene Zeichen einer wachsenden Erregung kund. Er strich sich mehrmals mit den Händen durch sein ergrautes Haar, seufzte bang und schwer auf und sah wiederholt nach dem Oelbilde empor, welches über dem Sopha hing. Plötzlich aber schien eine frische Kraft über ihn hereinzuströmen; er erhob muthig den Kopf und nachdem er die Hände vor seiner Brust gefaltet und auf den ihm aufmerksam zuhörenden Jan einen forschenden Blick geworfen, fuhr er also in seiner Erzählung fort:

„Ich war fünfundvierzig Jahre alt geworden und noch nie hatte ich ein weibliches Wesen einen tieferen Eindruck auf mein Herz gemacht. Jetzt mit einem Male war der Zeitpunkt gekommen, wo ich erfahren sollte, was die Liebe zu einem Weibe sei, und damit, mein Herr, beginne ich Ihnen die traurige Katastrophe meines Lebens einzuleiten. Denn dieses Weib, obgleich es so unschuldig und rein, ein Engel an Gemüth und der Inbegriff von allen edlen menschlichen Eigenschaften war, führte mich in's Unglück, an dem ich noch jetzt leide, aber wenn Sie mich fragen, ob ich dieses Unglück nicht erlebt haben und dafür die Erinnerung an jenes Weib aufgeben möchte, so würde ich Ihnen ohne Bedenken antworten: Nein, ich will noch einmal gern mein ganzes Unheil ertragen, aber von diesem Weibe will ich nie in meinen Gedanken lassen, denn ich habe es geliebt, wie nur ein Mann ein Weib lieben kann und sie hat mir mit ihrer vollkommenen Hingebung, mit ihrer unerschütterlichen Liebe und Treue den Himmel auf Erden bereitet, wofür ich ihr noch heute, wo sie schon so lange unter dem grünen Rasen schlummert, mit allen meinen Seelenkräften dankbar bin.

„Also vorwärts!" ermuthigte der Erzähler sich selbst, wobei Jan ihm wohl anmerkte, daß er das Folgende nur mit großer Selbstüberwindung und einem tief inneren Wehgefühl sprach. „Das Weib, welches ich

der Natur und der Menschen daselbst Zeugniß ablegen: „Die Malaien gehören zu den Mischlingen von Europäern und Eingeborenen. Sie sind Abkömmlinge von malaiischen Sklaven, welche die Holländer früher, als sie noch das Cap besaßen, von ihren ostindischen Besitzungen einführten. Als die Engländer das Cap eroberten, wurden die Malaien frei und sie bilden jetzt die niedere Bürgerklasse. Der Name Malaie ist jedoch fast das Einzige, was von ihrer ursprünglichen Nationalität übrig geblieben ist. Sie sind durch Vermischung mit Hottentotten und Kaffern ein ganz anderer Menschenschlag geworden, ein ausgezeichneter, denn in physischer als moralischer Beziehung, und zeigen sich, was jedenfalls Beachtung verdient, den Hottentotten und Kaffern weit überlegen. Sie erinnern sehr an die spanischen und französischen Basken, besitzen durchgängig eine schlanke Figur, einen kräftigen Körperbau und angenehme Gesichtszüge. Außerdem sind sie arbeitsam und penibel reinlich, Eigenschaften, die unter Völkern, deren Heimath die Tropen sind, sehr selten angetroffen werden. Mit ihrer Nationalität haben sie auch ihre Sprache verloren, aber merkwürdiger Weise sprechen sie nicht Englisch, sondern wie überhaupt fünf Sechstel der Coloniebewohner, Holländisch." Anmerkung des Verfassers.

liebte, Herr van der Straaten, war eine Malaiin und als ich sie kennen lernte, erst sechszehn Jahre alt. Sie war die einzige Tochter eines noch rüstigen Malaien, der in der Nähe eines großen Weingutes, welches zu unseren Besitzungen gehörte, ein eigenes schuldenfreies Weingütchen besaß, auf dem er als freier Mann lebte und sich redlich durch seiner Hände Arbeit nährte. Er war, trotzdem er ein Malaie, ein gebildeter Mann, hatte in seiner Jugend eine gute holländische Schule besucht und sich später, als er Commis in meines Vaters Geschäft gewesen, durch Fleiß, Treue und sonstige hervorragende Eigenschaften vor allen seinen Mitarbeitern vortheilhaft ausgezeichnet.

„Durch Ordnungsliebe und Sparsamkeit hatte er sich ein bescheidenes Capital erworben und damit sein kleines Gut gekauft, auf dem er sich ein Haus gebaut, in welchem er mit seiner Tochter Janba und einigen malaiischen Arbeitern lebte, nachdem seine Frau ihm schon vor Jahren gestorben war.

„Ich hatte ihn bald nach meiner Ankunft in der Capstadt kennen gelernt, ihn in manchen Dingen um Rath gefragt, wiederholt seine Kelterei und Wirthschaft besichtigt und mir dadurch seine Freundschaft und Achtung erworben. Als ich bei einem dieser Besuche zum ersten Mal seine Tochter sah, fiel sie mir nicht besonders auf, vielleicht weil sie noch zu jung war und sich überhaupt fern von uns hielt, wie denn die malaiischen Mädchen meist achtbar und zurückhaltend sind und die jungen Europäer nur mit scheuen Augen zu betrachten pflegen. Indessen ich war schon ein bedeutend älterer Mann als sie, mein Kopf war überhaupt nur mit Geschäften und Sorgen angefüllt, und so richtete ich mein Auge selten auf Frauen, mochten sie noch so schön sein und allen übrigen Männern den Kopf verdrehen.

„Als ich nun aber fünfunddreißig Jahre alt geworden war und, wie gesagt, Janba zählte damals sechszehn Jahre, sollte ich sie durch einen eigenthümlichen Umstand näher kennen lernen, nachdem ihr Vater mir schon oft erzählt, daß seine Tochter mit Erstaunen und Bewunderung von mir gesprochen, die mich in unseren Weingärten mein Horn habe blasen hören, was einen ungemein tiefen Eindruck auf sie gemacht. Ich hatte darauf nicht weiter Acht gegeben, ritt nur jede Woche zweimal nach jenem Weingarten hinaus, beaufsichtigte meine Winzer und ihre Arbeiten und legte mich dann irgend wo an einem schönen Punkte nieder, um mein Horn ertönen zu lassen, das mich überall hin begleitete und mir jede andere Gesellschaft entbehrlich machte, denn ich war von Jugend auf ein leidenschaftlicher Verehrer der Musik gewesen und blies mein Instrument mit einer Art Begeisterung, zumal es ja mein einziger Trost in meinem öden und von meiner geliebten Heimath abgetrennten Leben war.

„Und nun komme ich zu dem Tage, Herr van der Straaten, der über meine ganze Zukunft entscheiden sollte, und er war an sich schon ein Unglückstag für mich, ohne daß ich ahnte, daß seine Folgen noch viel unheilvoller für mich werden sollten.

„Es war ein heißer Tag und ich hatte mich auf meinem Comptoir schon früh herzlich müde gearbeitet. Da ritt ich, diesmal mehr zu meiner Erholung als um eine Inspection, auf jenem dem Malaien benachbarten

Gute zu halten, gegen Mittag hinaus und legte mich, von dem weiten Ritt und der Hitze erschöpft, in unmittelbarer Nähe des malaiischen Hauses auf einem kleinen Hügel im Schatten zweier gewaltiger Eichen, die mich nur zu oft schon an meine liebe Heimath erinnert hatten, nieder. O mein Herr, wenn Sie jenes himmlische Klima in Südafrika nicht kennen, und wie sollten Sie es, so muß ich Ihnen sagen, daß jener Erdenfleck ein wunderbar schöner war und mir durch die Erinnerung an jenen Tag ein unvergeßlicher geworden ist. Auf dem Cap, dem glücklichsten Klima der Welt, wo die Palme neben der Eiche, Kaffee und Zuckerrohr neben unserm Korn und die Weintraube neben der Banane reift und wo also Alles, was man in unseren europäischen Gärten hinter Glas ängstlich hegen muß, wie in der Heimath im Freien blüht und Früchte treibt, gab es im Bereiche unseres Weingutes viele solcher schönen Plätze, aber der, den ich diesmal zu meiner Ruhestätte gewählt, war mir der liebste von allen, denn ich überschaute von ihm aus das weite blühende Land mit seinen grünen Feldern, seinen blauen Bergen und das noch viel blauere Meer, und nebenan, nur wenige Schritte von mir entfernt, lag das brave Malaien Gut, ein kleiner idyllischer Landsitz, auf dem Liebe und Eintracht walteten und der Fleiß des Besitzers die herrlichsten Früchte zeitigte.

„Ich lag also im Schatten der beiden Eichen, süß duftende Rebenblüthen rings um mich her, blies erst auf meinem Horn und schlief dann, von der Hitze überwältigt, ein. Da erwachte ich plötzlich durch einen scharfen Schmerz an der linken Hand und, aus einem mich eben umfangenden Traume jäh in die Höhe fahrend, schrie ich entsetzt auf, denn ich sah eine giftige Viper an der Hand hängen, wo sie mir einen tiefen Biß in die Mitte derselben beigebracht.

„Die Tochter des Malaien befand sich, ohne daß ich es wußte, in unmittelbarer Nähe meines Ruheplatzes; auf meinen Schmerzensruf sprang sie wie eine Gazelle herbei, und als sie hörte und sah, was mir geschehen, eilte sie ohne Besinnen auf mich zu, drückte ihre Lippen auf die sichtbare Wunde und das Gift aus derselben aus, ohne auf meine Bitte zu achten, von ihrem Thun abzulassen und sich nicht selbst in Gefahr zu bringen.

„Ach, mein Herr, als ich dieses schönen Mädchens heiße Lippen auf meiner Hand fühlte und dabei in ihr glühendes, mit einer seltsamen Innigkeit auf mir ruhendes Auge sah, durchschauerte mich ein wunderbares Gefühl und es kam wie mit einer unbekannten, unnennbaren Gewalt über mich. Ich, ja, ich liebte sie auf den ersten Blick und stand wie bezaubert vor ihr, indem ich ihre wundervolle Gestalt und ihr liebliches Gesicht nicht genug betrachten konnte.

„Doch, ich will Ihnen meinen damaligen Zustand nicht weiter auszumalen versuchen und nur andeuten, was geschah. Meine Wunde, die ohne das Hinzukommen des braven Mädchens lebensgefährlich gewesen wäre, heilte, nachdem sie mir einige von ihr eigenhändig gepflückte und zubereitete Kräuter aufgelegt, leicht und in kurzer Zeit, auch fühlte ich nicht das geringste Unwohlsein, aber meine Dankbarkeit für die so rasch geleistete Hülfe war gränzenlos. Ich begab mich, gleich nachdem

das Unheil geschehen, mit Janda zu ihrem Vater und
blieb den ganzen Tag bei ihm. Am andern Morgen,
sobald ich meine Geschäfte abgewickelt, ritt ich wieder
zu ihm hinaus und so viele Tage fort, bis ich keinen
Tag mehr ohne Besuch in der Winzerei des Malaien
verstreichen lassen konnte, der mir auch jetzt seine Freundschaft und sein Wohlwollen auf jede Weise bewies.
Genug, ich folgte einem inneren gebieterischen Triebe
und überließ mich meiner, bald zu einer unglaublichen
Höhe anwachsenden Reigung zu der schönen Malaiin,
wozu gewiß der Umstand beitrug, daß ich diese Reigung
von ihrer Seite erwidert glauben mußte.

„Darin täuschte ich mich auch nicht. Janda liebte
mich in der That schon lange, ehe ich sie genauer kennen
gelernt, was ich erst allmälig aus verschiedenen Andeutungen ihres Vaters und ihren eigenen erfuhr. Und
ich, ich sprach ihr meine unwandelbare Liebe in wenigen
Worten aus und sie — ach! sie glaubte meinen Betheuerungen so gern und sie hatte ein Recht dazu.

„Wenn ich Ihnen nun," fuhr der Erzähler nach
einer kurzen Pause fort, während der er einen einen
innigen Blick nach dem über dem Sopha hängenden
Oelbilde emporgeworfen hatte, „die Schönheit dieses
edlen Naturkindes, das durch seinen europäisch gebildeten
Vater sittsam und wohl erzogen war, näher schildern
soll, so vermag ich das kaum, obwohl ihre damalige
Erscheinung mir noch ganz klar vor der Seele steht.
Ja, sie war wunderbar schön, von elegantem, graziösem
Gliederbau, und über ihr sanftes Antlitz war eine so
große Lieblichkeit und Milde ausgegossen, wie mir nie
wieder in meinem Leben etwas Aehnliches vor Augen
gekommen ist. Doch nein, darin sage ich zu viel, denn
da Sie meine Tochter Sarah gesehen, die das leibhafte
Ebenbild ihrer Mutter ist, so können Sie sich ungefähr
eine Vorstellung von derselben machen, ich sage ungefähr,
denn Janda war fast noch schöner, noch elastischer, noch
graziöser als ihre Tochter, nur war ihre asiatische Abkunft noch etwas stärker auf ihren Zügen als auf denen
Sarah's ausgeprägt. Hier über uns, da, sehen Sie es
an, hängt ihr Bild, von der Hand eines englischen
Künstlers in der Capstadt gemalt, als sie einundzwanzig
Jahre alt und schon lange meine Gattin geworden war.
Es ist wohl leidlich ähnlich und Sie müssen es sogar
schön finden, aber die kindliche Ergebung, die tauben-
hafte Unschuld, diese mich berückende Unschuld, die auf
ihrem Gesicht und in ihren dunklen Augen lag, hat der
Maler freilich nicht wiederzugeben verstanden.

„Doch ich kehre zu meiner Erzählung zurück," fuhr
der alte Herr fort, dessen fahle Wangen sich in den
letzten Minuten warm geröthet hatten. „Als ich zur
Erkenntniß meiner Liebe und deren Erwiderung durch
Janda gekommen war, begab ich mich eines Tages zu
ihrem Vater und theilte ihm meine Wünsche in Bezug
auf seine Tochter mit. Er kannte mich als redlichen
Mann, wie er selbst einer war, und fand in meiner
Werbung nichts Verfängliches, obwohl eine eheliche Verbindung zwischen einem angesehenen Europäer und einer
Malaiin nicht gerade zu den alltäglichen Ereignissen in
der Capstadt gehörte. Ohne zuerst auf meinen Antrag
zu antworten, rief er seine Tochter herbei, und als sie
mit verschämten Wangen vor ihn hintrat und nur einen
raschen glühenden Blick über meine Gestalt laufen ließ,

fragte er sie, ob es wahr sei, daß sie mich liebe und
mein Weib werden wolle. „Ja," rief sie, an seinem
Halse liegend, frohlockend aus, „auf ewig, mein Vater!"
— „Nun," sagte er, „dann kann ich Dir und Ihnen,
mein Herr, meinen väterlichen Segen geben, aber Sie
haben auch einen Vater in Europa, bedenken Sie das
wohl, und ohne dessen Einwilligung werden Sie doch wohl
nicht eine Verbindung mit der Tochter eines Mannes
eingehen wollen, dessen Vorfahren nur Sklaven der Europäer gewesen sind."

„Ach, diese Erinnerung an meinen Vater fiel wie
Eis auf mein liebewarmes Herz, aber ich fand seine
Mahnung gerechtfertigt. Allerdings hatte ich unterlassen,
im Rausch meiner Gefühle für Janda an meinen Vater
zu denken, und dieser Gedanke kam jetzt also etwas spät
in mir zum Durchbruch. So setzte ich mich denn sogleich hin, schrieb an meinen Vater und theilte ihm
Alles mit, was geschehen. Ich schilderte ihm das reizende,
unschuldvolle Kind der Natur, das von ihrem Vater
so wohlerzogen und mit europäischer Bildung ausgestattet sei, schilderte ihm meine Liebe zu ihr und daß
nur sie allein es verhindert, daß ein schneller schrecklicher
Tod mich dahingerafft habe. Und so bat ich denn um
seine Zustimmung zu unserer Verbindung und fügte
hinzu, daß ich in allen übrigen Dingen, namentlich ob
ich in der Capstadt bleiben oder mit Janda, wenn sie
erst meine Gattin geworden, nach Europa zurückkehren
solle, seinem Wunsche gehorchen würde. Allerdings befand ich mich damals schon in einem Alter, wo ich
selbstständig über einen solchen Schritt entscheiden konnte,
allein ich war in einem so guten patriarchalischen Verhältniß und in Gehorsam gegen meinen Vater, der zugleich mein Geschäftsherr war, erzogen, daß ich ihm
doch meinen Wunsch in Form einer Bitte vortragen zu
müssen glaubte, und so that ich diesen Schritt in der
besten Hoffnung, daß er zum Ziele führen würde.

„Allein, was geschah? O, ich werde den unglücklichen Tag nicht vergessen, als die sehnlich erwartete Antwort meines Vaters endlich in meinem Comptoir eintrat, und
eben so wenig den namenlosen Schmerz, den dieselbe
über mich ausschüttete.

„Mein Vater schrieb diesmal wieder eigenhändig
und ich sah den Schriftzügen an, mit welcher Hast und
welchem Unwillen sie auf das Papier geworfen waren,
und zwischen ihren Zeilen las ich die Erbitterung, die
den alten strengen Mann durch und durch erfüllte.
Der Brief war nur kurz und bündig und ging gar nicht
auf meine Auseinandersetzungen und die Schilderungen
der Personen und Ereignisse ein. Ich solle augenblicklich mit dem Mädchen brechen, hieß es nur in höchst
geschäftsmäßigen Ausdrücken darin, und wenn das nach
meiner Ansicht nicht so leicht ginge, solle ich mit dem
ersten besten Schiff nach Europa kommen. Zu dieser
ihm von mir vorgeschlagenen Verbindung, die ihm die
Schamröthe innerer Entrüstung ins Gesicht getrieben,
werde er nie seine Einwilligung geben, dagegen werde
er mir, wenn ich mich durchaus verheirathen wolle und
müsse, ein Mädchen in Holland vorschlagen, welches mir
durch sein Vermögen und seine Stellung in der Welt
eine ganz andere und lohnendere Aussicht für die Zukunft eröffne.

„Das war Alles und das Letztere hatte ich bei

meinem Vater immer am meisten gefürchtet, indessen so viel stand auch bei mir fest: verhandeln und verschachern, wie es unter den reichen Kaufleuten in Holland mit ihren Kindern Gebrauch war, wollte ich mich nie lassen, und daß ich diesen Entschluß ausführen und auf meinem Vorsatz beharren würde, wußte ich zu gewiß, da ich mich selbst so gut wie meinen Vater kannte.

„Ja, in Folge dieses seines harten Gebots ging etwas Seltenes in mir vor. Zuerst ergriff mich ein maßloses Erstaunen über die vermeintliche Gewalt-autorität eines Vaters, der mich elf Jahre lang wider meinen Wunsch von meiner Heimath entfernt gehalten, mich von Allem was ich liebte und ersehnte, getrennt hatte und mir nun auch jetzt die Erfüllung eines so natürlichen Wunsches versagte. Sodann regte sich auch in mir der alte starrsinnige holländische Geist, ein über mich verhängtes Joch, wenn es nicht anders ging, selbst mit Gewalt von mir abzuschütteln. Und augenblicklich gab ich diesem Gefühle einen Ausdruck, indem ich an meinen Vater in eben so kurzer und geschäftsmäßiger Weise schrieb und ihm mittheilte, daß ich diesmal seinem unväterlichen Gebote keine Folge leisten, sondern das Mädchen meiner Liebe unter jeder Bedingung zu meinem Weibe machen würde.

„Diesem kühnen Schreiben folgte die kühne That auf dem Fuße nach. Ich begab mich zu dem Vater Janba's, las ihm meines Vaters Brief und meine Ant-wort vor und theilte ihm den unwiderruflich von mir gefaßten Entschluß mit.

„Der brave Mann schüttelte bedenklich den Kopf und versuchte es, mich an die Pflichten eines Sohnes zu erinnern. Ja, so that ein Malaie gegen einen Hol-länder, ein Mann, dessen Vorfahren ehemals Sklaven gewesen, gegen mich, den Sohn eines stolzen Kaufmanns, des hochgebildeten Europäers. Indessen fruchteten alle seine Vorstellungen nichts. Ich liebte in meinem Leben zum ersten Mal, mit aller Innigkeit meiner Natur, und ich sagte es ihm, daß ich nur durch seiner Tochter Besitz glücklich und zufrieden werden könne. Er versuchte es noch einmal und öfter, meinen Entschluß zu erschüttern, als er aber endlich sah, daß ich von ihm abging, rief er wiederum seine Tochter und stellte ihr die Sach-lage vor. Und was sagte da Janba, Herr van der Straaten? Sie sagte: „Wenn Jakob van der Myers mich selbst gegen den Willen seines Vaters nehmen will, so erkenne ich nur um so mehr daraus, wie sehr er mich liebt, und meine Pflicht ist es dann, mit allen Kräften meiner Seele diese Liebe zu erwidern und es zu ver-suchen, ihn trotz des Widerspruches seines grausamen Vaters glücklich zu machen."

„Und so geschah es. In wenigen Tagen gehörte Janba mir, sie wurde mein Weib, und keinen Augen-blick habe ich es bereut, daß ich meinen damaligen Empfindungen folgte, denn sie beglückte mich bis zum letzten Augenblick ihres Lebens, wie nur ein edles und gefühlvolles Weib einen Mann beglücken kann. Einst-weilen jedoch nahm ich sie noch nicht in mein Haus, denn ich konnte mir wohl denken, daß es nicht lange mehr das meine bleiben werde, vielmehr ließ ich sie bei ihrem Vater, der mir eine niedliche Wohnung in seiner Besitzung einräumte, bis über unsere Zukunft des Weiteren entschieden sei.

„Diese Entscheidung traf auch nur zu bald ein. Dem Briefe, worin ich meinem Vater meinen Entschluß angezeigt, seinen Befehlen in Bezug auf Janba nicht zu gehorchen, folgte unmittelbar ein zweiter, mit der Mel-dung, daß ich bereits ehelich mit ihr verbunden sei. Das hätte ein Anderer vielleicht nicht gethan, um sich die aus diesem Thun nothwendig entspringenden Folgen zu ersparen, allein es lag einmal in meiner Natur, immer und überall ehrlich zu Werke zu gehen, wenn ich auch selbst Schaden dabei erleiden sollte. Mit umgehender Post erhielt ich auf diesen meinen letzten Brief an meinen Vater ein Schreiben aus seinem Comptoir, das von seinem vertrauten Secretair aufgesetzt und von ihm selbst nur unterzeichnet war, und dies Schreiben lautete da-hin, daß von dem Augenblick an, wo ein bereits auserwählter Stellvertreter bei mir anlangen würde, ich mich nicht mehr als Mitarbeiter in seinem Geschäft zu betrachten habe. Was die weiteren Folgen meines un-begreiflichen und nicht genug zu tadelnden Schrittes sein würden, das würde mich die Zukunft lehren.

„Nun, was soll ich noch viele Worte darüber machen," fuhr der Erzähler wieder nach einer kurzen Pause fort, „Sie können sich ja denken, in welcher pein-lichen Lage ich mich damals befand, eine Lage, die mir einzig und allein durch die hingebendste Liebe meiner Janba erträglich gemacht werden konnte. Genug — der angekündigte Stellvertreter kam, noch rascher, als ich es erwartet. Ich empfing ihn mit der größten Höflichkeit und er benahm sich gegen mich wie ein Mann von Geist und Gemüth, der kein einziges Wort über die Ursache des Stellenwechsels fallen ließ. Ich übergab ihm die Geschäfte, wie sie lagen, die Häuser und Ländereien, die Vorräthe und Papiere, mit einem Wort, das ganze Eigenthum meines Vaters in vortreff-lichster Ordnung und — verließ mein herrliches Land-haus und baute mir ein viel kleineres, bescheideneres in der Nähe des Hauses und auf der Besitzung meines Schwiegervaters, — da oben an der Wand sehen Sie eine gelungene Abbildung davon — der sich durch die Verbindung mit mir nicht im Geringsten seinem Stande und seiner gesellschaftlichen Stellung überhob, sondern bescheiden und demüthig blieb, wie er es immer ge-wesen war, aber so oft er gewahrte, daß sein Kind mit mir überaus glücklich sei, seine Freude darüber laut zu erkennen gab.

„Ja, glücklich war ich mit meiner theuren Janba, so glücklich, wie ein Mann es nur sein kann, den in der beseligenden Liebe der Geliebten alle seine Erden-wünsche verkörpert sieht; aber dennoch kann ich nicht läugnen, daß mir bisweilen vor der Zukunft mir vor einem geheimen Schicksal bangte, denn die Drohung meines Vaters konnte ich nicht vergessen, und da ich seinen unbeugsamen Charakter, sein jähes Festhalten eines einmal gefaßten Entschlusses und Planes kannte, wußte ich, daß er darin auch diesmal Wort halten, obgleich ich nicht im Geringsten ahnte, wie schwer die mir von ihm zugedachte Strafe auf mein Haupt fallen würde.

„Einige Jahre vergingen mir in rastloser Arbeit und ich sah zu unserem Gute, daß ich durch allmälige Anläufe von kleinen weintragenden Ländereien vergrößerte, Segen und Gedeihen um mich ausgebreitet, da kam es plötzlich wie ein Gewitter über mich. Und zwei Schläge

waren es faſt zugleich, die mich ziemlich unvorbereitet
trafen. Der erſte brachte die Nachricht vom Tode meines
Vaters, der auf einer Reiſe nach Deutſchland, wo er in
einem Badeorte, in dem er Geneſung von einem langjährigen Uebel ſuchte, plötzlich geſtorben war.

„Dieſe Nachricht kam mir von meinem Bruder
Juſtus zu, der mir zum erſten Mal, ſeitdem ich aus
dem Geſchäft getreten war, ſchrieb und in dem Briefe
kein Wort von meinem Zerwürfniß mit dem Vater und
eben ſo wenig über unſere gegenſeitige Stellung
erwähnte. Ich wunderte mich ſehr darüber, aber ich ſollte
nicht lange in dieſer Verwunderung zubringen, denn alsbald kam der zweite Schlag und der traf mich nicht
weniger ſchwer als der erſte. Es langte nämlich ein
amtliches Schreiben von einem Advolaten aus Rotterdam an, woraus ich erfuhr, daß mein Vater an dem
Tage, wo er meine Verheirathung mit Janda erfahren,
ein Teſtament gemacht und gerichtlich niedergelegt, worin
er meinen Bruder Juſtus zum Univerſalerben ſeines
ganzen Vermögens, ſeines Geſchäfts und ſonſtigen Be-
ſitzes eingeſetzt, mir aber nur den geſetzlich gebührenden
Pflichttheil zuerkannt habe. Erläutert war dieſe Handlungsweiſe in der mitgeſandten und beglaubigten Ab-
ſchrift des Teſtamentes ſelbſt, worin es hieß, daß mein
Vater ſich nach reiflicher Prüfung bewogen geſunden
habe, mir ſeine Huld zu entziehen, weil ich gegen ſeinen
Wunſch und Willen eine unerlaubte, in jeder Beziehung
unſtatthafte und meinen Verhältniſſen widerſprechende
eheliche Verbindung eingegangen ſei und mich dadurch
ſeiner Liebe und ſeines Vertrauens im ganzen Umfange
unwürdig erwieſen habe. —

„Verzeihen Sie,“ fuhr der Erzähler mit ernſterer
Miene und ſichtbar noch jetzt tief bedrückt fort, „daß
ich meine traurige Geſchichte wider meinen Willen
immer weiter ausdehne, allein ſie wird bald zu Ende
ſein und ich werde mich ſo kurz wie möglich faſſen.
So war ich alſo eigentlich geſchäftslos, enterbt, ver-
ſtoßen, wie es ſonſt nur Uebelthäter zu geſchehen
pflegt. Indeſſen fand ich mich darein, da mir nichts
Anderes übrig blieb. Mit einem Theil des bald an
mich gelangten Pflichttheils — von meiner Mutter Beſaß ich ja kein Vermögen —, der allerdings groß genug
war, um angenehm davon leben zu können, wenn wir
beſcheidene Anſprüche machten, kaufte ich mir jetzt neben
dem Gute meines Schwiegervaters ein ziemlich großes
Stück Weinland von einem Engländer, baute mir mein
Häuschen noch weiter aus, arbeitete mit allen meinen
Kräften für mich und meine Familie allein und erwarb
ſo viel, daß ich meine kleinen Glücksgüter allmälig
wachſen ſah. Das wäre ſomit ein guter Fortgang
meiner Thätigkeit und meiner Stellung geweſen, allein
was nicht gut war, das war der Umſtand, daß ich nach
und nach in eine Art Schwermuth und Melancholie
verfiel, die mir das Glück trübte, in dem ich bisher mit
meiner Janda gelebt. Sie dürfen aber nicht glauben,
daß ich meine Ehe bereute und daß dies der Grund
meiner traurigen Stimmung war, o nein, dieſe Ehe beglückte mich fort und fort namenlos. Aber daß mein
eigener Vater mich ſo verkannt, mich ſo ſchonungslos
behandelt und daß mein Bruder ſo lieblos gegen mich
verfuhr und nicht einmal bei der Benachrichtigung vom
Tode meines Vaters ein brüderliches herzliches Wort an

mich gerichtet, das zehrte an meiner Seele und bedrückte
mich mit den fortſchreitenden Jahren immer mehr und
mehr.

„Doch noch Eins muß ich hier erwähnen, bevor
ich zu einer abermaligen Wandlung meines Schickſals
übergehe. Ich hatte einen unüberwindlichen, an Haß
gränzenden Groll auf Alles geworfen, was mich an die
Heimath erinnerte, die mich, trotzdem ich ihr ſo ergeben
war, ſo erbarmungslos von ſich geſtoßen. Namentlich
auf meinen Bruder concentrirte ſich der Groll, da ich
ſeine Handlungsweiſe gegen mich in dunklen Stunden
meines Lebens — und dieſe kamen mir jetzt ſehr oft —
als eine feine Art Erbſchleicherei zu betrachten anfing.
Ich ſage damit vielleicht zu viel, aber ſchon der Gedanke daran, daß er jetzt Alles beſaß, was ich zum
Theil durch meine jahrelange Arbeit erworben und was
von Gottes und Rechts wegen auch ich beſitzen konnte,
beſchwor einen tiefen Schatten in meinem Gemüth herauf, der ſelbſt bis auf den heutigen Tag nicht ganz von
mir gewichen iſt. Natürlich hatte ich vom erſten Tage
an, wo Juſtus mir den Tod unſers Vaters mit ſo
kurzen Worten meldete, alle Verbindung mit ihm abgebrochen, und als einmal in ſpäterer Zeit ein Brief
von ihm anlam, nahm ich denſelben gar nicht an,
ſondern ſchickte ihn uneröffnet als unbeſtellbar an ſeine
Adreſſe zurück. Dieſe Brieſſendungen wiederholten ſich
ſogar noch öfter und jedesmal ſandte ich ſie, ohne ihren
Inhalt geleſen zu haben, an ihren Abſender heim.“

„Das war unrecht!“ unterbrach hier zum erſten
Mal Jan van der Myers den Erzähler, indem er ſich
mit flammendem Geſicht und wie von einem inneren
Antriebe fortgeriſſen, zu ihm hinwandte, aber gleich
darauf, als habe er wider ſeinen Willen ſo geſagt,
wieder ſchwieg.

„Wieſo war es unrecht?“ fragte Jakob van der
Myers mit einigem Erſtaunen. „Doch ja, von Ihrem
Standpunkt aus mögen Sie Recht haben, allein bedenken Sie nur, in welcher traurigen Gemüthsverfaſſung
ich mich damals befand. Trübſinn wechſelte mit Groll
und Haß, und in meinem Hirn brüteten finſtere Gedanken, wie in meinem zuckenden Herzen die qualvollſten
Empfindungen auf und abwogten. Nein, ich wollte von
meinen Verwandten nichts mehr hören, ich wollte von
jetzt an nur an meine eigene Familie denken und für
ſie leben, und dieſe Familie, Gottlob! war das Einzige
auf der Welt, was mir nie ein Leid, nur immer neue
Freuden und Genüſſe bereitete.

„So lebte ich denn ruhig mehrere Jahre auf
meiner kleinen Beſitzung fort, widmete mich ganz und
gar dem Weinbau, für den ich ſchon immer eine beſondere
Liebhaberei gehabt, bis endlich vor zehn Jahren mein
theures Weib an einer Krankheit ſtarb, die uns die
Engländer vom Cap herübergebracht, und zwar an
der Cholera, aber nicht ohne mir ein Tochter geſchenkt
zu haben, die das Ebenbild ihrer Mutter war und auf
deren Erziehung und Ausbildung ich alle Mittel verwandte, die mir in jenem Lande und unter meinen Verhältniſſen zu Gebote ſtanden.

„Endlich ſtarb auch mein Schwiegervater, der ſich
mir bis zur letzten Stunde als ein wackerer und redlicher Freund erwieſen, und nun hielt ich es nicht länger
am Cap aus. Zuerſt verkaufte ich mein allmälig er-

erlittenes und verbessertes Gut, machte Alles, was ich besaß, zu Gelde, was mir bis auf einen hübschen Weinberg gelang, den ich erst vor anderthalb Jahren verkaufen konnte, und kehrte — es sind jetzt gerade zehn Jahre her und ich war damals fünfundvierzig Jahre alt — nach Europa zurück. Zuerst ging ich mit meiner neunjährigen Sarah und einer malaiischen Begleiterin nach London, lebte dort still und zurückgezogen und sah mein Kind zu einer Jungfrau heranwachsen und erblühen. Sie sprach alle Sprachen, die ich sprach, gleich gut, das heißt Holländisch, Englisch und Deutsch, auch hatte sie außerdem ganz leidliche Kenntnisse gesammelt, wie ich denn auch ihre reine Altstimme ausbilden ließ, denn die Liebhaberei für Musik blieb mir bis heute treu und hat mir die bittersten Stunden meines Lebens unendlich versüßt.

„Von London begab ich mich nach vier Jahren nach Deutschland, ohne die Gränzen meiner Heimath zu berühren, um Sarah und ihrer damaligen Begleiterin, die erst vor zwei Jahren starb, dies schöne Land zu zeigen und mich selbst durch Anschauung deutscher Verhältnisse und schöner Naturgegenden zu zerstreuen, was mir unbedingt nothwendig war. So kamen wir auch an den Rhein, wo wir ziemlich lange verweilten, und schifften endlich die Mosel herauf und hierher. Die hiesige Gegend gefiel mir ausnehmend; der edle Weinbau zog mich mächtig an und die Stille und Abgelegenheit des Ortes that meinem gequälten Herzen unglaublich wohl.

„Ich blieb längere Zeit in Berncastel, ging wieder nach dem Rhein, aber es zog mich abermals hierher zurück, wo sich mir unerwartet die Gelegenheit bot, dies kleine Gut und einige vortreffliche Weinberge zu kaufen.

„Ja, ich kaufte es, bezog zuerst das jetzt leer stehende Winzerhaus, während ich das, worin wir jetzt sitzen, zu meinem bequemeren Gebrauche herrichtete, und war so endlich als Bürger der kleinen Stadt Berncastel in Ruhe gelangt. Allein vor anderthalb Jahren mußte ich noch einmal nach London reisen, wohin Sarah mich natürlich begleitete, um einige Geschäfte abzuwickeln, die sich auf den Verkauf meines letzten Weingutes in der Capstadt bezogen, worüber ein mir seit vielen Jahren bekanntes dortiges Handlungshaus bereits in schriftliche Unterhandlung mit mir getreten war. Da, ich weiß nicht, wie und wodurch die Kunde nach Rotterdam gedrungen, daß ich in London sei, begegnete mir daselbst eines Tages in einer Gesellschaft ein freundlicher junger Mann, den ich augenblicklich als einen Holländer erkannte und den ich schon dadurch fast allein lieb gewann, später aber, nachdem er sich die Erlaubniß ausgebeten, mich in meiner Behausung besuchen zu dürfen, bei mir doppelt willkommen hieß, denn mein altes Heimathgefühl und meine unauslöschliche Hinneigung zu Allem, was holländisch war, war allmälig wieder in mir erwacht und brach sogar, meinen früheren festgewurzelten Groll besiegend, von Zeit zu Zeit in hellen Flammen aus.

„Dieser junge und mir alle Tage lieber werdende Mann nun besuchte mich oft und schien mit großem Gefallen an mir und, wie mich bedünken wollte, auch an meiner Tochter zu finden, die ihm in ihrer natürlichen Weise zwanglos entgegenkam und ihn besonders durch

ihren Gesang fesseln mochte. Auch war er ganz dazu angethan, sich in meinem alten veröbeten Herzen, das so wenig Liebe von den Menschen erfahren, einzunisten, und es war ihm das auch bis zu einem gewissen Grade gelungen, als er plötzlich und gegen alle meine Erwartung in seiner wahren Gestalt vor mich hintrat, indem er mir erst in vertraulicher Weise eröffnete, daß er mir näher stände, als ich glaubte, und dann, als ich, aufmerksamer geworden, ihn um eine bestimmte Erklärung bat, endlich mit dem Bekenntniß herausrückte, daß er Philipp van der Myers, meines Halbbruders Justus Sohn sei, und daß er, von demselben dazu autorisirt, mich einzig und allein in der Absicht in London aufgesucht, um mich mit meiner so lange entfremdeten Familie zu versöhnen.

„Da, als ich diese Eröffnung so ganz unvorbereitet vernahm, erfaßte mich mit einem und zum letzten Mal der alte starrköpfige und widerspruchsvolle Sinn des Holländers. Meine ganze Vergangenheit und Alles, was ich durch meine Familie erlitten, die jetzt vielleicht kam, um mir ein Brosamen ihrer Gunst zuzuwerfen, lebte frisch vor meinem Geiste auf und — ich zerriß mit einem kräftigen Ruck das ganze Gewebe, welches mein Neffe so künstlich um mich zu spinnen verstanden. Kaum nämlich hatte er mich auf meine dringende Bitte verlassen, so faßte ich einen schnellen Entschluß, packte in der nächsten Nacht meinen Koffer und, obschon ich Sarah wohl anmerkte, daß sie mir diesmal nicht mit ganzer Seele folgte und mein Verweilen in London gern noch verlängert gesehen hätte, verließ ich bei Anbruch des Tages mit ihr diese Stadt, denn einmal fürchtete ich mich vor der nur zu leicht durchschaulichen und schon zum Theil sich bei mir bemerklich machenden Einwirkung des Sohnes meines Bruders, und dann widerstrebte es auch meinem ganzen Fühlen und Denken, wieder in irgend eine Verbindung mit meiner Familie zu treten. So kehrte ich denn hierher in meine Einsamkeit und in meinen Frieden zurück. Hier lebe ich nun, unangefochten von außen, und nur innerlich von Zeit zu Zeit von der unbezwinglichen Sehnsucht nach meiner Heimath verzehrt, so glücklich und zufrieden fort, wie ich es überhaupt noch sein kann, und erfreue mich der aufblühenden Schönheit und Lieblichkeit meiner Tochter, die mir durch ihre Liebe und Hingebung alle Schmerzen vergessen zu machen sucht, die ich in meinem dornenvollen Leben in so reicher Fülle ertragen habe.

„Hier haben Sie meine Geschichte und wissen nun, warum ich die Holländer zugleich liebe und hasse. Daß ich übrigens kein ganz verstockter Mensch bin und keine Feindseligkeit und keinen Groll gegen die Mitglieder meiner Familie im Allgemeinen im Herzen trage, namentlich gegen Diejenigen nicht, die nicht unmittelbar mit den van der Myers in Rotterdam verbunden sind, ersehen Sie daraus, daß ich seit einiger Zeit eine Nichte aus Amsterdam gastfreundlich bei mir aufgenommen habe, trotzdem dieselbe meinen Verwandten in meiner Vaterstadt freundschaftlich zugethan ist. Es war nämlich, ohne daß ich auch hier weiß, wie man meinen hiesigen Aufenthalt erkundet, vor neun oder zehn Wochen ein Brief aus Amsterdam an mich gelangt, worin mich die Wittwe eines jüngeren Bruders meiner Mutter, der sich erst in schon vorgerückten Jahren verheirathet hatte,

bat, ihre Tochter, Johanna van der Hooghe, eine Zeit
lang bei mir aufzunehmen. Sie wisse, daß ich in Berncastel wohne, lebe zwar in bester Freundschaft mit meiner
Familie in Rotterdam, aber in derselben sei kein weibliches Wesen, wie bei mir, welches in den Jahren mit
ihrer Tochter übereinstimme und sich zu einem Verkehr
mit derselben eigne. Diese ihre Tochter reise eben nach
Coblenz zu einer Verwandten und wünsche meine Tochter
und mich kennen zu lernen, von dessen Schicksalen sie
wiederholt sprechen gehört und an dem sie stets den
wärmsten Antheil genommen. Wenn ich es nun erlaube, so werde Johanna uns demnächst besuchen.

„Ich war über diesen mir so frank und frei an-
gekündigten Besuch einigermaßen betroffen, aber doch
nicht abgeneigt, den Wunsch dieser mir durch meine
Mutter verwandten Frau zu erfüllen, obgleich ich sie
nie mit Augen gesehen, auch nur wenig von ihr in
früheren Jahren gehört hatte. Ich besprach mich also
mit Sarah darüber, und da diese in ihrer von aller
Welt abgeschlossenen Lebensweise sich wohl nach einer
Gefährtin sehnen mochte, bat sie mich, den Wunsch der
alten Tante zu erfüllen. Ich that es und das junge
Mädchen kam, von einer älteren Dame zu Schiff bis
hierher begleitet, die aber wieder abreiste, nachdem sie
es mir übergeben und sich überzeugt, daß es bei mir
wohl aufgehoben sein würde. Johanna van der Hooghe
aber war ein ganz eigenartiges liebenswürdiges Geschöpf
und vom ersten Augenblick an so liebevoll und zärtlich
gegen mich und meine Tochter, daß wir sie Beide bald
von ganzem Herzen lieb gewannen. Ja, mit ihr war
zugleich eine gewisse Heiterkeit und Sorglosigkeit bei uns
eingekehrt, die bisher nicht vorhanden gewesen, und so
ist uns dieses liebe Mädchen jetzt so theuer und fast
unentbehrlich geworden, und eine so herzinnige Freundschaft verbindet sie und meine Tochter, daß wir mit
Schrecken daran denken, daß sie uns einmal wieder verlassen muß, da sie ja nicht immer von ihrer Mutter
fern bleiben kann, zumal sie auch, wie sie mir erst nach
genauerer Bekanntschaft vertraute, mit einem jungen und
bemittelten Kaufmann verlobt ist, mit dem sie eine sehr
fleißige Correspondenz unterhält.

„Johanna's Einwirkung auf mich war dabei eine
ganz eigenthümliche und mich fast bestechende, so daß
ich ihr sogar nicht zu zürnen vermochte, als ich aus
ihrem Munde erfuhr, daß sie in mein trauriges Familien-
verhältniß ziemlich genau eingeweiht sei; konnte ich ihr
doch nun auseinandersetzen, wie unschuldig ich bei und
was ich Alles im Laufe der Zeiten erlitten. Sie gab
mir in vielen Dingen Recht, obwohl sie sich oft bemühte, mir eine andere Ueberzeugung von der Gesinnung
und Handlungsweise meines Bruders und dessen Sohnes
beizubringen, von denen der Erstere, wie ich von ihr
zuerst erfuhr, vor Kurzem gestorben war und seinem
Sohne, demselben, der mich in London aufgesucht, als
einzigem Erben, sein ganzes Vermögen hinterlassen hatte.

„Hier haben Sie auch das Ende meiner Geschichte
bis auf den heutigen Tag. Wundern Sie sich nun noch,
daß ich hier so einsam lebe, daß ich den Verkehr mit
der Welt scheue, daß ich zugleich innerlich gebrochen und
voller Sehnsucht nach Holland bin und daß Sie — Sie
mit Ihrem Schiff, mit Ihrer Musik mein altes Herz
bis auf den Grund bewegt?"

Er schwieg und sah den jungen Holländer mit
durchdringenden und forschenden Blicken an. Dieser
schien in eine tiefe Träumerei versunken zu sein und
fuhr erst in die Höhe, als er den alten Herrn nicht
mehr sprechen hörte.

„Nein," sagte er nun und schüttelte den Kopf
mit mattem Lächeln, „seitdem ich diese Geschichte aus
Ihrem Munde gehört, wundere ich mich über nichts
mehr, was ich bei Ihnen gesehen und vernommen, und
Sie mögen in Ihrer Anschauung und Beurtheilung der
Dinge und Menschen in mancher Beziehung Recht haben,
aber — das kann ich Ihnen nicht verhehlen, Herr van
der Myers — in jeder nicht."

„Warum nicht in jeder?" fragte dieser voller
Spannung.

„Weil Sie, wenn Ihr Vater auch hart und ungerecht gegen Sie gehandelt hat, den ich deshalb nicht
vertheidigen will — Ihren Bruder doch wohl nicht
recht erkannt, ihn nie nach seiner Ansicht der Sache gefragt; ferner weil Sie vorzüglich darin gefehlt, daß Sie
ihm seine Briefe uneröffnet zurückgesandt haben, die ja
ganz andere Dinge enthalten konnten, als Sie sich in
Ihrem Mißtrauen und Groll vorgestellt. Endlich aber
haben Sie meiner Ansicht nach auch darin Unrecht gethan, daß Sie dem Besuche und den Eröffnungen seines
Sohnes in London so ungerechtfertigt aus dem Wege
gegangen sind. Schon daß er Sie in der fremden Stadt
aufsuchte und im Auftrage seines Vaters zu Ihnen kam,
mußte Sie belehren daß er Ihnen etwas Wichtiges und
für Sie Bedeutsames zu sagen habe, und wenn Sie ihm
Zeit dazu gelassen, hätte er Ihnen vielleicht mehr gesagt, als Sie erwarten konnten. Denn — so viel kann
und muß ich Ihnen jetzt sagen und dazu haben Sie mir
ja durch Ihr Vertrauen ein Recht gegeben — ich bin
von Ihrer Lebensgeschichte, was mir erst während meiner
Erzählung in die Erinnerung zurückgekommen ist, zum
Theil schon früher unterrichtet worden, ich kenne auch
einigermaßen die Verhältnisse, in denen sich Ihr Bruder
und mit ihm dessen Sohn bewegt, und weiß, was Beide
über die Trennung von Ihnen gedacht und empfunden
haben, allein — ich bin leider nicht befugt, Ihnen darüber die nöthigen Aufklärungen zu geben; das kann
nur ein Anderer, ein naher Verwandter thun, ein
Fremder wie ich darf sich in so zarte und bedeutungsvolle
Verhältnisse nicht mischen. Ich für meine Person darf
Ihnen nur für Ihre Erzählung, die mir sehr interessant
gewesen, und für das Vertrauen, welches Sie mir damit
erwiesen, herzlich danken, und so bitte ich Sie, daß Sie
mich, den Sie dieses Vertrauens würdig erachteten, eben
nicht als ganz Fremden, sondern als einen Freund und
Mitwisser Ihres langen Leidens betrachten. Und um mir
zu beweisen, daß ich Ihnen wirklich kein Fremder, vielmehr ein Freund geworden bin, erlaube ich mir jetzt eine
Bitte auszusprechen, um, sobald Sie mir die Erfüllung
derselben zugesagt, meinen langen Besuch bei Ihnen zu
beenden und mich von Ihnen zu verabschieden."

Jakob van der Myers blickte fast gerührt zu dem
jungen Mann auf, der jetzt so warm und herzlich wie
nie vorher zu ihm gesprochen, dann nickte er und sagte:

„Welche Bitte könnten Sie mir noch aussprechen!
Seien Sie im Voraus überzeugt, daß ich sie Ihnen
erfüllen werde, wenn es irgend in meiner Macht liegt."

„Das Letztere hoffe ich bestimmt," erwiderte Jan von der Straaten mit einem fast frohlockenden Blick, der dem alten Herrn in seiner Aufregung entging. „Nun denn, so bitte ich Sie, meinen Besuch zu erwidern und zwar mich an Bord meines Schiffes zu besuchen. Die Stunde, in welcher Sie bei mir erscheinen wollen, mögen Sie selbst bestimmen; ich erlaube mir aber meine ergebne Einladung auch auf Ihre Damen auszudehnen, denen dies Schiff vielleicht eben so gut gefallen dürfte wie Ihnen, zumal es ja holländischer Grund und Boden ist, den Sie und Ihre Tochter damit betreten, und so werden Sie wenigstens in Gedanken wieder einmal in Ihrer Heimath sein, wenn Sie mich nämlich so glücklich machen, mir diesen Besuch zu verheißen."

Der alte Mann neigte sein Haupt auf die Brust und sann über den eben gehörten Vorschlag eine Weile nach; plötzlich aber erhob er ihn wieder und indem eine feine Röthe über sein bleiches Gesicht flog, sagte er langsam und fast jedes Wort mit Ueberlegung sprechend:

„Sie sind sehr gütig und ich nehme diese freundliche Einladung für mich und die Meinigen gern an, da ich in der Erfüllung Ihrer Bitte nichts Verfängliches und mich Bedrohendes erblicken kann. Indessen gönnen Sie mir einige Zeit zur Ueberlegung, auf welche Stunde ich unseren Besuch festsetzen will. Ich gestehe es offen, Ihr Besuch und die Erzählung meiner Lebensschicksale haben mich etwas angegriffen und ich möchte zu meiner Erholung wenigstens den heutigen Tag in aller Ruhe für mich verbringen."

„Darin stimme ich recht gern ein," fuhr Jan in viel lebhafterem Ton zu reden fort, „und daß Sie heute noch nicht Ihren Besuch bei mir abstatten wollen, ist mir sogar angenehm, da ich im Laufe dieses Tages noch verschiedene Geschäfte abzumachen habe. Also bis morgen denn! Dann kommen Sie aber doch gewiß?" Und er hielt dem alten Herrn seine Hand hin, die sie rasch ergriff und die seinige sogleich mit warmer Herzlichkeit umschlossen fühlte.

„Ja, ich denke es," erwiderte er, „ich werde es mir mit meinen Mädchen heute Abend überlegen und und Sie sollen von der Stunde unseres Besuches unterrichtet werden. Sind Sie damit zufrieden?"

„Vollkommen!" lautete die mit sichtbarer Heiterkeit gegebene Antwort. „Und so sage ich: Auf Wiedersehen morgen bei — mir auf der Moselnixe!"

Jakob van der Myers verbeugte sich höflicher und freundlicher, als er sich lange vor einem Menschen verbeugt. Dann sagte er:- „Auf Wiedersehen! Leben Sie wohl!"

*   *   *

Gleich darauf hatte er seinen Besuch bis zur Gitterpforte des Gartens geleitet und sah ihn von hier aus in das Boot steigen, das bereits wieder wie um neun Uhr Morgens an dem schmalen Steindamm zur linken Hand angelegt hatte. Als er es aber mit raschen Ruderschlägen sich vom Ufer entfernen und den Weg nach dem Schiffe nehmen gesehen, kehrte er mit tief bewegtem Herzen in sein Zimmer zurück und ging hier, die Hand an die heiße Stirn gelegt, mit haftigen Schritten auf und nieder. Sein fahles Gesicht hatte dabei ein ganz anderes Aussehen angenommen als früher; es lag eine

Röthe und der Ausdruck einer Erregung darauf, wie sie nur selten bei ihm zum Vorschein kamem, und aus seinen dunklen Augen leuchtete ein warmer freudiger Strahl, als ob er sich wunderbar gehoben und erleichtert fühle, nachdem er einmal einem empfindungsreichen Herzen sein Leid ausgeschüttet und, wie das immer geschieht, einen sanften Trost dadurch empfangen hatte.

Da, als er eben mit seinen tumultarischen Gedanken so ziemlich zu Ende gekommen, hörte er Sarah's und Johanna's Stimmen auf dem Hausflur, und als diese nun mit höchst gespannten Gesichtern und vor Erwartung glänzenden Augen in's Zimmer kamen, trat er ihnen mit einem Stolz und einer Freude entgegen, wie sie beide Mädchen noch nie auf seinen Zügen gelesen hatten.

„Vater!" rief ihm Sarah zuerst entgegen, während Johanna ihn forschend und verwunderungsvoll betrachtete, da sie sogleich sein verändertes Aussehen wahrnahm, „was ist Dir geschehen?"

Aber er hatte im ersten Augenblick keine Antwort. Er ging auf Sarah zu und schloß sie in seine Arme. „Kinder," sagte er dann, als er sich aus der Umschlingung seiner Tochter gelöst und Johanna die Hand gereicht, „wundert Euch nicht über meine seltsame Stimmung, aber mir ist in der That etwas Wunderbares begegnet. O, dieser junge Mann, Jan van der Straaten, ist nicht nur ein Holländer, wie ich von Anfang an vermuthet, sondern auch der geheimnißvolle Bewohner jenes Schiffes und somit der Musiker, der uns gestern Abend so entzückt hat. Und was er sonst ist, kann ich Euch unmöglich mit wenigen Worten sagen. Genug — und hier habt Ihr den Hauptgrund meiner Aufregung — er ist nicht nur ein Landsmann, sondern er wohnt sogar in meiner Vaterstadt — in Rotterdam. Und außerdem kennt er meine ganze Leidensgeschichte, theils von — Rotterdam her, theils — durch mich selbst."

„Durch Dich selbst?" fragten beide Mädchen wie aus einem Munde zugleich.

„Wie bist Du denn dazu gekommen?" fügte Johanna verwundert hinzu, während Sarah ganz starr vor Staunen auf ihren Vater blickte.

„Ja, wie bin ich dazu gekommen!" fuhr Jakob van der Myers sinnend fort. „Wie man zu Etwas kommt, wenn die rechten Menschen in unseren Weg gerathen. Und dieser Mann, ja, Kinder, er war und zeigte sich mir als der rechte Mann, denn er, wenn ich es Euch ehrlich gestehen soll, hat mich durch sein liebenswürdiges Benehmen fast bezaubert, hat mich mit seinen Fragen, seinem Theilnahme, seinem ganzen mir räthselhaft erscheinenden Wesen so umsponnen, daß ich endlich nicht anders konnte und meinem gepreßten Herzen einmal Luft gemacht habe. O ja, Kinder, und das thut mir noch in diesem Augenblick wohl und wird mir noch lange wohlthun."

Jetzt war es Johanna, die seine Worte fand; sie schaute nur, da sie ein solches Lob Jans aus dem Munde des sonst so strengen und menschenscheuen Onkels vernahm, ganz entzückt auf ihn hin, was mehr er noch Sarah bemerkte, welche Letztere mit ihren eigenen Gedanken genug zu thun hatte.

„Doch halt, nun noch Eins!" fuhr der alte Herr

plötzlich wieder zu reden fort. „Ich habe dem Herrn auch noch ein Versprechen gegeben, daß ich nur erfüllen kann, wenn Ihr mit seinem und meinem Wunsch übereinstimmt."

„Welches Versprechen?" flüsterte Sarah, mit einem Bangen und doch einer Freude sonder Gleichen hoch aufhorchend.

„Daß wir ihn morgen auf seinem Schiffe besuchen, das da drüben vor Anker liegt. Sagt, wollt Ihr mich dahin begleiten?"

Es erfolgte keine hörbare Antwort, aber beide Mädchen stürzten zugleich auf den Vater los, umfaßten ihn mit ihren Armen und küßten ihn herzlich, denn nun sahen sie ja endlich ihren sehnlichsten Wunsch erfüllt und das große Werk, welchem auch sie ihre Hand geliehen, schien dem Gelingen nahe zu sein. Der Vater aber nahm ihr Schweigen und ihre Lieblosungen als den Ausdruck ihrer Freude und Beistimmung auf, und so war auch er herzlich zufrieden, daß er ihnen einmal eine angenehme Abwechselung in ihrem stillen und einförmigen Leben bereiten konnte.

Siebentes Capitel.
Der Besuch auf der Moselnixe.

Die Unterredung zwischen den beiden Männern hatte mehr Zeit fortgenommen, als wir zur theilweisen Mittheilung derselben gebraucht, und so war das Mittagessen im Nußhof an diesem bedeutungsvollen Tage auf eine viel spätere Stunde als gewöhnlich verschoben worden, da Jakob van der Myers, obgleich er heute sein Frühstück versäumt, unmöglich im Stande war, unmittelbar nach dem Weggehen Jans van der Straaten mit gutem Appetit sich an den Tisch zu setzen. Als man aber endlich daran Platz nahm, zeigte es sich auf allen Gesichtern, daß Freude, herzinnige Freude auch in den Gemüthern herrschte und daß der finstere Dämon, der den Hausherrn früher so oft heimgesucht, ganz aus ihm verschwunden sei. Daß in den beiden Mädchen und namentlich in Johanna heute ein ganz besonders guter und frohlockender Geist lebte, war ja sehr natürlich, denn Letztere erkannte ja auf den ersten Blick, daß ihr theurer Jan, dem sie mit Recht ein so großes Vertrauen geschenkt, die beste Wirkung auf ihren Onkel erzielt habe. Sarah dagegen verhielt sich still und war nur innerlich glücklich. Auch sie sah den Vater mit der besten Stimmung, und die frohe Hoffnung, nun auch bald einem Anderen näher zu treten, dem Herr mit vollem Herzen ergeben war, verlieh ihrem ganzen Wesen eine Weihe und ihrer Schönheit einen Glanz, die wohl noch Niemand an ihr wahrgenommen hatte.

Es war schon lange drei Uhr vorbei, als sie sich endlich vom Tisch erhoben und in den Garten begaben. Zum Steigen in die Berge empfand der alte Herr heute zum ersten Mal nicht die geringste Neigung, auch war es dazu viel zu heiß und im Süden hatte sich sogar eine trübe Wolke am Himmel gebildet, die langsam von allen Seiten her sichtbaren Zuzug erhielt und den schon lange erwarteten Regen endlich bringen zu wollen schien. Allein auch diesmal zertheilte sie sich wieder; ein gegen Abend herauf brausender Wind trieb sie auseinander und abermals lag der ganze Horizont in seiner früheren

Klarheit und Bläue da. So blieb denn Jakob van der Myers bei seinen Kindern im Garten und fast keine Minute verließ er sie, als ob er sich heute von ihnen nicht trennen könne und ihnen noch tausenderlei Dinge zu sagen habe, die er aber schließlich alle für sich behielt und nur in seinem eigenen übervollen Gehirn ausschwirren ließ.

Als nun aber die Regen drohende Wolke sich aufgelöst und er ohne Unterlaß den Himmel beobachtet hatte, sagte er zu den Mädchen, die neben ihm im Garten auf und nieder wandelten:

„Das Gewitter, das ich schon so lange erwartet, ist abermals an uns vorübergezogen und hat sich wahrscheinlich dort drüben hinter den südlichen Bergen entladen. Aber kommen wird es doch, denn die Luft ist zu dick und schwül und die Hitze fast unerträglich. Nun, mag es kommen, wenn es will, ich bin immer bereit, Gottes Segen auf mich zu nehmen, zu welcher Zeit und in welcher Gestalt er ihn auch scheiden mag. Nur möchte ich nicht, daß er morgen käme, wo wir das niedliche Ding da drüben, mein Klein-Holland, besuchen wollen. Seht, noch liegt es still vor seinen Ankern zwischen den Kribben; ob es wohl heute Abend wieder herüberkommen und uns mit seiner schönen Musik beglücken wird?"

Aller Blicke flogen hastig nach dem jenseitigen Ufer hinüber und concentrirten sich auf das Schiff als ob es der Inbegriff alles ihres Denkens und Fühlens geworden wäre, was ja auch im Grunde der Fall war.

„Ich glaube bestimmt, daß es kommt," sagte da Johanna. „Laß es nur erst dunkler werden, Onkelchen. Die Herren scheinen die Dämmerung zu lieben und da hört sich ja auch eine gute Musik am lieblichsten an."

Sie sollte auch diesmal Recht haben. Allmälig sank der Abend herein und es war wieder ein vollkommen schöner, warmer und klarer Abend. Alle Wolken waren vom Himmel verflogen, tiefe Stille herrschte in den Lüften, am Lande und auf dem Wasser rings herum, nur ganz tief im Westen und Norden, dem Rheine zu, sah man rosig angehaucht, von der im Untergehen begriffenen Sonne vergoldete Dunststreifen, während die hohen Berge schon tiefere Schatten über das enge Thal zu werfen begannen.

Da, als man eben wieder über die dunkelgrün schimmernde Mosel nach dem Schiffe hinsah, bemerkte man, wie am vorigen Abend, das kleine Boot, wie es ganz leise hinter dem Spiegel hervorkam und denselben Weg einschlug, den es schon einmal genommen. Auch diesmal zog es ein Tau hinter sich her und als es so dem schmalen Steinwall zur Linken des Nußhofes festgelegt war, fing die Moselnixe an, sich in Bewegung zu setzen, bis sie langsam ganz herübergekommen war und wieder ihre Lage zwischen den beiden Kribben einnahm den jetzt schon befreundeteren Bewohnern wie gestern ihre Steuerbordseite zukehrend.

Aber auch heute bemerkte man außer den das Schiff bedienenden Matrosen keinen Menschen an Bord, und so sehr Johanna's gute Augen sich anstrengten, irgendwo ihren Jan zu entdecken, so nahm sie doch keine Spur von ihm wahr.

„Das haben sie wieder recht hübsch gemacht," sagte Jakob van der Myers mit lächelndem Gesicht. „Ja, ja, sie verstehen ihr Handwerk, wie alle unsere Schiffer.

Nun aber glaube ich selbst, daß wir bald etwas Musik hören werden und so holt mir mein Horn, Kinder, damit ich den artigen Herren da drüben wieder antworten kann."

Johanna, die flüchtigste von den beiden Mädchen, sprang schon dem Hause zu, während Sarah beim Vater blieb, sich sanft auf seinen Arm lehnte und mit ihm über die kurze Strecke hin weglauschte, die sie von dem Schiffe trennte. Kaum aber war Johanna mit dem Mahagonikasten wieder zu ihnen getreten und hatte sich den Schlüssel dazu ausgebeten, so hörte man ganz leise die Clarinette an Bord den Ton angeben — das Concert mußte also auch im Augenblick beginnen. Alsbald, nachdem die drei Signallaternen aufgehißt, flogen auch wieder die drei Raketen in den bekannten holländischen Farben in die Luft, und als ihre letzten Funken versprüht, begann die Musik, die schon so lange sehnlich erwartet war.

Diesmal jedoch ließen die unsichtbaren Musiker gleich von Anfang an nur heitere Melodien erklingen, als wäre nun auch bei ihnen aller Trübsinn verschwunden und eine jubelnde Freude eingekehrt. Ein rauschendes Allegro aus einem der ewig jugendlichen Werke Mozarts eröffnete das Concert und ihm folgten jauchzende Lieder von anderen deutschen Meistern. Jakob van der Myers antwortete ihnen stets, als ob es so schon Gebrauch wäre, in eben so munterer Weise, und niemals hatte das Echo der Berge die wunderbaren Klänge seines Horns so rasch und fröhlich wiedergegeben, wie diesmal.

Als die Musiker aber für diesen Tag geendet, die Zuhörer am Lande ihrem Talente wieder mit voller Bewunderung gelauscht und die drei Raketen den Schluß des Concerts angezeigt hatten, verfügten sich die drei Bewohner des Nußhofes in das Speisezimmer, um diesmal ihr einfaches Nachtessen viel später als gewöhnlich einzunehmen. Jedoch nur kurze Zeit hielt sich der Haushgerr dabei auf, der heute gar keinen Appetit zu haben schien und nur in sichtbarer Hast die ihm von Sarah vollgeschenkten Gläser edlen Weins leerte.

„Ja," sagte er, indem er sich schon wieder vom Tische erhob, „wir müssen die Herren morgen besuchen, jetzt ist es bei mir eine fest beschlossene Sache und ich werde mich sogleich an meinen Schreibtisch setzen, um Herrn van der Straaten die Stunde unserer Ankunft zu melden. Also wir wollen um zwei Uhr hinüber. Gut, so laßt unser Mittagbrod etwas früher wie sonst anrichten und dann haben wir den ganzen langen Nachmittag vor uns. Aber wie senden wir ihnen die Botschaft, wenn sie morgen früh unser Ufer verlassen und ihren jenseitigen Ankerplatz wieder aufgesucht haben sollten?"

Johanna, die für Alles einen guten Rath wußte, gab ihn auch diesmal ab. „Onkelchen," sagte sie, „das kann Dir doch keine Sorge verursachen. Wir senden irgend einen zuverlässigen Boten, zum Beispiel Deinen alten Küper, nach der Stadt, laffen ihn einen Nachen nehmen und direct nach der Moselnixe rudern. Dort giebt er den Brief ab und bringt uns gleich die Botschaft mit zurück, ob wir dem Schiffsherrn um diese Zeit genehm sind."

Jakob van der Myers sah sie freundlich an und streichelte ihr glänzend braunes Haar mit der Hand.

„Ja, ja," sagte er, „Du hast Recht, so wollen wir es halten. O, daß Du uns einst verlassen mußt, will mir noch gar nicht in den Sinn, denn wo werden wir wieder einen so guten Tröster und Berather finden, wie Du es uns warst?"

„Wer sagt Dir denn, daß ich Euch schon so bald verlassen will?" erwiderte Johanna erröthend. „Ich denke ja gar nicht daran und mir gefällt es bei Euch so gut — jetzt noch viel besser als früher, da Du so heiter geworden bist — daß ich schon selber dafür sorgen werde, so lange wie möglich in Eurer Nähe zu bleiben."

„Ich danke Dir, Kind, ich danke Dir!" sagte der alte Herr, küßte erst sie und dann Sarah und, indem er ihnen Beiden eine gute Nacht wünschte, nahm er ein Licht und begab sich in sein Zimmer, um den bewußten Brief an Jan van der Straaten zu schreiben. —

Während er es that, waren die beiden Mädchen wieder in Johanna's Zimmer beisammen, lachten und scherzten vor Freude und küßten und umarmten sich wiederholt, aus tiefster Seele Gott dankend, daß die trüben Wolken, die so lange über ihren Häuptern geschwebt, nun endlich, wie sie glaubten, gänzlich verschwunden wären.

*   *   *

Als Jakob van der Myers am nächsten Morgen nach einer etwas unruhigen Nacht schon wieder früh in den Garten ging, um nach seinen Blumen zu sehen, gewahrte er beim ersten Blick nach dem Wasser, daß die Moselnixe in der That ihren abendlichen Ankerplatz vor seinem Hause wieder verlassen und ihren früheren am jenseitigen Ufer aufgesucht hatte. So wurde Berger, der Küper, gerufen und beauftragt, den Brief schon um sieben Uhr Morgens nach der Moselnixe zu bringen. Der alte Mann freute sich unendlich, zu dieser Sendung auserlesen zu sein, denn er wie alle übrigen Uferbewohner rechneten es sich zur besonderen Ehre an, mit dem geheimnißvollen Schiffe, dessen Musik die ganze Umgegend schon seit zwei Tagen entzückt, in irgend einer Weise verkehren zu können. Zu der ihm bestimmten Zeit hatte er sich denn auch in Staat geworfen und ging nach der Stadt, wo er den ersten besten Nachen nahm und mit Hülfe eines jungen Schiffers sich nach dem holländischen Schiffe hinüberruderte. Er blieb etwas lange an der Seite desselben liegen, was man vom Nußhof aus mit Argusaugen beobachtete; als er aber endlich wieder zurücklam und sich von dem Berncastler Schifferjungen an der Kribbe vor dem Nußhof absetzen ließ, wohin ihm sein Herr mit Sarah und Johanna entgegengegangen war, zeigte er ihnen ein sehr freundliches und dankbares Gesicht, denn, wie er zuerst erzählte, hätte ihm der Herr, an den der Brief gelautet, nachdem er denselben im Innern des Schiffes gelesen, ein Goldstück gegeben, welches der alte Mann mit triumphirender Miene nun seinem Herrn entgegenhielt.

Jakob van der Myers schüttelte den Kopf, als er dies sah und vernahm. „Das sind seltsame Leute," sagte er mit ernstem Gesicht, „und Geld müssen sie im Ueberfluß haben. So freut Euch denn, Berger; aber was hat der Herr drüben Euch denn sonst noch gesagt?"

„Ja so," rief der Alte, „das hätte ich beinahe

vergessen. Ich soll den Herrn und die beiden Damen recht herzlich grüßen, und alle Drei würden um zwei Uhr auf dem Schiffe willkommen sein. Der Herr selbst wird mit seinem Boot herüberkommen und die Herrschaften abholen, aber sie möchten recht pünktlich sein, damit es keinen unerwünschten Aufenthalt gäbe."

Damit ging er von dannen, Jakob van der Myers aber nickte seinem Mädchen freundlich zu und sagte:

„Ihr habt es gehört und nun haltet Euch zur rechten Zeit bereit. Aber sehet, was ist denn das?"

Er deutete wieder nach der Moselnixe hinüber und Aller Blicke wandten sich nun mit den seinigen dahin. Es hatte sich, während der Küper nach dem Lande zurückgerudert war, plötzlich ein reges Leben auf dem Schiffe entwickelt. Nicht allein wurde das obere Deck, trotzdem es immer so sauber war, nach holländischer Sitte noch einmal von einem Ende bis zum andern gewaschen und gesäubert, sondern vorn am Buge und hinten über der Ruderpinne erhoben sich mit einem Male lange, roth, weiß und blau gestreifte Stangen, an denen nun bunte Wimpel und Flaggen aufgezogen wurden, als bereite man sich an Bord zu einem großen Festtage vor. So war das ganze Schiff zuletzt, zur Verwunderung aller darauf hinschauenden Landbewohner, von oben bis unten in bunten Schmuck gehüllt; über der großen holländischen Flagge aber, die ihre schweren Falten in der windstillen Luft träge von dem Mastknopf niederhängen ließ, flatterte ein sechs Ellen langer schneeweißer Wimpel, ein einfaches, aber verständliches Friedenszeichen, das, wie wir sogleich hören werden, Jakob van der Myers sich als Signal ausgehen hatte, falls er wirklich um zwei Uhr auf dem Schiffe willkommen sein würde.

Während nun an Bord desselben alle Hände beschäftigt waren, die Moselnixe in ihr schönstes Gewand zu kleiden und sie auf einen Ehrentag, wie sie ihn noch nie erlebt, vorzubereiten, fuhr ein Mann mittelst des kleinen Bootes, dessen Bewegungen der Rumpf des Schiffes verdeckte, drüben an's Land und ohne einen Blick zurückzuwerfen, mischte er sich unter die dort stehenden Neugierigen und schlug eiligen Schrittes den Weg nach dem Hospital zu Cues ein, wo er, nach seiner Hast und dem Ausdruck seines Gesichts zu schließen, ein angenehmes Geschäft zu verrichten haben mußte.

Wenige Minuten, nachdem er sein Schiff verlassen, trat dieser Mann, Philipp van der Myers, in den schönen Kreuzgang des Hospitals ein, erstieg behende die Treppe und klopfte lebhaft an die Thür, hinter der der Rector von Cues seine Morgenarbeit zu verrichten pflegte. Auch traf er ihn glücklicher Weise vor seinem Schreibtisch an, ging hastig auf ihn zu und begrüßte den ihm so werth gewordenen Mann auf das Herzlichste, der sich, ganz verwundert über den frühen und unerwarteten Besuch, auf der Stelle von seinem Sessel erhob. Als er aber sein scharfes Auge rasch über den jungen Mann und dessen vor Glück strahlendes Antlitz hatte schweifen lassen, sagte er zu ihm, indem er wiederholt die ihm entgegengestreckte Hand drückte:

„Guten Morgen, mein lieber Herr van der Myers! Was bringen Sie mir? Nach ihrem Gesicht zu urtheilen, tragen Sie eine gute Botschaft in sich. Sprechen Sie sie rasch, denn etwas Gutes hört man immer gern."

„Man spricht es auch gern," erwiderte der junge Holländer, „und diesmal haben Sie sich nicht getäuscht. Meinen frühen Besuch und die dadurch veranlaßte Störung aber müssen Sie gütigst durch die obwaltenden Umstände entschuldigen, ich mußte Sie so früh stören, wenn ich mich Ihres Beistandes versichern wollte, der mir heute wichtiger und nöthiger denn je erscheint."

„Meines Beistandes? Schon wieder?" fragte der geistliche Herr mit ernsterer Miene. „Doch, kommen Sie und setzen Sie sich erst."

Als die beiden Männer nun auf dem Sopha neben einander saßen, fuhr Philipp van der Myers eifrig in seinen Mittheilungen fort und sagte: „Ja, Herr Rector, Ihr neulich gegen mich ausgesprochener Wunsch, daß Gott uns in unserm Vorhaben helfen möge, ist zum Theil schon in Erfüllung gegangen, wenigstens hat er uns bis jetzt in so weit geholfen, daß wir das beste Ende unsers Unternehmens mit ziemlicher Sicherheit erwarten können, wenn er seine Hülfe nicht in der letzten Minute noch zurückzieht. Aber ich vertraue Ihrem ermuthigenden Ausspruch auch ferner, daß er uns ganz an's Ziel führen werde, und so komme ich zu Ihnen, um Sie zu bewegen, bis dahin an meiner Seite zu stehen."

Der Rector machte große Augen. Er konnte noch nicht errathen, was der junge Freund mit seinen dunklen Andeutungen meinte und so erwiderte er:

„Wohl! An mir soll es nicht fehlen, doch jetzt erzählen Sie mir ausführlich und klar, was geschehen ist. Ist Herr van der Straaten bei Herrn van der Myers gewesen?"

„Ja, da ist er gewesen und über Erwarten gut aufgenommen worden." Und nun erzählte er alles Einzelne, was Jan begegnet war, was die Moselnixe am heutigen Tage zu erwarten hatte und was er nun selbst zu thun im Sinn habe. „Und hier ist der Brief," schloß er seinen Bericht, „den mein Oheim heute an Jan van der Straaten gesandt. Lesen Sie ihn und erkennen Sie schon daraus, welche große Wirkung meines Freundes Besuch bis jetzt auf den alten Herrn ausgeübt hat."

Der Rector nahm ihm den offenen Brief aus der Hand und las ihn aufmerksam durch. Derselbe lautete folgendermaßen:

„Sehr werther Herr!

Dank Ihnen, tausend Dank für Ihre Freundlichkeit und Gastlichkeit, welche letztere Sie mir durch Ihre Einladung in größerem Maaße erwiesen, als ich sie in meiner scheuen und mürrischen Art Ihnen anfangs angedeihen ließ. Aber Sie haben ja jetzt den Schlüssel zu meinem Verhalten in Händen und werden mir Gerechtigkeit widerfahren lassen, indem Sie mir meine grämliche Laune, meine Zurückhaltung und mein abstoßendes Benehmen verzeihen. Sie haben es auf eine mir fast unerklärliche und rasche Weise verstanden, mein Herz zu erweichen und meinen starren Sinn zu beugen. Ihre Lieder, ach ja, meine lieben heimathlichen Weisen, haben schon gestern mein Herz besänftigt und heute eine neue Sehnsucht darin wachgerufen, mit einem Manne meiner Heimath zu verkehren der in die Wirrnisse meines Erdenschicksals so vollständig eingeweiht ist. Ja ich werde Sie besuchen, — auf Ihrem Schiff — und dort das schöne Gefühl empfinden, noch einmal und vielleicht zum letzten Mal in meinem Leben auf heimischem Grund und

Boden zu stehen. Wenn es Ihnen genehm ist, werde ich mit meiner Tochter und Nichte, deren Begleitung Sie mir ja so gütig gestaltet haben, heute-Nachmittag um zwei Uhr Ihrer Einladung folgen. Ist Ihnen unser Besuch zu dieser Zeit genehm, so lassen Sie einen weißen Wimpel auf der Spitze Ihres Mastes wehen, das wird Ihre bejahende Antwort für mich sein und sie wird mir nicht entgehen, denn seitdem Sie Ihren Anker in der Nähe meines Hauses ausgeworfen, lasse ich Ihr Schiff nicht mehr aus den Augen, das mir seit langer Zeit den ersten Gruß aus der Heimath gebracht hat und mir schon dadurch allein namenlos werth und theuer geworden ist.

Leben Sie wohl und nehmen Sie noch einmal den herzlichsten Dank für Ihre Güte entgegen von Ihrem ergebensten

Jakob van der Myers.“

Als der Rector den Brief zu Ende gelesen, klärte sich sein bisher ernstes Gesicht wunderbar auf. Er lächelte Philipp van der Myers freudig an und nickte wiederholt mit dem Kopfe dabei. „Nun,“ sagte er, „haben Sie den weißen Wimpel aufgehißt?“

„Er weht schon lustig in der warmen Morgenluft,“ entgegnete Philipp heiter.

„Wohlan, so haben Sie ihn ja, was wollen Sie mehr?“

„O Herr Rector, damit bin ich noch lange nicht zum Ziele gelangt und es kann noch Viel geschehen, was meine gute Absicht durchkreuzt. Um aber auch das möglichst zu vermeiden, habe ich eine Bitte an Sie zu richten und deswegen bin ich eben so früh hierhergekommen.“

„Sprechen Sie sie aus!“ sagte der edle Pfarrherr freundlich und legte seine linke Hand vertraulich auf die Schulter des neben ihm Sitzenden.

„Würden Sie die große Güte haben,“ fuhr Philipp dreist zu reden fort, „zu derselben Zeit mein Schiff zu besuchen, wo auch der alte Herr kommt? Man kann nicht wissen, was vorfällt und ich bin doch noch Gott weiß welche Widersprüche hervorsucht, und ich hege einmal so volles Vertrauen zu Ihrer geistigen Einwirkung auf mich, daß ich mir schon von Ihrer bloßen Anwesenheit viel verspreche, wenn auch Ihre besondere Hülfe nicht nöthig werden sollte. Im glücklichsten Fall aber werden Sie wenigstens ein Zeuge des Glücks vieler Menschen sein.“

Der Rector besann sich nicht lange, sah nur einmal nach der Uhr, ließ einen raschen Blick über seinen Schreibtisch gleiten, auf dem noch ein ganzer Stoß aufzuarbeitender Acten lag, und sagte dann mit der leutseligsten Miene:

„Gut, ich werde kommen. Um welche Zeit soll ich mich einfinden und wie an Bord Ihres Schiffes gelangen?“

„Kommen Sie, sobald Sie gespeist haben,“ erwiderte der junge Mann, „denn ein Frühstück oder Mittagsbrod kann ich Ihnen leider nicht anbieten, da alle Kräfte meines Schiffes heute anderweitig in Anspruch genommen sind. Erst am Abend, wenn die Hauptarbeit gethan und der beabsichtigte Zweck erreicht sein wird, wollen wir Alle zusammen das Friedensmahl halten und so müssen Sie mir schon Ihren ganzen Tag

von Mittag an opfern. Damit Sie aber möglichst wenig bemerkt werden, wenn Sie zu mir kommen, denn man möchte vom Nußhof aus die Moselnixe und deren Umgebung scharf im Auge behalten, soll sich mein Boot um die bestimmte Zeit unmittelbar hinter dem Schiff am Ufer befinden, so daß Sie ungesehen einsteigen und an Bord gelangen können. Dann aber, wenn Sie an Bord sind, müssen Sie es sich schon gefallen lassen, mit mir zugleich so lange unsichtbar zu bleiben, bis ich den geeigneten Zeitpunkt unsres Erscheinens gekommen glaube. Ich muß den guten alten Herrn da drüben durch verschiedene Einzelheiten erst in Gedanken nach Holland versetzen, und dann, wenn er sich wieder daheim fühlt, werde ich zuerst vor ihm erscheinen, um auch meine Arbeit an ihm zu versuchen. Sollte sie nicht zum guten Ende führen, was ich nicht hoffe, nun, dann kommen Sie mit Ihrem wohlwollenden Antlitz und verhelfen mir durch Ihre Rede zum Siege, indem Sie ihm aus eigener Anschauung bestätigen, wieviel mir an unserer endlichen Versöhnung gelegen ist. Wollen Sie das?“

Der Rector schlug die Augen fromm und gottvertrauend zum Himmel auf und sagte mit innerer Erhebung: „Ich will es, und Gott gebe seinen Segen dazu! Ich leihe meine schwache Kraft gern zu einem guten Werke und das ist ja immer mein Ziel und der Inbegriff meines ganzen geistlichen Wirkens gewesen. So werde ich um ein Uhr an Ufer sein und Ihr Boot erwarten.“

„So danke ich Ihnen im Voraus!“ sagte der junge Mann freudig, erhob sich von seinem Sitz und schickte sich zum Aufbruch an. Sie drückten sich Beide die Hände nieder sich noch einmal verständnißvoll zu und dann verließ Philipp van der Myers mit eben so hastigen Schritten das Hospital, wie er vorher dahin gegangen war.

Als er aber am Ufer auf dem Leinpfade nach der Stelle dahinschritt, wo die Moselnixe lag, fing er allmälig langsamer zu gehen an. Wiederholt hatte er nach dem Himmel emporgeblickt, dessen Aussehen ihm mit jeder Minute bedenklicher zu werden schien. Zwar war er noch ziemlich blau und wolkenlos, allein die oberen Luftschichten schienen getrübt, als ob ein dünner Nebelschleier sie erfüllte und weniger durchsichtig machte. Dabei brütete eine entsetzliche Schwüle über dem engen Thal zwischen den rebenbesetzten Bergen, und auf den Spitzen derselben lag ein gespenstischer Dunst, der die grauen Ruinen der Landshut fast unheimlich und drohend herunterblicken ließ. Dennoch war die Luft noch immer ganz still und trotzdem die Sonne wie durch einen halbdurchsichtigen Flor hernieder blitzte, sandte eine Hitze herab, die beinahe sengend und unerträglich war.

Nachdem Philipp van der Myers dies Alles nach und nach in Augenschein genommen und erwogen, zog er, hinter ein kleines Gebüsch tretend, sein Fernglas hervor und blickte zum Nußhof hinüber. Er konnte im Garten Niemanden entdecken, der ihn beobachtet hätte, und so ging er langsam dem Strande zu, sprang in sein von zwei Matrosen bereit gehaltenes Boot und ließ sich nach dem Schiffe hinüberrudern, das etwa zwanzig Schritte vom Ufer entfernt lag. Als er, an Bord anlegend, sich leicht und ohne einer herabgelassenen Treppe zu bedürfen, auf die untere, um das ganze Schiff laufende Galerie schwang, trat ihm sein Steuermann, ein noch ziemlich junger; aber erfahrener und rüstiger Seemann, entgegen, der schon auf manchen Meeren gesegelt war und alle Stürme der Welt mit eigenen Augen angeschaut.

„Nun, Pool," begrüßte ihn sein Herr in holländischer Sprache, „seid Ihr mit Allem fertig, und wie gefällt Euch der Himmel?"

Der Mann machte ein krauses Gesicht und schüttelte bedenklich den Kopf. „Fertig sind wir mit Allem, Herr van der Myers," versetzte er, „aber der Himmel gefällt mir nicht sonderlich. Auch würde ich ihn nicht fürchten, wenn wir ein großes freies Wasser vor uns hätten, das mir weit lieber wäre, als dieser kleine schnellfließende Rinnstein, den man die Mosel nennt. Daß es Etwas giebt, ist gewiß, wie es aber beschaffen sein wird, weiß ich nicht, denn ich verstehe mich auf die Launen der Berggeister nicht so gut, wie auf die der Meergeister."

„Ihr denkt doch an keine Gefahr für die Damen, die wir erwarten?" fragte sein Herr weiter.

„An Gefahr? O nein, Herr, daran habe ich noch nie gedacht, und hier giebt es ja nur zwei, so viel ich weiß, und gegen die werde ich mich schon zu schützen wissen."

„Welche sind das?"

Der Steuermann lachte und entgegnete: „Die eine ist die, daß wir, wenn etwa ein Sturm ausbrechen sollte, etwas unliebsam auf's Land gesetzt, und die zweite, daß wir von unserem Ankern gerissen und auf die andere Seite geschleudert werden, denn von hier oder dort kann der Stoß nur kommen, da wir von den beiden anderen Seiten her durch die Steindämme geschützt sind. Nun sehen Sie, gegen die beiden Stöße von drüben oder vom nächsten Ufer her habe ich mich so vorgesehen. Da wir heute den ganzen Tag hier liegen bleiben wollen, während dessen das Unwetter, falls es wirklich heraufziehen sollte, wahrscheinlich kommt, so habe ich das Nixchen nicht blos mit doppelten Ketten an seine Anker vorn und hinten gelegt, sondern, wie Sie da sehen, auch daran gedacht, daß diese Anker gehoben werden könnten und unbrauchbar würden. Für diesen Fall haben wir so eben diese starken und losen Taue durch die Ringe dort am Lande gezogen und die sollen uns halten, wenn die Anker ihre Pflicht vergessen. Damit wir aber nicht gegen diese harten Steindämme oder gar an das Ufer auf den Sand geschleudert werden, habe ich zu gleicher Zeit noch unsern großen Wurfanker dort drüben dicht vor dem Strom festgelegt und der läßt das Nixchen gewiß nicht zu Lande treiben. Zum Ueberfluß haben wir dreizehn Männer an Bord und unsere Hakenstangen liegen in schönster Ordnung bereit, überall da zu helfen, wo es Noth thun sollte."

„Nun, dann ist ja für Alles gesorgt," erwiderte sein Herr, „und so können wir unsern Besuch getrost erwarten. Es kann ja auch ohne Unwetter vorübergehen, nicht wahr?"

„Ja wohl, Herr, aber man muß an Alles denken, bevor die Gefahr da ist, und das haben wir ja gethan."

Philipp van der Myers nickte ihm freundlich zu und wollte sich eben auf das Oberdeck des Schiffes begeben, als er sich noch einmal nach dem Steuermann umkehrte und mit ernster Miene sagte:

„Pool, es ist heute ein wichtiger Tag für mich, ein großer Festtag. Leider brauche ich Eure Hülfe, um meine Gäste zu ehren und zu bewachen, und so kann ich Euch nicht, wie ich zuerst gewollt, einen Ruhetag gönnen. Morgen aber sollt Ihr ihn haben und thun können, was Ihr wollt. Und glückt mir der heutige Tag, so wird Herr van der Straaten morgen am Tage der Mannschaft den ganzen Monatslohn doppelt auszahlen. Das sagt Euren Leuten und nun gehabt Euch wohl!"

Wie der Schiffsherr seinen Steuermann auf dem Posten gefunden, so fand er alsbald, daß auch alle übrigen seiner Diener und Matrosen das Ihrige gethan. Auf dem Oberdeck des Schiffes, welches er zuerst betrat und das wahrscheinlich wegen der großen Hitze in den ersten Stunden nur wenig betreten werden konnte, fand er Alles ausgeführt, was er in Folge einer Besprechung mit Jan und Lucas angeordnet. Ueber dem gewöhnlichen Sonnenzelt war noch ein zweites dichteres ausgebreitet, so daß die Strahlen der Sonne oder der Regen, wenn er wirklich niederströmen sollte, nicht durchzudringen vermochten, und darunter standen die Blumen und Blattgewächse, die man mit aus Holland gebracht, auf das Zierlichste in geschmackvollen Gruppen und Pyramiden zusammengestellt. Ueber dem Sonnenzelt, hinten und vorn, wo ein Platz dazu war, flatterten Flaggen und Wimpel in allen Farben und Größen und sie waren schon lange von der Stadt aus wahrgenommen, so daß, obgleich das Schiff eine ziemliche Strecke davon entfernt lag und man nur mittelst der Fähre nach dem linksseitigen Ufer übersetzen konnte, schon jetzt von Zeit zu Zeit viele Zuschauer, herbeiströmten, die sich nun freilich nicht mehr zankten, ob die Bewohner des Schiffs Deutsche, Franzosen oder Engländer seien, denn daß es Holländer, hatte sich längst als flüchtigstes Gerücht von den heiligen drei Königen aus unter den Einwohnern des Städtchens verbreitet.

Als der Herr der Moselnixe nun in die Kajüte und zunächst in sein Wohnzimmer kam, fand er auch hier Alles in schönster Ordnung und Zierlichkeit vor. Die Teppiche der Tische und des Fußbodens waren auf das Sauberste gebürstet, die Sophas und Sessel an die ihnen zugewiesenen Plätze gerollt und überall waren Luxusgegenstände und Zierrathen seltenster Art aufgestellt, die einem holländischen Auge auf der Stelle verrathen mußten, aus welcher Quelle sie stammten und zu welchem Gebrauche sie dienten. Im Speisezimmer endlich war eine kleine Tafel für sechs Personen gedeckt, an der man Abends nach glücklich vollbrachtem Tagewerke zu speisen gedachte. Lucas selbst hatte seine ganze Kunst aufgeboten, diese Tafel mit Blumen, Aufsätzen und farbigen Gläsern und Caraffen so reizend wie möglich zu schmücken, und sogar die hochlehnigen Sessel aus geschnitztem Eichenholz waren schon an die einzelnen Couverts gerückt, als ob sie die Gäste bereits erwarteten, die sich doch erst nach vielen Stunden darauf niederlassen sollten.

Nur das Schlafzimmer allein war unverändert geblieben, denn hier wollte sich Philipp van der Myers mit dem Rector von Cues so lange aufhalten, bis er den rechten Moment seines Erscheinens vor den Gästen gekommen glaubte.

Nachdem der Schiffsherr auch dies besichtigt, begab er sich in die vordere Cajüte und fand auch hier Alles in bester Ordnung. Nur der Koch mit seinem Gehülfen war eifrig beschäftigt, in seinem Wirkungskreise zu schaffen, während die Matrosen nach vollbrachter Morgenarbeit auf dem oberen Deck saßen und ihr Pfeifchen rauchten.

Als Philipp van der Myers in sein Wohnzimmer zurückkehrte, sah er Jan van der Straaten, der eben von einem Spaziergange heimgekommen, gemächlich auf einem Sessel am offenen Fenster sitzen, in einem Buche blättern und dabei eine Cigarre rauchen. Er näherte sich ihm und theilte ihm mit, daß sein Besuch beim Rector einen guten Erfolg gehabt und daß derselbe zur rechten Zeit auf dem Schiffe erscheinen werde. „Aber Du siehst mit Deinem Buch in der Hand so gemüthsruhig und seelenvergnügt aus," sagte er hinzu, „als ob Du wegen des Ausganges unseres ernsten Unternehmens mit zweifelloser Sicherheit entgegengingest. Hast Du denn wirklich ein solches Vertrauen oder nimmst Du nur mir zu Liebe die Miene davon an?"

„Nein, Philipp," erwiderte der immer heitere Freund, „ich habe es wirklich, denn nach Dem, was ich gestern da drüben gesehen und gehört, beschleicht mich kein Zweifel mehr. Auch Du kannst vollkommen beruhigt und heiter sein, glaube es mir, und nun laß uns das letzte Wort darüber gesprochen haben, da ja nun bald die That beginnt. Laß mich nur machen, ich werde Dir schon zur rechten Zeit das Stichwort geben und dann wirst Du eine leichte Arbeit finden. Doch — wann hast Du heute unser Frühstück bestellt, da wir ja unsere gewöhnliche Speisestunde nicht einhalten können?"

„Um zwölf Uhr, und ich habe uns auf dem Deck zu serviren befohlen, obwohl es etwas heiß daselbst ist, denn es brütet ja eine wahre Siroccoluft auf Land und Fluß."

Jan sah nach seiner Uhr und lächelte freudig auf. „Die äußere Hitze thut mir heute nichts, sie kommt der inneren doch noch lange nicht gleich und so wird es Dir hoffentlich auch ergehen. Komm denn hinauf, es ist beinahe Zwölf und ich verspüre den besten Appetit von der Welt."

Philipp sah den Freund mit fast neidischen Blicken an. „Der Glückliche!" seufzte er still vor sich hin, „er sieht Alles stets im rosigsten Licht, wie seine Johanna, und in mir pulsirt immer und ewig das schwere Blut der van der Myers. Nun, es ist gut, daß die Menschen verschieden organisirt sind; die Langeweile würde sie sonst tödten und die Welt nur aus Narren oder Sauertöpfen bestehen, was vielleicht ja schon halb und halb der Fall ist.

So gingen denn Beide auf das Deck und nahmen mit sichtbarer Hast ihr Frühstück ein, tranken auch eine Flasche von Peter Gassens herrlichem Doctorwein dabei und bereiteten sich dann allmälig vor, ihre Gäste zu erwarten, nachdem die kleine Tafel von den Dienern wieder entfernt und das Deck in Ordnung gebracht war.

Der Erste aber, der bald nach ein Uhr ganz still am Lande erschien und in der Art und Weise, wie es am Morgen im Hospital zu Cues verabredet, an Bord geholt wurde, war der Rector, und er ward alsbald von Philipp in Beschlag genommen und in das für sie Beide bestimmte Gemach geführt, wo sie sich nun mit guten Augengläsern bewaffneten und den Rußhof beständig unter ihren Blicken hielten, bis endlich die Stunde schlug, wo Jan van der Straaten auch dessen Bewohner mit vor Glück strahlendem Gesicht nach dem Schiffe holte.

*   *
        *

Im Hause Jakob van der Myers, wo man sich, wie auf dem Schiffe, zum Empfange der Gäste, zum bevorstehenden Besuch auf demselben rüstete, gab es an diesem Morgen ebenfalls eine nicht geringe Bewegung. obgleich sie ganz anderer Art als an Bord der Moselnixe war. Sarah und Johanna hatten den Vater bald nach der Rückkehr des Küpers vom Schiff verlassen, um auf der Letzteren Zimmer, welches ja schon lange der Tummelplatz ihrer geheimen Freuden und Leiden geworden war, sich zu sammeln, ihre aufgeregten Gemüther möglichst zu beruhigen und sich so allmälig auf das ihnen Bevorstehende vorzubereiten, dem namentlich Sarah mit zwar freudigem und hoffnungsvollem, aber doch auch wieder mit bangem und zagendem Herzen entgegenging. – Denn als sie die lange besprochene und nun endlich so nahe gerückte Ausführung des Unternehmens der beiden holländischen Freunde unmittelbar vor sich sah, kamen wieder tausend neue Zweifel und Bedenklichkeiten über sie, und Johanna mußte alle ihre schon so oft wiederholten Trostgründe hervorsuchen, um die zart besaitete Cousine aufzurichten und mit neuem Muthe zu erfüllen. Endlich aber, nachdem sie sich in das Unausbleibliche standhaft ergeben, war eine stille Ruhe in sie eingekehrt; sie glaubte nun wirklich, was Johanna ihr vorgelogen, daß nämlich in wenigen Stunden Alles zum glücklichen Ende sich gestalten haben werde, und dabei hoffte sie nicht allein für ihren guten Vater, sondern auch für sich etwas Angenehmes, Gutes, lange Ersehntes, und das Letztere trug vielleicht am meisten dazu bei, ihre innere Beklemmung zu heben, wenn auch eine ganz andere Beklemmung von viel freudigerer Art damit verbunden war.

Als sich nun Beide zum letzten Mal vor dem wichtigen Besuch hinreichend ausgesprochen hatten und sich schon mit der Wahl ihrer Toilette beschäftigen wollten, trat plötzlich Jakob van der Myers bei ihnen ein ohne einen besonderen Grund zu haben, sie in Johanna's Zimmer aufzusuchen, welches er sonst fast nie betrat. Aber der alte Mann konnte heute unmöglich lange allein sein; seine Gedanken, die wie so dämonischer Macht auf ihn eingestürmt, wie heute, machten auch ihn beklommen, und so suchte er die Mädchen und namentlich Johanna auf, deren Anblick allein schon genügte, ihm einen gewissen Trost zu gewähren, da sie ihm ja auch an diesem Tage so heiter entgegenkam, wie früher.

Seitdem sie sich vor etwa zwei Stunden von den Mädchen getrennt, hatte eine seltsame Unruhe ihn von Ort zu Ort getrieben. Bald war er in den Keller gegangen, anscheinend um mit dem Küper über irgend ein vorzunehmendes Geschäft zu reden, bald war er durch sein Haus von Zimmer zu Zimmer geschritten, ohne irgend etwas von Belang darin vorzunehmen; bald war er wieder in den Garten hinabgestiegen und hier trotz der Hitze stürmisch auf und abgelaufen — er war eben ruhelos, innerlich mehr aufgeregt, als er sich merken lassen wollte, und dabei hatte ihn eine ihm unerklärliche Besorgniß vor irgend etwas Unbekannten sich seiner Seele bemächtigt. Zuletzt konnte er es nicht mehr länger allein aushalten und so stieg er, wie gesagt, zu Johanna's Balkonzimmer hinauf, wo er gewiß war, die beiden schon lange im Stillen gesuchten Mädchen anzutreffen.

„Kann ich bei Euch eintreten oder kleidet Ihr Euch schon an?" fragte er, nachdem er leise an die Thür gepocht.

Johanna öffnete sogleich selbst die Thür und trat ihm mit dem heitersten Lächeln entgegen, wie er es gehofft. „Komm nur herein, lieber Onkel," sagte sie und faßte ihn bei der Hand, ihn so in's Zimmer hineinziehend, „was wünschest Du?"

Jakob van der Myers bleiches Gesicht schaute sie mit einiger Verwunderung an, dann sagte er: „Was ich wünsche? Eigentlich nichts, aber warum fragst Du?"

„Weil es ja eine so seltene und mich ungemein erfreuende Erscheinung ist, daß Du mir hier Deinen Besuch schenkst," erwiderte sie rasch, obgleich ihr auf der Stelle die peinliche Unruhe, die den alten Mann verfolgte und ihm gleichsam aus allen Poren drang, zum Bewußtsein gekommen war.

„O ja," sagte er, wie in Verlegenheit, „selten ist es, aber heute -- heute, Kinder, ist das etwas Anderes. Seht, ich wollte nicht länger mehr allein sein und sehnte mich nach Eurer Gesellschaft, und nun, da ich bei Euch bin, fühle ich mich wieder ganz ruhig und heiter."

Und er ging auf Sarah zu, die ihn mit forschenden Blicken betrachtete, umfaßte sie und küßte ihre Stirn. Dann kehrte er sich wieder zu Johanna um, strich ihr, wie es seine Gewohnheit war, wenn er sich durch sie erheitert fühlte, mit der Hand über das gescheitelte Haar, sah sie freundlich an und sagte, wie über sich selbst lächelnd:

„Ich bin eigentlich ein recht närrischer alter Kauz und dazu haben mich meine traurigen Lebenserfahrungen gemacht. Andere Leute, wenn sie einmal eine Freude dicht vor Augen haben, freuen sich schon im Voraus darauf, und ich — ich fühle mich fast bedrückt dabei. Ja, das ist es, was ich Euch hauptsächlich sagen wollte, aber da ich sehe, daß Ihr vernünftiger seid als ich, will ich mich auch zu freuen versuchen. — Wann werdet Ihr mit Eurer Toilette fertig sein?"

„In einer Stunde, lieber Onkel," erwiderte Johanna, während Sarah sich noch immer stumm verhielt und mit ihrem Vater empfand, warum derselbe so unruhig sei, wie sie es ja auch war, obwohl ihr die Gründe dazu klarer vor Augen lagen als ihm.

„In einer Stunde," wiederholte er, „gut, dann wird es zwölf Uhr sein. O, wie wunderbar rasch mir heute der Morgen vergangen ist, und doch habe ich gar nichts gethan. Also in einer Stunde!" sagte er noch einmal. „Nun, bis dahin werde ich mich auch besuchsmäßig gekleidet haben, und das thut Ihr nur auch. Es ist ja ein Festtag für uns — Ihr wißt' — und besonders für mich, denn ich werde ja nach langer Zeit wieder die Planken eines Schiffes betreten, die auf holländischem Boden gewachsen sind. Und nun lebt wohl. — Wann habt Ihr das Essen bestellt?"

„Um halb ein Uhr," erwiderte Sarah. „Ist Dir das recht, lieber Vater?"

„Mir ist heute Alles recht, was Ihr thut," entgegnete er, „und nun will ich mich in mein Zimmer begeben. Aber bleibt nicht länger als eine Stunde — hört Ihr wohl?"

Beide nickten ihm zu und dann, nachdem er ihnen noch einmal die Hand gereicht, begab er sich die Treppe hinab, um sich zuerst vor seinen Schreibtisch zu setzen, in dem er zu kramen und aufzuräumen begann, obgleich Alles darin in der peinlichsten Ordnung an seiner Stelle lag. Fast jeden Kasten zog er darin auf und sah nach, ob Dies und Jenes vorhanden, was er sonst nur selten in die Hand zu nehmen pflegte, so seine Papiere und Briefe. Auch den Kasten, worin sein baares Geld enthalten, betrachtete er mit Aufmerksamkeit, und als er endlich Alles in bester Verfassung gefunden, schloß er sämmtliche Schlösser behutsam zu, als wolle er sich auf eine weite Reise begeben, und dann zuletzt trat er an den Kasten, worin sein Horn lag, um sich zu überzeugen, ob auch er wohl verschlossen sei.

Mit allem Diesem hatte er etwa eine gute halbe Stunde zugebracht und nun kleidete er sich sauber wie zu einem hohen Feste an, holte einen Rock aus dem Schrank, den er lange nicht getragen, und bürstete ihn noch einmal selbst vorsichtig ab. Als er auch damit zu Stande gekommen, zog er alle seine Uhren auf, was er jeden Tag um Mittagszeit zu thun pflegte, und nun, da es eben Zwölf schlug, trat er mit wieder gewachsener Ungeduld in das Speisezimmer, wo er den Tisch schon gedeckt fand, um hier die Mädchen zu erwarten, deren Pünktlichkeit ihm, dem pünktlichsten Hausherrn, wohl bekannt war.

Sie ließen ihn auch nicht auf sich warten. Mit heiterem Angesicht, wie immer, trat Johanna vor ihn hin und begrüßte ihn, indem sie sich in ihrem Staat knixend vor ihm neigte, worüber selbst Sarah, als sie ernst und gehalten der Cousine in's Zimmer folgte, unwillkürlich lächeln mußte. Der alte Herr stand vor den beiden Mädchen still und sah eine nach der anderen an, denn beide nahmen sich in ihren lustigen Sommerkleidern und den einfach, aber höchst kleidsam geordneten Haaren ungemein reizend aus. Endlich hatte er sie genug betrachtet und sprach einige freundliche Worte, die sie, eine Jede in ihrer Art, launig und sinnig erwiderten. Dann verfügten sich Alle an ihre Plätze und alsbald, nachdem Sarah das Zeichen dazu mit der Glocke gegeben, wurde ihnen das Essen hereingebracht, wobei die Stubenmagd Lene, wie gewöhnlich, den Dienst bei Tisch versah.

(Schluß folgt.)

Feuilleton der Deutschen Roman-Zeitung.

Friedrichs des Großen politische Beziehungen mit dem Türkenreiche.

Eine historische Skizze.

III.

Wenn die Vorsehung es fügte, daß aus Grund des hier erörterten Einvernehmens zwischen Preußen und der Türkei dennoch kein europäischer Staat von den Waffen des Halbmondes berührt war, so wurde vielmehr gerade durch jenes erstere der große König in den Stand gesetzt, bei einer etwas späteren Verwickelung zwischen Rußland und der Pforte, als der geeignetste Vermittler und im Interesse von Frieden und Gleichgewicht einzutreten.

Der politische Umschwung von 1762 hatte auf die Morgenländer allerdings einen so bedeutenden Eindruck gemacht, daß hierdurch ihre Intentionen und Maßregeln momentan ganz fistirt wurden, und so kam es auch, daß die tartarische Diversion unterblieb und die Pforte auch Oesterreich gegenüber 1762 in ihrer erwirkten Stellung blieb. Letztere zeigte sogar gegen Preußen einiges Mißtrauen, der König überwand es aber durch sein zweckdienliches Verhalten und das Einvernehmen zwischen ihm und der Pforte wurde neuerdings so günstig, daß der Sultan nach dem Hubertsburger Friedensschlusse den König durch einen besonderen Gesandten begrüßen ließ. (Vergl. Preuß. Friedr. d. Gr. II. Anhang I. 433. 434.) Das war in Berlin eine neue Erscheinung. Bermi Achmed Effendi wurde schon bei Tarnowitz durch den preußischen Major v. Pirch mit großen Ehrenbezeigungen empfangen und hielt am 9. November 1763 seinen Einzug in Berlin. Er wurde in feierlicher Audienz dem Könige vorgestellt und mit großer Aufmerksamkeit behandelt; da seine Rückreise erst am 2. Mai 1764 stattfand, so bot sich ihm immerhin schon viel Gelegenheit dar, dem Verständnisse europäischer Kultur näherzutreten und so viel wohlthuende Eindrücke aller Art in sich aufzunehmen, daß sein Auftreten wiederum dem politischen Einvernehmen zwischen Preußen und der Türkei seine Früchte tragen mußte.

Gewann durch dergleichen Preußens gutes Verhältniß mit der Pforte an Dauer und Festigkeit, so verhinderte das Friedrichs jetzigen Anschluß an Rußland in keiner Weise. Der König war von England 1761 in Stich gelassen und gleichzeitig durch Rußland aus seiner politischen Todesnoth befreit worden. Oesterreich stand noch großfeind ihm zur Seite und würde, wenn es sich isolirt gewußt hätte, vielleicht nicht ungern irgend einen Anlaß benutzt haben, neuerdings gegen uns aufzutreten; daß die Pforte allein uns keine Sicherheit gab, hatten wir bewiesen, — wir brauchten eine europäische Macht und die Umstände wiesen uns an Rußland.

Schon 1764 verbündeten sich Preußen und Rußland; der Graf Poniatowsky wurde im Einverständniß Beider König von Polen; Herr v. Rezin wurde, weil er der Kaiserin Katharina nicht genehm war, von seinem Gesandtschaftsposten in Constantinopel 1765 durch den preußischen Major v. Zegelin abgelöst und dieser erhielt den Auftrag, die türkische Anerkennung Poniatowsky's baldigst zu erwirken. In Polen bildeten sich Parteiungen und Unruhen; Preußen verband sich 1767 noch enger mit Rußland, die mit der gegenwärtigen Ordnung unzufriedenen Polen hatten ihren Anhang und Einfluß in Constantinopel. Gegen eine Schilderhebung in Podolien rief

Poniatowsky russische Hülfe herbei; die einschreitenden Truppen der Czarin verletzten aus Unachtsamkeit türkisches Gebiet und der durch Polen und Franzosen erregte Sultan ließ sich zu einem sehr unzeitigen Kriege gegen Rußland hinreißen.

Dieser Krieg (1768—74) störte das europäische Gleichgewicht neuerdings und konnte für Preußen, dessen Kulturstrebungen er kreuzte und das durch ihn in ein gewisses Dilemma kam, recht unerwünscht sein. Mit beiden Parteien ist es befreundet und diese und jene Freundschaft soll conservirt werden; gleichwohl treten nach jeder Richtung hin Besorgnisse ein. Die Ursache des Krieges ist nichtig, die Pforte hat sich übereilt, ihr Protest gegen Poniatowsky und der sie jetzt bestimmende Einfluß stehen mit Friedrichs Intentionen in Widerspruch; aber ihre Niederlage ist wahrscheinlich und Rußlands Forderungen werden dann weiter greifen, als es mit dem Gleichgewichtsprincipe verträglich ist. Es gehört viel Weisheit und Tact, viel Selbstlosigkeit, Energie und Friedensliebe dazu, diese conträren Strömungen zu bewältigen, die Verständnisse zu fördern, da und dorthin, nachgebend oder eindrucksvoll, mildernd und ausgleichend, mit diesen und jenen Mitteln, in stets fester Haltung und doch freundschaftlich, — immer auf das helle Friedensziel so hinzuarbeiten, wie es Friedrich hier that.

Er hielt, seinen Verträgen gemäß, treu zu Rußland, behandelte aber die Pforte mit gleichzeitiger Offenheit und Schonung. Als dieser Kriegsausbruch nicht mehr zu verhindern war, erklärte Friedrich der ottomanischen Regierung: "daß er bei der Czarin, seiner Verbündeten, zwar Subsidien, aber keine Truppen gegen und es ihm angelegen sein werde, das Einvernehmen der beiden veruneinigten Mächte wieder herzustellen." Die Erfolge Rußlands waren günstig und der König sah es nicht ungern, daß das hierdurch auch beunruhigte Oesterreich sich ihm näherte. Kaiser Joseph II., seit 1765 Mitregent der österreichischen Erblande, besuchte den König im August 1769 zu Neisse und man schloß hier eine Uebereinkunft, welche dem russischen Uebergewichte begegnen sollte und im Uebrigen eine strenge Parteilosigkeit Deutschlands vorschrieb. Der König sagte darüber in seiner Abhandlung von der Politik von 1763—75: "Es wäre politisch fehlerhaft gewesen, sich blind den Oesterreichern anzuvertrauen, aber in damaligen Umständen, wo das Uebergewicht der Russen allzubeträchtlich ward und es unmöglich war, vorherzusehen, welche Grenzen sie ihren Eroberungen setzen würden, war es sehr zuträglich, sich dem Wiener Hofe zu nähern;" und weiterhin: "Es war keineswegs Preußens Interesse, die ottomanische Macht ganz zu Grunde gerichtet zu sehen 2c. — und der König glaubte, wenn er die Dazwischenkunft des Wiener Hofes und dessen Vermittelung einleiten könnte, so würde dadurch zwischen den kriegführenden Mächten der Friede auf für beide Theile annehmbare Bedingungen hin hergestellt werden können 2c."

Man äußerte sich in diesem Sinne 1770 sowohl nach Constantinopel als Petersburg hin, stieß aber auf erhebliche Schwierigkeiten. Die Pforte nahm die preußische Vermittelung an, zeigte sich aber dem Beitritte Oesterreichs abgeneigt; die russische Prätension wuchs in dem Maße, als durch die weitgreifenden Siege Romanzows der Halbmond, welcher aus bereits seine Flotte verloren, immer mehr eingeengt wurde. Friedrich und Joseph hatten im September 1770 zu Neustadt in Mähren eine neue Zusammenkunft und hier, wo Fürst Kaunitz ein gemeinsames und energisches Auftreten gegen Rußland befürwortete, war es, wo der König aussprach: "seine einzige Absicht gehe dahin, zu verhüten, daß der Krieg zwischen den Russen und Türken nicht allgemein werde, weshalb es ihm zur Verhütung offener Zwistigkeiten am Herzen liege, die beiden Kaiserhöfe näher mit einander zu verbinden." Das bildete den Riegel, über dieses Botum ging es nicht hinaus. Wer localisirte hierdurch den Krieg, wer hat so einem europäischen Brande vorgebeugt? Am Tage nach dieser Unterredung traf aus Constantinopel her an die Höfe von Wien und Berlin gerichtete Antrag ein, sich der Friedensmediation zwischen Rußland und der Türkei zu unterziehen. Diese trat nun auch baldigst ein, die Türkei zeigte sich aber trotz ihrer Niederlagen immer noch nicht nachgebend und Rußland nahm die österreichisch-preußische Vermittelung nur erst an, als Friedrich dem Czaren vorstellte, daß anderen Falles der Großherr sich an Frankreich wenden und dort Hülfe finden dürfte. Da im December 1776 der Prinz Heinrich, Bruder des Königs, auf Katharina's Wunsch einen Besuch in Petersburg machte, so wurde hierdurch in der türkischen Angelegenheit eine separate Unterhandlung Friedrichs mit der Czarin ermöglicht und Letztere gab dem Könige ihre Friedensbedingungen kund. Dieselben hingen mit so überaus weitgreifenden Forderungen zusammen, daß der König von selbigen vertraulich abrathen und zu einer Milderung rathen mußte, ihm hinzufügen: „daß dies aus keiner Eifersucht, sondern nur deshalb geschehe, um die Einmischung anderer Mächte und das Allgemeinwerden des Krieges fernzuhalten." Indessen verstimmte dies vorerst die russische Kaiserin blos, ohne ihren Strebungen Einhalt zu thun, der König war also genöthigt, auch den wiener Hof über diese Vorgänge zu verständigen und Letzterer rüstete sich zu einer bewaffneten Mediation, welche die Ansprüche Rußlands zurückdrängen sollte. Da österreichische Truppen in Polen einrückten und der wiener Hof seine Pläne der Vergrößerung deutlich erkennen ließ, so wurde hierdurch Rußland schon im Sinne der Compensation zu Gleichem angeregt und die Kaiserin Katharina sagte zum Prinzen Heinrich: „Wenn der wiener Hof Polen zersplittern will, so haben die übrigen Nachbarn dieses Königreiches das Recht, Gleiches zu thun." So entstand das Theilungsproject in Betreff polnischer Landestheile; Preußen wurde mit hineingezogen und konnte, schon zur Erhaltung seines Gleichgewichtes mit Oesterreich und Rußland, welches ihm eine politische Lebensbedingung war, sich dem Tractate von 1773, der ihm Westpreußen mit Ausnahme von Thorn und Danzig einbrachte, nicht entziehen. Wenn diese erste Theilung Polens in der Moral viel gegen sich hatte, so gewährte sie doch hier Hülfe zu rechter Zeit und bot das einzige Mittel dar, den Zusammenstoß Oesterreichs mit Rußland zu verhindern und den russisch-türkischen Krieg auf solche Weise zu Ende zu bringen, daß damit das europäische Gleichgewicht nicht gehört reaße. Die Lage, in welcher sich Friedrich bis zu diesem Ausgange zwischen den beiden Kaiserhöfen befand, war peinlich, es bewahrte hier auch seiner thatkräftigen Entschlossenheit und mit ihr that er Oesterreich kund, daß er bei einem russisch-österreichischen Kriege der mit ihm verbündeten Czarin beistehen müsse. Das war nach beiden Seiten hin eindrucksvoll; Oesterreich wurde zurückgeschreckt und bei Rußland gewann Friedrich Einfluß desto größeren Spielraum. Preußen hatte jetzt ein entscheidendes Gewicht und seine Vorstellungen wirkten, die Compensation in Polen bot der Czarin sehr reichliche Entschädigungsobjecte und die Aussicht auf einen durch ihre fortdauernde Widerstrebung hervorzurufenden Großterkrieg erschien doch zu abschreckend, als daß der petersburger Hof nicht doch endlich jene dem Türkenreiche zu gewährenden milderen Friedensbedingungen, welche im Sinne Friedrichs lagen, bewilligt hätte. So kam 1774 der Friede von Kutschuk-Kainardschi zwischen Rußland und der Türkei zu Stande, durch welchen die Krim für frei erklärt, Asow und das Land zwischen dem Dniepr und Bug an Rußland abgetreten, auch freie Schifffahrt a if den türkischen Meeren und Seitens der Pforte eine Kriegsentschädigung gewährt wurde.

Daß die Türkei diesen für sie so unglücklichen Krieg nicht mit viel größeren Opfern bezahlen mußte, dankte sie lediglich dem großen Könige; daß hierbei nicht die mindeste Sympathie Friedrichs für jenen Staat, sondern nur sein europäischer Beruf des Rechts, der Ausgleichung und Kultur zu Grunde lag, wird aus diesem ganzen Zusammenhange hervorgegangen sein.

*   *

Bis hierher reichten im Wesentlichen Friedrichs des Großen Beziehungen mit dem Türkenreiche und seine politischen Actionen in Betreff desselben. Der dreiunddreißigjährige Zeitraum (1741 bis 74), welcher sie einschließt, zeigt zwei dem Wesen nach unterschiedene Hauptstücke, die nicht nur logisch verbunden, sondern auch durch denselben Gedanken, dieselbe historische Hauptstrebung bestimmt sind. Es ist das der Gedanke des Friedens, die Strebung des für Kultur und Lebensglück unentbehrlichen Gleichgewichts. Bis 1763 entsprang im Besonderen der politische Betheil, in welchem Friedrich mit der Türkei stand, aus Preußens eigenstem Bedürfnisse; er griff nach dieser Nothhülfe, um weiterleben, zum Frieden zurückkehren, diese wichtige Mission Preußens, welche der Kultivirung der mitteleuropäischen Ebenen, der Verständigung zwischen Süd und Nord, Ost und West gilt, fernerweitig erfüllen zu können. Wenn Preußen damals in den Staub getreten worden, wer schützt dann noch den demokratischen Fortschritt und die Freiheit des Gedankens, welche Zukunft wird der Protestantismus haben und wer verhindert dann überhaupt das europäische Chaos? — Wo es so Großes zu verhindern und zu erreichen galt, da schritt das unermeßliche Pflichtgebot über alle gewöhnlichen Bedenken hinweg und es durfte auch der Moslem zum Partner genommen werden. Diese Bewandtnisse bilden eine ausnahmsweise Tafel der Weltgeschichte und müssen, um ihr richtiges Licht zu bekommen, nach dem Maße jener außerordentlichen Lage des Vaterlandes und vom Standpunkte Friedrichs aus bemessen werden; so sind sie gewiß lehrreich und interessant, aber jede in Betreff anderer Zeiten und Umstände daraus zu ziehende Folgerung würde unzutreffend sein.

Und nun 1763 bis 1774 der zweite Act dieses historischen Drama's, in welchem Preußens Wechselwirkung mit dem Türkenreiche aus allgemeinen Motiven abgeleitet und ganz direct dem Wohlfahrt eines ganzen Erdtheiles gewidmet war. Wenn die im ersten Acte angesponnene Freundschaft Preußens mit der Türkei nicht gewesen wäre, so hätte ersteres im zweiten Acte die belangreiche Rolle, welche es spielte, nicht so wie es geschehen ist darzuführen vermocht. Wie es sie in Klugheit und Hingabe, streng oder milde, mit großen und kleinen Mitteln hinausgeführt, wie den Russen gemäßigt und dort bei Oesterreich zurückgeschreckt oder den Türken im Gleise der Zugänglichkeit erhalten, — wie es so Letzterem, nicht um seiner selbst, sondern und bei ausgedehnten Gleichgewichts willen seine Existenz gerettet, einem Völkerkriege vorgebeugt, der russischen Ausschreitung gewehrt und doch seine Freundschaft voll bethätigt hat; das kann ihm schon aus unseren früheren Andeutungen in Betreff dieses zweiten Abschnittes theils erkannt und theils gefolgert werden. Diese politischen Meisterwerke Friedrichs bleiben hinter seinen kriegerischen Großthaten nicht zurück; ein kaum hundert Jahre rückwärts liegender russisch-türkischer Krieg aber, dem unser Vaterland unter einem großen Politiker so vermittelnd und localisirend, neutral und doch thätig, zum Segen und geistigen Siege durchbringend, gegenüber stand, durfte sich mit den jetzt auf der Weltbühne stehenden Ereignissen sehr analog verhalten und durch die Vergleiche und Folgerungen, welche er anbietet, gerade für die Gegenwart doppelt interessant sein.

Das chinesische Theater in Peking.

Die Theater der Hauptstadt Chinas erregen begreiflicher Weise das besondere Interesse der Fremden. Um die fünfte Stunde des Nachmittags füllen sie sich mit dem männlichen Publikum der drei Städte, aus denen Peking eigentlich besteht. Die Zahl der Theater kann ich nicht genau bestimmen; es mag deren ein Dutzend geben; doch nehme ich diejenigen aus, die zu den Wohnungen der Großen gehören, sowie diejenigen der großen Provinzialgesellschaften, welche von auswärtigen reichen Kaufleuten auf gemeinschaftliche Kosten zu Versammlungsorten erbaut worden sind. Kein Theater Pekings zeichnet sich vor den Andern aus, denn keins hat seine besondere Truppe. Die verschiedenen Truppen spielen abwechselnd auf jeder Bühne; nur ihre Repertoire sind verschieden. Das Theater nun, in welches ich den Leser führe, wird gegenwärtig von der Truppe Cane-sa-eurl, einer der ersten komischen Gesellschaften der Hauptstadt, benutzt und ziehe ich sie aus folgenden Gründen den Andern vor: Cane-sa-eurl ist ein alter Freund von mir, der niemals, wenn er mich von der Bühne herab im Saale sieht, einen auf mich gemünzten Scherz zu improvisiren vergißt. Das entzückte Publikum wendet sich dann jedesmal mit eifersüchtigen Mienen über die mir zu Theil gewordene Auszeichnung nach mir um. Im Grunde aber betrachtet es den Sterblichen, dem Cane-sa-eurl, der populärste Mann Pekings, eine derartige Gunst erweist, als seinen Freund. Cane-sa-eurl selbst ist eine der gefährlichsten Persönlichkeiten, seiner Gabe zufolge seine, sowie seiner Künstler Rollen zu mobilisiren. Die politischen Anspielungen sind ihm zur Gewohnheit geworden und mit wunderbarem Geist weiß er diese oder jene Person lächerlich zu machen, zu kritisiren und zu bezeichnen, mag er es nun aus sich selbst heraus, oder für reiche Bezahlung dabei Interessirter, thun. Ferner ziehe ich die Truppe dieses wahren Künstlers deshalb vor, weil sie weder das mythologische noch historische Drama kultivirt. Die Chinesen haben einen sehr ausgebildeten Geschmack für diese Art von Darstellungen; das Orchester ist lärmender und die antiken Gewänder schmeicheln ihren Augen mehr. Man sieht unter dem Lärmen der Gongs die Götter, die Kaiser, die großen Krieger des Alterthums in ihren von zwei ungeheueren Fasanenfedern überragten Sturmhauben und Küraßen von vergoldeten Schuppen gesteckt und kleine Fahnen, als Zeichen ihrer Herrschaft, auf der Schulter tragend, auf der Bühne vorüberziehen. Die Theatercostüme sind außerordentlich schön, von seidenen Stoffen gearbeitet und bis in die geringsten Details hinein sehr reich gestickt. Häufig sind es ganz junge Künstler von fünfzehn bis siebzehn Jahren, welche in den verschiedensten dramatischen Rollen mitwirken. Es ist sehr interessant, sie mit bizarr bemalten Gesichtern den Zorn der Götter, die Würde eines bärtiger Könige, die Prahlerei der Helden, die vornehme Haltung der großen Damen und die verwitterten Gesichter alter Königinnen nachäffen zu sehen. Ihre Haltung ist oft so komisch, als die Chinesen, in dem sie bereits erwachsen zu sein pflegen, noch vollständige Kinder sind. Mit siebzehn Jahren haben sie lange noch nicht die Größe des in selben Alter stehenden Europäers erreicht.

Der geschichtlichen und mythologischen Trauerspiele giebt es eine große Anzahl. Einige Geschichtsschreiber führen die Gründung des chinesischen Theaters auf das Jahr 1766 vor Christus zurück. In Wahrheit jedoch war es der Kaiser Schuane-tfong,

der im Jahre 720 nach Chr. durch die Aufführung eines dramatischen Gedichtes die erste Vorstellung in's Leben rief. Von diesem Ereigniß an theilt sich die Geschichte des chinesischen Theaters in vier große Epochen. Die erste, unter der Dynastie der Thang, reicht vom Jahre 720 bis gegen 905, die zweite, die Regierung der Song umfassend, von 960 bis 1119, die dritte unter den Kaisern Kine und der Regierung der Yacane oder Mongolen — reicht von 1123 bis etwa 1341 unserer Zeitrechnung. Alle diejenigen Werke nun, die von der mongolischen Dynastie an bis jetzt erschienen sind, bilden endlich die vierte und letzte Epoche. Zu den besten und vollkommensten dramatischen Erzeugnissen rechnet man die während der mongolischen Herrschaft aus den Jahren 1260 bis 1341 erschienenen. Seit dieser Periode hat man jedoch, wo man Stücke mit realistischen Darstellungen aus dem Volksleben geschrieben, solche, in denen der Autor in gewöhnlichen chinesischen Anzug heutigen Tages auf den Brettern erscheint, und der Witz, der esprit, vortheilhaft die brillanten Costüme, die entsetzlichen Grimassen und die betäubende Musik der antiken Trauerspiele ersetzt. Die Truppe Cane-sa-eurl's kultivirt diese Art von Vaudevilles und in eine derartige Vorstellung bitte ich den Leser, mich zu begleiten.

Das Theater liegt in einer Straße, welche direkt auf die Tacha-la-eurls mündet. In der Nähe befinden sich die kostbaren Seitenheiten, in dem Waarenlager Kuso-tschengs ausgestellt. Weiter verfolgen wir eine kleine Straße, in der besonders köstliche Edelsteine feil geboten werden. In den Schaufenstern stehen Kasten gefüllt mit Rubinen, sibirischen Türkisen und Lapis lazuli. Gelbweißer Bernstein, in allen Farben schimmernder Achat, Topase, Korallen, Amethyste, echte Perlen, kostbare wohlriechende Hölzer schimmern vor unsern Blicken. Die Chinesen verstehen es eben, ihre Schätze zu entfalten. Doch wir halten uns bei diesem Glanze nicht auf; die Klänge der Theatermusik rufen uns bereits. Das Theater sieht von Außen ziemlich kläglich aus und macht sich nur durch seinen Umfang bemerklich. Eine kleine niedrige Thür führt uns zuerst in einen ziemlich schmutzigen Hofraum. Derselbe ist mit Leuten angefüllt, die an das Publikum der pariser öffentlichen Bälle erinnern. — Obst- und Eßwaarenbuden sorgen für die Bedürfnisse der Zuschauer. Wir ersehen unsere Verkäufer von Mandelmilch, Orangen, Limonaden, Stachelbeeren u. s. w. Gerade an der Thür läßt sich ein Individuum durch einen herumziehenden Barbier die Hühneraugen schneiden. Beim Eintritt in den Zuschauerraum gelangen wir sogleich in das Parterre, das reihenweise mit kleinen Tischen und Bänken besetzt ist. Es erstreckt sich bis dicht zur Bühne. Diese selbst ist eine viereckige, vier Fuß hohe Plattform, schmäler als der Zuschauerraum und springt in das Parterre vor. Leute aus dem Volk bilden gewöhnlich das Publikum dieses Platzes; für eine sehr geringe Geldsumme können sie den ganzen Tag über das Theatervergnügen genießen, dabei ihren Thee trinken, die Kerne getrockneter Wassermelonen essen und in Gesellschaft ihrer Freunde und die Stammgäste ihre Pfeifen rauchen. Eine hölzerne Treppe führt links von der Eingangsthür zu den Galeriesitzen. Die Mittelgalerie zeigt dieselben kleinen Tische und Bänke wie das Parterre, die beiden Seitengalerien dagegen, die sich bis über die Bühne hin verlängern, sind in Logen abgetheilt. Die unsere ist eine reservirte, wie der Zettel aus rothem Papier anzeigt, der auf dem Tische angeklebt ist.

Theetaffen und Tassen werden uns gebracht. Hinter uns befindet sich ein Plakat an der Wand, lautend: „Siao-sinc-tsaï-you", auf Deutsch: Vor Taschendieben wird gewarnt. Der vorderste Theil der Bühne liegt gerade vor uns. Die Aufmerksamkeit des Publikums ist auf eine junge Frau von etwa fünfundzwanzig Jahren gerichtet, die mit ihrem Gatten, einem viel älteren Individuum, spricht. — Als Zeichen, daß er die komische Rolle spielt, hat er das Gesicht mit einem weißen, einen Centimeter breiten Strich bemalt, der Backen und Nase quer durchschneidet. — Das Stück heißt: „Pei-pai-teng", oder die Bank auf den Rücken. Herr Tan-tsi ist seit Kurzem sehr unglücklich verheirathet. Seine Frau besitzt einen zänkischen, störrischen Charakter; sie schlägt ihn sogar zuweilen und er hat eine heillose Furcht vor ihr. Tan-tsi besitzt einen jüngeren Bruder, Namens Tan-pa, dessen Loos auch kein besseres ist. Doch weit entfernt, sich gegenseitig ihr Leid anzuvertrauen, verschweigt Einer dem Andern mit fast peinlicher Sorgfalt die ihm im eigenen Hause zu Theil werdende schlechte Behandlung. — Beide Brüder treffen sich auf offenem Markte: Tan-pa, welcher die üble Lage seines älteren Bruders vermuthet und weiß, daß dessen Eigenliebe allein die Ursache seines Schweigens ist, beschließt daraus Vortheil zu ziehen und durch eine Wette mit Tan-tsi das Geld zu gewinnen, welches seine eigene Frau ihm verweigert.

Tan-pa: „Nun wohl, mein Bruder, ein, zwei, ja drei Mal giebst Du mir die Versicherung, Dich nicht vor Deiner Frau zu fürchten. (Tan-tsi schweigt und zittert an allen Gliedern.) Gut! Ich wette zehn Taöls, (ungefähr 24 Frcs.) daß Du sie wie die Pest scheust."

Tan-tsi (für sich): Zehn Taöls … welche Summe! Wahrhaftig eine gute Zugabe zum Thee. Bei ihrer Geldgier wird meine Frau sich vielleicht diesmal meinen Wünschen fügen … (zu Tan-pa.) „Bruderherz, ich nehme Deine Wette an und werde Dir von der Unterwürfigkeit meiner Frau Beweise geben. Besuche uns nur recht bald, mein Weib soll uns den kredenzen und mir zum Schemel meiner Füße dienen."

Ganz verdutzt über diese Worte empfiehlt sich Tan-pa. Tan-tsi kommt nach Hause. Seine Frau empfängt ihn sehr übel. Seufzend betrachtet er den Sessel, seinen Lieblingsplatz, den er vor seiner Verheirathung eingenommen; muß er doch vor seiner Ehehälfte stehend die Unterhaltung mit Bruder Tan-pa erzählen. Ein schreckliches Gewitter bricht über ihn los, das erst mit seiner schmeichelnden Versicherung endet, er habe die Wette einzig zu dem Zwecke entrirt, seiner Frau Schmuck und seidene Stoffe zu kaufen. Die habgierige Gattin fühlt nun ein menschliches Rühren und beginnt sogleich eine Komödie einzustudiren, von der Tan-pa die Kosten tragen soll.

Tan-tsi ergreift zum zweiten Mal in seinem Leben von seinem Lehnstuhl Besitz, was ihm eine neue Scene von Seiten seiner Xantippe zuzieht, so daß er genöthigt ist, ihr die Rolle, die sie spielen will, in's Gedächtniß zu rufen. — Nun beginnt er sie mit allen möglichen Schimpfnamen zu belegen; er befiehlt ihr Wein herbeizuschaffen, er schreit, tobt und wüthet, endlich läßt er sie niederknieen, um seine Füße auf ihren Rücken zu legen. Bei jedem neuen Befehl kostet es ihm große Mühe seine Gattin wiederum zu erinnern, daß es sich ja nur um eine aufzuführende Komödie handle; fällt er doch selbst manchmal aus der Rolle und vergißt die ihm gebührende unterthänige Stellung.

Endlich pocht es an die Thür. — Tan-tsi, mit einem Stock bewaffnet, klopft ein Sopha aus und überhäuft es mit Schmähungen, die alle seiner Frau gelten sollen. Tan-pa, draußen stehend, traut seinen Ohren nicht. Sollte wirklich seiner Schwägerin diese Lection wirklich geworden sein? Er tritt zögernd ein. — „Sclavin," brüllt Tan-tsi, „hier siehst Du meinen Bruder kommen. Hoffentlich wird er, nachdem Du von mir eine Tracht Prügel erhieltest, die Ueberzeugung gewinnen, daß Du Deine Unverschämtheit bereut, bevor ich Dir Erlaubniß gegeben habe, Dich zu setzen! Bringe Wein herbei, sonst werde ich Dir Beine machen." —

Aengstlich und schüchtern tritt die so Gescholtene mit einem Tablett ein, das sie sorgsam auf den Tisch setzt. „Sehr geliebter Herr," ruft sie aus, „empfange das Verlangte aus den Händen Deiner Dienerin." Tan-pa ist vor Erstaunen sprachlos und verbirgt seine Ueberraschung hinter dem Fächer. „Jetzt, Weib," herrscht Tan-tsi sie an, „kniee nieder und ziehe mir meinen linken Schuh aus, der mich sehr drückt." Kaum hat ihm seine Frau gehorcht, so legt er behaglich seine Beine auf ihren Rücken. „Thust Du in Deinem Hause dasselbe?" und Tan-tsi lacht triumphirend, während seine Gemahlin seinen linken Fuß ergreift und daran zieht, als wollte sie ihm das Bein ausreißen. Unruhig rückt Tan-tsi auf seinem Stuhl hin und her, er verbirgt seine Unruhe und seinen Schmerz, aus Furcht, sonst Alles zu verlieren. Nur seine Augen rollen. Tan-pa, der seine zehn Taöls verloren sieht, flüchtet zur Thür und ist verschwunden, noch ehe seine Schwägerin seine Abwesenheit bemerkt hat.

„Tan-tsi! … und die zehn Taöls! … Sieh, Tan-pa ist fort. Die zehn Taöls … Sei verwünscht … Das Geld her!" Tan-tsi, dessen Bein endlich befreit ist, gewahrt mit Schrecken die Abwesenheit seines Bruders. Umsonst versucht er seine Frau zu beruhigen, umsonst verspricht er das gewonnene Geld selbst zu holen.

„Warte, Du sollst nicht wie ein vernünftiger Mann umhergehen, ich werde Dich lehren! Hollah! herbei! Stricke!" (Ein großer Diener tritt ein.) „Tan-tsi, mein lieber Gemahl, zieh das Kleid aus … Deine Weste … entledige Dich aller Sachen, soweit das uns zuschauende Publikum es gestattet … Gut! Jetzt lege Dich auf diese Holzbank, die Nase nach oben. Bindet ihn," befiehlt sie dem Bedienten. Mit der größten Unterwürfigkeit gehorcht Tan-tsi. An die Bank festgebunden wirft man ihn endlich zur Thüre hinaus.

Die große Bank auf dem Rücken, seine Arme mit Stricken gefesselt, geht Tan-tsi mit jammervoller Miene auf die Straße. Plötzlich hört er seinen Namen rufen, er sieht auf: wer beschreibt seine Ueberraschung, als er seinen Bruder im gleichen Aufzuge vor sich findet.

„Bezahle mir die gewonnenen zehn Taöls!"

„Die zehn Taöls?" sagt Tan-pa. „Beim Buddha! ich habe sie nicht. Als ich meiner Frau von der verlorenen Wette erzählte, hat sie mich derartig zugerichtet," und seufzend zeigt er die Bank, die ebenfalls wie bei Tan-tsi, auf seinem Rücken befestigt ist.

Die beiden Brüder brechen schließlich in ein lautes Gelächter aus und beichten einander ihre häusliche Misère.

„Doch nicht genug damit; wir müssen wieder in unser Haus zurückkehren. Wer macht den Anfang?"

„Du," sagt Tan-pa, „Deine Bank ist größer."

„Nein, Du," erwiderte Tan-tsi, „Deine ist kleiner."

Das Orchester beginnt jetzt eine Art Marsch zu spielen und die beiden Brüder gehen mit komischen Gesten, der Eine rechts, der Andere links, von der Bühne ab.

Diese Stücke werden ausgezeichnet gegeben; das Spiel der Schauspieler ist so vollkommen, daß selbst der Fremde, welcher der chinesischen Sprache unkundig, vollständig den Sinn desselben errathen kann.

Literatur, Kunst und Theater.

Die Kinder des Vaterlandes. Roman in 6 Bänden von Fr. Wernau. Breslau. Eduard Trewendt. Der Roman behandelt den ereignißreichen Abschnitt unserer Geschichte von 1863–67, in dessen Mitte die Kriege mit Dänemark und

Oesterreich stehen. Es ist der Werdeprozeß der heutigen Gestaltung unseres Vaterlandes, den wir in den Figuren des Romans noch einmal durchleben. Auch derjenige Leser, welcher den national-liberalen Standpunkt des Verfassers nicht theilen sollte, wird das Talent und die Sicherheit anerkennen, mit dem in dem Buche die verschiedenen politischen und socialen Parteien und ihre mannichfaltigen sich kreuzenden und bekämpfenden Bestrebungen vor Augen geführt und deren Vertreter gezeichnet sind. Vor Allem verdient es anerkannt zu werden, daß der Verfasser bemüht ist, die Tendenz in künstlerischer Weise zu individualisiren, was ihm denn auch in den Hauptpersonen und der sie umschließenden Gruppe bestens gelungen ist. Mögen wir euch nicht immer ihre Anschauungen theilen, so treten sie uns doch als Menschen nahe und wir sympathisiren mit ihrem persönlichen Geschick. Ist dies mit dem Helden des Romans, dem Assessor Max Weidner der Fall, so erregt das Schicksal seines Freundes, des Premier-Lieutenants von Fontenoy, unsere wärmste Theilnahme. Es läßt uns einen Blick in die Armeeverhältnisse thun, und was kann tragischer sein, als denselben einen Mann, der mit dem edelsten Herzen gründliche Bildung und ungewöhnlichen Muth verbindet, zum Opfer fallen und durch Selbstmord enden zu sehen, weil er, ohne Vermögen in das Heer eingetreten, Wucherern in die Hände gefallen ist? Der Autor ist uns auf dem Gebiet der Romanliteratur noch nicht begegnet. Die Erstlingsfrucht, die er in seinen „Kindern des Vaterlandes" bietet, ist eine völlig ausgereifte und wird des Beifalls der Leser nicht entrathen.

Intermezzo. Neue Erzählungen von Carl Marquard Sauer. Breslau. S. Schottländer. Der Band enthält zwei Erzählungen. „Allan und Ellen", die bezeichnender derselben hat zum Inhalt eine geschickt durchgeführte Mystifikation, welche eine in Zürich studirende Amerikanerin, ihr männliches Kostüm auf einer Ferienreise benutzend, mit einem kurzsinnigen Münchners und zufälligen Reisegenossen treibt. Der Leser, der mittels einiger zarten Andeutungen von vornherein in's Vertrauen gezogen wird, folgt mit Ergötzen der Entwicklung der kleinen übermütigen Komödie, die wie jede echte Komödie befriedigend endet. Die zweite Erzählung „Zwei Weihnachten" schildert die im Absterben begriffene Periode des deutschen Studentenlebens, die noch ein Rest von Poesie verklärt. Einzelne Scenen sind mit frischem Humor gewürzt, andere geben den Charakter des deutschen Musensohns vortrefflich wieder, den Heine kurz in die Worte faßt: „Sind sentimentale Eichen."

John Brinckmann's ausgewählte Erzählungen. Kasper-Ohm un ik. 3. Auflage. Rostock, Wilhelm Werther. Diese dritte Auflage der „Perle plattdeutscher Literatur", wie Klaus Groth mit Recht „Kasper-Ohm" genannt hat, erscheint in eine Orthographie umgeschrieben, welche die Lectüre Jedem ermöglicht. Der köstliche Humor, der die Erzählung durchwärmt, kann, namentlich in der jetzt leichter verständlichen Schreibweise, nicht verfehlen, dem Buche neue Freunde zu erwerben.

Eine Faust-Trilogie. Dramaturgische Studien von Franz Dingelstedt. Berlin. Gebrüder Pätel. Der Band enthält den Separatabdruck der drei Vorlesungen, welche Franz Dingelstedt im Frühling v. J. in Wien gehalten hat und die dann in der „Deutschen Rundschau" veröffentlicht worden sind. Zweck dieser geistreichen Vorlesungen war die Beleuchtung der Möglichkeit, den ganzen Faust Göthe's für die Bühne zu erobern. Diese Möglichkeit wird bejaht und bekanntlich hat Dingelstedt sich nicht mit der bloßen Erörterung derselben begnügt, sondern die Tragödie nach den Gesichtspunkten, welche die dritte Vorlesung entwickelt, selbst als Trilogie für die

Bühne bearbeitet. Es hat sich ja diese Trilogie dann auch durch die Aufführung in Weimar im Ganzen trefflich bewährt. Mögen die Vorlesungen nun als Pioniere der Aufführung der Trilogie auch auf anderen Theatern vorarbeiten. Ein Bedenken wird es vielleicht bei manchem Leser erregen, daß Dingelstedt, welcher in seiner Trilogie das für die Idee des „Faust" so wesentliche Vorspiel im Himmel nicht missen wollte, die Rolle Gottes dem Erdgeiste überwiesen hat. Wir haben leider die Unbefangenheit unserer mittelalterlichen Vorfahren, die an der Darstellung der heiligsten Personen auf der Bühne keinen Anstoß nahmen, eingebüßt. Unsere glaubensarme, aber um so prüdere Zeit würde an Gott Vater auf den Brettern allerdings den größten Anstoß nehmen und Dingelstedt mußte daher zu einem Auskunftsmittel greifen. Nun kann man sich aber der Erwägung nicht verschließen, daß durch die Substituirung des Erdgeistes der Idee des „Faust", die Dingelstedt retten wollte, ein bedenklicher Abbruch geschieht. Nicht nur erscheint eine Wette um Faust zwischen Mephisto und dem Erdgeist etwas wunderlich, auch die Scene, in der Faust den Erdgeist citirt, verliert ihre richtige Bedeutung und die Schlußapotheose des zweiten Theils erscheint dann widersinnig, oder wenigstens blos überflüssig ooperhaft. Aber man wird den Auswag Dingelstedts wohl acceptiren, oder auf das Vorspiel im Himmel zur Zeit noch verzichten müssen.

Das Wunder von Marpingen in Aurlsbach, von Philolalon. Berlin, Alfred Weile. Eine Satire in Versen auf die bekannten Vorkommnisse zu Marpingen. Es befindet sich unter den Pfeilen des Autors manch treffender; jedoch scheint der Gedanke nicht eben glücklich, daß eine Schule existire, in der junge Damen wie in einem Conservatorium abgerichtet werden, um je nach Bedürfniß als Jungfrau Maria u. s. w. zu erscheinen.

Bildhauer Schimek in Prag hat ein Marmorstandbild Wallensteins vollendet, das für das Arsenal in Wien bestimmt ist.

Die neuen Ausgrabungen in Pompeji haben eine Schänke zu Tage gefördert. Bis jetzt sieht man einen Theil des vorderen Zimmers mit dem gewöhnlichen Schenktische und den in demselben eingelassenen Thongefäßen und eine kleine Hinterstube. Einen wichtigen, weil seltenen Fund bilden die Wandmalereien in der ersten Stube. Sie stellen Scenen aus dem altrömischen „Kneipenleben" dar. Trinker und Spieler in Volkstracht sitzen auf hölzernen Bänken oder stehen in verschiedenen Situationen, die durch beigeschriebene Aeußerungen verdeutlicht sind.

Das pariser Weltausstellungsgebäude soll mit der inneren, nach dem Garten gerichteten Façade der auswärtigen Abtheilungen in einer Länge von 650 Metern eine Musterkarte der nationalen Architekturen aller Länder bieten. Den Gesammtplan für diese architektonische Encyclopädie, der von den Vertretern der meisten fremden Länder gutgeheißen worden, ist von dem Architekten Bénard entworfen.

Die Ausgrabungen zu Olympia haben seit Ende des Monats September wieder ihren Anfang genommen. Leider aber sind die Arbeiten durch den früh begonnenen und ungewöhnlich lang dauernden Herbstregen stark beeinträchtigt worden. Die werthvollsten Funde sind daher erst seit der letzten Novemberwoche, wo schönes Wetter eintrat, gemacht worden. Es sind dies zwei größere Metopenstücke. Die eine Metopentafel ist, wie der „Staats-Anzeiger" mittheilt, in der Höhe (1,60 M.) vollständig, in der Breite fast bis zur Hälfte (0,72 M. breit) erhalten und trägt die Figur einer Athene. Die an der rechten Seite stehende Göttin ist, wie die Hesperide der Atlas-Metope, so dargestellt, daß ihr Körper von vorn, ihr Kopf im Profil gesehen wird. Sie trägt einen bebuschten Helm und stützt den linken Arm auf den ſeitlich am Boden ſtehenden Rundſchild. Vom rechten Arm iſt nur der obere, ſchräg vom Körper weggeſtreckte Oberarm erhalten, während der frei hervorragende Unterarm, der wahrſcheinlich den Speer faßte, fehlt. Die Göttin trägt keine Aegis, ſondern den langfaltigen Chiton mit Ueberſchlag; die Gewandbehandlung iſt der an der Heſperide aufs Engſte verwandt. — Zu welcher Kunſtdarſtellung unter den Herakles-Thaten dieſes werthvolle, auch durch gute Erhaltung ausgezeichnete Bruchſtück gehörte, iſt noch zweifelhaft. Möglicherweiſe gehört es zur Reinigung der Ställe des Augias, welche That Pauſanias gleich nach der Heſperidenäpfel nennt, vielleicht auch zu der von ihm nicht erwähnten That der Heraufbringung des Kerberos. Für die letzte Auffaſſung ſpricht der örtliche Befund, ſowie die Thatſache, daß bei dem Abſchluſſe der erſten Campagne ganz in der Nähe eine große Anzahl kleinerer Metopenfragmente, darunter ein Hundekopf, gefunden worden iſt, der zu ſolcher Compoſition ſehr gut paſſen würde. Das zweite Metopenfragment aus dem weſtlichen Triglyphon enthält den ſehr wohlerhaltenen Torſo einer rechts (vom Beſchauer) ſtehenden männlichen Figur, die in der Modellirung „allen bisher bekannt gewordenen bei Weitem überlegen" iſt. Da dieſer Fund erſt am 1. December — dem Poſttage — gemacht iſt, ſo liegt außer jener vorläufigen Meldung eine nähere Beſchreibung noch nicht vor. Ferner ſind zwei zu den Giebelgruppen gehörige Fragmente an's Licht getreten. Erſtlich aus dem Oſtgiebel das Bruchſtück eines Pferdeleibes, der als Hochrelief mit anſtehender Unterplatte gearbeitet iſt und wegen des großen Maßſtabes und der Stellung zu dem linken der beiden Viergeſpanne im Oſtgiebel gehört haben muß; zweitens aus dem Weſtgiebel gefunden das untere Bruchſtück einer lebensgroßen weiblichen bekleideten Statue, die — wie es ſcheint — nach links in eiligem Laufe begriffen iſt. Weiter kamen zu Tage: zahlreiche Architekturreſte, beſonders ſchöne Terrakotten, Regenrinnen, mit Stirnziegel, ſchöne Löwenmasken vom Zeustempel, Reſte eines joniſchen Säulenbaues und ähnliches. Die neu gefundenen Inſchriften beziehen ſich auf Sieger (Nikanor, Moloſſos) oder Weihgeſchenkſtifter (Ptolomaios, Conſul Juſtus Calenus u. A.), enthalten auch Künſtlernamen wie Katilles. Es haben ſich dabei ſowohl Ergänzungen früher gefundener Inſchriften ergeben, als einige Novitäten, wie z. B. die Erwähnung einer Prieſterin der Demeter Chamyne, — bekanntlich der einzigen Frau, der nach alter Satzung das Zuſchauen bei den olympiſchen Wettkämpfen geſtattet war; ferner eine Liſte religiöſer Beamten u. A.

Das Wallner-Theater hat mit ſeiner neueſten berliner Lokalpoſſe: „Der Löwe des Tages", einen glücklichen Zug gethan. Verfaſſer der Poſſe, deren „Criminalſtoff" von H. Tornauer zu Grunde liegt, iſt H. Willen, ein altbewährtes Mitglied der genannten Bühne. Er hat die Rollen den Größen des Wallner-Theaters auf den Leib geſchrieben, wie man zu ſagen pflegt, und wenn das berühmte Vierblatt der Herren Helmerding, Engels, Formes und der Fräulein Wegner in Partien auftritt, die der eigenartigen Begabung Jedes die freieſte Entfaltung geſtattet, da wär's ja ein Wunder, wenn nicht die Komik des Spiels den glänzendſten Sieg davontrüge.

Alfred Tennyſon, der gekrönte Dichter Englands, hat ein zweites Drama: „Harold" geſchrieben. Das londoner Athenäum bezeichnet das Stück als in jeder Beziehung ſchwächer wie das erſte Drama „Königin Mary", auch gebräche es ihm an einer die Handlung belebenden Hauptfigur. Dieſer Harold würde in ſpäteren Tagen einen vortrefflichen Friedensrichter abgegeben haben; doch ein das Schickſal herausfordernder Held ſei er nicht. Das Blatt ſpricht Tennyſon jede Befähigung für das Drama ab und räth ihm, zur Lyrik zurückzuſehen, in der er ſo Schönes geleiſtet habe. Sein erzählendes Gedicht „Enoch Arden"

iſt mit des Autors Bewilligung dramatiſirt worden und jüngſt im Kryſtallpalaſt unter großem Beifall aufgeführt worden.

Das mannheimer Theater wird demnächſt die Feier ſeines 100jährigen Beſtehens begehen. Bei dieſem Anlaſſe ſollen nicht weniger als drei Feſtſchriften erſcheinen; eine von Otto Devrient, dem Sohne des Geſchichtſchreibers der deutſchen Bühne; die zweite vom Archivar v. Feder, dem Geſchichtſchreiber von Mannheim, und die dritte von A. Pichler, dem Regiſſeur der mannheimer Bühne.

Todtenſchau. Carlo Guasco, berühmter Tenor, für welchen Donizetti die Tenorpartie der Oper „Maria di Rohan" und Verdi die Opern „Lombardi", „Ernani" und „Attila" geſchrieben hat, ſtarb Ende December in Aleſſandria. — Hermann Sello, königl. Ober-Hofgärtner in Sansſouci, ſtarb am 28. Dezember in Potsdam. — Dr. Franz Clar, akademiſcher Profeſſor an der mediciniſchen Fakultät in Graz, ſtarb daſelbſt am 22. Dezember, 61 Jahre alt. — Dr. Joſeph Herzog, mediciniſcher Fachſchriftſteller und praktiſcher Arzt in Wien, ſtarb daſelbſt am 22. December. — Wichmann, Director der Lebensverſicherungsgeſellſchaft in Lübeck und früher Abgeordneter zum deutſchen Reichstage, ſtarb in Lübeck Mitte Dezember. — Zacharias Jakob Simſon, Vater des Präſidenten Dr. Simſon, früher vereideter Makler in Königsberg, ſtarb daſelbſt am 17. Dezember, 93 Jahre alt. — J. Kaiſer, von Raach, Landammann der Nidwalden und ſchweizeriſcher Ständerath, ſtarb in Bern am 18. Dezember, 58 Jahre alt. — Conferenzrath Bjarne Thorſteinſon, der ſeit älteſten bekannten Isländer, geweſener Präſident des Althings, 1781 geboren, ſtarb in Reikiavik. — Le Barbier de Tinan, franzöſiſcher Viceadmiral, während des Krimkrieges Befehlshaber der levantiniſchen Schiffsſtation, 1803 geboren, ſtarb in Paris am 19. Dezember. — Freiherr von Sonntag, k. k. wirklicher Geheimrath und penſionirter Präſident des krakauer Oberlandesgerichts, ſtarb am 22. Dezember in Krakau. — Frederik Paludan-Müller, nächſt Oehlenſchläger wohl der bedeutendſte däniſche Dichter, am 7. Februar 1809 auf der Inſel Fünen geboren, ſtarb am 29. December in Kopenhagen. — Wilhelm Liebrecht, Geh. Finanzrath und vortragender Rath im preußiſchen Finanzminiſterium, ſtarb in Berlin am 29. Dezember, 63 Jahre alt. — Carl Heinrich Boswinkel, Obertribunalrath a. D. ſtarb am 30. Dezember in Hagen, 70 Jahre alt. — Joſeph Thaler, jenem Bunde von Dichtern und Schriftſtellern angehörig, der das Erwachen geiſtigen Lebens in Tirol veranlaßte und 1829 die „Alpenblume aus Tirol" herausgab, 1798 als Sohn eines Bauers im Ultenthale geboren, 1823 zum Prieſter geweiht und ſeit 1836 Curat des Dorfes Kuens bei Meran, ſtarb daſelbſt am 28. December. — Baronet Sir Titus Salt, jenem Bunde durch die Einführung des Alpaca in die engliſche Induſtrie bekannt, ſtarb am 29. Dezember in Crow-Neſt bei Bradford, 79 Jahre alt. — Guſtav Lafargue, der langjährige Theater-Chroniſt des pariſer „Figaro", ſtarb 45 Jahre alt in Paris. — Dr. jur. Friedrich Chriſtian Benedikt Avé-Lallemant, als criminaliſtiſcher Schriftſteller bekannt, am 23. Mai 1809 zu Lübeck geboren, ſtarb dort am 26. Dezember.

Mannichfaltiges.

Das Kaiſerſchwert, welches dem deutſchen Kaiſer zu ſeinem Militärjubiläum am 1. Januar von der Deputation verabſchiedeter Militärs aller Waffengattungen und am Grabe überreicht wurde, entſtammt den berliner Kunſtwerkſtätten von Sy und Wagner und iſt im altdeutſchen Style ausgeführt; die Scheide, der Griff und die Kette sind von gediegenem Golde. Auf beiden Seiten des Griffes befinden sich in hellem Oryde die Figuren der Germania und Borussia, über denen das Auge Gottes wacht, dessen Strahlen Brillanten bilden. An den Enden der Parirstange sind in Medaillons die Stärke, die Gerechtigkeit, die Beharrlichkeit und die Großmuth sinnbildlich dargestellt. Auf dem Schwerte selbst sind die Namen der sechsundzwanzig Schlachten rc. eingegraben, an denen der Kaiser selbst Theil genommen hat. Die Schärfe, mit welcher das Schwert überreicht wurde, ist in dunkelblauem Sammet gebunden und aus dem Atelier der Hofkalligraphen Ernst Schütz in Berlin hervorgegangen. Auf der linken Seite des ersten Blattes zeigt sich in reichen Arabesken Germania, die den Lorbeer hoch empor hält; rechts erblickt man die Waffen aus der Eintrittszeit des Kaisers und aus der Gegenwart. Am Kopfe des Blattes befindet sich der preußische Adler, umgeben von Lorbeer und einer strahlenden Sonne; rechts und links schließen sich Aquarellbilder an, welche die Uebergabe des Degens an den jungen Prinzen und eine Parabescene des 1. Garde-Regiments z. F. darstellen. Unten links ist die Stammburg Hohenzollern abgebildet, rechts eine Gruppe von Soldaten nach heutiger Uniformirung. Das zweite Blatt zeigt am Kopfe das preußische Wappen inmitten von Fahnen und Lorbeeren, links, rechts und in der Mitte des unteren Theils Fahnen, Embleme und Medaillen aus den letzten Kriegen. Links unten am Fuße ist die Siegessäule, rechts das Hermannsdenkmal abgebildet. Das dritte Blatt ist oben mit der Kaiserkrone und dem Reichsadler geschmückt, an die sich die Wappen sämmtlicher deutschen Staaten anreihen. Das vierte Blatt endlich trägt an seiner Spitze den preußischen Adler, reich mit militärischen Trophäen umgeben. Die von der Deputation des westphälischen Krieger- und Landwehr-Verbandes dargebrachte silberne Siegesschale ist mit der Figur des „Hermann" gekrönt. Der Fuß der Säule zeigt an der Vorderseite die Widmung und auf der Rückseite das westphälische Wappen. Der obere Theil der Säule soll Geschützrohre bar, über welchen sich kreisförmig vier Wappenschildern befinden, auf denen die Feldzüge von 1813 bis 15, 1864, 1866 und 1870—71 mit den Orten, nach denen die Schlachten benannt, verzeichnet sind.

Frühlingsblumen zu Weihnachten. In den geschützten Gebüschen in Holmood und Keston, Grafschaft Kent, standen Ende December Schlüsselblumen, Narzissen, Veilchen und andere wilde Frühlingsblumen in voller Blüthe. Die Piriemenkrautbüsche hatten ihre gelbe Blüthe entfaltet und die ganze Gegend trug das Aussehen des Frühlings zur Schau.

Eine späte Stunde des Gewissens. Im Spätherbst des Jahres 1849 wurde in dem Dorfe Stolpe bei Spandau angestellte herrschaftliche Förster Oertel von Wilddieben erschossen. Der Unglückliche lebte noch einige Stunden nach dem erhaltenen Schusse und konnte auch mittheilen, daß er am Stangenholze nahe am Wege nach Tegel auf drei Wilddiebe gestoßen sei und von einem derselben den tödlichen Schuß erhalten habe; darauf habe er noch so viel Kraft gehabt, um den Thäter einen Schrotschuß abzufeuern, der nach seiner Meinung auch getroffen haben müßte. Trotz dieses wichtigen Anhaltes und trotzdem der damalige Besitzer von Stolpe, Herr von Veltheim, eine bedeutende Prämie für die Entdeckung des Mörders aussetzen ließ, gelang es doch nicht, desselben habhaft zu werden. Jetzt, nachdem über 27 Jahre dahingegangen und die ruchlose That nur noch im Gedächtniß der älteren Dorfbewohner ist, scheint sich das Dunkel zu lichten und das eigene böse Gewissen, wie schon oft, die Entdeckung des Mörders herbeigeführt zu haben. Ein Sohn Oertel's, der beim Tode des Försters noch nicht geboren war, ist Kaufmann in Berlin. Als derselbe kürzlich in Geschäften

ein zwischen Berlin und Reinickendorf belegenes Schanklocal betritt, sitzt ein Mann von etwa fünfzig Jahren an einem Tische, der beim Eintritt des jungen Oertel zusammenschrickt und nach Entfernung desselben an die Wirthin die Frage richtet, wer der junge Mann sei. Als er Auskunft erhalten, gestand er, daß er den Vater dieses jungen Menschen erschossen habe. Er erzählte dann weiter, daß er als junger Mensch von 23 Jahren im noch zwei Kameraden auf Wilddieberei ausgegangen und im Walde von dem Förster angetroffen worden sei. Als die drei Wilddiebe der Aufforderung des Försters, die Gewehre wegzulegen, nicht Folge leisteten, feuerte Oertel einen Schuß ab, der aber, weil es eine Schrotladung war, den einen der Wilddiebe (den Erzähler) nur gering verwundet rc. In seiner Wuth legte nun der Getroffene an und feuerte einen Schuß ab, der den Tod des Försters zur Folge hatte. Soweit der Bericht des Mannes, welcher allerdings mit der kurz vor seinem Tode abgegebenen Aussage des Försters nicht ganz übereinstimmt. Der angebliche Mörder ist bereits verhaftet; derselbe wohnt in Reinickendorf und ist seit vielen Jahren als berüchtigter Holzdieb der Schrecken aller Förster der Umgegend.

Der Nachlaß des kürzlich verstorbenen Duca di Galliera, ausschließlich der 20 Millionen Lire, welche er der Stadt Genua schenkte, beläuft sich 140 Millionen Lire. Der Erbe dieses Vermögens, Philipp Ferrari, ist dieser Tage in Genua angekommen. Die italienischen Blätter bringen über ihn folgende interessante Mittheilungen: Philipp Ferrari ist der zweite Sohn des Herzogs von Galliera, der erste ist im Kindesalter gestorben. Er ist 26 Jahre alt, ein schöner junger Mann, groß und blond. Mit einem sehr ausgewachten Geiste begabt, hat der junge Ferrari schon seit seiner Kindheit ein überraschendes Talent für Sprachen gezeigt, so daß er deren sechs bis sieben nicht blos vollständig spricht, sondern auch Andere lernen kann, und das hat er gethan, gerade so, als ob er gar nicht Besitzer von drei Millionen Rente wäre. Der verstorbene Herzog von Galliera konnte ihm seine stark ausgeprägten demokratischen Ideen nicht benehmen. Er machte dem Herzog großen Verdruß, worunter nicht der geringste, seinen Sohn als Professor der Sprachen an zwei Collegien (Chaptal und Rollin) zu sehen. Philipp Ferrari hatte auch gegen den Willen seines Vaters die Naturalisation als Franzose angesucht und erhalten. Es steht fest, daß ihm sein Vater fünfhunderttausend Francs in Fonds übersenden wollte, unter der Bedingung, daß er sich die Administration vorbehalte und daß es sein Sohn ausschlug; aber es ist nicht wahr, daß er seine demokratischen Ideen so weit getrieben habe, um das väterliche Haus zu verlassen. Er lebte dort etwas zurückgezogen und erschien manchmal seiner von ihm sehr verehrten Mutter zu Liebe in ihrem Salon, aber er beschränkte sich darauf, zu der einen Thür hinein und zu der andern wieder hinaus zu gehen, oder in einem Winkel stehen zu bleiben, um mit irgend einem Professor über Literatur zu sprechen.

Verein der Secirten und der Enthaupteten. Man schreibt aus Paris: Unter dem drastischen Titel: „Association des Disséqués et des Décapités" hat sich in Paris eine Gesellschaft gebildet, welche einen wissenschaftlichen Zweck verfolgt, über welchen wir aus den Vereinsstatuten Nachstehendes entnehmen: Die geistige Zukunft der Menschheit hängt von der genauen Kenntniß der Functionen des Gehirns ab. Insbesondere ist es von größter Wichtigkeit, die speciellen Functionen der einzelnen Theile des Gehirns zu kennen. Die Studien, welche in dieser Richtung wünschenswerth sind, sollen hauptsächlich an gebildeten und eine gewisse Notorietät besitzenden Individuen vorgenommen werden, d. h. an Gelehrten, Schriftstellern, Politikern, Industriellen rc. Es muß daher alles Mögliche aufgeboten werden, um die Vornahme der Autopsie zu verallgemeinern, und zwar sowohl in den Spitälern, als in den Familien. Besonders den letzteren soll über die Resultate der Leicheneröffnung stets ein Protocoll übergeben werden, welches aufzubewahren und bei Krankheitsfällen dem Arzte vorzuzeigen ist. Sämmtliche Mitglieder des Vereins beschließen daher, daß nach ihrem Tode die Autopsie ihres Körpers stattzufinden habe, und hinterlegen bei Personen, welche ihnen vollkommen vertrauenswürdig erscheinen, eine letztwillige Anordnung folgenden Inhalts: „Ich Endesgefertigter wünsche und verlange, daß mein Leichnam untersucht werde, damit die Auffindung der organischen Fehler oder erblichen Krankheiten, zu welcher die Autopsie führen könnte, die Möglichkeit biete, der Entwickelung dieser Fehler und Krankheiten bei meinen Abkömmlingen vorzubeugen. Ueberdies wünsche ich, daß mein Körper der Wissenschaft diene und vermache daher meinen Leichnam, besonders mein Gehirn und meinen Schädel, dem anthropologischen Laboratorium, wo er in der passend erscheinenden Weise verwendet werden wird, ohne daß es irgend Jemandem zusteht, die Ausführung dieser Clauseln, welche der Ausdruck meines freien Willens sind, hintanzuhalten.“ Als Gründer haben unter anderen berühmten Aerzten und Gelehrten gezeichnet: Dr. Bertillon (der erste anthropologische Statistiker Frankreichs), der Archäologe de Mortillet, Dr. Topinard, Dr. Couderau, Dr. Collineau und zahlreiche andere wissenschaftliche Capacitäten.

Bärenjagd. Man schreibt dem „Don“ aus Altsohl: „In einer der letzten Wochen begaben sich mehrere beherzte Waidmänner auf die Bärenjagd. Der Ausflug sollte indessen leider nicht sowohl für das Wild, als vielmehr für einen der Jäger traurig enden. Ein drei Centner schwerer Bär brach ungefähr fünfzehn Schritte von dem Stuhlrichter Thrnka entfernt aus dem Dickicht hervor. Thrnka schoß, traf aber den Bären nur am rechten Schulterblatt. Der verwundete Petz rannte nun auf einen der Jäger Namens Lovanyi los, der, da er nicht auf den Kopf zielen konnte, ihm eine Kugel in den Bauch jagte. Der Bär warf sich zu Boden und suchte mit der Schnauze das Blut zu stillen. Lovanyi benützte diesen Moment, um sein Gewehr frisch zu laden; während er aber noch damit beschäftigt war, wurde er plötzlich vom Bären überfallen und ehe er noch recht zur Besinnung kam, befand er sich schon unter dem grimmigen Raubthier. Er faßte sich jedoch schnell und stellte sich todt, was aber den Bären nicht abhielt, sein Opfer mit den Tatzen zu bearbeiten, ihm einen Theil der Kopfhaut sammt dem einen Ohr herabzureißen und noch im Gesicht ihn zu zerfleischen, bis eine vom Schützen Raab glücklich nach dem Kopf gezielte Kugel dem wüthenden Thiere den Garaus machte. Lovanyi wurde in Decken gehüllt, auf den Wagen geladen und nach Hause gefahren. Der Unglückliche lag längere Zeit im Fieber-Delirium und erst als dasselbe einigermaßen nachgelassen hatte, konnte der Unglückliche den wahren Hergang berichten, wie er oben mitgetheilt ist.“

Das Kurban-Bairamfest. Der Islam kennt nur zwei Feste: das Bairamfest und das Kurban-Bairamfest; ersteres, das nur zwei Tage dauert, wird immer am Ende des großen Ramajanfastens gefeiert und nahm heuer am 20. October seinen Anfang; letzteres hingegen wird sechzig Tage nach genanntem Feste begangen, dauert vier Tage und nahm gestern seinen Anfang. Um nun dieses letztere Fest in der Stadt des Propheten zu Mekka feiern zu können, unternehmen die Moslems eine Wallfahrt dahin, zu der sie aus allen Ländern herbeiströmen. Bei Beginn dieses Festes verlassen alle Pilger genannte Stadt und ziehen insgesammt nach dem einige Stunden von dort entfernten Berg Arafa

(Berg der Erkenntniß, weil hier Adam seine Frau nach einer hundertundzwanzigjährigen Trennung wiedergefunden haben soll), auf dem dann ein Imam (Prediger) eine mehrere Stunden dauernde Predigt hält. Von hier begeben sich die Pilger nach dem nahen Thale Mina, in dem ein Jeder von ihnen ein Lamm, Schaf oder Zicklein schlachtet und das Fleisch davon gebraten verzehrt. Diese Ceremonie nennt man „Kurban“ (Opfer), daher der Name dieses Festes. Wer diese Ceremonie mitgemacht, hat das Recht, sich „Hadschi“ (Pilger) zu nennen und behält dann diesen Titel für sein ganzes Leben bei.

Das fehlende Glied in der „Darwin'schen Kette“, nach dem so lange vergebens gesucht wurde und das so häufig gefunden sein sollte, will jetzt ein neuseeländischer Missionär Namens George Brown entdeckt haben. Er berichtet, daß in Man Irland (an der Küste von Neu-Britanien) die Eingeborenen ihm sehr bestimmt versichert haben, es existire eine Gattung von Menschen mit Schwänzen an einem Platze Namens Kakli, ganz in der Nähe; diese wunderlichen Exemplare des Menschengeschlechts seien Zwerge und die Schweif sei eine Fortsetzung des Rückenknochens; wenn diese Leute sitzen wollen — so hieß es weiter — so müssen sie ein Loch graben, um ihren Schwanzanhang unterzubringen. In triumphirender Abwehr der Annahme, daß diese „Leute“ vielleicht — Affen seien, fragten Herrn Brown's Berichterstatter: „Können etwa Affen sprechen, Pflanzungen anlegen oder Speeren fechten, wie diese Leute es thun?“ — Nichtsdestoweniger wird es statthaft sein, an der Echtheit dieser Wundermenschen resp. des „fehlenden Gliedes,“ das sie besitzen sollen, so lange zu zweifeln, bis einige unternehmende Reisende einen derselben eingesperrt und einer anatomischen Untersuchung unterworfen haben werden, was Herr Rev. Brown leider versäumt hat.

Auch im Duell. Wie der Engländer boxt, so schlichtet der Innviertler vorhandene Zwistigkeiten durch „Böckln“. Bei diesem Kampfe rennen die Gegner mit entblößten Häuptern auf Zimmerlänge mit den Köpfen aneinander und wiederholen diese Tour so lange, bis der Schwächere den Platz räumt. Vor kurzer Zeit fand ein solches „Böckln“ in Antiesenhofen, Bezirk Obernberg, statt. Einer der Kämpfer, Mathias Schneglberger, vierundzwanzig Jahre alt, erschütterte seine Kopforgane beim Kampfe derart, daß er von heftigem Bluten aus der Nase befallen wurde. Schneg'berger setzte sich an selben Tage noch zum Mittagsessen, blieb aber nach d.mselben in Folge eines Schlaganfalles todt.

Der hamburger Dampfer „Göthe“, welcher in den Weihnachtsfeiertagen gescheitert ist, hat von vornherein mit Unfällen zu kämpfen gehabt. Im Auftrage der transatlantischen Gesellschaft in England erbaut, wurde der schöne Dampfer im hamburger Hafen 1873 auch den Mitgliedern des deutschen Journalistentages zur Besichtigung vorgeführt und wurde in dem ersten Salon ein opulentes Festfrühstück offerirt. Die Glückwünsche des damaligen Präsidenten (aus München) blieben leider für das Schiff unerfüllt. Schon bei der ersten Ausfahrt versagten die Maschinen an der englischen Küste und später brach die Schraube. In den Dienst der hamburg-amerikanischen Gesellschaft übergegangen, vercharterte man den „Göthe“ an die hiesige amerikanische Gesellschaft, wo er nach wenigen Fahrten an der Mündung des La Plata den totalen Untergang fand. Das Schiff hatte d. J. 2,500,000 M. gekostet und war jetzt noch mit 1,800,000 M. versichert.

Verantw. Herausgeber: Otto Janke in Berlin. — Redacteur des Feuilletons: Robert Schweichel in Berlin. — Verlag von Otto Janke in Berlin. Druck der Berliner Buchdruckerei-Actien-Gesellschaft. — Setzerinnen-Schule des Lette-Vereins.

Deutsche Roman-Zeitung.

Nᵒ 17. Erscheint achttäglich zum Preise von 3½ M. vierteljährlich. Alle Buchhandlungen und Postanstalten nehmen dafür Bestellungen an. Durch alle Buchhandlungen auch in Monatsheften zu beziehen. Der Jahrgang läuft von October zu October. 1877.

Die junge Frau.

Roman

von

Hans Wachenhusen.

(Fortsetzung.)

Fünftes Capitel.

Die Fürstin.

Mißmuthig warf ich mich in die Ecke des offenen Wagens. Die kühle Herbstluft erleichterte meinen Athem. Mein Stolz war tief verletzt, die Pietät des Sohnes für die Mutter schwer gekränkt. Ich war so ganz in der Stimmung, auch dem Oheim meinen Besuch zu machen, um der Pflichten quitt zu sein, die mir die Familienrücksichten auferlegten, und gab also dem Kutscher die nöthige Ordre. Besser, vorsichtiger war's, auch ihn zunächst allein aufzusuchen. Und doch, wie ich's unterwegs überlegte — der Mutter Benehmen war consequent. Daß sie mit Lucia nicht zu versöhnen sei, obgleich diese harmlose Seele ihr nie zu nahe getreten, hätt' ich voraussehen können. Eine Natur wie die ihrige war nicht so leicht zur Erkenntniß des eigenen Unrechts zu bewegen. Mochte ihr Lucia fortab hundertmal in anderm, günstigerem Licht erscheinen, sie blieb bei der einmal gefaßten Abneigung.

Und wenn's denn einmal nicht anders sein sollte und konnte, war's im Grunde am besten so. Die Mutter hatte mir heute meine Haltung vorgezeichnet. Lucia blieb ihr fern und ich persönlich war ihr willkommen in den Pausen, welche ihr die Pflichten gegen die Gesellschaft ließen.

Mir ward's leichter. Unser beiderseitiges Verhältniß hatte jetzt eine bestimmte Form erhalten. Nur Hedwig, um die that's mir leid. Das arme Mädchen hatte mir ja schon früher geschrieben, daß Philippine ganz das Vertrauen der Mutter gewonnen. Mir lag's klar vor Augen: vermöge dieses Vertrauens hatte sie sich zwischen Mutter und Tochter gedrängt; Hedwig fürchtete das Mädchen und dessen Einfluß; Hedwig war das Aschenbrödel geworden und gesellschaftsunfähig durch ihren Körperfehler, hatte sie sich entsagend in diese demüthige Rolle hineingelebt.

Sie aus dieser zu befreien durfte ohne ihren eigenen Willen ein sehr unkluges Beginnen sein, und mit ihrem Willen mußte die Mutter sich durch meinen Einfluß gekränkt fühlen. Auch meine Ahnung, daß Philippine mir feindselig, gestaltete sich in mir deutlicher. Daß die Schwester mir ganz entfremdet, konnte auch nur der Einfluß dieses Mädchens sein. Philippine hatte der Mutter Unwillen über meine Vermählung schnell errathen, sie mochte ebenso schnell erfahren haben, daß diese auch eine Correspondenz Hedwig's mit uns nicht liebe, und Philippine wachte darüber, daß eine solche unterblieb.

Vielleicht, ja wahrscheinlich hatte dieses Mädchen Hedwig auch über mich Dinge, Unwahrheiten erzählt, die als Mittel zu demselben Zweck dienen sollten. Hedwig war eingeschüchtert worden, ihre Isolirung von der Gesellschaft, ihr Angewiesensein auf die Philippinens hatte sie schnell in die Gewalt dieses Mädchens gebracht, das wohl beobachtet, daß der Mutter Liebe für dieses Kind ihren wunden Fleck habe.

Es ist gut, daß ich weiß, woran ich bin! Mit dem Gedanken langte ich vor des Oheims Landhaus an.

Der herrliche Vorgarten war eben im Verblühen. Die Blätter der Akazien hingen welk, die Schlingrosen waren abgeblüht, das Gras der Rasen vergilbt; man war eben beschäftigt, die Orangen, die Agaven und Granaten unterhalb der Freitreppe in's Warmhaus zu schaffen.

Eine dicke Männergestalt in schwarzem Frack leitete von derselben aus die Arbeit der Gärtner. Es war Godefroi; ich erkannte ihn auf den ersten Blick, auch ohne seine Livree.

Der gute Alte war — älter geworden. Sein Rücken war gekrümmt, in sein fleischiges Antlitz hatten sich zwischen die Wulste tiefe Furchen gegraben, um sein Kinn hingen zwei Fettklumpen über die weiße Cravatte; seine Nase hatte sich stark gefärbt und unter seinen Augen lagen rothe fleischige Säcke.

Als er mich vorfahren und aus dem Wagen springen sah, legte er die Hand über die Augen und nahm sofort seine amtlich-devote Haltung an. Er blieb aber auf der Treppe stehen, obgleich er sah, daß kein andrer Diener in der Nähe. Er erkannte mich nicht und erst als ich durch den Garten schritt, machte er mit schwerfälliger Bewegung — ich sah jetzt erst, wie corpulent er geworden — watschelnde Tritte die Treppe hinab.

„O, der gnädige Herr Baron!" rief er mit einem Grinsen seines feisten Gesichts. „Welch eine freudige Ueberraschung!"

„Sie kennen mich noch, Godefroi?" rief ich lachend während sein breiter Rücken sich tiefer beugte, der Bauch ihm auf die Knie sank und er mit einladender Geste, das süßeste Lächeln auf dem Gesicht, seitwärts am Fuß der Treppe Posto gefaßt hatte.

„O, trauen der gnädige Herr Baron mir ein so schlechtes Gedächtniß zu! Es sind ja nur wenige Jahre! Es steht mir noch so deutlich vor, wie der Herr Baron verwundet aus dem Kriege kamen, und jetzt ist leider schon wieder einer im Gange!"

Godefroi machte augenverdrehend eine Miene heiligen Schauders und übte damit einen unangenehmen Eindruck auf mich. Er gehörte zu den Bedientenseelen, die im Alter durch übertriebenste Dienstfertigkeit, in dem Bemühen, sich immer unentbehrlicher zu machen, je entbehrlicher sie durch ihre Schwäche werden. mit Syrup-Süße auf der Zunge und auf dem Gesicht als alte Haus-Inventarien immer gewisse lästige Anhänglichkeit üben und durch ihre Umständlichkeit nur im Wege sind.

Godefroi war in der That, wie ich später erst erfuhr, zum Haus-Intendanten avancirt und diese Würde zwang ihn zu einer Haltung, die breitspurig grotesk ward, wenn er sie gegen Untergebene geltend machte, Höherstehenden gegenüber jedoch durch ihre feiste Devotion, namentlich wenn die Salbung durch seine fetten, glänzenden Lippen floß, etwas Burleskes hatte.

Ich beachtete das an diesem Tage wenig, suchte vielmehr selbst nach der richtigen Haltung ihm gegenüber. Für Godefroi war ich ja der dereinstige Erbe dieses Schlößchens gewesen; heute stand ich als ein Andrer da.

„Ist der Oheim zu Hause?" fragte ich, an seinem dicken Bauch vorüber die Treppe hinanschreitend.

„Durchlaucht befinden sich mit der durchlauchtigsten Fürstin im Familiensalon, wo auch dero Nichten, die beiden kleinen Baronessen, soeben eingetroffen."

Godefroi leuchte in's Vestibul nach und übergab mich dort einem mir unbekannten Diener, der eilfertig meine Karte hinauftrug, nachdem er mich auf einen stummen Wink Godefroi's in den großen Empfangs-Salon geführt.

Mit eigenthümlichem Gefühl stand ich an der Stätte, die mir so fremd geworden und mir doch so lebhaft in der Erinnerung geblieben. Auf den kostbaren, in die Marmorwände eingelassenen Bildern kannte ich jedes Detail, in den Fresken der Decke lachten mir die Göttinnen, meine alten Bekannten, an, selbst die Adern im Marmor liefen noch ebenso wie damals.

Man ließ mich übrigens nicht lange allein. Der Diener kehrte durch die Thür zurück, die, wie ich wußte, durch ein Zwischenzimmer in den Familiensalon führte.

„Se. Durchlaucht lassen bitten . . ." meldete er mit tiefer Verbeugung und öffnete voranspringend die Thür.

Mir pochte das Herz. Ich hörte Frauen- und Kinderstimmen und sah mich beim Eintritt in den Saal vor einer Scene von eigenthümlichem Reiz.

Eine junge Dame saß inmitten des Salons auf einem von Blumen überragten, halbkreisförmigen Divan, hinabgebeugt zu zwei rosigen Mädchen von etwa fünf bis sechs Jahren, die vor ihr auf dem Teppich spielten. Sie trug ein grünes, reich schillerndes Sammetkleid; über den schmalen Kragen, über ihr Gesicht fiel eigensinnig gelocktes, saftig kastanienfarbenes Haar, während ihre beiden Hände eins der kleinen Mädchen haschten, einen Wildfang, dessen Wangen von muthwilligem Spiel geröthet waren.

Die Scene änderte sich sofort. Die Dame ließ das Kind, sie erhob sich — eine anmuthige, schöne Gestalt mit üppig angedeuteter Brust und ungewöhnlich schlanker Taille. Sich aufrichtend, während noch das Blut ihr Gesicht färbte, heftete sie zwei große braune Augen auf mich und unbefangen lächelnd, schaute sie mir entgegen, der Kinder nicht achtend, die scheu vor mir davon sprangen.

Es war Minona von Artenberg, jetzt Fürstin Bartenstein, meine Tante, vor der ich stand.

Ich hatte, ganz von ihrem Anblick beansprucht, nicht bemerkt, daß noch ein Andrer zugegen. Während ich in den Salon schritt, trat mir dieser auf halbem Wege entgegen. Ich sah, geblendet durch das hell in's Fenster herein leuchtende Sonnenlicht, nur seinen Schatten.

„Willkommen, lieber Kurt, herzlich willkommen! Welch eine freudige Ueberraschung!" rief eine mir wohlbekannte Stimme, deren mattes Falset mir früher noch so lange im Ohr geklungen.

Ein dürrer, hochgewachsener, aber doch schon gebeugter Mann in schwarzem Oberrock reichte mir seine beiden Hände entgegen — mein Oheim. Ich schaute ihn betroffen an, und hatte Mühe, meine Ueberraschung zu verbergen, denn sein spitzer Schädel, früher noch so sorgfältig durch horizontale Lage des Stirnhaares bedeckt gewesen, er war kahl und glatt wie Elfenbein, seine Schläfe waren eingesunken, seine kleine Augen lagen tief und von röthlichem Schein umringt; auch seine Nasenflügel waren eingefallen, seine Wangen hohl, nur der kleine Schnurr- und Kinnbart waren durch künstliche Färbung in ihrer Jugend erhalten.

„Du erkennst mich nicht, Kurt! Ja, ja, die Krankheit hat mich im Frühjahr arg mitgenommen! Doch so Gott will, wird's besser werden! . . Aber Du, Kurt, Du siehst ja prächtig aus! Der flotte, lustige Husar ist ein Mann geworden, ein Ehemann sogar! Sei überzeugt, ich habe den innigsten Antheil an Allem genommen!"

Der Oheim war in seiner Façon ganz derselbe geblieben, ganz ebenso verbindlich, herzlich wie ehedem, wenn ihm auch die Elastizität fehlte, mit der er seine Huld, seine Liebenswürdigkeiten damals gern ausstreute. So wie er jetzt war, nur eine zusammengeschrumpfte Copie von damals, erregte er mein Mitleid. Er war kränklich, wenn auch noch wirklich krank; seine Haltung kostete ihn Mühe; der alte Elegant kam trotz Allem nicht mehr zu Stande,

„Auch meine Frau," — er präsentirte mich dieser — „war neugierig Dich kennen zu lernen, als Du uns vorhin mit Deiner Karte überraschtest, und dort die beiden kleinen Wilden, unsre Nichten. Du mußt ihnen schon verzeihen, wenn ihnen die Etikette noch nicht recht geläufig geworden."

Ich war zu der Fürstin getreten. Sie reichte mir ihre Hand entgegen und ich führte diese an meine Lippen. Sie lächelte und schaute dann ihren Gatten lächelnd an.

„Du mußt schon bestimmen, wie ich diesen Neffen nennen soll, lieber Leopold," sagte sie leicht erröthend und ein wenig verlegen, als sie mich etwas unsicher sah.

„Ich werde es als eine besondere Gunst betrachten, wenn ich aus Ihrem Munde den Namen höre, unter welchem man mich früher in diesem Hause kannte," sagte ich, mich verbeugend.

„Also schlechtweg Kurt, liebe Minona!" rief der Oheim, ihr die Hand um die schlanke Taille legend.

Mich berührte es seltsam, als ich ihn den Namen Minona aussprechen hörte. Es war in meinen früheren Verhältnissen ja öfter von ihm die Rede gewesen und besonders Philippine hatte ihn oft genannt. Der Oheim riß mich aus meiner Befangenheit, er führte mich an einen mit Album belegten Tisch, bot mir einen Fauteuil, ließ sich müde nieder und winkte auch der Gattin.

„Ich muß nur die kleinen Unarten da erst der Sonne zurückgeben!" rief diese, mit einer elastischen Wendung zu den Kindern eilend, die sich hinter dem Divan versteckt hatten, das eine auf den Arm, das andere an die Hand nehmend und mit ihnen zur Thür schreitend.

„Du hast uns viel zu erzählen," sagte unterdeß der Oheim, mit seine Hand auf den Arm legend. „Wie groß, wie kräftig, wie schön Du geworden bist! Nicht wahr, Du bleibst doch einige Zeit bei uns?"

„Ich hoffe, Oheim!" antwortete ich. „Meine Frau und ich, wir gedenken einige Monate hier zu verweilen."

„Ah, Sie waren so artig, Ihre Gattin mitzubringen!" hörte ich neben mir die Stimme der Fürstin, die sich eben unter leisem Gemurmel ihres Sammetkleides ebenfalls am Tische niederließ. „Ich habe so viel Schönes und Liebes von ihr gehört, daß ich wirklich in hoher Spannung bin, sie kennen zu lernen!"

Dankend schaute ich sie an und erst jetzt empfing ich jenen vollen Eindruck jenes eigenthümlichen Zusammenwirkens ihrer Züge, das ich früher schon beobachtet. Sie war auch jetzt keine Schönheit nach den Gesetzen desselben, doch schöner als sie diese hätten schaffen können, ein voll aufgeblühtes Weib, verführerisch modellirt; jede ihrer Bewegungen war vollendete Grazie, jede Contur voll elastischer Spannung. Aus ihrem feurigen Auge sprach das Bewußtsein ihrer Reize, ein Verlangen nach Anerkennung und Genüge für dieselben, und dieses Feuer war wie das des schwarzen Diamanten, dunkelgrundig, geheimnißtief; es lag etwas Wildsinniges, fast Sinnliches drinnen und der bläuliche Ton der Emaille in diesem Auge spielte effectreich mit dem Braun der Pupille. Die freie, klare Stirn und die leicht gestulpte Nase, das ein wenig spöttelnde Zucken an den Winkeln des frischen Mundes gaben dem Gesicht etwas überaus Piquantes. — Wie sie eben am Tische Platz nahm, geschah es mit gewohnter, wohl berechneter und doch ungezwungener Anmuth, und selbst der Luftre des Sammet schien die Aufgabe zu haben, durch sein leises Gemurmel die Reize der jungen Fürstin zu preisen.

„Du wirst sie uns recht bald zuführen, Kurt," sagte der Oheim in väterlichem Ton leichter Rührung, während sein Blick mit Interesse auf mir ruhte. „Wir wollen Alles thun, um Deiner Frau den Aufenthalt angenehm zu machen. Nicht wahr, Du bist noch kinderlos?" fragte er mit halbem Blick auf seine Gattin und ohne meine Antwort abzuwarten, setzte er hinzu: . . . „Du bist natürlich schon bei der Mutter gewesen?"

„Ich komme soeben von ihr."

Die Miene der Fürstin war kalt; es zuckte wieder um ihre Lippen. Ich errieth, daß die Mutter sie schon verletzt haben müsse. Unsre Unterhaltung ging auf gleichgültige Dinge über. Die Fürstin sprach zu mir, als säßen wir uns heute zum ersten Mal, doch mit familiärer Vertraulichkeit; nur als flüchtig die Rede auf meine frühere Anwesenheit hier kam, glaubte ich zu bemerken, sie nehme absichtlich nicht daran Theil.

Aus dem Hause des Oheims trug ich den Eindruck mit, es könne seine Ehe kaum ein glückliche sein. Er war gebrochen, wie er sich auch mußte, im sechzigsten Jahre noch eine Spannung zu zeigen, die vor der oberflächlichsten Beobachtung nicht bestehen konnte. Zu seiner Gewohnheit äußerer Eleganz, so weit er sie dem Schneider dankte, den man das ablaufende Uhrwerk anmerkte, zu einer phosphorescirenden flüchtigen Geistesfrische in schnell wechselnder Unterhaltung reichten seine Kräfte wohl noch aus, der Weltmann hatte den Lebemann überdauert, aber auch das Vermächtniß desselben antreten müssen. Die Krankheit, von der er gesprochen, hatte dem Letzteren den Rest gegeben und hätte in allen Weltformen gerechte Fürst Bartenstein würde vor der Gesellschaft sicher jetzt gern abgedankt haben, wenn nicht die Fürstin ihre Rechte begehrt hätte. So mußte der Kavalier also im Sattel bleiben.

Ich verlängerte diesen meinen ersten Besuch nicht über die Bedingungen der Convenienz, denn auch die Unterhaltung beim Oheim hatte bald etwas Gezwungenes. Wir waren alle Drei nicht mehr dieselben von damals und mußten uns erst wieder kennen lernen. Der Oheim war genirt, er fühlte wohl, daß er mir im Lichte des Sonnenuntergangs erschienen; auch die Fürstin mochte das empfinden, und sie allein in der richtigen Position war, ich genirte mich um Beider willen.

Mein Abschied war ebenfalls ein wenig gezwungen.

„Herr Baron haben Se. Durchlaucht gewiß sehr wohl und kräftig gefunden?" redete Godefroi mich kratzfüßend an, als ich mich entfernte. Ich verstand den Zweck der Frage. Der alte Schelm, dessen Gott wohl jetzt der Bacchus, sprach zu mir, wie er zu seinem Herrn sprach. Godefroi überzeugte den Fürsten gewiß täglich von Dem, wie er auch mich glauben machen wollte, daß der Fürst noch immer derselbe sei.

Lucia empfing mich daheim mit einer Spannung, aus der sie kein Hehl machte. Sie saß reizend aus in ihrem weißen Morgengewande, daß sie noch nicht abgelegt hatte, obgleich ihre Coiffure schon beendet. Unwillkürlich drängte sich mir der Vergleich meiner Gattin mit der Fürstin auf, und der machte mich stolz. Die letztere war schön in ihrer Art; Lucia hingegen mit ihrem warmen Teint, mit dem offnen, noch fast kindlichen Liebreiz, mit jener unbewußten Grazie, die sich natürlich giebt ohne Studium und Künstelei, sie war eine Erscheinung, die selbst die Frauen schön finden, diese unbarmherzigsten Ausleger aller Gesetze.

Ich war glücklich, wieder bei ihr zu sein. Sie fragte nach der Mutter, nach Hedwig, und ich mußte nach Worten suchen, sie nicht zu verletzen.

„Die Mutter ist, wie ich sie erwartet," antwortete ich, die Hand um ihren Leib legend und sie an mich ziehend. „Wir verstehen uns nicht mehr, lernen wohl nicht mehr uns verstehen und thun am besten, uns in strengen Formen zu begegnen. Sie hatte nicht viel Zeit für mich übrig; ihre philanthropischen Pflichten für die Verwundeten riefen sie ab."

Lucia schaute grübelnd vor sich hin. Sie errieth wohl was ich verschwieg.

„Und Hedwig?" fragte sie, mit der Hand über die Stirn fahrend.

„Das arme Mädchen ist verkümmert in ihrer Aschenbrödels-Existenz! Ich dacht' es mir wohl! Sie scheint auch zu kränkeln und ihre eigne Ahnung, daß ihr kein langes Leben beschieden, scheint sich zu erfüllen. Man hat an dem Kinde schon zu viel zu künsteln und zu modeln gesucht und jetzt ist sie auch innerlich verkrüppelt. Es that mir recht weh, sie so wiederzusehen."

„Arme Hedwig!"

Lucia errieth auch, daß sie nicht weiter fragen solle.

„Wir werden für uns bleiben," sagte ich lächelnd und zuversichtlich. „Ich habe Dich darauf ja vorbereitet. Peinlich dagegen ist es mir, daß der Oheim, dem ich einen flüchtigen Besuch machte, um ihm auch Deine Anwesenheit zu melden, sich unsrer so warm annehmen zu wollen Miene macht."

„Du hast die Fürstin gesehen?" Lucia fragte schnell, mit auffallendem Interesse. „Ist sie wirklich so schön, wie man behauptet?"

„Ich darf das nicht bestreiten ... Zu schön für den armen Oheim, den ich krank und um zwanzig Jahre gealtert fand."

„Krank!" wiederholte sie flüsternd, in ihren Schooß blickend, während sie von meinem Arm umschlungen, neben mir saß. „O, das ist wohl schlimm!" sprach sie sinnend vor sich hin.

Ich flüsterte ihr ein Wort in's Ohr. Ihr Antlitz bedeckte sich jäh mit der Röthe, die ich an ihr kannte. Sie wand sich los und trat an das Fenster.

„Wir machen am Nachmittag unsre Promenade und fahren heut Abend in's Theater, Lucia!" rief ich ihr lachend zu. „Ehe der Vater hier erscheint, hab' ich ja doch nichts für ihn zu thun. Wir werden uns zu zerstreuen suchen. Man soll auch hier mein schönes Weibchen bewundern! Um dem Oheim mache ich mir so wenig Kummer, wie er sich aus mir gemacht hat, sobald ich dem Anstand genügt und Dich zu ihm geführt, denn das verlangt die Convenienz! Der Mutter Gegenbesuch muß ich ganz ceremoniel abwarten; sie wünscht es so, und auch Hedwig, so leid es mir thut, wird uns wohl erst aufsuchen müssen. Mit den Etikette nach außen hin kommen wir hier am besten fort; wir werden uns in unsrer Häuslichkeit dafür entschädigen müssen."

„Es ist sonderbar, Kurt," sagte Lucia, sich langsam und träumerisch wieder zu mir wendend; „während ich hier allein war und Du länger ausbliebst als ich gehofft, überkam es mich so unheimlich! Es war mir, als sei es besser gewesen, wir wären gar nicht hierher gegangen. Es war wohl das Neue und Fremde der Umgebung, das Alleinsein, was mich so bang ergriff."

„Gewiß, Lucia! Du fühltest Dich eben allein! ... Laß uns eine Promenade durch die Anlagen machen; das wird Deine trüben Gedanken verscheuchen."

Sechstes Capitel.
Der Salon-Löwe.

Der Mutter Verhalten mußte nothwendig selbst gegen meinen Willen auf meine Stimmung wirken. Ich fühlte mich unbehaglich und war doch genöthigt, Lucia die größte Heiterkeit zu zeigen.

Am nächsten Morgen schon ward die Letztere durch ein kostbares Bouquet überrascht, das der galante Oheim ihr durch einen Diener gesandt. Wir verstanden die Aufmerksamkeit; sie war eine zarte Mahnung für Lucia, mit ihrem Besuch nicht zu zögern.

„Ich weiß nicht, warum es mir so beklommen um's Herz ist!" sagte sie, als sie am Mittag ihre Toilette beendet, mit mir zum Oheim zu fahren. „Der Fürst ist gewiß ein sehr artiger, liebenswürdiger Mann ... Es ist auch nicht seinetwegen ... Wie mich wohl unsre schöne Tante aufnimmt! ... Glaubst Du, Kurt, daß ich ihr gefallen werde? ... Und dann: wie soll ich sie anreden — Durchlaucht oder Tante? Das eine klingt so fremd, so respectvoll, und sie ist doch gewiß nicht älter als ich; das andre klingt wieder so familiär und ich weiß nicht, ob sie es nicht übel nehmen wird, wenn ich sie wie eine Matrone anspreche ... Es ist doch ein recht eigenthümliches Verhältniß! ..."

„Ueberlaß das getrost dem Oheim!" beruhigte ich sie lachend. „Er ist so sehr Weltmann, daß er immer den rechten Ton trifft und ihn auch Andern zeigt!"

Lucia seufzte tief auf. Ich mußte lachen über ihre Befangenheit.

Der Oheim schien uns wirklich heut erwartet zu haben. Die Diener lungerten auf der Freitreppe und im Vestibül umher und stürzten ihrer Drei an das Gitter, als wir vorfuhren. Auch Godefroi mußte unsren Besuch wittern, denn neugierig hielt er sich am Fuß der Treppe in seinem schwarzen Anzug. Er empfing uns mit den tiefsten Reverenzen.

Schon im Vorzimmer flog die Fürstin meiner Gattin entgegen, um sie gleich in der vertraulichsten Weise zu empfangen. Sie umarmte Lucia, küßte sie auf die Stirn, erfaßte in ihrer Lebhaftigkeit ihre Hände, schaute sie lächelnd bewundernd an und blickte dann sonderbar erröthend auf mich, der ich wenige Schritte davon stand.

„Seltsam!" rief sie emphatisch. „So habe ich mir Lucia gedacht, gerade so, obgleich mir doch Niemand so genau ihr Porträt entworfen hat! Nur Eins fehlte in dem Bilde, das ich mir selbst vorgestellt: es war schön, aber so schön dennoch nicht wie das Original!"

Jetzt war die Reihe an Lucia, zu erröthen.

„Seid uns von Herzen, recht von Herzen willkommen!" rief die Fürstin, Lucia noch einmal umarmend.

„Aber Minona, sei nicht so eigennützig!" hörte ich

des Oheims nervöse Stimme. Er war in die Thür getreten, hatte den beiden jungen Frauen zugeschaut und wünschte, sich langsam heranbewegend, jetzt auch seinen Theil.

„Mein Compliment, Kurt!" rief er, mir im Vorbeigehen die Hand reichend. „Die Wahl war tadellos!"

Die Fürstin führte ihm eben Lucia zu, die verlegen das Auge zu Boden schlug, als auch er ihr einen Kuß auf die Stirn drückte. Ich sah nur zufällig, wie Minona, während der Oheim, die Hand meiner Gattin haltend, dieser die größten Galanterien sagte, in eigenthümlicher Aufregung Lucia betrachtend dastand, wie ihre Brust sich heftig bewegte und ihre Gesichtsfarbe wechselte. Ihr Blick traf auch mich dabei, aber hastig wandte sie sich wieder ab. Sie ergriff Lucia's Arm, legte ihn in den ihrigen und führte sie in den Salon.

„Du hast ein Weib von ganz eigenthümlichem Reiz!" sagte der Oheim zu mir, während wir folgten. „Du mußt sehr, sehr glücklich sein, Kurt!"

Seine Stimme zitterte vor innerer Bewegung.

Um Lucia's Willen kürzte ich unsren Besuch unter dem Vorwand, sie einigen bekannten Familien noch heute vorstellen zu wollen. Der Oheim war an diesem Morgen ganz besonders guter Laune; er schien sich wohler zu fühlen als bei meinem ersten Besuch. Er sprach viel mit mir, vermied aber jede Berührung der Vergangenheit. Namentlich sprach er viel von Neuenfeld, von dem er schon so Manches gehört. Von der Mutter war keine Rede, ebenso wenig von Hedwig.

Als wir wieder im Wagen saßen und ich Lucia fragte, wie ihr die Fürstin gefallen, meinte sie, man thue ihr sicher Unrecht, wenn man sie kokett nenne. Sie sei eine allerdings sehr lebhafte Frau und bei ihrer Schönheit sei es erklärlich, wenn man sie streng und wohl auch ungerecht beurtheile. Wäre der Oheim jünger, setzte sie in richtigem Gefühl hinzu, man würde auch sie gewiß unbefangen beurtheilen.

Sie mit ihrem richtigen weiblichen Sinn hatte es getroffen. Die Vermählung der schönen kaum aus der Pension entlassenen Minona von Artenberg mit dem Fürsten von Bartenstein war eine Provocation des öffentlichen Urtheils gewesen . . . .

*   *   *

Das schöne Herbstwetter verleitete uns zu häufigen Promenaden und Ausflügen in die Umgegend. Der erste Bekannte aus früherer Zeit, der mir — ich kann nicht sagen zu freudiger Ueberraschung, auf einer dieser Promenaden begegnen sollte, war Tarnow.

Er erkannte mich zuerst, sprang an unsren Wagen und begrüßte uns lebhaft. Der Blick, mit welchem er bei flüchtiger Vorstellung Lucia anschaute, gefiel mir nicht; indeß, es war seine Gewohnheit, die Frauen so anzuschauen, denn er suchte immer gleich nach dem Eindruck, den er machte. Er hielt schon früher für einen Vortheil des Andren, wenn er sich von ihm ansehen ließ, und den Frauen gegenüber präsentirte er sich mit zu merkbarer Absicht als schöner Mann.

Der war er; jetzt mehr als früher. Sein von Natur dunkler Teint war noch tiefer gefärbt; er war eine stattliche Figur, bewußt, nur zu sehr bewußt.

Er komme von einer langen Reise, die er nach seines

Vaters Tode angetreten, erzählte er, sich auf die Wagenthür lehnend und dabei Lucia oft anschauend, um sich zu überzeugen, ob er zu reüssire, und ihr anzudeuten, daß er seinerseits ihre Schönheit bewundre. O, ich kannte ihn so genau! In unsrem Begegnen sehe er einen Schicksalsspruch, versicherte er, denn seit acht Tagen erst hier, sei er eben mit sich zu Rathe gegangen, ob er die Wintersaison hier verleben oder weiter ziehen solle. Jetzt sei er entschlossen zu bleiben; er hoffe, bei mir, seinem liebsten Freund, und meiner reizenden Gattin ein gastfreies Dach zu finden.

„Kurt, das also ist Dein Schulcamerad Tarnow, von dem Du zuweilen erzähltest?" fragte Lucia, als er uns verlassen. „Mir gefällt der nicht! Das ist kein ehrlicher Mensch!"

„Sich selber gefällt er aber desto mehr, Lucia!"

„Eben deshalb! Er hat eine Manier den Damen in's Gesicht zu blicken, daß eine Frau verlegen werden muß. Vielleicht meint er es nicht so schlimm; Du wirst ihn ja besser beurtheilen können."

„Tarnow ist ein kalter, gewissenloser Egoist; er meint es nur gut und ehrlich mit sich selbst. Ich wünsche übrigens unsre frühere Intimität hier nicht fortzusetzen und stehe seit lange schon sehr kühl zu ihm."

„Deshalb behandelst Du ihn so gleichgültig?"

„Er fragt leider nach dergleichen nicht. Ich weiß auch nicht, woher er die Ursach nahm, sich seinerseits über mich so zu freuen; ich gab ihm nie Veranlassung dazu."

Zwei Tage später machte Tarnow uns schon seinen Besuch. Es schien ihm unangenehm, als ich auf seine Frage nach meiner Frau antwortete, sie sei in die Stadt gefahren.

Tarnow machte mir ganz die Miene, sich bei uns als Hausfreund etabliren zu wollen. Er war übrigens mit beiden Füßen wieder in die hiesige alte Gesellschaft hineingesprungen; er wußte Alles, was seit unserer Abwesenheit hier vorgegangen, kannte alle Familien, alle die Töchter derselben, die inzwischen herangereift, und kannte sogar meine Mutter schon, „eine überaus geistvolle Dame," wie er hinzusetzte.

Ich war wie aus den Wolken gefallen. Tarnow war schon am Abend unseres Wiedersehens in einer Soirée meiner Mutter vorgestellt worden. „Wir haben viel mit einander geplaudert, auch über Dich, Kurt," sagte er, mit seinem Pince-Nez spielend. Schon am nächsten Mittag, gestern, hatte er ihr natürlich seine Aufwartung gemacht, das erzählte er mir recht geflissentlich. „Denke Dir übrigens mein Erstaunen," fuhr er im Stuhl wiegend, „als ich in Deiner Mama Vorzimmer dem getreuen Original Deiner mir unvergeßlichen Schleiereule, Fräulein Philippine begegnete! Und denke Dir ihr Erschrecken, als sie mich erkannte, den sie nie recht hat ausstehen können! Sie brachte kaum ein Wort heraus und wäre lieber in die Erde gesunken als sich in einer so abhängigen Stellung finden zu lassen, diese herrschsüchtige Person, der es zu Hause keine Magd zu Dank machen konnte! Sie war auch froh, als sie fort konnte, um mich Deiner Frau Mama zu melden, und kam gefaßter zurück, um mir zu sagen, die Baronin bitte mich, einige Minuten zu warten. Sie sprach natürlich gleich von Dir, von Deiner Gemahlin, scheint Dir aber nicht mehr recht grün zu sein. Du mußt ihr irgend etwas gethan haben."

Ich zuckte mitleidig die Achsel, als Tarnow mir das Alles mit glattem Redefluß erzählt. Er war sehr befriedigt durch den freundlichen Empfang von Seiten der Mutter, seinen Mienen sah ich es an, daß es dieser das Herz erleichtert hatte, ihm von dem gespannten Verhältniß zu Lucia's Familie und also auch zu mir zu sprechen, und das machte mir seinen Besuch doppelt lästig, denn ich ahnte in ihm schon einen Zwischenträger, und vielleicht hatte die Mutter ihn nicht ohne Absicht so freundlich aufgenommen. Zu meinem Erstaunen kannte Tarnow, obgleich erst acht Tage hier, sogar schon die ganze Stadt-Chronik; er wußte wann dieser und Jener inzwischen geheirathet, kannte ihre häuslichen Verhältnisse und sprach von denselben in seiner gewohnten Lieblosigkeit.

„Und dieser gute Fürst Bartenstein, Kurt," rief er satyrisch, „der Dir einen so großen Strich durch die Rechnung gemacht!"

„Verzeih, lieber Freund," unterbrach ich ihn, „Du irrst, wenn Du vermuthest . . ."

„O, ich weiß ja, das bischen Fürstenkrone, die übrigens bis jetzt doch noch über Deinem Haupte schwebt, hätte Dich auch nicht glücklich gemacht und für die Erbschaft bist Du, wie ich höre, überreich entschädigt! . . . Aber ich meine nur: dieser Allerwelts-Courmacher hat unsere Minona geheirathet! Du kannst Dir denken, wie mich diese Nachricht interessirte!" rief er lachend.

„Ich bitte Dich, zu berücksichtigen, daß sie meine Tante."

Tarnow schien überrascht durch meinen Ton.

„Nun ja doch, Kurt; sei nicht so heftig! Ich wußte übrigens damals in Wien schon, woran ich war; ich beobachtete sie im Hotel, als Du wieder in Deine Garnison zurück gekehrt warst; ich sah das Alles kommen! Jene Pensions-Geschichte war natürlich nur pure Kinderei, aber es bleibt doch spaßhaft, daß sie Deine Tante geworden! Wie benahm sie sich denn gegen Dich, als Du sie hier wiedersahst? . . . Du hast sie doch natürlich schon gesehen?"

Mir war Tarnows Unterhaltung widerlich, dennoch mußt' ich, um nicht unfreundlich zu sein, eine traitable Miene zeigen. Ich begann nämlich diesen Menschen, so wie ich ihn wiedersah, zu fürchten. Er gehörte offenbar zu denen, die in den Familien von der einen zur anderen tragen, sich bei der einen auf Kosten der anderen interessant machen und dabei zu jeder Felonie im Stande sind.

Sein ganzes Benehmen verrieth den Schwätzer, dem jeder Stoff willkommen; er benutzte stereotype Ausdrücke, die er für brillant hielt, die aber beim zweiten Mal schon ihren Effect verloren. Selbst sein Mienenspiel, die Bewegungen seiner weißen, wohl gepflegten Hände waren berechnet. Und das Alles mochte bei oberflächlichen Frauen Anklang finden; mir ward es fade.

Ich gähnte wiederholt während seiner Reden; er achtete nicht darauf. Ihm schien daran gelegen, um jeden Preis in unserm Hause festen Fuß zu fassen.

„Ich habe die Fürstin bis jetzt flüchtig hier gesehen," antwortete ich gleichgültig auf seine Frage, wie dieselbe mich empfangen habe. „Der Oheim sandte uns heute Morgen eine Einladung zu einer großen Soirée, die er, so scheint es, uns zu Ehren in acht Tagen veranstaltet."

Tarnow sprang aus der nachlässigen Haltung auf, die er im Sessel eingenommen.

„Kurt, da muß ich dabei sein!" rief er höchst erregt und geschäftig. „Ich kenne ihn ja von früher, sah ihn damals in der Gesellschaft. Ich mache ihm morgen schon meinen Besuch!"

Ernst fragend schaute ich ihn an; er sah es nicht. Der Gedanke an eine Einladung zu dieser Soirée electrisirte ihn; er schritt hastig im Zimmer hin und her. „Fürst Bartenstein macht hier das größte Haus," sagte er halb für sich, das Pince-Nez um seinen Finger schwingend. „Ich muß mich dort einführen, wenn die Saison hier für mich nicht eine verlorene werden soll!"

Er stellte sich an's Fenster und trommelte ungeduldig mit den Fingern an die Scheiben.

„Und die Fürstin, lieber Freund . . . ?"

Tarnow kehrte sich hastig zu mir.

„Du meinst . . . ?" Er las den Sinn meiner Frage auf meinem Gesicht. „Ah bah, wie kann eine junge Frau in ihrer Stellung noch an solche Kindereien zurückdenken! Sie würde ja Dich auch nicht ansehen können! Und zudem: wenn alle jungen Weiber noch ein Gedächtniß für ihre heimlichen kleinen Pensions-Erlebnisse bewahrten, sie würden sich den Männern nur tief verschleiert zeigen können. Geh mir damit, Kurt! Es hat Jeder als Kind seine Dummheiten gemacht! Du wirst sehen, wie unbefangen sie sich zu sammen plaudern werden; es wäre ja tactlos von ihr, wollte sie daran zurückdenken, denn im Grunde habe ich mir doch weniger vorzuwerfen als sie! Ich wette drauf, ich werde sehr bald in der Liste ihrer Einladungen obenan stehen! . . . Ah, da kehrt eben Deine reizende Gattin zurück!" unterbrach er sich, wieder an's Fenster tretend. „Wahrhaftig, Du bist ein beneidenswerther Mensch, Kurt! Deine Frau macht gerechterweise colossale Sensation in der Stadt! Wohin man kommt, ist nur die Rede von der schönen Brasilianerin! Sie hat so was fremdartig Anziehendes, so etwas unbeschreiblich Pikantes . . . Ich werde doch den Vorzug haben, sie heute zu sehen?"

Verdrossen, ohne ihm zu antworten erhob ich mich, um Lucia in ihren Zimmern auf Tarnows Anwesenheit vorzubereiten. Er trat inzwischen vor den Spiegel, um sich des vortheilhaftesten Eindrucks zu vergewissern.

„Es ist unglaublich," brummte ich im Vorzimmer, „wie ein Mensch, der mit seiner Persönlichkeit so imponiren, sich von der Gesellschaft suchen lassen könne, zu einer solchen Reptilien-Natur anzusehen! Seine Unterhaltung duftet fad wie Fenchel; ich sehe schon, er mit seiner Unvermeidlichkeit wird mir den ganzen Aufenthalt hier verleiden!"

Lucia, obwohl sie sah, wie lästig mir der Besuch, trat an meiner Seite freundlich, heiter, mit von der Herbstluft hochfrischen Wangen herein. Als Tarnow ihr in den elegantesten Formen entgegenging, weigerte sie ihm ihre Hand zum Kuß und der ihrer Natur so eigne Farbenwechsel spielte auf ihrem Antlitz — zu meinem Verdruß, denn Tarnow gegenüber war er gefährlich. Wirklich bemerkte er ihn und legte ihn vielleicht in seiner egoistischen Weise aus.

Er war überaus gesprächig, für mich ermüdend. Lucia horchte ihm mit Interesse, denn er wußte in seiner Unterhaltung so viel Pikanterie aus den Gesellschaftskreisen hinein zu flechten, als sei er seit Jahren schon tier, und dergleichen hat für Frauen bei noch oberflächlicher Bekanntschaft viel Fesselndes. Sein Mienenspiel, seine Gesten, seine Redeweise hatten den feinsten Weltton; er hatte originelle Floskeln, verstand zu erzählen, schien dies sogar zu seinem Studium gemacht zu haben.

Für gewöhnliche Frauen-Naturen konnte ein Mann wie er, hübsch, elegant, lebhaft, weltbewandert, — denn er triste fortwährend, — dabei aufmerksam den Effect berechnend, wohl gefährlich werden. Er zeigte gern seine weißen Zähne, seine zarten und weißen Hände, hatte ein wohltönendes Organ, und nur Eins war mit verstedter Berechnung erkünstelt, er fletschte förmlich die Augen, wenn er die Wirkung eines interessanten Unterhaltungsstoffes vergrößern wollte. Seine Lebensaufgabe war ersichtlich, den Salon-Löwen zu spielen und mit oberflächlichster, aber gut angewendeter Bildung ein interessanter Mann zu heißen. Nach dem Punkte hatte er alle seine brillanten Anlagen concentrirt. Ich sah hier die Wahrheit bestätigt: man erkennt den Mann in der Weise, wie er sich den Frauen zeigt.

Er verließ uns mit dem strahlenden Bewußtsein, einen glänzenden Eindruck bei der meinigen zurückzulassen.

Siebentes Capitel.
Ein Album.

Die Woche verstrich uns unter Zerstreuungen, die wir weniger der Gesellschaft, als unsren Ausflügen und dem Theater dankten. Ich sah in diesem, im Ballet zum Theil dieselben Sylphen wieder, deren „Spitze und Pallon" Tarnow einst mir, dem in diesem Reiche sehr unbewanderten Knaben, gerühmt als ich das Wilsdruff'sche Haus betrat.

Des Oheims Gegenbesuch war ein sehr flüchtiger gewesen. Trotzdem er sich leidend fühlte, hatte er nicht säumen wollen; dafür erwartete er uns desto früher wieder bei sich. Er ließ uns auch am andern Tage schon melden, er sei wieder wohlauf und erwarte uns sehnlichst.

Lucia hatte schnell eine so aufrichtige Theilnahme für ihn gefaßt, daß sie selbst zu diesem Besuch drängte. Ich fühlte mich wenig dazu aufgefordert, aber ich gab ihr nach. Mir war's immer, als sei es besser, uns zurückzuhalten; warum? ... Einen stichhaltigen Grund hätte ich freilich nicht nennen können.

Als wir diesmal das Schlößchen betraten, hatte ich das eigenthümliche Gefühl, als hänge sich ihr Geist an meinen Arm, der mich durch die glänzenden Corridore begleitete und mir zuflüsterte: Du erinnerst Dich, wie Du früher diese Stätte betratest! Hättest Du Dir damals vorstellen können, daß der Oheim noch auf die Idee kommen würde, sich zu vermählen! Und gerade mit diesem Mädchen, bei dem er die Vaterstelle zu vertreten übernommen hatte! Erinnerst Du Dich noch aller interessanten Frauen-Porträts in seinem Schlafgemach aus der schönen Zeit, da er den Lovelace spielte, dieser Immortellen seines Herzens, das sich plötzlich wieder mit Rosen schmückte! Sie sind alle verschwunden; er hat sie in den geheimsten Winkel seines Hauses verbannt und nur der alte Schelm, der Godefroi, weiß, wohin Sie versteckt worden, Godefroi, der seiner schönen

jungen Herrin gegenüber verschwiegen ist wie das Grab! Auch alle die andern frivolen Bilder und Erinnerungen aus des Fürsten lockerer Junggesellenzeit hat Godefroi beseitigen müssen, ehe die schöne Gattin in die geheimsten Gemächer einzog, und so ist denn hier Alles so anders geworden, auch der Fürst selbst, der so lange jung war, bis in des Herzens Jugend des Alters Weisheit unterging ...

So plauderte neben mir der Geist. Ich horchte ihm noch als ich bereits mit Lucia im Gespräch mit dem Oheim und seiner Gattin war, und gewiß war's eine Folge davon, daß ich dem ersteren zerstreut erschien, daß ich mich Lucia gegenüber mit leichtem Kopfweh entschuldigen mußte, als sie besorgt fragte.

Ich gab mir Mühe, meine Zerstreutheit zu überwinden. Ich blickte auf Lucia, die reizender war als je. Ihr Antlitz, so warm überhaucht, zeigte seine ganze jugendliche Frische, überstrahlt von dem kindlichen Glückseligkeitsglanz ihrer Augen. Sie war immer heiter gestimmt, heute zeigte sie einen naiven Uebermuth; sie war so froh, es lag fast eine rührende Innigkeit in ihrem Ton, in ihrem Blick, die Weihe der Herzensunschuld, so daß der Oheim sie mit dem Wehmuthsausdruck, der jetzt in seinem Auge lag, im Stillen bewunderte.

War's die Stimmung, die mich heute beim Betreten des Hauses überkommen? War's das strengere Urtheil, das uns die Contraste eingeben? War's der Egoismus des Herzens, der mich parteiisch machte? Die Fürstin, die der einfachen, ungekünstelten Lucia in sicher angeborner Genialität der Gesellschaftsformen überlegen, die im Salon die brillanteste Erscheinung, sie mit ihrer gerade heute so ausgesucht verführerischen Toilette verlor gegen Lucia, gegen die mächtige Wirkung natürlicher Anmuth. Die Fürstin forderte zur Bewunderung heraus, die Auge und Herz der so herzigen Lucia freiwillig entgegen brachten.

Ich empfand es heute: es war nichts in diesen jungen Frauen, was sie dauernd sympathisch hätte verbinden können; die eine konnte in der andern nimmer den natürlichen Ton finden, der zum Accorde nothwendig, und dennoch schienen sie in so inniger Freundschaft sich zu einander zu finden.

Lucia's Anblick erwärmte mein Herz wieder; er löste die Spannung in mir. Der Gedanke, daß sie die meine, nicht jene Andre, erfüllte mich mit Zufriedenheit; es erschien mir, als sollte, so schön, so pikant die Fürstin war, doch Niemand den Oheim um dies Weib beneiden; ja ich wollte sogar bemerken, daß Lucia bemüht, in ihrem Benehmen ihm den Mangel an Herzenswärme vergessen zu machen, der in seiner Gattin Wesen lag und über all ihre Lebhaftigkeit, ihr bezauberndes Lächeln nicht zu täuschen vermochte. Diese war sicher kein Weib, das glücklich machen konnte, und besaß sie den Willen, der gern den Mangel der Anlage zu ersetzen sucht? Sie mußte, daß sie schön sei; jedes Männerauge, das ihr begegnete, mußte es ihr längst gesagt haben, ihr eignes mußte es wohl schon seit sie den Zweck des Spiegels kannte, und dieses Auge sprach Anderes als der stille Zufriedenheit mit sich selbst; es suchte diese von außen, es lag eine Sehnsucht nach etwas bis dahin Ungestilltem, Unbefriedigtem in ihrem

Blick und in ihrem Wesen zeigte sich zuweilen eine gereizte Hast, dies dem prüfenden Auge Andrer zu verstecken.

Die Fürstin hatte mich in eine Unterhaltung verwickelt, deren Gegenstand das Gesellschaftsleben der Residenz und dessen tonangebende Persönlichkeiten. Ich vermied es, das Auge auf ihrem Antlitz, ihrer Gestalt ruhen zu lassen. Das erstere war äußerst belebt und wenn sie lächelte, zeigte sie das Email ihrer weißen Zähne. Troß lag Unruhe in ihren Zügen, ihr Auge flackerte. Trotz dem decenten Brustausschnitt der malvenfarbenen Seiden-Robe, war dieselbe dem schlanken, schönen Körper so genau, mit so künstlerischer Gewissenhaftigkeit angepaßt, daß das reizende Model in keiner Linie beeinträchtigt ward, daß jede Contur, gehoben durch das Lüstre des Stoffes, sich abzeichnete. Ihr Wuchs war ideal, aber er wirkte in dem knappen Guß dieser Robe zu sehr als **Statue**.

Ich schaute zu Lucia hinüber. Diese sprach eben dem Oheim den Wunsch aus, seine Kunstschätze zu sehen, und er, geschmeichelt in dem Gedanken, bot ihr schnell seinen Arm und führte sie zu der geöffneten Flügelthür. Es war ihm stets ein Stolz, seine Galerie zu zeigen.

Die Fürstin sprach eben zu mir; ich wagte nicht, sie zu unterbrechen, bemerkte aber zu meiner Unruhe, daß der Oheim eben mit Lucia in den großen Salon hinüber getreten, ohne seine Gattin und mich aufzufordern, ihm zu folgen.

Die Fürstin ward erst darauf aufmerksam, als sie Lucia's Robe über die Schwelle rauschen hörte. Ernst, dann aber plötzlich mit Lächeln schaute sie ihnen nach. Sie wandte sich zu mir zurück, dann mit einem plötzlichen Farbenwechsel, als fühlte sie sich erschrocken, mit mir allein zu sein. Sie schlug das Auge nieder, als sie sah, wie ich sie fragend, auffordernd anschaute, um ihren Wunsch zu errathen. Unschlüssig that sie einen halben Schritt jenen nach.

„Leop . . .!" Sie wollte dem Gatten nachrufen; ihre Stimme brach aber ab, wie verloren in einen andern Entschluß. Ein moquantes Lächeln kehrte auf ihr Antlitz zurück, sie schüttelte den Kopf, sich aufrichtend; die herabhängenden Hände faltend, wandte sie sich schnell mir ganz zu und schaute mich mit düsterer Gluth im Auge an.

„Man scheint uns vergessen zu haben!" sagte sie mit leicht bebender Stimme und einem Erglühen ihrer Wangen. „Lucia ist eine Kunstfreundin, wie ich sehe . . . Sie, Kurt, kennen natürlich alle die Sehenswürdigkeiten des Hauses; es ist also wohl unnöthig, daß wir ihnen ungerufen folgen!"

Sie forderte mich damit auf zu bleiben, und ich stand ihr zum ersten Mal allein, unbeobachtet gegenüber. Es war einfältig von mir, ich fühlte das selbst beschämt: die Erinnerung an früher, an die Beziehung, in welche man uns damals zu einander gebracht, wollte sich im ersten Moment meiner wieder bemächtigen; sie drängte sich mir sogar auf, denn wie ich die Fürstin vor mir sah, gemahnte mich ihr Etwas in ihrem Antlitz an seine erste Jugendzeit. Ich kämpfte das Gefühl nieder und stand gleichgültig da.

„Ich sehne mich allerdings, des Oheims Museum einmal wieder zu sehen," sagte ich, ihrem Blick kalt ausweichend; „indeß es wird mir hierzu ja Gelegenheit genug bleiben!" Es war mehr die Absicht, ihr zu zeigen, wie unbefangen mich unser Alleinsein lasse, was aus mir sprach. „Ich erinnere mich noch der Zeit, wo ich Stümper in der Kunst die kühne Idee hatte, dereinst Aehnliches leisten zu wollen . . ."

„Und die Liebe hat natürlich der Kunst den Pinsel aus der Hand gewunden!" Sie begleitete ihre Worte mit eigenthümlich schelmisch lauschender Miene. „Es dürfte ja selbst dem größten Künstler eine Unmöglichkeit sein, andern Idealen nachzugehen, wenn das schönste von allen ihm lebend zur Seite ist," setzte sie hinzu. „Nicht wahr, Du liebst Lucia schwärmerisch?"

„Ich liebe und verehre sie!"

Die Fürstin warf den Kopf zurück. Die vertrauliche Anrede, welche der Oheim ausdrücklich wünschte, machte sie verlegen. Ich war allerdings ihr Neffe, sie aber war ein in der ganzen frischen Jugendgluth stehendes junges Weib.

„Sie verdient es! Sie ist bezaubernd!" rief sie aus, während sie über sich selbst zu lächeln schien. „Wäre ich ein Mann, ich müßte sie lieben! Leopold ist voll ihres Lobes und spricht täglich, stündlich von ihr!"

Es wollte mir scheinen, als lege sich trotz der Emphase, mit der sie sprach, derselbe halb trotzige, halb spöttische kleine Schatten um ihren Mund, der ihr eigen war. Ihre Büste hob sich beunruhigt; sie führte — gewiß unbewußt — die Hand auf's Herz, wandte sich dann schnell zum Tisch, ergriff ein Album, blätterte darin mit haftiger Bewegung der Hand und legte den Finger auf eine Photographie, auf der ich mich selbst in meiner Pensionszeit sah.

„Erkennst Du diesen Herrn!" fragte sie, lächelnd zu mir aufschauend. „Leopold betrachtet dies Bild oft und gern."

Ich fühlte ein leichtes Erschrecken. Sie gemahnte an eine Zeit, die zu berühren ich nicht den Muth gehabt haben würde. Ihre Miene verrieth dabei nichts von Befangenheit; erst als sie mich ein wenig verlegen sah, begann das Flackerlicht in ihren Augen, und meine Sicherheit wuchs keineswegs, als ich den feinen Spitzenbesatz am Busen-Ausschnitt der Robe auf und nieder bebend in fieberndes Wirrsal gerathen sah. Mein Blick glitt undankbar an ihrer Gestalt hinab; ich sah nicht mehr die Augen, die zarten Hände, nur die in verführender Schlangenlinie von der Brust über die schmale Taille und die Hüften abschießende Robe, deren seidenes Licht- und Schattenspiel jede leiseste Bewegung markirte. Ein Gefühl des Unmuths ergriff mich. Mit Fassung nahm ich das Album aus ihren Händen, gedankenlos, ohne mein Bild einer weiteren Aufmerksamkeit zu würdigen schlug ich ein Blatt nach dem andern um.

„Der übrige Theil gerade dieses Albums wird Dich wenig interessiren." Sie trat näher zu mir; ich fühlte ihren Athem. Es lag die Vertraulichkeit einer mir so nahen Verwandten in ihrem Benehmen. „Du siehst da eine ganze Gesellschaft von mehr oder minder niedlichen Geschöpfen, meine Pensions-Freundinnen. Das Schicksal hat uns Alle von einander geführt. Ich blättre nur in meinen melancholischen Stunden darin und denke mir, ob diese oder jene, die ich lieb hatte, wohl glücklich geworden ... Erkennst Du diese hier?" Sie legte schnell die weiße Hand auf eins der Blätter, die ich ziemlich interesselos durch die Finger gehen ließ.

Ich schaute auf das Blatt. Ich erkannte sie; ich erkannte sogar in dem braungelben Ton des Bildes dieselbe Rosa-Robe, das Hütchen, die auf dem Nacken hangenden muthwilligen Locken ... Sie stand so klar vor meiner Erinnerung, daß ich selbst zu fühlen glaubte, wie mir Philippine die Modeblätter an den Kopf warf.

„Wer hätte ahnen können, daß mir ein gütiges Geschick eine so reizende Tante bescheiden werde!" sprach ich ohne aufzublicken, das Wort betonend.

Sie ließ die Hand von dem Rande des Album fallen und pflückte einen von der Blumen-Etagère überhangenden Fuchsienzweig. Ich lauschte auf. Mir war's, als höre ich leichte Tritte nebenan. Die Fürstin trat zurück. Ich legte sofort das Album auf den Tisch. Mein schnelles Aufschauen mußte sie in einem Zustand von Zerstreutheit überrascht haben.

„Seine Durchlaucht lassen den Herrn Baron bitten," es sei ein neues Bild eingetroffen," meldete ein mit kaum vernehmbarem Geräusch auf die Schwelle tretender Lakai.

Ich hörte nichts weiter, ließ den Diener, dem wir wie zwei Bildsäulen erscheinen mußten, nicht zu Ende reden. Den Moment ergreifend wandte ich mich der Fürstin zu und reichte ihr meinen Arm.

Sie nahm ihn, drückte den ihrigen fester auf denselben als ich erwarten durfte, wahrscheinlich um die Unsicherheit desselben zu verbergen, und schweigend, ohne einen Laut traten wir an dem Diener vorüber durch die Thür.

Mich beherrschte ein schwerlastendes Gefühl wie Schuldbewußtsein oder wenigstens wie Hehlerschaft. Jedes Rauschen und Flüstern ihres Gewandes, jede leiseste Bewegung ihres Arms auf dem meinigen drang mir während unsres Ganges durch die großen Säle wie durch die Adern, ein zufälliges Anstreifen ihrer Brust an meinen Arm war mir wie die Wirkung eines Blitzes. Ich schaute vor mich hin, ich suchte den Oheim; meine Tritte hallten so dumpf und vorwurfsvoll auf dem Läufer des glatten Parquet; die ihrigen waren so elastisch, so leicht und schwebend wie Elfenschritt.

Sie hätte fühlen können, wie mein Herz schlug; sie erwartete auch offenbar, daß ich zu ihr sprechen werde, und es war doch so still. Nur das schleichende Geräusch ihres Saumes, nur unsre Tritte redeten — es mußte ihr ebenso wie mir bewußt sein, daß zwischen uns ein Schicksal lag, und wehe ihr, wenn sie es herausforderte!

Und die Säle wollten kein Ende nehmen; Wir durchmaßen sie, traten durch zwei, drei weitgeöffnete Flügelthüren. Ich sah nichts; Alles flog in verschwimmenden Umrissen an mir vorüber ... Da endlich athmete ich so hoch auf, daß sie es empfinden mußte. Der Oheim und Lucia standen vor einem Velasquez, den er in Paris hatte ersteigern lassen, im Anschauen des Bildes.. Mir war's wie einem Schiffbrüchigen, dem man die rettende Hand reicht, als Lucia's liebes Antlitz, ich ja uns wendend, mich anlächelte.

Beide schauten uns an. Meine Gattin scherzhaft vorwurfsvoll, der Oheim mit seinem langen, traurigen Blick. Vielleicht sagte ihm das Erscheinen Minona's

am Arm eines kräftigen jungen Mannes, was er sich vor seiner Vermählung zu sagen vergessen. Nicht um mein Leben hätte ich er sein mögen! ... Und dennoch war ich nicht vielleicht thöricht, ungerecht! Die Erinnerung an damals konnte mich irre geführt haben; ich hatte sie mißverstanden, und das mochte auch sie beunruhig haben.

Wie von Eifersucht angewandelt sprang Lucia von des Oheims Seite zu mir und nahm den Arm, den die Fürstin eben verlassen, um sich an die Seite ihres Gatten zu stellen. Sie preßte ihn hastig an den ihrigen; sie schaute mich heimlich, mit schelmischem Mißtrauen an und schien doch froh zu sein, mich wieder zu besitzen.

Ihre und des Oheims Gegenwart hatten mich ganz wieder zu mir gebracht. Auch ich lächelte sie an, offen, ehrlich, denn ich fühlte mich ohne Vorwurf; ich mußte mir selbst sagen, daß ich mich linkisch benommen. Welche Idee mußte die Fürstin, eine so gewandte Salondame, von ihrem Neffen gewinnen! Ich drückte verstohlen Lucia's Hand, um sie und mich zu beruhigen, und zu meinem eignen Trost sah ich jetzt, daß sie die Fürstin ihren Arm in den des Gatten gelegt — ich sah's nur flüchtig, denn ich wagte ja nicht, auf sie zu blicken; ich gewahrte es nur, als der Oheim vor mich tretend mir von seiner Freude sprach, dieses kostbare Bild, nach dem er sich so lange gesehnt, in Folge eines Todesfalls erstanden zu haben.

Ich hörte auch kaum was er sprach, denn mit ihm stand auch seine Gattin wieder vor mir, doch ohne das Geringste zu verrathen, was mich in meinem Mißtrauen hätte bestärken können, denn sie schaute mich offen, ruhig, fast gleichgültig an.

Dem Oheim schien's eine so große Freude, Lucia alle seine Schätze zu zeigen; er führte uns durch sein ganzes Palais.

Die Fürstin richtete in dem dunkleren Bibliothekzimmer wieder einige Worte an mich — sanft und liebenswürdig; ihr Auge war ruhig, das Irrlicht daraus verschwunden.

Endlich führte uns der Oheim in das letzte Eckzimmer, dasselbe, das früher einen so ausgeprägten Junggesellen-Charakter getragen. Heute war Alles anders darin; ich gedachte der Geisterstimme; sie hatte wahr gesprochen. Nur einzelne der kleinen leichtfertigen Bildchen waren noch tolerirt, so weit ihr vor dem Urtheil der Salon-Moral bestehen konnten oder durch ihren Werth ihr Recht behauptet hatten. Sie waren zu einer kleinen Genre-Galerie geordnet. Von der Hauptwand aber schauten zwei lebensgroße Oelgemälde, die des Oheims und seiner Gattin, auf uns herab.

Ich fuhr unwillkürlich zusammen vor der wirklich frappirenden Aehnlichkeit. Minona im weißen, reich von Spitzen behängten Atlasgewande. Tief ausgeschnitten über der jugendlich schönen Brust, sicher um des wunderbaren, blendenden Marmor-Effectes willen. Einige Margueriten im Haar, so schaute sie lächelnd auf mich herab. Der Künstler hatte den Fleischton mit einer Wärme dahingezaubert, ihre Pose so täuschend lebendig gemacht, in die Ruhe eine solche Plastik gelegt, daß es war, als schreite die zierliche, unter dem Saum der Robe hervorschauende weiße Fußspitze uns entgegen. Ihr Auge blickt grell, fast geistvoll, ihr Mund, leicht geschlossen, schien sich öffnen zu wollen — beides sprach zu dem Schauenden mit der Majestät der Kunst und dem hinreißenden Zauber weiblichen Liebreizes.

Mir klopfte das Herz. Es war mir peinlich, das Bild lange anzuschauen; ich erschrat vor seinem Lächeln.

Ich wagte es in Gegenwart der Fürstin, nur zu Lucia über die künstlerische Vollendung des Bildes zu sprechen, obgleich sie sicher gewohnt, einige Galanterien bei dieser Gelegenheit zu hören, und wandte mich zu dem Porträt des Oheims, das neben dem der schönen Frau hing.

Das war er selbst noch, wie ich ihn damals kannte! Die Bilder mußten gleich nach seiner Vermählung angefertigt sein. Er trug den schwarzen Frac, einen Stern auf der linken Brust, ein Großkreuz um den Hals; in seiner Haltung lag Würde, auf seinem Gesicht die Huld, die sein innerstes Wesen auszustrahlen liebte.

„Ihr werdet Euch das später Alles genauer ansehen können!" Damit führte der Oheim uns fort, als wolle er uns keine Zeit zum Vergleich lassen, und mir war's recht so. Diese Bilder erregten in mir widerstrebende Empfindungen: ich selbst erschien mir angesichts dieser vollendeten Kunstleistung als Stümper, der es gewagt hatte, das lebensgroße Bild meiner Lucia malen zu wollen, und dann: diese Minona, die da aus dem großen goldenen Rahmen auf mich herabschaute, war schöner, liebenswerther als ihr Original.

Das Anschauen des Bildes erklärte mir nämlich den Grund meiner alten Abneigung gegen Minona. Es fehlte in dem Bilde Eins, der Ausdruck einer — ich darf nicht sagen: Sinnlichkeit in der Stellung und Zeichnung ihrer Lippen, wohl aber eines Dürstens, eines Begehrens. Es gab eine materielle Correspondenz ihrer Augen und Lippen, und diese mochte mir schon früher an dem kaum mannbaren Mädchen aufgefallen sein.

Das Irrlicht war's, das so heimlich stadernd aus diesen Augen leuchtete, wenn's heiß und unruhig in ihrem Herzen wurde. Das Irrlicht, das stets über geheimnißvollen Untiefen leuchtet . . . .

Entweder der Künstler hatte es auf dem Bilde verheimlicht oder die Fürstin selbst.

Achtes Capitel.

Das Irrlicht.

Jetzt sollten also auch Philippine und Tarnow mir noch hier begegnen müssen, und in einer Sphäre, in welcher ich Beide nicht vermeiden konnte! Sie waren mir lästig; ich fürchtete Beider Einfluß, wie unabhängig ich auch dastand.

Tarnow hatte uns kaum am Morgen verlassen, Lucia kaum ihre Tagestoilette beendet, als auch der Wagen des Oheims vorfuhr. Er kam, uns mit seiner Gattin seinen zweiten Besuch zu machen, da der erste nur ein so flüchtiger hatte sein können.

Lucia eilte der Letzteren mit vollem Herzen entgegen. Beide küßten sich. Lucia that ja Alles mit dem Herzen!

Ohne das Vorgefühl, das immer wieder in mir aufstieg, wenn ich die Stimme der Fürstin vernahm, wenn ich nur ihr Gewand rauschen hörte, hätte ich schon beobachten können, ein wie intimes Verhältniß sich zwischen unsren Familien anbahnte. Der Oheim war die Aufmerksamkeit selbst; er hatte es daran schon nicht fehlen

lassen, da er Lucia jeden Morgen aus seinen Gewächshäusern die herrlichsten Sträuße sandte; er schien an und in uns einen ihm zusagenden Umgang zu finden, während ich es vorgezogen haben würde, mich auf die Convenienz zu beschränken. Es war ja meine Ueberzeugung, daß zwischen den beiden jungen Frauen keine dauernde Harmonie sein könne.

Des Oheims Wunsch eines intimen Anschließens an uns, dessen Absicht mir aus Allem hervorleuchtete, erklärte sich leicht, wenn seine Gattin sich wirklich, wie man ihr nachsagte, gern von Kavalieren umschwärmen ließ (und daß irgend etwas zwischen den Gatten nicht stimme, schloß ich aus dem melancholischen Zug, den ich zuweilen in seinem Gesicht überraschte) er mochte in mir, dessen Gattin sich in Schönheit kühn mit der Fürstin messen durfte, und in Lucia, in deren kindlicher Anmuth er die Herzensreinheit sicher erkannt, einen wohlthätigen Umgang finden, und das widerstrebte meinem richtigeren Gefühl.

Während ich heute mit dem Oheim plauderte, kehrten die beiden Frauen Arm in Arm von einem Rundgang durch das Haus zurück. Lucia's Antlitz strahlte.

„Minona findet unser Chalet reizend," rief sie mir zu.

Die Fürstin in reichster Promenadentoilette, die ihre Gestalt vortrefflich hob, ein keckes Hütchen über dem saftbraunen Haar, die schlanke Taille in eng anschließender, reich garnirter Attila, trat mit lächelnder Unbefangenheit zu mir.

„Ich finde nur keinen Raum für den Künstler in diesem kleinen Paradiese!" sagte sie. „Ueber gebietet Du, die Kunst hier feiern zu lassen, lieber Kurt?"

Es fiel mir immer wie Hammerschlag auf's Herz, wenn sie meinen Namen mit so vertraulicher Betonung aussprach; auch Lucia schien diesmal befremdet, überrascht, sie lächelte jedoch, sich der verwandtschaftlichen Gewohnheit erinnernd.

„Ich habe bereits dafür gesorgt, Kurt," fiel der Oheim ein. „Solltest Du in Deinen Mußestunden, und Du hast ja nur solche, eines Ateliers bedürfen, es ist ganz in meiner Nähe eins für Dich ausgesucht. Es gehört einem Freund von mir, einem hohen Dilettanten, der vorgestern auf Reisen gegangen und es Dir gern zur Verfügung gestellt hat."

Ich dankte ihm für seine Aufmerksamkeit, denn ich vermißte bereits meine Lieblingsbeschäftigung. Vertraulich gruppirten wir uns in unsrem Wohnzimmer. Minona war heiter und gesprächig. Ihre Rede war ein wenig frei, nicht gerade emancipirt, aber von aristocratisch-burschilosem Ton, der sie nicht schlecht kleidete. Sie entwickelte Humor; sie lachte herzlich, und gab Lucia ihrer Heiterkeit die Zügel ließ; sie sprach zu mir ohne den leisesten Anschein einer Gezwungenheit. Auch das verhängnißvolle Irrlicht, vor dessen Aufflackern ich heimliche Bange hatte, es fehlte heut.

Gab es denn wirklich zwei Naturen in diesem jungen Weibe? So wie heute war sie, als ihr der Oheim meinen ersten Besuch machte. Entweder sie war von einer unberechenbaren Koketterie, und woher dann jener Mangel an Selbstbeherrschung, der sie hülflos gegen sich selbst machte, als sie sich unbewacht gesehen; oder von einer Launenhaftigkeit, die eine solche verschmähte, wenn ihr Herz dem Verstande vor dem etikettemäßigen Vertrag aufsagte.

Sie erschien mir in diesem Zwielicht doppelt ge=
fährlich, aber selbst sicher gemacht durch ihre neutrale
Haltung redete ich mir ein, sie durch mein eignes schüler=
haftes Benehmen damals in Verlegenheit gesetzt zu haben.
Ich nahm in meinem Verlangen nach Sorglosigkeit die
Schuld auf mich und der Oheim war entzückt, als er
uns verließ.

Minona reichte mir zum Abschied die Hand. Ich
schaute sie heimlich prüfend an. Aber ihre Hand lag
ruhig in der meinigen, sie entzog sich ihr absichtslos und
in ihren Mienen stand nichts als die heiterste Stimmung,
in der ich sie während der Unterhaltung gesehen.

„Kurt!" rief Lucia, als wir allein waren, mit
komisch ernster Miene. „Ich fürchte, ich fürchte! Zwar
bin ich eine schlechte Menschenkennerin und ich müßte
lügen, wenn mir Minona nicht als eine der pikantesten
liebenswürdigsten Frauen erschienen; aber trauen möcht'
ich ihr nicht, wenn ich Dein Oheim wär'! Es muß etwas
in ihr liegen, das schwer zu bändigen, das den Drang
hat, sich einmal auszutoben, und dazu ist ihr der cere-
monielle Oheim, dem die Worte immer wie Honig von
den Lippen fließen, zu sanft, zu . . . ich weiß nicht,
wie ich sagen soll . . . nun, meinetwegen zu — alt!
Es steckt was von einem Dämon in ihr, den er nicht
wird meistern können!"

„Wie kommst Du nur darauf?" sagte ich, besorgt,
in meiner vortheilhaften Meinung wieder irre gemacht
zu werden.

„Wie ich darauf komme? . . . Hm, wir Frauen
lauschen uns schnell und instinctmäßig unsere Schwächen
ab; viele gehen, meine ich, auch darauf aus, in den
Andern Nachtheiliges zu finden. Meine Sache ist das
gewiß nicht!"

Meine Voraussicht! Die erste Seelen=Harmonie
zwischen Beiden begann also schon sich zu lösen und
in leisen Dissonanzen zu ertönen.

„Die schöne junge Tante," fuhr Lucia fort, „hat
etwas so ganz Eigenartiges, was gewiß nicht zum Guten
ist. Als wir vorhin dort hinten auf der zum Garten
führenden Freitreppe standen, erfuhr ich es. Ganz plötzlich, als sie so neben mir stand und auf die vom
Nachtfrost geknickten Astern hinab schauten, legte sie den
Arm um mich, so heftig, so gewaltsam, daß ich glaubte,
Du ließt sie! Sie schaute sie an und sie war bläulich geworden; es zitterte förmlich in ihrem Auge wie mattes
Flittergold. Um Gott, was ist Dir? rief ich erschreckt.
Sie lachte auf. Dann ward sie wieder still; sie schaute mir
lange in's Gesicht, nahm meine Hand und preßte sie.
— ‚Ach, Lucia!' rief sie mit so sonderbarer Stimme,
‚wie mußt Du doch glücklich sein! Ja, gewiß! Du
bist es!' ‚Aber, Minona!' rief ich erschreckt.
‚Bist Du es etwa nicht?' — ‚Ich?' rief sie,
und dabei fühlte meine in der ihrigen liegende
Hand, daß es sie kalt durchzitterte . . . ‚Versteh
mich recht, Lucia!' fuhr sie vor sich hinstarrend
fort, ‚Du führst ein so ganz anderes Leben als ich;
um das eben beneide ich Dich! Du wohnst da draußen
in der freien schönen Gottesnatur; Dein Gatte führt Dich
dahin, dorthin durch die schöne Welt, Ihr kommt hierher, um in diesem reizenden Chalet wonnige, freudige
Tage zu verbringen, so ganz Euch selbst zu leben! Ihr
Beide seid frei, ungebunden, fesellos in Eurer Liebe,

Eurem Glück, während bei uns Alles so streng abgezirkelt
ist, Alles nach den unbarmherzigen Gesetzen der Convenienz,
der durchlauchtigsten Etiquette geht . . . O, ich möchte
auch einmal mich frei ausathmen können, so wie das
Füllen auf der Wiese, der Vogel in der Luft, aber
die, welche ich athmen muß, trägt keine Nahrung für
das Herd — Aber nein, höre nicht darauf!' unterbrach sie sich plötzlich, mit beiden Händen die Schläfe
pressend, ‚höre nicht darauf, wenn ich zuweilen extravagire!
Es will nichts bedeuten! Es ist nur das Blut, das
schnelle Blut, das so durch's Herz jagt, und das ist
immer schnell vorüber. Ich hatt' es als Kind schon,
aber wenn das kommt, dann kann ich recht thöricht sein!'
Darnach beugte sie sich über die Brüstung, als solle ich
sie nicht beobachten; aber ich sah wohl, daß es sie
wieder durchschauerte, daß sie bleich, sehr bleich war,
und dabei war in ihrem Auge wiederum ein so sonderbares Lichtspiel, wenn ich mich so ausdrücken soll. Nein,
Kurt, glaub mir, sie ist nicht glücklich; wer solche Anfälle hat, kann nicht glücklich sein.'

Ich hatte scheinbar ruhig zugehört, während Lucia
das mit einer sichtbaren Aufregung erzählte. Das Eir-
licht! durchfuhr es mich. Auch Lucia hatte dieses unheimliche Flackern und Leuchten in dem Auge der jungen
Frau entdeckt. Schweigend nickte ich vor mich hin.

„Du hast auch schon so etwas an ihr bemerkt?"
„Ich? O nein! Im Gegentheil! Ich fand sie immer
heiter, unterhaltend!"

„Ja, Ihr Männer seht das nicht; wir Frauen
aber haben es im Gefühl, Kurt. Glaub mir, sie hat
ein recht unruhiges Herz, und das kann dem armen Oheim
wohl oft zu schaffen machen!"

Sie sprach das Letztere in einer Art von prophetischem
Ton. In ihr schien sich schon während der kurzen Zeit
die Ueberzeugung ausgebildet zu haben, daß Minona den
Oheim nicht glücklich machen könne.

„Er muß sehr klug sein, wenn er sie zu behandeln
versteht," war auch heute ihre Rede. „Denke Dir, wie
muß dem Oheim bei solchen Anfällen zu Muthe sein!"

Verstreut nahm ich eine Zeitung vom Tisch, setzte
mich an's Fenster und that, als vertiefe ich mich in
dieselbe. Es ist aber nicht Frauen-Art, ein Thema so
schnell aufzugeben.

„Kurt, da siehst Du nun!" nahm sie inmitten ihres
Sinnens wieder auf, denn die Frauen sind immer zu
Vergleichen mit sich selber bereit. „Mir hast Du zu
Anfang unserer Ehe oft gesagt, ich sei nicht ruhig genug
im Ueberlegen, nicht sanft genug im Handeln. Hättest
Du diesen Ausbruch der Fürstin gesehen; es war wie
ein Vulkan!"

Lucia gehörte wahrlich nicht zu den Alltagsgeschöpfen.
Fast in der Wildniß aufgewachsen, in steter Berührung
mit rohen Naturen, deren Beispiele sie sah, das Vorbild
ihres Vaters, des rastlosesten, thatkräftigsten Mannes vor
Augen und mit seinem Blut in den Adern, war auch
ihr die Initiative des Wollens angeboren, anerzogen,
und so zeigte sie mir denn zu Anfang eine Selbständigkeit, welche die meinige gefährdete. Aber Lucia hatte
den Beweis geliefert, wie die Liebe, eine liebevolle Begegnung, auf den festen Willen des Mannes gestützt, in
dem Weibe die Lust zur That zu brechen, die eigensinnige
Disposition, das Festhalten an unüberlegten Vorsätzen

zu fänftigen im Stande, und war von ihrer innerften Natur Eins geblieben, fo war es das Entfchließen ohne reifliche Ueberlegung, die Einfchränfung des Verftandes- willens durch die Leidenfchaft. Aber auch hierin war fie felbftlos genug, ihre Thorheit offen einzufehen, wenn fie fich hinterdrein von derfelben überzeugte.

„Kümmern wir uns nicht darum, Lucia!" fprach ich nach anfcheinender Ueberlegung.

Ich war gedanfenlos und wußte nichts anders zu antworten. Lucia verfanf endlich auch in Schweigen und fann vor fich hin.

Neuntes Capitel.
Zwei Verbündete.

Noch ein dritter Befuch follte uns an dem Tage werden. Lucia hatte einen Brief vom Vater erhalten und faß, diefen im Schooß, vor der traulichen Kamin- flamme.

Seit einer Stunde fchon war die Dunfelheit draußen herabgefunfen, wir hatten über den Vater und feine Pläne gefprochen! Ich ftand neben Lucia, als plötzlich die Thür fich öffnete und, ohne uns gemeldet zu fein, eine gnomenhafte weibliche Geftalt, die Kapuze des Mantels über den Kopf gezogen, durch die Portiere in's Zimmer trat.

Ueberrafcht fchritt ich ihr entgegen. Der Schatten der Kapuze überdunfelte den oberen Theil ihres Gefichts. Ich wußte die fonderbare Erfcheinung nicht zu deuten.

„Ich bin es, Kurt!" hörte ich mit halbem Athem, während die fleine gedrungene Geftalt regungslos da ftand.

„Hedwig! Welche Ueberrafchung!" Ich trat zu ihr, fchob ihr fchnell ehe fie es wehren fonnte, die Kapuze zurücf und ftrecfte ihr beide Hände freudig entgegen.

Sie fah recht bleich aus, und fo fcheu blicfte fie mich an, als das Licht auf ihr Antlitz fiel.

„Ich hatte doch große Sehnfucht nach Euch!" fagte fie in demfelben fliegenden Ton, während ich ihr den Mantel von der Schulter nahm, als fei es wohl nicht ganz in der Ordnung, daß fie uns befuche.

Lucia war aufgefprungen als fie den Namen Hedwig hörte. Mit aufrichtiger Herzlichfeit eilte fie, die Arme ausbreitend, auf die Schwefter zu, beugte fich und bot ihr die Lippen zum Kuß.

Hedwig blicfte feitwärts, wie abwehrend. Ueber Lucia's Stirn legte dies einen Schatten. Sie fühlte fich verletzt — Hedwig aber befann fich fchnell und füßte Lucia, aber falt, nur förmlich, ohne ihr die Schwefter- liebe zurücfzugeben.

Sie fühlte fich genirt; fie mochte einfehen, daß fie Unrecht gehabt, uns fo lange ganz zu vernachläffigen; vielleicht auch war fie befchämt durch unfere Freude, die fie nicht zu verdienen glaubte.

„Du wohnt recht fchön hier!" fagte fie, um eine Rede verlegen, fchüchtern im Zimmer umherfchauend und noch immer fich nicht von der Stelle bewegend.

Jetzt erft fah ich, wie franfhaft die Bläffe ihr mageres Geficht decfte. So war fie mir beim erften Wiederfehen nicht erfchienen, als die Ueberrafchung ihr blutarmes Wefen wohl in Aufruhr gebracht. Sie that mir recht weh. Auch Lucia's Auge ruhte mitleidsvoll auf ihr.

„Findeft Du, Hedwig?" fragte Lucia ihren Arm nehmend und fie zu unfrer traulichen Kamin-Ecfe führend, da das blendende Licht des Lüftre ihr läftig fchien. „Komm, und laß Dir nochmals taufend Danf fagen, daß Du uns hier wenigftens nicht ganz vergeffen willft! Du bleibft doch den Abend bei uns?"

Hedwig zögerte mit der Antwort.

„Die Mutter ift in's Theater gefahren!" antwortete fie verlegen, im Fauteuil fitzend und dabei mich fuchend, als müffe ich fie am beften verftehen.

Allerdings verftand ich fie. Die Mutter wußte nichts von diefem Befuch und auch Philippine hatte wohl erft getäufcht werden müffen, damit auch diefe nichts ahne.

Die Mutter hatte nämlich noch feine Notiz von unferer Anwefenheit genommen und ich aus Rücfficht für Lucia meinen Befuch noch nicht wiederholt.

„Freilich! ... Die Mutter! ..." fagte ich etwas verletzt.

„Ach, fie ift fo in Anfpruch genommen!" fuhr Hedwig fort, um die Mutter zu rechtfertigen. „Die Sorge für die Verwundeten! ... Du weißt das am beften zu beurtheilen, Kurt, da Du felbft in folcher Lage ge- wefen! Die Mutter muß ja bei allen Damen-Comités an der Spitze ftehen."

„Aber Du bleibft doch bis das Theater zu Ende, Hedwig! Du mußt uns erzählen, wie es Dir ergangen, wie Du lebft!" rief Lucia zu ihr rücfend, ihre Hand in die ihrige nehmend und ihr treuherzig in's Auge blicfend.

„Wie ich lebe! Mein Gott, was ift darüber viel zu erzählen!" fprach Hedwig vor fich hinblicfend.

„Die Stadtluft befommt Dir nicht, Herz! Du fiehft bleicher aus als fonft! Wärft Du bei uns draußen, wie Du es gewohnt bift! ..."

Hedwig feufzte. Sie barg ihr Geficht im Schatten.

Ich gab Lucia einen Winf; fie fchlug ein anderes Thema an. Die arme Schwefter dauerte mich. Ich fah's ihr an, daß fie die Hälfte ihres armfeligen, doch verlorenen Lebens gegeben haben würde, wenn es dadurch anders hätte fein oder werden fönnen. Sie felbft war Schuld daran, daß es fo war, aber ihre frühere Eigen- willigfeit, ihr unabhängiges Streben waren gebrochen feit fie, wohl aber übel, fich ganz in die Gewalt der Mutter gegeben hatte, ohne — das war ich überzeugt — dem Bruder Unrecht zu geben, wenn fie auch den Schein trug.

Es gelang Lucia, fie aus ihrer Einfylbigfeit heraus- zuziehen; fie gab fich alle Mühe, Hedwig ein wenn auch trübes Lächeln auf die eingefallenen Wangen zu rufen, und ich wagte endlich, fie zu fragen, ob fie denn gar nicht Luft habe, doch im Frühjahr ihr fleines Anwefen zu betrachten, das fei fo fchön bei

„Das ift ja noch fo lange hin, Kurt!" fagte fie, fich mit dem Tuch über die Augen fahrend. „Ihr ge- denft alfo wirflich, den Winter hindurch hier zu bleiben?"

„Hier und in Bartow, der fchönen Herrfchaft in der Nachbarfchaft, die Neuenfeld gefauft ... Sei nicht einfältig, Hedchen!" fetzte ich derber hinzu, in demfelben Ton, in welchem ich als Knabe zu ihr gefprochen. „Mach Dich um Deiner Gefundheit willen von hier auf einige Zeit los! Die Mutter wird Dich nicht vermiffen; fie hat ja das Fräulein Wilsdruff!"

„Wie Du sprichst!" Hedwig schien aufzuhauchen. „Wenn ich mit Euch ginge, die Mutter würd' es mir nie vergeben, denn sie bedarf meiner."

„So werden wir also definitiv auf die Gnade verzichten müssen, sie bei uns zu sehen?"

In dem Schwanken ihrer Liebe zwischen der Mutter und dem Bruder gerieth Hedwig aus dem Gleichgewicht. Sie hatte innerlich das Bedürfniß mir Recht zu geben, äußerlich aber die Pflicht, mir dieses zu bestreiten. Sie fiel dadurch zuweilen aus der ihr so schweren Rolle, wie jetzt eben.

„Ach, das würde schon Fräulein Philippine nicht dulden!" Hedwig begleitete dies mit einem kühlen Achselzucken.

„Parbleu!" rief ich lachend. „Fräulein Philippine?"

„O, die ist ihr Alles!"

Ich wagte nicht weiter zu fragen. Tarnow, der Causeur par excellence, hatte es offenbar zweckmäßig erachtet, die Bekanntschaft mit Philippine wieder anzuknüpfen, und diese, die ihn sonst immer unausstehlich gefunden, hatte wohl gemeint, ihn in ihrer gegenwärtigen Stellung benutzen zu können.

Die Beiden hatten sicher auf meine Kosten geschwatzt. Ich erschrak vor ihrer Indiscretion. Philippine, die meine Stellung zur Mutter kannte, brauchte meinen Einfluß bei derselben nicht zu fürchten, und Tarnow... Sie hatten von mir und von der Fürstin gesprochen! Es genügte ja nur, daß Beide seinen Bubenstreich von damals im stillen Einverständniß mir in die Schuhe schoben, daß man meine Aussage von damals als Unwahrheit betrachtet, daß ich damals wirklich jenes abendliche Rendezvous gehabt. Und mein nahes, verwandtschaftliches Verhältniß zu der jetzigen Fürstin, des Oheims unseliger Wunsch, zu uns in die größte Intimität zu treten, die abzulehnen mir die Etikette verbot, gegen die ich Lucia gar keine Gründe hätte nennen können...

Wie viel, fragte ich mich, hatte nun Hedwig von der Unterhaltung der Beiden erlauscht? Und was hatten Beide gesprochen? Ich wagte noch nicht, dies aus Hedwig's Zügen zu lesen.

Ich wünschte Tarnow weit weg, ich verwünschte Neunfeld's Idee, ihn hierher zu schicken. Ich konnte nicht fort gehen, ich hatte bereits eine Conferenz mit seinem Anwalt gehabt, mein Verweilen war dringend nothwendig geworden, und was hätte ich Lucia als Grund für meine Abreise vorgeben können?

In verdrossenem Schweigen hatte ich die Stirn in die Hand gestützt.

„So hat also dieses Mädchen wirklich etwas gegen mich?" fragte ich den Sessel neugierig zu Hedwig heranziehend. „Das interessirt mich wirklich zu hören!"

„Du mußt ihr wohl früher etwas zu Leide gethan haben, Kurt!"

„Ich?... Wie käme ich dazu, diesem Mädchen..."

„Es war gestern auch Dein Freund der Graf Tarnow, von dem Du öfter erzählt, bei der Mutter und da diese nicht zu Hause war, hörte ich Philippinen ganz vertraulich mit ihm sprechen. Es war auch von Dir die Rede... Aber Du mußt ja nichts wiedersagen. Mir ist dieses Mädchen unangenehm, ich muß jedoch gute Miene machen."

„Tarnow und sie... vertraulich über mich! Die Sache wird interessant! Was sprachen sie denn?"

„Nun, nichts Böses, so viel ich verstehen konnte. Auch von der schönen Tante Bartenstein sprachen sie."

Der Schatten, in welchem ich saß, deckte die Röthe, die mir in die Wangen stieg.

„Es ist nicht klug von mir," fuhr Hedwig fort, „aber es verdrießt mich, daß dieses Mädchen sich anmaßt, über unsere Familien-Angehörigen zu sprechen. Freilich weiß sie, daß die Mutter die schöne Tante nicht leiden kann."

„Aber was kann denn auch die Fürstin der Mutter gethan haben!" rief Lucia erstaunt aus, zu meiner Zufriedenheit das Schweigen brechend, das ich nicht hatte hindern können.

„Es ist mein Gott, ihr Verbrechen ist, daß der Oheim sie geheirathet hat, daß Kurt dadurch..."

Jetzt entfärbte sich Lucia's Antlitz. Ich schaute auf und saß es. Diese erinnerte sich an Hedwig's frühere wiederholte Aeußerung, daß ich müsse eine Fürstin, eine Prinzessin heirathen, daß sei einmal von der Mutter beschlossen, und selbstverständlich eine Prinzessin mit einer Krone auf dem Kopf! Lucia fühlte sich nothwendig verletzt. Hedwig's Rede war unbesonnen, tactlos.

„Ja, die Mutter ist einmal so! Es genügt so wenig, um sie zu reizen, und dann ist sie unversöhnlich," setzte sie hinzu.

In Hedwig's Natur lag es, wenn sie sich einmal aussprach, sich hinreißen zu lassen. So war sie früher ganz für mich gewesen; dann für die Mutter, jetzt sprach sie scheinbar wieder gegen dieselbe und ich sah schon den Moment kommen, wo sie wieder gegen mich sein werde.

Ich gab ihr einen Wink, nahm, hinter Lucia tretend, deren Lockenkopf in beide Hände und küßte sie auf die Stirn.

„Die Mutter begegnet dem Oheim nur in großen Soiréen, wo sie sich kaum einen guten Abend wünschen," fuhr Hedwig fort, die meinen Wink nicht verstanden. „Da wird es uns schlimm ergehen, Lucia, wenn sie uns mit dem Oheim zusammen sieht!" rief ich lachend.

„Du warst bei dem Oheim, Kurt?"

Hedwig schaute mich groß und unwillig erstaunt an.

„Allerdings, Hedchen! Ich war ja stolz, ihm meine schöne und herzliebe Luz zeigen zu können! Darauf hatt' ich mich daheim schon gefreut!"

„Wie schnell Du es vergessen bereit bist!"

Dabei blickte sie mich lange, durchbohrend an, wie der Inquisitor, der einem Verbrecher auf den Grund seiner schwarzen Seele zu schauen sucht.

Ich verstand sie nicht; wollte, durfte sie nicht verstehen.

„Mein Gott, Hedchen, Du bist ja ebenso unversöhnlich wie die Mutter!" rief ich unmuthig, aber lachend. „Und Du warst sonst immer so nachsichtig gegen Jedermann!... Laß uns übrigens davon abbrechen."

„Wie hat Dir denn die Fürstin gefallen?" wandte sie sich zu Lucia, sichtbar wieder böse auf mich.

„Vortrefflich! Sie ist eine reizende junge Frau!" rief diese enthusiastisch.

Hedwig's Stirn erröthete; ich sah ihre Nasenflügel,

die so matt und krankhaft eingesunken, sich leidenschaftlich heben; um ihren Mund legte sich ein boshafter Zug,
der an die Mutter erinnerte; ihre Hände suchten im
Schooß; sie führte das Taschentuch zur Stirn.

„Es ist mir wirklich zu warm bei Euch am
Kamin!" sagte sie, sich hastig erhebend. „Fräulein
Wilsdruff" — sie betonte den Namen so sonderbar —
„wird mich auch schon suchen; wir haben gemeinschaftlich eine Weihnachtsarbeit für die Mutter begonnen..."

Lucia und ich wir sahen, daß es ihr darum zu thun
sei, fort zu kommen. Keiner von uns suchte sie zurückzuhalten, während Hedwig zu ihrem Mantel eilte, den
ich über einen Sessel gehängt.

„Aber es ist nicht artig von Dir, Hedwig, daß
Du so karg mit Deinem Besuch bist!" fand Lucia
endlich Worte.

„O, ich komme wieder! Ihr müßt nur Nachsicht
haben... Gerade um diese Jahreszeit..."

Hedwig hatte den Mantel erfaßt, ehe sie Jemand
hindern konnte.

„Du versprichst es, Hedwig? Wirst Du Wort
halten?"

Sie antwortete nicht. In den Mantel gehüllt
stand sie da. Das zufällig auf sie fallende ganze Licht
des Lustre zeigte mir eine angstvolle Spannung auf
ihrem Gesicht; ihre war so fieberhaft hastig, als glühten
ihre Sohlen, und zog die Kaputze schon im Zimmer über
den Kopf, um ihr Gesicht zu beschatten, das sonderbare
Geschöpf.

„Lebwohl!" sagte sie, Lucia mit zerfahrenem Blick
die Hand reichend.

„Adieu, Hedwig! Vergiß uns nicht!"

Lucia war unangenehm berührt durch das auffallende Benehmen. Hedwig reichte jetzt auch mir die
Hand. Diese war kalt wie die einer Todten.

„Adieu, Kurt! Der Fiaker wartet draußen auf
mich." Die Worte kamen so gebrochen heraus. Sie
schaute zu mir auf — wieder derselbe bohrende Blick!
Auch ihr Antlitz hatte den letzten Farbeton verloren.
Was, um Gottes willen, konnte dem Mädchen in den
Kopf gefahren sein; zu was schaute sie mich so strafend,
so disciplinarisch an!

Während sie ihren Blick mit stummer Frage erwiderte, hatte sie mir den Rücken gewendet; sie eilte zur
Thür und ehe wir ihr folgen konnten, war sie hinaus.

Lucia und ich schauten uns befremdet an.

„Hast Du sie verstanden, Kurt?"

Ich schüttelte den Kopf. Auch mir stieg's jetzt
zur Stirn; es war ein ahnungsvolles Verstehen, das
mich plötzlich gepackt.

„Sie hat ganz den Nerv der Mutter!" sagte ich,
zum Kamin zurückkehrend, um mich Lucia in's fragende
Auge zu sehen, nahm den Stocher und schürte die
Kohlen.

„Fast scheint es so! Sie war wohl immer ein
wenig altklug, aber es kam ihr sonst doch immer von
Herzen."

„Ich habe nie mir vorstellen können, daß sie so
ganz in der Mutter Wesen aufgehen werde!" fuhr ich
fort. „Freilich hört und sieht sie nichts andres; was
sie von der Mutter einsaugt, verkrustet sich in ihr bei
so stillem, einsamem Leben, wie es ihr Loos ist, während

die Mutter ihren Groll hinaus trägt und überall eine
dankbare Stätte für denselben findet. Die ihr Herz
einengende Schale wächst und drängt den guten Kern
immer mehr zusammen. Dazu steht die Arme vermöge
ihres körperlichen Gebrechens fortwährend in einer feindlichen Haltung zur Welt, der sie nicht einmal den Rücken
wenden kann, ohne von ihr bespöttelt zu werden... Die
Mutter begreife ich! Sie soll dem Oheim auch schon einen
Prozeß wegen des Stammhauses angehängt haben, auf das
sie nachträglich Ansprüche geltend macht. Prozesse sind die
ableitenden Canäle ihres Hasses, Du weißt ja, Luz!...
Sie ahnte nicht, daß wir Beide uns um so
schneller zusammenfanden, als sie Deinen Papa an-
feindete. Mir thut sie leid, die arme Mutter; aber dergleichen erleichtert ihr das Herz!"

Lucia schüttelte schweigend den Kopf.

„Zuweilen war's mir, als müsse Hedwig noch was
Andres auf dem Herzen haben; sie blickte auf Dich oft
wie mit einer stummen Anklage, und Du bist doch der
Letzte, der ihr wehe thun könnte." Lucia sprach das,
ohne zu ahnen, was sie in mir aufrührte, langsam und
träumerisch vor sich hin. „Wenn ich sie wiedersehen sollte,
muß sie mir doch beichten!"...

Ich befand mich in einer geradezu sinnlosen Lage,
die mir in der Nacht einige Stunden des Schlafes
raubte. Was hatte Hedwig gewollt, fragte ich mich.
Daß sie noch mit schwesterlicher Neigung an mir
hing, wußte ich; mochte die Mutter mich noch so strafbar finden; Hedwig war mir nicht ganz zu entfremden.
Aber sie hatte mich ja errathen lassen, was sie gewollt! Daß sie sich nicht aussprach, am wenigsten in
Lucia's Gegenwart, das war begreiflich! Sie wollte
mich warnen, und deshalb war sie nur gekommen.

Sie hatte gehört was Tarnow und Philippine über
mich geschwatzt. Beide hatten ohne allen Zweifel jene
Pensions-Affaire in stillem Einverständniß total um-
gekehrt. Ich war's dennoch gewesen, nicht Tarnow; ich
war der heimliche Sünder, während sie der arme Oheim ahnte
nicht, wenn wir Beide, die Fürstin und ich, die er eben
in dieser Ahnungslosigkeit in so nahe Berührung zu
einander gebracht, die sich jetzt täglich sehen mußten...
Mir lief's eiskalt über den Rücken. Hätt' ich gewußt,
was jene Beiden, von Hedwig belauscht, über mich gesprochen! Und dennoch konnt' ich's aus Hedwigs Miene
lesen, wenn ich sie nur verstehen wollte!... Dieses
Mädchen, Philippine, mit ihrem stillen, mir unerklärlichen Haß gegen mich... Selbst wenn Tarnow es ganz
aufrichtig und freundschaftlich mit mir meinte, was ich
ihm nicht zutrauen konnte, denn er meinte es mit
Niemand gut, sie fand jetzt in dem Schwätzer einen be-
reitwilligen Verbündeten zum Klatsch, zur Verdächtigung
der Fürstin und meiner Person! Und setzte ich mich
mit diesem Menschen, der mir entschieden, vielleicht in-
stinktiv antipathisch ward, auf einen feindlichen Fuß,
so provozirte ich nur.

Aber auch das Letztere war ja unmöglich geworden.
Neuenfeld hatte mir geschrieben, der junge Aguat, der
den geschehenen Verkauf der Herrschaft angefochten, ein
Graf Brenner, sei der Reisegefährte, der Intimus eines
Grafen Tarnow, mit dem sein Anwalt mich auf der
Straße gesehen. Tarnow vermöge viel über diesen
Brenner, ich sollte ihn, wenn er mein Freund sei, ver-

mögen, auf Brenner zum Eingehen eines Vergleichs zu
wirken. Der Prozeß könne ihn zehn Jahre lang hindern,
seine Pläne zur Ausbeutung jenes Terrains auszuführen
und also die günstigsten Conjuncturen zu versäumen ꝛc.

Kaum hatte ich den Fuß in diese Stadt gesetzt,
als ich schon einsehen mußte, mitten in ein Wespennest
hineingerathen zu sein. Sollte ich Lucia das ganze
Sachverhältniß erklären? Mit allen ihren schönen Eigenschaften war sie ein Weib, zur Eifersucht geneigt, und
hielt sie mich auch keiner Untreue für fähig, die Frauen
seh'n ja ein Verbrechen selbst in Dem, was der Mann
gethan, lange ehe er ihnen verpflichtet ward!

Erzählte ich Lucia jenen perfiden Streich Tarnow's,
so gab das lange, lange Auseinandersetzungen, und nicht
die allein, es trat ihr damit eine ihr bisher von mir
verheimlichte geheime Beziehung zu der Fürstin vor
Augen, die schon strafbar, weil sie eben bisher nichts
davon gewußt, die, wenn sie sich wirklich so verhielt, wie
ich ihr schilderte, bedenklich, gefährlich werden konnte,
die auf die Fürstin ein zweifelhaftes Licht warf, die
endlich Lucia bewegen mußte, jeden ihrer Blicke, ihre
Miene — Alles an ihr mißtrauisch zu beobachten und
die trotz all ihrer Wachsamkeit dennoch ein schlimmes
Ende haben konnte. Mit einem Wort: das schleuderte
einen Feuerbrand in ihr Herz. Lucia hatte sie ja heute
Morgen erst einen Vulkan genannt, und wenn der nun
sie und ihr eheliches Glück überschüttete und begrub!
Lucia hatte schon entschiedenes Mißtrauen gegen die
Sonderartigkeit der Natur dieses jungen Weibes gefaßt
— das hätte sie also nun gewußt — daß sie erführe ...
Nein, ich mußte einen Vorwand finden, hier fort zu
kommen! Mir graute vor des Oheims so herzlichen
Absichten gegen uns. Klüger wär's gewesen, hätt' ich
bei meiner Ankunft ihm gegenüber den Beleidigten gespielt, wozu er mir ja alle Ursache gegeben; wäre ich
hier, der Mutter Beispiel folgend, ohne von ihm Notiz
zu nehmen, mit großem Pomp aufgetreten, um ihm zu
zeigen, wie wenig ich durch ihn verloren habe!

Lucia lag mit dem holdesten Engelslächeln schon
lange in tiefem Schlummer, als ich mich noch auf dem
Lager umher warf. Erst spät gelang es auch mir, die
Augen zu schließen, wenn auch ohne Ruhe.

Im Traum sah ich den Oheim, die Fürstin, und
die letztere sah ich sogar in ihrem Rosa-Kleide, wie sie
an der Thür der Pension stand, wie sie das Bouquet
in der Hand hielt und in des Oheims Wagen steigend
einen Blick zu mir herauf warf. Der Traum führte
mich weiter; ich sah mich neben Tarnow in der Loge
sitzen, sah mich, wie ich als Husaren-Offizier in der
Loge mit ihr und ihrer Mutter sprach, und — wie die
Träume so konfus sind — danach sah ich Philippine
Wilsdruff, wie sie mir alle die Modelupfer um die
Ohren warf, mich bastelnd ließ und hinaus trat. In
der Thür aber begegnete ihr Tarnow, der sie spöttisch
lachend ansah und ihr zurief: siehst Du! das hab ich
Dir ja immer gesagt! Der will nichts von Dir wissen,
Du dumme Gans!

Sonderbar, daß der Traum mir erst den Schlüssel
geben mußte, den ich wachend nicht hatte finden können!
Tarnow hatte sich gleich beim Eintritt in das Wilsdruff'sche Haus correct zu diesem Mädchen gestellt,
während meine freundliche Begegnung ihr in ihrem

heirathsbedürftniß vielleicht Gedanken in den Kopf gesetzt hatte, die Tarnow, der sie gern zuweilen mit mir
aufzog, noch genährt und die sie später zum Haß gegen
mich stachelten.

<h2 style="text-align:center">Zehntes Capitel.</h2>

<h3 style="text-align:center">Schloß Barlow.</h3>

Zum Glück überraschte uns Neuenfeld am nächsten
Morgen. Lucia sprang ihm überglücklich an den Hals.
Er war trotz der Nachtreise sehr aufgeräumt und hatte
den Kopf voll der größten Pläne, die er mir beim Frühstück auseinander setzte.

Er konnte die gekaufte Herrschaft an eine holländische Gesellschaft mit einer halben Million Nutzen
sofort verkaufen, wenn er die Mächtigkeit der Erzlager
nachwies, aber das lag nicht in seinem Plan. Er war
noch zu weit größeren Opfern bereit, wenn der betreffende
Agnat von seinen sehr zweifelhaften Ansprüchen zurücktrat. Ich sollte auf Tarnow und dieser auf Brenner
wirken, der, wie er gehört, keinen Ueberfluß an Geld habe.

„Der schlägt uns den Wunsch nicht ab, Papa!"
rief Lucia überzeugt, während es mir widerwärtig erschien, Tarnow's Gefälligkeit zu beanspruchen, die mich
ihm verpflichten mußte. Es ist ja nichts bedenklicher
als die Dienste eines Egoisten in Anspruch zu nehmen.

Wir trafen den letzteren am Abend in einem Re-
staurant, wohin uns Neuenfeld zum Souper geladen.
Auch er nahm Neuenfeld's Einladung an, setzte sich zu
uns und ging endlich bereitwillig auf dessen Ideen ein.
Wie ich aber vorausgesehen, glaubte er sich durch diesen
Dienst berechtigt, seine Liebenswürdigkeiten gegen meine
Frau zu verdoppeln, die sie in demselben Grade kühler
entgegen nahm.

Es entging mir nicht, daß er uns Beide zuweilen
insgeheim beobachtete und dies, wenn er sich bemerkt sah,
unter dem verbindlichsten Lächeln zu verbergen suchte,
als fürchte er, der Unwiderstehliche, meine Eifersucht zu
erregen.

Die Rolle des Gatten einer schönen Frau erschwert
uns gewöhnlich die Eitelkeit unserer guten Freunde, die
sie umdrängen oder wohl gar auf die Probe zu stellen
die Zudringlichkeit haben.

Diese Eitelkeit war gerade Tarnow's Stärke, denn
sie gab ihm den Muth, sich allen Frauen gegenüber
glorios zu finden. Er mochte Erfolge gehabt haben, die
er, ohne einen speciellen Werth oder die Umstände zu
taxiren, welche ihm dazu verholfen, für einen selbstverständlichen Sieg auf der ganzen Linie hielt. Sein
Benehmen war dabei nicht lassenhaft; er hatte sich's
oberflächliche, aber möglichst universelle Bildung, ein
sorgfältiges Studium aller gesellschaftlichen Vorzüge
kosten lassen; die Triebfeder war aber immer der Egoismus, und seine Gewissenslosigkeit kannte keine Grenzen,
davon hatte er frühzeitig Beweise geliefert. Heute erzählte
er mir in Lucia's Gegenwart von dem überaus liebenswürdigen Empfang, den er bei dem Fürsten Bartenstein
gefunden, und zwar mit einer Miene, die nur ich verstehen sollte. Er sprach zu Lucia mit Entzücken von
der Schönheit und Anmuth der jungen Fürstin und
freute sich, uns in der Soirée des Fürsten begegnen zu
können.

Er hatte das also durchgesetzt, und hierzu hatte ein Mann wie er gehört, der unter seiner gesellschaftlichen Politur eine gußeiserne Stirn barg. Wie beneidenswerth solche Naturen sind! Ihre Selbstschätzung läßt Alles hinter und unter sich, was gegen die Berechtigung derselben Zweifel erheben könnte! . . .

Man wußte in der Residenz bereits von dem Verlauf der glänzenden herzoglich **'schen Besitzung; man erzählte sich auch, der Käufer sei der Vater der schönen jungen Frau, die man seit Kurzem in den Theatern, Concerten und Promenaden hatte erscheinen gesehen, ein reicher Brasilianer, der einen Spottpreis dafür gegeben und auf derselben Gold aus der Erde stampfen wolle, wie er es in Südamerika gethan. Der Oheim schrieb mir ein Billet, er habe gehört, daß Herr von Neuenfeld hier sei, es interessire ihn so sehr, diesen Herrn kennen zu lernen.

„Laß das für später!" sagte Neuenfeld. „Ich bin hier um meiner Geschäfte willen und meine Zeit ist mir kostbar. Wir fahren morgen nach Bartow hinaus. Das Herbstwetter läßt sich wieder vortrefflich an; wir bleiben einige Tage dort. Ich muß meine Leute sprechen. Schreib Deinem Oheim, wenn es ihm Vergnügen mache, uns dort zu sehen, sei er mir willkommen! Auf lange Besuche sei meine Zeit nicht zugeschnitten, er möge also Nachsicht üben."

Einmal wieder andre Luft athmen, all die dummen Gedanken abschütteln, die mir wie Ameisen im Kopfe herumkrochen und doch im Grunde so gar nicht Hand und Fuß hatten, das war mir willkommen. Wenn ich zurückkehrte, konnte ich all das mit ruhigeren Augen ansehen!

Wir fuhren also hinaus auf das drei Stunden entfernte, total verwahrloste, aber umfangreiche, romantisch gelegene Gut.

Neuenfeld hatte uns schon vorbereitet, daß wir auf Comfort, überhaupt auf jede Bequemlichkeit nicht zu rechnen hätten; was er uns dort bieten könne, sei eben nur Romantik, unverfälscht und jungfräulich, wie die eines Urwaldes. Und er hatte wahr gesprochen.

Es beschlich uns recht schaurig, als wir auf dem zertrümmerten Sandstein-Bildsäulen und bemoosten Sockeln umgebenen weiten Schloßhof hielten und zu dem Riesenbau hinaufschauten, in dessen Fries zwei kaum noch erkennbare heraldische Gestalten ein graues Steinwappen trugen. Die Scheiben der hohen Fenster waren blind und schillerten wie Perlmutter; Lauch, Moos und Flechten hatten sich auf die Säulen und Streben der Front und auf die steinernen Gesimse gebreitet; von dem hohen Bogenportal hingen an beiden Seiten schwere verrostete Ketten herab, welche einst die über den wohl

zwanzig Schuh tiefen Schloßgraben führende Brücke getragen. Starke Eisengitter, gelbbraun gefärbt vom Rost, verwahrten die Fenster des unteren Stockwerks, während aus den theilweise zertrümmerten Scheiben des oberen die Vögel aus und einflogen und eine Schaar von Dohlen, erschreckt durch so ungewohnte Störung, waldeinwärts flüchteten.

Neuenfeld lachte, als uns dies Gebäude so wenig gastlich anmuthete. Es war auch eine so schauerliche Stille; kein Hofhund bellte uns an, nicht Knecht oder Magd waren sichtbar; der Riesenbau schaute so dräuend und unheimlich auf uns herab; es war uns, als müsse jeden Augenblick ein geharnischter Ritter auf den weiten festgestampften Platz heraustreten, der einst vielleicht der Tournierplatz gedient hatte, und zu dem rauschenden rings umher die hohen alten Bäume mit ihren gewaltigen Kronen so geheimnißvoll, denn das Schloß lag in einem weiten Gebirgskessel und seit lange mochte sich keine lichtende Hand an diesen Forst gelegt haben.

Ein alter gebückter Mann mit schneeweißem, auf die Schulter herabhängendem Haar kam uns, die Mütze und ein Schlüsselbund in der Hand, mit Ehrfurcht entgegen. Er sah aus wie der tausendjährige, eben aus dem Schlaf gestörte Wächter eines Zauberschlosses und schien aus den neueren Oekonomie-Gebäuden zu kommen, deren Mauern wir durch das Laub seitwärts herüberschimmern sahen. Neuenfeld schritt ihm entgegen und reichte ihm bieder die Hand.

„Willkommen, Herr von Neuenfeld," rief der Alte mit tiefer Baßstimme. „Ihre Leute erwarten Sie schon seit mehreren Tagen; ich habe sie hinten im Thal im alten Forsthaus untergebracht, wo sie ihrem Tagwerk am nächsten sind. Aber für Sie, Herr von Neuenfeld, und die jungen Herrschaften da wird's wohl leider an den nöthigen Bequemlichkeiten fehlen."

Wir folgten den Beiden um den Schloßgraben herum zu den Oekonomie-Gebäuden, die Lucia schon gastlicher erschienen, wenn auch die grandiose Stille, die hier überall herrschte, noch drückend und beengend auf ihr Gemüth wirkte. Es war ihr beruhigend, sich in der Nähe des Vaters zu halten, der Verwalter eben die Nothwendigkeit zu einander setzte, ein halbes Dutzend Zimmer wohnbar zu machen, da er noch andere Gäste erwarte.

Der Alte mit dem schneeigen Haar schüttelte bedenklich den Kopf und lächelte vor sich hin, daß die gelben Runen auf seinem wie von narbigem Leder überzogenen Gesicht sich tiefer gruben. Er führte Neuenfeld in den Hintergrund und überließ uns dem ganzen Eindruck der schaurig bedrückenden Stille.

(Fortsetzung folgt.)

Die Moselnixe.

Erzählung
von
Philipp Galen.

(Schluß.)

Johanna und Sarah aßen wie sonst, zwar nicht mit großem, doch sichtbarem Appetit, da man ja heute wieder das zweite Frühstück übersprungen hatte; Jakob van der Myers dagegen rührte nur wenige Bissen an, so schmackhaft sie zubereitet waren, und selbst von seinem Lieblingswein trank er nur zwei Gläser, so sehr ihn die Mädchen auch zu reichlicherem Genuß desselben zu ermuntern suchten.

„Nein, Kinder," sagte er, als Lene das Zimmer verlassen und sie nun unter sich waren, „ich habe keinen Appetit, weder zum Essen noch Trinken, und mir ist es beinahe, als ob mir die Kehle von einer unsichtbaren Hand zugeschnürt wäre. Das kommt aber wahrscheinlich von der abscheulichen Schwüle und Hitze her, die wie ein Alp auf uns lastet. Also zwingt mich nicht und laßt mich lieber pausiren. Meine ausgedörrte Natur verträgt das längere Fasten schon und ich habe in Java und auf dem Cap, wenn es einmal übermäßig heiß war, auch nur wenig gegessen und noch viel weniger getrunken."

„Nein," erwiderte Johanna, „wir wollen Dich gewiß nicht zum Essen und Trinken zwingen, und je weniger Du jetzt zu Dir nimmst, um so besser wird es Dir gegen Abend auf der Moselnixe schmecken, wenn die Luft auf dem Wasser kühler geworden ist."

Der alte Herr schaute die Sprechende verwundert an. „Wie," sagte er, „denkst Du etwa, daß man uns auf dem Schiffe eine Mahlzeit vorsetzen wird?"

„Ohne allen Zweifel," versicherte Johanna mit der größten Bestimmtheit. „Da müßte ich die Gastfreiheit unserer guten Landsleute nicht kennen, lieber Onkel."

„O, das würde mich sehr in Verlegenheit setzen, mein Kind," erwiderte der alte Herr sichtlich betroffen, „denn ich bin, wie ich nun wohl sehe, anfangs doch wohl etwas zu starr und ungastlich gegen den liebenswürdigen jungen Mann verfahren, als er mir meinen Wein ablaufte und später das leere Haus miethen wollte. Ja, das thut mir jetzt recht leid und ich habe meine Ungastlichkeit so weit getrieben, daß ich ihm bei den beiden letzten Male nicht einmal ein Glas Wein angeboten, was hier doch Jedermann thut, wenn er Besuch empfängt."

Johanna streichelte des Onkels Hand und sagte sogleich: „Laß Dich das nicht gereuen, lieber Onkel. Du bist nach dem, was Du uns von Deiner letzten Begegnung mit ihm und von seinem Benehmen dabei erzählt hast, gewiß nicht ganz unliebenswürdig gegen ihn verfahren und er wird sicherlich mit Dir zufrieden gewesen sein. Uebrigens kannst Du ja leicht das Versäumte nachholen. Die Moselnixe wird ja wohl noch länger hier ankern und dann magst Du Herrn van der Straaten und seinen Freund, wenn Du ihn erst kennen gelernt, in Dein Haus einladen. Sarah und ich werden Alles

aufbieten, Deinen ersten kleinen Mißgriff vergessen zu machen, wenn Du ihn dafür hältst; nicht wahr, Sarah?"

Diese stimmte ihr durch Kopfnicken bei und sagte dann mit leichtem Erröthen: „Gewiß, liebe Johanna!"

„Das freut mich von Euch," nahm nun der Hausherr wieder das Wort, „und Ihr sollt mir nicht umsonst den guten Wink gegeben haben. Doch nun — was ist die Uhr? Gerade Eins. So will ich mich denn ein halbes Stündchen in mein Zimmer zurückziehen und ein wenig ruhen. Mir geht heute so Vieles durch den Kopf, was überlegt sein will. Sobald Ihr aber das Boot kommen seht, denn Ihr werdet Euch doch wohl in den Garten begeben, benachrichtigt mich."

Man wünschte sich eine gesegnete Mahlzeit und trennte sich. Die Mädchen gingen zuerst nach ihren Zimmern und holten ihre Hüte und Tücher hervor; der alte Herr dagegen, statt sich zu ruhen, wie er gesagt, zündete sich, was er nur selten that, eine Cigarre an und schritt langsam im Zimmer auf und nieder, immer die Uhren im Auge behaltend, die ihm jetzt mit einem Mal merkwürdig langsam zu gehen schienen. Endlich aber ging es doch auf zwei Uhr und nun nahm er seinen Hut und einen leichten Ueberrock und begab sich in den Garten, wo die Mädchen schon auf und abwandelten. Kaum aber war er zu ihnen getreten, die, aufmerksam über die Mosel hinblickend, eben an der Gitterthür standen, so sahen sie das kleine Boot hinter der Moselnixe hervorkommen und erkannten in dem dritten Mann, der hinter den beiden Ruderern saß, Jan van der Straaten, der, wie sich bald erwies, auch in seiner Gesellschaftskleidung erschien, als ob er zum zweiten Mal seine Verlobung mit Johanna van der Hooghe feiern wolle.

Allen Dreien schlug das Herz vor Erwartung hoch auf, als das Boot immer näher und näher herankam, alle Drei aber schwiegen, als ob jetzt nichts mehr zu besprechen wäre. Nur als das Boot das Ufer beinahe erreicht und am nächsten Steindamm anlegte, sagte der alte Herr leise aufseufzend:

„Er ist da und pünktlich wie wir. So laßt uns ihm denn entgegengehen. Seid Ihr fertig?"

Sarah nickte stumm und sichtbar erbleichend, Johanna aber erröthete stark, als sie ihren Jan unmittelbar vor sich sah, von dem der Onkel ja noch keine Ahnung hatte, daß er ihr Verlobter sei.

Die ganze Hausdienerschaft wußte, daß ihr Herr, was sehr selten geschah, auf einen Besuch ausging und da er sogar das fremde Schiff besteigen wollte, das sie Alle schon oft begafft und bewundert, so fühlten sie sich geneigt, ihre Herrschaft dahin abfahren zu sehen. So hatten sie sich jetzt sämmtlich am Ufer versammelt und wünschten den Abfahrenden von Herzen Vergnügen und Freude in jeder Art.

Jakob van der Myers drehte sich noch einmal nach den Zurückbleibenden um, empfahl ihnen Haus und Hof gut zu bewachen, und grüßte sie freundlich. Dann wandte er sich Jan van der Straaten zu, der eben an das Land stieg und mit abgenommenem Hut sich höflich verbeugend vor die Damen trat.

„Guten Tag, meine Damen, guten Tag Herr van der Myers." sagte er in holländischer Sprache mit verbindlichem Lächeln und reichte dem Letzteren die Hand. „Sie sind pünktlich, sehe ich. und das ist mir lieb."

„Sie kennen meine Mädchen ja bereits, nicht wahr?" wandte sich der alte Herr an den jungen Mann.

„Ich habe die Ehre," erwiderte Jan mit dem ruhigsten Gleichmuth und sich noch einmal verbeugend ohne jedoch zu wagen. in Johanna's schelmisch lächelndes Gesicht zu blicken. der es augenscheinlich schwer wurde, die Regungen ihres frohlockenden Herzens im Zaume zu halten. „Wenn es Ihnen aber beliebt," fügte er hinzu, „so eilen wir, an Bord zu kommen. Meine Leute befürchten ein heraufsteigendes Gewitter und so möchte ich Sie bald unter ein sicheres Dach bringen, wenn es Regen dabei geben sollte."

Er ergriff zuerst Sarah's Hand, die sie ihm zitternd reichte, und führte sie vorsichtig über den schmalen Steindamm nach dem längs daneben liegenden Boot. Dann holte er Johanna nach, deren Hand sich krampfhaft und mit wiederholtem Druck um die seine schlang, und endlich leitete er auch den alten Herrn auf seinen Platz. Als sie bald darauf Alle saßen, gab er den Ruderern einen stummen Wink mit der Hand, das Boot drehte sich auf seinem Kiel herum und gleich darauf flog es pfeilschnell über den Strom, den Riemen gehorchend, die von kräftigen Armen sicher geführt wurden.

Gesprochen ward auf der kurzen Strecke unterwegs nicht; Aller Blicke hatten sich vielmehr dem rasch näher tretenden Schiffe zugekehrt. Aber in Jan's und Johanna's Augen blitzte ein sehr verzeiflicher Triumph auf, da sie ja endlich dem Ziele ganz nahe gekommen waren, das sie schon so lange mit allen Seelenkräften erstrebt.

Da hatte man das schöne Schiff erreicht und vorsichtig ließen die Ruderer das Boot sich an seine Treppe legen, an der oben Pool, der Steuermann, in Galakleidung, wie alle übrigen Matrosen mit abgezogenem Hute stand, um die fremden Herrschaften zu empfangen und nach Seemanns Art freundlich zu begrüßen. Wenige Minuten später standen Alle auf der unteren Galerie und nun sagte Jan, sich zunächst an seinen älteren Gast wendend:

„Wir sind am Ziel, Herr van der Myers, und ich heiße Sie auf holländischem Boden willkommen! Jetzt gehe ich Ihnen voran und bitte Sie, mir zu folgen."

Er schritt um die Galerie herum und erstieg die kleine Treppe, die auf das hintere Deck führte. Jakob van der Myers folgte ihm mit lauten Athemzügen, denn sein altes Herz schlug ihm hoch auf, als er sich nun endlich einmal auf heimischem Boden fühlte. Sarah folgte ihm halb zagend, halb hoffnungsvoll, Johanna aber bezwang kaum ihren inneren Jubel und am liebsten hätte sie laut aufgeschrieen: „Onkel, Du bist auf Deinem

eigenem Schiff, wenn Du es nur als das Deine anerkennen willst!" Indessen schwieg sie und nur die glühende Purpurfarbe, welche ihre Wangen bedeckte, gab Zeugniß von dem Freudensturm, der in allen ihren Adern brauste und kochte.

Da standen sie denn auf dem reizenden Gartendeck und schauten sich in einer so freudigen Aufregung um, wie sie noch Niemand von ihnen erlebt, und merkwürdig war es, es wurde zuerst kein Wort laut, daß ihr Staunen und ihre Bewunderung kundgegeben hätte. Jan, der die lange Pause zu verkürzen strebte, wandte sich jetzt zuerst wieder an Jakob van der Myers, blickte ihn lächelnd an und sagte:

„Nun, Herr van der Myers, wie gefällt Ihnen unser kleiner Schiffsgarten? Haben wir den beschränkten Raum nicht am Möglichkeit benutzt?"

Da athmete der alte Herr aus tiefer Brust auf und, sich rings umblickend und Niemanden von den Schiffsbewohnern als Jan an der Straaten in seiner Nähe gewahrend, obwohl er irgend Jemanden zu suchen schien, sagte er mit einem Ton, der seine Empfindung nur zu deutlich verrieth:

„Ja, es ist reizend, ich sehe, ich fühle es. Mehr kann ich im Augenblick nicht sagen. Doch — wo ist Ihr Freund. der, wie Sie mir sagten, das Cello so schön spielt? Ich habe das Verlangen, ihn nun auch bald persönlich kennen zu lernen."

„Dies Vergnügen, wenn es Ihnen eins ist, soll Ihnen zu Theil werden, Herr van der Myers," entgegnete Jan, „nur müssen Sie ihn noch für einige Zeit entschuldigen. Mein Freund kommt erst etwas später an Bord, da er nach dem Hospital dort drüben gegangen ist, um den Rector zu sprechen, mit dem er ein Geschäft abzuwickeln hat."

„Ah," erwiderte der alte Herr, „zu dem Rector von Jues? Kennt er denn den? Das ist ein lieber Mann, ich habe ihn auch schon einige Mal gesehen und auch einige Worte mit ihm gesprochen, als ich mir vor Jahr und Tag die segensreiche Anstalt des edlen Cardinals betrachtete."

„Ja wohl kennt er ihn," erwiderte Jan, „er ist sogar mit ihm befreundet. Beide Herren sind sich vor einiger Zeit auf einer Reise begegnet und haben sich gegenseitig einen kleinen Dienst erweisen können."

Jakob van der Myers nickte befriedigt und wandte sich nun wieder den ihn umgebenden Gegenständen zu. Von den Uebrigen gefolgt, schritt er das Deck entlang und betrachtete die exotischen Gewächse genauer, die er alle bei Namen zu nennen wußte und die ihm, dem Blumenfreunde, eine große Freude zu bereiten schienen. Sarah wandelte wie bezaubert hinter ihrem Vater her, denn so schön und einladend hatte sie sich den Aufenthalt auf dem Schiffsdeck keineswegs vorgestellt. Johanna, die das Schiff ja schon lange von Rotterdam her kannte, machte sie auf Dies und Jenes aufmerksam und flüsterte ihr zu, guten Muthes zu sein, zumal sie ja sehe, daß Alles sich leicht und vortrefflich abwickle und ihr Vater schon jetzt überaus befriedigt sei.

„Jetzt, nachdem Sie das Deck und seinen Schmuck zur Genüge betrachtet," sagte Jan, „will ich Sie, ehe wir etwas Weiteres unternehmen, zuerst in die Kajüte führen," und damit schritt er wieder die hintere Treppe hinab, wo er Lucas, der in der Thür stand, ein Zeichen gab, dieselbe zu öffnen. Kaum aber waren sie Alle eingetreten, so schloß sich die Thür wieder hinter ihnen und nun standen Vater und Tochter noch mehr bezaubert in dem reizenden Raum, wie Sarah dergleichen noch nie, ihr Vater aber seit langer Zeit nicht betreten.

Offenbar war Letzterer von einer tiefen Rührung ergriffen und an Worten gebrach es ihm vollständig. Daß aber etwas Mächtiges und Erschütterndes in ihm vorging, gewahrten Alle, die ihre Blicke voller Spannung hauptsächlich auf ihn gerichtet hielten. Und in der That, Alles, was der alte Mann hier um sich sah, die ganze Art der Einrichtung und Ausstattung, mußte seine Erinnerung an frühere Zeiten und lange nicht gesehene Dinge wachrufen. Viele kleine Luxusgegenstände, die er an den Schiffswänden zwischen den Gemälden und auf den Consolen der Spiegel ausgebreitet fand, vor Allem die prachtvollen Albumblätter, die geöffnet auf den Tischen lagen und holländische Oertlichkeiten, Gebäude, namentlich aus Rotterdam und Amsterdam darstellten, zogen seine funkelnden Augen wie eben so viele Magnete an, und das chinesische Porzellan, die kostbaren japanesischen Lacksachen, die überall seinen Blicken entgegentraten, riefen ihm nur zu deutlich in's Bewußtsein, daß er sich wirklich auf einem holländischen Schiffe befinde.

Jan gewährte seinen Gästen hinreichend Zeit, Alles und Jedes genau zu betrachten. Er sprach fast kein Wort und nur bisweilen tauschte er mit Johanna heimliche Blicke herzlichen Einverständnisses aus, wobei er sich jedoch außerordentlich in Acht nahm, sich nicht zu verrathen. Als man aber auch hier jedes Einzelne in Augenschein genommen und bewundert hatte, öffnete er selbst die Spiegelthür, die in das Speisezimmer führte, und bat seine Gäste in dasselbe einzutreten.

Jakob van der Myers hatte nur wenige Schritte in dasselbe hineingethan, als er sich nach den beiden Mädchen umkehrte und Johanna einen von ihr sehr wohl verstandenen Blick zuwarf. Seine Augen flogen dabei über die kostbar ausgestaltete Speisetafel hin, die unter ihren mannigfachen Geräthen in allen Farben funkelte, und Johanna nickte ihm freundlich zu, als wollte sie andeuten, daß sie ihm von der Gastfreiheit ihrer Landsleute nicht zu viel gesagt.

„Hier werden wir nachher speisen, Herr van der Myers," sagte Jan, „wenn mein Freund von seinem Besuche zurückgekehrt ist und Sie so gütig sein wollen, unser vaterländisches Mahl zu theilen. Und nicht wahr, das werden Sie?"

„Herr van der Straaten," sagte Jan, mit einem Gesicht, auf dem jede Linie seine innere Rührung widerspiegelte, „Sie beschämen mich. Ich habe Sie bei mir nicht so würdig empfangen, wie Sie mich hier empfangen, und das empfinde ich erst jetzt recht klar. Allein ich hoffe, ja — ich hoffe, ich werde Ihnen und Ihrem Freunde auch noch Gastfreundschaft erweisen können, und bitte Sie schon jetzt darum, auch mein einfaches Haus einmal auf längere Zeit zu beehren, allein — mit solchen Kostbarkeiten, wie ich sie hier um mich sehe, kann ich Ihnen nicht dienen, denn ich bin leider so reicher Mann, wie Sie es zu sein scheinen, ach nein! Sie wissen ja, wo mein Reichthum geblieben ist. O!"

Jan reichte ihm mit einem liebenswürdigen Lächeln die Hand und erwiderte sogleich: „Darüber wollen wir jetzt nicht sprechen, Herr van der Myers. Aber Ihr Gast will ich gern sein und wenn es auch einfacher bei Ihnen hergeht, so haben Sie doch größere Räume —"

„Und ein eben so großes Herz!" mischte sich Johanna ein, die der begonnenen Unterhaltung eine andere Wendung zu geben wünschte.

„Sei Du von meinem Herzen still," bat der alte Herr mit einem herzlichen Blick auf das liebliche Mädchen, „aber ich fühle es in diesem Augenblick selbst, daß es groß ist, denn es umfaßt Viel — Viel mit einem Mal."

Sarah war der Thür, die in das Schlafzimmer führte, während dieses Gespräches nahe gekommen und betrachtete die schweren purpurrothen Vorhänge, die sie verschlossen, mit ihren großen glänzenden Augen, als ob sie begierig wäre, zu erfahren, was dahinter verborgen sei. Jan bemerkte es wohl, trat neben sie hin und sagte:

„Durch diese Thür führe ich Sie heute nicht. Sie verschließt unser Schlafzimmer und daran ist nichts Besonderes zu sehen. Wenn es Ihnen beliebt, so kehren wir jetzt in das vordere Zimmer zurück, um daselbst ein wenig Platz zu nehmen und meinen Freund zu erwarten, der nun bald kommen muß." Und er sah dabei nach der Uhr, als ob er seinen Freund in einer bestimmten Zeit erwarte. Eben wollte er noch etwas hinzufügen, als er verstummte und oben hinhorchte, wo sich wider Erwarten eine ungewöhnlich heftige Bewegung vernehmen ließ, als ob viele Menschen auf dem Deck hin und herritten und irgend welche Vorkehrungen träfen, wobei man auch zugleich verschiedene Stimmen vernahm, von denen eine sehr kräftige laut ihre Befehle ertönen ließ. In demselben Augenblick verdunkelte sich das Licht in der vorderen Cajüte, in die man eben getreten war, als ob plötzlich alle Fenster mit dichten Vorhängen verschlossen würden, und gleich darauf ertönte ein krachender Donnerschlag, der in langen, sich mehrfach wiederholenden Cadenzen in den Felsenbergen ringsum widerhallte.

„Was ist das?" rief Jan leicht erschreckt aus und eilte an das nächste Fenster, dessen gestickte Gardine er schleunigst zurückriß. „Ah, fuhr er ruhiger fort, es ist das Gewitter, das wir schon lange erwartet. Aber es ist rasch heraufgekommen, das muß ich sagen. Doch sein Sie ruhig, meine Damen, und Sie, Herr van der Myers. Wir sind hier vor allen Ereignissen sicher, dafür haben wir bei Zeiten gesorgt. So — ziehen wir alle Vorhänge zurück, dann können wir sehen, was draußen vorgeht, aber ein Fenster öffnen wir lieber nicht, da der Himmel mit einem heftigen Regen droht."

Alle waren an die Fenster getreten, die nach der Mosel hinausgingen, um zu beobachten, was sich drüben an den Bergen oberhalb des Nußhofes begab, denn von dort her war der Donner erklungen und das Gewitter kam also von Osten her, gerade der Moselnixe entgegengerichtet. So standen sie da und schauten Alle mit verwunderten Augen auf das neue Naturschauspiel hie, ohne Ahnung, was sie sogleich, wie wenige Menschen außer ihnen, mit eigenen Augen wahrnehmen würden.

Achtes Capitel.
Der Mensch denkt und Gott lenkt.

Der ganze Himmel, eben noch so blau und klar, war plötzlich, als hätte eine unsichtbar daherrasende Windsbraut es herbeigepeitscht, mit dickem, düsterem Gewölk bezogen und die auf dem Schiffe ausgespannten Flaggen und Wimpel flatterten und rollten sich schon in dem lebhaft aufwirbelnden Winde, obgleich der Hauptsturm nur hoch oben in den Lüften tobte, die Fläche der Mosel aber noch verhältnißmäßig ruhig blieb und ihre Wellen nur zu kräuseln und leicht zu erheben begann. Die Matrosen wie sämmtliche dienstbaren Geister waren an Bord emsig beschäftigt, die schönen Festzeichen einzuziehen und die so zierlich aufgestellten Blumenpyramiden mit starken Schnüren zu befestigen oder die ganz schutzlosen nach den vorderen Cajütenräumen zu tragen. Kaum aber waren sie damit fertig und das Hin- und Herlaufen dabei hatte eben das über der hinteren Cajüte gehörte Geräusch verursacht, so nahm das Gewitter und mit ihm der Sturm jeden Augenblick mit einer Heftigkeit und Schnelligkeit zu, als ob sie selber so sehr wie möglich eilten, mit ihrem Zerstörungswerke zu Ende zu kommen.

Wie von Furien gejagt, stürmte das Gewölk am Himmel in dichten Massen daher; Blitz und Donner erfolgten fast immer zu gleicher Zeit, bald das Auge der Menschen blendend, bald ihr Ohr betäubend und in gleichem Maaße ihre Gemüther mit Angst erfüllend. Aber jenes Gewölk nahm von Augenblick zu Augenblick eine nächtlichere Farbe und eine drohendere Gestalt an. Namentlich die eine dichte, kohlschwarze und verderbenschwangere Wolke, die den Blitz und den Donner in ihrem Schooße zu bergen schien, fluthete näher und näher heran; ihre Ränder, die man anfangs wie mit einem Messer scharf abgeschnitten gesehen, verlängerten sich in schmalere Streifen, die wie mit düsteren Fingern nach der Erde hinabzugreifen schienen, als wollten sie sich an dieselbe anklammern und sie an sich reißen. So sah es aus, als ob ein ungeheures Trauertuch mit endlosen Fransen vom Himmel auf die Erde herabgelassen würde, um ein großes Grab zu bedecken, von dem bis jetzt doch noch keine Spur vorhanden war.

Nur der Wind, der anfangs den Anschein angenommen, als wolle er zu einem Orkan ausarten, da er so plötzlich und unerwartet dahergebraust kam, entwickelte sich glücklicher Weise nicht weiter, vielmehr wurde es sogar mit jedem Augenblick wieder stiller in den Lüften, und ein seltsames Schweigen, wenn der Donner verhallt, senkte sich auf die Berge und das Thal nieder, das jetzt fast in nächtlicher Dunkelheit da lag, die mit jedem Moment düsterer und unheimlicher wurde.

Alle in der Cajüte der Moselnixe versammelten Personen standen laut- und fast athemlos auf ihren Plätzen an den Fenstern und schauten mit angstvollen Blicken auf das dämonische Schauspiel hin, das sich so unerwartet vor ihnen enthüllt hatte, aber Alle erkannten auch, daß das Gewitter den Flügeln des zuerst ausgebrochenen Sturmes pfeilschnell vorüberzog, um die linksseitigen Berge zu erreichen und seine Blitze und

seinen Donner auf sie niederzuschleudern, denn die ersteren zeigten sich den nach Osten Schauenden nicht mehr und die Donnerschläge hallten nur noch aus größerer Ferne herüber.

„Das ist ein arges Gewitter," sagte da in einer längeren Pause der aufrührerischen Elemente Jakob van der Myers mit beklommen athmender Brust, „und ich habe mich also nicht getäuscht, wenn ich es schon gestern und vorgestern den ganzen Tag erwartete. Aber wie ist es mit Ihrem Schiff, Herr van der Straaten, liegt es fest, wenn der Wind wieder stärker werden und die aufgeregten Wellen Ihre Anker bedrohen sollten?"

Jan warf nur einen raschen Blick auf die bestürzten Gesichter der beiden Damen, dann nickte er dem Fragenden zu und, ohne im Augenblick eine Antwort laut werden zu lassen, sprang er zu den auf dem Schiff befindlichen Matrosen hinaus, um flüchtig einige Worte mit ihnen zu wechseln und auf ihre Bewachung des Schiffes zu achten. Dann flog er wieder in die Cajüte hinab und trat mit völlig beruhigter Miene unter die Anwesenden, wo er sogleich sagte:

„Sie können völlig unbesorgt sein, Herr van der Myers, und auch Sie meine Damen. Was geschehen kann, ist geschehen und wir werden von den zuverlässigsten Leuten bedient. Das Schiff liegt ganz fest und kann unmöglich nach irgend einer Seite hin abtreiben. Nicht bloß alle Anker sind niedergelassen, sondern auch doppelte Taue fesseln es am Land. Wir liegen hier wie in dem sichersten Hafen und auf unsere Matrosen, die wir aus Rotterdam mitgebracht, können Sie sich unter allen Umständen verlassen. Unser Steuermann insbesondere hat Acht auf Alles und ich bitte Sie recht sehr, ohne alle Sorge zu sein. Auch ist das Gewitter schon fast ganz vorübergezogen und man hört sogar den Donner nur viel seltener noch."

Trotz dieser mit großer Sicherheit gesprochenen Worte zeigte sich Sarah und selbst auch Johanna ängstlich und besorgt, wozu besonders die seltsame Finsterniß beitrug, die sich über die ganze vor ihren Augen liegende Scene verbreitete. Jan versuchte sie aber auch darüber zu beruhigen, als plötzlich etwas ganz Neues, Unerwartetes und Entsetzliches geschah, und zwar so schnell, daß kein Mensch seinen Eintritt vermuthen oder voraussehen konnte, so daß eigentlich schon Alles vorüber war, als man es noch im Ausbruch begriffen glauben konnte.

Anfangs hatte man sich vor den schmetternden und in raschestem Fluge aufeinander folgenden Blitzen am meisten gefürchtet, da man sie fast unmittelbar vor sich aus der schwarzen Wolke niederfahren sah, jedoch sich bald wieder darüber beruhigt, als das eigentliche Gewitter zu reißend schnell über die Mosel und das Schiff fortrauschte, ohne irgend Jemandem Schaden zu bringen; vor den Nachzüglern dieses Gewitters aber hatte man viel weniger gebangt und höchstens einen starken Regen oder Hagelschlag erwartet. Nun aber fingen mit einem Mal diese Nachzügler an, sich auf eine viel heftigere und schauerlichere Weise bemerklich zu machen, als man es ihnen zugetraut.

Zuerst nämlich fing es an, mit großen Tropfen, denen kleine Eisstücke beigemischt waren, zu regnen, dann wurde der Regen dichter und stärker, aber das linke Moselufer, an dem man gerade lag, wurde davon weit weniger heimgesucht als das rechte, ihm gerade gegenüberliegende. Auf dieses nun entlud sich das furchtbare Gefolge des Gewitters mit seiner ganzen Macht, wiewohl auch hier nur stellenweise. Der dunkle Vorhang, der wie ein Leichentuch vom Himmel tief herabhing, wurde immer dichter und schwärzer, kam immer näher und drohender heran, als wolle er sich ganz von seiner Höhe lösen und auf die Erde fallen. Allmälig, je weiter er nach unten kam, verringerte sich sein Umfang und zuletzt nahm er die Gestalt eines auf der Spitze stehenden Kegels an, so daß er wie ein gewaltiges geflügeltes Ungethüm aussah, das mit seinen weit ausgestreckten Fängen und Krallen nach den Bergen griff, um sie mit seiner allmächtigen Wucht zu umklammern. Und das that er leider in gewissem Maße auch. Ein Wolkenbruch, wie er so schrecklich und verderblich auch im vorigen Jahre die Moselgegend heimsuchte und einige Strecken theilweise verwüstete, stürzte auch damals über das Land herab, und gerade über den Kamm des Gebirges, der über dem Gehöft des alten Holländers lag, brach er herein und betraf damit am schwersten einen schönen Theil seiner Weinberge, wenn auch nicht den, wo der berühmte Doctorwein wuchs.

Schwer aber ist es, selbst einer geübten Feder, die Vorgänge in ihrer rapiden Schnelligkeit zu beschreiben, wie sie sich an diesem Tage und vor den Augen der auf dem Schiff Versammelten zutrugen. Die Schrift, das Lesen derselben erfordern eine längere Zeit, als das furchtbare Ereigniß selbst sich nahm, das über die Betroffenen hereinbrach. In einem massenhaft zusammenhängenden Strom, wie ein aus den Wolken niedergießender Fluß, stürzte das Wasser auf den Kamm der Berge nieder und man sah eine Weile nichts von dem üppigen Grün der Weinpflanzungen oder überhaupt der wie hinter einem dichten Schleier verborgenen Berge mit ihren Rebenstöcken und Waldungen.

Plötzlich aber ließ sich ein neues und alle Herzen erschütterndes Getöse drüben in der Höhe vernehmen, das sich im rasenden Lauf und mit weithin fortdröhnendem Gekrach nach der Tiefe verbreitete. Das Wasser hatte sich oben auf der Kuppe des Berges gerade oberhalb des Nußhofes in irgend einer Höhlung oder Mulde eine Weile gesammelt, hier seine ganze Kraft concentrirt und stürzte nun wie ein lebendig gewordener, seinen Fesseln entrückter Strom in die Tiefe nieder. Dabei wühlte es sich mit unwiderstehlicher Gewalt in die weiche Erdkruste ein, welche die Weinberge bedeckt und mit so vieler Mühe in jahrhundertlanger Arbeit in die Höhe geschafft, gedüngt und zur Erzeugung der kostbaren Trauben geschickt gemacht ist. Ein furchtbares Gefnatter, wie wenn tausend Bäume in ihren Stämmen und Aesten zugleich brächen, erfolgte, die Erdrinde ward durch den mächtigen Wasserstrom erst gehoben, dann zu Thal gerissen und, indem die Rebstöcke brachen und barsten, wurden Steine, Felsstücke, Blätterwerk, Erde, Alles in eine tosende, stürzende schlammige Masse verwandelt, mit furchtbarem, lawinenartigem Gekrach in die Tiefe geschleudert.

Als aber diese ganze wirre ungeheure Masse sich vorwärts und zu Thal wälzte, erreichte sie mit ihren fortgespülten Trümmern endlich auch das Flußbett und stürzte sich mit einem mehr als donnerartigen Getöse in

dasselbe hinein. Hoch auf bäumte sich der Fluß, gleichsam erschreckt und aus seiner alten Ruhe in die Höhe getrieben. Eine ungeheure Welle schob und rollte sich über die ganze Breite des Stromes fort, erreichte auch in wenigen Minuten das vor Anker liegende Schiff und schleuderte es in die Höhe, so daß alle ausgeworfenen Taue krachten, die festliegenden zerrissen und nur die losen das wankende und hochgehobene Fahrzeug hielten. Dann aber war Alles, so rasch es gekommen, wieder vorüber, das Schiff lag an seinem großen Wurfanker und an den sofort angezogenen Landtauen fest und schwankte auf den Fluß langsam beruhigenden Wogen nur noch eine Weile hin und her.

Die Wirkung, welche dieser graußige Vorgang auf die im Schiff versammelten Zuschauer übte, dürfte fast eben so schwer zu beschreiben sein, wie der Vorgang selbst, denn Alle waren im Innersten ihres Herzens getroffen, beinahe gelähmt vor Schreck und Entsetzen. Sarah, die nicht mehr auf ihren Füßen stehen konnte, war wie ohnmächtig auf einen Sessel gesunken und verhüllte sich das Gesicht, ohne einen Laut von sich zu geben. Johanna klammerte sich an Jans Arm und war, durch die tanzende Bewegung des Schiffes erschüttert, auf ihre Knie gesunken. Nur Jan selbst und Jakob van der Myers standen, nachdem auch sie eine Minute gewankt, aufrecht und bewegungslos an zwei Fenstern und schauten mit bleichen, entsetzten Gesichtern auf das so plötzlich hereingebrochene Verderben hin.

Zwischen allem Diesem tönte jetzt wieder der Donner mit furchtbarem Schall von den diesseitigen Bergen herüber und Blitz folgte auf Blitz, momentan die Dunkelheit erhellend, die in der Cajüte herrschte. Dann aber war mit einem Mal Alles still, todtenstill, und die düstere Atmosphäre klärte sich eben so schnell wieder auf, wie sie sich getrübt, als ob eine unsichtbare ungeheure Gewalt sie rein gefegt hätte. Auch der Regenguß, das Donnern und Blitzen hörte auf, die schwarze Unheilswolke war vom Himmel, aus den Lüften verschwunden und man sah das vor sich liegende wieder klar und frei, noch viel klarer und freier sogar als vor der entsetzlichen Katastrophe.

Aber ach! wie, in welchem Zustande, in welcher Verwandlung sah man es! Wo war der schöne Weinberg geblieben, der so eben noch so grün, so blühend, so vielverheißend auf das am ärgsten heimgesuchte Gehöft des alten Holländers herabgeblickt? In Geröll, Schlamm und Gutz aufgelöst und zusammengerollt, mit tausend zerbrochenen, zerwühlten Weinstöcken oder ihren Ueberbleibseln bedeckt, lag er unten im Thale, vor und in der Mosel, die in eine gelbgraue, ungestüm zitternde und sich schüttelnde Lache verwandelt war, als der Berg sich über sie hinabgestürzt. Ach, und was war in der Nähe des traulichen Hauses Jakobs van der Myers geschehen? Es selbst stand freilich, auf festem Gestein gegründet und an seinen fast übhängenden Fels sich lehnend, der auch die unzerstörbaren Kellerräume barg, unbeschädigt da, man sah es wie einen starren Sieger über die Leichen seiner Umgebung erheben, aber viel höher schien es jetzt als sonst zu liegen, denn das Erdreich ringsherum, die schönen Obstbäume, die es geschmückt und beschattet, der Garten, der es umgrünt, war mit seinen Blumen und Rosenstöcken nicht

mehr vorhanden, Alles war fort und in die Mosel ge-
spült und das zerstörende Wasser, auch das grüne Gitter
und jedes übrige Bollwerk wie Spinnweben mit sich
fortreißend, hatte nichts als eine ausgehöhlte, schlucht-
ähnliche Tiefe hinterlassen, die wie ein offenes Grab den
darauf hinstarrenden Augen entgegengähnte. Dagegen
war das leerstehende Haus mit der Kelterei, das seitwärts und gerade im niederstürzenden Strom gelegen,
bis auf die letzte Spur vom Erdboden verschwunden und
nur wenige seiner Balken, seiner Mauerüberbleibsel, seiner
Thüren und Sparren schwammen in vereinzelten Brocken
und Stücken im trüben Wirbel der Mosel dahin.

So war Alles, was man vor sich sah, mit einem
Wort ein Chaos sonder Gleichen und Niemand begriff
im Augenblick, wie das Unheil so rasch hatte geschehen
können. Und wer nicht dabei gewesen, es nicht gesehen,
er hätte nicht glauben können, daß es möglich, wie so
groß hatte sich die Gewalt des stürzenden Wassers erwiesen, daß Felsstücke von vielen Centnern an Gewicht,
ja die granitene Kelterpresse des leerstehenden Hauses
mit ihrer eisernen Stange, die zweiunddreißig Centner
wog, eine Viertelstunde weit wie ein leichter Ball vom
Wasser weggetragen und endlich auf das sandige Moselufer niedergelegt wurde, wo man sie als lautsprechende
Zeugin der Gewalt der Elemente tief in den Schlamm
eingewühlt liegen sah.

Nur die beiden alten Nußbäume, die mit riesigen
Wurzeln an den Boden gebunden, waren mit ihren
Kronen unversehrt stehen geblieben und höchstens an den
unteren Theilen durch dagegengeschleudertes Felsgestein
an ihrer Rinde beschädigt worden.

Wenige Minuten waren wieder verstrichen und alle
Diejenigen in der Schiffscajüte, welche durch einen
wunderbaren Zufall Augenzeugen dieses elementaren Un-
heils gewesen, standen nun wie erstarrt und blickten mit
verglasten Augen auf die Wahlstatt der Zerstörung hin.
Das Gekrach der brechenden und auseinandergerissenen
Häuser, des stürzenden Berges mit seinen lebendig gewordenen Erd- und Felsmassen dröhnte in ihren Ohren
und Herzen wieder, und Alle standen zitternd und bebend
da und schauten düster vor sich hin, als sähen sie mit
willenloser Ergebung dem Weltuntergange zu. Insbesondere die beiden jungen Mädchen, die wieder auf ihre
Füße gesprungen und an die Fenster getreten waren,
sahen mit ihren erstarrten Gesichtern wie in Stein verwandelte Bildsäulen aus. Jan hatte unwillkürlich, gleichsam um sie zu schützen, Johanna umfaßt, und eben so
der Vater seine Tochter. So standen sie eine Weile
sprachlos, entsetzt, fast betäubt da. Doch — da war
ja das ganze Unglück schon vorüber, eine seltsame, furchtbare Stille herrschte ringsum in der ganzen Natur —
— jetzt erst sahen sich Alle selbst mit entsetzten Blicken
an, als wollten sie sich fragen, ob es denn möglich, ob
es wahr sei, was sie doch eben mit ihren eigenen Augen
sich zutragen gesehen.

„Können die hohen starren Berge und Felsen denn
wirklich wandern?" mochten sie sich fragen. Ja, sie
können es, erwidern wir, und die frühere Befürchtung
Philipps van der Myers war also nicht ohne Grund
ausgesprochen worden, denn wir haben in den vorigen
Jahre wieder von Neuem mit eigenen Augen das große
Unheil erschaut, welches aber das unglückliche Kirn,

Enkirch und Berncastel hereinbrach und in wenigen
Minuten gepflasterte Straßen in Schlamm- und Trümmer-
berge, in gähnende Schluchten und Klüfte verwandelte,
Häuser meilenweit davontrug und zersplitterte, und viele,
viele Menschen unter ihren Ruinen begrub.

Aehnlich, nur nicht in so ausgedehntem Maaße,
geschah es auch damals an dem Tage, den wir hier
zu schildern versucht, nur daß dabei wunderbarer Weise
kein Menschenleben zu Grunde ging, denn die Dienstleute Jakob van der Myers, über dessen Gehöft das
Unglück fast allein hereinbrach, befanden sich zur Nach-
mittagszeit zufällig sämmtlich im Herrenhause, und dieses,
von den umgebenden Felsen geschützt, litt, wie schon gesagt.
unter dem plötzlichen Unheil nicht, nur waren seine
Grundmauern bloßgelegt, da das dieselben umspülende
Wasser alle Erdtheile nach der Mosel hinausgeführt hatte.

Als nun aber die Zuschauer im Schiff so sprachlos
standen, auf die Stätte der Verwüstung schauten und
dann Herz an Herz sanken, um ihrer innersten Empfindung
durch einen unwillkürlichen Thränenstrom Luft zu machen,
da war es Jakob van der Myers, der zuerst ein lautes
verständliches Wort hören ließ, indem er, aus tiefster
Brust aufstöhnend, ausrief:

„O mein Gott! Du hast es gesandt und ich beuge
mich in Demuth! Aber nun habe ich kein Haus, kein
Obdach mehr, in dem ich mich und mein Kind berge,
denn da — da liegt meine letzte Heimath auf Erden
verwüstet und zertrümmert und ich — habe keine andere
mehr!"

Da, in diesem Moment geschah wiederum etwas
Neues, Unerwartetes, aber — nicht mehr Entsetzliches.
Hinter ihm, er hatte es nur nicht bemerkt und eben so
wenig die Seinigen, standen schon zwei andere Männer
und eine ernste Stimme sprach mit glockenklarem Ton
laut und deutlich, so daß sie zu Aller Ohren drang:

„Du irrst Dich, mein Oheim, Du hast wohl noch
eine andere Heimath auf Erden.. Du stehst sogar schon
auf ihrem Boden, denn mein Schiff ist Dein Schiff
und es ist ein holländisches Schiff, also holländischer
Boden, auf dem Du stehst!"

In tiefster Seele erschüttert und den Klang dieser
Stimme rasch mit seinem Ohr erfassend und erkennend,
drehten Jakob van der Myers und mit ihm alle die
Seinen sich um und da sahen sie, freilich auch mit bleichem
Gesicht, aber doch siegesgewiß, stark und gefaßt, wie ein
wahrer Mann es im Unglück sein muß, Philipp van der
Myers vor sich stehen, der bisher mit dem Rector
im Schlafzimmer allein geblieben war, aber in diesem
bedeutungsvollen Moment von demselben die Weisung
empfangen hatte, daß jetzt der richtige Augenblick seines
Eingreifens gekommen sei, da ihm ja Gott selbst, der
allein in solcher Noth helfen könne, auf seine göttlich,
immer unbegreifliche Weise den Weg zum Gelingen seines
schönen Planes gegeben habe.

Kaum aber hatte Philipp jene Worte gesprochen,
da trat auch der Rector hervor und erhob seine milde,
weiche Stimme, die wie ein, alle Zwietracht versöhnendes
Machtgebot an Aller Herzen schlug:

„Ja, Herr van der Myers, Ihr Neffe — denn
Sie haben ihn ja schon als solchen erkannt — hat Recht.
Sie stehen in der That auf heimathlichem Grund und
Boden, und Gott selbst hat Sie darauf gestellt, auf daß

Sie mit den Ihrigen gerettet würden. Denn wären Sie zu dieser Stunde in Ihrem Garten oder auf Ihrem Berge geblieben, so wären Sie unzweifelhaft ein Kind des Todes gewesen. Darum sei Gott allein Ehre und Preis, selbst wenn er zerstört und zertrümmert, und so folgen Sie seiner mahnenden Stimme und wenden Sie Ihr Auge mit Sanftmuth und Ihr Herz mit Wohlwollen auf Den, der hier vor Ihnen steht und Ihnen mit treuem und wahrhaft anhänglichem Herzen sagt, daß Sie eine noch viel schönere und größere Heimath besitzen, als die war, die Ihnen so eben da drüben verloren gegangen ist."

Es entstand eine kurze Pause, die Niemand unterbrach, während Aller Blick auf dem alten Mann ruhten, dessen Augen mit dem Ausdruck namenlosen Staunens die schlanke Gestalt und das edle Antlitz Philipps van der Myers verschlangen.

„Philipp, mein Neffe!" rief er endlich, wie von einer inneren Flamme erwärmt und erleuchtet mit laut tönendem Freudenruf, und augenblicklich streckten sich seine Arme aus, dem Neffen zu umfangen, der gleich darauf an seinem Halse lag.

„Mein Oheim!" schluchzte Philipp auf, den alten Mann wiederholt an seine Brust pressend und seinen Mund, seine Augen, sein ganzes Gesicht mit Küssen bedeckend, „ja, der wackere Mann hier hat das Rechte gesagt und ihm folge und gehorche. Gott selbst hat Dir eine andere Heimath gegeben, wenn Du sie nur haben willst. Jetzt aber, jetzt, in diesem schweren, bedeutungsvollen Moment, wollen wir noch nicht über diese Dinge und den Irrthum sprechen, der uns bisher von einander trennte, dazu haben wir heute Abend Zeit, wenn wir allein sind, denn Du wirst mit Deiner Tochter und Nichte auf dem sicheren Schiff bleiben, da Dein Haus dort für Dich unbewohnbar geworden ist. Jetzt wollen wir vielmehr nur nach diesem Hause hinüberfahren und sehen, wie es bei Dir und den Deinigen steht und ob aus dem Trümmerhaufen dort noch etwas zu retten, was Dir lieb und werth ist. — Jan!" wandte er sich zu Diesem, „Du, mein treuer und aufopferungswilliger Freund, gieb die Befehle zur augenblicklichen Fahrt nach jenem Ufer hin. Pool soll uns hinüberwarpen und alle Männer sollen bereit sein, um alsbald mit uns drüben an's Land zu gehen."

Er hatte es gesagt und Niemand fand ein Wort der Erwiderung darauf, denn Jedermann sah ein, daß das vorgeschlagene Werk das zuerst nothwendige sei, und augenblicklich wurde zur Ausführung der Befehle des Schiffsherrn geschritten. Alle Anwesenden stimmten demselben stillschweigend bei und kein Einziger war unter ihnen, selbst Jakob van der Myers nicht, der nicht begriffen hätte, daß dieser Augenblick nicht dazu angethan sei, zu weiteren Erklärungen zu schreiten, so erwünscht dieselben auch vielen der Anwesenden gewesen wären.

Nach wenigen Minuten schon steuerte die Moselnixe, von kundigen Händen bedient und nachdem zwei Matrosen mit ihrem Warptau in's Boot nach dem rechten Flußufer vorangegangen waren, nach der anderen Seite hinüber und legte sich so dicht vor dem zerstörten Grundstück vor Anker, als es ging, denn innerhalb der früher sie schützenden Kribben waren eine Unmasse Geröll, Schutt, Gestein, Schlamm und Trümmer aller Art hinab-

gestürzt, so daß der Raum zwischen ihnen nicht mehr die genügende Wassertiefe bot. Als man darauf die Anker ausgeworfen, ruderte man, während die jungen Männer sich rasch in andere Kleider geworfen, mit dem kleinen Boote wiederholt an's Land, bis die ganze Mannschaft, außer dem Rector, Lucas und dem Steuermann, die allein zum Schutz der Damen zurückblieben, ausgeschifft war, um mit den Herren, die nach und nach landeten, die Zerstörung am Lande zu untersuchen. Kaum aber wurden die helfenden Menschen am Lande sichtbar, da kamen sämmtliche Dienstleute des Nußhofes durch den Schlamm herbeigewatet und es fand sich, zum Trost des Haußherrn, daß Niemand verunglückt war, da Alle, den Festtag ihres Herrn mitfeiernd, im Herrenhause bei einem Glase Wein zusammengesessen hatten, als die Katastrophe über den Nußhof hereingebrochen war.

Es kostete übrigens der zur Hülfe herbeieilenden Mannschaft große Mühe, über den im ehemaligen Garten des Nußhofes rings um das Haus aufgehäuften Schutt und über die überall ausgestreuten Trümmer bis zum gewaltigen Bergsturze in's Innere des Hauses zu dringen. Erst nachdem man aus der Nachbarschaft eiligst herbeigeholte Bretter darüber gelegt und sich so einen gangbaren Pfad geschaffen, gelang es, und nun war alles Uebrige nur noch ein leichtes Werk, wenigstens so viel für den Augenblick zu thun übrig blieb. Jakob van der Myers, neben seinem Neffen und dessen Freund stehend und das verworrene Chaos mit wehmüthigem Blick überschauend, fühlte und erkannte nur zu wohl, daß, wie man ihm schon gesagt, an diesem Orte des Schreckens seines Bleibens nicht länger sein könne, denn in dem verwüsteten Garten und dessen ganzer Umgebung sah es zu traurig und öde aus. Glücklicher Weise war Alles, was im Hause lag und stand, unversehrt geblieben und eben so hatten die in den Felsen eingegrabenen Keller nicht der geringsten Schaden erlitten, da das von den Bergen herabströmende Wasser, auf den nach der Mosel hin abfallenden Boden gelangt, schnell genug wieder abgeflossen war. So beschränkte sich denn Alles, was man heute unternehmen konnte, darauf, die Besitzthümer des Hausherrn, die den größten Werth für ihn hatten namentlich den Inhalt seines Arbeitstisches, nach dem geräumigen Schiff zumeist in den trockenen und leeren Schiffsraum zu schaffen. Das geschah nun auch mit geflügelter Eile und bald war Alles, was Jakob van der Myers und seiner Tochter zumeist lieb und werth, sicher geborgen und man konnte das Haus wieder verlassen; nachdem man sich überzeugt, daß für die darin zurückbleibenden Dienstleute in jeder Beziehung gesorgt sei.

Uebrigens war auch bald aus der nahegelegenen Stadt Hülfe herbeigeeilt, wenn sie etwa nothwendig werden sollte, und einer der Ersten, der auf der Unglücksstätte eintraf, war Peter Gassen, dessen kleinster Weinberg dicht neben dem herabgestürzten Berge lag, aber kaum einen nennenswerthen Schaden erlitten hatte. Er und viele andere Bürger der Stadt, die wir zum Theil an jenem Abend in der Gaststube der heiligen drei Könige kennen gelernt und die ebenfalls nach dem gefährdeten Orte gereilt waren, boten ihre Hülfe und ihren Rath in jeder Richtung an, und nachdem einige Sachverständige die ganze überschwemmte und veröbete Stätte vorsichtig unter-

sucht, bestätigte es sich, daß das feste Haus nur gering-
fügigen Schaden erlitten und zur ferneren Wohnung der
Dienstleute Jakobs van der Myers vollkommen geeignet sei.

Nachdem nun auch dies besorgt und die Matrosen
die letzten Kleider und sonstige Gebrauchsgegenstände des
alten Herrn und seiner Tochter nach dem Schiffe gebracht, die Dienstleute seines Hauses sich aber willig
erklärt hatten, an Ort und Stelle zu bleiben, um mit
den Arbeitern, die man am nächsten Tage aus der Stadt
senden würde, den Schutt wegzuräumen, allmälig an
der Wiederherstellung des Gartens zu arbeiten und so
nach und nach die alte Ordnung wieder herbeizuführen,
war der Augenblick gekommen, wo Jakob van der Myers
von seinem lieben kleinen Besitzthum Abschied nahm, um
einstweilen seinen Wohnsitz auf der Moselnixe zu nehmen,
die an der Stelle liegen blieb, wo sie jetzt lag, um so
dem Gehöft so nahe wie möglich zu sein. Mit wehmüthigem Blick schaute er noch einmal auf die grausige
Verwüstung hin, dann faßte auch er sich wie ein Mann
und, von seinem Neffen geführt, kehrte er nach dem
Schiffe zurück, wo Sarah und Johanna in Gesellschaft
des Rectors ihn von Herzen willkommen hießen und in
Folge seines Berichts die lebhafteste Freude äußerten,
daß Niemand im Hause Schaden genommen hatte.

     *

     *

Als man nun in der geräumigen Cajüte wieder
nahe beieinander saß, das Vergangene besprach und das
zunächst Vollbringende reiflich überlegte, machte sich alsbald ein bedeutsamer Wechsel in der Stimmung aller
Anwesenden und namentlich der Hauptbetheiligten bemerkbar. Am schmerzlichsten zeigte sich immer noch der
alte Herr berührt und allerdings war das Unheil, welches
er erlitten, groß. Er fühlte die schwere Wunde tief,
die ihm abermals das Schicksal geschlagen; allein Gott,
und das erkannte er sehr wohl, war ihm auch wiederum
gnädig gewesen und hatte ihm einen wunderthätigen
Balsam in das Herz geflößt. So gestand er sich im
Stillen jetzt selbst, daß er durch die unvermuthete Begegnung mit seinem Neffen hoch beglückt sei, wenn er
auch noch nicht laut und zu Niemandem darüber sprach.
Nur seine Blicke verriethen es Jedermann, was in dieser
Beziehung in seinem Innern vorging, denn wiederholt
hafteten sie auf den edlen Zügen des jungen Mannes,
der sich alle Mühe gab, ihm mit Versprechungen und
Verheißungen aller Art über den gegenwärtigen trüben
Moment fortzuhelfen und sein Herz wieder mit neuer
Hoffnung zu füllen.

Indessen, damit war Philipp van der Myers noch
lange nicht befriedigt und er sehnte sich von Augenblick
zu Augenblick mehr danach, mit seinem Oheim allein
zu sein und mit ihm das Wichtigste zu besprechen, was
ihn an der Mosel und in seiner Nähe geführt. Das
sprach er auch endlich laut aus, indem er den alten
Herrn bat, ihm eine Stunde zu schenken und seine Mittheilungen zu vernehmen, die ja auch diesem nur höchst
erwünscht sein konnten.

Jakob van der Myers schaute ihn forschend an,
als er dies sprach, und richtete dann zuerst einen fragenden
Blick auf seine Tochter. Als diese ihn aber durch
den ihrigen zu ermuthigen schien, reichte er dem Neffen
die Hand und sagte:

„Ja, Philipp, ich bin dazu bereit. Wohin wollen
wir gehen, auf daß wir ungestört zusammen sprechen
können?"

„In unser Schlafzimmer, lieber Oheim," erwiderte
der junge Mann, „welches von jetzt an Sarah und
Johanna bewohnen werden, während für Dich nachher
in dieser Cajüte ein Lager aufgeschlagen werden wird,
und ich werde Dich sogleich in jenes führen. Nur habe
ich vorher noch eine Bitte an den Herrn Rector zu
richten — und die geht dahin, mein verehrter Freund,"
wandte er sich zu diesem, „daß Sie unser Schiff nicht
eher verlassen, als bis mein Oheim und ich unsere Unterredung beendet haben. Wenn ich auch, sobald die
Schranke zwischen uns Beiden gefallen sein wird, Ihrer
besonderen Hülfe nicht mehr zu bedürfen hoffe, so möchte
ich doch Ihres Rathes und Trostes noch nicht entbehren,
und so schenken Sie mir auch noch den Rest dieses
Tages, der für mich vielleicht der wichtigste meines ganzen
Lebens ist."

Nach diesen Worten gab er Jan einen Wink und
dieser verstand ihn nur zu gut. Nachdem er dem Koch
durch Lucas einige Befehle zugesandt, wandte er sich
zum Rector und den beiden Damen und bat sie, Platz
zu nehmen und die Erfrischungen zu genießen, die man
gleich darauf brachte, denn nach so schweren Stunden,
wie man sie eben erlebt, fühlte man jetzt erst die Er-
mattung, die so großen Ereignissen zu folgen pflegt, und
da that ein Glas edlen Weines Allen wohl, zumal sie
ja an den Genuß desselben gewöhnt waren.

Während nun aber die vier Personen, dem ruhigsten
Gespräch hingegeben, in dem Wohnzimmer der Cajüte
beisammen saßen, hatten Jakob van der Myers und sein
Neffe auf dem Sopha im zierlichen Schlafzimmer Platz
genommen, und hier, von Niemandem gestört, sprachen
sie sich die übervollen Seelen frei, und zumeist war es
Philipp van der Myers, der hier das Wort führte und
seinem Oheim eine Erklärung über sein Schicksal zu
Theil werden ließ, die dieser wahrhaftig nicht erwartet hatte.

Nein, davon, was er jetzt in aller Ausführlichkeit
vernahm, hatte der alte Herr sich freilich nichts träumen
lassen und zum ersten Mal bedauerte er von ganzem
Herzen seinen starren Eigensinn, der allein daran schuld
gewesen, daß er erst heute erfuhr, was sein Neffe ihm
schon vor anderthalb Jahren in London hatte eröffnen
wollen. So hörte er zuerst, zwar mit großer Wehmuth,
der aber bald eine um so größere Freude folgte, daß
sein Vater in überwallendem Zorn über seine Heirath
mit der Malaiin, ihn in der That enterbt und seinen
Bruder Justus zum Universalerben seiner ganzen Hinter-
lassenschaft eingesetzt. Ferner vernahm er, daß der eigensinnige alte Herr in Rotterdam seinen Erben schon lange
vor seinem Tode verpflichtet habe, das ihm in allen
Einzelheiten mitgetheilte Testament nach seinem Tode
in allen Punkten aufrecht zu erhalten und nicht etwa
sogleich den Versuch zu machen, dasselbe einer Abänderung
zu unterwerfen, noch viel weniger aber gegen einen Einspruch dagegen zu erheben, so lange der Erblasser selbst
am Leben sei. Sei er indessen ein Jahr todt und wolle
er dann, seinem brüderlichen Herzen folgend, gegen den
Enterbten einige Milde üben, so überlasse er es ihm
freilich, darin nach seinem Ermessen zu handeln, denn
über das Grab hinaus wolle er in seinem Groll, ob-

gleich er selbst ihn für einen sehr gerechten halte, doch keine Entscheidung über einen ihn Ueberlebenden treffen, und diese Mittheilung berechtigte den Erben zu dem Glauben, daß der Erblasser schon bei Lebzeiten gefühlt habe, daß er in seinem lieblosen Verfahren gegen den jüngeren Sohn zu weit gegangen sei und daß er es somit dem älteren überlasse, das demselben zugefügte Unrecht auf irgend eine Weise auszugleichen.

Gegen die buchstäbliche Ausführung jenes Testamentes nun, so berichtete Philipp weiter, habe sein Vater Justus von Anfang an sich gesträubt und sogar, trotz seines dem Vater gegebenen Versprechens, bei seinen Lebzeiten nicht dagegen anzukämpfen, demselben wiederholt erklärt, daß er niemals in diese Enterbung seines Bruders Jakob willigen könne, ja daß er, so viel an ihm liege, sich später verpflichtet fühlen werde, demselben das vorenthaltene Gut auf irgend eine Weise wieder ungeschmälert in die Hände zu spielen. Diese Erklärung, die er bei verschiedenen Gelegenheiten vorgebracht, habe zu vielen Streitigkeiten zwischen dem starren Vater und d:m Erben geführt, und nach dem so plötzlich erfolgten Tode des Ersteren habe Letzterer, obgleich er dem Vater das Wort gegeben, erst ein Jahr nach seinem Ableben die vorausgesehene Milde walten zu lassen, alsbald verschiedene Briefe an den Bruder in der Capstadt gerichtet, um ihn über das zwischen Beiden bestehende Verhältniß aufzuklären und ihm zu sagen, warum er früher nicht anders habe handeln können. Dieser aber, nicht weniger starr als der heimgegangene Vater, habe die ihm gesendeten Briefe uneröffnet zurückgeschickt, so dringend und herzlich auch ihr Inhalt gelautet. Jahre seien darüber vergangen und die Betrübniß des Erben über die bestehende Zwietracht der Brüder habe immer zugenommen, um so mehr, als er später erfahren, daß Jakob die Capstadt verlassen habe, ohne in Erfahrung bringen zu können, wo derselbe seinen Aufenthalt genommen. Endlich aber habe er durch die von ihm überallhin ausgeschickten Agenten gehört, daß in der Capstadt und an der Mosel angekauft, aber im Augenblick, zur Schlichtung seiner Angelegenheiten in der Capstadt, mit seiner Tochter sich nach London begeben habe. Auf dieses ihn sehr erfreuende Nachricht hin habe er sogleich das ihm am sichersten erscheinende Mittel ergriffen und seinen einzigen Sohn Philipp dahin abgesandt, um durch seine Vermittelung eine Versöhnung der beiden Brüder anzubahnen und dem jüngeren einen richtigen Begriff von den vorhandenen Thatsachen und, den Handlungen des älteren beizubringen.

Dieser schöne Plan aber sei durch die unvorhergesehene schnelle Abreise Jakobs aus London vereitelt worden. Und so habe denn der ältere Bruder, da für jetzt nichts Anderes zu thun gewesen, das Erbtheil des jüngeren als dessen Eigenthum verwaltet und Zins auf Zins gelegt, um es zu geeigneter Zeit in seine Hände zurückzugeben. Das Alles stehe nun zu seiner Verfügung und er brauche nur nach Rotterdam zurückzukehren, um endlich der Besitzer seines ihm von Gott und Rechtswegen zukommenden Erbes zu werden.

In der letzten Zeit nun nach dem leider so schnell erfolgten Tode Justus' van der Myers sei der Erbe und Sohn desselben, eben der Erzähler, in seinen Bestrebungen, des Vaters Willen auszuführen, noch weiter gegangen

und habe sich ohne Unterlaß bemüht, den an der Mosel glücklich aufgefundenen Oheim für die durch den Tod zusammengeschmolzene Familie wiederzugewinnen. Man habe Johanna van der Hooghe, ein ebenso kluges wie unternehmendes Mädchen, die Braut des Compagnons Philipps van der Myers, Jan's van der Straaten, nachdem man sie genau von der ganzen Sachlage und dem geplanten Unternehmen unterrichtet, absichtlich eine Reise zu einer Verwandten nach Coblenz antreten lassen und von dort aus den Besuch derselben in Berncastel in's Werk gesetzt. Johanna habe sich verpflichtet, alle ihre Kräfte und die ganze ihr zu Gebote stehende Liebenswürdigkeit aufzubieten, um dem so einsam lebenden Onkel näher zu treten und ihn allmälig für seine Familie zu gewinnen, die in Rotterdam Zurückgebliebenen aber von Allem in Kenntniß gesetzt, was sie im Nußhof vorgefunden. Da habe denn namentlich ihre Meldung, daß Jakob van der Myers noch immer ein leidenschaftlicher Verehrer der Musik sei und eine unaussprechliche Sehnsucht nach seiner Heimath empfinde, die größte Freude und Befriedigung hervorgerufen. Hierauf bauend habe man den längst beschlossenen Plan mit dem Schiffe schnell zur Ausführung gebracht und so sei es Alles gekommen, wie Jakob van der Myers es ja aus eigener Anschauung kenne. Jetzt nun müsse er unter allen Umständen in die lange entbehrte Heimath zurückkehren. Er, Philipp van der Myers, biete ihm Haus und Hof und Alles an, was er nach Fug und Recht als sein Eigenthum beanspruchen könne; das Testament des Vaters sei für null und nichtig erklärt und der Sohn des älteren Bruders lasse dem Oheim nur das ihm gebührende Recht widerfahren. So solle er kommen oder vielmehr gleich mit ihm nach Rotterdam gehen und sich von der nie erloschenen Liebe der Seinigen überzeugen, um fortan in ihrer Mitte glücklich zu leben und die traurigen Schicksalsschläge zu vergessen, die sein Leben so traurig und düster gefärbt. —

Jakob van der Myers hatte diesem ganzen langen und in der überzeugendsten Weise gesprochenen Vortrage, der wie ein lange ersehnter Erguß aus dem Herzen des Sprechenden floß, mit einer Spannung sonder Gleichen und von den verschiedensten Empfindungen bewegt, zugehört und Einzelnes hatte ihn sogar in die größte Verwunderung gesetzt. Namentlich hatte die Eröffnung, daß Johanna die geheime Mitarbeiterin in dem geplanten Unternehmen gewesen und Jans van der Straaten Braut sei, ihn tief ergriffen und ihm wiederholt Zeichen des Staunens abgenöthigt. Sein ganzes Innere schien durch die vernommenen Aufklärungen, an deren Wahrheit er nun nicht mehr zweifeln konnte, aufgewühlt zu sein, er vermochte sein inneres Erstaunen fast gar nicht zu erholen, und als er nun, da Philipp mit seinem Vortrage zu Ende war, in ein scheinbar düsteres Schweigen verfunken lag, als ob er einen Entschluß fassen könne, obgleich sein Herz sich schon lange dem so edel denkenden und so überzeugend redenden Neffen zugewandt, stand dieser plötzlich auf und trat von seinem Sitze herbei, der noch immer bei den Anderen im Nebenzimmer saß und des Ausganges der Unterredung der beiden Männer mit innerer antheilsvoller Spannung zu harren schien.

„Kommen Sie, Herr Rector," rief Philipp ihm zu, „und erklären auch Sie meinem Oheim, wie glücklich er mich und uns Alle macht, wenn er meinen Bitten

Erfüllung gewährt. Er weiß jetzt Alles, was ich Ihnen neulich auf dem Schiff erzählte, als Sie mich zum ersten Mal besuchten, und nun legen Sie Ihr bedeutsames Wort in die Wageschaale, damit er auch von Anderen vernimmt, daß ich, wenn ich ihm sein Eigenthum zurückgebe, nur thue, was meine Pflicht, mein Herz und die Gebote Gottes von mir verlangen."

Da trat der Rector von Cues mit ruhigem Schritt und hoch erhobenem Haupte vor Jakob van der Myers hin und sein mildes freundliches Antlitz leuchtete gewissermaßen wie eine sichtbare Friedensfackel dem zaudernden alten Holländer entgegen. Mit seiner ergreifenden, durch ihren Wohlklang wie durch ihre Kraft tief eindringenden Stimme hob er zu sprechen an, indem er seine rechte Hand sanft auf die Schulter des alten Herrn legte, gleichsam um ihn aus der Träumerei, in die er versunken schien, zu wecken.

„Herr van der Myers," sagte er, „ich will nur wenige Worte zu Ihnen sprechen, denn ich gewahre schon an Ihren Blicken wie an Ihrem ganzen Wesen, daß Sie nicht im Stande sind, den warmen Bitten Ihres Neffen zu widerstehen, der nach seinen auch mir vertrauten Mittheilungen über Sie und Ihre Familie und nach seiner gegen Sie längst vorbereiteten Handlungsweise ein wahrhaft edler Mann und ein wackerer Sproß dieser alten Familie ist. Und wenn Sie dennoch länger zögern sollten, das mit so freudig geöffneter Hand Ihnen Dargebotene von diesem Manne, dem Willensvollstrecker seines Vaters, Ihres Bruders, anzunehmen, so will ich Sie ermahnen und beschwören, wenigstens auf Das zu achten, was Gott, der die Schicksale der Menschen in seiner allmächtigen Hand hält und sie dahin lenkt, wohin sie zu führen der schwache Mensch zu hinfällig ist, Ihnen jo eben in seiner Allgüte und Allweisheit deutlich und klar vor Augen geführt hat. Ja, der Mensch denkt und Gott allein lenkt, das hat er Ihnen heute sonnenklar dadurch bewiesen, daß er die neue Heimath, die Sie sich vorübergehend hier gegründet, zerstört und unbewohnbar gemacht und Sie also mit deutlich erkennbarem Fingerzeig nach der alten Heimath gewiesen hat. Verlassen Sie denn dieses Haus für jetzt — zu ihm zurückkehren und es in seiner alten Behaglichkeit wieder herstellen können Sie ja immer noch, und führen Sie einstweilen, bis die Reben wieder auf diesem Berge grünen, in Frieden nach Rotterdam. Und so erkennen Sie daraus, daß der allgütige Gott Sie, wenn auch spät, doch noch zur rechten Zeit, zu Ihrer und der Ihrigen Freude, an das Ihnen bestimmte Ziel geführt hat. Mit Gott und immer mit Gott durch die rauhste Bahn, mein alter wackerer Herr, aber folgen müssen wir ihm, wie einst zum Himmel, wenn er ruft, so jetzt, so lange mit leben, auf der Erde. Ihr nächstes Ziel aber ist die Brust, das Herz dieses jungen Mannes, und an das lehnen Sie sich, denn es ist ein gutes, ein wackeres, ein edles Herz. Ich bin zu Ende und nun — sprechen Sie Ihrem Neffen die Erfüllung seiner Bitte aus!"

Er trat in großer Rührung einen Schritt von dem alten Herrn zurück und sah ihn mit seinen leuchtenden Augen freundlich und ermahnend an. Da aber ging ein kurzer Kampf, und es war der letzte, in Jakob van der Myers Brust vor; seine alte, ihm angeborene Starr-

heit fiel von seinem Gesicht wie eine Maske, von seinem Herzen wie eine Schlacke ab, und als er jetzt sein lächelndes Antlitz voll gegen den ihn mit Liebe betrachtenden Neffen erhob, war er ein anderer Mann als in früheren Tagen und wieder der ehemals so glückliche und heitere Jakob van der Myers geworden. Laut aufschluchzend und nur halb gebrochene Worte stammelnd, fiel er seinem Neffen an die Brust, drückte ihn tief bewegt an sein Herz und weinte in köstlichen Freudenthränen seinen alten Jammer aus, um von nun an nur Freude und Zufriedenheit darin zu tragen.

Nach einiger Zeit aber und nachdem die drei Männer nur noch wenige Worte miteinander gewechselt, traten sie zu den in der hinteren Cajüte versammelten Personen und hier wickelte sich alsbald eine ähnliche Scene wie die oben beschriebene ab, indem der Vater an die Brust seiner Tochter fiel und diese dann zu Philipp führte, um ihn zum ersten Mal als ihren Verwandten von ihr begrüßen zu lassen. Da aber fiel des alten Herrn Blick auf die an Jan's Seite stehende Johanna, und rasch auf sie zuschreitend, sie fest an sein Herz schließend und dabei Jan seine Rechte reichend, sagte er zu:

„Mein Kind! Du hast einen schweren Gang zu mir gethan, aber Du hast ihn mit Muth, Kraft und Gewandtheit ausgeführt. Gott segne Dich und Deinen Jan dafür, und ich — ich danke Dir und ihm!" —

*   *

*

Der spätere Abend war herangerückt; eine linde Dämmerung hüllte das schöne Moselthal in ihren magischen Mantel ein und die Sterne leuchteten allmälig schon heiter flimmernd hie und da am wieder ganz klar gewordenen Himmelszelt auf, während der schon abnehmende Mond in ruhiger Majestät langsam über die Scheitel der Berncastler Berge emporquoll. Auch diese Berge lagen in unwandelbarer Ruhe wie früher da, warfen ihre Schatten träumerisch über den still dahinströmenden Fluß, und in den Häusern von Berncastel, die sich längs des Moselufers hinziehen, hüben und drüben, zeigten sich die Fenster erleuchtet. Über Allem aber lag ein stiller und süßer Friede ausgebreitet, als hätte er immer hier geherrscht und nie ein Unglück, wie das heutige, das schöne Land heimgesucht.

Auch in den Cajüten der Moselnixe brannten schon lange die strahlenden Lampen und Kerzen und beleuchteten das Friedensmahl, um welches jetzt die endlich Versöhnten und Vereinten in gehobener ernster Stimmung, und doch mit einer ganz neuen Freude im Herzen versammelt saßen. Jakob van der Myers hatte zwischen den beiden Mädchen seinen Platz eingenommen, neben denen Philipp und Jan saßen, und dem alten Herrn gegenüber sah man den guten Rector von Cues, der sich schon früher hatte entfernen wollen, aber den Bitten Aller hatte nachgeben müssen und so auch zum Mahle geblieben war. Um welche Gegenstände sich die Unterhaltung bei Tische drehte, bedarf wohl keiner Erklärung, denn wenn man eine Weile über die Vorfälle des heutigen Tages verhandelt und dieselben mit trüben Gesichtern besprochen, hatte Philipp van der Myers oder Jan das Gespräch immer wieder auf Holland zu bringen gewußt, was dem alten Herrn jedesmal ersichtlich eine wahre Herzenserleichterung verschaffte. Jan und Johanna waren dabei die heitersten, doch sprachen sie mehr mit sich als mit den Anderen; Sarah allein verhielt sich fast ganz stumm und warf nur bisweilen einen forschenden Blick auf ihren Vater und dann wieder auf das glückliche Brautpaar, während sie Philipps sie oft suchenden Augen in holder Verlegenheit auszuweichen suchte.

Philipp selbst gewahrte das Alles sehr wohl und um auch dieser Verlegenheit ein Ende zu machen, bat er zuletzt den Oheim, ihm auf einige Augenblicke an einem stillen Orte Gehör zu schenken, da er ihm noch etwas Neues und Wichtiges zu vertrauen habe.

Jakob van der Myers erhob sich sogleich von seinem Sitz, denn schon hatte der liebenswürdige Neffe es bei ihm dahin gebracht, sein Thun und Lassen nach jeder beliebigen Richtung zu lenken, und während die Anderen auf einen Wink Jan's auf ihren Plätzen blieben, begaben sich die beiden Männer auf das obere Deck, auf dem die Gewächse und Blumen schon wieder ihre alte Stelle eingenommen hatten.

Eine Weile schritten sie hier schweigend auf und nieder und freuten sich des Anblicks der friedlichen Nacht und des immer klarer und klarer herauffunkelnden Sternenhimmels. Da begann Philipp mit einem Mal zu reden und indem er seinen Arm in den des alten Herrn legte und ihn vertraulich an sich zog, sagte er mit anfangs leiser und erst allmälig erstarkender Stimme:

„Mein lieber Oheim! Nachdem ich Dir heute schon ein Geheimniß enthüllt, welches Dein ganzes bisheriges Verhältniß zu uns und Deine Zukunft von Grund aus umgestaltet, will ich Dir auch, noch ein anderes eröffnen, das mich selbst und das Glück meines ganzen Lebens betrifft. Dies zweite Geheimniß hat vor anderthalb Jahren in London begonnen, da Du mich zuerst unter einem fremden Namen kennen lerntest und mir, wonach ich so sehr strebte, Dein Haus und Dein Vertrauen öffnetest. Es soll aber hoffentlich heute und gleich hier, bevor ich das Schiff verlasse und mich mit Jan nach den heiligen drei Königen begebe, sein Ende finden. Laß mich indessen darüber kurz sein, denn wozu die langen Worte, wenn das Herz mit allen seinen Empfindungen zur Entscheidung drängt. Nun denn, ich habe Sarah, Deine schöne und liebenswürdige Tochter, in London kennen gelernt und sie herzlich lieb gewonnen. Durch Johanna, die auch darin meine Vertraute war und eben so Sarahs Vertraute geworden ist, habe ich zu meiner Freude erfahren, daß sie mich wieder liebt. Willst Du nun am heutigen Tage, der so bedeutungsvoll für uns Alle geworden ist, einen Menschen noch glücklicher machen als er ist, so erfülle auch diese meine letzte Bitte und gieb mir Deine Tochter zum Weibe, die ich so treu und warm an meinem Herzen halte, wie Du einst Deine Janda an dem Deinen gehalten hast."

Jakob van der Myers trat, als er dies so frank und frei ohne alle Beschönigung der günstigen äußeren Verhältnisse des Sprechenden in sein Ohr fließen hörte, in sichtbarer Betroffenheit einen Schritt zurück und sah den eben so freimüthigen wie edlen Neffen mit verwunderungsvollen und zugleich wehmüthigen Blicken an. Dann aber rief er lauter als bisher vorher gesprochen:

„Wie, habe ich recht gehört, Philipp van der Myers? Du, ein Abkömmling der uralten, reichen und angesehenen Patricierfamilie van der Myers in Rotterdam, einer der ersten Handelsherren Hollands, willst die Tochter einer malaiischen Mutter, die Dein Großvater so gering schätzte, daß er mich, ihren Gatten, ihretwegen aus seinem Herzen und aus seiner Familie stieß, zum Weibe haben?"

„Ja, das will ich," entgegnete Philipp aus tief bewegter Brust und mit martiger, seinen unbeugsamen Willen verständlich ausdrückender Stimme, „und ich will Dir zugleich damit beweisen, daß ich eben so wenig wie Du einen Unterschied zwischen Nation und Nation, zwischen Mensch und Mensch mache, wenn es nur die rechten Menschen sind und ihre Geister in gleicher Bildung und ihre Herzen in gleicher Liebe sich zu einander finden."

„Ist das wirklich Dein Ernst?" fragte Jakob van der Myers mit noch stärkerem Nachdruck als vorher, als könne er nicht glauben, was er so eben vernahm.

„So wahr mir Gott helfe und so wahr seine flammenden Augen von dort oben auf uns herabblicken, ja, es ist mein wirklicher Ernst!" erwiderte Philipp mit zum Himmel erhobener Rechten.

„O, allgütige, wunderbar waltende Vorsehung!" sprach da der alte Mann mit unaussprechlicher Wehmuth im Ton seiner bebenden Stimme. „Du schläfst nicht, sondern wachst unermüdet immerdar über allen Deinen Kindern, wenn sie in ihrer Schwäche auch nur nicht vermuthen. Siehe da die nie rastende Nemesis, die über den Menschengeschicken die Waage hält. Ja, jetzt erst bin ich vollständig befriedigt und auch gerächt, mein theurer Sohn, denn Dasselbe, weshalb Dein Großvater mich einst mit seinem Zorne strafte und weshalb er mir seine Liebe und meine Rechte entzog, das begehrt jetzt sein Enkel von mir. Ich aber, mein Sohn, o ja, will diesmal gütiger und vorurtheilsfreier als er sein und also handeln, wenn ich erkenne die Rechtmäßigkeit der Liebe und die freie Wahl des menschlichen Herzens an, wenn sie eine wahre, edle und wahrhaftige ist, und so will ich Deinem Wunsche nicht entgegen sein, vorausgesetzt, daß Sarah es auch nicht ist. Rufe sie zu uns herauf und dann will ich ihr auf der Stelle mit kurzen Worten die Frage vorlegen, deren Beantwortung allein bei ihr steht."

Philipp sprang zu dem Oheim heran und drückte nur einen hastigen Kuß auf seine Stirn, dann eilte er mit unsäglichem Wonnegefühl im Herzen in die Cajüte hinab und einen Augenblick später trat Sarah an seiner Hand zu dem ihrer harrenden Vater auf das Deck.

„Sarah, meine Tochter," empfing er sie mit rührend weicher Stimme, während sie mit zu Boden geschlagenen Augen bebend und zagend vor ihm stand, „sei nicht ängstlich, mein Kind, und hebe vertrauend Dein Auge zu mir, Deinem Vater auf, der Dir nur eine einzige kurze Frage vorzulegen hat. Siehe, hier ist ein Mann — und er ist ein Braver, wie Du weißt — der Dich zum Weibe begehrt. Er liebt Dich, sagt er und zugleich auch versichert er, daß Du ihn wieder liebst. Ist dem so?"

Sarah, jetzt vollkommen beruhigt, schlug ihre glänzenden Augen mit strahlendem Lächeln zu ihrem Vater auf, während ihr Busen vor Entzücken sich hoch und immer höher hob. Einen raschen Blick nur warf sie auf den neben ihr stehenden geliebten Mann und dann sagte sie kurz und laut:

„Ja, mein Vater, dem ist so."

„Nun denn, wenn es so steht," fuhr Jakob van der Myers mit tiefer Bewegung fort, „dann will ich diesen so furchtbaren und doch für uns Alle so bedeutungsvollen Tag mit der schönsten Handlung beschließen, die ein Vater begehen kann: sein einziges geliebtes Kind einem Manne zum Weibe zu geben, den er für edel, gerecht, brav und lauter erfindet. Reicht Euch die Hand und Gott segne Euern Bund mit sichtbarerem und fühlbarerem Segen, als er es mir gethan!"

Da öffneten sich denn die Arme der beiden Liebenden und zum ersten Mal in ihrem Leben lagen sie Brust an Brust. Der Vater und alle vorher in der Cajüte Versammelten, die leise dem ihnen vorangegangenen Paare auf das Deck gefolgt waren, standen mit leuchtenden Augen um die glücklichen Menschen, und nun erst fühlten sie im innersten Herzen, daß das hier begonnene schwere Werk sein ersehntes Ende erreicht habe. —

Neuntes Capitel.
Nach der Heimath.

Die Nacht war endlich völlig herabgesunken und das Boot der Moselnixe hatte zuerst den Rector nach dem Hospital zu Cues und dann Philipp van der Myers und Jan van der Straaten nach jenem Ufer der heiligen drei Königen gebracht, wo ihre Ankunft schon am Nachmittage dem Wirthe mitgetheilt war. Daß die beiden jungen Männer eine gute Unterkunft in jenem ihnen wohlbekannten Gasthause fanden und daselbst von Herzen willkommen geheißen wurden, bedarf keiner Bestätigung, ja, Peter Gaffen bot mit den Seinigen Alles auf, um den edlen Gästen den Aufenthalt bei ihm, so lange sie noch an dem Orte verweilten, so angenehm wie möglich zu machen, obgleich sie stets nur am späten Abend bei ihm eintrafen und am frühen Morgen schon wieder nach der Moselnixe abgeholt wurden, um auf derselben den Tag mit ihren Lieben zuzubringen.

So geschah es auch schon am nächsten Morgen nach dem ereignißreichen Tage, den wir so eben ausführlich zu schildern versucht, und sobald die Sonne über den Scheitel der grünen Weinberge, die auf der Berncasler Seite die Stadt umkränzen, sichtbar wurde, legte das Boot an der alten Stelle an, Instandsetzung seine Vorräthe ein und holte dann eine Stunde später auch Philipp und Jan ab, die aber diesmal von Peter Gaffen begleitet wurden, den an der nächsten Berathung in Betreff des verwüsteten Nußhofs Theil nehmen zu lassen, man allgemein für ersprießlich und wünschenswerth gehalten hatte.

So saßen die Männer denn auch bald auf dem oberen Hinterdeck im goldenen Morgensonnenschein unter dem schattigen Zelt beisammen und besprachen in ruhigster Weise das in Bezug auf die Wiederherstellung des zerstörten Weinberges und des darunter gelegenen Gartens zuerst Nothwendige. Der anfangs von Jakob van der Myers geäußerte Vorschlag, den Nußhof zu verlaufen, wurde von dem Neffen und auch von Jan nicht gut geheißen, vielmehr hielt namentlich Ersterer es für sehr wünschenswerth, die hübsche und so wohlgelegene Niederlassung auch für die Dauer zu behaupten und mit allen Kräften in ihrer früheren einfachen Weise wiederherstellen zu lassen, um dadurch nur um so mehr Grund und

Veranlassung zu haben, im Sommer wieder eine gemeinschaftliche Reise dahin zu unternehmen und den einmal lieb gewonnenen Ort eine Zeitlang zu bewohnen. Einstweilen, so lautete sein unmaßgeblicher Vorschlag, könne man die Oberaufsicht einem verständigen Verwalter übergeben, der auch die Weinberge zu pflegen und die Weinlese abzuhalten habe, und hierzu rieth insbesondere Peter Gaffen, der sogar schon einen dazu geeigneten Mann aus seinem Bekanntenkreise in Vorschlag brachte.

Dieser Meinung stimmte endlich auch Jakob van der Myers bei und nun berieth man sich, wie man schleunigst an die Wiederherstellung des zerstörten Gehöftes gehen könne. Auch dazu empfahl der Wirth der heiligen drei Könige die am meisten geeigneten Werkmeister und übernahm die Herbeirufung derselben, die auch schon am Nachmittag desselben Tages an Ort und Stelle eintrafen und das Feld ihrer einstigen eingehenden Besichtigung unterwarfen. So erschienen denn in Folge der ihnen ertheilten Aufträge am nächstfolgenden Morgen eine große Zahl reichlich besoldeter Arbeiter und begannen ohne Säumen ihr schweres Werk, denn wie man erst jetzt bei dem Aufräumen des Schuttes gewahrte, war Vieles ganz neu zu gestalten und es erforderte Zeit und Mühe, dem Ganzen zuerst wieder ein wohnliches Ansehen zu geben.

Beinahe acht Tage gebrauchte man allein, den Garten und die zunächst gelegenen Strecken von dem Geröll der herabgespülten Felsenstücke zu reinigen und den unbrauchbaren Schlamm bei Seite zu schaffen. Als dies aber geschehen, ging man an die Ausbesserung der Grundmauern des Wohnhauses und an den Wiederaufbau der Kelterei, deren Fertigstellung zum Herbst am nothwendigsten war, und sie wurde an einem geschützteren Orte aufgeführt und mit allem Erforderlichen ausgestattet, was freilich Jakob van der Myers und die Seinigen nicht mehr mit eigenen Augen sahen.

Während man nun aber unten im Garten auf diese Weise emsig beschäftigt war, waren auch fünfzig Arbeiter auf dem Weinberge bemüht, demselben ein besseres Aussehen zu geben, und so war auf der Höhe wie im Thale überall die rührigste Thätigkeit wahrzunehmen. Natürlich konnten und wollten die beiden jungen Holländer, und eben so wenig der alte Herr, die Instandsetzung des Ganzen nicht am Orte abwarten, vielmehr rüsteten sie sich allmälig zur Abreise, sobald sie erst alle Arbeiten in Gang gesetzt sahen und der von Peter Gaffen bezeichnete Verwalter sein neues Amt mit Freude und ganzer Hingebung übernommen hatte. Nur so lange blieben sie noch an Ort und Stelle, bis die zur Verladung bestimmten Fuderfässer mit Wein und ein herbeigerufenes Lastschiff gebracht waren, da man sie mit nach Holland zu nehmen beabsichtigte; die der Pflege noch bedürftigen dagegen übernahm theils Peter Gaffen selbst, theils blieben sie unter der Obhut des Verwalters, der sich eidlich verpflichtet hatte, unter Oberaufsicht des Wirthes zu den heiligen drei Königen, das Interesse seines jetzigen Dienstherrn wahrzunehmen und demselben jedes Jahr, wenn er sein Besitzthum besuchte, Rechnung von seinem Thun abzulegen.

So war endlich unter manchen Bemühungen Seitens Jakobs van der Myers und der Uebrigen der Tag der Abfahrt der Moselnixe herangekommen und es blieben den Reifenden nur noch wenige Stunden übrig, von den Orten und Perfonen Abfchied zu nehmen, die ihnen während ihres Aufenthaltes in Berncaftel nahe getreten waren und die fie zum Theil herzlich lieb gewonnen hatten.

Während nun am Nachmittag diefes Tages Jakob van der Myers, Sarah, Jan und Johanna zum letzten Mal das Wohnhaus des Nußhofes befuchten, den zurück= bleibenden Dienern Lebewohl fagten und dann nach den Ruinen der Landshut emporftiegen, um noch einmal einen Blick über das im glanzvollen Sonnenfchein prangende Thal zu werfen, ließ Philipp van der Myers fich nach dem Hofpital rudern, um dem wackeren Geift= lichen, den fie alle Tage gefprochen, zum Abfchied die Hand zu drücken, nachdem derfelbe fchon am Morgen diefes Tages auf der Moselnixe gewefen war und Jakob van der Myers dem Seinigen fich empfohlen hatte.

Als der junge Holländer in das Wohnzimmer des Rectors trat, fand er denfelben nicht gleich zur Hand, da er zur Zeit in feinem Amte befchäftigt war; doch würde er bald kommen, berichtete fein Diener und der Herr möge nur einftweilen Platz nehmen.

Philipp, anftatt fich zu fetzen, trat an ein Fenfter und fchaute mit wehmüthigen und doch freudigen Ge= fühlen über die prachtvolle Gegend hin, die er von hier aus auch am Morgen feiner Ankunft zum erften Mal gefehen und die jetzt wie damals in ihrer ganzen Schön= heit vor feinen Augen ausgebreitet lag. Im goldenften Sonnenfchein lachte fie ihm verklärt entgegen und die Weinberge aller Orten fendeten ihm mit ihrem grünen Blätterfchmuck den freundlichften Gruß herüber. Ruhig wie immer rollte der prächtige Strom feine dunkelgrünen Wogen dahin und fpiegelte Alles, was fich in ihm befchaute, in ungetrübter Klarheit zurück. Auf den altergrauen Ruinen der Landshut aber weilte des jungen Mannes Blick längere Zeit und rief fich leb= haft in's Gedächtniß zurück, was er Alles in diefem Thale erlebt, feitdem er zum erften Mal feinen Fuß auf die verwitterten Stufen jenes altehrwürdigen Gemäuers dort oben gefetzt hatte. Da, als er fich eben in Ge= danken das furchtbare Schaufpiel wiederholte, bei dem er an jenem ihm unvergeßlichen Tage ein fo nahe be= theiligter Augenzeuge gewefen, und Gott noch einmal ge= dankt, daß er alle feine Lieben in jener Unheilsftunde vor dem fie bedrohenden Unglück bewahrt, ging die Thür auf und der Rector von Cues trat in feinem fchwarzen Gewande und mit feinem ewig milden und heiteren Ge= ficht in das Gemach.

Rafch fielen die Hände der beiden Männer in ein= ander und ihre Blicke wurzelten eine Weile feft auf des Anderen Geficht.

„Ich weiß, warum Sie mich heute befuchen,“ be= gann der Rector das Gefpräch. „Sie wollen noch ein= mal allein Abfchied von mir nehmen, nicht wahr?“

„Ja, das will ich, Herr Rector,“ entgegnete Philipp van der Myers mit bewegter Stimme, „aber ich will Ihnen auch noch einmal danken, daß Sie von Anfang bis zu Ende fo gütig waren, mir mit Ihrem Rath und mit der That zur Seite zu ftehen.“

Der Rector winkte leicht abwehrend mit der Hand, lächelte friedfertig und fagte:

„Das Letztere laffen Sie lieber ungefprochen und

richten wir unfere Aufmerkfamkeit vielmehr auf etwas Anderes. Sehen Sie, mein junger Freund, wie feltfam find doch immer Gottes Fügungen in der Welt. Wer ein langes Leben genießt und darin reiche Erfahrungen zu fammeln Gelegenheit hat, der muß ja wohl, felbft wenn er anfangs ein Ungläubiger gewefen wäre, endlich daran glauben lernen, daß ein allmächtiger Geift da oben regiert und auf eine, uns freilich unbegreifliche Weife, mit ftarker und unfehlbarer Hand die Schickfale der auf der Erde lebenden Menfchen lenkt. Betrachten Sie zum Beifpiel unfere erfte Begegnung in jener wilden Regennacht auf dem Bergwalde da drüben, und dann alles Das, was fich für Jeden von uns daran knüpfte. Das nennt man in der Welt mit einem leicht gefprochenen Wort einen Zufall, nicht wahr? Nun ja, er mag es für Viele gewefen fein, aber ich fehe in meinem gläu= bigen und dankbaren Gemüth in folchem Zufall eine Schickung, eine Abficht von Oben, und für uns wenig= ftens hat fich durch Das, was darauf folgte, beftätigt, daß diefe Schickung wohl ihre inneren Gründe und Ur= fachen hatte. Nun, mag es fein, wie es will, ich bin glücklich und der Vorfehung dankbar, daß Alles in Ihren Verhältniffen fo wohl geftaltet hat, und doppelt habe ich mich gefreut, als ich den alten Herrn — den alten Holländer nenne ich ihn noch immer am liebften — heute Morgen fo ruhig und fo froh und heiter ge= funden habe, wie er es früher niemals gewefen ift. Gott erhalte ihm diefe Stimmung auch in feiner Hei= math, dann werden Sie auch darin fchon den Lohn für die edle That finden, zu deren Ausführung Sie mit Ihrem wackeren Freunde hierhergekommen find.“

Jetzt hob Philipp van der Myers feine Hand ab= wehrend gegen den Sprechenden auf und fagte lächelnd:

„Schweigen Sie von diefer That, Herr Rector, fie war für nichts nichts Anderes, als die Befolgung einer inneren Rothwendigkeit und ich habe damit nur erfüllt, was ich nach Gottes Geboten, an deffen Allmacht und Allwiffenheit auch ich glaube, an meinem nächften Ver= wandten thun mußte, felbft wenn er nicht der Vater Sarahs gewefen wäre. Und mit diefem fchönen Glauben an ihn und den Hoffen auf einen ferneren Beiftand in unferer Aller Zukunft. wollen wir jetzt fcheiden, Herr Rector. Leben Sie wohl! Ich habe Sie, will es Gott, heute zum letzten Mal gefehen, und Sie und Ihr Hofpital werden mich in Gedanken auf allen meinen ferneren Wegen begleiten.“

Der Rector fenkte demüthig das Haupt und be= kreuzigte fich. Dann erhob er es plötzlich wieder, fah den jungen Mann mit leuchtenden Blicken an und fagte:

„So danke ich Ihnen für diefe mir fo wohlthuende Gefinnung, und wenn Gott, da er ja allmächtig und allgütig ift, durch einen fchwachen Menfchen feinen Segen über Andere ausgießen kann, fo fegne ich Sie hiermit in feinem Namen für alle Ihre ferneren Wege. Gott mit Ihnen wie mit uns Allen!“

Er machte dabei das Zeichen des Kreuzes über der Stirn des jungen Holländers und reichte ihm dann zum Abfchied die Hand. Wenige Minuten fpäter hatte Philipp van der Myers das Hofpital verlaffen und fchritt dem Mofelufer zu, wo fein Boot mit den Ruderern ihn fchon erwartete.

* * *

Es ging gegen Abend, als unser junger Freund in seinem kleinen Boot über die Mosel fuhr, und in dem in der engen Gasse gelegenen Gastzimmer der Heiligen drei Könige war schon eine leichte Dämmerung eingetreten. Das war die Stunde, wo nach altem Brauch die Stammgäste ihren Schoppen bei Peter Gassen zu trinken pflegten, um sich zur Einnahme ihres Abendessens und zu ihrer Nachtruhe zu stärken, und auch diesmal waren sie ziemlich vollzählig versammelt und ein Schoppen nach dem anderen wurde aus dem kühlen Keller geholt und den ewig durstigen Gästen dargereicht.

Die Unterhaltung am heutigen Abend, an welcher der gemeinhin ernste und viel beschäftigte Wirth nur selten einen sichtbaren Antheil nahm, wenn sie ihn nicht besonders interessirte, war auch diesmal ziemlich lebhaft und wiederum bewegte sie sich, wie die ganze letzte Woche hindurch, um das Schicksal, welches den Nußhof und den alten Holländer betroffen, von dem jetzt natürlich Jeder wieder mehr wissen wollte, als er wissen konnte, wie es dereinst in Bezug auf die geheimnißvolle Moselnixe der Fall gewesen war. Peter Gassen saß, seinen Schoppen vor sich, an einem benachbarten Tisch und hörte der laut geführten Unterhaltung schweigend zu, und nur dann und wann schüttelte er den grauen Kopf mit leisem Gebrumm oder trommelte nach seiner Art mit den Fingern auf den Tisch, wenn gerade etwas gesagt wurde, was der Wahrheit nicht im Geringsten nahe kam und was er viel besser und genauer als die allwissenden Gäste wußte.

„Ja," sagte unter Anderm der Schornsteinfegermeister mit seiner heiser krächzenden Stimme, denn er hatte ja einen Kropf. „ein Unglück war es gewiß, was den guten Mann betroffen hat, aber es hat auch ein großes Glück für ihn im Gefolge gehabt, wie das so oft geschieht, denn nicht nur der Nußhof wird ganz neu und wahrscheinlich viel besser und herrschaftlicher als früher hergestellt, sondern der alte Herr hat ja auch sein Schäfchen dabei in's Trockene gebracht und seine Million in die Tasche gesteckt, die in dem Bauch der räthselhaften Moselnixe verborgen gehalten wurde. O, hätten wir das damals gewußt, als sie sich in unserm Winterhafen vor Anker legte, wir hätten — wir hätten —"

„Nun, was hätten Sie?" fragte der dicke große Glasermeister mit seiner Stentorstimme, der aber dem Kropf Behafteten plötzlich von einem Schlucken befallen wurde und nothwendig eine Pause machen mußte, „Sie hätten doch nicht etwa den Piraten gespielt und die Moselnixe bei Nacht und Nebel überfallen, wie es die Raubritter in unserer Vorzeit gethan? — Hm — ah! Herr Wirth, ich bitte noch um einen frischen Schoppen!"

Der heisere Schornsteinfegermeister, dem irgend Etwas in die unrechte Kehle gekommen sein mußte, schüttelte unwillig den dicken Kopf und erwiderte, noch etwas lauter als gewöhnlich krächzend:

„Dummes Zeug — dummes Zeug! — Aber für mich zuerst auch noch einen Schoppen, Herr Gassen! — Ja, dummes Zeug — ich hätte, ich hätte —" und er steckte schon wieder und hustete mit großer Anstrengung auf, indem er mit beiden Händen den hin und her geschüttelten Kropf hielt.

„Na, heraus mit der Sprache," schrie die Stentorstimme mächtig auf, „und versparen Sie Ihren alten

Husten, bis Sie nach Hause kommen und Ihre Frau Gemahlin damit unterhalten können. Hm!" Und er hob sein vollgeschenktes Glas an den Mund und leerte es, wie aus Zorn über den hustenden Schornsteinfegermeister, auf einen Zug.

Da hob dieser sein blutroth gefärbtes Gesicht nickend und lächelnd gegen den gewaltsamen Nachbar auf und sagte einfach und fast nur in lispelndem Ton, da er eine Wiederkehr seines Hustens fürchten mochte:

„Ich hätte mich gefreut, daß es doch noch Menschen auf der Welt giebt, die eine Million in blanken Thalern besitzen, da Sie und ich sie doch höchstens nur mit einem Bleistift auf Papier malen oder mit Ihrem Glaserstift in Glas kritzeln können."

Der Glasermeister, der sich, wie man allgemein wußte, oft in einiger Geldverlegenheit befand, schwieg, wie auf den Mund geschlagen, dagegen fragte der kleine Secretair mit der überaus rothen Nase, der dem Sprechenden gegenübersaß und ihn schon lange mit einer sehr spitzfindigen Miene betrachtet hatte:

„Ist das Alles? Und das wäre Ihr ganzer Gedankenvorrath gewesen?"

Der Schornsteinfegermeister stand halb entrüstet, halb von seinem wiederkehrenden Husten geplagt, schnell von seinem Sitze auf, sah den kleinen Mann mit der rothen Nase giftig an und krähte dann mit aller Macht:

„Das behalte ich für mich, Herr Secretair! — Herr Gassen, ich lasse meinen Schoppen stehen — mein Husten kommt wieder — und die Gesellschaft — die Gesellschaft — guten Abend, meine Herren!"

Ein lautes Gelächter folgte dem ungeberig Abgehenden und man tadelte ihn laut, daß er immer Alles besser wissen wolle, als Andere, während er doch eigentlich nichts wisse als das, daß er einen Kropf und den Stickhusten habe, der doch wahrhaftig nicht von Hunger und Dursten herrühre. Peter Gassen, der des eitlen Geschwätzes schon lange überdrüssig geworden war, wollte sich eben erheben um einen neuen, abermals verlangten Schoppen herbeiholen, als die Thür aufging und die hohe Gestalt Philipps van der Myers in's Zimmer trat. Augenblicklich wurde es darin ganz still und man Aller Augen wandten sich auf den jungen Fremden hin, den man lange nicht hier im Gastzimmer gesehen, da er nur selten bei Tage nach der Stadt kam. Der Wirth ging sogleich auf ihn zu, der ihm schon die Hand entgegenstreckte, begrüßte ihn höflich und fragte nach seinen Wünschen.

Philipp van der Myers lächelte und nickte den ihn anstarrenden Gästen zu, worauf er mitten unter ihnen auf dem leeren Stuhl Platz nahm, den der Schornsteinfegermeister vorher eingenommen, und sagte:

„Da ich gerade eine Viertelstunde Zeit übrig habe, wollte ich doch einmal einen Schoppen in heiterer Gesellschaft bei Ihnen trinken, lieber Herr Gassen. So geben Sie mir denn einen von Ihrem Besten — das heißt, bringen Sie lieber gleich eine Flasche, damit wir Beide sie leeren können. Es geht rascher voran, wenn ich in Ihnen ein so gutes Vorspann dabei habe."

Alle lachten laut über die heitere Laune des geehrten Gastes, der hier eben ein drastisches Leibwort des Wirthes citirte und vor dem sie jetzt, als einem so reichen Fremden, einen gewaltigen Respect hatten; dann nickten sie sich gegenseitig zu und flüsterten mit einander, bis Peter Gassen mit dem Doctorwein wieder hereinkam und mit seiner gravitätischen Miene die Flasche entkorkte und zwei herbeigebrachte Gläser damit füllte.

Da aber, als die beiden Männer ihr Glas ergriffen hatten, hob Philipp van der Myers das seinige in die Höhe und bot um ihn her Sitzenden freundlich zunickend, sagte er laut und nach allen Seiten hin verständlich:

„Ich trinke dies Glas auf Ihr Wohl, meine Herren, und auf das Wohl Ihrer lieben Stadt, die ich morgen verlassen muß, der ich aber auch in der Ferne ein gutes Angedenken bewahren werde!"

Augenblicklich füllten sich alle Gläser bis an den Rand und alle Hände erhoben sich damit, um nach einem laut erklingenden Anstoßen dem fremden Herrn Bescheid zu thun. Dann aber, als die Gläser geleert, wurde ein vielstimmiges Wispern ringsum laut, bis es von allen Seiten im schmetternden Chor rief:

„Mir auch einen Schoppen Doctorwein! Mir auch, mir auch, Herr Gassen, denn auf das Wohl unserer guten Stadt müssen wir auch ihren besten Wein trinken!"

Der Wein ward gebracht und nun wurde die Unterhaltung bald wieder lauter und munterer, namentlich nachdem der lange hagere Schulmeister, der auch unter den Anwesenden saß, mit seinem sanften Lächeln sich erhoben und auf das Wohl des Herrn Holländers und seiner lieblichen Moselnixe sein Glas geleert hatte.

Darauf unterhielt Philipp van der Myers sich eine Viertelstunde lang so herzlich und leutselig mit den immer lebhafter werdenden Gästen, als ob sie seine besten Freunde wären. Als er aber endlich aufstand und seinen Hut nahm, um sich zu empfehlen, umringten ihn Alle und ein Jeder suchte seine Hand zu erhaschen, die er ihnen auch freundlich reichte und dann zu Peter Gassen sich wendend, sagte:

„Adieu, mein wackerer Freund; bis heute Abend also. Jetzt will ich zu meinem Schiff zurück."

Damit verließ er unter allgemeinen Abschiedsrufen das Zimmer, von Peter Gassen bis an die Hausthür geleitet. Hinter ihm her aber schrie der Glasermeister mit seiner donnernden Stentorstimme:

„Habt Ihr es wohl gehört? Er nannte Peter Gassen seinen Freund und ich will wetten, daß der mit ihm ein gutes Geschäft abgeschlossen hat. Nun, mag er es, ich gönne es ihm. Warum machten wir denn so viel Wein, wenn die reichen Leute in Holland und anderwärts ihn nicht kaufen und trinken sollten? Ja, und nun bleibe ich heute den Doctor den ganzen Abend, hol' der Teufel alle anderen Sorten! Trinkt Ihr mit?"

Er vernahm nur sehr wenige bejahende Stimmen und zog sich wie denn, denn den meisten von ihnen war der Preis des kostbaren Weines doch zu hoch. So zog sich denn auch Einer nach dem Andern von dem schwelgerischen Glasermeister zurück, bis dieser dem Doctor so reichlich zugesprochen, daß er die Hülfe des Apothekers hätte gebrauchen können, wenn ein solcher zufällig bei der Hand gewesen wäre.

* * *

Scheiden thut immer und überall weh, — wer weiß das nicht? Das sollten auch Jakob van der

Myers und seine Tochter an dem Morgen empfinden, als sie zum letzten Mal, wenigstens in diesem Jahre, ihre Augen auf dem so lieben Nußhof ruhen ließen. Wohl hatte er ihnen Ruhe und Frieden, Behaglichkeit und manchen Genuß gewährt, als sie, dem Schiffbruch ihres Lebens in der Capstadt entronnen, vor fünf Jahren hier eine trauliche Heimstätte gefunden hatten und die verschiedenen Schicksalsschläge allmälig zu verwinden suchten, die sie in einem anderen Welttheile erlitten. O wie lieblich schauten die schönen Weinberge ringsum und die alten Ruinen der Landshut jetzt auf sie herab, wie spiegelten sich die das liebe Städtchen umkränzenden Berge so freundlich in dem glanzvollen Strome wieder! Ja, es schien ihnen im Augenblick des Scheidens Alles viel schöner, frischer und freudenverheißender zu sein, als es wirklich war, und wenn sie auch früher wohl manche trübe Stunde und zuletzt einen traurigen Tag daselbst verlebt, so war das ja nun Alles vergessen und begraben, denn der eben aufgegangene goldene Sonnentag hatte es ganz und gar aus ihren Gedanken verwischt.

Noch viel mehr gemildert wurde das Weh des Scheidens durch vieles andere Gute, Liebe und Schöne, was ihnen das Schicksal an Stelle des heute zu Verlassenden geboten. Jakob van der Myers hatte ja seine Heimath und seine Familie wieder- und Sarah den Geliebten ihrer Seele gefunden, und mit ihm zogen sie getrost in die Ferne, voll Hoffnung und Zuversicht, daß nun erst der eigentliche Glanzpunkt ihres Lebens vor ihren Augen und in ihren Herzen auftauchen werde. —

Um die lange Thalfahrt von Berncastel nach Coblenz möglichst rasch zurückzulegen, hatte man denselben kleinen Dampfer aus Cochem, der die Moselnixe stromaufwärts geschafft, abermals nach Berncastel beschieden und dieser war schon einen Tag vor der Abreise an Ort und Stelle eingetroffen, fast zu derselben Zeit, als das gemiethete große Lastschiff, welches den Weinvorrath und verschiedene andere Besitzthümer Jakobs van der Myers nach Holland bringen sollte, dahin vorausgegangen war. So war auch Alles, was man sonst mit sich nehmen wollte, schon längst an Bord der Moselnixe geschafft und die Stunde nahte heran, wo dieselbe ihre Fahrt antreten sollte, nachdem der Dampfer sie in's Schlepptau genommen.

Es war ein frischer klarer Sommermorgen, als Philipp van der Myers und Jan van der Straaten zum letzten Mal vor der Fährstelle vor Berncastel mit ihrem Boote abfuhren und bald darauf der Moselnixe anlegten. Hell strahlte die Sonne, nur weiße leichte Wölkchen wogten spielend an dem blauen Himmelszelt, die Luft war windstill und nicht zu warm, gerade wie man es gern hat, wenn man eine Wasserreise unternimmt.

Die Nachricht, daß die Moselnixe Berncastel heute endlich wieder für immer verlassen wolle, hatte sich seit dem gestrigen Abend wie ein Lauffeuer durch das ganze Städtchen verbreitet. Schon am frühen Morgen begaben sich viele Schaulustige und Neugierige, und welche Stadt, groß oder klein, hat dergleichen nicht, an die Mosel und stellten sich längs des Ufers derselben auf, den Augenblick kaum erwarten könnend, wo das schöne Schiff vom Nußhof her herangeschleppt werden würde. Auch unsern alten Freund Peter Gassen und die Seinigen finden wir unter vielen Anderen an der Fährstelle vor, von wo er zum letzten Mal den abreisenden Fremden seinen Gruß zurufen wollte.

Eben hatte die Uhr des mittelalterlichen Kirchthurms am Ufer die achte Morgenstunde verkündet, da kam das holländische Schiff auch wirklich im Schlepptau des holländischen Dampfers heran, mit Flaggen und Wimpeln aller Art wiederum festlich geschmückt, wie an jenem Tage, an welchem es Jakob van der Myers und seine Tochter zum ersten Mal zum Besuch erwartete. Auf dem obern Deck, diesmal Allen sichtbar, stand der alte wohlbekannte Holländer mit seinem grauen Haar und dem saltigen gutmüthigen Gesicht, das jetzt jede Spur seines früheren Trübsinns verloren hatte und nur noch mit halb wehmüthigem, halb heiterem Blick auf die Häuser des gastfreien Städtchens schaute, an dem er jetzt vorüberrauschte. Auf der einen Seite neben ihm stand seine wunderbar schöne Tochter, mit ihrem weißen Tuch freundlich nach dem Ufer winkend und von allen daselbst Stehenden eben so freundlich begrüßt; auf der andern Seite dagegen stand sein Neffe mit seiner hohen Gestalt und seinem edlen Männergesicht, den Hut schwenkend und, wenn er einen Bekannten gewahrte, einen lautschallenden Abschiedsruf herübersendend. Neben ihm hatte sich auch Jan van der Straaten mit der lächelnden Johanna aufgestellt, und Beide waren ohne Zweifel von Allen auf dem Schiffe am freudigsten bewegt, da sie nichts Liebes zurückließen und nun weiter ohne Aufenthalt nach ihrer heimathlichen Stadt ging, wo sie dem Augenblick entgegensahen, der ihre Hände zum ewigen Bunde in einander legen sollte.

Als das Schiff dem Hospital gegenüber angekommen war, ließ der Steuermann Pool seinen kleinen Böller den donnernden Abschiedsgruß sprechen und in lange widerhallendem Echo wiederholten ihn die Berge, der sich noch mehrere Male aus der Ferne vernehmen ließ. Dann aber war das kleine Geschwader bald den Blicken der nachschauenden Menge verschwunden und gen Graach, Josephshof und Zeltingen glitt es geräuschlos die Mosel auf ihren zahllosen Krümmungen hinab, ohne Aufenthalt dem Rheine zu, an den alten und neuen Burgen, den wohlhabenden Städtchen und den kleinen Ortschaften vorüber, die in reizendster Lage und in zahlloser Menge die Ufer der Mosel zieren, überall von hochragenden grünen Weinbergen umgeben, die ohne Unterlaß, jeden Felsenvorsprung bedeckend, sich bis nach dem gewaltigen Rhein erstrecken.

Es war Nachmittags kaum fünf Uhr vorüber, als der Cochemer Dampfer die Moselnixe an die alte Römerbrücke brachte, die den breiten Ausgang der Mosel in den Rhein überwölbt, und mit glänzenden Augen standen die Reisenden nun wieder sämmtlich unter dem Sonnenzelt, um den königlichen Ehrenbreitstein zu begrüßen, der seine stolzbrauenden Zinnen gerade vor ihnen hoch in die goldumstrahlten Lüfte erhob.

Auch in dem prächtigen Coblenz hielt man sich nur während der nächsten Nacht auf, um den nöthigen frischen Proviant auf das Schiff zu schaffen. Dann legte sich ein großer holländischer Schleppdampfer, der dem Großhause van der Myers zu Rotterdam gehörte und schon lange vorher zu diesem Zweck nach Coblenz beordert war, vor die Moselnixe, und hinab ging es nun auf dem breiten Rücken des Vater Rhein in beschleunigter Fahrt, um so bald wie möglich die Heimath des alten Holländers zu erreichen.

Am zweitnächsten Tage gegen Abend, nachdem man nur noch einmal vor Wesel übernachtet, gelangte man endlich nach Rotterdam, dem so viele trostlose Jahre hindurch ersehnten Ziele Jakobs van der Myers. Mit welchen Gefühlen der alte Mann jetzt auf dem Verdeck stand und die ehrwürdigen Thürme seiner Vaterstadt mit weit in die Ferne starrenden Augen am Horizont auftauchen sah, wollen wir nicht zu beschreiben versuchen. Ihm zur Seite standen zwei schöne Paare Arm in Arm und blickten theils mit Verwunderung und Staunen, theils mit wonniger Freude auf die Häuser und Gärten, an denen sie jetzt vorüberflogen, um alsbald vor dem palastähnlichen Hause der van der Myers vor Anker zu gehen und den wiedergefundenen Oheim in die glanzvolle Stätte seines ferneren Lebens und Wirkens zu geleiten.

Wollen wir ihm und allen Uebrigen wünschen, daß sie im schönen Heimathlande fanden, was sie suchten und erstrebten, vor allen Dingen Ruhe und Frieden mit sich und aller Welt. Daß es aber Niemand daran fehlen ließ, dem alten Herrn, dessen sich nur Wenige noch aus persönlicher Anschauung erinnern, Freude und Genuß aller Art zu bereiten, setzt der Leser voraus, auch wenn er nicht wie wir den gastfreien und redlichen Sinn, die Anerkennung alles Edlen und den Trieb zu allem Guten kennt, den der Holländer, zwar mit wenig beredtem Munde, aber mit um so wärmer schlagendem Herzen den bei ihnen Einkehrenden entgegenträgt. —

                E n d e.

Feuilleton der Deutschen Roman-Zeitung.

Das ottomanische Heer.*)

I.

Die Grundfesten des osmanischen Staates ruhen auf dem Buche (Alkoran). Der Krummsäbel war die Kelle bei dem Riesenbau.

Hier nun, wo die Reform vom Throne, der gleichzeitig Sitz des Khalifen (Nachfolger des Propheten) ist, ausgehen mußte und auch ausging, war die Neubildung der bewaffneten Macht natürlicherweise der Kern alles Bestrebens nach Neugestaltung.

*) Aus den „Türkischen Skizzen" von Murad Efendi. 2 Bände. Leipzig. Dürr'sche Buchhandlung.

Der Koran selbst bestimmt in einer Surre: „Eignet euch die Waffen eurer Feinde an!" und sprach sich hiermit für die Heeresreform und für die Absicht der Khalifen aus, sie pflicht gemäß durchzuführen. Aber auch das Bestehende wird heilig, besonders wenn der Rost der Routine die thatsächliche Macht für sich hat.

Und die Janitscharen waren im Besitz der Macht. Hatte das entartete Prätorianercorps auch längst nichts mehr als den Namen und die Abzeichen jener begeisterten und für die damaligen Verhältnisse regelmäßigen Streitkräfte, welche Sultan Orchan unter dem Titel „Yenitschehri" (neue Truppen) aus christlichen

Convertiten gebildet und denen der hochverehrte Derwisch Scheith Hadji-Bektasch den Kermel seines Kaftans zur Kopfbedeckung gegeben hatte; war es längst entwöhnt, seine Angriffe als Siege zu zählen, und hatte es infolge dessen auch sehr bald aufgehört, eine Waffe in den Händen des Khalifen und ein Schild für das Land zu sein: stark genug war es doch immer, sich im Innern zu behaupten und einen Zustand aufrecht zu erhalten, darin allein es sein Unwesen treiben konnte.

Alle diejenigen Herrscher, die zu Ende des 18. Jahrhunderts nach längerer Unterbrechung wieder an die Reihenfolge jener ersten Sultane anzuknüpfen schienen, die entweder als Kriegshelden, als Staatslenker oder als Menschen, wenn nicht in der Vereinigung all dieser Eigenschaften ihre Zeit überragten, hatten versucht, die bewaffnete Macht neuzugestalten. Die revolutionäre Lust, welche in dieser Epoche durch die Welt wehte, hatte auch auf den abgeschlossenen Osmanenthron Keime von Neuerungslust gestreut.

Sultan Abd-ul-Hamid wie Selim III., zwei Monarchen, ausgezeichnet durch milde Charaktereigenschaften und ein erleuchtetes Wollen, waren in ihren Bemühungen gescheitert. Der letztere, der hierin weiter ging und sich für die Aufgabe, zu welcher ihn sein reformatorischer Feuereifer drängte, aus jenem Stoff geformt erwies, verlor Thron und Leben. Aber seinem Streben sollte die Durchführung nicht fehlen; Sultan Mahmud, sein Lieblingsneffe und Schüler, übernahm mit dem Scepter die Pläne seines unglücklichen Vorgängers, und im Jahre 1814 wurde die mit dem Falle Selim's zerstreute Elitetruppe aus dem Janitscharenortal wieder neu gebildet.

Endlich, zwölf Jahre später, fielen auf dem El-Meidan, dem blutgetränkten Mons Aventinus der Ottomanen, unter den Kartätschen der „neuen Truppen" die aufständischen Janitscharen. Die Suppenkessel, ihre Abtheilungszeichen wurden zertrümmert, die Löffel, ihre Offizierauszeichnung, zerbrochen und die symbolischen Herde für immer ausgelöscht. Ihr Corps hatte aufgehört zu sein.

Diejenigen, welche diesen blutigen Staatsstreich, dessen unausweichliche Nothwendigkeit wohl keinem Zweifel unterliegt, zugleich als einen Aderlaß betrachten, welcher dem hinsiechenden die Lebenskraft entzogen, übersehen, daß es bereits brandig gewordenes Blut war, welches dem ottomanischen Staatskörper abgezapft wurde.

Unsere Bewunderung für das muthvoll gewagte Unternehmen wird nicht abgeschwächt durch die Erwägung, daß der Baum, den die Axt des Reformators fällte, bereits abgestorben war; seine Wurzeln waren über das ganze Land hin verbreitet, mit den ruhmvollsten Erinnerungen der ottomanischen Kriegsgeschichte verknüpft und das Reich befand sich inmitten heftiger Krisen. In Aegypten, Syrien, Albanien, Bosnien, Serbien, in Morea und im Epirus pflanzte der Aufstand siegreich seine Fahnen auf, theilweise unter Beihülfe der europäischen Großmächte. Von der Aema wälzte der Erbfeind seine sonnedürstenden Steppenvölker gegen den Bosporus, und im Weichbilde der Hauptstadt glimmte unter der Asche der Glutherm reactionärer Verschwörungen. Es war einer jener Wendepunkte, in denen die natürliche Apathie des Osmanen einem durch seine Energie überraschenden Aufschwung weicht, in denen das im Todeskampfe der Zersetzung zuckende Reich durch eine neue Aeußerung von Lebensfähigkeit und Leben überrascht. Denn so sehr auch die politische Constellation in den letzten Momenten immer wieder den bedrängten Osmanenthum bewahrte und Europa sein Interesse an der Erhaltung eines ... Elements in den Ländern von der Donau bis zum ... nach verschiedenen Kreuz- und Quersprüngen bethätigte, die

Osmanen hätten sich gegenüber den verschiedenen Wühlereien und Angriffen ihrer Feinde und den Fehlgriffen ihrer natürlichen Alliirten kaum behaupten können, wenn sie nicht bei Weitem mehr innere Lebenskraft besessen hätten, als man gemeiniglich anzunehmen pflegt. Die Theorie von der äußeren Nothwendigkeit ihres Bestandes hätte die Bedingungen dieses Bestandes wohl kaum besser zu sichern vermocht, als der Wolfshund, der das Schaf zwar gegen den Wolf vertheidigen kann, es davor zu bewahren vermag der Räubigkeit zu erliegen.

Hier bewahrheitete sich abermals die Ansicht, welche sich dem Unbefangenen aufdrängen muß, daß die Pforte, außerhalb der Unterstützung, die der Reichsbestand äußerlich durch die sich gegenseitig paralisirenden europäischen Interessen findet, im Innern noch andere feste Stützpunkte habe. Es sind dies einerseits die sich schroff entgegenstehenden Interessen des Völkerkaleidoskops, welches sie beherrscht und zugleich neutralisirt, und andrerseits die unbedingte Hingebung der osmanischen Rasse. Wer die heutigen Osmanen als Volk des Fanatismus bezichtigt, kennt sie nicht. Der unwiderstehliche Aufschwung, der die kriegerischen Osmanen von Eroberung zu Eroberung trieb, ist zugleich mit dem Fanatismus geschwunden. Der Fatumsglaube aber und die passiven militärischen Tugenden sind ihnen geblieben, und diese befähigen sie noch immer ganz außerordentlich zum zähen Widerstand. Die Unzukömmlichkeiten der Passivität werden hier durch die Vortheile, die sie bieten kann, reichlich neutralisirt. Der innere Bestand des Osmanenthums aber, der trotz beständiger Kriege und Aufstände, trotz einer Kette von Unglücksfällen und häufigen Mißregierungen, gegen alle scheinbaren Bedingungen eines möglichen Bestandes Jahrhunderte überdauern konnte, fordert die gewissenhafte Untersuchung des Denkers heraus.

Mir fällt dabei immer die alte Anekdote des Israeliten ein, der sich nicht eher zum Christenthum bekehren wollte, als bis er den Papst und Rom gesehen, wo damals gerade die tiefste Verfunkenheit herrschte. Der proselytensüchtige Bekehrer hatte ihn aufgegeben und war höchlich erstaunt, als der Zurückgekehrte um die Taufe mit den Worten begehrte: „Was sich bei seiner solchen Mißwirthschaft dennoch zu erhalten vermag, hat seine Lebensfähigkeit nicht von der Erde!"

Sultan Mahmud hatte in Augenblicken nichts für sich, als einen unbeugsamen Willen. Dennoch wurde unter diesen untergangdrohenden Umständen, bei unsäglichen Hemmnissen und dem Widerwillen der gesammten Nation ein stehendes Heer nach europäischem Vorbilde gebildet und ausgerüstet. Die allgemeine Rekrutenaushebung, von welcher nur die Hauptstadt ausgenommen blieb, wurde in Anwendung gebracht, die oft in Ketten herbeigebrachten Rekruten wurden von französischen Unterrichtsoffizieren nach französischem Exercirreglement eingeschult. Sultan Mahmud, in ungewohnter Offiziersuniform, eine Peitsche in der Hand, fand sich regelmäßig auf den Exercirplätzen ein.

Die rastlose Energie des Monarchen, unterstützt von dem militärischen Talent, das der ottomanischen Rasse angeboren ist, förderte in kürzester Frist erstaunliche Resultate zu Tage; — schon zwei Jahre nach ihrer Gründung standen die ottomanischen Regimenter gegen Paskiewitsch und Diebitsch im Felde.

Die neuen Truppen, kaum geschult, zum Theil aus vierzehnjährigen Knaben bestehend, bewährten sich gegen die Uebermacht der sieggewohnten Russen als die Beste. Während früher bei den Janitscharen der erste wüthende Anlauf entschied und wenn er mißlang, die Schaaren sich in wilde regellose Flucht auflösten, sehen wir hier zum erstenmal das junge stehende Heer planmäßig manövriren, sich geordnet und kämpfend zum Rückzug bequemen und selbst zur regelrechten Offensive übergehen.

Der Feldzug von 1828—29 war unglücklich für die Waffen

des Halbmondes, aber durchaus nicht ruhmlos, wenn man den trostlosen Verhältnissen Rechnung trägt. Erst 23 Jahre später, an der Donau und in der Krim (Eupatoria), sollten sie ihre Genugthuung erlangen, obschon die Entwickelung des ottomanischen Heerwesens unter Sultan Abd-ul-Medschid, dem Sohne des Reformators, keine sonderliche Förderung erfahren hatte. Es lag in der Politik der damaligen osmanischen Machthaber, alles soldatische Wesen mit überlebendem Janitscharentrotz, alle Männlichkeit mit Rohheit für gleichbedeutend zu nehmen und mißtrauisch zu betrachten. Außerdem hatte Sultan Abd-ul-Medschid weder Geschmack für die Waffen noch etwas Militärisches in seiner Natur. Er war zart und kränklich. Gebrechlichkeit und Schüchternheit wurden Mode in den damaligen Regierungskreisen, wer nicht hinfällig war, fingirte es zu sein. Die Reaction gegen das Kernelement des theokratisch-militärischen Staates stand in voller Blüthe. Die Diplomatie hatte die Oberhand und der Säbel mußte vor der Feder zurücktreten.

Die Gründung der „Redif", die in das Jahr 1834 fällt, erweiterte nach den ungefähren Grundzügen des Landwehraufgebotes den Rahmen des Heeres. Die reguläre Truppe bestand nun und besteht noch aus der Garde und fünf Armeecorps, von denen das eine (Bagdad) jedoch kaum die Cadres aufweisen dürfte. Außerdem werden für Kriegsdauer Irreguläre aufgeboten. Diese, baschi-bozuk (tolle Köpfe) genannt, sind jedoch größtentheils besser im Lande selbst zu verwerthen, als im eigenen, dem die undisciplinirten räuberischen Horden leicht zur schweren Geißel werden können. Sie manövriren, fechten und plündern für sich. Der reguläre Soldat pflegt mit diesen muselmanischen nur einen sehr beschränkten Verkehr.

Die augenscheinlichsten Fortschritte des Heerwesens fallen in die letzten zehn Jahre. Ich war während des letzten russischen Krieges, also ungefähr vor 22 Jahren, in die Reihen der ottomanischen Armee eingetreten und entsinne mich des befremdenden Eindrucks, den ich damals vom Anblick der Soldaten vorerst empfing. Ich hatte gerade ein österreichisches Reiterregiment verlassen und konnte mir kein Heil außer dem blankgeputzten Metall, den schwarzgeglänzten Lederzeug und außerhalb dem Dogma des alleinseligmachenden „Schid" denken.

Die Sieger von Silistria, Kalafat und Oltenicza hatten nun in ihrer Erscheinung nichts von alledem, woran ein abendländisches Offiziersauge sich hätte laben können. Die bekannte Invalidengarnison aus Nestroy's „Mädchen in Uniform" schien ihnen Modell gestanden zu haben. Da lehnten an den Pfosten der Riesensonnenschirme, wie wir deren auf Obstmärkten antreffen, die Schildposten; der eine oder der andere an einem groben Wollsocken stridend und von Zeit zu Zeit seine Handgriffe probirend; die letztere allerdings mit katzenartiger Gewandtheit. Die Leute waren von einem Regiment des rumelischen Armeecorps, dessen Stanbquartier Monastir ist; hochgeschossene, wetterbraune Gesellen, die sich mit der ungewohnten Uniform nach fränkischem Schnitt nur übel abfanden.

Wo der fränkische Zuschnitt ihre Lebensgewohnheiten allzu tyrannisch einengte, zögerten sie übrigens nicht, sich Luft zu schaffen.

Der Stehkragen des formlos kurzen Waffenrocks, dessen erster Entwurf einer Jagdweste abgelauscht schien, war resolut herabgeknittert und die steife Cravatte — nun, sie harrte wohl hinter einer Hecke des redlichen Finders. Die Kniegegend bei den Pantalons war vom üblichen kreuzbeinigen Sitzen energisch herausgewölbt, wie die nackten Füße schlenkerten in vertretenen Galloschen. Das winzige Fez, welches aus die ungebührlich großen Rothmützen der ersten Epoche gefolgt war, erschien vielmehr als das Symbol einer Hausmütze, denn als eine militärische

Kopfbedeckung. Die zugespitzte Mütze mit der blauen Seidenquaste erhob Sultan Mahmud zur Kopfbedeckung für alle Staatsbeamte zur Erinnerung an den Reformversuch seines Oheims Selim III., der mit der Uniformirung der Bostandji begann. Hier und da hatten die Soldaten dadurch nachgeholfen, daß sie geblümte Wolltücher um die Köpfe wanden. Die Offiziere hatten an diesen Zu- und Wegthaten nichts auszusetzen, ja sie gingen der Mannschaft hierin mit ermunterndem Beispiel voran.

Die Oberofffiziere, die vom Major abwärts durch das Aerar gekleidet wurden, unterschieden sich äußerlich wenig von der Truppe; nur durch die Goldliten auf den Achseln und durch einen Säbel in Lederscheide und mit Bügelkorb, ähnlich jenem der ehemaligen Grundwächter.

Das Volkslied der Serben.
Von Hugo Sturm.

I.

Um ein Volk von allen Seiten kennen und danach richtig schätzen zu lernen, ist es unbedingtes Erforderniß, daß man auch seine Lieder gehört habe. In dem Liede findet man gleichsam seine innersten Gedanken, seine Gefühle offenbart. Es verbirgt nicht die Volksmeinungen, ohne Scheu spricht es aus, was das Volk denkt, wie es aber diese oder jene Sache urtheilt. Aus dem Liede kann man darum einen Schluß auf den Charakter desselben machen. Singt es Heldenlieder und erfreut es sich an den Kriegs- und Heldensagen einer grauen Vorzeit, so wird auch noch immer eine Spur jenes Muthes in seiner Brust verschlossen sein, noch immer ein Tropfen von dem Heldenblute der Väter in seinen Adern rollen. Deshalb ist jedenfalls das Volkslied ein unerläßliches Moment in einem nationalen Charakterbilde.

Das serbische Volk ist nun sozusagen durch und durch ein Volk von Dichtern. Bei allen Gelegenheiten läßt es seinen Sang erschallen, Groß und Klein, Jung und Alt drückt seine Gefühle und Empfindungen, seine Leiden und Freuden im Liede aus. Tanz und Spiel, Arbeit und Ruhe werden durch Gesang und Poesie geselet und verschönt. Hinter dem Rocken sitt die Spinnerin und singt von heimlichen Liebesfreuden und Leiden, die Maid auf der grünen Bleiche begleitet ihre Arbeit mit sehnsuchtsvollen Liedern, die Wasserträgerin am Brunnen findet Trost im Gesang, wenn der Mutter Gebot den Geliebten fernhält. Nicht anders ergeht es dem sehnsuchtskranken Knaben. Er singt von den Geliebten Augen, ihrem schlanken Wuchse und weichen Arme. So wird jedes Geschäft und jede Handlung von Gesang begleitet, ja nicht selten sind es ganz bestimmte Lieder, die zu einer gewissen Arbeit gesungen werden, so daß Geschäft und Lied in innigster Verbindung mit einander stehen.

Es soll nicht verschwiegen werden, daß in neuerer Zeit schon manche Sängerkehle verstummt, manch' volksthümlicher Sang durch ein neumodisches, weniger wahr empfundenes Lied verdrängt worden ist, aber immer noch nennt das serbische Volk einen reichen Schatz wahrhafter Sangesperlen sein eigen, so daß es sich wohl der Mühe verlohnt, aus diesem Borne einige Proben zu schöpfen.

Zuvörderst müssen wir jedoch noch einiger Eigenheiten der serbischen Volkspoesie gedenken. Einfach wie das Volk, ist auch sein Lied, aber eben in dieser urwüchsigen Einfachheit liegt sein Reiz, in derselben ist es herrlich und lieblich zugleich. Oft ist es nur die Eingebung und Ergießung eines Augenblicks und darum von keiner tiefen Bedeutung, aber in allen Liedern spiegelt sich eine Naivetät, die klassisch genannt zu werden verdient, und schon um deswillen dürfen sie nicht ganz bei Seite gesetzt werden.

Man merkt es den Liedern an, daß sie unmittelbar aus der Natur geschöpft sind; sie athmen noch den Duft des Feldes und Waldes. Alle nahe liegenden Naturgegenstände verwebt der Serbe mit seinem Liebe. Die Tanne, der Falke, das Roß, die Rose, die Nachtigall und viele andere Dinge sind Zeugen seines Glückes und seines Kummers. Dadurch wird die Sprache eine bilderreiche und verleiht der Dichtung fast orientalische Färbung. Mit besonderer Liebe vergleicht der Jüngling die Geliebte mit einer „blüthenschönen Blume." Bald ist sie seine Rose, bald sein Veilchen, oft auch seine Nelke, seine Hyacinthe, seine Tanne x. Nicht selten wird durch das ganze Lied ein solcher Vergleich durchgeführt, wie beispielsweise in jenem wundervollen Trennungsliede:

„Wuchsen Blumen im Melonengarten:
Blauer Hyacinth und grüne Dame.*)
Blauer Hyacinth ging nach Doljani,
Grüne Dam' blieb im Melonengarten.
Hyacinth entbot ihr von Doljani:
„Meine Seele, grüne Dam', im Garten!
Wie ist Dir's so ganz allein zu Muthe?"**)

Oft sagt jedoch der Sänger schon in der nächsten Zeile, wen und was er eigentlich damit meine. So hebt eins dieser Lieder mit folgenden Worten an:

„Tannenbäumchen hoch und schlank,
Stand auf grünem Bergeshang.
War ein Tannenbäumchen schlank,
War ein Mädchen, hoch und lang x."

Ein anderes erzählt uns von dem Abschied eines seit früher Jugend vereinten Liebespärchens:

„Schlang von Wein sich eine weiße Rebe
Um die Feste, um die weiße Buda.
Keine weiße Rebe war's von Weine,
Nein, es war ein treues Liebespärchen." —

Eigenthümlich ist der serbischen Volkspoesie ferner die Wiederholung gewisser Wörter:

„Laubte mit Laub ein Wäldchen sich —"

oder:

„Ernte erntete das Schönheitsmädchen x."

Es ist dies gewissermaßen eine Alliteration, wie sie noch mehr in folgenden Versen zum Vorschein kommt:

„Wandern Wanderschaft drei junge Wandrer — x."

„Leuchtend leuchtete der Mond am Abend,
Hell beleuchtet er die grüne Wiese x."

Hierdurch soll der Wohllaut erhöht werden, den der Sänger höchst vermißt, da serbischen Volkslieder durchweg des Reimes entbehren. Einzelne gereimte Zeilen findet man wohl hier und da, doch sind diese nur dort gebraucht, wo sie sich ganz bequem von selbst darboten. In einzelnen Liedern begegnet man auch dem Reim in der Mitte, noch häufiger jedoch sind Assonanzen.

Das Versmaß ist ein sehr einfaches. Der serbische Volksdichter zählt nur die Silben, ohne viel auf ihre Länge und Kürze zu achten. Zehn Silben mit einem Ruhepunkt hinter der vierten und zehnten bilden ohne Ausnahme das Maß der Heldenlieder. Im Liebes- oder Frauenliede ist die Zahl derselben nicht immer gleich, während die Legenden, auch Bettellieder genannt, fast im sechssilbigen Verse dahingehen.

Die meisten Verse bilden für sich einen besonderen Satz, indem dort der Gedanke einen Abschluß findet. Jedenfalls ist

*) So nennt der Serbe die gemeine Narcisse (Narcissus pseudonarcissus).

**) Die Uebersetzung dieses und aller folgenden Lieder ist der Sammlung serbischer Volkslieder von Talvj (Leipzig bei Brockhaus) entnommen.

dies aber hinter jedem zweiten Verse der Fall, indem der Sänger hier regelmäßig einige Augenblicke anhält, als ob er sich auf die Fortsetzung besinnen wolle. Der Sänger begleitet seinen Vortrag meistens auf der Gusle, einer primitiven Geige mit einer einzigen Saite. Vornehm und Gering ist mit diesem Instrument vertraut, obwohl es auch nicht ungewöhnlich ist, daß namentlich die Heldenlieder ohne Begleitung declamatorisch in Freundes- und Familienkreisen vorgetragen werden.

Das Absingen der Heldenlieder bildet nicht selten das Gewerbe einzelner blinder Männer. Sie sind aber auch die Einzigen, die für Geld singen. Manche dieser alten Sänger besitzen eine unerschöpfliche Fundgrube der herrlichsten Volkslieder, die der Väter Thaten und Werke mit den erhabensten Worten preisen. Gleich den fahrenden Sängern des Mittelalters ziehen sie an der Hand ihres Führers von Dorf zu Dorf, von Haus zu Haus und sind überall gern gesehene Gäste. Um sie versammelt sich die Jugend des Dorfes, Männer und Frauen gesellen sich zu dem Kreise und lauschen der Erzählungen von den alten Helden. Nicht selten begegnet man unter diesen Sängern zugleich dem Dichter einzelner Lieder, während sie die übrigen von ihren Vätern erlernt haben. In den Heldenliedern kommen verschiedene Stellen vor, durch welche die Blinden zum Gesange aufgefordert werden. So heißt es beispielsweise in einem Liede von dem Tode des Königssohnes Marko, daß dieser drei Beutel mit „goldenen Dukaten" bei sich hatte: Den einen vermachte er demjenigen, der seinen Leib dem Schooße der Erde übergeben würde, während er über den zweiten und dritten folgende Bestimmung traf:

„Mit dem zweiten schmücke er die Kirchen;
Für die Lahm' und Blinden sei der dritte,
Daß die Blinden in der Welt umherziehen
Mit Gesange Marko's Thaten feiernd."

Der reiche Volksliederschatz ist Eigenthum aller Länder der serbischen oder illyrischen Sprache. Je nach dem Charakter der einzelnen Landschaften und Provinzen tritt jedoch die eine oder andere Art der volksthümlichen Poesie in den Vordergrund. So hat das Heldenlied seine eigentliche Heimath in den südlichen Gebirgsgegenden. Namentlich in dem eigentlichen Serbien, auch in Bosnien, Montenegro und dem herzegowinischen und dalmatinischen Nachbarschaft hallen Gebirg und Thäler wieder von diesen wilden Gesängen. Mit nie ermüdendem Interesse lauscht die kriegerische Bevölkerung dieser Landschaften den schon so oft gehörten und aus dunkler Vorzeit herübertönenden Sagenstimmen des Heldenzeitalters.

Das Liebeslied ist dagegen vorzugsweise in den Dörfern zwischen der Donau und Theiß heimisch. Man nennt es hier meistens Frauenlied, obwohl dies keineswegs andeuten soll, daß die Männer und Jünglinge es nicht oder so gern hörten. Es ist, als ob sich die Männerwelt dieser Gefühlsäußerungen schäme und darum durch den Namen jeden Verdacht von sich weisen wollte. Jetzt hört man diese lyrischen Herzensergüsse hier nur noch in den Dörfern in ihrer unvergleichlichen Einfachheit. In den Städten hat die Kunstpoesie mit ihren oft erlogenen und geheuchelten Gefühlsäußerungen die Oberhand gewonnen. Anders ist es in den bosnischen Städten, auch in dem südlichen Theile Dalmatiens und in der Herzegowina. Dort singt selbst der vornehmste Bürger noch sein Volkslied und weil in demselben. So kann man in Tramnil, in Saralewo, Ragusa, Risano und auch in Cattaro noch viele schöne Volkslieder hören.

Die Legenden sind vorzugsweise in Slavonien zu Hause. Dort trifft man an allen Landstraßen und vor den Kirchthüren blinde Bettler, die sie ununterbrochen mit monotoner Stimme herleiern. Der echte Heldensänger verachtet diese als tief unter ihm stehend und nennt ihre Erzählungen mit wegwerfender

Miene Bettellieder. In der That stehen sie in jeder Beziehung hinter den Heldengesängen, obwohl auch ihnen gewisse Schönheiten nicht abzusprechen sind.

A. Das Liebes- oder Frauenlied.

In dem vorigen Abschnitt wiesen wir schon auf den reichen Liederschatz der serbischen Jugend hin. Eine Auswahl der schönsten unter den Liebesliedern ist eine höchst schwierige, da ihre Anzahl nach vielen Hunderten zählt. Leicht ist es, sich aus denselben einen kleinen Roman zu bilden und an der Hand derselben die Liebeslust und das Liebesleid von Stufe zu Stufe zu verfolgen. Da hören wir gleich in einem der Lieder, wann es die rechte Zeit für die Liebe sei, wann dieselbe in dem jungen Herzen zuerst aufkeimte. Es heißt auch hier, wie bei uns: „Die Rosenzeit ist ja die beste Zeit für die Lieb'."

„Herzchen, mein Liebchen,
Blühen die Röslein,
Liebet sich Alles!
Herzchen, mein Liebchen,
Küß' mich geschwinde!"

Und diese Aufforderung geht an der Maid nicht bedeutungslos vorüber. Zwar hat es mit dem Küssen noch gute Zeit, aber wenn sie die Vöglein in den Zweigen sich der Liebeslust erfreuen sieht, wenn sich der bunte Falter küssend der Rose zuneigt, dann klingt es ahnungsvoll und leise in ihrem Herzen:

„Wenn den Freund ich küßte,
Freut' ich mich der Liebe."

Noch weiß sie zwar keinen, dem sie ihr Herz schenken möchte, denn wenn sie auch gern allen ihren Bekannten zu Gefallen leben will, so weiß sie doch sehr gut, daß sie zwar Allen dienen, aber nur einen lieben kann.

„O ihr Helden und ihr edeln Herren,
Dienerin zwar bin ich euer Aller,
Liebchen aber kann ich dess' nur werden,
Nur des Einz'gen, den mein Herz erwählet."

Dieser Einzige hat sich bis jetzt noch nicht gefunden. Darum kann man es ihr auch nicht verdenken, wenn sie mit allen Coastöchtern der Reugier huldigt und gern wissen möchte, ob ein schöner Jüngling, dem sie begegnet, noch ledig sei. Aber da ist kein Mensch, der ihr Auskunft geben könnte, und sie wendet sich deshalb an das treue Roß des holden Fremdlings mit der zwar etwas indiskreten Frage:

„Sag' mir, Brauner mit der goldnen Mähne,
Sag' mir, hat dein Herr wohl schon gefreiet?"

Der treue Genosse schüttelt das Haupt — Grund genug, daß die Jungfrau am Brunnen steht, bis der kecke Reitersmann sich auf dem „kampfesmilden" Brauner schwingt und im Vorbeigaloppiren ihr seinen Gruß zuwinkt. Sie macht gar kein Geheimniß daraus, daß sie nur seinetwegen hier so lange verweilt, ja mit klassischer Naivetät verräth sie uns sogar ihre innersten Herzensgedanken:

„Seh' ich einen unvermählten Burschen,
Bitt' ich Gott, er mög' ihn vermählen."

Es würde es auch gar zu schrecklich sein, unvermählt zu bleiben, und man kann es wohl verzeihlich finden, wenn sie am Georgentage steht:

„O Georgentagchen, kommst du wieder,
Mögst mich nicht mehr bei der Mutter finden;
Sei's geworden oder sei's geboren:
Lieber doch geworden als gestorben."

Das Heirathen ist aber im Grunde genommen doch eine eigene Sache. Da giebt es so viel zu bedenken, zu überlegen, und auch die serbische Jungfrau hüpft nicht blindlings in Hymens

Arme. Sie hat sich den künftigen Geliebten in Gedanken schon mit allen Eigenschaften und Tugenden ausgemalt, ja sie ist sogar fest entschlossen, in keinem Falle von ihrem Ideale abzuweichen. In erster Reihe steht natürlich die Forderung, daß ihr Geliebter jung sein müsse:

„Keinen bärt'gen Greisen will ich,
Einen Jungen ohne Bart nur."

Schon der Gedanke, einem Greise anzugehören, erschüttert sie tief. Seine Liebkosungen zu ertragen, würde ihr die größte Pein sein:

„Wüßt' ich, daß ein Greis dich küssen würde,
Antlitz, ging ich nach dem grünen Walde,
Sammelte dort alle Wermuthkräuter,
Brühte sie und machte draus ein Wasser,
Wüsche dich damit jedweden Morgen,
Daß der Kuß dem Alten bitter schmecke."

Und böte er ihr auch Gold und Schätze, nennete er auch Perlen und Edelgestein sein Eigenthum, ja gehörten ihm selbst die schönsten Rosse des Gaues — ihr steht der Jüngling doch viel höher. Sie will

„Lieber auf dem Felsen mit ihm schlafen
Als auf weicher Seide mit dem Alten."

Aber auch die Gestalt muß ihr anstehen. Sein Wuchs muß kräftig, seine Kraft bedeutend sein, sonst heißt es von ihm wie in jenem Liede:

„Zeiht man dich doch dreier Mängel:
Sei, sagt man, dein erst Gebrechen,
Daß du klein und allzu klein bist;
Sei, sagt man, dein zweit Gebrechen,
Daß du dünn und allzu dünn bist;
Sei, sagt man, dein britt' Gebrechen,
Daß du bleich und allzu bleich bist."

Die Farbe seiner Augen ist ebenfalls bedeutungsvoll:

„Für zwei Blaue gäb' ich keinen Groschen,
Für den Müller gäb' ich keinen Heller,
Doch für einen schwarzgeäugten Jungen
Wollt' ich gleich wohl tausend Goldstück geben."

Literatur, Kunst und Theater.

Türkische Skizzen. Von Murad Efendi. 2 Bde. Leipzig. Dürr'sche Buchhandlung. Wenn ein Buch je zur rechten Zeit gekommen ist, so sind es diese „Türkische Skizzen" aus der Feder eines bereits als dramatischer Dichter rühmlichst bekannten Deutsch-Oesterreichers, der seit langen Jahren in Diensten der Pforte steht und daher in der Lage war, das Wesen der Ottomanen gründlich kennen zu lernen. Man lernt denn auch in der That die Denk- und Empfindungsweise der Türken, ihre Lebensgewohnheiten, ihre häuslichen und staatlichen Einrichtungen aus dem vortrefflich geschriebenen Buche, das sich ohne alle Prätensionen giebt, sehr gut kennen. Es verleiht diesen Skizzen einen besonderen Werth, daß sie keine Tendenz verfolgen und der Verfasser mit echt deutscher Objektivität seinen Gegenstand behandelt. Letzteres bezieht sich besonders auf den zweiten Band, der unter der Ueberschrift: „Türkische Skizzenriffe" den Harem und die Frauenfrage in der Türkei, das ottomanische Beamtenthum in seinen verschiedenen Klassen, das Heer und die Literatur bespricht und einzelne hervorragende Staatsmänner der Pforte porträtirt, während der erste Band unter dem Titel: „Türkische Fahrten" mehr den Charakter des Touristischen trägt und in den schönen Schilderungen Konstantinopels und Kleinasiens, sowie der herrlichen Landschaft das Hervortreten subjectiver Stimmungen gestattet. Der Verfasser wendet Hermann Hettner's bekanntes Wort: „Wer die Italiener nicht kennt, liebt sie nicht," auf die Türkei an und kommt zu dem Schlusse: „Wer den Osmanen kennt, wird ihn achten, wenn er sich auch oft über ihn ärgern muß."

Verschlungene Pfade. Novellen von Eufemia Gräfin Ballestrem. Breslau. S. P. Aderholz'sche Buchhandlung. Die Novellen bekunden auf's Neue das poetische Talent der Verfasserin und ihre nicht unbedeutende Gestaltungskraft. Sie wendet sich vorzugsweise romantischen Stoffen und unter diesen den Hofgeschichten zu Die Höfe Katharina II. und Carls I. von England, sowie eines deutschen Kleinstaates sind in den Novellen vertreten, die beiden ersteren mit Recht glücklicher historischer Färbung, während die letztere an poetischer wie psychologischer Unwahrheit leidet.

Tragödien von Rudolf Bunge. Band I—IV. Cöthen. Paul Schettler's Verlag. Durch seinen „Herzog von Kurland" hat sich Rudolf Bunge das Bürgerrecht auf der deutschen Bühne und das Recht des Anspruchs, zu den besten der jüngeren deutschen Dramatiker gezählt zu werden, erworben. Fand auch sein „Fest zu Bayonne" nicht jenen rauschenden Beifall, wie die oben genannte Tragödie, so wurde ihr doch von der Kritik einstimmig Feinheit und Schärfe in der Charakterzeichnung, lebhafte Darstellung, spannende Handlung und harmonische Sprache zugestanden. In vorliegendem Band, der fünf Tragödien enthält, bildet das „Fest zu Bayonne" die vierte, während ihr vorausgehen „Nero", „Alarich" und „Desiderata". Den Beschluß macht „Klosterhanns". Die zum öftern an Bunge gerühmten Eigenschaften als Dramatiker machen sich auch bei den neuen Tragödien geltend. Interessant ist, daß trotz völliger Abrundung und Abgeschlossenheit des einzelnen, alle fünf Dramen zusammen wieder eine gewaltige Tragödie bilden, welche die Wirkung des Christenthums auf das politische und staatliche Leben der Völker in fünf Hauptepochen der Weltgeschichte zur Darstellung bringen. Die letzte der Tragödien: Klosterhanns ist in der Art der Anzengruber'schen Volksstücke angelegt und wird wohl trotz ihres etwas gewaltsamen, doch ganz befriedigenden Schlusses, auf der Volksbühne vielen Anklang finden.

Die Florentiner. Tragödie in fünf Acten von C. Riffel. Liegnitz, Oskar Heinze. **Riego. Historisches Trauerspiel in fünf Acten von dems.** Ebd. Diese beiden Trauerspiele, von denen ersteres auf italienischem, letzteres auf spanischem Boden spielt, sind wie das Meiste, was der schon allein durch seine unglücklichen Schicksale genugsam bekannte Riffel geschrieben hat, gedankenreich, gefeilt in der Sprache und auch für die Bühne mit einigen Strichen wohl geeignet. Durch beide geht ein freiheitlicher Zug und es fehlt ihnen nicht an Scenen voll großer Wirksamkeit. Ob freilich die „Florentiner" und „Riego" von der Bühne herab nachhaltigere Erfolge erzielen werden, ist um deswillen fraglich, da die behandelten Sujets beim großen Publikum schwerlich auf besonderes Verständniß oder gar Sympathien treffen dürften.

Agis III., König von Sparta. Tragödie in fünf Aufzügen von Friedrich Ruffer. Leipzig. J. H. Webel. Friedrich Ruffer ist noch ein Anfänger in der dramatischen Kunst, aber ein Anfänger von vielem, namentlich sprachlichem Talent. Feine Empfindung für die rhythmische Fortbewegung, harmonische Satzzusammenstellung sind bei ihm Vorzüge, denen sich ein großer Bilderreichthum zugesellt, dem aber der Verfasser doch hie und da einen Damm setzen sollte, damit er nicht in allzugewaltiger Breite fließend die Gedanken ganz verdecke. Auch stofflich hat Ruffer einen guten Griff gethan und sein Bewußtsein der dramatischen Wirksamkeit namentlich an Chilonis bewiesen, die als

Tochter, Gattin und Liebende in die schwierigsten Situationen gebracht und in allen mit viel psychologischer Richtigkeit als edler Charakter dargestellt und entwickelt wird.

Jesus Christus. Drama in fünf Theilen von Felice Govean. Leipzig. Schulze & Co. Ein sehr geschickt aus den biblischen Mittheilungen über den Heiland zusammengestelltes, wenn auch weniger für die moderne Bühne sich eignendes Drama, das reich mit fesselnden Scenen, den gegebenen Stoff glänzend und dramatisch wirksam verwerthet. Das jüdische Priesterwesen und die Verfälschung der Lehre Christi durch die Kirche sind höchst glücklich dargestellt und den Handlungen der einzelnen Personen mit vieler Feinheit rein menschliche Motive untergeschoben. In Italien wurde das Drama von der Geistlichkeit verboten, was dem unbefangenen Leser sehr begreiflich wird, wenn er den Schluß gelesen hat, der sich zwar direkt nur gegen Petrus, aber dem Sinne nach gegen dessen ganze Nachkommenschaft in der Statthalterei Christi auf Erden richtet.

Professor Oswald Achenbach in Düsseldorf hat es abgelehnt, die Leitung eines Ateliers für Landschaftsmalerei an der k. Akademie der Künste in Berlin zu übernehmen.

Hans Makart's „Katharina Cornaro" ist von der Akademie der schönen Künste in Philadelphia angekauft worden. Der Preis betrug 20,000 Dollars.

Ein neues Schauspiel von Sardou. Ein sensationeller Ruf geht dem neuen Lustspiel von Sardou voraus, welches im pariser Vaudeville-Theater vorbereitet wird. Das Stück heißt vorläufig „Dora", soll aber, wenn die Censur es gestattet, den Titel „Die Spionin" führen. Es geißelt eine ganze Kategorie ausländischer galanter Damen, von der vornehmen Fürstin bis zur Courtisane herab, welche, wie die Fama behauptet, unter der Maske gesellschaftlicher Abenteurer in Paris angeblich der fremden Diplomatie Dienste leisten sollen. Frankreich soll hier wieder als Opfer seiner Gastfreundschaft und Leichtgläubigkeit hingestellt werden, und man kann leicht im Voraus die Anspielungen auf gewisse fremde Mächte errathen, die es nicht verschmähen, die pariser Halbwelt zur Ausforschung französischer Staatsgeheimnisse zu verwerthen. Da der Stadtklatsch in erster Reihe russische Namen nennt, während der Verfasser seine Satire viel lieber auf eine näher liegende Nation richten möchte, so stehen der Aufführung seines Werkes noch viele Schwierigkeiten im Wege, und die Behörde hat noch nicht ihr letztes Wort gesprochen. Wenn aber die Amerikaner zum „Onkel Sam" gleichmüthig die Achseln zuckten, wird hoffentlich der europäische Friede auch von dieser „Spionin" keine Gefahr laufen.

Richard Wagner's „Ring der Nibelungen" soll schon Ende Juli in Bayreuth wieder zur Aufführung kommen. Die erste Serie beginnt am 29. Juli, die zweite am 5. August und die dritte am 12. August.

Die Ausgrabungen zu Olympia haben in der letzten Woche, vom 7. bis 14. December, neue und höchst werthvolle Resultate ergeben. Vom Viergespann der rechten Seite des Ostgiebels sind die beiden hinteren, in Relief gearbeiteten Pferdehälse zum Vorschein gekommen. Ferner ist der Torso der einst neben dem sogenannten Pelops gestandenen weiblichen Figur (Hippodameia) gefunden worden, so daß, da jetzt nur noch vier bis fünf Figuren fehlen, die Aussichten auf eine gesicherte Reconstruction der ganzen Giebelcomposition immer günstiger werden. Der wichtigste Fund ist am 11. December vor der Westfront gemacht worden, nämlich ein vortrefflich erhaltener weiblicher Kopf, der nach seiner Größe wie nach der Fundstelle zu den westlichen Giebelgruppen gehört haben muß und höchst wahrscheinlich von einer Lapithenfrau herrührt. Damit ist das erste gesicherte Stück einer Schöpfung des Alkamenes, d. h. des „zweiten

Meisters nach Pheidias", wie ihn Pausanias nennt, für die griechische Kunstgeschichte gewonnen worden. Auch die Epigraphie ist nicht leer ausgegangen, da die achtzeilige metrische Weihe-Inschrift, welche unter der Statue des Redners Gorgias von Leontini stand und von Pausanias gelesen, aber nicht abgeschrieben worden ist, an der Nordwest-Ecke des Tempels sich wohlerhalten vorgefunden hat. — Seitdem wurde noch ein bärtiger Männerkopf gefunden, der zwar arg zertrümmert ist, aber in den erhaltenen Theilen, die rechte Stirn, Auge, Wange, Ansatz der Nase, Schädel und Nacken eine vorzügliche Arbeit zeigt und zum ersten Male eine Anschauung davon giebt, wie Paionios ein Menschenantlitz darstellen konnte. Dann kam auf der Westfront des Tempels der Marmorkopf eines bartlosen Jünglings zum Vorschein, dessen ergreifend schmerzlicher Ausdruck auf einen im Kampfe mit den Centauren unterliegenden Lapithen schließen läßt. Schließlich wurde noch auf der Nordseite ein lebensgroßer Marmorkopf, von dem ein Drittel erhalten ist, gefunden. Man hielt ihn für das Stück einer Ehrenstatue aus dem Raume zwischen Tempel und Pelopion.

Jules Verne, der bekannte französische Romanschriftsteller, ist von seinem Collegen Réné de Pont-Just wegen eines Plagiats angeklagt worden. Der letztere beschuldigt ihn, seiner 1863 in der „Revue contemporaine" erschienenen Novelle: „La tête de Mimer", einen Theil des Romans: „Die Reise in den Mittelpunkt der Erde", der bekanntlich von der französischen Akademie gekrönt wurde und Jules Verne zuerst berühmt machte, entlehnt zu haben. Die Novelle erschien zwei Jahre vor dem Roman Verne's in Druck. Der Prozeß schwebt vor der ersten Kammer des Tribunals der Seine.

Todtenschau. Emil Kuh, Dichter und Literarhistoriker, Professor für deutsche Sprache und Literatur an der wiener Handelsakademie, am 13. December 1828 in Wien geboren, starb am 30. December in Meran. — Stadtgerichtsrath Leonhard Lehfeld, Herausgeber des „Magazin für die Literatur des Auslandes", starb am 25. December in Berlin. — Professor Hermann Brockhaus, bekannter Sanskritforscher, starb am 5. Januar in Leipzig, 71 Jahre alt. — M. Friedmann, dramatischer Schriftsteller, Pensionär der Schillerstiftung, starb 29 Jahre alt zu Tollyn in Ungarn. — v. Lepel, Hauptmann a. D., Mitglied des preußischen Herrenhauses, am 5. Juli 1803 zu Berlin geboren, starb am 1. Januar auf Wieck bei Gützkow. — Dr. med. von Löhr, Sohn des berühmten Romanisten v. Löhr in Gießen, in Folge der Revolution von 1848 nach Amerika gegangen, starb in S. Francisco, 59 Jahre alt. — Henri Monnier, humoristischer Schriftsteller von großer Popularität in Frankreich, der Schöpfer des unsterblichen französischen Philistertypus, Joseph Prudhomme, und anderer Charakterköpfe aus dem pariser Leben, in Paris geboren, starb daselbst am 3. Januar, 77 Jahre alt. — Kammergerichts-Kanzlei-Inspector Gehler, eine Celebrität Berlins auf musikalisch-künstlerischem Gebiete, langjähriger Vorsteher des aus unserer königl. Beamten bestehenden „musikalischen Dilettantenvereins", starb am 4. Januar hochbetagt in Berlin. — Mrs. William West, englische, ehemals hochberühmte Schauspielerin, die am 28. September 1812 zuerst auf dem Coventgarden-Theater als Desdemona auftrat, starb in Glasgow, 86 Jahre alt. — Graf August Leopold von Logau-Altendorf, der letzte seines Namens, Mitglied des preußischen Herrenhauses, Ehrenlandesältester und Rechtsritter des Johanniter-Ordens, der schon mit 18 Jahren den Feldzug von 1815 mitgemacht, am 24. Februar 1797 geboren, starb am 7. Januar auf Reuthan im Kreise Sprottau. — Robert Landells, seit langen Jahren Special-Artist der „Illustrated London News", der alle großen Feldzüge der letzten 20 Jahre mitgemacht und illustrirt hat, starb am 5. Januar in London, 45 Jahre alt. — G. F. Anderson, englischer Musiker, der unter den drei letzten Herrschern die königl. Privatkapelle leitete, starb Ende Dezember in London, 83 Jahre alt. — Dr. Theodor Roth, bekannter Augenarzt in den Vereinigten Staaten, der dort die künstlichen Augen einführte, aus Sonnenberg in Thüringen gebürtig, starb kürzlich in Philadelphia.

Mannichfaltiges.

Ein hübsches Wort über Thiers von Louis Philipp. „Ich kann es anstellen wie ich will, sagte eines Tages der König, Herr Thiers findet immer Mittel, sich an meine Stelle zu bringen. Ich sage zu ihm: Herr Thiers ich will mein eigenes Bett haben. Hier sind zwei, wählen Sie sich eins aus, ich werde das andere nehmen und damit Punktum. Gut, abgemacht! Ich schmeichle mir, endlich Ruhe zu haben; ich kleide mich aus und — sehe diesen Satan von kleinem Kerl in dem Bette, das er mir überlassen hatte."

König und Sträfling. Victor Emanuel erhielt am Neujahrstage durch einen Postbeamten ein Packet, das eine aus Ebenholz und Elfenbein kunstvoll gearbeitete Geldkassette, als Neujahrsgeschenk des Sträflings Masini in Murate, der dieses Möbelstück im Gefängnisse angefertigt hatte, enthielt. Dem Geschenke lag zugleich ein Bittgesuch seines Uebersenders bei, in welchem er um Nachsehung seiner noch zu überstehenden neunmonatlichen Kerkerhaft bat. Der König ließ sogleich durch seinen Cabinets-Secretär ein Schreiben an diesen Künstler richten, in dem er ihm für sein Geschenk dankte, und überschickte ihm dafür eine mit Brillanten besetzte goldene Remontoir-Uhr. Von einer Nachsicht der Kerkerhaft war in diesem Schreiben jedoch keine Rede.

Ein interessanter Prozeß wird demnächst vor dem Gerichtshofe von Verona zur Verhandlung kommen, dessen Veranlassung folgende ist: Graf Ludovico de Medici in Cera, einem Marktflecken unweit der genannten Stadt, hatte von seinen Eltern ein großmächtiges hölzernes Pferd, das schon seit vielen, vielen Jahren im Rüstkammer dieser Familie zu setzen war, geerbt, und da er auf dessen ferneren Besitz nicht mehr reflectirte, so verkaufte er es ganz einfach an einen Tischler dieses Marktfleckens, der es seinerseits wieder an den dortigen Bürger Ottone Sommariva veräußerte. Dieser, der das Pferd nur seines Holzes wegen gekauft hatte, begann es zu zerlegen und fand in dessen Inneren eine große Aushöhlung, in der Gold, Silber und Edelsteine aufgespeichert lagen. Sommariva wollte nun Anfangs diesen Fund verheimlichen, was ihm aber nicht gelang, und so ist jetzt Graf de Medici gegen ihn klagbar aufgetreten und fordert den Schatz seiner Ahnen zurück, dessen Werth von Einigen auf 60,000, von Anderen sogar auf 200,000 Lire geschätzt wird.

Censur-Anecdote. Aus den fünfziger Jahren erzählt der Feuilletonist eines pester Blattes: „In einer Nacht werde ich aus dem Schlaf getrommelt und aufgefordert, zur Polizei zu gehen, da man mein Blatt confiscirt habe. Ich konnte die Ursache nicht einmal ahnen, da ich die Revision sehr sorgfältig gemacht hatte. Ich erschien also im Büreau des Polizeichefs. Dieser schlug wortlos und mit magistralem Ernste das von mir redigirte Modeblatt auf, wies mit officiellem Schauder auf die Rubrik „Hauswirthschaft", in welcher die Zubereitungsweise verschiedener Speisen angegeben zu sein pflegte. Ich überflog rasch die Zeilen, fand aber nichts Auffälliges. Ich blickte fragend in das strenge Gesicht des Polizeichefs. Der spricht nichts, sondern

prägt starr auf die unterstrichenen Worte „Palffy-Roßbraten“
Ich lese neuerdings mit gespannter Aufmerksamkeit — ich finde
nichts nichts. „Pardon,“ sagte ich, „wenn Sie es eben wünschen,
lasse ich den Artikel herausnehmen; ich begreife aber wahrhaftig
nicht, warum?“ Der sonst tolerante Rath gerieth in ungewöhnlichen Zorn über diese Hartnäckigkeit. Mir selbst war die
Sache schon lästig geworden, ich wollte den im Uebrigen höflichen
Herrn nicht reizen und am wenigsten aus diesem Anlasse, und
als er sich von der Aufrichtigkeit meiner Verlegenheit überzeugt
zu haben schien, nahm er mir das Blatt neuerdings aus der
Hand und zeigte auf die Worte: „muß gut geklopft werden!“
„Nun ja,“ sagte ich; „aber was liegt darin Sträfliches! Es ist
ja nur die Art der Zubereitung des Roßbratens angegeben, wie
sie in Preßburg und auch anderwärts der Brauch ist, und dabei
gilt es als erste Regel, daß das Roßbratenfleisch gut geklopft
werde.“ Und noch immer blickte ich den Rath fragend an. Der
alte Rath aber rief mit gefalteten Händen, mit vor Zorn vibri-
render Stimme und in Verzweiflung über meine Begriffsstützig-
keit: „Aber, Herr, Palffy-Roßbraten? Bedenken Sie, Palffy-
Roßbraten! . . . . den man gut klopfen muß! . . . . Palffy
. . . . klopfen . . . . Run?“ Palffy war eben Civil- und
Militärgouverneur von Ungarn.“

Die pariser Sicherheitsbehörde hat in jüngster Zeit
Versuche mit einer neuen Erfindung angestellt, welche allen angehenden Mördern, Dieben, Defraudanten und Spitzbuben sehr
unangenehm werden dürfte. Es handelt sich um nichts Geringeres, als um das Befördern von photographischen Bildnissen
durch den elektrischen Draht in der Weise, daß gleichzeitig mit
dem Steckbriefe die Photographie des Flüchtlings in alle Welt
telegraphirt wird. Der Papierstreifen, welcher jetzt gewöhnlich
die telegraphischen Zeichen oder Buchstaben empfängt, wird breiter
geschnitten und nimmt das telegraphirte Portrait in der Größe
eines silbernen Fünffrancsstücks auf; dasselbe erscheint als Umriß-
zeichnung, also ohne Schattirung, aber mit aller wünschenswerthen
Schärfe und Treue. Am besten eignen sich daher zur telegraphischen Transmission photographische Aufnahmen im Profil.
Der Versuch der pariser Polizeidirektion wurde in Gegenwart
einer Kommission, an deren Spitze sich der Polizeipräfect Herr
Boittin und der Chef des Sicherheitsbüreaus, Herr Jacob, befunden, derart angestellt, daß das Profilbildniß der Letzteren
nach Lyon telegraphirt wurde. Nach einigen Minuten kündigte
der Telegraph an, daß das Bild dieses fingirten Maleficanten
glücklich in Lyon angelangt sei, und auf Verlangen wurde dasselbe
nach Paris zurücktelegraphirt, wo der Chef des Sicherheitsbüreaus das Vergnügen hatte, sein Conterfei unter den Schlägen
des elektrischen Apparates auf dem Papiere entstehen zu sehen.
Gleich darauf telegraphirte der lyoner Polizeichef das Bild eines
wirklichen Flüchtlings, eines Bankbeamten, der mit der Kasse
durchgegangen war, und sein pariser College konnte die Agenten,
welche es sofort nach dem lyoner Bahnhof schickte, mit dem Portrait
des Defraudanten versehen. Die zwei Telegraphiren mit Portrait
daneben Apparate sollen nun bei allen Präfecturen und Unter-
präfecturen Frankreichs aufgestellt werden und dürften zum Aerger
der bei der Sache betheiligten Kreise die Reise um die Welt
machen.

Taschentücher zu militärischer Instruction. Der
„Moniteur de l'Armee“ enthält in einer seiner letzten Nummern
eine warme Empfehlung der von dem verabschiedeten Commandanten Perrinon erdachten und in seinem Sinne hergestellten
Taschentücher zu militärischer Instruction (mouchoirs d'instruction militaire). Dieselben sollen allen Einwohnern, gleichviel
ob Soldaten oder nicht, die theoretischen Elemente der militärischen
Instruction, deren weiteste Verbreitung im höchsten Grade

wünschenswerth ist, vorführen, ohne daß der Staat einen Centime
auszugeben hätte. Da erfahrungsmäßig die Landleute Bilder
viel eher als Bücher kaufen, so hat der Commandant Perrinon
den Plan entworfen, die gesammte militärische Instruction in
Bildern mit erläuterndem Text auf Schnupftüchern von 75 Centimetern Breite darzustellen. So enthält ein Schnupftuch in der
Mitte ein großes Bild, das Auseinandernehmen und Zusammen-
setzen des Gewehres darstellend, daneben die Schußregeln und
Notizen über das Schießen gegen bewegliche Ziele, die Abbildungen des Gewehrzubehörs und die Vorschriften für die gute
Erhaltung des Gewehrs. Zwanzig Vignetten umgeben längs den
Seiten das Hauptbild. Sie zeigen den Schützen in verschiedenen
Lagen, hinter Bäumen, in ein Loch gebettet, flach auf der Erde
liegend, im Bajonnetkampf mit einem Cürassier rc., und sind
stets mit kurzen Worten erläutert. Der Moniteur schließt den
betreffenden Artikel ganz ernsthaft mit dem Ausspruche der
Meinung, daß der Zweck des Commandanten Perrinon ein sehr
lobenswerther sei, und daß man in seinen Taschentüchern ein
Mittel der Propaganda für die Kenntniß militärischer Verhältnisse
in den weitesten Kreisen erblicken müsse.«

Ein muthwilliger Streich, der ein entschieden irisches
Gepräge trägt, ist vor Kurzem den Admiralitätsbehörden gespielt
worden. Im Büreau des Hafenadmirals in Queenstown lief
vor etwa einem Monat ein Telegramm vom Secretär der Admiralität ein, welches das Kanonenboot „Goshawk“ sofort nach
Gibraltar beorderte. Der Befehl enthielt unter Anderem die
Bestimmung, mit completer Mannschaftsstärke auszulaufen und
soviel Kohlen und Vorräthe als möglich einzunehmen. Es waren
mehrere Leute der Mannschaft gerade beurlaubt, allein ein Uebriges
wurde geleistet, und in weniger als 24 Stunden nach Eintreffen
der Ordre war der „Goshawk“ mit 63 Mann auf dem Wege
nach seinem neuen Bestimmungsorte. Die Witterung war äußerst
stürmisch und die Sache hatte ihre ernste Seite, indem die
Kanonenboote vom Muster des „Goshawk“ nicht für die hohe
See bestimmt sind. Kurz nach Auslaufen des Fahrzeuges lief
in Corl eine weitere Depesche mit der Anfrage ein, ob der
„Goshawk“ abgegangen sei, und der Hafenadmiral rapportirte
sofort in bejahender Weise an die Admiralität in London. Da
stellte es sich denn heraus, daß Niemand dort von der angeblichen
Ordre wußte, und daß sich Jemand mit Schiff und Mannschaft
einen schlechten Scherz erlaubt hatte. Die Versuche, den „Goshawk“
unterwegs abzujagen, waren vergebens, und erst in Bigo, wo
das Schiff vor einem wüthenden Sturme Schutz suchte, fand der
Befehlshaber ein wirkliches Telegramm der Admiralität, welches
ihn nach der irischen Küste zurückbeorderte. Die Heimfahrt war
äußerst stürmisch, und das Fahrzeug entging mit genauer Noth
nur der Wuth der Elemente. Man vermuthet, daß die Anstifter
des übel angebrachten Streiches sich in Corl befinden, und alle
Anstrengungen werden gemacht, ihnen auf die Spur zu kommen.

Es ist eine alte Geschichte! Die londoner Polizei ist
augenblicklich mit den Nachforschungen nach einem Schwindler-
paare beschäftigt, das in der jüngsten Zeit Mailand zum Schau-
platze seiner Thätigkeit ausersehen hatte. Es handelt sich um
die Kleinigkeit von 400,000 Frcs., um die ein dortiger Juwelier
geprellt worden ist. In einem schönsten Hotels der lom-
bardischen Capitale kehrte vor einiger Zeit ein Engländer mit
seiner Tochter ein, der eine Wohnung von mehreren Zimmern
anweisen ließ. Vor einer Thüre des Salons, die den Zugang
zu dem daranstoßenden Zimmer bildete, ließ der Engländer in
diesem Zimmer in ihm gehörigen Secretär hinstellen, der eine
eigenthümliche Mechanik besaß. An der correspondirenden Stelle
stand im Salon der Secretär des Hotels. Nachdem der Engländer verschiedene bedeutende Einkäufe gemacht, vertraute er dem

Juwelier, mit dem er in Verbindung getreten war, an, daß er die Absicht habe, seiner Tochter, die sich demnächst verheirathen solle, in Paris einen kostbaren Schmuck zu bestellen. Der Juwelier hatte nichts Eiligeres zu thun, als dem Engländer einen prächtigen Schmuck im Werthe von 400,000 Frcs. zum Kaufe anzubieten. Der Engländer ging auf das Anerbieten ein, bat sich aber einige Tage Zeit aus, um sich von London Geld kommen zu lassen. Am festgesetzten Tage stellt der Juwelier sich ein und wird von dem Vater in dessen Zimmer empfangen. Letzterer betrachtet die Diamanten, nimmt aus dem Secretär ein Packet Banknoten hervor und beginnt dem Juwelier die verabredete Summe aufzuzahlen, als plötzlich das Töchterchen unangemeldet hereintritt. Als guter Vater, der seinem Kinde eine Ueberraschung bereiten will, nimmt der Engländer rasch Geld und Diamanten zusammen und schließt alles in den Secretär ein. Es handelt sich um einen lästigen Besuch, den das Töchterchen anmelden will, ein Schneider ist da. Der Vater geht, den Ankömmling im Salon zu empfangen. Die junge Dame leistet dem Juwelier Gesellschaft, der als galanter Mensch sie bestens zu unterhalten sucht; da der Papa jedoch etwas lange ausbleibt, geht das Töchterchen, um nach ihm zu sehen. Unglücklicherweise kommt auch das Töchterchen nicht wieder, und als schließlich dem Juwelier die Sache zu lange dauert, vernimmt er zu seinem größten Schrecken vom Personale des Hotels, daß Vater und Tochter längst ausgegangen sind. Er läßt das Schloß des Secretärs sprengen, sieht, daß dieser durchbohrt ist und mittels einer durch die Thür gebohrten Oeffnung mit dem Möbel im benachbarten Zimmer in Verbindung steht. Das ist der Grund, weshalb die Londoner Polizei in ganz besonderer Aufregung ist.

Eine Ausstellung historischer Kostüme von großem Interesse ist in Bordeaux veranstaltet worden. Unter anderem ist dort die Kleidung des berühmten Zwerges des Königs von Polen, das Hofkleid Voltaires, ein mit Juwelen besetzter Anzug Louis XVI., die rothe Robe des Kardinals Richelieu u. s. w. zu sehen.

Für Numismatiker. Zwei Briefe aus Verona berichten über einen in der vorigen Woche zwischen Cerea und Sanguinetto im Veronesischen, und zwar an einem „Zenca" benannten Platze, gemachten großartigen Münzfund. Ein armer Bauer wollte auf einem in der Nähe des genannten Ortes gelegenen Felde einen Eiskeller anlegen und war eben mit seinen Arbeitern in den nöthigen Ausgrabungen begriffen, als sich in einer Tiefe von etwa 80 Centimeter ihren Blicken eine 60 Centimeter hohe und im größten Durchmesser 40 Centimeter breite Urne zeigte. Groß war die Erwartung der armen Leute, als sie, nachdem der Sand und die Erde weggeräumt waren, die Bemerkung machten, daß die Urne äußerst schwer im Gewichte sei: unwillkürlich dachten Alle an einen Schatz, und ein solcher war es auch, welcher zu ihren Füßen lag, nachdem sie die Urne zerschlagen hatten, allerdings nicht so reich wegen des Metallwerthes der Münzen, welche dieselbe enthalten hatte, als wegen ihrer großen Menge (110 Kilogramm Münzen) und Varietät. Die Arbeiter brachten den Fund in das Haus des Doctors Bertoli zu Casaleone. Sämmtliche Münzen sind in Silber, alle wohlerhalten, mittlerer Größe und der römischen Kaiserperiode angehörend. Es befinden sich unter ihnen Stücke von Probus, Diocletian, Aurelian, Numerian, Carinus, Claudianus, Macrinus, Flavian, Maximian, Marcus Claudius Tacitus, Gallienus und Claudius. Der Silberwerth dieser Münzen wurde auf acht bis neuntausend Lire geschätzt. Doctor Bertoli ließ sodann, im Einvernehmen mit dem Bauer, welchem der Fundort gehört, die Ausgrabungen fortsetzen, und es wurden eine Anzahl Krüge und Gefäße, verschiedene Gegen-

stände in Thon und Metall, ein Hund in Marmor und eine zweite, etwas kleinere Urne als die erste, mit weiteren 75 Kilogramm, aber diesmal kupfernen oder höchstens halbsilbernen Münzen, ausgegraben. Diesmal gab man sich alle Mühe, die Urne zu retten, aber sie zerfiel von selbst in Stücke. Man gräbt weiter fort, und es ist Vorsorge getroffen, daß nichts entwendet oder verschleudert wird. Wie ein veroneser Blatt meldet, würde sich die Zahl der gefundenen Münzen auf 40,000 belaufen.

Ueber eine paläontologische Seltenheit schreibt der „Schwäb. Merkur" aus Stuttgart: Beim Eingang in den Parterresaal des K. Naturalienkabinets, welche die vaterländische geognostische Sammlung enthält, steht man zu rechter Hand unter einem großen Glassturz eine Gruppe seltener Art. Es sind vierundzwanzig Stück fossiler Eidechsen aus dem Stubensandstein von hier, welche, von kundigster Hand aufs Sorgfältigste präparirt, im Laufe des Jahres von der Anstalt erworben wurden. Die Thiere liegen auf 1,5 Quadratmeter Jsegrund gerade so, wie sie aufgefunden wurden, beziehungsweise wie die Thiere vor Zeiten der Tod ereilt und wie das Wasser die Kadaver derselben zusammengeschwemmt hat. Sie liegen übereinander und nebeneinander, das eine Thier vollständig erhalten von der Schnauze bis zum Schwanz, das andere von der Fäulniß ereilt mit auseinandergefallenen Schildern und Knochen. Die Art der Eidechsen ist keiner lebenden auch nur zu vergleichen, die Thiere stehen ebenso fern den lebenden Krokodilinen als wie den lebenden Sauriern, vereinigen vielmehr in sich Typen, die in der späteren Entwickelung in besondere Klassen und Ordnungen auseinandergingen. Das Wesentlichste an den Thieren ist die Gestalt des Kopfes, den man Vogelkopf zu nennen berechtigt ist, die Beschaffenheit der Extremitätenknochen, die zu Warn-Eidechsen passen, und der kräftige Schuppenpanzer, der, aus 60 bis 70 Panzerringen bestehend, an Garsal erinnert. Die mittlere Größe der ausgewachsenen Thiere beträgt 80 Centimeter. Die Gruppe steht ganz einzig da und ist ihr in keinem Museum der Welt etwas Aehnliches an die Seite zu stellen.

Erkennung einer künstlichen Färbung des Rothweines. In ein gläsernes Probirrohr von etwa 20 Cc. Inhalt gießt man 5 bis 6 Cc. des zu prüfenden Weines und setzt demselben drei Viertel des Volumens Aether zu. Nach einigen Minuten steigt der Aether an die Oberfläche des gefärbten oder nicht gefärbten Weines. Erscheint der Aether gelb gefärbt und nimmt beim Zusatz von einigen Tropfen Ammonial eine hochrothe Färbung an, so ist dem Weine Campecheholz zugesetzt. Färbt sich der Aether röthlich bis ins Violette und behält er selbst bei Zugabe von sehr viel Ammonial die Färbung bei, so enthält der Wein Färbemoos. Bleibt der rothgefärbte Aether, wenn er mit Ammonial vermischt wird, seine rothe Farbe, ohne ins Violete überzugehen, so ist nur der natürliche Farbstoff des Weines, Oenolin, vorhanden. Bleibt der rothgefärbte Aether mit Ammonial seine rothe Farbe, ohne daß Letzterer sich färbt, so ist dem Wein Fuchsin beigefügt. In dem Falle endlich, wo der Aether ungefärbt aufsteigt, nimmt man eine neue Probe des zu prüfenden Weines vor und gießt das Zweifache seines Volumens Wasser und das halbe Volumen Ammonial hinzu. Nimmt nun der Wein eine braunrothe Färbung an, die Probe des zu prüfenden Weines vor und gießt das Zwiefache seines Volumens färbt er sich dagegen grün, so kann man annehmen, daß keine der angeführten Substanzen darin enthalten ist.

Ein neues meteorologisches Observatorium ist auf dem Gipfel des Monte Cavo, des alten Mons Albanus, errichtet worden. Der Monte Cavo erhebt sich 900 M. hoch über die römische Campagna und 953 M. über die Meereshöhe.

Redigirt unter Verantwortlichkeit des Herausgebers: Otto Janke in Berlin. — Redacteur des Feuilletons: Robert Schweichel in Berlin. — Verlag von Otto Janke in Berlin. Druck der Berliner Buchdruckerei-Actien-Gesellschaft. — Setzerinnenschule des Lette-Vereins.

Deutsche
Roman-Zeitung.

N͞o. 18. Erscheint achttäglich zum Preise von 3½ ℳ vierteljährlich. Alle Buchhandlungen und Postanstalten nehmen dafür Bestellungen an. Durch alle Buchhandlungen auch in Monatsheften zu beziehen. Der Jahrgang läuft von October zu October. **1877.**

Die junge Frau.

Roman

von

Hans Wachenhusen.

(Fortsetzung.)

Das Schloß, zu dem wir mit Ehrfurcht hinauf blickten, während Lucia bange den Arm in den meinigen gehängt, war ein feudales Gemäuer mit enormen Souterrains, einer Ewigkeit trotzenden Mauern, weiten gewölbten Gängen, schweren Erkern, in zwei Flügeln auslaufend, die sich über festungsartigen Umwallungen erhoben. Der Fries war krenelirt, der Sockel bestand aus ungeheuren Granitquadern, zwischen denen die bauchig vergitterten Souterrain-Fenster so schwarz, daß die in den einen Flügel befindliche kleine Kapelle, in der seit unbedenklicher Zeit kein Gottesdienst mehr stattgefunden, in ihrer asketischen Ausstattung an mehreren Stellen der Jahreszahl 1685 zeigte; das aber war Alles, was an wirklichen geschichtlichen Daten in dem Schlosse übrig geblieben, denn die Mordbrenner des großen Ludwig XIV. sollten das ganze Archiv verbrannt haben und heute noch zeigte man in einem großen, gewölbten klosterartigen Saal schwarze Brandstellen an den Wänden, als Wirkung der Scheiterhaufen, welche die Bibliothek des Schlosses verzehrten.

Als die Brandfackel verlöscht, welche das arme Deutschland verwüstet, ihm noch den Rest zu dem Elend gegeben, in das der dreißigjährige Krieg es gestürzt, hatte der damalige Besitzer, Herzog Guido **, von dem man wissen wollte, er habe am Kurfürstlichen Hofe in Mainz und unter der Emigration in Coblenz eine weniger politische als gesellschaftliche Rolle gespielt, um als Lebemann alle die Vortheile jener leichtfertigen Epoche auszukosten — hatte der Herzog Guido die obere Etage des

Schlosses wieder herstellen und im Geschmack Louis XV. einrichten lassen. Auch der Park sollte von ihm wieder von dem Schutt und Trümmerwerk befreit worden sein, in welchen ihn die Zeit begraben. Dann war der Herzog plötzlich auch wieder fortgezogen, hatte Alles stehen und liegen gelassen, ohne sich weiter darum zu kümmern, bis auch er gestorben. Sein Erbe hatte sich niemals hier blicken lassen. Auch der war vor etwa zehn Jahren in den Pyrenäen gestorben und die schon ganz verwilderte Herrschaft war ein Zankapfel der über Europa hin zerstreuten Erben geworden.

Neuenfeld kehrte mit dem Greis zu uns zurück. Er lachte uns schon aus der Ferne an.

„Es wird sich machen lassen bei einiger Genügsamkeit," sagte er. „Die Meierei ist geräumig genug; es wird auch für den Fürsten und seine schöne junge Frau ein Obdach darin sein, freilich ganz ländlich, und im Nothfall lasse ich mir im Schlosse selbst ein Zimmer herrichten, um Euch nicht im Wege zu sein. Mein alter Freund hier," — er legte dem Verwalter gutmüthig die Hand auf die Schulter, — „behauptet, es spuke im Schloß, da könne niemand drinnen wohnen. Ein Einziger, ein hausirender Handelsmann, habe es vor einiger Zeit gewagt, in einem der Säle zu schlafen, der aber sei mit hoch gesträubtem Haar mitten in der Nacht herausgestürzt . . . Ich denke, wir werden mit dem Spuk schon gut Freund werden, Alterchen!" lachte er den Greis an. „Sie werden uns sagen, wo der Spulgeist namentlich sein Wesen treibt! . . . Ist's Euch recht, Kinder," wandte er sich zu uns zurück, „so machen wir einen Gang durch das Schloß, während das anspruchslose Mahl für uns drüben bereitet wird."

Der Alte schritt uns mit dem großen Schlüsselbund klirrend voran durch das schwarze Seitenportal des Schlosses, vor welchem Gras und Unkraut ellenhoch zwischen den alten Steinplatten heraus wucherten. Unsere Tritte hallten uns unheimlich in's Ohr auf dem Steinboden; was wir sprachen, summte verworren über uns in der Wölbung der Gänge. Eiskalt wehte es uns an wie aus einem Grabgewölbe; es zitterte und flüsterte um uns in der bewegten Luft, als ächzten die Fliesen unter uns, und als wir in das tiefere Dunkel der Kreuzgänge traten, schauten uns in den aufgerichteter Sandsteinplatten der Wände ausgehauene Rittergestalten entgegen, während aus den Eckverzierungen plastische Drachenköpfe ihre Rachen über uns öffneten.

Lucia drängte sich furchtsam an mich.

„Das ist ja schauerlich hier!" flüsterte sie. „Mir ist es immer, als zupfe es mich am Kleide! Wie ist es möglich, daß hier Menschen gewohnt haben können, ohne in der Kälte dieser Steinwände an ewigem Schnupfen zu leiden!"

Eben fiel ein heller Lichtstreif auf uns. Der Verwalter hatte eine der hohen Eichenthüren geöffnet. Wir durchschritten die ungeheuren Säle, deren gepreßte Luft unerträglich. Neuenfeld sprang zu den Fenstern, um sie zu öffnen; er zertrümmerte mit dem Stock einige Scheiben, als die Flügel seiner Anstrengung nicht weichen wollten. Und immer fort ging unsere Promenade, durch eichengetäfelte Säle mit einst kostbar gewesenen, längst verschlossenen Gobelins, die zum Theil in Fetzen von den Leisten herabhingen und deren verblaßte Figuren uns wie bleiche Gespenster anschauten.

Noch standen in einzelnen Sälen die schweren mittelalterlichen Tische, die Truhen und Stühle, Schränke von kolossalen Proportionen und meist kostbarem Schnitzwerk, Bettstellen mit verblichenen Baldachinen, deren schwere, in den Falten kaum noch zu unterscheidende Seide durch die Berührung der Hand sich zerbröckelte, Gefäße von antiken Formen — Alles mit Staub bedeckt, von einer Vergangenheit redend, vor der wir uns so unsagbar klein erschienen.

„Ein Kapital für jeden Antiquitäten-Liebhaber!" rief Neuenfeld erstaunt über den Reichthum dieses Mobiliats, das den Würmern überlassen bestand.

„Wir haben genug, Papa!" rief Lucia. „Laß uns wieder in die frische Luft!"

„Ich will nur vor der Hand die Spukzimmer sehen, Lu!" rief Neuenfeld lachend und dem Greis in den Flügel folgend, wo er eine Flucht von Zimmern betrat, deren allerdings auch halb von der Zeit zerstörte Vorhänge doch von neuerem Datum sprachen. Hier lagen verschossene Teppiche, hier standen Polsterstühle und Sopha's mit von Alter berstender Seide überzogen, hier lag noch Asche in den Kaminen, auch unter gelber Staubdecke. In großen Beulen hingen die Gobelins an den Wänden, deren Muster sämmtlich in ihrer antiken Frivolität an die leichtsinnigste Epoche von Versailles erinnerten.

Dies waren die Wohngemächer des letzten Herzogs, sagte der Alte, und gerade hier sollte auch der Spuk sein Unwesen treiben.

Lächelnd ging Neuenfeld an den Gobelins umher, pochte mit dem Stock daran, riß dann mit seiner kräftigen Hand ein Stück Gobelin herab und polternd sank ein enormer Rattenkönig auf die Eichen-Lamperie, vor welchem Lucia mit einem Schrei davon lief:

„Diese Zimmer will ich für mich hergerichtet haben, sobald ich im Klaren bin!" Neuenfeld folgte uns zufrieden. Wir traten zur anderen Seite hinaus in den von vermodertem Blattwerk, Leseholz und mannshohem Unkraut fast unwegsam gemachten Park und am Schloßgraben entlang in's Freie, wo wir hoch aufathmeten.

„Eine Million liegt hier an baarem Gewinn," sagte Neuenfeld, auf die weite, von dichtem, bergigem Forst umgebene Fläche hinaus deutend. „Dort die Hügel im Hintergrund über der Thalsohle sind dicht überwachsene Halden; noch sind die von Gebüsch bedeckten Einfahrten der Schächte zu erkennen; seit Menschengedenken hat sich Niemand um die kostbaren Eingeweide der Erde hier gekümmert, seit nämlich der Krieg die Arbeiter verjagte und die Occupation Alles zerfallen ließ!"

Neuenfeld trennte sich hier von uns, um seine Leute aufzusuchen, die ihm hierher voraus gereist, und ihnen die nöthigen Instructionen zu ertheilen. Er versprach, bald wieder bei uns zu sein und entfernte sich mit geschäftigen Schritten.

Elftes Capitel.
Das Rendezvous.

Am Nachmittag, als Neuenfeld uns wieder verlassen, brachte der alte Verwalter mir Flinte und Jagdtasche, da er sah, daß wir uns eben zu einem Ausflug in's Thal anschickten. Drüben in der ganzen niederen Holzung, sagte er, seien wilde Fasanen, deren Vorfahren einst in den Volieren gehegt worden, von denen die zerbröckelten Reste noch im Park lägen.

Ich nahm das Schießzeug. Wir wanderten hinaus durch die schattigen Buchen, immer der Richtung zu, aus welcher uns das in den Herbstsonne bronzegrün gefärbte Licht winkte. Lucia war glücklich; der Wald, die Wiese, die Triften waren ihr Heim, nach dem sie sich in der Stadt bereits gesehnt. Der Herbsttag war wunderbar schön; der Sommer schien zurückgekehrt, der Altweibersommer überzog Alles mit weißem, fliegendem Gespinnst.

Herzensfroh und frei wanderten wir Arm in Arm dahin. Ich dachte nicht mehr daran, daß ich dem Oheim Neuenfelds Einladung brieflich übersandt. Wir traten eben aus dem hohen dunklen Buchenwald, ein herrliches grünes Thalpanorama dehnte sich vor uns aus, lief im Osten und Süden in launenhafter Terrassenform aufsteigend, vom üppigsten Grün überwachsen, während im Westen uns der Spiegel eines kleinen Sees entgegen blickte.

Das da oben, die zackigen Firnen, die sich, von dunklen Föhren getönt, im weißen Herbstschleier verloren, es waren die Höhen, die wir in der Stadt von unsern Fenstern sehen konnten. Ich erinnerte mich, diese Berge einst mit Tatnow und einigen andern Kameraden während einer kleinen Ferienreise erstiegen zu haben; ich erinnerte mich auch, daß oben in den gabelförmig aufsteigenden, uns hier unten durch die Tannen verstecken Felswand ein Geiernest, in dem Menschenfuß unerreichbarer Horst, zwischen den Spitzen der Steingabel hing — hier war's schöner als auf unserm Gut, schöner noch als in Hochborn; hierher beschloß ich also zu flüchten, wenn es mir in der Stadt zu eng ward, wenn . . . Gewiß, hier war ich geborgen, wenn mir gewisse Personen unleidlich werden sollten! . . .

Lucia hatte, als wir durch den Buchenwald schritten,

mit ihrer schönen Altstimme ein Lied gesungen. Sie schwieg plötzlich, überrascht durch das wunderbar schöne Thalpanorama; sie stand im Anschauen versunken, als wir Beide plötzlich eine silberhelle Stimme unsere Namen rufen hörten.

Ich fuhr zusammen. Lucia schaute betroffen auf. Da stand auf einer gegen den See zu gelegenen grünen, mit Löwenzahn überwucherten Halde eine schlanke Frauengestalt in heliotropfarbigem Seidengewande, dessen Schleppe ihre Hand hob, während die andere uns mit dem Tuch winkte.

Es war die Fürstin! Ein kokettes Barett mit wallender Feder deckte ihr Lockenhaar, eine mit Zobel leicht besetzte Attila umschloß ihre Taille, ihr Antlitz schien geröthet von schnellem Gang.

„Minona! Ach das ist herrlich!" rief Lucia, den Gruß mit Jubel erwidernd. „Wie freundlich, daß sie uns aufsucht, denn da ist ja auch der Oheim!"

Auch dieser war neben Minona auf der Halde erschienen, wie voll Jugendkraft ihr nachkletternd trotz seiner Kränklichkeit und uns auch seinen Gruß winkend, indem er seinen grauen Jagdhut mit dem Gemsbart schwenkte.

Meine Ueberraschung war nicht so freudig wie die Lucia's; es mischte sich etwas wie Unruhe hinein. Mit unwillkürlicher Bewunderung schaute ich aber die zierliche Frauengestalt, doppelt plastisch und schön, wie das über den See und die Wiesen scheinende, von dem Blau und Grün warm gefärbte Herbstlicht sie hervorhob, wie Alles an ihr von Jugendlust zeugte.

Lucia stand nach wenigen Sprüngen am Fuß der Halde, die Fürstin war ihr entgegengeeilt; ich sah, wie die beiden Frauen sich schwesterlich umarmten; sah, wie der Oheim, im Jagdanzuge, wie ich ihn nie gefunden, aufscheinend gesund und munter, zu mir herabstieg, um mir die Hand zu schütteln.

„Du hast uns eine große Freude bereitet!" rief er mit klarerem Auge als noch vor wenigen Tagen. „Minona war entzückt; der Arzt, der eben zugegen, als wir Dein Billet erhielten, erklärte, es sei mir nichts zuträglicher als ein solcher Ausflug, und da bin wir denn!"

Die Fürstin war inzwischen auch zu mir getreten; sie reichte mir die im zierlichsten dänischen Fechthandschuh steckende Hand und drückte mir mit dankbar leuchtendem Auge die meinige.

„Kurt," rief sie, „das war eine herrliche Idee! Du siehst, wie freudig wir die aufnahmen!"

Mich machte zunächst der Gedanke verlegen, daß wir uns Gäste eingeladen, für deren Beherbergung und Bewirthung uns hier Alles fehlte. Ich sagte ihr gleich meine Entschuldigungen.

„Sei unbesorgt!" lachte sie. „Ich war auf Alles vorbereitet! Ich kenne diese Gegend aus meiner Kindheit! Dort drüben, wo eben die Sonne steht, liegt mein väterliches Gut, kaum zwei Stunden von hier. Die Mutter ist leider nicht dort, sie kehrt erst zum Winter zurück. Wie oft sind wir hier gestreift, als noch mein armer Bruder noch lebte! Der alte Martens, der Verwalter, muß mich auch noch kennen, wenn er noch am Leben! Doppelt war also meine Freude, gerade hier in dieser romantischen Wildniß wieder einmal auszuathmen zu können, ehe der lange Winter beginnt! ... Nicht wahr,

wir sind Euch doch willkommen, Lucia?" wandte sie sich ein wenig exaltiert an diese, zugleich meinen Blick streifend.

„Von Herzen, liebe Minona!" Lucia legte den Arm in den ihrigen. „Wir wollen den Vater suchen, der da unten herum bei seinen Leuten ist. Der Verwalter hat Kurt da ein altes verrostetes Gewehr gebracht, mit dem er wilde Fasanen schießen soll, das hat aber bis morgen Zeit, nicht wahr, Kurt? Jetzt werden wir doch einige Tage länger hier draußen bleiben?"

„Gern, Luz! Wenn ich nur nicht meine Bedenken hinsichts der Bequemlichkeit unserer Gäste hätte!"

Wir fanden Neuenfeld, der eben mit Geometern und Ingenieuren beschäftigt war. Er trat, als ich voraus eilend ihn benachrichtigt hatte, zu dem Oheim, sagte ihm ein ungekünsteltes biederes Willkommen und reichte in seiner geraden Weise auch der Fürstin die Hand.

„Ich muß hier Alles sein, Durchlaucht," sagte er — „Bauer, Bergmann, Ingenieur, denn es ist hier eben Alles zu thun, um diese Wüstenei zu ordnen. Sie müssen deshalb Nachsicht haben! Kurt wird den Wirth spielen, ich überlasse es seinem Genie, wie er das anfangen wird. Der Restaurant in der Stadt ist beauftragt, uns einen Koch und Lebensmittel für einige Tage heraus zu senden und der Verwalter muß das Uebrige thun, um uns ein passables Nachtquartier herzustellen."

Die beiden jungen Frauen waren überglücklich, als Neuenfeld sich bei uns bis zum Abend beurlaubte. Minona sprang wie ein Füllen vor uns her, Lucia mit sich fortreißend.

„Ihr wißt noch gar nicht, wie schön es hier ist!" rief sie mit vor Freude erglühenden Wangen. „Ihr würdet Euch nimmer hier zurecht finden; laßt mich Eure Führerin sein, denn ich kenne von meiner Kindheit noch jeden Steg. Wie oft sind wir von drüben hier herüber geschwärmt, durch den hohen Wald, durch die schöne, romantische Schlucht, in der wir die frischen Erdbeeren sammelten! ... Kommt hier entlang am See-Ufer, wo sonst die Rohrdommel so gern belauschten und die Mummeln pflückten! Hier nach dieser Seite zu ist das Schloß auch nicht so finster und grämlich; ich sehne mich selbst, das Alles hier einmal wieder zu sehen."

Den Frauen folgend schritt ich an des Oheims Seite, der heute wirklich eine überraschende Elasticität zeigte und mehr vermuthen ließ, daß seine Schwächlichkeit doch nur eine Folge seiner Krankheit. Er war gesprächig, sein Auge blickte nicht so matt und melancholisch; die frische Herbstluft schien ihm wieder aufsteben und der weiche Uferboden gab seinen Schritten jugendliche Lebendigkeit.

Aus dem neben uns in den See hinein wachsenden Schilf erhob sich ein Flug reisiger Wildenten, die hier eingefallen und sich zu den verwilderten Hausenten gesellt hatten. Es raschelte und plumpte vor und neben uns in dem mit braunen Haarbüscheln durchwachsenen Röhricht; große Frösche sprangen vor unsern Füßen von Ufer in das stille, sumpfige Wasser, auf dessen Fläche die vom Wald herübergewehten Blätter, sich vollsaugend, eine bunte Decke bildeten.

Das Leichtkraut war von der Seefläche verschwunden, Iris und Nixblume waren längst verblüht und modernd lagen ihre schwersten Blätter auf der regungslosen Fläche. Der Rohrsänger war verstummt und leer hing sein Nest über den Wasserbinsen.

Der Waldsaum zog sich nur wenige Schritte vom Ufer entlang. Recht geheimnißvoll wehte und flüsterte es in den bis tief zum Schloßpark reichenden hohen Bäumen. Es war so recht herbstlich melancholisch da drinnen zwischen den grauen Stämmen, die Meisen sangen den schon fortgezogenen Gespielen in den Buchen über uns ihre Abschiedslieder, Amseln und Drosseln wippten auf den sich entlaubenden Zweigen, die Mandelkrähe flatterte hin und her, und wie ein bunter Blüthenregen rieselten die gelbrothen Blätter neben uns herab in's Gras, wenn das Eichhörnchen, gescheucht durch so seltene Gäste, waldein flüchtete von einem Ast zum andern sprang.

Und drüben jenseits der See, über dem immer schroffer aufsteigenden Ufer, rauschten die Föhren, die Blätter der Rothbuchen, im Höhenwind zitternd, glitzerten in der Sonne wie dunkles Gold. Einige Falken zogen ihre großen Kreise oder schwebten scheinbar regungslos über uns im blauen Aether, auf die Wildtauben herablugend, die furchtsam durch das untere Geäste flatterten.

Die Frauen sahen nichts von dieser Poesie; ihr Geplauder verhallte mit leisem, fast spöttischem Echo im Walde. Sie fanden sich Beide zum ersten Mal in so freier Umgebung, erlöst vom Druck städtischer Etikette, und wie ich die Fürstin da vor mir sah, erinnerte es mich unwillkürlich an die sehnsüchtigen, nach Freiheit verlangenden Worte, die sie zu Lucia gesprochen. Hier fand ihr Sehnen den heimischen Tummelplatz wieder; ich verstand ihre Freudigkeit.

Wir betraten am Ende des Sees die von Herbstzeitlosen wie mit einem Rosa-Teppich überdeckte Wiese. Minona führte uns; sie wußte einen Steig durch dieselbe, der zu dem verwahrlosten Schloßgarten führen sollte. Lucia an der Hand mit sich ziehend eilte sie voraus — ein herrliches Frauenpaar, Beide von fast gleicher Größe, Beide in überschwänglichstem Jugendmuth.

Ich beobachtete den Oheim zuweilen heimlich; er sah kräftiger aus, die frische Berg- und Waldluft that ihm wohl, aber es kehrte doch wieder etwas Schwermuthsvolles auf sein mageres Gesicht zurück, dessen Gewölk sein verbindliches Lächeln immer erst durchbrechen mußte.

Er blickte den Frauen mit innerer Freudigkeit nach; er hatte bei jeder Gelegenheit ein Lob, eine Bewunderung für Lucia; er hängte seinen Arm in den meinigen.

„Ich hoffe, Kurt, wir werden den Winter gemeinsam recht, recht glücklich verleben!" sagte er.

„Es ist eigentlich unverzeihlich, daß Herr von Neuenfeld diese Romantik hier durch seine Arbeiter, durch Rauchfänge, qualmende Maschinen und den ganzen rohen Troß stören will, den die Industrie hinter sich führt!" rief Minona, sich zu uns zurückwendend... „Aber jetzt gebt Mal, wir kommen bald in den Olymp!... Der alte Herzog, der hier vor langen Jahren als junger Ehemann seine Flitterzeit verlebte, war auf die Idee gekommen, sich ein kleines Versailles oder wenigstens Trianon aus seinem Schlosse zu machen, und das scheint ihm auch so halb und halb gelungen zu sein, bis er plötzlich allem Geschmack daran verlor, weil, man sagt, einer der königlichen Prinzen seine Frau schön gefunden. Da hat er denn Alles stehen und liegen lassen, ist mit seiner schönen Gattin nach Frankreich gezogen und jetzt sind sie Beide gestorben und verdorben."

„Pfui, wie garstig!" rief Lucia, als die Fürstin sich zu ihr beugte und ihr etwas in's Ohr flüsterte. Der Oheim hatte sich eben gebeugt, um ein Tausendgüldenkraut zu pflücken. Minona's Blick begegnete zufällig dem meinigen; ich sah ihr Gesicht bis zur Stirn geröthet, ihr Auge düster glühend, als sie zu uns zurückschaute.

„O, die Geschichte ist lang," sprach sie halb für sich, „aber allerdings abscheulich!" Minona zerpflückte eine Wiesenblume und warf Stengel und Blüthen vor sich in die Luft. „Die Mägde erzählten davon, als ich noch Kind war, ich weiß mich ihrer kaum noch zu entsinnen... Da ist ja schon das Gitter des Schloßgartens! Siehe nur, Lucia, die verdrießlichen, schwarzgrauen Sandstein-Bruchstücke auf den Thorpfeilern! Niemand weiß mehr was sie vorstellen sollten, und die Bauern sind schlechte Mythologen. Es müssen wohl Faune oder sonstige Waldungeheuer gewesen sein."

Wir traten durch das verrostet und schief in den Angeln hängende Gitterthor der hohen französischen Parkmauer, während die beiden Frauen sich in ihrem Uebermuth an den grauen Beinen belustigten, die von den Statuen auf den Pfeilern übrig geblieben. Alles war Wüstenei im Garten. Wurzelschößlinge der hohen Ulmen, halbmannshohes Farnkraut, Brombeergeranke, Hasel- und Schlehenbüsche, umschlungen von Heckenwinden, wilden Erdbeer-Ranken und Wegebreit, welche den Hauptstieg mit Fallstricke überzogen, hier und da ein graues Postament, dessen Statue herabgestürzt und zerbröckelnd in grüner Umarmung lag, ein großes Bassin, von zertrümmerten Tritonen überragt, von Humus gefüllt, über welchem Wolfsmilch und andres Unkraut kämpfend um den largen Raum, sich feindselig erstickte, um zu einem nicht mehr entwirrbaren Knäuel zusammen zu wachsen bis der Winter kam, um für einige Monate Frieden zu stiften. Unten und anderes Gewürm, das vor uns seine Schlupfwinkel suchte, zerfallene Glashäuser, zwischen deren eisernen Streben hier und da noch ein Stück blindes Glas hing, von grünem Moos und Flechten überzogene Steinbänke, alles Monumentale im Style Ludwig XV.; dahinter endlich, düster und grämlich herausschimmernd unter den Laubbächern der alten Rüstern die Mauern des Schlosses da wo der Park an die Thür der Hofmauer stieß, ein halb vermodertes Hundehaus mit einer von Rost gelbbraun gefärbten eisernen Kette, deren Träger schon seit lange vermodert — Das war die Staffage unsres Spazierganges, deren melancholisches Gepräge selbst die Heiterkeit der Frauen hatte verstummen lassen.

Die Fürstin, kaum auf dem mit großen Sandsteinfliesen belegten Hofe angelangt, sprang auf ein altes Mütterchen zu, das uns, die Hand über die Augen legend, blöde anschaute.

„Mutter Martens, Ihr kennt mich sicher nicht mehr!" rief sie, dem Alten ihre Hand auf die Schulter legend und ihm lachend in das runzlige Gesicht sehend.

„Jesus, na! Sieh kennet die Gnädige ne!" rief die Alte mit dem Kopf wackelnd und mit den Augen blinzelnd.

„Aber die kleine Minona von Bergheim drüben! Die kennt Ihr nicht mehr? Seht mich nur an!"

„Ju, ich seh' schon!... Aber Jesus, Maria und Joseph! Wie groß die gnä' Fräulein worden ist!"

rief die Alte. „Ei, ich erinner' mich wohl! Schau, schau! Das kleine wilde gnä' Fräulein von Bergheim!"

Der Fürstin schien die Alte viel Spaß zu machen. Sie plauderte mit ihr, aber sie sah bald ein, daß die Vorstellungskräfte der Greisin total geschwächt, denn schon nach wenigen Minuten hatte sie bereits vergessen, wen sie vor sich habe.

Minona sprang uns voran durch die niedre Gartenpforte des Schlosses, die dem Ausfallthor einer Festung ähnlich. Zögernd folgte ihr Lucia. Es schien, als sehne die erstere sich, das Innere des Schlosses wieder zu sehen. Gezwungen folgten wir ihr über eine steinerne Wendeltreppe, durch deren schießschartenartige Fenster die Bäume des Parks sich hereinstreckten, und ehe Lucia noch ihr Widerstreben angedeutet, führte sie uns durch schmale Gänge in den andern Flügel des Schlosses.

Sie kannte jede Thür; sie durchflog mit uns eine Flucht von Gemächern, alle in Roccoco-Styl eingerichtet, mit verblichenen schwerfälligen Mobilien garnirt, die alle mehr dem weiblichen Geschmack entsprachen. Eine dünne Staubkruste bedeckte das Parket, wie die Vogelspuren im Schnee hatte der Zickzack lustiger Rattentänze sich in den Staub gegraben; große Spinngewebe waren zwischen den Vorhängen ausgespannt, und der Mottenfraß hatte einzelne der letzteren wie eine alte Standarte durchlöchert.

Die Fürstin hatte Lucias Hand ergriffen. Sie trat eben mit ihr durch zwei halbdunkle Gemächer in einen Salon, dessen Wände faltenreich mit gelber, ganz verblichener Seide bedeckt. Auf der Schwelle hielt sie inne.

„Das ist das Schlafgemach, in welchem der Herzog sie überrascht!" hörte ich die Fürstin Lucia zuflüstern. Ich trat hinter Beide; ich schaute auf ein weites Baldachin-Bett, von dem eben nur noch der große, reich geschnitzte Kasten und der Vorhang übrig geblieben. Ganze Brocken des von der Decke herabgebrochenen Stuck lagen auf dem zerfressenen Teppich; die Oede und Zerfallenheit machte einen trostlosen Eindruck.

Ich trat an den Frauen vorüber. Lucia erröthete über Minona's ihr zugeflüsterte Worte, die ich gehört haben mußte. Ich hob den knarrenden Riegel der Balconthür und trat hinaus. Beide folgten mir.

Drunten war eben der vom Vater beorderte Koch mit den Lebensmitteln angelangt. Der alte Martens stand bei ihm. Er rief mir auf meine Frage zu, Herr von Neuenfeld habe ihm bereits sagen lassen, es seien noch Gäste angelangt; es werde auch für sie ein Nachtlager hergerichtet, doch müsse er um Nachsicht bitten.

Die Fürstin nahm das mit Uebermuth hin; es war ihr ein köstlicher Gedanke hier so recht „champêtre" zu leben. „Leopold," rief sie ihrem Gatten zu, der uns nur langsam gefolgt war, „hier wirst Du wieder aufleben! Athme nur diese herrliche Luft hier auf dem Balon! Unsere Soirée wird hinausgeschoben, denn es ist ja wieder Sommer geworden; wir werden den Winter hindurch lange genug den Qualm der Lüftres genießen können. Hier bleiben wir mindestens acht Tage — wenn nämlich unser liebenswürdiger Wirth uns so lange dulden will!" setzte sie schalkhaft hinzu, während sie dicht neben mir an der Balconbrüstung stehend, ihr Antlitz zu mir wandte, so nahe, daß ihr Athem mich

berührte und sie mir mit dem holdesten Lächeln tief in's Auge schaute.

Ich fühlte, wie der unselige Hammer mir wieder auf das Herz fiel und so hart, daß ich kaum sprechen konnte.

Es lag etwas in dem Auge dieses jungen Weibes, das mir — ich darf nicht sagen: wehe that, mir aber Unruhe verursachte.

„Nicht wahr, Kurt, schon um meines armen Leopold willen buhlet Ihr uns so lange hier?" fragte sie, mir die Hand reichend, und dabei zeigte ihr halb geöffneter Mund mir die schönen weißen Zähne.

Es lag mehr Mitleid in Ton und Worten, als einem Gatten lieb sein kann; das empfand ich. Aber Beides kam ihr doch unwillkürlich, unbewußt — schlimm genug. wenn es schon die Gewohnheit des Mitleids war! Mich berührte die Aeußerung um so näher, als sie mir dabei die Hand gereicht und drückte wie Jemand, der um die Erfüllung eines Herzenswunsches bittet.

„Aber das ist ja selbstverständlich, Minona! Wir bleiben hier so lange es Euch gefällt!" rief Lucia, sich von der Ballon-Brüstung erhebend und zu uns wendend. Das freifreudige Aufblitzen in der Fürstin Auge, den Druck ihrer Hand hatte ich unbefangen erwidert — jetzt bei Lucia's Wendung zog ich die letztere hastig zurück. Der Oheim trat eben zufällig zwischen Lucia und sie.

„Welch eine Majestät in dieser Stille!" rief er auf den weiten Platz hinausschauend auf die dunklen Baumkronen, deren Laub sich unter uns wie ein großes, leise rauschendes Meer bewegte, während zu unsren Füßen der Halbkreis zertrümmerter Sandstein-Statuen, das Zerbröckeln der sie umgebenden niederen Mauer von dem Meer der Ewigkeit erzählte, das ganze Welten verschlingt.

Zwölftes Capitel.
Die Engelsfittige.

Die Tage verstrichen uns. Jeder versicherte den Andern, wie glücklich er sich in dieser großartigen Idylle fühle; aber Lucia war wohl die einzige, die dieses Glück wirklich und tief empfand. Sie war hier in ihrem eigentlichen Element, und erklärlich war's, denn die große, freie Gottesnatur war ihre Erzieherin und Lehrerin gewesen. Sie interessirte Alles, was ihr Herz begegnete; sie verstand Alles; es lag etwas von des Vaters universellem Zug in ihr. Mit Tagesgrauen war sie bereits draußen bei dem alten Martens; sie begleitete den Vater, wenn der zu seinen Leuten hinaus ging und die Fürstin in dem oberen Stockwerk der Meierei noch in tiefem Schlummer lag.

Ich meinerseits schleppte den Oheim schon am frühen Morgen, wenn noch der Nachtthau auf den Gräsern lag und der Nebel im weiten Thalgrund wogend mit den Sonnenstrahlen kämpfte, in die Wälder hinaus. Es gab Tage, wo ich beim Anblick des zahlreichen Wildes von einer wahren Mordlust befallen war, und auch der Oheim fand wieder Vergnügen an der Jagd.

Er war wohl der mindest Glückliche; das heraus zu fühlen hatt' ich Gelegenheit genug während unserer

Streifzüge. Ihm war Lucia stets das Ideal des Weibes — Beweis, daß seine Gattin ihm nicht so erschien, obgleich er sie pries, sobald sich eine Gelegenheit bot. Er war oft zerstreut; er that unbegreifliche Fehlschüsse, während er zu anderen Malen zeigte, daß er einer der ausgezeichnetsten Schützen gewesen, der nur in zahmem Salon-Sport die Routine verloren. Er drückte mir oft recht innig die Hand, um mir anzudeuten, wie froh er sei, in mir einen Gefährten gefunden zu haben. Ob ihn dabei zuweilen der Gedanke anwandelte, es sei vielleicht besser gewesen, wäre Alles geblieben, wie es früher war?

Daß er Minona liebte, ging mir aus Allem hervor. Sein heimlicher Kummer mochte in dem Zweifel liegen, ob sie im Stande, ob sie Willens, ihm dies Gefühl zurückzugeben. Er hatte indeß Momente, in denen er seinen Stolz auf den Besitz dieses schönen Weibes zeigte, und das waren die Stunden, während welcher ich ihn kräftig und gesund sah. Leider wechselten sie so oft.

Mir war's oft recht unangenehm, Lucia den ganzen Tag zur Gesellschaft der Fürstin angewiesen zu sehen, die sie keinen günstigen Einfluß auf sie üben konnte. Beschäftigte sie sich auch in ihrer gewohnten Weise, so mußte sie doch Minona alle ihr schuldigen Rücksichten widmen. Letztere war ein Product der Gesellschaft mit allen ihren Verschrobenheiten; Lucia ein Zögling der Natur. Ich war überzeugt, der Fürstin Unterhaltungsstoff war für Lucia nicht der willkommenste und gesundeste; ich meinte dies auch schon aus ihr heraus gehorcht zu haben.

Zum Glück fehlte es der Fürstin nicht an eigener Unterhaltung. Schon am Morgen nach ihrer Ankunft brachte ihre Equipage die Zofe mit riesigen Kisten, Kasten und Schachteln; sie bedurfte des ganzen oberen Stockwerts der Meierei für ihre Garderobe, für Toilettenzimmer rc. Neuenfeld flüchtete sich höflich in's Schloß, Lucia und ich beschränkten uns auf zwei Zimmer im Erdgeschoß.

Und von da ab begann die Fürstin selbst in dieser Einsiedelei eine Toilette zu entwickeln, deren Zweck nicht ersichtlich, der auch nur in der Befriedigung ihrer Eitelkeit quand même lag. Der warme Herbst rechtfertigte die Anlegung eines großen Theils ihrer von der Badereise zurückgebrachten Roben. Selbst was die Modistinnen an Herbsttoilette für die Stadt schon geleistet hatten, war herausgeschafft.

Des Oheims immenses Vermögen ermöglichte, gebot sogar den Luxus seiner schönen Gattin; aber was in unserem stillen zurückgezogenen Familienkreise einen crassen Effect hinein trug, das war die Ostentation, die allen diesen Roben anhaftende Absicht, die persönlichen Reize einer schönen Frau zu präsentiren.

Lucia schaute das Alles mit Erstaunen an und schlug die Hände zusammen.

„Wir sind ja unter uns!" rief die Fürstin lachend. „Es geschieht nur der Zerstreuung halber! Die Rehe und Hirsche im Walde sollen ihr Wunder an mir sehen!"

Der Sommer schien sich noch einmal etabliren zu wollen, der Himmel war blau, die Luft blieb warm; die Kräuter schossen von Neuem in Blüthen und durchathmeten Alles mit ihrem Duft; die Zugvögel verweilten unschlüssig auf ihrer Reise und die See belebte sich mit Tausenden bunten und wilden Gefieders.

Die Fürstin erschien schon am ersten Morgen in einer reizenden silbergrauen Robe, mit goldenen Schnüren und Agraffen aufgeschürzt, reich mit Rüschen und Plissés garnirt, in denen sich die Erfindungsgabe der Modistin erschöpft haben mußte. Ihr Haar hing wellig, frei bis zu den Hüften über den Nacken, mit Naßlieben geschmückt; wie Knistergold blitzte der Sonnenglanz auf ihre Kastanienfarbe. Ihr Teint war frisch wie Morgenthau, ihre Augen leuchteten, ihre Lippen schienen fortwährend der ganze Freude ihres genußsüchtigen Herzens zu flüstern und die Robe umschloß ihre Gestalt wiederum mit jener Indiscretion, die wie eine Parole über ihre gesammte Toilette herrschte.

Lucia sah sie mit nicht ganz billigender Ueberraschung heraustreten, als wir in der alten Geisblattlaube vor dem Meierhause uns zum Frühstück fanden.

„Aber Minona! Du willst mich in meiner schlichten Robe beschämen!" rief sie fast erschreckt.

„Sei unbesorgt, Liebchen!" lachte diese, ihr die Wange streichelnd. „Unsere Männer gehen ihrem Vergnügen nach, den ganzen Tag auf der Jagd zu sein. Die Toilette ist unser Frauen-Sport und eben so berechtigt wie ihre."

Das galt mir, denn ich hatte den Oheim seiner Gesundheit wegen zur Jagd aufgefordert, die seit lange nicht mehr seine Beschäftigung war.

Mich machte diese Toilette unruhig beim Frühstück. Sie trug einen schreienden Mißton in unser Behagen. Sie gehörte wohl auf die Promenade eines Kurorts, nicht in diese Wildniß, und selbst dort mußte sie durch ihre eigenthümliche Chic die Meinung herausfordern.

Neuenfeld trat in seinem ländlichen Kostüm, mit hohen Stiefeln, zu uns; erstaunt ließ er den Blick über Minona's Toilette gleiten und lächelte beifällig Lucia's Einfachheit zu. Auch heute Morgen war der Oheim aufgeräumt, gesprächig; aber man merkte es, sein Humor war wie ein Pfeil, von schlaffem Bogen geschossen.

„Ich werde jetzt erst recht die einfachste Toilette machen!" flüsterte mir Lucia zu, als ich mit dem Oheim aufbrach. „Nicht wahr, Kurt? Ich gefalle Dir so viel besser?"

Lucia hatte den Vater und mich verstanden.

„Minona ist das beste Herz von der Welt, aber sie hängt mit Passion an der Toilette!" sagte mir der Oheim unterwegs zu ihrer Entschuldigung.

Als wir zurückkehrten, flog mir Lucia entgegen. Sie bat, ich möge sie nicht wieder so lange verlassen und die Jagd aufgeben; der Oheim könne ja auch so die Waldlust genießen. Sie schien ein wenig verstimmt; den Grund hofft ich am Abend von ihr zu erfahren.

Die Fürstin empfing uns in wieder anderer Toilette — ganz schwarz, in rauschender Seide. Unser Diner war heiter; die beiden Frauen in schönster Laune, nur der Oheim schien sehr ermüdet durch die ungewohnte lange Bewegung. Auf Minona's Wunsch ward eine Fahrt zu dem Gut ihrer Mutter für morgen Nachmittag verabredet.

Am frühen Morgen, als eben die Nebel sich in den Kronen der Bäume auf den Höhen verdunsteten, war ich bereits im Park. Lucia schlief noch. Ich vermuthete daſſelbe von dem Oheim und Minona, denn ihre Fenſter waren noch geſchloſſen. Neuenfeld war ſchon bei ſeinen Vermeſſungs-Arbeiten.

Die Friſche des Morgens athmend, ſchlenderte ich durch die Wüſtenei des Parks. Schlangen und Unken ſuchten vor meinen Füßen raſchelnd Schuß unter dem hohen Farnkraut; ein paar gelbſchnäbliche Schwarzamſeln pußten ſich am Boden um einen von den Zweigen gefallenen Holzapfel; einige Krähen flogen über mir von Aſt zu Aſt und das bunte Gefieder wilder Faſanen ſchillerte aus dem dunklen Laubbach herab.

Es herrſchte tiefe, melancholiſche Stille in dieſem Urpark, wie ich ihn nennen mußte, zugleich eine vom Sauerſtoff des dichten Laubes und dem Moder der unter dem wilden Kraut vergehenden Vegetabilien ſchwer geſättigte Wärme.

Meine Gedanken waren mit der Fürſtin beſchäftigt, die Lucia geſtern ihr Herz ausgeſchüttet haben mußte.

„Minona fühlt eine Lücke in ihrem jungen Leben“ hatte mir am Abend, als wir allein waren Lucia anvertraut. „Ich verſtehe das zwar nicht ganz. Meine Erziehung geſchah unter ſo ausnahmsweiſen Verhältniſſen; ich kann mich auch nur ſchwer in den Entwicklungsgang der andern jungen Mädchen hineindenken; aber Minona iſt mir ein lebendes Beiſpiel. Kaum aus der Penſion, führte man ſie nur flüchtig in die Geſellſchaft; man führte ſie gleichſam nur vorüber an der Tafel, an welcher die Andern genoſſen, man gab ihr kaum zu koſten von Dem was ihrer Geſchwiſter Freude; ſie ſah kaum, wie die Welt ihre Schönheit bewundernd, das Knie vor ihr beugen wollte, als man ſie auch ſchon fortriß. ‚Gerade der ſchönſte Mädchentraum‘ ſagte ſie ſelbſt ‚ging an mir vorüber, vergebens bat ich: laßt mich Dies anſchauen, Jenes genießen! Laßt mir meine Mädchenfreude! … Während ich noch begehrend, mit den Welt reich erfüllten Herzen, berauſcht von dem Weihrauch, der mich umduftete, an den Ballſchuhen die mich aus dem Arm eines Kavaliers in den ſich andern trugen, die Fittiche des freudeſpenden Engels zu fühlen glaubte und wonnefroh im Triumph am Abend das Haupt auf das Kiſſen legte, erwachte ich als die Verlobte des Fürſten Bartenſtein, deſſen Huldigungen ich vor der Welt ſtets gern angenommen ohne zu ahnen, daß dieſe Welt mich ſchon wie ſeine Verlobte betrachtet.‘

So hatte ſie ſich gegen Lucia ausgeſprochen und dieſe die Vermuthung daran geknüpft, daß Minona’s Vater die Seinigen wohl nicht in den glänzendſten Verhältniſſen zurückgelaſſen, daß ſein Landgut ſtark verſchuldet geweſen. Minona mußte ihr auch — der ahnungsloſen — einleuchtend gemacht haben, wie unentbehrlich dieſe Etappe aus der man ſie fortgeriſſen in dem Lebensbahn eines jungen Mädchens ſei, und Lucia ſchien bereit dies anzuerkennen ohne in ihrem eignen Leben eine Lücke zu empfinden.

Ja, die Engelsfittiche der Ballſchuhe! Man hatte ſie unbarmherzig von den Füßen Minona’s gelöſt und ſie war aus ihrem Himmel gefallen, in den ſie Niemand wieder zurücktragen! … Auch ich verſtand ſie jeßt. Wo ſie ein Mädchen ſeine Blüthezeit genießen, wo ſie ein junges Weib ohne Entbehren glücklich ſah, da fühlte ſie, was ſie entbehrte, was ihr fehlte, und des Oheims

ganze Zärtlichkeit, mit der er ſie auf Händen trug, war ihr kein Erſaß …

Nichts regte ſich im Park, nur einige Häher kräch'zen zuweilen noch über mir in dem dunklen Laubdom. Ich ſehnte mich hinaus aus dem ſchwülen Halbdüſter und ſchlug einen Richtſteig ein, der zum See und durch eine vor langen Jahren hier angepflanzte Laube von wilden Reben führte, die wuchernd ihre ſtarken knorrigen Arme an den Rüſtern emporſtreckten, die rieſigen Stämme umklammernd und einen hohen wildverſchlungenen Dom über zwei Steinbänken bildend, während vor demſelben, am Eingang, eine an Kopf und Armen verſtümmelte Diana Wache hielt.

Erſchreckt fuhr ich zurück, als ich die überhangenden Reben zurück bog, um mir Raum zu ſchaffen. Die eine der Steinbänke war mit einem Teppich bedeckt und auf dieſem lag, von weißem Morgengewand umſchloſſen, das ſich abſichtslos weich und loſend um die ſchwellenden Conturen ſchloß, eine weibliche Geſtalt, den bis zum Ellnbogen entblößten Arm herabhangend, während der andere ſich über die Bruſt legte. Dunkles Haar floß in glänzenden Wellen von der Bank, kaum beeinträchtigt durch ein weißes Mulltuch, das nachläſſig über die Stirn gelegt war und das Geſicht halb verdeckte.

Zaudernd ſtand ich da, noch die ſtörende Ranke in der Hand. War’s das Lager einer Waldfee, der Diana, die hier ausruhte? … Mich überrieſelte es unheimlich. Ich wollte zurück. Das Raſcheln im Weinlaub mochte aber die Schlafende ſchon geweckt haben. Ueberraſcht zog ſie den Fuß an ſich, der einen Sandſteinblock zum Schemel gewählt; ihr Antliß hob ſich neugierig, ohne Erſchrecken; ihre Hand ſtüßte ſich auf die Lehne der Bank.

„Du biſt’s, Kurt!“ Es war Minona, deren Haupt träge wieder zurückſank, während ihre Hand über die Stirn fuhr, um das über dieſelbe gefallene Haar zurück zu legen. „Du ſtörſt mich gerade in meinem ſchönſten Morgenſchlummer!“

Ich fühlte wachſende Verlegenheit und ließ die Ranke als Vorhang zurückſinken.

„Nein, bleib! Es war nicht ernſt gemeint! Du ſtörſt mich gar nicht!“ Das Antliß leicht erröthend, ſprach ſie lächelnd, mir mit der Hand winkend: „Seß Dich getroſt auf jene Bank dort, ſo können wir plaudern; zürne aber nicht, wenn ich . . .“

Sie hob ſich, ſie ſtüßte ſich auf den Arm und ſchaute mich immer lachend an, wie ich unſchlüſſig baſtand und mein Auge unſtet über ihre Geſtalt glitt.

„Du ſagteſt ja ſelbſt, wir ſeien hier ſo ungenirt, ſo abgeſchloſſen vor der Welt, daß die Toilette eine nußloſe Mühe, die hier Niemand zu danken bereit. Ich konnte auch niemanden hier vermuthen!“ Sie blickte ſcherzend auf ihr Morgengewand. „Bin ich Dir ſo einfach genug? Es war mir unerträglich in der dumpfen Luft meines Zimmers. Mir war’s, als liege ich in einer Gruft; es lag mir wie ein Alp hier“ — ſie legte die Hand auf die unter einem dünnen Spißenkuß arbeitende Bruſt, während ſie mich mit großen noch vom Schlummer halb verſchleierten Augen und müdem Lächeln anſchaute. „Leopold ſchläft noch,“ ſeßte ſie hinzu, „er hat die ganze Nacht hindurch geſchlafen; Du mußt ihm gestern wohl zu viel zugemuthet haben ... Aber wie scheu Du dastehst!" lachte sie. "Denke Dir, Du schließt im Boudoir Deiner Tante, stelle Dir vor, ich sei eine häßliche Matrone, Kurt, wie es die Tanten zu sein pflegen!"

"Ich bin natürlich überrascht," versetzte ich, in die Laube tretend. "Ich fürchte auch, Du wirst Deiner Gesundheit schaden, hier in dieser feuchten Umgebung ..."

"O, wie Du besorgt bist! Meinst Du, es sei weniger schädlich in der Grabesluft des alten verzauberten Schlosses oder den erdrückenden Mauern des biedern Martens? Aber Du siehst, ich bin folgsam! Es ist Tag geworden; die Sonne steigt schon hoch ..."

Sie erhob sich: sie warf das fessellose Haar, es mit beiden Händen erfassend, über den Nacken, während sich die schöne Büste unter dem Spitzengewirr hob. Ein leichtes Frösteln schüttelte sie, die Wirkung der feuchten Morgenluft; sie schlang das dünne Tuch um den Hals. Der Schleier, der Traum und Wachen scheidet, hing noch in ihren Wimpern, als sie mich anschaute und fast mitleidig meine Befangenheit belächelte.

"Gieb mir Deinen Arm, Kurt!" sagte sie, zu mir tretend. "Ist Lucia schon erwacht?"

"Sie kleidet sich an und versprach, mich am Ufer des Sees zu suchen."

Sie hatte sich meines Armes bemächtigt, und der zuckte leise in dem meinigen. Ich schwieg. Willenlos ihrer Bewegungen folgend trat ich mit ihr zur andern Seite der Laube hinaus, nicht ohne Besorgniß, Lucia könne uns so sehen, wie sie vertraulich sich an mich hängte und ihr weißes Morgengewand auf dem, den Boden überwuchernden Kraut dahin rauschte, und seine feinen Spitzen und Volants sich in dem das hohe Gras bedeckenden Nacht-Thau badeten.

Mir war's seit Lucia's Mittheilung, als lese ich jeden Gedanken in dem Herzen dieses Weibes. Ihre Flucht von der Seite des Gatten, die extravagante Idee, hier am kühlen Herbstmorgen in dieser Wüstenei ein Lager zu suchen, was beides mir wie eine sensuelle Aufregung erscheinen mußte; die Befriedigung, mit der sie sich hier überrascht worden sah — Alles überzeugte mich von einem gestörten Seelenleben, das seine Heilung nur in Dem suchen oder finden konnte, was ihm die Pflicht versagte.

"Nicht wahr, Lucia würde nicht zürnen, wenn sie uns so Arm in Arm sähe?" fragte sie, unser Schweigen unterbrechend.

"Sie ist klug, aber sie ist ein Weib!" antwortete ich, mit scheinbarer Gleichgültigkeit vor mich niederschauend.

"Du hast meines Mannes ganzes Vertrauen, wie solltest Du nicht das Deiner Gattin haben!"

Es klang das fast wie leichter Spott. Wie trotzig drückte sie den Arm fester auf den meinigen, dann sich näher an mich schmiegend schaute sie mir fragend, schelmisch in's Gesicht.

Ich war gelaunt, ihrem Blick auszuweichen; ihre Rede verdroß mich. Der Gedanke widerstrebte mir, ihre Worte hinsichts des Cheims für Satyre zu halten; ebenso wenig aber verdiente Lucia's reine Freundschaft für sie einen Dank wie diesen. Es war mir aber erschienen, als habe ich überhaupt an der Fürstin schon

einige Momente offner Unzufriedenheit bemerkt; hier draußen, wo wir nicht "genirt" waren durch fremde Aufmerksamkeit, vielleicht mochte sie sich hier darin gefallen, eine Ecke der Maske zu lüften und die Geständnisse, die sie Lucia bereits gemacht, entsprangen vielleicht demselben Bedürfniß.

Ich beantwortete ihre Fragen mit einem stummen Lächeln.

"Lucia ist die vertrauensvollste, edelste Seele," sagte ich. "Ihr feiner Instinct lehrt sie, wo sie vertrauen soll und nicht!"

"Ganz recht, Kurt!" Vielleicht hatte sie diese Andeutung verstanden. "Aber gesteh Du mir, Kurt, ist es Dir nicht ein ganz klein wenig gefährlich, eine so junge Tante zu haben?"

"Vielleicht weniger, weil diese schöne Tante Allen gefährlich ist!"

"Das wollt' ich nicht hören! Sieh nur, alle übrigen Tanten besitzen das natürliche Recht, ihre Neffen lieb zu haben; wenn eine bejahrte Tante, so eine Tante, wie im Buch steht, dem Neffen ihre Zuneigung zeigt, so übt sie ihr Recht, ihre Pflicht!" — sie entzog mir langsam den Arm und streckte den andern aus, um eine verspätete Blüthe wilden Hopfens vom Baumstamm zu pflücken; ihr Fuß hielt dabei inne; die Blüthe zerzupfend blieb sie stehen — "wagte ich es hingegen, Kurt, Dir als Deine so nahe Anverwandte zu sagen, jetzt zu sagen, wo wir von Niemand beobachtet sind: Kurt, ich habe Dich recht, recht lieb ..."

Sie stockte; ihre Stimme verrieth leichtes Beben; sie hob das Auge und dunkel leuchtete es in demselben, während ihre Hand sich leise wieder auf meinen Arm gelegt hatte. Ich ergriff diese Hand, preßte sie an die meinigen und führte sie an meine Lippen.

"So findest Du den dankbarsten Neffen, der Deine Liebe tausendfach vergelten möchte!" rief ich, und vielleicht mit mehr Innigkeit als Vorsicht.

Ich wollte ihre Hand lassen, sie hielt die meinige; die stille Gluth ihres Auges ging wieder in das gefahrvolle Flackerlicht über, und dies stimmte mich ernst, fast verdrossen. Sie las das wohl aus meinem Gesicht.

"Du sprichst die Unwahrheit!" rief sie, sich abwendend. "Wenn Lucia Dich gehört hätte! ... Komm, gieb Deiner armen Tante den Arm zurück! Es ist, als habe Lucia geahnt, daß Du Ungehöriges gesprochen, denn dort drüben kommt sie mit meinem Gemahl."

Sie vergaß, mir den Arm zu reichen wie es ihre Absicht gewesen. Es zitterte spöttisch um ihre Lippen; sie schlang sich die welke Ranke um die Hand und schritt mir heftig erregt voraus.

Ich bedurfte wirklich einiger Sammlung. Unmuthig stand ich einen Augenblick da und schaute nach der angedeuteten Richtung. Lucia, am Arm des Cheims, schritt am Saum des Parkes dahin. Sie mochten uns Beide noch nicht bemerkt haben. Minona's weißes Gewand, über das hohe Gras streifend, das wilde Haar auf den Nacken herabhangend, schwebte vor mir zwischen den Blumen dahin, eine fließende Waldfee. Ich schritt ihr nach, kämpfend mit meiner Unzufriedenheit und dennoch bemüht, die Spuren derselben zu bergen.

Die Welt nannte sie eine Kokette, und ihr Versuch, mich mit einer strafbaren Initiative zu belasten, die sicher nicht in meinem Willen, auch nicht in meinen Worten gelegen, er bestätigte mir die Wahrheit dieses Vorwurfs. Sie war gefährlich, und war sie es nicht aus böser Absicht, so trieb die Leidenschaftlichkeit ihres Gemüths sie zu koketten Mitteln, mit denen sie die Welt über sich selbst zu täuschen suchte. Sie provocirte und ergriff die Flucht, um als die Bedrohte zu erscheinen. Ich that heute den ersten Blick in ihren wahren Karakter.

Fast unbewußt stand ich am Saum des Waldes. Ich sah, wie die Fürstin Lucia stürmisch, mit Innigkeit umarmte, wie diese sich von ihr losmachte und nach mir ausschaute.

„O, er ist recht ungalant gegen mich gewesen! Er wollte mir nicht einmal den Arm bieten!" hörte ich die Fürstin sagen. — Lucia sah mich eben hinaustreten.

Mir ihre Lippen zum Kuß bietend, sprang sie freudig auf mich zu und hängte sich an mich.

Es entging mir nicht, wie sich der Oheim und Minona ihren Morgengruß boten. Er nahm ihre Hand und führte diese, das Haupt leicht beugend, an seinen Mund. Tief verstimmt, mit düster unzufriedenem Auge, starrte Minona in die Luft. Es kam kein Morgengruß für den Gatten über ihre Lippen.

Dreizehntes Capitel.
Die alte Geschichte!

Am Abend, als ich mit Lucia allein war, entdeckte ich zu meinem Befremden einen Schatten auf ihrer sonst so klaren Stirn.

„Was hast Du?" fragte ich, sie liebkosend.

Lucia entzog sich mir und wandte mir halb den Rücken. „O, es ist nichts von Bedeutung!"

Ich wußte, daß es von großer Bedeutung sein müsse, denn ich errieth jede ihrer Mienen. Die Fürstin war zwar an dem Tag, den wir auf dem Gut ihrer Mutter, in Bergheim verbracht, sehr freundlich gegen mich gewesen, es hatte mich aber bedünken wollen, als sei Lucia schon auf der Rückkehr schweigsamer gewesen als es ihre Gewohnheit.

„Nun, so laß Dich's nicht verstimmen!" sagte ich auf diese ausweichende Antwort, überzeugt, daß sie jetzt reden werde.

„Es betrifft eben nur Minona und . . . Dich!" Lucia hatte sich mit recht verdrossenem Gesicht in einen alterthümlichen Sessel aus dem Schlosse niedergelassen und schien noch nicht zum Schlafengehen geneigt. Sonst liebte sie es, sobald wir am Abend allein, sich gleich in ihre leichte Hausrobe zu kleiden und dann mit mir zu plaudern; heute dachte sie nicht daran.

„. . . Und mich?" fragte ich heimlich erschreckend, mit einem Armsünderbewußtsein; mir pochte die Besorgniß im Herzen, daß die Fürstin sich gerächt für die kleine Niederlage, nach der sie am Morgen die Flucht ergriffen.

„Es war mir eine so eigenthümliche Entdeckung, daß Ihr Beide Euch schon früher näher gekannt, während Ihr in meiner Gegenwart doch so fremd gegen einander thatet!" Lucia war leichenblaß; ihre Hände zitterten, während sie sprach.

Ich trat vor sie; ich beugte mich und suchte ihre Hand, die sie mir vorenthielt.

„Die Fürstin hat Dir das gesagt, nicht wahr?" fragte ich in scharfem Ton, denn eine jähe Entrüstung kochte in mir auf.

„Und das fragst Du noch! Ist's nicht am Ende besser, als hätte ich es von Andren hören müssen?"

„Allerdings! . . . Was hat sie Dir gesagt?" Ich suchte meiner Aufregung die größte Gewalt anzuthun.

„Daß Ihr Euch täglich gesehen, während sie noch in der Pension war."

„Unglaublich! . . . Und das erzählte sie!"

„Sie zeigte mir in ihrem früheren Zimmer in Bergheim ein kleines Bild, wie sie im Rosa-Kleide dasteht und ein Bouquet in der Hand hält. O, sagte sie, als ich Dich rufen wollte, um es auch Dir zu zeigen, „Kurt der kennt das schon, der hat mich leibhaftig so dastehen gesehen, wie ich da photographirt worden . . . Du kannst Dir denken, wie mich das Alles überraschte, als sie mir erzählte. Sie schien auch zu bereuen, daß ihr das so herausgefahren, und danach mußte sie schon beichten."

Mit auf der Brust gekreuzten Armen maß ich heftig das Zimmer. Es kochte noch immer in mir. Ich war auf dem Punkt, ihr Alles zu sagen. War's Unbesonnenheit, war's kleinliche Rancune, die dieses junge Weib vermocht hatte, von einer Epoche in ihrem Jugendleben zu sprechen, von der zu schweigen der eigene Stolz sie hätte auffordern sollen! War's die Absicht gewesen, einen Brand in dieses harmlose Herz zu werfen, um unser Glück zu stören, das sie vielleicht im Stillen beneidete?

Meine Aufregung ließ mich vergebens nach dem Richtigen suchen. Es gährte in mir; es brauste mir im Ohr, was die Fürstin an Lucia erzählt haben mochte. Noch nie war eine Mißstimmung, wie die jetzt bestehende, zwischen uns aufgekommen, und Lucia suchte dieselbe; ich sah's ihr an. Das beste Weib kann alle Vorzüge vor allen Andern besitzen, wenn es liebt, ist es in einem Punkt wie alle Andern.

Der Wurm, den ihr die Fürstin aus Rancüne, aus Unbedachtsamkeit, gleichviel aus welchem Grunde, ins Herz gesetzt, war vielleicht nicht mehr zu tödten, und glaubte mir Lucia Alles, was ich ihr sagen wollte, so konnte, sie mußte sich hintergangen glauben, denn man hatte ihr verschwiegen, und warum?

Und dieses Bild der Fürstin, war's nicht als verfolge es mich von dem Momente schon, wo Philippine mir die Modejournale um den Kopf warf? Und was ging es mich an? Hundertmal mußte ich schon die Thorheit verwünschen, aus Schonung für meines Oheims Gattin geschwiegen zu haben; keine bessere Gelegenheit hätte sich mir hiezu — freilich spät und deßhalb eben gefährlich — bieten können als das Auftreten Tarnow's, und jetzt ward mir diese Rücksicht die Quelle eines ehelichen Zerwürfnisses, dessen Tragweite nicht abzusehen war, wenn die Quelle auch noch von andern boshaften Zuflüstern gespeist wurde.

Ich stand endlich wieder vor Lucia. Als ich herantrat, wagte sie einen einzigen Blick zu mir auf, wohl um sich zu überzeugen, wie viel Schuld auf meinem Gesichte geschrieben stehe. Sie sah nichts als meine Entrüstung.

„Lucia!" sagte ich scheinbar kalt, „die Fürstin Bartenstein hat die Wahrheit ausgesprochen, wie unbegreiflich mir auch die Motive sein müssen, welche die Gattin meines Oheims bewegen konnten, Dir zu erzählen, wenn ich doch bei unserer Ankunft hier es vorzog, sie wie eine mir bis dahin Unbekannte zu behandeln, die sie in der That auch eigentlich war."

Lucia zerknitterte das Taschentuch heftig erregt in ihrem Schooß. Sie war bleich; der unruhige Lichtschimmer überwarf ihr Gesicht mit scharfen, ängstlichen Schatten.

„Freilich mußt' es die Wahrheit sein, wie käme sie sonst dazu! Deßhalb fuhrst Du auch zuerst allein, ohne mich zum Oheim!" Ihre Lippen schlossen sich wieder fest und ihre Nasenflügel zuckten.

„Ich hatte ein Recht, die Pflicht sogar, sie als Unbekannte zu betrachten, denn ich schwöre es Dir bei meinem Leben, bei meiner Liebe zu Dir, ich kannte sie nicht anders als jeder Andere und nie ist früher ein Wort zwischen uns gewechselt worden. Ich konnt' es nicht hindern, sie zuweilen am Fenster gegenüber zu bemerken, aber meine Zunge soll verdorren, wenn ich nicht die Wahrheit spreche: jenes fast noch im Kindesalter stehende Fräulein von Artenberg konnte mich nie zu der Bewunderung herausfordern, die ihr Andre schon so früh gezollt . . . Laß Dir das genügen, mein Herz!" hat ich, ihre beiden kalten Hände erfassend. „Der Unwahrheit bin ich stets ein unversöhnlicher Feind gewesen, die Wahrheit also zwingt mich hinzuzusetzen: Die Fürstin ist mir heute ebenso unsympathisch, wie sie es ehedem gewesen, wenn ich sie unter ihren Gespielinnen sah. Nie habe ich weder die Gelegenheit gehabt, noch gesucht, mich ihr zu nähern . . . Und jetzt sei mein vernünftiges, liebes Weib, wie Du es immer gewesen! Kehren wir in die Stadt zurück, so laß es Dir ein stiller, stummer Wink sein, wenn ich die wenige Zeit, die des Oheims Wunsch und Werk, allmälig zu lodern suche; sieh darin die Andeutung, die ich Dir gegenüber bisher nicht gewagt, daß eine intime Freundschaft zwischen Dir und der Fürstin meinem Gefühl widerstrebt, wie sie auch dem Deinigen bald widerstreben wird. Damit sei die Sache vergessen! Sieh mich an, Luz! Kannst Du es glauben, daß mein Herz auch nur des kleinsten Vergehens gegen Dich schuldig, und wär' es auch nur der aus kindlicher Vergangenheit in unser Glück herüberragende Schatten eines solchen!"

Ich hob sie zu mir auf; ich küßte sie so recht aus wahrem, treuem Herzen. Sie ließ es geschehen, aber überzeugt war sie nicht. Sie schwieg. Ich sah ihr Auge feucht. Sie wandte sich ab, um mir eigensinnig ihre Thränen nicht zu zeigen. Als sie ihre Nachttoilette machte, hört' ich sie leise schluchzen.

„Lucia!" rief ich strafend.

„Du meinst die Wahrheit gesprochen zu haben, wenn Du schweigst!" antwortete sie mühsam ihren Schmerz bemeisternd.

„Ich habe Dir nichts verschwiegen! Hat die Fürstin aber Dir die leiseste Andeutung gemacht, als habe ich ihr jemals größere Aufmerksamkeit erzeigt als jeder Andre, dem sie ebenso flüchtig begegnet wie mir, so zwingt sie mich, sofort und rücksichtslos jede Beziehung zu ihr und dem Oheim abzubrechen."

Lucia erschrak. Schweigend suchte sie die Ruhe.

Ich war zu indignirt, um weitere Betheuerungen zu machen.

Wir Beide verbrachten wohl ganze Stunden schlaflos; Jeder von uns schweigend in sich selbst beschäftigt.

Am Morgen schien Lucia das Vorgefallene vergessen zu wollen — es schien so; ich sah's ihr wohl an, daß sie es nicht vergessen konnte. Man hat gut reden und betheuern; das Mißtrauen bleibt unausrottbar im Frauenherzen, es spinnt sich drinnen mit stillem Trotz so heimlich ein; es nährt sich aus dem Herzblut und lauscht auf Wort und Blick, sie zu dem Uebrigen heimsend, um endlich ein Gespinnst fertig zu bringen, in dem die letzte Lebensfreude erstickt.

Mit mattem Lächeln erwiderte sie meinen Morgengruß. Neuenfeld trat eben ein, um uns zu sagen, daß er morgen für einige Wochen in die Stadt zurück müsse. Das war mir eine willkommene Gelegenheit, der Idylle hier ein Ende zu machen, die mir plötzlich unerträglich geworden.

„Wir begleiten Dich, wenn es Lucia genehm!" rief ich mit einem Blick auf diese, und sie verstand ihn.

„Wie Du willst! Ich folge Dir!" antwortete sie, sich beschäftigend. „Aber der Oheim! Er ist unser Gast und es scheint ihm hier noch zu gefallen!"

„Lucia hat Recht! Ehe der Fürst nicht seinen Wunsch zu erkennen giebt, dürft auch Ihr nicht aufbrechen. Von mir habt Ihr ja doch nichts!"

Neuenfeld führte uns damit zum Frühstück hinab, das nach Gewohnheit in der Laube servirt war.

Vierzehntes Capitel.
Frauenlob.

Die Fürstin erschien heute in demselben Morgengewande, in welchem ich sie gestern gesehen. Sie war sehr heiter, sie lächelte uns unbefangen entgegen. Ich sah, daß Lucia uns Beide heimlich beobachtete, und hielt es für klug, ihre geistige Indiscretion scheinbar zu vergessen. Sie sollte nicht die Genugthuung finden, unsre Ruhe gestört zu haben.

Plötzlich aber, wie wir dasaßen, überkam sie merkbare Verstimmung.

„Denkt Euch, Leopold will morgen schon aufbrechen!" rief sie. „Er fühlt das Bedürfniß, mit seinem Arzt zu sprechen; Kurt scheint ihm zu viel Bewegung gemacht zu haben!"

Der Oheim lächelte und reichte mir die Hand.

„O, nicht doch!" rief er. „Minona ist es eigentlich gewesen, die mir diesen Wunsch nahe gelegt! Ich bin nicht undankbar genug, um Deine Liebenswürdigkeit zu verkennen; ich fühle mich sehr wohl, nur ein wenig ermüdet."

Seltsam genug, so froh wir uns Alle hier gefühlt hatten, wir kamen schnell in die Idee überein, morgen Bartow zu verlassen. Es schien mir unerträglich, mit diesem jungen Weibe täglich hier in Berührung zu kommen.

Neuenfeld wollte sich eben erheben, um zu seinen Leuten zu gehen, als ihm unser Diener eine Karte brachte mit der Meldung, der Herr sei soeben vor das Schloß gefahren.

„Graf Alfred von Tarnow . . . Ah, Dein Freund, Kurt!" rief Neuenfeld überrascht, die Karte lesend.

Ich erschrak. Auch der fehlte uns hier noch.

„Ei, ein Besuch!" rief Minona lächelnd und ihren Gatten anschauend.

„Der Herr Graf ist uns willkommen!" sagte Neuenfeld dem Diener. „Ich will ihm selbst entgegen gehen ... Denke Dir, Kurt, wenn er uns willkommene Nachricht brächte! Etwas der Art muß ihn doch wohl hierher geführt haben!"

Ich antwortete Neuenfeld nicht und der ging. Ich schaute die Fürstin an, und dieser schien der Besuch ganz willkommen.

„Ein liebenswürdiger Mann," sagte sie eben zum Oheim. Wie sie sich dann zu uns wandte, begegnete mir ihr Blick. Ich erröthete; sie nicht. Ich dachte an ihre gestrige Unterhaltung mit Lucia; ihr schien die Verbindung Tarnows mit derselben nicht einzufallen. „Was hältst Du von dem jungen Grafen?" fragte sie Lucia.

„Er ist ja ein Jugendfreund Kurts!" antwortete diese. „Ich finde ihn ganz unterhaltend." Dabei blickte sie mich an. Sie wußte, daß mir Tarnow lästig, ohne eine Ahnung, warum, und begriff den leichten Unmuth, den mir dieser Besuch erregte. Unwillkürlich aber legte sie, wie wir dastanden, den Arm in den meinigen, als suche sie Schutz bei mir.

„Sei artig gegen ihn!" flüsterte sie bittend mir leise zu. „Du siehst, auch der Oheim und Minona scheinen erfreut über seine Ankunft."

Die Letztere verschwand eilig in's Haus, ohne Zweifel, um ihre Toilette zu machen. Der Oheim that zu uns. Er unterhielt uns Beide über Tarnow, wie er denselben als kaum zwanzigjährigen Mann in der Gesellschaft kennen gelernt und damals schon die Anlagen eines echten Kavaliers in ihm entdeckt habe, die in ihm wirklich einen vollendeten Weltmann heraus gebildet hätten.

Eben trat Neuenfeld, Tarnow an seinem Arm führend, um das Akaziengebüsch, das den kleinen Vorgarten der Meierei vom Schloß trennte. Der erstere hatte ein strahlendes Gesicht, der schon, als er mich kaum erblickte, triumphirend den Arm.

„Alles in Ordnung, Kurt!" rief er mir zu. „Wir sind dem Herrn Grafen für seine freundschaftliche Vermittelung zu Dank verpflichtet!"

Tarnow, in elegantem Straßen-Kostüm, trat heran. Er verbeugte sich in galantester Weise vor Lucia, suchte ihre Hand, die sie ihm diesmal, durch des Vaters Freude aufgefordert, überließ, und er führte sie an seine Lippen. Dann wandte er sich an den Oheim und mich, mit den wohlgestelltesten Worten sein Eindringen entschuldigend.

Neuenfeld ließ ein Couvert für ihn holen. Wir saßen plaudernd. Tarnow erzählte mit etwas Ostentation von seinem Bemühen, den Grafen Brenner zur Annahme der gebotenen Abfindung zu bestimmen, und seiner Freude, als derselbe ihm endlich seine schriftliche Erklärung gegeben. In Neuenfelds Kopf stieg schon die ganze, verweilte Ausführung seiner Pläne herum, denen jetzt nichts mehr entgegen stand, und Lucia hörte ihm mit dankbarer Aufmerksamkeit zu.

„Du scheinst verstimmt, lieber Kurt!" wandte Tarnow sich auch an mich endlich.

„O, nicht doch! Ich sehe schon unsren Papa, wie er hier mit einigen hundert Arbeitern Alles unterst zu oberst kehrt!"

Eben rauschte die Fürstin in ledergelber Seidenrobe, reich mit dunkelbraunem Sammet und kostbarer Guipure garnirt, ein braunes Barett über den Locken, eine Diamant-Brosche an der Brust, die Stufen vor der Thür der Meierei herab. Ihre Toilette war über alles Erwarten schnell und so vollendet geschehen. Auch der Oheim bemerkte dies mit melancholischem Lächeln; er erhob sich, schritt ihr entgegen, bot ihr den Arm und führte sie an den Tisch, Tarnow entgegen, der mit dem verbindlichsten Lächeln zu ihr trat und ihre Hand küßte.

Nicht der kleinste Nerv in Beider Antlitz verrieth, daß die Erinnerung an Vergangenes ihren Gemüthern irgend welche Unbequemlichkeit bereite. Es war das brillanteste Etikettespiel, das sich in ihrer Begegnung entfaltete — er war der weltgewandte Kavalier, sie die Weltdame, deren natürlicher Anmuth der feinste Salonschliff, die Kunst, alle ihre persönlichen Reize zu zeigen, den blendendsten Lüstre verlieh, mit dem sie so gern bestrahlte, was ihr huldigen wollte.

Neuenfeld's fast kindliche Freude wirkte belebend auf Aller Stimmung. Er eilte zum Koch, um ein Diner zu bestellen, so opulent, wie er es zu bieten vermochte. Tarnow mußte versprechen, für heute sein Gast zu bleiben. Die Zimmer im Schloß, welche er schon für seinen späteren Aufenthalt hatte einigermaßen herrichten lassen, wurden für Tarnow bestimmt, der erst morgen mit uns in die Stadt zurückfahren sollte.

Lucia gab sich die Miene, als habe sie ihren Kummer ganz zurückgedrängt. Sie war heiter, aber es war immer, als suche sie zuweilen eine kleine Befriedigung ihres Schmerzes, indem sie Tarnow's Artigkeiten freudiger hinnahm, als es sonst ihre Gewohnheit andern Herren gegenüber. Ich sah es wohl, sie versäumte dabei nicht, die Fürstin und mich heimlich zu beobachten. Meine Betheuerungen hatten den Verdacht nicht ersticken können; ihr Blut war zu lebhaft, als daß es sich so schnell hätte beschwichtigen lassen. Und zuweilen schien es, als sättige sich dieser Verdacht aus der Miene, mit welcher ich meinerseits wohl dann und wann das Verhalten der beiden Andern beobachtete. Ich hatte nichts in meinem Benehmen gegen die Fürstin geändert, nur ließ ich es vielleicht absichtlich zuweilen an galanter Aufmerksamkeit fehlen. Als ich Lucia einmal bei ihrer geheimen Beobachtung ertappte, ward sie bleich und verlegen. Sie war zu ungeschickt im Entdecken von Intriguen, noch ungeschickter, selbst zu intriguiren. Ich lachte heimlich; ich wußte, dieses Herzens Ruhe konnte wohl vorübergehend durch fremde Taktlosigkeit gestört werden, aber es mußte sie wieder finden in seinem Bedürfniß, zu vertrauen.

Unser Idyll war zerstört — gestern schon durch die Fürstin, heute durch Tarnow. Ich verstand heute auch die Unbesonnenheit der ersteren. Sie langweilte sich in der großen herrlichen Gottesnatur und die unverfälschten Offenbarungen derselben verstand sie nicht, hatte sie vielleicht nie verstanden, obgleich sie uns drüben in Bergheim von dem Glück ihrer dort verbrachten Kinderzeit erzählt. Was sie Lucia von ihrer Sehnsucht in's Freie gesprochen, war eitel Geschwätz eines vom Verlangen nach dem Entbehrten gedrangsalten heißen Gemüths; es war auch nicht mehr der Schmerz um die Engels-Fittige der Ballschuhe, denn die halten sie auch als junge Frau in jeder Saison durch den von heißathmigen

Lungen durchglühten Aether getragen; sie empfand eben nur ihr Vermissen doppelt, seit sie Lucia und mich glücklich sah, und das versetzte sie wohl zuweilen in jenes Delirium des Weibes, in welchem es dem unzufriedenen Herzen entquillt, ohne Absicht, ohne Ueberlegung. Tarnow verstand es meisterhaft, sie an diesem Tage zu unterhalten. Stets die Aufmerksamkeit selbst gegen den Oheim, umgab er sie mit Galanterien, die sie mit dankbarem Lächeln und unverkennbaren Zeichen der Genugthuung entgegennahm. Er ließ es auch an solchen gegen Lucia nicht fehlen, aber wie dies in seinem Charakter lag, er brach plötzlich ab, wenn ich mich näherte. Er, der routinirte Causeur, gab dadurch seinen Artigkeiten mit Absicht den Stempel des Unerlaubten; er suchte dadurch sie in eine moralische Strafbarkeit mit hinein zu ziehen, und ich beobachtete wohl, wie weit ihm dies gelungen. Es bedurfte offenbar einer gleichen Routine von Seiten der Frauen, um diesen schlauen Schachzügen zu begegnen.

In der That sah ich Lucia am Abend seine Liebenswürdigkeiten sehr kühl aufnehmen. Nach der Tafel, auf welcher Neuenfeld die kostbarsten Weine servirt hatte, folgte mir Tarnow, als die Damen sich zurückgezogen hatten. Ich betrat die uralte Rüstern-Allee, die seitwärts vom Schloß zum Försterhause führte. Die Wölbung der Bäume war so dicht, daß der Mond seine Lichter nur wie weiße Blüthen auf den dunklen Weg streute; es rauschte so buntgrün oben in den Kronen; der Herbstwind warf die Wetterhähne auf dem Meierhause so launenhaft herum, daß es weithin schrillte.

Die Frauen wollten sich frühzeitig die Ruhe suchen, um morgen bei Zeiten aufbrechen zu können. Neuenfeld hatte noch dem alten Martens Instructionen zu geben; war nur eine kleine Promenade Bedürfniß.

Tarnow rief mir nach; er holte mich ein und legte seinen Arm in den meinigen. Schweigend gingen wir minutenlang nebeneinander.

„Du bist ein wahrhaft glücklicher Mensch, Kurt!“ sagte er endlich, seine Cigarette von sich werfend. „Erst heute hatte ich Gelegenheit, den ganzen Werth Deiner reizenden Gattin kennen zu lernen!“

„Ich wünsche, diesen Werth auch ganz und ungeschmälert zu erhalten!“ versetzte ich, im Ton von seiner Ekstase keine Notiz nehmend.

„Dafür ist ihr reines, edles Herz Dir doch die sicherste Garantie! Du hast wirklich das große Loos gezogen! Ich beneide Dich, Kurt!“

„Und warum suchst Du nicht ein Gleiches zu ziehen?“

„Ich? . . . O, ich habe kein Glück in der Lotterie! . . . Und dann, Du weißt es, Kurt, es handelt sich für uns dabei stets, unsere ganze Existenz, unser ganzes Lebensglück für einen so unsichern Gewinn einzusetzen!“

„So so! . . . Also darum ziehst Du es vor, wie kleine, vorsichtige Spieler, hier und dort, auf diese und jene Nummer eine Bagatelle zu setzen, um dafür auch nur . . . eine Bagatelle zu gewinnen!“

„Ich verstehe Dich nicht, Kurt!“

„Nun, man nennt Dich in der Stadt schon den Frauenlob. Du schwärmst für Alle. Bei der Einen setzest Du Deine äußeren Vorzüge, bei der Andern Deinen Geist, bei der Dritten Deinen Frohsinn, bei der Vierten

Deine Melancholie ein, und so kann's Dir unmöglich fehlen, zumal Du auf den ersten Preis nie zu reflectiren scheinst. Du reisest; Du garnirst Dir Deine Straße mit Blumen, Du siehst nur ihren Frühlings- und Sommerflor und siehst ihren Herbst nicht — wer kann weiser, glücklicher sein als Du?“

Tarnow zögerte. Er summte vor sich hin.

„Ich sagt' es Dir ja. Du selbst! Du bist es! Ich könnte Deine Gattin anbeten, wenn es mir nicht versagt wäre.“

„Zieh weiter mit Deinem Altar, lieber Freund!“ rief ich spottend. „Du findest der Wallfahrtsorte genug für Dein reisiges Herz!“

„Du wirst mir hoffentlich verzeihen, wenn ich Dir sagen wollte, daß ich nie ein paar so schöne und liebenswürdige Frauen beisammen gesehen habe, wie heute! Es giebt auf der Welt nichts Erhabeneres, als ein schönes Weib!“

„Im Gegentheil! Ich danke Dir zugleich im Namen meines Oheims, lieber Frauenlob! Wenn Du dereinst stirbst, werden die Damen Dich wie Deinen edlen Vorgänger auf den Schultern zur Gruft tragen! . . . Doch laß uns umkehren!“

Ich dachte unwillkürlich an die unglücklichen Verse, die dieser Minnesänger damals an „Minona“ gemacht, und mußte innerlich lachen. Er schien sich ein wenig verletzt zu fühlen und kniff die Lippen zusammen.

Fünfzehntes Capitel.
Die Rechte der Gesellschaft.

Wir sahen Neuenfeld wenig. Er hatte die Absicht, unsere Güter für die nächsten Jahre verwalten zu lassen und ganz in Bartow zu bleiben, wo seine Anwesenheit selbst im Winter nothwendig war. Was ihm unentbehrlich, ward von Hochborn dahin geschafft.

„Und Dein unglücklicher Gast?“ fragte ich ihn einmal, wie ungern ich das Thema berührte.

„O, er ist in guten Händen und wird im Frühjahr auch nach Bartow gebracht!“

Lucia blickte den Vater so sonderbar an. Er sprach nicht weiter davon und kam auf was Anderes.

Wir waren kaum acht Tage wieder in unserm Châlet, als wir eines Vormittags eine Equipage vorfahren sahen. Die Mutter und Hedwig! Die Welt drehte sich rückwärts in ihren Angeln!

Lucia ward leichenblaß, dann glühend roth vor Ueberraschung.

„Sie, die so sehr auf Etikette hält, sieht mich in dieser Toilette!“ rief sie erschreckt, auf ihre einfache Robe blickend und schon halb auf der Flucht.

„Mir doppelt lieb!“ Ich sah, wie unser Diener schon an den Wagen gesprungen war und hielt sie im Zimmer zurück; ich sah der Mutter ernstes, strenges Gesicht durch den Schleier, sah, wie Hedwig so ängstlich gespannt auf unser Fenster blickte.

Ich sprang ihr entgegen, küßte ihr die Hand und drückte die der Schwester. Lucia war mir gefolgt und suchte herantretend ebenfalls ihre Hand; die Mutter wollte es nicht bemerken und erwiderte den Gruß mit strengem Lächeln.

„Wie glücklich mich diese Ueberraschung macht, gnädige Mutter!" rief ich aus.

Sie schaute mich ernst an, während sie mir zur Seite in's Zimmer schritt und den Fauteuil nahm.

„Kann es Dich überraschen, wenn die Mutter ihren Sohn aufsucht, da er sie so ganz vernachlässigt?" fragte sie, dabei Lucia mit gnädigerem Lächeln musternd, die respectvoll stehen geblieben.

„Verzeihung, Mama, ich glaubte Sie so sehr beansprucht, daß ich . . ."

Lucia war zu Hedwig getreten, hatte ihr herzlich die Hände gedrückt und sich dann, aus Furcht, einen Verstoß zu begehen, wieder zur Mutter gewendet.

„Ich bitte," rief diese ihr zu, auf einen Sessel neben ihr deutend. „Warum diese Gêne, wir sind ja unter uns und Sie sind unter Ihrem Dache, liebe Lucia!"

Die letztere fühlte sich angenehm berührt durch diese vertrauliche Anrede. Hedwig und sie setzten sich neben einander.

„Auch Hedwig hatte keine Ruhe, sie wollte Euch Beide einmal in Eurer Häuslichkeit begrüßen," fuhr die Mutter fort. „Doch, daß ich gleich zur Sache komme, die mich schon lange zu diesem Besuch drängte! Dein Oheim, lieber Kurt, sandte uns eine Einladung zu einer großen Soirée, die er Euch zu Ehren veranstaltet; um mir wohl von ihm zuvorkommen zu lassen, überbringen wir Euch selbst die Einladung zu der meinigen. Was würde die Welt sonst sagen! Ich will den Vorwurf nicht auf mich laden, gegen ihn zurückstehen zu müssen."

Ich war ein wenig betroffen.

„Wir nehmen mit herzlichem Dank an, gnädige Mutter!" sagte ich; dabei streifte mein Blick Hedwig, die noch immer schweigend, in derselben Spannung daß und mühsam athmete.

Die Mutter ward gesprächiger, nachdem das Eis gebrochen. Sie sagte mir von ihren fast erdrückenden Verpflichtungen gegen die Gesellschaft, die sie ganz in Anspruch nähmen; ich hörte nur mit zu meinem wachsenden Erstaunen, daß sie die Einladung des Oheims angenommen. Was bedeutete diese Wandlung? Sie erhob sich inzwischen; sie trat also um wärmer geworden, zu Lucia, sie sprach ihr ihre Verwunderung aus und setzte hinzu, wie gerecht sie sie der Welt finde. Sie sagte ihr Artigkeiten, stets in den knappsten Formen natürlich, die ihr unveräußerlich, sie ließ sich von mir in unsrer Häuslichkeit herumführen und sprach mir dabei von unsrer Idylle in Bartow, von der ihr Graf Tarnow mit Entzücken erzählt.

War es sein Werk, daß die Mutter sich entschlossen, ihren Sohn aufzusuchen? Auch er hatte uns neulich von der Sehnsucht der Mutter „nach ihren Kindern" erzählt, was ich für müßiges Geschwätz von ihm gehalten. Lag eine wirkliche Versöhnung mit dem Oheim, eine Annäherung an uns in ihrer Absicht?

Als wir zurückkehrten, standen Lucia und Hedwig plaudernd am Fenster.

„Und Du, Hedchen, hast heute noch kein freundlich Wort für mich gehabt?" fragte ich die Schwester, während die Mutter mit Lucia redete, ihre Hand erfassend.

„Ach, Ihr habt mich ja noch nicht zu Worte kommen lassen!" sagte das blasse, leidende Gesicht mit trübem Lächeln.

Eine stumme Frage in dem meinigen verlangte von ihr zu wissen, ob ich ihr diesen Besuch der Mutter verdanke. Hedwig blickte fort; sie wollte mich nicht verstehen, obgleich ich wußte, daß ich verstanden werde. Also ihr nicht! Tarnow und Andre mochten ihr so viel erzählt haben, daß die Neugier sie zu uns geführt. War aber diese so stark, so drängend, daß sie ihre Aversionen verdrängte? Das lag nicht im Wesen der Mutter, sie konnte nicht vergessen.

„Du wirst uns doch jetzt mehr gehören können oder dürfen, Hedchen, da die Mutter . . ."

Hedwig warf auf meine Frage einen furchtsamen Blick zu dieser hinüber. Ich selbst fühlte, daß die Mutter sie nicht aus den Augen ließ. Auch ich ward in so gespannter Unterhaltung unruhig; ich lauschte auch in gleicher Besorgniß auf das, was die Mutter mit Lucia sprach. Es war zwischen ihnen von Bartow die Rede. Vom Herzen kam Alles nicht, was wir uns sagten. Die arme Schwester, die als Kind so eigenwillig, mußte unter einer fast tyrannischen Gewalt der Mutter stehen. Ihr Gemüth war so verschüchtert, in ihrem Gesicht lag eine so ängstliche Spannung, und dennoch blickte die alte Theilnahme für den Bruder heraus, freilich gemischt mit einer Unzufriedenheit, einem Vorwurf für ihn, der keine Worte hatte. Sie trug ohne Frage etwas Geheimes in ihrem Herzen, das dieses schwer machte; sie mochte sich gedrängt fühlen, dem Bruder Alles zu sagen, und fürchtete doch, ihn selbst und Andere damit zu erzürnen. Aber was hatte sie? So war sie in eine Neutralität hinein gedrängt, die sie mit schwerer Kümmerniß erfüllte.

Es war, als athmete sie erlöst auf, als der Wink der Mutter sie nach kurzem Convenienz-Besuch zum Abschied mahnte und sie sich von mir losmachen konnte. Nur ein herzlicher Druck ihrer Hand versicherte mich ihrer unwandelbaren Liebe, aber sie wagte dabei nicht, zu mir aufzuschauen. Die Mutter verabschiedete sich ceremoniell, mit verbindlichem Lächeln, wie von fremden Personen, und Hedwig warf nicht einmal einen Blick aus der Equipage zu unsern Fenstern zurück, als der Diener die Thür derselben hinter ihr geschlossen.

„Es ist gut so, obgleich ich den Zusammenhang nicht verstehe," war meine Antwort auf Lucia's stumme Frage, als wir allein. „So wenig mir an der Gesellschaft hier gelegen, war doch dies gespannte Verhältniß zur Mutter für uns recht unerquicklich."

„Du glaubst nicht, daß dieser Besuch aufrichtig gemeint war?" fragte Lucia, noch immer nicht ganz von ihrer Ueberraschung erlöst.

„Ich will es wünschen! Jedenfalls kostet es sie ein Opfer, zugleich und wohl um unsertwillen dem Oheim und der Fürstin näher zu treten. Nehmen wir die Sache wie sie ist."

„Hedwig kam mir so sonderbar vor! Ich gestehe, ich werde mit einer gewissen Furcht die Soirée Deiner Mutter betreten."

Ich zuckte die Achsel. Mein Vorsatz war, den Dingen auf den Grund zu kommen. Mein eigenes Gefühl war's, als werde auch ich in dieser Soirée einen feindlichen Boden beschreiten. Ich suchte indeß Lucia gegenüber eine Miene, als sei ich wirklich erfreut über diese Wendung, setzte ihr auseinander, daß das natürliche

Gefühl der Mutter über ihren krankhaften Eigensinn gesiegt haben könne, daß Hedwig die Vermittlerin gespielt und daß das furchtsame Benehmen der Letzteren sicher nur die Besorgniß gewesen, daß ich durch irgend ein unbesonnenes Wort ihr Werk zerstören könne.

Da kam Tarnow, der täglich seine Tournée in den besten Häusern machte. Ich wußte, daß er der Vertraute der Mutter geworden; ich durchschaute die Absicht, die ihn gleich nach ihr zu uns führte. Er mußte unterrichtet sein, daß uns heute diese Ueberraschung zugedacht sei. Lucia zog sich zurück; sie wünschte ihn nicht zu sehen, und ich vermied es, mich im Ge'präch von ihm dahin führen zu lassen, wohin er es dirigiren wollte. Ich schlug ihm eine Promenade vor; er ging zögernd darauf ein, als er sah, daß Lucia heute doch nicht sichtbar.

Er erzählte mir selbstzufrieden, mit welch' liebenswürdigem Interesse man ihm in der ganzen Gesellschaft entgegen komme, wie er kaum im Stande, allen Einladungen zu folgen, wie man endlich schon sein Befremden ausspreche, mich mit meiner schönen Frau noch in den Kreisen des guten Tons zu vermissen.

„Man hat ein Recht auf Euch!" setzte er eifrig hinzu.

„Ich bestreite es Niemandem," antwortete ich trocken. „Du weißt, wie beschäftigt wir bisher waren. Die Gesellschaft läuft uns nicht davon!"

„Ihr werdet in der Soirée Deiner Mama die Fleur unsrer Aristokratie sehen."

„So hoffe ich!"

„Man wird Euch beide Selige zwingen, der Welt wenigstens einen Schimmer Eures Glückes zu gönnen."

„Ich fürchte, wir sind nicht reich genug in der Hinsicht, um viel davon auf Andere zu übertragen!" sagte ich achselzuckend.

„Deine Frau wird aber das Bedürfniß fühlen."

„Meine Frau entbehrt nicht, was ihr durch Erziehung und häuslichen Sinn nicht zum Bedürfniß geworden."

„Aus Dir spricht der Egoismus der Ehemänner!"

„Ist denn die Ehe etwas Anderes als der Egoismus, die Absicht des Besitzes?" fragte ich, nur gezwungen auf seine Rede eingehend.

„Ganz recht! Aber sei im Besitz der schönsten Blume, Du wirst erst wahrhaft stolz auf sie sein, wenn Andere sie bewundern. Der eigentliche Werth jedes Besitzes liegt ja in dem Bewußtsein, daß die Welt ihn kennt."

„Ich würde aber ein Thor sein, wollt' ich diese Blume gegen ihren Willen in eine Sphäre bringen, die ihrer Natur nicht zusagt, nur um dieser Andern willen, für deren Rechte Du Dich zum Anwalt machst. Sei überzeugt, findet Lucia Geschmack an der Gesellschaft, man soll sie nicht vermissen."

„Sie wird es! Glaub' mir, jedes schöne Weib hat das Bedürfniß, auch Andern schön zu sein!"

Tarnow hatte noch große Gesellschaftspflichten an diesem Vormittag; ich ward den Faden der Unterhaltung satt, in der von seiner Seite immer der Lovelace redete, als er das Thema fortzusetzen bemüht. Er trennte sich von mir in eiliger Geschäftigkeit, nachdem er mir noch

erzählt, daß er morgen bei Hofe vorgestellt werde — eine Gnade, nach der auch ich suchen müsse, schon um des Oheims willen, der mich ja dort präsentiren könne.

Wir waren für den Abend in die Loge des letztern geladen und fanden den Oheim und die Fürstin bereits in derselben. Zwischen beiden jungen Frauen war das intime Verhältniß nicht gestört. Lucia hatte mir schon gesagt, Minona habe ihr gestanden, daß sie nur aus Uebermuth in Bergheim ihr jene Mittheilung gemacht, ohne zu ahnen, daß sie Lucia dadurch so beunruhigen werde. Wie auch die Fürstin ihr unsre Bekanntschaft von früher geschildert, erschien Lucia dieselbe allerdings unfänglich.

„Es wäre entsetzlich gewesen, Kurt, wenn sich die Sache anders verhalten hätte! Ich wäre im Stande gewesen mir das Leben zu nehmen, wenn zwischen Euch Beiden wirklich etwas . . ."

Damit hatte sie das Antlitz an meiner Brust versteckt und leidenschaftlich schluchzend beide Arme um mich geschlungen.

So oft sich Lucia und Minona seitdem gesehen, hatte ich bemerkt, wie die erstere die schöne Fürstin mit still flehendem Blick anschaute, als wolle sie dieselbe beschwören: um Gotteswillen, mach es nicht wahr, Du mit Deiner verführerischen Schönheit, was mich ohnehin schon schlaflose Nächte gekostet! Und Minona, wenn sie Lucia's kindliche Besorgniß errieth, bot Alles auf, um ihr Vertrauen wiederherzustellen.

Der Oheim, als er mit mir im ersten Zwischenact in's Foyer hinaustrat, sagte mir von der Einladung der Mutter, die er angenommen. Es freue ihn herzlich, daß eine Spannung zwischen ihm und seiner Schwester beseitigt, die ihm lange recht weh gethan.

Als ich mit ihm in die Loge zurücktrat, als ich Lucia neben der so anspruchsvoll schönen Frau sitzen sah, fiel mir unwillkürlich die Erinnerung an jenen Logen-Abend in Wien ein. So hatte ich Minona dasitzen gesehen, so waren heute Abend die Operngläser von allen Seiten auf sie gerichtet, ganz so bewegte sie in unnachahmlicher Koketterie den Fächer, um dem stark entblößten Nacken Kühlung zuzuführen, während der kostbare Brillantschmuck an Brust und Hals ihre Schönheit wie eine blitzestrahlende Sonne überleuchtete.

Aber neben ihr saß Lucia, mein Weib, schöner noch als die Fürstin, absichtsloser in ihrer Toilette. Und sie wandte bei meinem Eintritt in die Loge ihr Engelsantlitz lächelnd zu mir, während Minona in den Salon hinausschaute, als wolle sie sich selbst um keinen Augenblick ihres Triumphes bringen.

„Du mußt uns nicht so lange allein lassen, Kurt," flüsterte Lucia mir zu. „Die Herren sind so zudringlich mit ihren Operngläsern, und das macht mich verlegen." Minona die es gehört, lächelte vor sich hin.

Tarnow erschien uns gegenüber in einer Loge. Er plauderte mit einigen Damen und warf uns seine Grüße herüber. Wie er mich anschaute, war's mir, als rufe er mir zu: Denkst Du noch an jenen Abend in Wien? Wie vorauszusehen kam er auch in unsere Loge. Minona empfing ihn mit jubelndem Lächeln, Lucia zeigte ihm ein artiges aber ernstes Gesicht und wandte sich gern ausweichend an mich, wenn er sie in ein Gespräch ziehen wollte.

Ich konnte nicht annehmen, daß er sie durch irgend etwas verletzt habe. Ihr stets richtiger Instinkt mochte in ihm die Gehaltlosigkeit seines Karakters erkannt haben, denn ich hatte es gegen sie bei der einen ihr zu Anfang gemachten Andeutung verwenden lassen. Tarnow aber war nicht der Mann, der sich so leicht in seiner Unfehlbarkeit den Frauen gegenüber hätte erschüttern lassen. Er theilte seine ganze Liebenswürdigkeit an diesem Abend unparteiisch zwischen den beiden Frauen und spiegelte sich zuweilen im Publikum, ob man ihn auch bemerke.

Sechszehntes Capitel.
· Das Aschenbrödel.

Einige Wochen waren verstrichen. Ein Unwohlsein der Mutter hatte die Soirée hinausgeschoben und der Oheim rücksichtsvoll auch die seinige verlegt.

Lucia und ich hatten ihr inzwischen unsern Besuch gemacht, sie aber nicht allein gefunden. Hedwig und Philippine waren gerade in der Stadt, um Commissionen zu besorgen; ich sah die Schwester also nicht und sie war auch noch nicht wieder bei uns erschienen.

Heute waren alle Salons ihrer wirklich glänzenden Wohnung festlich erhellt, die brillantesten Toiletten drängten sich in denselben, als wir eintraten. Die Mutter empfing Lucia mit dem gnädigsten Lächeln; sie bemächtigte sich ihrer, um sie und mich allen Gästen vorzustellen und uns dadurch mitten hinein in die Kreise der Aristokratie zu führen, die in dieser Soirée bis zu den obersten Staffeln des Thrones hinauf stiegen.

Lucia in ihrer weißen, mit kostbaren Spitzen garnirten Seiden-Robe, deren Schleppe sich rauschend und täuschend zwischen allen den buntfarbigen, sich am Boden wälzenden Ungethümen hindurch kämpfte, Lucia, an Brust, Nacken, Armen und Ohren mit dem brasilianischen Diamantschmuck, dem Geschenk des Vaters, angethan, dessen Werth wohl die Kronbdiamanten eines Potentaten aufwog, Lucia, blendend in ihrer eigenthümlichen Jugendschöne, die großen dunklen Augen in kindlichem Stolz leuchtend, schlank wie die Palmen ihrer Heimath, erregte Emotion unter den Damen. Auf ihrem von der Sonne der Heimath leicht gefärbten Antlitz spielten die Strahlen der Lüstres, dunkelgoldige Funken knisterten auf dem braunen, nur durch einen Blüthen-Zweig geschmückten Haar, die erbsengroßen Brillanten des niedren Diadems warfen ihre Blitze weithin, und das sanfte Lächeln um ihren Mund rief Alle zur Sympathie heraus.

Wir wurden durch die Säle gewirbelt, nach allen Seiten vorgestellt, ohne eine Vorstellung von Denen zu fassen, denen man uns präsentirte. Ich seufzte hoch auf, als ich mich endlich dem Oheim und Minona gegenüber befand, als wir nämlich mitten in den, sich vor uns öffnenden Kreis bestheater und decorirter Herren und glänzend costümirter Damen traten, von welchem Beide umringt waren. Neue Vorstellung! ... Beinahe hatte mir Lucia, die noch nicht zu Athem gekommen, eben den Arm gedrückt, in der Ueberzeugung, daß diese erschöpfende Ouverture zu Ende, als Minona sie mir wieder entführte, Minona, die mir gleichzeitig die Hand entgegenstreckte und mich bat: „Laß sie mir, Kurt, nur für einige Secunden; ich möchte sie drüben

einigen Freundinnen zuführen, die nach der Bekanntschaft unsres Lieblings schmachten!"

Ich war noch so zerwirbelt und zerstreut von all den Präsentationen, daß ich für die Fürstin kein Wort fand. Ich schaute sie an wie geblendet, denn sie hatte sich selbst in ihrer Toilette übertroffen. Die Fachkenntniß der genialsten Modistin würde dazu gehören, diese Toilette zu schildern. Ihre Coiffure war ein Wunderwerk von Brillanten, Blumen, Goldstaub und dem unbeschreiblichsten Haargewinde; ihre Robe glich dem Gewande der Eos, von leichten, weißen Wolken, zart und ätherisch, wie aus Gedankenfäden zusammengedichtet, blaßroth durchschimmert wie der erste schüchterne Tagesblick, und darüber erhob sich im frischester Incarnat die Morgenröthe der herrlichsten Schöpfung, in unverhüllten plastischen Conturen, welche die der idealsten Statue beschämt haben würden.

Lucia entschwand meinen Augen mit ihr in dem beweglichen Gewühl der Balltoiletten; ich hörte des Oheims nervöse Stimme zu mir sprechen; ich sah ihn vor mir, ein Comthur-Kreuz an der Brust, den Stern zur Linken, die goldne Kette mit Kreuzen und Sternen behängt. Auch er strahlte von täuschender Jugendfrische; was die Kunst zu leisten vermochte, hatte ihm zur Verjüngung dienen müssen. Es lag eine Wärme in seinem Wesen, die er sich stets für feierliche Gelegenheiten aufsparte; ein Lächeln schwebte auf seinem von Huld überfließenden Antlitz.

Die Mutter fand uns hier. Sie sprach zum Oheim, den sie schon vor unserm Erscheinen bewillkommnet, mit wirklicher Vertraulichkeit, als sei nichts zwischen den Geschwistern vorgefallen. Beide mochten den Tact gehabt haben, hierin vor der Welt schweigend übereinzustimmen.

„Wo ist Hedwig?" fragte ich die Mutter, umherschauend, während sie sich an meinen Arm hängte, um mich in die Gesellschaft zurückzuführen.

„Hedwig?" wiederholte sie, durch die Frage überrascht. „Sie wird vielleicht drüben in den hinteren Zimmern sein. — Auf Deine Frau wirst Du heute wohl verzichten müssen," setzte sie abbrechend hinzu. „Sie wird umringt, vergöttert. Der Tanz wird auch sogleich beginnen ... Ich hörte die Fürstin vorhin einem Herrn sagen, sie habe Dir den ersten Tanz versprochen; Du mußt mir aber vorher noch einige Minuten gönnen, um Dich einigen Hofdamen vorzustellen."

Sie schleppte mich fort. Ich sah nur im Fluge Lucia; in ihrer Nähe die Fürstin. Tarnow sprach mit Lucia; sie nahm eben seinen Arm. ... Ich wurde wieder fortgewirbelt und hatte nur Acht auf die Schleppen, durch die ich mir mit der Mutter den Weg bahnen mußte.

Das Orchester hatte bereits angestimmt, als ich die Fürstin sah, die, mich suchend, am Arm eines älteren Herrn durch den Tanzsaal schritt. Ihr Antlitz lächelte freudig, als sie mich entdeckte; sie hob, mir zuwinkend, den nackten Arm mit dem Fächer und flog dann an meinen Arm.

„Kurt, wie schön ist Lucia heute!" rief sie, mich mit Augen anblickend, aus welchen das Bewußtsein sprach, daß sie sich nicht minder bewundert fühle, daß es ihr nicht gefährlich erscheine, eine andre Königin neben sich anzuerkennen. „Sie hat unserm Freund, dem Grafen Tarnow, den ersten Tanz gewährt; die Kavaliere bestürmen sie . . . Armer Kurt, sie ist zu reizend, als daß sie heute Dir gehören könnte! Tarnow schwärmt in stolzem Entzücken über diesen Vorzug!" Sie stützte sich so vertraulich auf meinen Arm, als wolle sie mich entschädigen. „Ich habe Dir noch den letzten Tanz vor der Pause reservirt!" setzte sie wie tröstend hinzu, „Du bist doch zufrieden?"

Sie war ungewöhnlich animirt während des Tanzes; das junge Blut trieb das Herz zu schnellen, freudigen Schlägen, das Kind der Welt jubelte hell aus den glücklichen Augen. Ihr Fuß glitt wie Elfentanz über das Parket und während ich sie im Arm hielt, glaubt' ich den warmen Schlag der sie tragenden Engelsfittige zu empfinden.

Ich sah den Oheim mit einem älteren Herrn dastehen; er schaute dem Tanze zu. Sein Auge verfolgte mit leuchtendem Ausdruck Minona. Er schien stolz auf sie, entbehrte scheinbar nicht den Genuß, den er nicht mit ihr theilen konnte und der sie doch so ganz erfüllte. Sie ihrerseits suchte ihn nicht; sie mochte den Gatten vergessen haben; sie dachte seiner auch nicht, als sie nach dem Tanz von einigen Kavalieren umringt ward. Später sah ich sie mit der Mutter plaudern. Ich beobachtete die letztere, denn ich hatte Beide noch nicht beisammen gesehen. Ich bemerkte, wie die Mutter ihr einen satyrischen Blick nachwarf, als sie am Arm des Oheims, der sie aufgesucht, durch den Saal schritt.

Auch Lucia war in freudiger Stimmung, als sie sich den sie umdrängenden Offizieren entzog und zu mir eilte. Tarnow folgte ihr. Als ich ihn zu uns treten sah, flog ein Schatten über ihre Stirn. Tarnow war in seinem Element; er war unermüdlich, umschwärmte alle Damen mit seiner Galanterie, war ein Allen willkommener Tänzer.

„Laß uns den armen Oheim aufsuchen, der wieder so vertraut dort allein steht," flüsterte sie mir zu, Tarnow ausweichend, und gleich darauf sah ich ihn, die Mutter am Arm, mit einigen älteren Damen im Gespräch. Es war seine Gewohnheit, namentlich diesen stets der diensteifrigste Kavalier zu sein und sie waren seine eifrigsten Lobrednerinnen.

Der Oheim entführte mir Lucia, während ich, neben ihr stehend, mit einem Kammerherrn plauderte. Er schien erfreut, daß sie ihm mehr Aufmerksamkeit erwies als Minona, die eben am Arm eines stattlichen Kavallerie-Lieutenants in den andern Saal schritt.

„Wie schade, daß Dein Vater nicht hier ist!" hörte ich den Oheim zu Lucia sagen.

„Ich vermisse ihn sehr! Wenn ich mich recht von Herzen freuen soll, muß er in der Nähe sein!" antwortete Lucia. Und sie vermißte ihn wirklich. Neuenfeld war der Mutter nicht geladen. Beide hatten sich in der Residenz noch nicht gesehen, da er stets in Bartow war, und es war am besten so, denn auch ihm, dem groben Menschen, zu vergeben, hätte sie wohl kaum vermocht.

Der Abend schritt vor. Während der Tanzpause suchte mich Lucia wieder, die ich in den Sälen vermißte. Sie kam geschäftig auf mich zu.

„Kurt, Du hast gewiß die arme Hedwig noch nicht gesehen!" flüsterte sie, meinen Arm pressend.

„Ich habe vergeblich nach ihr gefragt und bin des Hauses hier nicht kundig genug, um sie zu suchen."

„O, ich habe sie gefunden! Sie ist dort hinten in einem der Kabinets. Sie sagt, sie gehöre ja nicht in die Ballsäle, da sie nicht tanze. Willst Du ihr nicht Deinen Gruß bringen? Sie scheint Dich zu vermissen . . . Geh allein, Kurt," bat sie, sich losmachend, „es wird ihr lieber sein, ich sehe den Oheim dort, der mich schützen soll —"

Ich überließ Lucia einer der älteren Damen, die sie gern aufsuchten, und schritt in der mir angedeuteten Richtung. In dem großen Salon war's ziemlich still geworden; Alles drängte sich zum Büffet. Ich sah, wie Tarnow am Eingang zu jenem Salon Lucia beobachtete, wie er mir nachschaute, als ich mich von ihr trennte und sie mit der alten Dame auf den Oheim zuschritt.

Mir war's ein dringendes Bedürfniß, die Schwester zu sehen, die sich gewiß scheu im tiefsten Hintergrund hielt.

In einem matt beleuchteten Gemach im hinteren Theil der Wohnung sah ich ein kleines zusammengekauertes Wesen in grau seidenem Kleid auf einer Causeuse sitzen, die Stirn in die Hand gestützt, ganz in sich versunken.

Hedwig war's. Sie schaute auf, als sie meine Schritte vernahm, eingeschüchtert und ängstlich. Ihr bleiches, abgespanntes Gesicht wandte sich zu mir, ohne einen Zug zu verändern.

„Du bist's, Kurt! Du denkst wirklich auch einmal an mich!" empfing sie mich mit müder Stimme.

„Die Mutter sagte mir, Du seiest beschäftigt, die Arrangements zu überwachen! Ich habe überall nach Dir gefragt!"

„So!" klang es recht überdrüssig von ihren Lippen, während sie mir fast gleichgültig die Hand gab. „Es ist freilich wahr, all das hier macht viel zu schaffen und die Leute sind so unzuverlässig . . . Bist Du froh, Kurt?" setzte sie aufschauend hinzu.

„Froh? Warum sollt ich es nicht sein! Noch froher wär' ich, wenn ich auch mein Schwesterchen so sähe, daß sich so ganz zurückgiebt."

„O, ich habe Alles in den Sälen beobachtet!" Sie lächelte bitter. „Ich sah Dich mit der Fürstin tanzen . . . und zweimal schon!" setzte sie mit mißbilligender Betonung hinzu.

„Es war ihr Wunsch! Ich konnte nicht ungalant sein. Sie ist unsre Tante, Hedchen!" Ich setzte mich neben sie und behielt ihre Hand in der meinigen. Das „zweimal" hatte sie so sonderbar betont. „Findest Du etwas darin?"

„Ich? . . . O Gott bewahre! . . . Andre freilich könnten es!"

„Wie so?" Ich schaute sie betroffen an.

„Nun, mein Gott, Du weißt doch, wie die Leute sind!"

„Hedchen, es wäre mir wirklich sehr erwünscht, wolltest Du in dem alten Ton zu mir sprechen, den wir als Kinder gewohnt waren! Es steckt hinter Allem, was Du mir sagst, stets ein geheimer Tadel, etwas Hofmeisterndes! Hab' ich Dir etwas gethan?"

„Mir? . . . O behüte! . . . Uebrigens mußt Du ja selbst verantworten was Du thust, und wenn ich mich darum kümmere, so geschieht es doch nur aus alter schwesterlicher Theilnahme für Dich."

„Und was zum Beispiel habe ich gethan, das . . ."
Hedwig bog sich im Sopha vor, sie schaute ängstlich nach rechts und links zu den Ausgängen des Zimmers, dann hob sich ihre Brust; ihre Hand preßte die meinige krampfhaft, heiß. Sie zauderte, kämpfte mit einem Entschluß. Sie ließ meine Hand, schaute unschlüssig vor sich. Dann plötzlich und hastig ergriff sie meine Hand wieder. Sie beugte sich zu mir.

„Du . . . liebst die schöne Fürstin! . . . Unglücklicher Du!" stieß sie leise heraus, als müsse endlich gesagt sein was ihr so viel Gram bereitet . . . „Ist denn Lucia nicht schöner, liebenswerther als sie, dieses Weib ohne Gemüth, ohne Herz, die arme Lucia, die so ahnungslos scheint . . ."

Ich entriß ihr heftig die Hand; ich fuhr zurück wie vor dem Zahn einer Natter; ich starrte sie an, sprachlos, bleich, mit kaltem Angstschweiß auf der Stirn.

„Wahnsinn!" knirschte ich, beide Hände auf den Knien ballend. „Es ist eine vollendete Tollheit, nur diesen Gedanken auszubrüten!"

Sie lachte bitter, fast boshaft. Sie biß die Lippen zusammen.

„Ich habe Euch Beide beobachtet!" Hedwig sprach das so positiv, als nehme sie von meinem Ausruf gar keine Notiz.

„Uns Beide beobachtet!" lachte ich auf.

„Sie liebt Dich! Sie ist unbesonnen genug; ihre Augen verriethen es! Gieb Dir keine Mühe, zu leugnen! Mir graut vor ihr, vor Dir!" Sie legte die Hände vor's Gesicht.

„Ich wiederhole Dir, es ist Wahnsinn, was Du sprichst!" rief ich, erschreckt durch diese Andeutung. „Du bist strafbar, da Du es wagtest, Dergleichen zu ersinnen!"

Wieder dasselbe überlegene, boshafte Lächeln. Sie schüttelte den Kopf; ihr bleiches Gesicht sah so tief bergrämt aus.

„Ich habe es nicht ersonnen!" sagte sie kalt, verletzt. „Wie soll ich von hier aus meinem Dunkel mehr sehen als Andere, die vielleicht scharfsichtiger sind als ich . . . Und Ihr waret ja auch kürzlich in Bartow zusammen . . ."

Das sagte mir das Blut heiß in die Stirn . . . Andere! . . . In Bartow zusammen . . . Andere, die scharfsichtiger!

In der That, mir ward's einleuchtend: Wie hätte sie in ihrer Zurückgezogenheit auf diese Verdacht bekommen können, zu welchem ich ihr noch nicht die geringste Veranlassung gegeben. Andere waren es allerdings, die ihr denselben soufflirt haben müßten.

„Hedchen," rief ich, von einer glühenden Angst überfallen, ihre Hand wieder ergreifend. „Du siehst mich außer mir! Nur die elendeste Bosheit, ich wiederhole es, kann dies erfunden haben, kann einer solchen verdammlichen, fluchwürdigen Schwäche, einer solchen Pflichtvergessenheit so fähig halten! Ich schwör' es Dir hier bei dem Andenken an unsren theuren, unvergeßlichen Vater, bei dem, was mir das Heiligste ist, daß nie auch nur ein Gedanke an eine solche Treulosigkeit meinem Herzen genaht, daß Lucia für mich Alles ist, daß ich ihr auf den Knieen abbitten würde, wenn selbst dieser Gedanke nur mich je beschliche! . . . Hedwig, Du glaubst mir? Hedwig, kennst Du Deinen Bruder so wenig?"

Ich preßte ihre Hand, als wolle ich sie zwingen, mir Glauben zu schenken. Hedwig erschrak vor meiner Heftigkeit, sie zuckte zusammen; sie schaute mich furchtsam, fröstelnd an; sie wollte sich ängstlich vor meiner Aufregung zurückziehen.

„Sprich, ich beschwöre Dich, Hedwig! Du glaubst mir?" . . . rief ich noch einmal.

„Du sagst es, Kurt!" klang es zaudernd . . . „Ja, Du sagst es!"

„Ich schwor es Dir bei dem Heiligsten, bei des seligen Vaters Andenken! Und Du weißt, daß nie eine Lüge auf meine Zunge gekommen!"

Jetzt fühlte ich, wie sie beruhigt, aber zitternd meine Hand drückte. Sie schaute vor sich hin und nickte still mit dem Kopf. Sie war froh, aber sie fürchtete sich vor ihrer stillen Freude.

„Es wäre ja auch zu entsetzlich gewesen!" flüsterte sie vor sich hin.

„Sag mir, daß Du meinen Worten Glauben schenkst, daß auch nicht ein Schatten von Mißtrauen . . ."

„Ja, ja, Kurt! Ich glaube ja!" antwortete sie beschwichtigend . . . „Beruhige auch Du Dich!"

„Und jetzt, Hedwig, Dein Glauben genügt mir nicht! Jetzt sprich Du die Wahrheit, die Du Deinem Bruder, der Ehre Deines Bruders schuldest!" Ich zog sie gewaltsam näher zu mir; sie leistete fürchtend und ahnend Widerstand.

„Gestehe mir, wer hat es gewagt, Dir hiervon zu sprechen, denn nimmer kam das aus Dir selber! Ich weiß, daß selbst wenn nur ein Verdacht in Dir selbst, ohne fremdes Zuthun aufgestiegen wäre, was nicht sein kann, Du zu viel Vertrauen auf meine Gewissenhaftigkeit gesetzt haben würdest, um Dergleichen für Wahrheit zu halten . . . Gestehe, wer war es! Wer wagte Dir das zu sagen . . . ?"

Hedwig starrte stumm sinnend vor sich hin. Ihr Antlitz war todtbleich; ihre Lippen bebten wieder, tiefer Gram lag um ihren Mund. Plötzlich heftig erschreckend versuchte sie, sich mit zur hinteren Thür gewandtem Antlitz und allen Zeichen peinlichster Ueberraschung zu erheben. Ich hielt sie fest; sie versuchte mir ihre Hand zu entziehen. Ich preßte sie in der meinigen. Ich schaute in derselben Richtung zur Thür und dort stand Philippine Wilsdruff, in einfachem schwarzem Seidenkleid.

Die Letztere schien mich in dem Halbdunkel nicht sogleich erkannt zu haben.

„Hedwig!" rief ich eben beschwörend, gebietend. Und jetzt erkannte mich Philippine.

Sie gab Hedwig unerschrocken als sei ich gar nicht vorhanden, ein Zeichen. „Man verlangt nach Ihnen, Fräulein Hedwig . . . Ich bitte um Verzeihung!" setzte sie, mich gleichgültig anschauend, hinzu und wandte uns auch leichter Verneigung den Rücken.

Hedwig war es gelungen, mir ihre Hand zu entziehen. Sie machte Miene, Jener zu folgen; ihr Gesicht drückte neue Pein aus.

„Beruhige Dich, Kurt!" sagte sie vor mir stehend mit kurzem Athem. „Es genügt ja, daß es nicht wahr ist! Ich glaube Dir ja! Ich selbst werde bemüht sein, daß man die Wahrheit erfahre!"

Damit schwebte sie fort, beschämt das Gesicht von mir abwendend. Ich wagte nicht, sie gewaltsam zurückzuhalten. Rathlos saß ich da. Und jetzt eben begann das Orchester wieder. Lang geschwungene Töne drangen dumpf zu mir. Lucia vermißte mich jedenfalls. Es überfiel mich eine Angst um sie; mir war's, als müßte ich zu ihr eilen, ihr betheuern, daß ja Alles die schnödeste, schwärzeste Lüge! Ich mußte sie sehen, mir aus ihrem Anblick selbst die Zuversicht holen, daß es ja eine Unmöglichkeit sei.

Siebzehntes Capitel.

Tarnow's Intrigue.

Wie betrunken taumelte ich durch die Gemächer.

"Ich kenne die Schlange, die ihr diese Lüge in's Ohr gezischt!" rief ich vor mir hin. "Dieses menschenfeindliche, mißgünstige Geschöpf war es! Diese brütende Schleiereule!" . . . Ich ballte die Hände; ich klammerte mich auf meinem Wege an den Vorhang eines Fensters und lehnte mich in die Nische. "Ihr waret ja auch neulich in Bartow zusammen!" klang es mir im Ohr. Und das war Tarnow! Kein Anderer als er konnte die in Bartow genossene Gastfreundschaft zu solchen heimtückischen Zwecken mißbrauchen! Er und dieses Mädchen, das als Waise doch auf die Gnade Anderer angewiesen, Beide mir mein stilles Glück mißgönnend, Beide schwatzsüchtig. Beide gegen mich verschworen in heimlichem Einverständniß, obgleich sie früher sich nicht ausstehen konnten, sie hatten im Hause meiner eigenen Mutter einen günstigen Boden für eine Saat gefunden, die in Hedwigs sonst so vertrauendem Herzen bereits aufgegangen war, als sie uns an jenem Abend besuchte. Damals schon — und wie rechtfertigte sich doch meine Besürchtung! — hatten sie gesprächsweise, wie absichtslos, aber in eben diesem hämischen, verlogenen Einverständniß, und wahrscheinlich so, daß das arme Mädchen es hören mußte, in ganz entstellter Weise von ehemals erzählt; sie hatten ohne Zweifel des Oheims und seiner jungen Gattin intime Freundschaft für uns in ebenso böswilliger Weise gedeutet, und auch die Mutter mußte ebenso zweifellos davon, da Tarnow ihr Vertrauter geworden! Und Tarnow kannte sicher bereits den Groll der Mutter gegen ihren Bruder.

Mir glühte der Boden unter den Füßen, wie ich bastand; das Orchester sauste mir in den Ohren, empörte mir die Nerven. Ich glaubte mich von Spionen, von Verräthern umgeben im Hause der Mutter; ja ich glaubte den Schlüssel zu der mir unerklärlichen in ihr vorgegangenen Wandlung gefunden zu haben.

Aber was bezweckte sie, wenn ihre Versöhnung mit dem Oheim, ihr plötzlich verändertes Wesen gegen Lucia eine Maske? Das war mir undurchdringlich, und dennoch wollte ich jetzt unter einem gewissen, in mir aufdämmernden Licht die Worte verstehen, die sie zu mir über die Fürstin gesprochen. Ich wollte sogar jetzt die Miene begreifen, mit der sie zu mir von ihr geredet.

Hedwig sollte mir beichten! Sie war jedenfalls die stille, leidende Mitwisserin von all' dem, was hier im Hause vorging . . . Ich raffte mich zusammen.

Dieselbe angstvolle Sehnsucht nach Lucia überfiel mich wieder und jagte mich in den großen Salon, denn ich glaubte, sie jetzt keine Minute mehr allein und ohne meinen Schutz lassen zu dürfen. Und hatten bereits Andere außerhalb dieses Hauses von der elenden Intrigue gehört, so sollte mein Benehmen gegen Lucia überzeugen, daß Alles erlogen.

Der Tanz hatte bereits wieder begonnen. Ich suchte meine Gattin in den Reihen. Mein Blick begegnete zuerst der Fürstin. Sie schaute mich lächelnd an und winkte mir mit dem Fächer. Sie hatte ja keine Ahnung von dem boshaften Gespinnst, das man um uns Beide gezogen; ich sah's an ihrer Unbefangenheit. Zerstreut blickte ich fort und sie schien dadurch verstimmt, verletzt, als mein Auge zufällig noch einmal über sie hinstreifte.

Lucia fehlte unter den Tanzenden . . . Auch Tarnow. Jeder Tropfen Bluts wich aus meinem Gehirn; von einem Schwindel ergriffen, wankte ich hinter den Reihen der Tanzenden fort. Ein Herr, den ich in meiner Blendung nicht erkannte, legte höflich die Hand auf meinen Arm, um mir zu sagen, meine Gattin sei drüben in dem kleinen Empfangssalon; sie fühle sich unwohl.

Mir fiel das wie ein Schlag auf's Herz. Was konnte ihr geschehen sein! Ich eilte in der mir bezeichneten Richtung fort und sah in dem mit goldenen Drachen besäeten kleinen Empfangssaal der Mutter Lucia zurückgelehnt auf einer Causeuse, marmorbleich in dem sie bestrahlenden Schein der Lampetten. Tarnow war um sie beschäftigt und bot ihr eben, sich zu ihr beugend, ein Glas Wasser.

Lucia streckte begierig, mit gläsernem Auge vor sich starrend, die Hand darnach aus. Beide waren weit ab von der durch den Tanz beschäftigten Gesellschaft. Dumpf und confus drangen die Töne des Orchesters hierher.

"Lucia!" rief ich, wie festgebannt im Thürrahmen stehend.

Sie erschrak, stieß einen Laut aus und schob hastig, wie mit Abscheu das Glas zurück. Sie erhob sich, sie stützte die Hand auf die Lehne der Causeuse, die andere streckte sie verlangend nach mir aus.

"Lucia, was ist!" rief ich zu ihr eilend. Nie hatte ich diese kräftige Natur einer solchen krankhaften Anwandlung unterworfen gesehen. Tarnow wandte sich unangenehm überrascht, fast betroffen zu mir. Das Glas schwankte auf der Tablette in seiner Hand.

"Wie froh bin ich, daß Du da bist!" hauchte sie, die Stirn auf meine Schulter legend. "Der Herr Graf . . ." sie schwankte in meinem Arm.

Ich schaute Tarnow fragend an.

"Ein vorübergehendes Unwohlsein," sagte dieser, sich sammelnd und die Achsel zuckend. "Die Gnädige bat mich, sie aus der erdrückenden Hitze des Salon's zu führen."

Lucias Stirn ruhte noch an meiner Schulter.

"Und hieher!" Ich sprach das durch einen Blick. Tarnow kannte die Wohnung der Mutter ganz genau. Anstatt sie in den Büffet-Saal zu führen, hatte er eine andere neben demselben zu den kleineren Gemächern führende Thür gewählt.

Er besaß Geistesgegenwart genug, mich nicht zu verstehen. Lucia schien durch meine Anwesenheit wieder gestärkt. Sie hob die Stirn, blickte mich um Vergebung bittend an und lehnte sich auf meinen Arm.

„Du bliebst so lange, Kurt," sagte sie matt. „Ich fühlte das Unwohlsein schon länger, suchte mich aber zu halten und hoffte immer, Du werdest wiederkommen. Du weißt, ich bin es nicht gewohnt, so viel zu tanzen, und das muß wohl Schuld sein . . ."

Jetzt erst erinnerte ich mich, daß ich mich bei Hedwig und danach in der einsamen Fensternische verspätet.

„Hedwig hielt mich zurück," sagte ich verwirrt durch die Erinnerung an meine Unterhaltung mit der Schwester. Inzwischen sah ich das Blut wieder in Lucia's Wangen zurückkehren; ihr Antlitz begann in gewohntem schnellen Wechsel zu glühen. Und dennoch kannte ich ihre starke Natur zu gut, als daß ich nicht noch andere Einflüsse als mitwirkend bei einem solchen Anfall hätte beargwöhnen sollen.

„Ich danke Dir, lieber Freund!" wandte sich mich kalt und verdrossen an Tarnow. Und dieser, empfindend, daß er überflüssig, entfernte sich, ohne einen erkennlichen Blick von Lucia aufgefangen zu haben, auf den er offenbar gewartet.

Lucia, als wir allein waren, bot mir herzlich ihre heißen Lippen zum Kuß. Ich schaute ihr forschend in's Auge; sie schlang ihr Arm um meinen Nacken.

„Wie kam es, daß gerade Tarnow . . .?" fragte ich nicht ohne ein merkbares Unwillen.

„O, verzeih, Kurt!" rief sie vor sich nieder blickend. „Ich wollte den Saal allein verlassen, um auszuruhen. Er mußte gesehen haben, daß ich wankte; er sprang hinzu und bot mir seinen Arm, dessen ich so sehr bedurfte . . . Du zürnst ihm doch nicht?"

Es lag die ganze Offenheit ihres unverstellten Gemüths in ihrer Antwort, in der Miene, mit der sie mich anschaute.

„Ich finde es nur unpassend, daß er Dich hieher führte, während jede Erfrischung drüben in dem kleinen Salon Dir näher gewesen wäre."

Lucia erblaßte wieder. Es zuckte in ihrem Arm. Sie schaute betroffen umher und schien erst jetzt zu bemerken, wo sie war.

„Ja ja . . . Du kannst recht haben! . . . Ich war nicht fähig, dies zu beurtheilen . . . Ich war ja froh, eine Stätte zu finden, wo mich Niemand bemerkte."

Wir kehrten in den Salon zurück. Ich war tief verstimmt. Es war nicht die Wahl des Gemachs allein gewesen, was mich gegen Tarnow aufregte; ich glaubte vielmehr, als er mich so unerwartet eintreten sah, eine Unruhe, sogar Unzufriedenheit in seinem sonst geistesgegenwärtigen Miene gelesen zu haben, und ich war gewohnt, in diesem Gesicht jeden Zug zu kennen.

Es war mir schon längst auffällig, daß er Lucia mehr zarte Aufmerksamkeiten widmete als der Fürstin, daß er, wie er es mir auch zu verhehlen suchte, eine gewisse Wärme und Absicht in sein Bemühen legte, ihr zu gefallen. Auch Lucia mußte das schon erkannt haben, wie denn das Weib überhaupt jede Nuance heraußfühlt, die ihm mehr oder weniger zugemessen wird. Sie hatte ihn mehrmals kalt behandelt; ihr am wenigsten konnte das zudringliche Wesen dieses jungen Elegants dusagen oder gar gefährlich sein; ich hatte sie daher sorglos

ihrem richtigen Gefühl überlassen. Aber ich hätte blind sein müssen, um nicht zu bemerken, wie er jede Gelegenheit suchte, ihr zu nahen, ihr dienstbar zu sein, und dennoch würde ich auch heute ihm kein Zeichen des Unmuths gegeben haben, wäre ich nicht eben von Hedwig gekommen. Er hatte auch heute ohne Zweifel meine Entfernung in die hinteren Gemächer benutzt, um Lucia zu umschwärmen, und ihr plötzliches Unwohlsein war ihm vortrefflich gelegen.

Während ich sie in den Salon führte und während noch die Gluth auf ihrem Gesichte lag, empfand ich, daß ein Frösteln sie durchbebte. Sie war schweigsam trotz der Zärtlichkeit, mit der sie sich an mich schmiegte. Verheimlichte sie mir etwas? Konnte er während ich bei Hedwig saß, Zeit und Gelegenheit gefunden haben, ihr dieselbe Lüge zuzuflüstern, deren Urheber er ohne Frage war? Fähig dazu war er, aber die Kühnheit traute ich ihm nicht zu. Fortab freilich mochte er dazu im Stande sein, denn der Dank, mit welchem ich ihm vorhin angedeutet, daß seine Gegenwart überflüssig sei, mußte seinen in Allem was die Frauen betraf leicht überreizten Eigendünkel zur Rache auffordern. Blieb er fortab auch äußerlich mir Freund, ich konnte seiner Intriguen gewiß sein. Es war ja geschehen, was ich hatte vermeiden wollen. Ich hatte ihm verrathen, daß seine meiner Gattin so geflissentlich gebrachte Huldigungen mir lästig. Er in seiner Selbstbewunderung mußte das wie einen Schritt zum Ziel betrachten, wenn er es überhaupt wagte, ein solches zu verfolgen, und sobald die Möglichkeit drängte sich mir blutig vor's Auge. Heute war ich überhaupt keines klaren Gedankens fähig. Hedwig's Mittheilungen überzeugten mich, daß ich von heimlichen Feinden umgeben im Hause der eigenen Mutter, deren Benehmen selbst mir unverständlich war. Daß sie aufrichtig gegen mich, der ihrer Abneigung gegen Reuenfeld getrotzt, gegen den Oheim, von dem sie sich schwer verletzt geglaubt, daß sie diese Abneigung plötzlich vergessen, war unmöglich; es mußten bei Motive bestimmt haben, in denen sie die Mittel zur Genugthuung für ihre tief gekränkte Seele suchte.

Der Tanz sollte eben wieder beginnen, als wir eintraten. Lucia lehnte den auf sie einstürmenden Cavalieren jedes fernere Engagement ab.

„Nicht wahr, Kurt, auch Du tanzest nicht mehr?" fragte sie, ängstlich meinen Arm behaltend.

Mir war das willkommen. Ich mußte mir die größte Mühe geben, der Gesellschaft eine Heiterkeit zu zeigen, die mir so fern war. Zum ersten Mal an diesem Abend sah ich die Fürstin am Arm des Oheims. Beide kamen auf uns zu. Jetzt mußte sich's in Lucia's Haltung zeigen, ob Tarnow wirklich es gewagt . . . Lucia war der Verstellung nicht fähig und hatt' ich auch an ihr bemerkt, daß sie während unsrer Anwesenheit in der Residenz sich Mühe gab, den glatten, kalten Formen der Damen mit gleichen zu begegnen, — hier war ihr Herz im Spiel.

Die Fürstin eilte mit besorgter Miene auf sie zu. Tarnow, sagte sie, habe ihr erzählt. Lucia war ganz die Alte gegen sie. Dagegen fiel es mir in meiner Erregtheit weniger auf, daß die Fürstin sie mit dem Ausdruck des Erstaunens anschaute, dann den Blick satyrisch über uns Beide gleiten ließ.

Die Mutter kam, von mehreren älteren Damen begleitet; auch sie hatte gehört und brachte Lucia ihre Theilnahme unter den glasirten Formen der Etiquette. Als sie uns verließ, sah ich, wie ihr Auge forschend auf der Fürstin ruhte und dann Lucia streifte.

Auch sie hatte die Nachricht eiligst durch Tarnow gehört. Wußte sie von Dem, was Hedwig mir gesagt, so war sie entschieden überzeugt, daß dieses Unwohlsein nur eine Eifersuchtswallung gewesen. Ich sah, wie die Mutter, noch in unsrer Nähe stehend und die alten Damen beruhigend, ihre Worte mit ironischem Lächeln begleitete.

Absichtlich suchte ich mit Lucia in der Nähe des Oheims zu bleiben, um durch mein Benehmen die Welt von der Harmlosigkeit unsrer gegenseitigen Beziehungen zu überzeugen, falls das nothwendig sein sollte.

Der Oheim schien froh, seine stets umdrängte Gattin wenigstens für einige Minuten besitzen zu können, und schloß sich uns an.

„Hast Du Hedwig gesprochen?" fragte Lucia ruhiger, während wir die kühlere Luft suchend durch die anstoßenden Säle schritten. „Das arme Kind; es schließt sich verkümmernd so ab und will von Niemandem gesehen sein!"

„Ich sprach sie! Die Aermste ist einmal das Aschenbrödel des Hauses geworden!" antwortete ich bitter, noch unter dem Eindruck von der Mutter glattem, kaltem Benehmen.

„Was Hedwig nur haben mag, Kurt! Sie war wieder so sonderbar gegen mich! Sie drückte mir immer wieder die Hand und weinte. Sie fühlt sich gewiß recht unglücklich! . . . Ich weiß nicht, wie sie darauf kam; als ich sie bat, sich doch an der Gesellschaft zu betheiligen, rief sie: ach, das ist ja nichts für mich! Und für Euch Beide auch nicht! setzte sie hinzu. Ihr thätet besser, Ihr zöget wieder heim, denn sonst werdet Ihr hier auch wie die Uebrigen, und das wäre mir schrecklich."

Hedwig hatt' es also doch nicht unterlassen können, ihr wenigstens eine Warnung zu geben.

„Nicht wahr, Kurt?" Lucia preßte zärtlich meinen Arm. „Wir Beide können gar nicht anders werden als wir sind, und Du liebst mich gerade so wie daheim in Hochborn? Hedwig meinte gewiß, es werde zwischen uns hier anders werden als früher, und sie ging sogar so weit, sich über unsere schöne Tante zu moquiren; sie hatte an ihrer Toilette zu tadeln, die ihr für eine junge Frau nicht mehr passend erschien; sie meinte, Minona ließe sich den Hof machen, daß es gar nicht mit anzusehen. Es wäre ihr entsetzlich, rief sie, wenn sie sich denke, daß ich sie mir als Muster nehme; ich solle mich vor ihr hüten, solle nicht so intim mit ihr sein und was sie dergleichen mehr wußte. Auch über den Oheim sprach sie so bitter. Jetzt sehe man es, was er davon habe, sich eine so junge Frau zu nehmen; sie zwanzig und er sechszig; das könne ja nimmer gut thun."

Hedwig hatt' es offenbar gut gemeint; ich errieth die Absicht der armen Warnerin. So lange sie an die elende Lüge glaubte, konnt' ich ihr dieser Mahnung wegen nicht zürnen.

Der Oheim und Minona, die in kurzer Entfernung vor uns geschritten, wandten sich eben zu uns. Lucia drückte mir leise den Arm. Der Oheim sah sehr ermüdet aus; er sehnte sich gewiß nach Hause; das Lächeln sah so gezwungen aus, mit dem er zu uns trat. Minona schien den Tanz nicht im geringsten ermüdet zu haben; sie war voll derselben übersprudelnden Lebenslust; Alles glühte und sprühte an ihr; das erhitzte Blut hatte den Teint ihres Gesichts, ihres Nackens erwärmt, leidenschaftlich arbeitete der Fächer in ihrer Hand.

Sie sprang auf Lucia zu, nahm sie von meinem Arm an den ihrigen, flüsterte ihr lächelnd etwas zu und schlug die Richtung in den Tanzsaal ein, nach dem sie zu verlangen schien. Ich reichte dem Oheim den Arm und fühlte, wie er matt und erschöpft sich auf denselben lehnte.

„Ich wollte, der Ball wäre zu Ende!" sagte er mit einem sich selbst ironisirenden halben Seufzer. „Minona ist unermüdlich; sie ist noch zu den all' übrigen Tänzen engagirt."

Während letztere im großen Salon sich wieder zum Tanz fortführen ließ, flüsterte Lucia mir zu: „Laß uns heimlich gehen, Kurt! Der Oheim will sich im Spielzimmer ausruhen, Minona findet doch kein Ende im Tanz. Willst Du der Mutter Adieu sagen?"

Ich schüttelte verneinend den Kopf. Der ganze Abend war mir verdorben; Lucias Wunsch kam mir herzlich willkommen. Freier, leichter fühlte ich mich, als wir draußen die kalte Winterluft uns aufnahm.

Lucia war schweigsam im Wagen. In die Ecke gelehnt, schaute sie träumerisch vor sich hin. Ich war verstimmt. Als wir daheim waren, sprach sie von Allen, nur von Tarnow nicht, und ich vermied absichtlich, die Rede auf ihn zu führen.

„Recht hat Hedwig im Grunde doch!" kam es ihr träumerisch wie ein Echo über die Lippen, als sie schon ermüdet das Haupt auf das Kissen gelegt. „Sie ist zwanzig und er sechszig. Der Unterschied ist doch zu groß!"

Ich schwieg, errathend, daß sie sich doch mehr mit Minona beschäftigte, als sie sich den Schein gab. Es lag nicht in Lucias Gewohnheit und Gemüthsart, Nachtheiliges über Andere zu sprechen; Hedwig hatte in ihr Betrachtungen geweckt, mit denen ihre wohlwollende entschuldigende Seele sich auch wohl schon beschäftigt, die sie aber in sich verschloß.

In der Nacht kam mir die Idee: warum bleibst Du hier? Neuenfeld bedarf Deiner nicht mehr. Zieh' heim, wie Hedwig gerathen, denn Alles vereinigt sich hier, um Dir Deine Ruhe, Dein Glück zu zerstören!

(Schluß folgt.)

Vergeltung.

Roman

von:

E. Rudorff.

Erster Band.

Erstes Capitel.

Die Sonne war eben gesunken, und gleich einem Purpurschleier hatte das Abendroth die goldgesäumten Wölkchen an dem Horizonte eingehüllt. Ueber Feld und Flur zitterte noch ein unbestimmtes warmes Licht, als ob der scheidende Tag nur zögernd seinen Abschied nehme. Tiefer Frieden ruhte auf der Landschaft, und jeder Ton, ja das leiseste Geräusch klang scharf und deutlich durch die stille Luft.

So hörte man jetzt auf dem Wege, welcher von der Station Hohenfelde nach Schloß Berneck, dem Besitzthum des Freiherrn von Planitz führte, schon aus der Ferne muntres Pferdetrappeln, vernahm dann das Rollen der Räder auf dem Kiesboden und endlich wurde eine offene Kalesche sichtbar, vor welche zwei kräftige Pferde gespannt waren.

An beiden Seiten der Straße standen vom Felde heimkehrende Arbeiter, junge Mädchen, Gutsleute und Kinder, um das seltene Schauspiel zu genießen, welches sich ihnen darbot; war es doch heute bereits die fünfte Equipage, welche Gäste des Freiherrn nach dem seit lange verwaisten Schlosse brachte.

Zwei Herren saßen in der Kalesche, und da der Weg nun sanft aufwärts stieg, so blieb den an der Landstraße Versammelten hinlängliche Muße dieselben genau in's Auge zu fassen.

Graf Arthur von Sternau, der jüngere der beiden Männer, mochte ungefähr sechsundzwanzig Jahre zählen, hatte eine hohe schlanke Gestalt voll Ebenmaß und ein aristokratisch fein geschnittenes Gesicht. Nase und Mund waren untadelhaft geformt, das Auge groß und von tiefem Braun. Aber in der ganzen Haltung des Mannes, in dem verbindlichen graciösen Lächeln, das beinahe stets seine Lippen umspielte, in dem Aufleuchten seines gewöhnlich kalt blickenden Auges lagen soviel Selbstbewußtsein und Berechnung, daß ein Menschenkenner schwerlich von den liebenswürdigen Manieren und der Schönheit des jungen Cavaliers berückt worden wäre.

Sein Begleiter, Baron von Orbach, stand in der Mitte der vierziger Jahre und mochte sicherlich einst ein stattlicher Mann gewesen sein. Eine bereits vorgeschrittene Kahlköpfigkeit, — welche er durch das sorgsamste Arrangement der spärlichen Haare nach Kräften zu verdecken strebte — schlaffe Züge und der Ausdruck von Ermüdung in den grauen Augen, deuteten auf eine von Stürmen und Freuden stark bewegte Vergangenheit hin.

Graf Sternau hatte bei dieser kurzen Fahrt sofort die Aufmerksamkeit und den Beifall einer Gruppe von jungen Mädchen erregt, welche — die Harke über die Schulter gelegt — schnell von der nahen Wiese herbei-

gekommen waren, um die anlangenden Gäste zu mustern. Ein Mädchen, und zwar die hübscheste unter ihnen, eine wirklich anmuthige frische Dirne von siebzehn Jahren, hatte sich ein wenig verspätet, und wollte gerade über den Fahrweg zu ihren Gefährtinnen eilen, als die ganz nahe herangekommene Kalesche sie zwang dicht vor derselben Halt zu machen.

„War dieser junge Herr der Bräutigam?" fragte sie den Gutsschreiber, der in demselben Augenblick, als die Equipage sich von dieser Stelle des Weges entfernt hatte, dahergeschritten kam.

„Nein, der Bräutigam kommt erst in vierzehn Tagen; er ist weit nach Böhmen hineingereist, um seinen kranken Oheim zu besuchen," entgegnete der Schreiber mit wichtiger Miene — welche seine Kenntniß von den Verhältnissen im Schlosse ihm anzunehmen gestattete — und ging vorüber.

„Wenn dies der Bräutigam gewesen wäre, so könnte unser Fräulein wohl glücklich sein!" murmelte das Mädchen vor sich hin. Denn die schönen Augen des Grafen hatten, als er sie erblickte, in so unverhohlener Bewunderung aufgeleuchtet, und der verschämte Gruß des einfachen Kindes war mit einem so liebenswürdigen Verneigen erwidert worden, als ob sie eine Dame aus den besseren Gesellschaftskreisen gewesen wäre.

Graf Sternau zog dann — als einige Kinder begannen neben der Kalesche herzulaufen — eine Düte mit Zuckerwerk hervor und warf eine Handvoll der sauber in Papier gehüllten Näschereien mit freundlichem Zuruf unter die Kleinen, welche nun jubelnd mit den erbeuteten Schätzen nach Hause eilten.

„Man muß in unserer Zeit," sagte der Graf — sich gleichsam für diese herablassende Güte entschuldigend — zu seinem Gefährten, „es mit dem süßen Pöbel nicht verderben! Wenn ich zuweilen die größte Neigung verspüre, meinen nachlässigen Schlingel von Diener mit der Reitgerte zu züchtigen, so rufe ich mir sofort in's Gedächtniß, daß bei irgend einem Krawall dieser Mensch vielleicht schnell eine Thür vor mir öffnen oder versperren könnte, durch welche sich ungefährdet entschlüpfen ließe, und ich gebe ihm lieber bei der nächsten passenden Gelegenheit noch ein extra Trinkgeld dazu! — Doch wir kamen durch dieses ländliche Intermezzo von unserem Gespräche ab: Elna von Planitz, meine muntere kleine Cousine — unsere Großväter waren ja verschwägert — ist also ein schönes Mädchen geworden?"

„Sie ist sehr schön und erregte in der Residenz während der letzten Saison gerechtes Aufsehen! Den besten Beweis dafür bietet wohl der Umstand, daß Graf Bernhard von Schöneich, unser reichster Standesherr — seit mehreren Jahren von vielen Müttern heirathsfähiger Töchter vergebens mit ausgesuchter Liebenswürdigkeit umgarnt — den Reizen Ihrer Cousine nicht zu widerstehen vermochte und deren glücklicher Bräutigam geworden ist. Als Ihr ehmaliger Vormund, lieber Graf, rathe ich Ihnen, auf Ihrer Hut zu sein! Zwar sind Sie den Schlingen der schwarzäugigen Töchter Andalusiens — während Ihres Aufenthalts in Spanien — glücklich entronnen, allein blaue Augen sind oft viel gefährlicher!" — — —

„Fürchten Sie nichts, lieber Baron!" fiel schnell Graf Sternau ein. „Ich gedenke der Freund des Grafen Schöneich und nicht der Bewunderer seiner künftigen Frau zu werden! Es ist durchaus nicht meine Absicht, mich als einen Tugendhelden darzustellen, aber ich gestehe offen, daß zärtliche Verhältnisse mit verheiratheten Frauen für mich keinen Reiz haben und ich suche Ihnen unbedingt auszuweichen. Man weiß nie wohin solch ein leidenschaftliches, aus den Bahnen seiner Pflicht gewichenes Weib uns führen wird, und man könnte bei entstehenden Verwickelungen — als Mann von Ehre — genöthigt sein, dieselbe Frau zu heirathen, welche man, da sie noch Mädchen war, um keinen Preis gewählt hätte. Auch scheint mir, trotz aller Lächerlichkeit, die einmal an dem Bilde des betrogenen Ehemannes haftet, der feste, sichere Tritt, mit welchem ein solcher Herr die Haupttreppe zu seiner Zimmerreihe emporschreitet, respectabler zu sein, als die katzenartige Geschwindigkeit, mit welcher sein glücklicher Nebenbuhler über Hinterstiegen und durch Seitenthüren sich aus dem Staube machen muß. — Dies wäre, flüchtig skizzirt, ein Theil meines Glaubensbekenntnisses in Liebes-Angelegenheiten; gern bin ich aber bereit, meiner schönen Muhme die ihr gebührende Huldigung in besonnener Weise darzubringen."

Das ernster gewordene Antlitz des Grafen schien sich bei den letzten Worten wieder erhellt, als ob er schon eine reizende Mädchengestalt vor sich schaue, und als der Wagen vor dem Schloßportale hielt, da verschönte das gewinnendste Lächeln die seinen Züge.

Welchen Eindruck der junge Mann bei seinen Verwandten machen würde, deren Schwelle er seit einer Reihe von Jahren nicht betreten hatte, wer wollte das vorausbestimmen? Seine Erscheinung auf der Landstraße, und seine Freundlichkeit dem hübschen Mädchen gegenüber, waren bereits die Ursache eines kleinen Zwistes geworden.

Unmittelbar nach dem Gutsschreiber war nämlich ein junger Arbeiter, der Großknecht Johann Weißner, neben das Mädchen getreten. Sie hatte sein Kommen nicht bemerkt und blickte sinnend nach der Richtung hin, welche die Equipage genommen.

„Rose, das gefällt mir gar nicht, daß Du dem vornehmen Herrn so nachstarrst, als ob Du nicht genug von ihm zu sehen bekämst!" rief Johann der hübschen Dirne zu.

Geärgert wendete sich Rose nach dem Sprecher um und sagte: „Soweit sind wir noch lange nicht, Johann, daß Du mir befehlen könntest, wohin ich meine Augen zu richten habe! Der vornehme Herr war so artig und freundlich, wie es bei Euch nicht vorkommt, und wenn Du gar noch unwirsch sprichst, wird er mir besto besser gefallen!"

„Rose, sei doch nicht thöricht!" Der heftige Ton des armen Burschen war jetzt zu einer Bitte herabgesunken und zeigte deutlich, wie gern er Frieden geschlossen hätte. „Glaubst Du vielleicht, der fremde Herr wird zu jeder Zeit solch liebliche Miene annehmen, wie er es jetzt gethan? Der fährt zum Schmaus und zu allerlei Festlichkeiten, da kann er schon etwas aufwenden an Freundlichkeit. Rose," Johann beugte sich flüsternd zu dem Mädchen herab, „wenn wir einmal zur Hochzeit fahren, werde ich auch so aussehen, daß nichts an mir zu tadeln bleibt. Nun gieb mir die Hand, Mädel!"

Rose legte nur zögernd ihre Hand in die des braven Burschen, obwohl sie ihm herzlich gut war. Denn vor ihr stand noch das verlockende Bild des vornehmen Mannes, und so sehr sie so freundlich, so — — das Mädchen vermochte kein bezeichnendes Wort zu finden für die Art seines Blickes und Grußes, welche ganz neue Empfindungen in ihr erregt hatte. —

Zweites Capitel.

Heinrich, Freiherr von Planitz, der jetzige Besitzer des Majoratsgutes Berneck, galt im Kreise seiner Standesgenossen und Bekannten für einen Sonderling, ja einige scharfe Zungen wußten die Dehnbarkeit dieser Bezeichnung so trefflich auszunützen, daß man ihn auch einen Narren hieß. Und doch würde Niemand einen Fall haben anführen können, in welchem sich der Freiherr nicht als Mann von Ehre und voll der ungeschminktesten Herzensgüte gezeigt hätte.

Sein Vater, der verstorbene Freiherr Curt von Planitz, war das Musterbild eines einfachen, tüchtigen Landedelmannes gewesen. Von den fünf Töchtern dieses braven Mannes zählte Ulrike, die jüngste, bereits acht Jahre, als ihm sein einziger Sohn Heinrich, der lange sehnsüchtig erhoffte und kaum mehr erwartete Erbe der großen Begüterung, geboren wurde.

Der Knabe war ein schönes kräftiges Kind und entwickelte sich ganz normal. Niemand, der offenen Sinnes ist, hat wohl ohne Rührung und Bewunderung der Entwicklung einer Menschenseele zugeschaut! Der Freiherr und seine Gattin hatten bereits fünf Kinder heranwachsen sehen, aber sie waren damals jung und zu sehr mit Plänen und Erwartungen für sich selbst beschäftigt gewesen, um solchen Gottes-Offenbarungen das rechte Verständniß entgegen zu bringen. Nun aber lauschten die Eltern — wie in Andacht — der Entwickelung ihres Kindes und meinten: nie etwas Aehnliches erlebt zu haben. Ein begabteres Wesen konnte niemals geboren worden sein!

Das Kind, durch die innigste Zuneigung aller seiner Angehörigen getragen, blickte vertrauensvoll zu Jedermann auf, war freundlich und gutartig. Nur ein Fehler mußte nothwendig sich in einem Wesen entwickeln, das klar erkannte, wie jedes Wort, jeder Blick von ihm Freude und Entzücken verbreitete: Heinrich bekam die denkbar höchste Meinung von sich selbst.

Der Knabe war zwölf Jahr alt, als er den Vater zu dessen Geburtstage mit einer hübschen Kreidezeichnung überraschte, bei welcher sein Lehrer nur wenig nachgeholfen hatte. Der Freiherr war nicht so entzückt, als sein Sohn wohl erwarten durfte.

„Heinrich ein Rafael!"

Dieser Gedanke erregte in dem alten Edelmann ein Gefühl, welches mehr von Bestürzung als von Freude in sich barg. Daß sein Sohn bereinst als Staatsmann, oder als Feldherr seinen Namen berühmt machen werde, nur diese Idee war ihm geläufig gewesen und hatte ihm oftmals vorgeschwebt. Aber der Freiherr kämpfte in sich nieder, was er für ein Unrecht hielt.

Mar es Gottes Wille, daß Heinrich seine Gaben auf einem Gebiete zur Geltung bringe, für welches dem Vater jedes Verständniß fehlte, so sollte wenigstens nichts verabsäumt werden, das geliebte Kind seinen Anlagen gemäß zu fördern.

Ein renommirter Fachlehrer wurde nun zweimal wöchentlich aus der nahen Hauptstadt der Provinz geholt, um die erste Ausbildung Heinrichs zu leiten. Die Befürchtungen des Freiherrn erwiesen sich bald als grundlos: das Talent des Knaben ging nicht über eine mittelmäßige Nachahmung von Vorzeichnungen hinaus. Dagegen beschäftigte sich Heinrich später voll Eifer mit Botanik und Chemie, machte kleine Versuche mit künstlichen Düngemitteln und sah voll Interesse den ländlichen Arbeiten in Feld und Wiese zu.

Dem Freiherrn erschien nun die Bestimmung seines Sohnes als Reformator auf landwirthschaftlichem Gebiete ganz unzweifelhaft, und er sendete den Jüngling — nachdem dieser die ersten praktischen Kenntnisse in der Oeconomie sich erworben — auf eine berühmte landwirthschaftliche Akademie.

Zwei Jahre darauf rief des Vaters Tod Heinrich in die Heimath zurück. Heinrichs Schmerz war heftig, und die Mutter beschloß, daß er theils zu seiner Zerstreuung, theils um seine Kenntnisse zu vermehren, bis zu erreichter Mündigkeit reisen solle. Zum Endziel der Reise war England bestimmt, wo die älteste Schwester des jungen Mannes als Gattin eines deutschen Gesandten lebte.

Gleichzeitig wurde ein tüchtiger Ober-Inspektor engagirt, welcher die große Begüterung bis zu Heinrichs Rückkehr bewirthschaften sollte. —

Der Majoratserbe kam ganz beglückt von seiner Reise zurück. Die bevorzugte Stellung, welche der englische hohe Adel in der Gesellschaft einnimmt, dünkte ihm die allein zu erstrebende zu sein. Solch ein kleiner Fürst wollte er ebenfalls auf seinem Territorium werden, auch konnten die Planitz — in Rücksicht auf das Alter ihres Geschlechtes — sich mit den vornehmsten Baronen Englands wohl messen.

Die Gartencultur und die herrlichen Parkschöpfungen der Engländer hatten Heinrich mit dem Wunsche erfüllt, betreffs Aehnliches auf seinem Besitzthum hervorzurufen.

Vor Allem aber gedachte er Schloß Berneck von innen und außen zu verschönern, denn es drängte ihn, seiner Familie und den Nachbarn zu zeigen, was ein genialer Kopf aus einem alten Herrensitze zu schaffen vermöge.

Den großen Familiensaal in Schloß Berneck wollte er nach dem Muster der majestätischen Halle in Warwick-Castle *) gestalten, und Rüstungen, Waffen, Fahnen und Banner darin aufstellen. Die Treppe, welche zum Saale hinaufführte, müßte mit Schnitzwerk reich geziert werden

*) Anmerkung: Warwick-Castle, das herrliche, hochberühmte Schloß der Grafen von Warwick, liegt auf einem Felsenplateau über der Stadt Warwick und galt für das schönste Muster eines befestigten Schlosses.

und statt des großen Kachelofens sollte ein Kamin mit alterthümlichen Verzierungen darin aufgestellt werden. Die Wände würden dann Familienportraits ausfüllen, um welche Fahnen und Paniere geschmackvoll zu ordnen wären. Die fünf schmucklosen Fenster dieses Saales sollten durch gothische Bogenfenster ersetzt werden und Stuckatur-Arbeiten, welche die Fensterbögen einrahmten, würden nach Außen die Monotonie der kasernenartigen Fronte wirksam unterbrechen.

Heinrichs Schwestern waren schon lange aus dem Elternhause geschieden; die vier ältesten lebten glücklich verheirathet, Ulrike, die jüngste, war Hofdame der Herzogin von G. — Die Mutter hatte pflichtgetreu bis zu des Sohnes Rückkehr auf dem Besitzthum geweilt. Dann war sie zu ihrer zweiten Tochter gezogen, welche viel kränkelte und deren reiche Kinderschaar der Großmutter liebevolle Sorge erheischte.

Heinrich liebte die Seinen innig, dennoch empfand er es mit einem wahren Glücksgefühl: jetzt allein auf seinem Schlosse wirken zu können! Niemand versuchte bei seinen Anordnungen Widerspruch zu erheben, oder Rath zu ertheilen, das auch ganz überflüssig war, denn das Genie verläßt ja stets die gewöhnliche Heerstraße und ist ein Pfadfinder nach jeder Richtung hin.

Handwerker und Kaufleute, Antiquitätenhändler, Maler und Bildhauer erhielten von dem jungen Freiherrn Aufträge von großem Belang; der Vater hatte so trefflich gewirthschaftet, daß Heinrich seine Verbesserungen in's Leben rufen konnte, ohne um die nöthigen Gelder in Verlegenheit zu sein.

Nach Jahresfrist war Alles fertig bis auf den Fußboden in der großen Halle, so sollte der Familiensaal jetzt genannt werden.

Und doch schien Heinrich von seiner Schöpfung nicht völlig befriedigt zu sein! Vermißte er vielleicht jenen poetischen Hauch des Alterthums, der in Warwick-Castle so mächtig an vergangene ereignißreiche Zeiten zu erinnern und längst entschwundene historische Gestalten uns vor die Seele zu zaubern weiß? Was den — in ihrer Neuheit glitzernden — Bildern, Fahnen und Panieren fehlte, um wirksam an eine große Vergangenheit zu erinnern, beschloß Heinrich durch etwas Anderes zu ersetzen. Man konnte ja statt eines Fußbodens von Parquet einen von Estrich legen und denselben mit Matten und Teppichen überdecken! So hatte er es in einem Theile von Hardwick-Castle gesehen, den Maria Stuart, als Gefangene des Grafen Shrewsbury einst bewohnt, und den man in dem damaligen Zustande belassen. Eine prächtige Idee! Und bei dem ersten Feste, das er in Schloß Berneck geben würde, sollte junges Tannengrün — wie es in den Zeiten der jungfräulichen Elisabeth häufig geschehen — über den Fußboden der großen Halle ausgestreut werden.

Endlich nahte der ersehnte Tag, an welchem Heinrich, als gastfreier Wirth, seine Angehörigen und die Nachbarn bei sich empfangen wollte. Zahlreiche Einladungen waren ergangen, und er hatte — um seine Gäste zu ehren — noch eine besondere Ueberraschung für sie ausgedacht. Ein Böller von geringem Kaliber war, von Buschwerk ganz verdeckt, an der Allee, die zu dem Schlosse führte, aufgestellt, und sollte bei dem Erscheinen jeder sich nähernden Equipage abgefeuert werden. Von einem Thurme, den Heinrich auf dem östlichen Flügel des Schlosses hatte aufführen lassen, würde außerdem eine mächtige Fahne ihre Schwingen entfalten.

Einer der Nachbarn, Herr von Ehrenthal, hatte — da der kurze Weg keinerlei Hindernisse bot — mit seiner Frau einen leichten Jagdwagen bestiegen, vor den zwei junge Pferde gespannt waren. Die Fahrt ging vortrefflich, bis der Böllerschuß sein „Willkommen" ihnen entgegendonnerte. Die Pferde scheuten und rannten in wilder Eile vorwärts. Kaum hatte die kräftige Hand des Führers sie wiederum in die rechte Gangart gebracht, als bei der Auffahrt zu dem Schlosse die ungeheure Fahne, vom Sonnenlicht grell beleuchtet, sich flatternd hin und her bewegte. Nun war kein Halten mehr; in rasendem Lauf stürmten die Pferde dahin, der Wagen schlug durch den Anprall an einen Baumstamm um, und das Ehepaar wurde herausgeschleudert. Herr von Ehrenthal war mit leichten Contusionen davon gekommen, seine Frau, welche laut jammerte, hatte den Arm gebrochen.

Auf die erste Kunde von dem Unfall war der Freiherr herbeigeeilt und sprach sein tiefes Bedauern über die traurige Katastrophe aus. Seine freundlichen Worte wurden in geradezu anzüglicher Weise beantwortet, und Herr von Ehrenthal forderte ihn auf, das Spiel mit den Böllerschüssen und der grotesken Fahne einzustellen, damit weiteres Unheil verhütet werde.

Es war ein überaus schmerzlicher Anfang des mit so großen Hoffnungen ersehnten Festes, und Heinrichs trübe Stimmung sollte noch immer düsterer sich gestalten. Denn Jeder der eintreffenden Gäste wendete sein ganzes Interesse der verunglückten Dame zu, und ließ in den Ausdruck der Theilnahme ein ausgesprochenes oder wirksam angedeutetes Wort des Tadels über die getroffenen Anordnungen fließen.

Heinrichs Geisteskräfte waren niemals über ein Mittelmaß hinausgegangen, allein sein Empfinden war das eines gerechten und zartfühlenden Mannes. Wie verächtlich mußte ihm daher ein Verhalten erscheinen, bei dem die Menschen nur nach dem Erfolg ihr Urtheil abgaben!

Kaum fand er den Muth, seine schönste Schöpfung — die große Halle — den Versammelten zu zeigen und als es geschehen, hatte er auch hier die erwartete Anerkennung zu vermissen.

Nachdem ein aus der nahen Stadt herbeigerufener Arzt den verletzten Arm der Frau von Ehrenthal verbunden hatte, trat das Ehepaar, von Heinrich bis zur Ausgangspforte des Schlosses geleitet, die Rückfahrt an.

Zwei Damen, die Baronin von Mollwitz aus Oberau mit ihrer Tochter Adele, kamen in demselben Augenblicke an, und der junge Freiherr vernahm, als die Dienerschaft von dem traurigen Vorfall ihnen erzählte, die Worte: „Warum mußte auch Ehrenthal diese jungen Pferde nehmen? Die Ponys hätten den leichten Wagen ebenfalls gezogen und das Unglück wäre nicht geschehen!"

Heinrich drehte sich schnell nach der Sprechenden um und blickte in ein schönes blühendes Mädchengesicht.

Dies war also der allein Gerechte unter soviel Tadlern, die Einzige, deren Mitgefühl ihm zu Gute kam!

Adele von Mollwitz war sehr hübsch, jedoch geistig so gering begabt, so apathisch und treglos in der Unterhaltung, daß man sie in ihrem Bekanntenkreise nur „das Gänschen von Oberau" nannte.

Heinrich sah Adele heute zum ersten Male; sie hatte bei einem Besuche, den er vor kurzer Zeit in Oberau abgestattet, zufällig bei einer Freundin in der Residenz geweilt.

Der junge Majoratserbe näherte sich sofort den beiden Damen und behandelte Adele den ganzen Abend mit einer Auszeichnung, wie solche ihr noch niemals zu Theil geworden war. Adele gerieth dadurch in die glücklichste Stimmung, welche sie nicht nur verschönte, sondern auch zu einigen guten Bemerkungen inspirirte.

Frau von Mollwitz lud beim Abschied den lieben Nachbar zu einem baldigen Besuche in Oberau ein; Heinrich kam gern und trat immer merkbarer als Bewerber um Adele auf.

Noch konnte Frau von Ehrenthal ihren verletzten Arm nicht gebrauchen, als bereits die Verlobung von Adele mit dem Majoratserben gemeldet wurde. Die Nachbarn und Freunde spöttelten über die Wahl des jungen Mannes. Herr von Ehrenthal erklärte sie für höchst passend und sagte: „Nachdem Planitz aus seinem alten Familiensaal einen Tempel der Thorheit gemacht, fehlte ja noch die Göttin der Bornirtheit, um darin aufgestellt zu werden!"

Drittes Capitel.

Die Ehe des Freiherrn mit Adele von Mollwitz wurde eine recht glückliche. Heinrich fand bei der jungen Frau die unbedingteste Bewunderung aller seiner Anordnungen, und das Hauswesen ging vortrefflich, da die kluge Schwiegermutter ihrer Tochter eine bewährte Dienerin zur Beihülfe in dem neuen Wirkungskreise mitgegeben hatte.

Nach Jahresfrist ward dem Ehepaare ein kräftiger Knabe geboren, dem nach zwei Jahren ein liebliches Töchterchen folgte. Heinrich war ein überaus beglückter Vater, und auch Adele äußerte ihre Freude an den trauten Geschöpfen so lebhaft, wie man es bei ihrer apathischen Natur kaum erwarten durfte.

Der Umgangskreis der Familie hatte sich inzwischen fortdauernd verengt. Heinrich, der an seinen Garten- und Parkanlagen eifrig arbeiten ließ, und dem es Bedürfniß war, das Geschaffene Andern zu zeigen, um Lob und Anerkennung zu ernten, hielt freundlich abmahnende Rathschläge, gleichviel dem leisesten Tadel für den Ausfluß von Böswilligkeit, oder für Mangel an Verständniß und zog sich verletzt und geärgert von alten Freunden und Bekannten des Hauses zurück. Bald stand er nur mit seinen nächsten Verwandten noch im Verkehr. Obwohl von diesen ihm ebenfalls Mehrere mißfielen, so achtete er doch den Familienbande sehr hoch, und hielt — als Haupt eines angesehenen Geschlechtes — es für Ehrensache, mit den Mitgliedern desselben in Verbindung zu bleiben, um bei etwa eintretenden materiellen Verlegenheiten, oder in sonstigen schwierigen Situationen, nach Kräften Hülfe zu leisten.

Der erste harte Schlag traf den Freiherrn im fünften Jahre seiner Ehe. Sein frischer, kräftiger Sohn Hugo hatte sich bei einer Spazierfahrt erkältet, wurde von einem bösartigen Fieber ergriffen und war in wenigen Tagen eine Leiche.

Wie hatte es nur geschehen können, daß dies blühende junge Leben in einer kurzen Spanne Zeit, so aller Kraft beraubt wurde, um beinahe widerstandslos eine Beute des Todes zu werden? Hier mußte etwas verabsäumt worden sein!

Als der Freiherr seine Fassung wieder erlangt, dürstete er nach Beruhigung und Belehrung und fing an die verschiedensten Werke über Medizin zu studiren. Die Allopathie verwarf er bald gänzlich; sie hatte — seiner Meinung nach — mit zuviel gelehrtem Krame sich umgeben, man konnte alt und grau werden, ehe man alle ihre Vorschriften erprobt und geübt. Die homöopathische Lehre war schon leichter zu bewältigen und die Kleinheit ihrer Mittel imponirte ihm. Die Wasserkur war gleichfalls zu beachten und der Vegetarianismus forderte sein ganzes Nachdenken heraus. Millionen Menschen könnten besser ernährt werden, wenn die Wohlhabenden ihren Fleischverbrauch auf ein Viertel herabsetzten, und man kehrte zu einem mehr naturgemäßen Leben zurück.

Der Freiherr verglich nochmals alle medizinischen Systeme und glaubte endlich eine neue Heillehre entdeckt zu haben, welche — man staune! — nur vier Arzneimittel enthalte, jedoch hinreichen würde, alle Leidenden von jeglicher Krankheit zu befreien. Wie Schuppen fiel es von den Augen des begeisterten Mannes: Gott hatte zu ihm, wie einst zu Moses in dem Busch, gesprochen und seine Gebote verkündet. Zwar hatte er sein geliebtes Kind hingeben müssen, allein es war ein Opfer für die ganze Menschheit gewesen! Darum wollte er nicht ferner murren, sondern Gott preisen und die neuen Heilgebote verkünden. Welche Thorheit war es auch zu glauben, daß auf eine so geringfügige Ursache, wie eine Erhitzung oder Erkältung, gleich der Tod folgen müsse! Nein, wenn wir naturgemäß lebten, bei kleinen Uebeln gleich die unfehlbaren Mittel gebrauchten, so durfte der Tod nur eintreten in Folge von Altersschwäche, in Folge des Abnutzens unserer Körperkräfte. Wie im Alterthum sollten wiederum Vater und Mutter der ärztliche Beirath für die Familie sein, nur machten uns die höhere Erkenntniß, die gesammelten Erfahrungen viel fähiger, diesem Priesteramte würdig vorzustehen! —

Der Freiherr ließ die in Angriff genommenen Verbesserungen in seinem Park und Garten nothdürftig zu Ende führen, und begann nun zu curiren; natürlich zuerst in seinem Hause und an seinen Gutsleuten.

Die Ernährung wurde in seinem Haushalt nach den Grundsätzen des Vegetarianismus reformirt; zwar verbannte der Freiherr nicht die Fleischnahrung — denn die Thiere sind ja eigentlich nur „Köche", welche Gras, Heu und andere Vegetabilien statt unserer verzehren, um sie in eine unserer Verdauung angemessene, und unsern Gaumen reizende Kost zu verwandeln — aber er setzte sie auf ein geringes Maß herab. — Adele war ein kerngesundes Mädchen gewesen, und die etwas schmale Fleischnahrung diente jetzt nur dazu, einer bei phlegmatischen Personen vorherrschenden Neigung zur Fettleibigkeit günstig entgegen zu wirken. Auch die kleine Elma, ein blühendes munteres Kind, gedieh in der reinen Luft und bei Milch- und Pflanzenspeisen ganz vortrefflich.

Bei seinen Geschwistern und Seitenverwandten stieß der Freiherr jedoch mit seinen Lehren auf den heftigsten Widerstand, und mit seinem Schwager, dem Oberforstmeister von Brandt, verfeindete er sich ganz und gar.

Dieser Herr, ein ausgesprochener Gourmand, ließ sich einst bei einem Familienfeste in des Freiherrn Hause Speise und Trank gar trefflich schmecken, ohne die merkbar hervortretende Unruhe seines Wirthes weiter zu beachten. Endlich glaubte dieser — als gewissenhafter Mann — nicht länger schweigen zu dürfen. Er hielt dem fröhlich Zechenden eine fulminante Rede darüber, wie er seinen Körper ruinire und mahnte zu verschiedenen Malen an den Sensenmann, der Niemanden schone, welcher gegen die wichtigsten Naturgesetze verstößt.

Brandt, im hohen Grade beleidigt und erzürnt, erhob sich sofort zu einer Gegenrede. Er sagte, daß er hier allerdings den Tod vor Augen sehe, jedoch nur aus Aerger über Verhaltungen, die nur einem Kinde gegenüber zu entschuldigen wären. Dann beorderte er seinen Wagen und betrat „das Narrenschloß" nicht wieder.

Durch solche Widerwärtigkeiten ließ der Freiherr sich nicht beirren und fand eine ungeahnte Befriedigung in seinen überaus glücklichen Curen und dem Zutrauen, das man ihm, dem neuen Hülfespender, gewährte.

Nicht nur seine Gutsleute kamen immer auf's Neue Beistand suchend zu ihm, auch von naheliegenden Ortschaften strömten Kranke herbei. Wie konnten sie es wohl besser haben? Der Freiherr gab nicht nur Rath und Medikamente unentgeltlich, die Aermeren erhielten noch eine Geldspende obenein, um für ihre Pflege etwas thun zu können.

Sorgsam notirte der beglückte Mann alle vollbrachten Curen in ein sauber gebundenes Heft und glaubte binnen wenigen Jahren in seinem Wissen so weit vorgerückt zu sein, um allen Aerzten den Fehdehandschuh hinschleudern zu dürfen! Für einen günstigen Erfolg in solchem Kampfe war es aber nöthig, daß er nicht mit seiner neuen Heillehre und den gelungenen Curen hervortrat, er mußte auch gewaffnet dastehen, um die Anfälle der zahllosen — im Amt und Praxis bedrohten — Widersacher zu pariren. Ganz in diesen Ideen lebend, und in das Studium medizinischer Werke, behufs der künftigen Widerlegung, vergraben, achtete der Freiherr auf das Wichtigste nicht, das seiner Fürsorge von Gott anvertraut worden war: das sittliche Gedeihen seines einzigen Kindes.

Elma, ein schönes und begabtes Mädchen, war bis zu ihrem zwölften Jahre von einer alternden, pedantischen Gouvernante erzogen worden. Dann wurde auf den Rath der lieben Großmutter eine Französin als Erzieherin engagirt, damit Elma durch sie die nöthige Gewandtheit in der französischen Conversation erlange und ihre Aussprache verbessern könne.

Mademoiselle Vernier, so hieß dieselbe, war eine überaus schlaue Person, welche nach wenigen Wochen des Aufenthaltes in Schloß Verneck die Charaktere seiner Bewohner vollständig erkannt hatte. Bei dem Freiherrn suchte sie sofort Hülfe gegen ihre Migräne, welche bis dahin den Mitteln der ersten Pariser Aerzte Trotz geboten. Der Zustand der Leidenden besserte sich so auffallend, daß sie an ihre Verwandten in Paris von dieser Wunderkur berichten konnte. Alsbald liesen mehrere

Briefe von dort ein, in welchen des Freiherrn Rath in verzweifelten Fällen begehrt wurde.

Wie hätte der entzückte Freiherr auf diese Perle unter den Erzieherinnen, die seinen Ruf weit über die Grenzen des Vaterlandes verbreitete, ein wachsames Auge richten sollen?

Und die Mutter? Frau von Planitz hatte ihre Tochter selbst gestillt, sie hatte darauf gesehen, daß Elma stets artig und freundlich gegen Jedermann, und stets untadelhaft sauber gekleidet sei, auch hatte sie an jedem Tage regelmäßig die Erzieherin gefragt. „Sind Sie zufrieden gewesen? hat Elma ihre Aufgaben gewußt?"

Konnte es wohl eine trefflichere Mutter geben?

Die Französin wurde bald durch die Stille in dem Schlosse gelangweilt und sie suchte nach Mitteln sich zu zerstreuen und — ihre Zukunft zu sichern. Mademoiselle Bernier knüpfte ein zärtliches Verhältniß mit dem Inspector eines benachbarten Gutes an und beseitigte schnell die Schwierigkeit, denselben öfters zu sehen und zu sprechen. Ein Wäldchen verband Berneck mit dem Nachbargute und nach diesem stillen Hain richtete die Erzieherin ihre Spaziergänge, um Elma die von dem Freiherrn anbefohlene körperliche Bewegung zu verschaffen. Sie weihte dann das kaum dreizehnjährige Mädchen in dies Liebesverhältniß ein, und Elma, ganz stolz darüber, in so früher Jugend schon zu der wichtigen Rolle einer Vertrauten erhoben zu werden, gelobte unverbrüchliches Schweigen. Um Elma während der Zeit zu beschäftigen, in welcher mit dem Geliebten Küsse und Schwüre der Treue gewechselt wurden, gab die gewissenlose Erzieherin ihr die neuesten französischen Sensationsromane zu lesen. Und wenn auch das Mädchen glücklicherweise noch nicht fähig war, alles Unsittliche zu verstehen, daß jene Werke enthielten, so wurde sie doch durch diese Lecture in eine von Intriguen und Leidenschaften erregte Welt geführt, was nothwendig auf Geist und Herz die schlimmste Wirkung üben mußte.

Daß es ein Unrecht sei, vor den Eltern das Liebesverhältniß der Gouvernante zu verhehlen, dieser Gedanke konnte bei Elma nicht auftauchen, welche täglich lesen mußte: die Liebe sei die einzig berechtigte Leidenschaft, und das Weib habe ihr alle anderen Pflichten zu opfern!

Ein Jahr ungefähr hatte das Verhältniß der Erzieherin mit dem Inspector gedauert, als dieselbe einen älteren, sehr wohlhabenden Kaufmann aus der nahen Hauptstadt kennen lernte. Mademoiselle Bernier spann nun ihre Netze so schlau und fein, daß bald ein Heirathsantrag in bester Form von dem alten Herrn an sie gelangte. Nun galt es sich von Erdmann — so hieß der Inspector — ohne Eclat los zu machen; auch dies glückte der überaus gewandten Dame, und sie überraschte die freiherrliche Familie mit der Anzeige, daß sie in wenigen Wochen sich mit dem Kaufmann Sonntag — dies war der Name des alten Herrn — verheirathen werde.

Elma erstarrte geradezu, als sie von der Wandlung hörte, die in dem Herzen ihrer Erzieherin vorgegangen sei. Sie vernahm von ihr, daß es in der Liebe auch verhängnißvolle Irrthümer geben könne, und es erlaubt wäre, von dem Erkorenen sich wieder abzuwenden, solls man glaube mit einem anderen Manne glücklicher zu werden.

Das Mädchen war nun vierzehn Jahre alt und

mußte ihrem Vater es trefflich auseinanderzusetzen, wie es gar nicht lohne, noch eine Gouvernante für sie in's Haus zu nehmen. Tante Ulrike — die ehemalige Hofdame der Herzogin von G. — lebe ja in der Residenz, dort wäre die beste Gelegenheit geboten, durch vorzügliche Lehrer die letzte Ausbildung zu erlangen. Der Freiherr fand diese Ansichten sehr verständig, und da Ulrike sich bereit erklärte Elma bei sich aufzunehmen, so verkündete der aller Sorgen enthobene Vater seinen Entschluß, das junge Mädchen nach der Residenz zu bringen.

Elma befand sich in einer unbeschreiblichen Aufregung; ihr erschien Alles licht und hell! Sie träumte nur von einer Welt des Glanzes und der Triumphe und gedachte sich würdig auf die Rolle vorzubereiten, welche sie bald auf dieser Bühne spielen würde.

Wenn Mademoiselle Bernier, die arme, wenig reizvolle und beinahe dreißigjährige Erzieherin solche Erfolge aufzuweisen hatte, was erst mußte für die jugendliche, schöne Erbin, die Trägerin eines vornehmen, hochgeehrten Namens, zu erwarten sein?

Viertes Capitel.

Elma wurde im Hause kaum vermißt, denn bald nach ihrer Abreise hatte der Freiherr ein junges Mädchen von gleichem Alter — Manon d'Aulnois — bei sich aufgenommen, deren Eltern vor kurzer Zeit und an einem Tage gestorben waren.

Manons Mutter, Paula von Röder, entfernt mit der Familie Mollwitz verwandt, hatte seit Jahren schon gekränkelt; der Vater, einst bei der französischen Gesandtschaft in der Residenz angestellt, ein schöner, kräftiger Mann, war unter Umständen heimgegangen, über welche allerlei wunderbare, kaum glaubliche Gerüchte umherliefen.

D'Aulnois und seine Frau hatten zuletzt in einer Provinzialstadt, und wie es hieß unter drückenden Entbehrungen gelebt. Ueber die Lippen von Paula, welche ebenfalls schon früh ihre Eltern verloren, war keine Klage zu fernen Verwandten gedrungen. Was hätte sie ihnen sagen sollen? Der Feinfühlende empfindet eben so viel Scham, ein wirkliches Elend zu enthüllen, als die brennenden Wunden des Herzens zu offenbaren. So blieb es still um Paula und ihr Kind. Manon hing mit aller Inbrunst einer weichen Kinderseele an der kranken Mutter und ward in zarten Jahren schon ihre beste Pflegerin. Daß ein schwerer Kummer auf ihrer Geliebten lasten müsse, ahnte das Mädchen wohl; die Quelle desselben aber lag ihrem Verständniß gänzlich fern.

Einst waren zwei fremde Herren zu der Mutter gekommen, und Paula hatte sie in ein Nebenzimmer geführt. Manon konnte deutlich den Klang rauher Worte, bittrer Gegenrede der leidenden Frau vernehmen. Dann kam die Mutter in Hut und Shawl heraus, hatte ein Kästchen unter dem Arm und ging — obwohl ihre Füße sie kaum zu tragen vermochten — nach dem Marktplatz in das Haus eines Juweliers. Ohne Kästchen kehrte sie zurück. Am Abend löste Paula ihren Trauring vom Finger und preßte ihn in Manons Hand. „Bewahre diesen Reif, mein Kind," rief sie unter hervorströmenden Thränen, „bewahre ihn gut als ein Andenken — — — an Vater und Mutter, er könnte sonst verloren gehen!" —

Nach dem Tode der beiden Ehegatten fand sich nur eine mit Goldstücken gefüllte Börse, und ein beinahe werthloser Hausrath als einziges Erbtheil für Manon vor.

Neben der Börse hatte ein Brief von d'Aulnois an Herrn von Kreuz, Paula's ehemaligen Vormund, gelegen, und dieser Herr traf auch sofort aus der Residenz ein, um für die Bestattung der Verstorbenen Sorge zu tragen.

Was aber sollte aus Manon werden?

Baron d'Aulnois hatte nur eine ältere Schwester gehabt, welche gegen den Willen ihrer Familie die Gattin von Signor Bordogni, einem berühmten Italienischen Gesanglehrer, geworden war. Dieselbe war vor mehreren Jahren gestorben, und seitdem hatte jeder Verkehr zwischen den beiden Schwägern aufgehört. Briefe eines Oheims — des Marquis de Senneterre — welche sich in dem Schreibtische des Barons vorfanden, bekundeten, daß dieser Herr seinen Neffen zu öfteren Malen mit bedeutenden Summen unterstützt und schließlich jede Beihülfe in harten verletzenden Worten abgelehnt hatte. Von den Verwandten des Vaters war für Manon also nichts zu erwarten.

Herr von Kreuz sendete daher ein Circular an die Seitenverwandten und an ehemalige Freundinnen von Paula und bat um Beihülfe, welche ausreiche, Manon in eine Erziehungsanstalt unterzubringen und dort so lange zu belassen, bis sie selbst für sich zu sorgen vermöge. Dies Anschreiben kam auch in die Hände des Freiherrn. Seiner ganzen Denkart widersprach es, in solcher Weise dem elternlosen Mädchen beizustehen. Und der alte Edelmann regte sich in ihm! Wie entfernt der Verwandtschaftsgrad auch war, welcher Manon mit seiner Gattin verband, es erschien ihm unwürdig, daß für Jemand, der zu seiner Familie gehöre, collectirt werden müsse. Er ging zu seiner Frau, theilte ihr Alles mit und fragte, ob sie mit seinem Wunsche einverstanden wäre, Manon als Hausgenossin in Berneck aufzunehmen.

Adele gab eine zustimmende Antwort. Das kleine Zimmer, welches die Gouvernante bewohnt, stand leer, es bedurfte nicht der geringsten Vorbereitungen oder Aenderungen im Haushalt, wenn Manon käme, warum sollte sie nicht „Ja" sagen, falls ihrem Gatten ein Gefallen damit geschähe?

Der Freiherr legte nun in einem wohlstylisirten Briefe an Herrn von Kreuz seine Ansichten dar, und erklärte sich bereit, Manon zu jeder Stunde bei sich zu empfangen und allein für ihre Erziehung und Ausbildung Sorge zu tragen. —

So wurde Manon ein Mitglied der Familie Planitz und kam aus den qualvoll drückenden Verhältnissen ihres Elternhauses in das zwar stille, jedoch durch gediegenen Wohlstand behagliche Schloß.

Was Elma dort so unerträglich gefunden, die Einsamkeit, die Ruhe, dies ward für Manon zur Erquickung. Ihr krankes, von Schmerz erfülltes Gemüth brauchte stille Sammlung; Trubel und Zerstreuungen hätten schreiend ihre noch zuckenden Wunden berührt. Auf dem Lande, inmitten der friedvollen Natur zu athmen, es hob und stärkte ihre Brust. Der Bäume sanft klagendes Rauschen, das murmelnde Plätschern der Quellen, der Vögel Wettgesang, es tönte wie eine weihevolle Harmonie in ihre Gedanken hinein. Wald und Thal, von goldigem Frühlingsglanz umflossen, raunten tröstende Worte ihr zu und wiesen sie auf Den, welcher Himmel und Erde gemacht, und die Schicksale der Menschen bereitet. —

Der Freiherr, welcher Manon für eine anspruchslose Stellung zu erziehen wünschte, war der Meinung, daß ein Jahr hinreichen würde, um ihre Ausbildung zu vervollständigen. Manon hatte bis zu ihrem dreizehnten Jahre eine Schule besucht, dann war ihr die Sorge um die kranke Mutter allein zugefallen. Der Pfarrer und der Cantor in Berneck sollten sich in die Lehrstunden theilen und der Letztere auch dem jungen Mädchen Unterricht im Clavierspiel geben, damit sie befähigt würde, bei vorkommenden Gelegenheiten ein Lied zu accompagniren, oder zum Tanze zu spielen. Sing- und Tanzstunden, welche man für Elma durchaus nöthig gehalten hatte, konnten hier füglich entbehrt werden.

Manon besaß jedoch Fähigkeiten und Talente, welche ihr Oheim — so durfte sie den Freiherrn nennen — weder ahnte, noch zu schätzen gewußt hätte.

Ein feines musikalisches Gehör ließ sie jeden Rhythmus, jede Melodie schnell und sicher erfassen, und sie verstand es, das ihrem Geiste Eingeprägte auf dem Piano wiederzugeben, obschon sie von ihrer Mutter nur den nothdürftigsten Unterricht in der Musik erhalten hatte. Auch sang sie sehr hübsch die Romanzen und Lieder, welche sie von dem Vater gehört, und sprach Französisch mit dem reinsten Accent und durchaus fließend und correct. Dabei waren ihre Bewegungen, wiewohl durch keinen Tanzmeister geschult, von vollendeter Anmuth, und Alles was sie anfaßte, ward unter ihren Händen zierlich und voll Geschmack.

In ihrem ganzen Wesen, in der Art, in welcher sie Wünsche des Oheims oder der Tante zu errathen und dann schnell zu erfüllen strebte, lag eine so freudige Holdseligkeit, daß Jedermann sah, dies sei nicht die Frucht eines vorgezeichneten Benehmens, sondern der Ausfluß eines nur Güte und Dankbarkeit athmenden Gemüths.

Sei es, daß das innere Leben zu mächtig in dem Mädchen arbeitete, oder daß die traurigen Eindrücke ihrer Kindheit der frischen Körperentwickelung hinderlich gewesen. Manon war zu sechszehn Jahren, obwohl hoch und schlank gewachsen, noch von kindlichen Formen und ihre herrlichen braunen Augen blickten aus einem blassen, nur selten von leiser Röthe angehauchten Antlitz hervor. Nase und Mund waren reizend geformt, und die schmalen Finger von der größten Zartheit. Des Mädchens Schönheit schien noch zu schlummern, um später desto wirksamer zu fesseln und zu entzücken. —

Fünftes Capitel.

Elma's Ausbildung war inzwischen in der Residenz vollendet worden. Das Mädchen stand an dem Ziele ihrer Wünsche: sie sollte bei Hofe vorgestellt und in die große Welt eingeführt werden. Tante Ulrike hatte es nicht an weisen Lehren fehlen lassen, wie Elma sich gegen Alt und Jung, und namentlich den Männern gegenüber zu benehmen habe. Die liebe Nichte hörte anscheinend voll Aufmerksamkeit zu; in ihrem Innern war sie überzeugt, Alles viel besser zu verstehen, als Ulrike, die es ja nicht einmal dahin gebracht, sich einen Gatten zu erobern!

Elma's Auftreten gewann Jedermann; die alten Herren und Damen bestrickte sie durch ein lieblich einschmeichelndes Entgegenkommen, gegen die jungen Männer benahm sie sich schüchtern und zurückhaltend, nur daß manchmal ein schalkhaft aufleuchtender Blick ihnen verrieth, wie unter der kühlen Hülle noch viel ungeahnte Schätze verborgen lagen.

Graf Bernhard von Schöneich, Besitzer der Standesherrschaft Nordenthal, nahm unter den jungen Männern der Aristokratie durch großen Reichthum und als Nachkomme berühmter Vorfahren die erste Stelle ein. Wem würde dieser Phönix — denn Graf Bernhard galt auch für einen Ehrenmann — dereinst zu Theil werden? Fast schien es, als ob dieser erst dreißigjährige Mann ehelos bleiben wolle, denn er vermied es sichtlich, in näheren Umgang mit Familien zu treten, in welchen erwachsene Töchter des Hauses ihn zu Aufmerksamkeiten und gelegentlichen Huldigungen hätten veranlassen können.

Noch ehe Elma den Grafen gesehen, tauchte der Gedanke in ihr auf, diesen Weiberfeind zu erobern. Welch ein Triumph für sie, wenn dies gelänge, wenn schon ihr erster Eintritt in diese glanzvolle Welt von solchen Erfolgen gekrönt werden sollte!

Der Graf war niemals ein eifriger Tänzer gewesen; seit längerer Zeit tanzte er auf Bällen und in Privatgesellschaften nur noch eine Quadrille, und walzte ausnahmsweise, wenn er von den jungen Damen im Cotillon gewählt wurde. Dies geschah gar häufig und die schönen Tänzerinnen mußten ihn gewöhnlich aus einem der Nebenzimmer holen, in welche er — mit älteren Herren plaudernd — sich zurückgezogen hatte.

Elma war eine zu reizende Erscheinung, als daß sie dem Grafen nicht hätte auffallen müssen, und als er vernahm, daß diese wunderschöne Mädchen dem alten Geschlecht der Planitz angehöre, wurde sein Interesse für sie noch größer.

Wer hat die wunderbare Sympathie ergründet, mit welcher ein Antlitz, auf das schon Viele blickten, ohne tiefer gefesselt zu werden, nun plötzlich Einen unwiderstehlich anzieht und den süßesten Bann über ihn verhängt?

Graf Bernhard tanzte auf dem nächsten Balle des Kriegsministers die Quadrille mit Elma und zeigte sich als galanter Cavalier. Die Schöne war ernst, wußte aber sehr verführerisch die blauen Augen zu heben und zu senken. Als der Cotillon an diesem Abend begann, blieb Graf Bernhard im Saale; er wünschte und hoffte von dem reizenden Mädchen gewählt zu werden! Elma und ihr Partner gehörte zu den letzten Paaren, und als die Reihe zu wählen an sie gekommen war, schwebte das Mädchen graziös der Fensternische zu, in welcher ihr scharfes Auge sofort den Grafen erblickt hatte. Schon wollte der Graf — hocherfreut — Elma einen Schritt entgegentreten, als sie plötzlich Halt machte, mit holdseligem Lächeln einem auffallend häßlichen Mann dicht vor ihm den Cotillon-Orden überreichte und sich mit ihm unter die walzenden Paare mischte.

Graf Bernhard fühlte sich so schmerzlich enttäuscht durch diesen kleinen Vorgang, daß er nach beendetem Tanze Elma aufsuchte und seinem Gefühle Ausdruck gab.

„Es war auch meine Absicht, Sie zu wählen, Herr Graf," sagte Elma, indem sie scheinbar verlegen die Enden ihrer blauen Atlasschärpe durch die Finger gleiten ließ, „allein mein Blick fiel auf den armen linkischen jungen Mann, der von Allen vernachlässigt, noch keinen Orden bekommen hatte, und ich vermochte nicht, ihn gleichfalls zu übergehen!"

Welch köstliches Gemüth, welch zarte Rücksicht auf die Empfindungen Anderer sprachen diese Worte aus! Der ernste, in allen Fällen so besonnene Graf, prüfte nun nicht weiter und gab sich ohne Rückhalt einem Zauber hin, wie solcher nie zuvor seine Seele umsponnen! Nach wenigen Wochen eines gesellschaftlichen Verkehrs offenbarte der Graf mit bebender Stimme Elma die Gefühle seines Herzens. Auch in diesem bedeutsamen Moment blieb Elma innerlich kalt, und nur die Freude über einen so glänzenden Erfolg bewegte ihre Brust.

Der Graf eilte nun nach Schloß Berneck, um des geliebten Mädchens Hand von ihrem Vater zu erbitten.

Der Freiherr gab beglückt seine Einwilligung; und es war ein schönes Zeugniß für das unbeirrte Gefühl dieses — trotz mannigfacher Thorheiten — durchaus braven Mannes, daß nur der Gedanke: Elma werde einem Gatten von der lautersten Ehrenhaftigkeit angehören, ihn ganz erfüllte, und der den Reichthum seines künftigen Schwiegersohnes fast unbeachtet ließ. Die Baronin faßte das Ereigniß als selbstverständlich auf. Sie hatte einen hübschen, reichen, ehrenwerthen Mann zum Gatten erhalten, wie durfte es ihrer Tochter daran fehlen, die schön, talentvoll und so sorgsam erzogen war?

Tante Ulrike sollte nun Elma nach Schloß Berneck geleiten, wo man die Verlobung im engsten Familienkreise zu feiern gedachte. Da kam die Nachricht, daß der einzige noch lebende Oheim des Grafen auf seiner Besitzung in Böhmen schwer erkrankt sei, und den sehnlichen Wunsch ausgesprochen habe, den geliebten Neffen bei sich zu sehen. Hier galt kein Zögern; der Freiherr reiste mit dem Grafen nach der Residenz und legte dort Elma's Hand in die seine.

Wie schwer trennte Graf Bernhard sich von seinem jungen Glück! „O Elma," flüsterte der Liebende dem Mädchen zu, als er den goldenen Reif auf ihren schmalen Finger streifte, „mein ganzes Leben soll Dir danken für diese Stunde, in welcher Du Dich mir angelobst! Durch Dich habe ich ja erst erfahren was Glück, was Liebe sei?"

Elma empfand zwar eine Regung von Scham, daß sie so ganz anders sei, als der Verlobte sie erschaue, allein schnell kämpfte sie diese lästige Empfindung in sich nieder. Wenn Bernhard so beglückt sich fühlte, war sie nicht geradezu seine Wohlthäterin? An ihm werde es sein, sich zu bestreben, in ihr jene Gefühle zu wecken, die ihm nur so große Wonne gewährten!

Der Freiherr hielt es nun für angemessen, daß seine Tochter jetzt in das Elternhaus zurückkehre, um dort — von den Zerstreuungen der Residenz — die Rückkunft ihres Verlobten zu erwarten.

Elma bangte vor der Oede und Langeweile in Berneck und sie überredete den Vater, die abgebrochenen Verbindungen mit den Verwandten und lieben Nachbarn wieder anzuknüpfen. Bei der Mittheilung des frohen Familienereignisses konnte füglich eine Anzahl von Einladungen ergehen, und Schloß Berneck der Mittelpunkt eines angenehmen Verkehrs werden.

Der Freiherr war zu gut gestimmt, um viele Einwendungen zu machen. In freundlichem Tone entgegnete er: „Aber wer wird für die passende Unterhaltung und die Aufnahme einer größeren Zahl von Gästen sorgen? Du weißt ja, liebe Tochter, daß die Mama nicht daran gewöhnt ist, viele Fremde bei uns zu sehen!"

„Väterchen," schmeichelte Elma, „mit Tante Ulrike vereint, übernehme ich es sogar, die Honneurs des Hauses zu machen und die Gäste angenehm zu unterhalten. Und wenn Du Deine Börse recht, recht weit öffnest, und wenn Du feierlich gelobst, uns nicht auf Kranken-Diät zu setzen, so wollen wir die alte Egbert schon anleiten, für Speise und Trank zu sorgen und die Dienerschaft in Gang zu bringen. Auch ist ja Manon da! Manon ist wirklich in hohem Grade anstellig! Tante Ulrike meinte schon — als sie vergangenen Weihnachten uns besuchte — daß ein Mädchen gleich Manon ein wahrer Schatz für jedes Haus sei."

Der Freiherr willigte ein; auch war ein Lichtgedanke ihm gekommen, wie diese Ansammlung von Gästen in seinem Schlosse zur trefflichsten Propaganda für seine Heillehre zu benutzen sei. Er wollte Jeden der Anwesenden — in Bezug auf gesundheitswidrige Exzesse — sorgsam beobachten, ihm beim Abschied eine motivirte schriftliche Verwarnung zustecken und darin zugleich auf seine unfehlbaren Heilmittel hinweisen. —

Sechstes Capitel.

Tante Ulrike hatte es verstanden, mit Hülfe eines geschickten Dekorateurs aus der Residenz, und mit Benutzung eines von dem Freiherrn reichlich bemessenen Dispositionsfonds, den altmodischen Räumen von Schloß Berneck ein ebenso behagliches als elegantes Aussehen zu verleihen.

Vier Zimmer des ersten Stockwerks waren durch zurückgeschlagene Portieren — die Thüren hatte man ausgehoben — mit einander in Verbindung gebracht, und geschmackvolle Draperien, Kronleuchter und Vasen mit Blumen wurden zur Ausschmückung trefflich benutzt. Die andern Zimmer der ersten Etage bildeten gleichsam lauschige Kabinette, in welche man sich zur Lecture, zum Spiel, oder zu gemüthvoller Plauderei zurückziehen konnte.

Vor Allem war Ulrike darauf bedacht gewesen, die große Halle — ihres Bruders Liebste und seiner Meinung nach schönste Schöpfung — dem Auge und dem Spott der Einzuladenden zu entziehen. Sie hatte ihr den Namen „Ahnensaal" gegeben, und es damit durchzuschen gewußt, daß man dieselbe, als ein Familien-Heiligthum, verschlossen halte. Nur auf besonderen Wunsch der Gäste sollte dieser Raum ihnen geöffnet werden. — ¬

Ulrike war früher mit Elma — weil ihr jede Spur eines jugendlich anschmiegenden Wesens fehlte — nicht zufrieden gewesen; jetzt standen Beide, ohne daß die Nichte sich offener und mittheilender zeigte, sehr gut miteinander. Denn die Tante schrieb es hauptsächlich der Beobachtung ihrer weisen Lehren zu, daß Elma eine so glänzende Heirath machen werde, auch staunte sie über die Ruhe, mit welcher das junge Mädchen die Bewerbung des Grafen aufgenommen hatte. Ulrike gelangte zu der Ueberzeugung, daß sie es hier mit einem eigen-

artigen Charakter zu thun habe, dem man schon Etwas nachsehen müsse. Als dann Elma für die Erfüllung ihres Wunsches: sich in Berneck eine angenehme Geselligkeit zu verschaffen, der Tante Hülse mit Schmeichelworten erbat, wurde diese nur günstiger gestimmt. Ulrike liebte es — gleich vielen unverheiratheten Frauen — der Mittelpunkt eines größeren Kreises zu sein, Anordnungen zu treffen, Befehle zu geben. Sie konnte in Berneck, wo sie das ganze Hauswesen dirigiren würde, um kleine Festlichkeiten erstehen zu lassen, wiederum zeigen, daß eine Dame von ihrem Geist, von ihrem Talent der Repräsentation, stets eine Zierde der Gesellschaft bleiben müsse.

Es galt nun zunächst, einige Herren und Damen von Talent und feiner gesellschaftlicher Bildung auszuwählen, mit welchen man in freundlichem Verkehr mehrere Wochen angenehm verleben könne. Denn nur zweimal sollte ein größerer Empfang stattfinden, und Einladungen an Bekannte in der Residenz und benachbarte Adelsfamilien ergehen.

An diesen Empfangsabenden gedachte Ulrike die Gäste durch Vorführung lebender Bilder und musikalische Vorträge zu unterhalten. Der Tanz eignete sich weder für die Jahreszeit, noch konnten rauschende Vergnügungen angemessen erscheinen, da Elma's Verlobter an dem Bette eines Schwerkranken weilte.

Die Proben zu diesen Darstellungen und musikalischen Vorträgen würden die in Berneck versammelte kleine Gesellschaft lebhaft beschäftigen, und die einzelnen Personen auf ungezwungene Weise einander näher bringen.

Daß zwei so schöne und begabte Mädchen, wie Elma und Manon zu ihrer Verfügung standen, wußte Tante Ulrike wohl zu schätzen, und sie bewies auch ihren sicheren Blick in der Wahl der einzuladenden Gäste. Graf Sternau, dem Hause Planitz entfernt verwandt, war ein schöner, eleganter, vielseitig gebildeter Mann, und — ein weiterer Vorzug — „kühl bis in's Herz hinan"! Ein junger Mann, der sich sofort in eine der Schönheiten verliebte, würde einfältig werden und nur für die Erkorene Werth behalten. Baron Orbach, obwohl „eine beginnende Ruine", konnte sehr gut verwendet werden. Die Tage in welchen er als stattlicher Mann eine Rolle gespielt, lagen weit zurück; er machte nicht große Ansprüche mehr und ließ sich — mit der nöthigen Freundlichkeit — überall hinstellen, wo ein weltgewandter Partner, sei es beim Spiel, oder in der Unterhaltung, fehlen sollte. Herr von Bärenhorst, ein Vetter des Grafen Schöneich, sang vortrefflich; ihn und Malvine von Helbig, die zwar schon verblühte, doch höchst musikalische Tochter eines benachbarten Gutsbesitzers, hatte Ulrike für die musikalischen Genüsse in's Auge gefaßt. Die jüngere Schwester Malvinens, Anna von Helbig, ein munteres hübsches Mädchen, würde für die lebenden Bilder von Nutzen sein.

Eine Reihe von Jahren war dahingegangen, seitdem der Oberforstmeister von Brandt das Schloß seines Schwagers voll Aerger verlassen hatte. Der Zorn des heißblütigen Mannes war längst verraucht und er nahm eine Einladung für sich, die Gattin und seine beiden jüngsten Söhne Felix und Otto, von welchen der eine Officier, der andere Forst-Akademiker war, auf's Freundlichste entgegen.

Nachdem von allen Seiten eine verbindliche Zusage eingegangen war, nahm Ulrike auch auf eine Tagesordnung bedacht bei welcher die Gäste sich frei bewegen sollten, wie es auf den Landsitzen des englischen Adels — zu allseitiger Befriedigung der Eingeladenen — üblich ist. —

*　　*　　*

Graf Sternau und der Baron wurden am Schloßportale von einem in geschmackvolle Livree gekleideten Diener in ein Zimmer des Erdgeschosses geführt, wo der Freiherr seine Gäste mit der treuherzigsten Freundlichkeit willkommen hieß, die ihm so trefflich stand.

Er selbst geleitete dann die Herren in den zweiten Stock, dessen Gemächer man zu anmuthigen Fremdenzimmern eingerichtet hatte.

Nachdem die Gäste ihre Reisekleider gegen eine einfache Gesellschaftstoilette gewechselt, begaben sie sich in den Empfangsaal, wo sie Ulrike, den Freiherrn, dessen Gattin und die andern — schon früher eingetroffenen — Gäste versammelt fanden.

Ulrike machte mit großer Feinheit die Honneurs und überhob ihre Schwägerin fast aller Mühe bei der Unterhaltung der Gäste. Ihr vieljähriges Leben am Hofe hatte ihr jene würdevolle Sicherheit des Auftretens gegeben, welche Andern imponirt und sie — in dem Austausch von Ansichten — Maß zu halten zwingt.

Graf Sternau hatte kaum mit der Baronin und Ulrike einige verbindliche Worte gewechselt, als der Freiherr zu ihm trat und sagte: „Lieber Arthur, ich will Dich jetzt zu Elma führen, die sich in das blaue Eckzimmer, welches Du ja von früher kennst, zurückgezogen hat, um einen Brief ihres Verlobten zu lesen."

„Ich möchte in keiner Weise stören, lieber Onkel"

„Einmal gelesen hat Elma die Epistel sicherlich, denn die Postsachen kamen mit dem Zuge, der Euch hierhergebracht! Eine zweite und dritte Lesung kann später erfolgen. Auch ist Elma, das muß ich lobend anerkennen, ein vernünftiges Bräutchen; sie seufzt nicht immerfort, sondern genießt in aller Freude das Glück, welches ihr zu Theil geworden ist."

Der Graf folgte dem Freiherrn durch den Corridor in das Gemach, welches Elma ihr Boudoir nannte, und das die Zimmerreihe des ersten Stockes schloß. Das junge Mädchen stand neben einem mit silbernen Armleuchtern besetzten Tisch und hatte den Kopf ein wenig gesenkt, um ein Bild zu betrachten, das sie in der Hand hielt. Als sie ihren Vater und einen fremden Herrn eintreten sah, richtete sie ihre schöne Gestalt zu voller Höhe auf.

„Rathe einmal, wen ich Dir bringe, liebe Tochter!"

„Ich will Dir zu Hülfe kommen, liebe Elma," fiel schnell Graf Sternau ein, der gleich beim Betreten des Zimmers mit einem prüfenden Blick das reizende Frauenbild gemustert hatte, „und sagen, daß es Vetter Arthur ist; vor acht Jahren Dein Beschützer bei kindlichen Spielen, heute Dein Sklave!"

Die Worte lauteten höchst verbindlich, des Grafen Blick zeigte deutlich wie schön er das Mädchen fand, doch gefielen der Ton und vor Allem die Ueberschwänglichkeit des Ausdrucks der klugen Elma durchaus nicht.

Auch ihr Blick hatte unbefangen prüfend auf seinen Zügen und seiner eleganten Gestalt geruht; Elma reichte dem Vetter, als er gesprochen, mit graciösem Lächeln flüchtig die Hand und erwiderte: „Ich liebe Sklaven nicht, Vetter Arthur, das will ich Dir sofort gestehen! Ein freier Mann macht einen ganz andern Eindruck auf mich! Ein Sklave dürfte nur dann gnädig von mir empfangen werden, wenn ich ihn dazu gemacht hätte."

„Wie, liebste Muhme," rief Arthur, indem er gleichsam erschreckt, ein wenig zurücktrat, „Du hast doch nicht ein Attentat auf meine Herzensruhe bei dieser warmen Frühlingszeit im Sinn? Bitte, sei nicht grausam, verschiebe alle Angriffe bis zu den Tagen, wo ein eisiger Wind über die Fluren fegt und die angefachte Glut der Leidenschaft zu kühlen und zu lindern vermag!

Was ich in Bezug auf Dich zu thun gedenke, darüber gebe ich heute noch keinen Bescheid. Schon der Dichter sagt:

Feindlich ist die Welt
Und falsch gesinnt! Es liebt ein Jeder nur sich selbst!"

Der Graf verneigte sich mit anscheinender Demuth vor dem schönen Mädchen. Beide fühlten, daß sie einer interessanten Persönlichkeit gegenüberstanden, und vielleicht zu einem Kampfe herausgefordert werden könnten.

„Vater," sagte dann Elma heiter und legte ihren Arm auf den des Freiherrn, „wir müssen nun jetzt in den Saal begeben; denn es wäre ein gar zu großes Unrecht, wollten wir unsern Gästen noch länger die Unterhaltung des Vetters vorenthalten."

„Hoffentlich sprecht Ihr dort vernünftiger mit einander; Euer Debüt kam mir wirklich so vor, als ob ich Chaldäisch reden hörte!"

„Väterchen, das muß so sein; ich kann nur sagen, wie es in dem Refrain des französischen Liedes heißt, welches Manon einmal sang:

,C'est la guerre, c'est la guerre!'" —

Siebentes Capitel.

Graf Sternau hatte dem Baron auf der Fahrt nach Schloß Berneck einen Theil seines Glaubensbekenntnisses in Liebessachen mitgetheilt, jedoch wohlweislich jede weitere Auslassung über dieses Capitel vermieden.

Arthurs Vater war ein Libertin und Verschwender gewesen; von dem großen Gütercomplexus, welcher ihm einst gehört, war seinem Sohne nur ein Vorwerk geblieben. Arthur hatte es verpachtet — das herrschaftliche Wohnhaus enthielt nur vier Stübchen — und die Pachtrate reichte bei der weisesten Sparsamkeit gerade hin, den Ansprüchen seines Standes gemäß zu leben.

Obwohl der Sohn die Neigungen seines Vaters für die Frauen theilte, erschien er in Geldangelegenheiten durchaus als dessen Gegenbild. Arthur war Epikureer, und gleich Epikur suchte er Erdenglück und Behagen sich durch Ueberlegung zu sichern. Sein Wahlspruch lautete: „Genuß in Ruhe", und wie wäre ein so behaglicher Zustand bei zerrütteten Verhältnissen zu erreichen?

Daß er augenblicklich so manche Freude sich versagen mußte, war ihm allerdings störend, allein dieser Stand der Dinge würde — darüber blieb Sternau gar kein Zweifel — bald genug sich ändern. Denn bei seinem bestechenden Aeußern, der Eleganz seines Auftretens und seinen gesellschaftlichen Talenten mußte es

ihm leicht gelingen, eine vornehme reiche Erbin heimzuführen. Ueber die nothwendigen Eigenschaften seiner
Zukünftigen war er vollständig mit sich einig.

Hübsch, anmuthig, oder von distinguirter Erscheinung
mußte sie durchaus sein, denn bei einer häßlichen Frau
würde man entweder seinen Geschmack abscheulich gefunden,
oder ihm nachgesagt haben, daß er sich verkauft hätte.
Eine Schönheit ersten Ranges verwarf Sternau. Solche
Frauen sind zu anspruchsvoll — meinte er — und
kommt der Ehemann einmal aus dem Entzücken heraus,
so richten sie verlangende Blicke nach allen Seiten hin,
um die fehlende Anbetung einzufordern. Künstlerische
Anlagen waren ihm erwünscht, namentlich solche, durch
deren Uebung die Frau, wie beim Singen, Malen, Clavierspiel, sich täglich einige Stunden angenehm beschäftigen
konnte. Hervorragender Geist und Scharfblick haben in
der Ehe viel Unbequemes. Denn der Graf gedachte zwar
in den liebenswürdigsten Formen mit seiner Gattin zu
verkehren und streng den Anstand zu wahren, jedoch
wie bisher, keinerlei Zwang sich aufzuerlegen.

Als er Elma an diesem Abend erblickte, hatte flüchtig
die Idee seinen Geist durchkreuzt, ob es nicht ein Fehler
gewesen sei, daß er um dies schöne, reiche Mädchen sich
nicht beworben habe. Denn ihr Vater mußte in den
letzten Jahren, in welchem er nur für seine Heillehre
und deren Verbreitung lebte, ein bedeutendes Vermögen
angesammelt haben. Gleich die kurze Unterredung mit
ihr in dem blauen Salzimmer belehrte ihn eines Besseren.
Elma war viel zu klug und schlagfertig, man würde
lebenslang gleichsam auf der Mensur mit ihr zu stehen
haben.

Nein, nein, gerade vor diesem Mädchen gedachte er
sich zu hüten! —

Ohne einen kleinen Liebeshandel war jedoch Graf
Sternau nicht gewohnt zu leben, und als er zu später
Stunde behaglich auf dem Schaukelstuhl in seinem Zimmer
ruhte und die kleinen Wölkchen aus seiner Havannah-
Cigarre emporsteigen ließ, trat verlockend das Bild der
hübschen Dirne, welche ihn heute so freundlich gegrüßt,
vor seine Seele.

Er beschloß, ihre Bekanntschaft zu machen, natürlich ohne irgendwie im Schlosse oder bei den biederen
Landbewohnern Anstoß oder Aufsehen zu erregen.

Ein Feldzugsplan war schnell und mit der Meisterschaft entworfen, welche des Grafen Uebung in derartigen
Abenteuern verbürgte. Hier würde es keines Werbens,
keiner hochtrabenden Worte von Liebe und Treue bedürfen, um das Mädchen ihm günstig zu stimmen. Die
angenehmsten Bilder beschäftigten des Grafen Phantasie,
bis die seine Cigarre erloschen war und er sich anschickte,
die Nachtruhe zu genießen. —

Der Morgen war hell und klar; Sternau kleidete
zeitig auf und begab sich in kleidsamer Morgentoilette
durch den Park in das freie Feld.

Graf Sternau hatte sich durch die Lectüre land-
wirthschaftlicher Schriften eine oberflächliche Kenntniß
aller bei der Bodencultur nothwendigen Verrichtungen
erworben, die er dann auch bei passender Gelegenheit
zu verwerthen strebte.

Rechts am Wege fand er den Meier, welcher Gerste
säete. Er rief dem Mann in der cordialen Weise, welche
er so glücklich anzunehmen verstand, einen „guten Morgen!"

zu, trat dann näher und erkundigte sich, welche Art von
Gerste hier angebaut würde, ob es die zweizeilige oder
vierzeilige wäre? Als der Graf Bescheid erhalten, fragte
er den Meier, ob es nicht auch seine Meinung sei, daß
keine Frucht weniger eine Unterbrechung im Wachsthum
vertrage, als eben die Gerste?

Er erzählte dann, daß es auf seiner Begüterung
leider viel Thonboden gebe und er daher angenommen
habe, daß die beste Saatzeit für Gerste eingetreten wäre,
wenn die Apfelbäume blühen, denn vorher schiene ihm
die Erde nicht erwärmt genug. Den über so viel Herab-
lassung ganz erstaunten Mann verließ er endlich mit
dem Bemerken, wie es ihm schon aus der Ferne aufgefallen sei, mit welch' sicherem tactmäßigen Wurf er die
Saat auf den Acker habe fallen lassen. „Ja, ja, ein
jedes Ding will erlernt sein und erfordert seine Meister!"

Der Graf wendete sich nun zu einem Wiesenplan,
wo mehrere Männer und Frauen arbeiteten, doch war
das hübsche Mädchen leider nicht unter ihnen. Auch hier
lobte er die Arbeit, versprach zum Erntefeste wieder zu
kommen und dann mit den fleißigen schmucken Dirnen
im Tänzchen zu machen. Lobsprüche tönten ihm von
allen Seiten nach; es war ein gar so prächtiger Herr!

Eine Strecke weiter ging die Walze über ein besäetes
Ackerstück, wo er wiederum zu sprechen haben würde und
noch war der Gegenstand seiner Wünsche nicht zu erblicken! Der Graf stieß einen Seufzer der Ungeduld
aus, denn die Zeit verrann und er hatte noch nichts
erreicht! Doch jetzt machte der Weg eine Biegung und
er entdeckte auf einem kleinen Wiesenterrain das hübsche
Mädchen! Rose war die tüchtige, pflichtgetreue Ar-
beiterin bekannt, und daher auf diesen entfernten Plan
gesendet worden, wo sie allein den Klee zu wenden und
in kleine Haufen zu setzen hatte. Dies that sie auch
so emsig und voll Freudigkeit, daß ihr fröhlicher Gesang sich mit dem Jubelchor der kleinen Sänger einte,
die von Busch und Baum ihre Loblieder erschallen ließen.

> Ich saß unter einer Linde,
> Der Abend war schön,
> Die Sonne im Sinken,
> Kein Wölkchen zu seh'n!

„Bravo, bravo, mein Kind!"

Erschreckt hielt das Mädchen inne.

„Laß Dich nicht stören und singe nur Dein Lied
zu Ende; ich höre so Etwas recht gern!" rief der Graf
dem Mädchen zu und näherte sich ihr so weit, als es
nöthig war, um ein Gespräch beginnen zu können. Ein
scharfer Blick nach allen Seiten der Landschaft hatte
ihn zwar belehrt, daß kein Späher in der Nähe sei,
allein er wünschte, das liebe Geschöpf erst zutraulich zu
machen, und so blieb er — beide Hände auf den Knopf
seines zierlichen Stockes gelegt — wenige Schritte von
Rose entfernt auf der Wiese stehen.

„Nun, warum zögerst Du? fahre fort, ich möchte
wissen, wie der Abend in Deinem Liede zu Ende ging!"

„O Herr," rief Rose erglühend, „ich würde mich
schämen, vor Ihnen zu singen, es ist ein gar einfaches
Lied."

„Gerade darum gefällt es mir, liebes Mädchen!
Auch klang die Weise sehr hübsch. Auf meiner Begüterung wird ebenfalls bei der Arbeit viel gesungen,
denn ich bin gar kein gestrenger Herr — das ließt Du

mir wohl aus den Augen — allein wir haben dort andere Lieder. Eglitten, so heißt mein Gut, liegt hundert Meilen weit von hier!"

„Ach, so weit sind Sie hergekommen, gnädiger Herr!" Rose machte dann einen Verlegenheitskampf in dem Bedenken durch, ob es passend sei, nicht zu arbeiten, während der vornehme Herr mit ihr spräche, oder ob eine solche Vernachläßigung ihrer Pflichten von ihm übel gedeutet werden könne. Sie wählte den Ausweg, in ihrem Tagewerk nur langsam fortzufahren und ab und zu es gänzlich ruhen zu laßen, um den Grafen anzublicken.

„O, ich bin viel weiter gewesen, liebes Mädchen, in Ländern, wo man eine ganz andere Sprache redet! Aber zuletzt sehnt man sich wieder nach der Heimath, nach den alten trauten Gesichtern! Nun singe Dein Liedchen zu Ende, oder beßer: fange es noch einmal an!"

„Gnädiger Herr, ich kann nicht." — Purpurröthe bedeckte Rose's Wangen.

„Ei Mädel, das Lied wird wohl so schlimm nicht sein, wenn auch vom „Schatz" darin die Rede ist, das bleibt doch einmal selbstständlich! Einen Schatz hast Du natürlich auch, denn die Burschen hier müßten ja keine Augen haben, wenn solch' ein Mädchen ohne Liebsten wäre!" Diesen Worten folgte ein so beredt aufleuchtender Blick, daß Rose voll Verwirrung ihre Arbeit ganz einstellte.

„Siehst Du, Mädchen, ich weiß Alles und vermag in Deinem Herzen zu lesen und wahrzusagen, trotz der besten Zigeunerin. Jetzt aber singe! ich werde nach dem Wäldchen umblicken, damit Dir jede Verlegenheit erspart bleibe!"

Der Graf wendete sich in der That von Rose weg — es war nöthig, um unbemerkt nach der Uhr zu sehen und die Zeit zur Rückkehr nach dem Schloße abzumeßen. Denn um zehn Uhr hatte ihn Tante Ulrike in den kleinen Pavillon des Gartens beschieden, um vereint mit Elma und ihm festzustellen, womit man eine größere Gesellschaft, die sich etwa in acht Tagen in Berneck versammeln würde, zu unterhalten habe.

Rosa sang zuerst leise und mit Schüchternheit, dann hell und klar:

> Ich saß unter einer Linde,
> Der Abend war schön,
> Die Sonne im Sinken,
> Kein Wölkchen zu seh'n!
>
> Da kam mein Herzliebster,
> Wie schnell war sein Gang,
> Wie hell seine Mienen,
> Wie froh sein Gesang!
>
> Er nahm meine Hände,
> Er küßt mir den Mund,
> Stets denk' ich, stets denk' ich
> Der seligen Stund'!

„Ganz allerliebst, wahrhaftig! Dank, liebes Kind!" Der Graf trat näher und klopfte freundlich Rose auf die Schulter.

„Du gefällst mir, Mädchen, und wenn Dein Schatz ebenso brav und tüchtig ist, als Du, so möchte ich wohl

etwas für Euch thun. Du mußt mir das nächste Mal, wenn ich Dich spreche, von Deinem Liebsten erzählen; dann werde ich in Ueberlegung ziehen, wie Euch zu helfen ist."

Sternau grüßte nun das Mädchen mit derselben Liebenswürdigkeit wie am Tage zuvor, und trat dann schnellen Schrittes den Rückweg nach Schloß Berneck an. —

Achtes Capitel.

Tante Ulrike und Elma hatten im Pavillon die Kaulbach'schen Photographien zu Göthe's Dichtergestalten auf einem Tische vor sich ausgebreitet, als Graf Sternau eintrat und die Damen in der respektvollsten Weise begrüßte.

Elma sah reizend aus in einem weiß und rosa gestreiften Müslinkleide, das höchst zierlich mit schmalen Volants besetzt war. Um ihr schön arrangirtes Haar gegen jede Verwirrung durch den Luftzug sicher zu stellen, hatte sie es mit einem Netze von schwarzer Seide bedeckt, deßen herabhängende Bänder die Zartheit ihrer Hautfarbe noch mehr zur Geltung brachten.

Sie nannte den Grafen scherzend einen Langschläfer, der auf sich warten laße; sie habe geglaubt, er würde seinen Landaufenthalt dazu benutzen, um auch einmal zu erfahren, wie schön sich uns Alles darstellt, wenn die Sonne aufgeht.

„Dazu brauchte ich nicht frühe aufzustehen, das Schauspiel genieße ich auch jetzt", entgegnete der Graf mit galanter Verbeugung.

„O weh! welch ein vorsündfluthliches Compliment! Das muß Adam bereits seiner Angebeteten gesagt haben! Ein junger Mann, der mehrere Jahre Legationssekretair gewesen ist und mit hohen und allerhöchsten Personen im Verkehr stand, müßte Beßeres zu Stande bringen!"

„Elma, ich rücken nicht von der Stelle, wenn Du stets bei Nebendingen Dich aufhältst! Und welche Bilder wir auch wählen mögen, Dekorationen, Stoffe und allerlei Beiwerk muß aus der Residenz beschafft werden," warnte die Tante. Sich zu Sternau wendend, fuhr Ulrike fort: „Wir gedenken lebende Bilder nach Kaulbach zu stellen, und es wäre mein Wunsch, Jeden von unsern Gästen — die augenblicklich mit uns weilen — wenigstens in einem Bilde zu beschäftigen. Einzelne von unsern lieben Freunden sind jedoch weder durch Jugend und Schönheit, noch durch Adel der Gestalt ausgezeichnet; wir müßen uns daher nicht nur in der Wahl der Bilder gewiße Beschränkungen auferlegen, sondern auch in Erwägung ziehen, ob die Bitte: diese oder jene Gestalt darzustellen, nicht Mißstimmung erregen würde!"

Ulrike machte eine kleine Pause und Sternau entgegnete sofort: „Ich glaube zu verstehen, was Ihnen vorschwebt, mein gnädigstes Fräulein, und möchte zuerst auf Iphigenie und Orest hinweisen, natürlich ohne die Furien. Von Orest ist nur die Rückenpartie sichtbar, und etwa mangelndes Haupthaar könnte durch die herabwallenden Locken der Perrücke verdeckt werden. Den Orest erkühne ich mich dem Verwöhntesten anzubieten, zumal wenn ein junges schönes Mädchen die Iphigenie wiedergeben sollte!"

(Fortsetzung folgt.)

Feuilleton der Deutschen Roman=Zeitung.

Das ottomanische Heer.

II.

Die Haltung war im Allgemeinen nachlässig, ungezwungen, der Gang schleppend, kurz, ohne jede Spur von jener soldatischen Strammheit, wie sie ein systematisches Drillen endlich dem widerhaarigsten Bauerburschen aufzwingt und die in den meisten Heeren als das Alpha der Kriegstüchtigkeit betrachtet wird. Der größere Theil der höher gestellten Offiziere zu Pferde gab der Phantasie bei der Zusammenstellung seines Costüms einen noch weiteren Spielraum und räumte der Bequemlichkeit womöglich noch größere Rechte ein.

Gleich dem „Iron duke" Wellington, von dem man erzählt, daß er die Schlacht von Waterloo im Cylinder und unter einem Sonnenschirm geleitet habe, erschien mein General oft in einem Gemisch von Uniform und Nachtkleid. Seinen Säbel trug der Adjutant, der hinter seinem Pferde einhertrollte, seine Pfeifen und Rauchrequisiten der Tschibuktschu. Die anderen Diener, die ihn begleiteten, stellten Zeichen seines Ranges, also gewissermaßen ambulante Epauletten dar, die die damalige Campagne-Uniform der Offiziere keinerlei Rangabzeichen aufwies. Auch die Beleibtheit konnte als höheres Rangzeichen gelten, denn so selten sie im Volk und in der Truppe anzutreffen, so häufig — um nicht zu sagen allgemein — findet sie sich in den höheren Würden. Der poetische, welcher die Divisionsgeneräle und Marschälle kennzeichnet, war keine ganz untrügliche Auszeichnung, weil auch die Hadji (Pilger nach den heiligen Städten) das Vorrecht des Vollbartes genießen.

Ich stand in einem der beiden sogenannten „polnischen Regimenter", den einzigen christlichen Abtheilungen im ottomanischen Heere. Das eine nannte sich Kosackos, das andere Dragoner-Regiment — warum, ist mir nie klar geworden. Sie waren aus freiwilligen Bulgaren und polnischen Emigranten zusammengesetzt. Natürlich waren es Polen allein Offiziere, so daß auf jeden zweiten Reiter wenigstens je ein Lieutenant kam. Die Besitzergreifung der von jedem Einzelnen beanspruchten Königskrone mußte doch in Epauletten abgewartet werden. Der Kosackobhater Czolkowski befehligte unter dem Namen Sabyl-Pascha das heilige Heer, welches immer auf dem Sprunge stand, in Warschau einzurücken und sich die Erwartung dieses feierlichen Moments durch Punsch nach Hekne'schem Recept verkürzte. Diese Regimenter organisirten sich immer und immer wieder und waren die schlechtesten Abtheilungen im ottomanischen Heere. Ich sah sie zuletzt im Jahre 1860 auf dem berühmten Amselfelde (Kossowo polje) wieder. Sie organisirten sich noch immer. Was seither aus ihnen geworden ist, weiß ich nicht; Sabyl-Pascha hat auf alle Kriegsthaten verzichtet, seinen Frieden mit dem weißen Zaren geschlossen und pflanzt nunmehr in den heimathlichen Steppen seinen poetischen Kohl beim Klange einer türkischen Pasterpension. Doch lassen wir den General Czolkowski reiten, die weiland Kosackendragoner auf verschiedenen Punkten des Erdballs Ueber Odyssee bummeln und kehren wir zum damaligen ottomanischen Heere — wir schreiben 1853 — zurück.

Soldatisches Selbstgefühl mangelte der Truppe wie den Offizieren gänzlich. Von einem Corpsgeist, von dem sogenannten Standesehre und wie die sonstigen vielleicht nothwendigen Vorurtheile heißen mögen, hatte Niemand eine Ahnung. Die Ausbildung war lückenhaft und oberflächlich. Am schlimmsten war

es mit der Reiterei bestellt, besser mit der Artillerie, die damals von preußischen Lehroffizieren gebildet wurde. Verhältnißmäßig am weitesten fortgeschritten waren die Musikkapellen. Auf Heeresmusik war von jeher eine besondere Sorgfalt verwendet worden, und auch jetzt noch prunken ihre Zeichen unter den Trophäen. Es gehörte nämlich nächst dem Hutbe (Kanzelgebet) und dem Münzrecht zu den vornehmlichen Herscherrechten, die Heermusik fünfmal täglich vor dem Palast oder Zelt ertönen zu lassen.

Selbst der reglementmäßige Gruß ward blos den unteren Sphären gegenüber beobachtet, die Offiziere unter sich katzbuckelten nach Art der Efendis, denen zugezählt zu werden nicht den geringsten Theil ihres Ehrgeizes ausmachte; die Offizierscharge galt jedem eben als ein Amt. Die Zöglinge der Kriegsschulen und die im Abendlande gebildeten Offiziere waren nur in einzelnen Erscheinungen und zumeist in bescheidenem Rangverhältnisse vertreten, und die Kriegsminister, welche in jener Epoche das Heerwesen am meisten beeinflußten, Riza-Pascha und Mütercijm (der Uebersetzer) Mehmed-Pascha, Männer von persönlicher Begabung, waren viel mehr Staatsmänner als Soldaten.

Unter der Regierung des gegenwärtigen Kaisers[*] haben sich die Dinge mit erstaunlicher Raschheit und mit bemerkenswerthem Erfolge geändert. Die fachmännisch gebildeten Offiziere, an ihrer Spitze der frühere Großvezier und Kriegsminister Hussein-Koni-Pascha, haben die Leitung des Heeres in die Hand bekommen und einen gänzlichen Umschwung in Wege gebracht. Ich habe die Truppen im Jahre 1874 wiedergesehen und blieb erstaunt über die rasche Veränderung. Ein Offizierskörper im abendländischen Sinne fängt an sich zu bilden. Die Mannschaft, gekleidet in die ihrer Natur entsprechende Zuaventracht, mit den besten Waffen der Neuzeit versehen und mit Sorgfalt ausgebildet, bietet einen ebenso harmonischen als martialischen Anblick, ohne daß unter den Maßnahmen in Hinsicht auf die Aeußerlichkeit ihre nationalen und besonderen Eigenschaften Einbuße erlitten zu haben scheinen. Diese Eigenschaften sind, wie bereits bemerkt, eine besondere Begabung für das Waffenhandwerk, die eine rasche Ausbildung bei kurzer Präsenzzeit ermöglicht, eine natürliche Unterordnung, die jede Strenge zur Aufrechterhaltung der Disciplin unnöthig macht, eine todesmuthige Ergebung, die im islamischen Fatalismus ihren Ursprung hat, und eine stoische Entbehrungsfähigkeit, wie man sie wohl selten irgendwo antrifft.

In gedeckten Stellungen und in der Vertheidigung von Schanzen entwickelt der ottomanische Soldat seine Vorzüge am glänzendsten.

Das hat der Donaufeldzug neuerdings dargethan.

Wie sehr es den Russen auch darum zu thun war, Silistria einzunehmen, bevor die westmächtlichen Alliirten auf dem Kampfplatz erscheinen konnten, so scheiterten doch alle ihre Bemühungen, sich dieses Lehmhaufens zu bemächtigen, und wo immer im Verlaufe des ganzen Feldzuges Russen und Türken aufeinanderstießen, zogen mit Ausnahme von Oemüsh Sou in Asien die Ersteren das Kürzere. Kars mußte ausgehungert werden, ehe es in die Hände der Russen fiel.

Monatelange Soldrückstände thun dem Dienstreifer des ottomanischen Soldaten keinerlei Abbruch. Freilich vor Mangel bewahren ihn die täglich verabreichten Rationen. Diese bestehen aus Hammelfleisch, Reis, Butter, Gemüse, Salz, Brot und Seife,

---

[*] Sultan Abdul Aziz.

wozu im Ramaban (Fastenmonat) Kaffee hinzugefügt wird. Man sieht, der Entbehrungsfähigkeit des Mannes werden unter normalen Verhältnissen keine allzu harten Proben zugemuthet. Die Anzahl der Rationen steigert sich bei den Offizieren im Verhältniß ihres Ranges, vom Major aufwärts mit einer entsprechenden Zugabe von Pferderationen.

Der patriarchalische Geist der islamitischen Anschauung mildert das Verhältniß des Offiziers zum Soldaten, des Untergebenen zum Vorgesetzten und wird zugleich auch wieder zum Kitt für den ganzen Heereskörper.

Der Offizierskörper in den Heeren der europäischen Monarchien hat sich aus dem „Ritterthum" herausgebildet, in der Türkei dagegen aus der Truppe. In früheren Jahren nahmen die Offiziere keinen Anstand, einem hochgestellten Vorgesetzten gelegentlich Verrichtungen zu leisten, denen im Abendlande nur ein Diener obliegen würde, weßhalb aber glaubte sich der Betreffende durchaus nicht wegzuwerfen, noch aber wurde er darum minder geachtet. Der nähere Verkehr eines Offiziers mit seinen Soldaten verleitet die letzteren niemals zu Uebergriffen und thut der Disciplin keinerlei Eintrag. Heute freilich hat die Verschiedenheit der Bildung bereits eine schroffere Kluft zwischen Epaulette und Tornister gezogen als ehedem der bloße Rang. In der Türkei ist die Bildung noch lange nicht beim Nivelliren, sondern noch beim Scheiden.

Die Nichtmußelmann waren bis jetzt vom Kriegsdienst ausgeschlossen und die Bewohner von Konstantinopel von demselben befreit. Eine gewaltige Blutsteuer lastete seit Jahrhunderten auf dem Osmanenthum und trug nicht wenig dazu bei, seine Vermehrung zu beeinträchtigen.

Seit man daran ging einen osmanischen Staat zu gründen, ist die Aenderung in diesem Punkte unausweichlich geworden und die Zulassung der Christen zum Heeresdienst principiell schon längst entschieden; sie wird auch durchgeführt werden, wenngleich der Umstand, daß manche christliche Stämme sich nicht frei von der Geneigtheit gezeigt haben, subversiven Zuflüsterungen Gehör zu schenken, sie nicht ganz harmlos erscheinen läßt. Küprisli Mehmed-Pascha wollte besondere christliche Depôt-Bataillone errichten und erst die derart zu Soldaten herangebildeten Rekruten in größeren Gruppen in die jetzigen muselmanischen Regimenter einreihen. Nur so, meinte er, würde sich endlich eine Waffengemeinschaft zwischen ihnen bilden lassen. Das direkte Einreihen christlicher Rekruten in osmanische Truppentheile würde zu großen Mißhelligkeiten führen und die Errichtung christlicher Corps ebenso zweckwidrig als gefährlich sein.

Wie ich bereits vorhin erwähnte, muß Hussein-Avni-Pascha als der Hauptförderer der jetzigen Heeresbildung angesehen werden. Durch ihn gelangten die Kriegsschulen zu ihrer vollen Bedeutung, durch ihn wurde das Heer von den fremden Unterrichtsoffizieren emancipirt und der militärische Geist der Osmanen in dem neuen Körper zum neuen Bewußtsein geweckt, durch ihn endlich bekam ein Mann im Staate die Stimme, der einzunehmen berufen ist. Seine Berufung an das Großvezirat mit Beibehaltung seines Seraskieramtes gab derselben den entsprechenden Ausdruck. Wenn der Ausspruch jenes gewaltigen Landverderbers aus der Völkerwanderungsepoche: „Eisen ist besser als Gold, mit dem Eisen hole ich es", in unserer Zeit auch dahin auszulegen ist, daß das Eisen des Acker- und Handwerkszeuges und der Maschine das Gold erwerben muß, welches hinwieder das Eisen der Waffen ernährt, so erscheint für einen Staat unter den Bedingungen des osmanischen die Pflege des Heerwesens eine Grund- und Hauptforderung. Ein gutgebildetes Heer kann gewissermaßen zum Vorbilde und Krystallisationskern für den geregelten öffentlichen Dienst werden.

In der Türkei, wo man Vicinalwege erst dann bauen wird, wenn schon die Eisenbahnschienen das Land durchkreuzen, muß oft manches in den oberen Stockwerken vollendet werden, ehe die unteren ausgebaut sind. Das Heer, mit dem die Reform begonnen wurde, muß bei ihrer Durchführung ein wesentlicher Factor bleiben.

Das Volkslied der Serben.

Von Hugo Sturm.

II.

Aber Schönheit und Jugend verschwinden, und darum ermahnt die praktische Mutter ihre Tochter, auch die Vermögensverhältnisse ihres Erwählten nicht außer Acht zu lassen:

> „Tochter, nimm den Ackersmann,
> Wirst es gut da haben!
> Mutter, ja den Ackersmann,
> Werd es gut da haben;
> Ackersmann hat schwarze Hände,
> Aber Weißbrot ist er."

Der Weg zur Hölle soll, wie das Sprichwort wissen will, mit guten Vorsätzen gepflastert sein. Auch unsere Maid erfährt dies, als sie eines Tages von dem Söller herab den sieht, der ihrem Ideale entspricht. Ganz entzückt schaut sie ihm nach, den Blick zum Abendstern erhoben:

> „Lieber Gott, welch wundersamer Jüngling!
> Wenn Du diesen mir zum Glücktheil gäbest,
> Reiten wollt ich ihm zum Lager streuen,
> Rothe Rosen hin zu seinem Haupte,
> Daß der süße Duft ihn oft erwecke
> Und er mir das weiße Antlitz küsse!"

Allabendlich schaut sie jetzt hinaus, bis sie von fern ihn daherkommen sieht, bis sein feuriger Blick sie getroffen. Abend für Abend kommt er um dieselbe Zeit mit seiner Heerde, schon sagt es ihr der schnellere Schlag ihres Herzens, wenn der „wundersame Jüngling" sich naht, sie fühlt es schon längst, was sie sich so gern noch selbst verhehlen will:

> „Möchte wohl den jungen Hirten lieben,
> Konstantin, den jungen Hirten,
> Der dahergeht vor den Schafen,
> Wie der Mond geht vor den Sternen." —

Und auch der Bursche hat die holde Maid wohl bemerkt. Er wagt es jedoch nicht, seine Augen zu der reichsten Jungfrau des Dorfes zu erheben. Aber ihr Bild durchzieht seine Träume, fast will es ihm dünken, als wäre seine Liebe zu ihr schon in der Ewigkeit gegründet. Um alles in der Welt würde er jedoch kein Wörtchen von seiner Liebe verrathen. Nur wenn er mit seiner Heerde tief im einsamen Waldgebirge ist, dann ruft er wohl hundertmal den Geliebten Namen und freut sich, wenn das Echo ihn wieder zurück an sein lauschendes Ohr trägt. Er besingt ihre rothen Wangen und dunkeln Augen, das weiße Antlitz und die schönen Augenbrauen:

> „Sahest du ein Blatt Papier dort?
> Siehe, also ist ihr Antlitz.
> Warst du in der Herberg jemals?
> Sahest du den rothen Wein dort?
> Siehe, so sind ihre Wangen.
> Bist du über's Feld gegangen?
> Hast den Schlehdorn du gesehen?
> Siehe, so sind ihre Augen.
> Gingst du längs des Meeres Strande?
> Sahst du dort die kleinen Eglein?
> So sind ihre Augenbrauen."

Wir sehen, daß auch der serbische Bursche es vortrefflich versteht, in seiner Weise das Lob seiner Dulcinea zu singen. Er ist ganz bezaubert von ihrem Liebreiz. Wo er geht und steht, denkt er der schmucken Maid, so daß er von sich selbst singen muß:

„Ganz verwirrt ist mir die Seele,
Führ' ein Pferd und geh' zu Fuße,
Habe Stiefeln, barfuß geh' ich,
Trage Brot und hungrig bin ich,
Wat' im Wasser und bin durstig.“

So weit hat ihn schon die Liebe gebracht, aber immer kann er noch nicht den Muth gewinnen, sich seiner Angebeteten zu offenbaren. Zwar geht er nicht mehr mit abgewendetem Antlitz an ihrem Fenster vorbei — nein, schon wechselt er hin und wieder ein Wort, ja neulich traf er durch den lieben „Zufall“ sogar mit ihr auf der grünen Wiese am Bach zusammen. Da mußte er schon ein Wörtchen mit ihr reden, und sie wußte so schön zu antworten, daß er gar nicht müde wurde, ihrem anmuthigen Geplauder zuzuhören. Und als sie endlich von einander schieden, da — ja es ist buchstäblich wahr —

„Knabe warf sie mit Dornen,
Mädchen wirft ihn mit Nesseln.“

Doch nicht etwa mit böser Absicht, bewahre,

„Woll'n sich nicht stechen und stoßen,
Wollen einander liebkosen.“

Nun ist die Kluft, die sie so lange trennte, endlich überbrückt. Sie sehen und sprechen sich jetzt öfter, ja fast täglich, aber nur von gewöhnlichen Dingen reden sie, von den schönen weißen Lämmlein, vom dunkelgrünen Rasen u. dergl. Doch wenn der Bursche scheidet, dann blickt er noch einmal recht tief in die schönen Augen seiner Liebsten, um dann aber sogleich die seinen tief zur Erde zu senken. Die Maid versteht ihn wohl, besitzt ja doch die Liebe eine internationale Sprache, die Jeder ohne Grammatik und Wörterbuch erlernt. Sie hat schon gute Fortschritte in derselben gemacht, das beweist ihre correcte Uebersetzung:

„Drückt die Mütze er tief in die Augen,
Soll das heißen: Gott sei mit Dir, Liebchen;
Schlägt die Augen er zur Erde nieder,
Das heißt: Bist mir lieber selbst als meine Augen;
Doch legt er die rechte Hand auf's Herzchen,
Spricht er: Nimmer laß' ich von Dir, Theure.“ *)

Von Zeichen zu Worten ist kein weiter Schritt mehr, und als Beide einst wieder allein auf der Wiese waren, da faßte unser Jüngling allen seinen Muth zusammen und sang mit leiser Stimme, jedoch zwei Ohren vernehmlich genug:

„O Du Mädchen, rosenrothes Röslein,
Weder je gepflanzet noch verpflanzet,
Noch mit kaltem Wasser je begossen,
Weder gebrochen noch gerochen,
Weder je geküßt noch liebgekoset —
Dürft ich Dich, o süße Seele, küssen!“

Die freundlichen Leser erlassen mir gütigst, die Einzelheiten der folgenden Scene zu schildern, nur so viel will ich noch verrathen, daß zum Schluß die Maid ihn ihren rosenrothen Mund auf einen Augenblick zum Pfande bot, aber nicht ohne die vorsichtige Warnung:

„Aber beiß' mich ja nicht in die Wange,
Daß die Mutter es nicht daran merke.“

So war nun der Bund geschlossen. Wie hoch klopft das Herz des blöden Schäfers noch am Abend, als er eines gewissen bedeutsamen Augenblicks gedenkt:

*) Freiere Uebersetzung.

„Einmal küßt' ich sie für zehnmal:
Honigsüß blieb mir die Lippe,
Grad' als hätt' ich Zucker 'gessen,
Zucker 'gessen, Meth getrunken.“

Und es blieb nicht bei dem einen Kuß. Die einmal niedergerissene Schranke ist nicht wieder aufzurichten, und als gar eines Tages der Bursche mit einem gold'nen Ringlein in den Händen zu ihr trat:

„Nimm, o Mädchen, diesen Ring hin,
Werd' die Meine!“
Nahm das Mädchen wohl den Ring an,
Steckt ihn an die Hand:
„Will Dich wohl sammt Deinem Ringe,
Bin jetzt ganz die Deine!“

Sie glaubten sich Beide unbelauscht, als dies geschehen, aber der Verräther schläft nicht, und so wird auch hier das süße Geheimniß bald ausgeplaudert:

„Denn es sah sie die grüne Wiese,
Und sie kündet es der weißen Heerde,
Und sie sagt es ihrem Hirten,
Und der Hirt dem Wand'rer auf dem Heerweg;
Auf dem Meer dem Schiffer sagt's der Wand'rer,
Und der Schiffer seinem Schiff von Nußbaum,
Schifflein sagte es dem kalten Wasser,
Und das Wasser sagt'd des Mädchens Mutter.“

Die hat jedoch schon längst ihrer Jugend Mai vergessen und fährt mit Schelten ein auf die doch so glückliche Maid. Jeder Umgang mit dem Geliebten ihres Herzens wird ihr untersagt, ja nicht einmal mehr reden soll sie mit ihm. Schon zwei Tage lang hat der arme Bursche seine Liebe nicht gesehen, nichts von ihr gehört. Wie ein moderner Ritter Toggenburg steht er von ferne und schaut nach der Geliebten Haus. Der dritte Tag vergeht, da läßt ihm die Ungewißheit keine Ruhe mehr, er wagt sich, als schon die Sterne am Himmelszelt hell erglänzen, unter der Geliebten Fenster, mit verhaltener Stimme sein Klagelied anstimmend:

„Süßes Mädchen, süßes Röschen,
Rosenroth Röslein!
Was du redest Du mit mir nicht,
Honigreich Mündlein?“

Da öffnet sich leise das Fenster, die Liebliche neigt sich heraus und antwortet mit flüsternder Stimme:

„Möchte gerne mit Dir reden,
Will's doch nicht die Mutter.“

Das ist nun freilich sehr schlimm und vor der Hand nicht zu ändern. Aber die Liebe ist erfinderisch, und so weiß auch der serbische Bursche bald einen Ausweg. Er ladet sein Liebchen zum heimlichen Stelldichein und weiß es mit so süßen Worten zu locken, daß wir ihnen hier gern ein Stellchen einräumen möchten.

„Seelchen komm', daß wir einander küssen!
Aber sag' wo kommen wir zusammen?
Ob in Deinem oder meinem Garten,
Unter Deinen oder meinem Rosen.
Du, o Seele, werde eine Rose,
Ich will mich zum Schmetterling verwandeln,
Flatternd fall' ich auf die Rose nieder,
Alles meint, ich hang' an einer Blume,
Wenn ich heimlich meine Liebe küsse.“

So ungeschicklich, wie er die Sache hier darstellt, ist es nun gerade nicht; das weiß auch die Jungfrau, und in liebender Besorgniß hören wir sie dem treuen Knaben Verhaltungsmaßregeln geben:

„ — Wenn über'n Zaun Du steigest,
Hüt' Dich und brich' nichts!
Wenn im Hof Du angekommen,
Hüt' Dich und lärm' nicht!"

Sie wußte wohl, daß es nöthig sein würde, denn

„Als er saß nun auf dem Zaune,
Brach eine Latte,
Als er eintrat in's Gehöfte,
Hob er die Thür aus — "

und durch mehrere Ungeschicklichkeiten der Art erfuhr nun auch wieder die Mutter von den Heimlichkeiten der Liebenden und — nun, die serbischen Mütter wissen ihren Worten fühlbaren Nachdruck zu geben, wenigstens verräth uns dies der Jüngling, wenn er sagt:

„Liebes Mädchen, reines Gold der Mutter,
Was doch schelten sie Dich mir und schlagen?"

Oefter noch möchte er zu ihr kommen, wenn er nur wüßte, ob dann

„ — Die Mutter gänzlich fort Dich jagte,
Fort Dich jagte bis zu meinem Hofe."

Da dies jedoch nicht geschieht und da ja auch die Maid darunter zu viel zu dulden haben würde, so denkt er an einen anderen Ausweg. Er will allen Mannesstolz schwinden lassen,

„Herzlich weinen will ich wie ein Mädchen,
Ob vielleicht die Mutter sich erbarmet
Und die süße Liebe mir gewähret."

Und sollte dies der Mutter Herz nicht rühren, dann möchte er sie rauben, sie mit sich fortführen weit in's wilde Gebirge hinein. Die Jungfrau weiß jedoch noch einen bessern Rath:

„Wirb nicht um mich, junger Knabe,
Denn man wird mich Dir nicht geben.
Raub' mich auch nicht — Du wirst fallen;
Denn ich hab' der Brüder neune,
Und von Vettern eine Heerschaar.
Furchtbar ist es anzuschauen,
Grauenvoll ein solches kühn Begegnen!
Sünde wär's, dabei zu fallen,
Schande aber zu entfliehen!
Lieber locke mich — ich komme."

Ein solcher Entschluß setzt die höchste Liebe voraus. Das Mädchen setzt seine Ehre und sein Ansehen auf's Spiel, es weiß, daß der ganze Gau mit Fingern auf es zeigen wird, es hat auch gehört, wie unglücklich solche Ehen oft werden.

„Weh' dem Mädchen, die von selbst zugreifen!"

Eßter Tag bekommen sie 's zu hören:

„Wärst was werth, wärst nicht von selbst gekommen!" —

aber freudig will sie Alles dem Geliebten opfern.

Schon ist der Tag zur Flucht bestimmt; da ruft der Befehl des Czaren[*]) den liebeskranken Schäfer zu den Waffen. Was hilft da das Klagen und Weinen? — Das Herz will dem lieben Mädchen fast zerbrechen. Wie tief ergreifend sind ihre Abschiedsworte:

„Geh', Seele, geh' grab' aus, mein Herze!
Findest einen umgezäunten Garten,
Einen rothen Rosenstrauch im Garten;
Pflücke Dir vom Strauch ein Rosenzweiglein,
Leg' es auf Dein Herz in Deinem Busen —
Siehe, also wie die Rose welket,
Also welkt um Dich mein armes Herze."

Ja, Scheiden thut weh. Aber ein Trost bleibt der von

<hr>

[*]) Unter dem Czaren ist keineswegs der russische Kaiser verstanden, sondern der Fürst des Landes.

<hr>

Schmerz gebrochenen Braut: die gute Wila[*]) nimmt sich des treuen Knaben an und redet ihr tröstend zu:

„Still und fürchte nichts, o Mädchen, im Hofe,
Aufgeschlagen hab' ich ein Zelt auf dem Felde,
Unter'm seidnen Zelte ruht Dein Geliebter,
Zugedeckt mit einem Rock von Zobel
Und das Haupt mit einem gold'nen Tüchlein."

Das Glück wollte unsern Liebenden besonders wohl. Constantin, jetzt ein junger Reitersmann, findet hin und wieder Gelegenheit, zu seiner harrenden Braut einige Stunden zu kommen. Zwar hat er stets einen weiten Weg zu machen, aber was hindert ihn das? Drückt ihn die Sehnsucht, so ist er kurz entschlossen:

„Frag' ich nicht, wie spät's in finst'rer Nachtzeit,
Noch mein Roß, ob eine Furt im Strome,
Durch die Nacht und durch das trübste Wasser,
Ueber Sand — kein Staub zeigt meine Spuren,
Durch die Fluth — kein Plätschern flüstert hinten!"

Aber des Czaren Gebot führte den treuen Reitersmann weiter in's Land hinein. Nicht mehr kann er zur holden Maid hinüberreiten, ja nicht einmal Kunde vermag er ihr zu übersenden. Woche auf Woche vergeht, Monat reiht sich an Monat, da durchziehen bange Zweifel die Brust der sehnenden Braut.

„Könnt' ich doch nur hören oder sehen,
Ob er krank geworden — oder treulos?
Ist er krank, so wird er wiederkehren,
Ist er verliebt — niemals mehr und nimmer."

Als er zum letzten Male bei ihr war, da blühete gerade der Rosenstrauch im Garten. Sie brach ihm noch eine frische Knospe, und jetzt steht der Stock schon wieder in voller Blüthe, ohne daß sie ein Sterbenswörtchen von ihm gehört, jetzt ist es gewiß

„ — — — niemals mehr und nimmer."

Ihr Herz flammt auf in hellem Zorn gegen den treulosen Verräther. So hingebend die Serbin in der Liebe ist, so groß ist aber auch ihre Rachsucht. Zwar äußerlich scheint sie sehr ruhig zu sein, und wenn ihr die Mutter höhnend zuruft, daß er jetzt gewiß eine andere heimführen werde, so entgegnet sie lachend:

„Mög' er freien, mög' er freien,
Ich vergönn' es ihm!"

aber im tiefsten Herzen hallt es grollend nach:

„Doch ein Blitz vom heitern Himmel
Treff' und tödte ihn."

Solcher Lieder, in denen der Himmel um Bestrafung des Treulosen angefleht wird, giebt es unter den serbischen Volksliedern unzählige. Sie sind Beweis dafür, daß nichts der serbischen Jungfrau verhaßter ist, als Untreue des lieben Knaben. Nicht bloß ihn möge alles denkbare Unglück treffen, auch die neue Geliebte möge vor Herzweh vergehen.

„Nimmer einen Knaben gebäre sie;
So viel Brot sie verzehrt,
So viel Weh erdulde sie!
So viel Wasser sie trinkt,
So viel Thränen vergieße sie!"

Doch kehren wir zu unserm kleinen Roman zurück.

Constantin kehrt nicht wieder. Schon treibt der Rosenstock im Garten zum dritten Male Knospen, da wirbt um sie der reichste Bursche des Dorfes. Er findet zwar keine Gegenliebe bei dem blassen Mädchen, sie konnte nur einmal lieben, nur einmal; — doch giebt sie endlich den ungestümen Bitten der Ihrigen nach.

<hr>

[*]) Eine aus der altslavischen Mythologie herstammende und noch bis in unsere Zeit verehrte Bergfrau.

Der Hochzeittag ist schon bestimmt, da sprengt ein junger Reiter vor die Thür — Constantin, der langersehnte Knabe. Aber das Herz der Maid ist verwelkt, nicht mit offenen Armen empfängt ihn die Jungfrau. Wankend geht sie ihm entgegen und zieht ihm seinen Ring zurück. Noch einmal schaut sie recht tief in die treuen Augen, während sie mit tief bewegter Stimme leise spricht:

> „Nimm den Ring zurücke;
> Doch nicht wolle, Knabe,
> Uebles von mir reden.
> Bin ich doch, ich Arme,
> Ein unselig Mädchen;
> Säete Basilikum,
> Wermuth ist ersprossen. —
> Wermuth, Wermuthskräutlein,
> O du bitt're Blüthe,
> Mögest du nun schmücken
> Meine Hochzeitsgäste,
> Wenn sie, o Unselige!
> Mich — zu Grabe tragen." —

Wir lassen hier den Vorhang über unsern Roman fallen, es der Phantasie des Lesers überlassend, sich denselben noch weiter zu spinnen.

Uns war es nur darum zu thun, der Liebe Lust und Leid aus dem serbischen Volksliede heraushören zu lassen.

Literatur, Kunst und Theater.

Ebba Brahe. Historisches Familienbild von L. v. Robiano. Leipzig. Dürr'sche Buchhandlung. 3 Bde. Ebba Brahe war die Gespielin, Jugendgeliebte und Seelenliebe Gustavs Adolphs von Schweden. Daß sie nicht die Gattin des Königs wurde, daran trugen die Intriguen der Königin Mutter die Schuld, die ihren Neffen, den Herzog Johann, zu einer höchst unglücklichen Ehe mit ihrer Tochter zwang und ihren Lieblingssohn Philipp lieber verfluchte, als daß sie seine geheim vollzogene Verbindung mit einem nicht ebenbürtigen Fräulein anerkannt hätte. Der König heirathete bekanntlich die Prinzessin Eleonore von Brandenburg, nachdem er zur heimlichen Brautschau in Berlin gewesen. Diese Prinzessin und die geistvolle Stiefschwester des Königs vollenden die Familiengruppe, welche der Verfasser in seinem Buche schildert. Die Erzählung ist äußerst schlicht; sie verweilt nicht bei dem Ausmalen der Situationen, sondern schreitet stetig fort, den Leser mehr und mehr für die Personen erwärmend. Bei der Theilnahme, welche man diesen zuzuwenden genöthigt ist, bedarf es denn auch nur der Anregung der Einbildungskraft, damit dieselbe sich die Lage der Charaktere weiter ausführe.

Tom Hildagstade. Heimathsbilder von Theodor Syl. Greifswalde. Julius Sindewald. Die Inselkönigin und die Klostermühle nennen sich die beiden Erzählungen, die den Band füllen. Die erstgenannte hat etwas von dem Colorit und der Kraft nordischer Sagen, was zu Lokalität und Stoff vortrefflich stimmt. Die Kraft findet sich zumeist in einer Frauengestalt ausgeprägt, deren unerschütterliche Treue zu ihrer Heimathsinsel selbst gegen die Liebe siegreich bleibt. In ihrer unbeugsamen Energie und zähen Verfolgung ihrer Ziele müßte sie fast über das menschliche Maß hinaus, wenn in der düstern Umgebung des meerumbrandeten Eilandes, dessen erbangesessene Herrin und Wohlthäterin sie ist, ihr nicht ein entsprechender Rahmen gegeben wäre. Ihr Charakter ist in schöner Steigerung entwickelt, wogegen die der andern Personen nur

skizzirt sind und gleichsam die begleitenden Accorde zu jenem bilden. Die Klostermühle weist fast keine der Eigenschaften auf, welche die erste Erzählung charakterisiren. Während dort strenge Concentration herrscht, zerflattert hier alles in's Schrankenlose. Wir glauben, daß diese Erzählung einer viel früheren Zeit als jene angehört.

Kulturhistorische Bilder aus der alten Mark Brandenburg. Von Oskar Schwebel. Berlin. Alfred Weile. Von warmer Liebe zur Heimath erfüllt, führt uns der Verfasser durch die Vorzeit der Mark Brandenburg. Bald die Geschichte sprechen lassend, bald sie in ein leichtes novellistisches Gewand hüllend, immer aber treu den Quellen folgend, erzählt er von dem langen schweren Ringen der Germanen mit den Wenden; von den Kämpfen um die Oberhoheit; dem Trotz des Adels und der Bürger; von Fehden und blutiger Selbsthülfe. Er berichtet von Hoflagern und Ritterspielen und, an manche noch vorhandene Ruine anknüpfend, vom Aufblühen und Hinsterben manch edlen Geschlechts; vom Leben und Treiben der Klosterleute. Wir betreten an seiner Hand wiederholt Berlin und lernen seine Patricier kennen. So reiht sich ein Kulturgemälde an das andere, bis wir die Zeit des großen Kurfürsten erreichen und sein Schwert die Mark den Schweden entreißt. Die Mehrzahl der Schilderungen knüpft der Verfasser an minder bekannte Ereignisse an und seine Liebe zur Mark verführt ihn nicht, alles gut und schön zu finden. Er deckt freimüthig die Schatten der Vorzeit auf, und spricht dem Bürger mit derselben Unparteilichkeit das Urtheil, wie dem Ritter und Fürsten. Er unterhält und belehrt und so wird schwerlich jemand, der das Buch gelesen hat, die Mark fortan ohne ein erhöhteres, wärmeres Interesse an seinen Wäldern und Seen, Ruinen, Dörfern und Städten durchwandern.

Aus Krieg und Frieden betitelt sich eine Reihe Skizzen von Max Büchner (Denicke's Verlag in Berlin), die mit großer Frische geschrieben sind. Ein besonderes Interesse werden dem Leser die Schilderungen unserer jungen Kriegsflotte abgewinnen, die der Verfasser unter der Bezeichnung: „An Bord eines Kriegsschiffes" zusammengefaßt hat.

Aus vergangenen Tagen. Oldenburgs literarische und gesellschaftliche Zustände während des Zeitraums von 1773 bis 1811. Von G. Jansen. Oldenburg. Schulze'sche Hof-Buchhandlung. Die Periode, welche hier geschildert ist, umfaßt die Zeit von der Trennung Oldenburgs aus dem dänischen Staatenverbande bis zur Unterdrückung seiner Selbständigkeit durch die Franzosen. Der Verfasser hat mit einem erstaunlichen Fleiße Bibliotheken und Archive, längst vergessene Journale, vergilbte Briefbündel und Akten durchsucht, um das Material für seine Darstellung zu sammeln. Aber der Darstellung selbst merkt man das Oel der Nachtlampe nicht an; sie verbindet mit der Gediegenheit Klarheit und trefflichen Styl. Das Buch ist ein Muster lokaler Literaturgeschichtsschreibung. Es darf indessen gerechten Anspruch erheben, auch außerhalb Oldenburgs beachtet und gelesen zu werden, obgleich der kleine Staat in der geschilderten Periode keinen Mann hervorgebracht, welcher, wie Kant oder Goethe, der ganzen Nation die Signatur seines Geistes aufgeprägt hat. Denn nicht nur geben uns die literarischen und gesellschaftlichen Zustände Oldenburgs ein treffliches Bild davon, wie es in dieser Beziehung damals wohl in den meisten deutschen Kreisen ausgesehen haben muß, sondern es spinnen sich von dort auch so manche Fäden zu literarisch bekannten und berühmten Männern hinüber, so daß man in dem Mikrokosmus das Werden der großen deutschen Geistesbewegung erkennen kann. In's Besondere finden wir in dem Buche interessante Aufschlüsse über den Grafen Leopold von Stolberg, seine

Beziehungen zu seinen Freunden und seinen Uebertritt zum Katholicismus, während wir in Halem einem fast vergessenen Manne wieder begegnen, der über die Grenzen Oldenburgs hinaus nach allen Richtungen hin in der anregendsten Weise als Dichter und Historiker thätig war.

Luiz de Camoens, der Sänger der Lusiaden. Biographische Skizze von Dr. Karl v. Reinhardstöttner. Leipzig. Karl Hildebrandt u. Comp. Wie es scheint, trägt man sich in Portugal mit der Absicht, eine Säkularfeier des großen 1580 verstorbenen Dichters zu veranstalten. Das Gedächtniß an den Dichter des großen portugiesischen National-epos, der in Deutschland vergessen ist wie in der Heimath, wieder zu erwecken, ist der Zweck der kleinen populären Skizze, die sich auf die Forschungen portugiesischer Gelehrten stützt. Das Bild des Dichters, dessen Leben im Kampfe mit Noth und Elend dahinging und endete, tritt uns aus der kleinen Schrift recht deutlich vor Augen. Es ist das Bild eines Mannes, der in einer gesunkenen und corrumpirten Zeit die einstige Größe seiner Nation lebhaft empfindet und ihrer würdig zu sein strebt. Ein solcher Mann mußte in den Koth getreten werden; war doch schon sein bloßes Dasein ein steter Vorwurf für seine Zeitgenossen!

Lessing, Wieland, Heinse. Nach den handschriftlichen Quellen in Gleims Nachlasse dargestellt von Heinrich Pröhle. Berlin. Siebel'sche Buchhandlung. Das gegenwärtige Werk schließt sich in gewisser Beziehung eng an ein früheres desselben Verfassers, welches die literarischen Zustände Deutschlands zur friedericianischen Zeit behandelte. (Friedrich der Große und die deutsche Literatur.) Jetzt hat sich der Verfasser die Aufgabe gestellt, die literarische Bewegung zu schildern, welche aus und nach dem siebenjährigen Kriege entstand und zu Schiller und Goethe hinüberführte. Als Vertreter dieser Uebergangsperiode in ihren verschiedenen Formen muß man in der That Lessing, Wieland und Heinse betrachten, mögen auch die dramatischen Schöpfungen des Ersten den Kranz der Unsterblichkeit mit den Werken der klassischen Epoche theilen, während Heinse's Bücher nur dem Literärhistoriker noch aufschlägt und auch von Wielands Dichtungen die Gegenwart nur Weniges noch gern genießt. Diese Stelle ist es nun, welche der Verfasser den drei Genannten anweist und von der aus er ihre literärische Bedeutung in einer Weise würdigt, die jede Ueberschätzung ihrer Verdienste mit demselben Unparteilichkeit wie jede Unterschätzung zurückweist. Das Bild eines jeden von diesen drei Männern wird von dem Verfasser abgeschlossen und abgerundet hingestellt; alle Citate und Belege finden sich im Anhang verwiesen. Als Quelle hat dem Verfasser auch für dieses Werk wie für „Friedrich der Große und die deutsche Literatur" der handschriftliche Nachlaß Gleims gedient, und hat er aus demselben manches Neue beigebracht, manches bereits Bekannte richtig gestellt, manches verstümmelt oder unvollständig bisher Abgedruckte dem Wortlaute nach wiedergegeben. Wir erstaunen dabei auf's Neue über den ungeheuren Reichthum, den die Freundschaftsseligkeit des biedern Canonicus zu Halberstadt aufgesammelt hat. Mag Gleim als Dichter so unbedeutend sein, wie er wolle; unermüdlich als Briefwechsler mit Jedem, dessen Namen in seiner Zeit aus dem Stimmengebrause der Menge auch nur einigermaßen vernehmbar heraustrat, ist er für die Literaturgeschichte von höchstem Werthe.

Der Librettist des „Orpheus in der Hölle". Während bisher die Herren Meilhac und Halévy als Erfinder der Götter-Parodien der modernen Operette galten, wird jetzt in deutschen Blättern der Versuch gemacht, die Priorität hiefür und speciell für den heitern „Orpheus" einem vor zwanzig Jahren verstorbenen Kölner Journalisten, Namens Karl Cramer, zuzuschreiben. Offenbach habe während eines Besuches in Köln Cramer kennen gelernt, und dieser habe ihm geklagt, daß er ein satirisches Libretto, welches er für die Kölner Carnevals-Gesellschaft geschrieben, als rein verloren betrachten müsse, weil kein richtiger Componist dafür gefunden habe. Offenbach sei von der geistreichen Persiflage des Olymps so entzückt gewesen, daß er sich, nach Paris zurückgekehrt, sofort an die Composition gemacht habe. Inzwischen sei der Kölner Librettist gestorben, und die Herren Meilhac und Halévy hätten sich auf Wunsch Offenbach's der lustigen Idee nicht blos für den „Orpheus", sondern auch, wie die Folge lehrte, für andere Operettentexte bemächtigt. Unwahrscheinlich klingt die Geschichte eben nicht, indeß ist auch Cramer nicht der Erste, welcher die Götter-Parodie ersann. Zur Zeit der Götterherrschaft selbst hat man in Griechenland dem wohledlen Jupiter weidlich mitgespielt, und wenn die Herren Meilhac und Halévy auch nur den Lucian gelesen haben, so mochte ihnen reichlicher Stoff für Götter-Parodien zu einem Dutzend Operetten bieten. An spätere Satiriker und Parodisten, die auch in Deutschland sich fanden, braucht man gar nicht zu erinnern, um jeden Streit über eine derartige Priorität sehr müßig zu finden.

Der Herzog von Wellington steht im Begriff, einen sechsten Band mit der privaten und politischen Correspondenz seines Vaters herauszugeben. Dieser Band bezieht sich auf die orientalische Frage in den Jahren 1828 und 1829.

Dr. Schliemann veröffentlicht sein Werk über die Entdeckungen, die er in dem alten Mykenä gemacht, in London bei Murray. Wie der Verleger anzeigt, befindet sich das Werk bereits unter der Presse.

Das große Bild von Scherres, eine überschwemmte Gegend der preußischen Niederung darstellend, das in unserem Feuilleton eingehend gewürdigt wurde, als es in der Kunsthandlung von Bourquin ausgestellt war, ist für die Berliner Nationalgalerie angekauft worden. So ist denn auch dieser altpreußische Künstler durch ein ebenso geniales wie vortreffliches Bild in dem Museum der modernen Kunst jetzt vertreten.

Das große Theater in Christiania ist am Nachmittage des 15. Januar sammt dem Inventarium ein Raub der Flammen geworden.

Todtenschau. Fabio Fabrucci, Professor und Lector der italienischen Sprache an der Universität in Berlin, aus Siena gebürtig, starb den 8. Januar in Berlin, 32 Jahre alt. — J. A. Sparganapani, früherer Besitzer der bekannten Conditorei dieses Namens in Berlin, starb daselbst am 10. Januar, 73 Jahre alt. — Rudolph von Decker, der Chef der Decker'schen Geh. Ober-Hofbuchdruckerei, aus deren Officin so manches technisch vorzügliche Werk hervorgegangen, starb in Berlin am 12. Januar, 71 Jahre alt. — Richard Cobbold, Verfasser vieler religiösen und weltlichen Werke, unter welch' letzteren „Adventures of Magaret Catchpole" das populärste, starb zu Wortham in Suffolk. — Graf Luigi Mastai, ein Brudersohn des Papstes Pius IX., starb am 9. Januar in San Benedetto del Tronto am adriatischen Meere, 63 Jahre alt. — Dr. Moritz Brühl, Journalist, früher Redakteur des „Rheinischen Merkur", officiöser Correspondent der österreichischen Regierung für auswärtige Blätter, starb am 13. Januar in Wien. — Alexander Bain, durch seine Erfindungen auf dem Gebiet der elektrischen Telegraphie bekannt; er erfand die elektromagnetische Glocke und den elektro-chemischen Drucktelegraphen, starb 63 Jahre alt in Broomhill bei Kirkintilloch (Schottland). — François Buloz, der Gründer der „Revue des deux Mondes", im Jahre 1831 und ihr Leiter, ein geborener Genfer, starb am 12. Januar in Paris, 74 Jahre alt. — Gustav Hempel, Verlagsbuchhändler, bekannt durch die von ihm veranstalteten guten Volksausgaben deutscher Klassiker, starb in Berlin am 13. Januar, 58 Jahre alt. — Alfred Smee, Arzt und Verfasser einer Reihe von Werken über Elektricität, Erfinder der nach ihm genannten galvanischen Batterie, starb einige 60 Jahre alt in London." — Dr. Volkmann, Professor der Philosophie (Herbart'scher Richtung) an der prager Universität, um das deutsche Leben in Prag sehr verdient, starb daselbst am 14. Januar. — Professor Dr. v. Hofmeister, der tübinger Hochschule angehörig, ein ausgezeichneter Specialist auf dem Gebiete der Botanik, starb am 12. Januar zu Lindenau bei Leipzig. — Prinzessin Marie Luise Alexandrine von Sachsen-Weimar, am 3. Februar 1808 zu Weimar geboren, ältere Schwester der deutschen Kaiserin, seit dem 26. Mai 1827 mit dem Prinzen Karl von Preußen vermählt, starb am 18. Januar in Berlin.

Mannichfaltiges.

Dem Afrikareisenden Herrn Stanley wurde bekanntlich nachgesagt, daß er sich unter britischer Flagge viele Grausamkeiten und Gewaltthaten gegen die Eingeborenen Südafrikas habe zu Schulden kommen lassen. Das „Athenäum" schreibt nun mit Bezug darauf: „In Sansibar geht das Gerücht, obwohl wir es kaum glauben, daß die Erzählungen von Metzeleien und Schlachten in Herrn Stanley's Briefe reine Romane seien, erdichtet zur Ergötzung des sensationslustigen Publikums. Nicht ein einziger Neger sei getödtet worden, heißt es, und die gegen den unerschrockenen amerikanischen Reisenden aufgewandte Entrüstung sei also eine ganz unnütze und unberechtigte gewesen."

Die erste chinesische Gesandtschaft in Europa. Binnen einigen Tagen trifft in London eine chinesische Gesandtschaft ein, um daselbst ihren ständigen Aufenthalt zu nehmen, und wird zudem die erste Gesandtschaft sein, welche der Hof von Peking an einem auswärtigen Hofe unterhält. Die Gesandtschaft besteht, wie die chinesischen Blätter melden, aus den zwei Mandarinen Kwoh-sung-tau und Liu Sih-hung; Ersterer ist 60 Jahre alt und genießt in seinem Vaterlande den Ruf eines Gelehrten. Nichtsdestoweniger ist er auch im Waffenhandwerk sehr erfahren und kämpfte er schon 1859 in Tien-tsin unter dem Prinzen Sängalinsin gegen die Engländer. Sein College ist ein großer Rechtslehrer und hat in seiner Heimat schon mehrere Richterstellen bekleidet. Als Attachés wurden dieser Gesandtschaft die zwei Zöglinge der Sprachen-Akademie in Peking, Feng-et und Teuming, beigegeben. Der Gehalt dieser Gesandten ist, den englischen Blättern zufolge, ein sehr kärglich bemessener, und obwohl sie von der Person des Sohnes des Himmels zu vertreten haben, so wünscht dieser nicht, daß seine Repräsentanten auf Kosten der irdischen Güter seiner Unterthanen ein luxuriöses Leben führen. Die Gesandtschaft hatte die Ehre, vor ihrer Abreise von Peking, die am 10. November erfolgte, von den beiden Kaiserinnen-Regentinnen empfangen zu werden. Wie aber dem „Celestial Empire" in Shanghai geschrieben wird, sind die Gelehrten in der Geburtsstadt des erstgenannten Gesandten, die in der Provinz Honam liegt, darüber, daß ihr Landsmann sich so weit vergessen konnte, als Gesandter unter die Barbaren des Westens zu gehen, so in Wuth gerathen, daß sie über sein Geburtshaus herfielen, dasselbe vom Grunde aus demolirten und Alles, was sie darin vorfanden, zerstörten.

Eine Wittwenverbrennung. Obschon, wie bekannt, die Verbrennung der Wittwen in Indien verboten ist, kommen immer noch einzelne Fälle vor, in welchen trotz aller Hindernisse dem alten Herkommen gemäß verfahren wird. So gab sich dem Berichte eines englischen Bezirksbeamten zufolge in der Stadt Rama Chandra Puram in Südindien in ihrer Untröstlichkeit um den verlorenen Gatten eine 25jährige junge Wittwe auf merkwürdig entschlossene Art den Tod. Sie grub selbst in einem der Zimmer ihres Hauses eine Grube, füllte dieselbe mit Sandel- und anderem wohlriechenden Holze und tränkte ihre Kleider mit einer leicht brennbaren Substanz. Ihre Habe hatte die kinderlose Frau an religiöse Fanatiker vertheilt, und als der Tag, den sie für ihren Tod festgesetzt, herankam, entfernte sie die Dienstboten, schloß von innen die Thüren, zog die vorbereiteten Kleider an, setzte den Scheiterhaufen in Brand und stürzte sich in die Flammen. Man fand am folgenden Tage ihre Ueberreste als verkohlte Masse.

Eine Scandalscene, die sich in der Nacht vom 7. auf den 8. Januar in Liverpool zugetragen hat und bedauern läßt, daß Hogarths Griffel nicht mehr die Sittenzustände Alt-Englands zu fixiren vermag, erzählt der „Daily Telegraph". Ein Matrose Namens William Grimes war im Seemanns-Hospital verstorben und die Leiche in das Haus seiner Mutter übertragen worden. Dort versammelten sich Abends Verwandte und Bekannte, um „die Wacht" bei dem Todten zu halten. Während Mutter und Schwestern des Verstorbenen in einer Ecke weinten, tranken und jauchzten die Todtenwächter nach Herzenslust, bis sie allesammt auf's Abscheulichste betrunken waren. Als die Glocke nun zwölf Uhr schlug, war das Bacchanal auf einen solchen Höhepunkt gediehen, daß die betrunkene Bande um den in die Mitte des Zimmers gestellten Sarg einen tobenden Rundtanz ausführte. Derselbe war mit solchem Gestampf der wuchtigen Sauftumpane und Damen verbunden, daß der Fußboden einbrach, die Gesellschaft in die Tiefe stürzte, und der Leichnam aus dem Sarg mitten unter die auf die Nase gefallenen Säufer und Tänzerinnen hineinkollerte. Keiner von der Bacchantenhorde fand sich beschädigt, aber der Polizei hielt es doch für geboten, den Leichnam nach einer Gefängnißzelle zu schaffen, da der todte Matrose sogar im Hause seiner Mutter vor Entweihung seines Sarges nicht sicher war.

Realismus. Im „Era Almanac" pro 1877 wird folgende Anekdote erzählt: Als vor etwa dreißig Jahren Scribe und Auber die Oper: „Gustav, oder Der Maskenball" beendigt hatten, wendete sich Ersterer, über mehrere Punkte in Unsicherheit, an den in Paris lebenden Grafen Ribbing, einen der Mitschuldigen an der Ermordung König Gustavs III. in Schweden, und bat ihn, einer der Proben der Oper anzuwohnen. Der Graf kam und folgte dem Stücke mit großer Aufmerksamkeit. „Nun," fragte Scribe begierig, „was sagen Sie dazu?" — „Es ist sehr hübsch," antwortete der Graf etwas gedehnt und kühl. „Aber Sie scheinen nicht ganz zufrieden zu sein," warf Scribe ein. — „Nun," antwortete der Graf, „Sie sind ein wenig im Irrthum; die Affaire war nicht ganz so, wie Sie dieselbe darstellen." — „Wie war sie denn?" fragte Scribe ängstlich. — „Es scheint mir, so weit ich mich erinnern kann," antwortete der Graf mit vollkommener Einfachheit, „daß wir ihn ein wenig mehr nach links ermordeten!" Scribe dankte dem Grafen und änderte die Mordscene nach dessen Idee.

Spiritualismus. Der Gerichtshof von Aix hat das Testament einer Dame ungültig erklärt, weil sie unter dem Einfluß des Glaubens an den Spiritualismus gestanden.

Eine eigenthümliche Beschlagnahme. Wie der „Civilian" mittheilt, haben die Zollbeamten in London soeben etwas im Keime erstickt, was ohne Zweifel der Beginn eines höchst gemeinschädlichen Handels war. Sie legten in Gemäßheit der ihnen durch eine gewisse Parlamentsacte ertheilten Gewalten eine harmlos aussehende Flüssigkeit mit Beschlag, die sich nach einer

Analyse als Nicotin herausstellte. Obwohl die Quantität der aus Hamburg importirten Flüssigkeit nur sehr gering war, bildete sie doch den Extract von 2500 Pfund Tabakslehricht mit Alkohol vermischt. Man glaubt, der hamburger Importeur beabsichtigte sein Erzeugniß als ein Mittel zur Verwandlung des ordinären vorzüglicher Kräuter in die feinsten Havanna-Tabak zu verwenden. Die Commissäre der Zölle behielten eine Probe für ihr Museum und ließen den Rest nach dem Verschiffungshafen zurückgehen.

Die „Perpetuum mobiles", die Flugmaschinen, die Herstellung künstlicher Menschen, gehören schon mehr als ein Jahrhundert lang zu den Problemen der Mechanik und erfinderischer Köpfe. Während an diesen Gegenständen der menschliche Witz bisher gescheitert ist, hat derselbe mehr Erfolg gehabt mit der Anfertigung einer Sprechmaschine. Gegenwärtig ist eine solche der Gegenstand der allgemeinen Beschätigung im Grand Hotel zu Paris. Das Instrument ist ein ziemlich complicirter, nach Art des Pianos mit Tasten versehener Apparat. Kehlkopf, Zunge und Lungen sind im Innern des Mechanismus sinnreich nachgebildet. Die vierzehn Tasten geben die Toileiter der menschlichen Stimme genau wieder. Die Maschine gestattet, in allen Sprachen zu reden. Der amerikanische Erfinder, Professor Faber, versichert, daß ihn die Buchstaben J und L die meiste Mühe gemacht haben. Der Mechanismus — schreibt der pariser „Temps" — steht mit einer menschlichen Maske in Verbindung, aus welcher die Worte zu kommen scheinen. Das Publicum macht sich den Spaß, aus der Maske die schwierigsten Worte herauszubringen, wie: „Charivari, Mississippi, Konstantinopel u. s. w." Herr Faber hat 30 Jahre an der Erfindung gearbeitet und mit vielen Schwierigkeiten zu kämpfen gehabt. Im Jahre 1842 zeigte er in Philadelphia das erste Modell seines Apparates, wobei ein roher Mensch aus dem Publicum laut die Sache für Humbug und den Professor für einen Bauchredner erklärte. Diese Behauptung hetzte das Publicum gegen den Erfinder auf und es zerschlug die Maschine. Faber fing das Werk von Neuem an. 1864 starb der Erfinder und gegenwärtig ist es sein Neffe, der den verbesserten Apparat ausgestellt hat. Der Hauptadel an der Maschine ist, daß die Aussprache schrecklich eintönig ist. Diese Sprechmaschine ist übrigens nicht die erste. Der Encyclopädist Grimm erzählt in seinen Memoiren 1783 von einer ähnlichen Erfindung. Zu gleicher Zeit beschäftigte sich ein Mons. de Kempelen und ein Abbé Mical mit derselben. Grimm selbst hatte eine dieser Maschinen, an deren Verbesserung der Erfinder immer noch arbeitete, sprechen gehört. Auch der berühmte Mathematiker Euler spricht in seinen Briefen an die Prinzessin Amalie von Preußen von der gelehrte Welt damals in Erstaunen setzenden Erfindung.

Eine sparsame Frau. Jedem Leser wünschen wir eine so sparsame Frau wie die Frau Stangelmayr in Wien ist. Die begegnet nach den Weihnachtsfeiertagen ihrer guten Freundin, der Frau Stangelmayr, und wird gefragt: Was haben Sie denn Ihrem Mann gescheert, und ich fragen darf? — O, sagt Frau Drexelhuber, ich müßte mir's von meinem Wirthschaftsgeld absparen, was bei den theuren Zeiten eine schwere Aufgabe ist. Da muß man sich zu helfen suchen. Wissen's, mein Mann ist ein leidenschaftlicher Raucher, nichts geht ihm über ein gutes Cigarrl. Da hab' ich ihm halt drei Monat' lang jeden Abend aus der Cigarrentasche heimlich eine herausgenommen, und wie ich 100 Stück beisammen gehabt, hab' ich sie schön in ein Kisterl gelegt und hab' ihn dann am heil'gen Abend damit überrascht. Hätten's sey'n sollen, was für ein närrisch Freud' der Mann gehabt hat!

Ein Kliniktum für Kahlköpfe. Ein pariser Correspondent der „Frankf. Ztg." schreibt: Die Leichtgläubigkeit des Publikums ist unverwüstlich. Den frappantesten Beweis dafür liefern die spaltenlangen Ankündigungen neu entdeckter, unfehlbarer Heilmittel für unheilbare Krankheiten, oder allerhand Wunderelixire, womit die Verheerungen der Zeit in dem jugendlichen Aussehen alternder Personen angeblich, wenn nicht ganz beseitigt, doch täuschend übertüncht werden. Die Unfehlbarkeit dieser Arkana erprobt sich nur in den pecuniären Erfolgen der Charlatane, die sie ausposaunen. — Vor Kurzem wurde über die angebliche Entdeckung des so lange gesuchten Mittels für Haarerzeugung im Petroleum viel Lärm geschlagen. Wer hätte eine so wohlthätige Eigenschaft in dem verrußten Brandstifter suchen sollen? Das Aufzählen von einer Menge geglückter Experimente an Thieren und Menschen hat den Glauben an das neue Wundermittel in weiten Kreisen verbreitet. Unglücklicherweise ist aber die Anwendung desselben für die Geruchsnerven nicht sehr angenehm. Der Geruch des Petroleums ist bekanntlich nicht so leicht zu vertreiben, und wer sich einer Kur unterzieht, der verurtheilt sich für die Dauer derselben zur vollständigen Abgeschiedenheit, da es gezwungen ist, jeden Umgang mit Fremden und Bekannten zu vermeiden. Auf diesen Uebelstand speculirend, hat nun der Besitzer eines geräumigen Landhauses auf den bewaldeten Höhen von Meudon den freiwillig Verbannten ein Asyl eröffnet, in welchem sie bei dem improvisirten Chemiker nebst möglichst geruchsfreiem Petroleum und der für sie oft zu wiederholende Operation eingeübten Bedienung, einen guten Tisch, Spaziergänge in abgeschlossenen Park, Bäder, Billards, Spieltische, Kegelbahn und andere gesellschaftliche Zerstreuungen vorfinden. Die Felfeure, denen der Unternehmer eine Tantième für jeden angewiesenen Pensionär accordirt hat, preisen den kahlköpfigen Kunden die Kur und die Anstalt so eifrig an, daß die Colonie der Haarseidenden bereits nicht nur vollzählig ist, sondern eine Menge angemeldeter Klienten auf die Eröffnung einer Succursale vertröstet werden mußte.

Die Anfertigung von Diebeswerkzeugen zum Einbrechen, Oeffnen von Schlössern ꝛc. wird nach dem „Newyork commercial advertiser" in den Vereinigten Staaten in nicht geringem Umfange und von ansehnlichen Firmen getrieben, welche den Dieben ein allen Anforderungen moderner Wissenschaft und Technik entsprechendes Handwerkszeug liefern. Die größten derartigen Fabriken sollen in Newyork, Philadelphia und im Westen der Vereinigten Staaten bestehen. Die Persönlichkeiten, welche diesen Geschäftszweig betreiben, gehören häufig einer socialen Klasse an, die nicht daran denkt, sich direct an den hier in Frage stehenden Verbrechen zu betheiligen. Die Werkzeuge sollen stets an dem einen Orte nur hergestellt werden, während man sie an einem anderen Orte vollendet; auf diese Weise will man der Entdeckung vorbeugen. Ein vollständiger Satz von Diebesgeräthen kostet 200—400 Dollars. Ein in der That echt amerikanischer Industriezweig.

Der schiefe Thurm zu Gelnhausen, der ehemaligen Reichsstadt, wegen dessen man die Stadt das deutsche Pisa zu nennen pflegte, muß wegen Baufälligkeit abgetragen werden. Die an architectonischen Zierden reiche Pfarrkirche, zu der er gehört, wurde im 13. Jahrhundert erbaut.

Ein pariser Bonmot. Die Franzosen folgt der Mode, wie ein Hund seinem Herrn; die Fremde wie ein Blinder seinem Hunde.

Redigirt unter Verantwortlichkeit des Herausgebers: Otto Janke in Berlin. — Redacteur des Feuilletons: Robert Schweichel in Berlin. — Verlag von Otto Janke in Berlin. Druck der Berliner Buchdruckerei-Actien-Gesellschaft. — Setzerinnenschule des Lette-Vereins.

Deutsche Roman-Zeitung.

N⁰ **19.** Erscheint achttäglich zum Preise von 3½ ℳ vierteljährlich. Alle Buchhandlungen und Postanstalten nehmen dafür Bestellungen an. Durch alle Buchhandlungen auch in Monatsheften zu beziehen. Der Jahrgang läuft von October zu October. **1877.**

Die junge Frau.

Roman

von

Hans Wachenhusen.

(Schluß.)

Achtzehntes Capitel.

Minona's Beichte.

Früh Morgens, als der Tag, ein recht kalter Wintertag, kaum graute, ward ich durch einen reitenden Boten von Bartow geweckt. Neuenfeld verlangte, mich in Geschäftssachen eilig zu sehen; er könne das Gut nicht verlassen, und ich wußte, er liebte die Pünktlichkeit.

Hastig kleidete ich mich an und befahl, mein Reitpferd zu satteln. Lucia schlief noch; wie ein schlummernder Engel lag sie da, ein glückliches Lächeln auf ihren Wangen, als ich mich über sie beugte, um ihr leise einen Kuß auf die Lippen zu drücken. Ohne die Augen zu öffnen, fortschlummernd streckte sie die Arme aus und flüsterte meinen Namen.

Was mir sonst so natürlich, flößte mir heute eine wunderbare Beruhigung in's Herz, und mit dieser verließ ich ihr Lager. Ich schwang mich auf's Pferd und hinterließ die Nachricht für Lucia, daß ich am Nachmittag zurück sein werde.

Neuenfeld fand ich inmitten eines ganzen Arbeiterheeres. Er ließ Bäume fällen, die Wildniß lichten, den Park aus dem Gehölz heraushauen, das um ihn gewachsen. Ihn hinderte keine Witterung; er selbst in kurzem Pelz überwachte und leitete Alles.

Er führte mich in's Schloß, in den Flügel, den er für seine Wohnung bestimmt. Hier war Alles wohnlich, sogar elegant hergerichtet. Was ihm unentbehrlich, hatte er von Hochborn herbeischaffen lassen. Bei ihm war je jeder Gedanke, jeder Plan schon eine That.

Er hatte wichtige Geldangelegenheiten in der Stadt zu ordnen, gab mir die nöthigen Papiere und Instructionen und hatte nichts gegen meinen Wunsch, eiligst wieder zurückzukehren. Er ließ ein Frühstück serviren und führte mich danach wieder hinaus, um mir zu zeigen, was er schon in dieser Wüstenei geleistet.

Auf dem halbdunklen Schloßgange begegnete uns eine schattenhafte Gestalt, die an uns vorüberstrich, ohne uns zu bemerken. Ich erschrak und schaute nach.

„Er!" entfuhr es mir in meiner Ueberraschung. Ich schaute Neuenfeld fragend an.

„Ja, auch er ist schon hier! Velten hat ihn mir hergebracht. Du weißt doch, daß ich mich nicht von ihm trenne! Lucia wird überrascht sein, wenn sie hört, daß auch ihre Tia schon hier ist, die mit Velten gekommen. Sag' ihr, die Alte habe großes Verlangen nach ihr!"

Neuenfeld zog mich fort auf den freien Platz. Rührend war für mich die Sorgfalt, mit welcher er trotz der Riesenarbeit, die er auf den Schultern trug, seinen unglücklichen Gast nicht vergessen. Es war, als gehöre er zu seinem Leben und in der That hatte er mir einmal gesagt: ich betrachte ihn wie einen Talisman; ich muß ihn bei mir haben und fehlt er mir, so fürchte ich immer, mein Glück werde mich verlassen!

Ich sprach ihm meine Idee aus, wieder auf mein Gut zurückzukehren, da er meiner doch kaum für die Folge noch in der Stadt bedürfen werde.

„Dummes Zeug!" rief er, den Gedanken zurückweisend. „Ihr bleibt bis zum Frühjahr; dann kommt Ihr hier heraus; bis dahin werde ich hoffentlich Alles in der Reihe, wenigstens aus dem Groben heraus haben. Wenn Ihr aber fern wäret, könnt' ich auch unruhig werden, also Ihr bleibt wo Ihr seid!"

Neuenfeld lachte vor sich hin, als ich ihm von der Soirée bei der Mutter sprach. Er verlor kein Wort darüber, brachte mich an mein Pferd und gab mir seine Grüße an Lucia mit.

„Das Weihnachtsfest verbringen wir zusammen," rief er mir nach, als ich schon im Sattel saß. „Bis dahin werd' ich kaum Zeit haben, Euch zu sehen!"

Lucia empfing mich in ihrer herzlichen Weise, mir in der Halle entgegen springend. Als ich in's Wohnzimmer trat, sah ich im Halbdunkel des Abenddämmerns in dem einen Fauteuil am Kamin, von der flackernden

Gluth beleuchtet, eine schwarze Seidenrobe, unter deren
Saum ein zierliches Füßchen hervorschaute.

Es war Minona, die nachlässig in den Sessel gelehnt da saß. Mein Erscheinen mochte in ihr nur geringe Sensation erregen. Sie streckte mir die Hand aus
ohne ihre Stellung zu ändern. Die Kaminflamme
breitete einen bleichen Schein über ihr Antlitz, ihr Auge
war nicht so lebhaft wie sonst; es war wohl die Unruhe der Nacht, die Ermüdung vom Tanz, was sie
bleicher gemacht; selbst in ihrer Haltung und Bewegung
lag eine Art wollüstiger Trägheit.

„Du darfst mir nicht zürnen, Kurt," sagte sie mit
eben so erschlaffter Stimme. „Ich habe mich heute bei
Deiner Lucia zum Nachtmahl eingeladen, in der Hoffnung,
auch Dir nicht lästig zu fallen. Mein armer Leopold
ist heute verstimmt und abgespannt; ich muß ihn
schonen!"

Sie sprach das letztere mit leise durchklingendem
Spott, während sie die Arme unter dem Busen kreuzte
und wieder vor sich hinschaute. „Nach einem Ball hat
man so viel zu erzählen und da muß man sich aussprechen können, deshalb sehnte ich mich hierher ...
Wie kalt Deine Hand ist," rief sie, ein Fröstoln in der
ihrigen empfindend, da meine Finger vom Führen des
Zügels in der scharfen Kälte fast erstarrt waren.

„Du weißt, daß Du uns stets willkommen bist!"
sprach ich. Mit passiver Miene ließ ich mich ihr gegenüber nieder, die Wärme suchend, während Lucia draußen
war, um ihre Befehle zu ertheilen. Der Diener kam
und erhellte das Zimmer. Erst als er hinaus war, begann sie von dem Ball zu sprechen, von dem ihr Herz
noch voll. Während sie von dem Schein des Lustre
voll bestrahlt da saß und ihr Auge auf mich richtete,
frappirte mich der seltene Glanz desselben im grellen
Contrast mit ihren ermatteten Zügen. Sie hatte mit
dem Oheim erst am Morgen den Ball verlassen und
klagte, frühzeitig durch Nachrichten von ihrer Mutter im
Schlummer gestört zu sein.

„Lucia ward allgemein die Königin des Balles
genannt ... Du Glücklicher!" sagte sie. „Namentlich
Graf Tarnow fand des Entzückens kein Ende!"

Es war mehr die Gluth des Kaminfeuers, der
jähe Wechsel der Temperatur, der mir das Blut in's
Gesicht trieb.

„Du bist sehr bescheiden, indem Du die Krone so
fortgiebst!" sagte ich nachdenkend. „Ich erinnere mich
nicht, gestern eine andere Dame so gefeiert gesehen zu
haben wie meine schöne Tante. Schätzest Du übrigens
des Oheims Glück geringer als das meine?"

Sie schwieg vor sich hin sinnend; dann lehnte sie
das Haupt zurück in den Sessel; ihr Fuß bewegte sich
unruhig auf dem kleinen Schemel. Ich bereute schon
meine Antwort als eine unüberlegte; hatt' ich doch bereits gewahren können, daß die fiebernde Stimmung
in ihr zuweilen nach einer Gelegenheit zum Ausbruch
haschte, den sie nicht immer noch rechtzeitig zu ersticken
bemüht war.

Eine mehrjährige Ehe mit dem Oheim, zu der ein
fremder Wille und wohl auch die eigene Eitelkeit bestimmt,
hatte ja das Unglücksgefühl in ihr zu trostloser Ueberzeugung gesteigert. Der gestrige Abend hatte hinsichts
Beider Stellung zu einander auch mich gewahren lassen,
was die Welt schon zu wissen schien. Der äußere Glanz
war ihr zu einer werthlosen Gewohnheit geworden; das
Pflichtgefühl, wenn es je Macht über dieses stürmend
unruhige Frauenherz besessen, war untergetaucht; die
Unzufriedenheit ließ sie selbst in all den Bemühungen
ihres Gatten, ihrer Zerstreuungssucht zu fröhnen, nur
einen bemitleidenswerthen guten Willen erblicken, für den
sie keinen Dank mehr fand.

Das las ich auch heute auf ihrem bleichen Gesicht.

„Sein Glück!" rief sie, spöttisch die Lippe auf-
werfend. Dabei starrte ihr Auge dunkel, zerrissen möcht'
ich sagen, zur Decke, denn dieser Spiegel ihrer Seele,
stets unruhig und flackernd, erschien geborsten, zertrümmert wie diese selbst.

Ich fürchtete mich, nach dieser Antwort die Unterhaltung fortzusetzen; zerstreut schürte ich die Kohlen im
Kamin. Ich vernahm, wie sie hoch aufseufzte.

„Glaubst Du, daß Leopold mich liebt ... daß
er überhaupt noch lieben kann?" fragte sie, ihr Haupt
langsam wieder aufrichtend, während ich nicht wagte, sie
anzuschauen.

„Wie Du sprichst! Er verehrt Dich! Er sucht
Dich auf Händen zu tragen, und das verdient Dank
und Anerkennung."

Fast verächtlich zuckte es um ihren Mund. Ich
hatte die wundeste Stelle dieses wetterlaunischen Herzens
getroffen. Sie wollte nicht dankbar sein, denn sie
meinte geopfert zu haben. Nur durch Zufall fing ich
den Blick auf, der diese Miene begleitete; er war höhnisch,
erbittert ... Lucia war zum Glück eben in's Zimmer
getreten; ich schaute ihr entgegen; ihr Erscheinen erlöste
mich aus der peinlichsten Situation.

Auch Lucia, hinter sie tretend, warf mir einen
Blick zu, der mir fast wie eine Warnung erschien, dann
gab sie ihrer Miene einen heitern Anflug. Sie trat zu
mir, beugte sich über mich und wollte von mir hören.
Die Fürstin beobachtete uns Beide, wie ich den Arm
um sie schlang und zärtlich ihre Hand an meine Lippen
drückte.

Dieses Tableau war eine Verletzung für ihr em-
pörtes Gefühl; ich wußte es; auch Lucia entzog sich mir
und wandte sich harmlos zu ihr.

Trotz all meinem Bemühen kam kein Ton, keine
Wärme in unsre Unterhaltung. Die Fürstin war nervös, bald in sichtbarer Aufregung, bald total abgespannt.
Sie erklärte endlich in einem Anfall ihrer unberechenbaren Launen oder Seelenstimmungen, sie sei ermüdet;
sie brach hastig auf und verließ uns noch vor dem
Souper.

„Kurt, wärst Du heut nicht fortgewesen!" rief
Lucia, erregt zu mir zurückkehrend. „Ich habe eine
Folter ausgestanden! So hab' ich Minona noch nicht
gekannt!"

Ich war vorbereitet etwas Ungewöhnliches zu hören.
„Darum war sie so bleich ...?" fragte ich gedehnt.

„O, sie weinte noch kurz vorher ehe Du kamst,
ihre bittersten Thränen; sie warf sich an meine Brust,
sie schrie wie eine Verzweifelte auf, sie schluchzte ...
Ich glaubte, es sei etwas zwischen ihr und dem Oheim
vorgefallen, aber sie bestritt das, sie verlachte mitten in
ihrem Schmerz selbst den Gedanken hieran, denn er sei
stets die Zärtlichkeit, die Sanftmuth selbst gegen sie.

Ich begriff sie nicht; ich sagte ihr, sie sei krank, gemüthskrank; ich machte ihr den Vorwurf, daß sie sich einer ganz ungerechtfertigten, krankhaften Stimmung hingebe, sie, der doch Alles, was sie wünschen könne, zu Gebote stehe. Das brachte sie außer sich. „Du wagst es, mich zu tadeln!' rief sie. „Du, die Alles besitzt, die daheim das schönste Eheglück genießt, draußen von der Welt bewundert und gefeiert wird und selbst meines empfindsamen Herrn Gemahls höchstes Ideal ist! Du bist zu blind in eigner Seligkeit, um Andrer Leid zu gewahren, geschweige denn mit zu empfinden! Du kamst hierher, um mich erst ganz fühlen zu lassen, was ich entbehre, und Du bist herzlos genug, täglich vor meinen Augen in einer Freude, einer Zufriedenheit zu schwelgen, die mir selbst im Traum unerreichbar! Ich beschwöre Euch, geht fort von hier, verlaßt uns, denn mein Gedanke wird Sünde, wenn ich Euch sehe, Dich mit Deinem zufriedenen Wesen, als müsse es so sein, als seist Du die vom Glück Auserkorene, Gebenedeite — Kurt mit der behaglichen, zuversichtlichen Glücksruhe, in der er sich wiegt!'...

„Aber, Minona! beschwor ich sie mit gefalteten Händen, erschreckt über ihre Exaltation, deren Heftigkeit in ihrem Gesicht geschrieben stand. Komm zu Dir; Du überlässest Dich einer Gefühlsverirrung, die Deine Jugend, Deine Schönheit zerstört, die Dich und Deinen Gatten in's Unglück führen muß! Sei anspruchslos, sei zufrieden, wie wir es sind, und Du wirst finden, daß Dies nur eine krankhafte Vorstellung, die Du selbst mit gutem Willen und einiger Selbstbeherrschung zerstören kannst!'...

„Minona lachte höhnisch auf. „Meine Jugend, meine Schönheit!' rief sie bitter. „Bin ich nicht wie ein Götzenbild, das daheim in seinem kalten, langweiligen Tempel steht und nur dann und wann ausgestellt wird, mit Schmuck und Firlefanz beladen, damit die Welt es anstaune, und das, wenn die Feierlichkeit vorüber ist, wieder in seine Einsamkeit zurückgeschleppt wird? Ja, und wäre dem armseligen Götzenbild dann noch der Triumph vergönnt, aber da kamst Du und schlugst es mit Deiner Schönheit, mit Deinen Edelsteinen, die Dich gestern überrieselten, daß Alles geblendet Dich anstarrte, daß die Männer anbetend vor Dir auf die Knie hätten hinsinken mögen ... Und so ist auch der Triumph des armen Götzen dahin, der vielleicht noch sein einziger Trost gewesen, so vernichtet, daß ich selbst Dich hätte anbeten können, als Alles Dir Hosianna sang!... Geht fort, ich beschwöre Euch! Ihr zerreißt den letzten Faden, der mich noch an eine Pflicht bindet, der mir unerträglich ist; Ihr gemahnt mich täglich, daß ich daheim ein armseliges, unverstandenes, unglückliches Weib, eine Fürstin bin, die jetzt auch draußen angesichts der Welt vor Deiner Schönheit abdanken muß!'...

„Aber nein!' rief sie plötzlich, sich besinnend, mich umarmend, dann sich selbst aufsachend. „Höre nicht auf die Tollheit, die ich da gesprochen! Ich würde es nimmer ertragen können, wenn Ihr von hier ginget! Ich liebe Euch Beide, selbst Kurt mit diesem verletzenden Stolz auf Deinen Besitz. Ich bin ja nur neidisch auf Euer Glück, das mir wie ein Spott auf mein Dasein erscheint, wenn mich die Unzufriedenheit anwandelt, und dennoch seid Ihr ja mein Trost, selbst wenn Leopold

für Dich schwärmt, wenn er in Deinem bescheidenen, sinnigen Wesen mir gleichsam ein Musterbild vorhält und ich in seinem Auge lesen muß, was mir seine Sanftmuth verschweigt! Habe Mitleid mit mir, Lucia, und sagt' ich Dir, daß ich neidisch auch auf Deine Schönheit sei, ich plauderte ja nur aus, was tief in unsrer weiblichen Natur liegt, was alle Frauen empfanden, als Du gestern zum ersten Mal in unsre Gesellschaft tratest!'...

„Du kannst Dir vorstellen, Kurt, wie mir zu Muthe war,' fuhr Lucia fort. „Ich will deßhalb auch die einfältigen Diamanten nicht mehr anlegen; es geschah ja auch gestern nur auf Deinen Wunsch und ich fühlte mich recht getroffen, als Minona von dem geschmückten Götzenbilde sprach. Dergleichen erregt immer Neid bei den Frauen. Ich wußte deßhalb auch, was Minona's Schwärmerei für einen Werth hatte ... Aber das Schlimmste, das Schlimmste, Kurt! Ich fürchte, es nimmt kein gutes Ende mit ihr und dem Oheim! Sie ist ein zu exaltirtes Wesen und das findet sich selbst nicht wieder zurecht, wenn es einmal so stark aus dem Geleise gerathen ... Gelt, Du läßt mich nicht wieder mit ihr allein! Sie macht mir Angst, denn das ist nun schon das zweite Mal, und ich fürchte mich, daß sie mich ganz zu ihrer Vertrauten machen könnte!'

Ich drückte Lucia schweigend die Hand. Das war die Fürstin wie ich sie errathen hatte, und Lucia war harmlos, mittheilungsbedürftig genug, mir dies auszuplaudern. Sie selbst schien im höchsten Grade ergriffen.

„Daß ich Dir auch das noch sage,' fuhr sie nach einer Pause fort ... Ich muß es Dir ja sagen, damit Du sie ganz verstehst und sie entschuldigst. Der alte Godefroi, der Haus-Intendant, ist krank. Sie vertraute mir an, daß sie vor einigen Tagen dies benutzte, um, als der Oheim nicht zu Hause, alle Räume zu durchsuchen, und da fand sie denn ... ich habe sie wirklich nicht ganz verstanden, denn sie erzählte so aufgeregt ... Da fand sie in einem der obersten Gemächer, das sonst sorgfältig verschlossen gehalten war, eine Reihe von weiblichen Porträts mit Immortellen bekränzt, einige mit zärtlichen Widmungen und Devisen für ihren eignen Gatten. Es war ihr sofort klar, daß Alle in einem intimen Verhältniß zu diesem gestanden, daß derselbe diese theuren Andenken heimlich aufbewahre als Erinnerung an längst vergangene Zeiten. Minona schilderte mir Alle als sehr schön, aber geschah sie in einer Anwandlung von Eifersucht oder schwerer Gefühlsverletzung, sie zertrümmerte Alles mit unbarmherziger Hand, sogar einige Büsten und Statuetten, verschloß dann das Zimmer und warf den Schlüssel zum Fenster weit hinaus in den Garten.

„Von dem Moment ab,' versicherte sie mir, „umschleicht es kalt wie Schlangen mein Herz, wenn ich an diese Bilder, diese Büsten denke; mir ist, als habe der Mann, an den ich mein Leben gekettet, mich auf einen Friedhof gebracht, um mich bis an sein oder mein Ende unter Gräbern, die mit schönen, aber längst verwelkten Blumen geschmückt, zu führen. Ich sehe ihn selbst an wie Einen, der aus diesen Gräbern erstanden, um sich mit mir zu schmücken, mich mit sich in die Gruft zu nehmen, wenn seine Stunde geschlagen ... Gewiß,' setzte Minona, einen Schauder überwindend, hinzu, „gewiß bin ich albern, aber um dieses Gefühl nicht zu empfinden, dazu hätte gehört, daß ich ihn wirklich jemals geliebt, denn welches Weib hätte das Recht, dem Manne vorzuwerfen was er früher gethan, wenn es nicht ihre Rechte beeinträchtigt! Ich kann ihn nicht lieben, ich will nicht; warum soll ich's Dir verhehlen! Ihr selber hättet es ja bald errathen müssen, es konnt' Euch nicht verborgen bleiben, und Ihr seid ja die Einzigen, denen ich mich anzuvertrauen das Recht habe, und Ihr . . . o, Ihr werdet mich begreifen!‘

„So, Kurt,“ schloß Lucia ihre Erzählung, „sieht es um den armen Oheim! Du siehst, wie traurig sich meine Ahnung bestätigt. Laß sie nicht erfahren oder ahnen, daß ich Dir Alles gesagt, mir aber ist der Gedanke schrecklich, daß ich dem Oheim gegenüber die Vertraute Minona's sein muß! Ich bin ihr näher als sie, durch Dich, Kurt; sie aber sucht in mir als Weib ein Verständniß für ihr Weh und er ahnt nicht, daß sie mich in ein Geheimniß eingeweiht, das ihn unglücklich machen muß. Laß mich nicht wieder mit ihr allein, Kurt; mir graut vor ihren Geständnissen! Sie ist wie ein Vulkan, sag's Dir ja schon früher; sie ist eine furchtbar leidenschaftliche Natur, zu beruhigen ich doch nicht im Stande sein werde, und mich wird hinfort schon die Angst befallen, wenn ich es in ihrem Auge wetterleuchten sehe wie heute!“

Neunzehntes Capitel.
Der Damen-Zirkel.

Der Strudel der Gesellschaft hatte uns einmal erfaßt und zog uns erbarmungslos in seine Kreise hinein. Lucia und ich wir kamen nicht zu uns; es war die Losung für jeden Salon geworden, Lucia in seinem Rahmen zu sehen.

„Das ist ermüdend, ist tödtlich!“ seufzte diese oft. „Ich wollt', das Frühjahr wäre da und wir wären in Bartow oder daheim!“

Der Fürstin war inzwischen eine schwere Prüfung beschieden. Der Oheim hatte einen Rückfall in seiner Krankheit bekommen; sie mußte dem ganzen ersten Saison-Anlauf, all den Bällen und Soiréen entsagen. Sie war verstimmt, so oft wir sie sahen, und sie kam oft, fast täglich, um sich zu zerstreuen.

So manchen Abend, wenn sie bei uns saß, lag's wie unheilschwangeres Gewölk über ihrer Seele. Die hellen Blitze ihrer sonst heiteren Laune waren selten geworden, desto mehr beobachteten wir das unheimliche Wetterleuchten. Das ohnehin kranke Gemüth fühlte tödtende Langeweile; es entbehrte was seines Lebens Bedingung, die Bewunderung der Welt, die Gelegenheit zu glänzen. Sie war wie ein Stern am Himmel gefallen und sich ohne seine Sphären-Gesellschaft recht allein findet.

Auf des Oheims Wunsch sah sie zuweilen kleine Damencirkel bei sich, aber auch das befriedigte sie nicht. Sie besuchte mit uns das Theater, aber sie war stets zerstreut und theilnahmlos. Zum Glück nahm des Oheims Krankheit bald eine sehr günstige Wendung und von dem Moment ab begannen die fast unausgesetzten Conferenzen mit den Modistinnen. Die Saison war ja nicht verloren; im Schlößchen wurden die

Arrangements zu der längst beabsichtigten glänzenden Soirée begonnen.

Die kleinen intimen Damen-Cirkel der Fürstin erlitten hierdurch keinen Abbruch; die Letztere hatte ihnen sogar schon zwei Abende in der Woche eingeräumt.

Lucia besuchte dieselben anfangs gern, zumal Minona's Stimmung wieder gleichmäßiger und ruhiger geworden. Sie wollte ja das Ihrige dazu beitragen, der schönen Tante die Langeweile erträglicher zu machen. Bald sah sie indeß, daß sie ein gewisses inneres Widerstreben fühlte, wenn der Abend kam, dem wir jede andre Einladung opfern mußten.

„Ich will Dich nicht allein lassen, Kurt! Minona ist egoistisch! Während ich so gern bei Dir bliebe, muß ich ihrer Zerstreuung fröhnen.“

Das war's, was sie mit Unlust an diesen Abenden von mir scheiden ließ. Ich sah sie launenhaft — und das war ihr sonst fremd gewesen —; sie schien zerstreut, fast nervös, und das war mir noch mehr fremd an ihr; sie machte mit Unlust ihre Toilette, wenn der Abend kam. Ich pflegte an demselben mit einigen Bekannten zusammen zu sein. Eines solchen Abends, als Lucia schon vor einer Stunde zu der Fürstin gefahren war, fiel's mir ein, lieber dem Oheim einen Besuch zu machen, der noch immer das Zimmer hüten mußte. In den Pelz gehüllt, schlenderte ich durch das Schneegestöber zum Schlößchen.

Die Fenster der Wohnung Minona's sah ich hell erleuchtet, als ich durch das Gitter trat. Beim Oheim waren nur drei erhellt, und zwar die seiner Bibliothek, in der er gern war. Er saß wahrscheinlich bei der Lectüre. Ein Fiaker hatte eben das Gartenthor geräumt und bog vor mir links um den Platz, um in die Stadt zurückzukehren. Der wie gezupfte Baumwolle auf den Hauptsteig des Vorgartens fallende Schnee füllte sofort jede Fußspur wieder und doch schienen die halbverwischten Tapfen vor mir die eines Männerfußes. Alles war mit einer hohen weißen Decke überzogen; wie loses Gespinnst hing der Schnee auf und an den nackten Zweigen der Bäume und die hoch überkrusteten Sträucher standen wie plumpe Schneemänner da. Niemand sah und empfing mich in der Halle, niemand im Corridor. Wie mir Lucia schon gesagt, war der Empfang der Damen an diesen Abenden ein sehr stiller, geräuschloser; man war ja unter sich. Selbst Godefroi kümmerte sich bei dieser Gelegenheit um nichts. Trotzdem war's mir gewesen, als höre ich vor mir dumpfe Tritte, die mit den meinigen Tact hielten, auf den die Treppe bedeckenden Läufern.

„Jean, der Paletot des Herrn Grafen!“ vernahm ich in der Stille des Hauses eine Dienerstimme, als ich den zu den Zimmern des Oheims führenden Gang einschlagen wollte.

Unwillkürlich wandte ich mich zurück. Ich vermuthete einen Besuch beim Oheim, und doch drang die Stimme aus ganz andrer Richtung. Die Hand auf die Brüstung der Treppe gelehnt, halb beschattet durch den Mauervorsprung schaute ich hin. Tarnow stand am Ende des Corridors unter einer Flurlampe, hell beleuchtet, wie er eben im Begriff, sich von dem Diener den Paletot abnehmen zu lassen. Ich sah ihn danach in das Vorzimmer von Minona's Gemächern treten.

Festgebannt stand ich da. Ihm allein also war der Vorzug geworden, an den intimen Damen-Abenden der Fürstin Theil zu nehmen! Geschah dies heute zum ersten Mal? Lucia hatte mir die Namen der Damen genannt, die von der Fürstin an diesen Abenden empfangen wurden ... Wie kam er zu dieser Bevorzugung, er allein von all den Kavalieren ihrer Bekanntschaft?

Freilich, er war der den Unentbehrliche geworden; selbst die Fürstin, so hatte ich in letzter Zeit bemerkt, zeigte ihm ein ausnahmsweises Vertrauen; sie nahm während des Oheims Kränklichkeit seine Besuche am Vormittage an; sie wandte sich in der Gesellschaft an ihn, wenn sie kleine Dienste begehrte, und Niemand schien darin etwas zu finden, da auch andere Damen ohne scheinbare Gefahr seine Aufmerksamkeiten duldeten oder in Anspruch nahmen.

Mir war er inzwischen fast verhaßt geworden mit seinem ohrwurmartigen, stets verbindlichen Wesen; die Klugheit aber zwang mich, gute Miene zu zeigen. Er mußte das fühlen, behielt aber stets die Maske unsrer alten Freundschaft; er mußte auch empfinden, daß er mir in meiner Häuslichkeit lästig, und dennoch betrachtete er sich in derselben wie einen bevorzugten Gast.

Mein Gefühl, als ich ihn jetzt in die Zimmer der Damen eintreten sah, empörte sich in mir. Die sichere, sanfte Nachgiebigkeit des Oheims hatte die Fürstin zur Gewohnheit einer Selbständigkeit geführt, in der sie eine Berechtigung zu finden schien, als sie Tarnow den Zutritt zu diesem Cirkel gestattete. Ihre Sache freilich war es, dies vor der Welt zu verantworten, aber ihre intime Gesellschaft verlangte die nöthige Rücksicht, und auch meine Gattin gehörte zu diesem Cirkel!

Die Tritte des Dieners zwangen mich, meinen Posten zu verlassen. Von ihm unbemerkt, erreichte ich die Wohnung des Oheims, der mich in seinem Bibliothekzimmer mit guter Laune empfing. Godefroi stand eben bei ihm, um seines Herrn Befehle für den nächsten Tag zu empfangen. Der Oheim war außerordentlich erfreut, daß ich ihm diesen einsamen Abend erheitere, an welchem Minona, wie er sich lächelnd und vertrauensselig ausdrückte, mit vestalischer Strenge jeden Herrn von ihrer Gesellschaft ausschließe.

Ueber Godefroi's feistes, glänzendes Gesicht strich ein boshaft süßes Lächeln; ich bemerkte es. Er hatte unmöglich Tarnow kommen gesehen; seine Grimasse war also für mich eine sehr verständliche Glosse zu des Oheims Vertrauen. Mir bebte das Herz bei dem Gedanken, daß Lucia, diese offne, unverstellte Natur, zum ersten Mal fähig, mir einen Mangel an Aufrichtigkeit zu zeigen.

Der Oheim verlangte, ich solle das Souper mit ihm einnehmen. Mir war's unmöglich; die innerliche Unruhe wuchs in mir mit jeder Minute. Ich sah einen Verrath an meinem Vertrauen, meiner Liebe, an dem heiligsten Gefühl meines Herzens; ich suchte, während ich scheinbar dem heute so gesprächigen Oheim zuhörte, mir alle erdenklichen Momente in's Gedächtniß zu rufen, die mir in Lucia's Wesen zur Hülfe kommen konnten, um eine Schuld, und bestehe sie nur in schuldvollem Schweigen gegen mich, zu construiren. Zum ersten Mal fühlt' ich das Bedürfniß, sie einer solchen Schuld

für fähig zu halten, aus den kleinsten, unscheinbarsten Umständen mir ein Martyrium meines Vertrauens aufzubauen, mich zu überzeugen, daß auch ihre, sonst so reine Seele bereits von dem Mehlthau ergriffen sei, der diese Gesellschaft vergiftet; daß sie scheinbar ihre alte Aufrichtigkeit gegen mich nur beobachte, um unter dem Schutz derselben mich täuschen zu können.

Der Oheim war sehr verstimmt, als ich ihn trotz all seiner Bitten verließ. Ich rannte in den Straßen umher, den Schnee nicht achtend, der sich an meine Füße klumpte, mich über und über bedeckte; ich ging in das Club-Local und war dort der unausstehlichste Gesellschafter. Zehn Uhr war's, als ich, abgekühlt, wenigstens in der Stimmung, der bisherigen Lucia Gerechtigkeit widerfahren zu lassen, nach Hause kam.

Lucia saß bereits da. Sie hatte schon Zeit gehabt, ihre Toilette zu wechseln, und kam mir im weißen Nachtgewande entgegen, liebevoll, zärtlich wie immer, ohne ein Zeichen irgend welcher Erregtheit.

Sonst pflegten diese Cirkel bis gegen Mitternacht zu währen; ich sprach, meine ganze Ruhe erheuchelnd, mein Erstaunen darüber aus, sie schon zu finden.

„O, ich bin schon seit einer Stunde zurück!" lächelte sie unbefangen. „Mich drückte es heute wie eine Sünde, Dich allein zu Hause zu wissen, wie Du mir gesagt hattest; ich schützte deshalb ein Unwohlsein vor, ich mußte sogar eine Unwahrheit erfinden, um fortzukommen, indem ich Minona versicherte, wir erwarteten die Ankunft des Vaters heute."

Sie sprach das Alles mit der größten Unbefangenheit; sie schmiegte sich an mich; sie küßte mich sogar mit mehr Innigkeit noch als sonst und bat, wir möge mit ihr den kalten Imbiß nehmen, den sie noch beordert; sie habe noch ausdrücklich damit auf meine Rückkehr gewartet.

Mir gab dies die beste Gelegenheit, sie zu beobachten. Ich verschwieg ihr, daß ich einen Theil des Abends bei dem Oheim verbracht, und nöthigte sie, während wir einander gegenüber saßen, zum Plaudern über die Gesellschaft bei der Fürstin. Sie erzählte lebhaft und harmlos — von Tarnow's Gegenwart sprach sie kein Wort.

Das Vertrauen in sie, für deren Aufrichtigkeit ich die Hand in's Feuer gelegt haben würde, war zerstört. Neuenfelds Gedanken verfluchend, der uns hierhergesandt, suchte ich eine Ruhe, welche ich die ganze Nacht hindurch nicht fand. Ich beobachtete meine Gattin, sie war wohl anfangs unruhig, bald aber lag sie im tiefsten Schlaf. Kein Vorwurf störte den Schlummer, den Gleichmuth ihrer Seele! Und dennoch hatte ich diesen, mir bis zum Abscheu verhaßt gewordenen Menschen gesehen, leibhaftig gesehen, wie er im elegantesten demi-habillé, nachdem er den Diener den Paletot überlassen, in das Empfangszimmer dieses koketten, zerstreuungssüchtigen, bis zur Pflichtvergessenheit gegen ihren Gatten sich in geheimer Leidenschaft verzehrenden jungen Weibes getreten, dessen Freundschaft, wie ich gefürchtet, verhängnißvoll geworden.

Am Morgen sprach Lucia mir allerdings den Gedanken aus, sie wolle diese Abende bei der Fürstin nicht mehr mitmachen, sie sei froh, daß der Oheim wieder hergestellt, daß Minona's Unterhaltungsbedürfniß sich in größeren Kreisen befriedigen könne; auch der Ton, der sich allmälig in diesem Cirkel herausgebildet, sage ihr nicht zu. Von Tarnow wieder kein Wort! Sie sah mich im Laufe des Vormittags verstimmt. Sie fragte; sie verlangte zu wissen, ob sie mir ahnungslos Veranlassung hiezu gegeben. Auch ich schwieg, und in diesem beiderseitigen Schweigen ging mein stilles, schönes Glück zu Grunde. Das Herz blutete mir, aber dieses Blut gährte, siedete. Ich hatte nichts Greifbares, um meinen verletzten Stolz daran zu fühlen; ich konnte Lucia kein Verbrechen daraus machen, daß sie einer Damengesellschaft beigewohnt, in welcher Tarnow gegen gewesen; aber weil ich das nicht hatte, lauschte, horchte, forschte ich insgeheim. Weit entfernt, mein Weib eines Vergehens gegen mich, gegen ihre Pflicht und meine Ehre für fähig zu halten, sah ich doch den ersten Schritt zu einem solchen in ihrer Verschwiegenheit. Warum sollte ich nichts wissen? Das war's, darin lag schon eine Schuld gegen mich! Und sie hatte die Fürstin beurtheilt; sie hatte mich gebeten, sie nicht mehr mit derselben allein zu lassen, weil sie sich vor ihr fürchte!

Lucia durfte nicht ahnen, daß ich dennoch etwas wisse; ich suchte äußerlich derselbe zu bleiben, obgleich mein Herz erkaltete, und gelang mir dies nicht immer, klagte sie über meine Zerstreutheit, so fand ich Gründe, Ausreden.

Die Fürstin besuchte uns am nächsten Tage schon. Es wollte mir scheinen, als sei sie in Lucia's Gegenwart gegen mich freier, vertraulicher, und Lucia fand darin nichts, sie sah es nicht! Ich suchte darin eine gemeinsame Hehlerschaft, die sich gegenseitig verzieh um der Schuld willen. Mein Blut tobte in mir; ich entfernte mich unter einem dringenden Vorwand und ließ Beide allein.

Hätte Lucia mir gesagt, daß die Anwesenheit dieses Mannes in dem Damencirkel sie zu dem Vorsatz bestimme, den letzteren nicht mehr zu besuchen! Selbst wenn dies eine Unwahrheit gewesen wäre, es hätte mich beruhigt — jetzt sah ich ein Gespenst sich vor mir aufrichten. Es schwebte vor mir, als ich durch die Straßen rannte, es kehrte mit mir in meine Wohnung zurück, die Minona bereits verlassen hatte, und wie ich es näher anschaute, hatte es Godefroi's gleißnerische, spöttisches Gesicht — Godefroi's, der mehr wissen mochte, der mir hätte beichten können! Aber mein Stolz bäumte sich gegen einen solchen Gedanken.

Uebermorgen sollte die große Soirée beim Oheim stattfinden. Wieder ein Frohndienst, den die Gesellschaft von Demjenigen verlangt, der sich einmal zu ihrem Sklaven gemacht!

Zwanzigstes Capitel.

Auge in Auge.

Ich erhob mich erst spät am Vormittage. Lucia stand vor mir mit dem Lächeln eines Kindes.

„Du wirst hoffentlich Deine Verstimmung von gestern ausgeschlafen haben?" fragte sie, mir ahnungslos gleich wieder in's Gedächtniß rufend, was mich gegen morgen auf dem Kissen umhergeworfen und von dem mich erst vor einigen Stunden der Schlummer erlöst.

Auch heute also mußte ich die Maske wieder anlegen, heute und fortab täglich bis — — Ich sagte voraus, ich war nicht fähig, diese Rolle lange fortzuspielen.

Gegen Mittag verließ ich das Haus, und sonderbar! Heute zog es mich zur Mutter. Ein Gefühl des Verwaistseins trieb mich zu Der, welche die Vorsehung mir zu meiner Rathgeberin gemacht. Zum ersten Mal warf das Gefühl in mir die Frage auf, ob nicht auch ich eine Mitschuld an der unnatürlichen Entfremdung von der Mutter trage, ob sie nicht mehr Recht in ihrer Abneigung gegen Neuenfelds gehabt, als ich ihr zugestanden. Sie mit ihrem strengen Urtheil hatte dieselben mit andren Augen angesehen als ich; der Vater war Neuenfeld verpflichtet gewesen und also befangen gewesen in dem seinigen. Neuenfeld's Vorleben war ein höchst abenteuerliches gewesen, er imponirte durch seine Energie und Geradheit, die er vielleicht nur absichtlich zur Schau trug, und Lucia — — — Der liebenswürdige, so bestechende Freimuth, den sie als Kind gezeigt, ihre ehrliche, offne Natur, sie konnte lügen, Geheimnisse verstecken vor mir, deren ganze Seele ihr stets so freudig offen! Dasselbe Gefühl sagte mir, ich mit meiner Gutmüthigkeit sei vielleicht in eine Falle gegangen; dieselbe Furcht vor Neuenfeld, die ich einst mit Hedwig getheilt, die auch die Schwester von Lucia entfernt, überfiel mich wieder, denn ich hatte ja vor kurzem erst jenen unheimlichen Blödsinnigen wiederum in seiner Nähe gesehen!... Hedwig's feiner Nerv konnte richtiger empfunden haben als ich ... Mit einem Wort, es trieb mich zur Mutter wie einen reuemüthigen Sohn!

Mein Verhältniß zu ihr war seit der Versöhnung ebenso kalt geblieben; es war nicht zu einem einzigen vertraulichen Moment gekommen. Die Mutter hatte sich bei jedem Versuch einer wärmeren Annäherung, namentlich vor Lucia, glatt unter gesellschaftlichen Formen zurückgezogen und Hedwig mir, immer mit demselben schwermüthigen und sorgenvollen Blick, auszuweichen gesucht. Sie hatte schweigend die Achsel gezuckt, wenn ich ihr andeutete, ich müsse sie allein sprechen. Sie wandte sich von mir unter Einflüssen, gegen die sie nicht ankämpfen konnte, vielleicht nach eigner, vorurtheilsvoller Ueberzeugung nicht wollte. Dabei schien Tarnow auch ihr Evangelium geworden zu sein; sie schwärmte für den geistreichen Blender; er brachte ihr Bücher, Musikalien, Bilder, er brachte die Neuigkeiten des Tages und wie ich später erst erfuhr, gegen sie ihm vergönnt, mit ihr gemeinschaftlich mich, den unglücklichen Bruder zu beklagen. Ich wußte das Alles und trotzdem trieb es mich zur Mutter! Mit einem Gefühl der Beschämung trat ich heute in das Haus. Erfahren, oder auch nur errathen sollte Niemand, was mich schmerzte, und mein Besuch konnte ja selbst Niemanden überraschen. Ich wollte nur dem Bedürfniß folgen, mit Denen zusammen zu sein, die mir einst so nahe gestanden. Es war mir eine Beruhigung, sie zu sehen.

Der Diener wollte mich melden. Die Baronin, sagte er, sitze bei ihrer Chocolade. Ich hielt ihn zurück, durchschritt die vorderen Zimmer und sah plötzlich die Mutter, Hedwig und Philippine um den Tisch beieinander sitzen.

Bei meinem unerwarteten Erscheinen stockte plötzlich

die Unterhaltung. Die Mutter zeigte mir ein gnädiges Lächeln, Hedwig schaute gespannt und ernst zu mir auf, Philippine erschrak wie ein böses Gewissen und ward leichenblaß.

„Ei, welche Ueberraschung!" rief die Mutter, die Tasse vor sich setzend. „Und Du kommst endlich einmal allein!"

Sie deutete auf einen in der Nähe stehenden Sessel.

„Ich komme, mich nur nach dem Wohlsein meiner gnädigen Mama zu erkundigen!" sagte ich, ihr die Hand küssend.

„Ich bitte, Fräulein Wilsdruff, bleiben Sie! Ich habe mit meinem Sohn ja nichts Geheimes zu sprechen!" wandte sich die Mutter an Philippine, die sich eben erheben wollte, und diese blieb gehorsam auf den erhaltenen Wink.

„Aber Du siehst nicht ganz wohl aus, lieber Kurt! Ich lese in Deinem Gesicht eine gewisse Abspannung! Das Leben in der Residenz scheint Dich ein wenig anzugreifen; und es ist ja natürlich nie ganz ohne Gemüthsbewegung!" setzte sie mit einem prüfenden Blick auf mich hinzu, während sie Philippine einen andren geheimen Blick des Einverständnisses zuwarf.

„Sie haben Recht, Mama!" Ich schaute auf Hedwig, sie begrüßend, die apathisch vor sich niederblickte und mir nur mit stummem Kopfnicken dankte. „Ich sehne mich in der That auch schon nach dem Frühjahr, um entweder nach Bartow oder Hochborn zurückzukehren."

„O, das wird aber Denen sehr schmerzhaft sein, die Euch so gern hier fesseln möchten! . . . Namentlich Deinem Oheim und seiner reizenden Frau!" setzte sie mit ominösem Lächeln hinzu.

Ich konnte den Ausdruck einer inneren Bewegung nicht so ganz vermeiden; der Ton der Mutter klang so scharf; er war nicht ohne Beziehung. Hedwig's Brust hob sich dabei mit einem stummen Seufzer und Philippine schaute gradaus zum Fenster, als höre sie theilnahmslos der Unterhaltung gar nicht zu.

„Auch Deine Frau amüsirt sich ja vortrefflich auf allen den Soiréen," fuhr die Mutter fort. „Man möchte glauben, die kleine Wilde — die verzeihst, wir nennen sie mitunter so, obgleich sie recht zahm aussehen kann, — habe in ihren Wäldern jeden Abend die Ballschuhe angezogen, so geläufig ist ihr das glatte Parket, das manch anderer schönen Frau schon gefährlich geworden . . . Und auch Du," setzte sie hastig hinzu, als habe sie mit dem Letztern nichts andeuten wollen, „auch Du bist ein so flotter Tänzer, den ich in Dir niemals gesucht! Man muß sagen, Ihr habt hier Beide mit einem Glanz und einer Virtuosität debütirt, die allgemeine Bewunderung gefunden, und wohin man kommt, hört man nur von Euch oder von Deiner reizenden Tante, die Du, wie ich zu meiner Ueberraschung vernommen, ja als Knabe schon verehrt haben sollst."

Hätte die Mutter gewußt, wie trostbedürftig ich dasaß, wie schwer mein Herz schon blutete, sie würde vielleicht doch Mitleid gehabt haben, aber jedes ihrer Worte verrieth, wie freudig sie die Gelegenheit benutzte, mich zu stacheln; ihre Stimmung ließ mich über den Stoff der durch mein Eintreten abgebrochenen Unterhaltung auch nicht in Zweifel. Unbarmherzig schnitt

sie noch tiefer in die Wunde, und so rücksichtslos, daß, wie ich bemerkte, Hedwig bei den letzten Worten erbebte.

„Es ist das eine Unwahrheit, liebe Mama, die mit einer gewissen Absichtlichkeit verbreitet zu sein scheint, und ich meine auch die Quelle zu kennen, die zu zertreten mich nur die Rücksicht bisher gehindert." Ich blickte finster auf Philippine, die ein Zeitungsblatt vom Tisch genommen und scheinbar nicht hörend that, als lese sie. „Die Fürstin und ich wir haben uns früher nie gekannt. Der Oheim stellte sie mir zuerst in Wien in einer Loge vor. Wir haben dort das erste Wort miteinander gesprochen. Aufrichtig gesagt, ist diese Lüge geeignet, mir einen Widerwillen gegen die ganze Gesellschaft hier einzuflößen, die zu meiden mir keine Ueberwindung kosten würde."

„Nun, nun! Was wäre denn das auch für ein so großes Unglück gewesen, wenn Du sie wirklich schon gekannt hättest! Daß sie sich für Dich sehr interessirt, wirst Du doch auch Du nicht in Abrede stellen. Sie soll ja täglich bei Euch sein und von ihrem Neffen in wahrhaft schwärmerischer Weise reden."

„Bei Lucia, bitte ich zu bemerken, liebe Mutter! Nur ihr können wohl ihre Besuche gelten!"

„Hm, wer soll das so streng unterscheiden! Ein satyrisches Lächeln begleitete diese Worte. „Die Männer sind Alle entzückt von ihr, warum sollte auch Dir eine so reizende, verführerische Frau nicht gefallen! Graf Tarnow freilich schwört darauf, daß Deine Frau unendlich viel schöner und liebreizender sei; er wird immer ganz tiefsinnig, wenn von ihr die Rede ist. Nimm Du Dich also auch in Acht, Kurt! Er ist ein gefährlicher Mann. Die Damen schwärmen für ihn."

Jetzt blickte auch Philippine mit ihren runden Eulenaugen auf, als höre sie etwas Neues, das sie interessire. Hedwig ward's so angstvoll in der Brust, daß sie nach Athem rang. Ihr sah ich's an, daß in der Mutter scheinbar scherzhaft gesprochenen Worten mehr lag, als sie sagen wollte, und noch mehr überzeugte mich das still boshafte vor sich hin Lächeln Philippinens. Hedwigs Hand flog fiebernd, während sie im Schooß an dem Taschentuch zupfte.

Die Mutter gewahrte inzwischen, welche Wirkung ihre Rede auf mich gemacht. Sie schaute mich betroffen an; mein blasses Gesicht erschreckte sie.

„Mein Gott, Du mußt einen Scherz nicht so bös aufnehmen," rief sie, während mir ein stummes Wort auf den Lippen zitterte, das auszusprechen ich nicht wagte. „Du, der Du so fest von den himmlischen Eigenschaften des Fräulein Neuenfeld überzeugt warst, daß Du Dich Hals über Kopf in die Ehe stürztest, Du mußt doch am besten wissen, was Deiner Frau solche Huldigungen werth sind."

„Ich weiß es, Mutter," rief ich, mich endlich beherrschend. „Ich weiß, was ich von meiner Lucia zu halten habe und zu wünschen, daß auch die Welt ihren Werth zu schätzen lernte!"

Ich sprach gegen meine eigene Besorgniß, ich mußte es. Ich sprach für mich, für meine Ehre, und jedes Wort schnitt mir doch eine neue Wunde in's eigene Herz.

Die Mutter beschwichtigte mich mit einer flüchtigen Handbewegung und schlürfte dann ihre Chocolade.

„Davon, lieber Kurt, sind alle Gatten überzeugt,

so lange sie glücklich sind, und oft behelfen sie sich auch wohl ohne die Ueberzeugung .. Sieh nur Deinen eigenen Oheim an! Er leuchtet, wo er erscheint, und wie könnt' er anders im Glanz der Sonne, die er an seiner Seite hat. Hältst Du ihn für glücklich? Ich meine, er muß es wohl sein, faute de mieux!"

Aus der Lieblosigkeit ihrer, von satyrischer Miene begleiteten Worte stach die innere Genugthuung hervor, die ihr der Gedanke bereitete, ihr Bruder müsse sich unglücklich gemacht haben durch einen Schritt, den sie ihm nicht verziehen, und sicher war es ihr eine größere Genugthuung, die Welt davon erfahren zu lassen, denn darin lag ohne Zweifel ihr Triumph.

„Der Oheim ist glücklich, Mutter!" versicherte ich eifrig. „Seine Kränklichkeit hindert ihn leider daran, es noch mehr zu sein!"

„Du gute Seele!" lächelte sie vor sich hin, während sie ein Bisquit zerbröckelte ... Ja, Du weißt gewiß am besten zu beurtheilen, wie glücklich er sein könnte!"

Es lag ein Sarkasmus in ihren Worten, in ihren Zügen, so scharf wie eine Messerschneide. Ich verstand sie, mußte sie verstehen, aber ich wagte es nicht, dem Spott zu begegnen, aus Furcht, das wenigstens äußerlich bestehende gute Vernehmen zwischen uns wieder zu zerstören. Ich begnügte mich mit einem bitteren Lächeln.

Die Mutter hatte inzwischen ihr Dejeuner beendet. Sie wandte sich jetzt erst eigentlich zu mir, um mit mir zu plaudern. Ich erschrak vor der Fortsetzung dieser Unterhaltung, die vielleicht jetzt erst mit Behagen geschehen sollte, und zeigte ihr die Absicht aufzubrechen.

„Bleib, Kurt," sagte sie einladend und lächelnd. „Ich habe ohnehin nur noch einige Minuten für Dich, da ich eine Meldung erwarte. Deine Frau wird ja auch Dich heute nicht vermissen, da sie jedenfalls von der Toilette für die großartige Soirée des Fürsten beansprucht sein dürfte. Es scheint, als solle diese die Gelegenheit zu einem kleinen Wettkampf aller schönen jungen Frauen in der Entwickelung des höchsten Luxus werden; die Fürstin Bartenstein aber wird sie sicher Alle schlagen. Die ganze Stadt ist voll von dem Glanz, in welchem sie erscheinen will, die ersten Modistinnen haben nur Sinn und Zeit für sie, und was gerade Dich am meisten interessiren wird: Die schöne Fürstin, so erzählt man, hat keine Nacht mehr Schlummer finden können, seit Deine Frau sie mit ihren brasilianischen oder mexikanischen Diamanten überstrahlt, der Fürst hat also in den sauern Apfel beißen müssen und ihr von Paris einen Brillantschmuck kommen lassen, gegen den der Eurige nur wie eitel Straß erscheinen soll. Auch Ihr könnt Euch also auf eine Niederlage gefaßt machen. Sie duldet nichts neben sich. Aber das ist ja im Grunde so verzeihlich! Soll eine schöne junge Frau nicht einmal die Befriedigung haben . . ."

Der Diener trat eben ein und übergab der Mutter ein Billet, das sie hastig öffnete. Ich athmete auf. In dieser Unterhaltung war mir jedes Wort ein Stich. Keinen unseligeren Moment hätt' ich zum Besuch der Mutter wählen können.

„Verzeih, Kurt! Es betrifft die Weihnachtsbescheerung für die Waisen; das Billet ist von der Prinzeß Luise."

Sie erhob sich schnell, ganz Hingebung für die

hohe Botschaft; leichten Schrittes schwebte sie zur Thür. Hedwig folgte ihr ängstlich; es schien, als fürchte sie sich, ohne die Mutter bei mir zu bleiben, und ihr Aufbrechen war auch für Philippine ein stummes Zeichen zum Rückzug. Es war eine vollständige Flucht, ein Auseinandersprengen.

Mir war dies willkommen; ich sah sogar mit Zufriedenheit Hedwig der Mutter in's Vorzimmer folgen. Philippine suchte zum Glück die Flucht durch die entgegengesetzte Thür, indem sie scheinbar gleichgültig die in ihrer Hand befindliche Zeitung mitnahm. Sie würdigte mich keines Blickes, nahm eine zerstreute Miene an.

Mich schnell erhebend vertrat ich ihr den Weg.

„Fräulein Wilsdruff!"

Sie fuhr zurück; sie maß mich unversteckt feindlich mit ihren glotzenden Augen; die innere Empörung zuckte in den Nerven ihres gelblich blossen, gallensüchtigen Gesichts.

Es schien, als habe es gar keiner Kriegserklärung zwischen uns bedurft, als halte sie mich einer solchen gar nicht für werth. Vielleicht auch hatte sie dieselbe schon in den Blicken gelesen, mit welchen ich sie früher schon mehrmals angeschaut, wenn sie mir bei der Mutter flüchtig begegnete. Im Uebrigen mochte die Satyre, mit welcher diese mich in meiner Gegenwart behandelt, ihr eine anmaßungsvolle Ueberlegenheit gegeben haben.

„Herr Baron!" rief sie mir vor Entrüstung bebenden Lippen, während die runden Augen einen Basilistenblick auf mich schleuderten.

Mitleidig gab ich diesen zurück und streckte wehrend die Hand aus, um ihr die Flucht abzuschneiden.

„Ich habe nur ein Wort an Sie, mein Fräulein, und Ihr Zorn ist mir zu unbedeutend, um mir Schweigen zu gebieten. Bleiben Sie und hören Sie mich an: ich habe Sie lange genug angehört, freilich aus Anderer Munde. Es ist nur ein Wort der Warnung, die freilich zu spät kommt, Ihnen aber für die Zukunft heilsam werden dürfte."

Die Wuth durchzuckte das ganze gallensüchtige, in Neid und Unzufriedenheit mit dem Schicksal krankhaft gewordene Wesen. Sie hätte mir leid thun können, aber der Mutter Worte klangen mir noch zu hell im Ohr. Abermals wandte sie sich zur Thür und wieder vertrat ich ihr den Weg.

„Sie wagen es, ein armes, unglückliches Mädchen..." Philippine machte Miene, zu der gewöhnlichsten Frauenwaffe zu greifen und Zuckungen zu verrathen, die mich mit lauten, das Haus alarmirenden Ausbrüchen bedrohten.

„Ich wage nichts, mein Fräulein!" rief ich schroff. „Ich frage Sie dagegen, wollen Sie, was ich Ihnen zu sagen habe, unter vier Augen anhören, oder ziehen Sie vor, meine Familie herbeizurufen und sie zu Zeugen dieser Scene zu machen?"

Mühsam und ebenso furchtsam suchte sie das Schluchzen zu ersticken, das ihren Knochenbrust erschütterte. Sie stand vor mir wie eine Märtyrerin, die sich anschickt, den ungerechtesten, unverdientesten Qualen zu unterliegen. Nie war sicher ihrer Ueberzeugung nach einem schuldlosen armen Wesen eine solche Unbill zugefügt.

„Ich will Sie nicht lange belästigen," fuhr ich fort, „Ihnen nur sagen, daß Sie mich, der ich Ihnen stets die freundschaftlichsten Gesinnungen gezeigt, wissentlich mit einer Lüge verfolgten, die, in die rechten Hände gelegt, ihren Weg nicht verfehlt hat. Sie fanden den Boden hier günstig, in den Sie Ihre Intrigue legten; Sie freuen sich heimlich der so schön aufgegangenen Saat. Ich fordere Sie jetzt auf, dieselbe zu zerstören, öffentlich zu bekennen, daß Sie eine Lüge ausgesprengt . . . Sie lächeln! Sie sind eine Waise, der wehe zu thun mir bisher nicht gegeben war; ich schonte Sie deshalb bisher, schon um Ihres seligen Vaters willen . . ." Ein Thränenstrom unterbrach mich plötzlich . . . "Beruhigen Sie sich, ich werde Sie auch ferner schonen, jedoch nur um den Preis der Wahrheit, deren öffentliches Bekenntniß ich von Ihnen erwarte. Beharren Sie in Ihrem Lug, so verzichten Sie auf die Rücksicht, die ich bis dahin eben nur aus Schonung beobachtet und ich erzähle der Welt von einem keuschen, splitterrichtenden jungen Mädchen, das eines Nachts auf dem Kopfkissen eines jungen Mannes eingeschlummert, dann erwachend sich über ihn beugte und ihn auf die Stirn küßte . . . Das Uebrige, mein Fräulein, ist Ihre Sache! Sollte Ihnen diese zu schwer werden, so rathe ich Ihnen, auch hierin Ihren geheimen Bundesgenossen in Anspruch zu nehmen, ihm auch statt meiner zu sagen, daß nur die delicate Natur dieser Lüge mich bisher habe hindern können, seine Junge nach Cavaliersgesetzen zu züchtigen . . ."

Wie ein schlotterndes Gerippe stand sie da, zerschmettert, mit dunklem Rand um die niedergeschlagenen globenartigen Augen, das strohgelbe Haar um die blau hervortretenden Adern der Schläfe zitternd, die Hände herabhängend, erschreckend bleich, ein Gespenst selbst des Gespenstes, als welches sie sonst umherwandelte.

Ich war nicht im Stande, sie länger anzuschauen, denn sie that mir selber weh; ich wandte ihr hastig den Rücken und schritt zu der Nebenthür, die direct auf den Corridor führte, um in meiner Aufregung nicht der Mutter zu begegnen. Und doch war mir leichter, als ich die Straße betrat. Ich hatte die Natter getödtet, freilich nachdem sie längst ihren Giftzahn entleert, ich hatte Tarnow durch sie einen Wink gegeben und jedenfalls war sie Weib genug, aus Furcht vor einem blutigen Unglück diesen insgeheim zu warnen. Aber hatte ich in meiner Lage hiedurch etwas geändert, gebessert? Meine Gedanken kehrten zu Lucia zurück und zu . . . Tarnow. . . .

Einundzwanzigstes Capitel.
Ein Besuch.

Der Mutter hämische Aeußerung überzeugte mich, daß man diesen Schwätzer schon in eine gewisse Beziehung zu meiner Frau zu bringen versuchte, daß er selbst vielleicht in seiner maßlosen Eitelkeit sich einer Bevorzugung gerühmt . . . Das Blut! Das Blut! Es stieg mir wieder siedend in's Gehirn; es packte mich mit der glühenden Gewalt des Wahnsinns. Das Haus meiner Mutter die Brutstätte des Unglücks ihres eigenen Sohnes! Die Mutter kühlte ihren stillen Haß gegen den Bruder, gegen das Weib des Sohnes in heimlicher Freude über das Elend, das sich Beiden langsam, aber sichtbar bereitete, das sie, die Mutter, förderte! Die Unnatur war himmelschreiend; aber blieb mir noch ein

Zweifel? Und was das Schlimmste, hatte ich nicht Petwitz, daß in diesen Gerüchten ein Körnchen Wahrheit? . . .

Verschwieg mir nicht Lucia die Anwesenheit dieses faden Menschen in jenem Cirkel? Sagte sie mir nicht selbst, der Ton jener Gesellschaft gefalle ihr nicht? Und ferner: konnt' ich mir verhehlen, daß die Fürstin jene kleine, leichtfertige Neigung des Kindes für mich, die Tarnow so gewissenlos zu mißbrauchen versucht, mit in die Ehe hinüber genommen, oder daß der Mangel an Befriedigung, den sie in dieser Ehe empfand, jenen längst vergessenen Funken wieder angefacht? Sagte mir nicht namentlich in der letzten Zeit jeder ihrer Blicke, was ich nicht verstehen wollte, durfte? Hatte sie nicht mehrmals schon die Miene gegeben, als fände sie es kaum noch der Mühe werth, diese Leidenschaft zu beherrschen? Und was Anderes konnte ihr heute den Muth geben, als die Mitwissenschaft einer, wenn auch nur tactlosen, nur scheinbaren Pflichtvergessenheit meiner eigenen Gattin?

Ich mußte fort! Noch war Lucia's Auge zu klar, zu offen, und der treuen Schein der Wahrheit hat die Lüge nicht. Noch war ihr ganzes Sichgeben gegen mich so ehrlich, daß sie selbst eine Schuld nicht entdeckte, die Andere in ihrer Bosheit und Schadenfreude gewiß schon in ihr Herz schleichen sahen. Noch war es Zeit, sie zu retten, und . . . mich selbst! Denn was rettete mich vor der Möglichkeit, daß ich in einem Anfall von Wahnsinn über mein Elend, mich getäuscht, betrogen sehend, bei diesem Weibe einmal Sühne, Vergessenheit suchte! Wer bürgte mir dafür, daß ich nicht auf den Einfall kam, meine eigene Treue zu verhöhnen, meine Liebe zu erwürgen in den Armen dieser Sirene, die, sich immer mehr abwendend von ihrem Gatten, vor der letzten Schranke stand, die zu überspringen ein einziger kupplerischer Moment sie bereit fand! . . .

Ich wollte nicht in meine Wohnung. Ich konnte Lucia nicht so sehen. Sie war ja auch, wie sie mir schon gesagt, von ihrer Toilette für morgen beansprucht. Ich meinte ihr im Wege zu stehen, wenn ich sie in dieser heiligsten aller Obliegenheiten störte . . . So schritt ich denn zu den Anlagen hinaus. Der hartgefrorene Schnee knarrte unter meinen Füßen; die kalte Sonne blitzte und flimmerte in Millionen Prismen auf der weißen Decke. Ich sah Niemanden, wäre nicht im Stande gewesen, Jemandem Rede zu stehen.

Ich wollte zum Oheim, wollte mir in seinem Marstall das feurigste seiner Thiere aussuchen und hinaus, in's Freie, um erst zum Abend zurückzukehren. Die Soirée des Oheims war nicht zu vermeiden; so aber hatte ich in wenigen Tagen mußte ich die Stadt im Rücken haben. An der Art und Weise, wie Lucia meinen Entschluß aufnahm, mußte ich erkennen, wie es in ihrem Herzen aussah; nichts aber konnte denselben erschüttern, mochte Neuenfeld ihn beurtheilen wie er wollte.

Der Entschluß, das Bewußtsein, den rettenden Ausweg vor mir zu haben, kühlte mich ab. Eine Ueberzeugung gewann damit zugleich wieder die Oberhand: Lucia war keiner wirklichen Schuld fähig, nein, nimmermehr! Aber sie mußte dem intimen Einfluß der Fürstin entzogen werden, die in ihrer Leidenschaft fähig war, unser Aller Unglück herbeizuführen.

Als ich an dem Gitter entlang schritt, um die hintere, zu dem Marstall führende Pforte zu nehmen, stand die Fürstin mit einer anderen Dame an einem ihrer Fenster. Sie grüßte lebhaft, lächelnd; sie warf mir in ihrer burschikosen Weise eine Kußhand zu. Kalt und gleichgültig erwiderte ich ihren Gruß und setzte den Weg fort.

Auf dem Hofe begegnete mir Godefroi. Die runden Hängebacken seines feisten Gesichts waren hoch geröthet, seine Augen vom Blutandrang roth unterlaufen. Er schritt mir in seiner servilen Weise mit vielen Bücklingen unsicher entgegen und verbreitete schon auf einige Schritte von mir eine Wein-Atmosphäre um sich.

Mir kam der Gedanke, ihn zu befragen. Sein boshaftes Lächeln am gestrigen Abend verstedte die Kenntniß gewisser Dinge, die zu wissen mir das Herz brannte. Ich trat schnell auf ihn zu, legte ihm die Hand auf die Schulter.

„Godefroi," sagte ich cordial," wir sind alte Freunde; Sie sahen die ersten Schritte, die ich in dieser, mir damals so ganz fremden Welt that..."

„Ich hatte die hohe Ehre, gnädiger Herr Baron!" lächelte der stets unterthänige Lakei aus dem nunmehrigen fürstlichen Schloß-Intendanten, während er den breiten fetten Rücken beugte und in großer Spannung durch meine feierliche Anrede und mein ernstes Gesicht seine Ohren spitzte. „Der gnädige Herr Baron wissen ja, wie freudig ich seit Dero erstem Erscheinen stets zu Diensten gewesen bin!"

Erwartend grinste mich das feiste Gesicht an.

„Gut, Godefroi ... So gehen Sie zum Stallmeister und sagen ihm, er möge mir den Rappen satteln, ich wolle einen Ritt in's Freie machen! Dann schiden Sie einen der Diener zu meiner Frau mit der Botschaft, sie solle mich erst am Abend erwarten."

Getäuscht verbeugte er sich tief vor mir.

„Zu Befehl, gnädiger Herr Baron!" Er wackelte den Hof entlang zur Stallung und ich begann eine ungeduldige Promenade hin und her.

Zur rechten Zeit war's mir eingefallen, wie unwürdig es sei, dieses gemästete Reptil zum Mitwisser dessen zu machen, was mich quälte. Und ob er gar die Wahrheit gesprochen hätte, denn er diente der Fürstin gewiß mit derselben Servilität und war zu klug, um zu wissen, was ihn nicht anging. Eine Viertelstunde später jagte ich zum Hof hinaus und durch die Anlagen.

Als ich gegen Abend zurückkehrte, halb erfroren von dem scharfen Nordost mich am Kamin niederließ und ohne die Dienerschaft zu fragen nach meiner Frau horchte, vernahm ich im Speisezimmer die Stimme der Zofe: „Wie Schade, daß der Herr Baron nicht zu Hause war; die gnädige Frau hätte die beiden Herren so gern zum Diner hier behalten!"

Also ein Besuch in meiner Abwesenheit! Und Lucia kümmerte sich nicht um meine Rückkehr! Aergerlich stocherte ich im Kamin, daß die Flamme hoch aufschlug.

Zwei weiche Arme umfingen mich während dieser Beschäftigung von rückwärts.

„Aber Kurt, Du wirst uns das ganze Haus anzünden!" rief Lucia, sich zärtlich über meine Schulter beugend. „Du hast Dich den ganzen Tag nicht um mich gekümmert; es ist Dir besser, wenn Du draußen bist; hast Du gar keine Sehnsucht mehr nach Deiner Lus?"

Sie sprach das ganz in dem alten, mir so lieben Ton, freilich mit leisem, aber bittendem Vorwurf, der seine Berechtigung haben konnte, wenn ich deren nicht noch mehr für meine Stimmung zu haben geglaubt hätte. Ich wand mich schonend los.

„Die freie Luft da draußen ist mir nothwendig, mein Kind! Ich erstide in dieser städtischen Atmosphäre!"

„Du Eigennütziger, Du hast bisher noch nicht gefragt, wie ich mich in derselben befinde!" Sie setzte sich mir gegenüber; ich sah sie in eleganter, fast koletter Haustoilette.

„Nun, ich fragte nicht, weil ich sah und sehe, daß sie Dir behagt!" Dabei warf ich einen Blick auf ihre reich garnirte Robe. „Ging's nach mir, wir kehrten nach Hoch- oder Niederborn zurück!"

Lucia blidte hastig auf. Die Kaminflamme beleuchtete ihr Gesicht. Sie schien überrascht; dann schaute sie sinnend, kopfschüttelnd vor sich hin, während sie die Arme über der Brust zusammenlegte.

„Wir müssen aus Rücksicht den Vater erst hören, Kurt! Du bist nur schlecht gelaunt; laß die Mißstimmung nicht so schnell Deine Entschlüsse beherrschen!"

„Ich werde hier kaum zu einer andern Stimmung kommen!" Meine Antwort war schroffer als ich selbst gewünscht hatte.

„Der Vater war heute hier; es that ihm recht weh, Dich nicht zu sehen."

„Der Vater! ... So! ... Und mit wem?"

„Graf Tarnow kam mit ihm ..."

Die Flamme stieg mir im Gesicht auf; ich biß die Zähne zusammen. Sie sprach den Namen mit so viel Unbefangenheit.

„Wie kam der Vater zu ihm?" Ich schaute nicht auf.

„Ja, sieh nur, Kurt, wie wenig Du Dich um all die Sorgen kümmerst, die der Vater schließlich doch nur um unsertwillen auf sich ladet!"

„Ich bin ihm allerdings weniger dankbar ... Das erklärt mir aber meine Frage nicht!"

„Du hast doch gehört, daß Graf Brenner, durch die Advokaten aufgehetzt, plötzlich, als der gerichtliche Vertrag geschlossen werden sollte, wegen des großen Vorwerks Schwierigkeiten machte, das dem Vater für seine Pläne von so großer Wichtigkeit ist!"

Ich war wirklich so zerstreut wie ich schien; ich hatte in diesem Augenblick keine Ahnung von der Vorwerks-Angelegenheit. Mißachtend warf ich die Lippe auf. Des Vaters Kind mit seinem mir bekannten praktischen Geschäftssinn sprach aus Lucia und für dergleichen gab es in mir wenig Verständniß.

„Du mußt Dich auch erinnern, daß der Vater sich deßhalb wieder hinter Tarnow gestedt hat. Dem ist es nun in der That gelungen, Brenner zur Nachgiebigkeit zu bestimmen, natürlich wieder gegen eine Schadloshaltung. Es ist seit heute Alles im Reinen. Der Vater brachte Tarnow mit zu uns in der Erwartung, Dich zu finden, und ich mußte wenigstens ein kleines Frühstück serviren lassen."

Ich verwünschte in meinem Groll selbst Neuenfeld, der fortwährend die Dienste eines Menschen beanspruchte, gegen den sich in mir Alles empörte. Schweigend starrte ich in die Kaminflamme.

„Du bist wirklich ungerecht gegen Tarnow," fuhr Lucia fort, mich verstehend. „Er ist immer die Artigkeit selbst gegen mich und von wahrer Aufopferung für den Vater."

„Brechen wir ab!" Ich erhob mich überdrüssig. War das Naivetät oder Maske? „Ist der Vater noch in der Stadt?" fragte ich mit Ungeduld.

„Ich vermuthe! Er nahm Abschied von mir, wollte aber erst zur Nacht nach Bartow zurück."

„So will ich ihn suchen! Ich muß ihn sprechen!" Nach meinem Hut umschauend, schritt ich in's Zimmer.

„Und so gehst Du, Kurt!" hörte ich vorwurfsvoll ihre Stimme hinter mir.

Ich schaute zurück; ich überraschte einen Ausdruck ihres Gesichtes, der von mir sicher nicht gewahrt sein sollte. Ihr Antlitz war bleich, kummervoll. Als sie sich überrascht sah fand sie schnell ein Lächeln, schritt zu mir, reichte mir die Hand und bot mir lächelnd die Lippen.

„Der Vater war auch beim Oheim," sagte sie. „Er wollte ihn persönlich bitten, ihn von der Soirée zu dispensiren, da die Geschäfte ihn hinderten . . . Ich wollte, Kurt," setzte sie komisch seufzend hinzu, „diese Festlichkeit, die doch uns zu Ehren stattfindet, wäre vorüber! Tarnow sprach wohl eine halbe Stunde nur von dem Pomp, den der Oheim entwickeln werde, von den Ueberraschungen für die Gesellschaft, von dem Luxus der Toiletten . . . Es ist doch ein recht sorgenvolles Leben, so ganz und gar nur für Andre und um Andrer willen da zu sein. Der arme Vater muß das auch einmal empfinden. Der Oheim hat seine Gründe nicht angenommen und ihm das Wort abgefordert, morgen zu erscheinen, so wird er also müssen!"

Wie sie so traulich plaudernd vor mir stand, loderte die ganze Gluth des Gefühls für sie in mir wieder auf, ich umarmte sie leidenschaftlich, machte mich los von ihr und eilte zum Zimmer hinaus.

Unbegreiflich! Lucia mußte die Wandlung in und an mir erkannt haben, wenn ich mich auch aus Klugheit zu bemeistern suchte. Bei ihr war äußerlich alles Ruhe; und sie nahm diese Wandlung hin wie eine kränkliche Verstimmung, die selbstverständlich vorübergehen werde. Sie war klug, sie besaß eine Frauenklugheit, die in eigner Gemüthsruhe stets das Richtige zu finden, sich in das Unrichtige oder in Schicken versteht; ihres Vaters geistiges Gleichgewicht hatte sich auch in ihr entwickelt. Hier aber mußte ihr Gefühl in's Spiel kommen, sie mußte das Verletzende empfinden, und sie, die früher sich doch so leicht von augenblicklicher Wallung hatte hinreißen lassen, sie beherrschte sich mit einem Tact, der dem meinigen überlegen, der mir nothwendig als Gleichgültigkeit erscheinen mußte, es vielleicht wirklich war, jedenfalls Ausbrüche, Erklärungen vermied, die ihr lästig sein mochten.

Tarnow, der Unvermeidliche, der Ritter der Damen, hatte also das Glück gehabt, heute stundenlang bei meiner Frau zu sein, ohne von meiner Gegenwart belästigt zu werden. Ich hatte nur ein Hohnlachen über mich selbst bei dieser Vorstellung. War er doch so tactvoll gewesen, uns während der letzten Zeit nicht mit seinen täglichen Besuchen zu beehren, bis ich ihm selbst heute das Feld räumte!

Zweiundzwanzigstes Capitel.
Beim Fürsten.

Die Pflichten eines Gesellschaftsmenschen füllen nach meiner Ueberzeugung das Leben desselben so vollkommen aus, daß ihm keine Muße für irgend welche andre Beschäftigung bleibt. Ich empfand das, wenn ich am Morgen die Einladungskarten las, die kategorisch über so und so viel Stunden meines Daseins verfügten, mir befahlen, mich in Toilette zu werfen und en frac et décorations pünktlich um die und die Zeit da und dort zu erscheinen, um mich all den Anforderungen zu unterwerfen, welche die Gesellschaft, der gute Ton an mich zu stellen berechtigt.

Mag das noch hingehen für den Garçon; aber welch eine Unruhe wirft diese während der langen Wintersaison sich immer wiederholende Mobilmachung in das Leben eines Ehemannes! Zerstört, verwüstet ist jedes häusliche Behagen; der Alarm beginnt, wenn der Herold ruft; die heiligsten Pflichten der jungen Mütter, die billigsten Rücksichten gegen das Wohlbefinden des Gatten verschwinden vor diesem Appell; die Diener und Dienerinnen sind in athemloser Hast um die Toilettenzimmer, namentlich der Hausfrau, in der sich Berge von Schaum und Flitter thürmen; die Cassetten geben ihre von Gold und Diamanten blitzenden Eingeweide heraus und hat die Stunde geschlagen, rollt der Wagen davon, so tritt Todesstille im Hause ein. Die Herrschaft ist zum Ball gefahren.

Und als wär' damit dem Hause eine untilgbare Schmach widerfahren — der Tag der Revanche muß kommen, wird im Kalender angemerkt, wo man selbst wieder alle die entbietet, deren Ruf man gefolgt, den ganzen gesellschaftlichen Heerbann; und dann steht das unglückliche Haus auf dem Kopf, einen Tag, eine ganze Nacht hindurch, bis Alles wieder in sein Geleise zurückgekehrt.

Es ist das eine entsetzliche Maschine, dieser gute Ton, die nervenzermalmend Alles erfaßt, was sich in ihre Nähe wagt!

Ich hatte Lucia während des Tages wenig gesehen. Sie, daheim das einfachste Weib, wenn auch immer eitel in dieser Einfachheit, hatte sich mit scheinbarer Befriedigung zum Opfer der Modistinnen gemacht. Sie war mit der Fürstin in die glänzendsten Magazine gefahren, sie empfing von denselben enorme Cartons, sie rathschlagte mit den Schneiderinnen über alle die wichtigen Fragen, und war sie auch in den seltenen Pausen, die uns vergönnt, ganz die frühere geblieben, sie übergab sich den tyrannischen Forderungen der großen Toilette willig und freudig und trat, wenn Abends die Stunde schlug, mit stolzem Selbstbewußtsein vor mich hin, sobald der Wagen vor der Thür stand.

Auch Neuenfeld hatte ihr gesagt: „recht so, mein Kind! Sei schön! Sei schöner als alle die Andern! Spare kein Geld, wo es Dir Freude macht!" Und diese Freude schien sie wirklich an sich selbst zu haben, wenn es galt, mit diesen Andern in die Schranken zu treten.

Das Alles war gut, es war natürlich, es war unvermeidlich, und ich führte mein schönes Weib immer mit freudigem Stolz in die Gesellschaft. Aber warum war's mir heute so eng um's Herz, so düster im Sinn wie unheimliche Vorbereitung auf etwas Außerordentliches! Lucia frappirte mich, als sie nach beendeter Toilette zu mir in das Wohnzimmer trat, in welchem ich schon seit einer halben Stunde wartend und gelangweilt dasaß, oder mit großen Schritten ungeduldig den Boden maß. Sie trug eine weiße, von grauen Silberadern durchzogene Seidenrobe; sie hatte anstatt der Brillanten ihren kostbaren weißen Perlschmuck angelegt, der, ebenfalls ein Geschenk des Vaters, seines Gleichen in Europa suchte. Tactvoll genug, hatte sie, die natürlich auch von Minona's neuem Geschmeide wußte, nicht zu Vergleichen herausfordern, der schönen Tante den Vorzug lassen wollen, und doch war dieser Perlschmuck mit seinem wunderbaren Schmelz von überraschender, sich über ihre ganze Gestalt breitender Wirkung.

Sie las die Bewunderung, die Billigung dieser Wahl in meinen Augen und diese füllte die ihrigen mit stiller Zufriedenheit. Auch sie schien indeß heute eigenthümlich gestimmt; es leuchtete nicht die frische Jugendlust auf ihrem Gesicht wie sonst; sie schöpfte zuweilen mühsam Athem, als bedrücke sie etwas. Auch sie mußte irgendwie präoccupirt sein.

Der Eintritt des Vaters, der im oberen Theil des Hauses seine Toilette gemacht, ließ es zwischen uns zu seiner Unterhaltung kommen. Er sah imponirend aus mit seiner Hünengestalt; er trug das Großkreuz des Rosenordens unter der Cravatte, „um die Maskerade mitzumachen," sagte er lachend, als ich ihn darauf anstaunte. Er mahnte zur Eile.

Des Oheims Schlößchen schwamm förmlich in Feuermeer. Große Schalen, mit Petroleum gefüllt, brannten auf Kandelabern in dem Garten; in Garben zuckte das Feuer aus ihnen auf in die kalte, stille Mondnacht; ein Troß von Lalaien stand am Fuß der Freitreppe und in dem Vestibül; auf dem Platz roulirten die Equipagen, denen die buntesten Damen-Costüme entschlüpften, um unter einem Baldachin durch den Vorgarten zu huschen.

Wir hatten uns in der That verspätet; alle Säle waren bereits gefüllt; die gesammte Aristokratie der Residenz und der Umgegend bis zu den Prinzen hinauf drängte sich durch die festlichen Räume. Es war ein Sterngeflimmer, ein Brillant-Feuer, ein Farben-Chaos; die Uniformen leuchteten, die weißen Nacken der Damen, überhängt von der künstlichen Flora der Coiffure, umflattert von den großen Schmetterlingen, den Fächern, in der Lichtfluth der Lustres, über das glänzende Parket wälzten sich wie Meeresfluth die Schleppen der Roben und das Ganze überbrausten die Schallwellen des auf maskirter Galerie befindlichen Orchesters.

Der Oheim hatte den Inhalt seiner reichen Gewächshäuser in die Säle tragen lassen. Die oberen Salons waren an den Wänden mit Urnen garnirt, die von den kostbarsten Blumen gefüllt; jede Ecke füllte eine Gruppe blühender Camelien und Magnolien. In den herrlichen Plafond-Malereien, von den Lustren bestrahlt,

schienen die olympischen Gestalten sich zu beleben. Von märchenhafter Pracht aber waren die unteren Räume. Sie alle waren in ein Paradies umgeschaffen. Hohe Palmen und Dracänen wölbten fächer- oder strahlenartig ihre Dächer über den Eingängen; andre Riesen-Tropengewächse bildeten in der Mitte durch lauschig angebrachte Causeusen möblirte Bosquets; zwei kleine Marmorfontänen erhoben sich in den Hauptsälen und die Flucht der kleineren Räume glich den Blüthenlauben des üppigsten Sommergartens.

Der Oheim kam uns in den oberen Räumen mit von Jugendfrische strahlendem Gesicht entgegen. Er verstand es meisterhaft, namentlich im Salonlicht, die Welt über sein Alter und sogar seinen Gesundheitszustand zu täuschen. Vor wenigen Tagen erst wieder hergestellt, war er heute die Elasticität selbst, und welcher Aufgabe unterzog er sich — der Pflicht, alle diese Leute zu empfangen, für Alle der liebenswürdigste, verbindlichste Gastgeber zu sein, unter der Wucht dieser Pflichten eine ganze Nacht hindurch Keinem die leiseste Miene der Erschlaffung zu zeigen, die er sich selbst nicht verzeihen haben würde.

Mehr als er überraschte mich der Anblick der Fürstin. Sie schwebte uns entgegen; sie reichte uns die Hand und preßte die meinige in überströmendem Freudengefühl. Ich starrte sie bewundernd an; auch Lucia's Auge ruhte staunend auf ihr. Haar, Nacken, Brust und Arme waren überrieselt von Brillanten, ein kostbarer Solitär prangte wie ein Stern über ihrem Diadem, — der Oheim hatte den Wettkampf mit Neuenfeld's Reichthum, seiner würdig, aufgenommen. Ich bemerkte wohl, die Fürstin war enttäuscht, als Lucia ohne ihr Geschmeide erschien; ihre Siegesfreude war verdorben! — Sie trug eine gleichsam aus Nebel gesponnene, tief ausgeschnittene, ihre wunderbare Büste mehr enthüllende als verhüllende Robe, und in dieser Robe stand sie vor uns wie eine Fee, von feinem Gewölk umflossen, aus dem gedämpft ein Schein wie beweglicher Irrlichter hervorblitzte, denn golbig strahlend zuckte es aus dem sie umgebenden Duft — kaum anders erschien der leichte, ätherische Stoff, in welchen sie sich bei festlichen Gelegenheiten kleidete, um die Conturen ihrer herrlichen Gestalt nicht in ihrer Wirkung zu beeinträchtigen.

Sie ließ uns Zeit, den Eindruck dieser unvergleichlichen Toilette in uns zu bewältigen; sie schaute strahlend auf uns; sie war sich ihrer Göttlichkeit bewußt. Ihr Auge leuchtete von wonniger Selbstzufriedenheit. Ich schaute sie fast verwirrt an; ich sah, wie die Brillanten sich auf ihrer Brust wirgten; sie bemerkte es und lächelte. Schnell legte sie den Arm in den Lucia's und schritt uns voran durch die wogende Menge. Neuenfeld hatte den meinigen genommen; ich bemerkte, wie er satyrisch das Brillanten-Meer der Fürstin betrachtete. „Schön ist sie, bei Gott, sehr schön!" murmelte er halb für sich. „Sie ist zu schön, Kurt!" Er drückte mir den Arm. Der Oheim zog uns eben vor mir, um ihn einem der beiden jungen Prinzen vorzustellen, der in unreif jugendlichem Entzücken den beiden Frauen nachgeschaut und sich ungern durch den Oheim in seiner Bewunderung unterbrochen sah . . .

Das Orchester übergoß electrisirend die Gruppen mit seinen Tönen. Alles flog, um sich zum Tanz zu ordnen.

Was soll ich von dem ewigen Einerlei der Bälle sprechen, von denen einer dem andern gleicht bis auf die Robe, die diese oder jene Löwin der Gesellschaft gewechselt. Die Fürstin »ras'te«, so darf ich sagen, im Tanz; sie war unermüdlich. Ich meinerseits genügte nur der Convenienz und verhielt mich mehr zuschauend; Lucia klagte in den Pausen, sie fühle sich ermüdet, und dennoch ward sie mir immer wieder entführt.

Neuenfeld ward sehr in Anspruch genommen. Der Oheim hatte ihm einen Herrn aus Petropolis bei Rio de Janeiro zugeführt, den einer seiner Freunde bei dem Oheim einzuführen um Erlaubniß gebeten. Neuenfeld hatte in diesem Mann einen alten Bekannten gefunden, der mit seinen beiden Töchtern auf einer Reise durch Europa begriffen. Auch Lucia war selig, diese beiden Mädchen zu finden, die sie als Kind gekannt; sie hatten sich in den Pausen so unglaublich viel zu erzählen und in einer Sprache, die mir fremd, während Neuenfeld kein Ende in der Unterhaltung mit seinem Freunde fand.

Wir hatten die Mutter bald nach unserm Eintreten begrüßt. Sie trug eine graue Seidenrobe, sehr jugendlich mit Spitzen garnirt, und schien auch hier die tonangebende unter den älteren Damen, die ihres strengen Urtheils und ihres scharfen Geistes wegen gefürchtete bei den jungen, die ihr den Hof machten, um Gnade bei ihr zu finden.

»Dein Oheim hat selbst die verwegensten Erwartungen übertroffen, die man an diesen Abend knüpfte,« sagte sie, nachdem sie unsren Gruß sehr förmlich entgegen genommen. »Er selbst strahlt von Jugendfrische,« setzte sie boshaft hinzu, »und die reizende Fürstin versetzt die ganze Männerwelt in einen Taumel von Entzücken!« Sie legte die Lorgnette an das Auge und beobachtete die schöne Frau, wie sie eben in der Unterhaltung mit einigen älteren, überreich decorirten Offizieren inmitten des Salons stand und graziös den einfaßt von Brillanten übersäeten Fächer bewegte. »Welch ein Wuchs!« rief sie. »Keine einzige der übrigen Damen darf sich eines gleichen rühmen!« — Das galt offenbar Lucia! — »Diese Anmuth, diese Souplesse in allen ihren Bewegungen; und welch ein Fleischton! Man bewundert allgemein neben ihrer wahrhaft göttlichen Schönheit die Kühnheit eines Mannes, einen solchen Seraph ganz allein und für immer nur an sich fesseln zu wollen, der doch nur die Fittiche zu lüften braucht, um ihm zu entschweben!«

Das letztere galt offenbar mir; ich las es in der sarkastischen Miene, in dem Blick, mit dem sie flüchtig Lucia streifte. Mir war's, als drücke einen Arm leise in dem meinigen.

»Ja, ja, ein Halbgott gehört mindesten dazu! Und dieser Schmuck! Man hat seines Gleichen nicht gesehen!« fuhr sie fort. »Apropos, hast Du schon gehört, man spricht von einer wahrscheinlichen Verlobung des Grafen Tarnow mit der Baronesse Reichenfeld! Ich glaube aber nicht daran; er selbst will es auch nicht wahr haben. Es würde ja allgemeiner Trauer unter den Damen entstehen!« —

Sie machte eine Wendung, um das Auge wieder flüchtig über Lucia gleiten zu lassen.

»Er führt eben die Baronesse zum Tanz!« antwortete Lucia mit großer Ruhe, in den Salon deutend.

»Hm, hm!« rief sie. »Sollte doch etwas daran sein?«

Ich fragte nach Hedwig, deren Erscheinen hier ich natürlich nicht vorausgesetzt hatte, denn das arme Aschenbrödel würde der Mutter nur lästig gewesen sein, selbst wenn die Unglückliche sich hätte entschließen können. Die Mutter blieb mir die Antwort schuldig; sie benutzte die Nähe einer ihrer älteren Freundinnen, um sich von uns los zu machen.

Tarnow hielt sich heute auffallend fern von mir. Es lag die unverkennbare Absicht darin, dieß der Gesellschaft gegenüber auffallend zu machen. Für mich unterlag es keinem Zweifel — Philippine hatte ihren Auftrag an ihn ausgerichtet. Knabenhaft erschien mir sein Benehmen. Lucia hatte keinen Tanz für ihn. Wie oft sie ihn auch zu umschwärmen versuchte, sie hielt ihn in ebenso auffallender Weise von sich und schien sogar befangen, wenn er sie dennoch zu finden wußte. — Seine ostensiblen Bemühungen schlugen fehl und ich nahm von seiner Demonstration gegen mich keine Notiz.

Der Abend war schon vorgeschritten. Mitternacht war da. Der Tanz ruhte für eine ganze Stunde nach der Ball-Ordnung. Die Brasilianer saßen mit Neuenfeld und Lucia im Kreise beisammen, eine Erfrischung einnehmend; die Gäste hatten sich um die Buffets gruppirt, die Damen ruhten von ihrer Erschöpfung aus und plauderten mit den Kavalieren.

Mir war die Hitze der Ball-Säle unerträglich; die Unterhaltung der Meinigen, die sich vornemlich um transatlantische Familien-Angelegenheiten drehte, interessirte mich nicht. Ich suchte die unteren Räume, schritt durch den großen Palmenhain mit seinen beiden Fontänen, nur hier und da einigen luftwandelnden Gruppen begegnend, und verließ mich endlich im äußersten linken Flügel in einen grottenartig arrangirten Laubengang. Hier herrschte eine erfrischende Luft. Mir war's so wirr um die Sinne — Tarnow war's wiederum gewesen, der vorhin noch Lucia in einer Weise umschwärmt, die der Aufmerksamkeit der zuschauenden ältern Damen nicht entgehen sollte; ich war deshalb froh, als sie durch die brasilianische Gesellschaft beansprucht ward.

Und nicht das allein verdroß mich. Die Mutter, stets durch einen Hofstaat von alten Damen umgeben, hatte zu Beginn der Pause Neuenfeld's Gruß, den er ihr nur aus schuldiger Artigkeit gebracht, mit Kälte zurückgewiesen. Ich hatte hören müssen, wie, als Neuenfeld an zwei alten Damen vorüberstreifte, die eine zur andren sagte: mir graut vor diesem Mann; er soll durch Sklavenhandel so reich geworden sein! . . .

Also auch hier hatte die Mutter ihr abscheuliches Märchen an den Mann gebracht!

Endlich: die Fürstin hatte während einer Tanz-Pause — ich hatte nur aus Pflicht einen Tanz mit ihr gemacht — ihren Arm in den meinigen gelegt und mich in dem großen Salon umhergeführt. Sie plauderte so intim zu mir; sie hatte kein Auge für die Umgebung; ich aber desto mehr. An den Fauteuils vorüber streifend, auf welchen einige alte Jungfern »schimmelten«, hörte mein aufmerksames Ohr die eine zur andern sagen: »der arme Fürst! Man kann ihn wirklich bedauern!«

Mir war das wie ein Eißstrom durch die Glieder gelaufen; sie hatte es nicht gehört und wie um ahnungslos diese Bosheit zu bestätigen, neigte sie ihr Ohr eben in dem Moment zu dem meinigen, um mich bei einem Ton, als habe sie das Recht, Alles zu wissen, was in mir vorgehe, zu fragen: „Kurt, Du bist verstimmt heut! Was hast Du! Ist etwas zwischen Euch vorgefallen?" Seitdem hatt' ich auch sie gemieden.

Dreiundzwanzigstes Capitel.
Das Armband.

All den üblen Eindruck zu vermeiden, suchte ich endlich für einige Minuten die Abgeschiedenheit. Ich trat in das trauliche Halbdunkel, schritt in die Grotte, in der ich einen Divan bemerkte, um mich hier meinen wüsten Gedanken zu überlassen, fuhr aber erschreckt zurück, denn in der Ecke dieses Divans saß, das Haupt müde zurückgelehnt, beide Arme im Schooß ruhend, flüchtig der eignen Gesellschaft, die junge Fürstin!

Ihr Antlitz war bleich, ihre Hände hielten müde den Fächer im Schooß; ihr Mund war halb geöffnet, als athme sie begierig die Kühle ein; ihre Liber deckten halb die Augen. Betroffen, unschlüssig stand ich da.

„Du suchst mich, Kurt?" fragte sie ohne Ueberraschung, indem sie lächelnd aufschaute. „Nicht wahr, Du sahst mich fortgehen? ... Ich danke Dir! Die Luft da oben ist so erstickend!"

Sie streckte die Hand aus. Zögernd und widerwillig reichte ich ihr die meinige, in der Ueberzeugung, sie sei von einem Unwohlsein befallen und bedürfe derselben.

„Leopold hat mich recht begoutirt," fuhr sie fort, sich an meiner Hand halb aufrichtend und mich an ihre Seite ziehend. „Denke Dir, er hatte eine Anwandlung von ... Eifersucht, weil ich mir von dem jungen Prinzen Galanterien sagen ließ.... Von einem Knaben, Kurt! O, ich bin zuweilen meines Lebens recht, recht satt!"

Sie hatte wie trostbedürftig meine Hand so fest behalten, daß ich sie nicht loszumachen wagte, ohne verletzend oder albern zu erscheinen.

„Wenn ich Dich suchte, konnte es nur sein, um Dich zur Gesellschaft zurückzuführen! Man wird Dich vermissen!" antwortete ich, ohne auf ihre Klage zu hören.

„O laß sie!" rief sie mit verächtlichem Aufzucken der Lippe. „Glaubst Du, es sei so leicht, die Fürstin Wartenstein zu sein, daß mir nicht einmal diese Erholung vergönnt sein dürfte? Du verstehst mich nicht; sie Alle verstehen mich nicht! ... Höre mich an, Kurt, jetzt, wo ich in der Stimmung bin, es Dir zu sagen; jetzt, wo Du es anhören mußt, weil Du mich verstehen sollst!" Ihre Brust bewegte sich leidenschaftlich, ihr Auge hatte so düstern, unheimlichen Glanz; ich fühlte selbst, wie heiß ihr Athem ... Mit einer gewissen Angst zog' sie mich näher an sich; auch ihre Hand war heiß. „Sieh," fuhr sie fort, „so lange Ihr nicht hier waret, spielte ich mit meiner Bürde; ich gefiel mir darin, sie der Welt zu zeigen; ich fand einen Heroismus darin, ich wollte bewundert sein in diesem Heroismus. Seit Ihr hier erschienet, begann ich mich unglücklich zu fühlen, und dieses Gefühl wuchs riesenhaft in den Stunden des Zusammenseins mit Euch ... Du hörst mich nicht, Kurt!" unterbrach sie sich, die andere Hand auf meinen Arm, auf meine Schulter legend. „Du bist zerstreut; ich beschwöre Dich, höre! O, höre aus Gnade, aus Mitleid! ... Euch hielt ich für glücklich, für beneidenswerth! Ich gestehe, es kam mir zuweilen der freudige Gedanke, Theil haben

zu wollen an dem Glück, das Lucia in Dir besaß, bei Euch, unter Euch mein eigen Elend zu vergessen! Aber das führte mich zu dem Punkt, auch Lucia's, Deiner Gattin volles Recht auf Dich zu vergessen! Ich erwog nicht, daß ein Herz, selbst ein Glück nicht zu theilen ist. Ich suchte mich zu beherrschen; ich fand eine Wollust darin, in Lucia's Gegenwart das Glück Deines Weibes zu preisen, ihr immer in's Gedächtniß zu rufen, wie beneidenswerth sie sei. Sie nahm es schweigend hin wie eine Vorberechtigung, ein Privilegium. Die Beneidenswerthe, ich sah es, erkannte den Werth Dessen nicht, wenigstens nicht voll und ganz, was ich so blutend ersehne; die Gewohnheit des Glücks schien sie anmaßend gemacht zu haben, und endlich überzeugte mich der Zufall, daß sie desselben nicht werth ... nein, nicht werth, Kurt! ..."

Dieses eine Wort fuhr mir wie kaltes Eisen durch die Brust. Ich sollte hören, und von ihr, die sich selbst unter dem Fluch ihrer Pflichten wand! ... Mein Athem stockte; ihre Hand umfing die meine immer heißer; ich fühlte die Heftigkeit ihrer Pulse, während die meinigen still standen.

„Du sollst es wissen," fuhr sie fort ... „Als ich sie kürzlich in den Sälen Deiner Mutter suchte ... ich hatte gehört, es habe sie ein Unwohlsein überfallen ... oder nein, daß ich Dir die ganze Wahrheit sage, ich sah sie ... Du warst nicht anwesend ... auf den Arm des Grafen Tarnow gestützt, den Salon verlassen, in die kleineren, leeren Gemächer treten ... Ich ging ihnen nach ... Ich fürchtete für Dich, Kurt! Mich leitete ein Gefühl ... Und so war ich Zeugin, wie Tarnow sich über sie beugte, die scheinbar einer Ohnmacht nahe ... Kurt, verdamme mich nicht, wenn ich Dir verrathe ..."

Sie sah mich erbleichen, zittern; sie umklammerte mich mit ihren Armen, sie preßte sich an mich. Ich starrte ihr in's Gesicht. Dasselbe zündende Wetterleuchten in ihrem Auge, aber wie Flammenjucken und Lodern! Ich fühlte ihren heißen Athem. Was sie mir gesprochen, hatte auch meinen Herzschlag stocken gemacht; ich saß einen Moment wie in allen Sinnen gelähmt, wie bewußtlos. „Kurt!" hörte ich sie noch einmal und flehend, flüsternd. Derselbe heiße Athem berührte näher meine Wangen. Da fuhr sie auf; sie riß mich aus ihren Armen los. Mir war's, als habe ich mich aus der Umklammerung eines Feuergeistes befreit. Ich athmete auf. Zitternd erhob sie sich mit mir, halb von mir empor gerissen. Mein Athem keuchte; meine Hände ballten sich im Krampf der Muskeln.

„Du lügst, Weib!" preßte ich endlich heraus, einen Blick der Verachtung auf sie schleudernd, die verwirrt vor mir stand. Ich hatte ihren Armen weh gethan, als ich mich so gewaltsam erhob; das kostbare Brillant-Armband war aufgesprungen und rasselnd zu unseren Füßen hingerollt.

So standen wir wohl eine Secunde lang da, ich nach Athem, nach Worten der Verachtung suchend; sie mit herabhangenden Armen, das Auge zu Boden gesenkt, regungslos, bleich. Ihr Anblick mischte allgemach meine Empörung mit unwillkürlichem Mitleid.

Es war eine Marmor-Statue mit Diamanten behängt, die ich vor mir sah. Das matte, versteckte, durch einen Flor weißer Azaleen-Blüthen auf uns herabbringende

Licht übergoß sie mit dem todten Glanz einer eben aus der Hand des Meisters kommenden Bildsäule; nur das Flimmern der Brillanten an Brust und Nacken verrieth das halb erstarrte Leben in ihr.

Ich gewann so viel Macht über mich, daß ich wenigstens des Wortes fähig ward.

„Ich danke Dir, daß Du, nach fremdem Glück verlangend, das meine für immer zerstörtest! ... Lebwohl!" rief ich in verächtlichem Ton, kaum verständlich, ihr den Rücken wendend und zur anderen Seite des Gemachs hinausschreitend.

Es war mir, als vernehme ich einen halb erstickten Aufschrei hinter mir, und der fesselte meine Füße an den Boden. Ich lehnte mich unentschlossen an den von Ranken umkleideten Thürrahmen, um meine Sinne zu sammeln. Ich horchte; ich bedurfte da selbst einer Stütze, denn die Knie wankten mir. Was sie mir gesprochen, war ein Dolchstoß für mich gewesen; ich bedurfte eines Momentes der Erholung, der Besinnung, denn in mir rief, kaum war jener Angstruf verklungen und Alles um mich still geworden, eine andere Stimme: glaub ihr nicht, sie log! ... Am Tage nach jenem Abend war es ja, wo sie noch Lucia so glücklich gepriesen! ... Sie log! Sie will uns Beide verderben, uns so unglücklich sehen, wie sie selber ist!"

Jetzt glaubte ich Geräusch hinter mir zu hören. Ich raffte mich zusammen; ich schaute furchtsam durch das Rankengewirre mit halb verschleiertem Blick in das grottenartige Gemach zurück.

Tarnow sah ich in der Thür drüben erscheinen, sah ihn auf die Fürstin zuschreiten, sah, wie diese schwankend sich dem Arm überließ, den er, um sie aufzufangen, nach ihr ausstreckte, wie sie, unfähig sich aufrecht zu halten, noch immer gespenstisch bleich, die Stirn an seine Schulter sinken ließ ...

„Der Paladin! Der Ritter Ueberall!" sprach ich höhnisch vor mich hin, ungesehen der Gruppe zuschauend. Ich sah auch, und mit heimlicher Freude, wie mehr als theilnahmvoll Tarnows Auge auf der schönen Gestalt ruhte, wie er sich gefiel in dieser Situation, wie er seinem Glücksstern danken mochte, der ihn hierher geführt, wenn er nicht der Fürstin nachgeschlichen und uns schon belauscht hatte, was mehr als wahrscheinlich. Mit einem fast teuflischen Behagen schaute ich zu. Dieses Weib, selbst eine Verrätherin an ihrem Gatten, wollte das meinige verrathen, den Stein auf sie werfen? ...

Das Gaslicht flackerte plötzlich, wie von Zugluft bewegt, hinter dem Azaleenschleier und warf zuckende Lichter auf die Gruppe. Es war, als bewegten sich die Blumen umher, tanzend um die bleiche Fee; als rüttelten sich die Zweige, um ihre Blüthen herabzuschütteln. Und in dem unsicheren Licht ... war's Sinnestäuschung? ... ich glaubte in der Thür drüben des Cheims Gestalt mit dem Stern auf der Brust erscheinen, die weiße Hand das Auge legen und dann wieder verschwinden zu sehen ...

Aber auch die stumme, stille Marmorgruppe mußte dieselbe Täuschung empfunden haben. Während ich mich an den Thürpfeiler klammerte, um meine Sehkraft anzustrengen, mein Auge zu klären, kalten Schweiß auf der Stirn, die Hände zitternd, sah ich, wie Tarnow erschrak auf und zurückschaute; ich sah, wie der Fürstin Stirn sich von seiner Schulter löste, wie sie aufblickte,

als wollte sie sich vergegenwärtigen, wo sie sei, wie sie umherschaute, daß seine Spitzentuch an die Stirn führte; wie sie verwundert, erschrocken Tarnow anschaute, als erkenne sie erst jetzt, wessen Arm sie in ihrer Bewußtlosigkeit gestützt, und dann furchtsam, beschämt einen halben Schritt zurückthat.

„Es ist der Blüthenduft!" drang es matt, träumerisch wie eine Blumenstimme zu mir herüber, während sie noch bastand, als suche sie das Geschehene sich zurückzurufen. „Der Duft hat mich betäubt gemacht!" ... Sie starrte um sich, als suche sie mich, dann streckte sie den Arm aus. Führen Sie mich fort, Herr Graf!" bat sie, und Tarnow, dessen Auge inzwischen nach dem größeren, helleren Raum besorgt hinüber geschweift, ergriff verwirrt, mit sichtbarer Eile ihren Arm.

Sie schwebte mit ihm hinaus. Ihre Schleppe zerrte rasselnd das vergessene Armband eine Strecke mit sich; sie hörte es nicht. Es ward still. In den oberen Räumen braußten eben die Schallwogen des Orchesters wieder durch das ganze Haus.

Ich tappte auf dem einmal gewählten, entgegengesetzten Wege fort und der Localität kundig erreichte ich die oberen Corridore über die schmale Wendeltreppe. Niemand begegnete mir.

Im Buffetsaal, durch den mich der Weg führte, kam mir Neuenfeld, eine der Töchter seines brasilianischen Freundes am Arm, Lucia am Arm des fremden Herrn, entgegen.

„Du hast Dich so lange nicht um uns gekümmert!" rief die Letztere, mir lächelnd mit dem Fächer auf den Arm schlagend ... Und ... um Gotteswillen, wie bleich Du aussiehst, Kurt! Du bist unwohl!"

Sie ließ den Arm des alten Herrn und legte den ihrigen in den meinigen.

„Kurt, was ist Dir, Du zitterst!" rief sie, während wir langsam den Uebrigen folgten, denn Neuendorf hatte kein Acht auf mein Aussehen gehabt. Sie war die herzlichste Theilnahme selbst; sie wollte mich zu einem Divan führen, sie zog mich mit sich. „Komm zu Dir, Kurt! Sprich. Du fühlst Dich unwohl!" Sie tupfte mir mit dem Taschentuch die Schweißtropfen von der Stirn, die zu verwischen ich keine Gedanken gehabt hatte.

„Es ist nichts, Luz!" antwortete ich sanft und weich. Mein Herz erwärmte sich ja wieder an ihrer Seite, bei ihrem Anblick; es kam in jenem gewöhnlichen Tact zurück, als ich mein Weib so aufrichtig besorgt um mich sah. „Sie hat gelogen!" Lucia verstand zum Glück nicht, was ich eben zwischen den Zähnen murmelte. „Uns zu entzweien, das war ihr ganzer Plan! Sie ist Lucia's heimliche Feindin!"

„Was sprichst Du, Kurt! Du bist ernstlich krank! Du fieberst!" rief Lucia ... „Komm, laß uns nach Hause! Laß uns dem Vater Bescheid sagen; ich habe keine Ruhe mehr hier, wenn ich Dich so sehe! Wenn Du mir krank würdest! ..."

Ein schuldvoll Gewissen konnte nimmer diesen Ton des Herzens mißbrauchen. Die ängstlichste, zärtlichste Besorgniß sprach aus jedem Laute, aus ihrem offenen Auge.

„Es geht wieder! Laß Dich nicht beunruhigen!" Ich drückte ihre Hand und schaute fort, denn mir war's, als strafe ihr ehrlicher Blick meinen Verdacht, und dennoch hallten mir noch immer wieder die Worte der Fürstin im Ohr; dennoch gestand ich mir selbst, daß was sie mir gesagt, einen Schein von Wahrheit habe, wenigstens den Schein, der einmal vor meinem Auge schwebte.

Ich befand mich in einem Taumel. Ich wußte selbst nicht, was ich ihr zur Beruhigung sagte. Kopfschüttelnd zog sie mich dem Vater nach.

„Ich tanze nicht mehr, Kurt!" flüsterte sie, meinen Arm drückend. „Ich habe jetzt eine willkommene Ausrede in Deinem Unwohlsein. Wir wollen nur dem Vater sagen und uns dann sobald als möglich heimlich entfernen!"

Die Gestalten der Ballgäste schwebten um mich her; ich erkannte kaum ein Gesicht. Der sich eben entwickelnde Rundtanz machte mir Schwindel. Lucia ließ meinen Arm nicht mehr. Der Schweiß kehrte immer auf meine Stirn zurück. Ich klagte über die Schwüle, behauptete aber, es werde vorübergehen.

Immer sah ich die Fürstin vor mir. Es war mir, als fühle ich noch den heißen Druck auf meiner Hand, den Athem an meinen Wangen, als sehe ich das unheimliche Flammenzucken in ihren Augen.

Man sprach uns an, und ich antwortete sicher sehr confus. Lucia beobachtete mich heimlich, und das ließ mich erst recht nicht zu mir kommen. Ich meinte, sie müsse das Vorgefallene auf meiner Stirn lesen. Sie ahnte ohne Zweifel, daß etwas vorgefallen sein müsse, aber es lag in ihrem Wesen, nicht durch Fragen lästig zu werden.

Jetzt, während wir dastanden, sah ich plötzlich die Fürstin am Arm eines Kavaliers durch den Saal schreiten und in unserer Nähe in die Reihe der Tanzenden treten. Das beschämte und empörte mich. Dieses Weib, das ich vor wenigen Minuten noch einer Ohnmacht nahe gesehen, hatte Alles bereits überwunden!

„Wie bleich Minona aussieht!" hörte ich Lucia neben mir sagen. „Sie thut ihrer Taille zu viel Gewalt an!"

Ich schaute nur hin, um sie anzustarren. Jetzt legte sie den linken Arm auf den ihres Tänzers . . . Das Armband fehlte; das kostbare Geschmeide lag drunten vergessen . . .

Das Paar wollte eben antreten; es kam ganz in unsere Nähe. Lucia schritt plötzlich und hastig zu ihr, meinen Arm lassend, während ich mich abwandte.

„Minona, Dein Armband! . . . Du hast es verloren!" rief Lucia, die für Alles aufmerksame.

Das Paar hielt inne. Der Kavalier schaute besorgt auf der Fürstin Arm. Diese hob denselben verlegen . . .

„Es wird sich ja finden!" rief sie, zu Lucia gewandt. Dabei traf ihr Blick mich flüchtig, kalt, gleichgültig. Ich fing ihn nur halb auf, ebenso kalt und fremd.

„Und Du bist ein Mann!" rief mir zu. „Sie beschämt Dich! . . . Es ist vorüber, ich fühle mich wohler, komm!" Damit zog ich Lucia fort.

„Man sollte glauben, Kurt, Minona's Anblick habe eine heilende Gewalt über Dich!" scherzte sie. „Ich werde in Zukunft doch mehr Acht haben müssen."

Jetzt sah ich auch den Oheim in den Salon treten. Er zeigte in der Ferne keine Spur einer Gemüthsbewegung; ich hatte mich also getäuscht oder die Schminke auf seinem Gesicht ließ den Ausdruck eines seelischen Wechsels nicht zur Geltung kommen. Er sprach in großer Ruhe mit einigen Herren, die auf ihn zutraten.

Es war offenbar eine Sinnestäuschung gewesen, was ich da drunten zu sehen geglaubt.

Eben trat einer der Lakaien des Oheims, reich mit Fangschnüren und Borten bedeckt, eine Platte vor sich haltend, mit freudestrahlendem Gesicht herein und blieb im Salon umhersuchend neben uns stehen.

„Minona's Armband!" rief Lucia freudig überrascht.

Der Diener hatte inzwischen die Fürstin erspäht. Er wand sich durch die Tanzenden und überreichte ihr den kostbaren Gegenstand. Die Fürstin blickte gleichgültig darauf; ihr Kavalier nahm das Bracelet; sie streckte ihm den schönen weißen Arm aus und ließ es an denselben legen.

Ich beobachtete zugleich den Oheim. Er hatte den Diener kommen gesehen; er sah auch, wie der Kavalier das Bracelet an den Arm heftete. Er schien ruhig: dann plötzlich aber wandte er sich mit einer schnellen, nervösen Bewegung, da denn Tarnow eben in seiner Gesichtslinie erschienen. Das lag nicht in der tadellosen Glätte seines Wesens. Es ging etwas in ihm vor . . . Er hatte Tarnow den Rücken gekehrt.

Ich wagte nicht mehr, dem Oheim zu begegnen. Ich ging auch der Mutter aus dem Wege, die im Verlauf des Abends mit uns oder wohl mit Lucia unzufrieden zu sein schien. Es fehlte ihr die Veranlassung zur Medisance; ihr Günstling, Ritter Tarnow, dessen Erfolge ihr stets so viel herrlichen Stoff gaben, schien durch die Umstände nach einer Richtung hin heute in seinem Glück verkürzt zu sein. Und dennoch hörte ich erst später, daß sie nicht ganz umsonst beobachtet, daß ihrem Falkenauge meine und der Fürstin gleichzeitige Abwesenheit von der Gesellschaft nicht entgangen; daß der nicht verborgen gebliebene Umstand, man habe das kostbare Armband, das die Fürstin nicht einmal vermißt und so gleichgültig von dem Lakaien entgegen genommen, unten in der einsamen, heimlichen Grotte gefunden. Das entschädigte sie reichlich und öffnete ihr ein Feld für die schönsten Combinationen.

Vierundzwanzigstes Capitel.
Im Schneegestöber.

Lucia verschonte mich mit Fragen in Betreff meines allerdings vorübergegangenen Unwohlseins. Neuenfeld suchte die Ruhe; ich fand dieselbe lange nicht, hatte auch keine Ahnung, daß ich endlich eingeschlummert, Lucia, keine Müdigkeit empfindend, meine Fieber-Phantasien belauschte.

Als ich am Morgen mehrere Stunden nach ihr mich erhob, war sie bleich, verstimmt; es lag ein Zug tiefen Unglücksgefühls auf ihrem Gesicht.

„Du befindest Dich besser?" war ihre tonlose Frage, und als erwarte sie keine Antwort, „der Vater ist bereits nach Bartow zurück; es litt ihn nicht hier; er konnte das Tagen kaum erwarten."

Auch mir sollt' es heute tagen, das war mein fester Vorsatz. Ich ahnte nicht, daß es auch ohne mein Zuthun geschehen werde.

Draußen herrschte kalte Schneeluft. Grau und grämlich hing der Himmel über der Stadt; das unser Chalet umgebende Gärtchen mit seinen nackten Zweigen, in denen hier an da noch ein braunes dürres Blatt zitterte, war so recht das Bild der Vergänglichkeit, und ich fühlte mich gerade heute gegen meine Gewohnheit gestimmt, mit wüster, verworrener Gedankenthätigkeit auf dieses Bild hinauszuschauen.

Es herrschte zwischen Lucia und mir eine Unlust zu jeder Mittheilung. Sie fühlte sich verletzt durch meine allerdings demonstrative Verschlossenheit, meine düstre Miene, und suchte in allerlei häuslicher Beschäftigung, deren Unnöthigkeit ich erkannte, mir aus dem Wege zu gehen.

Es war ein Stillstand, ein Zurückgehen in unsrem sonst so innigen Gefühlsleben eingetreten. Sie erkannte das wohl mit jenem heimlichen Trotz, in welchem bei den Frauen nicht immer zu unterscheiden, ob er auf dem Bewußtsein des Rechtes oder dem Eigensinn des Unrechts fußt; war sie aber ganz reinen Herzens, so mußte sie ebenso tief wie ich empfinden, daß dieser erste, wenn auch wortlose Zwiespalt verhängnißvoll für die Zukunft werde. Dennoch fiel mir Eins an ihr auf: es lag in ihrem trotzigen Gesicht zuweilen ein Zug von leichtem Spott, der mich empörte und — mich desto schweigsamer machte.

Ich konnte das Wort noch nicht finden; ich fühlte mich noch nicht ruhig genug. Die Aeußerung der Fürstin: sie ist Deiner nicht werth! sie wühlte mir noch immer wie ein Messer im Herzen, und dennoch mochte es eine Lüge sein, denn dieser Anklägerin fehlte das eigne, bemächtigende reine Gewissen, — Lucia war mir tactlos gewesen, war ihr also etwas vorzuwerfen, so hatte sie sich jedenfalls mir gegenüber strafbar gemacht durch auch flüchtiges Vergessen ihres Frauenwerthes und Stolzes. Zudem ging's mir im Kopf herum, daß ein Bruch mit dem Oheim unvermeidlich geworden. Es schmerzte mich, ihn, den in all seinem Glanz so unglücklichen Mann verletzen zu müssen . . . Den unglücklichen Mann! Wer sagte denn mir, ob ich nicht in den Augen der Welt auf dem Wege war, es ebenfalls zu werden?

So kam der Mittag. Lucia war in ihrem Toilettenzimmer. Ich verließ das Haus, ohne ihr Adieu zu sagen. Ohne Zweifel hörte sie mich fortgehen und kam nicht, mich zurück zu rufen. Sicher aber stand sie hinter dem Vorhang ihres Fensters, um mir nachzuschauen. In meiner gereizten Stimmung war ich geneigt, dies für ein Zeichen der größten Gleichgültigkeit zu halten. Dieses lokette, gefährliche Weib, die Fürstin, welch einen Einfluß hatte sie in so kurzer Frist auf mein so unverderbtes, ehrliches Gemüth zu üben vermocht! . . .

Einer der Officiere, die zu der Soirée geladen gewesen, schloß sich mir auf der Straße an. Er war noch halb verschlafen vom Tanz und mußte schon in den Dienst, und ich war zu nichts weniger aufgelegt als zu einer Unterhaltung über diesen „interessanten Abend", wie er ihn nannte. Ja, er war interessant gewesen!

„Apropos", erzählte er, mir zum Abschied die Hand reichend, „Fürst Bartenstein muß trotz all seiner Kränklichkeit eine unverwüstliche Natur haben. Ich sah ihn heute Morgen in diesem schrecklichen Wetter schon um neun Uhr mit dem Obersten Löben im offenen Jagdwagen ausfahren."

Oberst Löben war ein Jugendfreund des Oheims; sonderbar aber, daß der Letztere, der doch erst gegen Morgen die Ruhe hatte suchen können, so früh in so schneidende Schneeluft hinausfuhr! Mich fror im Pelz, und er, der so viel Ursach hatte, sich zu schonen, exponirte sich so rücksichtslos, während seine schöne Gattin gewiß vor dem Abend das Lager nicht verließ.

Die Abneigung gegen die Fürstin wuchs in mir mit jedem Gedanken an sie. Früher hatt' ich wohl Mitleid für sie empfinden können, jetzt war's mir sonnenklar: das eigne Unglück, die tiefe Unzufriedenheit mit ihrem Schicksal, der Anblick unsres Friedens hatten ihren Neid gewect. Diesen Frieden zerstören, aus dieser Zerstörung Befriedigung für ihre Leidenschaft suchen, war ihr Ziel gewesen. Sie hatte Lucia glücklich, immer frohen Herzens gesehen und das machte sie doppelt elend, wie sie ja selbst bekannt! Fiel auf Lucia nur erst der Schein der Pflichtvergessenheit, so gewann sie sich eine Leidensgefährtin, aus deren Unglück sie wenn auch nicht ihr Glück, doch wenigstens Genugthuung für ihre leidenschaftliche Seele aufbauen konnte. Ihr Leben war in der Tugend ein verlorenes, vielleicht konnte es in der Sünde ein wenigstens kurzweiliges werden.

Geschah doch Alles, was ich sie in letzter Zeit thun gesehen, wie in einem Taumel! Sie war vielleicht von Herzen nicht schlecht genug, um Alles so zu wollen, aber in ihrer steten Exaltation verblendet genug, es zu müssen. Es gab keinen Halt mehr für diese entfesselte Jugendkraft, die der Haber mit dem Schicksal in Gährung versetzt; keine Beschwichtigung mehr dieser sinnuellen Zügellosigkeit, nachdem der Kampf in ihr mit diesem Paroxysmus angeendet. Ihr Herz konnte trotz Allem gut sein, aber die Pflicht, die Tugend fanden in diesem Wirbel kein Gehör mehr bei ihm und Andre mit sich reißen ist ja die rettungsbedürftige Gewohnheit des Untergehenden.

Erst als es frühzeitig Abend zu werden begann, schlug ich den Weg zu unsrer Wohnung ein. Ich hatte mich zu einiger Ruhe hindurch gekämpft. Was ich Lucia zu sagen hatte, das sollte mit Ueberlegung gesprochen und mit der Erklärung eröffnet werden, daß unsre Beziehung zum Oheim für immer abgebrochen sei. Das mußte zur Erklärung alles Uebrigen führen.

Fünfundzwanzigstes Capitel.
Am rothen Stein.

Vor dem niedern Gitter unsers Hauses sah ich bei meiner Rückkehr im Halbdunkel ein von Schweiß dampfendes gesatteltes Pferd halten. Ich erkannte Neuenfelds Schabracke und Zäumung. Erschreckt eilte ich über den Vorplatz. Es könnte Neuenfeld etwas passirt sein; ich war vorbereitet, Lucia in höchster Aufregung zu finden.

Der Diener trat mir im Flur mit bleichem, verstörtem Gesicht entgegen. Er wollte sprechen, fand aber die Worte nicht.

„Was giebt's?" rief ich, ihm den Pelz in die Arme werfend, schon aufgeregt, jetzt aber Alles vergessend.

„Se. Durchlaucht . . ." stammelte der Mensch, mich starr anblickend.

„Was weiter?" Ich packte ihn bei der Brust.

Er stotterte Unverständliches. Ich ließ ihn stehen und eilte in das Vorzimmer. Einer von Neuenfelds Leuten stand hier an der Thür, Reitgerte und Mütze in der Hand, sich schnell zu mir wendend, als er mich im

Halbdunkel erkannte, denn Niemand hatte daran gedacht, für die Beleuchtung zu sorgen.

Lucia kam mir aus dem Hintergrunde des Zimmers entgegen; sie streckte verlangend die Arme aus. Ich sah, wie sie in größter Verwirrung den kurzen Zobel über ihre Schulter geworfen.

„Gott sei Dank, daß Du kommst!" rief sie mit bebender Stimme. „Ich bin rathlos! Es ist Furchtbares geschehen!"

„Was ist geschehen? So sprich Du wenigstens!"

„O, es ist fürchterlich!" . . . Sie rannte verwirrt zum Tisch; sie nahm ein Papier von demselben, reichte es mir mit vor Angst fliegender Hand und starrte mich dann mit halbgeöffnetem Munde an . . . Aus Barlow . . . vom Vater!" setzte sie erschöpft hinzu, die Hand auf den Tischrand stützend, während der Zobel von ihrer Schulter fiel.

Ich trat an's Fenster; ich las Neuenfeld's kräftige Handschrift, nur wenige Zeilen flüchtig hingeworfen:

„Soeben wird Dein Oheim schwer verwundet hier angebracht. Graf Tarnow liegt entseelt eine halbe Stunde von hier am Fuß des rothen Stein. Komm eilig mit dem Arzt; ich gebe ihm so gut ich kann die erste nothdürftige Pflege. Es ist Alles zu fürchten."

Ich starrte das Papier an. Es flog in meinen zitternden Händen. Ich las noch einmal: . . . „Dein Oheim schwer verwundet . . . Graf Tarnow entseelt . . . am rothen Stein . . ."

Ich hörte Lucia's ängstlichen Athem.

Was Allen vielleicht unerklärlich, mir stand der furchtbare Zusammenhang vor Augen . . . Jene stumme Marmorgruppe in der gestrigen Nacht, unter dem bleichen, magischen Blüthenschleier des Laubenganges . . . Jenes Gesicht, das ich für eine Sinnestäuschung gehalten, das Erscheinen des Oheims . . . Was offenbar nichts als treuer Ritterdienst des allzeit den Frauen hingegebenen Paladin gewesen, es hatte in den Augen des Oheims eine blutige Bedeutung gehabt . . . Dieser hatte ohne Zweifel, aufrecht gehalten durch seinen schwer verletzten Stolz, zur unverzüglichen That getrieben durch das Ehrgefühl des Aristokraten, seine Ruhe in dieser Nacht nicht mehr gesucht, sie auch Tarnow wohl kaum vergönnt. Er hatte sofortige Genugthuung gefordert, keine Erklärung angenommen, wenn sie ihm überhaupt von dem eitlen Tarnow geboten worden, dem ein solches Abenteuer in den Augen der Damen einen Strahlenkranz verleihen mußte. Der Oheim war also schon im wirklichen Morgendämmern hinausgefahren und zwei Opfer hatte dieses Zusammentreffen gekostet!

Wußte die Fürstin schon davon? Vielleicht lag sie noch ahnungslos in süßer Ruhe . . .

„Laß eiligst die Fürstin und meine Mutter benachrichtigen!" rief ich Lucia zu. „Laß zum Arzt schicken; er wohnt ja in der Nähe; er soll eilig hinaus! Ich selbst lasse sofort anspannen, ich muß nach Barlow! Eile Dich!" rief ich ungeduldig, gab dem wartenden Boten den Wink, hinaus zu treten und schritt in höchster Aufregung im Zimmer hin und her, während Lucia hinaus gewankt, um die Dienerschaft aufzusuchen.

„Aber Kurt, ich erschrecke davor, sie so unvorbereitet . . . Es kann den Tod davon nehmen, die arme Minona!" rief Lucia zurückkehrend.

„Den Tod!" . . . Bah! Sie ist stark besaitet nach der Richtung!" rief ich höhnisch. „Sie selbst ist die Veranlassung zu diesem blutigen Rencontre!"

„Kurt, Du weißt . . .?" Lucia packte meinen Arm und schaute mir ins Gesicht, als wolle sie mir mit ihren großen erschrockenen Augen in der Seele lesen.

„Alles weiß ich! Der Ritter ohne Furcht und Tadel, der Ritter Ueberall, wo es ein Weib zu compromittiren gilt, war auch in letzter Nacht in der Nähe, um die schöne Fürstin in seinen Armen aufzufangen, als ich sie zurückgestoßen, wie sie bemüht war, Dich, Deine Ehre zu verdächtigen!" Meine Aufregung duldete kein Schweigen mehr. Wie erstarrt hörte Lucia mich an. „Ein rächender Genius führte den Oheim herbei, um ihm die reizende Gruppe zu zeigen, und des galanten Ritters unermüdliche Dienstbeflissenheit fand diesmal endlich ihren Lohn aus der Hand Desjenigen, dem er vielleicht gerade am wenigsten wehe gethan . . . Doch genug damit."

Ich zitterte vor Aufregung. Ich sah, wie Lucia jetzt die Hand auf einen Fauteuil stützte und zu Boden blickte. Ich vergaß des Oheims Gefahr; ich starrte sie forschend an. Dieser Moment mußte mir Alles erklären, was in ihr vorging.

„Was sagst Du dazu, Lucia?" rief ich spöttisch. „Wirst auch Du um den Ritter trauern, wie die Mutter so prophetisch sagte?"

Lucia führte die Hand an die Brust. Sie athmete schwer. Dann hob sie plötzlich strafend das Auge zu mir.

„Sprich nicht so sündig, Kurt!" rief sie aus. „Ich habe nie für nöthig gehalten, Dir zu sagen, wie widerwärtig dieser Mann mir geworden; aber ich durft' ihn nicht offen verletzen. Der Vater, als ich ihm gesagt, wie Du gegen ihn eingenommen seist, bat mich, um seinetwillen gegen ihn artig zu sein, da er Tarnow's bedürfe, da dieser ihm schaden könne. Ich bot also Alles auf, um einem Zerwürfniß zwischen Dir und ihm vorzubeugen. Minona in ihrem excentrischen Thun ging leider so weit, ihn sogar zu ihrem kleinen Damenzirkel hinzuzuziehen. Sie nahm mir das heiligste Versprechen ab, Dir nichts davon zu sagen. Ich ahnte die Strafbarkeit ihrer Gedanken und mußte meine ganze Klugheit zusammennehmen, als ich sah, wie sie es mit mir, mit Dir meinte. Ich wollte nicht die Veranlassung einer Feindschaft zwischen Dir und Deinem Oheim sein; ich litt deßhalb insgeheim, schweigend, aus Mitleid für den armen Oheim, der so glücklich im Umgang mit Dir. Ich habe Minona durchschaut, aber ich schwieg. Ich durchschaute sie ganz an jenem letzten Abend, als bei ihr war, aber ich schwieg auch zu sich selbst und gestand Dir nur, daß mir der Ton jener Gesellschaft nicht gefalle und ich sie meiden müsse. Mehr zu sagen, verbot mir die Klugheit, ohne die doch Minona gerechnet. Ich durchschaute aber auch, was in Dir vorging, Kurt, aber das beunruhigte mich nicht. O nein! Ich kannte, ich kenne Dich besser als Du mich kennst, und deßhalb vertraute ich Dir, o ganz und von Herzen! Jetzt fragst Du, ob ich den Tod dieses Mannes betraure, eines Mannes, der nie Dein Freund gewesen ist! Ja, ich betraure das Unglück jedes Mitmenschen, aber ich gebe Dir recht, wenn Du mir andeutest, er habe diese Strafe auf sich herabgezogen, denn ihm war fremdes Glück niemals heilig und selbst das Deinige nicht. das seines besten Freundes, wie er troß Allem Dich zu nennen die

Stirn hatte ... Doch laß uns abbrechen, Kurt!" rief sie plötzlich, noch immer ebenso reservirt gegen mich. "Eile dem armen Oheim Hülfe zu bringen!"

Ich trat näher zu ihr hin. Ich ergriff ihre beiden Hände und zog sie an mich. In ihrer Stimme, in ihrem Ton lag eine Anklage gegen mich, obgleich sie dieselbe nicht aussprechen wollte.

"Und Du verlangst nicht zu wissen, was in dieser letzten Nacht zwischen der Fürstin und mir vorgefallen?" fragte ich, ihr mein Geständniß aufbringend.

Sie schüttelte, vor sich niederblickend, den Kopf.

"Verschweig es mir, Kurt! Verschließ' es in Dich! Ich möchte, wenn wir von hier gehen, wenn wir dieser Gesellschaft den Rücken wenden, wenigstens kein allzu übles Gedenken für die Unglückliche mit mir nehmen!"

Lucia hatte mir in den wenigen Worten Alles gesagt, was in ihrer jungen Seele vorgegangen, was sie, in stiller, verschlossener Weise die Verhältnisse beherrschend, so lange verschwiegen. Sogar das Scheiden von hier war in ihr bereits ein fertiger Entschluß; und während ich in thörichtem Arg die kleinsten, geheimsten Vorgänge in ihr zu belauschen suchte, war in ihr nur ruhiges Vertrauen auf sich, auf mich, war sie bemüht, ein Zerwürfniß zwischen ihr und den Meinigen abzuwenden, das ein einziges Wort von ihr unfehlbar herbeigeführt haben würde. Selbst das Spottlächeln der Mutter hatte sie ruhig hingenommen, ohne ein Wort des Unwillens darüber gegen mich zu verlieren.

Ich drückte schweigend, abbittend ihre Hände an den Mund. Sie lächelte matt und trüb.

"Gelt, Du nimmst mich mit zu dem armen Oheim hinaus?" sagte sie, der bei der Fortsetzung dieses Thema's offenbar um meinetwillen peinlich zu sein schien. "Meine Nerven sind nicht so zart und schwach, daß ich mich fürchten müßte, ihn zu sehen. Vielleicht ist sein Zustand wirklich gefährlich und ich hätte wenigstens die Freude, in seiner schwersten Stunde um ihn zu sein. Gewiß wird auch sie kommen (Lucia sprach den Namen nicht aus) und dann ..."

Sie preßte mir die Hand, als solle ich sie verstehen. Das hastige Oeffnen der Thür unterbrach uns. Godefroi stürzte herein. Das sonst so rosige Gesicht war gelbgrau; es sah abschreckend aus im Licht der unruhig hin und her wehenden Kerzen, welche die Rose hinter ihm hereintrug. Er war sprachlos vor Schreck und Erschöpfung; er ließ — zum ersten Mal den Respect vergessend — sich auf den nächsten Fauteuil sinken, der unter seiner Fleischmasse stöhnte.

"Welch ein entsetzliches Unglück!" jammerte er endlich. "Ihre Durchlaucht die Fürstin machen eben ihre Toilette, um hinaus zu fahren; der Hausarzt ist schon auf dem Wege nach Bartow; auch ich muß hinaus, aber es dürfte spät werden bis die durchlauchtige Frau..."

Ich hörte meinen Wagen schon vor das Gitter fahren.

"So begleiten Sie uns, Godefroi: Hoffentlich ist's nicht so schlimm und wir finden ihn noch am Leben!"

"Am Leben! O dieses theure, heilige Leben!" nahm er händeringend meinen Trost auf. "Sein Tod wäre auch der meinige! O, ich überlebte ihn sicher nicht!"

Er erhob sich schnell. Er rannte mit schlotternden Knien zur Thür. Ohne Acht auf die Winterkälte war er bereit, hinaus zu fahren wie er in seiner dünnen schwarzen Kleidung gekommen war. Er zeigte eine Todesangst, als hange auch sein Leben an jeder Secunde, und dennoch wollte er in seiner Verwirrung mehrmals vor mir stehen bleiben, als habe er etwas auf dem Herzen, das zu berühren Lucia's Gegenwart nicht gestattete.

Ich gab dieser einen Wink und sie trat, selbst in steigender Aufregung, in die hintern Zimmer. Godefroi schaute ihr zerfahren, zitternd, händeringend nach und trat vor Angst gejagt eilig und geheimnißvoll zu mir.

"Herr Baron," keuchte er mit zischendem Athem, "daß es so kommen werde, ich hab' es längst vorausgesehen; ich sah es an meines durchlauchtigen Herrn Wesen, wenn er sich allein befand, denn um keinen Preis hätte Jemand in seine Seele blicken dürfen ... O, ich sah es kommen! Es war zu arg was er duldete!"

Ich erfaßte hastig seinen Arm. Ich selbst wußte ja längst, wie es in dem unglücklichen Oheim aussehen mußte.

"Sie wissen, Godefroi, ich darf Alles erfahren; ich muß es erfahren! Sprechen Sie! Niemand hört uns!"

Godefroi schaute zitternd, mißtrauisch umher. Er rang wiederum die Hände; sein ganzer Körper schlotterte.

"Ich darf nicht sprechen," keuchte er. "Die gnädige Frau Baronin ist Ihre Freundin!" Und wieder rang er die Hände und wollte sich losreißen.

"Jede Minute, Godefroi, ist uns kostbar, unwiederbringlich!" rief ich ihm in's Ohr. "Das Schlimmste kann geschehen, und Einer muß dann um dies Geheimniß wissen!"

"Ja, ja!" zitterte er. "Sie, Herr Baron, liebte er so herzlich! ... Sie ... ja, ja, Sie!" Er begriff die Wahrheit meiner Mahnung. "Ich will sprechen; ich muß ... Ich allein habe ja zufällig Alles mit angehört. Mit keinem Fuß habe ich seit gestern Morgen das Lager berührt; ich wollte wachen und konnte doch nichts hindern."

Ich preßte seinen Arm heftig, um ihn zu drängen, er solle zur Sache kommen. Er verstand mich.

"Das Fest war schon seit einer Stunde vorüber, Alles still im Hause," begann er bebend und confus. "Durchlaucht hatte sein Schlafgemach aufgesucht, den Diener fortgeschickt, da er sich selbst entkleiden wollte, und der sagte mir kopfschüttelnd von der seltenen Aufregung des gnädigen Herrn. Ich schickte ihn in sein Zimmer hinauf und beschloß, noch eine Stunde wach zu bleiben. Ich wußte etwas" ... Godefroi beugte sich flüsternd und mit sonderbarem Blick zu mir. "Ich war Er. Durchlaucht am Abend in den unteren Räumen begegnet, und war heimlich in die Orangerie zurückgetreten. Ich sah ihn in die Grotte gehen, dann schnell und leichenblaß zurückkehren ... Ich sah die Fürstin auf dem Arm des Grafen Tarnow gelehnt aus der Grotte kommen ... Fragen Sie nicht, warum ich das sah ... Die Fürstin war sehr erregt; sie sprachen nichts mit einander. ... Sie schritten an mir vorüber ... Ich fand danach das kostbare Armband in der Laubgrotte ..."

Godefroi trotz all seiner Aufregung und Verwirrung schaute mich an, als wisse er sehr wohl, was zwischen mir und der Fürstin vorgefallen, als solle aber mich kein Vorwurf treffen.

"Der Graf war unschuldig," fuhr er, den Blick

zu Boden senkend fort. „Ja, gewiß war er unschuldig! Aber Durchlaucht hatte ihn gesehen, wie sie Beide zusammen standen . . . Großer Gott! . . .“ Er schöpfte Athem, als drücke ihn das Asthma.

„Zur Sache, Godefroi!“ mahnte ich, selbst auf's peinlichste von der Erinnerung beschlichen.

„Ja, zur Sache!“ keuchte er. „Durchlaucht schritt, als die Festlichkeit vorüber und die letzten Gäste sich längst entfernt, wohl eine Stunde in seinem Schlafgemach hin und her. Ich hatte mich besorgt in eines der Mittelzimmer geschlichen und hinter der Portiere versteckt. Ich wollte in seiner Nähe sein, denn es konnte ihm etwas passiren. Da hörte ich, wie er aus seinem Schlafgemach durch das Zimmer an mir vorüberschritt, wie er das zweite und dritte Zimmer durchmaß. Jetzt stand er vor der Thür zu dem Schlafgemach der Fürstin. Er pochte heftig, auch die Kammerfrau mußte schon zur Ruhe gegangen sein. Ich hörte die helle Stimme der Fürstin von drinnen. Sie schien entrüstet über die Störung.

„Oeffne! Ich habe mit Dir zu sprechen!“ rief der Fürst in strengem, gebietendem Ton, wie er sonst niemals sprach. Es verstrichen Minuten. Der Fürst pochte abermals. Ich hörte eine leise Stimme aus dem Schlafgemach. Dann plötzlich ward die Thür hastig und weit geöffnet; in dem matten Ampelschein sah ich die schöne Frau stehen, wie sie aus dem Schlummer aufgeschreckt vom Lager sich erhoben . . . Ach, so schön, so entzückend schön war sie, und daß dies danach geschehen mußte!“ . . .

Godefroi barg grauend vor der Erinnerung das Gesicht in den Händen.

„Weiter! Weiter!“

Godefroi ermuthigte sich selbst zum Fortfahren.

„Schweigend trat der Fürst in das Zimmer; sie wich vor ihm zurück und stand, verwundert mit dem schlaftrunkenen Auge auf das bleiche Gesicht des Fürsten blickend, inmitten des Schlafsalons. Ich sah sie so hell, so klar, von dem Ampellicht übergossen . . . O, sie war wirklich zum Entzücken schön, und daß dies danach geschehen mußte! . . .“

„Godefroi!“ mahnte ich ungeduldig.

„O, ich bin ja gleich zu Ende!“ klagte er. „Nie habe ich den durchlauchtigen Herrn in einer solchen Stimmung gesehen . . . Ich schlich zur Thür, denn es konnte ihm in seiner Aufregung etwas widerfahren. Ich sah durch das Schlüsselloch, wie die Fürstin sich in ein blauseidenes Hausgewand hüllte, wie sie dann wieder vor ihm stand, wie sie ihn fast drohend, hochmüthig anschaute, die Arme unter der Brust gekreuzt, mit einer Sicherheit, als sei ihr gleichgültig, was ihn so spät zu ihr führe, als interessire es sie aber, zu hören, was ihn veranlaßt, sie aus dem Schlummer zu wecken. So standen Beide wohl einige Secunden einander gegenüber, während mir der Angstschweiß von der Stirn lief.“

„Madame,“ vernahm ich endlich Durchlauchts Stimme fest und klar, „die Scene, deren Zeuge ich diese Nacht gewesen, setzt gebieterisch der Nachtscene ein Ziel, mit der ich Ihrem Leichtsinn, der schamlosesten Ehr- und Pflichtvergessenheit zugeschaut, um meinen Namen nicht dem Gespötte der Welt preiszugeben. Sie verlassen morgen Mittag dieses Haus und beziehen von mir eine angemessene jährliche Rente unter der Bedingung, daß

Sie Bergheim zu Ihrem Aufenthalt wählen. Ich selbst reise am Abend. Das ist Alles, was die Gesetze leider uns als Trennung gestatten. Mein in der Voraussicht eines solchen Vorfalls schon vor einigen Wochen deponirtes Testament setzt meinen Neffen Kurt als Universal-Erben ein. Die Dienerschaft wird mit Tagesanbruch angewiesen sein, für die Vorbereitungen zu Ihrer pünktlichen Abreise zum letzten Mal zu Ihrer Disposition zu stehen.“

„Ich vermochte kaum, mich noch aufrecht zu erhalten,“ fuhr Godefroi fort. „Dieser Skandal vor der Welt! Ich hätte zusammensinken können! . . . Im Schlafsalon herrschte augenblickliche Stille. Ich sah Beide noch einander gegenüberstehen, aber das Gesicht der Fürstin war häßlich, boshaft häßlich geworden. Ich hörte sie laut auflachen, daß es mir das Mark erschütterte.

„Durchlaucht, Sie sind grotesk!“ rief sie, während sie lachend mit dem nakten Arm das braune Haar zurückwarf, das ihr über die Schulter gefallen, und stolz aufgerichtet den Fürsten maß. „Glauben Sie, daß diese Bestimmungen Ihres fürstlichen Zornes etwas Anderes als der Ausdruck meiner eigensten, sehnlichsten Wünsche sein können? Ja, ich verlasse morgen dieses Haus, aber freiwillig, aus eigenem, mich schon lange folterndem Antrieb, nicht auf Ihren hohen Befehl, der übrigens keine Minute der mir gestörten Nachtruhe werth! Ich bitte Sie, die Ihrige zu suchen!“

„Damit wandte sie ihm den Rücken. Ich eilte in meinen Versteck zurück. Ich sah den Fürsten den Schlafsalon verlassen, mit festem Schritt an mir vorüber in den seinigen gehen. Für mich war an keine Ruhe zu denken; ich hörte den Fürsten in seinem Zimmer; auch er hatte das Lager nicht gesucht. So graute der Morgen. Die Dienerschaft ward geweckt; einer derselben mußte noch vor Tagesanbruch mit einem Billet zum Obersten Löben. Dieser kam, ging, kam wieder und Beide bestiegen um neun Uhr den Jagdwagen . . . Meine Ahnung sagte mir, daß sie nichts Gutes vorhaben konnten. Mit furchtbarem Herzklopfen wankte ich den ganzen Tag im Hause herum. Der Fürst kam nicht wieder. Die Fürstin schlief bis zwei Uhr mit der größten Seelenruhe, dann hörte ich sie der Kammerfrau schellen. ‚Ihre Durchlaucht gedenken heut Abend nach Bergheim und von da auf einige Wochen nach Mentone zu ihrer kranken Mutter zu reisen,‘ meldete mir diese, ein wenig erstaunt, aber in der Ueberzeugung, daß die Krankheit der Mutter diesen schnellen Entschluß herbeigeführt. Ich sah die Fürstin nur flüchtig. Sie trug dasselbe blaue Hausgewand, in das sie während jener garstigen Nachtscene ihre bloßen Schultern gehüllt. Sie war ruhig, nur ein wenig blaß von der Anstrengung des Tanzes. Vom Fürsten sprach Niemand im Hause; es schien Alles eine unbestimmte, schwere Ahnung beschlichen zu haben. Als endlich spät am Nachmittag, während das Diner nach gewohnter Weise bereitet wurde, ein reitender Bote vor das Haus sprengte, der ein Billet an die Fürstin brachte, empfing sie ihn nicht selbst. Die Kammerfrau brachte ihr das Billet in das Boudoir; sie soll es mit Ruhe, ohne jede Ueberraschung oder Schreck gelesen haben, während die ganze Dienerschaft im Hause durch die Erzählung des Boten in Angst und Schrecken war . . .“

Lucia trat eben schnell, vollständig zur Reise gerüstet, herein, überrascht, uns so unthätig dastehen zu

sehen. Godefroi verstummte … Wenige Minuten später
fuhren wir, Godefroi im Schuppenpelz meines Dieners
gehüllt auf dem Bock sitzend, in den grauen, eiskalten
Winterabend hinaus. Lucia's Hand ruhte in der meinigen.
Sie hatte keinen Vorwurf für mich und hier erst in
der Dunkelheit des Wagens flüsterte sie mir ein Geheimniß zu, das sie, als Strafe für mich, mir vorenthalten und das mir jetzt ihr stummes, stilles, fast moquantes Lächeln erklärte, über das ich zuweilen den Kopf
geschüttelt. Dies Geheimniß schloß das einzige Glück
ein, das uns bisher gefehlt.

Sechsundzwanzigstes Capitel.
Am Sterbebette.

Neuenfeld in zottiger grauer Joppe, eine Jagd-
mütze auf dem Kopf, empfing uns an der Seitentreppe
des Schlosses, an der bereits ein andrer Wagen, der
des vor uns eingetroffenen fürstlichen Hausarztes, stand.

„Vater, er lebt noch?" rief ihm Lucia entgegen,
den Kopf zur Wagenthür hinaus beugend.

„Gott sei Dank, daß Ihr da seid!" antwortete
dieser, ihr die Hand in den Wagen reichend. „Ja, noch
lebt er!"

Neuenfeld sprach dieses noch in einem Ton, der
wenig Hoffnung machte. Er schaute suchend in den
Wagen. Er vermißte Jemand.

„Sie wird kommen sobald sie ihre Toilette beendet!" sagte ich, ihn verstehend, in halblautem Ton,
um Godefroi's Dienerseele nicht zu verletzen.

„So so! Nun, dann wünsche ich, daß sie sich
beeile! Der Arzt macht ein bedenkliches Gesicht."

Neuenfeld half Lucia aus dem Wagen und diese
flog uns voran in die weiten, jetzt glänzend erhellten
Bogengänge.

„Es ist also wirklich Gefahr?" fragte ich ihm folgend.

„Keine Rettung, so weit ich urtheilen kann!"

„Und er … Der andre Unglückliche!"

„Liegt noch am rothen Stein! Ich kann da nichts
thun; ich muß die Behörde, den Todtenbeschauer abwarten … Der Teufel weiß, was die Beiden mit einander gehabt haben, ich errathe es nicht. Sie müssen
auch verdammt viel Eile gehabt haben, denn gestern
Abend war der Eine noch der Gast des Andern."

Der uns entgegen kommende Arzt ließ Neuenfeld
und mich in einen kleinen Salon treten, den Neuenfeld
als Fremdenzimmer eingerichtet. Lucia mußte auf seinen
Wunsch im Vorzimmer bleiben. Godefroi, mit fahlem
gramdurchfurchtem Gesicht, war uns voran geeilt und
stand bereits zu Häupten des Bettes an dem zurück-
geschlagenen Vorhang. Sein Kinn war auf die Brust
gesunken, seine Hand trostlos auf den Bettrand gestützt.

Entsetzt fuhr ich zurück, als ich das blutlose Antlitz
des Verwundeten schaute. Im nur die Schatten des
Mannes, der gestern mit so künstlicher Jugendfrische
seine Gäste empfangen. Tiefe Falten lagen auf Stirn
und Wangen, der Scheitel war entblößt, das spärliche
Haar zurückgefallen; die geschlossenen Augen waren tief
eingesunken und von breitem, dunkelgelbem Rand umzogen.

Mit thränenfeuchtem Auge stand ich vor Dem,
der mir immerhin einst ein Wohlthäter und jetzt ein
aufrichtiger Freund gewesen, vor ihm, der sich sein
Schicksal selbst geschrieben, als er dieses Weib an sich
kettete, über deren eitles, thörichtes Herz selbst das

armselige Gefühl der Erkenntlichkeit für all seine
Liebe und Aufopferung nur wie eine lästige, ihm die
Sonne störende Wolke dahin gezogen sein konnte; dieses
Weib, das in seiner Charakterlosigkeit und Wetterlaune
selbst einem Gott immer Himmel hätte verleiden müssen,
weil es sich nach der Hölle gesehnt haben würde; dieses
Weib, das selbst jetzt, schon mehr als halb erlöst von
dem Manne, dem sie doch Alles war, sich an seinem
Sterbebette erwarten ließ, um von seinem brechenden
Auge Verzeihung zu erflehen!

In welchem Frieden hätte ihm diese Stunde schlagen
können, wenn er, der einst frei und fesellos durch das
Leben gegangen, einst der verzogene Liebling der Gesellschaft, der so lange Keine würdig gefunden, seine Freiheit an sie zu verschenken, wenn er, dessen chevaleres'ter
Charakter dem Schönen und Edlen, freilich wohl oft in
seiner sublimirten Weise gehuldigt, am Ende seiner Laufbahn angelangt, zufrieden auf diese zurückgeblickt und
treulos den weltlichen Turnierplatz verlassen! … Und
jetzt! Hatte die Kugel, die ihm in die Seite gedrungen
und die Lunge verletzt, noch so viel Besinnung in ihm
gelassen, wen anders konnte er des Betruges um den
Rest seines Lebens anklagen als sie, für die er Alles
geopfert? Hatte er noch Bewußtsein, Theilnahme für
die, welche an seinem Sterbelager standen — fehlte ihm
nicht eben der an demselben?

Doch der Himmel schien ihm diese letzte Bitterkeit
erspart zu haben. Mit tief eingesunkenen Schläfen und
Wangen, scharf gegrabenen Zügen, graugelber Haut,
zusammengefallenen Lippen, lag er fast regungslos da.
Nur das leise Auf- und Niederbeben der Bettdecke verrieth die müde, ablaufende Arbeit des Athmens; seine
auf der Decke liegenden wachsbleichen Hände bewegten
sich nicht; er schien bereits in aller Schmerzen un-
bewußtem Hinüberdämmern zur Ewigkeit da zu liegen.
Die besorgte Miene des Arztes, die traurige Feierlichkeit des Momentes verbot den Anwesenden das leiseste
Geräusch, einen bangen Eindruck machte selbst das
Flackern oder Knistern der Flammen auf den hohen
Leuchtern des mit Verbandzeug bedeckten Tisches.

Die Stille des Todes, der sich ja sichtbar schon
über das Lager des Unglücklichen beugte, herrschte im Gemach. Wie von Lähmung gebannt stand ich da. Und
so verflossen Minuten. Neuenfeld trat jetzt an den
Arzt heran, der eben behutsam die Hand des Sterbenden ergriffen und den intermittirenden Pulsschlägen folgte.
Traurig schritt der auf Neuenfeld's leise Worte und dieser
schritt zur Thür.

Ich errieth Neuenfeld's Absicht. Um den Eindruck
besorgt, den dieser Anblick auf Lucia machen werde,
schaute ich zur Thür. Ich sah nicht, wie der Arzt inzwischen die Hand des Sterbenden auf die Decke legte,
sich mir den Rücken wandte, über das Lager
beugend. Als Neuenfeld mit Lucia hereinkam, trat der
Arzt vom Bette zurück. Wir waren eben im letzten
Moment gekommen. Der Arzt hatte mir das letzte
Zucken des Sterbenden, das Scheiden der Seele von ihrer
zerstörten Hülle, das Aufschlagen der Augen verborgen
und ihm die letzteren zugedrückt.

„Es ist vorbei!" empfing er Neuenfeld mit einem
Seufzer.

Dieser, obgleich hierauf gefaßt, fuhr bestürzt zusammen. Lucia that einen Schreckenslaut.

„Todt!" rief sie die Hände faltend. Sie trat entschlossen an das Lager; sie mit ihren starken Nerven schaute unverwandt in das Antlitz des Todten. Thränen rannen über ihre Wangen. „So schnell ... und so entsetzlich!" kam es über ihre bebenden Lippen.

Godefroi war bei diesem Ausspruch lautlos, ein Bild des Jammers, zu Häupten des Lagers auf den an der Wand stehenden Sessel gesunken. Sein Kinn hing auf die Brust. Keine Klage kam über seine Lippen. Er hatte den Mann verloren, mit dem sein eigenes Leben untrennbar zusammenhing.

Ohne daß wir es ahnten, saß eine zweite Leiche da. Ein Herzschlag hatte Godefroi getödtet. Wir achteten seiner nicht. Unsre Aufmerksamkeit war durch ein plötzliches Rauschen im Zimmer beansprucht.

Die Fürstin trat herein, ganz in Schwarz gehüllt und mit einer Sorgfalt, die allerdings selbst unter diesen entsetzlichen Umständen die nöthige Toilettenfrist erfordert.

Lucia trat überrascht vor ihr zurück und zu Häupten des Bettes, dicht an Godefroi's Stuhl. Mit sichtbarem Grauen starrte sie die Eingetretene an. Wir Alle hatten denselben Platz geräumt und so stand sie vor uns, die hohe, elegante Gestalt, den Schleier bis tief auf die Stirn herabgezogen, bleich, aber ohne den Ausdruck wirklich empfundenen Schmerzes, bewußt trotz des schauerlichen Momentes des unfehlbaren Eindrucks, den ihre schöne Gestalt machen mußte, und dennoch scheinbar unsrer Anwesenheit gar nicht gedenkend.

Ihre Hände — selbst diese steckten schon in schwarzen Handschuhen — auf der Brust gefaltet, war sie herein gerauscht. Jetzt rangen sich diese los. Sie schaute auf den Todten, sie verhüllte sich schaudernd das Antlitz, sie schwankte zurück und sank, von dem Arzt unterstützt, der dieser Scene schon gewärtig, in einen Sessel.

„Todt!" hauchte sie, zu diesem aufschauend, während er sich über sie beugte. Und als der Arzt schweigend bestätigt: „Führen Sie mich fort!" bat sie. „Es ist mir zu entsetzlich! Mein Gott! Mein Gott!" ... Damit richtete sie sich mühsam und ohne unser zu achten, vielleicht auch von Scham, vom eigenen Gewissen getrieben, schwankte sie, auf den Arm des Arztes gestützt, zur Thür hinaus.

Schweigend, aber mit einem Gefühl der Entrüstung schauten wir ihr nach. Ich war der einzige, der genau über die Veranlassung dieses blutigen Zusammentreffens unterrichtet; die Andren standen nur ahnend vor der vollendeten Thatsache.

Des armen Oheims schnelles, entschlossenes Handeln ließ mich erst jetzt manche halbe Aeußerung, manche Miene des unglücklichen Gatten verstehen. Ihm, der so lange um seiner Stellung vor der Welt willen geduldet, mochte plötzlich das Maß als übervoll erscheinen. Vielleicht auch hatte Godefroi, der treue Diener, doch geplaudert und Ironie war es gewesen, als der Oheim von der „vestalischen Strenge" sprach, mit welcher Minona jeden Herrn von ihren intimen Zirkeln ausschließe. War das der Fall, so hatte er eine Selbstbeherrschung gehabt, die sich erschöpft, als er seiner Gattin Haupt an Tarnow's Brust gelehnt, sie von ihm umarmt gesehen. Und doch war Tarnow in dieser Richtung der unschuldigste. Lucia hat es mir später nie ganz gestanden, aber es war mir sonnenklar: dieses pflichtvergessene Weib, um die eignen strafbaren Absichten zu fördern, versuchte

Alles, um wenigstens vor der Welt Lucia in ein eben so strafbares Licht zu Tarnow zu setzen, und Lucia, dieser Gesellschaftswelt noch so ungewohnt, fürchtete ihrerseits diesen eitlen Schwätzer zu beleidigen, so lange sie wußte, daß er ihres Vaters hohen und wichtigen Plänen nützlich sei oder diese aus Rancune vereiteln könne. Sie beurtheilte scheinbar mit Nachsicht das exaltirte Wesen Minona's, sie duldete schweigend der Mutter Anfeindungen, um nicht Unfrieden zwischen mir und den Meinigen zu stiften, obwohl ihre Klugheit schnell erkannte, daß die Versöhnung der Mutter keine ehrliche ...

Die Mutter! Wo blieb sie! Erst jetzt fiel mir dies heiß auf's Herz. Auch sie war eiligst benachrichtigt und sie fehlte am Sterbelager des Bruders.

Lucia trat zu mir, mich in meinen trostlosen Gedanken unterbrechend, und stützte sich erschöpft auf meinen Arm. Auf Neuenfeld's Wink verließen wir das Gemach. Godefroi — wir achteten seiner gar nicht — saß kalt und leblos an seinem Platz, auch im Tode treu, zu Häupten seines Herrn, als bewache er den ewigen Schlaf desselben.

Der Arzt begegnete uns zurückkehrend im Flur.

„Die Fürstin ist zur Stadt zurückgefahren," sagte er in spöttischem Ton. „Sie gestand mir, dies sei über ihre Kräfte ... Es ist auch besser so; sie würde hier nur störend sein."

Siebenundzwanzigstes Capitel.
Noch einmal der Blödsinnige.

„Also Ihr wollt fort, es ist Euer unwiderruflicher Beschluß, nach Hochborn zu gehen und mich hier in all meiner Arbeit allein zu lassen?"

Neuenfeld schritt unmuthig in dem großen Rittersaal auf und ab, in welchem er sein Bureau aufgeschlagen, als die Zeichnungen und Papiere auf großen Tischen ausgebreitet hatte und mit seinen Ingenieuren und Technikern zu conferiren pflegte.

„Wir sehen uns ja zum Frühjahr wieder und Hoch- und Niederborn werden unsrer Anwesenheit auch bedürfen!" beschwichtigte ich Neuenfeld.

„Aber Ihr seid der Gesellschaft Revanche schuldig, deren Gäste Ihr gewesen!"

„Der traurige Vorfall in unsrer Familie wird uns entschuldigen."

„Und Du, Luz! Hast Du's auch satt?" wandte er sich an diese.

„Von Herzen, Papa! Ich sehne mich wirklich, einmal wieder mir selbst zu gehören."

„Gut denn! ... Ich begleite Euch! Wir feiern das Weihnachtsfest zusammen in Hochborn und ich gehe danach wieder hierher an meine Arbeit!"

Neuenfeld fand sich damit in das Unabänderliche. Lucia und ich wir standen eben in der breiten Fensternische und schauten in das weiße Schneegestöber hinaus, das schon in der Nacht Alles mit einer hohen weißen Kruste überdeckt, als ein Fiaker unter uns vor das Seitenportal des Schlosses fuhr.

Neuenfelds Diener sprang an den Wagenschlag. Zwei tief in Pelze gehüllte Frauengestalten entstiegen dem Wagen, während das Neuenfeld zwischen uns getreten war, um, auf Trauerbesuche nicht mehr gefaßt, hinaus zu schauen. Schon am frühen Morgen war die

Riche des Oheims in die Stadt gebracht worden, dieser Damenbesuch ihm also befremdend.

„Die Mutter . . . und Hedwig!" rief ich betroffen aus, nur die Letztere an ihrer Gestalt erkennend.

„Das überrascht mich freilich!" Neuenfelds Miene zeigte Unmuth; er mochte die ihm von der Mutter auf dem unglückseligen Ball widerfahrene Behandlung noch nicht vergessen haben. Trotzdem schnell gefaßt, knöpfte er seine Joppe bis zum Halse zu und schritt hinaus zu ihrem Empfang.

„Sie ist mir im Grunde sehr willkommen!" sagte er mit einem sardonischen Lächeln. „Wir müssen doch einmal zum Ende kommen und meinetwegen denn lieber heut als morgen!"

Das Letztere sprach er für sich; es klang wie der unwillkürliche Ausdruck eines schnell gefaßten Entschlusses.

Wir folgten ihm. Lucia hatte erst ihm, dann mir einen fragenden Blick zugeworfen.

„Sie kommt spät und . . . sie findet ihn nicht mehr!" sagte sie theilnehmend, neben mir schreitend, mit beklommener Brust, während sie ängstlich dem Vater nachschaute und seine plötzlich so resolute Haltung beobachtete.

Sie hatte mir gestern Abend, als wir spät die Ruhe suchten, noch anvertraut, wie aufgebracht der Vater über meiner Mutter schnöde Begegnung in der Soirée gewesen; ja sie selbst schien dadurch weniger nachsichtig geworden zu sein. „Er verdient das wahrlich nicht!" hatte sie ein wenig bitter hinzugesetzt.

Heute also durfte Hedwig mit ihr kommen! Es war ja keine Gesellschaft! Vielleicht aber hatten sie den armen Oheim noch einmal sehen wollen und beide hatten jetzt den bösen Weg nutzlos hierher gemacht.

Die Mutter war in tiefer Trauerkleidung; ihr Gesicht war vom Schleier verhüllt. Hedwig, ebenfalls ganz schwarz, standen die Thränen in den Augen, als sie den Schleier lüftete.

„Ach, Kurt, wie schrecklich, wie furchtbar schrecklich!" sagte sie zitternd, während sie mir in dem weiten Schloßgang die Hand reichte. „Die Mutter erlaubte mir . . ."

„Du bist uns herzlich willkommen, Hedchen!" beruhigte ich sie. „Die Veranlassung ist allerdings eine höchst betrübende und leider findest Du auch den armen Oheim nicht mehr hier! Denke Dir, auch dem armen Gabefroi hat noch gestern Abend der Schmerz das Herz gesprengt; er ist mit ihm hinübergegangen, er konnte ihn nicht verlassen . . . Freilich, Du hast ihn wohl kaum gekannt! Er war ihm unentbehrlich."

„Schrecklich!" flüsterte sie verlegen, als auch Lucia sie begrüßte . . . „Ich wage noch immer nicht, das Alles zu denken!"

Neuenfeld hatte inzwischen die Mutter sehr gemessen bewillkommnet und führte sie in sein Wohnzimmer auf dem andren Ende des Ganges. Er erzählte ihr wohl schon auf dem Wege, daß der Selige bereits zur Stadt gebracht worden. Ich sah die Mutter wenigstens ganz plötzlich zaudernd inne halten, als wolle sie umkehren, dann aber doch Neuenfeld unentschlossen folgen. Sie war noch immer tief in den Schleier gehüllt, von ihrem bleichen Gesicht kaum etwas zu sehen; mir hatte sie noch kein Wort gegönnt; ich existirte kaum für sie und ihre Erregtheit mochte sie entschuldigen. Ich wagte auch nicht, sie in ihrer Trauer zu stören.

Plötzlich hielt sie vor der Thür inne, in welche sie Neuenfeld einzutreten einlud. Ich sah dabei, wie seine Miene etwas wenn auch nicht Unfreundliches, doch trotzig Ueberlegenes hatte, was er sonst wohl gern seinen Untergebenen herauskehrte, wenn ihm etwas nicht nach Wunsch gemacht wurde.

„Ich danke Ihnen, Herr Neuenfeld," hörte ich die Mutter sagen, als auch wir eben mit Hedwig zu ihnen stießen. „Ich bedaure unendlich, daß es mir versagt war, meinem unglücklichen Bruder noch einmal die Hand zu drücken. Ich befand mich gestern Abend bei dieser Nachricht in einem Zustande, der mir nicht gestattet haben würde, selbst an das Sterbebette meines eigenen Kindes zu eilen . . ."

„O, ich glaubte das! Mir that das Herz weh, als ich innerlich diese Wahrheit bestätigen mußte. Und doch that ich ihr vielleicht unrecht.

„So bitte ich, gnädige Frau, nur so lange zu verweilen, bis . . ."

„Unser Weg war vergebens!" unterbrach sie Neuenfeld unwillig. „Ich hätte wohl erwarten dürfen, davon in Kenntniß gesetzt zu werden, daß man meinen Bruder . ."

Neuenfeld schien verletzt durch die Strenge ihres Tons, in welchem ein rücksichtsloser Tadel lag, ganz nach ihrer Gewohnheit, souverän sich Alle unterordnen zu wollen.

Er schwieg einen Augenblick zaudernd, wie sie Beide an der Thür standen. Dann blickte er ebenso souverän auf sie herab, ihren Arm lassend.

„O, Sie sollen um Ihres Bruders willen nicht vergeblich den weiten Weg gemacht haben, meine Gnädige!" war seine Antwort schroff und sarkastisch, und dabei schien seine Hünengestalt noch zu wachsen, denn er richtete sich stolz auf, öffnete die Thür und mehr durch die imponirende Haltung des Mannes, durch seinen Blick, als durch seinen Willen getrieben, überschritt sie die Schwelle des recht traulich und zugleich elegant mit weichem Teppich und schweren gelben Seidenvorhängen ausgestatteten, nach dem Park gehenden Gemachs. Wir folgten mit peinlichem Gefühl, denn wir fürchteten die Reizbarkeit der Mutter, die in so naher Berührung mit dem von ihr stets so verächtlich Behandelten zum Ausbruch kommen konnte. Hedwig stützte sich an den Thürpfeiler, als sie zitternden Fußes, von Lucia geschoben, der Mutter nachtrat.

Neuenfeld spielte mit Würde den Wirth.

„Ich bitte Platz zu nehmen und mir zu erlauben, daß ich für eine kleine Stärkung sorge. Sie werden ermüdet sein!" wandte er sich an die Mutter, auf den Sopha zeigend, während er Lucia den Wink gab, sich um Hedwig zu kümmern, und Lucia that dies, zu meiner eigenen Beruhigung, immer den Blick ängstlich auf den Vater gerichtet, den dieser stolz lächelnd zurückgab.

Die Mutter befand sich wider Willen unter dem Einfluß eines Mannes, den sie fürchtete und deshalb verachtete; den sie milde mit dem Ausdruck Grobian zu bezeichnen pflegte. Sie lehnte seine Einladung hochmüthig ab; ihr Blick suchte Hedwig, und dieser Blick haftete plötzlich auf seinem Wege wie erstarrt auf einem Punkt der Wand, der mich, den zum ersten Mal in dies Gemach trat, ebenfalls betroffen machte.

Da hing nämlich, die ganze Mitte der Wand einnehmend, dasselbe große Portrait der Mutter, das sich

Neuenfeld einst von mir hatte geben lassen und das ich seitdem nicht wieder gesehen.

„Ich bitte Sie, Herr Neuenfeld," hörte ich jetzt die strenge Stimme der Mutter, die dieses ihr eignes Bild, den Schleier halb zurückschlagend, flüchtig betrachtete und dasselbe an dem Platz, in Neuenfelds eignem Salon, offenbar für eine Verhöhnung hielt, „ich kam nicht Ihretwegen, sondern . . ."

„Um Ihres unglücklichen Bruders willen! Ich weiß es, meine Gnädige!" lächelte Neuenfeld ironisch und mit gemessener Verbeugung. „Ich stehe ganz zu Ihren Diensten!"

Er wandte ihr den Rücken, hob die Vorhänge einer Portière zurück und klatschte in die Hand, wie es seine Gewohnheit in Hochborn gewesen, wenn er die schwarze Tia rief. Unter der Portière stehend, rief er der Alten einige portugiesische Worte zu und trat ihr nach in das Nebenzimmer. Der Vorhang fiel hinter ihm zu.

Lucia, die allein uns des Vaters Ruf verstanden, gab plötzlich Zeichen von Angst. Sie drückte Hedwig, bei der sie stand, hastig in einen Sessel nieder, dann sprang sie zu mir, den sie versuchte, mit der sichtbar empörten Mutter ein Gespräch anzuknüpfen.

„Kurt!" rief sie, die sonst so beherzt, bange, den Arm in den meinigen hängend und sich an mich schmiegend, ohne den ernsten, verweisenden Blick zu bemerken, den die Mutter ihr zuwarf, als sie sich halb zu uns wandte.

Die Mutter zeigte mir eine Unruhe, als verzeihe sie es sich nicht, dieses Zimmer, überhaupt unter so veränderten Umständen das Schloß betreten zu haben, als gebe sie Alles darum, wieder hinaus zu sein. Der traurige Vorfall — ich las es jetzt auf ihrem bleichen Gesicht, — hatte tiefen Eindruck auf sie gemacht; sie hatte wohl die Wahrheit gesprochen, als sie sagte, sie sei gestern Abend in einer Verfassung gewesen, die ihr unmöglich gemacht, das Haus zu verlassen. Zum ersten Mal seit unsrem Wiedersehen verrieth auch sie, daß sie alt geworden; auch ihrem Gesicht fehlte die künstliche Salon-Frische, ohne die sie seit ihrer Rückkehr in die Residenz wohl nie erschienen.

Sie schaute jetzt mich an mit einer Miene, als mache sie mich für all die Unbill verantwortlich, die ihr in diesem Hause widerfuhr, das sie doch nur als trauernde, schmerzbewegte Schwester betreten. Und wie sie darauf uns Beide, Lucia und mich, musterte, wie wir so innig an einander geschlossen vor ihr standen, las ich in ihrem Auge auch die Bestätigung dessen, was mir schon längst als Verdacht aufgestiegen.

Neuenfelds Kind war ihr heute wie damals noch ein Dorn im Auge, das Kind dieses groben, ihr verhaßten Mannes, dessen „ungehobeltes" Benehmen jetzt in diesem Augenblick ihren ganzen Abscheu wieder anfachte. Ihren Groll gegen den Bruder hatte nur sein Tod einigermaßen versöhnen können; diesen unglücklich ihn oder werden zu sehen war ihr ein Bedürfniß gewesen, und dieses Unglück fördern zu helfen, in möglichster Nähe sich daran zu weiden, nur darum hatte sie sich wohl zu einer Annäherung entschlossen. Ob es ihr nicht aber eine gleiche Befriedigung gewährt haben würde, Neuenfelds Kind wieder von meiner Seite zu verscheuchen? Fast hätt' ich's glauben mögen, so sehr sich des Sohnes Pietät auch dagegen sträubte, denn was sie einst als

mein Glück betrachtet und vorbedacht, konnte nimmer durch etwas Anderes ersetzt werden, am wenigsten durch ein Weib, das sie um des Vaters willen nicht lieben konnte und wollte. Philippine, die gallsüchtige Jungfrau, hatte, um ihr zu Liebe zu reden, jenes Märchen, jene Lüge von meiner früheren Beziehung zu dem Fräulein von Arlenberg erzählt, Tarnow mußte noch dazu kommen, um es zu bestätigen. Das Gewebe war schnell fertig, das mich und die Fürstin umspinnen sollte und damit ward ja auch Lucia elend gemacht. Auch die Fürstin selbst hatte unbewußt an dem Gewebe mitgearbeitet, um ihrer unseligen Leidenschaft das Feld zu ebnen, und zwei Opfer mußten dieser elenden Intrigue fallen — der arme Oheim selbst, dem der Tod freilich eine Erlösung aus dem Martyrium geworden, das ein einziger unüberlegter, so später Schritt über sein Leben gebracht.

Mir that dennoch die Mutter weh, wie sie da vor mir stand, betrogen um die ganze Ernte, die schon so hoch im Halm gestanden, da sie uns in so herzlicher Vereinigung sah. Vielleicht war sie nicht ohne eine Anwandlung von Reue, obgleich auch ihr des armen Bruders Tod wie eine Wohlthat erscheinen mußte.

Wir waren ihr ein beschämender, vielleicht niederdrückender Anblick. Sie wandte sich ab; sie suchte Hedwig; sie wich meinen an sie gerichteten Worten aus; der Boden glühte ihr offenbar unter den Füßen. Hedwig, die ebenso schweigsam gewesen und immer ängstlich die Mutter im Auge gehabt, erhob sich auf ihren Wink. Lucia preßte meinen Arm, als sei auch sie einverstanden, wenn die Mutter sich dieser peinlichen Situation entziehe.

Da hörten wir dumpfe Tritte nebenan. Eine unsichtbare Hand riß von drüben an der Schnur, die Vorhänge der Portière theilten sich. Neuenfeld stand in dem hohen, breiten Thürrahmen. Sein Arm lag um den Rücken eines abschreckend hageren Mannes, mit bleifarbenem, tief gerunzeltem Gesicht, grauer Kleidung, unordentlich um die Schläfen hangendem grauem Haar, die ganze Gestalt mühsam aufrecht gehalten und die Stirn — die Stirn mit der tiefen glänzend rothen Narbe halb gesenkt, das Auge unheimlich glanzlos auf uns gerichtet wie das eines Todten!

Es war ein eigenthümliches, unheimlich berührendes Tableau. Neuenfeld mit triumphirender Miene, hoch und stolz aufgerichtet, den Andern mit gewaltigem Arm an seiner Seite festhaltend, und dieser einem Automaten gleich, willenlos, unselbstständig. Die Mutter würdigte das Bild eines flüchtigen Blickes; sie wandte sich mit Abscheu fort, ein Zittern überfiel sie erst, als sie den Anderen bemerkte. Sie streckte den Arm nach Hedwig, zur Thür aus; schaudernd, mit Empörung über diesen Mißbrauch ihrer Nachgiebigkeit, dieses Zimmer zu betreten, bedeckte sie die Augen mit dem Taschentuch. An meinem Arm zitterte Lucia. Ich selbst war verwirrt. Was sollte diese Scene! Ein mir selbst unverständliches Gefühl forderte mich auf, einen Schritt vor zu thun, um der Mutter zu Hülfe zu eilen.

Neuenfeld winkte mir gebietend mit der Hand.

„Nur wenige Secunden, Frau Baronin von Amstetten, bitte ich Sie um Gehör!" drang seine markige Baßstimme in's Zimmer. „Ich stehe nur hier, um mein Wort zu halten. Es ist nichts Unbilliges, was ich Ihnen zumuthe. Sie verfolgten mich in Hochborn; Sie suchten mich dem Verdacht, der Verachtung meiner

Nachbarn preiszugeben um dieses Unglücklichen willen. Aber um seinetwillen verzieh, vergaß ich Ihnen Alles, bät' ich mehr noch verziehen als mir ein Weib liebloszuzufügen vermag. Um seinetwillen ward ich der unabweisbare, fast zudringliche Freund Ihrer Familie. Merken Sie wohl, um seinetwillen!" Er preßte den Anderen fester in seinen Arm.

„Zürnen Sie mir nicht," fuhr er fort, als die Mutter ihm mit allen Zeichen des Widerwillens antwortete und mit Mühe ihre Entrüstung beherrschte; „ich will Ihnen nicht wehe thun; da sei Gott vor! Aber es muß jetzt geschehen, was erst geschehen sollte, wenn es mir gelungen, in diesem Unglücklichen das Licht der Seele wieder zu beleben. All mein Mühen ist leider umsonst geblieben" — Neuenfeld schaute auf das ihm gegenüber hängende große Bild der Mutter — „und meine Hoffnung ist zu Ende, denn auch die Lebenskraft schwindet zusehends in ihm, und meine Rechnung war umsonst gemacht!" . . . Sie nannten mich einen Freibeuter, einen Sklavenhändler"

Die Mutter lächelte verächtlich, spottend.

„Dieser hier theilte meine Lebensschicksale und könnt' er sprechen, auch er würde sich nicht schämen, sie zu bekennen. Dieser Unglückliche war mein Freund, mein Kamerad jenseits des Oceans. Damals waren wir Beide jung. Er kämpfte an meiner Seite; er trug mich, den Schwerverwundeten, aus der Schlacht und erhielt für seinen Liebesdienst diese furchtbare Wunde, durch die sein Gehirn unrettbar erkrankte. Wir Beide standen als Todte in der Verlustliste unsrer Armee; seinen Todtenschein sandte das Consulat nach Deutschland; ich erfuhr es erst später, er erfuhr es nie, weil in ihm das Leben zur ihm unbewußt fortdauerte, während ich ihn in ewiger Dankbarkeit an meiner Seite fesselte. Seine eigne Familie hatte diesen Todtenschein verlangt; sie erinnern sich vielleicht; es war die Familie von Bartenstein, die Ihnen für sie und die heimische Gesellschaft verlorenen Bruder betrauern wollte, den Baron Georg von Bartenstein, Ihren Bruder . . ."

Ein Schreckenslaut der Mutter, die sich mühsam aufrecht gehalten, unterbrach ihn. Die Mutter war schaudernd, die Hände von sich streckend, zusammengesunken; ich fing sie auf, ließ sie auf den Sessel nieder. Sie bedeckte mit Grauen ihr Antlitz.

„Freilich ist seitdem zu viel Zeit verstrichen, als daß Sie Beide sich erkennen sollten," fuhr Neuenfeld unerbittlich in demselben Ton fort. „Jenes Bild dort that mir schon vor Jahren von Kurt. Ich hänge es in seinem Zimmer auf; ich hoffte, daß das Licht der Erinnerung und damit das des Lebens bei diesem täglichen Anblick in ihm wieder aufflackern werde und führte ihn deßhalb in der verflossenen Nacht auch an die Leiche seines unglücklichen Bruders; aber vergeblich! Ich hoffte dasselbe schließlich heute noch bei diesem Wiedersehen; aber die letzte Hoffnung ist jetzt dahin. Seine Kräfte schwinden; es war Thorheit, von denen seiner gestörten, ersterbenden Sinne das zu verlangen! . . . Geh, armer Freund," wandte er sich an diesen, ihm den Arm über die Schulter legend. „Auch Dein Schattenleben wird bald in die ewige Nacht verschwinden, die Deinen armen Bruder bereits umfängt, aber Einer bleibt Dir, der um Dich trauern wird!"

Neuenfeld führte den Willenlosen, der blöd und unbewußt, von ihm aufrecht gehalten, dagestanden, aus dem Thürrahmen fort. Die alte Tia empfing ihn drüben und zog ihn mit sich. Neuenfeld trat bewußt, ruhig, fast majestätisch herein und näherte sich dem Sessel der Mutter.

„Um des armen Bruders willen," sprach er mit bewundernswerther Gelassenheit, „um seinetwillen, den an Sie die Bande des Blutes, an mich die der innigsten Dankbarkeit fesseln, biete ich Ihnen, Frau Baronin, die Hand der Versöhnung, eine Hand, die wenn auch rauh geworden in hartem Lebenskampf, doch immer nur das Gute gethan und in Freude die Hand Ihres Sohnes in die meine einzige, mir über Alles theuren Kindes gelegt hat!"

Mit stillem, biedrem Lächeln stand er vor ihr, die Hand ausstreckend. Lucia und ich waren tief bewegt, das Auge der letzteren war thränenfeucht; in banger Spannung hing es an der Mutter. In mir war bei Neuenfelds Worten eine Erinnerung aufgegangen: das Bild dieses Unglücklichen, des Bruders, mußte es gewesen sein, das ich, fast noch Knabe, in dem kleinen schwarzen Schrein gesehen hatte, der über dem Bette des Oheims gehangen! Aber nie, nie war von diesem Verlorenen die Rede gewesen und später erst gelang es mir, von seinen Thorheiten zu erfahren, die allerdings das Vergessen rechtfertigen mochten.

Sekunden lang stand Neuenfeld vor der Mutter. Sie richtete das Antlitz nicht auf; mit gesenkter Stirn schaute sie zu Boden, in sich zusammengesunken, aber auch ohne eine sichtbare Regung eines Gefühls, wenigstens des Gefühls, an das sich der edle Neuenfeld gewendet.

Ich sah mich vor diesem beschämt. O, ich kannte ja der Mutter Unerschütterlichkeit, ihre Unanfechtbarkeit in Allem, was das Gemüthsleben anging. Selbst so tief gebeugt, wie sie dasaß, litt ihr Stolz kein äußeres Zeichen einer Niederlage, am wenigsten diesem Manne gegenüber, den verkannt zu haben sie sich nimmer zu der Ueberzeugung entschließen würde.

In stillem Einverständniß mit Lucia machte ich mich von dieser los, die sich ängstlich wieder an mich gedrängt. Ich trat zur Mutter; ich legte schmeichelnd meinen Arm um ihren Nacken.

„Mutter!" bat ich in flehendem, beschwörendem Ton. Und sie schwieg; sie legte sich nicht, obwohl sie fühlen mußte, wie meine Hand auf ihrem Nacken zitterte! Da sah ich plötzlich eine kleine schwarz umhüllte Gestalt zu ihren Füßen hinknien; ich sah zwei weiße, magere kleine Hände sich zu ihr strecken, ihre Hand erfassen und sie an sich pressen.

„Mutter!" flehte auch Hedwig, mit ihrem blassen, abgehärmten, in Thränen schwimmenden Gesicht zu ihr aufschauend. Der Mutter gebückte Gestalt bewegte sich endlich. Sie machte die Hand aus der Hedwigs los und legte leise in ihren Schooß. Vor sich hin sinnend saß sie Secunden lang da. Dann endlich streckte sich vorsichtig, unschlüssig zitternd, diese magere Hand aus und Neuenfeld, der kaum unempfindliche Mann, ergriff sie; er beugte sich respektvoll tief über sie und führte sie an seinen Mund.

Jetzt erhob sich die Mutter, wie unwillig über sich selbst, über ihre Schwäche, langsam, mit Anstrengung. Ihr Antlitz, von tiefem Ernst durchfurcht, mit nur halb geöffnetem Auge, verstört, um zwanzig Jahre gealtert, daß ich erschreckt zurückfuhr, die Lippen fest zusammengepreßt — so wandte sie sich zu mir. Ihre Hand legte sich auf meinen Arm; sie zitterte.

„Kurt!" hörte ich ihre Stimme kaum vernehmbar, leise.

Ich verstand sie, ich reichte ihr den Arm. Sie erhob den ihrigen abwehrend gegen die Andren; sie drängte zur Thür, sich mühsam eine aufrechte Haltung gebend, und gehorsam führte ich sie, ihren Willen verstehend, wenn auch schmerzlich berührt, durch dieselbe.

Hedwig folgte uns, den Schleier über ihr Antlitz tief herabziehend, um uns ihren Gram zu verstecken, vielleicht um der Mutter würdig zu erscheinen. Ich sah nicht, wie sie flüchtig, heimlich noch Lucia im Vorübergehen die Hand drückte. Schweigend schaute uns Neuenfeld nach.

„Führe mich zum Wagen!" flüsterte die Mutter in dem weiten, kalten Schloßgang und ich gehorchte. Ich wagte keine Vorstellung, ich wußte, jedes Wort sei nutzlos.

Ich hob sie unten vor dem Portal in den Wagen. Sie lehnte sich mit tief verschleiertem Gesicht lautlos zurück, ohne mir Adieu zu sagen. Ich reichte Hedwig die Hand zum Abschied; sie preßte mir dieselbe heiß und zitternd, aber nur flüchtig. Der Wagen entführte uns Beide durch das noch fortdauernde Schneegestöber. Lucia und ich wir standen schweigend im Portal und schauten ihnen nach, bis der Wagen im dichten Schneewirbel verschwand.

Achtundzwanzigstes Capitel.
Schluß.

Drei Jahre sind seitdem verstrichen. Vernarbt ist Alles, was damals schmerzte, blutete. Blicke ich zurück, so ist's mir heute kaum begreiflich, wie Lucia und ich, die wir Beide alle Bedingungen irdischen Glücks in und um uns haben, bei unserem Debut in der Residenz in einen Strudel gerathen, der, aus lauter kleinen unsichtbaren Zuflüssen des Neides, der Bosheit sich nährend, zu einer Gewalt anwachsen kann, gegen die wohl der Beste vergebens kämpft. Ich möchte behaupten: verlasse Niemand den Boden, auf welchem sein Glück blüht, denn glaubt er selbst, es mit sich zu tragen, es giebt Deren übergenug, die ihm die beneidete Bürde abnehmen.

Die Mutter ist nicht mehr. Sie kränkelte seit jener Katastrophe und folgte sehr bald ihren Brüdern. Lucia, Hedwig und ich umstanden ihr Sterbebett. Ehe sie das brechende Auge schloß, nahm sie meine Hand und schaute mich so gläsern an, als sei ihre Seele schon

drüben. Aber der eine Gedanke, der sie nie verlassen, suchte noch nach Ausdruck.

„Es ist jetzt Alles aus, Kurt," zitterten ihre eingesunkenen Lippen, „aber es wäre besser gewesen, Du wärest mir gefolgt!"

Sie schied mit der Ueberzeugung, daß ich, der Glücklichsten Einer, nur in ihrem Sinne wirklich hätte glücklich sein können, und all die Zärtlichkeit, welche ihr Lucia in ihren letzten Tagen widmete, hatte kein herzlich Wort von ihr geerntet.

Sie liegt in der Familiengruft der Residenz, die der Oheim vielleicht aus Vorurtheil vernachlässigt hatte und nach ihrem Tode durch Neuenfelds Sorgfalt glänzend ausgebaut worden. Des Oheims schönes Schlößchen, jetzt das meinige, steht verlassen da mit all seinen Schätzen; ich kann es nicht über mich gewinnen, den Fuß über seine Schwelle zu setzen.

Neuenfeld hat Bartow, nachdem er mit rastloser Energie die Werke auf demselben beendet, unter sehr vortheilhaften Umständen an eine Gesellschaft von Speculanten verkauft. Er ist noch ungebeugt, derselbe thatkräftige, schaffensdürstige Mann und wohnt neben uns in Hochborn, das er mit Niederborn und einigen umliegenden Gütern zu einer großen Herrschaft vereinigt, innerhalb deren Gemarkung er ein reiches Feld für seine Thätigkeit findet.

Hedwig ist bei uns. Sie ist wieder aufgelebt, wieder gesund und frisch geworden in der freien Wald- und Bergluft und die fürsorgliche Pflegerin, die Vorsehung unsrer beiden Knaben, über die sie eifersüchtig die mütterlichen Rechte mit Lucia zu theilen sucht. Ungern hört sie Alles, was an jene traurige Epoche erinnern kann, und überkommt sie einmal eine trübe Laune, so geht sie auf ihr kleines Anwesen, aus dem Neuenfeld einen reizenden kleinen Landsitz geschaffen, „um dort nach dem Rechten zu sehen." Sie empfing auch eine Zeit lang noch Briefe von Philippine Wilsdruff, die nach der Mutter Tode als Lehrerin in das einstige Wohnung ihrer Eltern gegenüber gelegene Mädchen-Pensionat getreten, und wie sie schrieb, mit unnachsichtlicher Strenge auf Zucht und Sittsamkeit der ihr anvertrauten Zöglinge hält.

Die verwittwete junge Fürstin wohnt mit ihrer Mutter am Como-See und soll zuweilen in Bergheim erscheinen. Wir hören wenig über sie und das erhält sie vielleicht am vortheilhaftesten in unserem Andenken.

           E n d e.

Vergeltung.

Roman

von

E. Rudorff.

(Fortsetzung.)

„Sie haben bei diesem trefflichen Vorschlage sicherlich Baron Orbach im Auge gehabt! Er ist trotz seiner vierzig Jahre noch sehr eitel und hält viel darauf, ein stattlicher Mann gewesen zu sein," entgegnete Ulrike lächelnd.

„Ich dachte an keine bestimmte Persönlichkeit, erhalte

jedoch aufs Neue Veranlassung Ihren Scharfblick zu bewundern, der sofort das Richtige findet! Wem aber würden wir denn die Part der Iphigenie zutheilen?"

„Manon wäre die Einzige, welche diese Gestalt vorführen könnte," sagte Ulrike nach kurzem Nachsinnen.

„Wie, Fräulein d'Aulnois, das bleiche junge Mädchen, welcher Du mich gestern Abend vorstelltest?" fragte Sternau verwundert, indem er sich an Elma wendete.

„Dieselbe und Tante Ulrike hat vollkommen Recht!"

„Manon," fuhr Ulrike fort, „wird in wenig Jahren — das mögen Sie mir glauben — eine reizende Erscheinung sein. Betrachten Sie einmal ihr wirklich klassisches Profil, die schönen Augen, die edle Form ihrer Hände! Sie sieht allerdings für die Iphigenie etwas zu jugendlich aus, allein der Herr vom Theater, welcher das Schminken übernehmen soll, kann wohl durch ein paar dunkle Linien sie etwas älter erscheinen lassen."

Man einigte sich nun schnell in Bezug auf „die natürliche Tochter", in welche „Eugenie" durch Elma, und die „Hofmeisterin" durch Malvine von Helbig dargestellt werden sollten.

„Malvine müssen wir noch in einem zweiten Bilde beschäftigen, sonst könnte sie es übel deuten, gleich in das Fach der Alten gewiesen zu sein!" meinte Ulrike.

Elma überblickte schnell noch einmal die Photographien und rief: „Tante, ich hab's gefunden: Malvine soll die „Lenore von Este" darstellen! Das ist ein prächtiges Bild, da können sechs Damen verwendet werden. Du, die Mama, Tante Brandt, Ihr müßt Alle mitwirken."

„Das ließe sich hören; was meinen Sie dazu, lieber Graf?" wendete Ulrike sich artig an Sternau.

„Ich bin ganz damit einverstanden; wer aber soll den „Tasso" darstellen?"

„Wer nicht zum „Tasso" paßt," fiel Elma ein, „das weiß ich bereits, und dadurch wird die Wahl erleichtert — Du Arthur, könntest ihn unmöglich darstellen — —"

„Und weshalb nicht, mein weises Mühmchen?"

„Wie ich mir den „Tasso" denke, ist er stets ein wenig verzückt, schüchtern, voll liebenswürdiger Unbeholfenheit. Tasso hat zwar im Bilde nichts zu sprechen, aber man müßte doch wähnen dürfen, daß das Empfinden des Darstellers mit den Göthe'schen Versen auch in Einklang stände. Ich vermag mir gar nicht vorzustellen, wie zum Beispiel folgende Worte von Deinen Lippen fließen sollten," sagte Elma schalkhaft lächelnd und declamirte voll Pathos:

„Laßt mich mein Glück im tiefen Hain verbergen,
Wie ich sonst meine Schmerzen dort verbarg."

„Aus demselben Grunde würde auch die „Lenore" nicht Dir passen, weil sie so bedeutsam spricht:

„Du gönnest mir die seltne Freude Tasso,
Dir ohne Wort zu sagen wie ich denke!"

„Bravo, lieber Graf, lassen Sie dem übermüthigen Mädel nichts durch," fiel Ulrike ein, ehe Elma etwas erwidern konnte. „Was meinen Sie zu Herrn von Bärenhorst als „Tasso"?"

„Sein zu prononcirtes Embonpoint würde vielleicht störend sein" — sagte zurückhaltend der Graf.

„Dieses Mal hat Arthur Recht, liebe Tante, bei einem Dichter muß das innere Feuer so mächtig sein, daß Fettleibigkeit gar nicht eintreten kann —"

„Wie wäre es mit Felix von Brandt?"

„Wird der junge Herr seinen Coteletten-Bart für den „Tasso" opfern wollen?"

„So bliebe nur noch Odo, wenn wir nicht über die mit uns weilenden Gäste hinausgehen wollen."

„Tante, ein wettergebräunter Tasso? Dem müßtest Du erst ein ganz anderes Colorit durch den schminkenden Herrn geben lassen. Ich schlage den Candidaten Weiß, den Adjunkt unseres Pfarrers, vor! Je länger ich den „Tasso" auf dem Bilde hier betrachte, je mehr frappirt mich die Aehnlichkeit seiner Haltung mit der des Candidaten, als er gar schüchtern zu meiner Verlobung mit Glück wünschte."

„Ich möchte nicht so fremdartige Elemente hier einmischen", sagte abwehrend Ulrike.

„Aber der Candidat ist ein freundlich Element, spielt gut Clavier, singt Schubert'sche Lieder" —

Sternau mußte unwillkürlich lächeln.

„Für's Erste lassen wir den Candidaten wo er ist; darüber müßte ich erst mit Deinem Vater sprechen, Elma!" erwiderte Ulrike in entschiedenem Ton.

Drei Bilder waren nun gefunden, und der Vorschlag des Grafen: „Friedrike von Sesenheim" zu wählen und die beiden Schwestern durch Malvine und Anna von Helbig darstellen zu lassen, wurde sofort angenommen. Ulrike schlug dann „Herrmann und Dorothea" vor, mit Herrn von Bärenhorst als „Herrmann", und Elma erbot sich höchst beeifert, den Part der „Dorothea" zu übernehmen.

„Aber, mein bester Graf, Sie dürfen uns Ihre Mitwirkung als handelnde Person nicht versagen; ich entschließe mich nur für ein sechstes Bild, in welchem sich auch eine für Ihre Persönlichkeit geeignete Gestalt findet," sagte Ulrike verbindlich.

„Da meine schöne Cousine so schnell zu sagen wußte, wozu ich nicht zu verwenden sei, so überlasse ich es ganz deren Scharfsinn, zu entscheiden, wen ich vorstellen soll."

Die Antwort ließ keinen Augenblick auf sich warten:

„Göthe auf dem Eise!" ich denke Du wirst zufrieden sein, ich habe Dich damit nicht auf's Glatteis geführt!"

Man sah es dem Blick des Grafen an — als er gegen Elma sich verneigte — wie sehr es seiner Eitelkeit schmeichelte, den schönsten Mann seiner Zeit repräsentiren zu dürfen, und in der heitersten Stimmung wurde die Sitzung geschlossen. —

Manon war in hohem Grade überrascht und gerührt, als sie von Ulrike vernahm, daß sie erwählt sei, die Gestalt der Iphigenie vorzuführen. Thränen im Auge fiel sie der alten Dame um den Hals.

Das Mädchen hatte geglaubt, ihre Thätigkeit in dieser festlichen Zeit werde sich darauf zu beschränken haben: die Dienerschaft zu überwachen und aufmerksam umher zu blicken, wo sie helfend eintreten könne. Ihr bescheidener Sinn, dem stille Selbstverleugnung so ganz entsprach, fühlte sich von solcher Aufgabe vollkommen befriedigt. Schien doch Manon Alles, was sie in diesem Hause leistete, nur gering für das Dankgefühl, welches in ihrem Herzen gegen den Freiherrn und die Seinen lebte. Erfüllte nun schon die unerwartete Thatsache, daß in dem heitern geselligen Kreise ihr ebenfalls eine Rolle zugedacht war, das Mädchen mit großer Freude, so wurde diese noch dadurch erhöht, daß sie die herrliche Gestalt der Iphigenie wiedergeben sollte. Sie kam sich geehrt, in aller Augen gehoben vor.

Nächst Manon war Baron Orbach sicherlich der Beglückteste von Allen, deren Mitwirkung bei den lebenden Bildern man erbeten hatte. Er war überzeugt, daß man ihn nur gewählt habe, den Orest darzustellen, weil mit seiner edlen, imposanten Figur keiner der Herren sich messen könne. Der Baron begab sich mit dem nächsten Frühzuge nach der Residenz, hielt eine Berathung mit dem Darsteller des Orest auf der Hofbühne, und ließ ein ebenso kostbares als angemessenes Costüm bei dem Theaterschneider für sich anfertigen.

Auch die anderen Herren und Damen sahen sich genöthigt, einen Theil ihrer Garderobe aus der Residenz zu beschaffen. Diejenigen, welche in einem Bilde zusammenwirkten, traten nun einander näher, um die Farben ihrer Kleidung in Bezug auf einen harmonischen Gesammt-Eindruck zu wählen.

Man begann die Stellungen auch ohne Costüm und mit allerlei improvisirten Dekorationen zu probiren, wodurch ein heiteres, reges Leben entstand.

Felix und Odo von Brandt sollten den alten Pfarrer und dessen Gattin in dem Bilde: „Friederike von Sesenheim" darstellen; ein Vertreter des „Tasso" fehlte noch immer. Ulrike mußte sich daher entschließen, ihrer Nichte Vorschlag hinsichtlich des Candidaten Weiß, dem Freiherrn zu unterbreiten. Vielleicht würde sie damit noch gezögert haben, wenn man nicht einen Clavierspieler gebraucht hätte, um die lebenden Bilder wirksam einzuleiten. Hierzu sollte der Candidat zunächst verwendet werden, und nur bei dem Lenoren-Bilde würde Manon seine Stelle einnehmen.

Der Freiherr zeigte sich sogleich bereit, eine Einladung an den jungen Mann ergehen zu lassen.

„Juristen, Aerzte und Geistliche werden in England als Gentlemen betrachtet," sagte er, und was in England geschieht, war ihm stets als maßgebend erschienen.

Candidat Weiß gelangte also zu der Ehre, in dieser vornehmen Gesellschaft als Theilnehmer an deren Genüssen und Freuden mitzuwirken.

Ulrike, die Elma stets sekundirte, und Graf Sternau theilten sich in das Amt des Regisseurs. Kleine Meinungsverschiedenheiten, die sich in solchem Falle stets geltend machen, benützte Elma, um mit dem Grafen eine scherzhafte Fehde zu unterhalten, die ihr das größte Vergnügen gewährte. War er doch unzweifelhaft der schönste und geistig gewandteste Mann, den sie bis dahin kennen gelernt. Daß er ihr gegenüber so vollkommen ruhig blieb — oder wenigstens zu bleiben schien — daß seine galanten Redensarten nicht die geringste innere Erregung bekundeten, erhöhte nur ihr Interesse an ihm noch mehr.

Ob sie bei diesem Spiele nicht schon eine Treulosigkeit gegen den Verlobten beging, und was sie eigentlich wünschte und bezweckte, solche Gewissensfragen legte sich Elma nicht vor, sondern gab sich mit voller Lust der berückenden Macht des Augenblickes hin. —

Neuntes Capitel.

Graf Sternau fand trotz seiner Anwesenheit bei den Proben, trotz der täglichen Ausflüge zu Fuß und zu Pferde, welche an den Vormittagen stattfanden, und bei welchen der Zufall ihn fast jedes Mal zu Elma's Partner machte, dennoch freie Zeit und Gelegenheit, mit Rose zu plaudern und ihr Vertrauen zu gewinnen. Denn das hübsche anstellige Mädchen wurde auf Manons Rath — da die häuslichen Arbeiten sich von Tag zu Tag mehrten — im Garten und in den Zimmern beschäftigt.

Manon hatte Rose an dem Krankenbette ihrer hochbetagten Großmutter — welcher sie Medikamente und Stärkungsmittel auf das Geheiß des Freiherrn gebracht — kennen gelernt und herzlich lieb gewonnen. —

Am Tage vor der Darstellung der lebenden Bilder traf die Nachricht ein, daß Graf Schöneich in der Frühe des Sonntagmorgens in Schloß Berneck eintreffen werde. In dem Krankheitszustande seines Oheims war, obwohl für eine völlige Genesung keine Hoffnung blieb, eine Wendung zum Besseren eingetreten, und der alte Herr hatte in liebevoller Sorge für das Glück des theuren Neffen, diesen gebeten, nun zu seiner Braut zu eilen.

Die Reihenfolge, in welcher man die Bilder vorzuführen gedachte, wurde nun geändert. Elma sollte in den ersten Bildern mitwirken, dann schnell Gesellschaftstoilette machen, um sich für den Rest des Abends ganz dem Verlobten widmen zu lassen.

„Hermann und Dorothea" würde den Reigen eröffnen, diesem „Iphigenia" und dann „die natürliche Tochter" folgen. Da anzunehmen war, daß die Zuschauenden die Vorführung jedes Bildes mindestens zweimal verlangen würden, so beschloß man, nach diesen drei Bildern eine Pause eintreten zu lassen. Diejenigen Darsteller — welche später nicht mitzuwirken hatten — konnten diese Zeit benützen, um sich umzukleiden und würden dadurch zum Genuß des Schauens gelangen. Graf Sternau bot, wie es für die ersten Proben bereits geschehen war, so auch für die Aufführung seine Dienste als Art von Regisseur an. Elma lehnte dies scherzend ab und sagte, sie gedenke ihm zu zeigen, daß die Frauen es ebenfalls verständen, Derartiges künstlerisch zu gestalten. In Wahrheit hoffte sie, einen Triumph ihrer Schönheit zu feiern, und den beabsichtigten Eindruck — auch Sternau gegenüber — durch die Ueberraschung noch zu erhöhen. Sie sah in der That in ihrem Costüm als „Dorothea" wie als „Eugenie" überaus reizend aus. Das prachtvolle Haar war in einem welligen Scheitel — darin ein Sträußchen von Feldblumen — über die Stirn gelegt und hing in herabfallenden Flechten bis zum Knie hernieder. Durch das weiße Vorhemdchen und die Aermel von Mull erblickte man die schönsten Arme und einen blendend weißen Hals, und der ländlich kurze Rock enthüllte den zierlichsten Fuß. Und dann als „Eugenie" in ebenso lieblicher wie vornehmer Haltung, die schönen Glieder in Seide und duftige Spitzen gehüllt, Lust und Freude auf dem jugendlich frischen Antlitz, welches die Kerzen des vor ihr stehenden Armleuchters, in so ganzen Schöne beleuchten würden, wie vermöchte da ein Mann seiner Bewunderung noch weiter Schranken anzulegen! Sorgfältig wurden alle Garderobenstücke bewahrt, damit kein unberufenes Auge sie zuvor erblicke. — Auch Baron Orbach lehnte den Beistand des Grafen bei der Costümprobe und für die Aufführung ab.

Orbachs Antheil an Manon, welche durch den Zufall ihm bei diesem Spiele näher getreten war, war mit jedem Tage gewachsen und er mußte sich gestehen, ein so liebliches, reines Mädchen noch niemals auf seinem Lebenswege getroffen zu haben.

Die Bescheidenheit, mit welcher Manon jeder Anordnung von Ulrike folgte, der rührende Eifer, mit dem

sie sich bestrebte, in dem Ausdruck ihrer Züge und durch
ihre ganze Haltung die göttergleiche Jungfrau wiederzugeben, lagen gänzlich all dem Gebahren fern, das Orbach
in den Gesellschaftskreisen der vornehmen Welt bisher
hatte beobachten können.

Und welche Liebenswürdigkeit entfaltete das Mädchen
in ihrem Verhalten gegen ihn selbst! Er bedachte nicht,
daß Manon in ihm — wie in jedem der Anwesenden —
einen Gast des Hauses ehrte; und da der Baron füglich
hätte ihr Vater sein können, so nahm sie ihr Ton, trotz
aller jungfräulichen Würde, noch eine Färbung kindlicher
Unterordnung an, welche Orbach entzückte.

Nicht ohne Mißbehagen hatte er in den ersten gemeinsamen Proben, wo alle Anwesende zu gleicher Zeit
handelnde und Zuschauende waren — es bemerkt, mit
welchem Interesse Manon den Scherzreden Elma's und
des Grafen folgte, und wie häufig ihr fröhliches Lächeln
dieses Raketenfeuer der Unterhaltung zwischen Beiden
begleitete.

„Wie gefällt Ihnen Graf Sternau, mein gnädiges
Fräulein?" hatte er dann Manon gefragt, als er ihr
eines Morgens im Garten begegnet war.

„Ich denke, der Graf muß auf Jedermann den
angenehmsten Eindruck machen; sein Geist, seine Heiterkeit beleben die ganze Gesellschaft," entgegnete Manon
unbefangen.

„Sie vergessen, meine liebenswürdige junge Freundin
— wenn ich diesen Ausdruck mir erlauben darf — daß
seine schöne Cousine Elma es ist, welche dieses Sprüh-
feuer von guten Einfällen aus ihm herauslockt."

„Verzeihen Sie, Herr Baron, daß ich widersprechen
muß; ich habe Elma niemals in so glücklicher Laune
gesehen als jetzt, daher muß doch der Einfluß von dem
Grafen herrühren!"

„Darüber ließe sich streiten; doch ohne alle Frage
ist: daß Beide sehr schön sind! Sie finden es sicherlich
auch!"

„Jawohl! — Elma ist wunderschön; oftmals kann
ich gar nicht den Blick von ihr wenden" —

„Und der Graf? Seine leuchtenden Augen, die
feinen Züge, die schlanke elastische Gestalt — nicht wahr,
meine holde junge Freundin, Sie müssen sich ebenfalls
gestehen, daß dieses Aeußere höchst bestechend ist?" fragte
der Baron, indem sein Blick forschend auf Manon's
Antlitz ruhte.

„Ich habe den Grafen gar nicht so oft gesehen,
um — — alle von Ihnen gerühmten Vollkommenheiten
bemerken zu können," entgegnete das erglühende Mädchen.

Der Baron fand sie bezaubernd in ihrer unschuldigen
Verwirrung und beschloß Sternau so fern als möglich
von Manon zu halten.

Der Graf hatte bisher in seinen Gesprächen mit
Rose streng die Miene des Beschützers, des für ihr Wohl
besorgten Mannes beibehalten. Er beschied Rose — nachdem er die bevorstehende Ankunft von Elma's Bräutigam
erfahren — zum Sonntag-Abend um sieben Uhr in den
kleinen Pavillon, um dort festzustellen, was er für sie
und Johann Meißner thun könne. Das Mädchen hatte
zwar ein bindendes Verhältniß mit Johann stets geleugnet
und von ihm nur als einem Freier gesprochen, der Graf
ihr jedoch erwidert: eine so hübsche und dabei elternlose
Dirne wie sie, müsse bald unter den Schutz eines braven

Mannes kommen, und er übernehme es dafür Sorge zu
tragen.

Wie hätte Rose so viel Huld und Güte anders
als mit gerührtem Herzen hinnehmen können? Einen
solchen Herrn, so schön, so herablassend, so menschen-
freundlich wie den Grafen gab es sicherlich auf dem
ganzen Erdenrund nicht mehr!

Der kleine Pavillon galt ausschließlich als Domaine
der Damen vom Hause, die dort ihre Bücher und Näh-
arbeiten bewahrten, um selbst bei trübem, regnerischem
Wetter zu jeder Stunde frische Luft einathmen zu können.
Eine Lindenallee führte vom Schlosse dahin und zu beiden
Seiten des Pavillons erstreckten sich Beete mit Mai-
blümchen und Veilchen, deren balsamischer Duft den Reiz
der ganzen Oertlichkeit noch erhöhte.

Um acht Uhr sollten die lebenden Bilder beginnen;
Elma, Manon und Ulrike waren sicherlich schon eine
Stunde vorher mit den nöthigen Vorbereitungen beschäftigt
und würden keinenfalls in den Garten kommen. Die
schwerfällige Gattin des Schloßherrn blieb vorweg außer
allem Betracht. Graf Sternau hatte erst in dem letzten
Bilde mitzuwirken, er behielt also genügende Zeit für
Rose übrig. Und wenn man ihn vermissen sollte? Auch
diesen Fall hatte er vorsorglich ins Auge gefaßt.

Jemehr der Graf über das bevorstehende kleine
Abenteuer nachsann, je reizender schien es sich gestalten
zu können. Wie mußte die hübsche Dirne glückselig erschrecken, wenn er, der schöne vornehme Cavalier, zu dem
sie so demüthig verschämt aufblickte, plötzlich von Liebe
sprechen würde! Wenn er Rose gestände, daß ihr erster
Anblick ihn gleich für sie gewonnen, daß er anfänglich
den Wunsch und Willen gehabt, sie mit Johann zu verbinden, aber — von soviel Reizen bezaubert — sie nun
keinem Andern mehr gönnen dürfe! —

Zehntes Capitel.

Der Sonntagmorgen brach trübe an; dichte Nebel
lagerten über der Landschaft und ein feuchter, kühler
Luftzug streifte durch den Park und Garten.

Unbekümmert um diese Ungunst des Wetters, schien
der größte Theil der Anwesenden im Schlosse von der
besten Laune beseelt zu sein. Denn die aus der Residenz
gekommenen Decorationen und Requisiten zu den lebenden Bildern waren in dem sogenannten „Bühnenzimmer"
aufgestellt worden und hatten die ungetheilte Bewunderung der Mitwirkenden gefunden. Jeder von ihnen
dachte sich schon mit seinem Part in diese bunte Welt
hinein, hörte das Beifallsgemurmel und fühlte sich geschmeichelt und erhoben.

Gar lieblich und voll Neugierde blickte Manon auf
all' das Neue, sie hatte niemals ein Theater besucht und
kannte die täuschende Macht der Bühneneffecte nicht.

Das Gemach, welchem man zur schnelleren Bezeichnung den Namen „Bühnenzimmer" gegeben, war
ein mittelgroßes Zimmer, das mit dem Saal durch zwei
breite Flügelthüren in Verbindung stand und auf den
Corridor mündete. Die Oeffnung, welche sonst diese
Thüren schlossen, war jetzt durch dunkelrothe mit Gold-
quasten und Franzen verzierte Draperien und einen Vorhang von derselben Farbe verdeckt und bildete den Rahmen
für eine geschmackvoll ausgestattete kleine Bühne. Die

Menge der verschiedenartigen Couliſſen, Verſatzſtücke und Requiſiten beengte den Raum dieſes Zimmers ſo ſehr, daß ſtets nur Ulrike und die in einem Bilde beſchäftigten Perſonen ſich dort aufhalten ſollten. Zwei Garderoben-zimmer befanden ſich eine Treppe höher und eine im Corridor aufgeſtellte ſpaniſche Wand geſtattete, daß die Darſteller unbemerkt über die Hintertreppe in das Bühnen-zimmer gelangen konnten. Graf Sternau ſah beim ge-meinſamen Frühſtück etwas düſter aus, und als Orbach die Frage an ihn richtete: wo er heute die gewohnte gute Laune gelaſſen? entgegnete er — ſich ſelbſt ver-ſpottend: „ich habe ſchlecht geſchlafen, böſe Träume ſind mir gekommen; meine Nerven verlangen Sonnenſchein.“ —

Außer dem Baron Orbach und den Mitgliedern des Hauſes kannte Niemand von den Anweſenden den Grafen Schöneich und man ſah ſeinem Erſcheinen mit einiger Spannung entgegen. Die Gäſte hatten ſich miteinander eingelebt und waren begierig zu erfahren, in wieweit der Graf ihnen Elma — welche durch Schönheit, Talente und Munterkeit ſoviel zur Freude und Unterhaltung bei-getragen, entziehen und welchen Erſatz er durch ſeine eigene Perſönlichkeit dafür bieten würde.

Der Graf, welcher ſchon bei der Mittagstafel ſeinen Platz unter den Anweſenden einnahm, zeigte ſich als ein ruhiger ernſter Mann, um ſo ernſter gerade jetzt, da er von dem Schmerzenslager eines theuren Verwandten kam. In ſeinem Benehmen war er einfach und voll Höflichkeit, ohne dadurch irgend Jemand zu einer An-näherung aufzufordern. Dieſe Höflichkeit war trotzdem keine bloße Form, ſie entſprang vielmehr einem feinen Gefühl, welches ſtreng jede Verletzung Anderer zu ver-meiden ſucht, nur Wenigen aber die Schätze eines innigen Verkehrs darzubieten gedenkt.

Nach aufgehobener Tafel näherte Graf Sternau ſich dem Bräutigam zu kurzem Geſpräch in offener liebens-würdiger Weiſe, welche — unterſtützt durch ſein be-ſtechendes Aeußere und die feinſten Umgangsformen — ihren Eindruck nicht verfehlen konnte.

Als Elma bald darauf gleichfalls zu dem Verlobten trat, wußte Graf Sternau geſchickt dem Geſpräche eine Wendung zu geben, die es ihm erlaubte, in ungezwun-gener Art ſich wieder zurückzuziehen. Dem Freiherrn noch herzlich die Hand ſchüttelnd, ging er dann in den Billardſaal, um bei den Herren herauszuhören, wie Jeder von ihnen die Stunden bis zur Vorführung der leben-den Bilder zu verbringen gedenke und warf flüchtig die Aeußerung hin, daß die Hitze in den Zimmern am Abend wohl unerträglich ſein werde, und er Willens ſei, vor-her noch einen Gang in's Freie zu machen.

Als er bald darauf die erſte Treppe zu ſeinem Zimmer hinaufſtieg, begegnete ihm Manon im Corridor. Im erſten Augenblick erkannte er ſie kaum, denn das Mädchen, welche gleich nach dem Mittageſſen ihre Haar-tracht für das Iphigenia-Bild geordnet, hatte — um das Fremdartige dieſes Arrangements zu verdecken — ein ſchlichtes weißes Häubchen ohne Strich über ihr Haar geſetzt. In der Hand trug ſie ein Kaffeebrett mit leerer Taſſe und einem kleinen Teller.

„Wer hat das Vorrecht genoſſen, Fräulein Manon, aus Ihrer Hand ſeinen Kaffee zu erhalten?“ fragte der Graf.

„Ich brachte meinem Oheim das Getränk, welches

er ſtets an Stelle des Kaffee nimmt; der Onkel möchte die Gäſte nicht in ihrem gewohnten Genuſſe ſtören und trinkt daher den Thee auf ſeinem Zimmer.“

„Thee iſt doch ebenſo aufregend als Kaffee, Fräulein, ich begreife daher eine ſolche Wahl durchaus nicht!“

„Vielleicht iſt der Ausdruck „Thee“, den ich ge-wählt, nicht ganz paſſend; das Getränk iſt ein Aufguß über heimiſche Blüthen und Blätter, welche der Oheim ſelbſt geſammelt hat und für ſehr heilſam achtet!“

Der Freiherr iſt ein vortrefflicher Mann — aber etwas ſonderbar“

Arthur zuckte leicht die Achſeln und ſah Manon mit einem Blick an, der ihr bewies, daß er ſich im Ein-verſtändniß mit ihr glaube.

„Er iſt mein Wohlthäter, Herr Graf!“ entgegnete Manon mit ſanfter Bitte, denn ſie mochte weder auf ein ſolches Thema eingehen, noch Sternau beleidigen.

Dabei hatte leiſes Roth ihr Antlitz überhaucht und aus den dunklen Augen ſtrahlte die ganze Schönheit eines reinen, unentweihten Gemüthes. Betroffen ſchaute Sternau auf ſie hin; aber in ſeine von niederen Regungen erfüllte Seele drang ſein Strahl des Himmelslichtes, das neben ihm leuchtete, und er ſah nur das äußere Bild der holden jungfräulichen Erſcheinung.

„Fräulein Manon, wenn wir noch einmal lebende Bilder ſtellen, dann müſſen Sie „Liotards Chocoladen-mädchen“ aus der Dresdner Galerie wiedergeben, das würde ein köſtliches Bild ſein!“

„Glauben Sie, daß dies noch einmal geſchehen werde?“

„Sicherlich kommen lebende Bilder noch einmal vor und dann, Fräulein Manon, will ich für Sie das Allerhübſcheſte und Beſte ausſuchen!“

„Sie ſind ſehr gütig, Herr Graf! Verzeihen Sie jedoch, wenn ich Sie jetzt verlaſſen muß; mir liegen noch viele Beſorgungen ob!“ entgegnete Manon und eilte die Treppe hinab.

„Das Mädchen iſt allerliebſt und ich will meine Photographien der Dresdner Galerie kommen laſſen und gleich dieſerhalb ſchreiben,“ murmelte der Graf, als er in ſein Zimmer trat.

Es dunkelte früh, denn die Sonne hatte auch nicht für einen Augenblick die Dunſtmaſſen, welche am Morgen über der Landſchaft gelagert waren, zu theilen vermocht. Graf Sternau ging kurze Zeit vor der beſtimmten Stunde die Haupttreppe des Schloſſes hinab — gekleidet wie zu einem Spaziergange, die brennende Cigarre im Munde. Er ſchritt durch das große Portal auf den Fahrweg, verließ ihn jedoch ſehr bald, kehrte um und trat durch eine Seitenpforte in den Garten. Von dem linken Flügel des Schloſſes führte eine Hintertreppe unmittelbar auf die Allee, an deren Ausgang der Pavillon lag und ſie wurde gewöhnlich von der Dienerſchaft benutzt, um Er-friſchungen und Geräthe, welche die Herrſchaften brauchten, hinabzutragen. Bei trübem, regneriſchem Wetter nahmen auch die Damen vom Hauſe dieſen näheren Weg, um zu dem Pavillon zu gelangen.

Der Graf war nur wenige Male an der rechten Seite des Gartens auf und niedergeſchritten, als er ſah, daß die Hinterthüre geöffnet wurde und eine Frauen-geſtalt ſchnell in die Allee ſchlüpfte.

Er konnte das Geſicht bei der größeren Entfernung

und der schon eingetretenen Dämmerung nicht erkennen, allein er sah deutlich ein Mieder und einen kurzen ländlichen Rock, der den Fuß frei ließ. Es war Rose, darüber blieb ihm kein Zweifel; mit einer hastigen Geberde warf der Graf die Cigarre in das Gras, überschritt schnell den Garten und langte vor dem Pavillon an, als eben das Mädchen die Thür desselben hinter sich zugezogen hatte. —

Elftes Capitel.

In größerer Aufregung, als er seit langer Zeit sie empfunden, betrat Graf Sternau den Pavillon, schlang seinen Arm um die Gestalt des Mädchens, welche noch den Rücken der Thüre zugewendet hatte und rief voll Freude: „So hab' ich Dich glücklich gefunden!"

Das Mädchen erbebte, und sanft dem Arm des Grafen sich entwindend, erwiderte sie: „Also Du, Arthur hast mich vermißt und suchst mich auf, nicht Bernhard?"

Der Graf war wie erstarrt. Zum ersten Mal in seinem Leben verlor er für einen Augenblick die Fassung; doch wirklich auch nur für einen Moment! Sein scharfes Auge spähte sofort in dem Dämmerlicht umher, ob Rose vielleicht ebenfalls im Lusthaus sei? Nein, er war mit Elma allein und mußte schnell mit ihr den Pavillon verlassen haben, ehe noch Rose eintreten konnte. Einmal dieser Falle glücklich entronnen, würde es seinem Raffinement — an Hülfsmitteln nie verlegen — Verstande nach gelingen, nicht nur einen passenden Rückzug zu finden, sondern auch die leidenschaftliche Weise zu ersticken, in welcher die ersten Worte von seinen Lippen geflossen.

„Verzeih' meinen Ungestüm, liebste Elma, und komm' mit mir," bat er leise, ergriff des Mädchens Hand, öffnete die Thür und trat mit Elma, welche schweigend ihm folgte, in den Garten.

Graf Sternau blickte in den Laubgang, er bemerkte keine nahende Gestalt, kein noch so leises Knistern auf dem mit Kies bedeckten Fußwege ließ sich vernehmen. Dennoch konnte jeden Augenblick die zum Garten führende Hinterthüre sich wiederum öffnen, und Rose ihnen entgegenkommen! Vorsorglich lenkte daher Sternau seine Schritte nach dem westlichen Theile des Gartens und sah ihm Heraustreten aus der schattigen Allee — daß Elma schon vollständig das Costüm der „Dorothea" angelegt und ihn durch diese ländliche Tracht in die Täuschung versetzt hatte, Rose im Pavillon zu finden.

„Sage mir, liebste Elma," flüsterte der Graf indem er Elma's Hand in seinen Arm legte, „warum Du Dich hier zurückziehen wolltest?"

„Arthur, ich habe jede Luft verloren — — dort Oben zu erscheinen — —"

„Du erschreckst mich, was ist denn vorgefallen?"

Elma hatte sich von der Ueberaschung, Arthur so zärtlich und beeifert zu sehen, schnell erholt; klug wie sie war, kreuzte sie des Grafen Frage durch eine andere und sagte: „Wie konntest Du eigentlich wissen, daß ich nicht bei Tante Ulrike im Bühnenzimmer war? Wir hatten Dir ja den Eintritt verwehrt?"

Der Graf hörte deutlich den leisen Argwohn heraus, der in diesen Worten lag; er wollte nicht dastehen — kein Einsatz war dafür zu hoch — gleich einem unreifen Buben, den man auf verbotenen Wegen ertappt. In einem innigen Tone entgegnete er: „Ich will bekennen, Elma, daß ich trotz Deines Verbotes die Thür zu dem Bühnenzimmer öffnete, um Dich in Deinem Costüm zu sehen, ehe dieser Anblick der ganzen Gesellschaft gegönnt wurde. Du warst nicht dort, und auch in zwei andern Zimmern, in welchen ich Dich zu finden hoffte, kam ich vergeblich. Mein Kopf schmerzte, die innere Unruhe ließ sich kaum bemeistern — ich ging in den Garten um frische Luft zu athmen. Da erblickte ich eine Gestalt — das konntest Du nur sein, und ich eilte Dir nach."

„Was glaubtest Du eigentlich, als Du mich oben nicht fandest, Arthur?"

„Ich fürchtete Du wärest plötzlich erkrankt — — Du sahst den ganzen Tag sehr leidend aus — —"

„Arthur," sagte nun Elma in weichem Ton, „ich habe Dich verkannt — — — ich war fern daran zu denken, daß Du solcher Theilnahme für mich fähig seiest!"

„Wer könnte Dir nahe sein und von so viel Schönheit, Geist und Liebenswürdigkeit unbewegt bleiben! — Doch, liebste Elma, wir sind gleich am Ausgange des Gartens und man darf uns hier nicht beisammen finden! Es ist meine Pflicht, darauf zu achten, daß nicht der Schatten eines Argwohns auf mein holdes reines Mühmchen falle. Darum bekenne mir schnell, was Dich bewog in die Einsamkeit des Pavillons zu flüchten?"

„Ich hatte einen Streit mit Bernhard! Denke einmal, er machte es mir zum Vorwurf, daß ich bei den lebenden Bildern mitwirke, mich auch an allen Proben betheiligt habe, während er in Angst um seinen Oheim sorgte — Oheim, den ich hie gesehen habe, der mir also völlig gleichgültig sein muß — —"

Helles Licht strahlte schon aus den glänzend erleuchteten Zimmern des Schlosses herab, Sternau mußte eilen, Elma in die rechte Stimmung zu bringen und — sich von ihr zu verabschieden. „Liebes Herz, Du kennst die Welt nicht, vor Allem nicht die Männer! Wir sind ohne Ausnahme abscheuliche Egoisten im Vergleich zu Euch unschuldsvollen, aufopfernden Geschöpfen! Und doch ist Graf Bernhard einer der trefflichsten, hochherzigsten Menschen! Er liebt Dich unaussprechlich, was so natürlich ist, und will daher alle Deine Gedanken und Empfindungen beherrschen. Er vergißt, daß Du erst siebzehn Jahre alt bist, und daß alle Freuden, welche er schon vor längerer Zeit genossen hat, Dir neu und entzückend sein müssen. Vergieb ihm diese Selbstsucht! Bin ich doch überzeugt, daß Dein Leben an seiner Seite im Großen und Ganzen ein glückliches, Dich befriedigendes sein wird! Und mir verzeih' — ich wiederhole die Bitte — wenn ich beim Eintreten in den Pavillon Dich durch meine ungestüme Freude vielleicht erschreckt habe. Man ist ja nicht immer Herr seiner selbst!"

Ein Seufzer entrang sich den Lippen des Grafen. „Ich darf nicht mehr sagen und Du darfst nicht mehr hören. Geh' jetzt hinauf, liebste Elma, und sei freundlich gegen Bernhard. Es würde mir sehr nahe gehen, wenn eine dauernde Mißstimmung unter Euch, für Dein Lebensglück mich fürchten ließe. Leb' wohl!"

Schnell, als ob er eine Aussprache beenden müsse, welche ihn vielleicht weiter führen könnte, als sein strenges Pflichtgefühl gestattete, ließ der Graf Elma's Hand los und eilte durch die Gartenpforte auf den Fahrweg, der zum Schloffe führte. —

Elma aber blieb unbeweglich eine Weile auf demselben Platze stehen, preßte mit einer leidenschaftlichen Geberde beide Hände vor ihre Augen und trat dann langsam durch die Thüre des Gartensaales in das Schloß.

„So wäre ich glücklich entkommen!" rief der Graf als er einige Schritte gemacht hatte. „Meine holde Cousine zeigte die allergrößte Lust sentimental zu werden, dem theuren Bernhard den Laufpaß zu geben und mich Aermsten an ihr Herz zu drücken! Ich habe — je länger ich darüber nachdenke — mich prächtig aus der Sache gezogen! Wie ein Fels von Erz an Pflichtgefühl stehe ich vor Elma da; sie müßte wahrhaftig vor sich selbst erröthen, gedächte sie noch einmal die schönen Augen verlockend zu mir aufzuschlagen!"

So ganz war der Graf in Bewunderung und Freude über sich selbst befangen, daß ihm erst jetzt Rose und die vereitelte Zusammenkunft mit dem hübschen Mädchen einfiel.

„Nun, die schmucke Dirne wird sich auch ein anderes Mal finden lassen! Wie die Angelegenheit jetzt steht, ist es hohe Zeit, daß ich Toilette mache und in dem Saal erscheine!" —

Ulrike harrte inzwischen in dem Bühnenzimmer vergeblich auf Elma. Das Mädchen hatte sich strahlend vor Freude und im Bewußtsein ihrer Schönheit, der Tante vorgestellt, gleich nachdem sie das Costüm der „Dorothea" angelegt. Dann hatte Elma gesagt, sie wolle zu ihrem Verlobten in das blaue Eckzimmer gehen, um auch dort ihren Anzug bewundern zu lassen, werde jedoch schnell wiederkehren. Elma erschien aber nicht!

„Mit einem solchen Liebespaar hat man seine Noth! Das findet kein Ende im Anschauen und Kosen, selbst wenn die Leutchen auch sonst ganz vernünftig sind!" murmelte Ulrike und schickte sich an, ihre Nichte zu holen. Im Corridor traf sie jedoch Rose, die im Begriff war, die Hintertreppe hinabzueilen.

„Geh' in's blaue Eckzimmer, Rose und bestelle dem gnädigen Fräulein, ich ließe sie bitten, sich zu mir zu bemühen!"

Rose kam nach wenigen Augenblicken mit der Botschaft, daß das gnädige Fräulein nicht im blauen Eckzimmer sei.

„Wahrscheinlich ist meine Nichte in das Garderobenzimmer gegangen; bestelle dort meine Bitte: zu mir zu kommen!"

Wiederum erschien Rose und meldete, daß das gnädige Fräulein auch dort nicht sei.

„Ach, nun weiß ich wo Elma ist," wendete sich

Ulrike zu Herrn von Bärenhorst, der in seinem Costüm als „Herrmann" so eben eingetreten war; „das liebe Kind ist gewiß zu unserer alten Egbert hinuntergegangen, um sich ihr vorzustellen. Die Egbert hat Elma noch auf ihren Armen getragen, sie würde durch Feuer und Wasser für das gnädige Fräulein gehen, welches ihr Abgott ist! Elma eilte auch gleich zu der guten Alten, um ihr Graf Bernhards Bild zu zeigen, nachdem sie sich verlobt hatte." Ulrike hatte diese lange Auseinandersetzung gehalten, um Zeit zu gewinnen, und in der Hoffnung, Elma — deren langes Fortbleiben die Tante beunruhigte — werde inzwischen eintreten.

„Geh', Rose," sagte sie dann „und bestelle der Egbert, sie möge mir durch Dich eine Tasse Thee und etwas Gebäck heraufschicken!"

Rose kam nach einer Weile mit dem Thee und Gebäck, sie hatte aber auch im Zimmer der Wirthschafterin Elma nicht gefunden.

Jetzt trat der Freiherr in das Zimmer und zeigte an, daß man bereits einmal Erfrischungen herumgereicht habe. Er wolle hören, ob für den Beginn der lebenden Bilder Alles in Ordnung sei. Ulrike hätte um keinen Preis in Gegenwart eines nahen Verwandten von Graf Bernhard ein tadelndes Wort über Elma ausgesprochen, sie erwiderte daher ihrem Bruder nur, er möge den Candidaten ersuchen mit der Introduktion zu beginnen, sobald sie das Zeichen mit der Glocke gegeben habe. Der Freiherr entfernte sich und gleich nach ihm öffnete auch Elma die Thür. Eine verblümte Zurechtweisung, die Ulrike schon im Geiste formulirt hatte, erstarb auf ihren Lippen, als sie Elma erblickte. Das Mädchen war sehr bleich, die Augen hatten den gewohnten Glanz verloren, und durch das leichte Vorhemdchen sah man deutlich wie ihr Busen in tiefer Bewegung sich hob und senkte.

„Was ist geschehen?" flüsterte die Tante Elma zu, indem sie anscheinend die Blumen in deren Haar noch mit einer Nadel befestigte.

„Bernhard war ungerecht gegen mich!" tönte es ebenso leise.

„Solch ein kleiner Liebeszwist ist gleich einem Gewitterregen, bald scheint die Sonne wieder hell und klar," flüsterte Ulrike lächelnd.

„Ich werde Dich ein wenig schminken," sprach sie dann mit lauter Stimme, „Du siehst für ein Mädchen von dem Stande der „Dorothea" gar zu aristokratisch bleich aus." Ohne ein Wort zu entgegnen, setzte Elma sich nieder und die Tante begann die bleichen Wangen mit sanftem Roth zu überziehen. Dann ließ Ulrike die Klingel ertönen und Elma nahm mechanisch die vorgeschriebene Stellung als „Dorothea" an. —

(Fortsetzung folgt.)

Feuilleton der Deutschen Roman-Zeitung.

Doebbelin's und Koch's Theater in Berlin.*)
I.

Man schrieb den 21. März des Jahres 1768, als der Theaterzettel Doebbelins den Berlinern für den Abend: „Minna von Barnhelm" oder „das Soldatenglück", ein Lust-

*) Aus K. E. Brachvogel's „Geschichte des Berliner Theaters", die demnächst im Verlag von Otto Janke erscheinen wird.

spiel in 5 Aufzügen von G. E. Lessing, verkündete. Die Vossische wie die Spenersche Zeitung hatten das Stück vorher angezeigt und alle literarischen Freunde des Dichters, die Gelehrtenwelt Berlins, ging in diese Vorstellung. Aber auch das große Publikum strömte nach dem Schuckschen Theater in der Behrenstraße. Es hatte Theilnahme für die Sache, so etwas von Vorahnung! — Das Publikum bekundet, sich selbst unbewußt, mitunter ganz wunderbare Instinkte!! — Sollte gerade das „Soldatenglück" es gelockt, — sollte der Gedanke die Leute erregt haben, daß dieses „Soldatenglück" Etwas vom letzten Kriege, von der großen, sowohl stolzen, wie ernsten vaterländischen Angelegenheit ent halten müsse, welche damals Aller Herzen noch frisch bewegte, ihrer so viele noch bluten ließ? — Das Schuch-Theater war an diesem Abend gedrängt voll, also durch 800 Personen einge nommen.

Versetzen wir uns bei dieser Aufführung von Lessings großem Werke in die Coulisse der Bühne.

Die Gardine steigt empor!

Wir hören die markige, von mühsam unterdrückten Gefühlen bewegte Stimme Tellheims (Schweig), wir sehen die schöne Minna (Mh. Doebbelin-Neudorf) mit Franziska den ersten Spuren ihres Tellheim nachspüren; wir lassen athemlos den Lauf der Darstellung und werfen einen Blick über die röthlich qualmenden Delnkopfe der Bühnenrampe auf das erregte und gespannte Publikum, den Augenblick erwartend, wo die unter drückten Empfindungen in rauschenden Beifall ausbrechen. Ver setzen wir uns halbwegs auf Menschenherzen, so behaupten wir, mit dem Erscheinen der „Dame in Trauer" ist schon halb das Glück des Stücks entschieden gewesen! — Wie viele solcher Damen in Trauer gab es damals nicht in Berlin! Wie viele solcher wackeren Tellheims zählte nicht die Garnison der Residenz, die in dieser Figur Lessings das Vorbild preußischer Offizierehre und soldatisch ritterlicher Tugend erblickten? Wie viel Männer unter den Zuschauern hätten nicht gewünscht, wie Tellheim zu handeln zu können, wie zu leiden, zu entsagen und wie er von seiner Minna belohnt zu werden? — Die Dame in Trauer, von Rührung und Dank übermannt, geht! Bei Tell heims Worten „Armes, braves Weib!" — da — wir wissen es, — brach der Orkan der Begeisterung des Publikums jenes Abends in Jauchzen, Weinen und Entzücken aus!

Die deutsche dramatische Dichtkunst hatte ihren ersten ent scheidenden Erfolg errungen!! — Doebbelins Vorstellungen — so sehr er auch bemüht gewesen war, gute und anziehende Stücke auf das Repertoir zu bringen — hatten selbst auch dann keinen Einfluß auf den Zuspruch der Schaulustigen geübt, als er, um Bergé, dessen Operetten und Burlesken dem Geschmacke des Publikums entsprachen, ein Paroli zu bieten, — wenn auch mit Widerstreben, — zur Aufführung von deutschen Singspielen geschritten war. — Von der zündenden Wirkung Minna's von Barnhelm aber und von deren vortrefflicher Darstellung liefert die Thatsache den Beweis, daß Doebbelin das Werk Lessings bei ausverkauftem Hause 10 Mal ohne Unterbrechung noch im März, im April aber 9 Mal hintereinander, also 19 Mal in 6 Wochen, geben und seine Verluste mit decken konnte, — ein in Berlin bisher unerhörter Fall! — Von Abende des 21. März ab standen Bergé's Bänke leer und der Franzose fiel aus allen seinen Himmeln; Doebbelin, der erst Erfolg hatte, war aber ganz der Mann, das Glück bei den Haaren zu binden, es dauernd an sich zu fesseln und es nicht zu erschöpfen. — Minna von Barnhelm begründete und begründet immer wieder den Ausspruch: Das Gute siegt endlich doch und denn dauernd. Die poetische Wahrheit des Lessingschen Meisterwerks hat durch die Zeit kein Blatt aus seinem Ehrenkranz verloren, das älteste aller klassischen deutschen Bühnenstücke hat sich seine Jugendfrische bis auf den heutigen Tag erhalten, und ist bei immer gleichem Erfolge auf dem Repertoir sämmtlicher Theater Deutschlands geblieben. Das Stück ist von jenem großen Abend an bis Schluß des Jahres 1875 auf dem königlichen Theater in Berlin 203 Mal gegeben worden.

Daß die Darsteller sich Lessing's Geistesschöpfung völlig

zu eigen gemacht und von ihr erfüllt waren, zeigt der Beifall, den sie fanden und ein Brief Lessing's an seinen Bruder, in welchem es heißt: „Minna von Barnhelm hätte gewiß nicht so viele Vorstellungen erlebt, wenn es nicht so gut besetzt gewesen wäre!" Minna von Barnhelm wirkte um so tiefer in den Massen, als das Werk Lessing's ein Stück seines eigenen Lebens wieder gab und wie alle patriotischen menschlich sittlichen Empfindungen die Bevölkerung bis in die innerste Faser aufregte. Den deutschen Schriftstellern sagte Doebbelin's Direktorenscharfblick, was ein wirkliches Drama und was dazu ein ächtes Sitten-Gemälde, was ein Lustspiel im reinsten Sinne des Wortes sei! Von Berlin ging Lessing's Werk durch ganz Deutschland, rief in Wien so gut die öster reichischen, wie an der Spree die preußischen Gefühle wach, kurz Minna von Barnhelm ging „in alle Welt und lehrte alle — literarischen „Helden!" Sie war der große Prolog der klassischen deutschen Dichter-Epoche! Mit diesem Abende hebt sie an!! —

Noch war man begeistert von der „Minna", noch hätte man sie länger gesehn, als Doebbelin's Direktorenscharfblick und seine Bühnenkenntniß am 10. April „Romeo und Julie" nach William Shakespeare von Weiße, die erste Shakespeare-Vorstellung in Berlin, — gab! — Die Welt der Romantik, — bis dahin völlig unbekannt, that sich auf, — die Welt der Liebe und des Hasses in ihrer süßesten, immer neuen und doch so tragischen Daseinsform, welche uns das große Dogma predigt, daß das Schöne hienieden, — eben weil es zu schön ist, um zu dauern, sterben muß. Es liegt mit erschütternder Wahrheit in den Seelen. — Von diesem 10. April 1768 bis 23. September 1875 ist „Romeo und Julie" in verschiedenen Uebersetzungen 179 Mal dargestellt worden. Einnahmen-Erfolg hatte Doebbelin mit Romeo aber nicht, denn erst Koch brachte am 30. November 1771 zuerst wieder auf die Bühne, dann wurde es von Doebbelin 1775 erst gegeben und erlebte bis 17. Juli 1776 nur 7 Vorstellungen. Hierauf verschwand es bis 21. März 1791 vom Repertoir, ebenso vom 27. April 91 bis 9. April 1812, an welchem Tage das selbe in der Uebersetzung Schlegel's bearbeitet von Goethe, er schien. Die Goethe'sche Bearbeitung wurde von 1812 bis 22. September 1849 beibehalten, am 22. September desselben Jahres wurde das Stück aber wiederum in der ursprünglichen Schlegel'schen Uebersetzung dargestellt. — Seit dem Abende des 10. April 1768 hat sich William Shakespeare, langsam zwar, doch mit immer stärkerer, unwiderstehlicher Gewalt das Bürgerrecht auf den berliner Bühnen erworben, er ist ein Stück von uns, ist der Genius geworden, zu dem wir bei unsrem dichterischen Schaffen immer hinaufblicken werden, an ihm die eigne, ge ringere Kraft vernünftig abzuwägen. 1788 auf dem Königlichen Nationaltheater gab Czechtitzky den Romeo und Mad. Baranius die Julie, 1842 den 9. April unter Iffland wurde Romeo von Beßmann, Julie von Dlle Maaß dargestellt. — Mit diesen beiden Dramen hatte Doebbelin den Berlinern gezeigt, was er zu bieten vermöge, und hatte die gebildeten literarischen Kreise für sich gewonnen, in den Massen aber die Vorliebe für die deutsche Darstellungskunst geweckt! — Bei Bergé war es gähnend leer geworden. Vor wenig Monaten noch ein schlecht situirter Mann, hatte er, was er gewonnen, jetzt zugesetzt. Um Doebbelin zu schädigen, ihm die Früchte seines Ruhms zu ver kümmern, forderte Bergé für die Benutzung seines Monbijou theaters nun eine ungleich höhere Miethe. Ging Doebbelin diese Steigerung nicht ein, so ließ er ihn auf seinem Theater nicht spielen, er ermittelte ihn, noch ein gewisser Kontrakt an trat! Doebbelin war dann genöthigt die Residenz zu verlassen, zumal Schuch im Sommer wieder nach Berlin kam. Oder aber, Doebbelin bewilligte Bergé die Miethserhöhung und hielt ihn für den ihm gethanen Abbruch im Geschäft schadlos. Doebbelin erkläre aber: er werde auf dem Monbijoutheater spielen, wann er es für gut halte und dafür bezahlen, was im Kontrakt ausgemacht sei, mehr nicht einen Groschen! — Bergé verklagte Doebbelin, Doebbelin gewann jedoch den Prozeß und mit ihm das Recht, auf dem Monbijoutheater für die festgesetzte Miethe bis zum Jahre 69 zu spielen, sobald Bergé nicht eben selbst in Berlin Vorstellungen gäbe. Des Monbijoutheater nunmehr sicher, endete Doebbelin seine berliner Vorstellungen, überließ scheinbar Bergé das Feld und ging nach Königsberg, wo er die glänzendsten Einnahmen machte. In Berlin aber hatte er den Vortheil, beim Publikum in lebhaftester Erinnerung zu bleiben und, kam er wieder, der Ersehnte zu sein! Nach Doebbelin's Abreise spielte Bergé seine Operetten mit eben so geringem Erfolge weiter, als bisher. Das Publikum hatte jeden Geschmack an den Buffonerien verloren, es wollte deutsche Dramen und deutsche Lieder hören, Doebbelin aber hatte bewiesen, daß dieses Bedürfniß von ihm sich befriedigen lasse. — Bergé gerieth in ernstliche Schulden! — Plötzlich kam ihm der Gedanke, der ihn retten, ihn für den Prozeß an Doebbelin rächen und denselben dauernd von Berlin entfernt halten konnte! Zwar durfte er nach dem Vertrage mit Diesem keine andere Gesellschaft, als seine eigne, auf dem Monbijoutheater spielen lassen, aber Bergé umging dies listig. Er ließ die französische Buffogesellschaft des Hamon von Hamburg kommen und associirte sich mit ihm, so daß er, Bergé, eben spielte, obwohl mittels eines Andern! Er hoffte mit Hamon sein Glück zu machen und nöthig hatte er es genug! — Im Juli traf Hamon ein und begann mit Bergé in Kompagnie seine Vorstellungen. Auch dieses Unternehmen schlug fehl!! — Die Geschäfte gingen noch schlechter, Bergé's Schuldenlast aber war begreiflicher Weise durch die Reisespesen der Hamon'schen Truppe und den durch sie vermehrten Gagenetat so gewachsen, daß er sich von derselben trennte, sie auf dem Monbijoutheater allein weiter spielen ließ und im Herbst mit seinem eignen Intermezzo nach Stralsund ging. Hamon nahm hierauf den Schauspieler Reignauld, welcher Geld und den Ehrgeiz hatte, Principal zu werden, zum Kompagnon.

Bergé hatte in Stralsund leider ebenso wenig, wie Hamon in Berlin während des Winters Geschäfte gemacht. — Im Februar mußte nun Hamon ganz plötzlich auf königlichen Befehl Berlin verlassen und die Polizei sorgte mit gewohntem Eifer für sein Fortkommen!! Er ging nach Hamburg zurück und von da 1775 nach Warschau, wo er uns aus dem Gesicht verschwindet. — Der verderbliche Schlag gegen ihn war geschehen, in wessen Hand ist nicht zweifelhaft. — Bergé hatte, indem er Hamon (also eine dritte fremde Truppe) auf seinem Theater spielen ließ, den Vertrag mit Doebbelin verletzt, dessen Rechte das Urtheil des Gerichts festgestellt hatte. Er selbst mit seiner Truppe durfte nach demselben in Berlin wie anderwärts spielen; von einem Andern sein Recht benutzen zu lassen, hatte er aber keine Erlaubniß. Es lag somit auch ein Mißbrauch seiner Konzession vor! Doebbelin producirte dem Könige seinen Vertrag mit Bergé, wies das gerichtliche Erkenntniß gegen diesen und rief dessen Schutz an. Hamon's Ausweisung war die natürliche Folge und das Monbijoutheater fortan für Doebbelin frei! — Er erschien nunmehr im März mit seiner Gesellschaft, die durch Hensel (den Mann der Angebeteten Seylers), welche jetzt mit ihrem Gatten in Scheidung lag) wie durch Kios verstärkt worden war. Am 21. März eröffnete er auf dem erstrittenen Monbijoutheater seine Vorstellungen. Zunächst spielte er dem unglücklichen Franzosen Bergé eine bitterböse Karte aus. Er griff ihn auf seinem eignen Gebiete an, indem er das Singspiel: „Die verliebte Unschuld" am 15. April aufführte, das erste Singspiel in deutscher Sprache mit deutschen Melodien, welches das berliner

Publikum seit 1743 wieder sah, in welchem Jahre Schönemann mit „Der Teufel ist los" glänzend abgefallen war. Dlle. Felbrig spielte und sang die Titelrolle so träumerisch süß und doch so zärtlich neckisch, so recht wie eine Evatochter, daß das gesammte junge — und auch wohl ältere männliche Berlin lebhaft den Wunsch hegte, mit einer so verliebten Unschuld nähere Bekanntschaft zu machen. Nach diesem, für Bergé geradezu vernichtenden Erfolge führte Doebbelin dem Publikum am 22. Juni einen „Reißer", wie man in der Theatersprache, dem Rothwälsch der Koulissen, solche Stücke nennt, nämlich: „Ugolino", Trauerspiel in 5 Akten von Gerstenberg, vor. — Wie wir heute auch über Ugolino, zumal einer Lessing- und Shakespeare-Vorstellung gegenüber, — die Achseln zucken mögen, so bedenke man, daß damals die romantische Gattung völlig neu war, daß sie dem Zuschauer eine bisher noch nie geahnte Sphäre der Fantasie erschloß und dem Parterre zumal, welches in jener Zeit maßgebend war, diese Richtung von dem Gerstenberg'schen Schauerdrama wesentlich erweitert wurde, obwohl auf einem unrechten Wege, das in der Folge eine ganz neue, falsche Gattung auf die Bühne brachte, nämlich die — der Pseudo-Romantik, deren Haupt und Chorführer nachmals Müllner geworden ist. In Ugolino spielte die ganze Doebbelin'sche Familie, nämlich:

Ugolino	. . . . Theophil Doebbelin
Francesco	. . . . Mr. Doebbelin (Dlle. Neuhof)
Anselmo	. . . . Dlle. Caroline Doebbelin.
Gaddo	. . . . Doebbelin jun.

Bevor er mit diesem Stücke volle Häuser erzielt hatte, gab noch unser Theophil (26. April) eine zweite Operette: „Die Kohlenbrenner". Bergé war in einer geradezu verzweifelten Lage! Er brauchte Geld und mußte die Machenschaften seines Gegners auf seinem eigenen Theater dulden, ohne ihm die Thür weisen zu dürfen, ohne von ihm mehr zu erlangen, als die geringe Miethe, welche ihm laut Vertrag zustand. Jede Direktion und Intendanz weiß, was es sagen will, als Novitäten 5 Treffer und zwar beste Gattung auf einmal in der Hand zu haben. Mit „Rima", „Romeo", „Ugolino", der „verliebten Unschuld" und „Die Kohlenbrenner" wechselte Doebbelin ab und seine Kasse war äußerst korpulent geworden. — Er bedachte andererseits, daß, da der Vertrag mit Bergé noch dieses Jahr zu Ende gehe, er aber dann in Berlin kein Theater für seine Gesellschaft mehr habe, eben jetzt die Zeitpunkt günstig sei, das Monbijoutheater zu erwerben. Er machte Bergé sein Angebot und Dieser, welcher einen anderen Ausweg zur Rettung nicht kannte, überließ Theater an Doebbelin für 6880 Thaler los. Diese Summe, welche nicht einmal die Höhe von 6900 Thalern erreichte, zeigt so recht, wie furchtbar Bergé's Lage gewesen sein muß, da Doebbelin sogar um 20 Thaler auf und ab feilschte und demselben nicht einmal eine runde Summe zugestand. Dieses Geldquantum, bedenkt man, daß Doebbelin Grundstück, Theatergebäude, Bühneneinrichtung und Dekorationen erwarb, ist geradezu ein Schleuderpreis gewesen! Bergé verließ Berlin für immer, Doebbelin war den Gegner los und Besitzer eines Theaters! Sein Ziel war erreicht!!! — Nun wäre Doebbelin gewiß bei seinen Erfolgen gern in seinem Theater in Berlin verblieben, er hatte aber kontraktliche Verpflichtungen gegen Danzig, Königsberg, Stettin und Stralsund, da er unmöglich am Anfange des Jahres vorhersehen konnte, daß ihm der Ankauf des Bergé-Theaters schon glücken werde. In besagten Städten spielte er demnach vom 15. Juli 69 bis 27. November 1770. Vom 27. November 1770 bis 2. März 71, also in der besten Wintersaison, spielte Doebbelin, der von Stralsund gekommen war, in seinem Monbijoutheater. Dies allein schon, wenn auch wenig über die Neuigkeiten verlautet, welche er gebracht hat, giebt einen Beleg für seine Beliebtheit beim Publikum Berlins. Waren es auch nicht so großartige Erfolge, wie die des Jahres 68, welche er erzielte, so gewann er doch einen regelmäßigen Zuspruch mittels steter Abwechselung des Repertoirs durch Trauerspiel, Lustspiel, Operette und Ballet. —

1771 war für das theaterlustige Berlin ein ereignißreiches Jahr. — Die Oper „Montezuma", deren Libretto der König ehedem selbst entworfen hatte, eröffnete die zweite Hälfte des Karnevals. — Endlich hatte Friedrich II. sich entschlossen, das Opernwesen einer Erneuerung zu unterziehen. Vor allen Dingen änderte er die jedenfalls sehr mittelmäßige Oberleitung, enthob Pöllnitz wie Golofkin ihrer Funktionen, und dem Grafen Zierotin-Lilgenau als directeur des spectacles übertrug. Der neue Chef, welcher sein Amt nicht besser als durch Gewinnung einer Primadonna assoluta antreten konnte, ließ die bereits durch ihren Ruf ausgezeichnete Sängerin Dlle. Schmehling nach Berlin kommen und schlug sie dem Könige zum Engagement vor. Friedrich II. erwiederte hierauf aber höchst unwillig: „Das sollte mir fehlen, lieber möchte ich mir ja von einem Pferde eine Arie vorwiehern lassen, als eine Deutsche in meiner Oper zur Primadonna zu haben." Endlich wurde er doch bewogen, sie im Zimmer zu hören. L. Schneider erzählt die Begegnung folgendermaßen: Oft hat die in hohem Alter zu Reval lebende Künstlerin dem dort bei Kotzebue's Theaterunternehmung angestellten Kapellmeister G. A. Schneider, dem Vater des Verfassers der Geschichte der Oper, die folgende Scene erzählt, welche in weiterer Ausführung in der Spener'schen Zeitung 1843 Nr. 14 gedruckt erschien. — „In einen Saal geführt, stand sie lange, der Ankunft des Königs harrend und sich räuspernd, ob sie auch noch bei Stimme sei. Ja, sie lockte auch, versuchend, einige Töne an. Was sie hörte, beruhigte sie, und vertrauensvoll sah sie endlich die Cabinetsthür des Königs sich öffnen. Friedrich II. trat ein, sah sie tief verneigende starr und mit jenen wunderbar leuchtenden Augen an, die so große Wirkung auszuüben gewohnt waren. Ohne ein Wort zu sagen, ging er zum Flügel, und schien wohl eine Viertelstunde gar keine Notiz von ihr zu nehmen. Dies weckte den Stolz des damals einundzwanzigjährigen Mädchens, sie dachte an das „Pferdegewieher" und sehnte den Augenblick herbei, wo sie überzeugt war, die ungünstige Meinung des gefürchteten Königl. Kunstrichters zu ihren Gunsten zu ändern. Als das Spielen auf dem Flügel gar kein Ende nehmen wollte, fing sie an, mit großer Unbefangenheit die Gemälde an den Wänden zu betrachten, und unterstand sich sogar, dem Könige den Rücken zuzukehren. Hatte der König das bemerkt oder war die Flügelphantasie zu Ende, plötzlich winkte er der Harrenden; sie trat ehrfurchtsvoll an das Instrument und hörte erschreckt die kurze, nichts weniger als freundliche Frage: „Sie will mir also was vorsingen?" — „Wenn Euer Majestät die Gnade haben, es zu erlauben," stotterte sie und setzte sich dann auf denselben Stuhl, den der König aufstehend, ihr anwies. Jetzt befindet sie sich in ihrem Element und sang eine längst eingeübte italienische Arie, die eigentlich für die berühmte Astrua componirt worden war. Schon bei den ersten Tönen wurde der König aufmerksam, näherte sich ihr und sprach zweideutig seinen Beifall aus, als sie geendet hatte. Sie wollte aufstehen, aber die Prüfung war noch nicht vorüber. „Kann Sie vom Blatt singen? — Ja, Ew. Majestät." — „Ja, höre Sie mal, das ist schwer!" — „Mein Vater hat mich darin unterrichtet." — „So! Getraut Sie sich Alles zu singen, was Ich Ihr vorlege?" — „Zu singen und dem Clavcembal zu begleiten, Ew. Majestät." — Kopfschüttelnd holte der König aus seinem Kabinet die Partitur der Oper Piramo e Tisbe von Hasse, legte sie selbst auf das Pult und stellte sich

hinter sie, um zu sehen, wie sie diese Aufgabe lösen würde. Elisabeth sah erst Blatt für Blatt durch, um den Text kennen zu lernen. Der König wurde ungeduldig und sagte: „Sieht Sie wohl, Sie muß sich die Noten doch erst vorher ansehen." — „Nicht der Noten wegen, Ew. Majestät, sondern der Worte wegen, damit ich doch weiß, mit welchem Ausdruck ich sie zu singen habe." — „So. — Also deswegen? — Na, nun fange Sie aber an." — Und Elisabeth fing an. Gleich das Recitativ sang sie mit außerordentlicher Bravour, als hätten sich ihre Kräfte auf das Doppelte gesteigert. Dabei gab sie besonders den Worten ihr volles Gewicht und erreichte gerade dadurch eine Wirkung, die der König bis dahin im italienischen Gesange nicht gekannt. Freundlich klopfte der König ihr auf die Schulter und sagte einmal über das andere, ja fast bei jeder Phrase: Bravo! Nun ging es zum Adagio. Die junge Künstlerin hatte Muth gefaßt, fühlte sich ihres Sieges gewiß und wußte, daß gerade der getragene Ton des Adagio ihre eigenthümliche Kraft war. Aber der Muthwille ging mit dem Triumphe Hand in Hand; sie gedachte der schlechten Meinung, die der König vom deutschen Gesange ausgesprochen und sang die erste Hälfte des Adagio so schlecht, tonlos und mit erzwungener Rauhigkeit, daß der König mit den Händen unwillig auf die Stuhllehne klopfte und sich umdrehte. Das hatte sie eben gewollt. „Verzeihen Ew. Majestät, es ist mir etwas in den Hals gekommen, darum sang ich so schlecht gesungen, daß man es fast für das Wiehern eines Pferdes halten mußte. Haben Ew. Majestät die Gnade ein Da capo zu erlauben." Und ohne die Erlaubniß weiter abzuwarten, sang sie mit dem ganzen Schmelz ihrer Wunderstimme noch einmal und ging dann zum Allegro über, stand mit der letzten Rolle des Adagio lächelnd eine tiefe Verbeugung vor dem Könige. Erfreut sagte dieser: „Höre Sie mal, Sie kann singen, will Sie in Berlin bleiben, so kann Sie bei meiner Oper angestellt werden. Wenn Sie rausgeht, so sage Sie doch dem Kammerlakaien, er soll mir gleich den Zierotin herschicken, will mit ihm wegen ihrer reden. Adieu!"

Dlle. Schmehling, später als Madame Mara berühmt, 1750 in Cassel geboren, war die Tochter eines Stadtmusikus, der ihr den ersten Musikunterricht gab. In London ertheilte ihr der Kastrat Parasini Gesangunterricht und sie wurde in Leipzig 1766 als Konzertsängerin mit 600 Thalern angestellt. Jetzt wurde sie in Berlin mit 3000 Thalern engagirt und trat bereits im März dieses Jahres neben Concialini in der Oper „Piramo e Tisbe" von Marco Coltelani, Musik von Hasse, auf und erndtete rauschendsten Beifall! Die Astrua war glänzend ersetzt und das Dreigestirn Schmehling-Concialini-Porporino verlieh der Oper wieder ihren früheren Zauber. Da der König dieses Jahr viel auf Reisen war, fand bis zum Karneval keine neue Aufführung mehr statt. — Trotz der Genußthuung, die Oper aus ihrem Verfall gerettet zu sehen, beharrte Friedrich II. doch bei seiner früheren Sparsamkeit, ja machte dieselbe der Verwaltung noch peinlicher durch die Anstellung eines besonderen Opernkontroleurs, Namens Sigel, eines unverschämten Patrons, der, gestützt auf den königlichen Befehl, zwar mit gewissenhafter Pflichttreue, aber im bornirtesten Beamtendünkel mittels eigenmächtiger Verfügungen Fragen des Theaters entschied und sich in Bühnenangelegenheiten mischte, ohne von ihnen einen Begriff zu haben. — Richtig war, daß die große Oper, gerade weil sie so selten Vorstellungen gab, dem Könige sehr viel kostete. Jede neue Oper kostete 3000 Thaler für Dekoration, 2500 Thaler für Kostüme, 1200 Thaler für ein neues Ballet und 500 Thaler für die Beleuchtung. Zwei neue Karnevalsopern im Jahre erforderten also 14,400 Thaler, abgesehen von den laufenden Gagen des Personals der Oper, der Kapelle und des

Ballets. — Klar ist, daß dauernd sich dies nicht durchführen lassen konnte. — Der Fehler lag erstlich an dem Umstande, daß die Oper überhaupt zu selten im Jahre in Thätigkeit kam, künstlerisch ihre so großen Kosten sich nicht rechtfertigten. Das Personal wurde eigentlich mehr für's Nichtsthun bezahlt. Ferner war es fehlerhaft, daß der König, statt des Publikums Beutel durch ein Entree mit heranzuziehen, das ganze Institut, nebenbei noch die italienischen Intermezzisten und theilweise auch die Truppe Fiorville mit seinem Gelde unterhielt. — Im December ging zum Karneval „Britannicus" von Graun in Scene, in welcher Oper Dlle. Schmehling unvergleichlich war. Ihre berühmte Arie „Mi paventi" versetzte Jedermann in Entzücken. — An diesem Abende dirigirte zum ersten Male Franz Benda als Konzertmeister, in Stelle des am 27. October c. a. verstorbenen Konzertmeisters Johann Gottlieb Graun (Bruders des verstorbenen Opernkomponisten und Kapellmeisters) das Orchester. —

Das Postwesen in China.

Selbst Leute, die in China leben, haben keine Ahnung von der Existenz eines regelmäßigen einheimischen Postverkehrs, und die Wenigen, welche etwa von diesem Institut gehört haben, machen sich kaum einen richtigen Begriff von der verhältnißmäßigen Sicherheit und Schnelligkeit, womit ein Brief von einem Ende des Reiches zum andern expedirt wird. Regierungsdepeschen werden von eigens hierzu angestellten Leuten, die unter der Controle des Kriegsministers zu Peking stehen, nach ihrem jeweiligen Bestimmungsort befördert. An jeder Station tritt ein frischer Courier ein, der seine Strecke in Anbetracht der elenden Mähre, die er reitet, verhältnißmäßig schnell zurücklegt, so daß wichtige Dokumente oft mit einer Geschwindigkeit von zweihundert englischen Meilen den Tag in große Entfernungen gelangen. Das Volk darf sich freilich dieses Communikationsmittels nicht bedienen, aber die Erfordernisse von Handel und Wandel haben es dazu getrieben, sich einen eigenen Verkehrsweg zu schaffen.

In jeder bedeutenden chinesischen Stadt sind sicher verschiedene Postämter zu finden, je eins für eine oder mehrere Provinzen, nach deren Gebiet und zurück sie die Besorgung von Briefen und kleinen Packeten übernehmen. Für die Sicherheit der ihnen anvertrauten Objekte wird Garantie geleistet und deren Werth im Falle des Verlustes ersetzt. Gleichzeitig muß der Inhalt der Packete deklarirt und ein entsprechendes Porto gezahlt werden. Die Briefboten machen ihren Weg meistens zu Fuß, oder sie bedienen sich des Esels, den man auf allen Landstraßen China's antrifft und der mit unfehlbarer Pünktlichkeit von einer Station zur andern trabt. Die Gefahr, daß diese Grauchen geraubt würden, ist nicht sehr groß, oder sie selbst müßten denn wie weiland die Sabinerinnen auf und davon getragen werden; denn weder Himmel noch Erde könnte sie bewegen, von ihrem gewohnten Pfade abzuweichen, so wenig als der Führer sie vermöchte, an einem Stationshaus vorüberzuschreiten, vor dem sie Halt zu machen gewohnt sind. Mit achtzig bis neunzig Pfund Postsachen beladen, legen die Boten bis zu fünf englischen Meilen in der Stunde zurück, und am Ende ihrer Wegstrecke angelangt, ihren Sack einem frischen Mann zu übergeben, der sich sofort auf den Weg macht, gleichviel ob es Nacht oder Tag, gutes oder schlechtes Wetter sei, und nicht ruht, bis er sich seiner Verantwortlichkeit gleichfalls entledigt und seinen Sack einem dritten Mann eingehändigt hat. Diese Leute machen es sich zum Gesetz, niemals eine vollständige Mahlzeit zu sich zu nehmen, dagegen essen sie, sobald sie Hunger spüren und meinen

dadurch dem frühzeitigen Eintreten der Kurzathmigkeit vorzubeugen. Ein Haupterforderniß für diese aus den stärksten und gesundesten Arbeiterklassen auserlesenen Leute ist es, daß sie die nationale Scheu vor Geistern, Kobolden und Teufeln überwunden haben, bevor sie mit dem Amte eines Postboten betraut werden können; denn ein gewöhnlicher Chinese hat ein solches Grauen vor Nacht und Dunkelheit, daß er bei dem kleinsten Geräusch am Wegrain den Sack hinwerfen und Fersengeld geben würde, als ob alle der Geister der Hölle hinter ihm her wären.

Die Portosätze sind sehr niedrig. Ein Brief von Peking nach Hankow — 650 englische Meilen Luftdistance — kostet nicht mehr als circa 40 Pf. Dreißig Prozent des Porto muß der Absender jedoch außerdem hinterlegen, um die Anstalt gegen Schaden und Verlust sicher zu stellen; die Differenz kann er durch den Empfänger des Briefes wieder einziehen lassen. Ganz besonders bedienen sich die Kaufleute dieses Beförderungsmittels und Wechsel und Quittungen gehen fortwährend hin und her. Diese Papiere bilden nebst den kleinen Päckchen des seinen chinesischen Silbergeldes oft einen sehr werthvollen Inhalt der Postsäcke, und häufig genug würden diese Säcke den Straßenräubern, von denen manche Gegenden überschwemmt sind, zur Beute fallen, kämen nicht die meisten Postanstalten solchen Eventualitäten dadurch zuvor, daß sie jährlich eine bestimmte Summe an den Hauptmann der Bande zahlen, wofür diese sich verpflichtet, nicht nur selbst keinen Diebstahl zu verüben, sondern auch etwaigen Collegen auf die Finger zu sehen. Dieses Arrangement kommt den Lokalbeamten trefflich zu statten, da sie auf diese Weise den Disziplinarstrafen entgehen, die man über sie verhängen würde, wenn es herauskäme, daß ihr Regiment zu schlaff sei, um ihren Distrikt von Dieben und Wegelagerern rein zu halten. Auch große Firmen, die auf gewissen Strecken Reisenden Wagen stellen, gehen häufig solche Contrakte mit den Diebsbanden ihrer Nachbarschaft ein, damit ihre Kunden unbehelligt an Ort und Stelle gelangen. In manchen Gegenden China's bewilligt der Militärgouverneur Soldaten zur Begleitung von Reisenden, die vor Tagesanbruch die Herberge verlassen, bis das volle Tageslicht einen plötzlichen Ueberfall unmöglich macht. In andern Gegenden giebt es Vereine geschulter Leute, welche sich zu Dreien und Vieren verdingen, um einen Wagenzug mit seinen Insassen durch gefährliche, von Räuberbanden besetzte Gebiete zu geleiten. Wenn das Geleit aus einer kleinen Anzahl Leute besteht, so wiegt jeder derselben dafür fünf bis sechs Räuber auf, nicht nur was Körperkraft betrifft, sondern auch in Bezug auf Gewandtheit und Waffengeübtheit. Um sich an dem Angriff eines an Zahl überlegenen Feindes zu gewöhnen und die erforderliche Geschicklichkeit zu erlangen, es mit mehr als Einem zu gleicher Zeit aufzunehmen, haben sich diese Leute das folgende seltsame System erfunden. In einer hohen Scheune hängen sie an den Dachsparren eine Anzahl schwerer Sandsäcke an langen Stricken in einem Kreise aus, und in dessen Mitte nimmt der Eleve seine Stellung. Nun versetzt er einem der Säcke einen kräftigen Stoß mit der Faust, so daß derselbe weit hinweg fliegt, ebenso dem zweiten und dritten und so fort, bis er sie alle nach den verschiedensten Richtungen in Schwingung versetzt hat. Wenn er den zweiten oder dritten Sack fortgeschleudert, so ist es bereits Zeit, sich vor der Wiederkehr des ersten umzusehen und es kommt eben nicht selten vor, daß zwei oder drei Säcke aus entgegengesetzten Richtungen gleichzeitig auf den Kämpfer zurückprallen. Auf solche Fälle gefaßt zu sein und dabei den ganzen Kreis von Säcken im Schwingen zu erhalten, ohne sich zu einem zu Boden schlagen zu lassen, ist die Aufgabe des Meisters. Gelingt ihm dies nicht, so mag er dem Ehrgeiz entsagen, Reisende durch einsame Ebenen geleiten zu wollen, ganz davon abgesehen, daß ihn die unbarmherzigen Sandsäcke kopfüber zu Boden schleudern.

(Chinese sketches by A. Giles.)

Literatur, Kunst und Theater.

Der Courier des Czar. Von Julius Verne. Autorisirte Ausgabe. 2 Bde. Wien, Pest, Leipzig. A. Hartleben Verlag. Der französische Romanschriftsteller setzt diesmal einen ungeheuren politischen Apparat in Bewegung, um eine Reisebeschreibung von Moskau nach Irkutsk in Sibirien zu geben, die topographisch, ethnographisch, statistisch kaum exakter gedacht werden kann. Aber es ist nicht Sache Verne's, seine Leser einfach zu unterrichten; er hält die Kenntnisse, die er verbreiten will, in allerlei Süßigkeiten, in Knallbonbons, in schmackhafte oder stark gewürzte Schüsseln und ladet die Leser zu einem kunstvoll geordneten Diner, bei dem der Champagner prickelnder Abenteuer in Strömen fließt. Die Reise von Moskau nach Irkutsk pikant zu machen, hat er sich einen Einfall der Lentomanen, Tartaren, Mongolen u. s. w. in das östliche Sibirien einlassen. Diesen Einfall hat ein ehemaliger russischer Officier, der wegen schlechter Streiche nach Sibirien verbannt und dann begnädigt worden war, ins Werk gesetzt, um sich an dem Kaiser zu rächen. Er hat dazu den Moment erwählt, wo der russische Thronfolger auf einer Inspektionsreise durch Sibirien begriffen ist. Der Kaiser erhält Nachricht davon, daß Iwan Ogareff, so heißt der Verräther, sich unter irgend einem falschen Namen und verkleidet in die Umgebung des Thronfolgers schleichen, diesen auf ungewöhnlichem Wege zu warnen, ist zu spät, die Telegraphenverbindung ist unterbrochen und das westliche Sibirien bereits in der Gewalt der asiatischen Horden. Es wird daher in der Person des unerschrockenen Michael Strogoff ein Courier von Moskau aus mit der Warnung an den Großfürsten nach Irkutsk geschickt, und es gelingt auch Strogoff, unter den merkwürdigsten Abenteuern seinen Auftrag glücklich auszuführen und den Verräther, der bereits das Vertrauen des Thronfolgers gewonnen hat, zu entlarven und zu tödten. Von diesen Abenteuern wollen wir nichts verrathen. Die Erfindungsgabe des Autors zeigt sich in ihnen bewunderungswürdig; sie offenbart sich in einer fortwährend gesteigerten Kraft, und selbst das Unglaublichste versteht er wahrscheinlich zu machen und vor der Wissenschaft zu rechtfertigen. Was dem Autor aber nicht ganz gelingt, das ist, dem Leser dieselbe Ausdauer und Unermüdlichkeit wie seinem Courier mitzutheilen, und abgespannt und erschöpft von den Anstrengungen der ungeheuren Reise beginnt er gegen das Ende hin die Werste, die ihn noch von Irkutsk trennen, mit derselben Ungeduld zu zählen wie Michael Strogoff.

Ausgewählte Werke Friedrich's des Großen. In's Deutsche übertragen von Heinrich Mertens. Eingeleitet von Dr. Franz X. Wegele. 3. Bd. Würzburg. A. Stuber. Der gegenwärtig vorliegende dritte Band dieses Werkes enthält die Briefe Friedrich's des Großen an Voltaire. Wenn etwas im Stande ist ein richtiges Bild von dem Charakter des Königs, seinem Geiste, seinem vielseitigen Wissen und seiner vielseitigen Thätigkeit zu geben, so ist es dieser zwölf starke Bände umfassende Briefwechsel. Mit Voltaire trat der König bekanntlich schon als Kronprinz in schriftlichen Verkehr und kaum hatte er den Thron bestiegen, als er dem Wunsche nach einer persönlichen Zusammenkunft mit dem französischen Dichter und Philosophen, der dann später der Einladung nach Berlin folgte, Ausdruck gab. Der hier in vortrefflicher Uebersetzung gebotene

und mit sachgemäßen Anmerkungen versehene Briefwechsel beginnt mit der Mittheilung des Königs von dem Ableben seines Vaters d. d. 9. Juni 1740 und umfaßt einen Zeitraum von 38 Jahren. Denn auch wenn Voltaire durch sein abscheuliches Betragen die Ungnade des Königs sich zuzog und Preußen verlassen mußte, so knüpfte Friedrich der Große doch später, bei dem Tode seiner Schwester, der Markgräfin Sophie von Baireuth, mit dem Philosophen von Ferney wieder an. Friedrich mußte seinen Charakter verachten, aber es litt darunter nicht dessen Hochschätzung als Philosophen, Dichter und witzigen Kopf. So dauerte denn der Briefwechsel, wenn auch mitunter stockend, bis zum Tode Voltaire's fort. Der letzte Brief des Königs datirt vom 25. Januar 1778; Voltaire starb am 30. Mai desselben Jahres und Friedrich der Große verfaßte die Gedächtnißrede auf ihn, die am 26. November in der Akademie der Wissenschaften zu Berlin vorgetragen wurde. Sie ist ein Zeugniß der Bewunderung, die der König dem Genie Voltaire's zollte und auf Spuren derselben treffen wir in fast allen Briefen Friedrich's. Aber sie war keine blinde; mit reifem Wissen, schlagfertigem Witze und scharfem Urtheile steht der König Voltaire gegenüber, ein Geist ersten Ranges dem andern. Die Wage senkt sich indessen entschieden auf Friedrich's Seite; denn seine großen Eigenschaften des Geistes und des Herzens erscheinen von einem durch und durch wahren Charakter getragen und wie hoch er das Genie des Franzosen schätzt, nie verleugnet er ihm gegenüber sein deutsches Wesen.

Gudrun. Schauspiel in 5 Aufzügen von Carl Cato. Breslau. Eduard Trewendt. Der Verfasser hat den wesentlichen Inhalt des altgermanischen Epos „Gudrun" dramatisch zu gestalten versucht. Leider ist er dabei nicht dramatisch von Innen heraus umbildend, sondern mehr äußerlich theatralisch arrangirend verfahren. Darin ist denn auch wohl der Grund zu suchen, weshalb das Stück bei seiner Aufführung auf dem Nationaltheater zu Berlin es nur zu einem Achtungserfolge brachte und nicht auf das Repertoir sich zu behaupten vermochte. Diese Achtung aber verdient „Gudrun" um der schönen, poetischen Sprache willen und einen poetischen, wenn auch nicht dramatischen Genuß wird die Lectüre des Schauspiels stets gewähren.

Andersen's Werke. Von den Märchen Andersen's in der neuen gediegenen Uebersetzung von Emil I. Jonas haben G. Richter & Co. in Berlin die 3.—6. Lieferung ausgegeben. Es ist somit der erste Band dieser sehr hübsch illustrirten Ausgabe abgeschlossen.

Die Feder. Ein journalistisches Berufsblatt, herausgegeben von Otto von Breitschwert, erscheint seit dem 15. Januar im Verlage der Buchdruckerei von G. Meyer in Berlin. Das Unternehmen findet bei den Mitgliedern der deutschen Journalistik lebhafte Theilnahme. Die Zwecke des Blattes sind: Förderung der schriftstellerischen Vereinsthätigkeit, Anbahnung von Erörterungen über Fragen der journalistischen Technik, Erleichterung des Angebots und der Nachfrage auf dem literarischen Arbeitsgebiete und Pflege des collegialischen Sinnes unter den Berufsgenossen von Nah und Fern.

Ein Zeitungs-Jubiläum. Die deutsche „St. Petersburger Zeitung" feierte mit Beginn des Jahres ihr 150jähriges Jubiläum. Ueber die Entstehung des Blattes meldet der Festartikel des Journals Folgendes: Gerhard Friedrich Müller bemerkt in der Einleitung zu dem ersten Bande der von ihm im Jahre 1729 herausgegebenen „historischen, genealogischen und geographischen Anmerkungen zu der „St. Petersburger Zeitung": „Es sind jetzt 27 Jahre her, daß durch den großen Eifer Seiner Kaiserlichen Majestät Peter's des Ersten, Seligen und ewigen Angedenkens, man zum Nutzen der Unterthanen desselben einige

Zeitungen in russischer Sprache zu drucken angefangen hat. Seit jener Zeit haben diese Zeitungen so viele Liebhaber gefunden, daß wir zu Anfang des Jahres 1727 gezwungen waren, solche auch in deutscher Sprache herauszugeben, und weil man ersehen hat, was für ein Nutzen entstehen wird, wenn die russischen Zeitungen den deutschen ähnlich herausgegeben werden, so hat man im vorigen Jahre, 1728, angefangen, die deutsche Zeitung ins Russische zu übersetzen und diese russische Zeitung, ebenso wie die deutsche, zweimal in der Woche erscheinen zu lassen." Die heute ebenfalls noch bestehende russische St. Petersburger Zeitung ist demnach ein Jahr jünger als die deutsche St. Petersburger Zeitung, welche die älteste von allen gegenwärtig in Petersburg bestehenden Zeitungen ist. Aelter als sie sind in der Journalistik Rußlands nur die auf Befehl Peter's des Großen vom 16. December 1702 in Moskau am 2. Januar 1703 zum erstenmale erschienenen „Nachrichten über Kriegs- und andere Angelegenheiten, die des Wissens und des Gedächtnisses werth sind und sich im Moskau'schen und den benachbarten Gebieten zugetragen haben".

Eine merkwürdige Bibelhandschrift, die H. Lipschitz, der Antiquar und Generalcommissionär der Bibliothek zu Cambridge für orientalische Angelegenheiten, von seiner letzten Reise durch Spanien und Marokko mitgebracht hat, befindet sich zur Zeit in Wien. Sie zerfällt in zwei Theile, von denen der eine den Pentateuch, der andere sämmtliche prophetische Schriften enthält. Die Handschrift, im Jahre 1471 geschrieben, ist besonders wegen der Vorlagen merkwürdig, deren eine eine Bibelhandschrift aus Barcelona, aus der ausdrücklichen Versicherung des Autors, eines Joseph di Baïlo, aus der im Tempel zu Jerusalem aufbewahrt gewesenen Handschrift Esra's abgeschrieben ist. Abgesehen von den Varianten, welche die Handschrift vornehmlich hinsichtlich der Vocalisation darbietet, ist sie auch äußerst interessant, da die beiden Theile in sogenannte Maurenbände gebunden sind.

H. C. Andersen, dem berühmten dänischen Märchendichter, soll in seinem Geburtsort Odense, der Hauptstadt auf Fünen, ein Denkmal errichtet werden, zu dem alle seine Verehrer des In- und Auslandes beitragen sollen. Der Bildhauer Hasselriis hat den Plan des Denkmals entworfen.

Shakespeare's „Sturm", in der Bearbeitung von Dingelstedt, wurde von dem wiener Hofburgtheater am 6. Januar zum ersten Male aufgeführt und zwar mit großem Erfolge. Als Oper, und zwar als heroisch komische Oper in 2 Aufzügen nach einer Bearbeitung des C. Fr. Heesler und von dem Capellmeister Wenzel Müller componirt, wurde der „Sturm" bereits am 4. November 1800 auf dem Theater in der Leopoldstadt zur Aufführung gebracht.

Die „Hugenotten" als Novität. Bis auf die neueste Zeit gab es in Frankreich eine Stadt, in welcher Meyerbeer's „Hugenotten" nicht aufgeführt werden durften. Es ist dies die Stadt Nîmes. Da dieselbe nämlich beinahe zu gleichen Theilen von fanatischen Katholiken und strenggläubigen Protestanten bewohnt ist, die, von den blutigen Erinnerungen der Vergangenheit abgesehen, noch jetzt nicht selten thätlich aneinander gerathen, so fürchteten die Behörden, daß das pathetische Werk Meyerbeer's zu öffentlichen Unruhen Anlaß geben könnte. Erst in den letzten Tagen hat sich der Maire von Nîmes entschlossen, im Vertrauen auf die Einsicht und den Kunstverstand der Einwohner, das Verbot aufzuheben, und die „Hugenotten" werden in Nîmes dieser Tage mit besonderem Glanze als Novität in Scene gehen.

Frau Pauline Lucca veröffentlicht in dem „Journal de St. Petersburg" einen Brief, in dem die Künstlerin erklärt, daß Klima in Petersburg zeige wiederum seinen ungünstigen Einfluß auf ihren Gesundheitszustand. Nur in dem Wunsche, keine

Störung im Repertoir entstehen zu lassen, habe sie sich angestrengt, am Montag den 27. December zu singen, obgleich sie sich unwohl gefühlt. Nun sei es ihr aber für den Augenblick unmöglich, hier weiter aufzutreten. Nach Angabe der Aerzte leide sie an einer Nervenerschlaffung der Stimmbänder, in Folge einer katarrhalischen Heiserkeit, die sie auf der Reise nach Petersburg befallen; außerdem wirke die Feuchtigkeit Petersburgs äußerst schädlich auf ihre Stimme. Frau Lucca muß sich daher nach Moskau begeben, wo, nach Meinung der Aerzte, sich ihr Zustand bald zum Bessern ändern werde.

Erkmann und Chatrian arbeiten an einem neuen Schauspiele, das unter dem Titel „Der Verräther" wahrscheinlich noch während dieser Saison in Paris zur Aufführung gelangen wird.

Der Prozeß gegen Jules Verne wegen angeblichen Plagiats, das dieser mit seinem bekannten Romane, „Die Reise in den Mittelpunkt der Erde", an der Novelle „Das Haupt Mimer's" von Leon Delmas, genannt René de Pont-Jest, begangen haben sollte, ist zum Nachtheil des Letztern entschieden und dieser in die Prozeßkosten verurtheilt worden. René de Pont-Jest hatte eine Entschädigung von 10,000 Frcs. verlangt. Der Gerichtshof hat anerkannt, daß zwischen dem Romane und der älteren Novelle zwar einige Aehnlichkeiten existirten; doch seien sie zu unbedeutend, um als Plagiat bezeichnet werden zu können; auch sei der Grundgedanke beider Werke ein durchaus verschiedener.

Todtenschau. Fritz Pohl, Balletmeister der königlichen Hofbühne in Dresden, starb dort am 11. Januar, 45 Jahre alt. — Dr. Karl Friedrich Christian Höck, ord. Professor der klassischen Philologie und alten Geschichte in Göttingen, literarisch namentlich durch seine römische Kaisergeschichte bekannt, starb am 10. Januar in Göttingen, 81 Jahre alt. — Julius Bernhard Heubner, Pfarrer und Ehrenbürger von Mylau im sächsischen Vogtlande, um die Volksbildung verdient, 1867 Mitglied der Fortschrittspartei im Reichstage, starb am 15. Januar in Mylau, 67 Jahre alt. — Professor Timoleon Karl v. Neff, kaiserl. russischer Geheimrath, Maler, starb in Petersburg am 5. Januar. — Wilhelm Sinell, Geh. Rechnungsrath, bis 1875 Chef des Postzeitungsamts in Berlin, starb daselbst am 9. Januar. — Sarah Felix, die Schwester der weltberühmten Tragödin Rachel und seiner Zeit selbst eine tüchtige Schauspielerin, starb Mitte Januar in Paris. — Adrian Stevens, tüchtiger Ingenieur, der Erfinder der Dampfpresse, starb zu Witley Cybolle in England am 25. December, 81 Jahre alt. — Collette, ausgezeichneter französischer Lithograph, starb 62 Jahre alt in Paris. — Duterte, bekannter dramatischer Dichter aus den letzten Jahren Louis Philipps und dem Anfange des zweiten Kaiserreichs, starb in Paris. — Graf Luigi Passerini, Präfect der florentiner Nationalbibliothek, durch seine genealogischen Arbeiten berühmt, starb in Florenz. — Accursi, Polizeiminister im römischen Ministerium Rossi 1849, Mazzini's Freund, starb in Monaco. — Eugen Chapus, der Gründer und Redacteur der Fachzeitung „Le Sport" und Verfasser mehrerer Schriften über Jagd und Pferdezucht, starb in Paris, 76 Jahre alt. — Graf Axel Gabriel Bielke, Vicepräsident der schwedischen Akademie der freien Künste, einer der vorzüglichsten Kunstkenner und größten Sammler Schwedens, starb am 17. Januar in Stockholm, 77 Jahre alt. — Thomas Page, ausgezeichneter Architekt, namentlich durch seine großartigen Brückenbauten in England bekannt, in London geboren, starb am 11. Januar in Paris, 74 Jahre alt. — Papadali, Professor der Mathematik und Rector der Universität in Athen, Aristev von Geburt, starb am 10. Januar in Athen. — Johann Christian Poggendorff, Professor der Physik und Chemie an der berliner Universität, ausgezeichnet durch seine Untersuchungen über den Galvanismus, am 29. December 1796 in Hamburg geboren, starb in Berlin am 25. Januar.

Mannichfaltiges.

Dr. Pogge, der auf der Rückreise begriffene Afrikareisende, hat der berliner Afrikanischen Gesellschaft auf telegraphischem Wege aus Lissabon die Nachricht zugehen lassen, daß es ihm in Folge glücklicher Zufälle gelungen sei, in das bisher unerforscht gebliebene Reich des Königs Muata Yambeo in Centralafrika einzudringen. Dr. Pogge trifft in kurzer Zeit in Berlin ein, wo man von ihm mit Spannung weitere Aufschlüsse erwartet.

Eine Gaußanecdote wird, wie folgt, aus Braunschweig berichtet: Gauß, der spätere berühmte Mathematiker, habe einen Bruder gehabt, der wegen seiner Thätigkeit in Feld und Garten des Vaters Liebling gewesen sei. Eines Tages sei nun ein Diener des Herzogs Karl Wilhelm Ferdinand in das Haus des alten Gauß gekommen mit dem Auftrage, den kleinen Gauß einmal zum Herzoge zu führen. Unseres Gauß Bruder, der gegenwärtig war und meinte, die Bestellung bezöge sich auf ihn, fing an, laut zu weinen und weigerte sich, nach dem Schlosse zu gehen. Dies fiel dem Diener auf und er fragte nun den Knaben, ob er denn nicht schon mit der Herzogin im fürstlichen Park gesprochen, wo er in einem Buche gelesen habe? "Nein," war die Antwort, "das sei gewiß sein Taugenichts von Bruder gewesen, der stecke die Nase in die Bücher, statt was Ordentliches zu thun." Es stellte sich denn auch alsbald heraus, daß der Herzog den "Taugenichts" sprechen wollte. Die Herzogin hatte im fürstlichen Garten einen Knaben, in ein Buch vertieft, gesehen, ihn angeredet, nach seiner Lectüre und seinem Namen gefragt. Sie ließ dann auch einen Blick in das Buch werfen und zweifelte, daß der Knabe wirklich verstehe, was er da lese. Ein kurzes Examen belehrte sie indeß eines Besseren. Diese Prüfung war entscheidend für das Leben des kleinen Gauß. Die Herzogin machte ihren Gemahl auf das außerordentliche Talent des Knaben aufmerksam, dieser verlangte, denselben zu sprechen und sandte den oben erwähnten Diener aus, das Kind zu holen. — Als nach Jahren der "Taugenichts" zu einem weltberühmten Manne, der "fleißige und artige" Bruder aber Todtenlassenbote geworden war, hat Letzterer oft, wenn auf den berühmten Bruder die Rede kam, zum Ergötzen der Bürger ganz naiv gesagt: "Ja, wenn ich het gewußt härre, so wäre es jetzund de grote Mann; aber et wolle nich den nahn Gloffe." Der brave Mann ließ sich nicht von dem Gedanken abbringen, daß das Schicksal seines Bruders lediglich von dem Wege zum Herzoge abhängig gewesen sei, und daß er ebenso klug geworden wäre, wenn er sich nur zu dem Gange hätte verstehen wollen.

Eine der wunderbarsten Ueberraschungen wurde zweifellos den Schneidersleuten O. in Berlin zu Theil, indem sie vor etwa drei Monaten ein sich ihnen in Folge einer Zeitungsannonce anbietendes Dienstmädchen aufnahmen, welches, wie sich kürzlich herausstellte, nichts Geringeres als eine legitim echtgeborene Baronesse war. Die Begebenheit klingt in allen ihren Einzelheiten wie ein Roman, wird der "Ger.-Ztg." aber von zuverlässiger Seite als vollkommen wahr verbürgt. Die junge Dame stellte sich der Frau O. für die ausgeschriebene Stelle Ende October v. J. in schlichter Kleidung, ohne Papiere vor, vor welch' letzteren sie behauptete, sie auf der Reise von Dresden hierher im Eisenbahncoupé verloren zu haben. Ihr für eine Magd zwar etwas vornehmes Aussehen gefiel den Schneidersleuten, und das Engagement fand statt. Wiewohl

dieselben es in keinem Punkte zu bereuen hatten, da das junge Mädchen in Allem den besten Willen und den größten Fleiß bezeugte, und auch in Nichts das Bewußtsein ihrer Domestikenpflicht verleugnete, so gelang es dieser doch nicht, die benöthigten Papiere zu beschaffen, welche die Polizei zur Ertheilung des Dienstconsenses beansprucht. Als aus dem Mangel der Papiere für die Schneidersleute bald die größten Unannehmlichkeiten erwuchsen, erschien bei ihnen ein Ehepaar, welches das neue Dienstmädchen in Allem den besten sprechen wünschte. Frau O. schöpfte daraus den Argwohn, daß es sich um ein Vergehen des Mädchens aus früherer Zeit handle, und sah der Begegnung mit begreiflicher Spannung entgegen. Wie erstaunte sie aber, als sie das Mädchen beim Anblick der Fremden mit dem Aufschrei: "Papa, Mama!" in die Knie sinken und in Ohnmacht fallen sah. Aus dem weiteren, äußerst dramatischen Verlaufe der Scene ging hervor, daß Sophie, unter welchem Namen sich das Mädchen bei den Schneidersleuten eingeführt hat, die Tochter einer freiherrlichen Familie in Sachsen sei und ohne Wissen der Eltern einem gewissenlosen Manne in die Fremde gefolgt war. In Berlin hatte er sie verlassen, worauf sie, muthig entschlossen, eine Zuflucht in dem bürgerlichen Hause suchte und fand. Selbstverständlich war ihre Dienstzeit nun zu Ende; die Eltern verziehen ihr und die Baronesse folgte ihnen, nach der überstandenen selbst auferlegten Buße sicherlich für alle Zeit gebessert, in die Heimath; die Schneidersleute erhielten zum Abschied ein reiches Geschenk.

Ein Herr im Damen-Orchester. Zu den vielen Unterhaltungen, welche San Francisko in letzterer Zeit geboten wurden, gehört auch das bekannte wiener Damen-Orchester, zumal da sich an dasselbe — außer dem musikalischen Genuß — noch eine etwas romantische Zugabe knüpfte. Vor längerer Zeit verschwand aus den Kreisen seiner Freunde in Boston der Sohn des Millionärs Hadley, dessen Verbleiben die geheime Polizei in verschiedenen Ländern nachspürte, da eine bedeutende Prämie auf dessen Habhaftwerdung gesetzt war. Sein musikalisches Talent und mädchenhaftes Aussehen leitete eine dortigen Detective auf die erste Spur; unser Held ward in Damenkleidern als erste Violine jener Truppe entdeckt und festgenommen. Hier schützte denselben aber das Gesetz, dem zufolge dramatische und musikalische Künstler sich ungestraft der Kleidung des anderen Geschlechts bedienen dürfen, auch vermochte er zu beweisen, daß er seit sechs Wochen majoren geworden. Dem Polizisten blieb daher nichts übrig, als dem Vater zu telegraphiren, um die gehoffte Hoffnung auf die gehoffte Prämie. Wie es jetzt heißt, war es nicht die Kunst allein, welche den Bankierssohn bewog, seinen Beruf zu wechseln, sondern eine der Künstlerinnen, der es ihm angethan; der "Zug des Herzens" hatte den Delinquenten bewogen, der Truppe zu folgen.

Dankbarkeit eines Modells. Aus Paris wird geschrieben: Den jungen französischen Künstlern, welche jährlich um die sogenannten römischen Preise concurriren, ist soeben eine letztwillige Zuwendung von einer Seite gemacht worden, von der sie es am wenigsten erwartet hatten. Ein gewisser Dubosc, der, wie er selbst in seinem Testamente sagt, seit seiner frühesten Jugend durch achtundfünfzig Jahre den pariser Malern Modell gesessen, hat sein in dieser passiven Thätigkeit erspartes Vermögen von 200,000 Francs (?) der Akademie der schönen Künste mit der Bestimmung vermacht, daß die Zinsen alljährlich unter die jungen Maler und Bildhauer vertheilt werden sollen, welche den römischen Preis errungen haben.

Hosenrollen. Die sogenannten Hosenrollen sind keine Erfindung der neuesten Zeit. Schon am 27. Juni 1747 erließ die Regierung von Weimar ein Actenstück, in welchem es unter Anderm hieß: "Veste und hochgelehrte Räthe, liebe Getreue!

Es wird euch zweifelsohne bekannt sein, daß wir auf das nach-
drücklichste befohlen, daß ohne unser Vorwissen und Erlaubniß
keinerlei Comödianten, Seiltänzern und dergleichen Leuten in
unseren Landen zu spielen und auszustehen erlaubt werden solle.
Wenn wir nun sehr mißfällig vernehmen, daß eine Weibsperson
in Husarenkleidung, auch Andere in unserer Residenz und auf
dem Markte zu Weimar öffentlich ausgestanden und Comödie mit
ihren Leuten gespielt haben, welches anjeßo um so ungebührlicher,
als gegenwärtig Landestrauer . . ." Noch andere historische
Spuren führen darauf, daß schon frühzeitig Frauen sich in Männer-
tracht auf der Bühne bewegten. Lope de Bega schreibt in seiner
„Neuen Kunst, Comödien zu machen": „Die Damen dürfen ihre
Würde nicht verleugnen, und wenn sie sich verkleiden, sei es gut
motivirt, in welchem Falle das Auftreten der Weiber in Männer-
tracht sehr zu gefallen pflegt." Philipp III. von Spanien erließ eine Verordnung gegen die Darstellung von Männer-Rollen
durch Frauen. Der Italiener Garzoni berichtete um 1610, daß
hinter den italienischen Comödianten-Truppen eine Frau in
Mannestracht einhergehe, die eine Trommel rührt und zum Besuche der Vorstellung einladet. Auch in Deutschland finden wir
im vorigen Jahrhundert Künstlerinnen, die ihr Geschlecht maskiren — freilich, ohne daß sie eine Ahnung haben von dem,
was wir heutzutage „Hosenrollen" nennen. Die Neuber, die
im Verein mit Gottsched den Kampf gegen den Hanswurst
kämpfte, spielte in ihrer Jugend in dem Stücke: „Dresdener
Mägde-Schlendrian" einen Studenten; die Frau ihres „Principals", Namens Abt, war als Hamlet sehr beliebt — sie erinnert
an die moderne Hamlet-Virtuosin Felicita von Bestvali und hieß
auch, gleich dieser, mit ihrem Vornamen Felicitas — und auch
Sophie Schulz, Christine Henriette Koch u. s. w. bewegten sich
in der Hose sicherer als im Frauenrocke. Mittlerweile hat der
Schauspielerinnen-Cultus sich derart entwickelt, daß ein Theater
ohne weibliche Mitwirkung unmöglich geworden, gleichviel, ob
die Herrinnen der Erde in ihrem üblichen Costüme oder in einer
Verkleidung, welche ihr Geschlecht hinwegscherzt, vor die Rampen
treten.

      Ein englisches Sittenbild. Eine ungewöhnliche Begeben-
heit wird aus Crowle in Lincolnshire gemeldet. William Biggot,
ein Wurstmacher, verkaufte seine Frau für 40 Pfd. St. an
Chapman Sibb, den Wirth der „Fishmonger Arms". Der
Kaufcontract wurde in dem Bureau eines Advokaten aufgesetzt,
das Geld gezahlt und die Frau dem Käufer übergeben. Beide
Parteien scheinen mit dem geschlossenen Geschäft zufrieden zu
sein. Sibb ist erst vor Kurzem Wittwer geworden.

      Das Auffinden eines weiblichen Skelets unter dem
Composthaufen im Hofe eines wohlhabenden Mannes zu Oestrich
(Rheingau) hat, so schreibt man dem „Rh. u. R-Boten", in ver-
flossenem Sommer viel Aufsehen erregt. Nun kommt Licht in die
geheimnißvolle Geschichte. Der Bruder des betreffenden Haus-
besißers gestand, daß vor 12 Jahren der Leßtere in der Nähe
von Oestrich auf der Chaussee ein perlengesticktes Reisetäschchen
fand, welches 38,000 Gulden baares Geld enthielt. Eine Dame,
Gouvernante einer Herrschaft, sei zu ihm gekommen, um das
Geld zu reclamiren, und bei dieser Gelegenheit wäre dieselbe im
Keller ermordet worden. Die Herrschaft hätte vermuthet, die
Gouvernante sei mit dem Betrage entwischt, und deshalb ist es
auch erklärlich, daß nicht damals schon nähere Nachforschen in
Oestrich veranlaßt worden sind. Für sein Schweigen hätte der
Geständige von seinem Bruder damals 200 Gulden erhalten, die
lasse ihm sein Gewissen keine Ruhe mehr. Die näheren Umstände
lassen an diesen Aussagen keinen Zweifel. Die Staatsbehörde

von Wiesbaden hat nach gepflogenen Erhebungen an Ort und
Stelle die beiden Brüder durch Gendarmerie nach Wiesbaden
ins Gefängniß abführen lassen.

      Der Bau der Tuilerien. Unter den Gesetzentwürfen,
mit welchen der französische Senat sich in der nächsten Zeit be-
schäftigen wird, befindet sich einer betreffs Wiederherstellung der
Tuilerien, die bekanntlich in der schrecklichen Maiwoche von 1871
zum größten Theile niedergebrannt sind. Es ist im Senate eine
Commission damit beauftragt worden, die Möglichkeit eines
Wiederaufbauens des Palastes zu prüfen. Sie hat ihren Bericht
niedergelegt, und darin heißt es, daß der Arbeitsminister mit
Nächstem ein Gesetz vorlegen wird, „welches die Erhaltung des
Tuilerien-Palastes in seiner ursprünglichen äußeren Form sichert".
Denn die Möglichkeit des Wiederaufbauens oder vielmehr der
Restauration ist von den Sachverständigen erkannt worden, und
zwei berühmte Architekten, Duc und Lenuel, haben eine doppelte
Methode für die Befestigung der stehen gebliebenen Mauerreste
bezeichnet. Ihre Anwendung würde freilich etwa 4 Millionen
kosten, so daß man sich vielfach fragt, ob es nicht gescheidter wäre,
Alles niederzureißen und einen ganz neuen Bau auf-
zuführen.

      Ein Nachkomme Peters von Amiens, des Urhebers
der Kreuzzüge, der einzige überlebende Sprosse, der sich Duc
Eduard Louis Rosa di Achery schreibt, wurde kürzlich von Papst
dem Neunten durch ein päpstliches Breve zum römischen Fürsten
ernannt.

      Werthvoller Fund. Vor Kurzem hat ein Arbeiter in
Erfurt unter der Umfassungsmauer des alten Rathhauses eine
Büchse mit Goldmünzen und Schmucksachen ausgegraben,
deren reiner Goldwerth auf 5400 M. festgestellt worden. Viel
werthvoller aber noch scheint dieser Schaß nach seiner numis-
matischen, archäologischen Bedeutung. Die aufgefundenen Goldmünzen bestehen in florentinischen Gulden, venetianischen Zechinen
aus verschiedenen Dogenzeiten des 13. Jahrhunderts, ferner aus
genuesischen Dukaten mit Bild und Umschrift Kaiser Conrad's
(1339 bis 1344), aus englischen Rosenobel von König Eduard
(1327 bis 77) und endlich aus einer gewaltigen Goldmünze
des Kaisers Numerianus (282 bis 284 nach Christo). Die 105
Stück Schmucksachen bestehen aus dreieckigen Schildchen, Glöck-
chen ꝛc., die wahrscheinlich kirchlicher Bedeutung sind. Angenommen wird, daß die Sachen im Besiß eines Erfurter Israeliten
gewesen sind, welcher sie vor dem Ausbruche der Judennoth
(1349) vergraben hat.

      Frühling im Januar. Aus Coblenz 15. Januar wird
geschrieben: Als Curiosität verdient gewiß erwähnt zu werden,
daß gestern bereits frisches Maikraut aus dem Coblenzer Walde
heimgebracht worden ist, welches natürlich sofort zur Bereitung
einer Maibowle diente. Da in den Gärtchen des dem Schüßen-
hofe gegenüber stationirten Bahnwärters nicht nur Erdbeerblüthen,
sondern auch schon halbreife Früchte zu sehen sind, dürfte die
Möglichkeit, eine Erdbeerbowle herzustellen, auch nicht mehr fern
sein. — In einem Garten zu Gräfenhainchen wurden in diesen
Tagen an einem Kirschbäumchen mehrere Zweige nicht nur mit
Blüthen, sondern selbst mit vielen bis zur Erbsengröße entwickelten Kirschen gefunden. — Vom Teutoburger Walde wird
gemeldet: Seit dreißig Jahren erfreute uns seit wie heuer ein
so milder Winter. Was der vorjährige Allerheiligen-Winter,
statt „Sommer", mit seinem starken Schneefall und Frost verdarb, scheint wieder gutzumachen wollen zu sollen. Nach ähnlichen
Wintern zu schließen, haben wir noch einige Wochen Frost zu
erwarten, um dann in's Frühjahr einzugehen.

Redigirt unter Verantwortlichkeit des Herausgebers: Otto Janke in Berlin. — Redacteur des Feuilletons: Robert Schweichel in Berlin. —
Verlag von Otto Janke in Berlin.   Druck der Berliner Buchdruckerei-Actien-Gesellschaft.   Seßerinnenschule der Lette-Vereins.

Deutsche Roman-Zeitung.

№ 20. Erscheint achttäglich zum Preise von 3½ ℳ. vierteljährlich. Alle Buchhandlungen und Postanstalten nehmen dafür Bestellungen an. Durch alle Buchhandlungen auch in Monatsheften zu beziehen. Der Jahrgang läuft von October zu October. 1877.

Vergeltung.

Roman

von

E. Rudorff.

(Fortsetzung.)

Zwölftes Capitel.

Graf Sternau trat gerade in den Saal, als man stürmisch die dritte Vorführung von „Herrmann und Dorothea" verlangte. Die Anwesenden erschöpften sich in Ausrufen der Bewunderung über die der Dichtung entsprechende Decoration, die naturgetreue Scenerie und vor Allem die Schönheit der „Dorothea".

Der kleine Vorhang rauschte wieder auf — und in der That, Elma sah reizender aus als jemals zuvor. Dabei lag in ihren frischen Zügen eine tiefe innere Erregung, ganz wie sie durch das Gedicht geboten ist; Niemand hätte etwas Vollendeteres als diese „Dorothea" sich denken können.

Man wendete sich beglückwünschend an Graf Bernhard, den Freiherrn und seine Gattin. Graf Sternau stimmte in der maßvollen Weise bei, welche Lobsprüche so angenehm erklingen läßt, da sie jede Schmeichelei auszuschließen scheint.

In der Seele des Bräutigams fand ein ernster Kampf statt. Graf Schöneich war ein Mann von gediegenem Charakter, verbunden mit großer Zartheit des Empfindens. Um der Geliebten bald nahe zu sein, hatte er sich keinen Augenblick der Ruhe gegönnt, war Tag und Nacht gereist, und fand sich nun unmittelbar aus der düsteren Atmosphäre eines Krankenzimmers in die heiterste Gesellichkeit versetzt. Statt einer innigen Aussprache mit Elma sich hingeben zu können, schien er zunächst darauf angewiesen zu sein, ihre Schönheit, vielleicht auch ihre Talente — denn man konnte ja nicht wissen, was der Abend noch bringen werde — gemeinsam mit einem größeren Verein von Gästen zu bewundern. Maßvoll und ruhig hatte er dies Elma angedeutet, als sie vor einer Stunde sich in dem Costüm der „Dorothea" vorstellte. Das Mädchen jedoch hatte ihn ungerecht gefunden, und anscheinend sehr erregt und verletzt das Zimmer verlassen.

Graf Sternau sah die Wolken auf der Stirn des Bräutigams und beeilte sich einen Platz neben ihm einzunehmen; seinem diplomatischen Geschick mußte es unfehlbar gelingen, das gute Einvernehmen zwischen den Verlobten wiederherzustellen.

Nachdem er theilnahmsvoll nach dem Befinden des leidenden Oheims sich erkundigt hatte, fuhr er — gleichsam des Grafen Gedanken errathend — fort: „ich fühle lebhaft mit Ihnen, wie schmerzlich dieser unvermittelte Uebergang von dem Krankenbette eines hülflosen Greises zu den frohen Zerstreuungen der Jugend auf Sie wirken muß. „Jugend ist ein Kranz von Rosen, Alter eine Dornenkrone,' sagt schon der Talmud. Und doch sind es eigentlich nur unsere modernen Errungenschaften — zumal unser Dahinfliegen durch den Raum — welche den Grund zu solchen Dissonanzen in unserem Empfinden bilden. Vor sechzig Jahren würden Sie, Herr Graf, mehr als eine Woche gebraucht haben, um von der Begüterung Ihres Herrn Oheims bis hierher zu gelangen; wieviel Abwechselung wäre Ihnen während einer solchen Reisezeit geboten worden, wieviel heitere und ernste Scenen wären da an Ihnen vorübergegangen! Das Traurige hätte — von dem Schleier der Wehmuth verhüllt — allmälig seine Herbigkeit verloren, Hoffnung und Freude wären immer strahlender hervorgetreten!"

Diese Rede wurde durch den Beginn der Ouvertüre zu „Iphigenie auf Tauris" von Gluck unterbrochen, welche das Iphigenia-Bild einleiten sollte.

Auch dieses Bild fand allgemeinen Beifall und man wurde plötzlich gewahr, daß Manon ein schönes Mädchen sei. Graf Bernhard sprach offen seine Bewunderung über die classische Form ihres Gesichtes und ihre edle würdevolle Haltung aus. Bei edlen Menschen — wenn sie wahrhaft lieben — steigert sich die Theilnahme an allem Schönen und Würdigen, weil ihre Seele reicher und empfänglicher geworden ist; nur bei kleinen Geistern erschöpft sich das Gefühl in der Neigung zu dem geliebten Gegenstande und sie behalten kein Atom von Wärme für die übrige Welt zurück.

Graf Sternau gab seine lebhafte Beistimmung zu erkennen. „Glauben Sie wohl," begann er auf's Neue zu dem Grafen, „daß dies reizende junge Mädchen noch niemals ein Theater besucht hat, daß sie eigentlich zum ersten Male die Freuden der Geselligkeit kostet? Und ist es nicht mit Elma beinahe der gleiche Fall? Mein vortrefflicher Oheim, dessen Herzens-Eigenschaften ihn so verehrungswerth machen, hat die Mädchen gehalten, als ob sie in Klostermauern sich befänden. Ich selbst war vor acht Jahren mit dem Onkel Brandt zum letzten Male hier; ein Disput über Essen und Trinken trennte die Schwäger, und erst das glückliche Familienereigniß — Ihre Verlobung mit Elma — hat uns Alle wieder näher gebracht. Man zürnte dem lieben Freiherrn, der inzwischen jede gesellige Verbindung gelöst hatte, aber ihm wirklich gram zu werden, das vermochte Niemand. So ist es gekommen, daß jetzt wiederum von allen Seiten Verwandte, liebe Freunde und Gutsnachbarn herbeiströmten, um nachzuholen, was in den verflossenen Jahren versäumt worden war."

Diese, wie es schien, ohne Absicht hingeworfenen Worte verfehlten nicht einen tiefen Eindruck auf den Bräutigam zu machen, der ja keine Ahnung davon haben konnte, daß Sternau den Inhalt seiner Unterredung mit Elma kenne. Auf's Neue hob sich der Vorhang und Elma-Eugenie zeigte sich in dem vollen Glanze ihrer Schönheit. Lächelnd blickte sie — die Schmucksachen in der Hand — zu der Hofmeisterin empor, und doch lag auf dem blühenden Antlitz ein elegischer Zug, als ob die Seele in Vorahnung von etwas Schmerzensvollem sanft erbebe.

„Herrlich, herrlich!" flüsterte Sternau dem Grafen zu; „man müßte glauben, Elma habe die Bildwerke der Alten studirt, in welchen der tiefste Schmerz noch immer einen Hauch der Anmuth bewahrt, und das Lächeln der Freude einem göttlichen Ernst zu entspringen scheint! Wahrhaftig, ich habe meiner holden Cousine diesen Ausdruck gar nicht zugetraut! Nun freut es mich doppelt, daß ich darauf hinwirkte, lebende Bilder zu stellen. Tante Ulrike hatte mich nämlich gebeten: irgend welche Zerstreuungen vorzuschlagen, durch welche sich die erste Sprödigkeit im Verkehr unter den lange getrennten Verwandten unschwer überwinden ließe. Lebende Bilder erschienen mir als das Passendste, besonders wenn man dabei die Schönheit von Elma und Manon in's Auge faßte. Beide hatten gar nicht darauf gerechnet, mitzuwirken. Manon nahm die Aufforderung mit Thränen der Rührung entgegen und Elma meinte hinwiederum, daß sie, als Tochter des Hauses, sich bescheiden im Hintergrunde halten müsse. Bei der Rolle der „Dorothea" gab es den Ausschlag, daß wir Herrn von Bärenhorst zum „Herrmann" gewählt, und Elma sich einem Verwandten von Ihnen gern freundlich erzeigen wollte."

Graf Schöneich erwiderte nur wenige Worte, in seiner Seele waren in schneller Folge die größten Wandlungen vorgegangen. Wie hätte er vermuthen dürfen, daß Alles was er so eben gehört, dem Wesen nach eine Lüge sei, die man auf's kunstvollste mit kleinen Fetzen von Wahrheit drapirt habe.

Er klagte sich an: voreilig in seinem Urtheil und ungerecht gegen Elma gewesen zu sein. Die innere Bewegung im Antlitz der Geliebten war ihm nicht entgangen und er deutete sie nur zu ihren Gunsten. Das Mädchen mußte sich verletzt fühlen, daß er ohne weiter zu forschen, mit wenig begründetem Tadel ihre unschuldige Freude getrübt habe! Ach, wenn er ihr ohne Zeugen hätte nahen, Worte der Liebe zu ihr sprechen dürfen!

Kaum hörte der Graf noch was Sternau weiter sagte und hielt — als der Vorhang sich wieder gesenkt hatte — den Blick fest auf die Thür gerichtet, durch welche Elma bald in den Saal treten würde. —

Das Mädchen hatte inzwischen Zeit gefunden, ihre Gedanken zu sammeln, ihre Lage zu überdenken. Sie liebte Arthur und wurde wieder geliebt! Des jungen Mannes leidenschaftliche Aufregung und seine Schlußworte ließen keinen Zweifel in ihr aufkommen. Welche Gründe konnte sie aber für Arthur geben, seiner Liebe zu entsagen? Noch hatte sie das bindende „Ja" am Altare nicht gesprochen — ihr Vater würde anfänglich zürnen, wenn sie von dem Verlöbniß mit dem Grafen Schöneich zurückträte, jedoch wohl nicht unversöhnlich sein. Arthur besaß nur ein geringes Vermögen, dafür war sie reich genug, wenigstens hatte es Ulrike oftmals vor ihr ausgesprochen. War es Stolz, der Arthur hinderte zu werben, bevor er der Geliebten eine glänzende Stellung bieten könne? Oder hatte er bereits Versprechungen gegeben, die ein Mann von Ehre einlösen muß? Elma wollte Klarheit haben; in den nächsten Tagen würde und müßte sich eine Gelegenheit bieten, um in der Seele des jungen Mannes zu lesen.

Und ihr Verlobter? Die Liebe, welche Elma zu Sternau zog, hatte ihren starren Egoismus gemildert und sie dachte mit Sorge daran, welch schweres Leid sie über den Mann verhängen müsse, der so innig sie liebte! Ganz gegen ihre sonstige Art sich zu benehmen, trat Elma erregt und ernst blickend in den Saal.

Von allen Seiten beeiferte man sich, der Tochter des Hauses, der Schönsten der Schönen, Worte der Huldigung darzubringen. Graf Schöneich, der mit festem bedeutungsvollem Druck ihre Hand erfaßt hatte, zog — als die Schaar der Gäste um ihn her ein wenig sich gelichtet hatte — Elma in eine Fensterbrüstung und sagte:

„Meine geliebte Elma, zürnst Du mir? Nimm mein Wort, daß ich nicht meinte Dir wehe zu thun, sondern nur den Zustand meiner Seele vor Dir zu enthüllen strebte. Menschen, welche ihr Leben mit einander zu theilen gedenken, müssen vor Allem die lauterste Wahrhaftigkeit gegen einander sich zur Pflicht machen. Dann können kleine Aeußerlichkeiten wohl für Augenblicke verstimmen, aber der innerste Kern des Bündnisses bleibt davon unberührt. Vergieb mir!" — — —

„Bernhard, ich habe Dir viel zu sagen — — ach, auf meinem Herzen lastet" —

„Darf man näher treten, ohne Furcht zu stören?" Elma schrak zusammen. Sternau, der von ihr unbemerkt neben dem Spiegelpfeiler gestanden, trat vor die Verlobten hin.

„Mein lieber Herr Graf," entgegnete Bernhard, indem er Sternau die Hand reichte, „Sie stören durchaus nicht! Ja, ich will offen bekennen, daß ich Ihnen zum Dank verpflichtet bin für manches gute Wort, das

Sie im Laufe des Abends mir gesagt. Ich hoffe Sie werden die Freundschaft, welche Sie mit der Familie Planitz verbindet, auch auf mich übertragen, und können des herzlichsten Willkommens in meinem Hause sich stets versichert halten."

"Falls die künftige Gräfin Schöneich mir ihre freundlichen Gesinnungen bewahrt, würde ich eine solche Einladung hoch zu ehren wissen," entgegnete Sternau voll Artigkeit.

Elma verneigte sich zum Zeichen der Zustimmung, etwas zu erwidern hätte sie nicht vermocht.

Graf Sternau zog einen Sessel heran und sprach zu dem Grafen gewendet: "Mir steht ein schlechter Sommer bevor; sobald ich dies gastliche Schloß verlassen habe, muß ich nach meiner Besitzung reisen, um mit einem unredlichen Pächter, der mich übervorteilen will, Abrechnung zu halten und einen Inspektor dort einzusetzen. Dann ist auch mein Urlaub beinahe zu Ende und ich habe läuten hören, daß man mich der Gesandtschaft in Constantinopel zutheilen will. Vor kurzer Zeit wäre mir diese weite Entfernung von der Heimat durchaus nicht wünschenswerth gewesen, allein eigenthümliche Verhältnisse lassen mir dieselbe als einen Wink des Fatums erscheinen. Man steht oft unschlüssig im Leben da, man fühlt was man sich und Andern schuldig ist, und sträubt sich dennoch das allein Richtige zu thun. Ein solch äußerer Anlaß, der uns forttreibt gegen unsern Willen, ist dann aufs Höchlichste zu preisen."

Die Glocke von Tante Ulrike ertönte, ein Zeichen, daß die zweite Abtheilung der lebenden Bilder jetzt folgen werde.

Manon begab sich zu dem Pianoforte, um statt des Candidaten, der im Tasso-Bilde mitwirkte, das einleitende Musikstück aus Webers "Euryanthe" vorzutragen.

Graf Sternau's Blicke folgten ihr, dann erhob sich schnell. "Wie ich sehe," sprach er zu den Verlobten, "schickt Niemand von den jüngeren Herren sich an, für Fräulein d'Aulnois die Noten um zuwenden. Da muß ich schon einhelfen und der Jugend zeigen, wie man sich gegen Damen zu benehmen habe!"

Anmuthig sich verbeugend verließ der Graf seinen Platz und stand gleich darauf hinter Manons Stuhl. —

Dreizehntes Capitel.

Manon präludirte noch als Graf Sternau zu ihr trat. "Sie gestatten, mein gnädiges Fräulein, daß ich die Noten für Sie umwende?"

Lieblich neigte Manon den schönen Kopf zum Zeichen des Dankes.

Mit kräftigem Ton und vollem Verständniß erklang nun aus Webers "Euryanthe":

"Den Frauen Heil! den zarten Schönen,
Den Blumen in des Lebens Kranz.
Wohl ringt der Muth nach Siegesglanz,
Doch Liebe muß das Leben krönen."

Graf Sternau überblickte schnell das Musikstück, um zur Zeit das Blatt umwenden zu können; allein wie sehr erstaunte er, als die Spielerin — nachdem sie die Introduktion zum Gehör gebracht — ohne sich weiter an das Musikheft vor ihr zu binden, und ganz ihrem musikalischen Gedächtniß vertrauend, kunstvoll zur Romanze "Adolars" überging und mit der Wiedergabe des Chores:

"Dich Held und Sänger müsse Ruhm bekrönen!"

wirksam schloß. Der ganze Vortrag hob alle Schönheiten der Musikstücke hervor, ohne die Zuhörer zu ermüden. Der Graf hatte in früheren Jahren gut Clavier gespielt und stets treffliche Musik gehört; er war befähigt das seltene Talent des Mädchens zu würdigen und sprach dies in einfachen Worten gegen sie aus. Manon behielt keine Zeit, auf diese Lobsprüche etwas zu erwidern, da der Vorhang in die Höhe ging und sie schnell einen Platz suchen mußte, um das Tasso-Bild beschauen zu können.

Graf Sternau blieb auch da in ihrer Nähe, denn während er Manons Spiel bewunderte, hatten mannigfache Gedanken seine Seele durchkreuzt. Bis zur Ankunft des Grafen Schöneich waren Herr von Bärenhorst und er hauptsächlich um Elma beschäftigt gewesen, Beide wurden jetzt in gewissem Sinne durch die Anwesenheit des Verlobten frei.

So nahe wie die Gäste in Schloß Berneck auf einander gewiesen waren, konnte ein junger eleganter Mann gleich ihm, sich nicht völlig von den Damen abschließen, ja er mußte bei kleinen Ausflügen einer derselben mehr Aufmerksamkeit erweisen als den andern.

Anna von Helbig, obwohl ein hübsches und sehr wohlhabendes Mädchen, war zu unbedeutend, um eine längere Unterhaltung mit ihr wünschenswerth zu machen, auch zeigte sich Felix von Brandt so überaus beeifert für sie, daß man wohl auf eine Herzensneigung schließen durfte. Warum sollte der Graf, dem es ganz fern lag, dies junge Geschöpf zu wählen, den Lieutenant aus dem Felde schlagen? Warum überhaupt Etwas thun, das er für unrecht hielt, wenn es nicht geschehen mußte, um die eigenen Zwecke zu fördern?

Sternau hatte natürlich mit innerm Spott bemerkt, wie Orbach jede Gelegenheit ergriff, um in Manon's Nähe zu sein; und obwohl er ihm die Thorheit nicht zutraute, ernste Absichten auf ein so junges und schönes Mädchen zu haben, so wollte er ihn doch ein wenig zwingen, sich dahin zu wenden, wohin er eigentlich gehörte — zu Malvine von Helbig. Der Graf trug es seinem ehemaligen Vormunde mit geheimem Grolle nach — obwohl Beide in den freundlichsten Formen mit einander verkehrten — daß derselbe sich früher Ermahnungen und Vorhaltungen gegen ihn erlaubt hatte, die er für durchaus unpassend hielt, und für welche er sich durch kleine Malicen zu rächen strebte.

Der junge Mann faßte den Entschluß, für die Zeit seines Aufenthaltes in Schloß Berneck sich Manon voll seiner Aufmerksamkeit zu nähern. Das Mädchen war höchst anmuthig, talentvoll, intelligent; sie gehörte gewissermaßen dem Hause an und stand wiederum so mittellos da, daß wohl kein Verständiger in diesem liebenswürdigen Verkehr etwas anderes, als eine Artigkeit des feinen Weltmannes finden konnte.

Auch würde Elma, dessen war der Graf gewiß, jeder etwa auftauchenden Anspielung von innigern Gefühlen gleich die Spitze abbrechen. Denn da sie von ihm sich geliebt wähnte, konnte sie es nur für ein kluges Manöver halten, daß Sternau den Einblick in sein wahres Empfinden auf diese Weise zu hindern strebte.

Der Graf mußte nach der Vorführung des Tasso-Bildes Manon verlassen, um sich für sein Erscheinen in dem letzten Bilde umzukleiden. Er hatte in ruhiger Freundlichkeit zu ihr gesprochen und verabschiedete sich von dem Mädchen mit der Bitte: sie möge keine zu strenge Kritik an seine Wiedergabe des Dichterfürsten legen.

Manon blieb in Nachdenken darüber versunken, wie eigentlich Alles, was der Graf sagte: sei es in neckender Rede zu Elma, in höflicher Unterordnung gegen Tante Ulrike, oder in dem freundlich theilnehmenden Tone, den er schon mehrmals gegen sie angeschlagen, von einem eigenthümlichen Zauber durchweht sei. Und Orbach hatte Recht gehabt, Sternau war ein sehr schöner Mann!

Auch das Bild: „Friederike von Sesenheim," erregte ebensoviel Freude, als es Stoff zu allerlei Scherzreden gab. Die beiden Brüder Felix und Odo von Brandt, als Pfarrer und Pfarrsohn trefflich geschminkt, fanden gleich den beiden Schwestern Helbig großen Beifall. Und da man bereits über die Neigung des Lieutenants zu Anna und eine stille Anbetung des Forst-Akademikers für Malvine allerlei heitere Thatsachen und Umstände mitzutheilen wußte, so fehlte es nicht an Commentaren, in einem Theile der Gesellschaft ein nachhaltigeres, größeres Interesse einflößten, als die schönste Kunstschöpfung es vermocht hätte.

Ganz im Gegensatz zu diesem Eindruck war derjenige, welcher das letzte Bild hervorbrachte.

Im Vordergrunde: Sternau-Göthe mit wallendem Lockenhaar, stolz und kühn die Arme übereinander geschlagen, dahineilend auf flüchtigem Fuße, als ob die Welt ihm gehöre!

Man sah eigentlich nur diese eine prächtige Gestalt, obwohl die Baronin als „Frau Göthe" heute ihren besten Tag hatte und Anna und Malvine Helbig als „Maximiliane Brentano" und „Cornelia" sich gleichfalls sehr gut ausnahmen.

Manon, die sich stets gescheut, in das leuchtende Auge Sternau's zu blicken, hielt jetzt, da er als Bild vor ihr stand, eine solche Rücksicht nicht für geboten und betrachtete mit Herzensfreude die feinen Züge, das schöne Auge, die schlanke Gestalt des Grafen.

Wie gut war es, daß jedes Bild dreimal gezeigt wurde! Unmittelbar nach der Vorführung der lebenden Bilder fand das Abendessen statt, und Graf Sternau hatte seinen Platz neben der vornehmsten Dame aus der Gesellschaft erhalten.

Als die Tafel aufgehoben wurde, suchte er Manon in einem Nebenzimmer auf, wo sie in bescheidener Weise die Dienstboten angeleitet hatte, schnell Tische und Geschirre zu entfernen, damit die Gäste nöthigenfalls sich hierher zurückziehen könnten.

„Habe ich als „Göthe" Gnade vor Ihren Augen gefunden?" fragte er das Mädchen, als er sich mit ihr allein befand.

Manon's Brust füllte ein wunderbares Empfinden. Gleich einem Vögelchen, das zum ersten Male seine Schwingen entfaltet, tief aufathmend sich dann in den klaren Aether hebt und voll Lust über die ungeahnte Kraft, das wonnige Schweben in dem reinen Element, seinen lieblichen Sangesgruß ertönen läßt, so entgegnete

das Mädchen — beglückt und erstaunt über ihren Muth — mit schalkhaftem Lächeln: „Wissen Sie auch, Herr Graf, daß ich Sie für sehr eitel halten muß? Denn Sie verlangen natürlich nur eine schmeichelhafte Aeußerung von mir zu hören!"

„Gern gestehe ich ein, daß ein Lobspruch von Ihren Lippen mich sehr erfreuen würde! Hörten Sie es nicht ebenfalls mit Vergnügen, daß Ihre Wiedergabe der „Iphigenia," Ihr seltenes musikalisches Talent mich entzückt haben? Es ist ja in der menschlichen Brust tief begründet, daß wir unserer Fähigkeiten, unserer Eigenschaften erst dann voll Glück uns bewußt werden, wenn wir ihre sympathische Wirkung auf Andere gewahren. Ich halte es für ein großes Vorrecht der Frauen, daß ihr Lob unaufgefordert von unsern Lippen ihnen entgegen getragen wird, während wir uns begnügen müssen die Meinung der Schönen zu errathen."

„Mich dünkt, in einem solchen Errathen könnte oft ein viel höherer Reiz liegen, als in einer klaren Aussprache!"

„Sicherlich, Fräulein! allein dann muß auch Gelegenheit zu einem lebhaften Verkehr vorhanden sein, damit die absichtlich verschleierte Meinung uns endlich klar werde. Wer gleich Ihnen voll Liebenswürdigkeit sich bestrebt, es allen Gästen behaglich zu machen, kann für den Einzelnen stets nur wenige Augenblicke übrig haben. Aber ich werde den Bann zu brechen versuchen, welcher Sie der Geselligkeit so oft entzieht und den Onkel bitten, daß er Ihre Talente nicht brach liegen läßt! Und ich verlasse Schloß Berneck nicht früher, bevor ich errathen habe, wie seine lieblichste Bewohnerin von mir denkt!" —

Vierzehntes Capitel.

Ein feiner Regen war am nächsten Morgen gefallen, dann brach plötzlich ein Strahlenkranz goldigsten Lichtes hervor und von jedem Halme, von allen Blumen und Gesträuchen blitzten, gleich farbensprühenden Diamanten, schimmernde Tropfen empor.

Der Freiherr war nach dem Frühstück mit einem Theil der Gäste in dem Gartensaale geblieben, während die Andern sich in das Musikzimmer begeben hatten. Durch die weit geöffneten Thüren strömte die balsamische Luft hinein und das Auge konnte an dem Glanze der wunderbar erquickten Erde sich erfreuen. Man besprach eben lebhaft die gelungene Ausführung der lebenden Bilder und Graf Sternau stimmte für eine baldige Wiederholung nach Gemälden alter Meister, als der Candidat Weiß gemeldet wurde.

„Der Herr Candidat wird mir willkommen sein!" sagte heiter lächelnd der Freiherr, ohne das Stirnrunzeln seiner Schwester Ulrike weiter zu beachten, welche dieses schnelle Wiedererscheinen des Herrn, von dem man sich erst um Mitternacht getrennt hatte, augenscheinlich zu mißbilligen schien.

„Verzeihen Sie, Herr Baron, wenn ich störe," wendete der Candidat sich zu dem Freiherrn, der ihm artig entgegen gegangen war, „doch ein Auftrag des Herrn Pfarrers zwingt mich dazu. Ich habe zu melden, daß die Wittwe Ehlert heute in der Frühe heimgegangen ist" —

„Die Wittwe Ehlert gestorben!" fiel eifrig der Freiherr ein, „Manon, haft Du nicht gestern noch ihr meine Tinktur gereicht?"

„Jawohl, lieber Onkel, und es schien mir, als ob sie sich besser befände, als Tages zuvor."

„Wohl ein letztes Aufflackern der Lebenskräfte, wie man es häufig bei Schwerkranken findet," meinte der Candidat.

„Nein, nein, hier muß entschieden ein Fehler vorgekommen sein!" sagte mit Nachdruck der Freiherr. „Die Frau war noch gar nicht so alt" — —

„Fünf und achtzig Jahre, Herr Baron, wie ihre Stuben-Nachbarin mir sagte, und es ist wahrscheinlich ein Lungenschlag gewesen, der ihrem Leben ein Ziel gesetzt. Die Frau hat keine Angehörigen hinterlassen, Kinder und Kindeskinder sind vor ihr dahingegangen; sie fristete ihr Dasein nur durch Ihre Güte, Herr Baron, und Ihr Wille ist daher bei der Bestattung maßgebend," sagte der Candidat.

„Da die Frau allein stand und eine Ortsarme war, Schwager, so könnte man ja hier den Versuch mit der Feuerbestattung machen," meinte der Oberforstmeister.

„Nein, Schwager, dafür bin ich nicht! Falls wir unsre jetzige Bestattungsweise aufgeben sollten, würde ich eine andre vorziehen, bei welcher die „Maurer" als Todtengräber zu fungiren hätten. Ich werde Dir später das auseinandersetzen, möchte aber jetzt nur hinzufügen, daß für's Erste es bei dem landesüblichen Begräbniß verbleiben soll. Auch würde der Herr Pfarrer wohl gegen die Leichenverbrennung sein," wendete sich lächelnd der Freiherr an den Candidaten.

„Sicherlich, Herr Baron! So lange wir auf christlichem Boden stehen, müssen wir heidnischen Gebräuchen entgegentreten. Aber ich möchte noch hervorheben, daß außer uns Christen auch die Völker, welche an einen einigen, allbarmherzigen, allweisen Gott und an Unsterblichkeit glauben — wie Mohamedaner und Juden — ihre Todten in den mütterlichen Schooß der Erde betten! Diese Welt gleicht einer Herberge am Wege, die künftige aber ist das wahre Daheim. Bereite Dich im Vorsaal vor, damit Du in den Palast gelassen werdest!' sagt im Gesetzbuch der Juden."

Der Candidat hatte — entgegengesetzt seinem gewöhnlich vorsichtigen Auftreten — mit großer Wärme gesprochen, und es entstand eine kurze Pause, dann sagte Baron Orbach: „Als wir das Eugenia-Bild probirten, habe ich in Göthe's „natürlicher Tochter" geblättert, um mich über die darzustellende Situation zu informiren, und fand dabei Aussprüche unseres großen Dichters, welche sich für die Feuerbestattung aussprechen. Göthe läßt den Herzog in seinem Schmerz über die verlorene Tochter ausrufen:

„O! Wehe! daß die Elemente nun,
Von keinem Geist der Ordnung mehr beherrscht,
In leisem Kampf das Götterbild zerstören!"

Und dann ihn nach einer Gegenrede des Weltgeistlichen fortfahren:

„O weiser Brauch der Alten, das Vollkommene,
Das ernst und langsam die Natur geknüpft,
Des Menschenbilds erhabne Würde, gleich
Wenn sich der Geist, der wirkende, getrennt,
Durch reiner Flammen Thätigkeit zu lösen!"

Göthe erkannte also in der Leichenverbrennung etwas Weises, Nachahmungswürdiges!"

Manon hatte mit der höchsten Spannung und lebhaft gerötheten Wangen zugehört, sie wünschte augenscheinlich Etwas zu sagen, kämpfte jedoch — sich bescheidend, daß es ihr nicht gezieme hier das Wort zu ergreifen — diesen Vorsatz nieder.

„Wollten wir selbst die Ansicht, welche Göthe durch den Mund des Herzogs aussprechen läßt, auch für die seinige ansehen, so beweise dies eben nur, daß unser großer Meister nicht auf dem Boden des Christenthums gestanden, so kenne keinen namhaften Dichter, welcher die Leichenverbrennung gepriesen, wohl aber ist von unzähligen das Ruhen in dem Schooß der Erde in ergreifenden Worten verherrlicht worden," entgegnete der Candidat

„Meiner Ueberzeugung nach," ergriff nun Graf Schöneich das Wort, „kann der Vorschlag der Feuerbestattung erst dann die allgemeine Zustimmung erhalten, wenn wir entweder so völlig Materialisten geworden sind, daß es keine Anhänglichkeit an den Leib der Geliebten mehr giebt, oder so ganz erhabenen Geistes, daß wir so schnell als möglich den irdischen Theil unserer Theuren zu vernichten suchen, um nur der Erinnerung an deren edle Eigenschaften uns hinzugeben. Von Beidem sind wir, wie mich dünkt, noch weit entfernt!"

„Und Du schweigst durchaus, Arthur, und läßt uns im Unklaren, wie Du mit Deinen Todten verfahren würdest?" fragte Elma den Grafen Sternau.

„Warum bringst Du mir den Gedanken nahe, daß ich Die verlieren könnte, deren Dasein mein Leben so hoch beglückt?" erwiderte Sternau mit dem Anscheine leisen Vorwurfs.

Ein dankbarer Blick von Elma und Manon lohnte diesen gefühlvollen Ausspruch.

„In neuerer Zeit," begann nun der Freiherr, „ist eine Art der Bestattung in's Auge gefaßt worden, welche mir vortrefflich erscheint und — falls sie allgemein adoptirt würde — unsere Kirchhöfe zu monumentalen Bauten verwandeln könnte: man legt die Todten in einen Sarg von Kunststein, gießt flüssige Cementmasse — die sich schnell erhärtet — hinein, und in nicht zu langer Zeit ist der Körper zur Mumie eingetrocknet. Die Särge müßten dann flach sein und es ließen sich, indem man sie gleich Quadersteinen benutzte, Grab-Kapellen, ja Bauwerke gleich den Pyramiden des Alterthums daraus errichten!"

„Aber Schwager, wir sind doch nicht Alle von gleicher Größe und Stärke, bedenke außerdem die übergroße Mehrzahl der Kinderleichen, welch absonderlich verschiedene Form von Bausteinen müßte da erstehen," wandte der Oberforstmeister ein.

„Lieber Brandt, ich spreche wie es künftig, vielleicht nach fünfzig oder hundert Jahren sein wird! Die Cementsärge für die Erwachsenen müßten natürlich alle von gleicher Größe sein; bei den Kleinen und Hageren wird mehr flüssige Cementmasse, bei den Großen und Starken wird wenig um die Körper gegossen. Und Kinderleichen? Hoffentlich" — um des Freiherrn Mund spielte ein siegesgewisses Lächeln — „ist dann meine Heillehre schon ein Gemeingut der Menschheit geworden, und Kinder sterben nicht mehr, sondern nur altersmüde Greise."

„Werden auch keine Kinder mehr verunglücken, ertrinken, oder sonst um's Leben kommen!" rief ungeduldig Brandt.

„Du hast Recht, Schwager, an die armen Verunglückten dachte ich nun, nun, die kommen einfach in das Innere der Kapelle oder vielmehr Pyramide! Je mehr ich aber diesen Plan von allen Seiten beleuchte, je passender und schöner erscheint es mir, daß unsere Todten so allmälig beginnen, sich zum Himmel zu erheben, der Erde mit ihren mancherlei Calamitäten entrückt werden. Der Aufschwung zu einer besseren Welt wird sinnbildlich damit auf's Wirksamste angedeutet."

„Die Idee ist ganz ausgezeichnet!" fiel schnell Graf Sternau ein, denn er fürchtete, die beiden Schwäger möchten wiederum aneinander gerathen. „Aber verzeih' mir, Onkel, wenn selbst der Gedanke: ich wäre dazu ausersehen, die Spitze einer solchen Pyramide zu krönen und der Nächste zu einem himmlischen Aufschwunge zu sein, mich heute düster stimmt. Wenn Du es gestattest, begebe ich mich in den Garten, um in vollster Lust zu empfinden, wie schön es sich athmet im rosigen Licht!"

„Geh' nur Arthur, geht nur Alle!" rief der gutherzige Freiherr, „ich behalte allein den Herrn Candidaten zurück, um mit ihm wegen der Wittwe Ehlert zu verhandeln."

Fünfzehntes Capitel.

Das Brautpaar erhob sich zuerst und verließ den Garten; dann folgten Brandt und Sternau. Der Letztere trennte sich bald von dem alten Herrn und ging einer offenen Jasminlaube zu, welche dem Gartensaale gegenüber lag.

Orbach wollte sich eben Manon nähern, um in ihrer Gesellschaft einen Gang in's Freie zu machen, als Tante Ulrike, welche mit Sternau — ehe er den Saal verließ — einen Blick des Einverständnisses gewechselt hatte, ihn aufforderte, sie in das Musikzimmer zu begleiten. Einer solchen Einladung mußte er schon Folge leisten. Unschlüssig blieb Manon allein in der Mitte des Saales stehen. Sie sah Sternau und hätte ihm gar zu gern in unschuldsvoller Freude für seine gefühlvollen Worte gedankt, aber — ihr Herz pochte bang — könnte das nicht so gedeutet werden, als ob sie den Grafen aufsuchen wollte?

„Nun, Manon, vorwärts, erfrische Dich auch ein wenig im Garten!" rief voll Herzlichkeit der Freiherr ihr zu.

Ein freudiger Blick dankte dem guten Onkel! Er schickte sie in den Garten, dann war sie ja aus jeder Schuld!

Sternau kam ihr entgegen, als sie aus dem Gartensaale in den sauber geharkten Gang trat, der in gerader Richtung zunächst auf die Jasminlaube und dann in den Park führte.

„Nicht wahr, hier ist es schön!" rief er dem Mädchen zu. „Wir wollen von dieser Laube aus die Pracht der Welt beschauen! Gott sei Dank, daß ich dem Saal entronnen bin; der Onkel machte mir zuletzt schon den Eindruck eines für sein Fach passionirten Leichenbestatters!"

Wie süß duftete es in der Laube! Die Blüthen des Jasmin hatten sich erst an diesem Morgen völlig erschlossen, ein Zweig hing über Manons Haar herab und streifte die sanft geröthete Wange.

„Sie sind doch auch gegen Leichenverbrennung?" fragte das Mädchen, als sie zögernd in der Laube Platz genommen, und sah mit den schönen sanften Gazellenaugen fragend zu Sternau auf, der vor ihr stehen geblieben war.

„Natürlich, wie könnte es anders sein!" betheuerte der Graf, welcher noch niemals über diese heikle Frage nachgedacht hatte und nur bestrebt war, den besten Eindruck auf das liebliche Mädchen zu machen.

„Das freut mich sehr! —" erschreckt hielt Manon inne, denn sie hatte ja verrathen, wie viel ihr an des Grafen Meinung gelegen sei.

Sternau schien das nicht zu beachten und sagte: „Sie sind ebenfalls dagegen und hatten auch die Absicht auf des Barons Tiraden Etwas zu erwidern; ich bemerkte es sogleich und bedauerte, daß wir nicht auch Ihre Meinung hören sollten. Aber, Fräulein Manon, mir sagen Sie jetzt, was Sie vor den Andern verschwiegen haben, ich bitte darum."

„Gern, Herr Graf; allein Sie werden mein Empfinden kaum verstehen, wenn Sie nicht auch geliebte Todte schon in das Grab gesenkt haben."

„Meine theure Mutter, meinen liebevollen Vater sah ich dahinscheiden."

„Also in gleichem Falle mit mir!" Manon machte bewegt eine kleine Pause; sie ahnte ja nicht, daß der Graf erst fünf Jahre gezählt, als seine Mutter starb, und daß der Vater — wegen seiner wüsten und verschwenderischen Lebensweise zuletzt unter Curatel gestellt — zu des Sohnes großer Erleichterung vor zehn Jahren verschieden war.

„O, Herr Graf, ich vermag es nicht zu begreifen, wie wir dann von unsern Todten Seele und Körper scheiden sollen! Die geliebte Hand, welche so oft segnend auf mein Haupt sich legte, die sanften Augen, die mit dem Blick treuester Liebe auf mir geruht, sie sind in meinem Herzen untrennbar mit all' der Güte und Sorge verknüpft, die in dem besten Mutterherzen für mich lebte. Es ist wohl der furchtbarste Trennungsschmerz, wenn die Geliebten uns verlassen; unser Auge kann sich von ihrem Anblick nicht losreißen, immer wieder pressen wir unsere Lippen auf die starren Glieder und hüllen sie zuletzt in Blumen ein. Ja, so heilig ist uns die geliebte Form, daß mir der Gedanke: man könne die Hand zu ihrer Vernichtung bieten, ganz unfaßbar erscheint. Der Grabhügel, unter dem wir sie eingesenkt, die Blumen, welche aus ihm hervorsprießen, die Bäume umher mit ihrem feierlichen Rauschen, dies allein stimmt zu unserer Trauer und läßt das theure Bild unangetastet in unserer Erinnerung ruhen!"

Sanft perlten Thränen aus des Mädchens Augen herab; es war das erste Mal, daß sie ihrem Schmerz vor Andern Worte geliehen und diese Aussprache befreite die bang klopfende Brust.

Graf Sternau blickte erstaunt auf das junge schöne Mädchen, das ihr reines Empfinden so schleierlos vor ihm enthüllte! Wie schade, daß Manon keine reiche Erbin war! Mit mehr Antheil, als er seit langer Zeit für irgend ein Wesen empfunden, fragte er: „Doch

Sie haben jetzt Ihren Schmerz um die geliebte Dahingeschiedenen überwunden, ihn tapfer niedergekämpft, Fräulein?"

„Der Gedanke an die Trennung von meinen Eltern schneidet nicht mehr so tief in den Frieden meines Herzens, als früher; aber ich habe es oft als eine Art von Trost empfunden, daß ein ähnliches Leid nicht mehr mich erschüttern könne!"

„Wie, Fräulein Manon, das hieße ja der Welt und ihren süßesten Freuden entsagen! Hätten Sie um den Preis, daß Ihr Herz stets ruhig geschlagen, Vater- und Mutterliebe entbehren wollen? Ein gewaltiger Schmerz kann nur dann unsere Seele ergreifen, wenn wir zuvor ein unaussprechliches Glück genossen haben! Glauben Sie mir, es giebt so wonnevolle, berauschende Freuden, das menschliche Herz ist einer Seligkeit fähig, die nie zu theuer erkauft werden kann, deren Erinnerung kein bitterstes Weh jemals aus unserer Seele zu löschen vermag!"

> „Himmelhoch jauchzend,
> Zum Tode betrübt;
> Glücklich allein
> Ist die Seele, die liebt!"

Athemlos hörte Manon diesen feurig dahinfließenden Worten zu; ihr Auge, das zuerst an den Lippen des Grafen gehangen, hatte sich dann tief und immer tiefer gesenkt, und doch meinte sie den Blick des Mannes auf sich ruhen zu fühlen, der so verführerische Bilder und in so einschmeichelnd überzeugender Sprache vor ihre Seele zauberte. Und das Leuchten und Blühen der festlich geschmückten Erde, das sanfte Schwirren der voll Lust sich wiegenden Insekten, der Vögel zärtliches Locken, Alles stand im Einklang zu dem was sie eben vernommen.

Manon wollte Etwas erwidern, doch sie fand kein passendes Wort.

„Es ist hier drückend heiß — — ich möchte in das Schloß zurückgehen!" rief sie endlich und verließ dann schnell die Laube. Manons Gang war stets leicht und schwebend gewesen, jetzt aber eilte sie über den Rasen dahin, als ob unsichtbare Schwingen sie über die Erde hoben. Erst als sie aus dem Bereich der Laube war und der Graf sie unmöglich noch erblicken konnte, schlug Manon das herrliche Auge zum Himmel auf und flüsterte wonnevoll erzitternd: „Ja, nur lieben heißt leben!"

Sechszehntes Capitel.

Doch ein anderes Auge, als das des Grafen, war Manons Gestalt gefolgt, hatte die dunklere Röthe ihrer Wangen, die Erregtheit ihrer Bewegungen wahrgenommen. Candidat Weiß war an der Gartenpforte, welche auf die Landstraße führte, stehen geblieben, nachdem er sich von dem Freiherrn, der ihn bis dahin begleitet, verabschiedet hatte.

Der junge Mann mochte die Absicht gehabt haben, den nächsten Weg nach dem Pfarrhause einzuschlagen, jetzt schien er anderen Sinnes geworden zu sein. Aus dem Garten führte eine — bei Tage stets unverschlossen gehaltene — Thür in den Park, und durch diesen konnte man zwar auf großem Umwege, doch unter dem Schutze alter Bäume zu der Pfarre gelangen.

Graf Sternau war, als Manon die Laube verlassen, nach der Richtung des Parks geschritten und wollte sich gerade eine Cigarre anzünden, als der Candidat — quer durch den Garten schreitend — mit höflichem Gruße näher kam. Ob er ein Gespräch mit dem Grafen anzuknüpfen wünschte, ließ sich aus der einfachartigen Bewegung des jungen Mannes nicht erkennen. Doch Sternau war so trefflich gelaunt — mit welch süßem Ausdruck hatte Manons herrliches Auge auf ihm geruht — daß er es ganz zusagend fand sich in heiterer Plauderei zu ergehen. Auch hatte es ihm bisher, da Nöthigeres zu thun gewesen, an Gelegenheit gefehlt, den Candidaten von seiner außerordentlichen Liebenswürdigkeit zu überzeugen, und dies konnte füglich jetzt nachgeholt werden.

Mit gewinnendem Tone begann Sternau: „Wenn Sie nichts dagegen haben, Herr Candidat, so begleite ich Sie eine Strecke, und erlaube mir zugleich, Ihnen eine Cigarre anzubieten. Bei dem häufigen Zusammensein mit den Damen muß man schon einen einsamen Spaziergang benutzen, um der Untugend des Rauchens fröhnen zu können."

„Es wird mir selbstverständlich zur Ehre gereichen, in Ihrer Gesellschaft, Herr Graf, meinen Weg zurückzulegen. Das gütige Anerbieten einer Cigarre lehne ich dankend ab: ich rauche nicht."

„Ich glaubte nicht, daß man auf der Universität gewesen sein könne, ohne unreizbar zurückzuverfallen! Die von Tabaksqualm und Biergeruch verpestete Atmosphäre in der Stammkneipe vermochte ich nur dann zu ertragen, wenn ich sofort ebenfalls zu rauchen begann."

„Ihr Leben auf der Universität, Herr Graf, ist sicherlich — übereinstimmend mit Ihrer ganzen Stellung in der Welt — ein exceptionelles gewesen. Vielleicht würde ich mir auch das Rauchen angewöhnt haben, wenn nicht gerade zu der Zeit, in welcher solche Anreize am stärksten auf uns wirken, ich mit den herbsten Entbehrungen hätte kämpfen müssen, um überhaupt studiren zu können."

„Doch Sie durften, Herr Candidat — ich bitte, diese Frage nicht für indiskrete Neugierde zu halten, sondern auf wahre Theilnahme zurückzuführen — das Studium wählen, welches Ihren Neigungen zusagte? Sie brauchten nicht Theologie zu studiren, weil hier früher eine lohnende Stellung in Aussicht stand?"

„Ich habe mich aus vollster Ueberzeugung dem Priesterstande gewidmet; das Christenthum wäre wohl längst schon untergegangen, wenn es nicht Verkündiger gefunden, die an seine Lehre geglaubt und deren Verbreitung als ihre Lebensaufgabe freudig erfaßt hätten. Wenn ich vorher von Entbehrungen sprach, Herr Graf," fuhr Weiß nach einer kleinen Pause fort, „so hätte ich eigentlich zu geringfügige Dinge wie das Verzichten auf leibliche Genüsse gar nicht hervorheben sollen. Den wahren Gehalt unsrer Kraft erkennen wir ja erst dann, wenn es gilt einem mit voller Seele erstrebten Gut zu entsagen, oder wenn wir vor der Gewißheit stehen, daß ein höchstes Glück für uns unerreichbar sei."

„Die Güter und Gaben dieser Welt," entgegnete Sternau, „haben für Jeden — nach Maßgabe seiner Neigungen, sowie seiner Ansprüche an das Leben — verschiedenen Werth. Was mich betrifft, so glaube ich kaum, daß es mir gar schwer fallen würde Etwas zu entbehren, daß ich jetzt besitze, oder daß der Gedanke: ich müsse einem erwarteten Glücke entsagen, mich wesentlich in meinem Behagen stören könnte."

Ein unmerkliches Lächeln zuckte für einen Augenblick um die Lippen des Candidaten, dann sagte er ruhig mit seiner sonoren Stimme, welche zwar dem biegsamen, wohllautenden Organe des Grafen weit nachstand, doch in ihrem schlichten Klange sehr angenehm wirkte: „Falls eine tückische Krankheit, oder ein verhängnißvoller Sturz mit dem Pferde Sie völlig entstellte, Herr Graf, würden Sie es nicht schmerzlich und wie eine Entbehrung empfinden, daß die Gewalt, welche Sie wohl stets über Frauenherzen geübt haben, erschüttert sei? Daß Stunden und Tage, vielleicht Monate und Jahre vergehen müßten, ehe ein Theil der Gunst, welche man jetzt Ihnen entgegenträgt, Sie wiederum beglückte?"

Ein scharfer Blick des Grafen flog über die Züge seines Begleiters. Wohin zielte dessen Rede? Das Gespräch nahm eine Wendung, die dem hochgeborenen Cavalier wenig passend erschien. Noch immer sehr höflich, jedoch mit leichter Ironie entgegnete er: „Derartige Schmeicheleien von Ihnen zu vernehmen, Herr Candidat, war ich in der That nicht gewärtig! Oder gedachten Sie vielleicht, kraft Ihres Amtes, mich auf den Wechsel aller irdischen Dinge vorzubereiten?"

„Was mein Amt mir zu sagen gebietet, thue ich nur an der Stelle, wo ich als Diener des Herrn seinen Willen zu verkündigen habe. Ich meinte nur hervorzuheben, wie Derjenige, welchem Viel gegeben ist, selten den ganzen Werth seines Besitzes erkennt. — Es wird sehr einsam werden im Schloß, Herr Graf, sobald Sie es verlassen haben; Sie selbst werden nichts vermissen, wir aber werden entbehren!"

„Sie beschämen mich geradezu, Herr Candidat, durch die Wichtigkeit, welche Sie meiner geringen Person beilegen. Ich denke: alle Gäste im Schlosse haben sich bemüht, zu einer angenehmen Geselligkeit etwas beizutragen. In Schloß Berneck wird auch künftig Zufriedenheit und Wohlbehagen herrschen. Mein verehrter Oheim ist vollkommen glücklich, wenn er ungestört seiner Heillehre sich widmen kann, die Tante hat niemals mehr erstrebt, als eine pflichttreue Gattin und ausgezeichnete Mutter zu sein, und meine schöne Cousine wird sehr bald als Gräfin Schöneich einem glänzenden Loose entgegengehen. Nur Fräulein d'Aulnois müßte in andere Verhältnisse kommen, die ihre Liebenswürdigkeit und ihre Talente mehr zur Geltung brächten!"

„Warum sollen wir das theure Mädchen, deren sanfte, tröstende Worte so viele Arme und Kranke erquickt, entbehren? An keinem Orte könnten ihre seltenen Eigenschaften, die ganze Schönheit eines nur Güte und Milde athmenden Gemüthes mehr anerkannt werden, als eben hier!"

„Ei, ei, Herr Candidat, ich ertappe Sie da auf einem wenig lobenswerthen Egoismus! Denken Sie vielmehr daran, daß dies junge schöne Mädchen Ansprüche auf Glück und Freude hat, und daß jede Frau wohl darnach verlangt, gefeiert und bewundert zu werden. Solche Triumphe haben viel Berauschendes! Und vor Allem: wie sollte in Schloß Berneck sich wohl ein passender Gatte für Manon finden?"

Ein triumphirendes Lächeln glitt schnell über die Züge des Candidaten; er hatte den Punkt erreicht, auf welchen er in der Unterhaltung zugesteuert war.

„Sie haben vollkommen Recht, Herr Graf, es ist niedrig und selbstsüchtig, nur an uns zu denken, wenn die Wohlfahrt Anderer auf dem Spiele steht. Aber gerade von diesem Fehler weiß ich mich frei. Wäre ich davon überzeugt, daß an einem andern Ort für Fräulein d'Aulnois ein großes und reines Glück erblühte, ich würde sie ruhig scheiden sehen und meine besten Segenswünsche sollten sie begleiten. Doch ich fürchte etwas Anderes, falls dies arglose unschuldige Mädchen in die sogenannte große Welt eintritt: sie könnte — bestrickt von der äußeren Erscheinung und den gewinnenden Formen einer jener männlichen Coquetten, welche sich nicht scheuen, ihr frevles Spiel mit Frauenherzen zu treiben — einem Unwürdigen ihre Liebe schenken. Ein solches Loos würde Manon furchtbar treffen und wohl für immer deren Lebensglück zerstören!"

Graf Sternau maß den Candidaten mit einem Blick, der deutlich sagte: „welch langweiliger Schwätzer! und wie unerträglich ist dieser hochtrabende Kanzelton! es ist Zeit, daß ich dem Herrn eine kleine Lection ertheile!"

Mit dem Behagen vollster Ueberlegenheit entgegnete er:

„Sie sehen die Dinge schwarz, Herr Candidat! Wie selten wird ein Mädchen die Frau des Mannes, der zuerst ihr Herz gewann. Glauben Sie mir, es giebt recht viele Freuden, recht viel Amüsement, aber sehr wenig gebrochene Herzen in dem Strudel der großen Welt. Ihr einsames Leben, das Studium, welches Sie erwählt, tragen dazu bei, daß Sie den Vorgängen außerhalb Ihrer Umgangssphäre eine allzu düstere Färbung verleihen. Es würde mich aufrichtig freuen, Sie einmal in der Residenz begrüßen und Ihre Ansichten an Ort und Stelle modificiren zu können? — Wir haben doch bald das Vergnügen Sie in Schloß Berneck zu sehen?" Mit diesen Worten reichte Graf Sternau dem Candidaten die Hand, verbeugte sich höflich und trat den Rückweg an.

Weiß blieb eine Weile stehen, sah dem stolz Dahinschreitenden finster nach und murmelte dann vor sich hin: „Armes, theures Mädchen, wollte Gott, ich könnte mit meinem Herzblut Dich aus dem Netze befreien, das dieser Mensch kalt und voll Berechnung über Dich geworfen hat!"

Siebenzehntes Capitel.

Ein erster Ball! welch reizvolle Vorstellungen, welch Hoffen und Bangen füllen bei dem Gedanken an ein solches Fest wohl jedes Mädchenherz! Und einen Ball sollte es am Sonnabend in Ernstwalde, dem Gute des Herrn von Helbig, geben. Herr von Helbig, der auf diese Weise der Familie Planitz für die Gastfreundschaft danken wollte, welche seine Töchter in Schloß Berneck genossen, hatte schon am Sonntage — nach Vorführung der lebenden Bilder — dem Freiherrn davon Mittheilung gemacht, allein ihn gebeten, gegen die jungen Mädchen zu schweigen, da er diesen mit der Einladungskarte eine Ueberraschung zu bereiten gedachte. Ulrike erfuhr es von ihrem Bruder und weihte am Montag in der Frühe Sternau bei einem Spaziergange in das Geheimniß ein.

Der Verwandtschaftsgrad, in welchem Sternau zu der Familie Planitz stand, war ein sehr entfernter. Der Freiherr hatte — stets hülfsbereit — den Knaben Arthur, der in einer Provinzialstadt in Pension gegeben war, mehrmals zu den Ferien bei sich aufgenommen, theils um ihm Freude zu bereiten, theils um ihn in Unkenntniß über das wüste Treiben seines Vaters zu erhalten. Diesem Beispiele waren dann auch andere Verwandte gefolgt. Sämmtliche Herren und deren Frauen wünschten dem Knaben es behaglich in ihrem Hause zu machen, und so wurden die Titel „Onkel" und „Tante" als Anrede an seine gastfreundlichen Wirthe für ihn gewählt. Aus den Söhnen und Töchtern des Hauses mußten nun selbstverständlich „Vettern" und „Muhmen" werden und das trauliche „Du" bürgerte sich unter ihnen ein.

Ulrike hatte um jene Zeit schon am Hofe gelebt, sie lernte Sternau erst vor zwei Jahren kennen, als er nach Spanien ging. Die formvolle Art der Anrede unter ihnen blieb zwar in Schloß Berneck dieselbe, doch wurden Beide recht vertraut mit einander.

Sternau's ehrerbietiges Benehmen, seine Grazie und Gewandtheit gefielen der klugen Weltdame ganz außerordentlich; ebenso imponirten Ulrikens Scharfblick und deren höfische Tournüre dem Grafen. Ulrike unternahm nichts, ohne Sternau's Rath zu hören, und so besprach sie nun auch mit ihm, wie die Fahrt nach Ernstwalde am passendsten einzurichten sei.

Herr von Helbig hatte dem Freiherrn angekündigt, daß er am Morgen des Balltages eine Equipage zur Abholung seiner Töchter senden würde, damit sie etwa fehlende Kleinigkeiten an ihrer Toilette vervollständigen könnten. War es doch gleichwie für Manon, so auch für Anna von Helbig ein erster Ball! Herr von Helbig hatte dann hinzugefügt, daß es ihm sehr lieb sein würde, falls einige der Gäste diese Gelegenheit benutzen wollten, um nach Ernstwalde zu gelangen. Seinen Töchtern werde der lange Weg dadurch sehr verschönt werden und dann habe auch der Freiherr am Nachmittage nur zwei Wagen für sich und die übrigen Gäste zu stellen. Der Oberforstmeister, welchen Amtsgeschäfte für wenige Tage nach der Stadt riefen, hatte nämlich erklärt, daß er von dort aus mit seiner Gattin in einem kleinen Jagdwagen kommen werde.

In welcher Gruppirung die Gäste miteinander fahren sollten, das überließ der Freiherr natürlich seiner umsichtigen Schwester. Bei der ersten Mittheilung, welche Ulrike dem Grafen machte, rief dieser sofort: „Sie nehmen mich in Ihren Wagen, darum bitte ich vor Allem! Wenn Sie mir dies zugestanden haben, bin ich gern bereit meine Meinung, falls solche Ihnen erwünscht sein sollte, auszusprechen." Ulrike betonte, daß in jedem Wagen sich eine ältere Person befinden müsse, das erforderte der Anstand, womit Sternau ganz einverstanden war. Eines wollte er durchaus zu verhüten suchen: daß er die Fahrt mit Elma in einem Wagen mache. Ihm bangte vor irgend einer Scene, denn er hatte gestern bei der Abendtafel des Mädchens große Erregtheit wahrgenommen, und wie es nur mit Mühe ihr gelang, sich zu beherrschen. Wer kennt die Frauen ganz! Konnte sie in leidenschaftlicher Liebe nicht plötzlich aller Formen und Fesseln spotten und ihn und sich selbst bloßstellen?

„Wen gedenken Sie am Vormittage mit den Damen Helbig zu befördern? Wollen Sie grausam Felix und Odo von den erkorenen Schönen trennen?" fragte der Graf.

„Es ist doch unmöglich, daß diese vier Personen allein die Fahrt machen!"

„Was meinen Sie zu Orbach? Malvine scheint ihn gefesselt zu haben; er fand sie gestern Abend als Leonore sehr schön aussehend," sagte Sternau, indem er fälschlich dem Baron Gesinnungen unterschob, welche dieser niemals bekundet hatte.

„Wahrhaftig! Wer hätte das gedacht! Wie alt schätzen Sie Orbach?"

„Er ist eitler als ein junges Mädchen und läßt Niemand über diesen Punkt in's Klare kommen; doch gebe ich ihm unbedingt 45 bis 48 Jahre!"

„Malvine ist 34 Jahre alt, das wäre eigentlich eine ganz passende Heirath," rief Ulrike, welche gleich vielen Frauen eine Neigung hatte, Ehen zu Stande zu bringen. „Auch gönnte ich es dem Mädchen, daß sie von Hause fort in eine eigene Häuslichkeit versetzt würde. Malvine war einst sehr hübsch, allein ihre beste Zeit fiel in die Epoche, in welcher Herr von Helbig nahe daran war Alles zu verlieren. Er hatte mit ungeheuern Kosten eine Fabrik errichtet, sie rentirte nicht und bedeutende Capitalien wurden ihm gekündigt. Da heirathete er seine jetzige Frau, eine reiche Erbin. Diese wollte in der Gesellschaft die erste Rolle spielen, die hübsche erwachsene Stieftochter war ihr dabei unbequem und Malvine wurde stets in die Ecke geschoben. So verblühte sie unter Kümmernissen mannigfacher Art. Malvinens treffliches Gemüth erkennt wohl Jeder an der neidlosen Freude, mit welcher sie sich für die Triumphe ihrer jüngeren, so viel glücklicher gestellten Schwester interessirt."

„Wenn Fräulein von Helbig eine schöne Seele ist, so würde der Baron durchaus nicht für sie passen," wandte Sternau ein.

„Lieber Graf, Ihnen brauche ich doch nicht auseinanderzusetzen, welch andere Stellung in der Welt Malvine als Baronin Orbach haben würde! Und schlagen Sie die Befriedigung nicht zu gering an, wenn ein weibliches Wesen, das achtzehn lange Jahre hindurch immer gehorchen, sich fügen und unterordnen mußte, endlich selbstständig auftreten, seine Einsicht und Kenntnisse geltend machen, seinen Neigungen folgen darf. Glauben Sie mir, das versüßt vieles Schwere und Mangelhafte! Also: die beiden Schwestern, der Baron und Felix fahren zusammen; Odo mag ein Pferd nehmen, wenn er es nicht vorzieht auf dem Bock zu sitzen. Damit wären wir glücklich in Ordnung! Nun unsere beiden Wagen. Elma, Schöneich und die Eltern nehmen die große Kutsche; mit einem Brautpaare zwei Meilen fahren ist in der That unbequem; nur Vater und Mutter vermögen billiger Weise als Zeugen die süßen Redensarten und ununterbrochenen Zärtlichkeiten zu ertragen!"

„Wer, mein gnädigstes Fräulein, kommt noch in unserm Wagen?" fragte Sternau unschuldsvoll, als ob er nicht schon ganz genau es wüßte.

„Nun, Herr von Bärenhorst und Manon fahren mit uns; ich freue mich recht, daß Manon an einem solchen Feste sich betheiligen kann, es ist ein liebes, bescheidenes Geschöpf!" —

Kaum waren am Dienstage die Einladungskarten vertheilt worden, als Sternau zu Elma eilte — welche

gerade mit ihrem Verlobten plauderte — und sie bat,
ihm einen Tanz zusagen zu wollen.

„Ich gedenke nicht zu tanzen; wir sind in Sorgen
um des Oheims Befinden. Eine Depesche, welche wir
heute erwarteten, ist nicht eingetroffen!" entgegnete Elma
in kühlem Tone dem Grafen.

Ein dankender Blick des Verlobten lohnte die Entsagung, welche sie sich auferlegte.

„Herr Graf, ich appellire an Ihr Gerechtigkeits-
gefühl! ich will von der Bitte um einen Walzer, eine
Polka oder Mazurka abstehen, wenn sie des Verlobten zärtliche Worte, seine Liebkosungen erwidere, das
Contretanz verlangen; einen solchen darf meine schöne
Muhme, mit welcher ich noch niemals getanzt, mir doch
nicht abschlagen?" bat Sternau.

„Es können ja noch gute Nachrichten eingehen,
liebe Elma, und in diesem Falle würde ich auch für den
Contretanz stimmen," sagte der Graf.

Elma hatte seit der abendlichen Zusammenkunft im
Pavillon unaufhörlich mit sich gekämpft. Sie fühlte
voll Scham wie niedrig sie handele, wenn sie des Verlobten zärtliche Worte, seine Liebkosungen erwidere, das
Bild eines Andern im Herzen und bereit dem Verlobten
zu entsagen, falls Jener sie zum Weibe verlange. Aber
daß sie den Grafen aufgeben solle, ohne die Gewißheit,
Sternau's Gattin zu werden, dieser Gedanke kam ihr
noch nicht. Vater und Mutter, die ganze Verwandtschaft würde gegen sie Front machen und man wahrscheinlich sie zwingen, in der Einsamkeit von Schloß
Berneck ihre Thorheit zu bereuen. Nein, dahin sollte
es nicht kommen! Beharrte Sternau in seinem Schweigen,
so mußte sie schon in das Schicksal sich ergeben, Gräfin
Schöneich zu werden.

Elma war bis dahin sehr freundlich gegen Sternau
gewesen, jetzt beschloß sie ihn mit Kälte zu behandeln
und dabei alle ihre Liebenswürdigkeit gegen den Verlobten zu entfalten. Welchen Eindruck würde das wohl
auf Sternau machen?

Sie gab jetzt mit viel Reserve — man könne ja
nicht wissen, wie Alles sich bis zum Sonnabende gestalten werde — und in kühler Weise die erbetene Zusage zu dem Contretanz. Sternau dankte verbindlich
und begab sich zu Manon, von welcher er den ersten
Tanz erbat. Hocherröthend und mit Freude strahlenden
Augen sagte Manon zu.

Nun aber galt es, das einfache Mullkleid, welches
sie zur Einsegnung getragen, für den Ball in Stand zu
setzen und sich im Tanzen zu üben, worin das Mädchen
nur den nothdürftigsten Unterricht im Elternhause erhalten hatte.

Von allen Seiten kam Aushülfe, und man beeiferte
sich Manon, die bis dahin für Alle so aufopfernd gesorgt, irgend einen passenden Toiletten-Gegenstand zu
verschaffen.

Und in den Nachmittagsstunden, wenn die Herren
sich in das Billardzimmer oder ihre Gemächer zurückgezogen, wurden Tanzübungen vorgenommen; zuerst von
Manon und Anna allein, wobei Malvine Clavier spielte.
Als Manon jedoch überraschende Fortschritte zeigte, rief
man Felix und Odo herbei, und die beiden Paare tanzten
mit einer Ausdauer und Fröhlichkeit, wie sie nur das
Jugendalter kennt. —

Achtzehntes Capitel.

Kaum war Sternau über die Folgen seines abendlichen Zusammentreffens mit Elma ruhiger geworden,
als er die Verhandlungen mit Rose wiederaufnahm.

Das Mädchen hatte ihn demüthig um Verzeihung
dafür gebeten, daß sie am Sonntage zu spät in den
Pavillon gekommen sei und daher den Herrn Grafen nicht
mehr dort gefunden habe. Das gnädige Fräulein aber
hätte — wie sie wahrheitsgetreu versichern könne —
soviel unaufschiebbare Besorgungen für sie gehabt, daß
ein früheres Erscheinen ganz unmöglich gewesen wäre.

Sternau war großmüthig und verzieh. Er hieß
Rose am Sonntag Nachmittag — um fünf Uhr — auf
sein Zimmer kommen; dort werde er ihr verkünden, welch
glückliches Loos er für sie auf seiner Begüterung im
Sinne habe. —

Für den Freitag war noch ein anderes Vergnügen
in Aussicht genommen, falls das Wetter hell und klar
bleiben würde, wie es in den ersten Tagen der Woche
geschehen. Ulrike hatte vorgeschlagen, im Waldchen,
das Berneck mit dem Nachbargute verband, den Nach-
mittagskaffee zu trinken und einige Stunden dort zu verweilen. Tische und Bänke von rohem Holz ließen sich
mit geringer Mühe herrichten und für die älteren Personen konnten Sessel von Korbgeflecht dahingeschafft werden.
Passende Gesangsvorträge — gleich den schönen Chören
aus Weber's „Preciosa" — sollten mit Reif- und Ballspiel abwechseln.

„Aber werden die luftigen Kleider unserer jungen
Damen mit den Volants und Doppelröcken nicht durch
herabhängende Aeste oder hervorstehende Baumwurzeln
Schaden leiden? Auch dürften sie wenig zu den primitiven
Tischen und Bänken passen," wandte lächelnd Graf Schön-
eich ein, indem er auf Elma's zierliches, mit einer Menge
Falbeln garnirtes Battistkleid sah.

„So verkleiden wir uns als Landmädchen! das wäre
gar zu reizend!" rief Anna von Helbig schnell.

„Du, Elma hast Deinen Anzug als „Dorothea,"
Malvine und ich können aus unsern Kleidern zu dem
„Friederike-Bilde" schnell eine ländliche Tracht herstellen,
und Manon wird auch etwas Passendes in ihrer Garderobe finden."

„Nun, wir wollen die Sache überlegen!" antwortete
lächelnd Ulrike. „Woher, lieber Graf," wendete sie sich
an Sternau „mag eigentlich diese Lust sich zu maskiren
stammen? Schon die Kinder sind glücklich, wenn es an's
„Verkleiden" geht!"

„Doch wohl vor Allem in dem Wunsche, die Grenzen
unserer Fähigkeiten zu ermessen und zu zeigen, daß wir
selbst Persönlichkeit, in unserer Individualität ganz
fern stehen, trefflich darzustellen vermögen. Auch liegt
ein großer Reiz darin, eine völlig andere Rolle zu spielen,
als den Part, der uns im Lebensdrama zugewiesen ist.
Denn man wird sich selbst — mit der Länge der Zeit —
stets etwas langweilig, weil alle unsere Fähigkeiten auf
einen bestimmten Punkt gerichtet sind. Erweitert sich
der Gesichtskreis; bei dieser glücklichen Wandlung strömen,
zu unserer Freude und Ueberraschung, aus allen Ecken
unseres Geistes neue Gedanken und Einfälle hervor, ja,
übermüthige Triebe beginnen sich zu regen! Ich kann

mir lebhaft vorstellen, wie ein alter Diplomat voll Wonne als „Hanswurst" auf einem Maskenballe die derbsten Wahrheiten austheilt, und eine Oberhofmeisterin als „Zigeunermutter" sich in höchster Behaglichkeit neben ihre ungewaschene Bande lauert."

„Deine Ansicht, Arthur," meinte der Freiherr, „erklärt auch, warum unsere Fürsten so gern incognito reisen!"

„Und man begreift die Lust, mit welcher der Bühnenkünstler immer auf's Neue die verschiedenartigsten Rollen in sein Repertoire zu ziehen strebt," sagte Graf Bernhard, und fuhr dann fort:

„Ein großer Schauspieler äußerte einmal gegen mich: ‚auf der Bühne vergesse ich jeden Gedanken an mich und mein persönliches Schicksal; ich lebe in einer Welt, die weder Vergangenheit noch Zukunft hat, ich fühle mich losgelöst von allen Banden, welche den Menschen sonst an bestimmte Verhältnisse ketten, denn ein ewig Neues erfrischt und erhöht meine geistigen Gaben!'"

„Schlagen Sie eine andere Freude, welche der große Künstler ebenfalls empfindet, nicht zu gering an: er übt einen Einfluß aus, wie er sonst in keiner geistigen Sphäre mehr gefunden wird. Was er giebt, schlägt gleich dem Blitz in die Menge ein; er wird augenblicklich in seinen Schöpfungen verstanden, anerkannt und belohnt," sagte Sternau.

Ulrike nahm nun das Wort und erklärte, daß eine ländliche Tracht, bei hellem Sonnenschein und im Freien, ihr doch allzu phantastisch erscheine, man auch den Herren nicht zumuthen könne, sich etwa als Bauernbursche zu costümiren. Ein einfacher — wenn möglich — dunkler Rock, eine weiße Blouse, dazu ein runder Strohhut mit Feldblumen garnirt, würden sich jedoch für die Wald-Scenerie eignen und eine große Freiheit der Bewegungen gestatten.

„Und unsere grauen Touristen-Anzüge, liebe Tante," meinte Felix von Brandt, „nebst einem runden Hut, werden sich ebenfalls, weder zu städtisch-elegant, noch zu auffallend-ländlich ausnehmen!"

Die Sache ist also abgemacht; jetzt übt nur Eure Chöre ein, die im Walde gar trefflich sich anhören werden," schloß der Freiherr.

Neunzehntes Capitel.

In der heitersten Stimmung wurde am Freitage der Spaziergang nach dem Wäldchen unternommen. Der Weg führte zuerst durch den Park und zog sich dann den großen Mühlenteich entlang an Aeckern und Wiesen vorbei in das Wäldchen hinein. Die Saatfelder lagen gleich einem grünen Sammetteppich im Sonnenlichte da und aus dem Wiesengrunde leuchteten tausende von hellschimmernden Blümchen hervor. Durch die linde, warme Luft klang ein wunderbares Gemisch von Naturlauten, völlig von einander verschieden und doch von fesselndem Einklang. In das fröhliche Zwitschern der Vögel, das Summen der Insekten, mischte sich das Klappern des Storches und der Unken leis Getön, während das tactmäßige Rauschen der Wasser über das Mühlrad, gleich einem sanft begleitenden Baß, die Harmonienfolge wirksam schloß. Man ging zwanglos neben einander hin, bald einzeln, bald in kleinen Gruppen, bald gesellte sich

Einer zu dem Andern. Bei einer Biegung des Weges näherte Manon sich dem Grafen Schöneich, mit dem sie augenscheinlich wichtige Dinge zu verhandeln hatte. Denn nachdem der Graf freundlich seine Braut um einen kurzen Urlaub gebeten, beschleunigten Manon und er ihre Schritte, und waren — lebhaft miteinander sprechend — den Uebrigen bald eine Strecke voraus. Der Graf hatte es mehrmals ausgesprochen, wie sehr ihm Manon gefalle, und daß ihre seltenen Herzenseigenschaften sich wohl Jedem bei der ersten Bekanntschaft enthüllen müßten. So stimmte er auch jetzt einem Vorschlage, den Manon ihm machte, mit großer Freudigkeit zu und versicherte dem Mädchen, wie er die Zartheit ihrer Fürsorge und ihr stetes liebevolles Walten stets in dankbarer Seele erkennen werde. Sonntag in der Frühe wolle er die Angelegenheit ganz in Manon's Sinne ordnen und sei gewiß, auch seiner Braut damit eine rechte Freude zu bereiten.

Elma ging einige Augenblicke allein an dem Wiesenrande dahin, dann trat Sternau zu ihr.

Er hatte bis jetzt es durchaus vermieden, mit Elma allein zu sprechen, mußte sich jedoch sagen, daß diese Art des Verkehrs für die Dauer seines Aufenthaltes in Schloß Berneck nicht durchzuführen sein werde. So beschloß Sternau hier — wo jede Aussprache bei der Nähe so vieler Personen nicht lange währen könne — das Mädchen anzureden.

„Liebste Elma," begann er scherzend, „auf die Gefahr hin, von Dir für einen der langweiligsten Menschen gehalten zu werden, muß ich doch bekennen, daß heute ein prachtvolles Wetter ist. Man möchte tief und immer tiefer aufathmen, um diese balsamisch weiche Luft in vollen Zügen einzuschlürfen. Auch das Auge vermag sich von dem leuchtenden Glanz des frischen Grün kaum loszureißen."

Das Mädchen schrak bei dem ersten Laut von Sternau's Stimme zusammen und entgegnete dann in leidenschaftlicher Bitterkeit: „Seit wann bist Du Naturschwärmer, Arthur? ich glaubte, ähnlich weiche Gefühle gingen bei den Diplomaten verloren!"

Sternau hatte schon oftmals derartigen Ergüssen eines erregten Frauenherzens gegenüber gestanden um war auch jetzt nicht um die Mittel verlegen, Elma zu beruhigen. Er mußte — so sehr ihm dies widerstrebte — noch einmal die Töne der Liebe und schmerzvoller Entsagung anschlagen, mit welchen er am letzten Sonntage sich aus der Schlinge gezogen.

„Elma," bat er leise mit einschmeichelnd innigem Ausdruck, „meinst Du, ein Diplomat verlerne zu bewundern, zu lieben? Sei nicht herb zu mir; füge dem Schweren, das mir zu tragen auferlegt ist, nicht den Schmerz hinzu: von Dir verkannt zu werden. Unsere Wege müssen sich trennen, da ist einmal keine Hülfe, und darum soll auch kein qualvolles Zaudern und Schwanken sein! — Bedarfst Du aber einmal eines Beistandes, einer treu stützenden Hand, einer mit Dir fühlenden Brust — und Dein Gatte ist nicht neben Dir — so rufe mich!"

Bei einer wenig sorgsamen Erziehung waren viele Keime des Guten in Elma's reich beanlagter Natur nicht zur Entwickelung gelangt, und das Beispiel einer frivolen Gouvernante, sowie eine verwerfliche — alle edleren Gemüthsregungen niederdrückende — Lectüre hatten die irrigsten Ansichten von Recht und Pflicht in ihr hervorgerufen. Dennoch rang sich in den Aufregungen der letzten Tage, in dem vergeblichen Bemühen: aus dem was Sternau ihr gesagt, einen klaren Halt zu gewinnen, immer mächtiger der Gedanke hervor, welch ein Heil in einem offenen, die Seele befreienden Worte liege. Dabei zwangen Graf Bernhards unbedingtes Vertrauen, seine in jedem Augenblick, in allen Anordnungen für die Zukunft hervortretende Liebe, sie zu der Anerkennung seines Werthes und zu einer Schonung seiner Gefühle. Warum zog es sie so allmächtig zu dem schönen geistvollen Cavalier, welcher ganz dem Bilde jener verführerischen Helden glich, die schon frühe ihre Phantasie erfüllt und die Lust an ähnlichem Liebesspiel geweckt hatten? So hörte Elma auch jetzt mit einem Herzbeben, wie sie es niemals neben dem Verlobten empfunden, Sternau's Worten zu. Ja, er liebte sie! und dennoch mußten sie entsagen! Als der Graf ausgesprochen, wendete sich Elma zu ihm und sagte, fest in sein Auge blickend, zum ersten Male vollkommen offen und ohne jeden Hinterhalt: „Du bist der Mann, Du vermagst alle Verhältnisse zu übersehen und magst darum entscheiden, was geschehen kann, — ich unterwerfe mich!" — — Aber Arthur, wenn ich einmal gar keinen Ausweg vor mir sehe — dann will ich Deiner heutigen Worte gedenken — dann steh' mir bei! Jetzt laß uns ein Ende machen!"

Elma schritt schnell ihm vorbei dem Wäldchen zu.

„Es ist am Besten, ich gehe in den nächsten Tagen fort, damit Elma nicht Gelegenheit findet, mich beim Worte zu nehmen. Aber Muth und Feuer ist in den Mädchen; die verstünde für ihre Liebe zu kämpfen," murmelte Sternau vor sich hin.

Manon und Graf Bernhard hatten ihre Unterredung beendet und kamen nun langsam den Andern wieder entgegen. Der Graf eilte, als er Elma so schnell vorwärts schreiten sah, mit zärtlichem Wort an ihre Seite, da er glaubte, sie habe den Wunsch gehegt, ihn aufzusuchen. Manon aber blieb im Sprechen und nahm den Strohhut ab, weil sie beim schnelleren und schnelleren Gehen sich erhitzt hatte. Sie war gleich den andern jungen Mädchen gekleidet, trug einen Rock von dunklem Wollenstoff, eine weiße Blouse und ein Sträußchen von Feldblumen vor der Brust. Ihre Wangen waren sanft geröthet und die Augen strahlten von Glück und unschuldiger Freude. Denn sie hatte an diesem Morgen Etwas erfahren, das ihr Sternau, diesen schönen liebenswürdigen Mann, auch als einen wahrhaft edlen Menschenfreund enthüllte. Er verdiente so ganz die selbstlose Liebe, welche sie ihm entgegen trug! Denn in einem reinen jungen Gemüth ist Lieben und Begehren noch weit geschieden. Das Herz gleicht dann einem tiefen Meer, aus dem starke Strömungen wunderbare, ungeahnte Schätze an's Tageslicht fördern. Vor Allem das Glück: den Liebes-Reichthum der eigenen Seele zu erkennen, zu empfinden, welcher Aufopferung, Hingabe und Demuth man fähig sei!

Sternau war von Manons Aussehen überrascht, als er dem Mädchen näher trat; so schön hatte er sie noch niemals gefunden. Er schrieb dies einem äußerlichen Anlaß zu und sagte: „Wie ausgezeichnet stehen Ihnen diese einfache ländliche Tracht, Fräulein Manon, welche Sie heute gewählt! Die Frauen müßten sich wirklich emancipiren und bei den Malern und Bildhauern anfragen, was kleidend sei, statt sklavisch den geschmacklosen Modebildern zu gehorchen!"

„Herr Graf, ich habe — mit Ausnahme dieser weißen Blouse — mich stets so gekleidet wie heute und meine Haartracht ist seit meiner Kindheit unverändert geblieben," entgegnete Manon hocherröthend.

„Es ist wahr," sagte Sternau nach kurzem Besinnen, indem sein Blick auf dem lieblichen Mädchen ruhte, „unser Auge ist manchmal umschleiert, wir erkennen das Harmonische nicht gleich, sondern erst nachdem unser Sinn geschärft und durch die Betrachtung von Unschönem verletzt worden ist!"

Welch feines Lob! und es wurde so einfach ruhig ausgesprochen, daß kein Verdacht einer beabsichtigten Schmeichelei sich regen konnte. Wie süß es Manon auch berührte, sie wollte dem Gespräch eine andere Wendung geben und sagte, indem sie an des Grafen Seite weiter schritt: „Sie äußerten vor wenigen Tagen, Herr Graf, als Tante Ulrike von der Neigung, sich zu maskiren sprach, daß wohl Jedermann den Wunsch fühle, einmal ganz aus der Rolle herauszutreten, die ihm im Leben zugewiesen ist. Ich habe mich in dieser Zeit oftmals gefragt, ob auch ich eine solche Neigung in mir hege, und mußte es verneinen, ja, es würde mir sogar ein peinvolles Gefühl erregen, auch nur für kurze Zeit anders zu erscheinen, als ich wirklich bin."

„Aber Sie haben doch gewiß schon den Wunsch gehegt, etwas Anderes als Schloß Berned zu sehen und in die große Welt einzutreten, von welcher nur ein flüchtiger Lichtstrahl — durch die geselligen Freuden dieser Tage — zu Ihnen gedrungen ist."

„Nein, Herr Graf, dieser Gedanke ist mir nie gekommen, obwohl ich manchmal gewünscht hätte" — Manon hielt stockend inne.

„Nun, was haben Sie denn gewünscht, Fräulein?" fragte Sternau voll Spannung.

„Vielleicht, Herr Graf, lächeln Sie, den sein Beruf in Verwicklungen blicken läßt, welche die Schicksale ganzer Völker entscheiden, daß ich mich darnach sehne, einmal in schwieriger Lebenslage mich zu bewegen. Die Pflichten, welche ich hier zu erfüllen habe, sind sehr leicht und Jedermann kommt mir freundlich entgegen. Würde ich aber auch das Rechte thun, wenn der drohende, gebieterische Wille Anderer, oder die Vorurtheile der Welt mich daran zu hindern suchten? Diese Frage hat mich oft beschäftigt, und ich fand keine mich beruhigende Antwort darauf. Herr Graf" — ein unbeschreiblich zartes Vertrauen sprach sich in den sanften Blick aus, den ihr wundervolles Auge schüchtern auf Sternau richtete, „ich möchte wissen, was ich werth bin!"

„Fräulein, beunruhigen Sie Ihr Gemüth nicht mit ähnlichen Gedanken! Nach meiner festen Ueberzeugung — und ich habe viel gesehen und scharf beobachtet — werden Sie in jeder Lebenslage das Rechte zu treffen wissen. Genießen Sie unbesorgt das Gute und Glückliche, das sich Ihnen jetzt bietet, die Conflicte, die Kämpfe, die Leiden werden nicht ausbleiben, das ist einmal Menschenloos!"

„Darf ich auch hören, was Menschenloos sei!" fragte Orbach, der sich den Beiden genähert hatte.

„Zu irren, zu kämpfen, zu leiden, und — wenn

uns am wohlsten ist, daran erinnert zu werden, daß Alles einmal ein Ende nehmen muß!" Sternau hatte sich bei den letzten Worten halb zu Manon gewendet, und der innige Blick, welcher des Mädchens Auge traf, machte sie zur köstlichsten Schmeichelei.

Orbach hatte davon nichts bemerkt und rief voll Erstaunen: „Und ein solches Thema, lieber Graf, haben Sie gewählt, um eine junge Dame angenehm zu unterhalten? Fräulein d'Aulnois, bitte, hören Sie lieber auf mich; ich werde Ihnen erzählen, daß Malvine Helbig mir so eben vertraut hat, welch prächtige Stimme Sie besitzen, und daß Sie französische Lieder mit einem Ausdruck zu singen verstehen, um den große Künstlerinnen Sie beneiden könnten."

„Wenn Malvine Helbig so interessante Dinge zu berichten weiß, dann will ich sie gleich aufsuchen," sagte Sternau und schritt nach der anderen Seite des Weges hin, wo Fräulein d'Aulnois stehen geblieben war, um den Freiherrn und seine Gattin zu erwarten, welche die Reihe der Spaziergänger schlossen. Abele, bis dahin von ihrem Gemahl geführt, lehnte sich jetzt — wahrscheinlich weil der Freiherr die Last nicht weiter ertragen konnte — hochroth vor Anstrengung auf den Arm von Odo, der nur langsam mit ihr Terrain gewann. Es war der erste Ausflug, den die Dame in diesem Frühjahr machte, und sie hatte schon mehrmals es sich während dieses Ganges gelobt, auf ähnliche Thorheiten nicht ferner einzugehen. Weshalb eine halbe Meile wandern, um in einem Wäldchen eine Tasse Kaffee zu trinken, welche dort wahrlich nicht besser schmeckte als auf ihrem Zimmer? Solche Gelüste konnten nur Städter und Städterinnen haben, die, sobald sie auf's Land kommen, selbst im Regen, Sturm und Ungewitter, wo jeder verständige Mensch unter Dach zu bleiben strebt, für Naturgenüsse schwärmen.

Obwohl Abele während dieser Wochen keine andere Mühe gehabt hatte, als sich einige Male mehr von dem Sopha oder Polsterseßel zu erheben, um Gäste zu begrüßen, so wünschte sie dennoch das Ende dieser trubelvollen Zeit lebhaft herbei.

Denn sie empfand, gleich den meisten bornirten Menschen — einen stillen Haß und Neid gegen alle Diejenigen, welche das mit Leichtigkeit vollführen konnten, was ihrer apathischen Natur niemals gelungen wäre. Statt ihrer Schwägerin dankbar zu sein, die unermüdet schaffte, um für das Vergnügen der Gäste zu sorgen, suchte sie deren Tüchtigkeit herabzusetzen und Ulrike mit Spottnamen zu bezeichnen.

Abele, deren enger Verstand stets um Ausdrücke verlegen war, wenn es galt eine Unterhaltung zu führen, nannte Ulrike in einem Briefe an Frau von Mollwitz — welche durch Kränklichkeit verhindert wurde in Schloß Berned zu erscheinen — bald: „das entgleiste Hoffräulein," bald „den Ceremonienmeister," oder „die Superkluge!"

Auch für Sternau, der ihrer Schwägerin so trefflich sekundirte, stand ihr eine Blumenlese gleich freundlicher Bezeichnungen zu Gebot. Der elegante junge Mann hatte natürlich keine Ahnung von den bittern Regungen im Herzen der Baronin, und sprach — nachdem sie sich ihm und Malvinen genähert hatte — in schmeichelhaften Worten seine Anerkennung für alle die Genüsse aus, welche sie und ihr Gemahl fortdauernd den Gästen zu bereiten suchten. —

Zwanzigstes Capitel.

Das Arrangement im Wäldchen war allerliebst, und Frau Egbert spendete den müden Wanderern aus wahrhaften Riesenkannen den köstlichsten Mokka nebst auserlesenem Backwerk.

Candidat Weiß hatte sich im Wäldchen mit der übrigen Gesellschaft vereinigt; man war genöthigt gewesen, ihn wiederum einzuladen, da seine schöne Baßstimme gebraucht wurde, um die Chöre aus „Preciosa" wenigstens durch vier Männer- und vier Frauenstimmen ausführen zu lassen. Der junge Mann sah bleich aus und war schweigsam; ab und zu schweifte sein Blick, sobald er sich unbemerkt glaubte, über eine Gruppe hin, in welcher Manon, Malvine, Sternau und Orbach eifrig mit einander plauderten.

Als die Diener das Kaffeegeräth entfernt hatten, wurde von niedrigen Bänken ein Halbkreis gebildet, die Sänger und Sängerinnen setzten sich nieder und unter dem Schatten der voll belaubten Bäume erklang:

> „Die Sonn' erwacht,
> Mit ihrer Pracht
> Erfüllt sie die Berge, das Thal.
> O Morgenluft!
> O Waldesduft!
> O goldener Sonnenstrahl!
>
> Mit Sing und Sang
> Die Welt entlang!
> Wir fragen woher nicht, wohin?
> Es treibt uns fort
> Von Ort zu Ort
> Mit freiem, mit fröhlichem Sinn.'

„Prächtig, prächtig," riefen der Freiherr und die andern Zuhörer.

„Hier, in den kühlen Waldeshallen, und von verständnißvollen Sängern vorgetragen, erkennt man erst den ganzen Reiz und die Naturwahrheit der Weber'schen Melodien," sagte Sternau.

„Schade, daß keine Zither zur Hand ist, Fräulein d'Aulnois mit den süßen, dunkeln Augen wäre eine ‚Preciosa', wie man sie kaum holder finden könnte," flüsterte Orbach dem Grafen Sternau zu.

„Haben Sie auch schon auf einen ‚Alonzo' Bedacht genommen?" entgegnete Sternau ebenso leise in spottendem Ton.

Wiederum erklang es:

> „Im Wald, im Wald,
> Im frischen grünen Wald,
> Wo's Echo schallt,
> Im Wald, wo's Echo schallt,
> Da tönet Gesang und der Hörner Klang
> So lustig den schweigenden Forst entlang,
> Trarah! Trarah! Trarah!
>
> Die Welt, die Welt,
> Die große weite Welt
> Ist unser Zelt,
> Die Welt ist unser Zelt.
> Und wandern wir singend, so schallen die Lüfte,
> Die Wälder, die Thäler, die felsigen Klüfte,
> Halloh! Halloh! Halloh!"

Ehe das letzte „Halloh" verklungen war, schlug der Freiherr, gleich dem „Hauptmann" in „Preciosa," mit einem Hammer einen schallenden Schlag auf einen großen Stein, worauf der Gesang plötzlich verstummte und Alle sich um ihn versammelten. Mit herzlichem

Wort sprach er seinen Dank aus und bat, den letzten Chor erst vor dem Aufbruch zu singen. Jetzt möge die Jugend sich mit Reif- und Ballspiel vergnügen. Die Sänger und Sängerinnen schickten sich an, eine kleine Lichtung in dem Wäldchen aufzusuchen, um dort die Spiele zu beginnen; Malvine wollte zurückbleiben, wurde jedoch zum Mitgehen von Ulrike überredet, die an Orbach's Seite sich den fröhlich Wandernden anschloß.

Sternau blieb neben dem Freiherrn sitzen und hörte mit der liebenswürdigsten Miene die Aufzählung der Wunderkuren an, welche diesem in dem Laufe der letzten Wochen gelungen waren. „Aber wir Alle," fuhr der Freiherr fort, „brauchten ja gar nicht unter soviel Krankheiten zu leiden, wir würden sanfter, liebevoller, verträglicher sein, wenn wir unseren Fleischverbrauch auf ein Minimum herabsetzten. Gott hat uns nicht zu Fleischfressern bestimmt; uns fehlen die spitzen Reißzähne der Löwen, Tiger u. s. w., wir haben auch nicht deren Magen. Alle Krankheiten, welche den Menschen — wenn sie nicht schnell ein Ende herbeiführen, gleich den verschiedenen Arten von Fieber, Cholera u. s. w. — zur Hypochondrie, zum Selbstmord, zum Wahnsinn bringen, haben ihren Ursprung in unmäßigem Fleischessen! Wäre ich Gesetzgeber, ich würde Mörder, Banditen, Verräther nicht hinrichten, sondern durch unausgesetzte Fleischnahrung zu Tode füttern lassen. Die schreckliche Stimmung, der Lebensüberdruß, welche nach solchem Verfahren sich bald einstellen müßten, würden sicherlich der Reue, zur Einkehr in sich selbst und zu einem bußfertigen Ende führen!" — Der Freiherr machte erschöpft eine Pause.

„Lieber Onkel, Du überschüttest mich mit einer Fülle so ganz neuer Ideen, daß ich in hohem Maße gespannt bin, das von Dir entdeckte Heilverfahren kennen zu lernen. Denn ich setze voraus, daß die Anschauungen, welche ich heute nur fragmentarisch vernommen, dort weiter entwickelt und mit der Heillehre in Zusammenhang gebracht worden sind. Vergiß nicht, sobald dein Buch gedruckt sein wird, mir ein Exemplar sofort zuzusenden!"

Der Freiherr drückte herzlich die Hand des jungen Mannes, in welchem er einen begeisterten Jünger dereinst zu sehen hoffte. —

In hellem Singen und Lachen kamen jetzt die Gäste herbei; nur Elma klagte über Kopfweh und schien ermüdet zu sein. Sternau, auf welchen sich mehrmals ihr Blick, sowie der des Candidaten richtete, war auf seiner Hut und unterhielt sich hauptsächlich mit Malvine. Bei dem Rückwege schritt er neben Ulrike; Manon und Malvine folgten. Eben war man aus dem Wäldchen an den großen Mühlenteich gelangt, als Ulrike äußerte, daß sie vergessen habe, dem Jäger — welcher jeden Abend nach der Station Hohenfelde ritt — für das Gut Postsachen aufzuliefern und abzuholen — einen wichtigen Brief mitzugeben, der noch auf ihrem Schreibtische liege.

Sofort erbot Manon sich: vorauszueilen, um das Schreiben noch befördern zu lassen.

Sternau's Blick glitt über den Wasserspiegel nach dem Schlosse hin; in ihm war plötzlich ein Gedanke aufgetaucht, wie er, ohne Anstoß bei seinem gastfreundlichen Wirthe zu erregen, schnell Berneck verlassen könne.

„Wenn hier ein Kahn zur Hand wäre, vermöchte man den Weg in dem Drittel der Zeit zurückzulegen," wendete er sich an Ulrike.

„In dieser Ecke neben dem Erlengebüsch muß das flache Boot liegen, welches der Waldhüter zu benutzen pflegt, wenn er sich nach dem Schlosse begiebt," erwiderte Ulrike.

Sternau eilte die wenigen Schritte an das Ufer, und hier lag, in hohem Gestrüppe verborgen, ein Handkahn primitivster Art.

„Wollen Sie sich mir anvertrauen, Fräulein Manon?" fragte er artig.

Welche Frage! Wohin wäre sie Ihm in schuldlosem Vertrauen nicht gefolgt? Das Mädchen nickte erröthend ein „Ja"; jeder Laut hätte ihre innere Freude verrathen.

„Dank, lieber Graf, für Ihre stete Güte und Gefälligkeit!" rief Ulrike dem Grafen zu, der schnell den Kahn losmachte, hineinsprang und Manon die Hand zum Einsteigen bot.

Das Mädchen setzte sich in die äußerste Ecke und blickte träumerisch in den Wasserspiegel hinab. Dann tauchte sie die Hand in das kühle Naß und ließ die vom Ruder bewegten Wassermassen in kleinen Wellen durch die Finger gleiten. Sonnenbeschienen lag der Teich in heiterem Abendfrieden, und das Erlengebüsch und die hohen Stämme des dahinter sich erhebenden Wäldchens schlossen die malerisch in ihren dunkeln Rahmen ein. Die Wassertropfen, welche das Ruder Sternau's in die Höhe warf, sprühten in den goldigsten Farben des Lichtes, gleich einem Gewirre funkelnder Diamanten umher, und zerstäubten dann schnell in dem mütterlichen Element. Glatt und leicht zog der Kahn seinen Weg. Das taktmäßige Aufschlagen der Ruder, und das aus der Ferne herübertönende Rauschen der Wasser über das Mühlenwehr, klangen wie eine leise summende Melodie, welche den Abend sanft in Schlummer wiegt. „Wie wunderbar schön ist diese Gotteswelt!" flüsterte Manon vor sich hin.

Die kurze Fahrt war bald beendet. Sternau hatte voll Heiterkeit zu dem Mädchen gesprochen, Manon aber kaum mehr als „Ja" und „Nein" geantwortet. In ihrer reinen Seele rangen zwei Empfindungen miteinander, sie fühlte das Glück, sich der Leitung des theuren Mannes hingeben zu dürfen, und jungfräuliche Scheu befahl ihr gerade jetzt die äußerste Zurückhaltung zu wahren.

Wie hätte sie ahnen sollen, daß Er, dessen Nähe sie ganz beglückte, den viele Tage entbehrten Frohmuth so eben in dem Gedanken gefunden hatte: bald sern von Berneck, und einer gefahrdrohenden Schlinge entronnen zu sein!

Flüchtig wie ein Reh eilte Manon die kleine Anhöhe zu dem Schlosse empor. Sternau winkte einen der Diener herbei, übergab ihm den Kahn und ging — als er vernommen, daß der Jäger noch nicht seinen Weg nach Hohenfelde angetreten — auf sein Zimmer, um ebenfalls ihm einen Brief mitzugeben. Nur wenige Zeilen schrieb er an einen Freund in der Residenz, und schickte ihm den Entwurf zu einem Telegramm, welches dieser am nächsten Montage nach der Station Hohenfelde mit dem Vermerk absenden sollte, es von dort durch einen Eilboten nach Schloß Berneck zu befördern.

Der Jäger erhielt den Brief, und Sternau lehnte sich — zwar etwas erschöpft nach so viel geistigen und körperlichen Anstrengungen — doch heiter lächelnd in einen Schaukelstuhl. Denn seiner Meinung nach war heute die große Mehrzahl aller Anwesenden im Schlosse, durch sein Benehmen und von seiner Unterhaltungsgabe bezaubert worden. —

Einundzwanzigstes Capitel.

Am Sonnabend in der Frühe setzte sich die erste Equipage nach Ernstwalde in Bewegung; Orbach hätte gern einen andern Platz gehabt, wagte jedoch keinen Widerspruch gegen diese Anordnung von Ulrike zu erheben. Gleich nach dem Mittagessen fuhren vor die Rampe des Schlosses zwei Wagen, deren Form zwar nicht ganz modern erschien, welche jedoch durch ein Viergespann ganz gleicher prächtiger Pferde und reiches Geschirr von dem Wohlstand des Freiherrn ein beredtes Zeugniß ablegten. Graf Sternau ließ es sich nicht nehmen, der Baronin beim Einsteigen behülflich zu sein, obwohl der künftige Schwiegersohn, der Gatte und ein Diener neben der Kutsche standen, und ging dann anmuthig grüßend zu dem zweiten Wagen. Nachdem er noch artig mit Herrn von Bärenhorst über den Vortritt gestritten, nahm er Ulrike gegenüber seinen Platz ein. —

Der Weg von Berneck nach Ernstwalde führte — mit kurzen Unterbrechungen — durch einen mit herrlichen alten Bäumen bestandenen Forst. Das frische Laub der Linden und Buchen glitzerte im Sonnenschein gleich leuchtenden Smaragden, und zwischendurch warfen die dunklen Aeste der Tannen und Kiefern ihre sanften Schatten. Welkes Herbstlaub, das noch an manchen Stellen den Boden bedeckte, wurde von zahllosen Primeln, Krokus und Waldveilchen überwuchert, welche siegreich ihre Köpfchen und grünen Blätter daraus emporstreckten. Von allen Zweigen erhob sich der Vögel hell tönender Jubelchor und die Luft war von jenem würzigen Hauche erfüllt, der dem Walde, gleichwie dem Meere entströmend und belebend jede Menschenbrust erfüllt.

Manon's tiefes Gemüth wurde stets von der Schönheit der Natur bewegt, und sie schaute auch jetzt sanft lächelnd in die Frühlingspracht um sie her. Vielleicht empfanden auch Ulrike und Sternau etwas von diesem Zauber, denn die Dame erging sich in Erzählungen aus ihrer Jugendzeit — was nur geschah, wenn sie besonders guter Laune war — und Sternau wußte ebenfalls allerlei ergötzliche Scenen aus seinem Leben und dem seiner Eltern vorzutragen.

Herr von Bärenhorst gehörte zu jenen behäbigen, mit sich und der Welt zufriedenen Naturen, die stets gut gestimmt sind und welche nichts aus ihrer Ruhe zu bringen vermag. Er sah auf Wald und Flur, auf die wunderbare Beleuchtung von Himmel und Erde wie auf ein gutes Bild in der Kunstausstellung; vielleicht war es ihm lieb, daß er dies genießen konnte, während er in einem sanft dahinrollenden Wagen saß, ohne sich — wie dort — drängen, oder besonders abmühen zu dürfen. Obwohl erst vierundzwanzig Jahre alt, neigte Herr von Bärenhorst bereits zum Embonpoint, und es war vorauszusehen, daß er alt werden würde, ohne jemals eine Jugend des Herzens gekannt zu haben. Für solche Menschen giebt es weder ein beseligendes Glück, noch ein niederschmetterndes Weh, da es an der Stärke des Empfindens fehlt und alle Eindrücke auf der Oberfläche haften bleiben. Der junge Mann ereiferte sich auch niemals bei der Unterhaltung und war zufrieden, hier — wie oftmals in der Musik — die begleitende Stimme zu übernehmen.

Ulrike äußerte im Laufe des Gespräches, daß sie heute als „Balltante" sich leichten Herzens zu dem Feste begebe, während dreißig Jahre zuvor sie mit bangem Herzklopfen die Schwelle des Prunkgemaches überschritten habe, auf den sie zum ersten Male im Ballcostüm erscheinen sollte.

„Welchen Mangel an Selbstkenntniß, mein gnädigstes Fräulein, und welches Uebermaß von Bescheidenheit und zart jungfräulicher Schüchternheit setzt Ihr damaliges Bangen voraus! Meines Vaters eifrigste Frage — als ich von meinem ersten Ausfluge nach Schloß Berneck zurückkehrte — war: ob ich auch Fräulein Ulrike von Planitz dort gesehen? Er erzählte, daß ihm der Anblick stets unvergeßlich bleiben werde, wie diese junge Dame auf einem Hofballe im duftigen weißen Kleide, Pfirsichblüthen in den blonden Locken" —

„Es waren Apfelblüthen, lieber Graf" —

„Gleich einer Fee in den Saal geschwebt sei! Mein Vater hatte für die Schönheit der Frauen ein außerordentliches Gedächtniß; weniger treu erwies es sich in seiner Jugend im Punkte des Lernens und Behaltens. Eine ergötzliche Geschichte fiel mir mit ihm als neunjährigem Knaben und seinem Hauslehrer, dem Candidaten Rhese, vor. Vergeblich hatte dieser wackere Herr sich mehrere Wochen damit bemüht, seinem Zöglinge den Unterschied der Zeiten von ‚amo' — lieben, beizubringen. Endlich verlor der Candidat die Fassung und gab dem unaufmerksamen Schüler eine Ohrfeige. Meine Großmutter, zu welcher der Knabe laut weinend und klagend eilte, ließ sofort den fingerfertigen Lehrer zu sich entbieten und gab ihrer Entrüstung Ausdruck, daß derselbe gewagt habe, Hand an den Sprößling des edlen Hauses Sternau zu legen. Der Mann war keinen Augenblick in Verlegenheit. ‚Frau Gräfin,' sagte er, ‚Ohrfeigen bieten uns ein pädagogisches Hülfsmittel, das nicht zu entbehren ist. Man kann eine Ohrfeige nicht eigentlich unter den Begriff von Prügel stellen, sie ist etwas Feineres, Edleres, wie schon die historische Ohrfeige kennzeichnet, mit welcher die Königin Elisabeth den geliebten, aber ungehorsamen Effex bedachte. Ich, gleich der jungfräulichen Königin, sehe dieselbe als ein fühlbares Merkzeichen der Unzufriedenheit an, und als ein wirksames Mittel den Geist anzuregen und in andere Bahnen zu lenken!' Meine Großmutter meinte, daß leicht die Bahnen von Schüler und Lehrer sich trennen könnten, behielt jedoch den sonst brauchbaren Mann noch einige Zeit in ihrem Hause. Der Vater dieses Herrn Rhese war Professor in K. und als ausgezeichneter Lateiner bekannt. Er vermählte sich spät und redete seine Gattin bei besonders feierlichen Gelegenheiten stets in dieser klassischen Sprache an. Einst, da er aus dem Universitätsgebäude nach Hause kam, wurde er schnell an das Bett der Erkrankten gerufen. ‚Rhesia mea,' begann er — ‚Rhesia mea,' rief er in steigender Angst,

‚O Rhesia mea‘ — jetzt brach ihr Auge! Seinen aufrichtigen Schmerz über den Verlust der Lebensgefährtin gab er in der schwungvollen Recitation lateinischer Oden kund, die er im Zimmer auf- und abschreitend, mit weithin schallender Sprache deklamirte. Als sein Sohn, im Alter von neunzehn Jahren, bat: er möge gestatten, daß er Tanzunterricht nehme, entgegnete der Professor in deutscher Sprache, da die Sache ihm zu kleinlich erschien: „Kämpfe dies Verlangen in Dir nieder, o mein Sohn! Denn der Tanz ist nichts, als ein aus überströmender Jugendkraft hervorbrechendes Delirium, das mit zunehmenden Jahren, wie Jedermann bekannt, sich allmälig verlirrt!“

Heiter lachend und scherzend langte man vor dem Herrenhause zu Ernstwalde an. Es war ein hübscher Bau, dessen Vorderfronte durch einen großen Balkon geziert wurde, zu dem eine Freitreppe hinauf führte.

Aus einer Gruppe von Herren und Damen, die sich auf dem Balkon niedergelassen, erhoben sich — als die beiden Equipagen in den Hof einfuhren — der Oberforstmeister und Baron von Orbach und stiegen die Treppe hinab, um die Ankommenden zu begrüßen. Während Brandt sich zu dem Wagen der Familie Planitz begab, hatte Orbach sich Ulrike genähert.

„Mein gnädigstes Fräulein, ich bringe unerwartete frohe Botschaft: die Damen Malvine und Anna von Helbig haben sich heute Mittag verlobt!“

„Das freut mich außerordentlich!“ rief Ulrike und reichte Orbach die Hand. „Bei Anna konnte man es stündlich voraussehen, aber bei Malvine überrascht es mich sehr! Das ist in der That ein Sturmangriff gewesen. Nun, ich gratulire herzlich und werde gleich der lieben Braut meine Glückwünsche abstatten! Führen Sie mich zu ihr, lieber Baron!“

Sternau's scharfes Auge hatte — während Ulrike sprach — die Gruppe auf dem Balkon gemustert und Malvine Hand in Hand mit einem älteren Herrn dort erblickt. Er fiel daher schnell ein! „Lieber Baron, wollen Sie gütig mir Stand und Namen des Bräutigams nennen? ich möchte darüber unterrichtet sein, ehe ich zu den Verlobten trete.“

Ulrike stutzte und sah Sternau fragend an; dann folgte sie nach einem bedeutungsvollen Blicke seinerseits der Richtung seines Augs.

„Der Glückliche ist ein Amtsrath von Keller; seine Frau — eine Jugendfreundin von Malvine — starb vor Jahresfrist, und er hat nun Fräulein Helbig gebeten: der Schutzgeist seines Hauses, die Mutter seiner Waisen zu werden,“ entgegnete Orbach mit etwas spöttischer Betonung.

„Dazu ist Malvine wie geschaffen! Haben Sie Dank, lieber Baron!“ Ulrike verneigte sich leicht und schritt dann die Stufen der Freitreppe hinan.

„Die Trauben sind sauer! Merkten Sie wie verstimmt Orbach war?“ flüsterte Sternau ihr zu, damit nur Ulrike in die Wahrheit dessen, was er ihr früher gesagt, keine Zweifel setzen könne. Nun folgten Glückwünsche von allen Seiten und sie kamen bei den Meisten aus wahrem Antheil. Die Familien Planitz, Brandt und Helbig waren von gutem Adel und lange Zeit schon mit einander befreundet. Der Amtsrath von Keller, zwar erst vor kurzer Zeit nobilitirt, war ein hoch angesehener Mann, der den Adel um seiner Verdienste erhalten, die er sich als ausgezeichneter Landwirth und einer der kenntnißreichsten Pferdezüchter erworben.

Die frohe Stimmung der neu verschwägerten Familien theilte sich der ganzen Gesellschaft mit und Graf Sternau äußerte lachend zu Orbach: „Lieber Baron, nun schnell vorwärts und eine passende Wahl getroffen! In Momenten wie dieser sind die Herzen weit geöffnet und Jedermann erwartet, die Freude auch bei sich selbst einkehren zu sehen!“

„Wer weiß, ob ich nicht bald Ihre Glückwünsche mir erbitten werde!“ entgegnete mit süßem Lächeln der Baron.

Nur Odo schaute düster vor sich hin. Als er zuerst von der Verlobung Malvinens gehört, hatte er in einer Ueberschwenglichkeit des Ausdrucks, wie solche oftmals dem Jünglingsalter eigen ist, gegen seinen Vater ausgerufen: „Wäre ich heute im Stande, eine Frau zu nehmen, kein Anderer hätte das Mädchen erhalten, ja ich hätte die Kraft und den Muth gefühlt, Malvine selbst von den Stufen des Traualtares noch fortzureißen!“ Der Oberforstmeister antwortete — als verständiger Mann — begütigend, hieß seinen Sohn sich des Glückes von Malvine freuen und versicherte, ihm werde dereinst ein gleich treffliches Mädchen zu Theil werden.

Zweiundzwanzigstes Capitel.

Manon, ganz in Weiß gekleidet, und nur eine dunkelrothe Camelie in dem schönen glänzenden Haar, war eine überaus liebliche Erscheinung. Und nie hatte sie einen ähnlichen Tag des Glückes erlebt, als diesen Balladend! Von den Klängen reizender Musik getragen, schwebte sie an Sternau's Arm voll seliger Freude dahin. Und wie aufmerksam war er heute wieder um sie bemüht! Er stellte ihr mehrere Herren vor, so daß sie zu jedem Tanze engagirt wurde, und als man zur Abendtafel ging, näherte sich Sternau ihr wiederum und sagte: „Geben Sie mir Ihren Arm, Fräulein d'Aulnois, damit wir uns einen guten Platz im Nebenzimmer suchen können!“

Die Worte klangen so einfach allein Manon's unentweihtes Herz traf dies „wir“, welches eine Gemeinsamkeit mit dem geliebten Manne schuf, mit jenem Glückesbeben, das nur die erste keusche Liebe kennt.

Der Graf sah dies Alles! Er wußte, daß der rosige Hauch, welcher Manon's sanftes Antlitz verschönte, der süße Glanz ihrer Augen nur durch ihn hervorgerufen wurde. Gleich dem Künstler, der einem herrlichen Instrumente Töne nach seinem Gefallen zu entlocken vermag, so zog er mit kundiger Hand alle Register einer tief empfindenden Menschenbrust und lauschte entzückt den ihm antwortenden Harmonien. Niemals zuvor hatte dies Spiel ihm so angeregt und erfreut als heute, denn er war Frauenkenner genug, um das kostbare Instrument sehr hoch — wenn auch lange nicht nach seinem wahren Werthe — zu schätzen. Trotz Sternau's Egoismus schoß an diesem Abende manchmal ein beängstigender Gedanke durch sein Gehirn. „Wäre Manon reich,“ beruhigte er sich sofort, „so würde ich sie ja wählen; ist es etwa meine Schuld, daß ich kein Mädchen ohne Vermögen heimführen kann? Warum dem reizenden Kinde den Zauberbecher, aus dem sie mit soviel Freude schlürft, von den Lippen ziehen, bevor die Trennungsstunde schlagen muß?"

Und was Sternau's Behagen noch erhöhte: über Elma durfte er — seiner Meinung nach — durchaus ohne Besorgniß sein. Sie war ihm beim Contretanz mit einer Ruhe und einem Stolze gegenübergetreten, als ob sie eine Fürstin sei. Mit Graf Bernhard, dem sie die liebenswürdigste Aufmerksamkeit bewies, hatte Elma den zweiten Contretanz getanzt und sich dann — alle anderen Aufforderungen ablehnend — mit dem Verlobten in den Nebensaal zurückgezogen. Dort versammelte ihre Schönheit bald um sie einen Kreis von älteren Herren, die dem Tanze bereits entsagt hatten, und Elma gab sich der Unterhaltung mit Geist und anscheinender Heiterkeit hin. Ab und zu flog ein unruhiger Blick über die Reihe der Tanzenden hin, um den Mann zu erschauen, dessen Bild, trotz aller gemachten Anstrengungen, sie nicht aus ihrer Seele zu bannen vermochte. —

Die jungen Mädchen und Herren zeigten nach der Abendtafel große Lust, noch einmal den Tanz zu beginnen; der Freiherr — als Gesundheitsrath — rüstete jedoch so energisch zum Aufbruch, daß die übrigen Gäste seinem Beispiel folgen mußten und bald nach Mitternacht die harrenden Equipagen bestiegen. Sternau half Ulrifen und Manon in den Wagen, nöthigte Bärnhorst einzusteigen und nahm dann seinen Platz dem jungen Mädchen gegenüber ein.

Es war eine wunderbar schöne, vom hellsten Mondlicht übergossene Frühlingsnacht; durch den Wald ging ein märchenhaftes Säuseln und Rauschen, in das nur selten der leise Flügelschlag eines aufgescheuchten Vogels hineintönte. Stern an Stern glizerte an dem blauen Himmelsdome, und wo die Bäume nicht ganz geschlossen standen, warf das Mondlicht glänzende Silberstreifen, gleich leuchtenden Bändern, zwischen die Waldriesen durch. Ulrike war müde und schlummerte bald in ihrer Wagenecke; um sie nicht zu stören, sprach Sternau flüsternd zu Manon, was ganz in Harmonie zu dem stillen Zauber dieser Stunde war. Er erzählte von seinem Aufenthalt in Spanien, und wie er oftmals in hellen Sommernächten durch die Straßen von Madrid gewandert sei, um nach des Tages Glut sich zu erquiken und das Leben in den Straßen zu beobachten.

„Wie oft traf ich da junge Männer, welche die Zither im Arm, ihren Schönen ein Ständchen brachten. Kein Instrument vermag die Zither in solchen Momenten zu ersetzen; sie schmiegt sich so innig der Menschenstimme an, sie weiß so verlockend zu bitten, und ihr diskreter Ton scheint zu versichern, daß der Liebende, welcher um Erhörung fleht, zart und verschwiegen sein Glück genießen werde. Unser Mozart hat mit dem Seherblick des Genius in seinem ‚Don Juan‘ uns eine solche Scene mit geradezu unübertrefflicher Wahrheit vorgeführt. Sie kennen natürlich den ‚Don Juan‘, Fräulein Manon?"

„Ich habe die Oper mehrmals mit unserm Herrn Cantor, der mich in der Musik unterrichtete, vierhändig gespielt."

„Ist der Cantor jener alte dicke Herr mit dem Sammettäppchen, welcher vorgestern den Onkel über das frühe Dahinscheiden der fünfundachtzigjährigen Wittwe so salbungsvoll zu trösten strebte?"

Manon nickte lächelnd mit dem Kopfe.

„Nicht wahr, Fräulein, Sie stimmen mir bei, daß fünfundachtzig Jahre schon ein recht respektables Alter sind? Und Sie halten es mit mir, der dahingehen möchte, wenn noch Jedermann bedauernd fragt: ‚Warum kamst Du so früh, o freundlicher Genius mit der umgekehrten Fackel?‘ Und nicht wie der Onkel mit jenem Landgrafen von Hessen, der zweiundsiebzig Jahre alt, noch betete: ‚Herr, nimm mich nicht fort in der Mitte meiner Tage!‘"

Manon lachte leise mit ihrer silberhellen Stimme.

„Wenn Sie, Fräulein, den ‚Don Juan‘ nur gehört haben in der Interpretation jenes ehrwürdigen Dorfgreises, dann kennen Sie dies Meisterwerk noch gar nicht. Sie müssen die Oper von großen Künstlern singen hören, an deren Spitze ein ‚Don Juan‘ steht, der mit der Leidenschaftlichkeit des Südländers die Grazie des vornehmen Cavaliers und den dämonischen Trotz einer Faustnatur verbindet. Nur einmal ist mir dieser Genuß in der Italienischen Oper in Paris geworden, und ich werde ihn niemals vergessen. Da lebten alle die Gestalten, welche sich in der charaktervollsten Zeichnung um ‚Don Juan‘ gruppiren; man verstand nicht nur Zerline und Elvira mit deren Anhang, denn solche Frauen giebt es aller Orten, sondern fühlte, wie die hehre, hoheitsvolle Gestalt der Donna Anna in düsterm Schmerz gegen die Gewalt eins übermächtigen Zaubers ankämpft. Ach Fräulein Manon, wieviel Schönes bleibt Ihnen noch zu sehen und zu hören!"

Manon verlangte gar nichts weiter zu sehen oder zu hören; sie empfand bebend all' die Seligkeit, welche die Nähe des Geliebten über uns ausgießt! Wenn ein glänzender Silberstreifen des Mondlichts in den Wagen fiel und sie die schönen Züge Sternau's sah, oder von Dämmerschein umflossen nur den Ton seiner Stimme vernahm, dann kam ein Gefühl über sie, als ob sie gar nicht mehr dieser Welt angehöre, sondern dahineile in Regionen, wo man nichts weiß von irdischen Sorgen und Plagen, sondern ausruht in stillem Genießen. Mehrmals war sie nahe daran, seine Hand zu ergreifen und ihm zu danken, der ihr Leben, das so arm und dunkel gewesen, jetzt so hell und reich gemacht. In wachem Traum sah Manon sich sterben — sie hatte mit dem Preis ihres Lebens das seine gerettet — und dann als letztes Wort ihm zuflüstern: „Wie hab' ich Dich geliebt!"

Der Wagen hielt vor dem Schloßportale, als der junge Morgen schon dämmerte. In der großen Eingangshalle trennte sich die Gesellschaft, um so spät — oder so früh — die Nachtruhe zu suchen.

„Gute Nacht! gute Nacht!" rief man sich heiter lachend zu. Manon aber hörte nur eine Stimme.

(Fortsetzung folgt.)

Die Frau des Predigers.

Roman
von
Hans Fehde.

Erstes Capitel.

„Wie ist es Dir nur zu Muthe heute, am Vorabende Deiner Trauung?" fragte Margaret, die achtzehnjährige Tochter eines Gutsbesitzers, die gleichalterige Tochter des Pfarrers in demselben Ort; „ich kann mir das gar nicht denken und möchte es wissen!"

„Mir ist gar nicht besonders feierlich zu Muthe," entgegnete Johanna, „ich bin nur froh, daß alle die Unruhe und Sorge um die Ausstattung, das gewaltige Reinemachen, die großartige Kuchenbackerei überwunden ist. Die gute Mutter war zwar nachsichtig genug und hat sich damit begnügt, mir die Aufsicht über die Geschwister zu übertragen, und mit denen bin ich, wie Du weißt, in den Wald gegangen oder bin zu Dir gekommen, und wie nützlich wir da die Zeit hingebracht, weißt Du am besten selbst. Kam ich dann nach Haus, zeigte mir die Mutter, was sie Alles geschafft, und wie hübsch ihr Schwester Martha geholfen; war ich aber ein wenig beschämt, küßte sie mich gleich und sagte, hätte ich erst ein eigenes Hauswesen, würde ich Alles mit dem größten Vergnügen thun. — Offen gesagt, ich glaube das nicht ganz; indessen wir werden sehen!"

„Da hast Du mir eine lange Rede gehalten, beste Johanna," sagte Margaret, „und ich habe Dir pflichtschuldigst zugehört, obgleich Du mir gar nicht auf meine Frage geantwortet und nur Dinge berührt hast, die ich ja kenne. Ich wollte gerne wissen, wie Dir zu Muthe ist, und nicht, was Du und Deine Mutter in diesen Tagen gethan haben. Nun, wie steht's!" und sanft hob sie den Kopf der Jugendgespielin in die Höhe und schaute ihr in die schönen braunen Augen.

Johanna blieb einen Augenblick stumm, dann schüttelte sie die Locken zurück und sagte:

„Ja, weißt Du, liebes Herz, das ist eine eigene Sache; wie soll ich Dir alles sagen, was mir durch Herz und Sinn fährt? Das wirst Du schon selbst sehen, wenn Du einmal so weit bist."

„Ich!" versetzte Margaret nachdenklich; „damit hat es noch gute Wege; bis jetzt kenne ich keinen Menschen, den ich heirathen möchte, um alles nicht; deshalb kann ich es mir aber auch nicht vorstellen und," fuhr sie lebhaft fort, „wie Du hier sitzen kannst, ganz ruhig, ganz still, wenn Du weißt, Dein Bräutigam kann jeden Augenblick kommen — das begreife, wer kann!"

„Was würdest Du denn thun?"

„Das weiß ich nicht; jedenfalls irgend etwas! Ich würde auf den Boden gehen zum wenigsten, mit dem großen Fernrohr, und wenn er käme, ich glaube, ich könnte die Zeit nicht erwarten!"

„Und was würde Dir das helfen? er käme doch keinen Augenblick eher."

„Schon gut, Johanna! Ich will Dich aber ein-

mal an etwas erinnern: Als Du mit uns vor drei Jahren sechs Wochen in Teplitz gewesen warst und wir fuhren hierher zurück, wer war es da, der sich schon die ganze Zeit im Eisenbahnwagen vor Unruhe nicht zu fassen vermochte? wer weinte beinahe vor Aerger, als der Wagen, der uns holen sollte, eine Viertelstunde zu spät kam? wer sprang, wie wir hier in unserm Dorf den Berg langsam hinauffahren mußten, aus, weil die Ungeduld auf's Höchste gestiegen war? und wer weinte vor Freude, wie er unterwegs die Eltern und Geschwister traf, bis uns ein Stück entgegengekommen? Ich sehe Dich noch, mit einem Schrei ihnen entgegenfliegen, bald den Vater, bald die Mutter umarmen, bald eins der Geschwister fassen und mit ihnen herumtanzen, daß Dein Vater Dich endlich ermahnen mußte, doch etwas anständiger und mäßiger zu sein. Hast Du Dich denn seit jener Zeit so umgewandelt?"

„Ich weiß nicht," antwortete Johanna, vor sich niederschauend, „aber es ist wohl möglich. Sieh, ich will offen sein, und mit Dir über etwas sprechen, was Du ja nur zu wohl täglich siehst. Du weißt, wir sind neun Geschwister und die letzten Jahre waren schwer für die Eltern. Zwei meiner Brüder, Karl und Eduard, sind auf der Universität, Ernst und Willi auf dem Gymnasium, und Fünf sind wir zu Haus. Die auswärtigen Brüder kosten Papa viel und er weiß oft nicht, woher nehmen, um allen ihren Ansprüchen zu genügen. Als ich jünger war, habe ich nicht gewußt, warum der Vater oft so ernst, die Mutter zuweilen so traurig war; jetzt aber verstehe ich ihre Sorgen besser und weiß, wie sie niederdrücken und den frohen Muth rauben; ich weiß, warum sich beim Vater schon so viel weiße Haare zeigen, weiß, warum die Mutter von Früh bis Abend schafft, um mit einer Magd durchzukommen."

„Ich weiß das recht wohl, meine liebe Johanna; aber was hat denn das alles mit den Gefühlen beim Erwarten Deines Bräutigams zu thun?"

„Mehr als Du denkst, Margaret!" sagte Johanna mit einem kleinen Seufzer.

„Aber wie so denn, so sprich doch!" drängte Margaret ungeduldig.

„Ja, sprechen läßt sich eben nicht darüber; ich wollte nur sagen, die Sorgen drücken nieder und machen still."

„Unsinn!" sagte Margaret, „das wäre schlimm! Wie bin ich neugierig, Deinen Bräutigam zu sehen!"

„Kannst Du Dir denken," sagte plötzlich Johanna, laut lachend, „daß ich morgen eine Frau sein soll, und zwar eine Frau Pastorin! Ich kann es gar nicht begreifen, wie das zugehen soll, obgleich ich gestern Abend von meinem Bett aus ganz deutlich meine eigene Traurede gehört habe, als sie der Vater memorirte. Mir wurde ganz merkwürdig zu Muthe dabei. — Weißt Du, worauf ich mich freue? Wenn Du mich, was Du sehr bald thun mußt, einmal besuchst; wir wollen dann das Unterste zu oberst kehren, die schönsten Sachen kochen, allein ausgehen; denn als Frau kann das, meine Beste, und bin Dir sogar noch Schutz!"

"Und was sagt Dein Herr Gemahl?"

"Dem wird's schon recht sein; er hat mich sehr lieb!"

"Und sind das," fragte Margaret, "die schönsten Pläne, die Du Dir für die Zukunft machst?"

Johanna schien einen Augenblick fast beschämt.

"Nein," sagte sie dann, "lesen will ich auch und viel studiren."

"Willst Du, willst Du! Aber um Alles willen, Johanna, was will denn Dein Mann?"

"Ach, mein Mann! wie das klingt! Ich denke, er wird auch studiren wollen, und essen und trinken, und wird noch mancherlei wollen, was ich jetzt noch nicht weiß! Soll ich Dir einmal einen seiner Briefe zeigen, wie gut und lieb er ist und wie sehr er sich freut, mich zu sich zu holen?"

"Ja, das glaube ich wohl," sagte Margaret ironisch, "die schönste Blume aus dem Pfarrgarten sich zu pflücken und zu sich zu verpflanzen und dann sich zu freuen, ist eben keine große Kunst! Und eine solche Blume!" und schmeichelnd umschlang sie die Freundin.

"Sage mir noch eins, Johanna; ist Dein Bräutigam sehr fromm?"

"Welche Frage!" entgegnete Johanna. "Er ist Prediger!"

"Hm," sagte Margaret, "Dein Vater ist es auch."

"Nun, und?" und Johanna's große Augen wurden noch größer, als sie Margaret fragend anschauten.

"Nun, und Dein Vater ist gewiß kein Betbruder."

"Nein, gewiß nicht, und mein Bräutigam auch nicht; — indessen," fuhr sie nachdenkend fort, "anders wie der Vater denkt er doch wohl; ich habe die beiden oft genug heftig streiten hören, doch habe ich mich, offen gesagt, nicht viel um die Art ihrer Meinungsverschiedenheiten bekümmert."

"Sieh, das begreife ich nun wieder nicht, Johanna! Es muß Dich doch interessiren, wie Dein Bräutigam denkt!"

"Gewiß, Kind, das thut es auch; aber seit Ludwig mein Bräutigam ist, habe ich ihn nur zwei Mal einen Tag gesehen, und da, versichere ich Dir, hat er sich nicht mit dem Vater gestritten. Das war früher, als er noch bei dem Pastor Krüger als Vicar war und ich mich noch wenig um ihn kümmerte."

"Und wann fängst Du denn an, Dich für ihn zu interessiren?"

"Mein Gott, alle diese Fragen, Margaret!"

"Gut," sagte diese, "ich quäle Dich und will aufhören, eins aber muß ich Dir noch sagen; damit Du mich verstehst: Als ich das letzte Mal aus der Stadt zum Besuch zu den Eltern kam und wir zusammen waren, erzähltest Du mir von dem Besuch des damaligen Vicars und seines Freundes Victor mit großer Lebhaftigkeit; damals hätte ich meine rechte Hand gegeben, Du interessirtest Dich für den Freund Deines jetzigen Bräutigams!"

Johanna's Gesicht war wie mit Purpur übergossen; jetzt faßte sie Margaretens Hand und sagte eifrig:

"Was Du damals zu sehen glaubtest — es ist jetzt ein Jahr her — war ganz gegründet; ich interessirte mich lebhaft für diesen Freund, den ich zwei ganze Tage lang gesehen und hatte damals meinen Bräutigam kaum beachtet; aber das Interesse war von keinem Belang, ich habe den jungen Mann, mit dem ich einige heitere Stunden verlebt, nicht wieder gesehen."

"Und später lerntest Du dann Deinen Bräutigam lieben?"

"Ja, ich lernte ihn schätzen und achten. Margaret, Du weißt, wie krank mein Vater so lange Zeit war, wie Ludwig ihm unermüdlich treu in seinen Berufsgeschäften beistand, wie er ihm alles abnahm, willig jede Arbeit für ihn that, und — und — Margaret — als er den kranken Vater, den fast noch mehr als die Krankheit die Sorge um seine Kinder niederdrückte, um meine Hand bat, und ich die unverhohlene Freude des Vaters sah, der in Ludwig einen Schutz für die ganze Familie erblickte und überdachte, wie dieser die ganze Zeit gehandelt, da reichte ich ihm gerne meine Hand."

"Und hast Du dies Opfer nie bereut?"

"Das Opfer! pfui Margaret, wie vermagst Du nur so zu sprechen! Es war kein Opfer, ich werde nie etwas davon zu bereuen haben! Ich liebe und schätze ihn und stelle ihn hoch und werde sehr glücklich sein."

"Das sollst Du auch, meine liebe Johanna!" sagte Margaret warm; "ach, und keiner wünscht das mehr wie ich."

"Hörst Du nicht das Rollen eines Wagens?" sagte Johanna horchend, "mir ist es ganz so!"

"Du hast recht, sie sind es! Komm, laß uns hinuntergehen!"

Das untere Stockwerk trug schon den Stempel des morgenden Festtages. Die blankgescheuerte Hausflur mit seinem Sand bestreut, die hellen freundlichen Fenster, die mit frischem Grün und Kränzen geschmückten Thüren: Alles deutete ein frohes Ereigniß an. Aus einem Hinterzimmer ertönten helle Kinderstimmen:

"Sie kommen, sie kommen!" und schnell wurde die Thüre aufgerissen und heraus stürzte eine Schaar Kinder, alle in Festtagskleidern.

"Johanna, Johanna!" schrie es durcheinander, "sie kommen."

"Ja, ja!" rief diese ihnen entgegen, mit Margaret die Treppe herunterkommend; "macht nur nicht solchen Heidenlärm, ich habe es gehört!"

Der Vater trat aus seiner Stubirstube, die Mutter mit Schwester Martha kam von der Küchenseite, geschwind noch hinaufgehend, sich wenigstens noch ein frisches Häubchen aufzusetzen. Alles eilte in den Hof; der Vater trat mit der Kinderschaar an das Hofthor, das die Magd schon weit geöffnet hatte; Johanna lehnte sich an seinen Arm, mit ihrem Arm die Freundin umschlingend, die erwartungsvoll den Ankommenden entgegenschaute.

Jetzt fuhr der Wagen an; das Rollen der Räder wurde fast von den Kinderstimmen und ihren Willkommenrufen übertönt, kamen ja mit Ludwig zugleich alle die großen Brüder aus der Stadt mit. Der Wagen hielt, viele Hände bemühten sich zu gleicher Zeit, den Schlag zu öffnen; die jungen Leute sprangen heraus und wurden von den Geschwistern umringt. Ludwig und ein, der Pfarrfamilie unbekannter auffallend schöner junger Mann folgten etwas bedächtiger.

„Wo hast Du, lieber Sohn," rief der Vater Ludwig zu, ihm die Hand hinstreckend, „Dein Mütterchen gelassen? Du versprachst doch bestimmt, sie uns zuzuführen!"

„Konnte aber leider nicht Wort halten!" entgegnete dieser, des Vaters Händedruck erwidernd und seine Braut in die Arme schließend.

„Ich bringe dafür meinen Bruder mit," fuhr er fort, auf den erwähnten Jüngling deutend, der bis jetzt etwas zurückgeblieben war und nun höflich näher trat. „Mein Bruder Alfred! stellte er vor, „der erst seit wenigen Tagen von seiner Studienreise in Italien zurückgekehrt."

Der Pfarrer reichte dem jungen Manne herzlich die Hand: „Ich freue mich, unseres lieben Ludwig einzigen Bruder kennen zu lernen, von dem er uns schon viel erzählte!"

Auch Johanna gab ihm die Hand und sah den Schwager freundlich an, der sie bewundernd betrachtete.

„Das ist also meine neue Schwägerin, meine Schwester!" sagte er; „wie wird sich die Mutter freuen, wenn wir ihr das Töchterchen bringen!"

„Wird sie?" entgegnete Johanna schüchtern; und sich des Armes ihres Bräutigams bemächtigend, führte sie diesen zu Margaret.

Margaret, mit den angekommenen Jugendgespielen beschäftigt, hatte dennoch keinen Augenblick Ludwig aus den Augen gelassen. Sie war in den letzten Jahren abwesend gewesen, hatte Johanna als Braut wiedergefunden, den Bräutigam aber noch nicht gesehen.

Sie stand neben Eduard, dem ältesten Sohn des Brautvaters.

„Wie gefällt Ihnen der neue Bruder?" hatte sie diesen leichthin gefragt.

„O, gut!" hatte ihr Eduard schnell geantwortet, „und — wir sprechen noch einmal ausführlicher davon, wie von manchem Andern!" hatte er langsamer hinzugefügt.

„Hier bringe ich Dir meinen Bräutigam, Margaret!" sagte Johanna zu ihrer geliebten Freundin.

„Ich denke, wir werden uns bald näher kennen lernen, Herr Prediger!" sagte diese mit der ihr eigenen Bestimmtheit zu Ludwig, „und hoffentlich auch gute Freunde werden; denn wenn meine Johanna sich erst als Ihre liebe Hausfrau eingewohnt hat, werden Sie mich wohl oft bei sich sehen."

„Das wird mir und meiner Frau sehr angenehm sein!" entgegnete Ludwig und verbeugte sich artig. „Aber ich sehe die Mutter gar nicht!" wandte er sich zu seiner Braut.

„Da kommt sie eben!" rief diese, der Mutter entgegeneilend, die schnellen Schritts aus der Hausflur kam. „Gutes Mütterchen," sagte sie dabei, „Du hast noch so viel zu schaffen!"

„Ja, meine liebe Alte läßt's sich angelegen sein, in ihrem Hause das Unterste zu oberst zu kehren!" sagte der Pastor.

„Ja, spotte Du nur!" entgegnete seine Frau gutmüthig; „wie sollte wohl etwas in Ordnung kommen, wenn ich nichts thäte! Ihr laßt mir ja aber gar nicht

Zeit zu einem Willkommen für Ludwig!" fuhr sie, zu ihren Söhnen gewandt, fort, die sie umringt hatten, einen nach dem andern herzlich küssend. „He, und allein, Ludwig? wir hatten uns so auf Ihre Frau Mama gefreut!"

Ludwig wiederholte seine Entschuldigung und die ganze Gesellschaft, Groß und Klein, begab sich in den Garten, allwo ein einladender Kaffeetisch ihrer wartete. Die Kinder wurden an einem Nebentischchen placirt, die Großen nahmen Platz; die Mutter und Martha schickten sich an, die Lieben zu bedienen.

„Nein, Mütterchen," sagte Margaret, „das überlassen Sie einmal uns und ruhen Sie sich aus! Komm, Martha, wir gehen zusammen!"

„Nun, wie Sie wollen, Margaret!" entgegnete die Mutter und setzte sich behaglich wieder auf den eben verlassenen Stuhl; „es wird mir ganz gut thun, auch einmal zu ruhen. — Nein, Johanna, Du bleibst hier!" sagte sie zu dieser, die im Begriffe war, ebenfalls mitzugehen, „Du sollst mir heute nichts anrühren! Ich denke, Ludwig wird damit zufrieden sein!"

„Jawohl," sagte dieser, seiner holden Braut die Hand reichend, „Johanna bleibt bei mir!" und glücklich ruhte sein Auge auf ihr.

Johanna schaute ihn unbefangen und freundlich an; sie ließ ihm ihre Hand, nickte der Mutter zu und sah dann nach den Geschwistern. Die beiden jüngeren Brüder waren zu den Kleinen getreten und neckten sie; das jüngste Schwesterchen, das kaum zweijährige Lieschen, ihr Liebling, streckte ihr bittend die Aermchen entgegen; sie winkte ihr und die Kleine strebte ihr zu, um zu kommen. Sie nahm sie auf den Schooß, und das Kind zappelte fröhlich mit den Händchen.

Ludwig berichtete von seinem Haus, wie gemüthlich und hübsch es eingerichtet, wie Alles zum Empfang der jungen Frau bereit. Die Mutter fragte nach diesem und jenem, während der Vater bei ihm mit den Söhnen und Alfred, Ludwigs Bruder, unterhielt. Eduard war nicht ganz bei dem Gespräch; seine Augen schauten beständig nach der Hausthür, wo Margaret und Martha verschwunden waren. Es war ein schöner Jüngling, der älteste Sohn des Predigers, mit kecken, offenen Zügen, hoher, kräftiger Gestalt und klaren Augen. Eine Wolke lag heute auf seiner Stirn, die nicht dahin zu gehören schien und die er vergeblich zu verscheuchen suchte. Sein Bruder Karl war ihm vollständig ungleich: Nicht mehr als mittelgroß, war er ziemlich schmächtig gebaut, und die ein wenig gebückte Haltung ließ ihn noch kleiner erscheinen, als er wirklich war. Sein ganzes Wesen trug den Stempel der Ruhe und Ueberlegung und seinem jugendlichen, weniger hübschen als klugen Gesicht, dem das Studium den Ausdruck der Reife verliehen hatte, sah man es an, daß er die Universitätszeit wohl benutzt hatte. Eduard sah seinem Vater ähnlich, dessen kräftige, stattliche Gestalt weder Sorge noch Krankheit zu beugen vermocht hatten, und aus dessen Augen noch nicht alles Jugendfeuer entschwunden war. Heute sah er mit Freude auf seine blühende Kinderschaar, und sein Blick blieb oft liebevoll auf Johanna haften, die denselben jedes Mal ebenso zärtlich erwiderte. Sie sah nicht wie eine glückstrahlende Braut, aber auch nicht ängstlich oder gar unglücklich aus; ihr rosiges Gesicht mit den träumerischen

Augen schaute ruhig und zufrieden Jedem entgegen. Dem unbefangenen Beobachter mochte wohl ein Zweifel aufstoßen, ob der geistliche Herr an ihrer Seite ein passender Gefährte für das liebliche Kind sein konnte, denn Johanna, groß und schlank gewachsen, erschien ihrem Wesen sowohl als ihrem Aeußern nach jünger, als sie wirklich war. Ihr Bräutigam, nicht viel größer als sie, hatte weniger in seiner Gestalt als in seinen Bewegungen etwas Steifes und Eckiges; sein Gesicht war nicht ohne Intelligenz, doch lag in seiner ganzen Erscheinung etwas, was sogleich den evangelischen Prediger ankündigte. Es lag dies nicht in dem schwarzen Rock, der fest anschließenden, weißen Halsbinde: er hätte sich tragen mögen, wie er wollte — als Stutzer oder mit der Nonchalance des Künstlers — der Geistliche stand ihm auf der Stirn geschrieben.

Man hatte Kaffee getrunken, Margaret und Martha sich der Gesellschaft zugesellt; die gute Mutter war schon lange unruhig geworden.

„Ich gehe jetzt noch ein Stündchen hinein," sagte sie, „damit ich mit allem fertig bin, wenn auf den Abend die lieben Hochzeitsgäste kommen!" und die thätige, kleine Frau eilte nach dem Hause.

Auch die Kinder hatten schon lange ihre Plätze verlassen und waren ihren Spielen nachgegangen. Die jungen Leute schlugen einen Spaziergang nach dem Walde vor, der nicht weit von dem Pfarrhause lag; die Gesellschaft theilte sich: Eduard ging mit Margaret voran, Alfred und Karl, die im eifrigsten Gespräch begriffen waren, folgten; zuletzt kam der Bräutigam mit dem Vater. Johanna hing an des Vaters Arm; sie dachte daran, daß sie morgen das Vaterhaus verlassen werde und sah auf ernst aus.

„Mein liebes Kind," sagte der Vater, „ich sehe Dich gern ziehen, und doch wird es mir schwer, Dich zu lassen!"

Johanna drückte seinen Arm an sich; sie vermochte nicht zu antworten.

„Ich brauche Dir, lieber Ludwig, mein Kind nicht anzuempfehlen," fuhr der Vater zu diesem gewendet fort, „denn Du liebst sie und Dein Haus wird fortan ihre Heimat sein; und doch wirst Du es mir nicht verargen, wenn ich Dich bitte, in vielen Dingen Geduld mit ihr zu haben, denn so ein rechtes Pfarrmütterchen, wie die Mutter eins ist, wird sie doch nie werden! — Ich befolge bei der Erziehung meiner Kinder den Grundsatz, sie nur mit leiser Hand zu leiten, ihnen den richtigen Sinn für Recht und Unrecht beizubringen und sie im Uebrigen nach ihren besondern Eigenthümlichkeiten aufwachsen zu lassen; und diejenigen Johanna's wirst Du kennen und schätzen lernen!"

„Gewiß," entgegnete Ludwig würdevoll, „wir werden sehr glücklich werden!" und was Johanna etwa noch nicht versteht, wird sie sich schon unter meiner und meiner trefflichen Mutter Leitung aneignen!"

Warum mußte Johanna bei Ludwig's Worten plötzlich an Margaret und das mit dieser gehabte Gespräch denken? Hatte er denn nicht Recht? Mußte und konnte sie denn nicht noch viel lernen? und so antwortete sie, als sich Ludwig jetzt zu ihr wandte, mit einem freundlichen: „Gewiß!"

„Väterchen," sagte sie jetzt, „ich werde sicherlich Heimweh bekommen! Du mußt bald zu mir kommen, mich bald besuchen! Nicht wahr, Ludwig, wir werden ein behagliches Gaststübchen für die Lieben haben?"

„Ja," sagte dieser, „das werden wir!"

„Ach, und wie freue ich mich, Väterchen," fuhr Johanna fort, „Dich im ganzen Haus herumzuführen! und wenn wir getrennt sind, werde ich Dir lange Briefe schreiben! Ludwig hat mir einen allerliebsten Schreibtisch versprochen, darauf stelle ich meine Bücher und —

„Wirst wohl nicht allzuviel Zeit zum Lesen und Schreiben finden!" scherzte der Vater, „denn wenn man eine eigne Wirthschaft hat, so geht die allem Andern vor."

„Natürlich!" nickte Johanna einverstanden; „da aber der Haushalt nicht groß ist, und ein Mädchen da sein wird, so findet sich wohl Zeit zu Allem, wenn man sich Mühe giebt."

„Gewiß!" versetzte Ludwig; „aber bring' auch in Rechnung, daß ich einen großen Theil Deiner Zeit für mich verlange! Du mußt dann auch meinem Amt und meinen Geschäften Interesse abzugewinnen suchen, mußt Bücher lesen, die ich Dir anempfehle."

„Wie gern will ich das," entgegnete Johanna lebhaft, „wie gern! Ich habe das bis jetzt versäumt, war eigentlich ein schlechtes Pfarrkind; das soll auch anders werden, — wenn ich Deine Frau bin," setzte sie lächelnd hinzu.

„Nun, wir wollen sehen!" fuhr der Vater zu scherzen fort. „Da kann es denn wohl kommen, daß Du Dich mit Deinem alten Vater herumstreitest, der mit der Jugend nicht Schritt gehalten, denn Du wirst wohl alle die Ideen des Herrn Gemahl's annehmen, wie denn auch recht und billig ist, und mit dem bin ich nicht immer einer Meinung."

Ludwig erwiderte nichts, sah aber aus, als sei ihm dieses Thema nicht sehr angenehm; Johanna aber sagte sehr eifrig:

„Man kann noch gar nicht wissen, auf welcher Seite ich bei solcher Meinungsverschiedenheit stehen werde; vielleicht stehe ich in der Mitte, denn ich werde jedenfalls meine eigne Meinung haben und nichts nur so auf Treu und Glauben ohne Prüfung annehmen!"

Ludwig's Stirn war ein wenig umwölkt, als er entgegnete:

„Auch nicht von Deinem Manne?" und als Johanna langsam den Kopf schüttelte, sagte der Vater lächelnd:

„Nun, es wird nicht so schlimm mit Deinem Streiten werden! und," fuhr er ernster werdend fort, „ich habe keine Sorge um Dich: Du wirst eine so gute Frau werden, als Du uns, Deiner Mutter und mir, ein liebes Kind warst!"

„Ich habe aber auch so liebe Eltern!" sagte Johanna zärtlich, „und bekomme einen so guten — Mann!" fuhr sie schüchtern und leise fort.

Ludwig warf ihr einen freundlichen Blick zu.

„Und so wird es Dir leicht werden, eine gehorsame Frau zu sein!" sagte der Vater halb im Scherz, halb im Ernst.

„Gehorsam?" fragte Johanna noch leiser als vorhin.

„Nun, oder wie Du es nennen willst, Johanna!"

„Schon recht!" sagte sie und lachte.

Während dieses Gespräch's hatte sich auch das erste Paar lebhaft unterhalten.

„Ich sage Ihnen, Margaret," sagte Eduard zu seiner Begleiterin, dies Leben, das ich führe, ist mir unerträglich! was soll ich aber thun! Kann ich nun, nachdem ich fast drei Jahre studirt und dem armen Vater viel Geld gekostet habe, vor ihn hintreten und zu ihm sagen: „Lieber Vater, alle Mühe ist vergeblich gewesen: ich kann kein Pastor werden und auch kein Lehrer! es ist mir unmöglich, einem Berufe obzuliegen, der mir zuwider ist! Laß mich meinen eigenen Weg gehen und ein anderes Studium ergreifen! Und gesetzt, ich thäte es auch: was sollte daraus werden! — Der Vater hat es durchgesetzt, Karl sowohl — der übrigens einmal ein tüchtiger Gelehrter werden wird — als auch mich studiren zu lassen und zwar Theologie und Philologie, wo wir Stipendien, Freitische und andere Vergünstigungen hatten; mehr konnte er nicht thun. Ich habe zwar neben der Theologie schon tüchtig andere Kollegien gehört, aber etwas Rechtes ist es ja doch nicht geworden! Ich wollte gern des Vaters Wunsch erfüllen, aber erst nach und nach hat sich mir die Ueberzeugung aufgedrängt, daß ich so nicht weiter leben kann. Was soll ich aber thun?"

„Sagen Sie mir zuerst, lieber Eduard," sagte Margaret, die ihm nachdenklich zugehört hatte, „was möchten Sie werden? wie sind Ihre Wünsche für die Zukunft? Sind Sie nur der Theologie überdrüssig, oder ist es ein besonderes Feld, welches Sie anzieht?"

„Gewiß!" entgegnete Eduard; „glauben Sie nicht etwa, daß ich wie ein unbesonnenes Kind von einem zum andern schwanke; hören Sie mir zu, ich muß mich etwas lang fassen! — Am liebsten möchte ich Naturwissenschaften studiren. Schon seit meiner Kindheit hat mich die Natur mächtig angezogen; als Knabe wußte ich nichts Schöneres und Besseres zu thun, als im Wald umherzustreifen, das Leben der Pflanzen zu beobachten, dem Treiben der Thiere zu lauschen; jeder Stein schien mir eine Geschichte zu haben, und ich versuchte, in diese geheimnißvolle Welt mit ihren sichtbaren und unsichtbaren Kräften und Triebfedern einzudringen. Damit nicht zufrieden, ging ich noch weiter, suchte und forschte nach den Stoffen, die man leblos nennt, aber nur deshalb, weil ihr geheimnißvolles Wesen nicht am Tage liegt, sondern sich dem forschenden, verständnißsuchenden Blicke erschließt. Sie wissen ja, wie ich mir in früheren Jahren mit unbedeutenden Mitteln ein kleines Laboratorium einrichtete, wie fleißig ich arbeitete und Sie und die Geschwister von Zeit zu Zeit mit allerlei Experimenten überraschte, die, so einfach sie an und für sich waren, doch mir mit selbst entdeckt, allgemeinen Beifall und Verwunderung erregten. Sie weihte ich ja dann selbst ein in diese kleine Welt, und ich erinnere mich noch lebhaft des stolzen Gefühls, mit dem ich eifrig zuhorchenden Mädchen meine kleinen Geheimnisse und Entdeckungen mittheilte und Ihnen den Zusammenhang der mitwirkenden Kräfte und die Wege, diesen Zusammenhang herstellten, auseinandersetzte. Ich sagte Ihnen nichts anderes, als was sie in jedem Buche, welches über die Anfangsgründe der Physik und Chemie handelt, lesen konnten, aber hier war es Eigenes, Selbst-Erforschtes. Sie wurden mein Gehülfe, und wir gingen Hand in Hand, bis äußere Entfernung uns trennte. Oft auch zog ich mir Tadel von Ihnen zu, wenn Sie mich gerade trafen, wenn ich einen Wurm zerlegte, ja selbst einen Vogel tödtete, schalten

mich grausam und baten manch armen Gefangenen los. Sie wissen aber nicht, daß ich nicht stehen bleiben konnte, weiter forschte und überall Belehrung suchte; und noch jetzt kenne ich kein größeres Vergnügen, als diese Forschungen! Ach, und nun denken sie sich, wie mir zu Muthe ist! Ich möchte am liebsten nach einem gründlichen Studium der Naturwissenschaften viele und weite Reisen unternehmen und jedem Dinge auf den Grund zu kommen suchen; und nun muß ich festgebannt im Studirzimmer über Traditionen brüten, Dogmen und grundlose Lehren zerlegen, soll und muß vielen Dingen die ich kenne und weiß, gerade zu in's Gesicht schlagen, durch das Hängen an alten Worten und Formen! Das Gewaltige der Natur, das Lebendige zieht mich an, reizt mich, lockt mich, und ich soll ihm den Rücken wenden! Das Todte, Veraltete stößt mich ab, ja, ekelt mich an, und ich soll mich ihm zuwenden, es erfassen, es zu meinem Eigenthum machen, ja es Andern lehren! Fühlen Sie, wie entsetzlich das ist? Ich weiß und bin mir klar bewußt, daß es unmöglich für mich ist, dem Trieb, der in mir als Wunsch zu reisen, zu folgen und denke nicht daran, Naturforscher zu werden, denn es ist kein Brodstudium, und ein solches zu ergreifen ist meine Pflicht, ja, Nothwendigkeit! aber ich möchte wenigstens zu etwas Verwandtem wenden, möchte was vor mir die Naturforscher entdeckt und gefunden zum Wohl der Menschheit praktisch verwerthen, möchte Ingenieur werden! möchte in und mit der Natur arbeiten und die Kräfte derselben zum Nutzen und Frommen der Menschheit ausbeuten!"

„Und wäre das so unerreichbar?" fragte Margaret.

„Ja leider!" seufzte Eduard; „wie sollte ich dem Vater das sagen können, dem Vater, der die Tage bis dahin zählt, da ich mein Studium vollendet haben werde und eine Stelle annehmen und mich selbstständig werde, damit er einen der Brüder an meiner Stelle studiren lassen kann! Sehe ich nicht, wie er freudig jedem Genusse entsagt hat, um uns studiren zu lassen! Sogar das Rauchen der Cigarren hat er sich abgewöhnt und wacht nur früh und bis an die Nacht, um mir zu helfen! Nun könnte ich bald so weit sein, um ihm einen Theil seiner Sorgen abzunehmen! Auch hängt er an dem Gedanken, daß ich, sein ältester Sohn, in seine Fußstapfen treten soll; ja, und mit welcher Freude, schon von Ihrem Vater das Versprechen erhalten, daß dereinst kein Anderer als ich hier diese kleine Pfarrstelle erhalten soll! hofft, ich solle weiter pflanzen, was er angefangen! Ach, und mir graut bei dem Gedanken! Gerade weil ich meinen Vater so hoch stelle, weil er ein leuchtendes Beispiel für Alle ist, weil er gleich achtungswerth, als Geistlicher wie als Mensch ist, weil jedes Wort, das er von der Kanzel verkündet, seines Herzens Ueberzeugung ist: darum um so weniger tauge ich zu seinem Nachfolger! ich würde nur zerstören, was er mit so vieler Mühe errichtet und was ich weiter führen sollte. — Wie oft wird mir der Unterschied deutlich, wenn ich ihn predigen höre, was ich so gern thue! Wie weiß gerade er die Natur zum Gegenstande seiner Betrachtungen zu machen! wie sinnig sind seine Vergleiche! und wenn die Leute alle so andächtig lauschen, so halte ich oft in Gedanken folgende kleine Rede an meinen Vater: „Lieber Vater, das ist Alles ganz gut und schön, nur leider grundfalsch! Alles, was Du da eben gesagt hast von Liebe und Friede in der

Natur ist eitel Unsinn!' Und nun erkläre ich ihm, wie gerade dies diesen Grund, jenes jenen Grund hat; wie gerade hier eine Einigung unmöglich und ein immerwährendes Auseinandergehen unumgänglich nothwendig ist, weil gerade das, was er da so eben mit einem milden Worte so freundlich verbindet, sich in der Wirklichkeit, in der sich stets gleichbleibenden Natur, ewig feindlich entgegenstehen wird! — Ach, Margaret, rathen Sie mir! was soll ich nur thun!"

Margaret zuckte die Achseln:

„Ich kann nicht eher rathen, als bis ich mir die Sache gründlich überlegt habe; aber ich kann doch so viel sagen, daß ich glaube, Sie werden sich doch früher oder später von einem Drucke befreien, der ja Ihr Leben verdüstern würde und lähmend wirken müßte, selbst wenn es harte Kämpfe kosten sollte."

„Aber wie! wie!"

Ehe Margaret noch antworten konnte, wurden sie von Karl und Alfred unterbrochen, die zu ihnen traten.

„Wir sind," sagte Alfred, „mit einer großen Streitfrage beschäftigt und können uns, was dies bei solchen Fragen gewöhnlich geschieht, auch nicht in dem kleinsten Punkte einigen. Ich bin eigentlich unklug, daß ich unsern Disput mit auf Sie übertrage, denn ich fürchte, gewiß nicht mit Unrecht, daß ich an Eduard noch einen Gegner mehr zu bekämpfen haben werde; vielleicht aber," sagte er mit einer leichten Verbeugung gegen Margaret hinzu, „erhalte ich einen Beistand an dem Fräulein, und dann stehen wir uns wieder gleich gegenüber."

„Wer weiß, ob ich Ihr Gegner werde!" sagte Eduard.

„Und wovon ist denn die Rede?" fragte Margaret.

„Sie wissen ich bin Bildhauer und meiner Kunst mit Leib und Seele ergeben; hier habe ich einen Theologen vor mir und zwar einen, der mein Handwerk, das ist das Werk meiner Hände, in seiner eigentlichen Bedeutung gar nicht so recht würdigen will. Er ist zwar nicht so toll wie Ludwig, der mir in allen meinen Bestrebungen just gerade entgegensteht und die Kunst nur gelten läßt, so lange sie auf dem Grunde der christlichen Kirche steht; er aber meine, die christliche Kirche verhalte sich zur Kunst im Allgemeinen direct feindlich!"

„Erlauben Sie!" unterbrach ihn Karl, „das ist zu schroff ausgedrückt! Hat nicht die christliche Kirche öfter Entwürfe zu den größten Meisterwerken, welche die Kunst aufzuweisen hat, geliehen? Ich erinnere nur an das Schönste, was wir haben, an die Raphael'schen Madonnenbilder."

„Ja wohl," entgegnete Alfred achselzuckend, „und zwar zu einer Zeit, wo die Kunst im Argen lag und der christliche Cultus seinen Höhepunkt erreicht hatte! Aber trotzdem, wenn wir nicht darüber schreiben, daß es die Mutter Gottes ist, dadurch, daß wir ihr den Heiligenschein um das Haupt geben, sehen wir nichts als ein schönes Weib in ihr mit dem Kinde auf dem Arm! Was bewundern wir vor allen Dingen an den süßen, weichen, kindlichen Glück zug im Gesicht der Mutter, die ihr erstes Kind beseligt im Arme hält, einen lebhaften, blühendschönen Knaben, der die Aermchen nach ihr ausstreckt. Nichts läßt in ihm den Christ vermuthen, der später am Kreuze stirbt; ja, ein hieran erinnernder Gedanke müßte uns traurig machen und die Empfindungen getheilt werden lassen, die jetzt ungetheilt an dem sorg-

losen Glück der Mutter und des Kindes hängen. Nein, Sie müssen mir zugeben, daß es gerade das Menschliche, das rein Menschliche ist, was uns diese Kunstwerke so bewundern läßt! Sehen Sie irgendwo die Madonna im Strahlenglanze als Himmelskönigin, so ist etwas Störendes darin: die Maria, die wir lieben, ist die Mutter des Knaben, ist nicht die Himmelskönigin!"

„Und was ließe sich noch alles sagen!" fuhr er fort, nicht darauf achtend, daß auch der Vater, mit Ludwig und Johanna, ihnen nachgekommen war und sich ihnen anschloß; sie standen auf einem kleinen, freien Platze, der einen Durchblick mit einer Aussicht auf das Dorf und auf das Pfarrhaus, welches ganz im Grünen lag, frei ließ. „Die biblische Geschichte hat der Kunst Stoffe genug geliefert, aber welcher Art meistens! Heiligenbilder, Märtyrer! abgezehrte, erbärmliche Gestalten! Und ist es ein Gesicht mit schönem und leidendem Ausdruck: mitleidig wenden wir uns ab; wir sehen den Kerker, die Ketten, das Blut! überall Tod, Verderben! nirgends Heiterkeit und Freude! Man ließe sich hin und wieder ein solches Bild gefallen, wäre ein entgegenstehendes, versöhnendes Element da, aber die Kunst kommt bei Behandlung von Stoffen aus der christlichen Mythologie kaum weiter, als zur Darstellung des Schauderhaften!"

„Und Leonardo da Vinci's Abendmahl, Tizian's Himmelfahrt: was giebt es Erhabeneres!" unterbrach ihn Karl. „Peter und Paul von Paul Veronese, der Zinsgroschen von Tizian und so vieles Andere mehr, — rechnen Sie das nichts?"

„Gut, gut," sagte Alfred, „ich gebe Ihnen das zu! es giebt einige wenige Entwürfe, die schön, großartig und ergreifend sind; aber es sind eben nur wenige, und die wenigen entbehren der Mannigfaltigkeit der Figuren: es ist Christus in dieser, Christus in jener Gestalt; dazu ist nur eine Gestaltung möglich, denn das Abweichen von dieser einen Gestaltung verletzt und die wenigen Vorwürfe sind darum vollständig erschöpft!"

„Erschöpft!" sagte Ludwig; „wie oft habe ich Dir schon gesagt, daß sie gar nicht erschöpft werden können, ja immer, stets und einzig sollte man wieder zu diesen Gegenständen greifen und dieselben nach jeder Seite hin ausarbeiten! Die Kunst sollte nur dazu dienen, Gott und seine Werke zu verherrlichen! Wie erhebt es ein christliches Gemüth, seinen Gott in schöner, würdiger Weise dargestellt zu sehen, sich ihm gleichsam durch das Anschauen näher gebracht zu fühlen! Wie greift uns ein Gemälde von seinen Leiden mächtig in's Herz und läßt uns unserer Sünden eingedenk werden! Wie erhebt und stärkt uns ein Kreuzesbild und bringt uns das große Glück unserer Erlösung immer wieder vor die Seele!"

„Ein Kreuzesbild erhebt uns!" entgegnete Alfred. „Lieber Ludwig, das ist unmöglich, vom künstlerischen Standpunkt aus unmöglich, und auch vom rein menschlichen Standpunkt! denn ein getreuigter Mensch, dem das Leid und die Schmerzen auf dem Gesicht liegen und das Blut aus den Wunden rinnt, macht uns Schmerz, und soll uns diesen Schmerz machen! Daß sich aber der Mensch immer nur auf dem streng christlichen Standpunkt befindet, kannst Du nicht verlangen, würde auch jedes gesunde Urtheil über Kunstwerke trüben! Gehst Du aber von dem aus, was die Kunst eigentlich soll und erstrebt, mußt Du vom Christenthum absehen! Die Kunst soll uns über die gewöhnlichen, großen und kleinen Begebenheiten und Nichtigkeiten des Lebens erheben und soll uns einen reinen, in Anschauung bestehenden Genuß verschaffen, indem sie uns den Menschen und das Leben in den verschiedensten Gestalten vorführt, und in uns Empfindungen erweckt, die vorwiegend angenehmer und befriedigender Art sein sollten: Bewunderung, Entzücken, Freude, Rührung und nur selten Grauen und Entsetzen. Kunst ist die Darstellung des idealen Gehaltes der Welt und aller ihrer Erscheinungen. Und alle Objekte, die wir der christlichen Kirche entnehmen, eignen sich aus den eben entwickelten Gründen wenig oder gar nicht zur Darstellung: sie sind ärmlich und wenig ergiebig, müssen oft umgewandelt oder verdreht werden und geben dann eben etwas Anderes als sie wirklich sind. Was macht die Magdalena von Tizian zu einem Meisterwerk? Ihr schöner Körper, das prächtige, in reicher Fülle herabströmende Haar, die herrlichen, zum Himmel erhobenen Augen!"

„Das Bild," grollte Ludwig, „sollte freilich gar nicht existiren!"

„Warum nicht, lieber Sohn?" nahm der Vater das Wort, „da gebe ich Ihrem lieben Bruder Recht: das Schöne ist aus sich selbst schön und nicht, weil es auf irgend eine heilige Begebenheit hindeutet."

„Und nun gar in meinem speciellen Fache," fuhr Alfred, ermuthigt durch des Pfarrers Worte, fort, „da stände es am Schlimmsten, würde Ludwigs und Karls Meinung gelten. Es ist entsetzlich und verstimmt einen oft, kommt man in irgend eine Kirche und hofft auf herzerquickende Kunstwerke findet aber nur einen marmornen heiligen Sebastian, den Tod auf dem Gesichte, von Pfeilen durchbohrt! Und selten ist eine solche Statue ein Kunstwerk, von den Christusstatuen mit der Dornenkrone nicht zu sprechen, deren wenige existiren. Einem Michelangelo ist es gelungen aus einigen, dem alten Testament entnommenen Figuren herrliche Denkmäler der Kunst hervorzubringen; er konnte einen David formen, er konnte aus dem strengen und finstern Gesetzgeber des Volkes Israel einen solchen Moses schaffen, wie er in der Kirche San Pietro in Vincoli in Rom steht! Aber wie viel heitere, glückliche Vorwürfe entnehmen wir der alten griechischen Religion! Wie sind sie so unerschöpflich, die Götter der Alten, wie verschiedenartig, wie großartig, wie lieblich, wie darstellbar! — Wie sehr ist dies oft selbst von den Trägern der christlichen Kirche empfunden worden, so sehr, daß selbst Päpste und Cardinäle, wenn es galt, ihre Paläste mit Bildwerken zu schmücken, nicht zu Stoffen aus der biblischen Geschichte griffen, sondern Scenen aus der heitern Mythenwelt der Griechen durch ihre Maler sich vor die Augen führen ließen! Ein Papst war es, welcher durch Raphael jenen Saal des Farnesinianischen Palastes mit den Fresken zierte, welche ihn zu einem Wallfahrtsort für Alle machte, die Sinn für Schönheit besitzen! Und was stellen diese Fresken dar? Die griechische Fabel von Amor und Psyche!"

„Ja, es ist aber schlimm genug," erwiderte Ludwig, „daß sie, und jetzt auch Ihr, nach den alten Göttern greift und greifen zu müssen glaubt, während unsere Kirche so viel bietet! Ist es nicht ein schlimmes Zeichen

unserer Zeit, daß die Kunst zurückgeht und dadurch vernachlässigt, was ihr am nächsten liegen sollte, und sogar einer Zeit huldigt, wo die Menschen noch nicht ihren lebendigen Gott kannten, wo sie erbärmliche Standbilder menschlicher Hände verehrten! einer Zeit, die dem christlichen Standpunkte so entfernt ist, ja ihm entgegensteht, daß man die alten Heiden- und Götzen-Bilder aufrichtet und fast anbetend vor ihnen steht! Ich kann jetzt unserer beiden Damen wegen nicht näher darauf eingehen, warum ich noch meine, daß es alles sittliche und noch viel mehr alles christliche Gefühl verletzen muß, diese Werke der Kunst zu betrachten; es fehlt nur noch, daß man sie, wie so vieles Andere, in die Kirche brächte, wo wenigstens, wie Du ja sagst, schon Statuen von Weibern stehen, die nicht dahin gehören, wie in St. Peter in Rom die Geliebte des Papstes Paul."

„Sage mir um Gotteswillen," wehrte Alfred mit komischem Entsetzen, „nichts gegen diese schönste aller weiblichen Statuen, vor der ich anbetend stundenlang knieen könnte! Jetzt hat sie ein blechernes Büßerhemd an, weil man einst, wie es heißt, einen Mönch gefunden hat, der ihren Mund und Körper mit heißen Küssen bedeckte."

Der Vater und Eduard lächelten und Margaret sagte:

„Jetzt sind aber die Klöster aufgehoben!"

„Ja," entgegnete Ludwig, „aber Alfreds Erzählung möchte uns wünschen lassen, daß Christus wiederkehren und alles zum Tempel hinausjagen möchte, was nicht hineingehört und nicht im streng christlichen Sinne gehalten ist und sagen wie ehemals: ‚mein Haus ist ein Bethaus, ihr aber habt es zu einer Mördergrube gemacht!'"

„Oho, Schwager," sagte Eduard, sich zum ersten Male bei dem Gespräche betheiligend, trotzdem er ihm sehr aufmerksam gefolgt war, „das hieße das Kind mit dem Bade ausschütten! Wir können nicht leugnen, daß sogar wir, die Verkündiger des Evangeliums, gar vieles in die Kirche und auf die Kanzel bringen müssen, was nach streng christlichen Anschauungen durchaus nicht hineingehört, sonst aber dem gesunden Menschenverstande stracks entgegenlaufen würde. Wenn das aber alles hinaus sollte, es würde einem grauen vor dem, was darin bleiben müßte!"

„Wie so?" entgegnete Ludwig. „Es wäre im Gegentheil zu wünschen, es könnte einmal gründlich nach jeder Seite hin aufgeräumt werden!"

„Nun, ich denke aber," sagte zuletzt der Vater, „davon wollen wir nicht sprechen, es ist weder Ort noch Stunde; und ich müßte mich, wie gewöhnlich mit beiden lieben Söhnen herumstreiten, von denen der eine hierin zu viel, der andere zu wenig verlangt und dann schlagen sie Beide schließlich auf mich los! Seht dort hinunter, wie friedlich unser Haus und die kleine Kirche daneben liegen; jetzt fangen die Glocken an zu läuten, das bedeutet Feierabend; wir müssen gehen, die Mutter wartet! Kommt Kinder!"

Die kleine Gesellschaft machte sich auf den Rückweg. Margaret und Johanna, die Arm in Arm dem Gespräch zugehört, gingen jetzt zusammen voran; Johanna war nachdenklich und zuckte nur die Achseln, als Margaret sagte:

„Welch ungleiche Brüder!"

Zweites Capitel.

Ludwig trat in das Zimmer seiner jungen Frau. Johanna saß, den feinen Kopf in die Hand gestützt, an ihrem Schreibtisch; ein angefangener Brief lag vor ihr; sie hatte die Feder fort gelegt, Thränen standen ihr in den Augen, rannen ihr über die Wangen, Thränenspuren waren auch auf dem Papier sichtbar. Sie hatte es nicht bemerkt, daß ihr Mann eingetreten war; als er jetzt den Arm um sie legte und ihren Kopf in die Höhe hob, schrak sie zusammen und fuhr mit der Hand über die Augen.

„Warum weinst Du, Johanna?" fragte Ludwig.

„Ach, es ist nichts!" sagte sie, nach Fassung ringend; „ich wollte an die Mutter schreiben; Du weißt, morgen ist ihr Geburtstag: es ist das erste Mal, daß ich an diesem Tage nicht bei ihr bin; ich mußte daran denken, wie die Brüder morgen alle zu Haus sein werden —" und die Thränen begannen wieder mächtiger zu fließen; — „ich werde fehlen!"

Ludwigs Stirn hatte sich ein wenig umwölkt.

„Ich habe Dir schon gesagt, daß es mir leid thut, morgen nicht mit Dir hinausfahren zu können, um der Mutter unsere Glückwünsche persönlich zu bringen; da es aber Sonntag ist, bin ich durch mein Amt gebunden. So mußt Du Dich darein finden, als eine rechte Pastorenfrau, den Sonntag als Fest- und doch Arbeitstag zu betrachten! Wie Du darüber so unglücklich sein kannst und Dich wie ein kleines Kind hinsetzen und weinen, begreife ich nicht; man muß sich bei der Entsagung solch kleiner Wünsche besser in der Zucht haben!"

„Ich wollte ja gar nicht weinen!" erwiderte Johanna. „Ich konnte es aber nicht ändern, als ich schrieb, und es mir so lebhaft ausmalte, wie morgen die Geschwister jubeln, wenn jedes der Mutter seine kleine Gabe bringt, wie nach der Frühpredigt Margaret mit ihren Eltern gratuliren kömmt, hinterdrein das Mädchen mit der, jedes Jahr größer werdenden Torte, wie man Nachmittags im Walde die Geburtstagschocolade trinkt, wie Alle vereinigt sind und ich nicht dabei sein werde, da mußte ich weinen! — Die Brüder fahren gegen Abend alle hinaus," fuhr sie schüchtern fort und sah ihn bittend an.

„Du willst doch nicht etwa mit ihnen gehen und mich während des ganzen Sonntags, meines arbeitsreichsten Tages, allein lassen?" fragte er hastig.

„Ach nein," entgegnete sie und ließ den Kopf sinken.

„Und ist es denn etwas so Schlimmes und Schweres, diesen kleinen Wunsch Deinem Mann zu liebe aufzugeben? Wir sind noch nicht ganz drei Monate verheirathet; ich will Dich nicht von mir lassen, auch nicht auf einen einzigen Tag; und dieses thörichte Heimweh mußt Du zu bekämpfen suchen, Deine Heimat ist jetzt hier bei mir!"

„Das weiß ich," sagte Johanna, „und ich bin glücklich," und ein mattes Lächeln stahl sich über ihr Gesicht; „aber ich kann doch mein Vaterhaus nicht so schnell vergessen!"

„Das sollst Du auch gar nicht, meine Johanna, nur mußt Du ruhiger denken lernen; mir ist es ganz lieb, daß mein Amt es mir verbietet, mich jetzt frei zu machen; wenn Du eine Weile hier ausharrst überwindest Du das Heimweh am leichtesten. Wende Dich nur immer an die rechte Quelle, auch mit solchen kleinen Angelegenheiten; wir haben ja einen Gott, denn wir jede Sorge vortragen können, einen lieben Vater im Himmel, der das Kleinste und Unbedeutendste Gebet gern vernimmt und uns in jeder Noth gern helfen will. So stelle Dich zu ihm als sein Kind, stärke Dich im Gebet, Du wirst die gute Wirkung davon bald an Deinem Gemüth verspüren. Und ich bitte Dich, wenn die Brüder heute kommen, um Dir lebewohl zu sagen, so sei vernünftig und weine nicht, Du würdest mich dadurch in Wahrheit unzufrieden machen! — Ich kam übrigens nur, um Dir zu sagen, daß die Mutter mit dem Onkel da gewesen ist; sie hatte es sehr eilig und läßt Dich grüßen; ich versprach ihr, morgen mit Dir zu ihr zu gehen. Ich gehe jetzt zu meiner Arbeit zurück, schreibe geschwind Deinen Brief und befolge meinen Rath! Noch eins: Du solltest doch die ganze Sonnabends-Arbeit der Magd allein überlassen; die Mutter sagt, es geschehe alles nur halb, und auch ich bemerke mit Mißvergnügen, daß nicht immer alles an Ort und Stelle ist. Es würde Dich von vielen thörichten Gedanken abhalten, würdest Du Dich lieber noch mehr in Deinen Beruf vertiefen, statt dieser Sehnsucht nach Haus nachzuhängen. Ich meine es gut mit Dir, wenn ich Dir das sage; es soll nicht etwa ein Tadel sein! — Hast Du übrigens schon die Broschüre gelesen, die ich Dir gestern gab?"

Johanna erröthete.

„Ich wollte es gestern thun," sagte sie entschuldigend, „während Du ausgegangen warst, aber ich hatte ein anderes Buch vor, von dem ich gar nicht loskommen konnte."

„So, nun, wenn Du heute noch freie Zeit hast, so lies sie nur; und nun gieb mir noch einen Kuß, Kind, ich muß gehen!"

Als Johanna allein war, brach sie wieder in Thränen aus; aber nur einen Augenblick, dann stand sie entschlossen auf, wusch sich das Gesicht und versuchte zu schreiben. Es wollte nicht gleich gehen; sie griff nach einem Buch, welches aufgeschlagen auf ihrem Schreibtisch lag: es war ein Band von Goethe. Sie vertiefte sich hinein und erst nach einer geraumen Weile schaute sie wieder auf. Ihr Gesicht war ruhiger, sie ergriff die Feder, schrieb den Brief in einem Zuge und siegelte ihn.

„Nun gehe ich hinunter," sagte sie zu sich; „es wird nicht allzu lange dauern, dann kommen die Brüder, sie sollen mich fleißig finden. — Daß ich nur die Broschüre nicht vergesse!"

Sie nahm ein kleines Heft zur Hand: es enthielt zwei Predigten.

„Ob die Mutter als junge Frau wohl auch viel Predigten gelesen hat?" sagte sie. „Ach, ich glaube sicher, nur die des Vaters; ach, und sie ist auch ganz anders wie ich, viel besser und fleißiger! Ludwig ist so gut, aber ich möchte wissen —"

Sie sagte nicht, was sie wissen möchte; sie ging hinunter, eine heitere Melodie singend. Eine Thüre öffnete sich:

„Ich bitte Dich, Johanna, sei still!" rief ihr Ludwig zu. „Erst hat die Magd hier herumgewirthschaftet, daß ich sie fortschicken mußte, nun singst Du gar! Du bist sehr rücksichtslos, ich kann ja keinen Augenblick ruhig arbeiten!"

Johanna verstummte erschrocken. Es hatte den Vater nie gestört, wenn sie gesungen oder die Geschwister gelärmt hatten; sie hätte aber freilich daran denken können, daß Ludwig Stille wünschte! — Was wollte sie nun thun? Die Magd hatte Alles gut besorgt; es war so mäuschenstill im Haus, keine Kinderstimmen ließen sich hören! Die Geschwister hatten sie so oft verstimmt und gestört mit ihrem Lärm, jetzt wünschte sie nur ein Stündchen unter ihnen sein zu können! — Sollte sie die Broschüre lesen? Sie seufzte ein wenig, sie langweilte sich. Sie ging in den Garten: hier war es nicht ganz so still: Johanna wurde wieder heiterer.

Der Garten war nicht so frisch, nicht so frei gelegen, auch nicht so groß, wie der Pfarrgarten in der Heimat; aber es waren schöne große Bäume darin, die Blumen blühten und dufteten, kleine Vögel zwitscherten in den Zweigen: Johanna hatte gestern in einem Stachelbeerstrauch ein Vogelnestchen mit vier Jungen entdeckt. Die Luft war mild und schön; Johanna ging ein wenig auf und ab; sie beschäftigte sich damit, die verschiedenen Vogelstimmen nachzuahmen, dann pflückte sie sich Blumen, setzte sich auf eine Bank, die unter einem Nußbaum stand und fing an, die Blumen zu einem Strauß zu binden. Die Broschüre hatte sie vor sich auf ein Tischchen gelegt. Als sie den Strauß vollendet, betrachtete sie ihn wohlgefällig, legte ihn hin, nahm die Broschüre und begann zu blättern.

„Geliebte im Herrn!" las sie. „Ich glaube fast, so fangen alle Predigten an! nein, der Vater sagte nur: ‚Meine Geliebten!' Ludwig aber sagt: ‚Geliebte in dem Herrn!'

Sie dachte einen Augenblick nach, dann schüttelte sie den Kopf.

„Ich werde einmal Eduard über mancherlei fragen, der wird ja auch Pastor werden! Ich kann ihn mir übrigens gar nicht als Pastor vorstellen, mit dem Chorrock und den Bäffchen auf der Kanzel! die steife Halskrause sitzt ihm gewiß auch abscheulich! Doch der Vater trägt sie auch nicht, Ludwig meint aber, ein junger Prediger und Gottesstreiter müsse sie haben! Gottesstreiter! — ein närrischer Ausdruck! — Jemand der für Gott streitet! Wäre ich ein Knabe — ob ich ein Prediger geworden wäre? Ich glaube nicht! — Ich wollte ja aber lesen!"

Johanna las; aber ihr Blick schweifte während des Lesens gar oft über den Garten hinweg nach der Thür, als erhoffe sie von dort willkommene Störung. Sie war aber beinahe fertig mit dem Lesen der ersten Predigt, als die Thüre schnell geöffnet wurde und Eduard hereintrat. Johanna flog ihm entgegen.

„Du kommst allein?" fragte sie ihn.

„Ja, Kind!" entgegnete er; „die Brüder kommen noch nach; ich war ein Stündchen eher fertig. Nun, wie steht's, gehst Du mit uns?"

Johanna schüttelte traurig den Kopf; sie fühlte, wie die Thränen schon wieder kommen wollten und kämpfte sie wacker hinunter.

„Höre, Eduard!" sagte sie; „ich habe soeben eine Predigt gelesen, die da beginnt: ‚Geliebte in dem Herrn!' sage mir, werden Deine Predigten ebenfalls alle so anfangen?"

Eduard wurde sehr ernst.

„Meine liebe Johanna, sagte er dann, „ich glaube kaum, daß ich jemals im Stande sein werde, eine Predigt so zu beginnen. Zeige mir, was hast Du gelesen?"

Er nahm die Broschüre und durchflog sie flüchtig mit den Augen."

„Ich bitte Dich, was quälst Du Dich mit solchem Zeug herum! Man höre nur."

Er setzte sich in Positur, streckte den Arm aus und begann mit näselnder Stimme:

„Geliebte in dem Herrn! es giebt Viele in unsern Tagen, die da meinen, zwischen Himmel und Hölle wäre noch ein Mittelort, ein dritter Ort, wo etwa diejenigen hinkämen, die hier das Wort Gottes zwar gehabt haben, aber denen es nicht so ernstlich gepredigt worden, als Anderen, oder wo diejenigen hinkämen, die hier ein sogenanntes ehrbares bürgerliches, rechtschaffenes, menschenfreundliches Wesen an den Tag gelegt, aber freilich von dem Worte des Herrn nicht gehalten haben. Da denkt die menschliche Vernunft: Sollten denn so liebenswürdige Leute verloren gehen! — Ja, selbst wohl Gläubige gerathen auf den Irrthum, daß sie meinen, es gäbe für solche Seelen noch einen dritten Ort. Liebe Zuhörer! Das klingt fast wie das römisch-katholische Fegefeuer. Aber hier ist Jesus Christus, der hat uns gesagt, wie es steht und ob es noch einen dritten Ort giebt. Er sagt: Nein, es ist zwischen den Verdammten in der Hölle und zwischen den Seligen im Himmel eine große Kluft befestigt, eine schauerliche leere Kluft, eine furchtbare Wand und Mauer. Die Seligen können mit aus dem Himmel heraus, Gott Lob und Dank! Gott Lob und Dank! Weg, Fegefeuer! Jesu Lösegeld ist viel zu theuer! Ach, daß wir Alle möchten selig werden! . . . und so weiter! und so weiter! es ist entsetzlich!" und er warf die Broschüre weit von sich. Seine Brust arbeitete stark.

Erschrocken hatte ihm Johanna zugeschaut.

„Um Gotteswillen, Eduard, was ist Dir, was ficht Dich an!"

„Ja, was ficht mich an, Kind!" sagte er tonlos; „sieh nur nicht so erschrocken drein, es ist nichts weiter; nur daß ich das nicht lesen und nicht lehren kann und doch soll und muß! Versprich mir, Niemand etwas von der kleinen Scene zu sagen, die ich so eben thörichter Weise aufgeführt habe! Wenn das Herz voll ist, läuft der Mund eben über; ich werde aber sofort wieder vernünftig sein!"

„Aber so sprich doch, Eduard!" drängte Johanna; „warum siehst Du denn so unglücklich aus, und warum erklärst Du dies plötzlich für Unsinn?"

„Ach, Du verstehst mich doch nicht, Johanna! Du Ludwig's Frau!"

„Ich verstehe Dich nicht, weil ich Ludwig's Frau bin?" fragte Johanna, ihn mit großen Augen ansehend.

„Ja!" versetzte der Bruder, „und weil Du mit Vorliebe solche Broschüren liest!"

„Mit Vorliebe!" sagte Johanna lachend, „mit Vorliebe nun wohl gerade nicht! eigentlich nur, weil Ludwig wünscht, daß ich Interesse für dergleichen Dinge bekomme, und" setzte sie zögernd hinzu, „weil ich mir gern ein Urtheil über Ludwig's Art und Weise zu denken erwerben möchte. Sonst lese ich mit Vorliebe ganz andere Bücher!"

„Zum Beispiel?" fragte Eduard.

„Zum Beispiel," entgegnete sie, „lese ich Wilhelm Meister schon zum zweiten Male seit ich verheirathet bin und," setzte sie scherzend hinzu, „die Broschüre zum ersten und sicherlich auch zum letzten Male!"

Jetzt war es an Eduard, sie groß anzusehen.

„Kleine Schwester, sagte er, „und was sagt denn Ludwig zu dieser Vorliebe für den großen Heiden?"

„Ludwig," meinte Johanna nachdenklich, „kennt sie noch gar nicht. — Du nennst Goethe einen großen Heiden! war er das? Mir kommt er wie ein großer Menschenkenner vor!"

„Hast Du das Letztere glücklich herausgefunden, das Erstere noch nicht! besto besser für Dich!"

„Wie so?" entgegnete Johanna, den Kopf zurückwerfend; und sie nahm sich vor, Wilhelm Meister zum dritten Male zu lesen.

Stimmen ließen sich jetzt hören; Ludwig kam mit den Brüdern. Johanna begrüßte sie; sie hatten es eilig.

„Tausend Grüße," bestellte Johanna. „Bringt mir auch ein Stück Geburtstagstorte mit und nehmt das Päckchen in Acht, das ich Euch gebe! es ist mein Angebinde für die Mutter. Küßt mir die Kleinen alle, besonders Lieschen! Könnte ich doch morgen nur im Stübchen unter Euch sein! Hier ist noch ein Brief, Eduard, für Margaret! Welch schöne Ueberraschung, brächtet Ihr sie mir morgen Abend mit!"

Die Brüder gingen, Ludwig ging an seine Arbeit zurück; Johanna blieb wieder allein.

„Nun," sagte sie zu sich, „es ist immer besser, hier in meinem Gärtchen allein zu sein, als, wie gestern, so einen großen Damen-Kaffee mitmachen zu müssen. Wir saßen alle mit unsern Strickstrümpfen, und ich erschrak immer, wenn eine von den Damen mich so laut mit ‚Frau Pastorin‘ anredete. Man saß ganz still und ich beneidete die jungen Mädchen, die in der andern Stube waren und so heiter lachten; ich traute mich aber nicht zu ihnen. Ha, ich wußte gar nichts zu antworten, als man sich nur immerwährend von schlechten Dienstboten und über Moden unterhielt und ertappte mich zweimal auf ganz verkehrten Antworten. Aber doch gehört es auch zu den Pflichten einer guten Pfarrfrau daß ich dahin gehe, denn sonst stoße ich die Leute vor den Kopf und sie halten mich für hochmüthig, sagt Ludwig. Da hat man's mit unsern Bauern denn doch bequemer. — Was aber mache ich nun! ich habe eine Predigt gelesen und darf mich wohl belohnen! Soll ich Klavier spielen oder Wilhelm Meister vornehmen? Ich lese, das Spielen könnte Ludwig wieder stören."

„Ach da kommen ja die lieben Kinder!" sagte am nächsten Nachmittage Ludwigs Mutter als die jungen Eheleute in ihr Stübchen traten. „So, macht es Euch gemüthlich; der Onkel wird bald kommen! — Du hast heut wieder so schön gepredigt, lieber Sohn!" sagte sie mit stolzem Ausdruck zu diesem.

„Ja," entgegnete Ludwig, „wenn sich nur die Kirchen mehr füllen wollten! Es ist eine Schande, wie wenig Leute heute wieder bei meiner Predigt zugegen waren!"

„Was ist eine Schande?" fragte der Onkel, der eben eintrat.

Er war ein kleiner Herr, der wohl schon die Sechzig hinter sich haben mochte. Wer ihn zum ersten Male sah, dem erschien er wie ein ächter Cavalier aus der alten Schule und man konnte sich ihn gut mit der zierlichen Allonge-Perrücke und den silbernen Schuhschnallen vorstellen. Jedes Kleidungsstück, das er trug, sah aus, als käme es direkt aus einem Kleidermagazin: es war immer von dem modernsten Schnitt; doch verlieh ihm dies keineswegs das Ansehen eines alten Stutzers, im Gegentheil schien gerade dieser, bei einem so alten Herrn gesucht feine Anzug zu seiner Persönlichkeit zu gehören, und wie er kein Fleckchen, ja nicht das geringste Stäubchen auf seiner äußeren Erscheinung duldete, so schien es, als trüge sich diese Sorgfalt auch auf sein übriges Wesen und auf seine Umgebung über und legte seine Gegenwart einem Jeden einen gewissen Zwang auf, verscheuchte jedes heftige, unpassende Wort, verdrängte jedes Sichgehenlassen. Doch lag der wohlthätige Einfluß, den er ausübte und dem sich selten Jemand zu entziehen vermochte, wohl nur darin, daß er selbst stets gemäßigt im Ausdruck, stets zuvorkommend im Betragen, stets höflich selbst gegen Untergeordnete, stets ruhig bei Wortgefechten war und blieb. Gegen das schöne Geschlecht befleißigte er sich einer feinen, gleichbleibenden Galanterie, die dem alten Herrn gar wohl anstand. Es schätzten ihn Viele, doch kannten ihn Wenige genau: die Meisten fühlten sich zumeist durch einen leisen Anflug von Spott verletzt, der stets um seine Lippen lag, dem er gern Ausdruck lieh und der oft eine wirkliche Herzensgüte verbarg und in den Schatten stellte.

Jetzt war er in einen braunsammtnen Hausrock gehüllt; seine grauen Haare waren sorgfältig in Locken geordnet.

„Daß die Kirchen immer leerer werden," wiederholte Ludwig, „anstatt sich zu füllen, darüber klage ich; auch wieder ein trauriges Zeichen unserer Zeit, wo Sittenlosigkeit und Irreligiosität immer mehr um sich greifen!"

„Und was thun denn die Herren Geistlichen dazu, um sie wieder zu füllen?" fragte der Onkel, der sich in seinem Sessel niederließ, nachdem er Johanna begrüßt und Ludwig's Mutter höflich die Hand geküßt hatte. Letztere war, wie wir hierbei erwähnen können, die Gattin seines verstorbenen Stiefbruders und führte ihm sein Hauswesen.

„Nun, ich denke, ich thue alles was ich kann," entgegnete Ludwig; „ich stelle es meiner Gemeinde vor, ich bitte sie um fleißigen Kirchenbesuch, ich bete für sie, ich lasse sie nicht im Unklaren über die Verderbniß, die in einer Gemeinde einreißen muß, wenn sie ihre Kirchen und die Predigten ihrer Lehrer vernachlässigt!"

„Das ist es eben!" entgegnete der Onkel lächelnd, indem er sich nach einem höflichen „Erlaubt Ihr" gegen die Damen eine Cigarre anzündete, „das ist es eben! Ihr beklagt die schlechten Zeiten, die wirklich so übel nicht sind, wenn man bedenkt, wie viel Großes, Gutes und Herrliches gerade jetzt noch jeder Seite hin politisch und wissenschaftlich geleistet worden ist und geleistet wird; ihr beklagt die schlechten Zeiten und schreckt dadurch die wenigen Leute, die noch die Kirche besuchen und besuchen möchten vollends ab; denn wer in die Kirche geht will sich etwas aus der Predigt mit nach Hause nehmen, und da unsere Zeit eben große Ansprüche an Alle stellt, stellt sie solche auch an die Geistlichen. Da aber die meisten

Kirchenbesucher regelmäßig wiederkehrende sind, was nützt es auch, daß ihr die Wegbleibenden scheltet? Haltet euch die Wenigen warm die kommen und sucht euch durch Liberalität, durch das Anerkennen von allgemeinen Interessen auch von der Kanzel Anhänger zu gewinnen; aber predigt um Gotteswillen die Wenigen nicht durch Drohungen und Schilderungen vom ewigen Verderben, mit dem es nun doch einmal eine fragliche Sache ist, hinaus! Was kann nun zum Beispiel meine verehrte Schwägerin dazu, daß ich heute nicht in der Kirche war!"

„So ist es doch nicht ganz," entgegnete Ludwig, „denn nur einen kleinen Theil der Predigt erfüllen doch solche Ermahnungen, die nothwendig und nützlich sind, denn gesagt muß es den Leuten doch werden, wo und wie sie beständig fehlen! Ich bin noch nicht lange genug in der Gemeinde, um schon viel Erfolg gehabt haben zu können; mit der Zeit und vor Allem mit Gottes Hülfe hoffe ich schon die Früchte meines treuen Wirkens und Schaffens noch zu sehen!"

„Gewiß, lieber Sohn," sagte die Mutter.

„Wenn sie nur nicht aus Dornen und Disteln bestehen!" meinte der Onkel; „ich glaube gerade daß das, was der Geistliche zu schaffen im Stande ist, sich mehr in der Stille zuträgt und bereitet, als daß es sichtbar ist. — Was sagst Du dazu, kleine Johanna?" wandte er sich zu dieser.

„Ich?" sagte Johanna, „o, nichts; die Kirche hier ist auch gar so groß!"

Der Onkel schmunzelte:

„Da hast Du Recht, liebes Kind," sagte er, „größer als das Theater, und auch das ist manchmal leer!"

Ludwig fuhr in die Höhe:

„Erlaube, lieber Onkel!"

„Was denn, mein Sohn?" frug dieser höflich.

„Nun, ich meine nur, daß dies kein so ganz passender Vergleich sei; in der Kirche sucht man Stärkung, Erbauung, Vergebung der Sünden!"

Der Onkel winkte abwehrend mit der Hand.

„Gut, und wenn ich auch weiß," fuhr Ludwig fort, „wie Du es meinst, Johanna könnte Dich doch mißverstehen!"

„Johanna?" lächelte der Onkel, „warum nicht gar! Johanna und ich, wir verstehen uns im Gegentheil ganz ausgezeichnet! Nicht wahr, mein Kind?" fragte er.

„Jawohl!" beeilte sich Johanna, die durch des Onkels Anwesenheit immer etwas verlegen war, zu antworten. „Der Vater hatte selten über die leere Kirche zu klagen!" setzte sie hinzu — sie wollte doch auch etwas sagen.

„Dein Vater muß ein ganz ausgezeichneter Mann sein, nach Allem, was ich von ihm gehört habe!" entgegnete der Onkel.

„Ach, ja, das ist er!" sagte Johanna warm; „seine ganze Gemeinde liebt ihn!"

„Ja, und mit dem Kirchenbesuch," nahm Ludwig das Wort, „haben es die Landgeistlichen wirklich viel besser! Unsere Dörfer hat der Geist der Zeit mit seinem zersetzenden Hauche noch nicht so durchdrungen; dort wird der Feiertag noch geheiligt und zwar, wie es sich gehört, mit Kirchenbesuch."

„Sechs Tage in der Woche sollst Du arbeiten, am siebenten aber sollst Du ruhen!" murmelte der Onkel, leise das Geräusch des Schnarchen's nachahmend.

Ludwig schien es zu überhören.

„Ich habe nach dieser Seite hin," sprach er weiter, „die Landgeistlichen schon oft beneidet, wiewohl ich mir ja immer eine Stelle in einer Stadt, sei es auch nur eine so kleine, wie unsere ist, gewünscht, da das Wirkungsfeld größer ist und im Einzelnen auch ergiebiger. Zudem ist man auf dem Lande so gar nicht gezwungen, sich Mühe zu geben: man wird so leicht Landmann, studirt nicht weiter, geht dann, wie das ja nicht anders möglich ist, rückwärts, ja, verbauert schließlich ganz!"

„Nun, das hat mein Vater gewiß nicht gethan!" sagte Johanna fast heftig und hochroth im Gesicht; „er predigt so schön, wie ich Niemanden wieder habe predigen hören!"

„Wer spricht davon!" entgegnete Ludwig hastig und doch piquirt durch ihre letzte Aeußerung, während der Onkel belustigt zuhörte und die Mama, die sich bei dem Gespräch nicht betheiligt hatte, erstaunt auffuhr. „Wer spricht von Deinem Vater, Kind! das ist etwas ganz anderes! Niemand könnte abstreiten, daß er gut, ja, sehr gut predigt; indessen giebt es auch noch mehr Prediger die das thun!"

„Aber nicht so schön, wie er!" sagte Johanna leuchtenden Auges; „und so mild! ach, könnte ich ihn doch wieder einmal hören!"

„Eine schöne Tugend, die Milde! so schön, wie ihre Zwillingsschwester, die Toleranz!" sagte der Onkel. „Warum fährst Du nicht einmal hinaus auf Euer Dorf? Einen Tag wird Dich der Herr Gemahl doch missen können!"

Johanna antwortete nicht und sah auf Ludwig, der schnell sagte: „Nein das kann er jetzt noch nicht!" und dann das Gespräch auf andere Dinge brachte. —

Als Johanna gegen Abend mit Ludwig zu Hause anlam, wurde sie schon an der Hausthüre von den Brüdern empfangen.

„Johanna," rief ihr Willi entgegen, ein frischer Knabe von fünfzehn Jahren, „in der Stube drinn ist ein hübsches Stück Geburtstagskuchen, welches wir für Dich mitgebracht haben!"

„So?" antwortete Johanna; „wie geht es Allen draußen? Bringt Ihr mir auch Briefe? und wie habt Ihr den Geburtstag gefeiert? war't Ihr recht lustig und habt Ihr auch meiner dabei gedacht?"

„Ja, wohl, aber gehe nur erst hinein, Du mußt die Torte sehen!"

Und als Johanna die Stubenthür öffnete, schaute ein fröhliches Gesicht sie an: Margaret stand vor ihr und mit einem Freudenschrei schloß sie Johanna in die Arme.

„Ach, wie schön, wie schön!" jubelte die junge Frau; „wie freue ich mich, daß Du da bist!"

Ludwig aber machte ein verwundertes Gesicht, denn so lebhaft und aufgeregt hatte er seine Johanna noch gar nicht gesehen.

Es war nicht die erste Scene welche, wie die, der wir diesen Sonntag Nachmittag beim Onkel beiwohnten, in Johanna's sonst ziemlich eintöniges Leben eingriff. Johanna war, wie wir wissen, in ihrem Dorfe unter den Augen ihres, von allen seinen Kindern hochverehrten Vaters und einer häuslichen, liebevollen, herzensguten

Mutter aufgewachsen. Die Sorgen ihrer Eltern, deren wir schon Erwähnung gethan, hatten sie wohl berührt, aber nicht das schöne Gleichgewicht zu stören vermocht, das eine eben so milde, wie gleichmäßige Erziehungsweise in ihr hervorgebracht hatte. Alles im elterlichen Hause, was ihr gegeben und geboten worden, die Belehrungen, der Unterricht, waren ihr in einer Weise zugeführt worden, die ihr die Annahme als etwas Angenehmes erscheinen ließ und ihr jeden Gedanken, daß irgend an dem, was die Eltern wünschten und verlangten, etwas unrichtig oder gar unwahr sein könnte, wurde dadurch unmöglich. Die Liebe, die sie zu den Eltern, und ganz besonders zum Vater hegte, diente dazu, ihr das ganze Leben in rosigem Lichte erscheinen zu lassen, und nie war ihr etwas im elterlichen Hause entgegengetreten, was irgend einer Prüfung von ihr bedurft hätte: es war ja alles gut so wie es war. Des Vaters Festigkeit nach der einen Seite, seine Milde nach der andern, war ihr stets als das Nachahmenswertheste erschienen; man könnte sagen, sie hatte den Faden, an dem sie leise geführt worden war, nie gefühlt. Sie war ein Kind geblieben unter der Eltern Augen, die nur das Rechte und Gute von ihr gewollt hatten; so hatte sie mit dem Bösen nie etwas gemein gehabt. Der Vater, ein Pastor im rechten Sinne, liebevoll in seiner eigenen Denkungsweise, suchte weder in seiner Gemeinde noch in seiner Familie einen geistigen Druck auszuüben; er gab seinen Kindern von dem, was er für sie für das wahre Heil ansah, so viel als möglich und überließ sie dann sich selbst, wohl wissend, daß ein Gärtner die Pflanzen in richtiger Abwechselung Sonne, Luft und Wasser zuführen kann, daß er aber dann die Blumen ihrer eigenen Entfaltung überlassen muß. Er wußte, daß er den Grund zum wahren Wachsthum legen konnte, aber wie dieses, und das das glückliche Wachsthum selbst noch von Anderm abhängig sei, als von seiner Sorgfalt, vor allem davon, daß die Wurzel gesund sei und die mitwirkenden Einflüsse das gute Gedeihen begünstigten!

Mit ihrer Heirath trat bei Johanna eine große Veränderung ein. In den Ansichten, in der Anschauungsweise des Gatten trat ihr oft das strikte Gegentheil von dem entgegen, was ihr bis jetzt schön und erhaben geschienen, ja, sie mußte sogar manchmal das tadeln hören, was ihr als heilige Ueberzeugung vom Vater in die Brust gelegt worden war. In Johanna war alles gesund: das Beispiel der Eltern hatte seine Wirkung nicht verfehlt, ihre Lehren hatten guten Boden gefunden; Johanna's gesunder Sinn sträubte sich gegen Verhältnisse und Annahmen, welche nicht in Uebereinstimmung waren mit den so klaren und selbstverständlichen Anschauungen, die ihr eigen geworden waren.

Noch war es ihr nicht bewußt, wo die Gährung, die in ihrem Innern vorging, herrührte; aber hin und wieder trat, hervorgerufen durch irgend eine Aeußerung Ludwigs, der in seinem Benehmen, wie eben heute, stets immer ganz rücksichtsvoll war, etwas davon an's Tageslicht, besonders dann, wenn sie an der empfindlichsten Stelle angegriffen wurde, an ihrer verehrungsvollen Liebe zum Vater. Aber auch sonst fühlte sie manchmal einen Unmuth in sich, wenn Ludwig, sie vollständig als Kind betrachtend, welches er zu sich heraufziehen müsse, sie dadurch verletzte, daß er sie nie um ihre Meinung fragte,

sondern als ganz selbstverständlich annahm, daß die seine in jedem Falle gelten solle, ein Unmuth, der indessen vorläufig noch zurückgedrängt wurde. War sie jetzt noch gewillt, sich von ihm leiten zu lassen, so bereitete sich doch schon eine Zeit vor, wo sie mit ihrer eigenen Meinung hervortreten und ihren Willen zur Geltung bringen würde.

So fand sie Margaret.

Diese, die einzige Tochter wohlhabender, ja reicher Eltern, war mit Johanna unter deren Vaters Leitung aufgewachsen. Sie war eine klare, ihrer selbst bewußte Natur, der Freundin an Scharfsinn und richtiger Schätzung der sie umgebenden Lebensverhältnisse bei weitem überlegen. Gerade das weiche, anschmiegende Wesen Johanna's machte ihr diese lieb, und die Herrschaft, die sie über deren Charakter von jeher ausgeübt, diente nur dazu, ihr die zartere, viel jünger erscheinende Freundin theuer zu machen; wie sie in früheren Zeiten jeden kleinen Kampf Johanna's gegen die Brüder für diese ausgefochten, wünschte sie auch jetzt ihr rathend und helfend zur Seite zu stehen. Ein Jahr lang war sie von Hause abwesend gewesen, bei einer verwittweten Schwester des Vaters, die das junge Mädchen in die große Welt eingeführt und sie gar zu gerne ganz bei sich behalten hätte; doch wollten die Eltern ihr Kind nicht länger missen, und auch Margaret kehrte gern in ihr Elternhaus zurück. Ihr klarer Sinn hatte sie sicher und ruhig durch alle kleinen Klippen der Gesellschaftswelt hindurchgeführt.

Sie kannte Johanna's Gatten nicht, hatte ihn nur am Tage vor der Hochzeit und am Hochzeitstage gesehen. Der Eindruck, den er ihr gemacht, war kein so günstiger, doch hatte sie sich kein voreiliges Urtheil bilden wollen. Drei Monate hatte sie gewartet, ehe sie dem jungen Paar einen längern Besuch machte. Einmal war sie mit Johanna's ganzer Familie in die Stadt gefahren, das junge Paar zu begrüßen; da hatten natürlich Alle Johanna in Anspruch genommen und diese war so entzückt gewesen, die Eltern und Geschwister im eigenen Heim zu empfangen und zu bewirthen, daß sie kaum gesprochen hatten. Jetzt nun hoffte sie Johanna als glückstrahlende junge Frau zu finden: Sie hoffte es, hatte es aber nicht geglaubt und war beinah verwundert, daß sie bald aus Johanna's Wesen inne wurde, wie wenig reine und wahre Befriedigung der jungen Frau aus ihrer Ehe erwuchs; doch ließ sich Johanna für's Erste noch in kein Gespräch über diesen Punkt ein und Margaret suchte kein solches: sie wollte erst mit eigenen Augen sehen, wo es eigentlich fehle, wo der Knoten zu suchen und wie er am besten zu lösen sei.

Eine kleine Scene beförderte schneller ihre Erkenntniß und die jungen Freundinnen hatten sich eines Morgens in ein besonders angelegentliches Gespräch vertieft und Johanna sah erschrocken nach der Uhr, als Margaret ausrief:

„Aber ich glaube, Du vergissest heute ganz und gar, daß wir wie gewöhnlich um zwölf Uhr Hunger bekommen werden!"

„Mein Gott, Du hast auch Recht! Komm schnell in die Küche," versetzte sie, „wir wollen sehen, was das Mädchen vorgenommen hat!"

Dieses schien aber eben so wie ihre junge Herrschaft,

die Uhr nicht im Kopf gehabt zu haben und Johanna und Margaret legten selbst schnell Hand an. In dem Augenblick hörten sie Ludwigs Stimme von oben herunter, die nach Johanna rief. Diese sprang aus der Küche über den Hausflur nach der nach oben führenden Treppe und fragte nach seinen Wünschen. Margaret stand in der Küchenthür und hörte ihn sagen:

„Ich bitte Dich, Johanna, sieh doch dem Mädchen besser auf die Finger, denn in meiner Stube sieht es gar nicht aus, wie ich es wünschte; ich dächte, es wäre durchaus nicht zu viel verlangt, Du besorgtest das überhaupt selbst!"

„Aber Marie hat ja doch Zeit dazu," sagte Johanna schüchtern, „und ich habe heute selbst nachgesehen und alles in Ordnung gefunden!"

„Nun, das muß ich sagen!" antwortete Ludwig, „es lag so viel Staub auf meinen Büchern, daß ich selbst das Wischtuch nehmen mußte!"

„Sie selbst, Herr Prediger?" fragte Margaret lächelnd von unten hinauf.

„Und warum hast Du nicht geschellt?" meinte Johanna.

„Weil ich wünsche, daß alles besorgt werde, ehe ich hinauf gehe! Meine Mutter besorgte stets wenigstens das Studirzimmer in eigener Person, und ich dächte, es könnte Dir nur Freude machen, das für Deinen Mann zu thun!"

Mit diesen Worten wandte sich Ludwig nach dem Studirzimmer zurück. An der Treppe kehrte er sich noch einmal um und rief:

„Daß wir ja pünktlich essen, Johanna; ich habe um zwei eine Amtshandlung!"

„Um Gotteswillen!" sagte Johanna, „das fehlte gerade noch!"

„Nun, das thut nichts!" beruhigte Margaret, und die Beiden gingen ohne weitere Anmerkung in die Küche und an die Arbeit zurück.

Nach einer kleinen Pause fragte Margaret:

„Wird Dir denn das Wirthschaften schwer?"

„Ja, sehr, obgleich ich wirklich den besten Willen von der Welt habe! Ich vergesse Vielerlei; und mit Ludwig's Stube ist es geradezu entsetzlich! Ich habe zu Hause des Vaters Stube doch stets zu besorgen gehabt und es fast immer zu seiner Zufriedenheit gethan; ein oder zweimal hat er mich aus Scherz ein wenig am Ohr gezupft und mich dann ausgelacht. Ludwig ist aber gar zu penibel darin: wenn ich überzeugt bin, es ist alles in Ordnung oben, da findet er noch irgend ein Stäubchen, und das stört ihn dann beim Arbeiten, sagt er. — Neulich," und die Thränen standen ihr in den Augen, während ich doch lachen mußte, „denke Dir, holte er sich selbst den Besen und fing an zu kehren, und trotzdem ich ihn himmelhoch bat, er solle es mich doch nur machen lassen, erreichte ich nichts und mußte ihn gewähren lassen, trotzdem ich nicht von der Stelle konnte und mir jeder Besenstrich durch's Herz fuhr!"

Margaret lachte und sagte:

„Da mußt Du Dir eben noch sehr viel mehr Mühe geben, bis Du eine ganz excellente Frau bist! Greift der Herr Gemal aber zu solchen Mitteln, dann lache ihn aus! — ich würde das wenigstens thun!"

„Auslachen! nein, das könnte ich nicht!" entgegnete Johanna, „dazu kränkt's mich zu sehr! Mache nur, daß wir pünktlich fertig werden!"

„Keine Sorge!" sagte Margaret.

Zur rechten Zeit stand am Mittag die Suppe auf dem Tisch; Ludwig war etwas verstimmt: er schien den kleinen Vorfall noch nicht vergessen zu haben.

„Wir sind so fleißig gewesen!" sagte Johanna scherzend zu ihm, „haben alles selbst gekocht! heute muß es Dir ganz besonders schmecken!"

„Das thut es auch!" versicherte er. „Sage mir, Johanna, hast Du die Broschüre gelesen, die ich Dir neulich zum Lesen gab?"

„Ja," entgegnete diese, „die erste Abhandlung allein, die zweite gestern mit Margaret zusammen."

„Und sind sie nicht schön?" wandte er sich zu dieser, „nicht im echt christlichen Sinne geschrieben?"

„Das weiß ich nicht," erwiderte Margaret; „mir hat die, welche ich gelesen habe, durchaus nicht gefallen, und wenn ich mir ein Urtheil erlauben darf, so besteht der echt christliche Sinn, wie ich mir ihn vorstelle, in etwas ganz anderem; doch müßten wir uns zuerst darüber einigen, was Sie unter echt christlichem Sinne verstehen."

„Darüber kann ich mich doch nicht mit Ihnen streiten, mein Fräulein!" versetzte er hochmüthig, mit dem Versuch, sich zu mäßigen; „sie gefällt Ihnen also nicht! Nun, und was sagt Du dazu Johanna!"

„Ich theile das Urtheil von Margaret," entgegnete diese leise und gesenkten Hauptes.

„Du giebst Fräulein Margaret Recht!" sagte Ludwig, und der Löffel fiel ihm beinahe vor Erstaunen aus der Hand, „Du giebst Margaret Recht! das kann nicht Dein Ernst sein!"

„Doch!" entgegnete Johanna mit etwas festerem Tone.

„Nun, das ist mir eine schöne Ueberraschung, daß meine Frau das, was ich für schön, erhaben, ja, für das einzig Wahre halte, als gegen ihre Ansicht erklärt! Ich kann Dir nur rathen, Johanna, die Broschüre nochmals vorzunehmen, sie genau zu lesen, Dein Urtheil zu ändern und Dir meine Ueberzeugung anzuzeigen, die in vollständiger Uebereinstimmung mit diesen Abhandlungen steht, die mir wie aus dem Herzen geschrieben sind!"

„So, ist das wirklich Deine Ansicht?" fragte Johanna, die eine gewisse Befriedigung fühlte, darüber in's Klare zu kommen.

„Ja gewiß, und vollständig!"

„Dann theilt Eduard zum Beispiel ganz und gar nicht Deine Richtung!" sagte Johanna, durch Margaret's Gegenwart ermuthigt.

„Eduard!" erwiderte ihr Gatte; „ich bitte Dich, erwähne nur niemals Eduard, wenn von solchen Dingen die Rede ist; wenn Eduard sich nicht vollständig ändert, wird er als Prediger der christlichen Kirche überhaupt nur zum Aergerniß dienen können. Wenn Du auf mich hören willst, so sprich mit Eduard überhaupt nie hiervon, das kann Dir nicht von Nutzen sein!"

„Ich dächte," sagte Margaret, „daß Johanna überhaupt nichts Besseres thun könnte, als mit verschieden denkenden Menschen über dergleichen zu sprechen, um durch die Zusammenstellung und das Aneinanderhalten ungleicher Meinungen sich selber klar zu werden und sich ein möglichst richtiges Urtheil für sich selbst zu bilden. Ihr Verstand und ihr Herz werden schon das Beste treffen! Sie können doch nicht von Ihrer Frau verlangen, daß sie nur blindlings einen Weg verfolgt, ohne eignes Prüfen, ohne eignes Urtheil! Wenigstens wäre dann dies nicht viel werth!"

„Wenn ihr Weg der des Gatten ist, doch! und da Johanna einen Gatten hat, der sich des guten und richtigen Weges genau bewußt ist, der den Heilsweg geht, so kann sie in der That nichts besseres thun, als ihm zu folgen, ihm, der in langem Studium und in langer Selbstüberwindung dahin gelangt ist, wo er jetzt steht! Er wird nie zum ewigen Heil führen; sie hat nichts zu thun, als ihm zu gleichen und ihm zu folgen wie ein Kind!"

„Ich bin aber kein Kind mehr!" entgegnete Johanna immer noch schüchtern, aber schon in bestimmterem Ton, „und denke manchmal, es sei Zeit, die Kinderschuhe auszuziehen!"

„In dieser Hinsicht gewiß nicht!" antwortete er, „da sollst Du es bleiben Dein Lebenlang, denn: ‚wenn ihr nicht werdet wie die Kindlein, so werdet ihr nicht in das Himmelreich kommen!‘ sagt der Herr, der ein guter Hirte ist, und ein Schaaf seiner Heerde mußt Du bleiben, und auf Erden bin ich Dein Hirte und werde Dich leiten zu ihm, der unser Aller Hirte ist! Was aber Eduard anbelangt, so wird er schwerlich ein guter Hirte werden!"

„Aber doch sonst ein recht thätiges und nützliches Glied der menschlichen Gesellschaft," sagte Margaret trocken, „und das dürfte wohl die Hauptsache für ihn und Alle sein, die ihn lieb haben!"

„Nun, Fräulein Margaret, Ihre Ansichten sind wirklich eigenthümlicher Art! Darf ich vielleicht fragen, unter wessen Leitung Sie Ihre Grundsätze eingesogen haben?" fragte Ludwig hochmüthig.

„Bei Ihrem, von Allen hochverehrten Schwiegervater," entgegnete Margaret mit Betonung, „dem besten Lehrer und Berather, den Sie ja selbst gewiß hoch stellen!"

Ludwig schwieg einen Augenblick, dann sagte er einlenkend:

„Ja wohl, thue ich das! vielleicht verstanden Sie ihn nicht in Allem."

„Doch," entgegnete Margaret mit feinem Lächeln; „es ist nicht möglich, ihn mißzuverstehen. Um aber wieder auf die Broschüre zu kommen, so kann ich nicht anders sagen, als daß Ihr Standpunkt nicht Jedermanns Geschmack ist, wenn ich auch kaum im Stande sein würde, Ihnen gegenüber die Unrichtigkeit ihres Inhalt's zu beweisen. Doch ist es wohl erlaubt, verschiedene Ansichten über eine und dieselbe Sache zu haben, und ich achte und ehre ja Ihre Ueberzeugung, lassen Sie mir also die meine, ich darf wohl sagen, die meine," setzte sie mit einem Blick auf Johanna hinzu. „Sonst erkenne ich ja gerne ihre Ueberlegenheit in solchen Dingen an; nicht wahr, Johanna? Nun aber lassen Sie unser Ihnen selbst zubereitetes Mahl nicht kalt werden!"

Man sprach von diesem und jenem, Margaret unbefangen, Johanna etwas verlegen und Ludwig verstimmt. Johanna schlug einen gemeinsamen Spaziergang für den Nachmittag vor.

„Ich muß Euch allein gehen lassen," sagte Ludwig, „ich habe eine Taufe und dann noch einige nöthige Besuche zu machen. Du mußt Dich auch noch ein wenig mehr um die Leute kümmern lernen, Johanna!"

„Gern, lieber Ludwig!"

„Ich wünsche gesegnete Malzeit!" und beiden Damen die Hand gebend ging er hinaus.

„Ach, Margaret!" rief Johanna, „was ist die Ehe doch für ein närrisches Ding! Wie anders habe ich gedacht, geträumt! wie viel mehr habe ich für mein Leben erwartet! Woraus besteht es? Fast aus nichts als aus solchen kleinen Zwiegesprächen mit Ludwig, wobei ich nur meist weniger rede als heute, dann kommt einige Zeit der Unzufriedenheit von seiner Seite, dann daß auf, nun ist er wieder ein paar Tage ärgerlich auf mich, dann eine Scene wo er mir verzeiht und mich aufessen will vor Liebe und ich: Gott weiß, es ist schlecht von mir, das habe ich dann auch wieder nicht gern! Ich möchte ihn ja gern zufrieden stellen, aber ich möchte doch auch gern glücklich sein! Jetzt denke ich immer nur, soll es wohl so das ganze Leben fort gehen? Dann schleicht sich mir ein recht dummes Gefühl in's Herz: Ach, wäre ich doch noch bei Euch zu Hause!" und es fehlte nicht viel, so wäre sie wieder einmal in Thränen ausgebrochen.

„Ach, Kind," tröstete Margaret, „das kann ja Alles noch besser werden; Dein Gatte liebt Dich doch und Du liebst ihn!" und als Johanna langsam zustimmend nickte, fuhr sie fort: „Und was das Hauswesen anbetrifft, da ist es wohl hauptsächlich Dein Mangel an Scharfblick, der zu so kleinen Verstimmungen Veranlassung giebt; so laß es nur Deine Hauptsorge sein, ihm rechtes Interesse abzugewinnen; erst wird es Dir schwer werden, später aber immer leichter und endlich wie nichts, und dann ist schon viel geholfen! Das andere lasse nur: kommt Zeit, kommt Rath!"

Johanna hatte aufmerksam zugehört.

„Du hast Recht wie immer und jetzt spiele mir etwas?"

Margaret setzte sich an den schönen, neuen Stutzflügel, ein Geschenk von ihren Eltern zu Johanna's Hochzeit, und begann eine Polka zu spielen. Johanna verhielt sich erst ganz still, dann begann sie zu tanzen, so lustig und ausgelassen wie immer.

Sie tanzte noch, als die Thüre aufging und der Onkel eintrat.

Drittes Capitel.

„Ei, ei, hier geht es ja ganz lustig zu!" sagte der Onkel lächelnd, Johanna betrachtend, die, mitten im Zimmer stehen bleibend, ihn regungslos, verlegen lächelnd, anschaute. „Ich bitte sehr, Fräulein Margaret, hören Sie nicht auf zu spielen!" sagte er zu dieser, die den Flügel verlassen hatte und, ihn zu begrüßen, ihm entgegen kam, „ich bitte sehr, daß Sie sich nicht stören lassen, sondern ruhig weiter spielen! ich setze mich hier in Ihre Nähe auf diesen bequemen Sessel, höre Sie spielen und sehe wie Johanna tanzt. Das war ja ein so allerliebster Anblick, der mir zum ersten Male geboten wurde, und den ich mir nicht entgehen lassen kann! Wäre ich nur noch zehn Jahre jünger, so wüßte ich wohl, was ich thäte!"

„Nun, und was thäten Sie denn?" fragte Margaret, sich wieder zum Spielen niederlassend.

„Ich würde diese kleine Pfarrfrau," antwortete er, Johanna die Hand küssend, „sehr, ja, so dringend bitten, bis sie mich auf ihrer Tanzfahrt mitnähme! Sie lächeln vielleicht jetzt, meine Damen, wenn ich das sage und glauben mir schwerlich, daß ich doch einmal in früheren Zeiten ein ganz flotter Tänzer war und mir selten einen Korb holte. Freilich, die Zeiten sind längst vorbei; ich habe seit meinem fünfundzwanzigsten Geburtstage nicht wieder getanzt — und das ist lange her!" setzte er wehmüthig hinzu. „So sieht man denn meinen steifen Beinen die frühere Elasticität nicht mehr an!"

„Doch, doch," sagte Margaret, einen Blick über die zierliche, noch immer elegante Gestalt des alten Herrn gleiten lassend, „doch, Herr Medicinalrath, das kann man sich noch sehr wohl denken! — Nun, Johanna, wie steht's, willst Du weiter tanzen?"

„Nein, um alles nicht, was denkst Du auch!" entgegnete diese abwehrend, „ich schäme mich, daß mich der Onkel so getroffen hat!"

„Warum nicht gar," antwortete dieser, „wer sollte sich nicht an solchem Frohsinn freuen! Die Jugend soll fröhlich und heiter sein, so lange sie nur jung sein kann. Du hast in der letzten Zeit immer etwas bleich ausgesehen; jetzt bist Du rosig angehaucht und Deine Augen glänzen; ich sehe erst recht, was für eine Acquisition ich an Dir, meine schöne, junge Nichte, gemacht habe! — Erlaube, daß ich Dir diese Locke zurückstreiche, die Dir beim Tanzen über das Gesicht gefallen ist und Dir übrigens gar gut steht! So, mein Kind!"

Erröthend ließ es sich Johanna gefallen, daß er ihre Wange streichelte und sie aufmerksam betrachtete. Sie mußte wohl den herzlichen Blick gewahr werden, der ihr dabei zu Theil wurde, denn plötzlich sagte sie ganz lustig:

„Ich freue mich, lieber Onkel, wenn ich Dir gefalle!"

Dann aber schwieg sie, als hätte sie schon zu viel gesagt.

„Du gefällst mir in der That sehr gut," erwiderte der Onkel; „vor allem gefällt mir Deine klare Stirn und Deine offenen Augen; ich bin überzeugt, Du weißt es selbst kaum, wie tief man da hineinschauen und was für schöne Dinge man darin lesen kann, und daß Du es nicht weißt, gefällt mir auch wieder."

„Und Sie scheinen darin gelesen zu haben!" sagte Margaret, die den alten Herrn mit Interesse betrachtete; „das freut mich für Johanna."

„Soll ich nun auch einmal in Ihrem Antlitz lesen, Fräulein Margaret?" fragte der Onkel scherzend.

„Wenn Sie können!" und Margaret wandte ihm ihr Antlitz voll zu und schaute ihn lustig an.

„Wie viel Schönes ich da finde!" sagte der Onkel ernsthaft. „Zuerst kann ich gar nicht lesen, weil ich genug zu sehen habe, und dabei muß ich denken, wie glücklich diele Andere sein würden, dürften sie so ungenirt dies schöne Gesicht betrachten mit seiner hohen Stirn, seinen großen, tiefgrauen Augen, dem blonden Haare in reicher Fülle. Sie können Ihr Gesicht einem Jeden hinhalten!"

„So, es geschieht mir schon recht!" sagte Margaret mit verstellt ärgerlicher Stimme; „nun ernte ich noch

Spott für meinen guten Willen! warum war ich auch so thöricht! Aber ich werde Böses mit Gutem vergelten und Ihnen eine Tasse recht heißen Kaffee bringen!"

„Wenn Sie das wollten," entgegnete der Onkel schmunzelnd, „so werde ich Ihnen dankbar sein und Sie sammeln dann nebenbei glühende Kohlen auf mein Haupt. — Ich kam eigentlich her, um Ludwig einen Brief von Alfred zu bringen, den ich heute Morgen erhalten habe. Fünf Wochen hatten wir keine Nachricht; nun schreibt er, daß er schon seit drei Wochen wieder glücklich in seinem geliebten Rom angelangt ist. Er schreibt vielerlei und vielleicht erregt es auch die Theilnahme der Damen, einige Nachrichten direkt von dort zu erhalten."

„Gewiß thut es das!" versicherte Margaret. „Ich beneide immer Jeden, dem es Umstände und Verhältnisse gestatten, so schöne Reisen zu unternehmen und besonders interessirt mich der Künstler. Ich denke mir Herrn Alfred recht tüchtig in seinem Fache."

„Das ist er auch," entgegnete der Onkel wohlgefällig; „man kann hoffen, daß sein Name in der Künstlerwelt bereinst einen guten Klang haben wird."

„Wie kam er eigentlich dazu," fragte Johanna, „dies Fach zu wählen, das doch so weit von dem Berufe seines Vaters und seines Bruders abliegt?"

„Das thut es allerdings," versetzte der Onkel, „Alfred ist aber überhaupt sehr von Ludwig verschieden und unsere Johanna mag sich freuen, daß sie Ludwig lieb gewonnen und geheiratet hat und nicht Alfred, denn der hätte sie gleich aufgepackt und in die weite Welt entführt; wir hätten das Nachsehen gehabt und Johanna die Sehnsucht nach der Heimat. Sonst lag die Sache übrigens einfach genug: Alfred ging mit Ludwig zur Schule; mein Bruder hatte sie Beide zu Theologen bestimmt, und auch der Mutter größter Wunsch war es, daß ihre beide Söhne Pastoren werden sollten, wie es der Vater war und der Großvater gewesen. Als Ludwig achtzehn und Alfred fünfzehn Jahre alt war, starb der Vater, und ich wurde Vormund. Ludwig studirte schon, Alfred war noch auf der Schule und war, wie ich bald bemerkte, nicht so fleißig wie er wohl hätte sein können. Oft ertappte ich ihn über dem Zeichnen und Malen, wenn er hinter den Büchern sitzen sollte, ja, zuweilen hatte er ganze Figuren aus Thon gefnetet und beschäftigte sich mit ähnlichen nutzlosen Dingen. Als er endlich das Abiturientenexamen absolvirt hatte und nach der Universität abgehen sollte, nahm ich ihn mir noch einmal vor und ermahnte ihn, daß er sich seinen Bruder zum Vorbild nehmen sollte und" — der Onkel lächelte hier ein wenig — „in dessen Fußstapfen treten, der ein fleißiger Student war und nur einmal hie und da einen dummen Streich machte, den man nur unter der Hand erfuhr; da gestand er mir, meine Ermahnungen verachtend, das Studium sei ihm verhaßt, sein größter Wunsch sei es, Bildhauer zu werden! Nun, ich war nicht so sehr überrascht, als ich damals that; ich hatte Aehnliches erwartet, redete ihm bei meiner Schwägerin das Wort und schickte ihn nach der Kunstakademie. Ich habe es auch noch niemals bereut, ihn diesen Weg haben einschlagen zu lassen, denn er zeichnete sich so aus, daß er am Ende seiner vier Studienjahre den ersten Preis gewann, der in den Mitteln zu einer Reise nach Italien bestand. Ich weiß es noch sehr gut, wie er ganz außer sich in mein Zimmer gestürzt kam, daß ich dachte, es sei des größte Unglück passirt, und sich vor Entzücken gar nicht zu lassen wußte; wie er nicht Rast noch Ruhe kannte, bis alles in Reisestand gesetzt war und er fort konnte. Vor einigen Monaten, gerade vor Ludwig's Hochzeit, kam er zum ersten Male zurück; ich habe ihn aber nach einigen Wochen wieder fortgeschickt, denn hier zu bleiben, dazu taugt er noch nicht ganz: er muß sich nach jeder Seite hin erst noch etwas die Hörner ablaufen. — Nun aber wollen wir hören, was er schreibt!"

(Fortsetzung folgt.)

Feuilleton der Deutschen Roman-Zeitung.

Doebbelin's und Koch's Theater in Berlin.
II.

Ein nicht geringerer Umschwung der Dinge ereignete sich beim deutschen Schauspiel. Doebbelin hatte bis 2. März dieses Jahres in seinem Theater gespielt und verließ Berlin, um mit seiner Gesellschaft, kontraktlicher Verbindlichkeiten wegen, in Potsdam, Leipzig, Dresden, Halle, Magdeburg und Braunschweig Vorstellungen zu geben, woselbst er zum herzogl. Hofschauspieler ernannt wurde; schließlich kam er zu gleichem Zweck nach Königsberg zurück. — Inzwischen starb Schuch Anfangs dieses Jahres zu Breslau und seine Wittwe Caroline Schuch, geb. Zerber, trug, um zu retten, was noch rettbar war, dem Leipziger Theaterdirektor Koch den Kauf ihres Theaters in der Behrenstraße an. Dieser, der schon 1767, wiewohl vergeblich, versucht hatte, sich in Berlin festzusetzen, griff eifrig zu und zwischen Beiden wurde am 2. März, — seltsamer Weise an demselben Tage, an welchem Doebbelin von Berlin nach Potsdam abgereist war, — ein vorläufiger Vertrag in Breslau abgeschlossen. Koch erlangte am 13. März Schuchs erledigtes Privilegium, aber nur, nachdem er sich anheischig gemacht hatte, dessen sämmtliche Schulden zu bezahlen. Er erkaufte den 20. März das Theater in der Behrenstraße auch Koch den Kauf in Höhe der Schuch'schen Gesammtschulden, zahlte mithin bei Weitem mehr, wie der wirkliche Werth des Grundstücks betrug, ein Beweis, welches Gewicht Koch auf das Privilegium legte! —

Die Koch'sche Gesellschaft, der ein großer und weit älterer Ruf als Doebbelin voranging, war 32 Personen stark, von denen 10 in Berlin noch nicht aufgetreten waren, sie bestand aus 6 Ehepaaren, 2 Wittwen, 6 jungen Damen und 11 ledigen Herren und 1 Knaben, von den uns bereits bekannten Künstlern waren 4 von Doebbelin abgegangen. Ueberdem waren Koch und Witthof Inmberische Schüler gewesen, Brückner, Huber, Löwe von Schuch Vater her in der Residenz bekannt. Schmelz und Witthof hatten als Mitglieder der Seyler'schen Gesellschaft in Hamburg überdem die berühmte Schule Eckhof-Lessing genossen. Wir haben hier also einen starken Kern erfahrener und geschulter Schauspieler vor und, möchte die geistige Verbindung zwischen der Neuber und Eckhof-Lessing, der ersten, alten und der neuen veredelten Darstellungskunst herstellten! — Heinrich Gottfried Koch (geb. 1703 zu Gera), seit 1728 (bei der Neuber) Schauspieler, war bereits ein 68jähriger, obwohl noch rüstiger Greis, der nach ...jährigem nothgedrungenem Wanderleben in Berlin für immer zu bleiben hoffte. Durch Besitz eines festen Theatergebäudes und der Kgl. Konzession war dieser Wunsch der Verwirklichung ...ur näher getreten; 1773 aber erst sollte er sich völlig er...llen und Koch Berlin nicht wieder verlassen. — Koch war mittlerer Statur, hatte gute Körperbildung, ein ausdrucksvolles Gesicht, lebhafte Augen und sanfte Sprache. Als ehemaliger Leipziger Student besaß er für seinen Beruf eine mehr als ge...liche Bildung und war in seiner Blüthezeit einer der besten deutschen Schauspieler gewesen. Seiner Theaterleitung wurde indeß vorgeworfen, daß seine wirklich vortrefflichen Schauspieler dennoch nicht ein Stück tadellos darzustellen vermochten, denn von Proben hielt er nichts! Seine Theatergarderobe soll gut gewesen sein, doch nicht immer passend, Dekorationen wie sonstige Ausstattung der Stücke ließen viel zu wünschen übrig und oft vergriff er sich in der Wahl der letzteren. — Madame Koch, geb. Merlief, seine zweite Frau seit 1748, hatte ein hübsches Gesicht, war groß und stark, aber ohne Grazie. Ihrer Darstellung ging die Empfindung ab, ihr Organ hatte nur wenig Modulation und sie begleitete ihre Rede mit unmotivirten unaufhörlichen Bewegungen. Kochs Repertoir-Grundsatz unterschied sich von dem des Theophil Doebbelin dadurch, daß Letzterer als Hauptsache das ernste deutsche Drama begünstigte, die deutsche komische Oper aber nur gab, weil er dem Hange des Publikums genügen mußte, während Koch das Lustspiel und die komische Oper seit Leipzig mit Vorliebe pflegte, dem ernsten Drama jedoch nur zwischendurch zu seinem Rechte verhalf. Beide sind gewissermaßen zur Zeit die lebendigen Principe des rezitirenden und musikalischen deutschen Dramas gewesen.

Man muß Koch den regsten Eifer nachrühmen. Er führte die anmuthigen Schöpfungen Hillers, des ersten deutschen Liederspielkomponisten, in Berlin ein und machte sie heimisch. Die Operette war es auch und das Lustspiel, welche trotz Doebbelins Triumphen und seiner Beliebtheit Kochs Ansehn fest begründeten. Er hatte so starken Zuspruch, daß er der französ. Komödie und großen Oper starke Konkurrenz machte, und gegen ihn gar keine andere deutsche Direktion in Berlin aufkommen konnte. — Einen Uebelstand zeigten Kochs Erfolge. Er erzielte seinen Succeß nur durch immerwährende Novitäten. Er hetzte sein Personal durch ewiges Einstudiren ab, und gewöhnte das Publikum, ebenso wie es die friedericianische Oper von dem Kriege gethan, zu Neuigkeitssucht und immer größeren derartigen Ansprüchen, bei welchen ein ruhiger, tieferer Genuß, eine Erbauung an der Kunst nicht mehr bestehen konnte. Daß diese Manier auf die Dauer unausführbar und eben so zu verwerfen ist, wie wenn ein erfolgreiches Stück 20 Mal hintereinander abgesetzt wird, liegt klar vor Augen. — Unter solchen Umständen und bei rasch gefaßten starken Vorliebe für die Operette wäre es Thorheit und Selbstvernichtung gewesen, wenn Doebbelin den Besuch hätte wagen wollen, sich mit Koch zu messen. Der Hauptgrund, weßhalb er 1772 bis 74 nicht in der Hauptstadt erschien und das Monbijoutheater unbenutzt ließ, war, daß er, so lange Koch in Berlin spielte, nach seiner Konzession keine Vorstellung daselbst geben durfte. — Sehen wir hiervon auch ab und daß Doebbelin dem Koch keine Konkurrenz mit Operetten zu machen vermochte, so verbot sich jeder Wettstreit auch durch die traurigen Orchesterverhältnisse Doebbelins. Sein Orchester bestand daselbst nur aus 1 Hautboisten, 2 ersten Violinen, 1 zweiten, die Bratsche mußte weggelassen, oder auf der Violine nachgeahmt werden, 1 Violoncell und 2 Flöten. Neun Mann mit dem Musikdirektor Schulz machten also das ganze Orchester aus. Es spielte im Zwischenakte Tänze, wurde aber bei der komischen Oper, bei Symphonien und Balleten verwendet; zu feierlichen Gelegenheiten wie Königs Geburtstag wurde noch ein Waldhorn angenommen. Der Uebelstand lag besonders darin, daß wohl Streichinstrumente-Spieler fest gewonnen werden konnten, aber keine Bläser. Letztere machten sich kein Gewissen daraus, sobald sie bei Bällen und derartigen Gelegenheiten in der Stadt besser bezahlt wurden, einen andern Kollegen zur Aufführung in's Orchester zu schicken, so daß die Opern und Balletvorstellungen nicht selten Gefahr liefen, total umzuwerfen! Da es Doebbelin ferner noch nicht gelungen war, sich dauernd in Berlin festzusetzen, so standen seine Musiker auch in keinem festen Engagementsverhältniß, sondern wurden bei seinem Erscheinen erst angenommen und nur für die Dauer seiner Anwesenheit bezahlt, folglich waren es zusammengeraffte, stets wechselnde Leute. — Ganz so schlecht wie bei Doebbelin war das Koch'sche Orchester nicht beschaffen, obwohl nach unseren Begriffen immer noch bescheiden genug. 4 Violinen, 1 Kontrabaß und die nöthigen Blasinstrumente wie auch ein Klavierspieler waren vorhanden, der Vorgeiger dirigirte und spielte die Singstimme mit. — Bei der leichten Hiller'schen Instrumentation und dem verhältnißmäßig kleinen Zuschauerraume war das Orchester doch von guter Wirkung und da diese Opern wenig eigentlichen Kunstgesang erforderten, damals bei der Komödie aber Alles singen und tanzen konnte oder mußte, so ergänzte die Routine des Spiels und die vis comica, was der Modulation an Feinheit etwa abging. — Es ist vielleicht von Interesse, über die beiden konkurrirenden Gesellschaften Koch und Doebbelin ein zeitgenössiges Urtheil nebst Nachrichten mitzutheilen. Ein Korrespondenz „Ueber die Koch'sche Gesellschaft, Berlin und Leipzig 1771," sagt Folgendes:*) — „Koch giebt wöchentlich drei komische Opern, thäte er das nicht, so müßte er in einem Vierteljahr sein Theater zuschließen." — „Bei Aufführung der „Jagd" erschienen einige Prinzen und Prinzessinnen in Kochs Theater." — „Doebbelin ist besser wie Koch. Der Vorzug der Gesellschaft des Letzteren besteht bloß im Singen, Trauerspiele erscheinen sehr selten und fallen bei Koch nicht zum Besten aus." — „Den 8. Juli ward aufgeführt „Richard III." Brückners Richard war nur ein sehr kleines Licht gegen Herrn Doebbelin, dieser nur läßt und den wahren Richard, den Tyrannen und Barbaren sehn." — „Die Elisabeth von Madame Doebbelin war ungleich schöner als von Mdme. Starke. Mdme. Koch und Mdme. Schulz gefallen beide als Königinnen so sehr, daß ich nicht weiß, wem ich den Vorzug geben soll." — „Klotsch als Eduard ist besser, als Dlle. Doebbelin." — „Minna von Barnhelm! Daß dieses Stück nicht so gut als bei Herrn Doebbelin da es wirklich in seiner größten Vollkommenheit vorgestellt wurde, aufgeführt werden würde, konnte ein jeder leicht voraussehen, der nur ein Wenig die Personen der Kochischen Gesellschaft betrachtet." — Dies Urtheil des anonymen Kritikers wird im Ganzen das zutreffende gewesen sein.

Dies ganze Jahr 1772 war Doebbelin nicht in Berlin. Indem er sein Repertoir, mit welchem er von 68 bis Anfang 71 an in Berlin soviel Glück gemacht hatte, an verschiedenen Orten wie Leipzig, Breslau, Magdeburg u. s. w. abspielte und volle Kasse machte, erreichte er zunächst das für ihn Hauptsächlichste, Geld. — So aussichtslos seine Wünsche auch für seinem glücklichen Nebenbuhler Koch gegenüber waren, so hatte er dennoch eine begründete Hoffnung, auf deren Erfüllung er binnen einer gewissen Zeit mit Sicherheit rechnen konnte. Theophil Doebbelin

stand noch in bester Mannesblüthe, Heinrich Gottfried Koch zählte 68 Jahre. Rief denselben der Tod ab, oder zwang ihn das Alter, die Direktion niederzulegen, dann fiel nicht bloß seine Gesellschaft auseinander, sein Theater kam auch zum Verkauf. Hierauf wartete Doebbelin und nach den Gesetzen der Natur konnte dies nicht sehr lange mehr dauern. — Koch, bei seiner Regsamkeit und Arbeitslust, dachte hieran nicht, er spielte rührig fort und am 6. April wurde von ihm zum 1. Male „Emilia Galotti", das neueste Trauerspiel Lessings, welches derselbe das Jahr vorher geschrieben hatte, zur Darstellung gebracht! — Dies zweite große Drama Lessings erlebte seitdem bis Schluß des Jahres 1875, 241 Vorstellungen. In den Jahren 1773, 75, 87, 93 bis 1798, 1813, 21, 24, 26, 27, 32 und 1853 erschien es nicht auf dem Repertoir. Besagte erste Vorstellung begann in der Behrenstraße um 5 Uhr, Preise der Plätze waren: 4, 8, 12 und 16 Groschen, die Besetzung der Rollen folgende:

Emilia	. . . .	Dlle.	Steinbrecher
Odoardo	. . .	Herr	Schubert
Claudia	. . .	Mdme.	Starke
Hettore Gonzaga	. .	Herr	Herlitz
Marinelli	. . .	„	Brückner
Camillo Rota	. . .	„	Martini
Maler Conti	. . .	„	Schmelz
Appiani	. . .	„	Hende
Orsina	. . .	Mdme.	Koch
Angelo	. . .	Herr	Witthöft
Kammerdiener	. . .	„	Quequo
Pirrho	. . .	„	Wolland
Battista	. . .	„	Hübler.

Es ist von Interesse zu hören, wie sich damals eine kritische Stimme über Kochs Darstellung der Emilia Lessings aussprach. Johann Jost Anton von Hagen, der Herausgeber des Magazin zur Geschichte des deutschen Theaters,*) sagt in dieser Zeitschrift Folgendes: — „Was erwartet man von dem Verfasser einer Minna? — Ob aber Herr Lessing diesmal der Erwartung völlig Genüge geleistet, ob man den großen dramatischen Dichter auch hier wiederfindet, daran zweifele ich. Welches von Lessings Stücken außer seinen jugendlichen Arbeiten Lust der Emilia nicht den Rang ab? — Der Dialog ist gut, wenn ich einige platte und noch mehr gekürzte Stellen streiche. Die Gedanken und Sprache, der Ausdruck groß, erhaben und erschütternd, aber oft auch gesucht, wo Natürlicheres der Sache angemessener gewesen wäre. Die Charaktere sind nicht durchgehends gut angelegt und gut ausgeführt. Herlitz, der Prinz, verhielt sich im Spiel zu seinem silbernen Kleide wie Zwei zu Fünf. Mit rauher Stimme, wie des Nordwinds Geheul, pollerte er seine Rolle ab. Herr Wolland, Kammerdiener, rang bei jedem Wort die Hände. Herr Schmelz, Conti, „die Kunst geht nach Brod". — Unter den Händen einer solchen Pfuschers wundert mich das nicht! „Wie aus dem Spiegel gestohlen", ist ein schimmernder aber unrichtiger Gedanke. Der Spiegel stellt den Gegenstand verkehrt und unterschiedslos untereinander vor. Das beiläufig für Herrn Lessing! „Raphael wäre nicht das größte malerische Genie geworden, wenn er unglücklicher Weise ohne Hände geboren worden?" Glaubt Herr Lessing, ein großer Schriftsteller antiquarischen Inhalts geworden wäre, wenn er unglücklicher Weise ohne Kopf geboren worden? — Herr Brückner, Marinelli. Der einzige Schauspieler der Koch'schen Gesellschaft und doch nur Schauspieler der Franzosen! Madame Starke, Claudia, spielte unter großem und verdientem Beifall. Herr Quequo, Pirrho, schlecht. Herr Schubert, Odoardo, ist jetzt todt; Todte soll man nicht kritisiren!" — Herr Witthöft, Angelo, nicht gut. So großer Beifall im Parterre, daß man auf — eigene Gedanken kam! Mlle. Steinbrecher, Emilia, mißfiel, war geziert. Lessing begehrt Unmögliches: Ein Studium der weiblichen Schönheit auf dem Theater! In dieser Scene ist Emilia ein gutes, frommes katholisches Mädchen. Am Ende des Stücks sieht man das fromme Närrchen als eine römische tugendbelobte Heldin, die mit dem Dolche, wie mit einer Haarnadel spielt. Herr Hencke — Appiani. Als Bauernlümmel immer gut, man kann sich denken, wie er als Graf war. Glücklicher Weise büßte er bald sein Leben ein. „So ein Graf mehr oder weniger in der Welt, daran ist freilich nicht viel gelegen." — Aber wie kam der gute Graf zu Schwermüthigkeit und Tiefsinn? Hatte er Ahnungen? — „Perlen bedeuten Thränen." — Verwünscht sei Lessings Amme!! — „Wenn sie ihn nicht selbst stürzen gesehen". — Wie hat sie das nicht sehen können? Wie konnte die zärtliche Tochter, die feurige Liebhaberin ihre Mutter und ihren Bräutigam verlassen und sich einem fremden Kerl in die Arme werfen? „Perlen bedeuten Thränen." — Wäre ihr das beigefallen, hätte sie auch einen Anschlag auf ihre Tugend geahnt! Aber so ist's mit den Ahnungen, sie kommen immer zur Unzeit! — „Es wurde hinter ihr geschossen." Also floh sie schon, ehe es nöthig war? Die Scene zwischen Claudia und Marinelli verräth Lessings Meisterhand, sie ist unschicklich. Claudia beschäftigt sich mit dem Narren, ohne um ihre Tochter sich zu bekümmern. Erst gegen Ende der Scene hört Emilia ihre Mutter. Die List, die Orsina dem Odoardo als Wahnsinnige auszugeben, macht dem Erfinder keine Ehre. Wie lange konnte dieselbe Stich halten? — Zwischen dem 4. und 5. Akt sollte Odoardo nichts weiter gethan haben, als die Arkade auf und ab gegangen sein? Seine Tochter in den Armen des Prinzen gelassen haben? — Der 3. Auftritt ist Schnickschnack. Da Odoardo nicht darauf bestand, seine Tochter sofort zu sehen, so ließ er ja dem Prinzen Zeit, „das Studium der weiblichen Schönheit" gründlich ihm zu bekommen. — Die Bewegung sich zu erstechen, machte Mlle. Steinbrecher, welche sich 20 Jahre erstochen und eben so lange sich hatte erstechen lassen, herzlich schlecht. Eben so starb sie; aber da sie schlecht gelebt, war auch ihr Ende schlecht."

Dies ist das Portrait eines Kritikers vom Jahre 1773!! — — Die Gesellschaft Kochs, wie gesagt, zumeist auf Lustspiel und Operette zugeschnitten, hatte für das tragische Gebiet eben nicht das künstlerische Material, dessen sich Doebbelin erfreute. — Im Laufe der Wirksamkeit Kochs in Berlin erhielt derselbe ein königl. Kabinetsschreiben, des Inhalts: „seine Bühne verdiene eine Distinktion für andere gemeine Komödianten." Dies ist ein kaum dem Munde Friedrich II. noch nie entschlüpftes Lob deutschen Talents und erscheint uns fast als eine Demonstration, wie als herber Tadel gegen Doebbelin, sobald wir uns jener lobpreisenden Verse erinnern, welche einst der König der Tänzerin Mariane Cochois, der Barbarina gegenüber, gewidmet hat. Friedrich II. fand schon an seiner Oper keinen rechten Gefallen mehr und blieb den ersten Aufführungen bereits weg, schwerlich dürfte er sich also nach der Behrenstraße verirrt haben, um obiges Urtheil durch eigne Anschauungen zu gewinnen. Seinem Bruder, den Prinzen und der Prinzessin Amalie dagegen sagte das Opernrepertoir Kochs, die liebenswürdig tändelnde Musik Hillers mehr zu, als der dröhnende Ton und der Furor Doebbelinscher Trauerspiele. Ueberhaupt scheint Prinzessin Amalie, die unter allen Damen des Hofes auf ihren Königlichen Bruder den meisten Einfluß übte, nach einer, dem Schauspieler Brandes 1777 gemachten Aeußerung, eben nicht Doebbelins Freundin gewesen zu sein. Möglich wäre es daher wohl, daß diese die Veranlasserin des obigen Kabinetsschreibens gewesen. Der Thron-

folger dagegen war solcher Ansicht aber nicht, wie die Folge lehren wird. Friedrich Wilhelm hat jedoch schwerlich bei seinem Königlichen Oheim damals irgend nennenswerthen Einfluß besessen, am wenigsten in Sachen des theatralischen Geschmacks, zumal er wenig Vergnügen an der italienischen Oper, den Intermezzi und den Tiraden Racines und Voltaires an den Tag legte. Zwischen ihm und Friedrich II. bestand eben ein ähnlicher Gegensatz der Ansichten, wie ehedem zwischen dem Könige und dessen Vater, nur in milderer, unausgesprochener Weise. Am 12. September schloß Koch dies Jahr die Bühne mit „Die Jagd" und ging vom 19. September bis 30. März 1773 nach Leipzig. In Berlin war diesen Winter also gar kein deutsches Theater. Ob Koch, was glaublich ist, sein Repertoir in Berlin völlig abgespielt und es nun auswärts wiederholen, oder ergänzen wollte, bleibt dahingestellt. Daß er zuerst nach Leipzig zur Michaelismesse ging, hatte darin seinen ganz natürlichen Grund, daß er lange in Leipzig Prinzipal gewesen war und noch von der Neuberin her dort wohl viele alte Freunde besaß. Ueberdies sollte es die letzte Reise sein, welche ihn von Berlin entfernte. —

François Buloz. †

Wir verzeichneten bereits in unserer Todtenschau das Hinscheiden dieses originellen Mannes, der im Jahre 1831 die „Revue des deux Mondes" mit sehr bescheidenen Mitteln gründete und sie mit glänzendem pekuniären und literarischen Erfolge bis zu seinem Tode geleitet hat. Edmund About widmet ihm in dem Londoner „Athenäum" den folgenden Nekrolog, der nicht minder originell ist wie er des Verstorbenen war:

> Buloz, qui par sa grâce a tant su nous charmer,
> Lorsque la mort viendra le prendre,
> N'aura qu'un seul oeil à fermer, *)
> Et n'aura point d'esprit à rendre.

Dieses vor fünfundzwanzig bis dreißig Jahren gesprochene prophetische Wort hat sich endlich erfüllt. Der Gründer und Chefredakteur der „Revue des deux Mondes" ist kürzlich in seinem vierundsiebenzigsten Jahre gestorben. Er schloß sein einziges Auge und hauchte im Anklang von Geist den kräftigen Odem aus, der seine Lungen zu schwellen pflegte.

Es ist möglich, alles Geistes baar, und doch kein gewöhnlicher Mensch zu sein. Alexander Dumas, der geistreichste und wahrhaft fröhlichste Mann unserer Tage, machte sich eine Zeit lang den Spaß, alle seine Briefe in einer für Buloz höchst beleidigenden Weise zu datiren. So schrieb er zum Beispiel: „Marseille, 260 Stunden von dem Dummkopf Buloz entfernt;" „Straßburg, 125 Stunden von dem Dummkopf Buloz entfernt;" und Frankreich lachte darüber, denn es mochte Buloz nie besonders leiden. Wenn Buloz aber keinen Geist besaß, so war er doch keineswegs ein Narr. Der Erfolg, den seine Revue gehabt, und die Millionen, die er hinterläßt, beweisen dies zur Genüge.

Denn um als Schweizer aus einer der Vorstädte Genfs, ohne einen Groschen Vermögen, ohne der Bildung, wie sie der Werkführer einer Druckerei besitzt, und einer geflissentlichen Nichtachtung aller Höflichkeitsformen im Stande zu sein, in Paris das bedeutendste und verbreitetste Journal Frankreichs zu gründen, alle politischen Schriftsteller, alle Nationalökonomen, überhaupt alle Literaten, die sich zwischen 1831 und 1877, also während einer längeren Periode von sechsundvierzig Jahren, hervorgethan, an sich zu ziehen und zu seinem Vortheil auszunützen, während er ihnen

---

*) Buloz war einäugig. —   Die Red.

in gewissem Sinne wiederdiente — um dies zu Stande zu bringen, mußte der Mann größere Eigenschaften besitzen als die gewöhnliche Menge. Er mußte von Natur wenigstens mit einer Eigenschaft ausgestattet sein, die eine seltene und nach der auf dem pariser Markt mehr Nachfrage als Angebot vorhanden war.

In der That, dieser François Buloz war ein Charakter, ein schlechter Charakter wenn man will, aber immerhin ein Charakter. Wie Herr von Camors, dessen von Octave Feuillet geschriebene Geschichte er verlegte, hatte Buloz mehr Fehler als Verdienste, weniger Tugenden als Laster; aber ob gut oder schlecht, er war ein Mann.

Durch und durch Skeptiker in Religion, Politik, Literatur, kurz in Allem; hinreichend geschmeidig, um sich in alle Regierungsformen zu schicken und hinreichend starrköpfig, um seine völlige Ergebenheit und gelegentliche Unterstützung im höchsten Grade geschätzt zu machen, durchlebte er die constitutionelle Monarchie von 1830, die Republik von 1848, das Kaiserreich, den 4. September, die Präsidentschaft von Thiers, die Ordre Moral, und das liberale Regime von 1876, ohne gegen einen Felsen anzurennen und ohne daß ihm Jemand den Vorwurf machen durfte, irgend Einem außer sich selbst einen Dienst geleistet zu haben.

Ich weiß nicht, ob sein Schulmeister ihn in Latein unterrichtet — ich bezweifle es, denn er hatte selbst vom Französischen sehr mittelmäßige Kenntnisse — aber er hätte zu seinem Wahlspruch das berühmte

       ...... labor omnia vincit
       Improbus

nehmen können, mit weitester Interpretation des Adjektivs improbus.

Fast alle Schriftsteller, die mit ihm zu thun gehabt, fanden in ihm einen habgierigen, groben Gesellen und selbst Schlimmeres; aber wer weiß, ob, wenn er ein anständiger, gebildeter Mann gewesen wäre, seine Revue heutzutage 20,000 Abonnenten zählte? Er hat, so viel ich weiß, keinen einigen Freund zurückgelassen, und die meisten, welche ihn am 15. Januar zu Grabe geleiteten, thaten dies, um sich selbst zu überzeugen, daß das Grab auch sicher geschlossen würde. Allein er hinterläßt ein Werk, ein solides Monument, welches, ob gut oder schlecht, ihn lang überdauern wird. Vergessen wir nicht, daß er zwischen 1831 und 1838 die bewunderungswürdigsten Anstrengungen machte, sein meist unverdautes und oft unlesbares Mischwerk Frankreich und Europa aufzudrängen. Er stürzte sich in Schulden, er ließ sich lieber in das Gefängniß von Clichy einsperren, als daß er seine Revue aufgab. Ohne Zweifel war es in jener schwierigen Zeit, wo er die Gewohnheit des Rupfens und Schindens der Schriftsteller annahm und wo ihm die erfinderisch und grausam machende Noth den Gedanken eingab, allen Debutanten den Preis ihrer Arbeit vorzuenthalten. Als er im Laufe der Zeit reich, sehr reich geworden war, behielt er jedoch diese Gewohnheit bei als eine Art droit du Seigneur. Er machte es sich nicht allein zum Prinzip, die erste Werk eines Autors ohne Geld zu kaufen, sondern er fand noch ein besonderes Vergnügen daran, es zu verstümmeln, es durch Auslassungen und oft alberne Correcturen zu verunstalten. Ein heftigerer Krieg ist niemals von einem alltäglichen Geist gegen die Originalität eines Schriftstellers geführt worden. Als Zeitgenosse der steifsten und abgeblasesten Doctrinäre, hatte er sich nach ihrem Modell ein allgemeines Muster zurechtgeschnitten, dem jeder Schriftsteller, ob es ihm zusagte oder nicht, seinen Artikel anbequemen mußte. Einen neuen Gedanken, eine originelle Ansicht, eine eben gemachte Entdeckung in der Revue zu besprechen, war verpönt, es sei denn, daß man mit einer langen unsinnigen Einleitung voller Gemeinplätze begann, die oft gar keinen Bezug auf den eigent-

lichen Gegenstand hatte. Kam man nun zu dem eigentlichen Thema, so war man genöthigt, es in langen, gewundenen, vagen Perioden zu entwickeln, das rechte Wort zu vermeiden, sich in Umschreibungen zu ergehen und mit einer jener dunkeln Tiraden zu schließen, bei denen der Leser ganz confus wird, nichts mehr zu denken vermag und einschläft. Einige unserer originellsten Schriftsteller sind, nachdem sie sich vergebens gesträubt, in dies Procrustesbett gesprungen. J. J. Weiß z. B. und Prévost Paradol verloren Monate bei der wiederholten Umarbeitung einiger unglücklichen Artikel, mit denen Buloz niemals zufrieden war und die er ihnen schließlich mit einer häßlichen Grimasse und wenig schmeichelhaften Complimenten als einziger Bezahlung zurückgab.

Die Romanschriftsteller erfreuten sich einer etwas größeren Freiheit, nicht weil Buloz sehr große Achtung vor ihnen hegte, (er achtete Niemand) sondern weil sie einen Zufluchtsort in den Feuilletons der Zeitungen besaßen. Und die Zeitungen zahlten eben so gut, wie die Revue schlecht zahlte. Ich veröffentlichte meinen ersten Roman „Tolla" 1854 in dieser achtungswerthen Revue und ich bin vielleicht der Einzige meiner Zeitgenossen, den Buloz seines Erstlingsverdienstes nicht beraubte. Es war weniger Scandalsucht von meiner Seite, als Naivetät oder vielmehr die Noth, die mich jenem „Herrenrecht" entgehen ließen. Ich war jung; ich hatte keine Privatmittel und keine Stellung; ich lebte von meiner Arbeit aus der Hand in den Mund. Als das erste Viertel von „Tolla" in der Revue erschien, eilte ich in einer ach nur zu begreiflichen Aufregung zu dem Kassirer des Herrn Buloz. „Ich habe nichts für Sie," sagte dieser und verwies mich an seinen Prinzipal. Herr Buloz empfing mich mit der Unliebenswürdigkeit, die ihn keinen Tag seines langen Lebens verlassen hat. Ich schrie mir meine Klagen in das Ohr (denn er war stets harthörig, und ganz besonders harthörig, wenn man Geld von ihm wolle). In gellendem Ton antwortete er: „Es ist mein Prinzip für einen ersten Artikel niemals zu zahlen." „Und mein Prinzip," erwiderte ich, „ist es, niemals einen zweiten zu geben, wenn ich nicht für den ersten bezahlt werde." Er begriff vollkommen, wie sehr es mich selbst schaden müsse, wenn die Noth, und die Veröffentlichung meiner Erzählung, die er für interessant hielt, unterbräche, und so gab er mit Brummen nach. Aber schließlich gab er sich dafür, indem es ihm gelang, mir frankrei Franks von der bescheidenen Summe von fünfzehnhundert abzuziehen, die er mir für einen Band von 160 Seiten schuldete.

Die Contrakte, welche man in dem Büreau der Revue unterschreiben mußte, waren und sind wahrscheinlich noch so abgefaßt, daß sie dem Autor das Recht der Wiederveröffentlichung in Buchform auf ein Jahr entzogen. Aber während er dem Autor seines Eigenthums beraubte, reservirte sich Herr Buloz das Recht, die Arbeit in einer gewissen Anzahl von Journalen nach Belieben zu verwerthen.

Es ist allgemein bekannt und ich kann es aus persönlicher Erfahrung bestätigen, daß Buloz mit seinem Lob ebenso knausrig war wie mit seinem Gelde. Hörte er aber andererseits eine tadelnde Bemerkung über die Arbeit oder die Persönlichkeit eines Autors, so machte er sich eine wahre Freude daraus, sie diesem berühmten zu wiederholen. Mit solchen liebenswürdigen Manieren ausgestattet, behauptete er, daß die Leute ihm treu seien und daß keiner eine Zeile für irgend ein anderes Journal schriebe. Dieser Schweiger war ein Seitenbild zu einem gewissen Verleger des achtzehnten Jahrhunderts, welcher zu sagen pflegte: „Wenn die Herren Voltaire, Diderot und Rousseau jeden in einem Stübchen hinter Schloß und Riegel hätte, so wollte ich sie wohl zwingen Meisterwerke zu schaffen!" In dieser Art hatte Buloz manchen unglücklichen Mann von Talent in seinem Sold und in seiner Gewalt, unter andern Gustav Planche, der in Roth und

Elend starb, nachdem er der Revue Dienste geleistet und Ehre eingebracht hatte. Diejenigen, welche sich gegen diese unleidliche Herrschaft empörten und ihre Prosa den Zeitungen hintrugen, wurden durch anonyme Angriffe grausam bestraft. Die arme George Sand hörte dreißig Jahre ihres Lebens von Buloz' Leuten das Lob der Romane singen, die sie ihm gegeben und diejenigen heruntermachen die sie ihm nicht gegeben hatte. Wehe den übereilten jungen Leuten, die wie Hektor Malot und Alphonse Daudet sich weigerten, unter Buloz' Bedingungen für die Revue zu schreiben! Er stellte sie an den Pranger. In den Augen dieses Verlegers waren die einzigen französischen Schriftsteller diejenigen, welche sich abmühten, um ihm ein Vermögen zu schaffen, und er achtete sie um so höher, je weniger er ihnen zu bezahlen brauchte. Nichts war ihm so schrecklich, als sich von seinem Gelde zu trennen. Er pflegte Jedem die Akademie zu versprechen, und es ist wahr, daß er ein rundes Dutzend von mittelmäßigen Köpfen, wie de Carné, Caro und Saint-René Taillandier hineingebracht hat. Es wird erzählt, daß nachdem er eines Tages bei einem seiner Autoren im südlichen Frankreich, Herrn de Pont-Martin, prächtig bewirthet worden war, Buloz beim Abschied zu diesem gesagt habe: „Wenn Sie einen so schönen Park besitzen, sollten Sie keine Bezahlung für Ihre Werke von mir beanspruchen."

Ich habe absichtlich „einen seiner Autoren" gesagt, denn ich blickte auf die Mitarbeiter der Revue wie auf weiße Sklaven herab, die eigens geschaffen wären, für sein Interesse zu arbeiten. Jede Stunde des Tages gehörte ihm. Morgens, Mittags und Abends schickte er fortwährend entweder einen seiner Söhne oder seine Unterredakteure in ihre Wohnungen, um auszuspioniren, was sie trieben — ob sie gearbeitet hätten — was Sie etwa dachten, indem sie ihre Zeit vergeudeten statt für die Revue zu schreiben. Eine seltsame Verfolgung, deren Executoren nicht glücklicher waren, als ihre Opfer. Der älteste Sohn, Louis Buloz, ein lieber vortrefflicher Junge, starb an der Plackerei, und eines Tages wird das lange Martyrium der Unterredakteure niedergeschrieben werden, von J. de Mars an bis zu dem jugendlichen „Einjährigen Freiwilligen",[*] der oft wiederholte, daß ihm der Militär-Dienst nach dem Dienst bei Herrn Buloz als ein wahrer Schlendrian erschiene.

Aber, wird man fragen: wie kommen Neun-Zehntheile der französischen Schriftsteller dazu, der Revue zu einer oder der anderen Zeit Beiträge zu liefern? Sie thaten es alle, oder fast alle — doch um es am nächsten Tage wieder aufzugeben — weil es nothwendig ist, etwas in der Revue geschrieben zu haben; weil die unbedeutendste in diesem unverdauten Gemisch veröffentlichte Kleinigkeit dem Autor derselben mehr Ehre bringt und seinen Ruf in weitere Kreise trägt, als ob zwanzig Romane und hunderte von Artikeln in den besten Journalen thäten. Alexander Dumas, Sohn, faßte die Sache eines Tages in wenigen Worten zusammen. „Es bringt mehr Ehre," sagte er zu mir, „ein wenig Tresterwein in ein Rüsselinglas, als einen Strom von Chambertin in Bierseidel zu gießen." — Sie sind es, meine Herren des Auslandes, die das Glück der „Revue des deux Mondes" begründet haben, indem Sie in den offiziellen Repräsentanten des französischen Esprit durchaus erblicken wollten, ebenso wie Sie in dem Maslenübermuth der Bälle der großen Oper den wahren Ausdruck der Gaité française gefunden zu haben meinen. Wohlan, Sie sind im Irrthum. Die große Mehrzeit der intelligenten Franzosen enthält sich der Lektüre der Revue wie des Besuchs der Opernhausbälle. Wir sind dazu weder geistreich noch frivol genug.

[*] Eine kleine reizende Erzählung, die kürzlich in Paris großes Aufsehen gemacht hat. —   D. R-b.

Literatur, Kunst und Theater.

Zlatorog, eine Alpensage von Rudolf Baumbach. Leipzig. A. G. Liebeskind. Die Sage von herrlich blühenden Matten, die in eine Steinwüste verwandelt, oder unter Gletschereis begraben wurden, weil die Gottheit des Hochgebirgs über einen von Menschen begangenen Frevel zürnte, knüpft sich an viele Lokalitäten der Alpen. Eine solche slovenische Sage, welche von dem Steinmeer des Terglou (Triglav) in den julischen Alpen geht, hat Rudolf Baumbach in sehr poetischer Weise und fließenden Versen in „Zlatorog" behandelt. Zlatorog, welcher als weißer Gemsbock mit goldenen Hörnern erscheint, ist der Schutzgeist der parabolischen Alm. Als der junge Trentajäger, von einer unheilvollen Liebe bethört, den Gemsbock schießt, stürzt er, von Schwindel erfaßt, in den Abgrund und Zlatorog verwandelt die fetten Wiesen, die ehemals, mit Sennhütten besäet, stundenweit sich erstreckten, in ein Meer von Felsentrümmern, indem er den Boden mit seinen goldenen Hörnern aufwühlt.

Vom Musikalisch-Schönen. Ein Beitrag zur Revision der Aesthetik der Tonkunst, von Dr. Eduard Hanslick. Leipzig. Johann Ambrosius Barth. Die in fünfter Auflage erschienene polemische Schrift des rühmlichst bekannten Verfassers wendet sich gegen die allgemein herrschende Ansicht, daß das Schöne in der Musik, die Darstellung von Gefühlen und ihre Aufgabe Gefühle zu erwecken sei. Eins wie das andere sei falsch und beruhe auf einer traditionellen Auffassung der musikalischen Aesthetik, deren wahre Prinzipien bisher noch von keiner Seite einer wissenschaftlichen Erforschung unterzogen worden seien. Der Verfasser weist nun mit straffer scharfer Dialektik überzeugend nach, daß die Musik ebenso wenig bestimmte Gefühle, wie bestimmte Begriffe darzustellen vermöge. Er sagt unter anderm: „Man spiele das Thema irgend einer Mozart'schen oder Haydn'schen Symphonie, eines Beethoven'schen Adagios, eines Mendelssohn'schen Scherzos, eines Schumann'schen oder Chopin'schen Clavierstücks, den Stamm unsrer gehaltvollsten Musik, oder auch die populärsten Ouvertürenmotive von Auber, Donizetti, Flotow. Wer tritt hinzu und getraut sich, ein bestimmtes Gefühl als Inhalt dieser Themen aufzuzeigen? Der Eine wird „Liebe" sagen. Möglich. Der Andere meint „Sehnsucht". Vielleicht. Der Dritte fühlt Andacht. Niemand kann dies widerlegen. Und so fort. Heißt dies nun ein bestimmtes Gefühl darstellen, wenn Niemand weiß, was eigentlich dargestellt wird?" Zu der Wirkung auf das Gemüth übergehend, zeigt der Verfasser, daß die Musik weit entfernt, bestimmte Gefühle zu erzeugen, nur Stimmungen hervorrufen kann, die nach der Individualität des Hörers und seines jeweiligen Seelenzustandes wechseln und sich geradezu widersprechen können. Nach diesem negativen Theil seiner Schrift kommt der Verfasser zu der Frage nach dem positiven Schönheitsgehalt in der Tonkunst und seine Antwort lautet: es sind die Töne selbst und ihre künstlerische Verbindung. „Die sinnvollen Beziehungen in sich reizvoller Klänge, ihr Zusammenstimmen und Widerstreiten, ihr Fliehen und sich erreichen, ihr Aufschwingen und Ersterben — dies ist, was in freien Formen vor unser geistiges Anschauen tritt und als schön gefällt." Als Beispiel führt er aus der Ornamentik die Arabeske, aus der Natur die Kristallbildung an und trifft vielleicht das glücklichste Bild, wenn er die Musik mit dem Champagner vergleicht, der mit der Flasche zugleich entsteht. Wir glauben unsern Lesern diese geistreiche und belehrende Schrift nicht warm genug empfehlen zu können.

Das Bühnenfestspiel in Bayreuth. Von La Mara. Leipzig. Schmidt und Günther. Die Broschüre ist ein begeisterter Lobgesang auf Wagner und ins Besondere auf dessen „Nibelungen".

Musikdrama oder Oper? Eine Beleuchtung der Bayreuther Bühnenfestspiele von Emil Naumann. Berlin. Robert Oppenheim. Die kleine Schrift enthält die Berichte, die der Verfasser über die Bayreuther Aufführungen im September v. J. in die „Nationalzeitung" geschrieben hat und die bei diesem Separatabdruck durch viele Anmerkungen erweitert und erläutert worden sind. Der bekannte Musikhistoriker giebt sein unparteiisches und wohlbegründetes Urtheil gegen die Richtung Wagners ab.

Sammlung gemeinverständlicher wissenschaftlicher Vorträge, herausgegeben von Rud. Virchow und Fr. v. Holtzendorff. Berlin. Karl Habel. Es sind hievon die Hefte 253—264 erschienen, womit die XI. Serie beendet ist. Sie enthalten: Entwickelungsgang der Grabmessungs-Arbeiten. Von M. Sadebeck (H. 258). Der Rhein und der Strom der Kultur in Kelten- und Römerzeit. Von Dr. C. Mehlis (H. 259). Ueber Muscheln, Schnecken und verwandte Weichthiere. Von Prof. Dr. J Münter (H. 260). Göthe und Frankfurt am Main. Die Beziehungen des Dichters zu seiner Vaterstadt. Von Dr. Wilhelm Stricker (H. 261). Die Mina-Hassa auf Celebes. Von A. B. Meyer (H. 262). Lessing's Nathan der Weise. Vortrag von E. Trosien (H. 263). Die Achat-Industrie im Oldenburgischen Fürstenthum Birkenfeld. Von Gustav Adolph Röggerath (H. 264). — In demselben Verlage sind ferner erschienen die folgenden Hefte der „Deutschen Zeit- und Streitfragen," herausgegeben von Fr. v. Holtzendorff und W. Oncken. Heft 76: Die Stellung der Niederdeutschen (Vlaamen) in Belgien. Von Dr. Eugen von Jagemann; Heft 77: Vertheuerung des Lebensunterhaltes in der Gegenwart. Von Prof. Gustav Cohn; Heft 78: Wesen und Aufgabe der Philosophie, ihre Bedeutung für die Gegenwart und ihre Aussichten für die Zukunft, von Adolph Horwicz; Heft 79: Zur Reform des Religionsunterrichts. Von Lic. Dr. Friedrich Kirchner; Heft 80: Canossa und Venedig. Festschrift zur Canossa-Feier. Von Dr. F. Heyer.

Die lebenden Fackeln des Nero von Henri Siemiradzki in Rom. Dieses riesige Gemälde, welches bei seiner Ausstellung in Rom dem Maler einen goldenen Lorbeerkranz und den italienischen Kronenorden erwarb, ist gegenwärtig von dem Verein berliner Künstler in unserer Residenz ausgestellt. Es ist bekannt, daß man die Christen der Anstiftung des Brandes, der in 64 n. Chr. einen großen Theil Roms in Asche legte, bezichtigte, und eine außerordentlich große Zahl von ihnen dafür mit dem Tode bestraft wurde. „Man hatte noch seinen Scherz mit dem Sterbenden," berichtet Tacitus, „daß man sie mit Thierhäuten bedecken und so von Hunden zerreißen, oder an's Kreuz genagelt und zum Anzünden hergerichtet sterben ließ und daß sie, wenn's mit Tage war, zur nächtlichen Beleuchtung brennen sollten. Seinen eigenen Park hatte Nero zu dieser Schaustellung hergegeben und hielt jetzt ein Wagenrennen, indem er als Wagenlenker gekleidet, sich mitten in der Beleuchtung wirklich auf einem Wagen stand." Auch Juvenal gedenkt in seiner ersten Satire B. 156 der Menschenfackeln. Diese Stelle des Tacitus hat der Maler zu seinem Bilde angeregt. Er hat indessen den Nachdruck nicht auf das kulturhistorische, sondern auf das kirchengeschichtliche Moment gelegt. Seine lebenden Fackeln leuchten nicht zu einer Orgie des wahnsinnigen Kaisers; es ist die martervolle Hinrichtung der ersten Christen, zu der Nero und seine Gäste nach schwelgerischem Mahle aus dem goldenen Hause, das beiläufig damals noch nicht erbaut war, herbeiströmen. Gründlich bleibt auch so die dargestellte Idee, aber indem sie des furchtbar Dämonischen entkleidet ist, das markerschütternd aus den ehernen Zeiten des Tacitus dröhnt, wird ihre Wirkung auf den Zuschauer eingeschränkt und die Versöhnung geht verloren, die in dem Gedanken liegen würde, daß die in einem solchen Wahnsinn taumelnde Welt ihre Orgien nothwendig mit dem eigenen Untergange bezahlen müsse.

Der Abend bricht herein. Die Opfer sind zugerichtet; in brennbare Stoffe eingeschnürt, aus denen hier Schultern und Kopf eines Greises, dort eines jungen blonden Weibes hervorragen, hängen sie rechts auf dem Bilde in langer Reihe an Stangen, die mit Blumen umwunden sind. Die Henker stehen bereit; der eine stört in dem Feuerbecken mit dem untern Ende einer bereits brennenden Fackel, nach ein anderer von der Leiter herab ungeduldig die Hand ausstreckt. Denn schon giebt ein Mann mit einem rothen Tuche von dem Peristyl des Palastes das Zeichen zur Hinrichtung: Nero ist erschienen und bereits lecken die Flammen an einigen der Märtyrer im Hintergrunde. Nero, der einen Tiger an einer Kette hält, ruht an der Seite eines Weibes (vielleicht Poppäa?) in einer von Gold und Edelsteinen funkelnden Sänfte, die von Mohren in rothen Gewändern aus dem Banketsaal bis zur obersten Stufe der Vordertreppe herabgetragen ist. Hinter ihm drängen sich seine Festgenossen die zum Saale führende, mit goldverzierten Marmorgeländer eingefaßte Treppe herab. Den Vordergrund und zum Theil die aus dem Parke aufsteigende Vordertreppe füllen halbnackte Tänzerinnen, Flötenbläser, Sängerinnen, Becken- und Laautenschlägerinnen, Gladiatoren u. s. w. Ein paar Gruppen ausgenommen, die zu trinken und zu würfeln fortfahren, ist die Aufmerksamkeit all' der unzähligen Personen der beginnenden Brandexecution zugewendet. Die Einen erwarten neugierig den Anfang des Schauspiels, die Andern gleichgültig. Einige mit der Begierde der Grausamkeit oder noch ein Schmunzeln auf den weinfeuchten Lippen über die Zoten, die ihr Ohr an der Tafel gekitzelt haben; die Meisten stumpfsinnig. Von innerem Genusse erfüllt, erscheint nur eine schöne Citharaspielerin, die lüstlich zu schmückt in der Mitte des Vordergrundes neben einer Bacchantin auf dem Boden sitzt.

Es ist schwer, sich unter den zahllosen Figuren zurecht zu finden, denn es fehlt an einer übersichtlichen Gruppirung und die Menschen, die sich hinter Nero die Treppe herabdrängen, die gar nicht gruppirt, sondern bilden eine compakte Masse. Man begreift nicht, wie diese Massen auf der Treppe, die für den Prachtbau viel zu schmal erscheint, Platz finden. Aber man hat wohl Unrecht, dem Maler Berechnung und, wie bei der allzudicht aufeinander gedrängten Reihe der lebenden Fackeln, ein Versehen in der Perspektive vorzuwerfen. Der wirkliche Fehler liegt darin, daß das Gemälde einen hellen Hintergrund hat. Der Palast und die Parkmauern sind von weißem Marmor; sie drängen daher vor, statt zurückzutreten und beschränken den Raum des Mittel- und Vordergrundes. Einen anderen Fehler beging der Maler darin, daß er die Gesichtszüge der Figuren des Mittelgrundes mit derselben Genauigkeit ausführte, wie die der Figuren des Vordergrundes. Da nun, den Gesetzen der Perspective entsprechend, die Gestalten des Mittelgrundes kleiner sind, als die im Vordergrunde, so bilden Nero und sein Gefolge eine Reihe von Miniaturbildern, während die Musikanten und Tänzerinnen des Vordergrundes als Bilder in Lebensgröße gelten müssen.

Betrachtet man aber die Einzelheiten des gewaltigen Gemäldes, so erscheint der Maler des bereits empfangenen Lorbeerkranzes durchaus würdig. Seine Technik und seine Farbe sind bewunderungswürdig. Die Gesteinarten des Palastes, die Gewandstoffe, das Fleisch, das Gold, die Edelsteine, die Blumen: all das leuchtet, brennt, glüht und funkelt, blitzt und strahlt mit einer bezaubernden und berauschenden Naturwahrheit. Und denn im Gegensatz zu dieser prunkenden, lustathmenden Welt die Opfer des neuen Glaubens, die in ihrer schrecklichen tunica molesta von der Höhe der blumenbekränzten Mastbäume auf sie herabschauen; dieser Greis, dessen silberweißes Haar im Winde flattert, dieses schöne junge Weib mit den gottergebenen Mienen! Und zwischen beiden Welten die halbnackten Henkersgestalten und das bereits an den Opfern hinflackernde Feuer!

Siemiradzki ist ohne Zweifel trotz seiner Jugend bereits ein großer Maler. Er ist kein bloßer Virtuose in der Farbe, wie etwa Makart und Andere. Es kommt ihm nicht nur auf das Wie, sondern auch auf das Was an. Ja, sein ganzes großes Kunstvermögen zeigt sich in diesem Gemälde im Dienste der Idee. Diese Idee streift leider etwas zu sehr an das Tendenzlose und deshalb möchten wir fragen, was denn unsere heutige Welt mit der Nero's gemein hat, daß man sie von Rom aus an die Mærtern der Christenverfolgung mahnt?

Ein Festblick, von Ernst Eckstein, hatte am 25. Januar die erste Prüfung vor den Lampen des Königlichen Schauspielhauses in Berlin zu bestehen und er bestand sie nur mittelmäßig. Dem Lustspiele liegt eine artige Idee für eine Feuilleton-Novelle zu Grunde; sie in das Dramatische zu übertragen, ist dem Verfasser nur in einigen Scenen gelungen. Er ist nicht nur in der Charakterzeichnung, von dem Mangel an Originalität abgesehen, sehr oberflächlich verfahren, sondern zeigt auch großes Ungeschick im Schürzen und Lösen des dramatischen Knotens. Es ist kaum glaublich, aber wahr, daß er die Akte seines Lustspiels auf dem abgenutzten Motiv aufbaut, daß eine junge Dame das für sie verletzende Gespräch zweier jungen Herren belauscht. Dabei erfolgt die Belauschung unter recht unwahrscheinlichen Umständen. Die beiden Herren befinden sich allein in dem Gesellschaftszimmer eines Hotels; nehmen wir auch an, sie seien in ihr Gespräch über das junge Dame so vertieft, daß sie das Oeffnen der Thür überhören und die Eintretende nicht sehen, so ist es doch undenkbar, daß sie ihre Unterhaltung so laut führen, daß dieselbe am entferntesten Ende des Zimmers gehört werden könne — es sei denn, daß die Herren herzlich schlecht erzogen wären. Aber beide gehören den höheren Gesellschaftskreisen an. Und als es zum Lösen des Knotens kommt, weiß sich der Verfasser wiederum nicht anders zu helfen, als daß er zu demselben Mittel des Behorchens seine Zuflucht nimmt. Aber zu helfen weiß sich der Verfasser eben nie, und diesem Umstande ist es zuzuschreiben, daß sich die Exposition ermüdend durch zwei Akte schleppt, während eine kleine Wendung genügt hätte, sie in einen Akt zusammenzudrängen. Freilich hätte dann auch der junge Engländer über Bord springen müssen, der die Heldin des Stückes sieht und sofort um sie anhält. Man würde ihn jedoch gern vermissen, denn davon abgesehen, daß dieser Er Well schon seit 25 Jahren sein Wesen auf der Bühne treibt, beruht seine ganze Berechtigung zum Dasein allein auf der Verlegenheit des Verfassers, die beiden ersten Akte einigermaßen zu füllen. Der dritte Akt ist abgerundet und recht unterhaltend, dagegen geht der letzte Akt bis auf jene Scene, in der sich Perceval der Theologie aus der von ihm selbst gebrauten Bowle ein Räuschchen getrunken hat, in die Brüche. Der Titel ist recht verlockend gewählt; allein im Stücke suchten wir den Pessimisten vergebens. Wir können diesem Pessimisten des Herrn Eckstein nur das Zeugniß ausstellen, daß er in den ersten Scenen etwas blasirt und weltschmerzlich angekränkelt erscheint; von einer wirklich pessimistischen Weltanschauung keine Spur. Dafür um so mehr Spuren von einer Grobheit der Heldin gegenüber, wie sie mit keiner Weltanschauung eines gebildeten Mannes vereinbar ist. Was den Dialog betrifft, so ist er glatt, aber herzlich gewöhnlich; hoffentlich läßt sich der Verfasser durch den Erfolg seines „Pessimisten" überzeugen, daß zu einem Lustspiele etwas mehr gehört, als ein Paar komische Situationen. Dem vortrefflichen Spiel der Mitwirkenden hat er es allein zu danken, daß das Schicksal seines „Pessimisten" sich nicht zu einer Katastrophe gestaltete.

Fräulein Buska ist seit dem 1. Januar aus dem Verbande des wiener Burgtheaters ausgeschieden.

Todtenschau. Schatzrath Dr. Merkel, der langjährige Generalsekretär der hannoverschen Kammer, starb am 13. Januar in Hannover. — John Hicklin, früher Redakteur des „Nottingham Journal", dann des „Chester Courand", Verfasser der Werke: „Kirche und Staat", „Literarische Erholungen" u. s. w., starb in Torquay am 13. Januar. — G. Zuschlag, Oberfinanzrath in Kassel, vormals langjähriger zweiter Präsident der ständischen Kammer Kurhessens, starb dort am 18. Januar. — Baßhinger, k. wirtembergischer Obersteuerrath, Mitglied des Zollparlaments, früher Zollvereins-Bevollmächtigter, starb in Stuttgart am 7. Januar. — Dr. Titus Tobler, früher Arzt in Horn am Bodensee, dann in München, bekannt als Palästinareisender und durch seine Beschreibungen dieses Landes, am 25. Juni 1806 zu Stein im Kanton Appenzell geboren, starb am 21. Januar in München. — Pietro Magni, angesehener italienischer Bildhauer, starb in Mailand. — Dr. William Harvey, der Erfinder des Bantingcur, so nach dem ersten durch sie geheilten Patienten genannt, starb in London. — Herzog Eugen von Würtemberg, Gemahl der Großfürstin Bjera, Major und Escadrons-Chef im 1. würtembergischen Uhlanenregiment, am 20. August 1846 geboren, starb am 27. Januar in Düsseldorf. — Geheimrath Alexander Pawlowitsch Brüllow, Professor der Architektur in Petersburg, Erbauer der dortigen Michael-Theaters, der evangelischen Petrikirche und des Observatoriums in Pulkowa, starb am 21. Januar in Petersburg. — Leon Dumont, Mitarbeiter mehrerer französischer Revuen und Uebersetzer von Jean Pauls Aesthetik, starb 39 Jahre alt in Paris.

Mannichfaltiges.

Ein Columbarium in Gotha. Die städtischen Organe daselbst haben aus Anlaß der von ihnen früher schon genehmigten Einführung der fakultativen Feuerbestattung die Erbauung eines Columbariums beschlossen. Dasselbe wird auf einem neu anzulegenden Friedhofe errichtet und besteht in einem offenen, zwei andere Friedhofsgebäude, Leichenhaus und Leichenhalle, verbindenden Säulengange, welcher an seinen Wänden in Nischen und auf Consolen die Urnen mit der Asche der durch Feuer Bestatteten, sowie Votivtafeln, Sculpturen und Bildwerke aufnehmen soll. Voraussichtlich werden die neuen Gebäude, darunter das erste Columbarium der modernen Welt, im Frühjahr dieses Jahres vollendet sein und die Feuerbestattung ihren legalen Anfang nehmen. Der Siemens'sche Verbrennungsapparat wird unter einem der Gebäude, der Leichenhalle, angebracht werden, so daß die Versenkung des Sarges in dieser Halle, wie vielfach bei idealen Bildern dargestellt, stattfinden wird.

Im Dienste der Wissenschaft. „Daily Telegraph" bringt aus Privatbriefen noch einige Nachrichten über die letzten Tage des Assyrologen George Smith. Die Briefe sind von seinem Begleiter Peter Mathewson an die Wittwe des dem Wissenschaftstriebe zum Opfer gefallenen Forschers gerichtet. Am 8. März reisten die beiden Gelehrten von Konstantinopel nach Smyrna ab, dann weiter nach Alexandretta und Aleppo. Am 6. April brachen sie nach Meskenah auf und kommen von dort mit dem Dampfboote am 20. April nach Bagdad. Unterwegs nahm Smith viele Skizzen auf, gleich nach seiner Ankunft widmete er, mit Hintansetzung körperlicher Ermüdung, sich dem Aufsuchen von Alterthümern. „Er war bisweilen," schreibt Mathewson, „so ermüdet, daß er sich nicht einmal legen und eigentliche Ruhe finden konnte; so wie aber Einer kam und ihm von einer in der Nähe befindlichen Inschrift oder einem Bildwerke sprach, so brach er auf und ging frisch und stark selbst ein paar Meilen nach der Stelle hin. Bei solchen Gelegenheiten war er sozusagen außer sich, seine Ungeduld war derartig, daß er keine Vernunftsgründe hören wollte, sondern im Laufschritt auf und davon ging. War er angelangt, so ward das Taschenbuch zur Aufnahme einer Skizze hervorgezogen, aber er fand sich oft zu sehr außer Athem, um unmittelbar etwas zu thun. Von solchen Ausflügen (und deren waren viele) pflegte er erschöpft heimzukehren und hatte oftmals bei der Rückkehr einen nervösen Anfall." Aehnlich lebte Smith in Bagdad; sein Begleiter schildert lebhaft, wie Jener, über Kopfschmerzen klagend, eine Stunde im Garten spazieren gehen wollte, nach fünf Minuten jedoch sich wohler zu fühlen erklärte und zu dem Entziffern der Einordnung seiner assyrischen Täfelchen (es waren deren etwa 300) zurückkehrte, nach einer Minute wieder an die freie Luft gehen mußte, abermals ans Studium ging und diese Art des Lebens jeden Tag ein dutzendmal führte. Unter großen Mühseligkeiten kehrten die Reisenden von Bagdad nach Aleppo zurück. Hier erlag Smith den furchtbaren Anstrengungen. Man fand ein schriftliches Abschiedswort bei ihm vor, welches lautete: „Ich sterbe im Dienste der Wissenschaft. Ich fürchte den Wechsel nicht. Ich wünsche, daß meine Sammlung und meine Bemerkungen zum Zwecke des Studiums veröffentlicht werden. Ich hoffe, meine Freunde werden für meine Familie Sorge tragen. Lebt wohl, liebe Marie und meine Kinder." Außerdem fand sich noch eine Notiz für Mathewson des Inhalts: „Wenn Sie nicht schnell kommen, werden sie mich nicht mehr am Leben finden." Die wiedergewonnene Lebhaftigkeit war nur das letzte Aufflackern vor dem Ende, das ihn so bald traf.

Berliner Gorilla-Geschichte. An einem der letzten Sonnabende wurde im Aquarium zwischen dem Director, Herrn Dr. Hermes, und dem Gorilla eine große Versöhnungsscene gefeiert. Bekanntlich verging sich dieser hier erst zu Geltung und Ansehen gelangte ehrenwerthe Stammverwandte gegen seinen Wohlthäter, der ihm in seinem gastlichen Museum die auszeichnendste Aufnahme gewährte, durch einen empfindlichen und in seiner Wirkung ziemlich lang anhaltenden Biß. Anstatt nun seine Undankbarkeit zu bereuen, wie zu erwarten stand, verharrte Mr. Pungu auch nachträglich in der einmal gegen seinen Director eingenommenen feindlichen Stellung, bis es dem forschenden Geiste des Wärters gelang, dieser Verstimmung seines Pfleglings auf den Grund zu kommen. Der Wärter, der den Aufenthalt im Käfig Pungu's mit diesem fast fortwährend theilt, wollte bemerkt haben, daß Pungu's üble Laune gegen Herrn Dr. Hermes seit dem Zeitpunkte herrühre, wo dieser ihn aus der freundlichen Heimlichkeit der zu zweit etage gelegenen eigenen Wohnung in die unteren Räume des Aquariums verwies. Die Pracht des Käfigs und aller Comfort, der Pungu hier geboten ist, können ihm den traulichen Umgang in der Familie des Directors nicht ersetzen, wo er mit den Andern an der Mittagstafel sitzen und einer anregenden Conversation lauschen konnte, wohl auch zuweilen vom Fenster aus das bunte Thier- und Menschengewoge Unter den Linden beobachten durfte. Mr. Pungu ließ sich die Uebersiedelung nur sehr ungern gefallen, und der Wärter behauptet, daß das verwöhnte Thier von da ab den Director als

den Urheber derselben stets mit scheelen Blicken angesehen und den rächenden Moment des Beißens mit sichtlicher Ungeduld erwartet habe. Diese Wahrnehmungen theilte der Wärter am Freitag Herrn Dr. Hermes mit, und dieser verfügte nun, daß der Gorilla am Sonnabend wieder zu einem Besuch nach oben in seine Wohnung gebracht werde, wo der brouillirte Affe in der auszeichnendsten Weise empfangen wurde und sich in der That mit der unterwürfigsten Zuthulichkeit gegen den Director geberdete. Der Groll des Thieres war völlig verschwunden, er umhalste jeden Einzelnen in der Familie, war voll der ungebundensten Lustigkeit, sprang nach dem Fenster, um wieder auf die Straße zu schauen und klatschte wie ehedem voll Seligkeit in die Hände. Noch unverkennbarer äußerte sich die Stimmung Pungu's, als er auch zu Tische gezogen wurde. Als es Abend ward, sprang er mit betrübtem Gesichtsausdrucke auf die Schulter des Directors, küßte ihn, deutete traurig nach der Thür und ließ sich ruhig wieder in das Aquarium nach seinem Käfig tragen. Seitdem sind Dr. Hermes und der Gorilla wieder gute Freunde.

Adele Spitzeder, die Ex-Directorin der Dachauer Bank, scheint doch aus ihrer Glanzperiode so manches Sümmchen bei Seite gebracht zu haben, denn sie hat die Absicht, nach Amerika zu gehen, nicht etwa, um dort ihren Dachauer Humbug fortzusetzen, sondern um in Newyork das große Theater in der 14. Straße zu pachten, in welchem sie einer deutschen Gesellschaft Vorstellungen geben will. Aber nicht nur als Directrice und Actrice will sie sich den Amerikanern zeigen, sondern auch als Märtyrerin, denn sie soll bereits einem Theaterschriftsteller den Auftrag gegeben haben, ein Stück zu schreiben, worin ihr Leben mit einem wahren Glorienschein gezeichnet werden muß. Die Hauptrolle in diesem Stück, die Adele Spitzeder, wird, wie sich's von selbst versteht, von der wirklichen gespielt werden.

Prügelmaschine. Ein amerikanischer Erfinder hat eine Prügelmaschine construirt, welche die des Herrn v. Tabbentrieglaff seligen Angedenkens weit übertrifft. Die Maschine ist so eingerichtet, daß zwanzig Kinder zu gleicher Zeit die Ruthe bekommen können! Einstweilen ist sie jedoch nicht verkäuflich, da der Erfinder das Instrument nothwendig zur Erziehung seiner zwölf Kinder braucht.

Beschäftigung eines Ex-Potentaten. Kulhzarao, der Ex-Gaikowar von Baroda — schreibt ein indisches Blatt — vertreibt sich die Langeweile seiner Verbannung in Madras durch eifriges Studium der Kochkunst, wobei er eine höchst kostspielige Leichtgläubigkeit an den Tag legt. Während seiner Regierungszeit ging er nicht sparsam mit seinen Körperkräften um, und in Folge früherer Ausschweifungen findet sich vorzeitig gealtert. Vielleicht in Ermanglung einer besseren Beschäftigung widmet er sich, wie man sagt, der Aufgabe der Wiederherstellung seiner Constitution. Zu diesem Zwecke hat er eine große Anzahl eingeborner Köche engagirt und ihnen befohlen, keinen Stein unpulverisirt zu lassen, der, wenn in Backwerk genossen, das Werk der Wiederherstellung fördern dürfte. Gegenwärtig setzt Se. Hoheit großes Vertrauen in Rubinen, die er mit gutem Appetit in der Form eines über Kuchen gestreuten feinen Pulvers genießt. Da Rubinen selbst in Madras ein etwas kostspieliger Artikel sind, geht ein beträchtlicher Theil seiner Pension in dem Ankaufe dieses neumodischen Gewürzes auf. Es heißt, daß alles hat die Abgeschiedenheit erklärt, in welcher der Ex-Gaikowar jetzt lebt. Einige eingeborene Constabler bewachen die Eingänge des Hauses, das er bewohnt, und, wenn er in Gefolge fährt, begleitet von einigen Policisten; in einem großen Wagen in Madras umher. Kulharao's Abgeschiedenheit ist eine freiwillige, da er, wie er selber sagt, seinen Geist der Entwicklung seiner Muskeln widmet.

Redigirt unter Verantwortlichkeit des Herausgebers: Otto Janke in Berlin. — Redacteur des Feuilletons: Robert Schweichel in Berlin. — Verlag von Otto Janke in Berlin. Druck der Berliner Buchdruckerei-Action-Gesellschaft. — Setzerinnenschule des Lette-Vereins.

Deutsche Roman-Zeitung.

N⁰ 21. Erscheint achttäglich zum Preise von 3½ ℳ vierteljährlich. Alle Buchhandlungen und Postanstalten nehmen dafür Bestellungen an. Durch alle Buchhandlungen auch in Monatsheften zu beziehen. Der Jahrgang läuft von October zu October. 1877.

Vergeltung.

Roman

von

E. Rudorff.

(Fortsetzung.)

Zweiter Band.

Erstes Capitel.

Aus der Tiefe unserer Seele erheben sich oft bange, gleich einem bösen Traume uns quälende Empfindungen, ohne daß wir vermögen diese auf eine bestimmte Ursache zurückzuführen. Was bedeuten solche Ahnungen und wie entstehen sie? Giebt es in unserer Seele noch eine geheime Werkstatt, in welcher wirre Bilder chaotisch schlummern, die erst nach und nach sich klären und auf ein Weh, das uns treffen wird vorzubereiten scheinen?

Manon erwachte früh und begann sogleich ihre Thätigkeit im Hause. Aber trotz frischen Arbeitens, trotz des hellsten Frühlings-Sonnenscheines, fühlte sie heute sich lange nicht so glücklich, als an den Tagen zuvor. War es der Abschied von Malvine, der immer Aushelfenden, Bescheidenen, welcher sie bedrückte? Anna von Helbig war nach Schloß Berneck gar nicht mehr zurückgekehrt, und Malvine hatte ihrem Verlobten zugesagt: sie werde nur ihre und die Schwester Garderobe in Berneck verpacken und dann ebenfalls schnell den Rückweg nach Ernstwalde antreten. Auch Felix von Brandt und dessen Eltern rüsteten zur Abreise; die Verlobung machte Anordnungen nöthig, die man schon im Laufe der nächsten Tage treffen mußte.

Sternau war nach dem Drausen-See — der eine halbe Meile von Berneck entfernt lag — gewandert um dort wilde Enten zu schießen. Er haßte Trubel und Unruhe jeder Art, und wie konnte Beides ausbleiben, wenn gepackt wird und ein Abschiednehmen beginnt!

Sehr weise, ja geradezu inspirirt hatte er gehandelt, als er am Freitage die Depesche vorbereitete! Jetzt, wo die Hälfte der Gäste Berneck verlassen würde, konnte er leicht — in fortwährender Berührung mit Elma — in crasse Verwickelungen gerathen. Bevor sie Gräfin Schöneich geworden, wollte er sie in keinem Falle wiedersehen! Und Manon? Warum tauchte der Gedanke an dies lieblliche Mädchen immer aufs Neue mahnend und beunruhigend in ihm auf? Strenge genommen hatte er doch nichts gethan, als sein Wohlgefallen an ihr ausgesprochen! Besser war es, seine Zusammenkunft mit Rose und den erwünschten Abschluß des kleinen Abenteuers ins Auge zu fassen.

Der junge Mann kehrte müde von der Jagd heim und war ein schweigsamer Gast bei der Mittagstafel. Manon deutete dies zu seinen Gunsten und meinte, ihm gehe die Trennung von lieben Freunden nahe.

Endlich war der für Sternau so unerquickliche Moment des Abschiednehmens vorüber und er zog sich in sein Zimmer zurück. Zu Orbach hatte er gesagt, daß er nöthige Briefe zu schreiben habe, und von den Andern würde wohl Niemand ihn aufsuchen; so konnte er denn ungestört mit Rose verhandeln.

Wenige Minuten vor der Zeit, die er dem Mädchen angegeben, klopfte es bescheiden an seine Thür.

„Herein!"

Friedrich der ältere der beiden Diener, trat ein und meldete ehrerbietig: „Fräulein d'Aulnois lassen den Herrn Grafen ersuchen, auf wenige Augenblicke zu ihr in den kleinen Saal zu kommen!"

„Gut!" Lieber hätte Sternau gesagt: „Verdammt!" Er war jedoch Weltmann genug, um in freundlichem Tone fortzufahren: „Ich werde sogleich erscheinen!" Sternau blickte, als Friedrich das Zimmer verlassen, aus dem Fenster auf den Wirthschaftshof, um vielleicht Rose dort zu erspähen. Er würde alsdann hinabgeeilt sein, um ihr zu sagen, daß sie auf seinem Zimmer ihn erwarten möge. Die hübsche Dirne war nirgends zu erblicken; nun, sie würde aus eigenem Antriebe wohl so vernünftig sein zu warten! Manon hatte wahrscheinlich irgend eine Anfrage zu thun, die sich schnell erledigen ließ; in wenigen Minuten konnte er wieder auf seinem Zimmer sein.

Als Sternau in den kleinen Saal trat, erhob sich Manon, welche mit einer Näharbeit beschäftigt, in der

Fensterbrüstung saß, und kam ihm artig einige Schritte entgegen.

„Entschuldigen Sie, Herr Graf daß ich Sie hierher bemüht habe, allein ich hatte Rose versprochen Sie um Verzeihung dafür zu bitten, daß sie nicht um fünf Uhr — wie Sie es gewünscht — bei Ihnen erscheinen könne."

Sternau traute kaum seinen Ohren; was sollte das heißen? Seine oft bewährte Taktik: bei unangenehmen Auseinandersetzungen stets den Gegner sprechen zu lassen um sich in keiner Weise zu exponiren, übte er auch jetzt und sagte: „Fräulein Manon, wollen Sie mir nicht deutlicher erklären, um was es sich handelt?"

„Sehr gern, Herr Graf; es war auch meine Absicht, Ihnen Alles offen darzulegen: Rose setzt großes Vertrauen in mich — ich stand ihr in schweren Tagen, während der Krankheit ihrer Großmutter bei. Das Mädchen erzählte mir nun vorgestern wie gütig Sie mit ihrer Zukunft sich beschäftigt und ihr und Johann Meißner eine Stelle auf Ihrer Begüterung zugedacht haben. Herr Graf" — Manon sah mit einem wahrhaften Engelsblick zu Sternau auf — „ich habe Ihnen das so recht von Herzen gedankt! Und es hat mich auch gefreut, daß Sie den guten Kern, der in Rose schlummert, gleich erkannt! Es ist ein braves, tüchtiges Mädchen und treu wie Gold — nur ein wenig eitel und putzsüchtig! Als ich Rose darüber beglückwünschte, einen so gütigen Herrn gefunden zu haben gestand sie mir, daß es ihr doch gar schwer fallen würde, so weit von der Heimath fortzuziehen. Daß auf Ihrer Besitzung nahe an der Grenze von Polen — sicherlich andere Wirthschaftsgebräuche sein müßten und sie genöthigt wäre, sich von der alten Großmutter zu trennen. Mitnehmen könne sie die gebrechliche alte Frau unmöglich, und sie hier fremden Leuten überlassen, das wolle ihr nicht in den Sinn!" Manon hielt jetzt inne und erwartete irgend eine Aeußerung von Sternau; er schwieg jedoch beharrlich und blickte viel weniger freundlich als sonst.

Mit etwas beklommener Stimme fuhr Manon fort: „Während Rose nun so schwankend war, kam mir ein Gedanke wie dem Mädchen zu helfen sei in Ihrem Sinne, Herr Graf! Ich sprach mit Elma's Bräutigam, schilderte ihm, wie brav Rose und Johann Meißner wären und bat für Beide um eine gute Stelle auf seiner großen Begüterung — die ja in wenigen Stunden auf der Eisenbahn zu erreichen ist. Ich stellte Graf Bernhard vor, daß es Elma ebenfalls lieb sein müsse, in der neuen Heimath zwei treue, ihrer Familie ergebene Menschen zu finden, welche sie von Kindheit an gekannt. Graf Bernhard war ganz damit einverstanden, hat heute schon mit Johann Meißner gesprochen und ihm eine sehr gut dotirte Stelle als Waldhüter zugesagt. Dieser Posten ist nicht schwer zu versehen, ein hübsches Häuschen — im Walde gelegen — bekommt das junge Paar als Wohnung und Rose kann die alte Großmutter mit sich nehmen! Das Mädchen war sehr beglückt, aber es wurde ihr schwer, Ihnen, Herr Graf, zu gestehen, daß sie eigentlich mit Bangen auf Ihre Begüterung gegangen wäre. ‚Ach, Fräulein,' sagte sie zu mir, ‚der Herr ist zu lieb und gut, wenn der Etwas verlangt, getraue ich mir gar nicht nein zu sagen.' Da übernahm ich es, Sie zu benachrichtigen, wie Alles sich geordnet hat."

Sternau schwieg noch immer.

„Herr Graf, zürnen Sie mir, habe ich Ihrer Meinung nach in dieser Angelegenheit Etwas versehen?"

In Sternau's Geiste hatten sich, während Manon sprach, die widersprechendsten Gedanken gekreuzt. Einen Augenblick war es ihm, als höre er einen heiligen Quell neben sich rauschen, der auch seine Seele rein baden könne von all' dem Schmutz, der an ihr haftete! Sollte er die Arme ausbreiten und sagen: „Komm, schuldloser Engel, an meine Brust!" um die Wonne einer reinen, Manon's Herz ganz erfüllenden Liebe zu kosten! Thorheit! „Eine Hütte und ihr Herz!" solch sentimentale Ideen würden bald genug sich rächen! Der Aerger darüber, daß Manon seine Absichten durchkreuzt, überwog, und Sternau entgegnete: „Fräulein d'Aulnois, ich würde heucheln, wenn ich sagen sollte, daß mir die Vereitlung meines Planes in Bezug auf Ihre Schützlinge gleichgültig sei. Gerade weil Rose eine anstellige brave Dirne ist, sie und Johann besseren Schlages als die meisten Dienstleute sind, gedachte ich das Paar auf meine Besitzung zu versetzen; für die alte Großmutter hätte sich auch Rath schaffen lassen."

„Wenn aber hier in der Nähe besser, und mehr nach den berechtigten Wünschen der Beiden für sie gesorgt werden konnte" —

„Mein liebes Fräulein," fiel Sternau ein, „wir Menschen sind einmal unvollkommene, egoistische Geschöpfe; Jeder von uns wünscht Glück oder Wohlfahrt und Behagen nach seiner Weise zu verbreiten."

Manon fühlte voll Trauer, wie anders Sternau heute zu ihr sprach, allein sie wankte nicht und erwiderte mit sanfter Stimme: „Nur vorgestern, Herr Graf, sprach ich gegen Sie meinen Wunsch aus, auch einmal in schwieriger Lebenslage mich bewegen zu können, um zu erproben, ob ich unbeirrt bei dem beharren würde, was mir als Recht erscheint. Ich ahnte nicht, daß mein Verlangen — wenn auch in geringem Maße — so bald erfüllt werden sollte. Sie nehmen meine Bemühungen für Rose und Johann übel auf, allein so hoch ich Ihr Urtheil stelle, Herr Graf, ich würde auch jetzt nicht anders handeln als zuvor."

Trotz ihres muthigen Vorgehens fühlte Manon, wie nahe ihr Thränen waren; da wurde, ehe noch Sternau antworten konnte, im Nebenzimmer geschellt. Obwohl das Mädchen wußte, daß dieser Klingelruf ihr nicht galte, so verbeugte sie sich doch schnell und sagte: „Die Tante verlangt wahrscheinlich nach mir, ich bitte daher mein Fortgehen entschuldigen zu wollen."

Als die Thür sich hinter Manon geschlossen, verließ Sternau das Zimmer mit einem Gefühl sittlichen Unbehagens, wie er es wohl niemals bisher empfunden. Er schaute sich in sein Inneres zu blicken, und der sanfte trauervolle Ton des von ihm so hart behandelten Mädchens hörte nicht auf in seiner Seele nachzuklingen. —

Zweites Capitel.

Hat eine Anzahl von Personen einige Zeit hindurch in reger geselliger Verbindung zusammen gelebt, so entsteht, falls Mehrere von ihnen daraus scheiden — wenn auch kein innigeres Band sie an die Zurückbleibenden kettete — eine störende, nicht sofort auszufüllende Lücke.

Auf geistigem Gebiet muß dann wieder eine neue Gruppirung entstehen, in der Art etwa, wie solche auf der Bühne bei dem Wechsel der Scene, oder dem Abtreten mehrerer Darsteller sich zu vollziehen pflegt.

Der Oberforstmeister, ein schnell aufbrausender, jedoch überaus gutherziger Mann, hatte viel zu einer angenehmen Geselligkeit beigetragen. Er war — namentlich wenn Speise und Trank ihm mundeten — voll der launigsten Einfälle, und nahm es gar nicht übel, falls man seinen Erzählungen von interessanten Jagd Abenteuern nicht unbedingt Glauben beimaß. Dabei lag etwas Väterliches in seinem Wesen, und jede Frau, sie mochte jung oder alt, schön oder häßlich sein, konnte auf seine freundliche Fürsorge rechnen, und er hatte stets ein galantes oder höfliches Wort für sie bereit. Diese schätzenswerthen Eigenschaften hatten ihm selbst den Beifall der schwerfälligen Baronin — deren Tischnachbar er fortdauernd war — gewonnen, und er durfte wiederum in ihr seine gläubigste Zuhörerin verehren.

Frau von Brandt, ruhig und klug, gab Acht, daß der Gemahl nach seiner Seite hin sich keine Extravaganzen erlaube, und verstand im entscheidenden Augenblick den lebhaft Erregten ebenso sein als verständig im Zügel zu halten. Der brave Herr merkte darum auch nicht, wer eigentlich das Regiment führe, und erklärte Jedem, der es hören wollte, daß er die Krone aller Frauen heimgeführt. Die hervortretende Neigung von Felix und Anna hatte beide Eltern sehr froh gestimmt, denn das junge Mädchen war eine Schwiegertochter völlig nach ihrem Sinn: heiter und gutartig, hübsch und sehr wohlhabend. Auch der größte Theil der Anwesenden war dem Keimen und Wachsen jenes Liebes-Verhältnisses mit Interesse gefolgt, und kleine Neckereien und zarte Anspielungen hatten oftmals die Unterhaltung gewürzt.

Malvine, seit Jahren gewohnt bescheiden zurückzutreten, hatte sich durch den allgemeinen Beifall, welchen ihre musikalischen Leistungen fanden, sehr gehoben gefühlt, und wenn auch die enthusiastische Verehrung des Forstclevers ihr anfänglich ein schmerzvolles Lächeln entlockte — warum so spät eine solch überschwengliche Huldigung? — so vermochte sie ihr Herz doch nicht ganz dem wohlthuenden Gefühle zu verschließen, für irgend Jemand ein Gegenstand vollster Bewunderung zu sein.

Der gutherzige Oberforstmeister hatte nicht sobald die ernste Neigung seines Sohnes Felix für Anna bemerkt, als er deren ältere Schwester — welcher das Glück einer so innigen Liebe nicht zu Theil geworden war — mit verdoppelter Aufmerksamkeit zu behandeln versuchte. Er und Odo begegneten sich nun in dem Bestreben, Malvinen's Wünsche zu errathen, und wenn das Mädchen etwa ihren Platz verließ, um ein Notenheft oder irgend ein Geräth zu holen, so erhoben sich sofort Vater und Sohn, um sie jeder Mühe zu entheben.

„Die beiden Klingsberge ins Tugendhafte übersetzt,“ hatte Sternau bei solcher Veranlassung einmal dem Baron zugeraunt; dieser flüsterte das Wort Andern zu und es wurde ein Thema für allerlei Scherzreden unter den Männern.

Jetzt waren alle diese Personen, mit Ausnahme des düster gestimmten Odo geschieden, und Ulrike, als die eigentliche Dame vom Hause, bemerkte es bei der Abendtafel sogleich, daß mehrere von den Anwesenden sich höchst unbehaglich fühlten. Sie suchte daher nach einem Unterhaltungsstoff, welcher die Gedanken von den fehlenden Freunden ablenken und allgemeines Interesse erregen könne. Zu Graf Bernhard sich wendend, sagte sie: „Mehrmals, lieber Bernhard, ist es mir aufgefallen, daß Sie an Ihrer Uhrkette einen Reif tragen, der aus zwei schmalen, durch ein Schild verbundenen Ringen besteht. Die altmodische Form dieser Schmucksache und die wenig gebräuchliche Art, dieselbe an einer Uhrkette zu befestigen, läßt mich vermuthen, daß der Reif ein besonders werthes Erbstück sein müsse. Ist diese Annahme eine irrige?“

„Sie haben vollkommen richtig geschlossen, liebe Tante, und ich würde — so wenig abergläubig ich auch sonst bin — den Verlust dieses Ringes schmerzlich empfinden. Eine Familiensage, die bis ins fünfzehnte Jahrhundert zurückzudatiren ist, knüpft sich daran.“

Auf die neugierigen Fragen der Tischgesellschaft erzählte der Graf: „Eine edle Frau des Hauses Schöneich wurde einst aus tiefem Schlaf durch einen Zwerg geweckt, der vor ihrem Bette stand. Der kleine Herr, gar köstlich gekleidet, flehte sie an, ihm zu folgen, um seiner Gattin, die ihrer schweren Stunde entgegen sehe, Beistand zu leisten. Unsere brave Aeltermutter war, gleich vielen Frauen der damaligen Zeit, in der Heilkunde erfahren, und stets zu thätiger Hülfe bereit. Sie hüllte sich daher schnell in ihre Gewänder und folgte dem Zwerge, der sie durch weite Corridore und Gänge des Schlosses führte, welche sie noch niemals betreten. Endlich kamen sie in ein reizend geschmücktes Gemach, in welchem des Zwerges Eheweib krank darniederlag. Das edle Thun unserer Stammmutter war von Segen begleitet, und der überglückliche Zwerg geleitete sie wiederum in ihr Zimmer zurück. Dort legte er drei schmale Ringe auf den Nachttisch vor ihrem Bette und hieß sie, dieselben treu und sorgsam bewahren. Alsdann werde Glück und Segen ihrem Hause nimmer fehlen.

Die ermüdete Frau schlief bald wieder ein, und als sie am späten Morgen erwachte, war sie geneigt das Ganze für einen seltsamen Traum zu halten. Da fällt ihr Blick auf drei schmale Ringe vor ihrem Bette und die letzten Worte des Zwerges prägen sich tief in ihre Seele ein. Als nach einer Reihe von Jahren ihre Todesstunde kam, schenkte die treue Mutter jedem ihrer Söhne einen Ring und schärfte ihnen ein, dieses Erbstück hoch in Ehren zu halten. — Die Söhne kamen zu großem Ansehn und bildeten mit ihren Kindern drei Linien eines stattlich aufblühenden Geschlechtes, das in West- und Süddeutschland große Besitzungen erwarb. Einer der Grafen Schöneich verheirathete etwa zweihundert Jahre später seine Tochter an einen tapferen und hochgeehrten Cavalier. Bei dem glänzenden Hochzeitsmahle mochte der Becher wohl allzuviel gekreist haben, denn Graf Schöneich rief, nachdem er wiederum einen Humpen köstlichen Weines geleert: ‚Weg mit dem Zauberspuk! ein Schöneich braucht die Hülfe von Zwergen und guten oder bösen Geistern nicht!‘ Darauf löste er schnell den Ring von seinem Finger und warf ihn zum Fenster in den tiefen Schloßgraben hinab. Am späten Abend — als die Gäste das Schloß verlassen wollten, zog ein Unwetter drohend herauf und Blitze flammten in grellem Schein über den Nachthimmel

dahin. Ein Gespann Pferde fuhr unter die andern
Wagen, warf zwei derselben um, und der älteste Sohn
des Schloßherrn wurde dabei getödtet. Von dieser Stunde
ab verfolgte ein unausgesetztes Mißgeschick diese Linie
der Grafen Schöneich, deren letztes kinderloses Haupt
endlich im Kriege gegen die Türken fiel. Das Schloß
des Grafen Schöneich — die Ländereien waren schon
früher Wucherern in die Hände gefallen — wurde von
einem Grafen Schöneich aus anderer Linie, welcher auch
ich entstamme, angekauft. Mein Großvater besuchte
auf einer Reise einst das alte Schloß und schaute aus
einem Erkerfenster desselben sinnend auf die üppigen
Fluren, welche in alten Zeiten seinen Vorfahren gehört.
Während er das wechselvolle Geschick jener Familie
Schöneich in seinem Geiste verfolgte, streifte er spielend
den Zauberring von seinem Finger, um ihn dann mechanisch
wieder aufzuziehen. Plötzlich entglitt derselbe seiner
Hand und fiel in den Schloßgraben unter dem Fenster.
Mein Großvater legte großen Werth auf den Ring und
fragte den Schloßverwalter, ob man den Graben wohl
ablassen könne? Eine Vorrichtung dazu war vorhanden
und man zog die Schleusen mit der größten Sorgsamkeit,
damit keine Strömung das Kleinod fortzuspülen vermöge.
Aber trotz des emsigsten Suchens von Seiten des Grafen
und seines Dieners war der Ring nicht zu erblicken.
Mißmuthig umschritt der alte Herr das Schloß und
wollte eben durch das Hauptportal sich nach seinem
Zimmer begeben, als er im Schlamme des Grabens
etwas Glänzendes bemerkte. Er ruft seinen Diener herbei, welcher voll Freude den verlorenen Ring hervor-
zieht. Wie war es aber möglich gewesen, daß der
Ring bis an die entgegengesetzte Seite des Schlosses fortgeführt sein konnte? Noch betrachtete der Graf voll
Staunen den Ring, als der Schloßverwalter mit einem
zweiten Ringe herbeieilt, den er unter dem Erkerfenster — tief im Schlamm versteckt — so eben gefunden. Wie war nun kein Zweifel, daß der von meinem
Großvater zuerst entdeckte Ring derselbe war, den einer
unserer Vorfahren einst voll Uebermuth weggeschleudert
hatte. Mein Großvater ließ die Ringe durch ein
kleines Schild zu einem Reif verbinden und trug, um
jeder Gefahr des Verlierens vorzubeugen, diesen an seiner
Uhrkette befestigt. — Das Glück blieb ihm immerdar
treu, was er auch unternahm, es hatte günstigen Erfolg,
und niemals wurden bei ihm oder später bei meinem
Vater traurige Ereignisse in der Familienchronik verzeichnet.

Aehnliche Sagen, in welchen Kobolde, Zwerge, gute
und böse Hausgeister sich hülfreich oder schadenbringend
gezeigt, wußten der Freiherr und der Baron noch mitzutheilen. Graf Sternau bedauerte, daß in seiner Familie
die freilich ihren Stammbaum nicht durch Jahrhunderte
verfolgen könne, sich niemals gute Geister bemüht hätten,
und er daher genöthigt gewesen sei, die Gunst der
Menschen und alles sonst Wünschenswerthe, sich mühe-
voll zu erwerben. Zuletzt fragte er den Grafen Bernhard,
ob er die Kraft der Ringe bereits an sich selbst erfahren?
„Ich habe nicht darauf geachtet; und Deine Liebe,
Elma, das größte Glück, welches mir geworden," wendete
sich Graf Bernhard an seine Braut, „die habe ich doch
wohl mir selber und keinerlei Zauberkräften zu verdanken?" —

Drittes Capitel.

Am nächsten Vormittage fuhren der Freiherr, seine
Gattin und das Brautpaar nach Oberau, um Frau von
Mollwitz, die noch fortdauernd kränkelte, einen Besuch
abzustatten. Ulrike spielte mit Sternau Schach im
Gartensaale, als ein Telegramm aus der Residenz an
den Grafen eintraf, dessen Inhalt er sofort Ulrike mit-
theilte. Die Depesche lautete: „Kehre unverzüglich zurück; wichtige Angelegenheiten sind zu ordnen! Curt."
„So werden auch Sie uns verlassen, lieber Graf?
Das bedauere ich außerordentlich!"
„Ich danke Ihnen für Ihre große Güte, verehrtes
Fräulein! Sie können kaum glauben, wie schmerzlich
auch ich davon berührt werde, so bald scheiden zu
müssen!"
„Wann gedenken Sie zu reisen?"
„Die Depesche giebt in ihrer knappen Fassung so
vielen Deutungen Raum, klingt — meinem Gefühle
nach — so beunruhigend, daß ich sofort zum Aufbruch
rüsten würde, wenn der Onkel und die Tante anwesend
wären. Jetzt werde ich selbstverständlich deren Rückkunft
abwarten und den Nachtzug benutzen."
Die Kunde von der eingetroffenen Depesche und der
Abreise Sternau's verbreitete sich schnell im Schlosse.
Manon, von deren Seite Orbach an diesem Vormittage
gar nicht wich, durchfuhr es mit jähem Schreck. Er
würde reisen und zürnte ihr!
Das Mädchen erschien nicht bei der Mittagstafel;
Ulrike sagte, daß Manon unwohl sei und sich niedergelegt habe.
„Wir kamen gestern erst beim Morgengrauen nach
Hause und Manon fing bereits wieder zu arbeiten an, als
Alle noch der Ruhe pflegten. Das liebe Mädchen ist
zart gebaut und schnell gewachsen, da rächt sich eine
solche Ueberanstrengung stets."
Sternau war am Nachmittage bald mit dem Einpacken fertig und da sein Zimmer mit den zusammen-
gestellten Reise-Effekten ihm einen unangenehmen Eindruck machte, so zündete er eine Cigarre an und begab
sich in das sogenannte „Lesezimmer" des ersten Stocks,
um die angekommenen Zeitungen durch zu sehen.
Von diesem Lesezimmer führte eine Thür in den
kleinen Salon, die andere in Elma's Boudoir — das
blaue Eckzimmer. Ursprünglich waren beide Räume nur
ein schönes drei Fenster breites Gemach gewesen; Elma
hatte jedoch das Zimmer zu groß und unbehaglich gefunden und so war es durch eine Holzwand in zwei
ungleiche Hälften getheilt worden, deren kleinere sie für
sich in Anspruch nahm und sehr hübsch ausstatten ließ.
Sternau hatte sich kaum auf einem Lehnsessel
niedergelassen und flüchtig die Zeitungen überblickt, als
Orbach in das Zimmer trat.
„Lieber Graf, ich suchte Sie vergeblich im Gartensaale und in Ihrem Zimmer auf, und freue mich, Sie
hier allein zu finden! Ich gedachte mit Ihnen ein
wenig zu plaudern, bevor Sie uns verlassen!"
In Orbach's Mienen und Sprache lag etwas Gezwungenes, eine gewisse feierliche Art, die Sternau auffiel; er selbst war übel gelaunt, reizbar, ohne über den
Grund seiner Mißstimmung völlig im Klaren zu sein.

Nach ein paar Alltagsphrasen, die er mit Orbach wechselte, begann dieser: „Sie halten doch das Erkranken von Fräulein d'Aulnois nicht für gefährlich?"

„Wer kann das wissen? Unser ärztliches Genie ist leider nicht zu consultiren, denn es befindet sich augenblicklich auf der Landstraße?" sagte Sternau mit spöttischem Lächeln.

„Sprechen Sie nicht so laut dergleichen Bemerkungen aus, man könnte es hören!"

„Und wer sollte uns hören? Die Thür zum verwaisten Salon steht offen und ich kann von meinem Platze aus den ganzen Raum übersehen; die zweite Thür zu Elma's Boudoir ist verschlossen, wie ich vor wenigen Augenblicken mich überzeugt habe. Beim Einpacken vermißte ich nämlich mein Photographie-Album, besann mich, daß ich es gestern dem Grafen Bernhard gegeben und wollte nachsehen, ob er vielleicht das Album auf Elma's Tisch gelegt hätte. Sonst stand das blaue Zimmer für Jedermann offen, aber es scheint, daß Elma uns heute den Einblick in ihr Allerheiligstes zu verwehren gedachte."

„Es würde mich sehr betrüben, falls Fräulein d'Aulnois ernstlich erkranken sollte; es ist ein reizendes Mädchen!" begann Orbach auf's Neue.

„Manon hat ja an Ihnen eine große Eroberung gemacht!"

„Jugend und Schönheit haben mich niemals kalt gelassen! Auch Manon's Mutter, Paula von Röder, soll ein liebliches Mädchen gewesen sein. Schade, daß sie diesem d'Aulnois zufiel!"

„Der Herr Baron war also ein Taugenichts?" sagte Sternau, indem er kleine Wölkchen aus seiner Cigarre blies und sich nachlässig in den Sessel zurücklehnte.

„Vor seiner Heirath mit Paula war er ein ruhiger, später ein enragirter Spieler. Sie wissen doch wie er endete?"

„Ich weiß nichts; diese Dinge haben sich abgespielt, lange bevor ich nach der Residenz gekommen bin."

„D'Aulnois hatte mit seinem Vermögen und dem der kleinen Frau bald reinen Tisch gemacht. Paula wurde krank und darbte beinahe. Der unglückliche Mann — auch geistig heruntergekommen — suchte, als er nur wenige Goldstücke noch besaß, eine Kartenlegerin auf, um zu erfahren, ob er das Glück sich vielleicht dienstbar machen könne. Die Sybille redete allerlei verworrenes Zeug, sagte aber zuletzt: Sie — Carreau-König — haben mit vielen Widerwärtigkeiten — Treff-Zehn, Treff-Bube, Treff-König — zu kämpfen. Coeur-Dame will Ihnen wohl, ist geradezu eine Glückskarte für Sie, aber der Tod — Pique-Aß — steht vor Ihrer Liebsten — der Carreau-Dame, wenn Sie mit Coeur-Dame sich einlassen."

„D'Aulnois geht in's Spielhaus; ihn martert der Gedanke, ob er nicht durch die Coeur-Dame sein Glück versuchen solle? Mußte denn der Tod der Carreau-Dame unabwendbar darauf folgen? Wunderlicher Zwiespalt in dem menschlichen Geiste, daß man sich zu überreden sucht: von zwei zusammengehörenden Combinationen wäre die eine zu glauben, die andere zu verwerfen! D'Aulnois setzt, nachdem er lange mit sich gekämpft hatte, den Rest seiner Habe auf die Coeur-Dame. Sie wird abgezogen; er rafft die Goldstücke zusammen,

verdoppelt den Einsatz und ein zweites und drittes Mal bleibt das Glück ihm hold. Seit langer Zeit bringt er zum ersten Male eine reich gefüllte Börse heim. Als er die Thür seines Hauses öffnet, tritt ihm der Arzt entgegen — Paula ist während seiner Abwesenheit an einem Blutsturz gestorben. Wie von Furien verfolgt, eilt d'Aulnois in sein Zimmer, schreibt die Begebnisse dieses Tages nieder, und macht durch Gift, das er lange bei sich geführt, seinem Leben ein Ende."

„Das war das Beste, was er thun konnte! Besäßen doch alle Väter ähnlicher Art eine solche Einsicht und Willenskraft! Kennt Manon diesen letzten Act des Trauerspiels und die Verirrungen ihres Vaters?"

„Bewahre! Der Arzt, welcher am folgenden Morgen zuerst das Zimmer des Barons betrat, nahm den Brief an sich und übergab ihn dem ehemaligen Vormunde von Paula, bei welchem ich ihn eingesehen habe. — Damals ahnte ich nicht, daß mir die Freude zu Theil werden sollte, Paula's einzige Tochter noch kennen zu lernen. Mir hat geschienen," fuhr Orbach zögernd fort, „als ob Sie, lieber Graf, einen sehr günstigen Eindruck auf das liebenswürdige Mädchen gemacht hätten."

Sternau sah dem Sprecher voll in das Gesicht; er war keinen Augenblick darüber im Zweifel, daß Orbach ihn zu sondiren strebte, bevor er Manon's Hand erbat. Die beste Gelegenheit eine lange erwünschte kleine Rache gegen den Baron zu üben, war gefunden und Sternau beschloß sie auszunützen. Er wollte, was Orbach als köstlichster Preis erschien — Manon's Besitz — als ohne Bedeutung für sich selbst hinstellen. Auch noch ein zweites Motiv trieb ihn an, Manon zu verkleinern. Er war unwillig darüber, daß seine Gedanken, mehr als für seine Behaglichkeit ihm genehm dünkte, bei dem holden Mädchen weilten. „Bin ich denn ein Weiberknecht geworden, der sich von zwei dunklen Augen einschüchtern läßt!" hatte Sternau beim Ordnen seiner Effekten gemurmelt, als er fortdauernd das lieblichen Züge des erkrankten Mädchens vor sich zu sehen glaubte. Er gedachte, mit der Wurzel auszureißen, was in seinem Herzen sich durchaus nicht einnisten sollte.

„Ohne ein Geck zu sein," entgegnete daher der Graf lächelnd, „müßte ich dies ganz natürlich finden! Das arme Mädchen hat ja bis jetzt gar keine Gelegenheit gehabt, mit jungen Männern ihres Standes — und von einiger Begabung — zu verkehren. Daß es mir vielleicht gelang, den Candidaten aus dem Felde zu schlagen, erscheint mir nicht allzu schmeichelhaft."

„Aber wenn Manon Sie wirklich liebte?"

„Clytia, die holde Blumenfee, verliebte sich, der Sage nach, in den großen Helios. Allein der hochmüthige Gott auf seinem flammenhufigen Gespann kümmerte sich nicht um das holde Kind, welches sich in Gram verzehrte, bis die mitleidigen Götter sie in ein Heliotrop verwandelten, das noch immer sehnsuchtsvoll seinen Kelch der Sonne zuwendet. Ich halte mich nun weder für Helios, noch Fräulein d'Aulnois für Clytia, will aber doch betonen, daß es von einem Manne, der viel in der großen Welt und im Verkehr mit Frauen leben muß, nicht zu verlangen ist, er solle ein Mädchen heimführen, nur weil sie ihr Herz an ihn verloren! Sie werden mir darin Recht geben; Sie sind ja auch jung und sicherlich oft in ähnlicher Lage gewesen."

„Wird nicht — falls meine Vermuthung sich bestätigen sollte, Manon tiefen Schmerz über Ihren Kaltsinn empfinden?"

„Großer, wilder Schmerz der Jugend ist Poesie! Liebster Baron, fassen Sie doch die Sache objectiv auf! Für Manon, die in steter Berührung mit dem närrischen Freiherrn und dessen bornirter Gattin lebt, müßte selbst eine unglückliche Liebe als poesievolle Zerstreuung erscheinen; sie wird seufzen und klagen, dem Wald und Strom ihr Leid erzählen, aber im Grunde ihres Herzens dankbar dafür sein, daß ein — selbstverständlich nur für ihren Geschmack — interessantes Bild ihre Träume belebte! Hat sie nun einige Zeit sich diesem Kummer hingegeben, so wird ein liebenswürdiger, respektabler, reicher Mann kommen, um sie zu trösten. Er wird auf herrliche Toiletten, kostbare Equipagen, glänzende Feste, deren Königin sie sein würde, hindeuten und bitten, über ihn und Alles was er besitzt, als unumschränkte Herrin zu gebieten. Das liebe Mädchen wird die Trauer um den Undankbaren aufgeben, wird es einsehen, daß im Leben nicht alle Glücksblüthen reifen und heiteren Sinnes — Baronin Orbach werden!"

„Sie glauben in der That?"

„Wer könnte daran zweifeln? Nur müssen Sie sich beeilen, ehe die Gicht anrückt, damit alsdann die holde Pflegerin schon neben Ihrem Bette oder Krankenstuhle sitzt. Ich wünsche bereits heute Glück und von ganzem Herzen!"

„Lieber Graf, Sie sind sehr liebenswürdig! — Aber täusche ich mich, oder fährt in der That eine Equipage vor das Schloßportal?"

Die Herren erhoben sich und blickten durch das Fenster in den Schloßhof.

„Der Freiherr und die Seinen kommen zurück; wollen wir im Gartensaal gehen, um die Heimkehrenden zu begrüßen?"

„Ich stehe zu Diensten!" erwiderte der Graf und Beide verließen das Gemach.

Sternau blieb im Corridor ein wenig zurück, um Orbach, der den Kopf hoch trug, vorangehen zu lassen. „Narr," murmelte er vor sich hin, „Du gedenkst ein Mädchen zu erobern, die mein Bild im Herzen trägt!"

Als die Schritte der beiden Herren auf dem Corridor verhallt waren, wurde ein Riegel an der Thür, die aus Elma's Boudoir in das Lesezimmer führte, leise zurückgeschoben, und Manon's leichenblasses Antlitz schaute prüfend in das leere Gemach. Das Mädchen zitterte, wie von Fieberfrost geschüttelt und huschte eilig durch das Zimmer in den Corridor. Vor der Treppe, die zu dem oberen Stockwerk führte, blieb sie stehen, denn ihre Füße versagten den Dienst. Mit einem gewaltsamen Zusammenraffen ihrer Kräfte gelangte Manon an ihr Zimmer und stieß schnell die Thüre auf, welche dann zurück in's Schloß fiel. Neben ihrem Bette niedersinkend, preßte sie den Kopf in die bebenden Hände und rief in flehendem, angstvollen Ton. „O barmherziger Gott, steh mir bei! Es war zu viel, zu viel!"

Viertes Capitel.

Mitternacht war vorüber, als Graf Sternau den leichten Jagdwagen bestieg, der ihn nach der Station Hohenfelde führen sollte. Er hatte sich von seinem gütigen Wirthe und dessen Familie, sowie den anwesenden Gästen mit der Versicherung verabschiedet, daß nur der Hinblick auf ein baldiges Wiedersehen ihm diese eilige Trennung zu erleichtern vermöchte; und Jeder, welcher des Grafen Antlitz betrachtete, das bleicher als gewöhnlich aussah und dessen Züge den Ausdruck von Unruhe und Sorge trugen, mochte wohl seinen Worten Glauben schenken.

Der Freiherr hatte ihn alsdann bis an den Wagen geleitet; im letzten Moment — die Pferde wollten schon anziehen — faßte Sternau noch einmal des Oheims Hand und sagte leise: „Du versprichst mir, lieber Onkel, es Manon zu bestellen, wie leid es mir gethan, daß ich von ihr ohne Abschied gehen mußte? — und Du meinst, daß ihr Erkranken ungefährlich sei?"

„Es hat dieses gar nichts zu bedeuten! Wenige Tage Ruhe und reichlicher Schlaf, dann ist sie wieder auf Deck! Deine Empfehlung werd' ich bestellen, verlasse Dich darauf! Auf Wiedersehen zur Hochzeit, lieber Arthur!"

„Adieu, adieu!"

Wunderliches Menschenherz! Graf Sternau, welcher den Freiherrn, in Bezug auf dessen mediginische Kenntnisse stets einen Narren geschollen, fühlte sich höchlich dadurch beruhigt, daß dieser Manon's Erkranken so leicht nahm. Immer wieder kehrten des Grafen Gedanken zu dem holden Mädchen zurück; sie stand vor ihm, wie sie gestern bei der letzten Unterredung ihm in's Auge geschaut! In ihrer schuldlosen Brust war keine Ahnung, daß sich unter dem Deckmantel werkthätiger Liebe für Rose ganz andere Pläne verbargen! Und von diesem lieblichen Geschöpf, so rein, wie er keines noch geschen, hatte er geringschätzend zu Orbach gesprochen! Ein tiefer Riß ging durch sein Empfinden: er hatte niedrig gehandelt. Sternau hätte noch einmal seine Laufbahn beginnen, die dunkeln Punkte darin austilgen mögen. Wie glücklich sind Diejenigen, welche am's Leben zurückschauend Alles so finden, wie es sein müßte! Es giebt deren gewiß nur Wenige, aber Manon würde zu ihnen gehören!

Mehrmals wendete Sternau bei der Fahrt seinen Kopf zurück, um einen letzten Blick auf ein Fenster im Seitenflügel des Schlosses zu werfen, aus dem matte Licht, gleich einem fernen Stern hervorschimmerte. Es war ein Fenster von Manon's Zimmer; sie schlummerte also wohl! Weilten ihre Gedanken bei ihm? Zürnte sie dem harten Manne, oder fand ihr Herz Worte verzeihender Liebe?

Jetzt wendete die Straße sich und eine Allee mächtiger Linden verdeckte jede Aussicht auf das Schloß. Der sanfte Stern war aus Sternau's Horizont verschwunden!

„Es ist besser ich denke gar nicht mehr an Manon; ich muß vorwärts auf meiner Bahn!" murmelte der Graf vor sich hin und schlug den Plaid fester um die Schultern, denn die Nacht wurde kühl, und was sein Gewissen ihn empfinden ließ, machte auch seine Seele frösteln. —

In Schloß Berneck wurde es nun täglich stiller und leerer. Schon am nächsten Morgen traf ein Brief aus Mariabron, der Besitzung von Graf Bernhard's Oheim, ein, worin der alte Herr durch seinen Arzt an den Freiherrn die Bitte ergehen ließ: man möge die Hochzeit des jungen Paares, statt im Spätherbste, wie es anfänglich bestimmt worden war, schon im August-Monat feiern, weil dann für ihn zu hoffen wäre, daß er die Erwählte des geliebten Neffen noch von Angesicht zu Angesicht schauen könne. Graf Bernhard unterstützte das Verlangen des Oheims bescheiden, jedoch mit der Beredsamkeit eines von edelster Liebe erfüllten Gemüthes.

Der Freiherr erklärte sich sofort einverstanden, Adele stimmte ebenfalls zu und Elma? Sie meinte, daß ihr Herz ruhiger schlagen würde, wenn Alles unwiderbringlich entschieden sei und gab schnell — so schnell, daß es den Verlobten zu stürmischen Dankesäußerungen hinriß — ihre Einwilligung.

Bei so veränderter Sachlage war es geboten, daß Elma und Ulrike nach der Residenz aufbrachen, um die Bestellungen für die Brauttoilette zu vervollständigen und darüber zu wachen, daß die schon früher gegebenen Aufträge schnell und zur Zufriedenheit erledigt würden. Graf Bernhard mußte gleichfalls nach seinem Besitzthum abreisen; er hatte dort bauliche Veränderungen getroffen, deren Beschleunigung ihm sehr am Herzen lag, da er die Geliebte damit zu überraschen gedachte. Schon am dritten Tage verließen Ulrike und das Brautpaar Schloß Berneck, und Orbach und Bärenhorst durften unter solchen Umständen kaum länger die Gastfreundschaft des Freiherrn annehmen. Orbach hatte vor seiner Abreise noch eine geheimnißvolle Unterredung mit dem Freiherrn; beide Männer schienen mit dem Ergebniß derselben gleich zufrieden zu sein und trennten sich in der herzlichsten Weise. —

Trotz der Versicherungen des Freiherrn, daß Manons Erkranken ein nur unbedeutendes sei, mußte das Mädchen mehrere Tage das Bett hüten, da sie fieberte und fortwährend in einem unruhigen Halbschlummer sich befand. Als die letzten Gäste das Schloß verlassen hatten, kam eines Vormittags Manon, sich mühsam auf ihren Füßen erhaltend, in das Wohnzimmer und nahm ihren gewohnten Platz neben der Baronin an dem Frühstückstische ein.

Adele war die Einzige im Schlosse, welche ahnte, welche Ursache Manons leidenden Zustand hervorgerufen habe. In Bezug auf Liebes-Angelegenheiten bekunden selbst geistlose Frauen einen gewissen Scharfblick, und da die Baronin während der Festzeit im Schlosse die allein Müßige gewesen war, so hatte sie Zeit gehabt, dasjenige zu bemerken, was dem vielfach Beschäftigten entgehen konnte. Im Stillen weidete sie sich bereits an dem Erstaunen ihres Gatten, wenn sie mit ihrer Kunde hervortreten würde.

Kaum hatte Manon sich niedergelassen, als Adele begann: „Du siehst noch sehr blaß aus, liebes Kind, aber das wird bald anders werden. Sei übrigens unbesorgt, was ich thun kann, um den leichtsinnigen Patron, den Courmacher Arthur fern zu halten, das soll geschehen!“

Ein stechender Schmerz durchzuckte Manons Brust; die tiefe Wunde ihres Herzens wurde schonungslos von derber Hand bloßgelegt. Sie blickte angsterfüllt und bittend zu der Baronin auf.

„Was meinst Du eigentlich, liebe Frau?“ fragte der Freiherr.

„Was ich meine? ich meine: die Klugen und die Ueberklugen hatten nicht ihre Augen da, wo dieselben nöthig gewesen wären! Dieser Hans in allen Ecken — Sternau — hat zuerst Elma umschwärmt und es versucht ihr den Kopf zu verdrehen. Allein auf unsere Tochter, die schon ihr Theil hatte, machten seine schönen Redensarten keinen Eindruck; da wendete er sich an Manon, die natürlich Alles für baare Münze nahm und als der junge Herr dann urplötzlich verschwand —“

„Tante, habe Erbarmen!“

Diese Worte kamen mit so flehender Stimme hervor, daß die Baronin inne hielt. Der gutherzige Freiherr, der Manon herzlich lieb hatte, gedachte den üblen Eindruck von Adelens Rede zu verwischen und fiel schnell ein: „Unsere liebe Manon hat eine Eroberung gemacht, von welcher Du, liebe Frau, wiederum nichts weißt, und es hängt nur von ihr ab, eine sehr reiche, angesehene Dame zu werden. Baron Orbach hat mich um ihre Hand gebeten und mich zugleich beauftragt, Manon von seiner Werbung in Kenntniß zu setzen. Sobald sich unser blasses Mädchen ganz erholt haben wird — und das soll hoffentlich nicht mehr lange währen — will er zu uns kommen, um persönlich seinen Antrag bei Manon vorzubringen. Nun, was sagst Du, liebe Manon, zu dieser Ueberraschung?“

Adele überhob das Mädchen der schweren Sorge, eine passende Antwort zu geben. Die Schleusen ihres sonst fest geschlossenen Mundes öffneten sich heute zu einer Redefluth, wie solche niemals zuvor erlebt worden war. Sie fand es erstaunenswerth, jedoch sehr erfreulich, daß einem ganz unbemittelten Mädchen ein derartiges Glück zu Theil werde, und erging sich im Lobe des Barons, der nach guter Sitte sich zuerst an diejenige gewendet habe, welche sich um die Erziehung und das Wohl Manons so verdient gemacht. An versteckten Seitenhieben auf den Grafen Sternau und Ulrike fehlte es dabei nicht. Ein tiefer, lange verhaltener Groll brach aus einem kalten, engherzigen Gemüthe schonungslos und in aller Bitterkeit hervor.

Manon blickte voll Erstaunen auf die eifernde Tante und den glücklich lächelnden Oheim; sie erschien sich so fremd in dieser Umgebung, als habe sie zum ersten Male ihren Fuß hierher gesetzt. Was ihre Seele in unsagbaren Schmerzen quälte, dafür würde es keinen Trost, nicht das geringste Verständniß geben!

Und wie würde ihre Weigerung, dem Baron anzugehören, wohl von dem Freiherrn und seiner Gattin aufgenommen werden? Manon wollte Orbach nie mehr vor Augen treten; die Röthe der Scham stieg in ihre Wangen, sobald sie daran dachte, daß Sternau sie — gleichwie ein herrenloses Gut, gleichwie eine Sache ohne Werth — ihm zugewiesen hatte.

Nein, ihres Bleibens war hier länger nicht, und so schnell als möglich wollte sie Schloß Berneck verlassen.

Wie kam ihr, der Schüchternen, Sanften ein solcher Gedanke, und wie sollte sie die Kraft finden ihn auszuführen?

Manon war zu Muth wie einem Menschen, dem ein hereingebrochenes Unwetter plötzlich seine ganze Habe, sein Daheim vernichtet hat. Da ist kein noch so winziges Kämmerchen geblieben, in das er flüchten, wo er

ausruhen könnte; er muß hinaus, um von Neuem anzufangen, trotz müdem Hirn, trotz verzagtem Herzen,
trotz gebrochener Kraft! Doch die Noth macht un-
empfindlich gegen kleine Leiden und schärft den Blick für
die Dinge um uns her. Auch schlummernde Kräfte beginnen sich zu regen und zu entfalten!

Manon erfüllte still ihre Tagespflichten, aber als
sie zur Nachtruhe in ihr Zimmer getreten war, da
öffnete sie ein mit Bändern vielfach umschnürtes Paquet,
das sorgsam eingehüllt auf dem Boden des kleinen
Koffers lag, mit dem sie vor drei Jahren hier angekommen war. Es enthielt Briefe und Manon unterwarf
sie einer genauen Durchsicht. Auch ein Bild ihres
Vaters befand sich darin und das Mädchen legte es
schnell bei Seite. Denn sie hätte nicht vermocht in
kindlicher Liebe und Pietät darauf hinzublicken wie bisher,
und sie erschrak bei dem Gedanken, diese Züge mit stillem
Vorwurf zu betrachten. Jetzt verstand sie die oft gehörten Worte: „Pauvre petite!" Ja, arme Kleine,
und wie bettelarm war sie jetzt geworden!

Endlich fand sie das Gesuchte: es war ein Brief
von Bordogni, dem Gatten ihrer verstorbenen Tante,
welcher ihr vor Jahresfrist den Tod seines einzigen
Sohnes, eines bedeutenden Malers angezeigt hatte. Das
Schreiben war hin- und hergewandert — von der Residenz
nach der Provinzialstadt und von dort aus war es ihr
endlich zugestellt worden. Manon hatte ihren Vetter nie
gesehen, aber sie begriff den Schmerz Bordogni's, und
ihre aus dem Herzen fließenden Trostworte legten sich
wie ein Balsam auf des einsamen Mannes Wunde. Er
sprach dies in einem zweiten Schreiben an Manon aus,
und hob es hervor, wie glücklich es ihn machen würde,
wenn er ihr einmal einen Liebesdienst erweisen könne.
An Bordogni schrieb nun Manon, und es war ein
Nothschrei, wie er nur je aus einer gemarterten Seele
sich ergossen.

Das Mädchen fühlte sich erleichtert, als sie den
Brief beendet hatte. Der Segen, welcher sich auf Jeden
senkt, der aus einem Zustande des Leidens zum Handeln
sich erhebt, übte auch auf Manon seine milde Zauber-
kraft. —

Fünftes Capitel.

Am nächsten Tage ruhte bereits stiller Abendfrieden
über der Landschaft, als Manon den Weg durch den
Park nach dem Pfarrhause einschlug. Sie gedachte den
würdigen alten Herrn, welcher sie confirmirt hatte,
um die Beförderung ihres Briefes an Bordogni zu
bitten.

Aber kaum hatte das Mädchen die Fahrstraße be-
treten, als Candidat Weiß — mit freudigem Zuruf sie
als Genesene begrüßend — an ihre Seite trat. Der
Candidat erschrak über die Spuren bitterer Leiden, welche
Manons bleiches Antlitz zeigte. Durfte er es wagen in
tröstend Wort aus der Fülle seines Herzens im Hinblick
auf den Herrn und die stützende, heilende Kraft Seiner
Verheißungen zu sprechen? Wäre er ein katholischer
Priester gewesen, er hätte es im Bewußtsein seines hohen
Amtes ohne Zögern gethan. Als Protestant mußte er
Zweifel hegen, ob Manon einen solchen Schritt — der
ihr Vertrauen herausforderte — auch richtig deuten

werde. Und doch hob sich seine Brust in einem Gefühl,
wie es heiliger in keiner Menschenseele sich regen konnte.

Er liebte dies Mädchen lange schon; er sah in ihr
verkörpert, was ihm an einem Weibe reizend und zugleich
verehrungswerth erschien. Aber nicht einen Augenblick
hatte er den entzückenden Traum: als könne sie ihm jemals angehören, in sich Wurzel schlagen lassen. Denn
sein Wort war einem braven Mädchen verpfändet, das
seinen alten gelähmten Vater seit einer Reihe von Jahren
mit der Hingebung einer Tochter pflegte und behütete.
Weiß hatte gekämpft und gerungen, um die Gewalt über
seine Seele nicht zu verlieren; selbst in Gedanken wollte
er seiner Verlobten die Treue bewahren.

Der Sieg war ihm geworden; er vermochte seiner
Liebe für Manon jene ernste Weihe zu geben, welche
opferbereite, edle Freundschaft zu einem so erhebenden
Gefühle stempelt.

„Fräulein Manon," sagte er ernst, „in den
Sprüchen Salomonis ist einer, welcher lautet: ‚Ein
treuer Freund liebet mehr und stehet fester bei, denn ein
Bruder!' Brauchen Sie einen solchen Freund, kann er
Ihnen auch nur im Kleinsten und Geringsten von Nutzen
sein, so sprechen Sie; er ist neben Ihnen!"

Manon blickte dankend zu ihm auf; sie wollte
Etwas erwidern, aber die Stimme versagte ihr, nur
Thränen rollten langsam die Wangen herab.

„Es giebt Zeiten, meine liebe Freundin, in welchen
wir voll Angst unser Inneres zu blicken; was
wir da sehen, erschreckt uns; ich habe dies an mir selbst
erfahren. Hülfe ist aber da, und die gütige Vaterhand
dort Oben stützt Jeden, der einen guten Kampf auszu-
fechten hat. — Und daß ich jetzt neben Ihnen stehe,
nichts für mich begehrend, als das Glück: es möge mir
gelingen in der Tiefe meiner Seele Worte zu finden,
welche Ihr Gemüth beruhigen und erquicken könnten,
diese Wahrnehmung muß doch ebenfalls eine — wenn
auch geringe — Ermuthigung in sich schließen."

„Ich danke Ihnen, Herr Candidat, Ihre Freundes-
worte sind mir viel werth und sie befreien mich von
einem häßlichen Spuk! Seit — meiner Krankheit
glaube ich überall höhnende Larven zu erblicken, wohin
ich auch sehe! Mich überfällt eine Angst, wenn ich in
ein menschlich Antlitz schauen soll, weil ich fürchte, die
Maske werde fallen. — Wäre es mir doch vergönnt,
Ihnen meine Dankbarkeit zu beweisen! Aber ich muß
fort, ich kann hier nicht länger bleiben! Wollen Sie
mir einen Dienst erweisen und diesen Brief befördern?
Ich gedachte den Herrn Pfarrer darum zu bitten, allein
vielleicht ist es so besser!"

Manon zog das Schreiben an Bordogni hervor
und legte es in die Hand des Candidaten, der voll Erstaunen die Adresse las.

„Niemand im Schlosse," fuhr Manon fort, „darf
für's erste wissen, daß ich diesen Schritt gethan habe! —
Ich bin nicht undankbar gegen meine Wohlthäter —
— aber der Boden brennt hier unter meinen
Füßen —"

„Wenn Sie sagen, Fräulein, daß Ihr Fortgehen
nöthig ist, so bleibt mir auch kein Zweifel, daß es geschehen muß. Ihr Auftrag soll morgen mit Tagesanbruch erfüllt werden; ich selbst will den Brief nach
Hohenfelde bringen."

„Wie gut Sie sind! Bewahren Sie mir auch künftig ein freundlich Andenken — —"

„Meine heißen Segenswünsche werden Sie begleiten, wohin auch Ihr Weg Sie führen sollte!"

Ein Händedruck und sie schieden. —

Wenige Tage später traf ein Brief von Bordogni an den Freiherrn ein; Bordogni sprach den Wunsch aus, Manon zu sich zu nehmen, da die Leere und Stille um ihn her — seitdem sein Sohn von ihm geschieden — den traurigsten Einfluß auf sein Gemüth übe. Falls Manon einwillige, so beabsichtige er die Zukunft des Mädchens sicher zu stellen und sein kleines Vermögen ihr zu hinterlassen. Herzliche Worte für Manon lagen bei, mit der Aufforderung, sie möge Vertrauen zu ihm fassen und bald ihm die Freude gönnen, sie persönlich kennen zu lernen.

Der Freiherr war betroffen über dieses Ansinnen; das Mädchen war ihm lieb geworden, er hatte für sie gesorgt nach besten Kräften und gedachte sein gutes Werk durch die glänzende Heirath mit Orbach zu krönen. Er ließ Manon in sein Zimmer rufen und theilte ihr den Inhalt von Bordogni's Schreiben mit. Manon mußte allen Muth zusammen nehmen, um es auszusprechen, daß sie zu dem vereinsamten Manne gehen wolle, denn des Freiherrn Mienen hatten sich merklich verdüstert.

„So geh! Und mögest Du es nie zu bedauern haben, daß uns eine so tiefe Kränkung von Dir zu Theil geworden!"

„Onkel," bat Manon, „verdamme mich nicht; ich fühle mich sehr krank; kann es noch Heilung für mich geben, so finde ich sie nur dort!"

„Sprich nicht so thöricht! Du warst krank, bist jedoch in der Genesung schon weit vorgeschritten, das muß ich besser wissen! Und so wirksame Mittel, als sie mir zu Gebote stehen, hat keine Heillehre der Welt! Es thut mir nur Leid, daß gerade jetzt, wo Du nervös noch erregt bist, Bordogni mit solchen Vorschlägen kommen mußte."

In Manons Antlitz kam und ging die Röthe; sie ergriff des Freiherrn Hand und sagte: „Lieber, theurer Onkel, zwischen uns soll keine Lüge sich einnisten; darum will ich gleich bekennen, was ich hier gethan: Bordogni's Brief ist nur durch meine Bitte, er möge mich zu sich rufen, veranlaßt worden. Ich habe zuerst an ihn geschrieben!"

Zornig wollte der Freiherr losbrechen.

„Onkel, sprich kein hartes Wort zu mir! Wie gern würde ich Dir offen Alles gestehen, aber es ist unmöglich! Es giebt Leiden, die keine Mitwissenschaft ertragen! Alles was ich hier sehe, erneuert meine Qualen, darum laß mich scheiden, ehe mir zu großen, und bertritt — Du bist ja stets gütig gegen mich gewesen — meine Sache bei der Tante."

In dem Tone der Wahrheit liegt eine überzeugende Kraft, der so leicht kein Menschenherz zu widerstehen vermag. Der brave Freiherr strich sanft über Manons Stirn und sagte: „Behalte Deine Geheimnisse; ich werde bis zu der letzten Stunde, welche Du unter meinem Dache weilest, meine Pflichten gegen Dich erfüllen."

Für die Baronin sank Manon sofort auf die Stufe gewöhnlicher Dienerinnen herab, die davon gehen, sobald

sich eine günstigere Stellung für sie findet. Ihren Kummer — thörichten Liebesgram — konnte sie auch hier überwinden, falls nur die rechte Lust dazu vorhanden wäre. Daß sie auf Orbach einen so großen Eindruck gemacht, hatte nur des Mädchens hohe Meinung von sich selbst in's Ungemessene gesteigert und sie zu phantastischen Vorstellungen darüber, was ihr noch Alles bevorstehen könne, geführt. Das Fräulein beliebte auf Reisen zu gehen und kümmerte sich um ihre Wohlthäter weiter nicht.

Manon setzte allen offenen und verdeckten Stachelreden — welche aus solchen Reflexionen der Baronin entstehen mußten — eine Engelsmilde entgegen und war bemüht jede Dienstleistung mit dem Aufgebot aller ihrer Kräfte zu vollführen. —

Kaum hatte Bordogni des Mädchens Zusage erhalten, als er sich anbot, Manon bis an die Grenze Deutschlands entgegen zu reisen, sobald er ihre Ankunft daselbst würde erfahren haben.

Nur kurze Zeit blieb Manon noch in Schloß Berneck, und es gelang ihr, selbst die offene Feindseligkeit der Baronin zu überwinden. Als sie den Wagen bestieg, um mit dem Freiherrn nach der Station Hohenfelde zu fahren, hatten Beamte, Diener und Dienerinnen sich im Schloßhofe aufgestellt, und manches Auge ward feucht. Auf der Fahrstraße winkten Männer und Frauen, Greise und Kinder ihr Segensgrüße zu. Sie war freundlich gegen Jedermann gewesen, und wem sie nicht Hülfe und Pflege in den Tagen der Krankheit hatte bringen können, der war von ihr wenigstens durch ein theilnehmend Wort erquickt worden!

Ehe Manon in Hohenfelde den Wagen verließ, zog sie des Freiherrn Hand an ihre Lippen und sagte: „Ich werde Deine Wohlthaten nie, nie vergessen; ach, habe Dank, innigen Dank!"

Der Freiherr küßte sie auf die Stirn: „Leb wohl, mein gutes Kind, laß bald von Dir hören!"

Der Candidat erwartete Manon auf dem Perron und half ihr schweigend in den Waggon. Sie reichte ihm die Hand, welche er fest in die seine schloß.

Der Zug setzte sich in Bewegung, das Mädchen war bald den Blicken der beiden Männer entschwunden.

„Ich wollte, wir hätten sie behalten können!" sagte leise der Freiherr zu dem Candidaten.

„Gott braucht seine Boten an verschiedenen Orten; freuen wir uns, daß sie so lange hat bei uns weilen dürfen!"

Sechstes Capitel.

Der Herbst war außerordentlich mild in diesem Jahre, und tief in den Oktober hinein gab es noch warme, sonnige Tage. Diesem Umstande mochte der kleine Kurort Johannisau es wohl zu danken haben, daß kurz vor dem Ende des Monats noch einige Erholungs-Bedürftige dort eintrafen.

Das Städtchen Johannisau hatte erst vor drei Jahren sich erkühnt — in üblicher Reclame — die Eigenschaft eines klimatischen Kurortes für sich zu beanspruchen; eigentlich ohne jegliche Berechtigung dazu, als dem Wunsch der Bewohner: es möchte von dem Ueberflusse, welchen Touristen und Leidende in gefüllten Börsen mit sich führen, ein erkleklich Theil auch ihnen künftig zufallen. Und wenn so viele unbedeutende Orte sich plötzlich zu Heilstätten erhoben, warum sollte Johannisau zurückbleiben? Es lag ja an der Eisenbahn, war von mehreren Hauptstädten Deutschlands in wenigen Stunden zu erreichen, wurde im Osten durch einen Fichtenwald und im Norden durch einen Höhenzug — Ausläufer eines größeren Gebirgsstockes — abgeschlossen. Johannisau hatte denn auch sofort ein hölzernes Kurhaus im Schweizerstyle erbauen lassen, welches zwanzig winzige Logirzimmer enthielt, ungerechnet die Räume, welche durch pomphafte Namen wie: großer und kleiner Salon, Billardsaal, Rauch- und Spielzimmer, Lesekabinet, Toilettensaal, ausgezeichnet wurden. Selbstverständlich war auch die Herstellung einer Trinkhalle und eines Badehauses nicht unterblieben. Da jedoch für das Wasser, welches der sogenannten „Elisenquelle" entströmte, trotz mehrfach vorgenommener Analysen nur die Qualität eines erfrischenden Trinkwassers zu beanspruchen, so beschränkte sich die Bade-Verwaltung darauf — bei den Anpreisungen von Johannisau — die herrliche geschützte Lage des Städtchens und die wunderbare Heilkraft seiner Fichtennadel-Bäder hervorzuheben.

Der ganze Ort bewahrte noch ein idyllisches Gepräge und sämmtliche Einrichtungen zum Frommen der Kurgäste verleugneten starr jedweden Luxus und Comfort.

Es fand sich nun allerdings in den beiden ersten Jahren ein kleines Contingent von Kurgästen ein; es waren jedoch einfache Leute ohne hervorragende Titel, oder historische Namen; ihr Erscheinen konnte daher dem Orte kein höheres Relief geben, und doch bedurfte Johannisau eines solchen eben so gut, wie jeder andere Kurort, der sich emporzuschwingen strebt. Eine Deputation von Einwohnern des Städtchens, geführt von dem Arzte und dem Bürgermeister, war nun vor Jahresfrist an den Stufen des Thrones erschienen und hatte den regierenden Fürsten des kleinen Landes ersucht, derselbe möge die Gnade haben: während der nächsten Saison in Johannisau zu verweilen, auch wenn möglich die „Elisenquelle" gebrauchen, um dem aufblühenden Orte zu Glanz und Ehren zu verhelfen. Der alte Herr war jedoch wirklich krank und hatte bisher stets einen Badeort besucht, dessen Quellen seit Jahrhunderten gegen Leiden, ähnlich den seinigen, berühmt geblieben, daselbst auch die nöthige Zerstreuung und den Umgang mit ebenbürtigen Personen gefunden. Er lehnte die vorgetragene Bitte nicht gänzlich ab, verschob aber den Besuch von Johannisau auf eine durchaus unbestimmte Zeit. Der Bürgermeister wurde — zum Zeichen für die gnädige Gesinnung des Landesvaters — mit dem Hausorden des Fürsten bedacht, und der Arzt erhielt den Titel „Hofrath."

Der Erbprinz, an welchen man sich jetzt zu wenden meinte, befand sich außer Landes und war überhaupt seit dem Tage seiner Konfirmation stets nur auf kurze Zeit in der Heimath gewesen. Zuerst hatte er auf einer rheinischen Universität studirt, war dann in der norddeutschen Metropole als Officier in ein Garderegiment getreten. Augenblicklich war er in H., um sich einer größeren maritimen Expedition anzuschließen.

Ein unterthäniges Schreiben gleichen Inhalts, wie das bei seinem Vater mündlich vorgetragene Gesuch, ging nun an den jungen Fürsten ab. Der Prinz antwortete

sehr verbindlich und hob hervor, daß ein Aufenthalt in Johannisau seinen Wünschen ganz entsprechen würde, augenblicklich jedoch — der schon getroffenen Reise-Dispositionen wegen — unausführbar sei. Man möge die Einladung nicht erneuern, er gedenke, sobald Zeit und Umstände günstig wären, die braven Bürger von Johannisau durch seinen Besuch zu überraschen.

Dieser Bescheid erregte große Freude und ungemessene Hoffnungen. — Der Erbprinz war nun — am Anfange des Herbstes — von der Reise zurückgekehrt und hielt sich in der nahen Residenz auf, um, wie Gerüchte flüsterten, mit einer Verwandten des dortigen Hofes sich zu verloben.

Einige Optimisten in Johannisau waren der Ueberzeugung, er werde noch während der Oktobertage hierher eilen, Andere meinten, er würde den nächsten Sommer mit der jungen Gemahlin in ihrer Mitte zubringen.

Unter solchem Hoffen und Harren verging beinahe der Monat, da traf in den letzten Tagen desselben ein Fremder, von einem Diener begleitet, mit dem Abendzuge in Johannisau ein. Es war ein schöner, hochgewachsener junger Mann, der im Kurhause ein Wohn- und ein Schlafzimmer verlangte. Als der Oberkellner den Fremden in die durch Thüren miteinander verbundenen Logirzimmer führte, lachte der Herr laut auf und meinte, dies wären gar keine Zimmer, sondern Zellen, welche die allergrößte Aehnlichkeit mit den Schlafcabinen auf einem Schiffe hätten. Nicht Alles, was auf hoher See Berechtigung habe, dürfe auch zu Lande genügen; er beanspruche Zimmer, in welchen man zu promeniren vermöge, ohne durch Reibung an den Möbeln sich Contusionen zuzuziehen.

Der Kellner, bestürzt wie er war — denn der Herr imponirte ihm außerordentlich — bedauerte, keine andern Zimmer zur Disposition stellen zu können.

„Wohin führt denn diese Thür?" rief der Fremde und zeigte auf eine solche links von dem Corridor.

„In das Spielzimmer!" entgegnete der Kellner, schnell dasselbe öffnend.

„Nun, das Zimmer ist ja ganz passabel; ein Sopha steht schon darin und ein Bett könnte ebenfalls hineingebracht werden! Rufen Sie den Wirth!"

„Wir haben hier keinen sogenannten Wirth. Das Bade-Comité ist Vorstand des ganzen Etablissements und hat nur einen Koch im Kurhause eingesetzt."

„So werde ich mit dem Vorstande unterhandeln; ist einer der Herren zur Stelle?"

„Ja wohl, der Herr Hofrath Imme ist hier; ich werde ihn benachrichtigen."

„Thun Sie das, aber schnell! Stellen Sie den Leuchter auf den Tisch im Spielzimmer, ich werde dort den Herrn erwarten."

Es geschah; der Fremde nahm auf dem Sopha Platz, zündete sich eine Cigarre an und bald trat der Badearzt ein.

Mit der Würde, welche ein Hofrath und Vorstand des Zukunfts-Badeortes Johannisau anzunehmen berechtigt ist, bewegte sich Doctor Imme vorwärts. Als er, höflich grüßend, sich dem Sopha genähert hatte, stand der Fremde auf und lud den Arzt durch eine huldvolle Handbewegung ein, neben ihm Platz zu nehmen.

„Ich stelle mich Ihnen," sagte Imme, „als den

Badearzt, Hofrath Imme, vor, und kann, ohne noch von der Natur Ihres Leidens unterrichtet zu sein, mit vollster Wahrheit versichern, daß Sie bald den Segen unserer herrlichen Quelle und der balsamisch weichen Luft unseres gesegneten Thales empfinden werden."

„Werther Herr Hofrath, ich befinde mich vollkommen wohl und mache an Johannisau keinen weiteren Anspruch, als daß meine Gesundheit hier nicht untergraben werde."

„Wie wäre das nur denkbar?" fragte der ganz außer Fassung gebrachte Arzt.

„Nun, der Mensch verbringt beinahe ein Drittel seines Lebens im Bette; wie er da ruht und welche Luft er dabei einathmet, ist von der ungeheuersten Wichtigkeit. Ich habe es mir zum Gesetz gemacht, nur in hohen, großen Räumen der Nachtruhe zu pflegen, und um diesen Zweck zu erreichen, muß ich mich an Sie, Herr Hofrath wenden"

„Wir besitzen jedoch solche Räume nicht" — —

„Der Augenschein spricht gegen Sie, denn wir befinden uns doch in einem leidlich großen Zimmer" —

„Dieses ist aber bei den stattfindenden Soiréen unser Spielzimmer"

„Wann findet die nächste Soirée statt?"

„Morgen über acht Tage!"

„Vortrefflich! bis dahin werde ich das Zimmer längst geräumt haben! Hier fehlt nur außer einem Bett noch ein Spiegel, das heißt ein mäßig großer Ankleidespiegel. Vor den Rasirspiegeln in jenen Zellen kann man unmöglich Toilette machen, und man müßte, um ein Bild von seinem Anzuge zu erhalten, bis zu den Garten-Anlagen neben dem Bahnhof eilen, wo ich einen kleinen Teich im Vorüberziehen bemerkt habe."

Der Fremde unterwarf nun die ganze Einrichtung der „Zellen" einer vernichtenden Kritik, und so schneidend die Worte, dem Sinne nach, auch sein mochten, sie wurden mit freundlich lächelnder Miene ausgesprochen. Sicherlich meinte der Herr, daß jede Aeußerung aus seinem Munde an sich schon dem Zuhörenden Genuß bereiten müsse.

Hofrath Imme war in der That so völlig consternirt und befangen, daß er kein Wort fand, um die weiteren — in's Ungeheuerliche sich steigernden — Ansprüche des fremden Herrn zurückzuweisen. Er willigte nicht nur ein, daß Spielzimmer als Schlafgemach abzutreten und mit dem größten Spiegel aus dem Etablissement zu verzieren, sondern gab den daran stoßenden Billardsaal als Wohnzimmer hin. Nur erlaube er sich hierbei schüchtern die Bedingung zu unterbreiten, daß wenn noch mehrere Kurgäste einträfen, dort während der Abendstunden von sechs bis acht Uhr, Billard gespielt werden dürfe.

„So, nun wären wir ja einig!" rief der Fremde aufstehend, wohl ein Zeichen, daß die Audienz zu Ende sei. „Ich will meinen Diener rufen, damit er auszupacken beginne, und haben Sie die Güte, Herr Hofrath, mir die nöthige Mannschaft an Kellnern und Hausknechten zu senden, denn ich möchte den Versuch machen, die beiden Zimmer einigermaßen comfortable für mich einzurichten. —

Siebentes Capitel.

Als der Hofrath das Spielzimmer verlassen hatte und sich nicht mehr unter dem Banne befand, den das ganze Auftreten des Fremden über ihn verhängt, rief er sich noch einmal die so eben gepflogene Unterredung zurück und sann darüber nach, wie es doch eigentlich zugegangen sei, daß er diesem jungen Manne so ganz willenlos gegenübergestanden habe.

Wer war der Fremde? Nun, das würde man gleich erfahren! Dem Zimmerkellner, den er zur Hülfeleistung in das Spielzimmer sendete, befahl Imme mit erhobener Stimme und strengem Ton — um sich schnell in der eigenen Meinung zu rehabilitiren — sofort das Fremdenbuch mitzunehmen und darauf zu sehen, daß der eben angekommene Herr seinen Namen und Stand unverzüglich darin eintrage.

„Es ist selbstverständlich ein sehr vornehmer, hochgestellter Mann, da kann ich bei den andern Comité-Mitgliedern es verantworten, solche Concessionen gemacht zu haben," murmelte der Hofrath vor sich hin.

Der Kellner kam nach einer Weile zurück, und der von Neugierde geplagte Badearzt nahm ihm hastig das Fremdenbuch aus der Hand und las:

„G. Stern. Tourist."

„Das ist unmöglich, ganz unmöglich! Was sagte der Herr, als Sie ihm das Buch überreichten?" fragte der Hofrath.

„Er wollte anfänglich gar nichts eintragen, meinte: es passe ihm nicht, da er nur wenige Tage hier verweilen werde, noch in die Badeliste zu kommen. Endlich schrieb er ,G. Stern', und auf meine dringende Bitte, auch seinen Stand angeben zu wollen, fügte er noch ,Tourist' bei."

Der Hofrath betrachtete nochmals die flüchtig hingeworfenen Worte, als ob sie ihm irgend einen Fingerzeig, einen Anhalt geben könnten. Hinter dem Buchstaben „G." hatte noch ein zweiter gestanden, war jedoch wieder durchstrichen worden. „G?" „G?" In dem gemarterten Hirne des Hofraths tauchte plötzlich ein Licht-gedanke auf; wie mochte er nur nicht gleich darauf gekommen sein? Der Erbprinz hieß ja „Georg," und der Name „Stern" war gewählt worden, um symbolisch auszudrücken, welche Bedeutung sein Erscheinen für die Zukunft des Badeortes haben werde; und „Tourist?" Nun der Prinz kam ja so eben von einer großen Reise zurück und hatte in gnädigster Weise — sofort an die versprochene Ueberraschung gedacht. Welch' glückliche Fügung war es gewesen, daß er — der Hofrath — gerade hier zur Stelle sich befunden, um den gerechtfertigten Ansprüchen des hohen Herrn in Bescheidenheit Genüge zu leisten!

Wenn dem Prinzen statt seiner etwa der Bürgermeister — früher Justizschreiber und ein Mann ohne jede feinere Bildung — gegenübergestanden hätte und vielleicht, wie dies in seiner Gewohnheit lag, aufbrausend oder grob geworden wäre!

Doctor Imme mochte über die traurigen Folgen eines solchen Benehmens jetzt nicht weiter nachsinnen, galt es doch Nöthigeres ins Auge zu fassen. Was sollte zunächst geschehen? Das Incognito des Fürsten mußte respektirt werden, wenn auch nur für einen Tag, da es offenbar unmöglich sein würde, die Vorbereitungen zu dem festlichen Empfange in einer kürzeren Frist zu treffen. Auch wollte der Hofrath — obwohl subjectiv seiner Sache gewiß — den andern, geistig beschränkteren Comité-Mitgliedern nicht früher etwas von dem hohen Range des Fremden sagen, bevor er ganz unzweifelhafte Beweise dafür anzugeben vermöchte.

Damit aber nichts versehen werde, eilte Imme zu den andern Mitgliedern des Comités, dem Bürgermeister und Apotheker, welche glücklicherweise in demselben Hause wohnten, und theilte ihnen mit, daß er einem vornehmen Herrn, der incognito reise, Spiel- und Billardzimmer eingeräumt habe.

„Werther College,“ diesen Titel gewährte Imme, wenn er guter Laune war, den Collegen im Vorstande — dieses Mal dem Apotheker — „besitzt Ihre liebe Gattin nicht ein Myrtentöpfchen, von welchem ich einige kleine Schößlinge abnehmen könnte?“

„Sie gedenken doch nicht etwa Myrten zu verordnen?“ fragte der erschreckte Apotheker.

„Bewahre, lassen Sie mich nur machen; Alles wird Ihnen bald klar werden.“

Der Apotheker genügte der Bitte, und mit den Myrtenzweigen — sauber in ein Papier gehüllt — eilte der Hofrath in den nächsten Kaufladen und erstand mehrere Ellen Seidenband in den Landesfarben.

Im Kurhause wieder angelangt, rief er dem Zimmerkellner in den großen Salon, schärfte ihm im Allgemeinen ein, sich dem fremden Herrn gegenüber der allergrößten Zuvorkommenheit zu befleißigen, und gab ihm dann noch einen besonderen Auftrag. Er solle morgen früh, wenn er dem Fremden den Kaffee serviren werde, den Teller, welcher für das Weißbrod bestimmt wäre, mit Myrten umkränzen, und um die eingetroffenen Zeitungen, welche ebenfalls auf einem Teller zu präsentiren wären, das Seidenband, ohne solches zu zerknittern, schlingen.

Der Prinz war aller Wahrscheinlichkeit nach, so dachte Imme, bereits verlobt, die Myrten würden daher als sinnvolle Anspielung auf ein zartes Verhältniß einen höchst günstigen Eindruck machen, ebenso müßte das Band in den Landesfarben ein vortheilhaftes Zeugniß für den patriotischen Sinn der Bürgerschaft gewähren.

Der Kellner schien ganz erregt zu sein, denn des Auf- und Umstellens von Möbeln war kein Ende gewesen, und der fremde Herr hatte so eigenthümliche Ansichten von der erforderlichen Menge und der Qualität des Wasch- und Trinkwassers gezeigt, daß die Dienerschaft fortwährend auf der Wanderung bleiben mußte.

Jetzt, so erzählte der Kellner weiter, sei der fremde Herr damit beschäftigt, Briefe zu schreiben, und Couverts und Briefpapiere, welche auf dem Tische umherlägen, wären mit einer Krone verziert. Auch habe er beim Auspacken der Garderobe bemerkt, daß sich an einem Rock des Fremden ein Ordensband befände.

„Sie sagen mir damit nichts Neues!“ rief der Hofrath. „Doch können Sie morgen früh — ich werde zeitig hier erscheinen — mir berichten, was an Herrn Stern,“ Imme sprach dies Wort mit scharfer Betonung aus, „Ihnen sonst auffällig erschienen ist.“

Herr Stern hatte sich, nachdem sein Diener mit

dem nächsten Zuge Johannisau verlassen, zeitig zur Ruhe begeben; dafür befahl er jedoch seinen Morgenkaffee und die vorhandenen Zeitungen zu ungewöhnlich früher Stunde.

„Giebt es heute Hochzeit im Kurhause und sind Myrten so im Ueberflusse vorhanden, daß man selbst die Milchbrode damit schmückt?“ fragte Herr Stern den Kellner, als dieser das Frühstück servirt und den Teller mit Weißbrod und Myrten vor den Gast hingestellt hatte.

Der Kellner verneigte sich, lächelte verschämt und machte eine Kopfbewegung, die alles Mögliche bedeuten konnte, für Herrn Stern aber durchaus räthselhaft blieb.

„Und was soll dieses Band?“ fragte Stern, als er die Zeitungen aus der vielfach verschlungenen Umhüllung nahm.

„Es sind unsere Landesfarben“ — —

„Werden die Zeitungen hier stets in solcher Weise dargeboten?“

Der Jüngling mit der Serviette auf dem Arm lächelte wiederum und machte nochmals die vieldeutige Kopfbewegung.

„Seltsames Völkchen!“ murmelte Stern, als der Kellner sich entfernt hatte, und begann in Behaglichkeit seinen Kaffee zu schlürfen. Nachdem er dann später eine geschmackvolle Morgentoilette gemacht, schlenderte er den beiden Breiterhäuschen zu, welche in riesengroßen Buchstaben die Namen: „Trinkhalle“ und „Bade-Etablissement“ führten. Von dort begab er sich — da ein ankommender Zug signalisirt wurde — nach dem Bahnhofe und traf hier mit dem Hofrath zusammen, für den, gleich allen Kleinstädtern, es eine billige und interessante Zerstreuung war, die Ankunft oder Durchreise von Fremden zu beobachten. —

Achtes Capitel.

Langsam fuhr der Zug in den schmucklosen Bahnhof; in dem ersten Wagen saß ein Offizier, der, Herrn Stern erblickend, schnell sein Coupé verließ und respektvoll grüßend sich dem Touristen näherte.

„Was sehe ich“ —

„Ich heiße hier ‚Stern‘, lieber Hauptmann,“ rief der Tourist eilig dem Offizier zu, dann sprachen Beide — auf und nieder wandelnd — leise miteinander, bis die Signalpfeife zum Einsteigen mahnte.

Nur die ersten Worte des Touristen hatte der Hofrath vernommen, welcher demselben so nahe gefolgt war, als es geschehen konnte, ohne sich einer derben Zurechtweisung auszusetzen. Aber genügten nicht diese Worte, alle seine Voraussetzungen zu bestätigen? Jetzt war es hohe Zeit, die Comité-Mitglieder in's Vertrauen zu ziehen und die Bürgerschaft zu alarmiren. Eben wollte der Hofrath den Perron verlassen, als Herr Stern auf ihn zuschritt und sagte: „Herr Hofrath, in Ihrer Kur- und Badeordnung ist mir Etwas aufgefallen, worüber ich um Belehrung bitten möchte!“

„Ich stehe ganz zu Befehl!“ — —

„Sie nehmen zwei Classen von Kurgästen an; die eine: aus dem Adel, höheren Beamten und Militairpersonen bestehend, zahlt einen doppelt so großen Beitrag zur Unterhaltung der Garten-Anlagen u. s. w., als die zweite, welche sich aus Kaufleuten, Handwerkern, Subaltern-Beamten rekrutirt. Wie kommt es nun, daß mehrere Damen, die ausdrücklich neben ihren Namen ‚Kaufmannstochter', ‚Bürgerstochter' geschrieben haben, zur ersten Classe gerechnet worden sind?"

„Unverheirathete Damen setzen wir stets in die erste Classe, da man nicht wissen kann, was sie noch erreichen werden. Der Jugend und Schönheit steht jede Rangstufe offen" — —

„Den letzten Satz lasse ich gelten! Wo aber ist Ihr ‚Paris', welcher den Preis der Schönheit zuerkennt? und muß jede Dame ihren Taufschein einreichen? Man hat ausgerechnet, daß Damen im Alter von 18—24 Jahren die größte Chance haben sich zu vermählen; aber 50 Jahre heirathen nur etwa zwei Procent. Gedächten Sie z. B. eine 74jährige unvermählte Tante von mir in die zweite Classe zu setzen, da sie wahrscheinlich durch Jugend und Schönheit nichts mehr zu erreichen vermag, und die Bäckerstochter, Lieschen So und so, in die erste, da sie möglicherweise einen verrückten Lord erobern könnte?"

Der bestürzte Hofrath wollte Etwas erwidern, Stern fuhr jedoch, ohne darauf zu achten, fort: „Auch haben Sie, was nach meinem Erachten ein großes Versehen ist, den Journalisten Herrn Franz Lindner in die zweite Classe gesetzt. Schriftstellern von Kenntnissen und Geist steht eine glänzende Laufbahn offen; ich erinnere nur an den berühmtesten Staatsmann des heutigen Frankreich, der als Journalist zuerst seine hervorragende Bedeutung lenkte. Die Presse ist zur Zeit, wenn auch keine Großmacht, doch im Besitze großer Macht und ihre Vertreter müssen mit Glacee-Handschuhen angefaßt werden. Zudem ist Herr Franz Lindner ein vortrefflicher Kopf und sein Bruder Redakteur der einflußreichsten Zeitung in der Residenz."

„Ich sehe zu meinem Bedauern ein, daß wir da einen häßlichen Fehlgriff gethan haben" — —

„In Johannisau ist noch Manches zu ändern und zu verbessern, wie ein flüchtiger Blick mir gezeigt. Ich glaube, es würde vortheilhaft für den Ort sein, wenn ich eine Saison hindurch hier Aufenthalt nähme!"

„Vortheilhaft! welch armseliges Wort! Johannisau weiß auch schon jetzt" — Der Redner stockte; konnte, durfte er mehr sagen? Glücklicherweise kam Stern ihm mit einer Frage zu Hülfe.

„Wer ist der junge Mann dort, welcher von dem Bade-Etablissement aus hierher nach dem Perron schreitet?"

„Das ist Herr Franz Lindner!"

„Das fügt sich vortrefflich! Wollen Sie die Güte haben, uns einander vorzustellen? Mein Name ist Stern! Ich will versuchen, bei Herrn Lindner den üblen Eindruck zu verwischen, den Ihre Classifikation vielleicht in ihm erregt. Es würde sich empfehlen, dies System ganz aufzugeben, es paßt nicht zum Zeitgeist. Ich spreche wahrlich nicht in meinem Interesse, und kann Sie versichern, Herr Hofrath, daß es mir durchaus gleichgültig ist, ob Sie den Touristen, Herrn Stern, in die Prima oder Sekunda setzen!"

Der Hofrath öffnete den Mund — sagte aber nichts; ach, hätte er sprechen dürfen wie sein überfließendes Herz es ihm eingab! Niemals hatte sich, seiner Meinung nach, ein Individuum in einer gleich mißlichen Lage — dem künftigen Landesherrn gegenüber — befunden!

Der herbeikommende Franz Lindner erlösete den Hofrath aus seiner peinvollen Verlegenheit. Immerhin stellte die beiden Herren dann mit einer Feierlichkeit vor, als wäre er Ober-Ceremonienmeister eines mächtigen Hofes und begab sich eiligen Schrittes zu dem Bürgermeister und Apotheker.

Die beiden Männer erkannten den ganzen Ernst der Situation; ein ähnlicher Fall war in Johannisau noch nicht vorgekommen. Das aller Orten übliche Festprogramm: blumenstreuende Mädchen, Glockengeläute, herabwehende Fahnen an den öffentlichen Gebäuden, gedachte man hier ebenfalls zu adoptiren, aber — es mußte auch eine Rede gehalten werden, und da fand sich eine nicht zu unterschätzende Schwierigkeit. Eine Anrede in Prosa schien nicht passend, denn da der Prinz das Incognito fortdauernd beibehielt, wurde man genöthigt, durch die Blume zu sprechen, zarte Anspielungen zu machen, für welche die poetische Form sich am Besten eignete. Wer aber würde der Dichter sein? Herr Hinz, der Schulmeister, hatte zwar in diesem Frühjahr — bei des Landesherrn Geburtsfest — zu einem Transparent die folgenden Verse geliefert:

„Es herrscht der Mai, doch er regiert
So mild und weise nicht als unser Fürst!
Hoch Philipp Karl, hoch unser Herr!"

Allein ihm war zu dieser poetischen Leistung eine Woche Zeit gegeben; sein Pegasus ging nur im Schritt, war ein ruhiges, frommes Thier.

Und das Gedicht, dessen man bedurfte, mußte, sauber abgeschrieben, schon morgen auf einem weißen Atlaskissen — verziert mit Schleifen von Band in den Landesfarben — ruhen, und vorgelesen oder auswendig gelernt werden!

Wo fand sich ein Dichter, der schnell mit dem Musenroß umzuspringen verstünde? Wenn Herr Lindner, den man schmählich in die zweite Classe versetzt hatte, hier hülfreich einträte! Der Hofrath beschloß, ihn aufzusuchen und ertheilte nur dem Kellner noch die nöthigen Anweisungen, falls Herr Stern etwa die Absicht haben sollte, an der Gasthoftafel und nicht auf seinem Zimmer zu speisen.

Herr Stern war nicht exclusiv und erschien genau um die angegebene Stunde — Pünktlichkeit ist die Höflichkeit der Könige — in dem sogenannten großen Saale. Sein Blick, als er die Tafel überschaute, drückte das ungeheuchelte Erstaunen aus. Die Gedecke der anwesenden fünf Kurgäste waren so gelegt worden, daß an der einen Seite der Tafel — genau in der Mitte — ein einziges Couvert sich befand, davor ein Riesenbouquet von Georginen und Stockrosen. Auf der andern Seite lagen je zwei und zwei Gedecke an den äußersten Enden der Tafel.

„Welchen Platz haben Sie für mich bestimmt?" fragte der Tourist den Kellner.

Der Kellner deutete auf das Gedeck mit dem ungeheuern Strauß.

„Meinen Sie ich wäre pestkrank und müßte von den andern wirksam abgesperrt werden?"

Der Jüngling mit der Serviette antwortete wiederum durch ein verschämtes Lächeln und symbolische Bewegungen.

„Meine Herren, wir fünf Kurgäste sind doch in

Johannisau jetzt die eigentlichen Gebieter, denn ohne uns würde dieses Etablissement geschlossen werden; rücken wir also aus eigener Machtvollkommenheit zusammen!" rief Stern und half eigenhändig die Gedecke in der Art ordnen, daß ein gemüthliches Gespräch Statt finden könne. Während des Mittagessens entfaltete er eine Liebenswürdigkeit, eine Unterhaltungsgabe und einen Humor, welche seine Tischgenossen und vor Allen Herrn Lindner entzückten.

Gleich nach aufgehobener Tafel fing der Hofrath Herrn Lindner ab, weihte ihn in das Geheimniß ein und bat in möglichster Schnelle um ein Gedicht, das bei äußerster Grazie und denkbarster Kürze alle Gefühle der Bürgerschaft zum Ausdruck brächte.

Lindner hörte aufmerksam zu und versprach, die Verse rechtzeitig zu liefern.

Bald darauf ließ er bei Herrn Stern zu einer kurzen Unterredung sich anmelden.

„Es wird mir sehr angenehm sein!" lautete die Antwort, welche Lindner durch die geöffnete Thür deutlich vernehmen konnte. Der Tourist kam dem Eintretenden mit großer Freundlichkeit entgegen, führte ihn zu dem Sopha, während er für sich selbst einen Sessel herbeizog und bot dann seinem Gast eine Cigarre an.

„Ihre Güte, Herr Stern," begann Lindner, „erleichtert mir das Vorbringen eines Gesuches" — —

„Dasselbe wird sehr gern erfüllt werden, falls es irgend in meinen Kräften steht" — —

„Ich möchte Sie bitten, mich davor zu schützen, daß ich eine Taktlosigkeit oder eine Albernheit begehe!"

„Welche Worte in dem Munde des Feuilletonisten par excellence! das ist eine Ueber-Bescheidenheit, welche man bei minder Begabten leider nicht findet. Doch sprechen Sie deutlicher, verehrter Herr!"

„Mir ist der ebenso delikate als ehrenvolle Auftrag geworden, Sie im Liede zu verherrlichen! Nichts wäre leichter und gefahrloser, wenn es sich nur darum handelte: das feine Auftreten und die geistigen Vorzüge eines vollendeten Gentleman zu preisen; aber ich soll ein mir Unbewußtes, Hohes wirkungsvoll andeuten. Deshalb erlaube ich mir die Frage: deckt der bedeutungsvolle Name ‚Stern' eine Persönlichkeit von hohem Rang und Ansehn?"

„Für wen könnte es von Interesse sein, über mich nähere Auskunft zu erhalten?"

„Das Babecomité, und nach den Andeutungen des Hofraths, wohl die ganze Bürgerschaft von Johannisau, glaubt in Ihnen den Erbprinzen zu sehen, und alle Maßnahmen sind getroffen, um Sie morgen mit allem Glanz und Pomp, über den das Städtchen verfügen kann, in Ehrfurcht zu begrüßen."

„Sie erschrecken mich, verehrter Herr, denn obwohl nicht einfacher Herr Stern, bin ich doch nicht der junge Fürst. Ich stelle mich Ihnen als Graf Arthur Sternau vor, und hoffe, Sie werden auch ferner Ihr Wohlwollen mir bewahren!"

„Sie sind zu gütig, Herr Graf! — Ich spreche Ihnen außerdem meinen besten Dank für Ihre ‚Berichtigung' aus, die ich sogleich veröffentlichen werde."

„Wie schade, daß ich nicht ‚Herr Stern' bleiben darf! Sie glauben nicht, wie angenehm es mir war, so zwanglos hier mit den Herren zu verkehren! Denn selbst gegen Sie, mein bester Herr Lindner, hege ich den Verdacht, daß Sie nicht so offen und vertrauensvoll sich mir genähert, falls Sie einen hochmüthigen Aristokraten in mir vermuthet hätten. Schütteln Sie nicht den Kopf, ich bin zu meinem lebhaften Bedauern gar häufig ähnlichen Vorurtheilen begegnet! — Doch Sie sprachen von Maßnahmen, welche zur Begrüßung des Erbprinzen getroffen sind" — —

„Es wird viel Kummer geben! In allen Häusern von Johannisau ist große Wäsche, damit die Töchter des Landes im herrlichsten Weiß der Unschuld morgen vor dem durchlauchtigen Herrn erscheinen können! Die Botenfrau ist abgesendet worden, um die aus sechs Mann bestehende Capelle des Stadtmusikus aus dem nächsten Städtchen hierherzubescheiden" —

„Die wackern Leute kommen um ein schönes Fest, das thut mir wirklich Leid!" klang es voll Antheil aus des Grafen Munde. „Aber könnte nicht ein kleiner Ball improvisirt werden, bei welchem die weißen Kleider und die Capelle Verwendung fänden? ich würde das Aeußerste thun — obwohl leider kein Fürst — mich bei Alt und Jung, und namentlich bei den Damen beliebt zu machen!"

Lindner verabschiedete sich von dem Grafen, ‚berichtigte' dann die Vorstellungen des Hofraths — in Bezug auf den hohen Rang des Touristen — und theilte schließlich Sternau's Vorschlag wegen eines Balles mit. Der etwas enttäuschte Herr ging — der getroffenen Anordnungen halber — mit Freuden darauf ein. Und eine Genugthuung blieb ihm doch: hatte er nicht sofort die angeborene Vornehmheit des fremden Herrn erkannt?

Bald stand Eines fest: einen Ballabend gleich diesem, würde es in Johannisau wohl niemals mehr geben! Denn Graf Sternau überwachte mit Lindner, welchen er ganz in sein Herz zu schließen schien, die Ausschmückung der Zimmer und alle sonstigen Arrangements. Und am Abend stand er in weißer Weste und Halsbinde, Orden im schwarzen Frack, neben Lindner — als Festordner — in der Mitte des Saales.

Der schöne Cavalier erregte bei den tanzenden Damen einen Enthusiasmus, um den ihn — wie der Hofrath sehr richtig bemerkte — ein Erbprinz beneiden können. Und so viele Sträußchen wurden ihm gegeben, daß er lachend dem Journalisten zuraunte:

„Bei meinem Leichenbegängniß könnte ich es mir nicht besser wünschen!"

Sternau war die Huld und Liebenswürdigkeit selbst; er stöhnte nicht, wenn die derben Füße der Schönen von Johannisau auf seinen leichten Lackstiefeln umhertrampelten, er antwortete voll Höflichkeit auf die ungereimtesten, indiskreten Fragen und hatte ein Lächeln für Alle.

Die erregte Stimmung der jungen Damen theilte sich bald ihren Müttern und zuletzt deren Eheherren mit. Man hatte sich darauf eingerichtet, dem Erbprinzen entgegen zu jubeln, Freudenrufe steckten in den Kehlen und reichliche Libationen drängten sie heraus. Zuerst wurde dem Grafen ein schüchternes „Bivat!" gebracht, dann tönte es lauter und die Capelle antwortete mit einem mächtigen „Tusch!"

„Hoch!" und abermals „Hoch!"

„Tusch!" und wiederum „Tusch!"

Mit dem Takt des feinen weltkundigen Mannes schloß Graf Sternau jetzt durch eine kleine Rede schnell das Fest, und beglückt ging Jedermann nach Hause.

Lindner war ebenfalls so angeregt, so heiter gestimmt, daß er noch in der Nacht einen allerliebsten, humoristischen Artikel über Johannisau, den Ball und den geistvollen, liebenswerthen Festordner an seinen Bruder sandte. Sternau war darin nur mit einem * bezeichnet worden, für Jeden, welcher den Grafen kannte, durfte jedoch über die Person des damit gemeinten Herrn wohl kein Zweifel walten.

Auch Sternau schrieb während der Nachtstunden einen Brief, derselbe lautete:

„Verehrtester Herr Baron!

Mein kleiner diplomatischer Feldzug nach Johannisau ist mit dem glücklichsten Erfolge gekrönt worden. Lindner, der keine Ahnung davon haben konnte, daß ich nur um seinetwillen hierher gegangen bin, ist vollständig für mich gewonnen und mit ihm wohl sein Bruder und dessen einflußreiches Blatt.

Falls Ihre Gesinnungsgenossen, verehrtester Herr Baron, es noch beabsichtigen, mich als Candidaten für den Landkreis von B. aufzustellen, so dürften wir in Bezug auf die Lindner'sche Parthei ganz ohne Sorge sein. Ich gedenke noch einige Tage hier zu bleiben, um das Feuer zu schüren.

Ganz der Ihrige, mein verehrtester Herr Baron.
Sternau."

(Fortsetzung folgt.)

Die Frau des Predigers.

Roman

von

Hans Fehde.

(Fortsetzung.)

Der Onkel nahm einen Brief aus der Tasche und gab ihn Margaret.

„Ich wäre Ihnen dankbar," fuhr er fort, „wenn Sie ihn vorlesen wollten, ich höre ihn gern nochmals — und zwar mit ganz besonderem Vergnügen von Ihren zarten Lippen," setzte er galant hinzu.

Margaret drohte ihm lächelnd mit dem Finger.

„Nun, der Brief verspricht etwas," sagte sie dann, ihn auseinanderfaltend und die Bogenzahl überschauend; „hat der junge Herr auch lange mit Schreiben gewartet, so hat er denn doch ausführlich geschrieben! und sie begann:

„Rom, den fünften September. Du lieber theurer Onkel! Nie genug zu schätzender Gönner der schönen Künste im Allgemeinen, und der edlen Bildhauerei im Besondern, ganz besonders aber des würdigsten Jüngers der letztern, welcher jetzt den Meißel mit der Feder vertauscht und sich hinsetzt, um einen jener Briefe zu schreiben, welche immer das Entzücken deter sind, an die er sie richtet!

„S'ist auch Zeit, daß der Junge schreibt," wirfst Du in Deinen Bart, oder dorthin brummen, wo er sein könnte, denn mir fällt eben ein, daß Du nicht der liebenswürdigste, sondern auch der glattrasirteste aller Onkel bist. ‚S'ist Zeit daß ich schreibe' sagte ich selber, denn fünf Wochen find nun in's Land gezogen, seitdem ich wieder einmal gerührten Abschied nahm von der Stadt, in der ich das Licht der Welt erblickte — es war im November und sehr dunkel wie ich bei von Dir später erfuhr — in welcher ich so viele Bekannte habe, als sie Einwohner zählt und deren Einwohner, uns Beide ausgenommen, keine Ahnung davon haben, daß hinter dem Berge auch noch Leute wohnen.

„Die Wahrheit zu sagen, der Stadt und ihrer Bewohner wegen wäre ich leichten Herzens gegangen, zufrieden, die einen wieder besucht, über die andern mich wieder einmal lustig gemacht zu haben; aber daß ich Dich, Du lieber Herzensonkel, wieder verlassen mußte nach so kurzem Wiedersehen, daß Du nicht mit mir ziehen wolltest — à propos, hast Du noch keine Lust, ein bischen herzukommen? — das war der Grund meiner Rührung beim Weggehen, und der Schmerz der Trennung liegt mir noch wie ein Stein auf dem Herzen, so groß, daß wenn er von Marmor wäre, ich eine lebensgroße Statue von Dir daraus machen könnte, Dich darstellend, wie Du beim Abschied mit Deinem distinguirtesten Lächeln die Ausbrüche meiner Liebe und Dankbarkeit im Zaume hieltest und selber, weit entfernt, mich mit guten Ermahnungen zu langweilen, ganz zuletzt mir zuriefst, ich solle es immer ehrlich und ernstlich meinen mit Dir und mit meinem Berufe. Und das will ich thun, lieber Onkel! Schriftlich gebe ich Dir das Versprechen, zu welchem ich damals die Worte nicht fand. Denn mir kam nur, wie gewöhnlich bei solchen Gelegenheiten, etwas Dummes in den Sinn, das Bild unseres gemeinsamen alten Freundes mit der rothen Nase, des Schauspielers Breunig, wie er, zum hundertsten Male hinter der Weinflasche sitzend seinen geistreichen Ausspruch that: Heiter ist das Leben, ernst ist die Kunst!

„Was soll ich Dir von der Reise erzählen? So wenig als möglich, da ich kein Talent zu Reisebeschreibungen habe. Kam ich doch auch wie im Fluge nach Florenz und hielt mich selbst dort nur zwei Tage auf, lange genug, die früher erhaltenen Eindrücke aufzufrischen, zum Beispiel zu konstatiren, daß die Venus von Medici noch eben so schön ist, die Blumenmädchen aber noch häßlicher geworden sind, als da ich sie zum ersten Mal sah, und daß eine unglaubliche Hitze herrschte.

„Letzterer entging ich bald, als ich in Befolgung

meines Planes die Eisenbahn verließ und in die Berge hineinzog, bald zu Fuß, bald zu Pferd, oder auch nur auf einem wackern Esel sitzend, je nachdem es mir am besten schien. Auf der alten Via Flaminia wollte ich mich der Ewigen Stadt nähern und diesmal meinen Einzug so halten, wie alle berühmten Leute vor Erfindung der Eisenbahnen ihn gehalten haben, Goethe zum Beispiel — und mein lieber Onkel Medicinalrath: durch die Porta del Popolo.

Von den herrlichen umbrischen Städten, Siena an der Spitze, erzähle ich nichts, nichts von dem ganzen wunderbaren Lande, durch das ich Glücklicher zog. Du hast es ja gesehen, hast so oft mir, dem begeistert zuhörenden Knaben, auch von diesen Herrlichkeiten erzählt und im Bilde mir die Werke der Kunst und Natur gezeigt, die nun, in schöner Wirklichkeit, vor meinem trunkenen Auge standen." —

„Da schreibt er ja ordentlich Verse," bemerkte Johanna, und wiederholte scandirend die letzten Worte des Briefes:

„Die nun in schöner Wirklichkeit
Vor meinem trunknen Auge standen."

„Dies kommt öfter vor in seinen Briefen," stimmte der Onkel bei, „und ist nicht zu verwundern, denn Alfred ist eine wahrhaft künstlerische Natur; unter seiner Hand gewinnt leicht fast jeder Stoff, oftmals ihm selber unbewußt, eine gefällige Form, warum nicht auch das Wort? Die italienischen Meister, deren Sprache allerdings weniger spröde für solchen Zweck, waren ja nicht nur Freunde der Poesie, wurden gar oft selber fleißige Verskünstler, wie vor Allem Michelangelo's Beispiel beweist, an dessen Wiege alle Musen standen."

„Nimmer, glaubt mir,"
citirte Johanna,
„Kommen die Götter
Nimmer allein."

Margaret fuhr fort zu lesen:
„Von Assisi aus hatte ich an meine Freunde in Rom geschrieben und ihnen den Tag meiner Ankunft gemeldet, auch gesagt, welchen Weg ich gewählt habe, in Erwartung, daß man mir, wie es frühere schöne Sitte war, bis an Ponte Molle entgegenkommen würde, mich feierlich einzuholen; welche Erwartung auch nicht getäuscht wurde.

Es war Sonntag; die Sonne strahlte am unbewölkten Himmel und fing schon an, dem Meer sich zuzuneigen, als ich, auf meinem carrettino sitzend, die Peterskuppel am Horizont auftauchen sah. ‚Ecco la cupola!' sagte mein Rosselenker, auf sie hinzeigend, und ich hatte die Wette gewonnen, die ich mit mir selbst eingegangen war, daß er diese Worte sagen würde. Der Ausdruck Rosselenker paßt übrigens nicht ganz genau auf meinen Vetturino, da er keine Rosse, sondern nur ein Maulthier lenkte, auch dieses weniger zu lenken als vielmehr vorwärts zu treiben hatte.

Nicht lange darauf waren wir an der Stelle angelangt, wo die Straße den Tiber überschreitet. Ein lautes Hurrah empfing mich hier, kräftige Hände streckten sich mir entgegen, hoben mich vom Wagen und zogen mich im Triumph zur nahen Osteria Melasumo. Viel fröhliches Volk war dort versammelt und wir, insbesondere ich selbst, waren nicht die am wenigsten Fröhlichen.

Zwei des Meißels frohe Künstler, ein farbenkundiger Meister und der Doctor Ander, die Du alle theils persönlich, theils aus früheren Briefen kennst, waren es, die mich empfingen. Wir nahmen im Freien Platz, Musik ertönte, vor uns stand der liebliche römische Wein und wir sprachen ihm wacker zu. Als Neuangekommener durfte ich den gütigen Gastgeber machen, nahm die Begrüßungsreden und Feierlichkeiten entgegen und antwortete darauf meinerseits in einer langen Rede, welche folgendermaßen lautete: Beim Apoll! ich bin froh, daß ich wieder in Rom und unter Euch angelangt bin! Dann erzähle ich ihnen, wie es mir ergangen, ließ mir von ihnen erzählen, was es in Rom Neues gab und zuletzt, wie natürlich, kam die Rede auch auf unsere künstlerischen Projekte für den kommenden Winter. Der erste der Bildhauer, Silius, hat eine große Gruppe angefangen: zwei Ringkämpfer im Augenblicke höchster Kraftentfaltung; es ist unentschieden und soll für den Beschauer unentschieden sein, auf welche Seite der Sieg sich neigen wird; der zweite, Namens Schrecklich — welcher vor Kurzem uns seine Verlobung angezeigt hat — wird zunächst seinen lauernden Amor in Marmor ausführen; ‚Weß das Herz voll ist, deß fließt der Meißel über,' bemerkte unser Doctor. Der Maler machte ein Geheimniß aus seinem angefangenen Bilde; ich solle nur kommen und es sehen.

Mein neustes Projekt kennst Du; ich habe es während der Reise gehörig durchdacht und brannte vor Begierde, an seine Ausführung zu gehen; doch ward sie bis jetzt sehr verzögert, aus einer Ursache, die Du aus dem Nachfolgenden ersehen wirst und deshalb, weil das Projekt, so lange ich hier bin und noch während ich an die Ausführung ging, andere, größere Dimensionen angenommen hat."

„Und welches ist das Projekt?" fragte Johanna den Onkel.

„Es ist ein Vorwurf, dem Christenthum entnommen. Der Gedanke wurde bei ihm durch ein Gespräch angeregt, das er mit Ludwig und Karl am Tage vor Johanna's Hochzeit geführt; ich glaube, Ihr war't auch dabei. Der Gedanke ist: rein menschliche Schönheit in einem Stoffe darzustellen, den die christliche Kirche geliefert hat. Ich weiß nicht, ob Ihr Euch daran erinnert, daß Alfred meinte, die christliche Kirche sei arm an solchen Stoffen und meistens sei der vorhandene Stoff noch schlecht verwerthet worden. Er will nun einen Christus darstellen, einen Christus ohne Dornenkrone, einen schönen Menschen mit all der versöhnenden Milde in den Zügen, die wir uns in der Persönlichkeit eines Erlösers ausgeprägt denken. Er sagte mir noch mehreres darüber, daß er durch irgend welche Zuthat noch gern an eine bestimmte Begebenheit im Leben Christi erinnern möchte, doch hatte er noch keine Wahl getroffen. Ein anderes Project war, daß er eine Magdalena, wie sie von Tizian, dann von Batoni auch noch in jenem Gespräche die Rede war, in Marmor darstellen wollte mit Berücksichtigung, natürlich, der Erfordernisse, die seine specielle Kunst von der Behandlung eines solchen Gegenstandes verlangt. Welches von den beiden Projecten er nun hier meint, kann ich nicht sagen."

„Ob er sie nicht vereinigen könnte?" fragte Johanna lebhaft, „könnte er nicht eine Magdalena schaffen, die vor Christus sich neigt und ihm die Füße salbt? Sie könnte zu ihm aufschauen und er sich zu ihr herabbeugen mit dem ganzen Ausdrucke versöhnender Milde! Ginge das nicht?"

„Sieh da," sagte der Onkel, „was unsere Johanna für schöne Bildhauergedanken hat, als hätte sie gleich selbst etwas zu meißeln! Ich will es Alfred einmal vorschlagen, vielleicht ist ihm damit gedient!"

„Ach, nicht doch," erwiderte Johanna fast wieder etwas verlegen, „er wird es wohl viel besser wissen, als ich und es schon schön machen! Lies weiter, Margaret!"

Margaret nahm den Brief wieder auf und fuhr fort:

„In lebhaftem, fröhlichem Geplauder waren rasch einige Stunden vergangen und die einbrechende Dunkelheit mahnte zum Aufbruch. Die Wohnungsfrage machte zum Glück keine Schwierigkeiten, denn ich brauchte nur an meiner alten Wohnung in der Löwenmaulstraße, via della bocca di leone, vorzufahren und von ihr Besitz zu nehmen. Die ganze Familie, die ich von meiner Ankunft benachrichtigt hatte, sieben Personen, erwartete mich und die Freude war groß. Die schwarzen Augen von Elena, Rosa und Giselda funkelten. ‚Ben tornato?‘ ‚Come sta?‘ ‚Riverito, Signore!‘ ertönte es durcheinander; auch ein ‚quant‘ è bello!‘ hörte ich dazwischen! Der kleine Giulio brüllte vor Vergnügen, als ich ihn im Schwunge auf den Caminsims hob und oben stehen ließ. ‚Zia, zia ducia, il Signor Alfredo è ritornato!‘ rief er mit gellender Stimme, sich die Ohren zuhaltend, dankte der Madonna für meine glückliche Zurückkunft. Als ich dann auspackte, kamen der Reihe nach, die jüngste zuerst, die Töchter des Hauses in mein Zimmer, mich noch einmal zu begrüßen und mir zu versichern, wie zufrieden sie seien über meine Rückkehr. Merkwürdig und amüsant war es, wie alle Drei, gewiß ohne Verabredung, fast ganz dieselben Worte gebrauchten bei dieser Privatbegrüßung, die ich natürlich allen Dreien in ganz derselben Weise erwiderte.

Die Italienerinnen in diesem Alter, bis zum fünfzehnten Jahre also, sind fast eine wie die andere; wer eine einzige kennt, kennt sie fast alle zusammen und kann fast jede ihrer Handlungen im Voraus wissen. Auch in späteren Jahren noch tritt dieser Mangel an Individualität merklich an ihnen hervor, bedingt jedenfalls durch eine gleichmäßige Erziehung nicht nur der jetzigen, sondern vieler Generationen; sie sind wie ein Beet voll Blumen derselben Gattung, und zwar sehr schöner Blumen; aber am Ende ist einem ein deutscher Blumengarten in seiner Mannigfaltigkeit doch lieber, wenn auch im Ganzen mehr häßliche darunter sind!"

„Was bedeutet das ‚Am Ende‘?" fragte Margaret; „ist er der berühmten schönen Blumen überdrüssig und will jetzt mit uns vorlieb nehmen?"

„Wie kann man wissen," sagte der Onkel lächelnd, „was so ein junger Mann mit so einem ‚am Ende‘ meint! Sie müssen auch nicht zu sehr auf den Grund des Wortes bringen wollen; vielleicht giebt er uns auch selbst noch eine Erklärung!"

„Wir wollen sehen!" sagte Margaret und las weiter.

„Diese feine, culturhistorische Bemerkung, lieber Onkel, habe ich nicht unterdrücken wollen, um Dir zu Deiner Genugthuung zu zeigen, wie sehr sich in Bezug auf Werthschätzung der deutschen Frauen und Jungfrauen meine Ansichten schon gebessert haben. Was noch ketzerisch daran ist, wirst Du gern verzeihen, da Du Junggeselle bist; und weibliche Augen, welche mit verzeihen würden, werden ja diesen Brief nicht lesen!"

„Das Letztere hat einen doppelten Sinn," sagte Margaret scherzend, meint Alfred, daß gar keine oder nur schöne weibliche Augen den Brief lesen sollen?"

„Da Sie ihn doch lesen, mein Fräulein," sagte der Onkel, „so muß er wohl das Zweite meinen; sollten Sie noch Zweifel darüber hegen, bitte ich nur sich umzusehen!"

„Thu's nicht!" flüsterte Johanna, „der Onkel neckt; der Spiegel hängt hinter Dir!"

„Ja so," sagte Margaret; „nun werde ich auch ohne Unterbrechung lesen":

„Die ersten Tage meines Hierseins vergingen wie im Fluge; ich besuchte getreulich, wie ich es gelobt, all die Wallfahrtsorte wieder, an denen Schönheit und Erhabenheit thront, den Vatikan, das Capitol das Pantheon und wie sie sonst heißen. Auch der Lockung in's Freie zu gehen, in die Campagna, widerstand ich oftmals nicht, wenn man auch der Fieberluft wegen noch sehr vorsichtig sein muß. Die Abende verbrachte ich in gewohnter Weise mit wenigen, guten Freunden. Mein Atelier hatte ich in demselben Zustande wiedergefunden, in dem ich es verlassen; ich stäubte die Figuren und Gypsabgüsse ab und schmückte den Raum wieder aus, so gut ich konnte; daß ich es kann, das weißt Du von früher her. Aber, wie ich oben angedeutet, ich war nicht weit damit gekommen, als ein Ereigniß eintrat, welches den Fortgang der Arbeit verzögerte. Es ist ein bischen romantisch; höre zu!

Ich ging, zum ersten Male seit ich wieder hier war, auf der Piazza Colonna spazieren, wo sich bei den Klängen der Musik die elegante Welt von Rom trifft, soweit sie sich nicht auswärts auf Villeggiatur befindet. Der ganze Platz ist voll schöner geputzter Menschen, die einander angucken und dabei der Kühle des Abends sich erfreuen; denn Tags über ist es noch immer drückend heiß. Die schönen Römerinnen, auf gemietheten Stühlen vor den Cafés oder mitten auf dem Platze sitzend, oder am Arme ihrer Gatten, respective Liebhaber spazierengehend spielen graziös mit ihrem Fächer und machen von ihren Augen den ausgedehntesten Gebrauch. Wer fremd nach Rom kommt und zum ersten Male das Schauspiel sieht, wird es entzückend finden und allabendlich besuchen, denn sie sind schön, die stolzen Römerinnen und ihre Schönheit reicht noch weiter als ihr Stolz. Wer aber länger hier ist, den muß es langweilen, falls er nicht Bekanntschaften unter ihnen hat oder gar für Eine sich interessirt. Dies war bei mir nie der Fall bisher, und immer dieselben Gesichter bei derselben Musik mit immer demselben Lächeln zu sehen, hatte für mich, zumal wenn ich allein war, nicht nur keinen Reiz mehr, sondern kam mir zuweilen entsetzlich vor, wahnsinnerregend.

An jenem Abend jedoch, meinen Freund Ander am Arm, war mir das Schauspiel gleichsam neu; lachend und scherzend betrachteten wir es, und gar mancher Blick aus schönen Augen traf uns, die wir durch die Menge schritten, leicht als Deutsche kenntlich durch Größe und Farbe des Haarwuchses.

‚Kennst Du die Dame dort?' sagte plötzlich mein Begleiter, ‚zweimal schon im Vorbeigehen hat sie nach uns gesehen; ich schmeichelte mir erst, ihr Blick gelte mir, aber es ist leider kein Zweifel, daß die Strahlen, die aus ihren dunklen Augen bringen, sich auf Deinem Gesichte schneiden. Jetzt schon wieder!'

Wie ich nach der bezeichneten Richtung sah, erblickte ich ein schönes Gesicht von echt römischem Typus und ein Paar der wunderbarsten Augen darin, die mich ansahen so längstbekannt und doch so fremd, denn ich hatte das Gesicht, sie angehörten, nie gesehen; oder ich hatte es gesehen, aber wußte nicht wann und wo.

„Ihr guckt Euch ja an wie Romeo und Julia im ersten Akt," spottete mich fortziehend der Doctor, „komm jetzt mit fort, wir wollen bei unserm Freund Tiberio ein Glas Wein trinken und womöglich ein paar vernünftige Worte zusammen sprechen."

Doch letzteres gelang uns nicht; durch meine Schuld, da ich mir verschiedene Male den Vorwurf der Geistesabwesenheit zuzog, denn das Gesicht der Schönen kam mir nicht aus dem Sinn, immer dachte ich daran, wo ich es hinthun sollte. Beim Fortgehen sagte uns der Wirth, ein Diener sei dagewesen und habe sich erkundigt, wer wir seien.

Zwei Tage darauf bekomme ich ein Billet: Conte Palasti wünsche zu wissen, wann ich in meinem Atelier zu treffen sei, da er eine Bestellung zu machen habe. Ich war überrascht, denn ich hatte den Namen nie gehört; aber wie groß war erst meine Ueberraschung, als zur bestimmten Stunde der Graf bei mir eintrat, ein feiner Mann von etwa fünfundzwanzig Jahren, am Arm die Dame führend, die ich neulich gesehen und an die ich seitdem unablässig gedacht. Er habe die und die Arbeiten von mir gesehen, die ihm sehr gefallen hätten, und er bitte mich, die Büste seiner Signora in Marmor anzufertigen, er überlasse es mir, den Preis der Ausführung und die Zeit für die Sitzungen zu bestimmen. Mir war, als träume ich, kaum weiß ich, wie und was ich erwiderte; ich nahm natürlich an. Die Comtesse sprach kein Wort und war auch in der Folge einsilbig und fast unbeweglich, während der Graf lebhaft und freundlich und voller Lobsprüche für mich war.

Ich ging mit Eifer an's Werk; nach fünf Tagen, an deren jedem wir mehrstündige Sitzungen hatten, war das Modell vollendet, zu meiner eigenen Zufriedenheit vollendet. Auch die Ausführung in Marmor betrieb ich rasch, alle andern Arbeiten liegen lassend. Morgen soll noch eine Sitzung sein, dann ist das Bild fertig zur Ablieferung und werde ich den Preis dafür in Empfang nehmen.

Klingt die Geschichte nicht wunderbar, lieber Onkel, abenteuerlich? Aber sie ist noch nicht zu Ende, von morgen ganz abgesehen. Höre zu:

Gestern Abend habe ich nämlich herausgefunden, wem die schöne Gräfin, oder richtiger, ihr Marmorbild ähnlich sieht. Wie ein Blitz ging mir's durch den Kopf, als ich es, den Meißel niederlegend, betrachtete: das ist ja Deine Schwägerin Johanna, die Du am Tage vor ihrer Trauung kennen lerntest! So sah ich aus, als sie im weißen Schleier vor dem Altar stand, ernst und blaß und schön. Und die beiden Tage, die ich in ihrem heimatlichen Dorfe zugebracht, kamen mir in lebendige

Erinnerung; ich dachte daran, wie ich mit ihr gelangt, was ich mit ihr gesprochen, wie ich meinem Bruder Glück gewünscht und ihn beneidet habe.

‚Den Seinen giebt's der Herr im Schlaf,' hatte ich zu ihm gesagt und ihn gewaltig damit erzürnt. Mir gefiel aber Johanna wirklich außerordentlich, und ernstlich war ich der Meinung, daß Ludwig unerhörtes Glück gehabt habe, daß er suchen müsse, sich würdig zu zeigen, sie heimzuführen. Nach der Hochzeit habe ich sie nur flüchtig gesehen und ihr Bild schien fast ausgelöscht in meiner Erinnerung. Jetzt aber steht es lebendig vor mir und löst mir das Räthsel, daß ich in dem Gesichte der schönen Gräfin gelesen.

Die Züge beider sind dieselben. In Haar und Augen: hier schwarz, dort braun, im Teint: hier Goldbronce, dort Weiß und Roth, im ganzen Ausdruck: hier bewußte, dort unbewußte Schönheit, liegt der Unterschied. Ich fühlte ihn beim ersten Anblick; gestern erst ist er mir klar geworden.

Und die Gräfin? Habe ich mich getäuscht, als ich glaubte bei unserer ersten Begegnung, daß es auch ihr vorkomme, als wenn eine geheime Beziehung zwischen uns bestehe, ein unsichtbares Band uns verknüpfe? — Ich weiß es nicht, denn ich habe kaum mit ihr gesprochen, und ihre Blicke waren unbewegt, fast gleichgültig, wenn sie mit den meinen beim Arbeiten sich begegneten, und auf der Piazza war sie nicht mehr seit jenem Abend.

Oder ist vielleicht auch ihre Aehnlichkeit mit Johanna, so auffallend sie mir jetzt erscheint, etwas ganz Zufälliges, ganz ohne Bedeutung? Und bin ich nicht ein Thor, sie ein Band zu nennen, das im Stande ist, zwei Menschen unsichtbar mit einander zu verbinden!

Ich sehe Dich lächeln, theurer Onkel, über den Schwärmer, der Dir solch romantische Geschichte erzählt, die er aber auch keinem Andern als Dir erzählen würde, und der nun solche Fragen daran knüpft, die Du thöricht nennen wirst.

Das Wirkliche daran, die Aehnlichkeit der Gesichtszüge, soll mir heute Gelegenheit geben, meine theure Schwägerin durch Dich herzlich grüßen und ihr sagen zu lassen, wie lebhaft ich ihrer gedacht habe. Die Schönheit derselben wird bestimmend sein für die Gestaltung der einen Hauptfigur in meiner neuen großen Gruppe und beides, Aehnlichkeit und Schönheit, soll eine Figur Dir zur Anschauung bringen, zu welcher ich gestern die Idee gefaßt habe und welche zu einem Geschenk für Dich bestimmt ist.

Für heute lebe wohl, theurer Onkel Medicinalrath; es fängt an dunkel zu werden und wird hier rasch dunkel, wie Du weißt. Gieb einliegenden Brief, bitte, der Mutter. Ich schließe dieses Schriftstück, das nächste soll nicht so lange auf sich warten lassen.

Ich grüße Dich als Dein treuer, dankbarer Neffe
Alfred.

„Ach wie gern möchte ich einmal die schöne Frau sehen, die Alfred mir so ähnlich findet," sagte Johanna, „ich könnte ganz stolz werden, daß er etwas schaffen will mit meinen Zügen! Aber ich möchte wissen, ob er sie noch öfter sehen wird!"

„Das sollst Du erfahren, kleine Neugierde," meinte der Onkel, „wenn er nämlich ferner etwas darüber

schreibt. Der Brief hat mich lebhaft in die Zeit zurück-
versetzt, die ich selber in Rom zugebracht und seitdem
sind viele Jahre vergangen!"

„Und haben Sie niemals wieder Lust gehabt,
Italien wiederzusehen?" fragte Margaret, „jetzt schon
um Alfred's willen?"

Der Onkel schüttelte langsam den Kopf:

„Nein, nein, für mich sind die Zeiten vorbei,"
sagte er, „obgleich ich gestehe, daß ich den Alfred gerne
einmal inmitten seines Wirkens sähe!"

„Nicht wahr, er ist Dein Liebling?" fragte Johanna unbefangen.

„Ja wohl," lächelte der Onkel, „wenn man so
sagen will; er kommt direkt nach Dir, denn die Damen
haben natürlich immer den Vortritt!"

Ehe Johanna noch antworten konnte, kam Ludwig
zurück und begrüßte den Onkel, der ihm Alfred's Briefe
übergab.

„Die Damen waren nicht spazieren?" fragte er,

„Nein," sagte Johanna, „wir wollen jetzt gehen!"

„Und nehmt Ihr den alten Onkel mit?" fragte
der Medicinal-Rath.

„Wie gern!" sagten Beide und Johanna setzte
noch hinzu:

„Wen wirst Du aber führen, Onkel? ich werde
furchtbar neidisch, wenn Du Margaret vorziehst!"

Der alte Herr schmunzelte und Margaret sagte.

„So zwingst Du mich ja, Verzicht zu leisten!"

Ludwig sagte gar nichts, schüttelte nur den Kopf
und ging nach seinem Zimmer: „Mit mir scherzt Johanna niemals so!" —

Viertes Capitel.

Johanna stand in ihrem Wohnzimmer am Fenster
und schaute nachdenklich hinaus. Draußen sah es un-
wirthlich aus: der Himmel war in dichtes Grau gehüllt,
die Dächer der Häuser mit hohem Schnee bedeckt, und
immer noch fielen große Schneeflocken langsam zur Erde,
als sollte es mit dem Schneien kein Ende haben. Die
Straßen waren ziemlich menschenleer; wer nicht ganz
nothwendig draußen etwas zu thun hatte, blieb lieber
in der warmen Stube.

„Wie langsam die Schneeflocken niederfallen,"
dachte Johanna, „als hätten sie es durchaus nicht eilig
den Boden zu erreichen; so langsam gehen die Minuten
hin und wie viel langsamer noch die Tage! Früher
wünschte ich mir immer recht die Zeit für mich; jetzt,
da ich sie habe, weiß ich nicht, was damit anfangen
und wünsche mir oft Störung und Veränderung. Ludwig
sitzt vor Weihnachten auch gar zu viel zu thun, ist beständig auf seinem Studirzimmer beschäftigt und wenn
nicht — ich freue mich auf den nun bald eintreffenden
Gast. Ich erinnere mich seiner noch ganz genau; er
kam mit Ludwig an einem schönen Maitage, ein Jahr
vor unserer Hochzeit; wir waren so vergnügt mit einander, haben wir uns amüsirt, wie viel gelacht!
Ob er sich noch meiner erinnert, wie ich mich seiner?
Ludwig sagt, er habe ihn sehr lieb, er sei sein bester
Jugendfreund; damals habe er ihn zum ersten Male
wiedergesehen seit dem Gymnasium und er sei noch ganz
der Alte gewesen. Ich wollte, er brächte etwas Leben

in unser Haus! Sonst kam wenigstens der Onkel oft,
jetzt ist er schon mehrere Wochen leidend und muß das
Zimmer hüten; ich würde ihn öfter besuchen und mit
ihm plaudern, denn es plaudert sich so hübsch mit ihm
und er ist immer so freundlich zu mir, wäre nur nicht
immer die Mama da! Wie närrisch ich eigentlich bin!
Sie ist doch immer gut gegen mich gewesen, und doch
gehe ich nicht gern zu ihr: sie unterhält mich immer
von Ludwig's Vortrefflichkeit und läßt mich ein ganz
klein Wenig empfinden, daß ich ihm nicht ganz genügen
könne! Warum nur wohl nicht? etwa weil ich nicht
Alles ganz gut und schön finde, was er sagt? Sie betet
ihn an, betrachtet ihn als einen Gott, der nicht fehlen
kann. — Und das kann ich nicht!" sagte sie plötzlich
ganz heftig, „und er ist auch nicht immer gut gegen
mich, wenigstens dann nicht, wenn ich nicht gerade Alles
so machen will, wie er es wünscht. Ob das nur allen jungen
Frauen so geht? Da ist die Frau unseres neuen Geistlichen, die sieht immer so befriedigt und glücklich aus,
und wenn ihr Mann sie einmal ansieht — und er thut
es oft — so lacht sie mit dem ganzen Gesicht; Ludwig
stellt sie mir immer zum Muster hin; was kann ich
aber dazu, daß ich nicht immer lachen und glücklich sein
kann, wenn er mich ansieht? Ich sah neulich wie sie
ihm etwas zuflüsterte und gleich sein ganzes Gesicht er-
glänzte. Wie macht sie das? — Da kommen sie über
die Straße herüber, Marie an seinem Arm! Sie kommen
zu uns!"

Johanna ging ihnen die Thüre zu öffnen. Der
besprochene Geistliche, den wir Wilhelm nennen wollen,
trat, seine Frau am Arme, ein.

„Ei, sieh da, meine kleine Frau Collegin öffnet
uns selber die Thür! Der Herr Gemahl zu Hause?"

„Ja wohl," entgegnete Johanna, „treten Sie nur
näher, ich werde ihn gleich rufen lassen; indessen machen
Sie es sich bequem!"

„Wie geht es Ihnen, beste Johanna?" fragte
Marie, „Sie sahen ganz melancholisch aus, als wir Sie
am Fenster sahen!"

„Das Wetter ist aber auch zum Melancholisch-
werden," sagte ihr Gatte; „wir lassen es uns aber nicht
anfechten, sondern sind immer lustig und guter Dinge."

„Wie machen Sie das bloß?"

„Ei, wenn man glücklich ist?" antwortete Marie;
„nicht wahr, Wilhelm?"

„Gewiß, mein Kind," versetzte dieser. „Ich bringe
Ihnen übrigens, meine beste Frau Pastorin, heute eine
Nachricht, die Ihnen wenig Freude machen dürfte: Es
handelt sich um eine unangenehme Sache, in die sich Ihr
Bruder Eduard verwickelt hat."

„Eduard?" fragte Johanna erschrocken.

In diesem Augenblick trat Ludwig in das Zimmer.
Die beiden Geistlichen schüttelten sich die Hände, Ludwig
begrüßte Frau Marie und nickte Johanna zu.

„Sagen Sie mir nur erst," bat Johanna, „was
ist's mit Eduard?"

„Wie ich Ihnen schon sagte, eine Unannehmlich-
keit, die Eduard sich zugezogen, deren Folgen indessen
hoffentlich sich beseitigen lassen werden: Ein junger
Doctorand der Naturwissenschaften hatte seine Dissertation
eingereicht, um dadurch die Promotion zum Doctor zu
erlangen. Er hatte sich Eduard zu seinem Opponenten

erwählt und dieser hatte die Wahl auch angenommen.
Die aufgestellten Thesen waren für Eduard als Theologen
sehr subtiler Art: sie handelten von der Schöpfungsgeschichte und selbstverständlich auch speciell von der Er-
schaffung des Menschen. Der Doctorand, ein sehr ge-
scheuter, wohlunterrichteter Mensch, perorirte sehr scharf;
Eduard hielt ihm zuerst ganz gut die Stange, plötzlich
wird er befangen und giebt schließlich eine Menge Dinge
zu, welche zuzugeben er von seinem theologischen Standpunkte aus unmöglich verantworten konnte. Der Vor-
sitzende, unglücklicher Weise gerade der streng kirchlich
gesinnte Consistorialrath Dr. B., suchte ihn zu erinnern;
doch Eduard, anstatt einzulenken, gesteht frei, daß alles
was er gesagt, seine Ueberzeugung sei, die er nicht ändern
könne und wolle, und Sie können sich denken, welche
Mißstimmung gegen ihn diese Erklärung in unseren
Kreisen hervorrufen mußte. Gestern ist schon, wie nicht
zu verwundern ist, eine unangenehme Folge eingetreten:
die Probepredigt, die ihm für Sonntag über vierzehn
Tage zugesagt war, ist zurückgezogen und ihm von Oben
heute zu verstehen gegeben worden, er möge ein weiteres
Jahr theologischen Studiums dazu benutzen, seine Ansichten zu ändern um zum Prediger tüchtiger zu
werden, als er es bis jetzt zu sein scheine. Doch noch
nicht genug: Gestern Abend gab der Doctorand sein
Doctoressen, und Eduard war dabei der einzige Theologe
in einer ziemlich freidenkenden Versammlung. Die jungen
Leute waren lustig genug, Eduard am meisten, so, daß er
sich schließlich hinreißen ließ, eine Rede zu halten, welche,
allerdings geistreich genug, gestern mit großem Beifall
aufgenommen worden, leider aber heute schon in die
Oeffentlichkeit und bis zu den Ohren des Consistorial-
rathes gedrungen, Eduard nicht nur eine starke Rüge,
sondern, wie ich fürchte, möglicher Weise eine Verweisung
von der hiesigen Universität zuziehen kann. Ich bin
durch meinen Bruder, der der gestrigen Nacht beigewohnt hat, ganz genau unterrichtet und habe es für das
Beste gehalten, Ihnen die Sachlage sofort mitzutheilen,
damit Sie überlegen können, was am Besten zu thun
sei, um den schlimmsten Folgen vorzubeugen. Ich denke,
Sie können das Meiste dabei thun, da Sie beim Consistorium so gut angeschrieben sind als ich mich dessen
zum Beispiel nicht rühmen kann, und insbesondere des
Consistorialrath's B. rechte Hand sind, der am meisten
in dieser Sache mitzusprechen hat. Ich glaube, Sie
gehen nach einer Rücksprache mit Eduard sofort zu ihm
und werden dann wohl im Stande sein, die Sache wieder
so ziemlich in's Gleichgewicht zu bringen. Was meinen
Sie?"

„Der arme Eduard!" rief Johanna jetzt.

„Der arme Eduard!" wiederholte Ludwig, „nein,
sage lieber, der leichtsinnige junge Mann! Ihr Rath,
College, wäre schon ganz gut, nur ist eins, und zwar
das Wichtigste dabei zu bedenken: Eduard müßte zuvor
in sich gehen und von Herzen bereuen, was er gethan,
müßte an seine Brust schlagen und sprechen wie der
verlorne Sohn: ‚Vater ich habe gesündigt und bin
nicht werth, daß ich Dein Sohn heiße!' Wenn er das
thut, dann könnte ich mit gutem Gewissen meinen Einfluß auf den Consistorialrath geltend zu machen suchen,
der ja allerdings nicht ganz gering ist und ihn vor der
Schande der Relegirung bewahren; doch muß das von

seiner Seite erst geschehen, ehe ich einen Finger zu seinen
Gunsten rühre, erst muß er umkehren von dem breiten
Weg der Sünde, den er eingeschlagen!"

„Aber lieber Amtsbruder," stellte ihm Wilhelm
vor, „bedenken Sie doch wohl, was Sie thun! Eduard
ist ein Feuerkopf und wird Ihnen gegenüber kaum heute
zurücknehmen, was er gestern gesagt hat. Wir sind ja
Alle einmal jung gewesen, haben hin und wieder einen
leichtsinnigen Streich gemacht und sind erst nach und nach
zur Besinnung gekommen! Eduard ist ja sonst in Allem
ein tüchtiger, achtungswerther junger Mann! Jetzt müssen
Sie vor allen Dingen um seiner und Ihrer Familie
willen zu seinen Gunsten handeln; denken Sie an Ihre
Frau, an seinen würdigen Vater!"

Johanna hatte sich erhoben und schaute mit großen
Augen erwartungsvoll auf Ludwig.

„Es thut mir leid um seinen Vater," entgegnete
Ludwig, „und doch ist er bei der ganzen Sache nicht
ohne Schuld: Er hat gewußt, er mußte wissen, so
gut wie ich wissen, auf welchem Wege Eduard ging;
warum ist er ihm nicht schon lange energisch entgegengetreten? warum hat er dem Uebel, dem zu freien Denken
Eduards nicht schon lange gesteuert, ihn nicht zurecht gewiesen? Wie oft habe ich ihm in den Ohren gelegen,
Eduard auf den richtigen Heilsweg zu führen! immer
hat er entgegnet, er werde sich schon selber durcharbeiten,
es sei ein prächtiger Kern in ihm! Nun kommt der Kern
zum Vorschein und der Vater erntet die Früchte seiner
Saat oder vielmehr seiner Unthätigkeit!"

„Wie!" rief Johanna, und ihre Lippe zitterte, „so
sprichst Du von meinem Vater, von meinem guten, meinem
treuen Vater, der alles an uns gethan hat, dem wir
alles verdanken! Eduard hat unrecht gehandelt, denn er
hätte sie denn, was er thut und sagt, an seine Eltern
denken sollen, aber noch mehr unrecht würde es von Dir
gehandelt sein, wenn es in Deiner Hand läge, Eduard
herauszureißen und Du thätest es nicht! Und willst Du
es nicht thun um seinetwillen, so mußt Du es um der
Eltern und um meinetwillen thun!"

Wilhelm und Marie schauten erstaunt auf die junge
Frau, deren Gesichtsausdruck, in der Regel ein milder,
sich vollständig geändert hatte: Alle Sanftmuth war
aus ihrem Antlitz geschwunden, die sonst so träumerischen
Augen blitzten in gewaltiger Aufregung.

„Es thut mir wirklich leid," sagte Ludwig, „Dir
nur bedingungsweise ein Versprechen geben zu können;
nur im Falle Eduard verspricht, sich ganz und gar meiner
Leitung zu überlassen, umzukehren und einen anderen
Menschen anzuziehen, werde ich ihm meine Hand bieten,
sich wieder daran aufzurichten!"

„Das kann er nicht und das wird er auch nicht!"
entgegnete Johanna und trat hart vor Ludwig hin. „Ich
bitte Dich," sagte sie und faßte seine beiden Hände, „ich
bitte Dich Ludwig, thue was Du kannst und ohne Bedingungen!"

„Meine liebe Johanna," sagte Ludwig etwas betreten, „ich würde es wirklich sehr gern thun, aber ich
kann nicht!"

Er fuhr ihr zärtlich mit der Hand über die Wange.

„Du kannst, Ludwig, denn Du giltst viel beim
Consistorialrath; noch einmal bitte ich Dich, thue es;
denke an den Vater, die Mutter, an ihren Kummer,

wenn Eduard wirklich schimpflich weggejagt würde!" und bittend faltete sie die Hände.

„Aber College," nahm Wilhelm das Wort, während Mariens Augen fast zornig auf Ludwig ruhten, „wie können Sie Ihr liebes Frauchen so bitten lassen, „es ist doch ganz billig, was sie verlangt! Wir müssen einmal auch etwas thun können, was nicht ganz richtig nach unserer Ueberzeugung ist, zumal, wenn wir etwas Gutes dabei bezwecken, wie es diesmal der Fall ist; denn wir können mit Recht bei einem jungen Mann von Eduards Gaben hoffen, daß die Zeit manches zu der Veränderung in seinen Ansichten thun werde und können es erleben, daß aus ihm trotz alles Vorgegangenen in späterer Zeit ein ganz wackerer Vertreter unserer christlichen Kirche werden kann. Geben Sie Ihrer Frau das verlangte Versprechen und handeln Sie alsogleich!"

„Ich kann nicht!" entgegnete Ludwig. „Gottesdienst geht vor Menschendienst! Ich darf nicht gegen meine Ueberzeugung handeln! — Meine Johanna," sagte er zu dieser, die seine Hände los ließ, „nicht einmal Dir zu Liebe! Sei mir nicht bös, sondern sage Dir es selbst: Du könntest ja den Mann nicht achten, der äußerer Umstände und um Deinetwillen etwas thäte, was nicht recht ist! Ich werde zu Eduard gehen und ihm meine Meinung sagen; vielleicht gelingt es mir, ihn in's Gewissen zu treffen und ihn, jetzt, wo er vielleicht zerknirscht ist und die bösen Folgen seiner Handlungsweise vor sich sieht, zur Rückkehr zu bewegen. Meine liebe Johanna wird das wohl einsehen!" und er wollte die Arme um sie legen und sie an sich ziehen.

Aber Johanna wich zurück, einen stolzen Blick auf ihn werfend, einen Blick, den man in ihren Augen noch nicht gesehen und schwerlich gesucht haben würde; sie wandte sich und ging ohne Gruß hinaus, die Drei in momentaner Verlegenheit zurücklassend.

„Nun," sagte Wilhelm nach einer kleinen Pause, „wenn Sie nur auch das Rechte verlangt! Ich hätte solchen bittenden Blicken meiner Frau nicht widerstehen können! Es ist etwas Schönes um die Geistesstärke, aber hier, wo die Ruhe einer ganzen Familie davon abhängt, ist meine Meinung, hätten Sie doch eine Ausnahme machen müssen!"

„Ich weiß, daß Sie so denken," antwortete Ludwig. „aber ich meine, meine Festigkeit gereicht mir nur zur Ehre. Was ich thue, thue ich alles zur Ehre Gottes!"

„Ich würde nicht so bald wieder gut mit Ihnen, wäre ich Johanna," sagte Marie; „ich werde mich einmal nach ihr umsehen!"

„Das thun Sie!" entgegnete Ludwig. „aber ich bin überzeugt, Sie werden sie schon ganz ruhig wieder finden. Sie hat mich lieb, kennt meine Ansichten und achtet und ehrt sie."

Doch suchte Marie die junge Frau vergebens: nirgends war sie zu finden; bei der Nachfrage beim Mädchen berichtete diese, daß Johanna ausgegangen sei.

„Das wäre!" sagte Ludwig, als er es erfuhr, doch etwas unruhig werdend, „bei diesem Wetter! Wo mag sie hin sein?"

„Sie wird zu Eduard gegangen sein!" meinte Wilhelm; „das ist die natürlichste Erklärung."

„Nein, das thut sie nicht," entgegnete Ludwig. „und doch, wo wäre sie sonst?"

„Wollen Sie ihr nicht lieber nachgehen, sie war so aufgeregt?" fragte Marie; „wir empfehlen uns gleich!"

„Nein, bitte, bleiben Sie ruhig hier; wir wollen erst sehen, ob sie nicht gleich zurückkommt."

Johanna kam aber nicht wieder. Als sie die Stube verließ, war es ihr gewesen, als sei etwas in ihrem Herzen zerrissen. Sie hatte oft schon das Gefühl des Unmuthes gegen Ludwig empfunden, heute war es mehr, es war das Gefühl des lebhaften Zornes. Sie legte Mantel und Hut an und eilte hinaus. Sie mußte zu Eduard; sie ging den nächsten Weg durch enge Gassen nach seiner Wohnung, ohne Schirm, nicht darauf achtend, daß die Schneeflocken ihr in's Gesicht flogen und ihre ganze Gestalt in einen weißen Mantel hüllten. Ihre Wangen brannten und die Nässe und Kälte thaten ihr wohl.

Als sie nicht mehr weit von Eduard's Wohnung entfernt war, fuhr ein geschlossener Wagen etwas hart an ihr vorüber. Er kam augenscheinlich von der Bahn, denn ein Koffer war oben aufgepackt. Darauf hatte aber Johanna gar nicht geachtet, sie hatte nur vorüberfliegend ein aufmerksam sie betrachtendes Augenpaar bemerkt; sie kannte es, wußte aber im Augenblicke nicht, wohin sie es thun sollte. Sie hatte sich umgewandt und traf wieder mit den Augen zusammen. Der Insasse des Wagens, ein junger blonder Herr, schien auch seinerseits Interesse an ihr zu haben, denn er hatte den Kopf an die Scheiben des Wagens gepreßt und schaute rückwärts. Einen Augenblick war sie fast ärgerlich auf sich selber, doch hatte sie nicht Lust, lange bei der Begegnung zu verweilen, noch über dieselbe nachzudenken; sie eilte vorwärts und erreichte das Haus, darin Eduard wohnte.

Sie traf denselben zu Haus, an seinem Tische sitzend und mit Schreiben beschäftigt. Er sprang auf, als sie eintrat.

„So weißt Du schon die ganze Geschichte, Johanna," rief er ihr zu, „und kommst nun, um mir Vorwürfe zu machen!"

Johanna schüttelte den Kopf.

„Nein Eduard," sagte sie, „darum komme ich nicht! Ich dachte, Du seiest unglücklich und da wollte ich Dich trösten."

„Gute Johanna, das habe ich gar nicht verdient! Aber unglücklich bin ich nicht, nein, ich bin glücklich, wenn auch bedingungsweise. Du verstehst mich nicht, und woher solltest Du auch! Aber denke Dir einen Menschen, der seit Jahren unter einem herben Zwange geschmachtet, der ihm seinen ganzen Lebensmuth getrübt hat, einen Sclaven, der eine Kette getragen, die ihn zu Boden drückt, denke Dir einen Vogel, der lange Zeit in einen Käfig gesperrt gewesen; und dann denke Dir, daß der Mensch plötzlich vom Zwang sich befreit, daß der Sclave die Kette gesprengt, daß der Vogel dem Käfig entflohen. Werden sie sich nicht glücklich fühlen? Johanna, der Mensch, der Vogel bin ich: ich habe mich frei gemacht und will mich frei machen. Frei in meinem Denken, meinem Fühlen, zum ersten Mal seit Jahren! Kannst Du mich verstehen, weißt Du, daß ich da glücklich sein muß?"

„Ob ich das verstehe?" antwortete Johanna mit dumpfem Ton; „ich glaube ja! — Und die Eltern?" fragte sie dann vorwurfsvoll.

„Ja, die Eltern!" wiederholte Eduard, „das ist das
Schlimme. Sieh, wenn ich mich nicht immer davor gefürchtet hätte, ihnen solchen Kummer zuzufügen, weiß
Gott, ich hätte nicht so lange gezögert, die Fesseln ab-
zustreifen, die mich hier umgeben, mich an diese Stube,
diese Bücher binden! Aber immer dachte ich, ich könnte
mich um ihretwillen fügen, könnte um ihretwillen einen
Lebensweg einschlagen, der mir in tiefster Seele zuwider ist!"

„Und mußtest Du Dich denn auf diese Weise frei
machen, Eduard?"

„Ja, sieh Johanna, der Vorwurf trifft mich und
würde mich noch mehr treffen, hätte ich vorsätzlich gehandelt, wie ich handelte. Als ich vorgestern in der
Versammlung stand und Dinge abstreiten, ja, zu Schanden
machen sollte, die mir die tiefste Lebensweisheit zu enthalten schienen, als ich gegen meine innere, feste Ueberzeugung sprechen sollte, da war plötzlich meine Zunge
wie gelähmt und dann mußte ich sagen, was ich dachte,
und hätte es mein Leben gekostet!"

„Und die Folgen?" fragte Johanna.

„Die werde und kann ich tragen!" rief Eduard
mit erhobener Stimme und blitzenden Augen. „Wenn
ich sie nur allein zu tragen hätte! aber daß Ihr Alle
sie theilen müßt, das ist einzig, was mich traurig macht,
das ist es, was mir ein wenig das Glück der neuge-
wonnenen Freiheit trübt! Ich werde arbeiten und will
schon durch die Welt kommen und denke ein brauchbarer
Mensch zu werden! — Höre mich an, Johanna, was
ich Dir zu sagen habe! doch erst frage ich: Willst Du
mir helfen, willst Du etwas für mich thun?"

„Alles, was ich kann, theurer Eduard," rief Johanna,
„denn ich verstehe Dich! Ich habe Dich seit jener Scene
im Garten, wo ich zum ersten Male etwas von Deinen
Kämpfen merkte, oft beobachtet und gesehen, daß Du
nicht glücklich warst; und mehr noch: ich glaube, daß
Du jetzt nicht anders handeln konntest!"

„Johanna!" rief Eduard und faßte ihren Arm.
„Habe Dank für diese Worte, die ich von Dir niemals
erwartet hätte und die die erste und vielleicht einzige Zustimmung von meiner Familie enthalten; habe Dank!
So giebst Du mir nicht ganz Unrecht?"

„Nein," entgegnete sie fest, „ich gebe Dir Recht!"

„So höre!" —

In diesem Augenblicke wurde an die Thüre geklopft
und Ludwig trat herein.

„Ich komme, mein Weib zu holen! sagte dieser.
„Es ist Unrecht von Dir, Johanna, so fortzulaufen, ohne
mir ein Wort davon gesagt zu haben!"

„Es mag sein," entgegnete Johanna, diesmal bei
Ludwigs Tadel, den sie in ähnlicher Weise so oft ruhig
hingenommen, vor Unwillen erröthend, „es mag sein;
ich hätte Dir Adieu sagen sollen, ich konnte mich aber
der Gäste willen, die ich damit an den Aufbruch gemahnt,
nicht wohl empfehlen. Mein Herz zog mich zu meinem
Bruder."

„Ich will," sagte Ludwig zu Eduard gewandt, „Dir
eine Vermittlung zwischen dem Consistorialrath und Dir
vorschlagen, die Dir mit Gottes Hülfe viel Unannehmlichkeiten ersparen soll, wenn Du sie annimmst. Dazu
mußt Du mir aber eine schriftliche Erklärung folgenden
Inhaltes ausstellen: daß Du bei Deiner Handlungs-

weise vorgestern und gestern Dich übereilt hast; daß nur
eine augenblickliche Verblendung Deine Sinne gefangen
nahm und Dich dazu brachte, Deine Grundsätze in einem
Sinne darzulegen, welcher im Gegensatz zu Deiner bisherigen Denkweise steht; daß Du zugiebst, einen falschen
Weg eingeschlagen zu haben, daß Du dessen aber bewußt und auf den richtigen Weg zurückkehren willst.
Außerdem mußt Du persönlich zum Consistorialrath Dr.
B. gehen und um seine Verzeihung für die Invectiven,
die Du gegen ihn geschleudert, bitten. Willst Du das
thun, so glaube ich Dir versprechen zu können, daß das
Consistorium in diesem Falle ein Auge zudrückt und den
reuigen Sünder wieder in seinen Arm aufnimmt und
daß Du mit einer leichten Rüge davon kommst. Du
studirst dann ruhig noch das Jahr durch, wie es gewünscht wird und suchst Dich unter meiner Leitung nach
meiner Richtung hinzuarbeiten."

„Es thut mir leid, lieber Schwager," entgegnete
Eduard, „daß ich Deine Vermittlung ausschlagen muß,
denn das, was Du von mir wünschest, ist mir unmöglich
zu thun. Abgesehen davon, daß der Vater wirklich
nicht im Stande ist, mich noch ein Jahr studiren zu
lassen, könnte ich doch kein Wort von dem zurücknehmen,
was ich als meine feste, innere Ueberzeugung vor Aller
Ohren ausgesprochen habe. Nähme ich also gegen meine
Meinung auch nur einen Buchstaben wieder davon zurück, so müßte ich mich selbst verachten!"

„So habe ich nichts weiter zu sagen," erwiderte
Ludwig, „und kann nur zu Gott beten, daß er Dich er-
leuchten möge und mache Dich jetzt Dir selbst überlassen.
Was gedenkst Du aber zu thun, wenn Du relegirt wirst?"

„Ich bin es ja noch nicht," antwortete Eduard
vollständig kalt und ruhig, „und will erst abwarten,
ob ich es werde, ehe ich meine Entschließungen treffe!"

„Da wirst Du nicht lange zu warten haben!"
versetzte Ludwig, „die Strafe wird auch hier, wie in so
vielen Fällen, dem Verbrechen auf dem Fuße folgen.
Denkst Du denn aber gar nicht an Deine Eltern? welch
ein Schlag es für sie ist, der sie trifft wie ein Blitz
aus heiterem Himmel! welch eine Schande Du über
ihr Haus bringst! Komm, reiche mir Deine Hand, laß
Dich zurückführen, Du verlorener Sohn!"

In Eduard's Antlitz zuckte und arbeitete es.

„Es thut mir wehe genug, daß ich meinen armen
Eltern diesen Kummer bereiten muß. Mache ich aber
Ihnen jetzt Schande, so wird mein ganzes fernstes Leben
darauf gerichtet sein, ihnen zu vergelten, was sie an
mir gethan."

„Ist das Dein letztes Wort, schlägst Du hartnäckig meine helfende Hand aus?"

Als Eduard bejahend nickte, fuhr Ludwig in hartem
Tone fort:

„So komm, Johanna; es ist nichts zu hoffen bei
solch verstocktem Sünder!"

„Schwager, nimm Deine Worte in Acht! Dir bin
ich keine Rechenschaft über mein Thun und Handeln
schuldig, sondern nur dem Vater!"

„Komm, Johanna," sagte Ludwig.

„Nein," entgegnete diese, „ich habe mit meinem
Bruder erst noch etwas zu besprechen. Gehe allein, ich
folge Dir in kurzer Zeit!"

„Ich wünsche, ich befehle Dir, daß Du kommst!"

Johanna richtete sich hoch auf.

„Ich komme," sagte sie, „lebe wohl, Eduard! Ich erwarte Dich heute Abend um sieben Uhr bei mir in meiner Stube. Du wirst dagegen wohl nichts einzuwenden haben!" wandte sie sich zu Ludwig.

„Wenn Eduard nach der Unterredung, die wir soeben gehabt und nach dem, wie ich seine Weigerung auffasse, daß ich ihn nämlich für verloren betrachte, noch in mein Haus kommen will, nein!"

„Da Du es erlaubst, werde ich mir diese Freiheit noch für ein einziges Mal nehmen. Lebe wohl, liebe Schwester! ich komme, ich habe Dir noch viel zu sagen!"

„Lebe wohl, ich erwarte Dich!"

Die Gatten gingen. Ludwig bot Johanna nicht wie gewöhnlich seinen Arm; schweigend wanderten sie neben einander. Das Wetter war womöglich noch schlimmer geworden; der Schneefall hatte sich in ordentliches Schneegestöber verwandelt; der Wind blies heftig und jagte sie vorwärts. Ludwig schaute zuweilen nach Johanna, als erwartete er ein entschuldigendes Wort, doch lag in seiner Miene dabei nichts Entgegenkommendes, eher ein Abweisen; Johanna aber schien mit andern Gedanken beschäftigt, und nichts in ihrem Antlitz zeigte, daß sie daran dachte, sich i'm zu nähern.

Sie hatten ihr Haus erreicht ohne ein Wort gewechselt zu haben; Johanna trat ein, und Ludwig bemerkte, nach der Uhr sehend:

„Es ist jetzt sechs Uhr; ich gehe aus und kehre nicht vor zehn Uhr zurück. Ich hoffe, daß Du dann Deine Unterredung mit Eduard beendet haben wirst?"

Johanna nickte nur; er zog den Hut und ging, verwundert, daß sie ihn gehen ließ. Er ließ sie wohl Abends zuweilen allein, doch nie ging er vor dem Abendbrod und kehrte immer bald wieder. Jetzt hatte er sie strafen wollen und erwartete, sie werde ihn zurückzuhalten suchen. Er hätte sich nicht halten lassen, o nein, aber er hätte doch seinem Unwillen Worte geben können! denn er war wirklich unwillig auf Johanna. Sein Weib, das Weib, das Gott nicht genug danken konnte, einen so glaubensstarken Mann zum Gatten zu haben, stellte sich in einer solchen Sache beinahe auf die Seite des Bruders, des Bruders, der in jeder, und besonders in geistlicher Hinsicht, so tief unter ihm stand! Nein, das war zu toll! Er mußte es Johanna gleich gründlich fühlen lassen, wie sehr sie im Unrecht sei, wie tief sie ihn gekränkt, wie strafbar sie gehandelt! Er wollte abwarten, wie sie ihm den ersten Schritt wieder entgegen thue, wie sie es je immer vor ihm gethan, und dann wollte er ihr ernstlich in's Gewissen reden, sie streng ermahnen, das Uebel mit der Wurzel ausrotten, ehe er ihr verzieh.

Unter diesen Gedanken hatte er den Weg nach des Onkels Wohnung eingeschlagen; er mußte seinem Zorne Luft schaffen, und wo konnte er das besser thun, als bei seiner Mutter, die ihn in solchen Dingen am besten verstand! Wenn er es bedachte, wie viel mehr hatte doch sein Vater von seiner Frau gehabt, als er von Johanna! Oft war Johanna so schüchtern, daß sie gar nichts zu sagen wagte, wenn es Andern gegenüber irgend eine Ansicht zu vertheidigen galt, und manchmal, wie eben heute, gab sie sich und ihm eine solche Blöße! Und gerade Wilhelm gegenüber, über welchen er so gern ein Uebergewicht erlangt hätte!

Er war an seinem Ziele angelangt. Die Mutter kam ihm entgegen.

„Wie gut von Dir, in diesem Wetter nach mir zu sehen!" sagte sie zu ihm. „Aber Du siehst nicht vergnügt aus; was ist geschehen?"

„Ich bin in gerechtem Zorne," antwortete Ludwig und erzählte ihr das Vorgefallene.

Wie er erwartet, fand er vollständige Anerkennung, während Eduard und Johanna scharfer Tadel traf.

„Ueberhaupt," setzte die Mutter hinzu, „Johanna sitzt viel zu viel über ihren Büchern. Ich würde es an Deiner Stelle gar nicht dulden! Ich will nichts darüber sagen, daß der Haushalt natürlich auch darunter leiden muß; aber ich meine vor allen Dingen, das viele Lesen taugt gar nicht für sie! Wozu dient es auch? Es verdreht ihr nur den Kopf und läßt sie allerlei Ansichten auffischen, die sie dann zu den ihren macht und nachher am unrechten Orte auskramt."

„Ich glaube fast," sagte Ludwig nachdenklich, „Du hast Recht, wenn auch nicht unbedingt. Es wäre vielleicht gut, wenn ich mich etwas mehr darum kümmerte, was Johanna liest; ich habe das versäumt und Gott weiß, in welche Lectüre sie vertieft ist. Ich werde einmal ihre Bücher nachsehen und confisciren, was mir nicht gut dünkt und werde sie ein wenig zu beschränken suchen! Sie ist aber ziemlich viel allein und da sie wirklich sehr häuslich ist, hat sie Zeit genug zum Lesen."

„Ja, warum sitzt sie eigentlich immer zu Hause?" antwortete die Mutter. „Es sind wenigstens zehn Tage, daß sie nicht hier gewesen ist; der Onkel hat schon zweimal nach ihr gefragt. Lasse sie öfter zu uns kommen, es kann nur profitabel für sie sein! Und nun begrüße den Onkel; ich werde für den Thee sorgen, Du nimmst ihn doch bei mir?"

Ludwig nickte. Seine Mutter hatte möglicher Weise gar nicht so Unrecht. Es war vielleicht für eine so junge Frau, wie Johanna, am besten, sie lese so wenig wie möglich und kümmerte sich nur um ihren Mann, den Haushalt und später um die Kinder. Sie käme dann sicher auf weniger thörichte Gedanken, schlösse sich mehr den Ansichten ihres Mannes an, anstatt, wie das schon vorgekommen, sich eine verkehrte Ansicht aus diesem oder jenem Buche anzueignen. Was brauchte eine Frau eigentlich mehr! So wie er es früher geträumt, daß er jeden Gedanken mit seinem Weib theilen konnte, war es ja doch nicht! Er mußte, wenn auch ungern, sich zugestehen, daß sie ihn nicht unbedingt bewunderte, wie er so fest es erwartet hatte. Es war eigentlich merkwürdig, wie Johanna so wenig glücklich schien! Wie viel hatte sie doch im Vergleich zu früher errungen! Da war sie auf dem Lande gewesen, unbeachtet von Allen; jetzt war sie eine Frau, hatte eine geachtete Stellung, Alles was ihr Herz nur wünschen konnte, konnte Gesellschaft sehen, wenn sie danach verlangte, ja, er hatte es sogar gern, wenn viele der Pfarrfamilien aus der Stadt und Umgegend zu ihm kamen: sein Haus sollte ein gastfreies sein! Er hatte Johanna auch hin und wieder in ein Concert geführt und es gern gehört, wenn Johanna schön gefunden wurde. Wirklich, es fehlte nichts zu ihrer Zufriedenheit! Warum war sie im Ganzen doch so still, so wenig heiter? Freilich erinnerte er sich, daß er, als sie mit einigen jungen Mädchen so ausgelassen gewesen, sie nachher ermahnt hatte, doch niemals ganz ihre geistliche Würde, die sie als Pastorenfrau habe, aus dem Auge zu setzen, die ihr nicht erlaubte, sich ganz so ungenirt zu bewegen, als diese jungen Dinger. Aber ein richtiges Maaß wußte sie eben nicht zu halten! — Jetzt aber schien es ja, als sei Aussicht vorhanden, daß sein größter Wunsch dereinst erfüllt würde, daß er Vater würde! trat dies Ereigniß ein, so war dies für Johanna a dann auch ein neues Glück, seinen Sohn auf den Armen zu wiegen, eine neue Würde für sie, ein neuer Sporn, ihr Glück zu verdienen!

Bei diesen Gedanken blieb Ludwig stehen und eine Weile wurde es ihm ganz warm um's Herz, so daß er einige Minuten mit Bedauern daran dachte, sich mit Johanna entzweit zu haben und ihr fern zu sein. Doch bald ging diese natürliche gute Regung wieder vorüber, und als der Onkel jetzt eintrat, sprach er sich von Neuem in seinen Zorn, als er ihm das Vorgefallene mittheilte.

Merkwürdiger Weise blieb der Onkel ganz ruhig bei seiner Erzählung, ja lächelte sogar zuweilen, und am Schluß sagte er nur:

„Ei, ei, da wird ja der Eduard am Ende noch gar fahnenflüchtig! hätte ich nicht gedacht!"

Johanna war indeß in ihr Haus eingetreten. Auf dem Tische fand sie eine Visitenkarte: ‚Victor Schreier' stand darauf und die Bemerkung, daß er sich erlauben würde, am Abend wiederzukommen.

Oh, nun wußte sie, wessen Augen es gewesen waren, die auf dem Wege zu Eduard den ihren begegnet waren, wußte, daß sie dem Freunde Ludwig's angehörten, dem jungen Manne, mit dem sie einst so heitere Stunden verlebt. Würde sie wieder so fröhlich mit ihm sein, so ausgelassen, wie damals? Ach, wohl kaum, es war ja jetzt Alles so ganz anders! Sie war nicht mehr das fröhliche, sorgenlose Kind vergangener Tage, nein, sie war eine Andere, Ludwig's Frau, eine Pastorenfrau! Sie dachte dann, wie sie einst bei den Gedanken gelacht hatte; jetzt lachte sie nicht mehr: es war wirklich etwas Anderes, etwas Ernsteres!

„wenigstens wenn der Mann so strenge Ansichten hat!" fügte sie hinzu, „wie Ludwig, denn Marie ist immer heiter und ihr Gatte auch!" Also lag es nicht nur in ihr, es lag auch in Ludwig!

Sie mochte nicht weiter denken, nicht weiter forschen, sie kehrte zu dem Gaste zurück. Würde er heute kommen, ehe noch Ludwig zurückgekehrt, so mußte sie ihn allein empfangen. Wie würde er sie finden? Jetzt gerade lastete die Sorge um Eduard auf ihrem Herzen, und das Verhältniß zu Ludwig drückte sie. Das Letztere war diesmal so besonderer Art: Johanna fühlte, sie würde nicht zuerst zu ihm gehen, denn fest stand es und klar in ihrem Bewußtsein: sie hatte recht gehandelt, und das gab ihr ein Uebergewicht über ihn! Wie sollte es aber werden? denn Ludwig war gewiß nicht, das wußte sie von früheren kleinen Zwistigkeiten, wo sie manchmal versucht hatte abzuwarten, ob nicht von Ludwig eine Annäherung ausgehen würde! Das war dann nie geschehen! Freilich hatte sie es auch niemals ausgehalten, lange Zeit verstreichen zu lassen! Wie unangenehm, daß nun gerade der Freund kam! Würde er nicht gleich die Differenz zwischen ihr und ihrem Gatten gewahr werden, würde denken, sie sei unglücklich? Der Gedanke war

ihr unangenehm; sie nahm sich vor, ganz unbefangen zu sein, auch ihrem Gatten gegenüber, zu thun, als sei nicht das Geringste vorgefallen. Es würde ihr schwer werden, es würde ihr Selbstüberwindung kosten, indessen, es würde schon gehen!

Jetzt erinnerte sie sich daran, daß Eduard jede Minute kommen konnte. Sie bestellte den Thee in ihre Stube und ging, Eduard zu erwarten, nachdem sie das Mädchen angewiesen, sie zu rufen, wenn der Herr wiederkommen sollte, der am Nachmittag dagewesen.

Eine Viertelstunde verging, dann kam Eduard. Er sah bleich und aufgeregt aus.

„Komm," sagte Johanna, „setze Dich zum warmen Ofen, Du bist ganz durchfroren, ich gebe Dir eine Tasse heißen Thee! Willst Du nicht, es wäre Dir doch gewiß gut?"

„Nein, Johanna, ich kann jetzt nichts genießen, ich muß Dir erst sagen, was ich Dir mitzutheilen habe. Ich habe eben noch einen Auftritt mit Karl gehabt, und Du kannst Dir denken, daß wir in Unfrieden auseinander gegangen sind. Ich bin auf alle diese Kämpfe gefaßt und konnte nichts anderes erwarten; aber es hat mich doch mehr, als ich dachte, aufgeregt. — Liebe Johanna, ich habe heute meine bestimmten Entschlüsse gefaßt, Entschlüsse, die eigentlich schon lange gefaßt waren, aber nur des günstigen Augenblicks zur Ausführung harrten. Du siehst mich heut für lange Zeit zum letzten Male: Ich verlasse die Heimath, die Eltern, Euch Alle, um mir einen Weg durch die Welt zu bahnen; und zwar werde ich gehen, ohne die Eltern wiedergesehen zu haben, ohne daß sie etwas davon wissen!"

„Ach, Eduard!" unterbrach ihn Johanna.

„Gieb Dir keine Mühe Einwendungen zu machen, das ist längst- und festbeschlossene Sache; ich trete den Eltern nicht wieder vor die Augen, bis ich ein ordentlicher, achtungswerther Mensch geworden bin, bis sie mit Stolz auf mich sehen können, bis ich ihnen eine Stütze sein kann!"

„Wo willst Du aber hin?" fragte Johanna.

„Laß das für jetzt mein Geheimniß bleiben," antwortete Eduard; „glaube mir aber, daß ich nicht plan- und zwecklos in die Welt zu gehen gedenke, sondern daß ich genau weiß, was ich will und was ich zu thun habe! Ich gehe auch nicht ohne gegründete Hoffnungen, bald etwas für mich ausfindig zu machen, denn da ich, wie ich Dir sagte, schon lange über den Plan gebrütet, habe ich mir Empfehlungen von verschiedenen Seiten zu verschaffen gewußt. Glückt es mir, wie ich glaube und hoffe, so wirst Du bald Näheres von mir hören. Jetzt gebe ich Dir zwei Briefe, einen an den Vater, den andern an Margaret: ich bitte Dich, fahre hinaus und gieb sie ihnen persönlich ab; sage den Eltern, wie leid es mir thue, sie so betrüben zu müssen, sage ihnen aber auch, daß ich es mit dem besten Willen nicht habe ändern können! Sei ihnen ein Trost und sprich für mich!"

„An Margaret?" fragte Johanna verwundert, als sie die Briefe nahm, setzte aber schnell hinzu: „Ich will alles thun, was Du willst! Wann soll es geschehen?"

„Nicht vor drei Tagen," entgegnete Eduard, „bis dahin bin ich über alle Berge und noch ist kein Gericht von der Sache bis zu ihnen gedrungen, da Karl mir versprochen hat zu schweigen, weil ich ihm sagte, ich werde Alles dem Vater am liebsten selbst mittheilen, und Ludwig zu veranlassen, nicht zu schreiben, übernimmst Du wohl, wenn er überhaupt daran denken sollte, es zu thun, was ich nicht glaube."

„Weiß Karl, daß Du gehst?"

„Gott bewahre! weder er noch Ludwig dürfen es wissen ehe ich fort bin, was bald genug geschehen wird, denn mein Koffer ist gepackt und schon aus dem Hause geschafft. Meine Wirthe haben die Anweisung, Jedem, der nach mir fragen kömmt, zu sagen, ich sei nicht zu Hause; es wird aber kaum Jemand kommen, denn Karl ist erzürnt auf mich, und der Scene mit Ludwig hast Du ja beigewohnt!"

„Hast Du denn Geld zur Reise, Eduard?"

„Nicht gar viel, aber doch einiges; mache Dir nur keine Sorge um mich, Kind, ich komme schon durch!"

Johanna stand auf und ging zu ihrem Schreibtisch, aus dem sie eine kleine Börse herausnahm.

„Ich bitte Dich, nimm das noch!" sagte sie fast schüchtern, und als er abwehren wollte, setzte sie hinzu: „Ich bitte Dich darum, Du mußt es thun! Habe auch keine Angst, es ist mein Geld: der Onkel gab es mir zu meinem Geburtstage, zu Büchern, wie er sagte und andern kleinen Weihnachtsausgaben; und zwei Thaler sind dabei vom Vater. Also thue mir die Liebe! Es würde mich schmerzen, würdest Du es zurückweisen!"

„Nun denn, liebe Schwester," entgegnete Eduard gerührt, „so will ich es als ein Darlehn betrachten; ich danke Dir, es wird mir gut zu statten kommen. — Ueberhaupt Johanna," fügte er hinzu, „Du warst mir heute ein großer Trost und wirst es mir ferner sein, wenn Du mir später schreibst und Nachricht von Allen zukommen läßt. Und nun lebe wohl!"

„Und soll ich Dich nicht wiedersehen?" sagte Johanna klagend, „es war immer die größte Freude für mich, wenn Du zu mir kamst! Ach, auf wie lange denn?"

„Nur Muth, Kind! hoffe mit mir auf die Zukunft! Nochmals, lebe wohl!"

Er umarmte sie innig und ging; Johanna gab ihm das Geleit bis zur Hausthür. Als er in die Nacht hinaustrat und es um ihn wetterte und schneite, zog sich ihr Herz krampfhaft zusammen.

„Wie wird es ihm gehen, da draußen in der weiten Welt," dachte sie, „er geht so stolz dahin, so stolz und muthig!"

Als sie die Thür geschlossen und in die Stube zurückging, wurde geklopft. Johanna, die nur an den Bruder dachte und meinte, Eduard komme zurück, er habe noch etwas ihr zu sagen vergessen, öffnete von Neuem: das Licht der Hausflur fiel auf eine schlanke Gestalt, die grüßend näher trat — es war Victor. Johanna erröthete, als sie ihm die Hand bot, ihn zu begrüßen. Er fühlte ihre Hand mit dem Ausdrucke der lebhaftesten Freude an seine Lippen und sagte:

„So grüße ich Sie als meines besten Freundes Frau wieder!"

Als Ludwig am Abend nach Hause kam, fand er seine junge Frau mit rosigen Wangen auf dem Sofa sitzen, seinen Freund neben ihr, in einem heitern Gespräche begriffen. Johanna barg auf ihrem Antlitz den Ausdruck des unschuldigen Vergnügens, wie sie ihn zu Hause fast stets gehabt, in letzter Zeit aber fast vollständig eingebüßt hatte. Sie begrüßte ihn ganz unbefangen und rief ihm zu:

„Sieh', lieber Ludwig, welche schöne Ueberraschung Deiner wartet! Herr Victor war ganz ungeduldig und konnte kaum die Zeit erwarten, bis Du zurückkamst, so hatte er sich auf das Wiedersehen gefreut!"

Ludwig hatte Victor's Umarmung herzlich erwidert und die beiden Freunde hatten die Bewillkommnungsworte getauscht. Jetzt dachte Ludwig an Johanna; hatte sie wirklich den Streit von vorhin ganz vergessen, oder stellte sie sich nur so lustig und unbefangen? Jetzt, während der Anwesenheit des Gastes konnte auch er nichts anders thun, er mußte denselben Ton anschlagen.

Die Freunde hatten sich viel zu sagen, doch war das Erste ein Compliment, welches Victor seinem Freunde machte, als Johanna für einen Augenblick das Zimmer verlassen hatte, über das gute Glück, eine solche Gattin wie Johanna heimgeführt zu haben.

„Ich habe meinen Ohren nicht getraut, als ich es hörte," setzte er hinzu, „denn ich will es Dir nur gestehen, daß ich mich noch acht Tage lang wirklich lebhaft mit dem allerliebsten jungen Mädchen beschäftigt habe, das ich bei einem kurzen Besuche bei Dir durch Zufall kennen gelernt und mit dem ich einige heitere Stunden verlebt habe. Ich freue mich natürlich recht sehr, sie als Deine Frau wieder zu finden! Du bist beneidenswerth und mußt im siebenten Himmel sein!"

Ludwig machte ein ganz besonderes Gesicht bei der kleinen Rede, die ihm sein Schulfreund hielt. Heute kam es ihm gerade nicht so vor, als wäre er im Himmel, doch sagte er:

„Natürlich bin ich glücklich; Johanna hat mich sehr lieb! Doch erzähle mir nun wie es Dir gegangen ist! Denkst Du wirklich daran, Dich hier in unserer Stadt niederzulassen?"

Der Freund zuckte die Achseln.

„Wahrscheinlich für's Erste ja. Unserem Hause drohen durch den Bankerott einiger hiesigen Handlungshäuser ziemlich bedeutende Verluste. Ich bin von meinem Vater, dem Hauptgläubiger ist, als Vertreter unserer Firma hierher geschickt, um zu sehen, was sich aus der Affaire noch für uns retten läßt! So unangenehm dieser Auftrag im Allgemeinen ist, so habe ich mich doch darüber gefreut, da er mir Gelegenheit giebt, Dich wiederzusehen und mich mit Dir an unsere so angenehm verlebte Jugendzeit zu erinnern, denn eigentlich, abgesehen von den zwei Tagen voriges Jahr, wo wir uns doch eigentlich kaum gesprochen haben, haben wir uns ja noch nicht wieder gesehen!"

„Und werden uns sehr verändert finden!" meinte Ludwig, „ich denke wenigstens, ich bin anders geworden, ich war doch ein ziemlich leichtsinniger Bursche damals!"

„Das doch eigentlich nicht," entgegnete Victor, „ich weiß es noch so gut wie heute, wie mir der Vater damals den großen Tertianer Ludwig brachte, der mir in meinen Arbeiten beistehen und mir ein bischen vorwärts helfen sollte! Wie bald gewann ich Dich lieb und hing an Dir, denn Du warst mir nach jeder Seite hin überlegen! Ich war oft faul. Du aber zeichnetest Dich immer aus und warst stets der Erste."

„Nun, wenn auch das nicht gerade," antwortete Ludwig, „so gab ich mir allerdings doch immer Mühe und war stets fleißig."

„Wir sind eben dabei," sagte Victor zu der wieder eintretenden Johanna, „unsere alten Schulreminiscenzen aufzufrischen. Ich erzählte, wie Ludwig mein Lehrer wurde; er war Tertianer und ich damals Unterquartaner, und das ist ein gewaltiger Unterschied!"

Der Abend verging so unter angenehmen Gesprächen; Ludwig war munterer wie sonst und schien sich der Gegenwart des Freundes zu freuen, der ihm eifrig Weihrauch streute; Johanna ergötzte sich an den mannichfaltigen Scherzen, die der Gast aufzutischen verstand und dieser wurde nicht müde, seine schöne Nachbarin zu betrachten und immer von Neuem zu wiederholen, daß nichts ihm mehr Freude mache, als Johanna als Ludwig's Frau wiederzufinden.

Fünftes Capitel.

Es war der Sonnabend vor Weihnachten; die kleine Kirche im Heimatsdorfe Johanna's war schwach erleuchtet: der Pfarrer hielt eine Abendandacht. Es war eine würdige Gestalt, die da oben auf der Kanzel stand und mit dem Ausdrucke der innigsten Ueberzeugung zu seiner Gemeinde redete. Es waren einfache, herzliche Worte, die er an sie richtete; da war nichts Gesuchtes, nichts Gemachtes, da war nicht die Rede von Räthseln, von dunkeln Drohungen, Verheißungen und ungetrübt, unverfälscht von den Zuthaten der Kirche bot er den Zuhörern rein die schönsten Worte der Bibel, sprach ermahnend und erklärend zu ihnen, ihren Verhältnissen und ihrer Bildung angemessen. Er sprach anknüpfend an das bevorstehende Weihnachtsfest, wo den Menschen vor Jahrhunderten durch die Geburt des edelsten Menschen, der je gelebt, durch den Christ, eine so große Wohlthat erwiesen sei, von den Pflichten, die der Mensch als solcher und Jeder für sich im Besondern habe und von denen keiner ausgeschlossen sei; er legte dar, wie oft es nützlich, ja nothwendig sei, die Neigungen und Wünsche des Herzens der Pflicht zu opfern, wie oft wir Menschen nicht unbedingt dem folgen können, was Herz und Gefühl uns zu thun heißen, wie oft, ja meistens, im Leben ein Aufgeben unserer liebsten Wünsche von uns verlangt wird, er sprach davon, wie dieses Aufgeben unserer Wünsche, unserer Lieblingsneigungen, so schwer sie auch dem Herzen ankommen möchten, doch seine wohlthätige Wirkung auf uns nie verfehlen würde, wie oft eine innere Befriedigung, jener gutes Bewußtsein davon abhängig sei, daß wir uns selbst überwinden, daß wir auf dem Wege bleiben müssen, den uns das Leben, den uns die Pflicht vorgesteckt hat.

„Ach," rief er aus, „wie oft täuschen uns unsere Wünsche über das, was wir sollen, was wir müssen! Oft nehmen wir unsere Wünsche, unsere Neigungen für ein inneres Herzensbedürfniß, für eine Nothwendigkeit, der zu folgen unsere höchste Pflicht sei und gehen gerade dadurch von unserm eigentlichen Pflichtwege ab, verlassen die Bahn, die uns vorgesteckt ist und begeben uns auf den Pfad, wohin uns unser Wunsch treibt, der aber

sich später als ein Irrpfad, als ein Abweg ausweist und machen uns unglücklich: uns und Andere, denn selten steht ein Mensch so allein in der Welt, daß nicht auch das Wohl und Wehe Anderer von ihm abhängig wäre. Ach, vergebens sehnen wir uns dann, wieder umkehren, wieder gut machen, wieder einbringen zu können, was dann unwiederbringlich verloren ist; denn immer bringt uns ein solches Abweichen vom rechten Wege rückwärts, immer richtet es Unheil an, immer hat es Selbstvorwürfe im Gefolge. Darum sehe sich Jeder genau vor in solchen Fällen, ehe er handelt, Jeder prüfe seine Neigungen, seine Wünsche und sehe zu, ob sie in Uebereinstimmung mit seinen Pflichten stehen und wenn ihnen nachzugeben ihm zur Pflicht gegen sich selber erscheint, dann gebe er wohl Acht, daß er sich nicht einer Pflichtverletzung gegen Andere schuldig mache, daß der Preis, um dem er kämpft, auch des Kampfes werth sei!"

So sprach der treue Prediger und wußte nicht, daß in einer dunkeln Ecke, das Gesicht im Mantel halb verborgen, sein ältester Sohn stand, der nicht von der Heimat hatte scheiden wollen, hatte scheiden können, ohne den Vater noch einmal gesehen zu haben und dem jetzt bei seinen Worten Thräne auf Thräne über die Wangen liefen, dem jedes Wort, das er gesprochen, einen Stich in das Herz gab. Aber keinen Augenblick schwankte Eduard.

„Ich weiß wohl, mein Vater," sagte er in seinem Herzen, „ich weiß wohl, daß Du so denkst, ich weiß wohl, daß meine Handlungsweise verdammen wirst, ich weiß, daß Du mich scharf tadeln wirst, denn ich schlage mit dem Schritte, den ich vorhabe, allen Pflichten gröblich in's Gesicht. Ja, ich weiß, welchen Kummer ich auf Dein Haupt lade. Und doch kann ich nicht anders handeln, doch thue ich recht, tausendmal wiederhole ich, ich thue Recht und einstmals, das hoffe ich, werde ich erleben, daß Du mir recht giebst. Lebe wohl, mein theurer, theurer Vater, verzeihe Deinem Sohne!"

Er beugte sich vor, um seinen Vater noch recht sehen zu können, das theure Bild in sich aufzunehmen, er schaute auch nach dem Patronatsstuhle, und als er dort den Gutsherrn und seine Gemahlin sitzen sah, durchzuckte ihn der Gedanke: Margaret war nicht mit ihren Eltern, sie war also zu Hause, allein: konnte er sie da nicht sprechen, von ihr Abschied nehmen, ohne von den Ihren gesehen zu werden? Er hatte es nicht thun wollen, aber das Verlangen wurde so mächtig in ihm, daß er, einen letzten Blick auf den Vater werfend, der ruhig weiter sprach, leise die Kirche verließ. Er sah nach der Uhr: es war um sieben Uhr; eine Stunde verging wohl noch, ehe Margaret's Eltern, die nach dem Abendgottesdienst noch einen Besuch in der Pfarre zu machen pflegten, nach Hause kamen. Stürmischen Schrittes eilte er nach dem Gute, das etwa zehn Minuten von dem Kirchlein entfernt war. Es war eine helle Winternacht; dem Schneegestöber der vorigen Tage war eine empfindliche Kälte gefolgt; der schöne Stern-nhimmel lag klar über ihm, die ganze Erde war mit Schnee bedeckt, kleine Schneesterne hingen glitzernd an den Bäumen, unter denen er dahinging; ganz still war es um ihn, er hörte nichts, wie das Geräusch seiner Schritte auf dem knirschenden Schnee. Er schaute sich nicht um, er strebte vorwärts.

Jetzt hatte er das Gut erreicht; er schritt durch den leeren Hofraum. Er traf es gut: die Kälte hatte die Knechte und Mägde in das Haus getrieben. Er trat durch eine Seitenthür ein, die er unverschlossen fand und die zu den Zimmern der Herrschaft führte. Ungehindert schritt er die Treppe hinauf nach Margaretens Zimmer, das er gar wohl kannte. Wie oft hatte er als Knabe hier gespielt! das große Haus bot mehr Raum noch als die kleine Pfarre. Er war der Liebling des Gutsherrn gewesen, der den aufgeweckten Knaben oft mit auf das Feld und auf die Jagd genommen hatte. Später war er nicht mehr so oft hier gewesen, denn nur in den Ferien kam er nach Hause; nur hin und wieder hatte er noch einen Nachmittag hier zugebracht, da Margaret in der Stadt gewesen und er immer fleißig war.

Jetzt stand er vor Margaret's Thür und klopfte.

„Herein!" rief ihre klare Stimme.

Erstaunt sprang das junge Mädchen auf, als sie seiner gewahr wurde.

„Sie hier, Eduard, und um diese Stunde! wann sind Sie angekommen?"

„Vor einer Stunde; heimlich, aber frei! Margaret, frei! und Sie wissen, was das für mich heißen will!"

„Um Gotteswillen, Eduard, was ist denn geschehen?"

Eduard erzählte das Vorgefallene, alle seine Pläne, seine Hoffnungen für die Zukunft daran knüpfend.

Das junge Mädchen schüttelte den Kopf.

„Sie haben unrecht gehandelt! Sie hätten es nicht zu einem Exceß kommen lassen sollen. Sie hätten sich und uns vielen Kummer dadurch erspart! Und nun wollen Sie fort, allein, ohne sichere Aussichten, in die weite Welt; wollen sich Niemandem anvertrauen, nicht Ihrem Vater und auch nicht dem meinen?"

„Nein," entgegnete Eduard fest, „ich will Niemand eher wiedersehen, als bis ich es mit emporgehobenem Haupte thun kann! Auch Sie, Margaret, wollte ich eigentlich nicht wiedersehen, wollte auch von Ihnen gehen, ohne persönlichen Abschied genommen zu haben; als ich aber einmal hier war, konnte ich nicht fort, konnte ich nicht von der Stelle, mußte ich zu Ihnen kommen, um Ihnen Lebewohl zu sagen!"

Er stand vor ihr, hatte ihre beiden Hände gefaßt und schaute ihr in die hellen Augen. Seine Lippen zuckten, sein Gesicht arbeitete, immer fester hielten seine Hände die Hände des Mädchens, als wollte er sie nicht wieder loslassen. Es war, als strebte sein ganzes Wesen ihr zu, als lägen tausend Worte auf seinen Lippen, die er ihr sagen müßte, als hielte er aber sich selbst gewaltsam zurück.

„Eduard," sagte Margaret leise nach einer langen Pause, während welcher sie so dagestanden und er sie angeschaut, „Sie gehen fort und auf so lange!"

„Ja," entgegnete er ebenso, „und Sie bleiben hier und ich bin gekommen, Ihnen Lebewohl zu sagen!"

Des Mädchen's helle Augen trübten sich und wurden feucht.

„Margaret," rief er, „es thut Ihnen leid, die Thräne gilt mir!"

Sie nickte nur.

„Margaret," sagte er nochmals und beugte sich über sie, ihr tief in die Augen schauend und seiner Empfindung kaum mehr mächtig, „Sie werden mich nicht vergessen?"

„Nein Eduard," sagte sie fest.

„Und wenn ich wiederkomme, Margaret, und nach Außen hin ein anderer Mensch geworden bin, wenn ich mit dem Leben gekämpft und ihm etwas abgerungen habe, in meinem Herzen aber derselbe geblieben bin —" aber er sprach nicht weiter, sondern umschlang sie nur und zog sie zu sich.

„Ich habe Dich lieb, Margaret, ach so lieb!" flüsterte er, „und Du, Margaret, und Du? hast Du mich auch lieb?"

Margaret antwortete nichts; es war ihr, als träumte sie; aber sie ließ sich von ihm in seine Arme schließen und litt es, daß er ihre Augen, Mund und Hände mit heißen Küssen bedeckte.

„Du sprichst nicht, Margaret," fuhr Eduard fort, „hast Du mich nicht lieb?"

Jetzt war sie es, die ihre Arme um seinen Hals schlang und zu ihm sagte:

„Von ganzem Herzen, Eduard!"

„Du liebst mich, Du liebst mich! und wenn ich wiederkomme, willst Du dann mein Weib werden? O, mit welch glücklichem Herzen gehe ich jetzt fort! wie will ich arbeiten, Tag und Nacht, wie will ich streben, schnell vorwärts zu kommen! Wie hell wird mein Weg sein, auf welchem Deine Augen mir strahlen, wie leicht der Kampf um solchen Preis! Theure Margaret, ich liebe Dich schon so viele Jahre, anfangs unbewußt, aber jetzt ist es mir schon lange klar geworden; dennoch wollte ich jetzt fort, wollte von Dir gehen, ohne es Dir gesagt zu haben; ich dachte, ich müsse das, es sei meine Pflicht, ich dürfe Dich nicht mit hineinziehen in mein ungewisses Schicksal, dürfe Dich nicht an mich zu binden suchen. Wenn Du mich aber so liebst, wie ich Dich, dann ist es besser für mich und für Dich, wenn Du auch weißt, daß ich noch gar nichts bin, daß ich nichts auf der Welt habe, als einen Kopf und diese zwei Hände und ein volles Herz, ein Herz voll inniger Liebe für Dich. Und Du glaubst an mich, Du vertraust mir?"

„Ja," sagte Margaret, „ich vertraue Dir!"

„Und willst Du Dich mir verloben?" fragte Eduard, „jetzt hier, heimlich, so daß nur wir Beide es wissen? und doch so treu und doch so fest ist der Bund geschlossen, als wisse und kenne ihn die ganze Welt?"

„Ja," entgegnete Margaret einfach, „das will ich, denn ich habe Dich lieb für immer, und wenn ich mein Herz für immer gebe, dem verlobe ich mich auch!"

Eduard schloß sie von Neuem in seine Arme.

„Nun sage mir aber auch noch genauer Deine Pläne für die nächste Zukunft!" bat Margaret, „wo soll ich Dich mit meinen Gedanken, meinen Wünschen aufsuchen?"

„Ja," erwiderte er, „das will ich, und zwar gleich, ehe Deine Eltern kommen; diese dürfen mich nicht sehen."

„Ist es denn so unbedingt nothwendig, daß Du so heimlich fortgehst?"

„Ja, Margaret, unbedingt."

„Und wo willst Du hin?"

„Ich gehe von hier nach Wien; dahin habe ich von einem Studiengenossen warme Empfehlungen an seinen Vater, der dort eine Fabrik besitzt und der mich wohl aufnehmen wird; und wenn ich auch nur eine untergeordnete Stelle erhalte, so verdiene ich doch für's Erste mein Brod damit, kann außerdem fleißig studiren, ja, es ist mir vielleicht möglich, nebenbei das Polytechnikum zu besuchen. Du weißt, daß ich schon hier so viel wie möglich Vorstudien gemacht habe; so hoffe ich, durch emsiges Streben bald vorwärts zu kommen. Sollte gegen alles Erwarten dieser Plan fehlschlagen, so gehe ich noch weiter, gehe nach Rumänien oder nach der Türkei; doch denke ich, Wien ist groß genug, und der Mensch, der Kräfte und guten Willen hat zu arbeiten und in der Welt vorwärts zu kommen, kann es gewiß auch. Ich habe mich von Allem genau unterrichtet, habe vorgeplant; Du weißt, daß diese letzte Begebenheit mir den Anlaß zum Handeln giebt, daß es aber auch nur dessen bedurfte zum Austrag zu bringen, was längst fest beschlossene Sache war."

„Und werde ich Nachrichten von Dir erhalten?"

„Sicherlich; entweder direkt oder, wenn es Dir lieber ist, durch Johanna; das müssen wir noch ganz genau verabreden."

Margaret dachte einen Augenblick nach.

„Es geschieht besser durch Johanna," sagte sie dann, „besonders da es vor den Eltern geheim gehalten werden soll, daß ich Dich heute noch vor Deiner Abreise gesprochen habe. Meine guten Eltern werden gewiß ganz bestürzt sein, wenn sie die Nachricht erhalten, daß Du fort bist; ich denke immer noch, es wäre ganz gut, Du vertrautest Dich wenigstens meinem Vater an, dessen Pathe Du bist und der Dich immer lieb gehabt hat."

„Verzeihe mir, meine Margaret, daß ich anderer Meinung bin, aber da ich mich einmal so aus den geordneten Verhältnissen herausgerissen habe, muß ich auch allein meinen mir vorgezeichneten Weg gehen, muß die Hindernisse ohne Hülfe von außen überwinden, den Kampf allein ausfechten. — Johanna wird übermorgen kommen und Dir einen Brief, der jetzt unnöthig geworden ist, abgeben. Willst Du ihr etwas von unserer Liebe sagen, Margaret?"

„Vielleicht, ja," antwortete diese, „ich könnte es ihr nicht gut verbergen, besonders wenn unsere Correspondenz durch ihre Hände geht, und sie wird sich so über diese Nachricht freuen! Ich denke ich sage es ihr!"

„Wie Du willst, und bring ihr nochmals meine Grüße und meinen Dank; ich habe sie gestern von einer ganz neuen Seite kennen gelernt. — Glaubst Du," fügte er nachdenklich hinzu, „glaubst Du, daß sie glücklich sei?"

Margaret schüttelte den Kopf.

„Nein, sie ist es nicht und wird es nie werden. Sie hat ein so weiches Herz; sie wäre für einen Mann, der sie recht verstände, so leicht zu leiten; aber Ludwig schätzt sie von keiner Seite her gehörig; er hält ihre Schüchternheit für Schwäche, ihre Kindlichkeit für Unreife. Er mag ein herzensguter Mann sein, tüchtig in seinem Fache, ist auch seine Richtung eine geschraubte; er könnte gewiß eine Frau mit andern Eigenschaften, als sie Johanna gerade besitzt, glücklich machen; ein Mann für Johanna ist er aber nicht!"

„Das arme Kind, so ist sie unglücklich!"

„Unglücklich wohl noch nicht, aber sie kann es

werden, wenn sie nicht fester wird oder sich nicht doch schließlich auf Ludwig's Seite neigt, was wirklich noch das Beste sein würde, ich aber nicht glauben und nicht einmal wünschen kann. Ich will nach dem Feste, das ich natürlich mit meinen Eltern feiern werde, auf längere Zeit zu ihr gehen. Doch still! hörst Du nicht? Ich glaube die Eltern —!"

„Sie dürfen mich nicht finden!" sagte Eduard hastig.

„Sie sind es nicht!" beruhigte Margaret.

Aber die Möglichkeit ihres Zurückkommens mahnte Eduard an den Aufbruch.

„Ich muß gehen, Margaret," sagte er.

Sie schwieg.

„Lebe wohl, — meine Margaret!"

Die beiden Menschen, die sich so eben gefunden und für's ganze Leben vereinigt hatten, die sich so fest umschlungen hielten, als könnten sie noch nicht an das Glück glauben und müßten sich desselben dadurch erst recht bewußt werden, sollten sich wieder trennen, in demselben Augenblick sich trennen, wo ihnen ein neues, anderes, schönes Leben aufgegangen war! Es war wohl schwer, dies Scheiden, es war wohl schmerzlich, dies Losreißen, es war wohl bitter, dies Boneinandergehen! Und doch mußte es sein, und als Eduard unten an der Gartenmauer stand und nach den hellen Fenstern Margaret's schaute, da war es ihm, als sollte ihm das Herz brechen, während ihn doch wieder eine unaussprechliche Seligkeit erfüllte über das neuerrungene Glück.

„Lebe wohl, lebe wohl!" flüsterte er leise dem am geöffneten Fenster lauschenden Mädchen zu, das wehmüthig und mit bleichem Antlitz und mit dem Blicke der treuesten Liebe nach ihm schaute, „lebe wohl, auf Wiedersehen!"

Langsam schritt er dahin und fühlte den kalten Wind nicht, der ihm die Wange streifte, fürchtete sich nicht vor der Nacht, in der er hinauswanderte; im Herzen trug er das Bild der Geliebten mit sich fort, die beseligenden Worte, die sie zu ihm gesagt: „Ich liebe Dich von Herzen, mein Eduard!"

Als er die Höhe erreicht hatte, wandte er sich um und schaute noch einmal zurück in's Thal: Da lag das kleine Dörfchen, in dem er die fröhlichsten, sorglosesten Kinderjahre verlebt hatte, die Menschen nur zu Theil werden können, die Kirche, der Mittelpunkt der reichen Thätigkeit des Vaters, daneben die Pfarre, darin die treue Mutter schaffte von früh bis spät; dort saßen jetzt die Eltern und Geschwister fröhlich am Tisch beim friedlichen Abendbrod. Und dort rechts von dem Vaterhaus lag das stattliche Rittergut und in dem Zimmer, dessen beide helle Fenster zu ihm schimmerten, weilte seine liebliche Braut und dachte an ihn und weinte vielleicht Abschiedsthränen um ihn! — Und über Alles lag eine feine, weiße Schneedecke gebreitet, gleich einem nebelhaften Schleier; blätterlos, kahl standen die Bäume, ebenfalls mit Schnee bedeckt. Das Alles ließ er hinter sich und wanderte hinaus in die Welt, und wann kehrte er wieder? dachte er, von Neuem den Blick auf das Fleckchen Erde werfend, das ihm das Theuerste trug, was er besaß. Wann sah er es wieder und wie würde er es bereinst wiederfinden? so wie er es verließ oder verlassener?"

Als er so dachte, überkam ihn eine unendliche Bangigkeit und Sehnsucht; er legte seinen Kopf an einen Baumstamm und weinte bitterlich. Doch entschlossen raffte er sich sogleich wieder auf, wandte dem Dorf den Rücken und schritt rüstig vorwärts. —

Während Eduard mit seinem Abschiedsschmerz gerungen, war es auch in der Pfarre nicht ganz ruhig zugegangen. Der Vater hatte beim Hinausgehen aus der Kirche gehört, sein ältester Sohn sei in der Kirche gewesen, habe seine Predigt zum Theil angehört, sei aber vor dem Ende derselben fortgegangen und habe geweint. Der Pfarrer wurde etwas unruhig, denn ein Irrthum war unmöglich, da ja jedes Kind im Dorfe Eduard kannte und ihn Mehrere gesehen hatten. Er erwartete, den Sohn zu Hause zu finden, doch vergebens; er theilte seiner Frau die Nachricht mit, und beide horchten bei dem kleinsten Geräusch auf, ob es nicht der sehnsüchtig Erwartete sei, der komme. Doch umsonst! Der Abend verging, Eduard kam nicht, und die Eltern gingen später wie gewöhnlich mit etwas sorgenvollem Herzen zur Ruh.

Was konnte Eduard veranlaßt haben, heute, so kurz vor Beginn der Ferien, hierherzukommen und vor Allem, wo war er jetzt und warum kam er nicht zu ihnen? Und geweint hat er bei des Vaters Predigt! Was war es, das ihn so mächtig ergriff? Hatte die Predigt Bezug auf ihn, Bezug auf sein Herz gehabt? Hatte der Vater eine wunde Stelle berührt und stand der Sohn auf einem Scheidewege, wie ihn der Vater heute geschildert? Der Prediger hatte wohl gesehen, daß Eduard nicht glücklich war, nicht ganz zufrieden mit der Laufbahn, die er eingeschlagen, aber er hatte auf des Sohnes gutes Herz gebaut, hatte mit Sicherheit gehofft, daß er sich durcharbeiten werde. Was war nun geschehen? Und wenn es so war, wenn er unwissentlich dem Sohne in's Gewissen geredet, hatte sein Wort guten Boden gefunden? Hatte es ihn vielleicht vor irgend einem übereilten Schritte bewahrt? Aber warum kam er nicht? War er leise, wie er gekommen, wieder in die Stadt zurückgekehrt in sein Stübchen, zu seinen Büchern, ohne die Eltern beunruhigen zu wollen? Aber es war eine so kalte Nacht, und die Stadt zu Fuße fast sechs Stunden weit! würde es sich nicht an seiner Gesundheit schaden, war es nicht zu viel für ihn?

So fragte sich der Vater, so sorgte sich das Mutterherz, und die Nacht brachte Beiden wenig Ruhe. Der Vater hatte beschlossen, den Sonntag abzuwarten, dann gleich am Montag in die Stadt zu fahren, um nach dem Sohne zu sehen. Doch wurde dies überflüssig; als er am Sonntag Morgen vom Frühgottesdienst nach Hause kam, fand er Johanna unter den jubelnden Geschwistern, aber mit ernstem, bleichen Gesicht.

„Du hier? liebes Kind?" rief er ihr entgegen, „bei diesem kalten Wetter und ganz allein?"

„Ja," entgegnete Johanna, „es ist Sonntag, Ludwig hat zu thun, und ich mußte Euch sprechen." Sie stockte; sie wußte nicht, wie sie es anfangen sollte, den Eltern zu sagen, warum sie gekommen.

„Es ist doch kein Unglück geschehen?" fragte die Mutter besorgt, „daß Du uns sprechen mußt! Es geht den Jungen allen gut? Wann faßt Du Eduard?"

„Vorgestern, und seinetwegen bin ich hier," sagte Johanna.

„Was ist mit ihm?" frugen beide Eltern.

„Ach," sagte Johanna leise, „er konnte nicht Prediger werden; er ist gestern in die weite Welt gegangen, um womöglich eine Stelle als Ingenieur zu erhalten. Er hat mich gebeten, Euch seine letzten Grüße zu bringen und Euch zu bitten, daß Ihr ihm verzeihen möchtet; er habe nicht anders handeln können! Ach, ich glaube das auch, denn er war schon lange so unglücklich! Er ist ohne Abschied gegangen, weil er sich nicht die Kraft zugetraut hatte, Euren Kummer zu ertragen und weil er Euch nicht eher wieder unter die Augen treten will, bis er etwas Tüchtiges aus sich gemacht hat."

Die Mutter war sprachlos.

„Der ungerathene Sohn!" rief der Vater, mit großen Schritten die Stube durchmessend und den Brief Eduard's, den ihm Johanna bittend hinhielt, von sich weisend, „der ungerathene Sohn, es ist gut, daß er ging, ohne daß ich ihn wiedersehe, nachdem er die Hoffnungen meines Alters zerstört hat!"

Die Mutter weinte.

„Nein Vater," rief Johanna, „lieber Vater, sprich nicht so! ach Du weißt nicht, kannst Dir ja nicht denken, wie Eduard gelitten hat, welchen Kummer er empfunden hat, Euch zu betrüben. Er hat sich schon Jahre lang mit dem Entschlusse getragen, seinen Beruf zu ändern, jetzt hat er ihn ausgeführt."

„Hätte er sich wirklich um den Kummer gegrämt, den er uns machte," antwortete der Vater, „so wäre er nicht gegangen, nein, sein Streben müßte ein ganz anderes sein!"

„Ach," klagte die Mutter, „nun ist er fort und wann werden wir ihn wiedersehen?"

„Arme Mutter," sagte der Vater, „so verläßt Dich Dein ältester Sohn, nachdem Du dreiundzwanzig Jahre für ihn gesorgt hast, verläßt Dich, Dir nur Sorge hinterlassend! So müssen wir alle Hoffnungen, die wir für ihn hegten, zu Grabe tragen! Warum trat er nicht vor drei Jahren, als er zu studiren anfing, vor mich und sagte: ‚Lieber Vater, ich kann nicht werden, was Du willst!' so hätte ich es bedauert, aber hätte ihn seinen Weg gehen lassen!"

„Weil er hoffte," sagte Johanna, „daß es ihm möglich sein würde, Deine Wünsche zu erfüllen, weil er gern, ach so gern, Euch Freude machen wollte; nur darum hat er ausgehalten, nur darum war es ihm möglich, so lange gegen seine Ueberzeugung zu handeln, bis er denn doch zuletzt inne wurde, wie er in der Folge bei diesem steten Kampfe zu Grunde gehen würde. Mir ist das ganz klar geworden bei dem Gespräch, das er mit mir und Ludwig gehabt hat und schon früher einmal. Ich hätte auch so gehandelt!"

Der Vater hatte erstaunt auf seinem Wege inne gehalten, seinen Unwillen zurückdrängend und sah auf sein Kind.

Da stand Johanna inmitten der Stube und sprach so fest, so klar, so eindringlich für ihren Bruder, widerlegte den Vater und erklärte, daß sie auch so gehandelt haben würde! So hatte er sie noch nie gesehen! Jetzt, als sie ausgesprochen, flog sie auf ihn zu, umschlang ihn und sagte bittend:

„Glaube mir, lieber Vater, er hat in der Hauptsache Recht. Und bitte, bitte, lies seinen Brief!"

Der Vater nahm ihn, las ihn und gab ihn dann

der noch immer weinenden Mutter; dann ließ er das Haupt sinken und sagte:

„Er bereitet uns ein trauriges Weihnachten, der Eduard; zum ersten Male werden unserem Kreise zwei Kinder fehlen; aber das eine" — und er deutete auf Johanna — „fehlt nur, weil es eine eigne Heimath sich gebaut und glücklich ist, das andere hat uns verlassen aus freiem Willen und hat Kummer über unser Haupt gebracht! Mag die Zukunft für ihn sprechen!"

Sechstes Capitel.

Es war ein freundlicher Tag; dem ausnahmsweise harten December und Januar war ein milder Februar gefolgt. Johanna erwartete den nächsten Tag ihre Freundin zum Besuch. Als sie jetzt das Stübchen für den willkommenen Gast zurecht machte, summte sie ein heiteres Liedchen. Sie sah wohl und blühend und zufriedener aus, als in den früheren Monaten, nicht mehr so gelangweilt, nicht mehr so einsam.

„Wie Margaret sich freuen wird, wenn ich sie mit dem Briefe Eduards überrasche! Es soll überhaupt eine hübsche Zeit werden, wenn sie hier sein wird, ganz anders, als das erste Mal! Da waren die ewigen kleinen Streitigkeiten mit Ludwig; jetzt kommen sie wirklich seltener vor, oder habe ich mich nur daran gewöhnt? Nein, gewiß nicht; ich glaube, ich bin pflichtgetreuer geworden, oder woran liegt es nur?"

Sie dachte ernstlich darüber nach.

„Ich weiß es nicht, aber ich glaube, das Wirthschaften macht mir mehr Freude, als früher; ich lese zwar eben so gern, aber doch nicht ausschließlich; so ist Ludwig zufriedener. Freilich ist ein Punkt da, der immer wund bleiben wird: es ist die Correspondenz mit Eduard; aber er sagt doch wenigstens nichts mehr darüber. Seit ich damals gegen seinen Willen zu den Eltern fuhr, um ihnen den Brief Eduards, wie ich es diesem in die Hand versprochen, zu überbringen, hat er gesehen, daß ich in dieser Sache fest bin und läßt mich thun, was ich will, ohne nur eine einzige Bemerkung darüber zu machen. Ich weiß, es ist ihm nicht recht, und es thut mir wirklich leid, daß ich ihm hierin nicht nachgeben kann, aber es ist doch mein lieber Bruder und Margaret's Bräutigam! Wie ich mich freue jedesmal, wenn ich daran denke! Wie sie glücklich sein werden! Wie Margaret's ganzes Gesicht immer glänzt, wenn ich Eduard's erwähne! Es muß doch etwas Schönes sein um eine solche Liebe! So, nein, so habe ich Ludwig doch nicht lieb!"

Dieser Gedanke schien Johanna einen Augenblick traurig zu machen, dann aber lächelte sie wieder.

„Ich muß mich eilen," fuhr sie fort, „damit ich fertig bin, ehe —"

Sie vollendete ihren Satz nicht, denn sie hörte die Hausthür gehen und horchte.

„Ich will doch nachsehen, wer es ist," dachte sie dann und eilte hinunter.

„Ach, der Onkel!" rief sie erfreut, „wie schön, daß Du wieder ausgehen kannst! ich dachte es wäre —"

„Nun, wer denn?" fragte der Onkel lächelnd.

„Ich dachte, es wäre Herr Victor," entgegnete sie.

„Und warst enttäuscht, nicht wahr?" und der alte Herr schaute Johanna fragend an.

„Nein, gewiß nicht," versicherte sie eifrig; „ich bin sehr vergnügt."

„Ja, das merke ich," sagte der Onkel, Johanna musternd, „Du bist jetzt überhaupt viel munterer; woher kommt das wohl?"

„Ich weiß nicht," entgegnete Johanna; „heute ist es aber ganz natürlich, denn ich erwarte Margaret für morgen!"

„Ach, Deine junge Freundin; das ist ja schön, da kommt nur recht oft zu mir; ich habe solch junges Völkchen gern um mich! Sage mir, Johanna, warum kommst Du überhaupt so selten? Du könntest wohl dem alten Onkel einige Stunden mehr schenken, oder wäre es zu viel von Dir verlangt?"

„Gewiß nicht, lieber Onkel," erwiderte Johanna erröthend und verlegen, „ich will gern kommen, wenn es Dir Freude macht. Nur —"

„Nur?" fragte der Onkel.

„Nur — ach, nichts weiter," entgegnete sie, immer mehr in Verlegenheit gerathend.

„Nein, damit laß ich mich nicht abspeisen," sagte der alte Herr, „was war das für ein ,Nur', komm, sage es mir, Johanna! hast Du kein Vertrauen zu mir?"

„Doch, doch!" sagte sie und setzte ganz leise hinzu: „Du bist ja fast nie allein!"

„Stört Dich meine Schwägerin, Deine Schwiegermutter?" examinirte er weiter, sie immer noch scharf fixirend, „sie sieht Dich ebenfalls gar gerne kommen!"

„Wirklich?" meinte Johanna, „ich glaube das kaum; ich mache ihr doch niemals etwas recht!"

„Ei, sieh da," sagte der Onkel verwundert, „das ist mir ja etwas ganz Neues, daß Du empfindlich bist; sie meint es doch so gut mit Euch!"

„Mit Ludwig, ja!"

„Kleine Nichte," sagte er scherzend, „ich meine es gut mit Dir, so gleicht sich die Sache herrlich aus. Und nicht mit Ludwig?" fragte Johanna muthwillig.

„Doch, ebenfalls! — Sage mir jetzt, Johanna, kommt Herr Victor oft zu Euch?"

„Ja, täglich, lieber Onkel, er und Ludwig haben sich ja so lieb!"

„Das ist merkwürdig," versetzte der Onkel, „zwei so verschiedene Menschen! Einer, der es mit seinem Amte und seinem Berufe so ernst meint wie Ludwig und Einer, der wie dieser Herr Victor ein so vollständig oberflächlicher Mensch ist, der den andern in seinem Wirken und Streben gar nicht richtig begreift, von allem Möglichen in schönen Worten und in Phrasen zu sprechen versteht, hinter dem aber wirklich auch keiner Seite hin etwas Richtiges steckt."

„Aber Onkel, wie hart Du urtheilst!" sagte Johanna ganz piquirt, „Herr Victor ist wirklich ein so liebenswürdiger Mensch, hat so viel gelesen, weiß über alles so schön zu sprechen; wie kannst Du den nur oberflächlich nennen!"

„Es ist recht, daß Du sein Anwalt wirst, man muß sich der Unterdrückten annehmen. Dir gefällt er also?"

„Ja, sehr gut!"

„Und dem Herrn Gemahl auch; das paßt ja schön, da seid Ihr ja Einer Meinung, theilt Ein Gefühl, ganz wie es sich gehört!"

"Ja, wirklich, Onkel," sagte Johanna eifrig, "Ludwig ist viel munterer, viel — wie soll ich es nur nennen — gefälliger wie früher; ich war immer so viele Abende allein, wo Ludwig entweder arbeitete oder aus war; jetzt kommt Herr Victor fast regelmäßig, und da dauert es nie lange, dann kommt auch Ludwig aus seiner Stube herüber; wir schwatzen, lesen, ja, ich habe sogar schon gespielt und Herr Victor hat dazu gesungen."

"Ei, wirklich, das ist ja sehr schön! so hast Du wohl gar nicht mehr so häufig Heimweh?"

"Doch," entgegnete Johanna lebhaft, "doch, noch oft; aber ich langweile mich doch nicht mehr so viel!"

"Und das hat Herr Victor zu Wege gebracht! höre, Kind, da muß ich doch wohl meine Worte von vorhin zurücknehmen und mich noch bei ihm bedanken, daß er Dir so menschenfreundliche Dienste leistet!"

"Ach, Onkel, Du spottest!"

"Warum nicht gar, ich bin ja ganz ernsthaft!"

Jetzt ging die Hausthür von Neuem und diesmal hatte sich Johanna nicht getäuscht: es war Victor, der eintrat.

"Wie geht es Ihnen, meine gnädige Frau," sagte er, Johanna's seine Hand leicht an seine Lippen führend, "haben Sie gut geruht?"

Dann begrüßte er den Medicinalrath, der, ein leichtes Lächeln um die Lippen, der kleinen Scene zugesehen.

"Ich bin entzückt, Sie wohl zu sehen," sagte Victor zu ihm, "ist es der erste Ausgang?"

"Ja, und auch ich bin entzückt, Sie bei diesem zu treffen," entgegnete er ihm.

"Ich kam nur, um zu fragen," wandte sich Victor an Johanna, "ob wir nicht vielleicht heute Nachmittag eine kleine Spazierfahrt machen könnten? Das Wetter ist so schön, Sie haben die ganze Zeit der Luft entbehrt, wer weiß, ob die schönen Tage andauern? Was meinen Sie zu meinem Vorschlage? Vielleicht nimmt auch der Herr Medicinalrath an unserer Partie Theil?"

"Ich für meine Person muß danken," entgegnete dieser, "ich bin noch nicht wieder taktfest genug und fürchte mich vor einem Rückfalle."

"Und was sagen Sie, gnädige Frau?"

"Ich weiß nicht," erwiderte Johanna, "Sie müssen Ludwig fragen!"

"Gewiß, aber zuerst muß ich wissen, ob es Ihnen angenehm ist, ob Sie Lust zum Ausfahren, oder ob Sie schon anders über Ihre Zeit disponirt haben? Das ist die Hauptsache, ist für mich das Maßgebende!"

"Ich fahre sehr gern mit," sagte Johanna.

"Das ist für mich genug. Nun will ich zu Ludwig gehen, ihm meinen Vorschlag machen und meine ganze Ueberredungskunst aufbieten, damit er acceptirt, auch wenn er out Lust dazu haben sollte."

Er grüßte, verließ das Zimmer und sprang die Treppen hinauf.

"Nun, liebe Johanna," sagte der Onkel, "ich kann leider nicht abwarten, ob der Springinsfeld seine Mission oben zu Deiner Zufriedenheit erfüllt; ich muß gehen. Fahrt Ihr aus und amüsirt Euch gut, und Du komm bald einmal zu mir und erzähle mir, daß Ihr Euch nicht erkältet habt! Lebe wohl, mein Kind, grüße Deinen Mann, und soll nicht so fleißig studiren, nicht immer über den Büchern sitzen, sondern auch die Augen hübsch offen halten und um sich schauen!"

Und liebevoll küßte der alte Herr Johanna auf die Stirn und ging. —

Mit Johanna war wirklich eine merkliche Veränderung vorgegangen, seit Victor als täglicher Gast in das Pfarrhaus kam. Sie gestand es sich freilich selber nicht, daß sie meist darum ihre häuslichen Angelegenheiten gleich Morgens der Reihe nach pünktlich besorgte, um von ihnen frei und ungestört zu sein, wenn Victor, wie er gewöhnlich that, sie grüßen kam und ein Stündchen mit ihr plauderte. Sein Morgenbesuch unterbrach die Einsamkeit des Hauses und da, ohne daß Johanna es selbst wußte, ein längeres Alleinsein mit Ludwig, besonders nach den Ereignissen mit Eduard und den Zerwürfnissen, die diesen folgten und an keinem der Gatten spurlos vorübergingen, sie eher peinigte als erheiterte, so war es natürlich, daß die Gegenwart des jungen Mannes, mit dem sie so unbefangen und lustig plaudern konnte, ihr sehr angenehm sein mußte. Es war etwas da, was sie interessirte, und war das Interesse auch ein ganz unschuldiges, so war es doch gemischt mit einem guten Theil befriedigter Eitelkeit; denn es war nicht nur ein ganz neuer Reiz für sie, ihre Vorzüge und äußere Schönheit, so wie es von Victor geschah, anerkannt und bewundert zu sehen, sondern auch sich sonst in ihrem Thun und Handeln als Mittelpunkt betrachtet zu wissen, Jemand zu finden, der über ihre Heiterkeit in Entzücken gerieth und das kleinste Wölkchen auf ihrer Stirne bemerkte, that ihr wohl. Sie hatte auch noch auf eine andere Weise durch Victors Anwesenheit gewonnen, denn auch Ludwig war viel liebenswürdiger gegen sie, als früher, sei es, weil er weniger Grund zur Unzufriedenheit fühlte, oder weil das öftere Kommen des Gastes ihm einen kleinen Zwang auferlegte, eines Gastes, der sich ergeben war und bisse Ueberlegenheit in allen den Dingen, die ihm am meisten am Herzen lagen, willig anerkannte. Von einem jungen Manne, wie Victor, der in einer ganz andern Laufbahn sich bewegte als er, verlangte ja Ludwig kein tieferes Eingehen in seine Interessen, er war zufrieden, wenn derselbe im Gespräche seinen Ansichten nie zu nahe trat, sie anerkannte und dadurch sie gewissermaßen als die seinen documentirte. Manchmal schien es ihm, als wäre das geistige Leben, das ihn mit Johanna verband, nur ein sehr geringes und ungenügendes und es war in der That gar keines vorhanden; er versäumte es jedoch immer, einmal gründlich über diesen Punkt nachzudenken, glaubte sich geliebt und war damit zufrieden, seine Zärtlichkeit von Johanna angenommen zu sehen; ja, hielt dieselbe für erwiedert, hoffte auf eine Zeit, da Johanna gereifter sein werde und auch ihrerseits nach einem innern Zusammenleben mit ihm mehr verlangen würde. Daß sich Johanna immer mehr von ihm entfernte, erst ihr durch den Umgang mit Victor zum Bewußtsein kam, wie viel sie entbehre, daß ein Fremder, ja, Einer auf den er hinab sah und auch hinabsehen konnte, ihrem Leben mehr Freude und Befriedigung zu geben verstand, als er, ihr Gatte, das ahnte er nicht; er dachte nicht daran, daß es auch an ihm sei, sich, wie er es genannt haben würde, hinabzulassen zu Johanna, um ihre Neigungen kennen zu lernen und daß er die Pflicht habe, sich seiner Gattin Herz zu erringen und es treu zu verwahren. Er hatte sie geheirathet, sie war nun sein und mußte glücklich sein!

Margaret, die am nächsten Tage ankam, fand Johanna zu ihrem Vortheile verändert; sie fand sie heiterer, zugänglicher und entschiedener, sie sah, daß Johanna in ihrer Gegenwart ruhiger und bestimmter gegen Ludwig war, ihn andererseits neckte und mit ihm scherzen konnte. Sie sah den Grund nicht in Victor, sondern in Johanna und Ludwig selbst und war erfreut, ein leidliches Einvernehmen zwischen den beiden Gatten zu finden. Zwar trat hie und da eine Meinungsverschiedenheit hervor, doch machte sie sich weniger fühlbar, als früher, da ein hartes Wort von Ludwig Johanna zwar noch ebenso kränkte, aber doch im Ganzen von ihr leichter genommen und schneller vergessen wurde. Auch die Veränderung

zum Bessern in Johanna's Haushalt wurde Margaret sofort gewahr und war erfreut zu finden, daß Johanna selbst bei der Aussicht auf größere Gesellschaft in ihrem Hause, die sie zu bewirthen hatte, ganz ruhig blieb. Da Ludwig durch die Abwesenheit seines Superintendenten die Geschäfte desselben zu besorgen hatte, hatte er eine, aus mehreren Geistlichen bestehende Conferenz, die gerade in diese Zeit fiel, in seinem Hause abzuhalten, und bei dieser Gelegenheit besonders war es, wo Johanna bewies, daß sie sich einen bedeutend bessern Ueberblick über ihr Hauswesen anzueignen gewußt hatte.

(Fortsetzung folgt.)

Feuilleton der Deutschen Roman-Zeitung.

Doebbelin's und Koch's Theater in Berlin.
III.

Doebbelin war auch 1773 nicht in Berlin. Dagegen traf Ende März Koch mit seiner Gesellschaft ein und verließ die Hauptstadt nicht wieder. Von ihm und dem 30. März 1773 an wird die deutsche Schauspielkunst also in Berlin stabil und fand selbst bauernd bis auf den heutigen Tag ihre Heimath! Nicht ob die anwesende deutsche Schauspielergesellschaft ihre Theaterräume in Berlin selbst wechselt, — denn das kam noch immer vor, — ist entscheidend, sondern daß die für Berlin concessionirte Gesellschaft das Umherwandern aufgiebt und ständig in Berlin ihren Sitz nimmt. Aus diesem Umstande ergeben sich nämlich: festes Repertoir, fester Etat, geordnete Wirthschaft, harmonisches Ensemble und gesicherte Rechtsverhältnisse der Künstlerschaft. Mit dem Augenblicke, wo in dieser der Zigeuner völlig untergeht, beginnt die menschliche Würde und Berufsehre des Schauspielerstandes, dessen Stellung in der bürgerlichen Gesellschaft! — Ob Koch nun einsah, daß er mit seinen Opern und Lustspielen allein nicht mehr auskommen könne, so daß das Publikum bereits anno 74 sich mit mehr Vorliebe, als sonst, dem ernsten deutschen Drama zuwendete, oder Koch die Ehre, zuerst die neuesten Erscheinungen den Berlinern vorzuführen, Doebbelin nicht gönnen wollte, kurz am 5. Januar gab er „Minna von Barnhelm," am 13. „Romeo und Julia." am 24. Januar „Philotas," Schauspiel in 1 Akt von Lessing, am 1. März „Der Bischof von Lisieux," Drama in 3 Akten von Voltaire, am 12. April aber „Götz von Berlichingen: Ein ganz neues Schauspiel in 5 Akten. Welches nach einer ganz besonderen und jetzt ganz ungewöhnlichen Einrichtung von einem gelehrten und scharfsinnigen Verfasser mit Fleiß verfertigt worden. Es soll, wie man sagt, nach Shakespear'schem Geschmack abgefaßt sein. Man hätte vielleicht Bedenken getragen, solches auf die Schaubühne zu bringen, daher man hat dem Verlangen vieler Freunde nachgegeben und soviel, als Zeit und Platz erlauben wollen, Anstalt gemacht, es aufzuführen. Auch hat man, sich dem geehrten Publico gefällig zu machen, alle erforderlichen Kosten auf die nöthigen Decorationen und neuen Kleider gewandt, die in den damaligen Zeiten üblich waren. In diesem Stücke kommt auch ein Ballet von Zigeunern vor. Anfang: praecisse 5 Uhr.**) — Diese Anpreisung enthält bei Theaterzettel bei der ersten Aufführung. Der Verfasser des Stückes war am 12. April noch nicht genannt.

*) Den Koch'schen Theaterzettel zierte damals ein preußischer Adler, welcher eine weiße Taube in der linken Klaue trug.   T. P.

bei der Wiederholung am 28. April steht auf dem Theaterzettel: „Sch. in 5 Akten von Herrn D. Göhe in Frankfurt am Main."

Das Stück wurde allein unter Koch 17 Mal gegeben, bis zum 27. Mai 1875 aber ist Götz 130 Male wiederholt worden. Nicht gegeben wurde er von 1777 bis 1795, von 1795 bis 1805, von 1805 bis 1809 und von 1815 bis 1827. Von 1856 an datiren erst die vielen Wiederholungen des Schauspiels. Am 17. Juni folgte das Lustspiel „Der Freygeist" von Lessing, dann aber:

„Mit
Sr. Königl.   Majestät in Preußen
allergnädigstem   Privilegio wird von
der Koch'schen   Gesellschaft
Deutscher   Schauspieler
am 3. November 1774
Zum Erstenmale
aufgeführt:
Clavigo
Ein Original-Trauerspiel in 5 Akten von Herrn D. Göthe."

„Dieses Stück," so sagt der Zettel, „spielt in Madrid und endigt mit Mariens Leichenbegängniß". Zum Schluß „Der Vogelfang", Ballet. Clavigo wurde bis Ende des Jahres 1774 65 Mal gegeben.

Abgesehen von dem Interesse, welches dem ersten Erscheinen des „Göz" und „Clavigo" gebührt, fordern beide Vorstellungen zu mancherlei Betrachtungen auf. Zuvörderst gab Götz zu der ersten uns bekannten berliner Reklame Anlaß, welche recht naiv ist, aber den Vorzug hat, offen und ehrlich zu sein. Zwar sind wir bei den in Berlin erscheinenden, herumziehenden Komödianten auf Lobpreisungen gestoßen, mit denen sie, wie z. B. Hilverding, das Publikum in ihre Arlequinskomödie zu locken suchten, aber bei den regelmäßigen mit Generalprivilegien versehenen Komödiantengesellschaften sind uns keine derartigen Mittel, ihr Haus zu füllen bekannt. Wir erfahren durch die Anzeige, daß zu Götz „neue Kleider, die in den damaligen Zeiten üblich waren", angefertigt worden sind. Wir haben also hier den Fall, daß in wirklich historischen Kostüme gespielt worden ist und da Götz das erste wirklich historische, deutsche Originaldrama war, so haben wir vom 3. November 1784 an die Einführung des historischen Dramas wie des angeblich historischen Kostüms auf der berliner Bühne zu datiren!! Natürlich muß man den Begriff „historisch", welchen man damals hatte, nicht zu genau nehmen. Die Geschichtsforschung lag noch in den Windeln und von Kostüm-Werken, wie wir sie heute besitzen, konnte keine Rede sein! Jedenfalls begann man aber sich sachgemäßer zu leiden. Der wackere Berlichingen trug bereits Federbartet Panzer und deutschen Rock, statt Zopf oder Stutzperücke aber sein eigenes, ehrliches, deutsches Haar. Mit dem Namen Goethe steht Meister Koch auf sehr gespanntem Fuße, da er ihn, wie schon gesagt, bei der zweiten Aufführung des am 28. April: D. Göbe und bei der ersten Aufführung Clavigos: D. Göthe schrieb. Da Goethes Vorname Wolfgang ist, so versteckt sich unter dem D. nur der Dr. juris. Bei der Darstellung des Götz am 13. November befand sich übrigens Goethe selbst im Theater, welcher um diese Zeit in Begleitung des unter mütterlicher Vormundschaft regierenden Herzogs Carl August von Sachsen-Weimar nach Berlin gekommen war. — Allen zeitgenössischen Berichten und Schilderungen gemäß machte Götz ein großes, der Minna von Barnhelm anno 68 ähnliches Furore. Wie jene hatte er eine neue dramatische Gattung geschaffen und der wirklichen, unverfälschten, gesunden Romantik, nämlich der historisch begründeten, die Schranken eröffnet. Besonders zeichnete sich Brückner in der Titelrolle aus und wurde in derselben auch abgebildet. Sein Erfolg scheint sehr glaubich, da sein Gesicht, seine Figur und, wie aus einer Kritik hervorgeht, auch seine großen, markigen Stimmmittel für diese Rolle paßten. — Es ist das erste fröhliche Erblühen deutscher klassischer Literatur, das wir hier vor uns sehen; zu ihrem völligen Erschließen gehörte nur, daß die Zahl poetisch schöpferischer Geister sich vermehrte, der Sinn des Publikums für deutsche Idealität aber immer mehr erwachte und mit Begeisterung dem Aufgang der neuen Kunstschönheit entgegen jauchzte. Dies war indeß nur möglich durch die Darstellung. Sie brauchte noch keine vollendete, mußte aber wenigstens eine von dem Feuer und der Idealität der Dichtung getragene, wie beim Götz, sein. Solche Darstellung zu bewirken, war Koch, bei der Götz-Vorstellung angekommen, aber nicht der Mann, überhaupt war Berlin, sowohl des Rundung der Darstellungen, wie Wechsel im Repertoir betrifft, gegen Hamburg wie Schröder bereits das Theater leitete, gegen Leipzig und Dresden bedeutend zurückgeblieben! Schuld daran hatten einestheils die beiden letzten Herlichen, Schuch Vater und Sohn geleitet, hier das Alles in den Schatten stellende Königliche Oper, wie die nunmehrige Operettensucht der Berliner, welcher Koch durch sein, namentlich von Leipzig mitgebrachtes, reiches Hillersches Repertoir vorwaltend frohnte. Außerdem führte Koch bei den Schauspielern eine sehr üble Sitte ein, welche sie vollends für das Schauspiel verdarb und viel lieber Opern singen, als recitirende Dramen spielen ließ. Er bewilligte Denjenigen unter ihnen, welche sangen — Spielgelder, also Extraeinkünfte und eröffnete somit den Reigen für spätere unverschämte Ansprüche. Koch ist der Erfinder des Spielhonorars!! — Schon diese eine Thatsache beweist, daß er auf das Schauspiel, zumal das ernste Drama, gar nichts gab und ein sehr einseitiger Direktor war, dem es nur aufs Kassenmachen, auf etwas Höheres aber nicht ankam! — In diesem Jahre wurde seine Gesellschaft durch die Herren Diezel, Huber II. und Monferrin vermehrt. — Wie lebhaft im großen deutschen Publikum übrigens das Verlangen nach Besserem, Edlerem geworden sein muß, wie sehr die Theater Dessen grade bedurften, beweist, daß bereits im Februar dieses Jahres die Direktion der Ackermannschen Gesellschaft in Hamburg, Madame Ackermann (Mutter) und Herr Schröder (ihr berühmter Sohn) in allen Blättern den dramatischen Schriftstellern bekannt machten, daß sie für jedes Originalstück von 3 oder 5 Akten (welches also den Abend füllte), ob Trauer- oder Lustspiel, dem Verfasser 20 alte Louisdor, für jede gute Uebersetzung 6 Louisdor zahlen würden. In jener Zeit war das ein höchst anständiger Preis und der Direktion Ackermann-Schröder gereicht dies um so mehr

zum Ruhme, als gemeiniglich damals Direktionen wohl recht gern neue Stücke gaben, aber die Gewohnheit hatten, dem Verfasser kein Honorar zu zahlen. Etliche Direktoren lieben übrigens noch heute diese noble Passion!! —

Doebbelin's Berechnung und Geduld betrog sich nicht. Am 3. Januar 1775 war Heinrich Gottfried Koch gestorben. Doebbelin's Bahn war endlich frei, denn die Wittwe vermochte das Unternehmen nicht fortzuführen. Doebbelin trat mit ihr alsbald im Februar, oder Anfang März, in Unterhandlung, nach deren Ergebniß sich Beide gemeinsam an den König mit der Bitte wendeten, die von Koch inne gehabte Konzession an Theophil Doebbelin zu übertragen. Dieselbe wurde nach vorhergegangener Untersuchung und Bericht der Umstände vom Könige gewährt, und Doebbelin unterm 23. März ein General-Privilegium ertheilt, welches von dem Minister von Derschau ausgefertigt war. Dies wichtige Instrument ist umfangreich und enthält eine genaue Punktation. Wir müssen uns hier auf seinen wesentlichen Inhalt beschränken. Nachdem im Eingange die Gründe angegeben sind, weshalb Wittwe Koch die Konzession ihres Mannes an Doebbelin zu übertragen wünscht, wird diese Uebertragung durch Königlichen Entschluß dergestalt bewirkt, daß Doebbelin das Kochsche Theater in der Behrenstraße mit den auf demselben haftenden Hypotheken-Schulden acquiriren und solche successive abführen solle, daß dafür dem Th. Doebbelin aus besonderer Gnade die bisherigen Abgaben erlassen und ihm, wie dessen Ehefrau, geb. Klingling, das Kochsche Privilegium vom 18. März c. a. ab überlassen sein solle. Zugleich wird Doebbelin das Vorrecht ertheilt, nicht nur in Berlin und allen Königlichen Provinzen, Schlesien ausgenommen, zu spielen, sondern daß auch in Berlin und anderen Orten neben Doebbelin „kein andrer deutscher Komödiant zugelassen werden soll." „Wie Wir denn auch", heißt es weiter, „um diese öffentliche Anstalt zu Unterhaltung des gesitteten Publici besto mehr zu begünstigen und in Aufnahme zu bringen, den p. Doebbelin und dessen Schauspieler-Gesellschaft alle bisher mit dem Kochschen Privilegio verbunden gewesenen Abgaben an Unsere Chargen-Stempel- und Accise-Cassen wie auch an die Stadt-Kämmerey hiermit gänzlich allergnädigst erlassen." Dagegen sollen Doebbelin und dessen Ehefrau gehalten sein:

1) „Beständig eine vollständige aus guten und gesichteten Mitgliedern bestehende Schauspieler-Gesellschaft zu unterhalten und die brauchbaren Mitglieder der Kochschen Gesellschaft sogleich zu engagiren."

2) „Ohne ausdrückliche Erlaubniß des Kgl. General-Direktoriums sich mit ihrer Gesellschaft nicht von Berlin zu entfernen."

3) „Dem General-Direktorium zu jeder Zeit Rechenschaft zu geben."

4) „von jeder Vorstellung 1 Thlr. a. d. Armenkasse zu zahlen."

5) „den Creditoren des Hauses a. d. Behrenstraße jährlich 1000 Thlr. in vierteljährigen Raten abzuzahlen," wobei die Art der Kapitaltilgung festgesetzt wird.

6) „Dagegen diesen Creditoren weder weitere Douceurs noch Freibillets zu bewilligen."

7) „weder an Obrigleiten oder particuliers unter welchem Vorwande er wolle, Freibillets, Freylogen oder sonstige Plätze zu ertheilen", und zwar bei Strafe. — „Doch soll dem p. Doebbelin Unverwehrt seyn, denjenigen Gelehrten, deren Einsichten und Rath er sich zu Verbesserung seines Theaters zu bedienen gemeint, den freyen Zutritt zu gestatten." — Endlich solle derselbe „keine anderen Vorstellungen aufführen, als welche der Sittsamkeit und dem Geschmacke unanstößig sind."

Wenn das keine Beförderung der deutschen Kunst durch Friedrich II. ist, dann giebt es überhaupt keine, der bloße Geldzuschuß müßte es denn gerade sein! Selbst in unseren Tagen würde eine Realisirung dieser Punktationen in ihren wesentlichsten Theilen sowohl der Direktion jedes berliner Theaters wie der Schriftsteller- und Gelehrtenwelt eben so willkommen als dem Publikum sein! — Der ganze Ton des Schriftstückes, welches Doebbelin verliehen wird, ist ein bedeutend achtungsvollerer als in früheren Königlichen Dokumenten. Seine Truppe ist keine „Bande" mehr, sondern eine Schauspieler-Gesellschaft," und um die Sorgfalt des Königs ja recht ersichtlich zu machen, wird das Doebbelin'sche Theater unter das Kgl. General-Direktorium, nämlich unter das oberste Regierungsdepartement, dessen Sitz sich im Kgl. Schlosse befand, gestellt, welchem Doebbelin Rechenschaft zu geben verpflichtet ist. Das deutsche Theater in Berlin kommt also mit dem Augenblick der Ertheilung dieser General-Konzession unter unmittelbare Aufsicht, wie Schutz der Regierung, während es bisher weder dem Hofe noch irgend einer Behörde einfiel, sich um die einmal concessionirten deutschen Schauspielergesellschaften zu bekümmern, sobald sie ihre Abgaben zahlten. Wir wollen auf Grund des hier angenommenen Einblicks nun gerade noch nicht behaupten, daß Friedrich II., der doch schon „der alte Fritz" war, auf einmal eine überraschende, ganz besonders väterliche Zuneigung für das deutsche Schauspiel und Doebbelin in specie empfunden habe. Nach dem, wie wir ihn in seiner jetzigen Stellung zum Theater überhaupt kennen, ist eine so plötzliche, durch Nichts motivirte Umänderung der Gesinnung des greisen Königs nicht denkbar. Das vorliegende General-Privilegium in dieser Form zu Wege zu bringen, kann nur folgende Ursachen gehabt haben, welche freilich unserer Conjektur entspringen, aber eine Wahrscheinlichkeit für sich haben, welche sich auf Thatsachen stützt, die elf Jahr später eintraten und ihr Streiflicht hierher zurückwerfen. War Friedrich II. mit den Jahren ernster, für's Theater gleichgültiger, so war es auch toleranter geworden, milder, vergeistigter in allem seinem Thun. Das unter ihm erstanden war und Lebenskraft zeigte, mochte es ein Organismus sein, welcher es wollte, das unterstützte er durch förderliche Verfügungen. Gerade seine letzte Lebenszeit enthält Züge, welche beweisen, daß er den sittlichen Werth und die soziale Nothwendigkeit von Dingen sehr wohl erkannte, von welchen heute noch allgemein die Rede geht, er habe sich ihnen gegenüber indifferent verhalten! Daß er ein deutsches Theater als Bedürfniß der berliner Bevölkerung ansah, hatte er schon damals bewiesen, wie er Schönemann den Platz und das Holz zu einem „großen deutschen Komödienhause" gewährt hatte. Weniger einsichtsvoll wie als junger König ist der greise Held und Philosoph doch gewiß nicht gewesen! — Nehmen wir also an, daß der König, obwohl ohne alles persönliche Interesse für die anhebende deutsche Literatur-Epoche, dennoch die Nothwendigkeit und Nützlichkeit, kurz das Bedürfniß einsah, das deutsche Komödienwesen in Berlin zu befestigen und dem Anstoße nachgab, der an ihn in zweckdienlicher Weise und ressortgemäßer Form ergehi. Wie erfolgte dieser Anstoß? — Könnte Minister Derschau vielleicht der genius loci gewesen sein, welcher der Konzession Doebbelin's diese Form gegeben habe, und daß er dies nicht vielleicht schon deshalb gethan und beim Könige durchsetzen habe, weil — der Thronfolger Friedrich Wilhelm eine entschiedene Vorliebe für das deutsche Theater und für die deutsche Literatur kund gab?! Mag des Kronprinzen direkter Einfluß bei seinem Oheim dem Könige auch ein sehr schwacher gewesen sein, indirekt war er doch gewiß vorhanden und Derschau wäre ein wenig fähiger Minister gewesen, wenn er nicht wahrgenommen hätte, daß nach des regierenden

Monarchen Tode ein Umschwung der Dinge erfolgen werde und welcher Art ohngefähr derselbe sein möge! Diesem Umschwunge nicht entgegen zu sein, ihn vielmehr auf angemessene Art da, wo er an und für sich schon heilsam erschien, zu vermitteln und vorzubereiten, dazu dürfte Derschau die Hand gewiß geboten haben und dieses General-Privilegium Doebbelin's ist mithin hiervon das Produkt! Aber nicht des Kronprinzen Geschmack und Absichten allein, auch die Einflüsse der literarischen Kreise Berlin's, Ramler's, Engel's, Nicolai's, Bossen's, von Beyer's ja die eigene Wahrnehmung Derschau's, daß eine deutsche literarische Bewegung im Anzuge begriffen und nicht mehr gänzlich zu ignoriren wäre, dürften bei Entstehung dieses Schriftstücks mitgewirkt haben. Für Ramler's und Engel's Einfluß beim Kronprinzen wie bei Derschau kann schon der Hinweis einen Wink geben, daß diese Beiden die maßgebenden Faktoren am deutschen Nationaltheater in Berlin anno 1787 geworden sind! — Mag das Verdienst dieses Generalprivilegiums aber auch nun für sich zu beanspruchen haben, wer da wolle, mit demselben waren durch König Friedrich II. die Grundsätze als maßgebend für das deutsche Theater Berlins festgestellt worden, welche die hamburger Entreprise zwar zu ihrem Programm erwählt hatte, an deren Verwirklichung sie aber gescheitert ist! Die besten Hauptbedingungen für den Bestand einer deutschen Bühne Berlins waren gegeben: Stabilität des Theaters und seiner Angehörigen und Reinigung wie Veredelung des öffentlichen Geschmacks zu Gunsten der deutschen Bühnenliteratur! Man bedurfte jetzt nur des Mannes, welcher Kraft, Einsicht, Ausdauer und Kenntnisse genug besaß, die gestellte Aufgabe durchzuführen. Zuerst war dies Theophil Doebbelin, obwohl noch in beschränkter, mangelhafter Weise, im wahren Sinne des Wortes wurde erst Iffland der Schöpfer der berliner Schauspielkunst und eines nationalen Theaters! — —

Der Bestand der Doebbelin'schen Gesellschaft war 38 Personen, zu ihnen traten von der Koch'schen Gesellschaft 3 Ehepaare, 3 junge Damen und zwei ledige Herren, im Ganzen 11 Personen: somit zählte nunmehr die Doebbelin'sche Gesellschaft 47 aktive Mitglieder, einen Personalstand, der selbst vor den schwierigsten theatralischen Aufgaben nicht zurückzuschrecken brauchte. Von den 38 Mitgliedern Doebbelin's sind 33 neu. — Am 17. April 1775 eröffnete Doebbelin seine Vorstellungen am 17. April 1775 durch eine Rede, gesprochen von Madame Doebbelin und dem Trauerspiel in 5 Akten „Perseus und Demetrius" oder „Die feindlichen Brüder," a. d. Englischen des Young, welchem „Die Fischweiber", ein Ballet, folgte; am folgenden Tage (den 18.) wurde „Lionel und Clarisse," Lustspiel in 5 Akten a. d. Englischen und das Ballet „Die Dorfkirmes" gegeben. — Doebbelins Orchesterverhältnisse hatten sich erheblich verbessert, da er das Koch'sche Orchester zur Rekrutirung hatte. Er beachte es bis auf 6 Bioslinen und 2 Bratschen, nur betreffs der Hautboisten bestanden noch die alten Unzuträglichkeiten. Ferner verschrieb er noch den Opernkomponisten André aus Offenbach als Musikdirektor.

Am 29. April ging zum 1. Male „Othello, Stadthalter in Cypern" oder „Der Mohr von Venedig," Trauerspiel in 5 Akten von Shakespeare nach der Uebersetzung von Eschenburg in Scene. Besetzung war:

Othello	. . . . .	Herr Doebbelin
Cassio	. . . . .	„ Hempel
Jago	. . . . .	„ Thering
Rodrigo	. . . . .	„ Christ
Brabantio	. . . . .	„ Mure
Desdemona	. . . . .	Mad. Friederike Doebbelin
Emilia	. . . . .	Dlle Carol. Maximil. Doebbelin

Das Stück wurde bis Ende 1872 — 87 Mal gegeben; am

fand außerdem eine Aufführung des 3. Aktes
ten noch Darstellungen desselben am 3., 6., 11.
1858 in englischer Sprache durch Rstr. Ira
rer Aufführung am 12. März 1788 nach der
Uebersetzung erschien Fleck in der Titelrolle. In
1794 bis 1812 kam das Stück gar nicht auf
zing erst mit Mattausch am 28. Dezember
ssischen Uebersetzung wieder in Scene, am 7.
übersetzt von Kaufmann und den 14. März
n der Uebersetzung von Voß —

Novitäten brachte Doebbelin in diesem Jahre
il „Soliman II." oder „Die drei Sultaninnen,"
Kten a. d. Frz. des Favart von Hubert, Musit
en 4. Mai „Die herrschaftliche Küche auf dem
in 1 Akt a. d. Ital., Musik von Zomelli, den
uben," Lustspiel in 1 Akt von G. E. Lessing,
Charlot, die Gräfin von Givel, Lustspiel in
z. von Voltaire, den 26. Mai: „Clarisse, das
tmädchen," Operette in 3 Akten von Voß,
muth, den 16. Juni: „Sayre," Trauerspiel t.
e, am 17. Juli: „Erwin und Elmire," Schau-
in 1 Akt von Goethe, Musik von André, am
t: „Der alte Freier," Operette in 1 Akt, Text
Indré. — Aus diesen Leistungen erhellt, daß
r seine Aufgabe als Direktor mit Ernst, Wärme
ite, daß er sich nicht einseitig auf sein Lieblings-
ndern der komischen Oper, beschränkte, sondern
n gleicher Weise gerecht wurde. — Die deutsche
ist seitdem bis heutigen Tages nicht mehr ge-
Wir sehen wohl künftig die Direktionen wie
e wechseln, aber das Personal ist in Berlin
egelmäßigkeit der Vorstellungen erlebte keine
hr. — Doebbelin spielte fortan täglich, ausge-
n Winter der Freitag, der Sonntag aber im
ißte Theil seiner Vorstellungen fand in der
, dessen Theater wir fortan das Doebbelin-
sollen. In außerordentlichen Fällen, welche
laum erforderten, z. B. bei Aufführung von
os," erfolgten die Darstellungen des größeren
f dem Monbijou-Theater. — Im ersten Jahre
ektion nahm er vom 1. April 1775 bis ultimo
einem vollen Etatsjahr, in der Behrenstraße
n. — „Die für die Sinnlichkeit so reizbare
det ein berliner zeitgenössischer Bericht, „wirkten
nicht so stark auf die Köpfe des Berliner und
blichen Geschlechts, als die Erscheinung eines
sant, um diese Zeit Epoche in Deutschland
jes Uebel stiftete. Ich meine „Die Leiden des
ein Original, welches bald überflüssig kopirt
ange Welt mit seltsamen Hirngespinnsten er-

nstlern, denen wir bereits begegneten, haben
daß Conrad Eckhof in diesem Jahre unter Ober-
meihherrn von Lenthe Direktor des Hoftheaters
t ist, welches man am 2. Oktober mit „Sayre"
selben war nicht mit der Seylerschen Gesell.
Rad. Mecour engagirt, welche Anno 76 indeß
schaft Schröber-Ackermann nach Hamburg ab-

erung Berlins, unter dem Jahre 1775 zu finden.

Das Volkslied der Serben.

Von Hugo Sturm.

B. Der Sagenkreis vom Königssohne Marko.

I.

In den Heldenliedern des serbischen Volksstammes tritt vor
allen andern Gestalten die des Kraljewitsche (Königssohnes)
Marko hervor. Er ist der Held von tausend Abenteuern und
Kämpfen, aus denen er siegreich und ruhmgekrönt hervorgeht.
Sein Name und seine Thaten sind schon jedem Serbenkinde bekannt, man findet deshalb auch in den Liebesliedern häufig seiner
ohne jede weitere Andeutung erwähnt.

Die Geschichte kennt ihn weniger. Sie nennt ihn nur als
einen aus seinem Erbe Vertriebenen, der deshalb gezwungen in
türkische Dienste treten und dem Sultan als Vasall auf seinen
Kriegszügen gegen die Christen folgen muß. Sein Vater war
der im Volkliede ebenfalls öfter erwähnte Statthalter Mukaschin, der den Titel Kralj (König) führte. Seine Mutter hieß
Euphrosine und verwaltete mit stillem treuem Sinn das Hauswesen auf der „weißen Feste Prilip," die Zar Duschan in
der fruchtbaren Ebene des serbischen Macedoniens einst erbaut.
Mukaschin fiel in der Schlacht am Tänarus im Jahre 1371,
wahrscheinlich durch Verrath, da alle Volkslieder ihn auf diese
Weise aus dem Leben scheiden lassen.

Marko ist der bekannteste seiner Söhne. Von hohem Wuchse
und kräftiger Gestalt, repräsentirt er die rohe, unbedingte Kraft
und ist aus diesem Grunde zum Helden von Abenteuern und
außergewöhnlichen Thaten wie geschaffen. Wo die Gefahr in recht
krasser Gestalt ist, ist Marko's liebster Platz. Seine Unerschrockenheit grenzt an Tollkühnheit.

Einen solchen Helden kann das Volk gerade gebrauchen, um
ihn in tausend Sagen und Sängen fortleben zu lassen. Der
reiche Liederschatz läßt keinen Zug seines Lebens unerwähnt, der
dazu dienen könnte, ihn in unserm Augen zu erheben. Sogar
seine Gestalt wird nicht mit Stillschweigen übergangen.

> „Einen Höhern giebt es nicht an Wuchse,
> Keinen giebt es, dessen Schultern breiter."

In seinen schwarzen Augen glüht ein heimliches Feuer, und wen
ein Blick aus ihnen trifft, dem klopft schon das Herz in banger
Furcht. Selbst der grimme Bogdan, ein anderer weit und breit
gefürchteter Held der Volkliedes, „fühlt seine Füße unter diesem
Blick ersterben." Der tiefschwarze Schnurrbart giebt dem Antlitz
noch ein besonders finsteres Aussehen.

> „Etwas Schwarzes hat er an den Zähnen,
> Wie die jungen Lämmlein von sechs Monden."

Seine Kleidung ist auch ganz besonderer Art:

> „Einen Pelzrock hat er an von Wolfsfell,
> Auf dem Haupte eine Wolfspelzmütze,
> D'rum ein dunkles Kopftuch fest gewunden."

Dies ist seine gewöhnliche Kleidung, in der wir ihm auf
seinen abenteuerlichen Zügen begegnen. Sehr selten trägt er sein
Feierkleid, so liegt dasselbe meist eingeschlossen. Gewöhnlich liegt es in
der Truhe auf dem Söller und wird nur bei außergewöhnlichen
Gelegenheiten hervorgenommen. Als er um Rossanda, des Lan-
deshauptmanns Lela Schwester, freit, können wir ihn in demselben bewundern.

> „Da hüllte er in Tuch sich und in Sammet,
> Setzt' auf's Haupt sich Mütze und Tschelenka,[*]
> Unterkleider zog er an mit Hafteln —
> Jeder Haken dran ein gelbes Goldstück —,

[*] Ein altserbischer Kopfschmuck, der neben der Reiherfeder auf der
Mütze befestigt wurde.

Gürtete sich mit dem Damascener,
Goldne Quasten hingen bis zur Erde;
Ganz in Gold gegossen war der Säbel,
In der Scheide scharf und wohl gehärtet."

Sonst sind seine Waffen anderer Art. Da ist zuerst die mächtige Kampfeslanze, die er wohl zu führen versteht; ferner der mächtige Streitkolben an der rechten Seite des Sattelknopfes. Seinen Säbel hat der Schmied Noval gefertigt. Als Marko ihn empfing, probte er ihn ob seiner Güte:

„In die Rechte nahm den Säbel Marko,
Rasch ihn schwingend hieb er auf den Amboß,
Spaltete entzwei, den halben Amboß."

Im ganzen Serbenlande gab es nur noch eine Klinge, die diese Waffe übertraf. Dieselbe befand sich in dem Besitze des Straßenräubers Mussa, der an der Küste sein Unwesen trieb.

„Als er damit loshieb auf den Amboß,
Nicht der Block blieb heil da, noch der Amboß." —

Ein gewöhnliches Pferd vermochte den Helden Marko nicht zu tragen. Sein Streitroß ist deshalb ganz anders als andere Rosse. „Es ist buntgefleckt gleich einem Rinde" und führt den Namen Scharaz. Marko hatte es als krankes, schwaches Füllen gekauft und mit Aufopferung gepflegt. Er lehrte es allmälig die größten Lasten tragen und gewöhnte es auch an den Genuß des Weines. Marko liebt sein Roß über alle Maßen und ist für den Scharaz fast mehr besorgt, als um sein eigenes Leben. Der Scheck ist aber auch gegen alle Gefahren gefeit und nimmt sogar an den Kämpfen des Helden thätigen Antheil. Als einst im wilden Kampfe der „schwarze Mohr" mit seiner „schlanken, grau-arabischen Stute" den Helden Marko überspringen will, da

„Leibet dieses nicht das Kampfroß Scharaz,
Bäumet sich auf beide Hinterbeine,
Mit dem vordern wehret es der Stute,
Und sie kräftig mit den Zähnen fassend
Reißt das rechte Ohr es ihr vom Haupte,
Daß sie ganz in ihrem Blute schwimmt."

Ehe es aber zum Kampfe geht, theilt der Held mit seinen treuen Genossen seinen Wein, wodurch das Pferd erst in die kampfesmuthige Stimmung versetzt wird. Dann glüht er „blutroth wohl bis an die Ohren" und kennt kein Hinderniß, und wenn die beiden so über die Ebene stürmen, dann ist der Bergleich wohl berechtigt, „daß der Drache auf den Drachen reitet." Selbst durch die Donau schwimmt der Scharaz sicher mit seiner schweren Last, und wenn es darauf ankommt,

„Springt drei Lanzen er wohl in die Höhe,
Viere, wenn es sein muß, in die Weite."

Gegürtet wird er mit sieben Sattelgurten zum Kampfe. An der linken Seite des Sattels hängt der „Schlauch mit Wein gefüllet," an der rechten der Streitkolben, „daß er hierhin nicht noch dorthin neige;" gezäumt ist er mit golddurchflochtenem Zaume. —

Die vielen Abenteuer Marko's, die im Volksliede besungen werden, ausführlicher zu erwähnen, das würde uns zu weit führen, wir müssen uns damit begnügen, die Hauptcharakterzüge des Helden hervorzuheben, die dabei in den Vordergrund treten.

Den größten Gefallen findet der Heldensänger an Marko's Unerschrockenheit und an seinem Muthe. Diese beiden Eigenschaften zu preisen wird er nimmer müde und weiß Beispiel an Beispiel zu reihen, wo der Kraljewitsche dieselben offenbart. Ohne sich zu besinnen, läßt Marko sich selbst mit der größten Uebermacht in den Kampf ein, mit Gleichmuth und Ruhe sieht er die Feinde nahen und ihn umzingeln, ohne sich in seinem Mahl stören zu lassen. Welimir aus Peterwardein rückt mit 300 wohlgerüsteten Streitern auf ihn ein, er aber

„Leert erst rein das Becken rothen Weines,
Warf das Becken auf die grüne Wiese,
Dann erst schwang er sich auf Scharaz' Rücken."

Auf ihn bringt die wilde Reiterschaar. Er aber führt so wuchtig die Lanze und den „beschlagenen Säbel," daß in kurzer Zeit alle die Flucht ergreifen. Nur Welimir fällt in des Helden Hände. Jetzt rüstet sich der Feldherr Wutscha, um seinen Sohn zu befreien. Marko sitzt beim Weine und sieht und hört nichts. Sein Streitroß merkt aber die nahende Gefahr und macht durch wildes Stampfen den Helden darauf aufmerksam. Schon haben ihn die 3000 Reiter umringt, da erst wirft er sich auf seines Roßes Rücken.

„Seinen Säbel er hielt in der Rechten,
In der Linken seine Kampfeslanze
Und des Roßes Zügel in den Zähnen,
Wen der Marko traf mit seinem Säbel,
Eines Streiches wurden zwei aus einem;
Wen der Marko traf mit seinem Speere,
Stürzte überwälzend sich vom Rosse."

Solchem Muthe können selbst die 3000 Streiter nicht Stand halten, namentlich wenn damit die riesige Kraft gepaart ist. Sie fliehen vor ihm, „wie die Tauben vor dem wilden Falken," ja

„Als er kaum sich hin und hergewendet,
War zerstoben all' die Reiterjugend."

Wie herrlich schildern die eben angeführten zwei Liedzeilen die Stärke des Helden. Noch schöner ist eine andere Strophe, die den oben erwähnten Kampf mit Welimir beschreibt. Marko „rührt ihn an ein wenig mit der Keule," und schon läßt von seinem Sattel sich mein Held, „er aber lacht; von stürzt der erstere auf den grünen Rasen." — Seinen Streitkolben, den gewöhnliche Menschen kaum zu heben vermögen, bemüht er häufig als gutes Wurfholz und schleudert ihn weit über das Gefilde. So beispielsweise in dem Kampfe mit Wutscha, den er nur mit dem Griffe streift, wovon dieser schon halbtodt auf dem Anger niedersinkt. Ja, er vermag ihn wohl bis „zu des Himmels Wolken" zu werfen.

Literatur, Kunst und Theater.

Gottschall's erzählende Dichtungen. Dritter Band: Maja. Breslau. Eduard Trewendt. 2. Aufl. Unter den erzählenden Dichtungen Gottschall's zeichnet sich „Maja" durch ihre glühende Farbenpracht aus. Der berauschende Duft und die üppige Vegetation Indiens, welches den Schauplatz bildet, nehmen uns in diesen Blättern gefangen, aber es tobt in ihnen auch die wilde Leidenschaft der Eingeborenen, die sich in dem letzten Aufstande mit der Blutgier des Tigers auf die Engländer warfen und sie zerfleischten. Nicht mit Unrecht hat man schon wiederholt diese Dichtung mit Thomas Moore's „Lalla Rookh" verglichen. Dieser Vergleich darf sich indessen nicht auf die Schilderung des Orients beschränken; zart wie der irländische Dichter erscheint auch Gottschall in dem lyrischen Idyll, das den Kern der Dichtung bildet.

Aus der Türken- und Jesuitenzeit vor und nach dem Jahre 1600. Historische Darstellungen von Friedrich Schuler von Libloy. Berlin. Theodor Grieben. Diese Darstellungen beziehen sich namentlich auf die Fürsten- und Volksgeschichte in den Karpathenländern während der angegebenen Periode und schickt ihnen der Verfasser eine kurze doch gründliche Schilderung der damaligen staatlichen Zustände in der Türkei voraus. Der Verfasser bezeichnet seine Arbeit, in der er manches „fast Unbekannte oder schon Vergessene" vorführt, als einen Beitrag zu der noch zu schreibenden Geschichte des Ostens der österreichischen Monarchie und der Donauländer. Insbesondere bemüht er sich, den historischen Zusammenhang Siebenbürgens mit der geschichtlichen Entwickelung des übrigen Europas aufzuweisen, wobei wir manchen lehrreichen Aufschluß über die Verhältnisse der Sachsen in jenem Lande erhalten. Sehr interessant sind die Abschnitte, welche die schrecklichen Leiden Siebenbürgens und der Walachei unter dem wahnsinnigen Regimente Gabriel Bethory's erzählten. Auch sonst findet sich des Interessanten Manches in dem Buche, das von tendenziöser Parteinahme durchaus frei erscheint.

Verschiedene Stände von Adolph Brennecke. Stuttgart Cotta'sche Buchhandlung. Es ist eine schwierige Aufgabe, das nicht mehr neue Thema der gesellschaftlichen Gegensätze von Adel und Bürgerthum zum Gegenstand künstlerischer Behandlung zu machen, ohne in's Schablonenhafte zu verfallen. Auch der Verfasser hat diese gefährliche Klippe nicht glücklich umschifft. Seine Figuren tragen mehr oder weniger die typisch gewordenen Züge jener beiden Gesellschaftsklassen: dünkelhafte Hohlheit und Frivolität auf der einen, bescheidene Tüchtigkeit und sittlichen Ernst auf der andern Seite. Abgesehen von der Einseitigkeit dieser Art der Charakteristik, wird die Erzählung dadurch zu tendenziös. Am besten sind dem Verfasser die im bürgerlichen Kreise sich abspielenden Scenen gelungen. Sie athmen Frische und Natürlichkeit.

Karl von Lotting. Von J. M. Pächter. Greiß. selbe. Julius Bindewald. Die Erzählung ist vielleicht etwas zu breit angelegt; aber es durchweht sie ein gesunder, erquickender Humor und dieser wird sie den Freunden norddeutscher Dialektdichtung willkommen machen.

Im Sabinergebirge. Briefe aus Gennazzano von Wilhelm Bergsöe. Aus dem Dänischen von Dr. August B. Peters. Volksausgabe. Bremen. J. Kühtmann. Wir freuen uns, dieses liebe Buch in einer neuen Ausgabe zu begrüßen. Unsere Leser kennen den Dichter bereits aus einigen seiner Romane und sie werden in diesen Briefen seine scharfe und originelle Charakteristik der Zustände und Personen, sowie seinen liebenswürdigen, seinen Humor wiederfinden. Wie wir schon bei der ersten Auflage erwähnten, wurden die Briefe betitts vor der Annexion Roms geschrieben; aber es dürfte doch gut sein abermals, während man sich in Rom zu einem neuen Syllabus gegen allen Fortschritt rüstet, an die verrotteten Zustände des Kirchenstaates unter der Pfaffenherrschaft zu erinnern, wie sie der Verfasser so pikant in den Schicksalen der Bewohner Gennazzano's und seinen eigenen dortigen Erlebnissen schildert.

Julian Apostata. Tragödie in fünf Akten von G. D. Elberfeld, Sam. Lucas. Der Verfasser hat die dramatische Form gewählt, um den Widerstreit religiöser Gesinnungen mit dialektischer Schärfe vorzuführen. Der byzantinische Kaiser F. Julianus, den man den Abtrünnigen nennt, weil er in den schöpfer Jahren des vierten Jahrhunderts n. Chr. den Versuch machte, den griechischen Götterglauben wieder zur Staatsreligion zu erheben, hat auf's Neue die alten Tempel eröffnet; wieder flammen auf den Altären Apollo und Kybele die Opfer und die Haine erschallen von heiteren Götterfesten. Indessen wird der Kaiser an seinen religiösen Ueberzeugungen irre, als er die Freudigkeit sieht, mit der die von ihm verurtheilten Christen in den Tod gehen, als er ihre Mahnungen vernimmt und vollends die seiner Jugendgespielin, der Christin Irene. So schwankt er fort und fort, bald im Trotz sich aufraffend, bald wieder hamletisch grübelnd in sich zusammensinkend, während die Macht des Perserkönigs Sapor die Grenzen des Reichs bedroht. Auch das Orakel zu Delphi hat er wieder eingesetzt und befragt und der Spruch desselben lautet: „Er hüte vor dem Größten sich." Irene deutet ihm den Ausspruch, dessen Lösung er vergebens sucht, als er im

Begriff steht, sich in die Schlacht gegen die Perser zu stürzen. Der Größte sei Jesus Christus. Tödtlich verwundet stirbt er mit dem Bekenntniß, daß Christus triumphire. In edler, gedankenvoller Sprache führt der Verfasser, die Gegensätze scharf betonend, sein Thema durch.

Von Pierer's Universal-Lexikon, das sich neben seiner Vielseitigkeit namentlich durch seine gediegenen Artikel aus dem Gebiet der Naturwissenschaften, Technologie und Völkerkunde auszeichnet, ist jetzt der VIII. Band der sechsten völlig umgearbeiteten Auflage erschienen. Derselbe reicht von „Ferdinandea" bis „Geist." Die Verlagshandlung von Ad. Spaarmann in Leipzig hat auch diesen Band mit vielen Karten und Illustrationen zum Texte ausgestattet.

Fr. Willibald Wulff giebt in Hamburg monatlich einmal „Declamatorische Blätter" heraus, welche Dichtungen und wo möglich Originalgedichte zum Vortrage in geselligen Kreisen bringen.

Alfred de Musset. Von Paul de Musset steht in Paris die Veröffentlichung eines biographischen Werks über seinen berühmten Bruder bevor. Das Buch wird außerdem bis jetzt noch nicht veröffentlichte Fragmente der Dichters und einen Roman in Prosa: „Le Poët déchu" bringen. Unter einem poët déchu verstand Alfred de Musset einen in Prosa schreibenden Dichter. „Die ich noch einmal in Prosa schreibe," rief er heftig aus, als er den Roman, „Croisilles" für Buloz bernbeet hatte, „lieber schieße ich mir eine Kugel durch den Kopf."

Autographen. Eine für Legitimisten besonders interessante Autographensammlung aus dem Nachlasse der Herzogin von Polignac, verstärkt durch eine Anzahl von authentischen Porträts der Familie Ludwig's XVI., kam letzter Tage im Hôtel Drouot unter den Hammer. Es erzielten: Ein vierzeiliges Handbillet Ludwig's XVI., kurz vor der Einnahme der Bastille geschrieben, 205; ein Brief Marie Antoinettens an ihre Freundin, die Herzogin von Polignac, 640; ein Brief des jungen Dauphin's, in welchem er bei seiner ersten Communion spricht, 1200; ein Brief der Madame Elisabeth, der Schwester Ludwig's XVI., geschrieben nach den Unruhen vom 5. und 6. October, 420; ein Brief des Herzogs von Berry, 500; ein Brief der Erzherzogin Charlotte Louise von Oesterreich, der Schwester Marie Antoinettens, 750; ein Brief des Königs Friedrich Wilhelm II. von Preußen nur 15, ein Brief des Kaisers Paul von Rußland, 80 Francs. Die Porträts (Miniaturen) wurden viel höher bezahlt; Marie Antoinette, angeblich von Sicardi, 4030, Madame Elisabeth 3000, der Herzog von Normandie (der Dauphin oder Ludwig XVII.) 420, derselbe noch einmal 520, der Herzog von Angoulême 795, der Herzog von Berry 862, die Herzogin von Angoulême (in einem Ringe) 570, dieselbe in einem Medaillon 400 Francs. Die Ersteher waren meistens vornehme Royalisten, wie die Herzöge von Larochefoucauld, Mortemar, Chevreuse, welche die seltensten von diesen Gegenständen dem Grafen Chambord verehren wollen.

Feaisfeld-Postel ein Standbild auf einem der öffentlichen Plätze Znaims zu errichten, ist von dem betreffenden Comité aus Mangel an den nöthigen Mitteln aufgegeben worden. Statt dessen will man zum Gedächtniß des Dichters an einer der schönsten Stellen des Thayathals, auf der Einsiedelleiten, einen Obelisk setzen, wozu die eingegangenen Beiträge ausreichen.

Das Monument Auber's auf dem Kirchhofe Père-Lachaise zu Paris, wo die Leiche des 1871 verstorbenen Componisten der „Stummen von Portici" endlich Ruhe gefunden, nachdem sie fast sechs Jahre lang gemiethe bei einem Grabsteinsetzer des Friedhofs von Montmartre gestanden hatte, wurde am 30. Januar in Gegenwart einer großen Zahl von Künstlern und Schriftstellern feierlich enthüllt. Das Denkmal besteht aus einem

Marmorwürfel mit einem Steinkreuze, und ist von einem kleinen Gitter umschlossen, das bei der Feierlichkeit ganz unter Blumen und Kränzen verschwand. Die Büste des Componisten ist von dem kürzlich verstorbenen Bildhauer Perraut angefertigt. Eine Inschrift über derselben nennt den Namen des Meisters und giebt die auf seine Geburt und seinen Tod bezüglichen Daten an. Daniel François Désiré Auber war am 29. Januar 1792 in Caen geboren und starb in Paris am 12. Mai 1871.

Die Ausgrabungen in Olympia haben am 9. und 10. Januar abermals wichtige Funde zu Tage gefördert. Der Hauptfund, ein Lager von fünf fragmentirten Bildwerken, wurde nordöstlich von der Nordostecke der Oberstufe des Tempels gemacht. Er besteht in dem Torso eines knienden Mädchens, mit einem langen umgeschlagenen Chiton bekleidet; in dem unteren Theile einer weiblichen Gewandstatur, an der jedoch die Füße abgebrochen sind, und endlich in dem Torso eines nackten schmächtigen Knaben, vom Halse bis zu den Oberschenkeln erhalten, der eine sitzende nach vorn gebeugte Stellung und den rechten erhobenen Arm vorgestreckt hatte. Es wurde ferner der hintere Theil eines trefflich modellirten Hengstes, von der Mitte an nebst den oberen Theilen der Hinterschenkel erhalten, gefunden, so wie die genau passende Fortsetzung zu der bereits früher erwähnten Hochrelief-platte mit den beiden Pferdehälsen. Dadurch ist der hintere Theil des Vordergespannes, nämlich zwei Rosse, nach Umrißlinie und Hauptmaßen gewonnen worden, so daß mit Zuhülfenahme des eben gefundenen Hengsttorso, sowie zahlreicher älterer Pferde-bruchstücke, Beine, Hufe, Schweife u. s. w., schon jetzt eine annähernd zuverlässige Restauration der ganzen Quadriga gegeben werden kann. Auch der Vorrath von Bronzen hat sich in erfreulicher Weise vermehrt. In architektonischer Beziehung ist der Fund eines wohlerhaltenen Taufrinnenstücks mit Löwenkopf vom Zeustempel deswegen bedeutungsvoll, weil auf demselben zum ersten Male die sichern Spuren von Malerei (Astragal- und Palmettenfries) beobachtet worden sind. Damit ist auch die für den Zeustempel zu Olympia bisher noch offene Frage, ob derselbe auf seiner äußeren Stuckhaut bemalt gewesen, durch den Thatbestand definitiv bejahend entschieden.

„Der ledige Hof." Anzengruber's neues Schauspiel hat bei der ersten Aufführung im Theater an der Wien besonders in den ersten Hälfte einen sehr schönen Erfolg errungen. Nach dem Urtheile der „Neuen fr. Pr." reicht es an innerem Werthe an die ersten Gaben seiner Muse nicht hinan, aber es birgt eine Reihe frisch geschriebener Scenen aus dem Bauernleben, die mit ihrer natürlichen und doch wieder so originellen Sprache das eigene Gepräge unseres scharf beobachtenden Zeichners der Bauernfamilie tragen. Würde nur Anzengruber nicht vom dritten Acte ab geradezu das moderne Effectstück aufs Land verlegen und seinen Bauerntypen Züge von Sentimentalität und Raffinement leihen, welche fremd zu der Einfachheit des ganzen Dorfbildes passen, man könnte sich den „Ledigen Hof" schon seiner reizenden Episoden wie seines geschickten Aufbaues halber als Theaterstück sehr gefallen lassen. Das Publicum schien sich an die letztere Seite der Novität zu halten und rief noch am Schlusse den Dichter wie die Darsteller oft und lebhaft hervor.

Her Majestys Theatre ist soeben in London unter dem Hammer gebracht worden. Voraus ging die einer großen Zuhörermenge gegebene Beschreibung dieses am Haymarket gelegenen Theaters; es fasse 1600 bis 2300 Personen, sei auch für Bälle und Maskeraden dienlich, habe eine 62 Fuß tiefe und 95 Fuß breite Bühne und sei von Ostern an zu benützen. Die Angebote begannen mit 10,000 Pfd. St. und stiegen nach und nach auf 26,000 Pfd. St. Jetzt erfolgte der Zuschlag, lächerlicherweise er-

klärte aber der Bieter, er habe sich geirrt. Nach mancherlei Mirrwarr schloß die Verhandlung mit der Ankündigung des Versteigerers, die Hülfe des Gerichtes zu suchen.

Todtenschau. Baron Königswarter, Chef des gleichnamigen Bankhauses in Frankfurt a. M., starb dort am 31. Januar. — Dr. Schöpfe, Geh. Justizrath, seit 1806, wo er zum Advokaten bei dem großherzoglich warschauer Civiltribunal ernannt wurde, dem preußischen Staatsdienste angehörig, starb am 29. Januar; im Bromberg, 97 Jahre alt, nachdem er im vorigen Jahre sein 75jähriges Dienstjubiläum gefeiert hatte. — Eduard Stützel, talentvoller Bildhauer, dessen Marmorwerke einen werthvollen Schmuck Sanssouci's und des neuen dortigen Orangeriehauses bilden, starb am 21. Januar, 71 Jahre alt. — Dr. Barth, Geologe, Afrikareisender, in Loanda schwer erkrankt, nahm sich am 7. December v. J. in einem heftigen Fieberanfall das Leben. — Karl Kuwasseg, ausgezeichneter Landschaftsmaler, 1803 in Triest geboren, starb am 1. Februar in Paris. — P. Bellynck, botanischer Schriftsteller, Professor am Jesuitengymnasium zu Namur und Mitglied der belgischen Akademie der Wissenschaften, starb in Brüssel am 14. Januar. — J. Graven, geschätzter niederländischer Bildhauer, starb in Rotterdam Mitte Januar. — Ritter Karl Victor v. Hansjirg, deutsch-böhmischer Dichter, Bezirkshauptmann zu Joachimsthal in Böhmen, am 5. August 1823 zu Pilsen geboren, starb in Joachimsthal am 23. Januar. — Giuseppe de Notaris, Professor der Botanik an der Universität in Rom, italienischer Senator, starb dort am 22. Januar. — Professor Tschapschew-Demitries, durch seine criminalrechtlichen Schriften in Rußland bekannt, starb in Moskau am 21. Januar. — Leopold Böscher, Landschaftsmaler, dessen erste Bilder großes Aufsehen erregten, in Wien geboren, seit etwa einem Jahre geisteskrank, starb am 1. Februar in der österreichischen Landes-Irrenanstalt, einige 40 Jahre alt. — Dr. E. Mohr, starb laut Nachricht aus London vom 1. Februar bei Erforschung des Congoquellen am 26. November v. J. in Melange. — Dr. Otto Hübner, bekannt durch seine tüchtigen Arbeiten auf dem Gebiet der Volkswirthschaft und Statistik, starb in Berlin am 4. Februar, 59 Jahre alt. — Paolo Emilio Imbriani, ein in Italien vielgefeierter Mann, Professor an der Universität in Neapel, starb dort am 4. Februar. — Capitän J. E. Davis, der berühmte Nordpolfahrer, der in den Jahren 1839 bis 43 die Polarreise von Sir James Roß auf dem „Terror" mitmachte, geachteter Schriftsteller auf geographischem Gebiete, starb in London 61 Jahre alt.

Mannichfaltiges.

Brief der Frau Michelet. Die Wittwe Michelet's richtet an den „Temps" folgendes Schreiben: „Herr Redacteur! Vor einigen Wochen meldete die pariser Presse, daß die Zöglinge der Ecole des Beaux-Arts auf meine Anregung einen Concurs für das Grabmal Michelet's ausgeschrieben hätten. Mehrere Blätter sprachen sogar von einer Skizze, die ich den Künstlern geliefert haben sollte. Diese Angaben waren verfrüht, sie entsprechen auch nicht dem Ziele, welches ich mir gesteckt und das ich nun erreicht habe. Als mein Gatte im Alter von zwanzig Jahren seinen ersten Freund verlor, pflegte er — er wohnte damals Rue de la Roquette — durch zehn Jahre selbst sein Grab. Während der großen Sommerhitze, wo die Blumen viel Wasser brauchen, ging er beinahe jeden Abend hinauf. Aber zu seinem großen Leidwesen welkten trotz aller seiner Mühe die Pflanzen hin und starben. Es fehlte dem Père-Lachaise an Wasser! Das ist jetzt fünfzig Jahre her und doch kaum anders geworden. Während der ältere Theil des Friedhofes, auf welchem Molière und Lafontaine ruhen, von den alten Bäumen, die dort um die verlassenen Gräber von selbst gewachsen sind, dichten Schatten empfängt, ist der neue Friedhof ohne Vegetation, in unbarmherziges Licht getaucht und nur ein dürres und ödes Steinfeld. Und doch sollte gerade an dieser Stelle Alles von Unsterblichkeit sprechen, überall ein Bild des Lebens geboten werden, also rauschende Wasser, und die sind gerade gar nicht vorhanden. Niemand nimmt daran Anstoß. Wenn die Blume, die man heute niederlegt, in einigen Stunden von der Sonne verbrannt ist, wird man eine zweite bringen, dann eine dritte. Sie werden alle hinsterben; gleichviel, man fährt immer fort. Ich habe viele Beispiele solch rührender Beharrlichkeit gesehen, namentlich bei den Armen, denen es ihre Mittel nicht erlauben, einen Gärtner für den Unterhalt ihrer Gräber zu bezahlen. Wie viele alte oder kranke Frauen erklimmen jeden Tag mühselig die steilen Abhänge des Père-Lachaise, einen Blumentopf in der einen und eine gefüllte Gießkanne in der andern Hand. Es schnürt Einem das Herz zusammen, und man mag es nicht mit ansehen. Sie errathen jetzt, Herr Redacteur, das Denkmal, welches ich für meinen Mann gewünscht habe. Ich habe die Erlaubniß nachgesucht und erwirkt, den Père-Lachaise Brunnen zu schenken. Die Stadt Paris schließt sich meinen Gedanken an "und übernimmt die Kosten der Wasserleitung, ich aber verpflichte mich, dem Friedhofe durch ein Vermächtniß (eine Rente auf den Staat) das Eigenthum dieser Wasserwerke auf ewige Zeiten zu sichern. So wird zum Frommen jedes einzelnen Grabes der Wunsch des Mannes sich erfüllen, dessen ganzes Leben dem Wohle der Menschheit geweiht war. Es wird ihm vergönnt sein, ihr auch im Tode noch zu dienen. Genehmigen Sie u. s. w.

　　　　　　　　　　　　　　　　　　　　F. J. Michelet.

P. S. Damit auch er seinen kleinen Theil an dem habe, was er Allen gewährt, werde ich nach seinem Grabe eine einfache Rinne mit fließendem Wasser leiten lassen, daß sie die Blumen benetze und den Vöglein zu trinken gebe."

Zu beherzigende Warnung. Das „Herzoglich sachsenaltenburgische Amts- u. Nachr.-Bl." veröffentlicht folgende Bekanntmachung: Nach einer anher erstatteten Anzeige werden zu Ballkleidern neuerdings leicht gewebte Stoffe verwendet, auf welchen sich ein glänzender, meist silber- oder goldfarbiger Metalloder Glasstaub (sogenannter Krystallstaub) befindet. Ein großer Theil dieses Staubes löst sich während des Tanzens ab, durchdringt die Lufträume der Tanzsäle und ist von schädlichem Einflusse auf die Augen und Lungen der Anwesenden. Die unterzeichnete Behörde findet sich veranlaßt, vor Verwendung jener Stoffe hiermit ausdrücklich zu warnen. Altenburg, den 23. Januar 1877. Herzoglich sächsisches Ministerium, Abtheilung des Innern. von Gerstenberg.

Die Geographische Gesellschaft in Paris hat dem heldenmüthigen Nachfolger und Erben Livingstone's, dem berühmten jungen Reisenden Cameron, am 27. Januar ein Bankett gegeben, bei dem auch der Präsident Mac Mahon anwesend war. Admiral Roncière le Noury überreichte dem Gefeierten die große goldene Medaille.

Muster für Fastenprediger. Ein sardisches Blatt bringt den Text einer sehr erbaulichen Predigt, die ein Missionsprediger in Leconizier gehalten hat. „Meine lieben Brüder," heißt es darin unter Anderm, „die Väter und Mütter müssen ihre Kinder im Gebet und im Katechismus unterrichten; sie müssen ihnen auch einen Stand geben und nichts weiter. Die Erziehung ist überflüssig und gehört nicht zu euren Verpflichtungen; wir machen keinen Gewissensfall daraus. Seht die Generale der letzten Jahrhunderte an; sie waren nicht unterrichtet; sie gingen in den Kampf, den Rosenkranz in einer Hand, den Degen in der andern, und sie kehrten als Sieger zurück. Heute haben wir blos Säbelschlepper, Kaffeehaus-Offiziere, Seiltänzer; der Krieg von 1870 hat es bewiesen. Blos die Heeresgeistlichen, die Brüder der christlichen Doctrin und die päpstlichen Zuaven haben ihre Pflicht gethan, sonst Niemand. Der Fortschritt, die Erziehung, was erzeugen sie? Republikaner, Leute wie Danton, Marat und Robespierre. Woran sind wir heute, wohin gehen wir?" u. s. w.

Sprachgeschwindigkeit. In einer der letzten Sitzungen der Academia dei Lyncei zu Rom theilte dessen Mitglied Flippo Mariotti aus einer von ihm verfaßten Denkschrift über die Sprachgeschwindigkeit der italienischen Kammerredner einige interessante Thatsachen mit. Mariotti zufolge sprach de Foresta 60 Worte in der Minute, Massimo d'Azeglio 90, Globerti 100, Rattazzi 150, Mamell 180, Cordova brachte es sogar auf 210 Worte in der Minute. Die Geschwindigkeit einiger lebender Redner, wie Mamiani's, Mancini's, Minghetti's, Depretis, Sella's und Anderer wechselt je nach den Gelegenheiten, in welchen sie das Wort ergreifen, ab. Rasch lassen sich im Italienischen 300 Worte in der Minute sprechen.

Die Dienerinnen Gottes. In der unmittelbaren Umgebung von Moskau wurde eine neue merkwürdige Secte entdeckt, die unter der Leitung von Frauen und Mädchen steht. Sie hält an dem Grundsatze fest, daß bereits das antichristliche Zeitalter herannahe und daher der Kirchenbesuch, die Heiligenverehrung, die Beichte und viele Satzungen der katholischen Kirche verworfen werden sollen. Der Hauptsitz der Secte befindet sich gegenwärtig in dem Dorfe Bielosewoj, wo die Anhänger dieser Glaubensgenossenschaft zum Behufe eines gemeinsamen Ideenaustausches in dem Hause eines Landmannes, Iwan Batiejeff, zusammenzukommen pflegen. Ein anderer Theil dieser Sectirer hält in der Ortschaft Diakow die zur Entscheidung oder vielmehr Verleugnung religiöser und ritueller Fragen bestimmten Zusammenkünfte ab. Daselbst erfreuen sich die Töchter des Grundbesitzers Gregor Kolotuschtyn — die Gottesdienerinnen genannt — eines sehr großen Ansehens; die Sectirer suchen bei diesen „Priesterinnen" (Marie und Natalie Kolotuschtyn) Trost in ihrem Unglück, Heilung für ihre Wunden, Rath bei ihren Unternehmungen und Ablaß für ihre Sünden. Eine eigenthümliche Rolle unter diesen Glaubenskünstlern spielt der Schneider Theodor Michalloff, der nebst dem Amte eines Großaugurs auch noch das eines Glaubenscensors und eines Schiedsrichters verwaltet. Die Zusammenkünfte der Anhänger dieser Secte finden zweimal wöchentlich statt, wobei seitens des Oberpriesters gewisse Broschüren religiösen Inhalts zur Verlesung gelangen; die Erklärung der verlesenen Glaubensmaximen wird wieder von Seite der beiden „Gottesdienerinnen" unter gleichzeitiger Anstimmung eines höchst originellen Gesanges besorgt. Nach dem Tode eines Mitgliedes dieser Glaubensgenossenschaft wird den übrigen Mitgliedern eine längere Fastund Bußübung, welche die sonst üblichen Condolenz-Bezeigungen vertreten soll, auferlegt. Die Leichenbegängnisse der Sectirer finden ohne jeden kirchlichen Pomp und mit Außerachtlassung aller rituellen Gebräuche statt. Im Dorfe Rowinka wurden letzthin mehrere Popen, welche gegen die Verbreitung dieser Secte aufzutreten sich bemühten, thätlich insultirt. Von Seite der russischen Regierung werden bisher nur schüchterne Versuche gewagt, um dem Ueberhandnehmen der von Calchas-Michalloff in großem Maßstabe betriebenen Proselytenmacherei ein Ziel zu setzen.

Eine Kanzeleianekdote. Eine in der Oede und Dürre der Erörterung über die orientalische Frage erquickliche Kanzeleianekdote verdanken wir der „Birmingham Post". Ein junger anglikanischer

Geistlicher, Stabskind von Geburt und Erziehung, hatte kürzlich für einen befreundeten Pfarrer auf dem Lande in den mittleren Grafschaften Englands die Abhaltung des sonntäglichen Gottesdienstes, einschließlich der Predigt, übernommen. Den Text für die letztere lieferte die Parabel vom verlornen Sohn, und der Prediger machte im Laufe seiner Rede besondere Anstrengungen, seinen Zuhörern die Freude des Vaters über die Heimkehr des Verlorenen durch Hinweis auf den Befehl, das gemästete Kalb zu schlachten, in gemeinverständlicher und dem Landvolk faßlicher Weise zu beleuchten. „Bedenket wohl, Geliebte im Herrn!“ sprach er voll Salbung, „es war ein kein gewöhnliches Kalb, welches da geschlachtet werden sollte, kein kränkliches, mageres Thier, das schon so wie so dem Tode entgegen sah, nein, es war nicht einmal ein gewöhnliches gemästetes Kalb, sondern — und hier hob der Prediger mit Nachdruck die Stimme, es war jenes gemästete Kalb, das da die Lust und Freude der Familie gewesen war, seit vielen Jahren schon!“ Weit rissen die erstaunten ländlichen Christen Augen und Mund auf, ob dieser überwältigenden Worte des jungen Dieners Gottes, und als der erste Augenblick des ungeheuren Befremdens vorüber war, da ging ein unterdrücktes Kichern durch die andächtige Gemeinde, und es wurden ärgere Gesichter geschnitten, um des unwiderstehlichen Lachens Herr zu werden, als sich der graue Küster seit mehr als vielen Jahren schon gesehen zu haben erinnerte.

Wiener Theaterprinzessinnen. Unter diesem Titel bringen die seit Kurzem in Wien erscheinenden „Publicist. Blätter“ nachstehende Notizen aus dem Lebenslauf dortiger weiblicher Bühnengrößen: Eine Dornenkrone ist es zumeist, welche die reine Stirn einer Theaternovize umflicht. Wie muß Jede kämpfen und ringen, bevor sie festen Boden auf dem Theater gewinnt und einen Namen sich macht. Dann allerdings wird sie gehuldigt: stolze Fürsten liebäugeln mit ihr, leichtfertige Grafen umflattern sie und protzige Geldmänner schicken ihre Agenten an sie ab, um irgend einen Liebeshandel zu verabreden. Von ungewohntem Glanze, oder vom stolzen Klange eines Namens geblendet, verläßt zuweilen solche Künstlerin die Laufbahn, auf der ihr nach dornenvollem Ringen endlich die Rosen blühten, und glaubt, den höchsten Gipfel des Glücks erreicht zu haben, wenn die arme Theaterprinzessin zum Range einer veritablen Fürstin oder Gräfin sich erhoben sieht. Allein wie blos der Theaterglanz, auch des Lebens Tand und Flitter bereitet herbe Täuschungen, und von den zahlreichen Aristokratinnen, die es durch das Theater geworden, sind doch nur Wenige glücklich. Der einstige Liebling der Wiener, die unvergleichliche Neumann, ist wohl Gräfin Schönfeld geworden, allein ihr jetziges Schicksal ist kein beneidenswerthes zu nennen, da sie an einen kranken Mann gefesselt ist, der nicht blos die Gesundheit eingebüßt. Frau Janisch, die über Nacht Gräfin Arco geworden, hat noch rechtzeitig dieses Verhältniß gelöst um sich wieder in den schützenden Hafen des Burgtheaters eingelaufen, den sie nicht zu verlassen auch Frau Wolter so klug ist, trotzdem sie Gräfin O'Sullivan geworden. Selbst die verhältnißmäßig Glücklichste, der einstige Wiener Theatergrößen, Fräulein Kronau, soll als Baronin Edelsheim in ihrer einsamen Burg in Osten recht lebhaft nach den Schminktöpfen des Theaters zurücksehnen und ein ödes freudenloses Dasein verbringen. Fräulein Fontelive, jetzige Fürstin Turn Taxis, die auf einer dürren Sandstätte in der Nähe der weiblichen Strafanstalt Neudorf in ländlicher Zurückgezogenheit leben muß, nicht minder. Das beklagenswertheste Resultat hat aber die einstige Schauspielerin des Burgtheaters, später des Stadttheaters,

Fräulein Schubert erreicht. Auch sie ließ sich von den Schwüren eines jungen, eleganten Grafen, der aber über wenig mehr als über seinen Adel verfügte, bethören und verließ mit dem in den Kreisen der kleinen Lebemänner wohlbekannten Grafen B . . a die Stadt. Lange blieb ihr Name verschollen, bis endlich aus Italien die Kunde herüberdrang, sie habe in der Hauptstadt des Re galantuomo dem Grafen die Hand am Traualtar gereicht. Das sind nun schon mehr als zwei Jahre und die Ehe blieb nicht kinderlos; doch der Graf, der vielleicht ernstlich bemüht strebte, sich und seiner Gattin wenigstens eine bürgerliche Existenz zu schaffen, war dies nicht im Stande und mußte die Frau und die armen Kinder hülflos in Paris zurücklassen. Das Elend der armen Schauspielerin soll so groß sein, daß die armen Würmer aus Kosten der österreichischen Gesandtschaft nach Wien gebracht wurden. Frl. Schubert selbst spielt unfreiwillig die Rolle der „Griseldis“, sie ist „arm, hilflos und nackt“. Das ist das Loos der Schönen auf der Erde!

Dr. Schliemann's neueste Entdeckungen. Aus Athen wird der „Times“ telegraphirt: „Dr. Schliemann hat in Mykenae die Mündung einer doppelten kreisförmigen Necropolis entdeckt und in einem Grabe vier goldene, 18 Centimeter hohe und reich verzierte Vasen. Ferner zwei goldene Siegelringe, von denen einer einen Palmenbaum darstellt, sowie sieben weibliche Figuren gefunden.

Die öffentlichen Bibliotheken in den Vereinigten Staaten. Wer etwa gewohnt war, dem Köhlerglauben an den Materialismus der Nord-Amerikaner zu huldigen, wird nicht ohne Erstaunen lesen, daß es nach dem officiellen Ausweise schon im Jahre 1870 in den Vereinigten Staaten 3647 öffentliche Bibliotheken mit 12,276,964 Bänden gab. Es kamen auf New-Orleans 15, Richmond 16, auf Chicago 24, S. Francisco 28, Cincinnati 30, St. Louis 32, Baltimore 38, Washington 52, Boston 69, Philadelphia 102, New York 122. Die Peabody-Bibliothek in Baltimore kostete 1,400,000 Dollars, die „Boston Public Library“ giebt jährlich 123,000 Doll. aus. Die „Astor Library“ in New York ward von ihren Gründern, Vater und Sohn, mit 773,336 Doll. ausgestattet. Die schönste wird aber die jetzt im Bau begriffene „Lenox Library“. Ihr Gründer, James Lenox, hat sie mit 400,000 Dollars in baar und 300,000 in Bodenwerth versorgt. Ein steter Bücherfond von 212,000 Doll. ist vorhanden. Die aus weißem Marmor gebaute Bibliothek ist 200 Fuß lang und 125 breit, sie wird über 300,000 Bände enthalten, darunter die Privatsammlung des Mr. Lenox (15,000 Bände), an Werken für amerikanische Geschichte und Shakespeare-Literatur unübertroffen dastehend.

Correspondenz.

Ein langjähriger Abonnent in Riga. Leider besteht zwischen Rußland und Deutschland kein Vertrag zum gegenseitigen Schutze des geistigen Eigenthums. Sollte daher der Verfasser des qu. Romans durch Nachdruck deutscher Blätter Rußlands nicht geschädigt werden, so mußte ihm wohl gestattet sein, der Piraterie den einen autorisirten Abdruck seiner Arbeit in einer angesehenen russischen Zeitung zuvorzukommen. Wenn unter solchen Umständen einige Abonnenten der „Roman“-Zeitung den betreffenden Roman in jenem Blatte etwas früher als in dem unserigen zu lesen bekommen, so kann dies sicher niemand mehr bedauern als wir. Indessen erlauben wir uns daran zu erinnern, daß neben diesem Roman ein anderer nicht minder interessanter durch die Nummern der „Roman-Zeitung“ gehen wird.

Redigirt unter Verantwortlichkeit des Herausgebers: Otto Janke in Berlin. — Redacteur des Feuilletons: Robert Schweichel in Berlin.
Verlag von Otto Janke in Berlin. — Druck der Berliner Buchdruckerei-Actien-Gesellschaft. — Setzerinnenschule des Lette-Vereins.

Deutsche Roman-Zeitung.

N⁰ 22. Erscheint achttäglich zum Preise von 3½ ℳ vierteljährlich. Alle Buchhandlungen und Postanstalten nehmen dafür Bestellungen an. Durch alle Buchhandlungen auch in Monatsheften zu beziehen. Der Jahrgang läuft von October zu October. **1877.**

Vergeltung.

Roman
von
E. Rudorff.

(Fortsetzung und Schluß.)

Neuntes Capitel.

Der Gedanke, sich in die Kammer wählen zu lassen, war dem Grafen bald nach seiner Abreise von Schloß Bruck gekommen. Nach Constantinopel wollte er nicht gehen und konnte sich doch der Einsicht nicht verschließen, daß man höheren Ortes keinerlei Rücksicht auf seine anderweitig geäußerten Wünsche nehmen werde.

Seine Wirksamkeit als Volksvertreter sollte — dies war Sternau's Absicht — nur eine vorübergehende sein, und allein dazu dienen, die allgemeine Aufmerksamkeit auf seine hervorragende Befähigung zu lenken. Hätte er dieses nur erst erreicht, so müßte er nothwendig bald eine — seine Talenten und seinem Stande gemäße — Stellung zu erwarten haben.

Der Graf faßte einen schnellen Entschluß, bat um seinen Abschied und zog sich mit einer Menge von Büchern, Zeitungen und Brochüren auf seine Besitzung zurück.

Dort gedachte er über die wichtigsten Fragen, welche ihrer Erledigung in der nächsten Session harrten, sich in Ruhe zu informiren und ein Urtheil zu bilden. —

In dem Landkreise von B. mußte binnen kurzer Zeit eine Neuwahl stattfinden, da der bisherige Vertreter schwer erkrankt war und man seinem Hinscheiden noch vor dem Herbst entgegensehen konnte. Hier als Candidat aufgestellt und gewählt zu werden, erschien dem Grafen, wenn er die wunderbar gemischten Elemente in der Bevölkerung dieses Kreises sich vergegenwärtigte, nicht allzu schwer. Denn ein Theil des Bodens gehörte vornehmen Adelsfamilien, ein anderer kleinen bürgerlichen Besitzern und ein dritter war von Arbeitern bewohnt, welche die unmittelbare Nähe der großen Stadt dorthin gezogen hatte. Die adeligen Herren würden sicherlich für ihn stimmen, da einer der einflußreichsten unter ihnen, Baron von Roda, ein entfernter Verwandter von ihm war; die kleinen Besitzer wohl ebenfalls, wenn die Lindner'sche Zeitung — welche ihnen als Orakel galt — seine Wahl

befürwortete. Beide Parteien vereint mußten einen von dem Arbeiter-Comité aufgestellten Social-Demokraten ganz unfehlbar schlagen.

Als Sternau in den letzten Tagen des Oktober in die Residenz kam und hörte, daß Lindner, um sich eine nöthige Erholung zu schaffen, nach dem stillen, menschenleeren Johannisau gegangen sei, brach er — nach vorheriger Rücksprache mit Baron von Roda — ebenfalls dahin auf. Sein Vorsatz: den Journalisten für sich zu gewinnen, war ihm alsbann vollständig gelungen. Der Graf blieb nach dem Balle noch eine Woche in Johannisau, und die Tage vergingen den beiden Herren höchst angenehm im heitern Austausch ihrer Meinungen, wobei Sternau es sorgsam vermied, auch nur mit einer Silbe der leidigen Politik zu gedenken.

Nun wurde es jedoch Zeit nach der Residenz zurückzukehren, und Sternau war gerade in seinem Zimmer mit dem Ordnen der Reise-Effekten beschäftigt, als der Kellner eintrat und meldete, daß eine fremde Dame den Herrn Grafen zu sprechen wünsche.

Wer konnte das sein? sollte Manon? Der Name schwebte obenauf in Sternau's Geist und ein scrubiges Gefühl zog durch seine Brust, als er an das holde Mädchen dachte.

„Ist die Dame alt oder jung? wie sieht sie aus?"

„Die Dame ist groß und schlank; es scheint eine vornehme Dame zu sein!"

„Führen Sie dieselbe in mein Wohnzimmer, ich werde sogleich erscheinen."

Sternau ordnete noch ein wenig seine Toilette, wartete bis er die Thür vom Corridor aus öffnen, die Dame eintreten und den Kellner sich entfernen hörte. Dann trat er schnell und geräuschlos ein.

Die Dame hatte ihm den Rücken zugewendet und schaute durch ein Fenster in den Garten des Etablissements. Sternau sah daher nur eine ganz in Schwarz gekleidete Gestalt. So leise er auch die Thür geöffnet, die Dame hatte seinen Tritt gehört, kehrte sich nach ihm um und schlug ohne ein Wort zu sagen, den Schleier zurück, welcher ihr Antlitz verhüllte.

„Elma!" rief Sternau erschreckt, „was führt Dich hierher, wie erfuhrst Du meinen Aufenthalt in Johannisau?"

So groß war die Bestürzung des Grafen über dieses unerwartete Wiedersehen, daß sie der jungen Gräfin nicht entgehen konnte.

„Komme ich Dir ungelegen?" rief sie stolz und scharf.

„Welche Worte gebrauchst Du, liebe Elma!" entgegnete Sternau sich schnell fassend. „Allein Dein plötzliches Erscheinen, die Trauerkleidung — —"

„Bernhards Oheim ist vor zehn Tagen heimgegangen; wir hatten Dir eine Anzeige von dem Todesfall zugesendet, wahrscheinlich kam sie jedoch auf Deinem Gute an, nachdem Du bereits in die Residenz oder nach Johannisau gegangen warst. Daß Du Dich hier aufhältst, erfuhren wir ganz zufällig durch einen Artikel in der Lindner'schen Zeitung!"

„Ist Dein Gatte mit Dir, liebe Elma?"

„Ich bin allein hierhergekommen; Bernhard glaubt mich in der Residenz — —"

„Wie soll ich das deuten, liebe Elma?"

„Arthur," sagte Elma, und ihre Stimme bebte und der Ausdruck ihrer Züge wurde sanft, „erinnerst Du Dich des Tages, als wir von Berneck nach dem Wäldchen gingen? Damals sprach ich es gegen Dich aus, daß wenn es einmal Nacht um mich würde, ich Dich an meine Seite rufen wolle! — Bernhard ist die Güte selbst gegen mich, er erfüllt alle meine Wünsche — — aber ich fühle mit jedem Tage es tiefer, daß es — — eine Schmach ist, einem Manne anzugehören, den man nicht liebt!" Fast tonlos kamen die letzten Worte heraus.

„Was gedenkst Du zu thun?"

„Ich will mich von Bernhard trennen! Darum bin ich fortgegangen — — aber wohin soll ich in diesem Augenblick mich wenden? Meine Eltern, Ulrike, Alle werden außer sich gerathen! Ich muß den ersten Sturm austoben lassen, ehe ich an meine Vertheidigung nur denken kann; und doch sagt mein Herz mir, daß ich heute besser bin, ehrlicher, wahrer, als zu der Zeit, wo Jeder mich pries und lobte!"

Erschöpft ließ Elma auf einen Sessel sich nieder.

Sternau fand in seinem reichen Geiste keinen Ausweg, was nun zu thun wäre, in nicht einmal eine Phrase, mit welcher er der tief erregten Frau eine Art von Beruhigung, oder sich selbst eine haltbare Stellung hätte schaffen können. Sein Auge, sonst so hell und scharf, blickte unruhig, matt und glanzlos.

„Wenn ich mir Alles überlege — —" begann er.

Ueber Elma's Wangen flog ein tiefes Roth; sie erhob sich von ihrem Platze und blickte erwartungsvoll in des Grafen Züge, als müsse sie den Inhalt seiner Worte darin lesen, noch ehe sie seinen Lippen entflohen. Doch Sternau hielt inne in dem angefangenen Satze und sagte mit unsicherer Stimme: „Nein, das geht doch nicht!"

Ein Lächeln schmerzvollster Bitterkeit zuckte über Elma's Antlitz, dann entgegnete sie, gewaltsam sich fassend in anscheinender Ruhe: „Arthur, bereite meinen Vater

vor! Aber Du mußt sofort nach Berneck aufbrechen; ich werde in Johannisau bleiben, bis ich Nachricht von ihm erhalte."

Ein Wagen fuhr in schnellem Trabe vor das Kurhaus.

„Bernhard kommt!" rief Elma, welche nach dem Fenster geblickt hatte.

„Um Gotteswillen, was hast Du gethan! Er darf Dich hier nicht finden! Eile schnell durch jene Thür; aus meinem Schlafzimmer gelangst Du in einen Corridor mit kleinen Logirzimmern. Das letzte ist unverschlossen und steht leer. Halte Dich darin auf, bis ich Dir Nachricht gebe; schiebe den Riegel von innen vor!"

„Ich fürchte Bernhard nicht — — er ist hochherzig! Besser wäre es gleich Alles zu sagen und zu entscheiden!"

„Wenn Du nicht daran denken willst, was für uns Beide auf dem Spiele steht, so muß ich es thun. Ich bitte Dich dringend, folge mir!"

Nach diesen Worten führte der Graf Elma in das kleine Logirzimmer und kehrte dann schnell in sein Wohnzimmer zurück. Sorgsam zog er noch die Portiere über die Thür zu seinem Schlafgemach, setzte sich nieder und nahm eine Zeitung zur Hand. Der Kellner trat wiederum ein, überreichte eine Karte und fragte, ob der Herr Graf zu sprechen wäre.

„Bestellen Sie, daß es mir eine Ehre sein wird, den Herrn Grafen Schöneich zu empfangen." —

Zehntes Capitel.

Sternau sah bleich aus, als er dem Grafen entgegen kam, aber die Blässe auf Schöneichs Gesicht, der schmerzvolle Ausdruck seiner Züge verriethen die größte innere Erregung. Kaum vermochte er die üblichen ersten Phrasen der Begrüßung ruhig hervorzubringen.

Der Graf gehörte zu jenen ernsten, tiefempfindenden Menschen, welche zwar selten ihre Fassung verlieren, jedoch — von etwas Gewaltigem gepackt — darum nur so heftiger bewegt werden, und alle sonstigen Rücksichten über Bord werfen.

„Sind wir allein, unbehorcht, lieber Graf, darf ich ohne Rückhalt sprechen?" fragte Schöneich, nachdem die Herren Platz genommen, indem er auf die Thür mit der Portiere wies.

„Niemand befindet sich in jenem Zimmer!"

„Lieber Graf," begann Schöneich, „was ich Ihnen anvertrauen will, ist so delikater Art, daß nur der Gedanke, ich habe es mit einem Ehrenmanne, einem Verwandten des Hauses Planitz zu thun, mir den Muth giebt zu sprechen. Stünde mein Lebensglück allein aus dem Spiele, so würde ich schweigen! aber Eine, die mir theurer ist, als ich in Worten es ausdrücken kann, leidet schwer!"

Schöneich hielt einen Augenblick inne, dann fuhr er fort: „ich bin während der kurzen Dauer meiner Ehe zu der Ueberzeugung gelangt, daß Elma's Herz mir nicht gehöre — —"

Sternau wollte eine Einwendung machen, der Graf schüttelte den Kopf und sagte: „Nein nein! wenn zwei Menschen sich wahrhaft lieben, so sind sie gern miteinander allein, und ein stilles Beisammenleben hat großen xxx für sie; das war ganz anders bei Elma, die augenscheinlich — — doch Sie erlassen mir wohl zu schildern, was eine Quelle des herbsten Kummers für mich sein mußte! Leider fällt die Hauptschuld, daß Alles so gekommen, mir zu. Warum erforschte ich vor meiner Werbung nicht besser ihr junges unerfahrenes Herz? Warum hörte ich egoistisch nur meine Wünsche, mein Verlangen?

Die Erkenntniß, daß Elma nicht glücklich sei, war eine trauervolle, doch keine trostlose für mich. Den Bund der Ehe habe ich stets als einen heiligen, unlösbaren betrachtet, und in diesem Sinne versuchte ich auf Elma einzuwirken. Ich gedachte nicht zu ermüden mit Beweisen tiefster Liebe und hoffte, daß endlich dem rechten sittlichen Thun auch der Lohn nicht fehlen werde. Wenn zwei gut geartete Menschen gezwungen sind einen langen Weg miteinander zu gehen, so werden sie — falls nicht eine wirkliche Abneigung in ihnen lebt — es lernen, sich zu unterstützen und manches Schwere gemeinsam zu tragen, was Jeden treffliche Eigenschaften des Andern wahrnehmen läßt. Nach und nach werden sie sich liebgewinnen und wünschen, sich wiederum jene Dienste zu leisten, die für beider Gemüth so wohltuend sich erweisen. Warum sollte mir Elma nicht zuletzt eine herzliche Neigung entgegenbringen, die zwar nicht das berauschende Glück voller Liebe gewährt, aber niemals ohne Segen und höhere Weihe bleiben kann?

Stets setzte ich bei solchen — mich tief bewegenden — Gedanken und Entschlüssen voraus, daß Elma's Herz zwar mir nicht entgegenschlage, aber noch nicht gefesselt sei. Diese Hoffnung ist seit gestern geschwunden und ich stehe vor der Frage: darf ich diesem siebzehnjährigen Weibe, falls sie einen ihrer würdigen Mann liebt und von ihm wiedergeliebt wird, ein Glück vorenthalten, daß sie an meiner Seite nicht finden kann? — Gestern kam uns nämlich ein Zeitungsblatt zur Hand, aus dem wir ersahen, daß Sie, lieber Graf, den wir weit von uns entfernt glaubten, ganz in unserer Nähe weilen. Elma gerieth in eine unbeschreibliche Aufregung, welche sie vergeblich zu bemeistern suchte. Sie bat mich zuletzt, ich möge gestatten, daß sie Tante Ulrike für wenige Tage besuche, und gern gab ich meine Einwilligung, weil ich hoffte, Elma's Unruhe dadurch zu lindern. Sie setzte sich auch sofort an den Schreibtisch, um die Tante durch einige Zeilen von ihrer Ankunft zu benachrichtigen. Als ich jedoch nach einer Stunde wieder in das Zimmer meiner Frau trat, sah ich zwar ein Blatt Papier vor ihr liegen und sie hielt die Feder in der Hand, aber sie erklärte nun, die Tante durch ihren Besuch überraschen zu wollen. Ein leichter Windstoß — durch das schnelle Oeffnen einer Thür veranlaßt — führte den Briefbogen aus dem offenen Fenster auf den Balkon. Elma, welche ihr Gesicht mir zugelehrt hatte, achtete nicht darauf. Ich trat hinaus und hob das Blättchen auf, um es ihr zu übergeben. Unwillkürlich fiel mein Blick auf das Papier; es enthielt nur einen Namen, allein er war viele, viele Male wiederholt, in dem Selbstvergessen eines mit seinem Gegenstande ganz beschäftigten Herzens! Schweigend legte ich den Briefbogen auf seinen früheren Platz; Elma, den Kopf in die Hand gestützt, bemerkte nichts, ihre Gedanken schweiften weit ab — — jetzt ist sie schon bei Ulrike!"

Schöneich machte eine Pause und sagte dann mit gepreßter Stimme: „Es war Ihr Name, Herr Graf, der auf jenem Blatte stand. Antworten Sie mir nun offen und ehrlich: lieben Sie Elma? und fühlen Sie die Kraft in sich, ihr ein Glück zu geben, das sie — — in der Ehe mit mir — — nicht findet?"

„Alle Ihre Voraussetzungen, Herr Graf, entbehren — wie ich fest versichern darf, jeder Grundlage, und ich —"

„Ich bin von dem, was ich sagte, überzeugt! Verlängern wir daher eine Aussprache nicht, die für uns Beide gleich peinvoll sich erweisen muß. Antworten Sie mir, ich bitte dringend, nur mit ‚Ja' oder ‚Nein'! Lieben Sie Elma?"

Kaum war diese Frage zum zweiten Male gestellt worden und das ‚Ja' floß nicht unmittelbar darauf von Sternau's Lippen, als die Portiere an des Grafen Schlafzimmer mit einem gewaltsamen Ruck nach beiden Seiten auseinander gezogen wurde und Elma auf der Schwelle erschien. Kein Maler hätte ein wirksameres und schöneres Bild der Rachegöttin darzustellen vermögen, als diese Frau es bot. Ihre Augen flammten, und mit einer Stimme, in deren sonorem Klange alle Töne von getäuschter Liebe bis zu tödtlich verwundetem Stolze bebten, rief sie aus: „Frage erst mich, Bernhard, ob ich auch einem doppelzüngigen Schmeichler, einem illoyalen Manne, der Deine Offenheit mit schalen Ausflüchten lohnt, angehören will? Und ich sage ‚Nein' und abermals ‚Nein!'"

Beide Männer waren, einem gleichen Impulse folgend, von ihren Sitzen aufgesprungen. Jetzt, wo alles Schlimme, das er hatte verhüten wollen, unrettbar hereingebrochen war, stand auch Sternau in ruhiger Haltung, erhobenen Hauptes da.

Schöneich sah auf Elma mit einem Blick schmerzlichster Betroffenheit: sie war also seiner Achtung unwerth! Voll eisiger Kälte wendete er sich an Sternau: „Sie wußten, Herr Graf, daß — Ihre Cousine in jenem Zimmer war?"

Sternau hätte der Wahrheit gemäß antworten können, daß er Elma in einem entlegeneren Zimmer vermuthet habe, allein dies wäre einer Ausflucht gleich gekommen, ohne an der eigentlichen Sachlage etwas zu ändern, er erwiderte daher bestimmt und kalt:

„Ja, ich wußte es!"

„Meiner Ansicht über Ihre Handlungsweise mag ich augenblicklich nicht Ausdruck verleihen; ich werde mir erlauben meinen Vetter, Herrn von Bärenhorst, zu Ihnen zu senden."

„Der Herr wird mich bis morgen Abend hier in Johannisau treffen; meine Adresse in der Residenz ist durch Baron Roba zu erfahren."

Eine kurze gegenseitige Verbeugung, dann wendete Schöneich sich an Elma und sagte: „ich werde Dich jetzt zu meinem Wagen führen!"

Schweigend verließen Beide das Zimmer, von Sternau höflich bis zur Thüre geleitet.

Als Graf Schöneich sich mit seiner Frau außerhalb des Kurhauses befand, sagte er fest und ruhig: „Benutze meinen Wagen, um nach Großenhain zu fahren, wo der Eisenbahnzug, der nach Hohenfelde geht, um acht Uhr Abends eintrifft. Deinen Vater werde ich telegraphisch benachrichtigen, damit er Dich von Hohenfelde abholen kann."

Graf Schöneich winkte dem Kutscher — der in geringer Entfernung mit der Equipage hielt — näher herbeizukommen.

Gleich den Wogen eines heftig wallenden Meeres überstürzten sich die Gedanken in Elma's Geiste während dieser kurzen Augenblicke. Gern hätte sie dem Gatten gesagt, welch tiefen Eindruck seine — von edelster Liebe zeugenden — Worte auf ihr Gemüth gemacht!

Aber könnte er das nicht so deuten, als ob sie jetzt, von Sternau verschmäht, gern zu ihm zurückkehren wolle? Nein, es war unmöglich! Doch bald, darüber durfte kein Zweifel herrschen, würden beide Männer einander mit den Waffen gegenüberstehen; sollte sie nicht — vielleicht fand sich keine andere Zeit mehr dazu — wenigstens aussprechen: so schuldig als Du mich hältst, bin ich nicht?

Ach, viel schlechter war sie ja, als er es glaubte, wenn auch in diesem vereinzelten Falle nicht! Schlau und berechnend, nur von Selbstliebe und Eitelkeit getrieben, hatte sie Schöneich angelockt und als ein Anderer ihr schöner und liebenswürdiger erschien, ihn ohne Skrupel zu verlassen gedacht. Sie war unwahr gewesen in Worten und Handlungen, es war daher billig, daß sie jetzt über sich ergehen ließ, was sie hundertfach vorher verschuldet hatte.

Aus Elma's Brust entrang sich kein Laut; nur als Graf Schöneich ihr sorgsam in den Wagen geholfen und die Pferde anzogen, rief sie: „Leb wohl!"

Was klang in dem Tone — fast war's ein Schrei — alles durch?

Schöneich blieb erstaunt auf seinem Platze stehen und sah dem forteilenden Wagen sinnend nach. Welch ein mächtiges Leben pulsirte in Elma's Herzen! Welche Kraft hatte in den Worten gelegen, die sie Sternau entgegen schleuderte, welche Energie der Bewegung wie schön war sie in ihrem Zorn gewesen! Warum dienten solche Gaben nicht dem Guten und Reinen? —

Elftes Capitel.

Tiefe Dämmerung lag bereits auf der Landschaft, als Elma der Stadt Großenhain sich näherte. Das Wetter war unfreundlich geworden, nachdem sie Johannisau verlassen, und die geheimnißvollen Schauer des Herbstes hatten an den Waldriesen der großen Forst gerüttelt, durch welche ihr Weg sie führte. Jeder Windstoß warf verwelktes Laub von den Stämmen, die sich — fröstelnd in ihrer Kahlheit — beugten und ächzten, der einzige Naturlaut in der Stille weit umher, denn die Waldessänger waren lange schon gen Süden fortgezogen. Wolken jagten über den Horizont und ließen nur ab und zu ein sanftes Himmelsblau hervorschimmern, das aber schnell, wie es gekommen, wieder dem Auge entschwand.

Elma sah und hörte nichts um sich her; sie sann und sann, was sie dem Vater, der bald in Hohenfelde ihr entgegentreten würde, auf seine Fragen antworten sollte. Am Gerathensten wäre es wohl in Räthseln zu sprechen, bis ihr Gatte seine Entschlüsse kund gethan!

Und zwischen durch fuhr mit stechendem Schmerz — gleich der Sonde auf eine noch zuckende Wunde — immer

auf's Neue der quälende Gedanke: wie war es nur möglich gewesen, daß sie über Sternau's Gefühle sich hatte täuschen können? Elma marterte ihr Gedächtniß, um den Wortlaut der im Pavillon und Garten mit einander gewechselten Reden festzustellen. Die ganze Scene stand lebendig vor ihrem inneren Auge da; sie hörte wiederum die melodische, schmeichelnde Stimme des schönen falschen Mannes! Plötzlich zuckte es aufhellend durch ihren Geist: hatte er vielleicht eine Andere erwartet? hatte er nur zärtliche Empfindungen geheuchelt, um ihren Verdacht abzulenken? Aber wer konnte dies geliebte Mädchen sein? Malvine? sie war viel zu alt und reizlos! Anna? bewahre! ein so unbedeutendes Geschöpf könnte auf diesen Mann unmöglich Eindruck machen. Manon? sie wäre die Einzige gewesen, die ihn zu fesseln vermocht, aber er hatte bis zu jenem Tage nur wenige Worte mit ihr gewechselt, auch war Manon zu keusch und rein, als daß sie Sternau in dies entlegene Gartenhaus zu sich entboten hätte! Und hatte nicht die Mutter ihr erzählt, daß Manon nur Schloß Berneck verlassen, weil Sternau sie nicht geliebt, weil ihr der Gedanke unerträglich gewesen sei, ihm nochmals zu begegnen? Wer aber war es denn, dem seine leidenschaftliche Umarmung, der süße Flüsterton der Liebe gegolten?

Elma's Kopf schmerzte, ach nur nicht mehr denken! Und sollten auch die Wogen des Lebens jetzt über ihrem Haupte zusammenschlagen, die Kraft: auf Rettung zu sinnen war augenblicklich in ihr erloschen.

Bald rollte ihr Wagen durch die Straßen von Großenhain. So wenig aufmerksam Elma auch für die Dinge um sich her war, es mußte ihr auffallen, daß der Kutscher nun im Schritte zu fahren begann, und die Straßen noch belebt von Fußgängern waren, die Alle nach einer Richtung hin zu wandern schienen. Durch die Fenster der nahen Kathedrale schimmerte Kerzenglanz, die Pforten des ehrwürdigen Gotteshauses standen offen und die Menge strömte hinein. „Fragen Sie, welche Feier die Leute zu so ungewöhnlicher Stunde in die Kirche ruft?" befahl Elma dem Kutscher.

„Ein Trauergottesdienst für den verstorbenen Cantor der Bernhardinerkirche wird hier abgehalten," antwortete der Kutscher, nachdem er von einem Vorübergehenden sich Auskunft erbeten hatte.

Elma sah bei dem Scheine eines brennenden Candelabers, daß sie bis zu der Stunde noch Zeit sei, bis der Eisenbahnzug nach Hohenfelde abgehen würde.

Sie hieß mit dem Wagen anhalten, beorderte den Kutscher, ihre leichte Reisetasche an einen Kellner im Bahnhofe abzugeben, sagte sie werde in die Kirche gehen, und später den kurzen Weg zum Bahnhofe zu Fuße machen. Er möge nach Johannisau zurückkehren, wie ihr Gemahl es angeordnet habe.

Die junge Frau trat dann in die Kirche, nur um auszuruhen, nur um von Niemand, der sie kannte, auf dem Bahnhofe begrüßt oder zu einer Unterhaltung gezwungen zu werden. Und doch zog ein wunderbares Gefühl durch Elma's Brust, als sie das bis in seine fernsten Räume gefüllte Gotteshaus überblickte, als sie die feierliche Stille gewahrte, welche über die versammelte Menge sich ergoß.

Nur der große Hauptgang war frei gehalten; dort

stand auf hohem Catafalk der mit Palmenzweigen und herrlichen Blumen völlig überdeckte Sarg, in welchem der Verstorbene ruhte.

Unter den Männern und Frauen neben der Eingangspforte stehen zu bleiben, lag den Lebensgewohnheiten der jungen Gräfin fern. Sie schritt — langsam einen Weg sich bahnend — durch einen Seitengang dem Altare zu, vor den man Sessel gestellt hatte, um mehr Sitzplätze zu gewinnen. Ein alter Herr, der hier einen Platz inne hatte, räumte ihr artig seinen Sessel ein; vielleicht geschah es im Hinblick auf ihre Trauerkleidung, oder auf die schmerzvoll bewegten Züge der schönen hochgewachsenen Frau. Neben Elma saß eine Matrone, welche ebenfalls hier fremd sein mochte, denn ein junges Mädchen, das vor ihr auf einem Sessel Platz genommen, erzählte derselben leise von den Verdiensten des Mannes, dem diese Feier galt. Elma war gezwungen zuzuhören; bald jedoch erregte, was sie vernahm, ihren vollen Antheil, so daß sie mit Interesse dem Berichte folgte. Herr Ehrig, so hieß der Verstorbene, hatte nur das bescheidene Amt eines Cantors inne gehabt, war jedoch der begeisterungsvolle Verbreiter edler Musik für die Stadt geworden. Alle seine freie Zeit hatte er dazu verwendet, talentvollen jungen Mädchen und Männern kostenfreien Unterricht im Gesange zu geben. Die Besten unter ihnen wurden zu Solosängern ausgebildet, die minder Begabten zu einem guten Chorgesang vereint. Alljährlich veranstaltete Ehrig Aufführungen klassischer Meisterwerke, deren Reinertrag wohlthätigen Stiftungen zu Gute kam. Ja, er trieb seine Uneigennützigkeit so weit, daß er Ehrengeschenke, durch welche dankbare Schüler — gleichwie die Stadtgemeinde — ihn auszuzeichnen wünschten, mit ruhiger Entschiedenheit von sich wies. Man möge ihm gestatten, sagte er, zu wirken um der Sache willen; auch die geringste Gabe würde ihm die ideale Freude trüben: herrliche Musik in würdiger Weise vorzuführen und deren erhebende Kraft auch weiteren Kreisen zugänglich zu machen.

Dreißig Jahre hatte Ehrig in Großenhain gewirkt, und manche Berufung zu einer glänzenderen Stelle rundweg ausgeschlagen. „Was kann der Mensch mehr thun, als Gutes verbreiten nach seinen besten Kräften, auf welchem Platze er auch stehe? Hier habe ich begonnen, hier will ich auch mein Tagewerk enden," hatte seine Antwort stets gelautet. Zwei Generationen waren von ihm in die Schönheiten der Tonkunst eingeführt worden, und kaum gab es eine Familie, in der man Ehrig nicht als Freund und Lehrer hochgehalten. So hatten sich heute die Häuser der Stadt geleert, und Trauernde strömten herbei, um dem Meister ihre Liebe und Verehrung zum letzten Male zu beweisen!

Seine Schüler hatten den Sarg in die Kirche getragen, damit an dem Orte, wo sein Zauberstab so oft die Wellen der Harmonie geleitet, noch einmal die Macht des Sanges ertöne über seiner Bahre. —

Nun durchbrauste Orgelklang das weite Schiff der Kirche und „Misericordias Domini in aeternum cantabo," *) ertönte. Als die schönen Harmonien langsam verklungen waren, intonirten Frauenstimmen gedämpft und weihevoll den rührenden Choral:

*) Die Barmherzigkeit des Herren will ich singen in Ewigkeit.

„Wenn ich einmal soll scheiden,
So scheide nicht von mir;
Wenn ich den Tod soll leiden,
So tritt du dann herfür.

Wenn mir am allerbängsten
Wird um das Herze sein,
So reiß mich aus den Aengsten,
Kraft Deiner Angst und Pein."

In lautloser Stille horchte die Menge den leis dahinschwebenden Tönen, und kaum war das Gemüth von der ernsten Gewalt derselben frei geworden, als ein Männerchor klagend begann:

„Siehe, wie dahin stirbt der Gerechte, und Niemand nimmt es zu Herzen. Fromme scheiden von hinnen und Niemand ist's, der's bedenket, in Gnaden werden die Gerechten hinweggenommen. Ihr Name wird bleiben in Frieden auf Erden!"

Aus Elma's Augen flossen Thränen; wie lange war es her, daß sie zum letzten Male geweint hatte? Vielleicht als Kind, wenn ihr ein Spielzeug nicht geworden, das sie heiß ersehnt, oder sonst nicht geschehen war, was ihr ungeduldig junges Herz verlangt! Thränen als lindernder Quell eines brennenden Schmerzes, als sanften Ausbruch frommer Rührung, solche Thränen hatte sie niemals gekannt!

„Der Name des Gerechten wird bleiben in Frieden auf Erden!" wiederholte mit feierlicher Bestätigung der mächtige Chor.

Der Tod! wunderbares, unverstandenes Wort in den Tagen der Jugend, des Schönheitsglanzes, der Vollkraft des Lebens! Elma hatte noch kein theures Wesen scheiden sehen, Niemand fehlte aus dem Kreise, der ihre Kindheit und Jugend umstanden. Ab und zu hatte sie gehört, daß einer der Dorfbewohner dahin gegangen, und es durchfuhr sie dann wie etwas Entsetzliches, dem man keinen Augenblick nachhängen müsse. Wie schauerlich sah auch das Knochengerippe mit der Alles fortmähenden Sense aus, das sie einst in einem Bilderbuche gefunden und dann nie mehr zur Hand genommen, aus Furcht, dem schrecklichen Gespenste zu begegnen! Und wie sorgfältig hatte sie stets jene Ecke der Kirche von Berneck zu vermeiden gesucht, aus der ein ähnliches Scheusal mit fletschenden Zähnen — das dort in Stein verewigt war — dem Wanderer entgegenstarrte. Leben und Tod schien ihr durch einen düstern, unausgefüllten Abgrund von einander geschieden.

Ihres Gatten Oheim hatte vor einigen Tagen seine irdische Laufbahn geschlossen, aber fern von ihr; nur einmal hatte sie ihn gesehen und den Schwerkranken kaum mehr als einen Lebenden betrachtet. Auch war ihre Seele so völlig von andern Bildern und Gedanken erfüllt gewesen, daß nur das Trauergewand, in das sie sich hüllen mußte, die Erinnerung an den Trauerfall in ihr wach erhielt.

Wie so ganz anders trat jetzt der Tod vor ihr Auge: als der Schlußstein eines würdig ausgefüllten Lebens, als ein sanftes Ausruhen von ernstem Ringen und Schaffen!

Ein unscheinbarer, einfacher Bürger ruhte dort in jenem Sarge, aber welch ein Segen war von ihm ausgeströmt und wirkte fort und fort in dieser von der edelsten Trauer erfüllten Gemeinde!

„Die dich gebar und trug
Die Erde fordert dich zurück, und Staub
Wirst wieder du. Die schöne Menschenform
Zerfällt durchaus!"

Auch ihr Dasein konnte bald enden, und wenn es zu Ende ginge, wem hatte es genützt, wer würde liebend und segnend ihrer gedenken? Der Mann, welcher mit einer Liebe sie umfaßt, deren Werth sie zu spät erkannt, sie hatte ihn in seinen heiligsten Empfindungen, in seiner Ehre verletzt, ja vielleicht trieb sie ihn auch in den Tod! Und doch gab es keine Umkehr jetzt; wie hätte auch eine so plötzliche Reue und Sinnesänderung Glauben finden und verdienen sollen?

Nun kam der ergreifendste Theil der Feier; in unsagbar rührenden Tönen erklang ein Chorgesang:

„Wir setzen uns mit Thränen nieder,
Und rufen dir im Grabe zu:
Ruhe sanfte, sanfte Ruh!"

Ein zweiter Chor fiel ein und wiederholte:

„Ruhe sanfte, sanfte Ruh!"

Es war der Abschiedsruf für den theuern Dahingeschiedenen, von dem man endlich sich trennen mußte.

„Ruhe sanfte, sanfte Ruh!" flüsterte noch manch zuckende Lippe, von leisem Schluchzen unterbrochen, dann erhob sich die Menge und schritt in feierlicher Stille dem Ausgange der Kirche zu. Elma zog den Schleier vor das Gesicht und blieb auf ihrem Platze stehen, um nicht in das Gedränge zu kommen. Denn sie hatte noch niemals sich allein in einem so großen Menschenknäuel befunden. Aber es war hohe Zeit nach dem Bahnhofe zu eilen; vielleicht konnte man durch eine Seitenthür in's Freie gelangen?

Die junge Frau ging einige Schritte in den Chorgang hinein und fand hier wirklich eine Ausgangsthür; sie drückte auf die Klinke, doch die Thür widerstand. Da wurde auf der entgegengesetzten Seite der Kirche eine Thüre geöffnet und ein scharfer Luftzug strömte durch die Pforte hinein. Elma, davon belästigt, drückte nochmals mit voller Kraft auf die Klinke und jetzt wich die Thür unter ihrer Hand. Sie sah ein dunkelroth glühendes Licht vor sich, sonst schien auf dieser Seite des Kirchenplatzes Alles in Finsterniß gehüllt. Elma trat über die Schwelle hinaus und gedachte sich dann rechts zu wenden, aber ihr Fuß fand keinen Boden unter sich und sie stürzte in die Tiefe. Wo sie war, sie wußte es nicht, denn augenblicklich hatte sie die Besinnung verloren. —

Zwölftes Capitel.

Der Glöckner und Kirchendiener waren bald allein in dem weiten Raume, der so viele Andächtige in sich versammelt hatte; der Kerzenglanz erlosch, die Pforten sollten geschlossen werden. Da bemerkte der Glöckner zufällig, daß eine Seitenthür geöffnet sei, die man gar nicht aufgeschlossen hatte, da sie zu dem Platze hinter der Kirche führte, auf dem noch Baumaterialien, Leitern und Gerüstbäume lagerten, welche man für den eben vollendeten Neubau des Glockenthurmes benutzt hatte. Der Platz war von der freien Seite durch einen leichten Bretterzaun eingefriedigt und durch eine Laterne mit dunkelrothem Glase beleuchtet worden, damit Niemand dort Schaden nehmen könne.

Der Glöckner probirte das Schloß, um sich den seltsamen Umstand zu erklären, daß diese Thür nun offen stand. Die Feder daran war schadhaft geworden und sprang zur Hälfte zurück, sobald man geschlossen hatte; ein starker Ruck ermöglichte daher das Oeffnen der Thür. Inzwischen war der Kirchendiener ebenfalls herbeigekommen und bemerkte, während er dem Glöckner die Laterne hielt, damit dieser das Schloß nothdürftig befestigen könne, daß auf der äußeren Schwelle der Thür ein Täschchen von feinem Leder lag.

Er hob es auf, betrachtete die elegante Arbeit desselben und sah, daß es Visitenkarten mit dem Namen der Gräfin Elma Schöneich enthielt.

„Durch diese Thür wird hoffentlich Niemand den Ausgang gesucht haben!" rief erschreckt der Glöckner aus. Beide Männer blickten auf den freien Platz hinaus und ein leises Wimmern drang an ihr Ohr.

„Großer Gott, hier ist Jemand in die leere Kalkgrube gefallen!" wendete der Kirchendiener sich an den Glöckner. Vorsichtig stiegen nun Beide über eine Planke auf den Kirchenplatz und leuchteten in die seitwärts gelegene Grube hinein. Ein schwarzseidenes Gewand wurde sichtbar, auch ein vollständig zerknitterter Hut.

Vergebens richteten jedoch die Männer Fragen an die in der Grube befindliche Frau, keine Antwort erfolgte; nur das Aechzen dauerte fort.

Glöckner und Kirchendiener gingen in die Kirche zurück, verriegelten die Thür, schlossen die Kirche und eilten zu dem Pfarrer, welcher unmittelbar neben der Kirche wohnte. Sie wiesen das Täschchen mit den Visitenkarten vor und erzählten von der ächzenden, bewußtlosen Dame im seidenen Gewande.

Der Pfarrer, ein würdiger, stets hülfsbereiter Mann, traf sofort die nöthigen Anordnungen; seine Dienerin sendete er zu einem in der Nähe wohnenden Arzte und bat die Gattin, das Fremdenzimmer für die verunglückte Dame bereit zu halten. Dann begab er sich — nachdem eine zweite Laterne noch angezündet worden war — mit dem Glöckner und Kirchendiener zu der Grube. Bald erschien auch der Arzt, begleitet von zwei kräftigen Männern, die Betttücher und eine Matratze trugen. Mit der höchsten Vorsicht hob man die wimmernde Frau empor und bettete sie auf die Matratze. Die Verunglückte hatte, als man sie aus ihrer Lage rührte, einen heftigen Schmerzensschrei ausgestoßen, auch sah man, daß Blut ihr Gesicht überströmte.

Sie mußte beim Fallen sich an einem Stück Eisenzeug, das man achtlos in die Grube geworfen, verletzt haben, denn unter dem linken Auge zeigte sich eine klaffende Wunde. Ob irgend ein Glied gebrochen sei, konnte nur eine ärztliche Untersuchung zeigen.

Die Pfarrerin hatte indessen das Zimmer, in welchem ihre verheirathete Tochter bei den Besuchen im Elternhause zu wohnen pflegte, für die verunglückte Dame, in welcher sie — nach Ausweis des gefundenen Täschchens — die Gräfin Schöneich vermuthen durfte, in Stand gesetzt.

Hierhin wurde Elma getragen, und der Arzt wetteiferte mit der sanften Matrone, um der Verwundeten bei dem Auskleiden und Niederlegen in das Bett die denkbar geringsten Schmerzen zu verursachen. Dennoch zeigte ein oftmals hervorbrechender Jammerlaut, wie sehr die Kranke leide.

Während die Pfarrerin dann mit leiser Hand das Blut aus dem schönen Antlitz wusch und auf das Geheiß des Arztes immer erneute — in Eiswasser getauchte — Compressen über die Wunde legte, begann dieser die Untersuchung des heftig schmerzenden Fußes und constatirte eine böse Verrenkung, welche mehrere Wochen hindurch wohl ein Auftreten unmöglich machen würde. Auch hier geschah das Nöthigste: ein Verband wurde angelegt, dann wünschte man doch der Kranken zu erfahren, an wen man die traurige Fall melden, wen man an ihr Leidenslager rufen solle.

Elma, die allmälig wieder zum Bewußtsein gelangt war, bat: man möge ihren Vater, der vielleicht in Hohenfelde sie noch erwarte, telegraphisch benachrichtigen. Der elektrische Strom brachte rechtzeitig dem Freiherrn die betrübende Kunde von dem Unfall seiner Tochter. Er sendete seinen Wagen nach Berned zurück, meldete seine Abreise nach Großenhain an die Gattin und benutzte den nächsten Zug, um zu Elma zu eilen.

Unter quälenden Schmerzen, fiebernd, und dennoch mehr im Gemüthe krank, erwartete Elma sehnsuchtsvoll ihren Vater. War er doch jetzt ihre einzige Stütze, von seiner Liebe und Vatertreue konnte allein Hülfe in ihrer trostlosen Lage kommen! Soviel war heute über sie hereingebrochen, daß ihr Alles im trübsten Lichte erschien und sie in manchen ausweichenden Antworten des Arztes ein Schlimmstes, Furchtbares zu argwohnen begann.

Vermochte sie doch ihren Fuß nicht um eine Linie aus seiner Lage zu rücken, ohne folternden Schmerz; vermochte sie doch das linke Auge gar nicht, das rechte nur mit Anstrengung zu öffnen!

Da hörte man Pferdegetrappel und ein Wagen fuhr an dem Pfarrhause vor. Elma's Herz schlug, als ob es ihre Brust sprengen sollte. Nie hatte sie bis dahin dies Gefühl der Zusammengehörigkeit mit ihrem Vater gehabt; nie war es ihr so klar gewesen, daß wir unbedingt auf unsere Eltern als auf unsere Helfer zählen, daß wir meinen, es müßte für den Besten wie den Gesunkenen in ihnen ein Herz schlagen, vor dem er Alles enthüllen, für Alles um Vergebung flehen dürfe!

„Elma, mein Kind, meine geliebte Tochter!"

Elma wollte eine geringe Bewegung machen, um sich ihrem Vater zuzuwenden, doch ein furchtbarer Schmerz in dem verletzten Fuß zwang sie in ihrer Lage zu verharren.

„So müssen wir uns wiedersehen, Vater!"

„Du erinnerst mich zur rechten Zeit," sagte der Freiherr, nachdem er sanft Elma's Kopf in seine beiden Hände gefaßt und einen Kuß auf ihre Stirn gedrückt hatte, „wieviel Dank ich den gütigen Herzen schulde, die so liebevoll sich Deiner angenommen haben.

Mit tiefempfundenem Wort sprach nun der Freiherr seinen Dank gegen den Pfarrer, der ihn in das Zimmer geleitet, und dessen würdige Gattin aus. Beide erklärten sich bereit, die Kranke — falls eine Ueberführung derselben an einen andern Ort mit großen Schmerzen oder einer Gefahr verbunden sein sollte — in ihrer Obhut zu behalten und verließen dann, um das Wiedersehen und eine Aussprache von Vater und Tochter nicht zu stören, unter einem Vorwande das Zimmer. —

Dreizehntes Capitel.

„Vater," sagte Elma, nachdem der Freiherr sich an ihr Bett gesetzt und ihre Hand erfaßt hatte, „weiß Mama es schon, daß ich so elend hier darniederliege?"

„Nein, mein Kind! ich konnte und mochte die liebe Mutter nicht mit einer so trauervollen Nachricht erschrecken. Sie weilt seit vorgestern wiederum bei der schwer erkrankten Großmama, da ließ ich nur meine Abreise — in Geschäftsangelegenheiten — nach Großenhain ihr melden. Leider müssen wir uns auf den Tod der lieben, treuen Großmama gefaßt machen!"

„Der Tod, Vater, erscheint mir jetzt durchaus nicht mehr so schrecklich als früher; ach, wer weiß, was mir noch Alles bevorsteht! Ich bitte Dich, laß schnell Aerzte aus der Residenz kommen, die geschicktesten und berühmtesten, welche es dort giebt!"

„Liebe Tochter, ich darf Deinem Gatten darin nicht vorgreifen; aber ich will sogleich Bernhard durch ein Telegramm hierher rufen — —"

Elma war viel zu erregt, um in maßvoller Weise ihrem Vater vorbereiten zu können; sie fiel dem Freiherrn mit Heftigkeit in das Wort und rief: „An Bernhard denke nicht, er hat mich von sich gestoßen!"

In dem Freiherrn wallte das Blut des gekränkten Vaters, des beleidigten Edelmannes auf.

„Du fieberst, Elma; kein Mann dürfte ungestraft zu thun wagen, was Deine Worte aussprechen."

„Vater, ich hab's verdient!"

Fast unwillkürlich waren diese Worte Elma's Lippen entströmt; sie erschrak, nun Das, was ihre Seele erfüllte, hinausgeschleudert, ihr Unrecht nicht mehr zu verbergen war.

Und doch liegt eine wirkliche, von den meisten Menschen ungeahnte Seligkeit darin: zu beichten, das Gemüth von einem Schuldbewußtsein zu entlasten. Es folgte dem jähen Schreck ein friedvolles Gefühl, wie Elma es kaum jemals empfunden.

Der Freiherr war aufgesprungen nach ihren Worten und ging mit starken Schritten im Zimmer umher. Seine Brust arbeitete unter einem Schmerz, der es ihm unmöglich machte ein ruhiges Wort zu äußern. Aber er mußte sich fassen: dort lag sein einziges, sein krankes, sein unglückliches Kind! Nach einem Seufzer, so tief und schwer, als habe er eine Last von seiner Seele zu wälzen, nahm er seinen Platz an dem Bette wieder ein.

„Elma," begann er dann leise mit vor Aufregung bebender Stimme: „auf dem Bekennen der Wahrheit ruht alles Heil; alle unsere Gesetze sind auf Wahrhaftigkeit basirt. Denn wo auch Menschen miteinander zu verhandeln haben, zuletzt hängt der Richterspruch — früher nannte man ihn bezeichnend Wahrspruch — von der feierlichen Bezeugung der Wahrheit, dem Eide ab! Gelobst Du mir in jedem Deiner Worte so rein und lauter zu sein, als ob Du vor dem Throne des höchsten Richters ständest?"

Elma wollte etwas entgegnen, durch eine Handbewegung hieß ihr Vater sie schweigen.

„Gott hört Dich und mich: ich verspreche Dir ein gütiger, nachsichtsvoller Vater zu sein, wenn Du durch unbedingte Wahrhaftigkeit mein Vertrauen ehren willst. Kann ich darauf rechnen?"

„Ja, Vater! ich werde mit keinem Worte, was ich gethan, vor Dir zu verhüllen suchen; laß mich gleich Dir gestehen —"

„Nein, Dir ist Ruhe jetzt vor Allem nöthig; ich habe auch für Dein leiblich Theil zu sorgen und will nach Deiner Wunde unter dem Auge, und nach Deinem Fuße sehen! Wäre es ein innerer Schade, so sollte kein Arzt an Dein Lager kommen, aber ich bin nicht Chirurg, und muß daher andere Hülfe herbeischaffen."

Mit leiser Hand zog der Freiherr die Compresse von der Wunde, welche er aufmerksam betrachtete, erneute dann den Umschlag und prüfte den Verband um den Fuß.

„Ich werde sogleich zwei Telegramme in die Residenz senden, um den geschicktesten Chirurgen und den besten Augenarzt hierher zu rufen. Sammle Dich inzwischen zu dem Schweren, daß Du mir anzuvertrauen hast." —

Elma's Beichte war eine wahrhaftige; der Freiherr erschrak, als er hörte, daß sie dem Grafen ohne jede Herzensneigung sich verlobt habe, daß sie, als Sternau ihr viel anziehender erschienen, keinen Augenblick geschwankt, ein Band zu lösen, um schnell ein anderes zu knüpfen. Auf seine Frage: ob sie an die Heiligkeit eines verpfändeten Wortes nicht gedacht, hörte er, daß Elma ihre Grundsätze aus französischen Romanen geschöpft, und daß Mademoiselle Vernier in Bezug auf ihren Verlobten und ihren jetzigen Gatten ebenso gehandelt habe.

„Die Pflichtvergessene!" rief der Freiherr empört. „Sie streute Gift in das Herz meines Kindes, während sie mir zum höchsten Dank verpflichtet war, daß ich sie selbst, ihre Freunde und Angehörige von Uebeln erlöste, welche bis dahin jeder ärztlichen Kunst gespottet hatten!"

„Vater, Du hast mir befohlen wahr zu sein, ich will Dich deshalb auch über die Vernier in keiner Täuschung beharren lassen: sie hat keines Deiner Medicamente gebraucht, oder abgesendet. An dem Tage ihrer Abreise von Berneck war ich gerade in ihrem Zimmer, als sie ein kleines Packet in das Kaminfeuer warf. „Was verbrennen Sie da?" fragte ich voll Neugierde. „Es sind die Medikamente, welche Ihr Vater mir verordnet!" „Haben Sie dieselben nicht angewendet?' „Bewahre, ich halte von der neuen Heillehre gar nichts.' „Weshalb ersuchten Sie denn den Papa, Ihnen die Medikamente zu geben?' „Weil ich ihm eine Freude bereiten wollte! Liebes Kind, ich möchte Ihnen eine Lehre für das Leben einprägen: Jedermann hat Liebhabereien, der Eine fischt, der Andere jagt, ein Dritter macht Verse u. s. w. Ihr Vater ist ein wohlwollender Herr und es gewährt ihm Freude zu hören, daß er helfen könne und geholfen habe. Warum soll man ihn darin stören. Die Gutsleute denken ebenso, und die alte Müllerfrau z. B., welcher Ihr Vater außer der Arznei noch eine kleine Summe schenkte, damit sie für ihre Pfle', etwas aufwenden könne, hat das Geld in Seelenruhe dazu verbraucht, um einen Arzt in der Stadt zu honoriren!' „Aber das ist ja ein großes Unrecht, den Papa so arg zu täuschen und seine Güte zu mißbrauchen!' „Ihr Vater ist glücklich in seinem Irrthum, darum gebe ich Ihnen den aufrichtigen Rath: beunruhigen Sie ihn niemals bei seinem Thun, denn es ist eine gefahrlose und wenig kostspielige Zerstreuung, welche er sich mit der neuen Heillehre bereitet — und — schweigen Sie jetzt und immerdar!'"

Wunderliches Menschenherz, wer kann alle Deine Regungen ergründen? Dem Freiherrn schien es fast, als ob für uns arme Staubgeborene die nackte Wahrheit — ohne ein Mäntelchen zum Verhüllen und Drapiren — kaum zu ertragen sei. Er hätte gewünscht, Elma wäre dem Rath der klugen Französin gefolgt und weniger aufrichtig gewesen. Mannhaft kämpfte er die bittern, schmerzlichen Empfindungen in sich nieder und sagte ruhig: „Sprich weiter, Elma, wir wollen uns bei dem Bilde dieser heuchlerischen Person nicht länger aufhalten!"

Elma schilderte dann die Zusammenkunft im Pavillon, sagte, daß sie von Sternau's Liebe fest überzeugt gewesen sei und endlich Bernhards Gattin geworden, weil Sternau in einem unerklärbaren Schweigen verharrte. Dann vernahm der Freiherr die Begebnisse des eben verflossenen Tages.

„Hier liege ich, gefoltert von Schmerzen, gefoltert von den Gedanken, was ich über Bernhard herausbeschworen! Vater, nicht wahr, sie werden sich duelliren?"

„Das werden sie! — Dir bleibt nichts übrig, als Gott zu bitten: er möge der gerechten Sache günstig sein!"

„Vater, wie soll ich bitten, wie darf ich bitten? ich habe Angst fragend in mein Herz zu schauen! Wird, was ich unter dem Eindruck so furchtbarer Schläge empfinde, auch von Dauer sein? Ach, ich bin verloren, verloren!"

„Niemand ist verloren, der nicht selbst sich aufgiebt; auch Du wirst die Kraft finden einen neuen Weg zu wandeln, und ich will Dir dabei helfen mit nie wankender Treue!"

„Mein guter, guter Vater! Ja, stehe mir bei, denke: ich wäre ein junges unerfahrenes Kind, dem Du die ersten Schritte weisen müßtest! Ach, wer doch auszulöschen vermöchte, was mit stetem Vorwurf in der Seele brennt!"

„Elma, ich werde Dir morgen das Capitel von dem verlorenen Sohne vorlesen! Jetzt versuche zu schlummern!"

„Wirst Du nicht auch ruhen, Vater?"

„Später, liebe Elma; ich erwarte noch die Antwort auf meine Telegramme aus der Residenz."

Wiederum erneute der Freiherr die Compresse, und faßte dann mit festem Druck seiner Tochter Hand.

„Vater, wie soll ich Dir danken? meine Brust ist befreit, Du weißt jetzt das Schlimmste von mir."

Der Freiherr verließ nun seinen Platz an Elma's Lager, trat an das Fenster und blickte in den Nachthimmel hinaus. In seiner Seele kämpften Empfindungen der widersprechendsten Art und rangen nach Lösung und Frieden.

Jetzt, wo er allein war und auf Elma nicht zu hören brauchte, drängten sich die Worte der Französin in den Vordergrund. Mit ätzender Schärfe trafen sie die Wunde, welche seiner Eigenliebe geschlagen war. Sollte in der That die Frucht von so langen Jahren steten Sinnens völlig zu Staub zerfallen? nichts als ein ungeheurer Irrthum gewesen sein? Diese Erkenntniß in Ruhe zu ertragen, welche Aufgabe bliebe das?

Aber der Freiherr war ein redlicher, pflichtgetreuer Mann und von wahrhaft adeliger Gesinnung. Er wandte bald seine Gedanken von diesem trüben Bilde ab und einzig seiner Tochter zu. Was hier auf dem Spiele stand: das Glück und die Ehre seines Kindes, ja seines ganzen Hauses, wog so schwer, daß alles Andere davor in den Schatten versank. Wie er Elma's Seele retten, sie von ihren Irrthümern geheilt dem edlen Manne wiedergeben könne, der sie vertrauensvoll aus seiner Hand genommen, beschäftigte ihn fort und fort.

Der Sturm, welcher noch vor wenigen Stunden gewüthet, hatte sich gelegt, und in wunderbarer Klarheit standen der Mond und das Sternenheer an dem tiefblauen Firmament. Die schlanken Thürme des Gotteshauses hoben sich in ihrer edlen Gliederung prachtvoll in dem keuschen Lichte ab, während die ernsten, gewaltigen Steinmassen des Unterbaues mit dem Erdboden verwachsen schienen. So streben ja auch unsere Gedanken in eine höhere Welt, während wir selbst festgewurzelt an der Scholle haften und uns mühen und sorgen für des Tages Last und Forderung.

Auch das Auge ist Organ der Erbauung, und immer stiller wurde es in der Seele des Freiherrn, und immer mächtiger stiegen tröstende, hoffnungsreiche Bilder vor ihm auf. Er wiederholte sich die Worte eines großen Forschers*): „Ich danke Dir, mein Gott und Schöpfer, daß Du mich erfreut hast durch die Werke Deiner Hände. Ich habe den Ruhm Deiner Werke den Menschen offenbaret, soviel mein beschränkter Geist Deine Unendlichkeit fassen konnte. Ist etwas von mir vorgebracht worden, das Deiner unwürdig ist, oder habe ich eigene Ehre gesucht, so verzeihe mir gnädiglich."

Des Freiherrn Hände falteten sich unwillkürlich zum Gebet. Auch er wollte nicht mehr eigene Ehre suchen, die Irrthümer der Eitelkeit still in sich begraben.

„O, nur diese eine Kur laß mir gelingen, Vater im Himmel; laß mich mein Kind zu Dir und Deinen Geboten zurückführen, und ich will danken und Deinen Namen preisen, jetzt und für alle Zeit." —

Vierzehntes Capitel.

Der Zustand Elma's schien viel Bedenken zu erregen, denn ihr Vater hatte nicht nur eine längere Unterredung mit den beiden herbeigerufenen Aerzten, bevor sie an das Bett der Kranken traten, sondern diese gaben nach einer sorgsamen Untersuchung so strenge Verhaltungsmaßregeln, daß die junge Frau in Angst und Sorge erbebte.

Der Arzt, welcher zuerst Elma seinen Beistand gewährt hatte, war zu der Consultation zugezogen worden; er sollte die Behandlung des Kranken übernehmen und allwöchentlich würden die beiden Aerzte aus der Residenz mit ihm wieder hier zusammentreffen.

Von ihrem Vater erhielt Elma nur ausweichende Antworten; eine Verdunkelung des Zimmers wurde — wegen starker Entzündung des linken Auges — angeordnet, auch das Bett, um jede Zugluft abzuwenden, mit Schirmen umstellt. Der Fuß sollte gar nicht gerührt, jede heftigere Bewegung des Körpers durchaus

---

*) Keppler.

vermieden werden. Und dies würde mehrere Wochen hindurch nöthig sein! Welche Pein für eine junge, lebhafte, sonst gesunde Frau, eine Pein, die durch geistiges Leid, durch die Qual bitterster Vorwürfe noch verschärft wurde! Der Pfarrer und seine Gattin zeigten sich als wahre Christen; dem Freiherrn wurde ein zweites Zimmer — das mit der Krankenstube in Verbindung stand — eingeräumt, und die Pfarrerin übernahm nicht nur die Pflege der jungen Frau, sondern versuchte auch durch freundlichen Zuspruch die Kranke in den langsam dahinschleichenden Stunden des Leidens zu zerstreuen und aufzurichten.

Wie sollte man vor diesen trefflichen Menschen den auffälligen Umstand erklären, daß der Gatte sich fern von dem Krankenlager seiner verunglückten Frau aufhalte? Der Freiherr versprach Elma, dem Pfarrer zu sagen, daß Graf Bernhard verreist wäre und man ihm den traurigen Fall zu verheimlichen gedenke, um seine schnelle Rückkehr zu verhindern.

Als Elma sich eines Morgens mit der Pfarrerin allein befand, ergriff sie deren Hand und sagte in leidenschaftlicher Erregung: „O erweisen Sie mir eine Wohlthat und sagen Sie mir offen und wahr: werde ich das Auge verlieren, wird mein Fuß verkrüppelt bleiben?"

„Ich weiß darüber nichts, hege jedoch die Hoffnung, Sie völlig wiederhergestellt zu sehen!" entgegnete sanft die alte Dame.

„Nein, nein, eine trübe Ahnung läßt mich das Schrecklichste befürchten. Wie werde ich ein solches Geschick ertragen können?"

„Denken Sie doch, liebe Gräfin, an die Armen, welche niemals das Licht der Sonne erblickt, oder niemals des vollen Gebrauches ihrer Gliedmaßen sich erfreuen durften und dennoch zufrieden, ja oftmals heiteren Gemüthes sind."

„Jene Menschen," rief Elma, „wie beklagenswerth auch ihr Geschick uns dünken mag, empfinden kaum dessen ganze Schwere! Ihnen ist Resignation anerzogen worden, sie haben stets nur in einem Dämmerlicht der Freude gelebt. Aber Alles kennen und genießen, aus dem vollen Becher des Glückes trinken und dann in Nacht und körperliche Verarmung gestoßen werden, das ist ein hartes, ein furchtbares Menschenloos!"

„Und dennoch läßt sich auch dies überwinden; ja es giebt selbst nach solchen Verlusten so beglückende Freuden, wie sie nur jemals der seligste Traum früherer Tage uns gezeigt."

„Wie wäre das möglich? ich vermag mich in eine solche Lage gar nicht hineinzudenken!"

„Ich will Ihnen die Geschichte eines jungen Mädchens mittheilen, die mir einst nahe stand; wir wollen sie Martha nennen. Meine Freundin war eine mittellose Waise, die von Verwandten erzogen wurde. Für ihre geistige Ausbildung geschah sehr wenig, nur ihr musikalisches Talent ließ man nothdürftig ausbilden, damit sie in der Gesellschaft durch den Vortrag eines Liedes, oder die Wiedergabe leichter Clavier-Compositionen sich empfehlen könne. Ihre Beschützer waren der Meinung, daß selbst diese kleinen Fertigkeiten kaum nöthig wären und Martha den Weg durch das Leben leicht und glücklich machen werde. Denn das Mädchen erblühte zu einer seltenen Schönheit, welche durch ein frohes Gemüth und

den Zauber vollster Natürlichkeit noch an Anziehungskraft gewann. —

„An dem Tage ihrer Confirmation befand sich unter
den Zeugen der heiligen Handlung auch ein junger
Mann aus angesehener Adelsfamilie, auf welchen Martha
den tiefsten Eindruck machte. Er suchte ihre Bekanntschaft, überwand die Vorurtheile seiner Eltern gegen eine
Schwiegertochter aus einfacher Bürgerfamilie und wurde
ihr Bräutigam. Welche Zeit vollsten Glückes kam nun
für das junge Mädchen! Sie hörte täglich, daß sie ein
Engel sei, daß ihr Besitz dem Geliebten ein Paradies
erschließe und daß er kaum die Zeit erwarten könne —
der junge Mann hatte noch ein letztes Staatsexamen zu
bestehen — in welcher er seine holde, süße Martha
heimführen werde.

„Bald nachdem Walter — so hieß der Verlobte —
in die Residenz gereist war, um sein Examen zu machen,
brach in Martha's Vaterstadt eine Blattern-Epidemie
aus, von welcher das Mädchen in vollster Heftigkeit ergriffen wurde. Lange Zeit schwebte sie an dem Rande
des Grabes, und als sie endlich genas, war ihr Antlitz
ganz von Narben zerrissen, von ihrer einstigen Schönheit keine Spur mehr vorhanden. Selbst ihre großen
blauen Augen — sonst von schalkhafter Munterkeit beseelt — waren geröthet, weil von der schweren Krankheit noch angegriffen. Den Schmerz des armen Mädchens,
als sie zum ersten Male ihr Bild im Spiegel erblickte,
vermag ich kaum zu schildern. Denn ein Gedanke
drängte alles Andere in den Hintergrund; welchen Eindruck würde diese Veränderung auf Walter machen?
Martha ersuchte ihre Verwandten ihn vorzubereiten;
diese zögerten und unterließen es dann aus verwerflichen
Rücksichten. So nahte der Tag des Wiedersehens. Martha
hörte den Tritt des Geliebten auf dem Corridor, sie
wollte ihm entgegeneilen, wie es sonst geschehen, allein
ihre innere Bewegung war zu mächtig, sie festgebannt
blieb sie in der Mitte des Zimmers stehen. Walter
öffnete schnell die Thür: ‚Martha, meine geliebte Martha!'
Sein Auge durchflog sehnsuchtsvoll den Raum und blieb
dann auf mir haften — — —"

„Auf Ihnen? Sie erlebten dies?"

„Ja, ich war Martha! — Sein Auge blieb
auf mir haften, dann fragte er voll Ungeduld: ‚Wo ist
Martha, warum verbirgt sie sich vor mir?' ‚Walter!'
Mehr als dies Wort vermochte ich nicht hervorzubringen.
Mein Geliebter wich in jähem Schreck zurück und als
könne er seinen Sinnen nicht trauen, rief er: ‚Nein,
dies ist unmöglich! Martha erlöse mich von dem häßlichen Spuk, den Du mit mir treibst!' Ich war nicht
fähig eine Silbe zu äußern, meine Lippen schienen durch
einen Krampf geschlossen und mein ganzer Körper bebte;
ich winkte, er möge mich verlassen, dann brach ich in
wildem verzweiflungsvollem Jammer in meine Kniee.
So fanden mich meine Verwandten, die mit Walter —
denn sie jetzt erst die traurige Umwandlung enthüllte —
zugleich in das Zimmer traten. Walters Herz war
gut; er tröstete mich mit sanften Worten, er sagte mir,
meine Narben würden allmälig heilen, ich möge nicht
verzagen! Aber es floß doch so ganz anders von seinen
Lippen! — Wenn wir jetzt mit einander allein waren,
so verstummte oftmals das Gespräch, während sonst in
glückseligem Geplauder die Zeit auf Flügeln dahinzueilen

schien. Ein Schauder erfaßte mich, wenn ich Walters
Tritt im Vorsaale erkannte, in tiefer Niedergeschlagenheit blieb ich zurück, sobald er mich verließ. Ach, ich
liebte ihn ja aus vollster Seele, ich kannte ja kein höheres
Glück, als dereinst sein Weib zu werden! Meine
Stimmung wurde immer düsterer; welch ein Gegensatz
zu der Heiterkeit, welche meinen Geliebten einst entzückt!
Er fand mich launisch, es kam zu Vorwürfen; ich durch-
weinte die Nächte und wurde dadurch weder schöner noch
liebenswerther! ‚Hoffnung ist ein Sklave, Verzweiflung
ein Freier,' dies Wort bewährte sich an mir. Als wir
eines Abends wieder in Unfrieden geschieden waren, faßte
ich einen Entschluß: ich wollte Walter und mich er-
lösen, dem Geliebten entsagen! Zum ersten Male kam
ein Gefühl der Ruhe über mich; die unerträgliche Qual
des Hoffens und Verzagens hatte ein Ende gefunden.

Mit meinen Verwandten überrechnete ich das geringe Capital, das von meinen Eltern mir noch geblieben; es würde hinreichen bei den bescheidensten Ansprüchen mich ein Jahr in der Residenz zu erhalten,
um dort im Conservatorium der Musik Unterricht zu
nehmen. Nach Jahresfrist hoffte ich durch Unterricht
im Gesang und Clavierspiel meinen Lebensunterhalt gewinnen zu können. Walter sagte ich schriftlich Lebewohl,
beschwor ihn, keine Schritte zu thun, um mich wankend
zu machen, mir aber ein liebevolles dankbares Andenken
zu bewahren. Auch ich würde die Vergangenheit heilig
halten.

So schied ich von der Heimat, von der Liebe und
eine Leere war in mir, die kaum tragbar erschien. In
dieser Noth — tiefe Dunkelheit hinter mir, die Zukunft
in Nebel gehüllt — wendete ich meinen Blick nach
Oben; ich klagte meine Schmerzen und fand dabei eine
ungeahnte Linderung! — Meine Arbeit begann, ich lernte
und lehrte, denn es wurde mir nicht schwer mittellose
Schülerinnen zu finden, denen ich ohne Lohn zu begehren, meine gewonnenen Kenntnisse mittheilen durfte.
Bald empfand ich den Segen, der in jeder ernsten,
pflichttreuen Arbeit ruht, und als eine meiner Schülerinnen einst dankend die Arme um meinen Hals schloß
und mir sagte, daß sie mich herzlich lieb habe, da kamen
die ersten Freudenthränen in mein Auge! Und dieser
Fall blieb nicht vereinzelt; ich erkannte, daß ich nicht
verstoßen sei, daß auch ich Liebe erwecken, Theilnahme
einflößen könne. Ach, wie wohl thut ein freundlich
Wort; wie vermag nichts anderes den Strom der Liebe
zu ersetzen, der sympathisch von einem Menschenherzen
sich in ein anderes ergießt! Mich dürstete, gute Werke
zu thun, den Lohn in einem liebevoll mich anblickenden
Auge zu lesen! Und meine Freuden strömte ich da aus,
wo ich meine Leiden geklagt und in meiner Seele ward
es heller und heller!

„Zehn Jahre waren in segensreicher Thätigkeit vergangen; die Narben auf meinem Antlitz hatten sich allmälig verloren, mein Gesicht war ein alltägliches geworden, das zwar Niemand entzücken, aber auch Niemand
abschrecken konnte, als ich meinen künftigen Gatten
kennen lernte.

„Ich hatte seine Mutter, welche mit mir in demselben Hause wohnte, in schwerer Krankheit treu gepflegt;
die Matrone rief ihren Sohn, welcher als Pfarr-Adjunkt
in einem weit entlegenen Städtchen lebte, vor ihrem

Scheiden an ihr Leidensbett. Ulrich — so hieß der brave Sohn — theilte sich mit mir in die Pflege der Dulderin; in solchen Stunden offenbart sich der wirkliche Werth eines Menschen, kein trügerischer Schein wogt sich hervor, Einer liest in des Andern Seele. — Ulrich betrrte später mit mir die Entschlafene in ihre stille Klause, wir begleiteten sie gemeinsam zur letzten Ruhestätte.

„Als im Frühling junges Grün und Veilchen aus dem von mir gepflegten Grabhügel emporsproßten, kam Ulrich, mit welchem ich in brieflichem Verkehr geblieben war, nach der Residenz. Er faßte meine Hand und sagte, daß mein ganzes Wesen ihn wunderbar berührt habe, daß all' sein Denken in dieser Zeit gewesen sei, welch ein Glück es sein müßte, mich neben sich zu haben. Martha, wollen Sie als mein geliebtes Weib mir folgen in ein Daheim voll Frieden, und stillen Segen ausgießen über mich und die mir anvertraut sind?' Es war eine heilige Stunde, in welcher wir Beide mit frommer Scheu empfanden, daß eine unsterbliche Seele es sei, welche wir hingaben und empfingen.

„Mehr als ein Menschenalter ist seitdem verflossen; wir haben gemeinsam manchen Schmerz, aber auch die Fülle der Freuden gekostet. Wenn ich daran denke, was ich geworden bin und was ich vielleicht geworden wäre, wenn das Glück mir ununterbrochen gelächelt, so muß ich den Worten einer edlen Frau beistimmen: ‚Die Begebenheiten des Lebens sind wie ein heiliger Text, den unser Geist studiren und auslegen kann. Wie sollte man nicht mit Aufmerksamkeit, mit Ehrfurcht, ja mit Dankbarkeit der Kette von Verhältnissen folgen, die einen Gedanken Gottes veranschaulicht haben!'"

Fünfzehntes Capitel.

Resigniren mit siebzehn Jahren, durch die Schönheit der Seele sich allmälig Freunde und Bewunderer schaffen! ein solcher Gedanke faßte noch nicht in Elma's Geist, aber sie begann Verhältnisse und Schickungen aus einem anderen und höheren Gesichtspunkte zu betrachten.

Frau von Planitz weilte fortdauernd bei ihrer schwer erkrankten Mutter; von Beiden erhielt Elma Worte innigster Theilnahme, von dem Gatten vernahm sie keine Silbe.

„Vater," fragte Elma eines Morgens: „hast Du keine Nachricht von Bernhard? wann wird das Duell stattfinden? Verhehle mir nichts!"

„Ich habe Bernhard von Deinem Unfall sogleich in Kenntniß gesetzt, bin jedoch ohne Antwort geblieben!"

„Ach, ich ertrage diese Ungewißheit kaum mehr! Schreibe noch einmal, vielleicht hat der Brief ihn verfehlt. Aber sei mein stolzer Vater, laß — ich bitte Dich inständig darum — kein Wort einfließen, als ob ich eine Annäherung wünsche! Und ich will sie auch nicht! Nur von meiner Seele möchte ich die Qual genommen haben, daß ich den Mann, der so opferbereit mein Glück erstrebte, in den Tod getrieben, oder Verstümmelung über ihn heraufbeschworen. Alles Andere mag kommen wie es wolle; dem Gerede der Welt werde ich ruhig die Stirn bieten."

Der Freiherr versprach ihre Bitte zu erfüllen und langsam schlichen wieder die einförmigen Stunden dahin.

Mit unermüdeter Sorgsamkeit und Vatertreue harrte der Freiherr an dem Krankenbette aus und versuchte — auf den Rath der Pfarrerin — Elma durch Lectüre zu zerstreuen. Der Pfarrer aber hegte den Wunsch, daß die junge Frau an jedem Sonntage — dem Tage des Herrn — nicht ohne höhere Anregung bliebe. Doch weil ihm die Religion heilig, mit seinem ganzen Denken und Empfinden verwachsen war, hielt ihn jene, dem wahrhaft Frommen eigene Scheu zurück: dasjenige, was sein Inneres beglückte, da zu enthüllen, wo vielleicht jedes Verständniß dafür fehlt. — „Wenn Du zu einem Blinden gehst, so schließe die Augen," sagt schon ein arabisches Sprüchwort. Die junge Frau werde schon aus eigenem Antriebe, so hoffte der würdige Herr, bald um Worte des Heils ihn bitten; und um den Weg ihr zu bahnen, wählte er zu dem ersten Sonntage, den Elma unter seinem Dache verlebte, ein Thema, das sie zwang in ihr Inneres zu blicken, nach einem höheren Maßstabe sich selbst prüfend zu betrachten. Sein Vortrag über: „Das Wirken und die Aufgabe der Frau," gipfelte in den folgenden Worten:

„Wohin wir auch blicken, in das Heiligthum des Hauses, auf die Sitten der Menschen, überall begegnen wir dem Einfluß der Frau; stets ist sie da, wenn auch oftmals unter einem Schleier verborgen, so daß ihr Walten dem profanen Blick des Beschauers entzogen bleibt.

„Kunst und Poesie haben ihre Macht anerkannt, sie rufen die Frau herbei, wenn es gilt das Edle und Schöne im Bilde zu verherrlichen. Alle Tugenden, das schöne Leben schmücken und verklären: die Frömmigkeit, die Sanftmuth, die Barmherzigkeit, Hingebung und Demuth, sie werden uns unter der zauberischen Gestalt milder Frauenschöne vor das Auge geführt.

„Homer feiert die Frau als treue, ebenbürtige Genossin des Mannes; Tacitus berichtet, daß die Germanen in dem Weibe etwas Heiliges und Ahnungsvolles verehren, und ein Indisches Epos läßt die treue Gattin eines Fürsten sprechen:

„Mein König, wenn Du müde bist, mein Gatte, wenn Dich
Hunger quält,
Und wenn Du an verlornes Glück im Walde kaum mit Kummer
denkst,
Dann laß zu Deiner Pflege mich, zu Deinem Troste bei Dir sein.
Der Aerzte beste Arznei ist für den Mann doch nicht so gut,
In jedem Leid, in jeder Noth, als ein geliebtes treues Weib."

„Der Talmud sagt: ‚Durch die Frau allein wird Gottes Segen einem Hause gewährt. Sie lehret die Kinder, fördert des Gatten Besuch im Gottes- und Lehrhaus, bewillkommnet ihn, wenn er heimkehrt, hält das Haus fromm und rein, und Gottes Segen ruht auf allen diesen Dingen!'

„Und das Fundament unseres Glaubens, die Bibel, schildert sie: ‚Wem ein tugendsames Weib bescheeret ist, die ist viel edler, denn die köstlichsten Perlen. — Ihres Mannes Herz darf sich auf sie verlassen, und Nahrung wird ihm nicht mangeln. — Sie thut ihm Liebes und kein Leides sein Lebenlang. — Sie gehet mit Wolle und Flachs um und arbeitet gern mit ihren Händen. — Sie breitet ihre Hände aus und reicht ihre Hand dem Dürftigen. — Sie thut ihren Mund auf mit Weisheit und auf ihrer Zunge ist holdselige Lehre. — Lieblich und schön sein ist nichts; ein Weib, das den Herrn fürchtet soll man loben!'

„Aber wie groß auch der Einfluß der Frau als ebenbürtige Gefährtin des Mannes ist, er verschwindet vor der Mission, die Gott ihr als Mutter anvertraut. In der Wiege ruht eine schlummernde Menschenknospe; die Genien des Guten lagern gleich den Dämonen über der engen Stätte, wer wird den Sieg davontragen? Von den Eindrücken, welche die Erziehung hervorruft, hängt es ab, ob aus diesem kleinen Raume Licht oder Finsterniß auf Generationen hin verbreitet werde. Und die erste Erziehung ruht in den Händen der Mutter. Keine moralische Macht läßt sich mit derjenigen vergleichen, welche eine treue Mutter übt; an ihrem Auge, an ihrem Lächeln, an ihrem Worte hängt des Kindes Blick, sobald ein erster geistiger Lichtstrahl die Dämmerung in seiner Seele durchbricht. Fraget nicht wie sie es macht, sie handelt mehr aus Inspiration, denn aus Berechnung; Gott ist mit ihr bei ihrer Aufgabe: denn sie hat ihm ihr Kind gelobt, als sie den ersten Herzschlag desselben fühlte.

„Wenn wir den Ursprung der bedeutendsten Männer, der edelsten Menschen verfolgen, sie hatten treffliche Mütter.

„Hanna, die Mutter Samuelis spricht: ‚ich gebe ihn dem Herrn wieder sein Lebenlang, weil er vom Herrn erbeten ist.‘ Und bald heißt es: ‚Aber der Knabe Samuel ging und nahm zu und war angenehm bei dem Herrn und den Menschen.‘ Die Treue und Sorge der Mutter, sie wächst und mehrt sich mit ihrer Aufgabe: der Mutter freundlich mahnende Bitte sänftigt die leidenschaftliche Aufregung des Jünglings und weis't ihn in geregelte Bahnen; ihr segnend Wort stärkt den werdenden Mann; die Sprüche Salomonis sagen: ‚Ihre Söhne kommen auf und preisen sie selig.‘

„Und ist ihre Mission auf dieser Erde vollendet und naht die letzte schwere und doch so heilige Stunde sich, so wird auch dieser erhebende Augenblick ein Moment der Weihe für die Ihren, denn schon lange hat sie darauf sich vorbereitet und gebetet:

„Wenn ich dereinst von hinnen muß,
Dann Herr, gewähre mir die Bitte,
Und nimm mich ohne Abschiedskuß
Nicht fort aus meiner lieben Mitte.

Laß mich nicht wie ein Hauch verweh'n,
Nicht wie der Welle Schaum zerfließen,
Gerüstet laß mich heimwärts geh'n,
Bewußt mein Tagewerk beschließen.

Verleih in deiner großen Huld
Mir Kraft genug, daß ohne Klage
Ich Schmerz und Leiden mit Geduld
In freudiger Ergebung trage.

Und gieb, daß so mein letzter Hauch
Ein Segen noch den Meinen werde.
Erquickt die Sonne denn nicht auch
Im Untergehen noch die Erde?"

Sechszehntes Capitel.

Vierzehn Tage dauerte bereits Elma's Krankheit, als der Freiherr eines Morgens — mit einem Briefe in der Hand — seiner Tochter Zimmer betrat.

„Das Duell hat stattgefunden, liebe Tochter, Bernhard ist unverwundet geblieben!"

„Gelobt sei Gott! Und Arthur? Sei barmherzig und sprich; warum sagst Du nichts von ihm?"

„Er hat einen Schuß in den Arm erhalten, doch soll die Wunde nicht gefährlich sein!"

„Ach, wie mich die Kunde erquickt, daß kein größeres Unheil geschehen. Vater, gieb mir die Hand, damit ich Dir für diese Nachricht so recht innig danken kann. Hoffentlich wird auch Arthur genesen! — Wir waren wohl Beide gleich schuldig, er, weil er eine Täuschung in mir erregte, und ich — — doch laß mich darüber schweigen, was so beschämend für mich ist. Als ob ein Gottesurtheil uns getroffen, büßen wir auf dem Krankenlager jetzt unsere Schuld!"

Eine Last war von Elma's Seele genommen, aber wieviel Stunden tiefster Entmuthigung gab es dennoch für die junge Frau! Ihre Genesung machte anscheinend gar keine Fortschritte, die Aussprüche der Aerzte blieben vieldeutig und ausweichend. Sich zur Ruhe zwingen, die immer wieder hervorquellende Bitterkeit gegen ein hartes Geschick in sich niederkämpfen, welch schwere Aufgabe für ein durch das Glück und mannigfache Triumphe verwöhntes Gemüth? —

Der Freiherr kannte nur wenige Romane, er hatte überhaupt kein Interesse für derartige Lectüre; jetzt, da er seiner Tochter Etwas vorlesen sollte, wählte er den einzigen Roman, welcher ihm eine stets wachsende Theilnahme abgerungen, Walter Scotts „Herz von Midlothian". Der Charakter von David Deans, dieses in unwesentlichen Dingen so thörichten, aber sonst so braven, gottergebenen Greises, wurde ihm nun um so sympathischer, als er manche Aehnlichkeit desselben mit sich selbst erkennen mußte. Und Elma? Still auf ihrem Lager ruhend, Tag und Nacht in gleiche Dunkelheit gehüllt, erhob sich vor ihrem Geiste das Bild von Jeanie Deans zu einer Lichtgestalt, wie sie keine mehr erschaut. Welch frommer Muth, welch stille Heldengröße beseelte Jeanie bei ihrer Zusammenkunft mit Robertson! Wie rang sich in der Gerichtsscene ihre innige Liebe zu der Schwester, im Kampfe mit unerschütterlicher Wahrheitsliebe, zu ergreifendem Pathos empor!

Gleich einem Kinde bat Elma an jedem Tage den Vater, er möge nur immer weiter lesen, und als Jeanie ihrer Schwester Leben von der Königin errungen, brach die tief erschütterte junge Frau in die Worte aus: „Ach, wenn ein solches Vorbild mir geleuchtet, es stände anders mit mir!"

Dies schöne reine Bild war dennoch nicht ohne Segen für Elma geblieben; denn ein Gedanke hob sich, gleich dem Faden, der ein kunstvolles Muster bilden soll, immer klarer hervor: wahr sein, nicht nur der bewußten Lüge, sondern allen Bemäntelungen und Ausflüchten entsagen, ist etwas Hohes! Adelig zu sein, nicht nur zu heißen, sie gelobte es sich!

Und da die Pfarrerin nicht ermüdete in Liebesdiensten, so spendete ihr Gatte der Kranken fortdauernd Worte des Trostes und des Heils. Er sprach zu Elma über die hohe Bedeutung des Lebens: unsern Charakter nach dem Ideale der Vollkommenheit zu bilden. „In solch ernstem Streben gewinnt unser Gemüth zuerst einen sicheren Halt und dann einen stillen Frieden. Dieser Frieden wird in dem Tugendhaften niemals völlig gestört; in allem Trubel der Geselligkeit, oder eines arbeitsvollen Lebens, in dem Kampfe widerstreitender Forderungen des Tages, bleibt stets eine Stelle in der Seele unbe-

rührt, und von dieser träufelt, gleich einem nie ver-
siegenden Quell, ein Balsam herab, der jeden Vorsatz
läutert, jeden Schmerz mildert, Opfermuth zu jedem
guten Werke leiht. Möge Niemand glauben, daß es
auf sein Thun nicht ankomme in der Harmonie des
großen All. Ein schönes Wort lehrt uns: „Wenn
man das Weltgetriebe im Allgemeinen betrachtet, so ist,
was der Einzelne darin vollbringt, kaum mehr zu unterscheiden, als es die Wirkung eines einzigen Regentropfens
ist, wenn die Wiesen durch einen Sommerschauer über-
fluthet werden. Und doch, sowie jeder einzelne dieser
Tropfen die zusammenströmende Masse des Wassers vermehrt, so trägt jedes Einzelnen Handeln zu dem Wohl
und Wehe der ganzen Menschheit bei!‘‘ —

Sechs schwere Wochen waren dahin gegangen, als
die Aerzte erklärten, daß die Gefahr für das entzündet
gewesene Auge vorüber sei, und daß man in wenigen
Tagen auch den Verband von dem verletzten Fuße abnehmen werde, damit Elma Versuche machen könne, sich
auf demselben zu bewegen.

„Vater, wie sehne ich mich nach dem Licht; ein
Sonnenstrahl ist ja augenblicklich ein Wunder für mich!“

Allmälig sanken die Vorhänge von den Fenstern,
nur die Schirme um das Lager blieben noch stehen.

An dem Tage bevor Elma — auf des Vaters und
der Pfarrerin Arm gestützt — zu einem Lehnsessel geführt werden sollte, sagte der Freiherr: „Ich habe
wiederum Nachricht über Arthur erhalten: er ist, zwar
den Arm noch in einer Binde, nach seinem Landgute
abgereist. Das scheint mir ein sicheres Zeichen, daß die
Heilung eine vollständige ist, da er sonst eine so weite
Reise nicht unternommen hätte.“

„Möge er auch geistig geheilt sein! Wollte Gott,
daß unsere Wege sich niemals wieder berührten! —
Und wo ist Bernhard? Hast Du auch davon Kenntniß,
Vater?“

„Bernhard wird sich wahrscheinlich auf seine Be-
sitzerung zurückgezogen haben. Wir werden, sobald Du,
liebe Elma, ganz hergestellt und nach Verneck abgereist
bist, uns hier treffen, um einige Fragen von Wichtigkeit
zu erledigen.“

„Vielleicht gebe ich Dir einen Auftrag für Bernhard; ich will es mir überlegen.“

Der nächste Morgen brach hell und sonnig an,
kein Wölkchen ruhte auf dem klaren Aether; Elma gedachte sich wie zu einer Feier zu schmücken: zum ersten
Male sollte sie ja der eignen Kraft wieder vertrauen,
sich bewegen können ohne fremde Hülfe! Die Pfarrerin
und deren Dienerin halfen ihr bei der Toilette; das
herrliche blonde Haar wurde in breiten Flechten um den
Kopf gelegt, ein kornblaues Kleid umhüllte die schlanke
Gestalt und ein Umwurf von weißem Wollenstoff bedeckte die Schultern. Sorgsam unterstützten der Freiherr
und die würdige Matrone Elma bei den ersten Schritten.
Die junge Frau trat zuerst zaghaft, dann fester auf,
endlich rief sie in bittendem Tone: „Ach, laßt mich!
laßt mich!“ schritt langsam dem Fenster zu und nahm
auf einem Sessel Platz. Thränen füllten ihr Auge, als
sie auf die Kathedrale und den kleinen Garten vor den
Pfarrhause blickte, wo der Reif allerlei Zaubergebilde
erschaffen, welche das funkelnde Sonnenlicht in Märchen-
pracht erglänzen ließ.

„War es immer so schön in der Welt?“ rief Elma,
der Pfarrerin Hand ergreifend, „oder befinde ich mich
in einem Feenlande, umgeben von lauter guten Geistern?“

Man reichte Elma jetzt auch einen Spiegel: sie
zögerte ein wenig, dann nahm sie ihn zur Hand. Nein,
sie war nicht entstellt! Zwar zog ein schmaler rother
Streifen unter dem linken Auge sich hin, aber er würde
in nicht zu langer Zeit wieder verschwunden sein! Und
die Augen — entwöhnt dem vollen Sonnenlicht —
blickten zwar nicht in dem Glanze früherer Tage, aber
es lag ein sinniger Ernst darin, der sonst keinen Platz
hier gefunden.

„Wir wollen Dich jetzt allein lassen, liebe Elma;
ich meine, Du wirst das Bedürfniß fühlen, Dich in
Stille wieder mit Allem in Verbindung zu sehen, was
Du so lange entbehren mußtest,“ sagte der Freiherr.

Dankend nickte ihm Elma zu, und der Freiherr und
die Matrone verließen das Gemach.

Siebenzehntes Capitel.

Eine Weile hatte Elma — den Kopf auf die Hand
gestützt — in tiefem Sinnen geruht, als es leise an die
Thür klopfte; die junge Frau blickte auf; Graf Bernhard trat ein.

Elma erglühte bis unter die Stirn.

„Sei willkommen!“ sagte sie leise und wollte sich
erheben.

Der Graf schnell näher tretend, drückte Elma sanft
auf den Sessel zurück. „Strenge Dich nicht an, liebe
Elma! ich freue mich, Dich wiederhergestellt zu sehen!“

„Wann bist Du hier eingetroffen? ich glaubte Dich
weit entfernt!“ begann Elma verlegen.

„Bald nachdem das Duell stattgefunden, eilte ich
hierher. Dein Vater hatte mir mitgetheilt, was Du
ihm anvertraut, und jedes Deiner Worte stimmte mit
den Aussagen Sternau's überein, die er mir machte,
nachdem unser Ehrenhandel geschlichtet war. — Liebe
Elma,“ fuhr der Graf nach einer kleinen Pause fort,
„fühlst Du Dich stark genug, um mich eine Weile ruhig
anhören zu können?“

„Sprich unbesorgt; ich habe mehr Kraft, als ich
glaubte.“

Graf Bernhard zog einen Stuhl heran und sagte
in ernstem aber mildem Ton: „Was wir uns jetzt zu
sagen haben, Elma, laß es uns in voller Aufrichtigkeit
und in Hochachtung vor dem heiligen Bunde aussprechen,
welcher bestimmt war uns für immer zu vereinen: Bist
Du in Deinem Herzen noch mein Weib? Fühlst
Du Dich mir angehörig?“

„Es ehrt Dich, Bernhard, daß Du so sprichst, daß
kein Wort begründeten Vorwurfs diesen Augenblick ent-
weiht; ich danke Dir dafür! Was in diesen langen,
qualvollen Wochen durch meine Seele gezogen, will ich
Dir aufrichtig bekennen. Du standest stets hochherzig
und voll Mannesehre vor mir da, und wolltest Du nur
mein Freund sein, so reichte ich Dir mit unbeschränktem
Vertrauen wieder die Hand; und glaube mir, trotz meiner
Fehler hättest Du keine unedle Freundin an mir. Du
verlangst aber mehr und hast ein Recht darauf, volle
Liebe zu fordern. Sternau's Bild steht nicht ferner
zwischen Dir und mir, denn ich habe erkannt, daß

dauernde Neigung sich nur auf dem erhebenden Bewußtsein von des Geliebten Werth aufbauen kann. Und doch
vermag ich nicht zu sagen: Bernhard, ich folge Dir!
Laß mich ein ehrlich Wort aussprechen: ich möchte nicht
in Gnaden von Dir aufgenommen werden, und ich möchte
auch nicht zum zweiten Male Dich täuschen! Halte es
für keine Ueberhebung von mir, wenn ich sage: ‚ist Dir
nach Allem was vorgefallen, meine Liebe noch von Werth,
so wirb auf's Neue um mich!' Ich bin eine Andere
geworden, als Du mich kennen lerntest; ich habe mit
Schmerz viel Keime des Bösen in mir entdeckt, aber das
Gute arbeitete sich kraftvoll empor. Laß uns noch eine
Weile fern von einander bleiben und prüfend in unser
Inneres schauen! Lege ich zum zweiten Male meine
Hand in die Deine, so wird ein Dich wahrhaft liebendes Weib Dir angehören! Deine Freundin bleibe ich
ohnehin für alle Zeit!"

Es war eine wunderbare Mischung von Stolz und
Demuth, welche in Elma's Worten zum Ausdruck gelangte, allein in ihrem Ton und Blick glaubte Graf
Bernhard das Aufdämmern eines innigen Gefühls für
sich zu erkennen. So lündet uns ja oft, wenn auch Eis
und Schnee noch die Felder decken, ein milder Hauch
der Luft des Frühlings Nahen an und füllt die Brust
mit ahnungsvoller Freude.

„Es sei!" sagte Graf Bernhard. „Ich will noch
einmal um Deine Liebe werben, Elma! Wie ich Dich
heute gesehen, ist der Preis höher, als ich geglaubt.
Prüfe Dich; ich werde die Stunde segnen, in der Du
auf's Neue Dich mir angelobst."

„Aber laß es ein Geheimniß bleiben zwischen Dir
und mir; benke darüber nach, wie wir es am Besten
wahren können!"

„Daß Du einen Schleier über unser neues Bündniß
ziehen willst, giebt ihm in meinen Augen einen süßen
Reiz. Ich bin voll freudiger Hoffnung, Elma!"

Beide kamen überein, daß Elma von ihrem Kammermädchen und einem Diener begleitet, nach der Schweiz
reisen solle, um an den Ufern des Leman den Winter
zu verleben. Graf Bernhard wollte mit ihr in brieflichem Verkehr bleiben, aber nur dann zu seiner Gattin
eilen, wenn sie selbst ihn herbeiriefe. —

Es war ein wunderherrlicher Frühlingstag, als
Graf Bernhard wiederum sich auf den Weg von Hohenfelde nach Schloß Verneck begab. Auf seinem gewöhnlich
ernsten Gesichte lag es wie Sonnenschein, und so ganz
war er den Sinnen über einen Gegenstand hingegeben,
daß er ab und zu Worte in leisem Flüstern vor sich
hin murmelte.

„Vater," rief er dem Freiherrn zu, der ihm —
bei dem Anblick des Wagens — schnell entgegengeeilt
war, „ich komme, um Grüße von Dir und der Mutter
für Elma in Empfang zu nehmen; in einer Stunde reise
ich nach Genf, um mein liebes Weib nach Hause zu
holen. Sie hat den Wunsch ausgesprochen bei den
Eltern einige Tage zu rasten, Dir Vater, für die treue
Pflege in gefahrvoller, schwerer Krankheit nochmals zu
danken."

„Es freut mich, daß Elma meine Sorge anerkennt,"
entgegnete der Freiherr, „aber gefährlich krank ist sie
niemals gewesen!"

„Erscheint es Dir als kein ernstes schweres Leid,

wenn man in Gefahr schwebt, ein Auge zu verlieren
und vielleicht für immer an der freien Bewegung gehemmt zu sein?"

„Lieber Bernhard, der Fuß war allerdings verrenkt
und schmerzte sehr; eine kleine Wunde unter dem Auge
war ebenfalls vorhanden, doch das sind nur Kleinigkeiten,
die in kurzer Zeit sich heben lassen. Aber meines Kindes
Seele war krank, darum mußte Elma festgehalten werden
auf ihrem Lager, um in Sorge und Stille langsam zu
genesen. Den Aerzten habe ich ein Märchen aufgebunden,
um sie für meinen Plan zu stimmen; nun, Gottlob, die
Cur ist gelungen!"

„Aber jetzt darf ich Elma doch die Wahrheit sagen?"
fragte Graf Bernhard, in dessen glückliche Stimmung es
einen Schatten warf, daß er der geliebten Frau etwas
verbergen sollte.

„Laß die Sache ruhen! an Stoff zur Unterhaltung
wird es Euch nicht fehlen!" In den Mienen des Freiherrn zuckte es wie ein leiser Schmerz, als er fortfuhr:
„Niemand, lieber Sohn, hat mich wohl anders als offen,
ehrenhaft und wahrheitsliebend gekannt, und doch habe
ich vor kurzer Zeit die Erfahrung gemacht, daß es zuweilen besser ist, nicht die ganze Wahrheit zu sagen und
zu wissen! — Wann dürfen wir Euch hier erwarten,
lieber Bernhard?"

„Sonntag Abend, Vater!"

„Schade, dann ist mein kleiner Bau noch nicht fertig."

„Welcher Bau? Du hast mir ja nichts davon
gesagt!"

„Ich möchte nicht darüber sprechen, bis Alles in
Ordnung sein würde; ich lasse auf dem ehemaligen
Flaggenthurm ein Observatorium einrichten!"

„Gedenkst Du Beobachtungen anzustellen?"

„Ja, lieber Sohn, ich will mich hinfort mit
Astronomie beschäftigen."

„Hast Du denn die Freude an der neuen Heillehre
verloren?"

„Bernhard, ich bin von der Richtigkeit dessen, was
ich gefunden, überzeugt; allein gegen die Unvernunft, die
Böswilligkeit, den Widerspruchsgeist der Menschen immer
auf's Neue anzukämpfen, fehlt mir der Muth. In den
exakten Wissenschaften ist das anders; was ich da finde,
ausrechne, Niemand kann es mir bestreiten, ein Irrthum
ist unmöglich."

„Aber, lieber Vater, Dir müssen doch viele Vor-
kenntnisse fehlen!"

„Ich war immer ein vorzüglicher Rechner, und soviel als die alten Inder, Aegypter und ein Theil der
Griechen glaube ich auch zu wissen, und diese haben
ganz Respectables in der Sternkunde geleistet. Auch jetzt
finden Leute, die keine Fachgelehrten sind, Planeten; in
den wenigen Monaten dieses Jahres sind allein drei
neue entdeckt; warum sollte mir eine solche Freude versagt bleiben?"

„Von Herzen wünsche ich Dir Glück und Befriedigung in dem neuen Studium! Und den ersten
Stern, welchen Du findest, mußt Du ‚Elma' nennen,
und dabei denken, daß er auch in mein Leben seinen
Glanz ergießt."

„Ja, ‚Elma' soll er heißen! Und so oft ich den
Stern erblicke, will ich Gott danken, der mein heißes
Gebet für Euer Glück erhörte!" —

Achtzehntes Capitel.

In einem Zimmer des großen Kurhauses zu B. saßen plaudernd zwei Herren am offenen Fenster und blickten ab und zu in die Parkanlagen hinaus. Ein Gewitterregen hatte soeben die Erde erfrischt; weich und lind zog die Abendluft hinein, man meinte von ihrem sanften Hauch liebevoll umfaßt zu werden.

Beide Herren waren in Civilkleidung, doch zeigte sowohl die stramme Haltung des älteren unter ihnen, als auch die Art, wie er sein Haar und den grau melirten Schnurrbart trug, ebenso die in kurzen Sätzen sich markirende Sprechweise, daß er vom Militairstande angehör, während die elegante Tournüre des jüngeren Herrn, welcher etwas nachlässig — aber in geradezu malerischer Stellung — in einem Sessel lehnte, Wahl und Schnitt seines durchaus einfachen Anzuges, einen Mann verrieth, der gewohnt war, sich im Salon zu bewegen und seine persönlichen Vorzüge stets zur Geltung zu bringen. Ein Anflug von Müdigkeit in den schönen Gesichtszügen machte seine ganze Erscheinung noch interessanter.

„Ihr Wohlthätigkeits-Concert, Herr Obrist, lockt mich durchaus nicht; ich werde zwar ein Billet lösen, aber ich gedenke diesen Abend einen Gang durch die Anlagen zu machen. Sie sind prächtig geworden, wie ein flüchtiger Blick mir zeigte; in vier Jahren — so lange war ich nicht hier — hat die Gartenkunst kleine Wunder geschaffen."

„Ganz nach Belieben! Dann aber, lieber Graf, werden Sie auch nicht die Schönheit dieser Saison, Frau von Dahlen, sehen und hören und bewundern!"

„Ich habe in meinem Leben schöne Frauen zur Genüge gesehen, und die Aussicht: eine Dilettantin zu hören, ist gerade keine Versuchung für mich!"

„Frau von Dahlen darf man nicht mehr Dilettantin nennen! die ist eine Künstlerin von Gottes Gnaden und besitzt eine wundervolle Stimme. Eine so reizende Frau wie sie, ist Ihnen sicherlich noch niemals begegnet."

„Im Punkte der Frauenschönheit bin ich etwas blasirt; ist die Dame eine Norddeutsche oder stammt sie aus dem gemüthlichen Süden unseres Vaterlandes?"

„Frau von Dahlen ist keine Deutsche; übrigens — ob Französin oder Italienerin? ich weiß das nicht genau — ungeheuer reich. Vor Jahresfrist legte sich ein Großoheim von ihr, ein Marquis de Senneterre, den sie niemals gesehen, zu Bett, ward vorsichtig, machte sein Testament, starb und hinterließ ihr eine Million Francs!"

„So, so, da kam natürlich ein Freier und eignete sich die kostbare Perle zu!"

„Falsch! Sie war bereits verlobt, als der Goldregen fiel. Ihr Gatte ist augenblicklich zum Großherzog beschieden worden; man sagt, er solle Minister werden."

„Und diese wunderbar schöne, hochbegabte Frau, läßt Herr von Dahlen hier — inmitten einer Badegesellschaft, die sich aus der eleganten Männerwelt aller europäischen Länder rekrutirt — junge unbewacht zurück?"

„Die junge Frau lebt mit nahen Verwandten ihres Gemahls zusammen; übrigens würden die eleganten Herren schwerlich mit ihr reüssiren, denn ihr ganzes Auftreten sagt: ‚ich bin unnahbar!'"

„Unnahbar?" lachte Graf Sternau, denn er war

es, „lehren Sie mich die Frauen kennen, lieber Obrist! Jede Schöne fühlt das Bedürfniß, sich fortdauernd von der Macht ihrer Reize zu überzeugen. In den Romanen von Balzac, der aus dem Frauencharakter ein völliges Studium gemacht hat, können Sie lesen, daß die Allertugendhafteste böse wird, wenn man sie beim Worte nimmt! Ihre reizende Dame wird sich ebenso sehr, als jede ihrer Schwestern freuen, falls — während der Abwesenheit des Gemahls — ein Anderer ihr zeigt, daß sie bezaubernd sei! Ich erbiete mich mit der holden Unnahbaren — heute Abend nach dem Concert, oder morgen auf der Promenade, je nach Umständen — in Verkehr zu treten und glaube nicht zurückgewiesen zu werden."

Des Grafen Augen leuchteten, als er voll Eifer sprach; er war in der That ein schöner siegesbewußter Mann.

Der Obrist blickte mit offenbarem Wohlgefallen auf ihn hin, und die Zuversicht, mit welcher Sternau sich äußerte, imponirte ihm sehr. Lächelnd erwiderte er: „Ganz wie Ihr Vater! Bei den Frauen ein wahrer Tausendsassa! Nun, ich wünsche Glück zum Angriff, zweifle aber, daß Sie weit vordringen werden! Sie kommen also jetzt in's Concert?"

„Natürlich, wenn eine solche Herausforderung an mich tritt — —"

„Dann aber: Toilette gemacht und schnell in den Saal! Die besten Plätze sind ohnedies gleich in Beschlag genommen!"

*　　*　　*

Der Ausgang seines Duells mit dem Grafen Schöneich vor drei Jahren, hatte Sternau in das Krankenzimmer gewiesen und von einer Candidatur für den Landtag konnte selbstverständlich keine Rede sein. Die beiden Herren waren damals übereingekommen, ihrem Ehrenhandel politische Differenzen unterzulegen, was Sternau's Ansehen bei der conservativen Partei allerdings erhöhte, das aber zur Zeit nicht den geringsten Vortheil brachte. So zog er auf seinen Landsitz sich wiederum zurück und nahm — auf bessere Chancen in der Folge rechnend — das Studium politischer und wirthschaftlicher Fragen wieder auf.

Für einen geistvollen Mann ergab sich dabei die Nothwendigkeit, tiefergehende Geschichtsstudien zu machen, und Sternau empfand eine ungeahnte Befriedigung in dieser Vermehrung seiner Kenntnisse. Zu gleicher Zeit richtete er ein Häuschen — es enthielt nur vier Zimmer — ebenso geschmackvoll als comfortable ein, und fühlte auch bei dieser Bethätigung seiner Fähigkeiten ein großes Vergnügen. Ja, er ertappte sich manchmal bei dem Gedanken: das Leben eines Landedelmannes — auch mit beschränkten Mitteln — sei für einen geistig begabten und körperlich bevorzugten Mann nicht unerträglich zu nennen.

Freilich gehörte in den Rahmen dieses Bildes eine reizende junge Frau, und eine solche mußte noch gesucht werden. Alljährlich war Sternau dann einige Wochen in der Residenz gewesen, hatte die Töchter des Landes gemustert, den Stammbaum und das Vermögen geprüft, aber die Ersehnte nicht finden können! Warum war auch das Versehen dabei von ihm begangen worden,

Manon als Maßstab für Schönheit, Anmuth und Güte zu nehmen? Wo weilte das liebliche Mädchen jetzt? Daß sie Schloß Verneck verlassen, hatte ihm Baron Orbach gleich mitgetheilt;. der Baron war aber bald darauf durch einen Schlaganfall hinweggerafft worden, und mit der Familie Planitz stand Graf Sternau seit dem Duell natürlich außer aller Verbindung.

Drei Jahre waren so verstrichen, und Sternau gedachte, da er trefflich gewirthschaftet hatte, sich diesen Sommer eine besondere Erholung zu gönnen. Der durch großen Fremdenverkehr berühmte Badeort B. mit seiner herrlichen Umgebung lockte zum Aufenthalt, und der Graf kam in der Mitte des Monats Juni dort an. Bei dem ersten Gange nach dem Kurhause begegnete Sternau einem alten Freunde seines Vaters, der ihn auf das Herzlichste begrüßte und schnell mit Allem bekannt machte, was während dieser Saison in B. Bemerkenswerthes sich zugetragen.

Hierbei hatte Sternau auch erfahren, daß vor wenigen Tagen ein nahe gelegenes Dörfchen durch eine Feuersbrunst verheert worden sei, und ein Comité sich gebildet habe, um durch den Ertrag eines Wohlthätigkeits-Concerts -- zu welchem die am Rang und Talent hervorragendsten Badegäste ihre Mitwirkung versprochen — erste Hülfe zu bringen. Da der Eintrittspreis ein hoher, und auf eine rege Theilnahme zu hoffen wäre, so konnte nach aller Wahrscheinlichkeit ein günstiger Erfolg zu erwarten sein. —

Neunzehntes Capitel.

Sternau und der Obrist begaben sich zeitig in den Concertsaal und nahmen vorzügliche Plätze auf einem gepolsterten Divan ein, welcher längs der beiden Seitenwände des Saales sich hinzog. Die vornehme Welt erschien vollzählig, und der Obrist ward nicht müde, dem Grafen die Namen ausländischer Fürstlichkeiten zu nennen, unter welchen auch eine serbische Prinzessin sich befand. Sternau hörte zerstreut und theilnahmlos zu. Unter den anwesenden Damen gab es viele schöne Gestalten und jugendlich reizende Physiognomien, wenn Frau von Dahlen den ersten Rang unter ihnen einnahm — wie der Obrist behauptet hatte — so mußte sie allerdings von seltener Schönheit sein.

Nicht einen Augenblick dachte der Graf daran, mit der holden Unbekannten ein Liebesverhältniß anzuknüpfen, denn seine Ansichten in Bezug auf eine Liaison mit verheiratheten Frauen — welche er gegen Orbach vor drei Jahren ausgesprochen — hatten sich in keiner Weise geändert. Auch sein Duell mit dem Grafen Schönreich die beste Illustration dafür gewesen, wie gefährlich derartige Beziehungen werden können. Ein Glück war es, daß der Schuß seines Gegners nicht den rechten, sondern den linken Arm getroffen, denn derselbe war steif geblieben und erinnerte Sternau gar häufig daran, wie schwer auch die geringste Verstümmelung von uns empfunden wird.

Gleichwohl reizte es ihn, mit der schönen Frau einen Verkehr anzuknüpfen, und dem Obrist und andern Männern zu zeigen, daß so Graf Sternau erscheine, alle sonst vorhandenen Schranken fallen.

Endlich begann das Concert. Eine Ouvertüre leitete es ein, der ein Violin-Solo folgte, gespielt von einem russischen Fürsten. Das Programm verhieß nun: „Arie von Mozart," und Sternau wußte, daß Frau von Dahlen jetzt singen würde. Die Seitenthür, welche zu dem Podium führte, öffnete sich bald, und geführt von dem Fürsten, welcher so eben gespielt hatte, schwebte eine reizende Gestalt dem Publikum entgegen.

Ein anmuthiger, leichter Gang erquickt nicht nur das Auge, sondern ebenfalls das Gemüth, weil das schöne Ebenmaß der Bewegung auf einen frischen, regsamen Sinn, auf eine Harmonie auch der Seelenkräfte schließen läßt. Ein Flüstern, ein schnelles Hin- und Herneigen ging durch die Versammlung, eines jener charakteristischen Zeichen, welche — an Orten wo die Sitte lauten Beifall verbietet — die höchste Bewunderung aussprechen. Ja, Frau von Dahlen war wunderbar schön! Hoch und schlank gewachsen, zeigte ihre Gestalt doch jene liebliche Fülle, welche den Linien des Frauenkörpers erst die volle Anmuth verleiht. Herrliche dunkle Augen, von langen Wimpern beschattet, eine fein geschnittene Nase, ein rosiger Mund und eine Stirn, um deren edle Wölbung sich das schönste Haar in einem welligen Scheitel legte, gaben ein Bild, wie es nur selten uns erscheint. Die junge Frau war ganz einfach in einen klaren weißen Stoff mit Doppelröcken gekleidet, und außer einer Schnur von echten Perlen — durch ein Brillantschloß zusammengehalten — deutete nichts auf ihren Reichthum hin.

„Habe ich zuviel gesagt?" raunte der Obrist dem Grafen zu.

Dieser antwortete nicht, sondern blickte starr auf das herrliche Frauenbild. Konnte es eine so große Aehnlichkeit geben, oder war Manon's Schönheit wirklich zu solcher Vollendung gereift? Sternau rief sich alle die Momente zurück, in welchen des Mädchens holdes Bild sich ihm am tiefsten eingeprägt hatte. Er sah Manon in der Jasminlaube, wie sie hocherröthend forteilte, als er von dem seligen Glück der Liebe gesprochen; er hörte ihr heiteres Flüstern in jener Vollmacht, wo das Mondlicht seine Silberstreifen um ihr Köpfchen schlang; sie stand vor ihm in der letzten Unterredung, wie sie angstvoll mit den dunklen Gazellenaugen auf ihn schauend, um ein freundlich Wort aus seinem Munde bat! Ein solcher Edelstein hatte zu seinen Füßen gelegen, und er, in thörichter, unheilvoller Verblendung, war darüber hinweggeschritten, als wäre er ein gewöhnlicher, Kiesel gewesen!

Dazwischen schlug jetzt der sympathische reine Klang einer herrlichen Frauenstimme an sein Ohr, wie frommes Läuten von einem fernen, fernen, unerreichbaren Gestade!

Der erste Absatz der Arie war vorüber, die Sängerin hatte mehrere Takte zu pausiren. Wie aus einem Traume auffahrend, da er den holden Gesang nicht weiter hörte, beugte Sternau sich vor; in demselben Moment traf ihn das Auge der schönen Frau, die von ihrem Notenblatte aufsehend, das Auditorium überblickte. Ein tiefes Erglühen flog über Hals und Antlitz, und die ersten Töne, welche sie zu singen hatte, kamen weniger frei und gleichsam verschleiert hervor.

„Ja, es ist Manon! Sie liebt mich noch und jetzt soll sie mein werden! Mag sie sich losklammern von dem Gatten, der ihre Neigung nicht besitzen kann!"

Sternau hörte nichts mehr von den übrigen Nummern des Concerts; sein Blick suchte nur Manon in dem Zuschauerraume, jedoch vergeblich. Dieselbe hatte wohl gleich nach Beendigung ihrer Arie das Kurhaus verlassen, statt sich zu den Plätzen zu begeben, welche in der ersten Reihe für die Mitwirkenden reservirt waren.

Ein Verhör, welches der Obrist mit Sternau darüber anstellen wollte: welchen Eindruck die Dame und ihr wundervoller Gesang auf ihn gemacht, und wann er bei derselben sich einzuführen gedenke? brach der Graf schnell mit der Bemerkung ab, daß es einer Einführung bei Frau von Dahlen für ihn nicht bedürfe, da er die Ehre habe sie — ein früheres Fräulein b'Aulnois — bereits zu kennen, er aber ebenfalls glaube, daß kein Unberufener es wagen dürfe, sich der Dame zu nähern.

Voll Erstaunen hörte der Obrist diese Auslassung an, welche so ganz den leichtfertigen, siegesbewußten Worten widersprach, die er vor nur wenigen Stunden vernommen.

„Die Trauben sind bitter!" dachte er, beschloß jedoch — voll Gutherzigkeit — die heikle Sache nicht weiter zu verfolgen.

Sternau verbrachte fast schlaflos die Nacht. Manon's Bild, im vollen Glanze ihrer seltenen Schönheit, ihrer Talente, ihrer Sanftmuth und Güte stand fortdauernd vor ihm. Er wollte sie sprechen, und gleich morgen, aber in welcher Weise? Sich ihr zu nähern, wenn sie mit Andern zusammen war, und dann die banalen Phrasen vorzubringen, mit welchen man im Alltagsleben sich begrüßt, das vermochte er nicht. Gleich die ersten Worte sollten sie über sein Gefühl aufklären, ihr keine Zeit gönnen, sich etwa hinter ihre Pflichten zurückzuziehen. Und wenn er in ihrem Erbeben, ihrem Blick, das Geständniß ihrer Liebe gelesen, dann — wie Jubel klang es in ihm — wollte er vor ihr ausströmen, was in solcher Innigkeit keine Frau noch von ihm gehört!

Gleich am frühen Morgen kundschaftete Sternau Manon's Wohnung aus; es war eine hübsche Villa mit einer Veranda an der östlichen Seite und von einem zierlichen Garten umgeben. Aus der Badeliste hatte er ersehen, daß nur Manon und die Verwandten ihres Gemahls — Herr und Frau von Oelrichs — dort Quartier genommen. Jemehr Manon ihrem Herzen mißtraute, so schloß er, würde sie die Keusche, Reine, eine Begegnung mit ihm vermeiden, daher wohl, unter einem Vorwande, die Villa für's erste nicht verlassen.

Er gedachte den Knaben zu erspähen, in welchem Moment Herr und Frau von Oelrichs sich zu einer Promenade entfernt hätten, und dann schnell zu ihr zu eilen.

Es fügte sich trefflich, daß in einem etwas höher gelegenen Hause, von welchem man die Ausgangspforte der Villa und einen Theil des Gartens überblicken konnte, ein Zimmer frei geworden war. Sternau miethete es sofort und hielt dort Wache. Sein Harren war vergeblich. Trotz des prächtigen Wetters verließ nur Herr von Oelrichs am Vormittage die Villa; die beiden Damen blieben, waren mit Handarbeit beschäftigt, in der Veranda und gingen dann eine Weile im Garten spazieren. Manon's reizendes Gesicht wurde durch einen runden Strohhut ganz verdeckt, Sternau konnte sich daher nur an ihren graziösen Bewegungen erfreuen. War es ein Irrthum, oder schwebte sie in der That weniger leicht daher, als gestern beim Beginn des Concertes?

Am Nachmittage fuhr eine elegante Equipage vor die Villa: die Damen und Herr von Oelrichs stiegen ein, der Diener reichte Shawls und Reisedecken, man meinte also erst am späten Abend heimzufahren.

Das war eine bittere Enttäuschung für den an schnelle Erfolge gewöhnten Grafen, und er empfand sie mit einer Schärfe, die ihm deutlich verrieth, daß er bis dahin wahre Liebe niemals empfunden.

Die beiden folgenden Tage vergingen in gleicher Weise; fast schien es, als ob die Damen sich gar nicht mehr zu einem Spaziergange entschließen würden. Sternau fand schnell ein Auskunftsmittel, das ihm zeigen mußte, ob Manon nur um seinetwillen dem Badeleben sich gänzlich entzöge? Auf einen Meldezettel schrieb er: Abgereist: Graf Sternau nach Paris, und schickte das Blatt in die Druckerei.

Da täglich eine Liste der ankommenden und fortreisenden Fremden ausgegeben wurde, so konnte Manon ihn am nächsten Morgen schon in weiter Ferne wähnen. —

Zwanzigstes Capitel.

Glanzvoll stieg am nächsten Morgen die Sonne empor und vergoldete die kleinen Federwolken, welche gleich einem Duftgewebe sich über den Horizont gelagert hatten. Kein Windhauch regte sich und doch summte und schwirrte, und rauschte und klang es überall in Feld und Flur. Hoch im Aether verborgen ließ die Lerche ihr Jubellied ertönen, emsige Bienen huschten von einem Blüthenkelch zum andern und glänzende Falter spielten im reinen Himmelslicht.

Von dem Gottesfrieden rings umher empfand Sternau nichts; die Hindernisse, welche seinem Vorhaben sich entgegengestellt, trugen dazu bei seine leidenschaftliche Unruhe zu mehren und das Feuer einer Liebe zu schüren, das immer mächtiger in ihm emporloderte.

Er sah den Knaben, welcher am Morgen die Badeliste umhertrug, in die Villa gehen; nur wenige Minuten noch und Manon mußte glauben, daß er u. B. schon verlassen. Warum durfte er nicht in ihr Antlitz schauen, wenn sie diese Nachricht empfing? Weiter vergingen einige Stunden, dann betraten Herr und Frau von Oelrichs in Promenaden-Toilette den Garten; Manon, in elegantem Morgenanzuge begleitete ihre Verwandten bis zur Gitterpforte, dann ging sie in die Veranda und nahm ein Buch zur Hand.

Jetzt war kein Moment zu verlieren. Mit einem Herzklopfen, wie er es nie gekannt, eilte Sternau auf die Straße, überschritt den Weg und öffnete die Gartenthür von der Villa. Langsam sich vorwärts bewegend, stand er nur wenige Schritte noch von der Veranda entfernt, ohne daß Manon irgend etwas gehört, als das Knistern des Sandes unter seinen Füßen. Dieses Geräusch schien ihre Aufmerksamkeit nicht zu erregen, da die Dienerschaft oftmals im Garten mit Jäten und Harken beschäftigt war. Sternau blieb unschlüssig stehen; durfte er Manon so erschrecken? Erschrecken? Welch ein Wort! Eine glückselige Ueberraschung würde es sein, wenn sie auch Anfangs ein wenig erschrecken mochte —

Jetzt hob die junge Frau den schönen Kopf; plötzlich schien es vor ihren Augen zu dunkeln, alle Farbe wich von ihren Wangen, und sie faßte nach der Lehne des Sessels.

Sternau war sofort neben ihr; er ergriff Manons Hand und sagte im Flüstertone: „Vergebung, Manon! ich mußte Sie sprechen, ich mußte Ihnen sagen, wie sehr Sie geliebt werden — —"

Mit einer Kraft, die Sternau diesem zarten Wesen gar nicht zugetraut, erhob sich die junge Frau, machte ihre Hand los, trat einen Schritt zurück und sagte bebend aber voll Würde: „Herr Graf, ich bitte, verlassen Sie mich! es würde mir um Ihretwillen Leid thun, falls meine Verwandten Sie hier fänden — —"

„Um meinetwillen?" — —

„Ja, um Ihretwillen! denn ich müßte bekennen, daß Sie hier eingedrungen sind, um eine Frau zu beleidigen, die Ihnen keinerlei Recht dazu gab" — —

„Manon, ist meine Liebe eine Beleidigung? ich empfinde für Sie, was ich noch nie für eine Frau gefühlt — —"

„Herr Graf, brechen wir dies Gespräch ab! Sie suchen das Weib nur in seiner Schwäche, Sie haben keine Achtung vor etwas Heiligem" — —

„Daß ich die Achtung vor etwas Heiligem, Reinem habe, zeigt ja meine reine Liebe für Sie! Manon, gönnen Sie mir nur wenige Worte — —"

„Herr Graf, ich darf und will nichts weiter hören! Ich vergebe Ihnen Alles, was Sie mir gethan, nur das ist mehr als Sie ahnen, aber ich bitte: verlassen Sie mich!"

In den Augen des Grafen flammte es: „Wohl, ich gehorche, aber nur unter einer Bedingung" — —

„Sie haben kein Recht meinen Willen zu beeinflussen —

„Zwingen Sie mich nicht zum Aeußersten, Manon, ich trete dann jedes sogenannte Recht mit Füßen und höre nur die Stimme meiner Leidenschaft! Noch heute erhalten Sie einen Brief von mir, und Sie verpflichten sich, ihn zu beantworten. Raubt Ihre Antwort mir jede Hoffnung, so verspreche ich auf mein Ehrenwort, daß ich morgen diesen Ort verlassen und niemals mehr einen Versuch machen werde, Ihre Ruhe zu stören. Wollen Sie das thun?"

Schüchterte Manon die entfesselte Leidenschaft des Grafen ein, oder wünschte sie um jeden Preis diese Unterredung zu beenden, genug sie neigte — ohne ein Wort der Erwiderung — zustimmend das schöne Haupt. Sternau verbeugte sich und verließ, ohne von Jemandem in der Villa bemerkt zu werden, den Garten. —

Wie anders war dies Begegnen verlaufen, als er gehofft? Allein — und kein anderer Gedanke faßte Wurzel in des Grafen Seele — es war nur eine schwärmerische Pflichtauffassung, die Manon von ihm trennte. Er war voreilig mit dem Geständniß seiner Liebe zu ihr getreten, er hatte sie nach den Frauen beurtheilt, die er bis dahin kennen gelernt! Er hätte sich bezwingen, höflich und gemessen und im Beisein ihrer Verwandten sich ihr nähern müssen, und erst wenn er den vollen Liebeszauber um sie gesponnen, den ganzen Reichthum seines Herzens zeigen sollen! Noch war indessen nichts verloren, er durfte ihr ja sagen, was er empfand, und daß er sie zu besitzen hoffe. Wie schön war sie auch heute gewesen? Gleich einem herrlichen Marmorgebilde hatte sie vor ihm gestanden, zürnend, doch sanft, in stiller Hoheit gebietend! Ihr Widerstand mußte gebrochen werden. —

Sternau ging, ohne sich umzublicken, ohne Halt zu machen, nur seinen Gedanken hingegeben, immer weiter durch die Parkanlagen und die mit Villen besetzten Straßen fort. Plötzlich hörte er einen leisen Aufschrei und fühlte seine Schritte gehemmt. Ein kleines Mädchen hatte seine Kniee umfaßt und schaute bittend mit den klaren Kinderaugen zu ihm auf. Ein schneller Blick um sich her erklärte ihm des Kindes Angst: ein Herr, gefolgt von einem prächtigen Leonberger Hunde, kam so eben die Straße herauf. Sternau hob das Kind auf seinen Arm, welches nun beruhigt und dankend mit den zarten Händchen seinen Nacken umschlang und den Kopf an seine Wange lehnte. Es durchrieselte den blühenden, kräftigen Mann!

„Liebe, liebe Kleine!" floß beinahe unwillkürlich von seinen Lippen, und er preßte das Kind fester an seine Brust. Da hauchte die Kleine einen leisen Kuß auf seine Wange! Der süße Athem, der wie ein erquickender Duft aus reinem Kindermunde strömt, die weichen Händchen, welche so vertrauensvoll sich um ihn schlangen, sie wiesen auf ein Zauberreich; die Pforten zu einem Eden lagen weit geöffnet vor ihm da! Sternau — gleich dem Dichter, für welchen ein Wort, ein Bild, ein Ton, die ganze Kette der Gedanken erschließt — durchfuhr die Ahnung, daß er erst jetzt des Lebens Räthsel fassen, ihm jetzt erst die wahre Weisheit sich enthüllen werde! Es schien ihm, als habe er bis zu dieser Stunde eigentlich noch nichts gethan; als sei die geringe Hülse, welche er dem kleinen Mädchen geleistet, das erste rechte Werk, das er vollbracht; als stände er nun erst im Zusammenhange mit der Menschheit, mit ihrem mannigfachen Leid und ihrer Lust.

Sternau hielt das Kind noch in seinem Arm, als der Gegenstand des Schreckens für die Kleine schon aus ihren Augen entschwunden war. Sorglsam hob er das Kind auf den Boden; „ich heiße Anna!" rief sie, warf ihm zutraulich lächelnd noch ein Kußhändchen zu, und schlüpfte dann in den Garten. Er klinkte die Thür, welche offen gestanden, wieder zu, sein Schützling sollte nicht noch einmal geängstigt werden!

„Ein Weib, wie Manon im Arm, ein solches Kind auf meinen Knieen, ich wollte für sie schaffen und sorgen und verlangte nichts mehr!" murmelte Sternau und ging weiter. Der Wahlspruch seiner früheren Jahre: Genuß in Ruhe, erschien ihm jetzt unwürdig der vollen Manneskraft, die in ihm pulsirte. Was ihn nun beherrschte, war ein Gefühl, das den ganzen Menschen herausforderte, alle Fähigkeiten der Seele zu einem einzigen mächtigen Accorde verschmolz. —

Einundzwanzigstes Capitel.

Sternau schlug in seinem Briefe alle Töne der Liebe an; er wies in rührenden Worten auf die Vergangenheit und schilderte in glühenden Farben die Zukunft. Es war ein Erguß leidenschaftlicher Beredsamkeit, dessen Kraft den Grafen selbst erregte und hinriß, indem er schrieb; wie hätte die gleiche Wirkung auf Manon ausbleiben sollen?

Am späten Abend erhielt Sternau die folgenden Zeilen:

„Herr Graf!
ich hätte als einzige Antwort Ihnen sagen können: ‚ich liebe Sie nicht!' Aber sicherlich würden Sie diesem

einfachen Worte nicht getraut und gemeint haben, daß nur ein strenges Pflichtgefühl mich bei meinem Gatten zurückhalte und mir verbiete, Ihnen, dem heiß Geliebten anzugehören! Sie sind in Ihrem Briefe zu den Tagen hinabgestiegen, in welchen Sie als Gast meines Oheims in Berneck weilten, ich will Ihnen dahin folgen.

Mein Leben war damals ein an Freuden armes, und trotz der Güte, mit welcher meine Verwandten mich aufgenommen, ein vereinsamtes. Vater und Mutter hatte ich verloren, Brüder und Schwestern nie gehabt. Wenn ich von der reichen Erde schied, fühlte Niemand eine Lücke. Sie, Herr Graf, schienen Mitgefühl für das einsame Mädchen zu hegen, Sie nahten ihr so freundlich, daß in ihr die Meinung erregt wurde, als ob sie Ihnen werth und lieb geworden sei. Daß diese Theilnahme von einem Manne gespendet wurde, dessen reiche Vorzüge wohl Niemand läugnen wird, verlieh derselben einen noch höheren Werth.

In mir floß ein Quell der reinsten Liebe zu den Menschen, ein heiliges Vertrauen in deren Güte! Ich hatte daher nur einen Gedanken: es möchte mir vergönnt sein — als stillen Herzensdank für ungekannte Freuden — irgend etwas Schweres für Sie zu vollbringen. Da waren Sie eines Tages böse auf mich; wie ich es verdient, was ich eigentlich verbrochen — ich begriff es nicht. Aber mein Kummer war groß. ‚Warum‘, sagte ich mir, ‚bist Du nicht mehr ein Kind, warum darfst Du nicht unschuldig ihm gestehen: Dein gütig Lächeln, Dein freundlich Wort ist für mich gleich Sonnenschein, laß ihn mir nicht fehlen!‘

Ich ging auf mein Zimmer, Ihr zürnend kalter Blick lastete auf mir; das mußte anders werden! Sie hatten Elma Ihr Album geliehen, ich eilte in deren Zimmer, um es zu holen, um durch Ihr Portrait Sie heiter lächelnd wieder vor die Seele zu zaubern, das häßliche Bild in mir zu ersticken. Mit meinem Schatze wollte ich eben entfliehen, als ich Ihren Tritt im Corridor, das Oeffnen des Nebenzimmers hörte. Um keinen Preis wollte ich Ihnen jetzt begegnen und schob schnell den Riegel vor die Thür. Sie traten dann in den kleinen Saal, bald nach Ihnen kam Baron Orbach und ich wurde Ohrenzeuge Ihrer Unterredung mit ihm.

Ich hörte wie Helios, der hochmüthige Sonnengott, der armen Clytia spottete, die ihr Herz an ihn verloren. Kann Helios jedes Mädchen erhören, das in Liebe zu ihm erglüht? ‚Großer wilder Schmerz der Jugend ist Poesie!‘ so lehrten Sie, Herr Graf! Ich konnte Ihnen nur zum Dank verpflichtet sein, wenn Sie mein Herz brächen, denn mir würde ja das schöne Recht gelassen, dem Wald und Strom mein Leid zu klagen, auch bliebe mir die Hoffnung: Krankenwärterin eines alten Gecken zu werden. Ja, so hätte ich Orbach nennen müssen, dessen Aufmerksamkeiten — in einem andern Sinne betrachtet, als dem einer väterlichen Fürsorge — mich nur anwidern und verletzen konnten.

Auch das trauervolle Geschick meiner Eltern, die Verschuldung meines Vaters, sie erfuhren denselben grausamen Spott, sie wurden mit demselben kalten

Egoismus abgethan, wie das vernichtete Hoffen und Glauben ihres Kindes! Ihre Theilnahme an mir hatte kein anderes Ziel erstrebt, als in die Liste Ihrer Eroberungen eine neue Nummer einzureihen. —

Herr Graf, es war ein verheerend Gift, das Sie in mein Herz geträufelt, und es hat lange Zeit mein Leben krank und elend gemacht. Ich verließ die Heimat, nur um Sie nicht wiederzusehen, niemals mehr von Ihnen zu hören! Bordogni, der Gatte meiner verstorbenen Tante, nahm mich auf und that sein Bestes, meinen Lebensmuth zu heben, mir wieder Vertrauen zu den Menschen einzuflößen. Er unterrichtete mich in seiner edeln Kunst und die Musik wurde mir eine sanfte Trösterin. Ich empfand eine stille Genugthuung, die in mir schlummernden Anlagen auszubilden, durch die Vorführung des Schönen Andere zu erfreuen. —

Vor Jahresfrist hatten sich in dem Salon einer uns befreundeten Familie zu Florenz auch einige Deutsche eingefunden. Ueber einen derselben wurde mir erzählt, daß er — obwohl wenig über dreißig Jahre alt — sich bereits in hervorragender Weise um das Wohl seines Heimatortes verdient gemacht; daß er hierher gekommen wäre, um die Organisation und das Wirken der misericordia*) kennen zu lernen, und zu prüfen, was sich davon auf deutschen Boden verpflanzen lasse. Man stellte mir denselben als Landrath von Dahlen vor, und ich war erstaunt über den ruhigen Adel, die einfache Würde, welche sich in seinem Wesen, in seiner Unterhaltung kund gaben. Ich wurde gebeten, zu singen und wählte die letzte Arie der Donna Anna. Vielleicht habe ich niemals besser gesungen, denn von allen Seiten empfing ich schmeichelhafte Lobsprüche, nur Herr von Dahlen verließ die Fensternische nicht, von welcher aus er mir zugehört.

Am nächsten Tage machte er uns einen Besuch und sagte dann: „Wundern Sie sich nicht, Fräulein, daß ich gestern fern von Denen blieb, welche so enthusiastischen Beifall Ihnen spendeten. Ihre ganze Seele lag in Ihrem Gesange; ich empfing durch ihn den Einblick in ein reiches schönes Leben. Solche Gabe eines wahren Künstlers darf man nur mit stillem Dank, mit einem Gefühl der Verehrung entgegen nehmen.“

Herr von Dahlen kam nun öfters zu uns; er würdigte mich, Ansichten und Pläne kennen zu lernen, welche er als die höchste Aufgabe seines Lebens erfaßt hatte und zu verwirklichen strebte. Nach wenigen Monaten reichte ich dem edlen Manne meine Hand. Der Schmerz, welchen ich bis dahin empfunden, versank vor der Gunst, ihm, der jeden Tag für verloren hält, den er nicht in ernster Lebensarbeit für das Wohl Anderer verbracht, ein Daheim voll Frieden zu bereiten, ihn durch des Hauses stillen Segen für sein Wirken zu stärken und zu belohnen.

Und dieses — auf höchster Achtung und Liebe gegründete — Glück gedenken Sie durch die plötzliche Kundgebung einer Leidenschaft zu zerstören, deren Ursprung ich mir gar nicht zu deuten vermag? Bin ich heute eine Andere, als zu der Zeit, wo Sie mich

---

*) Die misericordia ist eine wohlthätige Gesellschaft in Florenz.

grausam verhöhnten? Wenn ich Ihnen heute begehrenswerther erscheine, so liegt das wohl nur in dem Umstande, daß, mein Herd zu fesseln Ihnen schwerer fallen, den Triumph Ihrer Eitelleit also erhöhen müßte.

Als Ihr Blick mir vor wenigen Tagen im Concert begegnete, erglühte ich in Scham, daß ich einst Sie, den kalten, herzlosen Mann mit der ganzen Kraft eines schuldlosen Herzens geliebt! Ja, geliebt! Heute darf ich es gestehen, ist es Ihnen doch gelungen, jede Spur dieser Reigung gewaltsam und mit der Wurzel aus meiner Seele zu reißen.

Sollten Sie jetzt in Wahrheit ein Gefühl für mich hegen, so start und heftig, daß der Gedanke, ohne mich leben zu müssen, schneidend in Ihr Lebensglück eingriffe, so würde ich darin nur das Hereinbrechen einer höheren Vergeltung erkennen, die uns oft auf wunderbaren Wegen erreicht.
                                        Manon."

Zweiundzwanzigstes Capitel.

„Es braust ein Ruf wie Donnerhall,
Wie Schwertgeflirr und Wogenprall:
Zum Rhein, zum Rhein, zum deutschen Rhein!
Wer will des Stromes Hüter sein? — —
Lieb Vaterland magst ruhig sein,
Fest steht und treu die Wacht am Rhein!"

So klang es wenige Wochen später begeisterungsvoll vom Fels zum Meere durch das deutsche Reich.

Jeder versuchte nach dem Maße seiner Befähigung thätig einzugreifen zum Frommen eines großen Zieles.

Wem die physische Kraft fehlte, die Waffen zu führen, der stellte die geistige zu Gebot, fördernd, helfend, erhebend. Zarte Frauen bereiteten Alles vor, um die Leiden Verwundeter zu mildern, ja Viele unter ihnen weihten sich dem schweren Berufe, hülfreich beizustehen im Angesicht des Todes und zuckender, klaffender Wunden. Und wem es versagt war, selbst mitzuwirken für die große Sache, der adelte seinen Besitz, indem er hochherzig spendete für Kranke und Verwundete, für die Frauen und Kinder der Streiter im Felde.

Manon hatte so eben wieder einen der — in schneller Folge sich überstürzenden — Siegesberichte mit Bewunderung und dankvoller Erhebung gelesen, als sie aus Frankreich einen Brief erhielt. Er lautete:

„Theure, verehrte Frau!
Wenn ich Ihnen antworte, inmitten der großartig furchtbaren Schläge, mit welchen die Nemesis frevelhaften Leichtsinn und egoistische Ueberhebung ereilt, so werden Sie wohl überzeugt sein, daß es nicht geschieht, um Sie durch Liebesklagen zu rühren und günstig für mich zu stimmen. — Sie hatten vollkommen Recht, von einer höheren Vergeltung zu sprechen, die über mich hereinbrochen wäre. Auch daß ich heute nicht in erster Linie mit den Waffen zu kämpfen vermag, sondern meiner Pflicht für das Vaterland nur in den Reihen der Johanniter genügen kann, ist die Folge einer Verschuldung, die wohl selten so hart geahndet worden ist.

Ihnen gegenüber, theure Frau, bin ich dennoch weniger strafbar, als Sie es wähnen. In den Augenblicken, da ich anscheinend Sie verrieth, lebte in mir

eine tiefe Reigung für Sie, eine Liebe, die ich in solcher Reinheit noch niemals empfunden. Jeder, der auch nur mit einer Miene sich gegen Sie vergangen, er würde unbarmherzig von mir gezeichnet worden sein. Niemals hätte ich geduldet, daß ein Mann gleich Orbach Sie die Seine genannt, und nur um diesen eitlen Thoren zu bemüthigen, riß ich frevellich meine Liebe in den Staub.

Als ich Berneck verließ, war es mir klar, daß ich von dem größten Glück meines Lebens schied, wenn ich meiner Liebe für Sie keinen Ausdruck gäbe, allein mir fehlte nur die sittliche Kraft: Alles für Alles einzusetzen.

Drei Jahre hindurch hat Ihr Bild — gleich einem heiligen Schreine, dem man nur in den weihevollsten Stunden sich naht — in meinem Herzen geruht. Als ich Sie wiedersah, schöner denn je, von den Musen mit dem reichsten Kranze geschmückt, da loderte die niemals erstickte Glut zu heller Flamme empor, und ich hegte den dünkelvollen Wahn, es würde mir noch einmal gelingen, Sie günstig für mich zu stimmen.

Sie haben, im glücklichsten Bunde lebend, mich zurückgewiesen, jedoch — selbst in der Strenge voll Huld — gestanden, daß Ihr Herz mir gehört. Es gehörte mir, als Sie mich besten würdig hielten; ich darf daher hoffen, daß Sie, künftig nur Würdiges von mir hörend, in Ihrem Andenken mir eine Stätte bereiten werden, ernst und mild, wie wir die theuern Abgeschiedenen gönnen. Möge dauernd das Glück Sie mit seinen besten Gaben schmücken!
                                        Sternau."

                    *   *
                        *

Unmittelbar an der französischen Grenze war durch freiwillige Gaben ein Haus, in einem Garten liegend, angekauft und zu einem Lazareth umgewandelt worden. Edle Frauen hatten dessen Leitung übernommen und mit feinem Verständniß auch das Seelenleben der Verwundeten bei der ganzen Einrichtung in Betracht gezogen. Das Auge, von Scenen des Grauens kommend, sollte auf holden Blumen ausruhen, das Ohr, statt des surrenden heulenden Tones der Geschütze, den Sang der Vögel vernehmen und das sanfte Flüstern und Rauschen der Bäume.

Immer mächtiger entbrannte die Kriegsfackel, immer größere Schaaren wurden in die Lazarethe gesendet, die Colonne der Verwundeten schien kein Ende zu finden.

„Ein Freudebringer ist der Sieg,
Doch ach, das Siechthum seine Schwester!"

Am späten Abend brachten Krankenträger noch zwei Verwundete nach dem stillen Hause an der Grenze. Obwohl dasselbe bereits gefüllt war, so entschlossen die edlen Frauen sich, das kleine Giebelstübchen, in welches sie zum nöthigen Ausruhen sich manchmal zurückgezogen, für die Leidenden einzuräumen.

Wie hätte man die tapfern Streiter auch der Unbill der Nacht bei einem weiteren Transporte preisgeben sollen?

Der eine der Verwundeten war ein schöner Mann, mit dem Kreuze der Johanniter geschmückt, der andere ein schlichter Soldat der Landwehr. Man hatte sie neben einander liegend gefunden und in gewissem Sinne gehörten sie auch zu einander, wie man aus dem Bericht der Krankenträger und des Landwehrmannes ersah.

Einige Compagnien deutscher Truppen hatten eine Meierei besetzt gehalten, welche aus dem Wohnhause und einigen Wirthschaftsgebäuden bestand und von Obst- und Küchengärten umgeben war. Von dem Wohnhause wehte die Fahne mit dem rothen Kreuz in weißem Felde herab; es war zu einem Verbandplatz und provisorischen Lazareth eingerichtet worden, da in der Nähe ein Zusammenstoß der feindlichen Heere erfolgen mußte.

Bald zog sich das Gefecht bis an die Meierei; französische Truppen versuchten sich des Platzes zu bemächtigen, wurden jedoch energisch zurückgeschlagen und verfolgt. Da saß ein Johanniter, der — hinter dem Dachfenster des Wohnhauses verborgen — sich über den Gang des Gefechtes unterrichtete, von einer andern Seite zwei Colonnen französischer Truppen der Meierei sich näherten. Ein Landwehrmann, welcher am Bein verwundet, in die Kniee gesunken war, lag unfern des Obstgartens hülflos unter den Todten da. Unfähig sich weiter zu schleppen, wäre er verloren gewesen, wenn nicht der Johanniter, ohne die Gefahr für sein eigenes Leben zu brachten, durch den Garten eilend, ihn erfaßt und aus der Schußlinie gezogen hätte.

Dem unerschrockenen Helfer folgten mehrere feindliche Kugeln, deren eine durch den Rücken drang und in der Lunge sitzen blieb.

Die Ärzte in der Meierei mußten dem Johanniter — welcher über seinen Zustand die volle Wahrheit zu hören verlangte — erklären, daß seine Wunde tödlich, seine Lebensdauer nur nach Tagen zu bemessen sei, und daß ein Transport diese nothwendig noch verkürzen müsse.

Dennoch sprach er die Bitte aus, ihn nach der Heimat zu senden, da er auf deutscher Erde zu sterben wünsche. Für den Landwehrmann war alle Hoffnung zu einer vollständigen Heilung vorhanden, und nachdem man den nöthigen Verband angelegt, wurden der Retter und der Gerettete mit dem nächsten Kranken-Transport über die Grenze befördert.

Die letzten Stunden des Johanniters mit der Weihe eines sanften Friedens zu erfüllen, war in diesem Falle die einzige Aufgabe, welcher die edlen Frauen sich widmen konnten.

Man bettete am Morgen den Landwehrmann in einen größeren Raum, wo der Tod einen leeren Platz geschaffen; dann trug man vorsichtig das Bett des Johanniters dem Fenster näher, damit er noch seinen Blick an der lichten Bläue des Himmels erquicke, der in unveränderter Glorie auf Leid und Freuden dieser Erde schaut.

Als alle diese Anordnungen getroffen waren, betrat Manon — sie gehörte ebenfalls zur Zahl der hier wirkenden Frauen — mit einem kleinen Strauß Blumen in der Hand, das Zimmer des Johanniters. Sie hatte nach vielen durchwachten Nächten in dieser letzten Nacht geruht, und war dann durch die Zimmer des Erdgeschosses gegangen, um zu sehen, ob sie noch irgend einen Liebesdienst erweisen, irgend etwas verbessern könne. In dem Landwehrmann hatte sie einen früheren Gutsangehörigen von Berneck erkannt, und ihm liebevoll versprochen, recht oft seinem jungen Weibe Nachricht über ihn zu geben.

Der Johanniter hielt beide Hände über das Gesicht gebreitet, als ob er einen lauten Ausbruch des Schmerzes hätte unterdrücken wollen. Mit sanfter Stimme — sie tönte wie eines Engels Gruß — fragte Manon nach des Kranken Ergehen, ob er irgend einen Wunsch hege, ob sie an die Seinen schreiben solle?

Er schwieg; nur eine geringe Bewegung der schmalen, feinen Finger verrieth, daß er überhaupt noch athme.

Noch einmal bat Manon liebevoll: „O, sprechen Sie einen Wunsch aus, ich wäre glücklich, ihn zu erfüllen!"

Langsam hoben die weißen Finger sich von einem todesblassen Antlitz ab, und „Manon!" klang es mit gebrochener Stimme.

„O, mein Gott, welch ein Wiedersehen!" Manon knicte neben dem Bette nieder und faßte die Hand, welche bald erkalten sollte.

„Sie haben — mir verziehen, Manon?"

„Ist dies der Augenblick, um vernarbter Wunden zu gedenken?"

„Dank — — Dank! Wie Ihr Anblick — — Ihre Stimme — — mich erquickt!"

„O mein Freund, Ihr Opfertod hat einem armen Weibe den Gatten, zwei jungen Kindern den Vater erhalten! Aber wie wird Rose jammern, daß so theuer das Leben dieses Mannes erkauft wurde!"

„Wer ist Rose?"

„Rose Klein aus Berneck, der Sie einst so gütig eine Heimatstätte auf Ihrer Begüterung zugedacht!"

Ein rührendes Lächeln tiefster Befriedigung flog über die schönen Züge des sterbenden Mannes.

„Wunderbar — — — o ganz wunderbar!" Also auch — das — gefühlt! — Manon — lassen Sie noch einmal mich — — in — Ihr Auge — — schauen! — — Es wird — so dunkel — — um mich her!"

„O mein Gott, giebt es keine, keine Rettung mehr? Vermag ich nichts, so gar nichts mehr für Sie zu thun?"

Vor Manon's Geist erhob sich in diesem Augenblick jene Mondnacht, in der sie in wachem Traume gewünscht, ihr Leben für diesen Mann zu opfern und sterbend ihm ihre Liebe zu gestehen! Ihr junges Herz hatte ja durch ihn seinen vollen Reichthum erst erkannt. Sie mußte ihm den Moment des Scheidens versüßen, und alles Andere vergessend, beugte sie sich über ihn und flüsterte unter heißen Thränen: „Wie hab' ich Dich geliebt!"

Hatte der Sterbende diese Worte noch vernommen? Sein Antlitz zeigte jenen heiligen Frieden, der das Bild des Todes oft zu einer überirdischen Schönheit verklärt. —

Ende.

Die Frau des Predigers.

Roman
von
Hans Fehde.

(Fortsetzung.)

An dem Conferenz-Tage versammelten sich die Geistlichen in Ludwig's Stube und conferirten fleißig während ihre Frauen nicht minder emsig bei ihrem Strickzeuge mit Kaffeetrinken und Kuchenessen beschäftigt waren. Johanna langweilte sich gewöhnlich bei solchen Gelegenheiten, da außer Marie, Wilhelms Gattin, meist nur ältere Damen zu dem kleinen Kreise gehörten, die, beständig auf dem Lande lebend und sich ausschließlich mit der kleinen Welt beschäftigend, die Theilnahme an den großen Interessen der Menschheit verloren hatten und nur in ihrer Wirthschaft aufgingen. Ist es doch auch schwer, selbst bei gutem Willen, in solch kleinem, eingeengtem Wirkungskreise, in einem, von der Außenwelt fast gänzlich abgeschlossenen Leben, regen Sinn für das Allgemeine sich zu bewahren; besonders wenn, wie so häufig, die Mittel zu beschränkt sind, um nur eine Verbindung, einen Zusammenhang mit der Außenwelt durch gute Bücher und dergleichen aufrecht zu erhalten. Nicht jede der Frauen hatte einen Gatten, der, wie Johanna's Vater, wenn gleich auf dem Lande lebend, dennoch niemals vergaß, daß es außer der sonntäglich zu haltenden Predigt, außer seinem Garten, seinem Feld und seinen Bauern, noch genug andere und sogar wichtigere Dinge in der Welt gebe, und der lebendigen Antheil nahm an allen nur hervortretenden Erscheinungen auf verschiedenen Gebieten des Lebens, soweit sie auf seine Familie und ihr geistiges Leben von Einfluß sein konnten. So bewegte sich das Gespräch in der größten Alltäglichkeit: Kinder, Wetter, Dienstboten, ja selbst die Küche und das Kochen waren schon ziemlich durchgesprochen. Aus dem lebhaften Sprechen in dem oberen Zimmer hatte man entnommen, daß die Debatten sehr heftig sein mußten und war allerseits froh, als man an dem Geräusch merkte, daß die Conferenz beendet sei und sich bald darauf die Herren mit den Damen im Wohnzimmer vereinigten.

Nach den Begrüßungen bildeten sich kleine Gruppen; einige der Herren konnten sich noch nicht gleich von dem eben abgehandelten Thema losreißen.

„Ich gebe Ihnen ja gern einen subjectiven Nutzen des Gebetes zu," sagte Wilhelm zu einem andern Geistlichen; „für jedes gläubige Herz kann dasselbe, in rechter Weise ausgeübt, niemals seinen läuternden Einfluß verfehlen, denn man betet sich selber gewissermaßen in die innigste Ueberzeugung hinein und verspürt sofort den Nutzen an der Freudigkeit, die ein solches Gebet in unserm Gemüthe zurückläßt; im Uebrigen aber —"

„Nein," unterbrach ihn ein Anderer heftig. „Sie müssen es eigentlich folgerecht mit diesen Ansichten ganz und gar für unnütz halten, dem Herrn eine wirkliche Bitte vorzutragen und dem Volke das Gebet anzu-empfehlen mit dem Bewußtsein, daß dasselbe durchaus keinen Einfluß auf Gott haben könne!

„Warum?" versetzte Wilhelm, „warum das? Ich sagte ja schon, daß der Nutzen für ein gläubiges Herz unberechenbar sein könne; ich glaube aber allerdings, daß es dem Glauben angemessener ist, wie es schon lange vor uns Salomon gethan hat, nur um geistige Güter zu bitten; aber wenn ein trauriges und gedrängtes Herz das Bedürfniß fühlt, Gott seine irdische Noth zu klagen und um Abhülfe zu bitten, so mag es das thun und mit Christus, unserm Vorbilde, hinzusetzen: ‚Vater, so Du willst, so nimm diesen Kelch von mir; doch nicht mein sondern Dein Wille geschehe!' Aber zu denken, daß ich dem Herrn, der stets die besten Absichten hat, etwas abbitten, abtrotzen könnte, daß ich durch mein Gebet seine weisen Rathschlüsse ändern könnte, das kommt mir nicht zu!"

„Wie denken Sie es sich denn, daß der Herr selbst gesagt hat: ‚Bittet, so wird Euch gegeben!' und ‚So ihr den Herrn etwas bittet in meinem Namen, so wird er es Euch geben!'?"

„Ich meine, alle diese Sprüche," sagte Wilhelm, „beziehen auf unser geistiges Wohl, und darum kann kein Prediger etwas Besseres thun, als sie seiner Gemeinde an's Herz legen, damit sie sich am Gebet aufrichtet und ihren Glauben daran stärkt!"

„Wenn Sie," fragte einer der Geistlichen, „einen objectiven Nutzen des Gebetes vollständig absprechen, so stellen Sie auch das Vorhandensein eines persönlichen Gottes in Abrede?"

„Ich will mich jetzt nicht weiter in die Erörterung dieser Frage einlassen," antwortete Wilhelm abwehrend, „die Beantwortung derselben würde uns zu weit führen."

Die Damen hatten theilweise dem Gespräche zugehört.

„Wenn ich," sagte die Frau des Geistlichen, der zuletzt gesprochen hatte, zu Margaret und Johanna, die in ihrer Nähe saßen, „nicht an einen persönlichen Gott glauben sollte, so würde ich ganz unglücklich sein: gerade daß ich mich in jeder Noth, sei sie groß oder klein, zu ihm wenden kann, daß ich sie ihm vortragen kann, daß er meine Bitte hört und erhört, ist eine solche Wohlthat, macht mich so ruhig; was mich am Tage betrübt hat, ja, jede häusliche Ungelegenheit, kann ich dem Herrn in meinem Abendgebet vorlegen, kann ich ihm klagen."

„Und versprechen Sie sich denn wirklich einen Nutzen davon, in Wahrheit eine Abhülfe?" fragte Margaret zweifelnd.

„Gewiß!" sagte die Dame.

„Das wäre bequem!" lachte Johanna plötzlich ganz hell und lustig und vergessend, in welcher Gesellschaft sie sich befand, so daß Alle ganz erstaunt nach ihr sehen, „wenn das wäre, so thäte ich es auch und betrachtete den lieben Gott als eine Art Heinzelmännchen; ich fürchte aber, es würde nichts nützen!"

„Johanna!" rief Ludwig ganz entsetzt; „was kommt Dir in den Sinn? denkst Du denn auch daran, wo Du bist und was Du eigentlich gesagt hast?"

Johanna sah sich erschrocken um.

„Was habe ich denn so Schlimmes gesagt?" entgegnete sie, „nur meine Meinung," setzte sie hinzu, wie überlegend.

„Es war nicht so schlimm," sagte Wilhelm beruhigend, „nur etwas Ernstes scherzhaft ausgedrückt. Lassen Sie sich darüber keine grauen Haare wachsen; ich theile Ihre Meinung."

Ludwig sagte im Augenblicke nichts mehr, nahm sich aber vor, Johanna ernstlich Vorwürfe über ihren Leichtsinn zu machen.

Aber Johanna sagte ganz ruhig: „Mein Vater glaubt auch nicht an einen persönlichen Gott, und ich auch nicht!"

„Du irrst, Johanna," erwiderte Ludwig mit einem kalten Blick, „und verstandest Deinen Vater nicht recht! Doch meine ich, es ist wohl Zeit, einen kleinen Imbiß einzunehmen!" und er wandte sich zu der Gesellschaft und bot der nächstsitzenden Dame die Hand; die Andern folgten seinem Beispiele.

Als die Gäste sich entfernt hatten, und die beiden Gatten mit Margaret allein waren, sagte diese:

„Solch eine Conferenz ist etwas ganz Amüsantes; mich hat es ordentlich gefreut, ihr einmal beiwohnen zu können; Alltagskost ist es freilich nicht!"

„Ich finde sie mehr nothwendig als nützlich als amüsant," sagte Ludwig. „Johanna, willst Du wohl so gut sein und einen Augenblick mit mir hinaus kommen? Ich möchte etwas mit Dir sprechen."

„Sogleich," antwortete Johanna.

Die Gatten verließen das Zimmer.

„Ich möchte wetten, Johanna hat jetzt eine kleine Scene mit dem Herrn Gemahl, der ihre Bemerkungen wohl nicht ungeahndet hingehen lassen wird," dachte Margaret. „Es ist wohl schlimm, wenn zwei Eheleute so verschieden sind wie diese Beiden."

„Johanna," sagte Ludwig in seinem Zimmer, „Johanna, ich muß Dich wirklich ganz ernstlich bitten, Deine Worte besser zu überlegen; abgesehen davon, daß eine junge Frau wie Du, sich gar nicht in ein solches Gespräch zu mischen hat, blamirst Du nicht nur Dich, sondern auch mich, Deinen Mann, und betrübst mich ernstlich. Ich will nicht hoffen, daß das, was Du gesagt, Deine aufrichtige Meinung sei, sondern daß Du das nur so heraus geschwatzt hast, denn wenn sie es wäre, so könnte mich das unglücklich machen!"

„Sie ist es aber dennoch," entgegnete Johanna, „und warum soll ich sie nicht auch aussprechen? Ich hatte genau dem Gespräche gefolgt, ich hatte darüber nachgedacht und sprach demgemäß. Daß ich lachen mußte, dafür kann ich nichts; ich mußte es, weil mir allerhand Dummheiten durch den Kopf flogen, als die Frau K. so sprach. Willst Du denn, daß ich meine Meinung verbergen soll und weshalb?"

„Johanna, was sagst Du! Du, mein Weib, glaubst nicht an einen persönlichen Gott?"

„Nein, Ludwig!"

„Wie ist das möglich!" rief der Gatte, „wie ist es möglich! Du, die Du mein Weib bist, die Du seit bald einem Jahre mit mir lebst, trennst Du von mir in einer Sache, wo Du mir unbedingt folgen solltest! Johanna, Du willst Deine Ansichten ändern, ich verlange das von Dir; Du störst das Glück unserer Ehe, wenn Du Dich nicht zu mir halten willst! Hast Du gehört?" sagte er zornig, „zu mir sollst Du Dich halten!"

Hätte Ludwig noch vor einigen Monaten so gesprochen, Johanna wäre in bittere Thränen ausgebrochen, oder hätte es einmal versucht, wirklich tief in ihr Herz hinein zu dringen, das so weich und liebebedürftig war, es studirt und um Liebe geworben, es hätte nicht viel Zureden bedurft, es sich zu eigen zu machen und dann hätte sie, da, wo sie nicht so dachte wie er, geschwiegen. Jetzt, als er zu ihr sagte: „Du mußt Dich zu mir halten, Du würdest sonst das Glück unserer Ehe stören," da war es ihr, als sollte sie ihn fragen: „Bist Du denn glücklich? giebt es denn ein Glück zu zerstören? und wenn Du glücklich bist, so sei doch zufrieden und bleibe es! ich weiß nicht was Glück ist und Du hast mich nie gefragt, ob ich glücklich sei! Ich bin froh, wenn ich, momentan zufrieden bin!"

Es war eine schwere Anklage, die Johanna mit diesen Gedanken gegen den Mann vor ihr that; ohne es zu wollen, ohne es zu wissen, beschuldigte sie ihn des größten Egoismus. Die junge Frau, noch nicht zwanzig Jahre alt, hatte wirklich keinen Wunsch mehr für das Glück ihrer Ehe. Das Wort hatte ihr wie Hohn geklungen und wie sie sonst den Kopf gesetzt hatte, um zu sagen: „Verzeih mir, Ludwig!" so senkte sie auch jetzt den Kopf — schwieg aber!

„Johanna, hast Du mir nichts zu sagen?"

„Nein, Ludwig!"

„Nein! so gilt Dir also meine Ruhe nichts? denn wie kann ich ruhig leben, weiß ich, daß Du mit einem leichtsinnigen Wort vernichtest, was ich aufgebaut? Wie kann ich von fremden Leuten Glauben erwarten, wenn mein Weib meine Lehre nicht annimmt? Traust Du Deinem Manne nicht so viel Einsicht zu, daß er in den Dingen, in denen er doch zu Hause sein muß, ein richtigeres Urtheil hat wie Du?"

„Doch, aber ich kann nicht wie Du denken!"

„Unsinn, Johanna! Du mußt, und kannst auch! aber Du willst nicht!"

„Nein, ich kann nicht!"

„Und kannst auch nicht einmal schweigen, wenn es klüger wäre! Wie hat sich der getäuscht, der da geglaubt hat, Du seiest ein Kind und lassest Dich leiten! Das kommt aber bei solcher Erziehung heraus, wie sie Dir zu Theil geworden ist!"

„Ludwig, kein Wort weiter!" bat Johanna flehend, „oder Du kannst mich gut machen, was Du gefehlt!"

„Wie? das sagst Du mir? mir, den Du um Verzeihung bitten solltest? mir, den Du heute so gekränkt hast? Glaubst Du, es sei eine Freude, daß man von seiner Frau angegriffen sieht, was einem das Heiligste ist! Und was habe ich gethan? Was Jeder tadeln würde: Deines Vaters Schwäche gegen Euch, seine Lauheit im Glauben!"

„Und von seiner Tochter verlangst Du, daß sie es duldet, den besten Vater verleumdet zu sehen?" und als

Ludwig auffahren wollte, setzte sie hinzu: „Ich wollte Du wärest wie er!" verließ das Zimmer und ließ Ludwig in der unangenehmsten Aufregung allein.

Johanna kehrte in das Wohnzimmer zurück; sie weinte nicht, hielt aber ihre Hände fest geschlossen, ihr Antlitz war gerötet. Sie fand Victor bei Margaret in einem gleichgültigen Gespräch begriffen. Victor kam ihr entgegen, sie zu begrüßen, blieb aber erstaunt stehen, als er sie sah.

„Was fehlt Ihnen, meine gnädige Frau? Sie sehen ganz verstört aus; es ist doch nichts geschehen?"

„Nein, gar nichts, was der Rede werth ist," entgegnete Johanna mit einem Versuch, ihre Aufregung zu unterdrücken.

Es gelang ihr aber nicht, und nach einigen Minuten verließ sie das Zimmer wieder, um erst Herr ihrer selbst zu werden. Sie ging in den Garten; es dämmerte schon; sie hoffte ungesehen ein wenig allein zu sein. Dort ging sie auf und ab und aller verhaltene Unwille brach gewaltsam aus. Sie weinte heftig, ja, stampfte zuweilen mit dem Fuß auf und warf finstere Blicke nach den Fenstern Ludwigs hinauf.

„O, wäre ich zu Hause geblieben!" schluchzte sie, „bei meinem Vater, meinem lieben Mütterchen! jetzt weiß ich erst, wie gut sie sind!"

Selbst der Gedanke an das Kind, das sie unter dem Herzen trug, konnte sie jetzt nicht trösten.

„Wenn es ein Sohn wäre," dachte sie, „und Ludwig wollte ihn zu dem machen, was er ist, mir würde das Herz brechen!"

Johanna war in diesem Augenblicke ungerecht, denn Ludwig war ja doch, trotz aller seiner Schwächen, trotz seiner Richtung, die seine Frau um einen guten Theil Lebensfreude betrog, ein achtungswerther, tüchtiger Mann, meinte es wirklich ehrlich mit seinem Berufe. Er war heute fast eben so schlimm daran wie sie denn das offene Bekenntniß der Gattin, die er liebte, auf seine Weise innig liebte, hatte ihm einen Schlag versetzt, den er nicht leicht überwinden konnte, der ihn ganz unerwartet traf; denn alle die kleinen, von ihm heraufbeschworenen Kämpfe waren nichts gegen dies eine Wort. Bis jetzt hatte sie jeden Tadel hingenommen, und nur einmal war sie ihm wirklich entgegen getreten, damals, als Eduard von der Heimath ging. Da war sie schweigend geschehen und da war sie wie er gemeint hatte, durch die Liebe zu ihrem Bruder verblendet gewesen. Aber heute hatte sie nichts beeinflußt, heute waren keine Entschuldigungsgründe vorhanden.

Es litt ihn nicht in seiner Stube, sie wurde ihm zu eng; er ging in das Wohnzimmer, wo Margaret und Victor auf Johanna's Zurückkunft warteten.

„Wo ist Johanna?" war sein erstes Wort.

„Wir wissen es nicht," sagte Victor, „aber ich glaube, ich hörte die Gartenthür gehen; ich werde nach ihr sehen!"

Ludwig blieb, doch nach einigen Worten die er mit Margaret gewechselt, nahm er Mantel und Hut, entschuldigte sich und ging.

Indessen war Victor in den Garten geeilt.

„Sie sind hier, und in solchem Zustande? und ohne Shawl?" und sorgsam nahm er sein Tuch und legte es um Johanna's Hals. „Nehmen Sie wenigstens dies

kleine Tuch, damit Sie sich nicht erkälten. Darf ich als Ihr treuster Freund, als einer, der Ihnen von Herzen ergeben, nicht wissen, was Ihnen solchen Schmerz und Kummer bereitet?"

Johanna konnte nicht antworten; was hätte sie auch sagen sollen? ihren Gatten anklagen? Unmöglich!

„Ach," fuhr Victor fort und nahm ihre Hand, „ach, liebe Johanna, wenn ich doch etwas dazu beitragen könnte, Sie zu trösten! wenn ich doch diese Thränen stillen könnte! Ach, weinen Sie doch nicht so, es zerreißt mir das Herz!"

Er hielt ihre Hand zwischen seinen beiden und streichelte sie sanft. Johanna drückte sie ihm herzlich und sagte:

„Mir kann Niemand helfen, Sie nicht und kein Anderer; ich bin eben unglücklich!"

„Unglücklich!" rief Victor, „sprechen Sie das Wort nicht aus! wie paßt es zu Ihnen zu Ihnen, die geschaffen ist, glücklich zu sein und glücklich zu machen."

Johanna lachte bitter auf.

„Wo ist Glück für mich?" sagte sie, in ihrer Aufregung nicht wissend, was sie sagte.

Der junge Mann stand vor ihr und schaute sie an. Zuerst, als er sie als Ludwig's Frau wiedergesehen, hatte sie ihm gefallen; er hatte ihr jede Aufmerksamkeit erzeigt, die ein junger Mann der Frau eines intimen Freundes erzeigen darf, und es hatte ihm eine nicht geringe Genugthuung gereicht, als er bemerkt hatte, wie Johanna, die junge Frau vom Lande, in ihm den Löwen der Residenz gesehen und bewundert hatte! Daß sie sich auf sein Kommen jedesmal freute, daß sie darauf paßte, hatte er gemerkt und das war ja auch nur zu natürlich! Vielleicht hatte sie auch eine kleine Zuneigung zu ihm gehabt, das war wohl möglich; aber er, des Mannes Freund, er wollte wohl aufmerksam gegen sie sein, aber unglücklich wollte er sie nicht machen, nein, dazu war er zu edel! Darum blieb er immer in den Grenzen äußerster Zurückhaltung! Daß ihn je länger je mehr Johanna anzog, verbarg er sich nicht, denn die junge Frau war wirklich liebreizend und von einer entzückenden Unschuld und Harmlosigkeit; sie hatte sie sehr in sein Herz geschlossen und wenn er sie vor ihrer Heirat so kennen gelernt, wer weiß, ob er dann nicht vielleicht einen dummen Streich gemacht hätte! Jetzt war sie die Gattin Ludwigs, der freilich gar nicht verstand und zu schätzen wußte, der sie unmöglich lieben konnte, der ihr neben ihm ganz traurig vorkommen mußte mit seinen Anforderungen an sie. Sie war es aber doch und er wollte ihr Freund sein, ihr Schutzgeist, wenn es nöthig war; aber das würde nicht nöthig sein, er zeigte sie immer, wie lieb er auch ihren Mann hatte! da mußte sie, wenn sich ja einmal ein Gefühl stärker für ihn regte, es ja doch sofort unterdrücken, und — seiner war er so sicher!

Als sie aber jetzt vor ihm stand, so bleich und doch so schön und ihn fragte: „wo ist Glück für mich?" da schwankte seine Tugend doch einen Augenblick. Wie schön wäre es doch auch gewesen, wenn er jetzt die Arme hätte ausbreiten können und ihr zurufen: „Komm in meine Arme, Du liebliches Kind! hier an diesem Herzen, an dieser Brust ist Glück für Dich!" Aber es konnte, es durfte ja nicht sein, und je schwerer der Sieg, desto schöner! Ja, Victor kam sich ganz erhaben vor, als er ihr antwortete:

„O, Johanna, fragen Sie, forschen Sie nicht, richten Sie sich auf in dem Gedanken an Ihre Pflicht!“

„Ja, aber wie schwer sind die Pflichten zuweilen! ach, und wer erkennt sie immer gleich. Und,“ rief sie in krampfhaftes Schluchzen ausbrechend, „wir haben auch Pflichten gegen uns selbst!“

„Gewiß, gewiß,“ rief Victor lebhaft, dessen Tugend von Neuem zu schwanken begann, „aber, theure Johanna, welche ist größer?“

„Ich weiß es eben nicht! O, wie bin ich nur unglücklich!“

Sie brach von Neuem in Thränen aus; Victor legte seine Hand auf ihre Schulter und sagte, diesmal in natürlichem Tone:

„Ach, weinen Sie doch nicht so herzbrechend, trösten Sie sich!“ und er suchte ihr die Thränen abzuwischen, während er sich fragte: „weint sie um meinetwillen?“

Johanna ließ ihm ruhig gewähren, sie merkte es kaum und dachte in diesem Augenblicke nicht an ihn, nicht an das Unpassende seiner Handlungsweise; sie war mit sich beschäftigt und nur froh, daß Jemand sich theilnehmend um sie bemühte. In diesem Augenblicke knarrte die Gartenthür.

„Johanna, bist Du hier?“ fragte Margaret.

„Ja!“

„In dieser Kälte! was fällt Dir ein!“

„O, Margaret!“ und Johanna, die Victor schnell losgelassen, eilte in Margaret's Arme.

„Armes Kind, ist es so schlimm hergegangen? Komm, erzähle mir!“

Die beiden Freundinnen traten in Johanna's Zimmer und ließen Victor allein. —

Siebentes Capitel.

Einige Wochen waren vergangen. Johanna's Haus war öde: Margaret war zu ihren Eltern zurückgekehrt, eilige Geschäfte hatten Victor's Abreise nöthig gemacht. Der Frühling kam gekommen und brachte stürmische Apriltage, und stürmisch sah es auch in Johanna's Herzen aus. Ein leidliches äußeres Verhältniß war zwar wieder zwischen den Gatten zu Stande gekommen, aber auch weiter nichts: Johanna's Herzen stand Ludwig ferner wie je. Er hatte einige Versuche gemacht, Johanna zu seinen Ansichten zu bekehren, doch vergebens: Johanna war meist ruhig, duldete aber keinen der Ausfälle, die Ludwig nicht immer zu unterdrücken vermochte und wies jedes verletzende Wort zurück. Den richtigen Weg zu ihrem Herzen fand Ludwig nicht, wenn er auch hie und da einen leisen Versuch machte, ihn zu finden; doch blieb es auch nur bei einem Versuche, denn Ludwig war zu sehr davon überzeugt, daß er im Rechte, Johanna aber im Unrecht sei. Johanna aber war nicht mehr das Kind von früher, das Jahr ihrer Ehe hatte viel an ihr gethan; sie sah in Ludwig nicht mehr nur den, der ihrem Vater beigestanden in seiner Krankheitszeit, nicht nur den Mann, der über ihr stand, sie sah in ihm denjenigen, der sie ihrer glücklichen Heimat entrissen, der von ihr nach jeder Seite hin Bedeutendes verlangte, ohne ihr etwas anderes zu geben, als daß er

sie eben zu seiner Gattin gemacht. Sie sah ihn bei kleinen häuslichen Unannehmlichkeiten, die ihr große Nebensachen dünkten, leicht unzufrieden werden, hörte von ihm das mit Wegwerfung behandeln, was ihr groß und schön dünkte, wie die Kunst, die Poesie, kurz Alles, was nicht in sein Fach einschlug; denn Ludwig war einer der Menschen, die, einmal einen Weg eingeschlagen, der ihnen als der beste, richtigste erscheint, auf ihm fortwandeln ohne zur Seite zu sehen, bei auf alle Nebenwege in der Meinung blicken, sie seien doch nur da, um den einen in's richtige Licht zu setzen, die, wenn sie sich ein Ziel vorgesetzt haben, zur Erreichung desselben alle ihre Kräfte einsetzen; alles Uebrige erscheint ihnen dann unnöthig, kleinlich; und so begriff denn auch Ludwig nicht, wie einem andern, anders gearteten Menschen etwas Anderes noch schön, erreichenswerth erscheinen könne, hielt die Zeit für verloren, die er auf andere Dinge verwandte und hatte dem zu Folge dieselben Anforderungen auch an Johanna gestellt: sie war seine Frau und als solche Hausfrau und Pfarrfrau!

Nach dem letzten großen Zerwürfnisse hatte er mit kritischem Auge Johanna's Bücher gemustert; er hatte gefunden, daß sie viel zu viel sich mit Büchern beschäftigte, die ihrem Wesen nicht angemessen seien; er hatte sie getadelt, daß sie mit solcher Vorliebe Goethe lese und war fast entsetzt, als er einige Theile von Heine auf ihrem Schreibtische vorfand. Er hätte diese am liebsten confiscirt, aber Johanna stritt ihm ruhig das Recht dazu ab, da Geschenke vom Onkel und von Margaret's Vater seien. Unerwartet fand Johanna eine Stütze am Onkel, der eben dazu kam und dem sie ihr Leid klagte.

„Ich begreife Dich nicht, Ludwig,“ sagte der Onkel später zu diesem, als er mit ihm allein war, „wie Du Johanna ihrer schönsten und liebsten Unterhaltung, ihres Lesens und Studirens berauben willst. Ich freue mich immer darüber, wenn ich sehe, daß Johanna in der guten Literatur so bewandert ist, bin entzückt über jedes wohl angebrachte Citat, welches sie vorbringt. Du solltest recht froh sein, daß Du eine Frau hast, die Geschmack an unsern Meisterwerken findet, die ihre Zeit, statt sie, wie so viele Frauen, mit Klatschen und Leichtfertigkeiten hinzubringen, damit ausfüllt, ihren Geist zu bereichern!“

„Ich habe früher,“ sagte Ludwig, „ähnlich gedacht, bin aber durch Johanna eigentlich dahin gekommen, es für das Beste zu halten, daß sich eine Frau um nichts bekümmert, als um ihr Hauswesen, um ihren Mann und sein Amt; das ist das Beste, da kommt sie nicht auf die Verschrobenheiten, die sie aus den Büchern sich aneignet, mit aus dem Grunde vielleicht, weil sie vieles untereinander liest und Alles nur zur Hälfte oder falsch versteht. Will sie aber einmal lesen, mag sie die Bibel oder sonst ein erbauliches Buch zur Hand nehmen, kurz, Bücher, die ich ihr empfehle!“

„Das wäre denn doch sehr einseitig,“ bemerkte der Onkel; „übrigens ist Deine Meinung durchaus falsch, daß nämlich Johanna das, was sie liest, nur halb oder falsch verstände; im Gegentheil, liest sie sehr genau und mit viel Verständniß und ist schon viel so manchen Fragen über dies und jenes, was ihr nicht so ganz klar war, zu mir gekommen und ich habe dadurch schon öfter

Gelegenheit gehabt, ihr klares Denken, ihr wahrhaft poetisches Gemüth zu bewundern und mich daran zu freuen!"

„Das ist merkwürdig," entgegnete Ludwig nachdenklich, „nie habe ich davon etwas gemerkt! im Gegentheil, in letzter Zeit habe ich oft gesehen, daß ihr Denken ein verkehrtes ist. Es kann doch aber auch unmöglich Deine Ansicht sein, daß man sie alles untereinander lesen läßt, was ihr in die Hände fällt! Sie ist eben zwanzig Jahre alt, und wie verderblich ist es, wenn sich ihr Kopf mit allerhand Phantastereien und, was schlimmer ist, mit allerhand schmutzigen Dingen füllt, wie sie leider Gottes in Heine stehen. Ja, Letztern möchte ich doch gar zu gerne von ihrem Schreibtische verbannen, denn solch ein Lächerlichmachen des Glaubens, solcher Spott über das Heiligste ist gefährliche Lectüre für sie, eine solche Kost verträgt ihr leider gar nicht festes Christenthum nicht. Von solchen Büchern müßte sich eigentlich ein kindlich frommes Gemüth, wie Johanna eines besitzen sollte, mit Abscheu abwenden, und ich halte es für ein sehr, sehr schlimmes Zeichen, daß sie ihn sogar mit Vorliebe zu lesen scheint. Ich könnte nicht einen solchen Band durchlesen, ohne in gerechte Entrüstung zu gerathen und fürchte für Johanna!"

„Das hast Du wirklich nicht nöthig bei einer so kerngesunden Natur, wie Johanna eine ist. Ihr, gerade ihr brauchst Du keine Einschränkungen aufzuerlegen, die sie sich wohl auch kaum, so weit ich sie beurtheilen kann, ruhig gefallen läßt; denn so schüchtern und unselbstständig sie auch scheint, so ist sie es doch keineswegs. Sie vermeidet ganz sicher alle Gefahren, die mit solcher Lectüre verknüpft sind, und an wirklich leichten und schlüpfrigen Büchern Gefallen zu finden verhindert sie ihr guter Geschmack. Also laß sie ruhig lesen, ja, lieber Ludwig, verzeih, wenn ich mir erlaube Dir einen guten Rath zu ertheilen, lies mit ihr, interessire Dich wenigstens für das, was sie liest und mit welchem Sinne sie es liest, sprich mit ihr darüber, zeige ihr, daß sie Verständniß bei Dir findet; ich meine, Du würdest ihr große Freude damit machen, würdest mit Genugthuung inne werden, was für eine wirklich durch und durch unterrichtete Frau Du besitzest, was Du mir noch gar nicht zu wissen scheinst, würdest Dir auch nach dieser Seite hin ihr Vertrauen erwerben und Dir selbst den größten Gefallen erweisen!"

„Ist es nicht vielmehr an Johanna," sagte Ludwig, der mit leichtem Stirnrunzeln die Onkels letzte Ermahnung hingenommen, „sich zu mir heranzubilden? an dem, was ich lese, schaffe und liebe, Gefallen zu finden und dadurch ihren Geschmack zu läutern, indem sie sich mir anschließt? Im Anfange habe ich es versucht, indem ich ihr diese oder jene Abhandlung gab, da erklärte sie mir rund heraus, sie gefielen ihr nicht, die ganze Richtung sei ihr zuwider!"

„Das schadet nichts," meinte der Onkel, „freue Dich, wenn sie sich eine eigene Meinung bewahrt; so etwas beruht immer auf Gegenseitigkeit: theile ihr Interesse, so theilt sie auch Deins, lerne ihr geistiges Leben kennen, dann erst kannst Du ihr von dem Deinen mitzutheilen hoffen. Befolge meinen Rath, Ludwig, er ist gut: zuerst lerne Deine Frau kennen!"

„Ich kenne sie," sagte er, „vielleicht besser wie Du denkst! Sie hat aber einen guten Fürsprecher an Dir."

„Sie ist mein Liebling," sagte der alte Herr zärtlich, „und mir geht das Herz auf, wenn ich sie nur sehe, das holde Kind mit den großen Augen, die immer sprechen, auch wenn der Mund schweigt. Wenn sie nur erst glücklich über die nächste Zeit hinaus ist! Ich höre, sie will heute zu ihres Vaters Geburtstage nach Hause; laß sie langsam fahren! Wie lange wird sie bleiben?"

„Einige Tage!"

„Nun, wir haben schönes Wetter, und die frische Landluft wird ihr wohl thun, wird sie stärken; sie sah in der letzten Zeit immer blaß aus, als ob sie Kummer hätte, das arme Kind! Nimm sie ja recht in Acht, besonders in der Zeit, wo sie sich schonen muß. — Lebe wohl, Ludwig!"

Der Onkel ging, Ludwig hatte das Gespräch, besonders aber die letzte Mahnung des Onkels aufgeregt; er trat an's Fenster das nach dem Garten hinausging. Unten ging Johanna zwischen den Beeten auf und ab; sie hatte einen Shawl leicht um die Schultern gelegt, ihr Kopf war unbedeckt, das Haar etwas von dem leichten Frühlingswinde zerzaust. Zuweilen bückte sie sich, nach einem der kleinen grünen Spitzchen zu sehen, die sich die größte Mühe gaben, durch die Erde zu brechen; hier und da lockerte sie die Erde ein wenig mit vorsichtiger Hand, hatte sie doch alle selbst gepflanzt und freute sich auf ihr Kommen. Wenn sie erst blühten! — Sie hatte ausgerechnet, daß sie in dieser Zeit wohl schon ein zartes Kindchen im Arme halten könnte, und ihr Herz klopfte ihr immer wonnig bei dem Gedanken. Ein Kind! etwas, was ganz und gar ihr eigen war, was Niemand ihr streitig machen konnte! Ach, wie lieb hatte sie ihr jüngstes Schwesterchen gehabt! sie hatte es besorgt, als es klein gewesen war, es getragen, wenn es krank war, gepflegt, als ihr Eigenthum betrachtet. Und nun ihr Kind, wie war das doch noch so ganz anders!

„Mein Kind, mein Kind!" sagte Johanna vor sich hin, „wie schön das klingt! Nie werde ich wieder Langeweile haben, denn ich habe mein Kind! Alles werde ich ihm erzählen; wenn es mich auch nicht versteht, so wird es mich doch ansehen und mich anlächeln! Wenn es nur nicht so furchtbar viel schläft, wie der Fritz, als er klein war; ich weiß, er schlief einmal vierzehn Stunden — nein, ich könnte es gar nicht aushalten! Nein, es wird schon nicht!" beruhigte sie sich. „Morgen ist Vaters Geburtstag; nächstes Jahr, wenn ich hinfahre, fahre ich mit meinem Kind im Arm!"

Die junge Frau mochte recht glücklich aussehen bei diesen Gedanken, die ihr durch den Sinn fuhren; sie lächelte Ludwig jetzt so unbefangen und freundlich an, wie in den ersten Zeiten ihrer jungen Ehe, als er, dem das Herz bei ihrem Anblick wieder weicher geworden war, das Fenster öffnete und frug, ob sie sich auch ohne Kopfbedeckung nicht erkälte.

„Ach, nein," entgegnete sie, „es ist so schön warm hier unten, die Luft ist ganz mild!"

„Ich würde auch ein wenig hinunterkommen," sagte Ludwig, „aber ich erwarte ein Ehepaar: ich habe einen Sühneversuch abzuhalten."

Er nickte ihr zu und schloß das Fenster wieder. Johanna ging noch eine Weile auf und nieder, dann ging sie hinauf; sie wollte die Reisetasche packen, sie fuhr ja heute nach Hause.

Sie hatte die Tasche in einer Kammer, die an Ludwig's Studirzimmer stieß. Gleich beim Eintreten in dieselbe hörte sie Ludwig's lauttönende Stimme und sich der Thür, die nach seinem Zimmer ging, nähernd, verstand sie jedes Wort, das er sprach. Sie wußte, um was es sich handelte und blieb stehen, um zu hören, welche Klagen die Eheleute gegeneinander vorzubringen hätten. Es waren Leute aus dem Handwerkerstande; der Mann beklagte sich, daß seine Frau, während er den ganzen Tag arbeitete, nichts thäte, daß sie ihn ausputze, wenn er nur einmal ein Glas Bier trinke und nicht immer gleich zu Hause käme; daß sie eine böse Sieben sei und in dem ganzen Viertel verschrieen wegen ihrer Zanksucht; er wollte zehnmal lieber allein hausen, als mit so einer Hexe. Das konnte er aber nicht im Zusammenhange vorbringen, denn seine Frau schimpfte und schalt dazwischen. Ludwig mußte mehrmals Ruhe gebieten und befehlen, eines solle nach dem andern sprechen. Als dann die Frau an die Reihe kam, jammerte sie mit vielen Klagen und Betheuerungen, ihr Mann vertrinke alles was er verdiene, und sie und ihre Kinder müßten oft hungern, und wenn sie je einmal ein Wort dagegen sage, so mucksche er und komme die ganze Nacht nicht nach Hause. Ein paar mal hatte er sie in der Trunkenheit auch schon geschlagen, daß sie das Haus habe verlassen müssen. Und dabei schrien Beide, und Kleibenbleiben wollen sie nicht und da könne der Herr Pastor sagen was er wolle.

„Hu," dachte Johanna, „diese rohen Leute! wer hat nun Recht und was wird Ludwig dazu sagen?" dann horchte sie wieder.

Ludwig sprach nun, und in ernstem Tone schalt er sie Beide, sagte, sie seien Beide im Unrecht. Dann fragte er sie, ob es immer so gewesen wäre, und als Beide es verneinten, ließ er sich von der vergangenen Zeit erzählen und daran anknüpfend, sagte er ihnen, daß sie doch viel glücklicher damals gewesen seien, als Friede und Freude unter ihnen geherrscht und ob sie es nicht mit einander versuchen wollten; sie sollten von vorne beginnen und zuweilen ein Auge zudrücken.

„Früher seid Ihr gewiß," sagte er, „des Sonntags zusammen ausgegangen und habt zusammen Euch etwas zu Gute gethan und waret froh dabei! Geht noch einmal zurück!"

Jetzt fing die Frau an zu weinen und sagte, ja, früher sei es ganz anders gewesen, da habe er nie ohne sie das Haus verlassen wollen, das sei aber schon gar lange her, und er meinte, ja, damals habe ihm seine Frau auch einmal etwas gegönnt, ohne gleich loszuschimpfen.

Sie sollten es nur noch einmal versuchen, redete ihnen Ludwig zu, sie würden sehen, es ginge! Jeder solle nur ein wenig Nachsicht für den Andern mitbringen, denn wenn Jeder immer seinen Willen durchsetzen wolle, was solle dann werden? Sie würden schon sehen, wie zufrieden sie wieder werden könnten! Wenn sie jetzt bei ihrem Vorhaben blieben und auseinandergingen, so würden sie eine große Sünde auf ihr Gewissen laden, denn die Ehe sei von Gott eingesetzt, und der Mensch dürfe sie nicht trennen. Und dann stellte er ihnen vor, was aus den Kindern würde, wenn die Eltern so auseinandergingen, die jetzt schon durch den Zank und Streit

böse würden; nein, es dürfe nicht so fortgehen! und dann kam er auf das Wort Gottes und redete ihnen so eindringlich zu, daß sie ihm schließlich die Hand darauf gaben, sich vertragen zu wollen und einträchtiglich mit einander fortzugehen.

Johanna hatte bis zu Ende zugehört und war in tiefe Gedanken versunken. „Wie gut Ludwig da zu sprechen weiß!" dachte sie. Sie hörte wieder Bewegung in der Nebenstube: Wilhelm war eingetreten.

„Ich sah," sagte er, „da ein Ehepaar so zufrieden aus Ihrer Stube kommen; haben Sie einen Sühneversuch gemacht?"

„Ja, und glücklicher Weise, mit Gottes Hülfe," entgegnete Ludwig, „ist es mir gelungen sie wieder zusammenzubringen!"

„Wenn es nur hält," entgegnete Wilhelm, „gewöhnlich hat so etwas wenig Bestand. Im Anfange meiner geistlichen Amtsthätigkeit habe ich auch ein paar Mal gehofft, wirklich Gutes nach dieser Seite hin zu erzielen, aber meistens war es nur auf kurze Zeit und ein paar Mal sogar, wo ich wirklich Erfolg gehabt habe, haben mich später eintretende Umstände und Folgen es bereuen lassen, daß eine Wiedervereinigung erfolgt war!"

„Wie ist das möglich!" sagte Ludwig; „die Trennung einer Ehe ist unter allen Umständen eine schwarze Sünde; wären auch genügende Gründe zu einer Scheidung vorhanden, so müßte sie doch unterbleiben! also eine Wiedervereinigung, selbst wenn sie traurige Folgen hat, ist und bleibt doch etwas Gutes!"

„Unter allen Umständen? Auch wenn zwei Menschen gar nicht zusammenstimmen, wenn sie sich gegenseitig unglücklich machten, auch dann?"

„Ja, auch dann!" sagte Ludwig fest, „denn was Gott zusammengefügt hat, soll der Mensch nicht trennen! So muß also Jeder in dem Falle das Kreuz einer unglücklichen Ehe als Züchtigung Gottes ertragen!"

Dem weiteren Gespräch hörte Johanna nicht zu; sie verließ mit ihrer Reisetasche die Kammer. Nachdenklich über das Gehörte packte sie ihre Sachen, auch das Geburtstagsgeschenk und wartete auf Karl, der sie abholen wollte. Sie mußte dabei an die Mutter Geburtstag denken, wie unglücklich sie gewesen war, als sie nicht mit hinaus gedurft hatte; an die kleine Scene mit Eduard, von dem immer günstige Nachrichten eintrafen; gestern noch hatte er geschrieben, sein Principal habe ihm eine höhere Stelle in seinem Comptoir angewiesen.

Jetzt kamen aber Wilhelm und Ludwig herunter, zu gleicher Zeit kam Karl mit den Brüdern und der Wagen, der sie nach Hause bringen sollte. Ach, zum ersten Male durfte sie länger als einige Stunden im Vaterhause weilen. Wie freute sie sich! Sie nahm Abschied von Ludwig, er umarmte sie und empfahl ihr Sorgsamkeit.

„Ich hole Dich vielleicht ab!" rief er ihr zu. —

Johanna war in der Heimat. Des Vaters Geburtstag war vorüber; er war gefeiert worden wie alle Jahre, doch hatte ein kleiner Schatten auf die sonst so fröhliche Gesellschaft gelegen; die Eltern hatten viel des abwesenden Sohnes gedacht, der draußen in der Welt ohne ihre Zustimmung seinen eigenen Weg verfolgte;

Margaret dachte ebenfalls an ihn und der Zeit, wo er zu ihr zurückkehren würde, und Johanna war, wenn auch heute, da sie unter ihnen war, glücklich, doch ernster und stiller als in früheren Jahren. Mit Schmerz fühlte Johanna, daß ihr die Heimat nicht mehr das sein konnte, was sie ihr früher war; sie kannte wenig von den laufenden Sorgen der Eltern, sie fühlte sich doch ein ganz klein wenig als Gast betrachtet und als solcher mit Aufmerksamkeit behandelt, und that ihr das einerseits auch wohl, so kränkte es sie doch andererseits ein wenig. Sie fühlte, daß sie nicht mehr das Kind von früher war, daß Sorgen auf ihrer Seele lasteten, die sie nicht abschütteln ließen, nicht einmal in der Heimat! Oft fühlte sie des Vaters Auge zärtlich fragend auf sich gerichtet, wenn sie nachdenklich vor sich niederschaute. Allen, selbst den Geschwistern, fühlte sie sich ein wenig entfremdet. Sie hingen an ihr, freuten sich an ihr, aber mit ihren eigentlichen Sorgen wandten sie sich nicht mehr an sie, sondern an Schwester Martha.

So fand sie sich von der Heimat gleichsam losgerissen, während sie doch in ihr keinen festen Fuß hatte fassen können, während der neue Boden, in den sie verpflanzt war, ihr nicht zusagte. Nach einigen Tagen fühlte sie sich schon heimischer und bat Ludwig um Nachurlaub, den ihr dieser, wenn auch ungern, in einem kurzen Brief bewilligte. „Es ist unrecht von ihr," dachte er, „mich so lange allein zu lassen, ich habe doch natürlich nur halbe Behaglichkeit!"

Die Eltern freuten sich, daß ihr Töchterchen noch länger bei ihnen blieb und doch hatten sich Beide darüber gewundert. Die Mutter hatte gedacht, daß es ihr unmöglich gewesen wäre, so nun nichts und wieder nichts so lange von Hause fort zu gehen und Mann und Wirthschaft allein zu lassen; der Vater schaute tiefer und bemerkte, mit welcher Genugthuung sie sich in die alten Verhältnisse wieder eingewöhnte, mit welcher Vorliebe sie alles so machte, wie in früheren Jahren. Sie vermied alle Gespräche, die auf ihr Hauswesen Bezug hatten, ließ die Mutter sorgen und küßte ihr nur immer liebevoll und dankbar die Hand.

„Johanna," sagte der Vater eines Tages, „weißt Du, daß übermorgen Dein Hochzeittag ist?"

„Ja, ich habe schon daran gedacht," erwiderte sie gesenkten Auges.

„Ich denke mir," fuhr der Vater fort, „Ludwig wird uns an diesem Tage überraschen, um ihn mit seinem lieben Frauchen zu feiern; glaubst Du nicht auch?"

Johanna schüttelte den Kopf.

„Ich glaube nicht," sagte sie, „Ludwig giebt nichts auf die Erinnerungen, die man an solche Tage knüpft und lacht sie immer aus, daß ich so fest an allen diesen Familienfesten hänge; ich glaube nicht, daß er daran denkt!"

„Ich doch," sagte der Vater, „der Tag ist doch ein gar zu wichtiger, als daß man ihn vergessen könnte und man ihn nicht würdig feiern müßte!"

„Feiern!" sagte Johanna, „lieber nicht!"

„Warum nicht, Johanna?"

Diese schwieg, dann sagte sie:

„Man feiert doch nur fröhliche Feste und Gedenktage!"

„Nun, ist Dein Hochzeitstag nicht der schönste und beste Gedenktag für Dein Leben!"

„Mein Hochzeitstag?" und Johanna senkte den Kopf noch tiefer, „nein Vater, gewiß nicht!" und jetzt schaute sie auf, und ihr Auge schaute ihn schwermüthig und traurig an.

„Kind, Kind, was sprichst Du da!" sagte der Vater ganz erschrocken und faßte Johanna's Arm, „bist Du denn nicht glücklich?"

„Glücklich? ich? o, nein, o, nein, Vater! hier war ich glücklich, bei euch in der Heimat; seit ich euch aber verlassen, habe ich das Glücklichsein verlernt! — Ach," fuhr sie plötzlich leidenschaftlich fort, „wie sollte ich auch glücklich sein: ich habe Ludwig nicht lieb!"

Da war es heraus, das Wort, das wie ein dumpfer Schmerz auf Johanna's Herzen gelegen hatte während eines ganzen Jahres, das was sie jetzt erst nicht hatte ausstehen wollen! Jetzt, als der Vater davon sprach, ihren Hochzeitstag zu feiern, kam ihr das wie ein Spott auf ihren Kummer vor, eine gewaltige Unwahrheit, denn sie konnte den Tag nicht feiern, der sie zu Ludwig's Gattin gemacht hatte. Vor einem Jahre, als sie seine Gattin wurde, hatte sie geglaubt ihn zu lieben, weil sie ihn schätzte und achtete; jetzt, nach einem Jahre, wußte sie, sie hatte ihn nie geliebt, sie achtete ihn nur noch. Und als sie es ausgesprochen, da war es wie ein Schrei gewesen, den sie ausgestoßen, den Kummer und Sorge ihr abgerungen. Sie fühlte sich wohl, wenn ihr Mann, der Vater ihres Kindes, nicht nahe war: sie fürchtete eine Vereinigung mit ihm. Nein, sie liebte ihn nicht; und was das Schlimmste war, sie fand keinen Anknüpfungspunkt mit ihm, sah keine Möglichkeit, ihn zu gewinnen, sie war mit ihm verbunden, jetzt enger wie je durch das Band, das ihr Kind um sie schlang, aber eine innere Vereinigung war nicht da!

Und der Vater, der geglaubt hatte, gut und weise zu handeln, als er sein Kind einem Manne übergeben hatte, der tüchtig und trefflich in seinem Amte war, in seiner Gemeinde geliebt und geschätzt wurde, stand fast betäubt vor ihr, als er die schrecklichen Worte vernahm, die wie ein Vorwurf an sein Ohr klangen. Er fand erst keine Worte, dann nahm er Johanna in seinen Arm und sagte:

„Besinne Dich, mein Kind! bedenke was Du sprichst! Hast Du Dich mit Ludwig entzweit und ist es der Zorn, der Dir diese Worte auspreßt? Ist es der Unmuth, der Dich ungerecht gegen ihn und gegen Dich selbst sein läßt? Ach, wie leicht ist doch ein unbesonnenes Wort gesagt! und welche böse Folgen kann es für Dich und Andere haben! Theure Johanna, komm zu Dir, nimm zurück, was Du gesagt hast."

„Nein," sagte Johanna, nicht mehr leidenschaftlich, sondern klar und bestimmt, „ich liebe Ludwig nicht und habe ihn nie geliebt!"

Und der Pfarrer, der so viel Liebesworte für seine Tochter im Herzen hegte, konnte leider eines davon finden; erschüttert sah er auf sie, die bleich und kummervoll vor ihm stand. Doch nicht lange dauerte es, so redete er seinem Kinde zu, so bewies er ihr, wie unrecht sie' rede, so sagte er ihr, welch trefflicher Mann Ludwig sei und wie sie noch mit ihm glücklich sein könne. Johanna hörte ihm ruhig zu, ja, sie lächelte und sagte endlich:

„Lieber Vater, ich soll ja nicht unglücklich sein und ich werde es auch nicht sein, denn noch einige Wochen und ich habe ein Kindlein!"

—————

Achtes Capitel.

„Sie bringen mir Nachricht von meinem Sohn Hugo?" fragte Herr Steiner, der Besitzer einer großen und weitläufigen Fabrik, die in einer Vorstadt Wien's lag, Eduard, der, den Hut in der Hand, höflich doch freien Antlitzes vor ihm stand.

Herr Steiner war ein mittelgroßer Mann mit wohlwollendem Gesicht; seine Stirn war sorgenvoll gefaltet und sein Haupt vor der Zeit etwas gebeugt.

„Ja," entgegnete Eduard, der am Morgen angekommen war und sofort, seinem Plane getreu, den Vater seines Freundes aufgesucht hatte, „ich bringe Ihnen Grüße und die Nachricht, daß er sein Doctorexamen glücklich gemacht hat, sowie diesen Brief, der eine Bitte enthält, die auf mich Bezug hat."

Der Fabrikherr nickte. „Ich weiß schon," sagte er, „Hugo hat mir in einem früheren Briefe Einiges über Sie geschrieben. Es würde mich freuen, wenn ich Ihnen irgendwie nützlich sein kann. Ihr eigentlicher Wunsch ist es, Ingenieur zu werden; dazu kann ich nun aber leider gar nichts thun, als Sie höchstens an einige meiner Bekannten, die Ingenieure sind, empfehlen; da Sie aber noch nicht studirt haben, könnten Sie nur eine untergeordnete Stelle übernehmen, wobei Sie wenig verdienen können. — Wenn ich recht verstanden habe, liegt Ihnen aber gerade daran, vorwärts zu kommen, und ich glaube, Sie thun besser, in meine Fabrik einzutreten; ich kann Ihnen freilich Anfangs auch nur eine unbedeutende Stelle meines Comptoirs anbieten, Sie werden aber, wenn Sie wollen, Zeit genug behalten, sich in den Geschäftsbetrieb einzuarbeiten und schnell vorwärts zu kommen. — Ich kann," setzte er mit einem fast unhörbaren Seufzer hinzu, „treue und gewissenhafte Leute brauchen."

Er legte ihm seine Bedingungen vor, und Eduard fand sie für den Anfang so günstig, daß er, ohne sich lange zu besinnen, freudig darauf einging.

„Wann gedenken Sie einzutreten?" fragte ihn Herr Steiner.

„Wenn es Ihnen recht ist," antwortete Eduard, „sofort!"

„Sehr wohl, und heute Abend kommen Sie zu mir, damit ich den Freund Hugo's meiner Familie vorstellen kann. Sie müssen uns viel von diesem und seinem Leben erzählen!"

Eduard verbeugte sich.

Der Fabrikherr führte ihn in sein Comptoir, in welchem ungefähr ein Dutzend junger Leute schon beschäftigt war und übergab ihn seinem Geschäftsführer.

So hatte Eduard den ersten Schritt in der neuen Laufbahn gethan, er war ihm geglückt, sofort unterzukommen, und er gab sich voll und ganz seiner neuen Beschäftigung hin. Erst dünkte es ihm nicht sehr interessant, diese untergeordnete Arbeit, das beständige Rechnen und Briefeschreiben; doch bald begann sich sein Auge zu schärfen, er sah den Zusammenhang des Ganzen im Einzelnen, er sah, wie eines in das andere griff, wie großartig und complicirt das Ganze sei. Den größten Theil seiner freien Zeit brachte er in der Fabrik selber zu, in den Werkstätten, unter den Arbeitern. Er lernte auch da von unten an und es zog ihn mächtig an zu sehen, wie die kleinste, unbedeutendste Verrichtung des Einzelnen in genauem Bezug auf das Allgemeine stand, wie vom gewissenhaften Schaffen des Geringsten doch das Gelingen des Ganzen abhing. Er fand seine Arbeit um so weniger langweilig, je größer sein Ueberblick wurde, und da der Wunsch etwas Tüchtiges zu leisten ihn noch mehr anspornte, strengte er alle seine Kräfte, seine ganze Thätigkeit an. Er gab es für's Erste auf, das Polytechnikum zu besuchen, er widmete sich ganz der Carrière, in die er hineingekommen und fand an ihr Geschmack. Der Geschäftsführer hatte ihn auf des Herrn Wunsch unter seine specielle Aufsicht genommen und übertrug ihm nach und nach wichtigere Geschäfte.

Eduard fühlte sich wohl in seiner Stellung; die große Stadt mit ihren industriellen Bestrebungen zog ihn mächtig an. Ihm war ein offenes Auge gegeben für alles, was er um sich sah; viele Dinge, an denen hundert Andere vorbeigehen, die sie übersehen, die ihnen als so natürlich erscheinen, daß sie keine Notiz davon zu nehmen haben, fielen ihm auf und durch genaues und eindringendes Betrachten erweiterte er sein Verständniß und seine Kenntnisse. Die Maschinen in der Fabrik, in der er arbeitete, ihr Wirken und Zusammengreifen, alles unterwarf er genauer Betrachtung und während die meisten seiner Collegen im Comptoir sich kaum um etwas anderes kümmerten, als um die ihnen übertragene Arbeit, während sie in der freien Zeit ihren Vergnügungen nachgingen, begann er das Gewebe und Getriebe der ganzen Fabrik zum Gegenstand seines Studiums zu machen, suchte er nach allen Mitteln und Wegen, die sie zusammenhielten, um ganz darin zu Hause zu sein. Nur selten gönnte er sich eine Erholung, und wenn er es that, so bestand sie gewöhnlich in einem Besuche, den er der Familie seines Fabrikherrn machte und in welcher er sehr wohl aufgenommen worden war, zu welcher außer dem Fabrikherrn selbst und dessen Gattin deren einzige Tochter zählte, ein junges, kaum siebzehnjähriges Mädchen, munter, schwarzäugig, lebhaft. Oft traf er kleinere oder größere Gesellschaft und sah bald, daß er in dem andern Angestellten vorgezogen wurde, von denen er außer dem Geschäftsführer niemals einen in dem Familienkreise des Herrn Steiner traf. Dies Zeichen einer besonderen Gunst glaubte er dem Umstande zu verdanken, daß er ein Freund des abwesenden Sohnes war. Es war dies auch im Anfang so gewesen, doch bald wurde der junge Mann, dessen offenes taktvolles Wesen dem Ehepaar Steiner wohl zusagte, um seiner selbst willen gern gesehn, und er wiederum, der am Familienleben hing, fühlte sich dabei wohl. Zuerst hatte ihn die Pracht, die ihn umgab, die von seines Vaters Häuslichkeit so sehr abstach, der Zwang, den er sich auflegen mußte, etwas eingeengt, doch bald bewegte er sich auch in der größten Gesellschaft mit der ihm gewohnten freien Unbefangenheit. Mit Amelie, der Tochter des Hauses, trat er bald noch in eine besondere Beziehung; sie hatte eine hübsche Stimme, und als er eines Abends in einem kleinen Familienzirkel mit ihr zusammen war und sich gerade Niemand fand, der sie begleiten im Stande gewesen wäre, bot er sich an, und seit jenem Tage ließ sie sich am liebsten von ihm accompagniren.

So konnte Eduard wohl mit seiner äußeren Stellung

zufrieden sein, und die Berichte, die er an Johanna und seine geliebte Margaret sandte, lauteten immer voll froher Hoffnung für die Zukunft. Für einen jungen Mann, wie Eduard, der zum ersten Male in eine große Stadt kam, wäre es unter andern Umständen vielleicht schwierig gewesen, sich von allen Versuchungen und leichtsinnigen Vergnügungen fern zu halten und immer in dem ruhigen Geleis des alltäglichen Lebens zu bleiben, ohne an den Schwelgereien und Leichtfertigkeiten anderer junger Leute Theil zu nehmen. Sein Gehalt war ausreichend genug, ihm zu erlauben, nach jeder Seite hin anständig zu leben und sich auch hie und da etwas besonderes zu erlauben. Eduard aber war sich seines Theils eines ernsten Strebens bewußt; er hatte seiner Meinung nach in gewisser Beziehung die Hoffnungen, die sein Vater auf ihn gesetzt hatte, vernichtet. Blieb er auf der Bahn, die ihm vom Vater vorgezeichnet worden war, so konnte er jetzt schon seinen Vater im Amte unterstützen. Er war seinen eigenen Weg gegangen, aber er wollte beweisen, daß es ein richtiger Weg sei, er wollte arbeiten, um zu verdienen, um seinem Vater sein Alter erleichtern zu können. Dazu kam seine innige Liebe zu Margaret, der Preis, der ihm vor Augen schwebte, das Glück, das er sich zu erobern vor hatte. Nicht nur ließ ihn seine treue Liebe allen Lockungen der großen Stadt widerstehen, ja, sie flößte ihm eher einen Widerwillen gegen dieselben ein: andererseits war er sich zu fest bewußt, daß er erst dann vor Margaret's Vater treten und um sein einziges Kind werben könne, wenn er in der Lage sein würde, ihr eine feste, glückliche Heimat zu bieten. So sah er nicht zur Seite, sondern nur vorwärts; so strebte er nicht nach augenblicklichem Genuß, sondern nach einem zukünftigen schönen Ziele.

Monate vergingen; Eduard nahm schon eine bessere Stelle im Comptoir ein. Der Fabrikherr beehrte ihn mit seinem Vertrauen; Herr Elmer dagegen, der Geschäftsführer, schien dem jungen Manne mit dem offenen Auge und dem durchdringenden Blicke nicht gerade günstig gesinnt zu sein, und Eduard hatte gegen denselben fast eine kleine persönliche Abneigung gefaßt. Ihm gefiel das glatte, allezeit sichere und gewandte Wesen desselben nicht, trotzdem er eigentlich keine Gründe dafür angeben konnte. Es war ihm längst klar, daß auf Herrn Elmers Schultern die Führung des ganzen, weitläufigen Etablissements lag, daß in seinen Händen die eigentliche Leitung des Ganzen ruhte. Er hatte von seinen Collegen gehört, daß Herr Elmer bis vor kurzer Zeit die ganze Fabrik vollständig allein beaufsichtigt habe, daß bis vor einigen Monaten der Fabrikherr fast nie selbst anwesend gewesen sei und sich um nichts gekümmert habe. Daß vor vier Jahren habe den Bruder des Herrn Steiner als Associé die specielle Aufsicht geführt und sei die Seele des Geschäftes gewesen; als er gestorben, habe der nunmehr einzige Besitzer sich Herrn Elmer, der schon viele Jahre im Geschäft sei, zum Geschäftsführer erwählt, und dieser habe mit Herrn Steiner's Einwilligung gewaltige Aenderungen vorgenommen. Er könne, indem er den neuen und den alten Plan des Etablissements verglich, sehr leicht sehen, wie viel angebaut und vergrößert worden in den letzten Jahren, und das alles auf Elmers Rath und unter dessen Leitung. So hatten ihm seine Collegen erzählt und Eduard hatte sich manchmal Gedanken darüber

gemacht. Herr Steiner, der jetzt viel von seiner Zeit in dem Geschäfte zubrachte, schien ihm kummervoll auszusehen und von Sorgen gebeugt zu werden.

Eduard hatte nun schon lange genug in das Leben hineingeschaut; er hatte in den Gesellschaften des Herrn Steiner, wo ein bunter Kreis der angesehensten Geschäftsleute und höhern Beamten Wiens sich zusammen fand, genugsam gehört, wie augenblicklich aller geschäftliche Verkehr, der nach Außen hin großartig ausschaue, ja von Allen in die Höhe getrieben werde, doch im Innersten faul sei. Er hörte von dem Gründerwesen und den herrschenden Schwindelgeschäften, ja, er hörte munkeln, daß über kurz oder lang besonders in Wien eine Krisis eintreten müsse als nothwendiger Rückschlag auf die zu hoch getriebene Anspannung aller commerciellen Kräfte und vor allen der Basis desselben, des Credits. Er brachte mit all dem das sorgenvolle Aussehen des Brotherrn in Verbindung und er, der in der kurzen Zeit, die er in der Fabrik beschäftigt war, sich schon einen tieferen Einblick erworben hatte als viele, die Jahre lang unbekümmert fortarbeiteten, ihm schien es, als stünde der Umsatz, der in der Fabrik erzielt würde, augenblicklich nicht im richtigen Verhältniß zu der Menge von Arbeitern, welche in derselben beschäftigt wurden und der ganzen großartigen Anlage derselben. Dazu bemerkte er beständig Unzufriedenheit unter den Arbeitern, trotzdem dieselben ihm einen hinreichend hohen Lohn zu erhalten schienen. Er hielt sich, wie wir schon bemerkt haben, während seiner freien Zeit viel in der Fabrik selbst auf; er verkehrte mit den Arbeitern, da er von ihnen selbst am besten alle einzelnen Verrichtungen kennen lernen konnte, und die Leute, die ihn im Anfange mit mißtrauischem Auge betrachteten, gewannen bald Zutrauen zu dem jungen Mann, der ohne alle Anmaßung sich zu ihnen gesellte, um von ihnen zu lernen. Dadurch aber, daß er so viel unter ihnen war und kameradschaftlich mit ihnen verkehrte, ohne sich jedoch etwas zu vergeben, verloren sie bald und nach viel von der Scheu und dem Mißtrauen, daß ihnen gegen die inne wohnte, die sie nach der Lage der damaligen Verhältnisse als natürliche Feinde ansahen.

Eduard war seit dem Eintritt in seine neue Lebensstellung mitten hineingestellt in die allgemeine Bewegung, welche unter dem Namen der socialen Frage alle Schichten der Gesellschaft berühre. Auch in der Fabrik seines Herrn zeigte sich unter den Arbeitern ein Geist der Unzufriedenheit, welche auf erhöhten Lebensgenuß Anspruch machte und denselben durch Reduction der Arbeitszeit und durch Vermehrung des Lohnes verwirklichen wollte. Er hörte manches unzufriedene Wort, sah manchen scheelen Blick, wohnte manchem kleinen Zwiegespräche bei, und es wurde ihm nur zu bald klar, daß, wie in so vielen andern Fabriken, auch für seinen Brotherrn der Tag kommen könnte, wo die Arbeiter ihre Arbeit einstellten, um durch das Stillstehen der Fabrik den Herrn derselben zu zwingen, ihre ungerechtfertigten Wünsche zu erfüllen. Mit Aufmerksamkeit beobachtete er; er erkannte bald die, die an der Spitze standen und denen alle andern blind folgten; mit Verwunderung bemerkte er jedoch, daß alle diese Verwünschungen, ja, zuweilen Drohungen, nur gegen Herrn Steiner selbst gerichtet waren, daß nur dieser, der sich doch fast nie um die

Leute bekümmert hatte, der, wie Eduard schon längst herausgefunden, so weit er konnte ein guter und wohlwollender Herr war, während Elmer, der eigentliche Vollstrecker aller Bestimmungen, der wirklich leitende und führende Theil, ganz leer ausging, ja, daß von ihm als von Jemand gesprochen wurde, der mit zu den Arbeitern gehörte. Eduard konnte dies um so weniger begreifen, als Elmer eigentlich gegen Alle, die unter ihm standen, wenn auch nicht unhöflich, so doch unnahbar war; Jeder fürchtete ihn und seine Anwesenheit legte im Comptoir mehr Zwang auf, als die des Herrn Steiner selber. Wie ging es aber zu, daß die Arbeiter ihn als ihren Freund betrachteten, als den, der einstmals bei einer ernstlichen Frage auf ihrer Seite stehen würde? Die Lösung dieses Räthsels beschäftigte ihn oft, und seine Abneigung gegen einen Mann, der doch anerkannt tüchtig war, stieg noch. Doch sah er sehr gut ein, daß Herr Elmer das vollständigste und, wie es schien, wohlverdiente Vertrauen seines Herrn genoß, daß Herr Steiner fast nichts unternahm, ohne Elmer in's Vertrauen gezogen zu haben und daß er dem Rathe, den ihm dieser gab, fast stets unbedingt folgte.

Um so mehr wunderte sich Eduard, als ihm Herr Steiner eines Tages zu sich in sein Privatcabinet entbot, hinter ihm vorsichtig die Thüre abschloß und ihn zum Sitzen einlud. Herr Steiner saß hinter einer Menge Bücher vergraben, große Blätter Papier hatte er vor sich liegen, die eine Menge zusammengesetzter Zahlen sehen ließen.

„Ich habe Sie," begann er, „zu mir bitten lassen, weil ich Ihre Hülfe in einer Sache in Anspruch nehmen möchte, die mich schon seit Wochen beschäftigt und alle meine Gedanken in Anspruch nimmt. Es ist eine vollständige Vertrauenssache, und daß ich Sie mir ausgesucht habe, wird Ihnen, wenn ich Sie mit der obliegenden Angelegenheit bekannt gemacht habe, zeigen, daß mein Vertrauen zu Ihnen sogar ein unbedingtes ist und ich bin fest überzeugt, Sie werden sich desselben würdig machen!"

Herr Steiner sah nach diesen Worten auf Eduard, der ihm gegenüber saß und seinen prüfenden Blick offen und frei erwiderte. Herr Steiner schien auch befriedigt zu sein, denn er fuhr fort:

„Sie sehen mich hier mit den Hauptbüchern meiner Fabrik beschäftigt. Ich habe zum so und so vielten Male die Bücher durchgesehen, Berechnungen angestellt und die Bilanz gezogen. Alles stimmt vollständig, wie vorauszusehen war; der Umsatz ist ein starker und doch scheint mir der Verdienst in Verhältnisse zu dem Kapital zu sein, das in der Fabrik steckt und das jährlich von mir vermehrt wurde. Ich bin nun eben daran, nicht die Einnahmen und Ausgaben der letzten Jahre, sondern auch der vergangenen zu prüfen und möchte, daß Sie unabhängig von mir dieselbe Arbeit übernehmen, damit sich kein Rechnungsfehler einschleichen kann. Ich habe mich bis vor ganz kurzer Zeit niemals um meine Fabrik speciell gekümmert, da sie ja so vortrefflich verwaltet ist, aber die verschiedenen Störungen im öffentlichen Geschäftsleben und die bedeutenden Verluste, die unsere hiesigen Geschäftskreise erschüttern, macht die doppelte Aufmerksamkeit eines jeden Geschäftsmannes nothwendig!"

Herr Steiner sagte das Letztere seufzend und Eduard sah mit Theilnahme auf sein trübes und kummervolles Gesicht.

Nach tagelanger Mühe hatte sich Eduard seiner Aufgabe entledigt und begann die Vergleichungen anzustellen, um sie seinem Principal vorzulegen. Schon bei dem Auszuge war es ihm klar geworden, daß nach den Preisen, die für Rohmaterialien laut den Fakturen und Quittungen bezahlt wurden, die fertige Waare viel zu billig abgegeben wurde. Er verglich und verglich immer wieder und es war ihm bald ersichtlich, daß dieses nur zum größten Schaden des Herrn geschehen könne, daß ein bedeutender Verlust seit Jahren für diesen daraus erwachsen sei. Er machte Herrn Steiner mit seinen Untersuchungen bekannt, bewies ihm, daß durch den zu billigen Verkauf der Waaren eine bedeutende Mindereinnahme erfolgt sei.

„Ich weiß, ich weiß," sagte dieser, „ich weiß das durch Elmer; doch ist das leider augenblicklich nothwendig, da Alles darniederliegt und die Concurenz unendlich grossirt; es wird indeß bald besser werden, wenn sich die Zustände erst gebessert haben. Und sonst alles Uebrige?"

Eduard legte dem Herrn seine Berechnungen vor.

„Es sind schwere Zeiten!" murmelte derselbe, „die theuren Bauten und sonstigen nothwendigen Verbesserungen, die uns doch eigentlich erst später zu statten kommen werden! Es ist, wie ich mir dachte; Elmer hat Recht, man muß Geduld haben!"

Aber Eduard war nicht mit diesem Resultat zufrieden, und dachte weiter darüber nach, dachte, daß der Wohlstand der Fabrik auf diese Weise untergraben werden müßte und daß, wenn die Ausgaben die Einnahmen in dieser Weise überstiegen, der Zeitpunkt kommen müsse, wo das flüssige Geld zu Ende sein würde. Wie aber war einem solchen Unheil zu steuern? Der Fabrikherr schob Alles auf die schlechten Zeiten, Eduard aber erschien es, als könne das doch nicht das Richtige sein, als müsse etwas gethan werden, um Einhalt zu gebieten und zwar bald, ehe es zu spät war. Merkwürdig und unbegreiflich erschien es ihm, daß Elmer, der tüchtige, gewandte, kenntnißreiche Geschäftsmann, nicht schon lange die Sache durchschaut habe und nicht schon lange eine andere Taktik eingeschlagen! Wie konnte er, dem Alles überlassen gewesen war, durch dessen Hand Alles ging, auf dem die ganze Verantwortung Jahrelang geruht hatte, wie konnte er, der das jährliche gewaltige Deficit gefunden haben mußte, in dieser Weise weiter wirthschaften, ohne nach irgend einer Seite sich nach Abhülfe umzusehen, wenn er nicht — Eduard hielt inne in seinen Gedanken; war er nicht eben im Begriff gewesen, auf einen unbescholtenen Mann einen schwarzen Verdacht zu werfen, einen Verdacht, der ihn zum Verbrecher stempelte?

Herr Steiner hatte nach der Berechnung mit Eduard eine langdauernde Unterredung mit Elmer gepflogen und kam Eduard wieder etwas ruhiger vor.

Eduard nahm sich vor, doppelt aufmerksam zu sein, seine Augen nach jeder Seite hin offen zu halten, um seinem Brodherrn, dem er wirklich herzlich zugethan war und dem er es verdankte, daß er sich in der kurzen Zeit eine, für seine früheren Verhältnisse bedeutende Summe hatte zurücklegen können, dankbar zu sein. Denn durch ihn hatte er schon zweimal seinen untergeordneten Posten mit einem höheren vertauscht und als einstmals der Correspondent für längere Zeit durch Krankheit am Kommen verhindert war, hatte ihn der Principal, trotz Elmer's Gegenrede, diesen wichtigen Posten vertreten lassen, den er vollständig zur Zufriedenheit des Herrn Steiner ausfüllte.

Seit jener Vertrauensbezeugung zog ihn Herr Steiner öfter als je auch in seinen Familienkreis. Er hatte wirklich herzliche Zuneigung für den jungen Mann gefaßt, für den er sich interessirt, ehe er ihn noch gesehen, denn Eduard war seines Sohnes liebster Freund gewesen. Er hatte sich von ihm und seiner Familie, von seinem Fortgange von der Universität, erzählen lassen und freute sich an seinem Lebensmuth und seinem klaren Wesen, das ihn befähigte, ihm eine Stütze zu werden.

„Sie werden einst," sagte Herr Steiner zu Eduard, als dieser einen Abend in dem ihm liebgewordenen Familienkreise zubrachte, „ein tüchtiger Geschäftsmann werden; in unserer Zeit, wo an jede Lebenssphäre nach jeder Seite hin die größten Ansprüche gemacht werden, kann man sehr gut Leute brauchen, die eine recht gründliche Bildung haben und da Sie, wie Sie mir erzählt haben, sich meistens mit Allgemeinstudien anstatt mit Fachstudien beschäftigt haben, so wird Ihnen das nach jeder Seite hin nur von Nutzen sein können! Es wäre ein großer Irrthum, wollte man einen jungen Mann zu früh wie möglich von der Schule nehmen und ihn einem kaufmännischen Geschäfte übergeben und ich habe, obgleich ich damals bestimmt hoffte, Hugo, mein einziger Sohn, sollte dereinst die Fabrik übernehmen, ihn zuerst die Schule durchmachen lassen. Jetzt," fuhr er mit einem Seufzer fort, „bin ich gar nicht unzufrieden mit seinem veränderten Lebensgang; Ihnen aber rathe ich mit aller Bestimmtheit, bei Ihrer jetzt einmal erwählten Carriere zu bleiben, es ist das Beste für Sie!"

„Das will ich auch," antwortete Eduard, „und besonders, fast noch mehr als für das Geschäftliche, interessire ich mich für die Fabrik, für die Maschinen, die Werkstätten und ihre Thätigkeit. Sie wissen, ich bringe meine ganze freie Zeit in den Fabrikgebäude zu und freue mich, daß ich mir schon einen ziemlich genauen Einblick erworben habe."

„Das freut mich zu hören," sagte Herr Steiner, „mir geht leider alles Interesse dafür ab. Mein Bruder hat die ganze Fabrik fast vollständig allein geführt, und ich bin Privatinteressen nachgegangen, der meiner Neigung mehr ansprachen und habe mich bedeutend wohler dabei befunden. Jetzt ist das anders; die augenblicklichen Störungen verlangen unsere ganze Aufmerksamkeit und nehmen sie in Anspruch. — Doch sagen Sie mir, da

Sie ja doch viel mit den Arbeitern zusammenkommen, einmal offen, wie ist Sie Stimmung unter denselben? sind sie ruhig oder zeigen sich auch unter ihnen, wie überall, Unzufriedenheit und Mißmuth?"

Eduard war froh, einmal mit seinem Herrn über dies Thema sprechen zu können und theilte ihm alles mit, was er wußte und bei Gelegenheit und unter der Hand gehört hatte. Er verhehlte ihm auch nicht, daß die Stimmung gegen Elmer eher eine günstige zu nennen sei.

Herr Steiner schüttelte den Kopf. „Das wundert mich," entgegnete er, „denn gerade Elmer ist durchaus nicht der Mann, um ihnen bei einem etwaigen Ausbruch eines Arbeiterstrike irgendwelche Zugeständnisse zu machen, trotzdem derselbe eigentlich aus ihrer Mitte abstammt. Sie müssen wissen," fuhr er fort, „daß Elmer der Sohn eines Fabrikarbeiters ist und von meinem Vater als zehnjähriger Junge als Laufbursche aufgenommen worden. Wie er sich durch Fleiß und Anstrengung heraufgeschwungen hat von einem Posten zum andern, ist wirklich anerkennenswerth. Vier Jahre lang, die ich zum Theil mit meiner Familie im Auslande zubrachte, hat die Leitung der ganzen Fabrik nur in seinen Händen geruht. Er besitzt einen eisernen Fleiß und ist mir treu ergeben.

„Es wäre mir lieb," fuhr Herr Steiner fort, „Sie suchten einmal zu erfahren, ob die Arbeiter schon so weit sind, Versammlungen zu halten; mischten sich wo möglich einmal darunter, um zu hören, was die Leute dort eigentlich treiben. Es ist mir das besonders wichtig zu wissen, da ich halb und halb entschlossen bin, einen Theil der Arbeiter zu entlassen, obgleich Herr Elmer sehr dagegen ist, da dies zu besonderer Unzufriedenheit Anlaß geben könnte!"

„Ich meine aber," entgegnete Eduard lebhaft, „Sie würden ganz Recht daran thun. Ich weiß, daß viele der Leute, die mit bei dem letzten größeren Bau beschäftigt waren, in der Fabrik angestellt worden sind, nur um nicht fortgeschickt zu werden und die trotzdem überflüssig sind, da ja keine Vermehrung der Fabrikarbeiten nach der Vollendung des Baues eingetreten ist. Sie haben gerade die nicht zulangende Arbeit Zeit, ihrer Unzufriedenheit nachzuhängen und ich begreife in diesem Falle Herrn Elmer nicht!"

„Ich wohl," erwiderte Herr Steiner gedankenvoll, „denn er hat wieder ein neues Project zur Erweiterung der alten Magazine, die allerdings ein wenig eng sind; ich aber meine, es sei genug gebaut und es ist auch jetzt nicht der passende Zeitpunkt, noch mehr Erweiterungen, seien es auch Verbesserungen, vorzunehmen, jetzt, da fast alle Geschäfte mehr oder weniger in Stockung gerathen sind!"

(Fortsetzung folgt.)

Feuilleton der Deutschen Roman-Zeitung.

Zur Charakteristik Chopins.
Von Dr. Hugo Schramm-Macdonald.

Endlich erfüllt sich nunmehr ein lebhafter Wunsch aller Musikfreunde durch Errichtung eines biographischen Denkmals, wie ein solches dem unsterblichen Tonkünstler und Tondichter Chopin bislang gefehlt hat. In allernächster Zeit wird die Hl. Hofmusikalienhandlung von F. Ries in Dresden ein zweibändiges Werk vom sächsischen Kammermusikus Moritz Karasowski unter dem Titel „Friedrich Chopin, sein Leben, seine Werke und Briefe" veröffentlichen, das nicht blos eine vollständige, sondern auch eine zum ersten Mal auf authentische Quellen gegründete Lebensbeschreibung des großen Musikromantikers enthält und damit sein Charakterbild ergänzt und die mannigfachen, namentlich über seine Jugendzeit, seinen Entwicklungsgang verbreiteten Irrthümer berichtet.

Die Publikation ist um so werthvoller, als sie uns auch mit vielen Originalbriefen Chopins bekannt gemacht, deren Kenntniß der Herausgeber seiner langjährigen Freundschaft mit der Familie des Künstlers verdankt. Die noch jetzt als Gattin des Dampfschifffahrts Directors Barcinski in Warschau lebende Schwester bewahrte mit gebührender Pietät alle Briefe Chopins an Eltern und Geschwister und gestattete dem Freunde gern, Abschrift davon zu nehmen. So wurden der Nachwelt wenigstens die Briefe aus der Jugendzeit erhalten, während die aus der parifer Zeit, also gerade die aus der glänzendsten und interessantesten Epoche Chopins, der Vernichtung anheim fallen sollten. Denn nur erst die Jugendbriefe hatte Karasowski copirt, als die polnische Revolution von 1863 ausbrach. Während dieser nun wurde eines Tages aus dem Chopins Schwester bewohnten Hause in Warschau ein Schuß auf den General Berg abgefeuert, und die Folge davon war die Demolirung des Haufes. Dabei fielen der Wuth der Soldaten zugleich alle Andenken des berühmten Künstlers zum Opfer, auch diejenigen, welche eine Engländerin, als seine dankbare Schülerin und Freundin, liebevoll gesammelt hatte und die nach ihrem 1861 erfolgten Tode laut testamentarischer Bestimmung an Chopins überlebende Schwester ausgeliefert worden waren. Außer sämmtlichen Briefen, mit denen die Soldaten an jenem Abend ihre Lagerfeuer unterhielten, wurden so auch sein Pianoforte und sein von Ary Scheffer gemaltes Porträt vernichtet. Von letzterem existirt glücklicherweise noch eine Copie im Besitze Liszt's, und nach dieser ist das Bildniß gezeichnet, welches unserm in Rede stehenden Werke in einem vorzüglich ausgeführten Lichtdruck beigegeben ist. Nach Ausgabe maßgebender Beurtheiler, die Chopin noch persönlich gekannt haben, wie namentlich Jul. Schulhoff's, ist es überaus ähnlich. Die hohe Stirn, das träumerische Auge, die schmale, feingebogene Nase, der elegische Zug um die schön geformten Lippen, der leidende Ausdruck des ganzen, ungemein sympathischen, übrigens etwas an das Mendelssohn-Bartholdy's erinnernden Gesichts sind höchst charakteristisch für den ebenso liebenswürdigen als genialen Menschen, den seine zart organisirte schwärmerische Natur und seine Originalität unter dem Einflusse dreier Nationalitäten zu einer so merkwürdigen Erscheinung in der Musikwelt machten. Der Vater war Franzose, die Mutter Polin; in Polen mit seinem geschichtlichen Schmerz und seinem melodieenreichen Volke ward er geboren und erzogen, sein Lehrer in der Kunst des Componirens war ein Deutscher (Elsner), Deutschland selbst besuchte er, um durch Anhörung vorzüglicher Virtuosen und Musikwerke seine künstlerische Ausbildung zu fördern und Stoff zum eigenen Schaffen zu sammeln, und in Frankreich, in Paris ließ er sich dann (1832) nieder, um für seine Existenz zu sorgen, wobei es galt, sich neben, ja in gewissem Sinne über allen jenen renommirten Concertgebern zu behaupten, die sich dort aus allen europäischen Ländern zusammendrängten. Dazu befähigte ihn eben nur sein Genie.

Ja, Chopin muß man Genie zusprechen in der vollen Bedeutung des Wortes; er war nicht blos Virtuos, er war auch Poet, er konnte und die Poesie, die in seiner Seele lebte, zur Anschauung bringen, er war Tondichter und nichts soll dem Genuß geglichen haben, den sein Spiel, sein Improvisiren bereitete. „Am Piano war er weder Pole, noch Franzose, noch Deutscher, er verrieth dann einen weit höheren Ursprung; man merkte alsdann: er stamme aus dem Lande eines Mozart, Rafael, Goethe, sein Vaterland war das Traumreich der Poesie. Seine Werke sind momentane Inspirationen, die größtentheils am Instrumente selbst erweckt wurden. Auf der weit verschlungenen Saitenwelt eines Pianos konnte er seine ganze Lyrik ausströmen lassen, aus ihren Tiefen all' seine Geister beschwören und mit ihnen seine romantischen Kreuz- und Querflüge machen."

Chopin führte nicht neue Formen in die Tondichtung ein, er erweiterte und vervollkommnete auch schon bestehende. So schuf er die Ballade, gab der Field'schen Nocturne größeren Umfang und Bedeutung[*] und wußte ihr durch poetische Kraft, ebenso wie in seinen Mazurken, Polonaisen und Walzern dem polnischen Tanzvölklein liebe, ein erhöhtes Kunstleben einzuhauchen, in die kleinen Kunstwerken zu potenziren. Nicht minder erfreute sich die Etude seiner magischen Behandlung; sie verlor durch ihn ihren bis dahin vorherrschend scholastischen Charakter und nahm dagegen in mehr idealisirendes Gewand an. Auch erweckte sich Chopin mit seinen Etuden einen genialen Nachfolger in Adolph Henselt (lebt in Petersburg). Chopins Compositionen zeugen genugsam für seine vorherrschende geistige Richtung; weder Opern-Phantasien noch Transcriptionen, weder Märsche noch Galoppaden sind unter ihrer Zahl. Seine überwiegend veredelnde Intention spricht sich auch in seinen Passagen aus. Bei ihrer Erfindung vertiefte sich der Componist in den wunderlichsten harmonischen Gängen. Manche seiner Etuden stürzt gleich einem glühenden Lavastrom dahin, während eine andere dem Zuhörer eine Elfenscene vorgaukelt. Vergessen wir nicht, daß einer seiner eifrigsten Zuhörer Cherubini war und wenn Chopin gespielt hatte, laut sich äußerte: „Immer neue Ideen, brav gemacht!" und daß er dann nicht selten ihn umarmte und mit Küssen bedeckte. Auch sein Geistesverwandter Robert Schumann war enthusiastisch für ihn eingenommen.[**] Und während Chopin keinem anderen Componisten nachahmte, so freute ihn doch die Anerkennung gediegener Musiker; niemals aber buhlte er um Auszeichnungen und Beifall, niemals ließ er sich durch banales Lob oder ungerechtfertigten Tadel beirren.

---

[*] Ein polnischer Kritiker hat treffend die Nocturnen von Field mit einer heitern, blumigen, von Sonnenlicht umflossenen Landschaft verglichen, die von Chopin mit einer romantischen Gebirgsgegend mit dunklem Hintergrunde und Gewitterwolken, aus denen Blitze zucken. Daß übrigens Chopin ein Schüler Field's gewesen sei, wie behauptet worden, ist unwahr. Field lebte seit 1804 in Petersburg und seit 1820 in Moskau, wo er 1837 starb. Chopin ward 1809 in Warschau geboren, erhielt dort nur von dem Böhmen Zywny und dem Schlesier Elsner Unterricht und kam weder nach Petersburg, noch nach Moskau.

[**] Schumann bahnte ihm den Weg zur Popularität in Deutschland.

Bevor Chopin dem Brustleiden verfiel, dem er in der Blüthe seines Lebens — 17. October 1849 — erliegen sollte, war er meist sehr munter, zu Scherz und Witz gelaunt; auch besaß er sogar viel Neigung zur Satire, die ihn schon in der Schule zum Zeichnen von Karrikaturen getrieben hatte, und da es ihm zugleich nicht an großem Nachahmungstalent gebrach, so konnte er in Freundeskreisen ungemeine Heiterkeit verbreiten. Dem entspricht auch der Ton einzelner seiner Briefe, und da ich durch eine besondere Vergünstigung seitens des Herrn Verlegers in den Besitz von Aushängebogen des Karasowski'schen Werkes gelangt bin, so gereicht es mir zur Genugthuung, schon jetzt ein paar Briefe beispielsweise mittheilen zu können.

Der erste, den ich dazu wähle, ist aus Berlin, Sonnabend, den 27. Sept. 1828, datirt. Dorthin hatte der jugendliche Virtuos seine erste größere Reise gemacht, und zwar in Begleitung des seinem Vater eng befreundeten Botanikers Jarocki, den die damalige Naturforscherversammlung nach Spreeathen gerufen hatte. Da Chopin auch mit diesem wieder zurückreisen mußte, dauerte sein Aufenthalt in Berlin nicht lange: nur vom 14. bis 29. September. Es war also am Tage vor seiner Abreise, daß er folgenden Brief (den dritten) nach Hause richtete:

„Ich bin gesund und habe gesehen, was nur zu sehen war; bald bin ich wieder bei Euch. Montag (d. h. übermorgen über acht Tage) umarmen wir uns. Das Bummeln bekommt mir vortrefflich.

„Gestern wurde „Das unterbrochene Opferfest" wieder aufgeführt, in welchem Fräulein von Schätzel*) mehr als eine chromatische Tonleiter ausließ, wodurch ich mich recht in Eure Mitte versetzt wähnte.**)

„Bei diesem „Eure" fällt mir eine Berliner Karrikatur***) ein. Ein napoleonischer Grenadier ist als Schildwache abgebildet; einer vorübergehenden Frau ruft er: „Qui vive?" zu; die Frau will antworten: „Die Wäscherin"; um sich aber feiner und gebildeter auszudrücken, erwidert sie: „La vache!"

„Das zweite Diner mit den Herren Naturforschern kann ich zu den Hauptereignissen meines Hierseins zählen. Es fand am Tage vor dem Schlusse der Sitzungen statt und war wirklich sehr lebhaft und unterhaltend. Viele passende Tafellieder wurden gesungen, in welche Jeder mehr oder minder laut einstimmte. Zelter birigirte; er sah auf einem rothen Piedestal einen großen vergoldeten Becher vor sich stehen, als Zeichen seiner höchsten musikalischen Würde, an welcher er viel Freude zu haben scheint.

„An diesem Tage waren die Speisen besser als gewöhnlich: man sagt, weil die Herren Naturforscher sich in ihren Versammlungen vorzugsweise mit der Vervollkommnung der Fleischspeisen, Saucen, Suppen und dergleichen beschäftigt haben sollen.

„In gleicher Weise macht man sich schon im Königstädter über die gelehrten Herren lustig. In einem Stücke, wo Bier getrunken wird, fragt einer der Zecher: „Warum ist das Bier jetzt so gut in Berlin?" — „Ei, das ist doch ganz natürlich, da die Naturforscher jetzt in Berlin zusammengekommen sind!" lautete die Antwort.

„Aber es ist Zeit schlafen zu gehen, da wir morgen ganz früh abreisen. In Posen wollen wir zwei Tage verweilen, in gratiam einer Einladung des Erzbischofs Wolicki.

„O, wie viel werde ich Euch, meine Theuersten, zu erzählen

---

haben und wie glücklich will ich sein, wenn ich wieder bei Euch bin!

Euer Euch herzlich liebender
Friedrich."

Der andere Brief, den ich hier wiedergebe, wurde 14. Mai 1831 in Wien geschrieben, wo sich Chopin seit Ende Nov. 1830 aufhielt. Bald nach seiner Ankunft hatte er die ersten Nachrichten vom Ausbruch der damaligen polnischen Revolution erhalten und infolge dessen wieder nach dem Vaterlande zurückkehren wollen, um sich den Freiheitskämpfern anzuschließen. Hiervon er nur durch die bringenden Bitten der Eltern abgehalten worden, welche wußten, daß die Gesundheit ihres Sohnes zur Ertragung der Kriegsstrapazen nicht kräftig genug war, und wünschten, daß er die einmal begonnene Künstlerlaufbahn nicht unterbräche. Aus der Reise nach Italien, dem Lande seiner Sehnsucht, wurde aber nichts. Verschiedene Umstände verhinderten dieselbe. Ueberhaupt mochte damals Chopin an sich selbst, daß auch der Weg des größten Künstlers nicht dornenlos bleibt. Dies und der Gedanke an die Heimat, beziehentlich an die Eltern und Geschwister, um die er sich sorgte, und an seine in Warschau zurückgelassene erste Liebe (die Sängerin Constantia Gladkowska, die übrigens 1832 ihrem Abgang durch ihre Verheirathung verloren ging) ließ damals öfters Unlust und Trauer bei ihm an die Stelle seines fröhlichen Jugendmuthes treten. Jedoch zeigt der folgende Brief nichts davon, denn er lautet:

„Meine geliebten Eltern und Schwestern! Diese Woche mußte ich in Bezug auf Eure Correspondenz eine strenge Diät aushalten. Ich tröste mich damit, daß ich die nächste Woche wieder Briefe erhalten werde, und warte ruhig, weil ich hoffe, daß Ihr sowohl auf dem Lande als in der Stadt gesund seid. Was mich anbetrifft, so bin ich sehr munter und fühle, daß im Unglück der beste Trost Gesundheit ist.

„Vielleicht haben die Suppen von Malfatti*) mich so gestärkt, daß ich mich in der That wohler fühle, als jemals. Sollte dies sich so verhalten, so muß ich doppelt bedauern, daß Malfatti mit seiner Familie aufs Land gezogen ist. Ihr könnt Euch gar nicht vorstellen, wie schön die Villa ist, die er bewohnt; heute vor acht Tagen war ich mit Hummel**) bei ihm.

„Nachdem der liebenswürdige Arzt uns in seinem Hause herumgeführt hatte, zeigte er uns auch seinen Garten. Als wir nun auf dem Gipfel des Berges standen, von dem wir eine herrliche Aussicht hatten, wollten wir gar nicht wieder hinabgehen.

„Der Hof beehrt Malfatti alle Jahre mit einem Besuche. Er hat die Herzogin von Anhalt-Köthen zur Nachbarin; es würde mich nicht wundern, wenn sie ihm um seinen Garten beneidete.

„Auf einer Seite sieht man Wien zu seinen Füßen liegen, und zwar so, daß man glauben könnte, es sei mit Schönbrunn verbunden; von der anderen Seite blickt man auf hohe Berge, auf denen Klöster und Dörfer malerisch dahingestreut sind. Bei diesem romantischen Panorama vergißt man vollkommen das geräuschvolle Treiben und die Nähe der Kaiserstadt.

„Gestern war ich mit Kandler***) in der kaiserlichen Bibliothek. Ihr müßt nämlich wissen, daß ich noch nie dazu gekommen bin,

---

*) Pauline von Schätzel zog sich 1832 von der Bühne zurück, da sie in diesem Jahre den jüngst verstorbenen Hofbuchdrucker von Decker heirathete.

**) Hiermit spielte Chopin auf die warschauer Sängerinnen an, die oft dem Componisten vorgeschriebene Coloraturen wegließen oder änderten.

***) „Eure" heißt im Polnischen „wasza" und wird wie wasch ausgesprochen.

*) Giovani Malfatti, Edler v. Monteregio (geb. zu Lucca 1776, gest. zu Hietzing bei Wien 1859) war der Leibarzt des Herzogs von Reichstadt. An ihn war Chopin empfohlen worden, und Malfatti hatte den Künstler gleich „wie einen Verwandten" aufgenommen.

**) Diesen Pianisten, dessen Meisterschaft Chopin freudig anerkannte und dessen Compositionen er bewunderte, hatte er 1829 bereits in Warschau kennen gelernt.

***) Franz Kandler (geb. 1792) war ein angesehener Musikschriftsteller; er fiel leider schon 26. Sept. 1831 der Cholera in Wien zum Opfer.

die hiesige, vielleicht die reichste Sammlung von musikalischen Manuskripten, zu besehen. Ich kann mir kaum denken, daß die Bibliothek in Bologna in größerer und systematischerer Ordnung gehalten wird als die wiener.

„Jetzt meine Theuersten, stellt Euch meine Verwunderung vor, als ich unter den neuen Manuscripten ein Buch in einem Futteral erblickte, das die Aufschrift „Chopin" trug.

„Es war ein ziemlich starkes Heft, elegant gebunden. Ich dachte: ich habe doch bisher von keinem anderen Musiker Chopin gehört; es gab nur einen gewissen Champin, und ich glaubte schon, daß der Name vielleicht verunstaltet worden sei.

„Ich nahm das Manuscript heraus und — sah meine Handschrift. Haslinger*) hat das Original meiner Variationen der Bibliothek geschenkt.

„Welcher Unsinn, das lohnte sich gerade aufzubewahren!

„Am vergangenen Sonntag sollte hier ein großes Feuerwerk stattfinden, aber der Regen hat es verdorben. Merkwürdig ist, daß es hier fast immer regnet, wenn Feuerwerk sein soll. Dabei fällt mir eine Geschichte ein: Ein Herr besaß einen schönen, kreuzelbrennen Frack; aber jedesmal, wenn er ihn trug, regnete es. Er ging also zum Schneider, erzählte diesem Alles und fragte ihn nach der Ursache. Der Schneider wunderte sich sehr, schüttelte den Kopf und bat den Herrn, ihm diesen Frack auf einige Tage zur Probe zu lassen; denn man könne ja nicht wissen, ob dieses Unglück nicht etwa dem Hute, der Weste oder den Stiefeln zuzuschreiben sei. Dem war aber nicht so; denn kaum hatte der Schneider selbst den Frack angezogen und einen Spaziergang angetreten, als es plötzlich heftig zu regnen anfing. Der arme Schneider mußte, um schnell aus dem Regen zu kommen, einen Fiaker miethen, weil er seinen Schirm vergessen hatte. Viele behaupten, die Schneidersfrau habe mit dem Schirme eine Kaffeegesellschaft besucht; mag dem nun sein, wie dem sein, der Frack ist jedenfalls ganz naß geworden. Nachdem der Schneider über diesen seltsamen Vorfall lange nachgedacht, kam er auf die Idee, daß in diesem Fracke doch irgend etwas Außergewöhnliches stecke. Er trennt daher die Aermel heraus — findet aber nichts; er trennt die Schöße, ja endlich die Brust auf, und siehe da! unter dem Futter steckt ein Stück von einem — Feuerwerksplacate! Jetzt wurde ihm Alles klar; er nahm das Papier heraus, und seitdem regnete der Frack nie wieder ein.**)

„Verzeiht mir, daß ich Euch auch diesmal nichts Neues über mich mittheilen kann; hoffentlich werde ich Euch später interessantere Nachrichten geben können.

„Mein lebhaftester Wunsch ist, Euern Wünschen nachkommen

---

*) Tobias Haslinger (geb. 1787, gest. 1842) war der Gründer der berühmten Musikalienhandlung in Wien. In früheren Briefen bemerkt Chopin über ihn: „Herr Haslinger ist schlau, indem er mich so höflich, aber auf Lüge, seine Weise dazu bewegen will, ihm meine Compositionen gratis zu überlassen." .... Haslinger giebt jetzt die letzte Messe von Hummel heraus, denn in heute nur von und für Hummel; jedoch verkaufen sich, wie man erzählt, die letzten Compositionen Hummels nicht gut, und er soll sie doch theuer bezahlt haben! Deshalb legt er jetzt alle Manuscripte bei Seite und druckt nur Strauß'sche Sachen."

**) Durch fast ein volles Jahrhundert gehörten die Stuwer'schen Feuerwerke, von denen eines Chopin ansehen wollte, zu den beliebtesten wiener Volksbelustigungen; erst im September 1876 fanden sie ihr Ende. Kaspar Stuwer hatte das erste Feuerwerk im Mai 1777 veranstaltet; nach seinem Tode setzte sein Sohn das Geschäft eines Pyrotechnikers fort, und diesem folgte Kaspars Enkel, Anton Stuwer, der im vorigen Jahre seine Thätigkeit nach Rußland verlegte. Bis zuletzt aber weiß ich das Volksglaube an das durch die obige Geschichte drollig illustrirte Wetterverhängniß, welcher sich an die Stuwer'schen Unternehmungen zu gefesselt haben sollte, daß es nur bei Ankündigung eines Stuwer'schen Feuerwerks b..nskte, um nach wochenlang andauernder Hitze und Dürre einen ausgiebigen Regen herbeizuführen.

---

zu können; bis jetzt war es mir aber nicht möglich, ein Concert zu geben.

„Was haltet Ihr von dem Siege des Generals Dwernicki bei Stoczek?

„Möge der liebe Gott weiter helfen!

          Euer

             Friedrich."

Mit zwei späteren Briefen aus Wien schließt der 223 Seiten umfassende erste Band des hochinteressanten Karasowski'schen Buches. Der zweite betrifft Chopins Aufenthalt in Paris, und sein Inhalt wird durch folgende Capitelüberschriften näher bezeichnet: Chopin beabsichtigt bei Kalkbrenner Unterricht zu nehmen. Hierauf bezügliche Correspondenz mit Elsner. — Chopin will Europa verlassen, um nach Amerika zu gehen. Mißerfolge. Soirée bei Rothschild. — Verbesserung der Lage Chopins in Paris. Moscheles' und Fields Urtheile über Chopin. — Ausflüge nach Aachen, Karlsbad, Marienbad, Dresden und Leipzig. Besuche bei Mendelssohn und Robert Schumann. — Chopins Bekanntschaft und Verhältniß mit George Sand. Gemeinschaftlicher Winteraufenthalt auf der Insel Majorka (1838—39). — Rückkehr nach Paris. Moscheles. Liszt. Chopin als Klavierspieler. — Zerwürfniß mit George Sand. Zwei Originalbriefe (französisch) der Letzteren. — Abreise nach England. Rückkehr nach Paris. Seine Krankheit und Tod. — Chopin als Mensch. — Chopin als Componist. — Anhang: Noch acht Originalbriefe. — Verzeichniß seiner sämmtlichen Compositionen.

Das Volkslied der Serben.

Von Hugo Sturm.

II.

Nicht selten läßt sich Marko mit der Geisterwelt in Kampf und Streit ein. Die Wila Rawijojl im Bergwald muß sich vor ihm beugen, auch die wilde Furtenwila unterliegt endlich, so schwer der Kampf auch ist, dem Heldenmuthe des Königssohnes. Letztere besonders ist der Schrecken aller Schrecken. Sie sitzt auf einem siebenjährigen Hirsche.

   „Zäumet ihn mit einer bösen Schlange,
   Macht von zweien ihm die Zügelriemen,
   Mit der vierten peitscht sie ihm die Rippen."

Sechs Pfeile legt sie auf einmal in den Bogen, die Marko in seinem Wolfspelz auffangt und zerbricht. Da springt die Wila an ihn heran,

   „Packt den Marko bei dem seid'nen Gürtel,
   Möcht' ihn gerne ganz und gar zerschmettern.
   Wohl war Marko da in Leid und Röthen,
   Fassen an sich bei den Heldenschultern,
   Ringen einen Sommertag bis Mittag,
   Dick benetzt mit weißem Schaum die Wila,
   Dick mit weiß und blutigem der Marko;
   Keiner kann den andern niederringen."

Ist Marko beleidigt, so kennt sein Zorn keine Grenzen. In seinem wilden Eifer nimmt er dann gewöhnlich den Pelzrock verkehrt um, rückt die Mütze tief in seine Stirn,

   „Daß sich Brau'n und Zobel dicht berühren."

Der Schmied Nowak war so unvorsichtig, den Straßenräuber Nussa einen besseren Helden zu nennen, dem er auch einen besseren Säbel geschmiedet habe.

   „Da schwang Marko Kraljewitsch den Säbel,
   Hieb die Rechte ab ihm bis zur Schulter."

Noch ärger erging es dem Wesir Murat, der den Jagdfalken

Marko tödtet. Die Wuth übermannt ihn, er haut dem Wesir
den Kopf ab und aus den Begleitern desselben,

„— — — den Zwölfen,
Macht sein Säbel vierundzwanzig Halbe."

Selbst der Doge von Benedig entgeht seinem Zorn nicht, als
er frevelnd den Dienst des Pathen („cum wjontschani") bei
dem Hochzeitszuge Marko's verletzt. Die schon erwähnte schöne
Rossanda die seine Werbung höhnend zurückweist, muß ihren
Spott furchtbar bezahlen. Von wildem Zorn und von Wuth
ergriffen

„Stürzt er auf sie zu mit einem Sprunge,
Packt das Mädchen furchtbar bei der Rechten,
Reißt den scharfen Dolch vor aus dem Gürtel;
Haut dem Arm ihr ab bis zu der Schulter,
Giebt die rechte Hand ihr in die Linke,
Sticht ihr aus die Augen mit dem Dolche,
Fängt die Augen auf in seid'nem Tuche,
Wirft das Tuch der Jungfrau in den Busen." —

Daß Marko dem türkischen Sultan als Vasall folgt, ist schon
früher erwähnt worden. Die Sage und Geschichte läßt ihn nur
mit Unwillen diese Fesseln tragen, und wenn er auch gegen die
Heere der Christen sein Schwert schwingt, so ist er doch in seinem
Innern ihr treuer Genosse. So soll er nach geschichtlichen Mittheilungen vor der blutigen Schlacht bei Rovini (1392) ausgerufen
haben: „Stehe den Christen bei, o Gott, und sollte ich auch der
erste sein, der in der Schlacht fällt." Das Volkslied läßt ihn
durch einen Fluch seines Vaters zu dem Vasallenthum gezwungen
sein. Als nämlich nach Duschan's Tode Streit zwischen den
Statthaltern um die Herrschaft ausbrach, wandten sie sich an
Marko, der die „altversaßten Bücher" kennt, damit er den Streit
entscheide. Er kommt und spricht das Reich dem Sohne Duschan's
zu, dem „Knaben Urosch", obgleich sein Vater auch sich unter
den Bewerbern um den Thron befindet.

„Und der König zürnte sehr dem Sohne,
Und verdammte und verflucht ihn also:
,Gott, der Herr, soll Dich erschlagen, Marko!
Grabstein nicht noch Kinder sollst Du haben,
Eher nicht soll Deine Seele ausgehn,
Bis dem türk'schen Sultan Du gedienet.'"

Wir dürfen uns aber dies Vasallenthum keineswegs als ein
so sehr drückendes denken. Marko läßt sich nicht in enge Fesseln
schlagen, und der Sultan hütet sich wohl, ihn zum Zorn zu
reizen. Als Marko einst den türkischen Hauptmann erschlagen,
der seinem Vater verrätherischer Weise den Todesstoß versetzt hat,
verklagt man ihn bei dem Sultan. Derselbe sendet Diener aus
und läßt den Kraljewitsche rufen. Marko erhebt sich,

„— — wirft verkehrt den Pelz um,
Nimmt den starken Kolben in die Rechte
Und so geht er nach dem Zelt des Sultans."

Als dieser seiner ansichtig wird, erschrickt er, greift schnell in die
Gürteltasche und zieht „hundert Goldstück" heraus, die er dem
Helden reicht:

„Gehe, Marko, trinke auf mein Wohlsein!
Was doch haben sie Dich zu erzürnet?"

Ganz dasselbe wiederholt sich, als Marko den Wesir Murat
tödtet. Der Sänger weiß auch wohl, warum der Sultan so
handelt;

„Denn der Sultan gab das Geld mit nichten,
Daß er sich am goldnen Wein erquicke,
Sondern daß er schleunigst sich entferne,
Denn in schlimmer Zornesmuth war Marko."

Ganz besonders ist Marko's Jähzorn zu fürchten, wenn er
dem Weine zugesprochen hat. Sein Bundesbruder, der Woiwode

Milosch weiß das, deshalb warnt er seine Dienerschaft, als er
Marko seiner Burg sich nahen sieht:

„Sucht nicht seinen Saum zu fassen, Kinder,
Noch berühret etwa seinen Säbel!
Kommt dem Marko ja nicht allzu nahe —
Möglich immer, daß erzürnt der Marko,
Möglich immer, daß er ist betrunken. —
Mit dem Rosse würd' er Euch zerstampfen,
Arg verstümmelt Euch dahinten lassen."

Er trinkt auch nicht den Wein, wie andre Menschen,

„Trinkt aus einem Becken, das zwölf Maß hält."

Nicht selten wird erzählt, daß er sich zwei Zober voll Wein
bringen läßt, die von je zwei Dienern getragen werden; einen
davon genießt er zum Frühtrunk, während der andre seinem
treuen Scharaz zu Theil wird. Ohne Wein begegnen wir ihm
auf keinen seiner abenteuerlichen Züge, und wenn er gerade Muße
hat, so zecht er wohl „grad' von Sonntag bis zum andern
Sonntag," je nachdem die Gesellschaft ist.

Seinen Freunden ist Marko ein treuer und ergebener Genosse. Er wagt alles für dieselben und würde um keinen Preis
sie in der Noth verlassen. Thränen rollen über seine Wangen,
als er erfährt, daß sein Bundesbruder Milosch von Poserja in
des Feldherrn Wutscha Hände gefallen und im Kerler geworfen ist,

„Wo das Wasser reicht bis an die Knie
Und Gebein von Helden zu den Schultern."

Wer ihn „in Gott und Sankt Johannes" um Hilfe anfleht, *)
kann gewiß sein, daß Marko ihm in aller Noth und Gefahr zur
Seite stehen wird. Es wäre ja auch sündlich, wollte er die
hülfreiche Hand zurückziehen, und Marko fürchtet trotz seiner an-
geborenen Rohheit und Wildheit den „wahrhaftigen Gott", wie
der Priester Nebijello, sein früherer Lehrer, ihn bezeugt.
Auch noch in anderen Liedern tritt es deutlich hervor, daß der
Volksdichter seinem Helden gottesfürchtige Gesinnungen unterlegt.
Er thut viele gute Werke, baut fromme Stifte und stattet sie
reichlich aus, um sein ihn an begangenes Unrecht mahnendes
Gewissen zu beruhigen. Mit den Armen und Krüppeln hat er
Mitleid, und als einst der Bey Konstantin zwei verwaiste Knaben
unbarmherzig von seinem Tisch weist, nimmt Marko sich derselben
väterlich an.

„Nahm sie nach den Märkten und den Läden,
Labte dorten sie mit weißem Brote
Und erquickte sie mit rothem Weine,
Ließ sie dann in reinen Scharlach kleiden,
Reinen Scharlach und in grüne Seide."

Geschichtlichen Nachrichten zufolge starb Marko in der Schlacht
bei Rovini im Jahre 1392. Im serbischen Volksglauben aber
lebte er noch viele Jahrhunderte fort, ja nach einigen Sagen ist
er noch heute am Leben und hält sich, gleich dem Kaiser Barba-
rossa, im Waldgebirge verborgen. Am verbreitetsten ist aber
folgende Erzählung über das Ende des Helden.

Als Marko eines Sonntags auf's Urwinagebirge**) reitet,
stolpert sein treuer Scharaz, was bis dahin noch niemals vorgekommen. Dies fällt dem Helden schwer auf's Herz und tief-
bewegt redet er zu seinem Rosse:

---

*) „In Gott und Sankt Johannes" fleht der Serbe häufig einen andern
um Hilfe an. Diese Anrede ist von äußerster Heiligkeit und legt dem so
Angesprochenen die Pflicht auf, sich des Bittenden anzunehmen. Sich dieser
Pflicht entziehen, wird als die größte Sünde angesehen. Nebulis ist die
Verbrüderung, die bei feierlichen Gelegenheiten oder in Gefahr vollzogen
wird. Solche Bündnisse werden selbst heiliger als Blutsverwandtschaften
gehalten.

**) Ein unbekanntes Gebirge. Urwina bedeutet im Serbischen einen
steilen Abhang.

„Ei, mein lieber Freund, mein treuer Scharaz,
Sind es hundert doch und sechzig Jahre,
Seit wir zweie als Gefährten leben,
Und noch niemals hast Du mir gestolpert,
Aber heute längst Du an zu stolpern.
Weiß der Herr! Das deutet mir nichts Gutes,
Sicher gilt es hier um eines Leben,
Um das meine oder um das Deine."

Da offenbart ihm die Waldeswila, daß er auf dem Gipfel des Gebirges sterben werde. Als der Held dies vernimmt, da rollen Thränen über seine Wangen und er nimmt Abschied von der Erde:

„Falsche Welt, Du meine schöne Blume!
Schön warst Du, o kurzes Pilgerleben,
Kurzes, nur dreihundertjährig Leben!
Zeit ist's nun, daß ich die Welt vertausche."

Seinen Scharaz will er nicht in andre Hände fallen lassen. Mit einem Streiche haut er ihm das Haupt ab und gräbt ihm unter den schlanken Tannen ein verborgenes Grab. Auch seine Waffen zerstört er. Den Säbel bricht er in vier Theile, die Lanze in sieben Stücke, aber den gefürchteten Kolben schleudert er weithin in die blaue Meeresfluth. Dann schreibt er seinen letzten Willen nieder,

Steckt den Brief in's Laub der grünen Tanne,
Daß man ihn erblicken kann beim Heerweg,
Wirft das gold'ne Schreibzeug in den Brunnen,
Zieht den grünen Rock aus, auf dem Grase
Ihn ausbreitend unter einer Tanne,
Macht ein Kreuz, läßt auf den Rock sich nieder,
Drücket tief in's Aug' die Zobelmütze,
Legt sich still — und er erschlief nicht wieder."

Viele gehen an ihm vorbei, aber Niemand nahet sich dem Todten, denn Jeder denkt, er schlafe und fürchtet sich, ihn zu wecken. Endlich kommt der Abt Basilius von der Chilandarer-Kirche auf dem Berge Athos des Wegs gegangen,

Sieht den Brief da in den Tannenzweigen,
Liest des Briefes Inhalt aus der Ferne,
Der ihm sagt, Held Marko sei gestorben."

Mit Thränen füllen sich da des Abtes Augen, hin und her rennt er, wo er dem Helden das Grab bereite. In der Mitte der Chilandarerkirche scheint ihm der beste Platz zu sein. Dort-hin bringt er des Helden Leib,

„Laß dem Marko, was gebührt den Todten,
Grabgesänge über seinen Leichnam."

Kein Zeichen setzte er ihm zum Gedächtniß. Dieses lebt in dem Ruhme und in den Liedern des Volkes. Durch dieselben zieht sich aber wie ein goldener Faden das Hoffnungswort:

„Wenn der Kolben aus dem Meer zurückkehrt,
Wird ein Held ersteh'n, der Marko gleichet."

Literatur, Kunst und Theater.

Briefe von Schiller an Herzog Friedrich Christian von Schleswig-Holstein-Augustenburg über ästhetische Erziehung. In ihrem ungedruckten Urtext heraus-gegeben von A. L. J. Michelsen. Berlin. Gebrüder Pätel. Diese Briefe sind eine Vervollständigung jener, seiner Zeit von uns erwähnten, die Professor Max Müller in Oxford zuerst in dem Aprilheft 1875 der „Deutschen Rundschau" und später in einem Sonderabdruck veröffentlicht hat. Eine Jahres-pension, welche der Herzog von Augustenburg in Gemeinschaft mit dem Grafen Ernst von Schimmelmann dem Dichter ertheilte, gab bekanntlich die Veranlassung zu dem Briefwechsel Schillers mit den Ersteren. Der Dichter, der sich damals mit Gedanken über die ästhetische Erziehung trug, ersuchte den Herzog, ihm in zwangloser Weise über diesen Gegenstand schreiben zu dürfen. Michelsen theilt nun ein schon lange in seinem Besitz befindliches abschriftliches Heft dieser Briefe Schillers mit. Leider enthält das Heft, von dem noch ein zweites, ganz gleichlautendes Exemplar vorhanden sein soll, nur 7 Briefen und zwar von dem letzten kaum mehr als den Anfang. Nach diesen Briefen hat Schiller dann später seinen bekannten Aufsatz „Ueber die ästhetische Erziehung des Menschen" ausgearbeitet, und lassen sie uns daher einen interessanten Blick in die geistige Werkstätte des Dichters thun. Wir wollen doch die Hoffnung nicht aufgeben, daß der fehlende Rest des Manuscripts, den der Herausgeber auf drei und einen halben Brief veranschlagt, noch irgendwo auftaucht. — Dieselbe Verlagshandlung giebt gegenwärtig eine auf 12 Bände berechnete Gesammtausgabe von Franz Dingelstedt's Sämmt-lichen Werken heraus. Der erste Band davon ist bereits er-schienen. Er enthält die hübschen „Bade-Novellen," deren Schauplatz Ischl, Karlsbad, Kreuth, Ems, Baden-Baden und Helgoland sind. Die Ausgabe ist geschmackvoll ausgestattet.

Gedanken über Tonkunst und Tonkünstler von Friedrich Ritter von Hentl. 2. Auflage. Leipzig. Johann Ambrosius Barth. Dem lebhaften Drange der Gegenwart nach immer wechselnder musikalischer Anregung gegen-über, sei es, meint der Verfasser, Pflicht, auf die Meisterwerke einer höhern Kunstepoche in der Musik und damit auf den wahrhaft schönen musikalischen Ausdruck immer wieder hinzu-weisen. Von diesem höheren und verdienstlichen Zwecke abge-sehen, bieten die in sich abgeschlossenen dreizehn Aufsätze des Bändchens eine reiche Fundgrube anregender Unterhaltung. Ob der Verfasser die unterscheidenden Merkmale der Mozart'schen und Beethoven'schen Melodie in anschaulich poetische Bilder kleidet, oder eine hübsche Parallele zwischen Raphael und Mozart als den beiden Gipfelpunkten des Kunstideals zieht, oder ob er das Gleichartige und Entgegengesetzte in Bach und Haydn, Händel und Beethoven, Mendelssohn und Schumann hervorhebt — immer ist er gedankenvoll und zu Gedanken anregend. Auf den letzten Aufsatz: „Die Musik der Gegenwart und die Zukunft der Musik," möchten wir die Aufmerksamkeit der Leser besonders lenken, weil uns dort die Frage nach der Ursache des mächtigen Anhangs, den Richard Wagners Musik in Deutschland gefunden, in scharf-sinniger, wenn auch keineswegs für uns schmeichelhafter Weise beantwortet scheint.

Die Bankgrafen. Roman von Michael Klapp. Bern. Georg Frobeen & Co. Die Sturmfluth literarischer Produktionen jener Gattung, welche durch die jüngste Schwindel-periode hervorgerufen wurde, scheint noch immer nicht im Fallen. Auch das Werk Klapps, vom Autor fälschlich als Roman bezeich-net, während es eine Reihe feuilletonistischer Skizzen ist, die nur durch einen ziemlich dünnen romanhaften Faden miteinander verknüpft sind, schöpft seinen Stoff in jener unerschöpflichen Quelle. Der Autor ist Oesterreicher und die Grundlage seiner Schilder-ungen bilden die vorkrachlichen Zustände seiner Heimat. Er be-schäftigt sich nicht allein mit dem Spiel der Börse, sondern be-leuchtet mit scharfer Satire auch die politischen, socialen und ge-sellschaftlichen Verhältnisse jener Periode überall mit frischem Humor, eindringender Sachkenntniß und trefflicher Charakteristik von Zeit und Leuten. Am besten gelungen sind ihm die Charakterköpfe aus der österreichischen Aristokratie, zu denen augenscheinlich lebende Modell gestanden haben, und sehr in-teressant ist „Sally Schenk's" Tagebuch, in welchem das Treiben der Börse höchst pikant und anschaulich geschildert wird. — In demselben Verlage erschienen ferner: Neue Schweizerbilder. Erzählungen aus dem Nachlasse des unlängst verstorbenen schweizer Schriftsteller Jakob Frey. Dieser ist über die Grenzen seiner Heimat hinaus wenig bekannt geworden, in der Schweiz dagegen erfreute er sich allgemeiner Anerkennung und Beliebtheit und das mit Recht, wenn die vorliegenden Erzählungen einen Rückschluß auf seine früheren Productionen gestatten. Einfache, wahre Erfindung, Wärme und Tiefe des Gefühls, sichere und gewandte Charakterzeichnung, Klarheit des Styls sind ihre gemeinsamen Merkmale, ohne daß ihnen hervorragender poetischer Werth zuerkannt werden kann.

Schweizer-Novellen. Von Alfred Hartmann. Berlin. Otto Janke. Der bewährte Verfasser der „Denkwürdigkeiten des Kanzlers Hory" zeigt sich in dieser Novellensammlung von einer neuen Seite. Aus diesen Blättern blickt nicht das ruhig forschende Auge des Culturhistorikers — hier ertönt das heiterernste Lachen des Humoristen. Die fröhlichste Laune entfaltet der Autor in „Eingeschneit", einem nach Art der Canterbury-tales verknüpften Cyclus von Erzählungen. Sind auch die Stoffe nicht durchweg neu, so behandelt er sie doch überall mit solch originellem Humor und frischer Energie der Schilderung, daß sie den Leser aufs Annuthigste erheitern. Ein köstliches Dorfidyll sind die „Erbvettern auf dem Aspihof", während die Novelle „die Studentin" durch ernsteren Inhalt und Vortrag den einheitlichen Ton der Sammlung zu durchbrechen scheint.

Nicht wie alle Andern. Aus fernen Landen. Zwei Novellen von Ferdinande Freiin von Brackel. Köln. J. P. Bachem. In der ersten Novelle zeichnet die Verfasserin den gewöhnlichen weiblichen Interessen abgewandten Frauencharakter, der dennoch der weiblichen Gemüthsinnigkeit nicht entbehrt. Dieser Charakter ist sehr geschickt zur Darstellung gebracht. Etwas gesucht erscheint es, daß junge Mädchen als Vertreterin ihrer Familie einen Prozeß führen zu lassen, um ihren Verstand in's rechte Licht zu sehen. Auch dürfte der Rechtsanwalt, der mit den Alten unter dem Arm zu seinen Clienten läuft und die Rolle des gutmüthig polternden Alten spielt, wohl schwerlich sein Vorbild in der Wirklichkeit finden. Die aristokratische Gesellschaft, in der die Erzählung sich bewegt, ist dagegen treu nach dem Leben geschildert. Man fühlt es hier der Verfasserin an, daß sie auf heimischem Boden steht. Ein leichtfließender, geistig belebter Dialog giebt der Erzählung ein besonders frisches und lebendiges Colorit. „Aus fernen Landen" versetzt den Leser nach Mexiko. Anfangs folgt er ihr zögernd, allmälig jedoch gewinnt er Vertrauen und erwärmt sich schließlich für die dargestellten Charaktere, deren fremdländische Hülle einen echt menschlichen Kern birgt.

Novellen von Salvatore Farina. 2 Bde. Leipzig. Fr. Wilh. Grunow. Die beiden Bände enthalten fünf Novellen, von Otto Borchers elegant aus dem Italienischen übersetzt. Schade, daß uns der Uebersetzer kein Wort über Salvatore Farina sagt! Aus den Novellen selbst können wir nur entnehmen, daß er ein Lombarde ist. In Deutschland ist er unseres Wissens noch unbekannt; wir zweifeln indeß nicht, daß ihn diese Novellensammlung rasch bekannt und auch beliebt machen werde. Farina erscheint als ein sehr geistreicher Schriftsteller, dabei mit Gefühl und Humor begabt, und der Humor dürfte die richtige Brille sein, durch die man die heutige Gesellschaft betrachten muß, wenn man ihr eine interessante Seite abgewinnen will. In der Erfindung der Fabel ist Farina nicht immer originell, aber in den Charakteren ist er es meistens und immer in der Behandlungsweise seines Themas.

Das größte Schlachtenbild der Welt ist gegenwärtig in dem Kloster Santa Annunziata in Florenz ausgestellt. Der Maler desselben ist Professor Dr. Pedro Americo, ein Brasilianer. Es veranschaulicht, und wie man sagt in ergreifender Weise, die Schlacht von Avahy aus dem letzten Kriege zwischen Brasilien und Paraguay. Das Gemälde ist 11 Meter hoch und auf Bestellung der brasilianischen Regierung gemalt.

Henri Siemiradzki in Rom ist mit einem Seitenstück zu seinen „lebenden Fackeln Nero's" beschäftigt. Wieder sind es die ersten Christenverfolgungen unter Nero, denen er die Motive zu einem zweiten Gemälde, dessen Ausstellung in Rom nahe bevorstehen soll, entnommen hat.

Eine historische Ausstellung der alten Kunst aller Länder und der Ethnographie aller außereuropäischen Völker soll in Paris in den Räumen der Weltausstellung 1878 eröffnet werden. Eine Commission zur Aufnahme und Klassificirung ist von dem französischen Ministerium für Ackerbau und Handel bereits ernannt.

Die Aufführung von Shakespeare's „Richard III." im Lyceum-Theater zu London, wobei Hr. Irving die Titelrolle spielte, bildete dort das große Ereigniß der ersten Februarwoche. War es doch das erste Mal seit den Tagen Shakespeare's, daß dem englischen Publikum seine Tragödie im Originaltexte vorgeführt wurde. Ein halbes Jahrhundert lang nach dem Tode des großen dramatischen Dichters war „Richard III." ganz von der englischen Bühne verschwunden. Im Jahre 1700 erschien er dann in einer gänzlich verkümmerten und zerstückelten Umarbeitung von Colley Cibber mit bombastischem Unsinn und melodramatischen Knalleffekten verbrämt. Eine zweite noch schwächere Bearbeitung, die sich aber nicht zu behaupten vermochte, brachte das Jahr 1821. Während 177 Jahren beherrschte das Stümperwerk unbestritten die Bühne. Selbst Garrick, Coole, Edmund Kean und Macready gingen in dem alten Geleise fort, wie nur vor wenigen Monaten noch schritt Richard im althergebrachten Cibber-Gewande über die Bretter von Old Drury-Lane. Jetzt endlich hat Hr. Irving den Muth gehabt, Richard den Engländern in dem Originaltexte vorzuführen und der Erfolg war ein ungeheurer. Wie eine neue Offenbarung des alten Meisters überkam es die Londoner und versetzte sie in einen unbeschreiblichen Enthusiasmus. Ueber „Romeo und Julie" ein ähnliches Schicksal auf der englischen Bühne wie „Richard III." gehabt, haben wir nur kürzlich berichtet.

Todtenschau. Alexander Pawlowitsch Brüllow, Gehm. Rath, Professor der Architektur in Petersburg, Schöpfer einer Anzahl dortiger hervorragender Monumentalbauten, starb in Petersburg am 21. Januar. — Graf Moritz zu Bentheim-Tecklenburg-Rheda, als lyrischer Dichter geschätzt, am 16. Januar 1798 geboren, starb am 27. Januar in Würzburg. — Karl v. Szentiványi, von 1865 bis 68 Präsident des ungarischen Unterhauses, einer der intimsten Freunde Deak's, starb in Budapest am 23. Januar, 75 Jahre alt. — Dr. Salomon Hirzel, langjähriger Besitzer einer weltbin bekannten Verlagsbuchhandlung in Leipzig, am 13. Februar 1804 geboren, starb in der Nacht vom 8. zum 9. Februar in Halle. — Dr. v. Landerer, Medicinalrath, langjähriger Besitzer einer weitbin bekannten Privat-Irrenanstalt zu Göppingen in Württemberg, starb daselbst am 8. Februar, 63 Jahre alt. — Georges Le Sourd, französischer Gesandter in Marokko, früher bei dem diplomatischen Corps in Berlin, starb am 8. Februar in Paris. — Sir William Fergusson, berühmter Chirurg und Operateur, Leibchirurg der Königin von England, Professor der Chirurgie am Kings College in London, starb daselbst am 10. Februar, 70 Jahre alt. — Leopold Spatzenegger, Primararzt in Salzburg, starb daselbst am 10. Februar, 62 Jahre alt.

Mannichfaltiges.

Tschernajeff. Ein belgrader Correspondent des „Golos" bemerkt über den „Argonautenzug" des russisch-serbischen Generals Tschernajeff: „Der General ist jedenfalls viel glücklicher in seinen Leistungen als politischer und militärischer Commis voyageur, denn als Oberst-Commandirender. Bei den russischen Offizieren suchte er sich durch eine ungewöhnliche Freigebigkeit mit Orden, Titeln, goldenen und silbernen Uhren populär zu machen. Den Serben suchte er durch theatralischen Effect zu imponiren. Wenn er während des Feldzuges sich in die Lager begab — was selten genug geschah — so that er es nicht anders, als in einer russischen Troika (Wagen von drei Pferden neben einander gezogen) mit Schellengeläute; vor seinem Wagen sprengte stets in großem Pomp ein Vorreiter voraus, der ein weißes Banner mit himmelblauem Kreuze trug; hinter ihm aber folgte stets eine große Suite und ein Cavallerie-Trupp. Dieses Gepränge hat Tschernajeff auch bei seiner jetzigen Reise nicht gänzlich aufgegeben. Sein Gefolge besteht aus einigen Arnauten, Czernagorzen und Bulgaren mit ihren bunten kostbaren Costümen, sowie aus einigen Personen seines Feldstabes, im Ganzen nicht aus der Blüthe des heutigen Ritterthums. Wer das Alles bezahlt, ist unbekannt; allein der General tritt überall mit großem Luxus auf, und der Besitzer des „Grand Hotel" in Wien hat lange schon nicht so viel aufwandtreibende Gäste bei sich gesehen, als die neulich mit dem „Connetable von Serbien" kamen. — Tschernajeff flog am 2. Februar Abends im „Crab und Lobster Hotel" zu Ventnor auf der Insel Wight ab.

Ovation für Darwin. Darwin hat zu seinem Geburtstage am 12. Februar (er ist 1809 geboren) ein prachtvolles, künstlerisch ausgestattetes Album zugesendet erhalten, in welchem nahe an 200 Anhänger der Entwicklungslehre in effigie vertreten sind. Das Album hat eine Höhe von 50 Centimetern und eine Breite von 43, ist in dunkelblauem Sammt eingebunden und bietet mit seinen silbernen und goldenen Verzierungen einen überraschend schönen Anblick dar. Schlagen wir es auf, so tritt uns ein allegorisches Titelbild entgegen. Eine ernste Frauengestalt, die Forschung, sitzt auf einem Felsstücke und schaut uns durchdringend an. Neben ihr steht der Genius mit einer weithin leuchtenden Fackel. Vor dem anbrechenden Tage fliehen die lichtscheuen Feinde der Wissenschaft — Mythos und Dogma — hinweg. Herr Arthur Fitger in Bremen, der Maler dieses Titelbildes, hat darin in einfachster Weise eine allegorische Darstellung des Culturkampfes gegeben. Unter der großen Anzahl von Photographien fällt vor Allem ein wohlgetroffenes Brustbild des Professors Häckel auf. Er steht, wie billig, am Anfange der ganzen Reihe. Beim Weiterblättern finden wir die Photographien von Helmholtz, Moleschott, Ludwig Büchner, Oskar Schmidt, Eilhard Schulze, Friedrich v. Hellwald, Dr. Brehm, Gerhard Rohlfs, Professor Alexander Braun, Bernhard v. Cotta ꝛc. Breslau ist durch Professor Leopold Auerbach und Dr. G. W. Körber vertreten. — Der Urheber der Idee, Mr. Darwin mit einem derartigen Album zu überraschen, ist Herr Rechnungsrath Rade in Münster. Derselbe setzte sich im Sommer vorigen Jahres mit Professor Häckel in Verbindung, und so kam das Unternehmen in die rechten Hände.

Sängerin und Componist. Fräulein Tietjens, die deutsche Primadonna, wirkte vor einigen Tagen in einem in der Guildhall zu Plymouth stattgehabten Concerte mit und sang auf stürmisches Verlangen die bekannte Ballade „Kathleen Mavourneen". In Bezug auf dieses Lied erzählt ein dortiges Blatt folgende Anekdote: „Der Componist von „Kathleen Mavourneen" war Mr. Crouch, ein Musiklehrer in Plymouth, der für seine Com-

position von dem Verleger die Summe von fünf Pfund Sterling erhielt. Er verließ die Stadt vor einem Vierteljahrhundert. Während ihrer jüngsten Anwesenheit in Newport sang Fräulein Tietjens in einem Concert „Ka'hleen" als eine „Zugabe". Das Lied erregte einen wahren Beifallssturm, und als derselbe nachgelassen, wurde ihr gesagt, daß ein Mann, muthmaßlich ein Irrsinniger, sich einen Weg über die Barriere vom Parterre nach den Coulissen (das Concert fand im Opernhause statt) bahne. Der Mann sagte, er sei entschlossen, mit Fräulein Tietjens zu sprechen. Die Primadonna bat, ihn vorzulassen. Beim Eintritte brach er in Thränen aus und sagte schluchzend: „O, Fräulein Tietjens, niemals werde hörte ich mein Lied singen, wie Sie es soeben gesungen haben." — „Ihr Lied?" lautete die Antwort. „Wie, Sie sind doch nicht etwa Crouch?" — „Ich bin es in der That," entgegnete der alte Componist, „und ich fühlte das Bedürfniß, Ihnen selber zu danken." Crouch hatte die zwei Dollars für ein Parterre-Billet zusammengespart, nicht ahnend, sein jetzt berühmtes Lied als die wirkungsvollste Piéce des Concerts vortragen zu hören."

Amerikanische Journalistik. Eine berechtigte Eigenthümlichkeit des Zeitungs-Sanctums in äußersten Western der nordamerikanischen Freistaaten war und ist vielfach noch heute der „raufende Redacteur — the fighting editor". Der rohe und impulsive Charakter der dortigen Bevölkerung treibt sie zu ungewöhnlicher Hast im Abmachen persönlicher Streitfälle, welche das Geschäft des Leichenbesorgers blühen macht, selbst wenn alle anderen banicederliegen. Während, wenn sich anderswo ein Irrthum in ein Blatt einschleicht, der sich gekränkt Glaubende ruhig seine Sache vorträgt und in fast allen Fällen auf ein ebenso höfliches Entgegenkommen, beziehentlich eine Berichtigung rechnen kann, pflegt dort der Geschädigte mit vorgehaltener Waffe zu kommen und von der Ansicht auszugehen, der Redacteur sei Stenograph genug, den Widerruf niederzuschreiben, ehe die ihm zugedachten sechs Schüsse aus dem Revolver heraus sind. Originell wie diese Käuze selbst, sind naturgemäß ihre Localberichte über eigne und fremde Affairen „einschlagender" Art. So schreibt eine Zeitung in Nevada: „Gestern Nachmittags, als der Editor dieses Blattes ruhig bei seiner Arbeit saß, kam ein gewisser Buckner herein und fragte: „Seid Ihr der Redacteur von der Zeitung?" Wir antworteten: „Ja!" Dann zog er einen Schießprügel hervor, spannte den Hahn und zielte auf unsere Person. Wir schlugen die Waffe augenblicklich zur Seite, wobei bei Gelegenheit die eiserne Ofen umfiel. Dann bückten wir uns und machten uns daran, den Fußboden mit seinem nichtswürdigen Leibe abzuwischen, ohne die Pistole weiter zu beachten, welche Buckner noch immer in der Hand hielt. Ein Setzer sprang herein und hatte sie ihm weg, worauf wir ihm aufzustehen gestatteten und unsere dringenden Wünsche für sein weiteres Fortkommen ausdrückten. Er ergriff eine zwanzig und einen halben Zoll lange eiserne Stange und bemühte sich, und damit zu magnetisiren, wurde aber durch unseren sanften Griff an seine Luftröhre gestört. Wir schoben ihn nach der Glasthür und durch dieselbe hindurch, ohne ihr zu öffnen, wobei sämmtliche Scheiben beschädigt wurden und ein Splitter eine kleine Schramme an unserem editoriellen Hirnkasten machte. Der Artikel, welcher höchst wahrscheinlich den Burschen herführte, besprach eine verbürgte, stadtbekannte und völlig harmlose Geschichte, nannte aber keine Namen. Wir werden fortfahren, alle derartigen Stadtneuigkeiten zu bringen, ohne Rücksicht darauf ob es Jedermann suckt, und hinfort vorbereitet sein, uns gegen Jedermann zu wehren, der da kommt, uns zu attentiren. Wir widerrufen nichts und bereuen nichts, nicht einmal unser gnädiges Verfahren mit Mister Buckner."

Eigenthümlicher Diebstahl. Ein seltsamer Diebstahl setzt die höchste Gesellschaft von Kopenhagen in Aufregung und die Gerichte in große Thätigkeit. Der Schauplatz des Diebstahls ist die Insel Füuen. Vor einiger Zeit befand sich der König von Dänemark auf den Gütern des Kammerherrn Schestedt-Juel zur Jagd. Der Diebstahl wurde während der Abwesenheit der Herrschaften auf der Jagd ausgeführt; Jedem fehlte bei der Rückkunft das Goldgeld aus dem Portemonaie, nirgends war es aber das ganze, so daß die Meisten sogar außer Stande waren, die fehlende Summe genau anzugeben. In das Portemonnaie des Königs hatte der Dieb statt der Goldstücke neue Kupfermünzen hineingelegt, und dadurch, daß der König die Trinkgelder in diesen Kupfermünzen austheilte, ist man erst auf den Diebstahl aufmerksam geworden. Bisher fehlt jeder Anhalt, wer der absonderliche Dieb ist, der solche Vorliebe für Goldgeld und einen solchen Vorrath an blanken Kupfermünzen hatte.

Ein Drama in St. Brieuc. Ein Correspondent aus Paris erzählt von folgendem schrecklichen Verbrechen, das vor Kurzem in St. Brieuc, einem kleinen französischen Städtchen, stattgefunden hat: Herr Le Foll, Kassirer und Redacteur des „Progrès", hat den Hauptmann des dort garnisonirenden Linienregiments Nr. 71, Herrn Wurz, zu sich aufs Büreau, vorgeladen, mit ihm eine schwebende Angelegenheit ordnen zu wollen. Hauptmann Wurz begab sich Abends 9 Uhr auf dessen Comptoir und wurde von dem Kassirer sofort folgendermaßen interpellirt: „Ist es wahr, daß Sie, Herr Hauptmann, meine Frau während meiner Abwesenheit besuchten?" — „Ja." — „Sie stehen also mit selber in intimem Verkehr?" — „Nein." — „Schwören Sie mir, daß Sie sich mit allen Jenen schlagen werden, welche behaupten, daß Sie der Geliebte von Madame Le Foll seien!" — „Dies kann ich nicht thun," entgegnete der Hauptmann, der inzwischen in einem Fauteuil Platz genommen hatte, „ich müßte mich dann mit all' Jenen schlagen, welche es Ihnen belieben würde, mir zuzuschicken." Herr Le Foll, der seinen Grimm nicht länger bemeistern kann, zieht plötzlich einen bereit gehaltenen Dolch und versetzt dem Hauptmann einen Stich. Dieser setzt sich zur Wehr, jedoch von weiteren drei Stichen verwundet, fällt er besinnungslos zu Boden und der Angreifer verläßt eiligst das Büreau. Während nur einige herbeigeeilte Bedienstete den Verwundeten ins nächste Spital transportirten, erreichte Le Foll, die blutige Waffe in der Hand, das Zimmer seiner Frau, der er einige tödtliche Stiche beibringt; dann entflieht er. Er begiebt sich in das Hotel „La Croix blanche", woselbst er seine vor 48 Stunden von Paris angelangte Geliebte, Quinette, genannt Madame Dormand, eine schöne Blondine von 22 Jahren, auffordert, mit ihm zu fliehen. Beide machen sich auf den Weg in das nahegelegene Städtchen Cesson. Doch kaum an der Hälfte des Weges angelangt, kurz nachdem dieselben den Parc Glais-Bizoin passirt hatten, zieht Le Foll einen scharf geladenen sechsläufigen Revolver, feuert vier Schüsse auf seine Geliebte ab, während er sich mit den fünften das Gehirn zerschmettert. Le Foll und dessen Geliebte wurden als Leichen aufgefunden. Frau Le Foll und der Hauptmann jedoch sind schwer verwundet, doch ist Aussicht vorhanden, dieselben zu retten. Le Foll entstammt einer guten Familie, sein Vater ist Professor am Lyceum, sein Bruder ein renommirter Architekt daselbst, und seine Schwester an einen hohen Beamten des Schatzamtes verheirathet.

Der unverschämteste Lügner in Texas sitzt, wie eine dortige Zeitung berichtet, gegenwärtig im Gefängniß. Als neulich ein gutherziger Prediger ihn fragte, wie er dazu gekommen, sagte er mit Thränen in den Augen: „Ich kam aus

einer Betstunde und setzte mich zum Ausruhen nieder. Ich fiel in Schlaf und während des Schlafes wurde das Gefängniß um mich herumgebaut. Als ich aufwachte, wollte der Gefängnißwärter mich nicht hinauslassen."

Ein ergrauter Verbrecher hat dieser Tage im Asyl des berliner Arbeitshauses das Zeitliche gesegnet, und selten hat einer wie er, bewiesen, in wie hohem Grade der Mensch befähigt ist, die Mühsale des Lebens zu ertragen. Die Personal-Acten des Verstorbenen ergeben, daß derselbe seit dem Jahre 1836 nur ein Jahr und fünf Monate auf freiem Fuß gewesen, die übrige Zeit, d. i. also fast vierzig Jahre, im Zuchthause verbracht hat!

Hundertjährige. Daß in England die Leute alt werden, ist oft gerühmt worden. Auch ist nachgewiesen, daß Hundertjährige sich in dem britischen Inselreiche häufiger finden, als anderswo. Es ist zweifellos gegenüber gut, daß nicht immer ein dunkler Ehrenmann, sondern auch einmal eine bekannte Persönlichkeit auf ein Jahrhundert zurückblicken könne. So starb in Lowestoft in Suffolk bei Yarmouth dieser Tage Lady Smith, Wittwe des Präsidenten des Linné-Vereins, Sir James Smith. Sie war am 11. Mai 1773 geboren und folglich 104 Jahre alt. An ihrem hundertsten Geburtstage ließ sie allen bejahrten Armen der Nachbarschaft ein Essen gegeben und an demselben Tage von der Königin ein Exemplar von deren Buche: „Unser Leben im Hochlande" erhalten, in das die Königin eigenhändig hineingeschrieben: „Von Victoria R. ihrer Freundin Lady Smith an ihrem Geburtstage." Die Verstorbene hieß ursprünglich Pleasence Reeve, heirathete vor nunmehr 81 Jahren und war Wittwe seit 1828.

Ein abenteuerliches Leben. Am 13. Januar kam ein Weib nach Paris, welches sich durch seine Excentritäten in ganz Süddeutschland einen Namen erworben hatte. Bis zu einem Alter von fünfzehn Jahren bei ihrem Vater erzogen, ward das junge Mädchen eines Tages ihres ruhigen Lebens im elterlichen Hause müde und entfloh unter Mitnahme einer Summe von 5000 M. Um von ihrer Spur abzulenken, schnitt sie sich die Haare ab, kleidete sich als Knabe und bestand nun eine zahllose Reihe von Abenteuern. Nachdem sie Schiffsjunge, Handelsbeamter und Pferdeverkäufer gewesen war, kam sie junge Abenteurerin nach Buenos-Ayres, wo sie durch ihren entschiedenen Charakter Aufsehen erregte und das Commando einer Compagnie erhielt. Mehrere glückliche Waffenthaten hatten ihre Ernennung zum Obersten zur Folge. Bei einer Offiziers-Versammlung im letzten Mai gerieth der junge Stabsoffizier in Streit mit einem Kameraden. Es erfolgte ein Duell, in welchem ihr Gegner getödtet wurde. Bei Durchsicht der Papiere des Verstorbenen erkannte das junge Mädchen mit Schrecken, daß sie einen Brudermord begangen habe. Ihr Gegner war nämlich ihr eigener älterer Bruder, der sich von seiner Familie getrennt hatte, als sie erst zwei Jahre alt war. Verzweifelt warf sie sich zu den Füßen des Bischofs, den sie ihr abenteuerliches Leben erzählte und der sie versprach, sich bei ihrem Vater für sie zu verwenden. Die Heldin dieser Geschichte, Miß Cora Dickson, ist erst 22 Jahre alt, von mittlerer Größe, so sanften und bescheidenen Aussehen, daß man so viel Energie und Muth gar nicht bei ihr voraussetzen sollte. Sie ist im Hotel Rivoli in Paris abgestiegen, sagen französische Pariser Blätter.

Gesuch. Ein pariser Morgenblatt enthält jüngst folgende Anzeige: „Ein dramatischer Schriftsteller wünscht in Beziehung zu einer Weltdame zu treten, um ernstliche Studien der vornehmen Gesellschaft zu machen."

Redigirt unter Verantwortlichkeit des Herausgebers: Otto Janke in Berlin. — Redacteur des Feuilletons: Robert Schweichel in Berlin. — Verlag von Otto Janke in Berlin. Druck der Berliner Buchdruckerei-Actien-Gesellschaft. — Setzerinnenschule des Lette-Vereins.

Deutsche Roman-Zeitung.

No. 23. Erscheint achttäglich zum Preise von 3½ ℳ vierteljährlich. Alle Buchhandlungen und Postanstalten nehmen dafür Bestellungen an. Durch alle Buchhandlungen auch in Monatsheften zu beziehen. Der Jahrgang läuft von October zu October. 1877.

Auf immer verschwunden.

Historischer Roman

von

George Hiltl.

Erstes Capitel.

Zwei Unterredungen.

Durch die Fenster des herzoglichen Schlosses zu Turin fielen die Strahlen der Abendsonne. Sie beleuchteten mit ihrem gluthrothen Scheine die zierliche Gestalt einer jungen Dame, welche — sich mit ihrer rechten Hand auf die Lehne eines Sessels stützend — in Gedanken verloren, durch die geöffnete Glasthür eines großen rechtsseitigen Zimmers blickte. Diese Thür sah auf den Park hinaus, welcher hinter dem Schlosse sich entlang ziehend bis an die Werke der Befestigung reichte, deren Bastionen und Schanzen die Stadt Turin umgaben.

Die Dame genoß eine prächtige Aussicht, denn von ihrem Standorte aus vermochte man durch die hohen Bogen der Taxus- und Buchsbaumhecken bis zu der niedrigen Umfassungsmauer des Parkes und über diese hinweg in die Ferne zu blicken, wo am Horizont die Bergkette aufstieg — und wo Alles war übergossen von jenem luftigen Golde, welches die Abendröthe über Stadt und Land, Berg und Thal in so verschwenderischer Weise breitet.

Die Dame schien jedoch für die Reize der Natur wenig Aufmerksamkeit zu haben. Ihre Gedanken waren zugewendet, welches sie in ihrer feingeformten Hand hielt. Sie hatte dasselbe offenbar schon ein oder das vier Mal gelesen — aber sie hob es doch wieder zu ihren schönen Augen empor, um es auf's Neue zu durchfliegen und wenn sie es wieder und wieder gelesen hatte, seufzte sie tief auf und schüttelte das reizende Köpfchen so traurig, wobei sie ihrer eine Thräne zerdrückte, die sich zwischen den schwarzen Wimpern hervorstahl.

„Wenn er nur erst die schlimme Botschaft erfahren murmelte sie vor sich hin. „Der wackere Philipp armer junger Mann! wird er den Kampf bestehen der um meinen Besitz geführt werden muß? — es wäre besser gewesen, wir hätten uns nicht ge-

funden — besser — viel besser. — Nein — nein —" fuhr sie in ihrem leisen Selbstgespräch fort, „schäme Dich, Juliette, Du darfst nicht seufzen, daß diese Liebe Dich gefangen hält, sie ist das Glück Deines Lebens, trotz aller Sorge, welche sich ihr anhängt, trotz aller Hindernisse, welche uns drohen. Oh — hätte ich Philipp nur erst gesprochen, ihm Alles berichtet, mir bangt vor dem Augenblicke, in welchem er es vernimmt, was dieses Blättchen enthält;" sie hielt unwillkürlich den Brief in die Höhe.

„Eh done!" ließ sich plötzlich eine Stimme vernehmen. „Was phantasirt unser allerliebstes Fräulein de Pons hier am offenen Fenster?"

Juliette de Pons barg erschrocken den Brief in den Falten der Spitzenmanschetten, welche ihre weißen Arme vom Ellbogen bis zum Handgelenk umfingen. „Sieh da, Gräfin Laura," sagte sie, schnell eine heitere Miene annehmend. „Ich glaubte Sie bereits mit ihrer Hoheit der Frau Herzogin Regentin auf halbem Wege nach La Valentina."

„Hoheit haben ihre Pläne geändert. Man wollte mit dem französischen Ambassadeur im Lustschlosse zusammentreffen, aber Herr von Gomont hat sich plötzlicher Geschäfte wegen entschuldigen lassen. Hoheit wollen hier im Parke das Souper einnehmen."

„Die Herzogin bleibt im Schlosse?" fragte Juliette de Pons schnell und mit einiger Unruhe. „So ist es, meine Kleine," entgegnete die Gräfin Laura Govone, indem sie sich nachlässig in einen Fauteuil warf. „Und wenn Sie etwa Lust halten, die Comödie française zu besuchen, so müssen Sie diesem Vergnügen entsagen, wir sind zum Souper befohlen."

Juliette stieß einen leisen Seufzer aus, den die Gräfin aber dennoch vernommen hatte — da sie lachend rief: „Es ist doch etwas Charmantes um den Patriotismus. Unsre kleine Juliette seufzt, weil sie die französische Komödie, das Spiel ihrer Landsleute nicht besuchen kann — ja — ja — das nennt man ein désastro in der schönen Sprache der Franzosen."

„Sie irren, Gräfin," sagte Juliette verlegen. „Ich
— ich wollte — ich dachte heut Abend mich mit
Briefschreiben zu beschäftigen. Meine Angehörigen in
Paris warten auf Nachrichten — indessen," setzte sie
gezwungen lachend hinzu, „der Dienst ist die Hauptsache — wann wird soupirt?"

„Um neun Uhr wird im Bosquet der Diana
servirt." Wiederum zuckte Juliette leicht auf. „Es ist
ein so heimischer Platz und nach der erstickenden Hitze
des heutigen Tages wird man sich der erfrischenden
Kühlung freuen, welche in diesem reizenden Versteck
herrscht," sagte Gräfin Laura sich erhebend.

Sie hatte kaum ausgesprochen, als die Flügelthüren, welche zu dem anstoßenden Zimmer führten, geöffnet wurden. Zwei Pagen traten ein und stellten sich
zu beiden Seiten der Thür auf.

„Die Herzogin kommt," sagte Gräfin Laura, sich
der Thür nähernd. Auch Juliette that einige Schritte.
— Die Herzogin trat ein.

Marie Jeanne Baptiste von Nemours, Herzogin
Regentin von Savoyen, war eine hoch und schlank ge-
wachsene Dame. Sie stand in vierunddreißigsten Lebens-
jahre. Dunkle Locken umrahmten ihr edelgeformtes
Antlitz, dem allein die stechenden schwarzen Augen einen
Ausdruck von List und Verschmitztheit verliehen, der
ganz dazu angethan war, bei dem, welcher der Dame
sich nahte, eine Art von Scheu zu erwecken. Man
fühlte, daß Vorsicht nothwendig sei, wollte man mit der,
übrigens sehr interessanten, Erscheinung unterhandeln.

Die Regentin war die Wittwe Carl Emanuels des
Zweiten, Mutter des zukünftigen Herzogs Victor Amadeus,
bis zu dessen Großjährigkeit sie die Regierung führte.
Da sie eine Tochter des Herzogs Carl Amadeus von
Nemours war, rollte französisches Blut in ihren Adern.
Wer in ihrer Nähe blieb, bemühte sich daher französische
Sprache und Manieren zu kultiviren, was nicht besonders schwierig war, denn im Jahre 1678 herrschte
die von Frankreich kommende Mode eben so unbeschränkt,
als die Gewalt, welche der vierzehnte Ludwig sich errungen hatte.

Die Regentin wollte französische Begleitung in ihrer
Nähe haben; die schöne Julietta de Pons gehörte zu
den Personen, welche fast täglich um die Gebieterin sein
mußten. Man erkaufte diese Bevorzugung mit dem Verluste der Freiheit.

Marie Jeanne trat schnellen Schrittes in den Saal.
Die beiden Hofdamen verneigten sich tief. Die Regentin
reichte ihnen die Hände, welche sie ehrerbietig küßten.
Mit ihr zugleich waren zwei Cavaliere und eine ältere
Dame eingetreten. Es waren der Marchese Cagnola
und der Graf Riccati — die ältere Dame war Donna
Salbagna, eine Spanierin, welche der Regentin als
dama d'atours beigegeben wurde, als sie zum ersten Male
ihren eignen Hofstaat erhielt.

„Mes enfants," sagte die Regentin. „Ich bleibe
heut im Schlosse. Wir wollen den schönen Abend im
Parke zubringen. Sie haben doch Alles angeordnet,
Graf?" wendete sie sich zu Riccati.

„Um neun Uhr ist das Souper bereit," sagte der
Graf sich verneigend.

„Eh bien — so lassen sie uns einen kleinen Gang
durch den Park machen."

Die Pagen gingen voraus, dann folgte die Regentin, die Uebrigen schritten hinterdrein und der kleine
Zug schritt durch die Thür, welche auf einen Altan führte,
von welchem eine zierliche Steintreppe in den Park lief.

Die Regentin schlug den Weg zu der prächtigen
Linden-Allee ein, deren mächtige Stämme dichte Laub-
kronen trugen, welche ihre Aeste und Blätter dergestalt
ineinander geschlungen hatten, daß sie gleich den Wöl-
bungen einer riesigen Halle das grüne Dach bildeten,
unter dessen Schutze man wandeln konnte, ohne von den
Strahlen der heißen Mittagssonne belästigt zu werden, grüne
Fächer, die jetzt im erquickenden Abendwinde leise rauschten.

Die tiefste Stille herrschte im Parke und nur die
Glocken der Kirchen, welche das Ave läuteten, unter-
brachen mit ihren Tönen die Ruhe in angenehmer und
ergreifender Weise. Die Gesellschaft begann auf dem
Wege zur Allee lebhaft zu plaudern. Cagnola gab einige
Tagesneuigkeiten zum besten. Sie waren erheiternder
Art, denn die Regentin sowohl als die Gräfin Laura,
Donna Salbagna und Graf Riccati lachten so herzlich,
daß dadurch ein Echo unter den Baumhallen erweckt
wurde, in deren Bereich man trat.

„Hörst Du Laura?" rief die Regentin. „Da ist
die Nymphe Echo wieder, von der wir gestern sprachen.
Welche heitere Laune, welche uns beseelt, läßt sie sofort
wieder erscheinen."

„Hoheit," entgegnete Laura. „Wenn sie sie nur
ein Mal sehen könnte. Leider hört man das liebliche
Geschöpf nur. Ich stelle mir diese Nymphe gar zu
reizend vor — sie muß so zart, so luftig sein — muß
wie ein leichtes Flöckchen, wie ein Federchen vom Hauche
des Windes da und dorthin getrieben werden, ich glaube
deshalb eben kann man sie nie erhaschen."

„Und wenn Du sie erhaschen könntest, was würdest
Du mit der Gefangenen beginnen?"

„Je nun — sie wie einen seltenen Vogel in einen
Käfig sperren und wenn sie unartig oder widerspenstig
wäre, gäbe ich ihr einen gelehrten Herrn, der so viel
über ihren Ursprung geschrieben hat, den Abbate
Solaro zum Wächter, der würde trefflich zu dem lustigen
Wesen passen."

Man lachte nach diesen Worten, denn Abbate
Solaro war ein überaus gelehrter, aber höchst corpu-
lenter Mann, dessen Beleibtheit ihm selbst große Be-
schwerden verursachte.

„Still," befahl plötzlich die Regentin. „Schweigt
jetzt ein wenig. Es ist so unendlich wohlthuend, auf
diese feierliche Ruhe zu achten, welche uns hier umgiebt."
Sie neigte leicht ihr Haupt gegen die Schulter, als wollte
sie lauschen und sich an dem tiefen Schweigen ergötzen,
das auf dem Parke und dessen Umgebung lagerte.

Die Stille ward durch die Ankunft einiger Lakaien
unterbrochen, welche Rohrsessel und einen Teppich her-
beitrugen. Sie breiteten denselben an einer Stelle aus,
von welcher man wiederum einen Blick durch die bogen-
förmigen Ausschnitte der Hecken über die Parkmauer
hinweg in das Freie hatte. Nachdem sie die Sessel gestellt hatten, entfernten sie sich und die Regentin so wie
ihre Begleiter nahmen Platz.

„Ah," sagte Marie Jeanne, den sanften Hauch
des Abendwindes, der durch die Büsche zog und den
Duft der Blumen mit sich führte, einathmend. „Wie

herrlich. Das ist ein Genuß. Laßt die Unruhe des Tages vergessen sein. Vraiment, ich bedaure es nicht, die Fahrt nach la Valentina aufgegeben zu haben — aber wie ist mir denn, meine kleine Juliette ist sehr ernst gestimmt — ich vermisse schon seit einigen Tagen ihr munteres Lachen und heute erscheint sie besonders schweigsam. Kind, was ist Dir geschehen?"

Juliette war aufgefahren, als die Regentin sie anredete und sie zwang sich zu einem matten Lächeln. „Ich, Hoheit? oh nicht doch. Ich bin vollkommen heiter. Es ist möglich, daß die gewaltige Hitze, welche heute den Tag über herrschte, ein wenig auf mich gewirkt hat, aber wer sollte an diesem reizenden Orte, in der Frische des Abendwindes sich nicht schnell erholen?"

„Recht so, mon enfant," sagte die Regentin, die Hofdame fixirend. „Man muß niemals die Traurigkeit überhand nehmen lassen. Apropos, ich hörte von der Comtesse Guerchin, Du hättest vor einigen Stunden Briefe aus Paris erhalten — ist das richtig?"

„Allerdings, Hoheit," erwiderte Juliette. „Meine Frau Tante, der Oheim und die Brüder legen für Euro Hoheit einen unterthänigen Gruß bei."

„Ich danke von Herzen. Und was meldet man Dir sonst noch?"

„Nicht viel. Man beneidet mich um meine Stellung, theilt verschiedene in Paris geschlossene Verlobungen mit, erzählt von der großen Fahrt bei Fackelschein, welche Seine Majestät König Ludwig durch den Versailler Park machten, meldet von neuen Moden und — das ist so ziemlich Alles," berichtete Juliette.

„Glückliche Leute in diesem Paris," sagte die Regentin mit leichtem Seufzer. „Sie können sich mit dergleichen Dingen beschäftigen so oft sie wollen. Ah — wer doch auch von diesen Geschäften des Staates frei wäre. Ich kann Euch versichern, mes chères, daß ich mich nach dem Tage sehne, an welchem ich meinem Prinzen diese Regierung übergeben kann. Ich bin der fortwährenden Arbeit herzlich abgeneigt worden — ein kleines stilles Schloß, das inmitten eines anmuthigen Waldes gelegen, sich den Blicken der Menge entzieht, eine schöne Bibliothek, in deren Schätzen ich wühlen darf — ein kleiner gewählter Freundeskreis — das ist Alles was ich wünsche."

Auf diese Rede folgte tiefes Schweigen der Anwesenden. Verstohlen nur blickten sie sich an, denn Jeder von ihnen wußte, daß es der Regentin mit diesen Wünschen durchaus nicht Ernst sei. Eifersüchtig überwachte sie vielmehr ihre Rechte als Gebieterin und sah gewiß mit größter Sorge dem Tage entgegen, der dem Sohne die Macht des Herrschers brachte.

Marie Jeanne mochte die Gedanken ihrer Umgebung wohl errathen haben, denn wie um dem Gespräche eine andere Wendung zu geben, sagte sie plötzlich — „Juliette, war das wirklich Alles — was man Dir von Paris schrieb?"

„Ja — so ziemlich — fast Alles," entgegnete die Hofdame zögernd.

„Es scheint, als wolltest Du noch eine Mittheilung zurückhalten."

„Nicht doch, Hoheit. Ich habe allerdings noch eine Neuigkeit erfahren — sie ist aber an sich so seltsam — ich möchte fast sagen so zum Verstimmen angethan, daß ich sie lieber für mich behielte — obwohl sie zweifelsohne nur eben ein Märchen ist."

Es war vorauszusehen, daß durch diese Zurückhaltung der schönen Juliette die Gesellschaft nur um so neugieriger wurde. „So erzählen Sie doch, Mademoiselle," rief Riccati, „Sie spannen unsere Neugierde."

„Wenn Hoheit befehlen," sagte Juliette sich zur Regentin wendend.

„Ich bat ja um Mittheilung der Neuigkeiten, welche man Dir aus Paris gesendet," erwiderte die Regentin mit spitzem Ton.

„Ach — ich werde vielleicht mit dieser Geschichte kein Glück haben, man wird mich auslachen."

„Sie spannen uns ja auf die Folter," ließ Cagnola sich vernehmen. „Sehen Sie denn nicht wie Aller Augen warten."

„Nun denn ma tante mag die Verantwortung übernehmen. Euer Hoheit kennen vielleicht das reizende Bassin des Dryades im Parke von Saint Cloud."

„Ich erinnere mich dieses Ortes sehr genau. Ich schwelge noch in der Erinnerung an ein Fest, welches des Königs Majestät uns dort im Jahre achtundsechszig gab: Man tanzte auf dem herrlichen Rasen, eine kostbare Beleuchtung, in deren Schimmer die Wasserstrahlen der Fontaine wie flüssiges Silber blitzten, wandelte die Nacht zum Tage."

„Nun denn an jenem Bassin, welches inmitten des dichten Gehölzes liegt, soll sich — so schreibt ma tante — die Gestalt der verstorbenen Prinzessin Henriette von Orleans zur Nachtzeit sehen lassen. Das Gespenst schwebt um den Rand des Bassins, welches mit Steinen eingefaßt ist, die einst von der Prinzessin dorthin gesetzt wurden, läßt sich dann auf einen dieser Steine nieder und wenn die Geisterstunde vorbei ist, verschwindet das Phantom in dem Gebüsche."

Die Regentin schwieg. Auch die übrigen Hörer saßen regungslos. Nur die Gräfin Salbagna, eine sehr fromme Katholikin, bekreuzte sich drei Mal.

„Ein seltsames Gerücht," begann Marie Jeanne nach dieser Pause. „Es sind keine Nachforschungen angestellt worden?"

„Man hat dergleichen unternommen. Herr von Läslera, Intendant des Schlosses, legte sich auf die Lauer. Er betheuert die Gestalt gesehen zu haben. Als er Miene machte auf sie los zu gehen, verschwand sie, indem sie in die Fluthen des Bassins tauchte."

„Sehr sonderbar," wiederholte die Regentin kopfschüttelnd. „Diese schöne und liebenswürdige Prinzessin steht lebendig mir vor Augen. Es ist ein trauriger Gedanke, daß ihr edler Geist bestimmt sein sollte umherirren zu müssen. Bah!" setzte sie hinzu, „Ammenmärchen."

„Man sagt," hub die Gräfin Salbagna an, „daß dergleichen Abgeschiedene nach ihrem Tode wandeln müssen um den Verbrecher zu strafen — oder sie anzuklagen."

„Und wie bringen Sie das mit der Erscheinung des Geistes der Prinzessin Henriette von Orleans zusammen?" fragte die Regentin.

„Weil es allgemein als gewiß angenommen ward, daß die Prinzessin durch Gift aus der Welt geschafft wurde," sagte die Gräfin mit fester Stimme.

„Ah — welche thörichten Schwätzereien," fuhr die

Regentin auf. „Das Glas Wasser, welches man ihr reichte, als sie erhitzt in das Zimmer trat, hat ihren Tod herbeigeführt. Die Feinde des Herzogs haben jenes Mährchen erfunden."

„Man spricht von verschiedenen dunklen Thaten, welche in Paris und in Frankreich geschehen. Denken Hoheit zwei Jahre zurück. Die Brinvilliers."

„Das ist ein furchtbares Beispiel — Sie haben Recht. Gedenken Sie aber jener vielen Gerüchte, welche über die Höfe unseres Landes und über die von Spanien verbreitet sind. Sie brauchen nicht nur Frankreich allein anzuführen," entgegnete unmuthig die Regentin, welche die Franzosen bei jeder Gelegenheit in Schutz nahm.

So willig jedoch die Untergebenen der Herzogin auch sein mochten, es regte sich der mühsam verhaltene Groll doch in den Cavalieren. Sie waren im Herzen Gegner des französischen Treibens, welches allgemein für ein, der Freiheit Italiens, verderbliches galt. Fügten sie sich auch den Launen der Gebieterin, so waren sie doch nicht immer geneigt, den übermächtigen und stolz- auftretenden Franzosen Lorbeeren zu streuen und Cagnola, der als Soldat weniger behutsam auftrat, sagte: „Ich kann Eurer Hoheit nicht widersprechen. Italiens Große — Fürsten und Edelleute — sind häufig genug Gegen- stände der Verleumdung gewesen — vielleicht hat man auch über Einen oder Andern leider Wahrheit ge- sprochen — allein wenn Hoheit es nicht ungnädig auf- nehmen wollen, so sage ich: In Frankreich geht Gewalt vor Recht. Ich wage nicht zu behaupten, daß man sich eines Mißliebigen durch Mord entledigen werde — des Königs von Frankreich Majestät sind solcher Abscheu- lichkeit nicht fähig, aber die Anlage, welche feile Richter zu erheben wissen, bedroht den Unglücklichen, der sich den Haß zugezogen, mit schwerer Strafe. Wenn man Gift und Messer nicht anwenden mag, wenn das Gericht den Henker nicht berufen darf — läßt man den Unbequemen verschwinden."

„Ah Marchese," rief die Regentin, „Menschen verschwinden lassen — mon dieu — wer kann so Etwas denken? wie sollte das vollführt werden? man greift die Leute nicht so beliebig auf den Gassen, um sie nie wieder an's Tageslicht zu bringen. Wenn der Richterspruch auf Gefängniß lautet — mag es sein — aber nur aus Laune? wohin mit solchen Gefangenen?"

„Muß ich Eurer Hoheit den Namen eines schreck- lichen Ortes nennen? Sie kennen die Bastille."

Die Regentin schwieg und senkte leise das Haupt. Sie gedachte derer aus ihrer hohen Verwandtschaft, welche dereinst in jenem furchtbaren Kerker geschmachtet hatten. Der Herzog von Beaufort setzte sein Leben daran, als er aus dem verrusenen Gefängniß entsprang. —

„Und über wie Vielem was geschehen ruht ein dichte Schleier," fuhr Cagnola fort. „Wohin ent- schwanden Dieser oder Jener? Unstät irrt vielleicht der Erbe eines Reiches umher, den die Willkür eines Mächtigeren von dem Throne ausschloß, der ihm gebührt. Er focht in hartem Streite — ein Schuß, ein Hieb streckte ihn zu Boden. Willkommener Zufall! der Prinz so und so ist gefallen — wohin mit seiner Leiche? Niemand weiß es — genug, er ist dahin. — Die Schergen seines Unterdrückers haben den Bewußtlosen hin- weggeführt, ein Kerker nimmt ihn auf — dort schmachtet

er Jahre lang bis es ihm gelingt, den Grabesmauern zu entfliehen. Aber er ist verschollen, man weiß nur, daß er gestorben, begraben ist und wenn er seinen Namen nennt, lächeln die Leute mitleidig oder weichen ihm scheu aus, als einem Verrückten und so irrt er, ein lebender Todter, durch die Welt, oder vergräbt sich in eine Einöde."

„Mon dieu," rief die Regentin. „Sie werden zum Poeten, Marchese."

„Es ist keine Poesie, Hoheit, das ist Wahrheit," entgegnete Cagnola.

„Woher wollen Sie für dergleichen die Beweise nehmen."

„Ich selbst habe einen solchen Unglücklichen ge- kannt — gesehen."

„Ah — Sie machen Scherz — sie kannten einen Verschollenen?"

„Allerdings. In dem Treffen von Castelnaudary, wo es heiß und blutig herging, focht Louis de Bourbon, Graf Moret — ein natürlicher Sohn des großen Königs, Heinrich's des Vierten und der Jacqueline Gräfin von Breuil. Er war am Hofe ein unwillkommener Gegenstand. Man hatte alle Ursache seinen Tod zu wünschen, denn der König hatte ihm Zusagen gemacht, welche die Interessen der Legitimen schädigen konnten. Er ward verwundet — er sank nieder im Getümmel. Als das Treffen beendet war, fand man ihn weder unter den Verwundeten noch unter den Todten. Zehn Jahre später erschien er wieder. Er sagte nicht aus, wo er bis zu seinem Wiederkommen gewesen — man zuckte die Achseln. Nach abermals zehn Jahren sah ich ihn. Er lebte in einer Einsiedelei der Pyrenäen unter dem Namen: Bruder Jean Baptiste. Als ich zu- fällig in die Nähe seines Verstecks kam — trat er plötzlich hinter einem Busche hervor — —"

„Ah," schrie in diesem Augenblicke Juliette de Pons auf und erhob sich von dem Sessel — dann sank sie wieder in denselben zurück.

Alle sprangen empor, und die Regentin ergriff die Hand der Hofdame.

„Mein Kind, was ist Dir? was machte Dich so schrecken? sprich — hast Du etwas gesehen?"

„N — n — nei — nein," stammelte Juliette, deren Augen während der Erzählung des Marchese fort- während nach einer bestimmten Richtung hingeblickt hatten. „Es mag wohl die unheimliche Geschichte des Herrn Marchese mich erregt haben — ich versichere Euer Hoheit, es war ein Moment des Selbstvergessens, mir schien es, als sähe ich den unglücklichen Grafen in einiger Ent- fernung vor mir — eine Täuschung."

„Das Gespräch hat eine fatale Wendung ge- nommen," sagte die Regentin. „Die Dunkelheit über- rascht uns. Ich fühle mich ebenfalls aufgeregt. Verlassen wir den Platz und die Allee, gehen wir zum Bosquet. Bis wir angelangt sind werden die Lakaien schon servirt haben. Ton bras mon enfant." Sie nahm Juliette's Arm in den ihrigen und begann an der Seite der Hof- dame die Allee hinabzuschreiten. Die Andern folgten in einiger Entfernung, eifrig das Gespräch weiter fort- setzend.

„Du bist seltsam erregt, Juliette," begann die Regentin halblaut. „Ich möchte behaupten, Du habest

Etwas auf dem Herzen. Enthielt der Brief aus Paris noch weitere Nachrichten?" Die Regentin betonte diese Frage sehr scharf.

„Ich hatte bereits die Ehre, Euer Hoheit zu versichern, daß ich durchaus keine besondere Veranlassung habe — um — ah — und die Erzählung des Marchese hat mich so gewaltig erregt."

„Nur die Erzählung? hm — so — so." Sie gingen wiederum eine Zeitlang schweigend weiter, in der Ferne schimmerten bereits die Lichter der Kerzen, welche im Bosquette auf der dort servirten Abendtafel standen.

„Du wirst gut thun, mein Engel," sagte die Regentin, „künftig dergleichen Unterhaltung zu meiden. Wenn eine kurze Erzählung Dich dergestalt alarmirt — allerdings," fuhr sie nach einer kurzen Pause fort, „auch ich war in eigenthümlicher Weise bewegt. Des Marchese Parteinahme gegen Frankreich mag meine Stimmung verdorben haben, aber Du — Du, ma petite — wie können Dich die alten Einsiedler so mächtig erregen? he?" sie führte mit der freien Hand einen leichten Schlag gegen die Wange Juliette's. Es war schon zu dunkel, als daß das Fräulein den lauernden Blick hätte bemerken können, den die Regentin aus ihren dunklen Wimpern hervorschoß.

„Sollte noch mehr hinter diesen Mouvements stecken?" sagte sie, unablässig weiter bohrend, wie ein Inquisitor, der es darauf abgesehen hat, den Verdächtigen durch beharrliches Examiniren dergestalt zu ermatten, daß er zuletzt vor lauter Erschöpfung Etwas gesteht.

„Ich verstehe in der That Euer Hoheit nicht," entgegnete Juliette mit einer so erkünstelten Ruhe, daß die gewandte Herzogin sehr wohl erkannte, daß Juliette sie recht genau verstehe.

„Oh — ich denke mir dabei so allerlei," nahm die Regentin wieder das Wort. „Ein so schönes und liebenswürdiges Mädchen wie Du, ma petite, hat ihre offenen und geheimen Anbeter." Juliette zeigte nicht die geringste Regung.

„Vielleicht hat einer jener Schwärmer Hoffnungen gehegt." Dieselbe Ruhe Juliette's. „So sprich doch. Wenn Du ein zartes Geheimniß mir verbirgst ist es Unrecht. Ich bin Dir wie eine Mutter." Die Regentin fühlte ein leises Erbeben des Armes ihrer Hofdame, den sie in den ihrigen gelegt hatte.

„Aha — ich komme näher," murmelte sie leise. „Vergebens sinne ich nach —" fuhr sie fort, die unglückliche Juliette nicht aus ihren Netzen lassend. „Lucogne? Boglio? — ah da fällt mir Etwas ein — auf dem letzten Feste in der Superga — ja — ja — das war es, der Graf Cumiana, der alte Herr, welcher so viel Erfahrung im Hofleben gemacht hat — der raunte mir Etwas in's Ohr — der Graf Antonio Matthioly näherte sich Dir sehr auffallend." Juliette's Arm zitterte heftig. „Das ist es," sagte die Regentin zu sich selber.

„Hoheit sahen bei Ihrer gütigen Aufmerksamkeit, welche Sie mir schenkten, zu viel," stammelte Juliette.

„Nein — nein — ich glaube das Rechte getroffen zu haben."

„Sicher nicht, Hoheit. Woher sollte die Erregung des Grafen Matthioly wegen bei mir entstanden sein?"

„Dieu le sait," sagte die Regentin. „Der Marchese

Cagnola stellte ja die Behauptung auf, man könne einen Menschen verschwinden lassen, vielleicht fürchtest Du, daß Marchese Matthioly ebenfalls und mit ihm Dein Glück verschwinden könnte — denn," fuhr sie bringend fort, „sage doch, kleiner Schelm, daß der Marchese Dir nicht gleichgültig ist."

Juliette nahm jetzt einen andern Ton an. „Hoheit," sagte sie mit fester Stimme. „Ich erkläre auf mein Wort, daß der Graf Matthioly mir vollkommen gleichgültig ist. Wohl habe ich erkannt, daß er mir seine Neigung — seine Liebe vielleicht zugewendet hat — aber wenn Graf Matthioly auf die geringste Erwiderung dieser Zuneigung von meiner Seite hofft, so täuscht der wackre junge Cavalier sich leider und ich möchte ihm diese Täuschung ersparen, möchte es vermeiden, ihm die Hoffnungslosigkeit seiner Aussichten selbst erklären zu müssen." Juliette hatte so fest, so ungekünstelt gesprochen, daß die Regentin nicht mehr an der Wahrheit zweifeln konnte.

„Weshalb zitterte sie aber so heftig, als ich Matthioly's Namen nannte?" sagte sie sich. „Es ist noch Etwas verborgen."

„Es scheint fast, als glaubst Du, mon enfant, ich sei von Matthioly beauftragt, Dich auszuforschen," lachte sie.

„Hoheit, ich würde nicht wagen Dergleichen zu denken."

Sie waren jetzt in der Nähe eines Gebüsches angekommen, dessen breite Stauden die bereits deutlich sichtbar gewesenen Lichter im Bosquette einen Augenblick verdeckten die Regentin wollte soeben Etwas auf Juliette's letzte Worte entgegnen, als plötzlich eine Gestalt hinter dem Buschwerk auftauchte, einen Moment lang stehen blieb und dann rasch in dem dichten Gehölze verschwand. Beide Damen stießen einen so lauten Schrei aus, daß die eine kleine Strecke zurückgebliebene Begleitung schnell herbeieilte.

„Dorthinaus ist es geeilt," rief die Regentin auf eine Stelle deutend, welche dem Orte, aus dem der Schatten gekommen war, gerade gegenüberlag. „Dorthinaus huschte es — ich sah die dunklen Umrisse der gespenstischen Gestalt — Ruhe, mon enfant," sagte sie, Juliette's Haupt an ihre Brust drückend, denn das Hoffräulein bebte. Cagnola und Riccati hatten bereits ihre Degen gezogen, um der Erscheinung nachzueilen.

„Bleiben Sie zurück, Messieurs," bat bringend Juliette. „Ich beschwöre Sie zu bleiben."

Die Regentin betrachtete ihren Liebling sehr genau und prüfend. „Sie weiß woher dieser Schatten kam, ich muß klar sehen," murmelte sie. „Sie fleht, daß man ihn nicht verfolge."

„Bleiben Sie zurück, meine Herrn," bat nun auch die Saldagna. „Es können Phantome sein. Der Abbate Ceroni ist der Ansicht, daß hier im Parke die Gespenster alter Römer umgehen, welche ehemals an dieser Stelle ihre Wohnsitze hatten."

„Mon dieu," rief die Herzogin unwillig.

„Soll denn heut von nichts Anderem als von diesen abscheulichen Dingen die Rede sein? Wir scheinen Alle in unsichtbaren Fesseln zu schmachten." Sie wendete sich, um über den Weg zu schreiten, der zum Schlosse führte, als ihr einer der Kammerdiener entgegentrat.

„Hoheit vergeben," sagte der Mann. „Des Herrn Staatsminister Excellenz de Truchi sind soeben eingetroffen und bitten um Audienz. Die Sache sei hochwichtig."

„Adieu ruhiger Abend," sagte Marie Jeanne mit bitterem Lachen. „Ah — es sollte heute nicht sein — Sie sehen, meine Freunde, wie das Schicksal es nicht will, daß wir den Rest des Tages in heiterem Gespräche zubringen. Indessen — der Minister bringt sicher außergewöhnliche Zeitung — er käme sonst nicht um diese Stunde;" sie schritt eilig, von ihrer Begleitung gefolgt, in den Palast. „Das Souper findet heute im Parke statt," befahl sie dem Haushofmeister, „laßt im Speisesaale des Parquet serviren." Die beiden Cavaliere schritten die breite Treppe voran, die zu dem Audienzzimmer der Regentin führte — Marie Jeanne folgte ihnen. Als sie die Thüren zum Audienzzimmer geöffnet hatten, um die Regentin eintreten zu lassen, schlossen sie die Flügel wieder und zogen sich ein wenig zurück.

In dem vom Kerzenlicht erhellten Raume, welchen die Herzogin betrat, stand — leicht an den Sims des prachtvollen Marmorkamins gelehnt, ein alter, hochgewachsener Mann. Haupthaar und Bart, welches er der herrschenden Mode zuwider, ganz nach dem Schnitte trug, der zur Zeit des guten Königs Heinrich's des Vierten von Frankreich gebräuchlich — waren silberweiß. Die Tracht des alten Herrn bestand in dem wammsartigen Rocke, den weiten kurzen Kniehosen, seidenen Strümpfen und schwarzen Lederschuhen mit dicken Bandrosen — der Stoff, aus welchem diese Kleider gefertigt — war schwarzer Sammet. Ein einfacher weißer Kragen legte sich um den Hals und aus dem halbgeöffneten Wammse quollen kostbare Spitzen hervor. Um seine Schultern trug der alte Herr ein Degengehenk, in welchem die feingearbeitete Waffe steckte. Seinen breiten Hut mit schwarzer Feder hielt er in der Hand. Wie er so dastand, glich er einer jener prächtigen Figuren, welchen man so häufig auf den Bildern niederländischer Meister begegnet und die zu sehen man nicht müde wird, wenn sie auch noch so oft vor unsern Blicken erscheinen.

Als die Regentin eintrat, verneigte sich der alte Herr und änderte seine Stellung, indem er zu dem großen Tische trat, welcher fast in der Mitte des Zimmers stand.

„Es muß etwas Außerordentliches sein — mein Freund" — redete die Herzogin ihn an, „das Sie so spät noch zu mir führt."

Sie lud mit leichter Handbewegung den Minister zum Sitzen ein. Gebieterin und Staatsdiener saßen einander gegenüber. Truchi hatte, als die Regentin jene Worte sprach, eine bejahende Bewegung gemacht. „Hoheit irrten nicht," sagte er. „Die Ursache meiner zu so später Stunde erbetenen Audienz bei Ihnen ist eine wichtige."

„Wenn ich von Natur so ängstlich wäre," lächelte die Regentin „so hätte ich durch diese heimliche Haltung meines alten Freundes vollkommen Grund genug — besorgt zu sein, allein ich weiß Truchi, ich bin es nicht. — Sie können daher frei heraus sprechen, wie immer. Was führt Sie zu mir?"

„Hoheit mögen vielleicht die Sache, welche ich vorzutragen die Ehre haben werde, nicht so ernst ansehen, aber der, welcher durch langen und anhaltenden Dienst gewöhnt ist scharf zu beobachten und zu berechnen — pflegt nicht nur an den Moment, sondern an die Folgen desselben zu denken."

„Das ist ein Vorwurf, den Sie mir machen," rief die Herzogin mit heiterer Miene, „Sie meinen ich sei zu flüchtig, ich rechne nur mit dem Augenblick."

„Wenn ich offen reden soll — ja. Es ist das meine Ansicht," entgegnete Truchi mit fester Stimme. „Und ich wünschte, Hoheit sähen sich die Dinge etwas genauer an, als dies gewöhnlich geschieht."

Die Regentin senkte ein wenig das Haupt und biß sich leicht in die Oberlippe — dann sagte sie: „Zur Sache denn, wenn ich bitt.n darf."

„Hoheit wollten heute, wie ich erfahren habe, einen Ausflug nach La Valentina machen, um dort mit dem französischen Ambassadeur Herrn von Gomont zusammenzutreffen," nahm der Minister das Wort. Die Regentin nickte bejahend.

„Herr von Gomont ließ sich entschuldigen" fuhr Truchi fort, „er gab vor, daß wichtige Geschäfte es ihm unmöglich machten, sich zur bestimmten Stunde in La Valentina einfinden zu können."

„Richtig — richtig," sagte die Regentin, welche bereits ungeduldig darüber wurde, daß der Minister nicht schon seinen Vortrag beendet hatte.

Allein Truchi ließ sich nicht aus der Fassung bringen. Er kannte die Art und Weise seiner Gebieterin zur Genüge. Wenn er nicht sofort mit der eigentlichen Sache hervortrat, so hatte er dazu einen sehr triftigen Grund und spannte die Erwartung der Regentin und veranlaßte sie dadurch, dem Vortrag des Ministers mit der nöthigen Aufmerksamkeit zu erwarten.

„Nun denn, eben jene von Gomont vorgeschützten Geschäfte sind es, welche mich so spät noch zu Eurer Hoheit führen. Herr von Gomont hat heute Nachmittag urplötzlich einen Courier erhalten, welcher ihm seine Abberufung von hier überbrachte. Seine Majestät Ludwig der Vierzehnte von Frankreich wollen, daß Gomont sofort Turin verlasse, um sich nach Mantua zu begeben."

„Ah," stieß die Regentin hervor, „das ist freilich seltsam, aber ich sehe dabei nichts Außergewöhnliches — wenn man nicht etwa die sehr schnelle und auffallend eilige Abberufung des Herrn von Gomont als seltsam und zum Nachdenken veranlassend bezeichnen möchte."

„Hoheit treffen das Richtige. Schon allein diese Hast, mit welcher man von Paris aus die Versetzung eines Staatsmannes verfügt, der zu jeder Zeit sehr gern gesehen war, dürfte zu der Vermuthung Anlaß geben, daß Seine allerchristlichste Majestät wiederum eine jener Ueberraschungen vorbereiten, deren Eintritt die Herren in Paris so trefflich zu arrangiren wissen."

„Sie sind kein Freund der Herren zu Paris," sagte empfindlich die Regentin.

„Und Eure Hoheit eine zu große Freundin derselben," antwortete Truchi, „indessen das jetzt keine Bedeutung. Wenn man auch sagen wollte, daß die Abberufung Gomonts zu seinen eigentlichen Störungen des bisherigen Geschäftsganges führen würde — so ist doch die Ernennung seines Nachfolgers um so seltsamer und beachtenswerther. Als Ersatzmann Gomonts wird von Seiten des Versailler Kabinets der Herr Abbé d'Estrades bezeichnet, der zu Venedig als Ambassadeur Frankreichs fungirt. Wir kennen den Abbé."

Bei Nennung des Namens war die Regentin aufgefahren.

„d'Estrades!" rief sie „ihm — Sie haben Recht.

Die Berufung dieses Mannes erregt bei mir — man dieu — ich will nicht sagen Besorgniß, oh nein, — aber doch ein gewisses — wie soll ich es nennen: Mißbehagen. Gomont war mir sympathischer."

„Gomont ist ein Cavalier — d'Estrades ist ein Priester — damit ist Alles gesagt," erwiderte Truchi, „wir lebten bisher in vollkommener Ruhe; der Friede ward nicht getrübt — wenn der Abbé hier erscheint, werden wir diesen Frieden bald vermissen. Daß der König ihn so plötzlich nach Turin sendet, muß einen besonderen Grund haben und wenn Eure Hoheit mich auch ungnädig anblicken, so sage ich es dennoch frei heraus — ich traue dem französischen Hofe und Cabinette nicht — ich hege die Besorgniß, daß man daselbst einen Schlag gegen uns vorbereitet und diesen Schlag zu führen, ihn mindestens auf den richtigen Fleck hinzulenken ist der Abbé d'Estrades bestimmt."

Die Regentin schüttelte leicht das Haupt. „Ich will Ihrer Erfahrung nicht entgegentreten," sagte sie, „allein ich glaube Sie sehen zu schwarz."

„Auf diese Aeußerung war ich vorbereitet, Hoheit," sagte Truchi mit Lächeln, „aber ich kann meine Ansicht nicht ändern. Es steht fest bei mir: man führt Etwas im Schilde gegen Italiens Rechte und Freiheiten — was es ist, vermag ich noch nicht zu sagen, allein das fühlt man aus Allem heraus, das schwebt mir in der Luft, aus jedem Schreiben würde ich es herauslesen, wenn es auch nur flüchtig entworfen wäre — man wird im Verlaufe des Staatsdienstes eine Art von Prophet. Ein Netz wird gesponnen und die Fäden, die Maschen dieses Netzes ziehen und schürzen sich zwischen Turin und Mantua."

„Mantua? was soll von dorther kommen? was soll man in Mantua für Unterstützung finden? etwa bei dem liederlichen Herzog Carl?" sagte die Regentin in verächtlichem Tone.

„Hoheit sehen Mantua als zu unbedeutend an. Der Herzog Carl ist ein Taugenichts — sprechen wir es offen hier aus. Einen Privatmann, welcher so lebte, so handelte wie der Mantuaner Herzog, würde schon längst das Gericht vor seine Schranken gezogen haben — das Alles ist wahr. Aber eben so wahr ist es, daß dieser nichtige Mann immer der Herzog bleibt, von dessen Entscheidung und Wollen Alles abhängt, was sich auf die Verhältnisse seines Staates bezieht und Carls des Vierten Entscheidung zu erlangen, dazu bedarf es keiner großen Anstrengung, keiner allzu großen Verschlagenheit und künstlichen Diplomatie. Plump wie seine Laster und seine Befriedigung roher Leidenschaften, können auch die Mittel sein, welche anzuwenden wären, sollte der Herzog für irgend einen Plan gewonnen werden. Carl von Mantua ist ein Spielwerk in den Händen der französischen Diplomatie.

„Sie vergessen, daß er einen Staatsmann zur Seite hat, der ihn vor den Schlingen bewahren kann, welche ihm gelegt werden: Ercole Matthioly."

Truchi machte eine schnelle Bewegung des Verneinens. „Graf Matthioly ist ein begabter Mann — ein feuriger und zugleich besonnener Streiter. Aber der Graf ist auch ein Ehrgeiziger — das Hoheit, das wiegt schwer. Matthioly ist scharfsinnig genug um zu durchschauen, daß des Herzogs Regiment nicht lange mehr währen

kann. Seine Schulden wachsen ihm über den Kopf, die öffentliche Meinung verdammt ihn und seine Maitressen, seine Genossen der wüsten Gelage haben ihn entnervt. Matthioly wird zeitig genug sich nach einer Hand umsehen, welche ihn in entscheidenden Augenblicke aus den Wogen der Sturmfluth rettet, wenn diese über die Häupter der herzoglichen Wüstlinge zusammenschlägt. Diese Hand für sich bereit zu machen, wird der Graf keine Mühe, kein Mittel scheuen."

„Aber was soll denn nur eigentlich geschehen?" rief die Herzogin aufstehend, wobei sie mühsam ein leichtes Gähnen unterdrückte, denn bis zu diesem Augenblicke war ihr die große Bedeutung noch nicht klar, welche dem Gesandtenwechsel beilegte. „Was soll ich thun?"

„Sich sofort in Bereitschaft setzen, Hoheit. Sie müssen dem Hofe von Paris zeigen, daß Sie nicht gewillt sind jede Veränderung, welche von demselben beliebt wird, ruhig geschehen zu lassen, daß Sie Ihren Willen ebenfalls haben und daß Sie Argwohn empfinden — kurz: Sie müssen sogleich gegen die Abberufung Gomonts protestiren."

„Sogleich?"

„Gewiß. Jede Stunde Verlust ist ein Nachtheil. Sie müssen die Ankunft des Abbé d'Estrades in Turin als Gesandten Frankreichs zu hindern suchen. Lassen Sie diese Nacht noch einen Courier abgehen."

„Mon ami — Sie sind wirklich zu argwöhnisch. Sie haben mir schon oft Exaltation vorgeworfen — ich möchte Ihnen heute diesen Vorwurf zurückgeben," lachte die Regentin. „d'Estrades wird doch nicht schon morgen oder übermorgen hier eintreffen — wir haben ja Zeit genug und ensin — ich kann mir doch nicht bei dem Könige von Frankreich seinen Gesandten verbitten."

„Sie können es eben so leicht, wie es andere Regenten können. Man läßt nicht jeden Gesandten sich gefallen. Fertigen Sie den Courier ab, Hoheit."

„Hm — ja — vielleicht. Ich will es überlegen." Truchi stampfte leise mit dem Fuße. „Sie selbst sind argwöhnisch gegen Estrades, Hoheit."

„Ich habe keine Furcht vor dem Abbé."

„So wollen Sie die Berufung desselben nicht zu verhindern suchen?"

„Ich sagte es Ihnen ja — vielleicht — meinetwegen, morgen, übermorgen, ich will es noch überlegen, aber jetzt, in dieser Nacht? Das hieße ja Furcht zeigen, das wäre ja ein Bekenntniß, daß wir für unsere Existenz zitterten, wenn ein Abbé erscheint."

„So gestatten Hoheit, daß ich mich verabschiede," sagte Truchi, sich kurz und gemessen verbeugend. „Ich habe meine Pflicht gethan."

„Sie sind mir böse, alter Freund?" rief die Regentin, dem treuen Diener die Hand reichend. Truchi ergriff diese Hand nicht. Er trat zurück und sagte: „Eure Hoheit haben zu entscheiden gehabt. Die Entscheidung soll — wie es mich dünkt, gegen meinen Vorschlag ausfallen, ich habe mich unterzuordnen. Gedenken Sie dieser Stunde, Hoheit. Es wird der Augenblick kommen, in welchem Sie einsehen werden, daß Truchi richtig prophezeite. An dem Tage wo die Intrigue, welche heute noch in Dunkel gehüllt ist, an das Licht der Sonne tritt, werde

ich Eure Hoheit an die Weigerung erinnern, welche Sie
meinen Bitten entgegensetzten. Ich habe die Ehre."
Er neigte sich nochmals, wendete sich um und schritt
zur Thür. „Ich weigere mich nicht, Truchi," rief ihm
die Herzogin nach, „ich will nur Aufschub — ich will
überlegen."

Aber der Minister, der sich seines guten Rechtes
wohl bewußt war, blieb nicht länger. Ohne auf die
Rufe der Gebieterin zu achten, schritt er aus dem Zimmer,
die Treppe hinab und verließ von zwei Dienern geleitet
den Palast.

„Ein hartnäckiger alter Herr," sagte Marie Jeanne
vor sich hin. „Es war gut gemeint freilich — aber
den König von Frankreich so zu beleidigen, den Gesandten
zurückweisen — ah — das wäre ein Fehler, eine
Thorheit." Sie war bei diesen Worten aus dem Zimmer
geschritten und bei Riccati und Cagnola angekommen,
die im Vorgemache warteten.

„Nun Messieurs," sagte sie heiter dreinschauend,
„kommen Sie. Wir wollen endlich das Souper einnehmen."
Sie gieng von den Cavalieren geleitet zum Speisesaale.

Wir müssen einige Zeit zurückgehen. Als die
Herzogin Regentin in das Audienzzimmer gegangen war,
um Truchi zu sprechen, waren die Hofdamen zurückgeblieben. So sehr die Erzählungen und endlich das Erscheinen der Gestalt im Parke den Damen erregt haben
mochten — stellte sich doch, als sie in dem Schlosse angekommen und vor allen Erscheinungen sicher waren, die
gute Laune wieder ein. Sie scherzten über den Schrecken
den ihnen wahrscheinlich ein Hündchen oder ein Nachtvogel
eingeflößt habe und erzählten lachend ihr Abenteuer dem
Fräulein von Joyeuse, einer Dame der Regentin, welche
soeben in das Zimmer getreten war. Die vorher so
ängstliche Salbagna suchte die ganze Sache ins Heitere zu
ziehen, nur Juliette blieb erregt und sah sich deshalb
sehr bald den Neckereien ausgesetzt, da sie fortwährend
Unruhe verrieth und zuweilen prüfende Blicke auf die
Fenster warf.

„Vraiment" lachte die Gräfin Laura Govone, „ich
glaube unsre liebenswürdige Juliette fürchtet, die Geister
durch die Thür und das Schloß dringen zu sehen, sie
schaut so ängstlich hinaus."

„Ich?" lachte Juliette gezwungen, „ich denke nicht
daran. Von Allen, welche heute bei dem Vorfalle
betheiligt waren — bin ich die am wenigsten Furchtsame."

„Ei — ich bin die Muthigste," rief Gräfin Laura,
„ich war nahe daran, ein Phantom zu verfolgen —
Hoheit wollten es ja nicht erlauben."

„Hoheit äußerten darüber gar Nichts," fiel Frau
von Salbagna ein, „sie gaben den Cavalieren nicht die
Erlaubniß zur Verfolgung, da ich der Behauptungen des
Abbé Ceroni erwähnte."

„Also waren Sie es, gnädige Frau, die an Gespenster
glaubte und Sie wollen deren Erscheinen im Parke jetzt
als Täuschung hinstellen," meinte Juliette.

„Ich will nur damit sagen: Man kann sich zuweilen auch täuschen und es ist wahrscheinlich, daß wir
uns heute getäuscht haben, damit ist noch nicht gesagt,
daß es die Existenz solcher Erscheinungen leugne," entgegnete die Dame Salbagna ein wenig verdrießlich.

„Nun denn," sagte schnell Gräfin Laura, „wenn
Sie den ganzen Vorfall für Täuschung halten, werden

Sie auch keine Furcht deswegen haben. Beweisen Sie
uns Ihren Muth und gehen Sie in den Park."

Frau von Salbagna trat betroffen einen Schritt
zurück.

„Ich werde das nicht thun," sagte sie. „Wenn
Sie an dergleichen Erscheinungen nicht glauben —
wenn Sie die Gestalt der Prinzessin Henriette an der
Fontaine von Saint Cloud für eine Sinnestäuschung
derer halten, welche sie gesehen haben wollen — besuchen
Sie doch den Park, meine charmante Gräfin."

„Ja — ja," rief die Joyeuse" zeigen Sie Ihren
Muth."

Laura schüttelte den Kopf.

„Nein," sagte sie, „ich will mich nicht stärker
machen als ich bin. Ich würde nicht diese Promenade
übernehmen."

„Aber mesdames," sagte Juliette plötzlich, „was
wäre dabei zu wagen? ein übernatürliches Wesen oder
wie Sie es sonst nennen wollen, würde, wenn es uns ein
Leid anthun wollte, sicherlich den Weg zu uns finden
— warum denn sich scheuen, in einem Parke zu promeniren,
der uns gehört, den zu besuchen jene Phantome kein
Recht haben? wenn sie wirklich vorhanden sind, muß
man ihnen zeigen, daß sie dem Muthigen keine Furcht
erwecken können — ich bin dazu entschlossen."

Und ohne noch länger zu zögern, ergriff die muthige
junge Dame den Knopf der Altanthür, öffnete dieselbe,
trat auf den Altan und war mit zwei Sprüngen die
Treppe hinab im Parke.

Die Damen riefen, baten, drohten — aber Juliette
blickte nicht ein Mal mehr um sich. Sie eilte auf das
Gebüsch zu, ihre Gestalt, von dem hellen Kleide umgeben,
war deutlich erkennbar in dem Dunkel, fast schien sie
über den Rasen, dann über den Weg zu schweben —
jetzt verschwand sie hinter einem der kleinen Taxusgebüsche.

„Was wird das werden?" stöhnte die Salbagna,
„wir hätten sie nicht fortlassen sollen."

„Bah," lachte die Joyeuse, „was soll denn einer
Pariserin von den Geistern geschehen? Wir werden sehen,
daß Juliette in wenig Minuten zurückkehrt — es ist
gar kein Kunststück Abends im Dunkel durch einen Park
zu gehen."

„So gehen Sie doch nach," flehte die Salbagna.

„Ich will mir die Chaussure nicht verderben," entgegnete die Joyeuse.

Juliette de Pons war in größter Hast dem Gebüsche
zugeeilt. Ihre Pulse schlugen heftig, ihre Stirn glühte.
Der Nachtwind strich erquickend um die pochenden
Schläfen und spielte mit den langen Locken, welche das
schöne Köpfchen Juliette's umflatterten. Wer sie so durch
die Büsche über die Wege huschen sah, inmitten der
dunklen Sommernacht, der würde sie allerdings für eine
jener Elfengestalten erklärt haben, die in den stillen
Stunden aus ihren duftigen Verstecken schlüpfen, um sich
an irgend einer Stelle zum Reigen zu versammeln.

Juliette war in der Allee angekommen. Sie stand
einen Augenblick still um Athem zu schöpfen und zu
sehen, ob man sie vom Schlosse aus nicht verfolge. Aber
die Stille dort blieben unbeweglich. Die Stille wurde
durch keinen Ruf unterbrochen, nur die kleine Fontaine
am Bosquet der Diana plätscherte deutlich vernehmbar.

„Glücklich entkommen" sagte Juliette leise vor sich

bin. „Ich hatte schon darauf verzichtet einen günstigen Augenblick zu ersehen. Oh — wenn ich ihn doch fände — gewiß er weilt noch hier. Er war es dort im Gebüsche — er wird noch immer auf ein Zeichen harren — er hofft, daß ich zu ihm eile." Sie war bei diesen Worten die Allee hinabgeschritten, indem sie die Richtung gegen das Bosquet einschlug, denn Juliette sagte sich wohl, daß Derjenige, den sie suchte, nicht weit von jenem Orte sein werde, wenn er noch im Parke weilte.

Die Dunkelheit in der Allee war nur durch die bogenartigen Oeffnungen unterbrochen, welche die Stämme der Bäume nebeneinander stehend und die grünen Zweige zusammenschlingend — bildeten. Juliette vermochte dadurch die Gegend zu erkennen, welche neben der Allee sich ausbreitete — aber so scharf sie auch um sich blickte — keine Gestalt war zu erschauen. Sie glaubte einige Male den Gesuchten entdeckt zu haben, allein sie erkannte auch dann sofort, daß sie von dem ungewissen Lichtschimmer getäuscht worden sei, dessen matte Wirkung einem Stamme, einem kleinen Busche — Gestalt und Form verlieh, wie die Phantasie der Suchenden sie vor sich zu sehen wünschte.

Juliette war jetzt zum Bosquet der Diana gelangt — auch hier herrschte tiefe Stille.

„Er ist nicht hier" sagte leise und betrübt das Hoffräulein und wandte sich, um den Heimweg anzutreten — da rauschte es leise in dem Gebüsche, Juliette horchte auf — Tritte waren hörbar — es kam näher: „Juliette," flüsterte eine Stimme aus dem Gehege von Cleanderbüschen, welche am Eingange der Laube standen.

„Ach — Philipp! Philipp!" rief es zurück.

Eine männliche Gestalt trat in den breiten Weg — ein freudiger Ruf Juliette's, sie ruhte an der Brust des Erwarteten.

„Sie haben Recht mir zu zürnen, Philipp," sagte Juliette. „Ich beschied Sie um die neunte Stunde in den Park — aber unglücklicher Weise befahl die Regentin um jene Stunde das Souper — ich rechnete darauf, daß sie heut nicht im Schlosse speisen, den Park besuchen werde, aber es wurde anders beschlossen."

„Sie bedürfen keiner Entschuldigung, theuerste Juliette," entgegnete der Mann die schöne Hand der Dame feurig küssend. „Ich hätte hier verweilt bis zum Morgen — hatten Sie mir doch befohlen hier zu warten."

„Ich war in großer Angst, Philipp — sicherlich weilten Sie in der Nähe, als wir uns zum Bosquet begeben wollten."

„Ich that es. Mein plötzliches Auftauchen im Gebüsch und meine eilige Flucht, als ich die Regentin an Ihrer Seite gerade auf den Ort meines Verstecktes zukommen sah, schien Ihnen Allen Schrecken eingeflößt zu haben."

„Danken Sie dem Himmel, daß man Sie für ein Gespenst hielt — Sie wären sonst entdeckt worden."

„Ich merkte, daß man erschrocken war — ich verbarg mich. Sie gingen die Allee hinab das Schloß; nach einiger Zeit kamen Lakaien das Service dort im Bosquette hinwegzuräumen. Ich war wieder allein im Gebüsche — schon wollte ich mich aus dem Parke entfernen, als ich, durch die Zweige schauend, ein weißes Gewand bemerkte — Sie mußten es sein — ich habe mich nicht getäuscht — ich halte Sie in meinen Armen."

„Mein theurer Philipp — aber die Minuten sind kostbar. Die Regentin kann die Audienz sehr bald beenden — wir müssen eilen. Ich bat Sie sich heute einfinden zu wollen, da ich Ihnen Wichtiges mitzutheilen habe."

„Ich erwarte Ihre Mittheilung — sprechen Sie Juliette — ich bin auf Schlimmes gefaßt."

Juliette kämpfte noch einige Sekunden mit sich selbst, dann begann sie haftig sprechend: „Sie irren leider nicht. Es droht unserer Liebe Unheil, Philipp — man wird mich von Ihnen trennen."

„Man weiß um unsere Liebe?"

„Nein — nein. Es ahnt Niemand, daß mein Herz Ihnen gehört, daß ich Sie liebe, daß wir einander Treue gelobten. Hören Sie schnell. Diesen Morgen erhielt ich Briefe aus Paris. Meine Tante, von deren Willen ich durch die Verfügung meines sterbenden Vaters abhängig wurde, schreibt mir, daß um meine Hand angehalten worden, daß der Bewerber meiner Familie ein hochwillkommener ist — der alle Aussichten habe die Einwilligung der Schaar von Verwandten zu erhalten, welche sich als Gründer meines Glücks mir aufdringen wollen."

Philipp schwieg. Er drückte die Hand auf sein pochendes Herz — dann sagte er:

„Ich darf gegen die Pläne der Ihrigen nicht ungerechte Klage erheben, theuerste Juliette. Es ist sicher ein hochgestellter Mann, der sich um Ihre Hand bewirbt — es war ja so zweifellos, es lag so zu Tage, daß an diesem Hofe die schöne und liebenswürdige Juliette de Pons bald eine große Zahl von Verehrern finden werde. Wie sollte ich — der arme Offizier vom Regimente der Herzogin — der Ausländer — der Mann, welcher nichts besitzt als seinen guten Namen und den Degen, den er führt — es wagen dürfen um jenen Preis zu ringen. Es war vermessen."

„Sie dürfen es wagen, Sie müssen es" rief Juliette, seine Hand ergreifend, „weil Sie von jener Stunde an in welcher wir uns gelobten einander für immer angehören zu wollen, mich — mein Herz besitzen und Sie müssen diese Güter vertheidigen, welche Ihnen entrissen werden sollen. Ich weiß — Sie haben den Muth dazu."

„Sie geben ihn mir," rief Philipp „indem Sie diese Worte sprechen — soll ich es frei gestehen? — ich fürchtete heute aus Ihrem Munde das Abschiedswort zu hören, ich fürchtete zu vernehmen, daß Sie nicht zu widerstehen vermöchten, daß der mächtige Wille Ihrer Angehörigen Sie niederzwingen werde und ich erwartete die schmerzliche Bitte hauchen zu hören: ich möchte fortan Ihnen fern bleiben — nun dies Alles nicht geschehen, wird Philipp von Asfeld sein schönes geliebtes Eigenthum nicht gutwillig fahren lassen — er wird es mindestens zu vertheidigen suchen — so lange dieses Herz schlägt, dieser Arm ein Schwert zu führen vermag — nennen Sie mir den, welcher Sie besitzen will — oh — ich zürne ihm nicht — ich finde es eben so verzeihlich, so natürlich, ein solches Kleinod sein eigen nennen zu wollen, als es begreiflich und geboten ist, daß Der, welcher es besitzt, mit aller Kraft diesen Besitz vertheidigt."

„Es ist Antonio Matthioly, der jüngste Bruder des Grafen Ercole, des Staatssecretairs Carls des Vierten von Mantua."

Philipp von Aßfeld seufzte tief auf.

„Matthioly", sagte er dumpf, „Matthioly! es sind mächtige Leute diese Bologneser. Der Kampf mit ihnen wird kein leichter sein. Sie haben Alles für sich. Glanz, Reichthum und Schönheit. Marchese Antonio ist jung und schön — seine Aussichten sind glänzend durch die mächtige Stellung seines Bruders — ich habe dem Nichts entgegenzusetzen als Ihre Liebe, Juliette. Noch ein Mal — prüfen Sie Ihr Herz — wird es mir bleiben?"

„Für immer — Philipp, für immer!" sagte Juliette, sich in seine Arme werfend: „Ich habe schwer gelitten seit der Stunde in welcher ich die unheilvolle Nachricht empfing — und nun bedenken Sie, wie schwierig Sie zu sprechen? Meine Pflicht bindet mich an die Person der Regentin — selten nur können wir uns sehen, mein Philipp, aber ich vermochte es nicht diese Last auf meinem Herzen zu tragen, ich mußte Ihnen Alles entdecken, mußte wissen, ob Sie mich aufgeben würden, wenn die Gefahren so mächtig, so groß uns nahe rückten — ich beschied Sie hierher und nun — nun verlasse ich diesen Ort als eine Glückliche, denn ich weiß es: Sie geben mich nicht auf?"

„Niemals — ich gelobe es Ihnen — Dank für dieses Vertrauen —"

In diesem Augenblicke vernahmen die Liebenden Stimmen aus der Ferne.

„Was ist das?" fragte Juliette, sich ängstlich und erschrocken an Philipp schmiegend. „Man naht — sehen Sie dort? Lichter bewegen sich — ich höre rufen."

„Ganz deutlich," sagte Philipp. „Ich erkenne sogar Gestalten — jetzt sind sie dicht an dem Rasenplatz — sie beschreiten den Weg — man sucht Sie, Juliette — ich muß fort!"

„Eilen Sie, Philipp — ehe die Leute näher kommen! mein Gott, man wird Sie finden, man wird den Park durchsuchen —"

„Ohne Sorge, man findet mich nicht so leicht — Leben Sie wohl, Geliebte — theure Juliette!" Er drückte einen Kuß auf die Lippen des zitternden Mädchens, dann sich schnell von ihr losmachend, eilte er einen Seitenweg hinunter, der bis zu der niedrigen Umfassungsmauer führte. Juliette vermochte nicht zu bleiben, sie eilte hinter ihm her und kam in demselben Augenblicke bei der Mauer an, als Philipp sich über die Brüstung schwang. Eine Masse von Schlingpflanzen hatte ihre starken Stämme und Zweige bis zum Fuße der Mauer entsendet. Das Gesträuch, welches aus dem Parke kommend, sich über die Gemäuer legte, verband sich mit dem, welches von Außen her an dem Gestein emporklimmte.

Philipp von Aßfeld hing bereits in dieser natürlichen Leiter, noch ein Mal winkte er mit der Hand seinen Gruß, ein leiser Ruf der Geliebten antwortete ihm und Juliette sah ihn in die Tiefe verschwinden.

Nachdem die Dame noch einige Minuten gelauscht hatte, ging sie schnell den schmalen Parkweg zurück. Schon kamen die Suchenden ihr entgegen und wieder vor dem Bosquette angelangt — sah sich Juliette plötzlich der Herzogin gegenüber. —

Folgendes war geschehen. Als die Regentin von der Audienz zurückkehrte, um in den Speisesaal zu gehen, traf sie ihre Damen in großer Aufregung.

„Eh donc!" rief Marie Jeanne. „Was ist geschehen?

sind in meiner Abwesenheit die Phantome hier in das Schloß gekommen? Ihr seht bleich und verstört aus?".

„Hoheit!" nahm die Frau von Saldagna das Wort: „Wir müssen uns anklagen."

„Nun?"

„Wir haben es geduldet, daß Fräulein de Pons in den Park — und zwar um ihren Muth zu beweisen — und das vermeintliche Gespenst zu suchen ging."

„Ha!" fuhr die Regentin auf. „In den Park? Juliette? Ihr habt sie nicht zurückgehalten?"

„Nein Hoheit. Ein Mal war sie zu schnell — sie hatte das Zimmer verlassen, bevor wir überhaupt daran denken konnten sie aufzuhalten — dann aber, offen gestanden, mangelte uns der Muth ihr in das Dunkel hinaus zu folgen."

Die Regentin dachte einige Sekunden nach. Dann rief sie:

„Heda Girolamo, La Fleur, Jacopo — schnell die Windlichter herbei. „Ich werde Mademoiselle im Parke aufsuchen. Ich verbiete Euch zu folgen," wendete sie sich an den Damen. „Ich werde von den Dienern begleitet diese Promenade machen — der Park ist doch gesperrt?" herrschte sie dem Haushofmeister zu.

„Von allen Seiten, Hoheit."

„Gut denn. Wir wollen den Marsch antreten."

Die Regentin eilte so schnell die Altantreppe hinunter, daß die mit den Windlichtern bewaffneten Diener ihr kaum zu folgen vermochten. „Vielleicht werde ich das Gespenst entdecken," murmelte die Regentin. Sie schlug denselben Weg ein, den sie von der Allee aus genommen hatte, um in den Park zu kommen — sie blickte nach allen Seiten. Der Schein der Kerzen, welche von Glasglocken umhüllt durch die Diener ihr nachgetragen wurden, erzeugte ein Zwielicht, in dessen Beleuchtung alle Gegenstände noch ungewisser erschienen. Die Regentin richtete ihre Schritte nach dem Bosquette. „Dort war er," lispelte sie. „Dort wird sie das Gespenst suchen." Immer weiter eilte sie — und blieb erstaunt, betroffen stehen, als sie sich plötzlich Juliette gegenüber befand.

„Woher, mein Kind, kommst Du?" fragte die Regentin, deren scharfe Augen Blitze schossen.

„Ich habe mich überzeugen wollen, Hoheit, ob wirklich in dem Parke Etwas umgehe," antwortete Juliette gefaßt.

„So — so —?" entgegnete die Regentin ihre Arme kreuzend. „Und hast Du Dich nicht gefürchtet?"

„Durchaus nicht, Hoheit. Ich wollte den Damen ja zeigen, daß ich keine Furcht hege. Ich ging muthig durch die Gänge des Parkes, war in der Allee und dort an jenem Busche, aus welchem der Schatten huschte."

„Du hast Nichts gefunden?" — fragte die Regentin, den Arm des Fräuleins haltend.

„Nein, Hoheit."

„So wollen wir in das Schloß zurückkehren. Ich bin froh, Dich gefunden zu haben. Die Damen fürchteten für Dich, also entschloß ich mich, Dir nachzugehen — Du konntest Gefahr laufen bei dem Nachspüren des Gespenstes — komm."

Sie schritt, Juliette führend, hinter den Dienern her — absichtlich ließ sie einen Zwischenraum, der Beide von den Lakaien trennte.

„Du haft wirflich Nichts gehört? Nichts gesehen, Juliette?" sagte sie leise, aber dringend.

„Nicht das Geringste."

„Mademoiselle de Pons," flüsterte die Herzogin, „Sie lügen!"

„Ah, das ist zu viel, Hoheit!"

„Still — keinen Laut weiter — wir sind am Schlosse. — Ha! ha! ha!" lachte die Regentin den auf dem Altane stehenden Damen und Herren zu. „Da bringe ich die kleine Gespensterfucherin. Wir wollen sie beglückwünschen, daß ihr Muth diese Probe bestanden."

Sie war mit Juliette bereits die Altantreppe hinaufgestiegen und trat in den Gartensaal. Die Damen umringten Juliette, ihr sanfte Vorwürfe machend. Juliette vermochte kaum einige Worte zu stammeln — sie blickte scheu und verwirrt umher.

„Von Morgen ab, ma chère Juliette," sagte die Herzogin, „wirst Du acht Tage lang im Dienst bei mir thun. Ich habe mancherlei Seltsames heut Abend gehört — ich muß eine muthige Dame in meiner Nähe haben."

Zweites Capitel.
Der Staatssecretair des Herzogs von Mantua.

Das Arbeitscabinet des Staatssecretairs und Senators, Grafen Hercules Matthioly zu Mantua, lag in dem Theil des alten, großen Hauses der Straße St. Agnes, welcher ein wenig vorspringend in den kleinen düsteren Garten hineinragte, dessen Terrain das Haus von den Hintergebäuden des Nachbars trennte.

Das Cabinet war mit dunklem Holze getäfelt, auf dem Simse, der um die Täfelung lief, standen antike Büsten römischer Imperatoren und Feldherren in Marmor gemeißelt und wo die Füllung unterbrochen war, da hatte man in die Lücke prächtig gearbeitete Schränke gezwängt, welche in jenem reizenden Style gefertigt waren, den man mit dem Namen: „Renaissance" belegt. Dicke Vorhänge in der Manier der Gobelins gearbeitet, hingen vor den breiten Thüren und schlossen die Fensternischen, an den Wänden hatten Gemälde der ausgezeichnetsten Meister Platz gefunden und an der in schwerer und reicher Stuckatur ausgeführten Decke des Gemaches hing ein kupferner Kronleuchter herab, dessen fünffache Kugeln led geschwungene Arme für die Kerzen trugen.

Ein mächtiger, auf spiralförmig gewundenen Füßen ruhender Tisch stand in der Mitte des Zimmers. Hochlehnige Stühle umstanden ihn. Die Platte des Tisches war ganz mit Papieren und Büchern bedeckt. Inmitten dieser Papierberge stand die in Bronze ausgeführte Statue eines Hercules, welcher den Globus trägt. Statt der Umrisse der verschiedenen Erdtheile zeigte aber dieser Globus nur ein in Goldschrift prangendes Wort: „Mantua." Da nun Graf Matthioly wie bekannt den Vornamen Hercules führte, so wurde es nicht schwer das Vorhandensein der Bronzefigur auf dem Schreibtische des Staatssecretairs dahin zu deuten: daß er es sei, welcher, ein zweiter Hercules, wenn auch nicht die Erde — so doch Mantua trage.

An dem Tische saßen um die dritte Nachmittagsstunde zwei Männer. Der Eine war bereits in das Greisenalter getreten, der Andere war ein Mann, welcher

den fünfziger Jahren entgegenschritt. Seine Gestalt war von Mittelgröße, aber fein und im schönsten Ebenmaße gebaut. Sein Gesicht konnte nicht nur für schön gelten, es trug auch den Stempel der Intelligenz, welche sich besonders hinter der hohen Stirn zu bergen schien, um deren Schläfen das dunkelbraune Haar schlicht und glatt herabhing, an einigen Stellen bereits die matt-schimmernden weißen Streifen zeigend, der sich bei Denkern, mit dem Geiste Arbeitenden oder Leidenden — frühzeitig genug einstellt.

Beeilen wir uns zu sagen, daß der Alte Jacopo Setti, Vertrauter und Secretair des jüngeren Mannes, der sich Hercules Graf von Matthioly nannte.

Der Graf hatte soeben seinem Secretair ein Schreiben dictirt. Als Setti die Feder bei Seite legte, sagte der Graf: „Gieb her!" Setti reichte den Brief über den Tisch hin und Matthioly ergriff ihn, durchlas die Zeilen, setzte seinen Namen darunter und gab ihn dem Alten zurück.

„Schließe das Schreiben sogleich," sagte er, „und laß es mit dem heut Abend nach Turin reitenden Courriere abgehen. Es soll schleunigst an seine Adresse gelangen."

Setti begann das Papier zu falzen. Matthioly schritt, die Arme auf den Rücken gelegt, durch das Zimmer.

„Ein neuer fataler Streich," sagte er im Auf- und Niedergehen. „Diese abscheulichen Vorfälle hören nicht auf, der Bevölkerung Stoff zur Klage zu geben. Der Herzog bringt sich um Alles — Namen — Credit — Alles geht verloren."

„Den Letzteren hat er schon längst nicht mehr!" sagte Setti, die Feder zwischen den Lippen haltend. „Ich weiß, daß der Jude Salomon Marbochi ihm geradezu das Haus verboten hat."

Matthioly stampfte zornig mit dem Fuße. „Wie soll das enden?" rief er. „Täglich laufen Rechnungen ein, täglich mehren sich die dreisten Drohungen. Und das dem Herzoge!"

„Excellenza — der Herzog ist genau wie ein anderer Mensch, wenn es sich um Geld handelt," kicherte Setti. „Die Manichäer, welche seinen Namen auf ihren Wechseln haben, werden den Abkömmling der Gonzaga ebenso hart verfolgen, als sie den kleinen Kaufmann am der Piazza bei Erbe zwischen ihre Klauen nehmen — man sollte diesen Ungläubigen das Handwerk legen."

„Ah bah!" fiel Matthioly ein, „das wäre Thorheit. Diese Juden sind noch die Einzigen, welche Hülfe leisten, wenn man sie braucht. Wer braucht denn heutzutage Hülfe nicht? Die Staaten habern untereinander um dieses oder jenes Gebiet — man kauft sich Soldaten ab, was so viel sagen will, als: man handelt mit Menschen — warum soll einem Ebräer nicht ein Stück Geld abgehandelt werden, selbst wenn er recht hohen Preis dafür verlangt — laß Du mir die Juden in Frieden."

Setti hatte seine Papiere bereits zusammengepackt und sie in eine Mappe gelegt, deren Deckel er verschloß; dann sich erhebend sagte er: Excellenza haben für mich keine weiteren Befehle?"

„Nein Alter — für heute nicht."

Als Setti sich zum Fortgehen anschickte, pochte es leise an die Thür des Zimmers, der Secretair öffnete. Ein Diener meldete den Senator und Finanzrath des Herzogs, den Signor Matteo Scarpi an. Auf einen Wink des Grafen wurde Scarpi in das Zimmer gelassen, während Setti sich entfernte.

"Nehmen Sie Platz, mein Freund," sagte Matthioly, dem Senator einen Sessel hinschiebend. "Was bringen Sie mir. Ich freue mich immer, Sie zu sehen. Sie haben ein schweres Amt und verwalten es doch stets mit heiterer Miene. Das erfreut und — ermuthigt. Und wir bedürfen des Muthes."

"Sie haben vollkommen Recht, Herr Graf," sagte Scarpi sich verbeugend. "Wir bedürfen des Muthes — und Sie treffen auch weiter das Richtige, wenn Sie behaupten, ich arbeite mit heiterem Blicke und unbewölkter Stirn. Leider kann ich in diesem Augenblicke nicht mit so muthvoller, so heiterer Miene vor Ihnen erscheinen, denn meine Sorge ist groß."

"Sie spannen meine Neugierde und meine Besorgniß zugleich," sagte Matthioly. "Was kann geschehen sein, das ich nicht wüßte?"

"Hören Sie mich nur wenige Minuten an, Herr Graf," bat der alte Beamte, "und Sie werden mir Recht geben, wenn ich sage: ich bin in schweren Sorgen. Heute Vormittag erschien in meinem Bureau Seine Hoheit unser Herzog Carl. Ich war soeben beschäftigt, den Abschluß unserer Kasse zu machen — ich zählte die eingelaufenen Steuerzahlungen, welche in großen Haufen Geldes vor mir auf dem Zahltische lagen.

"Herzog Carl trat klirrenden Schrittes in das Gewölbe, sein Antlitz war geröthet, seine Geberden waren hastig und nervös, er schoß so unheimliche Blicke auf die Geldhaufen, welche ich in Haufenform geordnet hatte, daß mich eine unerklärliche Angst befiel."

"Trotzdessen verbeugte ich mich und sagte: "Wie komme ich zu der Ehre Eure Hoheit bei mir zu sehen?" Herzog Carl antwortete nicht sogleich. Es schien ihm nicht so leicht mit der Antwort zu werden. Endlich ermannte er sich und flüsterte: "Sind wir allein, Scarpi?" ich bejahte es und bat ihn, den Riegel vor die Thür zu schieben, da ich es nicht selbst thun mochte, denn — Herr Graf — ich hätte dann meinen Platz verlassen müssen, neben welchem das Geld lag und — —"

Der alte Beamte zögerte, den Satz zu vollenden.

"Sie fürchteten, der Herzog werde einen Griff in die Geldhaufen wagen?" vollendete der Graf Matthioly mit großer Ruhe, indem er sich in den Sessel zurücklehnte.

"Ich kann nicht läugnen — ich hatte diese Besorgniß," flüsterte der Finanzrath.

Matthioly lachte bitter. "Fahren Sie fort!" sagte er.

"Nachdem der Herzog sich mit mir eingeschlossen hatte," fuhr Scarpi fort, "faßte er krampfhaft meine Hand und blickte mich mit verstörten Augen an.

"Sie waren ein Freund meines Vaters, Scarpi" — rief er, "Retten Sie den Sohn — helfen Sie ihm.

"Ich wußte mich kaum zu fassen. "Hoheit sagte ich, "ich habe schon oft geholfen — ich will es wieder thun, wenn mein Gewissen mir die Hülfe nicht verbietet, sprechen Sie — was soll geschehen?"

"Es sind zwölf Tage her," begann der Herzog, "daß ich zu Pignerol war. Die Besatzung wird von sehr tüchtigen Offizieren commandirt. An der Spitze steht der Baron von Saint Mars, ein Edelmann von altem Schlage. Man nahm mich mit Ehrerbietung und besonderer Freundlichkeit auf. Es gab eine köstliche Tafel — es perlten die Weine Italiens und Frankreichs in den venetianischen Gläsern, welche die Franzosen, die doch nun ein Mal Herren von Pignerol sind, aneinanderklingen ließen.

"Die Gluth des Weines war mir in den Kopf gestiegen," fuhr der Herzog in seiner Erzählung fort. "Ich taumelte fast, denn nicht nur die Gewalt desselben, auch das sehr lebhafte Gespräch, welches die Franzosen führten, der Lärmen, der ringsum herrschte — die Masse der Anwesenden — dies Alles machte meinen Kopf noch wüster. Nach aufgehobener Tafel ließen die französischen Offiziere eine der anwesenden Komödiantentruppen in die große außerhalb der Citadelle gelegne Kaserne kommen — man sang, tanzte und trieb Neckereien mit den Mädchen — es ging immer wilder einher und als man des Spectakels mit den Tänzerinnen müde geworden, da war mit einem Schlage Alles um den Spieltisch versammelt, die Karten waren urplötzlich in aller Händen — das Faro begann — Sie können denken in welcher Weise. Nur erhitzte Köpfe, zitternde Hände und umflorte Augen — ich konnte nicht ausweichen, ich mußte als der Vornehmste unter Allen die Karten besetzen — die Spieler wurden eifriger, als meine drei ersten Karten gewannen, doch machte mir der Muth, ich verdoppelte, verdreifachte den Satz — genug ich wurde allmälig aus dem Sieger zu einem Geschlagenen, meine ganze Baarschaft — viertausend Dublonen — war dahin. Ich mußte sie wiedergewinnen, ich borgte von Saint Mars, von dem Colonel Hauteville, von dem Herzoge Bethuno von Gauthier — von Gott weiß wem und Jeder gab mir — wer giebt dem Herzoge von Mantua nicht Geld, wenn er es fordert? — zuletzt, da ich immer und immer verlor, wurde die Bank geschlossen, die Abrechnung erfolgte — errathen Sie Scarpi, was ich an Geld verloren habe?"

"Ich hatte seiner Erzählung mit Aufmerksamkeit zugehört. Ich folgerte aus dem, was ich vernommen, daß der Herzog eine große Summe verloren habe — das heißt eine große nach meinen Begriffen und ich rieth auf siebentausend Dukaten — aber begreifen Sie mein Entsetzen, als Herzog Carl mit dumpfer Stimme mir in's Ohr raunte: "Hunderttausend Thaler habe ich verloren!"

"Ich wankte auf meinem Sessel — die Angst und der Schrecken umnebelte meine Sinne und in einer Art von Betäubung rief ich — unglücklicher Weise, wie Sie es nennen wollen, aus: "Großer Gott, das ist ja gerade so Viel, als hier in Steuerzahlungen vor mir liegen."

"Kaum hatte der Herzog diese Worte vernommen, als er wie von einer Feder geschnellt auffuhr. "Scarpi!" rief er, "dieses Geld kann mich retten — Sie müssen es mir leihen."

"Ich drängte ihn, unwillkürlich meine Hände gebrauchend, von dem Tische zurück — ich stotterte in der größten Aufregung: "Hoheit — unmöglich — Staatsgelder!"

"Die erst zum October für die nothwendigen Zahlungen verausgabt werden — ich weiß es — leihen Sie mir bis dahin das Geld, ich bin in der gräßlichsten Lage, denn die Summen, welche ich von den französischen Offizieren erhielt, erhielt ich auf Ehrenwort. Ich hätte sie am Tage meiner Ankunft in Mantua nach Pignerol senden müssen, ich konnte es nicht — selbst die Juden borgen mir nichts mehr — ich hatte keinen Heller und ich müßte es mir gefallen lassen, daß die Franzosen den Abkömmling der Gonzaga um eine Spielschuld mahnen."

„Sie können sich denken, Graf, wie diese Klagen mich erregten — ich seufzte: „Hoheit, es sind Gelder des Rathes — ich darf nicht ohne Einwilligung des gesammten Rathes die Summe vorstrecken, zwingen Sie mich nicht zu einem solchen Schritte."

„Der Herzog wandte mir zornig den Rücken. „Es ist mein Geld!" rief er wüthend! „Ich will es haben — ich muß es haben!"

„Ich aber blieb standhaft — da er jedoch stets wilder und wilder drängte, rief ich in meiner Verzweiflung: „Wohlan, ich werde den Grafen Matthioly in das Vertrauen ziehen — und er mag rathen."

Der Herzog ras'te aus dem Zimmer. „Sprechen Sie mit wem Sie wollen!" schrie ich. „Sie werden das Furchtbare erleben — Sie haben es zu verantworten, daß ein Nachkomme der Gonzaga als Selbstmörder endet!"

„Ich bin hier, Graf, in der Angst — ich habe Ihnen Alles eröffnet, was sollen wir beginnen?"

Matthioly hatte diese ganze Erzählung mitangehört, ohne irgend eine besondere Regung zu zeigen, jetzt nahm er das Wort.

„Mein lieber Scarpi," sagte er, vertraulich seine Hand auf des Rathes Knie legend, „zunächst beruhigen Sie sich wegen der Drohung Carls, daß er, ein Gonzaga, als Selbstmörder enden werde. Dergleichen Herren schießen sich um des Geldes willen nicht todt — oder stürzen sich nicht von der Galerie eines Thurmes und so weiter. Zweitens ist das ganze Auftreten des Herzogs Ihnen gegenüber nur eine geschickt improvisirte Komödie. Er spricht, als sei er ein verführter junger Edelmann, der zum ersten Male in die Gesellschaft von Spielern gerieth. Während er doch mit diesen Dingen so vertraut ist, wie ein Jäger mit dem Feuerrohr — er stürzte von Ihnen hinweg, als Sie ihm erklärten, mit mir sprechen zu wollen — was gilt es: ich bin der Erste sein, an den er sich wendet — übrigens, mein lieber Scarpi, wir müssen die Gelder dem Herzoge leihen!"

Scarpi erbebte: „Es sind hunderttausend Thaler, Herr Graf! bedenken Sie, welche Summe!"

„Ich habe das wohl bedacht, Scarpi, aber es muß sein. Freilich — Sie haben Recht — ohne die Räthe ginge das nicht — und der Herzog braucht das Geld bald!"

In diesem Augenblicke schallte aus den anstoßenden Gemächern lautes Gespräch. Eine Stimme schien heftig zu fordern.

„Hören Sie!" sagte Matthioly. „Es ist des Herzogs Stimme — er kommt, mit mir zu sprechen. Sie sehen, ich hatte Recht. Treten Sie hier hinein in das Nebencabinet. Der Herzog darf Sie nicht finden!"

Er drängte den ängstlich blickenden Rath in das Cabinet und wartete einige Minuten, während die Stimmen immer näher kamen. Endlich waren sie dicht vor der Thür des Arbeitscabinets. Matthioly öffnete dieselbe und fuhr — als habe er keine Ahnung von der Nähe des Herzogs, erstaunt zurück, als er Carl von Mantua vor sich sah.

„Hoheit!" rief er sich tief verneigend, „Sie hier?

ich bitte, treten Sie ein. Ich hörte Ihre Stimme, ich bitte nehmen Hoheit Platz."

Carl von Mantua warf sich in den Sessel. Er war in der That sehr erregt. Sein Gesicht fahl und bleich, seine matten, jetzt nur von der Aufregung ein wenig belebten Augen hin- und herrollend, nur mühsam gegen das fortwährende Zittern seiner Hände kämpfend — so saß der Herzog vor dem Grafen im Sessel.

„Hoheit verzeihen!" begann Matthioly. „Allein Dero Aussehen ist ein seltsames. Alles läßt mich darauf schließen, daß Ihnen etwas Außerordentliches begegnet sein müsse."

„Das ist auch in der That der Fall!" sagte der Herzog, auf die Seitenlehne des Sessels schlagend. „Ich habe kein Geld — keinen Heller!"

„Ich meinte etwas Außerordentliches hören zu sollen!" entgegnete Matthioly mit seinem Lächeln. „Allein Sie sagen mir etwas Bekanntes."

„Ha! ha! ha!" lachte der Herzog auf. „Ich will es meinen — leider ist es der Fall. Geld habe ich so dringend nöthig in diesem Augenblicke, wie noch nie bisher!"

„Die Ursache dieses dringenden Geldbedürfnisses? was kostete Ihnen die Colomba, die schöne Sängerin?"

„Bah — sie ward mit breittausend Dublonen pro Monat bezahlt — ich habe sie verabschiedet, aber die Martinozzi, die Stella, die verdammte kleine pfiffige Zoö — diese Drei haben mich gewaltig geplündert, der ganze Schmuckladen, den der griechische Händler an der Zecca in Venedig etablirt hatte, ist in die Taschen dieser drei Weiber gewandert — ich hätte nicht so viel draufgehn lassen sollen, aber der Teufel weiß es, wenn diese Sirenen ein Mal in meine Nähe kommen, ziehen sie mich in die Tiefe, daß ich drunten Gold für sie suchen muß, ha! nicht übel Graf — he? was sagen Sie?"

„Ein treffliches Bild, Hoheit. Wo aber, wenn ich fragen darf — finden Sie denn — drunten — wie Sie zu sagen belieben, das Geld?"

„Je nun, wenn ich heruntersteige, so meine ich damit, ich komme zu den Juden — da liegt das Geld!"

„Sie haben Glück!" sagte Matthioly ruhig. „Vielen giebt man nicht diesen Credit."

Carl von Mantua klopfte verlegen mit seiner Gerte den mit reicher Spitzenmanschette gezierten Reitstiefel und ließ die goldnen Sporen klirren, dann blickte er den Grafen scharf an.

„Hm!" machte er. „Ich muß Euch nur sagen, Graf, ich fange an, Denen beigezählt zu werden, welchen man den Credit weigert!"

Matthioly blickte jetzt den Herzog fragend an. „Hoheit scherzen. Sie haben bis jetzt noch Credit gehabt, ich weiß es!"

„Ich habe ihn nicht mehr!" fuhr der Herzog dringender fort. „Jetzt nicht mehr, gerade jetzt nicht — wo ich ihn so nöthig brauche, wie der Fisch das Wasser."

„Nun, so werden Sie ihn wieder finden."

„Nein — nein, Graf!" fuhr der Herzog fort, sich wie in steigender Angst an den Grafen nestelnd. „Ich habe versucht — umsonst!"

„Aber um die Ausgaben für die Stella, Zoö und so weiter zu decken, das kann doch nicht so gewaltig sein!"

„Ach!" schrie der Herzog wüthend, indem er mit

ber Reitgerte einen Hieb nach den Papieren führte, welche auf dem Tische lagerten, daß es einen heftigen Knall gab. „Sie martern mich, Graf und ich verbringe die Zeit. Es handelt sich weder um Calomba, noch Stella, noch Zoò oder sonst eine dieser Bestien in Engelsgestalt — es handelt sich um eine Spielschuld!"

„Oh — das ist schlimm!" sagte Matthioly. „Sie wird nicht gering sein?"

„Wenn sie nur „nicht gering" wäre — was sollte da alles Klagen? ich habe schon Vieles gehabt, was „nicht gering" war — Schulden, Scandale und Gott weiß was sonst noch —. aber das, um was es sich handelt, ist ungeheuer!"

„Und wie hoch beläuft sich die Summe?" fragte Matthioly.

„Hunderttausend Thaler!" sagte der Herzog, in einer Art von Galgenhumor mit der Zunge schnalzend, aber zugleich mit einem Satz an das Fenster eilend, um dem Blicke des Grafen nicht zu begegnen. —

„Hunderttausend Thaler" — wiederholte Matthioly mit dumpfer Stimme. „Dafür kann man eine Stadt kaufen!"

„Ich wollte, ich könnte eine losschlagen — ich gäbe sie gleich. Wenn sich nur ein Käufer fände!" lachte cynisch der Herzog, sich auf das Fensterbrett setzend.

„Woher wollen Sie das Geld nehmen, Hoheit?"

„Das ist es, was mich zu Euch führte. Ich habe Eile. Die Gläubiger drängen mich — das heißt die Spielgläubiger. Es sind französische Offiziere der Besatzung von Pignerol, von denen ich borgte, an welche ich verlor. Das Geld muß bezahlt werden und — es ist da!"

„Ah — Sie spannen meine ganze Erwartung. Woher haben Sie das Geld erhalten? Sie scherzten, als Sie mir vorhin erklärten, daß Ihr Credit verloren sei."

„Ach durch meinen Credit erhalte ich nichts. Es sind hunderttausend Thaler Steuergelder vorhanden. Sie brauchen erst in drei Monaten an die verschiedenen Kassen abgeliefert zu werden. Machen Sie, Graf, daß ich sie geliehen erhalte und — ich werde sie wieder ersetzen und einstweilen die Schulden davon bezahlen."

„Staatsgelder, Hoheit!" sagte Matthioly. „Was würde der Rath — was würde zum Exempel Scarpi dazu sagen." Matthioly hatte mit sehr starker Stimme gesprochen, so daß Scarpi in dem Cabinette Alles hören mußte.

„Ach der alte Maulwurf, der alte Geldfuchs," lachte höhnisch der Herzog. „Ich habe ihm schon heute eine Komödie aufgeführt, habe gewinselt und gezetert, wie es gerade nothwendig war, um Geld von ihm zu erpressen. Er ist es ja, bei dem ich die Geldhaufen liegen sah — aber er will nichts herausrücken. Ich soll mit Euch sprechen — die Räthe sollen befragt werden."

„Scarpi thut seine Pflicht."

„Den Teufel auch! bin ich nicht Herr des Landes? sind die Gelder nicht mein Eigenthum so gut, als das des Landes? mille tonnerres — warum kann das Land seinem Fürsten nicht helfen, wenn er in Noth ist? Die Regentin Marie Jeanne — die würde Credit in Menge erhalten, aber sie ist auch eine Verwandte von

Frankreich, da giebt es immer Geld — wir aber — bah — nicht einmal die Komödie von meinem beabsichtigten Entschlusse über das Leben nehmen zu wollen, hat auf den alten Scarpi Eindruck gemacht. Ich bin verloren."

„Nicht doch, Hoheit," sagte Matthioly mit fester Stimme. „Es muß Ihnen geholfen werden."

„Ah, Sie wollten?" rief der Herzog freudig sich umwendend.

„Ich will — ja. Ob ich kann? ist eine andere Frage. Aber wir müssen Alles versuchen. Ueberlassen Sie mir die Sache."

„Ganz — ganz mit Allem was dabei zu thun ist. Ich werfe mich ganz in des Freundes Arme," rief Carl von Mantua mit einer an das Lächerliche grenzenden Extase — die dem Grafen ein Achselzucken abnöthigte, denn die Worte des Herzogs bedeuteten im Grunde genommen weiter nichts, als: „Müßt Euch nur für mich — ich bin froh mich um Nichts kümmern zu dürfen,' so verstand er die Phrase, „ich werfe mich in des Freundes Arme.' „Und wann kann ich wohl das Geld haben?" fragte er schnell. Sein ganzes Wesen hatte sich mit einem Schlage geändert. Wie bei allen lüberlichen Gesellen seiner Art, war die geringe Anwandlung von Sorge sofort gewichen, als ihm eine Hoffnung gezeigt ward. Er trällerte eine Arie und fuchtelte mit der Gerte durch die Luft.

„Davon ist noch nicht die Rede," sagte Matthioly.

„So — so," fiel der Herzog ein. „Das ist schade. Ich hätte die Sache gern gleich abgemacht. Thut mir leid. Aber wenn es nicht anders sein kann — Eh bien."

„Die Räthe müssen gefragt werden, wir können eine so gewaltige Summe nicht ohne Weiteres aus der Kasse der Fonds nehmen, denn wir müssen wissen, womit sie zurückerstattet werden soll." Obwohl die Mienen des Herzogs zu sagen schienen: daß er nicht die Nothwendigkeit solcher Ueberlegungen einsehe, beruhigte er sich doch.

„Aber die Offiziere in Pignerol?" fragte er.

„Lassen Sie mich mit ihnen die Sache abmachen." Sie werden aus Wechsel nehmen.

„Ich werfe mich ganz in Ihre Arme, Graf." wiederholte der Herzog noch ein Mal. „Abdio, mein Freund." Er wendete sich zum Gehen. „Ah —" sagte er, plötzlich stehen bleibend. „Das hätte ich fast vergessen. Voilà — ein Brief für Sie, der heute mit dem Courier ankam. Er fand sich unter den Schreiben, die an mich abressirt sind — ich habe heute noch nichts gelesen. Nehmen Sie."

Er reichte dem Grafen ein Schreiben hin.

„Hoheit unterthänigster Diener," sagte Matthioly sich tief verneigend, indem er dem Herzog die Thür öffnete und ihn hinausgeleitete. Bei seiner Rückkehr fand Matthioly den Finanzrath Scarpi in seinem Arbeitscabinette. Scarpi befand sich in einer aus Zorn und Ueberraschung gemischten Aufregung.

„Es ist unerhört," rief er. „Ich habe drinnen Alles vernommen. Dieser Herzog verdient keine Theilnahme wackrer Leute. Er hat es gewagt mit mir, dem alten Manne, eine elende Komödie zu spielen — er brüstet sich damit noch obenein."

„Mein lieber Rath," sagte Matthioly. „Sie

kennen noch nicht die schlimmen Seiten dieser Herren, so alt Sie auch in deren Diensten geworden sind. Ich habe Ihnen nur einen kleinen Beweis geben wollen."

„Aber Graf — Sie konnten dem Herzog wirklich das Versprechen machen, ihm die hunderttausend Thaler einzuhändigen zu wollen?"

„Ich habe es nicht versprochen — ich habe ihm Aussicht darauf gemacht, wenn die Räthe die Zahlung bewilligen."

„Sie werden es nicht thun. Glauben Sie mir — das Schlimmste von Allem wird sein: die Spielgeschichte bleibt nicht verborgen. Das Journal des Herrn Giuliani in Turin — die Fackel — wird sicher in den nächsten Tagen die ganz ausführliche Darstellung bringen."

„Daß dies nicht geschehe, dafür habe ich gesorgt," sagte Matthioly.

„Sie verzeihen, Herr Graf — wie wäre es möglich? erfuhren Sie doch erst vor wenig Minuten durch mich die ganze Sache."

„Auch darin, mein Freund, sind Sie noch unerfahren, sagen wir lieber: noch zu redlich. Ich wußte schon vor Ihrer Ankunft, daß der Herzog zu Pignerol mit den Offizieren der französischen Besatzung eine wüste Nacht verlebt hatte. Freilich erfuhr ich erst die Details durch Sie, mein Freund, aber des Herzogs scandalöse Spiel- und Trinkgeschichte, die Weiberaffaire — sind mir bereits mitgetheilt worden und ich habe deshalb vor kurzer Zeit, ehe Sie eintraten, ein Schreiben an den Herausgeber der Fackel, den Signor Giuliani in Turin gesendet, welches die Bitte enthält, von dem unsauberen Vorfalle nichts in seinem Blatte zu berichten. Ghuliani ist mir sehr zugethan — er wird schweigen."

Der alte Finanzrath schüttelte nachdenklich sein Haupt.

„Es ist eine sonderbare Zeit, in der wir leben," sagte er. „Und ich verstehe sie nicht. Ich muthmaße aber, daß dieses Regiment des Herzogs nicht von langer Dauer sein wird." Er stand einen Augenblick wie in Gedanken versunken, dann wendete er sich zu Matthioly, legte seine magere Hand auf die Schulter desselben und sagte, ihn scharf anblickend:

„Ich würde mich nach Besserem umsehen, Graf, wäre ich an Ihrer Stelle. Sie können unter diesem Regimente nicht ausharren. Es wird stürzen — und Sie werden unter seinem Sturze begraben sein. Sie sind kühn, sind von hohem Geiste — ergreifen Sie die erste Gelegenheit sich in die Arme eines Mächtigen zu werfen — Sie werden Aufnahme finden." Er drückte dem Grafen die Hand und schritt aus dem Zimmer.

Matthioly blieb stumm an den Tisch gelehnt stehen. Er blickte zur Erde nieder. „Dieser alte Mann hat recht gesprochen," murmelte er. „Es ist ein wankender Bau dieses Haus der Mantuaner Herzöge — der greise Zahlenmensch hat Recht — es möchte Zeit sein, dem Zusammensturze zu entfliehen, der mich unter seinen Trümmern begraben kann."

Indem er seine Blicke wie suchend umherschweifen ließ, fielen sie auf das, vom Herzoge zurückgelassene Schreiben.

Der Graf nahm den Brief, er betrachtete das Siegel. „Ein Schreiben des Versailler Kabinets?" sagte er. „Es ist unbegreiflich, wie nachlässig dieser Herzog verfährt — er behandelt die wichtigsten Einläufe, als wären es Billets seiner Maitressen."

Matthioly hatte während dieser kurzen Bemerkungen das Couvert geöffnet. Er entfaltete dasselbe und hatte kaum einen flüchtigen Blick darauf geworfen, als er ausrief:

„Was ist das? der Baron von Gomont — ? so plötzlich — —"

Wiederum öffnete sich die Thür des Zimmers, aber dieses Mal, ohne daß vorher gemeldet worden wäre. Eine schöne Frau und ein junger Mann traten ein.

„Ercole," sagte die Dame, dem Grafen ihre feine Hand reichend, „wir haben Dich heute lange genug entbehrt. Die Zeit ist Dir ohnehin so kärglich zugemessen — wir wollen Dich mit Gewalt aus dem Wirrwarr der Geschäfte reißen."

„Mein theures Weib," entgegnete Matthioly. „Ich bin sogleich der Eure — ah sieh da, Antonio — mein verliebter Bruder — einen Augenblick noch. Ich erhalte soeben eine Nachricht, welche mir wichtig erscheint, erlaubt, daß ich den Brief zu Ende lese."

Er prüfte nochmals den Inhalt des Schreibens, faltete es dann zusammen und schob es in eine reich verzierte Kassette, welche auf dem Arbeitstische stand. „Das dürfte mit wichtigen Plänen zusammenhängen," sagte er. „Wir müssen uns bei diesen Affairen betheiligen. Ja — ja meine Leonore — mein lieber Antonio! ‚Nach Oben,' das ist der Wahlspruch der Matthioly."

„In diesem Ringen, bei diesem Emporsteigen geht das Glück Deines Hauses zu Grabe," sagte die Gräfin traurig. „Wir fangen an, uns entbehren zu müssen."

„Du bist zu ängstlich, meine Theure. Es ist eine Zeit des Kampfes in der wir leben. Ich strebe nach Hohem und ich werde es erreichen. Siehst Du nicht ein, daß mir Alles gelang? Als ein Jüngling von neunzehn Jahren errang ich schon das Laureat in der Rechtswissenschaft, ein Jahr darauf ward ich Professor an der Universität meiner Vaterstadt Bologna — ich hatte mir selbst kaum die Frage gestellt: ‚Würdest Du Bücher schreiben können?' als ich auch schon zum Werke schritt und meine Arbeit glückte. Ich siedelte nach Mantua über. Ich ward bald in die Nähe des Hofes gezogen, denn meine Kenntnisse, mein Talent überragten bei Weitem alle Die, welche Carl der Dritte um sich versammelt hatte — der Titel des Unterstaatssecretairs ward mir bald gegeben — das war mein erster Erfolg. Mein zweiter war der, daß ich, glücklich genug — Dich als Gattin heimführen durfte, an Deiner Seite genoß ich in vollen Zügen mein Glück. Es blieb mir hold. Nenne man es Schickung oder Verhängniß, gleichviel — es waltete ein günstiger Stern über meinen Handlungen. Der schwache Herzog Carl der Vierte konnte ohne mich nicht seine Volljährigkeit antreten. Ich war ihm unentbehrlich geworden und so bin ich es bis heute geblieben — nun —"

„Nun?" sagte die Gräfin. „So bleibe auf dieser Stufe, welche zu erreichen — Tausende sich vergeblich abmühen würden. Du hast viel gewonnen, freue Dich dessen. Es ist ein so herrliches Bewußtsein ruhen zu können im Schatten eines Baumes, den man dereinst selbst gepflanzt."

„Ruhen? nein meine Theure," sagte Matthioly. „Ich muß ein Ziel erreichen, das ich mir gesteckt. ,Nach Oben,' ist der Wahlspruch meiner Familie und ihm muß ich folgen. Ercole Matthioly darf nicht der Staatssecretair dieses leichtsinnigen Herzogs bleiben, er muß sein Minister werden, er muß den Gebieter vertreten. können bei Allem, was groß und entscheidend ist.".

„Und bist Du nicht schon längst der erste nach dem Herzoge?"

„Ich bin es — freilich, aber im Geheimen mehr noch, als öffentlich. Noch stehen die Räthe zwischen mir und dem Herzoge, noch ist der Alte — der mürrische Kanzler Spinola die erste Person. Man übergeht ihn freilich, er darf nur noch in einigen Audienzen erscheinen — aber was will das sagen, bei einem Gebieter, wie es der Unsrige ist? Ich muß der erste Minister dieses Herzogthums werden — Alles muß durch mich geschehen und — man weiß, daß ich allein befähigt bin, solchen Platz auszufüllen. Truchi am Hofe von Turin, die Regentin selbst, die Herren zu Venedig — sie Alle wissen, daß ich der Mann bin, der Mantua regiert — ich will, daß meine Gewalt öffentlich anerkannt werde."

Die Gräfin vermochte nichts zu erwidern, als das einfache Wort: „Ehrgeiz — furchtwedender Ehrgeiz."

„Sei nicht traurig, meine Geliebte, weil ich nach dem Höchsten strebe. Ich muß — ich will es. Wer zurückbleiben mag — er bleibe, ich mache ihm keine Vorwürfe. Habe ich es Dir, mein Bruder Antonio, zum Vorwurfe gemacht, daß Du Dich um die Hand der kleinen Französin, der Hofdame der Regentin von Savoyen bewirbst? ich that es nicht, obwohl ich gewünscht hätte, einer von der Familie Matthioly hätte eine glänzendere Wahl getroffen. Du konntest unter den Töchtern dieses Landes die Schönste, die Reichste — mit dem glänzendsten Namen Prangende — wählen —"

„Ich liebe Juliette de Pons," sagte Antonio entschieden. „Damit ist Alles gesagt und weißt Du denn, mein Bruder, ob jene kleine Französin nicht noch stolzer ist als Du selbst? weißt Du, ob sie meiner Anfrage Gehör schenken wird? sie ahnte wohl kaum, daß ein Matthioly ihr seine Hand antragen würde!"

„Es ist nicht anzunehmen, daß die Französin Dir einen Korb giebt," sagte Matthioly stolz.

„Du vertraust zu viel auf die Gewalt Deines Namens," sagte die Gräfin sich erhebend. „Gedenke der Vielen, welche der Ehrgeiz stürzte."

„Ich hege diese Furcht nicht. Hier ist es, was mich antreibt." Er deutete auf ein Bild des Cardinals Mazarin, welches über eine der Abtheilungen des Getäfels hing. „Dieser Mann war der einfache Secretair des großen Cardinals, er ist auch allmälig, aber sicher gestiegen und welche Stelle hat er erreicht."

„Frankreich und Mantua — Paris und diese kleine herzogliche Stadt!" sagte die Gräfin.

„Mag sie klein sein," rief Matthioly, „immerhin. Aus dieser kleinen Stadt kann ein Mann hervorgehen, der Großes vollbringt und wenn es geschehen ist — wer sagt Euch, daß ich für immer der Diener des Mantuaners bleiben will? Meine Pläne sind weiter, meine Wünsche und Ziele höherer Art. Ich will Euch Etwas davon anvertrauen: nach Frankreich zieht es mich — dort ist mein Platz, inmitten all jener geistreich und umfassend angelegten Unternehmungen ist mein Wirkungskreis, dort kann ich mein Talent genügend entfalten — dort werde ich die Arbeit finden, welche ich hier vergebens suche. Mazarini war ein Ausländer in Frankreich — er wußte sich Bahn zu brechen. Ich fühle Kraft genug in mir, es ihm gleich zu thun."

„Aber wie wolltest Du," fragte Antonio, „dem mächtigen Louvois, den vereinten Staatsmännern die unter ihm arbeiten, näher treten? Frankreich besitzt genug der diplomatischen Talente."

„Ich nehme die gute Gelegenheit wahr, welche sich mir bietet, dem Könige von Frankreich einen großen Dienst erweisen zu können; und ich glaube diese Gelegenheit ist nicht allzu fern. Ist mir dies gelungen, dann stehe ich auf der ersten Sprosse der Leiter und sorge nicht, ich werde weiter klimmen. Ein entscheidender Moment wird eintreten, ich werde ihn nützen."

„Geliebter Mann," rief die Gräfin schmerzvoll und sich in seine Arme werfend, „komm zu Dir! Die Ehrsucht hat Dich ergriffen und weit hinweggeführt aus dem ruhigen und glücklichen Kreise, in welchem Du weiltest. Kehre dahin zurück, Ercole — die Engel selbst fielen, als der Hochmuth sie ergriff. Entfliehe seinen Krallen."

Matthioly lächelte mitleidig. „Ich ehre das bescheidene Weib des Staatssecretairs Matthioly, den der Grafentitel als einen Schmuck angehängt erhielt. Aber der Gatte dieses herrlichen Weibes darf nicht auf die sanfte Mahnung achten. Es wird der Tag kommen, an welchem Du, meine Theure, bekennen sollst: Ich war klein und verzagt, als Du, Ercole, muthvoll den Weg gewiesen hast auf welchem unsere Familie von Dir geführt, dem Glanze und der Macht entgegenschritt."

„Und was soll Dir — soll all den Deinen diesen Weg bereiten?"

„Dieses hier," rief Matthioly, das Schreiben emporhebend, welches er soeben gelesen. „Noch weiß ich nicht, was diese königliche Verfügung in sich birgt, aber mir sagt eine Stimme daß ich durch sie an den Wendepunkt meines Geschickes angelangt bin — ,Nach Oben' ist mein Wahlspruch."

Drittes Capitel.

Im Löwen von Sanct Marcus.

Die Gegend zwischen Pavarola und Sanct Moro konnte zur Zeit unserer Erzählung eine Waldwüste genannt werden. Die Landstraße, keineswegs in besonders gutem Stande gehalten, wand sich durch dichtes Gehölz, stieg zuweilen empor und senkte sich dann wieder in einer jener dunklen Gründe hinab, welche von Edeltannen und Korkeichen bestanden waren, zwischen denen das Farrenkraut üppig wucherte und dem Wanderer — wenn er überhaupt in diese Einöde dringen wollte, das Vorschreiten hinderte, ja endlich unmöglich machte.

Freilich boten diese Waldwege zuweilen auch herrliche Durchblicke, von denen aus man die Schneehäupter des Mont Blanc und des Mont Rosa erblicken konnte. Indessen schlugen die Fuhrleute den Weg selten ein, da er so beschwerlich war — sie machten viel lieber die weitere Fahrt über Vernone und Scielze — die Folge davon war, daß jene alte Straße sehr einsam blieb und endlich in den üblen Geruch kam: ein Weg für Schmuggler zu sein, den die Zollbeamten in besondere Obhut nahmen.

Wollte man aber von Nordwesten herkommend nach Turin gelangen, so blieb der Weg zwischen Sanct Moro und Pavarola immer der directeste. Zwischen diesen beiden Orten, inmitten der Waldwüste, lag ein kleines Wirthshaus. Es war aus einem ehemaligen sogenannten „Kastelle" zu einer Herberge umgewandelt worden, denn die, mit dem pomphaften Namen „Kastell" belegten Gebäude waren nichts weiter als feste Häuser, in welche ehemals zu den Zeiten der Fehden zwischen Städten und Ritterschaft einzelne kleine Besatzungen gelegt wurden.

Das Wirthshaus, welches so einsam im Walde lag, führte den prunkenden Namen: „Zum Löwen des St. Marcus" und das Thier dieses Heiligen war auch auf das Schild gemalt — genau so, wie es auf vielen Freskogemälden, Deckeln auf Reliquienkästen, auf der Säule zu Venedig und sonst wo zu sehen ist.

Daß der Eigenthümer dieses Wirthshauses keine glänzenden Geschäfte machen konnte, ist erklärlich. Höchstens lehrten hin und wieder einige Fuhrleute bei ihm ein, deren Fracht eine Prüfung durch die Diener des Gesetzes nicht wohl vertragen mochte — oder ein paar Wanderer, die den kürzeren Weg nach Sanct Moro einschlagen wollten, genossen im „Löwen" einen Krug Wein — sonst war von Verdienst nicht viel die Rede und der Wirth mußte sich wohl oder übel dazu entschließen, mit den Paschern gute Freundschaft zu halten, wenn er überhaupt bestehen wollte.

Meister Jacopo saß denn auch an einem Nachmittage recht verdrießlich und mit sich selber grollend vor der Thür seines Hauses. Er hatte zwei Tage lang keinen Menschen gesehen als seine Ehehälfte und die beiden Knechte, welche das Dienstpersonal des einsamen Wirthshauses bildeten und endlich seinen großen, zottigen Hund, den er seiner Treue wegen sehr hochschätzte und dem er den Namen Aniello gegeben hatte, weil Jacopo ein großer Verehrer des berühmten Neapolitanischen Rebellen war. An jenem Nachmittage saß also Jacopo vor der Thür seines Hauses, Aniello lag zu seinen Füßen und auf einem Stück Bauholz hatte sich die Gattin des Wirthes niedergelassen, um der edlen Beschäftigung des Kleiderausbesserns sich hinzugeben. „Weiß der Teufel," unterbrach Jacopo die Stille, „ich glaube, die Erde ist ausgestorben, wir sind die einzigen noch darauf weilenden lebenden Wesen. Es kommt mir wahrhaftig so vor — denn solch eine Zeit habe ich noch nicht durchgemacht, es ist heute der dritte Tag — und kein Mensch läßt sich blicken."

„Ja, es ist seltsam," entgegnete die Frau Wirthin, „ich glaubte ganz fest, daß mindestens Carlo heute erscheinen werde."

„Wenn das so fortgeht," brummte Jacopo „dann weiß ich nicht was noch aus uns werden soll. Ich hoffe auf den Winter," fuhr er fort, die Beine von sich streckend und die Hände in den Taschen seiner kurzen Sammethosen bergend, „jetzt sind die Wege überall zu gut, die Leute können von zehn Seiten her Alles erhalten was sie wollen; wenn der Schnee fällt, sind es die Pascher allein, welche über die schändlichen Wege kommen und die gehen hier nicht vorüber ohne halt zu machen." Aniello hob plötzlich den Kopf und begann zu knurren.

„Was ist das?" fragte Jacopo sich umsehend, „Aniello muß Etwas wittern." Der Wirth horchte aufmerksam und starrte in die Waldnacht hinein — er machte zum Ueberfluß eine Muschel mit der Hand an seinem Ohre.

„Wahrhaftig dieses Thier ist ein Phänomen!" sagte er den Hund streichelnd, „es naht ein Wagen — lange ehe ich das Geringste vernahm — hat dieser ausgezeichnete Hund das Knarren der Räder gehört. Sieh — dort unten kommt eine Kalesche aus dem Holze — bei meiner Seele es ist etwas Feines."

Wirklich erschien linker Hand von dem Wirthshause — also von Turin kommend — an der Mündung der Landstraße aus dem dichten Walde kommend, ein Wagen. Er war mit vier Pferden bespannt und neben dem Kutscher saß ein Diener auf dem Bocke. Der Wagen — nach Art der Fuhrwerke jener Zeit gebaut — war ein viereckiger Kasten mit großen breiten Tritten und plumpen Rädern, aber das vielfach angebrachte Schnitzwerk ließ darauf schließen, daß der Insasse des Fuhrwerks ein Mann von Stande sei. —

Aniello machte sich sofort die Mühe, einen Angriff auf die Pferde zu unternehmen, indem er trotz des Pfeifens seines Herrn dem Wagen entgegenlief und mit furchtbarem Gebell so lange an den Gäulen emporsprang, bis ihn ein vom Kutscher geführter Peitschenhieb traf, worauf er zu Jacopo lief, der bereits in Zorn über die schlechte Behandlung seines Hundes gerathen wollte — indessen seinen Unmuth beruhigte, als der Wagen vor dem Wirthshause hielt.

Das hätte der Wirth nicht vermuthet. Jahre waren vergangen, seitdem ein so vornehmer Gast den „Löwen von Sanct Marcus" besucht hatte. Es war keine Täuschung, denn als Jacopo seine Mütze zwischen den Fingern drehend an den Wagenschlag trat, fragte eine Stimme aus dem Innern des Fuhrwerks sehr artig: „Herr Wirth, dies ist doch die Herberge zum Löwen von Sanct Marcus?"

„Zu Befehl Excellenza."

„Kann man ein Zimmer bekommen?"

„Gewiß."

„Aber es muß ein sehr stilles Gemach sein — wo man nicht gestört wird."

„Jedes Zimmer meines Hauses ist ein stilles. Excellenza sehen wohl, daß hier Niemand Störung verursachen kann — denn es ist selten Besuch vorhanden."

„Eh bien — so lassen Sie uns absteigen, Herr von Aumont," sagte die Stimme. „Bernard — schnell." Der Diener war bereits von dem Bocke herabgesprungen und an den Wagenschlag geeilt, den er öffnete. Der Wirth, seine Frau und seine beiden Knechte sahen zwei Herren aussteigen. Beide trugen sehr elegante Reisekleider. Daß sie Franzosen waren, sah man ihnen sogleich an. Daß sie Franzosen waren, erkannte Jacopo ebenfalls an der Aussprache des Italienischen, welches die beiden Cavaliere hören ließen.

„Wollen Excellenza mir folgen!" bat der Wirth, die steinerne Treppe hinauf eilend, welche in den ersten Stock des Hauses führte. Die Cavaliere folgten dem Führer, der sie über einen dunklen Flur in ein großes Gemach geleitete, dessen Wände mit verschossenen Ledertapeten bekleidet waren. Die Möbel mochten einst im Besitze eines

Schloßherrn gewesen sein, sie bestanden aus einem Tische, sechs Stühlen und einem mächtigen Bette, dessen Himmel auf vier Holzsäulen ruhte. „Geruhen Excellenza es sich bequem zu machen" bat Jacopo.

„Bringen Sie Wein" — befahl der Cavalier.

Jacopo verschwand.

„Eine seltsame Kneipe," sagte der Eine, als der Wirth sie verlassen hatte, „können Sie sich denken, weshalb uns der Courier von Mantua hierher bestellte?"

„Es wird sicher einen bestimmten Grund haben, gnädiger Herr," antwortete Der, welcher mit dem Namen Aumont angeredet worden war.

„Geben Sie doch noch einmal die Ordre her," sagte der Erste. Aumont reichte ein Schreiben, welches er aus einem Portefeuille genommen hatte. Dasselbe mußte sehr wichtige Papiere enthalten, denn Aumont schien es während der ganzen Fahrt nicht aus den Händen gelassen zu haben, er hielt es auch jetzt noch fest an sich.

„Seine Excellenz der Herr Graf Gomont wird dringend im allerhöchsten Auftrage gebeten, bei seiner Fahrt von Turin nach Mantua in dem, zwischen Pavarola und Sanct Moro gelegenen Wirthshause zum „Löwen von San Marco" für kurze Zeit Aufenthalt nehmen zu wollen. Wichtige Mittheilungen sollen ihm daselbst gemacht werden. Der übliche Weg über Vernone ist daher nicht einzuschlagen.

Das Secretariat der königlich französischen Gesandtschaft zu Venedig."

So lautete der Inhalt des Schreibens, welches Graf Gomont, der von Turin abberufene Gesandte, zum dritten oder vierten Male durchlas. Graf Gomont hatte, dem erhaltenen Befehle gemäß, sein Abberufungsschreiben der Regentin überreicht. Man verlor ihn ungern in Turin — der Graf hatte sich durch seine Haltung viel Freunde erworben.

Unschlüssig und dem französischen Interesse nicht abgeneigt, hatte die Regentin den von Truchi ertheilten Rath nicht befolgt. Gomont verließ Turin, ohne daß der Versuch gemacht worden wäre, ihn zu halten — bei Ludwig dem Vierzehnten sein Verbleiben in Turin zu erbitten.

Gomont hatte sich also verabschiedet. Als er hörte wer sein Nachfolger werden sollte, sagte der Graf zu seinem Secretair dem Herrn von Aumont: „Es ist eine Intrigue des Pfaffen in Venedig, d'Estrades hat mich von Turin fortgeschafft." Da Gomont nun wußte, weshalb und wodurch er nach Mantua versetzt wurde, war dieser Verdacht sehr verzeihlich und d'Estrades stand nicht in dem Rufe ein harmloser Mann zu sein. Noch verwunderter war aber Graf Gomont, als ihm am Abende vor seiner Abreise jenes Schreiben durch einen Courier überbracht wurde, welches ihm den Weg über Pavarola und Sanct Moro vorschrieb und ihn anwies, in der berufenen Schenke halt zu machen. Was sollte der Graf hier erfahren? weshalb ward er nach dem einsamen, übelberüchtigten Orte gewiesen?

„Ich gestehe," sagte Gomont zu seinem Secretair, „ich bin selten so neugierig gewesen die Lösung eines Räthsels zu erfahren, als dieses Mal."

„Ich habe mir schon gedacht, es sei das Ganze eine Mystification," entgegnete Aumont lächelnd.

„Ah — der Courier der Gesandtschaft!" sagte Gomont, „es ist nicht denkbar."

„Excellenz verzeihen — aber Ihre schleunige unerwartete Abreise machte es vielleicht gewissen Personen unmöglich, in einer Weise von Ihnen Abschied zu nehmen, wie es das Herz gebieten mochte." Der Secretair schwieg. Gomont war als ein galanter Cavalier bekannt, in Turin mochte manche Dame ihm nachseufzen.

„Sie scherzen, Aumont" lachte der Graf, „diese Schönen werden sich zu trösten wissen und wie sollte von Venedig aus und durch einen königlichen Courier diese seltsame Bestellung — nach diesem Orte kommen?"

„Die Damen haben ihre eigenen Ideen — sie besitzen merkwürdige Verbindungen und was die Wahl des Ortes betrifft — nun Excellenz — es ließe sich wohl kaum eine bessere treffen, wenn es sich um ein letztes zärtliches Beisammensein handelt. —"

„Sie sind ein Thor," lachte Gomont, einen Zug aus dem Glase schlürfend, „und doch — wenn Sie Recht hätten?"

In diesem Augenblicke vernahm man das Rasseln eines Wagens. Er hielt vor dem Wirthshause. Gomont und sein Begleiter vermochten jedoch nicht zu sehen, wer der neue Ankömmling war, weil das Zimmer, in welchem sie sich befanden, im hintern Raume des Wirthshauses lag.

Indessen sollten sie nicht lange in Ungewißheit bleiben. Es kam Jemand festen Schrittes die Treppe hinauf — er stand vor der Thür des Zimmers — er pochte stark „herein" rief Gomont. Die Thür öffnete sich, ein Mann erschien auf der Schwelle: „Herr Abbé d'Estrades!" riefen Gomont und sein Secretair zu gleicher Zeit aus.

„Ich habe die Ehre Sie zu begrüßen, Herr Graf" sagte der Abbé sich tief verneigend, „ich freue mich, daß Sie so glücklich den abscheulichen Weg hierher zurückgelegt haben."

„Sie sind es, Herr Abbé, von dem ich Mittheilungen erhalten soll?"

„Ich bin es, Herr Graf und da die Zeit uns nicht allzu reich zugemessen ist, werde ich mit meinen Erklärungen nicht lange zögern. Der Herr Secretair wird es nicht ungütig nehmen, wenn er ihn bitte, uns auf einige Minuten zu verlassen?" Aumont erhob sich schnell, verbeugte sich leicht und machte Miene das Zimmer zu verlassen.

„Sie haben vielleicht die Güte, Herr von Aumont, dafür zu sorgen, daß Niemand diesem Zimmer allzu nahe kommt. Es ist freilich nur der Wirth mit seiner häßlichen Gattin und beiden Knechten anwesend, allein die Protecteurs der Schmuggler und sonstiger Banditen befassen sich gern mit der Spionage und sind — Sie verzeihen, Graf — große Freunde von politischen Geheimnissen."

Aumont verließ sogleich das Zimmer, und da er bereits die Gewißheit erlangt hatte, daß es sich um die Besprechung eines Cabinetsgeheimnisses handelte, — blieb er in gehöriger Entfernung von der Thür sich haltend, auf dem Posten, um jede etwaige Annäherung eines Unberufenen zu verhindern.

Die beiden Gesandten blieben nach der Entfernung des Secretairs eine kurze Zeit schweigend einander gegenüber sitzen. Dann goß der Abbé sich ein wenig Wein in eines der Gläser, hielt das gefüllte Glas gegen das Licht, trank es dann mit einem Zuge aus, und rückte dem Grafen ein wenig näher. —

„Herr Graf," sagte er, mit der Spitzenmanschette spielend, welche aus dem Aermel seines Reisekleides hervorschaute, „Sie werden über Ihre so plötzliche Abberufung erstaunt gewesen sein."

„Das war ich in der That," entgegnete Gomont mit kaltem Lächeln. „Ich war es um so mehr, als diese Abberufung ohne jede weitere Angabe der Gründe erfolgte, ich mußte nachdenklich werden, als mir ein Courier die Ordre brachte, mich hier in diesem obscuren Wirthshause einfinden zu wollen."

„Ihr Staunen ist vollkommen gerechtfertigt, Herr Graf," sagte der Abbé.

„Sie würden es mir verargen, Herr Abbé, wenn ich auf seltsame Vorgänge schließen wollte, welche hinter meinem Rücken ihre Erledigung finden?"

„Ich verstehe Sie nicht ganz," lächelte der Abbé, ihn anblickend.

„Nun denn, offen gesagt, Herr Abbé: ich hegte die Vermuthung — und ich hege sie noch — daß man durch eines jener Manöver, welche gemeinhin „diplomatische" genannt werden, mich aus der Stellung eines Gesandten am Hofe von Turin gedrängt hat und damit Sie sehen, daß ich ohne Rückhalt spreche: ich halte Sie, mein Herr Abbé, für Denjenigen, der diese Verdrängung in's Werk setzte. Sie waren nicht mehr persona grata in Venedig, Sie wollten nach Turin und — das Andere ergiebt sich von selbst."

Der Abbé d'Estrades hatte diese Worte mit leichtem Kopfschütteln begleitet und sagte er: „Herr Graf — ich zürne Ihnen dieses Mißtrauens wegen nicht. Mon dieu — wir Alle, die in dem Labyrinthe der Diplomatie wandeln, sollen nicht vertrauensvoll sein. Allein Sie thun mir in der That Unrecht, wenn Sie mich für den Intriguanten halten, dessen Machination es gelungen ist, das Versailler Kabinet gegen Sie zu stimmen. Ich habe Nichts für Ihre Abberufung aus einer Stellung gethan, in welcher Sie sich wohl befinden mußten, weil man Ihnen wohlwollte. Mein Wort darauf."

Gomont verneigte sich leicht. „Sie machen mich neugierig," sagte er, „denn Sie sind es ja, der mir Mittheilungen bringen soll."

„Zur Sache denn!" Die Stimme d'Estrades sank jetzt zu einem Geflüster herab. „Herr Graf," fuhr er fort. „Es handelt sich um ein Staatsgeheimniß ersten Ranges. Sie werden mir gestatten, Ihnen dasselbe mit allen nothwendigen Förmlichkeiten und Belegen zu offenbaren."

Der Abbé zog aus der weiten Tasche seines Rockes ein kleines vierseitiges Futteral, welches er sofort öffnete, um aus demselben eine dem Anscheine nach sehr sorgfältig gearbeitete Landkarte zu nehmen. Er breitete diese Karte auf dem Tische aus, dann sagte er zu Gomont: „Belieben Sie näher zu treten, Herr Graf."

Gomont blickte auf die Karte. Es war die von Oberitalien mit den angrenzenden Ländern.

„Sie sehen," nahm der Abbé das Wort, „hier das Montferrat." Er wies mit dem Finger auf diese Stelle in der Karte. „Durch eine sonderbare Fügung des Schicksals — oder wie Sie es sonst nennen wollen — ist dieses reiche und schöne Gebiet an das Herzogthum Mantua gefallen, von dem es durch verschiedene Länderstriche getrennt, ein begehrenswerthes Besitzthum für

ben Hof von Turin geworden ist. — Sie kennen den Herzog Carl von Mantua, diesen entarteten Sprößling der Gonzaga — er ist weder für den Hof von Turin noch für Frankreich gefährlich — aber es gilt höheren Preis. Blicken Sie wiederum auf die Karte, Herr Graf. Sie sehen hier die Feste Pignerol — sie befindet sich bereits in unseren, in französischen Händen. Von Pignerol bis nach Turin ist eine kurze Strecke, kaum Stundenlänge wird der Weg betragen — ich ziehe von Turin gegen Osten eine andere Linie — so — diese Linie endet bei Casale. Dieser feste Punkt ist ebenfalls nicht weit von Turin entfernt — Casale wird fünfzehn Lieues östlich von Turin liegen. Es ist, wenn man einen Blick auf die Karte geworfen hat, einleuchtend, daß Derjenige, welcher im Besitze von Pignerol und Casale sich befindet, die Hauptstadt Turin gewissermaßen zwischen zwei Feuern halten kann, denn zwei feste Plätze schließen es ein; einer derselben, der südöstlich gelegene, beherrscht den Weg zu den Alpen — der andere, nordöstliche — die Straße nach Mailand."

Der Abbé schwieg und sah den Grafen fragend an. Gomont aber verharrte in seiner Ruhe. Er wollte von dem Abbé Alles erfahren, es sollte das wichtigste ihm mitgetheilt werden — der Graf wollte nichts errathen.

„Nun?" fragte er.

„Hm!" lächelte d'Estrades, „Sie wollen nicht erkennen — und da ich Vollmacht habe, so ist es ja auch natürlich, daß ich die ganze Angelegenheit Ihnen vortrage. Frankreich oder vielmehr Seine Majestät König Ludwig der Vierzehnte besitzt Pignerol — der König muß auch Casale besitzen."

„Und wie wollen Seine Majestät sich dieses Besitzthum aneignen? Wir haben keine Fehde mit Piemont oder einem anderen Gebiete Italiens, wir können nicht durch die Gewalt der französischen Waffen dieses ruhige Casale nehmen."

„Es ist das auch nicht die Absicht des Königs. Wir müssen Casale mitten im tiefsten Frieden für Frankreich gewinnen — der König muß seine Truppen in die Festung werfen — Nachts müssen sie einrücken und wenn die Bewohner Casale's sich am Morgen aus ihren Betten erheben, müssen sie erfahren, daß sie über Nacht Franzosen geworden sind!"

Gomont trat erschrocken von dem Tische zurück. Der Abbé vermochte aus seinen Zügen zu erkennen, daß dieser Plan ihn gewaltig überrascht hatte. Das hatte der Graf nicht geahnt. Er war daran gewöhnt von Gewaltthaten zu hören, welche Ludwig der Vierzehnte anwendete, um irgend einen Krieg heraufzubeschwören, nach dessen Erklärung der länderbegierige König sich — wenn das Waffenglück ihm günstig blieb — beliebig Beutestücke auswählte, aber mitten im tiefsten Frieden in das Land des Nachbars fallen, aus dem fremden Körper ein Stück herausreißen und es verschlingen — das erschien dem Grafen denn doch zu ungeheuerlich, daß er mit bestürzter Miene ausrief:

„Herr Abbé, Sie haben mir da freilich ein furchtbares Geheimniß enthüllt."

„Nicht wahr?" rief der Abbé, „Sie sehen jetzt ein, daß es sich um große Dinge handelt. Wenn die Veränderung der Gesandtschafts-Posten Ihnen, mein theuerster

Herr Graf, noch nicht erklärlich ſein ſollte, ſo vernehmen Sie die Erklärung. Man kennt Sie als einen treflichen Vertreter Seiner Majeſtät, aber — Sie werden das nicht übel aufnehmen — man kennt auch Ihre ſo peinliche Ritterlichkeit. Den Hof von Turin zu überwachen muß ein Diplomat gefunden werden, welcher — je nun — welcher —" der Abbé lachte.

„Welcher?" fragte Gomont ſcharf.

„Ein Diplomat, der — gerade heraus — weniger zartes Gewiſſen beſitzt, als der Graf Gomont."

„Ah — Sie haben Recht," ſagte der Graf. „Vollkommen Recht. Wenn es ſich um dergleichen Dinge handelt, bin ich in der That weniger am Platze. Herr von Louvois hat den rechten Mann gefunden."

Der Abbé verneigte ſich, als ob der Graf ihm in der That ein wirkliches Compliment gemacht hätte.

„Nur begreife ich zwei Dinge nicht," fuhr Gomont fort. „Erſtens meine ſchnelle Abberufung — zweitens, weshalb ich nach Mantua verſetzt werde."

„Was die erſte Frage betrifft, Herr Graf — ſo iſt die Antwort darauf eine neue Mittheilung, eine Enthüllung. Caſale muß an Frankreich überliefert werden — es iſt Alles ſchon verabredet. Wie haben Soldaten in Bereitſchaft, die Commandanten ſind ernannt — die Art und Weiſe der Ueberrumpelung iſt feſtgeſtellt — kurz, die Ausführung des Planes ſteht dicht vor der Thür. Der Mann, welcher das Ganze leiten ſoll, muß alſo in möglichſter Nähe des Schauplatzes bleiben, er muß den Hof, welcher den größten Nachtheil haben wird, wenn Caſale in unſere Hände fällt, überwachen — etwaigen vorzeitigen Verdacht zu zerſtreuen ſuchen — muß endlich die Hauptſache ausführen! — Noch fehlt Seiner Majeſtät ein Rechts-Grund, auf welchem Frankreich ſeine Anſprüche bauen kann, wenn es Caſale einnimmt. Wir müſſen ein Recht vorweiſen, müſſen irgend eine beſtimmte Uebereinkunft den Gegnern vorhalten können, nach welcher wir befugt ſind, unſer erworbenes Eigenthum in Beſitz zu nehmen. Caſale muß uns abgetreten, übergeben ſein, bevor unſere Soldaten dort einrücken — das muß der Mann bewirken, der Ihre Stelle, Herr Graf — in Turin einnimmt. Daß ich dieſer Mann bin, wiſſen Sie bereits — daß ich eben ſo eilig dahin beordert wurde, als man Sie ſchleunig abrief — geſchah, weil nur noch kurze Zeit verrinnen darf, bis die Würfel gefallen ſind. Daß man Sie nach Mantua ſendet? Dieſe Ihre zweite Frage beantworte ich damit: daß ich Ihnen hier —" er nahm ein verſiegeltes Papier aus der Taſche, „dieſes Handſchreiben des Miniſters von Louvois überreiche, welches Ihnen die Ordre ertheilt, den Herzog Carl den Vierten von Mantua ſtreng überwachen zu laſſen und mir — ſo oft ich Sie darum erſuche — die genaueſten Berichte über ſein Treiben zu ſenden."

Gomont ſchwieg. Aber er knirſchte leiſe mit den Zähnen. Er war factiſch der Untergebene des Abbé, welcher mit dem ganzen Plane vollkommen vertraut und der Lenker deſſelben geworden war.

„Es iſt der Wille Seiner Majeſtät!" ſagte er, das Schreiben ſorgfältig bergend. „Ich habe zu gehorchen, ich werde meine Pflicht erfüllen."

„Ich war davon überzeugt —" ſagte der Abbé. „Wir arbeiten lediglich im Intereſſe Frankreichs — unſers Herrn und Gebieters."

„Oder zu ſeinem Nachtheile," ſagte Gomont entſchieden. „Sie werden mir nicht ableugnen wollen, daß dieſer ganze Plan ein unerhörtes — ein Wagſtück iſt, welches man Europa gegenüber unternimmt."

„Wir müſſen ja ein Recht in Händen haben," lachte der Abbé, mit den Augen blinzelnd. „Ich ſagte Ihnen ja — ein Rechtsgrund muß für uns vorhanden ſein."

„Wie will man ihn finden? Wer wird ihn für Frankreich erringen?"

„Das iſt freilich keine leichte Sache, Herr Graf," ſagte der Abbé. „Aber ich gebe Ihnen mein Wort darauf: der Rechtsgrund wird gefunden werden und der, welcher ihn für Frankreich erringt, werde ich ſein — der Abbé von d'Eſtrades."

Gomont vermochte Nichts zu erwidern. Der Abbé imponirte ihm durch die Feſtigkeit, welche er zeigte, durch das Vertrauen auf die eigene Kraft, welches in ſo vielen Fällen ſchon die Bürgſchaft für den künftigen Sieg in ſich ſchließt.

„An's Werk denn!" ſagte d'Eſtrades, noch ein Glas Wein leerend. „Dieſer Wein iſt beſſer, als der Ruf dieſes Hauſes. Sie müſſen verzeihen, Herr Graf, wenn ich unſer Stelldichein in dieſe Kneipe verlegte, allein die Sache, welche wir zu verhandeln hatten, war von ſo großer Wichtigkeit, daß ich nicht den geringſten Verdacht erwecken wollte, als beſtehe zwiſchen uns irgend eine beſondere Verbindung. Sie ſind der abberufene, ich bin der neu accreditirte Geſandte — voilà tout. Wären wir in Turin oder in Mantua zuſammengekommen — gleichviel an welchem Orte — verlaſſen Sie ſich darauf: wir wären ausſpionirt worden. Es wimmelt hier überall von Aufpaſſern. Frankreich iſt nun einmal in dem Ruſe aller Welt gefährlich ſein zu können und die Senatoren von Venedig, die Räthe von Mantua und Turin beſolden fein brillant. Daß wir beiden in dieſem entlegenen und verrufenen Wirthshauſe zuſammenkommen würden — hat wohl Niemand geahnt. Herr Graf — ich wünſche uns Beiden gute Verrichtung."

Er hatte während dieſer Worte ſeinen Hut genommen, ſeine Handſchuhe ergriffen und angezogen.

„Ich wünſche daſſelbe, Herr Abbé — es gilt dem Dienſt des Königs."

„Beginnen wir ſofort für denſelben zu arbeiten," entgegnete der Abbé. „Die Entſcheidung iſt nahe gerückt — ah — noch Eins, Herr Graf — haben Sie ein ſcharfes Auge für den Staatsrath des Herzogs — für Matthioli, es iſt ein hochgefährlicher Mann — halten Sie ſich ſtets ferne — und nun Adieu."

Gomont grüßte den Abbé nur ſehr gemeſſen. Beide ſchritten aus dem Zimmer. Aumont geſellte ſich zu ihnen und d'Eſtrades ging laut plaudernd und lachend mit ſeinem Begleiter die Treppe hinab. Die Kutſchen waren bald bereit, Jacopo, der ſehr mürriſch dreinſchaute, weil die Gäſte ſchon ſobald wieder abreiſen wollten, wurde freundlich durch das reiche Geldgeſchenk, welches die beiden Fremden ihm übergaben. Gomont ſtieg mit dem Secretair in ſeinen Wagen.

Der Abbé hatte bereits in ſeiner Kaleſche Platz genommen. Als der Moment der Abfahrt gekommen war, ſteckten beide Herren die Köpfe aus den Schlägen der Fuhrwerke.

„Geben Sie mir bald Nachricht, wie die Lieferung

aus Genua angekommen ist," rief der Abbé. „Diese Wolle ist ein abscheulicher Artikel."

„Sie werden meinen Brief erhalten," antwortete Gomont.

Die Wagen trennten sich. Gomont fuhr nach rechts — der Abbé nach links den Waldweg hinab. Jacopo und seine Frau blickten den rasch entschwindenden Fuhrwerken nach, dann sagte der Wirth pfiffig lächelnd: „Diese beiden Herren wollen sehr klug sein, aber sie irren gewaltig, wenn sie meinen, sie hätten mir weißgemacht, daß sie Kaufleute seien. Wenn es nicht französische Emissäre waren, lasse ich mich über der Thür meines Hauses aufhängen."

Viertes Capitel.
Nächtliche Abenteuer.

Die Trommelwirbel, welche den Schluß der Wachtzeit und die Ablösung der ersten Compagnie des Regimentes der Herzogin verkündeten, waren verhallt. Die Truppen hatten sich zerstreut, nachdem sie aus dem Wachtlokale des Castelles getreten, ihren Appell auf dem Platze gehalten und die Befehle für den kommenden Tag empfangen hatten.

Einzelne Gruppen von Offizieren verweilten noch kurze Zeit auf dem weiten, von Spaziergängern besuchten Platze, dann trennten sich auch diese und der große Raum wurde allmälig öde.

Zwei Männer — Offiziere des Regimentes — schritten langsam durch die Strada nuova. Sie schienen von sehr gleichgültigen Dingen zu plaudern, denn während ihrer Unterhaltung musterten sie die Vorübergehenden und blickten gleichgültig zu den Fenstern der Häuser empor.

„Die Sache ist richtig!" sagte der Eine in deutscher Sprache. „Die Regentin war merklich verstimmt. Was der Oberst heut beim Frühstück behauptete — das scheint Wahrheit werden zu wollen. Es geht etwas Besonderes vor. Dieses Ausbleiben des französischen Gesandten hat gewiß triftige Gründe."

„Sie sehen schwarz, mein bester Ellert!" entgegnete der Kamerad, welcher Niemand Anders, als der Hauptmann Philipp von Asfeld war, „weil Sie schwarz sehen wollen. Nichts wäre Ihnen erwünschter als ein Krieg mit Frankreich."

„Sie mögen Recht haben, Freund!" lachte der Kamerad, ein flämmiger Schweizer, dessen rothes, von mächtigem Barte eingefaßtes Antlitz sehr auffällig gegen das blonde, bleiche Gesicht Asfelds abstach. „Ich habe es in der That satt, hier in träger Ruhe die Tage zu verbringen. Und Sie, Asfeld? Bah — gestehen Sie es offen, auch Ihnen fehlt die Bewegung. Donner und Wetter — es ist zum Sterben langweilig in diesem Turin mit seinen grauen Straßen, seinem ewigen Einerlei und seinen feisten Mönchen. Wenn ich mich nur wenigstens verlieben könnte — aber weiß der Teufel — man kommt auch dazu nicht!"

Asfeld seufzte leise. „Vielleicht," sagte er, „wird Ihr Wunsch erfüllt. Die Franzosen fangen irgend einen Streit an — und —"

„Sie werden siegen!" fiel Ellert ein. „Dieser Ludwig hat nun ein Mal überall Glück — verdammte Kerle seine Offiziere — ah!" fuhr er fort, die Hand Asfelds

ergreifend, „Sie nehmen es mir nicht übel — ich meine das in gutem Sinne — will sagen: Offiziere, die ihre Sache verstehen."

„Weshalb sollte ich Ihnen das übel nehmen, Freund?" sagte Asfeld in sanftem Tone.

„Je nun — weiß ich doch, daß Sie ein halber Franzose sind. Ihr Oheim ist ein wackrer Offizier, wenn er auch in französischen Diensten steht — seitdem Anno sechszehnhundertundzweiunddreißig die besten Stücke vom Elsaß französisch wurden, ist es ja natürlich, daß die Männer von do.ther den Franzosen dienen, zu denen sie gehören. Wir Schweizer sind noch schlimmer, wenn man will — dienen wir doch allen Herren."

„Ich bin kein Freund der Franzosen geworden," sagte Asfeld mit einiger Erregung. „Ich verließ frühzeitig mein Vaterland, die schöne Grafschaft Pfirt, welche an Frankreich verkauft wurde — ich trat in holländische, dann in piemontesische Dienste — wenn Sie den Baron Asfeld, meinen Oheim, einen wackern Offizier nennen, so haben Sie Recht — und — ich muß es leider sagen: Er fand nur in Frankreich Gelegenheit, seine Talente zu entwickeln — in andern Ländern kann man nicht so leicht steigen."

„Da habt Ihr Recht!" bekräftigte Ellert. „Mögen die Franzosen schlimme Gesellen sein, aber das ist wahr — sie verstehen ihre Leute zu schätzen. Ueberall kann man in Frankreich zu Etwas gelangen — man kann als Soldat, als Diplomaticus vorwärts kommen, ja — wer Lust dazu hat, der kann sich durch schöne Weiber vorwärts bringen — ha — diese französischen Weiber! — Es sind gefährliche, aber reizende Giftblumen. Wie? hab' ich Recht? — seht ein Mal die prächtigen, niedlichen Demoiselles an, die von der Regentin hierher nach Turin aus Paris verschrieben sind — da ist die Joyeuse — die Motteville und vor Allen das reizende kleine Fräulein de Pons — ah — sapristi, wie die Franzosen sagen." Er schmalzte mit der Zunge.

Philipp von Asfeld war bei Nennung des ihm so theuren Namens unwillkürlich aufgefahren. Er faßte sich jedoch gleich wieder und sagte:

„Ei — ei, mein werther Kamerad — Sie meinten vorher, man könne sich in dem langweiligen Turin nicht einmal verlieben. Wie mir scheint, straft aber Ihr Enthusiasmus über die schöne, kleine Französin ihre Worte Lügen."

„Bah!" rief Ellert, „hat sich was! so ein schönes Kind, wie die reizende Pons — ist nicht für unser Einen."

„Weshalb nicht?" fiel Asfeld schnell ein. „Weil sie eine Französin ist? Kann man nicht der Liebenswürdigkeit, der Schönheit huldigen, auch wenn die Nation, welcher die Angebetete entstammt, uns feindlich wäre?"

„Das thut Nichts!" lachte Ellert. „Aber ich meine: die Pons ist ein zu hohes Verlangen für unser Einen."

„Sie mögen Recht haben!" sagte Philipp bumpf vor sich hin.

„Wir sind einmal Soldaten, man hat am Ende Nichts weiter als den Degen, und damit sind jene Damen nicht zufrieden. Die wollen Alle hoch hinaus. Dieses Fräulein de Pons ist ebenso wie die Andern. Man sagt, sie werde einen Italiener heirathen."

„Wer — wer sagt das?“ fragte Philipp, den ein Zittern ergriffen hatte.

„Je nun, der tolle Monsieur Girac, der von Pignerol herüber kam, — der sagte — wann war es doch? richtig! vorgestern — beim Weine, den wir in der Klosterstube von Sanct Roca tranken, der Bruder des Grafen Matthioly, des Mantuaners, bewerbe sich um die Hand der schönen Französin — es soll ein bildhübscher brauner Kerl sein. — “

„Diese französischen Offiziere schwatzen viel!“ bemerkte Asfeld, dessen Hand unwillkürlich das Heft seines Degens umklammert hatte.

„Laßt sie schwatzen — was kümmert es uns? unsretwegen können noch zehn französische Hofdamen sich Italiener heirathen — wir wollen sie ihnen nicht mißgönnen — halt, da sind wir an dem Weinhause des Tiepolo — kommt Freund, einen Becher.“

Philipp von Asfeld befand sich nicht in der Stimmung, welche nothwendig ist, um den Genuß des Weines zu erhöhen, aber er wollte der Einladung Ellets folgen, da dieser durchaus keinen Verdacht schöpfen sollte. Hatte der Schweizer doch beim Hauptmann einige Male recht seltsam von der Seite her angeblickt.

Asfeld trat daher mit dem Kameraden in das Weinhaus. Hier wimmelte es von Gästen, unter denen die Meisten Offiziere waren. Die mächtige Schenkstube ging auf einen kleinen Garten hinaus, der mit Oleanderbüschen und Akazien bestanden war, zwischen welchen kleine Tische gestellt wurden, um den Trinkenden die Annehmlichkeit, im Freien sitzen zu können, zu verschaffen.

Da Asfeld verschiedene Kameraden traf, befand er sich mit Ellert bald in Gesellschaft. Die Gläser kreisten, der Wein perlte aus den großen Krügen in die kleineren und die Unterhaltung war von allen Seiten eine sehr lebhafte.

In den Gruppen, welche die Offiziere bildeten, war der Hauptgegenstand des Gesprächs die heut auf der Palastparade von Allen bemerkte große Verstimmung der Regentin. Marie Jeanne, welche gleich einem männlichen Herrscher ihre Soldaten sehr auszeichnete, hatte seit ihrer Berufung zur Regentin täglich die Revue über ihre Palastgarden abgehalten. Diese Revue bestand darin, daß zur Mittagsstunde die Soldaten im innern Hofe des Palastes Carrée bilden mußten. Wenn dies geschehen war — was lauter Trommelwirbel verkündete, erschien die Regentin von zwei Damen und vier Herren ihres Hofstaates begleitet, im Hofe, schritt die Reihen der präsentirenden Soldaten entlang und begrüßte dieselben sehr freundlich. Nach dieser Ceremonie ging die Regentin in das Vestibüle des Palastes, wohin sich die dienstthuenden Offiziere zu begeben hatten. Hier wurde denselben ein Frühstück präsentirt und während es genossen ward, plauderte Marie Jeanne in der heitersten und ungezwungensten Weise mit den Herren ihres Offizierskorps, welche dann sehr gnädig entlassen wurden.

Gegen alle Gewohnheit, hatte die Regentin dies heute unterlassen. Sie war wohl aus dem Schlosse in den Hof gekommen, aber sie grüßte die präsentirenden Soldaten nur kurz — die im Vestibüle versammelten Offiziere wurden ebenfalls nur flüchtig bewillkommt, sie mußten das Frühstück verzehren, ohne daß die Regentin

ihnen Gesellschaft leistete — denn sie war nach jener oberflächlichen Begrüßung sogleich mit ihren Begleitern die breite Marmortreppe hinangestiegen und in die Gemächer getreten, welche hinter Marie Jeanne ihre Thüren schlossen.

Es war begreiflich, daß die Offiziere die verschiedensten Muthmaßungen über diese Veränderung in dem Wesen der Regentin anstellten. Die Gerüchte hatten sich in abenteuerlichsten Ausschmückungen schon seit mehreren Tagen durch die Stadt verbreitet. Dies geschah in Folge der unvermutheten Abberufung des französischen Gesandten, des Grafen Gomont. Daß er so plötzlich verschwand, mußte doch eine besondere Ursache haben. Zwar war sofort sein Nachfolger bezeichnet worden. Der Abbé d'Estrades sollte von Venedig nach Turin kommen, allein der verkündete Gesandte war noch nicht erschienen — keine Entschuldigung seines Ausbleibens, keine Anzeige wann er eintreffen werde — das mußte auffallen — mußte Besorgniß erwecken. Man war zu jener Zeit in steter Angst vor Ludwig dem Vierzehnten. Wie der Blitz aus heiterm Himmel fuhr irgend ein Angriff auf diesen oder jenen Nachbar hernieder und wann der König durch seinen Minister Louvois zum Kriege gegen Holland gebracht werden konnte, weil Herr von Louvois seinen Gebieter zerstreuen wollte — so wäre es gar Nichts Außergewöhnliches gewesen, wenn Seine allerchristlichste Majestät sich aus Lust zur Abwechselung auch plötzlich auf Piemont gestürzt hätten.

Diese Besorgniß hatte schon während des Frühstücks im Vestibüle der Oberst des Regimentes der Herzogin geäußert und seine Worte fanden sehr leicht allgemeinen Glauben. Die leicht beweglichen Italiener waren mit ihren Ansichten nicht zurückhaltend, die Möglichkeit eines Zusammenstoßes lag sehr nahe, wenn es nur einmal zu Mißstimmungen gekommen war; denn inmitten des Piemontesischen Gebietes waren französische Soldaten postirt. Sie bildeten die Besatzung von Pignerol und mit der ihnen eignen Aufgeblasenheit durchstrichen sie das ganze Gebiet, waren bald hier — bald dort als Gäste mehr oder minder willkommen.

Die Bevölkerung sah es wohl nicht allzugern, daß die Regentin den französischen Hochmuth so geduldig ertrug, daß sie sogar diese Eindringlinge bevorzugte und ihnen offenbare Beweise des Wohlwollens gab; da aber die ganze Welt, trotz alles Eifers gegen die Willkür und Gefährlichkeit der Franzosen, dennoch deren Sitten, Moden und Geschmack, Sprache und Wesen, ihr Geld recht gern annahm, welches sie in nobelster Weise ausgaben, verzieh man der Regentin, die obenein aus französischem Blute entsprossen war, ihre Vorliebe.

Aber um so auffälliger mußte das Ausbleiben des neuen Gesandten sein. Man sagte sich, daß der König von Frankreich, der bisher mit der Regentin auf so freundschaftlichem Fuße gestanden, nicht ohne besondere Absicht die Gesetze der Höflichkeit, welche zwischen allen Staaten aufrecht erhalten wurden — verletzt habe.

Philipp von Asfeld war inmitten des Lärmens, welcher rings um ihn her vollführt ward, nachdenklich und ziemlich theilnahmslos geblieben. Nur kurz antwortete er auf einige an ihn gerichtete Fragen. Die Mittheilungen des Hauptmanns Ellert hatten den jungen Mann so traurig gestimmt. Wenn der Schweizer auch gern allerlei plauderte, er konnte dieses Factum nicht aus der Luft gegriffen haben. Philipp von Asfeld wußte leider nur zu gut, daß die Bewerbung Matthioly's um Juliette de Pons kein leeres Geschwätz, keine erfundene Hofgeschichte war. Die letzte Unterredung, welche er mit Juliette gehabt, hatte ihm die traurige Gewißheit gegeben, daß der Besitz des schönen Mädchens ihm streitig gemacht werden sollte. Was aber die Besorgniß des Hauptmanns noch steigerte, das war die vollständige Ungewißheit, in welcher er lebte. Mehr als acht Tage waren vergangen, seitdem er Juliette weder gesehen, noch das Geringste von ihr vernommen hatte.

Seit der Zusammenkunft im Parke hatte er Juliette de Pons vergeblich zu erspähen gesucht. Was hielt sie zurück? war es eine Strafe, welche die Regentin ihr dictirte? hatte Marie Jeanne das Geheimniß der Liebe zwischen Juliette und Philipp entdeckt und hielt sie das Hoffräulein mit Gewalt zurück, weil sie die Bewerbung Matthioly's begünstigte? Philipp von Asfeld sagte sich, daß während der Zeit seiner Trennung von Juliette Ereignisse eingetreten sein konnten, welche das geträumte Glück der Zukunft vollständig zerstört hatten. Daß Ellert so frei von der Bewerbung des schönen Matthioly sprach, ließ jene Befürchtung noch gegründeter erscheinen — denn wenn das — was Juliette dem Hauptmann noch als Geheimniß anvertraut hatte, schon im Munde der Hofleute und selbst der Offiziere des Regiments war, so mußte irgend ein entscheidender — dem geträumten Glücke des Hauptmanns verderblicher Schritt geschehen sein.

Diese Gedanken waren es, welche des jungen Hauptmanns Hirn durchkreuzten und sie mußten ihn so trübe stimmen, daß er die lärmende Lustigkeit der Kameraden nicht beachtete, vielmehr sich aus dem Tumult hinwegsehnte und einen Moment, in welchem die ihm zunächst Sitzenden sich in lebhafter Unterhaltung befanden, benützte, um von dem Tische zu verschwinden.

Er ging so schnell, als es bei der Masse der Gäste des Weinlokals möglich war, dem Ausgange zu und befand sich bald in der Gasse. Es war schon dunkel geworden, die Spaziergänger zeigten sich nur selten, hie und da erschien ein Licht in den Straßen, welches vor einem der vielen Heiligenbilder brannte, welche in Nischen großer Häuser oder über den Thorwegen angebracht waren.

Philipp von Asfeld schritt, ohne auf die spärlichen Wanderer zu achten, die Straße hinab. Er hing noch immer dem trüben Gedanken nach, welche durch die Mittheilungen Ellerts in ihm erweckt worden waren. Er kam zu dem Resultate, daß Ellert vollkommen Recht gehabt, als er sich von Turin hinweg wünschte — Philipp gedachte seiner Heimath, des kleinen einfachen Landhauses, welches er sein Eigenthum nennen konnte, wenn der einst das Schicksal ihn zum Erben des schmucklosen Besitzung berief. Es war Alles, was seine Familie noch besaß. Die Mitglieder derselben hatte das wilde kriegerische Leben, dem sich in jener sturmbewegten Zeit so viele hingaben — nach allen Himmelsgegenden auseinander gesprengt, es war Jahre lang keine Nachricht von ihnen zur Kenntniß des Hauptmanns gekommen und der Mann, welcher dem Namen Asfeld die höchste Ehre machte, stand unter den Fahnen der Armee des vier-

zehnten Ludwig, den die Menschheit als ein Ungeheuer der Apokalypse betrachtete und fürchtete. Philipp hatte von den tapferen aber rauhen Thaten seines Oheims gehört und es war nicht selten der Fall, daß die Kameraden sich Sticheleien gestatteten, wenn der Neffe in der Nähe war. Da hieß es denn das kalte Blut bewahren, die Ohren schließen, wenn von dem „französischen Räubergeneral", von dem „Schergen des vierzehnten Ludwig" die Rede war. In den Regimentern, welche die Fürsten Italiens warben, fanden sich Leute aus aller Herren Ländern zusammen und nicht Jeder vermochte den tüchtigen Offizier von dem Verwüster zu trennen, der auf Befehl seines Monarchen Dörfer und Städte niederbrannte. Die Franzosen wagten Alles, schädigten Alles, und da in den Regimentern der Herzogin Söhne der verschiedensten Länder beisammen waren, hatten auch alle diese Leute Gewaltthaten der Franzosen zu verdammen, welche in ihrer Heimat verübt worden waren.

Für Philipp von Asfeld war unter solchen Verhältnissen die Stellung in dem Regimente der Herzogin keine erfreuliche. Wie ein schöner, glückstrahlender Stern war ihm Juliette erschienen. Er rief sich heut, wo das Herz ihm voll war, wo so viel trübe Gedanken ihn bestürmten, die Stunden zurück, in denen er die schöne und liebenswürdige Hofdame kennen gelernt — in denen er ihr seine Liebe gestehen durfte — die Versicherung entgegengenommen hatte, daß Juliette ihn wieder liebe. Es war in den Tagen geschehen, wo die Regentin ihre glänzenden Feste gab, wo in den prunkvollen, im Kerzenschimmer strahlenden Sälen des Palastes die Menge der geladenen Gäste durcheinander wogte. Zu diesen Festen waren die Offiziere der Garderegimenter geladen, hier hatte sich so manch zärtliches Verhältniß angeknüpft! — man wußte die Persönlichkeiten wohl zu nennen, welche diesen festlichen Stunden ihr Glück, ihre Carriere verdankten. Sie hatten die Neigung einer schönen und reichen Dame, der Tochter dieses oder jenes hochgestellten Edelmannes gewonnen — der arme Offizier, dem nur sein Degen und seine Schärpe als Besitz geblieben waren, wohnte nun in prächtigem behaglichem Hause, er ritt auf herrlichen Pferden durch die Gassen und bei dem Corso fuhr er an der Seite der gewonnenen Gemahlin mit dem glänzend geschmückten Viergespann, im prunkvollen Wagen durch die Reihen der gaffenden Menge.

Philipp von Asfeld hatte in dem Rausche und Glanze jener Feste nur Augen und Sinn für die schöne Juliette de Pons. Seitdem er so glücklich gewesen war, im Tanze die reizende Gestalt umschlingen zu dürfen, war dem jungen Manne eine neue Welt erschlossen worden — jene glückliche Welt des Traumes, von der die Dichter so zu sprechen wissen, in deren Gefilden der Gedanke so gerne weilt und die sich in goldige Nebel auflöst, wenn die rauhe Wirklichkeit an den seligen Träumer herantritt.

Philipp war so glücklich — drei, vier, fünf Mal — er wußte zuletzt selbst nicht mehr wie oft, mit Fräulein de Pons tanzen zu dürfen — und dieses Glück wiederholte sich bei all den Festlichkeiten, welche die Regentin veranstaltete — von dem gleichgültigen galanten Gespräche war es nicht mehr bis zu ernsterem Aussprechen — was bedarf's noch langer Schilderungen? Philipp von Asfeld wagte es einst

Abends, als die Masse der Gäste durch den erleuchteten Park wandelte, der schönen Juliette seine Liebe zu gestehen, und er war so glücklich die innigsten Betheuerungen der Gegenliebe zu vernehmen. Was nun weiter geschehen sollte? — das wußten Beide nicht. Philipp hoffte auf Beförderung — Juliette auf die Huld der Regentin welche die Heirathen ihrer Offiziere mit den Töchtern der adligen Familien gern sah. Und warum sollte Philipp von Asfeld nicht die Hand der schönen Juliette be Pons beanspruchen dürfen? Hatten nicht viele seiner Kameraden die Töchter hoher Persönlichkeiten heimgeführt? war Philipp nicht Edelmann aus gutem altem Geschlecht? sein Oheim nahm in der großartigen und glänzenden Armee des ersten Staates in Europa eine hervorragende Stellung ein — Philipp galt mit Recht für einen wackern Soldaten — freilich: er war arm — aber das waren ja all die Gatten der nun gewonnenen Damen hoher Abkunft auch gewesen.

Juliette zweifelte nicht an dem Gelingen der rosig gefärbten Pläne, sie wollte nur warten bis die Herzogin-Regentin ihre Reise nach Nizza angetreten habe — dort wollte sie der gütigen Herrin Alles gestehen und bis dahin sollte die Liebe zwischen ihr und Philipp ein Geheimniß der Liebenden bleiben.

Aber das Schicksal trat zwischen Juliette und ihr geträumtes Glück in Gestalt des schönen Matthioly. Er hatte ebenfalls die Festlichkeiten der Regentin benützt, um sich der schönen Französin zu nahen. Zum Unglück war Philipp von Asfeld nicht mit einer Einladung für diese Feste bedacht worden — Antonio Matthioly hatte also insofern freies Spiel, als er sich der schönen Juliette stets nahen durfte, ohne die Dazwischenkunft eines Nebenbuhlers fürchten zu müssen und da er natürlicher Weise keine Ahnung von dem zärtlichen Verhältniß Juliette's und Philipps hatte, so hielt er sich

für vollkommen berechtigt, seine Bewerbungen im Sturmschritt zu wagen. Juliette wich ihm gewandt aus — aber der schöne Antonio ließ sich nicht so leicht abweisen. Ueberdies hatte er wirklich sein Herz an Juliette verloren. — Als Gast der Regentin — er war ja Mantuaner — durfte er sich Freiheiten erlauben. Die große Stellung seines Bruders Ercole bereitete auch ihm bei der Regentin einen vortheilhaften Empfang. Antonio wagte es, zu derselben von Juliette de Pons zu sprechen.

Zwar würde Marie Jeanne nur ungern die reizende Hofdame verloren haben, allein andererseits sah sie doch durch Antonio's Bewerbung das Glück Juliette's gefördert. Sie lebte der festen Ueberzeugung, daß das Herz des schönen Mädchens noch vollkommen frei sei — aber sie war dennoch — eine welterfahrene Frau — behutsam genug, dem Bewerber zu rathen: er möge sich wohl überlegen, ob er auch nicht einen Korb davontragen werde? — sie verhehlte ihm aber zugleich nicht: daß die Familie Juliette's es gerne sehen werde, wenn die junge Dame eine vortheilhafte Partie machen könne.

Das war für Antonio entscheidend. Er glaubte, die in halb scherzendem Tone gegebene Abwehr Juliette's nicht scheuen zu dürfen. Es gefiel ihm — im Gegentheile, daß die reizende Französin nicht so leicht entgegenkomme, wie die allgemeine Meinung es sonst den Französinnen vorauszusagen wußte. Antonio wollte in der ehrsamsten — aristokratischesten Weise seine redliche Werbung anbringen. Er wandte sich deshalb zuerst an die Familie Juliette's. Wir wissen, daß die Angehörigen der schönen Hofdame dem Antrage — freilich zur größten Betrübniß Juliette's — entschieden günstig waren. Die Herzogin aber — deren Weltkenntniß eine große war — hielt sich vollständig fern von dem Handel. Sie bewahrte dem Hoffräulein gegenüber ein tiefes Schweigen — sie wartete auf deren Entgegenkommen.

(Fortsetzung folgt.)

Die Frau des Predigers.

Roman

von

Hans Fehde.

(Fortsetzung.)

Eduard konnte sich im Stillen nicht genug über Ellmer's weitgehende Pläne wundern. Ellmer, der von Kindheit auf die Fabrik kannte, der den Ertrag des Etablissements genau berechnen konnte, er mußte doch noch besser als Eduard, den durch besondere Verhältnisse und Interessen sowie durch den Beweis des Vertrauens von Seite des Fabrikherrn eine gewisse Kenntniß des Geschäftes erhalten hatte, wissen, daß eine Einschränkung der Arbeiter, eine Einstellung der Neubauten nicht nur wünschenswerth, sondern sogar nothwendig war. Wie konnte er nun anstatt diese zu unterlassen gar noch weiter bauen, immer größere Ausgaben machen und Aenderungen einführen wollen, die im Laufe der Zeit wohl ganz angenehm, aber jetzt nach keiner Seite hin

durchaus erforderlich waren! Welchen Zweck, und irgend einen mußte ein so umsichtiger, von allen Seiten als solcher anerkannter Geschäftsmann doch haben, verband er mit solch thöricht scheinendem Beginnen? Denn es war großartig, wie viel neue Bauten, wie viel Verbesserungen, welche kolossalen Umwälzungen die Fabrik in den letzten Jahren erfahren hatte. Sie hatte ein ganz anderes Aussehen bekommen: Land war angekauft worden, Maschinen waren angeschafft, die viel billigere und reichlich vorhandene Wasserkraft wurde unbenutzt liegen gelassen und war durch die, in Anlage und Betrieb viel theurere Dampfkraft ersetzt worden. Wie viel Geld war auf diese Weise hineingesteckt, welche Summen dem Betriebe dadurch entzogen worden! und es war doch Kapital, das keine Zinsen trug, davon hatte sich Eduard durch seine Einsicht in die Bücher überzeugt! Sie konnten mit der Zeit sich wohl rentiren und würden es wohl auch thun, wenn die Fabrik einen großen Aufschwung nahm, aber bei der jetzigen Seichtheit und Flauheit des Geschäftsverkehrs war das nicht möglich. Jetzt war im Verhältnisse zum Betriebs- und Anlagekapital der Verdienst viel zu gering, wozu die erstern noch vermehren?

Eduard hätte gern Herrn Steiner einmal klar seine Meinung gesagt, aber es schien ihm so anmaßend, wenn er, der junge Mann, der erst so kurze Zeit diese Laufbahn betreten, die ein Anderer, wie Ellmer, schon seit der Kindheit mit Erfolg verfolgte, diesen des Leichtsinnes, ja des vorsätzlichen Leichtsinnes beschuldigen wollte. Er mußte erst prüfen, erst noch genauer und tiefer hineinschauen in die Beweggründe des Geschäftsführers, ehe er reden konnte. Er wollte seinem Herrn gern nützlich sein, der, wie er selbst sagte, kein Geschäftsmann war. Er sah, er fühlte wohl, daß die Sorge um die Fabrik Herrn Steiner so tief drückte, daß er nach Abhülfe umherschaute, aber keine zu finden vermochte. Der Fehler, das sagte sich Eduard, lag viel mit an dem unerschütterlichen Vertrauen Herrn Steiner's zu Ellmer, an seinem festen Glauben, daß Alles was jener sagte und vorschlug, das Beste und Geeignetste sein müsse. Wußte doch Herr Steiner schon von seinem Bruder her, der ein anerkannt tüchtiger Geschäftsmann war, welch einsichtsvoller Kopf Ellmer stets war, war er doch schon des Bruders rechte Hand gewesen, unter welcher Alles gedieh. Freilich traten die Geschäftsstockungen, die Schwankungen erst nach des Bruders Tode ein und darin mochte auch wohl der Grund liegen, so dachte Herr Steiner, daß alles rückwärts zu gehen schien. Aber Eduard dachte nicht so; er fühlte seine Abneigung gegen Ellmer wachsen und behielt ihn im Auge. Er war noch mehr als vorher in der Fabrik, besonders in den Maschinensälen, um noch besser und gründlicher die Stimmung der Arbeiter zu erfahren.

Eines Tages schlenderte er wie gewöhnlich in dem Raume auf und nieder und befand sich gerade in der Nähe einer Arbeitsmaschine, als er bemerkte, daß der dabei beschäftigte Arbeiter von dem Getriebe erfaßt wurde. In demselben Augenblicke, als der Mann einen furchtbaren Schrei ausstieß, stand auch schon die Maschine, die durch Eduard's Geistesgegenwart rasch zum Stehen gebracht worden war. Der Mann, der beim Arm gepackt worden, war gerettet, aber schmerzlich stöhnend lag er da; der Arm war schwer verletzt und bot einen jämmerlichen Anblick. Eduard ließ kaltes Wasser bringen, um sodann die Wunde auszuwaschen; dann ließ er den Mann nach Hause schaffen. Es war einer der jüngern Arbeiter und Eduard kannte ihn als einen der Unzufriedensten. Als für den Verwundeten gesorgt war und er bequem auf seinem Lager lag, blieb er selbst bei ihm, den Arzt erwartend, nach dem er geschickt hatte. Heinrich, so hieß der Verunglückte, jammerte noch immer; sein Gesicht war von Schmerz entstellt, er hatte ziemlich viel Blut verloren. Eduard versuchte ihm Muth einzusprechen, indeß der Arzt kam und die Wunde untersuchte; sie war wohl schmerzhaft, doch gefahrlos; das Fleisch war zerrissen, der Knochen unverletzt ge-

blieben. Gegen Abend stellte sich heftiges Wundfieber ein; Eduard, den der arme Kerl dauerte, der unverheirathet war und ziemlich isolirt wohnte, blieb bei ihm und erwarb sich so die doppelte Dankbarkeit des Mannes, dem er das Leben gerettet. Als er ihn gegen Morgen verließ, bat ihn Heinrich in flehendem Tone wiederzukommen, was ihm Eduard auch gerne versprach.

Noch oft war Eduard von diesem Tage an bei Heinrich, der die Stunden zählte, bis sein junger Wohlthäter zu ihm kam. Er war allerdings nur ein ganz gewöhnlicher Arbeiter, sogar im Allgemeinen ziemlich roh; hier aber, wo ihm durch Eduard wirklich Gutes geschah, — denn dieser kam selten ohne ihm irgend etwas Erquickendes mitzubringen und hatte ihm außer seinem Lohn, den er vom Fabrikherrn fortbezog, noch eine ansehnliche Summe von demselben überantwortet — war er dankbar und Eduard von Herzen ergeben.

„Nun," hatte der Mann bei Empfangnahme des Geldes gesagt, „ich bin der Erste, dem eine Gunst dieser Art durch Herrn Steiner geschieht. Bis jetzt, wenn einer von den Leuten krank war, sind ihnen die Arbeitsstunden, die sie versäumt haben, immer abgezogen worden, bei mir macht er also gewiß nur Ihretwegen eine solche Ausnahme."

Eduard antwortete im Augenblick nicht, er war betroffen. Sollte das wahr sein? Herr Steiner war ja so wohlwollend, so billig gegen Jedermann; als er sich etwas von diesen Gedanken äußerte, schüttelte Heinrich den Kopf und sagte:

„Nein, nein, dem ist nicht so! Herr Ellmer, der meint es gut mit uns, das wissen wir, hat uns immer bei dergleichen Gelegenheiten gesagt, daß es des Herrn ausdrücklicher Wille sei, daß uns solche Zeit abgezogen werde; er habe ihm schon oft Vorstellungen über diese Härte gemacht und und," fuhr Heinrich grollend fort, „der Herr kennt uns ja auch gar nicht und hat sich nie um uns gekümmert."

„Ellmer, und immer Ellmer!" dachte Eduard, „und immer da, wo es den Schaden des Herrn gilt! Sollte meine Abneigung gegründet sein? Wäre der Mensch ein Schuft? Nun die Augen weit auf, Eduard!"

Neuntes Capitel.

„Margaret," sagte Johanna, „komm, wir wollen in den Garten gehen, es ist so warm, daß wir den Knaben wohl hinausbringen können! Ich bin so froh, daß er endlich aufgewacht ist! ich sage Dir, er schläft mir immer viel, viel zu lange! Sieh, wie niedlich er lacht! Heute ist er fünf Wochen alt und ist schon so verständig! Findest Du es aber nicht, daß es lächerlich von Ludwig ist, daß ich nicht wissen soll, wie mein Junge heißen wird? Als ob ich nicht auch ein Wörtchen mitzureden hätte! Mein Gott, wenn er ihn Gottlieb oder Traugott nennte, es wäre entsetzlich!"

Mit diesen Worten hatte Johanna ihren Erstgeborenen in ein warmes Tuch gehüllt, auf den Arm genommen und ging mit Margaret nach dem Garten. Sie sah munter und glücklich aus, die junge Mutter, als sie mit Stolz auf ihren wohlgebildeten, rosigen Knaben schaute, der die Aeuglein offen, mit den kleinen

Händchen in der Luft umherfocht, dann ein Fingerchen in den Mund schob und zu nutschen begann.

„Da, da hat er sein Pfeifchen wieder," klagte Johanna in komischer Verzweiflung, „nun wird's nicht lange dauern, da macht er die Aeuglein wieder zu und beginnt zu schlafen, zu schlafen, zu schlafen; ein dummer kleiner Geselle! Als ob der ganze lange Tag nur zum Schlafen da wäre! Was meinst Du, Margaret, ob er einmal groß oder klein wird, schön oder häßlich? Klug wird er natürlich, das sieht man jetzt schon!"

Margaret lachte. „Jawohl, besonders daran, daß er so viel und so gut schläft! Im Ganzen, glaub ich, ist es wirklich noch ein bischen zu früh, eine Meinung über seine äußere Erscheinung zu haben! Wie möchtest Du ihn denn aber am liebsten nennen?"

„Eduard, natürlich, denn so heißt der Vater, der ja doch auch Hauptpathe ist. Aber so nennt ihn Ludwig ganz gewiß nicht. Wenn er nur keinen Namen aus der Bibel nimmt, Zacharias oder Lazarus!"

„Warum nicht gar Nebucadnezar oder Tobias!" meinte Margaret.

„Nein, aus dem alten Testament nimmt er keinen!" antwortete Johanna; „paß einmal auf, mein süßer, kleiner Junge wird Zacharias genannt! Ich leide es aber nicht! Ich sage es Ludwig heute noch und muß mit seinen Plänen herausrücken! — Da ist er ja! — Ludwig," rief sie ihm entgegen, als derselbe in die Gartenthür trat, „ich leide nicht, daß mein kleiner Knabe einen häßlichen Namen bekommt, Du mußt mir sagen, wie Du ihn nennen willst!"

„So, muß ich?" fragte Ludwig scherzend, „wer will mich denn dazu zwingen?"

„Ich, denn ich werde Dich so lange quälen, bis Du mir sagst, wie sein Name sein wird!"

„Das thue lieber nicht!" entgegnete Ludwig, „denn es würde vergebens sein! Du wirst doch noch zwei Tage Deine Neugier bezähmen können!"

„Ach, von Neugier ist hier gar nicht die Rede! Ich habe nur solche Angst, daß Du ihn Zacharias nennst," sagte Johanna lebhaft.

„Nein, da beruhige Dich, ich will Dir gerne versprechen, daß er nicht so heißen soll!"

„Und auch sonst keinen Bibelnamen bekommt?"

„Nein, das nicht, warum soll er es aber nicht?"

„Ach, weil sie alle so häßlich sind!"

„Alle?" erwiderte Ludwig; „ich habe einen ganz schönen gefunden!"

„Und wie heißt er?" fragte Margaret schnell.

„Ja, das verrathe ich eben nicht," meinte Ludwig lachend.

„Wenn ich ihn nur auch schön finde!" klagte Johanna.

„Du wirst schon!" beruhigte Ludwig.

Ludwig war weicher wie sonst. Die Geburt eines Knaben hatte ihn glücklich gemacht, und die Sorge um Johanna's Leben, welches einige Tage nach der Geburt des Kindes in Gefahr geschwebt, hatte dazu beigetragen, ihn dieser näher zu bringen. Und Johanna war so unsäglich glücklich, als sie ihr Kind im Arme hielt, daß sie alle ihre Sorge vergaß, daß sie, die ja gegen Alle freundlich und liebevoll war, es auch gegen Ludwig sein mußte und ihm so seine größere Sorgfalt

vergalt. Sie hatte Recht gehabt, mit ihrem Kind am Herzen konnte sie nichts Uebles anwehen, da mußte aller Kummer weichen, da war sie nicht mehr einsam. Zwar hatte sie in den letzten vierzehn Tagen schon wieder einige kleine Wortgefechte mit Ludwig gehabt, der da meinte, sie behandle das Kind nicht recht, es sei zu leicht gekleidet; sie hatte sich aber nichts hineinreden lassen, denn sie mußte doch wissen, wie man Kinder aufzog: sie hatte die drei kleinsten Geschwister pflegen helfen, ja Lieschen fast allein gehabt, weil die Mutter damals lange krank war und diese verstand es ausgezeichnet, sie waren Alle gesund. Die Mutter Ludwig's, die sie und den Kleinen in den ersten drei Wochen gepflegt hatte, war auch gar zu ängstlich, sie war auch so lange aus der Uebung heraus! Ihr Junge sollte nicht verzärtelt, sondern recht kräftig werden!

„Nun," hatte Ludwig am Ende einer solchen Unterredung gesagt, „mache nun in dieser Hinsicht was Du willst; ist der Junge erst größer und fängt an, der richtigen Erziehung zu bedürfen, so kommt meine Arbeit!"

Johanna hatte geschwiegen. „Kommt Zeit, kommt Rath," hatte sie gedacht, „ich werde doch auch Antheil an seiner Erziehung bekommen, denn es ist mein Kind!"

Den nächsten Tag sollte das Kind getauft werden. Ludwig's Mutter und der Onkel, sowie die Eltern und Geschwister Johanna's und Margaret's Eltern wollten kommen. Mit welcher Freude erwartete Johanna, mit welchem Stolze würde sie ihren Knaben zeigen; der Vater sollte sich freuen, sollte sehen, daß sie glücklich war! Und wirklich strahlte das Gesicht der jungen Mutter in der holdesten Freude, als sie am Tauftage ihr Kind selbst in die Kirche trug. Wie andächtig hörte sie Ludwig's Taufrede zu, wie war ihr ganzes Herz voll davon, ihrem Kinde das Schönste und Beste zu wünschen. Nur als Ludwig sagte, wie beide Eltern für die Zukunft des Knaben schon die schönsten Pläne hegten und wie diese Pläne und Wünsche dahin gingen, daß aus dem Knaben dermaleinst ein echter, muthiger Gottesstreiter würde, der an heiliger Stätte wie vor ihm Vater und Großvater Gottes Wort verkünden werde, da zuckte sie zusammen, und leise in ihrem Herzen regte sich etwas, wie von kommenden schweren Kämpfen nach dieser Seite hin und sie nahm sich vor, gleich von vornherein Ludwig ihre Meinung nicht vorzuenthalten.

Jetzt war Ludwig's Rede zu Ende, der Name kam nun.

„Paß auf, Onkel," flüsterte sie dem Medicinalrath zu, „jetzt kommt etwas Entsetzliches!"

Erstaunt sah dieser die junge Frau an: „Wie so denn?" fragte er zurück.

„Ach, der Name!" sagte sie und schaute auf Ludwig, der die gewöhnliche Gebetsformel vollendet hatte und das Kind jetzt wirklich taufte: „Paulus, Johannes" waren die Namen, die er ihm gab.

„Gott sei Dank!" sagte Johanna, tief aufathmend, „Paul', Hans', das geht. „Mein Hänschen", das klingt ganz hübsch! Ich nenne ihn „Hänschen'!"

Der Tag verging in Freude und Zufriedenheit. Der Vater, der mit großer Sorge auf dem Herzen zu Johanna gereist, verließ sie ruhiger; sie schien allen Kummer vergessen zu haben, schien in ihrem Mutterglück neu aufgeblüht zu sein. Ludwig war freundlich, ja zärtlich zu ihr gewesen. Es würde schon Alles noch gut werden, dachte er. Johanna glaubte das auch, fühlte sie sich doch, als sie nun wieder allein war, — denn Margaret war mit den Eltern abgereist — niemals einsam, niemals gelangweilt. Hänschen gab ihr immer etwas zu thun; wenn er wachte, trug sie ihn umher, oder sie saß an seiner Wiege und sang ihm Schlummerlieder vor. Spielte sie Klavier, was sie gerne that, so hörte Hänschen zu, ja, sicher, denn er sah immer nach dem Klavier, meinte Johanna. Sie hatte auch gehört, daß man kleinen Kindern durch das Vorspielen von schönen Melodien, Geschmack an Musik beibringen könne!

Ganze Stunden konnte sie mit ihm plaudern, immer hörte er ihr zu und seine kleinen Aeuglein folgten aufmerksam allen Bewegungen, die sie beim lebhaften Sprechen mit dem Kopf und den Händen machte. Und dann! was gab ihr der Kleine zu denken! Nie wurde sie es müde, sich auszumalen, wie er heranwachsen werde zu ihrer Freude, wie schön es sein würde, wenn er zu sprechen beginne, ja, w..nn er erst ihr die Aermchen entgegenstrecken könne, wie ganz er ihr gehören würde, wie er ihr Alles mittheilen werde, wie sie seine kindlichen Spiele mit ihm theilen würde und später seine Sorgen. — Nein, Sorgen sollte er gar nicht haben, die Sorgen wollte sie ihm alle fernzuhalten suchen, wollte sie fortscheuchen, Dann überlegte sie wieder, wie sie ihn erziehen wollte, fest und bestimmt; folgsam mußte er werden, aber so, daß es ihm selber eine Freude werden müßte; sie wollte ihn erziehen — ja, wie denn? Ach, sie wußte es! wie der Vater es gethan hatte! sie hatten Alle immer auf's Wort gefolgt, und es war ihnen nie eingefallen, daß es anders sein könne. Johanna zerlegte sich alles ganz genau und zwischendurch nahm sie ihren kleinen Jungen auf den Arm und tanzte mit ihm durch die Stube.

Eines Tages, es mochte im Monat Oktober sein, der Kleine war eben drei Monat alt geworden, er hatte das dumme Vierteljahr hinter sich und fing an zu lachen und niedlich zu werden, da weinte Hänschen mehr als gewöhnlich. Johanna hatte schon alles mit ihm angestellt, hatte ihn getragen, ihm die schönsten Lieder gesungen, ihm verständig zugeredet: nichts wollte verfangen, er wollte sich nicht beruhigen.

„Was mag er nur haben?" fragte sie Ludwig besorgt.

„Ach nichts," entgegnete dieser; „er ist nur zu verwöhnt!"

„Verwöhnt!" sagte Johanna ganz entrüstet, „verwöhnt! er ist ja so gut gezogen, so außergewöhnlich streng und regelrecht!"

„Ja, wohl!" lachte Ludwig, „man merkt ihm die gute Erziehung ordentlich schon an! — Nun, ein Jahr oder zwei mag's so hingehen," fuhr er ernster fort, „dann nehme ich das Bürschchen in meine besondere Aufsicht und werde ihm ganz nach einer festen Richtschnur, nach einem vorgezeichneten Plane heranwachsen lassen, damit wir Freude an ihm erleben! Und da Einheit bei dem Erziehenden die Grundbedingung einer guten Pädagogik ist, so mußt Du mir darin ganz freie Hand lassen, mußt Dich bestreben, in demselben Sinne wie ich zu wirken, damit wir unser Ziel erreichen."

„Und meinst Du," fragte Johanna, „daß ich dann gar keinen Theil daran haben soll, wie der Knabe gehalten und gezogen wird?"

„Einen ausübenden natürlich; da aber doch bei eintretenden Meinungsverschiedenheiten ein Theil dem andern nachgeben muß, so ist es in diesem Falle wohl recht und billig, daß Du derjenige bist, der sich unterordnet!"

„Auch wenn ich Recht habe?"

Ludwig zuckte die Achseln mit einer Geberde, die gut genug zeigte, daß er diesen Einwand für höchst überflüssig hielt und antwortete nichts.

„Auch wenn ich Recht habe?" fragte Johanna nochmals, ihr Auge voll auf Ludwig gerichtet.

„Da müßte ich Unrecht haben," antwortete Ludwig, „und da ich stets nach Grundsätzen handle, und nie nach augenblicklichen Impulsen, glaube ich, beantwortet sich die Frage dahin, daß das wohl schwerlich geschehen wird!"

„Wenn aber meine Ansichten," fragte Johanna weiter, „den Deinigen in diesem oder jenem Punkte direkt zuwiderlaufen, glaubst Du, ich werde mich dann auch wortlos fügen?"

„Ich hoffe, ja," antwortete Ludwig, „ja, ich erwarte und verlange von meiner Frau, daß sie sich jedem bestimmt ausgesprochenen Wunsche von mir nach dieser Seite hin füge, denn es wäre unverantwortlich vor ihr, da, wo es sich um das leibliche und geistige Wohl ihres Kindes handelt, eigensinnig zu sein: Und," setzte er begütigend hinzu, „wir werden ja meistens Einer Meinung sein."

Johanna schüttelte den Kopf. „Eigensinnig," sagte sie, „eigensinnig bin ich wohl nie gewesen! Aber selbst daran zweifle ich, daß wir immer nur Einer Meinung sein werden! So, zum Beispiel, sagtest Du am Tauftage, täglich würden von uns Beiden Gebete zum Himmel steigen, daß unser Sohn ein rechter und echter Gottesstreiter würde, der an heiliger Stätte einst für seinen Herrn und sein Wort kämpfe. Da wären wir aber gleich verschiedener Meinung; denn, wenn ich auch gar nichts dagegen hätte, wenn er es würde, so fragt es sich doch, ob Hans den Beruf zum Geistlichen in sich fühlen wird; wäre aber dies nicht der Fall, so hielte ich es sogar für ein Unrecht, ihn zu zwingen!"

„Darum muß eben," erwiderte Ludwig, „seine ganze Erziehung darauf gerichtet sein, dem Knaben diesen seinen zukünftigen Beruf als das Schönste und das Beste, was er erreichen kann, hinzustellen, darum muß er nach dieser Seite hin beeinflußt werden, damit sich sein Sinn von frühe an auf das Göttliche, und einzig Wahre richte."

„Nein," sagte Johanna, ihrem Kinde, das indeß ruhig eingeschlafen war, einen Liebesblick zuwerfend, „nein, da würden wir uns ja gleich von vornherein der größten Einseitigkeit schuldig machen und das darf doch nicht geschehen! Einen offenen Sinn soll er bekommen für alles Gute und Schöne! aber Freiheit soll ihm nach jeder Seite hin werden, so viel Freiheit als möglich! Ueberall hin sollen ihm die Wege offen stehen, damit er sich entschließen kann, welchen er einschlagen will und damit es ihm nicht geht, wie meinem armen Bruder Eduard!"

„Johanna," sagte Ludwig finster, „ich bitte Dich, lasse Dich nur nicht in dieser Sache verblenden, lasse uns doch wenigstens in diesem einen Punkte Hand in Hand gehen, Du kannst dadurch vieles, was bös ist, wieder gut machen. Glaube mir, die Freiheit, die Du Deinem Sohne geben würdest, wäre in Wahrheit die Knechtschaft, von der unser Herr Jesus Christus spricht. Nein, niemals könnte ich Dich bei der Erziehung meines Sohnes ein Wort mitsprechen lassen, wenn Du von so verkehrten Grundsätzen ausgehst. Ja, strenggläubig wird er erzogen, zum schönsten Stande, zum Predigerstande wird und soll er hingeleitet werden! Ich sehe schon meinen Nachfolger im Amt in ihm und werde von klein auf dafür sorgen, daß er es auch in meinem Sinne fortführt! Also lasse uns nie wieder auf die Sache zurückkommen, die ein für alle Mal als abgemacht gilt! Ich sage Dir alles Ernstes, mit vollster Bestimmtheit, Du mußt Dich fügen, Du mußt hierin meiner bessern Einsicht Dich vollständig überlassen!"

„Da, wo es sich um das Lebensglück meines Kindes handelt," sagte Johanna sehr aufgeregten Tones, „nimmermehr! Verlange alles von mir, aber das nicht! Du verlangst von mir damit nicht nur meine eigene Individualität aufzugeben, nein, Du verlangst, daß ich Deiner einseitigen Richtung zu Liebe, auch meines Sohnes Individualität Dir überlasse, daß Du dieselbe von vornherein ertödtest, daß Du seine freie Entfaltung hemmst! Und das verlangst Du von mir, seiner Mutter!"

„Johanna, wie kannst Du das sagen? Was Du meine Einseitigkeit nennst, ist das Beste, was ich habe," sagte Ludwig zornig, „und was die freie Entfaltung nennst, ist das, was ich an Dir tadle. So, wie Du jetzt bist, kannst Du freilich, das sehe ich nunmehr ein, kein Glück um Dich verbreiten, sondern mußt mich und Deine ganze Familie unglücklich machen! Wenn Du Dich nicht vollständig änderst, so wirst Du mich es bereuen machen, daß ich Dich zu meiner Gattin machte! denn was soll ich von einer Frau für meine Zukunft und die Zukunft meines Kindes erwarten, die mit leichtsinnigen Worten das Glück ihrer Ehe untergräbt?"

„Ludwig," schrie Johanna, „was sagst Du da! Ich meinen Sohn und meine Familie unglücklich machen, ich, die keinen andern Wunsch, keine andere Sehnsucht hat, als diesem Kinde Gutes zu thun? Weißt Du, was Du sprichst? Ich bitte Dich, ich flehe Dich an, nimm Deine Worte zurück!"

„Nein, ändere Du Dich, gehe in Dich, lerne Deine Pflichten kennen, pflichtvergessenes Weib, pflichtvergessene Mutter! Jetzt ist es vielleicht noch Zeit! Du, Du solltest Gott auf den Knieen danken, daß Du einen Mann hast, dem Gottes Dienst und Gottes Wort über Alles gehen!"

„Dafür?" sagte Johanna; „nein, Ludwig! Was habe ich gethan, alle diese Schmähungen, denn solche und nichts anderes sind es, zu verdienen? Nichts, als daß ich eine Meinung habe und sie geltend mache, wo es meines Sohnes Zukunft gilt! Du bist ein Prediger und predigst von der Kanzel Liebe und Friede; ich hörte einstmals, wie Du zwei Eheleuten zuredetest, Hand in Hand zu gehen, einander nachzugeben, Einer

dem Andern zu Liebe zu leben; ist das die Liebe, der Friede, den Du predigst? ist das das Nachgeben, das Hand in Hand gehen mit Deinem Weibe, in Deinem Hause? — Ehe ich Dich kannte, in meiner Eltern Haus, war ich glücklich; ich war meinen Eltern ein gehorsames Kind; wir Beide aber, Du und ich, wir stehen uns gleichberechtigt gegenüber, ich bin Dein Weib und nicht Deine Magd, der Du befehlen kannst, bin ein selbstständiger Mensch mit selbstständiger Handlungsweise; daß ich Dein Weib bin, stößt nicht alles um, was ich fühle und denke! Dieser Knabe ist mein Sohn, wie er Deiner ist; gleiche Rechte an ihm theile ich mit Dir und ich fordere sie für jetzt und für alle Zukunft! Können wir uns nicht einigen, und es scheint mir, es ist unmöglich, so mag der Knabe zwischen Vater und Mutter aufwachsen und Jeder mag an ihm nach Pflicht und Gewissen handeln, und er selbst mag entscheiden, wer es treuer, wer es besser mit ihm gemeint!"

Mit diesen Worten, die Johanna ohne zu stocken, ohne einzuhalten, mit der vollsten Kraft der Ueberzeugung gesagt, ging sie zu der Wiege des Knaben, der indeß wieder aufgewacht war und ihr jetzt lächelnd die großen Augen, ihre eigenen Augen, zuwendete, und beugte sich über ihn. Thräne auf Thräne rann über ihre Wangen auf das lächelnde Antlitz des Kindes.

Ludwig, der erst keines Wortes mächtig war, der sich des Eindrucks, den Johanna's Festigkeit, die geahnte Bestimmtheit auf ihn machten, nicht erwehren konnte, war außer sich. Er näherte sich ihr, und ihren Arm ergreifend, schüttelte er ihn heftig und sagte:

„Johanna, morgen fahre ich zu Deinem Vater, damit er Dir in's Gewissen rede; ich erzähle ihm, was vorgefallen, möge er versuchen, Deinen Trotz, Deinen Eigensinn —"

Mehr konnte er nicht sagen, denn Johanna hatte ihren Arm von ihm befreit und verließ das Zimmer, und erst als auch Ludwig nach der andern Seite es verlassen, kehrte sie zu ihrem Kinde zurück, dessen Bettchen sie den Tag und die darauf folgende Nacht mit bittern Thränen benetzte.

Ludwig fuhr nicht zum Vater, aber er sprach auch nicht wieder mit Johanna; er hielt fast meistens in seinem Zimmer auf und meinte, Johanna werde und müsse kommen. Sie hatte sich von ihrem Zorne hinreißen lassen, von ihrer unbegreiflichen unüberlegten Heftigkeit; — ach, wie hatte er sich in dem sanftscheinenden Mädchen getäuscht! — sie hatte ihn einseitig gescholten, ja, sie war noch weiter gegangen, hatte gewagt, ihn der Lieblosigkeit anzuklagen, obgleich doch Alles, was er gesagt, seine Berechtigung gehabt, obgleich er doch nur seine Pflicht erfüllt hatte, die ihm Johanna so sehr erschwerte; er war nicht nur ihr Gatte, er war auch ihr Seelsorger; daß Johanna das nicht begreifen konnte! Sich auf eine Stufe zu stellen, sie, das unerfahrene Kind mit ihrem Weltsinn, mit ihm, der selbst unter Seinesgleichen noch eine hervorragende Stelle in geistiger Hinsicht einnahm! Es war unbegreiflich, es war unverantwortlich! Und wenn sie beharrte, wenn sie nicht kam, was sollte daraus werden? Dann wollte er nochmals ganz freundlich und eindringlich mit ihr reden, sie zu überzeugen suchen und wenn Alles, Alles nichts helfen würde, konnte er sie nur in sein Gebet einschließen, damit der Herr ihren Sinn kehre! Ach, warum gerade ihm ein solches Weib? wie viel mehr noch würde er in jeder Hinsicht wirken können, wenn sein Weib mit ihm ginge! Welch segensreiche Familie würden sie bilden, die fast jedem weltlichen Zuge trotzte! Und nun!

So wartete er und dachte er, und immer klagte er Johanna an, untersuchte es nie, ob er auch mit fehle: das war bei ihm, dem starken Manne, ja unmöglich!

Und Johanna? — Johanna war wieder viele Tage unglücklich und konnte Ludwigs Worte nicht verschmerzen und vergrub sie tief in ihrem Herzen, wo sie wucherten und zu ihrer Zeit Frucht trugen! Ob eine gute?

Sie richtete sich endlich wieder an ihrem Kinde auf. Ihm zu Liebe wollte sie, mußte sie so manchen Kampf kämpfen; sie hatte es ja vorher gewußt, daß sie es thun mußte; daß sie gleich so schwer kamen, war ihr bitter, vielleicht aber gewann sie doch damit, und ihm zu Liebe konnte sie ja Alles ertragen! Ach, sie wußte es ja besser, sie war wirklich kein pflichtvergessenes Weib, keine pflichtvergessene Mutter! nein, ihre Pflicht wollte sie stets erfüllen, an ihrem Kinde, an ihrem Gatten, dem Vater ihres Kindes. Und sie wollte es mit Freudigkeit thun, wollte die bittern Gedanken fortjagen, wollte immer daran denken, daß er der Vater ihres Kindes war! Der Vater ihres Kindes! Es war entsetzlich! Wie konnte sie gegen ihn Gefühle hegen, die zuweilen an Abneigung streiften! Nein, das durfte nicht sein, sie wollte sich immer vorstellen, daß Alles, was er sagte, doch gut gemeint sei, daß er seiner Richtung Rechnung trage, daß er das Beste wolle, daß nur seine Weise eine unrechte und zu schroffe sei! Sie wollte jetzt, da sie allein war, versuchen, recht ruhig zu werden, ja, sie wollte ihm in allen Dingen zu Gefallen leben; nur in dem Einen konnte sie es nicht!

Und Wochen vergingen; die Gatten näherten sich nicht. Ludwig hatte einmal den wunden Punkt berührt; Johanna war sanft und ruhig, aber fest geblieben. Er hatte die Unmöglichkeit der Einigung eingesehen und Bitterkeit erfüllte sein Herz gegen sie, die ihm so gegenübertrat, die in ihm nicht den Bessern, Einsichtsvollern anerkannte.

„Nun," sagte er zuletzt, „Du willst uns unglücklich machen; ich weiß nicht, womit ich das verdient habe, ich muß es aber als Schickung Gottes hinnehmen, ich kann nicht nachgeben."

Zehntes Capitel

Und so vergingen wieder Wochen; der Winter kam und brachte Eis und Schnee, und winterlich sah es auch in den Herzen der Gatten aus. Johanna ging, so oft sie konnte, zum Onkel; sie vertraute sich ihm an, er verstand sie aber ohne das. Er wußte sie immer wieder aufzuheitern, der alte Herr, indem er die Zukunft ihres Kindes in einer Reihe heiterer Bilder vor ihrem geistigen Auge aufrollte, ihr fast, ohne daß sie es merkte, gute Rathschläge ertheilte und ihr dies oder jenes erzählte, insbesondere vergaß er nie, ihr von Alfred, seinem zweiten Lieblinge, zu berichten und seine Briefe sich vorlesen zu lassen. Johanna ihrerseits hatte ihm dann jedesmal eine ganze Reihe neuentdeckter Vortrefflichkeiten ihres

Hänschens zu erzählen, wenn sie ihn nicht, wie das oft geschah, an schönen Tagen, mit sich nahm. Ludwigs Mutter hatte eine große Freude an ihm und während Johanna mit dem alten Herrn plauderte, trug sie ihn meistens im Nebenzimmer spazieren.

Eines Tages, kurz vor Weihnachten, als sie zu ihm kam, fand sie den alten Herrn in einer ganz ungewöhnlichen Aufregung.

„Da kommt meine Johanna!" rief er ihr entgegen, „nun können wir gleich constatiren, ob ich Recht habe oder nicht!" und auf Johanna's verwunderte Fragen, was es denn gäbe, antwortete er:

„Ich habe da heute Morgen eine ganz unerwartete Weihnachtsfreude gehabt! Alfred hat mir aus Rom eines seiner Werke geschickt, eine tanzende Bacchantin mit einem Tamburin. Er schreibt, sie trüge die schönen Züge der Dame, deren Büste er voriges Jahr, als er von uns nach Rom zurückkehrte, gemeißelt hat und die Dir ähnlich sein sollte und ich sehe das auch an dieser Figur: sie trägt meiner lieben Johanna Gesicht, zwar nicht so sanft und lieblich, aber heiter und lachend genug."

„Das muß ich selbst gleich sehen," sagte Johanna neugierig, „denn wenn die Statue aussieht wie ich, so muß ich auch aussehen wie Hänschen, der mir jeden Tag, wie alle Welt versichert, ähnlicher wird!"

„Warum nicht gar," sagte die Schwiegermutter, „Hänschen hat Ludwigs Stirn und auch sonst viel Aehnliches mit ihm."

„Aber ganz meine Augen," sagte Johanna, „das sehe ich selbst. Wo ist aber die Statue?"

„Komm," sagte der Onkel und führte Johanna in ein kleines Kabinet, das neben seinem Zimmer lag und das allerlei Bilder, Statuetten und kleine Merkwürdigkeiten aus fremden Ländern enthielt.

Da stand die neue Statue, die Alfred seinem geliebten Onkel zum Weihnachtsgeschenke geschickt hatte, inmitten des Zimmers auf einem kleinen Postament, das bis jetzt die Büste Goethe's getragen hatte, die der Arbeit des geliebten Neffen hatte weichen müssen.

„Sie ist im Einzelnen der Tänzerin, auf welche Goethe bei seinem Aufenthalt in Rom sein Auge geworfen hatte, sehr ähnlich," sagte er, und der alte Goethe dort wird nicht unzufrieden sein, wenn er diese Statue immer vor Augen hat, die wirklich ein kleines Meisterwerk ist. Nun, sieh selbst, Johanna!"

„Ich kann keine Aehnlichkeit finden," sagte Johanna, „das Gesicht ist sehr schön, die ganze Statue ist prächtig."

Und bewundernd stand sie vor Alfred's Arbeit, und wie sie so sinnend stand, tauchte die Gestalt des fröhlichen, offenen jungen Mannes vor ihr auf, der mit solcher Wärme am Tage vor ihrer Hochzeit für seine Kunst gesprochen hatte. Und diese Kunst war es wohl werth, so dachte sie jetzt, die Statue betrachtend.

„Ich möchte wohl Alfred einmal wiedersehen," sagte sie, „ich glaube, er würde mir gefallen; ich habe ihn gar nicht recht gekannt!"

„Gewiß würde er das! Er kommt nächsten Sommer hoffentlich auf ein paar Wochen zu uns; da soll er selbst sehen, wie getreu er in seiner italienischen Contessa Dich abconterfeit hat."

Er kehrte mit Johanna in sein Studirzimmer zurück, doch setzte er sich so, daß er die Statue im Auge behalten konnte, und immer warf er von Zeit zu Zeit einen prüfenden Blick erst auf die Bacchantin, dann auf Johanna. Er sah heute ganz anders als sonst aus. War es der Beweis von Liebe und Dankbarkeit, den Alfred ihm mit Zusendung der Statue gab, oder war es noch etwas anderes? Das immer ein wenig sarkastische Lächeln, das auf seinen Lippen lag, war einem wehmüthigen Ausdrucke gewichen. Er hatte Johanna's Hand gefaßt und saß ziemlich still neben ihr. Die Mutter hatte sich entschuldigt, sie hatte noch einige Weihnachtseinläufe zu machen.

„Onkel," sagte Johanna, „wie freue ich mich dieses Jahr auf Weihnachten; ich denke, Hänschen ist nun schon so weit, daß er sich an den Lichtern freut und mit seinen kleinen Händchen danach greifen wird. Dieses Mal darfst auch Du nicht fehlen, denn Du kannst ausgehen. Voriges Jahr war ich ganz traurig, wir waren immer so viel fröhliche Menschen zu Haus."

„Du rechnest auf mich, liebes Kind," entgegnete der Onkel, „ich komme aber nicht. Mir ist gerade heute, wo viele glückliche und traurige Erinnerungen in mir aufgefrischt sind, so zu Muthe, als könnte ich Dir mittheilen, was Niemand weiß, weder Deine Schwiegermutter, noch Dein Mann, etwas, was Dir erklären wird, warum er keinen Tannenbaum im Lichterschmuck sehen kann, warum ich meinen Geburtstag nicht mehr feiere, denn wisse, er ist auch am vierundzwanzigsten December, und warum ich Dich so besonders in's Herz geschlossen habe. — Willst Du es hören?"

Johanna nickte nur und drückte seine Hand; der Onkel aber begann:

„Als ich dreiundzwanzig Jahre alt war und eben mein Examen gemacht hatte, starb meine Mutter. Ich hatte sie sehr lieb gehabt und betrauerte sie aufrichtig. Sie hatte ein hübsches Vermögen hinterlassen, das sich nicht zersplitterte, da ich ihr einziges Kind war; denn Du mußt wissen, liebe Johanna, Ludwig's Vater und ich sind von keiner Seite blutsverwandt: sein Vater hatte meine Mutter geheiratet, jedes brachte ein Kind mit in die Ehe und später wurde nur eine Schwester geboren, die ist aber schon lange todt. Als meine Mutter todt war, faßte ich den Entschluß, mich erst ein wenig in fremden Ländern umzusehen und kam auf meiner Wanderung auch nach Rom. Dort gefiel es mir so gut, daß ich meinen Aufenthalt länger ausdehnte, und es hätte nicht viel gefehlt, so wäre ich wirklich für immer dort geblieben. Es war ein herbes Schicksal, das mich dort traf, nicht unverschuldet, aber doch schwer, und das mich zu dem machte, was ich geworden bin, zum alten Junggesellen.

Eines Tages schlenderte ich durch die Porta Pia in's Freie, an wunderschönen, stolzen Villen vorbei, die inmitten großer, schattiger Gärten liegen. Ich ging weiter und weiter bis zu einer Kirche, Sant' Agnese heißt sie: Ich trat ein, mich an den schönen Glasbildern und Fresken zu ergötzen, kaum aber war ich ein paar Schritte vorwärts gegangen, als mein Auge auf ein Paar kniende Frauen fiel. Beide, augenscheinlich den höhern Ständen angehörend, schienen ganz im Gebet versunken und ich hatte Mühe, die eine von ihnen, die meine ganze Aufmerksamkeit fesselte, zu betrachten. Wie soll

ich sie Dir beschreiben? Mir ist heute noch, nach bald vierzig Jahren, ihre ganze Erscheinung, ihre schlanke Gestalt, der zierlich etwas nach vorne gebeugte Kopf, den dunkle Locken so wie die Deinen sind, einrahmten, die zarten Züge, ganz gegenwärtig. Denke Dir dort das Gesicht der Statue, das einen heitern Ausdruck trägt, denke Dir Dein eigenes Gesicht, nur nicht so weiß, sondern in goldbroncener Färbung, denke Dir dies Gesicht im Sonnenglanz der Schönheit und der Jugend — und das junge Mädchen, das ich sah, mochte kaum sechszehn Jahre zählen — in Andacht und Inbrunst im Gebet versunken, und Du siehst Cornelia, die Beterin vor Dir! Gleich das erste Mal, als ich Dich sah, mußte ich an Cornelia denken, brachtest Du mir ihr Angedenken nahe, trotzdem Dein Gesicht einen ganz anderen Ausdruck trägt, wenig hat von der südlichen Pracht, von den strengen Linien und den scharfgeschnittenen Zügen der Italienerin, trotzdem eben das, was Dein Gesicht meinem Auge so lieb macht, dem Gesichte Cornelia's fehlt. Ich konnte nicht von der Stelle, konnte nichts thun, als das junge Mädchen betrachten, welches nur einmal die Augen erhob und auf mich fallen ließ mit erstauntem, fragendem Ausdruck. Aber nun erst recht war ich festgebannt, und als die beiden Frauen, Mutter und Tochter, wie es mir vorkam und wie ich auch noch denselben Tag in Erfahrung brachte, ihr Gebet vollendet hatten und die Kirche verließen, folgte ich ihnen mechanisch nach. Vor der Kirche stiegen sie in einen auf sie wartenden eleganten Wagen; ich sah sie noch einsteigen und dann abfahren. Rasch entschlossen sprang ich in ein Miethwagen, bedeutete den Kutscher und fuhr ihnen nach. Ich hatte dabei wohl gemerkt, daß Cornelia ihren Kopf öfter gewandt hatte und mich aufmerksam betrachtete. Vor einem der schönen Paläste, an denen Rom so reich ist, hielt ihr Wagen; sie stiegen aus und verschwanden hinter dem Portale. Ich konnte nichts weiter thun, als mich nach ihrem Namen erkundigen, der jetzt weiter nichts zur Sache thut. Ich hatte Empfehlungen und Freunde genug, um mich in ihrem Hause einführen zu lassen. — Ich sah Cornelia wieder, ich sah sie im Hause ihrer Eltern, sah sie in Gesellschaft und — liebte sie, liebte sie mit dem ganzen Feuer der Jugend, mit ganzer Leidenschaftlichkeit meines warmen Herzens. Ich sagte mir, meine Liebe sei eine hoffnungslose, denn Cornelia war aus einer alten edlen Familie, ja, ihre Hand war, wie man mir sagte, von Jugend auf einem Vetter, der, augenblicklich auf Reisen, bald zurückkehren sollte, zugedacht. Ich wußte das Alles, ich sagte es mir in ruhigen Stunden vor; was half es! meine Liebe wurde nur gewaltiger, je weniger Hoffnung vorhanden war, die Hand der jungen Mädchens zu gewinnen. Ist das noch nicht der erste Gedanke des Liebenden! Zuerst verlangte mich nur danach, wiedergeliebt zu werden und obgleich ich an ihren kleinen Zeichen abzulesen gemeint hatte, daß ich Cornelia nicht gleichgültig sei, quälte ich mich doch immer mit dem Gedanken, daß meine Liebe unerwidert bleibe. Aber der Tag kam, wo ich von Cornelia's Lippen das Geständniß der Liebe vernahm und wo mein Herz eine unaussprechliche Seligkeit durchfluthete! Ich glaubte der Glücklichste der Sterblichen zu sein und es vergingen Wochen, wo ich mir genug sein ließ an einem Blick, an einem Händedruck, an ein paar leise geflüsterten

Liebesworten. Je seltener sie mir zu Theil wurden, desto mehr beglückten sie mich."

Der Onkel schwieg einen Augenblick und fuhr mit der Hand über die Augen.

„Ich weiß nicht, ob Du mich verstehst, ganz verstehst, wenn ich Dir sage, daß noch heute, nach so langer Zeit des einsamen Lebens, mein altes Herz freudig klopft, wenn ich an jene Zeit zurückdenke! Freilich hat es auch eine Zeit gegeben, wo ich diesen schönsten Abschnitt meines Leben's geflucht habe; vielleicht mit Unrecht! Höre aber weiter:

„Eine ganze Weile genossen wir und genügte uns unser stilles Einverständniß; aber dann merkten wir, wie manches Auge aufmerksam auf uns gerichtet war, wie immer seltener uns Gelegenheit ward, uns zu sehen und zu sprechen; auch sagte ich mir, daß es nicht immer so fortgehen könne, daß ich Schritte thun müsse, meine schöne Geliebte mir zu erringen und wie konnte ich es auf andere Weise thun, als indem ich um sie warb? Es ging ich eines Tages zu ihrem Vater, der ein verständiger Mann war und mir wohl gewogen; er empfing mich artig; ich brachte ihm meine Bitte vor, er hörte sie ruhig an, bedauerte dann und sagte mir, was ich wußte, daß nämlich über die Hand seiner Tochter schon lange verfügt sei. Ich erklärte ihm, daß ich im Einverständniß mit seiner Tochter handle, daß diese mich liebe; er fand dies gar keiner Antwort werth, sondern zuckte nur die Achseln und schlug auch meine Bitte, Cornelia sprechen zu dürfen, rund ab, und ich mußte gehen, ohne sie nur gesehen zu haben, ohne daß sie etwas von meinem Antrage erfahren hatte! Du kannst Dir denken, mit welchen Gefühlen ich das stolze Haus verließ! Ich spähte umher, ob ich Cornelia nicht entdecken könne: sie war nicht da! Den ganzen Tag lag ich auf der Lauer. Zuweilen verließ Cornelia das Haus in Begleitung einer Art Gouvernante; vielleicht gelang es mir auf irgend welche Weise, ihr das Vorgefallene mitzutheilen. Vergebens! erst nach sechs unruhig verbrachten Tagen, in denen ich die abenteuerlichsten Pläne entworfen und wieder verworfen hatte, sah ich sie wieder. Es war bei einer befreundeten Familie; sie begrüßte mich unbefangen und mit ihrem holdesten Lächeln, und ich sah, daß sie keine Ahnung von dem Vorgefallenen, von den Schmerzen und Kämpfen, die mich diese sechs Tage gekostet hatten, haben konnte. Also hatte es ihr Vater nicht einmal der Mühe werth erachtet, sie mit der Werbung des Fremden bekannt zu machen? Oder fürchtete er eine Aussprache? Im Laufe des Abends gelang es mir, ihr einen Brief, den ich für vorkommende Fälle bereit hatte, zuzustecken, in welchem ich sie anflehte, es auf irgend eine Weise zu ermöglichen, daß wir uns sprechen könnten. Schon den nächsten Tag erhielt ich ihre Antwort; sie hatte sich einer Freundin anvertraut, einer jungen, seit Kurzem verheirateten Frau, die auch ich kannte und diese, die sich selbst erst nach langen Kämpfen ihren Gatten errungen, hatte ihr jede Hülfe zugesagt; Cornelia bestimmte mir einen Tag, wo ich sie bei den Bekannten ungestört sprechen konnte. Die sehnlichst erwartete Stunde kam, die junge Frau hatte es einzurichten gewußt, daß wir ganz still einige Stunden bei einander sein konnten und wir, die wir zum ersten Male Herz an Herz ruhten, die wir zum ersten Male unsere Liebe mit heißen Küssen besiegeln konnten, gingen auseinander, nachdem wir uns

Treue für's ganze Leben geschworen hatten. — Und ich habe sie ihr gehalten! —

Seit jener Zeit sahen wir uns oft, und immer lieber gewannen wir uns, und immer unmöglicher schien uns eine Trennung, schien es uns, daß wir einander nicht angehören sollten. Ich drang in meine Geliebte, ihren Eltern ihre Liebe mitzutheilen, es nochmals zu versuchen, ihre Genehmigung zu erhalten; sie that es, doch hatte es keinen andern Erfolg, als daß man ihren Vetter zu bestimmen suchte, seine Rückkehr zu beschleunigen, um sie mit ihm so schnell wie möglich zu verbinden. Diese Nachricht schmetterte mich nieder, ich wollte die konnte Cornelia nicht lassen, und nachdem ich alles versucht zu haben meinte, um auf offenem Wege zu meinem Zwecke zu gelangen, schmiedete ich einen Plan, der mir vor Allem am leichtesten auszuführen schien. Ich wollte einen Priester bestechen, der uns in der Nacht, die ich ihm bezeichnete, trauen sollte. Eine italienische Familie, die ebenfalls bestochen war, sollte uns aufnehmen; bei ihr wollten wir einige Monate uns verbergen und uns leben. Indessen sollten die Eltern in ihrer Angst um die Tochter weich geworden, sich später mit dem Gedanken aussöhnen, daß diese mit einem Ausländer verbunden sei und ich hoffte, sie sollten nachträglich doch ihre Zustimmung zu der Heirat, als einem fait accompli, geben, die sie jetzt so hartnäckig verweigerten. — Du bist erstaunt, liebe Johanna; aber in damaliger Zeit, wo Anfälle auf Leben und Eigenthum nichts Seltenes waren, kamen die Eltern viel leichter darauf, ihr Kind sei ihnen von einer Räuberbande entrissen, hielten es die einige Zeit ängstlich verborgen, um dann ein um desto größeres Lösegeld für sie zu erlangen, oder sie sei auf irgend eine Weise verunglückt, als daß sie daran denken konnten, ihr Kind habe sie heimlich verlassen, um sich mit dem Manne, den sie liebte, zu verbinden. Sie waren dann vielleicht glücklich, ihre Tochter überhaupt wiederzufinden und zwar an der Seite eines Mannes, dessen Stellung und Charakter achtungswerth war. So dachte ich und hatte alles gehörig überlegt und verarbeitet, ehe ich meine Geliebte mit meinen Plänen bekannt machte. Wie ich gehofft, zögerte sie keinen Augenblick, sich zu entscheiden; sie fühlte sich mein, wie ich ihr ganz gehörte, so glaubte sie damals — und" setzte er nach einer kleinen Pause hinzu, „so glaube ich auch jetzt wieder, wenn ich mir jene Zeit zurückführe; sie war mit Allem einverstanden, wodurch sie die Meinige werden konnte. Ich führte Alles aus, wie ich gedacht; der Priester war bald gefunden, eine Wohnung gemiethet, die ich für die Geliebte, ach, mit welcher Wonne ausstattete. Alles war fest und sicher bestimmt. Aus Vorsicht sahen wir uns die letzten acht Tage nicht. Der vierundzwanzigste December war der Tag, den ich zu der Ausführung des Planes bestimmt hatte. Es war Weihnachtstag, der Christabend, der mir lieb war, weil er so viele herrliche Kinder- und Jugend-Erinnerungen enthielt; es war zu gleicher Zeit mein Geburtstag. Jene Freundin und Vertraute gab an diesem Tage einen großen Ball; ich wollte mich auf demselben zeigen und dann in die Sacristei einer von mir ausgesuchten Kirche eilen, die dem Hause der Freundin nah, von dem Palast aber, den Cornelia bewohnte, etwas entfernter lag, und in welchem der Priester unserer harren sollte. Mein Diener, den ich mir mitgebracht und auf den ich mich verlassen konnte, wie auf mich selbst, sollte Cornelia

einige Schritte von ihrem Hause entfernt in einer kleinen Nebenstraße im geschlossenen Wagen erwarten und zu mir führen. So war Alles vorbereitet, und in welcher Aufregung ich die vorhergehenden Tage zugebracht, läßt sich nur empfinden. Ich hatte in der Wohnung, die ich gemiethet, einen Tannenbaum mit vielen Lichtern aufgestellt; meine Wirthe hatten mir versprochen, ihn, wenn sie den Wagen vorfahren hörten, anzuzünden. Meine Geliebte sollte mir ein Weihnachtsgeschenk sein.

Der Tag kam; ich begab mich auf den Ball. Die Eltern meiner Cornelia waren nicht gekommen; das machte mich ein wenig ängstlich, doch selbst wenn sie zu Haus geblieben, konnte Cornelia wohl ihren Plan ausführen, was sollte sie hindern? in einer halben Stunde war ja Alles gethan. Sie tanzte mit der Frau des Hauses den ersten Tanz; ,Alles in Ordnung?' flüsterte sie mir zu; ,vollständig!' entgegnete ich. ,Vielleicht wäre es besser', sagte sie, ,Sie kehrten nach der Trauung auf eine halbe Stunde wenigstens wieder zurück, damit später kein Verdacht auf Sie fallen kann.' Es wurde mir schwer, ihr das Versprechen zu geben, doch that ich es bedingungsweise. — Es sollte anders kommen, als ich gedacht! Ich verließ den Ball, ich erreichte die Kirche; ich war der Erste, wie ich gehofft. Ich wartete, eine Minute verging nach der andern, sie schienen mir eine Ewigkeit: Cornelia kam nicht. War etwas vorgefallen, war es ihr unmöglich zu kommen, oder war sie verrathen? Ich dachte und grübelte, während mich die Ungeduld fast aufzehrte. Endlich hörte ich das Geräusch der Räder. Sie kam! Jetzt, bei Erreichung meines Zieles so nahe, ergriff mich eine ungeheure Bangigkeit, eine ordentliche Erschöpfung; ich mußte mich an eine Säule lehnen. Wir hatten verabredet, daß ich ihr nicht entgegengehe. Jetzt öffnete sich die Thür: mein Diener trat herein, bleich, athemlos. ,Herr', sagte er, ,wartet nicht länger, sie kommt nicht!'

,Sie kommt nicht?' schrie ich ihm entgegen. Einen Augenblick schwieg er: ,Sie feiern in dem Hause dort die Verlobung Cornelia's mit ihrem Vetter!' — Ich stürzte auf den Menschen zu, ich packte ihn am Arm. ,Das lügst Du!' donnerte ich. ,Nein Herr, der Portier hat es mir selbst gesagt. ,Komm', sagte ich mit unnatürlicher Ruhe, ,komm, ich will das selbst hören!' Wir setzten uns in den Wagen und fuhren mit rasender Schnelligkeit nach jenem Hause. Alle Fenster waren erleuchtet, viele glänzende Gestalten bewegten sich hin und her. Krampfhaft hielt ich mich an dem Schlage des Wagens. War es wirklich so? konnte es sein? Dort in dem Zimmer, das neben dem großen Saale lag, am offenen Fenster erschien jetzt eine lichtstrahlende Gestalt im weißen Atlasgewande, den lieblichen Kopf mit rothen Granaten geschmückt. Sie lehnte sich hinaus, ich konnte aus ihren Zügen nicht entnehmen, ob sie lachte oder weinte. Aber eine andere Gestalt trat zu ihr, ein großer, eleganter Herr, den ich nicht kannte; er flüsterte ihr einige Worte zu, nahm ihre Hand und küßte sie. Jetzt wandte sie sich um ja, jetzt sah ich es ganz deutlich, sie lächelte, wenn auch matt, aber sie lächelte doch. Er schloß das Fenster, und ich wandte mich, stieg in den Wagen und fuhr nach Hause mit zerrissenem Herzen. Ich fuhr in die neue Wohnung, und wie ich die Thür öffnete, stand ich vor dem hellen, in vielen Lichtern strahlenden Tannenbaum! Ich bedeckte die Augen mit

der Hand, und am nächsten Morgen lag ich im römischen Fieber krank und konnte Wochenlang das Bett nicht verlassen; und als ich wieder aufstand und zu meinen Freunden kam, hörte ich von Cornelia's Hochzeit! Seit jener Zeit kann ich keinen Tannenbaum im Lichterschmucke sehen!"

Der Onkel schwieg und sah nach der Statue. Auch Johanna konnte nicht gleich sprechen; sie hatte des Onkels Hand immer noch in der ihrigen und streichelte sie sanft. Endlich wagte sie zu sagen:

,Und hast Du Cornelia wiedergesehen?'

,Ja, einmal; es war ein Jahr nachher, als ich von Unteritalien kam und durch Rom reiste. Ich wollte mich nur einige Tage aufhalten. Eines Abends ging ich über die Piazza Colonna; es war Concert und die elegante Welt Roms versammelt. Da stand ich plötzlich vor ihr, wir sahen uns und was ich in ihrem Blick las, machte mich milde gegen sie und ließ mich vieles von der Anklage zurücknehmen, die ich im Herzen gegen sie erhoben, als die Urheberin meiner Verzweiflung, die Mörderin meines Glücks und meiner Ruhe. Nach diesem Wiedersehen ging ich zu jener Freundin und hörte von ihr, daß Cornelia bis zum letzten Tage entschlossen gewesen sei. Am Tage vor der beabsichtigten Trauung sei ihr Vetter zurückgekehrt, die Eltern hätten auf eine Verbindung gedrungen, Cornelia sich geweigert, da habe sie am Morgen das Kammermädchen verrathen, sie habe eine furchtbare Scene gegeben und Cornelia habe sich fügen müssen!'

Wieder schwieg der Onkel eine Weile, dann fuhr er fort:

,Und willst Du noch wissen, warum mich heute die Erinnerung so gewaltig fortreißt: es ist nicht nur die Aehnlichkeit Cornelia's mit dieser Statue, nicht die Erinnerung, die Du immer in mir weckst, es ist dieser Brief Alfreds, der mich so ergriffen hat. Du erinnerst Dich dessen, er ist einst schrieb von der Gräfin, Züge jene Statue trägt; Du weißt aber nicht, daß jene Dame, wie mir aus Alfreds Briefen klar wurde, in nähere Beziehung mit ihm getreten ist, bereit nicht, wie ich, daß jene Dame Cornelias Tochter ist, an deren Schönheit und Liebenswürdigkeit beinahe unseres Alfred Lebensglück Schiffbruch gelitten hätte, und daß nur ein gütiges Schicksal und ein leichter Sinn ihn in der letzten Minute gerettet hat. Du weißt das Alles nicht, ich will es Dir aber jetzt erzählen, weil es wunderbar ist, wie gerade Ihr Beiden, die ich auf Erden am liebsten habe, in geheimnißvoller Beziehung steht mit einer Episode, die auf mich und auf meinen Lebensweg den größten und folgenschwersten Einfluß gehabt hat. — In einem seiner früheren Briefe, als ich schon längst wußte, daß Alfred in Liebe — ob sie erwidert werde, wußte ich nicht — für die schöne Gräfin entbrannt sei, und ich mir zuweilen einige Sorge darüber machte, schrieb er mir, daß sie ihm eines Tages ein Medaillon gezeigt habe mit einem Pastell-Bild, welches sie von ihrer Mutter erhalten, die es stets auf dem Herzen getragen, weil es das Bild desjenigen enthielte, der ihr im Leben der Theuerste gewesen, und er habe, — und mit welchem Erstaunen! — in dem Bilde ein getreues Conterfei eines Jugendbildes von mir erkannt und die Dame habe ihm selbst gesagt, es sei das Bild eines Deutschen. Aus jedem der nachfolgenden Briefe Alfreds las ich zwischen den Zeilen von seinem Glück, und mit wie warmem

Interesse ich der Erzählung von der Schönheit und dem Liebreiz von Cornelias Tochter folgte, brauche ich Dir nicht zu sagen! Und doch war ich nicht ohne Sorge. Würde diese Liebe Alfred Glück bringen? Die Dame war verheiratet, war nicht frei. Jetzt nun hat sich das Verhältniß gelöst und zwar mit durch den Gatten selbst, den Alfred im Anfange nicht näher kannte, der ihm aber durch verschiedene Umstände und Zufälligkeiten näher trat und schließlich Alfreds Freundschaft suchte. Dadurch aber fühlte sich Alfred beengt: er konnte des Mannes Freund nicht sein, dessen Weib er liebte. So lange ihm der Gatte ein Fremder war, den er fast ein wenig verachtete, kam er nicht in Betracht. aber als er ihn kennen lernte, als Ehrenmann kennen lernte, da sträubte sich sein Gefühl gegen ein Verhältniß, das ihm unehrenhaft dünkte. Da er aber die Frau liebte und, wie er meinte, von ihr wiedergeliebt wurde, so mußte er nichts Besseres zu thun, als ihr die Wahl zu lassen zwischen ihm und ihrem Gatten. Er bot ihr seine Hand an, im Falle sie sich von ihrem Gatten lossagen, sich von ihm frei machen wollte. Ob er es gewünscht hat, weiß ich nicht, mir schien es nicht; kam es mir doch immer vor, als klänge ein ganz leiser Zweifel durch, als hätte er nicht alles das in der schönen Frau gefunden, was sein Herz, sein reiches, echt deutsches Herz, verlangte; jedenfalls wollte er Klarheit, sich selber, dem Gatten und der Frau gegenüber. Aber, und sein letzter Brief ist voll von Bitterkeit, er hat sich geirrt in ihr: sie wollte weder den einen noch den andern lassen, sie wollte weder ihren Rang und ihre Stellung, noch den aufgeben, den sie zu lieben vorgab. Sie verspottete Alfreds deutsche Gewissenhaftigkeit.

Und nun hat er sie verlassen, wohl mit blutendem Herzen, aber vielleicht gereift durch diese Erfahrung; denn meine Meinung ist, er wäre nicht glücklich geworden: er bedarf mehr als dieser südlichen Liebe mit ihrer Gluth und ihrem wenigen Gemüth! So hoffe ich für ihn! —

Und nun liebes Kind, die Du dem Onkel getreulich zugehört hast, habe Dank für Deine Theilnahme, die ich an der Thräne in Deinem Auge gesehen, gespürt habe. Gehe jetzt, grüße mir Hänschen und lasse mich mit meinen Erinnerungen allein. Lebe wohl!"

Johanna, die schweigend zugehört, umarmte den Onkel zärtlich und flüsterte:

„Ich habe Dich sehr lieb und wenn es möglich ist, heute noch früher wie sonst."

Dann nahm sie Mantel und Hut; doch ehe sie noch ihren Anzug vollendet hatte, wurde heftig an der Klingel gezogen, ihr Mädchen kam und meldete, sie solle schnell nach Hause kommen, der Kleine sei so unruhig und gar nicht wohl.

„Was fehlt dem Kind?" fragte Johanna erschreckt, „ich verließ es doch so munter!" und eilte hinaus, während ihr der Onkel nachrief:

„Mache Dir nur für's Erste keine Sorge, ich komme heute Abend selbst noch, um nachzusehen, was dem Kinde fehlt!"

(Fortsetzung folgt.)

Feuilleton der Deutschen Roman-Zeitung.

Cameron's Reise quer durch Afrika.

I.

Lieutenant Verney Lovett Cameron's ausführliche Beschreibung seiner großen Reise in Afrika ist nun bei Dalby, Isbister u. Co. in London unter dem Titel: „Across Africa" in zwei Bänden mit einer Specialkarte und zahlreichen Holzschnitten erschienen. Groß sind Cameron's persönlichen Verdienste, sein Muth, seine Tapferkeit, seine Ausdauer und Geschicklichkeit, mit denen er seine Wege von der östlichen bis zur westlichen Seeküste Afrika's durch zuvor unbekannte Landstriche, die von fremden oder feindlichen Barbaren bewohnt sind, verfolgt hat. Allgemein anerkannt ist die geographische, wenn nicht politische und vielleicht commercielle Wichtigkeit seiner Entdeckungen.

Afrika wird der Länge nach durch den Aequator in zwei fast gleiche Hälften getheilt; doch fällt bei der Birngestalt des Landes die größere Masse auf die nördliche Hälfte. Die südliche Hälfte ist aber in ihrer physikalischen Formation von jener sehr verschieden. Auf der Nordseite des Aequators liegt Afrika verhältnißmäßig niedrig, in einigen Theilen der großen Wüste Sahara sogar 100 bis 150 Fuß unter dem Spiegel des Mittelländischen Meeres. Freilich stellt das Plateau von Abyssinien, das im Durchschnitt 7000 Fuß hoch ist, das höchste Land in Afrika dar. Aber Abyssinien ist in Wirklichkeit nur ein Ausläufer der südafrikanischen Hochebene, welche den ganzen Continent, beginnend zwischen dem fünften und zehnten Grad nördlicher Breite, bis zum Cap der guten Hoffnung umfaßt und welche nächst dem Tafelland von Central-Asien, die ausgedehnteste Hochebene der ganzen Erdoberfläche ist. Die nördliche Kante dieses Plateaus erstreckt sich von Abyssinien und den Gebirgen der Seeregion im Herzen Afrika's bis zu den Camarun-Gebirgen an der Westküste, während die östlichen und westlichen Kanten den Küstenlinien des Continents vom Aequator bis zum Cap folgen, wobei die Gebirge der Ostküste sich im Allgemeinen höher erheben als die der Westküste. Die Culminationspunkte dieser Strandgebirge liegen etwa 200 bis 300 Meilen von der Küste und erheben sich auf der Ostküste von 7- bis 10,000 Fuß über den Meeresspiegel, während die allgemeine Erhebung des von ihnen eingeschlossenen Tafellandes, welches allmälig nach dem 26. Längengrade zu abfällt, etwa 3500 Fuß beträgt. In Folge der Symmetrie des Contour Afrika's und seiner Eintheilung in zwei fast gleiche Hälften durch den Aequator ist sein Klima, trotz des Gegensatzes zwischen der physikalischen Bildung des nördlichen und des südlichen Theiles des Continents, in den Zonen nördlich und südlich von dem Aequator beinahe dasselbe. So haben wir bis etwa zehn Grad auf jeder Seite des Aequators die Central-Waldzone mit fast beständigem Regen, in welcher die großen Flüsse Afrika's, der Niger, Nil, Zaire und Zambesi entspringen. Nördlich und südlich von dieser Aequatorial-Zone kommen die Zonen der Gras- und Weideländer, die allmälig in die Wüstenzonen, nördlich in die der großen Sahara und südlich in die der Wüste Kalahari übergehen, jenseits welcher die terrassirten Küstenabhänge der Capcolonie im Süden an Klima und Fruchtbarkeit den historischen Landstrichen entsprechen, die im äußersten Norden des Continents die afrikanische Küste des Mittelländischen Meeres bilden.

Durch die südlichen Grenzstriche der Central-Waldzone nahm nun Cameron seinen kühnen Weg. 2000 englische Meilen in gerader Linie quer durch Afrika: von Bagamoyo (6° 30' S. und 39° W.) an der Ostküste fast gerade aus nach Nyangwe 26° W.) im Manyuema-Lande und dann südlich nach dem See Kaffali (8° S.) und südwestlich nach dem Dilolosee (11° 30' S. und 20° 20' W.); dann westlich nach Benguela (12° 30' S. und 13° 30' W.) an der atlantischen Küste. Die letzte Hälfte der Reise, von Nyangwe bis an die Grenzen von Benguela ist noch nie von einem Europäer gemacht worden. Nach Ujiji und dem Tanganyika-See und in das Manyuema-Land folgte Cameron den abenteuerlichen Spuren von Burton und Speke und Livingstone; von Manyuema bis an die Westküste war alles neu entdeckter Grund und kreuzte er nur die Straße Livingstone's zwischen dem Leeba und St. Paul de Loanda am See Dilolo. Cameron begann seine Reise von Bagamoyo an der Ostküste am 2. Februar 1873 und kam aus den unbekannten pfadlosen Waldwüsten in Benguela im November 1875 an.

Die geographischen Resultate seiner Reise sind die, daß er all' dieses neue Land entlang den südlichen Wassern, vom Congo ausgehend, zwischen der afrikanischen Seeregion und der Westküste sorgfältig durchforscht und die Längen- und Breitegrade jeder Station, an der er hielt, bestimmt hat; daß er, wenn seine Schlußfolgerung nicht umgestoßen wird,[*] die Quellen des Congo in Burton's Tanganyika- und Livingstone's Bangweolo- oder Bembo-See festgestellt hat; und daß er beide Ufer des Tanganyika südlich von Ujiji und Kawele genau in Augenschein genommen hat. Kein Reisebericht über Central-Afrika, selbst nicht Livingstone's „Letzte Journale", kommen diesen beiden Bänden Cameron's an wissenschaftlichem Werthe gleich.

Die erste Expedition zur Aufsuchung Livingstone's war von der Geographischen Gesellschaft Londons im Jahre 1872 unter dem Commando des Schiffslieutenants Dawson ausgeschickt worden. Sie stand im Begriff, von Bagamoyo aufzubrechen, als Stanley die Nachricht an die Küste brachte, daß er Livingstone gefunden habe, der, wie er behauptete, nicht wünsche, daß man eine „Sklaven-Expedition" zu ihm unternähme. In Folge dieses verhängnißvollen Mißverständnisses von Livingstone's Instructionen, legte Lieutenant Dawson das Commando über die Expedition nieder und Kew, ein erfahrener Afrikareisender, der später starb, zog sich mit ihm zurück. Lieutenant Henn übernahm dann die Leitung mit der Absicht, Livingstone zu Hülfe zu eilen, ward aber auch überredet, das Commando niederzulegen, welches nun an Oswald Livingstone, den Sohn des Doctor Livingstone, fiel. Aber auch er verzichtete nach einiger Zeit auf den Gedanken,

seinem Vater zu helfen, und so wurde diese höchst sorgfältig organisirte Expedition, welche alle Erfordernisse zu einem vollkommenen Erfolge besaß, aufgegeben. Jetzt trat Lieutenant Cameron mit seinem Plan hervor, die Route nach dem Victoria Nyanza über die Gebirge Kenia und Kilima Njaro, und am Albert Nyanza zu erforschen und dann durch Uliegga und Nyangwe den Congo abwärts bis zur Westküste zu verfolgen. Die zweite Expedition zur Aufsuchung Livingstone's wurde organisirt und Cameron an deren Spitze gestellt.

Anfangs des Jahres 1873 brach Cameron von Bagamoyo auf und erreichte im August Unyanyembe, 450 englische Meilen von der Ostküste entfernt, etwa zwei Drittheile des Weges bis zum Tanganyika; hier wurde die Expedition durch einen Fieberanfall Cameron's, Dillon's und Murphy's aufgehalten. Am 20. Oktober, als Cameron, von dem letzten Fieberanfall erschöpft, mit verworrenem Sinnen in seinem Zelte lag, kam sein Diener Mahomed mit einem Briefe gelaufen, den ihm ein Unbekannter gegeben hatte. Cameron entsiegelte den Brief, konnte aber keinen Sinn darin finden; er schleppte sich zu Dillon hin, dessen Geist ebenso verwirrt war, wie der seinige. Sie überlasen das Billet zusammen und hatten die vage Idee, daß ihr Vater gestorben wäre. Der Brief war von Jacob Wainright und meldete ihnen den Tod Livingstone's. Der Briefbote war dessen Diener Chuma und erst dieser machte ihnen die traurige Nachricht verständlich. Einige Tage später kam unter Cust's Führung die Caravane mit der Leiche an, die von Cameron mit solchen Ehren empfangen wurde, als er ihr zu erweisen vermochte. Am 9. November brach die Caravane nach Zanzibar auf. Murphy, der sich erst später im Delirium des Fiebers eine Kugel durch den Kopf schoß, begleitete sie, während Cameron einige Stunden vorher allein mit seinen eingebornen Trägern die Weiterreise angetreten hatte. Er schreibt: „Mein Ruf war: auf nach Westen! — Ich beschloß, in Gottes Namen vorwärts zu gehen." Am 18. Februar 1874, fünfzehn Jahre und fünf Tage seit jenem denkwürdigen Tage, an dem der gelehrte Burton ihn entdeckt hatte, ruhten Cameron's Augen auf dem mächtigen Tanganyika-See.

„Zuerst konnte ich bloß die Thatsache feststellen," schreibt er. „Am Fuße eines tiefen Abhangs war ein glänzend blauer Wasserfleck, etwa eine Reise lang, dann kamen einige Bäume und jenseits derselben eine große graue Masse, dem Himmel ähnlich mit segelnden Wolken. „Das der See?" sagte ich mit verdächtigem Blick auf die kleine blaue Wasserpfütze unter mir. „Unsinn!" Meine Leute bestanden aber darauf: „Es ist der See, Master." Nun dämmerte es in mir auf, daß jener graue Himmel der Tanganyika war und was ich für Wolken gehalten, die fernen Gebirge von Ugoma waren, während die blaue Wasserfläche sich als eine von einem flüchtigen Sonnenstrahl beleuchtete Einbuchtung des See's herausstellte. — Die Scenerie war großartig. Im Westen erhoben sich die riesigen Gebirge von Ugoma, während das östliche Ufer mit dichtem Rohrgras von hellem Grün bekleidet war. Hier und dort offene Stellen enthüllten sandige Buchten mit glänzend rothen Miniaturklippen, mit Palmenbäumen und Dörfern hart am Rande des Wassers. Zahlreiche Canoes, Möven, Taucherenten, aufschnellende Fische belebten die Scene und in der Ferne schwimmende Grasinseln (Tingitingi) sahen wie segelnde Boote aus."

In Kawele am Ufer des See's, wo Cameron am Abend desselben Tages anlangte, ward er von den arabischen Händlern herzlich willkommen geheißen und beherbergt, bis daß zu seiner Aufnahme bestimmte besser eingerichtet war. Seine erste Sorge war, nach Livingstone's Papieren sich zu erkundigen, welche zu seiner Freude in der sicheren Obhut Mohamed Jbn Salib's sand, der, obgleich ohne officielle Machtbefugniß von dem Sultan

<hr>

[*] Die Geographen waren der Ansicht, daß der Kualaba und alle die großen Ströme, die von Livingstone und Cameron entdeckt und durchforscht wurden, zu dem System des Congo gehören. Wenn jetzt die Informationen, die Dr. Pogge während seines Aufenthalts in der Capitale von Muata Yamvo gesammelt hat, zuverlässig sind, so ist dieses nicht der Fall. In der jüngsten Sitzung der Geographischen Gesellschaft Berlins hat Dr. Pogge nachgewiesen, daß der Kasai oder Kassabi der Hauptzweig des Congo sei. Der Chilapa, Chiboube und andere Flüsse, die Livingstone im Jahre 1855 überschritt, fließen in ihn. Cameron's Kuwati wird von ihm mit dem Kuluu, weiter abwärts also Lubilash benannt, identificirt und ist ebenfalls ein Nebenfluß des Congo. Der Kualaba und seine zahlreichen Zuflüsse sollen keinen Zusammenhang mit jenem Ströme haben. Dr. Pogge glaubt, daß er seinen Weg in den Ogowai nimmt. Wenn aber wirklich keine Verbindung zwischen diesen beiden Flußsystemen besteht, so ergiebt sich aus seinem Weg in den Ogowai nimmt. Wenn aber wirklich keine Verbindung zwischen diesen beiden Flußsystemen besteht, so ergiebt sich der Nilfrage höchst wahrscheinlich in einen Binnensee, etwa wie die Wolga in den Caspischen See. Die vorzügliche Expedition, die gegenwärtig in großem Maßstabe und unabhängig von der in Brüssel gegründeten International Association ausgerüstet wird, so wie die französischen Reisenden auf dem Ogowai werden wohl die Kualabafrage, welche gegenwärtig die Stelle der Nilfrage einnimmt, lösen. Es ist ein eigenthümlicher Contrast, daß man jetzt den Ausfluß eines großen Stromsystems sucht, während ehedem bei der Nilfrage sich darum handelte, die Quellen zu entdecken. Die von Livingstone, Cameron, Pogge und Andern gesammelten Nachrichten können kaum als eine zufriedenstellende Lösung der Congofrage betrachtet werden.

von Zanzibar, dennoch von den Händlern zu Kamele als ihr Oberhaupt betrachtet wurde. Nachdem er die Papiere mit günstiger Gelegenheit nach Zanzibar abgesendet hatte, trat er am 13. März seine Erforschungsreise des See's an. Seine Flotte bestand aus einer alten Barke, für die er ein großes lateinisches Segel anfertigen ließ, und einem Canoe als Bugsirboot. Die Barke taufte er „Betsy", das Canoe „Pickle". Die Fahrt ging immer dicht an den Ufern des 500 bis 600 engl. Meilen langen und an seiner schmalsten Stelle, 15 Meilen breiten See's hin und wurde oft, zur Verzweiflung Cameron's, durch die Furcht seiner Leute selbst vor dem geringsten Wellenschlage über Gebühr unterbrochen.

„Um an die große Schönheit der Ufer des Tanganyika zu glauben, muß man sie gesehen haben," schreibt er. „Das glänzende Grün und die Mannichfaltigkeit des Laubes, das lebhafte Roth des Sandsteines der steilen Ufer, das Blau des Wassers bilden ein Farbenensemble, das in der Beschreibung grell erscheint, in Wirklichkeit aber von der schönsten Harmonie ist. Vögel verschiedenster Art streifen mit ihren Flügeln die Oberfläche des See's: weiße und graue Möven mit rothem Schnabel, Rhinngat mit langem Halse und schwarzem Gefieder, graue und weiße Eisvögel, weißköpfige Seeadler bildeten die Mehrzahl von ihnen. Von Zeit zu Zeit verkündeten das lange Schnauben eines Flußpferdes, der lange Rückgrat eines Krokodils, der einem aus der Fluth auftauchenden Felsenriffe ähnelte, oder das Aufschnellen eines Fisches, daß das Wasser ebenso reich wie die Luft bevölkert war."

Das wichtigste Resultat dieser Reise war die Entdeckung des Ausflusses des See's. Speke war auf seiner Seefahrt nicht weit genug vorgedrungen und Livingstone war an der Mündung des Lukuga vorübergekommen, ohne sie zu bemerken. Am 3. Mai um die Mittagszeit erreichte Cameron die über eine engl. Meile breite, aber zu drei Viertein durch eine große Sandbank versperrte Mündung des Abflusses auf dem südwestlichen Ufer. Tief in den Lukuga einzudringen, gelang ihm nicht „wegen der riesigen Inseln von schwimmenden Vegatationen, die aus dem See in diesen seinen einzigen Abfluß hineingetrieben werden, und die Kosten, sich durch diese vegetabilischen Anhäufungen einen Weg zu bahnen, waren zu groß. Ebenso scheiterte seine Absicht, dem Lukuga am Ufer entlang zu Fuß zu verfolgen, da er weder einen Führer noch einen Dolmetscher finden konnte und auch seine Leute sich weigerten, ihn zu begleiten. Nach der wiederholten Versicherung eines Häuptlings ergießt sich der Lukuga nach mehr als dreißig Tagemärschen in den Lualaba oder die große südliche Quelle des Congo; seine Leute hätten den Weg an seinen Ufern bis zur Mündung in den Lualaba mehr als ein Mal verfolgt.

Erst Ende Mai 1874 war dann Cameron im Stande, seine Reise westlich von dem Tanganyika in das Manyuema-Land anzutreten, in welches Livingstone, der es zuerst für die geographische Wissenschaft erobert hatte, zwanzig Monate bevor er auf seiner Rückreise von Stanley zu Ujiji im October 1871 gefunden wurde, gewandert war. Was ihn in das Manyuema-Land führte, war die Hoffnung, in Nyangwe Boote zu finden und auf ihnen die unbekannten Gewässer des Congo oder Zaire nach der Westküste hinabzufahren. Im August 1874 langte er in Nyangwe an. Die Frage, die vor ihm stand, war: „Welchen Erfolg würde der Versuch haben, den großen, mächtigen Fluß bis zum Meere zu verfolgen?" Mit dieser Frage schließt Cameron, der nun genau die Hälfte des Weges „quer durch Afrika" zurückgelegt hat, seinen ersten Band. Der zweite enthält seine Antwort.

Die Gilden in China.

In jeder großen Stadt China's befinden sich verschiedene umfangreiche Gebäude, welche gewöhnlich zu den Sehenswürdigkeiten des Orts gerechnet werden und den China-Reisenden unter dem Namen Gilden bekannt sind. Der Fremde besucht sie, bewundert die Verschwendung von Blattgold auf dem kleinsten Raum, die riesigen Götzenbilder und seltsamen Schnitzereien, übersieht aber gewöhnlich die Reliquien, auf welche die Chinesen selbst den größten Werth legen, nämlich die von der Hand irgend einer abgeschiedenen Berühmtheit gemalten oder geschriebenen Skizzen und Schriftrollen. Die auswärtigen Kaufleute betrachten diese Gebäude mit einer Art von Respect, denn der Einfluß der durch sie repräsentirten Institution auf jeglichen Handelszweig macht sich ihnen oft empfindlich genug fühlbar. Die Art ihres Entstehens ist folgende. Wenn sich eine genügende Anzahl von Kaufleuten aus einer Provinz an einem der größern Handelsplätze befindet, so tritt sie zusammen und bildet eine Gilde. Zuerst wird eine allgemeine Subscription eröffnet, man kauft einen Bauplatz und errichtet das nöthige Gebäude. Sodann werden Statuten entworfen und der Tarif der Güter festgestellt, von denen die Gesellschaft ihre künftigen Revenuen ziehen soll. Jeder Zweig des Stapelhandels hat meist seine eigene Gilde; gemischte Vereine kommen selten vor. Es ist die Pflicht der Mitglieder als einer Körperschaft, darüber zu wachen, daß jeder Einzelne im Verhältniß zu der Waarenmasse, die durch seine Hände geht, zur Vereinskasse zahlt, und die Geschäftsbücher solcher, die im Verdacht der Veruntreuung stehen, werden oft plötzlich und ohne vorhergehende Verwarnung revidirt. Die Gilde schützt ihre Mitglieder vor Uebervortheilung im Handel, indem sie dem Schuldigen droht, ihn gerichtlich zu verfolgen, was der einzelne Kaufmann nie wagen würde; und die Drohung ist keine vergebliche, selbst dem habgierigsten Mandarinen gegenüber, wenn eine Gesellschaft entschlossener Männer ihm die Stirn bietet. Andererseits verfahren diese Gilden gegen ihre eignen Mitglieder mit nachsichtsloser Strenge; sie verweigern nicht nur, eine schlechte Sache zu unterstützen, sondern machen auch Ehrlichkeit und Gradheit im Handel und Wandern zum Gesetz. Es werden ihnen häufig kitzliche Rechtsfragen unterbreitet, wie auch solche, die sich auf Sitte und Herkommen beziehen, so daß eine Gilde gleichsam eine Art Gerichtshof bildet. Daneben haben sie den Marktpreis aller Arten von Produkten festzustellen und wehe dem, der es wagt, wohlfeiler zu verkaufen, oder den Bestimmungen der Gilde sonst wie zuwiderhandelt. Zeigt sich Jemand eigensinnig, so wird er sofort aus dem Verbande ausgestoßen, und sollte er einst noch so sehr der Hülfe bedürfen, keine Hand würde sich ausstrecken, um ihn von den Klauen des Gesetzes zu bewahren. Betreut er aber, wie es fast immer geschieht, seinen Treubruch, so wird er statutenmäßig bestraft. Auf einem großen Bogen rothen Papiers wird sein Name, seine Adresse, das begangene Vergehen, das er sich schuldig gemacht und die ihm von der Gilde auferlegte Buße verzeichnet und der Bogen zu den Vereinsakten gelegt. Die Buße besteht meistens in einem allen Mitgliedern zu gebenden Diner, welches an einem bestimmten Tage in Begleitung von theatralischen Vorstellungen abgehalten wird. Nach diesem Sühnenkt tritt der verirrte Bruder wieder in den Genuß aller Rechte und Vortheile ein, deren er sonst unfehlbar verlustig gegangen wäre.

Zu gewissen Gelegenheiten, sowie an dem Geburtstag eines Schutzheiligen, veranstaltet die Gilde aus Vereinsmitteln großartige Feste, wobei gemiethete Schauspielertruppen auf den stehenden Bühnen, die jedes dieser Etablissements besitzt, Vorstellungen geben. Den ganzen Tag dauern die Belustigungen und sobald es dunkelt, wird das Gebäude mit unzähligen Papierlaternen zauberhaft beleuchtet. Die Zahl der Gäste wächst beständig. Farce folgt auf Farce ohne einen Augenblick der Unterbrechung und manche dampfende Weinbowle trägt dazu bei, das Publikum zu begeistertem Beifall hinzureißen. Doch noch vor Mitternacht ist der letzte Gesang verstummt, die Menge hat sich still zerstreut und der Hof der Gilde liegt einsam wie zuvor.

Es steht jedem Kaufmann frei, sich dem besondern Verein, der seine heimathliche Provinz oder seinen speziellen Handel repräsentirt, anzuschließen, ohne daß er vorgeschlagen, oder über ihn ballotirt zu werden braucht. Bei dem Eintritt ist es üblich, zu dem Inventarium der Gilde etwas beizusteuern, entweder eine Anzahl neuer Glaslaternen, oder ein Paar werthvoller Handschriften, einige Tische, Stühle, kurz irgend einen nützlichen oder zum Schmuck dienenden Gegenstand. Geräth ein Mitglied der Gilde in Geldnoth, so wird ihm selbst gegen zweifelhafte Sicherheit die nöthige Summe vorgestreckt. Stirbt er in dürftigen Verhältnissen, so übernimmt der Verein die Kosten des Begräbnisses und befördert die etwaigen Angehörigen nach deren oft sehr entfernten Heimath, wozu das Geld in einer Generalversammlung votirt wird. Auch ist es nur dem kräftigen Eingreifen dieser Gilden bei Feuersbrünsten zu danken, wenn das Leben und Eigenthum in den chinesischen Städten nicht mehr der Gefahr ausgesetzt sind, als es in der That der Fall ist. Jede Gilde hat ihre eigene Feuerspritze, die beim ersten Alarmruf herbeigebracht wird, gleichviel wem das bedrohte Haus gehört. Wenn es einem ihrer Mitglieder gehört, so werden Wachen um die Brandstätte aufgestellt, um Diebstähle und Unordnung von Seiten des Volks zu verhindern, und die Löschmannschaft verdoppelt ihre Anstrengung in dem Gedanken, daß sie mit der gegenwärtig Bedrohte jeden Augenblick die Rollen wechseln können. Ein besonderes Ehrenamt, welches bei diesen Bränden oft zur Ausübung kommt, ist einigen auserlesenen Leuten übertragen. Es besteht darin, die im Hause vorhandenen Leichen kürzlich verstorbener Familienglieder aus den Flammen zu retten; denn es kommt oft vor, daß ein widerspenstiger Wahrsager bei der Beerdigung von einem Tag zum andern widersetzt, oder auch, daß der Tag, der als ein glücklicher für das Begräbniß anberaumt worden, erst mehrere Monate nach dem Tode erscheint. Unterdessen bricht Feuer in dem Hause aus, in welchem die Leiche in ihrem massiven, hermetisch verschlossenen Sarge liegt und alles geräth in Verwirrung und Aufruhr. Der erste Gedanke gilt dem Todten, wo aber ist Jemand, der die schwere Last aufhebt und in Sicherheit bringt ohne das schreckliche Rütteln, welches den Ueberlebenden fast eben so schmerzlich ist, als die Leiche den Flammen zu überlassen. Diesen quälenden Gedanken wird gewöhnlich durch das Erscheinen von sechs oder acht kräftigen Männern der nächsten Gilde ein Ende gemacht, welche mit den nöthigen Stricken und Hebeln bewaffnet, den Sarg mit größter Zartheit und Vorsicht durch Rauch und Flammen tragen.

(Chinese Sketches by Herbert A. Gills.)

Literatur, Kunst und Theater.

Marcus König. Von Gustav Freytag. Leipzig. S. Hirzel. 1 Bd. Marcus König bildet die vierte Abtheilung des Roman-Cyklus: „Die Ahnen." Der dritte Band schloß, wie sich die Leser erinnern werden, mit dem Zuge des deutschen Ordens nach Preußen, um dieses Land dem christlichen Glauben und der Kultur zu gewinnen. Der gegenwärtige Band versetzt uns in das erste Viertel des 16. Jahrhunderts und nach Thorn. Der Orden ist in der Auflösung begriffen und Westpreußen in Polen einverleibt, während Ostpreußen von dem Orden, dessen

Hochmeister der Markgraf Albrecht von Brandenburg ist, nur noch als polnisches Lehen regiert wird. In Thorn stehen sich die Deutschen in zwei Parteien gegenüber, die eine, das Patriciat mit dem Magistrat an der Spitze, erwartet das Heil der Stadt nur von der polnischen Krone; die andere, welche den Handwerkerstand umfaßt, erhofft von dem deutschen Orden die Wiedererlangung der Unabhängigkeit. Das Haupt dieser letzteren ist der reiche Handelsherr Marcus König, ein Nachkömmling des Hochmeisters Ludolf König von Weizau, dessen Vater den Versuch, das polnische Joch von dem Nacken der Stadt abzuwerfen, mit dem Tode hatte büßen müssen. Marcus König unterstützt heimlich den Hochmeister Albrecht in seinem Bestreben, Ostpreußen unabhängig zu machen, erst mit seinen trefflichen Rathschlägen, dann mit seinem Gelde. Bekanntlich gelang es Albrecht aber nur, Ostpreußen in ein weltliches Herzogthum unter polnischer Oberhoheit zu verwandeln, wobei er sich mit Geschick der neuen Kulturströmung zu bedienen wußte, die Marcus König ein Abscheu ist. — Vermuthlich haben wir diesen Roman nur als einen Verbindungskanal zu betrachten, der dazu bestimmt ist, die deutsche Kulturarbeit, welche Freytag in ihren Hauptzügen darzustellen unternommen hat, in ein neues Bett überzuleiten. Repräsentirte bisher der Adel die Kultur, so tritt hier, mit der Reformation, die deren Triumph durch Luther über das starr orthodoxe katholische Bewußtsein die Roman schließt, als deren Träger der Bürgerstand ein. Anders würde es kaum zu begreifen sein, weshalb der Verfasser sich diesmal in so engen Grenzen und kleinlichen Verhältnissen bewegte. Allerdings schildert er sie meisterhaft, allein dieser Widerstreit der Nationalitäten, diese politischen Intriguen, dieses erste schüchterne Auftreten der neuen Lehre in Thorn sind doch nur ein Sturm in einem Wasserglase. Das kleinliche Reiben der Menschen aneinander in engen, philiströsen Zuständen, ohne eine große historische Perspective, bedrückt den Leser und vergebens sehnt er sich nach einem freien Aufathmen. Selbst das persönliche Auftreten Luthers in den beiden Schlußkapiteln, nachdem bisher immer nur höchst geheimnißvoll und selbst mit Verschweigung seines Namens von ihm hingedeutet worden, wirkt nicht als Befreiung. Er erscheint mit der Lösung allzu subtiler Fragen beschäftigt, und geben wir auch die Rothwendigkeit der Lösung dieser Fragen durch die neue Lehre in der Idee des Romans zu, so erfolgt sie doch nicht aus dem freien, menschlichen Bewußtsein des Reformators heraus, sondern als ausführliche Umschreibung der in diese Materien eingeschlagenen theologischen Lehr- und Streitschriften Luthers. Man gewinnt viel mehr den Eindruck, daß ein neuer Papst, als daß ein Befreier der so lange kirchlich unterdrückten erwählnt worden aufgestanden sei. Im Vergleiche mit den früheren Abtheilungen der „Ahnen" möchte man „Marcus König" eine Galerie von Genrebildern nennen. Jedes einzelne von diesen Bildern ist durch ansprechend und mit der Feinheit der Zeichnung liebevoll ausgeführt. Als das bedeutendste darf wohl das mit ebenso wahren, wie frischen und kecken Farben gemalte Landsknechtsleben erwähnt werden. Dieselbe Sorgfalt und historisch abgetönte Lebenswahrheit zeigen auch die Charaktere. Der sittenstrenge, finster in sich brütende Marcus König, der über sein Soll und das seines Sohnes genau Buch führt; sein leichtlebiger Sohn Georg, der sein bestes Blut in arge Conflicte mit Herkommen und Gesetz bringt, so daß er nach Thorn flüchten muß, wobei er mit dem sächsischen Magisters holdseligem Töchterlein Anna unter die Landsknechte geräth und sie zum Weibe nimmt; die einzelnen Gestalten der Landsknechte; Arnold Bater, der gelehrte Magister mit seiner Karrolät und seinem Schulstubenhumor; der „Buchführer", d. h. Buchhändler, welcher mit verpönten Schriften handelt — alles das sind Menschen, deren Ebenbilder wohl zu Anfang des 16. Jahrhunderts durch die schmalen und schmutzigen Straßen Thorns gewandelt sein, oder auf freier Haide ihr Wesen getrieben haben mögen. Nur eins thut der Freude an diesen Bildern und Gestalten Eintrag: die gezierte Sprache.

Die neuen Serapionsbrüder. Roman in drei Bänden von Karl Gutzkow. Breslau. S. Schottländer. Von diesem gleichzeitig in dem Feuilleton mehrerer politischer Zeitungen erscheinenden Romane hat die Verlagshandlung den ersten Band ausgegeben. Eine Beurtheilung des Romans ist vor dessen Beendigung nicht gut zulässig. Nur soviel sei bemerkt, daß der Roman spannend anhebt, daß er die Tonleiter aller Schichten der heutigen Gesellschaft durchläuft und der Bund der neuen Serapionsbrüder die Begleitung dazu spielt. Die neuen Serapionsbrüder sind eine statutenlose Herrengesellschaft, deren Mitglieder, den verschiedenen Berufsklassen angehörig, am Montage, wo in Berlin keine Zeitungen erscheinen, in einer altbekannten Weinhandlung sich versammeln und von dem Autor die Aufgabe erhalten zu haben scheinen, gegenüber den Zeitereignissen und Zuständen den reflectirenden Chor der antiken Tragödie zu spielen.

Geschichten aus Tirol und Oberbaiern von Joseph Friedrich Lentner. Herausgegeben von P. K. Rosegger. Magdeburg. Emil Bänsch. Wie Rosegger, der diese Geschichten der Vergessenheit entrissen hat, in dem Vorwort berichtet, sollte der Verfasser, ein geborener Münchener, Theologie studiren, doch verleideten ihm die Schwarzröcke das Handwerk. Er war ein großer Freund der Natur und wurde Landschaftsmaler. Im Revolutionsjahre ging er nach Meran, um seine angegriffene Gesundheit zu stärken. Wenige Jahre darauf erlöste den frühen jungen Mann der Tod. Die Geschichten erschienen zuerst 1851. Lentner hat viel unter den Landleuten Oberbaierns und Tirols gelebt und Ludwig Steub und Peter Hebel auf ihn gewirkt, daß der Erste gelehrt, auf die ethnographischen Züge des Volkslebens Gewicht zu legen, so hat er an dem Zweiten sein Erzählertalent gebildet. Die kleinen Geschichten sind schlicht und gemüthvoll erzählt und athmen einen Duft gleich dem Lavendel, den das Landvolk zwischen seine Wäsche zu streuen pflegt. Diese neue Ausgabe verdient einen freundlichen Empfang und wir sind überzeugt, daß sie ihn auch finden wird.

Thierleben. Von A. E. Brehm. Mit Abbildungen aus der Natur von R. Kretschmer, G. Mützel u. E. Schmidt. Leipzig. Verlag des Bibliographischen Instituts. Dieses Werk, welches das Thier in seinem Verhalten zum Naturleben betrachtet und ihm zu seiner Heimstätte folgt, dort sein Familien- und Gesellschaftsleben, seine Fähigkeiten und Sitten, seine Charakter- und Geisteseigenschaften beobachtet, erscheint gegenwärtig in einer neuen und prächtigen Ausgabe, von der das erste Heft vorliegt. Für Werth und Bedeutung des Werkes sei das Urtheil einer Autorität anzuführen gestattet. Der große Zoologe Leuckart äußert darüber: „So hat das Werk das unbestreitbar große Verdienst, daß es durch Wort und Bild in noch höherem Maße, als das früher der Fall war, dazu beitragen wird, den Sinn für eine denkende Naturbetrachtung zu wecken und in das Verständniß des Thierlebens einzuführen. Ein solches Werk aber erscheint besonders bedeutungsvoll zu einer Zeit, in der man allmälig zu der Einsicht gekommen ist, daß auch der Mensch mit allen seinen körperlichen und geistigen Eigenschaften, mit seiner Kultur und seinem innersten Leben der Thierwelt innerlich sich entwickelt hat". — Die mit größtmöglicher Naturwahrheit ausgeführten Bilder haben einen guten Antheil an diesem Verdienste, und ist nur noch darauf aufmerksam zu machen, daß der Verfasser

alle wichtigen Beobachtungen, welche seit dem ersten Erscheinen des Werkes gemacht worden sind, so wie dasjenige, was der Entwickelungslehre den neuen Boden geschaffen, in diese neue Auflage aufgenommen hat.

Dramaturgische Blätter ist der Titel einer neuen Monatsschrift, welche von Otto Hamann und Wilhelm Henzen herausgegeben, bei Dürr in Leipzig erscheint. Zum Inhalte haben sie größere allgemeine Aufsätze, Theaterbriefe über Aufführungen neuer Stücke und Literaturberichte. Als beachtungswerth wären von dem Inhalte des ersten Heftes zu erwähnen ein Aufsatz von Ferdinand Kürnberger: „Zur Kritik des Theaterbegriffs" und: „Luthers Einfluß auf die Entwickelung des Dramas in Deutschland" von Robert Prölß.

Die Verlagshandlung von Otto Spamer in Leipzig hat die 41. bis 45. Lieferung von dem „Illustrirten Handelslexikon" versendet, womit dasselbe bis zum Worte: „Glas" gediehen ist. Von Otto Spamer's Illustrirtes Konversations-Lexikon für das Volk, zugleich ein Orbis pictus für die Jugend," sind die 30. bis 32. Dreimarklieferung, (Heft 175 — 192) erschienen. Diese Lieferungen reichen von dem Buchstaben N (Natal) bis P (Prokurator). Der letzten Lieferung liegt eine Karte des nördlichen und des südlichen Sternhimmels bei.

Von Karmarsch' und Heeren's Technischem Wörterbuch, dritte Auflage, ergänzt und bearbeitet von Rich und Gintl (Verlag der Bohemia in Prag) sind die 15. bis 18. Lieferung erschienen.

Thiels Landwirthschaftliches Konversations-Lexikon. Straßburg i. E. Fr. Thiele. Es liegen davon die Hefte 5 — 7 vor und mag es für die Reichhaltigkeit dieses Lexikon's zeugen, daß damit die Behandlung des Buchstabens A erst bis Asien gediehen ist.

Die Handbibel Doctor Martin Luther's vom Jahre 1542, die er bei seiner Uebersetzung benutzt und worin er fast auf jede Seite Notizen geschrieben hat, befindet sich zur Zeit in dem Müllischen Provinzialmuseum zu Berlin. Für die Echtheit der Schriftzüge Luther's bürgt der Pastor Seydemann in Dresden, welcher dessen Handschrift sorgfältig studirt hat.

Washington's Bibliothek, d. h. deren Ueberbleibsel, denn durch die Nachlässigkeit der Custoden ist sie auf 120 Bände, von denen manche verstümmelt sind, zusammengeschmolzen, wurde in Philadelphia öffentlich versteigert. Wenn der Eigenthümer, ein Groß-Großsohn von Washington's Bruder, einen Centennial-Preis herauszuschlagen gehofft hat, so ward er arg getäuscht; denn die erzielte Gesammtsumme erreichte nicht einmal ganz tausend Dollars.

Am den historischen Entwickelungsgang der Musik zu veranschaulichen, beabsichtigt man in Bologna eine internationale Ausstellung zu veranstalten und hat sich zu dem Behufe unter dem Vorsitze des dortigen Syndicus ein Comité constituirt. Die Ausstellung wird in zwei Theile zerfallen: in eine darstellende, welche Documente und Schriften, die auf die Musik-Epoche und auf das Leben der Künstler einschlägig sind, enthalten wird, und in einen executiven Theil, in dem in chronologischer Ordnung und nach bestimmten Gruppen die Compositions-Methoden bei Italienern und Fremden bezüglich der Instrumental- und Vocal-, der Kammer-, Kirchen- und Theatermusik dargelegt werden sollen.

Neuer Alterthumsfund. Zu Palestrina bei Rom haben Bauern eine merkwürdige Grabkammer zwei Meter tief aufgefunden, welche eine große Menge von Waffen aus Bronce, wahrscheinlich aus der latinischen Zeit, unzählige Bruchstücke von elfenbeinernen Geräthen, silberne Gefäße von egyptischer und

assyrischer Form und mit Reliefs von Jagden und Bildnissen
ägyptischer Gottheiten enthielt. Die Fundgegenstände vermehren
die Aufschlüsse über den Verkehr zwischen den Uferstaaten des
Mittelmeeres im hohen Alterthum, und es wird ihnen große
Bedeutung beigemessen. Die italienische Regierung hat sie für
70,000 Francs angekauft.

Die Bayreuther Opernvorstellungen finden, wie von
verschiedenen Blättern mitgetheilt wird, in diesem Jahre nicht
statt. Als Grund wird angeführt, daß Richard Wagner gegenwärtig sehr leidend sei und die Aerzte ihm jede geistige Anstrengung untersagt hätten.

Todtenschau. Auguste Hüssener, akademische Künstlerin, eine ausgezeichnete Kupferstecherin, starb am 13. Februar
in Berlin, 83 Jahre alt. — W. A. Strandberg, berühmter
schwedischer Dichter, der unter dem Namen Talis Qualis schrieb,
1818 geboren, starb am 5. Februar in Stockholm. — Divolne-
Guyo, Bildhauer und Director der Akademie der schönen Künste
in Genf, starb daselbst am 31. Januar, 63 Jahre alt. — Professor Huhn, Maler, Mitglied der Akademie der Künste in Petersburg, starb in Davos, Schweiz, am 28. Januar. — Ma-
thilde Ringelsberg, Pianistin und Componistin, starb Anfang Februar in Prag, 63 Jahre alt. — Hartwig Samuel
Herz, während 12 Jahren Redakteur der hamburger „Reform,"
geschätzter Nationalökonom, Bankier, starb in Hamburg am 7.
Februar. — Macnamara, einer der bedeutendsten englischen
Rechtsgelehrten, starb Anfang Februar in London. — Dr. Eduard
Jenisch, Regierungsdirector, als Schriftsteller geschätzt und in
Sängerkreisen unter dem Namen „Bruder Hilarius" bekannt,
starb in Augsburg am 13. Februar. — Beneficiat Anton
Mayer, um Specialgeschichte und Kunsthistorie vielfach verdient,
starb am 10. Februar in München. — General Changarnier,
eine der Hauptstützen der klerikal-monarchischen Reaktion in
Frankreich, 1793 geboren, hervorragendster Repräsentant der
Classe der sogenannten „politischen Generale", der 1871 die
Capitulation von Metz abschloß, starb am 15. Februar in
Versailles. — Amédée Pichot, Eigenthümer und Chefredacteur
der „Revue Britannique", starb am 13. Februar in Paris,
82 Jahre alt. — Salomon Hermann Mosenthal, der bekannte Dichter, unter dessen zahlreichen Novellen und Dramen
das Volksschauspiel „Deborah" das vorzüglichste Werk ist, am
14. Januar 1821 zu Kassel geboren, starb am 17. Februar in
Wien. — Richard Behn, der um die deutsche Literatur viel-
verdiente Freund Hoffmann's von Fallersleben und Freiligrath's,
starb in Melle, Hannover, am 15. Februar. — Freiherr K. A.
v. Reichlin-Meldegg, Professor der Philosophie in Heidelberg, starb dort am 15. Februar, 75 Jahre alt. — Dr. jur.
Ernst Ludwig von Gerlach, Präsident des Appellations-
gerichts in Magdeburg a. D., eine der Hauptstützen der conservativen Partei in Preußen, Mitgründer der „Kreuzzeitung" und
langjähriger Verfasser von deren in den Reaktionsjahren berüchtigten „Rundschau", am 7. März 1795 zu Berlin geboren,
starb daselbst am 18. Februar.

Mannichfaltiges.

Der Wahnsinn Torquato Tasso's scheint denn doch nicht
bloß ein fingirter gewesen zu sein, wie oft angenommen worden
ist. Es ist in dem medicinischen Archiv in Florenz ein merkwürdiges Altenstück aufgefunden worden, welches über diesen
Punkt eine interessante Illustration enthält und wörtlich lautet:
„8. April 1595. Herr Torquato Tasso beim Arzte, der ihm
den Puls fühlte, einen derben Pantoffelhieb versetzt und sich von

ihm versprechen lassen, daß er ihm nie mehr beschwerlich werde.
Zugleich hat er mit der Bemerkung, daß die Aerzte nur auf
Geräthewohl kuriren, seinen Diener genöthigt, die für ihn selbst
verschriebene Medicin einzunehmen, was in der That zur Be-
kräftigung seiner Narrheit einregistrirt zu werden verdient."
Der Arzt war der gefeierte Botaniker Andrea Cesalpino und die
constatirte Thatsache ereignete sich nur acht Tage vor dem am
15. April 1595 erfolgten Tode des Dichters in dem Kloster
San Onofrio in Rom.

Eine Einsiedlerfamilie. Ein Einwohner von Gr.-Gießen
(Hannover) hatte sich vor längeren Jahren aus seinem Heimaths-
dorfe entfernt, sich in der Welt umhergetrieben und schließlich
auch das Glück der Ehe zu kosten versucht, aus welcher sich
mehrere Kinder ihres Daseins freuen. Als derselbe vor einiger
Zeit in seinem Geburtsorte, allerdings gänzlich mittellos, mit
seiner Familie wieder Aufenthalt nehmen wollte, verweigerte
ihm die Gemeinde die Aufnahme. Kurz entschlossen wandte sich
derselbe dem Giesener Holze zu, baute sich dort eine Hütte und
lebt dort mit seinen Familienangehörigen noch heute ganz glücklich und zufrieden ein Einsiedlerleben. Selbst die grimmige
Kälte im vorigen November hat die Familie aus ihrer lustigen
Hütte nicht fortzutreiben vermocht und hegt dieselbe nur den
einzigen Wunsch, daß die Behörde ihr den ferneren Aufenthalt
in dieser kleinen bescheidenen Hütte nicht untersagen möge, was
aber doch wohl über kurz oder lang geschehen wird.

Ein salomonisches Urtheil wurde kürzlich von einem
Richter in New-York gefällt. Die Kläger waren John Koller
und Paul Kanitz, des streitige Objekt ein gewaltiger Neufundländer, welchen ein Polizist vor dem aufmerksamen Gerichtshof
an einem Strick gefesselt hielt. Koller bewies aufs Klarste, daß
der Hund ihm gehöre, Kanitz' Beweise für sein Besitzrecht waren
nicht minder einleuchtend. Alle Beistehenden hätten geschworen,
bald daß der Hund Koller, bald daß er Kanitz gehöre, je nachdem
dieser oder jener zuletzt gesprochen hatte. Der Richter, welcher
es aufgab, die Wahrheit auf diese Weise zu erfahren, kündigte
an, daß er jetzt dem Hunde das Wort geben, d. h. den Instinkt
des Thieres den Streit entscheiden lassen würde. Auf seinen
Befehl wurde Koller rechts, Kanitz links von dem Tribunal und
der Hund zwischen ihnen, von Beiden gleich weit entfernt, aufgestellt. „Bei der Zahl drei," befahl der Richter, „läßt der
Polizist den Hund los, und Sie, die beide seine Herren zu sein
behaupten, werden gleichzeitig pfeifen. Derjenige, auf dessen
Pfiff der Hund hört, wird das Thier behalten, denn es wird
offenbar seinem rechtmäßigen Besitzer zulaufen. Als die Vorbereitungen getroffen waren, zählte der Richter mit lauter
Stimme: Eins, zwei, drei! Bei der Zahl drei ließ der Polizist
den Strick, als der Hund gefesselt war, fahren und die beiden
Saal hallte von den Pfiffen der beiden Kläger wider. Der
Hund wandte zuerst den Kopf nach Koller und ließ ein wüthendes
Knurren hören, dann nach Kanitz, indem er ihm die Zähne wies.
Dann machte er einen plötzlichen Sprung und war wie ein Blitz
zur Thür hinaus. „Sehe ich doch, daß der Hund gestohlen
war!" sagte der Richter. „Wir können zu etwas Anderem
übergehen, meine Herren."

Von den letzten Carlistenaufstande in Spanien berichtet „Paris-Journal" nachträglich noch folgende Rohheit, die
es nur „curieux" findet: „Die Frauen der Provinz Biscaya
haben die Gewohnheit, ihr schönes Haar in zwei Zöpfen zu tragen
die sie über den Rücken herabhängen lassen. Diese Flechten
reichen ihnen zuweilen bis zu den Kniekehlen. Die Carlisten
schnitten nun allen denjenigen, die sie im Verdacht hatten, ihren
Gegnern anzugehören, unbarmherzig die Haare ab. Dieses Verfahren war bei ihnen so gebräuchlich geworden, daß sie an ihrem

Gürtel eine jener großen Scheeren hängen hatten, mit denen dort die Maulesel geschoren werden."

Ueber die „Gründungen" finden wir in einer Plauderei eines dresdner Blattes folgende theologisch-biblische Abhandlung: „Welch ein schauerlich Ende, und die Schöpfungsgeschichte war doch so reinlich und zweifelsohne, so ganz nach dem biblischen Original: Im Anfang war die Kasse, aber die Kasse war wüst und leer, und der Geist der Gründer schwebte über ihr. — Da sprach der Bankdirector: „Es geht mir ein Licht auf," und siehe, es ging ihm ein Licht auf. — Und er sprach: Es mögen sich alle Gelder versammeln, und an einem Orte ins Trockene gebracht werden, und siehe, es geschah also. — Und er nannte den Ort die Bank. — Und er machte keinen Unterschied zwischen den Geldern, die sich versammelt hatten, und solchen, die nur auf dem Papiere standen, und nannte ihre Namen Actien. — Und er setzte zwei Lichter über die Bank, darüber zu herrschen. Das große Licht war er selbst und das hieß „Direction", und das kleine Licht nannte er Verwaltungsrath. — Dann berief er alek kleine Gelbier, so da kreucht und fleucht. — Und er schuf die große Brillenschlange und das kleine Federvieh, und das Kreuztier und den Coupon-Krebs, und nannte das Ganze: Personal. — Dann sprach er: Kommt, wir wollen Menschen machen, und er nahm Menschen, blies ihnen Wind in die Ohren und Sand in die Augen, daß sie übergingen, und siehe, sie waren gemacht. — Und er sah Alles, und er hatte gemacht, und sah, daß es gut für ihn sei. — Aber für die Anderen scheint es nicht gut gewesen zu sein, mindestens sind wir jetzt in der Banken-Bibel offenbar beim Capitel der Sündfluth angelangt, und den Contremineurs, die sich noch in der Arche Noah etwas über Wasser halten, widme ich das folgende Tafellied:

Flau in die Börse schon komm' ich hinein,
Welch' ein Getöse und Lärmen und Schrei'n!
Rechter Hand, linker Hand, alles verrückt,
Börse, ich merk' es wohl, du bist gedrückt.

Und gar die Banken erst, was muß ich seh'n!
Die können alle nicht pari mehr steh'n.
Wackeln und fackeln herunter gar sehr,
Geh'n in die Brüche mit sammt Actionär.

Alles gefallen rings, Großes und Klein,
Banken und Bahnen in schönem Verein,
Scheint sehr bedenklich mir, kaufe kein Stück,
Da fix' ich lieber, 's geht weiter zurück."

Eine durchgeprügelte Expedition. Aus Zaisan wird den Moskowskija Wiedomosti geschrieben, daß die neulich von der russischen Regierung zu wissenschaftlichen Zwecken nach China absendende Expedition daselbst in der Nähe der Stadt Bulun-Tochoj von den Mönchen des Klosters Schara-Sumeon attaquirt und weidlich durchgeprügelt wurde. Die besten Schläge erhielten die Kosaken der Expedition, weil diese sich den fanatischen Mönchen mit ihren Waffen widersetzten. Der Dolmetsch und ein Student Namens Potdknejeff sollen halb todt auf dem Platze zurückgeblieben sein. Die übrigen Mitglieder sind davongelaufen, und die Expedition hat nun beschlossen, unverrichteter Sache wieder nach Rußland zurückzukehren.

Die schwedischen Reiter. In der Gegend des Dorfes Dittenweyer, woselbst im Jahre 1638 das mörderische Gefecht zwischen Schweden und Franzosen gegen die kaiserliche Armee, unter General von Götz, stattfand, herrscht noch heute unter dem Landvolk die Sage, daß die Geister der Erschlagenen zur Nachtzeit miteinander kämpfen. Namentlich soll dies in der Nähe eines Sumpfes stattfinden, in den eine große Anzahl Soldaten, im Handgemenge begriffen, hineingetrieben wurden. Es war namentlich viel Kavallerie, welche hier ihren Tod fand, und der Volksglaube läßt die Krieger sich zur Nachtzeit erheben und den blutigen Strauß noch einmal durchkämpfen. Zur Geisterstunde sollen sie aus dem Sumpfe emporsteigen, ihre Rosse sprühen blaue Flammen, man vernimmt Geschrei, Schüsse und Gerassel von Waffen, der Kampf wird in der Luft geführt, welche die gespenstischen Gestalten durchsausen. Mit dem ersten Hahnenschrei kehren sie alle wieder zurück und sinken in die Moore, welche einst ihr Grab geworden. Es ist eine Sage, ähnlich der des Geisterkampfes der Hunnen, und wenn in jener Gegend das Unwetter tobt, sagen die Landleute: „Da fechten wieder die schwedischen Reiter.

Die cyprischen Schätze. Während das Buch Schliemanns über seine reichen Funde in Mykenä noch aussteht, ist jüngst in Turin ein Werk erschienen: „Le ultime scoperte nell' isola di Cipro," in dem der durch seine seit zehn Jahren in Cypern betriebenen Ausgrabungen bekannte General Palma di Cesnola über die dort entdeckten Schatzkammern berichtet. Fast zur selben Zeit, als Schliemann das sogenannte Grab des Agamemnon entdeckte, stieß Cesnola in dem antiken Curium, im südwestlichen Theile der Insel am Meere gelegen, beim Aufräumen eines Gebäudes, das ihm ein Tempel zu sein schien, auf ein Mosaik mit assyrisch-egyptischen Ornamenten (assyrische, phönikische, egyptische und später griechische Einflüsse machten sich auf der Insel Cypern abwechselnd geltend), welches durch die Nachsuchungen eines antiken Schatzgräbers fast ganz zerstört war; er hatte aber, nach vergeblichem Bemühen in die Tiefe einzudringen, wieder abziehen müssen. Dadurch auf die Stelle aufmerksam gemacht, und findend, daß der Boden dem Klange nach hohl zu sein schien, ließ Cesnola an einer anderen Stelle einhauen, und war auch so glücklich, bald einen unterirdischen Gang zu entdecken, welcher nach einem, durch einen Stein verschlossenen Gemach führte. Man zertrümmerte den Stein und suchte in das Gemach einzudringen, was fast ganz durch die allmählich von oben durchsickernde Erde angefüllt war. Nachdem einigermaßen die Erde weggeschafft war, fand sich hinter dem einen Zimmer ein zweites, hinter diesem ein drittes und viertes vor, und aus diesem führte ein niedriger Gang weit in die Felsen hinein, den es wegen der furchtbaren Hitze und schlechten Luft leider nicht möglich war bis zu Ende zu verfolgen. Bei zufälligem Herumwühlen mit dem Stock auf ein goldenes Armband mit anderen Schmucksachen aufmerksam geworden, die nicht wie gewöhnlich mit Knochen gemischt waren, sondern die wie absichtlich bei der einen Ecke verborgen zu sein schienen, ließ Cesnola nun entgegen dem gewöhnlichen Verfahren die ganze Erde herausräumen, bis auf einen Fuß vom Boden, eine Arbeit, die unter den größten Schwierigkeiten wegen der Niedrigkeit der Thür und der fast erstickenden Hitze nur im Verlauf von mehr als einem Monat vollendet werden konnte. Nachdem er dann seine Arbeiter entlassen hatte, machte er sich mit wenigen vertrauten Dienern, auf deren Treue er sich unbedingt verlassen konnte, daran die zurückgebliebene Erde sorgfältig zu durchsuchen, und der Erfolg war dann der Art, wie die kühnsten Wünsche es sich nicht hätten träumen lassen. Das erste Gemach enthielt eine reiche Auswahl von Goldsachen, Armbänder, theils massiv gegossen, theils hohl, meist in Schlangenköpfe oder Stierschädel ausgehend (ein Stück noch dazu mit einer cypriotischen Inschrift versehen), Ohrringe, Reste von Halsbändern, Ringe mit Scarabäen, oder andern kostbaren Steinen, ferner solche, die unmöglich zum Tragen an einem Finger bestimmt sein konnten, sondern in denen Cesnola eine damals übliche Münze vermuthete, und anderes mehr. Wie das erste an Goldschmuck, so erwies sich das zweite Zimmer reich an

Silbersachen, Vasen in allen möglichen Formen, theilweise in einander gefügt und durch Oxydation leider vollständig in einander verwachsen, manche mit höchst feinen Reliefs in egyptischem Stile, ferner alle Arten Schmucksachen, Armbänder, Ohrringe, Ringe in großer Zahl. Das dritte Zimmer enthielt Vasen von Alabaster und Terracotta, vielfach zu Figuren gestaltet, ferner Gruppen und Einzelfiguren in Terracotta und Eisenbein. Das vierte endlich, an Ausdehnung hinter den andern zurückstehend, wies Geräthe aus Bronce auf, Candelaber, viele Töpfe, Spiegel, Waffen (darunter ein Schwert aus Eisen mit der Scheide aus Holz), und viele Fragmente, die wohl ursprünglich einem Thronsessel aus Holz und Silber angehörten. Man sieht, in seiner Gesammtheit ein Schatz, der für sich allein schon hinreicht, um ein kleines Museum zu füllen. Wie die Sachen dahin gekommen, und wie sie mehrere Jahrtausende unentdeckt dort lagern konnten, läßt sich natürlich mit Sicherheit nicht sagen. Aber die Vermuthung wird doch nicht von der Hand zu weisen sein, daß das obere Gebäude, so wie Cesnola vermuthet, wirklich ein Tempel war, und daß die Priester oder Priesterinnen die unterirdischen Räume als Schatzkammer für die Tempelschätze und ihre eigenen Kostbarkeiten verwendeten. Bei einem feindlichen Ueberfall, deren Cypern ja mehrere zu erdulden gehabt hat, konnte dann mit der Person der Priesterin auch die Kenntniß von dem in den unteren Räumen verborgenen Schatz verloren gehen, bis vielleicht auf eine dunkle Kunde davon, die wie es scheint einen Schatzgräber zu einem, wie oben erzählt, nicht mit Erfolg gekrönten Versuche verleitet hat. Erst Cesnola war es aufgehoben den Schleier zu lüften und die so lange verborgenen Schätze ans Tageslicht zu fördern.

Ueberraschendes Ergebniß einer Obduction. Das Resultat der vor einigen Tagen unter Leitung des gerichtlichen Physikus, Geheimrath Ziman, in Berliner Obductionshause stattgehabten Section der Leiche eines vierjährigen Kindes kann, abgesehen von den fast wunderbar zu nennenden Nebenumständen, überhaupt als eine dringende Mahnung zur Vorsicht beim Gebrauche von Schußwaffen betrachtet werden. Die Ursache dieses traurigen Falles datirt noch vom letzten Sylvesterabende her, an welchem die Eltern des Kindes in ihrer Wohnung mit mehreren Bekannten, unter diesen dem Wirth des Hauses, bei der üblichen Bowle heiter und wohlgemuth versammelt waren. Um 12 Uhr verläßt der Hausherr mit einem geladenen sechsläufigen Revolver das Zimmer, um im nahen Garten das neue Jahr mit Freudenschüssen zu begrüßen. Der letzte Schuß versagt jedoch, was der Zurückgekehrte den im Zimmer Gebliebenen mittheilt. Der Wirth des Hauses nimmt die Schußwaffe zur Hand, um den Mechanismus zu betrachten; plötzlich entladet sich aber unter nur geringer Detonation der letzte Schuß, worauf das vierjährige Kind des Gastgebers laut aufschreit. Besorgt untersucht man dasselbe; da sich aber außer einer höchst unbedeutenden, oberhalb der rechten Schläfe befindlichen Hautabschärfung, die schlimmstenfalls eine unschädliche Folge der streifenden Patrone sein konnte, nichts Verdächtiges vorfand, so nahm man an, daß das Kind aus Schreck erkrankt sei. In der folgenden Nacht ward das Kind krank; Erbrechen und Fieber steigerten sich von Tag

zu Tag. Der herbeigerufene Arzt constatirt einen Darmkatarrh. Trotz aller angewendeten Hilfsmittel stirbt das Kind am 5. Januar. In der Nachbarschaft hat sich inzwischen das Gerücht verbreitet, das Kind sei erschossen worden; das Gerücht kommt zur Kenntniß des Staatsanwalts, welcher die Beerdigung der Leiche inhibirt und die Section anordnet. Diese ergab zum Erstaunen sämmtlicher dabei Anwesenden das wunderbare Resultat, daß die Spitzkugel des Revolvers (kleineren Kalibers) durch das Stirnbein und die Hirnschale des verletzten Kindes hindurch in das Gehirn eingedrungen war, von wo sie bei Bloßlegung desselben klappernd auf den Obductionstisch fiel. Wie es möglich gewesen, daß ein vierjähriges Kind mit einer solchen Kugel im Gehirn noch fünf Tage leben konnte, ist jedenfalls ebenso wunderbar, als der Umstand, daß außer einer nur geringen Hautwunde am Kopfe kein äußeres Anzeichen für die erst durch die Obduction constatirte Thatsache wahrnehmbar gewesen. Leider wird dieser Fall noch ein Nachspiel in Gestalt einer Anklage wegen fahrlässiger Tödtung gegen den Urheber zur Folge haben.

Der Komet, welcher am 9. Februar von Borelly in Marseille am Morgenhimmel im Sternbilde des Schlangenträgers entdeckt worden, konnte in der Nacht vom 13. zum 14. Februar zum ersten Male auf der Berliner Sternwarte beobachtet werden. Der gegenwärtig mit bloßem Auge nicht deutlich erkennbare, jedoch im Fernrohre sehr helle Komet durcheilt jetzt mit großer Geschwindigkeit, nämlich 13 bis 14 Vollmondsbreiten täglich zurücklegend, das Sternbild des Herkules in der Richtung nach der Leyer und dem Schwan, und geht weiterhin durch den Cepheus nach dem Camelopardatus. Gegen Mitte März wird er zwischen Perseus und Fuhrmann stehen, alsdann aber schon sehr lichtschwach sein und bald auch dem Fernrohr entschwinden.

Civil-Ehe bei den Kosaken. In einem Artikel über althergebrachte Sitten und Gebräuche unter den donischen Kosaken bezeichnet die „Donsk. Gas." unter Anderm auch die Civil-Ehe als längst unter den Kosaken üblich. Der Ueberlieferung besagt: Wenn Bräutigam und Braut behufs Eingehung der Ehe mit einander einig geworden waren, so traten sie zusammen vor das auf dem Platze versammelte Volk, beteten zu Gott, verneigten sich nach allen Seiten und sprach der Bräutigam, indem er seine Braut beim Namen nannte, zu dieser: „Du sei meine Frau." Die Braut that darauf einen Fußfall vor ihm, nannte ihn bei seinem Namen und sagte: „Du aber sei mein Mann." Die neuen Gatten küßten sich darauf, nahmen von der ganzen Versammlung Glückwünsche entgegen, und damit war die Ceremonie zu Ende. Auch die Ehescheidung war unter den Kosaken üblich, und zwar nach folgendem Brauch: Der Mann führte seine Frau vor das versammelte Volk und sprach: „Tapfere Atamans, sie war mir dienstwillig und treu, jetzt ist sie nicht mehr meine Frau und bin ich nicht mehr ihr Mann!" Die also abgeschiedene Frau konnte sich dort sogleich vor der Versammlung wiederum vermählen, indem der, welcher sie liebte, sie zum Zeichen der Wiederherstellung ihrer Ehre mit dem Schoße seines Gewandes bedecken mußte und Beide darauf ihre Vermählung unter oben beschriebener Ceremonie in gleicher Weise begehen konnten.

Den verehrlichen Abonnenten der „Deutschen Roman-Zeitung"

zur gefälligen Nachricht, daß mit No. 25 das neue Quartal beginnt und deshalb das Abonnement rechtzeitig bei den betreffenden Buchhandlungen und Postämtern mit 3 Mk. 50 Pf. zu erneuern ist.

Die Verlagsbuchhandlung von Otto Janke in Berlin.

Redigirt unter Verantwortlichkeit des Herausgebers: Otto Janke in Berlin. — Redacteur des Feuilletons: Robert Schweichel in Berlin. — Verlag von Otto Janke in Berlin.   Druck der Berliner Buchdruckerei-Actien-Gesellschaft. — Setzerinnenschule des Lette-Vereins.

Deutsche
Roman-Zeitung.

N⁰ 24. Erscheint achttägig zum Preise von 3½ ℳ vierteljährlich. Alle Buchhandlungen und Postanstalten nehmen dafür Bestellungen an. Durch alle Buchhandlungen auch in Monatsheften zu beziehen. Der Jahrgang läuft von October zu October. 1877.

Auf immer verschwunden.

Historischer Roman
von
George Hiltl.

(Fortsetzung.)

Es mag dem Leser seltsam erscheinen, daß ein so einfacher Liebeshandel einen verhältnißmäßig so großen Raum in unserer Geschichte beansprucht, allein er wird bald einsehen, daß diese Liebe der beiden jungen Leute ein hochwichtiges Moment in der seltsamen Angelegenheit bildet, welche wir erzählen.

Daß Philipp von Asfeld sich also mit den Gedanken an Juliette, an seine Zukunft und an die traurige Gegenwart beschäftigte, wird Jedermann begreiflich finden. Der Hauptmann hatte seine langsame Wanderung bis zum Platze des Kastells ausgedehnt. Es war ihm wohler geworden in dieser Stille der Nacht und er schickte sich an, seine Wohnung aufzusuchen, welche in der Straße des heiligen Geistes nicht weit von der Kirche Corpus domini lag.

Während er so dahinschritt, glaubte er von der Gegend der Straße Verde her einige Rufe zu vernehmen. Er stand still, um zu horchen.

Er hatte sich nicht getäuscht — man rief um Hülfe. Der Hauptmann wandte sich nach der Gegend, aus welcher die Rufe kamen, er beschleunigte seine Schritte und immer deutlicher die Laute vernehmend, erkannte er genau die Stelle, von welcher sie schallten, bog daher schnell um die Ecke der Straße und sah kaum fünfzig Schritte vor sich eine Gruppe von Leuten, welche — durch den Schein der Lampe eines Heiligenbildes begünstigt, im heftigen Kampfe begriffen waren. Degen klirrten aneinander und Einer der Fechter schien von drei Andern bedrängt zu werden. —

Der Hauptmann besann sich nicht lange. Für ihn war es vollkommen genügend, daß ein Einzelner von der Uebermacht bedrängt wurde, um Jenem beizuspringen. Sein Degen war sofort blank und mit einigen starken Stößen befand er sich dicht an den Kämpfern. Die Angreifer des Fremden wendeten sich sofort gegen den Hauptmann, dessen Klinge einem der Gegner durch den Arm fuhr, so daß er einen lauten Schrei ausstoßend haftig davon lief. Auch die beiden andern Strolche wendeten sich beim Anblick der Uniform des Hauptmanns sogleich zur Flucht.

Unterdessen hatten sich verschiedene Fenster geöffnet, die Schaarwache kam herbei — da man aber einen Offizier der Regentin vor sich hatte, so genügte dessen Erklärung, um Alle zu beruhigen. Philipp von Asfeld befand sich bald mit dem, durch seine Hülfe Geretteten, allein.

„Mein Herr," begann der Fremde. „Ich habe Ihnen den größten Dank zu sagen. Ohne Ihr muthiges Einschreiten wäre ich verloren gewesen."

„Sie sind mir keinen Dank schuldig," entgegnete Philipp artig. „Es ist nur die Pflicht des Soldaten, einem Bedrängten Hülfe zu leisten. Was hatte Sie in das Gefecht mit jenen Burschen verwickelt?"

„Nur ein räuberischer Anfall war es. Ich kam von der Straße Teresa und bemerkte schon seit geraumer Zeit die drei Kerle hinter mir. Sie verfolgten mich bis hierher, wo die Gelegenheit ihnen günstig schien. Vielleicht hat einer von ihnen die Ringe an meiner Hand bemerkt."

Der Mann hob unwillkürlich die Hand in die Höhe und Philipp gewahrte, wie die Strahlen des Lichtes am Heiligenbilde sich in einem Steine brachen, der in einen, am Finger des Fremden befindlichen Ring gefaßt war. Der Unbekannte schien ein Mann zu sein, welcher den höheren Ständen angehörte. Er trug einen leichten Mantel, der seine Gestalt fast ganz bedeckte und den er — nach Art der Fechter — um den linken Arm geschlungen hatte, als der Angriff gegen ihn begann.

Es war Philipp nicht entgangen, daß der Fremde haftig sich mit dem Mantel wieder bedeckte, als die Angreifer verschwunden waren, daß ferner die Fechtkunst desselben nicht besonders groß — endlich: daß er ein Ausländer war, welcher das Italienische mit starken französischen Accente sprach. — Da der Fremde denselben Weg einzuschlagen schien, den Philipp nehmen wollte, schritten Beide eine Zeit lang nebeneinander hin.

Der Fremde erſchöpfte ſich noch in Dankſagungen, wollte den Namen ſeines Retters wiſſen und als Philipp ſich nannte, ſtellte der Fremde ſich als den franzöſiſchen Baron de Mailly vor. Er befinde ſich — ſagte er — auf der Reiſe nach Genua und wolle morgen ſchon wieder Turin verlaſſen.

Der Hauptmann verſuchte das Geſicht des Barons zu betrachten, allein ſeltſamer Weiſe gelang ihm das nicht, denn Herr von Mailly blieb während des Gehens — ob durch Zufall oder abſichtlich — faſt immer im Schatten der Häuſerreihe und es ſchien, als trage er Sorge, ſein Antlitz mit dem Zipfel des Mantels zu verhüllen. An der Ecke der Heiligen-Geiſt-Straße zauberte der Baron ein wenig; er ſchien zu warten, welchen Weg der Hauptmann nehmen werde und als dieſer in die Straße bog, ſagte der Fremde: „Ah — Sie biegen nach links ab — ich will auf den Platz Giovanni, da führt mein Weg rechts hinauf.

„Allerdings," ſagte Philipp. „Sie gehen die Heilige-Geiſt-Gaſſe rechts hinüber, biegen dann wieder rechts ein und kommen geraden Weges auf den Platz.

„Noch einmal innigſten Dank, mein werther Herr Hauptmann — vielleicht giebt mir das Schickſal die Gelegenheit, Ihnen meinen Gegendienſt erweiſen zu können — in dem bewegten Leben, welches man heutzutage führt, iſt ein Zuſammentreffen wohl möglich," ſagte der Baron, die Hand des Hauptmanns faſſend, welche er herzlich drückte.

„Auf Wiederſehen, Herr Baron, ſage auch ich," erwiderte Philipp. „Es war mir eine Freude Ihnen einen Dienſt geleiſtet zu haben. Wenn Sie im Gewühle der großen Geſellſchaft, in der Sie zu leben ſcheinen, meinem Oheim, dem Ritter von Asfeld begegnen — dann ſagen Sie ihm, in welcher Weiſe Sie die Bekanntſchaft ſeines Neffen machten."

„Ich werde nicht ermangeln, mein Herr Hauptmann." Noch ein Händedruck, dann ſchieden Beide von einander, der Baron wendete ſich nach rechts, Philipp ging die Straße nach links hinunter.

„Ein ſeltſames Weſen, welches der Herr Baron zeigte," ſagte er vor ſich hin. „Was für ein wunderliches Zuſammentreffen." Er ſtand einen Augenblick ſtill. Unwillkürlich wendete er ſich um und glaubte in der Entfernung eine Geſtalt zu erblicken, welche inmitten der Straße ſtand. Es ſchien, als ſei es der Baron, der in die halbhelle Nacht blickte — Philipp ſchritt weiter, als er wieder zurückſah — war die Geſtalt verſchwunden, ſeinen Gang beſchleunigend, kam Philipp vor ſeinem Hauſe in der Heiligen-Geiſt-Gaſſe an. Es war dieſes Haus zum „Guten Hirten" genannt, weil über der Thür ein Reliefbild in Sandſtein gehauen — eingemauert war, welches den Heiland als Hirten darſtellte, wie er ein verirrtes Schäflein zur Heerde zurückführte. In dieſes Haus trat Philipp von Asfeld und ſchritt bei dem Scheine einer, auf runder Blende aus Meſſing befeſtigten Lampe, die Treppe zu ſeiner Wohnung hinan.

Wir müſſen jetzt einige Zeit zurückgehen — und befinden uns in demſelben Hauſe, welches wir ſoeben als „zum guten Hirten" genannt, kennen lernten. Dieſes Haus hatte drei Stockwerke. In dem unterſten — dem Erdgeſchoſſe — war der Laden eines Juweliers, der ſich

Domenico Pinelli nannte. Im erſten Stocke angekommen, ſah man eine Gitterthür. An derſelben war ein Glockenzug befindlich, welchem ein kleines Schild beigegeben war. Es zeigten ſich auf demſelben die Worte: „Giuliani — Herausgeber der „Fackel"." Im dritten Stocke wohnte der Hauptmann Philipp von Asfeld, mit einem Diener, einem alten, ehemaligen Soldaten, der in dem Treffen von Caſtelnaubary das linke Auge eingebüßt hatte.

Das Haus gehörte der Verwaltung der Kirche und des Kloſters Corpus Domini, welche nur einige fünfzig Schritte von dem „Guten Hirten" entfernt lagen.

Etwa zu derſelben Zeit, als Philipp von Asfeld mit ſeinem Cameraden, dem Hauptmann Ellert, in das Weinhaus trat, befanden ſich in einem Zimmer des erſten Stockes jenes Hauſes zwei Perſonen: ein Mann und eine Frau.

Die Umgebung der beiden Leute, die Einrichtung des Zimmers war inſofern ſehr einfach, als ſie nur aus vier großen Repoſitorien beſtand, welche in ihren Fächern eine große Anzahl von bedruckten und beſchriebenen Papieren bargen, die ihrer Mehrzahl nach, nicht in beſonderer Ordnung, über und untereinander lagen. Eine große Schweizer Penduluhr tickte neben dem alterthümlichen Ofen und einige, ziemlich geſchwärzte Bilder füllten die Lücken aus, welche zwiſchen den Repoſitorien entſtanden waren. An der einen Seite des Zimmers ſtand ein Schreibtiſch.

Der Mann, welcher ſich in dem Gemache befand, ſaß auf einem hölzernen Drehſchemel, der vor dem Schreibtiſche ſtand und zwar hatte er den Kopf zurückgeworfen, die Hände in die Taſchen ſeiner Beinkleider geſchoben und die Beine ſelbſt lang vor ſich ausgeſtreckt.

Die Frau ſaß ihm gegenüber. Sie hatte ihren rechten Arm auf den Schreibtiſch geſtützt und ihren Kopf in die Hand gelegt.

„Alſo was iſt nun die Klage?" fragte ſie. „Du biſt unzufrieden wie immer, Matteo."

„Ich habe Urſache dazu," rief der Mann, eine lange, hagere Geſtalt, deſſen Haare und ſtarker Bart ſchon jene Färbung angenommen hatten, die man „Pfeffer und Salz" zu nennen pflegt, deſſen Hakennaſe ſich faſt über die Oberlippe bog. „Tauſend und abertauſend Wünſche — jeden Augenblick irgend Etwas für die Oeffentlichkeit — und kaum oder nur ſchlechte Bezahlung. Da haben die frommen Herren vom Stifte der heiligen Afra einen Spectakel zu fürchten, wenn es in das Publikum kommt, daß der Herr Diakonus voll des ſüßen Weines am Thorwege des Stiftshauſes liegen gefunden wurde — man bittet den Herausgeber der Fackel, dieſe Hiſtorie nicht zu verbreiten — anliegend vier Dukaten! Lumpengeld. Da ein vertrauliches Schreiben der Herzogin ſo und ſo: die Fackel möge die nächtlichen Spaziergänge des Herrn Gemahls beleuchten — anbei genaue Beſchreibung aller Unthaten des Herrn Herzogs nebſt fünf Dukaten! Pah — das für einen Artikel, der mir eine Kugel in die Bruſt oder einen Stiletſtoß in den Rücken eintragen kann — und ſo noch vieles Andere."

„Du biſt geſucht, gefürchtet, Matteo," ſagte die Frau ſtolz. „Die Fackel iſt ein Blatt, welches weit und breit seine Anhänger gefunden hat — ist es nicht das am Meisten Gelesene? findet es sich nicht in allen Kreisen? — Hier sowohl als auswärts kennt Jeder Matteo Giuliani und die höchsten Herren bewerben sich um die Gunst Deiner Feder. Muß ich Dir den Namen Matthioly nennen?"

„Es ist wahr," fiel Giuliani ein. „Daß dieser Mann mit mir auf so vertrautem Fuße steht, das hebt mich, das läßt mich mit einiger Zuversicht in die Ferne blicken. Ah," rief er aufstehend und durch das Zimmer schreitend. „Wenn ich Matthioly einen großen — recht großen Dienst leisten könnte — ich wäre sicher, meinen Lieblingswunsch erfüllt zu sehen."

Signora Giuliani lächelte.

„Lache nicht," sagte der Gatte. „Ich sehe im Geiste vor mir ein Exemplar der Fackel, welches an seinem Kopfe das Wappen von Mantua oder wohl gar das von Savoyen trägt und Matteo Giuliani ist der Eigenthümer und Herausgeber des Regierungsblattes — ah — das würde mich kitzeln, das würde den Neid erregen — so wie es jetzt ist —"

„Nun, was ist es weiter? Du kannst Alles noch erreichen, Du hast Verbindungen genug — Du kannst Matthioly benützen, er nützt Dich oft — thue es ihm gleich, indem Du Bedingungen machst."

Giuliani ließ wieder den Kopf sinken. und brummte Etwas in den Bart. „Matteo," rief die Frau sich heftiger erhebend, wobei sie leicht mit der Hand auf den Tisch schlug. „Du verbirgst mir Etwas — was ist es? heraus damit — Du bist seit einigen Tagen so finster, der Wein mundet Dir nicht mehr — Du scheinst zerstreut. Matteo," begann sie in noch helleren Tönen, „wenn es wahr wäre, daß die Sängerin, die Colomba, Dein Herz —"

„Albernheiten," rief Giuliani.

„Das ist es also nicht?" Giuliani stieß ein Gelächter aus.

„Dann ist es Furcht vor dem alten Truchi, der Deine Fackel verlöschen möchte." Giuliani schüttelte das Haupt.

„Dann ist es — Geld," fuhr die Peinigerin fort. Giuliani nickte sehr schwermüthig mit seinem dicken Kopfe.

„Ah — mir ahnte es," seufzte Signora Bianca. „Ist es viel, was Dir fehlt?"

„Es ist gerade genug, um mich auf die Schuldbank zu bringen," sagte Giuliani mit dumpfem Tone. „Ein Wechsel ist fällig." Bianca stieß einen Klageruf aus.

„Du kannst diese Schuld leicht genug abtragen," eiferte sie, „aber Du bist viel zu lässig — zu feige — ja — sage was Du willst. Du kannst, mußt viel mehr fordern für Deine Dienste. Wenn Du Etwas loben sollst — laß es Dir bezahlen, wenn Du Etwas verschweigen sollst — laß es Dir doppelt — dreifach bezahlen. Ich wollte den Herren anders die Zähne weisen — ach lieber Himmel," brummte sie dann wieder. „Ein Wechsel — ein verdammter Wechsel — da muß Matthioly helfen — wende Dich an ihn."

Giuliani schüttelte wieder das Haupt. „Matthioly hat bereits geholfen."

„Wie?"

„Er schickte mir einen Brief — in diesem Briefe stand Etwas — das —"

„Nun das?"

„Verschwiegen werden sollte — oder wenn es in die Oeffentlichkeit komme, sollte es als Lüge erklärt werden."

„Nun denn — das muß doch was Großes gewesen sein. Laß Dir dafür ein gutes Stück Geld geben."

„Hm," lächelte Giuliani bitter, „das Geld habe ich schon erhalten — es ist auch schon wieder fort." Er schnippte mit den Fingern.

„Und dennoch ist wieder die Kasse leer!" rief Bianca außer sich.

„Die verfluchten Karten —" murmelte Giuliani.

„Wieder gespielt," kreischte Bianca. „Der Ulderiche Tommasio, die beiden Gauner, die Brüder Cambi — ich kenne diese Sippschaft — Du bist wie gebannt an diese Gesellschaft."

„Man muß sich im Volke bewegen, wenn man eine Zeitschrift herausgiebt," sagte Giuliani stolz und resignirt.

„Und dabei gehst Du zu Grunde — und wer — wer gab Dir das Geld, um Deine Spielschulden zu zahlen, denn daher kommt Dein Elend."

„Nathan Ruben."

„Der deutsche Jude? — das ist Einer von den Schlimmsten. Er hat kein Erbarmen mit den Fremden, wie er uns nennt — Du bist verloren. Wann mußt Du zahlen?"

„Morgen Mittag. Punkt zwölf Uhr."

Bianca verhüllte das Gesicht mit ihrem Tuche. Giuliani saß wieder in dem Sessel wie vorher, die Hände in den Taschen — die Beine weit von sich gestreckt. Es herrschte in dem Zimmer tiefe Stille, welche nur durch das Ticken der Uhr und Bianca's Schluchzen unterbrochen wurde.

„Teufel noch ein Mal," sagte Giuliani die Ruhe unterbrechend, „man muß sich fassen. Ich bin ein Narr — ein Esel, daß ich es nicht mache, wie so viele Andere. Warum sage ich nicht: Gut — Du hast mir so und so viel gegeben, aber ich bin in der Klemme, also gieb mir noch mehr, sonst brauche ich das, was ich von Dir in Händen halte —"

„Kommst Du endlich dahinter?" rief Bianca ihn am Arme ergreifend, indem sie mit der andern Hand ihre Thränen trocknete. „Das war es was ich sagen wollte. Ich würde mich nicht einen Augenblick besinnen. Matteo, denk' an die Zukunft."

„Ich werde handeln, wie Du mir selber rathen wolltest. So kann es nicht weiter gehen. Ich bin zum Aeußersten entschlossen. Ich muß in die Höhe kommen, muß Geld, Ehre — alles das gewinnen, und an dem, der mir dazu verhilft, will ich das Beste thun, was ich kann — hm — ja, ja," fiel er dann wieder mit dumpfer Stimme ein, „wenn der verdammte Ruben nicht wäre. Ich wills versuchen, ihn noch einmal zu beschwichtigen, vielleicht ein Artikel für die jüdischen Kaufleute — irgend so Etwas — laß mich nachdenken — geh! Ich muß allein sein."

Bianca war an dergleichen Scenen gewöhnt. Sie endeten alle damit, daß Giuliani seinen Unmuth in einigen bissigen Zeilen verhauchte, die alsdann in die Spalten seines Blattes aufgenommen und den Freunden des Scandals übersandt wurden. Die Gattin des Journalisten ging langsam aus dem Zimmer und schloß die Thür, um für sich über die bevorstehenden Auftritte mit Ruben zu weinen. —

Giuliani blieb in dem Zimmer allein. Er hatte die auf seinem Schreibtisch stehenden Kerzen angezündet, legte sich Papier zurecht und blieb, den Kopf in die Hand stützend, vor dem Tische sitzen. Er dachte tief und lange nach. Mechanisch mit der Hand in den vor ihm liegenden Briefen und Schriften wühlend, zog er aus der Menge derselben ein Schreiben hervor, welches er aufmerksam las, dann murmelte er vor sich hin: „Wenn ich nur aus diesem Briefe neues Gold machen könnte? die wahnsinnigen Streiche des Herzogs von Mantua — ha — das gäbe ein Höllenspectakel; Sie wollen um jeden Preis verhüten, daß die Geschichte unter die Leute kommt. Warum soll ich nicht daraus Geld schlagen — ich könnte das so leicht ins Werk setzen — wenn ich etwa so schreiben wollte — so — zwischen den Zeilen zu verstehen gäbe, daß ich Etwas von argen Dingen wisse — sie würden mich bitten, nicht weiter zu gehen — gut denn, sagte ich — so bezahlen sie mich noch besser. Und Matthioly? ich will durch ihn steigen — würde er mir die Freundschaft kündigen? — es käme darauf an." Giuliani begann zu schreiben. Seine Feder lief hastig über das Papier. Zuweilen hielt er inne, um das Geschriebene zu prüfen — dann starrte er wieder in die Luft und suchte neue Gedanken zu sammeln. Er horchte auf. Schritte wurden draußen vernehmbar. Es stieg Jemand die Treppe hinan — eine Thür ward geöffnet und wieder zugeschlagen, dann hörte Giuliani Tritte über sich.

„Es ist der Hauptmann von Asfeld," sagte er „der Glückliche. Er hat den Nathan Ruben zu fürchten und kann sich ohne Sorge auf das Lager strecken." Giuliani arbeitete weiter. Aus seiner Beschäftigung schreckte ihn plötzlich der Ton der Glocke auf, welche bedächtig gezogen ward. Giuliani fuhr zusammen. „Man hat geschellt," sagte Bianca, den Kopf durch die Thür steckend und will öffnen."

„Nein, bleib zurück," herrschte Giuliani ihr zu, „wer weiß, ob nicht ein Mahner — ein Abgesandter des verdammten Juden zu so später Stunde mich heimsucht. Du sollst nicht mit dem Burschen in Berührung kommen. Ich werde gehen. Was kann um diese Stunde Anderes als Schlimmes über unsere Schwelle kommen."

Er hatte bereits die Kerze ergriffen und schritt aus dem Zimmer auf den kleinen Vorplatz, den das Gitter von der Treppe trennte. Beim Schein der Kerze gewahrte er eine, in einen Mantel gehüllte männliche Gestalt. „Sie wünschen?" sagte Giuliani.

„Ich bitte um die Erlaubniß mit dem Herrn Giuliani einige Worte sprechen zu dürfen," entgegnete der späte Gast in sehr artigem Tone.

Giuliani überlief es leicht. Diese äußerst verbindliche Art, diese Entschuldigung war ihm verdächtig. Die Mahner und Gläubiger schlugen gewöhnlich dergleichen Töne an, ehe sie mit ihren schlimmen Forderungen herausrückten; indessen konnte Giuliani nicht mehr zurück. Er hatte einmal gezeigt, daß er wirklich zu Hause war — und

es schien ihm gerathen mit dem unwillkommenen Fremden in Güte zu verkehren.

„Sie kommen in später Stunde, mein Herr," sagte er, den Schlüssel der Gitterthür herumdrehend „ich schließe daraus, daß eine Sache von großer Wichtigkeit Sie zu mir führt."

„Sie haben sich nicht getäuscht mein Herr," erwiderte der Mann, der bereits auf dem kleinen Vorplatze stand, da Giuliani das Gitter geöffnet hatte und den Fremden eintreten ließ. „Und ich habe nochmals um Entschuldigung wegen der Störung zu bitten, doch wird eine kurze Unterredung Sie — wie ich hoffe — von der Nothwendigkeit für mich, eine so dunkle Stunde für meinen Besuch zu wählen, sehr bald überzeugen." Giuliani, der das Gitter bereits wieder geschlossen hatte, ließ den Gast in das geöffnete Arbeitszimmer treten, indem er selbst hinter ihm herging. Der Journalist versuchte auf dem kurzen Wege die Person zu mustern, welche in so sonderbarer Weise sich einführte, allein die Musterung nützte nicht viel, da der Fremde in die Falten seines langen Mantels gehüllt war. Erst als Beide sich wieder in dem Arbeitszimmer befanden, konnte Giuliani seinen Gast genauer betrachten.

Es war ein feiner Kopf, dessen Gesichtszüge sehr angenehm und gewinnend erschienen. Die elegante Frisur mochte ein wenig in Unordnung durch irgend einen Zufall gekommen sein. Uebrigens brauchte der Journalist nicht lange auf die vollständige Enthüllung des Fremden zu warten, denn dieser schlug seinen Mantel zurück und warf ihn über einen Sessel. Giuliani sah nun einen Mann vor sich, dessen feine Körperformen sehr wohl mit den aristokratischen und doch so einnehmenden Gesichtszügen harmonirten. Gekleidet war der Herr in schwarzen Sammet, und trug ein schön gearbeitetes Rappier an seiner Linken. Der Hut mit kleiner Feder lag auf dem Sessel neben dem Mantel.

Giuliani hatte genug Erfahrung, um sogleich zu erkennen, daß er einen Mann aus den höchsten Schichten der Gesellschaft vor sich habe. „Sicher irgend eine neue Entdeckung — ein Anliegen — meine Feder soll in Anspruch genommen werden," sagte der Journalist zu sich selber, indem er den Fremden einen Sessel hinschob, den jener auch sogleich benützte. Giuliani berechnete schon, welche Summe er verlangen wollte, wenn der schwarzgekleidete Herr wichtige Dinge vorbringen würde.

„Herr Giuliani," begann der Fremde, dessen Dialect den Ausländer verrieth, „Sie haben Recht, sich über die Zeit zu verwundern, welche ich mir für meinen Besuch auserwählte."

„Nicht doch, mein Herr," entgegnete der Journalist äußerst freundlich, denn er war vollkommen darüber beruhigt, daß der Herr nicht kam, um etwa den von Ruben ihm cedirten Wechsel auf den Journalisten vorzuweisen und neben der Prüfung des Papiers eine baldige Einlösung vorzubereiten. Der Fremde hatte einen Handschuh von den Fingern gezogen, und Giuliani blickte mit Staunen auf die prachtvollen Juwelen in den an der seinen Hand des Mannes befindlichen Ringen. Zwar — auch die gefürchtetsten Gauner pflegten dergleichen Schmuck zu tragen — aber Giuliani hatte eine bessere Meinung von dem ihm Gegenübersitzenden gefaßt und wiederholte nochmals: „nicht doch, mein Herr, Sie können sich wohl denken, daß ich ähnliche Besuche öfter empfange."

"Ich kann mir das denken, und da Sie natürlich die größte Discretion beobachten müssen, so bitte ich genau nachzusehen, ob wir auch ganz ungestört sind." Giuliani ging schnell in das anstoßende Zimmer, um Bianca zu entfernen, was allerdings einige Mühe kostete; endlich gelang es aber doch, die sehr erregte Dame in die Küche zu verweisen, weil Giuliani ihr Hoffnung machte, daß die Unterredung von glücklichen Folgen begleitet sein könne.

"Zur Sache," nahm der Fremde das Wort, als der Journalist wieder mit der Meldung: daß Alles sicher sei — eingetreten war. "Sie werden mich ganz offen in meinen Beziehungen zu Ihnen finden, also ohne Umschweife. Herr Giuliani — Sie befinden sich in Gefahr."

Der Journalist fuhr erschrocken von seinem Sessel empor.

"Ich? mein Herr — Sie können mir dergleichen Schrecken nicht zufügen wollen, ohne Gewißheit zu haben. Ich bin mir nicht bewußt —"

"Keine Weitläufigkeiten," fuhr der Fremde ohne seine nachlässige Stellung zu ändern fort. "Sie wissen recht gut, daß Sie in Gefahr schweben. Ich brauche nur den Namen Nathan Ruben zu nennen."

Giuliani ließ die Arme sinken. Der elegante Herr stand also doch mit dem gefürchteten Ebräer in Verbindung. "Ich bedarf keiner weiteren Bestätigung, Herr Giuliani. — Ihr Zusammenschrecken sagt mir, daß Sie Ihre Lage ganz klar übersehen."

"Ich kann es nicht leugnen," seufzte der Journalist, "morgen um diese Zeit bin ich im Schuldgefängnisse, aus welchem ich fürs Erste nicht wieder frei kommen werde." Er laute an seinem Barte und senkte den Blick zur Erde.

"Leider," fuhr der Fremde fort "allein dies ist nur die eine Gefahr, in der Sie schweben. Eine zweite steht noch hinter Ihnen."

Giuliani verfärbte sich. "Herr," rief er nach kurzer Pause, "Sie scheinen irgend Etwas vorzubereiten. Es ist das die Art, in welcher Leute verfahren, die von einem Bedrohten irgend einen gefährlichen Dienst verlangen."

Der Fremde nickte bejahend und sagte: "Sie mögen Recht haben."

"Wenn ich in Geldverlegenheit bin," nahm Giuliani wieder das Wort "so ist das meine — meine unglückliche Sache — aber ich wüßte nicht, was Sie berechtigen könnte, mir eine andre Gefahr zuwälzen zu wollen."

Der Fremde entgegnete darauf augenblicklich Nichts — sondern fuhr mit seiner ringbedeckten Hand in die Seitentasche seines eleganten Rockes, aus welcher er ein Papier zog. "Sie werden wohlthun," sagte er, "wenn Sie aufrichtig sind. Haben Sie gestern vor acht Tagen ein Schreiben aus Mantua erhalten?"

Der Journalist öffnete den Mund und starrte seinen Gast an, der ihm trotz der liebenswürdigen Aeußerlichkeit sehr unheimlich erschien.

"Ja — ich habe allerdings ein Schreiben daher erhalten."

"Es war von dem Staatsrathe des Herzogs, dem Grafen Matthioly unterzeichnet?"

"Ja, mein Herr. Aber mit welchem Rechte wollen Sie —"

"Er — wir kommen später darauf. Das Schreiben Matthioly's enthielt die Bitte an Sie, gewisse seltsame, den Herrn Herzog schwer compromittirende Vorfälle in Ihrem Journale: 'die Fackel' nicht zu erwähnen, oder wenn solche schon in die Oeffentlichkeit gedrungen wären — beruhigende Artikel, Mittheilungen, in das Publikum zu bringen, welche jene — sprechen wir es offen aus — scandaleusen Dinge, die Frivolität des Herzogs — vollkommen in Abrede stellen sollten. Sie sehen — ich bin genau unterrichtet."

"Sehr genau, mein Herr!" stöhnte Giuliani. "Aber ich sehe noch nicht ein, weshalb Sie meine Person dadurch für gefährdet erklären."

"Die Summe, welche der Herzog in leichtfertigster Weise verschleudert hat — es ist nicht die erste, denn seine Schulden sind geradezu immense — soll durch die Gelder gedeckt werden, welche in den öffentlichen Kassen sich befinden. Man will die Räthe versammeln, um sie zu diesem sehr gewagten Schritte bewegen zu können. Durch Veräußerung irgend eines werthvollen Stück Landes, eines Schlosses — mon dieu, was weiß ich — soll die aus den Cassen entnommene Summe gedeckt werden. Matthioly wird die Sache leiten. Sie sind sehr gut Freund mit dem Grafen Matthioly, nicht wahr?"

Giuliani athmete auf. Wenn er als Freund des mächtigen Grafen galt, so konnte ihm ja Nichts geschehen. Matthioly konnte ihn in keinem Falle sinken lassen. Er hob daher stolz das Haupt und sagte:

"Allerdings, mein Herr — ich bin mit dem Grafen sehr befreundet. Seit unsren Studienjahren sind wir eng verbunden."

"Ah — das wollte ich nur wissen — ja — ja — wenn man einer Person solche Dinge anvertraut, dann muß sie uns nahe — sehr nahe stehen. Also — Sie sind der Freund des Grafen. Sie haben schon Vielerlei und Wichtiges durch ihn erfahren, um mit Ihrer Feder für ihn zu wirken. Jetzt denken Sie sich nun Folgendes: Sie werden morgen wegen einer großen Schuld verhaftet, man legt Beschlag auf Ihre Mobilien, Werthsachen und — Papiere. Die Behörden schnobern in letzteren herum und entdecken die Correspondenz, welche Matthioly mit Ihnen wegen der Geldangelegenheit des Herrn Herzogs führte. Diese Angelegenheit ist ohne alle Frage eine verbrecherische — fahren Sie nicht auf, Herr Giuliani — es ist so, wie ich sagte: eine verbrecherische!

"Die Stimmung gegen Herzog Carl von Mantua ist eine höchst erbitterte. Man betrachtet ihn als einen Entarteten. Malen Sie sich die Sache nur weiter aus. Die Plünderung der öffentlichen Cassen ist unterdessen publique geworden — die gesammte Bevölkerung verlangt die Bestrafung aller Derjenigen, welche in das Complott, in das Attentat gegen das Eigenthum des Volkes, verwickelt sind — man entdeckt, in welchem Verhältnisse Matthioly zu Ihnen — und Sie zu ihm stehen, glauben Sie, mein Herr, daß Sie ohne furchtbare Ahndung davonkommen? daß man Den nicht zur Rechenschaft ziehen werde, der gegen Bezahlung — denn Matthioly hat Sie bezahlt — ein Verbrechen in Schutz nimmt, von welchem er nach dem Willen und Befehl des Gesetzes den Behörden Anzeige machen mußte!"

Giuliani litt unter dieser Darstellung möglicher Gefahren so sehr, daß er kein Wort zu erwidern vermochte. Er mußte sich sagen, daß Alles, was der Fremde bisher gesprochen hatte — vollkommen richtig war. Die Verhaftung des Journalisten wegen des Wechsels war unvermeidlich für Giuliani und wenn er auch noch immer hoffen durfte — nöthigenfalls durch Drohungen — von Matthioly das Geld zu erlangen, so konnte doch bis dahin sich allerlei Bedenkliches ereignet haben. War nicht das Geheimniß der gefährlichen Geldangelegenheit des Herzogs bekannt? — aber so schnell, als Giuliani hierüber in das Klare gekommen war — fragte er sich: weshalb der Fremde ihm die ganze Geschichte erzählte? Was konnte dem Manne daran liegen, wenn Giuliani verhaftet, der Herzog und Matthioly arg compromittirt wurden? der Fremde mußte doch seine bestimmten Gründe haben, in so geheimnißvoller Weise den Journalisten aufzusuchen.

Giuliani faßte also Muth. Er strich seine langen Haare von der Stirn und sagte: „Mein Herr — Ihre Mittheilungen sind — ich kann es nicht leugnen, ebenso richtig, als für mich befremdlich, denn ich kann nicht umhin, anzunehmen, daß in einer — Sie verzeihen den Ausdruck — infamen Weise ein wichtiges Geheimniß verrathen wurde, und Sie werden es begreiflich finden, daß ich zunächst die Frage aufwerfe: Wer sind Sie?"

Der Fremde verzog sein Gesicht zu einem Lächeln und sagte dann mit fester Stimme: „Herr Giuliani, Sie sehen den für Turin neu ernannten Gesandten Seiner Majestät von Frankreich, den Abbé d'Estrades vor sich!"

Der Journalist schnellte förmlich von seinem Sitze empor und stand so, hochaufgerichtet, dem Abbé gegenüber.

„Herr von Estrades!" wiederholte er mechanisch.

„Derselbe!" lautete die Antwort des Abbé.

„Ich kann Ihnen die Versicherung geben, Herr von Estrades, daß ich seit mehreren Tagen die seltsamsten Zusendungen für mein Journal erhalten habe, welche Ihre Person betreffen. Man vermuthet, daß etwas ganz Außerordentliches im Werke ist, weil die plötzliche Abberufung des Herrn von Gomont eben so unbegreiflich ist, als Ihr Ausbleiben. Seit länger als acht Tagen harrt man hier Ihrer Ankunft, und — Sie sind in Turin, ohne sich der Regentin vorgestellt zu haben."

„Ich bin schon seit längerer Zeit hier — oder doch in der Nähe dieser charmanten Residenz!" erwiderte Estrades.

„Dann ist jene Vermuthung wohl richtig: Es wird von Seiten Frankreichs einer jener, so oft die Welt überraschenden Schritte vorbereitet, die selten oder nie zum Wohle des Theiles ausschlagen, gegen den sie gerichtet sind. Frei heraus, Herr Abbé: man fürchtet Sie!"

Estrades verbeugte sich leicht. „Man erzeigt mir eine große Ehre," sagte er.

„Sie mögen darüber denken, wie Sie wollen," fuhr Giuliani dreister fort. „Aber es würde mir nicht schwer werden, die öffentliche Stimmung aufzuregen."

„Vom Schuldgefängniße aus?"

„Wer bürgt Ihnen dafür, daß ich nicht sofort, wenn Sie mich verlassen haben, zu einflußreichen Persönlichkeiten eile, sie mitten in der Nacht herausrufe, Ihren Besuch, den Sie mir gemacht, die Dinge, welche Sie mir über den Hof und die Personen von Mantua erzählten, jenen Einflußreichen mittheile, sie auf die — mindestens wunderliche Art, auf das jedenfalls versteckte Treiben eines Mannes aufmerksam mache, der — statt seinen König am Hofe der Regentin zu repräsentiren, im Finstern umherschleicht. Ich wiederhole Ihnen nochmals: Sie sind hier nicht ein allzuwillkommner Gast. Glauben Sie nicht, daß eine solche Eröffnung mir durch Zahlung der Summe gelohnt würde, für welche ich morgen verhaftet werden soll?"

„Nein," sagte der Abbé sehr kalt und ruhig. „Ich glaube das nicht. Aber abgesehen davon, wäre ein solcher Schritt Thorheit, eine große Thorheit, denn wenn man hier wirklich noch nicht von dem Handel des Herzogs, von der Verbindung Matthiolys mit Ihnen — ich meine von dem gefährlichen — unterrichtet wäre, so würden Sie durch Ihren Bericht nur dazu beitragen, die ganze Geschichte erst recht an die Oeffentlichkeit zu ziehen und wahrlich nicht zum Nutzen Ihres Freundes Matthioly und Ihrer eignen Person — enfin — was könnte denn geschehen? Denn nach Turin beorderten Gesandten können tausend Dinge begegnen, welche sein Eintreffen verzögern — mar: hat mich hier noch nicht gesehen; daß ich zu Ihnen, dem Journalisten von Ruf komme, kann Niemanden befremden. Daß ich eine so ungewöhnliche Stunde für meinen Besuch wählte? je nun — ich habe die Angewohnheit, spät Abends meine geschäftlichen Besuche zu machen. Daß ich Ihnen die Scandalosen des Herzogs mittheilte? — wer will mir das verbieten? und wenn Sie die Dinge recht genau prüfen, so kann mir das Publikum, namentlich die bei der Sache doch recht stark betheiligte Mantuaner Einwohnerschaft, doch nur dankbar sein, wenn ich einen gefährlichen Handel aufdecke, den Sie, mein Herr, bemänteln wollten, weil Sie dafür bezahlt wurden."

Giuliani sah ein, daß der Abbé vollkommen Recht hatte.

Dieser nahm wieder das Wort und sagte: „Schließlich werden Sie doch wohl nicht so exaltirte Ansichten von der Macht der Piemontesen haben, daß Sie glauben könnten: man würde es wagen, den Gesandten von Frankreich wie einen Schulknaben über sein Ausbleiben, wie einen Landstreicher über den Zweck seines Aufenthaltes im Verborgenen zu examiniren oder gar zu verhören. Mein Zweck konnte ja eben gewesen sein: Mir im Interesse der, mit Seiner Majestät von Frankreich so freundschaftlich verbundenen Länder gewisse Aufklärungen zu verschaffen."

Giuliani machte eine zustimmende Bewegung und stöhnte unter der Last dieser Beweise. „Nun denn, Herr von Estrades — martern Sie mich nicht länger. Weshalb erscheinen Sie bei mir? was haben Sie mit meiner Person für Pläne?"

„Ah!" lachte der Abbé, sich in dem Sessel wiegend, „nun fangen Sie an, vernünftig zu reden. Hören Sie denn. Sie werden nicht daran zweifeln, daß ich von der Lage des Herzogs von Mantua, von der Stellung, den Wünschen der ihm Nahestehenden vollkommen unterrichtet bin. Ich weiß, daß der Einflußreichste und der Geistvollste unter den Staatsdienern Carls von Mantua, der Graf Matthioly — auch der Unzufriedenste ist, daß er seiner Zwitterstellung herzlich müde und erfüllt von dem Verlangen ist: der wirkliche, leitende

Minister Mantua's — vielleicht noch mehr — zu werden. Mit einem Worte, ich kenne den Ehrgeiz des Grafen Matthioly. Wenn er, durch irgend einen großen, sagen wir, rettenden Dienst, welchen er dem Herzoge leistet, diesen vor seinem gänzlichen Ruin bewahrt, ihn vom zerschmetternden Sturze zurückreißt — dann könnte der Graf Bedingungen stellen, die der Herzog erfüllen müßte. Dieser hat den ersten Schritt dazu gethan, indem er bemüht ist, dem bankerotten Herzoge, dem Spielschuldner französischer Offiziere — das nöthige Geld zu verschaffen, die Kassen des Landes zu plündern. "Sie wissen bereits, mit welchen Gefahren dieser Schritt verknüpft ist!"

"Ich weiß es, Herr Abbé — ich kenne die Gefahr."

"Die Lage der Herren in Mantua war mir also vollständig bekannt. Nicht so unterrichtet war ich von der Situation der Personen, welche hier in Turin eine maßgebende Stimme, Einfluß auf die Politik und die öffentliche Meinung haben. Es galt, mich genau davon zu unterrichten, bevor ich mein Amt antrat. Dem Botschafter des Königs von Frankreich gegenüber würden die Meisten zurückhaltend gewesen sein, ich mußte also zunächst, mich in tiefes Incognito hüllend, meine wichtigen Erkundigungen einziehen. Sie können nun leicht einsehen, weßhalb ich mich nicht zeigte. Unter den Personen, auf welche ich mein Augenmerk besonders zu richten hatte, befand sich auch Ihre werthe — und da ich in Mantua ebenso gut bedient werde, als hier in Turin, erfuhr ich sehr bald die bedrohte Lage, in welcher Sie sich befanden — ich erfuhr aber auch, daß Sie so voll Ehrgeiz seien, daß Sie — wie Ihr Freund Matthioly, eifrig danach streben, sich in die Höhe zu bringen, eine — wenn möglich, glänzende Stellung zu erringen. Zumeist hindert Sie, mein Herr, die Spielschuld daran, die — —"

"Ja, ja — ich bin ein Anhänger des verdammten Spielteufels — ich — —"

"Machen Sie davon kein zu großes Aufhebens, Herr Giuliani," sagte der Abbé, seine Hand auf die Knie des Journalisten legend. "In dem schönen Lande Italia leiden die Meisten an dieser Krankheit. Sie sind in demselben Falle, wie der Herzog von Mantua — und so ähnlich wird es gar Vielen Ihrer werthen Mitbürger ergehen. Die Tombola, die Lotterie, das Faro und wie die schönen Gelegenheiten, Geld los zu werden, alle heißen mögen, bringen hier zu Lande die meisten Derangements hervor.

"Ich will zu Ende kommen," fuhr er fort, "Sie sollen ein Mal geschont werden, indem durch mich nichts über die Verbindung mit Ihnen und Matthioly in der Geldsache des Herzogs — verrathen werden soll, Sie sollen vor der Verhaftung als Wechselschuldner des halsstarrigen Juden geschützt wurden, indem ich Ihre Schuld zahle, Sie sollen Drittens Gelegenheit haben, in die Höhe zu kommen, eine glänzendere Stellung zu erringen."

Giuliani starrte den Abbé an. Es war ihm, als sei er im Traume. Er fühlte an seinem Barte herum, fuhr mit den Händen über seine Knie, um sich Gewißheit zu verschaffen, daß er wache, dann hauchte er: "Herr Abbé, spielen Sie nicht so schrecklich mit —"

"Auf Edelmanns Wort — ich sprach die Wahrheit. Sie erhalten Alles das, wenn Sie mir dagegen einen Dienst leisten."

Obwohl Giuliani ein Zittern erfaßte, da er die Forderung einer schweren Gegenleistung fürchten mußte, war seine Lage doch eine solche, die kein langes Zaudern erlaubte, als die Hand zur Rettung geboten ward.

"Ich werde den Dienst leisten, Herr Abbé," sagte er. "Nennen Sie ihn."

"Sie sollen," begann Estrades jetzt mit halblauter Stimme, "Unterhandlungen zwischen mir und Ihrem Freunde, Herrn Grafen Matthioly, führen. Ich sage Ihnen sogleich, daß es hochwichtige, politische Dinge, welche des Königs von Frankreich Majestät durchsetzen wollen, betrifft. Ich bin mit der Führung beauftragt. Matthioly erscheint mir als der Einzige, welcher zum Gelingen des kühnen Planes helfen kann, aber noch weiß ich nicht — ob er sich bereit finden wird. Ich kann nicht direct mit ihm verkehren, bevor ich seine Gesinnungen nicht kenne, und bedarf eines Mittlers. Sie sind der Freund des Grafen — er vertraut Ihnen. Meine Wahl ist auf Sie gefallen. Wenn der Plan gelingt, dann rettet Matthioly seinen Herrn und Gebieter, dann kann er seine kühnsten Hoffnungen verwirklicht sehen und es unterliegt wohl keinem Zweifel, daß der, welcher so Großes erringen half — also Herr Matteo Giuliani — mit seinem Freunde steigen wird, abgesehen davon, daß der Dank Seiner Majestät des Königs von Frankreich kein geringer oder ärmlicher sein kann."

Giuliani vermochte diesen schnellen Wechsel seines Geschickes kaum ruhig zu ertragen. Er faßte sich nur mühsam — dennoch wollte er nun ganz wissen, um was es sich handelte. "Herr Abbé," sagte er mit einem vor Uebertraschung und Freude bebenden Tone, "ich bin der Ihrige. Sie können mir trauen."

"Ich will es hoffen," sagte Estrades, dessen ganzes Wesen jetzt etwas Feierliches anzunehmen schien. "Bedenken Sie, daß es der König von Frankreich ist. für den Sie arbeiten, der Sie mit seinem Vertrauen beehrt, der Ihnen lohnen wird — dessen Rache aber auch den Verräther ereilen würde — wäre er auch noch so weit geflüchtet. Sie kennen den gewaltigen Arm Frankreichs." Giuliani verbeugte sich stumm.

"Sie werden nun," fuhr der Abbé fort, "mit dem Grafen in Verbindung treten. Sie werden ihm unsere Unterredung mittheilen, ihm sagen: daß ich bereit sei, mit ihm persönlich zu unterhandeln, aber für jetzt mich zurückhalten wollte, einmal, da ich seiner Zustimmung sicher sein müsse — dann aber, weil ich die Gewißheit habe, daß meine Schritte belauert werden, sobald ich in die Oeffentlichkeit getreten bin. Unsere persönlichen Zusammenkünfte müssen in tiefem Geheimniß stattfinden — sagen Sie dem Grafen: Ich, der Abbé d'Estrades sei vom Könige von Frankreich beauftragt, dem Herzoge von Mantua vor der Last seiner Schulden zu helfen, wenn Carl der Vierte an Frankreich eine Stadt verkaufen wolle, die wir bezeichnen werden. Daß der Herzog sich dazu bereit erkläre, soll Graf Matthioly vermitteln, er soll den Herzog dazu bewegen, falls er sich sträubt.

Giuliani's Pulse fieberten heftiger, es trat ihm so etwas wie kalter Schweiß vor die Stirn — aber was wagte er dabei, wenn er dem Grafen den Vorschlag that? „Ich werde Ihrem Wunsche nachkommen, Herr Abbé," sagte er.

„Wohlan denn! Von morgen ab erscheine ich in Turin öffentlich als Ambassadeur von Frankreich. Sie werden leicht Gelegenheit haben, mir Nachricht geben zu können — damit nichts Auffälliges geschehe, verabreden wir einen Ort, an welchem wir uns treffen."

„Die Gelegenheiten für die geheimen Zusammenkünfte sind nicht schwierig. Ich möchte einen Ort außerhalb der Stadt vorschlagen."

Estrades dachte einige Secunden nach, dann sagte er: „Ich bin nicht dafür. Solche Verhandlungen bedürfen der schützenden Mauern. Herr Giuliani, ich sehe Sie als Einen der Unsrigen an, bedenken Sie, daß Ihnen eine glückliche Zukunft gewiß ist — wenn Sie treu zu Seiner Majestät von Frankreich halten — ich gebe ihnen einen neuen Beweis meines Vertrauens, indem ich sage: Bescheiden Sie den Grafen in das Kloster der Barnabiten, wenn er mit mir eine Unterredung zu haben wünscht. Dort habe ich Vertraute. Die Mönche des Klosters sind größten Theils Franzosen, der Abt ist mein eifriger Freund — die Stille und Abgelegenheit des Ortes eignet sich am besten für unsere Zwecke — seine Einsamkeit schützt uns vor Zudringlichen. Graf Matthioly wird die Pforte stets geöffnet finden, wenn er meinen Namen nennt — Sie werden ihm also die Barnabiten vorschlagen."

„Es soll nach Euer Excellenz Wunsch geschehen."

„Nun zu guter Letzt — unser dringendstes Geschäft." Der Abbé zog aus der Brusttasche seines Rockes ein gefülltes Portefeuille hervor und öffnete dessen Verschluß. „Wie hoch ist die Summe, welche Sie dem Ebräer zahlen müssen?"

„Es sind breitausend Kronen, welche ich morgen zu zahlen habe."

„Diable," sagte der Abbé mit feinem Lächeln, „Sie pointiren sehr hoch wie es scheint. Er begann das Geld in Billetten auf das Schreibtisch zu zählen. Giuliani folgte jeder seiner Bewegungen mit gespannter Aufmerksamkeit. Als der letzte Geldschein, welcher die Summe voll machte, auf die Platte des Tisches gelegt ward — entrang sich der Brust des Journalisten ein leuchtender Laut — er war gerettet.

„So," sagte der Abbé, „die Angelegenheit wäre geordnet. Wollen Sie mir eine Quittung ausstellen?" Giuliani hatte bereits Papier und Feder zurecht gelegt, er setzte sich, um zu schreiben. Estrades stand hinter ihm.

„Sind Sie in Ordnung?" fragte er. Giuliani nickte stumm.

„So schreiben Sie. Er begann zu dictiren: „Von dem Gesandten Seiner Majestät von Frankreich, dem Herrn Abbé d'Estrades — habe ich, Giuliani, heute die Summe von breitausend Kronen erhalten, um damit den Wechsel zu tilgen, der mir vom Ebräer Nathan Ruben morgen zur Zahlung vorgelegt werden wird. Ich habe mich dagegen verpflichtet: den Herrn Grafen Matthioly mit den Wünschen und Forderungen des Herrn Gesandten bekannt zu machen und versprochen: genannten Herrn Grafen zu einer Unterredung mit dem Herrn Abbé zu bewegen — habe diesem feierlich versprochen, mein Bestes zu thun, diese Angelegenheit zu fördern und mich stets als ein getreuer Agent Seiner Majestät des Königs von Frankreich — — "

Giuliani hielt unwillkürlich einen Moment inne. Die Feder wollte nicht über das Papier gleiten.

„Haben Sie geschrieben: Agent Seiner Majestät des Königs von Frankreich?" fragte der Abbé scharf.

„Noch nicht — es — wird geschehen," stotterte der Journalist. „Aber mit diesem Bekenntniß bin ich — "

„In des Königs — Hand gegeben," ergänzte der Abbé. „Das wollten Sie sagen. Sie haben Recht. Sie sind nach Ihrem eigenen Bekenntniß Agent Seiner Majestät. Wollen Sie diesen Titel nicht — so zerreiße ich das Bekenntniß — das Geld kehrt in meine Tasche zurück — unser Vertrag ist nichtig. Das Weitere wird sich finden." Er legte eine Hand auf die Geldscheine. —

„Nein — nein," sagte hastig Giuliani. „Dictiren Sie weiter, Herr Abbé, ich schreibe, wie Sie es wünschen."

„Also: getreuer Agent Seiner Majestät des Königs von Frankreich — zu beweisen," fuhr der Abbé dictirend fort. „So wahr mir Gott helfe."

Giuliani hatte den Satz niedergeschrieben.

„So, mon ami — nun Ihren Namen darunter." Giuliani warf seinen Namenszug auf das Papier, setzte Datum und Jahreszahl dazu und reichte Estrades den Schein, welchen dieser genau durchlas, dann ihn faltete und in das Portefeuille legte, das wiederum in die Tasche des Sammtkleides wanderte.

„Unser Geschäft ist zu Ende. Wenn Sie mir Mittheilungen zu machen haben — ich bin von morgen in meinem Hôtel in der Straße Madonna. Sie können mich unter dem Vorwande sprechen: mir ein Exemplar Ihres Blattes überreichen zu wollen. Das ist unverdächtig — unsere heutige Zusammenkunft bleibt geheim — Niemand weiß darum. Abbio Signor Giuliani. Ich hoffe — wir werden Beide gute Früchte ernden."

Giuliani hatte die Kerze ergriffen und stellte sich in Bereitschaft, dem Abbé aus dem Zimmer zu leuchten. „Ihr Haus ist doch sicher?" fragte Estrades seinen Mantel umschlagend.

„Vollkommen, Excellenza — die wenigen Bewohner sind bereits in tiefem Schlummer."

„Gehen wir."

Während der Abbé noch beschäftigt gewesen war, dem Journalisten die Ursache seines Besuches zu ungewohnter Stunde auseinanderzusetzen, hatte der Hauptmann Philipp von Asfeld sich in seinem einfachen Zimmer der steifen Uniform des Regimentes der Herzogin entledigt. Das Licht der Kerze, welche der einzige Diener beim Eintritte seines Herrn entflammt hatte, fiel auf zwei Schreiben, die ihrer Form nach sehr verschieden waren. Eines derselben war breit und groß — die Aufschrift in festen, regelmäßigen Zügen, trug den Charakter des Amtlichen — das Zweite war ein kleines, zierliches Billet. „Von Ihr!" flüsterte der Hauptmann erfreut, indem er den kleinen Brief ergriff, der einen leichten Parfüm aushtömte.

„Ich will dieses reizende Blättchen zuletzt lesen." Er hatte das große Schreiben geöffnet, es enthielt nur eine Ordre des Obersten vom Regimente der Herzogin, dienstliche Weisungen für die nächsten Tage, in welchen der Hauptmann sich in Function auf dem Schlosse befand.

Philipp nahm nun das Briefchen Juliette's. Er löste schnell das kleine Siegel und schlug das Blatt auseinander. Betroffen und finstern Blickes las er nur die wenigen, aber für ihn schmerzlichen Worte: „Gestern ist mein Oheim, der Marquis de Pons, hier eingetroffen. Er wird der Regentin die Werbung des Herrn Antonio Matthioly um meine Hand persönlich vortragen. Ich muß Sie sprechen. Juliette."

Der Hauptmann starrte die feinen Schriftzüge an, deren kurzer Inhalt für ihn so vielbedeutend und — so traurig war. Er warf sich auf den Sessel und blickte wehmüthig lächelnd in die flackernde Kerzenflamme. Es war dahin das geträumte Glück. — Die Familie Juliette's war also fest entschlossen, die Hand des schönen Hoffräuleins an den Bruder des Grafen Hercules Matthioly zu vergeben, dessen glänzende Stellung allein schon hinreichend schien, der Werbung seines Bruders eine günstige Aufnahme Seitens der Regentin zu verschaffen und die Einwendungen der unmündigen Juliette, welche von den Verwandten abhängig war — mußten nutzlos verhallen. Der Schutz der Regentin konnte hier nicht von Nutzen sein — und würde sie überhaupt der Bewerbung Antonio Matthioly's entgegentreten? sie wußte noch nicht ein Mal um die Neigung Juliette's für Philipp von Asfeld — sie war sicher nicht ungehalten darüber, daß sie von ihr so bevorzugte Hofdame eine glänzende Heirath schloß — was vermochte der einfache Hauptmann dagegen zu bieten?

Philipp von Asfeld schritt in dem Zimmer auf und nieder. Er überlegte hin und her — er fand, daß seine Aussichten nur traurige waren, er vermochte dem glänzenden Bewerber nichts entgegenzustellen als seine Liebe und wie wenig wog diese in den Augen der Familie de Pons gegen eine Werbung des Matthioly's. Die Möglichkeit, Juliette sprechen, mit ihr irgend einen Plan verabreden zu können, lag außerdem nicht nahe. Ohne Zweifel hatte die Regentin das schöne Hoffräulein absichtlich unter strengere Aufsicht genommen, denn Philipp hatte Juliette nicht zu erblicken vermocht. Die Gerüchte von der Werbung Antonio's waren schon in Umlauf — das bewies Ellerts Mittheilung — und der Hauptmann zweifelte nicht daran, daß die Regentin bereits von dem Wunsche Antonio Matthioly's in Kenntniß gesetzt — mit demselben vollkommen einverstanden sei. Der Hauptmann befand sich in begreiflicher Erregung. Er athmete schnell und heftig, seine Stirn brannte und es schien ihm die Luft so heiß, so drückend, als wollte sie ihn zu Boden werfen — er öffnete die Thür, die Fenster seines Zimmers, um den erquickenden Nachtwind einströmen zu lassen, damit er des jungen Mannes brennende Schläfe kühle. Der Lufthauch löschte die Kerze — Philipp befand sich im Dunkel an der geöffneten Thür seines Zimmers, er wollte sie wieder schließen, als von unten herauf ein heller Lichtglanz erschien und einige, nur halblaut sich unterredende Stimmen hörbar wurden, zugleich traten einige Personen aus der Wohnung Giuliani's in den vergitterten Vorplatz. Der Hauptmann beugte sich mechanisch über das Geländer der Treppe. Er sah zwei Männer aus dem Gitter auf die Stufen der dort mündenden Stiege treten. Einer derselben war Giuliani, welcher die Kerze trug, der Andere hatte sich in einen Mantel gehüllt, allein trotz dessen glaubte Philipp die Gestalt des von ihm geretteten Mannes zu erkennen. Diese Wahrnehmung vermochte einige Zeit lang die heftige Er-

regung des Hauptmanns zu beschwichtigen, der sich so weit als möglich über das Geländer bog, um die Gestalt schärfer in's Auge fassen zu können.

Die beiden Männer standen einige Secunden auf der obersten Treppenstufe, wie um zu horchen. „Es ist Alles still," flüsterte Giuliani, „gehen wir."

„Auf Wiedersehen!" sagte der Andere, der jetzt die Kappe seines Mantels zurückschlug — Philipp unterdrückte den Ausruf des Erstaunens, der fast seinen Lippen entschlüpft wäre, denn er hatte in der That sogleich in dem nächtlichen Besucher Giuliani's den Mann wieder erkannt, den er vor kaum einer Stunde aus den Händen der Strolche befreite — zwar hatte der Hauptmann nur flüchtig die Gesichtszüge des Fremden erblickt, als dieser mit ihm bis zur Straße des heiligen Geistes gegangen war — wo Beide sich trennten, aber es war keine Täuschung — der Fremde stand dort unten mit dem Journalisten, und hätte bei dem Hauptmann noch ein Zweifel entstehen können, so würden die Steine der Fingerringe, welche im Lichte der Kerze Giuliani's blitzten — noch mehr aber die Stimme des Mannes, als er ziemlich laut sagte: „Gedenken Sie Ihres Wortes" — den Lauschenden überzeugt haben, daß es kein Anderer sein konnte, als der von ihm beschützte Fremdling. Was that er hier — bei dem Journalisten? — er, der dem Hauptmann, als er bankend Abschied nahm, sagte, daß er auf dem Platze Giovanni wohne? wie kam es, daß der Fremde, der sich offenbar absichtlich verhüllte, in dieser Stunde bei Giuliani war? er mußte fast unmittelbar nach des Hauptmanns Eintritt in das Haus — bei Giuliani erschienen sein. Philipp war ebenso leise in sein Zimmer zurückgeschlichen — als Giuliani und der Abbé die Treppe hinabstiegen. Der Journalist öffnete die Hausthür, der Abbé trat in die Straße, er winkte stumm einen Gruß und eilte hastig davon. Giuliani schloß die Hauspforte und stieg langsam die Treppe hinauf; als er in sein Zimmer trat, sah er Bianca vor dem mit Geldscheinen bedeckten Tische stehen.

„Matteo," rief sie, ihre zitternden Hände auf die Schultern des Gatten legend, „was ist geschehen — der fremde Mann — dieses Geld —"

„Pah!" erwiderte Giuliani, „ich habe Deinen Rath befolgt und meine Feder theuer genug verkauft — wir sind aus den Klauen Nathan Rubens gerettet — freue Dich mein Engel." Er lachte gezwungen und schob die Geldscheine zusammen.

„Wär's möglich?" frohlockte Bianca. „Siehst Du, wie gut die Frauen sich auf das Rechte verstehen? wer war es, der Dir das Glück brachte?"

Giuliani faßte mit starkem Griffe den Arm seiner Gattin. „Ich bin Deinem Rathe gefolgt," sagte er in ernstem Tone. „Aber nun folge meinem Befehle: kein Wort von dem, was heut Abend hier geschehen, komme über Deine Lippen — hörst Du?"

„Santa Teresa! — was ist das? Du machst mir bange," sagte die Frau besorgt dreinschauend. „Es wird doch nichts Schlimmes sein?"

„Es ist nichts Schlimmes," entgegnete Giuliani. „Aber es kann uns verderblich werden, wenn ein Wort von Dir das Erscheinen dieses Geldes und dessen verräth, der es mir überliefert hat — zur Ruhe — mein

Kopf wirbelt, ich bin zu schnell vom Unglück in das Glück gerathen."

Philipp von Aßfeld war endlich ermattet von dem, was während der letzten Stunden auf ihn eingestürmt, ihm begegnet — auf sein Lager gesunken. Allmälig suchte der Schlaf ihn auf — aber seltsame Träume durchkreuzten die Ruhe. Es war Juliette, die ihm zärtlichen Abschied winkte, dann stand er Antonio Malthioly gegenüber, der drohend die Hand erhob — dann fuhr er plötzlich in die Höhe, er war erwacht und seine Gedanken beschäftigten sich mit dem Besuche des Fremden bei Giuliani. „Ich komme über einen Verdacht nicht hinweg," murmelte er. „Es geht hier irgend etwas Sonderbares vor — ‚Gedenken Sie Ihres Wortes!' ja — ja — das waren die letzten Worte des Fremden — er verbirgt sich, giebt sich für etwas Anderes aus als er sicher ist — die auffällige Verhüllung seines Gesichtes — sein scheues Wesen und nun dieser verdächtige Giuliani — ah — lasse diesen Spuk fahren, Philipp," mahnte er sich selbst — „Juliette! an sie allein habe ich zu denken." —

Fünftes Capitel.

Audienzen.

Eine starke Volksbewegung herrschte auf dem Platze vor dem Palaste der Regentin. Die Menge war von allen Seiten herbeigeströmt. Sie setzte sich aus den Elementen zusammen, welche zu jeder Zeit dergleichen Anhäufungen bildeten, aus Müßiggängern, den besseren Ständen angehörend, feiernden Arbeitern, Spießbürgern, welche keine Gelegenheit versäumen die „etwas zu sehen" bietet, der nöthigen Anzahl von Weibern, welche so wenig bei Taufen und Hochzeiten, als bei Executionen fehlen und dem Contingente der Straßenjungen. Indessen sah man doch heute unter den Zuschauern auch eine große Anzahl vornehmer Persönlichkeiten. Sie waren zum Theil in ihren offenen Carossen placirt, theils hatten sie einige der Balkone der umliegenden Häuser eingenommen, um Zeugen eines prunkvollen Schauspiels zu sein. Nun wußten diese „Vornehmen" allerdings, daß das erwartete Schauspiel schon häufig genug durch viel glänzendere übertroffen worden war, für die große Welt es durchaus nichts Neues gab, ein Gesandter seine „Auffahrt" unternahm, aber dieses Mal hatten die Zuschauer ein besonderes Interesse daran, weil sie sich überzeugen wollten, daß der erwartete französische Ambassadeur, dessen Ausbleiben so vielerlei Gerüchte und Besorgnisse veranlaßt hatte, sich wirklich am Hofe der Herzogin-Regentin einfinden werde, oder ob etwa nur ein Stellvertreter Seiner Excellenz in der pomphaft decorirten Carosse Platz genommen habe, um in die Empfangsgemächer des Palastes zu schreiten.

Wenn die höhere Gesellschaft sich aus diesen Gründen eingefunden hatte, den Aufzug des Gesandten zu sehen, so hatte das Volk sich eingestellt, die Pracht des Zuges anzustaunen und eine besondere Anziehungskraft übte das Schauspiel auf die zum Markte in die Stadt gekommenen Landleute aus. Sie waren äußerst zahlreich vertreten, denn eine so vortreffliche Gelegenheit etwas vom Hofe sehen, bei der Heimkehr den Freunden und Angehörigen im Dorfe von den Herrlichkeiten be-

richten zu können, kam nicht allzuhäufig wieder. Die Bauern und Bäuerinnen in ihrer oft bunten Tracht bildeten nicht den am wenigsten anziehenden Theil des Bildes, welches sich auf der Piazza Reale entfaltete; mancher dieser ländlichen Bewunderer war auch eigens deshalb in die Stadt gekommen, um den Aufzug sehen zu können, wieder Andere hatten es vorgezogen, noch einen Tag länger in Turin zu verweilen, nachdem sie vernommen, daß der französische Ambassadeur mit allem Glanze seines Königs bedeckt, auffahren werde.

Unter diesen Letzteren befand sich Jacopo, der Wirth zum Löwen des Marcus, jener einsamen Waldschenke zwischen Pavarolo und Sanct Moro. Jacopo war mit seiner Ehehälfte in die Stadt gekommen, um Victualien und einige unentbehrliche Geräthschaften für seine Wirthschaft anzukaufen — in der Herberge hörte er von dem bevorstehenden Schauspiele erzählen — da man die endliche Ankunft des Gesandten von Frankreich erfahren habe, werde dessen feierlicher Empfang bei der Herzogin-Regentin unter den üblichen Ceremonien stattfinden, und wenn nun auch alle Welt wußte, daß dieser Empfang nur ein kurzer war, der obenein noch im Innern des Palastes vorging, von dem Publikum also gar nicht ein Mal gesehen werden konnte, wenn ferner die ganze Pracht der Auffahrt sehr schnell vor den Augen der Zuschauer vorüberzog, so riethen doch alle Kenner solcher Schauspiele dem Löwenwirthe angelegentlich, noch einen halben Tag länger in Turin zu verweilen.

Jacopo hatte sich demnach mit seiner Gattin schon sehr zeitig auf der Piazza eingefunden. Noch strömten die Gruppen der Zuschauer regellos und bunt durcheinander. Der Platz war zum Theil von den Truppen der Regentin umschlossen. Es war das Reiterregiment „Savoyen", welches in weitem Halbkreise Stellung genommen hatte. Innerhalb dieses Kreises sollte die Auffahrt vor sich gehen, da der Zug des Gesandten von der Straße Guard Infanti kommend, in weitem Bogen schwenkend in den Palast ging.

Das Gedränge wurde immer stärker, man schob sich bereits einander vorwärts und Jacopo, der seine Gattin am Arm führte, hielt es für gerathen, sich von der Masse schieben zu lassen, ein Manöver, welches ihm auch so gut gelang, daß Beide sich plötzlich in der vordersten Reihe der Gaffer befanden und da die kreisschließenden Reiter des Regimentes Savoyen keineswegs so dicht nebeneinander aufgeritten waren, daß man nicht zwischen je zweien hätte hindurch sehen können, hatten die Eheleute aus der Waldschenke einen äußerst vortheilhaften Platz gewonnen.

Sie befanden sich inmitten einer Gruppe von Kleinbürgern und halbanständigen Pflastertretern, denen sich auch zwei feiste Franziskaner Mönche zugesellt hatten. Unter Jenen zeichneten sich Drei aus, welche den eifrigsten Beobachtern des Volkslebens anzugehören schienen, denn sie verlangten bald von Diesem bald von Jenem zu wissen, was man denn in den verschiedenen Kreisen der Stadt von dem plötzlichen Wechsel des Gesandten, von der Abberufung des beliebt gewesenen Herrn von Gomont und von dessen Nachfolger sage — der eine dieser neugierigen Herren war eine Persönlichkeit seltsamer, fast burlesker Art. Er trug sehr abgeschabte

Kleider, die jedoch mit einem großen prahlerischen Bettelluxus aufgeputzt waren. Seidene, allerdings in ihren Farben verschossene Schleifen waren verwendet, um die Falten des bereits unsauberen Vorhemdes zu schmücken, der kurze Mantel war mit einer Spange geschlossen, welche einst vergoldet gewesen sein mußte, auf dem Kopfe trug der Herr einen spitzen Filzhut, an dessen Vorderseite zwei große Federn mittels einer Agraffe aus Glassteinen befestigt waren. Zum Ueberfluß hatte der Herr einen stark gekrümmten Rücken und etwas nach Innen gebogene Kniee, so daß einer der Zuschauer vollkommen Recht hatte, als er zu seinem Nebenmanne leise äußerte: „Der Herr im spitzen Hute hat viel Aehnlichkeit mit einer Gliederpuppe, welche der Puppenspieler auf dem Gemüsemarkte zuweilen in seinem Kasten erscheinen läßt."

Der sonderbare Herr schien mit seinen Cameraden auf bestem Fuße zu stehen, denn er lachte und plauderte mit ihnen, horchte dabei aber nach allen Seiten hin und machte sich sogar zuweilen einige Notizen in eine kleine Schreibtafel, dabei wußte er so viel und so Genaues vom Hofe zu erzählen, daß die nächststehenden Pfahlbürger und auch Jacopo mit seiner Frau den Eingeweihten mit offenem Munde anstarrten.

Aus verschiedenen kurzen Gesprächen hatten die Umstehenden vernommen, daß der Herr sich Fabius nannte, wie es schien, wollte er — das ging aus einigen Anspielungen hervor — in directer Linie von dem berühmten Römer abstammen. So sehr auch seine beiden Begleiter die Bemerkungen der Zuschauer auffangen mochten, ließen sie ihm doch den Vorrang und schienen seine Geschwätzigkeit vielmehr nützen zu wollen, indem sie ihn als den Wortführer vorschoben, der die Aufmerksamkeit des Publikums dergestalt in Anspruch nahm, daß es ihnen leicht wurde, ungestört beobachten zu können. Die verschiedenen Bemerkungen, schlechten Witze und die Suade des Herrn Fabius wurden von starkem Trommelwirbel unterbrochen, das Commando für die Reiter des Regiments Savoyen erscholl, Pferde und Männer in strammer Haltung, die Offiziere auf den Flügeln — so blieben die Truppen. Aus der Straße Guard Infanti rückte unter Trommelschlag das Regiment der Herzogin in den Kreis, beschrieb einen Bogen und zog dann quer über den Platz in den Palast. Bei dieser Schwenkung waren die Rotten dicht an der Stelle vorüber gekommen, wo Herr Fabius mit seinen Genossen neben Jacopo und dessen Frau standen.

„Ha!" flüsterte einer der Cameraden des römischen Abkömmlings seinen Genossen zu, „siehst Du ihn? — ich erkenne ihn genau wieder. Es ist der verdammte Kerl, der ihn befreite."

„Wo? — wo?" fragte der Andere.

„Dort, der Hauptmann von der zweiten Rotte — jetzt blickt er um sich — siehst Du ihn?"

„Wahrhaftig, Du hast Recht — er ist es. Der arme Pietro hat seinen Degen kennen gelernt — verdammte Aufträge das."

Ein lautes Rufen der Menge unterbrach die Fortsetzung dieser Unterhaltung, die Massen drängten sich dergestalt gegen die kreisschließenden Reiter, daß deren Pferde unruhig wurden und kurz sich aufbäumten. Die Ursache dieses Drängens war der aus der Straße Guard

Infanti hervorquellende Zug. Voran ritten fünfzig Cürassiere der piemontesischen Armee in vollen Harnischen mit Federn auf den Eisenkappen, dann folgten zwölf in die französischen Farben gekleidete Trompeter, welche Fanfare bliesen. Hinter ihnen kamen vierundzwanzig Hellebardierer, dann ein einzelner Reiter auf einem Schimmel. Der Mann trug vorn auf dem Sattelbogen ein Atlaskissen, auf welchem ein mit Sammet bezogenes Portefeuille ruhte. Dieses Portefeuille, von dessen unterer Seite an langer Schnur die silberne Kapsel herabhing, die das Siegel umschloß — enthielt das Beglaubigungsschreiben des Gesandten.

Hinter dem Reiter schritten sechs Pagen einher, welche ebenfalls in die Hausfarben Seiner französischen Majestät König Ludwigs des Vierzehnten gekleidet waren. Sie trugen ihre Federhüte in den Händen. Nach den Pagen erschien die Carosse des Gesandten. Sie wurde von sechs weißen Pferden gezogen, deren Riemzeug aus rothem, mit reich vergoldeten Ornamenten geschmücktem Leder bestand. Von den Ohrrosen dieser Pferde hingen prächtige Quasten hernieder und eine ganze Garnitur derselben war zu beiden Seiten eines jeden Pferdes befestigt und hing so tief hernieder, daß die Enden der reichverzierten Schnüre — sie waren alle mit Gold durchwirkt — fast den Erdboden streiften. Zwischen den Ohren eines jeden Pferdes erhob sich ein üppiger, in den französischen Farben zusammengestellter Federbusch, der aus silberner, tulpenartig geformter Röhre hervorquoll. Goldene und silberne Schellen waren in die breiten rothsammtnen Decken befestigt, welche sich um den Bug der schönen Rosse legten.

Die Carosse war ganz offen. Sie zeigte außen einen weißen, mit den kostbarsten Lackfarben ausgefragenen Ueberzug. Diese weiße Grundfläche bedeckte ein Gewirr von Ranken und Arabesken aus Holz geschnitzt, welche auf die helle Unterlage befestigt und reich vergoldet sich trefflich abhoben und einen glänzenden Effect hineinbrachten. Zwischen den Ranken und Arabesken, überall verstreut, sah man den Namenszug des Königs von Frankreich, das L mit der XIV verschlungen, darüber die Krone, auf den andern drei Seiten die französische Lilie.

Die Carosse war mit blauem Sammet ausgeschlagen, der ebenfalls mit den in Gold gestickten Lilien übersäet erschien. Die Kissen des Wagens lagen üppig sich aufbauschend zu beiden Seiten der Schläge über die Wände der Carosse hinaus. Die Schläge selbst waren mit kostbaren Teppichen behängt und auf ihnen standen an jeder Seite zwei Pagen.

Der Kutscher erschien in rothem, mit Goldstickerei dicht besetzten Rocke, ebenso die drei hinten aufstehenden Diener, welche Halsketten aus Silber trugen, von denen große Schaumünzen mit dem Portrait Ludwigs des Vierzehnten herabhingen.

In der offenen Carosse saßen auf dem Vordersitze der Abbé d'Estrades als Gesandter Seiner Majestät von Frankreich, ihm zur Rechten Monsieur de Pinchesne, erster Secretair der Gesandtschaft. Den Rücksitz nahmen zwei Cavaliere des Ambassadeurs — die Herren de Rivernois und d'Estaing ein. Die Pracht der Kleider, welche die Insassen des Wagens trugen, war geradezu blendend. Dem Wagen des Gesandten folgten noch drei andere,

in denen das Hauspersonal, der Marschall des Hôtels,
die Secretaire und sonstigen höheren Bediensteten der
Ambassade Platz genommen hatten.

Eine Abtheilung von Musketieren der Regentin
schloß den Zug. Neben den Wagen, zu beiden Seiten
desselben, schritten fünfzig Schweizer, welche gewissermaßen die Besatzung des Gesandschaftshôtels bildeten.
Sie waren in Wämmser von weißem Sammet gekleidet,
hatten rothseidene, mit Gold gestickte, weite Pluderhosen
und hirschlederne Stiefel an Beinen und Füßen. Ihre
Köpfe bedeckten versilberte Helmhauben mit großen Feder-
büschen geschmückt. Ueber die Schultern hingen reich-
gestickte Gehenke, in denen sich die spanischen Rappiere
schaukelten und in den Händen trugen sie vergoldete
Partisanen, von deren Spießenden dicke Quasten herabhingen.

Man mußte gestehen, daß der Zug ein wahrhaft
königlicher genannt werden konnte; Ludwig XIV. ward in
bester Weise repräsentirt und der Effect, den dieses ganze
Gemisch von Menschen, Pferden, Schmuck der Ausrüstung, Waffen und Kleidern hervorbrachte, wurde
noch wesentlich durch die Beleuchtung erhöht, denn eine
milde Sonne schien auf all diesen Glanz hernieder, sie
durch ihre Strahlen verdoppelte, die von den Helmen
der Soldaten und Schweizer, dem prunkvollen Geschirr
der Pferde und den farbenreichen Kleidern zurück gegen
die Augen der Menge blitzten. —

„Corpo di bacco,“ rief ein stämmiger Bürger aus
der Gruppe, in welcher Jacopo und seine Gattin sich
befanden. „Das nenne ich Aufsehen machen. Das sind
mir Gesandschaftsaufzüge.“

„Ja — ja,“ fiel ein Zweiter ein. „Es sind ganze
Kerle, diese Franzosen.“

„Und wie sie das Alles so schnell beisammen haben,
der Ambassadeur soll erst gestern in Turin eingetroffen
sein — und heute schon diese Pracht.“

„Nun —“ lachte ein Dritter, „das wäre kein
Kunststück. Dergleichen Dinge haben die Franzosen
immer vorräthig im Hôtel der Straße Madonna.
Das gehört zum Haushalte der Gesandschaft. Wenn
der französische König einen Gesandten zum Teufel schickt,
kommt der Zweite und nimmt im Namen seines Königs
von dem ganzen Kram Besitz. Da braucht nichts Neues
beschafft zu werden — es steht Alles bereit.“

„Ich wollte diese Franzosen gingen Alle zum
Teufel,“ brummte ein ältlicher Mann, der halb mili-
tairisch gekleidet — den ehemaligen Soldaten repräsentirte.

„Wie so, mein Herr? weshalb?“ fragte schnell Herr
Fabius.

„Weil sie es niemals gut mit uns gemeint haben,“
sagte ruhig der Alte. „Sie haben mit ihrem Glanze
gleich bei der Hand, die Dummen zu blenden und während
diesen noch der Pomp die Augen beißt, daß sie halbblind
umherlappen — wird schon ein schlimmes Stücklein
ausgeführt.“

„Ei, ei!“ rief Herr Fabius, „Sie sprechen recht
dreist, mein Freund. Es ist der Repräsentant des
Königs von Frankreich, von dem Sie so scharf urtheilen.“

„Was schiert mich das,“ brauste der Alte auf.
„Wer die Franzosen so kennen gelernt hat wie ich, der
bekreuzt sich vor ihnen.“

Herr Fabius wollte eben etwas erwidern, aber
diese Entgegnung wurde ihm abgeschnitten, da gerade in
demselben Augenblicke der Zug dicht vor die Zuschauer-
gruppe angelangt war und wieder ein neues Drängen
entstand. Der Zufall wollte es, daß in der Reihe der
Wagen eine kleine Stockung entstand — so daß die
Carosse des Gesandten einige Minuten dicht vor den
Zuschauern hielt, die nun den Ambassadeur und seine
Begleitung mustern konnten.

„Frau! Frau!“ sagte schnell und erstaunt Jacopo.
„Schau Dir den Herrn Gesandten doch recht an — ich
weiß nicht — bin ich behext. Er ist es!“

„Wer denn — Jacopo — was willst Du sagen.“

„Ich bin meiner Sache gewiß,“ sagte Jacopo, mit
dem Finger auf den Wagen weisend, der sich bereits
wieder in Bewegung gesetzt hatte. „Der Gesandte war
es, der vor kurzem bei uns im Löwen einkehrte — ich
will darauf schwören, der Herr von Estrades ist unser
Gast gewesen.“

„Wer? wo? was sagen Sie?“ frogte jetzt schnell
und neugierig Herr Fabius. „Woher kennen Sie den
Gesandten?“

Die beiden Begleiter des römischen Abkömmlings
drängten sich horchend herbei. „Je nun,“ lachte Jacopo
stolz. „Ich kann Ihnen mein Wort darauf geben, daß
der Gesandte, der dort in seinem reichen Gewande die
Kissen des Wagens drückt, der hier mit wahrhaft königlichem Prunke aufzieht, vor etwa acht Tagen in meinem
Hause war. Ich bin der Eigenthümer des Gasthauses
zum Löwen von St. Marco, zwischen Pavarola und
St. Moro.“

Fabius gab seinen Begleitern einen leisen Wink,
dann fuhr er fort: „Ah — mein Herr, das ist äußerst
merkwürdig — Sie hatten die Ehre? aber vor acht
Tagen, sagen Sie? — wie wäre das möglich? — ich
weiß, der Gesandte ist erst gestern in Turin angekommen — er müßte demnach nicht direct von Venedig
hierher gekommen sein, wo man ihn erwartete. Wie
kam er in Ihr Haus?“

„Ich habe nicht danach zu fragen,“ entgegnete
Jacopo. „Es ist aber genau so wie ich gesagt. Er traf
dort mit einem andern Herrn zusammen. Er selbst
kam aus der Richtung von St. Moro — der Andere
von Turin her.“

„Immer merkwürdiger,“ fuhr Fabius in seinem
Examen fort. „Und der Andere — wie sah er denn
aus? — ach — Sie verzeihen, mein Herr, wenn ich
zudringlich werde, aber ein Mann wie ich, der als
Reisender gern Neuigkeiten sammelt, findet Alles interessant.“

„Wenn Ihnen an der Beschreibung liegt, so sollen
Sie befriedigt werden. Es war ein schlank gewachsener,
feiner Herr. Sein Gesicht war hager, dunkles Haar,
ein Bärtchen auf der Oberlippe und stutzbart am
Kinn. Er sprach sehr sanft und ich habe wohl bemerkt,
daß er an der rechten Seite der Stirn eine Narbe hatte.“

„Es war Gomont,“ flüsterte einer der Cameraden des Herrn Fabius dem Andern zu. „Endlich eine
Notiz für Moreno.“

„So — so,“ nahm Fabius wieder das Wort.“
Und was thaten die Herren bei Ihnen?“

„Das weiß ich nicht. Sie forderten ein Zimmer,

tranken Wein und blieben eine halbe Stunde beisammen. Dann fuhren sie wieder fort nach verschiedenen Richtungen. Der Herr mit der Narbe gegen Moro — der Herr von Estrades gegen Pavarolo zu."

„Ich sinne vergeblich nach," meinte Fabius, „weshalb der Gesandte mit dem Andern bei Ihnen zusammen kam."

„Mein Herr," entgegnete Jacopo verletzt, „weshalb sollen denn diese Herren nicht in meinem Hause zusammenkommen können? es ist ein Gasthaus, wie viele andere. Ich bediene meine Kunden und Gäste gut."

„Es ist nicht meine Absicht gewesen, Sie zu verletzen," sagte Fabius sehr artig. „Ich fand es nur auffällig daß der Gesandte sich einen so entlegenen Ort gewählt hat — indessen, er wird seine besondere Absicht gehabt haben."

„Alle Teufel," rief Jacopo plötzlich, „da können Sie Recht haben. Ja — ja — die beiden Herren mußten besonders wichtige Dinge verhandeln, denn sie hielten darauf, sich für Kaufleute auszugeben gut."

„Sehen Sie wohl!" lachte Fabius. „Wenn der Gesandte des Königs von Frankreich sich als Kaufmann ausgiebt, dann ist Absonderliches dabei. Sie können wohl glauben, mein Herr, daß in Ihrem Hause Wichtiges vorgegangen ist — denn — wer weiß, was der Andere für eine hohe Persönlichkeit war. Und weiter erfuhren Sie nichts?"

„Nein, mein Herr," antwortete Jacopo, dem die Zudringlichkeit allmälig lästig wurde. „Ich frage meine Gäste niemals aus."

„Ich bin Ihnen sehr dankbar. Sie haben mein Notizbuch bereichert," sagte Herr Fabius. „Können wir uns nicht wiedersehen? heut; vielleicht in der Weinschenke des Vincentio oder — "

„Ich bedaure," sagte Jacopo, dem es ein wenig ängstlich ward, denn er war nicht recht sicher, ob der zudringliche Herr etwa gesonnen sein möchte, sich ein wenig näher mit der Hantierung des Inhabers vom Löwen bekannt zu machen und Jacopo wußte, daß er in seinem Hause gerade einen anständigen Vorrath von Contrebande liegen hatte. „Mein Fuhrwerk steht bereit, ich verlasse sogleich Turin — Frau," sagte er, „wir haben genug gesehen — wir müssen suchen aus dem Gedränge zu kommen."

Dies wurde nicht allzuschwer, denn da die kreisschließenden Cavalleristen sich näher gegen den Palast zogen, wurde der Platz freier. Die noch immer Schaulustigen strömten den Reitern nach, was zurückblieb konnte sich freier bewegen und Jacopo befand sich bald mit seiner Gattin und einigen Andern von der Masse entfernt, die gegen den Palast drängte, auch Herr Fabius und dessen Begleiter waren verschwunden.

Jacopo und Gemahlin schritten der Straße Nuova zu.

„Was war das für ein Kerl," sagte er. „Er sah mir verdächtig aus. Es mag einer von der Hermandad gewesen sein."

„Er sah mir nicht danach aus," lachte die Frau. „Es war ein trockener Bursche, der keinen Dieb festhalten kann."

„Du kennst die Polizei schlecht," belehrte Jacopo. „Die hat allerlei Kerle bei der Hand. Wer nicht fest-

halten kann, wird gebraucht um die Leute brav auszuholen. — Ich habe eine Dummheit gemacht — ich hätte dem hageren Buckligen nicht antworten sollen. Eilen wir aus Turin zu kommen."

Und als ob die Häscher schon hinter ihm wären, schritt Jacopo so hastig die Straße hinunter, daß seine Ehehälfte kaum zu folgen vermochte.

Das Trifolium, bestehend aus Herrn Fabius und dessen Begleitern, hatte ebenfalls eiligen Schrittes den Weg nach dem Markte genommen.

„Das ist Etwas," kicherte Fabius, der zwischen seinen Begleitern ging. „Ihr sollt sehen, welche Augen Signor Moreno machen wird."

Ein eben so lebhaftes Treiben, als vor dem königlichen Palaste stattfand, herrschte auch im Innern desselben und in den Höfen.

Hier waren die Truppen zum festlichen Empfange aufgestellt. Sie bildeten vom Eingange bis zu dem großen Treppenhause Spalier. Die Ehre, an diesem Tage die Besatzung des Palastes zu bilden, war dem Regimente der Herzogin-Regentin zu Theil geworden, die Offiziere auf ihren Posten vertheilt, die Fahnen halb entfaltet, die Musketen und Partisanen präsentirend, so standen die Truppen in straffer Haltung, als der Wagen des Gesandten in den Vorhof rollte.

Während die Pagen des französischen Ambassadeurs sich von den Schlägen schwangen, um diese zu öffnen, erschienen sechs Kammerherren der Regentin, den Abbé d'Estrades und seine Begleitung zu empfangen. Herr von Estrades stieg mit seinen Begleitern aus der Carosse und grüßte die ihm Entgegenkommenden in äußerst verbindlicher Weise, dann schritt er, unter dem Trommelwirbel der Regimentstambours in das von den Truppen gebildete Spalier und nahm seinen Weg zur großen Treppe, auf deren Stufen die Palastschweizer mit ihren vergoldeten Partisanen in den Händen, in Galauniform paradirend, aufgestellt waren.

Am Fuße der Treppe hatte das Regiment Herzogin Regentin sein erstes Glied postirt, bei welchem Hauptmann Philipp von Asfeld als Commandirender stand. Da beim Erscheinen des Gesandten das Commando: „Präsentirt die Gewehre!" erschallt war, hielten sämmtliche Truppen sich in der steifen militairischen Ruhe, die Offiziere mit angezogenem Degen, es war deshalb in den beiden Linien keine Schwankung zu bemerken.

Die Gesandtschaft schritt langsam an den beiden Fronten vorüber und wenn Philipp von Asfeld nicht durch das Commando gefesselt worden wäre, würde er sicher einen lauten Ruf des Erstaunens nicht unterdrückt haben — denn er hatte sofort in der Person des Gesandten, des Herrn Abbé d'Estrades, den Mann wieder erkannt, den er aus den Händen der Strolche befreit, den er kurz darauf wieder bei dem Journalisten Giuliani gesehen hatte, zu welchem der Herr Abbé ohne Zweifel in geheimnißvoller Weise, zu ungewöhnlicher Stunde erschienen war.

Dicht an dem Hauptmann ging er vorüber um die Stufen der Treppe zu beschreiten. Hatte der Abbé auch ihn erkannt? — es schien dem Hauptmann, als wäre dies geschehen, denn Estrades, der seine klugen Augen nach rechts und links wendete, hielt einen Moment inne, warf dem Hauptmann einen Blick zu und wendete dann — wie es den Anschein hatte, in einiger Verlegenheit das Haupt und schneller als bisher schritt er vorwärts — die Treppe hinauf.

Das Commando, „Gewehr ab" — befreite den Hauptmann aus seiner gezwungenen Stellung — er blickte dem Abbé nach, als wolle er sich die Gewißheit verschaffen, daß es wirklich der Mann sei, mit dem er in so enge Beziehung gekommen war — kein Zweifel konnte mehr obwalten — der Gesandte von Frankreich und der Besucher des Herrn Giuliani war ein und dieselbe Person. —

Philipp hatte Zeit genug, über diese Dinge nachzusinnen. Aus welchem Grunde war der Abbé unter fremdem Namen vor seiner Präsentation in Turin? was suchte er zu nächtlicher Stunde bei Giuliani? weshalb verbarg er so sorgfältig sein Gesicht, als Philipp ihn bis zur Straße des heiligen Geistes geleitete und was bedeuteten die Worte, welche er zu Giuliani bei seiner Trennung von demselben zuflüsterte? — Der Hauptmann konnte nach ruhiger Ueberlegung kein Resultat gewinnen, als daß sich hier ein besonderes Ereigniß vorbereite, daß er wider Willen einen Theil eines Geheimnisses erlauscht hatte.

Unterdessen war der Abbé in das Vorzimmer des großen Empfangsaales geleitet worden. Nach kurzer Frist, während welcher die versammelten Cavaliere sich flüchtig dem Gesandten vorstellten, wurden die Flügelthüren, die zum Saale führten, von zwei hohen Beamten geöffnet und der Marschall der Regentin rief mit lauter Stimme ankündigend: „Der Herr Gesandte Seiner Majestät von Frankreich!"

Estradès und seine Begleiter schritten in den mächtigen Raum des Empfangsaales. Ihm gegenüber waren in weitem Halbkreise die gesammten Angehörigen des Turiner Hofes aufgestellt. Einige Schritte von denselben stand, in prachtvoller Staatstoilette: Marie Jeanne Baptiste, die Herzogin-Regentin.

Ein Rauschen, als wenn das Wasser eines Baches über Gestein sich ergießt, schallte durch den Saal, als sich die ganze Gesellschaft tief verneigte. Die seidenen Roben der Damen brachten jenes Geräusch hervor, gleich schönen, prächtigen Blumen, welche ein leichter Windstoß bewegt, neigten sie alle ihre Häupter, um sie sogleich wieder zu erheben. Der Abbé und die Seinigen erwiderten diese Verbeugungen in graziöser Weise, hierauf schritten die Regentin und Estradès einander entgegen.

Marie Jeanne nahm zuerst das Wort. Sie sprach von dem Vergnügen welches sie empfinde, den Repräsentanten des großen Monarchen bei sich empfangen zu können und von dem Wunsche, den sie hege, daß die Ankunft des Abbé ein trefflich gewähltes Mittel sei, das Band der Einigkeit zwischen Frankreich und Savoyen noch fester zu knüpfen.

Nachdem sie geendet hatte, nahm Estradès aus den Händen des ihm zur Seite tretenden Gesandtschaftsbeamten das kostbar eingebundene Beglaubigungsschreiben und indem er es der Regentin knieend überreichte, bat er um die Erlaubniß, einige Worte erwidern zu dürfen, was ihm durch einen Wink der Regentin gestattet wurde.

Der Gesandte erklärte ebenfalls, daß er hoffe, durch seine Function zur Befestigung des guten Einvernehmens zwischen den beiden Staaten beitragen zu

können, daß sein Gebieter von dem Wunsche geleitet werde: die Herzogin möge in ihm einen Freund erkennen, daß er, der Abbé, Alles aufbieten werde, sich das Wohlwollen Ihrer Hoheit zu erwerben.

Marie Jeanne hatte das Beglaubigungsschreiben nun entfaltet. Der Abbé stand ihr dicht gegenüber. Die ganze versammelte Menge war ehrerbietig zurückgetreten, so daß die Regentin und der Abbé sich Beide in der Mitte des großen Saales, vollständig von den Uebrigen isolirt, befanden.

Die Regentin kannte hinlänglich den Inhalt eines solchen Beglaubigungsschreibens. Es war wie alle dergleichen Documente in der altherkömmlichen Weise abgefaßt, daß sie es scheinbar mit Aufmerksamkeit zu durchlesen schien, war eben nur eine Förmlichkeit. Sie bewegte leise die Lippen.

Estradès, der kaum einen starken Schritt weit von ihr entfernt war, vermochte daher jedes, selbst leise gesprochene Wort zu vernehmen.

„Sie haben uns in Sorge versetzt, Herr Abbé," flüsterte die Regentin, ohne das Auge auf Estradès zu richten. „Sie waren auf einige Zeit verschwunden, ehe Sie bei uns eintrafen."

Der Abbé neigte sein Haupt ein wenig, so daß es fast unter dem kostbaren Einbanddeckel des Beglaubigungsschreibens ruhte. Er schien die Diamantschnallen seiner seidenen Schuhe zu betrachten und entgegnete nun ebenfalls im Flüstertone:

„Ich mußte auf Befehl meines Gebieters einen Ausflug unternehmen, Hoheit. Erst gestern konnte ich in Turin eintreffen."

„So waren Sie auf königlichen Befehl uns so lange entzogen?"

„Gewiß Hoheit. Ich habe mich beeilt so sehr ich nur konnte."

„Ihre plötzliche Versetzung von Venedig hierher ist bedeutungsvoll."

„Das ist sie, Hoheit — ich leugne es nicht."

„Wir haben das wohl durchschaut, Sie müssen eine außergewöhnliche Bestimmung erhalten — eine wichtige Negotiation zu betreiben haben."

„Welche Euer Hoheit nicht unbekannt bleiben soll — aber nur Ihnen allein."

„Ich will sie erfahren."

„Es bedarf der Vorsicht — ich darf nicht officiell darüber verhandeln."

„So muß ich Sie entre quatre mures sprechen."

„Hoheit trafen das Rechte."

„Heut Abend denn in meinem Boudoir. Mein Kammerdiener Joseph wird Sie geleiten. Er ist um die achte Stunde in Ihrem Hotel."

„Ich werde mich bereit halten."

Die Regentin klappte die Schrift zusammen. „Ich danke Seiner Majestät von Frankreich für diese gnädige Zuschrift," sagte sie mit lauter Stimme. „Herr von Estradès, wir heißen Sie willkommen."

Der Abbé verbeugte sich wiederum sehr tief und die Regentin gab der Hofgesellschaft ein Zeichen näher zu treten. Damit war der officielle Empfang des Gesandten vorüber, Alles trat in zwanglosen Gruppen zusammen, die Regentin ließ sich die einzelnen, ihr noch unbekannten Mitglieder der Gesandtschaft vorstellen, der

Abbé wurde wiederum mit den Persönlichkeiten aus der Umgebung der Herzogin bekannt gemacht.

Während eine allgemeine Unterhaltung stattfand, näherte die Regentin sich dem Obersten Lucerna.

„Graf,“ sagte sie, ihn zu sich winkend, „welcher von den Offizieren hat heute das Commando im Palast?“

„Der Hauptmann Philipp von Aßfeld, von Eurer Hoheit Regiment.“

„Ah — ein sehr zuverlässiger Offizier. Kann ich ihn sprechen?“

„Er steht zu Eurer Hoheit Befehl.“

„So bitten Sie ihn zu mir; wenn ich in meine Zimmer gehe.“

Die Audienz und die ihr gefolgten Begrüßungen waren vorüber, die Regentin entließ ihren Hofstaat und nochmals dem Gesandten einige huldvolle Worte sagend, schritt sie, von ihren Damen und dem Abbé begleitet, aus dem Empfangssaale, an dessen Thür sich Herr von Estrades verabschiedete.

Die Gesandtschaft verließ, von den Kammerherren geleitet, ebenfalls den Saal, schritt die Treppe hinunter und bestieg wieder die Carossen, welche in derselben Ordnung, wie sie gekommen, aus dem Palaste fuhren. Estrades hatte während seines Ganges durch das Spalier bildenden Soldaten den Hauptmann zu entdecken gesucht — er war verschwunden.

Die Regentin befand sich mit ihren Damen bereits in dem Corridor, der zu ihren Gemächern führte, am Ende desselben stand in militairischer Haltung der Hauptmann von Aßfeld.

Marie Jeanne beeilte ihre Schritte. Sie befand sich bald dem Offizier gegenüber. „Ah, Herr von Aßfeld,“ sagte sie. „Ich habe Sie seit längerer Zeit nicht gesehen. Ihre dienstlichen Functionen hielten Sie von den Soireen entfernt.“

„Ich mußte sie entbehren, Hoheit,“ erwiderte Philipp, dessen Blicke einigermaßen sich verwirrten, denn er hatte unter den, die Regentin umgebenden Damen, Juliette de Pons entdeckt, welche ebenfalls den Hauptmann mit fragenden, traurigen Blicken betrachtete. So nahe beieinander! so viel zu besprechen, zu fragen — und noch keine Möglichkeit nur einige Minuten zu gewinnen!

„Herr von Aßfeld,“ fuhr die Regentin fort, „Sie haben heute die Wache im Palaste.“

„Zu Befehl, Hoheit.“

„Sie werden — ah — Graf Riccati,“ sagte Marie Jeanne, sich schnell zu dem hinter ihr stehenden Cavalier wendend. „Unterhalten Sie doch einige Minuten die Damen, ich habe dem Hauptmann einen dienstlichen Auftrag zu geben.“ Riccati verstand den Wink. Er trat zu den Hofdamen und drängte sie, einige verbindliche Redensarten brauchend, ein wenig zurück.

„Herr von Aßfeld,“ fuhr die Regentin hastig fort, „Sie kennen als Offizier des Palastes genau die Localität. Sie werden heute Abend gegen acht Uhr sich selbst auf Posten stellen und zwar an der kleinen Thür, welche in den Gang mündet, der von der Garderobe aus in meine Zimmer führt. Sie lassen Niemanden passiren, als nur denjenigen, welchen Joseph, mein erster Kammerdiener, geleitet. Wenn der Fremde — durch die kleine Thür in mein Zimmer trat, bleiben Sie vor derselben, bis er mit Joseph zurückgekehrt ist. Niemand darf sich dieser Stelle nähern — Sie wissen genug. Ich rechne auf Ihre strengste Verschwiegenheit.“

Aßfeld verbeugte sich stumm.

Marie Jeanne winkte ihm freundlich, dann setzte sie den Weg nach ihren Zimmern fort. Juliette wagte nicht sich umzuschauen. Es war ihr, als ob sämmtliche Anwesende die Augen auf sie gerichtet hätten, und sie sah nicht den sehnsüchtigen Blick, den Philipp von Aßfeld ihr nachsendete.

„Ich fragte den Hauptmann wegen seines Oheims,“ sagte die Regentin zur Gräfin Saldagna, auf deren Arm sie sich stützte, „aber er hat keine Nachrichten von ihm. Seltsam — wie diese Männer vom Degen in der ganzen Welt zerstreut leben, ohne von einander zu wissen.“

Die Uhren der Kirchen hatten kaum auf halb Acht gewiesen, als der Hauptmann Philipp von Aßfeld in dem Corridor erschien, welcher sich hinter den Gemächern der Herzogin entlang zog. Der Hauptmann, dem die ganze Localität genau bekannt war, hatte sich auf einige Zeit damit beschäftigt, die Umgebung zu recognosciren, welche an und neben der bezeichneten Stelle lag. Er wollte, dem Befehle der Regentin gemäß, jeden Unberufenen fern halten, allein er sah bald, daß seine Bemühungen vollständig überflüssig waren, es erschien kein lebendes Wesen, die tiefe Ruhe zu stören, die in dem ganzen Theile des Palastes herrschte, den die geheimnißvoll verkündete Person betreten sollte.

Philipp von Aßfeld befand sich ganz ungestört auf seinem Posten. Es war schon einige Zeit verstrichen — noch immer stand er allein in dem Gange, dessen Fenster den kleinen, mit Statuen und Blumengruppen geschmückten Hinterhof führten. Wohl zehn Mal hatte er bereits die Faune und Nymphen aus Marmor gemustert, die an den Wänden des Hintergebäudes im Hofe aus dem dichten Gesträuße von Epheu und Taxus hervorlugten, oder in den kleinen Bassins standen, deren helles Wasser über ihre steinernen Gliedmaßen sprudelte, dann war er einige Male auf und niedergeschritten, hatte sich auf einen der Sammetsessel niedergelassen, welche im Corridore standen, hatte während der kurzen Rast an Juliette gedacht und dann wieder die kleine Thür gemustert, durch welche der Erwartete schreiten sollte — als er endlich Schritte vernahm. —

Der Hauptmann stellte sich am Ausgange der Treppe auf, die zu dem unteren Flur führte. Er sah zwei Männer heraufkommen. Der, welcher vorausschritt, war Joseph, der Herzogin erster Kammerdiener, ihm folgte ein Mann in bürgerlicher Kleidung; als derselbe ein wenig das Haupt erhob, hatte Aßfeld auch ihn erkannt, es war der Abbé d'Estrades, der Gesandte von Frankreich, mit dem der Hauptmann nun schon zum dritten Male in so seltsamer Weise zusammentreffen sollte.

Joseph eilte ein wenig voraus und war bald bei dem Hauptmann angelangt, den er artig grüßte. „Colonel,“ sagte er „ich brauche Ihnen nichts weiter zu sagen — Ihre Hoheit haben Ihnen die nöthigen Instructionen gegeben. Sie werden dem Herrn einige Minuten Gesellschaft leisten, indeß ich ihn bei Hoheit melde.“

Er hatte bereits einen Schlüssel in das Schloß der kleinen Thür gesteckt, öffnete dieselbe und war hinter der

Pforte verschwunden. Philipp befand sich dem Abbé allein gegenüber, der unterdessen die Treppe hinaufgestiegen war. Der Hauptmann war in nicht geringer Verlegenheit und er hatte sich zur Genüge überzeugt, daß der Abbé ebenfalls betroffen war, seine nächtliche Bekanntschaft hier wieder zu finden. Beide Männer verbeugten sich.

Eine kleine Pause entstand. Asfeld wollte aber dieser Situation ein Ende machen. „Mein Herr," begann er „ich bin, wie es scheint, ausersehen, Ihre Person bei besonderen Gelegenheiten schützen, oder Ihnen mindestens einen kleinen Dienst leisten zu können."

Der Hauptmann hatte absichtlich die Nennung eines Namens, oder die Bezeichnung der hohen Charge des Herrn von Estrades vermieden, und er erwartete, daß der, dem er jedenfalls einen Dienst geleistet hatte, sich in verbindlicher Weise äußern, seinem Retter gegenüber sein Incognito fallen lassen werde. Er hatte sich jedoch in seiner Erwartung getäuscht. Der Abbé sah ihn fragend an. Ein sonderbares Lächeln spielte um seine Lippen und indem er sein Haupt leicht schüttelte, sagte er:

„Ich verstehe Sie nicht, mein Herr Offizier. Sie behaupten mich zu kennen, wenn ich recht hörte?"

Philipp gerieth einigermaßen in Verwirrung. Diese Frage kam ihm in der That unerwartet vor. „Allerdings," entgegnete er, „ich kenne Sie, Sie werden nicht glauben, daß ich eine neue Danksagung für den Dienst erwarte, den ich Ihnen pflichtmäßig leistete — ich habe nur eine flüchtige Bekanntschaft für einige Minuten erneuern wollen, die wir nothwendiger Weise mit einander durchleben müssen."

Der Abbé ließ aufs Neue den Ausdruck des Erstaunens in seinen geistvollen Gesichtszügen erscheinen. Er berührte leicht mit der Hand seine Stirn, als wolle er in seinen Erinnerungen suchen, dann blickte er den Hauptmann noch ein Mal scharf an und wieder leicht das Haupt bewegend, sagte er:

„Mein werther Herr, ich kann mich in der That gar nicht erinnern, Ihrer interessanten Persönlichkeit schon irgend wo begegnet zu sein — aber es geht mir häufig so — man verwechselt mich gar oft. Ich habe darin ein eigenes Geschick — Sie verzeihen mir, daß ich offen spreche — in meinem sehr bewegten Leben ist man vorsichtig, wenn sich Personen — mögen sie auch so gewinnender Art wie die Ihrige sein — als Bekannte vorstellen."

Der Hauptmann war einen Schritt zurückgetreten. Diese Abweisung erschien ihm denn doch zu dreist — sie grenzte an Unverschämtheit, und war eine schroffe Hindeutung darauf, daß der Offizier alle ferneren Versuche, sich dem Abbé zu nähern, aufgeben solle. —

Weshalb sollte er den Mann schonen, der ihm zu Danke verpflichtet war und sich dessen so gar nicht erinnerte, der ihn mit französischem Hochmuthe verleugnete? Der Hauptmann griff unwillkürlich an seinen Degen, als er auf den Abbé zutrat und mit finstern Blicken anhub:

„Herr Abbé von Estrades — Sie mögen ihre Gründe haben, mir gegenüber —" aber weiter kam der Hauptmann nicht, denn die Thür öffnete sich wieder, der Kammerdiener Joseph erschien und sich zwischen den Hauptmann und den Abbé schiebend sagte er:

„Sie mögen eintreten, mein Herr."

Estrades, der offenbar sehr erfreut war, der sich entspinnenden, ernsten Unterhaltung mit dem Offiziere enthoben zu sein, schritt hastig an diesem vorbei durch die geöffnete Thür, Joseph folgte und schloß diese sofort — Philipp von Asfeld blieb betroffen allein im Corridore zurück.

Der Abbé wurde von dem Kammerdiener durch verschiedene Gemächer geführt, bis er in einem kleinen, zierlich ausgestatteten Kabinette halt machen mußte. Joseph verschwand wiederum, nach einigen Minuten wurden die Portièren aus einander geschlagen — die Regentin trat ein.

„Sie sind willkommen, Herr Abbé," begann sie, sich in einen Fauteuil werfend, indem sie zugleich den Gesandten durch eine Handbewegung einlud, ebenfalls Platz zu nehmen.

„Ich hoffe, Hoheit, daß ich es bin," sagte Estrades sich verbeugend, „die gütige Aufnahme, welche mir bei dem offiziellen Empfange zu Theil ward, die Einladung zu diesem Privatgespräche, berechtigen mich zu jener Hoffnung."

„Ich verehre in Ihnen die Person Seiner Majestät von Frankreich, und es ist mir eine angenehme Pflicht, die Wünsche Seiner Majestät mir vortragen zu lassen. Sie sind ohne Zweifel dringend, denn die Eile, welche Sie, Herr Abbé, zu haben schienen, bürgt mir dafür."

„Hoheit irren nicht. Was ich vorzutragen habe, bedarf der schnellen Erledigung und vor allen Dingen ist eine Aussprache ohne Zeugen, ohne das Eingreifen sogenannter Mittelspersonen nothwendig. Wenn Hoheit es gestatten, so beginne ich sogleich. Geschäftliche Dinge lasten wie ein schweres Gewicht auf der Brust Dessen, der mit ihrer Erledigung betraut ist, einmal befreit von diesem Drucke, wird sich alles Andere leicht bewerkstelligen lassen."

„Ich bitte nicht zu zögern, Herr Abbé."

Herr von Estrades räusperte sich ein wenig, dann begann er:

„Ich muß, bevor ich zu dem eigentlichen Punkte meiner Mission komme, ein wenig zurückgreifen. Versetzen sich Hoheit in das Jahr sechszehnhundertundfünfundsechszig. Es ist der siebzehnte September jenes Jahres — seit dem Tode Herzogs Carls des Dritten von Mantua sind nur wenige Tage verflossen. Bei der Regentin, Mutter des heut regierenden Herzogs Carls des Vierten, erschien der Sieur d'Aubeville als Gesandter Seiner Majestät von Frankreich. Er brachte von Paris die Bitte des Königs an die Herzogin: Man möge vor allen Dingen darauf bedacht sein, während der Minderjährigkeit des Herzogs, keine Neuerungen in Bezug auf die Besatzung der Festung Casale zu dulden. Dieser Platz ist ohne Frage der beste nach Mantua in den Staaten des Herzogs Carl aber er hat sich niemals in ruhigem Besitze desselben befunden. Eure Hoheit werden nicht leugnen können, daß die erhabenen Fürsten des Hauses Savoyen stets Anspruch auf den Besitz von Casale machten, obwohl eine Verfügung Kaiser Carls des Fünften, zu Gunsten des Hauses Gonzaga, also der Herzöge von Mantua entschieden hatte. Es ist für diese eine große Schwierigkeit, sich den Besitz der Festung zu sichern. Die Lage derselben ist unvortheilhaft, denn von dem

Gebiete ihrer Besitzer wird sie durch einen großen Theil des Mailändischen Gebietes geschieden, und wir haben zu Paris die Ueberzeugung gewonnen, daß Spanien mit Ungeduld den Moment erwartet, an welchem ihm die passende Gelegenheit geboten wird, sich zum Herrn von Casale zu machen, dieser Moment ist nahe."

Die Herzogin-Regentin fuhr betroffen auf.

„Sie sprechen ein gefährliches Wort aus, Herr Abbé," sagte sie „wir leben im tiefsten Frieden — wer wollte es wagen, jetzt, in der Zeit der Ruhe und vollständigen Sicherheit, einen solchen Gewaltstreich auszuführen?"

„Eure Hoheit haben vollkommen Recht, meinen Ausspruch als einen gewagten zu bezeichnen und Sie werden mir wohl glauben, wenn ich sage: Ich würde so schwer wiegende Beschuldigungen nicht aussprechen, hätte ich nicht die genügenden Beweise für meine Behauptungen, wäre ich nicht von Paris aus mit den nöthigen Beweismitteln versehen worden. Die Macht des Königs von Frankreich erstreckt sich weit. Nicht nur auf dem Schlachtfelde haben wir Erfolge zu verzeichnen — auch in den Cabinetten der Fürsten Europas verstehen wir Siege zu erringen, haben wir unsere Alliirten. Mit Hülfe derselben ist es Seiner Majestät von Frankreich gelungen, einem wohlbedachten Plane Spaniens zur Ueberrumpelung Casales auf die Spur zu kommen. Wir haben die Fäden des Netzes bloßgelegt, welches über dem Besitzer Casales zusammengezogen werden soll."

Die Herzogin stützte ihr Haupt in die Hand und dachte eine Zeit lang nach, dann wendete sie sich wieder zu dem Abbé: „Ich kenne die offene und geheime Gewalt, welche der König von Frankreich auszuüben weiß, ich kenne die Mittel, welche ihm zu Gebote stehen — aber so nahe meinen Staaten sollte ein Complott von unberechenbaren Folgen in seiner Ausführung dem Gelingen nahe sein?"

„Hoheit dürfen mir glauben. Dies allein war der Grund meines Nichteintreffens, meiner verzögerten Ankunft in Turin. Wir hatten bereits seit längerer Zeit Kunde von dem Plane der Spanier. Der Herr von Gomont ist ein trefflicher Ambassadeur, wenn es gilt, dem Cabinette von Versailles Freunde in der Gesellschaft eines auswärtigen Hofes zu erwerben, aber für die Ausführung größerer Entwürfe, für die schnelle und energische Beseitigung drohender Gefahr, mangelt ihm die Kraft. Seine Majestät haben ihn deshalb abberufen und mich an seine Stelle gesetzt. Dieser plötzliche Wechsel, den Niemand erwartete, hängt mit dem Entwurfe der Spanier zusammen, der seiner Ausführung nahe ist. Die Zeit drängt und wir müssen handeln. Ich konnte nicht ohne genauere Kenntniß der Verhältnisse handeln — ich reiste einige Tage lang unerkannt im Lande umher. Die Forschungen, welche ich anstellte, haben mich davon überzeugt, daß unsere Agenten recht berichteten — die Spanier warten nur noch auf eine Verstärkung ihrer Grenztruppen, um Casale zu besetzen — das aber," sagte er mit fester Stimme, „darf Frankreich nicht dulden!"

„Sie sprechen, Abbé, als solle der Eingriff Spaniens in ein Land geschehen, welches Seiner Majestät von Frankreich gehört. Wir sind in Italien — gedenken Sie dessen," sagte die Regentin sich gleichfalls erhebend.

„Das ist im Grunde richtig, Hoheit," entgegnete der Abbé mit seinem Lächeln, „allein Seine Majestät haben dennoch triftige Gründe, gegen diesen Gewaltact Spaniens Einspruch zu erheben." Marie Jeanne machte eine unwillige Geberde.

„Die Gründe für diesen Protest wünsche ich kennen zu lernen." herrschte sie den Abbé an.

„Ich werde sie Eurer Hoheit in aller Kürze darlegen. Sie sind zwiefach. Ein Mal — Hoheit kennen zur Genüge das Terrain — besitzt Frankreich die Festung Pignerol; wenn das starke Casale von den Spaniern besetzt wird, haben wir eine sehr gefährliche Nachbarschaft. Jetzt — in diesem Augenblicke noch — sind wir nicht bedroht. Carl von Mantua kann dem französischen Interesse nicht gefährlich werden, die militairischen Kräfte des Herzogs vermögen nicht die Besatzung Pignerol's zu bedrohen; daß diese Situation sich mit einem Schlage ändert, wenn spanische Truppen Casale in Händen haben — bedarf keines Beweises. Endlich aber ist des Königs Majestät besorgt, daß das Madrider Cabinet, wenn ihm der Entwurf gelingt — bemüht sein werde, das gute Einvernehmen zwischen Frankreich und Eurer Hoheit zu stören, eine Wandlung, welche Seine Majestät auf das Innigste bedauern würden. Wir müssen bemüht sein — ein solches Unheil zu verhindern."

Die Regentin blinzelte den Abbé listig lächelnd an.

„Sie sind sehr besorgt um mich und um dieses gute Vernehmen zwischen den Höfen von Paris und Turin — aber gleichviel, wir scheinen also an dem Hauptpunkte unserer Unterredung angekommen zu sein. Was soll geschehen, um dieses Vorgehen Spaniens zu hindern?"

„Seine Majestät von Frankreich wünschen den Spaniern zuvorzukommen. Sie lassen Eure Hoheit bitten, sich nicht unwillig zu zeigen, wenn wir — —"

„Nun, Herr Abbé? Sie zögern. Ich habe Ihnen eine Unterredung bewilligt, benutzen Sie diese Erlaubniß — ich höre Ihre Vorschläge an — wenn Sie oder Frankreich also was thun wollten?"

„Wenn wir, mit Bewilligung des Herzogs von Mantua, in die Festung Casale — französische Besatzung legen lassen." Er athmete laut auf, als er dieses Wort über seine Lippen gebracht hatte.

Die Herzogin-Regentin war zusammengeschreckt, als sie die Forderung des Abbé's vernommen hatte. Ihre Stirn zog sich in Falten und sie ballte zu einem Knäuel das Tuch, welches sie in der Hand hielt. Dann ergriff sie einen Fächer, um ihre brennenden Wangen zu kühlen. „Sie haben mein Wort erhalten," begann sie nach einer Pause, „daß diese Unterredung zwischen uns Beiden ein Geheimniß bleibe — ich darf also nicht daran denken, über die Forderung Seiner Majestät mit meinen Rathgebern zu sprechen — aber meine Erregung muß Ihnen, Herr Abbé, begreiflich sein! Fremde Kriegsvölker wollen Sie in die Festung eines freien Landes werfen, des Königs von Frankreich Majestät will ein Gebiet besetzen, welches seinen eigenen Herrn hat, dessen Bewohner sich alter Freiheiten rühmen, an die zu tasten kein Fürst Italiens wagen müßte — bedenken Sie, Herr Abbé, daß ist ungeheuerlich, und wenn man die Stimme laut gegen ein erheben würde, der es unternimmt die Pforte eines Hauses zu sprengen, um sich wider alles Recht in den

Besitz desselben zu setzen — was würde man Dem ins
Angesicht schleudern, der um diesen Gewaltstreich wußte
und nicht mit aller Kraft eilte, ihm zuvorzukommen?"

„Ich kann Eurer Hoheit nur darauf entgegnen:
Laffen Sie uns nicht über diesen Plan Einer Majestät
gesprochen haben — wenn Hoheit gegen die Besetzung
Casales durch französische Truppen Protest erheben wollen.
Es war eine tief vertrauliche Mission, eine Anfrage Einer
Majestät. Wenn Hoheit gegen uns sind — so haben
wir die Sache halb verloren. Frankreich zieht sich zurück,
bis ein anderer, günstiger Augenblick zum Handeln auffordert — es überläßt Spanien die Festung, und Eure
Hoheit haben alsdann Gelegenheit zu erfahren, welche
Nachbarschaft Ihnen günstiger sein wird: die spanische
— oder die des Königs von Frankreich, zu dessen Blut-
verwandten die Remours, aus deren Stamme Eurer Hoheit
entsprossen — gehören. — Hoheit wollen mich gnädigst
entlassen."

Marie Jeanne gab keine Antwort. Ihr Antlitz
glühte, sie schritt im Gemach auf und nieder, ihr Fächer
bewegte sich, mit großer Vehemenz gebraucht, rauschend
und knisternd hin und her — sie überlegte inmitten
dieser Bewegung. „Spanien —. Spanien!" murmelte
sie, „man hat mir von dorther niemals Gutes gebracht
— es ist richtig." Sie hielt einen Augenblick mit
ihrer Zimmerpromenade inne. „Und der König von
Frankreich sollte wirklich für einen Bruch zwischen Turin
und Paris Besorgniß hegen?" sagte sie zu dem Abbé,
der erwartungsvoll neben seinem Sessel stand. Ihre
Stimme war schwankend geworden, ihre Züge drückten
eine Art von Aengstlichkeit aus — der Abbé war nicht
zum ersten Male einer schwankenden Fürstin gegenüber,
er hatte Menschenkenntniß genug, um zu wissen, daß
Marie Jeanne bereits ein wenig auf die Seite Frankreichs neigte. Demgemäß beschloß er seine Tactik zu
ändern.

„O meine Gebieterin," begann er plötzlich in
flehendem Tone, „weisen Sie mich nicht ab — treten
Sie nicht meinem Könige entgegen, der nur die Rechte
eines bedrohten Fürsten — die Freundschaft mit Eurer
Hoheit sichern will — helfen Sie Seiner Majestät eine
Schutzmauer wider die Macht errichten, welche den französischen Einfluß in Italien brechen möchte, um sich
allein die Rechte anzumaßen, welche König Ludwig der
Vierzehnte für Mantua und Savoyen gesichert wissen
will. Frankreichs feste Stellung in Montferrat ist der
sichere Halt für Eure Hoheit und deren erlauchten Sohn
— ist eine Bürgschaft dafür, daß die Zukunft sich
glücklich gestalte. Nur kurze Zeit," fuhr er mit bewegter
Stimme fort, „und der Tag ist gekommen, an welchem
Hoheit von der Regierung dieses Staates zurücktreten,
sie dem Herzoge Victor Amadeus, Ihrem Sohne zu übergeben — bedenken Sie, was es alsdann sagen will: „Ich
habe den König von Frankreich zur Seite" — und
welcher Sterbliche könnte wohl sich für die Lage
gestalten, wie Mutter und Sohn einander gegenüberstehen
werden? Der Dank des Königs kann kein geringer sein
— und was — was fordert der König? es ist so wenig
— so unbedeutend —Hoheit sollten dem Könige die Bitte
gewähren, nicht feindlich gegen ihn aufzutreten, wenn unsre
Truppen Casale besetzen — das ist Alles — und wollen
wir die Besetzung ohne den Willen Carls von Mantua

unternehmen?" — ah — daran denkt der König nicht.
Der Herzog soll die Bewilligung geben, mit seiner Erlaubniß will Frankreich die Truppen in Casale's Werke
legen, nur um jenen Spaniern sagen zu können: wir
wußten um den Gewaltstreich, den Ihr plantet — wir
kommen Euch zuvor, wir erhielten dem Herzoge seinen
Besitz und schoben uns zwischen Euch und unsre Freunde.
— Was, Hoheit — was könnte aus diesem Schritte
noch erblühen? Dafür, daß Marie Jeanne von Remours
dem Könige von Frankreich nicht feindlich entgegentritt
— könnte eine Ehe zwischen dem jungen Herzoge und
einer Prinzessin des französischen Hauses geschlossen werden
— schütteln Sie nicht das Haupt, Hoheit, schon vierzehn
Mal haben Familien-Verbindungen zwischen den regierenden Häusern von Savoyen und Frankreich stattgefunden — jene projectirte Heirath des Herzogs Victor
Amadeus mit Isabella von Portugal würde beseitigt
werden, ein enges Band verknüpfte zwei erlauchte Familien
noch fester und inniger."

„Und alles Das, wenn ich meine Stimme nicht
gegen die Besetzung einer kleinen Festung erhebe!" sagte
die Regentin.

„Ja, Hoheit," fuhr der Abbé mit unvermindertem
Eifer fort, „gegen die Besetzung, welche mit dem Willen
des Herzogs vollzogen werden soll — was können Hoheit
dagegen haben, wenn der Fürst des Landes den Schutz
Frankreichs in Anspruch nimmt? Sie wagen nichts
dabei, wenn Sie ihn gewähren lassen — Sie nützen dem
ohnehin auf schwachen Füßen stehenden Sprößling des
Hauses Gonzaga, Sie verdienen sich den Dank Frankreichs, welches Ihrer Loyalität gedenken wird, wenn auch
seine Truppen wieder aus Casale's Mauern gezogen sind."

„So will der König seine Truppen wieder aus der
Festung entfernen?" fragte die Regentin schnell.

„Das ist sein fester Entschluß. Wie könnten wir
eine Stadt besetzt halten, die des befreundeten Herzogs
Eigenthum ist? Frankreich hat kein Recht an Casale.
Es kann diesen Ort beschützen gegen feindlichen Ueberfall,
aber es darf nicht im Besitze der Festung bleiben —
Sie können, Hoheit, wollen Seiner Majestät einen solchen
Rechts- und Friedensbruch zutrauen — es wäre eine
Gewaltthat — ohne einen Schein des Rechtes hätten
wir uns des Besitzes eines Freundes bemächtigt, solchen
Eingriff würde sich der König nie erlauben, der als Beschützer erscheint. Nur verbriefte, anerkannte Rechte
könnten wir behaupten wollen, und Hoheit wissen, daß
wir solche nicht besitz…."

Die Regentin war sichtlich durch diese Worte des
Abbé's erleichtert. Sie hatte nur die Besorgniß gehegt,
daß der König von Frankreich, dem sie im Herzen ergeben war, die Gewalt seiner Kriegsmacht dazu verwenden würde, Casale in seinen Besitz und zwar für
immer zu bringen — Estrades' Versicherung beruhigte
sie. Zwar verhehlte sie sich nicht, daß ein gewaltiger
Entrüstungsschrei durch alle Lande gehen werde, wenn
die Franzosen nach Casale zögen, aber was konnte Sie
gegen den Willen Carls von Mantua? er war der Besitzer, der Gebieter von Casale, und Marie Jeanne wußte
von dem Vertrage zwischen ihm und Frankreich Nichts
— und wenn der König seine Truppen wieder aus der
Festung zog — dann lag die lautere Absicht Ludwigs
klar am Tage und sein Dank für Marie Jeanne war

dieser gewiß. Sie dachte nicht ohne Besorgniß an den von Estrades erwähnten Tag, der ihrer Regentschaft ein Ende machte. "Es ist ein mächtiger Schirmherr, dieser große König von Frankreich, und gewiß ist es nichts Geringes, einen solchen Schützer zu haben, wenn der Moment gekommen ist — wo der ehrgeizige Sohn der Mutter die Regierung abnimmt," — so dachte Marie Jeanne, als sie dem Abbé mit raschem Entschlusse die Hand reichte und mit fester Stimme sagte:

"Ich baue auf Ihr Wort, Herr von Estrades. Sie werden ohne des Herzogs Willen nicht französische Besatzung nach Casale rücken lassen."

"Mein Wort darauf, im Namen meines Königs."

"Sie werden diese Besatzung aus der Festung ziehen, wenn die Gefahr vorüber."

"Auch darauf mein Wort. Wir räumen sofort einen Platz, der uns nicht gehört, Hoheit."

"So bin ich zufrieden. Melden Sie Seiner Majestät, daß ich keine Auflehnung gegen die Besetzung Casale's durch französische Truppen dulden werde."

"Ich spreche Eurer Hoheit meinen Dank aus für so viel Gnade und habe nun noch eine Bitte: Lassen Sie diese Abmachungen, dieses ganze Gespräch — ein Geheimniß zwischen Sich und Ihrem unterthänigen Diener bleiben."

"Hier meine Hand — und nun leben Sie wohl für heute. Ich werde dem Herzog von Mantua beweisen, daß die Freundin des Königs von Frankreich auch die Seinige ist —" sie zog die Glocke, Joseph erschien.

"Geleite den Herrn Ambassadeur zurück," befahl sie. "Au revoir Monsieur d'Estrades in der nächsten Soirée — ah — noch Eins," rief sie heiter ihm nach, "Sie werden in den nächsten Tagen Zeuge davon sein, wie viel Feste zu arrangiren verstehe."

Sie winkte ihm den Abschiedsgruß und mit tiefer Verbeugung verließ der Abbé das Cabinet. "Das war glücklich beendet," sagte sie sich, durch die Gemächer schreitend. "Haben wir nur die Gewißheit, daß diese Piemontesen uns nicht mit den Waffen über den Hals kommen, wenn wir in die Festung rücken — mit den Andern wird man fertig werden — oh — wenn nur dieser Matthioly ein guter Arbeiter ist — den Schein des Rechtes — das Recht selbst in dem Neste zu bleiben, das ist die letzte Aufgabe — ich hoffe, es wird mir beschieden sein, sie zu lösen."

Er war bei der kleinen Thür angelangt, Joseph öffnete sie wieder und trat mit dem Abbé in den Corridor, wo Philipp von Asfeld wie der Jäger auf sein Wild — auf den Abbé geschlossen, dem hochmüthigen Franzosen entgegenzutreten, ihm zu zeigen, daß die Maske, welche er vornehmen wollte, dem Hauptmann gegenüber nicht nütze, war Philipp schon auf dem Sprunge. Er hatte sich seine Anrede zurecht gelegt — aber leider konnte er sein Vorhaben wieder nicht ausführen, da Josephs Anwesenheit ihn hinderte.

In Gegenwart des Kammerdieners durfte der Offizier der Regentin, dem diese sorgliche Verschwiegenheit anempfohlen hatte, es nicht wagen, dem offenbar in geheimnißvoller Absicht erschienenen Gesandten begreiflich zu machen, daß sein Weg zu dem Journalisten dem Offizier wohl bekannt sei, daß Philipp die Ueberzeugung gewonnen habe, der Abbé treibe ein seltsames Spiel.

Zwar warf er dem Gesandten einen herausfordernden Blick zu, aber dieser grüßte so artig und freundlich, als sei er dankbar für die treue Wacht, welche der Hauptmann gehalten, und einige Worte mit Joseph wechselnd, stieg er die Treppe hinab.

Philipps Unmuth war durch die Einsamkeit, in welcher er sich befand, noch gesteigert. Er sah sich außerdem in größter Ungewißheit, was er nun beginnen solle? sollte er noch auf seinem Posten bleiben? Joseph hatte ihm keine Ordre gebracht, den Platz zu verlassen — nach militärischem Brauch durfte er die Wache an der Thür nicht aufgeben, bevor ihn die Regentin von dem Dienste dispensirt hatte.

Philipp schritt verdrießlich im Corridor auf und nieder. Wie gern wäre er dem Gesandten nachgeeilt und hätte ihn zur Rede gestellt — dann dachte er wiederum nach, ob es nicht möglich sei, Juliette's ansichtig zu werden, die er nicht wieder gesprochen hatte, seitdem er im Parke von ihr Abschied genommen. Er horchte scharf, ob nicht eine Person sich nähere, durch welche er sich von der Regentin weitere Befehle erbitten lassen könne. So war er denn schon einige Male den langen, öden Gang hinauf und hinab promenirt, als er wiederum von unten her Tritte vernahm. Zugleich rauschte es auf den Stiegen, als ob seidene Gewänder über die Steinfliesen schleiften.

"Eine Dame," flüsterte Philipp. "Das kann mir von Nutzen sein. Vielleicht ist es ihr möglich, die Regentin zu fragen?" Er ging bis an das Ende des Corridors, dann wendete er sich, um die Ankommende zu betrachten — jetzt kam er näher, sie erschien auf der obersten Stufe — der Hauptmann stieß einen Freudenruf aus — Juliette de Pons war in den Corridor getreten — ohne an die Möglichkeit einer Ueberraschung zu denken, eilte Philipp auf Juliette zu, die einige Sekunden lang ihn anstarrte, als stehe sie einer Erscheinung gegenüber.

"Ist es möglich — welch ein Glück," rief sie, von seinen Armen sanft umschlungen. "Wie kommen Sie hierher, theurer Philipp?"

"Ich preise das gütige Geschick, welches mich so lange an diese Stelle fesselte," sagte der Hauptmann freudig.

"Der Dienst der Regentin hielt mich zurück."

"Und ich — ich irrte fast planlos umher," sagte Juliette. "War es mir doch, als müßte ich Sie finden. Ich will die wenigen Minuten nützen. Wir stehen Beide vor der Entscheidung, mein theurer Freund. Mein Oheim, der Marquis de Pons, ist angekommen. Er wird mich von der Regentin zurückverlangen — denn der Graf Antonio Matthioly hat um meine Hand angehalten — mein Geschick ist durch die Machtsprüche der Familie entschieden worden — bereiten Sie sich auf die schmerzliche Stunde vor in welcher wir uns für immer Lebewohl sagen müssen."

Der Hauptmann stieß zornig mit der Spitze seines Degens den Boden, daß es in dem öden Corridore laut widerhallte. Er biß die Lippe und senkte das Haupt. "Verloren — Alles verloren," murmelte er. "Wenn nicht ein glücklicher Zufall rettet — aber welches Glück sollte uns Beiden zur Seite stehen? ich — der einfache Soldat, ohne Aussicht — ohne Geltung — dem glänzenden

Matthioly gegenüber — es war Thorheit, mich diesem Gegner stellen zu wollen."

„Sie wollen mich aufgeben, Philipp? — Sie haben mich nie geliebt!" rief Juliette, leidenschaftlich seine Hand fassend.

„Ich gebe Sie nicht auf," sagte der Hauptmann. „Sie müssen erkämpft werden — ich wage den Kampf. Noch weiß die Regentin nicht von unsrer Liebe, wagen wir es — die hohe Frau zur Vertrauten zu machen. Ich will mich ihr entdecken — sie um den Schutz bitten, welchen sie den Bedrängten gewährt — sie wird gnädig sein und die Schwachen nicht von sich weisen — wird den dreisten Bewerbungen, die ohne die Herzen zu fragen, das Glück eines Lebens zerstören wollen, nicht ihre Stimme leihen —"

„Und wenn dies dennoch geschieht? wenn die Regentin nicht vermögend wäre, den Willen meiner Angehörigen zu bestimmen? — wenn die glänzenden Matthioly's, welche die Einwilligung meiner Familie schon besitzen, dennoch meine arme, kleine Person als gute Beute heimführen sollten — was wollen Sie, mein Freund, dann beginnen?"

Philipp von Asfeld führte die Hand der Geliebten an sein pochendes Herz. „Ich habe meinen Plan schon entworfen, es bedarf nur Ihrer Einwilligung, wenn er gelingen soll. Wenn dieses schwere Geschick uns ereilt, wenn die Grausamkeit Ihrer Verwandten Sie an die Matthioly's verhandeln will — dann Juliette zählen Sie auf mich. Ich habe als glänzende Gabe für Sie nur den guten Namen und — meinen Degen, aber Beide sind genügend, mir eine Zukunft zu gestalten — das Glück wird auch in anderem Lande uns lächeln können. Vertrauen Sie mir. In dem kleinen Kirchlein zu Moncalier verbindet uns der Segen des Priesters und mit meinem geliebten Weibe wende ich diesem Staate den Rücken. Es bedarf nur eines Wortes, nur des Willens, und ich erhalte in der Armee des Kaisers von Deutschland das Offizierpatent — ich frage: Wollen Sie mir folgen, Juliette?"

„Bis an's Ende der Welt!" rief Juliette, in die dargebotene Hand einschlagend. „Sie dürfen auf mich zählen, mein theurer Freund. Aber — Sie — haben Sie Alles bedacht? der Eid bindet den Offizier an die Fahne von Savoyen — Sie können nicht diese Fahne verlassen!"

„Es ist wohl überlegt. Der Vertrag, den der fremde Kriegsmann mit dem Staate Marie Jeanne's geschlossen hat, läßt eine Aufhebung zu, wenn die Regentin damit einverstanden. Wir müssen die List zu Hülfe nehmen — man wird nicht zwingen können, das Bündniß mit dem Grafen Matthioly sofort zu schließen — Sie bitten um Zeit zur Ueberlegung — Sie wollen sich selbst prüfen, das Jawort nach einiger Frist geben — einen solchen Schritt zu thun, kann man von Ihnen nicht sofort verlangen. Während dieser Zeit reiche ich mein Gesuch um Entlassung aus den Diensten der Regentin ein — damit ist meine Ehre gewahrt und sobald ich frei bin, eilen wir hinweg von hier — nach Moncalier, wo die Kirche unseren Bund segnet — dann — dann in die Weite mit Dir — meine Geliebte. Man wird nicht sofort unsere Spur entdecken — ich werde in die Reihen der kaiserlichen Armee getreten sein, bevor die Späher uns entdecken und es wird sich zeigen, ob man es wagt: den Träger der kaiserlichen Zeichen anzutasten. Alles ist diesem Plane günstig, denn noch weiß Niemand um unsre Liebe, wir können von den Feinden unsres Glückes unbelästigt Alles vorbereiten. Stellen Sie sich scheinbar willig, dem Plane Ihrer Familie nicht abgeneigt, desto leichter können Sie die gewünschte Frist, den Aufschub erlangen, den Sie wünschen, um den wichtigen Schritt zu überlegen."

„Ich bin der Ihre — wie immer, für das ganze Leben!" sagte Juliette. „Nehmen Sie mich hin, mein theurer Philipp — der Himmel wird uns gnädig sein — hoffen, lieben und — schweigen!"

„Dank, tausend Dank!" rief der junge Mann, sich vor der schönen Geliebten auf die Knie werfend, indem er ihre Hand mit Küssen bedeckte, „Du machst mich zum Glücklichsten auf dieser Erde!"

In diesem Augenblicke ward plötzlich ein lauter und fast gellender Schrei ausgestoßen. Erschrocken sprang Philipp auf, Juliette taumelte, von Schrecken erfaßt, an seine Brust — die Thür war mit einem Rucke geöffnet worden und auf der Schwelle derselben stand in ruhiger Haltung, aber mit finsteren Blicken das überraschte Paar musternd, Marie Jeanne — die Regentin. —

Eine tiefe Pause trat ein. Die Regentin schien sich an dem Entsetzen der beiden Liebenden weiden zu wollen, denn sie that keinen Schritt, sondern blieb mit gekreuzten Armen, stumm und unbeweglich in der Thürfüllung. Philipp hatte seinen Arm um die zitternde Juliette geschlungen — Beide sahen so schön, so herzgewinnend in dieser Stellung aus, ihre Augen waren so flehend und erwartend auf die Regentin gerichtet, daß diese nicht vermochte, die zürnenden und strafenden Worte, welche bereits auf ihren Lippen schwebten, den Liebenden zuzuschleudern.

Erst nachdem sich Marie Jeanne ein wenig gesammelt hatte, begann sie: „Mademoiselle de Pons — ich glaube das Gespenst entdeckt zu haben, welches Sie im Schloßgarten so beunruhigte. Sie haben es auf dem Corridore meines Palastes citirt — die Beschwörung ist Ihnen gelungen."

„Gnade — Gnade, Hoheit!" rief Juliette, der Regentin zu Füßen sinkend. „Ich bin nicht so schuldig, als Sie denken."

„Eh donc!" entgegnete die Regentin mit boshaftem Lächeln. „Ich will es glauben. Der Herr Hauptmann mag einen großen Theil der Schuld tragen. Er war es, der diesen — ich muß es gestehen — sehr bequemen Rendez-vous Platz auswählte, dessen vortreffliche Lage leider durch meine unliebsame Dazwischenkunft beunruhigt wurde."

Philipp von Asfeld hielt nicht länger an sich.

„Hoheit irren," brauste er auf. „Dieses Zusammentreffen zwischen dem Fräulein de Pons und mir war ein zufälliges. Das Fräulein konnte nicht wissen, daß der Dienst mich an dieser Stelle auf Posten hielt."

„Und weshalb nicht?" fragte die Regentin mit scharfem Tone.

„Weil," entgegnete der Offizier mit Nachdruck, „Eure Hoheit mir das tiefste Schweigen anbefohlen, mich verpflichtet hatten: den Posten an dieser Stelle selbst zu übernehmen und gegen Niemanden das Geringste zu äußern — und weil ein Soldat, der diese Ordre nicht befolgt haben würde, sich einer groben Pflichtverletzung schuldig gemacht hätte."

Die Regentin wagte nicht weiter, neue Zweifel zu äußern. Die ganze Situation war ihr peinlich genug. „Sie sind von Ihren Diensten für heut frei, Herr Hauptmann," sagte sie, schnell abbrechend. „Sie, mein Fräulein, folgen mir!" Sie winkte so gebieterisch mit der Hand, daß der Hauptmann nicht vermochte ein Wort zu äußern und wenn er es auch hätte wagen wollen — die Regentin war bereits mit der zitternden Juliette in das Zimmer getreten und hatte die Thür in das Schloß geworfen. Der Hauptmann schritt langsam den Corridor hinab — sein Dienst war ja beendet.

Sobald die Regentin mit Juliette im Zimmer angekommen war, sank das Hoffräulein der Gebieterin zu Füßen und erfaßte die Hand derselben. Marie Jeanne vermochte den Thränen nicht zu widerstehen. Juliette de Pons war ein Liebling der Regentin, sie konnte nicht ungerührt bei dem Kummer bleiben, welcher das schöne und liebenswürdige Mädchen überwältigte.

„Verzeihung, Hoheit!" rief Juliette. „Ich liebe Philipp von Asfeld — damit habe ich mein Bekenntniß vollendet — meine Fehler vertheidigt."

Die Regentin hob das schluchzende Mädchen sanft empor. „Fasse Dich — bemeistre Deine Erregung," sagte sie in ernstem, aber freundlichem Tone. „Was geschehen ist, vermag ich nicht mehr zu ändern. Du hast gegen mich arg gefehlt — weil Du unaufrichtig warst."

„Oh meine gnädige Gebieterin," rief Juliette, „es sollte nicht so bleiben. In den Tagen meines Glückes, in den sonnigen und sorgenfrein Stunden glaubte ich nicht einer Hülfe, einer rettenden Hand zu bedürfen. Ich wollte den Moment herankommen lassen, in welchem ich Eurer Hoheit meine Liebe entdeckte, ohne ihn zu beschleunigen. Es ist so süß, so unendlich wonnevoll, diese stille, geheime Liebe. Ich war der Zustimmung Eurer Hoheit gewiß, wenn ich bat, denn der, den ich liebe, ist der Gnade seiner Gebieterin würdig. Als ich die finstre Wolke an dem Himmel meines Glückes aufsteigen sah — als ich Gewißheit von dem Vorhaben meines Oheims erhielt, da war es bei mir und bei. Philipp fest beschlossen — Rettung bei Eurer Hoheit zu suchen und nur der Umstand, daß wir einander nicht sahen — nicht sprachen — trug die Schuld daran, daß ich Eurer Hoheit meine Liebe zu Philipp nicht entdeckte. Sie sehen, gnädigste Gebieterin, daß ich Ihr Vertrauen nicht täuschte — in stillem Kummer, von der Sehnsucht nach ihm gequält, blieb ich dennoch dem ferne, welchen ein Mal zu sprechen, zu sehen — ich so gern — o, ich weiß nicht — welchen Weg gegangen wäre."

Die Regentin nickte zustimmend, dann stieß sie einen tiefen Seufzer aus. „Du liebst ihn also wirklich — glühend — ich sehe, es ist wahre — große Leidenschaft."

„Ihn verlassen müssen, wäre das Elend meines Lebens. Helfen Sie, Gnädigste — Sie können so Viel, wenn Sie gütig sein wollen."

„Es ist zu spät!" sagte die Regentin in dumpfem Tone und sich gegen das Fenster wendend, durch welches die letzten Strahlen der Sonne fielen.

„Zu spät?" rief Juliette außer sich, „zu spät? ich bin also schon geopfert? oh — nehmen Sie das schreckliche Wort zurück — ja — nehmen Sie es zurück, Hoheit, sagen Sie mir, daß noch Hoffnung ist, damit ich nicht verzweifeln muß."

(Fortsetzung folgt.)

Die Frau des Predigers.

Roman

von

Hans Fehde.

(Fortsetzung.)

Elftes Capitel.

Mit fliegenden Schritten eilte Johanna nach Haus und in die Kinderstube. Sie fand Ludwig am Bette des Kleinen, dessen Köpfchen vom Fieber geröthet war und der sich unruhig hin und her warf. Als Johanna kam, richtete er sein Auge bittend auf sie und ließ ein leises Weinen hören.

„Mein Hänschen," sagte Johanna, „mein lieber, kleiner Junge, was fehlt Dir nur? — Ich glaube," sagte sie zu Ludwig gewandt, „es sind schon die Zähnchen, die ihm Noth machen; er ist beinahe sechs Monat alt, da kann es recht wohl sein."

Sie band den Kleinen auf und fand auf seinen Aermchen und seinem Brüstchen kleine rothe Flecken.

„Mein Gott," sagte sie erschrocken, „es sind doch nicht die Masern!"

„Hast Du es denn nicht dem Onkel gesagt, daß der Kleine krank ist?" fragte Ludwig, „darum schicke ich gleich."

„Ja wohl," entgegnete Johanna, „er kommt auch noch."

Der Kleine wurde wieder ruhiger; dennoch warteten die Gatten mit Ungeduld auf den alten Herrn, der, als er kam und den Kleinen untersucht hatte, sich ziemlich schweigsam verhielt und nur meinte, man müsse erst den Morgen abwarten, ehe man genau sagen könnte, was es sei oder werden wollte.

Johanna fand sich durch sein ernstes Gesicht mehr beunruhigt, als vorher und verbrachte den Abend und einen Theil der Nacht wachend an dem Bette des Kleinen, der übrigens nur hie und da durch ein leises Jammern vernehmen ließ, daß er sich nicht so wohl als gewöhnlich fühlte.

„Johanna," sagte Ludwig, „Du thätest besser, Dich in's Bett zu legen, Du kannst dem Jungen ja doch nicht helfen; es scheint mir auch, als wäre es nichts, als ein einfaches Unwohlsein; vielleicht ist ihm die Milch nicht ganz gut bekommen."

Johanna schüttelte den Kopf.

„Ich wache bei meinem Kinde," sagte sie.

Sie fing aber an zu frieren und schließlich legte sie sich doch nieder, nahm den Kleinen in ihre Arme und hielt mit Angst die ganze Nacht ihr schlafloses Auge auf ihn gerichtet. Sie merkte am Morgen keine Veränderung; nur die rothen Flecken waren etwas größer geworden und erschienen auch auf dem Gesichtchen. Schon ziemlich früh kam der Onkel; Johanna führte ihn zum Hänschen.

Nach einer nochmaligen genauen Untersuchung sagte er zu Johanna:

„Liebes Kind, ich kann Dir doch nicht verbergen, was es ist: das Kind hat, Gott weiß woher, die Pocken."

„Ludwig," schrie Johanna entsetzt, „Du wolltest ihn im vorigen Sommer nicht impfen lassen, als der Onkel darauf drang; Du meintest, er sei noch zu klein. Nun hat er die Pocken!"

Ludwig hatte die Hände zusammengeschlagen.

„Mein Gott," sagte er, „die Pocken! wer konnte das denken! — Wie treten sie auf?" fragte er ängstlich.

„Bis jetzt noch gut," war des Onkels Antwort. „Der Mund, die Mundhöhle sowie der Gaumen sind frei, ein gutes Zeichen! Wir wollen sehen, ob er seine Milch zu sich nimmt und wie er sie verdaut. Er hat wohl Fieber, doch nicht zu stark."

„Was können wir mit ihm machen?" fragte Johanna.

Der Onkel zuckte die Achseln.

„Gar nichts," sagte er. „Gieb ihm zu seiner Nahrung halb Milch halb Wasser, sorge, daß er nicht zu sehr eingepackt ist, damit sich seine Hitze dadurch nicht vermehrt, halte das Zimmer in gleichmäßiger Wärme und laß ihn vor allen Dingen ruhig liegen. Hörst Du, schlepp ihn mir ja nicht umher, das strengt ihn nur an. Und nun den Kopf in die Höhe, Johanna, laß Dich durch die Nachricht nicht niederschmettern! Sorge dafür, daß sich der Kleine nicht die rothen Flecke aufkratzt, damit er später nicht etwa häßlich werde. Guten Muth, mein Kind!"

Johanna lächelte unter Thränen. Sie hatte ihr Händchen ihres Lieblings gefaßt und preßte es an sich. Es war ihr wie ein böser Traum: ihr Hänschen krank, pockenkrank! Wie hatte das so schnell kommen können! Ach, warum war sie fortgegangen! und doch versicherte das Mädchen, daß Niemand außer ihr die Stube betreten hatte, wo das Kind so ruhig schlief.

Der ganze Tag verging mit Kummer und Angst. Ludwig kam alle Augenblick in das Krankenzimmer, um nach dem Kinde zu sehen und versuchte, Johanna Muth einzusprechen. Sie hörte es still an, sie dankte es ihm, aber ihre Herzensangst wollte nicht weichen. Das Fieber verschlimmerte sich, leise wimmerte das Kind.

„Ich wollte lieber, es weinte laut," dachte Johanna, „wie es so oft geweint; das klang, obschon er es jämmerlich genug zu machen wußte, mir oft ganz lustig. Aber dies leise Stöhnen hören zu müssen, und ihm nicht helfen zu können, es ist entsetzlich!"

Wieder verging ein Tag und eine Nacht, in der Johanna ängstlich wachte und sorgte. So krampfhaft sich ihr Herz zusammen preßte bei dem Stöhnen des Kindes, so schöpfte sie doch immer neuen Muth in dem Umstande, daß der Kleine Nahrung zu sich nahm und sie auch verarbeitete. Wie sehnsüchtig wartete sie auf den Onkel, der ihr immer neue Hoffnung bringen sollte. Neun Tage, hatte er gesagt, müßten erst vergehen, ehe man eine Aenderung des Zustandes erwarten könne; am neunten Tage würden sich, wenn alles gut ginge, die Pocken setzen und das Kind hoffentlich außer Gefahr sein!

Neun Tage, welche lange Zeit! Ludwig hatte es wirklich besser; er kam wohl in das Krankenzimmer und sah mit ängstlich besorgtem Herzen nach seinem Kinde; aber er konnte doch auch wieder arbeiten, konnte andere Beschäftigungen vornehmen, konnte sich sogar zerstreuen. Er empfahl das Kind täglich der Hut Gottes, war fest überzeugt, Gott werde ihm sein Söhnchen lassen; er merkte keine Aenderung zum Schlimmen und stützte darauf seine Hoffnungen. Er bedauerte Johanna, deren Seelenangst er gewahr werden mußte; er versuchte ihr Muth einzusprechen, er tadelte sie aber auch, daß sie sich so ganz von ihren Sorgen beherrschen lasse.

In den letzten Tagen konnte das Knäblein nicht gut die Milch mit seinen kleinen Lippen aufnehmen, die Pocken, die darauf waren, hinderten es: Johanna mußte ihn immer aufsetzen, um sie ihm einzuflößen. Nun hielt sie ihn stundenlang in ihrem Schoß, und das war ihr eine Beruhigung.

„Mein liebes, liebes Hänschen wird gesund werden," sagte sie zu ihm, „es wird bei seiner Mutter bleiben; was sollte die arme Mutter wohl anfangen, wenn es stürbe!

Ja, was sollte sie anfangen, wenn es stürbe! Als sie es dachte, war es ihr, als stürbe sie mit ihm. Was war das Leben für sie, wenn sie ihr Kind nicht hatte!

Als sie an die Zeit dachte, wo Hänschen noch nicht gehabt hatte und die Krankheit, sie solle wiederkehren, da schauderte sie. Nein, es konnte nicht sein, es war unmöglich! — An dem Gedanken, daß es unmöglich sei, daß das Schicksal, daß Gott nicht so grausam sein könne, ihr das Kind zu nehmen, an diesem Gedanken richtete sie sich wieder auf. Es konnte, es durfte nicht so sein; daran hielt sie sich fest! Aber wenn doch?

„O, mein Gott, mein Gott," stöhnte sie und schaute auf das Kind in ihrem Schoß, das eben ein wenig eingeschlafen war.

„Wie findest Du ihn, Ludwig?" war ihre stete Frage, so oft dieser in die Stube trat, was oft geschah. „wie findest Du ihn? verändert oder leidlich wohl? Bitte, sag' mir Deine Meinung!"

Und Ludwig versicherte immer wieder, er finde ihn gut aussehend, er glaube sicher, daß sie ihn durchbringen würden.

„Gönne Dir eine einzige Nacht Ruhe," sagte er einmal, „ich will gerne wachen."

„Um Gottes willen," antwortete ihm Johanna, „ich könnte doch kein Auge zu thun! Du bist müde von Deiner Arbeit und Du kannst schlafen!"

Ludwig hörte den ganz leisen Vorwurf nicht, der in ihren Worten lag. Ja, er konnte schlafen, wenn er

den Knaben dem Herrn im heißen Gebet empfohlen hatte.
Gerade die ungewöhnliche Aufregung, in der er sich jetzt
befand, ließ ihn fester als sonst schlafen. Er war ja
auch davon überzeugt, dies war nur eine Prüfungszeit
für ihn, die vorüberging, ja vielleicht brachte sie ihm
Gutes: dem Gerechten mußte sich ja Alles zum Besten
kehren. Vielleicht würde durch diese Angst und Sorge
Johanna von dem Abgrund, an dem sie stand, zurückge-
rissen, lernte beten und glauben.

Johanna schlief nicht am Tage, nicht in der Nacht,
und als am achten Tage Abends der Onkel ermuthigend
zu ihr sagte, „wenn wir ihn noch durch diese Nacht
haben, so können wir das Beste hoffen," dachte sie:
„noch eine Nacht!"

Das Fieber des Kindes war hoch; Johanna saß
an seinem Bett und schaute auf ihn. Was dachte, was
fürchtete, was hoffte sie alles in dieser Stunde? Gegen
zwei Uhr schien das Kind ruhig zu schlummern; Johanna stand auf, um nach dem Lichte zu sehen. Sie
schwankte beim Gehen.

„Ich will mich einen Augenblick auf mein Bett
legen," dachte sie, „um neue Kräfte zu bekommen.

Sie that es; aber plötzlich fuhr sie in die Höhe,
sie hörte das Kind wimmern! Gott, sie hatte geschlafen!

Sie stürzte nach dem Kleinen; er lag wieder ruhig.
Sie sah nach der Uhr, es war fünf Minuten über Zwei:
also fünf Minuten hatte sie geschlafen! sie hatte gemeint,
es seien Stunden gewesen! Sie nahm das Licht wieder
und ging von Neuem nach ihrem Sohn; er lag ruhig
mit halbgeschlossenen Aeugelchen und röchelte leise; aber
o, Freude, o, Wonne! die rothen Flecke waren blasser
geworden, sie sahen aus wie Narben: die Pocken hatten
sich gesetzt! Sie fiel am Bettchen nieder; ihr volles
Herz strömte über vor Glück und Freude. Sie konnte
es doch nicht allein tragen; sie ging in die Nebenstube,
wo Ludwig angekleidet auf dem Bett lag und schlief.
Sie weckte ihn.

„Komm, komm," sagte sie, „komm zu unserm
Kinde! die Pocken haben sich gesetzt, er ist gerettet!"

Rasch sprang Ludwig auf und eilte ihr nach.

Da lag der Kleine noch mit den halbgeschlossenen
Aeuglein, leise röchelnd; die Röthe war der Blässe gewichen. Glückselig zeigte Johanna auf ihn. Ludwig
beugte sich zu ihm nieder. Lange blieb er so und richtete
sich nicht wieder auf.

„Ludwig," drängte Johanna, „so sprich doch, so
freue Dich doch!"

Aber Ludwig blieb stumm, und als er sich endlich
aufrichtete, war sein Gesicht bleich und entstellt.

„Was ist, was ist?" schrie Johanna entsetzt.

„Du hast Dich geirrt," sagte Ludwig dumpfen
Tones, „die Pocken haben sich nicht gesetzt; sie sind
zurückgetreten und unser Kind stirbt!"

„Stirbt?" kreischte Johanna, „er stirbt? Nein,
mein Hans, mein Kind stirbt nicht!" und sie warf sich
über ihn und sorgsam nahm sie ihn auf und setzte ihn
auf ihren Schoß.

„Er ist ja ganz munter, er ist ja besser!"

Aber Ludwig hatte in seinem Berufe als Geistlicher
schon vor manchem Todtenbette gestanden; er irrte sich
nicht. Regungslos betrachtete er den Knaben, wie ihn
Johanna küßte und drückte. Das Kind röchelte leise

weiter und schien nichts zu merken. Noch eine halbe
Stunde verging so, das Röcheln wurde schwächer und
hörte schließlich ganz auf: das Kind war todt!

Zwölftes Capitel

„Ihr führt mich durch lauter Gegenden, die ich
noch nie betreten habe, Heinrich," sagte Eduard zu diesem,
als sie zusammen an einem kalten Winterabende durch
enge, öde Straßen schritten.

„Das glaube ich gern, Herr, daß Ihr Euch noch
nicht hierher verirrt habt," antwortete dieser verschmitzt
lächelnd; „wir lieben im Allgemeinen auch keine solchen
Herrchen, wie Sie einer sind, bei unsern Versammlungen,
und ich muß mich in Acht nehmen, daß Keiner es sieht, daß
ich Sie hergebracht. — Wir sind gleich da; halten Sie
sich nur immer hübsch an der Thür, damit Sie hinaus
können, wenn es Ihnen zu eng wird. Und dann, Sie
haben mir's versprochen, daß Sie mich Herrn Elmer
nicht verrathen, auch wenn er Sie sieht, was ich übrigens
nicht glaube."

Sie waren immer weiter geschritten. Eduard war
in einen alten Ueberrock gekleidet, dessen Kragen er in
die Höhe geschlagen hatte, und um den er noch einen
dichten Shawl geschlungen; sein Kopf saß tief in einer
großen Mütze, daß es schwer wurde, auch nur das Geringste außer den Augen von seinem Gesichte zu sehen.

„Wir sind jetzt angelangt," sagte Heinrich, vor
einem Hause stehen bleibend, „und wir gehen nun Jeder
erst für sich hinein. Dort die Stuben unten sind die,
wo Schnaps geschenkt wird und links neben einer Stube
nach dem Hofe zu ist der Saal, wo wir uns versammeln
und wo Reden gehalten werden. Ich bin sonst auch
einer von denen gewesen, die viel sprachen — aber jetzt,
seit mir Herr Steiner und Sie so viel Gutes gethan
haben, mag ich nicht mehr," setzte er fast trotzig hinzu.

Mit diesen Worten ließ er Eduard stehen und ging
in das Haus, in die Stube rechts. Als Eduard den
Hausflur betrat, drang ihm ein unangenehmer Geruch
von Tabak und Spirituosen entgegen; er trat in die Stube,
die ihm Heinrich als an den Saal stoßend bezeichnet
hatte, wo einige Männer sitzen sah, die ziemlich ruhig
sprachen und ihm keine Aufmerksamkeit weiter schenkten.
Die Thür nach dem Saal war offen und Eduard hörte
von dorther Stimmen laut werden. Er begab sich in
den mit Menschen gefüllten Saal, worin diese singend,
sprechend und rauchend umherstanden. Vorn war ein
Tisch, auf dem ein Mann stand, der lebhaft gestikulirend
und mit schreiender Stimme zu den Andern sprach. Die
Rede, die er hielt, war unklar, sie enthielt nichts, als
man solle es nicht länger dulden, man solle mehr Geld
verlangen, man solle ihnen zeigen, was man werth sei.
Es hörten Wenige darauf, und erst als ein Anderer
den Tisch bestieg, entstand etwas mehr Stille. Es war
Elmer!

So hatte ihn Heinrich nicht getäuscht, so nahm
Elmer Theil an den Versammlungen, ja, betheiligte sich
an den Reden! So that er es nicht, um die Stimmung
der Arbeiter kennen zu lernen, zu wissen, ob Gefahr
für eine Arbeitseinstellung sei, sondern er gehörte zu ihnen!
Eduard hatte dem Sprechenden sein Gesicht halb zugekehrt und hörte jedes Wort deutlich.

„Mitarbeiter," begann Elmer, „ich brauche Euch nicht zu wiederholen, was Ihr von mir zu halten habt, Ihr wißt genugsam, daß ich mich zu Euch stelle, daß ich zu Euch gehöre. In Eurer Mitte bin ich geboren, unter Euch bin ich groß geworden, thut nichts zur Sache, ich gehöre doch zu Euch, fühle mit Euch! Ich weiß, wie es dem Arbeiter zu Muthe ist, der für geringen Lohn, für einen Hungelohn den ganzen Tag von früh bis Abend arbeiten muß, und wie arbeiten! Die schwerste Arbeit, die es giebt, die Arbeit an den Maschinen, die nebenbei noch lebensgefährlich ist, denn wie wir erst kürzlich an Heinrich gesehen, kann die kleinste Unvorsichtigkeit ein Unglück nach sich ziehen! Und was be kommt Ihr dafür, daß Ihr den ganzen Tag im Schweiße Eures Angesichts Euch abmüht, daß Ihr Euch quält von früh bis spät? So viel, daß Ihr Euch kümmerlich ernähren könnt, daß Ihr eben Euer Leben fristen könnt! so viel, wie Euer Principal hundertmal zum Fenster hinauswirft! Wenn Ihr dem zuseht, wie er lebt, wie er wohnt, wie er mit dem, was Ihr für ihn erwerbt, umgeht, wie er in einem Abend, wenn er seine großen Feste feiert, oft mehr verbraucht, als einer von Euch das ganze Jahr durch an erbärmlichem Lohn bekommt, da glaube ich Euch, daß Euch das empören muß! Es ist wahr, der Mensch, der nichts hat, der muß arbeiten, um sich etwas zu verdirnen, aber der Lohn muß im richtigen Verhältniß zu der Arbeit stehen; der Mensch soll nicht arbeiten, wie ein Pferd, das ein Anderer ausnutzt bis zum letzten und dann bei Seite wirft! Arbeiten soll der Mensch, und das wollt Ihr auch; aber Ihr wollt dafür bezahlt werden, wie sich's gehört und wollt einen richtigen Schlaf und auch ein Stündchen zur Erholung. Darum ist mein Rath heute, wie schon immer: verlangt, was Euch gebührt, acht Stunden für Arbeit, acht Stunden für Erholung und acht Stunden für Schlaf! so gehört es sich, so ist es ein richtiges Verhältniß, und daß muß Euch der Herr zugestehen! Was schadet es ihm? Er muß vielleicht dafür etwas weniger praffen! und das nicht einmal! Seht doch die Herrschaft an, wenn sie in ihrem Wagen spazieren fährt! Was thut sie? was thut der Herr? Er läßt Euch arbeiten, legt die Hände in den Schoß und läßt sich's von Eurem Verdienste wohl sein! Ihr könnt sehen, wie Ihr durchkommt, Ihr könnt im Winter, wenn's kalt ist, frieren, Eure Kinder mögen betteln, Eure Weiber hungern! Duldet es nicht länger, dies Leben, macht Euch frei, steht wie Ein Mann auf! Was nützt es Euch, wenn Ihr alt und schwach werdet und Euer Leben nicht genossen habt und nun aus der Fabrik gejagt werdet, weil Ihr Eure Kräfte in derselben verbraucht habt? Was nützt es Euch! Wenn Ihr krank werdet, jagt Euch der Herr fort, die Lohn wird Euch entzogen; Ihr könnt froh sein, wenn Ihr überhaupt wieder angenommen werdet! Wie oft habe ich, der Euch liebt, für Eure Bedürfnisse kennt, der Euch bedauert, dem Herrn Vorstellungen gemacht, wie oft ihm gesagt, daß Ihr auch Menschen seid! Die Achseln hat er gezuckt, geschimpft hat er auf Euch und gesagt, wer nicht arbeitet, soll auch nicht essen!"

Ein drohendes Gemurmel hatte sich bei dem letzten Theil der Rede erhoben, Verwünschungen gegen Herrn

Steiner hatten sich hören lassen, als plötzlich der Lärm durch eine laute Stimme unterbrochen wurde, die aus der Ecke des Saales kam. Eduard, der der Rede Elmers mit der größten Aufmerksamkeit gefolgt war, hatte seinen Zorn nicht mehr unterdrücken können, hatte die Mütze vom Kopfe gerissen und rief jetzt, Alles übertönend:

„Es ist nicht wahr, Leute, er lügt, der erbärmliche Mensch! glaubt ihm nicht, er will Euch verführen, er will Euch und Eure Familien in's Unglück stürzen! Ich habe selbst mit eigenen Augen in den Büchern die Posten gesehen, die er für Unterstützung kranker und alter Fabrikarbeiter dem Herrn angerechnet hat! Glaubt ihm nicht, er ist ein Elender! Laßt mich jetzt reden!"

Elmer war bleich geworden, als Eduard seine Stimme erhoben hatte; er war bleich geworden und einen Schritt zurückgetaumelt. Doch schnell hatte er sich gefaßt.

„Nein, Leute," rief er mit gewaltiger Stimme, „hört ihn nicht, es ist einer von denen, die bei dem Herrn stehen, der sich unter Euch geschlichen hat, um Euch zu verrathen! Seht ihn an, er ist seiner Leute Kind! Duldet nicht, daß er redet, duldet ihn nicht in unserem Kreise! hinaus mit ihm!"

Die Leute schrieen durcheinander; der Ruf wurde gehört: „hinaus mit ihm!" Aber, Billigere riefen: „laßt ihn reden, wir können hören, was er uns zu sagen hat!" wieder Andere schrieen, man solle fest bleiben!

„Laßt mich, Ihr Leute," rief Eduard wieder, „laßt mich sprechen! Ihr wißt, daß auch ich es gut mit Euch meine, Ihr wißt, daß ich mich immer zu Euch gesellt habe, daß ich, als einer von Euch verunglückt ist, bei ihm geblieben bin, daß ich ihn gepflegt habe. Wenn Ihr mich habt sprechen lassen, so will ich ruhig, wie ich gekommen, Eure Versammlung verlassen! Was kann ich Euch schaden?"

„Ja," ließ sich eine laute, rauhe Stimme aus der Mitte vernehmen, die Eduard wohl kannte, die einem angehörte, den er als besonders böswillig kannte, „ja, Ihr habt Heinrich gepflegt, aber ihn uns zu gleicher Zeit abspenstig gemacht! Er hat sogar neulich für den Herrn, den Schinder, gesprochen!"

„Nein," antwortete Heinrich, „er hat mich nicht abspenstig gemacht! ich habe nicht für den Herrn gesprochen, aber mit mir ist Herr Steiner anders gewesen, als wie mit den Meisten unter Euch; mir hat er den Lohn nicht abgezogen, sondern mich noch beschenkt und da ich glaube, daß Herr Eduard das für mich erlangt hat, könnt Ihr ihn wohl hören; vielleicht gelingt es ihm, bei dem Herrn für Euch Alle zu sprechen!"

„Nein," schrie der vorige Sprecher, während Eduard vergeblich versuchte, mit seiner Stimme durchzudringen und bemerkte, daß Elmer sich entfernt hatte, „nein, dem ist nicht so, sondern der Herr hat Angst vor uns, er merkt, daß wir ihm einmal das Haus über dem Kopf anbrennen können; darum kriecht er zu Kreuze! Ich sage darum, es ist die richtige Zeit zur Erhebung und dieser Grünschnabel da, der Heimbucker, raus mit ihm! schmeißt ihn raus!"

„Schmeißt ihn raus, schmeißt ihn raus!" erschallten viele Stimmen und Eduard, der sich gewaltig sträubte, fühlte sich von kräftigen Fäusten ergriffen und gewaltsam nach der Thür gezogen und geschoben.

„Laßt ihn gehen!" erschallte dazwischen Heinrichs Stimme, der sich zu ihm drängte, um ihn zu befreien, laßt uns hören, was er uns zu sagen hat, dann ist es Zeit, ihn zu entfernen!"

„Ja," schrieen andere Stimmen dazwischen, „laßt ihn sprechen!"

„Schmeißt ihn raus!" ertönte es wieder.

Der Tumult wurde immer größer und Eduard fand sich nach einigen Minuten im Handgemenge mit einigen Fabrikarbeitern auf der Straße. Er hatte dem Einen einen Schlag versetzt, um sich zu befreien, dieser, dadurch in Wuth gerathen, erwiderte diesen, Andere kamen ihm zu Hülfe; Heinrich stand Eduard bei, doch waren der Angreifenden zu viele. Eduard hatte schon manchen tüchtigen Schlag erhalten und ausgetheilt und es würde ihm gegen die Uebermacht schlecht ergangen sein, wenn nicht plötzlich die Polizei sich hinein gemischt und Ordnung geschafft hätte, und ehe Eduard wußte, wie ihm geschah, wurde er mit noch einigen, als der nächtlichen Ruhestörung überwiesen, fortgeführt. Noch beim Fortgehen sah er ihn, als sehe er Elmers Gestalt um die nächste Ecke verschwinden. War es, der die Wache geholt, um ihn auf diese Weise für's Erste unschädlich zu machen?

Die Nacht, die Eduard auf der Wache ziemlich kalt und unbequem zubrachte, ließ ihn alles Jüngst-Erlebte und all' die Muthmaßungen, die sich daran knüpften, in seinem Gemüth bewegen. So hatte er sich nicht getäuscht, die Abneigung, die er stets gegen Elmer gehabt, hatte ihn richtig geleitet, ihm war klar: Elmer war ein Elender! Denn wenn er auf diese Weise gegen seinen Herrn auftrat, so konnte es nur geschehen, um diesem zu schaden. Aber was nützte es Elmer, daß er die Arbeiter aufhetzte, was hatte er davon, wenn sie mehr Lohn verlangten, mehr Lohn erhielten? Seine Stelle war eine der besten in der Fabrik und wenn er auch sicher ein Tag doch immer ein großes Risiko in der Art und Weise, wie er handelte. Einmal ertappt, wie heute, mußte er schimpflich von Amt und Brod machen! Und wenn ein Mann, wie Elmer, ein solches Risico überhaupt übernahm, so handelte er gewiß nur aus einer wohlüberlegten egoistischen Absicht, so bezweckte er noch mehr, als nur den Schaden seines Herrn; er arbeitete damit für sich, für seine Zwecke. Aber welcher Art konnten diese sein? Welchen Nutzen hatte es für ihn, wenn ein Arbeiteraufstand, den er doch herbeizuführen suchte, wirklich entstand? Was konnte er dabei gewinnen, was erwartete er dabei für sich?

Diese Gedanken verfolgten Eduard die ganze Nacht, ließen ihn keinen Augenblick ruhen. Er fragte sich nicht, was aus ihm werden würde; der Morgen mußte kommen, man mußte ihn freilassen, wenn er sich ausweisen könne. Im schlimmsten Falle mußte sein Principal gut für ihn sprechen. Was sollte er diesem sagen? Natürlich die Wahrheit! Er mußte ihn damit bekannt machen, wie Elmer handelte! Eduard dachte keinen Augenblick daran, daß Herr Steiner ihm nicht glauben würde, ihm mißtrauen könnte.

Den nächsten Tag kam er wirklich frei; er kam bedeutend später wie gewöhnlich in's Geschäft. Er achtete die etwas verlegenen Mienen der jungen Leute, die mit ihm arbeiteten, nicht. Sein Principal erwiderte seinen Gruß zum ersten Mal finster und als er ihn um eine Unterredung bat, erhielt er nur die Antwort:

„Ich weiß schon Alles! es thut mir leid, daß so etwas vorfallen konnte! Ich will keine Entschuldigungen hören! Nehmen Sie sich aber in Acht, daß dergleichen nicht zum zweiten Mal passirt!"

„Verzeihen Sie," erwiderte Eduard ganz bestürzt, „Sie müssen mich hören, Sie sind falsch berichtet! Ich habe Ihnen wichtige Mittheilungen zu machen."

Herr Steiner winkte ungeduldig mit der Hand.

„Ich bitte Sie wirklich, kein Wort über das Geschehene zu äußern, es ist mir unangenehm genug! Bei einem Andern wäre ein solcher Exceß genügend, ihn aus dem Geschäft zu entfernen. Ich habe mich in Ihnen geirrt, gehen Sie jetzt!"

Eduard ging. Was war das, wie war das möglich? So gut hatte Elmer seinen Vortheil zu nutzen verstanden? vortrefflich war es ihm gelungen!

„Nun," dachte er, „Herr Steiner will nicht klug gemacht sein, er will blind bleiben; mag ich sehen, wie es weiter geht!"

Eduard war wirklich zornig; er hatte gestern nur im Interesse seines Herrn gehandelt, aus Theilnahme für ihn sich Unannehmlichkeiten ausgesetzt! War das der Lohn, daß er ungehört Zurücksetzung erdulden, sich, Gott weiß, welcher Unthat, verdächtigt sehen mußte?

Er ging im Laufe des Tages zu Heinrich, um diesen zu veranlassen, zum Principal zu gehen und ihm die Wahrheit zu erzählen; Heinrich weigerte sich jedoch entschieden.

„Ich kann nicht, Herr, Sie können das nicht von mir verlangen!" antwortete er ihm, „so gern ich Ihnen sonst Alles zu Gefallen thun will; ich kann aber Elmer, der es stets gut mit uns gemeint hat, so wie alle Andern nicht verrathen, das können Sie nicht verlangen, das sehen Sie ein!"

Eduard sah es ein; er schwieg für jetzt, aber er hoffte auf eine Gelegenheit, sich seinem Herrn gegenüber auszusprechen, von ihm zu erfahren, was Elmer ihm eigentlich Schuld gegeben und ihm die wirkliche Sachlage mitzutheilen. Diese Gelegenheit indessen fand sich nicht so schnell, als Eduard erwartet hatte. Sein Principal blieb ihm gegenüber kühl, die öftern Einladungen in sein Haus unterblieben ebenfalls. Bei einer zufälligen Begegnung mit Frau Steiner und Amelie auf der Straße, hatte Erstere seinen höflichen Gruß kalt beantwortet, während Amelie ihn freundlich, aber etwas verlegen wieder gegrüßt hatte. Für einen jungen Mann wie Eduard, der sich eines guten und edlen Strebens bewußt war, war diese Lage fast unerträglich, und er beschloß, nachdem er einige Wochen ausgehalten, das spöttische und wie ihm vorkam, heimtückische Gesicht Elmers ertragen, sich auf irgend eine Weise Licht zu verschaffen, sollte es ihm auch seine Stelle kosten.

Dazu kam, daß ihm die Lage des Fabrikherrn, der so schmählich von Elmer getäuscht wurde, Sorge machte; denn Eduard war mehr denn je davon überzeugt, daß dieser an dem Ruin seines Herrn thätig sei, wußte es auch nicht auf welche Weise. Er hatte schon hin und her überlegt, wie er Herrn Steiner am besten von der Wahrheit dessen, was er ihm zu sagen hatte, überzeugen könne, denn Elmer mußte ihn doch natürlich auf eine schlimme und herabwürdigende Art verleumdet haben, daß er den ihm so wohlwollenden und billig denkenden Herrn zu solchem Zorn gegen ihn gebracht hatte und

Eduard konnte das Wesen der ihn Umgebenden, die seit jenem Tage sämmtlich mit gewissen Scheu auf ihn sahen, nicht mehr ertragen, konnte den finstern und kalten Blicken seines Brodherrn nicht mehr Stand halten; er wollte wenigstens wissen, wessen man ihn beschuldige, er wollte sich vertheidigen! Seine Collegen, die er gefragt, hatten ihm mitgetheilt, Herr Elmer habe gleich am Morgen des Tages, an dem er gefehlt, eine lange Unterredung mit Herrn Steiner gehabt; dieser sei ganz zornig gewesen und habe einige Worte von Fortjagen fallen lassen, wozu Elmer genickt und zugeredet habe; doch habe Herr Steiner schließlich aus Rücksicht auf seine sonstige Tüchtigkeit ein Auge zugedrückt und obgleich es Elmer nicht recht gewesen sei, habe er sich doch fügen müssen. Was eigentlich geschehen sei, wüßten sie nicht!

Das war Alles was Eduard erfuhr. Es war wenig genug, bestätigte seine schlimmsten Befürchtungen. Da er nicht nochmals vor dem sämmtlichen Personal des Herrn Steiner, wenn er ihn um eine Unterredung bat, abgewiesen sein wollte, ging er eines Sonntag Nachmittag in die Privatwohnung seines Herrn. Der Diener meldete, die Herrschaft sei nicht zu Hause, nur das Fräulein. Eduard, der sonst so gern mit Amelie verkehrt hatte, dachte, daß er vielleicht von ihr erfahren könne, was Herr Elmer gegen ihn vorgebracht habe; er nahm seine Karte und bat dringend um einige Minuten Gehör.

Der Diener ging und kam nach einer kleinen Weile zurück, Eduard bittend, einzutreten.

Amelie saß am Klavier; sie stand auf und kam ihm halb verlegen entgegen.

„Ich thue Unrecht," sagte sie, „Sie zu empfangen, denn es ist mir verboten, in der Eltern Abwesenheit Besuche anzunehmen; Sie baten aber so sehr, da glaubte ich eine Ausnahme machen zu können. Was haben Sie mir zu sagen?"

„Daß Sie mir behülflich sein sollen, Ihren Herrn Vater zu sprechen! Es muß mich Jemand bei ihm verleumdet haben, daß er, der sonst so freundlich und gütig war, der mir Einlaß in seine Familie gewährt hat, mir jetzt so anders gestimmt ist. Und doch fühle ich mich frei von aller Schuld, und doch habe ich nichts gethan, was mich in seinen Augen herabsetzen könnte!"

Eduard stand vor Amelie, als er es sagte, sein Ausdruck war so treuherzig, sein Blick so offen, als er betheuernd seine Hand auf seine Brust legte, daß Amelie mit einem Male ausrief:

„Ich habe niemals daran glauben können, daß Sie unwürdig gehandelt haben, daß Sie so handeln konnten!"

„Ich danke Ihnen für diese Worte," sagte Eduard warm und ergriff ihre Hand, die er Amelie einen Augenblick erröthend ließ und dann sanft wieder entzog.

„Und nun haben Sie die große Güte, mich wissen zu lassen, wessen man mich eigentlich beschuldigt; denn wer es thut, weiß ich: es ist und kann nur Herr Elmer sein!"

„Ja, er und kein Anderer!" entgegnete Amelie. „Ich weiß die nähern Umstände nicht genau — ich weiß nur," sagte sie hastig und von Neuem erröthend, „daß er Sie an einem gewissen Abende mit einigen unserer schlechtesten Arbeiter, mit solchen, die unter den Andern berüchtigt sind, in einer der untersten Kneipen

getroffen habe, wo Sie sich mit ihnen betrunken haben sollen, wie Sie sich dann in diesem Zustande auf der Straße umhergetrieben, mit denselben in Streit gerathen und auf die schmählichste Art von der Polizei getroffen worden seien, die Sie Alle eingesteckt habe; und Elmer sagte, das sei nicht das erste Mal gewesen; er habe Sie nicht verrathen wollen, ohne seiner Sache ganz sicher zu sein. Diesmal habe er sie nun gesehen und Ihrer Verhaftung beigewohnt. Es ist noch mehreres dabei, was ich gar nicht erfahren habe; jedenfalls haben Elmer und auch einige Andere, die Sie gesehen hatten, wider Sie ausgesagt! — Das ist Alles, was ich weiß, und nun sagen Sie mir, daß es nicht wahr ist, daß Elmer lügt!"

„Ja," rief Eduard in großer Entrüstung, „der Elende lügt! Es ist nicht wahr, es ist Alles erfunden! Sie haben es nicht geglaubt, nun bitte ich Sie, bitte Sie inständig, stehen Sie mir bei, daß ich es auch beweisen kann! Wollen Sie bei Ihrem guten Vater für mich sprechen?"

„Gewiß will ich das," entgegnete das junge Mädchen, „ich will Alles thun, was ich kann. Heute ist es leider nicht möglich, denn die Eltern kommen erst spät zurück und wir haben Gesellschaft; aber morgen will ich mit Papa sprechen und ihn bitten, daß er Sie wenigstens anhört; das Andere ist dann Ihre Sache. — Und nachher kommen Sie wieder zu uns und begleiten meine Lieder?"

Das Letzte sagte sie mit einem scherzhaften, köstlichen Lachen, daß es Eduard ganz warm um's Herz wurde.

„Wenn ich wieder darf, gewiß!" sagte er; „haben Sie Dank!"

Mit diesen Worten verbeugte er sich, sie reichte ihm nochmals flüchtig die Hand, und er ging hinaus.

Als Eduard das Haus verlassen hatte, befand er sich in großer Aufregung. Er zweifelte nicht, daß, wenn ihn Herr Steiner anhören würde, er ihm auch glauben müsse. Aber dann erst! wie sollte er es ihm beweisen? Die Arbeiter hatten gegen ihn ausgesagt, waren von Elmer bestochen, hatten von ihm gedungen. Jetzt verstand er das Ganze: Elmer hatte gewollt, Herr Steiner solle ihn im ersten Zorne vom Hause jagen und beinahe hätte er seinen Zweck erreicht.

Während er noch darüber grübelte, war er, ohne auf den Weg zu achten, einige Straßen weiter gegangen; er befand sich in einer Gegend, die er wenig kannte. Es war schon ziemlich finster; er schaute umher, um sich zurecht zu finden und sah etwa zwanzig Schritt vor sich zwei Männer, die dicht in ihre Mäntel gehüllt waren, in eifrigem Gespräche. Als sein Auge gleichgültig an ihnen vorbeigleiten wollte, blieb es an dem Einen haften. War das Elmer? Es schien ihm so, und unwillkürlich beschleunigte er seine Schritte. Jetzt erkannte er ihn ganz genau und auch den Andern kannte er, er hatte ihn oft im Geschäft gesehen: es war ein Mann, der ein großes Commissionsgeschäft führte, das eine Menge Waaren aus der Fabrik bezog. Er erinnerte sich auch, daß er den Commissionär als Jemand hatte bezeichnen hören, der sehr schnell reich geworden sei. Es flog ihm plötzlich durch den Sinn, daß er den Beiden nachgehen wolle, da ihn der Zufall mit ihnen zusammengeführt. Er hüllte sich ganz in seinen Mantel, so daß es schwer ward, ihn zu erkennen und folgte ihnen nach, aber so sehr er sich auch anstrengte, etwas von dem halblaut geführten Gespräch zu verstehen, es wollte ihm doch nicht gelingen. Durch mehrere Straßen folgte er ihnen nach, dann traten sie in ein ziemlich obscur aussehendes Café; er sah sie in dem Hausflur in ein Zimmer eintreten. Eduard blieb an der Hausthür stehen; ging er ihnen in das Zimmer nach, mußte ihn Elmer sofort gewahr werden und sein Zweck war verfehlt, er konnte nichts von der Unterhaltung verstehen. Einen Augenblick stutzte er überhaupt, als er dachte, was er eigentlich wollte, doch bald kam er zu seinen vorigen Gedanken zurück. Wenn er Recht hatte, daß Elmer seinen Herrn betrüge, so war jedes Mittel, ihn zu entlarven, gerechtfertigt. Er trat also entschlossen in die nächste Thür, er hatte es gut getroffen, das Zimmer war ziemlich leer und ein flüchtiger Blick in das nächste belehrte ihn, daß auch dieses, mit Ausnahme von Elmer und dem andern Herrn, unbesetzt war. Es war jetzt nicht die rechte Zeit für das Café und erst später füllte es sich. Eduard schaute sich um und wählte sich seinen Platz. Die Herren hatten sich schon gesetzt und zwar nahe an der Thür; sie hatten sich Wein bringen lassen und sprachen immer noch eifrig. Eduard setzte sich ihnen gegenüber, doch so, daß er ziemlich im Schatten saß; er nahm eine Zeitung zur Hand und schien in dieselbe vertieft. Eine Weile sprachen die Herren ziemlich leise, doch plötzlich sprach der Commissionär mit lauterer Stimme als vorher, so daß Eduard jedes Wort deutlich hören konnte.

„Ich sage Ihnen ein für alle Mal, das Risico ist für mich zu groß; sie wollen drei Viertel des Gewinnes einstecken, während ich mich mit einem Viertel begnügen soll, obgleich doch, wenn die saubere Geschichte einmal herauskommt, ein Renommé ein für alle Mal zerstört ist, wegen einer Kleinigkeit, während Sie schon lange Ihr Schäschen in's Trockene gebracht haben! Wie ich Ihnen schon sagte: Halbpart, wie es richtig ist, oder ich bin Ihnen nicht mehr zu Willen!"

„Aber so nehmen Sie doch Vernunft an," entgegnete Elmer, „für Sie hat es ja gar keine Gefahr; das Risico ist ja nur auf meiner Seite! Wer will Sie irgendwie beschuldigen bei dieser Sache? Ich liefere Ihnen die Waaren um zwei und ein halb Procent billiger, als Sie sie irgend anderswo bekommen, und verlange dafür nur von Ihnen, daß Sie sich mit einer Quittung begnügen, die nur auf zweiundneunzig und ein halb Procent des Preises ausgestellt ist, den Sie mir wirklich bezahlen. Im Falle einer Entdeckung haben Sie aber nur eine höhere Summe bezahlt, als wozu Sie der Lieferungsvertrag verpflichtete; daß dieser Ueberschuß nicht meinem Fabrikherrn zu Gute gekommen ist, ist nicht Ihre Sache, und wer sollte Sie verrathen, wenn ich es nicht thue? und meiner sind Sie ja sicher, ich ginge ja gegen meinen Vortheil."

„Ja wohl," bemerkte der Andere, „und außerdem noch an den Kragen! Ich wäre auch gar nicht auf das Geschäft eingegangen, als es nicht sicher wäre! Aber so wohlfeil sollen Sie mich doch nicht bekommen, Alles was recht und billig ist: gleiche Gefahr, gleicher Gewinn, also halbpart! Wollen Sie so oder wollen Sie nicht?"

„Ich will nicht," entgegnete Elmer mit Bestimmtheit, „und es wäre sehr gegen Ihren Vortheil, wenn Sie auf Ihrer ungerechtfertigten Forderung bestehen

wollten! Werden Sie nicht hoch genug bezahlt mit einem Verdienst, den Sie sonst im ganzen Jahre nicht machen könnten? Ich finde Viele, die mit Freuden auf meinen Vorschlag eingehen werden!"

Er hielt nach diesen Worten inne und sah den Andern an, der vor sich nieder sah und mit den Achseln zuckte; dann fuhr er fort:

„Gut denn, noch ein letztes Wort: Ich will bei unserem nächsten Abschluß — Sie wissen um welche Summe es sich handelt — ein Uebriges thun und Ihnen ein Drittel des Gewinnes zukommen lassen! Aber nun auch kein Wort weiter! Sind Sie einverstanden?"

„Ich muß wohl!" entgegnete der Andere; „bei Gott, hätten Sie mir nicht wenigstens dies Zugeständniß gemacht, so hätten Sie sich nach einem andern Helferzhelfer umsehen können, denn wenn Sie erst Ihren Zweck erreicht haben, die Fabrik in Ihren Händen ist, werden Sie die Preise so anders stellen; der Verdienst wird für mich zu Ende sein, und ich wische mir den Mund. Da muß man sich bei Zeiten vorsehen!"

„Also es gilt," sagte Elmer, dem Andern die Hand reichend.

„Topp, es gilt!" antwortete dieser, „und nun schnell noch ein Glas Wein, ehe wir unsere Berechnungen beginnen!"

Er schenkte die leeren Gläser voll und sagte, das Glas erhebend:

„Auf lange Freundschaft denn und treues Bündniß! — Sie kennen," fuhr er mit einem spöttischen Aufwerfen der Lippe fort, „meinen Ausspruch: ‚Die Verhältnisse, die auf gegenseitiger Geringschätzung beruhen, sind die dauerhaftesten.‘"

Elmer warf ihm einen finstern Blick zu; er nahm ein Papier aus seiner Brieftasche, welches verschiedene Berechnungen enthielt und legte es seinem Helfershelfer vor.

Eduard, dem kein Wort von der Unterhandlung entgangen war, der nun genau wußte, um was es sich handle, strengte sich vergebens an, Worte von der wieder leise geführten Unterhaltung zu verstehen; er hörte nur hin und wieder Zahlen, aus denen es ihm ersichtlich wurde, daß es sich um große Summen handeln müsse, doch nichts Bestimmtes. Was sollte er thun? Er hatte es mit zwei abgefeimten Betrügern zu thun, die sich noch ganz sicher gestellt hatten! Das waren also Elmers Thaten, das waren Elmers Pläne! Darum standen die Einnahmen der Fabrik zu den Ausgaben in einem so schlechten Verhältniß! Der Gewinn war seit Jahren, sicher so lange, als Elmer Geschäftsführer war, in seine eigene Tasche geflossen; auf die schlechteste, gemeinste Weise bestahl er seinen Herrn, betrieb er den größten Unterschleif. Und was hatte der Commissionär gemeint, als er sagte, „wenn Sie erst Inhaber der Fabrik sind?" Eduard verstand es nur gut, er durchschaute das ganze feingesponnene Netz des Elenden! Durch die unmäßigen Bauten, durch den mangelnden Gewinn, durch die unverhältnißmäßig große Anzahl von Arbeitern, durch alles arbeitete er daraufhin, seinen Herrn zu ruiniren und ihn zahlungsunfähig zu machen. Vielleicht daß er, wenn dieser Moment nahe genug war, durch einen Arbeiteraufstand die Fabrik zum Stillstehen brachte, daß er dadurch die Noth des Herrn vermehren würde, daß er diesen stürzen wollte, um die Fabrik für einen Spottpreis an sich zu bringen! Ja, so und nicht anders konnte es sein; schlau eingefädelt war der Faden; aber bis hierhin und nicht weiter, dachte Eduard! Zu nichte sollten die Pläne des Halunken gemacht werden! Aber wie, auf welche Weise? Konnte er vor seinen Herrn treten, ohne weitere Beweise, ohne weitere Zeugen? Nur ihm sagen: so stehen die Sachen, der Mann, der Ihnen der Beste, der Gewissenhafteste schien, hat Sie schmählich betrogen, hat seit Jahren den entsetzlichsten Unterschleif begangen! Und gesetzt, er thäte es, würde sein Herr ihm glauben, ihm glauben, den er seit Wochen im Verdacht hatte, sich eines gemeinen, unwürdigen Betragens schuldig gemacht zu haben, ihm, den er erst so kurze Zeit kannte, in den er sich getäuscht zu haben glaubte? Und dennoch, er mußte es wenigstens versuchen, sich Glauben zu verschaffen, er durfte nicht zögern. Morgen vielleicht schon sollte das neue Geschäft abgeschlossen, morgen vielleicht schon sein Herr wieder um so und so viel betrogen werden!

Eduard warf noch einen Blick auf die Beiden; sie saßen noch immer und rechneten. Still, wie er gekommen war, entfernte er sich. Er stieg in den nächsten Fiaker und fuhr nach dem Hause seines Principals.

Dieser sei eben zu Haus gekommen, er kleide sich um und könne ihn nicht sprechen, hieß es.

„Ich muß," entgegnete Eduard dem Diener, „sagen Sie Herrn Steiner, es handle sich um sehr wichtige Geschäftssachen."

Der Diener ging. Eduard mußte einige Minuten, die ihm unendlich lang vorkamen, warten, dann wurde er hineingerufen.

Herr Steiner legte eben die letzte Hand an seine Toilette; er sah Eduard befremdet an und frug ihn kurz, was er wolle.

Eduard begann erst hastig, dann ruhiger werdend, die Erlebnisse von jenem Abende zu erzählen, den er in der Arbeiterversammlung zugebracht hatte; dann kam er auf seinen Verdacht, und theilte schließlich Herrn Steiner die Begebnisse des heutigen Tages mit.

Herr Steiner hatte ihn Anfangs mit Stirnrunzeln angehört; je weiter Eduard jedoch in seiner Erzählung kam, desto mehr wich der finstere Ausdruck einem Ausdruck der Bestürzung und als Eduard geendet hatte, trat er auf ihn zu, ergriff seine Hand und sagte:

„Junger Mann, Sie beschuldigen hier einen bis jetzt unbescholtenen Mann eines großen und entsetzlichen Verbrechens; haben Sie auch jedes Wort überlegt, das Sie gesagt haben, ist es nicht Zorn und Rache, was Sie hierhergeführt?"

„Nein, Herr Steiner," entgegnete Eduard, ihn ansehend, ruhig. „Ich will jedes Wort, das ich gesagt, mit meinem Leben vertreten!"

„Wäre es möglich?" sagte Herr Steiner erschüttert, „mein Gott, wäre es möglich? Was thue ich!"

Er versank in tiefes Nachdenken, während Schweißtropfen auf seine Stirn traten.

„Herr," sagte Eduard bescheiden, „darf ich mir einen Rath erlauben? Wie ich Ihnen schon sagte, sind die Geschäfte derart gemacht, daß es schwer sein dürfte, Herrn Elmer eines andern Verbrechens zu überführen, als dessen der Aufwiegelung der Arbeiter, dies ist nicht allzu schwer. Für alles Uebrige giebt es nur ein Mittel:

vielleicht gelingt es uns, dies richtig anzuwenden. Zuerst will ich morgen die Posten des Hauptbuches nachrechnen und in das Commissionsgeschäft des Herrn gehen, mit welchem das Geschäft morgen abgeschlossen werden soll. Er kennt mich nicht, hat mich nie gesehen; ich will mich nach allen üblichen Preisen erkundigen, wir haben dann einen Vergleich. Sie selbst müssen am besten augenblicklich zum Polizeipräsidenten gehen, diesem die Sachlage vorlegen und zu erlangen suchen, daß morgen zu einer Stunde, wo Elmer im Geschäft ist, ein Polizeibeamter vor Aller Augen eine Untersuchung seiner Brieftasche vornimmt, da werden sich die Berechnungen vorfinden! Ich glaube, es ist das Einzige, was wir thun können!"

Herr Steiner hatte überlegend zugehört.

„Ich glaube, Sie haben Recht," sagte er, „und werde sofort handeln. Sie gehen indeß in das Comptoir, das jetzt leer und zu Ihrer Disposition steht, ziehen die genauen Posten aus den Büchern um morgen au fait zu sein. Ich werde mit dem Präsidenten abmachen, daß erst durch eine schriftliche Bitte durch Sie mir der Beamte geschickt werde."

„Und nun," bat Eduard, „wollen Sie mir erlauben, Ihnen jenen Arbeiter, der neulich verunglückt ist, dem Sie Geld geschenkt, der Ihnen und mir verpflichtet ist, vorzuführen, damit Sie ihn hören; wenn er erfährt, wie Elmer an seinem Herrn gehandelt hat, wird er nicht mehr anstehen, in Betreff meiner die Wahrheit zu sagen und mich dadurch zu rechtfertigen!"

Herr Steiner schüttelte den Kopf.

„Das würde am heutigen Tage unklug sein, Alles muß mit äußerster Vorsicht geschehen. Haben wir es wirklich mit einem Betrüger zu thun, so ist es wenigstens ein äußerst schlauer. Und Sie! ist Alles so wie Sie sagen, habe ich Ihnen viel abzubitten, bin Ihnen tief verpflichtet, Herr Eduard!"

„O," sagte dieser bescheiden „ich thue nur meine Pflicht."

„Nein, Sie thaten mehr," entgegnete Herr Steiner warm. „Sie thaten mehr, weil Sie Theilnahme für mich fühlten, weil Sie ungerecht gegen Sie war. Nicht das Gefühl der Rache ließ Sie heute die beiden Spitzbuben anklagen, sondern Interesse an mir! Habe ich Recht?"

„Ja, Herr!" entgegnete Eduard fast erröthend.

„Ich danke Ihnen heute nicht," entgegnete Herr Steiner, „ich muß erst klar mit mir selber werden, was ich thun will. Der Schlag hat mich tief getroffen! Schon lange habe ich schwere Sorgen; ob dies zum Glück für mich wird oder zum gänzlichen Unglück?"

„Zum Glück," antwortete Eduard warm, „gewiß zum Glück!"

Der Fabrikherr hatte sich hingesetzt und seinen Kopf tief in die Hände vergraben. Eduard stand vor ihm und betrachtete ihn mitleidig.

Plötzlich sprang Herr Steiner auf. „Der Schurke!" rief er aus, „er soll büßen!"

Er bestellte den Wagen.

„Es ist besser," sagte er zu Eduard, „Sie begleiten mich; Sie sind als der belastende Zeuge vielleicht nothwendig. Sind Sie bereit?"

„Gewiß," sagte Eduard, „ich bin zu Ihren Diensten." —

(Fortsetzung folgt.)

Feuilleton der Deutschen Roman-Zeitung.

Cameron's Reise quer durch Afrika.

II.

Den Lualaba erfand Cameron als einen mächtigen, reißenden Fluß von gelbem Wasser, über eine englische Meile breit und mit einer Strömung von drei bis vier Knoten die Stunde. In seinem Bette lagen viele Inseln, von denen die größern wohl mit Holz bestanden waren und von den Wagenya bewohnt wurden, einem Stamm, der den ganzen Transporthandel des Flusses in seinen Händen hat.] Die Waldscenerie der Bambari-Gebirge, welche das Manyuema-Land begränzen, beschreibt Cameron als wahrhaft prächtig.

„Stunde nach Stunde klommen wir ihre steilen Abhänge hinauf, umsäumt von ungeheuren Rillen und Abgründen, zuweilen war unser Pfad auf dem Boden derselben, dann wieder auf ihrem Gipfel und Mal den steilen Abstürzen entlang. Weder Sonnenschein noch Luftzug durchdringen je diese dunklen Tiefen, denn eine Masse von Riesenbäumen mit weitgeästeten Wipfeln schließen selbst den kleinsten Blick auf den Himmel aus. Und was für Bäume waren das! Auf der Kante eines 150 Fuß tiefen Abgrunds stehend, sahen wir diese Waldriesen in der Tiefe wurzeln und in gleicher Höhe über unsern Köpfen ihre Stämme in dem dichten Laube verschwinden. Prächtige Schlingengewächse schmückten die Bäume mit ihren Guirlanden und hier und dort wurde ein todter Waldmonarch durch die feste Umarmung dieser Parasiten am Umfallen verhindert. — Der Grund war feucht und kühl, und Moose und Farrn wuchsen üppig. Dennoch, trotz der Kühle der Temperatur, verursachte der Mangel an Luftcirculation eine idyllische Beklemmung und mit einem Gefühl der Befreiung sahen wir den blauen Himmel und das Sonnenlicht zwischen den Baumstämmen hereinströmen, als diese gegen den Fuß der Höhen weniger und kleiner wurden. Auftauchend aus diesem wahren Urforst, gelangten wir in ein hübsches Land mit grünen Ebenen, fließenden Strömen, bewaldeten Hügeln, welches fleißig bebaut war und viele Dörfer hatte."

Nyangwe selbst besteht aus zwei Dörfern, von denen jedes auf einer sanften Anhöhe über dem Flusse liegt. Ein schmales Thal mit Marschland, das vortrefflichen Reisboden liefert, trennt die beiden Dörfer, die von den Händlern aus Zanzibar als dauernde Niederlassung an dem Lualaba gut gewählt sind. Cameron wurde warm von Hamed Ibn Salim, einem weißhäuptigen Araber, gewöhnlich „Tanganyika" genannt, empfangen. Er zeigte ihm das Haus, welches er Livingstone überlassen hatte und setzte ihm ein Gericht dampfenden Curry vor, der sehr annehmbar war es," fügt Cameron hinzu. Doch das Haupt des Platzes war Muinyi Dugumbi, der, findend, daß er hier ein weit größerer Mann war, als je in seinem Geburtsorte zu werden hoffen konnte, den Gedanken, nach Zanzibar zurückzukehren, aufgegeben und um sich einen Harem von mehr als dreihundert Weibern versammelt hatte, dessen üble Folgen „deutlich an seinem raschen Verfall in Blödsinn erkennbar waren." Cameron verließ Nyangwe am 26. August und begab sich mit dem arabischen Händler Tipo-Tipo (Hamed Ibn Hamed) nach dessen Lager an den Ufern des Lomami, von wo aus er den See Sankorra untersuchen und dem Laufe des Congo bis zum Meere verfolgen wollte. Aber es ward ihm von dem König Rasongo verboten und nicht gestattet, Canoes zu kaufen.

„Kein Fremder mit Flinten ist je durch diesen Landstrich passirt und Keiner würde es, ohne sich den Weg mit Gewalt zu bahnen," bemerkt Cameron. „Obgleich ich genügende Mannschaft von Nyangwe und Tipo-Tipo hätte erhalten können, um den Durchzug sicher zu erkämpfen, so erkannte ich es doch für meine Pflicht, kein Leben unnöthig auf's Spiel zu setzen. Denn ich fühlte, daß das Verdienst geographischer Entdeckung durch das Vergießen eines Tropfen eingeborenen Blutes, ausgenommen im Falle der Selbstvertheidigung, in unersetzlicher Weise geschädigt werden würde."

Er setzte daher seine Reise südlich nach Kilemba, unweit des See's Kassali, fort, wo er, im Oktober 1874, herzlich von einem stattlichen Araber begrüßt wurde, der ihm auf Englisch: „Guten Morgen" zurief. Es war Jumah Merikano, der beste und gastfreundschaftlichste unter den vielen guten und gastfreundlichen Arabern und Negern, die Cameron sich durch seine Humanität und Redlichkeit gewann. „Als Jumah Merikani von einem Engländer hörte, der in der Nachbarschaft war, dachte er, es müßte Livingstone sein, dem er einst begegnet war. Denn er hatte weder von dessen Tode noch von der Reise Stanley's zu seiner Unterstützung etwas gehört. Auch Speke und Burton war er zu Ujiji begegnet und sie hatten ihm einige Zündhütchen gegeben, die noch vollkommen brauchbar waren, während die französischen Zündhütchen, die der Cameron im Laufe der letzten fünf Jahre aus Zanzibar erhalten hatte, durch den Einfluß des Klimas gänzlich verdorben waren."

Kilemba ist der Hauptort des Urua-Landes, welches von dem eingeborenen König Kasongo regiert wird. Cameron wurde hier bis zum Februar 1875 durch die Weigerung des Königs, ihn weiter reisen zu lassen, und durch die Intriguen einiger Personen an dem Hofe dieses Königs aufgehalten. Eine von diesen Personen war der portugiesische Mischling José Antonio Alvez aus Angola, ein zweiter dessen Agent Coimbra. Von dem Händler Alvez erfuhr Cameron, daß der Weg nach dem See Sankorra und dem Congo nur während der trockenen Jahreszeit passirbar sei. Seinen erzwungenen Aufenthalt in Kilemba benutzte er zu Ausflügen nach dem See Mohrya mit dessen auf Pfählen ruhenden „See-Wohnungen" und nach den Hügeln nördlich von dem See Kassali, den selbst zu besuchen ihm verboten war. Auch gewann er unterdessen einen vollkommenen Einblick in die Corruption des eingeborenen Regiments und die Unterdrückung des armen Volks durch gewissenlose fremde Händler. Dennoch war Cameron gezwungen, die Gesellschaft der beiden Schufte Alvez, von den Eingeborenen Kendele, und Coimbra, von den Eingeborenen Kwarumba genannt, zu dulden und sich auf freundlichen Fuß mit ihnen zu stellen. Denn Cameron mußte sich mit seinen Leuten der Karavane des Alvez anschließen, die sich verpflichtete, die Expedition nach dem See Dilolo und von dort auf geradem Wege an die atlantische Küste zu führen. Am 25. Februar 1875 konnte Cameron endlich nach Ueberwindung aller Hindernisse, die ihm Kasongo und die Betrügereien des Alvez in den Weg legten, von Kilemba aufbrechen. Die Karavane des portugiesischen Händlers führte eine große Menge frisch gefangener Sklaven mit sich, darunter fünfzig Frauen und Mädchen, die aneinander gebunden waren und oft grausam geschlagen wurden. Es muß Cameron hart angekommen sein, seinen Zorn zu unterdrücken und nicht in offenen Streit mit den beiden Schurken zu gerathen. Aber es bot sich ihm eben kein anderes Mittel, um seine Reise fortzusetzen. Im August erreichte er den See Dilolo.

Die Reise ging von Urua aus durch die Landstriche Ussambi, Ulunda, Lovale und Kibokwe, an der Westseite der Central-Gebirgsreihe entlang, etwa unter dem 12° südlicher Breite. Cameron sah auf dieser Reise die Quellen des Liambye und anderer Ströme, die in den Zambesi fließen. Er litt dabei sehr von wiederholten Fieberanfällen, die von Delirium begleitet waren und seine Kräfte mehr und mehr erschöpften.

Es war im November, als Cameron von dem Gipfel einer Hügelkette am fernen Horizont einen grauen Streifen gewahrte. Zwischen Hoffnung und Furcht schwankend, schaute er darauf hin. Endlich blieb kein Zweifel mehr: was er erblickte, war die See. Die Freude gab den Erschöpften neue Kraft, und lange bevor die Sonne aufging, waren sie, nach kurzer Nachtruhe, auf dem Marsche zur Küste. Nach etwa zwanzig Minuten bekamen sie das Meer wieder in Sicht und jetzt war kein Halten mehr. Im vollen Lauf ging es die Abhänge nach Katombula hinab, wobei Cameron vor Freude seine Kugelbüchse um den Kopf schwang. In der Nähe von Benguela wurde die englische Fahne entfaltet. Ein lustiger Franzose kam ihnen aus einer Hütte entgegen gesprungen und öffnete eine Flasche, um auf das Wohl der Expedition und ihres kühnen Führers, „des ersten Europäers, dem es gelungen, das tropische Afrika von Osten nach Westen zu durchkreuzen," zu trinken. Es war ein alter Officier der französischen Flotte, der sich in Benguela als Kaufmann niedergelassen hatte. Cameron's Zustand war bedenklich, allein er fand vortreffliche Pflege in dem Hause des englischen Consuls in Loanda, wohin ihn ein Dampfboot von Benguela gebracht hatte, und später in der Capstadt. Am 2. April 1876 langte er wieder in England an, nach einer Abwesenheit von drei Jahren und vier Monaten.

Das sind die Umrisse einer Reise, deren Beschreibung überaus reich an den interessantesten und werthvollsten Mittheilungen in Bezug auf die Naturgeschichte und Erzeugnisse Afrika's, so wie auf die socialen Verhältnisse, die Sitten und Gebräuche der eingeborenen Stämme ist. Fast jeder Seite begegnet dem Leser ein fesselnder Beitrag zu den mehr und mehr sich anhäufenden „Wundern Afrika's. Die Engländer denken bereits daran, praktischen Nutzen aus dieser Reise zu ziehen, und nicht lange, so wird man englische Handelskarawanen auf der Straße sehen, die Cameron unter so großen Mühsalen zurückgelegt hat — vorausgesetzt, daß die freundlichen Beziehungen, die der unerschrockene Entdecker mit den einflußreichen Negerhäuptlingen und arabischen Händlern in Innerafrika angeknüpft hat, nicht durch Stanley's wahnsinniges Massacriren von Eingeborenen zerstört werden. Neueste Nachrichten von Zanzibar wollen freilich behaupten, daß alle jene Bluthaten der Ausgeburten der allzuleicht gläubigen Einbildungskraft des wunderbaren Spezial-Correspondenten auf Reisen und nur zu Sensationszwecken von ihm erfunden seien.

Eine Plauderei aus Paris.

Während des Sommers 1876 brachte ich zwei und einen halben Monat in Paris zu. Es war das fünfte Mal, daß ich in der französischen Hauptstadt weilte.

London, die Riesenstadt, in welcher 3—4 Millionen Menschen zusammengepfercht wohnen, erdrückt die Phantasie; man fühlt sich in der Wüste von Stein und Mörtel beklommen; und während neun Monate des Jahres muß man sich mit dem Liede zu trösten suchen, daß „ob die Wolke sie verhülle," d. h. obgleich

die Nebel sie verhüllen, die Sonne wohl noch am Himmelszelt vorhanden sein möge. In Paris ist die Atmosphäre heiterer, und die Stadt übersehbarer; außerhalb der Festungswerke fängt doch nominell „das Land" an.

Ich hatte Paris im Jahre 1869 verlassen. Einer der letzten Eindrücke, welche ich damals dort empfing, war die Pracht des hundertjährigen Geburts-Jubiläums von Napoleon I. am 15. August gewesen. Besonders die Illumination der Champs élysées, in welchen Abends die Menge fluthete, wie in einem riesigen Ballsaale, denn die Circulation der Wagen war in jenem Stadttheile verboten, und das Feuerwerk, um Mitternacht auf dem Trocadero abgebrannt, mit den Namenschiffre Napoleons I. wie am Firmamente hoch über dem Triumphbogen strahlend, erschienen mir nüchternem Kinde des neunzehnten Jahrhunderts dennoch wie eine großartige Theater-Decoration, durch welche uns Hyperboräern eine Scene aus „Tausend und einer Nacht" dargestellt werden sollte. Man merkte die Absicht; man kannte die officiellen Theaterregisseure; es war ein Schauspiel, kein Volksfest. Diese „gemachte" Apotheose des einst magisch wirkenden Namens Napoleon war von kurzer Dauer. „In Nacht und Graus versunken" sind die damals herrschende Kaiser und sein Reich.

In einer neuen Aera traf ich also Paris wieder. Nicht das Neue, sondern das nicht mehr vorhandene frappirte mich diesmal am meisten. Ich begreife in mancher Hinsicht den alten Groll des Volkes gegen die Tuilerien, die stolze Residenz seiner wenig geliebten und oft sehr wenig liebenswerthen Beherrscher. Schon während der ersten großen Revolution zu Ende des letzten Jahrhunderts mochte es einen Angriff zur Stürmung dieser Königsburg. Nicht die Franzosen, sondern die fremden, als freie Republikaner geborenen Schweizer, vertheidigten damals mit ihrem Blute den französischen Königspalast. Prächtiger als je wurde er hierauf ausgebaut und vollendet — um jetzt als großartige Ruine mahnend im Herzen von Paris zu liegen. „In den öden Fensterhöhlen wohnt das Grauen, und des Himmels Wolken schauen hoch hinein."

Kurz vor der Zerstörung der Tuilerien ward die Statue der Jungfrau von Orleans, demselben gegenüber, auf dem Platz der Rivolistraße errichtet. Die mißlungene Statue der Jungfrau ist sehr steif auf einem steifen, bockartigen Pferde hergestellt; sie deutet mit der Rechten auf den durch sie wieder hergestellten Palast und Thron des französischen Königthums, nämlich auf die Tuilerien. Jetzt liegen diese, fast der Erde gleich gemacht, in Trümmern, und die Hinweisung des Mädchens von Orleans auf diesen Schutthaufen der einstigen Königsburg ist daher wider Willen der französischen Nation bedeutsam genug geworden. Die Tuilerien nicht mehr zu sehen, verschmerzte auch ich ziemlich leicht; allein, daß das wunderschöne Renaissancegebäude das Hôtel de ville mit seinen vielen interessanten historischen Erinnerungen „von der Erde verschwunden" ist, bedauerte ich jedesmal auf das lebhafteste, wenn ich in dessen Nähe kam. Wie kam es, daß dieses Symbol der bürgerlichen Ordnung, der magistratlichen Verwaltung, der Bürger-Selbstständigkeit und Gewalt, ebenso mißliebig und verhaßt war, als ehedem die Bastille, und jetzt die Tuilerien, die Residenz der Könige und Kaiser? Die Herrschaft des Seine-Präfecten und Umarbeiters und Verschönerers von Paris, des wohlbekannten Herrn Haußmann, fiel auch mit dem Hôtel de ville dahin.

Nur eine der schönen geraden Verbindungsstraßen, welche von ihm geplant worden waren, in der rue du la paix vor Boulevards gleichlaufend, wurde noch vollendet. Sie erhielt indeß den ganz republikanischen Namen: rue du quatre septembre. Auch an dem Opernhause auf dem Boulevard des Italiens, welches unter Napoleon III. projectirt und gebaut wurde, sah ich etwas Neues. Im Jahre 1869 stand an der Façade desselben: académie impériale de musique. Nach 1870 waren die bösen sechs ersten Buchstaben des Wortes impériale den Franzosen ein Dorn im Auge geworden und sie ließen daher Gerüste an der Vorderseite dieses Kunsttempels anbringen und die sechs goldenen großen Buchstaben des verhaßten impéri-ale durch nation-ale ersetzen. Dabei ereignete sich aber das Mißgeschick, daß die Lettern des Wortes nation von einem sehr kupferroth farbigen Golde waren, was jetzt auffallend von dem Sonnengold der andern Buchstaben der Inschrift absticht. Dem Marschall Mac Mahon war gewiß diese „rothe" Nation sehr unsympathisch.

Neu waren seit jener Zeit auch die jetzt in Paris eingerichteten tramways oder amerikanischen Pferde-Eisenbahnen, und ganz neu die mit Dampf getriebenen Omnibusse auf einigen Linien derselben, welche bei meiner Anwesenheit im Juli noch sehr neugierig von allen Vorübergehenden betrachtet wurden, was bei einer neuen Einrichtung in Paris höchstens einige Wochen lang stattfindet.

Die Billigkeit, mit welcher man in Paris von einem Ende der Stadt bis zum andern gelangen kann, dürfte wohl nirgends übertroffen werden. Auf den hohen Sitzen solcher Riesen-omnibusse, (impériale) zu denen man auf einer kleinen Wendeltreppe empor steigt, und die daher auch von der weiblichen Welt benützt werden, kann man für 12 Pfennige = 15 Centimes und Correspondenzbillet um die halbe Stadt fahren, z. B. von dem arc de triomphe de l'étoile, im Westen von Paris, bis zu der barrière du trône im Osten der Stadt, was wohl reichlich eine Wegstrecke von zwei Stunden ausmacht. Auch die Seine-Boot-Omnibusse, hirondelles und mouches genannt, bringen uns für ein paar Sous im Osten und Westen von Paris in's Freie, „aufs Land" nach Bercy und Charenton, wie nach Passy und St. Cloud c. Ueberhaupt läßt es sich in Paris billig leben, ich weiß von vielen kleinen Leuten, die sich in Paris zur Ruhe gesetzt haben und von einer „Rente" leben, die durch ihre Kleinheit Erstaunen erregt. So besuchte ich z. B. ein solches zurückgezogenes kinderloses altes Ehepaar in einem anständigen Hause, nahe am arc de triomphe in den champs élysées, welches für eine Wohnung von zwei Zimmern und einer Küche mit eigenem Eingang im vierten Stock 300 Franken jährlicher Miethe zahlt. Ihre drei Fenster vorn gingen auf die avenue Mac Mahon, das vierte Fenster auf Gärten hinaus.

Brod, Gemüse, getrocknetes Obst, Hülsenfrüchte sind gar nicht theuer; und die Kleiderstoffe und Schuhe kann man billiger als bei uns einkaufen, wenn man Zeit und Ort zu solchen Acquisitionen zu benützen versteht.

Ist die Winter- oder die Sommersaison vorüber, d. h. sind die Bälle und Gesellschaften zu Ende, und haben die Reichen, die Vornehmen und die Fremden im Sommer Paris verlassen, so veranstalten die Grands magasins du Louvre, Petit St. Thomas, Bon Marché c. massenhafte Ausverkäufe der noch übrigen Sommer- und Winter-Artikel für die in Paris jahraus jahrein bleibenden Geschäftsleute und kleinen Bürger. Hierbei kann man ganz in der That sehr billig zu einer eleganten pariser Toilette kommen. Ich selbst ward meinem alten Grundsatze: nichts zu kaufen als was man nöthig hat, — untreu, und ließ mich durch die „fabelhafte" Billigkeit manches Artikels zu dessen Einkauf verführen. In dieser märchenhaften Billigkeit liegt allerdings das Geheimniß der Verführung. Die Masse des Umsatzes bringt's ein!

Es ist sehr amüsant ein paar Stunden in solchen großen Magazinen, — wahren Bazars — umherzugehen und sich alles darin anzusehen. Bei dem „Ansehen" bleibt es freilich nicht; denn es wird Dir eben durch dieses Ansehen das Geld aus dem Portemonnaie gelockt, Du weißt selbst nicht, wie? Bist Du von der Hitze, dem Lärm, Gedränge, Gewirre und vom Ansehen der tausend und aber tausend Gegenstände müde, so kannst Du Dich in kleine oder große Salons in den Magazinen zurückziehen, Journale lesen, Albums mit Photographien betrachten oder schlummern; man bietet Dir umsonst Fruchtsäfte, Orgeat, Selters- und Sodawasser an, um Dich zu erfrischen, Du kannst Dich in den Toiletten-Kabinets waschen, an- und auskleiden, man servirt Dir ein déjeuner, um Dich zu neuen Einkäufen zu stärken; und bist Du etwa eine glückliche Braut, so kannst Du in einem Tage dort Deine ganze Ausstattung an Leib-, Bett-, Tisch-, Hauswäsche und Deine vollständigen Braut- und andern Toiletten, Teppiche, Vorhänge, Betten, Möbel und Möbelstoffe c. fix und fertig in Dein Haus spedirt erhalten.

Die Cataloge aller z. B. im Bon marché befindlichen Waaren und deren Preise werden jährlich in vier Auflagen, zu Anfang jeder Saison, ausgegeben, und machen jedesmal ein Büchlein von über 300 Seiten aus. Die Hunderte von Angestellten, als: Buchhalter, Cassirer, Commis, Verkäuferinnen, Packern, Aufsehern, Kutschern c. eines solchen Magazins bilden einen kleinen Staat, dessen Organisation Statuten und Gesetze erfordert, und der auch wirklich sehr verständig geregelt ist. So lösen sich z. B. die Angestellten um die Frühstückszeit, d. h. zu Mittag, und gegen Abend bei dem Diner in Parthieen von 20 bis 30 ab, und speisen im Hause selbst an einer für sie bereiteten billigen Tafel.

Von dem in Paris herrschenden Deutschenhasse hatte ich viel gehört und gelesen, und machte mich auf Unangenehmes in dieser Beziehung gefaßt. Allerdings verhalten sich die Pariser gegen Diejenigen, deren Germanismen in Aussprache und Satzbildung des Französischen sie nach drei Worten schon als „Deutsche" kennzeichnet, sehr gemessen, ablehnend, wortkarg — allein selten positiv unhöflich.

Neue französische Bekanntschaften zu machen, war ich nicht beflissen; ich besitze indeß in Paris einige Freundinnen, welche in mir, trotz des Krieges, „keine Erb- und Reichsfeindin" sahen, sondern mich empfingen, als hätte ich sie vor sechs Monaten, statt vor sechs Jahren verlassen. Durch dieselben blickte ich etwas hinter die französischen Coulissen, und darf davon wohl einiges ausplaudern.

Eine meiner früheren französischen Schülerinnen, deren Vater vor sieben Jahren immer Angst hatte, sie werde bei mir „zu gelehrt" und dürfte aus diesem Grunde schwer zu verheirathen sein, ist jetzt eine durch Kenntnisse, Talente und Eleganz hervorragendsten Erscheinungen der „höchsten Kreise." Der leiser Anflug von „deutscher gründlicherer Bildung," ja die drohende Gefahr des Blaustrumpfthums haben ihr nicht geschadet, sondern sie sehr piquant, sehr gesucht und comme il faut gemacht.

Als sie mich ihre Garderobe theilweise sehen ließ, bemerkte sie hierbei: „Werde ich in das Faubourg St. Germain zu den altfranzösischen aristokratischen Familien eingeladen, so bin ich stets zu elegant für dieselben, denn „seit dem Kriege" ist man in jenen Kreisen „sehr ökonomisch" geworden. Die Dienerschaft ist weniger zahlreich, es werden weniger Gesellschaften gegeben und besucht, und die Damen haben es sich zur Regel gemacht, nur Toiletten zu tragen, welche ihre Kammerjungfern im Hause anfertigen. Besuche ich indeß die Salons der haute finance, oder die bei in Paris ein Haus machenden Fremden, so sind alle dort erscheinenden Toiletten von Worth, von Laférrière c. und falle keineswegs auf, sondern bin „tout comme les autres."

Auch bemerkte sie in ihrer Alles leichthin berührenden Manier noch ferner: Es werden immer weniger Heirathen in der grand monde geschlossen. Ein Mann entschließt sich nur sein Garçonleben aufzugeben, wenn er finanziell und körperlich ruinirt ist. Die Ehe ist das au pis aller für ihn „Vornehmende"; er bequemt sich nur dazu, wenn es mit ihm „zum Aeußersten" gekommen ist, und sein zukünftiger Schwiegervater, oder seine Braut selbst, ihm ein paar Pfund guter Staatspapiere in die Hand drücken kann. Die jungen reichen und vornehmen Damen in Paris sind keineswegs „so naiv", diesen Sachverhalt nicht zu kennen und es ist daher unter ihnen als Revanche „Mode" geworden, von ihrem Bräutigam und „Zukünftigen" in der gleichgültigsten Art und Weise zu sprechen, und die Brautschaft, Hochzeit und Trauung als allen andern alltäglichen Vorkommenheiten gleich zu behandeln.

Von uns in den pariser Salons kann man früher durch eine natürliche Ideenverbindung bald auf den Schöpfer der „geschmackvollen" Erscheinungen, die sich darin bewegen, ich meine den „übernatürlichen" Schneider Worth. Dieß Eigenschaftswort fand ich ihm 1869 in einem pariser Journale beigelegt, und nach französischem Maßstabe ist diese Hyperbel allerdings erklärlich.

Ich genieße den Vorzug, diesen Kleiderkünstler mehrere Male gesehen und sprechen gehört zu haben, und kann aus seiner Vergangenheit und Glanzperiode Einiges mittheilen. Vor einigen Jahrzehnten mußte sich ein englischer Genremaler in Paris ab, seine Bildchen an den Mann zu bringen, und weiß sich den nothdürftigsten Lebensunterhalt konnte er sich durch deren Verkauf erwerben. Da ließ er sich eines Tages herab, für eine pariser Theater-Direction neue Costüme zu einem in Scene zu setzenden Stücke zu entwerfen und zu coloriren. Diese Arbeit wurde ihm besser bezahlt als seine „Oelgemälde" auf Ausstellungen, und die jungen hübschen Schauspielerinnen, die in ihren „allerliebsten" Costümes sehr gefallen hatten, baten den „Künstler", ihnen noch ferner bei ihren Toiletten mit seinem guten Geschmacke hierfür zur Hand zu gehen. Kurz der ehemalige Genremaler Monsieur Worth entdeckte in einer guten Stunde, daß sein Stern ihn bei seiner Geburt zum — Schneider bestimmt hatte; er hing seine Malerei und Malereien an den Nagel, und ward — der „weltberühmte", „übernatürliche" Schneider Worth! Schon damals besaß er ein Haus in der Stadt, ein Schloß auf dem Lande, Equipagen und Dienerschaft, und ließ seine Kinder von Hofmeistern und Gouvernanten wie Prinzen und Prinzessinnen erziehen. Zu Ende des Jahres 1870 verließ er in einem eigenen Luftballon Paris, vielleicht um der Ex-Kaiserin Eugenie zum Troste eine neue Toilette zu überbringen; kurz er ist der erste aller irdischen Schneider; seine Aussprüche in Toilettenangelegenheiten sind „unfehlbar", er ist ohne Rival geblieben.

Jetzt ist Herr Worth ein mehrfacher Millionair und bekümmert sich eigentlich nur noch „aus liebenswürdiger Gefälligkeit" um die Toiletten von Fürstinnen, Gräfinnen, Erbinnen und Millionairinnen. An ihm sieht man wieder wie viel im Leben von einer richtigen Berufswahl abhängt. Ich kannte in einem Offizier, der bald seinen Abschied zu nehmen genöthigt war und es sein Leben lang bedauerte, nicht, seiner Neigung gemäß, Kellner und Gastwirth geworden zu sein; und ich weiß von einem Pastor, dem sein verfehlter Beruf am Herzen nagte, er hatte nämlich Talent und die größte Lust gehabt, Fechtmeister in einer großen Universitätsstadt zu werden.

Von den Salons, welche unter dem zweiten Kaiserreiche vielbesucht und berühmt waren, sind viele eingegangen. Die Engländer, die Amerikaner, die Mexikaner, die Brasilianer, die Polen, die Russen, die Wallachen haben ihre eigenen geschlossenen Cirkel, in denen sie vorzüglich mit ihren Landsleuten verkehren.

„Paris lebt von den Fremden" hörte ich im vergangenen Jahre oft sagen; ohne dieselben blieben drei Viertel der Theater und Luxusläden geschlossen und Paris wäre einer stillen Provinzialstadt gleich.

Einen cosmopolitischen Salon hat die russische Fürstin L. L. zur Zeit in Paris. Sie ist eine lebhafte, elegante, unterhaltende Dame, welche ihren Salon zu einem neutralen Gebiet zu machen verstand, auf dem sich Männer der verschiedensten politischen und literarischen Schattirungen begegnen. Sie erzählt Jedermann, daß ihr Mann, mit dem sie übrigens anscheinend ganz friedlich lebt, ihr Vermögen verschwendet habe; daß aber ihr steinreicher Schwiegersohn alljährlich das Deficit ihres luxuriösen Lebens deckt, das verschweigt sie.

Ich fragte nach einem halben deutschen Landsmanne, welchen ich vor sieben Jahren in Paris gekannt hatte, und der damals und noch später während des Kriegs und in Chislehurst eine Rolle spielte und oft genannt ward. Es ist dieß der bekannte Abbé oder Monsignore Bauer, von Geburt ein deutscher Israelit.

Derselbe scheint nicht ganz so zutreffend seinen Beruf erkannt zu haben als Herr Worth, denn er hat denselben schon zu oft gewechselt. Da er indeß in jeder seiner Lebenslagen sich bemerklich machte, so ist er jedenfalls eine vielseitige Natur zu nennen. Nach dem Jahre 1848 kam er mit einer Geliebten als „Künstler" nach Paris. — In der französischen Hauptstadt wurden ihm seine Wechsel und demzufolge auch seine Geliebte untreu, und er verfiel hierdurch — in Visionen, Hallucinationen, in Crisen. Ja in diesen Seelenstimmungen erschien ihm — die Jungfrau Maria und sagte ihm: „Ich will fortan Deine Geliebte sein; sei Du mein Ritter, mein Streiter!" Herr Bauer ward dieß von Stund an, pilgerte nach Rom, ließ sich in den Schooß der katholischen Kirche aufnehmen, zog das Ordensgewand des h. Dominikus an, und erbaute durch sein ascetisches Leben alle seine Klosterbrüder, die Carmeliter in Sta. Maria sopra Minerva in Rom. Plötzlich entdeckte er eine geistliche Rednergabe in sich, die so hervorstechend war, daß man, nach seinem Wunsche, beschloß, dieselbe in weiteren Kreisen als in der Klosterkirche wirksam werden zu lassen. Die Königin Isabella von Spanien, deren Hofbanquier Herrn Bauer's Bruder war, verwendete sich bei dem Papste, um den Carmelitermönch seiner Ordensgelübde zu entbinden und ihn in den Stand der Weltgeistlichen zurücktreten zu lassen. Die spanische Königin vermochte viel bei dem Papste; derselbe hatte ihr wegen ihrer „Tugenden" gerade damals die geweihte goldene Rose geschickt. Auf ihre Bitte ward der Welt ein berühmter Kanzelredner zurückgegeben.

Doch nicht nur die Königin Isabella war Abbé Bauer's Freundin und Gönnerin; die Kaiserin Eugenie zeichnete ihn so sehr aus, daß er ihr Rathgeber, ihr geistlicher Leiter und Director, der Mit-Erzieher ihres Sohnes, ihr Freund und Reisebegleiter ward. Er machte die Reise zu der Eröffnung des Suez-Kanals im Herbst 1869 mit ihr; er hielt die Einweihungsrede hierbei, am rothen Meer stehend, welches schon seinen Vorfahren sich geneigt bewiesen hatte; er betete mit der Kaiserin am Sarge ihres Gatten in Chislehurst . . . . Aber es ist leichter zu sagen, wo Abbé Bauer nicht war, als alle die Länder, Gesellschaften, Kirchen und Salons zu nennen, in denen er lebte, sich sehen und hören ließ. Heute predigte er Vormittags in Bordeaux, Nachmittags in Lyon, Abends in Marseille; an einem Abend sah man ihn in dem Salon seines Verwandten Rothschild in Paris, in demjenigen eines Imperialisten, eines Orleanisten, eines Legitimisten, eines alten Aristokraten, eines Republikaners. Er predigte in den Tuilerien, und die Kaiserin zerfloß bei seinen Reden in Thränen, „in Wehmuth und in Lust", er predigte in

Arbeitervereinen — er war überall, und überall beliebt, bemerkt, gefeiert; er wurde zum Monsignore und protonotaire apostolique von dem Papste ernannt und man hielt es vor 1870 keineswegs für unmöglich, daß er auch noch Cardinal und Papst werden könnte. Während der Belagerung von Paris zeigte er sich auch sehr thätig, allein „nicht Allen" wollte sein Thun und Treiben ferner gefallen. In einer englischen Zeitung, Daily News, las ich damals folgendes von dem Schriftsteller Labouchère in einem „Ballonbriefe" über ihn Geschriebenes: „Der Krieg hat viele Aufschneider producirt, aber, wie ich glaube, keinen, der diesem geistlichen Abenteurer, Abbé Bauer, ähnelt. Sein Geschäft ist zu sehen und gesehen zu werden, und das besorgt er mit voll= endeter Meisterschaft. Er ist eine kleine, robuste Gestalt, trägt eine Soutane, hohe Reiterstiefel mit großen Sporen, und einen Hut, wie man ihn nur in der Oper sieht. Auf der Brust hat er einen großen Stern, um den Hals hängt eine Kette mit einem goldenen Kreuz, und an den Fingern, über den Handschuhen, trägt er reiche Ringe. Das Geschirr seines Pferdes ist in allen Theilen mit rothen Kreuzen besät. Ihm zur Seite galoppirt ein Fahnenträger mit einer großen Fahne, in welcher das Genfer Kreuz steht. Außerdem hat er in seiner nächsten Umgebung acht Adjutanten, sämmtlich in Gold und Purpur glänzenden Phantasie= Uniformen, und zwei Grooms in Stiefeln mit tabellosen Stulpen. Die ganze Cavalcade figurirt vortrefflich auf einem Schlachtfelde und er selbst producirt den Effect eines Kunstreiterchefs, der, von seinen Clowns und Favorittänzerinnen umgeben, auf seinen frommen Pferde durch die Stadt reitet. Früher Beichtvater der Kaiserin, ist er jetzt Feldprediger der Presse. Warum dieser Priester Reiterstiefel trägt, warum er sein Roß Capriolen machen läßt, warum er eine Suite Adjutanten und zwei Grooms hat, wissen nur die Götter!"

Als ich nun im vergangenen Sommer, wie schon gesagt, nach Abbé Bauer's ferneren Thaten und Lebensfahrten fragte, wollte Niemand mehr etwas von ihm gehört haben, er schien verschollen. Doch endlich erfuhr ich „aus gut unterrichteter Quelle", dieß Kirchenlicht sei, wenn auch nicht „zu seinen alten Göttern" jedoch „zu seinen alten Göttinnen" zurückgekehrt. Die Verbindungen, in denen er jetzt steht, gereichen seinen früheren Beichtkindern, Anhängern und Bewunderern sehr zum Anstoße.

Doch genug von Personal-Nachrichten! Ich führe nur noch zum Schlusse die kleine jedoch bedeutsame Thatsache an, daß, obgleich es jetzt wenige Deutsche giebt, die in Paris und Frank= reich leben — die deutsche Sprache dennoch eifriger als je von unsern westlichen Nachbarn gelernt wird. Oesterreicher, Elsässer, deutsche Schweizer sind die deutschen Sprachlehrer jenseits der Vogesen, und Schweizer und österreichische und elsässer Bonnen plaudern so viel mit den kleinen Franzosen und Französinnen deutsch, wie Französinnen vor hundert Jahren mit deutschen Kindern französisch „parlirten." So hat sich das Blatt gewendet!

Im Jahre 1869 standen an den Fenstern der Buchhandlungs= läden in den fashionabelsten und belebtesten Straßen, z. B. an der Ecke der rue Castiglione und St. Honoré, auf den Boule= vards x. Karten von Europa ausgestellt, auf welchen die Volks= bildung in den verschiedenen Ländern durch verschiedene Farben bezeichnet war. Diese Klassifizirung der Völker Europa's inter= essirte stets die Vorübergehenden und die dort herumwandelnden Deutschen konnten sich durch dieselbe ganz befriedigt fühlen. Die beste Volks= d. h. Schulbildung war auf jenen Karten durch ein helles Gelb bezeichnet und dasselbe strahlte als Zeichen der „Helle" in Deutschland, der Schweiz, Dänemark, Holland, Schweden, Norwegen und Island.

Ein trüberes Braun, als Zeichen eines geringeren Grades von Schulbildung, bedeckte Frankreich, Großbritannien, Belgien.

Noch düsterer sah es in Italien, Oesterreich und Griechenland aus, welche dunkelrothbraun bemalt waren; — und völlige Nacht herrschte in den Köpfen und auf den Länderflächen von Spanien, Portugal, dem Kirchenstaat, Rußland und der Türkei, die mit undurchdringlichem Schwarz überzogen erschienen. Eine zweite steis daneben hängende Karte von Frankreich ließ es vollends außer Zweifel, von welcher Seite das geistige Licht nach Frank= reich hineindringe. Die verschiedenen Departements des Kaiser= reichs waren nämlich gleichfalls in der obigen Weise colorirt, je nach dem günstigeren oder ungünstigeren Stande der Schul= bildung ihrer Bewohner. Da erschienen denn nur die an Deutschland und die Schweiz grenzenden Departements in etwas heller Färbung; gegen das atlantische Meer und die Pyrenäen ward es aber immer finsterer und schwärzer. Diese Karten fand ich im Sommer 1876 nirgends mehr in Paris an den Schau= fenstern der Buchhändlermagazine ausgestellt, so vielseitig ich auch die Stadt nach allen Richtungen hin durchstreifte. Ich habe indeß sehr guten Grund zu der Mittheilung, daß jene Karten nicht nur, sondern auch deutsche Schulbücher und deutsche Unterrichtspläne jetzt im Innern der französischen Häuser und Schulen weit häufiger und gründlicher angesehen und studirt werden als vor 1870.   Meta Wellmer.

Literatur, Kunst und Theater.

Deutschland in seiner tiefen Erniedrigung. Ein Bei= trag zur Geschichte der Napoleonischen Fremdherr= schaft. Neu herausgegeben von Heinrich Merkens. Würzburg. A. Steuber. Palm's blutiger Schatten steigt vor uns auf. Bekanntlich war es die Verbreitung und zwar un= wissentliche Verbreitung dieser, von dem geistvollen Herausgeber der „Ausgewählten Werke Friedrichs des Großen" wieder an das Licht gezogenen Flugschrift, die dem nürnberger Buchhändler Palm das Leben kostete. Mit großem politischen Scharfblick und heißer Vaterlandsliebe schildert der ungenannte Verfasser darin die trostlosen Zustände Deutschlands um das Jahr 1805. In der Einleitung erzählt der Herausgeber das tragische Geschick Palms. Die im Juni 1806 erschienene Flugschrift wurde der Stein'schen Buchhandlung in Nürnberg, deren Inhaber Palm war, in verschlossenen Packeten zur Weiterbeförderung an ihre Geschäftsfreunde übergeben. Diese schickte Exemplare an die Stange'sche Buchhandlung in Augsburg und hier kamen sie in die Hände französischer Offiziere. Napoleon ließ gegen Grimm, daß der Geist der Deutschen noch nicht ganz gebeugt war, an Palm aus, trotzdem dieser bis zu seiner letzten Stunde behauptete, weder den Verfasser noch den Inhalt der Flugschrift zu kennen. Es kümmerte Napoleon nichts, daß Nürnberg noch eine freie Stadt unter eigenem Gesetze und noch nicht an Bayern abge= treten war. Mit dem frechsten Hohn auf alles Volksrecht ließ er Palm mitten im Frieden durch französische Soldaten aus der deutschen Stadt herausholen, vor ein Kriegsgericht stellen und erschießen. Ueber den Verfasser der Flugschrift äußert sich Merkens in einer Anmerkung, daß als solcher wohl Graf Julius von Soden genannt worden, sich jedoch niemals dazu bekannt habe. Nun berichtet aber W. Zimmermann in dem 4. Bande seiner Fort= setzung der „Geschichte der Deutschen" von August Wirth, daß der Verfasser jener Flugschrift seit 1860 bereits durch dessen Enkel, den praktischen Arzt Dr. Preu in Hersbruck bei Nürnberg, bekannt gegeben worden sei. Es war Christian Heinrich Abler, Rector der Stadtschule zu Altdorf im Gebiete der Reichsstadt Nürnberg, ein Mann, der zu dem kleinen Kreise süddeutscher Vaterlandsfreunde jener Zeit gehörte und bereits im Jahre 1797 eine kleine ähnliche Schrift unter dem Titel hatte ausgehen lassen: „Die Franzosen im nürnberger Gebiete im Augustmonat 1796." Der Druck und die Correctur jener Flugschrift hatte Adlers Schwiegersohn, der Rechtsanwalt Preu in Nürnberg, besorgt.

Meklenbörger Geschichten. Vertellt för Jung un Olt von Wilhelm Adolf Quitzow. 2. Band. Hanne Nöller un sin Mudder. Leipzig. C. A. Koch. Den Dialekt, in welchem die Erzählung geschrieben ist, in Bezug auf seine lokale Richtigkeit zu prüfen, erklären wir uns außer Stande. Nur finden wir, daß er sich recht schwer liest, trotz der Versicherung des Verfassers, sich der Reuter'schen Schreibweise möglichst angepaßt zu haben. Die Erzählung selbst stellt uns die keineswegs beneidenswerthen Verhältnisse eines mecklenburger Taglöhners sehr anschaulich und humoristisch gewürzt vor Augen. Bei Schilderung der Schulzustände und des Retruitenlebens weiß dann auch der Verfasser den Humor satirisch zuzuspitzen. Der Kriegszug der Mecklenburger in Baiern 1866 ist gar ergötzlich beschrieben, aber dennoch etwas zu breit ausgeführt. Die in der Erzählung auftretenden Charaktere dürften an Naturtreue wohl nichts zu wünschen übrig lassen.

Die Aebtissin von Buchau. Eine Novelle von Julius von der Traun. Berlin, Gebrüder Pätel. Eine romantisch poetische Erzählung aus dem Anfange des vorigen Jahrhunderts. Man glaubt mit offenen Augen angenehm zu träumen. Schöne Damen im Reifrock und hoher Frisur schweben vorüber, ein winterliches Waldidyll, der Prunk hoher Kirchenfeste, Marmorstatuen, die aus dem Gebüsch verwilderter Gärten lauschen. Nur gegen den phantasmagorischen Charakter des Knotenpunkts der Erzählung dürften wohl von psychologischer Seite einige Einwendungen laut werden. Wir müssen jedoch darauf verzichten, diese Einwendungen zu motiviren, da die heikle Beschaffenheit dieses Knotenpunktes eine öffentliche Discussion füglich nicht gestattet.

Kochbuch. Den Hausfrauen machen wir die Mittheilung, daß Henriette Sanders bewährtes: „Neues practisches Kochbuch für die gewöhnliche und feinere Küche," welches vergriffen war, bei Carl Meyer in Hannover in zweiter Auflage erschienen ist.

Ein neuer Briefwechsel Goethe's. Zum 22. März, dem Todestage Goethe's, bereitet die J. G. Cotta'sche Verlagsbuchhandlung zu Stuttgart die Ausgabe der Briefe des Dichters an Friedrich Soret, besorgt von Dr. Herrmann Uhde, in würdigster Ausstattung vor. Es sind dies 106 Briefe, theils naturwissenschaftlichen, theils literarischen und freundschaftlichen Inhalts. Auch die Correspondenz Goethe's mit Marianne Willemer nähert sich ihrer Vollendung im Druck.

Murad Efendi, der bekannte Verfasser von „Selim III", „Johanna Gray" und anderer Dramen, hat vor seiner Abberufung in das Ministerium nach Konstantinopel durch Edhem Pascha noch das Manuscript seiner Gedichte druckfertig gemacht. Die Gedichte sollen im Laufe dieses Jahres in der Schulze'schen Hof-Buchhandlung in Oldenburg erscheinen.

Victor Hugo hat am 26. Februar, als an seinem 75. Geburtstage, zwei neue Bände seiner „Légende des Siècles" herausgegeben. Auf der ersten Seite des ersten Bandes steht statt jeder Vorrede: „Der noch ausstehende Theil der „Légende des Siècles" wird demnächst erscheinen, wenn will das Ende des Verfassers noch vor dem Ende des Buches eintritt. B. H." Die vorliegenden Bände enthalten Episches, wie eine Reihe von Balladen und Romanzen, Lyrisches aller Gattungen von der Ode bis zum Liebe und politischen Gelegenheitsgedichte (wie: „Les enterrements avils", „Le Prisonnier", „Après les Fourches caudines"), endlich eine kleine dramatische Arbeit: „Welf, der Castellan von Osbor."

Ein Porträt Philipp Melanchthon's von dem jüngern Cranach, das die Jahreszahl 1558 trägt, ist in einer Ausgabe von Melanchthon's „Loci praecipui theologici" von 1556 vom Custos der Universitätsbibliothek in Graz, Eduard Köpeler, daselbst aufgefunden worden. Es ist ein leider etwas beschädigtes Aquarell, welches alle Vorzüge der Detailmalerei und Charakteristik Cranachs aufweist.

Lord Byron's „Manfred". Eine Vorstellung zum Besten der Unterstützungskasse des Vereins Berliner Presse, veranstaltet von dem Nationaltheater, bot Berlin am 26. Februar, unseres Wissens zum ersten Male, Gelegenheit, dieses dramatische Gedicht des größten englischen Lyrikers mit der Musik von Robert Schumann zu sehen und zu hören. Herr Ernst Possart sprach den Manfred, die Königin der Alpen hatte Fräulein Bognar, den Wassergeist Frau Hoppé von Rigano freundlichst übernommen, Herr Kapellmeister Mannstädt führte den Dirigentenstab. Die Aufführung gewährte einen hohen Kunstgenuß. Wenn irgend ein Drama, so eignet sich „Manfred" zur melodramatischen Behandlung; denn nicht auf eine äußere Handlung kam es Byron in dieser Faustidee an, sondern auf Entfaltung seiner eigenen Subjektivität. Die hohe lyrische Schwung, mit dem er sein Empfinden und Denken ausströmt, fordert unwillkürlich die Musik zur Begleitung heraus. Die Verbindung zwischen dem gesprochenen Worte und der Musik erscheint als eine durchaus natürliche. Die harmonische Verschmelzung beider in solcher Vollendung, wie es geschah, zum Ausdrucke zu bringen, dazu bedurfte es allerdings der meisterhaften Declamation des Herrn Possart.

„Meister" Richard Wagner ist nun so weit hergestellt, daß er im April eine Kunstreise nach England antreten kann, um dort Theile der Nibelungentrilogie unter seiner persönlichen Direction zur Aufführung zu bringen. Mit den hierdurch zu gewinnenden Geldmitteln soll das noch beträchtliche Deficit der bayreuther Bühnenfestspiele gedeckt werden. Die oberfränkische Kreishauptstadt dürfte die Götter und Helden Walhalls nicht sobald wieder in ihre Mauern einziehen sehen. Richard Wagner hat nämlich nach langem Widerstande sich damit einverstanden erklärt, das Aufführungsrecht der Nibelungen den deutschen Bühnen ohne Klausel zu verkaufen. Zur Aenderung seines Projectes der Reservirung der Nibelungentrilogie für Bayreuth wäre er gutem Vernehmen nach durch die Erwägung bestimmt worden, daß er und seine bayreuther Bestrebungen nicht den gehofften Anklang gefunden hätten, und daß ferner der scenische und decorative Theil der vorjährigen Bühnenfestspiele von Kritik und Publikum doch allzusehr bemäkelt worden sei. Die verschiedenen deutschen Theater möchten es selbst versuchen, ob sie Besseres leisten könnten.

Todtenschau. Eduard Stjernström, Director des neuen Theaters in Stockholm; starb daselbst in der zweiten Februarwoche. — Eduard Tibot, Geschichts- und Landschaftsmaler, starb kürzlich in Paris, 78 Jahre alt. — Anton Maref, Rector der böhmischen Schriftsteller, Ehrendomherr des leitmeritzer Kapitels, am 5. September 1785 zu Turnau geboren, starb am 15. Januar in Prag. — Alesina Freiherr von Schweitzer, früher badischer Gesandter in Paris, starb den 12. Februar in Florenz. — Charles Wilkes, nordamerikanischer Admiral, als Führer mehrerer Forschungsexpeditionen ausgezeichnet, starb Anfang Februar in Washington, 77 Jahre alt. — Gottlieb Freiherr von Tucher, königlich bairischer Oberappelationsgerichtsrath a. D., einer alten Patricierfamilie Nürnbergs entstammend, geschätzter Schriftsteller auf dem Gebiete der Musik, des ältern Kirchengesanges und verwandter Fächer, an den sich manche Erinnerungen in Bezug auf den geheimnißvollen Kaspar Hauser knüpfen, starb am 17. Februar in München, 79 Jahr alt. — Frau Marie Simon, die sich um die Pflege verwundeter und erkrankter Soldaten während und nach den letzten Feldzügen große Verdienste erworben hat, 1824 von einer Wendin zu Dobroschau bei Bautzen geboren, starb am 20. Februar in Loschwitz bei Dresden. — Karl Schönbrunner, sehr begabter Historienmaler, geborener Wiener, starb am 21. Februar auf Schloß Hirschstetten, Oesterreich, 44 Jahre alt. — Dr. Holtzmann, Prälat der evangelisch-protestantischen Landeskirche Badens, dem die freiheitliche Entwickelung des kirchenpolitischen Regiments viel verdankt, starb am 23. Februar in Karlsruhe, 73 Jahre alt. — Hermann Freund, Redakteur der „Teplitzer-Zeitung", starb am 25. Februar in Teplitz. — Dr. J. Ritter v. Ellinger, Hof- und Kriegsministerial-Advokat, Rechtsvertreter des österreichischen Kaiserhauses, starb in Wien den 23. Februar.

Mannichfaltiges.

Ueber den Tod des Afrikareisenden Eduard Mohr in Malange am 26. November v. J. bringt die „Wes. Ztg." folgendes Nähere: „Der Reisende war am 16. November Morgens in Malange angekommen und hatte mit Empfehlungen des Herrn Pasteur von der holländischen Factorei in Loanda versehen, gastliche Aufnahme im Hause des Herrn Custodio José de Souza Machado gefunden, desselben, der auch Pogge und Lux unter seinem Dache beherbergt hatte. Mit dem Bruder des Herrn Custodio, Dom Saturnino, der als Elfenbeinhändler weite Reisen in das Innere Afrika's macht, hatte Ed. Mohr sich bereits verständigt, in seiner Begleitung die Expedition fortzusetzen. Sein Empfang von Seiten der Herren Machado und anderer Einwohner Malanga's war herzlich und zuvorkommend; leider konnte ihn aber dies Entgegenkommen nicht von jener Schwermuth befreien, die, wie wir erwähnt haben, Ed. Mohr namentlich in den letzten Jahren in Folge körperlicher Anstrengung und Gemüthsbewegung zuweilen befiel. In solcher Stimmung muß er nach Malanga gekommen sein. Er begrüßte die Herren freundlich, bat sie aber, ihn allein zu lassen. Alle Versuche, ihn zu erheitern und zu zerstreuen, hatten keinen Erfolg, er wies jeden Besuch zurück. Da kam am 18. ein Umstand hinzu, der ihn in seiner Gemüthsverfassung tief bekümmern und aufregen mußte. Zwei der Leute, die als Diener mitgebracht hatte, bestahlen ihn um eine nicht unbedeutende Summe in Banknoten und andere Werthgegenstände. Mohr wandte sich schriftlich an den Chef der Behörde, um die nöthigen Schritte zu thun, der Diebe und ihres Raubes wieder habhaft zu werden. Der nachtheilige Einfluß auf seine fieberhaft erregte Stimmung war indeß anhaltend. Er verließ seine Wohnung und tat sich einer ihn schwächenden Diät hin, so daß Dom Saturnino Machado und Dom Miquel Gomes Nalatto, als sie schwer krank erkannten, einen zuverlässigen Diener zu seiner Pflege bestellten und den Arzt zuzogen. Um seine heftige nervöse Aufregung, die ihm Nachts keinen Schlaf ließ, zu beschwichtigen, nahm Eduard Mohr aus seiner Reiseapotheke, wie es scheint, in zu rasch sich folgenden Dosen. Es erfolgte dann ein Zustand vollständiger Betäubung. So fand ihn der Arzt, der ihm am 25. Abends 12 Tropfen Laudanum einflößte. Aus seiner Betäubung erwachte Eduard Mohr nicht wieder. Am nächsten Morgen 7½ Uhr hatte er aufgehört zu leben. — Der Tod erregte die tiefste Bestürzung bei allen, die mit ihm in Berührung gekommen waren. Die Brüder Machado übernahmen es, dem Manne der Wissenschaft, der in der Aufgabe, den geheimnißvollen Erdtheil erschließen zu helfen, sein Leben gelassen

hatte, ein ehrenvolles Begräbniß auf afrikanischem Boden zu bereiten, sie sorgten dafür, daß die Habe des Reisenden bewahrt und bewacht blieb. Am 27. November fand die Beerdigung statt. Der Sarg war bedeckt mit derselben deutschen Flagge, die wenige Tage vor seiner Abreise von Bremen Eduard Mohr aus den Händen des bremer Jagdclubs als eine Erinnerung an seine Freunde in frohem Kreise entgegengenommen hatte. Die Zipfel derselben hielten der erste Regierungsbeamte, der kommandirende Hauptmann und Kaufleute aus Malange, und die ganze Einwohnerschaft wohnte voll sichtlicher Theilnahme dem Begräbnisse Eduard Mohr's bei. Er ruht auf einem gesonderten Platze des Friedhofes. In seinem Tagebuche finden sich einige Aufzeichnungen von seinem Marsche und eine Skizze der schwarzen Felsen von Pungo Andango!" — Ganz abweichend von dieser Darstellung lauten die Mittheilungen, die der „Augsb. A. Ztg." aus Malanga zugehen. Ihr wird von dort berichtet, daß Dr. Mohr von seinen angeblichen Freunden und Hauswirthen, den Brüdern Machado, in niederträchtigster Weise hintergangen, mit Hilfe seiner Diener beraubt und schließlich vergiftet worden sei. Das Haus der Machado's bezeichnet der betreffende Correspondent als eine Mördergrube; es sei in Malange bekannt, daß die beiden Brüder ihr Vermögen durch verbrecherische Handlungen erworben hätten. Verschiedene auffallende Umstände verleihen diesem Verdachte einen hohen Grad von Wahrscheinlichkeit. Ueberdies geht im Küstenlande von Angola allgemein das Gerücht, daß der deutsche Forscher Giftmischern zum Opfer gefallen sei. Eine eingehende betriebene Untersuchung müßte wohl Gewißheit darüber verschaffen, ob hier wirklich ein Verbrechen vorliegt und eventuell müßten auch Mittel gefunden werden, um den auf ihre Unerreichbarkeit trotzenden Mördern beizukommen.

Freiherr von Tucher, dessen Ableben unsere heutige Todtenschau mittheilt, war nach der „Frankf. Ztg." der letzte jener Männer, welche in der Geschichte des unglücklichen Kaspar Hauser durch selbsteigene nähere Wahrnehmung ein festes Urtheil sich zu bilden im Falle waren. Baron Tucher war bekanntlich Vormund des Findlings, bewog ihn zur eigenen Haus aufnahme Früher als alle Anderen erkannte er den unheilvollen, geradezu verderblichen Einfluß (eine seltsame Rolle spielenden) Lords Stanhope auf den von demselben als Sohn adoptirten Hauser. Da Tucher das üble Gebahren des Lords abzuwenden nicht im Stande war, so legte er die Vormundschaft nieder, dem Unglücklichen jedoch stets die wärmste und innigste Theilnahme bewahrend. Ueberblickt man die in der Hauser'schen Angelegenheit bekannt gewordenen Akten, so überzeugt man sich, daß die von Tucher herrührenden Aufzeichnungen, Erklärungen und Zeugendepositionen durch Klarheit und Unbefangenheit des Urtheils, innere Wahrheit und Tiefe der Beobachtung sich vor allen anderen auszeichnen, unter allen Verhältnissen fern sich haltend den höchst entgegengesetzten, bald günstigen, bald feindlichen Strömungen jener Zeit. Ebenso, wie einst Feuerbach, Staatsrath v. Hermann, König Ludwig von Bayern und selbst Mitglieder des großh. badischen Hauses, war Tucher, und zwar bis an sein Lebensende überzeugt, daß Hauser der Sohn des Großherzogs Karl gewesen sei. Ueber das augenscheinlich auf Bestellung angefertigte Mittelstädtische Opus äußerte er sich bei jeder Gelegenheit mit wahrer Indignation.

Frau Adeline Patti liegt in der Scheidung mit ihrem Manne, dem Marquis de Caux. Der letztere, der bisher den Impressario seiner Gattin machte, ist mit Trennung der Ehe einverstanden. Die Veranlassung soll ein Liebesverhältniß der berühmten Künstlerin zu dem italienischen Sänger Nicolini und eine ärgerliche Scene während der Aufführung der „Traviata" in Petersburg gegeben haben. Frau Adeline Patti ist in Madrid am

19. Februar, nach Andern am 9. August 1843 geboren und debütirte in der italienischen Oper in Paris am 17. November 1862. Ihre Verbindung mit dem Marquis de Caux, der sich ihre Familie lange Zeit widersetzte, fand am 27. Juli 1868 in London statt. Nicolini ist einige vierzig Jahre alt.

Liebestragödie. Vor dem hamburger Strafgericht fand am 19. Februar das Drama eines exaltirten Liebespaares seinen Abschluß. Frau Edda Bloem aus Stuttgart trat im St. Georg-Tivoli-Theater zu Hamburg als Amalie in den „Räubern" im Juni vorigen Jahres unter dem Namen Fräulein Edda Ballé auf. Trotz ihres jugendlichen Alters (23 Jahre) hatte die Dame eine reiche Vergangenheit. Ihr Mann in Stuttgart hatte die Ehescheidungsklage gegen sie eingeleitet. Der Forstgehülfe Metze aus Schwedt, in dem knabenhaften Alter von 18 Jahren, verliebte sich in die allerdings schöne Frau, und da sie die Zukunft in den schwärzesten Farben sahen, beschlossen Beide, sich das Leben zu nehmen. Sie reisten nach dem benachbarten Ahrensburg, und dort in einem Gehölze schoß auf wiederholtes Verlangen Metze auf seine Geliebte zwei Revolverschüsse ab, die indeß die junge Frau nur betäubt zu haben scheinen. Im Glauben, seine Geliebte sei todt, schoß Metze nun auch auf sich zwei Schüsse ab, die ihn zwar augenblicklich ohnmächtig machten, doch nicht tödteten. Er erwachte wieder und wurde nach dem Krankenhause in Hamburg gebracht. Als die Leiche der Edda Ballé aufgefunden wurde, hatte sie einen und zwar tödtlichen Schuß durchs Herz, welchen Schuß Metze entschieden nicht abgefeuert haben will. Es bleibt nur die Wahrscheinlichkeit übrig, daß die Frau, aus ihrer Betäubung erwacht, den Geliebten gleichfalls todt glaubend, den geladenen Revolver ergriff und sich durch einen weiteren Schuß den Tod gab. Der jetzt wiederhergestellte Metze erzählt die einzelnen Umstände mit großer Wahrheitstreue. Das Gericht verurtheilt Metze zu einem Jahre Gefängniß. Daß der Tod ein vorbereiteter gewesen, erhellt aus mehreren an die Hinterbliebenen geschriebenen Briefen der unglücklichen Edda Ballé.

Der Schriftsteller Dr. Karl Ruß, Herausgeber der Zeitschrift „Die gefiederte Welt" und Vorsitzender des Vereins „Aegintha" in Berlin, hat auf der diesjährigen Vogelausstellung in London die große goldene Medaille für selbstgezüchtete Vögel und für seine literarischen Leistungen „Die fremdländischen Stubenvögel" u. s. w. erhalten.

Offenbach. Der Maestro hat sich einen schlimmen Handel mit dem „Siècle" zugezogen. Dieser hatte dem Componisten der „Belle Hélène" vorgerückt, daß er sich auf der Rückkehr von Newyork nach Europa an der Table d'hôte des Dampfschiffes sehr wegwerfend und verächtlich über die Republik und über Frankreich überhaupt geäußert habe, und Offenbach hatte hierauf dem Blatte mit einem Verläumdungsprocesse gedroht. Nun meldet sich im „Siècle" ein Ohrenzeuge der an Bord des „Canada" von Offenbach gethanen Aeußerungen in der Person des Herrn Lucien Arbel, Mitglied des Senats für das Loire-Departement, und Offenbach muß sich in der Zeitung sagen lassen, daß er ein

ebenso verdorbener Franzose als Deutscher sei, das rothe Band in seinem Knopfloch schände und was der angenehmen Dinge mehr sind.

Herrenlose Menschen. Herrenlose Güter werden nach einer bestimmten Zeit verkauft. Die Sache ist einfach; wie aber ist es mit den herrenlosen Menschen? Capitän Adams von dem Londoner Schiffe „Corea" ist thatsächlich in der Lage, ein paar Menschen zu besitzen, mit denen er nichts anzufangen weiß. Derselbe theilte dieser Tage dem Richter des Thames-Polizeihofes die näheren Umstände mit und fragte um Rath. Er kehrte im September von China heim und fand 200 Meilen vom Lande in einem Boote zwei dem Hungertode nahe Menschen. Er gab ihnen Speise und nahm sie, da er sie im eigentlichen Sinne des Wortes nirgends hinzubringen wußte, mit nach England. Durch Zeichen (denn ihre Worte verstand Keiner) gaben die Fremdlinge zu verstehen, daß sie fischen gegangen und dabei in hohe See getrieben wurden, wo sie vier Tage hindurch Noth gelitten hätten. Jetzt sucht der gute Capitän ein einstweiliges Unterkommen für sein Schützlinge, ehe sie in ihr Vaterland zurückbefördert würden. Der Polizeirichter versprach ihm, Nachforschungen anstellen zu lassen. Man hält die Unbekannten für Einwohner von Cochinchina. Mit ihrer öffentlichen Vorführung würde sicher ein gutes Stück Geld zu verdienen gewesen.

Zur Statistik der Diplomaten. Ein Herr von diplomatischem Metier hat tabellarisch berechnet, daß seit Beginn des Aufstandes in der Herzegowina nahe an 12,000, ja zwölf Tausend diplomatische Documente, größere und kleinere, von den verschiedenen diplomatischen Kanzleien in die Welt gesandt wurden. Danach hatte die russische Diplomatie an 2200, die türkische an 2000, die englische an 2200, die österreichische an 1700, die französische an 1600, die italienische an 1200, die deutsche an 1000, zusammen also 11,900 Documente. Das neueste englische Blaubuch veröffentlicht allein 1090 derartige Actenstücke, die im ersten Bande desselben auf 757, im zweiten Bande auf 340 Seiten abgedruckt sind. So viel vergossene Tinte „pro Nihilo".

Phänomen. Aus Sagard (Insel Rügen) wird der „Stral. Ztg." unter dem 12. Februar berichtet: „Gestern Abend wurde hier ein merkwürdiges Naturereigniß wahrgenommen. Nachdem der Wind sich südwestlich gedreht und nach heftigem Schneesturm um 10 Uhr starker Regen eintrat, stieg das Quecksilber im Thermometer auf 3 Grad Wärme, wobei das Barometer etwas herunterging. Ganz plötzlich, um halb 11 Uhr, war es auf unserer Halbinsel heller, lichter Tag; eine großartige, feuerfarbene Beleuchtung ließ uns über die ganze Halbinsel Alles deutlich, wie am hellen Tage, erkennen. Dieser Schein mochte wohl einige Secunden dauern; nach dem Aufblitzen stellte sich in der Luft ein eigenthümliches Geräusch ein, ähnlich dem Lärm, wie in der Regel die Rutschen der Stühle verursacht, wenn sich in einem großen Raume viele Personen von einer Tafel erheben. Dies Geknatter dauerte wohl ein paar Minuten und ist hier vielseitig bemerkt worden."

Den verehrlichen Abonnenten der „Deutschen Roman-Zeitung"

zur gefälligen Nachricht, daß mit No. 25 das neue Quartal beginnt und deshalb das Abonnement rechtzeitig bei den betreffenden Buchhandlungen und Postämtern mit 3 Mk. 50 Pf. zu erneuern ist.

Die Verlagsbuchhandlung von Otto Janke in Berlin.

Redigirt unter Verantwortlichkeit des Herausgebers: Otto Janke in Berlin. — Redaction des Feuilletons: Robert Schweichel in Berlin. — Verlag von Otto Janke in Berlin. Druck der Berliner Buchdruckerei-Actien-Gesellschaft. — Setzerinnenschule des Lette-Vereins.

Lightning Source UK Ltd.
Milton Keynes UK
UKHW051808120219
337100UK00021B/837/P